本书出版获“澳门大学研究委员会多年度研究资助项目
[编号MYRG193(Y1-L4)-FSH11-TKJ]”的资助

国家出版基金项目
NATIONAL PUBLICATION FOUNDATION

澳門大學
UNIVERSIDADE DE MACAU
UNIVERSITY OF MACAU
澳门大学出版资助项目

天朝异化之角

16—19世纪西洋文明在澳门

A Touch of Alienation in the Celestial Empire
Western Civilization in Macau, 16-19 Centuries

上卷

汤开建◎著

暨南大學出版社
JINAN UNIVERSITY PRESS

中国·广州

前言

明嘉靖三十六年（1557）葡萄牙人入居澳门是中国历史乃至世界历史上对后世影响极为深远的一件大事。对世界而言，15 世纪肇始的葡萄牙东方海外殖民扩张至此基本完成，代表当时世界强势力量的西方文化东传因此而获得一永久据点，因 15—16 世纪的大航海活动而逐渐形成的全球贸易网络因此而定格。对中国而言，当中华封建帝国仍然沿着它自行的轨迹缓慢前行之时，当帝国内部“主张对外开放”与“反对对外开放”斗争正处于胶着状态之时，就在帝国最南端的极小岬角上出现了一块完全不同于自身文明且以西方文化为主体的异质文明“飞地”，出现了一个令国人瞠目、令外人称羡的“天朝异化之角”的澳门。葡居澳门的出现，当事者的三方表现了三种截然不同的态度。对当时的西方来说，似乎被他们视为势所必然，因为，强势西方文化的缔造者认为，西力东渐在当时应是世界的潮流，浩浩荡荡，不可阻挡。对明清中国来说，作为政府的最高统治者和社会精英们并没有意识到澳门的出现会对中国历史的发展产生何种影响，更主流的认识是，这只不过是泱泱大国对极西之域来华求贡之“远人”的怀柔。对澳门来说，这些挟西方强力而来的葡萄牙人获得澳门居留权后，反而陷入了一种进退维谷的境地。进，无法获得明清政府对其政治欲望满足的任何让步，反而被牢牢地控制在帝国的严密管治之中；退，紧靠中华拥有广博资源和广大市场的澳门带来的经济利益绝对使葡萄牙人无法舍弃，这一能产生巨富的地方成为葡萄牙人无法返回的主要诱因。正是出于这一原因，居住在澳门这一土地上的葡萄牙人与中国内地的关系，就出现了时而水乳相融、时而貌合神离的状态。这一时期的历史事实是，在政治和领土的主权上，澳门属于中国；而在东西方文化交往及全球经济贸易网络中，澳门则属于世界。澳门成为 16—19 世纪世界格局中一块极为特殊之地，与同时代的马六甲、巴达维亚、马尼拉、长崎虽有许多相似之处，但其最大的不同是，这一块在全球经济贸易网络和东西方文化交往中占有极为重要地位的土地，其主权属于当时仍被称为世界最为强大的中华帝国。从某种意义而言，澳门，是一座由明清政府或有意或无意对外部世界开放的港口和城市，到清朝时，澳门甚至沦为广州港的附属港口，而这一港口和城市的经营者和管理者却是西洋人。这一诡谲的历史命题，导致了澳门历史的诡谲，以至今天许多历史学家难以对在澳门所发生的历史事件之过程与性质获得准确的判断，从而发生认识的错位。即如人们常说，澳门是西洋文明东传的桥梁与孔道，人们看到的和关注的只是西洋文明如何通过澳门进入中国内地，而忽略西洋文明不仅通过这一桥梁与孔道传入中国内地，更重要的是，澳门本身就成为东来的西洋文明承载之地和积淀之地。学术界对于东传而进入中国内地的西洋文明，曾经给予了极大的关注和为量甚巨且颇为精深的研究，然而，对澳门这一承载和积淀西洋文明之地关注者却不多，或者说关注的程度远远达不到西洋文明在这一城市所积淀的深度。从16 世纪中叶澳门开埠到 19 世纪中后期香港取代澳门的 300 余年间，有多少西洋文明传入了澳门，以及它们如何在澳门生存发展，乃至沉积，由于历史资料的湮没，更由于历史研究语言的障碍，今天的人们对这一问题能讲清楚者已经不多，而能讲清楚又能出具可信证据者则更罕。因此，对 16—19 世纪澳门的西洋文明展开深入研究，不仅应该是澳门学研究领域中一个极为重要的课题，在东西方文明交往史上更可称为一个具有战略意义以及学术意义的研究课题。

16—19 世纪西洋文明在澳门的传入和发展前后有 300 余年，其间形成了两个波段。第一波段在 16 世纪末期到 17 世纪中期。这一时期是以葡萄牙人和西班牙人为主体的西洋社群将伊比利亚半岛的南欧西洋文明传入澳门，并影响到澳门的政治、法律、军事、宗教、城市建设、科学技术、教育医疗、文化艺术及社会生活各个方面。这一时期传入澳门的西洋文明就整体而言，还只能称为明显带有南欧特色的中世纪后期的欧洲文明，因为当时的葡萄牙还是一个颇具典型的中世纪特性的国家。① 第二波段则在 18 世纪中后期至 19 世纪中期。这一时期的传播者则是以居住于澳门的英国人为主体的包括荷兰及其他北欧、北美国家在内的西洋社群。虽然这一西洋社群在当时的澳门并非社会的主宰者，但在西洋文明传播的第二波段中，这一社群发挥了十分重要的作用。他们将许许多多不同于第一波段的西洋文明带入了澳门，这一文明从总体上可称为基督新教文明。在某种程度上，19 世纪传入澳门的西洋文明已明显带有西方工业革命后的近代西方文明的特征，并影响到澳门社会的方方面面。然而必须指出的是，这两个波段的西洋文明传入澳门，虽然都曾对中华帝国产生过冲击，甚至还曾激起过几朵浪花，但最终都没有从根本上对这一帝国产生实质性影响。古老而庞大的中华帝国在西洋文明的两次冲击中岿然屹立，依然故我。故此，生存于帝国高墙坚壁旁侧的澳门这块土地上的西洋文明表现更多的不是勃勃生机，而是有些潦倒与没落。

尽管如此，我们仍然有必要将 16—19 世纪生存于澳门这一土地上的西洋文明一一理清，包括 300 余年间究竟有多少西洋人进入了澳门？他们来自于哪些国家？澳门政

---

① 此语来自于荷兰社会学家 J. C. 范 · 鲁尔，见［印度］桑贾伊 · 苏布拉马尼亚姆著，何吉贤译：《葡萄牙帝国在亚洲（1500—1700）：政治和经济史》，澳门：纪念葡萄牙发现事业澳门地区委员会，1997 年，第 278 页。何兆武先生在《中西文化交流史论》（湖北人民出版社，2007 年）一书第 5 页中批评当时传教士传入中国的是“中世纪神学的世界构图”，而不是“近代牛顿的古典体系”。这是何先生本人昧于世界历史而苛求于古人。明末清初进入澳门和从澳门进入中国内地的传教士大都属于南欧天主教文明体系。由于欧洲各国历史发展的差异，在这一时期，葡萄牙与南欧其他国家在制度和精神气质上，与欧洲北部国家（特别是新教国家）存在着很大的不同，社会发展的程度也有着很大的区别。这一时期的葡萄牙及其他南欧国家的文明形态还整体上保持在中世纪末期的程度，因此要求他们传播牛顿的古典体系实在有点缘木求鱼。

治、司法及军事上的西洋文明，澳门城市建设中的西洋文明，澳门宗教中的西洋文明，澳门科学技术中的西洋文明，澳门教育中的西洋文明，澳门医疗卫生中的西洋文明，澳门语言文学中的西洋文明，澳门艺术与体育中的西洋文明及澳门社会生活习俗中的西洋文明等问题。虽然以上问题并非澳门西洋文明的全部，却基本反映了16—19世纪传入澳门的西洋文明的概貌。以上这些问题，虽然在以往的很多著作中都曾被人提及，但真正深入发掘和利用第一手中西语言文献档案展开研究的，除西方个别学者外，大多数学者基本没有这样做，其中研究著作转引二手资料泛泛而谈者居多，因此，可以说，对于16—19世纪澳门西洋文明的研究，由于原始文献征引的缺失和基本史实的疏漏，甚至出现大量根本性的错误。在上述诸多领域的研究中，原本应该是葡语档案文献为其基本史料，但多数研究者却征引葡语史料阙如，致使以往的研究达不到严格的学术标准和要求。因此，本研究就是力图对上述问题进行纠正与完善。我们希望通过本研究能够给读者呈现出一部主要采用葡中第一手档案文献（还包括英、法、西、俄、拉丁及日文档案文献）打造的，能全面、准确、系统地反映16—19世纪西洋文明在澳门的既绚丽多彩又严谨科学的历史著作来。

历史学著作的魅力不在于宏观理论的构建，更不是新概念的提出。当今学术界有不少学者却乐此不疲。历史学著作的真正意义即在于给人们提供人类过去的准确而完整的知识体系，其特殊魅力则是揭示那些被历史风尘湮没而在以往的研究著作中不能揭示或未能揭示的崭新而又神秘且不为世人所知的史实来，并不忽略那些在历史事件中起着关键作用的历史细节。我们今天呈献给大家的这部著作所揭示的16—19世纪的澳门西洋文明（包括它的历史细节）在很大程度上具有这一作用。

然而，由于本课题研究历史时间长达350年，所涉内容包括政治、法律、军事、宗教、科技、文化艺术等十几个领域，涉及面极为广泛复杂，而且有很大部分内容属于原创新作，再加上征引的各种档案文献牵涉中西多国语言文字，无不增加了本研究的难度。在此，我还想表达的是，完成这么一个庞大复杂的、极具学术难度的研究课题，实际上留给我修改的时间太少，更没有给我逐字逐句全面校对的时间。由于各种因素不得不在规定的时间内将其付梓，这也是一种无奈。因此，本课题虽然是在竭尽全力系统搜集原始档案文献并展开深入细致的研究和考订的基础上完成的，但我仍然无法保证，我们的研究完全正确，且不出纰漏。特别是如此大规模地使用葡、西、法、英、日等国原始档案文献的翻译材料，限于我及我的翻译团队对外语的把握及理解的能力，难免不生讹误。我想，当这部在国际澳门学领域中极具开创性的著作面世之后，可能会出现很多问题，包括我们认识的错误和工作中的疏漏。故此，我诚挚地希望学术界同仁在本书出版后，对书中的内容提出宝贵的批评意见，以待日后的改正与修订。

汤开建

丙申年仲春于澳门大学

目 录

上 卷

Contents

VOLUME 1

第一章

闯入澳门的西洋人

15、16 世纪以来，以葡萄牙帝国为首的欧洲掀起了“地理大发现”的热潮，给整个世界带来了深远的影响。在葡萄牙的东扩过程中，贸易和传教始终是葡萄牙人的两个主要目的。16 世纪初，已经占领马六甲的葡萄牙人与来此地贸易的中国商人相遇，并被中国的商品和贸易所吸引，此后便不断派人搜集有关中国的消息，继续东拓，来到中国沿海附近，并企图寻求一块贸易基地。1513 年，葡人欧维士（Jorge Álvares）在广东附近的 Tamou 岛完成了第一笔生意，并获得了相对准确的有关中国的资讯。于是，“葡萄牙国王曼努埃尔一世（Manuel I）制订了一个在中国海岸进行领土定居的雄伟计划，主要是建立堡垒和海上军事力量，并采用当时在波斯湾某些地区、印度西海岸和马来亚半岛的模式”①。

1517 年，葡萄牙正式派遣第一位使臣托梅·皮雷斯（Tomé Pires）前往中国，希望能开启与明代中国包括贸易在内的正式往来。然而，由于明代中国之华夷心态和葡萄牙拓殖者之殖民心态相撞，导致双方的首次接触以摩擦和冲突结束。葡萄牙人并未就此罢休，继而辗转东南沿海各地进行走私贸易。经过一段时间的调整和相互适应之后，1554 年，葡萄牙船长索萨（Leonel de Sousa）与广东海道副使汪柏达成口头协议，允许葡萄牙商人进入广州及附近岛屿（包括澳门）贸易。1557 年，葡萄牙人又因助剿阿妈贼老万集团，在广东政府的默许下大规模入居澳门，时称“侨寓香山濠镜澳”②。1582 年，居澳葡人又得到两广总督的许可，实行“自治”。自此，澳门城成为一座以葡萄牙市民和混血儿为主体的城市，其人口构成、行政管理、宗教信仰、城市建筑及生活习惯基本上都是葡萄牙式的。16、17 世纪时，葡萄牙尚称强盛，垄断着整个亚洲海域的贸易，同时也主导着澳门的社会生活。随着时间推移，越来越多的西方民族卷入这场全球化的航海贸易活动中，而澳门作为得天独厚的贸易中转地，也留下了许多其他欧美国家的人的足迹，如西班牙人、意大利人、英国人、荷兰人、亚美尼亚人、德国人、法国人、瑞典人、丹麦人等，正如 1837—1840 年担任香山县丞的彭邦晦所言：“在澳

---

① ［葡］洛瑞罗（Rui Manuel Loureiro）：《葡萄牙人寻找中国：从马六甲到澳门》，载吴志良、金国平、汤开建主编：《澳门史新编》第 1 册，澳门：澳门基金会，2008 年，第 22 页。

② 参阅汤开建：《委黎多〈报效始末疏〉笺正》，广州：广东人民出版社，2004 年，第 49～59 页。

夷人多系大西洋来者，计五种：曰西洋，曰红毛，曰嚤哩，曰吕宋，曰咈哖哂。”① 各种“诡形异服”②“莺嘴猫眼”③ 的洋人汇聚一地，澳门俨然成为当时的“国际化”都市，用潘日明神父的话讲：澳门是一个“世界型的土地和海洋”④。

澳门自古以来就是中国的领土，这一点是毫无疑议的。但是，研究澳门史与其他中国历史研究不同之处就在于，澳门这块神圣的中国领土，从16世纪中叶起就成为天朝中国的一块异化之地，虽然，这块土地的领土主权自始至终都掌握在中国政府的手中，但是活动在这一南海之滨、蕞尔小岛上的主体人物却来自异质文明的西方，是一批接一批“闯进”澳门的西洋人。笔者之所以用“闯进”一词，就是想避开带有相当意识形态色彩的“殖民入侵”的说法，又必须表明这些携带异质文明狂飙而进入澳门的西洋人并非中国政府的主动“邀请”，这既是一个中性词，又是一个比较客观的词，用这个词来描绘16世纪到19世纪中西文明的碰撞与融合应该是较为适宜的。

本章着重从“人”的角度切入，考察19世纪之前相继来澳门的葡萄牙人及其他的西洋人，发掘他们在澳门的活动和生活，力图展现在澳门的欧美西洋人的整体图画。此外，本章关注到不太为研究者注意的葡萄牙社群的人口数量和构成以及不同时期的发展特点等。澳门是葡萄牙人管理的城市，葡萄牙人与其他西洋人之间存在一种管理与被管理的关系，也即非葡籍西洋人的生活受到葡萄牙人的管制和约束；当然，澳门是一个中国城市，其他西洋人的居留也受到明清中国政府政策的影响。

第一节　澳门西洋社会的主体——多元化的葡萄牙社群

澳门开埠以后，澳门社会即为一西洋社会，这恐怕是人所共知的事实。虽然，这个社会在很长一段时期内的人口主体为华人，但仍无法改变澳门西洋社会的实质。在这块土地上，出现和发展了与中国内地截然不同的西洋文明，包括人口、政治、法律、宗教、文化、教育、语言、文学、艺术及生活习俗概莫西洋，而这个西洋社会的主体则为葡萄牙社群。

---

① 林则徐全集编辑委员会编：《林则徐全集》第10册，《译编》，《洋事杂录》，福州：海峡文艺出版社，2002年，第5159页。

② （明）庞尚鹏：《百可亭摘稿》卷1，《陈末议以保海隅万世治安疏》，四库全书存目丛书集部第129册影印明万历二十七年庞英山刻本，济南：齐鲁书社，1997年，第131页。

③ （明）陈仁锡：《皇明世法录》卷82，《南蛮・佛郎机》，四库禁毁书丛刊史部第16册影印明崇祯刻本，北京：北京出版社，2000年，第401页。

④ ［葡］潘日明著，苏勤译：《殊途同归：澳门的文化交融》，澳门：澳门文化司署，1992年，第135页。

一、澳门的发现与葡萄牙人开拓者

应该说从欧维士 1513 年来 Tamou 岛进行贸易时开始，葡萄牙人就处心积虑想在中国东南沿海寻找一个贸易据点，而澳门的发现则促成了葡人这一梦想的实现。嘉靖八年（1529）后，赴广夷船的停泊点集中在广东新宁县的广海和望峒，新会县的奇潭，香山县的浪白、蠔镜和十字门，东莞县的鸡栖、屯门和虎头门诸海澳。① 而这些夷船就应该包括葡萄牙人的船，蠔镜（Oquem，也称濠镜）即是澳门的别称，可见葡萄牙人至少在 1529 年之前已经知道了澳门。然而，据托梅·皮雷斯的《东方志》：

> 除广州港外，有另一个叫濠镜的港口；从陆路到那里是三天的路程，水路一天又一夜。这是去琉球和其他民族的港口。②

皮雷斯 1512—1515 年在中国，可知他对澳门的认识则应该更早，大概在 1515 年就已经知道广州附近有一个濠镜港。故白乐嘉（Jack M. Braga）称：

> 大约在 1555 年，葡萄牙人开始使用“澳门”一词。可是，葡萄牙的船只在 20 多年前即已来到澳门海域，但当时他们对于取得亚洲最大的商业中心寄希望很少，也没有多少迹象表明这个地方将来的重要性。③

虽然葡萄牙人早在 16 世纪 20 年代左右即已知道澳门，但当时并没有认识到澳门对于葡萄牙人远东贸易的重要性。所以，在葡萄牙人后来寻找对华贸易据点的二三十年中，他们一直游弋在闽广海上，而没有光顾澳门。正如狄奥戈·雷戈（Diogo Rego）称：

> 1524 年第一批葡萄牙人来到中国这一带，他们在上川岛呆了 18 年，同华人做了 18 年生意，在浪白滘（Lampacon）12 年之后才发现亚马港这个港口。④

上面提到的“浪白滘”，实际上是葡萄牙人在 1554 年以后才大批进入的。据范礼安（Alessandro Valignano）记载：

> 他们与中国官员达成了协议，以便更安全地在那里贸易，缴纳皇帝的税收，平安地生活在一个为他们指定贸易的名叫“浪白滘”的小岛上。它距雄伟的广州城 20 里路，当时葡萄牙人前往那里同华人进行贸易。⑤

佛罗伊斯（Luis Frois）神父 1556 年的信件记录，1556 年左右时，浪白滘还是一个人烟

---

① （明）郭棐：《（万历）广东通志》卷 69，《外志》3，《番夷》，明万历三十年刻本，第 72 页。

② ［葡］托梅·皮雷斯著，何高济译：《东方志》第 4 部，《中国到浡泥》，载［葡］巴洛斯、［西］艾斯加兰蒂等著，何高济译：《16 世纪葡萄牙文学中的中国：中华帝国概述》，北京：中华书局，2013 年，第 174 页。

③ Jack M. Braga, *The Western Pioneers and Their Discovery of Macao*, Macau: Imprensa Nacional, 1949, p. 102.

④ ［葡］雷戈著，范维信译：《澳门的建立与强大记事》，载澳门《文化杂志》编：《16 和 17 世纪伊比利亚文学视野里的中国景观》，郑州：大象出版社，2003 年，第 193 ~ 194 页。

⑤ Alessandro Valignano, *Historia del principioy progresso de la Companhia de Jesús en las Indias Orientales: 1542 - 1564*, Rome, 1944, p. 298.

图 1－1　《南蛮屏风图》中东来的葡萄牙人

稀少的荒岛，葡人在浪白滘的住所仍然是草棚寮屋，共有400人，其中有5位神父。在岛上还临时搭建了一所教堂，供葡人基督徒做弥撒与忏悔。然而，巴列托（Melchior Nunes Barreto）神父1558年的信件中却提到，差不多同一时间（1555年12月至1556年7月），浪白滘约有300名葡人。[①] 上面提到的与中国官员达成的协议，即指1554年索萨船长与广东海道副使汪柏的口头协议，即允许葡萄牙人到广州及其附近的岛屿进行贸易。这时，第一个踏上澳门这块土地并居留下来的葡萄牙人即格雷戈里奥·龚萨雷斯（Gregório Gonzalves）神父。1555年时，澳门仍然只是个临时贸易点，葡人贸易结束后须离开此岛。然而这一年，龚萨雷斯神父在贸易结束后留在了濠镜澳，与他同时留澳的还有7名基督徒。龚萨雷斯由于非法居留遭到广东当局拘捕。不过，翌年贸易结束后，龚萨雷斯和75名信徒仍旧留居该岛，并且建起一座茅草教堂。到1557年时，由于葡萄牙人再次帮助广东政府剿灭盘踞澳门地区的海盗阿妈贼，故获准“侨寓濠镜”：

> 迨至嘉靖三十六年（1557），历岁既久，广东抚按乡绅悉知（喽嚟）哆等心迹，因阿妈等贼窃踞香山县濠镜碞，出没海洋，乡村震恐，遂宜调哆等，捣贼巢穴，始准侨寓濠镜。[②]

1621年的圣保禄学院院长马托斯（Gabriel de Matos）亦称：

> （葡萄牙人）于1557年迁至澳门，中国官员将此港给他们进行贸易。[③]

---

① Manuel Teixeira, *Macau no Séc. XVI*, Macau: Serviços de Educação e Cultura, 1981, p. 31.

② （明）韩霖：《守圉全书》卷3之1，《喽嚟哆〈报效始末疏〉》，台湾“中央研究院”傅斯年图书馆藏明崇祯刻本（残本），第87页。

③ ［葡］高美士：《荷兰殖民档案馆所藏葡萄牙17世纪文献》，载《贾梅士学院院刊》第9卷，第1期，1975年，第12～13页。

在广东政府的允许下，大批的葡萄牙人开始进入澳门并居留于此，这就是澳门建城的开始。1562 年时，葡萄牙已婚者（也即葡萄牙人家庭）达到 800 人。[①] 1563 年时，葡萄牙人差不多有八九百户。[②]

最初进入澳门并对澳门进行开拓的主要是两类人，一类即早期从葡萄牙来远东进行贸易的商人，另一类则是随着葡萄牙贸易船只东来的传播福音的欧洲传教士。葡萄牙学者白乐嘉先生对澳门早期的开拓者有一个简单的介绍，他认为曾经为葡萄牙最远的殖民地——澳门的开拓做出重要贡献的葡萄牙人有下面这些人物[③]：

表 1－1 白乐嘉提出的澳门创建者名单

序号	中文名	葡文名	身份
1	莱昂内尔·索萨	Leonel de Sousa	中日贸易船队总指挥
2	迪奥戈·佩雷拉	Diogo Pereira	富商，1562 年出任澳门第一位驻地首领，以兵头身份处理澳门事务；参加 1564 年平定柘林兵变
3	吉略尔麦·佩雷拉	Guilherme Pereira	商人，迪奥戈·佩雷拉的弟弟，参加 1564 年平定柘林兵变
4	佩德罗·巴雷多·罗林	Pedro Barreto Rolim	商人，中日贸易船队总指挥
5	贾梅士	Luís de Camões	流放者、诗人，在澳创作《葡国魂》
6	路易斯·德·阿尔梅达	Luiz de Almeida	葡萄牙耶稣会会士、医生
7	吉尔·德·戈伊思	Gil de Gois	葡萄牙使臣，迪奥戈·佩雷拉的妻弟；参加 1564 年平定柘林兵变
8	唐·若奥·佩雷拉	D. João Pereira	中日贸易船队总指挥，费拉伯爵的儿子，曾担任过马六甲的总督，1564 年下半年抵达澳门，出任澳门第二任驻地首领
9	路易斯·德·梅洛·达·席尔瓦	Luiz de Mello da Silva	中日贸易船队总指挥，1564 年 8 月来澳，参加平定柘林兵变

① Manuel Teixeira, *Macau no Séc. XVI*, Macau: Serviços de Educação e Cultura, 1981, p. 43; Manuel Teixeira, *Macau e a Sua Diocese, Vol. III, As Ordens e Congregações Religiosas em Macau*, Macau: Tipografia Soi Sang, 1956－1961, pp. 135－136.

② 参见葡萄牙耶稣会会士泰玛诺（Manuel Teixeira）神父的信件内容，转引自 Manuel Teixeira, *Macau no Séc. XVI*, Macau: Serviços de Educação e Cultura, 1981, p. 34.

③ Jack M. Braga, *The Western Pioneers and Their Discovery of Macao*, Macau: Imprensa Nacional, 1949, p. 133.

（续上表）

序号	中文名	葡文名	身份
10	贾尼劳	D. Belchior Carneiro	澳门署理主教
11	杜阿尔特·罗德里格斯	Duarte Rodrigues	
12	佩德罗·维略	Pedro Velho	商人，沙勿略的朋友
13	特里斯佟·瓦斯·达·维依加	Tristão Vaz da Veiga	中日贸易船队总指挥

白乐嘉列出的这一名录并不全面，还有一些早期居留澳门并在澳门活动的欧洲人被遗漏，其中包括好几个十分重要的人物。所谓早期的开拓者，笔者认为应该是指澳门开埠以后的第一个十年，即1557—1567年，在此期间居留澳门，并为澳门的开发做出贡献的欧洲人。下面，依据各种资料，将1557—1567年上表所遗漏的居留澳门人物再做一表，作为补充：

表1-2　澳门创建者名单补遗①

序号	中文名	葡文名	身份
1	格雷戈里奥·龚萨雷斯	Gregório Gonzalves	葡萄牙耶稣会会士，在澳门的第一个传教者
2	弗朗西斯科·马尔廷斯	Francisco Martins	第一位驻扎澳门的地方兵头
3	路易·巴雷托	Rui Barreto	1559年曾以中日巡航首领的身份管制澳门
4	巴尔塔萨·加戈	Baktasar Gago	葡萄牙耶稣会会士，1561—1562年在澳门
5	路易·佩雷拉	Rui Pereira	葡萄牙耶稣会会士，1561—1562年在澳门
6	曼努埃尔·佩内多	Manuel de Penedo	葡萄牙商人，澳门最早最有影响的市民，随1564年戈伊思使团出使广州
7	迪奥戈·德·柯乌多	Diogo de Couto	葡萄牙商人
8	吉尔曼尼·蒙特	Giovanni Batista de Monte	意大利耶稣会会士，最早在澳门传教者之一，1562—1563年在澳门

① 本表资料主要依据以下图书和资料：［葡］罗理路著，陈用仪译：《澳门寻根》，附录文献1到12，澳门：澳门海事博物馆，1997年，第53～146页；［法］费赖之著，冯承钧译：《在华耶稣会会士列传及书目》，北京：中华书局，1995年；Domingos Mauricio Gomes dos Santos, *Macau, Primeira Universidade Ocidental do Extremo-Oriente*, Macau: Fundação Macau, 1994, pp. 2-5.

（续上表）

序号	中文名	葡文名	身份
9	刘易斯·弗罗伊斯	Luís Fróis	意大利耶稣会会士，最早在澳门传教者之一，1562—1563 年在澳门
10	若昂·苏亚雷斯	João Soares	早期澳门教务的主持者、马六甲主教总管、教区法官
11	培莱思	Francisco Pérez	西班牙耶稣会神父，1563 年抵澳，修建澳门耶稣会住院，是澳门第一任耶稣会会长
12	泰玛诺	Manuel Teixeira	葡萄牙耶稣会神父，1563 年抵澳，曾调停地方兵头的争执
13	安德烈·平托	André Pinto	葡萄牙耶稣会修士，1563 年抵澳，不久后去日本；1578 年返回澳门担任耶稣会日本教省司库，直到 1588 年
14	佩罗·金荅罗	Pero Quintero	西班牙富商，在澳门建有豪宅，对教会多有捐助，1563—1594 年在澳门
15	贝尔希奥尔·德·菲格雷多	Belchior de Figueiredo	葡萄牙耶稣会会士，澳门最早的福音传播者之一，1563 年抵澳，在澳门停留数月后去日本，1586 年后返回印度，回程又在澳门停留
16	弗朗西斯科·卡布拉尔	João Francisco Cabral	葡萄牙耶稣会会士，澳门最早的福音传播者之一，1563 年抵澳，在澳门停留数月后去日本
17	巴尔塔萨尔·科斯达	Baltasar da Costa	葡萄牙耶稣会会士，澳门最早的福音传播者之一，1563 年抵澳，在澳门停留数月后去日本
18	佩德罗·德·阿尔梅达	Pedro de Almeida	王室贵族洛波·德·阿尔梅达之子，1564 年出任中日贸易船队总指挥，同年 6 月初离开澳门
19	若奥·埃斯科巴尔	João de Escobar	葡萄牙使团秘书；参加 1564 年平定柘林兵变
20	曼努埃尔·德·卡斯特罗	Manuel de Castro	澳门早期著名市民、商人；参加 1564 年平定柘林兵变

（续上表）

序号	中文名	葡文名	身份
21	若热·里贝罗·马诺若	Jorge Ribeiro Manojo	澳门早期著名市民、商人；参加1564年平定柘林兵变
22	费尔南德斯·诺尔德洛	Fernandes Nordelo	澳门早期著名市民、商人；参加1564年平定柘林兵变
23	加斯帕尔·诺布雷加	Gaspar da Nóbrega	澳门早期著名市民、商人；参加1564年平定柘林兵变
24	路易斯·波特略	Luís Botelho	澳门早期著名市民，商人；参加1564年平定柘林兵变
25	阿尔瓦雷斯·达·诺布雷加	Pedro Álvares da Nóbrega	澳门早期著名市民、商人；参加1564年平定柘林兵变
26	艾雷斯·德·阿拉乌若	Rui da Aires de Araújo	澳门早期著名市民、商人；参加1564年平定柘林兵变
27	迪奥戈·科尔沃	Diogo Corvo	澳门早期著名市民、商人；参加1564年平定柘林兵变
28	苏诺·阿尔瓦雷斯·平托	Nuno Álvares Pinto	澳门早期著名市民、商人；参加1564年平定柘林兵变
29	多明戈斯·蒙特罗	Domingos Monteiro	澳门早期著名市民、商人；参加1564年平定柘林兵变
30	佩德罗·雷特	Pedro Leite	澳门早期著名市民，商人；参加1564年平定柘林兵变
31	西蒙·门多萨	Simão Mendoza	中日贸易船队总指挥
32	唐·安东尼奥·索萨	D. António de Sousa	中日贸易船队总指挥，澳门地方兵头

表1-2罗列了32位澳门开埠后第一个十年内在澳门居留，并为澳门做出了贡献的欧洲人，如果再加上白乐嘉的名单，则可知，在澳门开埠以后的第一个十年中，居留澳门的欧洲人中留下了姓名者共为45人。如以1562年澳门葡萄牙人已婚者800人为基数的话，则知澳门早期的开拓者中留下姓名的仅为二十分之一。在此45人中除2位意大利人、2位西班牙人外，其余41人均为葡萄牙人。

二、澳门混合型葡人社群的形成与发展：16世纪中叶到17世纪中叶

澳门开埠以后，一方面是葡萄牙人“举国而来，负老携幼，更相接踵，今筑室又

不知其几许，而夷众殆万人矣”[①]，一方面是“闽、粤商人趋之若鹜”[②]。为了获得中西贸易的高额利润，华葡二国商人几乎是同时汇聚澳门。早期华葡杂居的局面必然带来异质文明的冲突，庞尚鹏的奏章中曾多次提到澳门华人纵火焚烧葡人房屋，澳门华人用石头填塞澳门海港的记录。[③] 因此，入居澳门后的葡萄牙人将自己的生活区与华人的生活区隔开，就成了早期葡人的一件大事。刚开始是修建木头的栅栏，将他们的居住区围起来，既防海上的侵袭，又防华人的滋扰。据巴拉舒提供的资料，澳门的第一道防护墙是按照葡萄牙人在马六甲曾做过的那样，用粗树干做出木栅，划定了城市的界限，后来还把葡萄牙人区与华人居住区截然分开。1568 年时，葡萄牙人还将一段木栅用土坯加固。[④] 故施白蒂言：“澳门由木栅栏围着的、通往四个街区的中央街道组成，此外就没有别的地方了。但它有主教堂、圣安多尼堂和教区。此后还有仁慈堂的圣母堂、传教士和杰出市民。”[⑤] 栅栏的一边是中国皇帝的子民，另一边则是信仰天主和效忠葡萄牙国王的葡萄牙人。从根本上说，澳门城的建设就是依据葡萄牙中世纪城市理念建成的，葡萄牙中世纪城市的基本概念就是“在城墙之内”。而城墙之内构成的就是一个完完全全以基督教信仰为中心的西洋社会。

（一）澳门社会发展黄金时期葡人社群的人口数量

自 1557 年澳门开埠以后，居澳葡萄牙人以澳门居留地为中转站发展了澳门—马六甲—果阿—欧洲、澳门—长崎、澳门—马尼拉—墨西哥、澳门—安南—泰国、澳门—望加锡—巴达维亚等几条航线，澳门变成了一个葡萄牙人在东方贸易的最繁盛的港口。从 1557 年到 1640 年的 80 余年间，澳门的对外贸易极为发达，居澳的葡萄牙商人也获得了巨大的财富，形成了澳门社会发展的黄金时期。在此期间，澳门葡人社会亦由此形成并获得迅速发展。

有关澳门葡人的人口情况，非官方的统计非常多，并散见于当时的历史资料中，特别是在船长、兵头及神父的书信或闻见录中。虽然非官方文献的数字并不完全准确，甚至会出现相互矛盾的情况，但是来源于各方面的众多数据可以说明开埠以后葡萄牙人人口的基本发展趋势。此外，值得注意的是，由于居澳葡人的流动性比较大，多数葡商长年出海进行贸易，所以保存的这些数据并不能准确反映澳门的葡人人口，但是可以看出大概的人口数量和变动趋势。

---

① （明）庞尚鹏：《百可亭摘稿》卷 1，《陈末议以保海隅万世治安疏》，四库全书存目丛书集部第 129 册影印明万历二十七年庞英山刻本，济南：齐鲁书社，1997 年，第 130～131 页。

② （清）张廷玉：《明史》卷 325，《佛郎机传》，北京：中华书局，1974 年，第 8433 页。

③ （明）庞尚鹏：《百可亭摘稿》卷 1，《陈末议以保海隅万世治安疏》，四库全书存目丛书集部第 129 册影印明万历二十七年庞英山刻本，济南：齐鲁书社，1997 年，第 131 页。

④ [葡] 巴拉舒著，范维信、喻慧娟译：《澳门中世纪风格的形成过程》，载《文化杂志》（中文版）第 35 期，1998 年，第 60 页。

⑤ [葡] 施白蒂著，小雨译：《澳门编年史：16—18 世纪》，澳门：澳门基金会，1995 年，第 17 页。

图 1－2　《皇清职贡图》中的大西洋国（葡萄牙，左）及小西洋国（果阿，右）夷人、夷妇

表 1－3　1558—1644 年澳门葡萄牙人已婚者人口统计

年份	葡人人口数	说明
1558	500～600 已婚者	从浪白滘迁入澳门①
1562	800 已婚者②	
1563	800～900 已婚者	不包括儿童，还有几千名黑人奴隶③
1564	500 已婚者④	
1582	500 已婚者⑤	
1583	900 已婚者	除女人和奴隶之外⑥

① ［瑞典］龙思泰著，吴义雄等译：《早期澳门史》，北京：东方出版社，1997 年，第 13 页。

② Manuel Teixeira, *Macau no Séc. XVI*, Macau: Serviços de Educação e Cultura, 1981, p. 43; Manuel Teixeira, *Macau e a Sua Diocese*, *Vol. Ⅲ*, *As Ordens e Congregações Religiosas em Macau*, Macau: Tipografia Soi Sang, 1956－1961, pp. 135－136.

③ Manuel Teixeira, *Macau no Séc. XVI*, Macau: Serviços de Educação e Cultura, 1981, p. 63; Epístola de Manuel Teixeira S. J. a Leonel de Lima S. J., Cantão, 1/Ⅻ/1564 in *Boletim Eclesiástico da Diocese de Macau*, Vol. 62, No. 724 e 725, 1964, pp. 766－767 称："该城常住葡萄牙人口为 600 已婚者，另外还有他们的家佣和奴隶。"

④ Manuel Teixeira, *Macau no Séc. XVI*, Macau: Serviços de Educação e Cultura, 1981, p. 63.

⑤ C. R. Boxer, *South China in the Sixteenth Century Being the Narratitives of Goalete Pereira, Fr. Gaspar da Cruz, O. P., Fr. Martin de Rada, O. E. S. A., (1550－1575)*, London: The Hakluyt Society, 1953, p. xxxvi.

⑥ Manuel Teixeira, *Macau no Séc. XVI*, Macau: Serviços de Educação e Cultura, 1981, p. 63.

（续上表）

年份	葡人人口数	说明
1601	600 已婚者	另外还有临时停留在澳门的葡萄牙商人①
1621	700～800 已婚者	澳门华人人口达到 10 000 人②
1623	430 已婚者	全部为土生家庭，还有 437 户华人基督徒③
1625	853 已婚者	其中 75 人为暂住者，227 人为欧亚裔，551 人为土著居民④
1634	600 已婚者	原文是 1634—1637 年⑤
1635	850 已婚者	每户有 6 名奴隶，150 名单身汉，850 名中国基督徒⑥
1636	600 已婚者⑦	
1637	600 已婚者⑧	
1640	600 已婚者	另外有本地进教的已婚者 500 人⑨
1644	1 000 已婚者	另外还有华人进教家庭，但不清楚数量⑩

① Carta Régia ao vice-Rei, 22/Ⅱ/1601, pubicada por, in C. R. Boxer, *Estudos para a História de Macau*, Vol. 1, Lisboa, 1991, pp. 56－57；［英］博克塞著，黄鸿钊等译：《16—17 世纪澳门的宗教和贸易中转港之作用》，载中外关系史学会、复旦大学历史系编：《中外关系史译丛》第 5 辑，上海：上海译文出版社，1991 年，第 82 页记为 400 人。

② 程绍刚译注：《荷兰人在福尔摩莎：1624—1662》，台北：联经出版社，2010 年，第 4 页；C. R. Boxer, *Estudos para a História de Macau*, Vol. 1, Lisboa, 1991, p. 24.

③ ［葡］莱萨著，范维信译：《澳门人口：一个混合社会的起源和发展》，载《文化杂志》（中文版）第 20 期，1994 年，第 125 页。阿尔奈斯（Ozebio Arles）神父评论称：澳门当时有 1 700 个基督教家庭，每个基督教家庭 15 人（包括奴隶）。

④ Biblioteca Pública Distrital de Évora, cód. CXVI/2－5, fls. 226－232.

⑤ G. B. Souza, *The Survival of Empire: Portuguese Trade and Society in China and the South China Sea, 1630－1754*, Cambridge: Cambridge University Press, 2004, p. 32.

⑥ ［葡］安东尼奥·博卡罗著，范维信译：《要塞图册》，载澳门《文化杂志》编：《16 和 17 世纪伊比利亚文学视野里的中国景观》，郑州：大象出版社，2003 年，第 219 页。

⑦ G. B. Souza, *The Survival of Empire: Portuguese Trade and Society in China and the South China Sea, 1630－1754*, Cambridge: Cambridge University Press, 2004, p. 32.

⑧ G. B. Souza, *The Survival of Empire: Portuguese Trade and Society in China and the South China Sea, 1630－1754*, Cambridge: Cambridge University Press, 2004, p. 32.

⑨ ［英］博克塞著，黄鸿钊等译：《16—17 世纪澳门的宗教和贸易中转港之作用》，载中外关系史学会、复旦大学历史系编：《中外关系史译丛》第 5 辑，上海：上海译文出版社，1991 年，第 82 页。

⑩ Manuel Teixeira, Os Macaenses, in *Revista de Cultura*, Edição do Instituto Cultural de Macau, No. 20, 1994, p. 75.

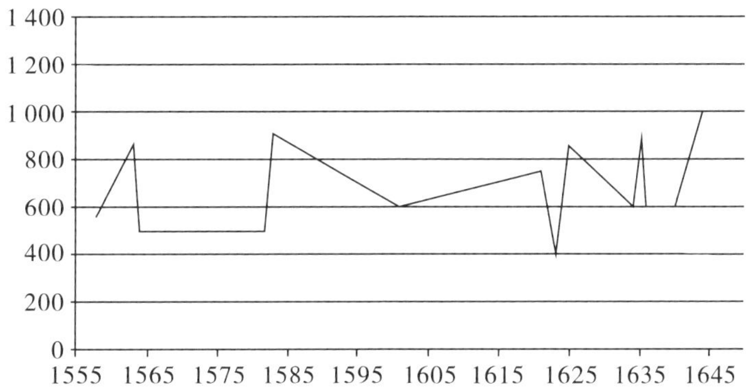

注：横坐标为年份（单位：年），纵坐标为已婚者数量（单位：已婚者）

图 1－3 1557—1644 年澳门葡萄牙人已婚者发展趋势图

这里首先要对“已婚者”① 作一详细介绍，在早期澳门的人口数据中，由于很多学者没有明白在葡萄牙早期航海活动中，对于海外殖民地的人口统计数多使用已婚者（casado）一词，所以往往将一个已婚者等同于一个单位个人来统计，这样造成了很多早期澳门葡萄牙人人口统计上的混乱。关于已婚者，印度学者桑贾伊·苏布拉马尼亚姆是这样解释的：

> 它专用于在亚洲的葡萄牙人，在葡萄牙帝国的其他地方，或者葡萄牙本土很少或从未使用过。这是一个容易使人产生误解的简单术语，字面意思是指“已经结婚的人”，但实际上，它的含义还要更具体一些。首先，只有那些居住在“葡属印度”管理之下的地方的人才能被称为“已婚者”，而且他们与某一具体的住所相联系。在官方的证明、请求书和其他法律文件中，这一术语经常以“某某殖民地的已婚者”的形式出现，作为已婚的殖民者，这些人显然有别于神父，他们与殖民地的守卫部队中的士兵以及从葡萄牙来的短期任职官员也有区别。因此，没有一个总督是“已婚者”。已婚者群体包括两类人，一类是完全的葡萄牙人，另一类是混血儿。②

李长森教授在葡萄牙学者的研究基础上对已婚者也有自己的解释：

> 在葡萄牙史学界对印度洋沿岸及亚洲人口的早期统计中，经常会遇到“已婚者”的概念，因为“已婚者”是构成葡萄牙在其东方殖民地人口的基础。然而，在这一历史时期，“已婚”并非指一般意义上的婚姻状况。它更多的含义是指在印度及后来在泛印度洋及亚洲其他地区定居的葡萄牙人，而且这些人必须具有自然

---

① 关于澳门葡人人口的统计人数，目前国内绝大部分著作始终是将已婚者的数字认作澳门外来人口的总数，这一错误至今不能纠正，层层沿袭，令人遗憾。

② ［印度］桑贾伊·苏布拉马尼亚姆著，何吉贤译：《葡萄牙帝国在亚洲（1500—1700）：政治和经济史》，澳门：纪念葡萄牙发现事业澳门地区委员会，1997 年，第 228～229 页。

> 人身份，换言之，是自由人。在当时，“已婚”概念相对于“失去自由”的人，比如相对于士兵，因为一般来说士兵并没有太多的自由。这一概念亦不适用于王室派出的行政官员。在这两种人中，前者根据王室的指令和需要在各殖民地执行各种军事任务；而后者则由王室每三年委派一次，在东方各个殖民地担任各种职务。“已婚者”还有别于“单身者”，或者说有别于漂泊不定的商人，他们多在航行之中或者在各地方之间从事贸易，同样没有固定居所。在通常情况下，“已婚者”是指在东方有固定居所的商人或其他职业者。因此，（已婚者）是人口统计，特别是常住人口统计的主要依据。①

根据上面的解释，可以得知“已婚者”实际上就是一家之主，葡萄牙人的已婚者人数并不是葡萄牙人的全部，它在很大程度上就是指葡萄牙人的一个家庭。明白了这个道理，我们就可以看出早期澳门葡人人口发展的一个基本趋势。最早记录澳门葡人已婚者数量的时间是1558年，当年为500～600已婚者，亦即当时已有500～600个葡萄牙家庭进入澳门，还不包括天主教会的神父及葡萄牙官员。到1562年就上升到800已婚者，到1563年上升到800～900已婚者，之后又回落到500已婚者。从上面的澳门葡人已婚者发展趋势图可以看出，澳门葡人已婚者的数字总是在500～800起伏。故文德泉称：“澳门的常住葡人人口为600已婚者，但是在赴日本船队停留澳门的几个月的时间里，如果加上船队的商人、海员及驾船者会使澳门已婚者人数增加到800。”② 文德泉这一说法是有根据的，从澳门开埠一直到明朝灭亡，澳门的常住葡人人口数大体上就是600已婚者，而在贸易最繁盛的时期或有特殊原因的时候，澳门的葡人已婚者则可高达800～900，甚至1 000。在澳门对外贸易的黄金时代，每年都有几艘或几十艘从果阿或马六甲出发赴日本进行贸易的葡萄牙大帆船要经停澳门等候季风，一般到澳门之时是在三四月，而离开澳门时则在七八月；从日本返回澳门时在10月到11月，然后等到明年的季风到来才能返航，而这段时间，这些船上的商人、水手、船员都要居留澳门。当时的大帆船多为400吨以上的船只，每艘船有70～80人，3艘船就在200人以上，而5艘船则在400人左右，所以上述的800以上的已婚者记录均是来自果阿或马六甲且在澳门短暂居留的葡萄牙已婚者。这就是澳门葡人社会已婚者的基本状况。

前已言之，一个已婚者即相当于一个家庭。关于葡萄牙家庭人口的统计数有两种方法，一种是澳门的葡人家庭以10口计，如《澳门记略》称“凡为户四百三十有奇，

---

① A. H. de Oliveira Marques, *História dos Portugueses no Extremo Oriente*, Vol. Ⅰ, Lisboa: Fundação Oriente, 1998－2003, pp. 185－187；李长森：《明清时期澳门土生族群的形成发展与变迁》，北京：中华书局，2007年，第53～54页。

② Epístola de Manuel Teixeira S. J. a Leonel de Lima S. J., Cantão, 1/Ⅻ/1564 in *Boletim Eclesiástico da Diocese de Macau*, Vol. 62, No. 724 e 725, 1964, pp. 766－767.

丁口十倍之"[①]，则是一户有 10 口人。第二种是澳门葡人家庭以 20 口计，据 1644 年嘉尔定（António Francisco Cardim）神父称他亲眼所见"每个土生家庭平均 20 口人"。[②] 据印度学者桑贾伊·苏布拉马尼亚姆的研究，印度地区的葡人家庭人口数字更大，每家平均拥有的奴仆数就达 10 名。他还举了 1611 年印度财务官员加西亚·德·梅洛家有奴隶 19 名的例子。[③] 而澳门的家庭每家都拥有"6 名武装奴隶"。[④] 则每家拥有的奴隶实际数应超过 6 名，因为还有一些非武装的家仆。这样奴仆加上妻子、儿女，故每家以 20 口计应是一个比较客观的数据。而上面《澳门记略》葡人家庭以 10 口计则应是反映 18 世纪以后的澳门情况。据此，我们可以知道，16 世纪中叶到 17 世纪中叶澳门葡人社会的总人口数应该就是在 12 000 人左右，1564 年庞尚鹏所言"夷众殆万人矣"[⑤]，1565 年吴桂芳所言"况非我族类不下万人"[⑥]，也与上述人口估算值相近。个别时期可能会高一些，如 1562、1563、1583、1625、1635、1644 年。还有大约 1582 年完成的《市堡书（手稿）》记录："澳门现已超过2 000户人家，居民几乎全是葡萄牙人。"[⑦] 这一资料的记录就明显要比上面的葡萄牙人统计数据高出许多，因为该《市堡书（手稿）》是企图向当时葡西联合国王菲利普二世进行的汇报，很可能含有夸大的成分。还有 1638 年曾德昭（Álvaro Semedo）在果阿完成的《大中国志》也称，澳门"城市并不大，约有 900 或 1 000 葡萄牙人"[⑧]。这里的"人"即为已婚者。该书完成于 1638 年，所记应为 1636 年或 1637 年的数字，这个数字明显也比表 1-3 的 600 已婚者多。1644 年记录为1 000个土生葡人家庭，而据记录者嘉尔定神父称他亲眼所见"每个土生家庭平均 20 口人。基督徒总数达 4 万人"[⑨]。则 1644 年时，葡人家庭总人口达到 2 万人。印度学者桑贾伊·苏布拉马尼亚姆也认为 1640 年代澳门总人口为 4 万人，其中

---

① （清）印光任、张汝霖原著，赵春晨校注：《澳门记略校注》，《澳蕃篇》，澳门：澳门文化司署，1992 年，第 143 页。

② Manuel Teixeira, Os Macaenses, in *Revista de Cultura*, Edição do Instituto Cultural de Macau, No. 20, 1994, p. 75.

③ ［印度］桑贾伊·苏布拉马尼亚姆著，何吉贤译：《葡萄牙帝国在亚洲（1500—1700）：政治和经济史》，澳门：纪念葡萄牙发现事业澳门地区委员会，1997 年，第 237 页。

④ ［葡］安东尼奥·博卡罗著，范维信译：《要塞图册》，载澳门《文化杂志》编：《16 和 17 世纪伊比利亚文学视野里的中国景观》，郑州：大象出版社，2003 年，第 219 页。

⑤ （明）庞尚鹏：《百可亭摘稿》卷 1，《陈末议以保海隅万世治安疏》，四库全书存目丛书集部第 129 册影印明万历二十七年庞英山刻本，济南：齐鲁书社，1997 年，第 131 页。

⑥ （明）陈子龙辑：《明经世文编》卷 342，吴桂芳：《吴司马奏议·议阻澳夷进贡疏》，北京：中华书局影印平露堂刊本，1962 年，第 3669 页。

⑦ ［葡］佚名著，陈用仪译：《市堡书（手稿）》，载澳门《文化杂志》编：《16 和 17 世纪伊比利亚文学视野里的中国景观》，郑州：大象出版社，2003 年，第 116~117 页。

⑧ ［葡］曾德昭著，何高济译：《大中国志》，上海：上海古籍出版社，1998 年，第 209 页。

⑨ Manuel Teixeira, Os Macaenses, in *Revista de Cultura*, Edição do Instituto Cultural de Macau, No. 20, 1994, p. 75.

2 万人是葡萄牙人和具有葡萄牙血统的人。[①] 可知，到 1640 年前后澳门葡人人口从过去的1 200人已发展到20 000人，两万葡萄牙人（包括仆役）达到了澳门历史上最高人口峰值。而从这时候开始，澳门的三条主要航线（澳门到长崎、澳门到马尼拉、澳门到马六甲）都已被截断，澳门经济明显走向衰落，为什么葡人人口反而会急剧增长呢？虽然这一时期属于葡萄牙独立光复时期，但并无任何原因可以促使澳门葡人人口的增长。笔者怀疑，此时亦正是葡萄牙亚洲殖民地在荷兰、英国的进攻下不断丧失的时期，如霍尔木兹、亚齐、马六甲，而这些丧失海外居地的葡萄牙人很可能进入澳门。所以这一时期澳门的葡人人口出现了非同寻常的增长。

我们再以澳门已婚者与葡属亚洲各殖民点的已婚者进行比较，仅以博卡罗 1635 年公布的葡属亚洲已婚者的情况为例：

表 1－4　1635 年葡属亚洲的“白人”（葡人）与“黑人”（当地土著）已婚者情况[②]

殖民点	白人已婚者	黑人已婚者
澳门	850	850
果阿	800	2 200
达曼	400	?
科伦坡	350	2 000
科钦	300	200
马六甲	250	
圣多美	120	200
莫桑比克	70	
第乌	59	59

表 1－5　16—17 世纪澳门与马六甲葡人已婚者人数比较

年份	澳门	马六甲
1512		38[③]
1528		143[④]
1558	500～600	
1583	900	

---

① ［印度］桑贾伊·苏布拉马尼亚姆著，何吉贤译：《葡萄牙帝国在亚洲（1500—1700）：政治和经济史》，澳门：纪念葡萄牙发现事业澳门地区委员会，1997 年，第 216 页。

② ［印度］桑贾伊·苏布拉马尼亚姆著，何吉贤译：《葡萄牙帝国在亚洲（1500—1700）：政治和经济史》，澳门：纪念葡萄牙发现事业澳门地区委员会，1997 年，第 230 页。

③ William Herbert Cecil Smith, *The Portuguese in Malacca during the Dutch Period*, *Studia*, No. 7, Lisbon, 1961, p. 89.

④ Luís Filipe Thomaz, Os Portugueses em Malaca, Vol. Ⅰ, in *Early Portuguese Malacca*, Macau, 1998, p. 72.

（续上表）

年份	澳门	马六甲
1595—1597		100①
1598—1599		600②
1601	600	
1620		100③
1621	700～800	
1625	853	
1626		114④
1635	850	250⑤
1640	600	250⑥

从表 1－4 可以看出，1635 年时，整个葡属亚洲各殖民点以澳门的葡人已婚者为最多，果阿次之，最少的第乌的葡人已婚者仅为澳门的 7％。而表 1－5 中澳门与马六甲比较，马六甲是葡萄牙海外殖民地的重镇，其地位仅次于果阿，但是其葡人已婚者的人数远远少于澳门。马六甲开埠之初，葡人已婚者仅 38 人，而澳门则为 500～600 人。如以 600 人计，澳门是马六甲的 16 倍。1635 年，澳门为 850 人，马六甲则为 250 人，也仅为澳门的 29％。在葡萄牙亚洲各殖民点中，澳门的葡人已婚者数量最大，提供的直接信息就是葡萄牙对海外的商业移民为最多。这也可以反映出，由于在 16—17 世纪葡萄牙的远东贸易中，澳门是当时最重要的中转港口，也是最为繁盛的国际贸易中心，所以前往澳门做生意和定居的葡国商人也就最多，不仅超过葡萄牙海外殖民地重镇马六甲，甚至超过当时葡印总督的首府果阿。

---

① Jan Huyghen van Linschoten, *The Voyage of John Huyghen van Linschoten to the East Indies*, Vol. Ⅰ, London: Printed for the Hakluyt Society, 1885, p. 104.

② Manuel Godinho de Heredia, *Informação da Aurea Chersoneso ou Peninsula, e dos ilhas auríferas, carbúnculas e aromáticas, in Ordenações da India*, Lisboa, 1807, p. 72.

③ Artur Teodoro de Matos, *Documentos Remetidos da Índia ou Livros das Monções (1625－1627)*, Vol. 7, doc. 151, Lisboa, 1975, p. 226.

④ William Herbert Cecil Smith. *The Portuguese in Malacca during the Dutch Period*, No. 7, Lisbon, 1961, p. 89.

⑤ António Bocarro, *O Livro das plantas de todas as fortalezas, cidades, e povações do Estado da India Oriental*, Vol. Ⅱ, Lisboa, 1992, p. 251.

⑥ Anthony Disney, *A queda de Ormuz, Malaca e Mombaça, in Portugal no Mundo*, Vol. Ⅴ, Lisboa, 1989, p. 45. 以上马六甲已婚者人口的资料均参考李长森：《明清时期澳门土生族群的形成发展与变迁》，北京：中华书局，2007 年，第 140～141 页。

（二）澳门社会发展黄金时期混合型葡人社群的出现及其结构

从1557年澳门开埠以后，一个混合型的葡人社群即已出现。在早期的葡萄牙文献和档案中出现了对在亚洲各殖民点的葡萄牙社群分类，一共分为7种：1）已婚人员或已婚居民，指的是已婚的殖民者；2）士兵或战士；3）修道士和神父；4）官员；5）背叛宗教信仰的人；6）逃兵或叛逃人员；7）流氓或单身者（指没有固定住所，自由移动的商人）。前4类是相对明确的，后3类使用起来则十分随意，有时甚至可以相互交替。[①] 值得注意的是，上面的分类没有提及当地加入天主教成为基督徒的土著人，实际上葡属亚洲各殖民点上那些加入了天主教成为基督徒的土著人也融入了葡萄牙社群之中。1635年博卡罗的《要塞图册》中则比较细致地描述了澳门葡萄牙社群的分类：

> 本市的葡萄牙已婚者连同他们的子女有850人，他们的子女比东方任何地方的人都健壮得多。他们都有6个武装奴隶，奴隶当中最多并且也最好的是卡菲尔人和其他民族的人。那些有巴隆船（Balões）的人家由他们划这种小船到那些岛屿附近游玩，他们的主人还可能有曼舒亚船（Manchuas），这种船比较大，可以用来为自己、为陛下做很多事情。
>
> 除了葡萄牙已婚者外，本市还有数目大致相同的当地和中国基督教徒（他们占大部分，被称为Jurubaças）和其他民族的已婚者。葡人和这些人都有很精良的武器，如火枪、矛和其他类似武器，没有6条或12条火枪以及同样数量的矛或标枪的葡人很少，他们把后者做成金黄色，同时也作为家里的装饰品。
>
> 此外，本市还有许多葡萄牙水手、领港员和大副，他们大部分在王国结了婚，另一些是单身汉，在日本、马尼拉、索洛、马卡萨（Macassar）和交趾支那航线上航行。这些人有150名以上，其中一些拥有大量货物，价值在5万多色勒芬（Xerafins），他们绝不肯搬到果阿去，其原因要么是犯了什么罪不想受国王制裁，要么是不想让总督利用他们为陛下效劳。由于同样的原因，这里还有许多非常富有的单身汉商人。
>
> 本市还有管理战争事务的兵头，他有2名陆军上尉、2名少尉以及中士和班长、1名副官，另有1名王家法官和1名法官管理司法事务。王家法官的薪俸为10万雷伊，由马六甲海关支付。（至于）神职人员，有1位主教，现在已经死了，尚未来人替补，他的收入是2 000色勒芬，由马六甲海关支付。[②]

在上述葡萄牙社群的分类中，葡萄牙的已婚者在数量上居多数地位，是葡萄牙社群中

---

① ［印度］桑贾伊·苏布拉马尼亚姆著，何吉贤译：《葡萄牙帝国在亚洲（1500—1700）：政治和经济史》，澳门：纪念葡萄牙发现事业澳门地区委员会，1997年，第228页。

② ［葡］安东尼奥·博卡罗著，范维信译：《要塞图册》，载澳门《文化杂志》编：《16和17世纪伊比利亚文学视野里的中国景观》，郑州：大象出版社，2003年，第219～220页。

的核心和中坚力量。

1. **葡萄牙已婚者家庭的构成**

来澳葡人中，按照婚姻状况，可分为单身和已婚者。已婚者中一部分在葡萄牙完婚，而更多的是在印度及东南亚等地与当地女子结婚。在宗主国已婚的葡人很少有妻子随夫到亚洲的，于是这些葡人会在殖民地再次结婚生子，而他们与印度及东南亚民族结合的家庭成员通常会跟随到澳门。文德泉也提到，1563 年时，澳门出现第一批土生葡人，这些土生葡人是葡萄牙人与他们从印度带来的奴隶的结合，大多是马来人。之后则与华人通婚。[①] 1563 年 12 月 1 日，泰玛诺（Manuel Teixeira）神父在描述澳门的情况时称：在澳门的 800 或 900 名葡萄牙已婚者在不同的港口奔走，但真正的葡萄牙居民只有 500 人。[②] 在澳门社会发展的黄金时期，来澳门的真正的欧洲葡萄牙居民究竟有多少，是一个无法统计的数据。应该说，开埠之初来澳门的真正的欧洲葡萄牙居民可能要多一些，正如泰玛诺所言，1563 年超过了 500 人，占总人口的一半以上，这恐怕应与开埠之初澳门社会的开拓之需有关。但可以相信，随着时间的推移，来澳门的真正葡萄牙人会越来越少，因为从葡萄牙向亚洲移民的人口流动数量来看，1497—1540 年平均每年 648 人，1541—1570 年平均每年为 450 人，1571—1610 年平均每年为 667 人，1611—1660 年平均每年为 476 人，1661—1700 年平均每年为 146 人，总的趋势是流向亚洲的总人口逐年下降。[③] 所以，笔者估计到 17 世纪以后，澳门的真正来自欧洲的葡萄牙居民数量会越来越少。故有资料称，1720 年纯种葡萄牙人包括其子女只有 274 人[④]，1773 年纯种葡萄牙人只有 127 人[⑤]。

16 世纪初与葡萄牙男子通婚的东南亚女性主要是马来西亚妇女。此外，还有帝汶、印度、日本、印度尼西亚等国家的妇女，以及少数与欧洲意大利及拉丁美洲的混血。莱萨（Almerindo Lessa）的研究提到：

> 葡萄牙人一开始在澳门拥有的大部分妇女都是从马来语地区——整个南洋群岛，甚至锡兰带去的。当时葡萄牙人名气很大，因为在我们所进行的第一次航行中，有一个浪漫的插曲：由于一个女子的通报，或不知多少女子的协助，我们的人免遭屠戮。她们从士兵和当地人那里了解情况后，将一切通知了我们的人，因为她们知道所有的命令。这些马六甲的妇女非常钟情，愿意满足一个男人的愿望，甚至不惜为她们的男人献出生命。这已经为我们所津津乐道。洛佩斯（Fernão

---

① Manuel Teixeira, *Macau no Séc. XVI*, Macau: Serviços de Educação e Cultura, 1981, p. 44.

② Manuel Teixeira, *Primórdios de Macau*, Macau: Instituto Cultural de Macau, 1990, p. 36.

③ ［印度］桑贾伊·苏布拉马尼亚姆著，何吉贤译：《葡萄牙帝国在亚洲（1500—1700）：政治和经济史》，澳门：纪念葡萄牙发现事业澳门地区委员会，1997 年，第 227 页。

④ Manuel Teixeira, *Macau no Séc. XVIII*, Macau: Imprensa Nacional, 1984, p. 230.

⑤ A. M. Martins do Vale, *Os Portugueses em Macau (1750 - 1800)*, Instituto Português do Oriente, 1997, pp. 120 - 121.

Lopes）提到，大部分妇女都很漂亮，皮肤黝黑，穿着名贵的丝绸，外披一件短衫。[①]

至少到1584年时，居澳葡人开始与华人通婚。葡萄牙人的这种通婚方式为澳门的西洋小区的生活增添了许多东南亚和中国色彩。菲律宾的西班牙监督官胡安·罗曼（Juan Baptista Roman）1584年5月1日来到澳门，并记录道：

大部分葡萄牙人与中国人通婚，这些中国人出身不好，是奴隶。[②]

1584年9月28日，罗曼在转发利玛窦从肇庆发来的一封信中报道澳门情况：

这里葡萄牙人几乎都娶了中国女子为妻，不是显贵人家的女儿，而是女奴或是平民。[③]

1819年，东印度公司医生李文斯敦（John Livingston）在致马礼逊博士的信中阐述了澳门葡人社会的人口组成，与16—17世纪无异：

基督徒由葡萄牙人和穿葡萄牙服装的中国人构成。来自欧洲、印度、非洲、邻近的菲律宾和马来群岛的早期移民的混血儿人数不超过5 000人。每年大约有100名奴隶从帝汶岛和葡萄牙的非洲殖民地到达澳门。从上述国家和地区来的人经过250年的混合，构成了现今澳门的混血人口。[④]

在澳门葡人家庭的构成中，欧洲女子从一开始就比较少，直到17世纪中叶时，仍寥寥无几。博克塞称：

建于约1555—1557年的澳门城，在最初期的殖民者当中是没有白种妇女的。他们也没有与邻近的香山县的华人融合在一起，与他们一同居住的妇女一般是日本、马来西亚、印度尼西亚及印度来的，而这些妇女身份多数是奴仆。可是过了一阵子，一群为数不少的华人开始定居于逐渐发展的港口，由于在明朝时期，中国禁止与日本贸易往来，所以澳门很快形成了中日贸易中心。因此，葡萄牙的男人开始与中国女人通婚；不过中国女人的角色仍以妾或契约女佣（妹仔）居多。[⑤]

1633年，曾有6位女修士来到澳门创建了圣家辣修道院，对于缺乏欧洲女人的澳门来说，6位西班牙女士的到来激起了澳门人的极大热情。徐萨斯称：

澳门人洒上香水、举着鲜花，列队欢迎她们。她们走过的每条街道、每座房

---

① Almerindo Lessa, *L' Histoire et les Hommes de la Première République démocratique de la Orient: Anthropobiologie et Anthroposociologie de Macao*, Centre National de la Recherche Scientifique, 1974, p. 103.

② Manuel Teixeira, *Macau no Séc. XVI*, Macau: Serviços de Educação e Cultura, 1981, p. 64.

③ ［西］罗曼著，陈用仪译：《中国风物志》，载澳门《文化杂志》编：《16和17世纪伊比利亚文学视野里的中国景观》，郑州：大象出版社，2003年，第127页。

④ ［英］艾莉莎·马礼逊编，杨慧玲等译：《马礼逊回忆录》第2卷，郑州：大象出版社，2008年，第10页。

⑤ C. R. Boxer, *Women in Iberian Expansion Overseas, 1415 – 1815: Some Facts, Fancies and Personalities*, New York: Oxford University Press, 1975, p. 84.

屋都装饰一新，炮台和军舰都鸣枪向这些基督的配偶表示敬意。[①]
1637年7月彼得·芒迪（Peter Mundy）跟随一支英国船队来到澳门，他在他的游记中介绍了市议员奥利维拉·亚朗尼亚（António de Oliveira Aranha）的家：

> 他的家里很富裕，家具齐全，有娱乐场所，与前者相差无几，不同的是，在这里服侍我们的是中国女佣，她们也是他购置的财产，这里每户人家都拥有大量华人女佣以处理家务，据称整个澳门城内仅有一名生于葡国的女性。当地葡萄牙人的妻子不是中国人就是中葡混血儿。[②]

到18世纪末，法国商务代表喷士噔（Charles de Constant）在澳门住冬时也提到：

> 当时澳门只有一个欧洲女子，即总督夫人。[③]

图1-4　1793—1842年先后3次出任总督的边度先生的夫人达西华·边度（Mrs Da Silva Pinto）像（钱纳利1840年绘画）[④]

据福尔加斯（Jorge Forjaz）的《澳门土生家族》资料记载，澳门葡人社会通常是大家族，一个家庭有七八名子女司空见惯，甚至有的夫妇竟有十五六名子女，最多的有24名。如土生葡人雷梅吉奥斯（António dos Remédios）于1791年结婚，夫妇两人共生育有16个葡人血统的子女；土生葡人伊纳修·里贝罗（Inácio Vieira Ribeiro）两次娶妻，共生有16名子女；具有南斯拉夫血统的土生葡人吉列梅（Guilheme António

---

① ［葡］徐萨斯著，黄鸿钊等译：《历史上的澳门》，澳门：澳门基金会，2000年，第82页。

② Peter Mundy, *The Travels of Peter Mundy in Europe and Asia: 1608 - 1667*, Vol. 3, Cambridge: Printed for the Hakluyt Society, 1919, pp. 262 - 263.

③ Louis Dermigny, *Les Mémoires de Charles de Constant sur le Commerce à la Chine*, Paris: S. E. V. P. E. N, 1964, p. 153.

④ ［美］多米尼克·士风·李著，李士风译：《晚清华洋录：美国传教士、满大人和李家的故事》，上海：上海人民出版社，2004年，第76~77页间第6幅插图。

Yvanovich）则生有 14 名子女；具有意大利血统的土生葡人热万尼·里奇（Giovanni Ricci）则生有 11 名子女；又如具有法国血统的罗伦索·普拉谢（Lourenço de Sousa Placé）家族第一代生育了 8 名子女，第二代的托梅·普拉谢（Tomé de Sousa Placé）生育了 11 名子女，第三代的戈尔内里奥·普拉谢（Cornélio de Sousa Placé）亦生 11 名子女，安东尼奥·普拉谢（António de Sousa Placé）生有 14 名子女，第四代的阿伯拉尔多·普拉谢（Abelardo António Placé）生有 8 名子女，第五代的埃乌塞比奥·普拉谢（Eusébio Francisco Placé）生有 14 名子女。① 大量的数据都可以证明澳门土生葡人家庭子女多在 10 口以上，所以前引嘉尔定神父所言澳门葡人家庭平均人口为 20 人是极为真实的记录。

这些在澳门生活的庞大的葡人家庭，子女多、人口多，家庭规模庞大。因此，他们需要较多的奴仆从事各种家务劳动，包括一些保证家庭成员安全的侍卫，或充当轿夫杂役的随从。每一个葡人家庭都有较多的从事各项工作的奴仆，所以在澳门社会出现了具有相当数量的奴隶人口。1563 年的资料告诉我们，当时有 800 ~ 900 户葡人家庭（包括纯种葡萄牙人和混血儿），还有几千名黑人奴隶。② 1635 年的资料告诉我们，当时有 850 户葡人家庭，每家有武装奴隶 6 人，如果再加 2 ~ 3 名家内奴隶，则 1635 年澳门的奴隶总数应该有 8 000 余人。③ 总之，16 世纪中叶到 17 世纪中叶澳门葡人家庭中的奴隶人口数目巨大，但到 18 世纪，随着澳门经济的衰落，奴隶人口逐渐减少。1730 年时有奴隶 1 653 人④，1773 年时有奴隶 1 100 人⑤，到 1834 年时奴隶已锐减到 200 余人⑥。奴仆是澳门葡人家庭重要的组成部分，在澳门西洋社会的人口数据中占有很大的比例。

2. 天主教会的修道士和神父

16—17 世纪葡萄牙向外扩张的主要目的有二，即香料与基督。香料指的是贸易，基督指的是天主教。因此，在澳门西洋社会的葡人社群中，除了已婚者商人的葡萄牙家庭外，另一个重要组成部分即教会。一方面，作为信仰天主教的欧洲子民，葡萄牙

---

① 参见李长森：《明清时期澳门土生族群的形成发展与变迁》，北京：中华书局，2007 年，第 165 ~ 174 页。

② Manuel Teixeira, *Macau no Séc. XVI*, Macau: Serviços de Educação e Cultura, 1981, p. 63; Epístola de Manuel Teixeira S. J. a Leonel de Lima S. J., Cantão, 1/XII/1564 in *Boletim Eclesiástico da Diocese de Macau*, Vol. 62, No. 724 e 725, 1964, pp. 766 – 767 称："该城常住葡萄牙人口为 600 已婚者，另外还有他们的家佣和奴隶。"

③ ［葡］安东尼奥·博卡罗著，范维信译：《要塞图册》，载澳门《文化杂志》编：《16 和 17 世纪伊比利亚文学视野里的中国景观》，郑州：大象出版社，2003 年，第 219 页。

④ （清）暴煜：《（乾隆）香山县志》卷 8，《濠镜礐》，中山文献丛刊第 2 册影印清乾隆十五年刊本，第 948 ~ 949 页。

⑤ *Relação dos cazas ricas de Macao*... in AHU, Macau, cx. 6, doc. 47, in A. M. Martins do Vale, *Os Portugueses em Macau (1750 – 1800)*, Instituto Português do Oriente, 1997, pp. 120 – 121.

⑥ （清）卢坤：《广东海防汇览》卷 32，《方略》21，《炮台》2，石家庄：河北人民出版社，2009 年，第 836 页。

人需要教会神父引导他们的精神生活；另一方面，作为传播上帝信条的神职人员，传教士渴望在欧洲的海外帝国皈化异教徒。来到澳门的教会人员大都是葡萄牙保教权之下的传教士，不过他们不全是葡萄牙国籍的，而是来自欧洲各个国家，包括意大利、奥地利、德国等；但是来自葡萄牙的传教士一直居于主体地位。1563 年，第一批耶稣会会士在澳门定居，其中有泰玛诺和安德烈·平托（André Pinto），他们两人是葡萄牙人。[①] 1576 年，澳门建立主教区，以葡萄牙人贾尼劳神父为第一任署理主教，澳门西洋城区的教会生活一步步得到完善。各天主教修道会纷纷来澳门建立据点，包括方济各会、多明我会、奥斯定会。上述三个修会最开始派到澳门来的修道士都是西班牙人，但在澳门葡萄牙人的反对之下，三个修会的西班牙修道士都被驱逐出澳门。西班牙方济各会会士是 1585 年 11 月离开澳门返回马尼拉的，西班牙人在澳门建立的方济各会修道院也被葡萄牙籍方济各会接管。[②] 奥斯定会会士在 1598 年 8 月被澳门葡萄牙人驱逐，西班牙人所建的圣宠圣母修道院亦由葡萄牙籍奥斯定会会士接管。[③] 西班牙多明我会会士于 1587 年在澳门建立教堂，但他们在澳门也仅停留了三年，就被葡萄牙多明我会会士取代并接管了他们的教堂，西班牙人被迫离开澳门前往印度。[④] 澳门的各天主教修会基本上都在葡萄牙人的掌控之中，其中耶稣会的势力最大，特别是 1594 年澳门圣保禄学院建立以后，耶稣会在澳门居留、驻停人数更多。我们根据日本学者高濑弘一郎和中国学者李向玉依据《澳门圣保禄学院年报》中的资料统计的 1594—1692 年在该学院居留的耶稣会神父的人数做表时，发现了一个问题，两位学者统计的人数都有缺漏，如果把两位学者的统计数合并起来，就可以得到一个关于圣保禄学院耶稣会会士居留情况的较为完整的数据。

表 1－6　1594—1692 年耶稣会会士居留澳门圣保禄学院人数表[⑤]

年份	耶稣会会士住学院人数	资料来源
1594	19	高濑弘一郎及李向玉的书俱载
1596	33	李向玉书

---

① ［法］费赖之著，冯承钧译：《在华耶稣会士列传及书目》，北京：中华书局，1995 年，第 14 页。

② Manuel Teixeira, *Macau e a Sua Diocese*, *Vol. Ⅲ*, *As Ordens e Congregações Religiosas em Macau*, Macau: Tipografia Soi Sang, 1956－1961, pp. 428－430.

③ Manuel Teixeira, *Macau e a Sua Diocese*, *Vol. Ⅲ*, *As Ordens e Congregações Religiosas em Macau*, Macau: Tipografia Soi Sang, 1956－1961, pp. 540－541.

④ Manuel Teixeira, *Macau e a Sua Diocese*, *Vol. Ⅲ*, *As Ordens e Congregações Religiosas em Macau*, Macau: Tipografia Soi Sang, 1956－1961, pp. 428－429.

⑤ 高瀬弘一郎：「キリシタン時代の文化と諸相」，東京：八木書店，2002 年，第 356～358 頁。转引自戚印平：《澳门圣保禄学院研究：兼谈耶稣会在东方的教育机构》，北京：社会科学文献出版社，2013 年，第 104 页；李向玉：《汉学家的摇篮：澳门圣保禄学院研究》，北京：中华书局，2006 年，第 93～94 页。

（续上表）

年份	耶稣会会士住学院人数	资料来源
1598	65	李向玉书
1600	55	李向玉书，高濑弘一郎书称 50 以上
1603	55	李向玉书
1604	62	李向玉书
1606	60	高濑弘一郎书
1608	41	李向玉书
1609	50	高濑弘一郎书
1611	45	李向玉书
1612	35 ~ 40	高濑弘一郎书
1615	110	高濑弘一郎书
1616	96	李向玉书
1617	92	李向玉书，高濑弘一郎书作 42
1618	84	李向玉书，高濑弘一郎书作 60 ~ 70
1619 初	78	李向玉书
1619 底	86	李向玉书
1620 底	80	李向玉书
1621	60	高濑弘一郎书
1630	38	高濑弘一郎书
1639	67	高濑弘一郎书
1692	27	高濑弘一郎书

根据表 1 - 6 可以看出，其中人数最高的一年为 1615 年，当时住学院人数达到 110 人，最低即为创办之年，仅 19 人。虽然该表没有记录当时耶稣会会士的国籍，但根据当时葡萄牙保教权管辖下的澳门教区之权责，可以推估上述来澳的耶稣会会士应该主要是葡萄牙人，如 1603 年 10 月记录的圣保禄学院的 29 名学生，其中日本 8 人、意大利 7 人、西班牙 1 人，而葡萄牙则为 13 人；又如 1635 年记录的该校的 18 名学生，其中 2 名日本人、2 名澳门土生人、14 名葡萄牙人。[①] 再看一下 1571—1594 年澳门读写学校 8 任校长名单及 1594—1762 年 168 年间 79 任澳门圣保禄学院院长的名单，除了 1

① 高濑弘一郎：「キリシタン時代の文化と諸相」，東京：八木書店，2002 年，第 356 ~ 358 頁。转引自戚印平：《澳门圣保禄学院研究：兼谈耶稣会在东方的教育机构》，北京：社会科学文献出版社，2013 年，第 104 页。

名西班牙人、4名意大利人以外，全部都是葡萄牙人。[①] 还有1762年在澳门抓捕的24位耶稣会会士名单中，葡萄牙耶稣会会士为15人，占全部人数的62%。[②] 所以葡萄牙耶稣会会士在澳门的常住人口是比较多的，成为澳门西洋社会葡人族群中最为重要的一个组成部分。

在澳门的葡籍修道士中，除了耶稣会以外，方济各会、多明我会、奥斯定会虽然葡籍人数不如耶稣会多，但他们每年都有一定的人员居留澳门以管理他们在澳门的据点——教堂及修道院，正如1623年雷戈所言："本市有奥古斯丁教派、多明我会和圣方济各会；有很好的教堂和修道院，每座教堂和修道院一般居住着七八个教士，有时多一些，有时少一些。"[③] 1794年，澳门共有13个教堂，50多个神父。[④] 除了上述4个天主教修会以外，后来的葡萄牙遣使会也有不少传教士在澳门居留，据统计，圣若瑟神学院复办后，由葡萄牙籍耶稣会会士管理，在1784—1853年，圣若瑟神学院的25名教师中只有5名为非葡籍人，而其余20人全部为葡萄牙人。[⑤] 该学院在1862—1871年又由耶稣会神父管理，当时的教师队伍为14人，而其中9人为葡萄牙人。[⑥] 1890—1910年，耶稣会第三次管理圣若瑟神学院，其教师队伍有耶稣会会士36人，只有5人为非葡籍，而其余31人均为葡萄牙人。[⑦]

值得注意的是，我们在统计澳门教会人口时，除了各天主教修会派来澳门住留的人员以外，还要注意有一部分是澳门堂区教堂的住堂神职人员。19世纪以前，澳门还有3个堂区教堂，即大堂、风信堂、花王堂，各个教堂都有一部分住堂神职人员，如据1774年的澳门统计数据，大堂的教士为19人，风信堂为6人，花王堂为3人。[⑧]

---

① 高瀬弘一郎：「キリシタン時代の文化と諸相」，東京：八木書店，2002年，第328頁；李向玉：《汉学家的摇篮：澳门圣保禄学院研究》，北京：中华书局，2006年，第96～100页。

② ［法］费赖之著，冯承钧译：《在华耶稣会会士列传及书目》，北京：中华书局，1995年，第725～726页。

③ ［葡］雷戈著，范维信译：《澳门的建立与强大记事》，载澳门《文化杂志》编：《16和17世纪伊比利亚文学视野里的中国景观》，郑州：大象出版社，2003年，第196页。

④ ［英］斯当东著，叶笃义译：《英使谒见乾隆纪实》，上海：上海书店出版社，1997年，第523页。

⑤ Manuel Teixeira, *Macau e a Sua Diocese*, *Vol. VⅢ*, *Padres da Diocese de Macau*, Macau: Tipografia da Missão do Padroado, 1972, pp. 306 – 320; Manuel Teixeira, *Macau e a Sua Diocese*, *Vol. Ⅲ*, *As Ordens e Congregações Religiosas em Macau*, Macau: Tipografia Soi Sang, 1956 – 1961, pp. 668 – 690.

⑥ Manuel Teixeira, *Macau e a Sua Diocese*, *Vol. VⅢ*, *Padres da Diocese de Macau*, Macau: Tipografia da Missão do Padroado, 1972, pp. 251 – 255.

⑦ Manuel Teixeira, *Macau e a Sua Diocese*, *Vol. VⅢ*, *Padres da Diocese de Macau*, Macau: Tipografia da Missão do Padroado, 1972, pp. 272 – 305.

⑧ "*Rezumo de tudos os homens de Macau... e de todos os mais christaons Vassalos del Rey N. Snr.*" *Anexo ao Relatório de D. Alexandre da Silva Pedrosa Guimarães, de 8 de Janeiro de 1775*, in AHU, Macau, cx. 8. doc. 6, in A. M. Martins do Vale, *Os Portugueses em Macau (1750 – 1800)*, Instituto Português do Oriente, 1997, p. 131.

1791年的统计数据则是大堂神职人员25人，风信堂1人，花王堂1人。[①] 如果我们以这两年的统计数据作为澳门堂区教堂神职人员的常住数，则在澳门的各堂区居住的专职神职人员应该是二十七八人。毫无疑问，堂区的神职人员是绝不可能出于他国的，只有葡萄牙籍或澳门土生葡人才有可能担任澳门堂区教堂的神职工作。而对于澳门来说，这一批葡萄牙籍或者是葡裔的堂区神职人员比那些各天主教会派往澳门的修道士显得更为重要，因为这些堂区神职人员是直接引导澳门葡萄牙人精神信仰、抚慰灵魂、主持圣事之人，与他们的日常生活息息相关。

3. **澳门葡人社群中的官员、船员及士兵**

这里所讲的葡人社群中的官员、船员及士兵，即属于亚洲各殖民点的葡萄牙社群7种分类的第2类和第4类。官员是指由葡萄牙国王或者是葡印总督派往澳门担任一定的专门职务的葡萄牙人，如早期的中日贸易船队总指挥、后期的总督、王室大法官、澳门教区主教、王室金库代表及宗教裁判所官员。这些官员都是由葡萄牙国王或葡印总督派往澳门，对澳门的政治、经济、军事、法律及宗教事务进行管理和监督的官员。他们有的常住澳门，有的则是3~5年一任轮回替代，所以这些人也构成了澳门葡人社群的一部分，他们人数不多，但极为重要，如总督又称兵头，《澳门记略》称：

夷目有兵头，遣自小西洋，率三岁一代。[②]

早期的中日贸易船队总指挥在澳门管辖的职权和后来的澳门总督大体无异，但中日贸易船队总指挥并非居住于澳门的固定职官，而是在赴日贸易过程中在澳门居停的时间对澳门行使管辖权，所以他们都是每年轮换的，而澳门总督则是葡印总督派去澳门的常任职官，三年一换。故从澳门开埠后第一位管辖澳门的中日贸易船队总指挥弗朗西斯科·马尔廷斯（Francisco Martins）起[③]，到19世纪末，有数百个葡萄牙人担任这一官职。由于总督是常居澳门的官职，所以他们的家眷也会一起来澳门居留，而且往往总督的家眷大都是纯种的葡萄牙人，如前文所述1779年法国人啧士噔的记录：“当时澳门只有一个欧洲女子，即总督夫人。”这位总督应该是席尔瓦·梅内塞斯（João Vicente da Silva Meneses）。又如澳督官也于1850年去世后，官也夫人表示不愿意返回果阿，澳门议事会遂将磨盘山（岗顶）上最好的一块土地给其兴建住宅，又从澳门葡商处募集到一笔钱，遂建成一幢南欧式花园宅邸。[④] 从葡萄牙或葡属印度派来的澳门兵头和总督以及他们的家眷也构成了澳门西洋社会葡人社群中的一个重要部分。博克塞的《葡萄牙贵族在远东》一书记录了澳门总督古尔露（António de Albuquerque Coelho）

---

① *Mappa da População de Macau*, anexo à *Carta do governador de Macau de 24 de Dezembro de 1971*, em AHU, Macau, cx. 19, doc. 17.

② （清）印光任、张汝霖原著，赵春晨校注：《澳门记略校注》，《澳蕃篇》，澳门：澳门文化司署，1992年，第152页。

③ Manuel Teixeira, *Macau no Séc. XVI*, Macau: Serviços de Educação e Cultura, 1981, p. 41.

④ 金丰居士：《花园前高楼大厦遮挡，何东图书馆犯煞》，载《新报》，2006年2月9日。

的家庭情况：

> 古尔露的婚姻生活持续了四年，如果参看后来这位鳏夫的行动，婚姻看似十分幸福。1712 年，“异常富有和漂亮”的妻子为他诞下一名女婴，仅存活了 1 周，2 年后又生下一个男婴。男孩的出生带来了极大欢愉，古尔露在家门外的街上举办了中国戏剧（又一个中国对澳门社会生活产生影响的有趣例子），自掏腰包组织了骑马运动和其他活动。1714 年 7 月 27 日的婴儿施洗是一场盛大事件，总督带领着两队士兵捧场，大炮台鸣炮庆贺。四天后，孩子的母亲逝世，一切喜庆戛然而止。①

这一段澳督古尔露家庭情况之记录可以充分反映澳门总督家庭在澳门西洋社会葡萄牙社群中的重要性。

王室大法官在《澳门记略》中被称为“判事官”②。1582 年的《市堡书（手稿）》记录澳门的官职有王室大法官（Ouvidor）：

> 王室大法官不从国王的金库中领取薪金，但这是一个美差，是全印度最好的大法官的位置，是最吃香的。其收入大致上视其能干程度而定，但就以一个正派程度中不溜的大法官来说，他三年的收入为三四千个克鲁扎多。③

王室大法官一般任期为 3 年，但个别情况下可以连任，如王室大法官眉额带历从 1802 年被任命为澳门王室大法官后，一直连任到 1823 年，时间长达 20 年，④ 所以有很多王室大法官基本上一辈子就住在澳门，并未返回宗主国。故王室大法官连同他的家属也构成了澳门葡人社群的一部分。对于澳门司法事务的处理，经常有葡萄牙国王或葡印总督派官员来进行调查，称为“司法调查官”⑤。据《澳门城王室大法官章程》规定，王室大法官还设有 2 名书记官和 1 名庶务官，他们均在澳门居住。⑥ 这些官员往往在澳门也居留了很长时间，成为澳门葡人社群的一部分。

澳门的主教也是由葡萄牙国王派遣的。主教，《澳门记略》称其为“法王”⑦。1582 年的《市堡书（手稿）》记录澳门称：

> 有一位主教，称为中国主教，是由我国王派遣的，对该地区及日本有广泛的

---

① C. R. Boxer, *Fidalgos in the Far East (1550 - 1770), Fact and Fancy in the History of Macau*, The Hague: Martinus Nijhoff, 1948, p. 206.

② （清）印光任、张汝霖原著，赵春晨校注：《澳门记略校注》，《澳蕃篇》，澳门：澳门文化司署，1992 年，第 152 页。

③ ［葡］佚名著，陈用仪译：《市堡书（手稿）》，载澳门《文化杂志》编：《16 和 17 世纪伊比利亚文学视野里的中国景观》，郑州：大象出版社，2003 年，第 117 ~ 118 页。

④ Manuel Teixeira, *Os Ouvidores em Macau*, Macau: Imprensa Nacional, 1976, pp. 145 - 152.

⑤ Manuel Teixeira, *Os Ouvidores em Macau*, Macau: Imprensa Nacional, 1976, pp. 58, 77, 101, 106, 110.

⑥ *Arquivos de Macau*, 1ª Série, Vol. I, No. 2, Macau, 1929, p. 58.

⑦ （清）印光任、张汝霖原著，赵春晨校注：《澳门记略校注》，《澳蕃篇》，澳门：澳门文化司署，1992 年，第 151 页。

传教权，常驻该地。①

主教一般没有任期，所以常驻该地。澳门主教跟澳门葡人的关系十分密切，亦构成了澳门葡人社群的一个重要部分。据龙思泰记载，在主教下还设有教区参议会，由5名高级神职人员组成，为1名主席、1名唱诗班领唱神父、1名首席司库、1名执事长及1名教育主管神父，都由议事会发给薪金。② 葡萄牙国王处理澳门宗教事务还会临时性地派遣一些官员来澳门，如宗教裁判所的成员。博克塞称：

另外他们还有一座宗教裁判所的圣所，将每个天主徒都震慑住，让信徒接受教会所言的真理，其真假无论。③

这里所指的宗教裁判所是果阿的宗教裁判所，但这个裁判所会经常派官员来澳门进行调查和处理有关的宗教事务，故在澳门的葡文文献中，经常记录宗教裁判所成员在澳门的活动。

另外，葡萄牙国王派驻澳门的还有一位王室金库代表。17世纪时，王室金库的澳门代表就有两位，一位是罗蒙·莱莫斯（Romão de Lemos），另一位就是狄奥戈·弗雷莱（Diogo Vaz Freire）④，上述人员都属于由葡萄牙国王或葡印总督派往澳门的官员，他们居留澳门后，构成了澳门葡人社群的重要组成部分。

在葡萄牙亚洲殖民地葡人社群的几种分类中，其实并无“船员”一类，但是7种分类的后3类人（背叛宗教信仰的人；逃兵或叛逃人员；流氓或单身者，即指没有固定住所，自由移动的商人），大体上都可以划归船员一类，他们也经常会在澳门作短暂停留，或者是长期居住于澳门，正如前文1635年博卡罗记载澳门所言，由于澳门是一个商业发达的繁盛的国际贸易港，所以有大量的在航海活动中发了财的单身商人，包括流浪汉和犯过罪的人聚居澳门。如开埠初期到澳门的葡国诗人贾梅士就是一名被流放者。⑤ 据博卡罗的上述记录，1635年时，属于这一类型的在澳门居留者就达150人以上。1623年澳门议事会书记官雷戈也记录了这一情况：

（澳门）还有许多当地和外地的已婚者，以及许多国家的人，这些人因为在这里进行大宗贸易而来往于东方各地，每年大部分时间在本市居住。⑥

---

① ［葡］佚名著，陈用仪译：《市堡书（手稿）》，载澳门《文化杂志》编：《16和17世纪伊比利亚文学视野里的中国景观》，郑州：大象出版社，2003年，第117页。

② ［瑞典］龙思泰著，吴义雄等译：《早期澳门史》，北京：东方出版社，1997年，第177页。

③ C. R. Boxer, *Fidalgos in the Far East(1550 - 1770)*, *Fact and Fancy in the History of Macau*, The Hague: Martinus Nijhoff, 1948, p. 202.

④ ［葡］施白蒂著，小雨译：《澳门编年史：16—18世纪》，澳门：澳门基金会，1995年，第44～45、49页。

⑤ ［葡］文德泉著，佚名译：《贾梅士来过澳门》，载《文化杂志》（中文版）第54期，2005年，第8～9页。

⑥ ［葡］雷戈著，范维信译：《澳门的建立与强大记事》，载澳门《文化杂志》编：《16和17世纪伊比利亚文学视野里的中国景观》，郑州：大象出版社，2003年，第197页。

著名葡萄牙人类学家阿马罗（Ana Maria Amaro）谈到议事会的选举时指出：

> 鉴于越来越多来自果阿的逃亡叛军者和探险者麇集澳门以寻求轻易获取的财富，便要求选举人和被选举人必须年满25岁并且不得是罪犯；必须是合法婚生子；不得受异端影响，即不能是新教徒。[1]

可以反映出，到18世纪，这一类人居留澳门者依然不少。虽然这一类人也属于澳门葡人社群的一部分，但是他们在澳门社会中明显身份卑贱，不具备相应的政治地位。据1842年司法书记官佩雷拉·达·西尔维拉（Francisco António Pereira da Silveira）制定的市民资料报告称："根据本厅特别法律市民大会，选举人应是权威人士，即主教、教区长、教会高级教士及参与管理的长老，绝不允许军人（除非原已有职务者），尤其是佣人及其他职业卑贱者，如市政厅差役、船夫水手、通译、中国式船东等。"[2] 我们发现，在上述报告资料的市民名单中，船舶驾驶员均无投票权，即不能参加议事会的选举，下面是我们从中找到的没有选举权的船舶驾驶员的资料[3]：

表1-7 无选举权的船舶驾驶员名单

姓名	说明
尼古劳·若阿金·德索查 Nicolau Joaquim de Souza	已婚，中国式帆船驾驶员
约瑟·米格尔·桑切斯·德阿贵拉 José Miguel Sanchez del Agulla	已婚，"阿美利加号"船西班牙籍驾驶员
费利斯·罗伦索·德皮纳 Félix Lourenço de Pina	已婚，中国式帆船驾驶员
马西米诺·多斯桑切斯·维莱拉 Maximino dos Santos Vilela	已婚，船舶驾驶员

可以反映出，这一类人在澳门葡人社群中的社会地位是不高的。

在澳门葡人社群中，士兵亦是不能忽视的重要组成部分。严格来说，1623年之前，澳门没有常驻士兵，澳门的驻军应该从1623年算起。1623年7月17日，澳门首任总督马士加路也（Francisco de Mascarenhas）率100名士兵抵达澳门，正式就职。[4] 当时葡萄牙人的连队由125名士兵组成，分成5个排，其中有6名滑膛枪手、40名长矛手

① ［葡］阿马罗著，李长森译：《1842年的澳门市政厅选举和当地"长老"》，载《文化杂志》（中文版）第19期，1994年，第102页。

② ［葡］阿马罗著，李长森译：《1842年的澳门市政厅选举和当地"长老"》，载《文化杂志》（中文版）第19期，1994年，第100页。

③ ［葡］阿马罗著，李长森译：《1842年的澳门市政厅选举和当地"长老"》，载《文化杂志》（中文版）第19期，1994年，第108～110页。

④ Manuel Teixeira, *Macau no Séc. XVI*, Macau: Serviços de Educação e Cultura, 1981, p. 39.

和25名火枪手。[①] 此后，澳门总是保持一定的士兵人数。1643年时，澳门的士兵为150人。[②] 1646年，澳门葡萄牙人组织300名葡萄牙士兵进入中国内地帮助南明抗清。[③] 1681年，一份荷兰人关于澳门的报告称“澳门有一支150名士兵的卫戍队”。[④] 1733年澳门的士兵下降到80名。[⑤] 1783年澳门的在册士兵人数为89人。[⑥] 1784年澳门的士兵又增加到150人。[⑦] 1794年，马戛尔尼使团的斯当东副使记录，当时澳门的士兵为300人。[⑧] 1810年，摄政王营成立，有士兵400人。[⑨] 1821年，澳门有186名军人。[⑩] 1834年，据龙思泰的记载与卢坤的调查，澳门葡国有240名驻军及相应数目的军官。[⑪] 1835年，《中国丛报》称澳门士兵有300名。[⑫] 可以看出，早期澳门的驻军人数在150人左右，到18世纪末上升到300~400人。在澳门经济衰落时，士兵的人数可能会下降，仅为几十人。少时几十人，多时300~400人，这一人口数据在澳门葡人社群中的男性比例中不可谓不大，所以士兵这一阶层在澳门西洋社会的葡人社群中占有较高的比重。但是，军人、士兵在澳门的地位很低，根据当时澳门的规定，军人和士兵在澳门不具有选举权和被选举权，他们均被划入身份卑贱者一类。

4. 澳门葡人社群中的华人

澳门的葡萄牙人一直以来是禁止外国人入居澳门城的，包括华人。虽然澳门开埠后已有大批的华人进入澳门半岛，但是华人的居住地区主要集中在南部的妈阁庙、北部的内港、沙梨头及望厦地区，葡人社群与华人居住区是截然分开的。尽管如此，对于早期皈依了天主教的“葡化”华人，则允许其进入葡人居住区，也把他们视为另类的葡人。特别是澳门建城以后，在城墙以内居住的全部为天主教徒，故被称为基督城

---

① Manuel A. Ribeiro Rodrigues, *400 Anos de Organização e Uniformes Militares em Macau*, Macau: Insitituto Cultural de Macau, 1999, p. 180.

② ［葡］施白蒂著，小雨译：《澳门编年史：16—18世纪》，澳门：澳门基金会，1995年，第50页。

③ ［法］费赖之著，梅乘骏、梅乘骐译：《明清间在华耶稣会士列传（1552—1773）》，上海：天主教上海教区光启社，1997年，第302页。

④ C. R. Boxer, *Fidalgos in the Far East (1550 - 1770), Fact and Fancy in the History of Macau*, The Hague: Martinus Nijhoff, 1948, p. 203.

⑤ ［葡］施白蒂著，小雨译：《澳门编年史：16—18世纪》，澳门：澳门基金会，1995年，第120页。

⑥ 《〈王室制诰〉——内阁大臣给印度总督索萨之指示》，转引自吴志良：《生存之道：论澳门政治制度与政治发展》，澳门：澳门成人教育学会，1998年，第387页；Manuel Teixeira, *Macau no Séc. XⅧ*, Macau: Imprensa Nacional, 1984, pp. 626 - 627.

⑦ Manuel Teixeira, *Macau no Séc. XⅧ*, Macau: Imprensa Nacional, 1984, p. 637.

⑧ ［英］斯当东著，叶笃义译：《英使谒见乾隆纪实》，上海：上海书店出版社，1997年，第523页。

⑨ Eduardo A. Veloso e Matos, *Forças de Segurança de Macau*, Macau: Museum de Macau, 1999, pp. 39 - 40.

⑩ ［瑞典］龙思泰著，吴义雄等译：《早期澳门史》，北京：东方出版社，1997年，第37页。

⑪ 中国第一历史档案馆等编：《明清时期澳门问题档案文献汇编》第2册，《广州将军哈丰阿等奏报查明澳门炮台各情形折》，北京：人民出版社，1999年，第267页；［瑞典］龙思泰著，吴义雄等译：《早期澳门史》，北京：东方出版社，1997年，第79页。

⑫ *Chinese Repository*, Vol. 4, No. 6, 1835/10, p. 292.

区，这里面的基督徒就有一部分是皈依了天主教的葡化华人。他们即天启四年（1624）陈熙昌奏疏中所说的华人“垄断之徒”：

垄断之徒，肩摩毂击，杂沓澳中。谓无可结夷心，得夷利，则夷言、夷服，习夷教，几于夷夏一家。[①]

乾隆十二年（1747）张汝霖亦言：

其在澳进教者，久居澳地，集染已深，语言习尚渐化为夷。[②]

这些“夷化”，亦即“葡化”的华人，在澳门开埠之初即已出现，如钟念山父子、邱良禀兄弟及黄明沙、徐必登等。[③] 据1623年的资料，澳门当时有430位葡萄牙已婚者，同时还有437户华人基督徒[④]，由此可见，到17世纪初，澳门皈依天主教的葡化华人已经有了相当的规模。到1640年代澳门城内的华人基督徒多达2万人，[⑤] 成为葡化华人发展的最高峰时期。在澳门葡人社群中，葡化华人一直是不可或缺的一部分，葡人与葡化华人之间以各种往来构成了双方极为密切的关系网络。葡人社群的生活离不开葡化华人，而且葡化华人人数也在葡萄牙人社群中占据了很大一部分。澳门葡人租赁房屋给华人：

1638年，澳门城有几间装潢漂亮的华人商店，还有不少出售华人衣服和丝织品的商店。这些华人听说外国人从海外带来银子，便每日去他们的住处出售自己的商品。由于过多过烦，必须尽力将他们从家中赶出去。[⑥]

1662年5月14日，康熙迁海令到广东：

澳门城内张贴了广东政府的布告，下令城中所有中国居民务必在三日内离开澳门。待澳门城内的华人工匠、船工及从事食品和其他日用品的小商贩全部被迁出澳门后，城内仅存200～300名葡萄牙人及其他男性天主教徒，和几乎数目相同的已婚女性天主教徒，以及约2 000名依靠教会施舍为生的孤儿寡妇。[⑦]

到1700年时：

澳门市住着900位葡萄牙人和数目不详的其他种族的人；中国人的人数超过

---

① （明）高汝栻：《皇明续纪三朝法传全录》卷13，《天启四年吏科给事陈熙昌奏》，四库禁毁书丛刊补编第11册影印明崇祯九年刻本，北京：北京出版社，2005年，第139页。

② （清）印光任、张汝霖原著，赵春晨校注：《澳门记略校注》，《官守篇》，澳门：澳门文化司署，1992年，第81页。

③ 汤开建：《明代澳门史论稿》下卷，哈尔滨：黑龙江教育出版社，2012年，第467～469页。

④ ［葡］莱萨著，范维信译：《澳门人口：一个混合社会的起源和发展》，载《文化杂志》（中文版）第20期，1994年，第125页。

⑤ ［印度］桑贾伊·苏布拉马尼亚姆著，何吉贤译：《葡萄牙帝国在亚洲（1500—1700）：政治和经济史》，澳门：纪念葡萄牙发现事业澳门地区委员会，1997年，第216页。

⑥ 榎一雄：「榎一雄著作集」第5卷，「東西交涉史」Ⅱ，東京：汲古書院，1993年，第293頁。

⑦ John E. Wills, *Embassies and Illusions: Dutch and Portuguese Envoys to Kaang-his, 1666 - 1687*, Cambridge, MA: Harvard University Press, 1984, pp. 87 - 88.

4 000（人）。[1]

上面这些资料可以反映出两点，一是澳门城内葡化华人数量之多；二是澳门葡人社群与葡化华人关系之密切。

尽管这些葡化华人已经皈依了天主教，也已经葡萄牙化，并融入葡萄牙社群之中，但是葡萄牙人的种族歧视仍然从各方面表现出来。葡萄牙人想尽各种办法限制华人入城和管理城内华人。例如，华人劳工可进入澳门，但是不得在此居住，更不得拥有地产，除非得到中国官员的推荐，并由理事官颁发通行证才行。那些偷偷摸摸进入澳门的中国人通常是手艺人，他们每天下班后，晚上必须回到关闸那边——这样，关闸就得每天从早到晚都开着。[2] 1703 年 5 月 21 日，为了有效控制散居在澳门城内（如葡人家庭、棚屋、中药店）的中国人，澳门议事会获得授权可以根据情况驱赶华人。[3] 1713 年曾命人捣毁几幢中国人的房子，并将那些对葡萄牙人有害的华人驱赶出澳门。[4] 1718 年 5 月 7 日，葡印总督刘易斯·梅内塞斯给澳门议事会下令，不得将房屋卖给中国人，并设法把中国人已经买下的房子收回；还颁布禁令称，只有经过澳门理事官登记过的中国人方可在澳门居住，禁止葡萄牙房主将房屋租给中国人，抵押给中国人的财产也要由议事会赎回。[5] 1748 年 8 月 9 日，澳门改革了华人在葡人居留地的居留条例。澳葡当局禁止葡人向华人出租茶馆、住宅和商店，但经营食品者和手艺人除外。华人应尽量在街市区集中居住；同时在高士德（António José da Costa）住宅至北湾的仓库修建城墙，以阻止华人继续进入。[6] 次年，议事会获得中国官员同意之后限制了进入澳门城的华人人数和职业种类，只允许 70 个木匠和砖匠、10 个屠夫、4 个铁匠以及 100 个苦力生活在城里。而直到 1793 年，果阿总督才放宽了对出租房屋给中国人的限制。[7]

不可否认的是，不论如何限制葡人社会中的华人，澳门葡人的生活总是离不开华人的。这一方面是因为葡萄牙人的身份和地位以及他们不愿从事其他事务造成的。1794 年老斯当东（George Leonard Staunton）提到：

> 葡萄牙人自大而又懒惰，不肯降到下等职业来做农民和工人。在整个这块属地没有一个农民、一个工人和一个店员是葡萄牙人，不管是来自葡萄牙的，或是

---

① ［葡］施白蒂著，小雨译：《澳门编年史：16—18 世纪》，澳门：澳门基金会，1995 年，第 69 页。

② ［葡］徐萨斯著，黄鸿钊等译：《历史上的澳门》，澳门：澳门基金会，2002 年，第 32 页。

③ *Arquivos de Macau*, 3ª Série, Vol. Ⅱ, No. 1, Macau, 1964, p. 44.

④ 1713 年 5 月 21 日议事会会议记录，转引自［葡］莱萨著，范维信译：《澳门人口：一个混合社会的起源和发展》，载《文化杂志》（中文版）第 20 期，1994 年，第 131 页。

⑤ ［葡］施白蒂著，小雨译：《澳门编年史：16—18 世纪》，澳门：澳门基金会，1995 年，第 95 页；［葡］徐萨斯著，黄鸿钊等译：《历史上的澳门》，澳门：澳门基金会，2000 年，第 125 页。

⑥ ［葡］施白蒂著，小雨译：《澳门编年史：16—18 世纪》，澳门：澳门基金会，1995 年，第 139 页。

⑦ ［澳］杰弗里·C. 冈恩著，秦传安译：《澳门史：1557—1999》，北京：中央编译出版社，2009 年，第 62 页。

他们的后代。澳门人口共12 000人，其中一半以上是中国人。①

所以他们的一些日常杂务除了需要奴仆来完成之外，还有一些必须依靠中国人：

除了与船运密切相关的船只管理和装备等生意，其他的各种生意都由中国人打理，甚至连管家也是中国人。以澳门的基督徒为例，一个民族既不从事生产，一无所长而又不能吃苦耐劳，当然会沦为贫民。因此我们看到了一群面无愧色、穿着丝绸蕾丝服装、戴着羽毛装饰的帽子、腰挂宝剑的与周围环境格格不入的乞丐，以上帝爱的名义乞讨而且还说神会报答施舍人的！②

葡萄牙人宁愿穿着绫罗绸缎乞讨，也不会去从事华人所从事的其他职业。

另一方面，澳门的食物供应和生活服务离不开华人。澳门的生活用品供应主要来自中国，所以他们需要一些从事这些贩卖工作的华人。有时这种交易会在城外进行，但是也有许多华人到城内售卖。1750年11月10日的记录称：

各大炮台的卫队不可能让中国人害怕，总共不过一百来个士兵，而且这些土生土长的人的每天的生活完全取决于是否准许把食品从关闸运进来。③

《澳门记略》亦称："内地佣工艺业之民，杂居澳土者二千余人，均得乐业安居。"④ 中国人提供的服务是不可或缺的，无论是作为佣人、洗衣工、小贩，还是劳工，他们都找到了办法来规避禁止中国人在澳门过夜的规定。

16—17世纪，澳门西洋社会基本上是葡萄牙家庭，然而，由于葡萄牙家庭的特殊构成以及对当地文化的适应，澳门葡人社群从一开始就是多元化的民族构成的混合型社会。此外，教会人员和来澳的旅行家来自不同国家，而澳门与其他地区如长崎、马尼拉、巴达维亚等地之间进行一系列贸易也使得其他民族汇聚澳门，各个外来民族的不同元素不断汇入澳门葡人社群的生活，混合成一个多层次的五彩斑斓的世界。1642年，澳门欢庆葡萄牙复辟的盛况反映出澳门社会多元的民族构成：

当葡萄牙复辟时，澳门展开各种庆祝活动，参与的不仅有葡萄牙的官员和平民，还有澳门的各个社群。正如若奥·马贵斯·莫雷拉（D. João Marques Moreira）描述的那样，活动包括一大群音乐家、火炬手，穿着摩尔人的服装、浑身珠宝的官员，穿着绫罗绸缎的中国官员和他们的随从，身着和服的日本乐手和舞女，旁边是挥舞着宝剑给他们加油的地方官，还有衣着华丽的波斯人、荷兰人和德国弓箭手。澳门各教区的神父们给队伍增添了色彩。一队五颜六色、肩扛步枪的奴隶也是如此，他们由非洲人、孟加拉国人、马拉巴尔人、布吉人及其他人列队组成。

---

① ［英］斯当东著，叶笃义译：《英使谒见乾隆纪实》，上海：上海书店出版社，1997年，第522页。

② ［英］艾莉莎·马礼逊编，杨慧玲等译：《马礼逊回忆录》第2卷，郑州：大象出版社，2008年，第10页。

③ ［葡］施白蒂著，小雨译：《澳门编年史：16—18世纪》，澳门：澳门基金会，1995年，第141页。

④ （清）印光任、张汝霖原著，赵春晨校注：《澳门记略校注》，《官守篇》，澳门：澳门文化司署，1992年，第75页。

公牛在街上狂奔，连同斗酒，增添了刺激。[①]

很明显，在澳门这块汇集了不同民族文化的小岛上，葡萄牙文化占主导地位，同时也深受其他民族文化的影响。

三、澳门葡人社会的衰落：17 世纪中叶到 19 世纪中后期

16—17 世纪上半叶，葡萄牙人与日、中贸易的繁荣，使澳门居民的收入剧增。然而，17 世纪下半叶，葡萄牙与日本长崎、菲律宾马尼拉及马六甲的贸易被切断后，澳门遍地黄金、富可敌国的局面一去不复返。紧接着清王朝长达二十几年的迁海、禁海运动使澳门陷入了极度的贫困。而澳门也因与帝汶的战争使葡萄牙人口减少了许多。帝汶与澳门之战从 1688 年左右开始，一直到 1703 年尚未结束，持续了 15 年左右。澳门因战事遭到破坏，无论人力还是钱财，均已消耗殆尽，以至于这座战前拥有 1 000 名男性市民的城市最后连 50 名男性也不到。[②]

澳门西洋社会的衰落反映在当时的各种相关文献中。1669 年末，曾到澳门的西班牙多明我会会士闵明我（Domingo Fernández de Navarrete）提到：

> 同日本的贸易终止后，澳门开始衰落，而同马尼拉的贸易终止后，澳门几乎破产。在那个城市人们是这样说的，而且也看到（居民们）遭受的贫困。以前供养 24 位教士的修道院现在只能勉强供养 3 位。[③]

1732 年 1 月 14 日，澳门议事会全体会议讨论财政问题称：

> 澳门财政近年来一日不如一日，如今不但财源枯竭，还欠下要付利息的债务；再加上几桩事件给中国官员们提供敲诈钱财的借口；与亚洲各港市的贸易也江河日下，这一切起源于同日本贸易的中断。与帝汶的贸易尚存，但帝汶也处于大衰落之中。土著人的反抗，使帝汶局势失控，切断了澳门对任何商品的进口。即使帝汶人仍受制于澳门，但澳门商业贸易的支柱——檀香贸易，也失去了以往的声望。澳门为麦德乐使团耗费了巨资，巴达维亚的贸易落到了中国人手里，马尼拉的商品由西班牙船只直接运往广州，不再经过澳门；与果阿的贸易无法维持日常开支，更难以支付其他的特殊用途。如今只剩下巴西，它是改善本市状况的唯一

---

① ［澳］杰弗里·C. 冈恩著，秦传安译：《澳门史：1557—1999》，北京：中央编译出版社，2009 年，第 61 页。

② C. R. Boxer, *Fidalgos in the Far East (1550 – 1770), Fact and Fancy in the History of Macau*, The Hague: Martinus Nijhoff, 1948, p. 187.

③ ［西］闵明我著，杨平译：《中国王朝历史、政治、伦理和宗教论》，载澳门《文化杂志》编：《16 和 17 世纪伊比利亚文学视野里的中国景观》，郑州：大象出版社，2003 年，第 259 ~ 260 页。

出路。[①]

1750 年，出任香山知县的张甄陶在《澳门图说》中指出了澳门“大约昔多而今少，昔富而今贫，昔强而今怯”，而究其原因则是“今天主教久奉禁绌而不行，而各番生齿日繁，回易之利亦减于昔，以故来粤之夷颇少，而在澳者又多死徙而去”。[②]

18 世纪时，澳门社会由于大量海上贸易船只的沉没，以及贸易重心转向广州，居民生活贫困至极。从当时的议事会档案中可以清楚地看到经济衰退对平民日常生活造成的冲击。这种情况的记录从 18 世纪初就开始出现了，到中叶时更为明显。1752 年 4 月 5 日至 6 日，议事讨论澳门的贫穷状况：

> 呼吁解决几千人的紧迫需求，他们之中大部分无法维持哪怕是贫困的生活。议事会无计可施，因为已想尽办法；生活贫穷至极，似乎这 3 000 多名极度贫困的人没有任何办法打发每天的 24 小时，鉴于这种紧迫的需要，大部分人无法活下去。收到的捐款施舍给市民中的妇女和女孩以及葡萄牙人的寡妇。[③]

来到澳门的其他外国人也目睹了澳门人生活的贫困。1739 年 6 月 23 日，法国耶稣会会士君丑尼（Claude-Francois Loppin）抵达澳门，在澳门居停三个月，于 9 月 22 日离澳进入内地。他到澳门时看到许多葡萄牙家庭在那里已几乎沦落到乞讨的地步，仅利用一种微薄的贸易生存下来。[④] 1769 年 8 月，英国人威廉·希基（William Hickey）乘东印度公司商船“普拉赛（Plassey）号”抵达澳门，他在日记中写道：

> 领航员把船只带进澳门航道，我们在那里停泊，等待河道领航员到来。但得知我们要第二天才有机会找到一位领航员，因此，我在午饭后前往这个海岸。岸上有一座造得很糟糕的葡人炮台，我看见上面有几个脸色灰暗、衣不蔽体、明显半饥不饱的人，身穿曾经是蓝色的破旧上衣，肩上扛着滑膛枪，这些可怜虫竟有“兵士”的美称？不仅人，四周的一切都显出极端贫穷和凄凉的景象。[⑤]

1794 年 1 月 22 日，马戛尔尼使团副使老斯当东抵达澳门后，将其当时所见的澳门作了真实的记录：“有些葡萄牙人身穿陈旧的丝质衣服，一手拿一个袋子，一手拿一把刀，

---

① *Arquivos de Macau*, 3ª Série, Vol. Ⅲ, No. 2, Macau, 1965, pp. 118 – 119; Manuel Teixeira, *Macau no Séc. XVIII*, Macau: Imprensa Nacional, 1984, p. 324.

② （清）王锡祺：《小方壶斋舆地丛钞》第 11 册，第 9 帙，张甄陶：《澳门图说》，杭州：杭州古籍书店，1985 年，第 315 页。

③ ［葡］施白蒂著，小雨译：《澳门编年史：16—18 世纪》，澳门：澳门基金会，1995 年，第 146 页。

④ ［法］杜赫德著，郑德弟等译：《耶稣会士中国书简集：中国回忆录》第 4 卷，《耶稣会传教士君丑尼神父致波兰王后洛林女公爵告解神父拉多旺斯基的信》，郑州：大象出版社，2005 年，第 257 ~ 258 页；［法］荣振华著，耿昇译：《在华耶稣会士列传及书目补编》，北京：中华书局，1995 年，第 385 页。

⑤ ［英］詹姆士·奥朗奇编著，何高济译：《中国通商图：17—19 世纪西方人眼中的中国》，北京：北京理工大学出版社，2008 年，第 197 页。

向街道上来往的英国人乞讨，这是常有的事。”①

到18—19世纪时，整个世界形势发生变化，此时的葡萄牙和西班牙早已衰萎，新兴的荷兰逐渐让位于英国，18世纪以后的英国已经发展为世界头号强国。越来越多的欧洲国家来到中国东南海域，迫使中国政府和澳门政府在对外政策上做出改变。18世纪后半叶，在清政府颁布澳门住冬政策后，除葡萄牙之外的西洋人得到允许，可以进入澳门居住，澳门的社会经济形势又发生了新的变化，澳门西洋社会的人口更为多样化。19世纪中叶的鸦片战争和之后英国占领香港，都对澳门的居民生活带来了严重的冲击。部分澳门葡人移至香港。1841年1月21日，英国全权代表查尔斯·义律（Charles Elliot）宣称与琦善达成初步协定，将香港岛割让给英国，消息传到澳门，澳门葡人普遍感到震惊：

> 在距澳城咫尺之处同意香港开埠，对澳门来讲，无异于致命一击。国人、外人、华人一致认为，对葡萄牙人而言，澳门的贸易、公共收入、海关等的结束指日可待。在澳门总督席尔维拉·边度致海事及海外部部长的公函中也有类似看法：完成这一小岛的出让使得英国人拥有一本澳式的居留地，其安全性，或许比我们葡萄牙人所拥有的为高。这一出让如愿以偿的话，对本澳将是致命一击。②

清人金武祥也有相似看法：“迨英夷得地香港，以澳门海有横沙，巨舶往来，非潮不便，凡外夷通商之船，遂弃澳门，聚香港，澳门因而廛市萧条。”③

（一）澳门社会衰落时期葡人社群的人口数量

从17世纪40年代后期的统计资料，已经可以看出澳门葡人社群人口数量的衰减，据文德泉的介绍，1646年，澳门葡人的已婚者为460名，其中三分之一去世，三分之一为老人，还有160名年轻人。到1700年时，葡萄牙已婚者已经锐减到150人，但这时澳门城的总人口数还有19 500人。18世纪以后的人口统计，不再以已婚者来计算澳门葡人人口，因为这些数据都是来自澳门本身的数据，而不是来自葡印殖民地的数据。这一时期，在中文档案文献中也有了比较详细的澳门葡人人口的统计数据，而且中葡双方的记录虽然不完全一致，但大体相差不远，因此这些数据应该是基本可信的。下面，我们将中葡双方在这一时期的人口统计数列表如下：

---

① ［英］斯当东著，叶笃义译：《英使谒见乾隆纪实》，上海：上海书店出版社，1997年，第523～524页。

② 澳门法官1841年1月21日、澳督1月18日致海事海外部部长公函，转引自［葡］萨安东著，金国平译：《葡萄牙在华外交政策：1841—1854》，澳门：葡中关系研究中心、澳门基金会，1997年，第4页。

③（清）金武祥：《粟香随笔》，转引自（民国）厉式金：《（民国）香山县志续编》卷6，《海防》，中山文献丛刊第7册影印癸亥刊本，第2237页。

表 1－8　1646—1896 年澳门葡人人口统计数字

年份	人数	说明
1646	460 已婚者	其中三分之一去世，三分之一为老人，还有 160 名年轻人①
1662	200～300 已婚者	还有同样数目的天主教已婚女性教徒②
1699	400 已婚者	养活 7 000 或 8 000 名女人③
1700	150 已婚者	基督徒人数为 19 500 人，其中 16 000 人是妇女，还有 1 000 人为非基督教徒④
1720	4 856 人	其中纯种葡萄牙人包括其子女 274 人，土生人及士兵 842 人，妇女 1 299 人⑤
1745	5 212 人	包括澳门住冬的外国人和亚洲的非中国籍基督徒，另有 8 000 名华人⑥
1750	4 000 人	含非葡籍居澳外国人⑦
1772	6 000 人	含非葡籍居澳外国人，另有华人 20 000 人⑧
1773	1 452 人	其中纯种葡萄牙人 127 人，还有奴隶 1 100 人⑨
1774	4 973 人	其中纯种葡萄牙人及其子女 309 人，其中有女性 2 232 人⑩

① Manuel Teixeira, *Macau no Séc. XVII*, Macau: Direcção dos Serviços de Educação e Cultura, 1982, p. 84.

② John E. Wills, *Embassies and Illusions: Dutch and Portuguese Envoys to Kaang-his, 1666－1687*, Cambridge, MA: Harvard University Press, 1984, pp. 87－88.

③ BA, Cód. 52/XIV/23－François Froger, *Relation du Premier Voyage des Français à la Chine présenté à Monseigneur le comte de Pontchartrain*, 1698－1700，转引自［葡］苏一扬（Ivo Cameiro de Sousa）：《前工业化澳门的居民和人口体系（16—19 世纪）》，载吴志良、金国平、汤开建主编：《澳门史新编》第 3 册，澳门：澳门基金会，2008 年，第 1020 页。

④ ［葡］弗朗西斯科·索萨：《被征服的东方》，转引自［葡］莱萨著，范维信译：《澳门人口：一个混合社会的起源和发展》，载《文化杂志》（中文版）第 20 期，1994 年，第 131 页。

⑤ Manuel Teixeira, *Macau no Séc. XVIII*, Macau: Imprensa Nacional, 1984, p. 230.

⑥ A. M. Martins do Vale, *Os Portugueses em Macau (1750－1800)*, Instituto Português do Oriente, 1997, p. 119.

⑦ A. M. Martins do Vale, *Os Portugueses em Macau (1750－1800)*, Instituto Português do Oriente, 1997, p. 119.

⑧ A. M. Martins do Vale, *Os Portugueses em Macau (1750－1800)*, Instituto Português do Oriente, 1997, p. 119.

⑨ *Relação dos cazas ricas de Macao*. in AHU, Macau, cx. 6, doc. 47, in A. M. Martins do Vale, *Os Portugueses em Macau (1750－1800)*, Instituto Português do Oriente, 1997, pp. 120－121.

⑩ A. M. Martins do Vale, *Os Portugueses em Macau (1750－1800)*, Instituto Português do Oriente, 1997, p. 131.

（续上表）

年份	人数	说明
1775	4 973 人	含非葡籍居澳外国人，另有华人 20 000～22 000 人①
1776	3 000 人	含非葡籍居澳外国人，另有华人 16 000 人②
1777	6 000 人	含非葡籍居澳外国人，华人为 22 000 人③
1791	5 233 人	含非葡籍居澳外国人，另有华人 22 000 人④，其中妇女 2 929 人
1793	6 000 人	含非葡籍居澳外国人，另有华人 6 000 人⑤
1794	4 000 人	有 300 名黑人或黑白混血儿的士兵⑥
1818	5 000 人	城外还有 1 000 名基督徒⑦
1821	4 600 人	其中葡籍成人 604 人，妇女 2 693 人，奴隶 537 人⑧
1822	4 315 人	其中 2 071 人是妇女，奴隶为 537 人，另外有 8 000 名中国人⑨
1824	5 093 人⑩	
1825	4 500 人	含非葡籍居澳外国人，另有华人 18 000 人⑪
1830	4 628 人	其中葡籍 3 351 人，奴隶有 1 129 人，女性有 3 046 人⑫

① A. M. Martins do Vale, *Os Portugueses em Macau (1750 - 1800)*, Instituto Português do Oriente, 1997, p. 119.

② A. M. Martins do Vale, *Os Portugueses em Macau (1750 - 1800)*, Instituto Português do Oriente, 1997, p. 119.

③ A. M. Martins do Vale, *Os Portugueses em Macau (1750 - 1800)*, Instituto Português do Oriente, 1997, p. 119.

④ A. M. Martins do Vale, *Os Portugueses em Macau (1750 - 1800)*, Instituto Português do Oriente, 1997, p. 119; Mappa da população de Macáo, anexo à carta do governador de Macau, de 24 de Dezembro de 1791, em AHM, Macau, cx. 19, doc. 17 称："当时澳门的外国人为 4 851 人。"

⑤ A. M. Martins do Vale, *Os Portugueses em Macau (1750 - 1800)*, Instituto Português do Oriente, 1997, p. 119.

⑥ ［英］斯当东著，叶笃义译：《英使谒见乾隆纪实》，上海：上海书店出版社，1997 年，第 523 页。

⑦ Manuel Teixeira, Os Macaenses, in *Revista de Cultura*, Edição do Instituto Cultural de Macau, No. 20, 1994, p. 76.

⑧ ［瑞典］龙思泰著，吴义雄等译：《早期澳门史》，北京：东方出版社，1997 年，第 36～37 页。

⑨ ［葡］莱萨著，范维信译：《澳门人口：一个混合社会的起源和发展》，载《文化杂志》（中文版）第 20 期，1994 年，第 134 页。

⑩ J. Dyer Ball, *Macao, the Holy City: The Gem of the Orient Earth*, Canton: The China Baptist Publication Society, 1905, p. 2.

⑪ ［葡］徐萨斯著，黄鸿钊等译：《历史上的澳门》，澳门：澳门基金会，2000 年，第 169 页。

⑫ ［瑞典］龙思泰著，吴义雄等译：《早期澳门史》，北京：东方出版社，1997 年，第 37 页。

（续上表）

年份	人数	说明
1834	5 093 人	其中葡籍 3 793 人，其中女性有 3 137 人①，其中华人为 30 000人②
1835	4 600 ~ 4 700 人	其中 2 600 ~ 2 700 人为女性，800 ~ 900 名奴隶，300 名为士兵，华人有 3 万人③
1839	5 612 人	其中葡籍 4 514 人，奴隶是 1 098 人，女性为 2 350 人④
1841	4 788 人	另有华人 20 000 人⑤
1856	5 037 人	其中成年男子 932 人，成年女子 1 848 人，女童为 1 204 人⑥
1858	7 000 人	含非葡籍居澳外国人，另有华人 90 000 人⑦
1860	4 611 人	非葡籍基督徒 860 人，另有华人 80 000 人⑧
1864	5 000 人	其他欧洲人有 800 人，另外华人 100 000 人⑨
1867	2 000 余人	另有华人 6 ~ 7 万人⑩
1877	5 000 人	还有很多欧洲出生的纯种葡萄牙人⑪
1883	4 000 余人	另有华人 66 000 人⑫

① ［瑞典］龙思泰著，吴义雄等译：《早期澳门史》，北京：东方出版社，1997 年，第 237 页；［美］爱德华·V. 吉利克著，董少新译：《伯驾与中国的开放》附录，《伯驾文献选译》，桂林：广西师范大学出版社，2008 年，第 254 页称："1834 年估计有欧洲人 3 000（人），中国人 4 000（人）。"

② Manuel Teixeira, *Macau Através dos Séculos, A População de Macau*, Macau: Imprensa Nacional, 1977, p. 55.

③ *Chinese Repository*, Vol. 4, No. 6, 1835/10, p. 292.

④ ［葡］施白蒂著，姚京明译：《澳门编年史：19 世纪》，澳门：澳门基金会，1998 年，第 72 页。

⑤ ［葡］施白蒂著，姚京明译：《澳门编年史：19 世纪》，澳门：澳门基金会，1998 年，第 82 页。

⑥ Manuel Teixeira, Os Macaenses, in *Revista de Cultura*, Edição do Instituto Cultural de Macau, No. 20, 1994, p. 74.

⑦ ［葡］若热·迪亚士著，军波译：《19 世纪中叶的澳门：奥地利考察家卡尔·李特·冯·舍尔策的报告》，载《文化杂志》（中文版）第 7—8 期，1989 年，第 25 页。

⑧ Manuel Teixeira, *Macau Através dos Séculos, A População de Macau*, Macau: Imprensa Nacional, 1977, p. 57.

⑨ United States Bureau of Foreign Commerce, *Commercial Relations of the United States with Foreign Nations for the year ended September 30, 1864*, Washington: G. P. O., 1865, pp. 313 – 314.

⑩ ［葡］德立·龙巴著，李长森译：《德·波瓦公爵在澳门》，载《文化杂志》（中文版）第 23 期，1995 年，第 13、15 页。

⑪ ［葡］若热·迪亚士著，军波译：《19 世纪末叶之澳门：有关乔治·布斯凯〈当今日本〉某章杂记》，载《文化杂志》（中文版）第 7—8 期，1989 年，第 72 ~ 78 页。

⑫ 英国档案局：CO129/210，1883 年 6 月 13 日"香港总督宝云爵士访问葡属殖民地"第 26 号，转引自［澳］杰弗里·C. 冈恩著，秦传安译：《澳门史：1557—1999》，北京：中央编译出版社，2009 年，第 80 ~ 81 页。

（续上表）

年份	人数	说明
1897	3 898 人	另有外国人 161 人、华人 74 627 人①

表 1-9　1665—1882 年中文资料统计的澳门葡人人数

年份	人数	说明
康熙四年（1665）	5 600 余人②	
康熙五十六（1717）	8 000 余人	两广总督杨琳称“实有万余人”③
雍正二年（1724）	3 567 人	另有华人 2 524 人④
雍正八年（1730）	3 537 人	为 517 户，其中奴隶 1 623 人⑤
乾隆六年（1741）	3 430 余人	为 423 户，另有华人 854 户，2 570 余人⑥
乾隆七年（1742）	3 500 人	又有内地华人工匠 2 000 余人⑦
乾隆八年（1743）	3 000 ~ 4 000 人⑧	
乾隆十年（1745）	3 400 余人	420 余户⑨
乾隆十一年（1746）	3 400 余人	420 余户⑩
乾隆十五年（1750）	4 800 余人	600 余户⑪

① J. Dyer Ball, *Macao: The Holy City: The Gem of the Orient Earth*, Canton: The China Baptist Publication Society, 1905, p. 3.

② 中国第一历史档案馆等编：《明清时期澳门问题档案文献汇编》第 1 册，《广东总督卢崇峻题议香山澳西洋人不宜准留本》，北京：人民出版社，1999 年，第 48 页。

③ 中国第一历史档案馆等编：《明清时期澳门问题档案文献汇编》第 1 册，《两广总督杨琳奏报巡查澳门谕令西洋人等须安分守法及沿海一带情形折》，北京：人民出版社，1999 年，第 112 页。

④ 中国第一历史档案馆等编：《明清时期澳门问题档案文献汇编》第 1 册，《两广总督孔毓珣题报查清澳门西洋人数并请限定洋船数目本》，北京：人民出版社，1999 年，第 144 页。

⑤（清）暴煜：《（乾隆）香山县志》卷 8，《濠镜嶴》，中山文献丛刊第 2 册影印清乾隆十五年刊本，第 948 ~ 949 页。

⑥（清）王植：《崇雅堂稿》卷 2，《香山险要说》，四库全书存目丛书集部第 272 册影印清乾隆刻本，济南：齐鲁书社，1997 年，第 176 页。该书又作《崇德堂稿》。

⑦ 中国第一历史档案馆等编：《明清时期澳门问题档案文献汇编》第 1 册，《广州将军策楞等奏请移同知驻扎澳门前山寨以重海防折》，北京：人民出版社，1999 年，第 196 ~ 197 页。

⑧（清）梁廷枏：《粤海关志》卷 26，《夷商》1，广州：广东人民出版社，2002 年，第 505 页。

⑨（清）印光任、张汝霖原著，赵春晨校注：《澳门记略校注》，《形势篇》，附录《澳门记》，澳门：澳门文化司署，1992 年，第 26 ~ 27 页。

⑩ 中国第一历史档案馆等编：《明清时期澳门问题档案文献汇编》第 1 册，《两广总督策楞等奏明查封澳门进教寺不许内地民人入教折》，北京：人民出版社，1999 年，第 226 页。

⑪（清）王锡祺：《小方壶斋舆地丛钞》第 11 册，第 9 帙，张甄陶：《澳门图说》，杭州：杭州古籍书店，1985 年，第 315 页。

（续上表）

年份	人数	说明
乾隆十六年（1751）	4 300 余人	430 余户①
嘉庆十四年（1809.3）	3 000 余人	另有华人在澳营生开业 3 100 余人②
嘉庆十四年（1809.5）	4 963 人	另有英、荷、瑞、西、普等国 62 人③
嘉庆十五年（1810）	5 000 余人④	
道光三年（1823）	3 200 人⑤	
道光八年（1828）	3 600 余人⑥	
道光十四年（1834）	4 000 余人	500 余户，男丁 1 000 余人，黑奴 200 余人⑦
道光十九年（1839）	5 612 人	为 720 户，英国人 57 户，另有华人 1 772 户，7 033 人⑧
道光二十四年（1844）	4 000 余人⑨	
同治三年（1864）	4 000 人	500 ~ 600 户⑩
光绪八年（1882）	4 000 人⑪	

① （清）印光任、张汝霖原著，赵春晨校注：《澳门记略校注》，《澳蕃篇》，澳门：澳门文化司署，1992 年，第 143 页。

② 中国第一历史档案馆等编：《明清时期澳门问题档案文献汇编》第 1 册，《广东巡抚韩對奏报查阅澳门夷民安谧并酌筹控制事宜前山寨关闸仍旧防守折》，北京：人民出版社，1999 年，第 725 页；（清）祝淮：《（道光）新修香山县志》卷 4，《海防·附澳门》，中山文献丛刊第 3 册影印清道光七年刊本，第 708 ~ 709 页称："据《县册》，嘉庆十四年澳门夷人人口为 3 963 人。"

③ 中国第一历史档案馆等编：《明清时期澳门问题档案文献汇编》第 1 册，《两广总督百龄奏覆查明上年英兵入澳系图占地并参吴熊光等办理不当各节折》，北京：人民出版社，1999 年，第 731 ~ 732 页。

④ （清）梁廷枏：《粤海关志》卷 29，《夷商》4，广州：广东人民出版社，2002 年，第 551 页。

⑤ 中国第一历史档案馆等编：《明清时期澳门问题档案文献汇编》第 2 册，《两广总督阮元等奏陈饬谕小西洋人嗣后无须带领多船来粤片》，北京：人民出版社，1999 年，第 174 页。

⑥ （清）祝淮：《（道光）新修香山县志》卷 4，《海防·附澳门》，中山文献丛刊第 3 册影印清道光七年刊本，第 709 页。

⑦ （清）卢坤：《广东海防汇览》卷 32，《方略》21，《炮台》2，石家庄：河北人民出版社，2009 年，第 836 页。

⑧ 林则徐全集编辑委员会编：《林则徐全集》第 3 册，《奏折》之《巡阅澳门抽检华夷户口等情形折》，福州：海峡文艺出版社，2002 年，第 1320 页。

⑨ 中国第一历史档案馆等编：《明清时期澳门问题档案文献汇编》第 2 册，《两广总督耆英等奏报覆察澳夷实在情形折》，北京：人民出版社，1999 年，第 532 页。

⑩ 中国第一历史档案馆等编：《明清时期澳门问题档案文献汇编》第 2 册，《广东巡抚郭嵩焘查明澳门前后大概情形清折》，北京：人民出版社，1999 年，第 755 页。

⑪ （民国）厉式金：《（民国）香山县志续编》卷 6，《海防》，中山文献丛刊第 7 册影印癸亥刊本，第 2241 页。

从上述两表的统计数据可以看出，这一时期的澳门西洋社会葡人社群人口构成有以下几个特点：

一是，这一时期澳门葡人社群的发展变化不大。葡文统计数据最高年份为1858年的7 000人，最低年份为1773年的1 452人，其他时间大体上都在4 000～5 000人徘徊。中文资料数据之最高年份为1717年的8 000余人，最低年份为1809年3月的3 000余人，其余也是在4 000～5 000人徘徊。过去有一种说法，即香港1842年开埠后有大量的葡萄牙人迁入香港，致使澳门葡人数量减少，但从这些人口统计数据来看，好像并不能说明这一问题。

二是，华人逐渐增多成为主体，混有中国血统的土生族群形成。1718年时，葡印总督梅内塞斯下达指示给澳门议事会时曾提到，澳门城的衰落是由于缺少葡萄牙居民，而造成葡萄牙居民缺少的原因是符合结婚条件的女人大多做了修女。[①] 博克塞提到，多数混有中国血统的澳门土生族群形成于这一时期，大部分是葡萄牙及欧裔男主人与中国“妹仔”通婚而生。这些“妹仔”一般是被遗弃的中国女孩，她们被父母亲卖到其他家庭做一段时间（通常约四十年）或一世的佣人。一些女孩被剥削及虐待，而另外一些则被视如亲生子女一般，通常还成为遗产的继承人，这一点可由仁慈堂存有的记录证明。[②] 自然，这一时期澳门土生葡人也与其他地方民族通婚。例如，1710年，澳门议事会曾经处理过这样一起案件。11月7日，马尼拉方面写信给澳门议事会，提到一位澳门人阿马罗·戈麦斯（Amaro Gomes）在马尼拉去世。他的妻子比阿特丽丝·冈萨维斯（Beatriz Gonçalves）是马尼拉人，体弱多病，现在和两位女儿居住在澳门，她请求能和她们一起到马尼拉。议事会搁置了这一申请，直到1711年4月25日。[③]

三是，澳门城人口男女比例严重失调。18世纪以来，与贸易萧条和船只沉没伴随而来的另一个比较严峻的问题是，澳门男女比例的失调。澳门经济衰落后，大批男人离开了这座城市，一些带着家眷离开，一些则丢下家室独自离开，而流放者、冒险家、流浪汉以及从果阿逃过来的人接踵而至。1745年，若瑟·热苏斯·玛利亚（José de Jesus Maria）修士称：

> 1735年至1745年，澳门因海难失去至少11艘船。1745年，澳门居民中有5 212位基督教徒、5 000位中国异教徒，而一个世纪以前这里有44 000人。从王国来的葡人仅有90位；男人和儿童共1 910人；妇女有3 301人，仿佛是座女人城。船只仅有12艘。[④]

---

① ［葡］施白蒂著，小雨译：《澳门编年史：16—18世纪》，澳门：澳门基金会，1995年，第96～97页。

② C. R. Boxer, *Women in Iberian Expansion Overseas, 1415 - 1815: Some Facts, Fancies and Personalities*, New York: Oxford University Press, 1975, p. 88.

③ Manuel Teixeira, *Macau no Séc. XVIII*, Macau: Imprensa Nacional, 1984, p. 83.

④ ［葡］施白蒂著，小雨译：《澳门编年史：16—18世纪》，澳门：澳门基金会，1995年，第135页。

1699 年 10 月 24 日，法国水文工程师、绘图员弗郎索瓦·弗罗盖（François Froger）抵达澳门的记录称：

> 当时澳门城正处于衰败之中，只有 400 名葡萄牙人，但是他们竟然养着 7 000 或 8 000 名妇女。[①]

1770 年，荷兰人范罢览也提到澳门女人占总人口的三分之二。[②] 1779 年，法国商务代表喷士噔往澳门住冬，并留下了对当时澳门最真实的记录：该城居民约有 7 000 名基督徒，其中 2/3 都是女子，均为中国人血统。[③] 而根据 1791 年对澳门基督徒的统计，约 61% 的人口为女性，39% 为男性。尽管这个基督徒数据中可能包含非葡萄牙人，但是总体的人口比例也可以反映葡人社会中的人口比例。通过以上记录可以看出，男女人口比例失调问题贯穿了整个 18 世纪。

（二）澳门葡人社群中土生葡人家族的成长和发展

16—17 世纪的澳门基本上是一个国际贸易的转口港，到远东来从事贸易的葡萄牙商人虽然都必须经停澳门，但在这一块土地上居住的葡萄牙人流动性极大，每年都有大量的人口去往东方各个贸易港口进行贸易，所以这一时期澳门葡人社群的家族性表现并不强，故所有的葡萄牙文献中都将在澳门居留的葡人称为“已婚者”或“单身汉”。随着 17 世纪下半叶以后澳门经济的衰落，对外贸易的活动亦大大减弱，从葡萄牙、果阿、马六甲来澳门的葡萄牙船亦越来越少，澳门从事对外贸易的商人都是由澳门本土的定居商人来经营。正是这一经济形势的变化，促使了澳门居民定居的稳定性越来越强，这种长期定居的稳定生活亦促使了澳门土生家族的产生与发展。由于海外贸易是澳门葡萄牙人经济生命的根本，所以 18 世纪以后在澳门定居的经营海外贸易的葡萄牙商人的家庭就形成了最早的澳门土生葡人家族。

在现存文献中，我们见到的第一个澳门土生葡人家族为南中国第一号葡人富商维埃拉·菲格雷多（Francisco Vieira de Figueiredo）家族。1670 年，前澳督曼努埃尔·罗郎也的女儿、维埃拉·菲格雷多的遗孀卡塔琳娜·罗郎也（Maria Catarina de Noronha）从拉兰图卡携带家族的财富，搭乘着自己的“玫瑰圣母—罪孽之魂（Nossa Senhora de Rosário e Almas do Purgatório）号”船返回澳门定居。从 17 世纪 70 年代起，她即成为澳门经济中举足轻重的人物。她的财产和船只帮助澳门在这个世纪的最后 30 年顽强地

---

① BA, Cód. 52/XIV/23 – François Froger, *Relation du Premier Voyage des Français à la Chine présenté à Monseigneur le comte de Pontchartrain, 1698 – 1700*, 转引自［葡］苏一扬：《前工业化澳门的居民和人口体系（16—19 世纪）》，载吴志良、金国平、汤开建主编：《澳门史新编》第 3 册，澳门：澳门基金会，2008 年，第 1020 页。

② ［葡］施白蒂著，小雨译：《澳门编年史：16—18 世纪》，澳门：澳门基金会，1995 年，第 165 页。

③ Louis Dermigny, *Les Mémoires de Charles de Constant sur le Commerce à la Chine*, Paris: S. E. V. P. E. N, 1964, pp. 152 – 153.

生存了下来。[1] 1701 年，卡塔琳娜·罗郎也在澳门逝世。卡塔琳娜·罗郎也逝世后，她的全部财产通过教会留给了她的妹夫施基拿（Pêro Vaz de Siqueira）。[2] 而施基拿家族也是澳门这一时期最有影响力的土生葡人家族，他的父亲贡萨罗·德·索萨（Gonçalo de Siqueira de Sousa）原为葡萄牙王室的后裔。施基拿曾在印度军队服役，参加过多次战争。1670 年初，他抵达澳门，与卡塔琳娜·罗郎也的妹妹结婚，并在澳门定居。女富豪卡塔琳娜·罗郎也去世后，作为妹夫的施基拿继承了卡塔琳娜的财产，成为当时澳门的首富，也是澳门最大的船东。之后，施基拿先后担任澳门议事会市政议员、澳门仁慈堂主席，在 1702—1703 年还担任过澳门总督，直到 1703 年逝世。施基拿家族在 18 世纪澳门社会中的地位十分显赫，他的儿子施基拿·德·罗郎也（António Siqueira de Noronha）于 1711—1714 年也担任过澳门总督。[3] 20 年间，一个家族出了两位总督，可以反映施基拿家族在 18 世纪澳门社会中的地位。

17 世纪后期到 18 世纪初期，澳门这样显赫的葡人家族一共有五家，除了上述的施基拿家族外，还有四家，即万威·味先地·罗咱（Manuel Vicente Rosa）及其侄西蒙·罗咱（Simão Vicente Rosa）家族、刘易斯·科埃略（Luís Coelho）家族、高士德（António José da Costa）家族及罗咱的姻亲克鲁斯（Cruz）家族。[4] 他们被称为这一时期的澳门五大家族，亦被称为五大富商。

万威·味先地·罗咱家族。万威·味先地·罗咱是葡萄牙坦克斯（Tancos）人，大约出生于 1680 年，1704 年来澳经商，迅速聚集财富，成为当时最有影响力的五大富商之一。他是 18 世纪澳门首先开始以有限公司形式经营的商人，领有第二十四号额船。[5] 同时与澳门另一富商克鲁斯家族联姻，其势力之大更成为澳门经济中举足轻重的人物。他又涉足澳门政坛，先后出任议事会议员和孤儿法官，1714 年被任命为王室大法官。在他从政期间，其最大业绩就是成功地拔除了澳门暴君、有“老虎”之称的澳督文东尼，为澳门居民除去一害。万威·味先地·罗咱临终前留下遗嘱，从自己的财

---

① C. R. Boxer, Francisco Vieira de Figueiredo e os Portugueses em Macassar e Timor na Época da Restauração (1640 - 1668), in *Boletim Eclesiástico da Diocese de Macau*, Vol. 36, 1940, p. 434; Manuel Teixeira, *Macau no Séc. XVII*, Macau: Direcção dos Serviços de Educação e Cultura, 1982, pp. 111 - 112; ［葡］施莉萝著，喻慧娟译：《佩罗·瓦斯·德·西凯拉：中国南海著名的商人和船主》，载《文化杂志》（中文版）第 65 期，2007 年，第 13 ~ 15 页。

② ［葡］弗洛雷斯著，盛力译：《“葡萄牙染色体”：16—18 世纪澳门特色的形成》，载《文化杂志》（中文版）第 49 期，2003 年，第 94 页；［葡］施莉萝著，喻慧娟译：《佩罗·瓦斯·德·西凯拉：中国南海著名的商人和船主》，载《文化杂志》（中文版）第 65 期，2007 年，第 12 ~ 14 页。

③ ［葡］施莉萝著，喻慧娟译：《佩罗·瓦斯·德·西凯拉：中国南海著名的商人和船主》，载《文化杂志》（中文版）第 65 期，2007 年，第 15 页。

④ A. M. Martins do Vale, *Os Portugueses em Macau (1750 - 1800)*, Instituto Português do Oriente, 1997, p. 150.

⑤ （清）梁廷枏：《粤海关志》卷 27，《夷商》2，广州：广东人民出版社，2002 年，第 534 页作“万威微先地罗自”。

产中，拨出 1 000 两白银资助圣多明我会的贫穷孤女结婚之用。[①] 罗咱因无子嗣，1738 年 10 月，万威·味先地·罗咱的两位侄子西蒙·罗咱和安东尼奥·罗咱（António Vicente Rosa）从葡萄牙抵达澳门，正式被指定为患有重病的万威·味先地·罗咱的法定继承人。西蒙·罗咱一到澳门，伯父万威·味先地·罗咱即为其张罗婚事，其后他从伯父手中继承了大量的财富，成为澳门政坛及商界的新秀。据资料，从 1750—1784 年的航海活动中，西蒙·罗咱家族的额船出海航行 40 次，平均每年 1. 14 次，为此时期出海航行最多者。[②] 该家族在澳门的发展经历了 11 代，但到第 4 代后逐渐衰微。[③]

刘易斯·科埃略家族。刘易斯·科埃略亦是澳门 18 世纪时最有影响力的商人，其人何时出生、何时抵达澳门，尚无文献资料可考。至 1747 年第一次出现时，已经担任澳门仁慈堂主席[④]，从这一职务可以看出他在澳门的经历及影响力，所以他来澳门经商的时间应该在 17 世纪末 18 世纪初。之后，他多次担任澳门议事会理事官。他在澳门拥有“圣安东尼奥号”“圣米格尔号”额船[⑤]，经常往返于澳门与安南、澳门与巴达维亚的航线之间，据 1750—1800 年的统计数据，科埃略一共出海航行 24 次，[⑥] 是当时澳门商人出海航行最多的船主之一。科埃略家族在澳门发展有几代，文献并无交代，但有证据证明的是，该家族应该很快就衰落了，他们家族拥有的两艘额船在 18 世纪后期即已转入他人之手。

高士德家族。高士德为澳门土生高士德家族第一代，出生于葡萄牙阿兰特茹省，来澳时间不详。至少在 1747 年以前即已成为澳门从事海上贸易的重要船东，拥有“光明圣母（Nossa Senhora da Luz）号”和“圣十字（S. Cruz）号”两艘帆船[⑦]，并因此致富。据统计，在 1750—1784 年的航海中，高士德家族的额船航行达 34 次之多，几乎每

---

① Jorge Forjaz, *Famílias Macaenses*, Vol. Ⅲ, Macau: Fundação Oriente, Instituto Cultural de Macau, Instituto Português do Oriente, 1996, pp. 295－296；金国平、吴志良：《澳门历史上的 Rosa 家族》，载金国平、吴志良：《东西望洋》，澳门：澳门成人教育协会，2002 年，第 406～410 页。

② A. M. Martins do Vale, *Os Portugueses em Macau (1750－1800)*, Instituto Português do Oriente, 1997, Anexo No. 21.

③ Jorge Forjaz, *Famílias Macaenses*, Vol. Ⅲ, Macau: Fundação Oriente, Instituto Cultural de Macau, Instituto Português do Oriente, 1996, pp. 295－422.

④ José Caetano Soares, *Macau e a Assistência*, *Panorama Médico-Social*, Lisboa: Agência Geral das Colonias, 1950, p. 151.

⑤ ［葡］潘日明著，蔡志良译：《唐·若奥五世在远东的外交政策》，载《文化杂志》（中文版）第 11—12 期，1993 年，第 3～16 页。刘易斯·科埃略的“三桅船圣米格尔号”1764—1765 年在海难中沉没。参见 Lázaro da Silva Ferreira 于 1784 年 12 月 15 日向 Martinho de Melo e Castro 发出的报告，葡萄牙海外历史博物馆，Macau, cx, 16, doc, 4.

⑥ A. M. Martins do Vale, *Os Portugueses em Macau (1750－1800)*, Instituto Português do Oriente, 1997, Anexo No. 21.

⑦ Benjamin Videira Pires, *A Vida Marítima de Macau no Século XⅧ*, Macau: Instituto Cultural de Macau, 1993, p. 46；Manuel Teixeira, *Macau no Séc. XⅧ*, Macau: Imprensa Nacional, 1984, pp. 45－46, 86.

年一次。[①] 1769 年，高士德从葡人贝尔南多·诺格拉（Bernardo de Nogueira）手中购买南湾宅院物业。1780 年，高士德出任澳门总督。1781 年 2 月 3 日，高士德逝世。高士德逝世后留下子女 6 人，其中三子均献身教会，其产业由其长子若瑟·科斯塔（José da Costa，又称小高士德）神父接管。[②] 小高士德与其兄弟阿波利纳利奥·科斯塔（Apolinário da Costa）共同成为家族额船"嘉谟圣母（Nossa Senhora do Carmo）号"的船东，故当时又称为"兄弟号"，经常出航果阿、帝汶。[③] 高士德家族在澳门传承了至少有 5 代。

克鲁斯家族。据福尔加斯《土生葡人家族》称："安东尼奥·达·克鲁斯（António da Cruz）是当时澳门的首富。"[④] 安东尼奥·达·克鲁斯为澳门克鲁斯家族的第一代，大约在 17 世纪末即已来到澳门。1710 年时，克鲁斯已经是澳门的船主，[⑤] 1712 年，克鲁斯号船赴帝汶贸易。[⑥] 1725 年定澳门 25 艘额船时，克鲁斯的船被编为第 2 号，中文名为"咹哆呢咕噜苏"。[⑦] 由于经营海外贸易，克鲁斯家族成了澳门巨富，后又将其妹伊萨贝尔·克鲁斯（Isabel da Cruz）嫁予澳门富商万威·味先地·罗咱，两位富商家族的联姻致使他们的家族势力更加庞大。

18 世纪成长与发展起来的土生葡人家族除了上述五家以外，据葡萄牙学者瓦莱（A. M. Martins do Vale）的统计数据还有：[⑧]

---

① A. M. Martins do Vale, *Os Portugueses em Macau (1750 – 1800)*, Instituto Português do Oriente, 1997, Anexo No. 21.

② Manuel Teixeira, *Macau no Séc. XVIII*, Macau: Imprensa Nacional, 1984, pp. 483, 607; Manuel Teixeira, *Toponímia de Macau*, Vol. II, Macau: Instituto Cultural de Macau, 1997, p. 214.

③ Benjamin Videira Pires, *A Vida Marítima de Macau no Século XVIII*, Macau: Instituto Cultural de Macau, 1993, p. 45.

④ Jorge Forjaz, *Famílias Macaenses*, Vol. I, Macau: Fundação Oriente, Instituto Cultural de Macau, Instituto Português do Oriente, 1996, p. 951.

⑤ ［葡］施白蒂著，小雨译：《澳门编年史：16—18 世纪》，澳门：澳门基金会，1995 年，第 78 页；Manuel Teixeira, *Macau no Séc. XVIII*, Macau: Imprensa Nacional, 1984, p. 75.

⑥ *Arquivos de Macau*, 3ª Série, Vol. V, No. 4, Macau, 1966, p. 211.

⑦ （清）梁廷枏：《粤海关志》卷 27，《夷商》2，广州：广东人民出版社，2002 年，第 533 页。Jorge Forjaz, *Famílias Macaenses*, Vol. I, Macau: Fundação Oriente, Instituto Cultural de Macau, Instituto Português do Oriente, 1996, p. 951称："安东尼奥·达·克鲁斯生于 1760 年。"与中文原始记录不相符合，疑若尔热·福尔加斯书有误。

⑧ A. M. Martins do Vale, *Os Portugueses em Macau (1750 – 1800)*, Instituto Português do Oriente, 1997, pp. 150 – 162.

表 1 - 10　18 世纪其他土生葡人家族

年代	姓名
18 世纪 50 年代	丰塞卡（Manuel Pereira da Fonseca）家族①
18 世纪 60 年代	吉马良斯（João Ribeiro Guimarães）家族②
18 世纪 60 年代	维安纳（Nicolau Pires Viana）家族
	索萨（José de Sousa）家族③
	费尔南德斯·施利华（João Fernandes da Silva）家族
	若阿金·施利华（Joaquim Lopes da Silva）家族
	西蒙·罗咱（Simão Vicente Rosa）家族
18 世纪 70 年代	马沙多（Joaquim Carneiro Machado）家族
	阿拉乌茹·罗咱（Simão Araújo Rosa）家族
	霍门·卡瓦略（Manuel Homem de Carvalho）家族④

① 富商、船主丰塞卡（Bento da Fonseca）家族出现很早，在文献中 1671 年时即有他们家族的船在海外航行。曼努埃尔·丰塞卡应为该家族的第二代。参见 J. F. Marques Pereira, *Ta-Ssi-Yang-Kuo*, *Arquivos e Anals Do Extremo-Oriente Português*, Serie Ⅰ, Vol. Ⅱ, Fundação Macau, 1995, p. 757.

② 吉马良斯家族第一代为若奥·里贝罗·吉马良斯，葡萄牙人，何时来澳门不详。1755 年以后，在澳门议事会任职，并成为澳门海上贸易的主要船东，从 1750 年至 1784 年的 35 年间，共出海航行 25 次（参见 A. M. Martins do Vale, *Os Portugueses em Macau* (*1750 - 1800*), Instituto Português do Oriente, 1997, Anexo No. 21）。该家族在澳门仅传两代（参见 Jorge Forjaz, *Famílias Macaenses*, Vol. Ⅱ, Macau: Fundação Oriente, Instituto Cultural de Macau, Instituto Português do Oriente, 1996, p. 145）。

③ 1766 年，若瑟·索萨（José de Sousa）为澳门"圣·沙勿略号"船主，前往帝汶贸易。在 1750—1770 年，若瑟·索萨家族是澳门主要的出海贸易商人之一。参见 Manuel Teixeira, *Macau no Séc. XVIII*, Macau: Imprensa Nacional, 1984, p. 534; A. M. Martins do Vale, *Os Portugueses em Macau* (*1750 - 1800*), Instituto Português do Oriente, 1997, Anexo No. 21。

④ 李长森书原表称卡瓦略家族，这一支姓卡瓦略的土生葡人并非卡瓦略家族的人，而是霍门·卡瓦略家族。该家族在澳门的创始人为曼努埃尔·霍门·卡瓦略，1740 年生于葡萄牙，1760 年代即已在澳门经商，1783 年时拥有一艘"圣西蒙和圣阿儒达圣母（S. Simão e Nossa Senhora da Ajuda）号"和一艘未知名的单桅小船，1813 年又收购罗咱家族的青洲土地，是澳门 18 世纪后期的富商。该家族在澳门传承了 7 代。参见 Jorge Forjaz, *Famílias Macaenses*, Vol. Ⅱ, Macau: Fundação Oriente, Instituto Cultural de Macau, Instituto Português do Oriente, 1996, pp. 215 - 222; Manuel Teixeira, *Macau no Séc. VIII*, Macau: Imprensa Nacional, 1984, p. 625；［葡］施白蒂著，姚京明译：《澳门编年史：19 世纪》，澳门：澳门基金会，1998 年，第 16 页；金国平、吴志良：《青洲沧桑》，载金国平、吴志良：《东西望洋》，澳门：澳门成人教育协会，2002 年，第 317 页。

（续上表）

年代	姓名
18 世纪 80 年代	阿布列乌（José António de Abreu）家族
	佩索阿（António Botelho Homem Bernardes Pessoa）家族
	甘博亚（António José de Gambôa）家族①
18 世纪 90 年代	利马（Joaquim Rodrigues Lima）家族
	阿拉乌茹（José Mendes Araújo）家族
	阿尔梅达（Januário Agostinho de Almeida）家族②
	拉帕（Inácio Gonçalves Lapa）家族
	俾利喇（Manuel Pereira）家族③
	马托斯（António Joaquim de Oliveria Matos）家族

---

① 甘博亚家族是 18 世纪澳门的著名富商，1795 年来到澳门，主要经营棉花及鸦片贸易。该家族第一代安东尼奥·若瑟·甘博亚（António José de Gambôa）对澳门贡献甚大，故议事会以其姓名命名澳门岗顶前地的一条街道为“Rua do Gamboa”，华人称之为“夜呣斜巷”。参见 Jorge Forjaz, *Famílias Macaenses*, Vol. Ⅱ, Macau: Fundação Oriente, Instituto Cultural de Macau, Instituto Português do Oriente, 1996, p. 9。瓦莱书将其列入 18 世纪 90 年代的土生葡人家族，不太确切，因为该家族是 1795 年才来澳门，故应该是 18 世纪 90 年代的家族。

② 阿尔梅达家族第一代为雅努阿里奥·阿果斯蒂纽·阿尔梅达，1759 年生于葡萄牙里斯本县，1770 年代来澳门从事贸易，拥有“圣米格尔号”和“路戈尼亚号”两艘商船，并成为当时澳门最富有的商人之一。他在澳门靠内港司打口处（下环街 2 号）有一座宫殿式的大宅，人们称之为“新花园”。其人极其富有，据传其宅院曾雇有 100 名印度兵看府。1825 年在澳门逝世。该家族在澳门传承有七代。参见 Jorge Forjaz, *Famílias Macaenses*, Vol. Ⅰ, Macau: Fundação Oriente, Instituto Cultural de Macau, Instituto Português do Oriente, 1996, pp. 89 – 94.

③ 俾利喇（Manuel Pereira）家族何时来澳门，文献没有记录。在 1710 年的资料中，已经记录了老俾利喇当选澳门议事会法官之事（参见施白蒂著，小雨译：《澳门编年史：16—18 世纪》，澳门：澳门基金会，1995 年，第 80 页）。其子与父同名，被人称为小俾利喇（Manuel Pereira Júnior）。小俾利喇 1757 年生于葡萄牙，何时来澳门也不详，但 1772—1780 年在澳门经商，获得了巨大的财富，并收购了大片土地，修建了圣若瑟庄园和俾利喇别墅，成为 18 世纪末澳门最富有的商人之一，他还在澳门社会担任各种职务，包括议事会和海关，1826 年在澳门去世。该家族在澳门传承 8 代。参见 Jorge Forjaz, *Famílias Macaenses*, Vol. Ⅱ, Macau: Fundação Oriente, Instituto Cultural de Macau, Instituto Português do Oriente, 1996, pp. 987 – 994.

（续上表）

年代	姓名
18 世纪 90 年代	摆华（Francisco José de Paiva）家族①
	埃萨（D. António d'Eça）家族②

瓦莱的统计并不全面，这一时期澳门土生葡人家族中有影响、有实力的富商家族还有不少。雍正三年（1725），清政府为澳门设定的 25 艘额船的船主中，就有几位是当时最有影响力的富商，如尼古劳·啡呜味（Nicolau Fiumes）、月旺·疏夏（João de Sousa Magalhães）、马诺·哥斯达（Manuel Costa）、类斯·山治（Luís Sanches de Cáceres）、华猫殊（Manuel Favacho），③ 这些土生葡人家族商人不仅在澳门社会担任着十分重要的职务，而且经常出海航行，投资海外贸易，在澳门社会均具有相当的影响力。据福尔加斯的《土生葡人家族》的资料，还有几个土生葡人家族必须提及：

（1）郎热尔家族。郎热尔家族有贡萨罗·郎热尔（Francisco Gonçalo Rangel）及其子弗朗西斯科·郎热尔（Francisco Rangel da Costa），在 18 世纪初，该家族就成为澳门富甲一方的土生葡人。该家族在澳门一共传承了 9 代。④

（2）阿拉乌茹·巴洛斯家族。阿拉乌茹·巴洛斯家族的第一代应在 17 世纪末即已

---

① 摆华为澳门土生摆华家族第二代。1758 年生于葡萄牙上贝拉省塔布阿市（Tíbua）马托镇，1780 年到澳门，从事海上贸易，他的事业发展很快，拥有相当大的财富。1805 年曾出任澳门议事会理事官。1822 年 11 月 27 日，澳门土生葡人富商摆华在老楞佐堂区病逝。他去世后，其公司被其妻子命名为“摆华遗孀及其子女有限公司”，在广州设有多处办事机构，开展对华贸易，分公司由其女婿若阿金·维加（Joaquim José Ferreira Veiga）打理。参见 Jorge Forjaz, *Famílias Macaenses*, Vol. Ⅱ, Macau: Fundação Oriente, Instituto Cultural de Macau, Instituto Português do Oriente, 1996, p. 961。其子小摆华（Francisco José de Paiva Jr.）在澳门长大，赴葡国读书，在科英布拉大学获法学博士学位，返澳后一边开设自己的律师楼，一边经营其家族的航运生意。1830 年担任市政议员。1831 年任议事公局普通法官，同年任华务官，1836 年被选为澳门议事会理事官，1847 年任澳门民兵营少校司令，同获委任为澳门驻香港首任领事。1850 年小摆华逝世后，澳门政府将一条街道命名为“摆华巷”（Travessa do Paiva）来纪念他。参见 Jorge Forjaz, *Famílias Macaenses*, Vol. Ⅱ, Macau: Fundação Oriente, Instituto Cultural de Macau, Instituto Português do Oriente, 1996, p. 963；金英杰：《摆华巷名花设局四夷宾服》，载《新报》，2008 年 8 月 14 日。

② 埃萨家族在澳门的出现最早可以见于 1703 年，当时担任澳门议事会市政议员的若瑟·埃萨（José da Cunha de Eça）去世。参见 Manuel Teixeira, *Macau no Séc. XVIII*, Macau: Imprensa Nacional, 1984, p. 26。

③ （清）梁廷枏：《粤海关志》卷 27，《夷商》2，广州：广东人民出版社，2002 年，第 533 ~ 534 页。

④ Jorge Forjaz, *Famílias Macaenses*, Vol. Ⅲ, Macau: Fundação Oriente, Instituto Cultural de Macau, Instituto Português do Oriente, 1996, p. 9. 按：福尔加斯将郎热尔·科斯塔作为澳门该家族的第一代，此说不妥，郎热尔·科斯塔的父亲贡萨罗·科斯塔于 1704 年已经成为澳门城的总代表，为议事会选出。可知郎热尔家族第一代应该是贡萨罗·科斯塔。

来到澳门，1689 年刘易斯·巴洛斯（Luís de Araújo e Barros）即已是澳门的富商。[①]1717 年成为澳门议事会议员，该家族在 18 世纪时已成为澳门望族，但仅传承两代。[②]

（3）里热尔家族。澳门里热尔家族的第一代为若奥·科雷亚·达·里热尔（João Correia de Liger），生于葡萄牙，何时来澳不详。1685 年即担任澳门议事会议员和普通法官，1696 年开始经营自己的生意，他在澳门社会担任过很多职务。第二代为弗朗西斯科·科雷亚·达·里热尔（Francisco Correia de Liger），1690 年生于澳门，是商人和船长。从 1715 年到 1744 年间先后担任澳门议事会普通法官、议事会议员及理事官。其弟安东尼奥·科雷亚·里热尔（António Correia de Liger）1722 年 8 月 26 日生于澳门大堂，1769 年及 1798 年担任澳门议事会理事官。该家族在澳门传承有 5 代。[③]

（4）维埃拉·里贝罗家族。该家族原为华人，后接受天主教洗礼才取葡人姓氏，而融入了葡人社群。第二代为托马斯·里贝罗（Thomás Vieira Ribeiro），由于善于经商，在澳门颇有名气，以至于澳门议事会将位于澳门白鸽巢前地的一条街道命名为托马斯·维埃拉街，其中文街名为“新胜街”。第三代为伊拉修·维埃拉·里贝罗（Inácio Vieira Ribeiro），1731 年 2 月 22 日生于花王堂区，他不仅经商，还在澳门担任多项公职，曾任海关书记和澳门议事会商务监理。他还是澳门的大物业主，留下许多物业与财产，其中在大炮台街有房屋一幢，在花王堂街靠近英国东印度公司住宅有房屋一幢，还有医院街（白马行）房屋一幢。另外，还留下了 7 名帝汶奴隶，成为 18 世纪澳门华裔著名土生葡人家族。该家族在澳门传承 9 代。[④]

（5）马葵士家族。澳门马葵士家族的第一代多明戈斯·马葵士（Domingos Marques）来自葡萄牙中部地区的马托镇（Mato），在葡萄牙时即已参与葡萄牙的政治斗争，并被流放。1760 年来到澳门，先后在澳门担任议事会理事官、书记官和法官及海关监理等职务。马葵士善于经商，很快就积累了巨大的财富，拥有澳门西望洋山麓名为“善良耶稣丛林”（Mato do Bom Jesus）的一大片土地。第二代为皮奥·马葵士（Domingos Pio Marques），1783 年生于澳门，他是“壮丽号”商船的船东，在澳门极具政治地位。第三代为若奥·马葵士（Francisco João Marques）及罗伦索·马葵士（Lourenço Caetano Cortela Marques）。该家族在澳门传承绵延时间长、影响大，产生了

---

① 《市政厅古文献》第 2 卷，第 33～34 页，转引自［葡］潘日明著，苏勤译：《殊途同归：澳门的文化交融》，澳门：澳门文化司署，1992 年，第 98 页。

② Jorge Forjaz, *Famílias Macaenses*, Vol. Ⅰ, Macau: Fundação Oriente, Instituto Cultural de Macau, Instituto Português do Oriente, 1996, pp. 267－268.

③ Manuel Teixeira, *Macau no Séc. XⅧ*, Macau: Imprensa Nacional, 1984, p. 545; Jorge Forjaz, *Famílias Macaenses*, Vol. Ⅱ, Macau: Fundação Oriente, Instituto Cultural de Macau, Instituto Português do Oriente, 1996, pp. 333－335.

④ Jorge Forjaz, *Famílias Macaenses*, Vol. Ⅲ, Macau: Fundação Oriente, Instituto Cultural de Macau, Instituto Português do Oriente, 1996, pp. 991－998.

图 1－5　19 世纪油画中的澳门土生葡人妇女像（左）和土生葡人青年像（右）

很多名人，共传承了 6 代。[①]

（6）巴洛斯家族。巴洛斯家族在澳门的第一代为若瑟·若阿金·巴洛斯（José Joaquim de Barros，1753—1823），先在澳门经商，为第 20 号额船"圣安东尼—卢济塔尼亚（Santo António Lusitania）号"商船船主，主要航行于果阿与澳门之间，成为澳门著名的富商，曾担任澳门仁慈堂主席，1801 年任葡属印度领地的兵头，1809 年任澳门议事会市政议员，还先后于 1799、1807、1809、1810、1815、1818 及 1821 年七次出任澳门议事会理事官。其子小若阿金·巴罗斯（José Joaquim de Barros Jr.）1841 年 11 月 4 日在大堂区去世时，为澳门仁慈堂留下了一大笔遗产。该家族在澳门传承了 6 代。[②]

19 世纪兴起的土生葡人家族主要有李美雕家族、眉额带历家族、亚坚奴家族、巴莱托家族、卡内罗家族、博约尔家族、巴塔尼亚家族、白乐嘉家族、巴冷登家族、巴士度家族、阿尔维斯家族、官也家族、贡萨尔维斯·佩雷拉家族、梅洛家族、罗郎也家族、奥利维拉家族、叭之咕家族、哑宋生家族、贡萨加家族及李加禄家族。下面按家族兴起的时间顺序列表如下：

---

① Jorge Forjaz, *Famílias Macaenses*, Vol. Ⅱ, Macau: Fundação Oriente, Instituto Cultural de Macau, Instituto Português do Oriente, 1996, pp. 562－572.

② Jorge Forjaz, *Famílias Macaenses*, Vol. Ⅰ, Macau: Fundação Oriente, Instituto Cultural de Macau, Instituto Português do Oriente, 1996, pp. 451－452; Manuel Teixeira, *Os Ouvidores em Macau*, Macau: Imprensa Nacional, 1976, pp. 201－202.

表 1－11 19 世纪澳门主要的土生葡人家族

序号	家族名	家族代表人物	兴起时间	职业及身份	备注
1	李美雕	安东尼奥·多斯·李美雕① António dos Remédios	19 世纪初	商人、议事会议员	该家族在澳门传承 5 代
2	眉额带历	眉额带历② Miguel de Arriaga Brum da Silveira	19 世纪初	王室大法官、商人	该家族在澳门传承 4 代
3	亚坚奴	若昂·亚坚奴 João Tomás Rodrigues	19 世纪初	船长、航海家	该家族在澳门传承 6 代③
4	巴莱托	巴托洛梅乌·巴莱托④ Bartolomeu Barreto	19 世纪初	商人、澳门保险行经理	该家族在澳门传承 6 代

---

① 澳门富商李美雕（1770—1841）是澳门土生李美雕家族的第一代，其父母均为 18 世纪在澳门居住的华人，后信奉天主教取葡文姓氏，从而进入葡人社会。由于善于经商，迅速致富。1815 年出任澳门议事会商务监理。他积极投身澳门的社会公共活动，加入自由党，拥护共和，反对专制，坚决与澳门保守派进行斗争。1824 年出任议事会议员。后因巴波沙自由派政府倒台，他被迫逃至广州避难。1791 年，他与土生葡人女子利达·佩雷斯（Rita António de Sousa Peres）结婚，夫妇两人生育 16 名子女，在其后的百年间，繁衍了 604 人，成为澳门颇具影响的土生家族。参见 Jorge Forjaz, *Famílias Macaenses*, Vol. Ⅲ, Macau: Fundação Oriente, Instituto Cultural de Macau, Instituto Português do Oriente, 1996, p. 31；李长森：《明清时期澳门土生族群的形成发展与变迁》，北京：中华书局，2007 年，第 165～166 页。

② 眉额带历（1776—1823），葡文名 Miguel de Arriaga Brum da Silveira，一般又译为雅利亚加，澳门俗称为雅廉访，“雅”取 Arriaga 的第一个字母，“廉访”则采用元代肃政廉访使之名，因其职为王室大法官。他毕业于科英布拉大学法律系，获副学士学位。1800 年起，曾担任里斯本里贝拿区（Bairro do Ribeiro）刑事法官，巴西上诉法院上诉庭判官。1802 年，以印度高级法院审判官身份调派果阿，出任澳门王室大法官。他任此职务 20 多年，一直到去世。他成为这一时期澳门实际的统治者，他不仅仅是个出色的政治家、外交家，还是一位成功的商人。他在澳门期间经商获得了丰厚的利润，也是少数几位定居在澳门的王室大法官，所以到 19 世纪中期以后，眉额带历家族就成了澳门显赫的土生葡人家族。Manuel Teixeira, *Os Ouvidores em Macau*, Macau: Imprensa Nacional, 1976, pp. 145－157. Jorge Forjaz, *Famílias Macaenses*, Vol. Ⅰ, Macau: Fundação Oriente, Instituto Cultural de Macau, Instituto Português do Oriente, 1996, pp. 278－281.

③ Jorge Forjaz, *Famílias Macaenses*, Vol. Ⅰ, Macau: Fundação Oriente, Instituto Cultural de Macau, Instituto Português do Oriente, 1996, pp. 243－260.

④ 巴莱托家族是第三代才开始在澳门定居的，其代表为巴托洛梅乌·巴莱托（1784—1845）和他的哥哥安东尼奥·罗伦索·巴莱托（1778—1834）。他们来澳门定居主要是开展澳门的保险业务，而后成立澳门保险行，在澳门具有相当的影响力，两兄弟均担任过议事会的商务监理。参见 Jorge Forjaz, *Famílias Macaenses*, Vol. Ⅰ, Macau: Fundação Oriente, Instituto Cultural de Macau, Instituto Português do Oriente, 1996, pp. 409－417。

（续上表）

序号	家族名	家族代表人物	兴起时间	职业及身份	备注
5	卡内罗	埃斯特旺·卡内罗① Bernardo Estêvão Carneiro	19世纪初	商人、议事会理事官	该家族在澳门传承7代
6	博约尔	若昂·巴普蒂斯特·博约尔 João Baptista Boyol	19世纪初	商人、船东，经营航运业	该家族在澳门传承6代②
7	巴塔尼亚	安东尼奥·费雷拉·巴塔尼亚③ António Ferreira Batalha	19世纪初	商人、船东，经营航运业	该家族在澳门传承5代
8	白乐嘉	弗朗西斯科·塞谢利奥·白乐嘉 Francisco Cecílio Braga	19世纪初	商人、船东、议事会议员	该家族在澳门传承5代④
9	巴冷登	若瑟·戈麦斯·巴冷登⑤ José Gomes Brandão	19世纪初	商人	该家族在澳门传承6代

---

① 埃斯特旺·卡内罗（1785—1854）是卡内罗家族的第二代，原籍为葡萄牙科英布拉，后来到澳门经商，在澳门担任议事会理事官。1825年收购阿尔梅达的男爵宫（新花园）。其在澳门的家族形成于19世纪初，家族人多经商。参见 Jorge Forjaz, *Famílias Macaenses*, Vol. Ⅰ, Macau: Fundação Oriente, Instituto Cultural de Macau, Instituto Português do Oriente, 1996, pp. 89 – 90；Manuel Teixeira, *Toponímia de Macau*, Vol. Ⅱ, Macau: Instituto Cultural de Macau, 1997, pp. 334 – 335.

② Jorge Forjaz, *Famílias Macaenses*, Vol. Ⅰ, Macau: Fundação Oriente, Instituto Cultural de Macau, Instituto Português do Oriente, 1996, pp. 575 – 579.

③ 安东尼奥·费雷拉·巴塔尼亚（1785—1855）为澳门土生巴塔尼亚家族的第二代，原籍葡萄牙巴塔尼亚，后到澳门经营航运业，为“新希望（Nova Esperança）号”船主。该船载重1 200吨，装备了很强的火力。1849年，美士基打攻打北山岭炮台时，该船曾以火力支持。参见 Jorge Forjaz, *Famílias Macaenses*, Vol. Ⅰ, Macau: Fundação Oriente, Instituto Cultural de Macau, Instituto Português do Oriente, 1996, p. 503.

④ Jorge Forjaz, *Famílias Macaenses*, Vol. Ⅰ, Macau: Fundação Oriente, Instituto Cultural de Macau, Instituto Português do Oriente, 1996, pp. 583 – 585.

⑤ 若瑟·戈麦斯·巴冷登（1763—?）为澳门巴冷登家族的第二代，早年在澳门经商，由于其经商的贡献，澳门议事会将澳门的一条街命名为“巴冷登街（Rua do Brandao）”。参见 Jorge Forjaz, *Famílias Macaenses*, Vol. Ⅰ, Macau: Fundação Oriente, Instituto Cultural de Macau, Instituto Português do Oriente, 1996, pp. 587 – 590.

（续上表）

序号	家族名	家族代表人物	兴起时间	职业及身份	备注
10	巴士度	安东尼奥·若阿金·巴士度① António Joaquim da Costa Basto	19 世纪初	商人，经营烟草业	该家族在澳门传承6代
11	阿尔维斯	若奥·安东尼奥·阿尔维斯 João António Alves	19 世纪初	商人、船长	该家族在澳门传承5代，但其后人多在香港发展②
12	官也	安东尼奥·迪亚斯·官也 António Dlas da Cunha	19 世纪初	商人、船主，经营航运业，拥有“安德罗梅达号”和“戴安娜号”两艘船	该家族在澳门仅传3代，后人去了香港③
13	贡萨尔维斯·佩雷拉	安东尼奥·若瑟·贡萨尔维斯·佩雷拉④ António José Gonçalves Pereira	19 世纪初	商人、议事会官员	该家族在澳门传承3代

① 若阿金·巴士度（？—1829）是澳门土生巴士度家族的第二代，先在里斯本经商，1818年因担任澳门烟草及鼻烟合同经营者而来到果阿，后又经常往来澳门，到1820年，该职务任满后即决定在澳门正式定居。1829年当选为仁慈堂会员，其间还担任澳门临时步兵连第二连少尉军官。1820年11月21日，在澳门第二次结婚，其妻为澳门土生富商卡斯特罗家族女儿朱丽亚·卡斯特罗（D Júlia Maria Cândida de Castro）。后澳门政府为了纪念他，将一条街命名为“巴士度街”（Rua de António Basto）。参见 Jorge Forjaz, *Famílias Macaenses*, Vol. Ⅰ, Macau: Fundação Oriente, Instituto Cultural de Macau, Instituto Português do Oriente, 1996, pp. 473 – 482.

② Jorge Forjaz, *Famílias Macaenses*, Vol. Ⅰ, Macau: Fundação Oriente, Instituto Cultural de Macau, Instituto Português do Oriente, 1996, pp. 163 – 170.

③ Jorge Forjaz, *Famílias Macaenses*, Vol. Ⅰ, Macau: Fundação Oriente, Instituto Cultural de Macau, Instituto Português do Oriente, 1996, pp. 987 – 990.

④ 安东尼奥·若瑟·贡萨尔维斯·佩雷拉（1766—1828）为贡萨尔维斯·佩雷拉家族的第二代，原籍葡萄牙，后到澳门经商。1804年担任议事会商务监理，后又担任市政议员、议事会司库等职。参见 Jorge Forjaz, *Famílias Macaenses*, Vol. Ⅱ, Macau: Fundação Oriente, Instituto Cultural de Macau, Instituto Português do Oriente, 1996, pp. 81 – 84.

（续上表）

序号	家族名	家族代表人物	兴起时间	职业及身份	备注
14	梅洛	亚历山德罗·安东尼奥·德·梅洛① Alexandrino António de Melo	19世纪初	商人、大船主、大产业主、著名政治人物	该家族在澳门传承6代
15	罗郎也	若奥·德·罗郎也 João de Noronha	19世纪初	商人	该家族在澳门传承5代②
16	奥利维拉	若瑟·弗朗西斯科·德·奥利维拉 José Francisco de Oliveira	19世纪初	商人、澳门保险行股东、议事会法官、市政议员	该家族在澳门仅传两代③
17	叭之咕	西帕里亚诺·安东尼奥·叭之咕④ Cipriano António Pacheco	19世纪初	商人、澳门保险行股东、议事会理事官	该家族在澳门传承6代

① 亚历山德罗·安东尼奥·德·梅洛（1809—1877）为澳门土生梅洛家族第三代。其父戈特洛·梅洛（António Gotero de Melo）19世纪初期来澳门定居，1838年在澳门去世。其父亲在世时，其家族已经很富裕。到梅洛这一代时，其家族已经成为19世纪澳门最富有的家族之一，家族拥有5艘远洋贸易的船只；他是澳门的大产业主，个人拥有南湾别墅和圣珊泽宫等当时澳门最为豪华高贵的宫殿，并被称为澳门当时最杰出的40位贡献者之一。1840年，他出任议事公局商务监理，1872年成为澳门议事公局议员，1873年还出任代理帝汶总督和巴西驻澳门领事。1862年倡建新澳门人学校，并是澳门土生人教育促进会的发起人之一，他还是省港澳轮船公司的主要创办人和合伙人。1851年1月5日，葡王室册封其为塞卡尔男爵，1867年4月5日又被升为子爵。1867年12月13日获葡王室许可，成为王室贵族、封地领主及 Ordem Equestre do Santo Sepulcro de Jerusalém 骑士。参见 Jorge Forjaz, *Famílias Macaenses*, Vol. Ⅱ, Macau: Fundação Oriente, Instituto Cultural de Macau, Instituto Português do Oriente, 1996, pp, 645 - 646；［葡］施白蒂著，姚京明译：《澳门编年史：19世纪》，澳门：澳门基金会，1998年，第208页。

② Jorge Forjaz, *Famílias Macaenses*, Vol. Ⅱ, Macau: Fundação Oriente, Instituto Cultural de Macau, Instituto Português do Oriente, 1996, pp, 813 - 815.

③ Jorge Forjaz, *Famílias Macaenses*, Vol. Ⅱ, Macau: Fundação Oriente, Instituto Cultural de Macau, Instituto Português do Oriente, 1996, pp, 879 - 880; *Chinese Repository*, Vol. 12, No. 1, 1843/01, pp. 18 - 19.

④ 西帕里亚诺·安东尼奥·叭之咕（1790—1858）为澳门土生葡人叭之咕家族第三代，父亲为叭之咕·阿吉亚尔（Vicente Pacheco de Agular）。西帕里亚诺·叭之咕是澳门保险局的股东，并担任议事会区的治安委员，1837年任澳门议事会理事官。1846年因卷入广州鸦片诈骗案被捕而声名大噪。参见 Jorge Forjaz, *Famílias Macaenses*, Vol. Ⅱ, Macau: Fundação Oriente, Instituto Cultural de Macau, Instituto Português do Oriente, 1996, p. 945; *Chinese Repository*, Vol. 12, No. 1, 1843/01, p. 18.

（续上表）

序号	家族名	家族代表人物	兴起时间	职业及身份	备注
18	哑宋生	若奥·科雷亚·帕伊斯·德·哑宋生[①] João Correia Pais de Assumpção	19 世纪中期	商人、法律界人士、“殷皇子号”船商务专员	该家族在澳门传承5代
19	贡萨加	基列梅·贡萨加 Guiherme Gonzaga	19 世纪中期	商人，经营布匹、丝绸及烟草	该家族在澳门仅传两代[②]
20	李加禄	胡安·李加禄[③] Juan Lecaroz	19 世纪后期	商人、大班	该家族在澳门传承两代

---

① 若奥·科雷亚·帕伊斯·德·哑宋生（1825—1895）是哑宋生家族的第三代，1853 年以“殷皇子（Infante D. Henrique）号”三桅船专员身份首次来澳。1854 年再次来澳门并在澳门定居。长期担任澳门、帝汶及梭罗地区王室金库司库，同时担任仁慈堂监理、巴西驻澳门领事。1865 年 12 月 19 日获骑士勋章，1888 年 11 月 15 日被授予基督骑士级和柬埔寨皇家级绅士。1890 年葡萄牙王室授予其男爵爵衔。1891 年被评为对澳门贡献最大的40 人之一。他还是澳门的房产主，拥有东方斜巷2、4、6、8 号四幢房屋。哑宋生去世后，这些房屋于 1897 年被卖给仁慈堂，后被拆毁，在原址上建一座大厦，取名为“苏亚雷斯（Caetano Soares）大厦”。参见 Jorge Forjaz, *Famílias Macaenses*, Vol. Ⅰ, Macau: Fundação Oriente, Instituto Cultural de Macau, Instituto Português do Oriente, 1996, p. 293；《镜海丛报》，光绪二十一年正月十二日（1895 年2 月6 日），《显爵西归》，澳门基金会、上海社会科学院出版社联合出版，2000 年，第 136 页。

② Jorge Forjaz, *Famílias Macaenses*, Vol. Ⅱ, Macau: Fundação Oriente, Instituto Cultural de Macau, Instituto Português do Oriente, 1996, p. 87.

③ 胡安·李加禄（1834—1904）为李加禄家族第三代，其祖先为西班牙人，18 世纪中来到澳门，专营澳门与马尼拉海上贸易，遂发家致富。李加禄 1850 年代来澳门继承祖业，并在澳门生活 50 余年，亦从事澳门与马尼拉贸易，还参加贩运苦力贸易而成为澳门著名富翁。1874 年 4 月 30 日与埃斯特旺·卡内罗的女儿萨比娜·卡内罗（D Ana Josefa Sabina Carneiro）结婚，他还继承了其岳父母及妻子的一大笔遗产。1900 年 3 月 10 日其妻去世，又获得了其妻从父母手中继承过来的男爵宫（新花园）。故后人又称之为“李加禄宫”。澳门政府为了纪念他，将由下环街、下环街市与打铁斜巷起至河边新街 91 号和 109 号建筑物之间止、原名新花园的地方命名为李加禄街（Rua de Jo o Lecaroz）。参见 Jorge Forjaz, *Famílias Macaenses*, Vol. Ⅱ, Macau: Fundação Oriente, Instituto Cultural de Macau, Instituto Português do Oriente, 1996, p. 297；Manuel Teixeira, *Toponímia de Macau*, Vol. Ⅱ, Macau: Instituto Cultural de Macau, 1997, pp. 371 – 374；金国平、吴志良：《新花园业主系何人?》，载金国平、吴志良：《过十字门》，澳门：澳门成人教育协会，2004 年，第 241 ~243 页；澳门市政厅编：《澳门市街道及其他地方名册》，澳门：澳门市政厅，1993 年，第 117 页。

图 1－6　19 世纪拍摄的澳门土生葡人诺拉斯科家族全家照

澳门土生葡人家族是在 18—19 世纪澳门社会经济衰落时期逐渐发展而成的。[①] 上述所列举的澳门土生葡人家族虽然不是澳门土生葡人家族的全部，但其中最重要的部分已基本表现出来。通过上述介绍，可以看出一个最基本的问题，即澳门的土生葡人家族的形成主要来源于澳门的对外贸易。可以说，在澳门有一定影响力的土生葡人家族，一定出于经营海外贸易商业活动的商人家庭，特别是在澳门社会经济衰落的时期，经营海外贸易的商业活动更是维持澳门土生葡人生存繁衍的唯一渠道。上述澳门土生葡人大家族中，少则两三代，多则八九代，家族人口少则百十人，多则数百上千人。正是他们构成了 18—19 世纪澳门的土生葡人世界。

第二节　进入澳门的其他西洋族群

葡萄牙人 16 世纪中叶占据澳门以后，澳门成为当时繁盛的东西方贸易转口港，由于澳门与明清时期一直保持对外开放态势的广州港紧连，所以凡是想进入中国这个大市场的欧洲国家，都对澳门这块宝地垂涎已久。除此以外，当时欧洲的主要宗教天主

① 以上澳门土生葡人家族的研究主要是在李长森教授：《明清时期澳门土生族群的形成发展与变迁》（北京：中华书局，2007 年）研究的基础上，查阅 Jorge Forjaz, *Famílias Macaenses*, Macau：Fundação Oriente, Instituto Cultural de Macau, Instituto Português do Oriente，1996 一书的全部资料，并参考其他文献而完成。但这种提法为笔者首次提出，是否符合当时土生葡人家族发展的实际情况，尚有待验证。

教与基督新教都想进入中国内地传播福音，而明清政府对西方宗教的进入绝大多数时间都采取排斥和拒绝的态度，因此，这些宗教的传教士要想进入中国内地就必须先在澳门建立根据地，然后再采用其他的办法，或由中国政府合法安排，或乔装偷偷潜入中国内地。因此，从澳门开埠以后就有不少欧洲人进入澳门，但是葡萄牙人为了垄断亚洲贸易，独占中国市场的高额利润，葡萄牙人禁止其他国家的商船到澳门进行贸易，也禁止其他国家的居民在澳门居住，甚至禁止非葡萄牙籍的传教士进入澳门，葡萄牙保教权保护下的非葡籍欧洲人则例外。因此，整个16—17世纪时期，很少有其他欧洲国家的西洋商人在澳门居住。然而，17世纪后，荷兰人和英国人陆续来到亚洲，与葡萄牙人展开贸易竞争。荷兰和英国逐渐抢夺了葡萄牙在印度各地的贸易据点，并把触角伸到澳门。澳门当局千方百计阻挠他们在中国通商。荷、英两国曾多次组织船队试图同中国建立正常的贸易关系，但都在澳门葡萄牙人及进入中国内地属于葡萄牙保教权管辖的欧洲传教士的阻挠下失败。非葡籍欧洲人直到18世纪中叶以后才开始正式获得合法定居澳门的权利。

一、非葡籍西洋人入居澳门及对他们的管理

明清时期，非葡籍西洋人在澳门的居留与生活受到广东地方政府、澳门政府和葡萄牙宗主国三方面权力的制衡和约束。果阿总督对澳门人口具有名义上的管理权，只有葡萄牙人、澳门当地的土生葡人以及与其相随的奴隶才能在澳门居住；广东政府实际上掌控着澳门的监管和控制权力，从根本上决定着澳门非葡籍西洋人的格局；而澳门政府（议事会）则根据实际情况在宗主国和中国政府的政策之间做出平衡和调整。

图1-7 17世纪传入日本的《万国舆图》右旁的欧洲人物绘画（之一）[①]

① 17世紀桃山江戶時代初期繪図，日本宮内廳三の丸尚藏館所蔵，in Instituto Português do Oriente, *Namban Memórias de Portugal no Japêo*, Instituto Português do Oriente, 2005, p. 109.

16—17 世纪时，葡萄牙人实现了对整个东亚海域贸易和传教的垄断，他们禁止其他外国人踏入澳门，以实现商业和传教利益的最大化。因而，基本上很少有外国人在澳门居住。不过，仍然会有一些非葡籍欧洲人使用葡萄牙公司的名号，从事贸易和利用葡萄牙保教权从事传教活动而进入澳门。据第一任澳门总督马士加路也 1625 年的报告称：

> 当时，澳门有 437 位外国人（vizinhos e extravagantes，指除葡萄牙以外的其他国家的人），403 位中国基督徒（jurubaças），以及成千上万名没有皈依的中国人。[①]

到 17 世纪后半期时，情况发生变化。澳门与长崎、马尼拉、马六甲贸易中断等一系列因素的变化导致澳门经济严重衰落。此外，清中期中国朝廷对外贸易管理政策发生变化，也对澳门造成了重要的影响。1685 年，康熙下旨开放广州对外贸易，该地区与西方人的贸易繁盛起来。这势必对澳门葡人的垄断贸易带来极大的冲击——严重削弱了澳门作为欧亚贸易中转站的地位，澳门居民的生活状况更是雪上加霜。澳门昔日遍地黄金、富可敌国的繁荣景象已然不在。清政府开放广州贸易伊始，不准外国人在广州居住，不过在贸易期间，他们可以住在从公行商人那里租来的商馆里。欧洲人便请求留一些代表住在商馆，这样可以处理公司的一些事务。1729 年夏，法国东印度公司留了一些人在广州。后来英国和荷兰也这么做。[②] 然而，由于贸易发展，也会出现许多纠纷，包括华人与洋人、洋人与洋人之间的纠纷。1719 年时，清廷为了规范和控制外国商人的贸易活动，曾提出将外国人控制在澳门的建议，然而，并未获得澳门主教和葡萄牙宗主国的赞同。[③] 到 1731 年时，澳门总督仍然命令议事会禁止外国船只进入澳门港，并禁止在此地贸易。[④]

不过，在此期间，约在 1720 年代时，非葡籍西洋人逐渐开始在澳门租赁房屋，后因与澳夷口角，彼此结仇，于是红毛诸国洋船俱改停泊于黄埔地方。[⑤] 而清政府对于外国船只停泊黄埔亦感到安全的威胁，1733 年，雍正下谕令，外国人必须通过澳门来做生意。澳门政府对是否允许非葡籍西洋人入居澳门的问题再次提上议程。澳门议事会有意同意这样做的，但是澳门主教表示反对，尤其是考虑到有许多新教徒和单身汉进入澳门，因此，该议题没有被接受。[⑥] 当年澳门议事会致葡印总督佩德罗·马斯卡雷尼

---

① Biblioteca Pública Distrital de Évora, cód. CXVI/2－5, fls. 225－234. 这 437 位外国人很可能包括当时来到澳门协助防御荷兰人的一支西班牙军队，约 200 人。

② ［美］马士著，区宗华等译：《东印度公司对华贸易编年史：1635—1834 年》第 1、2 卷，广州：中山大学出版社，1991 年，第 324 页。

③ Manuel Teixeira, *Macau no Séc. XVIII*, Macau: Imprensa Nacional, 1984, p. 317.

④ Manuel Teixeira, *Macau no Séc. XVIII*, Macau: Imprensa Nacional, 1984, p. 317.

⑤ 中国第一历史档案馆等编：《明清时期澳门问题档案文献汇编》第 1 册，《两广总督鄂弥达奏复莫伦志案查系误伤不便因此不准洋船湾泊黄埔折》，北京：人民出版社，1999 年，第 183 页。

⑥ Manuel Teixeira, *Macau no Séc. XVIII*, Macau: Imprensa Nacional, 1984, p. 344.

图1-8 17世纪传入日本的《万国舆图》右旁的欧洲人物绘画（之二）

亚斯（Pedro Mascalenias）的信件内容反映出议事会、宗主国和主教之间的分歧。在信中，议事会提到：

> 虽然葡萄牙政府担心外国商人大批入住澳门会给澳门带来不幸与危险，但澳门的上层人士和头面人物认为，外国商人居住澳门非但没有任何坏处，反而会带来极大的好处。①

但澳门总督的意见与议事会完全相反，据1745年葡萄牙海外委员会的文件称：

> 澳门总督费礼喇于去年1月16日写给我的信中提到，他认为允许外国人逗留在澳门这一举措并不是很合适，更不要说允许外国人在澳门结婚生子了，因为这样的话会对葡萄牙裔居民的利益产生不良的影响，也是为了避免会产生更多负面伤害，这些伤害还会带来更多的坏处，由于这片土地为诸多外国人所垂涎，若是同意了让外国人在澳门结婚生子，那么在不久的将来，各国外国人的人数将会超过葡萄牙人，而葡萄牙人因为之前我命令的缘由本来人数就不是很多，因此希望国王可以下令不允许外国人在澳门结婚。②

1746年3月9日，葡萄牙国王写给澳门总督费礼喇的信称：

> 您的来信中说，因为目前没有禁运规定，现在外国船只不可以停靠在澳门的码头做贸易生意，然而实际上他们已经在澳门建立住所，因为目前这方面还没有合适的法规来约束他们。这种情况下，不仅仅会对我的子民们的贸易上产生巨大的损害，而且也会影响其他人给原先宁静平和的群众带来更多不便之处以及更加危险的后果，这些后果都应该是可以避免发生的。本王认为有必要命令诸位，严格遵守之前的这项禁令；除了那些经过了本王准许的传教士们，可以到中国进行他们的传教任务之外，任何其他的外国人都不准许在澳门建立自己的住所，不论

---

① ［葡］徐萨斯著，黄鸿钊等译：《历史上的澳门》，澳门：澳门基金会，2000年，第87页。

② *Arquivos de Macau*, 3ª Série, Vol.Ⅸ, No.1, Macau, 1968, p.21.

> 有怎样的前提条件；如果还有人继续试图违反这样的规定，他将会在第一时间内收到通知，然后需要在规定的期限内搬离澳门；如果不遵守法规的话那么他将会被驱逐出境。①

可以知道，不仅澳门总督反对外国人在澳门进行贸易和居住，而且葡萄牙国王也三令五申限制外国人在澳门的居住。甚至葡萄牙政府还颁布“禁止外国人在澳门担任公职”的规定，一名曾在澳门担任政府医生的法国人若尔热·穆林（Jorge Moulin）因此被解聘。② 但这也可反映，尽管澳门政府不断下令禁止外国人入居澳门，但实际上还是有不少外国人在澳门居住，“前往广东通商的欧洲商人和船只在离开广州时都要经过本市，因此，澳门一直有很多外国人来来往往”③。

图1-9　17世纪传入日本的《万国舆图》右旁的欧洲人物绘画（之三）

然而，宗主国并无法决定澳门的最终选择，因为有关澳门是否允许外国人居留的问题，更重要的是他们必须接受中国政府的政策安排。尽管澳门葡人顾虑重重，且多次拒绝开放澳门为外国商人住冬之地。不过，到1750年，一些人认为，1724年有关人口和外国人在澳门居住的命令应再次得到重申并执行，中国官员拥有绝对的权力来决定是否允许外国人在澳门居住。④ 1757年，乾隆帝决定广州一口通商后⑤，外国人来澳门住冬成为清政府的既定国策，并相应强化了其他一系列规范洋商行为的条例。例如，夷商每年十月间在广州逗留。在前往广州之前，商人们必须在设于澳门的中国海关登记报名，在澳门雇用一个买办及一名翻译；商船一律停靠黄埔港。在广州期间，船舶交由一名隶属公行（Co-Hong，即当地垄断性大商人的协会）的中国商人负责，由这位

① *Arquivos de Macau*, 3ª Série, Vol. Ⅸ, No. 1, Macau, 1968, p. 22.

② *Arquivos de Macau*, 3ª Série, Vol. Ⅲ, No. 5, Macau, 1965, p. 259.

③ *Arquivos de Macau*, 3ª Série, Vol. Ⅲ, No. 5, Macau, 1965, p. 298.

④ Manuel Teixeira, *Macau no Séc. XⅧ*, Macau: Imprensa Nacional, 1984, p. 433.

⑤ 《清高宗纯皇帝实录》卷550，乾隆二十二年（1757）十一月戊戌，“嗣后口岸定于广东，不得再赴浙省”。

商人负责整个交易并对船员的行为负责。外国人不得直接与中国当局接触，而只能通过负责的中国商人为之。外国人被禁止学习中文、购买中文书刊，且必须在城墙外的番坊驿所居住，在聘用华人方面亦有诸多限制。此外还有一条规定与澳门密切相关，即其他西方国家的商船进入黄埔以后，负责船货交易事宜的各国大班得以居停十三行，与行商进行交易。交易完毕，商人不得在广州长期居留，贸易季节过后必须离开；西洋妇女也不准进入广州城。各国大班必须随船回国，或到澳门暂住，等候下一个贸易季度的来临。① 这也就意味着，外国商人必须在贸易季节（当年 8 月开始到次年 1 月）后到澳门居留。此前，虽然澳门也曾颁布了一些拒绝外国人来澳门居住的法令，但均无法与清政府的国策对抗，只好宣布取消这些法令。迫于当时经济形势的影响和清政府这些对外政策的压力，澳门议事会逐渐接受非葡籍外国人在澳门居住的事实，并将其合法化和规范化。1757 年，经与果阿方面多次交涉后，澳门政府宣布：外国人如果提出申请，可以来澳门逗留，并允许租房居住。②

> 1757 年 2 月 9 日，在澳门总督高定玉（Anthony Pereira Countinho）到场的情况下，议事会决定准许其他国籍的洋商暂住澳门，葡籍屋主在总督和议事会的同意下，可以租借房屋给外国人，特别是那些“作为各国的某种意义上的代表人物的各公司大班”。③

同时，“澳门总督还发布公告，规定了外国人在本市租房的范围和条件”④。澳门政府同时也对在澳门住冬的非葡籍西洋人进行了一系列限制，如不准他们私建住宅，不允许他们在澳门经营贸易等。1773 年，澳门政府再次强调议事会对澳门非葡籍外国人居留澳门的限制：

> 议事会收到印度总督关于外国人在澳门定居的信，又收到本市总督要求对与此事有关五点作说明的信。议事会回复：不准外国人和亚美尼亚人私人在澳门建立住宅是正确的，非常有益于本市贸易的发展，这也是本市多年来的做法，因为他们与本市居民从事同一种商业，只有在他们想投资，并且携带家人乘当地居民的船来的情况下才允许他们居留。因为这样对公众有利。但是，众所周知，利用本市的好客在本市经营贸易是绝对不允许的。至于各公司的负责人，因为是其国家的头目，只要不参与其他贸易便可在这里过冬。⑤

不论宗主国如何限制和制约，允许外国人居住澳门已成为不可阻挡的趋势。从一开始的贸易垄断和禁止非葡籍西洋人在澳门居停到允许非葡籍西洋人在澳门住冬的转变，

---

① （清）梁廷枏：《粤海关志》卷 27，《夷商》2，广州：广东人民出版社，2002 年，第 517 页。

② *Arquivos de Macau*, 3ª Série, Vol. Ⅲ, No. 5, Macau, 1965, p. 298.

③ ［瑞典］龙思泰著，吴义雄等译：《早期澳门史》，北京：东方出版社，1997 年，第 48 页。

④ *Arquivos de Macau*, 3ª Série, Vol. Ⅲ, No. 5, Macau, 1965, p. 298.

⑤ ［葡］施白蒂著，小雨译：《澳门编年史：16—18 世纪》，澳门：澳门基金会，1995 年，第 168 页。

图 1－10　17 世纪传入日本的《万国舆图》右旁的欧洲人物绘画（之四）

反映出葡萄牙势力在澳门的式微和其他非葡籍西洋人的逐渐崛起。澳门居民也从清政府对外国人的管理政策中找到了一种生存的契机，即出租房屋和借贷生意，改善了澳门的经济状况。上面提到，1720 年左右，澳门就已经有房屋租赁的市场。1742 年，澳门政府曾经规定禁止澳门居民在得到许可之前将房屋出租给外国人。1757 年，澳门总督重申这一禁令。后来又经过多次修订。①

随着非葡籍西洋人到中国沿海进行贸易的人数逐渐增多，中国朝廷和澳门议事会对来往广澳之间的非葡籍西洋人进行了一系列规范和控制。下面以 18 世纪 20 年代的一艘荷兰船为例阐释西洋人来往广澳的程序，概述如下：

> 当荷兰船进入澳门水域时，先碇泊于氹仔深水港：当荷兰船邻近澳门时，中国的引水员领船员到澳门，船上人员借居在澳门的法国人那里，通知总督他们的到来，并和总督约定见面时间。非葡籍欧洲人来澳之后须告知澳督是当时的一条规则。总督没有权力决定荷兰人是否可以在澳门停留，他需要汇报给果阿总督，然而船长认为，其实葡萄牙人在这方面并没有多大的权力，因为这主要取决于中国政府，而且之前他们并不需要告知总督他们的到来。一旦他们获得了中国政府的印信，他们就离开澳门前往广州进行贸易。在贸易季节结束之后，他们又会在中国官员的催促之下返回澳门。②

这是 18 世纪 20 年代外国商船进入澳门需要办理的手续和必须遵守的规定。而据另一份材料所记载，手续似乎比较简单：

> 商船一经到达珠江口外岛屿中间，通常便有一位引水员到船上来，把船引入澳门水域。然而河道进口很安全，船只不等引水员也可以安然前进。如果天气不好，有时引水员很久也不上船来。引水员在澳门附近的军民府（即澳门同知驻扎

① Manuel Teixeira, *Macau no Séc. XVIII*, Macau: Imprensa Nacional, 1984, p. 484.

② Paul van Dyke, *The Canton-Macao Dagregister, 1762*, Macau: Instituto Cultural do Governo da R. A. E. de Macau, 2006, p. 7.

地）登记姓名，领取牌照，须付银6 000元。有时请领引水员牌照的人对于行船及河道情况一无所知，则雇用渔民代为执行职务。商船到达澳门水域，引水员就上岸报告军民府，军民府查询商船情况后，便发给许可证件准许船只前往虎门，并派另一个内河引水员上船。这位引水员很少能在24小时内就赶到船上来的。引水员一到，船便驶过虎门，溯珠江而上达黄埔。①

这一记录好像省略了外国商船到澳门时要向葡萄牙总督汇报这一环节。再从19世纪随商船来到澳门的美国姑娘哈丽特·洛（Harriett Low）的记录中可知，到当时为止，情况仍然如此，也即，当有其他外国商人来到澳门时，澳门政府在形式上需要汇报宗主国，不过真正有权决定此事的则是广东政府：

我们今天得到澳门总督让我们离开这个地方的命令。他说他已经从里斯本王室那里得到了回复……他说他不应该使用武力把我们赶走，但是，我敢肯定，被威胁着从一个地方移到另一个地方肯定不是什么愉快的事。我们是广东总督送往澳门的，如果这儿的总督让我们走，那么我们只能请求广东总督让我们留下。人们都说葡萄牙人只是在名义上管理澳门，我觉得我们不会被遣送回国。因为在我们到澳门不久后，叔叔就按习惯拜访了总督，并告诉他我们所租的房子，总督告诉叔叔他必须向里斯本王室或果阿总督申请容许我们留在这里的许可。他写信给里斯本，但是可能需要三年他才能得到回复，我想那时候我们已经准备回国了吧。②

图1-11　17世纪传入日本的《万国舆图》右旁的欧洲人物绘画（之五）

---

① John Phipps, *A Practical Treaties on the China and Eastern Trade: Comprising the Commerce of Great Britain and India, Particularly Bengal and Singapore, with China and the Eastern Islands*, London: Wm. H. Allen, and Co. 7, Leadenhall Street, Calcutta: W. Thacker and Co., 1836, p. 138.

② Nan P. Hodges and Arthur W. Hummel ed., *Lights and Shadows of a Macao Life: The Journal of Harriett Low, Travelling Spinster*, Woodinville, WA: History Bank, 2002, p. 199.

由此可见，经过中国政府同意可以来广州贸易的西洋人基本上都可以在澳门居留。美国学者泰勒·丹涅特（Tyler Dennett）称澳门：

> 这个城是中国政府的一个前哨站，允准外国船舶前往黄埔的证件，只在那一处地方颁发，每一艘外国船都必须通过澳门前往广州。[①]

然而，外国人在澳门居住分为两种不同的形式，一是贸易季节从澳门到广州，上引资料就是外国船只到澳门后进广州所应办的手续。还有就是贸易结束后由广州返回澳门：

> 商人返回澳门时，由通事把申请需要前往澳门人员的姓名、国籍登记下来，并由他转交行商，然后由保商向海关监督禀请，得到海关监督的批准后，通事又来到商馆，将去澳门的准许状交给外国人，在海关监督检查完行李后，乘坐官艇前往澳门，在经过每个关口时必须要接受检查。到澳门的距离大约 80 英里，一般要走 3 ~4 天，它的费用比较高。[②]

荷兰商人的记录表明他们由广州前往澳门时需要向澳门方面提出租居申请。

> 首先写信给澳门一位从事房屋经纪人行业的本土人 Mr. Le Bon，请他帮忙在澳门查看一下“Portuguese factory”的条件是否适合他们居住，并询问一下租赁价格。租赁房屋是需要经过总督同意的，Mr. Le Bon 暗示“从总督那里租房是比较困难的”。但是对于荷兰人，总督似乎并没有百般刁难，只要求荷兰士兵在登澳之前不准带武器。在这一切问题解决之后，他们会选定一个日期到澳门过冬，而澳督也会在他们来时拜访他们。[③]

其他由广州迁往澳门的外国商人基本上也遵循这一程序。即使已经获得了澳门居留的权利，还是有很多限制，如这些商人从广州去澳门时，要经海关监督许可，而他们从澳门返回广州时，按照新颁条例的规定，也要经过海关监督的许可。[④] 这一切的控制权都在中国政府方面。

目前仍然可以查阅到 18 世纪外国商人在澳门的租赁申请。例如，1760 年，澳门议事会收到两位亚美尼亚商人在澳门租房的申请书。[⑤] 同年 5 月，议事会要求英国商馆大班申请房屋租赁，并提到当时法国和其他国家的商人已经履行了这种手续。英商们也呈递申请，并获批准。[⑥] 又如，1765 年 3 月，收到亚美尼亚商人苏克里·阿玉瓦

---

① ［美］泰勒·丹涅特著，姚曾廙译：《美国人在东亚》，北京：商务印书馆，1962 年，第 42 页。

② *Chinese Repository*, Vol. 8, No. 2, 1839/06, pp. 58 – 61; Vol. 17, No. 8, 1848/08, pp. 430 – 431.

③ Paul van Dyke trans. and annotation, *The Canton-Macao Dagregisters, 1763*, Macau: Instituto Cultural do Governo de Macau, 2008, pp. 32, 37.

④ ［美］马士著，区宗华等译：《东印度公司对华贸易编年史：1635—1834 年》第 4、5 卷，广州：中山大学出版社，1991 年，第 502 页。

⑤ *Arquivos de Macau*, 3ª Série, Vol. XVI, No. 4, Macau, 1971, p. 215.

⑥ ［美］马士著，区宗华等译：《东印度公司对华贸易编年史：1635—1834 年》第 4、5 卷，广州：中山大学出版社，1991 年，第 502 页。

（Sucry de Ayvar）和马纳卡塞（Ignacio Manacacen）的申请，请求在他们的货船到来之前暂居澳门。[①] 1768 年 5 月 7 日，澳门买办申请在巴掌围斜巷为亚美尼亚人拉扎罗·约翰尼斯（Lazaro Johannes）租房。[②] 在 1769 年 1 月 24 日，澳门议事会批准依纳修·索萨（Inacio de Sousa）神父之妹把房屋出租给一个英国私商。3 月 4 日，澳门议事会同意两份关于出租房屋给外国人的申请：将依纳修·索萨遗孀的房屋租给丹麦人；将依纳修·索萨神父的房屋租给法国人。[③] 1772 年 7 月，英国东印度公司与高士德（António José da Costa）达成协议，租用他南湾的大宅院和上面的房子，租期 3 年，年租 450 西班牙元。[④] 在租赁达成协议并通过申请之后，非葡籍商人则可通过经纪人知晓房屋的供给，支付租金并入住。

从澳门去广州，同样也有严格的程序：先由在澳商人向澳门委黎多提出到广州的申请，然后委黎多向澳门同知报告并请求批准。《东波塔档案》对此有详细的记载，如乾隆五十七年（1792）六月十六日澳门夷目委黎多向澳门同知禀告：现据英吉利国夷商万威梭治称，“有货物搭船来广，兹欲上省料理贸易事务，并在澳添雇写字尔名，浼多代为禀请给照前往，理合禀恳批照，俾沿途盘验有凭”。并且详细列出了所带人员和物品的清单，“夷商万威梭治一名，写字马地时一名，色炉一名，随带衣箱行李全”。澳门同知在收到请求后，“立即发来拍照一纸，转发该夷商收执，前往省城，投行料理贸易事务，毋得夹带违禁货物”。英国商人处理完在广州的贸易事务后要将“照禀缴察销”。[⑤]

图 1－12　17 世纪传入日本的《万国舆图》右旁的欧洲人物绘画（之六）

① *Arquivos de Macau*, 3ª Série, Vol. XXIII, No. 6, Macau, 1975, p. 323.

② *Arquivos de Macau*, 3ª Série, Vol. XXIV, No. 2, Macau, 1975, pp. 85－86.

③ Manuel Teixeira, *Macau no Séc. XVIII*, Macau: Imprensa Nacional, 1984, p. 544.

④ ［葡］施白蒂著，小雨译：《澳门编年史：16—18 世纪》，澳门：澳门基金会，1995 年，第 167 页。

⑤ 刘芳辑：《葡萄牙东波塔档案馆藏清代澳门中文档案汇编》下册，《澳门同知韦协中为给发夷商万威梭治等上省贸易牌照事行理事官牌》，澳门：澳门基金会，1999 年，第 731 页。

来华贸易的非葡籍西洋人在澳门的居住管理一般被称为“住冬政策”，之所以称为“住冬”，是和贸易季节有十分紧密的关系。由于洋流和季风关系，贸易船只一般在夏季抵广，冬季时交易完毕起航返回，而这时，根据规定，在各项交易事毕之后，各国在广州的贸易人员要离广赴澳渡过贸易淡季，等到来年夏天，贸易船只再次前往广州。马士记录了一些来华贸易船只抵达和离开的时间：

> 一艘“凯撒号”于1728年6月15日到达澳门附近，“麦士里菲尔德号”于6月24日，“哈里森号”于8月14日到达，而“森德兰号”则报告于9月9日在三灶岛触礁，折断船桅，需要修复和援助。10月26日它才开到黄埔。1735年，“里奇蒙号”于11月3日离广，而翌年1月28日，“伦敦号”和“霍顿号”一同启锚开返伦敦。1739年，大班离开广州的时间是在12月26日。1740年，“埃梅莉亚公主号”9月1日到达。1740年，“温切斯特号”8月15日到达。1741年，“玛丽公主号”7月1日到。1775年7月2日，管理会从澳门前往广州。1784年，“中国皇后号”于8月25日到达，12月27日返航。①

由此可见，来澳门、广州贸易的船只基本是在6—7月份抵达澳门，然后去广州，有些船只时间会早一些或晚一些，离开时间也基本是在11—12月。因此，东印度公司职员和散商们往返广州、澳门的时间基本上与上述时间一致。

图1-13　18世纪末19世纪初来往澳门、广州的客船和渔船

澳门政府正式批准外国人入居澳门，澳门很快成为来广州贸易的外国人在夏季月份、生病时期或遇有他们在广州的行为为中国人所厌恶时的一个歇脚点。英国东印度公司在1760年记录道，他们于5月12日来到澳门，发现议事会要求他们申请批准租赁房屋，而此前法国及其他国家的商人已履行这种新手续。英国人也呈递申请书，并获

① ［美］马士著，区宗华等译：《东印度公司对华贸易编年史：1635—1834年》第4、5卷，广州：中山大学出版社，1991年，第186、336、271、235、273页。

批准。[1] 1761 年法国公司和荷兰公司到澳门设立固定驻地，随后是丹麦人、瑞典人和美国人，1773 年英国人也移往澳门，住在四幢相连的房屋内。[2] 这些来自欧美各国的大班们都拥有他们自己的房屋，而且很多人的房屋都是带有花园的别墅住宅，他们在这里过着悠闲奢华的生活，甚至有些大班就在澳门度过余生，如 1787 年前来澳门、广州贸易的荷兰东印度公司大班若安尼·拉比尼尔（Joanni Henryco Rabinel）在澳门生活了近 30 年，1816 年在澳门去世[3]；1790 年来澳门的英国船长詹姆斯·霍士保（James Horsburgh）在澳门生活了 20 余年，1836 年在澳门去世[4]；1793 年来澳的英国东印度公司大班喇佛（John William Roberts）在澳门生活 20 年，1813 年 11 月 23 日在澳门去世[5]；1798 年，瑞典东印度公司大班龙思泰（Ander Ljungstedt）来到广州、澳门贸易，在澳门生活近 40 年，最后以商人身份度过余生，1835 年在澳门去世[6]。随着大批欧美商人入住澳门，几年之后，澳门发生了很大的变化，到处都是用英语交谈的声音，洋泾浜英语逐渐取代葡语成为贸易的官方语言。特别值得一提的是，由于这些欧美人长时间在澳门居住，甚至出现了许多欧美人与澳门当地土生葡人通婚的现象，融入到当地土生葡人家族中，有的则形成了新的土生葡人家族。这些欧美人不仅有英国人，还有荷兰人、西班牙人、法国人，甚至有南斯拉夫人。这些与土生葡人通婚的案例，在若尔热·福尔加斯 3 大卷本的巨著《土生葡人家族》中俯拾皆是。

二、入居澳门的非葡籍西洋人

尽管澳门葡人从一开始就禁止非葡籍西洋人入居澳门，但是这一条例并不适于葡萄牙保教权下来自各个不同国家的传教士。从一开始，澳门就有来自欧洲各个不同民族的传教人士汇聚澳门，他们或是牧养澳门的教徒，或是把澳门当作一个基地，等待合适时机，转向亚洲其他地方传教。在澳门，其他传教士的民族色彩在澳门社会中基本上并不明显，所以后来的中国人对澳门的外国人一概称为“诸番之因缘而至者，皆

---

① ［美］马士著，区宗华等译：《东印度公司对华贸易编年史：1635—1834 年》第 4、5 卷，广州：中山大学出版社，1991 年，第 502 页。

② Austin Coates, *Macao and the British, 1637 - 1842: Prelude to Hong Kong*, Hong Kong: Oxford University Press, 2009, p. 61. 文德泉提到英国建立驻地的时间是 1770 年，而瑞典则早于英国。

③ Lindsay and May Ride, *An East India Company Cemetery: Protestant Burials in Macao*, Hong Kong: Hong Kong University Press, 1998, p. 125.

④ *Report Relative to the Trade with the East Indies and China*, London: House of Commons, 1821, p. 137.

⑤ ［美］马士著，区宗华等译：《东印度公司对华贸易编年史：1635—1834 年》第 3 卷，广州：中山大学出版社，1991 年，第 186 页。

⑥ Manuel Teixeira, *Macau no Séc. XVIII*, Macau: Imprensa Nacional, 1984, p. 502; Lindsay and May Ride, *An East India Company Cemetery: Protestant Burials in Macao*, Hong Kong: Hong Kong University Press, 1998, pp. 142 - 143.

图 1-14　兰官 1835 年绘油画之广州十三行商馆景象①

大西洋人也"②。18 世纪后半叶，由于广州贸易的对外开放，欧美的西洋商人大批来中国进行贸易，而来广州进行贸易的西洋船首先必须经停澳门，在澳门办理有关手续后，方能进广州贸易，因此，这一时期欧美各国商人均需在澳作短暂停留。从 1685 年开放广州贸易至 1757 年澳门确立外国人居留的条例之前，来到中国贸易的外国商人基本上是在广州停留，贸易结束之后，随船离开。广州是无论如何都不允许外国人停留的，尽管可能会有零星一二人留在那里。澳门住冬政策颁布以后，清政府要求来广州贸易的外国人在澳门住冬。清政府这一政策亦获得了澳门政府执行，因此，来到澳门的西洋商人越来越多，有英国、法国、西班牙、荷兰、瑞典、奥地利、德国、丹麦、亚美尼亚、意大利、俄罗斯、美国等国家的人。下表为 1736—1833 年来广州贸易的外国船只统计：

表 1-12　1736—1833 年来广州贸易的外国船只统计③

年份	国家												
	英国公司	英国散商	荷兰	丹麦	瑞典	法国比利时	美国	奥地利	俄罗斯	西班牙墨西哥	普鲁士	意大利撒丁岛	总数
1736	4	1	2	1	1	3							12
1737	4		3	1	1	2							11

① ［美］多米尼克·士风·李著，李士风译：《晚清华洋录：美国传教士、满大人和李家的故事》，上海：上海人民出版社，2004 年，第 16～17 页间第 4 幅插图。

② （清）夏燮：《中西纪事》卷 1，《通番之始》，长沙：岳麓书社，1988 年，第 12 页。

③ 此表根据［美］马士著，区宗华等译：《东印度公司对华贸易编年史：1635—1834 年》第 1—5 卷（广州：中山大学出版社，1991 年）各国来华船只的数据统计而成，1775 年之后的数据为完整数据，1775 年之前的数据不完整，有缺略。

（续上表）

年份	国家											
	英国公司	英国散商	荷兰	丹麦	瑞典	法国比利时	美国	奥地利	俄罗斯	西班牙墨西哥	普鲁士	意大利撒丁岛	总数
1738①	5		2	2	2	3							14
1739	5	2	3	1	1	3							15
1740②	2		3	1		3							9
1741	4	1	2	1	4	2							14
1756	5		6	1		1					1		14
1757	2		1		1								4
1759	5					2							7
1760	5												5
1761	9		2	1	1③	3							16
1765	15												15
1767	12												12
1769	17												17
1770	13												13
1771	20	2	4	1	1	3			1				32
1772	13		1										14
1773	10												10
1774	4		4										8
1775	5	8	5	2	2	4							26
1776	8	16	4	3	2	5							38
1777	9	9	4	2	2	7							33

① 本年在澳门有3艘西班牙和1艘葡萄牙船。参见［美］马士著，区宗华等译：《东印度公司对华贸易编年史：1635—1834年》第1、2卷，广州：中山大学出版社，1991年，第263页。

② 本年在澳门有2艘西班牙和10艘葡萄牙船。参见［美］马士著，区宗华等译：《东印度公司对华贸易编年史：1635—1834年》第1、2卷，广州：中山大学出版社，1991年，第276页。

③ 本年还有1艘瑞典船在广州附近的东沙岛沉没。参见［美］马士著，区宗华等译：《东印度公司对华贸易编年史：1635—1834年》第4、5卷，广州：中山大学出版社，1991年，第513页。

（续上表）

年份	国家												
	英国公司	英国散商	荷兰	丹麦	瑞典	法国比利时	美国	奥地利	俄罗斯	西班牙墨西哥	普鲁士	意大利撒丁岛	总数
1778	7	10	4	1	2	4							28
1779	5	8	4	3	2	1							23
1780	12	12	4	3	3	1							35
1781	11	6		3	2								22
1782	4			4	3							1	12
1783	13	3		3	3	8		5		1	7[1]		43
1784	13	8	4	4		4	1						34
1785	19	9	4	3	4	1	5			4	1		50
1786	29	24	5	2	1	1	5			3			70
1787	29	33	5	2	2	4	2			3	1	1	82
1788	26	24	4	2	2	1	4			3			66
1789[2]	21	37	5	1		1	15						80
1790	25	21	3	1		2	6			1			59
1791[3]	11	12	2		1	4	3			1	1		35
1792	16	23	3	1	1	2	6			3		2	57
1793	18	22	2		1		6					2	51
1794	21	23	4	1			7			1		1	58

① 其中含奥德斯坦的 5 艘。参见［美］马士著，区宗华等译：《东印度公司对华贸易编年史：1635—1834 年》第 1、2 卷，广州：中山大学出版社，1991 年，第 406 页。

② 本年澳门还有 2 艘英国散商船和 3 艘里斯本来的葡萄牙船。［美］马士著，区宗华等译：《东印度公司对华贸易编年史：1635—1834 年》第 1、2 卷，广州：中山大学出版社，1991 年，第 492 页。

③ 本年澳门还有 2 艘从里斯本驶来的葡萄牙船，1 艘从美洲西北海岸来的 85 吨的美国多桅帆船。［美］马士著，区宗华等译：《东印度公司对华贸易编年史：1635—1834 年》第 1、2 卷，广州：中山大学出版社，1991 年，第 502 页。

（续上表）

年份	国家												
	英国公司	英国散商	荷兰	丹麦	瑞典	法国比利时	美国	奥地利	俄罗斯	西班牙墨西哥	普鲁士	意大利撒丁岛	总数
1795	16	17			2		10			2			47
1796	23	17		2			11			1			54
1797	18	22		4	2		11						57
1798	16	16		5	1		13						51
1799	15	15		3	1		18						52
1800	19	21		4	2		23				1		70
1801	26	6		1	2		36						71
1802①	19	19	1	2	5	1	32				3		82
1803	18	25		1		1	23			1	1		70
1804②	21	18	1		3		36						79
1805	17	36		2	3		41		2				101
1806	19	60		2			38						119
1807	14	37					30						81
1808	15	39					8						62
1809	14	26					37			2			79
1810	15	19					15						49
1811	19	25					27						71
1812	23	13					17						53
1813	20	18											38

① 本年还有23艘葡萄牙船在澳门。［美］马士著，区宗华等译：《东印度公司对华贸易编年史：1635—1834年》第1、2卷，广州：中山大学出版社，1991年，第695页。

② 本年还有1艘西班牙船在澳门。［美］马士著，区宗华等译：《东印度公司对华贸易编年史：1635—1834年》第1、2卷，广州：中山大学出版社，1991年，第723页。

（续上表）

年份	国家												
	英国公司	英国散商	荷兰	丹麦	瑞典	法国比利时	美国	奥地利	俄罗斯	西班牙墨西哥	普鲁士	意大利撒丁岛	总数
1814	22	23					13	1①					59
1815	24	23	2		3		21						73
1816	28	39	2	1			17						87
1817	16	39					33						88
1818	16	35					44						95
1819	24	17					39						80
1820	23	27					25						75
1821	21	36	1②				42	1③					101
1822	19	21		1			31						72
1823	21	24					35						80
1824	21	30					37						88
1825	22	39	1			1	42						105
1826	34	51	5	1		2	19						112
1827	28	42	2				29						101
1828	20④	53	6	1		3	31				1		115

① 刘芳辑：《葡萄牙东波塔档案馆藏清代澳门中文档案汇编》下册，《特升登州同知彭昭麟等为向俄船询明并催令扬帆驶回事行理事官札》，澳门：澳门基金会，1999 年，第 700 ~ 701 页。

② 此船为“米德尔堡号”，1821 年 4 月 23 日经澳门海面回国，此船未纳入马士的统计数中，但见于［美］马士著，区宗华等译：《东印度公司对华贸易编年史：1635—1834 年》第 4、5 卷，广州：中山大学出版社，1991 年，第 5 页。

③ 此船为“加洛林号”，1821 年 7 月底抵达澳门，此船未纳入马士的统计数中，但见于［美］马士著，区宗华等译：《东印度公司对华贸易编年史：1635—1834 年》第 4、5 卷，广州：中山大学出版社，1991 年，第 8 页。

④ 1828 年还有英国属地桑威奇群岛 2 艘船来广州贸易。参见［美］马士著，区宗华等译：《东印度公司对华贸易编年史：1635—1834 年》第 4、5 卷，广州：中山大学出版社，1991 年，第 174 页。

（续上表）

年份	国家												
	英国公司	英国散商	荷兰	丹麦	瑞典	法国比利时	美国	奥地利	俄罗斯	西班牙墨西哥	普鲁士	意大利撒丁岛	总数
1829	25①	47	7	7		2	40						128
1830②	22	50	5	1		5	25					1	109
1831③	25	68	12			1	41				1		148
1832④	23	67	13	2		1	62			2	1		171
1833	25	82	8	4		8	59			1	2		189
总计	1 262	1 576	165	95	69	100	1 171	7	3	29	21	8	4 506

上表仅依据马士《东印度公司对华贸易编年史：1635—1834 年》一书的材料进行统计，故所录数据并不全面，但据表仍可知，在 1736—1833 年近百年间，各国来华船只总数大约在 4 506 艘，来粤澳贸易的西洋船最少为 1757 年，仅为 4 艘，1775 年之前，普遍为 10 余艘。1800 年之前则保持在 50 艘左右，而 1800—1825 年则大体在 70 到 90 艘之间，从 1825 年开始都在 100 艘以上，最多为 1833 年，达到 189 艘。在此期间，来船最多者为英国散商，总数为 1 576 艘；英国东印度公司排第二，总数为 1 262 艘。如果把这两者相加，则英国来华船只的总数为 2 838 艘，占全部来华船数的一半强。排第三的是美国船只，因为它来得较晚，供统计的年代仅为 49 年，而来华船只总数则达到 1 171 艘，所以，如按平均年算，美国来华船只实则排名第一。英美在来华贸易国中居第一层次。荷兰、法国、丹麦和瑞典在此百余年间来华船只总数都在百艘上下，但其间有很多年以上 4 国都没有船只来华，这 4 个国家在来华贸易国中为第二个层次。奥地利、西班牙、普鲁士、意大利等国来华船只就非常之少，应属第三层次。

再从来华船只的吨位上来看，1723 年之前多在 400 吨以下，1775 年之前基本上维

① 1829 年还有英国属地桑威奇群岛 1 艘船来广州贸易。参见［美］马士著，区宗华等译：《东印度公司对华贸易编年史：1635—1834 年》第 4、5 卷，广州：中山大学出版社，1991 年，第 197 页。

② 本年澳门来有 26 艘西班牙船和 15 艘葡萄牙船。参见［美］马士著，区宗华等译：《东印度公司对华贸易编年史：1635—1834 年》第 4、5 卷，广州：中山大学出版社，1991 年，第 236 页。

③ 本年澳门来有 34 艘从马尼拉来的西班牙船和 19 艘葡萄牙船。参见［美］马士著，区宗华等译：《东印度公司对华贸易编年史：1635—1834 年》第 4、5 卷，广州：中山大学出版社，1991 年，第 268 页。

④ 本年另有 1 艘新西兰船到广州，13 艘葡萄牙船和 47 艘西班牙船到澳门。参见［美］马士著，区宗华等译：《东印度公司对华贸易编年史：1635—1834 年》第 4、5 卷，广州：中山大学出版社，1991 年，第 337 ~ 338 页。

持在400~450吨，1775年之后大多在700吨左右，不少船达到1 100~1 250吨。吨位高则所载人员多，如495吨的船，通常有6名船副，1名医生及医生助理，木匠、炮手、水手头目、水手有100~120名。法国和瑞典的700吨船的船员为150名。英国、荷兰等船只基本吨位平均在500吨以上，而美国船只吨位通常不超过350吨。[①] 因而，如果按照18世纪平均每年30艘船的话，每船人员100人，则也有3 000人来到广州；若按19世纪平均每年80艘，每船100人，则为8 000人。西洋商船的来澳，除了来广州、澳门贸易的西洋商人之外，随船而来的一般还有船长、公司职员、牧师、医生、翻译、水手、士兵及仆役等。当然这中间的大部分人（如仆役水手）是不允许在澳门登陆上岸的，但是其中仍不排除他们并不遵守规矩而私自上岸，这种私自上岸甚至在澳门街头酗酒、斗殴的现象在中葡文档案俯拾皆是。这里必须着重提出的是，当时来往经停澳门的西洋人口包括两大部分，第一大部分为各国驻广州商馆的公司大班、工作人员及散商和他们的家属，他们在贸易季节结束后，都要在澳门居住一段时间，一般为半年左右，有的则长期定居澳门。但各个国家商馆和工作人员的数量并不尽相同，多者如英美商馆，一般为24人左右[②]；少者如瑞典、丹麦，大概都在二三人或四五人不等。第二大部分则为各国来广州贸易船只上的船长、干部、牧师、医生、水手、仆役及偶尔来澳门旅游或经澳门去其他地方等人员，这一部分人大多都只是经停澳门，时间不长。如此众多的船只来广州贸易，他们又必须经停澳门，可以反映这一时期进入澳门的西洋人数量之多、规模之大。

澳门正式允许非葡籍西洋人入住之后，日渐增加的西洋人的出现在澳门社会留下了鲜艳的色彩。澳门环境宜人，在广州贸易的欧洲商人在这里安居乐业。一旦船离开广州，代理人跟中国人把账算清楚之后，他们便回到澳门居住，直到下一季的货船抵达。外国商人“赁居澳屋，不惜重费。初仅一二人，后接踵而至，遂有二班、三班以及十班之号，并有携家来，不肯归国者”[③]。各国各色人种纷至沓来，以致在澳门形成一个极为特殊的五彩缤纷、光怪陆离的世界性社区。

下面依照非葡籍西洋人在澳门社会出现的时间先后胪述如次。

（一）西班牙人

在16—19世纪入住澳门的所有非葡籍欧洲人中，西班牙人与澳门葡萄牙人的关系最为特殊。首先，这两个民族都是生活在伊比利亚半岛上最为紧密的邻居，不仅如此，

① 以上吨位数据均来自于［美］马士著，区宗华等译：《东印度公司对华贸易编年史：1635—1834年》第1—5卷，广州：中山大学出版社，1991年。

② 游博清：《经营管理与商业竞争力：1815年前后的英国印度公司广州商馆》，新竹：“清华大学”历史研究所博士论文，2011年，第31页。

③（清）祝淮：《（道光）新修香山县志》卷4，《海防·附澳门》，中山文献丛刊第3册影印清道光七年刊本，第702页。

图 1-15 16 世纪的西班牙航船

这两个民族又是15—16世纪同时在海洋世界崛起得最早的强国。因此，他们在西方殖民主义者的海外扩张中存在着极大的利益竞争。葡萄牙和西班牙在远东地区都先后建有自己的殖民据点，葡萄牙占据的澳门与西班牙占据的马尼拉都存在着要发展与中国贸易的问题，而当时中国保持常态对外开放的港口仅有广州一港，因此，澳门就成了葡西两国发展对中国贸易获取利益及进入中国内地传播天主教的竞争焦点。然而，1580年到1640年的60年间为葡西联合王国时期，葡西两个民族共奉一主，为了应对16世纪末崛起于海上的新兴强国荷兰、英国的势力进逼，为了保卫自己的海外殖民地，澳门的葡萄牙人和马尼拉的西班牙人不得不团结联合，一致抵抗荷英。早期进入澳门的西班牙人就是处在这样一个极为复杂特殊的背景中而被引进和驱逐。

澳门最先记录的非葡籍欧洲人是西班牙人，他是一名在澳门经商的富商，名叫金荅罗（Pero Quintero）。据《耶稣会会士在亚洲》：

> 本年（1563），两个我们的人来中国的澳城居住。它当时是个人口稀少之地。当时的印度省教区长安东尼奥·瓜德洛斯（António de Quadros）神父派遣培莱思和泰玛诺神父及安德烈·平托修士来亚妈港，企图入华，但因为无法实现，在一位名叫金荅罗的西班牙人家中逗留了一段时间。此人善德，是耶稣会的朋友。他在家中热情地接待了他们，留住了很长时间，一直到安东尼奥·瓜德洛斯神父命令他们占用了一间简陋、狭小的房屋。[1]

这是文献记录中第一位出现在澳门的西班牙籍人士，在澳门开埠之初，他已经在澳门居住，他在澳门生活的时间很长，大约在1594年之前去世。[2] 紧接着来澳门的西班牙人则是来自耶稣会、方济各会、多明我会及奥斯定会的神父和修士。1563年8月29

① BAJA，49-IV-53，fls. 369-369v.

② 高瀬弘一郎：「キリシタン時代の文化と諸相」，東京：八木書店，2002年，第348~353頁。

日，第一位西班牙耶稣会会士培莱思抵达澳门，不久便在澳门建起了耶稣会住院。[①] 紧接着，在 1567 年又有 3 位西班牙耶稣会会士来到澳门。1579 年 11 月 15 日，第一批西班牙方济各会会士佩德罗·阿尔法罗（Pedro de Álfaro）和佩德罗·墨尔罗尔（Pedro de Villaroel）抵达澳门，并在澳门修建教堂。[②] 到 1585 年时，澳门有 9 位西班牙方济各会会士[③]。1587 年 9 月 1 日，首批多明我会会士安东尼奥·阿尔迪亚诺（António de Arcediano）与其他两个同伴阿丰索·德尔加多（Afonso Delgado）和巴托洛梅乌·洛佩斯（Bartolomeu Lopes）从阿卡普尔科乘坐“圣马丁（S. Martins）号”船来到澳门，不久也建起一所住院和一座教堂。[④] 1586 年，西班牙奥斯定修士弗朗西斯科·孟利格神父和其他两位奥斯定会修士来到澳门，并创建了一座教堂。[⑤] 但是，由于葡萄牙人担心西班牙人的到来会破坏葡人对广州贸易的垄断，所以居澳葡人对西班牙人入澳均持反对态度，最后在葡萄牙人的强烈反对下，这些最先来到澳门的西班牙籍的方济各会、多明我会、奥斯定会传教士都被迫离开澳门，其建立的修道院和教堂改由葡籍传教士接管。经统计，16—19 世纪来澳门或定居澳门的西班牙传教士共 206 人，特列表如下：

图 1－16　《皇清职贡图》中的吕宋国（西班牙）夷人、夷妇

---

① ［法］荣振华著，耿昇译：《在华耶稣会士列传及书目补编》，北京：中华书局，1995 年，第 498 页。荣振华称培莱思为西班牙人，1514 年诞生于巴达霍斯教区巴卡罗塔的比利亚努埃瓦，而［法］费赖之著，冯承钧译：《在华耶稣会士列传及书目》，北京：中华书局，1995 年，第 14 页称培莱思为葡萄牙人。

② Manuel Teixeira, *Macau e a Sua Diocese*, *Vol. Ⅲ*, *As Ordens e Congregações Religiosas em Macau*, Macau: Tipografia Soi Sang, 1956－1961, pp. 413－414.

③ Manuel Teixeira, *Macau e a Sua Diocese*, *Vol. Ⅲ*, *As Ordens e Congregações Religiosas em Macau*, Macau: Tipografia Soi Sang, 1956－1961, pp. 428－430.

④ 里斯本国立图书馆，大文件档，第 177 号，第 352 页正面及反面；Manuel Teixeira, *Macau no Séc. XVI*, Macau: Serviços de Educação e Cultura, 1981, p. 67.

⑤ Manuel Teixeira, *Macau e a Sua Diocese*, *Vol. Ⅲ*, *As Ordens e Congregações Religiosas em Macau*, Macau: Tipografia Soi Sang, 1956－1961, p. 537.

表 1-13　16—19 世纪来澳或定居澳门的西班牙传教士①

姓名	所属修会	说明
培莱思 Francisco Pérez	耶稣会	1563 年抵澳，1565 年创建澳门耶稣会住院，并担任会长
德阿尔卡拉斯 Hernado de Alcaraz	耶稣会	1567 年抵澳，1568 年去日本
黎伯腊 Juan Baptista de Ribera	耶稣会	1567 年抵澳，1570 年离澳②
黎耶腊 Pierre Bonaventure Riera	耶稣会	1567 年抵澳，1570 年离澳③
佩德罗·阿尔法罗 Pedro de Álfaro	方济各会	1579 年抵澳，1580 年 6 月死于海上
佩德罗·墨尔罗尔 Pedro de Villaroel	方济各会	1579 年抵澳
高斯塔 Cristoforo de Costa	耶稣会	来澳时间不详，1581 年在澳去世④
佩德罗·戈麦斯 Pedro Gomez	耶稣会	1581 年抵澳，1585 年去日本
阿隆索·桑切斯 Alonso Sanchez	耶稣会	1582 年抵澳，1584 年再次来到澳门
胡安·帕尔多 Juan Dias Pardo	方济各会	1582 年陪同桑切斯到澳门，先为西班牙的士兵，1587 年才加入方济各会

① 本表资料来源于以下诸书：*Sinica Franciscana*, Vol. Ⅶ, Vol. Ⅷ, Vol. Ⅸ, Vol. Ⅹ, Vol. Ⅺ；José Maria Gonzalez, *Historia de Las Misiones Dominicanas de China* (*1632 - 1700*), Vol. Ⅰ, Madrid: Imprenta, Juan Brovo, 3, 1962, Vol. 1, Vol. 2；Manuel Teixeira, *Macau no Séc. XVI*, Macau: Serviços de Educação e Cultura, 1981; Manuel Teixeira, *Macau no Séc. XⅦ*, Macau: Direcção dos Serviços de Educação e Cultura, 1982; Manuel Teixeira, *Macau no Séc. XⅧ*, Macau: Imprensa Nacional, 1984; Manuel Teixeira, *Macau e a Sua Diocese*, *Vol. Ⅲ*, *As Ordens e Congregações Religiosas em Macau*, Macau: Tipografia Soi Sang, 1956 - 1961; *Boletim da Filmoteca Ultramarina Portuguesa*, No. 15, Lisboa: Filmoteca Ultramarina Portuguesa, 1954; G. B. Souza, *The Survival of Empire*: *Portuguese Trade and Society in China and the South China Sea*, *1630 - 1754*, Cambridge: Cambridge University Press, 2004; Letter from Juan Cerezo de Salamanca to Felipe IV, 1634 - 08 - 10, in Blair, Emma Helen-Robertson, James Alexander, *The Philippine Islands 1493 - 1898*, Vol. 24, Cleveland, Ohio, 1903 - 1905; Antolío Abad Pérez, Caytano Sánchez Fuertes, O. F. M.: La Descalcez Franciscana en España, Hispanoaméricay Extremo Oriente, en ArchivoIbero-America, No. 234, Septiembre-Diciembre, 1999；[法] 荣振华著，耿昇译：《在华耶稣会士列传及书目补编》，北京：中华书局，1995 年；中国第一历史档案馆等编：《明清时期澳门问题档案文献汇编》第 2 册，北京：人民出版社，1999 年；中国第一历史档案馆编：《清中前期西洋天主教在华活动档案史料》，北京：中华书局，2003 年；吴旻、韩琦编校：《欧洲所藏雍正乾隆朝天主教文献汇编》，上海：上海人民出版社，2008 年；崔维孝：《明清之际西班牙方济会在华传教研究（1579—1732)》，北京：中华书局，2006 年；张先清：《16—18 世纪西班牙多明我会士与澳门关系考》，载澳门理工学院编：《澳门在天主教东进中的地位和作用学术研讨会论文汇编》，2009 年。

② [法] 费赖之著，冯承钧译：《在华耶稣会士列传及书目》，北京：中华书局，1995 年，第 17 页称黎伯腊为葡萄牙人。

③ [法] 费赖之著，冯承钧译：《在华耶稣会士列传及书目》，北京：中华书局，1995 年，第 17 页称黎耶腊为葡萄牙人。

④ [意] 利玛窦著，罗渔译：《利玛窦书信集》下册，《罗明坚神父致麦尔古里亚诺神父书》，台北：光启出版社、辅仁大学出版社，1986 年，第 435 页。

（续上表）

姓名	所属修会	说明
热罗尼莫·布尔戈 Jerónimo de Burgos	方济各会	1582年抵澳，巡视员，成立格里高利教区，1583年底再次来澳
马丁·罗耀拉 Martinho Inácio de Loyola	方济各会	1582年抵澳，被选为教区长，年底去马尼拉，1587年再次来澳，1588年7月离澳
热罗尼莫·阿吉拉尔 Jerónimo de Aguilar	方济各会	1582年抵澳
奥古斯丁·托尔德西拉斯 Augustín de Tordesillas	方济各会	1582年抵澳，澳门修道院院长
弗朗西斯科·科尔多瓦 Francisco de Córdova	方济各会	1582年抵澳
克里斯托旺·戈麦斯 Cristóvão Gomes	方济各会	1582年抵澳
胡安·费里亚 Juan de Feria	方济各会	1582年抵澳
巴特洛梅·鲁意兹 Bartolomé Ruiz	方济各会	1585年抵澳
弗朗西斯科·孟利格 Francisco Manrique	奥斯定会	1586年抵澳，1587年7月离澳，12月返回澳门，1588年返回马尼拉
迪奥戈·德斯皮纳尔 Diogo Despinal	奥斯定会	1586年抵澳，1587年7月离澳，12月返回澳门
尼科拉乌·托隆提诺 Nicolau de Tolentino	奥斯定会	1586年抵澳，1587年7月离澳，12月返回澳门
安东尼奥·阿尔迪亚诺 António de Arcediano	多明我会	1587年抵澳，1589年离澳
阿丰索·德尔加多 Afonso Delgado	多明我会	1587年抵澳，1589年离澳
巴托洛梅乌·洛佩斯 Bartolomeu Lopes	多明我会	1587年抵澳，1589年离澳
弗朗西斯科·诺盖拉 Francisco Noguera	方济各会	1587年抵澳
拉·雷苏莱桑 Rufino de la Resurreccion	方济各会	1587年抵澳
罗斯·雷易斯 Buenaventura de los Reyes	方济各会	1587年抵澳
弗朗西斯科·拉莫斯 Francisco Ramos	方济各会	1587年抵澳
圣玛利亚 Andres de Santa Maria	方济各会	1587年抵澳
安东尼·卡亚多 António Cayado	方济各会	1587年抵澳
罗斯·马迪雷斯 António de los Martires	方济各会	1587年抵澳
安东尼·圣玛利亚 António de Santa Maria	多明我会	1588年抵澳，1589年离澳
加斯巴尔·马塞多 Gaspar de Macedo	多明我会	1588年抵澳，1589年离澳
托马斯·普里菲卡绍 Tomás da Purificação	多明我会	1588年抵澳，1589年离澳

（续上表）

姓名	所属修会	说明
莫雷宏 Pedro Morejón	耶稣会	1588 年抵澳，1590 年去日本，1625 年回澳门，1626 年去暹罗，1627 年回澳，担任圣保禄学院院长，1630 年去马尼拉，1631 年返回澳门，再次出任院长，1639 年在澳门去世①
梅尔基奥·莫拉 Melchior Mora	耶稣会	1589 年抵澳
莱昂德罗·菲利普 Leandro Phelippe	耶稣会	1590 年抵澳，在澳停留 8 年后返回秘鲁
贡萨洛·德·贝尔蒙特 Gonzalo de Belmonte	耶稣会	1590 年抵澳，在澳停留 8 年后返回秘鲁
刘易斯·冈都诺 Luís Gandullo	多明我会	1593 年抵澳
庞迪我 Diego de Pantoja	耶稣会	1597 年抵澳，1600 年去南京，1617 年被驱逐到澳门，1618 年在澳去世
迪奥戈·阿杜阿尔特 Diego Aduarte	多明我会	1599 年抵达澳门
阿隆索·希梅内斯 Alonso Ximenez	多明我会	1599 年抵达澳门，不久在澳门去世②
皮主教 D. Juan Pinto da Piedade	多明我会	1604 年被任命为澳门主教，1608 年抵澳，1615 年因为参与奴隶贸易，被葡萄牙国王召回里斯本③
佩罗·达·克鲁斯 Pero da Cruz	耶稣会	1606 年死于澳门
佩德罗·沙拉扎尔 Pedro de Augulo Salazar	多明我会	菲律宾总督席尔瓦的代理人，1610 年携带 50 000 比索来澳门购买水银，同时走私大量中国妹仔和男孩到马尼拉，后藏匿于澳门主教家中④
巴托罗梅乌·马尔蒂尼斯 Bartoloméu Martínez	多明我会	1612 年抵澳，由于受到耶稣会会士的排挤，1613 年离澳去果阿，1619 年再次来澳，又受到葡萄牙人的阻挠，当年返回马尼拉

① João Paulo Oliveira e Costa, *Cartas Ânuas do Colégio de Macau (1594 - 1627)*, Macau: Fundação Macau, 1999, p. 48.

② 以上二人资料见 Diego Aduarte, *Historia dela Provincia del Sancto Rosario dela Orden de Predicadores en Philippinas, Japon, y China*, Manila, 1640, p. 240.

③ Documentons Remettidos da India, ou Livros das Monções, Vol. 3, p. 245.

④ G. B. Souza, *The Survival of Empire: Portuguese Trade and Society in China and the South China Sea, 1630 - 1754*, Cambridge: Cambridge University Press, 2004, pp. 71 - 72.

（续上表）

姓名	所属修会	说明
托马斯·马约 Tomás Mayor	多明我会	1612 年抵澳，1613 年离澳
弗朗西斯科·拉古纳 Francisco Laguna	耶稣会	1614 年日本禁教时被驱逐至澳门，后居住在圣保禄学院，1617 年在澳门去世①
阿德里亚诺·科尔特斯 Adriano de Las Cortes	耶稣会	1625 年抵澳
多明戈·贡萨雷斯 Fray Domingo Gonçalez	多明我会	1633 年抵澳，随西班牙罗梅罗船长的走私船来澳
雷洛尔·圣弗朗西斯科 Leonor de S. Francisco	圣家辣会	院长，1633 年抵澳，1634 年在澳去世
马达雷拉·克鲁斯 Madalena da Cruz	圣家辣会	修女，1633 年抵澳，1642 年离澳
克拉拉·圣弗朗西斯科 Clara de S. Francisco	圣家辣会	修女，1633 年抵澳，1642 年离澳
马尔加里达·孔塞桑 Margarida da Conceição	圣家辣会	修女，1633 年抵澳，1642 年离澳
华纳·孔塞桑 Joana da Conceição	圣家辣会	修女，1633 年抵澳，1642 年离澳
特林达德 Melchora da Trinidade	圣家辣会	修女，1633 年抵澳，1642 年离澳
安东尼·莱苏雷考 Antonio da Ressurreicao	方济各会	建筑师，1634—1635 年在澳门
黎玉范 Juan Baptista de Morales	多明我会	1638 年来澳，1640 年返回马尼拉，同年再次经澳去欧洲
苏芳积 Francisco Diéz	多明我会	1638 年来澳，1640 年返回马尼拉
利安当 Antonio de Santa Maria Caballero	方济各会	1639 年抵澳，1640 年再次来澳，1649 年第三次来澳
马方济 Francisco de la Madre de Dios	方济各会	1639 年抵澳
艾佳良 Francisco de Jésus Escálona	方济各会	1639 年抵澳，同年返回马尼拉
迭戈·巴雷托 Diego Barreto	耶稣会	1641 年抵澳
弗朗西斯科·卡皮拉斯 Francisco Fernandes Capillas	多明我会	1642 年到澳，不久进入内地
圣莱奥瓜尔达 Filipe de Santa Leoguarda	方济各会	1646—1649 年担任澳门方济各会修道院院长
弗朗西斯科·瓦罗 Frei Francisco Varo	多明我会	1649 年抵澳，不久进入内地
文度辣 Buenaventura Ibáñez	方济各会	1649 年抵澳，1672 年再来澳，1673 年第三次来澳门

① João Paulo Oliveira e Costa, *Cartas Ânuas do Colégio de Macau (1594 - 1627)*, Macau: Fundação Macau, 1999, p. 167.

（续上表）

姓名	所属修会	说明
毕兆贤 José Casanova	方济各会	1649 年抵澳
安东尼·圣玛利亚 António de S. Maria	方济各会	1649 年抵澳
马记诺·索拉 Magino Solá	耶稣会	1654 年抵澳
闵明我 Domingo Fernández de Navarrete	多明我会	1658 年抵澳，不久进入内地，1669 年再来澳，1670 年去果阿
利安定 Augustinus a S. Paschale	方济各会	1671 年抵澳，1672 年进入广州
拉·卡马拉 Juan de la Câmara	方济各会	1671 年抵澳，1672 年进入广州
林养默 Jaime Tarín	方济各会	1672 年抵澳，不久进入内地
卞芳世 Francisco Peris de la Concepción	方济各会	1672 年抵澳，不久进入内地
丁若望 Juan Martí	方济各会	1672 年抵澳，不久进入内地
艾脑爵 Blas García	方济各会	医生，1672 年抵澳，1676 年进入广州
米格尔·佩雷斯 Miguel Péres	方济各会	1676 年抵澳，不久进入内地
白万乐 Alváro de Benavente	奥斯定会	1680 年抵澳，不久进入内地，1690 年又抵达澳门，被澳门总督囚禁，1691 年返回马尼拉，1699 年第三次抵达澳门，不久进入江西，1708 年再次返回澳门，第二年在澳门去世
胡安·里贝拉 Juan de Ribera	奥斯定会	1680 年抵澳，不久进入内地
利安宁 San Juan Bautista	方济各会	1684 年抵澳，1685 年进入广州
陆若瑟 José Ramón Arxó	耶稣会	巡视员，1684 年抵澳，1707 年再次来澳，1708 年返回西班牙
王路嘉 Lucas de S. Estêvão	方济各会	1686 年抵澳
顾奥定 Agostinho Rico	方济各会	1686 年抵澳
麦宁学 Bernardo das Chagas Mercado	方济各会	1686 年抵澳
恩若瑟 José Navarro	方济各会	1686 年抵澳
柯若瑟 José Osca	方济各会	1686 年抵澳，不久进入广州
庞若翰 Juan António Arnedo	耶稣会	1687 年抵澳，1693 年在澳门，1712 年再次抵澳
卢卡斯·托马斯 Lucas Tomas	方济各会	1690 年抵澳
胡安·戈麦斯 Juan Gomes	奥斯定会	1690 年随白万乐主教来到澳门

（续上表）

姓名	所属修会	说明
南怀德 Miguel Fernandez Oliver	方济各会	1692 年到澳门，不久到广州，1732 年被驱逐到澳
米格尔·罗卡 Miguel Roca	方济各会	1696 年抵澳，1734 年还在澳门
安哆呢 António de la Concepción	方济各会	医生，1697 年抵澳，不久进入内地，1732 年再次抵澳，1749 年在澳去世
巴禄茂 Bartolomeu Carvalho	多明我会	1707 年抵澳，1708 年返回马尼拉
万多默 Tomás Croguer	多明我会	1707 年抵澳，1708 年返回马尼拉
万济国 Francisco Cantero	多明我会	1707 年抵澳，1708 年返回马尼拉
赖鸣远 António Diaz	多明我会	1707 年抵澳，1708 年返回马尼拉
罗森铎 Gonzales de San Pedro	多明我会	1707 年抵澳，1708 年返回马尼拉
山兰若 Juan Caballero y Esquivel	多明我会	1707 年抵澳，1708 年返回马尼拉
艾毓翰 Juan Astudillo	多明我会	1707 年抵澳，1708 年返回马尼拉
托玛斯·奥尔梯兹 Tomás de Ortiz	奥斯定会	1708 年被驱逐到澳门
胡安·巴路埃罗 Juan Barruelo	奥斯定会	1708 年被驱逐到澳门
胡安·努内斯 Juan Nunes	奥斯定会	1708 年被驱逐到澳门
麦神父 Pe. Mai	奥斯定会	1708 年逃至澳门
华敬 Juaquim Royo	多明我会	1715 年抵澳，不久进入内地
赵弥格 Miguel de Arriba	多明我会	1715 年抵澳，不久进入内地
胡安·阿尔瓦雷斯 Juan Alvarez	多明我会	1718 年抵澳，不久进入内地
布拉斯·谢拉 Blas de Sierra	多明我会	1718 年抵澳，不久进入内地
颜欧诺弗 Onofre Bas	多明我会	1718 年抵澳，不久进入内地
赖伯多禄 Pedro Barreda	多明我会	1718 年抵澳，不久进入内地
圣·特莱萨 Ildefonso de Santa Teres	多明我会	1718 年抵澳，不久进入内地
瓦莱里奥 José Valerio	多明我会	1718 年抵澳，不久进入内地
黄瑟伯 Ascot Eusébio Fernando	多明我会	1718 年抵澳，不久进入内地
魏列纳 Juan de Villena	方济各会	1721 年抵澳，1732 年再次去澳门
罗克·阿尔哈迪加 Roque de Alhóndiga	方济各会	1721 年抵澳，不久进入内地
巴廉仁 Francisco de San José	方济各会	1721 年抵澳，不久进入内地，1732 年被驱逐到澳门
劳伦佐·阿苏西恩 Lourenzo de la Asunción	方济各会	1721 年抵澳，不久进入内地
卜耐义 José Bornay	方济各会	1721 年抵澳，不久进入内地

（续上表）

姓名	所属修会	说明
欧都诺 Juan Bautista Ortuño	方济各会	1721 年抵澳，不久进入内地
丁迪我 Diego de San José	方济各会	1721 年抵澳，不久进入内地
卞述芳 Miguel de Torrejón	方济各会	1721 年抵澳，不久进入内地
胡安·阿尔巴谢特 Juan de Jesus de Albacete	方济各会	1721 年抵澳，不久进入内地
阿素系恩 Cristóbal de la Asunción	方济各会	1721 年抵澳，不久进入内地
弗朗西斯科·瓦尔德彭纳斯 Francisco de Valdepeñas	方济各会	1721 年抵澳，不久进入内地
白多禄 Pedro Sánz	多明我会	主教，1722 年被驱逐至澳，不久又潜回内地，1732 年再次被驱逐至澳，1738 年去福建
胡安·达·克鲁兹 Juan da Cruz	多明我会	1722 年被驱逐到澳门，不久进入内地，1732 年再次被驱逐到澳门，至 1734 年还在澳门
弗朗西斯科·沙耶兹 Francisco Saenz	多明我会	1722 年被驱逐到澳门，不久进入内地，1732 年再次被驱逐到澳门
尤西比奥·奥斯科特 Eusebio Oscot	多明我会	1722 年被驱逐到澳门，不久进入内地，1732 年再次被驱逐到澳门，1739 年又去福建
谢德明 Manuel Tenorio	多明我会	1722 年被驱逐到澳门，1727 年进广州，1732 年再次被驱逐到澳门，1734 年还在澳门
艾色 Tomás de Santa Maria	方济各会	医生，1724 年抵澳，1732 年第二次来澳至 1734 年
安东尼 Antonio de Almadén	方济各会	1725 年抵澳，不久进入内地
洛斯·桑托斯 Francisco de los Santos	方济各会	1725 年抵澳，不久进入内地
马柯 Sivestre Marco	方济各会	1725 年抵澳，不久进入内地
申西奥 José Sensio	方济各会	1725 年抵澳，不久进入内地
德黄正国 Franciscus Serrano	多明我会	1726 年抵澳，不久进入内地
胡玛窦 Mateo Villafaa	多明我会	1727 年抵澳，不久进入内地
费若用 Juan Alcobel	多明我会	1728 年抵澳，不久进入内地

（续上表）

姓名	所属修会	说明
卞述济 Francisco Peris de la Concepción	方济各会	1732 年被驱逐至澳
罗铭恩 Michael Roca	方济各会	1732 年被驱逐至澳
华夏宁 Diego de Santa Rosa	方济各会	1732 年被驱逐至澳
施黄正国 Franciscus Diaz	多明我会	1736 年抵澳，不久进入内地
若瑟·圣卡洛斯 José de San Carlos	方济各会	1739 年抵澳，不久进入内地
安东尼·迪奥士 António de la Madre de Dios	方济各会	1739 年抵澳，不久进入内地
若瑟·吉勒芒 José Guillemon	方济各会	医生，1748 年抵澳，不久返回马尼拉
阿尔卡扎尔 Santa Teresa y Alcázar	方济各会	1750 年抵澳，不久进入内地
安伯老 Martin Palau	方济各会	医生，1753 年抵澳，1788 年在澳去世
德迪我 Diego Terradillos	多明我会	1753 年抵澳，不久进入内地
铎多明我 Domingo Castaedo	多明我会	1753 年抵澳，不久进入内地
白伯多禄 Pedro Felíu	多明我会	1754 年抵澳，不久进入内地
曼努埃尔·迪亚斯 Manuel Diáz	多明我会	1754 年抵澳，不久进入内地
安东尼·罗兰科 Antonio Loranco	多明我会	1754 年抵澳，不久进入内地
维森特·圣罗萨 Vicente Ausina de Sta Rosa de Loyen	多明我会	澳门司库，1754 年抵澳，1759—1762 年在澳门担任多明我会中国·东京司库
胡安·布杰 Juan António Buccher	奥斯定会	山西代牧，1756 年抵澳，1765 年在澳去世
方济各 Francisco Pallás	多明我会	主教，1756 年抵澳
林若汉（又名倭都越）	方济各会	1756 年抵澳
洛斯·桑托斯 Bernardo de los Santos	方济各会	1758 年抵澳
桑切斯·阿巴德 Francisco Sanchez Abad	方济各会	1758 年抵澳
费利西亚诺·阿龙索 Feliciano Alonso	多明我会	1762—1765 年在澳门担任司库
方纪谷 Franciscus M. Magni	方济各会	主教，1762 年抵澳，不久进入内地①
德杰苏斯 Sagrado Corazón de Jesus	方济各会	1762 年抵澳，不久进入内地
胡安·安东尼 Juan Antonio	方济各会	1763 年抵澳，不久进入内地
罗斯·里奥斯 Juan Bautista de los Rios	多明我会	1765—1769 年在澳门担任司库
潘若色 José Lavilla	多明我会	1765 年抵澳，不久进入内地，1780—1784 年在澳门担任司库

① 中国第一历史档案馆等编：《明清时期澳门问题档案文献汇编》第 1 册，《军机大臣和珅奏报西洋人梅神父前来自首请交刑部归案办理折》，北京：人民出版社，1999 年，第 479 页。

（续上表）

姓名	所属修会	说明
刘嘉斯巴 Gaspar Villán	多明我会	1765 年抵澳，不久进入内地
苏若瑟 José Muñoz	多明我会	主教，1765 年抵澳，不久进入内地
赵叶圣多 Jacinto Castaeda	多明我会	主教，1765 年抵澳，不久进入内地
恩卡纳松 José de la Encarnación o de Madrid	方济各会	1766 年抵澳，不久进入内地
安当 Joachim José Martinez y Rose	方济各会	1766 年抵澳，不久进入内地
梅迪拉（呢都）Sebastian de Medina	方济各会	1766 年抵澳，不久进入内地
胡安·奥布杰巴尔 Juan Objébar	方济各会	1766 年抵澳，不久进入内地
佩德罗·杰亚 Pedro Gea	方济各会	1766 年抵澳，不久进入内地
曼努埃尔·佩德罗萨 Manuel Pedrosa	方济各会	1766 年抵澳，不久进入内地
高若瑟 José García	多明我会	1769 年抵澳，不久进入内地
张儒里安 Julián de la Peña	多明我会	1769 年抵澳，不久进入内地
郭若瑟 José Calvo	多明我会	1769 年抵澳，不久进入内地
刘若翰 Juan Vallenilla	多明我会	1769 年抵澳，不久进入内地
安东尼·罗贝斯 Antonio Robies	多明我会	1769 年抵澳，担任澳门司库，1778 年被驱逐出澳门
迭戈·苏里塔 Diego Zurita	方济各会	1769 年从马尼拉到澳门，1771 年在澳门帮助匈牙利拜纽夫斯基卖掉了全部皮草，1772 年离开澳门，返回欧洲①
李玛诺（满大剌德·撒格喇门多）Emanuel S. Sacramento	方济各会	1771 年抵澳，不久进入内地
圣若瑟 Tirso de San José	方济各会	1772 年抵澳，不久进入内地
拉亚斯圣西恩 Santos de la Ascensión	方济各会	1772 年抵澳，不久进入内地
菲力克斯·罗萨里奥 Félix Uang del Rosario	多明我会	1772 年抵澳，不久进入内地
若阿金·圣罗沙 Joaquin de Santa Rosa	多明我会	1772 年抵澳，不久进入内地
谢若翰 Juan Garcés	多明我会	1772 年抵澳，不久进入内地
圣维森特 Benito de San Vicente	多明我会	1775 年抵澳，不久进入内地
若瑟·班迪尼亚 José Bandilha	多明我会	1777 年抵澳，不久进入内地
曼努埃尔·科里皮奥 Manuel Corripio	多明我会	1785—1806 年在澳门担任司库

① ［葡］冼丽莎著，李丽青译：《18 世纪末匈牙利冒险家在澳门》，载《文化杂志》（中文版）第 34 期，1998 年，第 125 页，第 130 页注 20。

（续上表）

姓名	所属修会	说明
若阿金·伽迪莱帕 Joaquim Gatillepa	多明我会	1789 年抵澳，不久进入内地
维森特·波尔托 Vicente Bolte	多明我会	1791 年抵澳，不久进入内地
罗克·卡尔佩纳 Roque Carpena	多明我会	1791 年抵澳，不久进入内地
胡安·莫拉罗 Juan Molano	多明我会	1806—1819 年在澳门担任司库
贝尼托·安格拉多 Benito Anglado	多明我会	1819—1834 年在澳门担任司库
费尔南多·拉瓦雷 Fernando Naverire	多明我会	1834—1835 年在澳门担任司库
阿尔瓦雷斯·马扎罗 Juan Alvarez del Manzano	多明我会	1835—1838 年在澳门担任司库
托马斯·费尔南德斯 Tomás Fernandes	多明我会	1838—1839 年在澳门担任司库，1839 年被马尼拉召回
多明戈斯·塞纳多尔 Domingos Serrdor	多明我会	1839—1844 年在澳门担任司库
陆怀仁 Miguel Navarro	方济各会	1841 年抵澳，不久进入内地
巴迪亚 Thoma Badia	多明我会	1842 年经澳门去新加坡接受主教头衔，后返回澳门，不久又从澳门去福建传教，因病再次返回澳门，1844 年 9 月 1 日在澳门去世①
莱蒙多·巴尔谢罗 Raimundo Barcelo	多明我会	1844—1845 年在澳门担任司库
拉蒙·罗德里格斯 Ramon Rodriguez	多明我会	1845—1849 年和 1855—1858 年在澳门担任司库
胡安·费南多 Juan Ferrando	多明我会	1849—1854 年在澳门担任司库
玛丽亚罗·马尔丁 Mariano Martin	多明我会	1858—1859 年在澳门担任司库
弗朗西斯科·里瓦斯 Francisco Rivas	多明我会	1859—1861 年在澳门担任司库
若瑟·阿拉纳 José Araná	耶稣会	1862—1871 年为圣若瑟神学院教师，教授西班牙文及语法
曼努埃尔·格拉沙 Manuel Graça	耶稣会	1890 年抵澳，1891—1895 年任圣若瑟神学院教师

除了传教士以外，这一时期在澳门停留和居住的西班牙人还有商人、官员、军人及其他人员。西班牙与澳门的通商始于 16 世纪后期，第一批来澳门的西班牙船为“圣

① ［西］维拉罗尔著，尚春雁译：《澳门和菲律宾群岛之间的宗教联系》，载《文化杂志》（中文版）第 55 期，2005 年，第 84 页。

胡安号”和“圣玛尔定号”，他们的船长分别为伽利（Francisco Cali）和梅查度（Francisco de Mercado），但这一时期来澳的船只并不多，故来澳门之西班牙人亦为罕见。1640年，葡萄牙从葡西联合王国独立以后，澳门与马尼拉的贸易被完全切断，故很长一段时间没有西班牙船只来澳门，直到18世纪40年代西班牙与广州的贸易开始以后，西班牙才在澳门设立商馆，并对澳门进行贸易。据19世纪初来澳门的俄罗斯人评价称：“西班牙人本来因为自己的菲律宾群岛距离近而有利于与中国的贸易，但他们派往广州的船只先有超过2艘的，常常是1艘都没有，自从他们与英国人发生最后一次战争之后，贸易也几乎停止了。”① 据马士《东印度公司对华贸易编年史：1635—1834年》最早记录的第一艘西班牙船始于1783年，到1833年为止，共有29艘西班牙船来广州贸易，但不包括当时一部分从马尼拉去澳门而没来广州的西班牙船。从这时起，每年都有西班牙人在澳门居住，并在澳门设立商站。据1799年统计数据，西班牙有3名大班在澳门居住；1802年，有3人；1809年，有9人；1812年，有5人；1826年，有4人；1829年，有4人；1831年，有3人；1833年，有4人。这个人口统计，只是商馆的大班人数，而不包括家眷和传教士。西班牙人在澳门的最后一个统计数是在1867年，当年在澳门居住的西班牙人有24户。② 可以反映出，直到19世纪后期，西班牙人在澳门的居住人口仍有一定的规模。下面将16—19世纪来澳门或在居留的西班牙（含秘鲁）商人、官员、军人及其他人员列表如下：

图1-17 蔡汝贤《东夷图像》中的菲律宾的西班牙人

① 伍宇星编译：《19世纪俄国人笔下的广州》，郑州：大象出版社，2011年，第30页。

② 以上参见［美］马士著，区宗华等译：《东印度公司对华贸易编年史：1635—1834年》第1、2卷，第636页，第3卷，第171页，第4、5卷，第137、202、270～271、360页，广州：中山大学出版社，1991年；A. M. Martins do Vale, *Os Portugueses em Macau（1750－1800）*, Instituto Português do Oriente, 1997, p. 78；中国第一历史档案馆等编：《明清时期澳门问题档案文献汇编》第1册，《两广总督百龄奏覆查明上年英兵入澳系图占地并参吴熊光等办理不当各节折》，北京：人民出版社，1999年，第731～739页；［葡］高美士：《澳门史录》引《澳门新闻报》，转引自［葡］潘日明著，苏勤译：《殊途同归：澳门的文化交融》，澳门：澳门文化司署，1992年，第138页。

表 1－14 16—19 世纪来澳或在澳居留的西班牙商人、官员、军人及其他人员名录①

姓名	身份	说明
佩罗·金苔罗 Pero Quintero	富商	1563 年来澳，1594 年前死于澳门
弗朗西斯科·伽利 Francisco Cali	船长	探索太平洋航道的先驱，“圣胡安号”船长，1583 年 7 月来澳，1584 年 7 月 24 日离开澳门②
弗朗西斯科·梅查度 Francisco de Mercado	船长	“圣玛尔定号”船长③，1583 年因船遭海难而停靠澳门，1584 年去墨西哥
胡安·罗曼 Juan Baptiste Roman	富商	商务监督，1584 年来澳
佩德罗·乌拉穆禄 Pedro de Unamuno	船长	1586 年夏率一艘卡拉克帆船和一艘护卫舰从马尼拉来到澳门，到澳后被葡人逮捕，1587 年 7 月 12 日离澳④
胡安·阿古美都 Juan de Argumedo	船长	“圣佩德罗号”船长，1586 年来澳，1587 年 7 月离澳，1590 年到澳门采办军需品，到澳后船只和货物都被没收，直到 1592 年才归还
罗佩·帕拉西奥斯 Lope de Palacios	官员	“圣玛尔定号”船长，1587 年来澳门⑤
鲁依·马查度 Rui Machado	官员	1580 年被任命为澳门王室大法官，未到任，1589 年 4 月带领几名士兵前往澳门

① 此表资料除有注释以外，其他资料来源于：Jorge Forjaz, *Famílias Macaenses*, Vol. Ⅱ, Macau: Fundação Oriente, Instituto Cultural de Macau, Instituto Português do Oriente, 1996；刘芳辑：《葡萄牙东波塔档案馆藏清代澳门中文档案汇编》下册，澳门：澳门基金会，1999 年；［美］马士著，区宗华等译：《东印度公司对华贸易编年史：1635—1834 年》第 1—5 卷，广州：中山大学出版社，1991 年；［葡］施白蒂著，姚京明译：《澳门编年史：19 世纪》，澳门：澳门基金会，1998 年；广东省地方志编委会办公室编：《清实录广东史料》第 6 册，附录 5《清代各国驻广东领事名表》，广州：广东人民出版社，1995 年。

② H. R. Wagner, The Voyage of Pedro de Unamuno to California in 1587, in *California Historical Society Quartely*, Vol. 2, No. 2, 1923, p. 141.

③ Benjamin Videira Pires, *A Viagem de Comércio Macau-Manila nos Séculos XVI a XIX*, Macau: Museu Maritimo de Macau, 1994, p. 9.

④ Letter from Santiago de Vera to Feilipe Ⅱ, 1587, June, 26, in Blair, Emma Helen-Robertson, James Alexander, *The Philippine Islands 1493 – 1898*, Vol. 6, Cleveland, Ohio, 1903 – 1905, pp. 307 – 308; H. R. Wagner, The Voyage of Pedro de Unamuno to California in 1587, in *California Historical Society Quartely*, Vol. 2, No. 2 (July, 1923), p. 143.

⑤ Letter from the Manila Audiencia to Felipe Ⅱ, 1588, June, 25, in Blair, Emma Helen-Robertson, James Alexander, *The Philippine Islands 1493 – 1898*, Vol. 6, Cleveland, Ohio, 1903 – 1905, p. 316.

（续上表）

姓名	身份	说明
若奥·卡尔德龙 João Ximenes Calderon	官员	1589年10月葡印总督请求派他出任澳门王室大法官，他到任时应在1590年，任期不详①
罗德里格·科尔多瓦 Dom Rodrigo de Cordoua	商人	秘鲁副王的侄子，“圣佩德罗号”船长，1592年从秘鲁来澳，力图从中国收购铜用于铸炮，但船只和货物被澳门当局没收，1593年初离澳②
佩德罗·德布里托 Pedro Debrito	船长	1592年携带马尼拉的数份法律文本前往澳门，为开放马尼拉与澳门贸易说项，他的船被葡人扣押送往印度③
拉·库瓦 Marcos de la Cueva	官员	1604年马尼拉派到澳门的使臣④
阿尔卡卡尔 G. P. De Alcacar	船长	1609年到澳门购买水银
西松 H. Xison	商人	1609年到澳门购买水银⑤
费尔南多·达·席尔瓦 D. Fernando da Silva	军人	上尉，1623年带两个西班牙步兵连来澳门⑥
费尔南多·莫拉莱斯 Fernando de Moranes	军人	炮台专家，1623年随西班牙军队一块来澳门，并指导澳门妈阁炮台和大炮台的建设⑦
费尔南德斯 Pelajo Fernandes	官员	铸炮师、博卡罗铸炮厂厂长⑧，1623年来澳

① Manuel Teixeira, *Os Ouvidores em Macau*, Macau: Imprensa Nacional, 1976, p. 13.

② J. Wicki ed., *Documenta Indica*, Vol. 16, Romae: Institutum Historicum Societatis Iesu, 1984, p. 584.

③ The Letters from Governnor Dasmarinas to to Felipe Ⅱ, in Blair, Emma Helen-Robertson, James Alexander, *The Philippine Islands 1493 – 1898*, Vol. 9, Cleveland, Ohio, 1903 – 1905, p. 195.

④ The Sangley Insurrection of 1603, in Blair, Emma Helen-Robertson, James Alexander, *The Philippine Islands 1493 – 1898*, Vol. 14, Cleveland, Ohio, 1903 – 1905, p. 136.

⑤ Letter from Silva to Feilipe Ⅲ, in Blair, Emma Helen-Robertson, James Alexander, *The Philippine Islands 1493 – 1898*, Vol. 7, Cleveland, Ohio, 1903 – 1905, pp. 147 – 148.

⑥ Military Affair of the Islands, 1626, in Blair, Emma Helen-Robertson, James Alexander, *The Philippine Islands 1493 – 1898*, Vol. 22, Cleveland, Ohio, 1903 – 1905, pp. 119 – 120.

⑦ Maria de Lourdes Rodrigues Costa, História da Arquitecura em Macau, in *Revista de Macau*, No. 34, Edição em Português, 1998, p. 203; Jorge Graça, *The Fortifications of Macau*, Direcção dos Serviços de Turismo de Macau, 1984, pp. 63 – 66.

⑧ Elsa Penvalva, Miguel Rodrigues Lourenço, *Fontes para a História de Macau no Século XVII*, Lisboa: Centro Científico e Cultural de Macau, 2009, p. 88；金国平、吴志良：《镜海飘渺》，澳门：澳门成人教育学会，2001年，第277页。

（续上表）

姓名	身份	说明
胡安·阿尔卡拉佐 Don Juan de Alcarazo	船长	西班牙旗舰指挥，1627 年来澳
佩德罗·门迪奥拉 Don Pedro d Mendiola	船长	西班牙船指挥，1627 年护送澳门船来澳①
索萨·贾士度 Souza de Castro	军人	西班牙军队上尉②，1633 年来澳
阿隆罗·罗梅罗 Alonso Garcia Romero	船长③	西班牙台湾长官，1633 年原准备去台湾赴任，因遭风飘入澳门
卢比斯·德·安多拉 Juan Lopez de Andoyna	船长	“圣·胡安·巴普蒂斯塔号”走私船船长，1637 年 9 月来澳，该船带来了马尼拉烟草，1638 年离澳④
胡安·克劳迪奥 Don Juan Claudio	官员	军事指挥官⑤，原准备派其到澳门担任总督一职，1642 年他率领 70 名西班牙士兵，并携带 60 万杜卡特现金来澳，到澳门后被葡萄牙人投入监狱，一部分人被送往果阿
比阿特丽丝·冈萨雷斯 Beatriz Gonçalves	家眷	1710 年前与澳门葡人阿马罗·戈麦斯（Amaro Gomes）结婚，居住在澳门，并育有两个女儿⑥
吕武膀 D. Cabriel Lecaroz	商人	西班牙驻澳门商站负责人，1740 年来澳从事贸易，1740—1760 年在澳门，与土生葡人女子结婚，创立了澳门土生葡人吕武膀家族⑦

① Relation of 1627 – 1628, in Blair, Emma Helen-Robertson, James Alexander, *The Philippine Islands 1493 – 1898*, Vol. 22, Cleveland, Ohio, 1903 – 1905, pp. 189 – 190.

② Beatriz Basto da Silva, *Cronologia da História de Macau, Séculos XVI – XVII*, Vol. 1, p. 61.

③ Letter from Juan Cerezo de Salamanca to Felipe IV, 1634 – 08 – 10, in Blair, Emma Helen-Robertson, James Alexander, *The Philippine Islands 1493 – 1898*, Vol. 24, Cleveland, Ohio, 1903 – 1905, pp. 320 – 321.

④ ANTT/Livros das Monções, Liv. 41, fl. 159v, 188v; Peter Mundy, *The Travels of Peter Mundy in Europe and Asia: 1608 – 1667*, Vol. 3, Cambridge: Printed for the Hakluyt Society, 1919, pp. 251 – 252.

⑤ Events in the Philippines, 1634 – 1644, in Blair, Emma Helen-Robertson, James Alexander, *The Philippine Islands 1493 – 1898*, Vol. 35, Cleveland, Ohio, 1903 – 1905, pp. 179 – 180.

⑥ Manuel Teixeira, *Macau no Séc. XVIII*, Macau: Imprensa Nacional, 1984, p. 83.

⑦ Benjamin Videira Pires, *A Viagem de Comércio Macau-Manila nos Séculos XVI a XIX*, Macau: Museu Maritimo de Macau, 1994, p. 36；（清）印光任、张汝霖原著，赵春晨校注：《澳门记略校注》，《澳蕃篇》，澳门：澳门文化司署，1992 年，第 126 页。按：吕武膀来澳时间不确，生卒亦不详，故附于此。

（续上表）

姓名	身份	说明
胡安·弗朗西斯科 Juan Francisco Lecaroz	商人	西班牙驻澳门商站负责人，吕武勝之子，1760 年来澳，1760 年代到 1830 年代在澳门①
喥明咕 Domingos	商人	1780 年从西班牙来澳贸易
万威 Manuel	商人	西班牙大班，1792 年请求在澳门晾晒海龙皮，并在澳住冬，1795 年从马尼拉运米到澳门贸易
贺玲	商人	1792 年随万威在澳住冬
喇蒙	商人	1792 年随万威在澳住冬
吧嘟劳	商人	1792 年随万威在澳住冬
郎·咊先地	商人	1792 年随万威在澳住冬，从西班牙到澳门进行海龙皮贸易
骂大咟	商人	1792 年随万威在澳住冬
富恩特斯 Fuentes	商人	西班牙驻广州商馆主任，1798 年前居澳门，1798 年 4 月从澳门到广州贸易
若瑟·蒙尼兹 José Moniz	商人	1799 年前在澳门居住，在南湾拥有住宅
眉额 Miguel	医生	1801 年在澳居住
弗朗西斯科·巴尔密斯 Francisco Xavier Blamis	官员	西班牙国王御医②，1805 年来澳
赛纳·梅奥（马玉）Seňer Mayo	商人	1805 年来澳，1806 年西班牙驻广州商馆主任，11 月向东印度公司委员会借 15 万元，利率 10%，一年内偿还；1807 年 2 月英国水手将西班牙商馆国旗撕毁，英国东印度公司进行了道歉和赔偿；1811 年还在广州、澳门进行鸦片贸易
宾拿度	水手	1807 在澳门欠债未还，招人殴打
庇利忌	军人	1812 从马尼拉来澳的兵船上的军人

① Jorge Forjaz, *Famílias Macaenses*, Vol. Ⅱ, Macau: Fundação Oriente, Instituto Cultural de Macau, Instituto Português do Oriente, 1996, p. 297.

② José Caetano Soares, *Macau e a Assistência*, *Panorama Médico-Social*, Lisboa: Agência Geral das Colonias, 1950, pp. 96 – 98.

（续上表）

姓名	身份	说明
马托斯·吉特莱兹 Mateus Gutierrez Manaham	商人	1813年前来澳门从事贸易，1813年与土生葡人女子皮雷斯·维安娜（Joana Pires Viana）在澳门结婚，创立土生葡人吉特莱兹家族
胡安·卡里翁 Juan Gergório Carion	商人	1814年前来澳门贸易，1814年与土生葡人女子约瑟芬·德·萨（Josefa de Sá）在澳门结婚，后约瑟芬去世，1820年又与土生葡人女子玛利亚·科尔代罗（Maria Antónia Cordeiro）在澳门结婚
佛浪思时古 Francisco	水手	1814年来澳
卡尔沃 Don. L. Calvo	商人	1821年商馆主任①
尹沙瑞 Xavier Yrisarri	商人	经营鸦片，1821年来澳，1823年前在广州、澳门与鸦片商詹姆斯·马地臣成为合伙人，成立尹沙瑞洋行（Yrisarri & Co.），1826年在加尔各答去世②
喏哑敬·嘛务 Joaquim Laimo	商人	船东，1826年来澳
伊鲁雷塔·戈耶纳 Don Gabriel Yeruret Goyena	商人	西班牙驻澳门领事，1826年来澳，1831年为西班牙商馆主任，1836年前与土生葡人女子结婚，育有1子，妻子逝世后，于1838年再娶其妹
佩德罗·萨加苏里塔 Don Pedro de Sagarzurieta	商人	1826年来澳，1831年为西班牙商馆职员，1832年结束业务，随之撤走
华庆·伊瓦尔 Joachim Ybar	商人	1826年来澳，为西班牙商馆商务代表，1831年为西班牙商馆职员，1832年结束业务，随之撤走
塞罗尔·阿斯卡雷加 Senor Ascarega	商人	1826年来澳
罗明高那连	商人	1826年来澳门的西班牙难民
罗明高丽文	商人	1826年来澳门的西班牙难民
湖西之无老	商人	1826年来澳门的西班牙难民

① Jack M. Braga, A Seller of "sing-song", in *Journal of Oriential Studies*, Vol. 6, 1961 – 1964, Hong Kong: Hong Kong University Press, 1967.

② ［英］罗伯·布雷克著，张青译：《怡和洋行》，台北：时报出版社，2001年，第38页。

（续上表）

姓名	身份	说明
庇罗马肯管	商人	1826 年来澳门的西班牙难民
麦老多罗米多福	商人	1826 年来澳门的西班牙难民
吓日密多上	商人	1826 年来澳门的西班牙难民
一那守那连	商人	1826 年来澳门的西班牙难民
白赖西夕高苏里	商人	1826 年来澳门的西班牙难民
吓里密多太尹甲	商人	1826 年来澳门的西班牙难民
米身的陈密	商人	1826 年来澳门的西班牙难民
吓密多苏马不	商人	1826 年来澳门的西班牙难民
烟东牛上	商人	1826 年来澳门的西班牙难民
吓明之咪林	商人	1826 年来澳门的西班牙难民
因那守马行	商人	1826 年来澳门的西班牙难民
一是多漫龙眼	商人	1826 年来澳门的西班牙难民
庇隆龙眼	商人	1826 年来澳门的西班牙难民
庇罗马梁	商人	1826 年来澳门的西班牙难民
桑切斯·阿古里亚 José Miguel Sanches Del Aguilia	商人	船主、大业主，1830 年来澳从事贸易，1835 年与土生葡人女子在澳门结婚，1848 年成为澳门议事会主席，创立土生葡人桑切斯家族
加布雷尔·杨禄莱塔古耶玛 Don Gabriel Yruretagoyema	商人	1836 年前来澳门、广州经营贸易，为当时重要的鸦片商人，来澳后与土生葡人女子玛利亚·卡斯特罗（D. Maria Anfitrite Almada e Castro）结婚，1836 年其妻在澳门去世
费德里库·吉美尼斯 Federico Gimenes	船员	"米巴音奴号"大副，1839 年 9 月 12 日驾船来澳，该船在凼仔着火被烧，被清政府怀疑与鸦片贸易有关而遭拘捕，与他同时被拘捕的还有西班牙仆人雅森西奥（Yaocencio del Rozario），1840 年 8 月 1 日获释
约西马地亚·哥耶挐（贺恭）J. M. Halcorn	官员	菲律宾总督特别代表，1840 年 2 月来澳门，解决西班牙船"米巴音奴号"一案事件

（续上表）

姓名	身份	说明
若瑟·德·阿责拉 José Miguel Sanchez del Agulla	船员	“阿美利加号”船大副，1842年为澳门市民大会长老①
拉斯·赫拉斯 P. de las Heras	商人	1844年在澳门居住，1846年在澳门设有商行②
喏京 Joaquim	船长	马尼拉来澳门的运米船，舵工咾吟佐，1847年来澳
美啦	船长	马尼拉来澳门的运米船，舵工哂满，1847年来澳
李央打	船长	马尼拉来澳门的运米船，舵工安当，1847年来澳
沙拉度	船长	马尼拉来澳门的运米船，舵工雷吐，1847年来澳
公沙路	船长	马尼拉来澳门的运米船，舵工罗连素，1847年来澳
故姑路	船长	马尼拉来澳门的运米船，舵工喏京，1847年来澳
加士路	船长	马尼拉来澳门的运米船，1847年来澳
玛斯 Sinibaldo de Masy Sans	官员	1849年西班牙驻华公使③，在澳门居住
罗伯兹·德·卡巴罗斯 Juan A. Lopez de Ceballos	商人	1849年在澳门居住
若泽·马葵士 Jozé M. Marques	官员	1850年西班牙驻澳门领事，1851年在澳居住
罗毕内特 William Manuel Robinet	商人	1854年前秘鲁驻广州、澳门领事④
康聂特 Canhete	官员	1856年西班牙驻广州总领事，到澳门参加调停粤澳关系事宜⑤

① ［葡］阿马罗著，李长森译：《1842年澳门市政厅选举和当地“长老”》，载《文化杂志》（中文版）第19期，1994年，第109页。

② *Chinese Repository*, Vol. 15, No. 1, 1846/01, p. 10. 1846年还有一名在澳门设立商行的赫拉斯，疑即此人。

③ ［葡］萨安东著，金国平译：《葡萄牙在华外交政策：1841—1854》，澳门：葡中关系研究中心、澳门基金会，1997年，第160页。

④ *The Friend of China*, October 7th, 1854, Vol. 13, No. 80, p. 320.

⑤ 黄庆华：《中葡关系史（1513—1999）》中册，合肥：黄山书社，2006年，第658页。

（续上表）

姓名	身份	说明
胡安·李加禄 Juan Lecaroz	富商	吕武勝之孙，1850 年代来澳门继承祖业，1874 年 4 月与安娜·卡内洛（Ana Josefa Sabina Carneiro）结婚，居住在澳门新花园，1904 年 9 月 7 日在澳门逝世①
弗朗西斯科·阿贝拉 Francisco Abella	商人	古巴“伊邦内兹”公司驻澳门代理人，从事苦力贸易，1860 至 1870 年代在澳居住 7 年②
奥耶德 G. Oyed	官员	1864—1867 年西班牙驻澳门总领事
康多阿里亚斯 J. M. Cantuarias	官员	1864—1867 年秘鲁驻澳门领事
若瑟·阿义拉 Don José da Aguilar	官员	1867—1874 年西班牙驻澳门总领事
达·阿兰本 P. da Aramburn	官员	1867—1869 年秘鲁驻澳门领事
托雷·布尔鲁 F. Torre Bueno	官员	1869—1874 年秘鲁驻澳门领事
科拉尔特 M. Colarte	官员	1869 年出任西班牙驻澳门副领事
加尔西亚·格维多 Heriberto García de Quevedo	官员	1869 年作为西班牙驻华公使访问澳门，还在贾梅士诗洞中留下了一首诗歌
若瑟·纳法诺 José Nafauno	官员	1873 年西班牙驻香港副领事，居澳门③
埃米里奥·德尔北 Emilio Delboy	官员	1874 年秘鲁驻澳门领事
加雷亚·米兰达 J. Garcia Miranda	官员	1874—1875 年西班牙驻澳门领事
索多·雷维拉 Ignacio de Soto Levena	官员	1875—1880 年西班牙驻澳门领事
贾士葩 Henrique Gaspar	官员	1880—1893 年西班牙驻澳门领事
祖葛迪 P. Ortiz de Yugasti	官员	1893—1904 年西班牙驻澳门领事

根据上表统计，来澳门的西班牙官员、商人及军人明确有姓名者为 100 人。而前表统计传教士的数量为 205 人，两表共统计了有姓名者 305 人，实际数应该还多于此，

---

① Manuel Teixeira, *Toponímia de Macau*, Vol. Ⅱ, Macau: Instituto Cultural de Macau, 1997, pp. 371 - 374; 金国平、吴志良：《新花园业主系何人?》，载金国平、吴志良：《过十字门》，澳门：澳门成人教育学会，2004 年，第 241 ~ 243 页；澳门市政厅编：《澳门市街道及其他地方名册》，澳门：澳门市政厅，1993 年，第 117 页。

② 陈翰笙：《华工出国史料汇编》第 4 辑，《关于华工出国的中外综合性著作》，北京：中华书局，1984 年，第 188 页。

③ ［葡］潘日明著，苏勤译：《殊途同归：澳门的文化交融》，澳门：澳门文化司署，1992 年，第 165 页。

而官员、商人及军人来澳门且有姓名可统计者则远远少于传教士，但并不是说这一类人来澳门的实际人数比传教士少，主要是文献没有将他们的姓名留下，如1622年时由上尉费尔南多·达·席尔瓦率领的两个连的西班牙士兵（200人）来澳门协助防卫[①]，这200人均无姓名留下。又如1642年由军事指挥官克劳迪奥率领的70名西班牙士兵准备来接管澳门[②]，这70名士兵亦无姓名保留。再如1803年有144名遭遇海难的西班牙商人和船员避难到澳门[③]，这144人亦无姓名留存。再如1898年由于菲律宾发生暴乱，有大批的西班牙天主教徒进入澳门，到12月时进入澳门的西班牙人已经达到200人[④]，这200人也没有姓名留下。特别是1668年西班牙与葡萄牙《里斯本条约》签订以后，西葡两国关系正常化，西班牙来澳门及广州的船只日渐增多，到19世纪中期则来往更加频繁，最多时一年贸易船只达到47艘。[⑤] 西班牙对广州贸易正常化以后，在澳门设立商馆，该商馆设在大庙脚。[⑥] 每年住馆的职员3~5人。[⑦] 就目前所见的数据来看，西班牙人在澳门居住的人口数最高年份为1867年，当时共有24户西班牙人在澳门居住。[⑧] 这么多西班牙商户在澳门居住，应与当时澳门繁盛的苦力贸易有关，所以，根据上述情况，西班牙人来澳门的人数中第二类人人口数量实际应远远超过第一类人。

（二）意大利人

从16世纪澳门开埠不久就有意大利人进入澳门，之后大体上来澳门停留和居住的意大利人都属于天主教的传教士，非传教士进入澳门者人数极少，而早期进入澳门的意大利传教士多数属于耶稣会，而意大利耶稣会会士又是在葡萄牙亚洲保教权的保护和管辖下进入澳门的，所以他们跟澳门葡萄牙人基本上没有冲突，成为早期澳门葡萄

---

① Military Affair of the Islands, 1626, in Blair, Emma Helen-Robertson, James Alexander, *The Philippine Islands 1493 - 1898*, Vol. 22, Cleveland, Ohio, 1903 - 1905, pp. 119 - 120.

② Events in the Philippines, 1634 - 1644, in Blair, Emma Helen-Robertson, James Alexander, *The Philippine Islands 1493 - 1898*, Vol. 35, Cleveland, Ohio, 1903 - 1905, pp. 179 - 180.

③ 刘芳辑：《葡萄牙东波塔档案馆藏清代澳门中文档案汇编》下册，《香山县丞吴兆晋为确查入澳寄住吕宋行内之吕宋难民曾否回国事下理事官札》，澳门：澳门基金会，1999年，第660页。

④［葡］施白蒂著，姚京明译：《澳门编年史：19世纪》，澳门：澳门基金会，1998年，第297页；Manuel Teixeira, *A Imprensa Periódica Portuguesa no Extremo Oriente*, Macau: Instituto Cultural de Macau, 1999, p. 275.

⑤［美］马士著，区宗华等译：《东印度公司对华贸易编年史：1635—1834年》第4、5卷，广州：中山大学出版社，1991年，第338页。

⑥《清文宗咸丰实录》卷20，道光三十年十月丁亥；《禀呈现住澳门各国夷人家数》，载广东省档案馆编：《广东澳门档案史料选编》，北京：中国档案出版社，1999年，第343页。

⑦ A. M. Martins do Vale, *Os Portugueses em Macau (1750 - 1800)*, Instituto Português do Oriente, 1997, p. 78；［美］马士著，区宗华等译：《东印度公司对华贸易编年史：1635—1834年》第4、5卷，广州：中山大学出版社，1991年，第201~202、269~271页。

⑧［葡］施白蒂著，姚京明译：《澳门编年史：19世纪》，澳门：澳门基金会，1998年，第167页。

图 1-18 《皇清职贡图》中的意大利神父和修女

牙人最受欢迎的非葡籍欧洲人。第一批进入澳门的意大利人为 1562 年 8 月 24 日耶稣会会士吉尔万尼·蒙特（Giovanni Batista de Monte）和刘易斯·佛罗伊斯（Luís Fróis）。虽然他们在澳门居停时间不长，第二年就去了日本，但《耶稣会会士在亚洲》称蒙特："抵达此港后，于礼拜天及圣日到教堂宣讲教义，来听的人很多，教堂许多次都容纳不下。"① 可见，他们到澳门以后，开启了澳门的天主教传教工作。之后，来澳门的意大利耶稣会会士越来越多，包括范礼安、罗明坚、巴范济、利玛窦、郭居静、龙华民等。

表 1-15 16—18 世纪进入澳门的意大利耶稣会会士②

姓名	说明
吉尔万尼·蒙特 Giovanni Batista de Monte	1562 年抵澳，1563 年去日本
刘易斯·佛罗伊斯 Luís Fróis	1562 年抵澳，1563 年去日本
亚历山大·瓦拉 Alexander Valla	1568 年抵澳，同年去日本
格雷奇·索尔多 Organtino Gnecchi-Soldo	1568 年抵澳，1570 年去日本
范礼安 Alessandro Valignano	1578 年抵澳，1579 年去日本，1582 年再次到澳门，1583 年去果阿，1588 年第三次到澳门，1590 年去日本，1592 年第四次到澳门，1595 年去果阿，1597 年第五次到澳门，1598 年去日本，1603 年第六次到澳门，直至 1606 年在澳门去世

① BAJA, 49 - IV - 50, fls. 601 - 601v.

② 本表主要依据以下各书资料编成：［法］荣振华著，耿昇译：《在华耶稣会士列传及书目补编》，北京：中华书局，1995 年；［法］费赖之著，冯承钧译：《在华耶稣会士列传及书目》，北京：中华书局，1995 年；中国第一历史档案馆编：《清中前期西洋天主教在华活动档案史料》，北京：中华书局，2003 年。

（续上表）

姓名	说明
罗明坚 Michele Ruggieri	1579 年抵澳，后去广州、肇庆，1582 年返回澳门，1588 年被召回罗马
巴范济 Francesco Pasio	1582 年抵澳，1583 年去日本，1612 年又到澳门，同年逝世于澳门
利玛窦 Matteo Ricci	1582 年抵达澳门，1583 年去肇庆，1594 年再次抵达澳门
尼阁老 Cola Nicola Giovenni	画家，1582 年抵澳，1583 年去日本，1614 年再返澳，1626 年在澳去世
乔瓦尼・杰拉尔迪诺 Giovanni Gerardino	1583—1589 年在澳学习，1596 年在澳门去世
保罗・拿瓦罗 Pier Paolo Nararro	1585 年 8 月抵澳，次年去日本
孔法罗涅利 Celso Confalonieri	1585 年 8 月抵澳，1586 年去日本，1614 年回澳，1627 年在澳门去世①
葛拉绍 Grasso	1585 年 8 月抵澳，次年去日本
柏鲁济亚 de Perugi'a	1585 年 8 月抵澳，次年去日本
摩加威罗 Mocavero	1585 年 8 月抵澳，次年去日本
费拉劳 Firallo	1585 年 8 月抵澳，次年去日本②
石方西 Francisco de Petris	1590 年抵澳，1591 年去韶州
奥里维利奥・托斯卡麦尼 Olivierio Toscanelli	1592 年前抵澳，在澳门读写小学任教③
郭居静 Lazzaro Cattaneo	1593 年抵澳，同年进入内地，1599 年又到澳，1600 年又到南京，1601、1602、1604 年又三次到澳
龙华民 Nicolas Longobardi	1597 年抵达澳门，同年进韶州
卡洛斯・斯皮诺拉 Carlos Spinola	1600 年抵达澳门，完成了圣保禄教堂的建筑设计，1602 年去日本④

① João Paulo Oliveira e Costa, *Cartas Ânuas do Colégio de Macau* (*1594 – 1627*), Macau: Fundação Macau, 1999, pp. 42 – 43.

② ［意］利玛窦著，罗渔译：《利玛窦书信集》下册，附录 12《拿瓦罗神父致罗马学院沙尔狄神父书》，台北：光启出版社、辅仁大学出版社，1986 年，第 486 页。

③ ［意］利玛窦著，文铮译，梅欧金校：《利玛窦书信集》，北京：商务印书馆，待刊，第 99 页。

④ ［葡］梅迪拉著，曾永秀译：《澳门大三巴教堂建筑师：一位马德里的耶稣会士》，载《文化杂志》（中文版）第 21 期，1994 年，第 32 页。

（续上表）

姓名	说明
杜禄茂 Barthélemy Tedeschi	1601 年抵澳，1603 年去韶州
缪吉奥・罗基 Muzio Rocchi	1602 年抵澳，1603 年在澳门圣保禄学院学习，1605 年在澳去世
文森佐・卡鲁巴 Vincenzo Carruba	1602 年抵澳，1617 年被派往日本
熊三拔 Sabatino de Ursis	1603 年抵澳，同年赴南昌，1617 年被驱逐回澳门，1618 年在澳门去世
王丰肃（高一志）Alfonso Vanhoni	1604 年抵达澳门，1605 年去南京，1618 年被驱逐至澳，1624 年前往山西
卡米洛・迪科斯坦佐 Camilo di Costanzo	1604 年抵澳，1605 年去日本，1614 年又返回澳门，1621 年再次去日本
弗朗西斯科・埃乌杰尼奥 Francesco Eugénio	1607 年抵澳，1608 年去日本，1618 年因病返回澳门，1621 年在澳门去世①
艾儒略 Jules Aleni	1610 年抵澳，1613 年离澳，1639 年第二次来澳
毕方济 François Sambiasi	1610 年抵澳，1613 年进京，1644—1646 年三次前往澳门
弗朗西斯科・布佐米 Francesco Buzomi	1615 年抵澳，不久去日本②
克里斯多佛罗・波利 Cristoforo Borri	天文学家，1616 年抵澳，1619 年离澳③
乔万尼・加亚蒂 Giovanni Domenico Gayati	1618 年抵澳，直至 1627 年
罗雅谷 Jacques Rho	1622 年抵澳，1626 年去山西
谢贵禄 Tranquille Grassaetti	1630 年抵澳，在来华途中充当临时船医④，1631 年去江西
聂伯多 Pierre Cunevari	1630 年抵澳，1631 年到杭州
杜奥定 Augustin Tudeschini	1631 年抵澳，同年去上海

---

① João Paulo Oliveira e Costa, *Cartas Ânuas do Colégio de Macau (1594 – 1627)*, Macau: Fundação Macau, 1999, pp. 44 – 45.

② ［葡］梅狄纳著，黄徽现译：《耶稣会士亚历山大・德・罗德斯在科钦支那和东京：1591—1660》，载《文化杂志》（中文版）第 45 期，2002 年，第 19 页。

③ Ugo Baldini, Science and the Jesuits in Macau, 1644 – 1762, in Luís Filipe Barreto ed., *Macau During the Ming Dynasty*, Lisboa: Centro Científico e Cultural de Macau, 2009, p. 249.

④ ［美］狄斯尼著，北江译：《耶稣会会士东行记：17 世纪初多尼克・勒热纳霍姆、杜奥定和特兰奎洛・格拉塞蒂三位神甫赴华传教沿途经历》，载《文化杂志》（中文版）第 21 期，1994 年，第 222 ~ 223 页。

（续上表）

姓名	说明
潘国光 Francois Brancati	1636年抵达澳门，同年抵达江南
利类思 Ludovico Buglio	1636年抵达澳门，1639年到江南
李方西 Ronusi de Ferraris	1636年抵澳，1640年去陕西，1657—1659年在澳门任司库
贾宜睦 Girolamo Gravina	1637年抵澳，不久到杭州
卢安东 Antoine Rubino	1639年抵澳，同年去海南
陆安德（陆泰然） Andrea Giovanni Lubelli	1643年抵澳，1647年去湖南，1649年再次到澳，后又进入内地，1685年在澳逝世
巴德萨雷・奇塔德拉 Baldassare Citadella	1647年抵澳，1650年任澳门圣保禄教堂神父，1651年离澳，死于途中
万多默（万多玛斯） Thomas Valgarneira	1649年抵澳，1655年去暹罗，1669年返回澳门，1675年又去暹罗
德马里尼 Giovanni Filippo de Marini	1649年抵澳，担任耶稣会澳门司库，1656年任澳门圣保禄教堂神父，1658年到越南，1671年再访澳门，1677年被教廷传信部召回，1680年再到澳门，1682年在澳门去世
傅其达 Domenico Fuciti	1656年抵澳，1658年去越南，1665年在澳，1688年再去越南，1690年后再次返澳，1696年在澳去世
毕嘉 Giandomenico Gabiani	1656年抵澳，1659年去江南，1680—1683年、1689—1692年两次在澳门担任副省会长
卫匡国 Martino Martini	1658年从欧洲返回澳门，次年去杭州
殷铎泽 Prosper Intorcetta	1658年抵澳，1659年到江西，1668年再次到澳门，次年离开
瞿笃德 Stanislas Torrente	1659年抵澳，1660年赴海南
石嘉乐 Della Rocca	1659年抵澳，后又去海南
方济各 Francesco Saverio Filippucci	1663年抵澳，1671年到广州，1682年再次到澳门，1692年在澳门去世
王若翰 Gianbattista Brandi	1665年抵达澳门，1668年为圣保禄教堂神父，1681年在澳去世

（续上表）

姓名	说明
朱塞佩·坎多尼 Giuseppe Candone	1668 年抵澳①，1678 年再次抵澳，1684 年离澳
闵明我 Philippe-Maria Grimaldi	1668 年抵澳，1669 年进广州
齐又思 Ludovico Azzi	1668 年抵澳，1669 年去暹罗，1673 年再次来澳，1679 年去广州，1690 年在澳去世
玛利亚·菲埃斯基 Filipo-Maria Fiesqui	1673 年抵澳，担任圣保禄学院院长，1682 年再次来澳，1687—1690 年在澳门任日本省会长，1691 年第 3 次来澳，1692 年 8 月 12 日在澳门去世②
张安当 António Posateri	1675 年抵澳，1676 年进入广东
罗历山 Alexandre Ciceri	医生，1675 年抵澳，1691 年返澳，1692 年进京
潘玛诺（潘国良）Emmanuel Laurifice	1679 年抵澳，1680 年进上海
杜加禄 Carlo Giovanni Turcotti	1680 年抵澳，1681 年进广东传教
罗斐理 Philippe-Félix Carossi	1687 年抵澳，1688 年在广州传教，1695 年来澳门养病，同年 12 月 25 日死于澳门
郭天爵 Francisco Simõis	1690 年抵澳，1691 年去江南
卢依道 Isidoro Lucci	医生，1691 年抵澳，1692 年进京，1693 年被遣返，再次来到澳门，后去越南
成方济 Francesco Capacci③	1692 年抵澳，1695 年到海南，1715 年在澳去世
皮埃雷·贝尔蒙特 Piérre Belmonte	1692 年抵澳，同年去越南
鲁类思 Louis Antoine Luca Adorno	1694 年抵澳，1695 年返回果阿
法安多 António Faglia	1694 年抵澳，同年进京，1704 年前往澳门治病，1705 年返回浙江
骆保禄 Jean Paul Gozani	1694 年抵澳，1698 年去河南，1726 年再次回澳，1732 年在澳门去世
鲍仲义 Giuseppe Baudino	医生，1694 年抵澳，同年进京

① ［葡］文德泉著，王复山译：《第一个中国耶稣会神父》，载《文化杂志》（中文版）第 10 期，1992 年，第 6 ~ 7 页。

② ［葡］施白蒂著，小雨译：《澳门编年史：16—18 世纪》，澳门：澳门基金会，1995 年，第 65 页。

③ 参见［法］荣振华著，耿昇译：《在华耶稣会士列传及书目补编》，北京：中华书局，1995 年，第 105 页。

（续上表）

姓名	说明
费约里 Cristoforo Fiori	画家，1694 年抵澳，同年进北京，1697 年返回澳门，任圣保禄学院学监
贾嘉禄 Carlo Amiani	1694 年抵达澳门，1695 年去福建，1709 年和 1714 年又在澳门，1723 年在澳门去世
艾逊爵（艾若瑟）Francesco Giuseppe Provana	1695 年抵澳，1696 年去山西，1708 年再次经澳门前往罗马
何多敏 Giandomenico Paramino	医生，1697 年抵澳，1704 年进京
聂云龙（年修士）Giovanni Gherardini	画家，1698 年抵澳，同年进广州①
艾斯玎 Agostino Barelli	1698 年抵澳，1702 年进入内地
利国安 Giovanni Laureati	1700 年抵澳，1727 年病逝于澳门
方记金（方全纪）Jérôme Franchi	1701 年抵澳，同年进广州
公类思（孔禄食）Louis Gonzaga	1707 年抵澳，1708 年进京，1717 年因病返回澳门，1718 年在澳去世
罗怀中 Giuseppe Giovanni Costa	医生，1714 年抵澳，1715 年进京
喜大教（倪天爵）Nicolas Giampriamo	1715 年抵澳，1716 年到广州
郎世宁 Giuseppe Castiglione	1715 年抵澳，同年到广州
安东尼奥·特里戈纳 Antonio Maria Trigona	1719 年抵澳，不久去世
徐茂盛（徐大盛）Giacomo Filippo Simonelli	1719 年抵澳，1720 年进京，1732—1751 年先后三次担任巡视员，多次居停澳门，1751 年离澳前往越南，1753 年返回澳门，并于 1754 年去世
林安多（穆安东）Antoine Xavier Morabito	1720 年抵澳，1721 年到广州，1748 年再次到澳门，1762 年在澳门被捕
利博明 Ferdinand-Bonaventure Moggi	画家，1721 年抵澳，同年进北京
法方济各 François Folleri	1721 年抵澳，同年进京，1728 年被驱逐到澳门，直到 1762 年在澳门被捕②
任重道 Giacomo Antonio	1737 年抵澳，1738 年进京
谈方济 Tristan de Attimis	1744 年抵澳，1745 年到南京

① 参见汤开建：《陪臣与工匠：服务于清宫的西洋艺术家》，载汤开建：《明清天主教史论稿二编：圣教在中土》下册，澳门：澳门大学出版社，2014 年，第 213～215 页。

② 吴旻、韩琦编校：《欧洲所藏雍正乾隆朝天主教文献汇编》，《广州府详报会审江南案涉案倪维智等人》，上海：上海人民出版社，2008 年，第 238 页称法方济各 1747 年在澳门病逝。

（续上表）

姓名	说明
齐类思 Louis Cipolla	1770 年抵澳，1771 年进京
潘廷璋 Joseph Panzi	画家，1771 年抵澳，1773 年进京
穆保禄 Paul Augustin Amoretti	画家，1773 年来澳，后往越南
罗伯济 Louis Comte de Bèsi	1834 年来澳，1835 年离澳
罗迪纳 Francesco Xavier Rôndina	1862 年来澳，1871 年离澳
弗朗西斯科·吉拉蒂尼 Francesco Ghiradini	1862—1871 年在澳门圣若瑟学院任教，还担任华人学生及孤儿的学监
若瑟·维吉利 José Virgili	1865—1871 年在澳门圣若瑟学院任教，教授伦理神学、修辞学、数学及拉丁文

除了意大利的耶稣会会士以外，16 世纪到 19 世纪进入澳门的其他天主教教会的意大利传教士还有不少人，他们多数都为教廷传信部所派，但分别属于各个修会。下面将 16—19 世纪进入澳门的其他教会的意大利传教士列表如下：

表 1－16　16—19 世纪进入澳门的其他教会的意大利传教士①

姓名	所属修会	说明
若昂·卢卡雷利·巴沙路 Juan Lucarelli de Pesaro	方济各会	1579 年抵澳，1580 年离澳
伊大任 Bernardinus della Chiesa	方济各会	1684 年抵澳，同年进广州
余宜阁 Loannes Franciscus a Leonissa	方济各会	1684 年抵澳，同年进广州

① 本表资料主要来源于以下诸书：中国第一历史档案馆等编：《明清时期澳门问题档案文献汇编》，北京：人民出版社，1999 年；中国第一历史档案馆编：《清中前期西洋天主教在华活动档案史料》，北京：中华书局，2003 年；罗光：《教廷与中国使节史》，台北：传记文学出版社，1983 年；［美］孟德卫著，潘琳译：《灵与肉：山东的天主教（1650—1785）》，郑州：大象出版社，2009 年；［法］卫青心著，黄庆华译：《法国对华传教政策：清末五口通商和传教自由（1842—1856）》，北京：中国社会科学出版社，1991 年；［葡］施白蒂著，小雨译：《澳门编年史：16—18 世纪》，澳门：澳门基金会，1995 年；［葡］施白蒂著，姚京明译：《澳门编年史：19 世纪》，澳门：澳门基金会，1998 年；崔维孝：《明清之际西班牙方济会在华传教研究（1579—1732）》，北京：中华书局，2006 年；汤开建：《明清天主教史论稿二编：圣教在中土》，澳门：澳门大学出版社，2014 年；［意］田英杰著，游丽清译：《香港天主教掌故》，香港：香港圣神研究中心，1983 年；Manuel Teixeira, *Macau no Séc. XVIII*, Macau: Imprensa Nacional, 1984; Manuel Teixeira, *Macau e a Sua Diocese, Vol. VIII, Padres da Diocese de Macau*, Macau: Tipografia da Missão do Padroado, 1972.

（续上表）

姓名	所属修会	说明
叶崇贤 Basilio Brollo Glemona	方济各会	1684 年抵澳，同年进广州
康和子 Carlos Orazi de Castorano	方济各会	1699 年抵澳，1700 年进入内地
梅树生 Antonius da Castrocaro Laghi	方济各会	1699 年抵澳，1700 年进入内地
宜利策 Johannes de Iliceto	方济各会	1699 年抵澳，1700 年进入内地
桑汝望 Gabriel A. S. Johanne	方济各会	1699 年抵澳，1700 年进入内地
劳弘仁 Antonius Pacecco	方济各会	1699 年抵澳，1700 年进入内地
毕天祥 Louis-Antoine Appiani	遣使会	1699 年抵澳，不久进入内地，1732 年被驱逐至澳，同年在澳病逝
铎罗 Maillard de Tournon	教廷传信部	1705 年抵澳，同年进京，1707 年被驱逐至澳门，1710 年 6 月在澳去世
施体仁 San Giorgio di Biandrate	教廷传信部	1707 年抵澳，不久离澳
伊纳爵・贾佩 Inácio Giampé	教廷传信部	1709 年被驱逐至澳门，不久回意大利
考德罗 Cordero	教廷传信部	1710 年 1 月抵澳，6 月离澳
蒂里希 Tilisch	教廷传信部	1710 年 1 月抵澳，6 月离澳
马国贤 Matteo Rippa	教廷传信部	1710 年 1 月抵澳，6 月离澳
山遥瞻 Guillaumus Fabre Bonjour	教廷传信部	1710 年 1 月抵澳，6 月离澳
德理格 Teodorico Pedrini	教廷传信部	1710 年 1 月抵澳，6 月离澳
任掌晨 Gennaro Amodei	教廷传信部	1710 年 1 月抵澳，6 月离澳
潘如 Dominicus Perroni	教廷传信部	1710 年 1 月抵澳，6 月离澳
董德略 Franciscus Drion	方济各会	1710 年带教宗信到澳门
罗若德 José Inácio Cordeiro	教廷传信部	1710 年在澳管理澳门事务
铁多明 Dominique Mrquini	教廷传信部	1712 年在澳
沙国安 Sabino Mariani	教廷传信部	1712 年在澳
安德烈・坎德拉 André Candela	教廷传信部	1712 年在澳①
嘉乐 Carlo Ambrogio Mezzabarba	教廷传信部	1720 年抵澳，同年进京
贾蒙铎 Sigismundus Calchi	教廷传信部	1720 年抵澳，同年进京
夏历三 Alexander Alexandri	教廷传信部	1720 年抵澳，同年进京
席若汉 Joseph M. Vittomus	教廷传信部	1720 年抵澳，同年进京

① 韩琦：《瀛洲圣阙关山重：1709 年教皇信滞留澳门始末》，载《文化杂志》（中文版）第 59 期，2006 年，第 138 ~ 139 页。

（续上表）

姓名	所属修会	说明
陆嘉爵 Cassius A. S. Aloisio	教廷传信部	1720年抵澳，同年进京
陆安 Angelvs A Bvrgo Si Syrj	方济各会	1720年抵澳，同年进京
格利马尔蒂 Rinaldus Grimaldi	圣衣会	1720年抵澳，同年进京
讷味达 Wolfgang de la Nativilile	圣衣会	1720年抵澳，同年进京
托马策利 Nicolaus Tomacelli	圣衣会	1720年抵澳，同年进京
艾国祥 Dionisio Gagliardi	教廷传信部	医生，1722年抵澳，不久进京
弗雷勒 Maria Garreto da Ferrere	方济各会	1724年流亡至澳门，1726年重回内地
夏真多 Hyacintvs Jordanvs	教廷传信部	1727年抵澳，不久进京①
闵明我 Father Miralta	教廷传信部	1732年被驱逐至澳，担任传信部驻澳门账房至1750年
麦传世 Franciscus Jovino	方济各会	1732年被驱逐至澳门
张纯一 Seafinvs A. S. Ioanne Bapta	奥斯定会	1737年抵澳，不久进京
贝维拉瓜 Maria Bevilacqua	方济各会	1738年来澳门养病，1742年离澳
那永福 Wolfgang de la Nativile	圣衣会	1744年抵澳，同年进京
希福尼 Scifoni	方济各会	1746年逃亡至澳门②
布彻 Giovanni António Buocher	方济各会	1756年被驱逐到澳门，1765年在澳去世③
常国泰	教廷传信部	1759年抵澳，在澳门病逝
安德义 J. Damasceno Salusti	奥斯定会	1761年抵澳，同年进京
李衡良 Arcangelo-Maria di Sant'Anna	圣衣会	1761年抵澳，同年进京
梅延 Nathaniel Burger	方济各会	1762年抵澳④
巴拉底诺 Emiliano Palldini	教廷传信部	1762—1777年在澳
叶尊孝 P. Fr. Eusebius	方济各会	医生，1763年抵澳，同年进京⑤
鲁谢拉 Jean Bañeza de Lucera	方济各会	1775年到澳门养病，同年病逝于澳门

① 高智瑜、马爱德主编：《栅栏：北京最古老的天主教墓地》，澳门：澳门文化局，2011年，第227页。

② Adrien Launay, *Histoire des Missions de Chine: Mission du Se-Tchoan*, Vol. Ⅰ, Paris, 1907, p. 271.

③ Daniel van Damme, O. F. M., *Necrologium Fratrum Minorum in Sinis*, Hong Kong, 1978, pp. 166-167.

④ Daniel van Damme, O. F. M., *Necrologium Fratrum Minorum in Sinis*, Hong Kong, 1978, p. 131称梅（闵）神父1746年来到澳门。

⑤ Daniel van Damme, O. F. M., *Necrologium Fratrum Minorum in Sinis*, Hong Kong, 1978, p. 59称叶氏1762年来到澳门。

（续上表）

姓名	所属修会	说明
德天赐 Adéodat de St. Augustin	奥斯定会	1781 年抵澳，同年进京，1812 年被遣返到澳门
颜诗莫 Anselmo da Santa Margherita	奥斯定会	1781 年抵澳，同年进京，1812 年被遣返到澳门
马记诺 Nicolas a Piticchio Magino	教廷传信部	1781 年抵澳，同年进广州，接替席道明管理传教士事务
哆啰 Francesco Giuseppe della Torre	教廷传信部	1781 年抵澳，同年进广州，接替席道明管理传教士事务
高临渊 Manuel Conforti	遣使会	1781 年抵澳，同年进京，1812 年被遣返到澳门
罗机洲（淑）（杨义格拉）Romuald Koscieski	教廷传信部	天文学家，1781 年抵澳，1782 年进京
麦宁德（乌里必耶）	教廷传信部	医生，1781 年在澳，1782 年进京
吧吔哩哂 Jean de Sassari	方济各会	1783 年抵澳，不久进广州
宾提纳 José Mattei de Bintina	方济各会	1783 年抵澳，不久进广州
吴若翰（吧吔哩呋砵地是打）Jean Giovanni Battista de Mandello	方济各会	1783 年抵澳，不久进广州
伊高善 Creceniziano Caralli	方济各会	1783 年抵澳，不久进广州
兰迪（路先生）Louis Antonie Landi	方济各会	1783 年抵澳，不久进广州
白亚多 Atto Biagini	方济各会	1783 年抵澳，不久进广州
格雷西洋诺（吧哩叽哩地）Crescenziano Cavalli	教廷传信部	1783 年抵澳，不久进广州
马尔基尼（马记诺）Jean Baptiste Marchini	教廷传信部	1783 年抵澳，不久进广州，1786 年再次到澳门，1813—1816 年担任司库，1823 年在澳门去世
王雅各伯 Giacomo Ferretti	教廷传信部	1783 年抵澳，同年进京，1812 年被遣返到澳门
魏腊儿 Jean-Augustin Villa	遣使会	1784 年 7 月 28 日抵澳，10 月 14 日离开澳门去北京
蓝月旺 Joannes de Triora	方济各会	1800 年抵澳，次年去肇庆
富蓝巴斯葛斯	方济各会	1800 年抵澳，次年去肇庆，后染病回国

（续上表）

姓名	所属修会	说明
李文秀 Josephus Rizzolati	方济各会	1827 年抵澳，次年进入内地①
翁璧玉 Raphael Umpierres	教廷传信部	1833 年在澳，不久被驱逐
菲利普·格罗索 Philippe Grosso	方济各会	1838 年抵澳，1842 年再次来澳
维森特·布朗香 Vincent Blanchin	方济各会	1842 年抵澳
裴安多尼 Antonio Feliciani	教廷传信部	神父，原在澳门工作，1842 年被驱逐出澳去香港
米切尔·纳华路 Michael Novarro	方济各会	神父，原在澳门工作，1842 年被驱逐出澳去香港
托马西·利奇 Tommassi Ricci	嘉诺撒女修会	修女，1872 年抵澳
雷吉娜·费娜丽 Regina Ferrari	嘉诺撒女修会	修女，1872 年抵澳
赛克拉·依·朱利安 Izabel Sequeira e Júlia	嘉诺撒女修会	修女，1876—1877 年在澳，后去帝力
安德莱德·皮特拉 Adelaide Pitera	嘉诺撒女修会	修女，1876—1877 年在澳，后去帝力②
特莱西娜 Teresina	嘉诺撒女修会	修女，1888 年在澳
比安嘉娣 Biancardi	嘉诺撒女修会	修女，1888 年在澳③

据以上两表的统计，16—19 世纪进入澳门的意大利天主教传教士共 179 人，在进入澳门的传教士中，意大利应是排在前列的国家。除了传教士以外，在澳门的意大利人还有 1598 年至 1602 年担任 3 届澳门地方兵头的中国及日本巡航首领保禄·薄图加（D. Paulo de Portugal）即为意大利佛罗伦萨（Florence）人。④ 澳门土生葡人家族中还有 4 家为意大利血统的土生葡人，一家是皮特（Vicente de Paulo Salawitchy Pitter）医生家族。皮特医生 1813 年 1 月 10 日生于澳门，其祖父是意大利人。他本人早年在果阿攻读医学，1849 年返回澳门行医，后来成为澳门著名外科医生。⑤ 第二家是里奇家族。热万尼·里奇（Giovanni Ricci）是意大利西西里人，他大约是 1810 年在意大利出生的，1839 年与澳门土生葡人施基拿家族联姻而融入土生葡人族群。里奇家族后来发展

① ［法］成和德：《湖北襄郧属教史记略》，上海：土山湾印书馆，1924 年，第 74 ~ 79 页。

② J. F. Marques Pereira, *Ta-Ssi-Yang-Kuo*, *Arquivos e Anals do Extremo-Oriente Português*, Série I, Vol. I, Fundação Macau, 1995, p. 78.

③ *Boletim da Provincia de Macau e Timor*, 21 de Agosto de 1888, Supplemento ao No. 33.

④ Manuel Teixeira, *Macau no Séc. XVII*, Macau: Direcção dos Serviços de Educação e Cultura, 1982, p. 1.

⑤ ［葡］阿马罗著，葡语林译：《澳门的古老秘方》，载《文化杂志》（中文版）第 5 期，1988 年，第 22 页。

成为澳门土生葡人大家庭，传承 5 代。[①] 第三家是出生于意大利的若瑟·科尔维茨（José Loche Corveth），1813 年与土生葡人女子埃斯皮里托·桑托（Ana Joaquina do Espírito Santo）在澳门结婚，生有 4 个子女，形成土生葡人家族。[②] 第四家是若瑟·蒙塔尔托（José Maria de Montalto），1842 年与土生葡人女子罗莎·多斯·桑托斯（Maria Rosa dos Santos）在澳门结婚，融入土生葡人家庭。[③]

在 16—17 世纪曾有 4 位意大利旅行家来到澳门，并将澳门记入了他们的游记中，从而使澳门名声远播。如 1598 年 4 月 15 日，意大利人弗朗西斯科·卡莱蒂（Francesco Carletti）及其父安东尼奥·卡莱蒂（António Carletti）来到澳门。抵达澳门后，两父子被澳门葡萄牙人逮捕，并被关押审讯 3 天。这是为了严格执行禁止葡萄牙人和西班牙人贸易的命令，因为他们父子曾在菲律宾逗留。后来，卡莱蒂父子缴纳了一笔保金后，始获释放，并规定他们遇到适当船期，须马上前往葡属印度。[④] 7 月 20 日，安东尼奥·卡莱蒂因患重病逝世，埋葬在澳门主教座堂大祭台对面。弗朗西斯科·卡莱蒂在澳门逗留了一年多时间，并将他所见到的澳门及广州交易会记录在他的著作《周游世界评说》中。[⑤] 又如 1638 年，意大利旅行家马可·阿瓦罗（Marco de Avalo）游历澳门，写

图 1－19　意大利人范礼安像

图 1－20　意大利人利玛窦像

图 1－21　意大利人龙华民像

① Jorge Forjaz, *Famílias Macaenses*, Vol. Ⅲ, Macau: Fundação Oriente, Instituto Cultural de Macau, Instituto Português do Oriente, 1996, pp. 185－196.

② Jorge Forjaz, *Famílias Macaenses*, Vol. Ⅰ, Macau: Fundação Oriente, Instituto Cultural de Macau, Instituto Português do Oriente, 1996, p. 837.

③ Jorge Forjaz, *Famílias Macaenses*, Vol. Ⅱ, Macau: Fundação Oriente, Instituto Cultural de Macau, Instituto Português do Oriente, 1996, p. 443.

④ ［葡］加尔西亚（José Manuel Garcia）：《澳门与菲律宾之历史关系》，载吴志良、金国平、汤开建主编：《澳门史新编》第 2 册，澳门：澳门基金会，2008 年，第543～544 页。

⑤ Francesco Carletti, *Ragionamenti del mio Viaggio intorino ao mondo* (*1594－1606*), estudo preliminar, tradução e notas de Francisca Perujo, México: Universidade Nacional Autónoma do México/Instituto de Investigaciones Bibliográficas, 1976, pp. 181－182.

下了《澳门纪事：1638 年》一书，在书中留下当时澳门的记录及关于澳门贸易体系如何运转的珍贵数据。[①] 1695 年 9 月 9 日，意大利那不勒斯贵族杰梅里—卡雷里（Giovanni Francesco Gemelli Careri）先后游历欧洲诸国后从果阿抵达澳门。他在澳门居住了一段时间后，因耶稣会会士的帮助并获清政府的准许，大约在翌年 1 月初离澳。他在广州停留一段时间后进京并受到康熙帝的接见，同年返回澳门，后又乘船赴墨西哥。回国后，他完成了《环球旅行记》一书，其中记录了他在澳门的所见。[②]

在 18—19 世纪，虽然有意大利与广州贸易船只的记录，但见于记录的船只并不多，从 1736 到 1833 年近百年间，见于记录来华贸易的意大利船只仅有 8 艘，未见意大利商人在澳门的活动，也未见意大利商馆在澳门的设立。到 19 世纪中叶以后，在澳门苦力贸易鼎盛时，意大利商人参与其中。据目前所见到的资料，当时在澳门经营苦力贸易的意大利船至少有 4 艘，即“狄阿德·玛尔（Deardel Mare）号”“拿破仑·卡纳瓦罗（Napolean Canavaro）号”“德列舍（Therese）号”“帖列咱号”“恩科瓦克（Uncowak）号”，其中有两次苦力暴动都发生在意大利的苦力贸易船上[③]，反映了在澳门苦力贸易中意大利商人占据了重要地位。1867 年的澳门人口统计中，意大利人为 3 户。[④] 笔者怀疑这 3 户意大利人就是经营苦力贸易的船东。[⑤] 1878 年澳门人口统计的外国人中还有意大利人。[⑥] 苦力贸易之前，未见意大利在澳门设立领事馆，而在苦力贸易中意大利驻澳领事馆设立，并由土生葡人先拿·飞南第（Bernardino de Senna Fernandes）担任领事。[⑦] 笔者怀疑意大利领事馆在澳门的设立与澳门的苦力贸易相关。

值得我们注意的是，到 19 世纪中后期，不少意大利艺术家来到澳门，他们为澳门的文化艺术和精神享受做出了很多贡献。1833 年，那不勒斯意大利歌剧团从南美巡演结束后，经太平洋西海岸抵达澳门，剧团共有 5 男 2 女，在澳门进行了一系列演出。[⑧] 1856 年，意大利著名杂技师、魔术师刘易斯·费罗尼（Luís Feroni）宣布将在 9 月举行

---

① 榎一雄：「榎一雄著作集」第 5 巻，「東西交渉史Ⅱ」，東京：汲古書院，1993 年，第 293 頁。

② 耿昇：《17—19 世纪西方人视野中的澳门与广州》，载耿昇、吴志良主编：《16—18 世纪中西关系与澳门》，北京：商务印书馆，2005 年，第 1 ~ 5 页；［意］杰梅里—卡雷里：《环球旅行记》，载《航海与旅行文集》第 4 卷，第 275 页，转引自［澳］杰弗里·C. 冈恩著，秦传安译：《澳门史：1557—1999》，北京：中央编译出版社，2009 年，第 63 ~ 64 页。

③ 陈翰笙：《华工出国史料汇编》第 4 辑，《关于华工出国的中外综合性著作》，北京：中华书局，1984 年，第 215 ~ 216 页。

④ ［葡］施白蒂著，姚京明译：《澳门编年史：19 世纪》，澳门：澳门基金会，1998 年，第 167 页。

⑤ 陈翰笙：《华工出国史料汇编》第 4 辑，表 6“1850—1872 年苦力船海上遇难事件表”，北京：中华书局，1984 年，第 215 ~ 217 页。

⑥ Manuel Teixeira, *Macau Através dos Séculos*, *A População de Macau*, Macau: Imprensa Nacional, 1977, p. 57.

⑦ ［葡］施白蒂著，姚京明译：《澳门编年史：19 世纪》，澳门：澳门基金会，1998 年，第 246 页。

⑧ John Francis Davis, *The Chinese: A General Description of the Empire of China and its Inhabitants*, Vol. 2, New York: Harper, 1836, p. 175.

表演，地点选在三层楼街 17 号澳门富商摆华的花园住宅中。1863 年 12 月 14 日，意大利著名钢琴家罗德·西普（Rod Sipp）和男低音歌唱家格罗西（Grossi）在塞卡尔男爵府邸中举行音乐会。1867 年，由彭佩（Pompei）先生率领的意大利歌剧团首次在澳门上演了罗西尼的《塞维亚的理发师》。此次来澳门的演员有头牌女主角贝钦（Benchi）和马利埃塔·维拉利（Marietta Verali）、男高音皮兹奥里（Pizzioli）、男中音雷玛（Reima）和男低音歌伦布（Columbo）等。剧团在澳门一直逗留到当年 7 月中旬。1874 年时，还有一位意大利建筑师加苏索（Cassuso）为澳门设计了一幢著名的建筑——摩罗兵营，这是澳门第一座具有伊斯兰风格的建筑。[①]

（三）荷兰人

16 世纪后期，被称为“海上马车夫”的荷兰兴起，其向东方拓殖时最先觊觎的就是葡萄牙的海外殖民地，所以在葡萄牙人眼中，荷兰人是最为危险的敌人。故在整个 16 世纪并未见到荷兰人进入澳门的记录，但据林旭登（Jan Huygen van Linschoten）的资料，他有一位荷兰同乡在葡萄牙船上工作，多次到过澳门，此人名叫庞帕（Dirck E. Pomp）。[②] 但他什么时候来澳，在澳门做了什么，并无文献记录。因为林旭登是 1599 年回国的，因此这个庞帕到澳门的时间就应该在 16 世纪。最早记录澳门的两个荷兰人，一个是林旭登，他出版了一本《航海总集》，其中记录了很多澳门资料；[③] 另一个则是死于 1598 年的特奥多雷·布里（Theodore de Bry），他完成了《亚马港全图》，1607 年在法兰克福正式刊行。这是一幅真实的澳门早期城市图。但是，这两个人都没有来过澳门，他们的记录都是根据当时其他荷兰人提供的资料而完成的。[④]

---

① ［葡］施白蒂著，姚京明译：《澳门编年史：19 世纪》，澳门：澳门基金会，1998 年，第 128、153 ~ 154、167 页；Eduardo A. Veloso e Matos, *Forças de Segurança de Macau*, Macau: Museum de Macau, 1999, p. 43；［葡］塔维拉著，杨平译：《澳门从开埠至 20 世纪 70 年代社会经济和城建方面的发展》，载《文化杂志》（中文版）第 36—37 期，1998 年，第 9 ~ 68 页。

② H. 豪文斯：《林旭登：果阿大主教府的总管兼荷兰间谍》，转引自［葡］莱萨著，范维信译：《澳门人口：一个混合社会的起源和发展》，载《文化杂志》（中文版）第 20 期，1994 年，第 124、137 ~ 138 页第 40 条注释；［荷］包乐史著，庄国土、程绍刚译：《中荷交往史：1601—1989》，北京：路口店出版社，1989 年，第 29 页。

③ 金国平、吴志良：《从西方航海技术资料考 Tumon 之名实》，载金国平、吴志良：《东西望洋》，澳门：澳门成人教育协会，2002 年，第 264 ~ 265 页；H. 豪文斯：《林旭登：果阿大主教府的总管兼荷兰间谍》，转引自［葡］莱萨著，范维信译：《澳门人口：一个混合社会的起源和发展》，载《文化杂志》（中文版）第 20 期，1994 年，第 124、137 ~ 138 页第 40 条注释。

④ 纪念葡萄牙发现事业澳门地区委员会主编：《澳门：从地图绘制看东西方交汇》，澳门，1994 年，第 139 页。

图 1－22　17 世纪东来的荷兰船

图 1－23　17 世纪东来的荷兰人

荷兰人第一次同澳门真正的接触发生在 1601 年，当时的荷兰船长范·纳克（Jacob van Neck）想了解澳门的情况，遂派两艘小艇，承载 20 余名荷兰士兵进入澳门水域打探消息，但被澳门葡萄牙人俘获。葡萄牙人对来澳的荷兰人极为恐惧，遂采取了极为暴力的报复行动，将其中 17 名荷兰俘虏以海盗罪处决，留下了 3 名幸存者，其中一人是代理人马丁·阿丕乌斯（Martinus Apius），另外两人是他的侍从，后来他们被送回果阿。也就是说 17 世纪以后，马丁·阿丕乌斯是第一个到过澳门且在澳门居停过一段时间的荷兰人。① 1622 年 6 月 22 日，荷兰舰队司令官莱尔森（Cornelis Reijersz）率领 12 艘战舰到达澳门海面，并对澳门发动攻击，进入澳门半岛的荷兰人共 600 人。但遭到澳门葡萄牙人的猛烈反击，荷兰人大败，荷方 136 人死亡、126 人受伤，还有多人被俘。② 1627 年，荷兰人与葡萄牙人再次在澳门海面发生战斗，荷兰被俘虏 50 人，“奥威克尔克号”指挥舰舰长马科斯（Marcus Hendricxoon）亦被俘虏，他与其他 33 名被俘的荷兰人在澳门被囚禁 5 年。③ 从 17 世纪初到 17 世纪中期，澳门葡萄牙人与荷兰人一直处于敌对状况，故双方并无贸易方面的活动。

17 世纪中叶葡荷停战协议签订以后，虽然有不少荷兰船来澳门贸易，但是这些船只在澳门进行贸易的具体人物和内容未有详细资料报道。1689 年 9 月 30 日，荷兰东印

---

① C. R. Boxer, *Fidalgos in the Far East (1550－1770), Fact and Fancy in the History of Macau*, The Hague: Martinus Nijhoff, 1948, p. 49.

② ［荷］邦特库著，姚楠译：《东印度航海记》，北京：中华书局，1982 年，第 73～74 页；［葡］徐萨斯著，黄鸿钊等译：《历史上的澳门》，澳门：澳门基金会，2000 年，第 54 页；程绍刚译注：《荷兰人在福尔摩莎：1624—1662》，台北：联经出版社，2010 年，第 14～15 页。

③ Manuel Teixeira, *Macau no Séc. XVII*, Macau: Direcção dos Serviços de Educação e Cultura, 1982, p. 46；［葡］徐萨斯著，黄鸿钊等译：《历史上的澳门》，澳门：澳门基金会，2000 年，第 59 页。程绍刚译注的《荷兰人在福尔摩莎：1624—1662》第 77 页称：Ouwerkerck 号在澳门附近被葡人袭击并烧毁，船上 18 人被捕。

度公司（VOC）最高决策层——17人董事会召开会议，决定从此不再派船只去中国贸易。直到1729年才恢复派船来中国，其间有整整40年时间没有同中国市场进行直接接触。[①] 恢复贸易后，荷兰是仅次于英国的来广州贸易的外国商团。据上引表1-12《1736—1833年来广州贸易的外国船只统计》，最早来广州贸易的荷兰船见于1736年，当时有2艘船到广州贸易。在此期间，荷兰来广州贸易的船只共有165艘。1742年，粤海关监督命令行商通知已经抵达澳门的6位荷兰大班，他们的船要停留在澳门，这样会更安全，但不能给他们来广州的执照。[②] 据19世纪初到澳门的俄罗斯人称：

> 他们每年派往广州的船只从未超过5艘，自1795年起，连一艘荷兰船都没有来过，但荷兰在广州的洋行明年要支付6名大班的薪饷，尽管没有事情可做，可仍然像以往一样10月去广州，2月份回到澳门。[③]

荷兰人在澳门定居的时间应是1763年，他们于该年在澳门租屋居住。[④] 据《澳门档案》称："荷兰人在龙嵩庙附近开设了一家财力雄厚的公司，并在北湾和泗孟码头两三步之遥的地方拥有花园和宽敞的仓库。"[⑤] 据资料统计，1779年时欧洲人于每年2—10月间在澳门度过，有15~16名荷兰人。[⑥] 到1799年统计时，当时在澳门过冬的荷兰

图1-24　17世纪在日本贸易的荷兰人

① Leonard Blussé, *No Boat to China. The Dutch East India Company and the Changing Pattern of the China Sea Trade, 1635-1690*, Modern Asian Studies, 30.1 (1996), pp. 51-76. 转引自张彬村：《17世纪末荷兰东印度公司为什么不再派船到中国来》，载刘序枫主编：《中国海洋发展史论文集》第9辑，台北：台湾"中央研究院"人文社会科学研究中心，2005年，第169~190页。

② ［美］马士著，区宗华等译：《东印度公司对华贸易编年史：1635—1834年》第1、2卷，广州：中山大学出版社，1991年，第280~281页。

③ 伍宇星编译：《19世纪俄国人笔下的广州》，郑州：大象出版社，2011年，第30页。

④ Paul A. van Dyke trans. and annotation, *The Canton-Macao Dagregisters, 1763*, Macau: Instituto Cultural do Governo de Macau, 2008, pp. 32, 37.

⑤ *Arquivos de Macau*, 3ª Série, Vol. X, No. 4, Macau, 1968, pp. 215-216.

⑥ Louis Dermigny, *Les Mémoires de Charles de Constant sur le Commerce à la Chine*, Paris: S. E. V. P. E. N, 1964, p. 155.

人有10名大班、书记、医生和管事。[①] 据1802年澳门议事会的统计，在澳门的荷兰人有16人。[②] 到1809年荷兰人减少到5人。[③] 1812年还是5人。[④] 1831年则为3人。[⑤] 1867年为1户荷兰人。[⑥]这一户荷兰人，笔者怀疑就是参加澳门苦力贸易的荷兰船“邦萨（Bança）号”的船主。[⑦] 总之，目前我们见到有姓名的荷兰人又明确进入澳门者仅为59人，但17世纪以后由于荷兰也是对广州贸易最为重要的国家之一，所以留在澳门住冬的荷兰人应该不少，但绝大多数荷兰人都没有保留他们的名字。1848年1月26日的《华友西报》还报道了在澳门的荷兰居民隆重庆祝荷兰女王生日的盛况，庆祝活动在荷兰船“鲁普卢依特号”和“阿德利阿努斯·雅各布斯号”上举行，荷兰领事和在澳门的荷兰居民都出席了这一活动。[⑧]

图1-25 《皇清职贡图》中的荷兰国夷人、夷妇

图1-26 17世纪中国人绘荷兰人形象

---

① ［美］马士著，区宗华等译：《东印度公司对华贸易编年史：1635—1834年》第1、2卷，广州：中山大学出版社，1991年，第635~636页。

② A. M. Martins do Vale, *Os Portugueses em Macau (1750 - 1800)*, Macau: Instituto Português do Oriente, 1997, p. 78.

③ 金国平、吴志良编：《粤澳公牍录存》第4卷，澳门：澳门基金会，2008年，第235~236页。

④ ［美］马士著，区宗华等译：《东印度公司对华贸易编年史：1635—1834年》第3卷，广州：中山大学出版社，1991年，第171页。

⑤ ［美］马士著，区宗华等译：《东印度公司对华贸易编年史：1635—1834年》第4、5卷，广州：中山大学出版社，1991年，第271页。

⑥ ［葡］施白蒂著，姚京明译：《澳门编年史：19世纪》，澳门：澳门基金会，1998年，第167页。

⑦ ［葡］施白蒂著，姚京明译：《澳门编年史：19世纪》，澳门：澳门基金会，1998年，第127~128页。

⑧ *The Friend of China*, January 26th, 1848, Vol. 7, No. 8, p. 32.

表 1 - 17　16—19 世纪进入澳门的荷兰人名录①

人名	身份	说明
达克·庞帕 Dirck E. Pomp	翻译	精通葡语，曾在葡萄牙海船上担任炮手，1584 年 12 月随葡船“圣克鲁兹”号从果阿抵达澳门，在澳门居停数月，然后去日本②
范·纳克 Jacob van Neck	军人	海军上将、荷兰东印度公司船队总指挥，1601 年 9 月 27 日率领“阿姆斯特丹号”“戈乌达号”和一艘双桅小船进入澳门海面，但未登陆，10 月 3 日返航回国
阿丕乌斯 Martinus Apius	商人	商业代理人，1601 年 9 月因进入澳门侦查水路被俘，1604 年返荷③
迪克从 Jan Dirckszoon	领航员	1601 年 9 月因进入澳门侦查水路被俘，后被澳门葡萄牙当局处死

① 本表资料除注明出处外，其他主要根据以下各书完成：中国第一历史档案馆等编：《明清时期澳门问题档案文献汇编》第 1、2 册，北京：人民出版社，1999 年；刘芳辑：《葡萄牙东波塔档案馆藏清代澳门中文档案汇编》下册，澳门：澳门基金会，1999 年；［美］马士著，区宗华等译：《东印度公司对华贸易编年史：1635—1834 年》第 1、2 卷，第 4、5 卷，广州：中山大学出版社，1991 年；［荷］包乐史著，庄国土、程绍刚译：《中荷交往史：1601—1989》，北京：路口店出版社，1989 年；C. J. A. Jörg, *Porcelain and the Dutch China Trade*, Hague: M. Nijhoff, 1982; *Chinese Repository*; *The Friend of China*; Lindsay and May Ride, *An East India Company Cemetery: Protestant Burials in Macao*, Hong Kong: Hong Kong University Press, 1998; Jorge Forjaz, *Famílias Macaenses*, Macau: Fundação Oriente, Instituto Cultural de Macau, Instituto Português do Oriente, 1996.

② ［荷］包乐史著，庄国土、程绍刚译：《中荷交往史：1601—1989》，北京：路口店出版社，1989 年，第 29 页；［荷］包乐史、庄国土合著：《〈荷使初访中国记〉研究》，厦门：厦门大学出版社，1989 年，第 27 ~ 28 页。

③ C. R. Boxer, *Fidalgos in the Far East (1550 - 1770), Fact and Fancy in the History of Macau*, The Hague: Martinus Nijhoff, 1948, p. 49.

（续上表）

人名	身份	说明
韦麻郎 Wijbrant van Warwijck	军人	海军上将、荷兰东印度公司远征舰队指挥官，率领 Erasums 和 Wassau 两艘荷兰舰船于 1603 年 7 月 30 日侵入澳门内港，并夺取葡人贡萨洛·索萨（Gonçãlo Rodrigues de Sousa）船队指挥准备航行日本的船只，缴获价值达 140 万的生丝①；1604 年 6 月 27 日再次率船队企图袭击和占领澳门，因台风无法在澳门靠岸，遂于 8 月 7 日泊于澎湖②
麦特利夫 Cornelis Matelieff	军人	海军上将、荷兰东印度公司船队指挥，1607 年 9 月 9 日率领 8 艘荷兰船只共 551 人再次准备进攻澳门，刚进入澳门海域，即被 6 艘葡萄牙船只驱逐，荷兰损失一艘战船和一条小艇③
莱尔森 Cornelis Reyersz	军人	荷兰舰队司令，1622 年 6 月 22 日，率领 12 艘主力舰队到达澳门海面，与 5 月 29 日进攻澳门的 4 艘船舰联合进攻澳门；24 日，莱尔森率领 11 个分队，共计约 600 人，分乘 2 条大艇和 5 艘帆船，准备在城东沙滩强行登陆，莱尔森受伤，荷军被澳门葡人击退④
雷芬 Refin	军人	1622 年荷兰进攻澳门之役中的荷军上尉⑤

① 曹永和：《台湾早期历史研究续集》，台北：联经出版社，2000 年，第 52 页；［葡］施白蒂著，小雨译：《澳门编年史：16—18 世纪》，澳门：澳门基金会，1995 年，第 31 页。

② ［荷］韦麻郎：《航海日记》，转引自杨彦杰：《荷据时代台湾史》，南昌：江西人民出版社，1992 年，第 9 页；［葡］施白蒂著，小雨译：《澳门编年史：16—18 世纪》，澳门：澳门基金会，1995 年，第 32 页。

③ ［葡］施白蒂著，小雨译：《澳门编年史：16—18 世纪》，澳门：澳门基金会，1995 年，第 32 页。

④ ［荷］邦特库著，姚楠译：《东印度航海记》，北京：中华书局，1982 年，第 73～74 页；程绍刚译注：《荷兰人在福尔摩莎：1624—1662》，台北：联经出版社，2010 年，第 14～15 页。

⑤ ［瑞士］埃利·里彭著，郭颐顿译：《1622 年在中国南海航行》，载《文化杂志》（中文版）第 75 期，2010 年，第 70 页。

（续上表）

人名	身份	说明
马科斯 Marcus Hendricxoon	船长	荷兰“奥威克尔克号”指挥舰舰长，1627 年 7 月 17 日与其他荷兰舰进攻澳门，“奥威克尔克号”被葡人战舰击沉，马科斯及其他 33 名荷兰人被俘，在澳门被囚禁 5 年①
冯・赖歇脑 Von Reichenau	画家	1630 年代来澳门，留下了圣保禄教堂前壁前举行的哀思仪式的绘画
阿尔贝特・布拉克 Albert Brac	画家	1648 年来澳②
弗勒廷格 Frans Flettinges	司库	1687 年来华的荷兰使团司库、音乐家，同年抵澳，1690 年返荷③
安屯厘知古	商人	因遇海难来澳④，1748 年返荷
罗巴兹（老连）Gaylard Roberts	商人	荷兰驻广州商馆首席大班，1737 年至 1750 年代在澳门居留⑤，1751 年在澳去世
吕迪克（芦哩哑）Carel van Ludick	商人	1753 年来澳，荷兰广州商馆的茶叶检验员，1757 年去世
金绥斯 Pieter Kintsius	商人	大班，1759 年即在荷兰广州商馆供职，1786 年在澳门去世，享年 55 岁
范罢览 A. E van Braam Houckgeest	商人	1759 年来广州、澳门贸易，1767 年返回荷兰，1790 年再次来广州、澳门，1794 年担任荷兰赴华使团副使

① Manuel Teixeira, *Macau no Séc. XVII*, Macau: Direcção dos Serviços de Educação e Cultura, 1982, p. 46.

② ［法］荣振华著，耿昇译：《在华耶稣会会士列传及书目补编》，北京：中华书局，1995 年，第 82 页。

③ ［美］卫思韩著，丁向阳译：《关于 1662—1687 年耶稣会中国传教团的一些荷兰史料》，载中国人民大学清史研究所编：《清史资料》第 6 辑，北京：光明日报出版社，1990 年，第 362 页。

④ ［美］马士著，区宗华等译：《东印度公司对华贸易编年史：1635—1834 年》第 1、2 卷，广州：中山大学出版社，1991 年，第 234 页载：“1835 年荷兰船‘登达・姆’号遇海难沉没，11 人生还，包括船长和 2 位大班。”此安屯厘知古当为其中难民之一。

⑤（清）梁廷枏：《粤海关志》卷 27，《夷商》2，广州：广东人民出版社，2002 年，第 517 页；（清）卢坤：《广东海防汇览》卷 37，《驭夷》2，石家庄：河北人民出版社，2009 年，第 912 页称“老连”为“大班哑哔时”。

（续上表）

人名	身份	说明
赫明森 Ulrich Gualterius Hemmingson	商人	1765—1790 在荷兰广州商馆任职，从助理会计一直做到首席大班；偕其巴达维亚的华人妻子 Petronella Pieters 居住澳门，1791 年偕妻子返回荷兰，定居海牙
班正烂	商人	因遇海难来澳，1771 年回国
弗朗索瓦·莱瑞克斯 Anthony François L'Heureux	商人	荷兰东印度公司广州商馆董事，1771 年前在广州、澳门贸易。
克里斯蒂昂·刘贝尔 Christian Rewbel	商人	荷兰船“休伊斯奥姆号”船长，1774 年抵达澳门，不久去广州
埃格贝尔特·卡尔尼贝克 Egbert Karnebeck	商人	1785 年在澳门去世，享年 40 岁
若安尼·拉比尼尔 Joanni Henryco Rabinel	商人	大班，1787 年为荷兰东印度公司驻广州商馆成员，1798 年成为主席，1816 年在澳门去世
若昂·冯登伯格 João Vandenberg	商人	1790 年前从巴达维亚来澳，与土生葡人结婚，形成土生葡人家族，本人死于澳门，该家族在澳门传承 5 代，还成立有冯登伯格公司（Vandenberg & Co.）
比利文（白鸽文） John Henri Bletterman	商人	大班，1792 年左右来澳，1813 年左右任荷兰东印度公司广州商馆首席大班，1825 年成为荷兰驻广州领事，常住澳门
约翰尼斯·齐曼 Johnnes Philippas Zeeman	商人	1792—1816 担任拉比尼尔助手，之后代替比利文担任第二大班，与其夫人玛利亚（Maria Santa）在澳门生了 2 个孩子，1821 年在澳门去世
映都思	商人	荷兰商馆秘书，1792 年来澳住冬，1793 年 2 月请牌上省贸易
安德烈·杜尔特·范·布兰 Andre Duarte van Bran	商人	荷兰商馆商务代理人，1793 年澳门政府因其有损澳门城市利益，命其离澳回国①

① *Arquivos de Macau*, 3ª Série, Vol. XI, No. 2, Macau, 1969, p. 116.

（续上表）

人名	身份	说明
德胜 Isaac Tisingh	商人	荷兰赴华使团正使，1794 年来澳，1795 年 5 月 28 日回国时在澳门居住，直到 1796 年 3 月回国
海格・穆尔 Hugh Moor	医生	荷兰东印度公司澳门商馆医生，18 世纪末与土生葡人女子安娜・若斯特（Ana Maria Jost）在澳门结婚，其长女与澳门总督结婚，本人约 1790 年在澳门去世
克里斯蒂亚诺・巴格曼 Cristiano Conrad Bagman	商人	1795 年与美国人“哥伦比亚号”书记员约翰・霍维尔组建一家代理行①，1796 年荷兰商馆第三大班，1803 年与土生葡人女子若瑟芬・科斯塔（D. Josefa Correia da Costa）在澳门结婚，1805 年还在广州、澳门从事贸易②
埃斯巴尔特・斯泰恩 Elbert Lucas Steyn	商人	出生于南非的荷兰人，荷兰东印度公司大班，1795 年前来澳门贸易，1795 年与土生葡人女子罗莎・德・马加良斯（D. Ana Maria Isabel de Araújo Rosa de Magalhães）在澳门结婚
博斯马 Bosma	商人	荷兰商馆工作人员，1798 年前居住澳门，1798 年 4 月从澳门到广州贸易
恩里克・坦恩伯格 Henrique Caetano Danenberg	医生	先居爪哇，19 世纪初移居澳门，与土生葡人女子伊莎贝尔・德・萨（Isabel de Sá）在澳门同居，并生有 2 名非婚子女，创建了土生葡人坦恩伯格家族
安东尼奥・穆尔 António Moor	商人	1807 生于澳门，1825 曾在马六甲学习中文，和威廉・亨特同班③，1854—1867 年任葡萄牙驻暹罗领事，该家族在澳传承 7 代
立面哆	商人	1809 年荷兰夷人立面哆等 7 人在澳门居住

① ［美］雅克・当斯著，周湘、江滢河译：《黄金圈住地：广州的美国商人群体与美国对华政策的形成，1784—1844》，广州：广东人民出版社，2015 年，第 204 页。

② 伍宇星编译：《19 世纪俄国人笔下的广州》，郑州：大象出版社，2011 年，第 4 页。

③ ［美］亨特著，冯树铁、沈正邦译：《广州番鬼录・旧中国杂记》，广州：广东人民出版社，2009 年，第 450 页。

（续上表）

人名	身份	说明
克拉克·万彤 J. Clark Wathen	画家	1814 年来澳，完成《望德堂》水彩画①
范卡纳赫姆 Van Canegham	商人	1825 年来澳，荷兰商馆领事副领事，1829 年升为领事
安东尼奥·永利 António van der Wynn	商人	1826 年前来澳门贸易，1826 年与土生葡人女子罗莎·高美士（Rosa Maria Gomes）在澳门结婚
根纳尔特 Genart	商人	1826 年来澳，荷兰商馆领事副领事
范德米伦 Van Dermeulen	商人	1826 年来澳，荷兰商馆领事副领事
范巴塞尔（番巴臣） Magdalenus Jacobus Sean van Basel	商人	大班，1826 年来澳经商，1829 年担任广州商馆秘书，1830 年担任荷兰驻广州领事，1836 年被选为广州外侨总商会委员会委员，1837 年与夫人在澳门居住，1839 年领事馆关闭离开，1844 年领事馆重开，再次担任领事，到 1848 离开；其夫人玛丽·范巴塞尔（Maria Elizabeth Senn van Basel）亦在澳居住，育有 4 子 4 女
美坚治 Mackenzie	商人	“罂粟号”船长，经营鸦片贸易，1830 年在澳门被英国人杀死
呗咕	商人	1838 年在澳门贩卖鸦片
法利亚 Paulo Hornay da Cruz Faria	学生	1838 年在圣若瑟学院学习②
亨利·雷万 Henry van Valkenburg Reynvaan	商人	荷兰商馆会计，1840 年任荷兰驻广州商务代表，与雅格布合伙经营澳门至巴达维亚之间的贸易，1843 年在娄礼华牧师的主持下与克拉齐娜（Clazina van Valkenburg Reynvaan）在澳门结婚，其妻于 1846 年在澳门去世，1851 年公司解散，移居香港

① Benjamin Videira Pires, The Fountain of Nilau or Gandmother's Well, in search of the indetity of Macao, in *Review of Culture*, No. 20, 1994, p. 5之插图，该处标明《澳门白鸽巢风景》水彩画作者为“Clark Walton”，绘画完成时间为 1814 年。莫小也：《地志画：记忆中的澳门风景》，载《文化杂志》（中文版）第 53 期，2004 年，第 39 页。

② ［葡］施白蒂著，姚京明译：《澳门编年史：19 世纪》，澳门：澳门基金会，1998 年，第 67 页。

（续上表）

人名	身份	说明
皮埃洛特 Jacques Pierot	医生	先在莱顿的园艺学院药学专业毕业，加入荷兰东印度公司医疗服务团，后从事医疗和稀有植物研究，生病在澳门治疗，1841 年在澳门去世
布尔辛 D. Bulsing	商人	1844 年在澳门居住
科内努斯·卢伊德 Cornelius Lioyd	商人	1844 年在澳门居住
若阿金·罗福特 Joaquim P. van Loffelt	商人	1844 年在澳门居住
范赖切 W. J. H. van Rych	商人	1844 年在澳门居住
怀斯曼 L. Wysman	商人	1844 年在澳门居住
摩德曼 Modderman	商人	荷兰对华贸易代理人，荷兰驻广州领事，1844 年乘坐“阿荣德号”军舰抵达澳门，不久北上，9 月因船遭受损失再次返回澳门修理
罗易 Rooy	商人	1845 年前在澳门居住，1845 年 8 月其住所遭到华人何亚贵偷窃
亨利·杜切斯尼 Henri Du Chesne	商人	1850 年在澳门居住
范·德·胡文 J. A. Des Amorie Van Der Hoeven	商人	1855 年任荷兰驻广州领事，1856 年因领事大楼起火，将领事馆迁至澳门南湾，1858 年 3 月 9 日成为购置新的基督教坟场委员会的成员①
埃米尔 Emile Willem Eugéne de Vogel	旅行者	荷兰巴达维亚商馆司库官之子，1857 年从爪哇出发旅行途中去世，葬于澳门
巴克尔 Bakker	商人	“亨利玛利亚号”船长，1857 年在澳门从事苦力贸易，运载 350 名苦力前往古巴②
德·赫莱斯 De Grijs	翻译	荷兰药理学家，1858 年任荷兰驻厦门副领事，1862 年任荷兰驻澳门领事范·德·胡文的翻译③

① ［荷］包乐史：《19 世纪荷兰在中国东南沿海的领事代表》，载蔡鸿生、包乐史等：《航向珠江：荷兰人在华南（1600—2000 年）》，广州：广州出版社，2004 年，第 66 页；*The Friend of China*, April 28st, 1858, Vol. 17, No. 34, p. 135.

② 陈翰笙：《华工出国史料汇编》第 4 辑，《关于华工出国的中外综合性著作》，北京：中华书局，1984 年，第 213 页。

③ ［荷］包乐史：《19 世纪荷兰在中国东南沿海的领事代表》，载蔡鸿生、包乐史等：《航向珠江：荷兰人在华南（1600—2000 年）》，广州：广州出版社，2004 年，第 68 页。

(四) 英国人

英国人进入澳门的时间相对比较晚，但英国在澳门居住人口的规模之大及对澳门影响之深远远超过了其他非葡萄牙欧洲国家。1581 年，苏格兰航海家威廉・卡米杰（William Carmichael）从里斯本出发前往果阿，为葡印总督服务了 30 年，他在此期间访问了澳门，这是第一位来中国与澳门的英国人。① 1620 年，英国武装商船“独角兽号”触礁沉没于广东阳江海面。这艘英国沉船上有两名英国女性幸存者，她们分别是船上木匠理查德・弗洛比舍（Richard Frobisher）的妻子琼（Joan）和她的女仆朱迪思（Judith），她们从 1620 年至 1625 年期间一直在澳门生活，属最早见于记载的居住于澳门的少数欧洲妇女。②

英国商队出现在澳门是在 17 世纪中叶。先是为了躲避荷兰舰队的攻击，葡萄牙人租用英国船“伦敦号”并悬挂英国国旗从果阿到澳门，时间是在 1635 年 7 月 23 日。亨利・伯尔福特（Henry Bornford）是第一个在澳门进行贸易的英国人。在澳门逗留期间，他写了一份航行报告，透露了这次航行的目的是为了协助葡印总督避开荷兰人的围剿。③

1637 年，由威德尔（John Weddell）上校率领的英国船队来到澳门，随行的英国商人包括蒙特尼（Nathaniell Mountney）、鲁宾逊（Thomas Lobison）和彼特・芒迪（Peter Mundy）等。他们曾在澳门短暂居留，其中英国旅行家彼特・芒迪在澳门居住了 6 个月，并在澳门租了一所房子，做一些生意。在此期间，他曾到耶稣会修道院做客，还曾拜访市议员奥利维拉・亚朗尼亚（António de Oliveira Aranha）的家。④ 他将在澳门的所见所闻记入他的日记中，其日记所记正是对日贸易黄金时期的澳门，它展现了一个

---

① ［葡］普加：《英国人初航澳门》，载吴志良、金国平、汤开建主编：《澳门史新编》第 2 册，澳门：澳门基金会，2008 年，第 582 页。

② C. R. Boxer, *Fidalgos in the Far East (1550 - 1770), Fact and Fancy in the History of Macau*, The Hague: Martinus Nijhoff, 1948, p. 100. 黄一农据英国东印度公司档案称：“全船获救后，他们向当地居民购得两艘小船，其一载 30 人者，旋遭葡萄牙人劫往澳门；另一载 50 人者，则在抵达北大年后，安返巴达维亚。”（黄一农：《欧洲沉船与明末传华的西洋大炮》，载《中央研究院历史语言研究所集刊》第 75 本，第 3 分册，2004 年）与葡文所载完全不同。

③ Carta de D. Manuel Camara Noronha ao vice-rei (27/10/1635), I. A. N/T. T., Livros das Monções, liv. 35, fls. 244 - 244v；［葡］普加：《英国人初航澳门》，载吴志良、金国平、汤开建主编：《澳门史新编》第 2 册，澳门：澳门基金会，2008 年，第 582～583 页；William Foster, *The English Factories in India, 1618 - 1669: A Calendar of Documents in the India Office*, Vol. 5, Oxford: Clarendon, 1906, pp. 102 - 107, 211, 226 - 230.

④ Peter Mundy, *The Travels of Peter Mundy in Europe and Asia: 1608 - 1667*, Vol. 3, Cambridge: Printed for the Hakluyt Society, 1919, pp. 256 - 316.

图1－27　面对南湾的英国东印度公司在澳门的“十六柱”商馆

图1－28　钱纳利绘位于风信堂对面的英国东印度公司部楼顿先生住宅

万花筒一样的17世纪的澳门城。[①]

后来，英国商船多次试图在澳门进行贸易，由于澳门当局的刻意阻挠，均未能建立长久的贸易关系。1658年，有两艘英国私商货船在广州，一艘是“国王费迪南（King Ferdinand）号”，一艘是“理查德马撒（Richard-Martha）号”。1664年，“苏拉特号”到澳门，7月12日到澳门。[②] 之后英国人多前往福建地区贸易。1671年9月13日，“归来号”到达澳门，进行了有限的贸易。[③] 1683年6月21日，“卡罗莱娜号”到澳门，但由于无法做生意而转向福建。[④] 1685年7月，“忠诚冒险号”停靠澳门，8月3日离开[⑤]。尽管澳门不允许英国商人做贸易，然而，康熙开放华南贸易之后，打开了英国与中国的贸易关系。1699年，“麦士里菲尔德（Macclesfield）号”的成功航行即标志着这一贸易关系的成功开启。[⑥]

英国人和其他国家到广州进行贸易的商人一样，在广州租有商馆，其他国家的商人，如法国人和荷兰人，会留一个或者两个代理人在广州度过两个贸易季节，而英国人则不会：

---

① ［葡］普加：《英国人初航澳门》，载吴志良、金国平、汤开建主编：《澳门史新编》第2册，澳门：澳门基金会，2008年，第586～589页。

② ［美］马士著，区宗华等译：《东印度公司对华贸易编年史：1635—1834年》第1、2卷，广州：中山大学出版社，1991年，第33页。

③ ［美］马士著，区宗华等译：《东印度公司对华贸易编年史：1635—1834年》第1、2卷，广州：中山大学出版社，1991年，第42页。

④ ［美］马士著，区宗华等译：《东印度公司对华贸易编年史：1635—1834年》第1、2卷，广州：中山大学出版社，1991年，第50页。

⑤ ［美］马士著，区宗华等译：《东印度公司对华贸易编年史：1635—1834年》第1、2卷，广州：中山大学出版社，1991年，第58页。

⑥ ［美］马士著，区宗华等译：《东印度公司对华贸易编年史：1635—1834年》第1、2卷，广州：中山大学出版社，1991年，第86～97页。

> 法国人经常留下他们的大班度过两个贸易季度，先前在广州，后来则在澳门，而荷兰人有时也是用这种做法。英公司在1770年以前，只有两次试过这个方法，而董事部对这种结果不满意：通常的办法是大班随着该年的船只同来，在他们停留的五个月或最多六个月的时间内，要办妥各船的装载货物，而他们订约所订购的产品，售货者要用三个甚至四个月的时间到产地中心去搜购。各船在6月底，最迟在9月中旬必须到达，而回航必须在1月底，或最迟不过2月之前出发……[①]

不过，18世纪中叶，随着澳门政府政策的变化，英国东印度公司也逐渐改变了他们的规定，逐渐在澳门申请租赁房屋，以度过贸易淡季。英国私商最早确立了他们在澳门的居住权。私商罗伯特·杰克逊（Robert Jackson）船长、乔治·史密斯（George Smith）和约翰·斯宾塞（John Spencer）成为最早获准在澳门居住的外国人。[②] 据记载可知，1760年5月12日，广州英国商馆大班抵达澳门，议事会要求他们申请在澳门租赁房屋，并称法国人及其他国家的商人已经履行了这种新手续。于是，英商们亦呈递了申请书，并获批准。[③] 此年12月12日，英国商馆大班支付澳门租赁房屋的租金为144两。1770年时，东印度公司董事部指令大班不再随同他们有关的船只往返，而是组成一个永久性的管理会，包括从事中国贸易的所有大班在内，这样他们就可以每年继续租住下去。他们这一年租借了高士德（António José da Costa）坐落在南湾的大屋一座及其房屋一层，租期3年，两屋租金每年共450西班牙银圆。1773年，公司在澳门的驻地搬进了一座有4个相连房间的房子里，它位于南湾，在总督府的隔壁。每个大班都有自己的私人房间，旅客则完成了长期租住的手续。[④] 在澳门居住的英国商馆商人多为英国东印度公司的大班，而来中国贸易的英国东印度公司的组成人员一般为：商馆主任、商人（二级）、商人（三级）、代理人（四级）、代理人（五级）、书记等人。其中公司代理人即大班，一艘船只的大班人数并不固定。[⑤] 清朝的祝淮称：

> （英吉利）贸易以粤东为大……向凡货船到粤，洋行定其值，售毕易货归，司事者曰大班，随船来去，乾隆三十年间，洋商负其值，始有在澳压冬者，赁居澳屋，不惜重费。初仅一二人，后接踵而至，遂有二班、三班以及十班之号，并有

---

① ［美］马士著，区宗华等译：《东印度公司对华贸易编年史：1635—1834年》第1、2卷，广州：中山大学出版社，1991年，第324页。

② ［美］马士著，区宗华等译：《东印度公司对华贸易编年史：1635—1834年》第1、2卷，广州：中山大学出版社，1991年，第334页；第4、5卷，第502、515页。

③ ［美］马士著，区宗华等译：《东印度公司对华贸易编年史：1635—1834年》第4、5卷，广州：中山大学出版社，1991年，第502页。

④ Austin Coates, *Macao and the British, 1637 - 1842: Prelude to Hong Kong*, Hong Kong: Oxford University Press, 1988, p. 61.

⑤ ［美］马士著，区宗华等译：《东印度公司对华贸易编年史：1635—1834年》第1、2卷，广州：中山大学出版社，1991年，第69页。

携家来，不肯归国者。[1]

这一时期在澳门定居的东印度公司英国商人统计数为：1779 年有 15 ~ 16 人[2]，1799 年有 11 人[3]，1802 年有 24 人[4]，1807 年有 21 人[5]，1808 年有 14 人[6]，1809 年有 40 人[7]，1812 年有 22 人[8]，1814 年有 16 人[9]，1825 年有 24 人[10]，1826 年有 20 人[11]，1827 年有 19 人[12]，1829 有 26 人[13]，1831 年有 20 人[14]，1833 年有 26 人[15]。除了东印度公司的商人以外，还有为数不少的英国散商（Priviate Merchant，又称私商）也进入了澳门。英国散商早期参与的是中英贸易中的港脚贸易（Country Trade）。港脚贸易是对 17 世纪末至 19 世纪中叶印度、东印度群岛同中国之间的贸易的称呼。这些来华贸易的英国散商虽然不属于东印度公司，而且澳门政府和东印度公司还经常不批准散商在澳门居住，马

---

① （清）祝淮：《（道光）新修香山县志》卷 4，《海防・附澳门》，中山文献丛刊第 3 册影印清道光七年刊本，第 701 ~ 702 页。

② Louis Dermigny, *Les Mémoires de Charles de Constant sur le Commerce à la Chine*, Paris: S. E. V. P. E. N, 1964, p. 155.

③ ［美］马士著，区宗华等译：《东印度公司对华贸易编年史：1635—1834 年》第 1、2 卷，广州：中山大学出版社，1991 年，第 636 页。

④ A. M. Martins do Vale, *Os Portugueses em Macau (1750 - 1800)*, Macau: Instituto Português do Oriente, 1997, p. 78.

⑤ ［美］马士著，区宗华等译：《东印度公司对华贸易编年史：1635—1834 年》第 3 卷，广州：中山大学出版社，1991 年，第 67 页。

⑥ ［美］马士著，区宗华等译：《东印度公司对华贸易编年史：1635—1834 年》第 3 卷，广州：中山大学出版社，1991 年，第 100 页。

⑦ 中国第一历史档案馆等编：《明清时期澳门问题档案文献汇编》第 1 册，《两广总督百龄奏覆查明上年英兵入澳系图占地并参吴熊光等办理不当各节折》，北京：人民出版社，1999 年，第 731 ~ 732 页。

⑧ ［美］马士著，区宗华等译：《东印度公司对华贸易编年史：1635—1834 年》第 3 卷，广州：中山大学出版社，1991 年，第 172 ~ 174 页。

⑨ ［美］马士著，区宗华等译：《东印度公司对华贸易编年史：1635—1834 年》第 3 卷，广州：中山大学出版社，1991 年，第 202、207 页。

⑩ ［美］马士著，区宗华等译：《东印度公司对华贸易编年史：1635—1834 年》第 4、5 卷，广州：中山大学出版社，1991 年，第 107、116 页。

⑪ ［美］马士著，区宗华等译：《东印度公司对华贸易编年史：1635—1834 年》第 4、5 卷，广州：中山大学出版社，1991 年，第 136 页。

⑫ ［美］马士著，区宗华等译：《东印度公司对华贸易编年史：1635—1834 年》第 4、5 卷，广州：中山大学出版社，1991 年，第 153、155 ~ 156 页。

⑬ ［美］马士著，区宗华等译：《东印度公司对华贸易编年史：1635—1834 年》第 4、5 卷，广州：中山大学出版社，1991 年，第 199 ~ 200 页。

⑭ ［美］马士著，区宗华等译：《东印度公司对华贸易编年史：1635—1834 年》第 4、5 卷，广州：中山大学出版社，1991 年，第 271 页。

⑮ ［美］马士著，区宗华等译：《东印度公司对华贸易编年史：1635—1834 年》第 4、5 卷，广州：中山大学出版社，1991 年，第 360 页。

图 1-29 《皇清职贡图》中的英吉利国夷人、夷妇

士称："1831 年收到里斯本的明确训令，禁止英国散商侨居澳门，又说不列颠商人的闯进，已经破坏了殖民地的繁荣。"[①] 但他们仍然同东印度公司的商人一样受清政府的澳门住冬政策的限制，即他们在广州完成贸易以后必须到澳门住冬。据有关统计，1780 年英国散商在华贸易者有 8 人，1823 年为 7 人，1825 年为 8 人，1826 年为 25 人，1827 年为 23 人，1828 年为 16 人，1829 年为 23 人，1830 年为 30 人，1831 年为 32 人，1833 年为 35 人[②]，1835 年为 86 人[③]，1836 年为 158 人[④]，1838 年为 180 人[⑤]，1839 年有 100 人[⑥]。可以反映，英国散商大量地侨居澳门曾遭到澳门政府和东印度公司的干预，并有明确禁令，禁止英国散商侨居澳门，但这些禁令似乎并未起到任何作用，这从 1831 年以后侨居澳门英国人口的倍增就可以说明问题。随着大批英国人入居澳门，且入居澳门社会的英国人大多受过良好的教育，他们在澳门的生活方式、生活习惯以及娱乐行为给澳门社会带来了巨大的文化冲击，可以说，在一定程度上影响或改变了澳门社会生活的方方面面。虽然英国政府的国家政策并不鼓励海外的英国人与当地人通婚，但实际上入居澳门的英国人与澳门土生葡人通婚或同居生儿育女的现象并不在少数（具体案例参见表 1-18、1-19）。18—19 世纪时期，以英国为主的欧美人与澳门土生葡人的通婚实际上在一定程度上改变了澳门土生葡人的混血人种的结构，这一现象是我们研究澳门土生葡人应该注意的问题。香港开埠以后，虽然大部分英国人已经迁往香港，但留居澳门的英国人仍然有一定的数量，据 1897 年的澳门《知新报》载，当时旅居澳门的英国人还有 80 人，可以反映，澳门的英国人居住数量

① ［美］马士著，区宗华等译：《东印度公司对华贸易编年史：1635—1834 年》第 4、5 卷，广州：中山大学出版社，1991 年，第 278 页。

② ［美］马士著，区宗华等译：《东印度公司对华贸易编年史：1635—1834 年》第 1—5 卷，广州：中山大学出版社，1991 年。

③ *The Canton Press*, 1835/10/17.

④ *Chinese Repository*, Vol. 5, No. 9, 1837/01, pp. 426-432.

⑤ ［美］马士著，张汇文等译：《中华帝国对外关系史》第 1 卷，上海：上海书店出版社，2000 年，第 82 页。

⑥ *The Canton Press*, 1840/01/04. 1839 年的 100 人仅仅是广州商馆的英国雇员人数，这些人后来都撤退到了澳门。

一直保持着一定的规模。①

下面我们将16—19世纪居住澳门的英国商人（包括散商、船长、船主及东印度公司管理委员会和特选委员会成员）列表如下：

表1-18　16—19世纪居住于澳门的英国（含爱尔兰）商人名录②

姓名	说明
威廉·卡米杰 William Carmichael	商人，第一位访问澳门的英国人，1611年前来澳，曾在葡印总督属下服务30年，1611年投奔荷兰人③
亨利·伯尔福特 Henry Bornford	商人，1635年来澳门贸易
奥尔丁顿 A. Aldington	商人，1635年来澳门贸易
约翰·威德尔 John Weddell	商人、上校、英国船队总指挥，1637年来澳门、广州贸易
拉特利昂·蒙特尼 Nathaniell Mountney	英国对华贸易船队首商，1637年来澳门、广州贸易
约翰·蒙特尼 John Mountney	英国对华贸易船队商人，1637年来澳门、广州贸易
托马斯·鲁宾逊 Thomas Lobison	英国对华贸易船队商人，1637年来澳门、广州贸易

① 《知新报》第29册，光绪二十三年八月初一，《东方商埠述要》，澳门基金会、上海社会科学院出版社联合出版原报影印本，1996年，第311页。

② 本表资料除已注明出处外，其他主要依据以下各书完成：Lindsay and May Ride, *An East India Company Cemetery: Protestant Burials in Macao*, Hong Kong: Hong Kong University Press, 1998; *The Canton Register*; *Chinese Repository*; *The Friend of China*; *The Canton Press*; Nan P. Hodges and Arthur W. Hummel ed., *Lights and Shadows of a Macao Life: The Journal of Harriett Low, Travelling Spinster*, Woodinville, WA: History Bank, 2002; Jorge Forjaz, *Famílias Macaenses*, Vol. Ⅲ, Macau: Fundação Oriente, Instituto Cultural de Macau, Instituto Português do Oriente, 1996；［美］马士著，区宗华等译：《东印度公司对华贸易编年史：1635—1834年》第1—5卷，广州：中山大学出版社，1991年；刘芳辑：《葡萄牙东波塔档案馆藏清代澳门中文档案汇编》，澳门：澳门基金会，1999年；中国第一历史档案馆等编：《明清时期澳门问题档案文献汇编》，北京：人民出版社，1999年；陈翰笙：《华工出国史料汇编》第4辑，《关于华工出国的中外综合性著作》，北京：中华书局，1984年；［葡］范笙禄著，佚名译：《澳门邮政与电信的历史和发展：澳门的邮政历史（1884—1999）》，澳门：澳门邮政局，2006年；［英］罗伯·布雷克著，张青译：《怡和洋行》，台北：时报出版社，2001年；［美］亨特著，冯树铁、沈正邦译：《广州番鬼录·旧中国杂记》，广州：广东人民出版社，2009年；［葡］施白蒂著，姚京明译：《澳门编年史：19世纪》，澳门：澳门基金会，1998年；谭树林：《英国东印度公司与澳门》，广州：广东人民出版社，2010年；张坤：《在华英商群体与鸦片战争前的中英关系》，广州：暨南大学出版社，2014年；颜小华：《相遇、对话与调适：美国长老会在华南的活动研究（1837—1899）》，兰州：兰州大学出版社，2009年；吴义雄：《在宗教与世俗之间：基督教新教传教士在华南沿海的早期活动研究》，广州：广东教育出版社，2000年；吴义雄：《条约口岸体制的酝酿：19世纪30年代中英关系研究》，北京：中华书局，2009年；游博清：《经营管理与商业竞争力：1815年前后的英国印度公司广州商馆》，“清华大学”历史研究所博士论文，2011年。

③ ［葡］潘日明著，苏勤译：《殊途同归：澳门的文化交融》，澳门：澳门文化司署，1992年，第139页。

（续上表）

姓名	说明
彼特·芒迪 Peter Mundy	英国对华贸易船队商人、旅行家，1637 年来澳门、广州贸易
阿瑟·赫茨 Arthur Hatch	“威龙号” 船商人，1637 年来澳门、广州贸易
约翰·卡特 John Carter	商人，“安娜公主号” 船长，1637 年来澳门、广州贸易
理查德·史云利 Richard Swanley	商人，“威龙号” 船长，英国舰队副指挥，1637 年来澳门、广州贸易
基思杜化·柏亚 Christopher Parr	“威龙号” 事务长，1637 年来澳门、广州贸易
托马斯·活文 Thomas Woollman	商人，1637 年乘 “安娜公主号” 来澳门、广州贸易
耶尔 Yale	“防卫号” 第一大班，1689 年来澳门贸易
海恩斯 Haines	“防卫号” 第二大班，1689 年来澳门贸易
蒙塔克 Montague	“防卫号” 第三大班，1689 年来澳门贸易
瓦茨 Watts	“防卫号” 第四大班，1689 年来澳门贸易
约翰·比格斯 John Biggs	“防卫号” 书记，1689 年来澳门贸易，遭受粤海关监督勒索；“麦士里菲尔德号” 第三大班，1699 年再次来澳
海茨 Heath	“防卫号” 船长，1689 年来澳门贸易
罗伯特·道格拉斯 Robert Douglass	“麦士里菲尔德号” 第一大班，1699 年来澳门贸易
威廉·斯特朗 William Strong	“麦士里菲尔德号” 第二大班，1699 年来澳门贸易
埃德蒙德·哈维 Edmond Harvey	“麦士里菲尔德号” 第四大班，1699 年来澳门贸易
约翰·赫理 John Hurle	“麦士里菲尔德号” 船长，1699 年来澳门贸易
亚历山大·汉密尔顿 Alexander Hamilton	英国商人，1703 年来澳门、广州贸易，由于船桅折断，留澳修船；1727 年还来过澳门，并著有《东印度新记》
爱德华·赫里斯 Edward Herris	东印度公司商人，“肯特号” 大班，1704 年来澳门、广州贸易
约翰·库克 John Cook	东印度公司商人，“伊顿号” 大班，1704 年来澳门、广州贸易
布雷斯特 Brewster	“斯特雷特姆号” 主任大班，1704 年 12 月来澳门、广州贸易，12 月离开广州
查尔斯·洛克耶 Charles Lockyer	商人，1704 年 8 月乘东印度公司船 “斯特雷特姆号” 来澳门、广州贸易，12 月离开广州
芬威克 Fenwick	“马尔巴勒号” 主任大班，1716 年来澳

（续上表）

姓名	说明
詹姆斯·尼什 James Naish	“苏珊娜号”主任大班，1716 年来澳，1722 年任广州管理委员会成员，1730—1731 年出任广州管理委员会主任
威廉·法扎克利 William Fazakerley	“卡纳冯号”主任大班，1720 年来澳，1723、1729 年担任广州管理委员会主任
塞缪尔·洛克 Samuel Lork	“萨勒姆号”主任大班，1720 年来澳
斯卡特古德 Scattergood	“博奈塔号”大班，1721 年来澳
纳撒尼尔·托里阿诺 Nathaniel Torriano	“奥古斯塔斯王子号”主任大班，1721、1727 年担任广州管理委员会主任，1732 年去世
约翰·霍斯莫登 John Horsmonden	商人、东印度公司大班，1721 年担任广州管理委员会副主任
理查德·纽纳姆 Richard Newnham	“苏珊娜号”第二大班，1722、1724、1730 年任广州管理委员会成员，1735 年升为主任
萨维奇 Savage	“苏珊娜号”第三大班，1722、1724、1730 年任广州管理委员会成员
爱德华·普拉特 Edward Pratt	“苏珊娜号”第四大班，1722、1724、1730 年任广州管理委员会成员，1735 年成为“霍顿号”大班，成为广州管理委员会副主任
维茨凯特·特纳 Whichcott Turner	“苏珊娜号”第五大班，1722、1724、1730、1732 年任广州管理委员会成员，1732 年升为主任
博伊斯 du Bois	“苏珊娜号”第六大班，1722、1724、1730 年任广州管理委员会成员
亨利·塔尔博特 Henry Talbot	“苏珊娜号”第七大班，1722 年任广州管理委员会成员，1730 年再任广州管理委员会成员
乔治·皮特 George Morton Pitt	“麦士里菲尔德号”主任大班，1724 年来广州、澳门贸易，为广州管理委员会主任
理查德·尼科尔森 Richard Nicholson	“麦士里菲尔德号”大班，1724 年来广州、澳门贸易，为广州管理委员会成员，1730 年 10 月 11 日在广州去世
罗伯特·赫德森 Robert Hudson	“麦士里菲尔德号”船长，1724 年来广州、澳门贸易，为广州管理委员会成员，1738 年为“奥连治王子号”船长，再次来粤、澳贸易

（续上表）

姓名	说明
彼得·戈弗雷 Peter Godfrey	“凯撒号”主任大班，1728 年 6 月 15 日来广州、澳门贸易，并成为当年广州管理委员会主任
赫钦森 Hutchinson	英国东印度公司特许船“森德兰号”船长，1729 年 1 月来澳门、广州贸易
艾利斯顿 Elliston	“林恩号”船长，1729 年 1 月来广州、澳门贸易
乔治·阿巴斯诺特 George Arbuthnot	“苏珊娜号”第八大班，1730 年为广州管理委员会成员，1732 年升为主任，同年去世
米德尔顿 P. Middleton	1731 年为广州管理委员会成员
韦塞尔 A. Wessell	“哈里森号”船长，1731、1734 年担任广州管理委员会成员，来广州、澳门贸易
托马斯·法特切 Thomas Ffytche	1731 年为广州管理委员会成员，1736 年升为主任
莫尔顿 R. Moreton	1731 年为广州管理委员会成员，1735 年为“伦敦号”大班
马博特 Mabbott	东印度公司“凯撒号”船长，1731 年来广州、澳门贸易
约翰·斯塔克 John Starke	“康普顿号”船上第一大班，1732 年为广州管理委员会成员
亨利·普兰特 Henry Plant	“康普顿号”船上第二大班，1732 年为广州管理委员会成员，1738 年为“威尔斯王子号”大班，来澳门、广州贸易，并成为广州管理委员会主任，1740 年第三次成为广州管理委员会主任
理查德·高夫 Richard Gough	东印度公司船“林恩号”船长，1732 年 10 月来澳门、广州贸易，1733 年 1 月返回
莱希尤里尔 M. Lethieullier	1732 年为广州管理委员会成员
托马斯·利尔 Thomas Liell	“霍顿号”大班，1732、1733、1735、1742、1753、1757 年为广州管理委员会成员，其中 1742、1757 年为主任
霍姆斯 Holmes	东印度公司“康普顿号”船长，1733 年来广州、澳门贸易
埃尔威克 J. Elwick	“哈里森号”大班，1734 年来澳门、广州贸易，并成为广州管理委员会成员，1737 年成为“萨斯克斯号”大班，并为管委会主任

（续上表）

姓名	说明
雷珀 J. Raper	“哈里森号”大班，1734 年来澳门、广州贸易，并成为广州管理委员会成员
弗雷德里克·皮古 Frederick Pigou	“哈里森号”大班、“诺曼顿号”大班，1734、1736 年来澳门、广州贸易，并成为广州管理委员会成员，1739 年成为主任
莱恩 W. Lane	“伦敦号”大班，1735 年来澳门、广州贸易，并成为广州管理委员会成员
豪斯塞奇 L. Houssaye	“里奇蒙号”第一大班，1735、1736 年为广州管理委员会成员
爱德华·佩奇 Edward Page	“里奇蒙号”第二大班，1735、1736 年为广州管理委员会成员，1738 年成为“皇家公主号”大班，来广州、澳门贸易，并任管委会主任，1740 年再任管委会主任
理查德·马丁 Richard Martin	“霍顿号”船长，1735 年为广州管理委员会成员，“黑斯林菲尔德号”大班，1743 年也是广州管理委员会成员
詹姆斯·福林特（洪任辉）James Flint	1736 年来华，留在中国学习汉语，后受雇于东印度公司，继续学习汉语，1746 年成为东印度公司通事，1753 年担任广州商馆中文教师，教授贝文（Thomas Bevan）和巴顿（Barton）两名东印度公司职员，1757 年担任“霍尔德内斯伯爵号”大班，在澳门雇船赴宁波贸易，1758 年为常驻广州管理委员会成员，1759—1762 年被囚禁于澳门，获释后回国①
艾尼沃斯 R. Ayneworth	“温切斯特号”大班，1737 年来广州、澳门贸易，为广州管理委员会副主任
布特尔 Bootle	东印度公司“伦敦号”船长，1738 年来广州、澳门贸易
佩利 Pelly	东印度公司“威尔斯王子号”船长，1738 年来广州、澳门贸易
巴克韦尔 Backwell	东印度公司“皇家公主号”船长，1738 年来广州、澳门贸易

① 故宫博物院编：《史料旬刊》第 5 期，《新柱等奏晓谕各番商折》，北京：京华印书局，1930 年，第 161 ~ 162 页；嘉庆帝勒撰：《清高宗圣训》卷 199，《严法纪》，台北：文海出版社，2005 年，第 10 ~ 11 页。

（续上表）

姓名	说明
米勒斯·巴恩 Miles Barne	1739 年为广州管理委员会主任
亨利·皮古 W. Henry Pigou	1739、1741、1755 年为东印度公司广州管理委员会主任，1770—1775 年任常驻广州管理委员会委员，1784—1785 年担任特选委员会主任，1785 年底因病回国
奥古斯塔·汤森 Augustus Townshend	“奥古斯塔号”船长，1739 年来广州、澳门贸易，1742 年为广州管理委员会主任
约翰·米森诺 John Misenor	1741、1753—1755 年来澳门、广州贸易，并为广州管理委员会主任
理查德·奥立弗 Richard Oliver	东印度公司“约克号”大班，1741 年任广州管理委员会代理主任
拉斯科埃·海德 Lascoe Hide	1741 年为“北安普敦号”和“戈多尔芬号”大班，来广州、澳门贸易；1744 年为“哈德威克号”主任大班，再次来澳，担任广州管理委员会主任
约翰·哈利特 John Hallett	“哈德威克号”船长，1744 年来澳
哈密 Hami	商人、船主，1745 年 7 月在英国兵船的保护下来广州、澳门进行贸易，同船还携带有 5 名遭难的法国商人到澳门
亨利·帕尔默 Henry Palmer	东印度公司船“龙号”大班，1746 年到澳门、广州贸易，1755 年东印度公司管理会成员，1758 年为常驻广州管理委员会主任，1761 年为委员
霍尔丹 Haldane	乘东印度公司船“爱德华王子号”于 1746 年到澳门、广州贸易
罗伯特·麦克特 Robert Mackett	乘东印度公司船“翁斯洛号”于 1746 年到澳门、广州贸易，1756 年为东印度公司广州管理委员会成员，1758 年为常驻广州管理委员会成员
查尔斯·诺贝尔 Charles Frederick Noble	散商，1747 年在广州和澳门贸易，1762 年出版了《远航东印度》一书，其中有很多内容记载广州和澳门①

① ［英］施其乐、［美］范岱克著，郭颐顿译：《追寻澳门亚美尼亚商人的足迹》，载《文化杂志》（中文版）第 55 期，2005 年，第 92 页。

（续上表）

姓名	说明
塞缪尔·蛤蜊生 Samuel Harrison	“霍尔德内斯伯爵号”主任大班，1753 为广州管理委员会成员，1755 年在澳门雇船赴宁波贸易
托马斯·汤普森 Thomas Thompson	1753 年为东印度公司广州管理委员会成员，1758 年为常驻广州管理委员会成员
或咖	1754 年 5 月携带仆役 3 人从广州乘船到澳门清理账目，住委黎多家，限 6 月底回广州
托马斯·菲茨休（啡臣）Thomas Fitzhugh	“霍尔德内斯伯爵号”大班，1755 年来广州、澳门贸易，1759 年为常驻广州管理委员会成员，1762、1765、1767 年为主任，1769 年曾偕夫人来广州居住，后被押往澳门，① 1779 年任东印度公司首届特选委员会主席，当年在澳门的职员租住了四所毗邻的房子
巴顿 Barton	东印度公司职员，1755 年来澳，同年在东印度公司汉文学习班学习
托马斯·贝文 Thomas Bevan	东印度公司职员，1755 年来澳，同年在东印度公司汉文学习班学习，1763、1765、1767、1768、1772 年任常驻广州管理委员会委员，1779 年成为首届特选委员会成员，1781 年回国
乔治·曼德维尔 George Mandeville	1755 年东印度公司广州管理委员会成员，1758 年为常驻广州管理委员会成员
约翰·古德尔 John Goodere	1755 年东印度公司广州管理委员会成员
弗朗西斯·金纳斯利 Francis Kinnersley	1755、1759、1760 年为常驻广州管理委员会委员，1760 年 11 月 14 日去世
约翰·哈里森 Robert John Harrison	1755 为东印度公司广州管理委员会成员，1772—1774 年为广州管理委员会书记，1779 年在广州、澳门贸易，1786 年任特选委员会委员，1788—1791 年任东印度公司特选委员会主席，1792 年因病回国

① 中国第一历史档案馆等编：《明清时期澳门问题档案文献汇编》第 2 册，《广州将军庆保等奏报严饬英国大班盼师速将番妇押往澳门等情折》，北京：人民出版社，1999 年，第 218 页称：“乾隆三十四年（1769），有英咭唎夷商啡臣，私带番妇来省居住，经将该番妇押往澳门。”余以为，此啡臣当即托马斯·菲茨休。

（续上表）

姓名	说明
托马斯·洛克伍德 Thomas Lockwood	1755、1757 年为东印度公司广州管理委员会成员，1758 年为常驻广州管理委员会委员，1759—1760 年为主任，1761 年回国
理查德·佩斯利 Richard Peisley	1755、1757 年为东印度公司广州管理委员会成员
爱德华·休姆·菲普斯 Edward Hulme Phipps	1756 年东印度公司广州管理委员会主任，1763、1769 年为常驻广州管理委员会委员，1770 年升主任，1772、1773 年为管委会成员，1773 年回国，1774 年又担任主任，1776 年去世
理查德·伍德 Richard Wood	1756、1759 年东印度公司广州管理委员会成员
约翰·赫尔 John Hull	1756 年东印度公司广州管理委员会成员
托马斯·肖尔 Thomas Shore	1756 年东印度公司广州管理委员会主任
约翰·塞尔 John Searle	1756 年为东印度公司广州管理委员会成员，1765、1768 年为常驻广州管理委员会委员，1769 年回国
斯蒂芬·迪瓦斯米 Stephen De Visme	1756 年东印度公司广州管理委员会成员，1759、1764、1767、1768、1769 年为常驻广州管理委员会委员，1769 年去世
约瑟夫·哈林顿 Joseph Harrington	1756 年东印度公司广州管理委员会成员，1758、1759 年为常驻广州管理委员会成员
本杰明·托林 Benjamin Torin	“格里芬号”大班，1756 年来广州、澳门贸易，1759、1767、1768、1769 年成为常驻广州管理委员会委员，1771 年回国
塞缪尔·布朗特 Samuel Blount	“翁斯洛号”大班，1757 年来澳，1761 年任常驻广州管理委员会主任
沃波尔 Walpole	商人、“霍顿号”船长，1758 年来澳门、广州贸易
约翰·伯罗 John Burrow	1758、1765 年为常驻广州管理委员会委员
亚历山大·休姆 Alexander Hume	1758—1759 年常驻广州管理委员会成员，1770—1773 年为主任
威廉·麦肯齐 William Mackenzie	1758 年常驻广州管理委员会成员
弗朗西斯·伍德 Francis Wood	1758、1759、1760、1768 年为常驻广州管理委员会委员，1770—1774 年任副主任，1776 年任主任，1777 年回国

（续上表）

姓名	说明
亨利·雷维尔 Henry Revell	1758、1763、1767 年为常驻广州管理委员会委员，1760、1768、1769 年为主任
曼·霍纳 Mann Horner	1758、1760、1763、1767、1768 年为常驻广州管理委员会委员
威廉·哈里森 William Robert Harrison	1758、1760、1763、1764、1767、1768、1769、1772、1773、1774 年为常驻广州管理委员会委员，1774 年 12 月回国
希拉里·托里阿诺 Hillary Torriano	“狐狸号”大班，1758—1759 年在广州、澳门贸易，1761、1768 年为常驻广州管理委员会委员
莫迪凯·沃克 Mordecai Walker	1758 年东印度公司广州管理委员会主任
纳撒尼尔·加兰德 Nathaniel Garland	1758 年为东印度公司广州管理委员会成员，1763、1765 年为常驻广州管理委员会委员
托马斯·桑兹 Thomas Sandys	1758 年为东印度公司广州管理委员会成员
威廉·威尔逊 William Wilson	商人，“皮特号”船长，1759 年来广州、澳门贸易①
托马斯·洛克哈特 Thomas Lockhart	散商，1759 年 7 月来广州、澳门贸易
帕尔森·芬纳（吩哪）Parson Fenner	商人，“沃波尔号”船长，1759 年来广州、澳门贸易，1804 年 9 月，再次来澳，带银子去广州购货
约翰·布卢威特 John Blewitt	商人，“不列颠尼亚号”船长，1759 年来广州、澳门贸易
托马斯·史密斯 Thomas Smith	1759、1761、1765、1767 年为常驻广州管理委员会委员，1769 年回国
乔治·史密斯 George Smith	散商、“休斯夫人号”大班，1759 年 7 月来广州、澳门贸易，最早在澳门租房居住的英国商人，1769 年因私事暂住广州、澳门，受到公司的警告，1774 年公司再次禁止他在澳门居留，1780 年仍在广州和澳门贸易，1784 年作为“休斯夫人号”船上的大班来广州、澳门贸易
费希尔 Fisher	“德雷克号”船长，1759 年来到澳门、广州

① Manuel Teixeira, *Macau no Séc. XVIII*, Macau: Imprensa Nacional, 1984, p. 501.

（续上表）

姓名	说明
罗伯特·杰克逊 Robert Jackson	散商、船长，1761 年来澳贸易，1764 年在澳门租屋居住，是第一位在澳门的英国租居者，① 后成为科克斯和里德洋行公司的合伙人
约翰·斯宾塞 John Spencer	散商，1761 年来广州和澳门贸易，成为最早定居澳门的英国商人
威廉·劳斯 William Rous	大班，1761 年来广州、澳门贸易，1763、1767、1769、1771、1772 年任常驻广州管理委员会委员
塞西尔·博耶 Cecil Boyer	“穆沙达巴德号”大班，1764 年来澳门、广州贸易
菲利普·阿弗莱克 Philip Affleck	“亚尔古舟号”船长，1765 年 3 月 29 日来澳，不久去广州
约翰·沃尔顿 John Walton	1765、1768、1771 年为常驻广州管理委员会委员，1769 年回国
马修·雷珀 Matthew Raper Jr.	1767、1769、1770、1772、1773、1774 年为常驻广州管理委员会委员，1777—1778 年任主任，1779 年为首届特选委员会成员
约翰·布莱克 John Bradby Blake	1767、1769、1772、1773 年为常驻广州管理委员会委员，1773 年 11 月 16 日去世
唎之臣	商人，“巳哩时号”船主，1767 年 10 月来澳贸易，并带有番妇数名在澳门居住
威廉·希基 William Hickey	散商，“普莱西号”商船船长，1769 年 8 月抵达澳门，并留下了澳门的记录②
麦克林托克 John McClintock	散商，1769 年来澳贸易
詹姆斯·罢剌查 James Bradshaw	1769、1772、1773、1776 年为常驻广州管理委员会委员，1781—1783 年成为特选委员会主任，1783 年 11 月因病休假回国

① ［葡］潘日明著，苏勤译：《殊途同归：澳门的文化交融》，澳门：澳门文化司署，1992 年，第 146 页。

② ［葡］施白蒂著，小雨译：《澳门编年史：16—18 世纪》，澳门：澳门基金会，1995 年，第 164 页。

（续上表）

姓名	说明
威廉·达尔林普尔 William Dalrymple	散商，1769年因私事暂住广州、澳门，受到公司的警告，1774年公司再次禁止他在澳门居留
沃尔特·考迪 Walter Cowdie	散商，1769年因私事暂住广州、澳门，受到公司的警告
约翰·科萨尔 John Corsar	散商，1769年因私事暂住广州、澳门，受到公司的警告
威廉·达拉斯 William Dallas	散商，1769年因私事暂住广州、澳门，受到公司的警告
戴斯 Dyce	散商，1769年因私事暂住广州、澳门，受到公司的警告
约翰·克赖顿 John Crichton	散商，1769年因私事暂住广州、澳门，遭公司警告，1780年在广州、澳门贸易，1790年为葡萄牙船主若昂—卡瓦略（João Carvalho）的“艾费杰尼亚号”单桅船上的大班①
亨利·波郎 Henry Brown	船长，1770—1774年为广州管理委员会书记，1786—1788年任首任主席（东印度公司特选委员会正式成立），1789年1月回国，1792—1795年再次担任东印度公司特选委员会和监督委员会主席，② 1795年回国，1810—1811年再任东印度公司特选委员会主席，1811年回国
戈尔·休姆 Gohr Hume	东印度公司驻澳门办事处代表，1771年之前来广州、澳门贸易，1771年曾代表公司收购匈牙利人拜纽夫斯基的手稿
贝兹（别治）Beyz	东印度公司驻澳门办事处代表，1771年之前来广州、澳门贸易，1771年曾代表公司收购拜纽夫斯基的手稿
威廉·杰克逊（威尔京）William Jackson	1771年之前来广州、澳门贸易，1771年代表东印度公司来澳门收购拜纽夫斯基的手稿，③ 1792年任东印度公司监督委员会委员，1794年3月回国；1800年1月为“卡拉蒂克号”船长，来广州、澳门贸易，1802年5月为“乾哪打号”货船船长，因遇风飘入澳门

① *Arquivos de Macau*, 3ª Série, Vol. XI, No. 2, Macau, 1969, p. 64.

② 据刘芳辑：《葡萄牙东波塔档案馆藏清代澳门中文档案汇编》下册，澳门：澳门基金会，1999年，第732页，1793年随波郎在澳居住的夷商还有亚里云、吉臣、喇佛、门尔、氹临民、打华时、吗立、不地、士吻、押化、丹厘、虾士、别治等。

③［葡］冼丽莎著，李丽青译：《18世纪末匈牙利冒险家在澳门》，载《文化杂志》（中文版）第34期，1998年，第126页。

（续上表）

姓名	说明
乔治·罗杰斯 George Rogers	1772—1775 年为常驻广州管理委员会委员
乔治·卡明（哙咽）George Cuming	1772—1774 年为广州管理委员会书记，1779 年在广州、澳门贸易，1792、1793 年任东印度公司特选委员会委员，在澳门单独租赁房屋居住①，1794 年患重病在澳门休养，1795 年 1 月回国，1796 年再次来华，并于 1796—1798 年担任特选委员会委员
爱德华·皮古 Charles Edward Pigou	亨利·皮古的兄弟，1772—1774 年为广州管理委员会书记，1777 年升为管委会第十大班，1786 年任特选委员会委员
亚历山大·布鲁斯 Alexander Bruce	1772—1774 年为广州管理委员会书记，1779 年在广州、澳门贸易
乔治·杜坎 George Du Cane	1773 年为广州管理委员会书记，不久因病回国
托马斯·纽特 Thomas Newte	东印度公司商船"色列斯号"船长，1774 年 9 月 1 日抵达澳门，不久去广州
约翰·布罗德利 John Broadley	东印度公司商船"真布里顿号"船长，1774 年 9 月 19 日抵达澳门，不久去广州
乔治·肯特 George Kent	东印度公司商船"莫尔斯号"船长，1775 年抵达澳门，不久去广州
亚伯拉罕·罗巴克 Abraham Roebuck	1774 年为广州管理委员会书记，1779 年还在广州、澳门贸易，1787 年 4 月去世
亨利·莱恩 Henry Lane	1774 年为广州管理委员会书记，1786—1787 年任东印度公司特选委员会委员，在澳门从事鸦片贸易
大卫·兰斯 David Lance	1774 年为广州管理委员会书记，1803 年再度来华，担任东印度公司特选委员会副主席，1804 年 1 月回国
威廉·哈姆森 William Hamson	散商，1774 年来澳贸易，11 月 23 日公司发函禁止他继续在澳门居留

① Austin Coates, *City of Broken Promises*, Hong Kong: Oxford University Press, 1967, p. 14.

（续上表）

姓名	说明
阿瑟·科罗姆林 Arthur Charles Crommelin	散商，1774 年来澳贸易，11 月 23 日公司发函禁止他继续在澳门居留；1776、1777、1780 年在广州、澳门贸易①
劳斯 R. Rous	东印度公司“皇家亨利号”船长，1776 年来广州、澳门贸易
帕克斯 Parks	散商，“决胜者号”船长，1778 年来广州、澳门贸易
理查德·洛克耶 Richard Lockyer	散商，1778 年间在广州、澳门贸易
托马斯·迪金森 Thomas Dickinson	散商，1778、1780 年在澳门、广州贸易
弗格森（华忌臣） Fergusson	散商，“加尔各答号”船长，1779 年来澳，1780 年在澳门收购第 19 号额船
约翰·戈尔 John Gore	皇家船“决心号”船长，1779 年 12 月 4 日来澳；该船是随詹姆斯·库克（James Cook）环球旅行的船只，而库克从澳大利亚返航途中去世，未停留澳门
查尔斯·克拉克 Charles Clerke	皇家船“发现号”船长，1779 年 12 月 4 日来澳，到澳后去世
金 King	皇家船“发现号”船长，查尔斯·克拉克 1779 年 12 月 4 日到澳后去世，由金接任船长
威廉·菲茨休 William Fitzhugh	商人，1779 年在广州、澳门经商，1780 年租居白鸽巢花园住宅
约翰·里德 John Ried	散商，英国籍土生葡人，1779 年来华，1782 年与小科克斯合办科克斯和里德洋行（Cox, Ried & Co.），1783 年为奥德斯坦商馆主任，1787 年又以奥地利驻华领事身份再次来华
老科克斯 James Cox	钟表商，1779 年来澳，在广州经营钟表生意，所制钟表十分有名，不久去世
詹姆斯·弗鲁德 James Frudd	散商，1779 年在广州、澳门贸易
塔斯克 Tasker	散商，“霍恩比号”船长，1780 年在澳门附近缴获一艘西班牙船

① ［英］施其乐、［美］范岱克著，郭颐顿译：《追寻澳门亚美尼亚商人的足迹》，载《文化杂志》（中文版）第 55 期，2005 年，第 98 页。

（续上表）

姓名	说明
小科克斯 John Henry Cox jr.	散商，著名钟表商老科克斯的儿子，1780 年前来华，1781 年租居在其赞助者葡萄牙人若奥·卡瓦略（João de Carvalho）家里，1782 年与丹尼尔·比尔、约翰·里德成立科克斯和里德洋行，1783 年东印度公司勒令他离开中国，但一直恳请延长，1791 年还在澳门贸易，并收购“诺特卡号”，于同年去世
詹姆斯·道利 James Dawley	散商，1780 年在澳门、广州贸易
约翰·麦克拉里 John McClary	“达达罗依号”船长、海盗，1781 年 5 月 20 日来澳，并捕获一艘马尼拉来的西班牙帆船，其人被控诉在马六甲海峡杀了几位马来人，并被澳门拘捕，由于证据不足被释放
理查德森 W. Richardson	武装兵船“嫩实兹号”船长，1782 年来澳
丹尼尔·比尔 Daniel Beale	商人，1782 年前来华，1782 年与小科克斯合办公司，1787 年以普鲁士驻华领事来澳，1798 年前回国，1842 年在英国去世
亨利·威尔逊 Henry Wilson	“奥罗朗号”船长，1783 年 11 月 30 日抵达澳门，并被批准将“奥罗朗号”船在澳门出售，威尔逊及其船员到广州乘公司船回国；1783 年又成为“安特洛普号”船长并来澳门
约翰·麦金太尔 John McIntyre	1784 年 1 月东印度公司广州管理委员会决定要在澳门设立常驻代表 1 人，当时即委任约翰·麦金太尔担任此职
威廉斯 W. Williams	“休斯夫人号”船长，1784 年 11 月来澳门、广州贸易，在黄埔泊船鸣炮时误伤华人 3 名，其中 1 人死去
梅罗普 Thomas van Merop	英国劳伊兹船舶保险公司主席之子，东印度公司大班，1784 年到澳门，与华人妓女马莎同居，1793 年梅罗普在澳门病逝，将其巨大的遗产留给了梅罗普夫人，1828 年梅罗普夫人去世，又将财产全部捐给澳门仁慈堂
弗朗西斯·特恩利 Francis Turnly	1784—1791 年为东印度公司广州管理委员会书记，1799 年为东印度公司特选委员会委员
詹姆斯·汉纳 James Hanna	“海獭号”船长，1785 年前来澳门贸易，1785 年 4 月 5 日率船从澳门出发前往美国西北海岸洛特加湾收购皮毛

（续上表）

姓名	说明
罗杰·达瓦尔 Roger Darvall	散商、“明斯特少女号”船主，1785 年来澳门、广州贸易
詹姆斯·科尔内特 James Colnett	散商、双桅帆船“亚尔古英雄号”船长，1785 年来澳门、广州贸易，1789 年又从澳门出发前往美洲西北海岸收购皮毛
罗伯特·沃森 Robert Watson	散商、“皇家夏洛蒂号”船长，1786 年到广州、澳门贸易，因窃夺英国其他船只而被东印度公司监禁于澳门
威廉·格兰迪 William Grandy	散商、“皇家园丁号”船长，1786 年到广州、澳门贸易，因窃夺英国其他船只而被东印度公司监禁于澳门
登普斯特 Dempster	散商、“玫瑰号”船长，1787 年 1 月来澳门、广州贸易，发生了船上水手与中国人斗殴事件
小托马斯·菲茨休 Thomas Fitzhugh Jr.	1787—1791 年为东印度公司广州管理委员会书记
詹姆斯·多林文（氹啉哎）James Drummond	1787—1794 年任东印度公司特选委员会书记，1795 年辞职，1798 年 5 月在澳门住冬时家中被窃，1800 年成为特选委员会委员，1802—1807 年任东印度公司特选委员会主席，1802—1807 年住白鸽巢花园①，1807 年回国
若阿金·米尔莱尔 Joaquim António Milner	商人，1788 年前来澳门贸易，1788 年与土生葡人女子莉塔·马加良斯（D. Margarida Rita de Magalhães）在澳门结婚，米尔莱尔祖父是英国人，很早来到澳门，1789 年在澳门议事会担任议员
若瑟·卡布拉尔 Caetano José Cabral	商人，1788 年前随其伯父若阿金·米尔莱尔来澳门贸易，1804 年与土生葡人女子玛利亚·卡瓦略（D. Quitéria Maria de Carvalho）在澳门结婚
托马斯·比尔（咟悲嗹）Thomas Beale	商人，丹尼尔·比尔的弟弟，1789 年以普鲁士领事秘书身份来澳门，1804 年与查尔斯·马格尼亚克开办比尔和马格尼亚克洋行（Beale, Magniac & Co.），1816 年欠东印度公司巨款，1842 年在澳门自杀

① 伍宇星编译：《19 世纪俄国人笔下的广州》，郑州：大象出版社，2011 年，第 5 页。

（续上表）

姓名	说明
詹姆斯·霍士保 James Horsburgh	商人、船长，1790 年来澳，1804 年在澳勘察澳门海域，1810 担任东印度公司水文师，时间长达 20 余年，1836 年在澳门去世①
安德烈·史蒂文森 Andrew Stevenson	东印度公司商船“凤凰号”船长，1791 年 9 月运载鸦片来澳贸易，后又到广州出售鸦片，11 月 17 日离开“凤凰号”，乘散商船返回孟加拉
约翰·坎宁 John Canning	散商船“嫩实兹号”船长，1792 年 4 月来澳门贸易，后停泊在燕子湾，该船主要进行鸦片贸易
休米·帕金 Hugh Parkin	1792 年任东印度公司特选委员会委员
乔治·斯帕克斯 George Sparkes	1792 年任东印度公司特选委员会书记，1800—1804 年成为特选委员会委员，1804 年底因病回国
伊列斯·欧文 Eyles Irwin	1792 年任东印度公司监督委员会委员，1794 年回国
啡叻士 Felix	商人，1793 年前在广州、澳门贸易，并在澳门住冬，1793 年 11 月申请牌照，携带医生吖见去广州贸易
查尔斯·巴克利 Charles William Barkley	散商、“翠鸟号”船长，1793 年 1 月从美国载运皮毛来澳门贸易，泊于燕子湾；19 世纪初还在广州、澳门贸易
万威梭治	商人、大班，1792 年前来澳门、广州贸易，并居于澳门，1792 年 8 月在澳门雇佣秘书吗吔时、色炉二人，申请牌照上广州贸易，1793 年按照惯例来澳门住冬，8 月再次请牌携带秘书、随从上省贸易②
查尔斯·格莱汉姆 Charles Graham	商人，1792 年开始经营东方贸易，后为东印度公司“孟买号”船长，1821 年 10 月 3 日在澳门去世
托马斯·迈罗普 Thomas Kuyck van Mierop	1793 年任东印度公司特选委员会委员，1794 年因患重病留在澳门，并单独租赁房屋居住，1795 年 1 月回国，途中去世

① *Report Relative to the Trade with the East Indies and China*, London: House of Commons, 1821, p. 137.

② 据刘芳辑：《葡萄牙东波塔档案馆藏清代澳门中文档案汇编》下册，澳门：澳门基金会，1999 年，第 732 页，随万威梭治在澳门住冬的夷商还有马地时、喷沙炉、呢哥素、博哥素、嫁罅僧、亚路冬、吻颠育等。

（续上表）

姓名	说明
查尔斯·施奈德 Charles Schneider	散商，1793 年以热那亚副领事身份来广州、澳门贸易，东印度公司命令他离开，他拒绝服从，1794 年回国
戴维·里德 David Ried	散商，约翰·里德的兄弟，1793 年持丹麦皇家军队陆军上尉的委任官来穗，并担任丹麦驻广州领事，1799 年成为丹麦国王船的船长
罗伯赐（喇佛）John William Roberts	商人，1793 年随波郎来澳，并被指派学习中文，1804—1806 年成为东印度公司特选委员会委员，1807—1810 年任主席，与土生葡人女子雷格娜·达·维森西亚（Reginal da Vicência）结婚，并在澳居住，1811 年回国，1812 年再次成为特选委员会成员，同年在澳门托运 700 名劳工去班加岛，1813 年 1 月生有一男孩，同年 11 月 23 日在澳门去世①
托马斯·斯当东 George Thomas Staunton	1793 年随其父老斯当东出使中国，1798 年加入英国东印度公司，1799 年被选为东印度公司特选委员会书记，并开始学习中文，1802 年因其父去世回国袭爵，1805 年为特选委员会委员，1812 年任大班，1814—1815 年任委员，1816 年任主席，同年出任阿美士德赴华使团副使
托马斯·帕特尔 Thomas Charles Pattle	1793 年为东印度公司职员，被指令学习中文，1805—1815 年为东印度公司特选委员会委员，1815 年 11 月 26 日在澳门去世
特拉夫斯 Travers	1793 年成为东印度公司职员，被指派学习中文
詹姆斯·德罗蒙特 James Dromone	1794 年任东印度公司澳门办事处官员
迪克森 Dickerson	散商，1794 年以波兰领事身份来华
劳伦特 Laurent	散商，1794 年以波兰领事身份来华
士波	商人、船主，1794 年 10 月因往吕宋贸易，遭风漂泊来澳，随船来澳还有英国水手 25 人
亚伯拉汗·罗巴兹 Abraham Wildey Robarts	东印度公司职员，1794—1801 年在广州商馆任职

① 林则徐全集编辑委员会编：《林则徐全集》第 10 册，《译编》，《洋事杂录》，福州：海峡文艺出版社，2002 年，第 5147 页称："十七年春，复令（喇佛）来粤充大班，大府不准，驱逐回国，潜住澳门白鸽囚夷楼。冬月病死，埋于楼之后园，今有石赞在焉。喇佛既死，人莫识其病，群夷剖腹视之，见胃内黄沙数粒，大如绿豆，粘着处均成小孔，咸谓其在噶喇吧受水毒所致云。"

（续上表）

姓名	说明
理查德·霍尔（哈）Richard Hall	1795—1801年为东印度公司特选委员会主席，1797年有3艘英国兵船抵达澳门，清政府下令当时在澳门的特选委员会主席味氏哈（即霍尔）命令英船回国，1802年1月回国养病
威廉·帕里 William Parry	1795年前来广州、澳门贸易，给亚美尼亚商人充当代理，1795年担任东印度公司书记，1810—1812年为东印度公司特选委员会委员，1813年回国
塞缪尔·威廉斯 Samuel Williams	1795年担任东印度公司广州管理委员会书记
塞缪尔·皮奇 Samuel Peach	1796—1801年为东印度公司特选委员会委员，1802年任副主席，1803—1804年担任委员，1804年12月回国
薰哩士	商人、"换吐嘛船"船主，1796年12月从英国带有书信来澳门，泊于鸡颈洋面，因英国兵船"罢喇楚号"缺水手，遂从该船调拨5名水手，被清政府扣押，后获释
维维安 A. Vyvyan	东印度公司"广州号"船长，1797年来澳，不久到广州并逝世
乜见	商人、英国邮船船主，1798年5月来澳门送信给该国大班，并无贸易，这是最早见到的英国海邮船
米格尔 Pedro Miguel Quinsius	散商、"圣弗兰西斯科·亚西斯号"船长，1798年来澳
哈古德 William Hargood	公司船"勇猛号"船长，1798年来澳
噂唓	商人、"噂唓号"船主，1798年2月遭风漂泊来澳，泊于鸡颈洋面，随船有商人、水手30人，称欲往广州购货回国
哆默士	商人，1798年驾船来澳门、广州贸易，该船9月28日抵达澳门，然后去广州，10月3日又从黄埔返回澳门，在此期间发生搭船葡商吗诺哂被骗案件
约翰·汉密尔顿 John Hamilton	散商、船长，1799年与托马斯·比尔等合组 Hamilton, Ried & Beale Co. ,1802年来广州、澳门贸易
亚历山大·尚克 Alexander Shank	散商，1799年来澳贸易，1804年与托马斯·比尔和查尔斯·马格尼亚克合组公司，1814年3月再次来澳贸易，经澳门南湾税口因带有女眷一口，遂遭巡役勒索，交银35元，1819年去世

（续上表）

姓名	说明
罗伯特·贝里 Robert Berry	散商，1799 年来澳，1813 年 9 月 22 日被瑞典政府委任为广州及东印度商行瑞典代办，1819 年 8 月正式成为瑞典领事
费尔法克斯 Fairfax	“休英格利斯号”船长，1800 年 2 月在广州、澳门贸易
威廉·弗雷泽 William Fraser	商人、男爵，苏格兰大家族族长，1801 年加入东印度公司，并来到广州，1812—1814 年任东印度公司大班，1819 年 11 月—1823 年任委员，1824 年 12 月回国，1826 年 9 月返回，1826 年 11 月—1827 年任主席，1827 年 12 月 22 日在澳门去世；其父也是东印度公司职员，1764—1785 年曾经多次造访印度和中国
查尔斯·马格尼亚克 Charles Magniac	商人，英国钟表匠弗朗西斯·马格尼亚克（Francis Magniac）的儿子，1801 年以普鲁士副领事的身份来华，1802 年加入里德和比尔洋行（Ried, Beale & Co.），1804 年又与托马斯·比尔成立比尔和马格尼亚克洋行（Beale, Magniac & Co.），是当时广州最有实力的英国散商洋行，1820 年成为普鲁士领事，1824 年回国；比尔和马格尼亚克洋行为怡和洋行前身
乔治·塞顿 George Seton	散商，1802 年来广州、澳门贸易
托马斯·罗巴兹 James Thomas Robarts	亚伯拉汗·罗巴兹的弟弟，1802 年来澳，接替其兄在广州商馆任职，1812 年任大班，1813 年回国，1814 年与土生葡人女子安东妮亚（Antónia Josefa Borja dos Remédios）同居，并有私生子女 2 人，1815 年回任原职，1816 年成为比尔和马格尼亚克洋行的合伙人，1818—1819 年任委员，1820 年 1 月回国，1821—1824 年再任委员，1825 年 1 月 28 日回国，途中去世
威廉·渣甸 William Jardine	东印度公司“布伦兹维克号”船医，绰号为“铁头老鼠”，1802 年 9 月 4 日来澳，9 月 7 日到广州，1817 年离开公司转为散商，1825 年为丹麦领事，同年加入比尔和马格尼亚克洋行，1832 年与马地臣合组渣甸—马地臣公司（即怡和洋行），并合并了比尔和马格尼亚克洋行，1839 年返回英国，后又返回澳门；1841 年参加中华医疗传道会在澳门举行的第二届年会，被选为副主席

（续上表）

姓名	说明
罗伯特·莫尼 Robert Money	商人、东印度公司大班、“天佑号”船长，1802 年来广州、澳门贸易，7 月在从澳门到广州的途中遭到土匪袭击
啉臣	商人，1802 年 9 月在万山外洋遭风沉船，搭船来澳门，随船逃生还有水手 19 名
詹姆斯·莫罗尼 James Molony	爱尔兰人，1802 年来广州商馆工作，1812 年至 1814 年担任大班，管理总账，1815 年去孟加拉，1816—1818 年任特选委员会委员，住澳门，1818 年离职，1820 年返回广州，1820—1821 年担任委员，1821 年 2 月回国
马见多 Market	商人，1804 年 8 月驾船装载棉花等货来澳门、广州贸易，9 月 2 日船入澳门，将棉花违例在澳门卖出
威廉·巴林 William Baring	著名英国商人法兰西斯·巴林的儿子，1804 年以后法兰西斯·巴林派其三子前往广州，在商馆担任书记；1807—1808 年威廉·巴林任东印度公司特选委员会委员，1809 年 2 月回国；其兄弟亨利·巴林（Henry Baring）和乔治·巴林（George Baring）也先后在广州商馆任职
乔治·巴林 George Baring	1804 年来华，先在广州商馆任职，1807 年创办巴林行（George Baring & Co.），专为孟加拉商人代理鸦片生意，不久莫罗尼和罗巴兹加入，改名为“巴林、莫罗尼和罗巴兹洋行”，1808 年瓦尔特·达卫森入伙，到 1813 年以后该洋行全部业务交给达卫森管理，遂改名为达卫森洋行
噹臣	商人，1804 年 9 月带书信来澳门，转递东印度公司大班，很可能是最早出现的海邮船
啰子啰子	“吗叻时船”商人，1804 年 11 月在澳门购有瓷器、花布等货去越南售卖，因遭风难飘进琼州港，后与其他的 56 名难夷递送澳门
布坎南 Buchanan	商人、“海王星号”船长，1805 年来澳门、广州贸易，1807 年 2 月 24 日该船有 7 名水手参加与华人斗殴事件，其中有一名华人被击毙

（续上表）

姓名	说明
梅特卡夫（觅加府）Theophilus John Metcalfe	爵士、东印度公司大班，1805 年前偕夫人来到澳门，他的妻子是当时澳门英人社群中唯一的女性，后在澳门去世；1812—1814 年为东印度公司大班，来澳跟随马礼逊学习中文，1815—1816 年任特选委员会委员，1816 年任代理主席，1817—1819 年任主席，1819 年 11 月 20 日因病请假回国
弗朗西斯·图恩 Francis Hastings Toone	1805—1812 年任东印度公司书记，曾跟随马礼逊学习中文，1813 年回国，1815 年回任原职，1816 年充当阿美士德使团汉语秘书，1818 年任秘书，1819 年任委员，1820 年 1 月回国，1823 年 8 月从英国返回，1823—1826 年再次出任委员，1826 年 11 月回国
柏三魁 William Bosanquet	1805—1814 年任东印度公司书记，曾跟随马礼逊学习中文，1818 年任大班，1820 年任特选委员会委员，1820 年 12 月因病回国
理查德·丹拿（啤嗱）Richard F. Turner	散商、“代依号”主任大班，1806 年来澳，12 月在前往澳门的途中被海盗绑架，1807 年 5 月获释，1829 年前偕夫人在澳门居住，并生有一男，1829 年成立丹拿洋行（Turner & Co.），1834 年筹备成立广州英国商会，同年底在渣甸和马地臣向英国国王的上书上签字，丹拿是总商会、益智会、英国海员医院、中华医疗传道会的积极组织者，1839 年 1 月 3 日任在广州成立的“在华海员之会”主席，同年 3 月 28 日在澳门去世
威廉·布拉姆斯顿 William Bramston	1807—1810 年为东印度公司特选委员会委员，1812 年为东印度公司大班，而且管理财库会计账目，1813 年再任委员，1834 年增改英国海军部绘制的《澳门市区及港口图》

（续上表）

姓名	说明
威廉·部楼顿 William Henry Chichely Plowden	东印度公司商人，1807 年来澳贸易，1810—1814 年任东印度公司书记，1815 年去圣海伦岛养病，1818 年偕夫人凯瑟琳·部楼顿（Catherine Plowden）从英国返回，出任大班，1824 年 12 月—1827 年任特选委员会委员，1826 年偕夫人居住在澳门，女儿诞生，1827 年 1 月 18 日其夫人在澳门去世，1827 年 12 月—1830 年任主席，1830 年 1 月回国，1832 年 8 月—1833 年再任主席，偕夫人安妮特·坎贝尔（Annette Campbell）在澳门居住，因水土不服，于 1834 年 1 月回国
益花臣 John Fullarton Elphinstone	1807—1811 年为东印度公司特选委员会委员，1811—1815 年任主席，1816 年 1 月离任回国
瓦尔特·达卫森 Walter Stevenson Davidson	英国商人，1807 年来澳，到澳门后加入葡萄牙籍，加入“巴林、莫罗尼和罗巴兹洋行”，1813 年正式改名为达卫森洋行（Davidson & Co.），1820 年托马斯·颠地加入，改名为颠地洋行（宝顺洋行）
盼师 William Baynes	1807—1816 年为东印度公司书记，并偕夫人在澳门居住，从 1817 年到 1831 年间在澳门共生了 3 个孩子，1828—1829 年任委员，1830 年 2 月任主席，当年偕夫人进广州商馆，遭清政府驱逐，11 月离任
威廉·道森 William Dawson	“倨傲号”舰长，1808 年来澳
米利肯·克雷格 Miliken Craig	东印度公司船船长，1808 年 10 月来广州、澳门贸易
丹尼尔·马格尼亚克 Daniel Magniac	商人，查尔斯·马格尼亚克的兄弟，1809 年以普鲁士副领事的身份来华
查尔斯·托马斯 Charles Thomas	东印度公司商人，1809 年 8 月 30 日乘坐“贝特西号”船和他的家人抵达澳门居住
霍林华斯·马格尼亚克 Hollingworth Magniac	商人，查尔斯·马格尼亚克的兄弟，1809 年以普鲁士领事秘书的身份来华①，1813 年加入比尔和马格尼亚克洋行，1832 年比尔和马格尼亚克洋行关闭

① Michael Greenberg, *British Trade and the Opening of China, 1800 - 1842*, New York: Monthly Review Press, 1979, pp. 25, 27 - 28.

（续上表）

姓名	说明
乔治・克鲁特敦 George Cruttenden	商人，1809 年以前为东印度公司职员，后定居加尔各答并参与散商业务，1822 年 3 月 23 日在澳门去世，在印度时钱纳利曾为他绘像
埃德蒙德・莫罗尼 Edmund Molony	爱尔兰人，詹姆斯・莫罗尼 的弟弟，1810 年担任广州商馆书记
菲利普・蒙汉 Philip Manghan	1810 年在澳门及其附近海域进行勘探调查，绘制澳门外海图
担啤	商人，1810 年前在广州、澳门贸易，并在澳门住冬，1810 年 9 月搭西班牙“晏嗱船”赴广州贸易
担嘛时	商人，1810 年前在广州、澳门贸易，并在澳门住冬，1810 年 9 月搭西班牙“晏嗱船”赴广州贸易
查尔斯・巴德维尔 Charles Badwell	1810 年在澳门与土生葡人女子玛利亚・维达尔（Maria Quitéria Vidal）结婚，育有 6 子，融入葡人社会后改名为若奥・巴都尔（João António Baduel），巴德维尔原为新教徒，结婚后改宗天主教
林赛 Hugh Hamilton Lindsay	商人，1810 年时担任东印度公司船队高级指挥，在广州、澳门工作，1827—1831 年为东印度公司书记，1832—1834 年为高级大班，1832 年在澳门拱北遭华人袭击，后成立林赛洋行（Lindsay & Co.），1836 年担任了广州外侨总商会第一届委员会委员，经常为《广州纪录报》和《中国丛报》写文章，1839 年为上缴鸦片的英商
波义德・劳森 Boyd Lawson	东印度公司驻澳门商馆管事，1812 年与约瑟夫科顿夫人的仆人费斯曼在澳门结婚，1829 年出现了劳森洋行（Lawson & Co.），1834 年与托马斯・福克斯合伙成立福克斯和劳森洋行（Fox,Lawson & Co.），又称壳士行，为 1839 年上缴鸦片的英商
约瑟夫・科顿 Joseph Cotton Jr.	1812—1814 年东印度公司大班，1816—1818 年任特选委员会委员，偕夫人在澳门居住
咸臣 James Brabazson Urmston	1812—1814 年东印度公司大班，偕夫人居澳，生有一男孩，1816—1818 年任委员，1819 年 11 月—1826 年任主席，1824 年 5 月被封为爵士，1826 年 11 月退休回国

（续上表）

姓名	说明
查尔斯·米利特 Charles Millett	1812—1814 年东印度公司书记，来澳门跟随马礼逊学习中文，1815 年去圣海伦岛养病，1818 年再任书记，1825 升大班，1826—1832 年任委员，1832 年 8 月卸任委员，1834 年为大班
弗雷德里克·赫德尔斯顿 Frederick Irwin Hudlestone	1812 年东印度公司书记，来澳门专门抄录日志
末士悲（悲先生）	商人，“叻咖号”船主，1812 年 7 月因从黄埔回国，到凼仔鸡颈时船舵遭风打折，入澳修理，后在南湾被兵船拦截扣押
詹姆斯·班纳曼 James Bannerman	1813—1818 年东印度公司书记，来澳跟随马礼逊学习中文，1817 正式担任东印度公司译员，1825 年升大班，1828—1830 年任委员，1834 年为大班
查尔斯·马治平 Charles Marjoribanks	1813—1818 年东印度公司书记，来澳跟随马礼逊学习中文，1825 年升大班，1827—1828 年任委员，1830 年 11 月—1831 年任特选委员会主席，同年担任《广州杂文报》主编，1832 年 1 月因病回国
德庇时（嗲庇时）John Francis Davis	1813—1816 年东印度公司书记，来澳跟随马礼逊学习中文，1816 年充当阿美士德使团汉语秘书，1818 年再任书记，1825—1827 年任大班，1827—1831 年任委员，1828 年在澳门生一子，1831 年担任东印度公司在澳门创办的《广州杂文报》主编，1832 年 1 月—1832 年 8 月任主席，1833 年任委员，1834 年 1 月再次出任主席，同年出任英国驻华第二商务监督，1834 年任驻华商务监督，1835 年辞去总监督职位，1845 年出任港督，同年访问澳门
帕特里克·斯特瓦特 Patrick Stewart	东印度公司“范斯塔特号”和“伦敦号”船主，1815—1827 年在华贸易，1817 年其女简·斯蒂尔（Jane Still）与巡船船长菲利普·莫姆结婚；1835 年再次来华，1837 年与夫人在澳门居住，1841 年为澳门英国商务监督，后成为英国代理领事，1846 年在澳门设立商行，1848 居住澳门南湾街 34 号,① 1857 与其妻鲁伊莎·斯特瓦特（Louisa Stewart）先后在澳门去世，其在澳门定居 20 余年

① *Boletim do Governo da Provincia de Macao, Timor e Solor*, Vol. Ⅲ, 25 de Dezembro de 1848, No. 24, p. 99.

（续上表）

姓名	说明
约翰·科林 John Collins	商人、“沃林号”船长，1815 年 9—12 月往返广州与澳门
詹姆斯·本德格拉斯 James Pendergrass	商人、“希望号”船长，1815 年 9—11 月往返广州与澳门
理查德·罗斯 Richard Rawes	商人、“沃伦·黑斯廷斯号”船长，1815 年 9 月—1816 年 1 月往返广州与澳门
彼得·罗兰德 Peter Rolland	商人、“阿尼克城堡号”船长，1815 年 9 月—1816 年 1 月往返广州与澳门
大卫·萨顿 David Sutton	商人、“沃默尔城堡号”船长，1815 年 4 月—1816 年 12 月往返广州与澳门
爱德华·巴尔斯顿 Edward Balston	商人、“阿米莉娅公主号”船长，1815 年 4—9 月往返广州与澳门
休米·斯格特 Hugh Scott	商人、“谷神星号”船长，1815 年 10—11 月往返广州与澳门
查尔斯·莱·布兰克 Charles Le Blanc	商人、“赫里福德郡号”船长，1815 年 11 月—1816 年 2 月往返广州与澳门
亚历山大·莱蒙 Alexander Nairne	商人、“杰伦诺尔·基德号”船长，1815 年 11 月—1816 年 2 月往返广州与澳门
罗伯特·威尔邦克 Robert Welbank	商人、“卡福诺号”船长，1815 年 7—11 月往返广州与澳门
查尔斯·格里布尔 Charles B. Gribble	商人、东印度公司商船“皇家乔治号”船长，1815 年 8—11 月往返广州和澳门，1840 年驾驶“泰晤士号”携带其夫人、两个孩子以及他的妹妹一起来到澳门，到澳门后不久在前往伶仃岛时被清政府逮捕，后获释放
理查德·尼斯贝特 Richard Nisbet	商人、“埃塞克斯号”船长，1815 年 9—11 月往返广州和澳门
约翰·洛克 John Locke	商人、“大卫·斯科特号”船长，1815 年 9—11 月往返广州和澳门
约翰·洛斯 John Loch	商人、“查尔斯·格兰特号”船长，1815 年 9—11 月往返广州和澳门

（续上表）

姓名	说明
威廉·哈伊 William Hay	商人、“英格利斯号”船长，1815 年 9—11 月往返广州和澳门
亨利·参逊 Henry M. Samson	商人、“卡姆登侯爵号”船长，1815 年 9 月—1816 年 1 月往返广州和澳门
罗伯特·达尔林普尔 Robert S. Dalrymple	商人、“范西塔特号”船长，1815 年 9 月—1816 年 1 月往返广州和澳门
乔治·维尔斯特德 George Welstead	商人、“杰伦诺尔·哈里斯号”船长，1815 年 10 月—1816 年 1 月往返广州和澳门，1821 年 10 月再次来广州和澳门贸易
查尔斯·莫洛克 Charles Mortlock	商人、“洛瑟城堡号”船长，1815 年 10 月—1816 年 1 月往返广州和澳门
菲利普斯·休斯 Philips Hughes	商人、“布里奇沃特号”船长，1815 年 10—12 月往返广州和澳门
查尔斯·梅恩 Charles O. Mayne	商人、“埃特斯号”船长，1815 年 10—12 月往返广州和澳门；1821 年为“阿特拉斯号”船长，在广州、澳门贩卖鸦片
乔治·必丹 George Bitham	商人、“惠灵顿侯爵号”船长，1815 年 6—7 月往返广州和澳门
覃义理 J. F. N. Daniel	1815—1818 年成为东印度公司书记，1825—1828 年为大班，1829—1834 年任特选委员会委员，1835 年公司结束后，负责公司成立的从事金融活动的代理行，次年回国；他还参加了最早的《广州周报》的编辑
托马斯·布朗 Thomas Brown	商人、“弗洛拉夫人号”船长，1815 年 10—12 月往返广州和澳门
查尔斯·史密斯（士吻） Thomas Charles Smith	1816—1818 年东印度公司书记，来澳跟随马礼逊学习中文，1820 年居住澳门时，在前往公司办事处途中遭华人伏击，遭殴打受伤，1825—1829 年为大班，1830—1831 年任委员，1834 年为大班，1835 年公司结束后，负责公司成立的从事金融的代理行，成为自由商人，次年回国；其夫人为玛丽·韦德博恩（Mary Turner Scrymgeour Wedderburn），是伊丽莎·韦德博恩的姊妹；他还参加了最早的《广州周报》的编辑

（续上表）

姓名	说明
约翰·特温 John A. Tween	商人、“北安普敦号”船长，1816 年 1—3 月往返广州和澳门
爱德华·瓦茨 Edward Watts	代理商，原为印度钱纳利行（Chase Chinnery & Co.）的合伙人，1816 年 6 月乘“希望号”以奥地利驻华总领事的身份来澳门和广州经商，1819 年离华去巴西，1821 年 7 月再次来澳门，1837 年为“萨兰号”船长再次来华，死于金星门，葬于澳门
约翰·杰克逊 John Jackson	1816—1818 年为东印度公司书记，1825—1834 年为大班，1826 年跟老里夫斯学习验茶，担任助理验茶师
瓦尔特·坎贝尔 Walter Campbell	东印度公司“休伊特将军号”船长，1816 年 9 月抵达广州、澳门贸易
詹姆斯·詹姆森 James Jameson	东印度公司“休伊特将军号”队长，1816 年 9 月抵达广州、澳门贸易
詹姆斯·马地臣 James Matheson	散商、“墨罗佩号”和“欧亨尼亚号”船主，经营鸦片贸易，1818 年来澳贸易，1821 年在澳门买了一栋很好的房子，后加入尹沙瑞洋行（Yrisarri & Co.），1823 年担任丹麦领事，1826 年开办马地臣洋行（Matheson & Co.），1827 年创办《广州记录报》，1828 年加入比尔和马格尼亚克洋行，1832 年 6 月 30 日比尔和马格尼亚克洋行结束，代之为与威廉·渣甸创办怡和洋行（Jardine, Matheson & Co.），1834 年筹备成立广州英国商会，并出任商会负责人，1839 年 8 月退居澳门时，担任英商临时商会主席，1841 年参加中华医疗传道会在澳门举行的第二届年会，被选为副主席，1847 年回国
央马地臣（三马地臣）Alexander Matheson	詹姆斯·马地臣的侄儿，1818 年来澳，1827 年在比尔和马格尼亚克洋行任职，先做印刷，后从事鸦片贸易，1834 年年底在渣甸和马地臣向英国国王的上书上签字，1842 在澳门参加南京条约关税问题的讨论，同年 9 月担任第四届马礼逊教育会司库

（续上表）

姓名	说明
克里斯多弗·费伦 Christopher Fearon	军人、上校，1818 年与伊丽莎白·费伦（Elizabeth Fearon）结婚，夫妇同居澳门，1820 年与伊贝里合伙组建伊贝里和费伦洋行（Ilbery，Fearon & Co.），曾经租居葡人俾利喇花园；1827 年担任汉诺威副领事，1830 年费伦夫人与盼师夫人、罗宾臣夫人一同出现在广州商馆，1838 年 3 月 31 日其夫人在澳门去世，1846 年在澳门设有商行
罗伯聃 Robert Thom	1818 年来澳，后在广州、澳门经商，1843 担任香港政府秘书，同时抵达澳门
亨利·伊贝里 James William Henry Ilbery	港脚商人，1820 年与费伦合伙组建伊贝里和费伦洋行，1837 年前与夫人路易莎·伊贝里（Louisa Ilbery）在澳门居住，1837 年 8 月 21 日其妻在澳门去世，1839 年为上缴鸦片的英商
托马斯·颠地 Thomas Dent	散商，1820 年前来华，1820 年成为达卫森洋行（Davidson & Co.）的代理人，1823 年任撒丁领事，1826 年成立颠地洋行（Dent & Co.），即后来的宝顺洋行
卡梅伦 Cameron	散商、“约克公爵号”船长，1820 年在广州、澳门贸易
亚当森 Adamson	散商、“温奇尔西号”船长，1820 年 2 月在广州、澳门贸易
詹姆斯·戈达德 James Goddard	代理商，1821 年 7 月任奥地利驻广州领事，并来澳门，1834 年参加了筹备广州英国商会，起草商会章程，1834 年年底在渣甸和马地臣向英国国王的上书上签名
帕尔默 C. Palmer	代理商，1821 年任普鲁士驻澳门领事
莱尔 Lyall	代理商，1821 年任普鲁士驻澳门商务代理
查尔斯·J. 维勒 Charles J. Wheler	商人、孟买国内服务机构书记，其家族中不少人为东印度公司成员，1822 年 12 月 4 日在澳门去世
罗伯特·英格利斯 Robert Inglis	1822—1825 年东印度公司书记，1826 年加入宝顺洋行，1836 年在澳门举办一场盛大的舞会，1838 年担任中华医疗传道会副主席，1841 年参加中华医疗传道会在澳门举行的第二届年会，被选为副主席

（续上表）

姓名	说明
克鲁克香克斯 W. Cruckshanks	东印度公司船“法夸森号”船长，1823 年 10 月偕夫人在澳门居住，因其夫人乘坐轿子遭到中国官员的干涉并将轿夫逮捕
托马斯·霍华德 Thomas Howard	港脚船船长，1823 年偕夫人珍妮·霍华德（Jane Howard）来澳门，其夫人于 2 月 23 日在澳门去世
约翰·布迪旺 John Henry Buttivant	东印度公司“皇家乔治号”大副，1823 年 9 月 9 日在澳门去世
亚历山大·罗伯逊 Alexander Robertson	代理商，1824 年夏建造了“西尔夫号”，并创办了广州至澳门之间的航运，与卡伦合伙创建了罗伯逊和卡伦洋行（Robertson, Cullen & Co.），1825 年担任西西里驻广州领事，1833 年为“气仙号”船大班，在广州、澳门进行鸦片贸易
亨利·阿斯特尔 John Henry Astell	1825—1829 年为东印度公司书记，1830—1834 年为大班，1834 年公司结束后，负责公司成立的代理机构，后担任驻华商务总监秘书兼会计，1835 年担任英国驻华第二商务监督，后辞职成为公司代理商，1839 年离开广州
约翰·桑希尔 John G. Thornhill	商人，1825—1831 年为东印度公司书记，1832—1834 年为大班
亨利·雷文肖 Henry Thomas Ravenshaw	商人，1825—1829 年为东印度公司书记，曾跟随马礼逊学习中文，1830—1834 年为大班
马修·克拉克 Henry Mathew Clarke	商人，1825—1829 年为东印度公司书记，曾跟随马礼逊学习中文，1830—1834 年为大班，1835 年东印度公司解散后，留下来办理公司的结束事务，1839 年 1 月参加在广州成立的“在华海员之友会”，并参与制定章程，同年离开广州
奇齐里·布楼顿 R. Chicheley Plowden	其家族中不少人为东印度公司成员，供职于公司孟买国内服务机构，1825 年 9 月 21 日在澳门去世

（续上表）

姓名	说明
查·比尔 Chay Beale	托马斯·比尔的私生子①，比尔和马格尼亚克洋行商人，1826年来澳贸易，1849年澳督亚马留任命比尔洋行的托马斯·比尔（Thomas Beale）为葡萄牙驻上海领事②，疑此比尔即查·比尔
兰斯洛特·颠地 Lancelot Dent	宝顺洋行商人，1826年来澳贸易，1834年筹备成立广州英国商会，1841年参加中华医疗传道会在澳门举行的第二届年会，被选为副主席
乔治·马地臣 George Matheson	尹沙瑞洋行商人，1826年来澳贸易
卡伦 Cullen	代理商，1826年与罗伯逊合伙创建了罗伯逊和卡伦洋行（Robertson, Cullen & Co.）
威廉·怀特 William White	代理商，1826年来澳，1829年成立怀特洋行（White & Co.）
曼森·丹尼尔 E. Manson Daniel	代理商，1826—1829年来澳门、广州贸易，1836年5月15日在澳门去世
伊斯门 Eastman	代理商，1826年来澳贸易
查尔斯·马克威克 Charles Markwick	代理商，1826年来澳，1831年前在广州、澳门经营酒店；其兄1836年去世后接管酒店，和爱德华兹公司合并
贾思特 L. Just	钟表商，1826年来澳，1834年还在广州和澳门经商，同年底在渣甸和马地臣向英国国王的上书上签字，1839年为“黑约克号”船长，该船从澳门去香港时遭海盗袭击
亚历山大·格兰特 Alexander Grant	代理商、“大力神号”船长，1826年来澳，后一直担任渣甸公司船队总指挥，1828—1833年偕夫人在澳门居住，生有4个女儿，1832年在澳门住冬时，英国商人在其澳门住宅举行大型聚会；1833年8月7日，驾驶“萨马兰号”驶入唐家湾，并抓捕一名盗窃物资的淇澳乡华人，后将此华人推下水溺死，清政府对此事进行了处理；1838年走私鸦片，拥有走私船2艘

① Katharine Hillard ed., *My Mother's Journal: A Young Lady's Diary of Five Years Spent in Manila, Macao, and the Cope of Good Hope from 1829–1834*, Boston, 1900, p. 425.

② ［美］费正清：《中国沿海的贸易与外交、五口通商：1842—1854》，斯坦福大学出版社，1969年，第328页，转引自［葡］萨安东著，金国平译：《葡萄牙在华外交政策：1841—1854》，澳门：葡中关系研究中心、澳门基金会，1997年，第110页。

（续上表）

姓名	说明
约翰·坦普尔顿 John Templeton	代理商，先为渣甸公司船上的大副，1826 年成为独立商人，曾经在东印度公司任职，1829 年还在广州、澳门贸易，1835 年 7 月 29 日其夫人伊萨贝尔（Isabella Anne Templeton）在澳门去世
特伦奇 Trench	代理商，1826 年来澳
戴维森 Thomas Davidson	代理商，1826 年来澳
詹姆斯·伊贝里 James Ilberry	代理商，1826 年任汉诺威驻华领事，后与比尔和马格尼亚克洋行合作，长达 30 年，1836 年他的女儿在澳门出生
罗伯特·爱德华兹 Robert Edwards	商人，1826—1831 年在广州、澳门贸易，经营酒店业，1836 年接任澳门英国邮局局长，负责公司船舶业务，1837—1847 年偕夫人在澳门居住，1847 年在澳门去世
查尔斯·哈特 Charles Henry Hart	商人，1826 年起在澳居住，1839 年同土生葡人女子玛利亚·佩雷拉（Arcina Maria Pereira）结婚，育有 2 子；妻子死后，又同土生葡人女子玛利亚·莱特格布（Maria Leitgeb）结婚，1846 年在澳门设有商行，1847 年还在澳门居住；哈特原为新教徒，与土生葡人结婚改宗天主教
理查德·布朗 Richard Brown	商人，“孟加拉商人号”船长，绰号为“吹牛布朗”，1826—1831 年在澳居住，经常往返于印度和广州之间，1831 年加入怀特曼洋行
约翰·瓦尔克 John Walker	港脚船“麦奎因号”船长，1826 年在澳门、广州贸易，并偕夫人卡茨罗·瓦尔克（Cathro Walker）定居澳门，11 月瓦尔克在广州街上散步遭华人袭击，1838 年 10 月 18 日其夫人去世并被葬于澳门
小丹尼尔·比尔 Daniel Beale Jr.	老丹尼尔·比尔的儿子，托马斯·比尔的侄子，1826 年时为马格尼亚克公司职员，1827 年 1 月 4 日在澳去世①
威尔金森 Wilkinson	商人，1827 年来广州、澳门贸易，加入宝顺洋行

① ［美］亨特著，冯树铁、沈正邦译：《广州番鬼录·旧中国杂记》，广州：广东人民出版社，2009 年，第 276 页。

（续上表）

姓名	说明
詹姆斯·因义士（轩义士）James Innes	代理商，经营鸦片贸易，1827 年来澳贸易，1834 年律劳卑生病时曾将他接到自己宅邸居住，1838 年成为中华医疗传教会的终身董事，1839 年遭林则徐驱逐回国，但实际并未离开，1841 年在澳门去世
乔治·罗便臣 George Best Robinson	1827—1829 年为东印度公司书记，并偕夫人在澳门居住，在澳门生有 5 个孩子，1830—1834 年任大班，1832 年加入比尔和马格尼亚克洋行，1834 年出任驻华第二商务监督，1835 年 1 月出任驻华商务监督
罗伯特·赫德尔斯顿 Robert Burland Hadleston	商人，1827—1829 年为东印度公司书记，1832—1834 年为大班，1832 年 9 月其夫人及弟弟来到澳门，并参加澳门的音乐会
弗雷德里克·莫里斯 Frederick John Morris	1828—1834 年为东印度公司书记
格莱海姆·麦克兹 Graham Mackerze	散商，居住于新加坡，1828 年 10 月 29 日在澳门去世
亚瑟·史密斯 Arthur J. Smith	商人，1828 年任东印度公司商馆办公室助理，东印度公司解散后成为散商，成立士密行（Smith & Co.），1839 年为上缴鸦片的英商，1851 年居澳
约翰·罗斯 John Ross	商人，1828 年任东印度公司商馆办公室助理
罗伯特·亚历山大 Henry Robert Alexander	商人，1829—1834 年为东印度公司书记、总务助理
威廉·坎贝尔 James William H. Campbell	商人，1829—1834 年为东印度公司书记，东印度公司解散后成为散商，“梦号”船长，1837 年加入广州划船俱乐部
霍林沃思 F. Hollingworth	商人，1829 年来澳门、广州贸易，加入比尔和马格尼亚克洋行
高维尔 J. Gover	散商，1829 年来澳门、广州贸易
托马斯·巴克 Thomas Baker	散商、船长，1829 年因在澳门殴打葡萄牙人被逮捕，1834 年还在广州和澳门经商
亚历山大·波义德 Alexander P. Boyd	1829 年为东印度公司大班，1831 年加入丹拿洋行，1835 年与英国散商马克·雷恩商行的巴寇先生的小女儿夏洛蒂在澳门结婚，1837 年全家在澳门，同年 3 月在澳门生有一女

（续上表）

姓名	说明
约翰·怀特曼（咜吱）John C. Whiteman	商人，1829 年来澳贸易，1830 年初因在澳门没有房子，遂偕夫人在广州居住，后遭中国政府抗议而回澳门，在圣若瑟学院附近居住，后迁居南湾，1831 年成立怀特曼洋行（Whiteman & Co.），1834 年在澳门生有一女孩，1838 年成为中华医疗传教会终身董事
查尔斯·威尔金 Charles Wikins	商人、爵士，1829 年为澳门英国博物馆负责人
塞缪尔·戈维尔 Samuel Gover	商人，怡和洋行在伶仃洋的趸船“萨马朗号”船长，绰号“肥鬼”，长居澳门，1829 年 10 月 26 日在澳门去世
克立夫顿 W. Clifton	飞剪船“红海盗号”船长，1829 年 2 月抵澳，从事鸦片贸易，拥有鸦片船 2 艘
罗伯特·劳克 Robert Locke	东印度公司“约克公爵号”船长，1829 年来澳，1831 年居住澳门，并在澳门骑马郊游
古忒 Saboodeen Guttay	散商，1829 年时在广州和澳门贸易与生活，介入巴斯商人向特选委员会的申诉
托马斯·沃尔波特 Thomas Allport	商人，1829—1831 年在澳门、广州贸易，1831 年加入宝顺洋行，1837 年全家在澳门
亨利·赖特 Henry Wright	商人，1829 年来广州、澳门贸易，加入比尔和马格尼亚克洋行，后成为怡和洋行成员，1834 年底在渣甸和马地臣向英国国王的上书上签名，1839 年从广州撤回澳门的英国商人
约翰·克罗克特 John Crockett	散商，“夏洛蒂号”船长，后从事鸦片贸易，1830 年偕妻子安·克罗凯特（Ann Crockett）来澳，在广州和澳门经商，同年 10 月 21 日在澳门生一女，其妻 1835 年 7 月 21 日在澳门去世，本人 1837 年 6 月 20 日在澳门去世
安东尼·丹尼尔（单耶厘）Anthony Strwart Daniel	1830 年代在广州和澳门生活，并创建了丹尼尔洋行，1836 年 5 月 15 日其 8 个月大的儿子夭折，1839 年还在澳门
弗朗西斯·罗伯森 Patrick Francis Robertson	商人，丹拿公司合伙人，1830 年代居住在广州、澳门

（续上表）

姓名	说明
詹姆斯·内施 James Neish	商人、“威廉堡号”船长，1830年前偕夫人在澳门居住，并生有一男，1834年8月从加尔各答经新加坡驾船来广州，曾将伯驾从新加坡带回澳门和广州
查尔斯·豪金斯 Charles Hawkins	东印度公司船“阿特拉斯号”第三指挥，1830年1月18日在澳门去世
约翰·舒特 John Shute	商人、东印度公司船“丹妮特号”指挥，1830年10月死于黄埔，后葬于澳门
约瑟夫·亨利 Joseph Henry	商人，1831年来澳门和广州贸易，加入伊贝里和费伦洋行，1834年还在广州、澳门贸易
哈顿 W. H. Harton	商人，1831年来澳门和广州贸易，加入怀特曼洋行，1834年还在广州、澳门贸易
威廉·海莱特 William Haylett	散商，1831—1834年在广州和澳门贸易，1834年年底在渣甸和马地臣向英国国王的上书上签名
卡特莱特 Cartwright	商人，1831年其夫人与他同时抵达澳门
威廉·华莱士 William Robert Wallace	飞剪船“气仙号”船长，1831年载郭实猎航行至辽东湾，1833年4月再次来广州、澳门贸易，后在澳门居住，是1839年从广州撤回澳门的英国商人之一
弗雷德里克·杨 Charles Frederick Young	商人，1831—1834年担任东印度公司书记，曾利用业余时间学习汉语
马克·雷恩 Mark Lane	商人，与马克威克联合创办公司，1832年1月14日在海上去世葬于澳门
侯普 Hope	东印度公司“海尔夫德舍号”船长，1832年在澳门参加音乐会
安德伍德 Underwood	东印度公司“伦敦号”船长，1832年其妻子与他同时抵达澳门，12月8日安德伍德夫人参加哈丽特·洛的聚会
佩莱图 Peletun	散商、船长，1832年8月在广州、澳门贸易
杜兰特 N. Durant	散商“成功号”船长，与渣甸—马地臣公司合作，1832年1月偕夫人在澳门上船，被粤海关税馆官吏袭击致伤，1834年7月13日杜兰特夫人尤菲米娅（Euphemia Durant）去世，本人于1838年去世

（续上表）

姓名	说明
乔治·邓肯 George Duncan	“汉堡号”船长、商人，偕其夫人来澳门居住，1833年8月10日在澳门病逝
约翰·希尔曼 John Hillman	东印度公司船长，1833年在广州养病
弗莱德里克·伊贝里 Frederick Ilbery	商人，其家族曾在中国与费伦合伙从事散商贸易，1833年11月23日在澳门去世
唐纳德·麦肯齐 Donald C. Mackenzie	东印度公司最后一批来华商人，“Hormusjee Bomanjee号”船长，1833年来澳门和广州贸易，主要从事鸦片贸易，拥有鸦片走私船5艘，1839年10月30日在澳门去世
詹姆斯·巴特曼 James Bateman	怡和洋行“活力间谍号”船长，1833年后在澳门去世
律劳卑 Lord Napier	英国驻华第一任商务监督，1833年7月15日偕妻女抵达澳门，住怡和洋行宅邸，不久死于澳门
托马斯·里斯 Thomas Rees	散商，英国“阿美士德大人号”船长，1833年偕夫人玛利亚·里斯（Maria Rees）来澳，其夫人1836年12月27日在澳去世，1838年作为“阿尔吉利恩号”船长，陪同马他伦将军进入澳门街
约翰·马克 John R. Mark	商人，1833年为东印度公司广州商馆仆役长，1837年与夫人居住在澳门，1839年与斯坦福在澳门合作开酒店，称为斯坦福和马克酒店
亨利·斯金那 Henry Skiner	商人，1833年担任东印度公司商馆管事，1835年加入马克威克公司负责澳门船舶业务
亚历山大·参逊 Alexander R. Johnston	商务总监律劳卑的私人秘书，英国在澳门的代表，海邮局局长，1834年来澳，1835年4月出任英国驻华第三商务监督，1836年为英国驻华商务副监督
查尔斯·义律 Charles Elliot	英印殖民地马德拉斯总督之子，乔治·懿律的堂兄弟，1834年1月随律劳卑来澳，偕夫人克拉拉（Clara Elliot）及孩子来澳居住，担任英国驻华商务监督船务总管，1834年11月升任秘书，1835年1月升任第三监督，4月升任第二监督，1836年12月14日正式接任英国商务监督

（续上表）

姓名	说明
托马斯·福克斯 Thomas Fox	商人，1834 年来澳，成立福克斯·劳森公司（Fox, Lawson & Co.），又称壳士行，同年参加创建在华实用知识传播会，同年底还在渣甸和马地臣向英国国王的上书上签字
怀特塞德 Whiteside	“萨拉号”船长，1834 年 1 月来广州、澳门贸易
威廉·波义德 William S. Boyd	散商，1834 年在广州筹备成立广州英国商会，1837 年前偕夫人在澳门居住，同年 3 月在澳门生有一女
约翰·米德尔敦 John Middleton	1834 年在广州、澳门经商的商人，1849—1851 年偕夫人玛丽·米德尔敦（Mary Middleton）在澳门居住，住南湾街 40 号①
威廉·贝尔 William Bell	商人，1834 年前即来广州和澳门经商，成立唛儿行（Bell & Co.），1836 年被选为广州外侨总商会第一届委员会委员，为 1839 年上缴鸦片的洋商之一，1841 年参加中华医疗传道会在澳门举行的第二届年会，被选为副主席
威廉·勒斯利 William Leslie	商人，1834 年前在广州和澳门贸易，1841 年参加中华医疗传道会在澳门举行的第二届年会，被选为审账员，1842 年 9 月担任第四届马礼逊教育会副主席，1847 年还在澳门居住
亚历山大·渣甸 Alexander Jardine	商人，1834 年前来澳门、广州经商，1834 年年底在渣甸和马地臣对英国国王的上书上签字
吉布 T. A. Gibb	商人，1834 年前来澳门、广州经商，1834 年年底在广州，1837 年与威廉·李文斯敦合组吉布和李文斯敦洋行（Gibb, Livingston & Co.），又称劫行；1839 年为上缴鸦片的英商
本津 W. Benkin	商人，1834 年年底之前在广州、澳门经商，同时在渣甸和马地臣向英国国王的上书上签名
韦伯斯特 D. Webster	商人，1834 年年底之前在广州、澳门经商，同时在渣甸和马地臣向英国国王的上书上签名

① *Boletim do Governo da Provincia de Macao, Timor e Solor*, Vol. Ⅲ, 25 de Dezembro de 1848, No. 24, p. 99.

（续上表）

姓名	说明
康普顿 J. B. Compton	商人，1834 年年底之前在广州、澳门经商，同时在渣甸和马地臣向英国国王的上书上签名
里斯 J. Rees	商人，1834 年年底之前在广州、澳门经商，同时在渣甸和马地臣向英国国王的上书上签名
考德威尔 D. R. Caldwell	商人，1834 年年底之前在广州、澳门经商，同时在渣甸和马地臣向英国国王的上书上签名
安思礼 J. Ainsley	商人，1834 年年底之前在广州、澳门经商，同时在渣甸和马地臣向英国国王的上书上签名
克雷格 J. Cragg	1834 年年底之前在广州、澳门贸易的商人
福斯特 W. H. Foster	1834 年年底之前在广州、澳门贸易的商人
麦考希 H. W. Maccaughey	1834 年年底之前在广州、澳门贸易的商人
麦考克 A. McCullock	1834 年年底之前在广州、澳门贸易的商人
麦开 W. Mckay	1834 年年底之前在广州、澳门贸易的商人
贝里斯 J. Baylis	1834 年年底之前在广州、澳门贸易的商人
克利夫 J. Cliff	1834 年年底之前在广州、澳门贸易的商人
哈德雷 J. Hadley	1834 年年底之前在广州、澳门贸易的商人
波特乌斯 W. Porteous	1834 年年底之前在广州、澳门贸易的商人
坎贝尔 C. A. Campbell	1834 年年底之前在广州、澳门贸易的商人，1843 年再次来粤、澳贸易，在澳门被指控诉讼教唆或乘船潜逃，被澳门政府监禁拘押，香港总督砵甸乍出面请求释放，但遭到澳门总督的拒绝①
巴寇 John William Buckle	商人，马克·雷恩商行的职员，其女夏洛蒂（Charlotte）1835 年与亚历山大·波义德结婚
罗伯特·艾提森 Robert Attison	“哥伦比亚号”船长，1835 年 8 月 21 日在黄埔去世，后葬于澳门
皮特·金 Peter Key	商人，港脚船船长，曾任花琏治（Framjee Pestonjee）和颠地公司数艘船船长，1835 年 10 月 8 日在澳门去世

① ［葡］萨安东著，金国平译：《葡萄牙在华外交政策：1841—1854》，澳门：葡中关系研究中心、澳门基金会，1997 年，第 131 ~ 132 页。

（续上表）

姓名	说明
威廉·哈夫洛克 William Havelock	散商，“艾里诺号”船长，1835 年 8 月 13 日在澳门去世
英格索尔	商人，“马礼逊号”船长，1835 年 12 月抵达澳门，1837 年 7 月 3 日离开澳门，1838 年 8 月 29 日又返回澳门
爱德华·彭丁 Edward Bontein	商人，1835 年来澳门贸易，1843 年同土生葡人女子茱莉娅·格拉西亚斯（Júlia Maria Josefa Gracias）结婚，育有 2 子，同年在澳门开设联合酒店，并建有桌球馆
麦克林 A. C. Maclean	商人，1836 年偕夫人在澳门居住，并于 11 月 17 日在澳门生有一女，1837 年记录仍在澳门居住
查尔斯·雷奈尔 Charles Reynell	商人，1836 年 2 月 10 日在澳门去世
普莱克斯顿 Plexton	“格兰特夫人号”船指挥，1836 年 3 月 6 日在伶仃岛去世，后葬于澳门
麦奇恩 T. W. L. Mackean	商人，1836 年来澳，1837 年 9 月被选为马礼逊教育会第一届审账员
威廉·巴奈特 William Barnett	“皇家君主号”大副，1836 年 6 月 4 日在澳门去世
詹姆斯·苏泽兰 James Sutherland	散商，1836 年 5 月随杜兰特船长的船来到澳门贸易，其夫人伊莎贝尔·苏泽兰（Isabella Rachel Sutherland）是杜兰特夫人的姐姐，1836 年 5 月 25 日在澳门去世，9 月 1 日苏泽兰离开澳门
威廉·佩恩 William Fitz Paine	商人，居住在爪哇，1836 年 9 月 19 日死于船上，后葬于澳门
考凯特 J. Caockett	“珍号”船长，1837 年 6 月 25 日死于七星门，后葬于澳门
比登 Biden	东印度公司船长，1837 年在澳门参加戏剧演出
威尔斯 Wills	东印度公司船长，1837 年在澳门参加戏剧演出
约翰·史密斯 John Smith	澳门拍卖人、酒店业者、印刷厂东主，1837 年来澳，与马克威克合组马克威克—史密斯公司，负责澳门船舶业务，1840 年解散；1844—1851 年与夫人在澳门南湾街 45 号居住①，1846 年在澳门设有商行

① *Boletim do Governo da Provincia de Macao, Timor e Solor*, Vol. Ⅲ, 25 de Dezembro de 1848, No. 24, p. 99.

（续上表）

姓名	说明
斯坦福（士单弗）F. Stanford	鸦片商人，1837—1839 年与夫人居住澳门，1839 年与马克在澳门合作开酒店，称为斯坦福和马克酒店①
爱德华·艾姆斯利（颜士理）Edward Elmslie	1835 年为英国商馆助理医生，1837 年为英国对华贸易总监秘书及司库，同年加入广州划船俱乐部
威廉·李文斯敦 William Livingston	商人，"龙号"船长，1837 年前来澳，与吉布合组吉布和李文斯敦洋行（Gibb, Livingston & Co.），又称劫行；同年为广州划船俱乐部成员，参加澳门船赛；1839 年为上缴鸦片的英商；1842 年在澳门参加南京条约关税问题的讨论，英商组织了一个委员会，其为委员之一
门德斯 J. S. Mendes	商人，1837 年偕夫人在澳门居住
哈多克 Haddock	商人，"格伦莱昂号"船长，1837 年来澳，同年为广州划船俱乐部成员，参加澳门船赛
罗珀 Roper	商人，"金星门号"船长，1837 年来澳，同年为广州划船俱乐部成员，参加澳门船赛
约翰·颠地 John Dent	商人，1837 年来澳，宝顺洋行成员，同年为广州划船俱乐部成员，参加澳门船赛，1849 年被任命为葡萄牙驻广州代理领事②
詹姆斯·汉弥尔顿 James Hamilton	商人，1837 年在船上去世，后葬于澳门
亨利·格里布尔 Henry Gribble	商人，"坎顿侯爵号"船长，1837 年前来广州、澳门贸易，1837 年被义律指定为第一位资深船长，并处理了船员骚乱事件

① Robert Burford, *Description of a View of Macao in China, Now Exhibiting at the Panorama, Leicester Square*, London: Printed by Geo. Nichols, Earl's Court, Cranbourn Street, Leichester Square, 1840 一书之插图。

② 黄庆华：《中葡关系史（1513—1999）》中册，合肥：黄山书社，2006 年，第 591 页。

（续上表）

姓名	说明
约翰·詹姆斯 John James	商人，“露易莎号”船长，1838 年前来广州、澳门贸易，1838 年夏被英国驻华商务监督义律指派维护海上治安
托马斯·帕京斯 Thomas Parkins	鸦片商人，1838 年被清政府驱逐回国
韦德博恩 Scrymgeour Wedderburn	商人、苏格兰贵族，邓迪伯爵的后代，偕夫人伊丽莎（Eliza Scrymgeour Wedderburn）在澳门居住，其夫人于 1838 年 8 月 23 日在澳门去世
约翰·希拉伯 John Shillaber	商人，1839 年 5 月从广州出发前往澳门
马尔克·摩斯 Mark Moss	商人，1839 年在澳门居住，同年 8 月 24 日乘坐“黑约克号”船去香港，途中遭海盗袭击
韦金森·邓特 Wilkinsom Dent	商人，1839 年从广州撤退至澳门
罗德里克·罗伯森 Roderick Fraze Robertson	商人，弗朗西斯·罗伯森的儿子，1839 年 1 月 16 日在澳门去世
乔治·布莱恩 George T. Braine	商人，1839 年随义律从广州退居澳门，同年 6 月澳门英商在澳门选举一个临时委员会，由布莱恩担任主席，应对特殊时期的商业事务，1842 年在澳门参加了南京条约关税的讨论
威廉·斯格特 William Scott	商人，1839 年 8 月 3 日居澳英国商人组织一个临时商会，斯格特任秘书，后又在义律的安排下，成立了一个英侨管理委员会
约翰·希拉伯 John Skillaber	商人，怡和洋行职员，1839 年从广州撤退至澳门，全家在澳门居住，有一女儿希拉伯小姐（Miss Skillaber）
马葵斯 Mrquis	商人，“信任号”船长，1839 年前来广州、澳门贸易，1839 年 2 月英国驻华商务监督义律任命其为海上治安官员
威廉·沃伦 William Warren	“风信子号”船长，1840 年来澳

（续上表）

姓名	说明
詹姆斯・霍克 James Hooker	商人，霍克—莱恩公司合伙人，1841 年在澳门去世
布伦金 W. Blenkin	商人，1841 年参加中华医疗传道会在澳门举行的第二届年会，并被选为副主席
杨 P. Young	商人，1841 年参加中华医疗传道会在澳门举行的第二届年会
霍利德 J. Holliday	1841 年参加中华医疗传道会在澳门举行的第二届年会
莫斯 W. H. Morss	商人，1841 年 9 月被选为第三届马礼逊教育会审账员
帕特森 Andrew Paterson	东印度公司商人，“海耶斯女士号”商船船长，1842 年去世葬于澳门
乔治・里斯 George Rees	鸦片船“奥斯丁号”船长，1842 年在澳门去世
詹姆斯・马克图尔 James Mcdouall	“威廉・皮埃尔号”船长，1842 年在澳门去世
威廉・汤普森 William Thompson	1842 年在澳门参加南京条约关税问题的讨论，英商组织了一个委员会，其为委员之一
吵啤	商人，1843 年来澳贸易
威廉・克里普 William Crip	苏格兰商人，1843 年前来广州、澳门贸易，1843 年与土生葡人女子劳伦西娅・卡瓦略（Laurência Rita de Carvalho）在澳门结婚
约翰・威斯哈特 John Key Wishart	“明托伯爵夫人号”船长，1843 年在澳门去世
马修・辛 Matthew James Hight	“安塔雷斯号”船长，1843 年在凼仔去世，葬于澳门
罗伯特・麦卡锡 Robert Mccarthy	东印度公司“伊丽莎号”船长，1843 年在澳门去世
威廉・摩根 William Morgan	怡和洋行“伍德将军号”船长，1843 年在澳门去世
威廉・阿兰逊 William Henry Allanson	早期为传教士，后放弃新教信仰，加入天主教，与埃斯贝朗萨（Esperança Barreto）结婚，1843 年来澳，1844—1851 年与夫人在澳门居住，1854 年在澳门和英商弗列德里克（Frederick John Angier）合资开设一间轮船公司
亚历山大・米勒 Alexander Milner	鸦片商人，1843 年前偕夫人艾米丽・米勒（Emily Milner）来澳居住，其夫人于同年在澳门去世

（续上表）

姓名	说明
沃伦 R. V. Warren	英国船“公平的巴巴多斯号”船长，鸦片商人，1844 年在凼仔被中国海盗杀死，葬于澳门
乔治·肯尼迪 George Kennedy	英国船“精气号”船长，曾经是“芬得利总督号”的合伙人，从事奴隶贸易，1844 年在澳门去世
考索恩·卡培尔 Cawthorne Capper	船长，1844 年在澳门去世
查尔斯·费伦 Charles A. Fearon	商人，1844 年在澳门居住
托马斯·尼韦 Thomas D. Neave	商人，1844 年在澳门居住
吉尔伯特·史密斯 Gilbert Smith	商人，1844 年偕夫人在澳门居住
爱德华·鲍斯德 Edward Boustead	商人，1844 年在澳门居住
哈德 C. H. Hart	商人，1844 年偕夫人在澳门居住
约翰·吉阿韦 John Jarvie	商人，1844 年在澳门居住
乔治·巴尔 George Balls	船长，1844 年前偕夫人安妮·巴尔（Sarah Anne Balls）在澳门居住，其夫人于 1844 年在澳门去世
雷恩旺 H. G. J. Reynvaan	商人，1844—1847 年偕夫人在澳门居住，1846 年在澳门设有商行
詹姆斯·伯顿 James Borton	商人，1845 年前来澳门、广州贸易，并与土生葡人女子安东妮亚·罗萨里奥（Teodra Antónia de Rosário）在澳门结婚
托马斯·奥斯本 Thomas J. Osborne	爱尔兰人后裔，鸦片船“卡里古拉号”船长，1847 年去世，葬于澳门；其弟 1845 年死于澳门
威廉·莱恩 William Lane	商人，1847 年在澳门居住
埃文斯 William Thomas Bowea Evans	“庆祝胜利号”船长，1851 年死于澳门，年 33 岁
威廉·艾力思 William Ellis	商人，曾在印度卡里古特贸易，1853 年来澳门后去世
厄姆森 George Urmson	商人，1853—1855 年在澳门居住
都戴尔 Frederick Duddell	商人，在澳门开设东方酒店，1856 年去世，次年，其夫人哈丽特（Harriet Duddell）去世，葬于澳门

（续上表）

姓名	说明
里德雷斯 T. W. Riddles	“伽玛家族号”大副、船长，鸦片商人，1856 年去世，葬于澳门
威廉·苏泽兰 William Sutherland	鸦片商人、“英雄号”船主，1858 年 1 月其夫人玛丽·苏泽兰（Mary Clark Sutherland）在澳门去世
约翰逊 Johnson	“花坛号”船长，在澳门从事苦力贸易，1859 年装运 850 名华工前往古巴
伍德 Wood	“里昂尼达斯号”船长，1861 年在澳门从事苦力贸易，该船停泊在澳门炮台下方 3 里处，未开船前即发生暴动
罗伯特·卡罗尔 Robert Carroll	商人，在澳门定居的英国人，1861 年与土生葡人女子弗洛利娜达·卡内洛（Florinada das Carneiro）结婚，1865 年 2 月 4 日在伯多禄五世剧院举办了一场盛大舞会
亨利·马尔格森 Henry Davies Margesson	商人，在澳门生活多年，是马尔格森公司的创始人，1869 年准备回国时途中遇难，葬于澳门
威廉·巴尔内斯 Joseph William Barnes	商人，约 1870 年代来澳，同土生葡人女子利玛（D. Filomena Lima）有非婚生子两名，长子 1873 年出生
伊尹氏 Creasy Ewens	1886 年为青洲水泥有限公司香港法律代办①，1889 年出任青洲水泥有限公司董事会主席②
威廉·克拉克 William Edward Clarke	船长，1890 年在澳门居住，曾收购澳门李美雕家族的宅邸，建成好景酒店③
赫伯特·邓特 Herbert Fullarton Dent	商人，1893 年在澳门居住，购塞卡尔男爵圣珊泽宫④

① Jack M. Braga, Green Land (Ilha Verde) Cement: Hong Kong's Key Industry had its Beginning at Macao, *The Macao Review*, February, 1930, p. 2.

② *Boletim da Provincia de Macau e Timor*, Vol. XXXV, 7 de Marco de 1889, No. 10, p. 85.

③ ［葡］施白蒂著，姚京明译：《澳门编年史：19 世纪》，澳门：澳门基金会，1998 年，第 262 页；Manuel Teixeira, *Toponímia de Macau*, Vol. I, Macau: Instituto Cultural de Macau, 1997, p. 310; Luís Andrade de Sá, *Hotel Bela Vista*, pp. 20 – 24.

④ Jorge Forjaz, *Famílias Macaenses*, Vol. Ⅲ, Macau: Fundação Oriente, Instituto Cultural de Macau, Instituto Português do Oriente, 1996, p. 648; Isabel Nunes e Luís António Durão, *Santa Sancha*, Macau: Instituto Cultural de Macau, 1993, pp. 13 – 14.

图 1－30 英国人托马斯·斯当东像 图 1－31 英国人威廉·渣甸像 图 1－32 英国人詹姆斯·马地臣像

据上表统计，16—19 世纪进入澳门停留或居住的英国商人共 502 人，其中 17 世纪有 23 人，18 世纪有 205 人，19 世纪有 274 人。1760 年澳门住冬政策实行之前，只有明确记录在澳门居住的英国商人才能录入此表，还有很多没有明确记录在澳门居住和活动的英国商人并未录入其中。1760 年澳门住冬政策颁布以后，所有的东印度公司广州商馆的管理层（包括广州管理委员会和东印度公司特选委员会）人员都要在澳门居住，所以 1760 年后的上述人员全部录入表中，但实际人数仍会有很多遗漏。故 16—19 世纪大班及船长一级的英国商人（包括公司商人和散商）在澳门居住的人数应多于 502 人。

除了上述进入澳门居住的英国商人外，在此期间还有英国的官员、军人、东印度公司职员（包括茶叶检查员、牧师、翻译、医生、管事、仆役长及他们的眷属）、传教士及来澳门的旅行家、记者、科学家、艺术家等。他们也来到澳门，或短暂居停，或长期居住，有的甚至死于澳门。这一类英国人亦为数不少，兹列表如下：

图 1－33 东印度公司广州商馆主席在澳门的租居地——俾利喇花园别墅

表 1-19　16—19 世纪居住于澳门的其他英国（含爱尔兰）人名录①

姓名	身份	说明
琼 Joan	家眷	英国“独角兽号”船上木匠理查德·弗洛比舍（Richard Frobisher）的妻子，1620 年“独角兽号”在阳江海面沉没，琼与其女仆朱迪思（Judith）获救被送往澳门，琼在澳门居住一段时间后前往马六甲，其女仆留在澳门与当地葡人结婚②

---

① 本表资料除已注明出处外，其他主要依据以下图书或资料完成：Lindsay and May Ride, *An East India Company Cemetery: Protestant Burials in Macao*, Hong Kong: Hong Kong University Press, 1998; *The Canton Register*; *Chinese Repository*; *The Friend of China*; Jorge Forjaz, *Famílias Macaenses*, Macau: Fundação Oriente, Instituto Cultural de Macau, Instituto Português do Oriente, 1996；［美］马士著，区宗华等译：《东印度公司对华贸易编年史：1635—1834 年》第 1—5 卷，广州：中山大学出版社，1991 年；刘芳辑：《葡萄牙东波塔档案馆藏清代澳门中文档案汇编》，澳门：澳门基金会，1999 年；中国第一历史档案馆等编：《明清时期澳门问题档案文献汇编》，北京：人民出版社，1999 年；广东省地方志编委会办公室编：《清实录广东史料》第 6 册，附录 5《清代各国驻广东领事名表》，广州：广东人民出版社，1995 年；［英］伟烈亚力著，倪文君译：《1867 年以前来华基督教传教士列传及著作目录》，桂林：广西师范大学出版社，2011 年；［美］亨特著，冯树铁、沈正邦译：《广州番鬼录·旧中国杂记》，广州：广东人民出版社，2009 年；［葡］施白蒂著，姚京明译：《澳门编年史：19 世纪》，澳门：澳门基金会，1998 年；［英］亨利·埃利斯著，刘天路等译：《阿美士德使团出使中国日志》，北京：商务印书馆，2013 年；［美］范发迪著，袁剑译：《清代在华的英国博物学家：科学、帝国与文化遭遇》，北京：中国人民大学出版社，2011 年；黄一农：《龙与狮对望的世界——以马戛尔尼使团访华后的出版物为例》，载台北《故宫学术季刊》第 21 卷，第 2 期，2003 年；苏精：《英国东印度公司与西医来华》，载珠海市委宣传部、澳门基金会、中山大学近代中国研究中心主编：《珠海、澳门与近代中西文化交流：首届“珠澳文化论坛”论文集》，北京：社会科学文献出版社，2010 年；吴义雄：《条约口岸体制的酝酿：19 世纪 30 年代中英关系研究》，北京：中华书局，2009 年；陈继春：《16—18 世纪西方画家笔下的澳门》，载陈继春：《濠江画人掇录》，澳门：澳门基金会，1998 年；［英］罗伯·布雷克著，张青译：《怡和洋行》，台北：时报出版社，2001 年；香港艺术馆编：《香港及澳门风貌》，香港：香港艺术馆，1983 年；谭树林：《英国东印度公司与澳门》，广州：广东人民出版社，2010 年；张坤：《在华英商群体与鸦片战争前的中英关系》，广州：暨南大学出版社，2014 年；游博清：《经营管理与商业竞争力：1815 年前后的英国印度公司广州商馆》，“清华大学”历史研究所博士论文，2011 年。

② C. R. Boxer, *Fidalgos in the Far East (1550-1770), Fact and Fancy in the History of Macau*, The Hague: Martinus Nijhoff, 1948, p. 100；［葡］普加著，尚春雁译：《塞缪尔·珀切斯著作（1625）〈珀切斯和他的远游者〉中的澳门》，载《文化杂志》（中文版）第 86 期，2013 年，第 184 页。

（续上表）

姓名	身份	说明
乔治·晏臣 George Anson	军人	海军准将、“百夫长号”船长，1743 年该船因遭风难，船坏到澳门修理船只，由于水浅不能驶往凼仔，他就停泊在虎门附近的一个海湾，后称之为“晏臣湾”
理查德·沃尔特 Richard Walter	牧师	“百夫长号”随船牧师，1743 年来澳①
甘吹	军人	1745 年 7 月护送英商船只到澳门、广州贸易，同时将 5 名法国遇难商人护送到澳门
查尔斯·布朗 Charles Brown	水手	1754 年随东印度公司“晏臣勋爵号”船来广州和澳门贸易，9 月 29 日在黄埔与法国水手斗殴，被枪杀
托马斯·阿诺特 Thomas Arrnot	医生	1761 年为东印度公司广州商馆常驻医生，到此已经 3 年
威廉·戈登 William Gordon	医生	1770 年为东印度公司广州商馆常驻医生，1772 年去世
托马斯·哈同 Thomas Hutton	医生	1773 年为东印度公司广州商馆常驻医生②，1780 年成为广州贸易的散商
约翰·莱尔德 John Laird	医生	1773 年为东印度公司随船医生，同年回国
弗朗西斯·司各脱 Francis Scott	船员	英国船上水手，1773 年在澳门街与一华人斗殴，将其致死，被澳门当局审讯，被判无罪释放，但广州当局不满，胁迫澳葡当局交出罪犯，最后处死了司各脱③
查尔斯·布伦斐 Charles Bromfield	医生	1776 年为东印度公司商馆医生
乔治·法默 George Farmer	军人	皇家战船“海马号”船长，1776 年来广州、澳门

① ［英］詹姆士·奥朗奇编著，何高济译：《中国通商图：17—19 世纪西方人眼中的中国》，北京：北京理工大学出版社，2008 年，第 197 页。

② 苏精：《英国东印度公司与西医来华》，载珠海市委宣传部、澳门基金会、中山大学近代中国研究中心主编：《珠海、澳门与近代中西文化交流：首届“珠澳文化论坛”论文集》，北京：社会科学文献出版社，2010 年，第 47 页称哈同于 1775 年任商馆医生。

③ John Francis Davis, *The Chinese: A General Description of the Empire of China and its Inhabitants*, Vol. 2, New York: Harper, 1836, p. 62.

（续上表）

姓名	身份	说明
阿布拉罕·雷斯利 Abraham Leslie	医生	1777 年为东印度公司商馆助理医生，1779 年升为商馆医生，同年强行占领行商商馆，1780 年为广州贸易散商
詹姆斯·狄沃 James Dewar	医生	1779 年为东印度公司商馆医生
潘顿 Panton	军人	皇家战船“海马号”舰长，1779 年携带海军司令信件来广东送信，在澳门、广州停留 3 个月
亚历山大·达尔林普尔 Alexander Dalrymple	科学家	著名的水文师，1779 年东印度公司聘请其来澳勘测水文，有 4 幅关于澳门的海图存世，1808 年去世①
约翰·韦伯 John Webber	画家	瑞士籍英国人，1779 年 12 月 1 日作为绘图员随英国皇家船“决心号”抵达澳门，1780 年 1 月离澳，在澳门留下了很多美术作品
威廉·安德森 William Andersen	军人	英国海军画家，1780 年代曾访问澳门，留下《澳门半岛全景鸟瞰图》②
约翰·摩根 John Morgan	医生	1782 年为东印度公司商馆医生
埃文斯 Evans	医生	1782 年为“庞斯博恩号”助理医生
约翰·邓肯 John Duncan	医生	1783—1788 年担任东印度公司商馆医生
托马斯·丹尼尔 Thomas Daniel	画家	1785、1793 年两次到澳门，留下了许多与澳门有关的绘画作品
威廉·丹尼尔 William Daniel	画家	托马斯的侄子，1785、1793 年两次到澳门，留下了许多与澳门有关的绘画作品
亨利·辛德曼 Henry Hyndman	军人	苏格兰人，英国陆军少将，1787 年与土生葡人女子若安娜（Joana Polair）在澳门同居，组织家庭；1820 年他向东印度公司要求收取该公司租用房屋的租金，未获澳门政府的批准

① A. S. Cool, *Alexander Dalrymple(1737 - 1808), Hydrographer to the East India Company*, Ph. D. Thesis, St Andrews: University of St Andrews, 1993, pp. 722, 724, 936.

② 莫小也：《地志画：记忆中的澳门风景》，载《文化杂志》（中文版）第 53 期，2004 年，第 44 ~ 45 页。

（续上表）

姓名	身份	说明
亚历山大·邓肯（叮哯）Alexander Duncan	医生	1787 年从广州将牡丹寄给英国的班克斯（Joseph Banks）爵士，这是牡丹首次进入欧洲①，1788—1796 年担任东印度公司商馆医生
韩纳庆 Robert Hanna	传教士	爱尔兰人，遣使会会士，1788 年来澳
蒙迪美尔 George Motimer	旅游家	1789 年来澳访问，住在澳门白鸽巢花园②
查尔斯·亚瑟 Charles Arthur	职员	1790—1800 年东印度公司派往广州的首任验茶师
威廉姆斯·道格拉斯 Williams Douglaz	职员	1790 年葡萄牙船主若昂—卡瓦略（João Carvalho）的“艾费杰尼亚号”单桅小船上的工作人员
约翰·布朗肯特 John Blankett	军人	皇家海军战舰“猎豹号”和“泰晤士号”舰长，因“猎豹号”船上有坏血病，1790 年到澳门治疗③，1791 年驾炮舰到中国护送公司船只
詹姆斯·梅因 James Main	职员	1792—1794 年在广州和澳门为东印度公司股东吉尔伯特·斯莱特（Gilbert Slater）采集植物
詹姆斯·柯理契顿 James Crichton	医生	1793—1796 年为东印度公司商馆助理医生，1796—1806 年为商馆医生
马戛尔尼 George Macartney	官员	1793 年任英国赴华大使，1794 年在澳门住白鸽巢花园
老斯当东 George Leonard Staunton	官员	1793 年为马戛尔尼使团副使兼秘书，1794 年亦在澳门停留，1801 年去世

① S. G. Haw & L. A. Lauener, *A Review of the Infraspecific Taxa of Paeonia Suffruticosa Andrews*, 1990.

② George Motimer, *Observations and Remarks Made During a Voyage to the Islands of Teneriffe, Amsterdam, Maria's Island Near van Diemen's Land; Otaheite, Sandwich Islands, Owhylee, the Fox Island on the North West Coast of America, Tinian, and from Thence to Canton, in the Brig Mercury*, London: T. Cadell, 1791, pp. 70 – 71.

③ IOR/G/12/98, 1791/3/5, p. 169.

（续上表）

姓名	身份	说明
詹姆斯·登维德 James Dinwiddie	官员	1793 年任马戛尔尼使团的天文生，负责天文仪器组装的机械师，1794 年住白鸽巢花园，在这里研究植物
约翰·巴罗 John Barrow	官员	1793 年任马戛尔尼使团总管，1794 年回国时又经停澳门；1804 年在伦敦出版《中国之旅》
艾奇逊·马克斯威尔 Acheson Maxwell	官员	1793 年任马戛尔尼使团秘书，1794 年回国时又经停澳门
爱德华·温特 Edward Winter	官员	1793 年任马戛尔尼使团秘书（中文称之为代笔文带），1794 年回国时又经停澳门
伊登勒 Johann Christian Hüttner	官员	1793 年任马戛尔尼使团听事官，1794 年回国时又经停澳门；他还曾担任老斯当东的家庭教师；出版《英国派遣至中国之使节团的报告》一书
乔治·本生 George Benson	军人	1793 年为马戛尔尼使团船队司令（中文称总兵官），于 1793、1794 年两次停留澳门
亨利·威廉·巴尔施 Henry William Parish	军人	1793 年为马戛尔尼使团船队副司令（中文称副总兵官），于 1793、1794 年两次停留澳门
威廉·亚历山大（额勒桑德） William Alexander	画家	1793 年为马戛尔尼使团听事官、画家，1794 年回国时又经停澳门
托马斯·希金 Thomas Hickey	画家	1793 年为马戛尔尼使团随从画家①，1794 年亦在澳门停留
吧郎 Hugh Gillan	医生	1793 年为马戛尔尼使团随团医生，1793 年抵达澳门，1794 年亦在澳门停留②
葛尔 Erasmus Gower	军人	爵士，1793 年马戛尔尼使团“狮子号”船长，1793、1794 年两次停留澳门

① ［法］佩雷菲特著，王国卿等译：《停滞的帝国：两个世界的撞击》，北京：生活·读书·新知三联书店，1993 年，第 9 页。

② ［英］乔治·马戛尔尼、约翰·巴罗著，何高济等译：《马戛尔尼使团使华观感》，北京：商务印书馆，2013 年，第 79 页。

（续上表）

姓名	身份	说明
麦金托斯 Mackintosh	军人	“印度斯坦号”船长、指挥，1793 年随马戛尔尼使团来澳，1794 年随使团再次停澳
威廉·布洛顿 William R. Broughton	军人	皇家海军单桅帆船“天佑号”船长，1795 年该船曾数度短暂停靠澳门，① 1811 年 11 月为皇家战船“不屈号”船长来到澳门，1812 年 3 月运载现金回国
亚德米拉尔·雷尼 Admiral Peter Rainier	军人	英军少将，1796 年 12 月 30 日率 5 艘船抵达澳门，准备护送第一批东印度公司船回国
查尔斯·德拉蒙德 Charles Drummond	军人	海军准将、“格拉顿号”船队指挥，1797 年护送东印度公司船队回国，9 月在澳门海面遭遇风难
莱斯托克·威尔逊 Lestock Wilson	军人	1797 年东印度公司船队队长，率领 6 艘船突破法国舰队的包围回国，1821 年又为东印度公司“海斯号”船长，12 月发生英国船与华人冲突时，该船船长在附近岸上观察而给予支援
库克 Cooke	军人	皇家战舰舰长，1797 年率领 3 艘战舰护送一队商船来澳门，1798 年 3 月返回
查尔斯·麦金农 Charles Mackinnon	医生	1799—1805 年为商馆助理医生，1803—1804 年代理印度货物
约翰·迪尔克斯 John Dilkes	军人	“马德拉斯号”舰长，1799 年 1 月 13 日抵达澳门，护送第一批直接来广州贸易的英商船只，1 月 26 日去广州，该舰队所属泊艇“天佑号”几位军官发生枪杀华人事件
约西亚·罗利 Josias Rowley	军人	公司船“高傲号”舰长，1799 年 10 月保护东印度公司船离澳回国，摆脱西班牙战舰的袭击

① William R. Broughton, *A Voyage of Discovery to the North Pacific Ocean*, London: T. Cadell and W. Davies, 1804, pp. xvi, 138 - 162, 185 - 206.

（续上表）

姓名	身份	说明
沃兹沃思 Wordsworth	军人	“艾尔弗雷德号”船首席指挥、船长，1800 年 2 月来广州澳门贸易，在二道滩搁浅
罗利·布尔蒂尔 Rowley Bulteel	军人	皇家船“贝利奎厄斯号”船长，1800 年 4 月来澳门、广州参加护航
亨利·巴格肖 Henry Bagshaw	职员	1801—1802 年任东印度公司广州商馆第二任验茶师
彼得·海伍德 Peter Heywood	军人	皇家海军“爹达纽斯号”船长，1801 年测绘澳门与凼仔海域
晏哆呢	家眷	住澳英商妻室，1802 年前在澳门三角亭地方居住，1802 年 1 月华人叶亚庚等 5 人来晏哆呢家索欠，双方发生争执，并用刀伤夷妇，后被控到香山知县处
托马斯·威丁 Thomas Weeding	医生	资深医生，1802 年为东印度公司船医，同时经营商业；1805 年退出医界，定居伦敦
爱德华·奥斯本 Edward O. Osborn	军人	皇家船“自大号”舰长，1802 年 3 月来澳门，并率军在澳门登陆
罗伯特·汉密尔顿 Robert Hamilton	军人	皇家及公司部队指挥官、中校，1802 年 2 月率军队在澳门登陆
埃德蒙德·拉金 Edmund Larkin	职员	1803—1811 年任东印度公司广州商馆验茶师
约翰·约翰逊 John Johnson	医生	皇家海军“卡洛琳号”的船上医生，1804 年访问澳门①
佩奇 B. W. Page	军人	舰长，1804 年 10 月率 3 艘船来广州、澳门参加护航，偕夫人在澳门居住，并在狮子洋河面进行测量，1805 年 1 月护送第一批船队从澳门回国
皮尔逊（啵臣） Alexander Pearson	医生	1805—1806 年为商馆助理医生，1812 年跟随马礼逊学习中文，1806—1832 年为商馆医生，并在马尼拉开往澳门的船上得到牛痘，1832 年回国

① John Johnson, *The Oriental Voyage*, London: Joyce Gold, 1807, p. 216.

（续上表）

姓名	身份	说明
威廉·克尔 William Kerr	科学家	皇家园艺家、植物学家，1805 年来澳，1811 年离开澳门
塞缪尔·鲍尔 Samuel Ball	职员	1805—1810 年为东印度公司广州商馆助理验茶师，1811—1825 年为验茶师，1825 年退休回国
弗朗西斯·费耶曼 Francis Fayerman	军人	皇家船“雅典人号”船长，1805 年 12 月护送 8 艘商船来广州、澳门贸易
约翰·伍德（映活）John Wood	军人	皇家战舰“四轮马车号”舰长，1805 年 10 月来澳门贸易，中途在平海遭劫，1806 年 9 月来澳门，随行遇难英夷 10 人，被抢的铜炮二门、铁炮一门及枪具等都被运来澳门
拉特塞 Ratsay	军人	皇家战舰“猎兔狗号”舰长，援救“四轮马车号”，1805 年与之同抵澳门
罗伯特·罗尔斯 Robert Rolles	军人	皇家战舰“狮子号”舰长，1806 年 1 月来到澳门海面，参加对海盗的战争
安东尼·戴法道 Anthony Defado	水手	1806 年随东印度公司“阿尼克炮台号”来广州贸易，11 月 29 日与同船水手伯恩斯斗殴，后被船长监禁
爱德华·伯恩斯 Edward Burns	水手	1806 年随东印度公司“阿尼克炮台号”来广州贸易，11 月 29 日与同船水手戴法道斗殴，后因受伤致死
丹尼尔·罗斯 Daniel Ross	军人	海军上尉、东印度公司巡船“羚羊号”船长，1806 年 5 月抵达澳门，参加剿灭海盗，并在澳门及其附近海域进行勘探调查，绘制澳门外海图，1807 年 11 月又为“发现号”指挥，主要在澳门海域进行测量，并拦截美国费城船“芒特弗农号”，1811 年偕夫人玛利亚（Maria Ross）在澳定居，到 1817 年时共生有 6 个孩子

（续上表）

姓名	身份	说明
约翰·包威尔 John Budwell	旅行家	19 世纪初在澳门南湾经营旅店①
托马斯·曼宁 Thomas Manning	翻译	商馆职员、翻译，1807 年 1 月乘“泰晤士号”来澳，董事会命令他加快学习中文，1816 年充当阿美士德使团汉语秘书
爱德华·希恩（压核揙）Edward Sheen	水手	1807 年随“海王星号”到澳门、广州贸易，2 月 24 日他与居流士·西塞尔（Julius Caesar）参加英国水手与华人斗殴案件，被控告打死华人廖亚登，后被判赔偿并将其囚禁在澳门，并由喇佛带往澳门，居住于澳门东印度公司商馆
肯普索恩 W. Kempthorne	军人	海军上尉，皇家战舰“狄阿娜号”舰长，1807 年在澳门海面截获一艘美国船
巴克 Barker	军人	皇家战舰“德雷克爵士号”舰长，1807 年 10 月到澳门海面参加剿灭海盗
马礼逊 Robert Morrison	牧师	伦敦会牧师，第一位来澳门的基督新教传教士，1807 年来澳，先担任东印度公司广州商馆翻译，第一任妻子玛丽·莫顿 1821 年在澳门去世，1823 回国，1824 偕第二任妻子艾莉莎（Eilza Morrison）来澳居住，马礼逊的两任妻子共生有 6 个孩子，1834 年在广州逝世，后葬于澳门
约翰·李文斯敦 John Livingston	医生	1808 年起为商馆助理医生，1815 年为公司外科医生，1817 年偕其妻珍妮特（Janet Livingston）在澳门居住，并生有 1 女，1821 年被授予癫痫性失神专业医学博士学位，当时在澳门，1826 年回国，1829 年再度来华时半途死于海上

---

① Paul A. van Dyle, *The Canton Trade: Life and Enterprise on the China Coast, 1700 – 1845*, Hong Kong: Hong Kong University Press, 2005, pp. 38 – 39; Isaac Iselin, *Journal of a Trading Voyage Around the World, 1805 – 1808*, New York: J. P. Emmet, 1891, p. 30.

（续上表）

姓名	身份	说明
嗖路唎 William O'Brien Drury	军人	海军少将，1808 年 9 月 11 日率 9 艘兵舰 300 士兵入犯澳门，9 月 21 日登陆，12 月 20 日离开澳门
乔治·罗伯逊 George Robertson	军人	英军上校，1808 年 9 月进入澳门，12 月离开
考尔菲尔德 Caulfield	军人	英军上校，1808 年 9 月进入澳门，12 月离开
韦格纳林 M. Weguelin	军人	英军上校，1808 年 10 月 22 日率孟加拉军队来澳，准备在澳门登陆，不久被召回
亨利·希思科特 Henry Heathcote	军人	英国皇家战船“狮子号”舰长，1808 年 9 月 25 日护送英船来广州、澳门贸易
约翰·莫顿 John Morton	职员	爱尔兰人，博士，1809 年为东印度公司商馆高级职员；其女玛丽·莫顿（Mary Morton）1809 年与马礼逊结婚，1821 年在澳门去世。
威廉·奥斯汀 Francis William Austen	军人	上校、英国军舰“圣阿尔班师号”指挥官，1809 年 11 月间抵达澳门，护送公司 12 艘商船来广州贸易
理查德·格拉斯普尔 Richard Glasspoole	官员	东印度公司“艾利侯爵号”的官员，1809 年从澳门去广州途中被海盗绑架
乔治·宾 George Byng	军人	皇家战舰“贝利奎厄斯号”高级舰长，印度防地第二级指挥，担任护航任务，1810 年 12 月来澳门运载现金回国
罗伯特·义律 Robert Elliot	军人	皇家战舰“有礼号”舰长，1810 年 9 月 16 日抵达澳门海面，9 月 18 日偕夫人在澳门登岸，并在澳门居住；1824 至 1833 年间作为皇家海军军官先后来华，并抵达澳门，还在澳门居住过一段时间，他还是一位具有天赋的画家，留下几幅关于澳门南湾的绘画作品①

① ［英］詹姆士·奥朗奇编著，何高济译：《中国通商图：17—19 世纪西方人眼中的中国》，北京：北京理工大学出版社，2008 年，第 214 ~ 215 页；Robert Elliot, *Views in the East: Comprising India, Canton, and the Shores of the Red Sea*, Vol. 1, London: H. Fisher, Son & Co., 1833, pp. 2 - 3.

（续上表）

姓名	身份	说明
詹姆斯·瓦臣 James Wathen	画家	英国画家，1810—1811 年游历澳门，留下了关于澳门的美术作品①
委林 William	船员	东印度公司贸易船船员，1810 年来澳门、广州贸易，在广州和两位同伴准备嫖娼，后与华人发生纠纷，将华人黄亚胜刺伤致死，引发著名的黄亚胜命案
晏多尼 Anthony	船员	东印度公司贸易船船员，1810 年来澳门、广州贸易，在广州和两位同伴准备嫖娼，后与华人发生纠纷，将华人黄亚胜刺伤致死，引发著名的黄亚胜命案
百力喇	船员	东印度公司贸易船船员，1810 年来澳门、广州贸易，在广州和两位同伴准备嫖娼，后与华人发生纠纷，将华人黄亚胜刺伤致死，引发著名的黄亚胜命案
托马斯·布里格斯 Thomas Briggs	军人	皇家护航战舰“克罗林德号”舰长，1811 年 10 月来广州、澳门参加护航，1813 年还在澳门护航
老里夫斯 John Reeves	科学家	1811—1826 年为东印度公司商馆助理验茶师，1826—1830 年为验茶师，1816—1817 年间曾经回国，1836 年加入颠地洋行；他是博物学家，伦敦植物学、动物学学会会员，林奈学会会员
费思曼 Elizabeth Faithman	家眷	科斯顿夫人的女仆，1812 年在澳门与劳森结婚
米怜 William Milne	传教士	伦敦会牧师，1813 年来澳
彼得·汤姆斯 Peter Perring Thomas	职员	1813 年为东印度公司雇用的印工，1825 年 3 月回国

① James Wathen, *Journal of a Voyage in 1811 and 1812, to Madras and China*, London: J. Nichols, Son, and Bentley, 1814, p. 170.

（续上表）

姓名	身份	说明
罗伯特·布里恩 Robert O'Brien	军人	英国海军“多丽丝号”舰长，1813 年 9 月护送东印度公司船队抵澳，1814 年 3 月到 9 月一直活动在澳门海域，掳掠美国船只“猎人号”，9 月 26 日该船船员被两名士兵谋杀
布里恩·霍奇森 Brien Hodgson	军人	皇家战舰“格伦道尔号”舰长，1814 年 11 月在广州、澳门附近俘获美国私掠船“海德联盟号”，于 12 月释放
啞叻	水手	东印度公司员工，1814 年 9 月来广州、澳门贸易，在澳门登陆游玩，在龙嵩庙前与葡萄牙士兵罢喂知、咖喱时斗殴，被葡兵戳死，后当局将凶犯抓捕收禁，将死者埋葬
恩里克·辛德曼 Henrique Hyndman	军人	亨利·辛德曼的长子，陆军上尉，1814 年在澳门娶土生葡人女子甘博娅（D. Antónia Josefa Maria de Gomboa）为妻，形成土生葡人辛德曼家族，1849 年在澳门去世
乔治·伯尔顿 George Burlton	军人	爵士、海军少将总司令，1815 年初在澳门逝世
弗雷德里克·阿莱恩 Frederick Allewn	医生	1815—1830 年任随船医生，1829 年后在广州行医，1837 年在澳门逝世
约翰·麦罗德 John M'Leod	军人	“阿契斯特号”军官，1816 年来澳①
阿美士德 William Pitt Amherst	官员	英国赴华阿美士德使团大使，1816 年使团经澳门未停，1817 年 1 月 22 日返停澳门，在澳门居停 7 天
亨利·埃利斯 Henry Ellis	官员	阿美士德使团第 3 号长官，1816 年使团经澳门未停，1817 年 1 月 22 日返停澳门，在澳门居停 7 天

① John M. , *Narrative of a Voyage in His Majesty's Late Ship Alceste to the Yellow Sea Along the Coast of Corea*, London: John Murray, 1817, p. 126.

（续上表）

姓名	身份	说明
亨利・海恩 Henry Hayne	官员	阿美士德使团执行秘书，1816 年使团经澳门未停，1817 年 1 月 22 日返停澳门，在澳门居停 7 天
约翰・格里菲思 John Griffith	牧师	阿美士德使团牧师，1816 年使团经澳门未停，1817 年 1 月 22 日返停澳门，在澳门居停 7 天
威廉・哈弗尔 William Havell	画家	阿美士德使团画师、绘图师，1816 年使团经澳门未停，1817 年抵达澳门，绘制了一大批中国内地的美术作品
詹姆斯・林恩 James Lynn	医生	阿美士德使团医生，1816 年使团经澳门未停，1817 年 1 月 22 日返停澳门，在澳门居停 7 天
克拉克・阿裨尔 Clarke Abel	医生	博物学家，1816 年为阿美士德使团的随团医生，1817 年 1 月 22 日返停澳门，在澳门考察过茶树
亨利・哈克鲁特 Henry Hackroot	水手	东印度公司船“康沃尔号”舵手，1816 年随船来粤贸易，在黄埔他从船上的小艇上将一名水手威廉・菲茨杰拉德（William Fitzgerald）推水溺亡，后被递解回国
马克斯威尔 Maxwell	军人	皇家战舰“奥尔斯特号”指挥官、舰长，1816 年 11 月来广州、澳门参加护航
莫尔德克・麦肯齐 William Murdock Mckenzie	医生	1817 年为东印度商船“约克号”上的医生，并在广州、澳门经营个人的生意，1831 年 11 月 5 日在澳门逝世
菲利普・莫姆 Philip Maugham	军人	中尉、东印度公司巡船“调查者号”船长，1817 年与帕特里克的女儿简・斯蒂尔结婚
弗雷德里克・温特雷 Frededick B. Wintle	军人	英国海军中尉、东印度公司“皇家乔治号”的五副，1818 年 9 月在伶仃岛去世，后葬于澳门

（续上表）

姓名	身份	说明
安德鲁·江斯同 Andrew Johnston	医生	渣甸的外甥，1818 年担任东印度公司专属船“鲍克拉斯伯爵号”外科医生，1830 年代成为渣甸公司的合伙人，1835 年参加海员医院的医疗工作，不久去世①
帕金斯 Parkins	军人	皇家双桅方帆战舰“巴科斯号”舰长，1818 年 10 月在广州、澳门参加护航
亨利·哈丁 Henry Harding	传教士	1819—1825 年为东印度公司商馆牧师
马儒翰 John Robert Morrison	官员	马礼逊的儿子，1814 年 4 月 17 日生于澳门，母亲为爱尔兰人玛丽·莫顿，1815 年随母亲返英，1820 年 8 月回到澳门，1822 年由于母亲去世再次前往英国，1826 年马礼逊全家再次来到澳门，从此一直在父亲身边接受训练，学习中文，直到父亲去世；1832 年充当美国使节罗伯茨使团的翻译兼私人秘书，1837 年为英国商务监督中文秘书，1841 年参加中华医疗传道会在澳门举行的第二届年会，担任秘书，1842 年 8 月底参加中英《南京条约》的签订，担任英方首席翻译，香港政府成立后，先后担任政府中文秘书和代理辅政司，1843 年 8 月还成为香港立法局和行政局议员，同时因染香港热病，赴澳门疗养，8 月 29 日在澳门去世，并葬于澳门基督教坟场②
皮戈特 Pigott	船员	东印度公司“伦敦号”五副，1820 年随船到广州、澳门贸易，到广州后，驾驶艇出游打猎，开枪射杀一名华人，后逃匿，引起一场中英纠纷

① *Chinese Repository*, Vol. 5, No. 6, 1836/10, pp. 275 – 276.

② 苏精：《马儒翰：青出于蓝的中国通》，载苏精：《中国，开门！——马礼逊及相关人物研究》，香港：基督教中国宗教文化研究社，2005 年，第 169 ~ 202 页。

（续上表）

姓名	身份	说明
弗朗西斯·科利尔 Francis Augustus Collier	军人	皇家战舰“利物浦号”舰长，1820 年 9 月来广州、澳门护航
查尔斯·理查德森 Charles Richardson	军人	海军上校、英国皇家战船“土巴资号”指挥官，1821 年 11 月抵达澳门，不久去广州，12 月 15 日，“土巴资号”船员在伶仃岛被当地村民袭击，英国人登陆与村民战斗，互有死伤，1822 年 2 月 8 日，“土巴资号”驶往澳门附近停泊
乔治·班纳特 George Bennett	传教士	伦敦会牧师、博物学家，1821 至 1833 年间曾多次访问澳门，1833 年在澳门托马斯·比尔花鸟园中收集了很多资料
穆尔斐 Francisco Benedito Murphy	传教士	爱尔兰人，天主教神父，1823 年由加尔各答来到澳门，准备建立一所青年教育学院①
约翰·波茨 John Potts	园艺师	皇家园艺学学会园艺师，1824 年来澳，在澳门获得托马斯·比尔帮助，并与老里夫斯合作研究
约翰·帕克斯 John Dampier Parks	园艺师	皇家园艺学学会园艺师，1824 年来澳，在澳门获得托马斯·比尔帮助，并与老里夫斯合作研究
理查德·马克威克 Richard Markwick	职员	查尔斯·马克威克的弟弟，1825 年为东印度公司商馆管事，1826—1833 年担任散商，1831 年在广州和澳门经营酒店，与土生葡人女子玛利亚·维达尔（Maria Quitéria Vidal）有非婚子女，形成澳门土生马克威克家族，1834 年担任澳门英国邮局局长，1834 年年底在渣甸和马地臣向英国国王的上书上签名，1836 年 1 月 30 日在澳门去世

① *A Abelha da China*, No. LII, 11/09/1823, Macau: University of Macau, 1994, p. 224.

（续上表）

姓名	身份	说明
泰尔曼 Daniel Tyerman	传教士	伦敦会牧师，1825 年曾访问澳门①
爱德华·莱恩 Edward Lane	职员	1825—1827 年为东印度公司商馆仆役长，担任教堂执事，1828—1831 年与理查德·马克威克合作经营澳门泰凡酒店，1831 年去世
钱纳利 George Chinnery	画家	英国画家，1825 年来澳，1852 年去世，在澳门生活 27 年②
莫利夫人 Mrs. Morley	家眷	散商船“拉卡萨号”大副莫利的妻子，1825 年 3 月“拉卡萨号”在海南岛附近遇难，难民被送到澳门，莫利夫人又被澳门地方官命令前往广州，并在广州岸上住了几天，后被东印度公司船收容
郭雷枢③ Thomas Richardson Colledge	医生	1826—1832 年为商馆助理医生，1832—1834 年为商馆医生，在澳门开办眼科诊所，1833 年与美国姑娘卡洛琳（Caroline）结婚，后在澳门生有 6 个孩子，1834 年为驻华商馆监督医生，1838 年出任中华医疗传道会会长，不久回国，在人已回国的情况下，仍于 1841 年中华医疗传道会在澳门举行的第二届年会上被选为主席
大卫·斯格特 David Scott	医生	“查尔斯·福布斯爵士号”船长、医生，1826 年来澳，1837 年加入广州划船俱乐部

① Tyerman, Daniel Rev., George Bennet, *Journal of Voyages and Travels by the Rev. Daniel Tyerman and George Bennet*, Vol. 3, Boston: Croker and Brewster, New York: Jonathan Leavitt, 1832, p. 51.

② 香港历史博物馆编：《东方印象：钱纳利绘画展》，孔佩特：《序言》，香港：香港历史博物馆，2005 年，第 12～20 页；香港历史博物馆编：《东方印象：钱纳利绘画展》，《钱纳利生平简述》，香港：香港历史博物馆，2005 年，第 36～37 页；陈继春：《钱纳利与澳门》，澳门：澳门基金会，1995 年，第 155 页。

③ *Chinese Repository*, Vol. 11, No. 1, 1842/01, p. 50也记载了 Thomas Richardson Colledge，并称他于 1837 年 7 月 23 日逝世。是完全同名同姓，还是《中国丛报》发生了错误，待考。

（续上表）

姓名	身份	说明
巴特森 H. Batson	医生	孟加拉医生，1826 年 11 月持医治证从加尔各答到广州，抵达澳门时随他而来的侄女韦尔斯夫人（Mrs. Wells）及其女仆在澳门上岸，遭到中国海关勒索巨额税款
詹姆斯・坎宁 James Canning	职员	1827—1829 年为东印度公司商馆管事，1832 年 4 月 28 日在澳门去世
阿瑟・基廷 Arthur S. Keating	编辑	爱尔兰人，1827 年为《广州纪录报》的编辑，与威廉・伍德同事，但两人矛盾冲突很大，1834 年年底在渣甸和马地臣向英国国王的上书上签字
约翰・司莱德 John Slade	编辑	1827 年为《广州纪录报》的编辑①，1834 年接替阿瑟・基廷主持《广州纪录报》的编辑工作，同年成立在华实用知识传播学会，1834 年年底在渣甸和马地臣向英国国王的上书上签名；1841 年参加中华医疗传道会在澳门举行的第二届年会，1843 年《广州纪录报》迁往香港
乔治・维切尔 Geogre Harvey Vachell	传教士	1828—1832 年东印度公司商馆牧师，1837 年与夫人在澳门居住，1839 年在澳门病逝
约翰・罗斯 John Rose	职员	1828 年东印度公司商馆办公室助理
罗素・里夫斯 John Russell Reeves	职员	老里夫斯的儿子，1828—1830 年为东印度公司商馆助理验茶师，1831—1834 年为验茶师，绘制了很多澳门动植物的图画；他还是英国皇家园艺学会会员和林奈学会会员
威廉・斯普纳 William Spooner	职员	1828—1829 年为东印度公司商馆仆役长
弗雷德里希・阿莱因 Frederick P. Alleyn	医生	“吉德将军号”外科医生，1829 年在广州开办临时诊所，1837 年 10 月 3 日在澳门去世

① Rosewell S. Britton, *The Chinese Periodical Press 1800 - 1912*, Shanghai, 1933, p. 27.

（续上表）

姓名	身份	说明
詹姆斯·荷曼 James Holman	旅行家	盲人旅行家，1830 年游历澳门①
米德尔·马斯 Middle Mass	医生	外科医生，1830 年在海上遇难，同时遇难的有 9 人，同葬于澳门
威廉·普林塞普 William Prinsep	画家	原为商人，世居印度，1830 年代来华贸易，后随钱纳利学绘画，成为著名的业余画家，留下了多幅出色的澳门绘画作品
托马斯·艾林 Thomas Allom	官员	英国驻华官员，钱纳利到澳门后，1830 年代师从于钱纳利，学习绘画，绘有大量的中国作品②
威廉·莱斯特 William K. Lester	军人	东印度公司炮兵队长，1831 年 7 月携同 2 个孩子和女仆乘坐散商船“布曼吉号”来澳门居住
亨利·克罗凯特 Henry Crockett	医生	加尔各答牙科医生，1831 年 4 月 24 日死于伶仃碇泊所三桅船“墨丘利神（Mercury）号”甲板上，后葬于澳门
乔治·詹维斯 George Jervis	技师	孟买技师，1831 年偕夫人居住澳门，本年 12 月生有一女
查尔斯·弗里曼特尔 Charles H. Fremantle	军人	皇家战舰“挑战者号”舰长，1831 年 11 月抵达澳门，12 月去广州
哈姆利 Hamley	军人	皇家战舰“狼号”舰长，1831 年 12 月在澳门、广州参加护航
理查德·考克斯 Richard H. Cox	医生	苏格兰人，1832—1834 年为东印度公司商馆医生助理，曾到广州为行商潘启光的大儿子治病，1839 年从广州撤退到澳门

① James Holman, *Travels in China New Zealand New South Wales, Van Diemen's Land, Cape Horn, etc*, Vol. 4, London: George Routedge, 1840, pp. 44 – 45.

② 田涛、李祝环：《接触与碰撞：16 世纪以来西方人眼中的中国法律》，北京：北京大学出版社，2007 年，第 66 页。

（续上表）

姓名	身份	说明
温伯利 Charles Wimberley	传教士	东印度公司商馆代理牧师，1832 年偕妻子玛丽·温伯利（Mary Wimberley）同居澳门
坦普尔·雷顿 Temple Hillyard Layton	职员	毕业于剑桥大学神学院，1833—1834 年为东印度公司商馆助理验茶师，1837 年与英国船长爱德华·瓦茨的二女儿萨兰在澳门结婚
弗兰克·斯科特 Frank Scott	旅游者	贵族，槟城总督詹姆斯·斯科特第五子，来澳门旅游，1833 年 7 月 13 日在澳去世
查尔斯·奥尔盖 Charles Orgai	水手	“护卫号”船水手，1833 年 7 月 7 日在澳门附近海域遇难，但遗体被东印度公司坟场拒绝葬入，而被葬于澳门城外山坡上
布莱克伍德 Blarkwood	军人	上校、皇家船“伊莫吉英号”指挥官，1834 年来澳，参加律劳卑的澳门葬礼
乍兹 C. B. Chads	军人	上校、“安德鲁马克号”指挥官，1834 年来澳，参加律劳卑的澳门葬礼
麦都思 Walter Henry Medhurst	传教士	英国伦敦会牧师，1835 年来澳，1836 年回国，1854 年在澳门奈尔（Gideon Nye）家中再婚，妻子是美国驻澳门领事罗尔（Samuel Burge Rawle）的孙女安·伊萨贝尔（Ann Isabel Medhurst）
豪吉特 H. Holgate	医生	“安娜·罗伯森号”的医生，1835 年参加海员医院的医疗服务①，1849 年在澳门居住
威廉·福兰克林 William H. Franklin	编辑	1835 年 11 月，英文报纸《广州周报》（Canton Press）创刊，福兰克林担任主编②

① *The Canton Register*, Vol. 9. No. 48, 1836/11/29.

② Manuel Teixeira, *A Imprensa Periódica Portuguesa no Extremo Oriente*, Macau: Instituto Cultural de Macau, 1999, pp. 24 – 25.

（续上表）

姓名	身份	说明
李太郭 George Tradescent Lay	传教士	英国海外圣经公会代理人，1836 年在澳门学习中文，他精通音乐，在澳门和广州学过古琴、月琴，1839 年回国，1841 年参加中华医疗传道会在澳门举行的第二届年会，被选为副主席，1842 年出任英国驻广州领事；① 著有《菲律宾的植物》一书
唐宁 Charles Toogood Downing	旅行家	英国旅行家，1836 年在澳门旅行，著有《1836 至 1837 年在中国的番鬼》，该书 1838 年在伦敦出版
巴克小姐 Miss Theodosia Barker	教师	1836 年印度与东方女性教育促进会派到澳门的女教师
米切尔·奎恩 Michael Quin	军人	英国皇家巡船“锐雷号”指挥，1837 年 6 月抵达澳门，不久离开，继续巡航
玛尔格莱特·勃维特 Margaret Bovet	家眷	瑞士钟表商人勃维特（Charle Henri Bovet）的太太，1837 年 1 月 6 日在澳门去世
约翰·里克特 John Rickett	官员	英国驻澳门领事代办，但未获澳门政府承认，1837—1844 年与夫人在澳门居住，1845 年退休②
爱德华·斯夸尔 Edward B. Squire	传教士	英国圣公会教士，1838 年在澳门讲授圣经课程，1839 年 8 月被迫离开澳门
弗雷德里克·马他伦 Frederick Lewis Maitland	军人	少将、英国远东舰队司令，1838 年 7 月 12 日乘坐“美莲号”兵船抵达澳门，偕妻住义律夷馆养病，不久其妻死于澳门，10 月 4 日离开澳门
托马斯 Thomas	军人	“阿尔吉利恩号”舰长，1838 年 7 月 12 日陪同马他伦少将来到澳门，10 月 4 日离开澳门

① 宫宏宇：《基督教新教传教士与中国音乐——以李太郭为例》，载《中国音乐》2013 年第 1 期，第 44、47 页。

② ［澳］杰弗里·C. 冈恩著，秦传安译：《澳门史：1557—1999》，北京：中央编译出版社，2009 年，第 86 ~ 87 页。

（续上表）

姓名	身份	说明
维森特・士担顿 Vincent Stanton	传教士	剑桥大学神学生，1838—1839 年冬天来到澳门，任丹拿先生儿子的私人教师，丹拿去世后，他被召往澳门基督新教堂提供神职服务，1840 年 8 月 6 日在澳门劏狗环被绑架，被拘押在广州
狄克逊 Dixon	医生	广州商馆医生，1839 年从广州撤退到澳门
雒魏林 William Lockhart	医生	伦敦传教会牧师、医生，1839 年来澳，同年 9 月去巴达维亚，1840 年 5 月又回到澳门，8 月底去舟山；与雒魏林同时来澳门的还有他后来的妻子——郭实猎夫人的表侄女凯瑟琳・巴夏礼（Catherine Parkes）及其妹妹伊莎贝尔（Isabella），1841 年雒魏林与凯瑟琳在澳门结婚①
沃纳・瓦南 Warner Varnham	职员	曾在美国滑摩公司工作，1839 年受雇于怡和洋行，担任茶叶监察员一职，1839 至 1843 年之间经常往来广州、澳门，1843 年回国②
合信 Benjamin Hobson	医生	伦敦传教会牧师、医生，马礼逊的女婿，1839 年来澳，1843 年去香港
亨利・史密斯（士噁）Henry Smith	军人	海军上校、英国皇家军舰“窝拉疑号”舰长，1839 年来澳，1840 年 8 月 6 日乘坐蒸汽船“契约号”来到澳门，8 月 9 日向林则徐提出请求，要求释放士担顿，8 月 19 日指挥 300 名英军进攻关闸
美魏茶 William Charles Milne	传教士	英国伦敦会教士，米怜之子，1839 年来澳，1841 年去香港

① ［英］斯坦利・莱恩—普尔、弗雷德里克・维克多・狄更斯著，金莹译：《巴夏礼在中国》，桂林：广西师范大学出版社，2008 年，第 4 页。

② Warner Varnham, *A Visual Diary of China and the Philippines, 1835 to 1843: Catalogue of an exhibition of drawings and watercolors*, California: California University Press, 1973.

（续上表）

姓名	身份	说明
威廉·杨 William Young	传教士	浸信会成员，1839 年来澳门养病，1840 年返回巴达维亚
约翰·哈兰姆 John Hallam	职员	旗昌洋行雇员，1830 至 1840 年代负责广州商行验茶业务，年薪 1 000 英镑
亨利·斯宾塞·丘吉尔 Henry John Spencer Churchill	军人	Marlborough 公爵第四子，爵士、英国海军上校、英国皇家船“都鲁壹号”指挥，1840 年参加对华战争，同年 6 月 2 日去世葬于澳门
约翰·阿斯特尔 John Astell	军人	英国皇家海军“鳄鱼号”上尉，1840 年在澳门逝世，享年 27 岁
马克斯威尔 W. R. Maxwell	军人	皇家海军陆战队上尉，1840 年 8 月 19 日率领皇家海军陆战队 110 名士兵进攻关闸
哥德史密斯 Goldsmith	军人	“都鲁壹号”军舰上水手，1840 年 8 月 19 日由他率领 90 名水手和 180 名孟加拉志愿者进攻关闸
辛好士 Humphrey Le Fleming Senhouse	军人	英国皇家战舰“伯兰汉号”指挥、军人、爵士，1840 年参加对华战争，感染香港热，1841 年在香港去世，葬于澳门
乔治·懿律 George Elliot	军人	海军少将、皇家船“麦尔威里号”指挥，1840 年 6 月作为联合全权特使来澳，并担任英国海陆联军最高司令，后率军北上，11 月返回澳门，因病回国
布尔利 Burrell	军人	陆军上校，乔治·懿律属下英军陆军联队指挥官，1840 年 6 月抵达澳门，后率军北上，11 月返回澳门
奥格兰德 Oglander	军人	陆军上校，乔治·懿律属下英军陆军联队副指挥官，1840 年 6 月抵达澳门，后率军北上，死于舟山途中
费森 D. M. C. Pherson	旅行者	1840 年年底或 1841 年年初到澳门旅游①

① D. M. C. Pherson, *Two Years in China, Nartative of Chinese Expedition: from its formation in April, 1840, to the treaty of peace in August, 1842*, London: Saduners and Otley, 1843, pp. 37 – 45.

（续上表）

姓名	身份	说明
亚历山大·安德逊 Alexander Anderson	医生	广州商馆助理医生、海员医院医生，1841 年参加中华医疗传道会在澳门举行的第二届年会，被选为副主席，1844 年与夫人在澳门居住
亨利·艾尔斯 Henry Eyres	军人	英国皇家炮舰“摩底士底号”舰长，1841 年 3 月从澳门出发，参加进攻广州的战役
巴夏礼 Harry Parkes	翻译	1841 年 10 月 8 日偕夫人抵达澳门，住在他姐夫雒魏林家里，1842 年进入香港政府工作，后出任英国驻华领事；① 巴夏礼离开澳门后，其妻一直在澳门居住，1858 年 8 月巴夏礼再次到澳门看望其妻子②
砵甸乍（璞鼎查）Henry Pottinger	官员	1841 年 8 月 10 日作为英国对华贸易全权代表，乘坐蒸汽船“瑟索斯特里斯号”抵达澳门，处理商务总监办公室事务
威廉·伯克 William Parker	军人	少将、英国海军司令，1841 年 8 月 10 日随砵甸乍乘坐蒸汽船“瑟索斯特里斯号”抵达澳门
麻恭 G. A. Malcolm	军人	英国少校、随军秘书，1841 年 8 月 10 日随砵甸乍乘坐蒸汽船“瑟索斯特里斯号”抵达澳门，1842 年中英《南京条约》签订后，将条约内容带到澳门向英人宣布
伍兹南 Woosnam	医生	特别代表团医生，1841 年 8 月 10 日随砵甸乍乘坐蒸汽船“瑟索斯特里斯号”抵达澳门
秦漠 B. Chimmo	官员	砵甸乍私人秘书，1841 年 8 月 10 日随砵甸乍乘坐蒸汽船“瑟索斯特里斯号”抵达澳门

① ［英］斯坦利·莱恩—普尔、弗雷德里克·维克多·狄更斯著，金莹译：《巴夏礼在中国》，桂林：广西师范大学出版社，2008 年，第 10 ~ 11 页。

② 1858 年 8 月 8 日巴夏礼从澳门写给雒魏林的信，转引自［英］斯坦利·莱恩—普尔、弗雷德里克·维克多·狄更斯著，金莹译：《巴夏礼在中国》，桂林：广西师范大学出版社，2008 年，第 196 页。

（续上表）

姓名	身份	说明
伯麦 James John Gordon Bremer	军人	爵士、海军准将，1841 年随义律一起来到澳门
南特 C. H. Tennant	军人	掌旗中尉，威廉·伯克的秘书，1841 年 8 月 10 日随砵甸乍乘坐蒸汽船“瑟索斯特里斯号”抵达澳门
瓦尔特·亨利 Walter Henry	传教士	英国伦敦会牧师，1841 年跟随 7 位新教传教士从澳门赴香港
爱德华·菲茨杰拉德 Edward Fitzgerlad	军人	英国皇家海军“莫德斯特号”上尉，1841 年因进攻广州受伤，6 月 22 日在澳门去世
歌赋 Hugh Gough	军人	爵士、英军总司令，1841 年离开澳门前往广州
圣好士 Le Fleming	军人	爵士、英国高级官员，1841 年随歌赋同往广州
托马斯·苏格兰 Thomas Scotland	官员	1841 年为香港的陪审员，1844 年在澳门去世
戴雪 J. M. Dicey	军人	蒸汽船“马达加斯加号”船长，1841 年 12 月 30 日该船在广东海面失事沉没，戴雪及其同伴 40 人于 1842 年 6 月 2 日被送抵澳门，住裨治文家
考德维尔·詹姆斯 T. Caldwell James	军人	英国海军准将，1842 年随军来华，并抵达澳门，本人又为业余画家，留下了澳门的绘画作品
撒母耳·戴尔 Samuel Dyer	传教士	英国伦敦会教士，1843 年来华，并经香港到澳门，曾向马礼逊学习中文，10 月病逝，葬于澳门基督教坟场①
理雅各 James Legge	传教士	英国伦敦会牧师，1843 年经澳门到香港

① 苏精：《马礼逊与中文印刷出版》，台北：台湾学生书局，2000 年，第 200 页。

（续上表）

姓名	身份	说明
奥斯穆德·克雷佛利 Charles Edward Osmund Cleverly	官员	1843 年前与土生葡人女子结婚，后形成澳门土生奥斯穆德（Osmund）家族，1856—1861 年任英国驻澳门领事代办，1858 年 3 月 9 日成为购置新的基督教坟场委员会的成员
施美夫 George Smith	传教士	英国圣公会教士，1844 年 9—12 月在广州与澳门等地①
斯宾塞尔 N. Spencer	不详	1844 年前偕夫人珍妮·斯宾塞尔（Jane Spencer）来澳门，其夫人于 1844 年在澳门去世
威廉·吉里斯皮 William Gillespie	传教士	伦敦会牧师，1844 年 7 月抵澳，不久赴香港
德忌笠 D'Aguilar	军人	香港英军司令、少将，1844 年偕夫人来澳疗养，1847 年 9 月 25 日再次访澳②
托马斯·屈臣 Thomas Boswall Watson	画家	医生、业余画家，1845—1851 年在澳门③，1846 年在澳门设有商行
威廉·雷格特 William Henry Leggett	官员	香港首席大法官及最高法院书记，1845 年来澳门疗养，本年去世，葬于澳门
詹姆斯·杨 James H. Young	医生	苏格兰人，香港实习医生，在澳门与玛格丽特·杨（Margaret Hutchison Young）结婚，澳门内科实习医生是他们的婚姻见证人，1848 年其夫人在澳门疗养后去世
岑马士 James Summers	教师	香港中学教师、基督新教徒，1849 年被澳督亚马留抓捕，关进监狱
威廉·斯坦威利 William Staveley	军人	英军上校，1849 年来澳

① ［英］施美夫著，温时幸译：《五口通商城市游记》，北京：北京图书馆出版社，2007 年，第 53 ~ 55 页。

② ［葡］萨安东著，金国平译：《葡萄牙在华外交政策：1841—1854》，澳门：葡中关系研究中心、澳门基金会，1997 年，第 91 页。

③ Patrick Conner, *George Chinnery: 1774 – 1852, Artist of India and the China Coast*, Woodbridge, Suffolk: Antique Collectors' Club, 1993, pp. 290 – 295.

（续上表）

姓名	身份	说明
凯帕尔 Henry Keppel	军人	海军上校，“英皇陛下漫游号”舰长，1849 年率军进攻澳门监狱，营救岑马士①
布里德 N. Troubridge	军人	英军将领，亚马留遇刺后，1849 年率领“亚马逊号”三桅船和“英皇陛下漫游号”兵船从香港抵达澳门②
弗雷德里克·史密斯 Ferderick Smith	官员	香港最高法院次长，1850 年来澳门疗养，后病逝
查尔斯·巴屯 Charles Barton	传教士	英国圣公会传教士，1851 年到澳门治病，于本年 9 月去世，其妻随即离开澳门回国
文翰 George Samuel Bonham	官员	香港总督，1851 年 6 月 3 日访问澳门
怀特 White	官员	英国官员，1851 年来澳调查苦力贸易情况
乍畏 General William Jervois	军人	香港英军司令、少将，1852 年到澳门养病
托马斯·哈顿 Thomas Haddon	工程师	蒸汽船的工程师，1852 年偕夫人伊丽莎白·哈顿（Elizabeth Lewis Haddon）来澳，后其夫人在澳门去世
约翰·休姆 John Walter Hulme	官员	香港按察司，1853 年偕夫人来澳休养
俾士 George Piercy	传教士	首位来华的英国循道公会牧师，1854 年来澳门养病③，1854—1858 年在澳门
奥德尔 M. C. Odell	传教士	1854 年在澳门为麦都思与安·伊萨贝尔主持婚礼
包令 John Bowring	官员	香港总督，1855 年访问澳门，1857 年再次来澳，与美法代表商定进攻广州计划

① *Boletim do Governo da Província de Macau*, Timor e Solor, Vol. IV, 16 de Junho de 1849, No. 69, p. 44; Henry Keppel, *A Visit to the Indian Archipelago in H. M. Ship Maeander*, Vol. 1, Book Surge Publishing, 2002, pp. 93 - 94.

② ［葡］萨安东著，金国平译：《葡萄牙在华外交政策：1841—1854》，澳门：葡中关系研究中心、澳门基金会，1997 年，第 152 页。

③ 香港中文大学崇基神学院藏：《中华循道会档案胶片第一盒：1851—1872》，俾士 1854 年 6 月 16 日在澳门的信。

（续上表）

姓名	身份	说明
麦尔克·库帕 Mark Beale Cooper	军人	英军少校，在香港服役，1857 年因患痢疾到澳门疗养，去世后葬于澳门
柯克 G. Wingrove Cooke	记者	《泰晤士报》记者，1857 年访问澳门①
额尔金 James Bruce	官员	英国驻华全权特使，1857 年来澳，与美法代表商定进攻广州计划
拉特雷 Alexandre Rattray	画家	1857 年来澳门，绘澳门议事公局大楼图②
塞缪尔·吉顿 Samuel Hutton	传教士	循道公会传教士，1858 年在澳门结婚，后因健康原因携全家回国
约翰·毕顿 John Preston	传教士	循道公会传教士，1858 年在澳门结婚，不久去广州，1866 年回国
司摸本 Samuel Joseph Smith	传教士	循道公会传教士，1858 年在澳门结婚，不久去广州，1865 年回国
德克尔 R. V. Decker	画家	1860 年抵达澳门，留下了澳门绘画作品
查尔斯·威格曼 Charles Wirgman	画家	1861 年后抵达澳门，不久去日本，在澳门留下了描绘澳门华人社会生活的美术作品③
爱德华·希尔德布兰德 Edward Hidebrandt	画家	1862 年抵达澳门，留下了澳门绘画作品
蓝萨 E. L. Lança	官员	英国驻广州代理领事，1864—1880 年被派驻澳门
托马斯·卡伊尔 Tomás Cahill	传教士	爱尔兰人，耶稣会会士，1865—1871 年在圣若瑟神学院担任英文和历史教师④
麦当奴 Richard Graves Macdonell	官员	香港总督，1866 年 10 月 15 日偕夫人来澳门参加舞会

① ［英］詹姆士·奥朗奇编著，何高济译：《中国通商图：17—19 世纪西方人眼中的中国》，北京：北京理工大学出版社，2008 年，第 203～204 页。

② Fernando António Baptista Pereira, *Os Fundamentos da Amizade Cinco Séculos de Relações Culturais e Artísticas Luso-Chineseas*, Lisboa: Centro Científico e Cultural de Macau, 1999, p. 95.

③ *The Illustrated London News*, March 17th, 1866, p. 626.

④ Manuel Teixeira, *Macau e a Sua Diocese, Vol. Ⅷ, Padres da Diocese de Macau*, Macau: Tipografia da Missão do Padroado, 1972, pp. 282 – 284.

（续上表）

姓名	身份	说明
玛丽·维尔德 Mary Wild	家眷	1867 年与土生葡人小佩德罗·罗利路（Pedro José da Silva Loureiro）在澳门结婚，该人为葡萄牙驻长崎领事、骑士贵族、土生葡人教育保护协会创始人之一
约翰·汤姆森 John Thomson	探险家	苏格兰人，著名摄影家、地理学家、探险家，约 1870 年到澳门访问，留下了摄影作品《眺望南湾和东望洋山》①
莫蒂默·默里 Mortimer E. Murray	官员	英国驻广州副领事，1880—1890 年被派驻澳门
宝云 George Ferguson Bowen	官员	香港总督，1883 年 6 月访问澳门②
贺壁理 Alfred Edward Hippisley	官员	1889 年为第二任拱北关税务司③
萨瓦杰·兰德 Henry Savage Landor	记者	《伦敦画报》著名记者，1890 年来澳游历④
周骊 H. Beneraft Joly	官员	英国驻广州副领事，1890 至 1894 年派驻澳门
威廉·阿克怀特 William Arkwright	传教士	耶稣会神父，1894 年为圣若瑟学院教师，1910 年被驱逐⑤
倭讷 E. T. C. Werner	官员	英国驻广州副领事，1894—1896 年被派驻澳门
亨利·诺曼 Henry Norman	记者	著名新闻记者，1895 年访澳⑥

① John Thomson, *Through China with a Camera*, Westminster A. Constable & Co., 1898, p. 88.

② 英国档案局：CO129/210，1883 年 6 月 13 日“香港总督宝云爵士访问葡属殖民地”第 26 号，转引自［澳］杰弗里·C. 冈恩著，秦传安译：《澳门史：1557—1999》，北京：中央编译出版社，2009 年，第 80 ~ 81 页。

③ 中华人民共和国拱北海关编：《拱北海关志》，《大事记（1887—1990）》，1998 年，第 264 页。

④ Manuel Teixeira, *Toponímia de Macau*, Vol. I, Macau: Instituto Cultural de Macau, 1997, p. 310; Luís Andrade de Sá, *Hotel Bela Vista*, pp. 20 - 24.

⑤ Manuel Teixeira, *Macau e a Sua Diocese*, *Vol. Ⅷ*, *Padres da Diocese de Macau*, Macau: Tipografia da Missão do Padroado, 1972, pp. 282 - 284.

⑥ Henry Norman, *The Peoples and Politics of the Far East: Travels and Studies in the British, French, Spanish and Portuguese Colonies, Siberia, China, Japan, Korea, Siam and Malaya*, London: T. Fisher Unwin, 1895, p. 184.

（续上表）

姓名	身份	说明
葛福 H. Goffe	官员	英国驻广州署理副领事，1896—1897 年被派驻澳门
韦礼敦 E. C. Wilton	官员	英国驻广州署理副领事，1897—1899 年被派驻澳门
赫尔利 R. C. Hurley	摄影家	1898 年访问澳门，留下了一幅澳门地图①
阿绮波德·立德 Archibald Little	传教士	天足会总办，1899 年来澳门考察②
西顿 F. Ongtey Seaton	官员	英国驻广州副领事，1899—1904 年被派驻澳门

这一类英国人的统计总数为 262 人，其中 17 世纪有 1 人，18 世纪有 53 人，19 世纪有 208 人。这里面有一个人口统计盲区，就是来华的英国下层人士均未进入统计数据中，如船员、水手、士兵、仆役及一般的工作人员。早期来广州的英船不多，但到 18 世纪中期以后，来广州的英船数量越来越多，如 1815 年就有 21 艘船，按当时的统计，每船工作人员有 130 名左右，则 1815 年来华的英国人达到 2 700 人，这些人都要在澳门停泊，虽然下层人士不允许在澳门登陆，但仍然有不少人员私自上岸。所以，

图 1－34 英国人马戛尔尼像

图 1－35 英国人阿美士德像

图 1－36 英国人钱纳利绘马儒翰与他的同事像

① R. C. Hurley, *The Tourists Guide to Canton, the West River and Macao*, Taipei: Ch'eng-Wen Pub. Co, 1973, p. 67.

② ［英］阿绮波德·立德著，王成东、刘皓译：《穿蓝色长袍的国度》，北京：时事出版社，1998 年，第 323～324 页。

这一类人中进入澳门者数量很大，但因为没有留下名字，均进不了这些统计数。① 又如1775—1798 年来澳门的考察船，船上有 115 人，就曾经几次停靠澳门增加补给。这些人是上岸的，也未能进入统计数。② 再如 1808 年有 300 名英军士兵在澳门登陆。③ 这些士兵也未能进入统计数据。所以，以上这些统计数据只能反映这一时期在澳门有一定影响力的并留名于世的人物。

（五）法国人

法国以国家的形式与澳门的交往出现较晚，但法国人以个人和教会的名义进入澳门则始于 17 世纪初。当时有一部分法国耶稣会会士在葡萄牙保教权下进入中国内地传教，曾经在澳门作短暂的居停。第一位进入澳门的法国人为耶稣会会士芒特尔（Theodor），这个人因为生病，于 1593 年来澳门治疗，但不久即死于马六甲。此人在澳门待的时间很短，关于他的事迹也不太清晰。第二位来到澳门的人为出生于弗拉芒的著名的金尼阁（Nicolas Trigault）神父，金尼阁于 1610 年到达澳门。同年 12 月即奔赴内地广东肇庆府，但在 1613 年又作为中国传教区司库返回澳门，前往罗马。1619 年再次从欧洲抵达澳门，带回了很多传教士和 7 000 部欧洲书籍，在澳门居停两年后再次奔赴内地。金尼阁神父先后三次在澳门居停，特别是他带回的 7 000 部书留在澳门，这对澳门产生的影响之大是无法估量的。史惟贞（Pierre van Spiere）是第三位进入澳门的法国人，他于 1611 年抵达，到 1613 年才进入中国内地，在澳门居停两年。第四位进入澳门的法国人为罗历山（Alexandre de Rhodes）神父。罗历山于 1623 年抵达澳门，后被派往越南传教。1630 年返回澳门，在澳门停留了 10 年。到 1640 年再次前往越南，成为越南天主教教会负责人。1645 年又被流放到澳门，到该年年底，又从澳门前往罗马，后回到法国。罗历山先后三次在澳门居停，其中最长的一次达 10 年，所以罗历山神父在澳门留下了很深的印迹。④ 早期在葡萄牙保教权的庇护下，有不少法国耶稣会会士来到澳门，他们或在澳门作短期停留，然后进入中国内地；或留在澳门，从事教会工作。由于法国与葡萄牙的保教权之争，1685 年，路易十四（Louis XIV）创建了法国中国科学传教区，并将其教区委托给了法国耶稣会会士，从此法国耶稣会会士进入中国内地传教时都避开澳门直接进入广州，所以后来绝大部分来华的法国耶稣会会士都不曾在澳门居停；但是由于清政府的禁教，或者是其他原因，还是有一部分法国耶稣

---

① 游博清：《经营管理与商业竞争力：1815 年前后的英国印度公司广州商馆》，“清华大学”历史研究所博士论文，2011 年，第 114 页。

② William R. B, *A Voyage of Discovery to the North Pacific Ocean*, London: T. Cadell and W. Davids, 1804, pp. xvi, 138 - 162, 185 - 206.

③ ［葡］徐萨斯著，黄鸿钊等译：《历史上的澳门》，澳门：澳门基金会，2000 年，第 142 页。

④ ［法］荣振华著，耿昇译：《在华耶稣会士列传及书目补编》，北京：中华书局，1995 年，第535 ~ 537、680 ~ 681、704 ~ 705 页。

图 1－37　《皇清职贡图》中法兰西国的夷人、夷妇

会会士或在澳门避难，或在澳门中转回国。

除了耶稣会以外，当时来华的法国教会还有巴黎外方传教会和法国遣使会，这些教会派遣来华的传教士都有不少人员在澳门居停，有的甚至长期居住于澳门，比如说巴黎外方传教会在澳门设立的账房和法国遣使会在澳门圣若瑟学院开办的学校，其中的工作人员和教师均是长期在澳门的居停者，有的甚至死于澳门。

表 1－20　16—19 世纪经由和居住于澳门的法国（含比利时）传教士名录①

姓名	身份	说明
芒特尔 Theodor	耶稣会	1593 年因病来澳治疗，同年在马六甲去世
金尼阁 Nicolas Trigault	耶稣会	1610 年抵澳，同年赴肇庆，1613 年进澳前往罗马，1619 年返澳，1621 年去江西
史惟贞 Pierre van Spiere	耶稣会	1611 年抵澳，1613 年离澳去江西

① 本表资料除已注明出处外，其他主要依据以下各书完成：［法］荣振华著，耿昇译：《在华耶稣会士列传及书目补编》，北京：中华书局，1995 年；［法］方立中著，耿昇译：《1697—1935 年在华遣使会士列传》，桂林：广西师范大学出版社，2010 年；［法］热拉尔·穆赛、布里吉特·阿帕乌著，耿昇译：《1659—2004 年入华巴黎外方传教会会士列传》，桂林：广西师范大学出版社，2010 年；中国第一历史档案馆编：《清中前期西洋天主教在华活动档案史料》，北京：中华书局，2003 年；［法］卫青心著，黄庆华译：《法国对华传教政策：清末五口通商和传教自由（1842—1856）》，北京：中国社会科学出版社，1991 年；Jean Verinaud, *Cinq Français à Sumatra, 1830－1835*, Archipel, 1987; Manuel Teixeira, *A Educação em Macau*, Macau: Direcção dos Serviços de Educação e Cultura, 1982.

（续上表）

姓名	身份	说明
罗历山 Alexandre de Rhodes	耶稣会	1623 年抵澳，随后去越南，1630 年返回澳门，1640 年又去越南，1645 年被驱逐回澳门，同年前往罗马
颜尔定 Maetin Burgent	耶稣会	1629 年抵澳，同年到江西
金弥格 Miguel Trigault	耶稣会	1630 年抵澳，同年进入陕西
方德望 Etienne Faber	耶稣会	1630 年抵澳门，1632 年到山西
亨利・沙勿略 Henry Xavier	耶稣会	画家，1648 年在澳门学院
依纳爵・拉戈特 Ignace Lagot	耶稣会	画家，1648 年抵澳，1651 年离澳并死于途中
聂仲迁 Adrien Greslon	耶稣会	1650 年抵澳，不久进广州，到海南，1659 年再次居停澳门
刘迪我 Jacques le Favre	耶稣会	1656 年抵澳，1657 年到江西，1663 年再次到澳门
洪度贞 Humb. Augery	耶稣会	1656 年抵澳，1657 年到上海
穆尼各 Nicolas Métel	耶稣会	1656 年抵澳，同年到江西
傅沧溟 Jean Forget	耶稣会	1656 年抵澳，1657 年赴海南
狄若瑟 Joseph Francois Tissanier	耶稣会	1656 年抵澳，1658 年去交趾，1675 年返回澳门，1688 年在澳门去世
穆格我 Claude Métel	耶稣会	1656 年抵澳，1657 年抵达杭州
穆迪我 Jacques Métel	耶稣会	1656 年抵澳，同年抵达江西
罗尔多夫・昂戈 Rodolphe Angot	耶稣会	1656 年抵澳，直到 1676 年还在澳门，学习医药学，为澳门学院护士
埃德蒙德・篷塞 Edmond Poncet	耶稣会	1656 年抵澳，后去越南，1664 年在澳门圣保禄学院，1667 年在澳去世
柏应理 Philippe Couplet	耶稣会	1657 年抵澳，1659 年到江西，1681 年再次抵澳，并于同年离开
乐类斯 Louis Gobet	耶稣会	1657 年抵澳，同年去福建
皮埃・阿尔比埃 Pierre Albier	耶稣会	1657 年抵澳，1657 年去越南

（续上表）

姓名	身份	说明
吴尔铎 Albert d'Orrille	耶稣会	1658 年抵澳，1659 年到山西
南怀仁 Ferdinand Verbiest	耶稣会	1658 年抵澳，1659 年进陕西
鲁日满 Francois de Rougemont	耶稣会	1658 年抵澳，1659 年去杭州
约翰·德哈茵 Jean de Hayin	耶稣会	1667 年后抵澳，至 1682 年在澳去世
马尔多纳多 Jean Baptiste Maldonado	耶稣会	1667 年抵澳，不久去暹罗
方玛诺 Germain Macret	耶稣会	1659 年抵澳，担任澳门圣保禄学院院长，后进入中国内地，1667 年再次来澳
陆方济 François Pallu	巴黎外方传教会	福建宗座代牧，1580 年由海道从澳门往广东，由于葡萄牙人刁难，转由菲律宾搭船前往福建①
让·哈茵 Jean de Haynim	耶稣会	1682 年去世
安东尼 Antoine Thomas	耶稣会	1682 年抵澳，1685 年进广州
卫方济 Francois Noel	耶稣会	1685 年抵澳，1687 年离澳，1707 年再次来澳，1708 年离澳返欧
白晋 Joachim Bouvet	耶稣会	1692 年抵澳，1694 年离澳回欧洲，1698 年 10 月再次抵澳②
万惟一 Guillaume Vander Beken	耶稣会	1694 年 7 月抵达澳门
樊西元 Jean Simon Bayard	耶稣会	1694 年抵澳，1695 年到武昌，1725 年在澳门去世
卜嘉（卜纳爵）Gabriel Ignace Baborier	耶稣会	1699 年 10 月抵澳，11 月进广州
马若瑟 Joseph-Henry-Marie de Prémare	耶稣会	1699 年 10 月抵澳，11 月进广州，1732 年被驱逐到澳门，1736 年在澳去世
翟敬臣 Charles Dolzé	耶稣会	1699 年 10 月抵澳，11 月到广州
卫嘉禄 Charles de Belleville	耶稣会	1699 年 10 月抵澳，11 月到广州
颜理伯 Philibert Geneix	耶稣会	1699 年 10 月抵澳，11 月进广州

① 罗光主编：《天主教在华传教史集》，《中国天主教历代分区沿革史》，台北：光启出版社，1967 年，第 301 页。

② ［德］柯兰霓著，李岩译：《耶稣会士白晋的生平与著作》，郑州：大象出版社，2009 年，第 28 页称与他同行的传教士有 10 人。其来澳时间均见此书。

（续上表）

姓名	身份	说明
巴多明 Dominique Parrenin	耶稣会	1699 年 10 月抵澳，11 月进广州
雷孝思 Jean Baptista Régis	耶稣会	1699 年 10 月抵澳，11 月进广州
利圣学 Jean Charles Etienne Froissard de Broissia	耶稣会	1699 年 10 月抵澳，1700 年到江西
南光国 Louis de Pernon	耶稣会	音乐家，1698 年 10 月抵澳，11 月进广州
孟正气 Jean Domenge	耶稣会	1699 年 10 月抵澳，11 月抵达广州，1732 年被驱逐到澳门，1735 年在澳门去世
德博勒加尔 Ignace Baudet de Beauregard	耶稣会	1699 年抵澳，1673 年去越南
杜德美 Pierre Jartoux	耶稣会	1699 年抵澳，1701 年进京
苏安当 Antoine Chomel	耶稣会	1702 年去世
冯秉正 Joseph Marie Anne de Moyriac de Mailla	耶稣会	1703 年抵澳，同年进广州
彭加德 Claude Jacquemin	耶稣会	1703 年抵澳，1713 年进内地
庞克修 Jean Testard	耶稣会	1703 年抵澳，1710 年到湖州，当年再次来澳，1712 年去浙江
让・贝纳尔 Jean Bénard	巴黎外方传教会	1706 年被逐至澳门，1711 年回国，在途中病逝
雅克・李霍特 Jackques Liot	巴黎外方传教会	1706 年被逐至澳门，何时离澳不详，1710 年重返中国
亚历山大・丹里 Alexandre Danry	巴黎外方传教会	1706 年被驱逐到澳门，不久前往印度
德玛诺 Romano Hinderer	耶稣会	1706 年抵澳，在澳门创办耶稣圣心兄弟会①，1707 年进入内地，1723 年再次抵澳
弗朗索瓦・孟尼 Francois de Montigny	巴黎外方传教会	浙江代理代牧，1707 年被逐至澳门

① Manuel Teixeira, *Macau e a Sua Diocese*, *Vol.XI*, *As Confrarias em Macau*, Macau: Tipografia da Missão do Padroado, 1975, p. 317.

（续上表）

姓名	身份	说明
安东·吉奈 Antoine Guignes	巴黎外方传教会	1707年被逐至澳门，1717年担任广州司库
董默觉 Francois Le Breton	巴黎外方传教会	福建代理代牧，1707年被逐至澳门，1709年去本地治里
伯禄·埃尔韦 Pierre Hervé	巴黎外方传教会	1707年被驱逐到澳门，1710年在澳去世
白日升 Jean Basset	巴黎外方传教会	1707年3月被逐至澳门
梁弘仁 Francois Martin de la Baluère	巴黎外方传教会	1707年3月被逐至澳门
赫宣 Petrus Hervé	巴黎外方传教会	1707年3月在澳门
颜珰 Charles Maigrot	巴黎外方传教会	1707年被清廷驱逐到澳门
方舟（古埃蒂）Gaspar-Françios Guéty	巴黎外方传教会	钟表匠，1707年被驱逐到澳门①
刘应 Claude de Visdelou	耶稣会	1708年被驱逐到澳，1709年前往本地治里
董希圣 Alexandre Cazalez	耶稣会	1711年来澳，1712年离澳
夏德修 Louis Jean Nyel	耶稣会	1711年来澳，1712年离澳
张貌理 Maurìce de Baudory	耶稣会	1712年来华
安泰 Etienne Rousset	耶稣会	医生、助理修士，1719年抵达澳门，同年进京
陈忠信（倪天爵）Jean-Baptiste Simon	耶稣会	画家、珐琅专家，1719年抵达澳门，同年进京
傅圣泽 Francois Forget	耶稣会	1720年被召回欧洲，途经澳门
孙璋 Alexandre de la Charme	耶稣会	1728年抵澳，1729年进京
纽若翰 Jean Sylvain de Neuvialle	耶稣会	1729年抵澳，1742—1752年在澳门任法国耶稣会总会长，1758—1762年再次任总会长，1762年在澳门被捕，离开澳门

① Catherine Pagani, *Eastern Magnificence & European Ingenuity-Clocks of Late Imperial China*, Michigan: The University of Michigan Press, 2001, p. 50；［德］柯兰霓著，王潇楠译：《颜珰在中国礼仪之争的角色》，载《国际汉学》第19辑，郑州：大象出版社，2010年，第148页。

（续上表）

姓名	身份	说明
雅克·福赛尔 Jacques Faucher	巴黎外方传教会	1732 年担任澳门司库，不久去越南
计有纲 Antoine Guignes	巴黎外方传教会	1732 年被驱逐到澳门
安东·郭奈 Antoine Connain	巴黎外方传教会	1732 年被驱逐到澳门，担任司库到 1740 年
卜日升（卜如善）Jean Baborier	耶稣会	1724 年被驱逐到澳门，后潜入内地，1746 年再次被驱逐至澳，1752 年在澳门去世
朱耶芮（储裴理）Philippe Cazier	耶稣会	1732 年被驱逐到澳门
卜文气（薄类思）Louis Porquet	耶稣会	1732 年被驱逐到澳门，1741 年返回江南，1749 年回澳门养病，1752 年在澳去世①
聂若望 Francois-Jean Nocolas	耶稣会	1732 年被驱逐到澳门，1737 年在澳门神学院任教，1740 年死于澳门
赫苍璧 Julien-Placide Hervieu	耶稣会	1732 年被驱逐到澳门，1746 年在澳去世
郭中传 Jean Alexis de Gollet	耶稣会	1732 年被驱逐到澳门，1741 年在澳去世
巴泰耶 Jean Baptiste Bataillé	耶稣会	1733 年在澳门，1735 年到湖广
赵加彼（曹士林）Roussel Gabriel	耶稣会	1733 年来澳，1734 年进京，1750 年又在澳门，直到 1762 年被捕
吴君（吴钧）Pierre Foureau	耶稣会	1733 年来澳，1735 年进京
特罗尼埃 Francois Théodore Trogneux	遣使会	1733 年来澳
方济各·莫奈 Francois Monet	遣使会	1733 年来澳
芦西满 Barnabé Loupias	耶稣会	助理修士，1736 年在澳门去世
圣特法勒 Charles de Thomas Saint-Phalle	巴黎外方传教会	1736 年因神经衰弱来澳门养病后回国
赵圣修 Louis des Roberts	耶稣会	1737 年来澳，同年抵达广州

① 吴旻、韩琦编校：《欧洲所藏雍正乾隆朝天主教文献汇编》67，《广州府详报会审江南案涉案倪维智等人》，上海：上海人民出版社，2008 年，第 238 页称薄类思（卜文气）“于雍正十三年十月二十五日搭船回国”，实误。薄类思当时并未回国，实际上是澳门政府向清政府谎报，因为薄类思实际上又偷偷地潜入内地传教。

（续上表）

姓名	身份	说明
费若瑟 Joseph-Louis le Febvre	耶稣会	1737 年来澳，同年进入广州，在广州管理传教士事务，1767 年再次来澳，1780 年在澳门将圣沙勿略的祈祷书带回法国
席澄源 Sigismondo di San Nicolá	奥斯定会	1738 年来澳
嘉类思 Louis du Gad	耶稣会	1738 年来澳，1752—1762 年在澳
王致诚 Jean-Denis Attiret	耶稣会	画家，1738 年来澳，1739 年进京
杨自新 Gilles Thébault	耶稣会	1738 年来澳，1739 年进京
君丑尼 Claude-Francois Loppin	耶稣会	1739 年抵达澳门，在澳门居停三个月，同年去湖广
汤执中 Pierre d'Incarville	耶稣会	1740 年来澳，1741 年进广州
纪文 Gabriel-Léonard de Brossard	耶稣会	1740 年来澳，同年进北京
石若翰 Jean-Baptiste de la Roche	耶稣会	1740 年来澳，1741 年到湖广
让白蒂斯特·麦格霍特 Jean-Baptiste Maigrot	巴黎外方传教会	1740 年到澳，为澳门账房，1752 年在澳去世
德凡达蒙 Jean Hyacinthe de Verthamon	巴黎外方传教会	1742 年来澳，不久去四川，1746 年再次回澳，不久又返回欧洲
蒋友仁 Michel Benoist	耶稣会	1744 年来澳，同年进京
胥孟德 Joseph Labbe	耶稣会	1728—1731 年在澳创办圣若瑟神学院，1740 年到澳门担任司库，1745 年在澳去世
尚若翰 Jean-Gaspard Chanseaume	耶稣会	1746 年来澳，1751 年去江西
傅安德 André-Nicolas Forgeot	耶稣会	1746 年来澳，1755 年去湖北沙市，1761 在澳门病逝
黄明凤（杨若翰） Jean-Francois Beuth	耶稣会	1747 年在澳门去世，其祖父若韩（Jean）、父亲汝流（Julia）均先后来华在澳居住
马松 Toussaint Masson	耶稣会	画家，1747 年抵澳，1749 年在莫桑比克去世
马青山 Joachim Enjobert de Martiliat	巴黎外方传教会	主教，1746 年来澳门，1748 年返回欧洲
剌伯禄 Pierre-Antoine Laccére	巴黎外方传教会	1749 年来澳，1752—1754 年担任司库

（续上表）

姓名	身份	说明
钱德明 Jean-Joseph-Marie Amoit	耶稣会	1750 年 12 月来澳，1751 年 3 月到广州，不久进京
雅克·马丁（龙神父）Jacques Martin	巴黎外方传教会	1753 年来澳，1755 年去暹罗
费布仁 Urbain Lefebvre	巴黎外方传教会	1754 年被驱逐到澳门，后去暹罗
骆尼阁（王尼阁）Nicolas-Marie Roy	耶稣会	1754 年来澳，1755 年进湖广
奥利维耶·勒本 Olivier Simon Le Bon	巴黎外方传教会	1754 年巴黎外方传教会驻澳司库，1764 年获得暹罗副主教称号，离开澳门，1771 年经过澳门时帮助拜纽夫斯基伯爵与法国东印度公司打交道①
河弥德 Mathurin de Lamathe	耶稣会	1755 年来澳，同年到湖广
赖蒙笃 Claude Fracois Reymond	巴黎外方传教会	1756 年去世，四川宗座代牧主教
方守义 J. F. Marie-Dieudonné d'Olliéres	耶稣会	1759 年来澳
韩国英 Pierre-Martial Cibot	耶稣会	1759 年来澳，1760 年进京
郭明益 Claude Falconet	巴黎外方传教会	1765 年来澳，当年晋铎，不久去四川
艾若望 Jean François Gleyo	巴黎外方传教会	1765 年来澳，临时代理澳门账房，1767 年前往四川
罗满 Pierre Romain	巴黎外方传教会	1765 年前往澳门，担任司库直到 1771 年
金济时 Jean-Paul Louis Collas	耶稣会	1767 年来澳，1769 年进京
晁俊秀 Françios Bourgeois	耶稣会	1767 年抵澳，1768 年进京
严守志 Pierre Vaquier de la Baume	耶稣会	1768 年抵澳，1769 年进京
梁栋材 Jean-Baptiste-Joseph Grammont	耶稣会	1768 年抵澳，1769 年进京

① ［葡］冼丽莎著，李丽青译：《18 世纪末匈牙利冒险家在澳门》，载《文化杂志》（中文版）第 34 期，1998 年，第 124、126 页。

（续上表）

姓名	身份	说明
查伯当 Charles Bertin	巴黎外方传教会	1769年抵达澳门，1771年担任司库，1772年在澳门去世
贺清泰 Louis de Poirot	耶稣会	画家，1770年来澳，1771年进广州
施若望 Jean Steine	巴黎外方传教会	1772年抵达澳门，担任司库，任职7年，后被派入内地
席道明 Titus Siméon Leclerc	耶稣会	1773年来澳，1777年去广州，接替邓类斯管理传教士事务，1781年病故
冯若望（三马尔定）Jean-Didier de Saint-Martin	巴黎外方传教会	1773年来澳，1788年驱逐到澳门，1792年返回四川
多斯雷斯 José Mendes dos Reis	耶稣会	1773年抵澳，1775年进广州
额哋咦·德窝（福斯得旺）Stephanus Devaut	巴黎外方传教会	1775年来澳
徐德新（都费斯、李多林）Gabriel-Taurin Dufresse	巴黎外方传教会	1775年抵澳，不久前往四川，1784年被驱逐到澳门，1789年返川
德若望 Jean Descourvières	巴黎外方传教会	1776年后抵达澳门，1780年担任司库，1786年回国
戴尔朋（吧哋哩呋哂）Joseph Delpon	巴黎外方传教会	1782年来澳，不久往四川
罗广祥 Nicolas Joseph Raux	遣使会	1784年来澳
巴茂正 Carles Paris	遣使会	1784年来澳
吉德明 Jean Joseph Ghislain	遣使会	1784年来澳
陈神父 Pierre-Antoine Papin	遣使会	1784年来澳
克洛德·勒顿达尔 Claude-Francois Letondal	巴黎外方传教会	1785年抵达澳门，1785—1788年担任副司库，1788—1813年担任司库，1801—1805年曾离澳寻求经费，1807年返澳
南弥德 Louis Francois Marie Lamiot	遣使会	1791年来澳，1794年进京，1819年返澳，1831年在澳去世
刘方济 Jean Francois Régis Clet	遣使会	1791年来澳
李潘奈（卑尼额斯定）Louis Pesné	遣使会	1791年来澳

（续上表）

姓名	身份	说明
隆真 Jacques Benjamin de Longer	巴黎外方传教会	1792 年来澳，成为主教，1793 年去越南①
佩德罗·明诺 Pedro Vicente Maria Minguet	遣使会	1793 年来澳
苏起文 Paul Souviron	巴黎外方传教会	1796 年 6 月来澳，1797 年 3 月离开澳门，在广州被捕，同年死于广州监狱
马秉乾（金神父） Lazare Marius Dumazel	遣使会	1800 年乘公司船"多塞特希号"来澳，1806 年进入内地
苏振生 Jean Francois Richenet	遣使会	1800 年乘公司船"多塞特希号"来澳，1806 年进入内地
勒内·伏隆 René Foulon	巴黎外方传教会	1801 年来澳，1802 年去印度，1803 年再次返回澳门，1805 年 1 月在澳门逝世
巴若望 Jean Baroudel	巴黎外方传教会	1816 年抵达澳门，担任司库，1829 年回国
英拜尔 Laurenço Maria José Imbert	巴黎外方传教会	1822 年抵澳，不久去东京，1837 年担任朝鲜代牧主教
沙斯坦 Chastan	巴黎外方传教会	1827 年抵澳，请求去朝鲜，不久去了 Penang，1833 年其请求被批准，同年来到澳门，不久前往朝鲜传教
李伯禄 Pierre Legrégeois	巴黎外方传教会	1828 年来澳门，1830 年担任司库，1840 年离开澳门
贝拉尔迪 Jean Laurant Berard	巴黎外方传教会	1829 年前往交趾支那时在澳门被司库李伯禄挽留而留澳
陶若翰 Jean-Baptiste Torrette	遣使会	1829 年到澳门，担任遣使会驻澳门司库，1840 年在澳门去世
布鲁盖莱 Bartolomeu Bruguière	巴黎外方传教会	1831 年敕封为朝鲜主教，1832 年抵澳，不久进入福建，1834 年在 Pie-li-Kiou 岛去世

① Jacques Benjamin de Longer, *De Cochinchine a Macao Lettre de Lévêque de Gortyne*, *1792*, *un-éclairage sur le rapport politique du Tonkin à la Chine à la fin du XVIIIe siècle*, Péninsule, 2001.

（续上表）

姓名	身份	说明
和德广 Bernard Vincent Laribe	遣使会	1832 年抵达澳门
张导沅（穆导沅）Francois Alexis Rameaux	遣使会	1832 年抵达澳门
安德·巴朗丹 André Barentin	巴黎外方传教会	1832 年抵达澳门，担任司库
孟振生 Joseph-Martial Mouly	遣使会	1834 年来澳门
顾铎德 Francois Xavier Timothée Danicourt	遣使会	1834 年来澳门
嘎拉布尔 Alexandre Galabert	巴黎外方传教会	1834 年曾来澳寻求经费
秦噶哔 Joseph Gabet	遣使会	1835 年抵澳，1846 年再次来澳
董文学 Jean-Gabriel Perboyre	遣使会	1835 年抵澳
苏神父 Joseph Perry	遣使会	1835 年抵澳
纲达尔 Jean Jacques Candahl	巴黎外方传教会	1835 年在澳，1836 年进入越南
猫班 Maubant	巴黎外方传教会	1836 年从朝鲜抵达澳门，带回金大建等 3 名朝鲜学生
格雷特（罗神父）Claudis Guillet	遣使会	1836 年来澳，1840 年担任遣使会账房，1842 年参加广州谈判，1844 年在澳门居住
李播 Napoléon Libois	巴黎外方传教会	1837 年抵达澳门，1838 年来澳担任勒格埃古瓦的副手，1842 年升任司库，1847 年随账房前往香港
石伯禄 Pierre Lavaissière	遣使会	1839 年抵澳
林安当 Jean Antoine Simiand	遣使会	1839 年抵澳
董辅理 Louis-Charles Vautrin	遣使会	修士，1839 年抵澳
吴神父 André-Vincent Privas	遣使会	1839 年抵澳
古伯察 Evaritiste Régis Huc	遣使会	1839 年抵澳，1846 年再次来澳
谢神父 Pierre Peschaud	遣使会	1839 年抵澳
孔达京 Florent Daguin	遣使会	1840 年来澳

（续上表）

姓名	身份	说明
龚伯察 Jean Antoine Combelles	遣使会	1841 年来澳
羊铎（翁铎）Joseph-Laurent Carayon	遣使会	1841 年来澳
南格禄 Claude Gotteland	耶稣会	1841 年 10 月抵达澳门
罗安当 Antonie Anot	遣使会	1843 年抵澳
葛必达 Stanislas Clavelin	耶稣会	1844 年抵澳
鄂尔壁 Joseph Gonnet	耶稣会	1844 年抵澳
笪良仁 Louis Taffin	耶稣会	1844 年抵澳
郎怀仁 Adrien Languillat	耶稣会	1844 年抵澳
辛斐禄 Pamphile Sinoquet	耶稣会	1844 年抵澳
亚当·瓦尼 Adam Vanni	耶稣会	1844 年抵澳①
贺安德 André Jandard	遣使会	1844 年抵澳
伊莎贝尔 Etienne-Augutin Ysabel	遣使会	1844 年抵澳
田嘉壁 Louis Gabriel Delaplace	遣使会	1846 年抵澳
张若翰 Jean Baptiste Allara	遣使会	1848 年来澳
高慕理 Ange Michel Aymeri	遣使会	1848 年来澳
董若翰 Jean Baptiste Anouilhi	遣使会	1848 年来澳
本杰明 Benjamin	仁爱会	修女，1848—1865 年在澳
阿丽娜·安尼亚得 Alina Agniard	仁爱会	修女，1848—1865 年在澳
特里莎·漂瑟 Marie-Thérèse Burgé	仁爱会	修女，1848—1865 年在澳
卫儒梅 Léon Vincent. Talmier	遣使会	1849 年来澳
全类思神父 Prosper Louis Sarrans	遣使会	1849 年来澳
梁儒望神父 Jean Victor Gottlicher	遣使会	1849 年来澳
刘弥厄 Michel Dowling	遣使会	1850 年来澳
曾福定 Ferdinand Félix Montels	遣使会	1850 年来澳
富德蒙 Edme Alexandre Fournier	遣使会	修士，1850 年来澳
冯伯德 Protais Montagneux	遣使会	1851 年来澳

① 以上 6 人参见 *Chinese Repository*, Vol. 13, No. 8, 1844/08, p. 447；［法］史式徽著，天主教上海教区史料译写组译：《江南传教史》第 1 卷，上海：上海译文出版社，1983 年，第 63 ~ 65 页。

图 1－38　比利时耶稣会会士金尼阁像

图 1－39　比利时耶稣会会士南怀仁像

图 1－40　法国耶稣会会士罗历山像

图 1－41　巴黎外方传教会会士徐德新像

据上表统计，16—19 世纪经由或居住于澳门的耶稣会、巴黎外方传教会、遣使会及其他修会的法国传教士共有 202 人，其中耶稣会会士最多，为 104 人，巴黎外方传教会会士则有 50 人，遣使会会士亦有 44 人。到鸦片战争以后，由于香港的开埠，很多传教士不再居停澳门，而是从香港直接进入中国。故 19 世纪 50 年代以后，再未见法国传教士在澳门居停。

法国人并不具有从事海外贸易的特殊天赋，但在地理大发现时代，仍有法国商人试图跻身于葡萄牙人、西班牙人、荷兰人和英国人的热烈的海外贸易竞争中来。法国同中国通商始于 1698 年，第一艘法国东印度公司派出的“安菲特利特（l'Amphitrite）号”商船于 1699 年 10 月 24 日抵达澳门，该船在澳门停泊 9 天，于 11 月 2 日来到广州。这一次中法通商使法国商人看到了来中国贸易的极大商机，遂留下一名代理人驻扎广州，专营对华贸易。法国在广州留驻代理人的政策，比英国东印度公司要早70年。[①] 1719年，法国东印度公司在广州正式设立了一个管理委员会（Conseilde direction de la Compagnie）。从此以后，法国东印度公司不断派船来中国进行贸易。从1725年到1768年，法国东印度公司对中国贸易获利甚丰。于是法国公司实行每年都派代理人留驻澳门或广州的办法。[②] 1737年7月14日由澳门到广州的法国大班整年都留在该处。[③] 由于法国在1756—1763年的7年对英战争的惨败，法国大片海外殖民地丢失，也使得法国的海外贸易遭受重创。1769年，法国东印度公司被迫解散，法国对华商业贸易转向对个体商人的开放，而设立在广州的商站则由法国国王授权的王室管理委员会（Conseil de Direction du Roi）接管。乾隆二十二年（1757）清政府颁布对广州的"一口通商"政策，乾隆二十五年（1760）又颁布澳门住冬政策，在这种形势下，法国为了处理对华贸易事务，在广州正式设立商馆。据表1－12《1736—1833年来广州贸易的外国船只统计》，1736—1833年来广州的法国船只总数为100艘。

根据目前所见资料，法国人正式申请在澳门居留始于1704年，据载：

> 1704年12月9日，澳门议事会讨论被逐出广州的法国人请求居住澳门一事。鉴于法国人不同意澳门提出的条款，不能给予他们居住澳门的许可证，"以免损及本城的利益"。[④]

1723年8月25日，澳门海关向一艘进入澳门的法国船只征收税银200两。[⑤] 允许法国船只到澳门来进行贸易且征收税银，这恐怕是葡萄牙人对法国船只的破例。又据清朝档案，乾隆二年（1737）两广总督鄂弥达的奏章就提到"红毛、法兰西诸国之船在澳赁屋贸易，与澳彝口角彼此结仇，至今不解。于是，红毛诸国洋船俱改泊黄埔地方"[⑥]，可知1737年之前就有法国人在澳门赁屋居住、贸易。这就是说葡萄牙人很早就同意了法国在澳门租屋居住。故马士称："法国东印度公司实行每年都派代理人留驻澳门和广州的办法。"[⑦] 范岱克亦称：

> 1737年5—7月，法国大班们在非贸易季节于澳门度过，而几位荷兰官员却在

---

① ［美］马士著，区宗华等译：《东印度公司对华贸易编年史：1635—1834年》第1、2卷，广州：中山大学出版社，1991年，第180～181页。

② ［美］马士著，区宗华等译：《东印度公司对华贸易编年史：1635—1834年》第1、2卷，广州：中山大学出版社，1991年，第247页。

③ ［美］马士著，区宗华等译：《东印度公司对华贸易编年史：1635—1834年》第1、2卷，广州：中山大学出版社，1991年，第258页。

④ Manuel Teixeira, *Macau no Séc. XVIII*, Macau: Imprensa Nacional, 1984, p. 31.

⑤ Manuel Teixeira, *Macau no Séc. XVIII*, Macau: Imprensa Nacional, 1984, p. 261.

⑥ 中国第一历史档案馆等编：《明清时期澳门问题档案文献汇编》第1册，《两广总督鄂弥达奏复莫伦志案查系误伤不便因此不准洋船湾泊黄埔折》，北京：人民出版社，1999年，第183页。

⑦ ［美］马士著，区宗华等译：《东印度公司对华贸易编年史：1635—1834年》第1、2卷，广州：中山大学出版社，1991年，第247页。

广州过了一整年。同年，两艘马尼拉船抵达澳门，船长与大班们去了广州，并从2至5月都待在那里，这意味着他们的船员们都待在澳门。

1755年4月，法国和英国大班们从本月至7月待在澳门，但瑞典官员们上年在广州待了一整年。来自果阿的葡萄牙大班们于7月12日到达澳门，却从7月22日至11月9日待在广州购买他们的货物。同年，两广总督李侍尧反复要求外国人在非贸易季节离开广州。这就侧面暗示了一些外国人（如瑞典人）并不听从。[①]

另有史料说明，1760年5月12日，广州英国商馆大班抵达澳门，议事会要求他们申请批准在澳门租赁房屋，并称法国人及其他国家的商人已经履行了这种新手续。于是，英商们亦呈递了申请书，并获批准。[②] 这就告诉我们，早在1760年清政府颁布澳门住冬政策之前，就有许多包括法国人在内的外国人在澳门租屋居住。1760年的所谓澳门住冬政策只不过是以正式的国家法令而颁行的。实际上，法国商人早在1760年之前就已经开始在澳门租屋居住，他们在澳门的正式居留应该比英国人早。

1770—1776年，法国在广州的贸易极为繁忙，7年间就有36艘法国船只来到广州黄埔港，每年平均5～6艘船。在这日渐活跃的法中贸易事务中，王室管理委员会处理各种事务表现得力不从心，故在1776年2月，法王路易十六（Louis XVI）决定将管理委员会改为领事馆，由一名领事和数名书记官组成，负责调解纠纷，维护法国商人之间及其与欧洲其他国家商人之间的和谐关系。领事馆的第一任领事即弗朗索瓦·沃克兰（Pierre-Charles François Vauquelin）。

上述法国东印度公司管理委员会、王室管理委员会及法国驻广州领事馆所有成员，不管是在澳门住冬政策颁布之前，还是在澳门住冬政策颁布之后，他们在贸易季节一般都留在广州，而在贸易季节结束后则返回澳门住冬。因此，这一时期在澳门住冬的法国人也为数不少。18世纪广州领事馆最后一任领事喷士噔在其回忆录中记载：

> 能来到这样一个城市（即澳门），与欧洲同乡聚集在一起，周围没有那么多中国人监视者，不需要申请就可以自由自在地随意出行，也没有人辱骂或跟随着我们，真让人无比高兴。由于外国人必须在这里至少待上半年，于是就租来最好的房子进行修缮，甚至重建，这些房屋视野极佳，有几处还有着非常漂亮的花园。……这些欧洲人从每年2月到10月在澳门居住，我在的那段时间，有15至16名英国人，同样多的荷兰人，3个瑞典人，3个丹麦人，3个法国人，3个奥匈帝国人，以及几个法国和英国个体商人。[③]

---

① Paul A. van Daye, *The Canton Trade: Life and Enterprise on the China Coast, 1700 – 1845*, Hong Kong: Hong Kong University Press, 2005, p. 13.

② ［美］马士著，区宗华等译：《东印度公司对华贸易编年史：1635—1834年》第4、5卷，广州：中山大学出版社，1991年，第502页。

③ Louis Dermigny, *Les Mémoires de Charles de Constant sur le Commerce à la Chine*, Paris: S. E. V. P. E. N., 1964, pp. 148, 155.

当时法国正处于大革命的前夕，社会动荡。1789 年，波旁王朝被推翻，随后革命阵营内部又出现各种斗争。法国政府无暇顾及海外市场，故法国的对外商业贸易一蹶不振，在当时的欧洲各国对华贸易中，法国与英国、荷兰、美国等国相比渐渐处于劣势。担任代理领事一职的小德金在广州连薪水都领不到。由于法国与英俄战争爆发，法国领事馆就这样慢慢地退出了中外贸易的舞台，法国在广州的商馆也随之被拍卖，由法国东印度公司的大班喷士噔和皮隆（Piron）两位购得。① 19 世纪初，到澳门的俄罗斯人评价法国人对华贸易称："法国人从未尽心尽力地从事对华贸易，法国大革命后则完全停止了。"② 1802 年，广州商馆关闭以后，法国同中国的贸易关系几乎中断，从 1820 年至 1832 年，在广州一般只能看到两三艘或三四艘法国商船。到 1834 年后，法国来华商船逐渐增多，故在此期间，广州领事馆又得以重建。1832 年 12 月 13 日，热尔内（Benoit Gernaer）恢复了广州领事馆的业务，并出任代理领事，法国人又重新回到广州与澳门。③ 据有关澳门的外国人口统计数据，1774 年法国人有 4 户，1780 年法国人有 4 人，1802 年法国人有 6 人，1826 年法国人有 2 人，1827 年法国人有 2 人，1829 年法国人有 3 人，1831 年法国人有 2 人，1833 年法国人有 2 人，1867 年法国人有 4 户④。可

图 1－42　1791 年抵达澳门的法国商人玛尔尚像

图 1－43　1787 年来澳门的法国人德·昂特卡斯骑士像

① Louis Dermigny, *Les Mémoires de Charles de Constant sur le Commerce à la Chine*, Paris: S. E. V. P. E. N., 1964, p. 91.

② 伍宇星编译：《19 世纪俄国人笔下的广州》，郑州：大象出版社，2011 年，第 30 页。

③ ［法］卫青心著，黄庆华译：《法国对华传教政策：清末五口通商和传教自由（1842—1856）》上卷，北京：中国社会科学出版社，1991 年，第 160～162 页。

④ A. M. Martins do Vale, *Os Portugueses em Macau* (*1750 - 1800*), Macau: Instituto Português do Oriente, 1997, pp. 78, 170；［葡］施白蒂著，姚京明译：《澳门编年史：19 世纪》，澳门：澳门基金会，1998 年，第 167 页；其他均见马士著，区宗华等译：《东印度公司对华贸易编年史：1635—1834 年》（广州：中山大学出版社，1991 年）一书中。

以反映出，18 世纪末到 19 世纪中叶一直有法国人在澳门居住，人口不算多，保持在 2~4 户。据喷士噔的回忆录，当时还有一名法国女人在澳门居住，她原本是法国大班的遗孀，丈夫死后，嫁给了一名葡萄牙人，后这位葡人又溺水而亡，此法国女人遂沦落成为澳门风月场上的风尘女子。① 整体来说，法国驻广州、澳门的商人们处境凄惨，公司实行的专营权使他们处于半破产状态中。虽然法国侨民在澳门居住不算多，但内部却存在很大的分歧，一部分人倾向于法国遣使会，一部分人则同巴黎外方传教会交往甚密，双方经常就很多问题争论不休。② 这一分歧直到喇萼尼使团的到来才获得解决。

除了商人之外，还有许多从事其他职业的法国人进入澳门，也为在澳门的法国人增添了不少色彩，如 1787 年拉贝罗塞伯爵拉佩鲁斯（Jean-Francois de Galaup，comte de La Pérouse）率领探险队抵达澳门③，1839 年到澳门的法国青年画家奥古斯特·博尔热（Anguste Borget），1844 年来澳的法国特使喇萼尼（Théodore-Marie de Lagrené），④ 又如 1867 年抵达澳门的两位公爵德波瓦（Ludovic de Beauvoir）和庞蒂埃弗尔（Duc de Penthièvre）。⑤ 特别是澳门开放苦力贸易以后，从 1866 年起，有一大批法国船只在澳门从事苦力贸易，他们从澳门运载华工前往古巴、秘鲁等地。⑥ 直到 19 世纪的最后一年仍有法国人进入澳门，并留下了他们对澳门精彩的文字记录。⑦ 下面拟将 17—19 世纪在澳门停留或居住的非传教士法国人列表如下：

---

① ［法］路易·德尔米尼：《贡斯当 18 世纪广州对外贸易回忆录》，转引自耿昇：《18 世纪在广州的法国商人和外交官》，载李庆新主编：《海洋史研究》第 8 辑，北京：社会科学文献出版社，2015 年，第 93~94 页。

② ［法］卫青心著，黄庆华译：《法国对华传教政策：清末五口通商和传教自由（1842—1856）》上卷，北京：中国社会科学出版社，1991 年，第 257~258 页。

③ Jean François de Galaup, comte de La Pérouse, *Voyage de la Pérouse autour du monde*, rédigé par M. L. A. MILET-MUREAU, tome second, chez Plassan, Imprimeur-Libraire, Paris, 1798, p. 353.

④ ［法］夏德新著，益友译：《1839 年的澳门：博尔热的记叙和绘画》，载《文化杂志》（中文版）第 10 期，1992 年，第 82~91 页。

⑤ ［法］德立·龙巴著，李长森译：《德·波瓦公爵在澳门：1867 年 2 月》，载《文化杂志》（中文版）第 23 期，1995 年，第 11~22 页。

⑥ 陈翰笙：《华工出国史料汇编》第 4 辑，《关于华工出国的中外综合性著作》，北京：中华书局，1984 年，第 201、206 页。

⑦ ［葡］布朗科著，喻慧娟译：《19 世纪最后一年的澳门》，载《文化杂志》（中文版）第 32 期，1997 年，第 131~137 页。

表 1－21 17—19 世纪在澳门停留或居住的非传教士法国人名录①

姓名	身份	说明
佚名法国医生	医生	1673 年来澳，1674 年 2 月在澳门去世；他曾在台湾行医，到澳门以后与艾脑爵修士友谊极深，一起在澳门行医治病②
邦纳克 M. Banac	商人	代理商，1699 年法国东印度公司派驻在广州的商务代理人，往来广州和澳门贸易
德·拉罗克 de la Roque	船长	法国"安菲特利特号"船长，该船 1699 年 10 月 24 日抵达澳门，11 月 2 日离开澳门
德·巴里利 de Barilly	船员	"安菲特利特号"二副，1699 年 10 月 24 日来澳
德·布瓦西 de Boissy	船员	"安菲特利特号"二副，1699 年 10 月 24 日来澳
德·萨布勒瓦 de Sabrevois	军人	法国海军少尉，1699 年 10 月 24 日乘"安菲特利特号"来澳

① 本表资料除已注明出处外，其他主要依据以下各书编成：Ming Wang P. Huard, *Pierre-Louis-Anchille de Robien, Chevalier de Robien, dit"le chinois"(1736－1792)*, *Annales de Bretagne*, Tome 70, Numéro 3, 1963; Henri Cordier, *La France en Chine au XⅧ^e siècle*: Archives d'affaires: Indes Orientales, Chine, Cochinchine, Vol. Ⅱ, Paris: Ernest Leroux, 1883; Henri Cordier, *La France en Chine au XⅧ^e siècle*: Archives d'affaires: Indes Orientales, Chine, Cochinchine, Vol. Ⅱ, Paris: Ernest Leroux, 1883; Abbé Morellet, *Mémoire sur la situation actuelle de la Compagnie des Indes*, Paris, 1769; *The Friend of China*; La Pérouse, Jean-François de Galaup, *Voyage de La Pérouse autour du monde, publié conformément au décret du 22 avril* 1791, rédigé par M. L. A. Milet-Mureau, Tome premier, Paris: De l'Imprimerie de la République, 1797, pp. 4－12; Edmond Jurien de La Gravière, *Voyage en Chine et dans les mers et archipels de cet empire pendant les années 1847－1848－1849－1850*, Paris: Charpentier, 1854；中国第一历史档案馆等编：《明清时期澳门问题档案文献汇编》，北京：人民出版社，1999 年；刘芳辑：《葡萄牙东波塔档案馆藏清代澳门中文档案汇编》下册，澳门：澳门基金会，1999 年；［美］马士著，区宗华等译：《东印度公司对华贸易编年史：1635—1834 年》，广州：中山大学出版社，1991 年；［法］卫青心著，黄庆华译：《法国对华传教政策：清末五口通商和传教自由（1842—1856）》，北京：中国社会科学出版社，1991 年；陈翰笙：《华工出国史料汇编》第 4 辑，《关于华工出国的中外综合性著作》，北京：中华书局，1984 年；广东省地方志编委会办公室编：《清实录广东史料》第 6 册，附录 5《清代各国驻广东领事名表》，广州：广东人民出版社，1995 年；黄庆华：《中葡关系史（1513—1999）》中册，合肥：黄山书社，2006 年。

② Georgius Mensaert O. F. M., *Sinica Franciscana*, Vol. Ⅶ, Rome: Fondation Universitaire de Belgique, 1965, pp. 974－1041；［葡］阿马罗：《澳门医学：名医、药房、流行病及医务治疗》，载吴志良、金国平、汤开建主编：《澳门史新编》第 3 册，澳门：澳门基金会，2008 年，第 990 页；董少新：《西洋传教士在华早期行医事迹考述》，中山大学博士学位论文，2004 年，第 31 页；［葡］冼丽莎著，李丽青译：《18 世纪末匈牙利冒险家在澳门》，载《文化杂志》（中文版）第 34 期，1998 年，第 121～131 页。

（续上表）

姓名	身份	说明
德·拉格郎热	军人	法国海军军官，1699 年 10 月 24 日乘“安菲特利特号”来澳
德·博利厄 de Beaulieu	军人	法国海军少尉，1699 年 10 月 24 日乘“安菲特利特号”来澳
小热拉尔丹 Geraldin Le Jeune	军人	法国海军军官，1699 年 10 月 24 日乘“安菲特利特号”来澳
德·贝纳克 de Benac	商人	“安菲特利特号”第一商务经理，1699 年 10 月 24 日来澳
勒·普莱特尔 Le Pouletel	商人	“安菲特利特号”经理和出纳，1699 年 10 月 24 日来澳
吕西安·布瓦扎尔 Lucien Boizard	商人	“安菲特利特号”经理和商务监察员，1699 年 10 月 24 日来澳
乔治·弗郎西来 George Francia	商人	“安菲特利特号”的产品服务部主任，1699 年 10 月 24 日来澳
弗郎索瓦·弗罗盖 François Froger	商人	“安菲特利特号”水文工程师、绘图员，1699 年 10 月 24 日来澳
拉加尔德 La Garde	商人	“安菲特利特号”秘书，1699 年 10 月 24 日来澳
让·佩什贝蒂 Jean Pechberty	商人	东印度公司职员，负责监督“安菲特利特号”贸易经营，1699 年 10 月 24 日来澳
让·德厄 Jean Dieu	商人	东印度公司职员，负责监督“安菲特利特号”贸易经营，1699 年 10 月 24 日来澳
迪·朱斯 Du Jus	商人	东印度公司职员，1699 年 10 月 24 日来澳
萨巴蒂埃 Dabattier	作家	国王的作家，1699 年 10 月 24 日来澳 ①
伯勒格尔 Beauregard	医生	外科军医，1715 年和方济各会医生安多尼合作为王雄善神父做手术②，1719 年担任法国东印度公司广州管理委员会医生，1772 年被撤职③

① 耿昇：《从法国安菲特利号船远航中国看 17—18 世纪的海上丝绸之路》，载《西北第二民族学院学报》2001 年第 2 期，第 3～11 页。

② 崔维孝：《明清之际西班牙方济会在华传教研究（1579—1732）》，北京：中华书局，2006 年，第 218～219 页。

③ Ming Wang P. Huard, *Pierre-Louis-Anchille de Robien, Chevalier de Robien, dit"le chinios"(1736 - 1792)*, *Annales de Bretagne*, Tome 70, Numéro 3, 1963, pp. 274 - 275.

（续上表）

姓名	身份	说明
杜蒙 Dumont	商人	大班，1719 前任法国东印度公司广州管理委员会第一任负责人，1754 年参与处理法国水手枪杀英国“晏臣勋爵号”水手事件
米歇尔 Michel	商人	1719 年法国东印度公司广州管理委员会委员
特洛里 Trollier	商人	1719 年法国东印度公司广州管理委员会委员
劳郎斯 Laurenci	商人	1719 年法国东印度公司广州管理委员会委员
吉贝尔 Gibert	商人	1719 年法国东印度公司广州管理委员会委员
弗朗索瓦·沃克兰 Pierre-Charles François Vauquelin	商人	1719 年法国东印度公司广州管理委员会委员，1765 年获准在澳门租房居住；① 1776 年出任法国驻华领事馆领事；1782 年 9 月 23 日在澳门病逝
提摩尔 Montigny du Timeur	商人	1719 年法国东印度公司广州管理委员会委员
蒂莫莱 Monsr Thimolée	商人	1719 年法国东印度公司广州管理委员会委员②，1770 年成为王室管理委员会第二任大班，不久后被招回国，1772 年又返回重掌大权，1775 年 1 月乘坐“雅姆号”回国
德罗卞 De Robien	商人	1719 年法国东印度公司广州管理委员会委员兼秘书，“迪拉斯公爵号”大班，1770 年进入王室管理委员会，接任为委员会第三任大班
范德尔蒙特 Jacob van Der Mond	医生	1723 年来澳，出任澳门政府医生 6 年，1731 年在澳进行科学研究③
罗泰 Roate	商人	法国东印度公司广州商务代理人，1735 年前驻澳门
梅特雷 Le Mettre	商人	散商，1735 年间在广州、澳门贸易
拉依 Monsr Ray	商人	法国东印度公司管理委员会代理人，1735—1736 年驻澳门

① Manuel Teixeira, *Macau no Séc. XVIII*, Macau: Imprensa Nacional, 1984, p. 531.

② ［美］马士著，区宗华等译：《东印度公司对华贸易编年史：1635—1834 年》第 1、2 卷，广州：中山大学出版社，1991 年，第 324 页。

③ M. Wong, Th Vetter, M. J. Imbault-Huart, P. Huard, Une these parisienne au ginseng en 1736, *Bulletin de l'Ecole française d'Extrême-Orient*, 1973, Volume 60, pp. 359 - 344; Manuel Teixeira, *Macau no Séc. XVIII*, Macau: Imprensa Nacional, 1984, p. 257.

（续上表）

姓名	身份	说明
迪韦拉埃（地里亚氏贰）M. Devulaire	商人	法国船“伊阿宋号”大班、船主，1735—1736年法国东印度公司广州管理委员会主任；1735年12月有几名法国人在黄埔打猎，枪走火打死华人村民莫志伦，清廷审判此案时，迪韦拉埃被传出席，并被监禁，后被索银10 000两；1740年再次来到澳门贸易
瓦拉尔梅（务美）Valarme	商人	法国船“伊阿宋号”大班，1735年随迪韦拉埃上岸打猎走火打死莫志伦，1740年再次来澳
味氏喃望	商人	因遭荷兰船抢劫，1745年7月搭英国商船来到澳门避难
味氏哪贺	商人	因遭荷兰船抢劫，1745年7月搭英国商船来到澳门避难
味氏唠武	商人	因遭荷兰船抢劫，1745年7月搭英国商船来到澳门避难
务书里	商人	大班，1745年在澳居住
若尔热·穆林 Jorge Moulin	医生	议事会聘请的医生，1748年来澳，1749年离澳①
布瓦尔 Pierre Poivre	旅行家	1749年来澳②
布瓦纳弗 Boisneuf	商人	1753—1754年在广州、澳门贸易的法国商人，参与了法国人打死“晏臣勋爵号”英国水手事件的要求将犯罪职员送回法国受审的信件签名
雅聚 Jazu	商人	1753—1754年在广州、澳门贸易的法国商人，参与了法国人打死“晏臣勋爵号”英国水手事件的要求将犯罪职员送回法国受审的信件签名
卢克尔·德·奥尔贝克 Luker de Orbeck	商人	1753—1754年在广州、澳门贸易的法国商人，参与了法国人打死“晏臣勋爵号”英国水手事件的要求将犯罪职员送回法国受审的信件签名

① *Arquivos de Macau*, 3ª Série, Vol. Ⅲ, No. 4, p. 253; Vol. Ⅲ, No. 5, Macau, 1965, p. 259.

② Henri Cordier, Voyage de Pierre Poivre en Cochinchine, in *Revue de l'Extrême-Orient*, 1887, Tome 3, pp. 81 – 121.

（续上表）

姓名	身份	说明
沃克兰·德·福斯 Vauquelin de Fosse	商人	1753—1754 年在广州、澳门贸易的法国商人，参与了法国人打死“晏臣勋爵号”英国水手事件的要求将犯罪职员送回法国受审的信件签名
梯蒙特·卡达特 Thimotée Cadet	商人	1753—1754 年在广州、澳门贸易的法国商人，参与了法国人打死“晏臣勋爵号”英国水手事件的要求将犯罪职员送回法国受审的信件签名
佩谢维 Pechevin	商人	1753—1754 年在广州、澳门贸易的法国商人，参与了法国人打死“晏臣勋爵号”英国水手事件的要求将犯罪职员送回法国受审的信件签名
佩德罗·莱内（吕呀）Pedro Layné	商人	1754 年前到广州，本为法国东印度公司随船医生，后在广州经商，1754 年来澳探亲，居住在澳门葡人舞殊律家;① 1774 年被议事会聘为政府医生，1777 年去葡萄牙学习，领取医生执照
弗朗西斯·路易·理奇蒙 Francis Louis Richemond	水手	1754 年随法国东印度公司船来广州、澳门贸易，9 月 29 日在黄埔与英国“晏臣勋爵号”水手斗殴，并将其枪杀②
布维 Bouvet	船长	1765 年驾驶东印度公司船只“Villevault 号”来澳③
哈依 Hay	商人	法国私商，1768 年来澳
马丁 Martin	商人	法国私商，1768 年来澳④
德韦尼 De Vigny	商人	1769 年前为大班，1770 年后不久，狄默德被召回国，德维尼代理其职；1774 年驾驶“卓越号”与“布罗格利公爵号”一同从法国直接来到澳门

---

① 澳门同知魏绾给发照票。刘芳辑：《葡萄牙东波塔档案馆藏清代澳门中文档案汇编》下册，《澳门同知魏绾为法商吕呀赴澳探亲事行理事官牌》，澳门：澳门基金会，1999 年，第 703 页。

② 吴义雄：《条约口岸体制的酝酿：19 世纪 30 年代中英关系研究》，北京：中华书局，2009 年，第 67 页。

③ Henri Cordier, Les correspondants de Bertin, secrétaire d'Etat au XVIII e siècle, *T'oung-pao*, second séries, Vol. 15, No. 3, 1914, p. 309.

④［英］施其乐、［美］范岱克著，郭颐顿译：《追寻澳门亚美尼亚商人的足迹》，载《文化杂志》（中文版）第 55 期，2005 年，第 97 页。

（续上表）

姓名	身份	说明
克鲁埃 Cloët	商人	1770 年后担任王家管理委员会广州商馆委员
考斯特 Paul-François Costar	商人	1770 年后担任王家管理委员会广州商馆委员，1776 年成为法国驻广州领事馆书记官，1780 年还是法国驻广州领事馆干事长
伊斯 Hiss	商人	1771 年前在澳门居住多年的法国人，拜纽夫斯基伯爵 1771 年来澳门时，伊斯担任翻译
德·罗宾 de Robin	商人	法国东印度公司驻广州商馆董事，1771 年前在广州、澳门贸易
德·圣·伊莱尔 M. de St. Hilaire	商人	爵士、法国东印度公司商人、“多芬号”船指挥，1771 年前在广州、澳门贸易，1771 年时送匈牙利人拜纽夫斯基前往毛里求斯
德斯图莱尔 Destoureles	医生	外科军医，1772 年接任法国广州商馆医生
于连·巴里（罢哩时）Julien Paris	医生	外科军医，1773 年接任法国驻广州领事馆医生，直到 1782 年还担任此职，1777 年在澳门为法国船主喏呢治病①
佚名船长	船长	1774 年驾驶“布罗格利公爵号”从法国直接来到澳门
若栏 Gelin	船长	1774 年驾驶“恒河号”从马拉巴尔和本地治里来到澳门
瑟毕尔 Sebire	商人	王家管理委员会广州商馆委员，1776 年后为法国驻广州领事馆成员
卢罗 Loureue	商人	王家管理委员会广州商馆委员，1776 年后为法国驻广州领事馆成员
魏亚尔 Vieillard	官员	1776 年出任法国驻广州领事馆书记官，1782 年担任代理领事职务，1784 年成为副领事，1785 年卸任回国，回国后兼任巴黎医学院教授

① 刘芳辑：《葡萄牙东波塔档案馆藏清代澳门中文档案汇编》下册，《香山知县杨椿为饬将法国船主喏呢等搭船回国日期具报事行理事官牌》，澳门：澳门基金会，1999 年，第 672 页称：“船主喏呢患病进槳，居住该国医生罷哩畤（罢哩时）家。”

（续上表）

姓名	身份	说明
小德金 Chrétien-Louis-Joseph de Guignes	官员	1776 年出任法国驻广州领事馆第二译员，1785 年接任代理领事，并兼任书记官，1787 年担任法国驻广州领事馆领事，1794 年担任荷兰使团译员，1796 年回欧洲
特里恩 Terrien	官员	1776 年后为法国驻广州领事馆成员
西蒙 Simon	官员	1776 年后为法国驻广州领事馆成员
布雷特 Burette	官员	1776 年后为法国驻广州领事馆成员
蒙肥	商人	大班，1777 年来澳贸易
居呢（喔呢）	商人	船主，1777 年来广州贸易，因病在澳居住
喷士噔 Charles de Constant	商人	1779 年抵澳，1787 年任法国广州领事馆最后一任领事兼商务代表
让・加尔贝（噶尔博） Jean C. François Galbert	商人	1780 年法国驻广州领事馆成员，讲汉语熟中国事务，1782 年出任法国驻广州领事馆第一译员，不久被召回法国
朱利安・伯根 Julien François de Bourgogne	商人	1780 年前来澳，同土生葡人摆华家族菲莉帕・摆华（Filipa Josefa Nunes de Paiva）结婚，育有三子，形成新的土生葡人家族
郎特 Lentier	商人	法国东印度公司广州大班，1780 年来澳
德奥德林 d'Ordelin	船长	1784 年驾驶“人鱼海神号”来澳
斯皮尔兄弟 Sibear	商人	1784 年在澳①
布尔高涅 Bourgogny	船长	1785 年驾驶“弓手星号”来澳
德乐默 M. de Lémos	商人	1775 年在果阿与葡萄牙人沙达涅（Donna Maria de Saldahna）结婚，于 1787 年前定居澳门
拉佩鲁斯 Jean-Francois de Galaup, comte de la Pérouse	船长	拉贝罗塞伯爵，法国国王船“布佐勒号”船长，1787 年 1 月抵澳门
德兰格 M. de Langle	船长	法国国王船“星盘号”船长，1787 年 1 月抵澳门

① ［美］菲利普・查德威克・福斯特・史密斯著，《广州日报》国际新闻部、法律室译：《中国皇后号》，广州：广州出版社，2007 年，第 159 页。

（续上表）

姓名	身份	说明
西蒙·拉罗 Simon Lavaux	医生	1787 年随拉佩鲁斯船抵澳，后为澳门商馆常驻外科医生
让·顾耶 Jean Guillou	医生	外科医生，1787 年随拉佩鲁斯船抵澳
罗兰 Rollin	医生	外科军医、少校①，1787 年拉佩鲁斯船随员
布丹 M. Boutin	军官	海军上尉，1787 年拉佩鲁斯船随员
达若莱 Lepaute Dagelet	科学家	天文学家、科学学院教师，1787 年拉佩鲁斯船随员
贝内伊 M. Duché de Veney	画家	1787 年法国探险队来澳制图员、画家，绘有《澳门南湾景色图》
德·昂特卡斯 M. de Entrecasteaux	官员	骑士，负责法国驻好望角以东海军力量的指挥官，法国国王船“决心号”和“机敏号”船长，1787 年随拉佩鲁斯探险队来澳，随后去广州
罗伦索·普拉谢 Lourenço de Sousa Placé	商人	1790 年代来澳，与土生葡人女子弗朗西斯卡·索萨（Quitéria Francisca de Sousa）结婚，后形成土生葡人普拉谢家族
玛尔尚 Etienne Marchand	商人	法国商船“坚固号”船主，从事海龙皮贸易，于 1791 年 11 月抵达澳门和广州，1792 年回国②
皮隆（庇郎）Piron	商人	法国商馆秘书，随喷士噔 1792 年居澳；1793—1796 年法国驻广州商馆主任，后回国，1802 年作为东印度公司大班再次到广州，1803 年 1 月重建广州商馆，1804 年 10 月 23 日去世
布朗东	商人	随喷士噔 1792 年居澳
利坚	商人	随喷士噔 1792 年居澳
戈什哈	商人	1792 年来澳贸易
诺罗尼斯	商人	船长，1793 年来澳，被葡萄牙人扣押

① ［美］亨特著，冯树铁、沈正邦译：《广州番鬼录·旧中国杂记》，广州：广东人民出版社，2009 年，第 364 页。

② Etienne Marchand, *Voyage autour du monde pendant les années 1790, 1791, 1792*, tome Ⅲ, Paris: Chez Bossange, chez Charles Pougens et chez Duprat, 1800, p. 115.

（续上表）

姓名	身份	说明
圣—克鲁瓦 F. R. de Saint-Croix	军人	当时为菲律宾西班牙总督的副官，1807 年驾一艘三桅船抵达澳门，1808 年回国①
让—玛利亚·达约 Jean-Marie Dayot	商人	曾在交趾支那服务的法国人，1807 年圣—克鲁瓦来澳门时，达约亦在澳门，并将其绘制的一批海岸地图和一份航海备忘录送给克鲁瓦，让其转呈拿破仑②
巴拉利尼 Domingos Balharini	医生	1816 被议事会聘任为政府医生，主要为军人医院服务，1817 年被解聘
麦济尔 M. Mergier	海员	舰船上的二副，1823 年从印度支那抵达澳门，在澳门教授法语、英语和地理③
德布甘威尔 Le Baron de Bougainville	船长	1824 年率军舰“忒提斯号”来澳
路易·里安济 Gre goire Louis Domeny de Rienzi	诗人	古罗马护民官后裔，1827 年来澳旅游，3 月 30 日在贾梅士石洞凭吊诗人贾梅士，留下法文诗一首④
芒吉庞纳 Francisco Mangipane	难民	在交趾支那海岸沉没的法国船“航海者号”的幸存者，于 1828 年 8 月 5 日抵达澳门，并成为指证海盗的证人⑤
圣亚罗门 Saint Arroman	商人	“航海家号”船长，1828 年抵达澳门，到达时遭到中国人的袭击
热尔纳埃特 Benoit Gernaert	官员	1829—1832 年任法国驻广州领事馆领事，长期在澳门居住，1836 年被选为广州外侨总商会第一届委员会委员

① Henri Cordier, Mémoire sur la Chine adressé à Napoléon 1er par F. Renouard de Saint-Croix, *T'oung-pao*, Second Séries, 1901, p. 139.

② 耿昇：《18 世纪在广州的法国商人和外交官》，载李庆新主编：《海洋史研究》第 8 辑，北京：社会科学文献出版社，2015 年，第 101 ~ 102 页。

③ *A Abelha da China*, No. LⅡ, 11/09/1823, Macau: University of Macau, 1994, p. 224.

④ Montalto de Jesus, *Historic Macao*, Hong Kong: Oxford New York Melbourne, 1984, p. 283.

⑤ ［美］马士著，区宗华等译：《东印度公司对华贸易编年史：1635—1834 年》第 3 卷，广州：中山大学出版社，1991 年，第 186 ~ 187 页。

（续上表）

姓名	身份	说明
佛尔克（笔名为老尼克，Old Nick）Paul-Émile Daurand-Forgues	记者	1830年代经澳门、广州游历中国内地，著有《开放的中华：一个番鬼在大清国》①
拉帕拉斯 Cyrille Pierre Théodore Laplace	军人	1830年左右，受法国海军部部长派遣，驾驶国家护卫舰“拉法沃丽特号”来到澳门②
杜兰 Adhemar Durran	商人	澳门老侨民，1832—1853年在澳门居住，1832年至1843年之间，钱纳利至少为他绘制过4幅肖像画③，1846年在澳门设有商行④，1847—1848年还在澳门居住
约瑟夫·加略利 Joseph Marie Callery	官员	1835年抵达澳门，后在澳门圣若瑟学院学习中文，巴黎外方传教会会士；1841年离开澳门回国，1842年被任命为法国驻广州领事馆领事，后加入法国使团，为中文秘书，1844年再次抵澳
巴罗 Théodore-Adolphe Barrot	官员	法国驻马尼拉领事馆领事，1838年1月到澳门和广州进行考察，完成《中国之行》一书；⑤ 1841年再次来澳
普雷斯 La Place	商人	“阿尔特密瑟号”舰长，1838年10月22日从马尼拉抵达澳门
奥古斯特·博尔热 Auguste Borget	旅行家	画家，1839年抵澳

① ［法］老尼克著，钱林森、蔡宏宁译：《开放的中华：一个番鬼在大清国》，济南：山东画报出版社，2004年，第66页。

② Cyrille Pierre Théodore Laplace, *Voyage autour du monde par les mers de l'Inde et de la Chine, exécuté sur la corvette de l'tat "La Favorite", pendant les années 1830, 1831 et 1832, sous le commandement de M. Laplace*, tome Ⅱ, Paris: Imprimerie Royale, 1833, p. 87.

③ 香港历史博物馆编：《东方印象：钱纳利绘画展》，香港：香港历史博物馆，2005年，第162～163页。

④ ［美］亨特著，冯树铁、沈正邦译：《广州番鬼录·旧中国杂记》，广州：广东人民出版社，2009年，第388页。

⑤ ［法］卫青心著，黄庆华译：《法国对华传教政策：清末五口通商和传教自由（1842—1856）》上卷，北京：中国社会科学出版社，1991年，第161页。

（续上表）

姓名	身份	说明
啰咈	官员	1839年法国驻广州领事馆领事（又称法兰西国总管）①
沙厘 Charles Alexandre Challaye	官员	1840年从马尼拉乘坐“玫瑰号”抵达澳门，出任法国驻广州领事馆代理领事
真盛意 Adolphe Dubois de Jancigny	官员	上校、法国国王特使，1841年抵澳
昌时忌 Henri Chonski	官员	法国使团秘书，1841年抵澳
马雷·蒙热 Alphonse Marey-Monge	官员	法国外交部官员，法国使团随员，1841年抵澳
士思利 Jean-Thomas-Médée Cécile	军人	海军准将、“埃里戈纳号”炮舰舰长，1841年12月抵达澳门，1842年1月底前往广州，11月返回澳门，1844年还在澳门
巴日 Théodore Page	军人	法国“王妃号”炮舰舰长，1842年11月抵达澳门
乐密 M. Rémi	商人	1842—1848年在澳门居住②
安东尼奥·悌若尔 António Tignol	商人	1842年前来澳门贸易，1842年与土生葡人女子玛利亚·拉塞尔达（D. Maria Isabel Pereira de lacerda）在澳门结婚
都拨浪 Fornier Duplan	军人	法国“阿尔克麦纳号”舰长，1843年抵达澳门，同年赴广州
里瓦尔 Aime Rivoire	官员	1843年法国驻广州领事馆领事
拉地·蒙冬 Ratti Menton	官员	1843年7月31日抵达澳门，出任法国驻广州领事
罗伊 Le Roy	军人	“克莱奥帕特拉号”船长，1843年陪同拉地·蒙冬从澳门到广州③
法万·勒外克 Favin-Lévêque	商人	船长，1843年2月驾驶巨轮“爱罗伊德号”来澳
迪朗 J. A. Durant	商人	1844—1846年在澳门，侨居澳门的法国商界头面人物

① 林则徐全集编辑委员会编：《林则徐全集》第5册，《文录》，《批各国商人公所值事滑嚹开呈各国总管姓名禀》，福州：海峡文艺出版社，2002年，第2423页。

② L. C. Bouinais, *De De Hanoï à Pékin*, Paris: Berger-Levrault, 1892, p. 123.

③ ［美］亨特著，冯树铁、沈正邦译：《广州番鬼录·旧中国杂记》，广州：广东人民出版社，2009年，第340页。

（续上表）

姓名	身份	说明
喇萼尼 Théodore-Marie de Lagrené	官员	法国使团特使，1844 年 8 月 15 日抵澳，偕夫人和两个孩子在澳门居住
费雷拉·瓦耶 Ferriere le Vayer	官员	法国使团秘书，1844 年 8 月 15 日抵澳
德阿科特 M. Le Comte d'Harcourt	官员	法国使团秘书，1844 年 8 月 15 日抵澳
米切尔·伊万 Melchior Yvan	官员	法国使团外科医生，1844 年 8 月 15 日抵澳
蒙吉 MM. Marey Monge	官员	法国使团随员，1844 年 8 月 15 日抵澳
哈尔德 de la Harte	官员	法国使团随员，1844 年 8 月 15 日抵澳
蒙帝格尼 de Montigny	官员	法国使团随员，1844 年 8 月 15 日抵澳
塔伦德 MM. Macdonald	官员	法国使团随员，1844 年 8 月 15 日抵澳
格伊契 le Vicomte de la Guiche	官员	法国使团随员，1844 年 8 月 15 日抵澳
查鲁斯 le Baron de Charlus	官员	法国使团随员，1844 年 8 月 15 日抵澳
迪尔 M. Ytier	官员	法国使团代表、一等海关监督，1844 年 8 月 15 日抵澳
拉沃雷 M. Lavolle	官员	迪尔的秘书，1844 年 8 月 15 日抵澳
赫德 MM. Isidore Hedde	商人	贸易与制造业代表，1844 年 8 月 15 日抵澳
豪斯曼 Haussmann	商人	贸易与制造业代表，1844 年 8 月 15 日抵澳
郎多德 Rondot	商人	贸易与制造业代表，1844 年 8 月 15 日抵澳
里拉德 Renard	商人	贸易与制造业代表，1844 年 8 月 15 日抵澳
塞西勒 Cecille	军人	海军少将、“克雷欧帕特雷号”舰长，1844 年 8 月 15 日抵澳
康德 De Cande	军人	法国来华舰队旗舰舰长，1844 年 8 月 15 日抵澳
查尔雷 Charner	军人	“赛伦尼号”舰长，1844 年 8 月 15 日抵澳
格林 Guerin	军人	巡洋舰“沙碧尼号”舰长，1844 年 8 月 15 日抵澳
杜潘 Duplan	军人	“阿尔克梅尼号”舰长，1844 年 8 月 15 日抵澳
杰罗伊利 Rigault de Genouilly	军人	“维克多里乌塞号”舰长，1844 年 8 月 15 日抵澳
巴厘 Paris	军人	蒸汽船“阿克切米德号”船长，1844 年 8 月 15 日抵澳
于勒·埃及尔 Jules Itier	摄影师	法国使团随行外交官，1844 年 8 月 15 日抵澳，他留下了很多关于澳门的绘画作品
北古 Charles Lefebvre de Bécourt	官员	1844 年法国驻广州领事馆领事

（续上表）

姓名	身份	说明
杜布格 P. Dupuig	商人	1844 年在澳门居住
拉沃雷 Charles-Hubert Lavollée	船长	"美人鱼号"船长，1844 年 8 月 13 日驾船抵达澳门①
蒙佛尔 Auguste François Marie Montfort	商人	乘三桅船"若瑟夫与克莱尔号"于 1846 年 5 月抵达澳门进行贸易，1850 年代再次来澳贸易②
卡耶埃 Caillet	商人	船长，驾驶三桅船"若瑟夫与克莱尔号"于 1846 年 5 月抵达澳门，展开贸易③
塞西尔 M. Cécille	商人	船长，1846 年驾驶"艾丽郭娜号"来到澳门
拉皮埃尔 M. Lapierre	军人	1847 年 4 月驾驶战舰"荣耀号"和"胜利女神号"来到澳门
约瑟夫·波雷 Joseph Napoloen Boulle	商人	1848 年居住南湾街 57 号④
朱利安·拉格拉维 Edmond Jurien de La Gravière	军人	受法国政府派遣，1848 年驾驶巡航舰"百越奈兹号"来到澳门
陆英 AlexandreForth Rouen	官员	1848 年法国驻华公使，1848—1851 年偕夫人住南湾乌烟行左侧的南湾街 66 号⑤
小杜兰 J. Adhemar Durran jr.	商人	杜兰之子，1848 年 1 月来澳门接替其父的商业，直到 1851 年还居住在澳门
朱尔·札诺雷 Jules Zanolle	官员	1849 年法国驻澳领事，1849—1851 年在澳门居住，其夫人在澳门去世
阿方斯·布尔布隆 Alphonse de Bourboulon	官员	法国驻华公使，1851 年偕夫人来澳，并在澳门居住，在澳门有一栋官邸，1856 年在澳门集结法国战舰准备进攻广州
居隆 Guillon	商人	1851 年在澳门从事苦力贸易

① Charles-Hubert Lavollée, *Voyage en Chine*, Paris: Just Rouvier & A. Ledoyen, 1852, p. 231.

② Oswaldo da Veiga Jardim Neto, The Tradition of "Bandas de Musica" in Macao, in *Revista de Cultura*, International Edition 16, 2005, p. 12.

③ Auguste François Marie Montfort, *Voyage en Chine du Capitaine Montfort, édité par Georges Bell*, Paris: Victor Lecou, 1854, p. 45.

④ *Boletim do Governo da Provincia de Macao, Timor e Solor*, Vol. Ⅲ, 25 de Dezembro de 1848, No. 24, p. 99.

⑤ *Boletim do Governo da Provincia de Macao, Timor e Solor*, Vol. Ⅲ, 25 de Dezembro de 1848, No. 24, p. 99.

（续上表）

姓名	身份	说明
杜兰德 Durand	商人	1851 年在澳门从事苦力贸易①
克莱蒙特·德米 Clement Fabien Demée	商人	生于新加坡，1854 年来澳门，与土生葡人女子贝米拉结婚，形成土生葡人家族
哥士耆 Michel Alexandre Kleczkowsky	官员	1855 年在澳就任法国驻华公使馆临时主事兼秘书，1861 年法国驻华公使在澳门，1863 年回国，其在华 16 年，很多时间停留在澳门
顾随 Marie-René Roussel Courcy	官员	法国驻华公使馆代办，1856 年来澳门调停粤澳关系事宜
葛罗 Jean Baptiste Louis Gros	官员	法国特使，1857 年抵达澳门
蒙西埃乌·布尔布隆 Monsieur de Bourboulon	官员	法国驻华公使，1857 年与美英等国在澳门商定进攻广州计划，1859 年又经澳北上
伏生 Fourson	商人	“威尔达根号”船长，在澳门从事苦力贸易，1861 年该船从澳门出发开往朋德契里（Pondicherry），途中发生苦力暴动
彼得 N. G. Peter	官员	法国驻广州副领事，1864—1874 年被派驻澳门
弗鲁顿 Frudden	商人	“尤金·阿代勒号”船长，1866 年参加澳门苦力贸易，途中苦力发生暴动，其人被杀
德波瓦 Ludovic de Beauvoir	旅行家	公爵，1867 年抵达澳门
庞蒂埃弗尔 Duc de Penthièvre	旅行家	公爵，1867 年抵达澳门
巴龙·德·塞尔卡尔 Baron de Cercal	官员	1867 年出任荷兰和意大利驻澳门领事，1874—1890 年任法国驻澳门副领事
荣内 Roune	商人	“塔马斯克号”船长，1869 年参加澳门苦力贸易被杀
佚名船长	商人	“新羚羊号”船长，1870 年参加澳门苦力贸易被杀
夏尔·迪永 Charles Dillon	官员	1870 年担任澳门副领事②
索萨·帕拉赛 Francisco de Sousa Place	编辑	1872 年创刊的《澳门新闻纸》总编，葡法混血儿

① Manuel de Castro Sampio, *Os Chins de Macau*, Hong Kong, 1867, p. 138.

② L. C. Bouinais, *De De Hanoï à Pékin*, Paris: Berger-Levrault, 1892, p. 2.

（续上表）

姓名	身份	说明
科茨·杜·诺德 Côtes du Nord	商人	1875 年前来澳门贸易，1875 年与土生葡人女子玛利亚·戈尔多（Maria Ana Ferreira Gordo）在澳门结婚
乔治·布斯凯 Georges Bousquet	法学家	1876 年乘英国轮船“星火号”抵达澳门，后在《当代日本及远东的各停泊点》一书中记录了澳门①
宝那丹塔 Paul Bonnetain	旅行家	1884 年 5 月搭乘海运游轮“德仁纳号”抵达澳门②
巴斯托 A. J. Basto	官员	法国驻广州代理领事，1890—1905 年被派驻澳门
麦士	艺人	1893 年带领驯兽团来澳演出
帛黎 Theóphile Piry	官员	1896 年任拱北海关税司
维沃勒尔斯 G. Weulersse	学生	修读历史和地理的师范大学学生，1900 年来澳旅游

据上表统计，17—19 世纪非传教士法国人在澳门居停或居住者共 187 人，与前表相加则知 16—19 世纪经由或居住澳门的法国人总数达到 389 人。

（六）美国人

在进入澳门的西洋人中，美国人应该是最晚者。1784 年 8 月 23 日，第一艘美国船“中国皇后号”从纽约出发抵达澳门，并向这座城市鸣炮致意，在这个历史上著名的葡中口岸耽搁了几天然后驶向广州。“中国皇后号”的船长为约翰·格林（John Green），大班为山茂召（Samuel Shaw）。③ 1786 年 2 月 1 日，“中国皇后号”再次从纽约出发前往广州，船长仍然是约翰·格林，大班则是威廉·贝尔（William Bell）。“中国皇后号”动身的 3 天之后，山茂召则搭乘“希望号”经巴达维亚前往广州，船长是詹姆斯·马

① ［葡］若热·迪亚士著，军波译：《19 世纪末叶之澳门：有关乔治·布斯凯〈当今日本〉某章杂记》，载《文化杂志》（中文版）第 7—8 期，1989 年，第 72 ~ 78 页。

② Paul Bonnetain, *L'Extrême-Orient. Le monde pittoresque et monumental*, Paris: Maison Quantin, 1887, p. 425.

③ ［美］泰勒·丹涅特著，姚曾廙译：《美国人在东亚》，北京：商务印书馆，1962 年，第 40 页。而据《山茂召日记》称，“中国皇后号”是 1784 年 8 月 28 日早晨到达澳门，行程 188 天，当时美国人鸣放了 13 响礼炮向澳门港内的船只致敬。Quincy, Shaw, op. cit, pp. 163 – 164，转引自［美］菲利普·查德威克·福斯特·史密斯著，《广州日报》国际新闻部、法律室译：《中国皇后号》，广州：广州出版社，2007 年，第 149 页。两者相差 5 天。

吉（James Magee）。[1] 山茂召在第一次出航返国之后，写了一份关于广州情形和美国贸易展望的报告给美国外交部长詹约翰。根据詹约翰的建议，议会遴选山茂召充任美国驻广州领事职务。但这个职位既没有薪金，也没有津贴，却是美国对山茂召的信任和推崇的一个明显标志。[2] 从1786年开始，美国在广州设立领事，第一任领事即由山茂召担任，1790年，山茂召再次被任命为领事。在领事任内，他多数时间在澳门居住，直到1794年逝世为止。[3] 1799年底，塞缪尔·斯诺（Samuel Snow）抵澳，出任第二任广州领事，任内他修建了美国广州商馆。直到1843年，美国驻广州领事还在澳门居住。[4] 1849年美国又设立驻澳门领事，首任领事为罗伯特·斯尔弗（Robert P. de Silver）[5]，直到1866年副领事普鲁士人额必勒（Heinrich Ebell）辞职，美国驻澳领事一职正式结束，而美国领事馆停止工作的时间应该在1869年。最后一份发回美国政府的报告署名者为该馆的工作人员贾斯贝尔·史密斯（Jasber Smith）。[6] 在1803年时，澳门总督曾不愿意允许美国领事在夏季月份中居住澳门，美国人则以破坏清政府章程来威胁澳门总督，同时也给澳门官吏们送了一些礼物，然后就获得了商馆人员在澳门过夏的待遇。[7] 以后的美国商馆人员都可以在非贸易季节时居住澳门，甚至还获得了在澳门建立领事馆的权力。

随着中美之间贸易的频繁，越来越多的美国商人来到澳门。19世纪初来澳门的俄罗斯人对中美贸易有一个评价称：

> 中欧贸易的现状表明，英国和美国人的贸易相当重要，而后者在短期内增强了很多，虽然去广州的美国船比其他在那里贸易的大国船只吨位小得多，但与他们相反的是，现在每年去那里的船都有40到50艘。季节对他们来说没有障碍，他们每个月都可以往返。[8]

早期在广州建立的美国洋行有斯诺和卡林顿洋行、珀金斯洋行、斯吉特斯洋行、皮特曼和法兰奇洋行、塞缪尔·罗素公司，稍后则有旗昌洋行、纳森·邓恩洋行、哗地马

---

① ［美］菲利普·查德威克·福斯特·史密斯著，《广州日报》国际新闻部、法律室译：《中国皇后号》，广州：广州出版社，2007年，第234、236页。

② ［美］泰勒·丹涅特著，姚曾廙译：《美国人在东亚》，北京：商务印书馆，1962年，第55页。

③ ［葡］文德泉著，范维信、北疆译：《三个美国佬在澳门》，载《文化杂志》（中文版）第27、28期，1996年，第76页；［美］泰勒·丹涅特著，姚曾廙译：《美国人在东亚》，北京：商务印书馆，1962年，第56页。

④ ［美］泰勒·丹涅特著，姚曾廙译：《美国人在东亚》，北京：商务印书馆，1962年，第56页。

⑤ *Despatches from United States Consuls in Macao, 1849 – 1869*, Vol. 1, August 21st, 1849, Washington, D. C.: The National Archives, 1947.

⑥ *Despatches from United States Consuls in Macao, 1849 – 1869*, Vol. 2, December 6th, 1869, Washington, D. C.: The National Archives, 1947.

⑦ ［美］泰勒·丹涅特著，姚曾廙译：《美国人在东亚》，北京：商务印书馆，1962年，第69~70页。

⑧ 伍宇星编译：《19世纪俄国人笔下的广州》，郑州：大象出版社，2011年，第31~32页。

洋行、托马斯和史密斯父子洋行、同孚洋行及琼记洋行等。① 据前表 1 - 12《1736—1833 年来广州贸易的外国船只统计》，1784—1833 年的 49 年间共有 1 171 艘美国船来广州贸易。在来华贸易的各国中，美国人虽然较晚，但是后来者居上，到 19 世纪 30 年代以后，美国几乎成了当时来广州最多船只的国家。1799 年时只有两位在澳门居住的美国人②，1812 年则为 7 人，1819 年有 2 人和几名私商，然而到 1826 年时这一数字增长到 19 人，1829 年有 13 人，1831 年增至 21 人。③ 到 19 世纪中期，美国人已经成为在澳门居住的仅次于英国人的第二大外国人口。而且美国商人来澳居住大多都是携带家眷同来，不仅带有妻子、儿女，甚至携带兄弟、子侄而来，这是致使美国人口在澳门膨胀的重要原因。鸦片战争以后，大部分英国商人都迁居香港，所以此后在澳门居住的外国人中美国人占据第一位。美国人在澳门除了商人及其家眷以外，其他大多为基督新教的传教士。当时来澳门的基督新教差会主要有美部会、浸信会、长老会及美国圣公会海外传道会等，这些新教传教士也都是偕夫人子女来澳居住。但这些传教士在澳门的居住时间主要在 1830—1842 年，他们在这里传教、办医院、办学校，活动十分频繁，也给澳门留下了深刻的印记。

图 1 - 44　第一艘来华的美国船“中国皇后号”（中）

图 1 - 45　钱纳利约 1844—1852 年绘澳门的美国领事馆④

---

① ［美］雅克・当斯著，周湘、江滢河译：《黄金圈住地：广州的美国商人群体与美国对华政策的形成，1784—1844》，广州：广东人民出版社，2015 年，第 545 ~ 550 页。

② ［美］马士著，区宗华等译：《东印度公司对华贸易编年史：1635—1834 年》第 1、2 卷，广州：中山大学出版社，1991 年，第 636 页。

③ ［美］马士著，区宗华等译：《东印度公司对华贸易编年史：1635—1834 年》第 3 卷，广州：中山大学出版社，1991 年，第 172、346 页；［美］马士著，区宗华等译：《东印度公司对华贸易编年史：1635—1834 年》第 4、5 卷，广州：中山大学出版社，1991 年，第 136、201、270 页。

④ 香港艺术馆编：《香港及澳门风貌》，香港：香港艺术馆，1983 年，第 65 页。

表 1-22　16—19 世纪在澳门停留或居住的美国人名录①

姓名	身份	说明
山茂召 Samuel Shaw	商人	马萨诸塞州人，“中国皇后号”大班，1784 年 8 月 23 日来澳；1786—1799 年第一任美国驻广州领事，1786 年 8 月乘“中国皇后号”再次来澳
约翰·格林 John Green	商人	“中国皇后号”船长，1784 年 8 月 23 日来澳，1838 年担任中华医疗传道会的审计员
约翰·斯威弗特 John White Swift	商人	“中国皇后号”事务长，1784 年 8 月 23 日来澳
托马斯·兰德尔 Thomas Randall	商人	1784 年 8 月 23 日乘“智慧女神号”来澳门，18 世纪 90 年代初期在广州、澳门居住，曾以“山茂召和兰德尔公司”的名义担任过代理商
约翰·欧敦尼 John O'Donnell	商人	“智慧女神号”船长，原为英国人，后归化为美国公民，1784 年驾“智慧女神号”来澳门、广州贸易
伊比尼泽·韦斯特 Ebenezer West	商人	“大土耳号”船长，1786 年 9 月抵达广州贸易，1787 年 1 月回国②

① 本表材料主要依据以下诸书编写而成：*Despatches from United States Consuls in Macao, 1849 - 1869*, Washington, D. C.: The National Archives, 1947; Lindsay and May Ride, *An East India Company Cemetery: Protestant Burials in Macao*, Hong Kong: Hong Kong University Press, 1998; *The Canton Register*; *Chinese Repository*; Katharine Hillard ed., *My Mother's Journal: A Young Lady's Diary of Five Years Spent in Manila, Macao, and the Cope of Good Hope from 1829 - 1834*, Boston, 1900; *The Friend of China*；［英］伟烈亚力著，倪文君译：《1867 年以前来华基督教传教士列传及著作目录》，桂林：广西师范大学出版社，2011 年；刘芳辑：《葡萄牙东波塔档案馆藏清代澳门中文档案汇编》，澳门：澳门基金会，1999 年；［美］泰勒·丹涅特著，姚曾廙译：《美国人在东亚》，北京：商务印书馆，1962 年；［美］菲利普·查德威克·福斯特·史密斯著，《广州日报》国际新闻部、法律室译：《中国皇后号》，广州：广州出版社，2007 年；［美］亨特著，冯树铁、沈正邦译：《广州番鬼录·旧中国杂记》，广州：广东人民出版社，2009 年；伍宇星编译：《19 世纪俄国人笔下的广州》，郑州：大象出版社，2011 年；［美］马士著，区宗华等译：《东印度公司对华贸易编年史：1635—1834 年》第 1—5 卷，广州：中山大学出版社，1991 年；［美］雅克·当斯著，周湘、江滢河译：《黄金圈住地：广州的美国商人群体与美国对华政策的形成，1784—1844》，广州：广东人民出版社，2015 年；颜小华：《相遇、对话与调适：美国长老会在华南的活动研究（1837—1899）》，兰州：兰州大学出版社，2009 年。

② Robet E. Peabody, The Log of the Grand Turks, Duckworth, 1927, pp. 12 - 13.

（续上表）

姓名	身份	说明
威廉·贝尔[①] William Bell	商人	大班，1786 年乘“中国皇后号”来澳门、广州贸易
詹姆斯·马吉 James Magee	商人	“希望号”船长，1786 年与山茂召驾船经巴达维亚前往澳门、广州
雅各布·索里 Jacob Sarly	商人	“美国号”船长，1788—1789 年在澳门和广州
罗伯特·格雷 Robert Gray	商人	1789 年来澳，“哥伦比亚号”船长
汉达西德·珀金斯 Thomas Handasyd Perkins	商人	波士顿人，1789 年作为 E. H. 德庇的商船“阿斯特里亚号”随船大班，来到广州从事贸易，主要经营皮毛生意，1792 年与其兄长乔治·珀金斯成立“詹姆斯和托马斯·H. 珀金斯商行”（James,Thomas H. Perkins & Co.），即后成为在广州的最有实力的珀金斯洋行的前身，并派遣了数十名有才干的珀金斯家族的子弟参与对华贸易
普林斯 Job Prince	商人	1790 年来澳，“马萨诸塞号”船长
霍金森 Hodgkinson	商人	“华盛顿号”船长，1790—1791 年在澳门和广州
约翰·肯德里克 John Kendrick	商人	“哥伦比亚号”船长，1790—1791 年在广州、澳门待了一年多时间，修理他的伙伴船“华盛顿夫人号”，1792—1793 年的冬天再次停留澳门
约瑟夫·英格雷汉 Joseph Ingraham	商人	原“哥伦比亚号”大副，后为“希望号”船长，1790—1791 年在澳门、广州进行皮毛贸易
阿马萨·德拉诺 Amasa Delano	商人	商人、造船师，1790 年乘“马萨诸塞号”来到广州，1791 年被丹麦东印度公司雇去改装一艘被台风毁坏的船只，后多次随船出入广州、澳门

① 1841 年选举中华医疗传道会的负责人时，其中当选的副主席也叫威廉·贝尔，两人完全同名，但时间差隔 55 年，不敢认同为 1 人，故分列英美两国之表。

（续上表）

姓名	身份	说明
乔治·珀金斯 George C. Perkins	商人	波士顿人，汉达西德·珀金斯的兄长，1792 年与其弟在广州创立“詹姆斯和托马斯·H. 珀金斯商行”
约翰·霍维尔 John Howell	商人	曾任“哥伦比亚号”书记员，后为“华盛顿夫人号”船主，1795 年来澳，与荷兰人巴格曼组建一家代理行
马克兰伦太太 Mrs Mclannon	家眷	1798 年携其女儿和仆人乘美国船“贝特西号”来澳，当时中国官员不允许女性乘客登陆，事情拖了 5 天，最后由英国东印度公司特选委员会主席霍尔安排了一艘英国船将她们带走
本杰明·佩吉 Benjamin Page	商人	“安与希望号”船长，1798 年抵达澳门、广州从事贸易
塞缪尔·斯诺 Samuel Snow	商人	罗德岛州普罗维登斯人，“南希号”船的大班，1799 年底抵澳，继任为第二任美国驻广州领事，广州美国商馆修建者；1800 年前后以常驻代办商的身份在广州开始经营商号，1804 年底离开广州，后又来华，1818 年与卡林顿合伙成立斯诺和卡林顿洋行（Snow, Carrington & Co.）
詹姆斯·奥利弗 James Oliver	商人	费城人，1799 年来澳，1802 年还在澳门，1804 年回国
沙利文·多尔 Sulivan Dorr	商人	马萨诸塞州人，“太平洋商人号”船主，1799 年抵达广州，早期从事皮毛生意，1802 年成为美国驻广州副领事，同年圣诞节前回国
威廉·多尔 William Dorr	商人	马萨诸塞州人，沙利文·多尔的兄弟，“太平洋商人号”船主，1799—1802 年在广州贸易
塞缪尔·艾德斯 Samuel Edes	商人	“太平洋商人号”船长，1801 年 6 月来广州贸易，途中船坏，8 月后入澳门修船①

① 冷东、鲍琴：《清代中期澳省间的秘密邮政通道——以“太平洋商人号”商船信件为例》，载《澳门历史研究》第 13 期，2014 年，第 122 页。

（续上表）

姓名	身份	说明
爱德华・汤姆逊 Edward Thomson	商人	费城人，19 世纪初在广州、澳门从事贸易的商人，1825 年破产
理查德・米尔内 Richard Milne	商人	1800—1811 年从事费城到澳门、广州的贸易
爱德华・卡林顿 Edward Carrington	商人	普罗维登斯人，1802 年来广州，1804 年接任美国领事代理人，同时居住澳门，处理嚒啡难船入澳事件，1806 成为领事，他和塞缪尔・斯诺于 1818 年合伙成立斯诺和卡林顿洋行
威廉・麦吉 William Fairchild Megee	商人	普罗维登斯人，原为美国军人、少校，“资源号”船长，1802 年来华从事贸易，1812 年定居澳门，在广州和澳门开有酒店，他还是一位建筑承包商，在广州和澳门都建筑过一些商馆，1820 年去世
约翰・顾盛 John Perkins Cushing	商人	波士顿人，珀金斯家族的成员，乔治・珀金斯的外甥，1803 年抵达广州，成为“俄普雷姆・巴姆斯特德洋行”（即珀金斯洋行）的合伙人，1812 年担任第四任美国驻广州领事，并成为珀金斯洋行的主要代表，1828 年回国，1830 年再次来澳，珀金斯洋行正式清理结业，1831 年回国，带回资金超过 30 万美元，侨居广州和澳门 20 多年，居广州瑞行四行
俄普雷姆・巴姆斯特德 Ephraim Bumstead	商人	波士顿人，1803 年来到广州，成为珀金斯洋行的代表，1805 年去世
奥肯 Okun	商人	船长，1804 年来澳门、广州进行皮毛贸易，当年返回
斯威夫特 Swift	商人	1804 年来澳门、广州进行皮毛贸易，当年返回
布朗 Brown	商人	1804 年来澳门、广州进行皮毛贸易，当年返回；1810 年 9 月 23 日为“阿塔瓦尔帕号”船长，再次抵达澳门、广州贸易
斯塔热	商人	1804 年来澳门、广州进行皮毛贸易，当年返回
亚当斯 Adams	商人	1804 年来澳门、广州进行皮毛贸易，当年返回
特列斯克特	商人	1804 年来澳门、广州进行皮毛贸易，当年返回

（续上表）

姓名	身份	说明
詹姆斯·威尔科克斯 James W. Wilcocks	商人	费城人，本杰明·威尔科克斯的兄弟，最早来华从事鸦片贸易的美国商人，双桅船“宾夕法尼亚号”大班，1805 年来华贸易，1812 年在澳门居住
本杰明·威尔科克斯 Benjamin Chew Wilcocks	商人	费城人，澳门老侨民，最早来华从事鸦片贸易的美国商人，1805 年来华贸易，1813 年在澳门居住，绰号叫“高鬼”，钱纳利的好朋友，钱曾为他绘制一幅全身像的油画①，1814—1819 年出任美国驻广州领事，与澳门土生葡人生了一个混血女儿芳尼·亨利（Fanny Henry），后芳尼·亨利被送往美国费城，1827 年返回美国
詹姆斯·威廉姆逊 James I. Williamson	商人	费城人，“宾厄姆号”船长，1805 年抵达澳门、广州，进行鸦片贸易
威廉·里德 William Read	商人	费城人，“宾厄姆号”船大班，1805 年来澳门、广州从事鸦片贸易
琼斯 Jones	商人	1805 年为“耕童号”船长，来澳门、广州从事鸦片贸易，1844 为“威尔士亲王号”船长，再次来澳
彼得·多贝尔 Peter Dobell	商人	“气精号”船长，1805 年 8 月从澳门前往广州途中被抢劫，1810 年 11 月被清政府指控在广州开设一家酒店，并勒令他离开广州，1811 年 1 月他从广州回澳门途中又遭海盗袭击，1812 年再次来澳贩卖鸦片，1821 兼任俄罗斯领事
乔治·比德尔 George Washington Biddle	商人	华盛顿是他的教父；1805 年 8 月从澳往穗途中被劫，1811 年在澳去世
乔治·布莱特 George Blight	商人	费城人，詹姆斯·奥利弗的侄儿，1805—1814 年在广州与澳门经营鸦片生意，成立布莱特洋行（Blight & Co.）
考门 Cowman	商人	“伊丽莎号”船长，1805—1806 年在澳门

① 香港历史博物馆编：《东方印象：钱纳利绘画展》，香港：香港历史博物馆，2005 年，第 106 页。

（续上表）

姓名	身份	说明
克里斯托弗·甘特 Christopher Gant	商人	鸦片商，1806年作为“恩登号”船长来澳门贸易，1818为“沃巴什号”船长，5月运鸦片泊澳，遭劫后受伤，到澳门医院治疗
布莱克曼 Blackman	商人	“三叉戟号”船长，1806年8月抵澳，1807年9月7日再次来澳，1809年9月6日第3次来澳，1821年来澳兼任奥地利总领事
嚒啡 Murphy	商人	“伊丽莎号”船长，1806年在马尼拉贸易遇风难，带领15名美国人到澳门避难，1807年离开，1809—1810年又担任“广州号”船长，再次来到广州、澳门
亨利·瓦尔科特 Henry Griswold Wolcott	商人	1807来广州贸易，后担任荷兰驻广州领事；1850年还在澳门居住
咁叹	商人	1808年5月在澳门装载瓷器等货返回美国，遣使会士苏振生附搭该船回国
提默菲·皮特曼 Timothy G. Pitman	商人	波士顿人，1808年来华，1820年成立皮特曼和弗伦奇洋行（Pitman, French & Co.），1820—1831年在澳居住，1832年死于肺结核
奥尔尼 Olney	商人	“安与希望号”船长，1809年8月1日抵达澳门
詹姆斯·斯特吉斯 James Perkins Sturgis	商人	波士顿人，“阿塔瓦尔帕号”船长，1809年8月23日来澳，遭海盗围攻，在广州经商25年，1818年斯特吉斯三兄弟组成斯特吉斯洋行（James Perkins Sturgis & Co.），并接收所有的珀金斯洋行的业务；1835钱纳利为其绘像①，1837加入广州划船俱乐部，1842年时为美国副领事，1844—1851年定居澳门，在澳门拥有很多房产，1846年在澳门设有商行，1851在去伦敦的途中逝世，在澳门居住了42年

① 香港历史博物馆编：《东方印象：钱纳利绘画展》，《钱纳利生平简述》，香港：香港历史博物馆，2005年，第159页。

（续上表）

姓名	身份	说明
亨利·斯特吉斯 Henry Parkman Sturgis	商人	波士顿人，詹姆斯·斯特吉斯的兄弟，1809年前抵达澳门，斯特吉斯洋行合伙人，1819年去世
乔治·斯特吉斯 George W. Sturgis	商人	波士顿人，詹姆斯·斯特吉斯的兄弟，1809年前抵达澳门，斯特吉斯洋行合伙人，1819年退出该洋行
威廉·斯特吉斯 William Sturgis	商人	波士顿人，“阿塔瓦尔帕号”船长，詹姆斯·斯特吉斯的叔父，1809年来澳
丹尼尔·培根 Daniel C. Bacon	商人	“阿塔瓦尔帕号”大副，1809年来澳
平内尔 Pinnell	商人	“猎人号”船长，1809年9月来澳
布莱恩·悌尔顿 Bryant P. Tilden	商人	来自美国撒冷，1810年与威廉·斯特吉斯成立“布莱恩和斯特吉斯洋行”（Bryant, Sturgis & Co.），1815到1837年间先后7次航行广州，并停居澳门贸易居住
罗杰斯 Rogers	商人	“猎人号”船长，1811年来澳，1814年“猎人号”被英国战船“多丽丝号”截获
伊萨克·布尔 Issac M. Bull	商人	康涅狄格州人，爱德华·卡林顿的外甥，在广州贸易，后在中国发了财，回国经营棉布厂，1812至1842年间常在澳门居住
詹姆斯·布莱特 James Blight	商人	费城人，乔治·布莱特的儿子，1812—1831年在澳门居住
威廉·布莱特 William Blight	商人	费城人，乔治·布莱特的儿子，1812—1831年在澳门居住
查尔斯·布莱特 Charles Blight	商人	费城人，乔治·布莱特的儿子，1812年居住在澳门，1826年为颠地洋行合伙人，1828年回国，带走25万美元
塞缪尔·阿彻 Samuel Archer	商人	费城人，1812年之前就来华从事走私贸易，1831年在澳门居住，1832年回到费城，将其生意交给其子约瑟夫·阿彻（Joseph Archer）

（续上表）

姓名	身份	说明
丹尼尔·史丹斯伯里 Daniel Stansbury	商人	纽约人，敏特恩和查普林商行（Minturn, Champlin & Co.）的广州代表，1812 年前来广州贸易，1827 年回国，在广州和澳门居住过，发明计量标杆测量舱货
菲利普·阿米顿 Philip Ammidon	商人	罗德岛州普罗维登斯人，“亚当斯总统号”船主，1812 年开始从事鸦片贸易，同年该船在中国海面沉没，1824 年与塞缪尔·罗素合伙创办旗昌洋行，1826 年回国
吻叽	商人	1813 年驾船驶入澳门湾泊，遭清政府驱逐
刘易斯 Lewis	商人	1813 年居住在澳门的美国人
埃德斯 Edes	商人	武装双桅帆船“漫游者号”船长，1814 年 9 月来澳门、广州，曾俘获孟加拉散商船“阿拉贝拉号”
威尔科克斯 I. S. Wilcocks	商人	“莉迪亚号”船主，1815 年 5 月来广州、澳门进行鸦片贸易
艾萨克·辛克莱 Issac Hinckley	商人	“广州号”船长，1816 年来澳门、广州，据报道他带来的所有货物的价值达到 150 万美元
亚当·查普林 Adam Champlin	商人	纽约人，“狮子号”船长，1816 年在广州、澳门进行鸦片贸易，后成立毕比和亚当洋行（Bibby, Adam & Co.），1839 年为上缴鸦片的美商之一
塞缪尔·罗素（骆三畏）Samuel Russell	商人	康涅狄格州人，1818 年来华，1819 年与斯特吉斯合创罗素和斯特吉斯洋行（Russell, Sturgis & Co.），1823 年该洋行结束；1824 年与菲利普·阿米顿结成合伙人关系，后称之为旗昌洋行，1828 年为郭雷枢眼科诊所的捐助者①，19 世纪 20 年代到 30 年代初在澳居住，1834 年回国

① William Warder Cadbury and Mary Hoxie Jones, *At the Point of A Lancet: 100 Years of the Canton Hosptial, 1835 – 1935*, Shanghai: Kelly and Walsh, 1935, p. 15.

（续上表）

姓名	身份	说明
爱德华·奥古斯塔 Edward Augustus	商人	塞缪尔·罗素的兄弟，1818 年与罗素同居广州、澳门，后因病回国
罗素·斯特吉斯 Russell Sturgis	商人	波士顿人，1819 年与罗素合创罗素和斯特吉斯洋行，居瑞行一号，1823 年该洋行结束，1826、1829 年在澳居住，1837 年与夫人在澳门居住，1842 年成为旗昌洋行合伙人，1843 年退休
威廉·弗伦奇 William French	商人	波士顿人，1819 年来华，1820 年成立皮特曼和弗伦奇洋行（Pitman, French & Co.），1826、1829 年在澳居住
托马斯·福布斯 Thomas Tunno Forbes	商人	鸦片商人、美国领事，约翰·顾盛的表弟，1820 年来广州，居广州瑞行四号，1827 年为珀金斯洋行代表，1829 年 8 月 9 日死于来澳门的途中
查尔斯·陶伯特 Charles Nicoll Talbot	商人	1820 年来华，先在托马斯·史密斯的商行工作，1827 年与奥立芬合作开办同孚洋行，1831 年美国领事馆代理领事，其父亲和弟弟亦同时来华，在澳门居住，1832 年回国，1836 年他与奥利威尔·戈登合伙成立戈登和陶伯特商行（Gordon, Talbot & Co.），不久解散
大卫·奥立芬 David Washington Cincinnatus Olphant	商人	1820 年来华，绰号“拜上帝鬼”，1822 年广州大火烧毁外国商馆之后，奥立芬重建瑞行，1823 年回国，1826 年再次来广州，担任美国广州领事代理人，1827 年与陶伯特合作成立同孚洋行（奥立芬洋行，Olphant & Co.），1834 年第三次来澳
亨雷 Henley	军人	美国战船“国会号”舰长，1820 年 3 月抵达澳门，3 月至 11 月一直在澳门附近海面活动，11 月离开中国
奥格登 W. G. Ogden	商人	1821 年美国驻广州领事，1829 年还在澳门

（续上表）

姓名	身份	说明
约翰·丹奈尔 John Donnell	商人	“爱米丽号”船主，1821 年在广州、澳门等地从事鸦片贸易，后被清政府驱逐
丹尼尔·阿博恩 Daniel Aborn	商人	普罗维登斯人，1821 年来到广州，加入“皮特曼和弗伦奇洋行”，1826 年正式成为该洋行的合伙人，1830 年前一直在澳门居住，1831 年回国
考珀兰 Cowpland	商人	“急庇仑号”船长，1821 年 5 月来到澳门、广州贸易；该船意大利籍水手弗朗西斯·德兰诺瓦（Francis Terranovia）在广州因买卖水果失手打死一名华妇，10 月被处死
罗伯特·福布斯 Robert Bennet Forbes	商人	波士顿人，约翰·福布斯的弟弟，1824 年从事美国对华贸易，1830—1832 年担任“伶仃号”船长，1832 年返回美国，1837 年加入广州划船俱乐部，1838 年再次来澳，1839 年才加入旗昌洋行，成为合伙人之一，后升为旗昌洋行主任，1840 年返回美国
沃伦·德拉诺 Warren Delano	商人	19 世纪 20 年代来广州经商，1824 年加入旗昌洋行，1837 年加入广州划船俱乐部，1838 年担任广州外侨总商会委员，1840 年左右担任美国驻广州副领事，1840 年接替罗伯特·福布斯担任旗昌洋行主任，1841 年参加中华医疗传道会在澳门举行的第二届年会，被选为司库，1843 年回国，1844 年偕新婚夫人返回澳门，住澳门高楼街，1847 年 1 月被旗昌洋行除名，1848 年回国，1859 年第三次来澳，他的三个女儿都在澳门长大
爱德华·德拉诺 Edward Delano	商人	沃伦·德拉诺的兄弟，19 世纪 20 年代在广州和澳门经商和生活，负责旗昌洋行广州出口业务，1844 年正式成为旗昌洋行合伙人，负责澳门业务，1847 年 1 月被旗昌洋行除名
费希尔 Maximilian Fisher	商人	1825 年任美国领事，后出任半岛与东方公司代理人

（续上表）

姓名	身份	说明
威廉・亨特 William Hunter	商人	波士顿人，1825 年来华，1827 年任美国广州商馆书记，1829 年加入旗昌洋行工作，1837 年成为旗昌洋行合伙人，负责旗昌洋行澳门分店，1842 年退休，他曾与一疍家女保持了很长一段时间的关系
威廉・伍德 William Wood	商人	费城人，1825 年来澳，1827 年出任《广州纪录报》编辑，1831 年编辑出版《中国快报》，后加入旗昌洋行，1834 年去马尼拉
基恩 E. L. Keen	商人	“公民号”船长，从 1825 年起航行在广州到纽约之间，属于史密斯—布鲁恩洋行
德佩斯特 Depeyster	商人	“安大略号”船长，属于史密斯—布鲁恩洋行，1825 年在帝汶附近沉没，后又租用“波卡霍塔斯号”继续航行
约翰・拉蒂默 John Richardson Latimer	商人	绰号“铜锣”，著名的美国鸦片商人、大班，1825 年开始来华贸易，1826、1829、1831、1833 年在澳居住，居广州瑞行三号，1834 年赚了足够的钱回国
约翰・菲利普 John Philips	商人	费城人，“托马斯・斯卡特古德号”船长，1825 年来华贸易，在伶仃洋为拉蒂默充当鸦片趸船超过 1 年
纳森・邓恩 Nathan Dunn	商人	费城人，19 世纪 20 年代美国洋行的领导人物，1829 年和杰贝茨・詹金斯（Jabez Jenkins）和约瑟夫・阿彻成立纳森・邓恩洋行（Nathan Dunn & Co.），1826—1831 年在澳居住，1831 年回国，带走 20 万美元
奥利威尔・戈登（噶唔）Oliver H. Gordon	商人	1826 年来澳，1832 年成为同孚洋行查尔斯・金的得力助手，1836 年他与陶伯特合伙成立戈登和陶伯特商行（Gordon,Talbot & Co.），不久解散，1837 年与夫人在澳门居住，加入设于瑞行二号的旗昌洋行，后在《广州纪录报》和《广州周报》发表了大量的文章

（续上表）

姓名	身份	说明
韦尔奇 James Welch	商人	1826 年在澳居住
雅各布·科弗特 Jocab Covert	商人	美国广州领事代理人，1826 年前在澳居住，还担任史密斯—布鲁恩洋行代理人
托马斯·史密斯 Thomas H. Smith	商人	纽约人，1820 年代初期来华贸易，在当时是生意做得最大的美国人，1825 年破产，1826 年在澳居住，与乔治·布鲁恩合伙创建史密斯—布鲁恩洋行，曾向马礼逊学习中文
乔治·布鲁恩 George W. Bruen	商人	1826 年来澳，与托马斯·史密斯合伙创建史密斯—布鲁恩洋行
约翰·格罗夫纳 John H. Grosvenor	商人	1826 年来澳，为史密斯—布鲁恩洋行的职员，后出任美国驻广州领事
托马斯·布拉德古德 Thomas Bloodgood	商人	1826 年来澳，为史密斯—布鲁恩洋行的职员
约翰·布雷福德 John H. Bradford	医生	费城人，1826—1831 年任美国驻广州领事馆医生，一直在澳门居住
约翰·福布斯 John Murray Forbes	商人	波士顿人，约翰·顾盛的表兄弟，1826 年抵澳，1829 年任美国领事，1835 年作为“洛根号”大班回到广州，加入旗昌洋行，1838 年退出旗昌洋行，返回波士顿
查尔斯·金 Charles William King	商人	大卫·奥立芬的表弟，1826 年来澳，1827 年加入同孚洋行工作，1832 年成为同孚洋行合伙人，并成为广州商号的首领；1837—1844 年与夫人在澳门居住，1839 年在澳门说服梁进德担任林则徐的翻译①，1840 年在《中国丛报》发表长文《英中冲突的进程：美国人的立场》
韦特尔·科洛克 Walter Croker	船长	1827 年来澳，在马礼逊居所祈祷开会
查尔斯·布尔特沃尔 Charles E. Brintwall	商人	1827 年来澳，在马礼逊居所祈祷开会
赫伯恩 Hepburn	商人	“海狸号”船长，1827 年来到澳门

① 苏精：《中国，开门！——马礼逊及相关人物研究》，香港：基督教中国宗教文化研究社，2005 年，第 226 页。

（续上表）

姓名	身份	说明
罗塞特 Rosseter	商人	1827 年为“贵族玛丽号”船长，来澳门和广州，1834 年又作为“理查兹号”船长来澳
拉文德 Lavender	商人	“罗马号”船长，服务于同孚洋行，从 1827 年往返于广州、纽约之间
约翰·哈特 John Hart	商人	查尔斯·哈特的兄弟，约 1820 年代来澳，同若奥·巴士尔（João António Baduel）女儿埃菲米娅（Eufémia Cândida Baduel）有非婚生女，1828 年出生，在广州居瑞行 4 号
乔治·罗素 George Robert Russell	商人	原为珀金斯洋行雇员，1828 年与表兄弟亨利·斯特吉斯（Henry Parkman Sturgis）在马尼拉组建新公司罗素·斯特吉斯洋行，为旗昌洋行的分支
罗·斯特奇斯 R. Sturgess	商人	1829 年在澳门居住
杰贝茨·詹金斯 Jabez Jenkins	商人	1829 年与纳森·邓恩和约瑟夫·阿彻组建纳森·邓恩洋行，1829—1832 年在澳门居住，1832 年回国
塞缪尔·蒙逊 Samuel H. Monson	商人	旗昌洋行书记，1829 年 8 月 9 日与托马斯·福布斯同时遇难，葬于澳门
威廉·亨利·洛 William Henry Low	商人	马萨诸塞州人，1829 年 9 月 26 日偕夫人艾比盖尔·科纳普·洛（Abigail Knapp Low）抵澳，成为旗昌洋行的第三位合伙人，1829—1831 年在澳门居住，1831 年时为旗昌洋行主任，1834 年死于肺结核
哈丽特·洛 Harriett Low	家眷	亨利·洛的侄女，1829 年 9 月 26 日抵澳，住在大堂附近罗伯森先生的宅邸，在澳门居住 4 年，1834 年离澳回国
小洛先生 Abiel Abbot Low	商人	马萨诸塞州人，亨利·洛的侄儿，1829 年 9 月 26 日抵澳，1833 年加入旗昌洋行工作，1836 年成为合伙人，1840 年退休回国，带走 15 万美元

（续上表）

姓名	身份	说明
小欧文 Mortimer Irving	商人	费城人，华盛顿·欧文（Washington Irving）的侄子，1820 年代后期来澳，后加入旗昌洋行
保罗·福布斯 Paul Siemen Forbes	商人	波士顿人，1820 年代来广州，后在南湾购房屋居住，距龙思泰家不远，1837 年加入广州划船俱乐部，1843 年任美国驻广州领事①，同年成为旗昌洋行的合伙人，1845 年时成为旗昌洋行的负责人
约瑟夫·阿彻 Joseph Archer	商人	费城人，随其父塞缪尔·阿彻来华经商，1829 年与纳森·邓恩和杰贝茨·詹金斯组建纳森·邓恩洋行，1832 年接管其父生意，1838 年参加创建中华医疗传道会并担任司库，不久出任副会长
裨治文 Elijia Coleman Bridgman	美部会	牧师，1830 年偕夫人抵澳，1841 年参加中华医疗传道会在澳门举行的第二届年会，被选为副主席，1842 年 9 月担任第四届马礼逊教育会主席，1842 年前往香港，1844 年任美国使团中文秘书
雅裨理 David Abeel	美部会	牧师，1830 年抵澳，同年去南洋
奥古斯丁·赫德 Augustine Heard	商人	波士顿人，1830 年抵澳，后成为旗昌洋行第四位合伙人，1832 年退休回国，带回的财富不少于 20 万美元，1840 年与柯立芝成立琼记洋行（Augustine Heard & Co.）
约翰·赫德 John Heard	商人	奥古斯丁·赫德的弟弟，1830 年与其兄同抵澳门，他后来加入珀金斯洋行，他与澳门土生葡人女子生有一个混血孩子
埃文斯 Evans	商人	“玛利亚号”船长，1830 年抵达澳门
小安米登 Philip Ammidon Jr.	商人	早年来澳门居住，后加入旗昌洋行，担任会计，1831 年被旗昌洋行主管赶出洋行

① ［瑞典］哈里·赫贝里著，王梦达译：《龙思泰和来自中国的信》，澳门：澳门基金会，2015 年，第 97 页。

（续上表）

姓名	身份	说明
威廉·波得曼 William Boardman	商人	波士顿人，“汉密尔顿号”船主，1831 年在广州、澳门进行皮毛贸易
塞思·巴克尔 Seth Barker	商人	波士顿人，“汉密尔顿号”船长，1831 年在广州、澳门进行皮毛贸易①
滑摩 William Samuel Wetmore	商人	费城人，1831 年邓恩洋行解散后，约瑟夫·阿彻与滑摩达成协议，要在广州创建一个新商号，1834 年 2 月新商号哗地玛洋行（Wetmore & Co.）正式开张，当时只有两个合伙人，即约瑟夫·阿彻与滑摩；1836 年担任广州外侨总商会第一届委员会委员，并被选为副主席，1839 年担任主席，1830 年代在澳门居住，同年回国，带走了 10 万美元
小滑摩 Samuel Wetmore Jr.	商人	随父亲滑摩于 1830 年代来华，先在卡林顿洋行当雇员，1837 年哗地玛洋行重组时，成为合伙人，1847 年公司再次重组时，成为哗地玛洋行商号的领导人
威廉·塔夫茨 William Tufts	商人	1831 年在澳门居住，旗昌洋行会计
塞缪尔·斯特吉斯 Samuel Sturgess	商人	1831 年在澳门居住
卡露莲·西拉贝尔 Caroline Shillaber	家眷	1831 年抵澳，1833 年与郭雷枢在澳结婚
威廉·沙利文 William Sulivan	商人	马萨诸塞州州长的儿子，1831 年抵达澳门，加入旗昌洋行工作，担任书记员，后离开旗昌洋行，自己创立沙利文公司
约瑟夫·柯立芝 Joseph Coolidge Jr.	商人	波士顿人，在哈佛得到学士和硕士学位，1832 年来澳，加入旗昌洋行，1839 年被旗昌洋行赶出，1840 年 1 月宣传成立琼记洋行（Augustine Heard & Co.），为英国人做代理生意，持续到 1844 年，后购买飞剪船“精灵号”从事鸦片贸易，1875 年琼记洋行破产，被怡和洋行吞并

① James R. Gibson, Otter Shins, *Boston ships*, *and China Goods*, *The Maritime Fur Trade of the Northest Coast*, *1785 – 1841*, Washington, D. C.: University of Washington Press, Seattle, 1992, p. 318.

（续上表）

姓名	身份	说明
司梯文司 Edwin Stevens	美部会	牧师，1832 年来澳，1836 年离开澳门
约翰·唐斯 John Downes	军人	美国战船“波托马克号”指挥官，1832 年 5 月来澳保护美国船只
雷诺兹 J. N. Reynolds	官员	1832 年 5 月搭乘美国军舰“波托马克号”经澳门访问广州
阿奇博尔德·坎贝尔 Archibald S. Campbell	军人	少校、“孔雀号”舰长，1832 年 11 月护送爱德蒙德·罗伯茨来澳门、广州，1836 年为“企业号”舰长，再次来澳，同年 6 月 3 日在澳门去世
爱德蒙德·罗伯茨 Edmund Roberts	官员	美国赴交趾支那使团外交官，1832 年 11 月乘“孔雀号”来到澳门、广州，同年 12 月离开，1836 年 6 月 12 日在澳门去世，他是有史以来埋葬在澳门的最著名的美国人
特雷西 Ira Tracy	美部会	牧师，1833 年来澳，不久去新加坡
马肯德雷 Macondray	商人	船长，1833 年前偕夫人来澳居住，同年 9 月在澳门生有一男孩
伯驾 Peter Parker	美部会	牧师、医生，1834 年乘“莫里森号”来澳，1840 年回国，1841 年参加中华医疗传道会在澳门举行的第二届年会，被选为副主席，1844 年任美国使团中文秘书，1847 年担任美国驻华代办
约翰·格林（又称“记链”）John C. Green	商人	波士顿商人，美国最主要的鸦片商人之一，纽约格里斯沃尔德公司广州特别代理人，1834 年来澳，加入旗昌洋行，1836 年担任广州外侨总商会委员，1838 年担任主席，1840 年退休，1843 年时还在澳门居住
爱德华·金 Edward King	商人	罗德岛州人，1834 年抵澳，进入旗昌洋行工作，1839 年成为合伙人，1842 年退休，1844 年离澳回国
威廉·里尔·利治 William Real Lejee	商人	费城人，法国移民的儿子，1834 年广州哗地玛洋行雇员，1839 年成为哗地玛洋行的合伙人，同年退休

（续上表）

姓名	身份	说明
威廉·库柏 William Cooper	商人	1834 年广州哗地玛洋行雇员，1839 年成为哗地玛洋行的合伙人，同年退休
卫三畏 Samuel Wells Williams	美部会	牧师，1835 年将卫三畏广州印刷所迁至澳门，1837 年在澳居住，常住澳门，1876 年回国，其间多次往返澳门
亨利·洛克伍德 Henry Lockwood	圣公会	牧师，1835 年经澳抵达广州，同年前往新加坡
佛兰西斯·汉森 Francis R. Hanson	圣公会	牧师，1835 年经澳抵达广州，同年前往新加坡
詹姆斯·布拉德福 James H. Bradford	医生	1835 年美国驻广州领事馆医生
叔未士 John Lewis Shuck	浸信会	牧师，1835—1842 年在澳门居住
何显理 Hemietta Hall	浸信会	牧师，叔未士夫人，1835—1842 年在澳门居住，1844 年在澳门去世
金仕曼 Nathaniel Kinsman	商人	美国撒冷人，船长，1835 年以后第一次来澳门，1839 年成为哗地玛洋行的合伙人，1843 年偕夫人瑞贝卡（Rebecca）抵澳，在南湾居住，1847 年死在澳门
詹姆斯·恩迪科特 James Bridges Endicott	商人	船长，1835 年来澳，后与伍德贝利合伙经营一支来往省港澳的蒸汽船队，1870 年死于伤寒，葬于澳门
约翰·斯沃德 John Dorsey Sword	商人	费城人，1835 年至 1841 年间在广州贸易，并偕夫人在澳门居住，1845 年 7 月 26 日其夫人在澳门去世
彼得·斯诺（士那） Peter Wanton Snow	商人	塞缪尔·斯诺的儿子，1835 年出任澳门驻广州领事，1843 年去世
菲奇·泰勒 Fitch W. Taylor	牧师	美国海军随军牧师，1835 年曾经造访过澳门、广州①
爱德蒙德·罗伯特 Edmund Robert	商人	外交官，1835 年在暹罗感染霍乱，1836 年在澳门附近身亡，并下葬于澳门；其去世后，广州多个国家领带馆下半旗悼念

① Fitch W. Taylor, *A Voyage Around the World in the United States Frigate Columbia*, Vol. 2, New-Haven: Published by H. Mansfield, New York: D. Appleton & Co., 1842, pp. 149 – 150.

（续上表）

姓名	身份	说明
塞缪尔·柏格·罗尔 Samuel Burge Rawle	商人	1836 年来华，1844 年成为哗地玛洋行合伙人，1856 年前任美国驻澳门副领事，1856 年接任领事，1858 年在澳门去世，葬于基督教坟场
罗森博格 William S. W. Ruschenberger	旅行者	1836 年环游世界时经过澳门，记录了澳门的社会生活①
罗孝全 Issachar Jacox Roberts	浸信会	牧师，1836 年抵澳门，1842 年前往香港，1848 年再次来澳，不久去广州
刘易斯·汉密尔顿 Lewis Hamilton	商人	1837—1844 年与夫人在澳门居住，并在澳门开办一家造船厂，为怡和洋行建造“哈里特号”鸦片船，1845 年在澳去世
伊丽莎白·吉列斯比尔 Elizabeth McDongal Gillespie	家眷	随其监护人来澳居住，1837 年 12 月 6 日在澳门去世
阿奇博尔德·里奇 Archibald A. Ritchie	商人	“尚普兰号”船主，1837—1845 年偕夫人玛莎（Martha H. Ritchie）来广州贸易，并在澳门居住
山德维斯·德林科尔 Sandwith Bibus Drinker	商人	船长，1837 年与其太太来澳居住，长期从事对华贸易，经营港澳航线，1857 年在澳门组织 125 名外国人和一支舰队进攻广州，1858 年在澳门去世
本杰明·利奇 Benjamin Ropes Leach	商人	美国 Messers Neal & Co. 公司驻印度代理商，1837 年来澳，1838 年 8 月 26 日在澳去世
粦为仁 William Dean	浸信会	牧师，1838 年来澳，与巴克小姐（Miss Barker）在澳门结婚，同年 10 月到香港，后去暹罗，1842 年又回到澳门，同年其妻去世
威廉·波罗满 William J. Pohlman	美部会	牧师，1838 年抵澳，1843 年离澳
罗啻 Elihu Doty	美部会	威廉·波罗满牧师的秘书，1838 年抵澳，1843 年离澳

① William S. W. Ruschenberger, *A Voyage Round the World*, Philadelphia: Carey Lea & Blanchard, 1838, p. 382.

（续上表）

姓名	身份	说明
威廉·西拉贝尔 William Shillaber Colledge	商人	1838 年 9 月 29 日在澳门去世
艾萨克·安格雷 Issac E. Engle	商人	“理查德·艾尔索普号”船长，1838 年来华，1842 年来澳，1844 年作为“瓦尔帕莱索号”船长来澳，并在澳去世
爱德华·拉金斯 Edward G. Larkins	商人	美国海军船“约翰·亚当斯号”书记员，1838 年 6 月 19 日在澳门因患天花而去世
威廉·京 William King	长老会	牧师，1839 年偕夫人及女儿苏珊·京（Susan King）同居澳门，其女后于 1840 年与林则徐的属员李新华之子李致祥在广州结婚，后致祥和苏珊去澳门度蜜月①
罗宾斯·布朗 Samuel Robbins Brown	美部会	牧师，1839 年 2 月 18 日偕夫人抵澳，同年在澳门主持马礼逊教育会学校，1841 年 7 月参加中华医疗传道会在澳门举行的第二届年会，担任通信秘书，1843 年去香港
乔治·珀金斯 George Perkins	商人	旗昌洋行雇员，1839 年负责旗昌洋行澳门分店的账目，1851 年还在澳门居住
约瑟夫·吉尔曼 Josepf T. Gilman	商人	旗昌洋行雇员，1839 年担任旗昌洋行澳门分店的主任店员，同时兼任杂务，1843—1845 年成为旗昌洋行合伙人
乔治·里德 George Read	军人	海军准将、美国东印度分遣舰队司令官，1839 年 4 月下旬率舰队“哥伦比亚号”和“约翰·亚当斯号”来到广州、澳门
威廉·戴弗尔 William Beck Diver	美部会	医学博士，1839 年抵澳医院，1841 年退休回国
玛利亚·奥尔同 Maria J. Orton	浸信会	1839 年来澳，与叔末士夫妇住在一起，同年在澳去世
威廉·莫尔 William Moore	商人	费城人，1839 年成为哔地玛洋行合伙人，1841 年以后负责公司会计部工作

① ［美］多米尼克·士风·李著，李士风译：《晚清华洋录：美国传教士、满大人和李家的故事》，上海：上海人民出版社，2004 年，第 2～3、81～84 页。

（续上表）

姓名	身份	说明
亨利·布里德格斯 Henry Gardner Bridges	商人	“航海家号”船长，1839年来澳，1849年在澳治病，病逝于澳门
威廉·劳伦斯 William A. Lawrence	商人	纽约人，1823年毕业于哥伦比亚大学，后在美国成立商行，1839年成为哗地玛洋行合伙人，1841年9月在澳门出席马礼逊教育会第三次年会，1844年在珠江溺死
丹尼尔·吉尔曼 Daniel Gilman	商人	约瑟夫·吉尔曼的哥哥，旗昌洋行“乞沙比克号”趸船船长，颠地的代理人，1840年代在澳门居住
文惠廉 William Jones Boone	圣公会	牧师、医学士，1840年偕妻子从爪哇来澳门，1842年去香港和澳门，同年4月返回澳门，6月再次去下面，1843年2月第三次来澳，3月回国，1863年4月曾在澳门小住
乔治·迪克斯威尔 George B. Dixwell	商人	原为经营孟加拉贸易的英国大班，1841年到广州，经营鸦片贸易，琼记洋行的合伙人，后定居澳门，拥有财富6万美元
乔治·弗雷泽 George W. Frazer	商人	“莫尔号”船长，1840年代来华，是怡和洋行的雇员，后在澳门定居
波乃耶 Dyer Ball	美部会	牧师、医学博士，1841年偕夫人来澳居住，1843年离澳到香港，1857年第二次来澳，1858年去广州
托马斯·麦克布莱德 Thomas L. Macbryde	长老会	牧师，1841年12月偕夫人抵澳，次年6月去香港，1843年1月再次来澳，7月回国
小罗素·斯特吉斯 Russell Sturgis Jr.	商人	波士顿人，罗素·斯特吉斯的儿子，1823年哈佛大学毕业，1842年抵达广州，后成为旗昌洋行的合伙人，并于1843年在澳门的旗昌洋行商馆内加建新楼，并准备退休，小罗素·斯特吉斯全家一直在澳门居住，1846年他在澳门第三次结婚

（续上表）

姓名	身份	说明
娄礼华 Walter Macon Lowrie	长老会	牧师，1842 年 5 月来澳，1845 年离澳
劳伦斯·基尔尼 Lawrence Kearny	军人	海军准将、美国东印度舰队指挥官、“星座号”舰长，1842 年来华，途中捕获怡和洋行鸦片船“精灵号”，并将船上搜捕到的 15 万银元运往澳门，交给美国副领事詹姆斯·斯特吉斯，不久去广州，与清政府谈判，6 月中旬再返回澳门，1843 年 1 月离开
威廉·卡明 William Henry Cumming	教士	医学传教士，1842 年上半年到澳门，6 月去香港，1845 年再次回到澳门，1847 年回国
托马斯·珀金斯 Thomas H. Perkins	商人	与汉达西德·珀金斯完全同名，1842 年成为旗昌洋行的雇员
爱德华·洛 Edward Low	商人	1842 年成为旗昌洋行的雇员
丹尼尔·斯普纳 Daniel N. Spooner	商人	旗昌洋行雇员，负责旗昌洋行广州进口业务，1843—1845 年成为旗昌洋行合伙人，1840 年代在澳门居住
皮尔斯 W. P. Peirce	商人	1843 年美国驻广州副领事，1844 年在澳门居住
詹姆斯·合文 James C. Hepburn	长老会	牧师，1843 年夏来澳，10 月离澳，1844 年年底再次来澳，不久又离开
瓦特曼 Waterman	商人	波士顿商人、船长，1843 年时在澳门
威廉·金 William H. King	商人	1843 年加入旗昌洋行，1844 年偕夫人在澳门居住，1849 年退出
詹姆斯·裨治文 James Granger Bridgman	美部会	牧师，1844 年来澳，1845 年去广州，1850 年去世
托马斯·沃尔德伦 Thomas Westbrook Waldron	商人	美国驻香港领事，1844 年在澳去世
跛时（哺时）	商人	早年来广州，1844—1851 年与夫人同住澳门南湾二行（吧婆行），在下环街有一货仓，1844 年仓库内的布匹被盗
希兰·塔尔波克斯 Hiram Tarbox	商人	1844 年在美国护卫舰“白兰地湾号”上去世，葬于澳门

（续上表）

姓名	身份	说明
查尔斯·甘格尔 Charles F. Ganger	音乐家	1844 年在美国护卫舰“白兰地湾号”上去世，葬于澳门
加勒布·顾盛 Caleb Cushing	官员	马萨诸塞州人，毕业于哈佛大学，获硕士学位，陆军少将，后出任州议员，1843 年被任命为赴华使团大使、全权代表；1844 年 2 月 24 日乘“白兰地湾号”抵澳，租下位于南湾原葡萄牙执政官的房子充当使馆，顾盛居澳门时，此房屋被强盗袭击了 5 次；同年 6 月与耆英在望厦村谈判，并签订中美《望厦条约》
弗莱彻·韦伯斯特 Daniel Fletcher Webster	官员	伯驾夫人的堂兄，美国赴华使团秘书，1844 年 2 月 24 日乘“白兰地湾号”抵达澳门
乔治·韦斯特 George R. West	画家	弗吉尼亚州人，使团随员，1844 年 2 月 24 日乘“白兰地湾号”抵达澳门，是绘图员兼画家，他还带一台早期的照相机来澳，绘制了很多关于澳门和中国的作品
罗伯特·斯尔弗 Robert P. de Silver	商人	1844 年美国使团海军军需管理员，1849—1856 年首任美国驻澳门领事
约翰·奥多勒尔 John H. O’Donnell	军人	马里兰州的贵族，陆军少校、使团随员，1844 年 2 月 24 日乘“白兰地湾号”抵达澳门
罗伯特·麦克英多西 Robert L. McIntosh	商人	使团随员，1844 年 2 月 24 日乘“白兰地湾号”抵达澳门
斯塔尼斯拉斯·赫尼兹 Stanislas Hernisz	商人	波兰裔的美国人，使团随员，顾盛的私人秘书，熟练掌握葡萄牙语，可以阅读中文，1844 年 2 月 24 日乘“白兰地湾号”抵达澳门
小彼得 John R. Peters Jr.	商人	使团随员，1844 年 2 月 24 日乘“白兰地湾号”抵达澳门
埃里萨·凯恩 Elisha Kent Kane	医生	宾夕法尼亚大学医学博士、使团内科医生，1844 年 2 月 24 日乘“白兰地湾号”抵达澳门，曾在澳门短暂行医

（续上表）

姓名	身份	说明
麦利奥里班克斯 Samuel Marjoribanks	医生	1844 年在澳门美国医院行医①
大卫·麦嘉缔 Davie B. McCartee	长老会	牧师，宾夕法尼亚大学医学院毕业，1844 年来澳，不久前往宁波
理查德·柯理 Richard Cole	长老会	印刷工，1844 年 2 月偕夫人来澳居住，1845 年 7 月去香港
袆理哲 Robert Quarterman Way	长老会	牧师，1844 年 7 月来澳，8 月离澳
奥利弗·埃尔德里奇 Oliver Eldridge	商人	“蜂鸟号”船长，该船属旗昌洋行，1844 年 6 月从波士顿启航，10 月抵达澳门、广州，之后，多次往返于加尔各答和广州、澳门之间进行贸易②
约翰·卢壹 John Lloyd	长老会	牧师，1844 年 10 月来澳，11 月去厦门，1848 年去世
哈巴安德 Andrew Patton Happer	长老会	牧师，1844 年 10 月来澳，11 月去香港，1845 年 5 月回到澳门，1847 年 3 月去广州
克陛存 Micheal Simpson Culbertson	长老会	牧师，1844 年 10 月来澳，1845 年 2 月去香港
露密士 Augustus Ward Loomis	长老会	牧师，1844 年 10 月来澳，1845 年 2 月去香港
吉迪恩·奈尔 Gideon Nye	商人	早期来澳的美国商人，1844 年在澳门居住，1858—1863 年任美国驻澳门第三任领事，又在龙嵩街 54 号开设商行，吉迪恩·奈尔在华经商达 50 年，美国驻澳门领事馆也曾经设立于此；其子小吉迪恩·奈尔（Gideon Nye Jr.）亦居于澳门
克莱蒙特·奈尔 Clement Nye	商人	1844 年在澳门居住
培伊斯 W. P. Peirce	商人	1844 年在澳门居住

① ［美］爱德华·V. 吉利克著，董少新译：《伯驾与中国的开放》，桂林：广西师范大学出版社，2008 年，第 141 页。

② Arthur Hamilton Clark, *The Clipper Ship Era: An Epitome of Famous American and British Clipper Ships, Their Owners, Builders, Commanders, and Crews, 1843 – 1869*, New York and London: The Knickerbocker Press, 1911, pp. 63 – 64.

（续上表）

姓名	身份	说明
约翰·斯特吉斯 John. D. Sturgis	商人	1844 年偕夫人在澳门居住
哈利特 Hallet	商人	“阿克巴号”船长，1844 年抵达澳门，并于当年回国
福克斯豪·帕克 Foxhall Parker	军人	海军准将、美国东印度舰队指挥官，1844 年来中国海域，经停广州、澳门
威廉·皮尔斯 William Pierce	商人	1844 年前出任美国驻广州副领事，长驻澳门
弗兰西斯·培根 Francis William Bacon	商人	在澳养病，得到詹姆斯·斯特吉斯的照顾，1845 年在澳去世
威廉·海茵 Peter Bernhard William Heine	画家	德裔美国人，艺术家，世界著名旅行家，1852—1854 年随美国政府佩里将军访问团访问日本，1854 年来澳，留下了《澳门耶稣会修道院》和《从西望洋眺望南湾》等图画①
亚历山大·义华业 Alexander H. Everett	官员	美国出使清政府特使，1846 年抵澳，当年 11 月去广州，1847 年偕夫人在澳门居住
威廉·施惠廉 William Speer	长老会	牧师、内科医生，1846 年 12 月偕夫人来澳，其夫人 Cornelia Speer 于 1847 年 4 月在澳门去世，不久他移居广州，1849 年回国
斯蒂芬·马顿 Stephen Mattoon	长老会	牧师，1846 年 12 月偕夫人来澳
花琏治 John B. French	长老会	牧师，1846 年 12 月偕夫人来澳，次年移居广州，1856 年 11 月又到了澳门，并且在当地人中间传教，1858 年去广州
卦德明 John Winn Quarterman	长老会	牧师，1846 年 12 月来澳，1847 年 3 月去宁波
沙木埃尔·豪斯 Samuel R. House	长老会	牧师，1846 年 12 月来澳
啤士 George Pearcy	浸信会	牧师，1846 年 10 月偕夫人抵达澳门，不久移居广州，1848 年 6 月来澳门养病，8 月去香港
咖笠顿 Samuel Cornelius Clopton	浸信会	牧师，1846 年 10 月偕夫人抵达澳门，9 月去广州

① 此画现藏香港艺术博物馆，关于海茵其人亦参见香港艺术博物馆关于此画的介绍。

（续上表）

姓名	身份	说明
詹克斯 E. N. Jencks	浸信会	牧师，1846 年 10 月偕夫人抵达澳门，不久去香港
胡德迈 Thomas Hall Hudson	浸信会	牧师，1847 年偕夫人居住澳门
霍诺里奥·马萨尔 Honorio Marcal	商人	1847—1851 年在澳门居住
讃臣 Francis C. Johnson	浸信会	1847 年 8 月到 1849 年 8 月间在澳门和广州一带工作
打马字 John van Nest Talmage	美部会	1847 年 8 月 4 日到澳门，19 日去厦门
怀德 Moses Clark White	美以美会	1847 年 8 月 4 日偕夫人到澳门，9 月 6 日去福州
柯林 Judson Dwight Collins	美以美会	1847 年 8 月 4 日来澳，不久去香港
威廉·珀金斯 William Winthrop Perkins	商人	1848 年在南湾街 14 号居住①
格德尼 T. R. Gedney	军人	“普利茅茨”船长、上尉，1848 年抵达澳门
埃斯特班·加雷塔 Esteban Garetta	商人	1848—1851 年在澳门居住
本杰明·西尔 Benjamin Seare	商人	1849—1851 年偕夫人在澳门居住
约翰·德威仕 John Wesley Davis	官员	美国来华使节，1849 年参加各国如何对中国政府交涉会议，1849—1851 年居澳门
约翰·菲茨帕德利克 John Fitzpatrick	商人	1849—1851 年在澳门居住
大卫·吉新吉尔 David Geisinger	军人	海军准将、1849 年美来华海军总指挥，亚马留被刺后应邀在澳门参加各国如何对中国政府交涉会议
约翰·布鲁克 John F. Brooke	医生	美国海军东印度中队医生，1849 年在澳去世
帕斯科奥 J. P. Pascoal	商人	19 世纪 40 年代澳门龙嵩街 54 号吉迪恩商行职员
丁韪良 William Alexander Parsons Martin	长老会	传教士、牧师，1850 年 4 月抵达香港，准备北上传教，在等候航船时访问了澳门，并游历了贾梅士石洞②

① *Boletim do Governo da Provincia de Macao*, *Timor e Solor*, Vol. Ⅲ, 25 de Dezembro de 1848, No. 24, p. 99.

② ［美］丁韪良著，沈弘等译：《花甲忆记：一位美国传教士眼中的晚清帝国》，桂林：广西师范大学出版社，2004 年，第 12 页。

（续上表）

姓名	身份	说明
奥利佛・米歇尔 Oliver Mitchell	船员	1850 年美国“玛瑞恩号”船员，在澳门感染霍乱病逝
爱德华・巴特斯 Edwards W. Bates	商人	荷兰驻澳门领事，曾与瓦尔科特合伙创办瓦尔科特和巴特斯洋行（Wolcott, Bates & Co.），1850 年在澳去世
莱恩・佩吉斯 Lane Pages	商人	1850—1851 年在澳门居住
威廉・塞奇 William Sage	商人	1850—1851 年在澳门居住
土笪	商人	1851 年与夫人同住十六柱左侧
思吡	商人	大班，1851 年住下环街花旗行
韦拉特 J. Vilarte	商人	1851 年在澳门居住
菲利普・杜马莱斯克 Philip Dumaresq	商人	“卢康尼亚号”指挥，1851 年 8 月前抵达澳门，詹姆斯・斯特吉斯乘坐此船离开澳门
本杰明・甘特 Benjamin S. Gantt	军人	海军上尉，1852 年去世，葬于澳门
约瑟夫・亚当斯 Joseph Harod Adams	军人	海军中尉，1853 年去世，其夫人将其葬于澳门
马瑟斯・佩里 Matthew-Calbraith Perry	军人	海军准将，1854 年抵达澳门，在靠近白鸽巢的别墅居住
麦克伦奈伊 J. McCluney	军人	美国战舰“波瓦坦号”舰长，属于海军准将佩里的分遣舰队，1854 年来澳，1857 年参加从澳门进攻广州的战斗
山加尔・斯拉特 Shamgar Huntington Slate	商人	“男巫号”船长，1854 年在澳去世
丹尼尔・维罗曼 Daniel Vrooman	美部会	牧师，1854 年前偕夫人伊丽莎白・维罗曼（Elizabeth C. Vrooman）来澳，其夫人同年在澳去世
查尔斯・基立 Charles Washington Gaillard	浸信会	牧师，1854 年 8 月偕夫人来澳，9 月去广州，1856 年再次来澳，1858 年 3 月回广州，6 月第三次前往澳门，9 月回广州
查尔斯・伍德贝利 Charles Woodberry	商人	“星火号”船长，经营一支来往省港澳的蒸汽船队，1855 年在澳去世
阿比・科尔 Abby L. Kerr	长老会	牧师，1855 年去世，葬于澳门

（续上表）

姓名	身份	说明
本杰明·波尔 Benjamin Lincoln Ball	旅行家	1856 年访问澳门①
史钊域 Keith Stewart	军人	船长，1857 年 7 月 4 日在澳庆祝美国独立日
约翰·威廉姆斯 John P. Williams	商人	继伍德贝利后为“星火号”船长，经营省港澳蒸汽船队，1857 年在澳去世
凯塔·库珀 Kate Cooper	商人	船长，在澳门从事苦力贸易，1857 年运载 650 名华工前往古巴②
克罗萨斯·克里西 Croesus Creasy	商人	美国“探路者号”船长，1857 年参加从澳门进攻广州的战斗
德沃尔 De Vol	商人	“河鸟号”船长，1857 年参加从澳门进攻广州的战斗
索姆斯 Soames	商人	“广州号”船长，1857 年参加从澳门进攻广州的战斗
卡斯蒂拉 Castilla	商人	“小宝石号”船长，1857 年参加从澳门进攻广州的战斗
威廉·麻西（咩士）William Allen Macy	官员	马礼逊学校的毕业生，后担任马礼逊学校的教师，1858 曾代理美国驻澳门领事
威尔士 Walsh	商人	1863 年来澳门采购炮和弹药
威廉·琼斯 William Patterson Jones	官员	1863—1865 年第四任澳门领事
巴顿 J. Q. Barton	军人	海军中尉，1865 年任驻澳门副领事
布鲁斯 R. H. Bruce	商人	1867 年夏威夷派驻澳门领事③
贾斯贝尔·史密斯 Jasber Smith	商人	1869 年美国驻澳门领事馆工作人员，最后一份澳门领事馆发给美国的报告署名者

① Benjamin Lincoln Ball, *Rambles in Eastern Asia: Including China and Manila, During Several Years' Residence, with Notes of The Voyage to China, Excursions in Manilla, Hong Kong, Canton, Shanghai, Ningpoo, Amoy, Fouchow, and Macao* (2nd ed.), Boston: James French and Company, 1856, p. 412.

② 陈翰笙：《华工出国史料汇编》第 4 辑，《关于华工出国的中外综合性著作》，北京：中华书局，1984 年，第 214 页。

③ 广东省地方志编委会办公室编：《清实录广东史料》第 6 册，附录 5《清代各国驻广东领事名表》，广州：广东人民出版社，1995 年，第 658 页。

（续上表）

姓名	身份	说明
辛普森·格兰特 Ulysses Simpson Grant	官员	美国总统，1877 年卸任，环球游历，1879 年访问澳门，住澳马葵士宅邸①
希克臣 Hixcon	浸信会	牧师，1884 年偕夫人数次到澳门探访，次年在澳定居并建起教堂
威廉·郝思比 William Hornsby	耶稣会	神父，1892 年抵达澳门，任圣若瑟学院教师后去上海，1899 年返回澳门②
杜威 Admiral Dewey	军人	海军司令，1898 年来澳
尹士嘉 Oscar Francis Wiser	长老会	传教士，1899 年来广州，重办格致学院，1900 年该院迁澳门，改名为岭南学堂，其出任监督
柯尔乐 Francis Augustus Carl	官员	1900 年任拱北海关税务司③

据上表统计，可以获知从 18 世纪末到 19 世纪末的百余年间，在澳门停留和居住的美国人共有 297 人。如果以居澳时间的长短比例计算，美国人应是在澳门居住的最多外国人口之一。

图 1－46　第一任美国驻广州领事馆领事山茂召像

图 1－47　第二任美国驻广州领事馆领事塞缪尔·斯诺像

图 1－48　美国旗昌洋行创始人塞缪尔·罗素像

① ［葡］文德泉著，范维信译：《三个美国佬在澳门》，载《文化杂志》（中文版）第 27—28 期，1996 年，第 77 页。

② Manuel Teixeira, *Macau e a Sua Diocese*, *Vol. Ⅷ*, *Padres da Diocese de Macau*, Macau: Tipografia da Missão do Padroado, 1972, pp. 277－278.

③ 中华人民共和国拱北海关编：《拱北海关志》，《大事记（1887—1990）》，1998 年，第 267 页。

（七）俄罗斯

俄罗斯人最早来澳门的记录见于1771年，俄国海军轻巡航舰“圣彼得·圣保尔（S Peter and St. Poul）号”来到澳门，但是驾驭这艘俄国船的人却是匈牙利贵族、冒险家拜纽夫斯基（Mauritius Augustus Benyowsky）伯爵。拜纽夫斯基曾作为俄罗斯政府的反叛者被流放到西伯利亚，1771年5月，他强夺了“圣彼得·圣保尔号”，与他的同谋者96人一起逃亡，其中绝大多数是军人。1771年9月22日在澳门登陆，这是第一艘俄罗斯船抵达澳门。到澳门时，该船还剩下65人，包括一部分意大利人和一部分俄罗斯人，其中还包括几位俄罗斯女性。这批俄罗斯人和匈牙利人在澳门居停3个多月时间，并将船上的货物和船本身都在澳门卖出，最后获得法国东印度公司的帮助，乘船离开澳门。[①] 从18世纪开始，俄罗斯一直对广州贸易十分关注，也迫切希望将他们的贸易拓展到广州市场上来。1799年，俄国在美洲成立俄美公司，负责美洲西北海岸的皮毛贸易，如何将皮毛贸易打进广州市场也成为俄美公司的战略目标之一。1805年，俄罗斯的俄美公司策划了当年的环球航行，并于11月20日第一艘俄罗斯船“希望（Надежде）号”驶入澳门洋面，停泊在凼仔。次日晨，为等待携带货物的另一艘俄船“涅瓦（Неве）号”，准备在华贸易，“希望号”船长克鲁森什坦恩（中文档案称鲁臣顿，И. Ф. Крузеищтерн）以“巡船”为名在澳门同知衙门报验。通事当时将他们译成“路臣国”人。路臣究系何国，粤海关无从得知，即饬澳门同知及关澳委员会同行商等

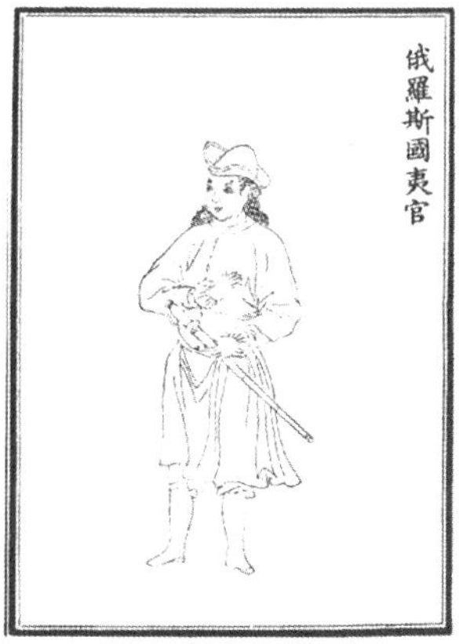

图1－49　《皇清职贡图》中的俄罗斯夷官

图1－50　1805年来澳门的俄罗斯画家季列兹乌斯绘《多林文花园中的贾梅士洞》[②]

---

① ［葡］冼丽莎著，李丽青译：《18世纪末匈牙利冒险家在澳门》，载《文化杂志》（中文版）第34期，1998年，第121～123页。

② Крузеищтерн Иван Федорович—В. Г. Тилезиус, Атлас к путешествию вокруг света капитана Крузенштерна. СПб. , 1813, 第90号图。

确查。12 月 3 日傍晚，里相斯基（中文称尔赞时，Ю. Ф. Лисянский）驾驶满载皮张、银子的“涅瓦号”由科迪亚克岛抵达澳门，亦泊于凼仔，后经查明，路臣即俄罗斯。克鲁森什坦恩与里相斯基会合后，想同“希望号”一同前往黄埔，但此前已以“巡船”报验，故未获准允，只好将“希望号”留在凼仔，自己驾“涅瓦号”前往黄埔，并去广州进行贸易。① 清政府对俄罗斯船来广州贸易极为防范，并对俄国在华商业行为进行严格控制，对这次俄船来粤事件最后以“只此一次，下不为例”的结果告终。② 之后，俄罗斯船只来澳门者或因遭受海难，或因环球旅行途经澳门，因贸易而来澳门者从此绝迹。以下为 18—19 世纪明确来过澳门的俄罗斯人名录：

表 1 - 23　18—19 世纪明确来过澳门的俄罗斯人名录③

姓名	说明
阿法娜西娅 Афанасия	俄国堪察加半岛市长尼洛夫长女，拜纽夫斯基的追求者，1771 年随拜纽夫斯基的巡航舰“圣彼得·圣保尔号”一起逃亡到澳门，抵澳 3 天后去世，疑为自杀，死后葬于圣保禄教堂
斯提凡诺夫 Стефанов	“圣彼得·圣保尔号”船长，1771 年 9 月随拜纽夫斯基伯爵驾船逃难至澳门，来澳后即病倒，船的指挥权交给克鲁斯蒂耶夫，后成为拜纽夫斯基的反叛者，被囚禁在澳门大炮台，1772 年 1 月离澳

① И. Ф. Крузеищтерн, *Путешествию bokpyr cbeta b 1803, 1804, 1805 и 1806 го дахhа корбля "Надежде" и "Неве"*, М. 1950, сс. 249 - 257；中国第一历史档案馆等编：《明清时期澳门问题档案文献汇编》第 1 册，《粤海关监督延丰奏报俄罗斯船只来粤贸易请旨办理折》，北京：人民出版社，1999 年，第 648 页。

② 周湘：《“北皮南运”与广州口岸》，载蔡鸿生主编：《广州与海洋文明》，广州：中山大学出版社，1997 年，第 270 页。

③ 俄罗斯人的资料参见以下各书：［葡］冼丽莎著，李丽青译：《18 世纪末匈牙利冒险家在澳门》，载《文化杂志》（中文版）第 34 期，1998 年，第 121 ~ 131 页；И. Ф. Крузеищтерн, *Путешествию-bokpyr cbeta b 1803, 1804, 1805 и 1806 го дахhа корбля "Надежде" и "Неве"*, М. 1950, сс. 249 - 257；中国第一历史档案馆等编：《明清时期澳门问题档案文献汇编》第 1 册，《粤海关监督延丰奏报俄罗斯船只来粤贸易请旨办理折》，北京：人民出版社，1999 年，第 648 页；刘芳辑：《葡萄牙东波塔档案馆藏清代澳门中文档案汇编》下册，《特升登州同知彭昭麟等为向俄船询明并催令扬帆驶回事行理事官札》，澳门：澳门基金会，1999 年，第 700 ~ 701 页；伍宇星编译：《19 世纪俄国人笔下的广州》，郑州：大象出版社，2011 年，第 1 ~ 75 页；Luís Gonzaga Gomes, *Efemérides da História de Macau*, Macau: Colecção Noticias de Macau, 1966, pp. 381 - 389；［葡］潘日明著，苏勤译：《殊途同归：澳门的文化交融》，澳门：澳门文化司署，1992 年，第 164 页。

（续上表）

姓名	说明
克鲁斯蒂耶夫 Крустьев	贵族、军事指挥官，1771 年 9 月随拜纽夫斯基伯爵驾船逃难至澳门，斯提凡诺夫病倒后，担任“圣彼得·圣保尔号”指挥，1772 年 1 月离澳
希巴耶夫 Сибаев	拜纽夫斯基伯爵的部属，1771 年 9 月随伯爵逃难至澳门，1772 年 1 月离澳
库兹涅佐夫 Кузнецов	拜纽夫斯基伯爵的部属，1771 年 9 月随伯爵逃难至澳门，1772 年 1 月离澳
克鲁森什坦恩（鲁臣顿） И. Ф. Крузеищтерн	海军大尉、“希望号”船长，1805 年 11 月 8 日来澳，住在东印度公司梅特卡夫爵士的宅邸，不久去广州，贩卖皮毛，1806 年 2 月 12 日离开澳门回国
列文什特恩 Ермолай Левенштерн	中尉，“希望号”上的海军军官，1805 年 11 月 8 日来澳，住在东印度公司梅特卡夫爵士的宅邸，不久去广州
费奥多尔·舍梅林 Федор Шемелин	商务代表，1805 年 11 月 8 日乘“希望号”抵达澳门，住在东印度公司梅特卡夫爵士的宅邸，不久去广州，贩卖皮毛，1806 年 2 月 12 日离开澳门回国
罗姆别尔 Федор Ромбер	海军中尉，1805 年 11 月 8 日随“希望号”来澳，1806 年 2 月 12 日离开澳门回国
加洛瓦切夫 Петр Галовачев	海军中尉，1805 年 11 月 8 日随“希望号”来澳，1806 年 2 月 12 日离开澳门回国
法捷依·别尔林斯加乌森 Фаддей Беллинсгаузен	海军准尉，1805 年 11 月 8 日随“希望号”来澳，航行中被提升为中尉，1806 年 2 月 12 日离开澳门回国
菲利普·卡缅希科夫 Филипп Каменщиков	俄首次环球旅行中的“希望号”航海员，随“希望号”于 1805 年 11 月 8 日来澳，1806 年 2 月 12 日离开澳门回国
瓦西里·斯波洛霍夫 Василий Сполохов	俄首次环球旅行中的“希望号”领航员助手，随“希望号”于 1805 年 11 月 8 日来澳，1806 年 2 月 12 日离开澳门回国
卡尔·艾斯本别克 Карл Эспенберг	俄首次环球旅行中的“希望号”随船医生，随“希望号”于 1805 年 11 月 8 日来澳，1806 年 2 月 12 日离开澳门回国

（续上表）

姓名	说明
伊万·西德加姆 Иван Сидгам	俄首次环球旅行中的“希望号”随船医生助手，随“希望号”于1805年11月8日来澳，1806年2月12日离开澳门回国
戈涅尔 Горнер	军官，俄首次环球旅行中负责天文观测者（为确定方位），1805年11月8日随“希望号”抵达澳门，住在东印度公司梅特卡夫爵士的宅邸，不久去广州，1806年2月12日离开澳门回国
弗里德里茨 Фридерици	军官、少校，搭乘“希望号”前往日本的公使随行人员，公使使团被拒后于1805年11月8日随“希望号”抵达澳门，住在东印度公司梅特卡夫爵士的宅邸，不久去广州，1806年2月12日离开澳门回国
季列兹乌斯 Лангсдорф Тилезиус	军官，1805年11月8日随“希望号”抵达澳门，住在东印度公司梅特卡夫爵士的宅邸，不久去广州，1806年2月12日离开澳门回国
阿列克塞·拉耶夫斯基 Алексей Раевский	炮兵中士，1805年11月8日随“希望号”来澳，航行中被提升为中尉，1806年2月12日离开澳门回国
奥托·科采布 Отто Коцебу	见习军官，1805年11月8日随“希望号”来澳，1806年2月12日离开澳门回国
莫里茨·科采布 Мориц Коцебу	见习军官，1805年11月8日随“希望号”来澳，1806年2月12日离开澳门回国
格里戈里·丘加耶夫 Григорий Чугаев	“希望号”随船文书，1805年11月8日随“希望号”来澳，1806年2月12日离开澳门回国
瓦西里·扎多林 Василий Задорин	“希望号”大副，1805年11月8日随“希望号”来澳，1806年2月12日离开澳门回国
卡尔普·彼得罗夫 Карп Петров	水手长，1805年11月8日随“希望号”来澳，1806年2月12日离开澳门回国
里相斯基（尔赞时）Ю. Ф. Лисянский	商人、“涅瓦号”船长，1805年12月3日来澳，住在英商托马斯·比尔和马格尼亚克寓所，不久去广州，贩卖皮毛，1806年2月12日离开澳门回国

（续上表）

姓名	说明
米哈伊洛·米尼茨基 Михаил Миницкий	海军大尉，1805 年 12 月 3 日随“涅瓦号”抵达澳门，住在英商托马斯·比尔和马格尼亚克寓所，不久去广州，贩卖皮毛，1806 年 2 月 12 日离开澳门回国
科罗比岑 Коробицын	被纳入公使使团的俄美公司人员，“涅瓦号”船上的商务代表，1805 年 12 月 3 日抵达澳门，住在英商托马斯·比尔和马格尼亚克寓所，不久去广州，贩卖皮毛，1806 年 2 月 12 日离开澳门回国
阿尔布佐夫 П. Арбузов	海军中尉，随“涅瓦号”于 1805 年 12 月 3 日来澳，1806 年 2 月 12 日离开澳门回国
波瓦利申 П. Повалишин	海军中尉，随“涅瓦号”于 1805 年 12 月 3 日来澳，1806 年 2 月 12 日离开澳门回国
科维季亚耶夫 Ф. Кведяев	海军准尉，随“涅瓦号”于 1805 年 12 月 3 日来澳，1806 年 2 月 12 日离开澳门回国
别尔 В. Бер	海军准尉，随“涅瓦号”于 1805 年 12 月 3 日来澳，1806 年 2 月 12 日离开澳门回国
卡利宁 Д. Калинин	俄首次环球旅行中的“涅瓦号”航海员，随“涅瓦号”于 1805 年 12 月 3 日来澳，1806 年 2 月 12 日离开澳门回国
拉邦德 Мориц Лабанд	俄首次环球旅行中的“涅瓦号”随船医生，1805 年 12 月 3 日来澳，1806 年 2 月 12 日离开澳门回国
吓吔杓	商人，1814 年 10 月 21 日驾船进入澳门，装载槟榔等货物，恳请赴省贸易，但未获批准
阿瓦库姆·切斯诺伊 Аввакум Честной	东正教修士、大司祭，1857 年乘坐“帕拉达号”环球旅行，11 月 7 日抵达澳门，在澳门住了 12 天，然后去香港
阿莱克西斯大公 Великий Князь Алексей Александрович	贵族，沙皇儿子，1873 年参加环球旅行，在香港乘蒸汽船“火花号”抵达澳门游玩，并观看中国戏剧，前后在澳门居停 3 天
波西埃特 К. Н. Посьет	海军副司令，1873 年随阿莱克西斯大公来澳门访问，在澳门居停 3 天

（续上表）

姓名	说明
马辛 Machin	王室顾问，1873 年随阿莱克西斯大公来澳门访问，在澳门居停 3 天
东特尔 Tundeer	海军中尉，1873 年随阿莱克西斯大公来澳门访问，在澳门居停 3 天
卡拉汉 O'Callaghan	船长、上尉，1873 年随阿莱克西斯大公来澳门访问，在澳门居停 3 天
伍德豪斯 Woodhouse	1873 年随阿莱克西斯大公来澳门访问，在澳门居停 3 天

（八）其他国家的西洋人

除了上述西班牙、意大利、荷兰、英国、法国、美国、俄罗斯 7 国外，在 16—19 世纪还有以下西洋人进入澳门，德国 35 人、瑞士 18 人、瑞典 16 人、奥地利 16 人、丹麦 15 人、波西米亚 7 人、匈牙利 4 人、波兰 3 人、南斯拉夫 2 人、立陶宛 1 人。

瑞典人是在 18 世纪上半叶来到澳门的。1732 年 9 月 2 日，一艘悬挂蓝底黄十字国旗的瑞典“弗雷德里克（Fridericus Rex Sueciae）号”商船从哥德堡港启航抵达澳门水域，该船大班为柯林·坎贝尔（Colin Campbell）。这是第一艘来华的瑞典王国的商船。[①] 据 19 世纪初来澳门的俄罗斯人称：“瑞典每年派往广州的船只从未超过 2、3 艘，接着常常是每年 1 艘，1805 年瑞典人根本没来中国。”[②] 据统计，从 1736 年到 1833 年近百年间共有 73 艘瑞典船来广州贸易。随着英国有关中国贸易新规定的实行和瑞典与俄罗斯战争的爆发，由于瑞典国王从哥德堡公司取走了大批款项，瑞典人与中国的贸易大大减弱。[③] 相关史料中多次记录了瑞典人在澳门居住的情况。1775 年 1 月 25 日，在广州的瑞典商人前往澳门。[④] 1790 年，瑞典东印度公司在主教大堂附近处租赁葡人多明戈斯·马葵士住宅作为办事处。[⑤] 据统计，1774 年在澳门的瑞典人为 3 人，1779 年为 3 人，1802 年 4 人，1809 年 4 人，1819 年为 1 人，1826 年为 2 人，1827 年 2 人，

---

① 阿海：《雍正十年（1732）：那条瑞典船的故事》，北京：中国社会科学出版社，2006 年，第 4 ~ 7 页。

② 伍宇星编译：《19 世纪俄国人笔下的广州》，郑州：大象出版社，2011 年，第 31 页。

③ 伍宇星编译：《19 世纪俄国人笔下的广州》，郑州：大象出版社，2011 年，第 31 页。

④ ［美］马士著，区宗华等译：《东印度公司对华贸易编年史：1635—1834 年》第 1、2 卷，广州：中山大学出版社，1991 年，第 325 页。

⑤ Benjamin Videira Pires, *A Viagem de Comércio Macau-Manila nos Séculos XVI a XIX*, Macau: Museu Maritimo de Macau, 1994, p. 81.

1829 年 3 人，1831 年 2 人，1833 年 3 人。[①]在这些瑞典人中，龙思泰（Ander Ljungstedt）对澳门有十分重大的影响。他于 1816 年来到澳门，并被任命为瑞典驻华总领事。[②] 从他来到澳门到去世，他一直居住在澳门，晚年致力于澳门历史研究。1832 年在澳门出版了他的第一部澳门史的英文著作，名为“在华葡萄牙居留地，来华葡萄牙使节与特使，在华天主教布道团及来华教宗使节简史”。[③]

图 1－51　龙思泰像

丹麦进入澳门的为清一色的商人，第一艘丹麦船于 1736 年来华，在 1737 年时第一位丹麦人杜恩斯（N. Duns）即偕夫人在澳门定居，成为最早在澳门定居的外国人之一。据 19 世纪初到澳门的俄罗斯人称：“精打细算的丹麦人对华贸易虽然经营得相当不错，但他们派往广州的船只每年从未超过两艘。”[④] 据有关统计数，从 1736 年到 1833 年近百年间共有 95 艘丹麦船来广州贸易。另外，1774 年丹麦有 4 人在澳门居住，1779 年有 3 人，1780 年有 2 人，1790 年为 1 人，1802 年为 1 人，[⑤] 之后再不见丹麦在澳门的人口统计数。据威廉·亨特称，丹麦人在 1825 年之前就从广州撤走。[⑥] 这就是说，虽然 1825 年到 1833 年仍然有丹麦船只来广州贸易，但他们设立的丹麦驻广州商馆已经在 1825 年之前撤销，所以在 1825 年时丹麦就无澳门常住人口。

---

① A. M. Martins do Vale, *Os Portugueses em Macau (1750 – 1800)*, Macau: Instituto Português do Oriente, 1997, pp. 78, 170；中国第一历史档案馆等编：《明清时期澳门问题档案文献汇编》第 1 册，《两广总督百龄奏覆查明上年英兵入澳系图占地并参吴熊光等办理不当各节折》，北京：人民出版社，1999 年，第 731 ~ 739 页；［美］马士著，区宗华等译：《东印度公司对华贸易编年史：1635—1834 年》第 4、5 卷，广州：中山大学出版社，1991 年，第 137、158、202、271、339 页。

② ［葡］施白蒂著，姚京明译：《澳门编年史：19 世纪》，澳门：澳门基金会，1998 年，第 19 页。

③ ［瑞典］赫尔堡：《龙思泰传》，［瑞典］龙思泰著，吴义雄等译：《早期澳门史》，北京：东方出版社，1997 年，第 14 ~ 16 页；*Chinese Repository*, Vol. 5, No. 7, 1836/11, p. 334.

④ 伍宇星编译：《19 世纪俄国人笔下的广州》，郑州：大象出版社，2011 年，第 31 页。

⑤ Louis Dermigny, *Les Mémoires de Charles de Constant sur le Commerce à la Chine*, Paris: S. E. V. P. E. N, 1964, p. 155；［美］马士著，区宗华等译：《东印度公司对华贸易编年史：1635—1834 年》第 1、2 卷，广州：中山大学出版社，1991 年，第 374、625 页；A. M. Martins do Vale, *Os Portugueses em Macau (1750 – 1800)*, Macau: Instituto Português do Oriente, 1997, p. 78.

⑥ ［美］亨特著，冯树铁、沈正邦译：《广州番鬼录·旧中国杂记》，广州：广东人民出版社，2009 年，第 394 页。

图 1－52 《皇清职贡图》中的瑞国（瑞士）夷人、夷妇

其他 16—19 世纪来澳门的欧洲人大都属于神圣罗马帝国范围内的人员，包括的地区有普鲁士、奥地利、瑞士、波西米亚、匈牙利、南斯拉夫等。而这些地区来澳门者主要为传教士，其中非常著名的有邓玉函（Johann Terrenz Schreck）、汤若望（Johann Adam Schall Von Bell）、邬若望（Jean Ureman）、瞿安德（Andreas Wolfgang Koffler）、白乃心（Jean Grueber）、纪理安（Killian Stumpf）、林济各（François-Louis Stadlin）、魏继晋（Florian Bahr）、戴进贤（Ignace Kogler）、严嘉乐（Charles Slaviczek）、鲁仲贤（Jean Walter）、艾启蒙（Ignace Sichelbarth）等。他们不仅在中国天主教传教史上具有重大影响，而且在澳门的中西文化交流史上都起过十分重要的作用。

虽然从 1756 年就有普鲁士商船来华贸易，而且属于神圣罗马帝国范畴的德意志范围内的国家和地区还包括奥德斯坦、奥地利、瑞士、拉古萨、热那亚、托斯卡纳、汉堡、不莱梅等都有船只来广州贸易，但由于这些船只都是英国商人雇用的，这些商人不属于具有这一专营贸易权的东印度公司，不能参与其中。① 故此，真正的普鲁士、奥地利、瑞士商人在广州、澳门经商者并不多见，但 18 世纪后期，有不少瑞士钟表匠进入广州，参加广州的钟表制造，这些人大多居住在澳门。据前表统计，这一地区到 1833 年时，来华贸易的船只总数普鲁士为 21 艘，奥地利为 6 艘，瑞士未见统计数，虽然普鲁士、奥地利、瑞士都在广州设有领事，但他们都是由英国商人兼任，其商务活动均由英国商人代理。

① 伍宇星编译：《19 世纪俄国人笔下的广州》，郑州：大象出版社，2011 年，第 31 页。

图 1－53　德国耶稣会会士汤若望像

图 1－54　德国耶稣会会士戴进贤像

目前见于史料的有关来澳匈牙利人的记录是拜纽夫斯基伯爵。1771 年 9 月他因参与俄国政治斗争失败乘“圣彼得·圣保尔号”轻巡洋舰逃亡抵达澳门。到澳门时，全船共 65 人，受到澳门政府的殷勤款待。虽然享受到澳门政府的免费吃喝和馈赠，但还是有 21 名匈牙利人死于澳门。其中因抵澳后暴饮暴食消化不良而死者达 13 人，其余均因长途劳累患病而亡。这批匈牙利人一直居住到第二年的 1 月 14 日，才坐上法国公司提供帮助的客船离开澳门返回欧洲。① 波兰人、立陶宛人到澳门者主要是来华的传教士，他们都是经澳门进入中国内地传教的，其中波兰人卜弥格（Michal Boym）在澳门待的时间最长、影响最大。

表 1－24　16—19 世纪其他国家在澳门的西洋人名录

姓名	国籍	说明
柯林·坎贝尔 Colin Campbell	瑞典	“弗雷德里克”号船大班，1732 年第一个来广州和澳门贸易的瑞典人
约翰·道尔曼 John Fredrik Dalman	瑞典	瑞典“和平号”船的绘图员，1748 年随船抵澳，在他的报告中记录了“简亚二案”的真实过程

① Manuel Teixeira, *Macau no Séc. XVIII*, Macau: Imprensa Nacional, 1984, p. 533；［葡］冼丽莎著，李丽青译：《18 世纪末匈牙利冒险家在澳门》，载《文化杂志》（中文版）第 34 期，1998 年，第 121 ~ 131 页；［美］马士著，区宗华等译：《东印度公司对华贸易编年史：1635—1834 年》第 4、5 卷，广州：中山大学出版社，1991 年，第 588 ~ 589 页。

（续上表）

姓名	国籍	说明
彼得·奥斯贝克 Peter Osbeck	瑞典	1751 年来广州，瑞典东印度公司贸易船随船牧师
约翰·格里尔 Johan Abraham Grill	瑞典	商人、东印度公司大班，1761 年来澳，向澳门葡人集资
迈克尔·格拉伯 Michael Grubb	瑞典	商人、东印度公司大班，1761 年来澳，向澳门葡人集资
詹姆斯·查尔姆斯 James Chalmers	瑞典	商人，1770 年左右瑞典东印度公司驻广州商馆首任大班
威廉·查尔姆斯 William Chalmers	瑞典	商人，1784 年在澳，瑞典东印度公司商馆第三大班
埃斯托克劳 Elstockenstrom	瑞典	商人，1784 年瑞典东印度公司商馆负责人
西尔弗里 Silfree	瑞典	商人，1795 年在澳门和广州
格鲁斯特·乌尔曼 Gust Ulman	瑞典	商人，1798 年前瑞典东印度公司驻广州商馆第二任大班，后在澳门退休病逝，前后在澳门生活了 60 年
龙思泰 Ander Ljungstedt	瑞典	1798 年来广州，担任瑞典东印度公司第三任大班，1808 年成为瑞典对华贸易代表，1815 年底在南湾购买房屋，正式定居澳门，1820 年成为瑞典驻华总领事，1835 年在澳去世
胡克特 Hyckert	瑞典	商人，1805 年前任瑞典东印度公司大班
约翰·桑德斯坦 Johan Peter Sundsten	瑞典	1805 年来到广东，在瑞典商馆内任管事，居住澳门，1813 年离开
伊·乌尔曼 I. Ulman	瑞典	1821—1829 年瑞典驻华领事
雅各布·乌尔曼 Jacob Gabriel Ulman	瑞典	任职于瑞典东印度公司，1829 年任瑞典驻华领事，1837 年在澳去世

（续上表）

姓名	国籍	说明
路易斯·鲁贝克 Louis Augustus Lubeck	瑞典	1849年起在香港经营航运业，在此期间与土生葡人巴莱托家族罗萨丽娅（D. Matilde Rosária Barreto）育有两名私生子；1863年在澳门去世，葬于基督教坟场①
味氏噶	丹麦（嗹国）	商人，1767年前居澳，1767年9月请牌上省贸易
开吧	丹麦（嗹国）	商人，1767年前居澳，1767年9月请牌上省贸易
燕哪氏	丹麦（嗹国）	商人，1767年前居澳，1767年9月请牌上省贸易
晏森 Ole Jenssen	丹麦	商人，1780年在澳
嚤碧	丹麦（嗹国）	丹麦商馆主任，1791年底来澳住冬，1792年9月请牌上省贸易
哑是咻	丹麦（嗹国）	商人，1791年底来澳住冬，1792年9月请牌上省贸易
啴脉	丹麦（嗹国）	丹麦商馆秘书，1791年底来澳住冬，1792年9月请牌上省贸易
哗林眉	丹麦（嗹国）	商人，1791年底来澳住冬，1792年9月请牌上省贸易

① 瑞典人的资料主要参见：阿海：《雍正十年（1732）：那条瑞典船的故事》，北京：中国社会科学出版社，2006，第4~7页；王梦达：《澳门在瑞典东印度公司运作时期的文化形态》，载珠海市委宣传部、澳门基金会、中山大学近代中国研究中心主编：《珠海、澳门与近代中西文化交流：首届"珠澳文化论坛"论文集》，北京：社会科学文献出版社，2010年，第116~118页；［英］施其乐、［美］范岱克著，郭颐顿译：《追寻澳门亚美尼亚人的足迹》，载《文化杂志》（中文版）第55期，2005年，第94页；［美］菲利普·查德威克·福斯特·史密斯著，《广州日报》国际新闻部、法律室译：《中国皇后号》，广州出版社，2007，第159页；Milet Mureau, *Voyage de la Pérouse autour du monde, conformément au décret du 22 avril 1791*, Paris: De l'Imprimerie de la République, 1797, pp. 4 – 12；刘芳辑：《葡萄牙东波塔档案馆藏清代澳门中文档案汇编》下册，《澳门同知韦协中为给发瑞典商人士蔑宾等上省贸易牌照事行理事官牌》，澳门：澳门基金会，1999年，第710页；［瑞典］哈里·赫贝里著，王梦达译：《龙思泰和来自中国的信》，澳门：澳门基金会，2015年，第22~60页；［美］亨特著，冯树铁、沈正邦译：《广州番鬼录·旧中国杂记》，广州：广东人民出版社，2009年，第366页；［美］马士著，区宗华等译：《东印度公司对华贸易编年史：1635—1834年》第4、5卷，广州：中山大学出版社，1991年，第137、202、271页。

（续上表）

姓名	国籍	说明
茄士殿 Caste	丹麦（嗹国）	商人，1792 年前居澳，1792 年 9 月将船只卖给澳夷
呵士波	丹麦（嗹国）	商人，1805 年在澳居住
克耶鲁尔夫 Kierulf	丹麦	商人、船长，1831 年 4 月偕妻子去广州居住，因违反规章，逗留一星期后，被驱逐来澳门居住
克里斯蒂安・伯埃克 Christian Boeck	丹麦	在孟加拉任职的官员，1836 年来澳疗养，不久去世
杜恩斯 N. Duns	丹麦	商人，1837 年偕夫人在澳门
亨利・琼斯 Henry Jones	丹麦	1851 年 3 月从香港到澳门访问，不久病逝澳门，终年 31 岁
克里斯提安・艾普兰 Christian Johann friedrich Ipland	丹麦	商人，“卡米拉号”船长，1857 年在澳门病逝①
汤若望 Johann Adam Schall Von Bell	德国	耶稣会会士，1619 年抵澳，1622 年离澳去陕西②
邓玉函 Johann Terrenz Schreck	德国	耶稣会会士，1619 年抵澳，1621 年离澳赴杭州
万密克 Michel Walta	德国	耶稣会会士，1636 年抵澳，1638 年离澳
苏纳 Bernard Diestel	德国	耶稣会会士，1658 年抵澳，1659 年进京
方济各・沙勿略 Franz Xavier	德国	耶稣会会士，1663 年抵澳，1666 年在澳门去世
金玉敬 Joachim Calmes	德国	耶稣会会士，1684 年来澳，同年进广州
纪理安 Killian Stumpf	德国	耶稣会会士，1694 年抵澳，1695 年进京

① 丹麦人资料参见：［美］马士著，区宗华等译：《东印度公司对华贸易编年史：1635—1834 年》第 1、2 卷，第 374 页；第 4、5 卷，第 296 页，广州：中山大学出版社，1991 年；刘芳辑：《葡萄牙东波塔档案馆藏清代澳门中文档案汇编》下册，澳门：澳门基金会，1999 年；Lindsay and May Ride, *An East India Company Cemetery: Protestant Burials in Macao*, Hong Kong: Hong Kong University Press, 1998.

② 德国人的资料除了注明出处者其他参见：［法］荣振华著，耿昇译：《在华耶稣会会士列传及书目补编》，北京：中华书局，1995 年；［法］费赖之著，冯承钧译：《在华耶稣会会士列传及书目》，北京：中华书局，1995 年。

（续上表）

姓名	国籍	说明
庞嘉宾 Kaspar Castner	德国	耶稣会会士，1697 年抵澳，不久离开澳门到越南，1707 年再次抵澳
穆天尺 Jean Müllener	德国	遣使会会士，1699 年抵澳，不久进入内地，1708 年被驱逐至澳门，不久离澳去巴达维亚，1710 年再次返澳①
阳秉义（杨广文）Franz Thilisch	德国	耶稣会会士，1710 年抵达澳门，1711 年进京
戴进贤 Ignace Kogler	德国	耶稣会会士，1716 年来澳，1717 年进京
席宾（席伯尔）Philippe Sibim	德国	耶稣会会士，1716 年来澳，1732 年任澳门耶稣会住院院长，1759 年在澳门逝世
魏继晋 Florian Bahr	德国	耶稣会会士，1738 年来澳，1739 年进京
鲍友管 Antoine Gogeisl	德国	耶稣会会士，1738 年来澳，1739 年进京
李世辅 Urbanus Schamberger	德国	方济各会会士，1740 年来澳，后入内地，1747 年被驱逐至澳门②
约翰·霍佩 Johann Hoppe	德国	耶稣会会士、数学家，1740—1750 年在澳门，1751 年从澳门前往东京
西蒙·霍佩 Simão Hoppe	德国	耶稣会会士、数学家，1740—1750 年在澳门，1751 年从澳门前往东京
约瑟夫·凯泽尔 Josef Kayser	德国	耶稣会会士、数学家，1740—1750 年在澳门
茨威格尔 Sebastian Zwerger	德国	耶稣会会士，1746 年抵澳，1753 年前往暹罗
穆方济 Francois Moser	德国	耶稣会会士，1748 年抵达澳门，1751 年进入中国内地
若瑟·克瑟 José Keyser	德国	耶稣会会士，1751 年从澳门前往东京
雅克·格拉夫 Jacque Tiago Graff	德国	耶稣会会士，1740 年抵澳，1760 年再次抵澳，1762 年在澳被捕返欧

① ［法］樊国阴著，吴宗文译：《遣使会在华传教史》，台北：华明书局，1977 年，第 93 页；［法］方立中著，耿昇译：《1697—1935 年在华遣使会士列传》，桂林：广西师范大学出版社，2010 年，第 549 页。

② 中国第一历史档案馆等编：《明清时期澳门问题档案文献汇编》第 1 册，《两江总督鄂容安奏复准北等地雨水收成并遵将西洋人李世辅释解澳门安插其案内蒋相臣等发回原籍折》，北京：人民出版社，1999 年，第 287 ~ 288 页；吴旻、韩琦编校：《欧洲所藏雍正乾隆朝天主教文献汇编》65，《山西巡抚准泰咨复江西鄱阳县拿获曾在山西传教之西洋人李世辅》，上海：上海人民出版社，2008 年，第 187 ~ 197 页。

（续上表）

姓名	国籍	说明
柯约翰 Johann Koffler	德国	耶稣会会士、医生，1740 年抵澳，1742 年去越南，1755 年再次来澳，1762 年在澳门被捕返欧
本杰明·华林斯莱 Benjamin Walmsley	德国	商人、普鲁士船“诺特卡号”船长，1791 年来澳门、广州进行皮毛贸易①
威廉·斯特瓦特 William Stewart	德国	商人、“伯恩斯托尔夫号”船指挥，1802 年来澳门、广州贸易②
啤啼	德国	商人，1809 年住澳门③
郭实猎 Charles Gutzlaff	德国	医生、荷兰新教传教会牧师，1831 年 6 月搭乘“顺利号”商船开启第 1 次中国沿海航行，12 月 13 日偕第二任夫人玛丽·温斯特（Mary Winster）抵达澳门；1832 年 2 月 27 日搭乘“阿美士德号”，林赛为这次航行的指挥官，郭实猎为该船的翻译和医生，从澳门出发开始了第 2 次中国沿海航行，9 月 5 日回到澳门；1832 年 10 月 22 日，英商威廉·渣甸邀请他乘坐飞剪船“气仙号”，从澳门出发开始他第三次中国沿海之行，于 1833 年 4 月 29 日返抵澳门；1837 年后又与夫人在澳门居住，7 月乘坐“马礼逊号”从澳门出发航行日本，途中遇风暴，8 月 29 日又返回澳门，1842 年移往香港④

① ［美］马士著，区宗华等译：《东印度公司对华贸易编年史：1635—1834 年》第 1、2 卷，广州：中山大学出版社，1991 年，第 502 页。

② ［美］马士著，区宗华等译：《东印度公司对华贸易编年史：1635—1834 年》第 1、2 卷，广州：中山大学出版社，1991 年，第 696 页。

③ 中国第一历史档案馆等编：《明清时期澳门问题档案文献汇编》第 1 册，《两广总督百龄奏覆查明上年英兵入澳系图占地并参吴熊光等办理不当各节折》，北京：人民出版社，1999 年，第 731 页。

④ Charles Gutzlaff, *Journal of Three Voyages along the Coast of China in 1831, 1832, & 1833*, London: Fredrick Westley and A. H. Davis, 1834; Mary Raleigh Anderson, *A Cycle in the Celestial Kingdom of Protestant Mission Schools for Girls in South China*, The Press of Heiter-Starke Printing Co. 1943, p. 61.

(续上表)

姓名	国籍	说明
艾德蒙德·穆勒 Edmund Moller	德国	商人，来自汉堡，1834 年底前来广州、澳门贸易，1836 年在澳门担任《广州周报》编辑，1839 年担任主编①，1844 年还在澳门居住
查尔斯·索尔 Charles Sauer	德国	商人，1844 年在澳门居住
瓦尔瑟·谢夫 Walther Schaeffer	德国	商人，1857 年前来澳门疗养，1857 年在澳门感染肺结核去世
克尔罗威兹 R. Carlowitz	德国	商人、普鲁士与萨克森驻广州领事，1858 年 3 月 9 日成为购置新的基督教坟场委员会的成员②
叶纳清 Ferdinand Genahr	德国	礼贤会牧师，1859 年来澳
高怀义 Rudolph Krone	德国	礼贤会牧师，1859 年来澳③
额必勒 Heinrich Ebell	德国	商人，1865—1869 年担任美国驻澳门副领事，代理领事，与 N. G. Peter 在南湾开设 Peter, Ebell & Co.，美国驻澳门领事馆即设此，1871 年德国统一后，又成为德国驻澳门副领事，1874 年成为荷兰驻澳门领事④
阿理文 Ernest Ohlmer	德国	1894 年任拱北关税务司⑤
瞿安德 Andreas Wolfgang Koffler	奥地利	耶稣会会士，1645 年来澳，同年抵达广州⑥
恩理格 Christian Herdtricht	奥地利	耶稣会会士，1659 年抵澳，次年进入中国内地
费隐 Xavier-Ehrenbert Fridelli	奥地利	耶稣会会士，1705 年抵澳，同年去江南

---

① Manuel Teixeira, *A Imprensa Periódica Portuguesa no Extremo Oriente*, Macau: Instituto Cultural de Macau, 1999, pp. 24 - 25.

② *The Friend of China*, April 28st, 1858, Vol. 17, No. 34, p. 135.

③ 王庆成编著：《稀见清世史料并考释》，王元深：《圣教东来考》，武汉：武汉出版社，1998 年，第 185 ~ 186 页。

④ *The China Directory*, for 1867, pp. 3D, 4D; for 1873, p. 5B.

⑤ 中华人民共和国拱北海关编：《拱北海关志》，《大事记（1887—1990）》，1998 年，第 265 页。

⑥ 奥地利人的资料除已注明出处外其他参见：[法] 荣振华著，耿昇译：《在华耶稣会会士列传及书目补编》，北京：中华书局，1995 年；[法] 费赖之著，冯承钧译：《在华耶稣会会士列传及书目》，北京：中华书局，1995 年。

（续上表）

姓名	国籍	说明
梅若翰（麦思理）Jean-Baptist Messari	奥地利	耶稣会会士，1707 年抵澳，1711 年到广东，1714 年第二次到澳门
金亮（米来逊）Balthazar Miller	奥地利	耶稣会会士，1718 年来澳，1719 年到广东
查林格 Joseph Zallinger	奥地利	耶稣会会士，1736 年抵澳，同年进京
刘松龄 Augustin de Hallerstein	奥地利	耶稣会会士，1738 年来澳，1739 年进京
南怀仁 Godefroid-Xavier de Limbeckhoven	奥地利	耶稣会会士，1738 年来澳，1739 年到湖广，1749 年第二次来澳，1755 年第三次来澳
约瑟夫·诺伊格鲍尔 Josef Neügebauer	奥地利	耶稣会会士、画家、音乐家、天文学家，1739 年抵澳，后去越南，1750 年再次到澳门，后又去暹罗
西蒙·冈布 Simon Gumb	奥地利	耶稣会会士，1751 年抵澳，不久去越南
白乃心 Jean Grueber	奥地利	耶稣会会士，1758 年抵澳，1759 年进京
穆类思（杨进德）Aloys Moritz	奥地利	耶稣会会士，1773 年来澳，同年进广州，不久回国
常秉纲 Michael Baldermann	奥地利	耶稣会会士、数学家，1773 年来澳，同年进广州，不久回国
冯·舍尔策 Karl Ritter Von Scherzer	奥地利	考察家、经济问题专家和自然科学家，1858 年乘奥地利“诺瓦拉号”作环球旅行，于本年抵达澳门①
弗兰斯·费迪南 Franz Ferdinand	奥地利	大公王子，1893 年 7 月 22 日访澳②
刘易斯·斯卡瓦尔兹 Luís Schuarz	奥地利	耶稣会神父，1900 年来圣若瑟学院任教③
埃利·里彭 Élie Ripon	瑞士	荷兰东印度公司雇佣兵，参加了 1622 年荷兰对澳门的进攻，出版有《东印度之航行与冒险》，其中记录了荷兰人进攻澳门之史实④

① ［葡］若热·迪亚士著，军波译：《19 世纪中叶的澳门：奥地利考察家卡尔·李特·冯·舍尔策的报告》，载《文化杂志》（中文版）第 7—8 期，1989 年，第 23 ~ 25 页。

② ［葡］施白蒂著，姚京明译：《澳门编年史：19 世纪》，澳门：澳门基金会，1998 年，第 273 页。

③ Manuel Teixeira, *Macau e a Sua Diocese*, *Vol. Ⅷ*, *Padres da Diocese de Macau*, Macau: Tipografia da Missão do Padroado, 1972, p. 291.

④ ［瑞士］埃利·里彭著，郭颐顿译：《1622 年在中国南海航行》，载《文化杂志》（中文版）第 75 期，2010 年，第 69 ~ 73 页。

（续上表）

姓名	国籍	说明
徐日升 Nicolas Fiva	瑞士	耶稣会会士，1637 年抵澳，1638 年到南京
林济各 François-Louis Stadlin	瑞士	耶稣会会士，1707 年抵澳，同年抵达北京
雪儿满	瑞士（瑞国）	商人，1761 年前在广东陆丰遇难，后飘至澳门，1762 年回国
阿儿木	瑞士（瑞国）	商人，1761 年前在广东陆丰遇难，后飘至澳门，1761 年回国
哈哩	瑞士（瑞国）	商人，1761 年前在广东陆丰遇难，后飘至澳门，1763 年回国
色绿	瑞士（瑞国）	商人，1761 年前在广东陆丰遇难，后飘至澳门，1763 年回国
故颠	瑞士（瑞国）	商务代表，1791 年 11 月来澳住冬，1792 年 8 月请牌上省贸易
士蔑宾	瑞士（瑞国）	瑞士商馆秘书，1791 年 11 月来澳住冬，1792 年 8 月请牌上省贸易
板林	瑞士（瑞国）	商人，1791 年 11 月来澳住冬，1792 年 8 月请牌上省贸易
戈莫尔 Goumore	瑞士	机械师，1796 年前受雇于普鲁士领事托马斯·比尔，1797 年 4 月 16 日自杀
林德利 Lindley	瑞士	机械师，1798 年受雇于普鲁士领事托马斯·比尔
依尔贝里 Ilberry	瑞士	机械师，1802 年受雇于普鲁士领事托马斯·比尔
替嘛吐	瑞士（瑞国）	商人，1809 年在澳居住，同时居澳瑞国人有 4 人
查尔斯·勃维特 Charles Henri Bovet	瑞士	钟表商人，1826 年来澳，与英国籍夫人玛尔格莱特·勃维特在澳门居住，1838 年还在广州经商
爱德华·勃维特 Edward Bovet	瑞士	钟表商人，1826 年来澳
特奥多雷·若瑟 Théodore José	瑞士	1841 年教廷传信部驻澳门账房，同年被任命为香港教区宗座监牧

（续上表）

姓名	国籍	说明
何纳爵 Ignazio de Montes	瑞士	耶稣会会士，1843 年来澳，在澳门工作 8 年①
祁维材 Wenceslas Pantaléon Kirwitzer	波西米亚	耶稣会会士，1619 年抵澳，1626 年在澳病逝
石可圣 Léopold Liebstein	波西米亚	耶稣会会士，1707 年抵澳，同年进京
严嘉乐 Charles Slaviczek	波西米亚	耶稣会会士，1716 年来澳，同年抵达广州
希佩尔 Georgius Scipel	波西米亚	画家，1720 年随嘉乐使团抵达澳门，后进北京②
鲁仲贤 Jean Walter	波西米亚	耶稣会会士，1740 年来澳，1742 年进京
艾启蒙 Ignace Sichelbarth	波西米亚	耶稣会会士，1744 年抵澳，1745 年进京
王若翰 J. -B. W. de St-André	波西米亚	耶稣会会士，1744 年来澳③
拜纽夫斯基 Mauritius Augustus Benyowsky	匈牙利	贵族伯爵、冒险家，1771 年 9 月 22 日驾驶巡航舰“圣彼得·圣保尔号”逃难至澳门，澳门议事会曾在大三巴教堂接待了这位逃难者，1772 年 1 月 3 日随法国船离澳
温德布拉特 Wyndbladth	匈牙利	少校，拜纽夫斯基伯爵的伙伴，1771 年 9 月 22 日与伯爵一起逃难至澳门，1772 年 1 月离澳④

① 瑞士人资料除注明出处外其余参见：［法］荣振华著，耿昇译：《在华耶稣会会士列传及书目补编》，北京：中华书局，1995 年，第 231 ~ 232、441、648 ~ 649 页；中国第一历史档案馆等编：《明清时期澳门问题档案文献汇编》第 1 册，《两广总督苏昌题报乾隆二十六年分发遣难番归国日期本》，第 365 页；《两广总督百龄奏覆查明上年英兵入澳系图占地并参吴熊光等办理不当各节折》，北京：人民出版社，1999 年，第 731 页；刘芳辑：《葡萄牙东波塔档案馆藏清代澳门中文档案汇编》下册，《澳门同知韦协中为给发瑞典商人故颠等上省贸易牌照事行理事官牌》，澳门：澳门基金会，1999 年，第 707 页；［美］马士著，区宗华等译：《东印度公司对华贸易编年史：1635—1834 年》第 1、2 卷，广州：中山大学出版社，1991 年，第 601、625、696 页。

② 罗光：《教廷与中国使节史》下册，台北：传记文学出版社，1983 年，第 145 ~ 146 页；［捷］严嘉乐著，丛林等译：《中国来信（1716—1735）》，郑州：大象出版社，2002 年，第 45 页。

③ 波西米亚人资料除注明出处外其他参见：［法］荣振华著，耿昇译：《在华耶稣会会士列传及书目补编》，北京：中华书局，1995 年；［法］费赖之著，冯承钧译：《在华耶稣会会士列传及书目》，北京：中华书局，1995 年。

④ 拜纽夫斯基和温德布拉特资料参见［葡］冼丽莎著，李丽青译：《18 世纪末匈牙利冒险家在澳门》，载《文化杂志》（中文版）第 34 期，1998 年，第 121 ~ 131 页。

（续上表）

姓名	国籍	说明
卡尔・密里茨 Carl Milisch	匈牙利	1867 年驻澳门副领事，1877 年又出任荷兰驻澳门领事①
法来格 E. Farago	匈牙利	1887 年 2 月—1889 年 5 月担任首任拱北海关税务司②
卜弥格 Michal Boym	波兰	耶稣会会士，1644 年抵达澳门，担任圣保禄学院教师，后去越南、海南，1649 年再次来澳，后又去广西，1651 年第三次来澳，后返回欧洲
穆尼阁 Johannes Nicolas Smogoleski	波兰	耶稣会会士，1645 年来澳，1646 年抵达江南
白若翰 Jean-Baptiste Bakowski	波兰	耶稣会会士，1707 年抵澳，1708 年到广西，1717 年再次来澳，1742 年去杭州
邬若望 Jean Ureman	南斯拉夫	1616 年抵澳，1620 年离澳
伊万诺维奇 António Yvanovich	南斯拉夫	19 世纪初，与土生葡人安婕莉卡（Angélica de Sousa）结婚，后在澳门定居，创立土生葡人伊万诺维奇家族③
卢安德 Andrius Rudomina	立陶宛	耶稣会会士，1626 年抵澳，不久前往福建④

① 广东省地方志编委会办公室编：《清实录广东史料》第 6 册，附录 5《清代各国驻广东领事名表》，广州：广东人民出版社，1995 年，第 641、644 页。

② 中华人民共和国拱北海关编：《拱北海关志》，《大事记（1887—1990）》，1998 年，第 263 ~ 264 页。

③ Jorge Forjaz, *Famílias Macaenses*, Vol. Ⅲ, Macau: Fundação Oriente, Instituto Cultural de Macau, Instituto Português do Oriente, 1996, p. 1079.

④ 波兰人、南斯拉夫人和立陶宛人资料除注明出处外其他参见：［法］荣振华著，耿昇译：《在华耶稣会会士列传及书目补编》，北京：中华书局，1995 年，第 50 ~ 51、80 ~ 81、582 ~ 583、635、688 ~ 689 页。

第二章

澳门的西方政治、法律与军事

雅典城邦民主是古代西方世界政治文明的典范，其本质特征是公民集体政治。城邦的特征是主权在民与直接民主，亦即城邦的主权属于拥有公民权的全体城邦公民。凡是公民都享有充分的民主政治权利，并通过直接参与和管理城邦事务的方式来实现。公民参政的民主机构是公民大会，公民大会是城邦最重要的权力机构，一切重大问题必须由公民大会集体决定。雅典的民主政治思想，通过诸如柏拉图的《理想国》、亚里士多德的《政治学》和《雅典政制》，以及罗马时代波里比乌斯的《通史》、西塞罗的《论共和国》等著述流传下来，对近现代西方民主政治的形成和发展，发挥着重大的影响和作用。

公元1557年，葡萄牙人入居澳门，在之后的近400年间，澳门主权仍在中国政府手里。由于定居在澳门的葡萄牙人越来越多，华人数量也在逐步增加，于是，在澳门的葡萄牙人根据自己的西方经验，开始通过民主选举产生自治组织，行使社区内部事务的管理权力。这个自治组织的理论根据或原初模型带有地中海城市共和国组织形态的基因，由这些葡萄牙商人将之移植到远东，所以澳门很像是一个“商人共和国”。澳门议事会成为具有近代意义的自治机构。与此同时，葡萄牙人代表西方政治文明，在澳门构建了一种独特的殖民管治模式，初步实现了将澳门意识形态上的合法性秩序由礼法模式（道德文明秩序）演变为法治模式（法律文明秩序），这也是19世纪全球文明秩序转换的代表性事件，澳门由此成为明清以来影响中国从古代文明到近代文明转换的前哨。为了保证澳门这一远东殖民地的安全，葡萄牙人不得不向这一块远离故土的飞地派出驻军，西方的军事组织及警察制度亦随之进入澳门。虽然，定居澳门的葡萄牙人较多地保留了他们的本土特色，但在数百年的发展历程中，仍然发生了很大的变化。

明清政府有意无意的放任和葡萄牙政府的远离，为澳门的自由发展提供了相当大的空间，创造出了一种以西方文明为主体而又掺杂了一些东方因素的文明形态。西方的政治、法律、军事及警察制度被移植到了东方，移植到了澳门，但这个制度与葡萄牙在海外的殖民地制度显然很不一样——它是一种非完全意义上的文明杂交，在中国的院落里提供了一个与中国传统文明很不一样的示范，成了天朝的“异化之角”。澳门作为早期全球化的产物，是西方进入现代文明后与东方文明最早相遇的接触点之一，同时又是西方国家从东方世界撤出管治的最后一个地区，因此，澳门拥有其他东方城市难以企及的东西方文明之间正面、直接交流的悠久历史。澳门参与并见证了地理大发现以来以中华文化为代表的东方文明与西方文明中的伊比利亚文化相互接触与交流的全过程。[①] 无论如何，西方经验在澳门得到了充分施展，并通过澳门及其周边地区向中国内地扩散，深刻地影响了中国的历史进程和现代中国的起源，中国人则从西方人在澳门的行政管理经验、地方自治经验、法治传统乃至人的自由、权利、尊严等方面获得了有益启示。

第一节 澳门的西方城市制度——议事会和仁慈堂

16、17 世纪葡萄牙人在亚洲的存在，并非建立在伊比利亚人大规模移民的基础上，这使得它在某种程度上区别于其在巴西的存在。建立渊源于欧洲城邦制的殖民城市是葡萄牙人的通常做法，考察这些殖民城市的建置、机构、制度等要素，不难发现其具有同源性和一致性。在地理大发现时代，葡萄牙先后在非洲、印度、东南亚、日本、中国等地建立殖民城市莫桑比克、果阿、马六甲、长崎、澳门等，这些城市既是他们在远东的军事要塞和商站，也是天主教的传教基地。葡萄牙人对这些地方的管治制度，虽然各有不同，但都具有脱胎于母国城市制度的一般特征。主要表现为两种机构的建立：一是议事会，二是仁慈堂。前者是市政机构，后者是社会服务的慈善机构。它们既是葡萄牙本国城市，也是海外殖民地城市和社会生活的支柱。上述的殖民城市，以及后来的桑给巴尔、霍尔木兹、科钦等地，基本上都有这两种机构。[②] 葡萄牙阿连特茹地区曾有一句谚语："那人不在议事会里，便在仁慈堂里。"[③] 在葡萄牙漫长的海外扩张史中，议事会和仁慈堂为征服地的人们提供了一种代议制政府的治理模式和生活上的庇护所，从而成功地把渊源于欧洲的城市制度移植到了异国的政治文化环境中。在澳门，议事会和仁慈堂之间有着密切而持续的关系，不仅仁慈堂的大部分经费由议事会

---

① 娄胜华、潘冠瑾、赵琳琳：《自治与他治：澳门的行政、司法与社团（1553—1999）》，北京：社会科学文献出版社，2013 年，第 418 页。

② 顾卫民：《"以天主和利益的名义"：早期葡萄牙海洋扩张的历史（1415—1700）》，北京：社会科学文献出版社，2013 年，第 77 页。

③ Harold V. Livemore, *A New History of Portugal*, Cambridge, 1976, p. 117.

提供，而且议事会的议员和仁慈堂的执理互相轮换岗位，[①] 往往议事会的议员退下来以后就充当仁慈堂的执理，表现了这两个机构相辅相成的依赖关系。

一、澳门城市制度的核心：议事会

葡萄牙市政制度形成于16世纪初，直到19世纪才向现代城市制度转变。据1504年制定的规章，葡萄牙议事会的领导核心一般由1～2名或不超过6名市政议员组成，另有两位法官，都是通过选举产生。[②] 葡萄牙本国及殖民地议事会大体上可以分为两种形式，一种被称为里斯本和波尔图式，如果阿议事会就属于里斯本和波尔图式，该议事会由10名市政议员组成，任期3年，其中包括3名贵族（其中1名必须是上层贵族）、4名行会代表（其中显然包括手工艺者，代表劳动阶层）[③]；另一种则为埃武拉式，选举4名市政议员（其中1名为理事官）组成议事会，还有2名法官和1名书记官，上述人等都是令人尊敬的白人市民，而无劳动阶层[④]，马六甲、澳门都属于这一类。议事会负责城市公共土地的分配和出租，征收市政税收，确定商品价格，发放建筑执照，维护公共设施，负责城市治安、公共卫生等。[⑤] 在远东殖民地，葡人以议事会为中心来抗衡葡属印度官方机构及其政策，但在必需时，葡印官方也会转而支持议事会。因为议事会有自己的财源（主要来自税收和罚款）。[⑥]

（一）澳门议事会的雏形：驻地首领委员会

1557年葡萄牙人因驱除海盗而获得“侨寓濠镜”的特权[⑦]，当年，聚居在浪白滘的400名葡萄牙已婚者正式进入澳门定居[⑧]，不数年，“举国而来，负老携幼，更相接

---

① C. R. Boxer, *Portuguese Society in the Tropics: The Municipal Councils of Goa, Macau, Bahia and Luanda, 1500 - 1800*, Madison: University of Wisconsin Press, 1965, pp. 53 - 54. 博克塞举出了1789年，曼努埃尔·佩雷拉（Manuel Pereira）既是仁慈堂主席，又担任议事会的市议员和普通法官这一例证。

② Bailey W. Diffie and George D. Wmius, *Foundation of Portuguese Empire (1415 - 1580)*, Minnesota: University of Minnesota, 1977, pp. 329 - 331.

③ ［印度］桑贾伊·苏布拉马尼亚姆著，何吉贤译：《葡萄牙帝国在亚洲（1500—1700）：政治和经济史》，澳门：纪念葡萄牙发现事业澳门地区委员会，1997年，第234页。

④ 顾卫民：《“以天主和利益的名义”：早期葡萄牙海洋扩张的历史（1415—1700）》，北京：社会科学文献出版社，2013年，第78～81页。

⑤ C. R. Boxer, *The Portuguese Seaborne Empire (1415 - 1825)*, Middlesex, Penguin, 1973, pp. 80 - 90.

⑥ ［印度］桑贾伊·苏布拉马尼亚姆著，何吉贤译：《葡萄牙帝国在亚洲（1500—1700）：政治和经济史》，澳门：纪念葡萄牙发现事业澳门地区委员会，1997年，第234页。

⑦ （明）韩霖：《守圉全书》卷3之1，《唛嚟哆〈报效始末疏〉》，台湾“中央研究院”傅斯年图书馆藏明崇祯刻本（残本），第87页。

⑧ BAJA, Cód. 49 - IV, fl. 276v.

踵，今筑室又不知其几许，而夷众殆万人矣”①。自澳门开埠后的几年中，就有上万名葡萄牙或葡裔血统的人口来澳门定居，而且这些来澳定居的人口大多是逐利而来的从事海外贸易的商人，因此要将这上万名葡籍人口纳入正常的商业及生活秩序之中，建立一个组织机构对此进行管理是当时形势的急需，而这一组织机构就是被人们称为澳门议事会雏形的驻地首领委员会。

关于澳门驻地首领委员会，早期文献记录十分缺略。有关这一组织机构正式成立及其结构并无当时的第一手材料，当今学者所论者大体都依据第二手资料，且有很多混乱之处，故有理清之必要。龙思泰《早期澳门史》载：

> 1560 年澳门的首批居民在选举地方首领迪奥戈·佩雷拉（Diogo Pereira）时，赋予自己的自由权。1563 年 11 月 24 日的一道王家法令试图加以取消。1587 年，这里的首领还将他获得的职位归因于他的同胞的信任。②

亚历山大·德·莫赖斯（Carlos Alexandre de Morais）在他的著作中提到，1557 年迪奥戈·佩雷拉担任驻地首领，他与 1 位法官和 4 名商人共同治理澳门。③ 徐萨斯《历史上的澳门》将此事记录得更加详细：

> 葡萄牙国王塞巴斯蒂昂指示印度总督雷东多（Count do Redondo）伯爵需重新任命迪奥戈·佩雷拉为特使。而佩雷拉当时被澳门殖民地人选为驻地兵头，他表示宁愿留任兵头的职位。这样，他的一个亲戚吉尔·德·戈伊斯（Gil de Gois）被任命为特使，他于 1562 年同两个耶稣会士一起从果阿出发。在广州，他们未能遵守中国的习俗，地方官员拒绝承认他们，借口说他们打扮得不够华丽，而且没有携带献给天子的贡品。里斯本皇室显然不但对佩雷拉拒绝出任特使之职感到不快，而且对他被非官方选举为兵头也很不高兴。1563 年，一项皇家法令取消了这一职位。尽管如此，佩雷拉担任此职一直到 1587 年。这足以说明当时作为殖民地的主要创始人之一，（佩雷拉）享有多高的威望和信任。殖民地政府由定期从日本往来途中停泊澳门的舰队司令领导，平时由兵头、法官以及 4 名社区提名的主要商人组成的委员会领导。④

很显然，龙思泰记录的首次选举澳门地方首领的时间为 1560 年及莫赖斯提到的 1557 年

① （明）庞尚鹏：《百可亭摘稿》卷 1，《陈末议以保海隅万世治安疏》，四库全书存目丛书集部第 129 册影印明万历二十七年庞英山刻本，济南：齐鲁书社，1997 年，第 130 ~ 131 页。

② ［瑞典］龙思泰著，吴义雄等译：《早期澳门史》，北京：东方出版社，1997 年，第 68 页。

③ Carlos Alexandre de Morais, *Cronologia Geral da Índia Portuguesa*, Macau: Instituto Cultural de Macau, 1993, p. 82.

④ ［葡］徐萨斯著，黄鸿钊等译：《历史上的澳门》，澳门：澳门基金会，2000 年，第 23 ~ 24 页。

图 2-1 《澳门记略》中的议事亭图

图 2-2 英国画家拉特雷（Alexandre Rattray）1857 年绘澳门议事公局大楼[①]

都是错误的，因为各种文献都记录迪奥戈·佩雷拉是 1562 年才抵达澳门的[②]，所以他不可能在 1560 年就被选为地方首领，徐萨斯的记录已经订正了这一点。支撑徐萨斯这一观点的还有 1562 年 12 月 29 日写于澳门的乔万尼·巴蒂斯塔·德尔·蒙特神父的信，该信称："迪奥戈·佩雷拉以澳门葡萄牙人总指挥（澳门驻地首领）的身份去了澳门，并带有总督给中国皇帝的一封遣使信。"[③] 还有塞巴斯蒂昂·龚萨尔维斯神父的著作《耶稣会教士历史第一部分》亦称："按照总督的安排，迪奥戈·佩雷拉究竟是出使中

① Fernando António Baptista Pereira, *Os Fundamentos da Amizade Cinco Séculos de Relações Culturais e Artísticas Luso-Chinesas*, Lisboa: Centro Científico e Cultural de Macau, 1999, p. 95.

② ［葡］罗理路著，陈用仪译：《澳门寻根》，澳门：澳门海事博物馆，1997 年，第 25 页引阿儒达图书馆，49-Ⅳ-50，第 601 张背面《乔万尼·巴蒂斯塔·德尔·蒙特神父的信》（澳门，1562 年 12 月 29 日）称迪奥戈·佩雷拉 1562 年 4 月离开印度，于 8 月底抵达澳门；Manuel Teixeira, *Macau no Séc. XVI*, Macau: Serviços de Educação e Cultura, 1981, P. 43.

③ ［葡］罗理路著，陈用仪译：《澳门寻根》，澳门：澳门海事博物馆，1997 年，第 25 页。

国，还是仅限于接受赴日商旅特许恩典，他可以晚一些才决定取舍，而在当时，这项恩典是连同‘位于 Amacau 港的天主圣名之城指挥官’的职位一道授予他的。”①这两条原始的葡文档案可以确证 1562 年迪奥戈·佩雷拉确实担任了澳门驻地首领一职。然而，徐萨斯更详细地说明了这个领导澳门政府的委员会机构：兵头、法官以及 4 名社区提名的主要商人。文德泉也认为，驻地首领的选举是在 1562 年，但他提到的委员会与徐萨斯不同：

> 澳门早期从未有过地方兵头被委任。最初这个拥有 900 葡萄牙人的商站殖民地需要一个首领，那就是迪奥戈·佩雷拉，一个富有的商人。他被居民选为驻地首领，并有两位有影响力的杰出居民协助管治。这样，形成了 3 人执政委员会。②

徐萨斯提出的是一个由 6 个人组成的领导委员会，而文德泉提出来的是一个由 3 个人组成的执政委员会。由于早期文献档案的缺略，关于这一组织结构很难找到准确的第一手材料予以印证，但前引莫赖斯的著作“他与 1 位法官和 4 名商人共同治理澳门”，可以证明莫赖斯与徐萨斯有同一史源的记录，只不过莫赖斯将迪奥戈·佩雷拉担任驻地首领的时间记错了。又据 1565 年写于澳门的若昂·德·埃斯科巴尔《评述》称，在处理路易斯·德·梅洛和若奥·佩雷拉中日贸易船队总指挥权力之争时，当时的代表当地政府行使裁判权者即为“总指挥和判事官”。③ 此处总指挥即驻地首领迪奥戈·佩雷拉，判事官即法官。这就说明当时澳门已经有自己选举的法官，与徐萨斯所载相合。又据当时的西班牙文档案记录，1582 年 5 月底，桑切斯在澳门举行了一场宴会，当时赴宴的有 4 名选举产生的代表（quatro electos）。④ 1582 年澳门议事会尚未成立，那么澳门选举 4 名代表只可能是驻地委员会，而 4 名代表则与徐萨斯提出的 6 人领导委员会中的“4 名社区提名的主要商人”相符，这两条档案材料都印证了徐萨斯记录的正确。而这个被后人称为委员会的组织，就是议事会的雏形。

由于当时的澳门尚仅是葡萄牙人对日贸易的一个商站，故这一委员会主要成员为商人。但这次选举，并未获得葡萄牙国王的承认。澳门从建立居民点开始起，即具有“自治”的意味。在葡萄牙人谦卑的态度和丰厚的礼物面前，中国下层的地方官员对澳门不断增长的人口、政府的设置、传教士的大量涌入以及他们将异教徒授洗入教的努

---

① ［葡］罗理路著，陈用仪译：《澳门寻根》，澳门：澳门海事博物馆，1997 年，第 25 页及第 42 页注释 81 引塞巴斯蒂昂·龚萨尔维斯神父著《耶稣会教士历史第一部分》第 9 册，第 24 章，第 3 卷，第 141 页。

② Manuel Teixeira, *Primórdios de Macau*, Macau: Instituto Cultural de Macau, 1990, p. 12.

③ ［葡］罗理路著，陈用仪译：《澳门寻根》，附录文献 9《若昂·德·埃斯科巴尔〈评述〉》（1565 年），澳门：澳门海事博物馆，1997 年，第 108 页。

④ Francisco Colín, *Labor Evangélica de la Compañía de Jesús en las Islas Filipinas por el P. Francisco Colín de la misma Compañía*, Vol. 1, Barcelona, 1904, p. 290.

力，均视而不见；高级地方官员则很少注意澳门正在发生的事情。达 25 年之久。① 根据上述龙思泰和徐萨斯的记载，到 1563 年时，葡印总督已经下令取消了澳门驻地首领这一职位。但当时由于首任澳门驻地首领迪奥戈·佩雷拉深得澳门居民的拥护，故这一职位并未被撤销，一直保存到 1587 年。② 这一说法明显有误，1583 年澳门议事会已经成立，所以到 1587 年不可能还保留驻地首领一职，这是其一。其二，据当时的葡文档案记录，在 1563 年 8 月中由于刘易斯·梅洛（Luís de Melo）和唐·若奥·佩雷拉（D. João Pereira）两位葡萄牙赴日贸易巡航首领，持特许状分别从印度和马六甲抵达澳门，这两位船长的到来与当时担任澳门驻地首领的迪奥戈·佩雷拉产生了权力的争执。刘易斯·梅洛和若奥·佩雷拉均是以战时勇猛残忍著称的葡萄牙东方军事精英，他们又联手对迪奥戈·佩雷拉和澳门市民团体采取敌对行动，要求迪奥戈立即交出澳门驻地首领的权力，最后迪奥戈做出让步，放弃了澳门驻地首领之职，并由唐·若奥·佩雷拉出任澳门地方兵头。实际上，这个由迪奥戈·佩雷拉领导的驻地首领 6 人委员会存在的时间不足两年，到 1564 年时，这个委员会的领导人已经由若奥·佩雷拉接任。③ 所以，到 1564 年时，迪奥戈·佩雷拉就已经交出了澳门驻地首领的职位，而由若奥·佩雷拉接任。故知，龙思泰和徐斯萨称迪奥戈·佩雷拉担任驻地首领职位一直到 1587 年，这应是记述的失误。关于澳门历史上有明确记录的澳门驻地首领及其领导的委员会实际上只有两次，一次在 1562 年迪奥戈·佩雷拉领导的驻地首领委员会，一次在 1564 年若奥·佩雷拉领导的驻地首领委员会。

然而，值得注意的是，当任的驻地首领本身又兼为中日贸易巡航首领，当他率领自己的船队离开澳门去日本时，澳门社会就会陷于无固定政府首领的政治生态中。

（二）澳门议事会创建的时间及创建者

葡萄牙王室任命中日贸易巡航首领在驻停澳门的这段时间对澳门进行管理，这一制度给开埠初期的澳门造成了很大的混乱。据 1587 年葡萄牙国王颁敕给澳门城的特权书称："由朕任命的每年的日航加必丹末带来了法律缺陷和日益增长的混乱，因为他们为尽快完成航行，在中国逗留很短，而且在无首领的情况下，在此次选举（指 1583 年的议事会选举）前，无人执法管理。鉴于这是一个边界城市，大家各行其是。因无首领，即便加必丹末也得不到应有的尊重，人人袖手旁观。"④

---

① ［瑞典］龙思泰著，吴义雄等译：《早期澳门史》，北京：东方出版社，1997 年，第 95 页。

② ［瑞典］龙思泰著，吴义雄等译：《早期澳门史》，北京：东方出版社，1997 年，第 68 页；［葡］徐萨斯著，黄鸿钊等译：《历史上的澳门》，澳门：澳门基金会，2000 年，第 23 页。

③ ［葡］罗理路著，陈用仪译：《澳门寻根》，附录文献 9《若昂·德·埃斯科巴尔〈评述〉》（1565 年），澳门：澳门海事博物馆，1997 年，第 108 ~ 109 页；［葡］阿尔维斯著，夏莹译：《澳门开埠后葡中外交关系的最初十年》，载《文化杂志》（中文版）第 19 期，1994 年，第 70 ~ 74 页。

④ *Arquivos de Macau*, 4ª Série, Vol. Ⅷ, Tomo Ⅰ, Macau, 1989, pp. 36 – 37.

1580年，葡萄牙出现王位继承危机。1578年，西班牙国王菲利普二世（Filipe Ⅱ）的表弟、葡萄牙王塞巴斯蒂昂发动对北非穆斯林的圣战，但不幸战败被俘后遭到处决（葡国的说法是失踪）。已成为红衣主教的王叔祖殷利基（Cardial D. Henrique）还俗继承王位，但遭教宗格列高利十三世拒绝，最后于1580年无嗣而亡，由另一位侄子安东尼奥暂继王位。但安东尼奥继承王位并不获教宗承认，教宗反而倾向由殷利基的外甥、在血缘关系上对葡萄牙王位有最优先权利的西班牙王菲利普继承葡萄牙王位。同年11月，菲利普派艾尔巴公爵（Duque de Elba）带领军队开进葡萄牙，很快就攻陷了里斯本，安东尼奥被迫流亡巴黎和葡萄牙若干个外岛。1581年，葡萄牙枢议会迫于军事和教宗的压力，在托马尔（Tomar）召开会议，承认菲利普有条件地继承葡萄牙王位，成为葡萄牙王菲利普一世（Filipe I）。① 根据西葡合并的规定，葡萄牙人对澳门的管理依旧，仍然悬挂葡萄牙国旗，原有贸易照常进行。1582年5月底，西班牙传教士阿隆索·桑切斯（Alonso Sanchez）与意大利传教士罗明坚（Michele Ruggieri）一起，在澳门宣布了西班牙和葡萄牙两国合并的消息。② 西葡合并对澳门葡萄牙人来说，最大的隐忧即西班牙势力可能会迅速进入澳门，因此也可以说西葡合并激发了澳门葡萄牙人加紧建立自己的自治政权的欲望和决心，澳门议事会的建立就应是在这一历史背景下完成的。故文德泉神父称："议事会是在1582年12月18日澳门城向菲利普二世宣布效忠之后不久创建的。"③ 葡萄牙学者奥利维拉更称："澳门商人最希望的是设法摆脱当时驻在菲律宾的西班牙统治者和商人的竞争。为此，他们成立了一个自治政府——议事会，使澳门与其他葡萄牙城市变得一样。"④

关于澳门议事会建立的时间，各种文献记载歧义甚大，而且在16世纪的葡萄牙文原始档案中找不到较为详细的第一手资料来予以证明。1623年担任澳门议事会书记官的迪奥戈·雷戈在《澳门的建立与强大记事》一文中称：

> 确实，印度总督、圣克鲁斯伯爵唐·弗朗西斯科·马什卡雷尼亚什于1584年命令该地进行第一次法官和市政议员选举；第二年，即1585年，唐·杜阿尔特·德·梅内泽斯总督把该地提升为市，称为上帝圣名之城。⑤

这是澳门议事会成立于1584年说。在马葵士（J. F. Marques Pereira）编纂的《大西洋

---

① ［美］查·爱·诺埃尔著，南京师范学院教育系翻译组译：《葡萄牙史》，北京：商务印书馆，1979年，第180～182、229～230页。

② ［葡］普加：《桑切斯澳门及中国沿海之行（1582—1584）》，载吴志良、金国平、汤开建主编：《澳门史新编》第1册，澳门：澳门基金会，2008年，第31～44页。

③ Manuel Teixeira, *O Leal Senado*, Macau: Leal Senado de Macau, 1978, p. 4.

④ ［葡］费尔南多·科雷亚·德·奥利维拉著，杨立民、王燕平译：《葡中接触五百年》，澳门：纪念葡萄牙发现事业澳门地区委员会、东方基金会，1999年，第47页。

⑤ ［葡］雷戈著，范维信译：《澳门的建立与强大记事》，载澳门《文化杂志》编：《16和17世纪伊比利亚文学视野里的中国景观》，郑州：大象出版社，2003年，第194页。

国：远东葡萄牙档案和期刊合辑》第1系列的《白鸽巢》一文的一个注释中公布了一份档案，即为《1592年1月基尔·马塔请求国王陛下赐予澳门城权力及组建政府》，其中提到：

> 1585年，鉴于澳门市民人数大大增加，但却没有议事会和政府，听取主教和兵头的意见，组建政府。作为葡萄牙王国和印度政府的市民，根据法令选举法官、议员、理事官和议事会书记官，并命名为上帝圣名之城。①

这份档案是由马葵士摘抄而引入书中的，并非公布的原件。按照这份档案可以非常清楚地看到，澳门议事会建立的时间应该是1585年。然而，文德泉神父对这份档案予以否认，并指出这份档案存在的几处错误：第一，作者基尔·马塔不是带有贵族头衔的D. Gil da Mata，而是耶稣会的神父Gil da Mata。1586年基尔·马塔神父抵达日本。1592年10月，他作为传教团代表出使罗马，利用他前往欧洲的机会，澳门市民委托他将一些文件呈交西班牙兼葡萄牙国王菲利普，1582年时澳门已经向菲利普宣誓效忠。马塔神父在埃斯科里亚尔（Escorial）拜见了菲利普，并返回日本。第二，1585年澳门没有主教，当时的澳门教区萨主教（D. Leonardo de Sá）在1584年季风时节去了果阿（1584年10月到1585年2月），直到1588年才返回澳门。1589年他确定在澳门。第三，澳门从来没有兵头，管理这个殖民地的是日本航线的加必丹末，他在贸易商船停留澳门时负责此地的管理。第四，文德泉神父引用德礼贤（Pasquale d' Elia）神父《利玛窦全集》的资料称："1584年2月25日，这一天贸易商船从日本返回澳门，罗明坚神父携带大量钱财从澳门返回肇庆，这些钱财是议事会和其他朋友捐赠的。"② 这份资料明确记录1584年澳门议事会已经出现，因此称1585年才建立议事会与史实不符。鉴于此，文德泉神父对这份档案的真实性表示了怀疑，并否认了这份档案的价值。③

另一份关于澳门议事会创建的时间较为原始的记录来自于龙思泰的《早期澳门史》。龙思泰称议事会：

> 在主教贾尼劳的主持下，享有表决权的澳门居民于1583年集会。我在1821年获知，在一份给国王若奥六世和里斯本议会的呈文中，这一点仍得到坚持。在另一份古老的原稿中，我看到，在葡属印度总督梅内泽斯的许可下，这次集会于1585年4月召开。④

这里龙思泰提到了两份文件，一份文件称选举议事会的集会是在1585年4月召开的，而另一份文件提到的则是1583年在主教贾尼劳的主持下，召开了议事会的集会选举。

---

① J. F. Marques Pereira, *Ta-Ssi-Yang-Kuo*, *Arquivos e Anais Do Extremo-Oriente Português*, Série 1, Vol. 2, Fundação Macau, 1995, p. 526.

② Pasquale d'Elia, *Fonti Ricciane: documenti originali concernenti Matteo Ricci e la storia delle prime relazioni tra l'Europa e la Cina (1579 – 1615)*, Vol. I, Roma, La libreria dello Stato, 1942 – 1949, p. 212.

③ Manuel Teixeira, *O Leal Senado*, Macau: Leal Senado de Macau, 1978, pp. 3 – 4.

④［瑞典］龙思泰著，吴义雄等译：《早期澳门史》，北京：东方出版社，1997年，第60页。

可以推估，龙思泰提到的1585年的文件即上面所引马葵士所看到的档案，这份档案的价值已经为文德泉神父所否定，故1585年说不可取①，而龙思泰提到的召开了议事会集会的1583年即应是议事会成立的时间。潘日明神父征引《市政厅古文献》中1862年澳门市政厅主席弗朗西斯科·德·阿西斯·吉马良士致澳门总督吉马良士（Isidoro Francisco Guimarães）的信称：

1583年4月，澳门议事会作为市政当局首次由澳门市民选举产生。②

明确指出澳门议事会创建的时间为1583年4月。博克塞《热带葡萄牙社会》一书称：

1582年6月澳门居留地宣誓效忠西班牙国王菲利普二世之后不久，居澳葡人召集秘密会议，决定仿照母国和印度的城市制度建立地方政府，并根据章程③选举（普通）法官和市议员，一位城市检察官（Procurator），一位议事会书记官。④

博克塞在另一本书《葡萄牙贵族在远东》中更进一步指明：

这主要源于萨主教1583年和1585年的相关举动（不同年有不同），这位主教召集重要市民组成市议事会，即众所周知的议事会（Senado da Câmara），选举议员、法官、理事官和其他公务人员。⑤

博克塞的记录与潘日明的材料十分吻合，1582年6月澳门市民举行集会，决定要组建议事会这一机构，故到1583年4月澳门议事会正式选举产生。此说亦与龙思泰1583年说吻合，可以判断第一届澳门议事会选举的时间应该是在1583年4月。

澳门议事会的创始人究竟是谁？目前有多种不同的提法。很多澳门史著作都将当时澳门署理主教贾尼劳视为澳门议事会的创始人，如龙思泰的《早期澳门史》称议事会“在主教贾尼劳的主持下，享有表决权的澳门居民于1583年集会”⑥。徐萨斯的《历史上的澳门》称：“1583年，在贾尼劳主教倡议下，殖民地人集会讨论在新形势下采取什么样的政府形式最合适。会议决定，应像旧时葡萄牙由国王特许的几个城市一样，由社区选举出一个市政行政机构。由此经印度总督批准，澳门议事会成立了。”⑦ 施白

① 至今仍有学者主张议事会成立于1585年，参见［葡］阿马罗著，李长森译：《1842年的澳门市政厅选举和当地“长老”》，载《文化杂志》（中文版）第19期，1994年，第102页。

② 《市政厅古文献》第91册，第8～9页，转引自［葡］潘日明著，苏勤译：《殊途同归：澳门的文化交融》，澳门：澳门文化司署，1992年，第95页。

③ 即1504年葡萄牙《王国城市乡镇官员章程》。

④ C. R. Boxer, *Portuguese Society in the Tropics: The Municipal Councils of Goa, Macao, Bahia, and Luanda, 1510 - 1800*, Madison: University of Wisconsin Press, 1965, p. 44. ［葡］潘日明著，苏勤译：《殊途同归：澳门的文化交融》，澳门：澳门文化司署，1992年，第102页翻译博克塞这段文字为“1582年6月果阿批准了第一届的选举，于1586年4月10日成立”，此译文存在诸多错误。

⑤ C. R. Boxer, *Fidalgos in the Far East (1550 - 1770), Fact and Fancy in the History of Macau*, The Hague: Martinus Nijhoff, 1948, pp. 8 - 9.

⑥ ［瑞典］龙思泰著，吴义雄等译：《早期澳门史》，北京：东方出版社，1997年，第60页。

⑦ ［葡］徐萨斯著，黄鸿钊等译：《历史上的澳门》，澳门：澳门基金会，2000年，第27页。

蒂的《澳门编年史：16—18 世纪》亦称："1583 年，由于唐·贝尔希奥·贾尼劳的良好工作，澳门议事会成立。"[①] 这一观点是错误的，文德泉神父首先在《议事会》一书中对这一观点进行了否定，他认为议事会的"创建者不是贾尼劳神父，而是萨主教"，并称："贾尼劳已于 1581 年辞去主教一职，迁往耶稣会住院，1583 年在住院去世。管理澳门教区的是萨主教，他于 1581 年到达澳门，1585 年初离开澳门前往果阿。"[②] 文神父的观点极为正确，笔者表示认同的理由如下：一是 1581 年教宗任命的澳门主教萨主教已经来到澳门，贾尼劳 1580 年提出的辞职已被接受，作为一名无职衔的神父，他怎么可能越权组建议事会？二是贾尼劳神父 1583 年 8 月 19 日去世，去世之前他一直有很严重的哮喘病和结石病，罗明坚 1581 年 11 月 12 日写于澳门的信称："贾尼劳神父退休后在此养老，患气喘病非常严重，相信他不会活得太久。"[③] 在 1583 年 4 月之前，他已经是卧床不起的重病之人，何以有精力组建议事会？三是在葡萄牙的海外殖民地中，当殖民地的权力出现真空时，主教是可以以政治领袖的身份来充当领导者的。既然 1581 年萨主教已经来澳门履新，那么当时的澳门社会只有萨主教有资格以政治领导人的身份来组织这场议事会的选举，而已经卸去署理主教职位的贾尼劳神父就无权来主持这场选举。如果说贾尼劳神父为议事会成立的前期准备工作付出了很多辛劳，这一点却是说得过去的。

（三）澳门议事会的选举制度

直接影响居澳葡人选择管理模式的是 1504 年葡萄牙的《王国城市乡镇官员章程》，根据该章程，"所有居澳葡商或更广义上的人民，均有选举权"[④]。实际上，1562 年，居澳葡人已经对驻地首领委员会进行了选举。在此基础上，1583 年，居澳葡人社区成立了自治机构——议事会，通过选举产生议事会成员。龙思泰的《早期澳门史》较为详细地记录了澳门议事会的选举制度：

> 每一个生于澳门的葡萄牙君主的自由臣民，如果拥有合法的证明，都有权投票选举自治政府的成员。来自葡萄牙领土其他部分的自由臣民，除无法律资格外，可以通过婚姻和定居澳门获得这一权利。一个称为贵族绅士（Homens bons），即曾任议事会成员的阶层，和其他担任隶属并服从于议事会的自治官员的阶层，叫作监察官（Almotaçes），他们作为个人可以被选为议事会成员。每三年召集一次，并在王室大法官指定的日期开会，由王室大法官主持会议。他们集聚举行会议，

① ［葡］施白蒂著，小雨译：《澳门编年史：16—18 世纪》，澳门：澳门基金会，1995 年，第 21 页。

② Manuel Teixeira, *O Leal Senado*, Macau: Leal Senado de Macau, 1978, p. 4.

③ ［意］利玛窦著，罗渔译：《利玛窦书信集》下册，附录 3《罗明坚神父致麦尔古里亚诺神父书》，台北：光启出版社、辅仁大学出版社，1986 年，第 436 页。

④ 吴志良：《生存之道：论澳门政治制度与政治发展》，澳门：澳门成人教育学会，1998 年，第 53 ~ 54 页。

作为最杰出、富有经验、充满热忱、年资久长的公民和选举人，理事官从中选出6位得票最多者，让他们依法宣誓，然后将他们分为3组，每组有两名选举人，相互之间不得有亲属关系。他们留在议事会，每一对与其他两对分开，在3份名单上写下他们认为最有资格担任未来三年自治当局的主要官员，包括司库在内的同胞的名字。最后，每一对提出21名人选，并在名单上签名。由每对选举人提出的3份名单，被呈送给王室大法官。他在合法地确认选举之中并无冲突以后，将3份名单加以比较，从中选出相互间没有亲属关系的人士，进入一份称为“单”的名单，其中包括了未来3年政府人员的候选名单。从“单”中抄出3份名单，在果阿由葡属印度的首脑签署，封好后送回澳门。将其中一份封面上标有第二年年份的名单，于12月31日在大会上拆开，由秘书用清楚而响亮的声音宣读任命书上的名单。新的议事会成员在王室大法官的带领下宣誓，在一年的任期内，忠诚地履行各自的职责。辞去职务者，在3年之内不能再次被选举，除非急需合适人选担任公职，在此情况下，可起用他们，任期一至两年。①

龙思泰的记载颇为隐晦难懂，而徐萨斯则对议事会的选举制度有简明扼要的介绍：

议事会每3年选举1次，每一位葡萄牙居民都有权利投票。在王室大法官的召集下，居民被召集起来投票，选出6位选民。他们必须庄严宣誓，并被分成3组，而且他们之间必须没有任何联系。之后，他们来到议事会，互相隔绝，每组成员都要选出21位市政议员②。之后，王室大法官再将这3组名单合成1份，呈交葡印总督，之后葡印总督再次制作3份不同的名单，密封后寄回澳门。在每一届议事会的3年间，每年的年底会在议事会中将其中的1份名单打开，名单包括2位法官、3位市政议员及1名理事官。③

通过上述资料，我们可以清楚地归纳出澳门议事会选举制度的主要内容：第一，议事会选举的基础是“所有在澳门出生、定居或结婚的葡国公民”，他们享有选举权和被选举权。随着贸易的发展，越来越多来自果阿的逃亡充军者和探险者麇集澳门寻求财富，居澳葡人的来源发生变化，对选民范围也规定了相应的限制，即“选举人和被选举人必须年满25岁并且不得是罪犯；必须是合法婚生而非私生子；不得受异端影响，即不

---

① ［瑞典］龙思泰著，吴义雄等译：《早期澳门史》，北京：东方出版社，1997年，第58～59页。

② 这里的21位令人难解，每年要选的议事会成员共6人，分3组来选，应该是18人，为何是21人？余疑，这里面实际上还加了1名司库，按上引龙思泰的资料，选举议事会成员是包括司库在内的，所以，实际每组选举是7人，故3组就选出了21人。由此亦可看出，刚创立议事会，司库是单独的，并不由理事官兼任。

③ Montalto de Jesus, *Macau Histórico*, Hong Kong: Kelly & Walsh Limited, 1902, p. 46. 本处采用徐萨斯所著图书《历史上的澳门》的英文本，因中译本对这段文字的翻译有一些问题，其中称“果阿总督据此确定3个人选”这句话实际应译为“葡印总督再次制作3份不同的名单”，由于这一误译，导致了很多学者理解上的错误。

能是新教徒"[①]。这些限制并没有改变澳门自治机构议事会的选举基础，而且从另一个角度说明，议事会是脱离封建政制框架的自治机构，其社会基础是在封建关系之外的自由人。第二，议事会选举每3年召集一次，并在王室大法官指定的日期开会，由王室大法官主持会议。第三，选举形式采用秘密的无记名投票形式举行。第四，选举的过程先是选出6名选举团成员，然后将选举团分为3组，每组提出21位适合担任议事会职务的人，然后王室大法官在推选出来的63个适合担任议事会职务的人中配置3组未来3年政府人员的候选名单。第五，将这3份名单呈送给果阿葡印总督，果阿葡印总督据此确认3份名单，密封后送回澳门。第六，其中一份名单在当年年末议事会开会时当众打开。名单中是对议事会成员的任命，包括2名法官、3名市政议员及1名理事官。

值得注意的是，议事会除了一年一度的任命外，还有职位继承的问题，假如一位议员不幸身亡，那么在教堂举行肃穆的安葬仪式后，留下的空缺就得补上。议员们集中在棺材周围，议事会主席宣布死者姓名3次，一名医生正式证明议员已死，接着就打开适宜继承的名单。主席根据名单指定一个继承人，然后将原属于死者的木杖交给继承者。每个市议员都有一条手杖，作为权力的标志。[②]

议事会成立初期，关于议事会选举人员的资格是有严格规定的，就是要纯种的葡萄牙人才有资格担任市政议员。1689年，葡印总督代表王室确认澳门特权时，重申担任市政官员的必须是"葡萄牙本国出生的基督徒"（Christãos Velhos Portuguezes de Nação e geração），否则选举无效。[③] 但是，在300多年的时间里，澳门几乎完全没有欧洲出生的葡萄牙妇女，因此，所有的澳门葡人家庭都带有深深的欧亚混血的烙印。然而，这并不意味着在议事会服务的官员大部分都是本地出生的欧亚混血儿。相反，他们大多数是来自葡萄牙本土或者是在欧洲出生而移民到亚洲的葡萄牙人，他们在果阿议事会中也占据多数席位。如果不折不扣地执行1689年葡萄牙王室关于议事会成员人种血统的规定，那么实际上在澳门出生的人中没有人有资格担任公职。于是在1709年，葡王再次确认澳门特权时，淡化了这种任职条件，指出只要委员们是绅士即可，无须对他们的家族血统进行审查。[④] 在葡属亚洲，所谓"绅士"资格可以非常灵活地界

---

① Manuel Teixeira, *Macau no Séc. XVIII*, Macau: Imprensa Nacional, 1984, p. 15.

② ［葡］徐萨斯著，黄鸿钊等译：《历史上的澳门》，澳门：澳门基金会，2000年，第28页。

③ 1689年4月30日葡印总督命令，见 Murias, *Instrução para o Bispo de Pequim e Outros Documentos para a História de Macau*, Macau: Instituto Cultural de Macau, 1988, pp. 174–175.

④ 1709年12月30日王室确认状，见 Murias, *Instrução para o Bispo de Pequim e Outros Documentos para a História de Macau*, Macau: Instituto Cultural de Macau, 1988, pp. 174–175. 确认状提到："... com declaração porem que os ditos cargos da Cidade de Macao, não possa entrar os que não forem nobres, sem que sejão necessarias as outras qualidades, que no Alvará neste encorporado se declarão, as quaes se devem omitir..."

定，几乎每个人只要有任何教养或教育的借口，都可以被称为绅士，自然不必局限于纯种的欧洲人。此外，澳门在葡萄牙移民人数不足时，议事会不得不认可一些土生葡人在议事会任职。在17世纪末，澳门只有14个人具备严格意义上完全的任职资格。①1746年，议事会抱怨说在澳门只有50位葡萄牙市民，其中能够自给自足者还不足12人。这意味着市议员们不得不经常循环任职，尽管这种程序是非法的；而且具有亲近关系的议员们同在议事会任职，这与《王国城市乡镇官员章程》（*Ordenõeçes do Reino*）的有关规定完全相悖。②

虽然在议事会选举中逐渐放宽了对被选举人的血统的审查，但对当选人的道德要求仍然是重要条件，故早期当选的成员多为澳门葡人中拥有良好声望的“长老（Homans Bons）”③。17世纪后期，澳门经济衰退，澳门称得上“长老”的人越来越少。1698年：

> 澳门有24名长老，其中9人因年迈患病或获罪而无法胜任，只余15人。因此议事会3年一次的选举无法进行，因为必须有20名长老——即9名市政议员、6名法官、3名理事官、1名书记官和1名法官——才可进行。因为是自由选举，选举人必须多于20人少于30人。④

到18世纪：

> 由于澳门许多葡萄牙人“长老”是混血儿，于是1709年12月30日的《王室敕令》要求，议事会官员的尊贵头衔不仅仅属于原来所要求的旧教徒及世代血统纯正的葡萄牙人，而且也可以授予任何受过某种教育及为葡国服务的当地人，特别是为澳门做出重大贡献的人。于是，在原则上任何殷实富有的男人都可取得这一令人垂涎的职位。⑤

如此便导致议事会成员的素质偏低：

---

① José de Jesus Maria, *Asia Sinica e Japónica*, Vol. Ⅱ, Macau: Instituto Cultura de Macau, 1988, p. 128.

② C. R. Boxer, *Portuguese Society in the Tropics: The Municipal Councils of Goa, Macao, Bahia, and Luanda, 1510－1800*, Madison: University of Wisconsin Press, 1965, p. 54.

③ 据若埃·塞隆编著的《葡萄牙历史字典》（波尔图：费格里尼亚书店，1981年），“长老（Homans Bons）”一词，在政治司法领域指一地域相邻人中有声望者，部分有经济地位的庄园主，以及在社会军事术语中所指的“乡绅骑士”，但严格地说，不能将其任何一类相互混淆，一个人拥有的知名度，即被当作“长老”所需要的社会地位，会根据其所在住地的重要程度而发生变化，这样一来，一旦从乡村的小庄园主变成富足的“布尔乔亚”并且进而成为地位显赫者时，便可跻身于“长老”行列。“长老”一般被召往市政厅及守军要塞协助决定行政及经济事宜。“长老”不能由地位低下者担任，即依附于他人者（如佣人、差役、未成年者），以及为组成家庭或无本人住所者。吴志良：《生存之道：论澳门政治制度与政治发展》，澳门：澳门成人教育学会，1998年，第53页则将Homans Bons译为良民或富人，一般论著中又将此词译为“好人”。

④ Manuel Teixeira, *Macau no Séc. XⅧ*, Macau: Imprensa Nacional, 1984, p. 14.

⑤ ［葡］阿马罗著，李长森译：《1842年的澳门市政厅选举和当地“长老”》，载《文化杂志》（中文版）第19期，1994年，第102页。

在18世纪，仁慈堂的供应官就曾是一名被放逐者。而市政委员会的大多数成员在组成上亦属既无文化又未通过推荐的人当选。[①]

根据1742年的一份报告称：

组成澳门议事会的大多数人是在那里避难的被放逐者和其他类似的人，他们在政府管理方面毫无能力，除了拼命追逐财富别无他事。[②]

正因如此，三年一届的议事会选举变成了各种权力角色争夺利益的角力场。从澳门土生葡人、法官一级书记员西尔维拉的日记中可以看出，当时的总督、王室法官、教会代表及其他葡人在1842年的议事会选举中进行了激烈的斗争，军队亦发生哗变，最后不得不召开市民大会。但即使是在参加市民大会的105名代表当中，也有70人没有投票权，而且互相之间有着千丝万缕的亲属关系。[③] 这显示当时选举的自由性和公正性已经受到侵蚀，选举逐渐流于形式，沦为利益争夺的工具。议事会选举的不公、担任公职者的腐败以及他们对清朝官员的恭顺态度，进一步导致澳葡总督、王室法官、教会等权力方的不满，也为议事会在权力争夺过程中的失败埋下了伏笔。

19世纪初，民主选举制度在澳门已趋于普遍，公民意识不断增强。如1822年8月17日议事会在开会时，提交了一份由6位澳门葡人联名对王室大法官眉额带历的抗议书。眉额带历自知受到澳门葡人的普遍敌视，表示愿意辞职。议事会议员向市民们宣布了他辞职的消息，并表示准备进行新一轮的选举。[④] 8月19日，在总督欧布基（José Osório de Castro de Albuquerque）的主持下，主教沙辛（D. Francisco de Nossa Senhora da Luz Chacim）、准将伽玛·阿拉乌茹（Francisco de Gama e Araújo）、波尔图男爵、市政委员俾利喇以及所有拥护澳门公民权的人，都被召集到议事会，投票选举新的议事会，选举结果如下：

普通法官：维森特·贝路（Paulo Vicente Bello）32票、米兰达·利马（Miranda Lima）26票；市政议员：巴波沙（Paulino da Silva Barbosa）89票、伊波利托84票、多明戈斯·戈麦斯（Domingos José Gomes）62票；理事官：弗朗西斯科·施利华（Francisco Silva，漏写票数）；候补市政议员：晏多尼·喏经（António Joaquim de Oliveira Matos）35票、安东尼奥·多斯·李美雕（António dos

① ［葡］阿马罗著，李长森译：《1842年的澳门市政厅选举和当地"长老"》，载《文化杂志》（中文版）第19期，1994年，第102页。

② ［葡］阿马罗著，李长森译：《1842年的澳门市政厅选举和当地"长老"》，载《文化杂志》（中文版）第19期，1994年，第102页。

③ ［葡］阿马罗著，李长森译：《1842年的澳门市政厅选举和当地"长老"》，载《文化杂志》（中文版）第19期，1994年，第103~106页。

④ ［葡］徐萨斯著，黄鸿钊等译：《历史上的澳门》，澳门：澳门基金会，2000年，第176~177页。*A Abelha da China*, No. LⅦ, 28/11/1822, Macau: University of Macau, 1994, p.46中记载为83人。

Remédios）24 票；候补理事官：德乌斯·卡斯特罗（João de Deus Castro）20 票。① 又如 1842 年 8 月 11 日议事会召开会议选举由于总督边度的辞职选举政务委员会执政，选举的整个过程如下：

> 政务委员会应该由 9 名成员组成，可根据无记名投票选出合适的人选。接着每一位在场的市民均在纸上写下了这 9 名成员的名字，并将这一名单放进投票箱内，当投票者陆陆续续结束投票后，由本月议员代表整理了投票结果，并由总督阁下选出 2 名秘书和 2 名选票检查员来进行清算票数等协助工作。选举在议事厅举行，候选名单上总计 95 人，由选举时的投票监督员，即投票检察官，整理投票箱里的选票，并且宣读各位候选人所得的票数，由秘书处的工作人员如实记录在案。以下便是各位候选人所得票数情况。……通过以上的投票情况选出的合适人选有：教区候任主教佩雷拉·米兰达（José Joaquim Pereira e Miranda）、多斯·桑杜斯（João Damasceno Coelho dos Santos）、弗朗西斯科·费尔南德斯（Francisco de Assis Fernandes）、若瑟·维克多（António José Victor）、若奥·贡萨尔维斯（João Rodrigues Gonçalves）、里卡多·桑帕约（Ricardo de Melo Sampaio）、卡瓦略·索萨（José Manuel de Carvalho e Sousa）、菲利普·维埃拉（Felipe Vieira）以及塔维拉·德·雷蒙斯（Lourenço Taveira de Lemos）。澳门总督边度（Adrião Acúcio da Silveira Pinto）提议在证实各位候选人得票数之前，必须确定该选票是否出自绝对大多数还是相对大多数人之手，最终决定应该出自相对大多数人之手。另外，据核实，候选名单上不包含任何名字，原因是只有 94 名选民参与候选。条件不合适的候选人则被规定没有资格参与竞争，票数占大多数的候选人则可以当选，年老者也理应享受平等的待遇。②

从这些原始记录中，我们可以比较清晰地看到澳门议事会内推行的民主选举制度。

到 19 世纪后，虽然议事会的城市管治权及司法权被大大削弱，理事官一职亦从议事会中剥离出来归属于政府秘书处，议事会仅仅行使市政职能，但是议事会的选举依然保持，选举方法有所变化，由过去的三年选一次而分三次任命的方式改为一年一度的选举，直到 1865 年。③

（四）澳门议事会的性质及组织结构

议事会，葡文为“O Senado”，明代及清中前期均译为议事亭。《澳门记略·澳译》称议事亭的葡文读音为“事打的”，“事打的”之原文为“Cidade”，即城市，此处不作

---

① *A Abelha da China*, No. XV, 19/12/1822, Macau: University of Macau, 1994, pp. 56 – 57.

② *Arquivos de Macau*, 3ª Série, Vol. V, No. 2, Macau, 1966, pp. 104 – 105.

③ 曾金莲：《鸦片战争后澳葡政府管治居澳华人之制度及策略》，澳门大学博士学位论文，2015 年，第 137 ~ 145 页。

原解。在古葡语中，“Cidade”与“Senado”（元老院）同义，而“Senado”也称“Senado da Câmara”。吴历的《三巴集·嶴中杂咏》诗自注云：“凡海上事，官绅集议亭中，名议事亭。”① 议事亭，当即葡人的议事会，是葡萄牙人自己成立的自治机构。中文文献中多有关于议事亭的记录，龚翔麟《珠江奉使记》亦称议事会为议事亭：

> 澳中有议事亭，番目四人，受命于其国，更番董市事。凡事经四人议，众莫敢违。及官司有令，亦必下其议于四人者，议得当以报闻。②

暴煜的《（乾隆）香山县志》称议事亭：

> 凡文武官至澳，坐议事亭上，彝目列坐进茶毕，有欲言则通事传之。③

澳门议事会采用葡萄牙中世纪的市政模式，④ 享有国王授予的政治、司法和行政权。龙思泰的《早期澳门史》称议事会：

> 这一集体由两名法官、三名高级市政官和一名理事官组成。高级市政官主持各项有关事务，根据现有的制度和规章实行完全的自治；法官执行议事会的命令，以这些命令与已有的规章和法律不相违背为前提；他们还可以就某些民事和刑事案件做出裁决，但他们裁决之后，还可以向澳门的判事官，或果阿的高级法庭提出上诉。……理事官提出建议，并视察公共建筑、街道等的修缮，他执行议事会的书面命令，并非同僚一起签署其决定。此外他还负责本地与中国地方官员的联系。而征集岁入则是司库的分内之事。当他在每六个月的月底和每年年底向议事会呈递账目时，他在议事会中享有一席之地，但并不是议事会成员。
>
> 在葡萄牙的若干著名贸易区，人们非常熟悉自治公民权，在其君主的慷慨大度之下，他们以多数票议决实行自治，并进而建立起自治体制。从他们自己当中选举产生两名法官、三名高级市政官、一名理事官。……每名高级市政官轮流支持议事会。议事会的决定取决于选举人团体的多数票表决，从而带有自治法令的优点。其成员如此机智地管理着选举事务，以致一些古老的家族年复一年地保持其优势地位，维持着参与公共事务的趋向。议事会在澳门并未被认为拥有控制权或最高权力。当需要就某种重要事项做出决定时，自治政府无权自行决断，而是召集一次商讨会。主教、议事会成员、总督、高级教士、王室大法官以及前监察官应邀与会。可以进行辩论，决议由参加政务委员会的所有成员（包括持反对态

---

① 关于“议事会”及“议事亭”的考证，参见汤开建：《委黎多〈报效始末疏〉笺正》，广州：广东人民出版社，2004 年，第 17 ~ 22 页。

② （清）王士祯：《池北偶谈》卷 21，《谈异》2，《香山嶴》，北京：中华书局，1982 年，第 517 ~ 518 页。

③ （清）暴煜：《（乾隆）香山县志》卷 8，《濠镜嶴》，中山文献丛刊第 2 册影印清乾隆十五年刊本，第 951 页。

④ ［葡］萧伟华著，沈振耀、黄显辉译：《澳门宪法历史研究资料（1820—1974）》，澳门：澳门法律翻译办公室、澳门法律公共行政翻译协会，1997 年，第 3 页。

度而抗议的人）加以签署。①

龙思泰的资料首先给我们介绍了澳门议事会的性质，即澳门议事会是由澳门城市中有选举权的居民在王室大法官的召集下进行投票选举出来的“自治”政体。这里特别强调的是“自治”，即是在葡萄牙海外殖民地的澳门地区由本城居民选举出来的这一政体是由本地居民进行“自治”的。有一种意见认为：

> 16世纪末（1582—1583）的澳门议事会是在已驻扎当地的葡国商人阶层的自治愿望驱使之下建立的。同时，对于间中只有一个王室钦差（远洋中国、日本的航海兵头）到访的地区来说，这也是确保其长久政治统治的一种形式。澳门议事会组织不仅只是将该城在政治上纳入葡国王室在远东的政治体系中的保证，而首先是城市寡头统治团结自治意图的支柱，这一意图至少延续到18世纪末，即倾向建立一个“商人共和国”。②

更有学者认为，澳门葡人自治是根据“地中海的城市共和国模式组织的”。③ 吴志良也认同这一观点，认为澳门议事会自治较之地中海共和国的政治组织模式也如出一辙，不过因为选民的定义狭窄（实际上只有部分富商才具选举权），澳门葡人并未建立完全的直衔民主制度，更无充分的政治主权。他们虽然享有内部自治，但必须采取妥协政策，服从中国法律，接受明朝官员的管辖并交纳地租（foro do chão）。即使他们的内部自治权，不久也受到破坏——果阿派出的王室大法官1580年便抵达澳门，将葡萄牙法律延伸至居澳葡人。④ 因此，澳门议事会自始就带有葡萄牙海外行政组织的传统色彩：

> 在东方，只有欧洲居民显著，数量多至和扎根深至需要议事会和司法管辖时，才例外地选择议事会组织。⑤

因此，葡萄牙学者莱萨将澳门议事会称为“首个东方民主共和体”。⑥

其次，龙思泰的资料还特别强调了澳门议事会并非澳门的最高权力机构，当需要就某种重要事项做出决定时，自治政府无权自行决断，而是得召集一次商讨会。主教、议事会成员、总督、高级教士、理事官以及前监察官应邀与会。会上可以进行辩论，决议由参加政务委员会的所有成员，包括持反对态度而抗议的人，加以签署。这就是说，议事会负责处理的主要是居澳葡人社群的日常事务，就有关日常事务的处理的有关决定一般由议事会成员会议、市政委员会以多数票表决通过，但是如果碰到特别重大的问题，议事会就无权自行决断，而是要召集由主教、总督、王室大法官等重要人

---

① ［瑞典］龙思泰著，吴义雄等译：《早期澳门史》，北京：东方出版社，1997年，第59~62页。

② ［葡］叶士朋著，周艳平、张永春译：《澳门法制史概论》，澳门：澳门基金会，1996年，第15页。

③ Joel Serrão, *Dicionário da História de Portugal*, Lisboa: Iniciativas Editoriais, 1971, p. 860.

④ 吴志良：《生存之道：论澳门政治制度与政治发展》，澳门：澳门成人教育学会，1998年，第51~52页。

⑤ ［葡］叶士朋著，周艳平、张永春译：《澳门法制史概论》，澳门：澳门基金会，1996年，第16页。

⑥ Almerindo Lessa, *A História e os Homens de Primeira República Democrática do Oriente*, Macau: Imprensa Nacional, 1974, p. 246.

物参加的市民大会决议，决议由参加会议的所有人员签署。

最后，龙思泰的资料还介绍了澳门议事会的主要成员，其中包括2名法官、3名市政议员和1名理事官（亦为市政议员）。

（1）2名法官，即通常所说的“普通法官”。普通法官的任期为1年[①]，但只有30岁以上的市民方可参选。由于当时愿意且有能力担任公职的人并不多，因此，一旦获选，便不能拒绝出任公职，否则将会受罚乃至丧失公民权利。议事会的普通法官必须接受议事会的命令。

（2）4名市政议员。年龄必须在40岁以上，任期为1年。由于理事官也是市政议员，所以3名市政议员和理事官合起来被人们称为澳门议事会的“四大头人”，祝淮的《（道光）新修香山县志》称议事会有“四大头人”，又称“四大头人如中国绅士”。[②] 王植的《崇雅堂稿》亦称：“又有名头人者四，公事集议则与焉。”[③] 王士祯的《池北偶谈》则更称：“间有握赤藤者，则甚贵，澳门中四人而已。”[④] “赤藤”当为赤藤杖，亦即代表权杖。杜臻的《粤闽巡视纪略》称葡人：“手握赤藤杖，质如珊瑚，光润通明而柔韧可卷，不知何物，为彼国所重，非王赐不敢握，若符节。然澳中握杖者四人而已。”[⑤] 在澳门能够有资格持赤藤杖的仅有4人，而这4人就是议事会的4名市政议员，这反映了早期澳门议事会的市政议员地位之高。

（3）理事官。前3名市政议员轮流主持议事会工作，一年一换，而理事官则主要兼任殖民地财政长官、海关总监、公共事务主管等职，同时还代表议事会与中国政府打交道，理事官也是一年一换（理事官的职能与演变详见下文）。

除了上述6人是澳门议事会这一组织结构中被选举出来的主要官员外，该组织还设立了其他的几位工作人员，包括：

（1）设立书记官1名。据1586年4月10日的法令，议事会设有书记官一职，必须由有少尉军衔的军人担任，3年一任，后来改为6年一任，从1630年开始再改为终身制。[⑥] 1689年4月30日，再次确认任命议事会书记官的权力。[⑦] 议事会书记官一职十分重要，从我们现在所见到的早期澳门档案中，所有澳门议事会的文件一律由书记

---

① 几乎所有的研究著作均称澳门议事会的成员任期为3年，这是受议事会3年选一次的误导，虽然是3年选一次议事会成员，但是却一次选出了3年的成员，故成员的任期均为一年。

② （清）祝淮：《（道光）新修香山县志》卷4，《海防·附澳门》，中山文献丛刊第3册影印清道光七年刊本，第704页。

③ （清）王植：《崇雅堂稿》卷2，《香山险要说》，四库存目丛书集部第272册影印清乾隆刻本，济南：齐鲁书社，1997年，第176页。

④ （清）王士祯：《池北偶谈》卷21，《谈异》2，《香山嶴》，北京：中华书局，1982年，第517页。

⑤ （清）杜臻：《粤闽巡视纪略》卷2，康熙二十三年二月乙未条，近代中国史料丛刊本，台北：文海出版社，1983年，第20页。

⑥ Manuel Teixeira, *O Leal Senado*, Macau: Leal Senado de Macau, 1978, p. 4.

⑦ 何永靖：《早期澳门议事会研究》，暨南大学博士学位论文，2003年，第52～54页。

官起草，所有文件都必须有书记官的签名才能生效，反映了议事会书记官一职的重要性。

（2）设立孤儿法官书记官1名。1603年1月24日，葡印总督授予澳门议事会选出孤儿法官及任命孤儿法官书记官的特权。[①]

（3）设立典狱长1名。1624年4月26日，葡印总督授予澳门议事会任命监狱典狱长的权力。[②] 典狱长即《澳门记略》中的“小红棍”，《澳门记略》称：“小红棍，兼守狱。狱设龙鬃（嵩）庙右，为楼三重，夷人罪薄者置之上层，稍重者系于中，重则桎梏于下。”[③] 可知，议事会下设有监狱，由小红棍（典狱长）管理。红棍是葡萄牙市政议员的权力象征。[④]

（4）设立城市要塞司令1名。澳门议事会辖下有6个炮台，还有多个城堡要塞，城市要塞司令即掌管这些炮台要塞的军事长官。1624年4月26日，葡印总督授予澳门议事会任命城市要塞司令的特权。[⑤]

（5）司库1名。有一段时间澳门议事会的财政是由理事官兼任的，《澳门记略》称：“理事官，一曰库官，掌本澳蕃舶课税、兵饷、财货出入之数，修理城台街道，每年通澳佥举诚朴殷富一人为之。”[⑥] 但据文德泉公布的档案，到1738年，司库一职从理事官职权中分离出来，单独设立，对澳门财政进行管理。[⑦] 然而据龙思泰公布的材料，1741年葡印总督决定将理事官之职与司库分开，但这一决定被1768年的葡印总督梅洛（Dom João José de Mello）废除。最后，这一规定在1784年3月29日再次决定司库一职成为单独的职位。担任司库之职，每年一人，轮流担任。[⑧] 龙思泰在另处又言：“征集岁入则是司库的分内之事，他在议事会中享有一席之地，但并不是议事会成员。”[⑨]

（6）治安官或监察官。徐萨斯言：“还有2名治安官，由上一年的行政长官及议员

---

① 何永靖：《早期澳门议事会研究》，暨南大学博士学位论文，2003年，第52～54页。

② 何永靖：《早期澳门议事会研究》，暨南大学博士学位论文，2003年，第52～54页。

③ （清）印光任、张汝霖原著，赵春晨校注：《澳门记略校注》，《澳蕃篇》，澳门：澳门文化司署，1992年，第153页。

④ 金国平、吴志良：《红棍与红杖》，载金国平、吴志良：《镜海飘渺》，澳门：澳门成人教育学会，2001年，第273页。

⑤ 何永靖：《早期澳门议事会研究》，暨南大学博士学位论文，2003年，第52～54页。

⑥ （清）印光任、张汝霖原著，赵春晨校注：《澳门记略校注》，《澳蕃篇》，澳门：澳门文化司署，1992年，第152页。

⑦ Manuel Teixeira, *O Leal Senado*, Macau: Leal Senado de Macau, 1978, p. 4; C. R. Boxer, *Portuguese Society in the Tropics, the Municipal Councils of Goa, Macao, Bahia, and Luanda, 1510 - 1800*, Madison: University of Wisconsin Press, 1965, p. 46. 如果文德泉提供的档案准确无误的话，则《澳门记略》采用的资料还是1738年的老资料，所以还称理事官兼任司库。

⑧ ［瑞典］龙思泰著，吴义雄等译：《早期澳门史》，北京：东方出版社，1997年，第75页。

⑨ ［瑞典］龙思泰著，吴义雄等译：《早期澳门史》，北京：东方出版社，1997年，第60页。

的儿子组成。他们每月 2 人当值，一月一换。”① 这就是说，议事会每月得任命 2 名治安官，1 年即有 24 人被任命为治安官。龙思泰将治安官称为“监察官”：

> 监察官，他们可以被看作警官和治安官一类。他们的人数为每年 24 名，每月有两个人轮流当值。这一职务每年的头 3 个月交给议事会成员负责。议事会成员在每年的 12 月 31 日向其继任者交卸。此后还要另选 18 名在每年剩下的时间服务。②

治安官应是主管澳门社会治安、警察及巡逻之事的官员。由于议事会下辖一支城市卫队，海关还雇用了一支黑人的巡逻队。这些警事力量大概都归治安官管理。③

（五）澳门议事会的职能及特许权

关于澳门议事会的职能，安德拉尔（José Inácio de Andrare）在其《写于印度和中国的信》中有所表述：

> 从那时起，议事会开始行使政治、司法和行政职能。普通法官必须加速判决民事诉讼，不得引起骚乱，不得拖延，亦不得利用法律欺骗市民或败坏市民的名声。一旦碰到意外事件，政府需召集所有市民，共同商讨决定。④

1712 年 1 月 6 日，葡王若奥五世发布《宣谕书》（*Carta de declaracao*），其中规定议事会的职能为：

> 议事会的政治职能包括与该城的福祉相关的一切事务，维护地方安定和平，等等。其经济权限包括征收岁入、管理岁出、分配向船只征税的额度、向担任公职的官员支付薪水以及支付其他所有必需的开销。⑤

1583 年澳门议事会成立后，次年葡印总督杜阿尔特·梅内塞斯（Duarte de Meneses）致函澳门议事会，称扩大澳门议事会的行政、政治和司法管理权，但军事权仍由中国及日本巡航首领掌握，特殊重大事务则须交市民大会表决，王室大法官和主教也应邀参加会议。⑥ 1586 年 4 月 10 日，梅内塞斯下达敕令，授予澳门议事会任命任期 3 年的官员及普通法官和孤儿法官的权力，但公共和司法书记官还要由国王任命。⑦ 同日，梅内塞斯在澳门葡人的要求下，沿袭中世纪葡萄牙的市政组织模式，并报葡西联合王国国王菲利普批准，恩赐澳门与埃武拉一样拥有称城特权，命其为“天主圣名之城”，给予

---

① ［葡］徐萨斯著，黄鸿钊等译：《历史上的澳门》，澳门：澳门基金会，2000 年，第 28 页。
② ［瑞典］龙思泰著，吴义雄等译：《早期澳门史》，北京：东方出版社，1997 年，第 66 页。
③ ［葡］徐萨斯著，黄鸿钊等译：《历史上的澳门》，澳门：澳门基金会，2000 年，第 28 页。
④ Manuel Teixeira, *O Leal Senado*, Macau: Leal Senado de Macau, 1978, p. 5.
⑤ ［瑞典］龙思泰著，吴义雄等译：《早期澳门史》，北京：东方出版社，1997 年，第 61 页。
⑥ Manuel Teixeira, *O Fundador do Leal Senado*, Macau: Tipografia da Missão do Padroado, 1968, p. 7；吴志良：《生存之道：论澳门政治制度与政治发展》，澳门：澳门成人教育学会，1998 年，第 11 页。
⑦ ［葡］叶士朋著，周艳平、张永春译：《澳门法制史概论》，澳门：澳门基金会，1996 年，第 62 页。

其基督十字盾形城徽。[①]“埃武拉城市特许状”最早于1166年颁发，其主要内容为：第一，设立基督徒定居点；第二，定居者愿意在当地定居；第三，崇尚对摩尔人的征服。有了特许状，一是使得一个地区（concelho）摆脱封建控制，具有独立的自治权。人口直接和完全受制于王权的控制和管辖，在权利结构中，取消了原来的封建领主。二是保证公共土地供社团集体使用，规定税收、过路费和罚款，并规定为国王服务的受保护的权利和军事义务。三是设立耻辱柱。[②] 埃武拉在葡萄牙王国中是仅次于首都里斯本的第二位重要城市，给予澳门埃武拉的特权，足见澳门在葡萄牙东方帝国中的重要性。[③] 龙思泰的《早期澳门史》公布了一段这样的史料：

> 他于1586年4月10日授予澳门特许权、优惠政策和等级地位。科钦正是由于这些权利而在马拉巴尔海岸受到尊重。但这一特许状并未满足人们的雄心，澳门的崇拜者于1593年恳求基尔·马塔神父去向菲利普一世为通过选举已使议事会成员就职的澳门居民，求取与波尔图的居民同等的特权和地位。国王陛下在1595年3月3日颁布的一道敕令中决定，澳门居民可以享有与埃武拉同等的豁免权，也就是授予它与科钦同样的权利。[④]

这就是说1586年葡印总督批准澳门议事会享有与埃武拉同等的特许权的敕令后，澳门议事会并没有满足这一封敕，他们于1593年再次托马塔神父向葡萄牙国王菲利普一世索取与波尔图城市一样的特许权，但遭到了菲利普国王的拒绝。[⑤] 1595年3月3日，葡萄牙国王正式颁布敕令，宣布澳门居民享有与埃武拉城市同等的特许权，也就是授予澳门与科钦同样的权力。

1689年4月30日，葡印总督罗德里格·科斯达（Rodrigo da Costa）向天主圣名之城澳门议事会下达敕令，确认前葡印总督梅内塞斯授予澳门议事会任命所有职务之特权，但在王室大法官处任职的公共、法院和记录公证官的职务除外，因为这些职务皆由国王任命。在葡印总督的敕令中，已正式下令澳门葡萄牙居民拒绝服从中国官员的管辖。同日，议事会的一份文件称：澳门议事会有权任命“管理社会秩序负责人，就

---

① *Arquivos de Macau*, 4ª Série, Vol. Ⅷ, Tomo Ⅰ, Macau, 1989, pp. 36 - 37.

② 这段文字是金国平先生根据下书综合而成：Câmara Municipal de Évora, *Foral manuelino de Évora*, Évora: Câmara Municipal de Évora, 2001。

③ 金国平编译：《西方澳门史料选萃（15—16世纪）》，广州：广东人民出版社，2005年，第256页。

④ ［瑞典］龙思泰著，吴义雄等译：《早期澳门史》，北京：东方出版社，1997年，第60~61页。

⑤ C. R. Boxer, *Portuguese Society in the Tropics, the Municipal Councils of Goa, Macao, Bahia, and Luanda, 1510 - 1800*, Madison: University of Wisconsin Press, 1965, p. 45. 博克塞也提到议事会对赐予埃武拉的特权不满足，于1706年派人去里斯本意图获得同波尔图同样的地位，但国王没有同意。这就是说，议事会曾经两次向葡王索求波尔图地位，一次是在1593年，一次是在1706年。波尔图的城市地位与埃武拉的差别，就是埃武拉的章程没有规定议事会的“二十四长老院”（Casa dos Vinte e Quatro）。

同过去的做法一样”。[①]

1709 年 12 月 30 日，葡王若奥五世确认葡印总督科斯达 1689 年颁发的命令，重申前葡印总督梅内塞斯授予议事会任命其官员的特权。但是这些官员的任命必须获得王室大法官的认可，终身职位则需由葡印总督以国王名义认可。命令还规定，澳门的行政权和财政权属于议事会，总督不得干预，一旦发生紧急情况，总督须赴议事会议事。命令还指出，当总督在任何时候有重要事项向议事会报告时，他都应享有首席地位。尽管有此规定，但议事会的首席位置仍被议事会的长老占据。[②] 在 1736 年，议事会还获得梦寐以求的“圣母之子”（*Infanções de Santa Maria*）特权——“国王的孙辈们不因任何犯罪而受刑”，由此免除了那些犯有叛国罪的贵族和绅士应受的刑罚。同时，他们还可以在等待审判的过程中免于下狱，而只是被软禁于家中，“从而获得了与里斯本同样的特权”。这些特权特别授予了所有现任及离任的议事会市议员（Vereadores）、普通法官（Juizes ordinários）、监察官（Almotaçes），以及他们的儿子和孙子。[③]

因议事会与日渐崛起的总督权力之间的矛盾不断升级，还有由葡王派来的王室大法官亦同议事会时常发生冲突，总督、王室大法官与议事会三者对于澳门权力掌控之界限十分不清晰，因此澳门议事会于 1707 年决定派出理事官加斯巴·法兰古（Gaspar Francisco da Silva）出使里斯本，向葡王若奥五世争取议事会所应掌控的权力。1709 年，法兰古抵达里斯本后，经过多方的游说和努力，于1710 年7 月 16 日乘“探亲圣母号”战舰返回澳门，并获得了若奥五世对澳门特权的确认[④]，规定澳门议事会的权限为 28 项，具体内容如下：

（1）给予任命议事会书记职能。

（2）每三年一次，选举孤儿法官及委任孤儿法官书记的职能。

（3）给予选命监狱守卫（即典狱长）之职能。

（4）给予任命白人为守城司令之职能。

（5）给予任命全部职能，司法公证人的职能除外。

---

① ［葡］施白蒂著，小雨译：《澳门编年史：16—18 世纪》，澳门：澳门基金会，1995 年，第 64 页；Eduardo A. Veloso e Matos, *Forças de Segurança de Macau*, Macau: Museum de Macau, 1999, p. 39.

② ［瑞典］龙思泰著，吴义雄等译：《早期澳门史》，北京：东方出版社，1997 年，第 63 页；［葡］徐萨斯著，黄鸿钊等译：《历史上的澳门》，澳门：澳门基金会，2000 年，第 108 页；Manuel Teixeira, *Macau no Séc. XVIII*, Macau: Imprensa Nacional, 1984, p. 68.

③ 这些特权清单参见原始文献：Livro dos treslados de todos os alvarás e privilégios concedidos ao Senado da Câmara da Cidade de Macao, *Boletim da Filmoteca*, No. 19 (1961), pp. 349 - 354. 1717—1721 年，葡王只是赋予埃武拉议事会（Câmara of Évora）中的市议员（vereadores）及王家绅士的儿子和孙子有资格成为未来市议员的特权（*Gazeta de Lisboa*, 20 Feb. 1721）。转引自 C. R. Boxer, *Portuguese Society in the Tropics, the Municipal Councils of Goa, Macao, Bahia, and Luanda, 1510 - 1800*, Madison: University of Wisconsin Press, 1965, pp. 44 - 45.

④ ［葡］施白蒂著，小雨译：《澳门编年史：16—18 世纪》，澳门：澳门基金会，1995 年，第 81 页。

（6）给予任命守军司令和派遣巡逻队以及向出外航行的船只发证书和派遣船只守兵之职能，但不得征用守军。

（7）总督和王室大法官必须在市议会登记其任命书，凭此支取薪俸，亦须登记其职权书。若无登记，则无效。

（8）在市议会会议中，总督应坐市政议员之右，而主教居左；在宗教出游时，总督居议事会之右而主教管区总管则居其左，议事会（成员）居总督和主教管区总管之间。

（9）总督不得干涉刑事案件，也不得逮捕罪犯（除非王室大法官有请），亦不得出具安全通行证。

（10）不准总督干涉司法事务，也不准干涉议事会之管辖权。

（11）亦不准总督向邻近国王借贷及向市民举债。

（12）不准许总督或王室大法官以国事罪名逮捕或将任何人押送果阿；欺君叛逆罪犯不在此列。

（13）王室大法官及普通法官有权处罚所有罪犯，总督的仆人包括在内。

（14）禁止罪犯担任公职或在议事会任职。

（15）议事会议员、法官及议事会官员必须是世代出身葡萄牙的老基督徒。

（16）议事会有权强迫那些被选而拒绝接受职务的人任职。

（17）要召集所有有某些身份的人士为陛下以及公共事业服务。

（18）有权暂停拒绝上诉的王室大法官以及知情的普通法官的职务。

（19）普通法官必须按其规章审理案件。

（20）不允许西班牙籍或其他国家的宗教人士逗留本城。

（21）市政议员及理事官年龄须40岁以上，而法官则须30岁以上。

（22）书记必须向诉讼双方提供所要求的存档的抄件。

（23）允许居民每年以公布的税率派出其船只航行索洛及帝汶。

（24）孤儿法官不得将孤儿基金借贷给总督，亦不得借贷给有权势的贵族，只得借贷给居民和有担保的人士，提出必要的担保以便确保交还本金及利息。

（25）允许在大炮台鸣炮，废除以前的禁令。

（26）禁止澳门基督徒与华人交易。

（27）规定总督任命要塞司令的方式。

（28）禁止澳门和马尼拉之间的商业活动。①

特许状包括如下方面：第一，行政方面，负责维护居澳葡人社区的社会秩序，管理市政卫生、市容，拨款支持医院和仁慈堂，维护葡人社区的治安，管理监狱。第二，经济方面，负责贸易管理、商税征收、支出安排、分配向船只征税的额度，向担任公

---

① Manuel Teixeira, *Os Ouvidores em Macau*, Macau: Imprensa Nacional, 1976, pp. 73 – 75.

职的官员支付薪水，支付其他必需的开销。第三，司法方面，按民事和刑事案件的轻重，由议事会普通法官和王室大法官分别管辖。轻案由普通法官进行简易判决，如当事人不服，可向王室法官申诉。较重的案件由王室大法官审理。王室大法官不在澳门期间或该职位被撤销时，其职务由议事会最年长的法官担任。第四，军事方面，议事会有任命守城司令之职能，在居民中组织保安队，需要时还可雇用奴隶、修筑炮台等。第五，议事会还有一个重要的职能，就是要组织每年的法定的宗教节日游行，其中最主要的就是基督圣体节（Feast of Corpus Christi）。到 17 世纪中期，澳门有了许多主保圣人：感孕圣母（Our Lady of Conception）、施洗者圣约翰（St. John the Baptist）、圣方济各·沙勿略（St. Francis Xavier）、锡耶纳圣加大肋纳（St. Catherine of Sienna）。1647 年，议事会规定所有成员要在这些节日参加告解和领圣体。[①] 上述 28 项特权中也提到在宗教出游时，总督居议事会之右而主教管区总管则居其左，议事会（成员）居总督和主教管区总管之间。特别值得注意的是，这一次议事会特许权的批准强调了对总督和王室大法官多项权力的限制：

第一，第 7 条总督和王室大法官必须在市议会登记其任命书，若无登记，则无效。

第二，第 9 条总督不得干涉刑事案件。

第三，第 10 条不准总督干涉司法事务，也不准干涉议事会之管辖权。

第四，第 11 条亦不准总督向邻近国王借贷及向市民举债。

第五，第 12 条不准许总督或王室大法官以国事罪名逮捕或将任何人押送果阿。

最有趣的是，根据特许权的第 8 条规定，在议事会开会的排座上，市政议员居中，总督居右，主教居左，突出了澳门议事会的核心地位。十分明显，葡萄牙王室以此特许权法令表示了在总督、王室大法官和议事会三驾马车的权力之争中对议事会的支持。

这是葡萄牙王室第一次正式确认澳门议事会的权限，在澳门政治发展史及法制史上具有重要意义。总之，议事会在明清政府默许之下行使政治权力，享有有限的自治管理权，负责管理葡萄牙人社区内部的日常事务，维护社区内部的稳定和秩序。有关决定由议事会成员会议——市政委员会以多数票表决通过。当需要就某种重要事项做出决定时，议事会无权自行决断，而是召集由主教、议事会成员、总督、高级教士、王室大法官、前检察官等参加的市民大会决议，决议由参加会议的所有成员签署。随着居澳葡人的增多及葡人社区的发展，议事会需要完善职能，通过补充特许状，机构与职位随之逐步变得复杂和庞大，增加了不少新成员。如在 1777 年，议事会职位达到 24 个。[②] 总督制崛起之前，葡萄牙人在澳门的管理模式，如建立和巩固议事会自治制度、维护市民大会的地位和作用、修建城堡等，在某种程度上具有欧洲古代城邦管理

---

① C. R. Boxer, *Portuguese Society in the Tropics: The Municipal Councils of Goa, Macao, Bahia, and Luanda, 1510 - 1800*, Madison: University of Wisconsin Press, 1965, p. 46.

② AHU, Macau, cx. 11 doc. 36.

的传统色彩。

由于澳门议事会在16—18世纪的大多数时间中，一直是澳门政府实际的政权执掌者，议事会的这些官员也被人们称为“执政”。因此，澳门议事会骄傲地认为自己才是澳门实际的管治主体，总督或兵头的指挥权仅限于为数不多的炮台和要塞防卫。1697—1698年，澳门前任总督去世，继任总督尚未到来，议事会则代行总督职务，这是连果阿的议事会都办不到的事情。在澳门，是议事会而不是日本巡航首领或澳门兵头出面，与外国首领如日本的德川幕府，暹罗、东京、安南的国王，婆罗洲班贾尔马辛的酋长（Rajah），巴达维亚的荷兰总督等打各种交道。是议事会与广东官员进行谈判，并通过北京宫廷耶稣会会士居间周旋，处理与中国政府的各种关系。亚洲各地的首领需要与澳门联络时，通常把文书寄给澳门议事会或者“澳门长老”。①

无论是在葡萄牙本国，还是其海外殖民地，城市的议事会都有一些共同特征：第一，具有葡萄牙社会强烈的保守性，殖民城市都享有与母国对应城市相同的特权及特许状。如果阿享有与里斯本同样的特权，澳门享有与埃武拉一样的特权等。第二，殖民地的议事会与拥有贵族头衔的总督权争不断。在澳门，议事会在成立初期相当长的时间内，都抵制总督职位的设立，在设立总督后，双方冲突也是不断升级。第三，议事会与王室大法官的冲突也十分明显，在澳门更是如此。第四，议事会都在各自的城市设立女修道院，如澳门的圣家辣修道院，以博取声名。第五，议事会内部经常存在派别之争，并常有腐败发生。② 需要注意的是，虽然同样设有议事会，但其功能在不同城市中有巨大的差异。例如澳门议事会与果阿议事会，在政治舞台上扮演着完全不同的角色，因为澳门议事会机构势力的强弱，必须随着中国政府势力的强弱变化而调整。

（六）澳门议事会的衰落：以理事官的兴衰为例

在1783年《王室制诰》颁布以前，议事会是集政权、司法权和行政权于一身的澳门最高的自治权力机构。这一事实，使澳门轻而易举地取得了和葡国在远东其他城市相比可能极为不同的地位。③ 正如葡萄牙诗人博卡热的诗中所称：“一个毫无权势的政府，一个凌驾一切之上的议事会。”④ 这可以反映出在19世纪之前，澳门议事会实际掌握了内部自治管理绝对权力，甚至代表澳门开展对外关系。明清政府处理澳门事务时，

---

① C. R. Boxer, *Portuguese Society in the Tropics: The Municipal Councils of Goa, Macao, Bahia, and Luanda, 1510 - 1800*, Madison: University of Wisconsin Press, 1965, p. 47.

② C. R. Boxer, *Portuguese Society in the Tropics: The Municipal Councils of Goa, Macao, Bahia, and Luanda, 1510 - 1800*, Madison: University of Wisconsin Press, 1965, pp. 140 - 146.

③ ［葡］阿马罗著，李长森译：《1842年澳门市政厅选举和当地“长老”》，载《文化杂志》（中文版）第19期，1994年，第102页。

④ 博卡热诗译文见吴志良：《生存之道：论澳门政治制度与政治发展》，澳门：澳门成人教育学会，1998年，第95页。

也一直保持最初的传统，与议事会直接联络，而不跟代表葡萄牙王室的总督——所谓的政府发生关系。[①] 所以，如前文所述，澳门议事会骄傲地认为自己才是澳门实际的管治主体，总督的指挥权仅限于为数不多的炮台和要塞防卫。[②] 而当时议事会最重要的角色就是专门负责与中国政府打交道的理事官。正如博克塞所言：

> 相比其他城市或殖民地，澳门议事会中的“城市理事官”职位要重要得多。从一开始，他就作为公认的代表，与中国官员打各种交道，并被中国官方委任为下级官吏。1738 年以前，他还承担议事会司库之职，1738 年，这两种职能被划分开来。因此，他是澳门居留地的关键人物。为了与中国官员打交道，他配备有一名正式翻译，应该是中国当地基督徒，还有两位助手或助理翻译。[③]

理事官（又译为“检察长”）一职，前期设于议事会内，随 1583 年议事会的成立而设立。理事官，葡文名称为“Procurador”，《澳门记略》称管库为“备喇故路多卢”[④]，与葡文音相合。暴煜的《（乾隆）香山县志》称：“澳中彝目为西洋理事官，督理濠镜澳事务。”[⑤]《澳门记略》亦称：

> 理事官，一曰库官，管本澳蕃舶税课、兵饷、财货出入之数，修理城台街道，每年通澳佥举诚朴殷富一人为之。凡郡邑下牒于理事官，理事官用呈禀上之于郡邑，字遵汉文，有蕃字小印，融火漆烙于日字下，缄口亦如之。理事官食其所赢，不给俸。[⑥]

祝淮《（道光）新修香山县志》亦称：“理事官，掌税饷、财货，澳夷推择，一年一代。”[⑦]《（道光七年）香山县下恭常都十三乡采访册》（以下简称《（道光七年）采访册》）对理事官一职释之甚详，称：

> 理事官，一名管库，一年一任，向在澳之四大头人中公举为之，近在小西洋旨意，着某某为之，而仍系在澳之有面者遴选，督理濠镜澳事务，凡有事，闻于

---

① 吴志良：《生存之道：论澳门政治制度与政治发展》，澳门：澳门成人教育学会，1998 年，第 96 页。

② C. R. Boxer, *Portuguese Society in the Tropics: The Municipal Councils of Goa, Macao, Bahia, and Luanda, 1510 - 1800*, Madison: University of Wisconsin Press, 1965, p. 47.

③ C. R. Boxer, *Portuguese Society in the Tropics: The Municipal Councils of Goa, Macao, Bahia, and Luanda, 1510 - 1800*, Madison: University of Wisconsin Press, 1965, p. 45.

④（清）印光任、张汝霖原著，赵春晨校注：《澳门记略校注》，《澳蕃篇》，澳门：澳门文化司署，1992 年，第 190 页。

⑤（清）暴煜：《（乾隆）香山县志》卷 8，《濠镜嶴》，中山文献丛刊第 2 册影印清乾隆十五年刊本，第 948 页。

⑥（清）印光任、张汝霖原著，赵春晨校注：《澳门记略校注》，《澳蕃篇》，澳门：澳门文化司署，1992 年，第152～153 页。

⑦（清）祝淮：《（道光）新修香山县志》卷 4，《海防・附澳门》，中山文献丛刊第 3 册影印清道光七年刊本，第 709 页。

官，以委黎多出名文，上县用呈字，遵汉文，县行拘提，则牌仰理事官。[①]

19 世纪初，著名的澳门王室大法官眉额带历评价理事官称：

理事官在中华帝国县官的眼中不过是一下级官吏，县官及其下属（指县丞）可就本澳及其政府的一切问题向理事官发号施令。但它是与中国官衙接触的唯一机构。[②]

下面是文德泉神父从档案文献中辑录出来的16—19 世纪澳门议事会理事官任职表，除了刚成立之后的几年议事会理事官缺略较多以外，其余年份全部齐备。

表 2－1　16—19 世纪澳门议事会理事官任职名录[③]

时间	姓名	时间	姓名
1593	康斯坦 Não Consta	1594	本涅拉 Matias Panela
1595	科斯梅・摆华 Cosme de Paiva	1596	贡萨尔维斯 Bastião Gonçalves
1597	米格尔・蒙地路 Miguel Monteiro	1598	尼古劳・巴罗索 Nicolau Martins Barroso
1599	莫拉多 António Carvalho de Moura	1600	佩德罗・格里沃 Pedro Martins Grivo
1601	加斯帕尔・费尔南德斯 Gaspar Fernandes	1602	安东尼奥・马塔 António Fernandes da Mata
1603	安东尼奥・马塔 António Fernandes da Mata	1604	安东尼奥・马塔 António Fernandes da Mata
1605	塞巴斯蒂安・里贝罗 Sebastião Rebelo	1606	塞巴斯蒂安・里贝罗 Sebastião Rebelo
1607	弗朗西斯科・蒙地路 Francisco Monteiro	1608	弗朗西斯科・蒙地路 Francisco Monteiro
1609	曼努埃尔・卡瓦略 Manuel de Carvalho	1610	曼努埃尔・卡瓦略 Manuel de Carvalho
1611	努诺・德・阿尔卡沃 Nuno de Arcavo	1612	米格尔・达・科斯塔 Miguel Correa da Costa
1613	埃斯特旺・博吉斯 Estêvão Borges	1614	弗朗西斯科・亚朗尼亚 Francisco de Carvalho Aranha
1615	米格尔・布良斯 Manuel Pereira de Bulhões	1616	佩德罗・德・佩莱雅 Pedro de Costa Peleja
1617	曼奴埃尔・阿泽维多 Manuel de Azevedo	1618	塞巴斯蒂安・德・冯塞卡 Sebastião Varela de Fonseca
1619	曼奴埃尔・阿泽维多 Manuel de Azevedo	1620	嘉斯帕・冯塞卡 Gaspar Borges da Fonseca

① （清）王廷钤等撰：《（道光七年）香山县下恭常都十三乡采访册》卷上，《澳门纂略》清抄本（影印本），北京：国家图书馆出版社，2010 年，第 42 页。

② José de Aquino Guimarães Fretas, *Memoria Sobre Macáo*, Coimbra: Real Imprensa da Universidade, 1828, p. 31. 引用眉额带历在议事会所做的演讲。

③ Manuel Teixeira, *Os Ouvidores em Macau*, Macau: Imprensa Nacional, 1976, pp. 196－204.

（续上表）

时间	姓名	时间	姓名
1621	奥利维拉·亚朗尼亚 António do Oliveira Aranha	1622	安东尼奥·卡塔斯 António Cartes
1623	罗德里格·塞克拉 Rodrigo Ferreira de Siqueira	1624	弗朗西斯科·莫朗 Francisco Mendes Mourão
1625	嘉斯帕·冯塞卡 Gaspar Borges de Fonseca	1626	若瑟·塔维拉 José Taveira
1627	埃斯特旺·皮雷斯 Estêvão Pires	1628	安东尼奥·达·科斯塔 António Martins da Costa
1629	安东尼奥·佩德罗索 António Lobo Pedroso	1630	佩德罗·德·库蒂尼奥 Pedro de Alvarenga Coutinho
1631	弗朗西斯科·德·亚朗尼亚 Francisco de Carvalho Aranha	1632	安东尼奥·德·普罗恩萨 António de Proença
1633	若奥·德·卡瓦略 João Simões de Carvalho	1634	曼努埃尔·德·马托斯 Manuel Siqueira de Matos
1635	多明戈斯·费雷拉 Domingos Cardoso Ferreira	1636	米格尔·马沙度 Miguel Machado
1637	戎猫州弗黎厨 Francisco de Araújo de Barros	1638	多明戈斯·巴列托 Domingos Dias Velho
1639	米格尔·德·塞克拉 Manuel de Siqueira	1640	里贝罗·拉雅 António Ribeiro Raia
1641	克里斯托旺·科埃略 Cristóvão Soares Coelho	1642	马尔科斯·阿尔梅达 Marcos Rebelo da Almeida
1643	佩德罗·平托 Pedro Álvares Pinto	1644	多明戈斯·阿尔梅达 Domingos da Almeida
1645	多明戈斯·罗德里格斯 Domingos Rodrigues	1646	曼努埃尔·弗南科 Manuel Franco
1647	塞巴斯蒂安·达·科斯塔 Sebastião Rodrigues da Costa	1648	曼努埃尔·达·马托斯 Manuel Sequeira da Matos
1649	劳伦索·维略 Lourenço Gonçalves Velho	1650	多明戈斯·托雷斯 Domingos Gomes Torres
1651	安东尼奥·蒙地路 António Monteiro	1652	曼努埃尔·佩希托 Manuel Correa Peixoto
1653	多明戈斯·阿尔梅达 Domingos da Almeida	1654	雅努阿里奥·利马 Januário da Abreu de Lima

（续上表）

时间	姓名	时间	姓名
1655	若奥・维埃拉 João Vieira	1656	多明戈斯・德・摆华 Domingos Carvalho de Paiva
1657	多明戈斯・阿布雷乌 Domingos da Abreu	1658	阿马罗・马葵斯 Amaro Marques
1659	刘易斯・马绍罗 Luís Pereira Machorro	1660	多明戈斯・阿布雷乌 Domingos da Abreu
1661	多明戈斯・托雷斯 Domingos Gomes Torres	1662	阿马罗・马葵斯 Amaro Marques
1663	安东尼奥・德・鲁亚雷斯 António Garcia de Luares	1664	安东尼奥・塔维拉 António Taveira
1665	安东尼奥・德・鲁亚雷斯 António Garcia de Luares	1666	曼努埃尔・佩雷拉 Manuel Aguiar Pereira
1667	米格尔・格里马德斯 Miguel Grimaldes	1668	维森特・费尔南德斯 Vicente Fernandes
1669	安东尼奥・弗南科 António Franco	1670	若瑟・比涅罗 José Pinheiro
1671	霍门・克鲁斯 Luís Homem de Cruz	1672	伊拉西奥・阿布雷乌 Inócio Varela de Abreu
1673	霍门・克鲁斯 Luís Homem de Cruz	1674	刘易斯・德・巴洛斯 Luís de Araújo de Barros
1675	阿尔瓦雷斯・派斯 Constantino Álvares de Paz	1676	努内斯・卡瓦略 Francisco Nunes de Carvalho
1677	里斯本・阿尔梅达 João de Lisboa de Almeida	1678	霍门・克鲁斯 Luís Homem de Cruz
1679	阿尔瓦雷斯・派斯 Constantino Álvares de Paz	1680	艾雷斯・亚朗尼亚 Aires do Oliveira Aranha
1681	维森特・巴斯托 Vicente de Moura Bastos	1682	里斯本・阿尔梅达 João de Lisboa de Almeida
1683	霍门・克鲁斯 Luís Homem de Cruz	1684	维埃拉・席尔瓦 José Vieira da Silva
1685	塞巴斯蒂昂・利马 Sebastião Vargas de Lima	1686	维埃拉・席尔瓦 José Vieira da Silva
1687	霍门・克鲁斯 Luís Homem de Cruz	1688	弗朗西斯科・瓦斯贡塞罗斯 Francisco de Vasconcelos
1689	若瑟・戈麦斯 José Gomes	1690	阿尔瓦雷斯・派斯 Constantino Álvares de Paz

（续上表）

时间	姓名	时间	姓名
1691	贡萨罗·科斯塔 Gonçalo da Costa	1692	刘易斯·德·巴洛斯 Luís da Araújo de Barros
1693	努内斯·卡瓦略 Francisco Nunes de Carvalho	1694	贡萨罗·达·科斯塔 Gonçalo da Costa
1695	贡萨罗·达·科斯塔 Gonçalo da Costa	1696	若瑟·里斯本·德·阿尔梅达 José de Lisboa de Almeida
1697	曼努埃尔·阿布雷乌 Manuel da Abreu	1698	菲利佩·古德罗斯 Filipe Fróis de Quadros
1699	贡萨罗·达·科斯塔 Gonçalo da Costa	1700	若瑟·里斯本·德·阿尔梅达 José de Lisboa de Almeida
1701	弗朗西斯科·郎热尔 Francisco Rangelda Costa	1702	曼努埃尔·雷博萨斯 Manuel Gonçalves Rebouças
1703	贡萨罗·达·科斯塔 Gonçalo da Costa	1704	贡萨罗·达·科斯塔 Gonçalo da Costa
1705	伽斯帕尔·马丁斯 Gaspar Martins	1706	弗朗西斯科·郎热尔 Francisco Rangelda Costa
1707	弗南科·达·席尔瓦 Gaspar Franco da Silva	1708	弗朗西斯科·郎热尔 Francisco Rangelda Costa
1709	莱特·佩雷拉 Francisco Leite Pereira	1710	莱特·佩雷拉 Francisco Leite Pereira
1711	路易斯·达·席尔瓦 Luís da Silva	1712	佩雷拉·达·席尔瓦 José Pereira da Silva
1713	迪奥戈·洛佩斯 Diogo Lopes	1714	路易斯·达·席尔瓦 Luís da Silva
1715	维森特·马塔 Vicente da Mata	1716	莱特·佩雷拉 Manuel Leite Pereira
1717	尼古劳·啡呜味 Nicolau Fiume	1718	加斯巴尔·巴兰达斯 Gaspar Barradas
1719	莱特·佩雷拉 Manuel Leite Pereira	1720	尼古劳·啡呜味 Nicolau Fiume
1721	弗朗西斯科·科雷亚·里热尔 Francisco Correa de Liger	1722	奥利维拉·帕依瓦 António de Oliveira Paiva
1723	西梅昂·博特略 Simeão Botelho	1724	库尼亚·洛博 João da Cunha Lobo
1725	弗朗西斯科·科雷亚·里热尔 Francisco Correa de Liger	1726	托马斯·达·席尔瓦 Tomás Marques da Silva
1727	奥利维拉·帕依瓦 António do Oliveira Paiva	1728	科雷亚·莫塔 João Correa da Mota
1729	曼努埃尔·洛佩斯 Manuel Lopes	1730	维迪卡尔·吉昂 Manuel de Vidigal Guião

(续上表)

时间	姓名	时间	姓名
1731	弗朗西斯科・科雷亚・里热尔 Francisco Correa de Liger	1732	月旺・疏夏 João de Sousa Magalhães
1733	刘易斯・科埃略 Luís Coelho	1734	费利西安诺・蒙特罗 Feliciano da Silva Monteiro
1735	科雷亚・德・索萨 António Correa de Sousa	1736	席尔瓦・蒙特罗 Manuel da Silva Monteiro
1737	曼努埃尔・拉塞尔达 Manuel Correa de Lacerda	1738	马蒂亚斯・马里姆 Matias Marim
1739	若奥・安图内斯 João Antunes	1740	亚历山大・阿拉贡 José Alexandre de Aragão
1741	埃利亚斯・加尔塞斯 Elias Manuel Garcez	1742	罗德里格斯・里贝罗 Luís Rodrigues Rebelo
1743	埃雷斯・特西诺 António Aires Tercino	1744	席尔瓦・马尔廷斯 Manuel da Silva Martins
1745	西蒙・达・罗咱 Simão Vicente da Rosa	1746	月旺・疏夏 João de Sousa Magalhães
1747	热罗尼莫・莫赖斯 Jerónimo Carvalho de Moraes	1748	安德烈・马尔廷斯 André Martins
1749	费尔南德斯・萨尔嘉多 Manuel Fernandes Salgado	1750	米兰达・依・索萨 António de Miranda e Sousa
1751	刘易斯・科埃略 Luís Coelho	1752	费尔南德斯・萨尔嘉多 Manuel Fernandes Salgado
1753	若瑟・达・科斯塔 António José da Costa	1754	米兰达・依・索萨 António de Miranda e Sousa
1755	里贝罗・吉马良士 João Ribeiro Guimarães	1756	费尔南德斯・萨尔嘉多 Manuel Fernandes Salgado
1757	曼努埃尔・冯塞卡 Manuel Pereira da Fonseca	1758	若奥・安图内斯 João Antunes
1759	西蒙・罗咱 Simão Vicente Rosa	1760	米兰达・依・索萨 António de Miranda e Sousa
1761	西蒙・罗咱 Simão Vicente Rosa	1762	刘易斯・科埃略 Luís Coelho
1763	费尔南德斯・萨尔嘉多 Manuel Fernandes Salgado	1764	西蒙・罗咱 Simão Vicente Rosa

（续上表）

时间	姓名	时间	姓名
1765	里贝罗·吉马良士 João Ribeiro Guimarães	1766	费尔南德斯·萨尔嘉多 Manuel Fernandes Salgado
1767	刘易斯·科埃略 Luís Coelho	1768	米兰达·依·索萨 António de Miranda e Sousa
1769	安东尼奥·科雷亚·里热尔 António Correa de Liger	1770	曼努埃尔·冯塞卡 Manuel Pereira da Fonseca
1771	西蒙·罗咱 Simão Vicente Rosa	1772	米兰达·依·索萨 António de Miranda e Sousa
1773	西蒙·罗咱 Simão Vicente Rosa	1774	米兰达·依·索萨 António de Miranda e Sousa
1775	米兰达·依·索萨 António de Miranda e Sousa	1776	多明戈斯·马葵士 Domingos Marques
1777	米兰达·依·索萨 António de Miranda e Sousa	1778	贡萨尔维斯·格拉 António Gonçalves Guerra
1779	米兰达·依·索萨 António de Miranda e Sousa	1780	贡萨尔维斯·格拉 António Gonçalves Guerra
1781	卡内罗·马沙度 Joaquim Carneiro Machado	1782	里贝罗·吉马良士 João Ribeiro Guimarães
1783	多明戈斯·马葵士 Domingos Marques	1784	多明戈斯·马葵士 Domingos Marques
1785	冯塞卡·坎波斯 João da Fonseca e Campos	1786	维埃拉·达·席尔瓦 José Vieira da Silva
1787	劳伦佐·马托斯 Filipe Lourenço de Matos 甘博亚 António José de Gambôa	1788	若瑟·依·索萨 José de Miranda e Sousa
1789	冯塞卡·坎波斯 João da Fonseca e Campos	1790	冯塞卡·坎波斯 João da Fonseca e Campos
1791	冯塞卡·坎波斯 João da Fonseca e Campos	1792	卡内罗·马沙度 Joaquim Carneiro Machado
1793	甘博亚 António José de Gambôa	1794	冯塞卡·坎波斯 João de Fonseca e Campos
1795	甘博亚 António José de Gambôa	1796	若瑟·德·巴罗斯 José Joaquim de Barros
1797	维森特·罗萨 António Vicente Rosa	1798	科雷亚·李热尔 António Correa de Liger

（续上表）

时间	姓名	时间	姓名
1799	若阿金·德·巴洛斯 José Joaquim de Barros	1800	安东尼奥·奥利维拉·马托斯 António Joaquim do Oliveira Matos
1801	曼努埃尔·佩雷拉 Manuel Pereira	1802	安东尼奥·埃萨 D. António da Eça
1803	若瑟·科英布拉 Félix José Coimbra	1804	曼努埃尔·佩雷拉 Manuel Pereira
1805	摆华 Francisco José de Paiva	1806	若瑟·科英布拉 Félix José Coimbra
1807	若阿金·巴罗斯（做遮·喏经） José Joaquim de Barros	1808	曼努埃尔·佩雷拉 Manuel Pereira
1809	若阿金·巴罗斯 José Joaquim de Barros	1810	若阿金·巴罗斯 José Joaquim de Barros
1811	若瑟·科英布拉 Félix José Coimbra	1812	安东尼奥·埃萨 D. António da Eça
1813	拉法尔·德·阿尔梅达 Rafael Botado d' Almeida	1814	若瑟·科英布拉 Félix José Coimbra
1815	若阿金·巴罗斯 José Joaquim de Barros	1816	皮奥·马葵士 Domingos Pio Marques
1817	拉法尔·德·阿尔梅达 Rafael Botado da Almeida	1818	若阿金·巴罗斯 José Joaquim de Barros
1819	皮奥·马葵士 Domingos Pio Marques	1820	皮奥·马葵士 Domingos Pio Marques
1821	若阿金·巴罗斯 José Joaquim de Barros	1822	维森特·科英布拉 Félix Vicente Coimbra
1823	若奥·卡斯特罗 João de Deus de Castro	1824	若阿金·巴罗斯 José Joaquim de Barros
1825	维森特·科英布拉 Félix Vicente Coimbra	1826	若阿金·巴罗斯 José Joaquim de Barros
1827	贡萨尔维斯·佩雷拉 António José Gonçalves Pereira	1828	费雷拉·韦加 Joaquim José Ferreira Veiga
1829	奥利维拉·菲格莱多 Pedro F. do Oliveira e Figueiredo	1830	安东尼奥·佩雷拉 António Pereira
1831	弗洛瑞安诺·兰热尔 Floriano António Rangel	1832	若奥·卡斯特罗 João de Deus de Castro
1833	米兰达·利马 José Baptista de Miranda e Lima	1834	安东尼奥·佩雷拉 António Pereira
1835	若奥·卡斯特罗 João de Deus de Castro 弗朗西斯科·德·西尔维拉 Francisco A. Pereira de Silverira	1836	摆华 Francisco José de Paiva
1837	弗兰西斯科·斯阿巴拉 Francisco António Seabra	1838	维森特·科尔特拉 António Joaquim Cortela

（续上表）

时间	姓名	时间	姓名
1839	米兰达·利马 José Baptista de Miranda e Lima	1840	维森特·若尔热 José Vicente Jorge
1841	埃斯特旺·卡内罗 Bernardo Estêvão Carneiro	1842	弗兰西斯科·斯阿巴拉 Francisco António Seabra
1843	若奥·多斯·桑托斯 João Damasceno Coelho dos Santos	1844	埃斯特旺·卡内罗 Bernardo Estêvão Carneiro
1845	维森特·若尔热 José Vicente Jorge	1846	曼努埃尔·佩雷拉 Manuel Pereira
1847	劳伦佐·马葵士 Lourenço Marques	1848	劳伦佐·马葵士 Lourenço Marques
1849	托马斯·弗雷塔斯 Tomás J. de Freitas 劳伦佐·马葵士 Lourenço Marques	1850	劳伦佐·马葵士 Lourenço Marques
1851	劳伦佐·马葵士 Lourenço Marques	1852	劳伦佐·马葵士 Lourenço Marques
1853	劳伦佐·马葵士 Lourenço Marques	1854	劳伦佐·马葵士 Lourenço Marques
1855	劳伦佐·马葵士 Lourenço Marques	1856	曼努埃尔·德·索萨 Manuel António de Sousa
1857	曼努埃尔·德·索萨 Manuel António de Sousa	1858	若阿金·马葵士 Francisco Joaquim Marques 劳伦佐·马葵士 Lourenço Marques
1859	劳伦佐·马葵士 Lourenço Marques	1860	劳伦佐·马葵士 Lourenço Marques
1861	劳伦佐·马葵士 Lourenço Marques	1862	劳伦佐·马葵士 Lourenço Marques
1863	费利克什·阿泽维多 Félix Hilário do Azevedo	1864	费利克什·阿泽维多 Félix Hilário do Azevedo
1865	若瑟·戈拉特 José Bernardo Goularte（此职自此并入华政衙门）		

随着华人和葡人数量在澳门的增长以及相互间的交往更加频繁，理事官的重要性也随之提升。中国对澳门的政策措施，都是通过理事官传达给澳门葡人执行的。[①] 不管是葡人与华人之间的纠纷，还是华人犯罪，中国官府都知会理事官，命令其捉拿犯人归案，送交官府处置。具体来说，理事官的职能主要包括如下几个方面：

一是管理居澳葡人及其他外国人人口。对于在租居地内的葡萄牙籍及其他外国籍人户，俱规定做出详细登记申报，以作监管约束的凭据。如嘉庆十三年（1808）香山县丞谕示理事官："立将尔等澳夷每户丁口姓名年貌、妻室子女若干名口，并将各户生业注明备列，查造烟册。仍将册内开出管下若干户，男女若干口，逐一分晰开明。其

① 汤开建：《委黎多〈报效始末疏〉笺正》，广州：广东人民出版社，2004 年，第 24 ~25 页。

别国寄寓夷人一体查造，另列一册。限三日内缴齐，听候查核。”① 理事官亦遵示作了册报。

二是管理天主教传教士在澳门的活动，特别是吸收一部分科技知识人士进京供职效力。直到嘉庆中期，吸收精通天文、擅长算法的西洋传教士入京供职仍赓续不断。

三是管理和汇报在澳外国船只的具体情况。中国政府历任海关监督饬由香山知县转谕澳葡理事官，查询有关船只的问题，要求及时答复并做出处理。②

据《澳门记略》，理事官与中国官府之间的书信往来皆用中文，且身份低于澳门同知和香山县令。③“理事官在与中国官方通信时，则称自己为‘督理濠镜澳事务西洋理事官’，而中国官员则称之为‘夷目’。”④ 中国地方政府对澳门的政策和措施，通过理事官传达澳门葡人执行。因此，理事官一职的设置充分体现了澳门行政组织的特色。一方面，它成为中华帝国行政系统中的一部分；另一方面，该职位的担任者本身是葡萄牙人，其不仅是居澳葡人自治机构议事会的一位官员，同时也兼有对外和部分司法职能。凡此，都说明中国政府在澳门持续履行监管、核查包括葡萄牙人和其他外国人在内的职能，作为体现主权的表现。

1783 年《王室制诰》颁布后，最重要的就是加强了总督和王室大法官的权力，而削弱了议事会的权力，不仅要求议事会在做有关中国和王库事宜的决定前必须先咨询总督的意见，而且要求议事会将账目提交给总督和王室大法官，并将原属于议事会管辖的海关司库的权力移交王室大法官。从此，总督有权干预澳门葡人内部管理的大小事务，对议事会决策有否决权。⑤ 最能说明问题的是议事会会议的排座名次，据 1709 年颁布的议事会 28 项特许权的第 8 条：

> 在市议会会议中，总督应坐市政议员之右，而主教居左；在宗教出游时，总督居议事会之右而主教管区总管则居其左，议事会（成员）居总督和主教管区总管之间。⑥

而到 1839 年林则徐到澳门时，这个名次发生了很大的变化，据《林则徐集·公牍》记载：

> 查该夷议事亭内，如遇会议事件，陈设公案，惟兵头（总督）与番差（王室

---

① 刘芳辑：《葡萄牙东波塔档案馆藏清代澳门中文档案汇编》上册，《署香山县丞郑为奉宪饬查造澳蕃烟户丁口册事下理事官谕》，澳门：澳门基金会，1999 年，第 15 页。

② 娄胜华、潘冠瑾、赵琳琳：《自治与他治：澳门的行政、司法与社团（1553—1999）》，北京：社会科学文献出版社，2013 年，第 205 ~ 206 页。

③（清）印光任、张汝霖原著，赵春晨校注：《澳门记略校注》，《澳蕃篇》，澳门：澳门文化司署，1992 年，第 152 ~ 153 页。

④［葡］徐萨斯著，黄鸿钊等译：《历史上的澳门》，澳门：澳门基金会，2000 年，第 32 页。

⑤ 吴志良：《生存之道：论澳门政治制度与政治发展》，澳门：澳门成人教育学会，1998 年，第 99 页。

⑥ Manuel Teixeira, *Os Ouvidores em Macau*, Macau: Imprensa Nacional, 1976, p. 73.

大法官）二人正坐，判事（市政议员）四人旁坐，委黎多（理事官）并无座位，而且旋举旋换，久暂无常。[①]

由过去的议事会会议居中的核心地位变为了议事会会议中旁坐的次要地位，特别可怜的是都没有安排理事官的座位。这两条材料的比较，十分生动、真实地反映了议事会权力的变迁。

然而，议事会并不甘心其权力的丧失。1820年，受西班牙革命的影响，葡萄牙也爆发了资产阶级革命，这次革命结束了英国人对葡萄牙长期的统治局面，成立了临时政府。1821年，立宪议会通过了葡萄牙自由宪法。根据宪法的主要条款，废除了封建特权，撤销了宗教异端裁判所等。正当葡萄牙资产阶级革命运动进入高潮之时，受其影响，澳门也爆发了一场要求君主立宪的民主运动。这场运动的主要发动者就是代表澳门土生葡人利益的支持旧议事会的一派人物，以皇家航海学校教师巴波沙（Major Paulino da Silva Barbosa）少校为代表。这一派被称为立宪派，而其对手则主要是来自葡萄牙本土的王室官员和贵族，包括王室大法官和总督，被称为保守派。迫于立宪派的压力，澳门行政当局于1822年2月16日召集市民在议事会举行忠于新宪法的宣誓。[②] 1822年8月中旬，要求改革的市民发生骚动，澳葡行政当局无法控制形势，陷于瘫痪状态，王室大法官、市政议员眉额带历被迫辞职。8月19日，市民举行新政府的选举大会，立宪派与保守派发生尖锐的冲突。保守派头目、军官、皇家航海学校教师奥兰达·卡瓦尔坎特（Holanda Cavalcante de Albuquerque）少校宣称，这一会议没有确定新政体的权利。与会的澳门葡人都被激怒，当即将他从窗口扔到街头。这时，巴波沙登台演讲，指出人民希望建立的是与宪法完全符合的政体。[③] 会议最后决定，重新恢复1784年前的政体[④]，授予新选出的议事会不受总督及地方长官控制的立法权、行政权和司法权。总督只能掌管军事。而且剥夺了总督欧布基和王室大法官眉额带历的权力，并将其驱逐。[⑤] 临时政府正式成立。新政府成立后，巴波沙一反前任们的做法，变专制政体为民主化、公开化的议事政体。他创办报纸设立自由新闻制度，将政府成员的言行置于广大市民的监督之下，并鼓励民众参政议政，就一些重要问题发表个人的意见和见解。[⑥]《中国之蜂》发表评论称："这次革命结束了专制统治，明确了公民的权利和义务，并在大众欢呼声中成立了临时政府。这个政府成立的时间虽不长，却已

---

① 林则徐全集编辑委员会编：《林则徐全集》第5册，《文录》，《批澳门同知为喽嚟哆呈明实无鸦片情愿具结禀》，福州：海峡文艺出版社，2002年，第2497～2498页。

② *A Abelha da China*, No. Ⅵ, 10/10/1822, Macau: University of Macau, 1994, p. 20.

③ ［葡］徐萨斯著，黄鸿钊等译：《历史上的澳门》，澳门：澳门基金会，2000年，第176～177页。

④ *A Abelha da China*, No. XLIX, 21/08/1823, Macau: University of Macau, 1994, p. 209.

⑤ *A Abelha da China*, No. XLIX, 21/08/1823, Macau: University of Macau, 1994, p. 211.

⑥ *A Abelha da China*, No. XIV, 12/12/1822, Macau: University of Macau, 1994, pp. 54－55; No. XV, 19/12/1822, pp. 56－58.

表明，它是符合全体澳门居民意愿的，是爱国的，它所做的一切都是符合国家利益的。公众对旧政府缺乏信任，而政府却一无所知，并且极力美化自己，这就是人民为什么采取如此不寻常的行动的原因，我们人民对祖国的热爱和对美好事物的向往通过这一事件充分体现出来。那一天（指 8 月 19 日），澳门人民的斗争将永载史册，我们为之讴歌不已。"①

1822 年的民主立宪运动完全可以看作旧澳门议事会势力的复辟，代表澳门土生葡人利益的议事会势力驱逐了王室的代表总督和王室大法官，恢复了 1784 年之前的议事会旧政体。但随着葡萄牙国内本身政治形势的变化，已从巴西返回的葡萄牙国王若奥六世宣布任命一个委员会起草"君主国根本法计划"，同时批评了 1821 年宪法理论，称宪法表面上是尊重君主制，但是事实上和君主制是相矛盾的，国王宣布 1821 年宪法无效。② 葡萄牙资产阶级革命以失败告终。在这种形势下，保守派势力在葡印总督的支持下很快进行了反扑，逮捕了新政府的所有成员，并将立宪派领导人押送果阿。③ 1822 年澳门的民主立宪运动亦宣告失败。

1834 年 1 月 9 日，葡萄牙国王颁布法令，新实行的殖民地行政改革减少了澳门议事会的权限，使其成为了一个依附于总督的市政厅。④ 但澳门议事会势力仍不断地发出声音，要求恢复旧议事会的权力。1837 年 6 月 1 日的议事会会议上，由 84 名澳门市民联名提交了一份关于权力分立和恢复议事会旧权力的请愿书。⑤ 直到 1847 年 12 月 5 日议事会的一封备忘录还忿忿不平地称：

> 以前在管理问题上的冲突是结束了，但是，城市开始受到军管，而此前是由其居民根据创始人遗留下来的模式温和、和平地治理的。这种模式适合我国，与立宪政府甚为接近，可以成为其他居留地的范本，因为市民自己不必劳烦首都便拥有全部资源和手段而自我维持和生存，这对一个如此远离首都和葡印首府的居留地是最合适的。⑥

当获得了最高权力的且由军事总督变为行政总督的澳门总督掌管澳门政府以后，他与葡萄牙宗主国利用鸦片战争后中国国力衰弱之机，逐步谋求变通旧议事会之理事官制，由其协助澳督处理华人事务，包括审理居澳华人纠纷诉讼案件。为了将华人置于葡萄牙法律直接管辖之下，澳葡各界提出构想，改革澳门行政体制。澳门总督彼亚度（José Gregorio Pegado）任内曾提出：

> 在中国官吏撤退后，上述地区，连同澳门，将被视为完全的葡萄牙领土，如

---

① *A Abelha da China*, No. Ⅰ, 12/09/1822, Macau: University of Macau, 1994, pp. 1 – 2.

② *Arquivos de Macau*, 3ª Série, Vol. Ⅴ, No. 1, Macau, 1966, p. 74.

③ ［葡］徐萨斯著，黄鸿钊等译：《历史上的澳门》，澳门：澳门基金会，2000 年，第 180 页。

④ *Arquivos de Macau*, 3ª Série, Vol. Ⅴ, No. 1, Macau, 1966, p. 67.

⑤ *Arquivos de Macau*, 3ª Série, Vol. Ⅴ, No. 1, Macau, 1966, p. 63.

⑥ Eudore de Colomban, *Resumo do História de Macau*, Macau, 1927, p. 85.

> 同荷兰人在爪哇、英国人在海峡殖民地那样，对那里的华人居民进行管辖。将由居民中的长者推举出保甲长隶属于议事亭理事官。遇有重大案件时，即由理事官备文，将华人（未归化葡籍者）送交中国官吏。①

1844 年 9 月 20 日海外殖民地部颁布命令，其中第 7 条还规定：

> 澳门议事亭继续行使本敕令未改动的所有特权，执行由行政法典（Codigo Administrativo）规定的与市政相关的所有职务，以及理事官担任与中国政府的沟通工作。②

到亚马留总督任内则变化更大。他将澳门视作葡国的领土，把香山县丞当作中国的领事或居澳华人代表，这样做一是借助县丞来稳定居澳华人的情绪，二是为了提升澳葡政府与广东政府交涉的级别。明清两朝，所有澳门事务均被视为广东地方政府的事务，亚马留的设想一旦实现，那么他与县丞的所有交涉就变成了国与国之间的交涉。亚马留总督借助旧议事会理事官制度，于 1846 年实现向华人快艇征收税费，迈出了将华人纳入澳葡政府管辖内之第一步。随后，又借议事公会（即议事会）的帮助，确立并实现了华人征税体制。1846 年 1 月，从澳门发往葡萄牙里斯本的一份改革计划之长篇计划书，提出加强据葡萄牙王室 1844 年 9 月 20 日部令成立的总督公会的权力，应使理事官隶属总督公会，架空议事会处理对华关系之职能。③

1847 年 8 月 20 日，葡萄牙王室颁布法令将理事官的办公机构——理事官署从议事公会分离出来，改属澳葡政府秘书处，协助总督和秘书处处理有关华人事务；理事官职位仍然留设议事公会，协助议事公会处理有关华人的市政事务。④ 翌年，澳门政府公报上便刊登了理事官署调解及审判华人纠纷诉讼案件的内容。⑤ 亚马留赶走中国驻澳办事机构后，理事官成为事实上的专责澳门华人事务的机构，但当时尚无法律规定其性质和职权。

澳督吉马良士任内先后颁发了两个训令，规范理事官署审判华人纠纷诉讼案件的程序。首先颁布 1852 年 11 月 19 日第 104 号政府训令，第一次明文规定了理事官及理事官署审理刑事案件的程序。⑥ 该政府训令第 1 条规定了理事官的职权，其应在总督的监督下处理华人事务："城市理事官负责处理华人事务，听从总督的意见就此做出最后

---

① ［葡］萨安东著，金国平译：《葡萄牙在华外交政策（1841—1854）》，里斯本：葡中关系研究中心、澳门基金会，1997 年，第 107 页。

② *Boletim do Governo da Provincia de Macao, Timor e Solor*, Vol. Ⅰ, 8 de Janeiro de 1846, No. 1, pp. 1 – 2.

③ ［葡］萨安东著，金国平译：《葡萄牙在华外交政策（1841—1854）》，里斯本：葡中关系研究中心、澳门基金会，1997 年，第 103 ~ 104 页。

④ *Boletim do Governo da Provincia de Macao, Timor e Solor*, Vol. Ⅲ, 26 de Outubro de 1847, No. 33 e 34, p. 128.

⑤ *Boletim do Governo da Provincia de Macao, Timor e Solor*, Vol. Ⅲ, 9 de Setembro 1848, No. 16, pp. 63 – 64; *Boletim do Governo da Provincia de Macao, Timor e Solor*, Vol. Ⅲ, 23 de Julho 1848, No. 17 e 18, pp. 68 – 69; *Boletim do Governo da Provincia de Macao, Timor e Solor*, Vol. Ⅲ, 21 de Outubro 1848, No. 20, pp. 82 – 83.

⑥ ［葡］施白蒂著，姚京明译：《澳门编年史：19 世纪》，澳门：澳门基金会，1998 年，第 115 页。

的解决方案。除了总督和城市理事官外，其他官员不得干涉华人事务。”政府训令第9条规定隶属澳葡政府秘书处之理事官署在判决某些重大案件时，须征得总督的同意：“在审决重大案件时，应该征得总督确认，最后要将判决或决定写入诉讼案卷。”[①] 随后颁布1862年12月17日第67号政府训令之理事官署章程，确立了共有12条条款的理事官署关于华人的民事诉讼程序，作为理事官署审理有关华人之民事诉讼时所应遵守的规则。[②]

随着华人数量在澳门的大幅增长，其经济和社会地位不断提高，理事官力有不逮，难以控制。为此，葡萄牙王室颁布1865年7月5日法令，规定理事官不再在议事会中设立，亦无须经每年一度的市民选举产生，而是将理事官完全脱离议事会，与隶属澳葡政府秘书处之理事官署合二为一，相应更名为“华政理事官”和“华政衙门”。[③] 至此，理事官的办公机构被改革为华政衙门。曾经在澳门历史上扮演着极为重要角色的议事会“委黎多（理事官）”变成了澳门总督属下的一个专门的政府部门，主要负责并协助其他政府部门处理华人事务。

二、澳门城市制度的辅助机构：仁慈堂

如果说议事会是葡萄牙海外城邦制度的管治核心的话，那么仁慈堂就是其城邦制度管治的辅助机构。正如博克塞所言，在漫长的葡萄牙扩张史上，议事会和仁慈堂以不同的方式，分别给殖民地的不同阶层提供了一种代议制的形式，以及为葡属亚洲殖民地社会不同阶层的人们提供了一个庇护所。在葡属亚洲历史的初期，这两个机构吸纳了殖民地的绝大多数经营，它们是维系殖民地的中坚力量。[④]

当葡萄牙正值海洋扩张之盛时，许多商人、海员和士兵死在前往远东的海路上，留下孤儿寡妇需要照顾，这种情况下，仁慈堂便应运而生。[⑤] 1498年8月15日，葡国摄政王唐娜·莱昂诺尔（Dom Leonor）与她的忏悔师西班牙孔德拉斯神父二人，在国王唐·曼努埃尔外出巡视不在王位的时候，在里斯本主教座堂内的一座小教堂里正式成立了慈善圣母教友会和慈善会。国王唐·曼努埃尔当时愿意帮助和支持这一崇高事

---

① Manuel Teixeira, A Procuratura dos Negócios Sínicos, in *Boletim Eclesiastico da Diocese de Macau*, Macau, Vol. 58, No. 673, Macau, 1960, p. 431；［葡］叶士朋著，周艳平、张永春译：《澳门法制史概论》，澳门：澳门基金会，1996年，第52页。

② *O Boletim do Governo de Macao*, Vol. Ⅸ, 27 de Decembro de 1862, No. 4, p. 14.

③ *O Boletim do Governo de Macao*, Vol. Ⅺ, 25 de Setembro de 1865, No. 39, p. 156. 张廷茂教授对此部令进行了翻译，见张廷茂：《晚清澳门华政衙门源流考》，载《韦卓民与中西文化交流：“第二届珠澳文化论坛”论文集》，北京：社会科学文献出版社，2011，第228~229页。

④ C. R. Boxer, *The Portuguese Seaborne Empire (1415 - 1825)*, Middlesex, Penguin, 1973, p. 273.

⑤ C. R. Boxer, *The Portuguese Seaborne Empire (1415 - 1825)*, Middlesex, Penguin, 1973, pp. 287 - 288.

业，马上予以批准，同时要求教宗给予了确认。教友会和慈善会开始供奉上帝之母，即慈善童贞圣母玛利亚。不久，百姓将其名简称为“仁慈堂”或“神圣仁慈堂”，其样本则是1350年意大利佛罗伦萨的仁慈堂。由于新的教友会和慈善会十分符合基督教的精神，因此得到了迅速而全面的发展。百年之后，还有大批的仁慈堂存在，不仅存在于葡萄牙的大陆部分，而且遍布在任何有葡萄牙人的地方。[①] 亚洲的第一个仁慈堂成立于1505年的科钦，后来是果阿，到16世纪40年代，焦尔和马六甲也成立了仁慈堂。16世纪60年代末，澳门也有了仁慈堂。[②]

（一）澳门仁慈堂的建立及资金来源

这里必须要提的是，仁慈堂并非澳门建立的第一座慈善救济机构。根据记载，1565年，耶稣会神父在圣安多尼教堂旁边建造了一座救济院，用于给予日本的传教士临终关怀，其创建人包括弗朗西斯科·佩雷拉（P. Francisco Peres）等一些耶稣会成员。[③] 这一救济机构具有何等性能，并未见有详细的资料披露，但可以反映在仁慈堂建立之前已有耶稣会会士在澳门创建了救济院，这座救济院不知什么原因，很快就消失于澳门的历史记录中。

1568年5月底，受葡萄牙国王唐·塞巴斯蒂昂（D. Sebastião）之命，葡萄牙耶稣会会士贾尼劳神父抵达澳门，准备就任日本和中国教区主教。由于没有教宗的正式任命，贾尼劳从来没有名正言顺地成为中国和日本的主教。但根据教宗敕书，他应在尚未任命固定主教的中国和日本的所有场所中，保有并执行一切主教权力及相应义务。[④] 据贾尼劳神父称：

> 他（贾尼劳）抵达澳门时，这里只有少数的葡国居民，以及一些当地天主教徒家庭。第一件工作是不令本处人民为教外人轻视教会，并禁止有钱有势商人们的恶行。当时在澳门传教的物质条件极为恶劣。主教堂只包括一个简陋的木板小教堂和一间木板小居屋。贾尼劳与其他的耶稣会会士一起居住在三年前由耶稣会建起的房子里。据说这一房子的位置在现在的花王堂街5—7号。[⑤]

---

① ［葡］施莉萝著，译者佚名：《社会救济活动及权力机制：仁慈堂之起源》，载澳门《行政》杂志第21卷，第2期（总80期），第356、363页。

② ［印度］桑贾伊·苏布拉马尼亚姆著，何吉贤译：《葡萄牙帝国在亚洲（1500—1700）：政治和经济史》，澳门：纪念葡萄牙发现事业澳门地区委员会，1997年，第234～235页。

③ Jack M. Braga, *A Voz do Passado: Redescoberta de a Colecção de Varios Factos Acontecidos Nesta mui Nobre Cidade de Macao*, Macau: Instituto Cultural de Macau, 1987, p. 12.

④ ジョアン・ロドリーゲス：「日本教会史」下，「司教伝」，「大航海时代叢書」Ⅸ、Ⅹ，第1期，東京：岩波書店，1979年第3発行，第608頁。

⑤ Manuel Teixeira, *D. Belchior Carneiro, Fundador da Sta. Casa da Misericórdia de Macau*, Macau: Tipografia da Missão do Padroado, 1968, p. 35.

图2-3 1569年创建仁慈堂的贾尼劳神父

图2-4 旧澳门仁慈堂前壁的唐娜·莱昂诺尔石雕像

10月27日，贾尼劳神父在抵澳三个多月后，才获知安德雷亚斯·奥维埃多（Andreas de Oviedo）大主教的情况，他马上意识到安德雷亚斯·奥维埃多主教滞留埃塞俄比亚已经使自己处于微妙的两难境地，遂于当日写信给教宗，要求罗马敦促主教尽快赴任。此信之弦外之音即是，希望罗马在确认安德雷亚斯·奥维埃多不会来澳门后，须发新的敕令，澄清自己的合法地位。然而，罗马教廷始终未就此事做出明确答复。① 据葡萄牙世俗修士格雷戈里奥·龚萨雷斯在1569年离开澳门前往马六甲时写给胡安·德·波尔哈的信中说，澳门“有三间教堂、一间贫民医院和一间仁慈堂”②。而贾尼劳1575年11月的信则称：

> 当我到达澳门时，这个被称为上帝之名的城市，只有少数的葡萄牙居民及几个当地基督徒家庭。……我们的第一个成就便是没有给这里的异教徒轻视我们基督教的机会，这里有钱有势的商人并没有做任何引起公愤的事情，这是首先获得的成果。我一到达就命令开设了两所医院，接受基督徒和非基督徒的病者。我也同时建立了一家慈善机构，类似罗马的援助协会：此慈善机构为所有穷人及有需要帮助的人解决所需。这可以对中国人产生正面影响。③

---

① H. チースリク神父：「キリシタン時代における司教問題」，「キリシタンの研究」第9輯，東京：吉川弘文館，1964年，第383~384頁；戚印平：《远东耶稣会史研究》，北京：中华书局，2007年，第483~484页。

② ［葡］罗理路著，陈用仪译：《澳门寻根》，附录文献12《格雷戈里奥·龚萨雷斯神父给胡安·德·波尔哈的信》（约1571年），澳门：澳门海事博物馆，1997年，第140页。

③ Manuel Teixeira, *D. Belchior Carneiro, Fundador da Sta. Casa da Misericórdia de Macau*, Macau: Tipografia da Missão do Padroado, 1968, p. 108.

贾尼劳神父是1568年5月底抵达澳门，但1908年《澳门仁慈堂章程》明确指出“仁慈堂兄弟会创立于1569年”①。龙思泰的《早期澳门史》亦称：

> 澳门神圣的慈善机构——仁慈堂创建于1569年，它的第一位主管是澳门教区的主教贾尼劳。这个可敬的团体以履行下列神圣使命为职志：帮助那些靠自己卑微的谋生手段不足以维持众多家口生计的人，解除卧病在床的有身份人士的痛苦，帮助那些不愿到海外领取救济金的人，以及抚养孤儿和弃儿。②

可见仁慈堂创建时间应为1569年。

仁慈堂，位于澳门议事会前地侧，它以“仁慈圣母”为主保，仿罗马仁爱协会之制，专以补助贫苦无告者之生活用品为职责，对葡萄牙“富人和商客”亦有安全保障作用。③ 关于澳门仁慈堂的经费来源，各种文献有多种不同的记录，徐萨斯称：

> 殖民地的岁入全部来自海关税收。关税是以实物形式征收的。征来的货物得到海关总监的允许后，削价5%公开拍卖，拍卖总收入中的一半给孤儿院的姑娘做嫁妆。另一半给贾尼劳主教在澳门建立的仁慈堂。④

龙思泰称：

> 这个兄弟会的成员并不捐赠钱财，他们的责任限于成立一个赢利性的基金管理机构，他们只是这个机构的理事。对某些大件贸易物品征收关税外，再加征1%的附加税，在岁末，这笔钱的一半交给司库。另一半，正如已经提到的那样，交给圣家辣堂女修道院。1833年，这笔收入为3 806两。⑤

从某种程度上讲，澳门仁慈堂是附属于澳门议事会的机构，所以它在议事会所管辖的海外贸易的征税关税中增加了一项1%的附加税，而这个1%的附加税一半是给仁慈堂的。因此，这笔经费来源每年一定会有，但每年的数额不一，如1833年这笔收入为3 806两。海外贸易中1%的附加税是仁慈堂的资金来源之一。早在1588年，澳门议事会致函菲利普二世，要求王室批准澳门葡萄牙商船可以直接航行至新西班牙，目的是以此利润来资助澳门教会和社会慈善组织，如仁慈堂、医院和麻风病院。⑥ 1698年澳门议事会开会议定：精细商品（指珊瑚、琥珀、珍珠等）和粗糙商品（檀香、胡椒、丁香、鸦片、燕窝等）的税额为10%，白银为1%。这些税款收益的1%归圣家辣修

---

① Manuel Teixeira, *Macau e a Sua Diocese*, *Vol. XI*, *As Confrarias em Macau*, Macau: Tipografia da Missão do Padroado, 1975, p. 281.

② ［瑞典］龙思泰著，吴义雄等译：《早期澳门史》，北京：东方出版社，1997年，第52页。

③ Lettrere del l'India Orientale, scritte da Reverendi Padri della Compagnia di Giesù, Novamente, Stampate, in *Vinezia*, *appresso António Ferrari*. MDLXXX, pp. 215 – 216.

④ ［葡］徐萨斯著，黄鸿钊等译：《历史上的澳门》，澳门：澳门基金会，2000年，第28页。

⑤ ［瑞典］龙思泰著，吴义雄等译：《早期澳门史》，北京：东方出版社，1997年，第53页。

⑥ *Boletim da Filmoteca Ultramarina Portuguesa*, No. 15, Lisboa: Filmoteca Ultramarina Portuguesa, 1954, pp. 587 – 588.

女，2%归仁慈堂，其中的一笔用于仁慈堂的花销，一笔留给议事会使用。[①] 1704 年，澳门议事会决定：粗重商品税款的 10% 用于议事会开销，1% 给仁慈堂，1% 给圣家辣修道院；白银税款 3% 归议事会，其中 1% 给仁慈堂。[②] 1706 年，澳门议事会讨论本年海关关税分配为：粗重商品税款 11% 给议事会，1% 给仁慈堂，1% 给圣家辣修女们。[③] 1728 年，议事会从税收中拨出 2.5% 给仁慈堂作经费。[④] 同年澳门议事会对仁慈堂的工作给予了肯定和鼓励，称：

> 仁慈堂在过去的工作中十分努力，因而在此予以肯定，以资鼓励，同时也提出意见，提供帮助。一直以来，仁慈堂和本市财政已经一起为孤儿们筹集了将近一万两白银，这是一笔数额相当可观的资金，其中大部分都来自出海贸易的船只的税收，且全部都来自合法财产，仁慈堂也表示将会继续努力。[⑤]

这些资料都可以反映从澳门议事会海外贸易的税款中提取一部分利润，是澳门仁慈堂资金的一个极为重要和稳定的来源。[⑥]

博克塞称：“葡萄牙本国以及殖民地的仁慈堂基金大部分来自个人以及团体的仁慈捐款。”[⑦] 澳门也不例外，根据《澳门仁慈堂章程》，在仁慈堂的管理模式中，捐款和遗产捐献是其资金的最重要来源。1627 年的《澳门仁慈堂章程》第 22 章就是关于接受和执行遗嘱的详细规定。许多在澳门去世的葡萄牙商人或其他市民，委托仁慈堂将财产转交给其继承人，更多时候则直接捐献给仁慈堂及贫民医院。1592 年 8 月 6 日，澳门富商安东尼奥·帕依斯（António Paes）为了表示对亡妻的纪念，将她曾住过的两座房屋捐给了仁慈堂属下的贫民医院，以租金作为病人的伙食费。档案由仁慈堂书记员安东尼奥·格拉塞斯（António Gareces）记录在案。[⑧] 这种澳门市民去世以后将自己的遗产捐赠给仁慈堂的记录，在澳门葡文档案文献中俯拾皆是。故有葡文资料称：“1667 年至 1787 年的（澳门葡人）遗产为圣克拉拉修道院的管理提供了可靠资金，以用于投资，并将报酬用于救济穷人，治疗病患，供应圣拉斐尔医院（S. Rafael）与圣拉扎罗

---

① Manuel Teixeira, *Macau no Séc. XVIII*, Macau: Imprensa Nacional, 1984, p. 8.

② Manuel Teixeira, *Macau no Séc. XVIII*, Macau: Imprensa Nacional, 1984, p. 29.

③ Manuel Teixeira, *Macau no Séc. XVIII*, Macau: Imprensa Nacional, 1984, p. 40.

④ *Arquivos de Macau*, 3ª Série, Vol. III, No. 1, Macau, 1965, p. 82.

⑤ *Arquivos de Macau*, 3ª Série, Vol. III, No. 1, Macau, 1965, p. 85.

⑥ 实际上仁慈堂除了从海关税收中获得一部分资金外，还有一部分资金由葡萄牙宗主国拨款而来。[葡] 曾德昭著，何高济译：《大中国志》，上海：上海古籍出版社，1998 年，第 210 页称：“澳门仁慈堂每年要花 8 000 克朗（Krona）或 9 000 克朗。每年要施舍给澳门的贫穷基督徒，特别是对华人基督徒的布施。尽管葡萄牙国王允许从果阿送去普通接济，但有 19 年未兑现，幸有澳门市民慷慨解囊，仍使他们得到足够的援助。”可以说明葡萄牙宗主国曾经接济过澳门仁慈堂。

⑦ C. R. Boxer, *The Portuguese Seaborne Empire (1415 – 1825)*, Middlesex, Penguin, 1973, p. 290.

⑧ AHM/SCM, N. 302, Microfilm A0370, P. 3. 转引自董少新：《形神之间：早期西洋医学入华史稿》，上海：上海古籍出版社，2008 年，第 73 页。

(Lázaros)两所医院所需，以及供给遗嘱继承人的份额。”① 1712年维奥兰特·罗德里格斯（Violante Rodrigues）为仁慈堂留下200两白银的遗产，其中一半给孤儿和寡妇，1/4用于作弥撒。② 1713年澳门富商华猫殊捐赠给仁慈堂2 000枚葡印银币：1/4给予孤儿和寡妇；1/4用于他逝世后的追魂弥撒；其余的用于仁慈堂和望德圣母的白银库存。另外，他还留下1 000枚葡印银币，以每年为一个葡国人或仁慈堂某个修士的孤女提供嫁妆。③ 1828年3月8日，英国东印度公司大班梅罗普（Thomas van Merop）的夫人马莎去世，将自己多年积攒的总额为1 300多万元的遗产全部捐献给了仁慈堂。④ 从上述资料可以看出，仁慈堂可以通过澳门市民的捐赠中获得大量的资金。桑贾伊·苏拉马尼姆教授甚至认为：

> 仁慈堂的权力从16世纪末开始增大，他们甚至拥有了在亚洲各地凌驾于死者财产处理部门之上的权力，可以处理属于在亚洲的葡萄牙人的大部分财产，这些葡萄牙人需要将其财产留给其在欧洲的后代。这一决定是在1590年3月的一份王室法令中规定的。……王室法令称，在莫桑比克、霍尔木兹、第乌、达曼、伯塞恩、焦尔和果阿的死者的所有财物和金钱都必须在去世后立即交给这些地方的仁慈堂，而不是交给死者财产处理部门，这些仁慈堂再将这些财产交给果阿的仁慈堂，等待一起交往里斯本。⑤

上文虽未提到澳门，但实际上澳门亦在这一法令实施的范围之内。由于仁慈堂不仅每年可以从海关税收中获得一定的资金，而且还可以通过澳门市民的慷慨捐赠获得更多的钱财，特别是在澳门去世的那些鳏寡葡萄牙富商及无子嗣的天主教徒，他们死后都有大量的遗产留给仁慈堂。到1789年时，“只有仁慈堂仍维持着贫民医院与麻风病院两所医院及一所孤儿院，用第一部分存入司库的资金维持着属于同一机构中的三家慈善单位，这部分资金提供了每年投资的分配，总计不超过40 000两”。⑥ 这是反映了仁慈堂累积的资金之巨，故施莉萝（Isabel Leonor da Silva Diaz de Seabra）称：

> 在1585至1627年这段时间内，作为在当地社会生活中举足轻重的慈善机构，已经积累了巨大的社会声望。它们招来慷慨的施舍、捐赠、遗赠、遗嘱，使其资本、收益和财产不断壮大，随后又流向日益增长的慈善活动。⑦

---

① Manuel Teixeira, *Os Ouvidores em Macau*, Macau: Imprensa Nacional, 1976, p. 143.

② ［葡］施白蒂著，小雨译：《澳门编年史：16—18世纪》，澳门：澳门基金会，1995年，第85页。

③ ［葡］施白蒂著，小雨译：《澳门编年史：16—18世纪》，澳门：澳门基金会，1995年，第86页。

④ C. R. Boxer, *The Portuguese Seaborne Empire(1415 - 1825)*, Middlesex Penguin, 1973, pp. 290 - 291; Austin Coats, *City of Broken Promises*, Oxford University Press, 1967, p. 209.

⑤ ［印度］桑贾伊·苏布拉马尼亚姆著，何吉贤译：《葡萄牙帝国在亚洲（1500—1700）：政治和经济史》，澳门：纪念葡萄牙发现事业澳门地区委员会，1997年，第234~235页。

⑥ Manuel Teixeira, *Os Ouvidores em Macau*, Macau: Imprensa Nacional, 1976, p. 143.

⑦ Isabel Leonor da Silva Diaz de Seabra, *A Misericordia de Macau (Séculos XVI a XIX) Irmandade, Poder e Caridade na Idade do Comércio*, Porto: Faculdade de Letras da Universidade do Porto, 2006, pp. 111 - 112.

所以，随着澳门仁慈堂的建设与发展，堂内积累了巨大的资金，以致澳门葡萄牙商人在营运资本缺乏时，不得不经常向仁慈堂贷款以参加海外贸易。[①] 但到18世纪中后期，仁慈堂和贫民医院的资金管理变得一片混乱，一份1789年12月5日的葡文档案称：

> 巨额资金——仁慈堂所管理的7 000多塔尔[②]是所有觊觎者的目标，以便他们可以成功获得贷款并互利互惠。之前的资金已经被彻底挥霍了。而目前所有的资金要归功于几年前去世的丰塞卡（Manuel Pereira da Fonseca）的勤奋管理。[③]

1791年2月16日，王室大法官费利喇（Lázaro da Silva Ferreira）向海外殖民地部部长呈递了一份关于仁慈堂一些不规范操作的文件，该文件说仁慈堂资金管理混乱，规章制度不完善，管理者寻求机会占有仁慈堂的钱，却并未尽到仁慈使者的职责，[④] 以致当时的王室大法官提出要兼任仁慈堂及贫民医院的审判法官及对应的财政税务官。[⑤]

（二）澳门仁慈堂章程及组织结构

澳门创立的仁慈堂又称为“慈善兄弟会”（简称“兄弟会”）。[⑥] 这个词汇形象而准确地概括了仁慈堂的慈善性质和组织特点。澳门仁慈堂大概应该是从建立伊始就订立

图2-5　摄于19世纪后期的澳门仁慈堂（右）

---

① Manuel Teixeira, *Macau no Séc. XVIII*, Macau: Imprensa Nacional, 1984, p. 615; Benjamin Videira Pires, *A Viagem de Comércio Macau-Manilanos Séc. XVI – XVIII*, Macau: Museu Maritimo de Macau, 1994, pp. 60 – 61, 95 – 99; A. M. Martins do Vale, *Os Portugueses em Macau (1750 – 1800)*, Macau: Instituto Português do Oriente, 1997, p. 251.

② 塔尔，葡语为tt.，为tostoes的缩写形式，是埃斯库多escudo下面的货币单位，相当于汉语的分。

③ Manuel Teixeira, *Os Ouvidores em Macau*, Macau: Imprensa Nacional, 1976, p. 137.

④ Manuel Teixeira. *Macau no Séc. XVIII*, Macau: Imprensa Nacional, 1984, p. 681.

⑤ Manuel Teixeira, *Os Ouvidores em Macau*, Macau: Imprensa Nacional, 1976, p. 143.

⑥ [瑞典] 龙思泰著，吴义雄等译：《早期澳门史》，北京：东方出版社，1997年，第52~53页。

了有关的章程，但这一章程并未见文献记录和保存。澳门仁慈堂章程的第一次修订在1617年，[①] 但这一次修订的章程亦未保存下来。1627年1月，再次通过修订《澳门仁慈堂章程》，仁慈堂主席莱昂内尔·利马（Leonel de Sousa de Lima）在章程上签了名。1627年《澳门仁慈堂章程》共有37章，前面还有一篇“序言”。“序言”讲述了仁慈堂的起源与建立，以及制定和通过该章程的原因。第1章指出澳门仁慈堂的宗旨：“仁慈堂系由良民组成的教友会及慈善会。他们有着良好的信誉和信念，敬畏上帝，同时遵守上帝为他们规定的戒律，顺从地为上帝和教友会及慈善会服务。他们之间必须互相帮助，同时对任何有需要者施以仁慈堂14条规定所列举的物质或道义方面的援助。”[②] 仁慈堂存在的宗旨即为有需要者提供援助，并对14项慈善工作进行了说明，这14项工作可以分为精神类和身体类两大部分，属于精神类的7项为：1）启诲愚蒙；2）以善劝人；3）责有过失者；4）慰忧者；5）赦侮我者；6）恕人之弱行；7）为生死者祈天主。属于身体类的7项为：1）食饥者；2）饮渴者；3）衣裸者；4）顾病者；5）舍旅者；6）赎虏者；7）葬死者。这14项慈善工作实际上就是天主教圣人托马斯所言的哀矜之行十四端。[③] 第2章规定仁慈堂应该拥有的成员（包括理事会成员）数量为300名，其中150名应为贵族，另150名为手艺人（Mecânicos）[④]。里斯本的仁慈堂对成员的规定，分为贵族和庶民两类。里斯本仁慈堂有600名成员，其中300人是贵族，300人是庶民，这些庶民大多是行会的手艺人或商人。[⑤] 此外，还规定了这些成员所应具备的一些特质，其中一项特质是血统纯正，不能掺有摩尔人或犹太人血统。第3章规定了仁慈堂成员的义务，其主要义务是参加宗教游行。第4章规定了造成成员被辞退的理由。第5章规定了开始选举理事会官员的方式，选举日为每年的6月2日。第6章规定了结束仁慈堂理事会选举的日期和方式。这一章写有选举人宣誓誓词。第7章规定了新当选的成员们开始服务于仁慈堂的方式。第8章规定了新当选的成员们应该执行的事项，共15项，如规定每个月最后一天选一名成员来为仁慈堂医院服务，根据规定，这名成员必须一直住在医院中。第9章规定了仁慈堂主席（执理）所应执行的事项，共11项，规定主席必须是贵族或绅士，有威望，有德行，处事慎重，年龄不得

---

① ［瑞典］龙思泰著，吴义雄等译：《早期澳门史》，北京：东方出版社，1997年，第52页。

② ［葡］施莉萝著，译者佚名：《社会救济活动及权力机制：仁慈堂之起源》，载澳门《行政》杂志第21卷，第2期（总80期），2008年，第363页。

③ ［葡］施莉萝著，译者佚名：《社会救济活动及权力机制：仁慈堂之起源》，载澳门《行政》杂志第21卷，第2期（总80期），2008年，第359页；［比］钟鸣旦等编：《耶稣会罗马档案馆明清天主教文献》第5册，［意］罗雅谷：《哀矜行诠》卷2，《分形神哀矜之行十四端》，台北：台北利氏学社，2002年，第77～79页。

④ C. R. Boxer, *Portuguese Society in the Tropics: The Municipal Councils of Goa, Macao, Bahia, and Luanda, 1510－1800*, Madison: University of Wisconsin Press, 1965, p. 53. 博克塞称澳门没有从事手工劳动的葡萄牙人，所以这些所谓的手艺人实际上与贵族都享有相同的社会地位。

⑤ C. R. Boxer, *The Portuguese Seaborne Empire (1415－1825)*, Middlesex, Penguin, 1973, p. 287.

低于40岁。第10章规定了理事会书记官所应执行的事项，共12项。第11章规定了司库所应执行的事项，共19项，其中重要的一项为处理遗产。第12章规定了囚徒总管所应执行的事项，共13项。第13章规定了巡访员所应执行的事项，共8项。第14章讲述了理事会不能单独行使的事项，共9项。这些事项必须与委员会（Junta）商讨。第15章规定了20名仲裁员所应执行的事项。第16章规定了主席和成员们应该怎样面对涉及仁慈堂的诉讼。第17章规定了出纳员的职责，如每个月末向仁慈堂书记员汇报该月的收支情况等。第18章规定了仁慈堂小礼拜堂总管的职责。第19章规定了医院总管的职责，即接收由巡访员送来的病人，并协助医生对病人的治疗；月末要向司库汇报医院的开销情况。第20章规定了小礼拜堂神父们的职责。第21章规定了仁慈堂雇佣人员的职责。仁慈堂成员们都是无偿工作的，但仁慈堂同时也雇用一些人，比如一些男童等，这些人不得是教士。第22章关于如何接受和执行遗嘱。这一章占很大篇幅，因为遗产捐献是仁慈堂资金的重要来源。许多在澳门去世的葡萄牙商人或其他人，将财产委托仁慈堂转交给其继承人，很多时候则直接献给仁慈堂。第23章关于收养弃儿。第24章关于为处于炼狱之中的灵魂祈祷。第25章关于怎样向孤儿捐献。第26章关于如何接受受访请求。第27章关于如何接收和处理俘虏们的请求。第28章关于濯足节游行的次序。第29章关于如何举行葬礼。第30章关于如何为死囚送行。第31章关于如何处理被处决了的死囚的尸体。第32章关于如何促进仁慈堂内部的和睦。第33章关于如何查问带薪为仁慈堂服务的人。第34章罗列了仁慈堂所需要的各种记事簿，共32种，涉及了仁慈堂的方方面面。第35章又是关于选举之事。第36章说明仁慈堂只执行这个章程所规定条款的原因。第37章专门对小礼拜堂总管、医院总管和护理人员、麻风病院的护理人员作了详细的规定。[①]

1627年的《澳门仁慈堂章程》第5章制定出一整套严谨的选举制度。这套制度是一种以“黑豆白豆”法为基础的集体无记名投票。从接收、驱逐弟兄，到主席和理事会成员的选举，选举系统均依照此种方法运作。根据这套方法，从主席开始，到书记员结束，每人都有一个小袋子，放在理事会圆桌上，投白豆表示赞成，投黑豆表示反对。在投票前，每人还要进行宣誓。[②] 澳门仁慈堂设有一理事会（或称委员会），由一批教友会和慈善会成员管理组成，共有13名（据说13这个数字也具有象征意义，因为它代表了耶稣最后的晚餐中参加者的数目[③]），每年召开2～3次会议（即理事会会议，集体讨论决定相关重要议题。选举过程一成不变：由教友会和慈善会召开大会，

---

① 董少新：《〈澳门仁慈堂章程（1627）〉的初步研究（下）》，载《澳门杂志》第35期，2003年，第66～69页。

② Isabel Leonor da Silva Diaz de Seabra, *A Misericordia de Macau（Séculos XVI a XIX）Irmandade, Poder e Caridade na Idade do Comércio*, Porto: Faculdade de Letras da Universidade do Porto, 2006, pp. 119－120.

③ ［葡］施莉萝著，译者佚名：《社会救济活动及权力机制：仁慈堂之起源》，载澳门《行政》杂志第21卷，第2期（总80期），2008年，第357～358页。

选举出10名选举代表、5名贵族、5名手工艺匠人。然后由两组提交各自选举理事的名单，要明确地指明选举谁为主席。这样的选举名单共有5组，然后由前任理事会开箱检票，选举值理的票数另计。理事也是通过此种办法间接选举出来的：由教友会和慈善会从贵族和非贵族成员中选出人员组成一个选举团，由其负责选出理事。[①] 龙思泰的资料稍有不同，他称：

> 1617年修改了（仁慈堂）管理章程，由若奥四世（João Ⅳ）于1649年加以批准，他将仁慈堂置于自己的直接保护之下。这一机构的成员同意1627年的“妥协方案”（即1627年《澳门仁慈堂章程》），提名选举人，由其任命主席、书记官和司库，与10位副主席一起，组成13人的委员会。这样被选出来的人有权拒绝就任，或接受这一为期一年的职位，任期于每年7月3日结束。主席在取得委员会大多数同意的情况下可以做出某些决定。但在一些特定的情况下，如选举新的委员会成员，则需召开大会。大约15年之前，只有葡萄牙人及其后裔可以得到任命，但自1821年起，情况有所改变。委员会每隔一个星期在一个宽敞的大厅聚会一次，离美轮美奂的奉献给仁慈圣母的教堂不远。[②]

这个委员会就是仁慈堂管理委员会，由13人组成，1位主席，10位副主席，再加上书记官和司库各1人，构成了仁慈堂的最高管理机构。选出来的委员会成员一年一任，任期到每年7月3日结束。在一般情况下，仁慈堂主席可以对仁慈堂的有关事务做出决定，但面对一些特定的需要做决定的情况时，则要召开委员们的大会共同决定。1821年之前，所有任命的委员必须是葡萄牙人或者葡萄牙人的后裔，但到1821年之后情况有所改变。委员会每隔一周就要在议事亭大厅聚会一次。

根据1627年的《澳门仁慈堂章程》第15章，我们可以知道，澳门仁慈堂还设有仲裁员（Os Definidores）这一选举性的教职，据章程称：“在8月10日圣劳伦索日那一天，由人们动员推选。成员是20名，任期均为1年。”[③] 并称：“（仲裁员）一旦被选举人接受任命，他将首先宣誓忠于领导、严守秘密、公正廉明，然后就职。这项工作将持续一年。”仲裁员这一群体的设立，旨在保障对仁慈堂各项活动合法性的确认，即确认其是否与《澳门仁慈堂章程》的精神相符。在章程疏漏的情况下，他们的“仲裁”有着与章程条款一样的效力，除了下列几条重大例外情况，他们可以对条文进行解读和更改：1）无权增加兄弟会成员的数目；2）在执行兄弟会职务之时，不可更改章程有关收集情报、豁免资格、年龄条件等方面的准则；3）禁止将仁慈堂的银钱借

---

① ［葡］施莉萝著，译者佚名：《社会救济活动及权力机制：仁慈堂之起源》，载澳门《行政》杂志第21卷，第2期（总80期），2008年，第357~358页。

② ［瑞典］龙思泰著，吴义雄等译：《早期澳门史》，北京：东方出版社，1997年，第52~53页。

③ ［葡］施莉萝著，译者佚名：《社会救济活动及权力机制：仁慈堂之起源》，载澳门《行政》杂志第21卷，第2期（总80期），2008年，第358页。

出，也禁止将仁慈堂存款的收益借出，即便它可以作为借出物；4）不可向教宗提出将遗赠物品更换为其他物品的请求，即便这样做可能给逝者带来好处；5）禁止让兄弟会埋葬非会员，除非此人是亲王或王子。与此相反，仲裁员可以决定向葡萄牙王国或者“其他海外地区”进行贷款，因为这样也许能“更好地侍奉天主，以及更好地促进那些地区的发展”。①

1627 年《澳门仁慈堂章程》对仁慈堂内的各级行政人员和工作人员有着十分详细的介绍，下面根据施莉萝教授研究的成果，将仁慈堂内各级行政人员和工作人员列表如下②：

表 2－2 仁慈堂各级行政人员和工作人员

序号	职务	任职条件	职权范围
1	主席或执理（O Provedor）	兄弟会会员，是贵族或正直的人，应当有声望、有道德、有名誉且十分谦逊，还需要有兄弟会事务的经验；不可低于 40 岁，无其他职业	主持所有的委员会、理事会，以及在每周一日在写字房工作，与仁慈堂书记员、司库处理财政
2	书记员（O Escrivão）	有声望、有道德、有名誉的人，必须是已婚者，并且还要十分谦逊而有耐心，没有其他职业，年龄 40 岁以上	每天前往写字房批示文件，在主席需要主持圣堂日常事务处担任记录；主席缺席时，由书记员补缺；书记员还有义务承担年度账目、每月账目，以及参加所有的档案交接工作
3	司库（O Tesoureiro）	高贵、正直且富裕的人	每天前往仁慈堂保管钱箱的锁匙，保管仁慈堂救济品以及所有以遗赠、遗嘱和其他形式留给仁慈堂的救济物资的责任；司库的职权还包括征收地租，还有仁慈堂管理的其他租金，每年须对其进行登记造册，并妥善保存

① Isabel Leonor da Silva Diaz de Seabra, *A Misericórdia de Macau* (*Séculos XVI a XIX*) *Irmandade, Poder e Caridade na Idade do Comércio*, Porto: Faculdade de Letras da Universidade do Porto, 2006, pp. 120－121.

② Isabel Leonor da Silva Diaz de Seabra, *A Misericórdia de Macau* (*Séculos XVI a XIX*) *Irmandade, Poder e Caridade na Idade do Comércio*, Porto: Faculdade de Letras da Universidade do Porto, 2006, pp. 109－119.

（续上表）

序号	职务	任职条件	职权范围
4	小堂神父（Capelães）包括仁慈堂小堂神父、医院小堂神父和圣拉匝禄小堂神父	1）老天主教徒（cristãos velhos），来自“所有葡萄牙领地，或者是葡萄牙人的后裔”；2）应是有德行、有知识、有声望的人；3）年龄不能低于30岁，必须具有忏悔神父的资格；4）澳门仁慈堂小堂神父，应是“好的唱诗者，并善于管风琴歌曲演唱”	担负起仁慈堂所辖的教堂、小堂宗教礼拜活动的责任，必须参与和出席一系列由兄弟会发起的宗教仪式和游行活动
5	巡访员（Visitadores）		按照专门的接受照料人的名单，进行人口登记调查行动；巡访员每两天对每个居民区的贫民进行访问，对于不能出屋或下床的瘫痪病人，每周访问一次，对病人则是每月访问一次，并以银钱、衣物、床铺的形式向他们发放救济物资
6	执事（Os Mordomos）包括小堂执事、库房执事和医院执事	一位贵族出身，一位公务员出身，都必须是兄弟会成员	小堂执事负责管理与虔诚遗赠的执行有关的各种宗教设备和工具；库房执事负责管理接受与发放的救济物资，尤其是有向麻风病人发放救济的义务；医院执事应实现其救死扶伤的规程
7	乞讨者（Esmoleres）即仁慈堂固定的筹款募捐人，又称施舍物资的征收官	兄弟会成员	为贫民乞讨，必须亲自去做，不能让人代办；收集来的施舍物资，应交送小堂执事，不可为自己乞求物资
8	低级员工和雇工，包括男护士和侍从	应有纯正的血统，并且生活清贫的小堂青年	帮助弥撒的工作，还有圣器收藏室、唱诗班和教堂的各种体力活及医院和疯人院的护理工作

仁慈堂组织结构中最为重要的人物即仁慈堂管理委员会主席（执理），他是仁慈堂最重要的被选举出来的官员。1618 年《里斯本仁慈堂章程》规定了他们的资格：

> 必须是有权威的贵族和绅士，要有耐心、德行、声望，还要有一定的年龄，这样其他的兄弟们就可以认他做头头，并很容易地服从他。即使他拥有以上所有的那些德行，但如果不到 40 岁，仍然不可以当选。他必须很有耐心，因为他要与许多性格不合的人打交道；他必须是一位有空闲时间的绅士，他就可以履行各种各样的职责和义务了。为了保证他拥有经验，头一年被选举进入监护人会议的兄弟不得充当会长。①

仁慈堂主席的职位崇高，备受社会各界的尊敬。开始时其都由葡萄牙贵族担任，到后来富有和诚实的人也可以用重金赎买这个职位。以果阿仁慈堂为例：1552—1910 年担任主席的人士中有 14 位总督、114 位总主教、2 位宗教裁判所检查官等。而澳门也不例外，担任过仁慈堂主席的人就有数位出任过澳门总督。由总督而出任仁慈堂的主席，足以反映仁慈堂在澳门社会的地位。

（三）服务于澳门社会的仁慈堂慈善事业

整个 16 世纪和 17 世纪的早期，是亚洲葡萄牙殖民地城市仁慈堂的黄金时期，亦是澳门仁慈堂的黄金时期。当时澳门的仁慈堂管理着三个机构：一所专门收容葡萄牙人的医院、一所麻风病院和一所收容弃婴的孤儿院。② 仁慈堂在中文文献中被称为“支粮庙”，而其管理的三个机构在中文文献中分别被称为“育婴堂”“医人庙”和“发疯寺”。印光任、张汝霖的《澳门记略》称：

> 南隅有庙曰支粮，如内地育婴堂制，门侧穴转斗悬铎，有弃其子者，掣绳响铎，置转斗中。僧闻铎声至，收而育之。别为医人庙，于澳之东，医者数人。凡夷人鳏寡茕独，有疾不能自疗者，许就庙医，其费给自支粮庙。东南城外有发疯寺，内居疯蕃，外卫以兵，月有廪。③

这里的育婴堂就是博克塞所言收容弃婴的孤儿院，这个孤儿院有时又称为孤女院，澳门仁慈堂根据不同时期救助的对象不同，而安排这一机构的工作。所以，笔者认为，在文献中出现的育婴堂、孤儿院和孤女院实际上指的是同一机构，只是在不同时期，这一机构救助的对象不同，外界给予它的名字也就出现了不同。所以，仁慈堂辖下的

---

① C. R. Boxer, *The Portuguese Seaborne Empire (1415 - 1825)*, Middlesex, Penguin, 1973, pp. 287 - 288.

② Isabel dos Guimarães Sá, Charity, Ritual, and Business at the Edge of Empire: The Misericordia of Macau, in L. M. Brockey, *Portuguese Colonial Cities in the Early Modern World*, Ashgate, 2008, pp. 168 - 169；有关澳门仁慈堂又见 C. R. Boxer, *Fidalgos in the Far East (1550 - 1770), Fact and Fancy in the History of Macau*, The Hague: Martinus Nijhoff, 1948, pp. 217 - 220.

③ （清）印光任、张汝霖原著，赵春晨校注：《澳门记略校注》，《澳蕃篇》，澳门：澳门文化司署，1992 年，第 150～151 页。

机构只有三座：一是贫民医院，二是麻风病院，三是育婴堂或孤儿院或孤女院。

仁慈堂设立贫民医院其目的，“凡夷人鳏寡茕独，有疾不能自疗者，许就庙医”①，直接服务于澳门社会的葡萄牙人之“鳏寡茕独”和“有疾不能自疗者”。设立麻风病院则主要是为了解决“麻风废疾孤贫无靠者”② 的赡养和安置问题。通过这两所医院对贫困的病人和麻风病人予以医疗救济是澳门仁慈堂最重要的工作，因此在1627年的章程中，涉及这方面的文字很多。这两个机构因为属于医疗问题，故在第7章详细介绍。

育婴堂的设立主要是为了解决澳门的弃婴问题，澳门仁慈堂对弃婴的照顾最早见于1571年，据澳门史学家高美士（Luís Gonzaga Gomes）提供的资料：

> 1571年，仁慈堂为所有弃婴（无论其种族，因为所有受到它保护的人几乎都是华人弃婴）、孤儿及囚犯提供特殊保护，并对那些贫穷的病人进行上门访问，这一切救济活动的开支是由当地居民的捐款和仁慈堂会员的月费来维持的。③

清初，陆希言称：“又有圣母堂者，以慈悲为名，专于收育遗婴，并怜惜贫而无告者。”④ 此处，“圣母堂”就是仁慈堂，“收育遗婴”即仁慈堂最重要的职责，所以澳门人一般都将仁慈堂称为育婴堂。嘉庆十八年（1813）有清档称：“管理育婴庙做遮喏京（José Joaquim）投称：本月二十四夜，被匪入内进房。”⑤ 管理育婴庙就是管理仁慈堂。据1880年的《澳门宪报》称：“其受伤之一女一子，均送往育婴堂医院调治。”⑥ 这个育婴堂医院就是仁慈堂医院。又据1881年《澳门宪报》称：

> 大西洋澳门管理育婴堂公会书记叭之咕（Albino António Pacheco）为通知事：奉公会命，定于八月十四日下午两点钟，在公所招人出投，承办育婴堂属下圣辣法厄尔（S. Raphael）医院内病人食物及供圣人辣匝绿（S. Lazaro）疯院内疯人食物，谁出价低者得。其章程款式准于八月初九日可到育婴堂写字房观看。特此通知。辛巳年闰七月廿四日。⑦

这就非常清楚，这里称“育婴堂属下圣辣法厄尔医院”和“圣人辣匝绿疯院”，我们知道医院和疯院都是仁慈堂辖下的机构，故此可知，此处的育婴堂指的就是仁慈堂。

---

① （清）印光任、张汝霖原著，赵春晨校注：《澳门记略校注》，《澳蕃篇》，澳门：澳门文化司署，1992年，第150页。

② 刘芳辑：《葡萄牙东波塔档案馆藏清代澳门中文档案汇编》上册，《澳门同知钟英为批覆原禀前山营游击拆毁发疯寺山坡房屋事下判事官眉额带历谕》，澳门：澳门基金会，1999年，第9页。

③ Luís Gonzaga Gomes, *Efemérides da História de Macau*, Macau, Colecção Notícias de Macau, 1954, p. 62.

④ ［比］钟鸣旦等编：《法国国家图书馆明清天主教文献》第11册，陆希言：《墺门记》，台北：台北利氏学社，2009年，第428页。

⑤ 刘芳辑：《葡萄牙东波塔档案馆藏清代澳门中文档案汇编》上册，《署澳门同知李澐为覆禀追育婴庙被窃银器事行理事官札》，澳门：澳门基金会，1999年，第317页。

⑥ *Boletim da Provincia de Macau e Timor*, Vol. XXVI, 27 de Março de 1880, No. 13, p. 84.

⑦ *Boletim da Provincia de Macau e Timor*, Vol. XXVII, 17 de Setembro de 1881, No. 38, p. 276.

这亦说明仁慈堂从开办起，就有收容弃婴的职能。[①] 上引高美士文称育婴堂收留的“几乎都是华人弃婴”，此语不确，仁慈堂的育婴堂当时又被称为“野仔庙”。清人吴錪的《澳门竹枝词》称：

> 然犀牛渚事非奇，绒发碧瞳见怪魑。螺蠃亦知遗异种，都教巴礼养婴儿。夷俗：黑鬼无配偶，多野合，设野仔庙收其遗孽。巴礼，夷僧名。[②]

这里的“野仔庙”指的就是仁慈堂。澳门有一大批充当葡萄牙仆役的黑人，其身份极为卑贱，很难有自己的配偶，所以常常与下层社会的女子野合生子，而生下来的孩子大部分都成了弃婴，这些弃婴被收留后，仁慈堂一般将这些弃儿交给养母收养，但由仁慈堂支付抚养费用，直到小孩长到7岁。[③] 澳门仁慈堂设育婴堂主要就是为了解决这一社会问题，直到19世纪80年代仍然如此。但后来收容弃婴的职责转到了意大利的嘉诺撒女修会（俗称“黑巾姑娘会”）。1885年，仁慈堂与嘉诺撒女修会达成协议，联手在花王堂明德禄主教提供的一处房舍中创立了一座育婴堂（又称“意大利亚国女育婴堂”），并聘请了一位中医在内服务。[④] 仁慈堂每月还提供120澳门元资助嘉诺撒女修会。[⑤] 直到1910年属于外国人的嘉诺撒女修会被澳葡政府驱逐，故育婴堂又回归仁慈堂承办管理。“本会之意，以归仁慈堂（管）理为合，盖仁慈堂系行善之性质，是其本分所应做。”[⑥]

澳门仁慈堂除了设立育婴堂以外，还创建有孤儿院，澳门市政厅于1998年3月26日在仁慈堂大楼左侧罗结地巷1号门前进行路面工程时发现了一块石碑，其上铭文如下：

> Esta Caza do Recolhimento das Orfans Foi Fvndada em 6 de Ianeiro de 1637 Sendo Provendor Migvel de Macedo.
>
> 本间孤儿院由执理米格尔·德·马些度于1637年1月6日创建。

---

① ［葡］施莉萝著，译者佚名：《社会救济活动及权力机制：仁慈堂之起源》，载澳门《行政》杂志第21卷，第2期（总80期），2008年，第366页亦称：“几乎从一开始起，仁慈堂便成立了育婴堂，一般称为‘转轮’，其目的是收留那些弃婴。这些弃婴一般是中国女子或女奴的子女，仁慈堂通过一些专门的管家和保姆照顾他们，至于经理和保姆的聘用是有严格的规定的。”

② （清）陈兰芝辑：《岭海名胜记》，《澳门记》卷7之《诗·澳门竹枝词和王骁骑遂行》，广东省立中山图书馆藏清乾隆五十五年羊城六书斋刻本，第61~62页。

③ C. R. Boxer, *Portuguese Society in the Tropics: The Municipal Councils of Goa, Macao, Bahia, and Luanda, 1510-1800*, Madison: University of Wisconsin Press, 1965, p. 52.

④ A. H. de Oliveira Marques, *História dos Portugueses no Extremo Oriente*, Vol. Ⅲ, Lisboa: Fundação Oriente, 1998-2003, p. 349. ［葡］施莉萝著，译者佚名：《社会救济活动及权力机制：仁慈堂之起源》，载澳门《行政》杂志第21卷，第2期（总80期），2008年，第366页认为仁慈堂将照顾弃婴的工作交付给嘉诺撒修女的时间是1876年。

⑤ *Boletim Official do Governo da Provincia de Macau*, Vol. XL, 28 de Janeiro de 1911, No. 4, pp. 45-46.

⑥ *Boletim Official do Governo da Provincia de Macau*, Vol. XL, 28 de Janeiro de 1911, No. 4, pp. 45-46.

图2－6　嵌镶在仁慈堂大楼左侧的罗结地巷1号门前的石碑

从这一考古材料的发现，我们可以清楚地知道，仁慈堂孤儿院创建于1637年1月6日，根据石碑发现的地点可以判断，孤儿院就设在仁慈堂的旁边。为澳门社会儿童服务，是仁慈堂的主要职责，不管是弃婴，还是无依无靠的孤儿孤女。弃婴指的是那些父母不明的孩子，孤儿孤女则指那些家庭破裂了以后没有依靠的孩子，而这些人都是需要帮助的人之一。在当时，孤儿被定义为所有无父亲的儿童，而许多这样的儿童并不需要物质援助。对处于这种状况的孤儿，仁慈堂只是对他们以后将继承的财产进行托管，由专门的司法人员（孤儿法官和书记员及财产评估员和分配员）负责清点造册。这种做法主要用于防止亚洲的仁慈堂通常的舞弊行为，并且，许多仁慈堂同时还举办男性孤儿学校，尽管一般来讲这些儿童是入神学院学习。作为对女童的收留，也可以收留女孤儿，但主要是帮助她们保存“女性的尊严”。仁慈堂还有一些其他的服务，如为孤女们提供嫁妆。尽管并没有明确地规定仁慈堂的这些义务，但仁慈堂实际上是起到了这些作用。[①] 1623年澳门议事会书记官雷戈称澳门：

> 有一座很好的仁慈堂，它每年都花费大量金钱供养孤儿、穷人和寡妇。教友们还在自己家里收留大批孤女，把她们当作亲生女儿供养，到她们出嫁时还根据各自的条件慷慨地为她们置办嫁妆。[②]

澳门的仁慈堂照顾与葡萄牙男子结婚、丈夫去世后留下的寡妇及孤儿。1662年澳门城内有约2 000名依靠教会施舍为生的孤儿寡妇。[③] 1710年，议事会专门调查需要帮助的

---

① ［葡］施莉萝著，译者佚名：《社会救济活动及权力机制：仁慈堂之起源》，载澳门《行政》杂志第21卷，第2期（总80期），2008年，第362页。

② ［葡］雷戈著，范维信译：《澳门的建立与强大记事》，载澳门《文化杂志》编：《16和17世纪伊比利亚文学视野里的中国景观》，郑州：大象出版社，2003年，第197页。

③ John E. Wills, *Embassies and Illusions: Dutch and Portuguese Envoys to K'ang-his, 1666－1687*, Cambridge, MA: Harvard University Press, 1984, pp. 87－88.

这类孤儿寡妇的名单，她们特殊的社会身份也使其成为被照顾的对象。① 关于澳门孤儿院创建的情况，早在1592年便设立了专门的基金，为即将结婚的孤女置办嫁妆，但必须先由孤女本人提出置办嫁妆的申请，或者是通过布告的方式来邀请所有有意者提出申请。在许多情况下，她们都是在仁慈堂的小教堂中举行婚礼的，参加婚礼的人有仁慈堂主席和理事。在16到18世纪澳门的对外贸易中，经常出现海难，有大量的死亡事件发生，出现了很多孤女和寡妇。1726年，考虑到当时收留孤女和寡妇的需要，当年通过了一项规定，即在上述情况下，可以收留20名孤女和10名寡妇。② 又据1727年葡印总督若昂·德萨尔达尼亚·达伽马（João de Saldanha da Gama）《给予仁慈堂的关于保留其孤儿们收容所的命令》称：

> 该命令是由于澳门市仁慈堂向我提出一项请求，它希望（这方面来讲，已经好多年了）能够建立一个收容所，以收容该市看到的那些孤儿、鳏夫、寡妇和穷人，通过这种渠道，挽救他们的诚实，并最终服务于上帝。如果能够达到此目的，建成了该收容所，那么它便可以收容更多的孤儿、鳏夫、寡妇和穷人。这些人会想去值得拥有这个庇护。由于担心未来时间里不能持久地坚持，可能会对这种稳定造成威胁，请求我颁布一条命令，确认建立上述的收容所，并声明，当缺乏资金而不能够维持时，在这种情况下，没有首先向政府解释这件事，就让它消失：请求我的怜悯，确认前述的收容所的建立，下令颁布一条包含上述的条款的命令，考虑过所请内容后，我决定，保留澳门市仁慈堂已建立的前面提到的收容处，以便其收容孤儿和鳏夫寡妇们，将得以保留，在国王没有颁布与此相反的命令时。条款是将在该收容所设一位女老师，以能够教育孤儿们所需要的打理他们的家的艺术。③

施白蒂公布的葡文档案亦称：

> 1830年11月21日，澳门议事会讨论了仁慈堂建立孤儿收养站的请求。该堂最早的收养站建于1726年，1737年停办。④

据此可知，仁慈堂孤儿院于1726年始建，但到1737年时停办。施莉萝亦称，这一收容措施于1737年终止，孤女们改到亲戚家居住。⑤ 到1792年时，在施利华主教的支持

---

① J. S. A. Elisons, Nagasaki: The Early Years of an Early Modern Japanese City, in L. M. Brockey, *Portuguese Colonial Cities in the Early Modern World*, Ashgate, 2008, pp. 82 – 83.

② ［葡］施莉萝著，译者佚名：《社会救济活动及权力机制：仁慈堂之起源》，载澳门《行政》杂志第21卷，第2期（总80期），2008年，第367页。

③ *Arquivos de Macau*, 3ª Série, Vol. Ⅱ, No. 6, Macau, 1930, pp. 349 – 350.

④ ［葡］施白蒂著，姚京明译：《澳门编年史：19世纪》，澳门：澳门基金会，1998年，第48~49页。1830年议事会曾经讨论仁慈堂请求再建孤儿院之事，但是否建成，未见记录。

⑤ ［葡］施莉萝著，译者佚名：《社会救济活动及权力机制：仁慈堂之起源》，载澳门《行政》杂志第21卷，第2期（总80期），2008年，第367页。

下，又创建了一所新的孤女院：

> 1793年1月26日，葡女王给澳门议事会写信，命令拨出白银8 000两创建孤女收容院，议事会将澳门孤儿基金8 000两，分配如下：4 000两用于培养教职人员，4 000两给予孤儿院保存。议事会另支付给神父每年80两的薪水。先是，施利华主教致函葡国女王陛下，请求国王拨款创建孤女收容院，以收容那些面临堕落或因船只失事而成为孤儿的女孩或因贫困而被遗弃的女婴。收容院创建后，有36名孤女、1名总管和几名女教师。①

龙思泰亦对这一孤女院进行了介绍：

> 设立一个这样的机构起初是慈善兄弟会的想法，但却没有有效手段使其维持长久。从1726年开始，为30名寡妇和孤女设立了一个临时性的基金，她们得到衣食，孤女还学习家政。她们生活的主要来源之一，就是每年进口货值的0.5%，议事会从中拨留了其婚嫁所需费用。这0.5%在1726年为406两；1728年只有60两。这一机构一直未正式确立下来，直到1782年，兄弟会提议与议事会共同创办一所新的救济院。这一建议被接受。议事会提供了4 000两，提出其名称为“圣罗撒培幼院”。②

林家骏主教则提供了这一孤女院创办的另一种记录：

> 1718年，仁慈堂曾设孤女院一所，收容教育无靠的葡裔女童。后来因经费无着，终于1737年关闭。至1792年，施主教再创办一所葡文孤女院，后来改名圣罗撒培幼院。③

虽然文德泉、龙思泰、林家骏等人的记录都不尽相同，反映的基本史实是澳门曾在18世纪初就兴建过一个孤儿院（或称孤女院），但期间颇具曲折，到1737年时停办，后又恢复重办，到19世纪仁慈堂还肩负着为澳门社会儿童服务的职责。

就像其他地方的同类机构一样，澳门的仁慈堂不仅关心葡萄牙人团体中被遗弃的那些人，也关怀当地已受洗的基督徒。当时的报告说，葡萄牙人很小心不让当地最主要的医院接收中国病人，他们担心一旦有中国人死在医院，中国当局会找他们的麻烦，只有麻风病院接收中国人以及入教的中国信徒。澳门仁慈堂的理事会声称：根据传统，仁慈堂并不照顾中国人，但一旦中国人成了基督徒，他们就会被原先的中国社会所驱

---

① Manuel Teixeira, *Macau no Séc. XVIII*, Macau: Imprensa Nacional, 1984, p. 692.

② ［瑞典］龙思泰著，吴义雄等译：《早期澳门史》，北京：东方出版社，1997年，第53～54页。龙思泰出处称孤女院的复办是在1782年，与文德泉书所载1792年不同。

③ 林家骏：《澳门教区历史掌故文摘》，《澳门天主教教育事业的发展》，澳门：澳门主教公署，1982年。

逐，就只得完全依赖于基督徒的照顾，因此葡萄牙人有义务帮助他们。[①]

澳门仁慈堂的服务还包括对囚犯的探视和关怀，仁慈堂开展一系列与被监禁者有关的活动。他们要关心法院的审理情况，支付有关的费用，为犯人提供饮食和衣服，同时还要探监。在某些情况下，还要为监狱打扫卫生。如果犯人被判流刑的话，还要为犯人准备前往流放地的费用。精神方面的援助也由它们进行。仁慈堂的本堂神父于星期天和圣日为被监禁者做弥撒，此外，还要为他们做告解和为他们做终油礼，因为监狱内没有小教堂，所以通常使用的办法是在监狱对面的路上建立一所小堂，这样被监禁者可以通过窗户参加弥撒。所有在葡萄牙人管理下的领土，一般都采用这种办法。这不仅仅体现了救济的宗教性质，同时也体现了被监禁的性质。被监禁者并没有完全与小区脱离关系，因为通过监狱墙上的窗户，他们可以同外界进行交流。[②]

葡萄牙殖民地的仁慈堂还以良好的信誉充当过类似邮政局和银行的角色。博克塞指出：

> 有时候，葡属亚洲的仁慈堂的行为有点像银行家，又有点像经纪人或掮客，它们的诚信度得到广泛的好评，1583 年，一位在亚洲旅行了 18 年的意大利人费德里希（Cesare Federici）说：“葡属亚洲的任何地方的商人，都可以通过仁慈堂将自己的遗产赠给欧洲基督教世界国家内任何地方的他的子女和后代，所有手续都安全、可靠和准时。”一个世纪以后，有一位耶稣会会士谈到了一个经典的例子：一位即将死在澳门的格林那达的摩尔人，通过果阿的仁慈堂将他的遗产交给葡萄牙人设在波斯湾附近的商站里，一分不少地准时交到他的继承人手中。长久以来，人们一直很欣赏仁慈堂的公正和诚信。[③]

葡萄牙学者索萨亦称：

> 仁慈堂亦有某种银行的作用。通过它，可以从澳门或巴西向葡萄牙汇款，反之亦然。这出于慈善，是免费的。有私人使用此种服务获得许多了无音信的亲戚的情况。在通常的情况下，它们是帮助人们处理遗产问题的中间人。[④]

澳门仁慈堂的社会服务工作不仅仅局限于救助与施舍，同时也鼓励和支持人们努力地工作，防止他们陷入经济的贫困之中，因此仁慈堂也具有贷款的功能，例如为农业提

---

① Isabel dos Guimarães Sá, Charity, Ritual, and Business at the Edge of Empire: The Misericordia of Macau, in L. M. Brockey, *Portuguese Colonial Cities in the Early Modern World*, Ashgate, 2008, pp. 168 – 169；有关澳门仁慈堂又见 C. R. Boxer, *Fidalgos in the Far East (1550 – 1770)*, *Fact and Fancy in the History of Macau*, The Hague: Martinus Nijhoff, 1948, pp. 217 – 220.

② ［葡］施莉萝著，译者佚名：《社会救济活动及权力机制：仁慈堂之起源》，载澳门《行政》杂志第 21 卷，第 2 期（总 80 期），2008 年，第 361 页。

③ C. R. Boxer, *The Portuguese Seaborne Empire (1415 – 1825)*, Middlesex, Penguin, 1973, pp. 67 – 68.

④ George Bryan Souza, *The Survival of Empire: Portuguese Trade and Society in China and The South China Sea, 1630 – 1754*, Cambridge: Cambridge University Press, 2004, p. 45.

供贷款，历史上有记载的第一个义仓就是由里斯本仁慈堂于1576年建立的。而澳门商人出海贸易，为了获得贸易资本，纷纷向仁慈堂申请贷款，并获得资助：

> 1758年11月4日，澳门富商西蒙·罗咱新买船“圣沙勿略”号，由若阿金·西尔维拉（Joaquim José da Silveira）驾驶从澳门前往帝汶。该船为首次试航，还向仁慈堂贷款1 200两。①
>
> 1759年7月，从本月至1760年6月底，澳门仁慈堂共提供了22笔贷款给澳门船主们进行海上贸易，其中19笔是用于赴印度的贸易，这些船主在返航时都还清了贷款的本金和利息。②
>
> 1781年10月28日，澳门三位船主向仁慈堂借贷4 500两白银往东京王国贸易。③
>
> 1781年12月，澳门三位商人向仁慈堂贷款200两租用“圣玛丽亚·马约号”船经巴达维亚前往毛里求斯群岛航行。该船后经马来西亚港口返回，仁慈堂贷款利息为20%。④
>
> 1783年澳门仁慈堂分别向船主安东尼奥·罗萨里奥和阿尔贝尔托·席瓦尔（Alberto da Silva）提供700两和200两的贷款，驾驶“圣利达·德·卡西亚号”单桅船去暹罗进行贸易。⑤

博克塞还提供了这样的资料：

> 整个澳门都参与了与帝汶的檀香木贸易，上至总督，下至寡妇和孤儿，都投入资金购买贸易份额。希望投资贸易的人还可以向仁慈堂和主教府的基金借贷，平均利息为20%～25%。⑥

仁慈堂的借贷功能在一定程度上影响着澳门的海外贸易，特别是在澳门海外贸易黄金时代消失以后的时期。以上资料足以反映澳门仁慈堂在澳门社会经济发展过程中所起的“银行”这一作用，亦可说明澳门仁慈堂在澳门社会经济发展中的地位，特别是在澳门经济发展处于窘境的时期。澳门仁慈堂的这种类似银行和经纪人的作用直到19世纪以后才日渐衰落下去。

---

① Benjamin Videira Pires, *A Vida Marítima de Macau no Século XVIII*, Macau: Instituto Cultural de Macau, 1993, p. 45; Manuel Teixeira, *Macua no Séc. XVIII*, Macau: Imprensa Nacional, 1984, pp. 498－499.

② Benjamin Videira Pires, *A Vida Marítima de Macau no Século XVIII*, Macau: Instituto Cultural de Macau, 1993, pp. 57－58.

③ Benjamin Videira Pires, *A Viagem de Comércio Macau-Manila nos Séc. XVI a XVIII*, Macau: Museu Maritimo de Macau, 1994, pp. 60－61, 95－99.

④ Manuel Teixeira, *Macau no Séc. XVIII*, Macau: Imprensa Nacional, 1984, p. 617.

⑤ Isabel Leonor da Silva Diaz de Seabra, *Relações entre Macau e o Sião* (*Séculos XVIII－XIX*), Macau: University of Macau, 1994, p. 31.

⑥ C. R. Boxer, *Portuguese Society in the Tropics: The Municipal Councils of Goa, Macao, Bahia, and Luanda, 1510－1800*, Madison: University of Wisconsin Press, 1965, p. 52.

从19世纪初开始，澳门仁慈堂还有出售彩票获取利润作为合法经费之职能。1783年，葡萄牙女王玛丽亚一世（Maria Ⅰ）出于慈善福利目的，将彩票专营权授予里斯本仁慈堂，批准其发行慈善彩票。[①] 1810年1月5日，澳门仁慈堂首次被葡国摄政王唐·若奥批准每年发行一次慈善彩票。6月15日，澳门仁慈堂正式设立一家彩票发行站发行彩票，从中抽博彩税资助澳门的福利慈善机构。[②] 这是澳门合法发行彩票的最早记录。1844年7月27日，《澳门土生代理人报》刊登澳门仁慈堂发行彩票计划：订于本年8月12日在仁慈堂写字楼出售彩票，这次计划共发售4 000张彩票，每张售价5元，设有1 016个奖项，头奖奖金为2 000元，其余各项奖金由50元至1 200元不等。仁慈堂可从发售彩票的总额中提取12%的利润作为合法的仁慈堂经费，其余17 600元拨作奖金。[③] 仁慈堂彩票当时又被称作澳门彩票。起初，由仁慈堂经营的彩票影响不广，后由于中国各通商口岸地区彩票盛行，澳门仁慈堂彩票也逐渐景气起来，但在广东地区西式的澳门彩票没有多少市场，再加上澳葡政府议事会和仁慈堂之间的利益分配矛盾不断，经营较好的年份也不过开彩4～6次，故年收益不高。直到1897年，经过激烈争论，澳葡政府对澳门仁慈堂彩票的发行售卖进行改革，将其与中式博彩结合，出投招人承充专营，使之被纳入澳门博彩业承充专营体系之中，让整个局面为之一变。[④] 到19世纪末，由于有了仁慈堂的彩票，仁慈堂的经济和财政状况得到了平衡，运作基金比较充裕，因此其再次恢复了以前的功能，例如赞助用于麻风病的开销、向囚犯分发衣服，甚至为他们提供一部分救济金。当时还有白马行医院，为患有癌症的病人提供的诊所，仁慈堂的残女收容所，还有个专门收留成年妇女的收容所。根据实际情况，它也为其他有需要的人提供救济。[⑤]

当然，仁慈堂在葡属亚洲殖民地所起的最大作用还是在慈善事业方面。如果说，葡萄牙殖民主义对东方的征服和掠夺是历史的一个方面，仁慈堂的工作则代表了另一个方面。正如博克塞所说：

> 仁慈堂的故事是葡萄牙在亚洲殖民主义中的补偿性特征（redeeming features）之一。直到近代，其他欧洲人在亚洲殖民地中尚无类似的情形可资比拟。关心有需要的人和被压迫的人，照顾孤儿、帮助寡妇以及为失去父亲的人看守遗产，这

---

① *Enciclopédia Luso-Brasileira de Cultura*,“*Lotaria*”,Lisboa,1980,p.9.

② João José da Silva,*Repertorio Alphabetico e Chronologico Indice Remissivo da Legislação Ultramarina*,Lisboa:Typopraphia de J. F. Phinherio,1904,p.183；［葡］施白蒂著，姚京明译：《澳门编年史：19世纪》，澳门：澳门基金会，1998年，第14页。

③ *O Procurado dos Macaistas*,1844/07/27，转引自胡根：《澳门近代博彩业史》，广州：广东人民出版社，2009年，第75页。

④ Pedro dá Mesquita,Lotarias com Todos,in *Macau*,No.57,Janeiro de 1997,pp.34－35.

⑤ ［葡］施莉萝著，译者佚名：《社会救济活动及权力机制：仁慈堂之起源》，载澳门《行政》杂志第21卷，第2期（总80期），2008年，第356、367页。

个团体是在真正履行慈善工作，而且做得很好。[①]

博克塞对葡萄牙亚洲殖民地的仁慈堂给予了很高评价，并将仁慈堂与议事会等量齐观：

在整个葡萄牙海洋帝国的诸多机构中，没有什么比议事会和仁慈堂更具特色和更为重要的了。如果有点夸张地说，议事会和仁慈堂就是从马拉尼昂（Maranhão，巴西西北的一个地名）到澳门的广大葡萄牙殖民地社会中的两根柱子，它们为殖民地社会提供了一种延续性。这种延续性是不断更换的总督们、主教们和法官们不能提供的。……这两种制度都适应了各种不同的文化、民族和异域的环境，并与它们在欧洲中世纪的源头保持联系，这既是葡萄牙人的保守主义，也是他们在海外事业中表现出来的弹性和韧性的最好范例。[②]

第二节 葡萄牙海外殖民地的总督制

葡萄牙人进入澳门之初，应是按照其传统的殖民统治形式，在这里建立了商站或商业要塞。商站的职能主要是商业性的，目的是保障王室的商业利益，创造必须的条件及机会来鼓励贸易。因此，它常常集商业、军事、外交职能于一身。通常一个商站即是一座军事要塞，它需要注意尊重要塞周围的居民与权贵，并与他们维持友好关系。葡国人到澳门的最初阶段即采用这种管理模式，在商贸和后勤方面，王室派一位商站站长或代理为代表；在政治军事方面，由一位每年在去日本中途在澳门逗留的“巡航首领”（Capitão das Viagens）负责。[③]

一、“海上巡抚”加必丹末

16世纪40年代起，葡萄牙王室对中日贸易实行王室垄断制度，任命中国及日本贸易巡航首领，授权他组织贸易航行，这个巡航首领就成为澳门最早的临时总督。巡航首领由王室任命，或者由葡印总督以国王的名义任命，起初是作为替王室效力的一种酬劳，后因利润丰厚，王室不再免费赐予，而是要出钱购买，最后演变为拍卖给出价最高者。在其存在的最后数年，巡航首领还有固定的津贴，成为人人竞争的肥缺。[④]

---

① Anthoy D'Costas, S. J. *The Christianisation of Goa Island*, Bombay, 1965, p. 126.

② C. R. Boxer, *The Portuguese Seaborne Empire (1415 - 1825)*, Middlesex, Penguin, 1973, pp. 273, 293.

③ ［葡］叶士朋著，周艳平、张永春译：《澳门法制史概论》，澳门：澳门基金会，1996年，第14~15页。

④ 张廷茂：《澳门总督制缘起》，载《文化杂志》（中文版）第58期，2006年，第95~101页。

中国及日本贸易巡航首领（Capitão das Viagens da China e Japão），中文称“加必丹末”，为葡文 Capitão-mor 的音译，意为“大船长”或“舰队司令”。中文史籍如《殊域周咨录》均作“必加丹末”①，还有《明通鉴》中的“加必丹永”②，均为 Capitão-mor 不准确的音译。《明史·佛郎机传》则纠正了这一错误，称“佛郎机，近满剌加。正德中，据满剌加地，逐其王。十三年遣使臣加必丹末等贡方物，请封，始知其名”③，这是中文文献第一次出现“加必丹末”一词。故《筹海图编》称“佛郎机国进贡，其船主名加必丹”④。加必丹末职能在 16 世纪发展并演变成为葡萄牙人统治海外领地的特殊制度，随之词义扩大，延伸及外交使节、要塞司令、贸易船队首领以及地区行政长官，金国平认为其职权类同一“海上巡抚”或“移动总督”，统治所到之处的文武众官，故为“西国贵官”，甚至有“海王”之称。⑤ 还有资料称，巡航首领犹如钦差大臣，承葡王或葡属印度总督之命，不仅统领所辖船队及船员，停泊期间，对所到之处的葡人社群也行使管理，尤其是军事权，兼行孤儿法官及失踪者（Provedor-mor dos defuntos e ausentes）职务，托管孤寡人士承继之遗产。⑥

加必丹末不仅享有特定航线贸易独占权，身兼贸易总监、巡航首领及外交代表等多种使命，而且，可以国王或葡印总督的名义，在沿途各港口出任临时性的最高长官，相机处理各种事务。中日贸易航线本来是商人和冒险家们建起来的，但王室很快插手，掌握了中国及日本巡航首领的任命权，一是王室可以分享葡中和葡日贸易的丰厚利润，二是可以对远东海上来来往往的葡商们混乱无序的行为定一些规则，三是对以王室的名义同中国政府打交道也有所帮助。⑦

第一位获得授权的加必丹末是马尔廷斯，时间应在 1546 年。⑧ 1547 年 2 月 12 日，

---

① （明）严从简：《殊域周咨录》卷 9，《佛郎机》，北京：中华书局，1993 年，第 320 页。

② （清）夏燮：《明通鉴》卷 47，正德十三年春正月辛丑朔条，北京：中华书局，1959 年，第 1758 页。

③ （清）张廷玉：《明史》卷 325，《佛郎机传》，北京：中华书局，1974 年，第 8430 页。

④ （明）郑若曾著，李致忠点校：《筹海图编》卷 13 下，《经略》6，北京：中华书局，2007 年，第 903 页。

⑤ 金国平：《Capitão-mor 释义与加必丹末释义》，载金国平：《中葡关系史地考证》，澳门：澳门基金会，2000 年，第 345 页。

⑥ João Heliodoro da Cunha Rivara, *Archivo Portuguez-Oriental*, Fasc. 5, Parte Ⅱ, doc. 464, pp. 538 – 539，转引自金国平编译：《西方澳门史料选萃（15—16 世纪）》，广州：广东人民出版社，2005 年，第 243 ~ 244 页。

⑦ ［葡］罗理路著，陈用仪译：《澳门寻根》，澳门：澳门海事博物馆，1997 年，第 34 页。

⑧ 张廷茂：《澳门总督制缘起》，载《文化杂志》（中文版）第 58 期，2006 年，第 95 ~ 101 页。张文的表述是“第一个充当澳门临时行政长官的是马尔廷斯”，但未注明所据史料来源。C. R. Boxer, *Fidalgos in the Far East (1550 – 1770), Fact and Fancy in the History of Macau*, The Hague: Martinus Nijhoff, 1948, p. 29 称：“两份最古老的名单对第一任加必丹末的记述存在分歧，一份认为 1550 年时的加必丹末是乘坐中式帆船到岛原的唐·费尔南多·德·梅内塞斯（Dom Fernando de Menezes），另一份认为是乘坐卡拉克帆船访问平户港的杜阿特·达·伽马（Duarte da Gama）。”

葡王若奥三世任命王室贵族莱奥内尔·德·索萨（Leonel de Sousa）为加必丹末。这是1546年以后的第二次任命。[①] 1550年，葡王任命费尔南多·梅内泽斯（D. Fernando Menezes）为前往日本的巡航首领。[②] 1552年，莱奥内尔·德·索萨再次担任加必丹末，航行日本。[③] 1557年，中国及日本巡航首领马尔廷斯率两艘葡萄牙大黑船从日本平户返回澳门，成为第一位有记载的驻澳门的巡航首领，亦称地方兵头。[④] 1558年，莱奥内尔·德·索萨第三次担任加必丹末，率两艘葡萄牙大黑船从澳门去日本平户，于11月返回，在澳期间以中国及日本巡航首领的身份管治这座城镇。[⑤] 1559年，路易·巴雷托（Rui Barreto）率两艘葡萄牙大黑船从澳门去日本平户，于11月返回，在澳期间，以中国及日本巡航首领的身份管治这座城镇。[⑥] 1560年10月，中国及日本巡航首领曼努埃尔·门多萨（Manuel Mendonça）在澳门住冬。[⑦]

从1560年开始，中国及日本巡航首领一职已成为远东葡萄牙贵族人人觊觎的职位，任职者每年可得70 000～80 000帕塔卡。帕塔卡又称帕特卡（Pataca），是葡萄牙人对墨西哥银币或西班牙比索（Peso）的别称，1比索约等于1克鲁扎多。在亚洲的一些葡萄牙上层贵族都想尽办法让国王授予这一航线的航行权。这就是使葡萄牙亚洲海上贸易发生根本变化的特许权制度。在此之前，中日贸易航线一直由王室经营。随着葡萄牙个体商人的出现，葡印总督逐步停止了这种由王室充当商人角色的垄断贸易，决定将这种贸易交给个人经营，或以合同的方式包租出去，并责令那些从国王那里获得特许权的个体商人用他们自己的资金装备船只。而这些特许权航线通常以拍卖的形式交给个体商人或船东。[⑧] 这种来自多头的巡航首领的任命，导致了这一制度的混乱。因此，在澳门就经常出现两个行政长官并存的现象，即《日本一鉴》所称："有佛郎机夷号称'财主王'者，横过'海王'，俱处其间，隐祸亦不可测也。"[⑨] 从而出现权力交叠、职权不清的尴尬局面。

1562年8月24日，奉摄政王太后唐·卡塔琳娜（D. Catarina）的懿旨出使中国的

---

① 岡本良知：「16世紀日欧交通史の研究」，東京：弘文莊，昭和十一年（1936年），第277～278頁；José Alvarez Taladriz，野間一正訳：「マカオ・長崎間貿易船のアルマサン契約に関する一六一〇年の資料」，「キリシタン研究」第12輯，東京：吉川弘文館，1967年，第358～359頁。

② C. R. Boxer, *Fidalgos in the Far East(1550－1770), Fact and Fancy in the History of Macau*, The Hague: Martinus Nijhoff, 1948, p. 29.

③ Rui Manuel Loureiro, *Em Busca das Origens de Macau*, Macau: Museu Maritimo de Macau, 1997, p. 91.

④ Manuel Teixeira, *Macau no Séc. XVI*, Macau: Serviços de Educação e Cultura, 1981, p. 41.

⑤ C. R. Boxer, *Estudos para a História de Macau*, Lisboa, 1991, pp. 197－198.

⑥ Manuel Teixeira, *Macau no Séc. XVI*, Macau: Serviços de Educação e Cultura, 1981, p. 42.

⑦ Manuel Teixeira, *Macau no Séc. XVI*, Macau: Serviços de Educação e Cultura, 1981, p. 43.

⑧ ［印度］桑贾伊·苏布拉马尼亚姆著，何吉贤译：《葡萄牙帝国在亚洲（1500—1700）：政治和经济史》，澳门：纪念葡萄牙发现事业澳门地区委员会，1997年，第112、145～146页。

⑨ （明）郑舜功：《日本一鉴穷河话海》下册，卷6《海市》，民国二十八年据旧钞本影印本，第6页。

中国及日本巡航首领迪奥戈·佩雷拉船队抵达澳门。他是富可敌国的葡萄牙商人，原籍马德拉岛（Madeira），多年来一直在东方海洋上进行获利丰厚的商业活动，尤其是在远东。迪奥戈·佩雷拉在耶稣会传教士中享有盛誉，因为他是弗兰西斯科·沙勿略（Francois Xavier）神父的好友。他不仅从精神上，而且从物质上对远东的耶稣会传教事业做出了积极的支持。[①] 文德泉称，澳门早期从未有过地方兵头被委任。最初这个拥有900名葡萄牙人的商站殖民地需要一个首领，那就是迪奥戈·佩雷拉，一个富有的商人。他被居民选为驻地首领，并有两位有影响力的杰出居民协助管治。这样，便形成了三人执政小组。[②] 迪奥戈·佩雷拉在澳门担任过两年的兵头，于1564年离开。[③] 山度士·阿尔维斯认为，16世纪60年代初，澳门葡萄牙和葡—亚团体的经济、社会与政治领导权都掌握在佩雷拉家族手中。其中最有名气者是迪奥戈·佩雷拉，吉列尔梅·佩雷拉（Guilherme Pereira）是他的兄弟，弗朗西斯科·佩雷拉是他的儿子，而吉尔·戈伊斯（Gil de Góis）是他的妻弟和驻华大使。他本人在澳门市民团体中极具影响力，而市民团体中最著名的人物为曼努埃尔·佩内多（Manuel de Penedo），迪奥戈还支持另外两个重要团体：一是华人团体，包括以林弘仲为代表的华裔团体和以翻译为职业的通事团体，由名叫托梅·佩雷拉（Tomé Pereira）的人领导，而成为迪奥戈·佩雷拉在中国的喉舌和耳目；二是耶稣会传教士，由于迪奥戈同弗兰西斯科·沙勿略的友好关系，佩雷拉家族人员全体加入耶稣会。[④] 就在迪奥戈·佩雷拉抵达澳门不久，又有两位持有赴日航行特许状的巡航首领来到澳门港，他们就是刘易斯·梅洛（Luís Melo）和唐·若奥·佩雷拉（D. João Pereira）。这样就出现了三位巡航首领同时争夺澳门地方首领权力的闹剧。[⑤]

1563年，葡王唐·塞巴斯蒂昂赐予门多萨（João de Mendoça）中日航行加必丹末职权：

> 鉴于至今仍在印度的我王室贵族门多萨在那里立下的功劳，特赐他一次从印度，经满剌加至中国初航的加必丹末职权。该加必丹末使用其自己的大船或海舶，一切费用自理。航行所至，行使加必丹末的职权，任何葡萄牙船只或在上述港口

---

① Manuel Teixeira, *Macau no Séc. XVI*, Macau: Serviços de Educação e Cultura, 1981, p. 43; Manuel Teixeira, *Macau e a Sua Diocese*, *Vol. III*, *As Ordens e Congregações Religiosas em Macau*, Macau: Tipografia Soi Sang, 1956－1961, pp. 135－136.

② Manuel Teixeira, *Primórdios de Macau*, Macau: Instituto Cultural de Macau, 1990, p. 12.

③ Manuel Teixeira, *Macau no Séc. XVI*, Macau: Serviços de Educação e Cultura, 1981, p. 43; Manuel Teixeira, *Macau e a Sua Diocese*, *Vol. III*, *As Ordens e Congregações Religiosas em Macau*, Macau: Tipografia Soi Sang, 1956－1961, pp. 135－136.

④ ［葡］阿尔维斯著，夏莹译：《澳门开埠后葡中外交关系的最初十年》，载《文化杂志》（中文版）第19期，1994年，第70～74页。

⑤ ［葡］罗理路著，陈用仪译：《澳门寻根》，附录文献9《若昂·德·埃斯科巴尔〈评述〉》（1565年），澳门：澳门海事博物馆，1997年，第108～109页。

居住或逗留的葡萄牙人悉听其辖制。澳门港、中国港口或任何通日本的港口亦在此例。①

因贸易季节等因素的影响，舰队司令人选和职位并不稳定，无法有效行使职权。1582年成书的《葡属印度城镇要塞图志》写道：

该地（澳门）从未有常驻此地的总督，只有日本航行的巡航首领，正如我们前面说过的，他在停驻该地期间，行使陆地长官的职责。到他离去时，下一次对日航行的巡航首领来到，所以当地绝大部分时间里都有长官，甚至时时不缺长官。

在那里驻留期间，巡航首领就充当在那里的葡萄牙人居留地的行政长官，拥有民事和刑事司法权，同时也是停泊在那里的所有葡萄牙船的船队长。除了赴日贸易巡航首领的船以外，其他任何船不得从该港开往日本。因此，澳门地方的所有居民，以及在日本从事贸易的其他任何人，都将自己的货物装入船队长的船，付给他高额的往返运费。这种运费数额很大，构成这些航行的主要收入。

这些巡航首领同时也担任在往返航行中或是在澳门去世的死者的管理人，这个职位给他们带来一大笔收入。授权航行的特许状上载明，（巡航首领）也是死者的（财产）管理人；如果特许状上没有载明，总督也会在印度授予他们这种职位。②

由此可见，加必丹末至少在三个方面与澳门产生联系：第一，在留驻澳门期间行使澳门葡人临时行政长官的职权；第二，享有澳门航海的专营权；第三，充当死者遗产管理人的角色。③ 这三种职权，都使加必丹末与在澳葡人的利益发生冲突。

巡航首领志在中日贸易中的营利，对澳门葡人事务并不热衷，更不谙与中国朝廷和地方官员的交往之道，且与当地居民常有商业利益之争。④ 早在1587年，澳门葡人就对加必丹末在其逗留澳门期间充当临时总督提出质疑，双方围绕权力和利益分配问题争执不断。1587年1月10日，菲利普二世致函葡印总督梅内塞斯，决定派遣学士亚历山大·里贝罗（Alexandre Rebelo）出任澳门的王室大法官，力图削弱中国及日本巡航首领在澳门充任临时总督时在民事与刑事等方面的权力。⑤ 但王室大法官的地位模糊不清，加必丹末的权力并未受到实质影响。

---

① João Heliodoro da Cunha Rivara, *Archivo Portuguez-Oriental*, Fasc. 5, Parte Ⅱ, doc. 464, pp. 538－539. 转引自金国平编译：《西方澳门史料选萃（15—16世纪）》，广州：广东人民出版社，2005年，第243页。

② Francisco Paulo Mendez da Luz, *Livros das Cidades e Fortalezas da Índia*: *1582*, p. 128. 转引自张廷茂：《澳门总督制缘起》，载《文化杂志》（中文版）第58期，2006年，第96页。

③ 张廷茂：《澳门总督制缘起》，载《文化杂志》（中文版）第58期，2006年，第96页。

④ 吴志良：《明代澳门政治社会》，载吴志良、金国平、汤开建主编：《澳门史新编》第1册，澳门：澳门基金会，2008年，第102页。

⑤ António da Silva Rego, *Documentação para a História das Missões do Padroado Português do Oriente*: *Índia*, Vol. Ⅴ, Lisboa, 1958, p. 56.

17世纪初，由于荷兰人的东来及他们对澳门的觊觎，为了加强对澳门城市的保护，议事会意识到，促使一名军事负责人长期驻停澳门似乎是一件十分必要的事情。[①] 正如吴志良先生所言："议事会考虑到澳门全年的军事防御问题，遂要求葡印总督派一位军事首领长期驻守澳门，负责防务，是为战督（Governador de Guerra）。"[②] 1615年11月28日，葡印总督以菲利普三世国王的名义任命王室贵族罗伯斯·卡拉斯科（Francisco Lopes Carrasco）作为澳门兵头兼王室大法官，独立于中日巡航首领，所以他成为澳门唯一一位兼任王室大法官的总督。罗伯斯·卡拉斯科还是第一个非欧洲血统者被授权统治殖民地，他出生于果阿，父母都是欧亚混血。[③] 1616年8月31日，澳门地方兵头兼王室大法官罗伯斯·卡拉斯科抵澳。罗伯斯·卡拉斯科抵任后，议事会与地方兵头之间的矛盾更趋明显，不仅中日巡航首领不承认他，居澳葡人也不愿听他的指挥。"战督"一职形同虚设，葡印总督欲借此重建澳门内部权力制衡关系的企图并未得以实现。[④] 1619年2月20日，葡印总督及葡印高等法院决定撤销罗伯斯·卡拉斯科澳门兵头兼王室大法官的职务。理由是在澳门防御工事的修建中，罗伯斯·卡拉斯科表现软弱，处处强调与中国人和平相处，以致毫无作为；履行大法官一职时也引起严重的投诉，犯了不少过错；而且中国及日本巡航首领也拒绝承认他的权力，造成澳门居民管理混乱，故被果阿方面召回。[⑤] 卡拉斯科的失败，除了自身表现不佳之外，加必丹末的抵制也是一个重要因素。虽然卡拉斯科的任命以失败告终，但就葡萄牙当局来说，这是改变澳门葡人管理制度的一次重要尝试，为以后的总督制打下了基础。

1621年的加必丹末是贾罗布（Lopo Sarmento de Carvalho），他于1620年在果阿以68 000色勒芬的价格买下了为期三年的对日航行权。澳门议事会对此更加不满，一方面阻止贾罗布在澳门的航行和行使职权，另一方面派人到果阿向葡印总督据理力争。代表澳门葡人的议事会认为，如果王室直接经营对中日的航行，并将所获利润的一部分用于防御，则可以对付对澳门觊觎已久的荷兰人和英国人的进攻。[⑥]

1622年，在击退荷兰人的一次猛烈进攻后，关于贾罗布担任加必丹末并垄断三年贸易权之事在澳门上层领袖中又引发了激烈的争论。议事会认为，加必丹末一职对于

---

① ［葡］萧伟华著，沈振耀、黄显辉译：《澳门宪法历史研究资料（1820—1974）》，澳门：澳门法律翻译办公室、澳门法律公共行政翻译协会，1997年，第4页。

② 吴志良：《澳门政制》，澳门：澳门基金会，1995年，第15~16页。

③ ［葡］施白蒂著，小雨译：《澳门编年史：16—18世纪》，澳门：澳门基金会，1995年，第33页；C. R. Boxer, *Fidalgos in the Far East(1550 - 1770), Fact and Fancy in the History of Macau*, The Hague: Martinus Nijhoff, 1948, p. 66，博克塞认为任命卡拉斯科是在1616年3月。

④ ［葡］施白蒂著，小雨译：《澳门编年史：16—18世纪》，澳门：澳门基金会，1995年，第33页。

⑤ Artur Teodoro de Matos, *Documentos Remetidos da Índia ou Livros das Monções*, Vol. 4, Lisboa, 1975, pp. 26 - 27, 189 - 190, 319 - 320.

⑥ C. R. Boxer, *The Great Ship from Amacon: Annals of Macao and the Old Japan Trade, 1550 - 1640*, Centro de Estudos Históricos Ultramarinos, 1960, pp. 101 - 102.

澳门是多余无用的，该职一年之中仅有几个月的时间在澳门驻停，为了解决修建防御工事的费用，澳门必须收买贾罗布所拥有的对日贸易航行权。在会议上，贾罗布获得王室大法官弗罗伊斯（Francisco Cardim Fróis）及澳门多明我会修道院主事、署理主教罗萨里奥（Frei António do Rosário）的支持，毫不退让，双方争论激烈。议事会遂由其驻果阿代表向菲利普三世及葡印总督提出请求，派一名常驻澳门的总督和300名士兵前往澳门，并取消贾罗布的航行权，还答应军队的费用由澳门负担。[①]

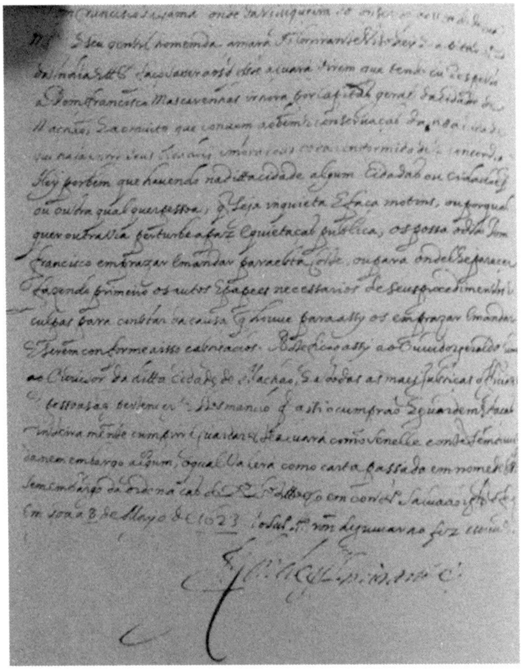

图2－7 埃武拉图书馆藏1623年5月8日葡印总督向首任澳督马士加路也颁发的任命状

在经历了荷兰人的多次军事进攻之后，不论是澳门议事会，还是葡印总督和葡国王室，都认识到加必丹末在驻澳门期间代行总督权力的制度，并不能有效地维护澳门的安全和利益。而对于葡印总督来说，将王室权力向澳门渗透也到了一个最好的时机。[②] 于是，1623年3月13日，葡属印度海外殖民地委员会决定，应该为澳门任命总督，令其负责军事防务，在澳门建立起良好的秩序，以便对付敌人在那里发动的任何进攻。为了解决建立澳门防御设施所需的经费，委员会还建议王室批准澳门收购贾罗布最后一年的航行权。[③] 3月18日，葡印总督弗兰西斯科·伽玛（D. Francisco da Gama）决定任命弗兰西斯科·马士加路也（D. Francisco de Mascarenhas）为澳门首任总督。[④] 最终目的是在澳门建立一个由“教会人士、市民及军人”组成的“混合政府”，同时加大总督的权力。[⑤] 此后，单独任命的总督成为葡萄牙常驻澳门的最高首领。

---

① José de Jesus Maria, *Asia Sinica e Japónica*, Vol. Ⅰ, Macau: Instituto Cultural de Macau, 1988, pp. 197－199.

② 张廷茂：《澳门总督制缘起》，载《文化杂志》（中文版）第58期，2006年，第100～101页。

③ C. R. Boxer, *The Great Ship from Amacon: Annals of Macao and the Old Japan Trade, 1550－1640*, Centro de Estudos Históricos Ultramarinos, 1960, p. 177.

④ António da Silva Rego dir., *Documentos Remetidos da Índia ou Livros das Monções (1625－1627)*, Vol. 9, Lisboa: Imprensa Nacional, 1978, p. 178.

⑤ C. R. Boxer, *The Great Ship from Amacon: Annals of Macao and the Old Japan Trade, 1550－1640*, Centro de Estudos Históricos Ultramarinos, 1960, p. 177.

二、《王室制诰》颁布前的澳门总督

在1783年《王室制诰》颁布之前，居澳葡人自治管理体制议事会从一开始就受到葡萄牙王室的干预，受葡萄牙政府支持的澳门总督与议事会之间的权力斗争，贯穿于1623年马士加路也担任澳门首位总督之后的所有澳葡政治生活中。正如博克塞所言："澳门的兵头或总督与议事会之间的摩擦频繁发生。"①

1623年7月17日，澳门首任总督弗兰西斯科·马士加路也率100名士兵抵达澳门，正式就职。② 议事会奏请葡印总督派遣澳门总督，原意是为了"给他带上贵族的光环，作状给华人甚至欧洲对手看"。③ 然而，马士加路也出任澳门总督后，总督的权力大大加强，在他的任命书中，不但授予他对当地居民及其财产的军事裁决权，而且使他在处理刑事案件时，除官员与贵族外，有权判决犯法者死刑。假如是官员和贵族犯法，他们就被降级，并被送至果阿交葡印总督审理。在处理一般民事诉讼时，澳督可以判处不超过100葡萄牙金币的罚款。假如有人胆敢不遵他的命令，他可以将其判罚500葡币；若此人交不出来，就判处流放5年。王室大法官、军事长、一名市政议员和一名普通法官协助澳督实施司法管理。澳督的薪水为每年4 000帕塔卡，由澳门议事会支付。澳门居民因葡印总督对澳门总督授权过多大有反悔之意，他们拒绝执行澳督以国王的名义发布的命令。然而马士加路也是一个胆大妄为的暴徒，他一到澳门就强占耶稣会出钱修建的大三巴炮台，将其当作他的私人住宅，凌辱妇女，吓得妇女们不敢去教堂，他的行为引起议事会及澳门市民的不满。澳门军民都非常恨他，于是，澳门议事会与耶稣会发起了一场政变，将马士加路也从大三巴炮台赶了出来，强迫他将奥斯定修道院（龙嵩庙）作为澳督的驻地，并从大三巴炮台向奥斯定修道院发了3枚石弹。后来，马士加路也将这3枚石弹镀金，一枚寄给国王，一枚寄给葡印总督，一枚留给自己。最后，他躲进一艘开往印度的船只，避开了这场暴乱。④ 据萨尔瓦多·贡萨尔维斯（Salvador Gonçalves）于1623年5月6日所写之信称：

1623年澳门总督这一职位拥有所有的权力，包括发布命令、执行司法以及对

---

① C. R. Boxer, *Portuguese Society in the Tropics: The Municipal Councils of Goa, Macao, Bahia, and Luanda, 1510 - 1800*, Madison: University of Wisconsin Press, 1965, p. 46.

② Manuel Teixeira, *Macau no Séc. XVI*, Macau: Serviços de Educação e Cultura, 1981, p. 39.

③ Eudore de Colobam, *Resumo da História de Macau*, Macau, 1927, p. 27.

④ ［葡］徐萨斯著，黄鸿钊等译：《历史上的澳门》，澳门：澳门基金会，2000年，第58页。Jack M. Braga, *A Voz do Passado: Redescoberta de a Colecção de Varios Factos Acontecidos Nesta mui Nobre Cidade de Macao*, Macau: Instituto Cultural de Macau, 1987, p. 20也记载了1623年澳门居民反对马士加路也的这场暴动。

这座城市的所有战争人员和驻兵进行审判和管理的权力。①

在早期的澳门总督中，像马士加路也拥有如此权力者仅此一例，马士加路也以后的总督基本上都不拥有上述权力。到17世纪时，独掌澳门葡人社群政治、行政、经济、财政、命脉的议事会已成政治寡头，向来我行我素，不受王制。如今首任总督到任，却位高权重，下车伊始，即着令议事会筹设官邸，献款筑房，遭到了议事会的极力抵制和反抗，最后将总督驱离出境。② 在议事会的反对下，葡印总督亦废除了澳门总督的多种特权。③ 从此后，在17—18世纪的大部分时间里，总督的主要权限仅仅在于军事防务方面，具体统管炮台和驻军。总督绝不允许插手议事会的自治事务。④ 在澳门权力管理模式之上，出现了葡国王室权力与地方权力共同分享统治职能的政治多轨制形态。⑤

上引资料提到首任总督马士加路也的薪俸每年为4 000帕塔卡，由澳门议事会支付，但据文德泉提供的葡文资料，1634年时澳门总督的薪俸降为1 500两（约合2 000帕塔卡）。⑥ 龙思泰提供的资料则称："我未能知道早期澳门总督的薪俸是多少。1636年其薪俸为每年1 000两（约合1 330帕塔卡），1740年是1 080两（约合1 436.4帕塔卡），现在（1832年）则是每年2 000两（约合2 660帕塔卡）。"⑦ 到1847年时，总督薪俸又增加到3 000两（约合3 990帕塔卡）。⑧ 从这一薪俸支付的由高到低、再由低到高的过程，似乎也可反映澳门总督权力的被削弱与逐渐加强的过程。

尽管如此，澳门总督与议事会的冲突与斗争仍然不断，总督蛮横干涉市政事务，并欠下市民大笔债务，从来不做还债的努力。1693年，议事会指责总督通常花费固定金额的钱购买总督职位，所需费用则向果阿借贷。他们带着沉重的债务来到澳门，目标之一就是在三年任期内积累大笔财富，除了偿还果阿的债主之外，还能为自己留下不少。而议事会故意拖欠总督薪水，阻止建立要塞，目的是使总督无法全面行使职

---

① Elsa Penvalva, Miguel Rodrigues Lourenço, *Fontes para a História de Macau no Século XVII*, Lisboa: Centro Científico e Cultural de Macau, 2009, p. 40.

② Cf. Manuela Sobral Blanco, A primeira Capitania Geral de Macau (1623 – 1626), in *As Relações entre a Índia Portuguesa e o Extremo Oriente, Actas do VI Seminário Internacional de História Indo-Portuguesa*, Macau-Lisboa, 1993, pp. 16 – 17.

③ Frederick Charles Danvers, *The Portuguese in India: Being a History of the Rise and Decline of their Eastern Empire*, Vol. 2, B. R. Publishing Corporation, 2006, pp. 234 – 235；［葡］施白蒂著，小雨译：《澳门编年史：16—18世纪》，澳门：澳门基金会，1995年，第36页。

④ ［葡］萧伟华著，沈振耀等译：《澳门宪法历史研究资料：1820—1974》，澳门：澳门法律翻译办公室、澳门法律公共行政翻译学会，1997年，第4页。

⑤ ［葡］叶士朋著，周艳平、张永春译：《澳门法制史概论》，澳门：澳门基金会，1996年，第17页。

⑥ Manuel Teixeira, *Os Ouvidores em Macau*, Macau: Imprensa Nacional, 1976, p. 34.

⑦ ［瑞典］龙思泰著，吴义雄等译：《早期澳门史》，北京：东方出版社，1997年，第68页。

⑧ *Boletim do Governo da Provincia de Macao, Timor e Solor*, Vol. II, 17 de Abril de 1847, No. 15, pp. 58 – 60.

权。[①] 1640年，葡萄牙脱离西班牙复国，开始加强集权，逐步取消了中世纪以来授予地方自治组织的优惠和豁免权。澳门总督的权力因此有所扩张，不仅掌握军事，还进而干预其他事务，甚至弹劾议事会成员、取消议事会选举。1642年，澳督施罗保（D. Sebastião Lopo da Silveira）与议事会在对待西班牙的问题上产生分歧，双方完全针锋相对，一度展开巷战，最后以施罗保的妥协告终。[②] 1643年12月，施罗保抵制议事会选举，企图取消该选举，议事会不肯让步，推迟检票，最后不得不由王室大法官出面调解。[③] 1697年6月，澳督费以喇（Gil Vaz Lobo Freire）擅自决定停止议事会法官的职务，引起议事会的不满，遂召开全体会议讨论费以喇滥用职权之事。[④] 1699年7月，申狄高（Diogo de Melo Sampaio）履任澳门总督，与议事会关系亦不融洽，上任后不久就宣布该年的议事会选举无效。[⑤] 而澳督戴冰玉（Diogo de Pinho Teixeira）与议事会的冲突几乎到了白热化的程度。戴冰玉于1706年8月就任澳门总督，为了强化总督的权力，决心打击在他眼中"傲慢而独立不羁"的议事会。[⑥] 1710年5月，在戴冰玉的军事逼迫之下，议事会成员不得不躲到圣保禄学院。戴冰玉遂召集全澳葡人举行议事会成员的重新选举，并威胁要用大炮轰平圣保禄教堂和学院。[⑦] 后经教会领袖和元老调停，戴冰玉下令撤走了包围圣保禄学院的士兵。但最后导致有两个议事会在澳门存在的状况：一个是总督支持的议事会，另一个则是被总督解散后躲在圣保禄学院的议事会。[⑧] 鉴于双方的矛盾不可调和，1710年，葡王若奥五世颁发了对议事会的28项特许状，规定了总督和议事会的权限，但仍然不能从根本上解决权争问题。总督贾士度（Francisco de Melo e Castro）甚至致函若奥五世，禀告总督和议事会之间的诸多不和，认为应当取消其中一个机构。[⑨] 18世纪初从果阿来的"总督兼军事首领"，都试图使议事会过于明显的优势趋于平衡。由此引起了不同派别的激烈争论，但议事会一般来说都战胜了对手。葡属印度总督桑多米尔伯爵（Count de Sandomil）于1735年称应由澳门总督来主持议事会。但这一点遭到否定，议事会宣称根据一道王家法令，总督在议事会既无席位，

---

① C. R. Boxer, *Portuguese Society in the Tropics: The Municipal Councils of Goa, Macao, Bahia, and Luanda, 1510 - 1800*, Madison: University of Wisconsin Press, 1965, p. 46.

② C. R. Boxer, *Fidalgos in the Far East (1550 - 1770), Fact and Fancy in the History of Macau*, The Hague: Martinus Nijhoff, 1948, pp. 122 - 125；张天泽著，姚楠、钱江译：《中葡早期通商史》，北京：中华书局，1988年，第169~170页。

③ ［葡］施白蒂著，小雨译：《澳门编年史：16—18世纪》，澳门：澳门基金会，1995年，第50~51页。

④ Manuel Teixeira, *Macau no Séc. XVII*, Macau: Direcção dos Serviços de Educação e Cultura, 1982, p. 155.

⑤ Manuel Teixeira, *Macau no Séc. XVII*, Macau: Direcção dos Serviços de Educação e Cultura, 1982, p. 158; Luís Gonzaga Gomes, *Esboço da História de Macau*, Macau, Colecção Notícias de Macau, 1954, p. 6.

⑥ ［葡］施白蒂著，小雨译：《澳门编年史：16—18世纪》，澳门：澳门基金会，1995年，第74页。

⑦ ［瑞典］龙思泰著，吴义雄等译：《早期澳门史》，北京：东方出版社，1997年，第63页。

⑧ ［葡］施白蒂著，小雨译：《澳门编年史：16—18世纪》，澳门：澳门基金会，1995年，第80~81页；［瑞典］龙思泰著，吴义雄等译：《早期澳门史》，北京：东方出版社，1997年，第64页。

⑨ ［葡］施白蒂著，小雨译：《澳门编年史：16—18世纪》，澳门：澳门基金会，1995年，第82~83页。

亦无表决权。议事会拥有处理政治和经济事务的权力，而总督则负责军事部门。[①] 中文文献《澳门记略》记载了澳门总督这一职位的权力：

> 夷目有兵头，遣自小西洋，率三岁一代，辖蕃兵一百五十名，分戍诸炮台及三巴门。蕃人犯法，兵头集夷目于议事亭，或请法王至，会鞫定案，籍其家财而散其眷属，上其狱于小西洋，其人属狱候报而行法。其刑或戮或焚，或缚置炮口而烬之。夷目不职者，兵头亦得劾治。[②]

《澳门记略》成书于1751年，此书记录的兵头就是澳门总督。而依上述记录则可看出，澳门总督并非只负责军事部门，还主管司法和行政。即使是议事会官员中的不称职者，总督也有权弹劾管治。这就是澳门总督不断侵蚀澳门议事会权力的极好证明。

随着葡国集权制的加强，代表王室的澳门总督强烈要求加强自身权力，十分不满议事会对清政府的顺从态度。整个18世纪，总督对议事会的打击与议事会勉力为之的抵抗，成为澳门的政治常态。18世纪中叶以后，世界形势复杂多变，工业革命与资产阶级革命浪潮汹涌，英、法、美等新兴工业国家崛起，世界市场展开了更加激烈的争夺，促使风光不再的葡萄牙帝国为保住其海外利益，急需在经济不景气的澳门建立一个与澳门本身生存与发展相适应的管治权力中心，并欲在政治、经济和社会诸方面摆脱中国政府对澳门的管治，甚至设想使澳门“独立”成为葡萄牙的真正殖民地。于是，自18世纪末期，葡萄牙政府就开始在澳门采取了“收拢政治权力”的政策。而在葡国庞巴尔侯爵（Marquês Pompal）执政以后，开始推行一系列政治、行政、军事和经济改革，以增强对海外属地的干预。澳门总督得到本国强有力的支持，开始变得名副其实，成为这个时期澳葡政府政治架构演变的重要标志。

三、《王室制诰》加强总督权力

1783年，在曾经担任过澳门总督的沙丹耶（Diogo Fernandes Salema de Saldanha）的鼓动之下[③]，葡萄牙女王玛丽亚一世应海事及海外省大臣卡斯特罗（Martinho de Melo e Castro）的建议，向葡印总督发布指示，即著名的《王室制诰》，其目的就是加强澳门总督的权力，全面削弱澳门议事会的权力，将财政、司法等实际管治澳门的权力赋予葡萄牙任命的总督，并拥有一定的武装力量。《王室制诰》内容如下：

> 1. 澳门港及澳门城作为一个应予以极为关注及警觉之据点，一直被人忽视。

---

① ［瑞典］龙思泰著，吴义雄等译：《早期澳门史》，北京：东方出版社，1997年，第69页。

② （清）印光任、张汝霖原著，赵春晨校注：《澳门记略校注》，《澳蕃篇》，澳门：澳门文化司署，1992年，第152页。

③ C. R. Boxer, *Portuguese Society in the Tropics: The Municipal Councils of Goa, Macao, Bahia, and Luanda, 1510–1800*, Madison: University of Wisconsin Press, 1965, p. 47.

由那里传来的消息，以及由果阿方面传来的有关澳门的消息一直很少。

2. 最近爆发的英法战争，以及稍后西班牙人及荷兰人的参战，使我们的一些商人开始更加频繁地远航（澳门），他们获得了令人欣慰的成功。这些成功将持续至交战列强订定和平（条约）之后。1783 年 2 月 20 日，四艘船只自葡萄牙抵达澳门，其中三艘属于最富有的两家商行（分别是 Paulo Jorge 及 Caldas），一艘属于本王室之信贷行。

3. 随着战争期间葡萄牙船队前往该港口（澳门）次数的增加，再加上澳门主教抵达首都里斯本，获知了一些消息。

4. 该地管理权几乎全部落入议事会手中，它负责一切属于王室库房之收益及资金的储蓄和支配，此外无人知道其使用情况。

5. 总督被排除在议事会之决定及决议之外，无论是对行政管理的好坏、王室财产的收支，还是对其他事宜均无权检查，都只能对城堡及守卫城堡的 60 或 80 名既可怜又贫穷的所谓士兵进行监管。

6. 在王室法官之职位（以前由一位文官担任）被撤销，并由一位由议事会推选或提名的普通法官取代之后，司法亦由议事会管理。议事会通过普通法官行使抓人放人的权利以及那小部分连中国人都不想据为己有的司法管辖权。

7. 由于议事会的过失、无知及疏忽大意，以及他们虚构出的中国人将带来的恐怖，该议事会几乎失去了（中国）前朝皇帝同意给予该葡萄牙据点的全部特权、豁免及自由。而造成这一无法弥补之损失的原因，除了中国官员的野心之外，就是议事会对中国官员的畏惧和卑躬屈膝。

8. 至于收益及王库资金，现已查明：资金方面为 30 万两，其中9 000两为没收耶稣会之财产，王库的资产折合葡国货币为 30 万雷亚尔（reis）；收益方面，主要由上述王库资产的利息及贷款利息、自本王国前往澳门的葡国船队支付的税款、前往亚洲各港口的澳门船只支付的税款以及马尼拉的西班牙人（他们是澳门允许进入该港口的唯一的外国人）支付的税款组成。

9. 目前用于赢取利息（5% 的利率）的资金为 10 万两，用于赢取贷款利息（利率为 20%）的资金为 3.3 万两（请参见第 1 及第 2 号附交之证明）。此两项每年收益为 11 600 两。在澳门有 14 艘帆船及单帆船前往亚洲各港口贸易，还有前往澳门贸易的马尼拉的西班牙船只约 1 至 4 艘，除此之外，上次战争后还有许多前往澳门的葡国船只。所有这些船只按船只类别、用途及船上货物交纳的税款（主要以现金交纳）至少为 15 000 两。故全部收益约为 26 600 两或折合葡国货币 26 600雷亚尔。澳门王库收益大致如此。

10. 澳门的开支在于支付附件 3 所指的登记册上的人士，约为 8 596 两；支付 79 名士兵、8 名中士、2 名鼓手的军装，对城堡的修缮补给及其他用品，每年约为 5 000两；此外还将入口税税款的 1% 用于澳门的一个教堂，另外 1% 用于医院。此等税款的金额难以计算，可高达2 000两。故总支出约为15 596两，折合葡国货币15 596雷亚尔。将收益与支出合计，每年结余约为11 004两或折合葡国货币11 004雷亚尔（参见账目表第4号）。

11. 这些收益及王库资金若非那么疏忽大意，本来可以大幅增长。而在澳门即无海关又无关税制度，无法通过海关和关税制度来评估进入澳门的货物及货品，从而亦无法征收陛下之王室税。而在那里只有第5个附件所指的简章以货物而非现金方式征收税款，这不仅严重损害了该地的贸易，亦严重损害了王库的收益。这是因为，在议事会监督公开拍卖有关货物及商品的情形下，议事会的人可以他们认为合适的价格购得上述货物及商品，从而严重损害王库的收益。此外，此等货物及商品稍后（被议事会的人）出售赢取私利时，其价格是海船商人无法与之竞争的。

12. 以上是可以在澳门搜集到的最主要的情报。当然还存在着另外一些同样重要、值得考虑的情况，将于下文再述。而前述之情况表明，必须采取果断措施，尤其是在当前战后欧洲列强缔结和平，英属美洲独立，该等列强之船只蜂拥前往亚洲开展贸易，凡尔赛王室斥资300万法郎给予其臣民发展对华贸易之时，这一切就显得尤为重要。

13. 鉴于澳门归属果阿政府管辖，两地之间每年曾经并仍然进行着频繁的沟通，并且在这一省城一定会有关于澳门的、更加准确而详尽的情报，陛下下旨命令阁下将此间的情报与本人上文所写的情况结合起来，在给予高度重视并听取智囊之意见后，深思以下每一圣谕之旨意，将圣谕立即予以实施；对于因不适宜而应予中止者，应上奏陛下御准。

14. 第一条圣谕是，有关澳门总督的挑选。澳督人选应为最为敏捷、最为聪颖、最无本身利害关系且廉洁奉公之人；鉴于此等良好品格取决于其投身工作后的功绩，因此不具此等品格者应撤离澳门，无须等候其任期三年届满，否则只能带来灾祸；相反，努力奉公者应至少予以六年之委任，因为只有在第一个三年任期届满之后，一个敏锐的总督方能获得良好统治的知识、经验和必要的启发。鉴于此间不知道现任澳门总督之品行，陛下请阁下谨慎注意他是否应被撤换，还是应被赋予执行上文所述之重要使命。

15. 第二条圣谕是，议事会经过多年努力，最终打击并排挤了澳门的总督，使后者依附甚至某种程度上屈从于议事会。其最过分的举措是竭力控制支付守城部队的开支，以致驻军不是由士兵而是由土著和乞丐组成，事实上人数也很少。因为上述部队由总督统帅，故这支部队越可怜，其统帅也就越不受人尊重。

16. 这一严重不妥导致中国官员对我们的一再辱骂，因为他们看不到令其害怕的人。中国官员进入澳门，将陛下臣民视若奴仆，而议事会则卑躬出迎，毫无怒色，用王库之财产大事迎送，犹如对待其真正主人一样。

17. 如果某一位总督不满此等举动，为保护民族荣誉怒而抗争，议事会则立即反应，指责他是在企图丧失该据点，且中国人会驱赶所有葡萄牙人，禁止一切供给进入该城，令所有人饿死，此外还捏造其他控罪，指责上述无辜且有荣誉感的总督。这些控罪被送至果阿，造成（对总督的）愤怒与不满，使控罪被错误地接受并导致总督不公正地成为牺牲品。

18. 这些本省记忆犹新的不幸例子，导致历任总督只关心如何与议事会共处，而对议事会的所作所为懵然不知。如果说总督们并不在意中国官员的表现是对葡萄牙民族的欺辱，那么议事会的低三下四、中国官员的凌辱及在那里居住的欧洲各国人的丑闻，对他们而言就更不用赘言了。最终，这些总督对于政府及其本人的责任无动于衷，漠视不理，只关心他们的个人利益，他们来澳门只是出于谋私利的目的，而那一重要据点日益衰落与其并无关系。这使众多的中国家庭在那里落脚，并占据了所有作坊，人数超过了华人天主教徒及葡国人三至四倍之多，并使后者陷入衰败及贫困之中。天主教徒及葡国人只能靠在船上航行时挣来的配给维生，并使澳门在战船远航时落入中国人手中。当战船不在澳门时，那个城市里只不过有保护该城的既可怜又令人瞧不起的军队。

19. 这些观点足以让我们了解到，给予澳门总督最大的权限并为之装配一定军事力量是多么必要，这会使他们更令人尊敬，同时也可保护该据点不受凌辱。因为该据点毫无保卫能力，只有城堡。而没有军队的城堡一钱不值，也许没有它更好。为此，陛下认为应由果阿派100人组成的步兵部队及由50人组成的炮队前往取代该据点的现有部队。这支新军可随时间的推移而扩充并由澳门公库税收支付，每6年换防一次。同时，令澳门现有的维和军队的士兵复员。目前该军队的开支，正如前述第3点指出，约为4 000雷亚尔，其中不包括军服及武器装备费。本人相信，再增加少许开支，便可维持由果阿开去的两队人马。即使其开支较大，所发挥的作用也更为重要。

20. 第三条圣谕是，澳门总督应有更多的司法管辖权及权威，而目前他们很少或根本没有这些权力。为此，阁下应命令该城的议事会不得在没有听取澳门总督意见并获同意及许可之前，决定任何有关中国或王库的事宜；在未达成统一意见的情形下，应知会本省总督及兵头讨论决定。如果除上述有关中国或王库之事宜以外，阁下遇到其他需经有关总督审查或发表意见的事宜，亦应以相同方式向议事会发出指示。

21. 第四条圣谕是，着令在那个据点建立一个海关，设立关长一名及少量的官员为之服务，同时制定一份简短规章，尽可能有利于在亚洲的贸易商业的展开；并通过海关制定一个进口货物关税表。该关税表应由三栏组成：第一栏列明出售之货物的第一手价格；第二栏列明货物之现价外加20%；第三栏列明第二栏价格之税款及所余价格；此等税款不得超过进入澳门消费使用之货物进口价的6%；亦不得超过澳门转口货物之进口价格的4%，再出口时则免税；有关税款以现金支付，不得以其他手段支付。马尼拉之西班牙船只前往澳门需用现金支付的1.5%的关税维持不变，欧洲葡国船只支付的2%的关税亦维持不变。同时，澳门居民的船只则减至2%，但载于附件6的、致澳门议事会敕令中所规定的有关自本省城前往澳门的葡国船只的种类、效力及货物的关税不变。前述规章与关税表应呈交王室，以便送陛下御览颁行。但在御准之前，阁下应对此予以临时监管并执行。

22. 第五条圣谕是，陛下希望在中国稳固建立传教团，以便为其传教士提供援助，传播基督教义，使重要的澳门受益。陛下认为，达到这两个目的的最有效方法是为那个基督属地的教会任命葡萄牙主教，正如陛下所任命的北京主教一样；同时还应委派敏锐之士协助主教，在那里的圣若瑟修院中设立一个教会学校，如同《给北京主教的指示》中的旨意一样；或在更适宜的圣保禄教堂建立教会学校。鉴于有关训令中对此事涉及甚多，且有关主教将与阁下及上一级大主教广泛讨论之，本人不赘言。

23. 在同一指示中，还命令前述主教一经抵澳，即着手了解中国皇帝给予葡国的特权、豁免及自由，以便在北京寻求确认其存在依据，同时重新寻回由于过失、大意或意外而丢失的特权、豁免及自由。这件事极为重要，须高度重视。因为时间迫切，不可能在指示中论述得十分详尽。

24. 造成澳门目前衰败的重大根源之一，是在北京没有人及时向皇帝、大臣报告澳门的事宜。

25. 负责最近距离监管澳门事务的广东总督的下属官员，一般狂妄自大、野心勃勃，但又胆小怕事、只图谋私，且不识法律、不讲理性。他们在澳门的所作所为充满了不公正、暴力和压迫。在北京无人向皇帝报告真实情况，而该葡国据点的居民则生活于前述中国官员的暴行之下，但他们除施暴者之外再无人可以申诉。

26. 该重要据点的议事会大部分成员由逃亡到那里的不良分子或类似的人组成，他们所有人对管理一窍不通且眼光短浅，只希望通过航海及贸易寻求财富，只关心如何小心行事不触怒蛮横无理的中国官员，在中国官员示意时，卑躬屈膝地向他们奉上可能自王库掠取的财产；而对葡萄牙民族的尊严及其在澳门不可置疑的主权毫不在乎。

27. 在阿罗那（Alorna）公爵任印度总督及文东尼（António José Teles de Meneses）任澳门总督期间，广东总督及其下属中国官员命令修建了石碑，目前在议事会院子中就立有一块这样的石碑，而议事会还为之出资40澳门元，另一块石碑建于望厦中国衙门（又称白宫）。这些均说明需在北京有既敏捷又聪颖、在皇帝面前代表澳门事务的人士，向皇帝说明中国官员之残暴蛮横，以便获得皇帝之允许，挽救以往及现在的损失。

28. 在上述石碑上，以中葡文写着以广东总督及另一些中国官员名义而非以皇帝名义发布的命令。这些命令完全摧毁了基督教义及葡萄牙王室的主权；而且这些命令如不获严格遵守、受到触犯，中国官员便有了一再掠劫的借口。而如果无人向皇帝及其大臣告知上述中国官员对澳门居民的暴力蛮横，及其罔顾前朝皇帝们给予葡国的特权、豁免及自由，中国皇室便无法相信葡国王室过去之陈述的公正性及理性，不能使他们采取有力措施，如命令撤走有关石碑。可以肯定的是，目前中国皇帝认为葡萄牙民族名声甚佳，甚至令人在宫廷中习天文及其他技艺，而且只愿意任用葡国人，这种偏爱与尊敬表现了皇帝陛下在北京对我们的态度，由此可以得出结论，我们在澳门所受到的粗暴对待是中国官员的个人行为，而不是皇帝的旨意，一切将会在中国皇室认清事实真相后终止。

29. 为此，北京主教必须从果阿获知关于澳门的状况、利益及一切有关情况，同时也有必要了解一切可能了解到的中国皇帝于不同时期给予居澳葡人的特权、豁免及自由，然后再前往赴任。这些特权、豁免及自由肯定已载录于超过两百多件的金劄或特权书中。作为印度总督的阿罗那公爵及其后来的“不幸侯爵”（Marquês infeliz）当时曾令日本耶稣会翻译它们，但由于无法理解，故后者写信给澳门议事会，其回复之译文编号为第 7 号，如果它们不见于议事会之秘书处，必会存于澳门耶稣会或议事会之仓库中，因为有关文件是从那里取来翻译的，且“不幸侯爵”命令议事会继续收集，并将有关金劄之译文送往果阿，这一切均载录于有关文件之中。有关向该主教嘱授之其他事宜，见所附“笔记”的第 8 点。

30. 第六条圣谕是，命令从澳门议事会手中接管王室收益。为此应令议事会出示已公布的收益及登记账目，尽可能展示一个真实、清楚及符合实际的情况，同时展示至少 10 年以来的收入及其使用，例如积存、利息、贷款利息及积存的可靠性，财富及对个人的信贷，以及信贷的担保人；信贷的偿付及欠款情况，王库中的剩余资金等。以上一切资料均应妥善收藏。

31. 如上述剩余资本为第 8 点指出的 30 万两，或在扣除 13.3 万两正在生利及信贷之金额后在王库中尚余 16.7 万两，即 16.7 万雷亚尔，那么这笔放在那里毫无用处的钱应尽量发挥效力或令其像另一部分那样生利或贷出，但需小心谨慎为之。或可将其直接或通过果阿间接汇往葡国，由王库用于财政及中国事宜上。

32. 以上六条圣谕是陛下认为立即应对澳门这个重要但又不景气的据点实施的办法，阁下可对此补充认为必要的措施，使全部措施或圣谕所指的措施即刻施行，但其实施不应造成严重的不宜。认为不宜之处，应奏明陛下，以便按第 12 及第 13 点写明之方式予以处理。

33. 为施行上述措施，阁下应排除肯定会来自澳门议事会的质疑、困难与阻挠，尤其是出现似以往那样议事会预先得知果阿方面希望整顿该议事会的情况时，更应如此。过去发生过此等情形，但当时涉及之事宜并不像现在的如此重要，当时一些人，如罗利卡（Lourical）公爵，曾被迫派出一支舰队前往澳门，将拒不听从其命令的所有议事会人员抓获并带往果阿囚禁，但是由于这一消息被议事会在果阿之线人泄露，议事会在舰队抵澳前即已执行了公爵的命令，故囚禁决定终未被执行。如果阁下不小心行事，则会遇到议事会相同的甚至更大的抵抗。

34. 这就是在果阿需讨论的事情，并在其尚未可行之前，一切保密。同时命令阁下准备一支本省舰队，护送北京主教及保卫澳门的步兵部队及炮队前往。该部队与炮队之司令官应是具有一定才干、小心谨慎的军官，他们应带去平静和公众安宁，而不是去制造混乱和骚动，这一点是关键，阁下对此应予以警觉。舰队需带有部分火药、子弹及其他炮用弹药，以便更换。

35. 至于上述圣谕的执行者，阁下应任命贵政府中一名合适的大臣，以及一至两名国库官员或精于商业会计与审计的外来人员。这名大臣与由阁下任命的澳门总督（如果在那里有澳督合适人选的话）之职责不同，不会引起冲突。他们抵澳之后应不拘于礼仪或欢迎仪式，无须进行无用的访问或仪式，亦不应接受议事会或澳门其他人的大小礼物，而应立即召集议事会，宣读将与本指示一起交予阁下的御旨，命令议事会立即交出账目登记簿及其他有关王库收益、资本的文件，并由指定的两名王库官员予以审核。对于文件与账目混乱者，应以商业办法及方式整理，以便在澳门登记簿中使用，或在每年应交予贵省及本王室的账目中使用。同时，上述总督与大臣应执行或命令执行本指示第30点及第31点的一切命令。

36. 在进行上述核查及清账的同时，总督及大臣则负责在议事会之仓库及库房内检查并寻找第29点所指之金劄及特权书；如寻而不果，则在耶稣会之收藏物或其遗物中寻找，如果有关物品已经售出，应在澳门进行有关调查，以便知晓是否曾收藏有上述金劄及谁将其占有。而可能的占有人很可能是议事会，因为金劄归其所有。但无论如何，需清楚知晓此等金劄之下落及寻获的方法。

37. 之后，总督与大臣应按第21点中的指示组建海关，并为这一海关租用或建设关址及仓库。而所需要的一大笔款项，从王库基金中支付，使其尽快完工并克服议事会肯定会进行的阻挠。本圣谕的颁行，将终止一切滥用职权的行为，让人们认识到它对制止第11点指出的拍卖中的舞弊行为的作用。

38. 至于如何执行第19点中提出的军事防卫问题，总督及大臣应小心谨慎为之。首先应让议事会及其居民了解该城所面临的被海盗攻掠的危险性。鉴于各国之间的和平已告终结并已处于战争之中，因此，将在中国海及澳门海岸出现大量这些及其他国家的战舰与商船。最令人担心的是，这些船只的一部分或因需要或藉某一借口前往澳门港，使澳门及其居民受到凌辱、抢劫及侵害，而（澳门）又无防卫能力可以抵御之，正像当年荷兰人对澳门之所作所为一样。为此，陛下认为应有自果阿部队中抽调步兵部队及炮队保护之。

39. 几乎可以肯定，澳门议事会不会对这些充分的理由感到高兴，因为其一定会察觉到，澳门防卫的改善将使总督拥有更大的权力及权威，并使其超过议事会目前的容忍限度，在政府中拥有更大的影响力。出于这种考虑，议事会一定会尽一切可能阻止前述部队驻于澳门，为此他们甚至可能求救于中国官员，并像以往一样使这些中国官员相信有关军队驻澳之目的在于减弱他们在澳门的权力，从而与中国官员合力使有关部队撤回果阿。

40. 总督及大臣对于此等煽动性建议，应小心警惕地处理，并小心调查其所作所为及用意何在。一旦发现谋划者，即行将其逮捕押往战舰中，并将被告及其案件卷宗送往果阿，以便在那里受审并伸张正义。在中国官员确实反对有关部队驻守澳门的情况下，应以上述理由向其解释，并称已将这些理由告知在北京的皇帝，相信皇帝会认为理由是正当及合适的。总督及大臣在做出这些回复之后，即使有关中国官员反对，亦应执行陛下之圣谕，设立有关防卫。

41. 最后，关于第22点所提的设立教会学校一事，亦应谨慎为之，尤其是在前述两块石碑所刻的法律仍然有效的情况下。北京主教滞留澳门期间，将入住圣约瑟修院。如果有些学生希望入读该教会学校，主教可将其作为随身仆人收留，以便在前往中国后将其交予该教区枢理，后者在主教离开后，亦可入住圣约瑟修院。指示全部叙述完毕，上帝与你们同在。

卡斯特罗（Martinho de Mello e Castro），1783年4月4日于阿茹达宫。①

《王室制诰》极其严厉地指责“议事会的过失、无知及疏忽大意”，以及他们“对中国官员的畏惧和卑躬屈膝（第7条）”，并批评“议事会大部分成员由逃亡到那里的不良分子或类似的人组成，他们所有人对管理一窍不通且眼光短浅，只希望通过航海及贸易寻求财富（第26条）”，还有“打击并排挤澳门总督（第15条）”等行为，因此，《王室制诰》命令“议事会不得在没有听取澳门总督意见并获同意及许可之前，决定任何有关中国或王库的事宜；在未达成统一意见的情形下，应知会本省总督及兵头讨论决定（第20条）”，“命令从澳门议事会手中接管王室收益（第30条）”，还提出要“给予澳门总督最大的权限并为之装配一定军事力量（第19条）”，“澳门总督应有更多的司法管辖权及权威，而目前他们很少或根本没有这些权力（第20条）”。此外，《王室制诰》在缩减议事会权限与强化总督权威方面还作了一些其他的规定。总的看来，《王室制诰》对居澳葡人社区内部管理权力的改变主要体现在：第一，扩展总督的职权范围。总督不仅是居澳葡人社区的军事首领，而且可以干预当地日常行政事务，对议事会决策拥有否决权，实际上成为居澳葡人社区的最高首长。第二，增强守卫澳门的军事力量，解散过去的城市卫队，增派一支由100人组成的步兵队与50名炮兵组成的炮队。由总督统辖，借以壮大总督声威。第三，取消议事会代管王库收支制度。

---

① 《〈王室制诰〉——内阁大臣给印度总督索萨之指示》，转引自吴志良：《生存之道：论澳门政治制度与政治发展》，澳门：澳门成人教育学会，1998年，第386～397页。

虽然《王室制诰》没有完全取消议事会原有的自治权力，但是，该文件通过扩大总督职权、提高总督威望与削弱议事会权威，从而使总督逐渐成为居澳葡人社区的主导者，总督开始变得名副其实，为总督制的确立迈出了重要的一步。[①]

从此，在葡萄牙政府的支持下，澳门总督逐渐拥有澳门的行政、司法管理权与军事管理和指挥权，还有权干预澳门葡人内部管理的大小事务，并在总督任职期间，自动成为议事会主席，对议事会决策有否决权。[②] 议事会成员们对这种新体制反应激烈，他们向果阿总督指出，议事会已经治理澳门226年，“从未从属于总督之下”。[③] 随着葡萄牙中央集权的进一步加强，澳门的政治组织也变得殖民色彩日趋浓厚，总督逐步变得名副其实。《王室制诰》的颁布，对澳门议事会是一个沉重的打击，他们从此逐渐丧失了主导性的社会影响力，不能像过去那样积极参与与自身生活和前途息息相关的澳门政治行政管理，维护所居城市的利益。[④]

四、澳门总督集权制的形成

总督，按照《不列颠百科全书》的解释，是作为君主和国王的代表，管辖一个国家或一个行省并授权以君主名义行事的人。总督亦是葡属印度各个殖民地首要统治者的头衔，他们由葡萄牙国王或葡印总督指派。[⑤] 澳门总督法定的权力和责任相当广泛，“应掌管一切经济、政治、民政或军事事务”，就是说，他主持所有有关公共资金、维持治安以及与中国人和外国人和睦相处的讨论；与军事有关的决定，也由他做出。[⑥] 然而，澳门总督的权力是随着殖民地形势的变化而发生变化的，这其中经历了一个相当漫长的与议事会、王室大法官相互争夺权力的过程，最后在葡萄牙国王和葡印总督的支持下取得全面胜利，从而导致总督集权制的形成。

1783年《王室制诰》颁布以后，澳门议事会的权力大为削减。但是，这个在澳门主持了200多年的政治寡头机构自然不会心甘情愿地将权力拱手相让，而是不断地做出抵制的努力。1822年，葡萄牙君主立宪革命胜利并颁布宪法的消息传到澳门，居澳葡人欢欣鼓舞，揭竿而起，一度推翻了独断专横的总督和王室大法官的统治。当年8月

---

① 娄胜华：《混合、多元与自治：早期澳门的行政》，载吴志良、金国平、汤开建主编：《澳门史新编》第1册，澳门：澳门基金会，2008年，第151～152页。

② ［葡］施白蒂著，姚京明译：《澳门编年史：19世纪》，澳门：澳门基金会，1998年，第15页。

③ C. R. Boxer, *Portuguese Society in the Tropics: The Municipal Councils of Goa, Macao, Bahia, and Luanda, 1510 – 1800*, Madison: University of Wisconsin Press, 1965, p. 48.

④ 吴志良：《生存之道：论澳门政治制度与政治发展》，澳门：澳门成人教育学会，1998年，第99页。

⑤ 中美联合编审委员会：《简明不列颠百科全书》第9册，北京：中国大百科全书出版社，1986年，第588页。

⑥ ［瑞典］龙思泰著，吴义雄等译：《早期澳门史》，北京：东方出版社，1997年，第78页。

图 2-8　澳门总督亚马留像

图 2-9　澳门总督吉马良士像

19 日，澳门议事会举行全体会议，通过民选方式，选举了新的议事会成员，成立了新的政府。澳门议事会还期待葡萄牙立宪政府撤销 1783 年的《王室制诰》，企图恢复议事会过去至高无上的具有独立地位的权力。① 然而，议事会权力的恢复只是昙花一现，葡萄牙于 1823 年夏恢复帝制，果阿政府亦派出"萨拉曼德拉号"巡洋舰驶入澳门，占领了澳门炮台，并强行组织了一个市政管理委员会。"萨拉曼德拉号"指挥官包也（Joaquim Mourao Garcês Palha）于 1825 年 7 月就任澳门总督，葡萄牙政府以武力重建了澳门总督的权威。②

在澳门总督晏德那（Bernardo José de Souza Soares Andrea）1833 到 1837 年的统治期间，葡萄牙政府颁布了一系列对澳门行政权力及其机构进行调整改革的命令。一为取消并重新选举议事会。1835 年 2 月 22 日，晏德那解散了澳门议事会并重新进行了选举。从此，澳督成了行政总督，被授予了最高权力，而议事会则沦为一个现代意义上的议事会，只限于处理市政事务。③ 二是 1836 年，宣布撤销王室大法官一职，设立澳门地方法官（澳门按察使），并设有司法委员会④，澳门总督为当然的主席。⑤ 澳门按

① *A Abella da China*, No. Ⅲ, 26/09/1822, Macau: University of Macau, 1994, p. 9；［葡］萧伟华著，沈振耀等译：《澳门宪法历史研究资料：1820—1974》，澳门：澳门法律翻译办公室、澳门法律公共行政翻译学会，1997 年，第 21 页。

② 程曼丽：《"蜜蜂华报"研究》，澳门：澳门基金会，1998 年，第 224～230 页。

③ 吴志良：《生存之道：论澳门政治制度与政治发展》，澳门：澳门成人教育学会，1998 年，第 136 页。

④ *Arquivos de Macau*, 3ª Série, Vol. V, No. 1, Macau, 1966, p. 72称："1803 年 3 月 26 日，葡萄牙王室颁布了成立澳门司法委员会的法令。"可知，澳门司法委员会成立的法令在 1803 年 3 月 26 日就颁布了，但为什么到 1836 年才成立，其中原因待考。

⑤ *Boletim do Governo da Provincia de Macao, Timor e Solor*, Vol. Ⅰ, 12 de Fevereiro de 1846, No. 6, pp. 22－23.

察使的办公室——按察司署也随之成立。按察司署与律政司是将原来自治时期议事会行使的司法权、法官的权力合并后新设立的，旨在强化澳葡政府在澳门的司法特权，剥夺清政府在澳门的司法权。

鸦片战争后，清政府已无暇顾及澳门事务。葡萄牙人看到清政府失败，决定利用此机会，开始公开要求改变以前"双重效忠"、澳门主权属于中国的局面，筹谋在澳门建立殖民地政府。澳门总督制逐渐演变成具有近代性质的"寡头政治"，总督开始主宰澳门的政治生活，葡人内部从自治到殖民的过程接近完成。

首先，澳门总督的权力由于持续得到葡萄牙政府的支持而进一步加强。葡萄牙王室颁布1844年9月20日部令，宣布将澳门居留地和梭罗、地扪从葡属印度总政府中分离出来，升级为澳门地扪梭罗省政府。进一步详细规定澳门地扪梭罗省政府的架构，包括总督、总督公会及司法部门之司法委员会和澳门按察使。总督公会由总督及由法官、军事长官、税务官、宗教领袖等人参与组成。议事会被降为市政厅，其管理财政收支的权力被分离出来，组成新的财政管理职能部门"澳门公物会"①。该部令明显削弱了议事会的权力，澳门议事会并未乖乖就范，其虽然交出了管理政府财政的权力，却争取到了处理华人相关事务的职能。澳门议事会在1845年6月27日总督公会会议上，获得了该部令第7条处理市政事务之外的职务，即获得处理华人事务的职务。②

其次，在葡萄牙政府的全力支持下，历届澳门总督均不遗余力地强化总督的权力，试图改变葡中关系旧格局。而派出的总督几乎都是强权人物，1846年就任澳门总督的亚马留即是典型。亚马留总督一面利用议事会和理事官建立及推行征税等新体制，一面进一步压制议事会。葡萄牙王室颁布1847年8月20日第526号部令，明文规定将理事官署从议事会中分离出来，附设澳葡政府秘书处，协助其管治居澳华人。理事官留设议事会，在市政事务上对议事会负责。③ 这种制度设计的变通，即巧妙地把处理华人事务的职权从议事会转移到澳葡政府秘书及总督手里，实质上削减了议事会处理华人

---

① *Boletim do Governo da Provincia de Macao, Timor e Solor*, Vol. I, 8 de Janeiro de 1846, No. 1, pp. 1－2；[葡]施白蒂著，姚京明译：《澳门编年史：19世纪》，澳门：澳门基金会，1998年，第88页。

② *Boletim do Governo da Provincia de Macao, Timor e Solor*, Vol. II, 26 de Outubro de 1847, No. 33 e 34, p. 128.

③ *Boletim do Governo da Provincia de Macao, Timor e Solor*, Vol. II, 26 de Outubro de 1847, No. 33 e 34, p. 128. "通过1847年3月27日的部令，将华政衙门从议事会手中转入里斯本政府秘书处的执掌下，也就是说，转由总督控制。这一措施立即获得里斯本政府的认可。1848年8月，它排除了1845年6月掀起的风浪，强调了对此措施的认可。的确，借口该年6月的决定（'允许议事会过问华务，赋予了它超越市政的职能'见上述敕令第七款）破坏了将澳门及帝汶从印度总督府分离出来的1844年9月20日敕令的第四及第五款，亚马留取消了这一决定并采取了一系列措施。这些措施无可非议地最终使亚马留达到他的目的：将议事会委员排除在'华务'处理之外，禁止在议事会召开会议及'在华务问题上将议事会的华政衙门置于政府秘书处之下。它仅在纯粹市政事务上对议事会负责'。"见[葡]萨安东著，金国平译：《葡萄牙在华外交政策（1841—1854）》，澳门：葡中关系研究中心、澳门基金会，1997年，第104页。

事务的权力。在亚马留执政期间，澳门议事会已沦为总督的附庸。

在与中国政府的关系上，为适应葡国在澳门建立殖民总督制的要求，亚马留采取强悍手段侵夺原本属于中国地方政府行使的各项澳门管治权。其一，在领土方面，向北侵占至关闸的土地，往南占领凼仔岛。自 1847 年 2 月开始实施，在北城墙外至关闸之间修筑新道路，象征该片土地属于澳葡所有。[①] 亚马留总督利用海盗袭击凼仔商民的契机，于同年 4 月命令船政厅长着手在凼仔岛上建造一个小炮垒，拉开了澳葡实质性侵占凼仔岛的序幕。[②] 继亚马留总督之后，澳葡又相继于 1851 年和 1864 年以武力侵占了凼仔和路环两岛。[③] 其二，1847 年 7 月，下令驱逐并清拆南湾税馆。[④] 又于1849 年3 月，派兵封闭整个中国关部行台，驱逐留守的中国海关官员。[⑤] 迫使中国政府无法直接行使对澳门的主权和治权，结束了澳门 300 年华洋共处分治的局面。其三，亚马留总督任内建立了征税体制，包括对居澳华人征税。

亚马留时期是澳葡政治架构演变最为重要的阶段，他推行的一系列措施奠定了现代澳葡政府的基础，建成了早期澳葡殖民政府的政治架构，至其被暗杀后，澳葡政府的组建才基本完成。政府架构出现质的飞跃，部门多达 14 个。除市政以外的议事会的其他权力都被分别独立出来，成为澳葡政府的新部门。

葡萄牙政府采取了一系列措施改变早期澳葡政府政治架构。强迫解散和改组议事会，取消王室大法官。在葡萄牙政府的支持下，澳门总督在与澳门议事会权力之争中节节胜利。为此，议事会在 1847 年 12 月 5 日的一份备忘录中还愤愤不平：

> 以前在管理问题上的冲突是结束了，但是，城市开始受到军管，而此前是由其居民根据（本地居地）创始人遗留下来的模式温和、和平地治理。这种模式适合我国，与立宪政府甚为接近，可以成为其他居留地的范本。……那些致命圣谕的结果是削弱政治财产的精神，而这些财产之前是由市民拥有的。暴政横行，将一个纯商业城市变成一块耀武之地，欠下巨额债务而无力偿还；大幅增加华裔人口，与（葡人）居民相左；将一个大城市置于总督的喜怒无常之中，没有一个显

---

① *Boletim do Governo da Provincia de Macao, Timor e Solor*, Vol. Ⅱ, 6 de Março de 1847, No. 9, p. 34.

② Lia Arez Ferreira do Amaral, *O Significado do Governo de Ferreira do Amaral em Macau: 1846 – 1849(I)*, Lisboa: Agência Geral das Colónias, 1944, pp. 89 – 90; Manuel Teixeira, *Taipa e Coloane*, Macau: Direcção dos Serviços de Educação e Cultura, 1981, p. 5.

③ 亚马留总督及贾多素总督对凼仔岛占领及管治的经过，详见曾金莲：《"海上明珠"：澳葡占领之初及对氹仔岛的管治（1843—1851）》，载澳门民政总署：《海岛回澜——路氹历史丛刊》2015 年第 7 期，第 18 ~ 23 页。

④ *Boletim do Governo da Provincia de Macao, Timor e Solor*, Vol. Ⅱ, 24 de Julho de 1847, No. 26, p. 103.

⑤ （清）文庆等编：《筹办夷务始末（道光朝）》卷 80，道光二十九年五月乙巳条，北京：中华书局，1964 年，第 3198 ~ 3200 页；*Boletim do Governo da Provincia de Macao, Timor, e Solor*, Vol. Ⅳ, 20 de Março de 1849, No. 62, p. 12.

富的政府不变得贫困；最后，澳门沦落至所有海外属地同声悲哀的不幸命运中。①

最后，在亚马留总督领导下，澳葡政府快速扩展其规模，仅新增的就有总督公会、辅政司、华政衙门、公物会、公物库房、公钞会、船政厅和驿务司等。其中，总督公会是辅助总督处理日常行政管理并提供技术支持的机构，它由辅政司、总督副官和一些职员组成。后来还增加了澳门总督衙门，辅政司亦独立。律政司、按察司则负责司法行政，行使自治时期由议事会与法官掌握的司法权。华政衙门是将检察长（理事官）从议事会中划出，转归总督管辖后改设的，作为总督管理在澳门华人事务的机构，并具有部分初级司法权。而公物会、公物库房、公钞会均为澳葡政府的财政税收部门，原来为议事会下属机构，转归总督负责财政事务。船政厅、驿务司属于新增设的部门，负责与工务领域相关的事务。可见，该时期新增的部门主要是总督的附属机构，说明总督的权力大大加强。

1869 年 12 月，葡萄牙颁布海外组织法，对海外省的政治行政组织及其职责权限做出了全面明确的规定。根据法令，葡萄牙海外的每个省设有由王室委任的一位总督，主管各省的民政和军事。总督在处理重大事务时，尤其是紧急立法时，需事先听取总督公会的意见，但总督公会的意见对总督不具约束力。从 19 世纪中叶以来，经过多次演变，澳葡政府最后形成了以总督和立法会为首的政治机关及公共行政当局（俗称政府）组成的架构格局。

在自治时期占主导地位的议事会已成为市政机构。1895 年《镜海丛报》有一则重要的“官报汇登”，说明了当时议事会的内部分工：

> 议事公局首席现推状师巴士度，专理各等公务及公家花园，其副为前译员伯多禄，分理义学。各街市道洁净事务、通澳街灯、小贩搭棚，则以屡时增的士打主之。西洋坟地，则第四席晏瑞尼罗沙司理。一切街市权量及屠宰，则卬息加为之主。街车街轿，则第六席巴零登司之，并总巡查各街之查牌者。②

这里的六席，即选举出来的 6 名议事会成员。据此可见，经过 300 年的演变，葡萄牙人虽然全面占据了澳门，但当年作为居澳葡人社区自治机构并对澳门进行全面管治的议事会，已经变为仅具城市管理功能的市政机构。

19 世纪中期后，随着议事会权力的转移与削弱，原本对总督权威构成挑战与威胁的因素已经解除，而政治性与咨询性机构的增设，与行政机构的专业化与科层化发展，稳固与强化了总督对权力的控制，使得以总督为核心的权力分布体系化，形成以总督主导为特征的殖民管治体制。澳门总督成了真正意义上的总督。殖民时期的澳葡总督

---

① Eudore de Colobam, *Resumo da História de Macau*, Macau: Tipografia do Orfanato, 1927, pp. 85 - 86；吴志良：《生存之道：论澳门政治制度与政治发展》，澳门：澳门成人教育学会，1998 年，第 99 ~ 100 页。

② 《镜海丛报》，光绪二十年十二月十四日（1895 年 1 月 9 日），《官报汇登》，澳门基金会、上海社会科学院出版社联合出版，2000 年，第 118 页。

处于权力的核心地位，拥有至高无上的权力。除了立法权、行政权、财政权之外，总督也掌管军事，澳门地区的驻军由总督统率与指挥。此外，在获得里斯本授权的情况下，总督还可以行使对外交涉权。

图 2－10　19 世纪后期建起的澳门总督府

可以说，殖民总督制的建立是与澳门管治相关的各方政治势力激荡变化的结果，它反映了澳门内外部因素之间在鸦片战争前后的强烈互动与彼此影响。为配合殖民政制的需要，里斯本通过历次颁布的海外殖民地规章或专门针对澳门地区的规章，调整政制架构，增设行政组织，逐渐形成了以总督集权为特征的新权力配置体系。总督被确认为澳门地区的最高权力代表，由里斯本任命，在政治上对葡萄牙中央负责，作为葡国利益在澳门的总代表，掌握立法与执法权力，并配合与协助总督施政需要而设立政治性机关与行政机构。1844 年葡萄牙女王宣布澳门与帝汶、梭罗一起单独设省时，除了由王室委任总督负责行政与军事外，还规定设立一个总督公会（又译为“政务委员会”）协助总督工作。总督公会由总督主持，成员包括主教、司法官（主判事官）、军事指挥官、税务官以及议事会主席和检察长（理事官）两位顾问。总督公会的意见并无约束力，仅供总督施政参考。由此，总督公会成为澳葡政治性机关立法会与咨询会的源头。总督公会在总督出缺或遭逢变故时，亦会代行总督职权。如 1849 年 8 月 22 日亚马留遇刺身亡后，就由总督公会临时执掌权力。进入 20 世纪，它成为“总督之后首要和主要管理机关，依法密切协同总督运作”①。之后几经分合，演变成为立法会和咨询会。

① 1917 年《澳门省组织章程》第 54 条，转引自吴志良：《本世纪澳门政治行政组织的变革》，澳门基金会虚拟图书馆，http://www.macaudata.com/macaubook/book265/html/0071001.htm（2015 年 8 月 23 日）。

表 2－3　17—19 世纪澳门总督名单①

序号	姓名	就任日期
1	马士加路也 D. Francisco Mascarenhas	1623 年 7 月 7 日
2	罗保 D. Filipe Lobo	1626 年 7 月 19 日
3	施维拉 D. Jerónimo de Silveira	1630 年 6 月
4	罗郎也 Manuel da Camara de Noronha	1631 年 12 月 1 日
5	多明我 Domingos da Câmara de Noronha	1636 年 8 月
6	施罗保 D. Sebastião Lobo da Silveira	1638 年 8 月
7	依苏沙 Luís de Carvalho e Sousa	1645 年 8 月
8	杜琛 D. Diogo Coutinho Docem	1646 年
9	瓦希基 D. João Pereira	1647 年 8 月
10	费苏沙 D. João de Sousa Pereira	1650 年 8 月
11	布加路 Manuel Tavares Bocarro	1654 年 8 月
12	安东尼奥・德・卡梅拉 António de Camera	1656 年 8 月②
13	施万奴 Manuel Coelho da Silva	1664 年 7 月 22 日
14	科雷亚・德・阿尔布克尔克 Duarte Correia de Albuquerque	1666 年
15	施维路 D. Ávaro da Silva	1667 年 8 月 31 日
16	施波治 Manuel Borges da Silva	1670 年 7 月 20 日
17	罗东尼 António Barbosa Lobo	1672 年 4 月
18	沙加路 António de Castro Sande	1678 年 12 月 10 日
19	申美路 Luís de Melo Sampaio	1679 年 12 月
20	文礼士 Belchior do Amaral Meneses	1682 年
21	毕美达 António da Mesquita Pimentel（澳门土生葡人）	1685 年 7 月 5 日
22	韦以纳 André Coelho Vieira（澳门土生葡人）	1688 年 7 月 31 日
23	高士达 D. Francisco da Costa（果阿土生葡人）	1691 年 7 月 21 日
24	美露 António da Silvae Melho	1693 年 11 月 23 日
25	费以喇 Gil Vaz Lobo Freire	1694 年 7 月 21 日

① 本表资料依据以下各书编成：［葡］施白蒂著，小雨译：《澳门编年史：16—18 世纪》，澳门：澳门基金会，1995 年，第 209～218 页；［葡］施白蒂著，姚京明译：《澳门编年史：19 世纪》，澳门：澳门基金会，1998 年，第 313～316 页。其中个别地方进行了修改和补充。

② Irène Pih, *Le Père Gabriel de Magalhães, un Jésuite Portugais en Chine au XVIIe Siècle*, Fudaçáo Calouste Gulbenkian, Centro Cultural Portugués, Pairs, 1979, pp. 117 – 118.

（续上表）

序号	姓名	就任日期
26	贾华路 Cosme Rodrigues de Carvalho e Sousa	1697 年，就职儿星期后即去世
27	澳门市议会执政	1697 年
28	施基拿 Pedro Vaz de Siqueira	1698 年 8 月 9 日
29	申狄高 Diogo de Melo Sampaio	1700 年 8 月 5 日
30	施基拿 Pedro Vaz de Siqueira	1702 年 7 月 22 日
31	马沙度 José da Gama Machado	1703 年 8 月 15 日
32	戴冰玉 Diogo do Pinho Teixeira	1706 年 8 月 5 日
33	贾士度 Francisco de Mello e Castro	1710 年 7 月 28 日
34	晏多尼 António de Siqueira de Noronha	1711 年 6 月 11 日
35	马玉 D. Francisco de Alarcão Sotto-Maior	1714 年 7 月 13 日
36	古尔露 António de Albuquerque Coelho	1718 年 6 月 22 日
37	文弥壬 António da Silva Teles Meneses	1719 年 9 月 9 日
38	文奴尔 D. Cristóvão de Severim Manuel	1722 年 8 月 19 日
39	欧嘉苏华 António Carneiro de Alcúçova	1724 年 9 月 6 日
40	巴力度 António Monis Barreto	1727 年 8 月 11 日
41	文第士 António de Amaral Meneses	1732 年 8 月 18 日
42	贾修利 D. João do Casal（主教出任总督）	1735 年 1 月 15 日
43	费礼喇 Cosme Damião Pinto Pereira	1735 年 8 月 4 日
44	高甸玉 Manuel Pereira Coutinho	1738 年 8 月 28 日
45	费礼喇 Cosme Damião Pinto Pereira	1743 年 8 月 25 日
46	文东尼 António José Teles de Meneses	1747 年 8 月 30 日
47	美露 João Manuel de Melo	1749 年 8 月 2 日
48	卡斯特罗 D. Rodrigo de Castro	1752 年 7 月 29 日
49	高定玉 Francisco António Pereira Coutinho	1755 年 7 月 14 日
50	彼利喇 D. Diogo Pereira	1758 年 7 月 1 日
51	李美 António de Mendonça Corte-Real	1761 年 7 月 4 日
52	沙利华 José Plácido de Matos Saraiva	1764 年 7 月 14 日
53	沙丹耶 Diogo Fernandes Salema e Saldanha	1767 年 8 月 19 日
54	卡斯特罗 D. Rodrigo de Castro	1770 年 7 月 20 日
55	沙丹耶 Diogo Fernandes Salema e Saldanha	1771 年 7 月 26 日

（续上表）

序号	姓名	就任日期
56	祁主教 D. Alexandre da Silva Pedrosa Guimarães（主教出任临时总督）	1777 年 6 月 25 日
57	文第士 José Vicente da Silveira Menezes	1778 年 8 月 1 日
58	高士德 António José da Costa	1780 年 1 月 5 日
59	贾士都 D. Francisco da Castro	1781 年 8 月 28 日
60	花利亚 Bernardo Aleixo de Lemos Faria	1783 年 8 月 18 日
61	李露 Francisco Xavier de Mandonça Corte-Real	1788 年 7 月 21 日
62	法官费利喇 Lázaro da Silva Ferreira 及陆军司令费士达 Manuel António Costa Ferreira 联合执政	1789 年 7 月 18 日
63	花露 D. Vasco Luís Carneiro de Sousa e Faro	1790 年 7 月 29 日
64	边度 José Manuel Pinto	1793 年 7 月 27 日
65	贾士都费利喇 D. Cristóvão Pereira de Castro	1797 年 8 月 8 日
66	边度 José Manuel Pinto	1800 年 8 月 8 日
67	费利喇介丹奴 Caetano de Sousa Pereira	1803 年 8 月 8 日
68	花利亚 Bernardo Aleixo de Lemos e Faria	1806 年 8 月 8 日
69	区华龄嘉 Lucas José de Alvarenga	1808 年 12 月 26 日
70	花利亚 Bernardo Aleixo de Lemos e Faria	1810 年 7 月 19 日
71	区华龄嘉 Lucas José de Alvarenga	1814 年 7 月
72	欧布基 José Osório de Castro de Albuquerque	1817 年 7 月 1 日
	巴波沙 Major Paulino da Silva Barbosa①	1822 年 8 月 19 日
73	政务委员会	1823 年 9 月 23 日
74	包也 Joaquim Mourão Garcês Palha	1825 年 7 月 28 日
75	政务委员会	1827 年 11 月 15 日
76	依德费基 João Cabral de Estefique	1829 年 7 月 7 日
77	晏德那 Bernardo José de Souza Soares Andrea	1833 年 7 月 3 日
78	边度 Adriao Acácio da Silveira Pinto	1837 年 2 月 22 日
79	彼亚度 José Gregório Pegado	1843 年 10 月 3 日
80	亚马留 João Maria Ferreira do Amaral	1846 年 4 月 21 日
81	政务委员会	1849 年 8 月 22 日

① 一般论著均将巴波沙称为澳门总督，但实际上他从未担任过总督一职，1822 年 8 月澳门的选举，他只是被选为新的议事会成员，并成为澳门政府的实际执政者，坊间则将其误称为总督。

（续上表）

序号	姓名	就任日期
82	官也 Pedro Alexandrino da Cunha	1850 年 5 月 30 日
83	政务委员会	1850 年 7 月 7 日
84	贾多素 Francisco António Gonçalves Cardozo	1851 年 2 月 3 日
85	吉马良士 Isidoro Francisco Guimarães	1851 年 11 月 19 日
86	阿穆恩 José Rodrigues Coelho do Amaral	1863 年 6 月 22 日
87	柯邦迪（柯打）José Maria da Ponte e Horta	1866 年 10 月 26 日
88	苏沙 Antómio Sérgio de Sousa	1868 年 8 月 3 日
89	欧美德 Januário Correia de Almeida	1872 年 3 月 23 日
90	亚威拉 José Maria Lobo da Ávila	1874 年 12 月 7 日
91	施理华 Carlos Eugénio Corrêa da Silva	1876 年 12 月 31 日
92	贾色拉 Joaquim José da Graça	1879 年 11 月 28 日
93	罗沙 Tomás de Sousa Rosa	1883 年 4 月 23 日
94	高若瑟 Firmino José da Costa	1886 年 8 月 7 日
95	迪施华 Francisco Teixeira da Silva	1889 年 2 月 5 日
96	布渣 Custódio Miguel de Borja	1890 年 10 月 16 日
97	高士德 José Maria de Sousa Horta e Costa	1894 年 3 月 24 日
98	贾也度 Eduardo Augusto Rodrigues Galhardo	1897 年 5 月 12 日
99	高士德 José Maria de Sousa Horta e Costa	1900 年 8 月 12 日

第三节　澳门的西方司法与法律制度

在澳门开埠后的近两个世纪中，定居澳门的葡萄牙人以一种相对于中央政府较为自治的形式管理自身的利益。中央政权的注意力通常集中于印度及其众多的军事和商业问题，罕见地顾及面积细小、距离遥远且交通极其不便的澳门，特别是对澳门的司法管理更是无人顾及。故 1564 年时在澳门的耶稣会会士安德烈·平托称：“由于此地远离司法，而人们又是如此放荡不羁、自以为是，更令其妄自尊大，为恩怨情仇大开方便之门。”① 每有纠纷，就由耶稣会会士出面调停。鉴于这种山高皇帝远的司法空白现象，1580 年，葡萄牙王室开始将葡国的司法管理引入澳门。从此，澳门这一海外殖民地的法律就主要采用了葡国法律，如收入《菲利普法典》的王国实施的王家立法和法律理论。但值得注意的是，在澳门引进葡国法律和实施葡国法律的过程中，由于葡萄牙宗主国与澳门地方始终存在着利益之争，对代表着王室利益的葡国司法权与代表着澳门地方利益的地方司法权的控制，双方一直在进行着惨烈的争夺，有时甚至是你死我活，因此澳门法律及司法上所表现的多轨制就是澳门法律制度的一大特色。

一、澳门总督司法权

澳门总督除了上文所言应掌握一切经济、政治、民政或军事事务权力以外，还拥有一部分司法权。总督拥有司法权是从其前身——中日贸易巡航首领开始的，从理论上讲，所有航行于远东的葡萄牙贸易船只的船长都拥有司法的审判权，而葡国在东方的司法管理正是在这一审判权的基础上开始发展的。所有的葡国船只即便是私人的，其船长也拥有与指挥职务相关的审判权，其中包括可采取强制性措施。王家船只和舰队的船长还享有其章程所赋予的权力，而葡国的一些法典也赋予了非洲葡国领地的兵头相同的权力，如《阿丰索法典》第 1 编第 83 章、《曼努埃尔法典》第 2 编第 27 章、《菲利普法典》第 2 编第 47 章。中日贸易巡航首领实际上是一名巡回法官，其管辖权的范围包括马六甲以东的葡萄牙属地，主要是澳门、帝汶、梭罗、特纳特及日本。根据葡萄牙 1579 年 1 月 5 日的章程，巡航首领的民事法定上诉利益限额定为 50 000 雷亚尔，超出就要向果阿中级法院提出抗告。在刑事方面，巡航首领可以审理判处自然死的罪行，但前提是被告必须为葡国和当地的平民。巡航首领分享司法权的做法，与葡国政治传统中赋予船长审判权有密切关联。巡航首领可以说，葡国在东方的司法管理正是在这些审判权的基础上开始发展的。②

---

① Luís Filipe Barreto, *Macau: Poder e Saber-Séculos XVI e XVII*, p. 112. 转引自吴志良：《明代澳门政治社会》，载吴志良、金国平、汤开建主编：《澳门史新编》第 1 册，澳门：澳门基金会，2008 年，第 119 页。据安德烈·平托 1564 年 11 月 30 日给印度耶稣会会士的信的原始记录为这样：“今年（1564 年），我主也在这个港口（澳门）施恩，（通过）我们之手，做了一些避免冤冤相报并使双方言归于好的事情，避免了多起重大的争执。因为此地离你们那里（果阿）太远，司法管不着，人们又是各自为政，我行我素，容易滋生目中无人的傲气，冤冤相报的大门是洞开的。因此，为了不讲得过于冗长，我只讲一些今年撮合成功的言归于好的事例，我想大概有 15 至 20 起，防止了的决斗有四五起。所以现在可以看到，人们比较和平宁静了，而在昔日，由于谁都管他们不着，他们总是随身带着武器。”参见［葡］罗理路著，陈用仪译：《澳门寻根》，附录文献 6《安德烈·平托修士给印度耶稣会士们的信》（1564 年 11 月 30 日），澳门：澳门海事博物馆，1997 年，第 91 页。

② ［葡］叶士朋著，周艳平、张永春译：《澳门法制史概论》，澳门：澳门基金会，1996 年，第 60 ~ 62 页。

中日贸易巡航首领由于其兼具巡回法官的身份，所以一直对澳门断断续续地行使司法管辖权。1582年成书的《葡属印度城镇要塞图志》记载：

在那里驻留期间，巡航首领就充当在那里的葡萄牙人的行政长官，拥有民事和刑事司法权。①

这一点也可以从葡萄牙国王于1586年颁给澳门城的特权书中看出：

从今起，享受一切宣布的特惠。要更好地遵守他们的义务，为朕服务，管理当地。尤其是由朕任命的每年的对日贸易巡航首领带来的法律缺陷和日益增长的混乱，因为他们为尽快完成航行，在中国逗留很短，而且在无首领的情况下，在此次选举前，无人执法管理。②

"每年的对日贸易巡航首领带来的法律缺陷和日益增长的混乱"，这句话清楚地说明，这个兼任巡回法官的巡航首领每年都在澳门行使他的司法管辖权（但这是指1583年议事会成立之前）。故在1584年，葡印总督杜阿尔特·梅内塞斯扩大了澳门议事会的行政、政治和司法管理权，军事权仍由中国及日本巡航首领掌握。③ 这就是说，这时澳门的司法管理权是由议事会来行使的，中日贸易巡航首领不再管理澳门的司法，但军事权仍由巡航首领掌握。1587年颁布的《澳门王室大法官条例》更进一步地强调：

朕委派的中国及日本巡航首领没有任何司法权，也不比澳门王室大法官优越，更不能干预任何属于大法官职权之内的事情。王室大法官只在军事管理方面服从中国及日本巡航首领。④

中日贸易巡航首领从此不再拥有对澳门司法的管辖权，这种形式一直持续到1623年澳门第一任总督马士加路也的到来。

马士加路也出任澳门总督后，总督的权力大大加强。徐萨斯的《历史上的澳门》称：

在他的任命书中，不但授予他对当地居民及其财产的军事裁决权，而且使他在处理刑事案件时，除官员与贵族外，有权判决犯法者死刑。假如是官员或贵族犯法，他们就被降级，并送至果阿交葡印总督审理。在处理一般民事诉讼时，澳督可以判处不超过100葡萄牙金币的罚款。假如有人胆敢不遵他的命令，他可以将其判罚500葡币；若此人交不出来，就判处流放5年。王室大法官、军事长、一

---

① Francisco Paulo Mendez da Luz, *Livros das Cidades e Fortalezas da Índia: 1582*, p. 128. 转引自张廷茂：《澳门总督制缘起》，载《文化杂志》（中文版）第58期，2006年，第96页。

② *Arquivos de Macau*, 4ª Série, Vol. Ⅷ, Tomo Ⅰ, Macau, 1989, pp. 36 – 37.

③ Manuel Teixeira, *O Fundador do Leal Senado*, Macau: Tipografia da Missão do Padroado, 1968, p. 7.

④ Manuel Teixeira, *Primórdios de Macau*, Macau: Instituto Cultural de Macau, 1990, p. 14.

名市政议员和一名普通法官协助澳督实施司法管理。①

据萨尔瓦多·贡萨尔维斯（Salvador Gonçalves）于1623年5月6日所写之信称：

1623年澳门总督这一职位拥有所有的权力，包括发布命令、执行司法以及对这座城市的所有战争人员和驻兵进行审判和管理的权力。②

据此可知，葡萄牙国王和葡印总督任命澳门第一任总督时，改变了以往中日贸易巡航首领不能管理澳门司法权的决定，而是将澳门的最高司法权交给了这位首任总督管理。王室大法官和议事会的普通法官都只是澳门总督实行司法管理的协助者。葡萄牙国王和葡印总督这一改变澳门司法权的决定，大大地削弱了王室大法官和议事会的司法管辖权，所以招致澳门地方政府的强烈反对，引发了一场暴乱，并使葡萄牙王室委派的第一任总督被灰溜溜地驱逐出澳门。在此后的澳门总督委任中不再见授予总督管理澳门司法最高权力的记载。

但是，属于市政司法的普通法官和属于国王司法的王室大法官都很难对总督行使他们的权力，因为总督总是试图超越其管辖的军事领域，将其意志强加于民事政府及司法机关，这种情况在有“边缘性”氛围的时期及地方尤其常见。③ 中文文献《澳门记略》中就有总督超越其管辖的军事领域，并将其权力扩大到司法部门的记录：

蕃人犯法，兵头（总督）集夷目于议事亭，或请法王至，会鞫定案，籍其家财而散其眷属，上其狱于小西洋，其人属狱候报而行法。其刑或戮或焚，或缚置炮口而烬之。夷目不职者，兵头亦得劾治。其小事则由判事官量予鞭责。④

这份材料非常清楚地表现了澳门总督已经涉足澳门司法权，而且是掌管了澳门的最高司法权，重案由总督管，而小事则由判事官（王室大法官）处理。如戴冰玉出任澳门总督期间，就曾经对多明我会的修道士进行残酷迫害，将他们逮捕并关进监狱。⑤ 他曾下令对在田野强奸一位帝汶女子的葡萄牙人安东尼奥·罗德利格斯（António Rodrigues）处以“钉掌”之刑。⑥ 正因为总督对澳门司法权力的干预，澳门议事会派人前往葡萄牙请求国王批准议事会的特许权。1709年，葡萄牙国王颁布的澳门28项特许权再一次明确了以下几点：

（9）总督不得干涉刑事案件，也不得逮捕罪犯（除非王室大法官有请），亦不

---

① Jack. M. Braga, *A Voz do Passado: Redescoberta de a Colecção de Varios Factos Acontecidos Nesta mui Nobre Cidade de Macao*, Macau: Instituto Cultural de Macau, 1987, p. 20；［葡］徐萨斯著，黄鸿钊等译：《历史上的澳门》，澳门：澳门基金会，2000年，第58页。

② Elsa Penvalva, Miguel Rodrigues Lourenço, *Fontes para a História de Macau no Século XVII*, Lisboa: Centro Científico e Cultural de Macau, 2009, p. 40.

③ ［葡］叶士朋著，周艳平、张永春译：《澳门法制史概论》，澳门：澳门基金会，1996年，第65页。

④ （清）印光任、张汝霖原著，赵春晨校注：《澳门记略校注》，《澳蕃篇》，澳门：澳门文化司署，1992年，第152页。

⑤ Manuel Teixeira, *Os Ouvidores em Macau*, Macau: Imprensa Nacional, 1976, p. 54.

⑥ ［葡］施白蒂著，小雨译：《澳门编年史：16—18世纪》，澳门：澳门基金会，1995年，第75页。

得出具安全通行证。

(10) 不准总督干涉司法事务，也不准干涉议事会之管辖权。

(12) 不准许总督或王室大法官以国事罪名逮捕或将任何人押送果阿；欺君叛逆罪犯不在此列。①

在议事会和总督进行的争夺司法权的斗争中，议事会获得了胜利，葡萄牙国王再一次对总督在澳门的司法管辖权进行了严格的限制。但是，这种纸上的限制往往是苍白的，对于那些权力欲望很强的澳门总督来说，这些法令条文并不起作用。1727 年，王室大法官莫雷拉·索萨（António Moreira e Sousa）与军事长凯罗斯（José Alves de Queirós）因为管辖权的问题发生了直接冲突，澳门总督巴力度则将索萨逮捕并关押到大炮台，在那里隔离，引起澳门司法界的一片混乱。② 后来，巴力度又非法地给他戴上镣铐并押送至果阿。③ 议事会对总督处理此事极为不满，认为这超出了他的职能范围，命其呈交国王下发的法律证书簿："由于他处理一切事务都没有依照这些许可证，仅仅根据他的个人意愿，轻视国王的命令。"④ 可以推估，这种议事会与总督之间关于司法权的争夺一直要延续到 18 世纪末。

1783 年《王室制诰》的颁布，可以说基本上结束了议事会和总督的司法权之争，葡萄牙国王将澳门的司法管辖权直接授予了澳门总督：

20. 第三条圣谕是，澳门总督应有更多的司法管辖权及权威，而目前他们很少或根本没有这些权力。为此，阁下应命令该城的议事会不得在没有听取澳门总督意见并获同意及许可之前，决定任何有关中国或王库的事宜；在未达成统一意见的情形下，应知会本省总督及兵头讨论决定。如果除上述有关中国或王库之事宜以外，阁下遇到其他需经有关总督审查或发表意见的事宜，亦应以相同方式向议事会发出指示。⑤

但 1785 年葡萄牙任命费利喇为王室大法官以后，"扩大了王室大法官的权力，在短期内，他的司法权限覆盖了国库、市议会、海关、慈善组织、孤儿院、教友会、礼拜堂、监狱、死者与失踪者，总而言之，一切关乎行政管理的方面"⑥。之后的王室大法官如眉额带历则更是"集万千权力于一身"的独裁专制者，在眉额带历集权统治的 22 年中，总督的权力在眉额带历的专制下黯然失色，甚至有材料称：

一名王室大法官发起战争并给予和平，建立贸易往来关系并签订贸易合约，

---

① Manuel Teixeira, *Os Ouvidores em Macau*, Macau: Imprensa Nacional, 1976, p. 74.

② Manuel Teixeira, *Os Ouvidores em Macau*, Macau: Imprensa Nacional, 1976, pp. 99 - 100.

③ Manuel Teixeira, *Os Ouvidores em Macau*, Macau: Imprensa Nacional, 1976, p. 105.

④ Manuel Teixeira, *Os Ouvidores em Macau*, Macau: Imprensa Nacional, 1976, p. 102.

⑤ 《〈王室制诰〉——内阁大臣给印度总督索萨之指示》，转引自吴志良：《生存之道：论澳门政治制度与政治发展》，澳门：澳门成人教育学会，1998 年，第390 ~ 391 页。

⑥ Luís Gonzaga Gomes, *Esboço da História de Macau*, Macau: Colecção Notícias de Macau, 1954, p. 291.

与国王和王储建立联盟，在亚洲人中设立职称，授予奖赏和荣誉勋章，罢免一名司令并任命另一名，颁布军事委任令，设立主教职位并推举主教，甚至引起了葡印总督里奥·帕尔多（Rio Pardo）伯爵的嫉妒。①

澳门历史上最后的几任王室大法官虽然不具备眉额带历的那种绝对权力，但在司法管理权上总是与总督发生频繁的矛盾与冲突。1836 年 12 月 7 日，葡萄牙颁布《行政法典》，重组海外省。果阿高等法院进行改革，澳门废除王室大法官一职，葡萄牙改设澳门按察使（地区大法官），并由总督、法官、军事长官、议事会两名议员及理事官组成澳门司法委员会，由总督担任主席，平民乃至士兵的刑事犯罪由司法委员会审理。② 这样总督又一次地成为澳门最高司法权的拥有者。

二、澳门王室大法官

葡萄牙在航海征服过程中，向征服地派出总督的同时，一般都会委派王室大法官协助司法，澳门王室大法官就是葡萄牙司法向澳门行使司法职能的第一个司法组织。从 16 世纪初葡印总督的设立起，葡萄牙就采用了大西洋沿岸地区的模式任命一位大法官，其权力与辅助领主（同时也是自己领地的兵头）进行司法管理的领主大法官相似。大法官的职责为：第一，协助总督行使司法审判权；第二，作为总督的代表单独审判较轻的罪案；第三，受理民事案件。果阿的总大法官对葡印总督辖区居民的案件有第一审管辖权，其职责与葡国中级法院负责民事及刑事案件的王室大法官相似。由于在葡印总督之下设立了总大法官，故原需上诉至里斯本的案件转由葡印总督负责。随着果阿中级法院的设立，各个要塞的兵头及大法官的法定上诉利益限额受到限制，尤其是一些重大刑事案件开始上诉到中级法院。③

王室大法官，葡文称“Ouvidor”，中文称“判事官”，《澳门记略》称：“判事官掌刑名，有批验所、挂号所，朔望、礼拜日放告。赴告者先于挂号所登记，然后向批验

---

① Manuel Teixeira, *Os Ouvidores em Macau*, Macau: Imprensa Nacional, 1976, p. 157.

② *Boletim do Governo da Provincia de Macao*, *Timor e Solor*, Vol. Ⅰ, 12 de Fereveiro de 1846, No. 6, pp. 22 – 23；［葡］施白蒂著，姚京明译：《澳门编年史：19 世纪》，澳门：澳门基金会，1998 年，第 64 页；［葡］徐萨斯著，黄鸿钊等译：《历史上的澳门》，澳门：澳门基金会，2000 年，第 182 页；果阿终审法院（又称中级法院）是庞巴尔侯爵于 1744 年 1 月 15 日撤销的，不久，玛丽亚二世又下令将其恢复。在 1822 年印度邦反自由主义的政治风潮之后，其再一次被撤销，又在这一次政令后再次恢复。参见［葡］叶士朋著，周艳平、张永春译：《澳门法制史概论》，澳门：澳门基金会，1996 年，第 6 页。

③ ［葡］叶士朋著，周艳平、张永春译：《澳门法制史概论》，澳门：澳门基金会，1996 年，第 61 页。

所投入。既受词，集两造厅听之，曲者予鞭，鞭不过五十。亦自小西洋遣来。”[①]《（道光）新修香山县志》称：“判事官，掌刑名，来自大西洋，五年一代。”[②]《（道光七年）采访册》则称：“夷目为判事官，来自大西洋，五年一任，（一名番差，一名大西洋国使），掌刑名。”[③] 由于王室大法官是由葡王派来的，又有“特使”之称，故华人称其为“番差”。澳门的王室大法官，在明清时期澳门的司法治理和管治架构中占有举足轻重的地位。文德泉认为，王室大法官的职能远远超过地区法官，“监督所有的政府部门——财政、市政、救济会、教堂及教育。在司法方面，行使法官和法律解释者的作用，甚至可以扩至军事领域。换句话说，堪比小国王”[④]。

澳门开埠之初，由巡航首领管理澳门事务，并无王室大法官。16 世纪 80 年代，巡航首领与葡印总督的利益冲突日益激烈，葡印总督为限制巡航首领专擅澳门事务的权力，向葡西联合王室提出改革方案，建议委派王室大法官。葡西联合国王菲利普二世为争取对澳门的控制权，决定从澳门的司法体系入手，委派王室大法官进入澳门司法管治系统。澳门王室大法官制度从 1580 年设立开始，到 1837 年废除，前后历经了 257 年，期间被多次废止和重设，先后派出和委任 58 位王室大法官，是澳门司法制度最为复杂的一部分。为了清晰地反映澳门王室大法官制度在澳门的实施和执行，拟将该制度分为 4 个阶段分别叙述。

（一）第一阶段：王室大法官的设立及王室大法官条例的颁布（1580—1587）

关于最初澳门王室大法官的任命，文献记载是十分混乱的，文德泉编著的《澳门王室大法官》一书记录的澳门第一位王室大法官为本涅拉（Matias Panela），[⑤] 但他在同书中引用法国本笃会修士的叙述时却称：“在澳门大法官这一职始于 1580 年，其第一任为鲁伊·马沙多（Rui Machado）。”[⑥] 徐萨斯《历史上的澳门》亦称：“澳门首任王室大法官是鲁伊·马查（沙）多，1580 年获任。”[⑦] 据此可知，葡萄牙王室对澳门开始任命王室大法官的时间应为 1580 年，而第一位王室大法官应即鲁伊·马沙多。但是有关澳门第一任王室大法官鲁伊·马沙多在澳门的情况，文献中没有任何记录。根据汾屠立《利玛窦神父历史著作集》记载：“1582 年春季，两广总督陈瑞要召见澳门的

---

① （清）印光任、张汝霖原著，赵春晨校注：《澳门记略校注》，《澳蕃篇》，澳门：澳门文化司署，1992 年，第 152 页。

② （清）祝淮：《（道光）新修香山县志》卷 4，《海防·附澳门》，中山文献丛刊第 3 册影印清道光七年刊本，第 709 页。

③ （清）王廷钤等撰：《（道光七年）香山县下恭常都十三乡采访册》卷上，《澳门纂略》清抄本（影印本），北京：国家图书馆出版社，2010 年，第 42 页。

④ Manuel Teixeira, *Galeria de Macaenses Ilustres do Século XIX*, Macau: Imprensa Nacional, 1942, pp. 24 – 35.

⑤ Manuel Teixeira, *Os Ouvidores em Macau*, Macau: Imprensa Nacional, 1976, p. 5.

⑥ Manuel Teixeira, *Os Ouvidores em Macau*, Macau: Imprensa Nacional, 1976, p. 8.

⑦ ［葡］徐萨斯著，黄鸿钊等译：《历史上的澳门》，澳门：澳门基金会，2000 年，第 31 页。

驻地首领和主教，当时澳门的王室大法官和传教士罗明坚分别替代驻地首领和主教去拜见陈瑞。”① 而当时在澳门的西班牙桑切斯神父则更进一步指出：“于是，派了一位王室大法官。他是当地的法官，如同加必丹末的副手。”② 根据这两处材料，非常清楚，当时澳门派去的就是一位王室大法官，但没有公布姓名。根据意大利原文翻译的《耶稣会与天主教进入中国史》却对这一事件有着完全不同的记录：

> 澳门居民决定另派两人为代表，一位是罗明坚神父，他代替主教前往，并奉范礼安神父之命，看看是否能留在那里；另一位是检察官（理事官）助理本涅拉，他代替主管。③

而根据英文版翻译的《利玛窦中国札记》则称：

> 范礼安派罗明坚代表主教，希望他能获允在大陆得到一个永久居留地，同时市检查官（理事官）本涅拉则被选中去代替市长。④

很明显，这两份被称为利玛窦日记的原始资料（意大利文和英文版）均称，是检察官或检察官助理本涅拉去了肇庆，而不是王室大法官。这两处的翻译应该是有问题的，检查官（理事官）一职是澳门议事会设立的职务，而澳门议事会是1583年4月以后才正式成立，所以在1582年的春天不可能出现议事会理事官一职。那么这个本涅拉究竟是个什么人呢？笔者认为，他应该是当年由澳门居民选举出来的驻地首领委员会中的成员。根据前节对驻地首领委员会的研究，1562年澳门居民选举驻地委员会是由驻地首领及1名法官和4名有威望的商人共同组成。⑤ 这个本涅拉就是当年由当地居民选举出来的1名法官，但不是王室大法官，由于早期文献缺略，关于驻地首领委员会的法官一职并无清楚地交代，很多人对此职务认识不清，所以造成本涅拉澳门法官一职的模糊性。因此，笔者认为，去肇庆见两广总督陈瑞的本涅拉不是王室大法官，而是驻地首领委员会的澳门法官。

文德泉《澳门王室大法官》一书称：

> （1582年）在桑切斯神父的上诉法院中，作为澳门法官出席的是贡萨尔维斯（Luís Gonçalves），本涅拉和布拉沃（António Rabelo Bravo）都没有作为法官出席。⑥

---

① Pietro Tacchi Venturi, *Opere Storiche del P. Matteo Ricci S. J.*, Vol. 2, Macerata, 1913, p. 414.

② ［西］桑切斯：《耶稣会桑切斯神甫受菲律宾总督佩尼亚罗沙、主教及其他陛下的官员之命从吕宋岛马尼拉城使华简志》，西班牙塞维利亚东西印度总档案馆，菲律宾档79-2-15。转引自金国平编译：《西方澳门史料选萃（15—16世纪）》，广州：广东人民出版社，2005年，第254页。

③ ［意］利玛窦著，文铮译，梅欧金校：《耶稣会与天主教进入中国史》，北京：商务印书馆，2014年，第88页。

④ ［意］利玛窦、［比］金尼阁著，何高济等译：《利玛窦中国札记》，北京：中华书局，1990年，第148页。

⑤ ［葡］徐萨斯著，黄鸿钊等译：《历史上的澳门》，澳门：澳门基金会，2000年，第23~24页。

⑥ Manuel Teixeira, *Os Ouvidores em Macau*, Macau: Imprensa Nacional, 1976, p. 8.

这又告诉我们，1582 年在澳门的王室大法官是贡萨尔维斯，而本涅拉和布拉沃都是澳门法官，但没有出现在桑切斯神父的上诉法院，因为他们只是澳门驻地首领委员会中的法官，而非王室大法官。文德泉亦将贡萨尔维斯列为澳门第二位王室大法官，并称："他曾于 1582 年 12 月 18 日对菲利普一世宣誓。"① 所以，贡萨尔维斯应该是澳门的第二任王室大法官，而不是本涅拉。大约 1582 年完成的《市堡书（手稿）》里记载了澳门的一些职官：

> 另外，该地（指澳门）还有一位王室法官（Ouvidor），一位司法书记官也兼任死亡与孤儿法官。王室法官不从国王的金库中领取薪金，但这是一个美差，是全印度最好的法官职位，也是最吃香的。其收入大致上视其能干程度而定，但就以一个正派程度中不溜的王室法官而言，他三年的收入约为 3 000、4 000 个克鲁扎多左右。②

可以证明，到 1582 年时，澳门确切有王室大法官的派驻。据文德泉提供的资料，1586 年 3 月 29 日，葡萄牙国王菲利普一世任命拉贝罗（Alexandre Rebelo）为澳门的第三任王室大法官。③ 据 1587 年 1 月 10 日菲利普一世致葡印总督梅内塞斯的信函：

> 您在信中所列举的不要在澳门镇设立首领（Capitão）的理由很好。为了朕的大业，如同至今的做法和前今年托大船传递的信中所言，不设立，由华、日巡航首领统理。由于远离葡印，朕决定派学士拉贝罗出任该镇的王室大法官。朕得知，此人口碑甚佳，有在西班牙王室的印度各地出任这一职务为朕效劳的实际工作经验。④

这就告诉我们，1580—1587 年，葡萄牙曾先后向澳门派遣了 3 位王室大法官：鲁伊·马沙多、路易斯·贡萨尔维斯、亚历山大·拉贝罗。这反映出葡萄牙国王为了加强对澳门实行王室的司法控制，已经做出了很大的努力。这是王室大法官制度在澳门实行的第一阶段。

就在拉贝罗被任命的第二个月，即 1587 年 2 月 16 日，菲利普二世就在马德里颁布敕令，赋予澳门王室大法官与葡萄牙王家地方法官相似的职权。该章程细则全文保存在 1929 年 7 月出版的《澳门档案》第 1 卷第 2 册中，下面将全文转录如下：

澳门城王室大法官章程

> 葡萄牙、阿尔加维、非洲内陆的国王，几内亚和殖民地的君主，掌管埃塞俄比亚、阿拉伯、波斯及印度的航运贸易的堂·菲利普。致所有地方法官、王室大

---

① Manuel Teixeira, *Os Ouvidores em Macau*, Macau: Imprensa Nacional, 1976, p. 7.

② ［葡］佚名著，陈用仪译：《市堡书（手稿）》，载澳门《文化杂志》编：《16 和 17 世纪伊比利亚文学视野里的中国景观》，郑州：大象出版社，2003 年，第 117 ~ 118 页。

③ Manuel Teixeira, *Os Ouvidores em Macau*, Macau: Imprensa Nacional, 1976, p. 11.

④ Artur Basílio de Sá, *Documentação para a História das Missões do Padroado Português do Oriente: Insulíndia*, Vol. V, Lisboa, 1958, p. 56.

法官、法官、吾王国公职人员和公民，及看到和知道我这封关于王室大法官章程的信件的先生们：本人已知悉，你们寄给我的信中谈到澳门王室大法官，向我要求一个章程的范本，以便能够很好地行使王室大法官的职权。鉴于此，通过我的外交大臣，于1587年通过这一章程，正文如下：

1. 澳门王室大法官负责审理民事、刑事诉讼案件，并最终做出判决，对于不属于其职权内的案件，将其提交中级法院审理；如果是向中级法院而非王室大法官提起上诉，根据我颁布的法令，需要从审理判决中提取上诉材料。

2. 在不属于王室大法官管辖范围的民事诉讼案件中，如果涉及到钱财的判决，或其他任何申诉的流动资产，如上所述，不包括已经判定的不动产，或是没有为判决提供足够的保证金，对于上述这些判决，都按照法令L. 3－77执行。

3. 所有凭借公证书或者审理做出的判决结果，都具有相同形式的作用和效力，或是被公认的审理，则主要按照法令L. 3－26进行判决，并根据此法令中重新拟定的相关内容进行。

4. 王室大法官必须亲自审核罪案，结案之后，将判决的确定时期和时间呈报兵头，判决在公开的室内场所进行，兵头必须出席，且给出批示；如果没有公开的室内场所，可以在王室大法官的家中进行；王室大法官和兵头意见一致，由王室大法官拟写判决结果，两人联合签署，方可履行判决；如果双方意见相左，则不拟写判决结果，需要第三者的介入，第三者须是有资历的市议会议员，且起誓愿意参与此事；当两人达成一致意见时，三人共同签署判决结果，然后按照上述的方式执行。

5. 对于不属于其司法权范围内的刑事案件，王室大法官可以单独处理，假如兵头在场，遵照我的法令提请法院审理，由刑事总法官根据其章程进行裁决。

6. 澳门兵头不在，王室大法官单独办理其司法权范围内的刑事案件时，需要做到公平公正，无论是判决还是执行，如同兵头在场时一样。

7. 王室大法官同时兼任孤儿法官，遵守我的法令中的每项条例，及孤儿法庭中孤儿法官职权范围内的补充法律，因为本章程将这些法律都纳入了王室大法官职权内。

8. 两名书记官效力于王室大法官，帮助处理王室大法官案件和孤儿案件；他们同时还是公证员，只是两人分工不同。

9. 一名庶务官效力于王室大法官，他还负责管理监狱，每年的薪金是24 000雷亚尔，他们4人的薪金由马六甲商馆支付。

10. 案件卷宗的安全移交，根据章程，需要听取兵头的意见书，如果双方没有达成统一意见，则需要第三方的介入，可以是更有资历的市政议员，能够足以使他们两个达成一致；关于人员的释放问题，则需要在王室大法官之前进行修正；中级法院在果阿，澳门与果阿之间的遥远距离，成为双方的一大障碍。

11. 动产不超过 120 000 雷亚尔、不动产不超过 80 000 雷亚尔的民事诉讼案件，都属于王室大法官的法定权限，超过这个数额，则王室大法官无权审理，必须交由法院裁决。

12. 王室大法官和兵头有权对刑事案件进行判决，根据法令 L. 2 - 27 条的明文规定，葡萄牙海外其他地方的兵头同样拥有这项权力，且根据该章程和上述法令，做出的裁决可以生效。

13. 对于上述法令中提到的一些案件，王室大法官终身对其拥有审判权，但如果是宫廷官员、王室成员或其他贵族犯罪，王室大法官则不能擅自对其执行判决；执行判决之前，必须告知副王，听取副王的意见后，方可执行判决结果。

14. 2 000 雷亚尔以内的处罚，王室大法官可以决定并执行，被处罚者不得上诉。

15. 根据新修订的法律，如果没有证人证词，王室大法官不得逮捕任何被指控的人。

16. 如果地区法官不得不开庭审讯，那么庭讯必须在澳门公共场所进行，不得私下进行。

17. 根据我的法令及王国特殊法律，地区法官不得不审讯时，可以使用案件中声明的一切惩罚手段。

18. 王室大法官可以为空闲的司法人员提供临时工作，或者将其告知于副王，由副王为其提供临时工作，而我不会下达与此相反的命令。根据章程，同时向他们提供资金。

19. 王室大法官必须要求他的每一位书记官制作一份登记簿，其上记录所有的民事案件及犯罪案件，也包括诉讼的法律文书，以及王室大法官所审理的其他案件，每人登记自己负责的部分，最终全部装订成册。

20. 王室大法官另有一本有编号的卷宗，由其本人签名，其中记录所有的罚款清单，这些都是用作司法支出的，是根据王室大法官的吩咐而做的。可以在王室大法官的家里计算这些罚金的花费金额。

21. 王室大法官担任职位期间，不得被逮捕或传讯，无论涉及刑事还是民事案件，除非副王或中级法院下令。

22. 王室大法官具有与其职务相称的权力，这对司法管理非常重要，因此我下令：日本巡航首领没有任何司法审判权，澳门王室大法官也没有其他上级领导来干预其职权范围内的任何事务。另一方面，我下令，在澳门没有兵头期间，王室大法官同时管理澳门，直至 8 月日本巡航首领及澳门市民选举的兵头到达。

23. 王室大法官犯有某种罪行，或者做出任何过分的行为，兵头需通过信函的形式呈报副王，副王命人在中级法院宣读此信，并立案起诉王室大法官。

24. 根据章程，王室大法官可以代地方法官签名。

25. 当王室大法官缺席或不能正常工作时，则由有资历的市政议员于议事会起誓并担任其职务，并在王室大法官因故不能工作的期间履行其职责，一切行为遵照章程进行。

26. 关于王室大法官对案件做出的暂停审理决定，鉴于其职务可以采取如下方法：如果决定暂停审理，其中任何一方无论是什么身份、什么条件，王室大法官都不可以避嫌，将暂停审理的庭审记录交给澳门有资历且宣誓公正行事的市政议员，王室大法官首先对其暂停审理的案件进行立案，他们俩再加上一名不涉嫌的理事官一起最后做出决定。如果案件审理程序的记录都是具有效应的，则不能暂停审理；如果判决出的结果是不涉嫌的，则仅按照应该走的程序继续处理案件，也不能暂停审理；如果判定结果是有嫌疑的，则案件不能继续进行，且王室大法官根据本人的法令，按照已知的处理方式公正地进行处理。

27. 如果王室大法官做出了暂停审理的决定，不论是民事案件还是犯罪案件，一方对证词不满意的，并想要给出证据，则需要提前交纳40克鲁扎多。如果最终判定不是疑犯，这些钱将捐给澳门监狱里贫穷的犯人。

28. 王室大法官每年的薪金是200 000雷亚尔，由马六甲商馆按季度支付。这一切都由书记员证明，即按季度服务，并且留有证明及王室大法官的认可，每个季度的金额都要入账，即商馆支付进账户的金额；而这些内容的抄本，记录在马六甲商馆的登记册中，由其书记员记录，可以按照支付给王室大法官的顺序记录，并且继续到后面在澳门地区接替他工作的人员，根据财政部相关法律，航行来到澳门的人员均在澳门进行支付；薪金记录递送给总督，因为本人有着这样的目的：所述的津贴都按时按量发放，更好的方法是，更有文化的王室法官才能得到更多的薪金。

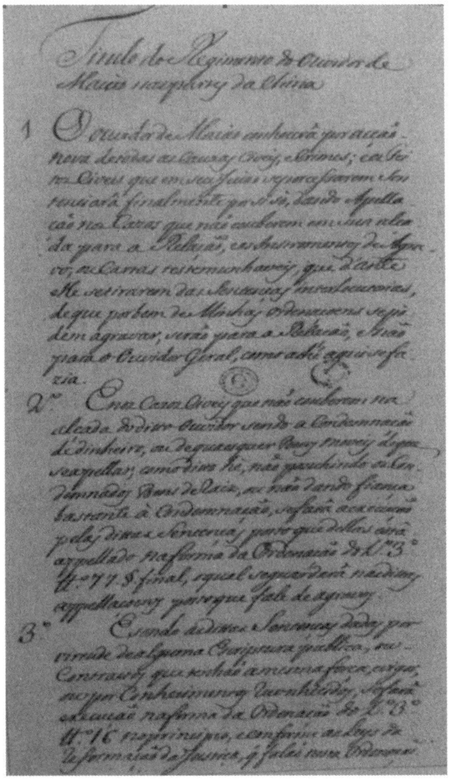

图2－11　1587年《澳门城王室大法官章程》书影

29. 王室大法官负责两个随行人员的食宿，这两人与他一起处理司法案件，他们也由马六甲商馆按季度支付其薪金，根据财政部的相关法例，如同给予印度要塞的王室大法官一样，这一切都由书记员书面证明，且要在王室大法官在场的情况下，宣布两名随行人员及其工作。

30. 我要求王室大法官不得干涉澳门华人官员的司法事务，如果是市民与华人之间产生的案件，则完全按照司法程序处理。

31. 王室大法官在民事诉讼案件中的最高司法权限是动产 40 000 雷亚尔、不动产 30 000 雷亚尔，莫桑比克、霍尔木兹、马六甲、摩鹿加及澳门等要塞的王室大法官，其最高权限为动产 80 000 雷亚尔、不动产 60 000 雷亚尔；超出这个限额，则提交中级法院审理；如果是刑事案件，王室大法官和兵头拥有最高判决权，根据法令 L. 2 – 25：对于葡萄牙人和本土人民都是一样的；在最高权限范围内的案件的判决结果都是根据章程做出的，并且按照法令判决结果生效。

从现在开始，这份章程按照其中所述内容开始执行，王室大法官遵守该章程，尽管可能有人反对该章程，并录入中级法官卷宗、澳门议事会卷宗。特此通知印度总督，及葡萄牙司法长官，及所有的兵头、王室大法官及司法人员，公职人员及所有相关人员，希望大家遵守并完全履行这份章程，按照章程的内容行事，没有疑问也没有异议，如此，本人表示感谢。①

1587 年 2 月 16 日颁布的《澳门城王室大法官章程》具有十分重要的意义。该章程对于澳门王室大法官的职权范围、职务待遇及相关事项都有着十分详细的明确规定，该章程的主要内容有：赋予澳门王室大法官与葡萄牙王家地方法官相似的职权，还赋予澳门王室大法官受理新的民事、刑事案件的第一审理权。在民事方面，有关动产案件的上诉利益限额为 12 万雷亚尔，不动产为 8 万雷亚尔。② 在刑事方面，若被告为平民，则原法典（《菲利普法典》第 2 篇第 47 章）所定的限定可扩大至最高判处自然死的罪行（章程第 11 至 13 条）。但这一刑事权限仅包括葡国居民。大法官单独审理民事及超过上诉限额的刑事案件。若刑事案件未超出上诉限额，当兵头在澳门时，大法官与之共同审理。当出现争议时，由最年长的议员参与（章程第 4、6 条）。可向果阿中级法院的刑事总大法官提出抗诉或实体上诉（章程第 1、5 条），虽然此上诉一般并无中止效力（参见章程第 2 条）。此外，大法官还享有一些葡国王室大法官的特权，如出具担保信、释放证书，任命署理司法官员，确认司法官员的委任等。敕书还规定王室大法官兼任孤儿法官（章程第 7 条），最后还规定澳门王室大法官不要干涉澳门中国官员对中国人（包括福建人）的管辖权，在他们管辖范围内的诉讼问题，可交由中国方面上级官员审理。但当案件牵涉葡国人时，大法官则有权管辖（章程第 13、31 条）。此章程最重要的一点是在司法方面使大法官独立于“航行于中国与日本间”的兵头，他们

---

① *Arquivos de Macau*, 1ª Série, Vol. Ⅰ, No. 2, Macau, 1929, pp. 57 – 63.

② 1579 年 1 月 5 日葡萄牙国王颁布的章程，将兵头和大法官的民事法定上诉利益限额定为 50 000 雷亚尔，超过此数就要向果阿中级法院提出控告。参见［葡］叶士朋著，周艳平、张永春译：《澳门法制史概论》，澳门：澳门基金会，1996 年，第 62 页。

相对于大法官并无任何管辖权或领导权（章程第23条）。在管理军事方面，大法官在兵头逗留澳门期间受其领导。当兵头不在澳门时，大法官在军事上与推选兵头共同管理城市，当有过错或嫌疑时，由最年长的议员代替之（授权法官）。[①] 除此以外，该章程还明确规定王室大法官设有两名书记官和一名庶务官，书记官帮助处理王室大法官案件和孤儿案件，庶务官则帮助王室大法官处理一般事务并管理监狱；他们同时还是公证员，王室大法官年薪200 000雷亚尔，其书记官及庶务官的薪金三人共24 000雷亚尔，均由马六甲商馆支付。

1587年3月25日，再颁布《澳门王室大法官条例》：

> 王室大法官将引进很多好的司法管理措施。王室大法官一职是朕恩赐的，并不隶属于澳门兵头。朕委派的中国及日本巡航首领没有任何司法权，也不比澳门王室大法官优越，更不能干预任何属于大法官职权之内的事情。王室大法官只在军事管理方面服从中国及日本巡航首领。当中国及日本巡航首领不在澳门之时，由王室大法官与议事会及其官员共同管理该城镇，直到下一个中国及日本巡航首领到达。此外，除非葡印总督或高等法院下令，王室大法官任职期间不得被逮捕。[②]

1587年3月25日颁布的《澳门王室大法官条例》最重要的一点，是在司法方面确立了王室大法官的司法独立地位。一方面，除非葡印总督或高等法院下令，王室大法官在任职期间不得被逮捕；另一方面，王室大法官独立于巡航首领，后者对大法官没有任何管辖权和优越地位，也不得对其职权进行任何干预。

（二）第二阶段：王室大法官制度的早期实施与议事会的抵制（1587—1694）

1587年《澳门王室大法官条例》颁布以后，该条例在澳门的实施与执行情况并不理想。第三任王室大法官亚历山大·拉贝罗虽然是1586年任命的，但是据1589年2月6日王室的信称："1587年任命的王室大法官拉贝罗还没有出发，或者虽然出发了，王室方面清楚他并没有到达目的地。"[③] 这就是说，第三任王室大法官拉贝罗并没有赴任。所以在此之后，直到1589年2月6日又先后委任了巴尔塔萨·洛博（Rodrigo Baltasar Lobo）、埃斯特旺·巴雷罗斯（Estêvão Barreiros）、马沙多·巴尔博扎（Machado Barbosa）三任王室大法官，其中前两任都介入澳门的宗教矛盾和党派斗争之中，"那些大法官们利用1588年3月25日发出的规章所赋予他们极大的司法权限而滥用职权"[④]。

---

① ［葡］叶士朋著，周艳平、张永春译：《澳门法制史概论》，澳门：澳门基金会，1996年，第62~63页。

② Manuel Teixeira, *Primórdios de Macau*, Macau: Instituto Cultural de Macau, 1990, p. 14.

③ Manuel Teixeira, *Os Ouvidores em Macau*, Macau: Imprensa Nacional, 1976, p. 10.

④ Manuel Teixeira, *Os Ouvidores em Macau*, Macau: Imprensa Nacional, 1976, p. 16.

因此，巴雷罗斯还被澳门的萨主教逮捕，并被革除了教籍。① 这反映了王室大法官条例颁布以后，葡萄牙王室对澳门的司法控制并没有达到他们理想中的境地。1588 年，葡萄牙国王任命巴尔博扎为澳门王室大法官，并希望他能平息澳门激烈的党派纷争。② 据 1589 年 2 月 6 日菲利普一世致葡印总督的信称："澳门镇现在有了城市之名，可以趁此机会尽量让他们接受管理，为此，通过去年的大船，朕派遣了学士巴尔博扎出任该镇的王室大法官。以此可以安定那个镇的人并避免您函告的那些团伙作乱。"③ 但是，巴尔博扎不仅没有平息当地的党派纷争，反而火上浇油，颁布了一些烦琐的法令，招致了更多的不满，以致澳门居民上书葡印总督要求另派王室大法官。④ 所以，1589 年 10 月 6 日葡印总督致国王的信函中就提到，他请求派遣西班牙学士卡尔德龙（João Ximenes Calderon）担任澳门王室大法官。据说，此人到澳门后裁决了一些罪犯和叛乱的人。⑤ 总督在 1594 年 3 月 1 日的信中提及，国王已经批准将王室大法官的任命授予路易斯·达·席尔瓦，并命他在澳门对不遵守法律的罪犯进行审讯，同时对中日巡航首领进行调查。⑥ 又据 1595 年 2 月 18 日菲利普一世致葡印总督的信函称："为了处置澳门居民中不遵守法令的人，朕为此向该镇派遣了坎波斯·塔瓦雷斯（Francisco de Campos Tavares）学士出任王室大法官。他具有将一切违法之人的家产及家人押送至果阿的职权。"⑦ 从上述资料可以看出，1587 年王室大法官条例颁布以后，这一伸展到澳门的王室司法管理权在澳门并没有得到正常的运作。王室大法官派驻澳门所引发的澳门社会内部一系列的派别及权力之争，一直没有停止。所以，当时的国王菲利普给葡印总督的每一封信都提到"澳门居民的疯狂行为与糟糕的举动"⑧。可见，尽管葡萄牙国王加强了王室大法官的职权，但澳门社会的混乱现象并未消除，因此王室在一段时间内停止了向澳门派遣王室大法官。

1608 年 3 月 26 日，葡萄牙国王再次向澳门派遣王室大法官，任命路易斯·科埃略（Manuel Luís Coelho）出任是职。科埃略抵达澳门后，仍然没有改变以往王室大法官的作风，滥用职权，逮捕澳门主教比埃达德（D. João Pinto da Piedade）手下的两个人，由此而遭到主教的反对，并被主教驱逐出教会。⑨ 1615 年，葡萄牙王室进一步加强王室大法官的权力，任命罗伯斯·卡拉斯科（Francisco Lopes Carrasco）以战督的身份兼

---

① Manuel Teixeira, *Os Ouvidores em Macau*, Macau: Imprensa Nacional, 1976, p. 12.

② Manuel Teixeira, *Os Ouvidores em Macau*, Macau: Imprensa Nacional, 1976, p. 14.

③ Artur Basílio de Sá, *Documentao para a História das Missões do Padroado Português do Oriente: Insulíndia*, Vol. V, Lisboa, 1958, p. 56.

④ ［葡］徐萨斯著，黄鸿钊等译：《历史上的澳门》，澳门：澳门基金会，2000 年，第 29 页。

⑤ Manuel Teixeira, *Os Ouvidores em Macau*, Macau: Imprensa Nacional, 1976, p. 13.

⑥ Manuel Teixeira, *Os Ouvidores em Macau*, Macau: Imprensa Nacional, 1976, p. 21.

⑦ ANTT, Livro das Monções N°3-B, fl. 534v-535.

⑧ Manuel Teixeira, *Os Ouvidores em Macau*, Macau: Imprensa Nacional, 1976, p. 22.

⑨ Manuel Teixeira, *Os Ouvidores em Macau*, Macau: Imprensa Nacional, 1976, p. 26.

任王室大法官，这是第一次将王室大法官之职与总督之职合并，也是澳门历史上唯一的一次，但是此人在澳门仅仅停留了几个月就招致了众多的反对，因为针对他的指控太多，不久他被免职召回果阿。[①] 之后，在澳门的几位王室大法官严格执行国王关于澳门与马尼拉的贸易禁令，不仅禁止西班牙人来澳门贸易，也严禁居澳葡人对马尼拉贸易，并且将贸易所得主要用于充实王室金库，这严重伤害了居澳葡人的经济利益，遭到了澳门葡萄牙人的反对。这其中主要有 1630 年出任王室大法官的波·佩萨尼亚（Lopo de Lagares Pessanha）、1636 年出任王室大法官的曼努埃尔·拉莫斯（Manuel Ramos）、1638 年出任王室大法官的多明格斯·德·阿吉亚尔（Domingos Maciel de Aguiar）和 1632—1634 年出任南部地区首席王室大法官（包括马六甲和澳门）的苏亚雷斯·帕埃斯（Sebastião Soares Paes）。[②] 议事会与王室大法官的冲突并非只出现在澳门，在果阿的情况也与澳门一样。正如博克塞所言：

> 果阿议事会除了与总督摩擦不断以外，还经常与王室的法官们争论不休，尤其是高等法院的法官们。1602 年，议事会向国王抱怨，在葡属印度，法官越是人数众多，正义越是得不到伸张。从葡萄牙派来的王室大法官，其年薪是 1 000 克鲁扎多加一箱书籍，但在两三年内，他们积累了 30 000 到 40 000 克鲁扎多的财富，主要是受贿和贪污所得。[③]

葡国复国后，1642 年，国王若奥四世应议事会以居澳葡人的名义提出的要求，废除了王室大法官一职。[④] 但这一次废除在文德泉的《澳门王室大法官》一书中没有任何反映，反而有资料提到："在 1643 年任职的官员中，迪奥戈·瓦斯·巴瓦罗（Diogo Vaz Bavaro）作为最资深的市政会议员，担任了王室大法官一职，既无俸禄，也无抚恤金。"[⑤] 到 1688 年时，议事会同王室大法官的矛盾再次爆发，由于议事会各项经费的紧张，停付了当时的王室大法官若奥·卡瓦略（João Viveiro de Carvalho）的薪金。卡瓦略亦针对议事会的几个人进行调查，但议事会并没有妥协，而且决定将应给予卡瓦略的薪金用到驻军方面去。[⑥] 这场争论带来的结果就是 1694 年葡萄牙王室宣布中止澳门王室大法官的职位。1694 年 4 月 28 日，葡印总督诺罗尼亚（D. Pedro António de Noronha）下达命令中止王室大法官的任命。[⑦] 但中止王室大法官任命的原因却是：

---

① Manuel Teixeira, *Os Ouvidores em Macau*, Macau: Imprensa Nacional, 1976, pp. 27 – 28.

② Manuel Teixeira, *Os Ouvidores em Macau*, Macau: Imprensa Nacional, 1976, pp. 32 – 35.

③ C. R. Boxer, *Portuguese Society in the Tropics: The Municipal Councils of Goa, Macao, Bahia, and Luanda, 1510 – 1800*, Madison: University of Wisconsin Press, 1965, p. 22.

④ ［葡］徐萨斯著，黄鸿钊等译：《历史上的澳门》，澳门：澳门基金会，2000 年，第 110 页。文德泉认为王室大法官一职不是于 1642 年被废除的，而是 1694 年，见 Manuel Teixeira, *Os Ouvidores em Macau*, Macau: Imprensa Nacional, 1976, p. 56.

⑤ Manuel Teixeira, *Os Ouvidores em Macau*, Macau: Imprensa Nacional, 1976, p. 38.

⑥ Manuel Teixeira, *Os Ouvidores em Macau*, Macau: Imprensa Nacional, 1976, pp. 44 – 45.

⑦ Manuel Teixeira, *Os Ouvidores em Macau*, Macau: Imprensa Nacional, 1976, pp. 46 – 47.

> 考虑到由于缺乏贸易，而贸易又是当地居民维生的唯一途径，那个港口极度贫困，（王室大法官）发挥的作用越来越弱，因此无法交付曾经的各项开支。尤其是近几年新增的款项，如王室大法官的薪金，曾经是不需要交付的，鉴于这项提议的缘由十分公正，以及那座城市对王室大法官的需求并不迫切。此外，以往担任这一职务的人往往都不是有学问的人，常常把事情处理得更复杂混乱，而不是公正地做出管理，除了较高的薪金违背了法律，多年以来该市的诉讼程序的处理也体现出了如果没有王室大法官会更有效率。……从这一法令到达澳门的那一日起，该城市不再有王室大法官，所有的民事诉讼、犯罪案件，全都作为新案件交由普通法官处理。①

从1587年王室大法官条例颁布后第一个担任王室大法官的巴尔塔萨·洛博，到1694年王室大法官任命的中止，期间有29位王室大法官来澳门莅任。这29位王室大法官与澳门地方的关系一直处于紧张状态，双方争斗激烈，致使大多数王室大法官在澳门的任职时间都不到3年就被免职或者被遣返，这可以反映澳门王室大法官章程与条例的颁布并不受澳门地方的欢迎，他们对王室大法官所拥有的“过度的权力”表示反对，并予以抗争，以致葡萄牙王室不得不废除和中止王室大法官这一职位。

（三）第三阶段：王室大法官与议事会及总督的权力之争（1695—1740）

1694年澳门王室大法官一职中止以后，澳门的司法管治主要由议事会普通法官进行处理，这样的情况实际上仅持续了4年，到1698年时，王室大法官曼努埃尔·桑托斯（Manuel dos Santos）的名字重新出现于澳门，而且他一出现就干了一件大事，逮捕了议事会法官书记员罗沙（Manuel da Rocha），后来，议事会理事官夸德罗斯（Filipe Frois de Quadros）要求他释放罗沙，但桑托斯法官坚决拒绝，最后被国王免职。② 王室大法官一职刚刚在澳门恢复，就爆发了一场与议事会如此严重的冲突，可以说明，王室大法官一职在澳门的复辟，预示着王室大法官与议事会之间的斗争将会愈演愈烈。鉴于澳门葡人政权的管理体制中，王室大法官与总督、议事会之间争斗不断，1708年，议事会使节加斯巴·法兰古前往里斯本请求若奥五世确认对澳门议事会的特许权，1709年若奥五世允准了澳门议事会的28项特许权。这28项特许权确立了以议事会为主导的城市管理体系，规定了议事会、总督、王室大法官的权限。其中与王室大法官有关的内容主要有：总督不得干涉刑事案件，也不得逮捕罪犯（除非王室大法官有请），亦不得出具安全通行证；不准兵头干涉司法事务；王室大法官及普通法官有权处

---

① *Arquivos de Macau*, 3ª Série, Vol.Ⅸ, No. 5, Macau, 1968, pp. 235 – 236.

② Manuel Teixeira, *Os Ouvidores em Macau*, Macau: Imprensa Nacional, 1976, p. 46.

罚所有罪犯，兵头的仆人包括在内。[①]

1707 年，祖扎特·德·瓦斯康塞洛斯（João Carneiro Zuzarte de Vasconcelos）出任王室大法官，任职后不到两年，他就下令将澳门最有权力的人——议事会理事官莱特（Manuel Leite）逮捕，并将其关押在圣方济各修道院 3 天。这一事件引起了极大的震动，国王下令中止王室大法官祖扎特的职务。[②] 紧接着，1710 年任命的王室大法官加尔塞斯·德·科托（Tomás Garcez do Couto）因为下令逮捕宗教裁判所的官员，而于 1711 年被宗教裁判所作为开除教籍的囚犯押往果阿。[③] 原担任过议事会理事官的加斯巴·法兰古于 1712 年出任王室大法官，在任内他跟议事会的冲突更多。1712 年 1 月，他曾下令逮捕了议事会市政议员马杜雷拉（Manuel de Morais Madureira），遭到了议事会的抗议。同年，由于债务问题，加斯巴·法兰古又下令逮捕了澳门最有势力的商人、议事会市政议员、海军上校甘博亚（José de Andrade e Gambôa）手下的一名船员，为了报复，甘博亚也下令逮捕了王室大法官的一名随从，双方都向果阿中级法院提出了上诉，致使这一时期澳门社会出现较大的动荡和灾难。[④] 而 1715 年出任王室大法官的曼努埃尔·罗咱（Manuel Vicente Rosa）既是澳门最富有的商人，也是被整个商界所憎恨的人。[⑤] 1716 年，根据葡印总督的命令，王室大法官曼努埃尔·罗咱也被解除了职务。[⑥] 1723 年出任王室大法官的佩雷拉·德·索萨（Francisco Pereira de Sousa），在他上任不久就下令将欠负公债的议事会成员贵族马塔（João Correia da Mata）关押在东望洋炮台，遭到议事会的反对。议事会以索萨是“外行”为由，要求葡印总督将其撤免。[⑦]

1726 年出任王室大法官的莫雷拉·索萨是法学院毕业的拥有学士学位的大法官，这位并非外行的王室大法官将其与澳门地方政府（包括总督和议事会）的冲突推向了一个高峰。1726 年 12 月 23 日，莫雷拉·索萨说他并不希望减少任何议事会的特权，但也应该捍卫王室大法官的特权。由于国王已经向澳门特许了埃武拉市所享有的特权，而议事会并没有拿到相应特权的法律证书，王室大法官提醒议事会去申请相关证书。[⑧] 非常明显，莫雷拉·索萨是在有意地对议事会进行刁难，此事遭到葡印总督的指责。

---

① Manuel Teixeira, *Os Ouvidores em Macau*, Macau: Imprensa Nacional, 1976, pp. 73 – 75；［葡］施白蒂著，小雨译：《澳门编年史：16—18 世纪》，澳门：澳门基金会，1995 年，第 81 页。

② Manuel Teixeira, *Os Ouvidores em Macau*, Macau: Imprensa Nacional, 1976, pp. 48 – 58；［葡］徐萨斯著，黄鸿钊等译：《历史上的澳门》，澳门：澳门基金会，2000 年，第 110 页。

③ Manuel Teixeira, *Os Ouvidores em Macau*, Macau: Imprensa Nacional, 1976, pp. 60 – 61；［葡］徐萨斯著，黄鸿钊等译：《历史上的澳门》，澳门：澳门基金会，2000 年，第 110 页。

④ Manuel Teixeira, *Os Ouvidores em Macau*, Macau: Imprensa Nacional, 1976, pp. 75 – 80.

⑤ Manuel Teixeira, *Os Ouvidores em Macau*, Macau: Imprensa Nacional, 1976, p. 85.

⑥ ［葡］徐萨斯著，黄鸿钊等译：《历史上的澳门》，澳门：澳门基金会，2000 年，第 110 页。

⑦ Manuel Teixeira, *Os Ouvidores em Macau*, Macau: Imprensa Nacional, 1976, pp. 94 – 95.

⑧ Manuel Teixeira, *Os Ouvidores em Macau*, Macau: Imprensa Nacional, 1976, pp. 96 – 97.

同年12月29日，议事会给国王致信称："王室大法官的职位自从设置起就没有裁判权限，而莫雷拉·索萨却干涉了这件事。"1727年1月，王室大法官对议事会在没有司法权限的情况下，将人们贬黜至马德拉斯塔（Madrasta）及其他地方提出了上诉，并提出王室大法官应该在议事会庆典和宗教游行中占有最优先的位置，王室大法官的地位应高于议事会官员，议事会官员应该听从王室大法官的命令，王室大法官有权逮捕他们，对他们进行处罚，并审理他们的上诉，应对普通法官提出的上诉进行审理，也有权逮捕普通法官。[①] 1727年4月25日，葡印总督下令王室大法官莫雷拉·索萨不要更改议事会的特权。紧接着，莫雷拉·索萨又就其所审判的囚犯流放帝汶的资金开销与议事会展开了争执。[②]

对于莫雷拉·索萨的上诉，国王并没有予以支持，1727年5月9日，国王颁布新的法令，对王室大法官的行为进行了谴责："至于王室大法官的级别是否高于议事会的问题，应该遵照议事会的规章。王室大法官对地方法官及议事会普通法官，没有司法裁判权，除非仅仅在王室大法官规章允许的范围内。王室大法官在座席、庆典及宗教游行中没有地方法官的特权。王室大法官不可因地方法官在职务上的行为而逮捕或处罚他，或停止议事会官员的职务，正如之前对普通法官曼努埃尔·洛佩斯（Manuel Lopes）所做的那样，王室大法官不可管理议事会官员的账务。仅仅当议事会官员犯了无关其公事的罪行或民事案件时，王室大法官可以对他们进行起诉。关押这些官员的地方不应该是公牢，而应该是其他专用的关押贵族的地方。选举中发生受贿情况时，应遵循国家法律中的条款。"[③] 新法令还谴责王室大法官越过司法权限，在总督派兵抓捕贩卖物品的两位传教士时，抢先派兵将他们抓捕，并称王室大法官"对完全不应该干涉的事情予以了干涉"。王室大法官还颁布禁令，禁止个人承担超过60 000雷亚尔的债务，但这条禁令被国王撤销，并称："这样做对于澳门这样的经商城市不利。"[④]

这一年，王室大法官莫雷拉·索萨与地方政府的矛盾冲突最为激烈的事件是，他与军事长凯罗斯（José Alves de Queirós）因为管辖权的问题发生了直接冲突，后来由于总督的介入才将此事平息，军事长被逮捕并关押至圣地亚哥炮台。王室大法官平时处处压制总督，还召集一批人调查议事会和总督，收集他们的过失。总督巴力度亦将他逮捕并关押到大炮台，在那里隔离，引起澳门司法界的一片混乱。[⑤] 后来，总督巴力度又非法地给他戴上镣铐并押送至果阿。[⑥] 澳门总督对王室大法官的侵权行为引起葡印总督的高度关注与担心，1728年9月13日，葡印总督针对澳门总督干涉王室大法官司法

① Manuel Teixeira, *Os Ouvidores em Macau*, Macau: Imprensa Nacional, 1976, pp. 99 – 100.

② Manuel Teixeira, *Os Ouvidores em Macau*, Macau: Imprensa Nacional, 1976, p. 98.

③ Manuel Teixeira, *Os Ouvidores em Macau*, Macau: Imprensa Nacional, 1976, pp. 99 – 100.

④ Manuel Teixeira, *Os Ouvidores em Macau*, Macau: Imprensa Nacional, 1976, p. 100.

⑤ Manuel Teixeira, *Os Ouvidores em Macau*, Macau: Imprensa Nacional, 1976, pp. 99 – 100.

⑥ Manuel Teixeira, *Os Ouvidores em Macau*, Macau: Imprensa Nacional, 1976, p. 105.

权问题发布军令状：凡干涉王室大法官司法权的总督将有被革职的危险；正当干涉的理由必须是维护地方公共秩序的情况或需要，但要以书面的形式连续发布三个命令，这样王室大法官就必须遵守。不论是王室大法官，还是当事人双方，都可以向上诉法院（果阿中级法院）上诉。[①] 1731 年 4 月 3 日，葡萄牙国王对此事进行了重新裁决，并颁布法令让莫雷拉·索萨官复原职，还归还他被没收的财产。为了让莫雷拉·索萨泄愤，国王还授权他在总督巴力度任期结束时将他逮捕，同样给他戴上镣铐押往果阿审判。[②] 据文德泉公布的资料，“莫雷拉·索萨直到他掌权结束也没有逮捕巴力度，更没有将他戴上镣铐送到果阿。所以他在王室大法官的任内不仅完成了三年的任命，后来还延长了两年，直到 1732 年 8 月 18 日”[③]。

1727—1728 年，王室大法官莫雷拉·索萨与议事会和澳门总督之间的斗争表现得十分酷烈，而最为可笑的是，作为澳门王室大法官与澳门地方政权的上司，葡印总督和葡萄牙国王对这一事件的处理十分错乱和矛盾，在争斗的三方中，时而支持王室大法官，时而支持澳门总督，时而又支持议事会。在批评和谴责上，也是持有相同的错乱和矛盾的态度，所以酿成了 18 世纪前期澳门王室大法官与澳门议事会、澳门总督激烈争夺权力的惨祸。因此，这一时期澳门上层权力的三驾马车之间的激烈争斗，其责任并不完全在于争斗的三方，葡印总督与葡萄牙国王也应该负有一定的责任。

议事会为了维护其政治上凌驾一切的地位，当然对王室大法官这个“权力障碍”非常不满。议事会认为澳门地方很小，普通法官完全可以胜任办案，故数次要求将王室大法官的职权合并到年长议员的职能上，甚至提出取消王室大法官职位的建议。1735 年 8 月 1 日，议事会致信葡印总督要求王室大法官应从澳门的居民中选出。1736 年 3 月 17 日，议事会又一次致信葡印总督要求取消王室大法官的职位。1738 年 12 月 23 日，议事会再次致信葡印总督要求废除王室大法官的职位。[④] 虽然葡印总督对这些要求都予以了拒绝，但是在议事会的不断呈请和要求下，1740 年 4 月 20 日，葡萄牙国王若奥五世也以“王室大法官的职位如此受人憎恨，由于其与殖民地的福利产生了冲突与矛盾”[⑤] 为由，下令撤销王室大法官职位，将其权限赋予市政法官（普通法官）。葡王的命令如下：

> 由于一些王室大法官独断专制的行为，市民怨声载道，因此向朕申请将市民从那样的压迫中解脱出来，将王室大法官的职位交由该议事会最资深的议员担任。朕决定，废除澳门王室大法官的职位，因为在澳门这样一个小地方没有必要设置

① 澳门历史档案馆藏《澳门档案》之《从前赋予澳门的待遇及特权》，转引自［葡］叶士朋著，周艳平、张永春译：《澳门法制史概论》，澳门：澳门基金会，1996 年，第 63 页。

② Manuel Teixeira, *Os Ouvidores em Macau*, Macau: Imprensa Nacional, 1976, pp. 107 – 108.

③ Manuel Teixeira, *Os Ouvidores em Macau*, Macau: Imprensa Nacional, 1976, p. 106.

④ Manuel Teixeira, *Os Ouvidores em Macau*, Macau: Imprensa Nacional, 1976, pp. 112 – 113.

⑤ Manuel Teixeira, *Os Ouvidores em Macau*, Macau: Imprensa Nacional, 1976, p. 122.

> 王室大法官的职位，在围墙外的区域既没有郊区，也没有市区。这座城市的普通法官、孤儿法官审判那些诉讼案件，诉讼人可以向果阿中级法院上诉，正如当前对王室大法官的判决可以上诉一样。[①]

由于王室大法官与议事会及总督的权力的激烈争夺，王室大法官再一次被议事会击败，其职位再次遭葡萄牙国王中止。

（四）第四阶段：集权主义下王室大法官权力的加强（1785—1837）

1740 年澳门王室大法官一职被废除后，王室大法官主要由议事会选举出来的普通法官兼任，文德泉的《澳门王室大法官》一书中只提到了 3 位被议事会选为普通法官又兼任王室大法官的人，一位是若奥·马加良斯（João de Sousa Magalhães），一位是若瑟·科埃略（José Coelho），另一位是佩雷拉·布拉加（António Pereira Braga）。若奥·马加良斯于 1842 年以议事会普通法官的身份兼任王室大法官，在他任职期间，王室大法官权力扩张，具有民事及刑事司法权、议事会地方法官的权力、王权诉讼审理法官权；管理国库、上诉、死者与失踪者受权人、废址、礼拜堂、王室烟草商店；管理法官、军事法庭法官。[②] 这一时期，关于该职位的选举问题还是被多次提出，1746 年 4 月 28 日，葡印总督向议事会提出建议，在政府部门 3 年一次的选举中，选取 5 ~ 6 人，其中 3 人由澳门总督、主教及日本教省的教区长批准，并从这 3 人中选出一位王室大法官。如果选举票数持平，则由中国副省教区长决定人选。如果议事会选举出的 6 人没有一人有能力胜任，那么他们可以另外任命有能力的人担任这一职位。1747 年 5 月 20 日，葡印总督又一次写信给议事会，声明王室大法官司法权限的执行应该交由最年长的普通法官。[③] 1748 年 5 月 2 日，葡印总督再次致信澳门议事会，说道："目前出现了专制独断的行为，代任王室大法官职务的普通法官佩雷拉·布拉加针对其同僚法官，在没有司法权限的情况下将其逮捕，为此我考虑了如何避免将来发生类似的混乱的方法。"[④] 据此可知，在由议事会普通法官兼任王室大法官职务时，澳门的司法管理仍处于一种混乱的状态。不仅如此，澳门废除王室大法官的结果，就是导致议事会的势力日益坐大。

随着国家主义思潮与殖民意识在欧洲各国的增强，到 18 世纪下半叶，葡萄牙庞巴尔侯爵在执政时期宣扬"集权主义"的政治哲学，改革了贵族、教会议政的传统，实行高度的专制统治。改革的浪潮终于延伸至澳门，而《王室制诰》的颁布，也标志着葡萄牙意图将澳门列入其殖民政治的版图。

---

① *Arquivos de Macau*, 3ª Série, Vol. X, No. 5, Macau, 1968, p. 277.

② Manuel Teixeira, *Os Ouvidores em Macau*, Macau: Imprensa Nacional, 1976, pp. 113 - 114.

③ *Arquivos de Macau*, 3ª Série, Vol. X, No. 6, Macau, 1968, pp. 299 - 300.

④ *Arquivos de Macau*, 3ª Série, Vol. X, No. 6, Macau, 1968, pp. 316 - 317.

前面已述，在澳门，总督同议事会的较量一直在进行。17世纪和18世纪的大部分时间，总督仅有军事权，不得过问议事会的施政。总督也多次意图介入议事会的事务，提升权力和地位，但是并未获得明显的成效，议事会在管理澳门事务的过程中始终处于主导的地位。1783年，《王室制诰》颁布，授予澳门总督必要的权力，以主导澳门地区的政治生活。从此，澳门总督有权干预澳门葡人内部管理的大小事务，对议事会决策有否决权。随着葡萄牙中央集权的进一步加强，议事会的权力日趋削弱，澳门政治组织的殖民色彩日益浓厚。①

在这次宪政改革过程中，除着重强调总督的权限外，同时也对王室大法官的存在价值进行了重新评估。1783年，葡印总督建议恢复澳门王室大法官职位。《王室制诰》恢复了王室大法官在司法体系的权威，并明确其在澳门管理事务中扮演监督者的角色，尤其是对王室国库收支情况进行监督，要求议事会将账目提交给总督和王室大法官审计。1785年2月20日，果阿终审法院法官费利喇被任命为澳门王室大法官，同日，曾于1740年撤销的大法官办事处重新设立。② 费利喇正式上任王室大法官一职是在1787年4月23日以后，据葡印总督这一天写给议事会的信称：

> 目前果阿中级法院审判长费利喇正去往澳门，根据1785年2月20日的法令，他被指派为澳门王室大法官，并兼任公使、议事会司库、死者与失踪者总监及孤儿法官。同样，在该市的旧王室大法官规章中声明，孤儿法官的职位附属于王室大法官，此外，王室大法官还应担任该市的海关法官与管理者的职位。王室大法官的薪资应该在给旧王室大法官们发放工资的议事会处收取，其中800塔尔是海关法官与管理者的薪酬。③

由于王室大法官的地位大大提高，所以他在澳门的待遇也得到提高。据1788年4月21日的葡印总督命令，要求澳门议事会向王室大法官及其继任者支付租用住所的全部费用，如果国库情况更好的话，可以给王室大法官购买一栋专门的住所。④ 从此以后，王室大法官费利喇遵照葡印政府的旨意，加强其在澳门政府的影响力，屡次介入各种政务及经济事务的交涉之中，而这种介入在1787年对沙梨头集市一场拆除工程引发的冲突中表现得尤为明显。⑤ 除此之外，他还针对澳门的混乱管理向葡印总督上书和提出自己的建议，如1789年12月5日，因为仁慈堂无视规约，事先安排好选举，费利喇向葡印总督上书，并建议葡印总督收回仁慈堂主席管理选举的权力，以避免在这类选举中

---

① 吴志良：《生存之道：论澳门政治制度与政治发展》，澳门：澳门成人教育学会，1998年，第96页。

② Manuel Teixeira, *Macau no Séc. XVIII*, Macau: Imprensa Nacional, 1984, p. 653; António Manuel Hespanha, *Panorama da História Institucional e Jurídica de Macau*, Macau: Fundação Macau, 1995, p. 132.

③ *Arquivos de Macau*, 3ª Série, Vol. XI, No. 1, Macau, 1969, pp. 29 – 30.

④ Manuel Teixeira, *Os Ouvidores em Macau*, Macau: Imprensa Nacional, 1976, p. 129.

⑤ *Arquivos de Macau*, 3ª Série, Vol. XI, No. 2, Macau, 1969, pp. 76 – 78；［葡］徐萨斯著，黄鸿钊等译：《历史上的澳门》，澳门：澳门基金会，2000年，第129页。

出现贿赂行为。[①]

在澳门政治体制改革的过程中，王室大法官日益受到重视。在中央集权司法改革框架内，王室大法官一职最终于1803年3月26日被恢复，其还兼任审计官、海关行政法官、孤儿法官及王室金库司库。此外，王室大法官还有权：第一，像法官一样受理新的诉讼，当超过法定上诉利益限额时向中级法院提出实体上诉；第二，受理普通法官提出的实体上诉；第三，在刑事方面，与普通法官同时拥有审判权，负责立案，在判处死刑时向果阿中级法院上诉；第四，通过简易程序审理水手及流浪汉；第五，像法区法院之法官一样对案件进行调查；第六，拥有王国一般法律赋予王室金库司库及孤儿法官的权限。他们不受总督的管辖，在华人之间的案件方面，虽然有权审理华人与葡国人之间的诉讼，但应尊重中国县丞的审判权。同时，1803年3月26日成立的司法委员会受理有关大法官的判决上诉，使上诉不出澳门便能解决。[②]

我们再从王室大法官年薪的变化来看王室大法官在澳门权力地位的升降沉浮。1587年《澳门王室大法官章程》公布的王室大法官年薪为200 000雷亚尔，1582年的《市堡书（手稿）》中提到王室大法官3年的收入为3 000到4 000克鲁扎多[③]，则每年约为1 000余克鲁扎多，则估为年薪400 000雷亚尔，为1587年澳门王室大法官年薪200 000雷亚尔的一倍。这是什么原因？为什么当澳门王室大法官制度正式确立的时候，薪俸水平会下降一半的程度，如果资料没有错误的话，只能说明一个问题，葡萄牙国王派遣到澳门的王室大法官与印度的法官相比，是一个相对不受重视的职务。到1635年时，澳门王室大法官的薪俸更下降到100 000雷亚尔，也是由马六甲海关支付，比1587年王室大法官的水平又下降了一半。到1687年时，根据果阿的命令法令，王室大法官的薪金应该由议会支付，但是，这条法令并未被议事会执行。[④] 1693年，澳门王室大法官要求议事会支付他担任王室法官一职4年的薪金900多两（年薪约合100 000雷亚尔）。[⑤] 到1726年时，王室大法官根据1587年《澳门王室大法官章程》，提出要求澳门议事会每年给他付200 000雷亚尔的薪金。议事会拒绝支付，1727年澳门总督又下令议事会要支付王室大法官200 000雷亚尔的年薪。[⑥] 1784年，葡印总督重新确定了澳门王室大法官费利喇的年薪为1 000两（约合400 000雷亚尔）。[⑦] 这就完全恢复到在印度当地王室法官的薪资水准，可以看出，王室大法官一职位由最开始的很

---

① ［葡］施白蒂著，小雨译：《澳门编年史：16—18世纪》，澳门：澳门基金会，1995年，第192页。

② ［葡］叶士朋著，周艳平、张永春译：《澳门法制史概论》，澳门：澳门基金会，1996年，第64页。

③ ［葡］佚名著，陈用仪译：《市堡书（手稿）》，载澳门《文化杂志》编：《16和17世纪伊比利亚文学视野里的中国景观》，郑州：大象出版社，2003年，第117～118页。

④ Manuel Teixeira, *Os Ouvidores em Macau*, Macau: Imprensa Nacional, 1976, p. 44.

⑤ Manuel Teixeira, *Os Ouvidores em Macau*, Macau: Imprensa Nacional, 1976, p. 45.

⑥ Manuel Teixeira, *Os Ouvidores em Macau*, Macau: Imprensa Nacional, 1976, p. 97.

⑦ Manuel Teixeira, *Os Ouvidores em Macau*, Macau: Imprensa Nacional, 1976, p. 125.

高地位逐渐下降，而在后来又逐渐恢复提升，直到《王室制诰》颁布以后，才恢复到最开始的位置。

图 2-12 眉额带历像

澳门历史上最著名的、最有权力的王室大法官非眉额带历莫属。眉额带历，1776 年生于亚速群岛的法亚尔岛，毕业于科英布拉大学法律系，担任过巴西的法官，1802 年被任命为果阿中级法院法官，不久又被任命为澳门王室大法官。他担任大法官职务 21 年，并兼任澳葡海关司法官、王室金库司库官，超越澳门总督与议事会，成为澳葡政府最具实权的人物。他在任期间的 19 世纪初，澳门处于政治、经济、社会的转型期。他曾帮助解决英军入据澳门事件，协助广东政府招抚海盗张保仔，为居澳葡人争取更多的贸易权益，努力拓展澳门葡人的经济来源，对澳门葡人社会贡献良多，被誉为“澳门城市之父”，其在任时期被称为“眉额带历时代”。眉额带历在澳门集万千权力于一身，正如 1837 年 12 月 5 日，澳门议事会给印度总督的信中所描述的：

> 听起来难以置信，但确实是这样。现在，尤其是当法庭在里约热内卢的时候，大法官眉额带历发动战争、平息战争、进行谈判、签署经贸条约、与亚洲各王公贵族结盟、创建头衔、颁发荣誉勋章、罢免并任命新的政府领导人、授予军衔、创建教区、任免主教！他甚至引起了印度总督、巴西南里奥格兰德州里奥帕尔杜伯爵的嫉妒。如果他当时一直活着且继续保持这种做事方式的话，他会做出更多的事情。大法官眉额带历执政 22 年以来直到他去世，就像统治了一个王国。①

作为王室大法官的眉额带历无数次地打破了王室大法官“任期 3 年，可连任 2 次”的任职制度，成为澳门历史上最为著名的专制集权者，正由于他个人的努力，他不仅实现了葡萄牙王室强化王室大法官权力的意图，而且将王室大法官的权限在澳门发展到一个顶峰。正如前引文所言“他集万千权力于一身”。历史的辩证法就是如此，盛极必衰，王室大法官一职发展到眉额带历的顶峰时代，也就预示着王室大法官这一职位的衰亡。1822 年澳门的民主宪政运动就是针对这位最伟大的集权主义者发起的一场战争，虽然这场战争并未获得最终的胜利，但是离王室大法官走向坟墓的日子已经不远。

最后一任王室大法官为科斯塔·阿马拉尔（Francisco da Costa e Amaral），他于 1834 年获委此职，实际离开此任的时间是 1837 年。在任职内他与总督晏德那关系极糟，两人经常因澳门政务问题发生争执。② 议事会理事官代表、律师弗朗西斯科·费尔

① Manuel Teixeira, *Miguel de Arriaga*, Macau: Imprensa Nacional, 1956, pp. 29 - 33.

② Manuel Teixeira, *Os Ouvidores em Macau*, Macau: Imprensa Nacional, 1976, pp. 172 - 174.

南德斯（Francisco de Assis Fernandes）在1837年的议事会会议上提出，根据1832年5月24日颁布的法令的第13条，科斯塔·阿马拉尔的权力也应该受到司法权的限制，即将他的权力从议事会和海关部门分离出来。①

1836年12月7日，葡萄牙颁布《行政法典》，重组海外省。果阿被指定为葡萄牙东方属地的政府所在地。果阿高等法院进行改革，王室大法官体制寿终正寝。澳门废除王室大法官一职，澳门立法权被取消，葡萄牙改设澳门按察使（地区大法官），并由总督、法官、军事长官、议事会两名议员及理事官组成澳门司法委员会，平民乃至士兵的刑事犯罪由司法委员会审理。遇有上诉的案件，澳门和帝汶仍需接受果阿终审法院的裁决。② 根据1844年9月20日海外殖民地部部令第8条：

> 澳门按察使履行旧王室大法官的职责，除了与海关监理人（Superintendencia das Alfandegas）有关的事务之外，拥有整个法区具有司法效力的司法审判权。③

首位澳门按察使为葡萄牙人巴士度（José Maria Rodrigues de Bastos），他于1838年正式履任，随之亦成立澳门按察使衙门，其中文译名即为澳门法院。④

表2-4　1580—1837年澳门王室大法官任职情况⑤

序号	姓名	说明
1	鲁伊·马沙多 Rui Machado	1580年任命，并未到任，有资料称其1594年到澳门
2	路易斯·贡萨尔维斯 Luís Gonçalves	1582年任命，1582年12月18日在澳门宣誓
3	亚历山大·拉贝罗 Alexandre Rebelo	1586年3月29日到任
4	巴尔塔萨·洛博 Rodrigo Baltasar Lobo	1587年出任，并在澳门向马蒂纽（Martinho Inácio de Loyla）修士提出诉讼

---

① *Arquivos de Macau*, 3ª Série, Vol. V, No. 1, Macau, 1966, p. 68.

② *Arquivos de Macau*, 3ª Série, Vol. V, No. 1, Macau, 1966, p. 64; *Boletim do Governo da Provincia de Macao, Timor e Solor*, Vol. I, 12 de Fevereiro de 1846, No. 6, pp. 22-23；［葡］施白蒂著，姚京明译：《澳门编年史：19世纪》，澳门：澳门基金会，1998年，第64页。果阿终审法院（又称中级法院）是庞巴尔侯爵于1744年1月15日撤销的，不久，玛丽亚二世又下令将其恢复。在1822年印度邦反自由主义的政治风潮之后，其再一次被撤销，又在这一次政令后再次恢复。参见［葡］叶士朋著，周艳平、张永春译：《澳门法制史概论》，澳门：澳门基金会，1996年，第6页。

③ *Boletim do Governo da Provincia de Macao, Timor e Solor*, Vol. I, 8 de Janeiro de 1846, No. 1, pp. 1-2.

④ 曾金莲：《鸦片战争后澳葡政府管治居澳华人之制度及策略》，澳门大学博士学位论文，2015年，第66~67页。

⑤ 本表资料来源：Manuel Teixeira, *Os Ouvidores em Macau*, Macau: Imprensa Nacional, 1976.

（续上表）

序号	姓名	说明
5	埃斯特旺·巴雷罗斯 Estêvão Barreiros	1589年出任，同年被捕并革除教籍
6	马沙多·巴尔博扎 Machado Barbosa	1589年2月6日出任
7	若奥·卡尔德龙 João Ximenes Calderon	1589年10月6日葡印总督致国王信函请求他出任，有资料证明他已经出任，并裁决了一些罪犯
8	路易斯·达·席尔瓦 Luís da Silva	1594年3月1日国王批准将大法官之职授予他，并命他对澳门不遵守法律的罪犯进行审讯，同时调查中日巡航首领
9	坎波斯·塔瓦雷斯 Francisco de Campos Tavares	1595年2月18日获批准出任是职，受命将审批有罪的人及其家人发往果阿，1603年他出任马六甲法官
10	鲁伊·多科托 João Rui do Couto	1601年担任王室大法官，于当年的11月在澳门对15个荷兰人实行了绞刑
11	尼古劳·达·席尔瓦 Nicolau da Silva	开始任命大法官的时期并不清楚，但到1607年1月16日国王致总督的信称要终止他大法官的职务
12	路易斯·科埃略 Manuel Luís Coelho	1608年3月26日出任澳门王室大法官一职，后因逮捕比埃达德（D. João Pinto da Piedade）主教手下的两个人而被主教驱逐出教会
13	罗伯斯·卡拉斯科 Francisco Lopes Carrasco	1615年3月11日受命前往澳门担任战督，并兼任王室大法官的职务，这是第一位兼任王室大法官的兵头或总督，他在澳门停留仅仅几个月，因对其指控太多，不久被免职召回果阿
14	曼努埃尔·拉瓦斯科 Manuel Pinheiro Ravasco	1621年出任是职
15	卡丁·弗罗伊斯 Francisco Cardim Fróis	1621年出任是职，1624年结束3年任期，随后去果阿
16	门德斯·奥梅姆 Gonçalo Mendes Homem	此人于1621—1626年在澳门居住，1625年3月20日国王致葡印总督的信称其带着审判权来到澳门
17	卡梅洛·塞朗 António Camelo Serrão	1625年初抵达澳门任职，其在澳门任职仅有数月，1625年4月17日为其最后任期
18	恩里克·马塞多 Henrique Borges de Macedo	1625年9月27日出任

（续上表）

序号	姓名	说明
19	梅尔古良·博尔热斯 Luís Mergulhão Borges	此人何时出任是职不清楚，但1629年12月20日他已在澳门执行有关的法务，直到1630年1月16日仍有他在澳门的批示
20	洛波·佩萨尼亚 Lopo de Lagares Pessanha	此人应在1630年出任是职，同年7月20日就以王室大法官的名义在澳门签署文件，直到1635年5月4日仍有他在澳门的消息
21	曼努埃尔·拉莫斯 Manuel Ramos	此人应于1636年出任是职，同年11月10日的议事会文书上就出现了王室大法官兼行政长官拉莫斯的签名
22	苏亚雷斯·帕埃斯 Sebastião Soares Paes	此人并非澳门王室大法官，但是在1632—1634年他出任南部地区首席王室大法官，包括马六甲和澳门
23	多明格斯·德·阿吉亚尔 Domingos Maciel de Aguiar	此人于1638年出任澳门王室大法官，其名字在3月11日的文书中提及
24	安东尼奥·德·马赛多 António de Macedo	此人于1638年出任澳门王室大法官，其名字在11月13日的文书中提及，1640年6月11日的文书中亦提及他担任是职
25	利昂内尔·德·利马 Lionel de Sousa de Lima	1641年出任是职，同年10月2日的议事会文书中提及
26	迪奥戈·瓦斯·巴瓦罗 Diogo Vaz Bavaro	1643年出任是职，同年12月28日写给国王的信称其为王室大法官兼任首席检察官职务
27	阿尔瓦雷斯·卡里略 João Álvares Carrilho	1645年出任是职，他来澳门是为了对澳督施罗保（D. Sebastião Lobo da Silveira）于1642年犯下的罪行进行调查
28	平托·德·菲格雷多 Luís Pinto de Figueiredo	1646年出任是职，同年5月12日签署了第一份文件，澳门政府在1651年12月2日的一份信中提到了他，并为他申请作为王室大法官这一职位的报酬，1654年4月22日出现了这位王室大法官证书的抄本
29	科埃略·达·席尔瓦 Manuel Coelho da Silva	此人何时出任是职不清楚，但1672年2月20日的信中提及他担任澳门的王室大法官
30	戈梅斯·博特略 Francisco Gomes Botelho	1685年出任是职，同年6月4日的信中提及此人担任王室大法官
31	若奥·卡瓦略 João Viveiro de Carvalho	此人何时担任王室大法官不清楚，1688年1月6日的文件提及他出任王室大法官，其人担任王室大法官4年

（续上表）

序号	姓名	说明
32	阿丰索·德·索萨 Martins Afonso de Sousa	1692 年 7 月 30 日担任王室大法官
1694 年 4 月 28 日，葡印总督诺罗尼亚（D. Pedro António de Noronha）下令中止王室大法官的任命		
33	曼努埃尔·桑托斯 Manuel dos Santos	1698 年出任王室大法官，同年 9 月 6 日宣布逮捕法官的书记员罗沙（Manuel da Rocha），后理事官要求他释放其人，他因拒绝而被免职
34	祖扎特·德·瓦斯康塞洛斯 João Carneiro Zuzarte de Vasconcelos	1707 年担任王室大法官，1709 年 11 月逮捕了澳门理事官莱特（Manuel Leite）
35	加尔塞斯·德·科托 Tomás Garcez do Couto	1710 年 7 月任王室大法官，他因拖延赦免仪式，被宗教法庭受托人革除教籍；1711 年 2 月 8 日被逮捕，送往果阿；1707 年被驱逐到澳门的铎罗主教就住在他的住所，直到逝世
36	沙维尔·多特尔 Francisco Xavier Doutel	1710 年 11 月 15 日接替科托出任王室大法官
37	加斯帕尔·马丁斯 Gaspar Martins	1711 年出任是职，同年 3 月 28 日的市议会信中也提到他是王室大法官，但到同年 12 月似乎就离开了这个岗位
38	洛博·达·伽马 Cón. Luís Lobo da Gama	不知此人何时出任王室大法官，但在 1711 年 11 月 11 日的澳门档案中提到他为王室大法官
39	路易斯·达·席尔瓦 Luís da Silva	不知何时出任王室大法官，也是在 1711 年的资料中提到他担任王室大法官
40	加斯巴·法兰古 Gaspar Franco da Silva	1712 年 1 月 27 日的文件已提及此人出任王室大法官，1716 年 9 月 25 日此人再次被任命为王室大法官，1718 年 5 月 8 日向葡印总督申请辞去王室大法官的职务，但似乎未被批准，直到 1722 年他还是王室大法官
41	曼努埃尔·罗咱 Manuel Vicente Rosa	1715 年 4 月 30 日至 1716 年 9 月 25 日出任王室大法官
42	迪奥戈·洛佩斯 Diogo Lopes	此人于 1720 年曾担任过孤儿法官，但不知何时出任王室大法官，1726 年时已经离职
43	佩雷拉·德·索萨 Francisco Pereira de Sousa	1723 年被任命为王室大法官，但此人是外行，到 1725 年时基本离职

（续上表）

序号	姓名	说明
44	莫雷拉·索萨 António Moreira e Sousa	1726年8月3日出任是职，此人是法学院毕业拥有学士学位的法官，1727年10月被总督逮捕，并关押到大炮台，在此期间由艾雷斯（Pascoal de Sousa Aiers）继任王室大法官，1728年莫雷拉·索萨正式卸任王室大法官一职
45	安东尼奥·特谢拉 António Fernandes Teixeira	1728年9月7日接任是职，直至1731年5月8日还担任王室大法官
46	安东尼奥·德·米兰达 António Machado de Miranda	此人两次担任王室大法官职务，第一次在1731年7月20日接替特谢拉，第二次出任在1733年7月31日，期间莫雷拉·索萨曾短暂接替米兰达
47	若奥·马加良斯 João de Sousa Magalhães	1734年出任是职，任内对澳门教区总主教代表议事司铎佩雷拉（José Gonçalves Pereira）干涉王室大法官的司法权限一事提出上诉；1842年又以议事会普通法官的身份兼任王室大法官，在他任职期间，王室大法官权力扩张，他的司法权限覆盖国库、议事会、海关、慈善组织、孤儿院、教友会、教堂、监狱、死者与失踪者，总而言之，一切关乎行政管理的方方面面
48	韦南西奥·佩雷拉 Venâncio Pereira	1736年3月17日出任是职，直到1740年中止王室大法官职位为止
1740年4月10日，葡印总督废除澳门王室大法官一职，王室大法官将继续由普通法官取代		
49	若瑟·科埃略 José Coelho	1748年被选为普通法官，代替王室大法官之职
50	佩雷拉·布拉加 António Pereira Braga	亦是1748年被选为普通法官，代替王室大法官之职
51	费利喇 Lázaro da Silva Ferreira	1784年7月28日此人抵达澳门，当时他的身份为高等法院法官；1785年2月20日葡萄牙国王正式任命费利喇为王室大法官，但他正式上任的时间是1787年，1797年5月15日卸任
52	安东尼奥·多斯·桑托斯 António Pereira dos Santos	1796年3月8日被任命为果阿中级法院法官，并执行澳门王室大法官的职务，1797年5月15日正式上任，直到1802年
53	眉额带历 Miguel de Arriaga Brum da Silveira	1802年2月5日被任命为果阿中级法院法官，同时担任澳门王室大法官，1803年1月3日正式上任，1810年6月25日被奖励连任王室大法官一职，直至1822年宪政运动被罢免

（续上表）

序号	姓名	说明
54	吉马良斯·佩肖托 João Baptista de Guimarães Peixoto	1810年1月2日被任命是职，由于眉额带历劝降海盗的攻击，其被葡印总督委派连任王室大法官一职，从而结束了佩肖托的任职
55	保禄·贝罗 Paulo Vicente Belo	1822年9月15日被选为澳门议事会普通法官，但行使王室大法官的权力，1823年9月23日被保守政府辞职
56	西蒙·罗咱 Simão Vicente Rosa	1824年12月14日出任是职，直到1825年6月底
57	奥利维拉·菲格雷多 Feliciano de Oliveira e Figueiredo	1825年4月2日获任此职，8月3日正式上任，直到1826年8月
58	皮雷斯·达·科斯塔 José Filipe Pires da Costa	1826年8月16日获任是职，直至1834年
59	科斯塔·阿马拉尔 Francisco da Costa e Amaral	1834年6月获任是职，1835年2月22日正式上任，任职一直到1837年

三、澳门孤儿法官

孤儿法官（*Juíz dos órfãos*），是葡萄牙早期的一种特殊司法制度，葡萄牙每个市镇中都设有一位孤儿法官。由于葡萄牙的海外殖民扩张，很多葡萄牙贵族和军人死于征战的途中或海上，他们留下的孤儿寡妇就成了葡萄牙社会的一个重要问题。由于亡逝的贵族、军人都愿意将自己的财产留给后代，所以这其中许多的孤儿并不需要物质的援助。对于处于这种状况的孤儿，更重要的是对他们以后将继承的财产进行托管，由专门的司法人员来负责清点造册。因此，孤儿法官一职开始出现。其职责是管理孤儿的财产，孤儿的财产主要分为现金和物资。根据有关档案，这些财产必须存放在一个专用的柜子里。在澳门尤其有必要，因为到海外谋生就是为了家里人，因此这个法官的设立，可以确保他们的财产在澳门交给继承人。如果他们在澳门没有继承人的话，就通过孤儿法官送回葡萄牙国内。在葡萄牙本土，孤儿法官设立于16世纪初，而澳门孤儿法官的设立则大概在16世纪80年代。[①] 按照葡萄牙传统，孤儿法官是由王室大法

---

① 以上资讯主要由金国平先生提供，在此表示感谢。

官兼任的。但在1581年的时候，澳门居民给葡国国王写信，要求国王批准王室大法官不再兼任孤儿法官，孤儿法官应由澳门当地的已婚居民担任。据施白蒂的《澳门编年史：16—18世纪》：

> 1582年3月9日，王室在写给葡印总督维基戈依拉伯爵（Conde da Vidigueira）的信件中批准了澳门的申请，国王命令“孤儿法官的职务不再像沿用至今的那样由王室大法官兼任，而应由对各方了解、能很好地履行职务的已婚居民担任”。[①]

根据这份资料的信息，可以知道以下几点：第一，葡萄牙设立孤儿法官一职，最晚不晚于1581年；第二，1581年之前王室大法官兼任孤儿法官的职务；第三，1581年时澳门居民已经向国王申请，要求由澳门“对各方了解、能很好地履行职务的已婚居民担任”孤儿法官的职务。这一申请似乎获得了批准，文德泉提供的资料称：

> 通过1582年3月9日发往葡印总督维基戈依拉伯爵的皇室信函，皇帝做出决议，批准澳门居民的请愿书，根据国王启封的意见书，“孤儿法官的职权不再由大法官执行，而是由了解这一职位并且可以很好履行职责的已婚居民担任”。[②]

1582年完成的《市堡书（手稿）》记录了当时的澳门官职：

> 另外该地还有一名王室大法官，一位公文、司法与记录文书官，他也兼任为死者与孤儿开证明的文书官（孤儿法官）。王室大法官不从国王的金库中领取薪金，他三年的收入为3 000～4 000克鲁扎多，上述文书官在三年期间也可以得到2 500～3 000克鲁扎多的纯收入。这个职位通常每三年任命一次，由不同的人担任。[③]

据此可知，到1582年时澳门已同时出现了王室大法官和孤儿法官两个司法职务，这就可以证明，当时的葡萄牙国王批准了澳门居民的申请，将孤儿法官一职从王室大法官身上剥离出来，并选举澳门当地的已婚居民出任。到1586年时，葡印总督再次确认澳门议事会选举任命孤儿法官的权力：

> 4月10日，葡印总督杜阿尔特·梅内塞斯下达敕令，授予澳门议事会任命任期三年的官员及普通法官和孤儿法官权力，但公共和司法书记官还是要由国王任命。[④]

然而，这次任命还不到一年，葡萄牙国王在1587年颁布《澳门王室大法官章程》时，又宣布王室大法官兼任孤儿法官。章程的第7条称：

> 王室大法官同样服务于孤儿法官，期间同样在遵守本人法令中规定的每条章

---

① ［葡］施白蒂著，小雨译：《澳门编年史：16—18世纪》，澳门：澳门基金会，1995年，第20页。

② Manuel Teixeira, *Os Ouvidores em Macau*, Macau: Imprensa Nacional, 1976, p. 19.

③ ［葡］佚名著，陈用仪译：《市堡书（手稿）》，载澳门《文化杂志》编：《16和17世纪伊比利亚文学视野里的中国景观》，郑州：大象出版社，2003年，第117～118页。

④ ［葡］施白蒂著，小雨译：《澳门编年史：16—18世纪》，澳门：澳门基金会，1995年，第23页。

> 程，且在补充法律之中，在孤儿法庭机构，在法定上诉利益值范围内的，根据这份章程，同意其参与公务。①

叶士朋亦称："1587 年敕书还规定王室大法官兼任孤儿法官。"② 这可以反映，葡萄牙国王与葡印总督在授予议事会选举孤儿法官一事上存在着严重分歧。到 1596 年时，国王的态度发生了改变。1596 年，菲利普二世应澳门市民之请求，在给新任葡印总督弗兰西斯科·伽玛的指示中决定，孤儿法官的职务不再由王室大法官兼任，改由"已婚并称职之市民"担任。③ 1603 年 1 月 29 日，国王发出补充特许状，授予澳门议事会选举孤儿法官及任命书记官的特权。④ 这就是说，王室大法官不再兼任孤儿法官之职，并且孤儿法官是由澳门市民选举产生的。

从上引材料可以看出，16 世纪的最后 20 年，王室大法官和澳门地方政府对孤儿法官这一职位产生了激烈的争夺，其职一会儿归属王室大法官，一会儿归属澳门议事会。葡萄牙国王和葡印总督亦在这两大势力之间摇摆不定。为什么王室大法官和澳门议事会都对孤儿法官这一职位如此感兴趣呢？这背后的原因，就是在这些被他们管理的孤儿们的后面还有一笔需要人管理的巨大的遗产，后来被叫作"孤儿金库"，这里面存在着一个重大的财政支配权。1590 年 3 月的一份王室法令有这样的记录：

> 据了解，在印度各地的死者财产处理部门和该地区各城市中的死者财产处理部门，没有履行他们应尽的义务，没有按照法律办事，没有把这些地区去世的人的财产交上来，以便再把这些财产转交给他们这些人的后代，也没有按照遗嘱执行人的意愿行事。他们把这些财物留作自己使用或进行贸易，这既违背良知，又背离了他们的职务所给予的权力和荣誉。⑤

这里的"死者财产处理部门"指的就是孤儿法官。从这份资料可以看出，到 1590 年时还没有建立孤儿金库，所以这些孤儿法官们可以拿这些孤儿们应该得到的遗产"留作自己使用或进行贸易"。即使到孤儿金库成立以后，掌管孤儿金库的孤儿法官们仍然可以在金库中挪用资金为自己服务。所以，澳门议事会经常派人检查孤儿金库，查看资金是否被人挪用，据 1716 年 5 月 8 日来自果阿的指示称：

> 将检查一些法官是否以孤儿的名义为自己或其他人购买一些东西，或者使用这些为孤儿购买的东西。一旦发现如此，将由此法官用其资产重新支付这些购买来的或被使用的东西的价值。如果任何法官对一些孤儿造成损失或损害，或由其

---

① *Arquivos de Macau*, 1ª Série, Vol. 1, No. 2, Macau, 1929, p. 58.

② ［葡］叶士朋著，周艳平、张永春译：《澳门法制史概论》，澳门：澳门基金会，1996 年，第 62 页。

③ ［葡］施白蒂著，小雨译：《澳门编年史：16—18 世纪》，澳门：澳门基金会，1995 年，第 28 页。

④ ［葡］叶士朋著，周艳平、张永春译：《澳门法制史概论》，澳门：澳门基金会，1996 年，第 86 页。

⑤ AHU, CAIXA 20, DOC. 66. 转引自［印度］桑贾伊·苏布拉马尼亚姆著，何吉贤译：《葡萄牙帝国在亚洲（1500—1700）：政治和经济史》，澳门：纪念葡萄牙发现事业澳门地区委员会，1997 年，第 235 页。

疏忽所引起的，将由他用其资产补回该损失，或是法官所说并和书记官或其他孤儿官员一起实行的，认为服务于一些孤儿的，让其支付九倍的薪金。将检查孤儿法官是否让属于孤儿的钱（或金器或银器）从金库中取出后任其监护人支配，而不再放入金库。一旦发现如此，应立即还回金库。①

据1716年5月12日费尔南德斯（António Fernandez）在果阿下达检查孤儿金库的命令称：

在现任的孤儿法官及其书记官的协助下去完成这次检查，收集一切属于孤儿的东西。它们将会被放到该市的耶稣学院去。将会有三把钥匙，一把将一直由孤儿法官保管，另一把将由该耶稣会的代理神父掌管，最后一把将放在孤儿的书记官那里，这样最方便，如同上述的指示中所声明的。从今以后不再有私人保管者，孤儿法官将不能再任意任命某个人，否则就是违背法律行为。如此我也通知澳门的总兵头、政府外交官、孤儿法官、议事会的官员们以及其他大臣们，要如此遵守并履行，并保证它的完全履行。保管好该命令，毫无疑问，它将被记录在澳门议事会的登记簿上，以及该市的孤儿院记录中，不需要支付新的税费和盖章费，因为这是服务于国王的，由他通过并记录在国家秘书处，如果有两份，只有一份有效。②

据此可知，不管是在孤儿金库建立之前还是之后，孤儿们所继承的遗产对澳门来说都是一笔不小的资金，所以不管是王室大法官，还是澳门议事会，都必然会为掌控这一笔巨大资金而进行抢夺，这应该就是孤儿法官一职始终是为王室大法官与澳门议事会激烈争夺的原因。

从16世纪末澳门议事会获得了孤儿法官的任命权以后，整个17世纪和18世纪前期孤儿法官的权力一直掌控在澳门议事会手中，③ 直到18世纪初澳门议事会派出使者出使里斯本获得了28项特许权，其中第2条及第24条再次对澳门议事会拥有选举孤儿法官权力做出肯定：

第2条：每三年一次，选举孤儿法官及委任孤儿法官书记的职能。

第24条：孤儿法官不得将孤儿基金借贷给总督，亦不得借贷给有权势的贵族，只得借贷给居民和有担保的人士，提出必要的担保条件以便确保交还本金及

---

① *Arquivos de Macau*, 3ª Série, Vol. Ⅱ, No. 6, Macau, 1930, pp. 340 - 341.

② *Arquivos de Macau*, 3ª Série, Vol. Ⅱ, No. 6, Macau, 1930, pp. 335 - 337.

③ Manuel Teixeira, *Macau no Séc. XⅦ*, Macau: Direcção dos Serviços de Educação e Cultura, 1982, p. 158; Manuel Teixeira, *Macau no Séc. XⅧ*, Macau: Imprensa Nacional, 1984, pp. 62, 140, 234; Jorge Forjaz, *Famílias Macaenses*, Vol. Ⅲ, Macau: Fundação Oriente, Instituto Cultural de Macau, Instituto Português do Oriente, 1996, pp. 295 - 396；金国平、吴志良：《澳门历史上的Rosa家族》，载金国平、吴志良：《东西望洋》，澳门：澳门成人教育学会，2002年，第406~410页。

盈利。①

应该说，这一权力的获得与保持是澳门议事会与王室大法官长期斗争的胜利成果。

议事会内的孤儿法官在中文文献中亦有记载，《澳门记略》中的“大红棍”和“二红棍”就是议事会内的孤儿法官：

> 外红棍官二等，曰大红棍，曰二红棍。大红棍于夷就瞑时，察其赀财而籍记之，询其人以若干送寺庙，若干遗子女，若干分给戚属，详书于册，俾无后争。二红棍于夷人既没，有子女俱幼，不能成立者，即依大红棍所开应给之数，抚育其子女，而经理其余财，待其既长婚嫁，举以付之。如无子女，悉归其赀于寺庙。②

这里的“大红棍”指的就是孤儿法官，而“二红棍”就是指死亡者与失踪者财产代管人，又称死者遗产管理人，葡语称 Provedor dos defuntos。③ 这个死者遗产管理人即葡文档案中出现的“孤儿书记员”④，他是隶属于孤儿法官的官员，在有些时候，孤儿法官也兼任死者遗产管理人。有学者考证，此种被称为“大红棍”的孤儿法官制度源于葡萄牙司法制度。时人俗称的“大红棍”确实是一条圆木棍，是象征权力的短手杖，多为政治、司法或军警人士使用。葡国古代司法制度中，有两种令牌：饰有国徽的白棍为法官使用，饰有市徽的红棍则是市政议员的权力象征。由于孤儿法官一职移植到澳门自治体制中发生变异，孤儿法官属于选举产生的议事会成员，因此他们不使用葡萄牙本土代表司法权的白棍，而选择持用象征市政权力的红棍。⑤ 由议事会选举出来的孤儿法官一般由普通法官担任，任期为 1 年。而这一由议事会普通法官出任孤儿法官的制度维持了 180 ~ 190 年，但其间亦出现过由议事会单独选举出来的孤儿法官（参见后表 2 - 5《17—19 世纪澳门普通法官表》）。

这一制度再次发生变化的时间是在 1783 年《王室制诰》颁布以后，1787 年 4 月 23 日费利喇正式出任王室大法官，据葡印总督这一天写给议事会的信称：

> 目前果阿中级法院审判长费利喇正去往澳门，根据 1785 年 2 月 20 日的法令，他被指派为澳门的王室大法官，并兼及公使、议事会司库、死者与失踪者总监及孤儿法官。同样在该市的旧王室大法官规章中声明，孤儿法官的职位附属于王室

---

① Manuel Teixeira, *Os Ouvidores em Macau*, Macau: Imprensa Nacional, 1976, pp. 73 - 75.

② （清）印光任、张汝霖原著，赵春晨校注：《澳门记略校注》，《澳蕃篇》，澳门：澳门文化司署，1992 年，第 153 页。

③ 金国平、吴志良：《红棍与红杖》，载金国平、吴志良：《镜海飘渺》，澳门：澳门成人教育学会，2001 年，第272 ~ 274 页。

④ *Arquivos de Macau*，1ª Série, Vol. Ⅰ, No. 1, Macau, 1929, p. 17; *Arquivos de Macau*，3ª Série, Vol. Ⅱ, No. 6, Macau, 1930, p. 336.

⑤ 金国平、吴志良：《红棍与红杖》，载金国平、吴志良：《镜海飘渺》，澳门：澳门成人教育学会，2001 年，第272 ~ 274 页。

大法官。①

1788 年 4 月 22 日，葡印总督给议事会的信更称：

因此，我决定该市当前的最高行政法官费利喇应该担任孤儿法官，因为这样对该市是最便利的，并按照 1587 年 2 月 16 日的条例给予其这个职位。②

1803 年 3 月 26 日，葡萄牙摄政王唐·若奥颁布法令，正式恢复王室大法官一职，并由其兼任审计官、海关行政法官、孤儿法官及司库。在王室大法官的权力中，第 6 条为拥有国王一般法律赋予监理长及孤儿法官的权限。③ 1822 年的民主运动推翻了王室大法官眉额带历的专制政权，当年 9 月 4 日，澳门议事会进行了新的选举，重新任命孤儿法官及死亡者与失踪者财产代管人。④ 但这一次议事会的任命时间非常短，不到一年的时间，王室大法官眉额带历又复辟，自然孤儿法官的职位又落到王室大法官的身上，直到 1836 年葡萄牙国王发布敕令，正式废除王室大法官一职，而设立澳门按察使（澳门地区法官），根据 1844 年 9 月 20 日部令第 8 条附款：

澳门按察使继续出任孤儿法官职位，处理孤儿银库事务；他将拥有该银库的一把钥匙，另一把由司库保管，第三把由写字保管。⑤

从此，孤儿法官一职就由澳门按察使兼任。

四、澳门议事会普通法官

葡萄牙在人口相对稳定、民事事务有自主权的殖民地（果阿、科钦、马六甲和澳门）建立了与王国相似的市政组织，赋予居民自治及选举政府、司法官员的特权。由此便通过选举产生了拥有民事及刑事审判权的普通法官（Juíz ordinário）。⑥ 澳门议事会的第一次选举发生在 1583 年，在这一次选举中选出了 2 名普通法官、3 名市政议员和 1 名理事官，构成了这一政权集体。龙思泰的《早期澳门史》对普通法官的职能有较为详细的说明：

法官执行议事会的命令，以这些命令与已有的规章和法律不相违背为前提；他们还可就某些刑事和民事案件做出裁决，在他们裁决之后，他们还可以向澳门

---

① *Arquivos de Macau*, 3ª Série, Vol. XI. No. 1, Macau, 1969, pp. 29 – 30.

② *Arquivos de Macau*, 3ª Série, Vol. II, No. 3, Macau, 1930, p. 160.

③ António Manuel Hespanha, *Panorama da História Institucional e Jurídica de Macau*, pp. 134 – 135；［葡］施白蒂著，姚京明译：《澳门编年史：19 世纪》，澳门：澳门基金会，1998 年，第 5 页；吴志良：《生存之道：论澳门政治制度与政治发展》，澳门：澳门成人教育学会，1998 年，第 101 页。

④ Eduardo A. Veloso e Matos, *Forças de Segurança de Macau*, Macau: Museum de Macau, 1999, p. 40.

⑤ *Boletim do Governo da Provincia de Macao, Timor e Solor*, Vol. I, 8 de Janeiro de 1846, No. 1, pp. 1 – 2.

⑥ ［葡］叶士朋著，周艳平、张永春译：《澳门法制史概论》，澳门：澳门基金会，1996 年，第 64 页。

王室大法官或果阿的高级法庭提出上诉。果阿的法庭称为“Relaçao”，由6名高级官员组成，包括总大法官在内，由葡印总督主持。其裁决在大多数情况下乃是最终的裁决。①

正因为澳门议事会有普通法官的设置，故该议事会自成立以来，就拥有了自己的司法权，正如安德拉尔的表述：

从那时起，议事会开始行使政治、司法和行政职能。普通法官必须加速判决民事诉讼，不得引起骚乱，不得拖延，亦不得利用法律欺骗市民或败坏市民的名声。②

因为葡萄牙对澳门的司法政策是，澳门的司法权由国家和地方共享，王室大法官代表着王室利益在澳门行使王室司法权，而普通法官则是代表澳门地方居民的利益来行使一部分地方的司法权，所以普通法官拥有的司法权是有限的。还有，按照葡萄牙传统城市议事会的规定，普通法官只能在一审法庭对案件进行简易判决，还需经最近的王室大法官或高等法院批准方能生效。议事会普通法官退休后，原则上要接受继任法官的调查，但实际上很少出现后任调查前任的情况。③

关于澳门议事会普通法官的任职及人选并没有专门的文献予以清楚的记录和介绍，虽然议事会1583年就已经成立，但我们至今找不到一位16世纪时期澳门议事会的普通法官。目前见到最早的明确为澳门议事会普通法官者为1623年出现的莱门斯·达·米斯基塔（Izidoro de Lemos da Misquita）和洛伦索·沃加多·佩雷拉（Lourenço Wogado Pereira）。④ 档案文献中保存的17世纪和19世纪议事会普通法官材料比较多，而18世纪就比较缺略。1710年，戴冰玉总督废除了原来议事会的选举法官，后来又重新选了一批，其中又有人选出后辞职，再进行补选。所以，这一年议事会普通法官的人选极为混乱。除此以外，其他年份大体上清晰，但有些年份只有一名普通法官。我们从档案文献中辑录出的普通法官资料列表如下（由于档案翻译并不齐备，故所列名单缺漏年份甚多）：

---

① ［瑞典］龙思泰著，吴义雄等译：《早期澳门史》，北京：东方出版社，1997年，第59～60页。

② Manuel Teixeira, *O Leal Senado*, Macau: Leal Senado de Macau, 1978, p. 5.

③ C. R. Boxer, *Portuguese Society in the Tropics: The Municipal Councils of Goa, Macao, Bahia, and Luanda, 1510–1800*, Madison: University of Wisconsin Press, 1965, p. 9.

④ Elsa Penvalva, Miguel Rodrigues Lourenço, *Fontes para a História de Macau no Século XVII*, Lisboa: Centro Científico e Cultural de Macau, 2009, p. 60.

表 2-5 17—19 世纪澳门普通法官表①

时间	普通法官 1	普通法官 2	备注
1623	莱门斯・达・米斯基塔 Izidoro de Lemos da Misquita	洛伦索・沃加多・佩雷拉 Lourenço Wogado Pereira	
1623	弗朗西斯科・德・索萨 Francisco de Sousa	西蒙・瓦斯・德・帕维亚 Simão Vaz de Pavia	此年出现两批普通法官，可能当年出现了议事会的改选
1624	鲁伊・迪亚斯・德・阿泽瓦多 Rui Dias de Azevedo		
1625	弗兰西斯科・阿布雷乌 Francisco de Abreu		
1630	克鲁斯・费拉斯 Manuel da Cruz Ferras	迪奥戈・雷贝洛 Diogo Pinto Rebello	
1631	赛巴斯蒂安・阿尔梅达 Sebastião de Almeida	迪亚斯・埃斯皮奈尔 Domingos Dias Espinhel	
1632	罗德里格斯・西尔瓦 Francisco Rodriguez da Sylva	平托・莫赖斯 Salvador Pinto de Moraes	
1633	费尔南德斯・德・卡瓦略 Fernandez de Carvalho	佩罗・科代罗 Pero Cordeiro	
1634	梅斯琪塔・拉伯朗 António Mesquita Laborão	若奥・特谢拉 João Teixeira	
1635	迪奥戈・苏亚雷斯 Diogo Cardozo Soares	西蒙・巴雷托 Simão Velho Barreto	
1636	曼努埃尔・托雷斯 Manuel Alvrez Torres	莫拉伊斯・佩雷拉 Jacome de Moraes Pereira	

① 本表资料来源：*Arquivos de Macau*, 1ª série, 2ª série, 3ª série; Elsa Penvalva, Miguel Rodrigues Lourenço, *Fontes para a História de Macau no Século XVII*, Lisboa: Centro Científico e Cultural de Macau, 2009; Manuel Teixeira, *Os Ouvidores em Macau*, Macau: Imprensa Nacional, 1976; Jack M. Braga, *A Voz do Passado: Redescoberta de a Colecção de Varios Factos Acontecidos Nesta mui Nobre Cidade de Macao*, Macau: Instituto Cultural de Macau, 1987; Manuel Teixeira, *Miguel de Arriaga*; *O Boletim do Governo de Macau (1847 – 1864)*。普通法官的资料都是由各种档案文献辑录而成，其中遗漏不少，尚待以后补正。

（续上表）

时间	普通法官 1	普通法官 2	备注
1637	埃斯特旺·皮雷斯 Estêvão Pires	马杜斯·普罗恩萨 Matheus Ferreira de Proença	
1638	塔瓦雷斯·卡内罗 Luiz Tavares Carneiro	加斯帕尔·佩雷拉 Gaspar Barboza Pereira	
1639	坎波斯 Inocencio Viera de Campos	加尔沃·德·萨阿 Manuel Galvao de Saa	
1640	若尔热·阿塞维多 Jorge Pinto Azevedo	安东尼奥·瓦雷拉 António Varella	此年另有奥门斯（Francisco Monteiro Homem）任孤儿法官
1641	莫赖斯·索皮克 António de Moraes Sopinke	罗查·皮门特尔 Rosa Pimentel	
1642	安东尼奥·德·奥利维拉·阿拉尼亚 António de Oliveira Aranha		称其人为“原法官”
1643	贡萨洛·达·席尔瓦 Gonçalo da Silva	巴尔博扎·德·梅洛 Vasco Barbosa de Melo	
1644	博特略·佩雷拉 Francisco Botelho Pereira	瓦兹·特谢拉 Gaspar Vaz Teixeira	
1645	罗德里格斯·塞科 Pero Rodriguez Seco	卡斯特尔布兰科 Manuel de Figueredo de Castelbranco	
1646	若奥·本西尼奥 João da Costa Benzinho	克雷亚·达·高士达 Simão Correia da Costa	
1655	特谢拉·达·库尼亚 Francisco Teixeira da Cunha		
1689	若泽·德·埃萨 José da Cunha de Eça		
1692	加斯帕尔·达·席尔瓦 Gaspar Franco da Silva		
1697	曼努埃尔·夸雷斯玛 Manuel Quaresma		停职

（续上表）

时间	普通法官1	普通法官2	备注
1698	西蒙斯·佩雷拉 Manuel Simoens Pereira		
1710	若泽·库尼亚 José de Cunha	若奥·库尼亚·罗博 João da Cunha Lobo 曼努埃尔·戈麦斯 Manuel Gomes	5月16日之前的选举
1710	若奥·苏亚雷斯 João Soares 老俾利喇 Manuel Pereira	安东尼奥·比涅罗 António Pinheiro 费利喇·德·阿拉冈 Martinho Ferreira de Aragão	6月6日的重新选举
1711	卢里罗 Manuel Machado de Loureiro	莫赖斯·马杜雷拉 Manuel de Moraes Madureira 路易斯·达·席尔瓦 Luís da Silva	贡萨尔维斯·雷博萨斯 Manuel Gonçalvez Rebouças，孤儿法官
1711	奥古斯丁略·蒙特罗 Agostinho de Azevedo Monteiro		
1712	阿布雷乌·里贝罗 Manuel de Abréu Ribeiro	加斯巴·法兰古 Gaspar Francisco da Silva	加尔西亚·德·卢阿雷斯 João Garcia de Luares，孤儿法官，本年12月去世
1713	阿尔布克尔克·科埃略 António de Albuquerque Coelho	若奥·瓦伦特 João Valente?	安东尼奥·德·索萨·加约 António de Sousa Gaio，孤儿法官
1714	里斯本·阿尔梅达 José Lisboa de Almeida		
1716	巴斯瓜·罗萨 Pascoal da Rosa	马尔丁略·阿拉贡 Martinho Ferreira de Aragúo	
1717	科雷亚·加马特 João Correia Garmatte		

（续上表）

时间	普通法官1	普通法官2	备注
1721			此年单独选举类斯·山治（Luís Sanches de Cáceres）为孤儿法官
1723	托马斯·马尔格斯 Tomas Margues		
1726	弗莱雷 António de Souza Freire		
1728	曼努埃尔·洛佩斯 Manuel Lopes	若泽·达·席尔维拉 José da Silveira	
1728	弗莱依塔斯·伊·法里亚 Manuel de Freitas e Faria	安德烈·马丁斯 Andre Martins	
1728	马诺埃尔·贡萨尔维斯 Manuel Gonçalves		
1729			科雷亚·里格尔 Francisco Correa de Liger，孤儿法官
1731			佩雷拉·坎布斯 António Pereira de Campos，孤儿法官
1732	费利西阿诺·达·席尔瓦 Feliciano da Silva	若昂·法瓦肖 João Favacho	若昂·蒙特罗 João Baptista Monteiro，孤儿法官
1733	安东尼奥·瓦斯康塞洛 António de Lança de Vasconcellos	阿尔凯德·罗伊斯 Alcaide Francisco Roiz	若昂·莫塔 João Correa da Motta，孤儿法官
1734	刘易斯·席尔维拉 Luís Neto de Silveira	弗莱依塔斯·伊·法里亚 Freitas e Faria	
1735	若奥·安图内斯 João Antunes		
1736	韦南西奥·佩雷拉 Venâncio Pereira		停职
1738	路易·里贝罗 Lui Roiz Rebello		
1739	路易·里贝罗 Lui Roiz Rebello		

（续上表）

时间	普通法官 1	普通法官 2	备注
1740	安东尼奥·席尔瓦 António Ferreira da Silva		若昂·莫塔 João Correa da Motta，孤儿法官
1742	索萨·马加良斯 João de Sousa Magalhães		
1744	贝尔纳度·丰塞卡 Bernardo Carvlho da Fonceca		
1745	弗朗西斯科·安德烈 Francisco André	安东尼奥·费雷拉 António Ferreira	若泽·罗德里格斯 Jozé Rodrigues，孤儿法官
1746	曼努埃尔·达·罗咱 Manuel da Rosa		
1747	安东尼奥·佩雷拉·布拉加 António Pereira Braga		
1749	若泽·科埃略 José Coelho		
1750	西蒙·罗咱 Simão Vicente Rosa	卡瓦略·达·丰塞卡 Carvalho da Fonseca	
1751	若奥·安图内斯 João Antunes	费尔南德斯·达·西尔瓦 João Fernandes da Silva	
1752	曼努埃尔·科尔德罗 Manuel de Sousa Cordeiro	米兰达·索萨 António de Miranda e Sousa	
1753	米兰达·索萨 António de Miranda e Sousa		
1754	若奥·安图内斯 João Antunes		
1758	曼努埃尔·洛佩兹·科雷亚 Manuel Lopez Correa	若昂·吉马良斯 João Rebello Guimarães	
1759	费尔南德斯·萨尔加多 Fernandes Salgado	曼努埃尔·洛佩兹·科雷亚 Manuel Lopez Correa	12 月被免职
1761	佩雷拉·达·丰塞卡 Manuel Pereira da Fonceca	科雷亚·德·里格尔 António Correa de Liger	

（续上表）

时间	普通法官1	普通法官2	备注
1762	米兰达·索萨 António de Miranda e Sousa		
1771	弗朗西斯科·费雷拉 Francisco Ferreira		
1778	曼努埃尔·洛佩兹·科雷亚 Manuel Lopez Correa		
1783	卡斯特罗 João Pinto de Castro		
1787	阿布雷乌 José António de Abreu	阿拉乌若·罗萨 Simão de Araujo Rosa	
1788	巴普蒂斯塔·利马 José dos Santos Baptista e Lima	冯塞卡·坎波斯 João da Fonseca e Campos	
1789	公萨维斯·佩雷拉 António José Gonçalves Pereira		
1791	安东尼奥·甘博亚 António Jozé de Gamboa		
1792	若瑟·科英布拉 Félix Jozé Coimbra	科雷亚·利热尔 António Correa de Liger	
1795	若阿金·奥利维拉·马托斯 António Joaquim de Oliveira Mattos		
1805	若泽·瓦斯康塞洛斯 António Jozé Vasconcellos	若阿金·巴拉达斯 Manuel Joaquim Barradas	
1809	古拉尔特·西尔维拉 António Gularte da Silveira		
1822	卡洛斯·席尔维拉 Carlos Silveira	俾利喇 Manuel Pereira	
1822	保禄·维森特·贝罗 Paulo Vicente Belo	米兰达·利马 Miranda Lima	
1823	奥利维拉·马托斯 António Joaquim de Oliveira Matos		
1824	奥利维拉·菲格莱多 Pedro Feliciano de Oliveira Figueiredo		

（续上表）

时间	普通法官1	普通法官2	备注
1825	阿拉乌茹·罗咱 Miguel de Araújo Rosa	奥利维拉·菲格莱多 Pedro Feliciano de Oliveira Figueiredo	
1831	小摆华 Francisco José de Paiva Jr.		
1837	弗洛瑞安诺·兰热尔 Floriano António Rangel		
1842	若瑟·托马斯·阿基诺 José Thomaz da Aquino①		
1843	若泽·奥利维拉 José Francisco da Oliveira	杜阿尔特·贝尔南迪诺 Manuel Duarte Bernardino	
1844	科埃略·多斯·山度士 João Damasceno Coelho dos Santos	伊格纳西奥·施利华 Claúdio Ignácio da Silva	
1845	若瑟·费雷塔斯 Felipe José de Freitas	若瑟·奥利维拉 José Francisco de Oliveira	
1847	保禄·沙拉维茨 Vicente de Paulo Salatwichy	佩雷斯·席尔瓦 Joaquim Peres da Silva	
1849	安东尼奥·布拉加 António Pereira Braga		
1850	雷利斯·德·索札 Camillo Lellis de Souza	若瑟·维埃拉 João José Vieira	
1851	贡萨罗·达·西尔维拉 Gonçalo Pereira da Silveira	贡萨尔维斯·佩雷拉 Lourenço Gonçalves Pereira	
1852	内奥卡迪奥·达·科斯塔 Leocadio Justino da Costa		
1853	若泽·维埃拉 João Jozé Vieira		
1855	若泽·达·罗莎 António Jozé da Rocha	西蒙·多斯·李美雕 José Simão dos Remedios	
1856	若阿金·席尔瓦 Joaquim Peres da Silva	爱德华多·马吉斯 Eduardo Marques	

① ［葡］阿马罗著，李长森译：《1842年澳门市政厅选举和当地“长老”》，载《文化杂志》（中文版）第19期，1994年，第107页。

（续上表）

时间	普通法官1	普通法官2	备注
1858	康迪多·奥佐里奥 Candido António Ozorio	若奥·达·席尔瓦 João Maria da Silva	
1859	若奥·德·阿尔梅达 João Eleuterio de Almeida	米格尔·马希尔 Miguel Maher	
1860	若瑟·达·席尔瓦 José Joaquim da Silva	安东尼奥·达斯·沙加斯 Cypriano António das Chagas	
1861	欧热尼奥·朗萨 Eugenio Leonardo Lança	若瑟·维埃拉 João José Vieira	
1862	若瑟·维埃拉 João José Vieira	贡萨罗·达·西尔维拉 Gonçalo Pereira da Silveira	
1863	若瑟·维埃拉 João José Vieira	伯多禄·施利华 Pedro Nolasco da Silva	
1864	安东尼奥·达斯·沙加斯 Cypriano António das Chagas	弗朗西斯科·达·席尔瓦 Francisco António da Silva	

关于普通法官的司法权，学界对于这一问题的认识是模糊的，其中也存在较为严重的问题。

（1）多数学者认为，葡人若有犯罪，轻案由普通法官进行简易判决，较重的案件由王室大法官判处。[①] 这应该是根据王室大法官的司法权限推出来的普通法官的司法权限，我们并没有看到关于普通法官司法权限的原始文献记录。虽然这一说法可能不算错，但应该是不准确的。根据现存的文献档案资料，普通法官在澳门议事会中是地位很高的官员，在所有的文件签署和书信往来中，议事会官员排名第一的就是普通法官，而且他管辖的范围十分广泛，澳门所有的公务（任职、开会、谈判、认证、评审）都必须首先当着普通法官的面宣誓，几乎所有有关澳门葡人内部的事情，普通法官都有权管理，如兵士官佐去巡逻[②]、官员参加公共活动的礼仪[③]、孤儿金库资产的使用[④]。有时还行使与理事官一样的权力，与中国政府打交道。如1725年，“香山官员和这些商人来到议事会，并向法官申诉，称朝廷虽然发放了赏银，但仍缺少两百两，恳请得

① 何志辉：《明清澳门的司法变迁》，澳门：澳门学者同盟，2009年，第40页。

② *Arquivos de Macau*, 3ª Série, Vol. Ⅱ, No. 5, Macau, 1930, pp. 261 – 262.

③ ［葡］施白蒂著，小雨译：《澳门编年史：16—18世纪》，澳门：澳门基金会，1995年，第173页；Manuel Teixeira, *Macau no Séc. XⅧ*, Macau: Imprensa Nacional, 1984, p. 592.

④ *Arquivos de Macau*, 3ª Série, Vol. Ⅱ, No. 6, Macau, 1930, pp. 335 – 337.

到澳门政府的援助"[①]。根据上述情况，我们判断普通法官的司法权限也不仅仅是所谓的"轻案"。1709年颁布的28项议事会特许权的第13条就规定："王室大法官及普通法官有权处罚所有罪犯，总督的仆人包括在内。"[②] 既然有权处罚所有罪犯，那就不一定是轻案了。据澳门总督马士加路也于1624年11月9日下达给议事会普通法官迪亚斯·德·阿泽瓦多（Rui Dias de Azevedo）的命令称：

> 那位法官对那些带回日本白银的人员进行了秘密侦查，发现有许多人私自违法扣留了其中的一些白银，并且我还得知由于一些违法人员已被抓捕和关押了起来，那位王室法官还企图在违反命令的情况下释放一些囚犯。[③]

议事会普通法官对海外贸易的人员进行秘密侦查，对于私自扣留白银的犯罪分子进行抓捕和关押，很显然这不是一桩轻案。1635年12月31日，澳门南湾来了一些中国官员，当时有一批少年对这些中国官员进行攻击、殴打，致使当时澳门与中国的关系紧张起来，并停止给澳门的供应，而中国人也带着武器准备要杀死那些人。于是，议事会决定，由一名普通法官莫拉依斯·佩雷拉（Jacome de Moraes Pereira）去处理这一事件，并要求能够使犯罪者按照以前的规章条例和法令受到惩罚。[④] 还有，1710年12月27日，"葡国女王号"军舰的官兵们在澳门与当地驻军发生冲突引发骚乱，根据议事会的观察结果，国王陛下方面要求普通法官卢里罗（Manuel Machado de Loureiro）按照该市的官员应进行的所有程序，采取司法取证，进行审讯和获取证词。[⑤] 很明显，上述的两个案件都是由普通法官进行处理而完成的，但这两个案件绝不是一般的轻案。所以说，凭推理而无文献证据得出的结论是不可靠的。澳门议事会的普通法官的司法职能权限，是一个尚无文献明确说明的问题，而且其职能也是随着不同时期的变化而变化的，各个时代的普通法官拥有不同的司法权限。

（2）还有学者提出，普通法官不仅负责审理一般案件，还负责监察议员。[⑥] 首先，没有任何法律条文明文规定普通法官有监察议员的权力。其次，我们也没有看到普通法官监察议员的历史事实。最后，澳门议事会确实有监察官一职的设立，龙思泰的《早期澳门史》称："监察官，他们可以被看作警官或治安官一类，他们的人数为每年24名，每月有两个人轮流当值。这个职务每年的头3个月交给议事会成员负责，议事会成员在每年的12月31日向其继任者交卸，此后还要另选18名在每年剩下的时间服

---

① *Arquivos de Macau*, 3ª Série, Vol. Ⅲ, No. 1, Macau, 1965, p. 28. 可见，普通法官也同样与中国政府打交道，并非一般人所言只有理事官才能与中国政府打交道。

② Manuel Teixeira, *Os Ouvidores em Macau*, Macau: Imprensa Nacional, 1976, p. 74.

③ Elsa Penvalva, Miguel Rodrigues Lourenço, *Fontes para a História de Macau no Século XVII*, Lisboa: Centro Científico e Cultural de Macau, 2009, pp. 92 – 93.

④ *Arquivos de Macau*, 3ª Série, Vol. Ⅱ, No. 5, Macau, 1930, pp. 235 – 236.

⑤ *Arquivos de Macau*, 3ª Série, Vol. Ⅱ, No. 4, Macau, 1930, pp. 191 – 192.

⑥ 何志辉：《明清澳门的司法变迁》，澳门：澳门学者同盟，2009年，第40页。

务。国王若泽一世（José I）在1774年1月15日的信中命令议事会每年从本地人中选任6名监察官。”① 很明显，承担监察责任的并非普通法官，而是议事会内专门的监察官。

（3）很多学者都提到，普通法官任期为3年（包括市政议员）②，这一提法应该是错误的。澳门议事会的选举是每3年选1次，但每次选举是将未来3年的普通法官（包括市政议员）全部选出来，并非任期3年，实际普通法官（包括市政议员）的任期只有1年。这一历史事实我们从历年议事会会议档案就可以看出，亦可参见表2-5《17—19世纪澳门普通法官表》，其中所表现的普通法官亦是一年一任。

（4）更有学者错误地提出，澳门议事会普通法官曾经由选举产生改为任命产生：“到17世纪初期，普通法官开始由选举产生改为任命产生，但附加了一些相关的限制性条件。例如，1626年4月26日，葡印总督弗兰西斯科·伽玛敕许澳门议事会享有直接任命普通法官的特权，但必须是白种人。”③ 这一错误产生的原因有两个：一是不“竭泽而渔”地收全史料，而以个别史料以偏概全；二是不采用原始的第一手资料，对于翻译文献不进行核对，给予片面的信任。首先，选举两名普通法官就是议事会选举最重要的一个功能，这一功能从开始到结束从来都没有废止过，我们找不出任何时间、任何地点、任何人对议事会选举两名普通法官有任何疑义和任何改变，所以说，由初期的选举普通法官变为1626年后的任命普通法官是不可能的事情。其次，作者之所以有议事会普通法官由选举制改为任命制的错误认识，是源于施白蒂的《澳门编年史：16—18世纪》中文版第37页及第46~47页确实有“葡印总督允许议事会任命普通法官的特权”的记载。这就是作者过分地相信中文翻译而带来的错误，该书中的“任命”一词，葡文作Prover，此词在葡文中至少有5种含义，作“预备、安排”“提供、供给”“赋予、赐予”“整理、调整”“任命、指派”等。根据葡文的内涵及澳门议事会普通法官选举的事实，此处不宜翻译为“任命”一词，而是用“安排”一词更为妥当。先看看议事会的选举过程：

> 王室大法官再将这3组名单合成一份，呈交葡印总督，之后葡印总督再次制作3份不同的名单，密封后送回澳门。在每一届议事会的三年间，每年的年底会在议事会中将其中1份名单打开，名单包括2名普通法官、3名市政议员以及1名理事官。④

看了这个过程我们就清楚，澳门议事会法官虽然都是经过选举而产生的，但其每次选举递送到果阿方面的是3份名单，从果阿返回来的也是被确认的3份名单，而这3份被

① ［瑞典］龙思泰著，吴义雄等译：《早期澳门史》，北京：东方出版社，1997年，第66页。
② 何志辉：《明清澳门的司法变迁》，澳门：澳门学者同盟，2009年，第40页。
③ 何志辉：《明清澳门的司法变迁》，澳门：澳门学者同盟，2009年，第40页。
④ ［葡］徐萨斯著，黄鸿钊等译：《历史上的澳门》，澳门：澳门基金会，2000年，第27页。

选出来的名单分别为3年的议事会成员名单，每年到年底时会公布其中一份名单，而这份名单就是对议事会成员的任命，实际上是对已经选出来的人进行宣布和安排，这其中并无一个由选举制改为任命制的过程。作为葡文的翻译者，他不明白议事会选举的前因后果，所以他将“Prover”译成“任命”并没有什么错误，但真正研究澳门历史的人一定要会通其历史文献的真正内涵，才能做出准确的判断。其实，《澳门编年史：16—18世纪》的翻译者在1586年4月10日这一条就已经写到葡印总督“还下达敕令，授予澳门市政厅任命任期三年的官员和普通法官和孤儿法官的文案”[①]。如果作者收全史料，看到这一份材料，他就不会产生1626年澳门议事会普通法官由过去的选举改为任命的错误认识了。

值得我们注意的是，由于葡萄牙国王（王室大法官）和议事会（普通法官）共享澳门的司法权，所以在普通法官与王室大法官之间经常会因为司法权限不明确而造成双方激烈的争执与冲突，据前引1624年的文件：

> 议事会普通法官对那些带回来日本白银的人员进行了秘密侦查，发现有许多人私自违法扣留了其中的一些白银，并且我还得知由于一些违法人员已被抓捕和关押了起来，那位王室大法官还企图在违反命令的情况下释放一些囚犯。[②]

据文德泉提供的葡文档案：

> 1655年1月10日，索萨·佩雷拉（João de Sousa Pereira）谈及了这些司法当局官员们的分歧——例如平托·德·菲格雷多（Luís Pinto de Figueiredo）大法官与普通法官特谢拉·德·库尼亚（Francisco Teixeira da Cunha）之间——对于如何解决这些分歧一直存在着很多困难。[③]

又如1698年9月6日发生的一件事：

> 市议会于1698年9月6日“向曼努埃尔·多斯桑托斯王室大法官提出申请，要求其释放法官书记员曼努埃尔·达·罗沙，当其在由普通法官曼努埃尔·西蒙斯·佩雷拉（Manuel Simoens Pereira）主持的一场拍卖会上执行自己的职责时不公正地被逮捕，就算其有罪，王室大法官也不应在没有通知我们的情况下进行类似的逮捕行为”。[④]

再如1728年8月7日葡萄牙国王谴责了市议会：

> 因为你们的上级，也就是地方法官及地方法官总监（王室大法官），不愿承认，也不赞同你们对他施加了不公的事实，普通法官也是如此，不希望王室大法

---

① ［葡］施白蒂著，小雨译：《澳门编年史：16—18世纪》，澳门：澳门基金会，1995年，第23页。

② Elsa Penvalva, Miguel Rodrigues Lourenço, *Fontes para a História de Macau no Século XVII*, Lisboa: Centro Científico e Cultural de Macau, 2009, pp. 92 - 93.

③ Manuel Teixeira, *Os Ouvidores em Macau*, Macau: Imprensa Nacional, 1976, p. 39.

④ Manuel Teixeira, *Os Ouvidores em Macau*, Macau: Imprensa Nacional, 1976, p. 46.

官将他们的法庭的案件调去上级法庭审理，尽管这根据法规是合理的，因此下令逮捕了普通法官曼努埃尔·洛佩斯（Manuel Lopes），这可能会导致很大的混乱。①

上面都是议事会普通法官与王室大法官冲突的案例，而且这种冲突经常发生。然而，这种情况在果阿也同样存在，正如博克塞所言：

> （果阿）高等法院的法官与议事会的普通法官在司法管辖权上的争议是不可避免的，事实上也经常发生。普通法官并没有受过专业的法律训练，他们只是被授予司法权限的普通市民，在任职期间负责市政管理中的法律事务。王室法学家们自然认为自己的法律水平远胜于这些普通法官，法律事务应当由他们说了算。②

受过专业训练或者拥有法律专门学历的王室大法官自然看不起议事会的这些法律“外行们”，特别可笑的是，澳门议事会甚至有不识字的人也被任命为普通法官。③ 这就自然会加重王室大法官与普通法官之间的冲突。

议事会司法权与王室大法官司法权之间的长期冲突，导致了王室大法官职位多次被废止，如1642年、1694年、1740年。而王室大法官职位的废除，王室大法官所拥有的民事和刑事案件的审理权全部归普通法官拥有，据1694年4月28日葡印总督的命令：

> 从这一法令到达澳门的那一日起，该城市不再有王室大法官，所有的民事诉讼、犯罪案件，全都作为新案件交由普通法官处理。④

1740年4月20日葡萄牙国王法令亦称：

> 废除该市的王室大法官的职位，并下达决议，诉讼由普通法官及孤儿法官管理。⑤

1783年4月4日颁布的《王室制诰》亦称：

> 在王室大法官职位被撤销，并由一位议事会推选或提名的普通法官取代之后，司法亦由议事会管理。议事会通过普通法官行使抓人放人的权力，以及那小部分连中国人都不想据为己有的司法管辖权。⑥

为了解释上述法令可能会带来的歧义，果阿中级法院又对此法令做了一些解释：

> 为执行国王的命令，为了不再因我1747年5月20日的包含歧义语句的已登记信件而产生疑问，兹声明撤销澳门市的王室大法官的职位，任何法官都不得再执行王

---

① Manuel Teixeira, *Os Ouvidores em Macau*, Macau: Imprensa Nacional, 1976, p. 100.

② C. R. Boxer, *Portuguese Society in the Tropics: The Municipal Councils of Goa, Macao, Bahia, and Luanda, 1510－1800*, Madison: University of Wisconsin Press, 1965, p. 22.

③ José de Jesus Maria, *Asia Sinica e Japónica*, Vol. Ⅱ, Macau: Instituto Cultural de Macau, 1988, p. 237.

④ *Arquivos de Macau*, 3ª Série, Vol. Ⅸ, No. 5, Macau, 1968, pp. 235－236.

⑤ *Arquivos de Macau*, 3ª Série, Vol. Ⅹ, No. 6, Macau, 1968, p. 316.

⑥ 《〈王室制诰〉——内阁大臣给印度总督索萨之指示》，转引自吴志良：《生存之道：论澳门政治制度与政治发展》，澳门：澳门成人教育学会，1998年，第386页。

图 2-13 19 世纪后期的澳门高等法院

> 室法官的权限。另外声明，根据同一命令，所有的孤儿案件由孤儿法官专有审理，所有的民事案件与刑事案件由两名普通法官审理，两名日常法官根据 L. 1. tt. 65 $ 4. 号法令所规定的方式按星期轮换。[①]

这就是说，议事会普通法官所接受的王室大法官的司法权限仅为审理民事案件和刑事案件。但是，果阿法院还特别声明："在市议会每三年一次的一直由王室大法官主持的选举，由该星期当值的普通法官主持。"[②] 在王室大法官职位废除的时间里，普通法官虽然不等于普通法官加王室大法官，但却真正成为了澳门司法权的独掌者。所以说，在澳门，有较多的时间都是由普通法官独掌澳门司法大权。1783 年，《王室制诰》颁布后，虽然澳门议事会的权力有很大的削弱，但是从属于议事会的司法权限仍然保存，普通法官的选举每年照常产生。这种情况一直持续到 1865 年议事会的最后一次选举，之后，议事会完全变成了澳葡政府的市政厅，而议事会内的普通法官这一职能完全消失。[③]

五、澳门律师制度的传入与形成

学界普遍认为，律师的最初萌芽可追溯到古代罗马时期。那时，社会上出现了一个法学家群体，他们担负着协助国家政府制定法律、解答法律疑难问题、编制法律证书、指导当事人进行诉讼等职能。公元 3 世纪，罗马皇帝以诏令的形式，确认了法学家为平民提供法律咨询和代理诉讼为一种合法职业。于是，从法学家中分化出一部分

---

① *Arquivos de Macau*, 3ª Série, Vol. X, No. 6, Macau, 1968, p. 319.

② *Arquivos de Macau*, 3ª Série, Vol. X, No. 6, Macau, 1968, p. 319.

③ *O Boletim do Governo de Macau*, Vol. XI, 6 de Fevereiro de 1865, No. 6, p. 24.

专门代理诉讼的法律"代言人""代理人"，这些人被罗马人称为"律师"，以与专门从事著书立说和阐释法律的法学家相区别。但是，在正规律师制度形成之前，罗马帝国便于5世纪宣告灭亡。随后，在帝国的废墟上兴起了一批封建国家，这些国家先是处于分崩离析状态，后又普遍走向封建专制。在这种时代条件下，根本没有律师生存的政治条件和社会需求，所以，刚刚萌芽的古代律师职业伴随着罗马帝国的灭亡而夭折。13世纪前后，职业律师才重新诞生于英国，而在欧洲其他国家，直到近代初期才在英国的影响下建立起律师制度。如德国律师产生于16世纪末17世纪初，法国律师产生于18世纪末的大革命之后。[①] 葡萄牙律师也大体出现在这个时期。

真正意义的职业律师阶层是伴随着司法独立制度和现代审判制度的确立而产生的。葡萄牙人自16世纪中叶在澳门居住经商后，在明朝政府的默许下，逐步建立并完善司法自治制度。形成由葡萄牙王室派遣、代表其利益的王室大法官与由选举产生的议事会普通法官的司法审判体制，以及澳门为初级审判、果阿为二级及终审审判的审判制度。澳门葡萄牙人若有犯罪，超过12万雷亚尔动产和8万雷亚尔的不动产民事案件须送往果阿中级法院审判。刑事方面，只有罪犯为士兵时，王室大法官才可以判处至自然死（Morte Natural）的刑罪，但此一权力只限于葡人。[②]

葡萄牙人尽管在澳门很早就形成了司法自治体制，把西方的司法元素带到澳门，但并未出现律师制度，1712年，澳门出现过一位自称为律师（Advogado）的阿布雷乌·雷贝罗（Manuel de Abreo Ribeiro），他在澳门"为处于争端的双方提供法律咨询"，受到司法检查官的指斥，后被驱逐到澳门。[③] 由此可反映，当时澳门的律师制度尚未形成。迟至18世纪末才将葡萄牙律师制度传到澳门。据1786年的葡文档案：

> 总督先生的信函记录，宣布有一个人想要在本城从事律师职业，予以受理。
>
> 根据1785年12月23日信函，澳门议事会请求我派3位专业人士承担律师职务，因为澳门缺少律师。有人希望能批准他在澳门从事律师职业，我向议事会递交国王同意并批准的关于此事进程的文件副本，现在我下令在澳门执行。1786年5月8日，果阿。[④]

从上述档案可以清楚地看出，不仅有人在澳门申请担任律师的职业，而且获得了国王的同意批准，这就清楚地告诉我们，葡萄牙的律师制度至少在1786年时已经在澳门推行。但在1786年以后的澳门社会中，律师这一职业在档案文献中并不多见，可以反映，当时担任律师职业的人并不多。仅在1837年的议事会会议和1842年议事会选举中

---

① 程大汉、李培锋：《英国司法制度史》，北京：清华大学出版社，2007年，第180页。

② ［葡］叶士朋著，周艳平、张永春译：《澳门法制史概论》，澳门：澳门基金会，1996年，第62页。

③ *Arquivos de Macau*, 3ª Série, Vol. XV, No. 2, Macau, 1971, p. 105.

④ *Arquivos de Macau*, 3ª Série, Vol. XI, No. 1, Macau, 1969, p. 17.

出现“律师弗朗西斯科·费尔南德斯（Francisco de Assis Fernandes）”一人。[①] 值得注意的是，在 1842 年 6 月 25 日的议事会会议上：

> 3 个人被该委员会任命，因为在里斯本必须任命 3 人为代理人（procurador），在法庭上陈述和辩护，法学院毕业生多斯·桑杜斯（João Damasceno Coelho dos Santos）提议 3 名法学学士——西尔维拉·平托（Agostinho Albano da Silveira Pinto）、纪尧姆·贝卡多（Guilherme José António Dias Pegado）以及若泽·马加良斯（José Estêvão Coelho de Magalhães），他们中的每个人分别由总督推荐给该委员会批准，得到一致通过。[②]

这里任命的 3 名代理人在法庭上陈述和辩护，很明显就是充当律师的职务，但这 3 人还只能算作律师的代理人，并非取得资格的真正律师。虽然当时澳门社会担任律师职务的人并不多，但律师已经成为政府征收什一税的对象，如 1846 年 7 月 17 日第 22 号政府法令之《税收法案》第 8 条：“各行业带来的收益，须缴纳百分之十的税，即为“什一税”，如下：医生、药剂师、律师……”[③] 即可反映，律师已经成为澳门社会的一个稳定的行业，亦可证明，律师制度在澳门业已形成。又据施白蒂《澳门编年史：19 世纪》记载，根据 1869 年 5 月 13 日葡萄牙颁布的法令，“宣布建立海外省《律师从业暂行规章》”。[④]《律师从业暂行规章》的颁布更进一步标志澳门律师制度的成熟与规范化。

在澳门葡萄牙人自治司法体制下，派驻澳门的葡萄牙律师业务范围只限于代理葡萄牙人和外国人的纠纷诉讼案件，或者为其辩护。凡是关涉华人的纠纷诉讼案件，由葡萄牙人议事会移交、协助明清两朝广东地方政府审判。澳门葡萄牙律师显然不能涉足有关华人的纠纷诉讼案件。与澳门葡萄牙司法自治体制的司法人员一样，澳门葡萄牙律师均是在葡萄牙或者其他西欧国家接受法律专业知识教育的。葡萄牙科英布拉大学是提供法学教育的重要学府。澳门王室大法官和澳门葡萄牙律师大多获得科英布拉大学的法学学士学位，而有史料证明，澳门议事会普通法官所接受法学教育的状况是非常糟糕的。

澳门葡萄牙律师的业务范围随着澳门葡萄牙司法管辖权的扩大而扩展。19 世纪上半叶，澳门葡萄牙司法体制先后发生了两次重大调整和变革。第一次改革重组发生在 1836 年，是澳门葡萄牙司法自治体制内部的改革重组，根源于葡属印度果阿高等法院辖区改革。葡属印度果阿高等法院颁布了 1836 年 12 月 7 日敕令，该敕令第 20 条规定

---

① *Arquivos de Macau*, 3ª Série, Vol. Ⅴ, No. 1, Macau, 1966, p. 64, 68；［葡］阿马罗著，李长森译：《1842 年澳门市政厅选举和当地“长老”》，载《文化杂志》（中文版）第 19 期，1994 年，第 109 页。

② *Arquivos de Macau*, 3ª Série, Vol. Ⅴ, No. 2, Macau, 1966, p. 93.

③ *Boletim do Governo da Provincia de Macao*, *Timor e Solor*, Vol. Ⅰ, 16 de Julho de, No. 28. 本期宪报无页码。

④［葡］施白蒂著，姚京明译：《澳门编年史：19 世纪》，澳门：澳门基金会，1998 年，第 175 页。

裁撤澳门王室大法官，改设澳门按察使履行其职能。第二次变革重组发生在鸦片战争后葡萄牙谋求殖民管治澳门的过程中，将司法管辖权逐步扩展至澳门华人。通过分离旧议事会之理事官署，改属澳门葡萄牙政府之秘书处，并赋予理事官署及留设议事公会之理事官协助处理华人事务的新职能。理事官和理事官署随之负责裁判华人诉讼纠纷案件。1865 年，理事官脱离议事公会，并入理事官署，理事官署改称“华政衙门”。①

随着澳门葡萄牙人将司法管辖权扩展至华人，澳门葡萄牙律师的业务对象也相应得到扩展。由于理事官和理事官署通常需要借助翻译才能裁判华人相关的诉讼案件，华人虽然可以亲自前往理事官署起诉，但华人毕竟不熟悉葡萄牙法律和审判程序，所以复杂重大案件，常常聘请代理人负责诉讼。澳门总督吉马良士公布的 1862 年 12 月 17 日的 67 号政府训令之理事官署章程，明文承认了代理人在有关华人民事诉讼程序中的作用，如接受原告代理人递交的声请书，被告之答辩状及证人名单副本可交给原告代理人，代理人可以代表原告出庭，代理人可以代原告在葡文书写的诉讼声请书和其他证据文件上签名。② 至此，掌握葡中双语的代理华人诉讼案件之代理律师业务已发展得较为规范和成熟。1865 年，华政衙门成立后，指派的署理事官吗记毗唎喇（António Marques Pereira，相当于华人法庭之法官）非常重视规范华政衙门作为审判华人相关之诉讼案件之法庭职能。他发布告示规定，必须严格遵守 1862 年 12 月 17 日的 67 号政府训令的第 3 条第 1 款，递交至华政衙门的声请书必须有原告或其代理人的签名，否则不受理。③ 吧士嗳（Júlio Ferreira Pinto Bastos）出任华政衙门理事官（钦命大西洋澳门理事官办理华政事务，1870—1875）期间，在改革整顿华政衙门法庭事务中，同时也规范了律师代理华人诉讼事务的业务工作。关于原告委托诉讼代理人之授权书，在规范前均是由葡文书写的，原告在不知情下签名交给华政衙门理事官。吧士嗳理事官致力结束这种不合法行为，规定授权书分为葡文和中文两份，并统一格式印刷出来。这样一来，不但减轻了华政衙门写字的工作，而且使华人原告也能清楚所聘请律师行使的权力。④ 澳门历史档案馆所藏的共 425 盒缩微胶卷的澳门法院（Juízo de Direito da Comarca de Macau）档案中，保留了不少华人聘请澳门葡萄牙律师代理诉讼之中葡文授权书，授权书在档案中葡文名为 Termo de Procuração，中译文为“托人代办事约据”，而所托代办之人为状师，即律师。⑤

在代理华人纠纷诉讼案件的业务范围内，出现了“假代状师办事，其实包揽词讼，

---

① 曾金莲：《葡萄牙对澳门华人司法管治的确立：理事官署“旧瓶装新酒”（1843—1865）》，载《第四届全国青年法史论坛论文集》，武汉：中南财经政法大学，2015 年，第 90 ~ 92 页。

② *O Boletim do Governo de Macao*, Vol. Ⅸ, 27 de Dezembro de 1862, No. 4, p. 14.

③ *O Boletim do Governo de Macau*, Vol. Ⅻ, 29 de Janeiro de 1866, No. 5, p. 18.

④ *Boletim da Provincia de Macau e Timor*, Vol. XIX, 10 de Maio de 1873, No. 19, pp. 73 – 74.

⑤ 澳门历史档案馆藏，档案号 C0166，《托人代办事约据》。

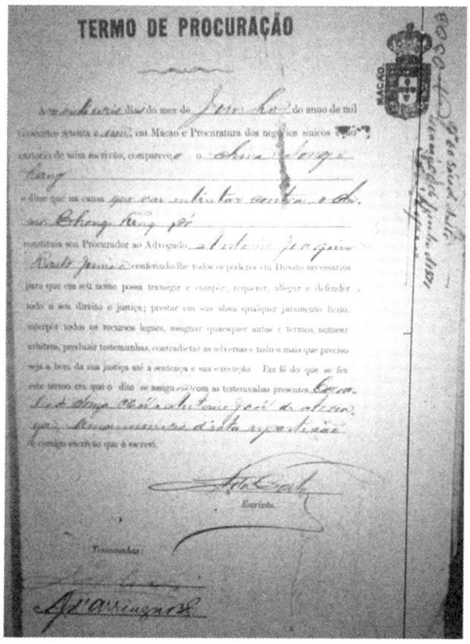
TERMO DE PROCURAÇÃO

… dias do mez de … do anno de mil oitocentos setenta e …, em Macao e Procuratura dos negocios sinicos e no cartorio de mim escrivão, compareceu o …

e disse que na causa …

constitue seu Procurador ao Advogado … conferindo-lhe todos os poderes em Direito necessarios para que em seu nome possa transigir e compôr, requerer, allegar e defender todo o seu direito e justiça; prestar em sua alma qualquer juramento licito, interpôr todos os recursos legaes, assignar quaesquer autos e termos, nomear arbitros, produzir testemunhas, contradictar as adversas e tudo o mais que preciso seja a bem da sua justiça até á sentença e sua execução. Em fé do que se fez este termo em que o dito se assigna com as testemunhas presentes … e comigo escrivão que o escrevi.

Escrivão.

Testemunhas:

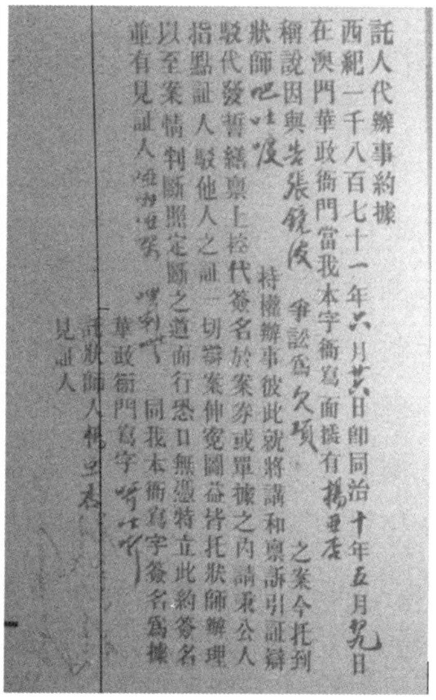
託人代辦事約據

西紀一千八百七十一年六月廿六日即同治十年五月初九日

在澳門華政衙門當我本字衙寫面據有……之案今托到

稱說因與……爭訟爲……

狀師……特權辦事彼此就將講和稟訴引証辯

駁代發誓繕稟上控代簽名於案劵或單據之內請求公人

指點証人駁他人之証一切辯案伸冤圖益皆托狀師辦理

以至案情判斷照定斷之道而行恐口無憑特立此約簽名

並有見証人……同我本衙寫字簽名爲據

華政衙門寫字

託狀師人

見証人

图 2-14　《托人代办事约据》中葡文原件

骗人钱财”的不规范的“讼棍”现象。[①] 其原因大体可归结为二：一是代理华人相关诉讼案件大有利可图，二是澳门代理律师人数不足。讼棍干扰华人诉讼活动的现象一直为葡文报刊所诟病，在吧士喥理事官改革华政衙门期间，当地葡文报纸《独立报》批评吧士喥理事官改革不彻底之一，就是忽视了讼棍干扰华政衙门法庭的现象。[②] 讼棍干扰华人诉讼的活动越演越烈，吧士喥理事官离任，若昂·因特曼（João Hyndma）署理事官，继前两任理事官吗记吡唎喇和吧士喥，加大了整顿诉讼的力度，采取措施防止讼棍在华政衙门法庭上骗取诉讼双方钱财[③]，禁止讼棍到华政衙门出席庭审。[④] 梁绍（L. Ferreira）署华政衙门理事官后，继续大力整顿讼棍：

> 大西洋署澳门理事官办理华民政务梁绍为出示严禁事。照得衙门定例，原有律师，俗名状师，众所共悉，惟现有大西洋人及中国人数名，查此辈并非状师，每遇华人构讼，欲到本衙门干预讼事。近闻有不谙事宜之华人，专托此辈代办，徒自虚费钱财耳。本官职司办理华民政务，自然应有保护华人之责，因此出示，特为告诫。辛巳年五月十二日示。[⑤]

澳门葡萄牙律师除代理诉讼和辩护业务外，也在政界担任其他职务。如马拉塞斯·席尔瓦（Ephraim Manassés da Silva）虽为1885年注册登记的正规律师，同时也担任华政

---

① *Boletim Provincia de Macau e Timor*, Vol. XXXII, 11 de Junho de 1881, No. 24, p. 154.

② *O Independente*, Vol. I, 1873-05-29, No. 2, p. 2.

③ *O Independente*, Vol. II, 1875-03-04, No. 70, p. 1.

④ *O Independente*, Vol. II, 1875-03-11, No. 71, pp. 2-3.

⑤ *Boletim Provincia de Macau e Timor*, Vol. XXXII, 11 de Junho de 1881, No. 24, p. 154.

衙门华人法庭的律政司。[①] 吧士度（António Joaquim Bastos, Jr.）是 19 世纪澳门注册的正规律师，而他在政界担任的职务及活动能写成一本书，1881 年在澳门出版了关于他的资料集。[②]

澳门葡萄牙律师人数在 19 世纪依然处于不足的状态。华政衙门的成立及署理事官吗记吡唎喇的上任，推动澳门葡萄牙政府发布 1866 年 11 月 22 日第 28 号政府训令和 1867 年 2 月 6 日第 9 号政府训令，任命司法改革委员会，筹划一场改革华政衙门作为华人法庭的运动。司法改革委员会的调查意见中，就指出澳门律师不但人数少，律师的任命间或出现有失公正的现象。华政衙门法庭由于缺乏一名公诉人，即律政司，导致在某些重大刑事犯罪案件中，自诉人不在场时，法官只得担任律政司的角色。[③] 据澳门年鉴记录，1879 年登记的正规律师有 5 名，分别是吧士度、马拉塞斯・席尔瓦、吡唎喇（Vicente Saturnino Pereira）、若奥・戈麦斯（João Baptista Gomes）和克鲁兹・罗波（Felicissimo da Cruz Lobo）。[④] 1885 年登记的正规律师共 9 名，其中有 4 名是 1879 年登记的前 4 名，剩下 5 名为新增加的叭之咕（Albino António Pacheco）、租遮・施唎吡（José da Silva）、哕唎士（Francisco Maria de Salles）、康西奥・若尔热（Cancio José Jorge）和卡萨尔・里维罗（Tancredo Caldeira do Casal Riveiro）。[⑤] 1890 年登记的正规律师共有 7 名，其中 5 名是旧律师吧士度、叭之咕、租遮・施唎吡、马拉塞斯・席尔瓦和康西奥・若尔热，剩下 2 名为新增律师孔斯坦西奥・达・席尔瓦（Constancio da Silva）和若奥・格拉西亚斯（João Mariano Gracias）。[⑥] 由此可见，19 世纪澳门登记的正规律师人数不超过 10 人，显然不能满足众多的诉讼活动需求。

表 2-6 19 世纪后期澳门注册律师名单

序号	葡文姓名	中译名
1	António Joaquim Bastos, Jr.	吧士度
2	Ephraim Manassés da Silva	马拉塞斯・席尔瓦
3	Vicente Saturnino Pereira	吡唎喇
4	João Baptista Gomes	若奥・戈麦斯
5	Felicissimo da Cruz Lobo	克鲁兹・罗波

① *Directório de Macau para o anno de* 1885, Macau: Typographia Mercantil, p. 12.
② António Joaquim Bastos junior, Macau: Typographia Mercantil, 1881.
③ *Boletim da Provincia de Macau e Timor*, Vol. XIII, 25 de Março de 1867, No. 12, pp. 61-64.
④ *Directório de Macau para o anno de* 1879, Macau: Typographia Mercantil, p. 32.
⑤ *Directório de Macau para o anno de* 1885, Macau: Typographia Mercantil, p. 38.
⑥ *Directório de Macau para o anno de* 1890, Macau: Typographia Mercantil p. 58.

（续上表）

序号	葡文姓名	中译名
6	Albino António Pacheco	叭之咕
7	José da Silva	租遮·施喇吡
8	Francisco Maria de Salles	吵唎士
9	Cancio José Jorge	康西奥·若尔热
10	Tancredo Caldeira do Casal Riveiro	卡萨尔·里维罗
11	Constancio da Silva	孔斯坦西奥·达·席尔瓦
12	João Mariano Gracias	若奥·格拉西亚斯

关于葡中法律翻译问题，葡文 advogado 在葡萄牙法律文化中不会引起歧义，但由于19世纪葡中法律翻译的不规范，澳门政府宪报自1879年后刊登葡中对照的告示等内容，出现了大量中文词汇“律师”。其中华政衙门国家律师（o ministério publico）、皇家律师或王家律师对应葡文的实际职务却是公诉人的角色，即设在华政衙门的检察院代表，今天所称为“检察官”。1881—1882年的国家律师、皇家律师或王家律师为哑士威度（A. Emilio d'Almeida Azevedo）①，1882年的为吡唎喇②，1882—1883年的为马拉塞斯·席尔瓦③，1883年的为李登（Manuel Francisco Leitão）。④

六、葡萄牙法律在澳门的移植

1783年颁布的《王室制诰》批评澳门议事会对中国官府唯命是从，对葡印总督和澳门总督傲慢无礼，因此决定限制议事会权力，加强总督权力，重设王室大法官，澳门政治开始染上殖民色彩。这一进程在19世纪得到加强，葡萄牙于1820年实行君主立宪后的第一部宪法（1822年）首次宣称澳门为其领土。1822年葡萄牙宪法中，正式把澳门视为葡萄牙在海外的殖民地之一，并将葡萄牙的法律当然地视作澳门的法律。⑤1835年，葡萄牙终结了澳葡议事会政体。1836年，葡萄牙在澳门改设澳门按察使（地

① *Boletim Provincia de Macau e Timor*, 1881, Vol. XXVII, 3 de Setembro de 1881, No. 36, pp. 258 - 259.

② *Boletim da Provincia de Macau e Timor*, Vol. XXVIII, 5 de Agosto de 1882, No. 31, p. 266, 7 de Outubro de 1882, No. 40, p. 347, 18 de Novembro de 1882, No. 46, pp. 406 - 407; 25 de Novembro de 1882, No. 47, pp. 410 - 411, 411 - 412, 412 - 413.

③ *Boletim da Provincia de Macau e Timor*, Vol. XXVIII, 30 de Dezembro de 1882, No. 52, p. 444; Vol. XXIX, 3 de Fevereiro de 1883, No. 5, p. 29; 31 de Março de 1883, No. 13, pp. 110 - 111, 7 de Abril de 1883, No. 14, pp. 118 - 119; 9 de Junho de 1883, No. 23, p. 213.

④ *Boletim da Provincia de Macau e Timor*, Vol. XXIX, 7 de Julho de 1883, No. 27, p. 233.

⑤ *Arquivos de Macau*, 3ª Série, Vol. V, No. 1, Macau, 1966, p. 32.

区大法官），澳门成为葡萄牙司法体制的一个审级。1844 年，澳门与帝汶和梭罗组成一个由澳门领导的海外省。1849 年后，澳门受到葡萄牙事实上的殖民管治，葡萄牙寻求在澳门建立一种更具掌控力的体制。

鸦片战争打破了清帝国主导的东亚朝贡体系，葡萄牙方面急于借势使澳门获得与香港一样的地位，要把清帝国确立的澳门原有的法律体制颠倒过来，即由传统帝国下的中方管治、葡人自治转向现代主权原则下的葡方管治、华人自治，“对那里的华人居民进行管辖，将由居民中的长者推举出保长，隶属于议事会理事官”。[①] 亚马留就是这一政策的执行者，他相继采取了一系列重大措施，暴力终结了近 300 年华洋共处分治的体制。

这些行动都是撇开议事会进行的，而长期自治的议事会明显对葡萄牙官方的力量缺乏信心。议事会力图维系澳门法律体制的既有格局，他们提醒葡萄牙政府，澳门华人“受其本国政府的管辖，不像在此定居的外国人，从未按我们的法律办事。需要补充的是，华人在澳从业者均向其本国纳税。鉴于此，本议事会殊不明白为何欲强迫他们向葡萄牙政府缴税而不破坏最基本的平等原则、不废除三百年来葡萄牙人恪守的条约信义、不冒与中国政府断绝一切友好往来的危险”。[②] 事实表明，议事会的判断是正确的，在中国官衙被迫撤出澳门后，华人社群的权力真空造成澳门社会的巨大动荡，大批商业精英离开澳门。澳葡当局的强硬派也很快意识到暴力导致的格局转换无法长久维持，澳门地位的单方面改变“缺乏葡中两个政府间的普通协议而未得到确定，它是靠武力维持的”，需要付出极高的代价，而中国官员撤走后，居澳华人出现权力真空，情况更趋恶化，因此，人们感到“在政治、贸易、道德、宗教及财政上形势日益恶化。最令人担心的是澳门的彻底崩溃指日可待。应放弃对华公开动武的看法已成定局”。[③] 此外还有不应忽视的其他原因，澳门本身资源匮乏，它是中外商业贸易的云集之地，十分依赖华人资本，这需要以与华人的友好关系为前提，暴力运用的必要性是有限的。因此，在保护和扩展既有成果（如 1864 年占领路环岛，1883 年强编望厦、龙田两村户籍）的同时，澳葡当局转而寻求清政府的承认和帮助，但清政府始终没有在主权问题上让步，最终签订的《中葡和好通商条约》（1887 年）只是认可了葡萄牙对澳门不得让与第三国的治权。

这一格局对于殖民管治之后的澳门法律文化变迁有着重要影响。暴力的有限性决

---

① 葡萄牙国家档案馆，外交部档，发领事馆函件第 588 卷第 159 ~ 161 页反面，转引自［葡］萨安东著，金国平译：《葡萄牙在华外交政策（1841—1854）》，澳门：葡中关系研究中心、澳门基金会，1997 年，第 228 页。

② *Boletim do Governo da Provincia de Macao, Timor e Solor*, 11 de Janeiro de 1848. 本期宪报无页码。

③ 主教于 1852 年 1 月 26 日致海事暨海外部公函，海外历史档案馆，二部，澳门，1852—1853 公函，转引自吴志良：《生存之道：论澳门政治制度与政治发展》，澳门：澳门成人教育学会，1998 年，第 164 页。

定了葡萄牙在澳门推行的殖民主义是一种相对弱势的殖民主义，它必须更多地依赖、利用澳门本地既有的社会结构、权力关系和法律传统。

（一）葡萄牙法律体系的有限延伸

从1557年葡人被许可居澳并享有自治权以来，明清政府针对澳门有一系列专门的措施，并且明清政府的这些治澳法律具有很强的延续性。在这种朝贡体系的礼仪关系中，澳门华人和葡人各得其所，澳门法也形成了相对独立的一个子系统。特别是18世纪的清朝帝国，“它成功构建并巩固了一个政治法律制度多元混合的多民族帝国，在这样的帝国结构中，各地域、各民族并不需要共享一套现代意义上的国家的法律体制，这样的构造容许也造就了一个相对独立的澳门法”①。而在1849年葡萄牙对澳门进行实际的殖民管治之后，澳门法也在各种关系的张力中演变成了一种特有的殖民地法律构造，成为既不同于中国内地又不同于葡萄牙本土的相对独立的一套体系。

19世纪中期，资本主义条约体系冲破了清帝国主导的东亚朝贡体系。相应地，传统礼法模式的那一套义理、礼仪和法律渐渐失去合法性，新的知识类型、权力策略、法律形式、规训方式逐步占据霸权地位，这就是礼法模式（道德文明秩序）的衰落及法治模式（法律文明秩序）的兴起。这一时期，借助于英国取代中国在东亚地区的主导地位，葡萄牙有计划、分步骤地终结了澳葡自治性质的议事会体制，建立了殖民管治的总督体制。这一根本转换改变了澳门的法律理念、法律渊源、法律制度和法律设施，称得上是澳门法律文化的一次大断裂、大转型。无论落实的程度如何，由民主、宪政、法治、权利、义务、法典、法院等构成的新的法律文化至少都已经成为具有意识形态合法性的话语和体制。而且，这次断裂和转向使得澳门在复杂的历史脉络中形成了一种特殊的殖民地法律构造。

葡萄牙法律在澳门的延伸，首先是葡萄牙宪法在澳门的适用和延伸，1822年颁布的第一部《葡萄牙宪法》第20条就规定，所有的海外属地皆为葡萄牙领土的组成部分，譬如当时的澳门、索罗及帝汶，葡国主要将它们视为政治规章趋于一致的多个省，故应在那里适用葡国本土所实施的行政及司法组织条例。② 这里必须说明的是，1822年新宪法颁布的时间是10月1日，国王对新宪法进行了宣誓，宣誓仪式极为壮观。③而在这个新颁布的宪法之前，还有一个被若奥六世否定的1821年的葡萄牙宪法，这个宪法在1822年年初已经传到了澳门。当《葡萄牙宪法》1822年传到澳门时，就获得了

---

① 周伟：《法律殖民与文明秩序的转换——以19世纪中期澳门法律文化的变迁为例》，载《比较法研究》2011年第2期，第144页。

② ［葡］叶士朋著，周艳平、张永春译：《澳门法制史概论》，澳门：澳门基金会，1996年，第47页。

③ *A Abelha da China*, No. XXXVI, 22/05/ 1823, Macau: University of Macau, 1994, p. 147.

澳门各派人士的认同和支持：

> 1822年2月16日是一个值得庆贺的日子，因为我们自愿面对上帝庄严宣誓：服从罗马教宗，服从若奥六世，服从新颁布的宪法和葡萄牙的君主立宪政府。①

1822年澳门民主运动的双方都在使用宪法来证明自己斗争的正义性，以批判对方违反宪法的邪恶性。据1822年7月11日国王的信称：

> 国王若奥六世以宪法的名义，要求属民悉知，宫廷做出如下决定：宫廷常务会议和特别会议、葡萄牙国家的建设者已基本结束了宪法的制订工作，因此今年需进行众议员选举，以开展其他各项立法工作。②

新宪法于1822年10月1日在国王宣誓后正式颁布实行。颁布后的新宪法获得了澳门地区人民的响应和支持，如1837年6月1日议事会会议中，澳门市民纪尧姆·贡萨加（Guilherme Gonzaga）谈到：

> 全体与会人员展开了热烈的讨论，均认为不应该对宪法做出任何更改。因为宪法是国家的根本法，它规定了国家的根本制度和根本任务。此外，议事厅还必须避免任何违反现行法律的情况出现。③

当时的澳门葡萄牙人认识到："宪法作为君主制国家的基本法，其地位至关重要。"④ 还有人提出："职权不分，司法权力经常干涉所有公共管理机构，并且直至现在我们尚未体味到执行宪章时宪法赋予我们的任何好处，所有符合宪法的法律都应与国家形势相统一。"⑤ 在议事会的会议上还对旧宪法中《组织法》进行了讨论：

> 重新宣读了表决书的第一章，并进行了激烈的讨论，将第一章分为两个部分：第一部分谈到了《组织法》，在场的大部分市民均表示一致赞成该法律，唯独教区神父贡萨尔维斯·弗郎库（Pedro Cândido Gonçalves Franco）表示反对。⑥

在旧宪法的讨论中，还提到了新闻自由：

> 接下来重新宣读了表决书的第三章，并进行了简短的讨论，宣布只要遵守1837年11月10日的法律，新闻就可以自由进出。⑦

法学院毕业生多斯·桑托斯甚至提出建议称：

> 除此之外，还应允许新闻自由，支持新闻界对各事件的报道。⑧

可以反映，1822年颁布的新宪法在澳门不仅得到了延伸，而且在当地获得忠实的执行，

---

① *A Abelha da China*, No. Ⅵ, 17/10/1822, Macau: University of Macau, 1994, p. 22.

② *A Abelha da China*, No. XXXⅢ, 01/05/1823, Macau: University of Macau, 1994, pp. 135 – 138.

③ *Arquivos de Macau*, 3ª Série, Vol. V, No. 1, Macau, 1966, p. 67.

④ *Arquivos de Macau*, 3ª Série, Vol. V, No. 1, Macau, 1966, p. 95.

⑤ *Arquivos de Macau*, 3ª Série, Vol. V, No. 1, Macau, 1966, p. 94.

⑥ *Arquivos de Macau*, 3ª Série, Vol. V, No. 1, Macau, 1966, p. 102.

⑦ *Arquivos de Macau*, 3ª Série, Vol. V, No. 1, Macau, 1966, p. 104.

⑧ *Arquivos de Macau*, 3ª Série, Vol. V, No. 1, Macau, 1966, p. 95.

特别是后来对旧宪法修订时的讨论，澳门葡萄牙人更热烈地参与其中。

葡萄牙的其他主要法典如《葡萄牙刑法典》（1854 年）、《葡萄牙民法典》（1869 年）、《葡萄牙民事诉讼法典》（1882 年）、《葡萄牙商法典》（1894 年）等，也先后延伸适用于澳门。

葡萄牙于 1852 年通过第一部《刑法典》，又通过 1854 年 12 月 18 日法令将其适用于澳门。[①] 叶士朋还称，1852 年的《刑法典》未经改动便在海外实施，是因为当时将刑法看作国家主权的象征。[②] 澳门适用的葡式刑事法是葡萄牙本土刑法典。葡萄牙史上第一部《刑法典》产生于 1852 年，此后不断有制定新法典试图取而代之的尝试，例如 1867 年 7 月 1 日刑法及监狱改革中废除了民事罪行的死刑，1844 年 6 月 14 日刑法新改革中则在刑罚目的上采择“补偿理论”等。[③] 1886 年 9 月 16 日法令通过了新《葡萄牙刑法典》，成为近代澳门刑事法的主要渊源。随着时间的推移，该法典的不少内容日趋落伍，例如决斗罪、通奸罪都属名存实亡的虚文。因此，该法典自 1892 年以来不断进行修订。由于葡萄牙与澳门的社会现实、道德观念以及文化价值均存在较大差异，而法典延伸于澳门期间，并没有根据澳门的具体情况进行相应调整，即使法典在葡萄牙屡经修改，也只有小部分内容延伸适用于澳门。因此它在澳门地区的适用难以实现立法意图、适应本地要求，许多条文在实际运用中都可谓一纸空文。[④]

《葡萄牙民法典》是澳门民法的基本法源和制度基础，长期占据着举足轻重的位置。1867 年 7 月 1 日诏令通过的《葡萄牙民法典》，是葡萄牙法律史上具有里程碑意义的第一部民法典。该法典主要接受《法国民法典》和法国理性主义法学的影响，明显追随了罗马法律传统，从当时大陆法国家不同的法律秩序中获取大量的借鉴，从而决定了葡萄牙法制选择大陆法系方向发展的命运，并把葡萄牙以往的民法渊源加以系统化和统一，充分反映了那个时代欧洲的法律科学成果和法学成果。[⑤] 在 1869 年 11 月 18 日，葡萄牙颁布法令，将法典延伸适用于葡萄牙海外地区，其中就包括澳门。但在该法令的第 8 条第 1 款中又明确保留“在澳门，华务检察官权限内案件所涉及的华人风俗习惯”。在第 8 条第 3 款中还要求将这些习惯编成法典，交政府批准通过。[⑥]

从 19 世纪开始，欧洲大陆法系的许多国家开始把商法纳入本国国内法的范围，并先后制定出商法典。这一时期，各国普遍实行重商政策以增强国家的经济实力。为此

---

① ［葡］施白蒂著，姚京明译：《澳门编年史：19 世纪》，澳门：澳门基金会，1998 年，第 121 页。

② ［葡］叶士朋著，周艳平、张永春译：《澳门法制史概论》，澳门：澳门基金会，1996 年，第 48 页。

③ ［葡］科斯塔著，唐晓晴译：《葡萄牙法律史》，北京：法律出版社，2014 年，第 352 ~ 355 页。

④ 何志辉：《治理与秩序：全球化进程中的澳门法（1553—1999）》，北京：社会科学文献出版社，2013 年，第 210 页。

⑤ 米健等：《澳门法律》，北京：中国友谊出版公司，1996 年，第 26 页。

⑥ ［葡］叶士朋著，周艳平、张永春译：《澳门法制史概论》，澳门：澳门基金会，1996 年，第 48 ~ 49 页。

竭力鼓励本国商业的发展，保护商人利益，商法的地位随之得到很大提高。在此背景下，葡萄牙的第一部商法典即1883年的《葡萄牙商法典》诞生。该法典由费哈里勒·波尔格斯（Ferreira Borges）负责编纂，内容包括实体商法，还有程序、司法组织甚至民事法规范。随着商业活动的发展，1833年的《葡萄牙商法典》趋于落伍，遂于1859年组织一个以维格·贝冷（Veiga Beirão）为首的委员会进行统一和修订，新法典于1888年6月28日获葡萄牙议会通过，同年8月23日正式公布，[①] 并于1894年6月20日延伸适用于澳门。该法共4编，分别为商事总论、各种商业合同、海商法、破产法，精神上汲取了法国商法典的精髓，更多具体内容却深受意大利立法的影响，形成一个介于客观主义与主观主义之间的体系。

早期澳门葡人之间的民事诉讼制度，依循《菲利普律令》旧体系的规范。后经19世纪前期司法改革，陆续有1832年司法改革、1837年新司法改革、1841年最新司法改革等。[②] 根据1881年10月8日《澳门宪报》，《葡萄牙民事诉讼法典》于1876年11月8日获国家法令批准，从1882年1月1日起在海外各省生效，由此，葡萄牙民事诉讼法典延伸至澳门。[③] 1895年和1896年两部《商事诉讼法典》、1899年的《破产法典》相继颁布，后两者最终结合而成1905年的《商业诉讼法典》，稍后亦延伸适用于澳门地区。[④]

成熟的欧洲法典的法律文化植入澳门法，自然是进步的，只是这套正式的以法典为骨干的法律体系似乎仅仅用于宣示，与澳门社会不大相干。不仅如此，19世纪中期以来的葡萄牙政府是典型的中央集权式官僚体制，严重缺乏灵活性。这些法律在澳门推行的实效也就可想而知。而且这套搬来的葡萄牙法律文本严重脱离澳门实际，“主要用于非洲和其他殖民地的章程法例，却也不幸地应用于澳门”[⑤]。这一正式法律体系是虚置的，中国居民一直以来都生活在葡国法律之外。这套正式法律体系以及大陆法系国家司法构造几乎不反映澳门法的实际运行。葡萄牙法律在澳门的价值，主要体现在以下方面：

（1）澳葡以提供秩序为途径建构统治的合法性。第一，鸦片战争破坏了清政府在华南沿海的管治效力，海盗再次猖獗，而海盗最惧怕的是西式炮舰。澳葡协助广东打击海盗，换取广东对其治澳的容忍和协助，但这同时也分享了清政府在这一区域的政治权威。第二，19世纪中期清帝国内乱加剧，尤其是波及大半个中国的太平天国运动

---

① ［葡］科斯塔著，唐晓晴译：《葡萄牙法律史》，北京：法律出版社，2014年，第347~348页。

② 何志辉：《治理与秩序：全球化进程中的澳门法（1553—1999）》，北京：社会科学文献出版社，2013年，第210页。

③ ［葡］施白蒂著，姚京明译：《澳门编年史：19世纪》，澳门：澳门基金会，1998年，第223页。

④ ［葡］科斯塔著，唐晓晴译：《葡萄牙法律史》，北京：法律出版社，2014年，第365页。

⑤ 吴志良：《生存之道：论澳门政治制度与政治发展》，澳门：澳门成人教育学会，1998年，第218~219页。

严重破坏了南方地区的社会结构，清政府已无力提供基本的社会秩序。大批南方绅商进入相对稳定的澳门避乱，澳门人口一度冲破纪录达到8万多人。因此，澳葡的殖民管治效力与清帝国的败落形成对照。第三，为澳门华人提供基本管理秩序，借此获得华人的间接承认。早在1691年3月14日，葡萄牙王室颁令议事会有权任命“管理社会秩序负责人”，同时任命一批负责治安的军官，并规定其职责。这个日子被定为治安警察成立的纪念日。① 1867年，澳门组建了军事性的警察队伍。1880年，凼仔炮台官兵抓捕在小横琴岛劫掠的多名海盗时，得到了当地村民的大力帮助。②

（2）外交层面上借助英国，通过相互承认确立合法性。比如1846年澳葡当局勒令所有驳船登记交税时，引发1 500多名中国人与之对抗，香港总督调军舰前来协助澳门总督。1880年4月26日，澳门与香港间的华人罪犯引渡协定生效。③

（3）在建构合法性的同时，实施一种循序渐进的蚕食策略。1849年以后，澳葡开始北向望厦至关闸间区域、西向大小横琴岛、南向凼仔和路环两岛扩张，并于1863年拆毁城墙。澳葡当局在不断试探的过程中，遵循先易后难、逐步稳固的蚕食策略，及时为所占区域提供基本秩序和公共服务，建立公共机构，建设公共基础设施。这其实为澳门引进了当时西方的城市管理经验，它是一种政府为分工细密、人口集聚的城市提供有效公共服务、推动城市发展的现代治理手段。澳葡当局开银行、办邮政、通电缆、连电报、办学校、设图书馆以及建设其他基础设施，实施高起点的城市管理体制，表明他们不是单方面强迫华人纳税、服从，他们还会提供公共服务，因此，这种模式的推进更易巩固。

（4）确立法律文明秩序，建构逐利性商业社会。朝贡体系下的澳门贸易是纳入传统中华帝国的礼仪、法律关系中的一种安排，基于这种义利之辨的伦理观，中国的官员和行商必须对外贸事务负全责，官员对地方秩序及华夷交涉事务负全责，行商对外商所有行为负全责，一有过失，即被严厉问责。因此，这一构造下的澳门是贸易云集之地，而不是一个以逐利为导向的社会。在澳门华人社区，科举之路依然是最好的出路；而在澳葡社区，当时人们的逐利贸易和天主教传统之间也存在着一定的冲突。因此，建构逐利性商业社会的前提是驱除伦理意识、道德禁忌。几个因素的交织促成了这一转变：第一，鸦片战争后的香港开埠及五口通商导致澳门贸易的没落，许多华商和土生葡人家族纷纷迁往香港或者广州，澳门陷入严重的经济危机之中。求生存的逻辑使得澳门开始转向发展特种行业：苦力贸易、鸦片走私、赌博专营、允许指定区域

---

① ［葡］文德泉著，军波译：《阿尔诺索伯爵笔下的澳门》，载《文化杂志》（中文版）第7—8期，1989年，第63页。

② ［葡］施白蒂著，姚京明译：《澳门编年史：19世纪》，澳门：澳门基金会，1998年，第169、220页。

③ ［葡］施白蒂著，姚京明译：《澳门编年史：19世纪》，澳门：澳门基金会，1998年，第218页。

开设“妓寨”等。[①] 1887 年，广东巡抚吴大澂概括澳门“官无善政，商无善卖，工无善艺，惟借赌馆娼寮，包私庇匪，收受陋规，为自然之利”[②]。第二，1850 年后内地战乱频仍，大量内地官绅商贾携巨资避入澳门，改变了澳门的社会结构，使得华人从 19 世纪 60 年代开始主导澳门工商业，形成能与澳葡上层分庭抗礼的阶层。[③] 利用结社自由，以澳门上流社会中的华人为核心，以慈善社团为名的华人组织开始形成，典型的如澳门镜湖医院慈善会（1871 年）和同善堂（1892 年）。这促成了一种以上层华人绅商为核心的澳门华人社区结构，部分填补了中国官府撤出后华人社区的权力真空，他们有实力向澳门总督提请修改葡萄牙商事法律（1880 年），并组织基于各种诉求的罢市行动。

在此基础上，澳葡必须提供一个法治框架满足工商业精英的需求，因为中国固有的非正式产权体制业已崩溃，有产者正寻求一种新的产权保护体制。为了建立稳固的殖民管治的上层架构，澳葡当局既鼓励这些华人精英加入葡萄牙国籍，又为之提供一个大致的现代法治框架、一套正式的法律体系和司法制度，以及权利、契约、法典、法院、律师等新事物，比如商业预审法院（1863 年）[④]、澳门立契官公署（1869 年）[⑤]以及发布《律师从业暂行规章》（1869 年）[⑥] 等。

（5）维系华人认同，在婚姻家庭法领域遵从华人风俗。传统中国社会是伦理社会，遵循礼法模式，基础是家族伦理。葡萄牙民法之婚姻家庭法部分不适用于澳门华人实际上是对华人社会的核心领域的让步。在具体操作中，第一，成立了专门的华务检察官署（华政衙门），这是由议事会体制时期专门与中方沟通的理事官演变而来的。华务检察官署负责华人轻微刑事案件的一审，并依据华人风俗审理有关民事案件。第二，以解释风俗习惯为名，将华人核心精英纳入其中，“在华人风俗习惯未编纂成法典之前，先在检察官署内成立一个由 12 名华人组成的委员会。当委员会需要运作时，其成员从每年澳门纳税最多的 40 位华人居民中抽签选出。当检察官需要时，委员会负责为其解释华人的风俗习惯”[⑦]。对于一般华人来说，它是在诉诸传统绅商权威；而对于澳葡当局来说，这又是对其法律权威的承认。这套制度安排既弥补了自身的权威不足，也给华人社群留下了澳葡与华人精英共治澳门的印象。这有助于形成一个相对缓和的

---

① ［澳］杰弗里·C. 冈恩著，秦传安译：《澳门史：1557—1999》，北京：中央编译出版社，2009 年，第 103～136 页。

② 中国第一历史档案馆等编：《明清时期澳门问题档案文献汇编》第 3 册，《广东巡抚吴大澂奏报查明澳门租界被占将占之界亟应设法清厘折》，北京：人民出版社，1999 年，第 315～326 页。

③ 费成康：《澳门四百年》，上海：上海人民出版社，1988 年，第 319～321 页。

④ ［葡］施白蒂著，姚京明译：《澳门编年史：19 世纪》，澳门：澳门基金会，1998 年，第 153 页。

⑤ ［葡］施白蒂著，姚京明译：《澳门编年史：19 世纪》，澳门：澳门基金会，1998 年，第 177 页。

⑥ ［葡］施白蒂著，姚京明译：《澳门编年史：19 世纪》，澳门：澳门基金会，1998 年，第 175 页。

⑦ ［葡］叶士朋著，周艳平、张永春译：《澳门法制史概论》，澳门：澳门基金会，1996 年，第 54 页。

殖民管治的底层架构。

葡萄牙法学家叶士朋在总结葡萄牙殖民史时认为，海外殖民地的法律治理遵循一种“实用和经济的逻辑”，他解释道：“海外属地地处遥远，缺乏能应用欧洲法律的司法官员，而且王国法律迟迟才到，所以经常处于一种‘边界’的灵活状态中，不大喜欢官方法律的形式主义和精确主义。无论是美洲还是亚洲，那些居民并不是处在无政府的状态，其法律逐步由当地的习惯和实践以及组织、调整和化解冲突的方式构成，当这些因素与实际相适应时，便生根发芽形成真正有效的法律。”① 由于一种弱势的殖民主义，这一特质在葡萄牙殖民管治澳门的情况下体现得尤为明显。在澳门地位长期不明确的焦虑中，澳葡当局做了两方面努力来搭建殖民管治的法律架构：第一，通过法治模式吸引华人资本入澳，形成澳门葡人与精英华人的上层结构；第二，通过提供基本的秩序和维系华人社会的伦理特质，形成缓和的殖民管治的底层结构。

19 世纪中期，英国冲破了清帝国主导的东亚朝贡体系及其法律体制，随后西方列强寻求将中国逐步纳入资本主义生产方式，再辅以治外法权和殖民管治，这就是新的秩序类型建立文化霸权的过程，澳葡当局只是跟随了这一历史潮流。

（二）葡萄牙法律在澳门的地位和影响

在澳门 500 多年的发展进程中，一方面，中葡法律文化存在较大差异，因而利害冲突显著；另一方面，随着时间的推移和交往的深入，中国的传统法律文化、风俗习惯与澳门葡人的法制观念及宗教因素相互影响，共同推进了澳门社会的发展及法律文化的融合。

随着西方文明的传入，以及澳葡为争取澳门司法管辖权采取的一系列举措，中国政府对澳门的司法权变得松动。中葡两国通过在澳门长期接触和深入了解，使得东西方的法律文化在某些领域和某种程度上相互渗透，两国也不得不根据现实做出适当的调整和改变。也就是说，在中葡共管时期，在中国政府享有司法管辖优势的时间长河中，葡萄牙人在一段时期内为解决社会纠纷、促进澳门地区发展起到了自己的作用。

1822 年，葡萄牙首部宪法正式把澳门视为海外殖民地，将其法律自然延伸至澳门。鸦片战争后，葡萄牙取得对澳门的全面控制权，遂简单移植葡国法律制度，主要法典陆续在澳门适用，据此建立起至过渡期之前的澳门司法体制框架。而澳葡当局主要在居澳葡人中适用这些法律，故该司法体系与华人社会明显脱节，司法的社会调控功能未能充分发挥。1887 年《中葡和好通商条约》的签订，才使葡人在澳门的政治法律地位初步确立。

澳门原有法律由葡萄牙法律、葡萄牙为澳门制定的法律、澳门本身立法机构制定的法律这三部分构成。延伸适用于澳门的葡国法律，系由葡萄牙主权机关制定的法律，

① ［葡］叶士朋著，周艳平、张永春译：《澳门法制史概论》，澳门：澳门基金会，1996 年，第 4 页。

如《葡萄牙宪法》《葡萄牙国籍法》《葡萄牙民法典》《葡萄牙民事诉讼法典》等。葡萄牙专门为澳门制定的法律，即葡萄牙主权机关为实施对澳门的管治，而澳门又无权立法的事项而制定的法律，如《澳门组织章程》《澳门司法组织纲要法》等。澳门的法律制度无论从内容到形式都表现为葡萄牙式的法律制度，具有明显的欧洲大陆法传统，在法律结构、法律体系、法律渊源及法律操作等方面得到清楚的反映。

但澳门的法律在很大程度上被少数葡人和土生葡人垄断，实际上成了他们的特权，从而造成葡萄牙法律一直没有真正地深入澳门社会，葡式法律在澳门社会的存在只不过是一种政治力量所维持的规范形式，更多的是结构和体系上的存在。澳门原有法制的主要特点是：

（1）法制模式葡萄牙化。经过葡萄牙一个多世纪的引进和完善，澳门法制较为系统和典型，理论上它属于民法法系，即大陆法法系。以制定法尤其是法典法为基本法律渊源。

（2）法律渊源多元化。在以葡萄牙五大法典为基础而构成的法律制度中，实际上真正确立并调整澳门社会秩序的行为规范是澳门当地立法机关包括立法会和总督制定与发布的法律以及各种各样的法令、训令、法规和规章等。根据澳门的政治制度和葡萄牙宪法的规定，澳门总督和立法会是不平行的立法者，澳门立法会只是自1976年才出现在澳门的政治生活中，而且立法的数量与质量颇为有限。所以，澳门总督的法令、训令在澳门的社会生活中占有相当突出的重要地位，它们普遍被用来规范澳门的各种社会关系。

（3）受周边地区法律影响。澳门所处的地理环境和本身社会的各方面条件，使其社会生活与经济交往不可避免地要和相邻的香港地区与中国内地发生联系，特别是在澳门居民对当地一般立法极为生疏的情况下，民众在与香港及内地交往时就更要自然地以对方的法律作为规定和调整相互关系的行为规范。由于澳门与香港之间极不平衡的经济关系，澳门居民或澳门的法人在同香港居民或香港的法人发生商业交往时，基本上都是以香港的商法作为调整双方关系的法律规范。

（4）传统习俗对社会行为具有约束力。根深蒂固的传统习俗在某种程度上补充着澳门法律的缺漏和不足，在本地华人的实际生活与交往中起着重要作用。澳门是一个以华人为主的社会，它的文化传统总体上主要是中国的文化传统，几百年来葡萄牙人在此地的共处分治及其文化的渗透，只不过使澳门社会及其文化具有了融合中西文化的独有特色，而澳门绝大多数居民的价值观念和生活习俗在许多方面与葡萄牙人的价值观念和生活习俗依然格格不入。因此，作为葡萄牙文化的组成部分，移植到澳门的葡萄牙法律中的许多内容并不能为澳门广大民众所认同。

葡萄牙资产阶级革命后，葡式法律趋于近代化，顺应了欧洲大陆法系的发展潮流。葡萄牙虽为西方的一分子，但它缺乏武力优势，从而不得不与中华文明平等相处，葡萄牙在澳门的管理及其文化影响的存废，更多地取决于中国的态度。当西方文化受到东方文化抵触时，葡萄牙人采取了通过交往施加潜移默化的影响的方式。

但近代西方对中国的影响，惠及最多的是在科学技术方面，对中国政治、法律等领域的影响是有限的，它并没有深入中国的内地。即使在澳门，中葡法律文化之间也存在强硬的壁垒。自从葡人治澳以来，澳门整个法律体制的运转几乎全是以葡语来进行的，“澳门法律制度具有明显的葡萄牙法律特征，但真正以葡国历史文化为基础的法律制度一直都没有得到以华人群体为主的澳门整个社会的认同，在澳门所能产生的社会效应极为有限，以至于直到回归前，葡式的澳门法律实际也基本上是形式或理论上的东西”①。

第四节　澳门的西方军事及警察制度

葡萄牙在东方几乎所有的殖民据点和城市都具有要塞及港口的双重特征，因为它们是“征服”和“贸易”并举的产物。② 而随着葡萄牙对这些殖民据点的征服，葡萄牙军队亦进入了这些殖民据点。这些至少到16世纪中叶都已全部完成。16—17世纪是“枪炮帝国”在亚洲兴起的世纪。由于葡萄牙人在当时拥有最先进的枪炮技术，所以亚洲各国都希望雇用葡萄牙军队作为保卫本国的军事力量。故在亚洲就存在着一个由葡萄牙人组成的庞大的雇佣军和自由战士的团体，分布在孟加拉沿岸、东南亚大陆和印度尼西亚等地。据葡萄牙学者称，大约在1620年代有5 000名以上的葡萄牙人被亚洲各国雇用。③ 这种葡萄牙雇佣军制度是当时葡萄牙军事在亚洲的特点。而西方警察制度大多是在各殖民据点的本土政权建立以后才传入的，这一点恐怕各地的情形都不尽相同。

一、澳门的葡萄牙军队及军事建制

葡萄牙学者叶士朋言：通常一个商站即是一个军事要塞，它需要注意尊重要塞周围的居民与权贵，并与他们维持友好关系。葡国人到澳门的最初阶段即采用这种管理

① 米健等：《澳门法律》，北京：中国友谊出版公司，1996年，第4～5页。
② 顾卫民：《“以天主和利益的名义”：早期葡萄牙海洋扩张的历史（1415—1700）》，北京：社会科学文献出版社，2013年，第94页。
③ ［印度］桑贾伊·苏布拉马尼亚姆著，何吉贤译：《葡萄牙帝国在亚洲（1500—1700）：政治和经济史》，澳门：纪念葡萄牙发现事业澳门地区委员会，1997年，第264页。

模式，在商贸和后勤方面，王室派一位商站站长或代理为代表；在政治军事方面，由一位每年去日本途中在澳门逗留的“巡航首领”负责。① 可以说，巡航首领所负责的军事事务就是澳门葡萄牙军事制度的前身。

（一）16—18 世纪澳门葡萄牙驻军及军事防御

葡萄牙军事力量应该是随着中日贸易巡航首领船队的到来而进入澳门的，因为每一支船队都有一定的军事力量进行武装护卫，而这支军事力量的首领就是巡航首领，又被称为总指挥。在他们居停澳门的过程中，巡航首领拥有对当地的军事指挥权，负责保卫澳门的居民。1584 年，葡印总督杜阿尔特·梅内塞斯扩大澳门议事会的行政、政治和司法管理权时，军事权仍由中国及日本巡航首领掌握。② 1587 年颁布的王室大法官条例取消了巡航首领的司法权，但王室大法官仍要在军事管理方面服从中国及日本巡航首领。③ 虽然巡航首领主管军事，其手下也拥有一定的军事力量，但巡航首领毕竟是一位类似于“临时总督”的官员，他只有在对日贸易过程中经停澳门的时间才驻足澳门，所以巡航首领与他的军事力量在澳门停留的时间并不长，更不具备稳定性，因此澳门常常处于无军事力量保卫的情况之下。而海盗时常侵扰，荷兰人多次攻袭。1615 年，议事会考虑到澳门全年的军事防御问题，遂要求葡印总督派一位军事首领长期驻守澳门，负责防务。④ 当年，葡印总督也确实给澳门派来一位专门的军事长官罗伯斯·卡拉斯科（Francisco Lopes Carrasco），负责澳门的军事问题。但是，他对澳门的军事防御工作没有任何贡献，引致澳门居民的不满。故到 1622 年之前，荷兰巴达维亚总督库恩（J. P. Coen）称：

> 澳门是一处可以随便出入的地方，无军队把守，只有几座炮和一些工事。我们如果派出 1 000 ~ 1 500 兵力即可轻易夺取。⑤

1622 年，英荷联合舰队进犯澳门，这一次战争使澳门的葡萄牙人很快意识到他们正处在严重的危险之中，因为缺乏组织，没有首领，没有军队，要战胜外寇就成了大问题。议事会遂向葡印总督报告，请求他派一名总督和 300 名士兵来澳门，并答应一些费用由澳门本身支付。⑥ 1623 年 3 月 18 日，葡印总督弗兰西斯科·伽玛决定任命马士加路

① ［葡］叶士朋著，周艳平、张永春译：《澳门法制史概论》，澳门：澳门基金会，1996 年，第 14 ~ 15 页。

② Manuel Teixeira, *O Fundador do Leal Senado*, Macau: Tipografia da Missão do Padroado, 1968, p. 7.

③ Manuel Teixeira, *Primórdios de Macau*, Macau: Instituto Cultural de Macau, 1990, p. 14.

④ Jorge Noronha e Silveira, *Subsídios para a História do Direito Constitucional de Macau (1820 - 1974)*, Macau: Instituto Português do Oriente, 1991, p. 11. 转引自吴志良：《澳门政制》，澳门：澳门基金会，1995 年，第 15 ~ 16 页。

⑤ 程绍刚译著：《荷兰人在福尔摩莎》，台北：联经出版社，2010 年，第 4 页。

⑥ C. R. Boxer, *Macau na Época da Restauração*, Macau: Imprensa Nacional de Macau, 1942, p. 84.

也为澳门首任总督。[①] 同年7月17日，澳门首任总督马士加路也率领100名士兵抵达澳门，正式就职。[②] 当时葡萄牙人的连队由125名士兵组成，分成5个排，其中有6名滑膛枪手、40名长矛手和25名火枪手。[③] 马士加路也抵达澳门后，立即开始了修建炮台、碉堡和城墙的工作，为澳门的军事防御设施的完善做出了很大的贡献。在他带来的100名士兵的基础上，马士加路也又任命了上士、上尉和指挥40门火炮的炮兵上尉，招募了士兵，向他们支付高额的伙食费和军饷，组建了一支200人的步兵连，还开始在澳门铸造火炮。[④] 这是西方军队正式进入澳门的第一次记录。

1634年左右，澳门有了2座炮台和4个堡垒，有150名欧洲士兵；还有850名葡萄牙居民，约800名本地基督徒，约5 000名武装的奴隶，这些都可以作为征兵的来源。[⑤] 到1635年时，博卡罗的《要塞图册》记载称：

> 本市还有管理战争事务的兵头，他有两名陆军上尉、两名少尉以及中士和班长、一名副官。[⑥]

他还对澳门的6座炮台的驻军及军事设施情况进行了详细记录，其中妈阁炮台就有60名士兵和1名上尉，烧灰炉炮台有6门炮，西望洋炮台架有2门炮，嘉思栏炮台架有6门炮，东望洋炮台置火炮5门，大炮台共有火炮18门，炮台里驻有一支卫队，内有3排士兵居住。还有3座小炮台和堡垒，1座叫南湾小炮台，有1门炮；1座叫圣彼得堡垒，有2门炮；1座叫圣若奥堡垒，也有2门炮。他还称，澳门总共有73门炮，还拥有一家世界上最好的铸炮厂。[⑦] 到1638年时，有资料称澳门有“许多贵族、1名少校、1名炮兵上尉和3名步兵上尉。每名士兵的月薪是6雷依斯，按时支付的军饷使他们可以体面地生活”[⑧]。1638年，在海牙的荷兰人已收到澳门城墙及炮台的详图，并对其军

---

① António da Silva Rego dir. ,*Documentos Remetidos da Índia ou Livros das Monções*, Vol. 9, Lisboa: Imprensa Nacional, 1978, p. 178.

② Manuel Teixeira, *Macau no Séc. XVI*, Macau: Serviços de Educação e Cultura, 1981, p. 39.

③ Manuel A. Ribeiro Rodrigues, *400 Anos de Organização e Uniformes Militares em Macau*, Macau: Insitituto Cultural de Macau, 1999, p. 180.

④ ［葡］雷戈著，范维信译：《澳门的建立与强大记事》，载澳门《文化杂志》编：《16和17世纪伊比利亚文学视野里的中国景观》，郑州：大象出版社，2003年，第200页；Armando Cacao, Military and Paramilitary Units, their History and Relationship with the Monte Fortress, in *A Museum in an Historic Site: The Monte Fortress of St. Paul*, Macau: Museum of Macau, 1999, pp. 98－99.

⑤ Manuel A. Ribeiro Rodrigues, *400 Anos de Organização e Uniformes Militares em Macau*, Macau: Insitituto Cultural de Macau, 1999, p. 179.

⑥ ［葡］安东尼奥·博卡罗著，范维信译：《要塞图册》，载澳门《文化杂志》编：《16和17世纪伊比利亚文学视野里的中国景观》，郑州：大象出版社，2003年，第219页。

⑦ ［葡］安东尼奥·博卡罗著，范维信译：《要塞图册》，载澳门《文化杂志》编：《16和17世纪伊比利亚文学视野里的中国景观》，郑州：大象出版社，2003年，第220～223页。

⑧ Manuel A. Ribeiro Rodrigues, *400 Anos de Organização e Uniformes Militares em Macau*, Macau: Insitituto Cultural de Macau, 1999, p. 179.

事防御及火力部署进行了仔细分析：

> 澳门建有城墙，位于3座山上的3个炮台成三角之势。最重要、最强大的是大三巴炮台，马士加路也担任总督期间就住在那里，配备有34门金属大炮。第二个是西望洋炮台，中间有一小礼拜堂，拥有轻型火炮6门。第三个是东望洋炮台，突出于外，不太有利，但在高度上优于另外两个：它拥有大炮4～5门，围墙内也有一个小礼拜堂。从山上和炮台望见有兵船开来，即鸣钟警报。除此之外，本市还有位于山下的4个炮台，那里是傍靠船只的地方。第一个炮台十分坚固而且美观。从这方看像是另一座城市，因为里面有高大的建筑和士兵们住的房屋，上面是位于山顶的掩体。这里有16门重炮，炮口很粗，用来发射石块，其他都是普通铁炮。炮台内还有另一个掩体，围有围墙，有6门远射程炮，所有要进入此地的船只必须经过这个狭窄的水道，因为葡萄牙人封锁了所有其他入口。这个主要炮台的兵头由国王或以国王的名义任命，除非在兵头不在时将军才可为其任命临时兵头，而且须经国王批准。这一炮台位于南端。第二个叫烧灰炉炮台，位于西南部，拥有8门金属火炮，在西望洋山一边。离它有滑膛枪射程一半远的地方有座火药厂，为大炮生产火药。这里是个月牙形的海岸，中间有个突出部分，在有危险时可安放3门火炮。周围建有不太高的围墙，一直延伸到嘉思栏炮台，两个炮台之间遍布漂亮的建筑物，海滩上则是木材市场。第三个是嘉思栏炮台，比前者大一些，配备有12门金属火炮。这一炮台有一点伸入海中。1632年，在这一炮台基础上建一个炮台，安放1门48毫米的大炮，可以射到位于1.5海里以外的一个岛上。这一炮台的围墙一直延伸到陆地，标示出本市在海边的边界。第四个叫伯多禄炮台，朝内陆延伸。在称为拉扎罗的陆上大门附近有3门火炮：其围墙沿山向上延伸，直至大三巴炮台，然后又通到一座耶稣会士修道院。外面建起了许多墙壁很厚、很结实的院落，使之免于暴露于海上。还有一块土地伸入海中，那里有礁石，必要时可安放大炮，充当炮台。但在退潮情况下没有必要，因为，大船不能在这里靠岸。①

大概到17世纪中期，澳门的军事力量始终保持着一个连队的建制，而从来没有按照葡萄牙古代团级建制组织的步兵部队，因为团级建制需要由1 500名士兵组成，还要考虑军事设施中设有部队所需的住宅。在头等重要的军事设施如炮台山的守军可能恰好是一个连级单位，而在其他设施中，根据各个城堡、据点的大小和战略重要性，分别派驻小分队、中队等。一个连由125名士兵组成，分成5个排，每个排25人；连中有6名滑膛枪手、40名长矛手和25名火枪手。连部有1名上尉连长、1名侍从、1名少尉护旗、1名随军教士、2名军士、2名鼓手和1名风笛手，这是连部的全班人马，

---

① ［葡］莱萨著，范维信译：《澳门人口：一个混合社会的起源和发展》，载《文化杂志》（中文版）第20期，1994年，第138页。

但极少有全员的时候。除此之外，还有 1 名武器保养员和 1 名负责修理武器的锁匠。[1]

前面讲到葡萄牙在亚洲的军事建制都是采用雇佣军制，上述从果阿来的葡萄牙军队亦应该是雇佣军。最早提到要派葡萄牙雇佣军来中国的人是澳门军官帕莱德斯（Pero de Paredes）上尉。据 1625 年 3 月 29 日《季风书》，帕莱德斯上尉呼吁葡萄牙人参加到对抗鞑靼人的战争中去，并希望在葡萄牙势力范围之外的孟加拉（Bengala）的由 3 000 名葡萄牙人组成的军队来帮助中国皇帝。根据中国皇帝的要求，组建一支小桅帆船舰队，能够到达澳门，并用于对付鞑靼人。上尉还写了组织舰队的方式。[2] 但这次招募雇佣军的行动并未成功。明崇祯三年（1630），徐光启派 69 岁高龄的耶稣会神父陆若汉入澳募兵，但这一次的所谓募兵实际上还是用钱招聘雇佣军。这一次从澳门招去的雇佣军一共有 360 名，其中葡萄牙人 160 名，澳门人 100 名，非洲人和印度人合起来共 100 名。中国方面支付了 5.3 万两白银作为这次雇佣军的费用。全军共分为两支中队，指挥官为考狄埃（Pedro Cordeiro）和坎坡（Antoine Rodriguez del Campo）。[3] 澳门第二次派出雇佣军的时间是 1646 年由耶稣会会士毕方济入澳门招来的 300 名葡兵，高龙鞶的《江南传教史》称：

> 毕方济遂与澳门葡萄牙总督磋商，终于不辱使命，葡萄牙总督派兵三百名，由名将尼古拉·费雷拉率领至肇庆，并携有野战炮多门，自能所向无敌。这一队葡军有瞿安德（André-Xavier Koffler）任随军司铎。[4]

值得注意的是，17 世纪中期，除了葡萄牙雇佣军进入中国内地与澳门以外，还曾有一支西班牙雇佣军也于 1623 年进入澳门。1623 年，雷戈称：

> 一位耶稣会神父和两位重要人物前往马尼拉报信，菲律宾总督非常认真给我们派来了两连步兵，其中有上尉和其他军官，由费尔南多·达·席尔瓦担任指挥官，他们的兵营已经安排好，军饷也提前支付。至今，这一些费用都是由本市居民负担，同时还要支付运来援助的 12 门火炮以及火药和其他军费的费用。[5]

《巴达维亚城日志》则称：

---

① Manuel A. Ribeiro Rodrigues, *400 Anos de Organização e Uniformes Militares em Macau*, Macau: Insitituto Cultural de Macau, 1999, p. 180.

② ANTT/Livros das Moncões, liv. 21, fl. 153. 此件系金国平先生寄赠原件，在此表示感谢。

③ Rodrigues Michael Cooper, *O Intéprete: Um Jesuita Português no Japão e na China do Século XVI*, Lisboa: Quetzal editors, 2003, p. 383. 另参见汤开建：《委黎多〈报效始末疏〉笺正》，广州：广东人民出版社，2004 年，第 187 ~ 191 页。

④ ［法］高龙鞶著，周士良译：《江南传教史》上编第 1 册，上海：天主教上海教区光启社，2008 年，第 212 页。

⑤ ［葡］雷戈著，范维信译：《澳门的建立与强大记事》，载澳门《文化杂志》编：《16 和 17 世纪伊比利亚文学视野里的中国景观》，郑州：大象出版社，2003 年，第 201 页。

> 澳门筑有城墙，建设棱堡，且自马尼拉运送大炮数尊及百人编成一队兵至该地。[①]

西班牙文资料也称：

> 又由指挥官费尔南多·达·席尔瓦带去了100名步兵。[②]

这一支西班牙雇佣军到达澳门后，待的时间并不长，很可能是葡萄牙人认为自己的军事力量就足以对付荷兰人，因此他们又将这支西班牙军队送回了马尼拉：

> 费尔南多·达·席尔瓦在澳门待了一些时日后，葡人眼见荷兰人还未攻来，认为即便来了，城市的防御力也足够，而且他们与西班牙人相处不好。澳门人就打发西班牙人返回马尼拉。[③]

直到17世纪40年代，澳门的葡萄牙人对自己城市的武装力量表示十分满意。1640年5月，澳门议事会给国王的信称：

> 这个城市在4座王室炮台和5座壁垒处武装着70门大炮，炮弹从12到40磅不等；另有20门野战炮，防御工事、防御性障碍物和堑壕都配备良好；有能加工所有金属的精良铸造厂和大规模的火药工厂。已婚葡人数量约600名，他们的男孩也能武装起来，不过数量较少。当地出生的人口超过了500名，其中包括已婚男子和士兵。奴隶数量约5 000名，从而我们确信能在战场上派出2 000名火枪手。[④]

这份资料是可信的，我们相信当时从澳门的葡萄牙人和黑人奴隶中招募2 000名上战场的军人，应该是完全不成问题的，因为这一时期是澳门军事及经济实力最强盛的时代。但是还有资料称，1640年澳门有8 000人是由不同种族的人组成的军队或陆海军。[⑤] 文德泉也称，那时澳门约有8 000名水手和枪手，达到了其军事力量的巅峰时期。[⑥]

不可否认的是，当时澳门的军事组织明显受西班牙人对葡萄牙60年统治及其在欧洲扩张留下的影响，在军规上也一定会受盛极一时的卡斯蒂利亚的影响。菲利普三世

---

① ［日］村上直次郎日译，郭辉中译：《巴达维亚城日志》第1册，台北：台湾省文献委员会，1970年，第24页。

② *Relation of 1626*, in Blair, Emma Helen-Robertson, James Alexander, The Philippine Islands 1493 – 1898, Vol. 22, Cleveland, Ohio, 1903 – 1905, p. 137. 但另一份西班牙文献则称，费尔南多·达·席尔瓦带去了200名西班牙人。参见 Military Affair of the Islands, Vol. 22, 1626, pp. 119 – 120.

③ *Relation of 1626*, in Blair, Emma Helen-Robertson, James Alexander, The Philippine Islands 1493 – 1898, Vol. 22, Cleveland, Ohio, 1903 – 1905, p. 137.

④ C. R. Boxer, *Fidalgos in the Far East (1550 – 1770)*, *Fact and Fancy in the History of Macau*, The Hague: Martinus Nijhoff, 1948, p. 143.

⑤ Manuel Teixeira, Os Macaenses, in *Revista de Cultura*, Edição do Instituto Cultural de Macau, No. 20, 1994, p. 70. 这里所言的“不同种族”，当即包括超过半数以上军人来自澳门的华人基督徒。

⑥ Manuel Teixeira, Os Macaenses, in *Revista de Cultura*, Edição do Instituto Cultural de Macau, No. 20, 1994, p. 75.

用1630年的军规取代了葡王塞巴斯蒂昂统治时期的军规，这一军规不但在西班牙统治时期，而且在葡萄牙独立以后的葡萄牙军队中仍然实行。[①]

1647年12月，澳门驻守士兵因抗议拖欠军饷而暴动，暴乱士兵占领东望洋炮台，市民们也拿起武器攻击总督的府邸，并打败了总督杜琛（D. Diogo Coutinho Docem）派来的军队，同时还发生了抢掠行动。暴乱的士兵冲进政府驻所，将蜷缩在楼梯下的总督杜琛杀死。这是第一位也是唯一一位被葡萄牙人杀害的澳门总督。[②]

直到17世纪末，澳门驻军的数量仍保持在150名左右，1681年一份荷兰人关于澳门的报告称："澳门有150名士兵在当地驻防。"[③] 17世纪末的150名士兵，这应该是早期澳门驻军防守的一种常态，驻军人数大体上都在这一数字上下变动。

从1688年至1703年，澳门葡人与帝汶土人进行了大约15年的战争，其目的是使帝汶人彻底接受天主教。澳门因帝汶的战争消耗了大量的人力与钱财。战前澳门有1 000名男性市民，至此，已剩不到50人。现今全城及各城堡内约有200名世俗人士、600名基督徒和500名妇女，这给澳门带来极大的损失。[④] 澳门男性人口的大量损失，导致了澳门军事防守力量的削弱，而这时候葡萄牙国王若奥五世进行了军事改革，于1707年11月15日颁布新的军规。按照法国军规的模式制定新军规是葡国及其海外省的军事组织最显著的改进。其中重要的是用团的建制取代古代的步兵团和骑兵队。同时在澳门确立了步兵建制：每个团由12个连组成，其中包括1个投弹手连。每个连有1名上尉、1名中尉、1名少尉、2名军士、4名上等兵、2名鼓手和44名士兵，每1个团还增加了3名高级军官——1名上校、1名中校和1名少校。[⑤] 要达到宗主国所要求的军事改革的军队建制，澳门的建制还差得太远，所以不得不于1717年12月26日向葡萄牙海外委员会求援，并借口清朝廷可能会发生皇位争夺战，为应付可能的突发事件，请求支援50名士兵、100支火枪和500桶火药。这一批援助亦于1719年5月送到了澳门。[⑥] 宗主国的军事援助少得可怜，可以说是杯水车薪，根本就无法阻止澳门军队

---

① Manuel A. Ribeiro Rodrigues, *400 Anos de Organização e Uniformes Militares em Macau*, Macau: Insitituto Cultural de Macau, 1999, pp. 179 – 180.

② Manuel Teixeira, *Macau no Séc. XVII*, Macau: Direcção dos Serviços de Educação e Cultura, 1982, p. 86; C. R. Boxer, *Fidalgos in the Far East (1550 – 1770)*, *Fact and Fancy in the History of Macau*, The Hague: Martinus Nijhoff, 1948, pp. 153 – 154.

③ C. R. Boxer, *Fidalgos in the Far East (1550 – 1770)*, *Fact and Fancy in the History of Macau*, The Hague: Martinus Nijhoff, 1948, p. 203.

④ C. R. Boxer, *Fidalgos in the Far East (1550 – 1770)*, *Fact and Fancy in the History of Macau*, The Hague: Martinus Nijhoff, 1948, p. 187.

⑤ Manuel A. Ribeiro Rodrigues, *400 Anos de Organização e Uniformes Militares em Macau*, Macau: Insitituto Cultural de Macau, 1999, pp. 189 – 190.

⑥ ［葡］雷戈著，喻慧娟译：《澳门与巴西的直接关系：一个不可实现的梦想》，载《文化杂志》（中文版）第22期，1995年，第21页。Manuel Teixeira, *Macau no Séc. XVIII*, Macau: Imprensa Nacional, 1984, p. 223.

及军事力量的衰败。瓦伦廷（Francisco Valentyn）在其著作《新旧东印度》（*Oud en Nieuw Oest-Indien*）中公布了1724—1726年澳门各炮台的大炮数量：

圣若奥小堡垒4门，圣伯多禄小堡垒2门，嘉思栏堡垒10门，东望洋炮台4门，烧灰炉炮台7门，妈阁炮台15门。①

虽然炮台和堡垒仍然保持相当的数量，但防卫人员大大减少。1733年，澳门主教贾修利（D. João de Casal）称：

该市大部分市界敞开，防卫人员太少，仅有80多名士兵守卫着三座大炮台、两座小炮台和一个堡垒。②

1741年，葡印总督更称：

澳门市的炮台、防卫、军火和卫队均处于再糟不过的地步，因为这座无遮拦的城市靠的是4座炮台、2座堡垒和3座称为要塞的房子。任何一座都没有水源，圣保禄炮台是最大的1座，多少年前它曾经有一个积水池，但早已成为废墟，均因无人修缮而落到今天的地步。所有这些建筑由7名兵头、4名少尉、7名军曹守卫。在这些人中，必须抽出一小部分人兼管总督官邸，以应付急需，负责夜间巡逻，防止任何突发事件发生。每座炮台只有16名士兵、1位兵头和1名少尉军官及1名军曹。只有炮弹还算充足，大炮还算精良。③

1783年的《王室制诰》还称：

总督只能对城堡及守卫城堡的60或80名既可怜又贫穷的所谓士兵进行监管。驻军不是由士兵而是由土著和乞丐组成，事实上人数也很少。因为上述部队由总督统帅，故这支部队越可怜，其统帅也就越不受人尊重。④

当时来澳门的葡萄牙军官诗人博卡热所写的澳门讽刺诗亦称：

澳门，六座炮台，百名士兵，还有一位鼓手。⑤

为了挽救澳门严重的军事衰败，1768年12月19日，从果阿派来的50名士兵增援澳门。⑥ 然而，发不出军饷的事情再次出现。1756年8月6日，澳门总督高定玉通知议事会，炮台守兵上个月薪俸还未发，大部分士兵因饥饿而生病；妈阁炮台只有两名士兵

---

① Manuel Teixeira, *Os Militares em Macau*, Macau: Imprensa Nacional, 1976, p. 136.

② ［葡］施白蒂著，小雨译：《澳门编年史：16—18世纪》，澳门：澳门基金会，1995年，第120页。

③ ［葡］施白蒂著，小雨译：《澳门编年史：16—18世纪》，澳门：澳门基金会，1995年，第129页；Manuel Teixeira, *Macau no Séc. XVIII*, Macau: Imprensa Nacional, 1984, p. 382.

④ 《〈王室制诰〉——内阁大臣给印度总督索萨之指示》，转引自吴志良：《生存之道：论澳门政治制度与政治发展》，澳门：澳门成人教育学会，1998年，第386、389页。

⑤ Calos Pinto Satos, *Orlando Neves*, *De Longe á China*, Vol. I, p. 281；译文见吴志良：《生存之道：论澳门政治制度与政治发展》，澳门：澳门成人教育学会，1998年，第95页。

⑥ Manuel Teixeira, *Macau no Séc. XVIII*, Macau: Imprensa Nacional, 1984, p. 543.

把守；总督的侍卫越来越少。7日，议事会回答说，即将设法解决，但目前缺乏资金。① 1780年5月9日，印度总督命令澳门议事会每个炮台均设立20名士兵守卫，因为资金不足，议事会停止了驻扎在圣安多尼堂士兵的军饷。② 澳门军事衰败的现象一直持续到18世纪80年代初。

（二）19世纪澳门军事组织的发展与变化

1783年颁布的《王室制诰》的主要目的之一就是加强总督的权力，制诰的第19款这样提到：

> 这些观点足以让我们了解到，给予澳门总督最大的权限并为之装配一定军事力量是多么必要，这会使他们更令人尊敬，同时也可保护该据点不受凌辱。因为该据点毫无保卫能力，只有城堡。而没有军队的城堡一钱不值，也许没有它更好。为此，陛下认为应由果阿派100人组成的步兵部队及由50人组成的炮队前往取代该据点的现有部队。这支新军可随时间的推移而扩充并由澳门公库税收支付，每6年换防一次。同时，令澳门现有的维和军队的士兵复员。目前该军队的开支，正如前述第3点指出，约为4 000雷亚尔，其中不包括军服及武器装备费。本人相信，再增加少许开支，便可维持由果阿开去的两队人马。即使其开支较大，所发挥的作用也更为重要。③

1784年，葡印总督为执行葡萄牙女王《王室制诰》中针对澳门的“防备措施”敕令，派遣了一支由150名印度士兵、100人的火枪连和50人的炮兵队组成的正规军，④ 于当年的7月28日从果阿抵达澳门，从而成为澳门第一个营建制的军队。这支军队驻扎在澳门海关之家，负责守卫炮台直到1810年。军队开支由澳门议事会负责，每年需银1 200两以上，成为一笔沉重的负担。⑤ 1787年抵达澳门的法国航海家拉佩鲁斯记载了当时澳门的军事防卫：

> 这个港口的入口由一个军事堡垒把守，驻扎着两个炮兵中队，任何人进入时都会处于手枪射击范围内。3座小型防御工事，其中2座装备有12门大炮，另外1座有6门，用来防御城市南面来自中国的攻击：这些防御工事建筑极为破败不堪，

---

① ［葡］施白蒂著，小雨译：《澳门编年史：16—18世纪》，澳门：澳门基金会，1995年，第153页；Manuel Teixeira, *Macau no Séc. XVIII*, Macau: Imprensa Nacional, 1984, p. 483.

② Manuel Teixeira, *Macau no Séc. XVIII*, Macau: Imprensa Nacional, 1984, p. 607.

③ 《〈王室制诰〉——内阁大臣给印度总督索萨之指示》，转引自吴志良：《生存之道：论澳门政治制度与政治发展》，澳门：澳门成人教育学会，1998年，第390页。

④ Manuel Teixeira, *Macau no Séc. XVIII*, Macau: Imprensa Nacional, 1984, p. 637. 文中称葡印总督给澳门派来了150名士兵，代替80名澳门土生士兵，重新组建澳门的驻军。

⑤ Armando Cacao, Military and Paramilitary Units, Their History and Relationship with the Monte Fortress, in *A Museum in an Historic Site: The Monte Fortress of St. Paul*, Macau: Museum de Macau, 1999, p. 100.

> 不会令欧洲人害怕，但对中国的海军还具有威慑力。另外还有1座大山俯瞰着沙滩，一支小分队在上面可以维持一条很长的包围圈。澳门的葡萄牙人，更加具有宗教虔诚特性而非军人性格，他们在1座堡垒的废墟上修建1座教堂，环绕着这座山，形成了1座难以攻克的哨所。2座军事防御工事保护着陆地一侧：其中1座装备有40门大炮，可容纳1 000人的驻军，这其中还有一个蓄水池、两处水源以及一些储藏武器弹药和军粮的地堡；另外一座防御工事，我们可以数到上面有30门大炮，能容纳不超过300人的军队，这个工事有一处水量充沛、永不枯竭的水源。这2座炮台指挥整个地区。①

18世纪末抵达澳门的英国使团副使老乔治·斯当东记录了当时澳门的军队情况：

> 在澳门有300名黑人或黑白混血儿的士兵。同士兵数目比起来，军官的比例数非常大。过去军队人数比现在多得多，分别镇守在各个堡垒并安设了许多铜炮和铁炮。②

为应对来自英法等国的威胁及澳门海面的海盗危机，1809年11月16日，澳门议事会十万火急地致信葡印总督，请求他派一位曾在澳门居住过的军官指挥"圣若奥·巴帕斯泰（S. João Baptista）号"战舰来澳门，另外还希望葡印总督增派一些士兵来澳门，以补足一支下级军官全是葡国人的拥有300人（当时澳门仅有120名土生葡人士兵）的部队。澳门议事会还要求提供20桶火药、9（英寸）口径的大炮12门、11（英寸）口径的大炮6门、24（英寸）口径的大炮6门、6（英寸）口径的大炮12门、11~36（英寸）口径的小炮12门，并配备各自的炮架、霰弹、弹药和专门击毁桅杆的炮弹，以及500枝带刺刀和新子弹盒的长枪、100件帆布、50件粗布、25桶焦油和若干麻绳。如果"圣若奥·巴帕斯泰号"装载不下，余下的请由战舰"阿蒂沃（Activo）号"运来。议事会预计这批援兵和枪炮弹药将不能及时到达，故又向马尼拉求助，请他们派出西班牙水师前来澳门，这一请求很快获得菲督的应允。③ 为了加强澳门的军事防卫和军事力量，葡萄牙国王下决心对澳门的军事力量进行整顿和加强，之后，澳门的军事组织发生了一系列建制上的变化。

1. 摄政王炮兵营

1810年5月13日，葡萄牙国王颁布了成立"摄政王炮兵营"保卫澳门城的敕令，并任命欧布基（José Osório de Castro Cabral de Albuquerque）陆军上校为第一任指挥官。摄政王炮兵营由来自果阿的约400名士兵组成，取代了原来的营队接管澳门城防。同

---

① La Pérouse, Jean-François de Galaup, *Voyage de La Pérouse Autour du Monde, Publié Conformément au Décret du 22 Avril 1791*, rédigé par M. L. A. Milet-Mureau, Tome second, Paris: De l'Imprimerie de la République, 1797, pp. 324 - 325.

② ［英］斯当东著，叶笃义译：《英使谒见乾隆纪实》，上海：上海书店出版社，1997年，第523页。

③ ［葡］高美士著，李飞译：《张保仔船队的毁灭》，载《文化杂志》（中文版）第3期，1987年，第109页。按：原译者将张保仔译为康宝山。

时法令还明确规定：摄政王炮兵营不但有王国的士兵，同样也有澳门土生人。该营设4个连，2个连驻扎在红窗门税馆，2个连驻扎在大炮台。[①] 这支部队即防守澳门的城防部队，也行使治安警察的职能。眉额带历说："我们有驻军，他们的职责也是城市治安警察队，但是我们可以增设治安警察队，或者组织华人或葡人巡逻。"[②] 1820年，摄政王炮兵营为了进行炮兵训练，设立了一所由部队指挥官任领导的实习学校，对所有的列兵进行训练和实践，以便他们能够获得包括"保卫战和进攻战"在内的与炮兵相关的全部培训课程。[③] 1822年，葡萄牙爆发民主革命，自由化的斗争蔓延到澳门，葡印总督派来一支有200名水兵的部队，于1823年9月23日接管了政府委员会。[④] 1823年，议事会向果阿方面请求招募孟加拉士兵补充摄政王营，但这一请求未获葡印总督的批准。4月11日，果阿总督致信澳门议事会，力劝议事会放弃从孟加拉雇用一批士兵（每人100澳门元）的想法，而建议澳门本地青年入伍。[⑤] 澳门议事会放弃了雇用孟加拉士兵的要求，改为请求征用50~60名果阿士兵，并接受葡印总督的建议，摄政王炮兵营在澳门征兵，补充了该营的兵源。1823年5月11日，澳门总督写道："我认为议事会关于招募土生青年加入该营的决定是非常合理的。"[⑥] 最后，葡印总督派了39名士兵前往澳门，他们于1823年6月15日到达。摄政王兵营的第二任指挥官为埃斯迪菲克（João Cabral de Estifique）陆军少校，1824年又委任吉马良斯·伊·弗雷塔斯（José de Aquino Guimarães e Freitas）陆军中校为第三任指挥官。[⑦] 吉马良斯·伊·弗雷塔斯对这支部队进行了评价：

> 根据1810年5月13日国王谕令成立的摄政王兵营，成为澳门的驻军。组成该营的士兵们被从葡萄牙的亚洲首府送到澳门，他们是这个地方造就的最糟糕的人才，因为气候的变化，他们变成一群令人厌恶的庸才。因为相同的招募方式，往返的交通花费，加上为数不小的医院花费（这些可怜的人几乎经常去医院），数额超乎寻常的庞大。澳门缺少一支军队，配备先进的炮兵武器，驻守他们的炮台，

---

① Eduardo A. Veloso e Matos, *Forças de Segurança de Macau*, Macau: Museum de Macau, 1999, pp. 39 - 40；李长森：《明清时期澳门土生族群的形成发展与变迁》，北京：中华书局，2007年，第284页。

② Manuel Teixeira, *Os Militares em Macau*, Macau: Imprensa Nacional, 1976, p. 422.

③ Manuel Teixeira, *A Educação em Macau*, Macau: Direcção dos Serviços de Educação e Cultura, 1982, p. 37；Manuel A. Kibeiro Rodrigues, *400 Anos de Organização e Uniformes Militares em Macau*, Macau: Insitituto Cultural de Macau, 1999, p. 236.

④ Armando Cacao, Military and Paramilitary Units, Their History and Relationship with the Monte Fortress, in *A Museum in an Historic Site: The Monte Fortress of St. Paul*, Macau: Museum de Macau, 1999, p. 100.

⑤ ［葡］莱萨著，范维信译：《澳门人口：一个混合社会的起源和发展》，载《文化杂志》（中文版）第20期，1994年，第139页。

⑥ Manuel A. Ribeiro Rodrigues, *400 Anos de Organização e Uniformes Militares em Macau*, Macau: Insitituto Cultural de Macau, 1999, p. 233.

⑦ Manuel Teixeira, *Os Militares em Macau*, Macau: Imprensa Nacional, 1976, p. 421.

> 维持城市的礼仪和治安。因商人在海上贸易中雇用的极少的当地人，他们中大部分都是游手好闲者，他们最后入伍从军，避免了从事其他职业。因为无意义的贬低，他们逐渐变得轻率懒散。然而这支土著军队必须有50～60名葡萄牙士兵，他们其中一些是鞋匠、裁缝、石匠、锁匠等，来自葡萄牙，在此服役一定的年限，就可赢得双倍的军饷，甚至更好的奖赏。[1]

在摄政王兵营防卫澳门期间，当时的清朝官员——广州将军哈丰阿、广东水师提督关天培都有一些报道：

> 现在三巴门炮台安炮47具，伽思兰炮台安炮18具，娘妈阁炮台安炮29具，东望洋炮台安炮20具，西望洋炮台安炮13具，南湾炮台安炮5具，此外尚有大小炮30余具，安放西洋税馆。其炮口自阔8寸至5寸5分不等，并不能容三人蛇行而入，所用火药均由小西洋运来，收贮娘妈阁炮台，临时取用。其番梢原设480名，嗣因经费不足，裁汰240名。又头目兵总50～60人，番梢分守炮台，每日早辰或鸣鼓换班，或开放鸟枪，并非终年训练。[2]

龙思泰所记与上述调查情况一致：当时澳门葡国驻军人数为240人，还有相应数目的军官。士兵月薪6元，每两年发一次新军服。军官依其资历发薪，担负着守卫5座炮台、总督府对面附近1座炮台的任务。防御设施包括130门口径不一、由不同金属铸造的大炮。[3] 1831年，卡斯特罗（D. Francisco de Castro）出任摄政王营指挥官。[4] 据1835年8月20日的统计数，澳门有300人为士兵。[5] 文德泉神父公布了1833年澳门各炮台设置大炮的详细情况：

表2－7　1833年澳门各炮台大炮分布表[6]

	老式铜炮	榴弹铜炮	口径（英寸）	铜炮	铁炮	口径（英寸）
大炮台		3	5.5	1		40
				2		30
				2		24
				2		20

① Manuel Teixeira, *Os Militares em Macau*, Macau: Imprensa Nacional, 1976, p. 423.

② 中国第一历史档案馆等编：《明清时期澳门问题档案文献汇编》第2册，《广州将军哈丰阿等奏报查明澳门炮台各情形折》，北京：人民出版社，1999年，第267页；（清）关天培：《筹海初集》卷1，《查勘虎门扼要筹议增改章程咨稿》，华文书局影印清道光刊本，1969年，第134～135页。

③ ［瑞典］龙思泰著，吴义雄等译：《早期澳门史》，北京：东方出版社，1997年，第79页。

④ Manuel Teixeira, *Os Militares em Macau*, Macau: Imprensa Nacional, 1976, p. 422.

⑤ *Chinese Repository*, Vol. 4, No. 6, 1835/10, pp. 292－293.

⑥ Manuel Teixeira, *Os Militares em Macau*, Macau: Imprensa Nacional, 1976, p. 138.

（续上表）

	老式铜炮	榴弹铜炮	口径（英寸）	铜炮	铁炮	口径（英寸）
大炮台				2		18
				1		10
					26	12
					2	6
					6	1
合计		3		10	34	
妈阁炮台	2		10	1		30
	2		8.5	2		24
				6		18
					8	18
					2	12
					3	9
					3	6
合计	4			9	16	
东望洋炮台		1	5.5	1		18
				1		10
				3		9
					1	9
					13	6
合计		1		5	14	
嘉思栏炮台				1		36
				1		30
				3		24
				1		18
				1		12
					11	12
合计				7	11	

（续上表）

	老式铜炮	榴弹铜炮	口径（英寸）	铜炮	铁炮	口径（英寸）
烧灰炉炮台				1		30
				1		24
				3		18
				1		12
					2	18
					1	16
					2	6
					2	3
合计				6	7	
圣伯多禄堡垒				1		12
				1		8
				1		6
					2	6
合计				3	2	
圣若奥堡垒					2	16
圣热若尼罗堡垒						
总计	4	4		40	86	

1812 年，葡印总督下令将摄政王兵营营房安扎在圣保禄学院，但这一命令并未获真正执行。[①] 1816 年，议事会派驻两个连进驻大炮台，另有两个连驻守旧军营。1828 年 10 月 23 日，澳门摄政王兵营全部移驻奥斯定修道院。[②] 后遭奥斯定会会士的反对，翌年 3 月 30 日，果阿奥斯定会致函议事会，要求尽快将军营撤出奥斯定修道院。[③]

① Manuel Teixeira, *Os Militares em Macau*, Macau: Imprensa Nacional, 1976, p. 421.

② Eduardo A. Veloso e Matos, *Forças de Segurança de Macau*, Macau: Museum de Macau, 1999, pp. 39 – 40.

③ Manuel Teixeira, *Macau e a Sua Diocese*, *Vol. Ⅲ*, *As Ordens e Congregações Religiosas em Macau*, Macau: Tipografia Soi Sang, 1956 – 1961, p. 583.

1831年4月14日，澳门摄政王兵营不顾教会的反对，从奥斯定修道院移至圣保禄学院驻扎。[①] 1835年，圣保禄学院被大火焚毁，该营又迁回奥斯定修道院驻防。[②] 1842年6月23日，议事会两派发生纷争，摄政王兵营营长特谢拉·利拉（João Teixeira de Lira）少校被委任到临时政府中但遭到反对。在双方争持不下的情况下，军队哗变，摄政王兵营的士兵们运来了两门火炮，点燃引火绳，企图用武力施压迫使对方就范。后澳督边度重新执掌政府，宣布解除特谢拉·利拉少校摄政王兵营的指挥权，任命科斯达·坎波斯（Joaquim Manuel da Costa Campos）上尉接替。[③]

2. **澳门炮兵营**

为了加强鸦片战争之后澳门的城防，1842年7月，果阿派来了一营的阻击兵和一营的炮兵，主要是加强大炮台的防守。[④] 1845年11月13日，葡萄牙王室颁布法令，重组澳门驻防部队，正式命名为“澳门炮兵营”，原有的“摄政王炮兵营”及“炮兵中队”被撤销。炮兵营由4个炮兵中队、参谋部和管理委员会共317人组成。新成立的澳门炮兵营开始有了如下建制：

> 参谋部：1名中校，营指挥官；1名少校，副指挥官；1名副官；1名参谋；1名随军教士；1名外科医生。
>
> 管理委员会：1名中士副官；1名中士参谋；1名司号长。
>
> 一中队：1名上尉；1名中尉；1名少尉；1名上士；2名中士；1名下士；4名上等兵；4名二等兵；60名列兵，包括2名炮匠和2名司号兵。
>
> 二中队、三中队和四中队共有231人。[⑤]

到1846年时，澳门主要炮台装置的各种炮明显减少。1833年时，澳门各炮台配置的各种炮为134门，而到1846年时仅为46门，削减了三分之二多，其中还有18门炮为17世纪20年代和30年代所铸，可以说明，虽然澳门专门成立了炮兵营，但炮兵的设备较前已大大地减弱。[⑥]

---

① Eduardo A. Veloso e Matos, *Forças de Segurança de Macau*, Macau: Museum de Macau, 1999, pp. 39 – 40.

② Manuel Teixeira, *Os Militares em Macau*, Macau: Imprensa Nacional, 1976, p. 423.

③ ［葡］阿马罗著，李长森译：《1842年澳门市政厅选举和当地“长老”》，载《文化杂志》（中文版）第19期，1994年，第102～103页。

④ 澳门博物馆编，曾永秀译：《与历史同步的博物馆：大炮台》，澳门：澳门博物馆，1998年，第100页。

⑤ Manuel A. Ribeiro Rodrigues, *400 Anos de Organização e Uniformes Militares em Macau*, Macau: Insitituto Cultural de Macau, 1999, p. 236.

⑥ Manuel Teixeira, *Os Militares em Macau*, Macau: Imprensa Nacional, 1976, p. 139.

表 2-8 1846 年澳门炮台分布表

炮台	大炮	榴弹炮	石炮	备注
大炮台	12	3	1	其中 7 门是博卡罗（Manuel Tavares Bocarro）于 1626、1627、1631 年所铸
妈阁炮台	10			其中 1 门是博卡罗所铸
东望洋炮台	5	1		其中 3 门是博卡罗于 1631 年所铸
嘉思栏炮台	7			其中 4 门是博卡罗于 1627、1628 和 1631 年所铸
烧灰炉炮台	6			其中 3 门是博卡罗于 1628、1631 年所铸
圣伯多禄炮台	1			

1849 年亚马留被刺后，11 月 1 日，葡印总督若瑟·佩斯塔纳（José Ferreira Pestana）为满足澳门、帝汶、索洛省政府委员会提出的派一有才能的军官赴澳门领导驻军的要求，任命其副官、陆军上尉佩德罗·布伊（António Pedro Buys）率领 105 名士兵前往澳门加强防务，布伊上尉于当年 12 月 21 日抵澳。[①] 这支军队是为应付亚马留总督遇刺、葡军士兵攻占北山岭炮台后出现的复杂局面而前来澳门增援的。远征军驻扎在嘉思栏兵营，由迪尼兹·阿亚拉（António Dinis de Ayala）上尉指挥，负责全城防务。远征军仍着果阿炮兵团队服。[②] 为应对亚马留被刺以后中葡对峙的紧张局面，1850 年 9 月 10 日，葡萄牙方面派出“玛丽亚二世号”巡洋舰，“彩虹号”、“若奥一世号”两艘护卫舰进入澳门，停泊港区锚地。三艘军舰上共载有 559 名士兵。[③] 12 月，葡萄牙人费兰西斯科·博尔达洛（Francisco Maria Bordalo）抵达澳门，出任澳督贾多素（Francisco António Gonçalves Cardoso）的秘书。他描写了当时陷于绝境的澳门政务委员会：

> 无葡萄牙国王的指令，无经费，不团结，无主导思想。面对着 3 艘船上 700 名要求发饷、要求给养的士兵，必须支付薪水的澳城守军，饥肠辘辘的公务员，他们翘首企盼，盼望邮船给他们带来宗主国的信函，渴望新总督早日到来，结束这名不正、言不顺的局面。[④]

1851 年 3 月 26 日，贾多素总督致函里斯本，申请派两艘装备精良的小型轮船、两

① Armando Cacao, Military and Paramilitary Units, Their History and Relationship with the Monte Fortress, in *A Museum in an Historic Site: The Monte Fortress of St. Paul*, Macau: Museum de Macau, 1999, p. 101; ［葡］施白蒂著，姚京明译：《澳门编年史：19 世纪》，澳门：澳门基金会，1998 年，第 101 页。

② Eduardo A. Veloso e Matos, *Forças de Segurança de Macau*, Macau: Museum de Macau, 1999, p. 12.

③ ［葡］施白蒂著，姚京明译：《澳门编年史：19 世纪》，澳门：澳门基金会，1998 年，第 105 页。

④ ［葡］博达卡洛：《桑三复仇记（第二版）》，转引自［葡］萨安东著，金国平译：《葡萄牙在华外交政策：1841—1854》，澳门：葡中关系研究中心、澳门基金会，1997 年，第 180 页。

艘双桅帆船及600名“真正的士兵”来澳门，并要求拨款在澳门建造两艘炮艇，并提出一份在中国各港口采取军事行动，给中国贸易带来灾难性后果的计划。[①] 1852年10月28日，炮兵营中还开办了一所初级学校，由随军教士负责管理，由下级军官担任教师。学校对澳门葡人后代免费开放。为了进行炮兵训练，炮兵营还设立实习学校，所有士兵都要在其中进行实习和操练。炮兵营所用火药来自果阿，资金来自澳门公共财政。[②] 1854年7月21日，澳门炮兵营发生哗变。[③] 10月27日，海外委员会针对澳门炮兵营士兵哗变问题向女王建议：

> 需立即向澳门派遣一支完全可靠的部队，让果阿派出一切可以派出的军队，采取一切必要的措施，制止暴乱。局势稳定后，陛下应下令澳门总督，让他和平占有香山岛，允许他为此进行协商，签订条约。该岛的安全及防务需要更多的军队时，它的居民愿意为此承担费用，可增派军队。[④]

就目前公布的资料来看，澳门占有香山的计划并未实施。1856年，40名葡萄牙士兵乘坐“蒙德格（Mondego）号”双桅大船到达澳门，补充澳门炮兵营。[⑤]

3. **国民营**

1846年10月17日，亚马留总督到任后，为了安置澳门城内当时数量很大的浪荡公子、无业人员和游手好闲人士，决定采用组建临时民团这样的措施来解决这一问题。[⑥] 这个临时民团又叫国民营，又被称为机动营。亚马留总督组建后，于1847年12月10日获王室颁布的法令恩准。国民营驻扎在城中心的圣多明我修道院内，协助澳门炮兵营驻防。据阿尔诺索伯爵记载：

> 澳门还有一个国民营的士兵，其中有一连人在这座中国城市的市中心执行任务，我们曾看过这个营的一个连队进行军事训练，他们英俊的外表、坚定的信念和动作的准确性给我们留下了非常愉快的印象。[⑦]

据史料记载，1851年1月，澳门制定火灾警信号，规定炮兵营与国民营同时参加澳门

---

① 澳门总督于1851年3月26日致海事及海外部B号机密文件，葡萄牙海外历史档案馆，二部，澳门，1851年函盒，转引自［葡］萨安东著，金国平译：《葡萄牙在华外交政策：1841—1854》，澳门：葡中关系研究中心、澳门基金会，1997年，第184页。

② Manuel A. Ribeiro Rodrigues, *400 Anos de Organização e Uniformes Militares em Macau*, Macau: Insitituto Cultural de Macau, 1999, p. 236; Manuel Teixeira, *Os Militares em Macau*, Macau: Imprensa Nacional, 1976, p. 424.

③ Manuel Teixeira, *Os Militares em Macau*, Macau: Imprensa Nacional, 1976, p. 424.

④ 海外历史档案馆，咨文，第18号文档，1854年10月27日文件，转引自［葡］萨安东著，金国平译：《葡萄牙在华外交政策：1841—1854》，澳门：葡中关系研究中心、澳门基金会，1997年，第224页。

⑤ ［葡］施白蒂著，姚京明译：《澳门编年史：19世纪》，澳门：澳门基金会，1998年，第129页。

⑥ Manuel Teixeira, *Os Militares em Macau*, Macau: Imprensa Nacional, 1976, p. 404.

⑦ ［葡］文德泉著，军波译：《阿尔诺索伯爵笔下的澳门》，载《文化杂志》（中文版）第7—8期，1989年，第63～64页。

的火警救援，炮兵营为第一线，国民营为第二线。[①] 这是最早记录的澳门的消防警察。1854 年 7 月 21 日晚间，炮兵营和国民营不听从澳督吉马良士的指挥，发生哗变[②]，但不久就被平息。据美国海军准将佩里将军于 1854 年的记录称："葡萄牙驻军由 200 名正规军和 200 名国民营组成，纪律严明，服饰整洁，实属罕见。"[③] 可以反映，由亚马留总督亲自创建的国民营是一支纪律严明的优秀部队。国民营曾在 1874 年 9 月抗击台风活动中起到重要作用；还于 1878 年 9 月 27 日阻止华人移民通过澳门关口，目的是减轻澳门日益严峻的经济压力。1878 年 10 月 14 日，亚马留总督从国民营中派出一队士兵（1 名军曹、2 名班长、18 名士兵）守卫大炮台。1880 年 2 月 26 日国民营交出了大炮台的守卫任务。1893 年 6 月 10 日撤销建制。[④]

4. **步兵营**

1857 年时，葡萄牙国王又颁布敕令，下令解散炮兵营，并由步兵营取而代之。步兵营建制由 440 人组成，包含 1 个炮兵连和 3 个步兵连。当年 8 月 30 日，果阿方面派出 300 名葡萄牙士兵抵达澳门，步兵营得到加强，共有 740 人。1863 年 9 月 4 日，巴蒂斯塔・塔萨拉（António Baptista Tassara）少尉率领一支由 3 名少尉、188 名士兵组成的团队到达澳门。[⑤] 1866 年 3 月 23 日，由萨・诺格拉（Luís de Balsemão de Sá Nogueira）上尉率领的团队搭乘军事运输舰到达澳门。[⑥] 步兵营原来驻扎于奥斯定修道院，后以圣老楞佐教堂为驻地，1866 年迁入亚马留在圣方济各修院院址修建的新军营。[⑦] 1873 年，欧美德（Januário Correia de Almeida）总督下令兴建大炮台兵营，并于同年 7 月 1 日建成，这个兵营供一个炮兵中队使用。[⑧] 澳门军事力量进一步加强。

1869 年 12 月 2 日，葡萄牙颁布政令，重组海外部队，到 1870 年 3 月，正式组成拥有三个步兵营的海外步兵团，海外步兵团团部设在里斯本。[⑨] 1876 年 4 月 18 日，葡萄牙颁布政令，正式撤销澳门步兵营，代之以海外步兵团第一营派驻澳门，第一营共

---

① Eduardo A. Veloso e Matos, *Forças de Segurança de Macau*, Macau: Museum de Macau, 1999, p. 221.

② ［葡］施白蒂著，姚京明译：《澳门编年史：19 世纪》，澳门：澳门基金会，1998 年，第 119 页。

③ ［葡］文德泉著，劳友译：《1854 年美国海军准将佩里看到的澳门》，载《文化杂志》（中文版）第 7—8 期，1989 年，第 12 页。

④ Armando Cacao, Military and Paramilitary Units, Their History and Relationship with the Monte Fortress, in *A Museum in an Historic Site: The Monte Fortress of St. Paul*, Macau: Museum de Macau, 1999, pp. 105 - 106.

⑤ ［葡］施白蒂著，姚京明译：《澳门编年史：19 世纪》，澳门：澳门基金会，1998 年，第 151、153 页。

⑥ ［葡］施白蒂著，姚京明译：《澳门编年史：19 世纪》，澳门：澳门基金会，1998 年，第 162 页。

⑦ Armando Cacao, Military and Paramilitary Units, Their History and Relationship with the Monte Fortress, in *A Museum in an Historic Site: The Monte Fortress of St. Paul*, Macau: Museum de Macau, 1999, p. 102.

⑧ Eduardo A. Veloso e Matos, *Forças de Segurança de Macau*, Macau: Museum de Macau, 1999, p. 13.

⑨ Eduardo A. Veloso e Matos, *Forças de Segurança de Macau*, Macau: Museum de Macau, 1999, p. 13.

有397人，分成4个连。[①] 1876年4月18日敕令具体规定如下：

第7款：撤销澳门步兵营。

第8款：澳门帝汶省治安警察队、炮台及其他委员会的军官编制为1个上校、1个中校、2个少校、8个上尉、8个中尉、12个少尉和1个医生。

第9款：澳门步兵营医生和中尉编入治安警察队，直至晋升为副职，被雇用到其他任何委员会。

第10款：澳门步兵营的黑人士兵不能完成服役期限或行为不端将被转入治安警察队。[②]

1882年5月，当局在澳门第一营中设立一所学校，以葡萄牙陆军军校之模式，开设多门课程，并接纳通过了相当于军曹考试的非军事人员入学，故具军民教育双重性质。[③] 至1893年8月31日，该步兵团增派多个营进驻澳门。[④] 同时，当局也设立了一个炮兵连，用于防守澳门的要塞和防卫工事等设施。连队指挥部设在大炮台，连队指挥官还担任诸炮台指挥官和作战物资监督官。该连由果阿派来，由86名军人组成，于1893年10月21日抵达澳门。1895年11月8日撤销了炮兵连，与澳门警卫队合并组成新的作战连。[⑤]

1900年8月12日，为了预防中国形势的变化，一支由莫莱斯·贝格（Morais Beça）少校率领的由14名军官及368名士兵组成的海外步兵团进入澳门，该团的编制为：三等轻步兵连，士兵有300人；二等炮兵中队及行政、医护人员。轻步兵连驻扎于圣方济各兵营，炮兵中队驻扎大炮台，该中队于1901年12月返回葡萄牙。[⑥]

5. 军人医院与军事监狱

19世纪澳门的军事组织除了上述各正规军的驻军以外，还有两个很重要的机构，一个是军事医院，另一个是军事监狱。

澳门军人医院始建于1798年，在外科医生贡萨维斯·佩雷拉（Manuel António José Gonçalves Pereira）的主持下，在贫民医院附近建立了一所小型军人医院，专门为驻扎澳门的葡萄牙士兵和军官服务。1846年，军人医院同贫民医院一样被并入仁慈堂管

---

① Manuel A. Ribeiro Rodrigues, *400 Anos de Organização e Uniformes Militares em Macau*, Macau: Insitituto Cultural de Macau, 1999, p. 239；［葡］施白蒂著，姚京明译：《澳门编年史：19世纪》，澳门：澳门基金会，1998年，第204页。

② Manuel Teixeira, *Os Militares em Macau*, Macau: Imprensa Nacional, 1976, p. 427.

③ A. H. de Oliveira Marques, *História dos Portugueses no Extremo Oriente*, Vol. Ⅲ, Lisboa: Fundação Oriente, 1998 - 2003, p. 538.

④ Eduardo A. Veloso e Matos, *Forças de Segurança de Macau*, Macau: Museum de Macau, 1999, p. 13.

⑤ Armando Cacao, Military and Paramilitary Units, Their History and Relationship with the Monte Fortress, in *A Museum in an Historic Site: The Monte Fortress of St. Paul*, Macau: Museum de Macau, 1999, p. 108.

⑥ Eduardo A. Veloso e Matos, *Forças de Segurança de Macau*, Macau: Museum de Macau, 1999, pp. 13 - 14.

理。[①] 1855 年，军人医院由于破旧不堪而被政府关闭，所有的病人被临时搬迁至古老的奥斯定修道院。一年后，原奥斯定修道院被修缮改造成为新陆军医院大楼，该医院每年可接待士兵 710 人。[②] 军人医院运营十多年后，修道院又显破败，[③] 1872 年澳门政府决定筹建新医院。[④] 1874 年 1 月 5 日新医院落成，新医院被命名为“圣亚努阿里奥”（São Januário）军人医院，一般习惯称其为仁伯爵医院。[⑤] 新的军人医院坐落在东望洋山山顶，面向外港，规模比以前庞大，成为 19 世纪澳门最为有名的景观。[⑥] 医院设有警卫室、护士室、5 人军官病房、6 人军官病房、3 人病房，还有浴室和厕所。[⑦]

澳门的军事监狱设立于 1865 年。1869 年 6 月，当局又在大炮台设立监禁所，羁押逃兵及犯有其他罪行的士兵。1883 年 12 月，当局设立委员会管理大炮台军事监狱。1884 年 8 月起，由大炮台副指挥官负责监狱事务。大炮台军事监狱于 1885 年 5 月进行了重组。1886 年 5 月 4 日，批准了在大炮台建造一个军人监狱的计划。1920 年，当局此前一直由军事长官担任的监狱长一职改由作战物资总监担任。1951 年 7 月 17 日，大炮台军人监狱停止运作，囚犯被转移到黑沙湾。[⑧]

尽管到 19 世纪末时，葡萄牙不断地加强澳门的军事防御力量，一批一批的军队被派进澳门，但直到 19 世纪的最后一年，一位来澳门旅游的法国大学生见到的却仍然是澳门不景气的衰败的军队与军事设施：

> 修士在澳门比比皆是，而士兵只是装装门面而已，用在礼仪场合。让士兵们使用武器是件极其不易的事。任何一次小小的阅兵式都须动用全体士兵，因为他们总共才 200 人。澳门有 7 座城堡，每座城堡靠一支 30 人组合的卫队防守，看守

---

① Manuel Teixeira, *A Medicina em Macau*, Vol. Ⅰ, Macau: Imprensa Nacional, 1975 – 1976, p. 41.

② Manuel Teixeira, *Macau e a Sua Diocese*, *Vol. Ⅲ*, *As Ordens e Congregações Religiosas em Macau*, Macau: Tipografia Soi Sang, 1956 – 1961, p. 587；［葡］阿马罗：《澳门医学：名医、药房、流行病及医务治疗》，载吴志良、金国平、汤开建主编：《澳门史新编》第 3 册，澳门：澳门基金会，2008 年，第 1000 ~ 1001 页。

③ Manuel Teixeira, *A Medicina em Macau*, Vol. Ⅰ, Macau: Imprensa Nacional, 1975 – 1976, p. 47.

④ Manuel Teixeira, *A Medicina em Macau*, Vol. Ⅰ, Macau: Imprensa Nacional, 1975 – 1976, p. 57 – 59; José da Conceição Afonso, *Contributos para a História da Saúde em Macau*, (*dos finais do séc. XIX as duas primeiras décadas do séc. XX*), Adminstração n.ª70, Vol. XVIII, 2005. 4ª, pp. 1293 – 1294; *Boletim da Provincia de Macau e Timor*, Vol. XVIII, 21 de Dezembro de 1872, No. 52, pp. 219 – 220.

⑤ ［葡］施白蒂著，姚京明译：《澳门编年史：19 世纪》，澳门：澳门基金会，1998 年，第 194 页。

⑥ Manuel Teixeira, *Toponímia de Macau*, Vol. Ⅱ, Macau: Instituto Cultural de Macau, 1997, p. 85；［葡］塔维拉著，杨平译：《澳门从开埠至 20 世纪 70 年代社会经济和城建方面的发展》，载《文化杂志》（中文版）第 36—37 期，1998 年，第 52 页。

⑦ Manuel Teixeira, *A Medicina em Macau*, Vol. Ⅰ, Macau: Imprensa Nacional, 1975 – 1976, p. 57.

⑧ Armando Cacao, Military and Paramilitary Units, Their History and Relationship with the Monte Fortress, in *A Museum in an Historic Site*: *The Monte Fortress of St. Paul*, Macau: Museum de Macau, 1999, pp. 103 – 104.

被拘留者也人手不够。这些城堡已经古老不堪，很多大炮还是铜炮。如果遇到一次真正的袭击，澳门连一个小时都维持不了。①

二、澳门警察制度的形成、发展与演变

警察的任务在于维护社会治安、保障市民的生命财产安全，警察是市政管理中最重要的职务。澳门作为葡萄牙人的居留地，一贯重视军队和军人，负责巡逻城市安全的警察曾被列为议事会掌管下的巡逻队，或者由富裕商人出资聘请保安保卫其财产安全。随着澳门城市近代化的发展，警察才逐渐正式成为城市政府下设的一个部门，实现警察行政制度化及近代化。

（一）澳门警察的起源：治安巡逻队

澳门警察的起源应该始于议事会的建立。1583 年 4 月，澳门议事会正式成立。议事会下辖一支城市卫队，议事会设立的海关还雇用了一支黑人的巡逻队。这些警事力量大概都归治安官管理。②

据确切的资料，澳门巡逻队（Ordenança）成立于 1689 年。据 1689 年 4 月 30 日文件规定，像过往的做法一样，议事会有权任命巡逻队队长（Os capitães da ordenança）。③ 1691 年 3 月 14 日，议事会再次任命巡逻队长，该日期后来被定为澳门治安警察（Polícia de Segurança Pública）的成立纪念日。④ 1709 年葡萄牙国王颁布的澳门议事会 28 项特许权对这一权力予以了肯定，其中第 6 条：

> 给予任命守军司令和派遣巡逻队以及向出外航行的船只发证书和派遣船只守兵之职能，但不得征用守军。⑤

1712 年 2 月 6 日，澳门议事会致函澳门总督：

> 鉴于本市公民随船出海，单由市巡逻队士兵巡夜无法防止习惯于夜间出没的中国小偷为非作歹。本议事会故请求阁下下令派你的士兵在每天后半夜到天亮帮助巡逻，因为这段时间最令人担心，但星期天则仍由市巡逻队负责。⑥

同年 4 月 30 日“议事会旧档案第 4 卷”中也曾提及一名民事“巡逻队长”（um “Cap.

---

① ［葡］布朗科著，喻慧娟译：《19 世纪最后一年的澳门》，载《文化杂志》（中文版）第 32 期，1997 年，第 135 页。

② ［葡］徐萨斯著，黄鸿钊等译：《历史上的澳门》，澳门：澳门基金会，2000 年，第 28 页。

③ Eduardo A. Veloso e Matos, *Forças de Segurança de Macau*, Macau: Museum de Macau, 1999, pp. 37 – 38.

④ Eduardo A. Veloso e Matos, *Forças de Segurança de Macau*, Macau: Museum de Macau, 1999, p. 38.

⑤ Manuel Teixeira, *Os Ouvidores em Macau*, Macau: Imprensa Nacional, 1976, p. 73.

⑥ ［葡］施白蒂著，小雨译：《澳门编年史：16—18 世纪》，澳门：澳门基金会，1995 年，第 84 页。

Da ronda" civil）一词。[①] 1713 年 2 月 2 日，澳门总督晏多尼致函议事会，提出在澳门各区建立巡逻队维持公共秩序。3 月 6 日，澳门议事会认同晏多尼的建议，并于当天会上委任三人为巡逻队队长：老俾利喇为风顺堂区队长，若奥·洛贝斯（João Lopes）为大堂区队长，若瑟·罗德里格斯（José Rodrigues）为花王堂区队长。[②]

澳门巡逻队设立固定的警营（即"坚屋"），并规定其组织制度可追溯到 1719 年。1719 年 12 月 26 日，经澳门总督文弥壬批准，市议事会正式录用风顺堂、花王堂和大堂三区的巡逻队长，同时分配给每人 7 名非正规编制的巡逻兵。[③] 21 名巡逻士兵的任务是"常年放哨，担任警戒。当然，夜间和特殊情况下（如船只抵达驶离），看守澳门内港，特别是大堂区和风顺堂区。当时这两个区像今天一样是人口最密集的地方，又是商业最繁盛、刑事犯罪活动最猖獗的地方"[④]。这是在澳门设立的第一支陆上警察队。

1720 年 2 月 7 日，澳门议事会在会议上宣读了总督文弥壬的一封信，主要是敦促议事会建筑一座城墙，围住妈阁前马路或者封闭风顺堂区通向内港的街道。因为窃贼是从湾仔及其附近地区偷渡而来的。全体大会以多数票否决了修建城墙的建议，因为"前几年修筑沙梨头城堡和封闭直至大三巴的城墙时，中国衙门立即出面干涉，于是不得不拆除了"。同时，全体大会认为，最佳方案"是向沙栏栅前地两个巡捕房和沙梨头巡捕房增派 20 名士兵。这样必须再增加 3 名称职的巡逻队长，他们不再附属边防军，而是独立编制，每人每月薪俸为 4 个帕尔达乌，负责安排布置 20 人在最关键地段的警戒任务"[⑤]。

警营及巡逻士兵的薪酬与正规部队士兵的薪酬相同，开支由议事会负责支付。[⑥] 而议事会的收入主要依赖贸易，贸易的好与坏直接影响到议事会的收入，进而影响到警营及巡逻兵薪酬的发放。因此，议事会在收入变少的时期内，曾经几度提议撤销警营及巡逻兵。1733 年 12 月 29 日，澳门议事会致函果阿，本年的贸易收入不超过 7 000 克鲁扎多，不足支付所需开支的 1/4。为了减少财政开支，议事会要求遣散 21 名巡逻队员，他们的任务由不享受免除巡逻差役特权的居民自愿承担。[⑦] 1735 年 3 月 26 日，澳门议事会宣布不能继续支付 3 位巡逻队长和 21 位士兵的巡夜薪酬。队长月薪为 4 元，士兵 3 元。若瑟·热苏斯·玛利亚的资料证实：

> 澳门近年来贫困不堪，像往年一样冒险借钱应付日常开支，但借到后立即花

---

① Eduardo A. Veloso e Matos, *Forças de Segurança de Macau*, Macau: Museum de Macau, 1999, p. 37.

② ［葡］潘日明著，苏勤译：《殊途同归：澳门的文化交融》，澳门：澳门文化司署，1992 年，第 107 页；Manuel Teixeira, *Macau no Séc. XVIII*, Macau: Imprensa Nacional, 1984, p. 129.

③ ［葡］潘日明著，苏勤译：《殊途同归：澳门的文化交融》，澳门：澳门文化司署，1992 年，第 108 页。

④ ［葡］潘日明著，苏勤译：《殊途同归：澳门的文化交融》，澳门：澳门文化司署，1992 年，第 109 页。

⑤ ［葡］潘日明著，苏勤译：《殊途同归：澳门的文化交融》，澳门：澳门文化司署，1992 年，第 109 页。

⑥ ［葡］潘日明著，苏勤译：《殊途同归：澳门的文化交融》，澳门：澳门文化司署，1992 年，第 108 页。

⑦ ［葡］潘日明著，苏勤译：《殊途同归：澳门的文化交融》，澳门：澳门文化司署，1992 年，第 110 页。

光。幸运的是议事会向总兵头申请取消巡夜的3位军官和这些士兵，以此节省该市的许多费用。尽管该申请似乎合理，因为澳门极度穷困，既无财力也无人力，自1728年至1735年的近七年中丧失了10艘船只和许多人力，但我怀疑这项请求是否能获批准。①

1753年12月10日，议事会致函果阿，感谢葡印总督恩准关闭风顺堂区的警营，遣散7名士兵及1名军官。不过，后来由于议事会贸易收入恢复，加上市民对治安的呼吁，又恢复了风顺堂区的警营设置。②

尽管警营及巡逻队属于议事会领导，但由于巡逻队的所有军官、军曹、中士和士兵要同其他军事人员一样，每天执行任务前则听命于总督兵头（Governador e capitão-geral）下达的命令（O santo-e-senha），因此议事会与总督兵头常在巡逻问题上发生摩擦，总督兵头多次企图夺取议事会对警营及巡逻队的领导权。1766年，议事会想把花王堂区警营（Casa Forte de Sto. António）队长的职务交给若奥·赛凡林·曼努埃尔（D. João Severim Manuel），但总督沙利华借口巡逻队已属现役编制而加以拒绝。议事会因此致函葡印总督若瑟·德·梅洛（D. José de Melo）上诉。1768年4月14日，葡印总督回信支持议事会对巡逻队队长的任命权，“尽管巡逻队早以正规部队编制发薪，但一直由议事会任命，而总督从未插手。……在国王陛下未做出相反的决定之前，议事会应继续行使权力，按常规任命”③。巡逻队在澳门行使维护社会治安的职能，一直维持到1783年《王室制诰》的颁布。

1784年，一支来自印度的拥有150名士兵的正规军，开始担任澳门警察的角色，负责维护澳门市的治安及警务工作。④ 这150名士兵均为印度土著，被称为“摩罗人”。由于这支亦军亦警的部队管理不善，士兵普遍存在酗酒、偷窃、滋事现象，无法得到人们的尊重。⑤ 1810年5月13日，摄政王炮兵营成立，定为澳门市的警察。摄政王炮兵营约有400人，设立4个分队，其中2个分队驻扎在红窗门税馆（Casa da Alfandega），余下2个分队驻扎在大炮台。1828年10月23日，移驻奥斯定修道院；1831年，再次移驻圣保禄学院。

除了政府的治安巡逻队以外，18世纪末到19世纪初，当时澳门最富有的商人圣若

---

① ［葡］施白蒂著，小雨译：《澳门编年史：16—18世纪》，澳门：澳门基金会，1995年，第123页；Manuel Teixeira, *Macau no Séc. XVIII*, Macau: Imprensa Nacional, 1984, p. 357.

② ［葡］潘日明著，苏勤译：《殊途同归：澳门的文化交融》，澳门：澳门文化司署，1992年，第115页。

③ ［葡］潘日明著，苏勤译：《殊途同归：澳门的文化交融》，澳门：澳门文化司署，1992年，第116页；P. Benjamim Videira Pires, *Os Extremos Conciliam-se*: (*Transculturação em Macau*), Macau: Instituto Cultural de Macau, 1988, p. 1140.

④ Eduardo A. Veloso e Matos, *Forças de Segurança de Macau*, Macau: Museum de Macau, 1999, p. 39.

⑤ Armando Cacao, Military and Paramilitary Units, Their History and Relationship with the Monte Fortress, in *A Museum in an Historic Site*: *The Monte Fortress of St. Paul*, Macau: Museum de Macau, 1999, p. 100.

瑟、男爵阿尔梅达（Januário Agostinho de Almeida）还组建过一支俗称为私家保安的私人卫队，这支卫队有100名印度士兵，由男爵个人出资雇聘，并由他本人担任指挥官，主要是作为他的豪宅新花园（男爵宫）的保卫力量，同时也承担一些维护社会治安的职责。[①] 这就是澳门见到的私人警察。

（二）澳门警察机构的设立与演变

1822年的澳门民主运动，选举了由立宪派人士组成的新的议事会，同时解散了负责澳门治安保卫的旧摄政王炮兵营。当时即有人提出建议，建立澳门警卫队。为了让澳门警卫队（市政卫队）能够更好地维护本城社会的治安，警卫队应该由上述提到的来自果阿的印度士兵组成，他们的人数则不应该超过60人。[②] 同年9月4日，新的议事会任命死亡及财产代理人米兰达·伊·利马（José Boptista de Miranda e Lima）为警卫队队长，当时的委任状称：

> 本局为保障本市之治安，谨委任阁下为警卫队队长，直至上级另有安排为止。若然阁下认为担任此职需要任何军事协助，得向总督提出。[③]

这是警卫队在澳门的第一次出现。新成立的警卫队重新设了3个警察所，每个所派驻20名警察。[④] 1841年3月3日，葡萄牙王室训令，颁布《澳门市与港口警务章程》。政府委员会向市民呼吁，凡无伤病与正常之障碍，可以参与保护本市者，均须尽力保障本市目前非常时期之安全，因此，宜成立一个警察厅，由全体因年龄、疾病或其他原因豁免参加临时营部队之市民组成。本委员会决定，上述市民，第二天中午应向各区警察指挥官报到，其中属圣安多尼堂区及主教堂区应向若阿金·布里托（Joaquim Pedro da Costa Brito）中校报到，属圣老楞佐堂区者应向安东尼奥·佩雷拉（António José Pereira）中校报到，以便分配任务。[⑤] 阿尔诺索伯爵（Conde Arnoso）称："这标志着澳门正式的警察机构从此建立。"[⑥]

在亚马留总督任内，1846年10月10日发生中国快艇抗税事件，虽然被亚马留镇压，但城内葡人人人自危。10月28日，亚马留发布政府令，组建国民营，旨在保卫澳门葡人生命财产，同时协助驻军的防务。军队驻扎于海关（司打口）和街市（桔子

---

① Eduardo A. Veloso e Matos, *Forças de Segurança de Macau*, Macau: Museum de Macau, 1999, p. 40; Jorge Forjaz, *Famílias Macaenses*, Vol. Ⅰ, Macau: Fundação Oriente, Instituto Cultural de Macau, Instituto Português do Oriente, 1996, pp. 89 – 90.

② *Arquivos de Macau*, 3ª Série, Vol. Ⅴ, No. 1, Macau, 1966, p. 29.

③ *Arquivos de Macau*, 3ª Série, Vol. XVIII, No. 6, Macau, 1972, p. 320.

④ ［葡］文德泉著，军波译：《阿尔诺索伯爵笔下的澳门》，载《文化杂志》（中文版）第7—8期，1989年，第63页。

⑤ Eduardo A. Veloso e Matos, *Forças de Segurança de Macau*, Macau: Museum de Macau, 1999, pp. 40 – 41.

⑥ ［葡］文德泉著，军波译：《阿尔诺索伯爵笔下的澳门》，载《文化杂志》（中文版）第7—8期，1989年，第63页。

街），总部设在玫瑰圣母堂。[1] 亚马留总督任内强制施行各种殖民措施，城内人心浮动，至1849年8月20日亚马留遭华人暗杀身亡，城内的治安再度引起澳葡政府的重视。1849年9月1日，政府秘书美兰达（António José de Miranda）发布公告，号召澳门全体市民挺身保卫非常时期澳门的城市安全，并宣称经澳门公会（Conselho do Governo）商讨同意成立一支警察部队（Corpo de Policia），所有市民均有义务报名加入该警察部队，接受训练。[2]

警察制度的行政化及近代化是在澳督吉马良士任职期间完成的。吉马良士执政后，澳门政局趋向平和，由于推行新的经济体制和策略，澳门的商业也渐见起色。商业的繁荣带来了个人财富的增多，然而偷窃行为也相应上升。其时，澳门重要商业区位于议事亭前地西至内港一带，在葡文文献中被称为“市集区”。市集区居住经商的多为华人，也有葡人。考虑其时澳葡政府并未有足够的警力保卫他们的财产安全，市集区若干重要人物提倡筹资雇请一支市集专门守卫队（Uma guarda especial do Bazaar）保护市集区的安全，并获得了澳门公会的同意，1857年9月29日，澳督吉马良士发布第41号政府令，公布筹建守卫队的12条规定。12条规定对市集守卫队的经费、人员、权责、惩戒、薪酬和服装等做出了详细规定。市集守卫队的经费来源于市集商人的捐赠，政府将在捐赠人中指定3人组成委员会，负责筹款工作。如果捐款不足以维持市集守卫队的开支，政府不会给予任何资助，市集守卫队将会自动解散。虽然政府不负责市集守卫队的经费，但拥有最高决定权。市集守卫队只能服从政府总兵营（Quartel general do governo）的命令和指导；该队的指挥必须由政府任命；该队队员也必须由政府挑选的葡人组成，并且队员人数不得超过50人。训令还详细规定了市集守卫队执行命令的具体权限：守卫队只能在总兵营（Quartel general）的指导和命令之下，协助政府治安部队（Força publica），从事市集地区的警卫工作；市集守卫队可以现场抓获罪犯，或者在主管当局的命令下抓获。此外，训令还对守卫队队员的惩罚、薪酬和服装做出了规定。如果守卫队队员犯了过错，将会被驱逐出守卫队，或者移交主管当局接受普遍法律的制裁。守卫队实行三级薪酬制，士兵（Soldado）10元，中士（Cabo）12元，士官（Sargento）15元。守卫队必须穿着统一的制服。通过分析该训令，可知市集守卫队是在政府领导下的市集地区私人财产的保安队，是对政府治安部队力量的补充。政府虽然不负责它的经费来源，但由于守卫队是一支武装的力量，所以政府将它牢牢控制在手中，包括控制守卫队队员的来源、人数等。[3] 1857年10月17日，根据同年9月29日训令第5条要求，任命先拿·飞南第（Bermadino de Sena Fernandes）、华人庞阿容

---

① *Boletim do Governo da Provincia de Macao, Timor e Solor*, Vol. Ⅰ, 5 de Novembro de 1846, No. 43. 本期宪报无页码。

② *Boletim do Governo da Provincia de Macao, Timor e Solor*, Vol. Ⅳ, 5 de Setembro de 1849, No. 80, p. 97.

③ *O Boletim do Governo de Macao*, Vol. Ⅲ, 3 de Outubro de 1857, No. 50, p. 197.

（Aion-Pom）和华人王阿超（Vom-Achao）组成3人委员会，专门负责市集警察（Guarda do Basaar）的筹款工作。[①] 1859年8月20日，澳督吉马良士将市集守卫队的警力从50名士兵增加到100名士兵。[②] 同年，授予贝尔纳迪诺上尉军衔，并任命他为市集警察指挥。[③]

市集守卫队虽然作为政府治安部队的补充力量，受到政府的严格控制，但由于其经费由商人筹集，带有很强的私人随意性，在执行守卫市集安全的过程中，出现不少过度行为，市集警察指挥先拿·飞南第的品性也颇受众人非议。1861年10月11日，吉马良士发布第42号政府令，决定成立政府警察武装力量，授权由公物会（Fazenda Publica）给予津贴，为使警察武装力量组织正规化，对警察部队的督查、纪律及提供的相关服务进行系统化，在听取澳门公会（Conselho do Governo）意见后，决定以此训令公布《澳门警察部队条例》（*Regulamento do Corpo de Polícia de Macau*），并决定将原市集守卫队改名为澳门警察部队，收编整合其力量。《澳门警察部队条例》分为10章共43条，每章内容如下：

> 一是组织，二是行政，三是财政收支，四是薪酬，五是指导训练，六是服务时间及记到方式，七是工作内容，八是惩罚，九是服装，十是武器装备。第一条规定，澳门警察部队士兵人数由澳葡政府根据成立环境和炮兵营所缺少的士兵决定。第二条规定，警察部队司令由澳葡政府任命，可从炮兵营军官中挑选，也可从获得政府信任的市民中选出。第四条规定，警察部队分为若干区（待定），每区由74名士兵组成：1名一级士官，2名二级士官，6名小队长，1名小号手，64名士兵。第七条规定，警察部队由一个永久委员会管理，该委员会由4人构成：1名主席由部队司令担任，2名委员由军官担任，1名秘书由一级士官出任。[④]

根据这一章程，从此澳门正式成立澳门警察厅，并任命先拿·飞南第为少校警察厅厅长。[⑤] 1863年1月23日，第11号训令发布，对1861年的澳门警察部队条例关于警察工作的内容及奖惩作了详细补充。[⑥] 原市集守卫队的种种弊端在澳督阿穆恩上任不久后得到了彻底清算。他首先采取的措施之一就是将公正归还给市民，将先拿·飞南第的指挥权撤销，将其发配到遥远的暹罗，并且为了澳门的安宁终生不允许他返回。[⑦]

澳督吉马良士任内不仅成立了一支澳门警察部队，使警察行政制度化，还组建了海事警察。1862年11月18日，吉马良士发布第56号政府令，为完善警察职能，决定

---

① *O Boletim do Governo de Macao*, Vol. Ⅲ, 17 de Outubro de 1857, No. 52, p. 205.

② Manuel Teixeira, *A Polícia de Macau*, Macau: Imprensa Nacional, 1970, p. 29.

③ *O Boletim do Governo de Macao*, Vol. Ⅴ, 27 de Agosto de 1859, No. 44, p. 173.

④ *O Boletim do Governo de Macao*, Vol. Ⅲ, 12 de Outubo de 1861, No. 45, pp. 177 – 179.

⑤ Eduardo A. Veloso e Matos, *Forças de Segurança de Macau*, Macau: Museum de Macau, 1999, p. 41.

⑥ *O Boletim do Governo de Macao*, Vol. Ⅸ, 24 de Janeiro de 1863, No. 8, pp. 29 – 30.

⑦ A. F. Marques Pereira, *A Polícia de Macau*, Macau: Imprensa Nacional, 1970, p. 29.

成立海事警察支队（*Policia do Mar do Porto de Macau*），直属于陆上警察厅厅长管辖。[1]训令规定了这支部队的组织编制，其中有 1 名海事警察物资管理员，薪饷 20 元；1 名中士，薪饷 15 元；8 名基督教船长，薪饷 14 元；数名华人划桨工，薪饷 7 元；1 名领班，薪饷 15 元；1 名副领班，薪饷 8 元；1 名勤务员，薪饷 10 元。[2] 从此，澳门警察厅担负起了陆上和水上的警察职能。

（三）军警合一：军事组织编制下的澳门警察

澳督苏沙（Antómio Sérgio de Sousa）到任后，又对澳门警察进行了新的改革。根据《澳门宪报》的 1869 年 5 月 31 日第 63 号训令，澳门警察厅正式获得了军事组织的编制。在此之前，警队士官并无晋升权利，但从该日起，士官均依照一般的晋升法令，与前线作战连的士官一样，可获晋升为军官。至于一等伍长与低级军官的职位，亦沿用陆军各军团的服役制度，通过公开招聘的方式予以填补。不久，又于 1869 年 8 月 9 日第 32 期《澳门宪报》刊登《澳门警察厅章程》，共分为 8 章：1）组织编制；2）薪饷津贴；3）训练；4）招聘方式；5）值勤；6）违法与处分；7）制服；8）武器。这一章程对澳门警察制度的方方面面进行了严格的规范和制度化。[3] 同年任命热罗尼莫·雷特（Coronel Jerónimo Pereira Leite）上校出任警察厅厅长。[4] 章程制定了新的组织架构，并详细地规定了澳门地区的警力分布。澳门警察局下辖两个部门，总人数 306 人，马 25 匹。从警力分布看，巡警达 205 人，设有警察区署 15 个，主要分布在澳门半岛，凼仔、路环也设有警察第 14 区署。[5]

表 2－9　1869 年澳门警力分布表

警察区署	警察区署位置	警力分部				警察区署巡逻队号数
		部下	小队长	士兵	小计	
第一区署	Guarda do quartel	1	1	9	11	0
第二区署	花王堂 Santo António	0	1	15	16	2
第三区署	望厦 Mongha	0	1	3	4	0
第四区署	关闸 Portas do Cerco	1	1	15	17	1
第五区署	澳门人花园 Flora Macaense	0	1	9	10	1

① *O boletim do Governo de Macao*, Vol.Ⅷ, 22 de Novembro de 1862, No. 51, p. 203.

② Eduardo A. Veloso e Matos, *Forças de Segurança de Macau*, Macau: Museum de Macau, 1999, p. 42.

③ Eduardo A. Veloso e Matos, *Forças de Segurança de Macau*, Macau: Museum de Macau, 1999, p. 43.

④ Eduardo A. Veloso e Matos, *Forças de Segurança de Macau*, Macau: Museum de Macau, 1999, p. 53.

⑤ *Boletim da Provincia de Macau e Timor*, Vol. XV, 9 de Agosto de 1869, No. 32, p. 151.

（续上表）

警察区署	警察区署位置	警力分部				警察区署巡逻队号数
		部下	小队长	士兵	小计	
第六区署	Lintintsin	1	1	9	11	1
第七区署	圣拉扎禄 S. Lázaro	0	1	15	16	2
第八区署	沙栏仔 Terrafeiro	0	1	15	16	2
第九区署	桔仔街区 Matapau	0	1	15	16	2
第十区署	沙梨头 Patane	0	1	3	4	
第十一区署	Ponta da Rede	0	1	15	16	2
第十二区署	亚婆井区 Bica do Lilão	0	1	15	16	2
第十三区署	竹仔室 Tanque do Mainato	0	1	3	4	0
第十四区署	凼仔和路环 Taipa e Colovane	2	2	21	25	0
第十五区署	Quartel dos loucanes	1	1	6	8	0
总数		6	16	168	190	15

1873 年，第一批 41 名摩罗人警察部队抵达澳门，并于 1874 年住进了为他们新建的摩罗兵营。之后，还不断有摩罗警员进入澳门，构成了澳门警察部队中很重要的一部分力量。从此，澳门警察部队主要由三部分人组成：土生葡人、华人、印度人。

1879 年 1 月 18 日，澳门总督施理华解散警察厅，并颁布第 9 号训令，建立具有军队性质的澳门警卫队以代替原警察厅。其决定称：

> 经验业已证明，澳门目前之巡捕已经偏离其成立之宗旨，因为其组织状况欠佳，摩尔人与华人警员混杂，虽曰分属不同分队，但终究均属一体，所有人员本应不分彼此，亦应整齐划一。鉴于设立一个类似王国本土各市政卫队之组织为较佳之举，因该种卫队既不失军事性，又是一支能充分运用其强力手段保障公共秩序，保护居民生命财产之良好警察队。①

同时颁布《澳门及其属地警卫队总则》。其规章附于训令之后，章程第 13 条规定，模仿葡萄牙里斯本市政警察的规制，改建澳门及其属地的警察兵营。警察兵营分为两级，最高职位设立总指挥官，参谋部包括最高指挥官、副官和军队外科医生，小一级的为军曹、2 名军曹抄写员、拥有二级军曹军衔的粤语翻译员、拥有小队长军阶的中文缮写员兼挑银员、1 名号兵长和 1 名雇佣步兵。警察兵营分为第一营队、第二营队、第三营队和骑兵队。总指挥部和第一营队驻守圣奥斯定教堂，另有一个分队驻华人旧市区；

① Eduardo A. Veloso e Matos, *Forças de Segurança de Macau*, Macau: Museum de Macau, 1999, p. 44.

第二营队驻妈阁摩罗兵营，另在凼仔与路环设一个分遣队；第三营队在圣安多尼教堂。骑兵一部分在板樟堂，一部分在二龙喉。[1] 第一营队共有160名人员，分为三队，每队由1名副官、1名一级军曹、1名二级军曹、1名下士、1名号兵、8名小队长和40名士兵组成；负责中央警区的治安巡逻工作，设有8所警站。第二营队和第三营队建制相同，均有119名人员，均分为两队，每队由1名副官、1名一级军曹、1名二级军曹、1名下士、1名号兵、9名小队长和45名士兵组成。第二营队负责妈阁警区及凼仔、路环的巡逻治安工作，第三营队负责沙梨头警区的巡逻治安工作。骑兵队设在二龙喉附近的龙田村，有41个人、30匹马。根据总章程的规定，警察兵营警站、警力分布遍及澳门半岛、凼仔和路环，已经把这些地区的华人也囊括在警察的控制之下。警察兵营内部设有中文翻译和缮写员，总章程第33条规定中文翻译负责警察兵营内的所有翻译事宜，包括在询问华人时提供翻译协助，还负责捉拿华人归案。总章程第34条规定中文缮写员兼挑银员负责巡捕兵营内所有读写中文文字的工作，必要时还负责挑选、辨别银两的真伪。巡捕兵营最高总指挥官可直接与华政衙门等其他政府部门往来。由此可见，警察兵营的设置已全面将对华人治安纳入其职责内。[2]

表2-10　1879年澳门警察兵营警站、警力分布表

警站	第一营队（中央警区）			第二营队（妈阁警区）			第三营队（沙梨头警区）		
	驻地	队长	士兵	驻地	队长	士兵	驻地	队长	士兵
第一	岗顶圣奥斯定堂（营队总部）	1	10	摩罗（营队总部）	1	5	花王堂（营队总部）	1	5
第二	桔子堆（队址）	1	10	妈阁	1	3	天天前地（largo dos Tin-tins）	1	5
第三	海关	1	5	海边马路（南湾埠头）	1	5	海边马路（沙栏仔）	1	5
第四	福隆新街	1	5	下环（坚屋）	1	5	沙梨头	1	5
第五	白眼塘前地	1	5	竹子室	1	5	新桥	1	3
第六	议事亭前地	1	5	洗衣匠水塘	1	3	亚马留马路	1	3
第七	快艇头街	1	5				望厦村	1	3
第八	大炮台山下	1	5				二龙喉马路	1	3
第九							圣拉匝禄	1	5

① ［葡］施白蒂著，姚京明译：《澳门编年史：19世纪》，澳门：澳门基金会，1998年，第213页。

② *Boletim da Provincia de Macau e Timor*, 20 de Janeiro de 1879, 2.º suplemento ao No. 3, pp. 14 - 27.

这一制度实行了15年，到高士德出任总督后，1895年8月16日，葡萄牙政府又颁布政令，将澳门警卫队和澳门炮兵连同时撤销，并合并改编为两个作战连。该政令刊登在1895年11月9日第45期《澳门宪报》上：

鉴于我国海外属地近期局势一直动荡不安，故必须为该地区设立符合公认标准之作战手段，且具有高度灵活机动性的公共武力。炮兵连原由欧籍军官组成，警卫队则由欧洲人、摩罗人及澳门人组成，二者皆因在坊间普遍不受欢迎而遭撤销。现在改设为如下状况：

参谋部：1名少校，指挥官（属骑兵或步兵编制）；1名助理，中尉（同上）。

勤务科：1名上士；1名号兵领班。

第一连：1名步兵上尉；3名下级军官；1名中士；8名下士；16名一等伍长；160名士兵；3名号兵；1名见习号兵。

第二连：1名海外编制上尉；3名下级军官（同上）；1名中士；8名下士；16名一等伍长（8名摩罗人及8名华人）；160名士兵（80名摩罗人及80名华人）；3名华籍号兵；1名华籍见习号兵。

这一支军警合一的警察部队每年经费规定为63 856 728雷亚尔。[①] 这种军警合一的警察制度一直到1912年澳门政府批准成立警务局才被正式废除。

① Eduardo A. Veloso e Matos, *Forças de Segurança de Macau*, Macau: Museum de Macau, 1999, pp. 44 – 45.

第三章

澳门城市建设中的西洋文明

1557年，葡萄牙人正式定居澳门，随之展开了大规模的城市建设运动。“近数年来，始入濠镜澳筑室，以便交易，不逾年，多至数百区，今殆千区以上”[①]。这段资料的写作时间是公元1564年，也就是说开埠刚过七年，澳门已经发展成“千区以上”的城市，正如明人王士性所说：“今则高居大厦，不减城市，聚落万头。”[②] 而《明史》则更称葡萄牙人“筑室建城，雄踞海畔，若一国然”[③]。这座由葡萄牙人兴建的位处南海之滨的澳门城，是一座什么样的城市呢？据稍后的人对澳门的描述可以看出，18世纪的法国人啧士喳这样说：“常驻广州的欧洲人，一般都习惯到澳门去住冬，因为他们喜欢这个具有某种欧洲色彩的地区，而且进出也不需要任何申请和准许。住穗欧洲人每年到澳门定居半年。他们在澳门租用和修缮非常豪华的住宅，这些住宅带有很大的美丽花园。”[④] 19世纪上半叶来澳的美国人施美夫这样说：“澳门的风景，从海湾眺望，非常壮观。澳门是中国对外国人开放的人间乐土。两个世纪以来，澳门在葡萄牙人的管理下，呈现出欧洲城市的风貌，到处是教堂、塔楼和堡垒。”[⑤] 19世纪下半叶，法国著名法学家乔治·布斯凯（Georges Bousquet）来到澳门，亦谈了自己对澳门的印象：“只要一踏上陆地，就有一种感觉，仿佛刚才走过的路程是4 000法国古里（Lieues），仿佛自己是忽然从中国到了欧洲。高处的景貌，像是法国南方的一个外省城市，街道空无行人，弯弯扭扭，有密密麻麻的房屋，有教堂，有修道院。”[⑥] 甚至有人称：“澳门

---

① （明）庞尚鹏：《百可亭摘稿》卷1，《陈末议以保海隅万世治安疏》，四库全书存目丛书集部第129册影印明万历二十七年庞英山刻本，济南：齐鲁书社，1997年，第130页。

② （明）王士性：《广志绎》卷4，《江南诸省》，北京：中华书局，1981年，第100页。

③ （清）张廷玉：《明史》卷325，《佛郎机传》，北京：中华书局，1974年，第8432~8433页。

④ Louis Dermigny, *Les Mémoires de Charles de Constant sur le Commerce à la Chine*, Paris: S. E. V. P. E. N, 1964, pp. 148–149.

⑤ ［美］施美夫著，温时幸译：《五口通商城市游记》，北京：北京图书馆出版社，2007年，第53页。

⑥ ［葡］若热·迪亚士著，军波译：《19世纪末叶之澳门：有关乔治·布斯凯〈当今日本〉某章杂记》，载《文化杂志》（中文版）第7—8期，1989年，第74页。

这个角落为世界上最欧洲化的城市。”[1] 很明显，澳门这个葡萄牙人在远东所建立的殖民地城市，基本上就是一座欧洲式的城市[2]，不论是城市的选址、设计与布局，还是城市中的城堡、炮台、教堂、公共建筑、住宅、花园及街道，都是按照欧洲的风格而兴建的。用葡萄牙建筑历史学家巴拉舒（Carlos Baracho）的话说：“葡萄牙人把自己的建筑带入了东方。因此，毫不奇怪，他们所建立的城市、房屋、教堂和炮台无不显现出与在葡萄牙本地所建造的东西有着密切的亲缘关系。”[3] 巴拉舒还称：“葡萄牙城市建筑的突出特点是所选择的地点与设计相符，这是系统与理性达到和谐以及城市景观与实用性兼得的唯一途径。在葡萄牙占领的各个地区都可以清楚地看到我们的城市从中世纪以来的形态特点，即自发组织的机体，或者更确切地说，一个伟大的人类群体所体现的坚强意志。在反宗教改革和巴洛克风格盛行，教会确立其地位的历史时刻出现了大量宏伟的宗教建筑群，它们都受到了文艺复兴运动和军事用途与理性和秩序运用方面的思想影响。”[4] 巴拉舒认为澳门这一葡萄牙海外殖民地的城市的最大特点是葡萄牙式的中世纪结构。而葡萄牙建筑史家曼努埃尔·费尔南德斯（José Manuel Fernandes）则更进一步地认为澳门等这些葡萄牙海外殖民地的城市均受里斯本建城方法的影响，这种城市模式最重要的特征就是依港口和山丘而建，呈半月形状，高处是居住区，低处则是商业和海运中心，这种建城方式也是腓尼基人最初创建里斯本城时所创造的。[5]

由于澳门城市从建成至今已经跨越了四百余年的历史，故所有的城市建设都经过了无数次的变更和改造，上述对澳门城市的概括和总结应该都是指19世纪中叶以前的澳门城，而19世纪中叶以后的澳门城与历史的澳门城则大相径庭，因此我们从文献档案及古图像资料中来找出古代澳门城市建设中的西洋元素及其变迁，是一件非常有意义的事情。

---

① Melchior Yuan, Melchior, *Six Months Among the Malays and a Year in China*, London: James Blackwood, Paternoster Row, 1855, pp. 280 – 281.

② 近藤守重：「亚妈港纪略藁」卷之上，地名及往來之事，東京：國書刊行會，明治三十八年発行，第9頁称：“彼等于此城内雇请唐人木工建造漂亮中式房屋居住。”可以反映，当时在澳门城内还是有一部分中式房屋建筑。

③ ［葡］巴拉舒著，范维信、喻慧娟译：《澳门中世纪风格的形成过程》，载《文化杂志》（中文版）第35期，1998年，第45页。

④ ［葡］巴拉舒著，范维信、喻慧娟译：《澳门中世纪风格的形成过程》，载《文化杂志》（中文版）第35期，1998年，第45页。

⑤ José Manuel Fernandes, *Lisbon, History, Urban Development and Art Life (1500 – 1800)*, Lisbon, 1974, p. 464.

第一节 澳门的直街与前地

一、澳门的直街

葡萄牙学者官龙耀（Luís Sá Cunha）称：

> 葡萄牙的城市和乡镇里成千上万条大街、马路、小巷和广场都有着各自不同的名称。但是在葡萄牙大部分城镇中有一条街的名称是全国都一样的，这就是“直街”（A Rua Direita）。一般都将这一名称赋予城镇中最古老、最具传统特色的一条街，其实这样的街道往往是不规则的，人们称为“直街”的街几乎总是弯弯曲曲，而且是“城（镇）中最弯曲的街道”。澳门也有一条直街，它也没有能摆脱葡萄牙的这一传统。这一街名之所以广为流传，是因其与使徒圣保禄（S. Paulo）的生平有关。相传圣保禄就出生在西利西亚（Cilícia）充满生机的塔尔索（Tarso）城内的“直街”。圣保禄被认为是西方世界最敏锐的天才之一，是地地道道的犹太人；在去大马士革的道路上，耶稣突然出现在他的面前，他同耶稣有一段精彩的对话。从此，他成了基督教杰出的使徒，他的名字在欧洲特别是在地中海一带广为流传，倍受人们尊崇。①

严忠明先生研究了葡萄牙人的本土建城特征与海外东方建城模式后称，葡萄牙人在本土建城上尤其明显的特征是：

> 葡萄牙城市中都有一条主要街道——直街。在伊比利亚半岛，直街的观念来自于《圣经》的记载，这一观念应用于城市规划中，可能起源于公元400至700年的日耳曼民族统治时期，这同天主教的传播有关，此时葡萄牙人开始改变罗马人的建筑风格。
>
> 葡萄牙城市的直街，一般是为了便于交通沿着分水岭，或为了便于防守沿着山头发展。直街的走向左右了城市的基本空间布局和结构。这条街不一定是直的，但却是葡萄牙风格的城市中最为重要的街道，因为它把城市中最主要的公共建筑和区域联系在一起。②

所谓“直街”实际上就是“主街”，就是葡萄牙人每到一个地方兴建新的城镇的时候，

---

① Luís Sá Cunha, *Portugalbum*: 55 *Quadros Para Conhecer Portugal e O Seu Povo*, Macau: Instituto Cultural de Macau, 1990, p. 39.

② 严忠明：《一个海风吹来的城市：早期澳门城市发展史研究》，广州：广东人民出版社，2006年，第32页。

他们会修一条主要街道来贯通葡人的生活区及商业区，而这条街就是“直街”。但直街并非笔直的一条街，更多的是城镇中最弯曲的街道。著名葡萄牙史学家白乐嘉称：

> 1555 年时，葡萄牙人即开始在澳门进行探测建城。所经路线，自妈阁庙前地起，经万里长城、高楼街、风顺堂街、龙嵩正街至大三巴，后转向嘉思栏山。当时的街道全铺上碎石，名曰“石仔路”。①

这条“石仔路”就是直街，而其中心部分就是“大街”。白乐嘉认为直街的起始地是妈阁庙前地，另一位葡萄牙建筑历史学家巴拉舒却提出了不同的看法：

> 葡人占领澳门半岛是从山脚下，即现在的贾梅士花园所在地开始的。这一点从以下事实可以证明，建立居民点之初就在这个地区建造了第一座主教堂（现在的圣安多尼教堂）；至今这里的地名中仍有营地街（商人街），即当时确实是进行贸易的地方，以及工匠街（殖民者街），它说明葡萄牙人在澳门半岛“殖民”是从这里开始的。这个商站首先建造的是一条中心街道（位于沙栏仔街），然后呈鱼刺形向两边扩展，这条街的最高处便是上面提到的教堂。②

这个研究结论，也清楚地反映在其所绘插图“葡人初抵澳门半岛定居点图示”之中。③巴拉舒认为澳门直街的起点应在沙栏仔，而不是妈阁庙前地。严忠明先生亦认同巴拉舒的说法，并提出澳门直街走向：

> 澳门直街成为左右布局的核心骨架，它开始于 1557 年左右的沙栏仔街附近，连接花王堂即圣安东（多）尼堂，直达大三巴街附近，连接圣保禄教堂，然后向营地大街发展，而营地大街则通过板樟堂、仁慈堂和议事亭，走向龙嵩街，然后向风顺堂即圣老楞佐堂附近发展，这就是整个直街的主干。
>
> 这条直街经历了一个长达几十年的发展过程，成为同葡萄牙其他城市的直街一样重要的街道。澳门城市街道沿着几个主要的聚集点即沙栏仔街、花王堂街、大三巴街、营地大街、龙嵩街，又鱼骨式向两边伸展。到 17 世纪中叶，城市主要向议事亭前地及龙嵩街发展。形成了一条主街和七条小巷（组成）的完整的澳门内城街道形态。④

以上均是当代学者根据葡萄牙的传统而提出来的澳门直街的出现与形式，但并无文献根据，推理的成分居多。在澳门历史档案文献中，关于直街的资料极少，很难准确地表述澳门直街的起始及内容。唯郭棐《（万历）广东通志》卷 69 一条资料值得我们

---

① Jack M. Braga, Macau, a Short Handbook，转引自郭永亮：《澳门香港之早期关系》，台北：台湾“中央研究院”近代史研究所，1990 年，第 11 页。

② ［葡］巴拉舒著，范维信、喻慧娟译：《澳门中世纪风格的形成过程》，载《文化杂志》（中文版）第 35 期，1998 年，第 54 页。

③ ［葡］巴拉舒著，范维信、喻慧娟译：《澳门中世纪风格的形成过程》，载《文化杂志》（中文版）第 35 期，1998 年，第 56 页。

④ 严忠明：《一个海风吹来的城市：早期澳门城市发展史研究》，广州：广东人民出版社，2006 年，第 108 页。

注意：

> 陈督抚又奏，将其聚庐中大街，中贯四维，各树高栅，榜以“畏威怀德”四字，分左右定其门籍。以《旅獒》“明王慎德，四夷咸宾，无有远迩，毕献方物，服食器用”二十字分东西为号，东十号，西十号，使互相维系讥察，毋得容奸，诸夷亦唯唯听命。[①]

这里提到的“聚庐中大街”就是指龙嵩正街至大三巴一段，葡文文献称龙嵩正街为“中央大街”（Rua Central）。两广总督陈蕖将这条中央大街分为四段，分别为畏字街、威字街、怀字街和德字街，其中畏、威两街为东十号，怀、德两街为西十号，并在大街的四隅树立栅栏对葡人进行管制。此即葡萄牙人最早在澳门建立的主街，故施白蒂亦言：“1573—1575年，澳门仅有一条两旁设有木栅的通向各个街区的大街。”[②] 施白蒂所言的“大街”即指直街。清初吴历《三巴集》记录了一次在澳门直街上举行的纪念圣人沙勿略的宗教游行：

> 捧蜡高烧迎圣来，旗幢风满砲成雷。四街铺草青如锦，未许游人踏作埃。

自注云：

> 沙勿略圣人出会，满街铺花与草为敬，街名畏威怀德。[③]

此处的“四街”，就是注文的“街名畏威怀德”，所以澳门葡萄牙人的所谓直街主要指的就是东西走向的“畏威怀德四街”。

这条“大街”出现在什么时候？考郭氏书中所言“陈督抚”，当指两广总督陈蕖。据郭棐《（万历）广东通志》卷10，陈蕖为应城人，“万历二十一年以侍郎兼佥都御史任两广总督”[④]，则知这条澳门历史上最早的十字大街应形成于明万历二十一年（1593）之前。澳门前辈学者王文达先生对早期的澳门街有所考证，称：

> 考澳门街，古指大街，即今营地大街也。昔时该街之两端，各设闸门一度，东曰“石闸门”，西曰“红窗门”，中国设关扼守。所以，石闸门外，今有关前街，而红窗门之街名，今葡人译作Alfandega-Ruada，即关卡也。且李家园内，其壁上旧有“澳门”两个擘窠大字，所以标示此外方为澳门，但今已湮灭矣……当日澳门街之区域，只限于此。[⑤]

故知大街又称营地大街，是谓尝驻兵营也，故名。《（道光）新修香山县志》称：“营地，在澳东南隅，与会馆相接，旧屯营所，就其地市焉。筑亭于四隅，后毁于火。”[⑥]

---

① （明）郭棐：《（万历）广东通志》卷69，《外志》3，《番夷》，明万历三十年刻本，第72页。

② ［葡］施白蒂著，小雨译：《澳门编年史：16—18世纪》，澳门：澳门基金会，1995年，第17页。

③ （清）吴历撰，章文钦笺注：《吴渔山集笺注》卷2，《三巴集》，北京：中华书局，2007年，第163页。

④ （明）郭棐：《（万历）广东通志》卷10，《藩省志》10，《秩官》，明万历三十年刻本，第30页。

⑤ 王文达：《澳门掌故》，澳门：澳门教育出版社，1999年，第14页。

⑥ （清）祝淮：《（道光）新修香山县志》卷4，《海防·附澳门》，中山文献丛刊第3册影印清道光七年刊本，第706页。

这就是说，两广总督陈蕖在葡萄牙人的主要居住和贸易区内中贯四维，栅栏设防，而且还派军队在这里驻扎，将澳门葡萄牙人限制在这一区域范围内，不准其闲出或阑入，这是中国政府最早的对澳门葡萄牙人的约束。从龙嵩正街到营地大街也就构成了直街的最核心部分，成为古代澳门的主街。

1632 年《澳门要塞图》[①] 和 1751 年《澳门记略》之正面澳门图等历史图像中均记录了澳门主要建筑和街道，街道数量并不多，联系了主要港口、主要建筑（教堂等)、城垣及堡垒等。1751 年《澳门记略》之正面澳门图不仅记录了澳门主要建筑和街道的平面位置，还清晰描述了竖向地形。图中清晰描绘了建筑物高度及其相对关系。配置在城内高地上的建筑有（自北向南）:

（1）半岛中部偏西北，“大马头”（内港)、“税馆”“沙梨头”附近高地上的“花王庙”。

（2）半岛中部高地（柿山坡）上的“三巴寺”。

（3）半岛城内东北部高地上的“尼姑寺”。

（4）半岛城垣堡垒内东北角高地上的“伽斯兰庙”和“伽斯兰炮台”。

（5）半岛城内中部澳葡居留地中心——单线描绘了用地范围或略高地“板樟庙”“支粮庙”，城内中部高地上的“大庙”。

（6）半岛城内靠近城垣西南山冈上的“龙鬏庙”。

（7）半岛城内西南山冈上的“风信庙”。

1751 年《澳门记略》之正面澳门图中最古老的三堂区的中心教堂（“花王庙”“大庙”“风信庙”）均位于城内高地上，“发疯寺”（望德堂）位于城外。七处高地中的五处：1）半岛中部偏西北，“大马头”（内港)、“税馆”“沙梨头”附近高地上的“花王庙”；2）半岛中部高地（柿山坡）上的“三巴寺”；3）半岛城内中部澳葡居留地中心——单线描绘了用地范围或略高地“板樟庙”“支粮庙”，城内中部高地上的“大庙”；4）半岛城内靠近城垣西南山冈上的“龙鬏庙”；5）半岛城内西南山冈上的“风信庙”，是城市中最主要的公共建筑和区域。

---

① ［葡］雷曾德：《澳门要塞图》，载《文化杂志》（中文版）第 10 期，1992 年，第 17～18 页插图。此图为 1634 年葡萄牙人巴雷多·雷曾德（Pedro Barreto de Resnde）神父所绘，收录于博卡罗在 1634 年出版的《东印度国家的所有要塞、城市和村镇平面图册》之中。这幅图的原图藏于埃武拉档案馆，为黑白地图。白乐嘉曾在他的《香港与澳门》一书中公布了这幅黑白图，这幅黑白图与博卡罗书中所载图一模一样，但白乐嘉公布的图，在图的下方标注为“Macao in 1632—probably the earliest picture of the place（After a picture in António Bocarro's Livre do Estado de India Oriental)”，表明雷曾德最早绘图的时间应为 1632 年，原为黑白图，但到 1634 年博卡罗出版《东印度国家的所有要塞、城市和村镇平面图册》时，对所有的要塞图都进行了着色，并涂去了“1632”的字样，这应该就是目前所见该图出现黑白图与彩图的原由。参见 Jack M. Braga, *Hong Kong and Macao: A Record of Good Fellowship*, Hong Kong: Graphic Press Limited, 1960, p. 28；［葡］伊莎贝·希德著，王复山译：《葡萄牙埃武拉市档案馆保存有关澳门和中国的文件》，载《文化杂志》（中文版）第 10 期，1992 年，第 18～19 页。

图 3-1 1632 年澳门要塞图

图 3-2 1751 年《澳门记略》之正面澳门图

图 3-3 1626 年澳门图中所见到的就是一条主要街道，并由此主要街道通向各个街区

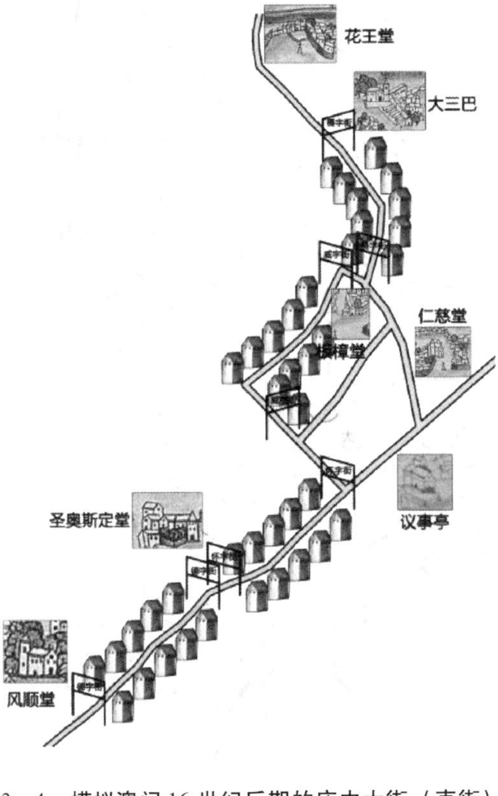

图 3-4 模拟澳门 16 世纪后期的庐中大街（直街）

值得注意的是直街与葡萄牙崇拜的圣保禄之间的关系，澳门半岛中央最高地被中国人称为“柿山”，葡人来到以后将其命名为“圣保禄山”。[①] 将澳门半岛中央最高地命名为圣保禄山，实乃葡人对圣保禄之崇拜信仰也，后又在该山建圣保禄学院，当时最雄伟壮观的教堂矗立于澳门中央山山头之巅，表明了葡人对圣保禄的崇拜，这亦表明澳门葡人对圣保禄的信仰，而当时的直街不论是起于沙栏仔，还是起于妈阁庙前地，直街通向的中心地都是圣保禄山，这可以反映澳门葡人对圣保禄的纪念。

二、澳门前地

“前地”是澳门特有的城市空间名词，葡文有三个词，即“Largo”“Praça”和“Praceta”，词义均为广场。林永胜先生认为，澳门早期的前地应指教堂前的露天场地或作贸易集市用途的小空地。前地有大小之分，“Largo”一般是指较小一点的广场，如耶稣会纪念广场（Largo da Companhia de Jesus）；而“Praça”则指较大一点的广场。[②] 此外，在澳门还有许多广场（plaza）主要采用建筑设施的名称命名。前地是葡萄牙传统城市空间在中国土壤上的移植，大多出现在重要的建筑之前，是进入该建筑的过渡空间，更是集会与交流的公共场所，其使用与发展受到特定群体的默认与保护。

（一）17 世纪中叶以前澳门的前地

澳门历史档案文献中并无专门的关于澳门前地的文献记录，我们能够清楚地辨别澳门前地的最早资料即 1590 年代的《亚马港全图》[③]，在这幅图的正中央竖立着一个高大的十字架，这就是前地的标识，即告诉我们，1590 年代以前澳门城内仅有一个前地，根据其所处位置分析，这个前地应该就是板樟堂（庙）前地，亦即圣多明我堂（Igreja de São Domingos）前地。第二份记录澳门前地的重要资料是澳门第一任总督马士加路也到澳门后修建澳门城的规划图，在图 3－6 中我们可以清楚地看见，澳门城内有两处地方竖有十字架的标识，这就说明在 1622 年澳门已经发展到了两个前地，前面已在的有板樟堂前地，则其北面的十字架应是花王堂前地的标识。到 1632 年时，澳门的前地又有所发展，在 1632 年《澳门要塞图》（图 3－7）中，可以清楚地看出在澳门城内有 5 个带有十字架标识的前地。到 1665 年芬彭士（Johannes Vingboons）《澳门城市鸟瞰图》

① ［瑞典］龙思泰著，吴义雄等译：《早期澳门史》，北京：东方出版社，1997 年，第 30 页。

② 林永胜：《澳门前地空间》，载《文化杂志》（中文版）第 53 期，2004 年，第 1、3 页。

③ Theodor de Bry, Israel de Bry eds., *Petites Voyages*, Vol. 8, Frankurt-am-Main, 1606. 该图原译名为“澳门全图”“澳门平面图”“澳门城市图”，金国平先生近来考证后，将其定名为“亚马港全图”。参见金国平：《关于〈亚马港全图〉的若干考证》，载李庆新主编：《海洋史研究》第 8 辑，北京：社会科学文献出版社，2015 年，第 127 页。

（图3－8），标有十字架的前地仍然是5个，其所标十字架的位置也大体和1632年《澳门要塞图》相同，可以证明在17世纪中叶以前澳门城内的前地应该就是5个。下面由北向南逐个分述：

图3－5 1590年代亚马港全图

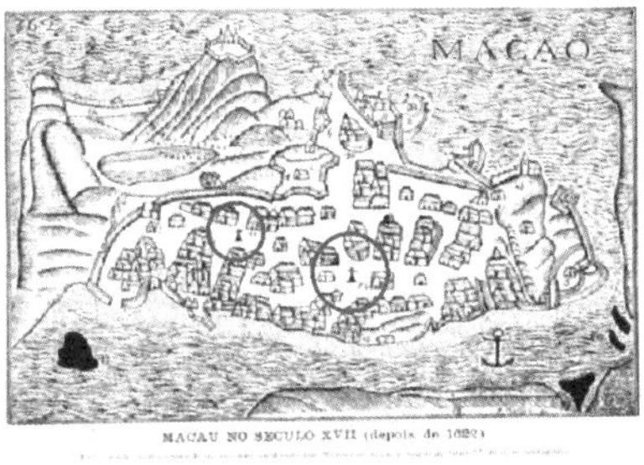

图3－6 1622年前后完成的澳门要塞图

图3－7 1632年澳门要塞图

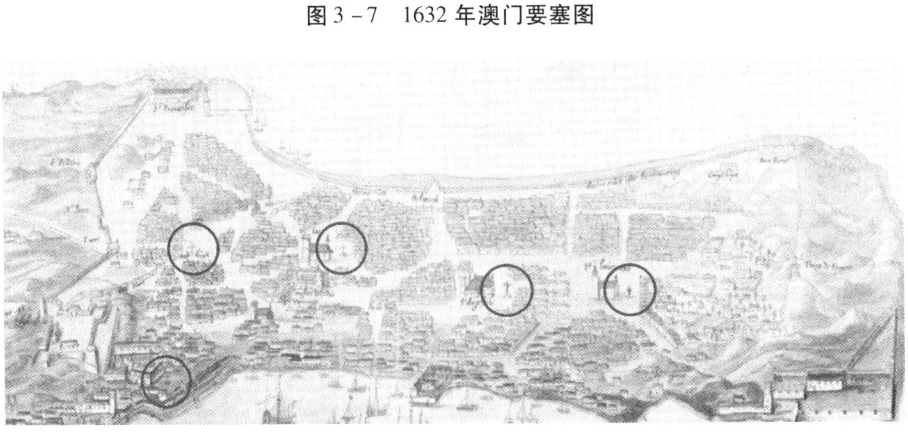

图3－8 1665年芬彭士的澳门城市鸟瞰图

（1）位于城最北面的应为花王堂前地，又称圣安多尼堂前地。据《耶稣会士在亚洲》称："他们（指耶稣会）栖身的第一个地方在原来圣安多尼隐修院所在的十字架的下方。"① 据若瑟·热苏斯·玛利亚的资料，圣安多尼堂建于1558至1560年之间。② 图3－9是花王堂前地的截面图，可以清楚看出在花王堂前面有一个十分宽阔的广场，广场的中心有十字架标识，即显示为这里是花王堂地区的澳门市民举行宗教活动和集会的场所。根据1590年代《亚马港全图》和1632年前后完成的《澳门要塞图》所证，可知花王堂前地是澳门城内第二个建成的前地。

图3－9　1632年澳门要塞图中的花王堂前地

图3－10　《澳门记略》中的花王堂

（2）圣保禄教堂前地，又称耶稣会纪念广场，亦称大三巴广场。1565年耶稣会来澳门不久，即在其住院旁建起了一座圣母小堂，此即圣保禄教堂的原始。③ 该堂后被烧毁。圣保禄教堂的修建始于1594年，但1601年该堂又被烧毁，重建工程开始于1602年，1637年竣工，历时35年。④ 前门的大牌坊则至1637年才完成。图3－11由于绘于1632年，所以教堂前的牌坊并未见。从该图可以清楚看出，在圣保禄教堂石阶前方有一空旷广场，中间竖有十字架标识，很明显这里就是圣保禄教堂前地，以供耶稣会主办宗教活动和集会。据档案记载，1642年7月20日，多明我会修道院与奥斯定会修道院的学生们上街游行庆祝，他们从岗顶一直走到大三巴广场。⑤

---

① BAJA, Cód. 49-V-3, fl. 20，转引自金国平编译：《西方澳门史料选萃（15—16世纪）》，广州：广东人民出版社，2005年，第245页。

② José de Jesus Maria, *Ásia Sínica e Japónica*, Vol. Ⅰ, Macau: Instituto Cultural de Macau, 1988, p. 126.

③ BAJA, Cód. 49-IV-59, fl. 84；郭永亮：《澳门香港之早期关系》，台北：台湾"中央研究院"近代史研究所，1990年，第53页。笔者疑前引文德泉神父书之"圣保禄教堂"即此处之"圣母小堂"，修建于1563年而启用于1565年。

④ Maria Regina Valente, *Igrejas de Macau*, Macau: Instituto Cultural de Macau, 1993, pp. 64－65.

⑤ Manuel Teixeira, *Macau e a Sua Diocese, Vol. III*, *As Ordens e Congregações Religiosas em Macau*, Macau: Tipografia Soi Sang, 1956－1961, p. 625.

图 3 - 11　1632 年澳门要塞图中的圣保禄教堂前地

图 3 - 12　《澳门记略》中的圣保禄教堂

(3) 大堂前地。大堂（Igreja de Sé）又称为主教座堂，葡人称为圣伯多禄堂（Igreja de S. Pedro），华人称为大庙，1622 年建成。大堂建于澳门半岛一高地上，从图 3 - 14 可以看出大堂前面有一大片开阔地，中间竖有十字架标识，这就是大堂前地，以供澳门主教座堂举办宗教活动及游行集会之用。

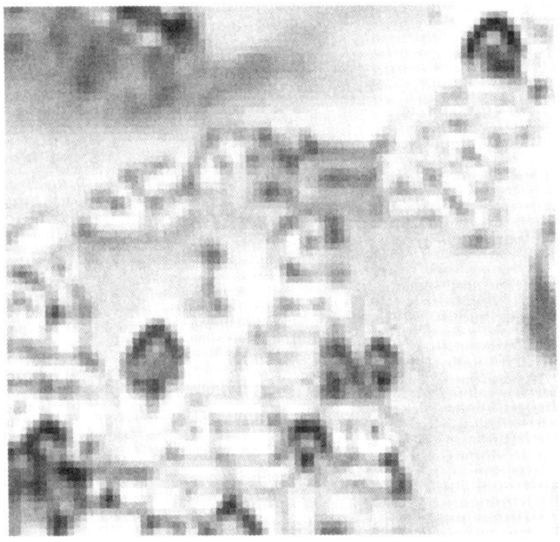

图 3 - 13　1632 年澳门要塞图中的大堂前地

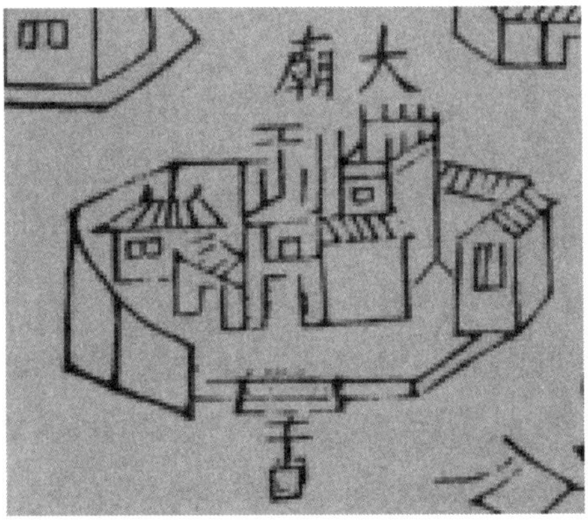

图 3 - 14　《澳门记略》中的大庙图

(4) 板樟堂前地。板樟堂又称板樟庙，即圣多明我堂，还称圣母玫瑰堂，为西班牙多明我会所建，建于 1587 年。从图 3 - 15 可以看出，在板樟堂的前面有十分宽阔的广场，中间竖有十字架标识，这就是板樟堂前地，以供板樟堂区澳门市民宗教集会活动之用。据 1590 年代《亚马港全图》所证，板樟堂前地应是澳门的第一个教堂前地。又据芒迪 1637 年的记载："10 月，十五六名葡萄牙人骑马在板樟堂广场（Santo Domingos

Square）进行掷瓦球（Run at the Ring）运动。”[①] 这可以反映，这个前地可以为15～16名骑马的运动员在广场上进行比赛提供场地，足见其前地之宽广，很可能是澳门城内最大的前地。

图3－15　1632年澳门要塞图中的板樟堂

图3－16　《（雍正）广东通志》澳门图中的板樟堂

（5）仁慈堂前地。仁慈堂被华人称为“支粮庙”，是澳门最早、最重要的慈善机构。仁慈堂建于1569年，位于澳门议事亭前地侧。从图3－17、3－18可以看出，这个屋顶带有十字架的建筑物即仁慈堂，其前面有一大片空旷之地，即仁慈堂前地，以供澳门市民到仁慈堂开展宗教活动之用。由于该前地右侧即为议事会大楼，所以人们一般称此前地为议事亭前地。

图3－17　1632年澳门要塞图中的仁慈堂前地

图3－18　《澳门记略》中的支粮庙（仁慈堂）

（二）17世纪中叶到19世纪中叶澳门的前地

澳门古代城市中明确有前地记载的即为以上5个，17世纪中叶到19世纪中叶澳门

---

① Peter Mundy, *The Travels of Peter Mundy in Europe and Asia: 1608－1667*, Vol. 3, Cambridge: Printed for the Hakluyt Society, 1919, pp. 265－266.

城市内部虽然没有很大的变化，但仍然出现了一些新的前地，由于资料的不完整，我们从档案文献中能看到的新的前地有如下几个：

（1）沙栏仔前地。据 1720 年 2 月 7 日澳门议事会的记录，当时会议认为："最佳方案是向沙栏仔前地两个巡捕房和沙梨头巡捕房增派 20 名士兵。"[①] 这是在文献中第一次出现的沙栏仔前地的记录，故我们大致可以认定沙栏仔前地始建于 1720 年以前。

（2）岗顶前地（圣奥斯定堂前地）。随着圣若瑟神学院及其教堂的修建，在澳门岗顶出现了大规模的修建工程，岗顶前地亦随之出现。据 1751 年奥斯定修道院院长伊纳修·哑宋生（Inácio de Assunção）的一封信，其要求议事会将一地块划给该院。该地位于今岗顶前地东方斜巷上端。议事会曾于同年 4 日将其赠予了圣若瑟教堂。由于奥斯定修道院的抗议，议事会收回了地块，该地块重归该修道院。[②] 又据 1754 年 1 月 12 日澳督罗德里格·贾士度给葡印总督的信："将位于奥斯定教堂前地的政府监狱迁至议事亭旁边。"[③] 1797 年甘博亚去世后，澳门将圣奥斯定堂前地附近的一条街命名为"甘博亚街（Rua do Gambôa）"，华人则称之为"夜姆街"。可见，在修建圣若瑟教堂的过程中，圣奥斯定堂前面的广场也进行了拓置和整理。根据上两条资料可以确定岗顶前地应出现在 1751 年至 1754 年之间。[④]

（3）白鸽巢前地（贾梅士前地）。澳门葡人对白鸽巢地区的开发大约始于 18 世纪末期，葡萄牙富商俾利喇于 1779 年在白鸽巢建成了一个巨大的花园住宅，称为俾利喇行宫。由于俾利喇行宫的建成，白鸽巢地区获得了开发。白鸽巢广场（前地）亦应随之建成，1807 年 9 月 17 日，澳门富商伊纳修·维埃拉·里贝罗（Inácio Vieira Ribeiro）逝世，澳门政府将位于白鸽巢前地附近的一条街命名为"托马斯·维埃拉街（Rua de Tomás Vieira，中文名新胜街）"。[⑤] 由于白鸽巢有一个山洞，相传曾为葡国诗人贾梅士创作《葡国魂》的地方，故白鸽巢前地又被称为贾梅士前地，施白蒂《澳门编年史：19 世纪》称："坐落在贾梅士广场的基督教坟场和教堂于 1814 年正式落成，但第一次安葬在 1821 年才举行。"[⑥] 可知，白鸽巢前地出现的时间应在 1807 年之前。

（4）嘉思栏前地。1818 年葡王若奥六世在登基庆祝大典上称，要建一座纪念碑，

---

① ［葡］潘日明著，苏勤译：《殊途同归：澳门的文化交融》，澳门：澳门文化司署，1992 年，第 109 页。

② ［葡］施白蒂著，小雨译：《澳门编年史：16—18 世纪》，澳门：澳门基金会，1995 年，第 143 页；Manuel Teixeira, *Macau no Séc. XVIII*, Macau: Imprensa Nacional, 1984, p. 451.

③ ［葡］施白蒂著，小雨译：《澳门编年史：16—18 世纪》，澳门：澳门基金会，1995 年，第151 页。

④ Jorge Forjaz, *Famílias Macaenses*, Vol. II, Macau: Fundação Oriente, Instituto Cultural de Macau, Instituto Português do Oriente, 1996, p. 9.

⑤ Jorge Forjaz, *Famílias Macaenses*, Vol. III, Macau: Fundação Oriente, Instituto Cultural de Macau, Instituto Português do Oriente, 1996, p. 991.

⑥ ［葡］施白蒂著，姚京明译：《澳门编年史：19 世纪》，澳门：澳门基金会，1998 年，第 18 页。

“位于圣弗朗西斯科的广场之上”①。又据1834年英国人布拉姆斯顿绘制的《澳门市区及港口图》，在这幅图中在嘉思栏花园下标有“圣弗朗西斯科广场（Campo of S. Francis）”②，圣弗朗西斯科广场即嘉思栏广场。上述两条文字资料均不足以证明嘉思栏广场始建的年代，而根据1665年芬彭士《澳门城市鸟瞰图》的图像资料看，当时嘉思栏教堂前面已经出现了一大片空阔的广场。所以笔者认为嘉思栏广场出现的时间应该在17世纪中叶，但不知为何，这位荷兰画家没有在图中绘出前地的标识。

图3－19　1665年澳门城市鸟瞰图中的圣方济各修道院截图

（三）19世纪中叶以后至20世纪初澳门的前地

至19世纪中叶以后，随着澳葡政府向澳门半岛北部的殖民扩张，整个澳门半岛全部纳入了澳葡政府的管辖之中，澳门前地从数量到性质上都发生了很多的变化，一部分是在华人的庙宇前拓置广场命为前地，一部分是在新修的道路旁拓置广场命为前地。19世纪中叶以后，澳门半岛上出现的前地不再是天主教徒宗教集会活动的场所，而主要变成了华人集会或者澳门市民集会活动的公共场所。这一时期新出现的前地有：

（1）柯打前地。据施白蒂《澳门编年史：19世纪》称：“1869年8月18日，位于柯打前地的东方酒店发生火灾。”③ 这是唯一记载柯打前地的文献资料，可能在葡文档案中还有这一前地的记录。

（2）得胜广场。据施白蒂《澳门编年史：19世纪》记载：“1862年6月25日，应管理华人事务官罗伦索·马葵士的倡议，议事公局召开会议讨论得胜花园纪念碑设计方案以纪念1622年反荷兰人侵胜利。”④ 该书又载：“1870年6月23日早上6时，在纪念1622年6月击退荷兰人的地方，在残存的十字架下，苏沙总督主持了胜利纪念碑的

① *Arquivos de Macau*, 1ª Série, Vol.Ⅰ, No. 1, Macau, 1929, p. 52.

② ［瑞典］龙思泰著，吴义雄等译：《早期澳门史》，附录10《澳门市区及港口图》，北京：东方出版社，1997年，第248页。

③ ［葡］施白蒂著，姚京明译：《澳门编年史：19世纪》，澳门：澳门基金会，1998年，第176页。

④ ［葡］施白蒂著，姚京明译：《澳门编年史：19世纪》，澳门：澳门基金会，1998年，第148页。

奠基仪式，该处亦由此称为得胜广场。"① 1871 年 3 月 26 日，苏沙总督在得胜广场主持胜利纪念碑落成仪式。该纪念碑位于得胜花园内，花园位于士多纽拜斯大马路（Avenida Sidónio Pais）和得胜马路（Estrada da Victória）交界处。② 可知，得胜花园又称得胜广场，其始建时间应为 1862 年。

（3）烧灰炉广场（即后来的亚马留广场）。据潘日明公布的档案，1872 年 10 月 31 日澳门总督欧美德为庆祝国王刘易斯一世（Luís Ⅰ）诞辰，举办全澳盛大的庆祝晚会。从烧灰炉广场到嘉思栏炮台，直至南湾，千姿百态、五颜六色的灯笼连成一条熠熠闪光的长带，耀眼的灯光和华丽多姿的装饰使住宅临街的一面显得极为富丽堂皇。③ 这是文献中首见烧灰炉广场的记载。

（4）康公庙前地。据 1882 年 11 月 18 日《澳门宪报》称："康公庙前地对面街，名为味基街（Rua do Miguel Aires）。"④ 康公庙建成于 1860 年，但康公庙前地之名则始见于 1882 年。

（5）味基市场前地（Pátio do Mercado Interior de Miguel Ayres）。1886 年澳门政府以米格尔·施理华的名字命名了两条街道："一是康公庙前地对面街为味基街，一是味基市场前地。"⑤

（6）白眼塘前地。据 1897 年 10 月 30 日《澳门宪报》发布的公告称"派白眼塘前地恒安公所之司事充当该倒盘店总理人"。⑥ 这是目前所见"白眼塘前地"一名的最早资料。1905 年 7 月 1 日澳门修订颁布《澳门娼寮章程》，公布了一批地名，其中有白眼塘横街、白眼塘前地等。⑦

（7）妈阁庙前地。1880 年 12 月 4 日第 49 号《澳门宪报》的一份布告内容提到"招人承接修整妈阁庙前地水师木埔头"⑧。这是"妈阁庙前地"一名出现的最早资料。

（8）咸鱼前地。据 1899 年 10 月 14 日《澳门宪报》公布政府拍卖的一段地称，该地"西向咸鱼前地"⑨。这是"咸鱼前地"一名出现的最早资料。

（9）在 1905 年《澳门街道名册》中，我们还找到不见于上述记录的澳门前地之

---

① ［葡］施白蒂著，姚京明译：《澳门编年史：19 世纪》，澳门：澳门基金会，1998 年，第 178 页。

② ［葡］施白蒂著，姚京明译：《澳门编年史：19 世纪》，澳门：澳门基金会，1998 年，第 182 页。

③ ［葡］潘日明著，苏勤译：《殊途同归：澳门的文化交融》，澳门：澳门文化司署，1992 年，第 165 页。

④ *Boletim da Provincia de Macau e Timor*, Vol. XXⅧ, 18 de Novembro de 1882, No. 46, p. 405.

⑤ Jorge Forjaz, *Famílias Macaenses*, Vol. Ⅱ, Macau: Fundação Oriente, Instituto Cultural de Macau, Instituto Português do Oriente, 1996, Macau, 1996, pp. 776 – 777; Manuel Teixeira, *Toponímia de Macau*, Vol. Ⅱ, Macau: Instituto Cultural de Macau, 1997, pp. 397 – 398.

⑥ *Boletim official do Governo da Provincia de Macau*, Vol. XLIII, 30 de Outubro de 1897, No. 44. p. 531.

⑦ *Boletim official do Governo da Provincia de Macau*, 19 de Julho de 1905, Supplemento ao, No. 28, p. 528.

⑧ *Boletim da Provincia de Macau e Timor*, Vol. XXⅥ, 4 de Decembro de 1880, No. 49, p. 333.

⑨ *Boletim official do Governo da Provincia de Macau*, Vol. XLV, 7 de Outubro de 1899, No. 40, p. 345.

名：圣母堂前地（望德堂前地）、金龙前地、公局市前地、亚坚奴前地、望厦庙前地。[①]

表 3-1　16—19 世纪澳门前地一览表

名称	别称	前地建置时间	1905 年街道名册著录的前地	性质
板樟堂前地	圣多明我堂前地 Largo de S. Domingos	1590 年前	著录	教堂
花王堂前地	圣安多尼堂前地 Largo de Sto. António	1622 年前	未著录	教堂
大堂前地	圣伯多禄教堂前地 Largo da Sé	1622 年后	著录	教堂
大三巴广场	圣保禄教堂前地	1635 年前	未著录	教堂
仁慈堂前地	议事亭前地 Largo do Senado	1635 年前	著录	公共
沙栏仔前地		1720 年前	未著录	公共
岗顶前地	圣奥斯定堂前地 Largo de Sto. Agostinho	1751—1754 年间	著录	教堂
白鸽巢前地	贾梅士前地 Praça de Luís de Camões	1807 年前	著录	公共
嘉思栏前地	圣方济各堂前地 Largo de S. Francisco	1665 年前	未著录	教堂
得胜广场	Praça da Vitória	1862 年	未著录	公共
柯打前地	Praça de Ponte e Horta	1869 年前	未著录	公共
烧灰炉广场	后称亚马留广场	1872 年前	未著录	公共
妈阁庙前地	Largo do Pagode da Barra	1880 年前	著录	庙宇
康公庙前地	Largo do Pagode do Bazar	1882 年前	著录	庙宇
味基市场前地	Pátio do Mercado Interior de Miguel Ayres	1886 年前	未著录	公共
白眼塘前地	Largo da Caldeira	1897 年前	著录	公共
咸鱼前地	Largo do Peixe Salgado	1899 年前	著录	公共
圣母堂前地	望德堂前地 Largo de S. Lazaro	1905 年前	著录	教堂
金龙前地	Largo da Surdez	1905 年前	著录	公共
公局市前地	Largo do Mercado Municipal	1905 年前	著录	公共
亚坚奴前地	Largo do Aquino	1905 年前	著录	公共
望厦庙前地	Largo do Pagode de Mong-há	1905 年前	著录	公共

综上所述，澳门前地首现于 16 世纪后期，第一个澳门前地应为板樟堂前地，也是澳门最大的一个前地，成为当时澳门天主教徒宗教活动以及集会游行甚至开展娱乐活

① Eudides Honor Rodrigues Vianna, *Vias Publicas de Macau (1905)*, Macau: Typographia Noronha & Co., 1906, pp. 48, 98, 131, 197.

动的最重要的场地，到17世纪中叶止，澳门城内一共出现了5个前地。17世纪中叶到19世纪中叶是澳门城市建设的停滞期，但仍然出现了4个新的前地。19世纪中后期，随着澳门城市空间的拓展，澳门前地的发展比前几个世纪大大加速。截至19世纪末，估计这一时期新建设的前地约有13个之多，亦反映了这一时期城市建设速度加快，更值得指出的是，到19世纪晚期以后，前地这一葡萄牙人建成的西洋元素亦打破了传统的宗教空间的建筑形式，并使这一形式普及到世俗的公共建筑之中，甚至扩展到华人的庙宇。

第二节 澳门的城堡及炮台

欧洲以军事控制为目的的城市规划模式最早可追溯到公元前300年的古罗马营寨城。至中世纪，由于战争频繁，城市的设防要求被提到很高的地位，产生了以城市防御为出发点的城市规划模式。

城堡（拉丁文为castellum，英文为castle/fort）是欧洲中世纪的产物，公元1066年至1400年是兴建城堡的鼎盛时期，欧洲贵族为争夺土地、粮食、牲畜、人口而不断发动战争，密集的战争导致贵族们修建了越来越多、越来越大的城堡，以守卫自己的领地。城堡除了在军事上的防御用途外，还有政治上扩张领土和控制地方等用途。在欧洲，兼作封建领主住所的军事设施被称为城堡，城堡具备政治和军事职能，而城市则还具有经济职能。

西方近代要塞城市的建设，不同于以往城堡的防御体系。为了保卫城镇的四周，构筑那些比中世纪城堡耗费较少的工事也是需要的，但其功能已经改变，建造起来的城堡的围墙和堡垒是用来抵御炮兵攻击或登城的，它的防御功能不像城堡那样，它主要依靠的不是阻止进攻的物质性障碍，而在于人力和火力。这就是要塞城市在城墙上构筑炮台的缘由。根据查尔斯·辛格等人的研究，要塞城市防御体系大部分源于意大利，这个问题引起了那个时代一些杰出人物的兴趣，其中包括马基雅维利（Machiavelli）和达·芬奇（Lonard da Vinci）。德国艺术家丢勒（Durer）也写过一篇关于防御工事的论著。[①] 西方发展出了圆形塔楼和三角乃至多角形凸面或凹面棱堡的建筑。

自1527年意大利军事工程师桑米凯利（Sanimicheli Mechele，1484—1559）在意大利北部维罗那城创建两座棱堡（Bastions）后，棱堡建筑理论便纷纷问世。之后，桑

---

① ［英］查尔斯·辛格等主编，高亮华、戴吾三主译：《技术史》第3卷，上海：上海科技教育出版社，2004年，第256页。

米凯利的同行和后继者——马吉（Maggi Girolamo，1523—1572）和卡斯特里奥托（Castriotto Giacomo，？—1562）于1564年出版了《论城市设防》，阿尔吉西（Alghisi da Capi Galasso，约1523—1573）于1570年出版了《论筑城》，这些筑城理论直接影响到了整个欧洲大陆乃至英国的筑城实践。

葡萄牙早期军事建筑形成于1540年代，最初的城堡建立在北非摩洛哥南方的马扎高（Mazagao），到1541年时葡萄牙政府改建这座城堡，还专门从葡萄牙派来1 500名石匠参加建筑，到1547年时建成了一座巨大的城堡。该城堡为不规则的方形结构，防护墙很厚，城堡的每个角落都有一个大棱堡。这种带有棱堡的城堡形制后来发展成为葡萄牙海外殖民地城市以及要塞堡垒的原型和样板。1566年在印度第乌（Diu）的要塞中第一次使用了这种城堡的形式，稍后在建筑果阿的要塞中也采用了同一种形式。到16世纪中叶，这种军事性的建筑原理进一步与数学理论结合起来，由于马扎高城堡的建筑师之一阿茹达（Miguel de Arruda）的倡导，在葡萄牙形成了一个新的建筑学派。阿茹达奠定了棱堡革命的基础，他的学生则将他的建筑理念推广到亚洲、非洲以及巴西。[①]

葡萄牙人果阿城建的基本结构是城市周围一圈是壕沟，城墙上高耸着塔楼。为了果阿的海上贸易安全，其城市建设完全是为了防卫而自发进行，后来才根据需要进行规划建设。在果阿的建设中，葡萄牙人使用了他们在国内建设海滨城市的规划原则：选择岛屿和半岛为海上贸易与战斗提供支持；使用避风港补给食物、水、燃料和过冬；占领高地建设宗教建筑，可倚仗少数兵力进行有效防守；用城墙划分出不同的城市区域。特别值得注意的是，他们在城市中心的建设中，保留了葡式城市的基本结构，利用自然地形步步为营地发展，寻求对土地的真正控制，直街和一连串教堂的前地的结构依稀可辨。实际上，葡萄牙人在东方所建设的城市，基本上都使用了这些规划原则。[②]

图3－20　1500年的果阿要塞图

① 参见顾卫民：《“以天主和利益的名义”：早期葡萄牙海洋扩张的历史》，北京：社会科学文献出版社，2013年，第134～135页。

② 严忠明：《一个海风吹来的城市：早期澳门城市发展史研究》，广州：广东人民出版社，2006年，第35页。

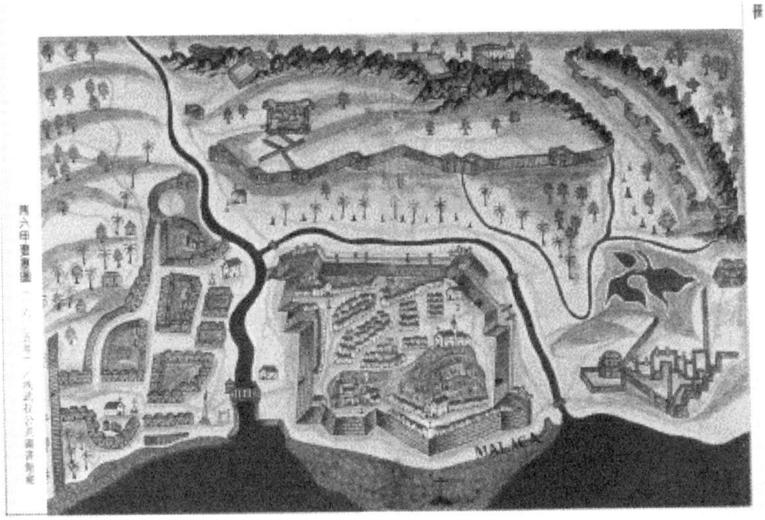

图 3-21 埃武拉公共图书馆藏 1635 年马六甲要塞图

当葡萄牙人占据马六甲时，他们没有立即建成城市的面貌。起初，他们将自己的建筑物限制在与苏丹王宫及附近建筑有炮火射程的距离内。整个 16 世纪，他们建立了更多的建筑物，主要是军事与宗教建筑。城镇的核心坐落在今天称为圣保禄山的地方，并且有城墙环绕。圣保禄山对面是一个筑有灰泥城墙的要塞。在短短几十年内，其他建筑物亦建起来了：圣保禄山圣母教堂、仁慈堂、圣多美教堂以及许多次要的建筑物。除此之外，还有一些公用建筑：海关、医院、耶稣会学院（今天的圣保禄教堂），后来还有议事会大厦、主教府及其他建筑物。如此，在 16 世纪下半叶，马六甲已经展现出他们在印度所建的、今天仍然可以看到的葡萄牙城镇的特色。①

一、澳门西洋城堡兴建始末

葡萄牙学者科斯塔的《澳门建筑史》称："如果 16 世纪是建造第一批教堂的世纪，那么 17 世纪则可以称为炮台的时代，其中一些炮台还与新的教堂建在一起，大部分炮台是从 1622 年起在原来构筑的第一道防线的几个堡垒的地方建立的，当时澳门已有一道土坯城垣。"② 澳门城垣的建筑始于何时？各种文献均未记载确切时间。据张维华先生的研究，澳门筑城"似自 1607 年始，而防御工事之完备，似在 1622 年"③。此说并不确切，祝淮《（道光）新修香山县志》载："澳城之建，年月无确证，诸书所载，大

---

① Luís Filipe Ferreira Reis Thomaz, *Early Portuguese Malacca*, Macau: Macau Territorial Commission for the Commemoration of the Portuguese Discoveries, 2000, pp. 36-37.

② ［葡］科斯塔著，范维信译：《澳门建筑史》，载《文化杂志》（中文版）第 35 期，1998 年，第 22 页。

③ 张维华：《明史欧洲四国传注释》，上海：上海古籍出版社，1982 年，第 50 页。

率在嘉靖时。”① 祝氏所言大抵是指嘉靖时澳门即已开始筑城防御，此说颇有道理，叶权嘉靖末游澳门即称澳门为“雄然巨镇”②，当是在澳门见过城墙。施白蒂《澳门编年史：16—18 世纪》载：“1568 年（隆庆二年），经中国驻澳门官员同意，特里斯佟·瓦斯·达·维依加舰队司令下令在 Chunanbo 建起第一道城墙。”③ 据福鲁图奥佐《怀念故土（第二篇手稿）》称，1568 年，由于中国海盗侵扰澳门，特里斯佟·瓦斯下令在澳门建一道土坯围墙。他把葡萄牙人分成每 5 人或每 6 人一组，编成 20 个连队，每个连队建一段土墙。在 16 天中，完成了 271 英寻长的土墙。葡萄牙国王们后来在那一带的许多城堡和城墙就是从这里开始的。④ 隆庆二年与嘉靖末年仅一年之差，可知澳门筑城之始最准确的说法是嘉隆之间。故陈吾德隆庆三年（1569）上疏时言⑤：“佛郎机、满剌加诸夷，性之犷悍，器之精利，尤在倭奴之上。……乃开濠镜诸澳以处之，至乃结庐城守，据险负隅。”⑥ “结庐城守”可明确证明，在隆庆三年之前，澳门葡人已经开始筑城，这一点应该是可以确定的。然而，在绘于 1590 年代的《亚马港全图》（图 3-5）中，我们基本看不到一堵城墙（但在城市的北端似乎还保留着一小段城墙的残留），亦看不到一座炮台堡垒。在 1582 年吕宋总督桑德（Francisco de Sande）的报告中亦说：“澳门至今没有武器与防御工事。……仅有 500 间房舍与一位葡萄牙总督和主教在那里。”⑦ 1568 年筑城时葡人就担心中国人不会看好，前引《怀念故土（第二篇手稿）》称：“他很想把这项工程干完，但又想到中国官员对他们建成城堡不会好眼相看，……还是先停止施工。”⑧ 据此推论，嘉隆之时澳门筑起的城墙可能被明政府派人拆毁，故在 16 世纪末时的《亚马港全图》上仅留有城墙的残垣。

澳门再次筑城乃源起于对荷兰人的防御。1601 年 9 月，荷兰人有两艘贸易船进入澳门，其中有部分水手被扣留，其中 17 人被当作海盗处以死刑，导致葡荷结怨。1602 年，荷兰人在马六甲海峡截击澳门船，1603 年，葡船“圣卡塔利娜号”再次被劫，1604 年 6 月，荷兰海军上将韦麻郎（Wybrane van Warwyck）率领舰队进逼澳门。在荷

---

① （清）祝淮：《（道光）新修香山县志》卷 4，《海防·附澳门》，中山文献丛刊第 3 册影印清道光七年刊本，第 670 页。

② （明）叶权：《贤博编》，《游岭南记》，北京：中华书局，1987 年，第 44 页。

③ ［葡］施白蒂著，小雨译：《澳门编年史：16—18 世纪》，澳门：澳门基金会，1995 年，第 17 页。

④ ［葡］福鲁图奥佐著，范维信译：《怀念故土（第二篇手稿）》，载澳门《文化杂志》编：《16 和 17 世纪伊比利亚文学视野里的中国景观》，郑州：大象出版社，2003 年，第 161 页。

⑤ （清）张廷玉：《明史》卷 215，《陈吾德传》，北京：中华书局，1974 年，第 5683 ~ 5684 页。

⑥ （明）陈吾德：《谢山存稿》卷 1，《条陈东粤疏》，四库全书存目丛书集部第 138 册影印清乾隆五十四年忠直堂刻本，济南：齐鲁书社，1997 年，第 423 页。

⑦ P. Pastelles, *Catalogo de los documentos relativos a las islas Filip inas existente el archive de Indias de Savella.* 转引自张增信：《明季东南中国的海上活动》上编，台北：“中国学术著作奖助委员会”，1998 年，第 253 ~ 254 页。

⑧ ［葡］福鲁图奥佐著，范维信译：《怀念故土（第二篇手稿）》，载澳门《文化杂志》编：《16 和 17 世纪伊比利亚文学视野里的中国景观》，郑州：大象出版社，2003 年，第 163 页。

兰人的威胁之下，澳门葡人再次修筑城墙，以保卫澳门。1607 年 1 月 18 日，葡西联合国王颁布敕令，因荷兰人多次袭澳事件，下令澳门加强防御工事，决定在澳门建筑城台并“在果阿继续铸炮，为此下令从中国运来铜料”①。自 1607 年荷兰人再次突击澳门后 5 年，葡萄牙人在耶稣会的支持下开始兴建妈阁炮台（Forte de S. Tiago da Barra）。② 澳门葡人的三位主要人物到达广州，竭力说明在澳门修筑城墙、炮台的必要性，因为荷兰人是葡萄牙人和西班牙人的共同敌人。尽管没有得到正式的同意，但丰厚的礼物使得广东地方官员对澳门修建工事没有进行强制性的干涉。③

同时中文资料也反映了这次筑城，《明神宗实录》载：“万历三十三年（1605），（澳夷）私筑城垣，官兵诘问，辄被倭抗杀。”④ “私筑”，即表明这次筑城是未经明朝政府同意的。《万历野获编》亦有记载：“丁未年（万历三十五年，1607 年），广东番禺举人卢廷龙，请尽逐香山嶴夷。……其时，嶴夷擅立城垣，聚集海外杂沓居住。”⑤

但这一次修筑的城墙很可能在张鸣冈任两广总督时又一次被明政府拆毁。方孔炤《全边略记》载：

> （万历四十三年）十月，粤督张鸣冈奏，粤海旦夕以濠镜澳夷为兢兢，多蓄奴以为羽翼。臣令道臣喻安性、香山县令但启元躬视澳中，宣上威德，献出倭夷一百二十三名，待以不杀，令归本国，已载舟挂帆矣。夷目咩吵啷（João Serrão da Cunha，为当时澳门兵头）等，立状为之永禁。⑥

既然可以入澳将“私筑城垣”的倭奴“押送出境”，又称“数十年澳中之患，一旦祛除”⑦，可以推论这一次“私筑”的城墙应为明政府所拆毁。再从万历四十二年（1614）海道副使喻安性针对澳夷订立的《海道禁约》来看，其中一款明确提出：“禁擅自兴作。……此后敢有新建房屋，添造亭舍，擅兴一土一木，定行拆毁焚烧，仍加重罪。”⑧ 这很可能是在拆毁澳夷城垣后订立的禁款，力图以法令的形式禁止澳夷私造城垣。

但是澳门葡人并没有完全遵照执行这一禁约，万历四十一年（1613）即开始修建

---

① 西班牙西芒卡总档案馆，各省秘书处档，第 1551 号抄件，第 491、494 页。

② António Bocarro, *Década 13 da India*, Chapater 18, Lisboa, 1876, p. 291.

③ ［瑞典］龙思泰著，吴义雄等译：《早期澳门史》，北京：东方出版社，1997 年，第 31 页。

④ 《明神宗实录》卷 527，万历四十二年十二月乙未条。

⑤ （明）沈德符：《万历野获编》卷 30，《香山嶴》，北京：中华书局，1980 年，第 785 页。

⑥ （明）方孔炤：《全边略记》卷 9，《海略》，续修四库全书史部第 738 册影印明崇祯刻本，上海：上海古籍出版社，2002 年，第 520 页。

⑦ （明）沈德符：《万历野获编》卷 30，《香山嶴》，北京：中华书局，1980 年，第 785 页。

⑧ （清）印光任、张汝霖原著，赵春晨校注：《澳门记略校注》，《官守篇》，澳门：澳门文化司署，1992 年，第 70 页。

妈阁炮台,[①] 万历四十四年（1616 年）即开始兴建著名的三巴炮台及北部城垣。[②] 这次筑城“尽管他们得不到正式的同意，但丰厚的礼物使得地方官对 1622 年修筑一道从大炮台往东北直到大海的城墙一事视而不见”[③]。到 1621 年荷兰入侵澳门之前，澳门筑城的速度大大加快。《（道光）新修香山县志》载：“时徐如珂署海道副使，澳夷奔告红毛将犯香山，请兵请饷请木石以缮垣墉。……已而，夷警寂然，而澳夷日筑百丈。”[④] “日筑百丈”，反映当时澳门为了防御荷兰人入侵，其筑城工作步伐极快。1621 年至 1622 年间，不仅三巴炮台还在继续修建，而且妈阁炮台、烧灰炉炮台、嘉思栏炮台及东、西望洋炮台均在修建中。澳门东北之城，遂于 1622 年完成。[⑤] 据 1623 年 11 月 27 日雷戈的《澳门的建立与强大记事》称：

为了全面加强本市的防务，对中国人做了艰巨的工作，再次给他们贿赂后才来了几个中国官员察看敌人的舰船和留在战场上的尸体，他们还把几颗人头带往广州，以证明我们要建的城墙只用于保卫本市，而本市位于中华皇帝的土地上，所以敌人要索取的是中国的土地；给钱就能办成一切事情，这样，终于克服了最大的困难，开始动工。中国官员们佯装不知，参加建筑的人越来越多，并且热情高涨，工程在进展，在一年多一点的时间里就建成了几大段 18 拃[⑥]、35 拃高的长墙，上面有堡垒、雉堞等，这样一来本市的陆地部分就几乎全都围起来了。[⑦]

同时，青洲也修建了城堡，《皇明法传录续纪》载：

又于海中青山建一大楼堡。旧年红毛报警（指天启二年荷兰犯澳门），则与规画地基，鸠工筑城，名为防御红毛，其实沿海一带，并无堆土，依山为墉，屹然成建瓴之势。[⑧]

这一次筑城之事亦遭到明政府的干涉。《（道光）新修香山县志》载：“如珂遣中军领

---

① António Bocarro, *Decada In da Historia da India*, Vol. 2, Lisboa: Typ. da Academia Real das Sciencias, 1876, pp. 724 - 737. 记载 1613 年劳伦索·卡瓦略（Lourenço Carvalho）回复海道副使俞安性的答词中提到：“我等万般无奈，坚闭城门，在妈阁角修建炮台，随时准备保护我辈生命及船只。”

② ［葡］施白蒂著，小雨译：《澳门编年史：16—18 世纪》第 33 页称三巴炮台可能于 1617 年动工。

③ ［瑞典］龙思泰著，吴义雄等译：《早期澳门史》，北京：东方出版社，1997 年，第 31 页。

④ （清）祝淮：《（道光）新修香山县志》卷 4，《海防·附澳门》，中山文献丛刊第 3 册影印清道光七年刊本，第 677 ~ 678 页。

⑤ 葡人法利亚·伊·索萨（Manuel de Faria e Sousa）在《葡萄牙的亚洲》第 3 卷的第 362 页公布了一幅 1622 年以后绘制的《17 世纪澳门图》（原图藏于埃武拉档案馆），图中三巴、妈阁、烧灰炉、嘉思栏及东、西望洋炮台均已建成，但架有炮者仅嘉思栏炮台和烧灰炉。转引自 Jorge Graca, *The Fortifications of Macau*, Macau: Direcção dos Serviços de Turismo de Macau, 1984, p. 33.

⑥ 葡萄牙长度单位，1 拃 = 21 厘米。

⑦ ［葡］雷戈著，范维信译：《澳门的建立与强大记事》，载澳门《文化杂志》编：《16 和 17 世纪伊比利亚文学视野里的中国景观》，郑州：大象出版社，2003 年，第 201 页。

⑧ （明）高汝栻：《皇明续纪三朝法传全录》卷 13，《天启四年吏科给事陈熙昌奏》，四库禁毁书丛刊补编第 11 册影印明崇祯九年刻本，北京：北京出版社，2005 年，第 139 页。

兵戍澳，谕之曰：墉垣不毁，澳人力少也，吾助若毁，不两日，粪除殆尽。"① 徐如珂署海道副使在万历四十六年（1618），离澳则在天启元年（1621），这应是他在离澳前的一次对澳门的行动。上文称"粪除殆尽"恐怕仅指青洲，并没有将整个澳门的城垣毁除。《明史·佛郎机传》称："天启元年，守臣虑其终为患，遣监司冯从龙等毁其所筑青洲城，番亦不敢拒。"②

关于此时澳门的城防建设，博克塞有过一番论述：

> 当时在进入内港的门户处建有一处炮台，1629 年圣地亚哥炮台（或称圣詹姆斯炮台）建于此处，炮台部分留存至今。另一处炮台是嘉思栏炮台（São Francisco），第三处是烧灰炉炮台（Bom parto），它们分别位于外港前面新月牙形港湾末端。炮台皆由土木工事或低墙掩护。1616 年开始建造的圣保禄炮台此时刚建设完一半。这似乎就是澳门防御工事的状况。③

图 3－22 17 世纪澳门图画中所绘入海处的一段城墙

荷澳之战结束后，1623 年 5 月，马士加路也出任澳门兵头，他以更快的速度完成了澳门城墙和军事防御体系的建设。施白蒂称："他于同年（1623）7 月 17 日就职后建起了城墙，并完善了堡垒体系。"④ 博卡罗则称："澳门市的城墙基本上是由首任总督马士加路也完成的，他修建了这些防御设施中的大部分。"⑤ 波乃耶的《东方宝城》则称："葡萄牙人利用于 1622 年被俘虏的荷兰人以筑城墙，作为防御外来入侵。城墙起大炮台山之东偏北，直达方济各会修道院遗址。至 1626 年，全部工程遂告完成。"⑥

1624 年，澳督马士加路也加紧建设三巴炮台。三巴炮台建筑规模巨大，四周是高墙，墙上环架数十门大炮，中间是空地，还附有一条与大炮台相通的夹墙。他还准备在中间空地建宫殿与塔楼，并将自己的总督府设于其中。建设费用达 20 万两白银。在葡荷交战前，澳门修建防御工事之事，明朝政府已经表示默许，基本不进行干涉。而

---

① （清）祝淮：《（道光）新修香山县志》卷 4，《海防·附澳门》，中山文献丛刊第 3 册影印清道光七年刊本，第 678 页。

② （清）张廷玉：《明史》卷 325，《佛郎机传》，北京：中华书局，1974 年，第 8434 页。

③ C. R. Boxer, *Fidalgos in the Far East (1550－1770), Fact and Fancy in the History of Macau*, The Hague: Martinus Nijhoff, 1948, p. 76.

④ ［葡］施白蒂著，小雨译：《澳门编年史：16—18 世纪》，澳门：澳门基金会，1995 年，第 36 页。

⑤ António Bocarro, Description of the City of the Name of God in China, in C. R. Boxer ed. and trans., *Seventeenth Century Macau in Contemporary Documents and Illustrations*, Hong Kong: Heinemann (Aisa), 1984, p. 22.

⑥ J. Dyer Ball, *Macao: The Holy City; The Gem of the Orient Earth*, Canton, 1905, p. 3.

马士加路也如此大规模地“擅自兴作”军事堡垒，广东政府再也不能容忍，遂传令澳门摧毁城墙。[①]《明熹宗实录》卷58亦载：

(天启五年四月)总督两广何士晋疏报，濠镜澳夷迩来盘踞，披猖一时，文武各官决策防御。今内奸绝济，外夷畏服，愿自毁其城，止留海滨一面以御红夷。[②]

博卡罗所载亦相吻合：

然而，中国人十分多疑，认为修建这些设施是为了对付他们的，因而迫使我们拆掉了朝陆那一边自三巴炮台起的大部分防御设施。结果，只有大海对面、城堡西边以及萨西利亚斯海滨狭长地带的设施保留下来。[③]

北部城墙被拆毁后，澳葡政权并未完全放弃。不到5年，澳葡政权再次提出复筑城台。《崇祯长编》卷41载：

崇祯三年(1630)十二月丙辰，礼科给事中卢兆龙上言：夷人擅筑城台，曩用大炮临之，拆不及半。今要挟曰：必复筑城台而三百人始肯应调。……仍申谕澳中，城台永不许复筑。[④]

虽然明政府明令“不许复筑”，但澳葡政权并没有听命，而是通过贿赂的方式，又开始重新筑城。博克塞称：

1624年3月的最后一天他们假称拆除了部分城墙，“面子”得以保存。中国官方在收到适当的贿赂后(这可能是他们起初介入此事的唯一企图)，又共谋重新授权建设城防。1629年，澳门整体的军事防御工事在真正意义上得到很好完成，城墙由灰泥(chunma)构成，灰泥由泥土、稻草和石灰混合，并与牡蛎很好地捣碎在一起。城墙的坚实度得到了事实很好的印证，约1878年在毁掉城墙时，人们发现需要用1 800磅的火药摧毁130米长的城墙(每1米需要14磅)。[⑤]

综上所述，可以看出，马士加路也出任澳督后，澳门的城墙及军事防御体系已基本完成。但天启五年(1625)，在两广总督何士晋的强力干涉下，其北部城墙(即应包括三巴炮台在内)全部拆毁，但保留了东南滨海一带城墙。后在葡方的贿赂下，又“共谋重新授权建设城防”，到1629年澳门的军事防御工事城墙才得以真正意义上的全面完成。从绘于1632年的《澳门要塞图》(图3-23)看，澳门北部城墙及炮台已经复筑完成。从这张图上可以看得很清楚：当时澳门城西起海边至沙梨头，在沙梨头建炮台

---

① 中央研究院历史语言研究所编：《明清史料》乙编第7本，《澳夷筑城残稿》，上海：商务印书馆，1936年，第614页。

② 《明熹宗实录》卷58，天启五年四月癸卯条。

③ António Bocarro, Description of the City of the Name of God in China, in C. R. Boxer ed. and trans., *Seventeenth Century Macau in Contemporary Documents and Illustrations*, Hong Kong: Heinemann (Aisa), 1984, p. 22.

④ (清)汪楫：《崇祯长编》卷41，崇祯三年十二月丙辰条。

⑤ C. R. Boxer, *Fidalgos in the Far East (1550-1770), Fact and Fancy in the History of Macau*, The Hague: Martinus Nijhoff, 1948, p. 99.

一座；复稍南至三巴寺，在三巴寺东高地上建颇具规模的三巴炮台；复向西至山顶，在水坑尾城门上建圣若奥堡垒，又在山顶建圣耶罗尼炮台；又在圣耶罗尼炮台的北面东望洋山上建炮台；城墙从圣耶罗尼炮台复南折沿海滨至嘉思栏炮台，复南折至西望洋炮台、烧灰炉炮台，最后至妈阁炮台。并在西望洋北麓海滨建一城垣。可见，到明崇祯时整个澳门城除西部内港外，北部、东部及南部均建有城墙，并于诸要塞处建置炮台，使澳门城成为一座在军事上防范甚为严密的城堡。

明时，澳门城建有四个城门。《澳门记略》称："大门一，曰三巴门；小门三，曰小三巴门，曰沙梨头门、曰花王庙门。"① 很明显，这四个门均设在北部城墙，主要是为了方便同中国内地进行交往而设。后来，三小门俱塞，仅三巴门一门为出入之口，俱因海禁及清王朝对澳门严加控管之故。直至道光时，方开水坑尾门和新开门，以方便澳门与内地交往。②

下面我们将1632年《澳门要塞图》与同时代葡属殖民地要塞图进行比较：

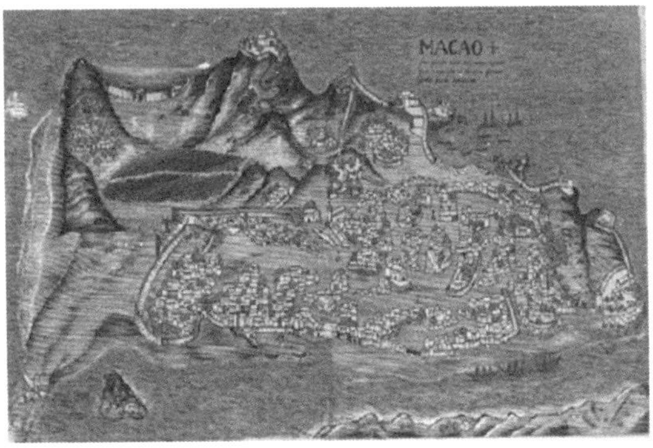

图3－23　1632年绘制的澳门要塞图

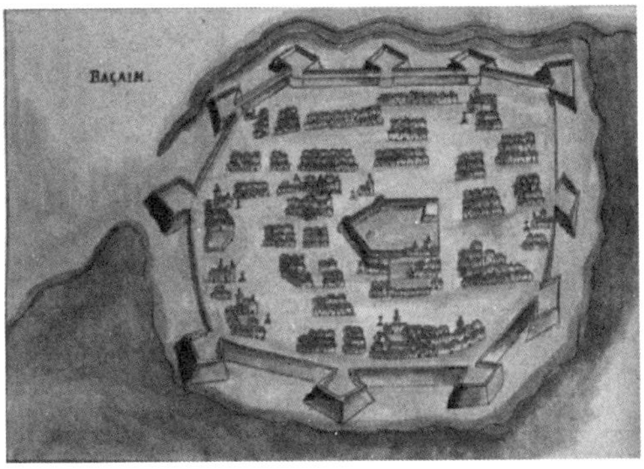

图3－24　《要塞图册》中的Bacaim要塞图

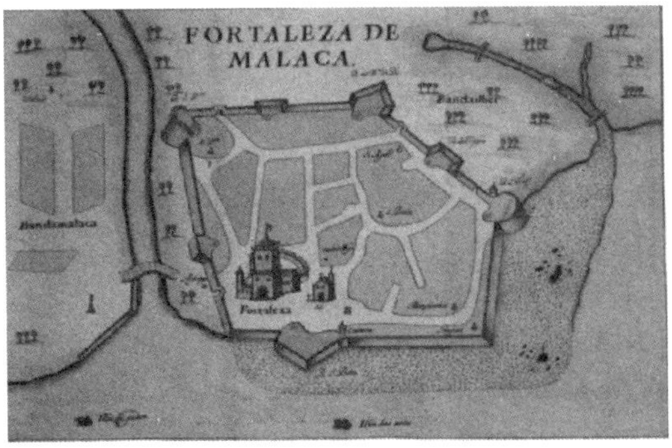

图3－25　《要塞图册》中的马六甲要塞

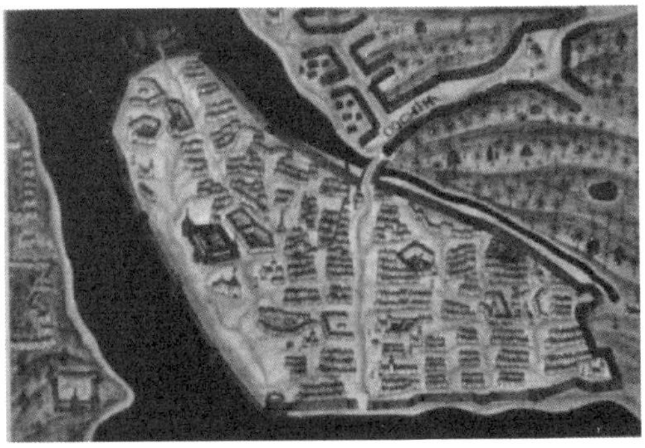

图3－26　1610年绘制的科钦要塞图

① （清）印光任、张汝霖原著，赵春晨校注：《澳门记略校注》，《澳蕃篇》，澳门：澳门文化司署，1992年，第147页。

② （清）祝淮：《（道光）新修香山县志》卷4，《海防·附澳门》，中山文献丛刊第3册影印清道光七年刊本，第707页。

由此可见，这一时期葡印所属各殖民地诸要塞筑城方式大同小异。而且，1632 年《澳门要塞图》中澳门城墙的建设已经基本完成，由凸出于城墙的棱堡所构造的圣地亚哥炮台、嘉思栏炮台、烧灰炉炮台和东望洋炮台已架设火炮，位于核心地带的三巴炮台也已竣工。此时的澳门城就像一座整体迁移到中国国土上的欧洲城市，从筑城和棱堡的建设皆体现了意大利筑城术从南欧到西欧再到澳门的影响。

二、澳门的西洋炮台

（一）澳门早期的 6 座大炮台

澳门的西洋炮台，诸书多有记载，《澳门记略》、薛韫《澳门记》、陆希言《墺门记》及暴煜《香山县志》诸书均称当时澳门有 6 座炮台：

（1）三巴炮台（堡垒）。三巴炮台，又称大炮台、漫地炮台（Fortalez de Monte）、圣保禄炮台（Fortaleza de Sam Paulo do Monte）。该炮台位于澳门半岛中央的圣保禄山山顶，山高约 53 米。1617 年开始兴建，耗时 10 年，至 1626 年全部完工。[①] 该炮台是澳门最大的炮台。据博卡罗载：

> 山顶上筑了一道围墙，从墙基以上 20 拃宽、6 拃高，用大理石筑成，再上边的用土、石灰和干草混合筑成，这一部分用夯打得非常结实、非常坚固，比石头还更能经受炮击。围墙沿山坡往下，越来越窄，最后胸墙下的宽度为 15 拃。围墙高 50 拃，即 5 英寻。这座炮台为正方形，各边长 100 步，每边都同样长的围墙，4 个角上各有一座垛式堡垒。再往上边就是那个由 4 排房子围起的城堡，1 排房子兵头居住，3 排士兵们居住，城堡中间是分为 3 层的堡垒，每层都有火炮；火炮共有 18 门，都由金属制造，分别布置在城堡和上述 4 个垛形堡垒中。[②]

该炮台各时期置炮情况不一，如 1638 年配置 34 门金属大炮[③]，1833 年则置炮 37 门[④]。该炮台早期一直作为澳门总督居所，直至 18 世纪。[⑤] 炮台与澳门总督居所一起构成城堡。

---

① Jorge Graca, *The Fortification of Macau*, Macau: Direcção dos Serviços de Turismo de Macau, 1984, pp. 44 – 52；郭永亮：《澳门香港之早期关系》，台北：台湾“中央研究院”近代史研究所，1990 年，第 27 页。

② ［葡］安东尼奥·博卡罗著，范维信译：《要塞图册》，载澳门《文化杂志》编：《16 和 17 世纪伊比利亚文学视野里的中国景观》，郑州：大象出版社，2003 年，第 222 页。

③ ［葡］莱萨著，范维信译：《澳门人口：一个混合社会的起源和发展》，载《文化杂志》（中文版）第 20 期，1994 年，第 138 页。

④ Manuel Teixeira, *Os Militares em Macau*, Macau: Imprensa Nacional, 1976, p. 138.

⑤ António Bocarro, Description of the City of the Name of God in China, in C. R. Boxer ed. and trans., *Seventeenth Century Macau in Contemporary Documents and Illustrations*, Hong Kong: Heinemann (Aisa), 1984, pp. 20 – 21.

图 3－27 1632 年澳门要塞图中的大炮台

图 3－28 康熙初年西洋澳门图中的大炮台

图 3－29 《澳门记略》正面澳门图中的大炮台

图 3－30 三巴炮台遗址

澳门三巴炮台的建设也遵循了凸出棱堡的设计。如下面两图所示，图 3－31 为 1564 年《论城市设防》中的要塞城堡样式，图 3－32 为 17 世纪初澳门三巴炮台的样式。两者都朝四个方向延展出四处棱堡。

图 3－31 《论城市设防》中的要塞城堡样式①

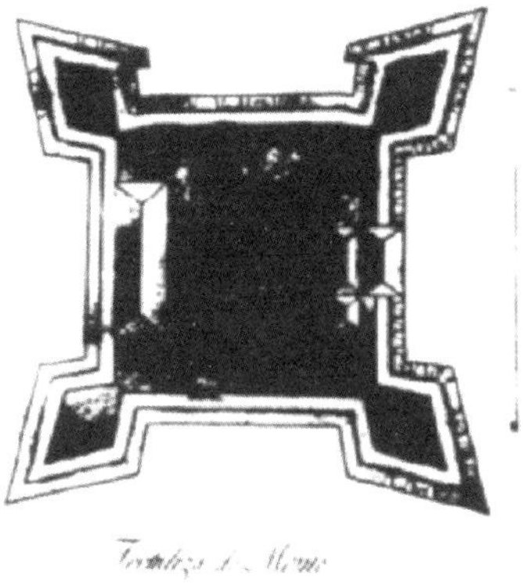

图 3－32 澳门三巴炮台的样式

① Girolamo Maggi, Iacomo Castriotto, *Della Fortificatione delle Citta*, Venetia: Appresso Rutilio Borgominiero, 1564, p. 78.

棱堡设计的意义在于，从棱堡可以沿着平行于主墙的方向射击，而棱堡的墙壁本身容易受到来自壁垒的纵向射击，为了保护很长的壁垒，就需要许多棱堡，棱堡内的地域必须要大到可隐藏一定数量的军队和武器，所以就要依次从墙壁突出一些尖角来提供足够的侧面开火位置，从而防御点由规则和不规则的多角形防御工事的组合体系包围起来，由边界线构成的角度是经过计算设计的，可以提供高度集中的交叉火力。

（2）东望洋炮台（堡垒）。东望洋炮台，又称基亚炮台（Fortalez de nossa Senhora da Guia）。位于澳门最高点东望洋山上，山高 94 米。该炮台始建于 1622 年。[①] 据博卡罗称，当时明朝“同意以 7 000 银币的酬金”拆除这座炮台。[②] 这就是说，在 1635 年之前该炮台已被拆除。但据今保存的该炮台碑志称：“此炮台乃由澳门市民出资兴建，炮兵头是安多尼·黎伯禄。始建于 1637 年 9 月，而完成于 1638 年 3 月。”[③] 可见是拆毁后重建的。博卡罗称：“东望洋山是本市最高点，为此在山顶上建了一个炮台，置火炮 5 门。这座山上有几座房屋可容一连士兵居住，还有一个地下蓄水池。”[④] 炮台面积约 800 平方米，台墙高 6 米，建有塔楼 4 座，安置大炮 5 门。[⑤] 各时期置炮有所变化，乾隆时置炮 7 门，而到道光时则置炮 20 门。[⑥] 炮台与东望洋教堂一起构成堡垒。

图 3－33　1632 年澳门要塞图中的东望洋炮台

图 3－34　《澳门记略》正面澳门图中的东望洋炮台

---

① 郭永亮：《澳门香港之早期关系》，台北：台湾“中央研究院”近代史研究所，1990 年，第 32 页。

② António Bocarro, Description of the City of the Name of God in China, in C. R. Boxer ed. and trans., *Seventeenth Century Macau in Contemporary Documents and Illustrations*, Hong Kong: Heinemann (Aisa), 1984, pp. 19－20.

③ 郭永亮：《澳门香港之早期关系》，台北：台湾“中央研究院”近代史研究所，1990 年，第 32 页。

④ ［葡］安东尼奥·博卡罗著，范维信译：《要塞图册》，载澳门《文化杂志》编：《16 和 17 世纪伊比利亚文学视野里的中国景观》，郑州：大象出版社，2003 年，第 221 页。

⑤ Jorge Graca, *The Fortification of Macau*, Macau: Direcção dos Serviços de Turismo de Macau, 1984, pp. 82－84.

⑥ （清）印光任、张汝霖原著，赵春晨校注：《澳门记略校注》，《澳蕃篇》，澳门：澳门文化司署，1992 年，第 148 页；（清）卢坤：《广东海防汇览》卷 32，《方略》21，《炮台》2，石家庄：河北人民出版社，2009 年，第 836 页。

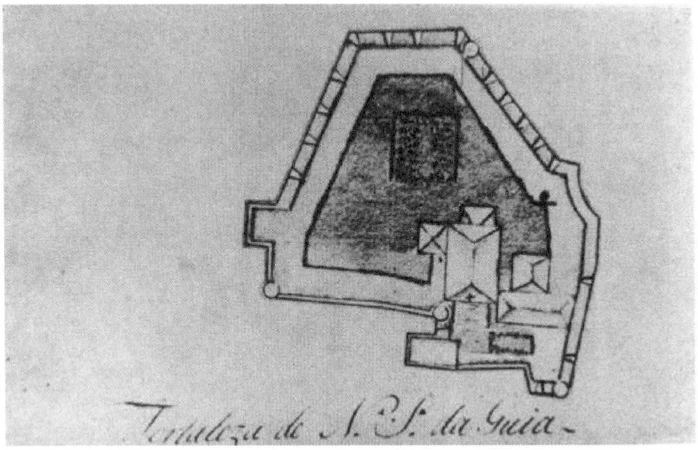

图 3－35　1775 年东望洋炮台测绘图

（3）西望洋炮台（堡垒）。西望洋炮台，又名竹仔室炮台，西人称佛兰姗圣母炮台（Forte de nossa Senhora da Penha de Franca）。该炮台建在俗称主教山的西望洋山上，它与当时的澳门古城墙相连。在 1622 年马士加路也的建炮台防卫计划中有西望洋炮台。[①] 该炮台于 1626 年建成，当时架设 2 门青铜炮。[②] 各时期置炮有所变化，乾隆时置炮 5 门，道光时 13 门。[③] 炮台与西望洋教堂一起构成堡垒。

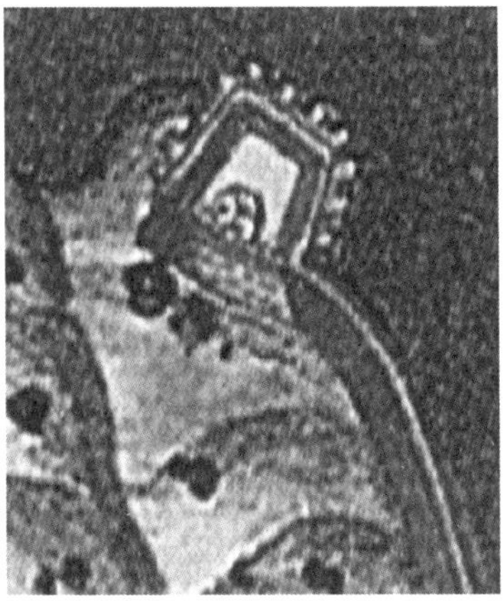

图 3－36　1632 年澳门要塞图中的西望洋炮台

图 3－37　康熙初年澳门图中的西望洋炮台

图 3－38　《澳门记略》正面澳门图中的西望洋炮台

① 郭永亮：《澳门香港之早期关系》，台北：台湾“中央研究院”近代史研究所，1990 年，第 33 页。

② ［葡］安东尼奥・博卡罗著，范维信译：《要塞图册》，载澳门《文化杂志》编：《16 和 17 世纪伊比利亚文学视野里的中国景观》，郑州：大象出版社，2003 年，第 221 页；Jorge Graca, *The Fortification of Macau*, Macau: Direcção dos Serviços de Turismo de Macau, 1984, p. 92.

③ （清）印光任、张汝霖原著，赵春晨校注：《澳门记略校注》，《澳蕃篇》，澳门：澳门文化司署，1992 年，第 148 页；（清）卢坤：《广东海防汇览》卷 32，《方略》21，《炮台》2，石家庄：河北人民出版社，2009 年，第 836 页。

（4）妈阁炮台（堡垒）。妈阁炮台，又称娘妈角炮台、罢辣炮台（Fortaleza da Barra），还称圣地亚哥炮台（Fortaleza de S. Tiago da Barra）。该炮台位于澳门半岛的南端，妈阁山下之滩头，烧灰炉炮台的西南面，与对面山之银坑相对，是内港的海防要塞。1612年即已开始兴建，1622 年荷兰人进攻澳门时，该处即架设一尊大炮。1623 年，马士加路也加紧扩建该炮台，1629 年建成一座甚为壮观的炮台。[①] 博卡罗称：

> 在工事方面，本市在离港口入口很近的地方有一座炮台，人们称为圣地亚哥炮台，它有 150 步长、55 步宽，形成一个非常漂亮的火炮发射台，高出海面 5 英寻，围墙底部宽 25 拃；所说的高度包括只高出炮台 3 拃的胸墙，胸墙既不能保护人也不能保护火炮，打算在战时放上装满土石的筐。炮台平地中间有一个在石头凹处挖的地下蓄水池，能蓄 3 000 桶水，大部分地方都有这种水池。在陆地那边山坡上的房子足以供上尉和 60 名士兵居住，下面的房子用于放置军火和食品。在妈阁庙那边的入口处有一座屋顶为四坡面的又大又漂亮的房子，上面有另一块平地与这处相邻，但有 15 级台阶隔开，那里也有火炮，两个地方都有很粗的火炮。再往上就是上尉和士兵们的房子。一道城墙从这座炮台一直延伸到山顶，那里有一座房子，当兵头在那里住时就有卫队守卫。[②]

该炮台各时期置炮有所不同，1638 年时置炮 16 门[③]，乾隆时置炮 26 门，道光时 29 门。[④] 妈阁炮台为仅次于大炮台的澳门第二大炮台，该炮台有专门的兵头驻守。

图 3－39　1632 年澳门要塞图中的妈阁炮台

图 3－40　康熙初年澳门图中的妈阁炮台

图 3－41　《澳门记略》正面澳门图中的妈阁炮台

---

① Description of the City of the Name of God in China, by António Bocarro, Chronicler-in-Chief of the State of India", in C. R. Boxer ed. and trans., *Seventeenth Century Macau in Contemporary Documents and Illustrations*, HongKong: Heinemann (Aisa), 1984, p. 16; Jorge Graca, *The Fortification of Macau*, Macau: Direcção dos Serviços de Turismo de Macau, 1984, pp. 63－64.

② ［葡］安东尼奥·博卡罗著，范维信译：《要塞图册》，载澳门《文化杂志》编：《16 和 17 世纪伊比利亚文学视野里的中国景观》，郑州：大象出版社，2003 年，第 220 页。

③ ［葡］莱萨著，范维信译：《澳门人口：一个混合社会的起源和发展》，载《文化杂志》（中文版）第 20 期，1994 年，第 138 页。

④ （清）印光任、张汝霖原著，赵春晨校注：《澳门记略校注》，《澳蕃篇》，澳门：澳门文化司署，1992 年，第 148 页；（清）卢坤：《广东海防汇览》卷 32，《方略》21，《炮台》2，石家庄：河北人民出版社，2009 年，第 836 页。

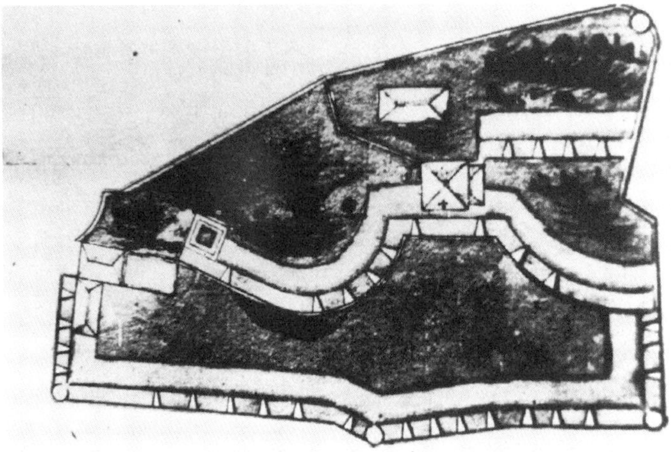

图 3-42 1775 年妈阁炮台测绘图

（5）烧灰炉炮台（堡垒）。烧灰炉炮台，又名南环炮台、蓬巴而底炮台（Fortaleza de nossa Senhora do Bomparte），还有一别名为“博姆·巴尔托圣母炮台”。该炮台位于南湾街的西端、西望洋山之东南麓，也就是现今民国大马路的起点。该炮台 1622 年建成，荷兰人袭澳时发挥了作用。炮台呈三角形，当时置有 6 门大炮。炮台上面设有哨房、哨亭、警钟，也有弹药库，是保卫内外港的坚固阵地。[①] 该炮台各时期置炮有所变化，乾隆时置炮 3 门，道光时 5 门。[②] 1740 年时绘制了该炮台的测绘图。

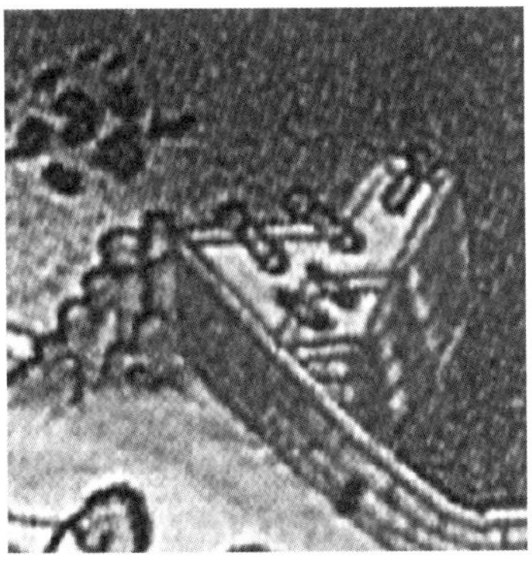

图 3-43 1632 年澳门要塞图中的烧灰炉炮台

图 3-44 康熙初年澳门图中的烧灰炉炮台

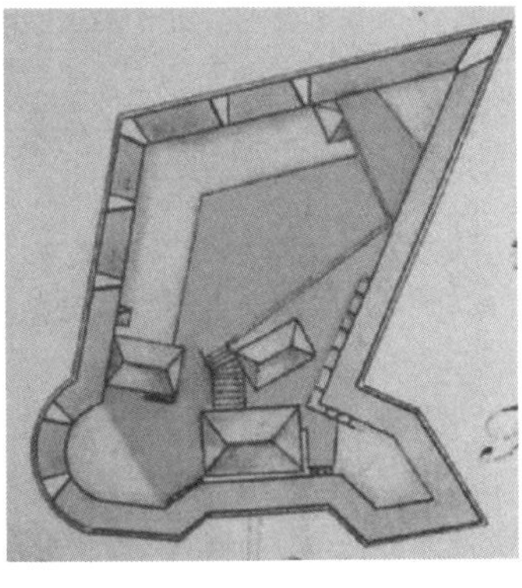

图 3-45 1740 年烧灰炉炮台测绘图

① ［葡］安东尼奥·博卡罗著，范维信译：《要塞图册》，载澳门《文化杂志》编：《16 和 17 世纪伊比利亚文学视野里的中国景观》，郑州：大象出版社，2003 年，第 221 页；Jorge Graca, *The Fortification of Macau*, Macau: Direcção dos Serviços de Turismo de Macau, 1984, pp. 73-74；郭永亮：《澳门香港之早期关系》，台北：台湾“中央研究院”近代史研究所，1990 年，第 31 页。

② （清）印光任、张汝霖原著，赵春晨校注：《澳门记略校注》，《澳蕃篇》，澳门：澳门文化司署，1992 年，第 148 页；（清）卢坤：《广东海防汇览》卷 32，《方略》21，《炮台》2，石家庄：河北人民出版社，2009 年，第 836 页。

（6）嘉思栏炮台（堡垒）。嘉思栏炮台，又称噶斯兰炮台、圣弗朗西斯科炮台（Fortaleza de S. Francisco），还称圣方济各炮台。嘉思栏炮台位于山顶医院的南面以及南湾的东端，与旧方济各会修道院相邻。该炮台呈椭圆形，1622 年荷澳战争中即已存在，重建于 1629 年，共设有 6 门炮[①]。各时期置炮有所变化，乾隆时置炮 7 门，道光时 18 门。[②] 炮台与嘉思栏堂一起构成堡垒。1740 年对嘉思栏炮台进行了测绘，并保留测绘图。

图 3－46　1632 年澳门要塞图中的嘉思栏炮台

图 3－47　康熙初年澳门图中的嘉思栏炮台

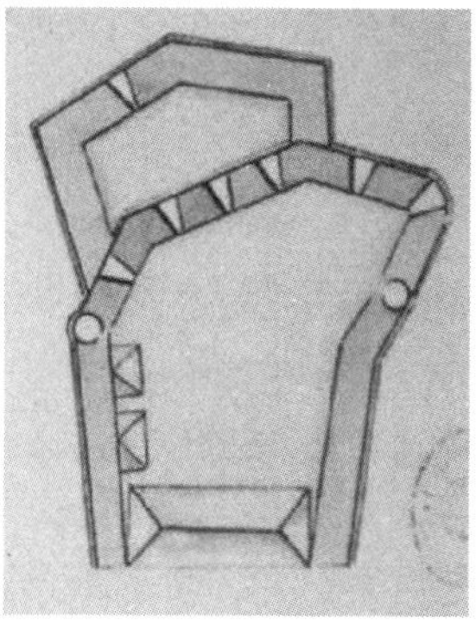

图 3－48　1740 年嘉思栏炮台测绘图

（二）澳门早期的 5 座小炮台

除了上述 6 座诸书均有记载的澳门大炮台外，还有几座炮台不知何故未见于上述诸书。博卡罗《要塞图册》与闵明我《中国王朝历史、政治、伦理和宗教论》二书中均称澳门有 8 座炮台，[③] 比上述诸书记载多出 2 座。1632 年《澳门要塞图》及 1665 年芬彭士《澳门城市平面图》分别标出了 10 座和 9 座炮台，[④] 则 1632 年《澳门要塞图》比诸书要多出 4 座炮台。

---

① ［葡］安东尼奥·博卡罗著，范维信译：《要塞图册》，载澳门《文化杂志》编：《16 和 17 世纪伊比利亚文学视野里的中国景观》，郑州：大象出版社，2003 年，第 221 页。Jorge Graca, *The Fortification of Macau*, Macau: Direcção dos Serviços de Turismo de Macau, 1984, pp. 73－74；郭永亮：《澳门香港之早期关系》，台北：台湾“中央研究院”近代史研究所，1990 年，第 31～32 页。

② （清）印光任、张汝霖原著，赵春晨校注：《澳门记略校注》，《澳蕃篇》，澳门：澳门文化司署，1992 年，第 148 页；（清）卢坤：《广东海防汇览》卷 32，《方略》21，《炮台》2，石家庄：河北人民出版社，2009 年，第 836 页。

③ 博卡罗《要塞图册》中除上述 6 座炮台外，还有圣伯多禄及圣若奥两座炮台，而闵明我著、杨平译之《中国王朝历史、政治、伦理和宗教论》称澳门有 1 座大炮台、7 座小炮台，载《文化杂志》（中文版）第 31 期，1997 年，第 183～190 页。

④ ［葡］雷曾德：《澳门要塞图》，载《文化杂志》（中文版）第 10 期，1992 年，第 17～18 页；François Valentijn ed., Sinnappah Arasaratnam, *François Valentijn's Description of Ceylon*, *Vol. 3*, *Oud en Nieuw Oost-Indien*, *1726*, Nabu Press, 2010. “Platte Grond vande”（《澳门城市平面图》）为该书之插图，无页码。

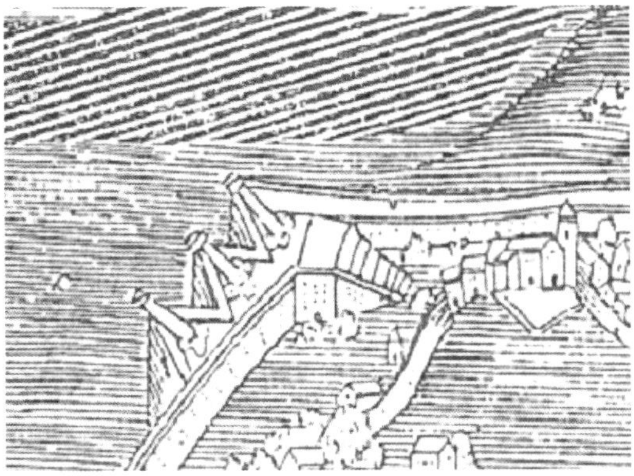

图 3－49　1632 年澳门要塞图之沙梨头炮台

（1）沙梨头炮台。郭永亮言，该炮台“为澳门最古的炮台之一，但其建筑年代不可考”[①]。据《澳门编年史：16—18 世纪》：“1562 年，第一座教堂——圣安东尼奥小教堂以居民点之门为要塞，置以火炮（沙梨头要塞）。”[②]可知沙梨头炮台应是澳门最早建立的炮台。据图 3－49 则可知该炮台至 1632 年前，共架炮 3 门，是澳门较小的炮台之一。[③]

（2）圣伯多禄小炮台。圣伯多禄小炮台（Forte de S. Pedro）于 1622 年后建成，位于南湾街中部。博卡罗曾提到该炮台配有一门发射 18 磅铁炮弹的大炮。[④] 1632 年《澳门要塞图》没有绘圣伯多禄小炮台，但 1665 年《澳门城市平面图》却绘了这一炮台。1740 年对圣伯多禄小炮台进行了测绘并留下了测绘图。

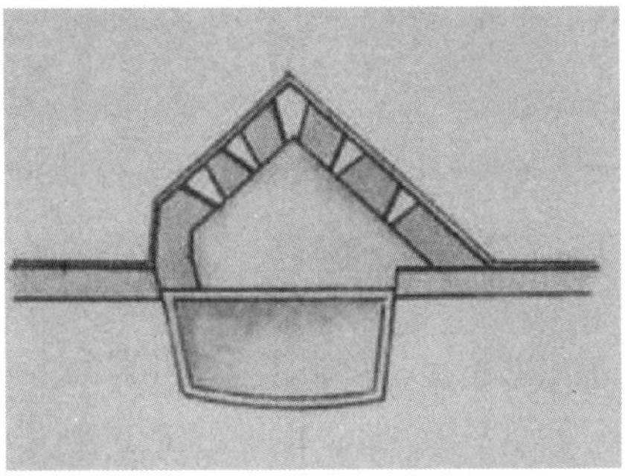

图 3－50　1740 年圣伯多禄小炮台测绘图

图 3－51　18 世纪箱盖澳门图中的圣伯多禄小炮台

① 郭永亮：《澳门香港之早期关系》，台北：台湾“中央研究院”近代史研究所，1990 年，第 34 页。据郭永亮言，沙梨头炮台在 1640 年被明政府逼令拆毁。

② ［葡］施白蒂著，小雨译：《澳门编年史：16—18 世纪》，澳门：澳门基金会，1995 年，第 16 页。

③ ［葡］雷曾德：《澳门要塞图》，载《文化杂志》（中文版）第 10 期，1992 年，第 17～18 页插图。白乐嘉认为，该图成于 1632 年，当以图中已建起的圣保禄教堂前尚未见完成于 1637 年的大三巴牌坊之故。参见 Jack M. Braga, *Hong Kong and Macao: A Record of Good Fellowship*, Hong Kong: Graphic Press Limited, 1960, p. 28.

④ ［葡］安东尼奥·博卡罗著，范维信译：《要塞图册》，载澳门《文化杂志》编：《16 和 17 世纪伊比利亚文学视野里的中国景观》，郑州：大象出版社，2003 年，第 223 页；Jorge Graça, *The Fortification of Macau*, Macau: Direcção dos Serviços de Turismo de Macau, 1984, p. 100；郭永亮：《澳门香港之早期关系》，台北：台湾“中央研究院”近代史研究所，1990 年，第 36 页。

图 3－52　1830 年代钱纳利绘的圣伯多禄小炮台

（3）圣若奥城堡。圣若奥城堡，博卡罗称“该炮台置炮 2 门”，而郭永亮称圣若奥城堡筑于“水坑闸门”墙上，城堡置有 5 门大炮。[①] 1632 年《澳门要塞图》上有“圣若奥城堡”，1665 年《澳门城市平面图》的截面亦标出“圣若奥城堡”，但未绘出炮位。

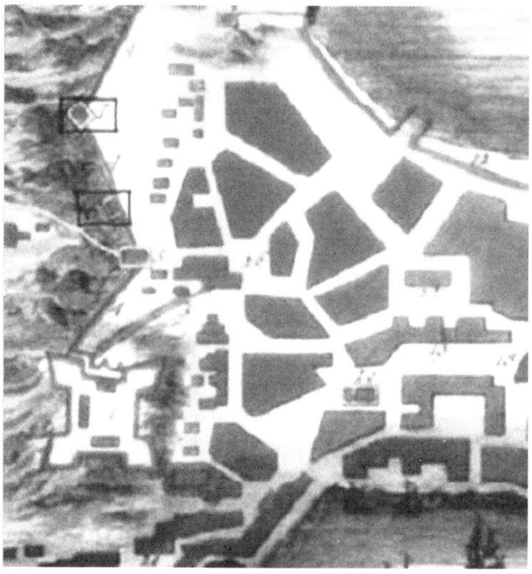

图 3－53　1665 年澳门城市平面图中，上为圣耶罗尼炮台，下为圣若奥城堡

图 3－54　1632 年澳门要塞图中，上为圣耶罗尼炮台，下为圣若奥城堡

① ［葡］安东尼奥·博卡罗著，范维信译：《要塞图册》，载澳门《文化杂志》编：《16 和 17 世纪伊比利亚文学视野里的中国景观》，郑州：大象出版社，2003 年，第 223 页；郭永亮：《澳门香港之早期关系》，台北：台湾“中央研究院”近代史研究所，1990 年，第 37 页。

（4）圣耶罗尼炮台。圣耶罗尼炮台，又称仁伯爵炮台，位于今山顶医院处。郭永亮称该炮台建筑年代与澳门城同年，亦即澳门城最后完成时，该炮台亦建筑完工。[①] 1632 年《澳门要塞图》（图 3－54）亦标出“圣耶罗尼炮台”。炮台与山顶医院一起构成城堡。

（5）沙栏仔炮台。还有一处炮台，仅见于 1632 年《澳门要塞图》（图 3－55）中，该图在澳门内港沙栏仔海旁处绘有一炮台，炮台架炮两门，但这一炮台在其他任何文献中均无记载，就连 1665 年《澳门城市平面图》对此炮台亦无标署。薛凤旋先生标此处炮台为“银坑炮台”[②]，实误。银坑在澳门半岛对面湾仔处，并不在澳门半岛。郭永亮亦称：“银坑炮台在内港对面银坑岛，与沙梨头互为对峙。”[③] 银坑确实建有一座炮台，但建筑时间应在 1645 年以后，在 1655 年荷兰人豪斯伯格的地图上，湾仔之银坑标有一处葡萄牙炮台。[④] 但这一炮台并非澳门半岛上的沙栏仔炮台。

图 3－55　1632 年澳门要塞图中的沙栏仔海旁炮台

（三）19 世纪增建的 3 座炮台

（1）腊一炮台（Bateria 1°de Decembro）。腊一炮台又称嘉思栏下炮台。1872 年 12 月 1 日，腊一炮台动工奠基。图纸由工程师塞卡尔男爵小梅洛先生设计。炮台于次年 5 月间建成。该炮台为海岸防御工程，位置在南湾的最东端，与嘉思栏炮台互为犄角。

① 郭永亮：《澳门香港之早期关系》，台北：台湾“中央研究院”近代史研究所，1990 年，第 36 页。
② 薛凤旋编著：《澳门五百年：一个特殊中国城市的兴起与发展》，香港：香港三联书店，2012 年，第 36～37 页。
③ 郭永亮：《澳门香港之早期关系》，台北：台湾“中央研究院”近代史研究所，1990 年，第 37 页。
④ ［葡］潘日明著，苏勤译：《殊途同归：澳门的文化交融》，澳门：澳门文化司署，1992 年，第 103 页。

该炮台为露天炮台，总面积为1 374 平方米，共架5 门大炮、3 门铜炮、2 门铁炮。1888 年该炮台增建一个不规则四边形立体防御工事，1900 年炮台着火爆炸。①

图 3 - 56 腊一炮台

图 3 - 57 1852 年建成的马蛟炮台

（2）马蛟炮台（Forte de D. Maria II）。马蛟炮台亦称玛丽亚二世堡垒。1849 年，亚马留总督曾下令修建望厦炮台，该炮台位于澳门最北部的莲峰庙侧的山顶上，与关闸直线相对，但炮台尚未建成，亚马留即已遇刺身亡。② 1852 年 2 月 19 日，雄踞劏狗环（Cacilhas）上面的新碉堡落成。根据命令，取名为玛丽亚二世堡垒。此即马蛟炮台，建于马蛟山上。马蛟山在东望洋山之北，螺丝山东南，山高 47 米，是东北海防要地。负责建此炮台者为安东尼奥·古雅（António de Azevedo e Cunha）将军。该炮台中央有火药库一间，在台北有一块圆石台，直径为 1.2 米，上置旋转大炮一门。炮台还有暗台一座，炮台入口为吊桥，在闸门后有一间圆形大厅，门左侧有两间隐藏室，大厅后面则有回廊。马蛟炮台建立后，原望厦炮台变得无关紧要，加之年久失修，被下令拆除。③

（3）青洲炮台。1865 年，工程兵出身的澳督阿穆恩主持修建的青洲炮台竣工。青洲炮台与同时重建的望厦炮台遥遥相望，互为犄角，以防御澳门北部的军事进攻。该炮台有岗哨、战壕、暗台等，置炮情况不详。④

综上所述，可知明清两代在澳门修建的炮台总数为 14 座，其中建于 17 世纪之前的有 11 座，建于 19 世纪后期的为 3 座，但常见的大炮台为 6 座，其余 17 世纪建成的 5 座小炮台在入清以后逐渐消失。

---

① ［葡］施白蒂著，姚京明译：《澳门编年史：19 世纪》，澳门：澳门基金会，1998 年，第 189 页；Jorge Graça, *The Fortifications of Macau*, Macau: Direcção dos Serviços de Turismo de Macau, 1984, pp. 114 - 115.

② Jorge Graça, *The Fortifications of Macau*, Macau: Direcção dos Serviços de Turismo de Macau, 1984, p. 98；郭永亮：《澳门香港之早期关系》，台北：台湾“中央研究院”近代史研究所，1990 年，第 34 ~ 35 页。

③ ［葡］施白蒂著，姚京明译：《澳门编年史：19 世纪》，澳门：澳门基金会，1998 年，第 112 页；郭永亮：《澳门香港之早期关系》，台北：台湾“中央研究院”近代史研究所，1990 年，第 35 页。

④ Jorge Graça, *The Fortifications of Macau*, Macau: Direcção dos Serviços de Turismo de Macau, 1984, p. 108.

表 3－2 史料载明清两代修建澳门炮台之时间及炮位设置①

炮台名	修建时间	《要塞图册》	《澳门记略》	《广东海防汇览》	备注
三巴	1626	18 门	28 门	47 门	
东望洋	1638	5 门	7 门	20 门	
西望洋	1626	2 门	5 门	13 门	
妈阁	1629	无	26 门	29 门	
嘉思栏	1629	7 门	7 门	18 门	
烧灰炉	1622	6 门	3 门	5 门	
圣伯多禄	1626	3 门	无	无	
沙梨头	1562	2 门	无	无	
圣若奥	1632	5 门	无	无	
圣耶罗尼	1632	1 门	无	无	
沙栏仔	1632	2 门	无	无	
马蛟	1852				旋转炮 1 门
青洲	1865				不详
腊一	1872				5 门炮

第三节 澳门的堂区及教堂

澳门正式允许通商的第二年——1555 年，就有耶稣会天主教士来到澳门，随后，方济各会、多明我会、奥斯定会教士纷纷来澳，并先后设立会院，建筑教堂。可以说，澳门城市中最早出现的公共建筑就是教堂。据龚萨雷斯神父写于 1571 年的信札称，他

① ［葡］安东尼奥·博卡罗著，范维信译：《要塞图册》，载澳门《文化杂志》编：《16 和 17 世纪伊比利亚文学视野里的中国景观》，郑州：大象出版社，2003 年，第 220～223 页仍记明末澳门炮台之数；（清）印光任、张汝霖原著，赵春晨校注：《澳门记略校注》，《澳蕃篇》，澳门：澳门文化司署，1992 年，第 148 页仍记乾隆时各炮台之炮位；（清）卢坤：《广东海防汇览》卷 32，《方略》21，《炮台》2，石家庄：河北人民出版社，2009 年，第 836 页仍记道光时炮台之炮位。但从此表可以看出，除南环（湾）炮台的炮位设置是逐渐递减外，其余各炮台的炮位均有所增加。

1555 年来到澳门时就建起了一座用茅草搭盖的教堂。① 紧接着，在 1558 至 1560 年间先后盖起了 3 座澳门最古老的教堂：圣拉匝禄堂（望德堂）、圣老楞佐堂（风顺堂）及圣安多尼堂（花王堂）。于是，澳门葡萄牙人依照其在欧洲城市的居住方法，以教堂为中心建立了自己的生活堂区。每一个堂区都有一个中心教堂作为区域内居住人口开展宗教活动的场所，但在这个区域内还会建其他的教堂，本节主要介绍澳门堂区的划分及各教堂的分布以及教堂建筑的西洋元素。

一、澳门的天主教堂区

澳门最早出现的“堂区”应该是指当地居民以一个中心教堂为其宗教活动据点的居住区域，应该属于自然形成的人文地理区域，但到后来逐渐发展为澳门基督城内的行政区划。《天主教百科全书》中有对堂区（Parish）的详细定义：

> 堂区，拉丁语写作 paraecia 或 parochia，原意指相邻的住宅群。一般概念为，堂区是教区的组成部分，交由一名司铎管理，该名司铎须在其居住区具有相当品行，被指定须帮助当地的宗教信仰。此人即主任司铎。②

天主教会的组织团体分为依据圣统制建置的教会科层机构以及自治团体两大类型。圣统制内各机构的相对关系，类似国家的中央政府与地方政府，只不过是运用至全世界各个有教会的地方。而圣统制建置大体如此：1）圣座；2）教区（或宗座代牧区、宗座监牧区、宗座署理区）；3）堂区。

澳门最早的堂区何时出现，至今未见学者专门研究。据 1576 年 8 月 18 日耶稣会会士克里斯托旺·达·科斯塔（Cristóvão da Costa）神父的信称：

> 关于耶稣会的创立，确定的是，1576 年该会已经存在，因为当时的一条资料提到这个教区教堂（圣老楞佐堂）和另外两个教堂，一座在圣安东尼奥小教堂附近，另一座是主教座堂，主教座堂在当年建立。③

如果这一条材料没有问题的话，那就是说，在 1576 年 1 月教宗格里高利十三世（Gregory XIII）发布敕谕成立澳门主教区后的几个月中，澳门的 3 个堂区已经设立，应该是圣老楞佐堂、圣安多尼小教堂和主教座堂（当时的主教座堂设在圣母玛利亚教堂内，亦耶稣会的教堂）。此亦可以获得 1638 年到澳门的意大利旅行家马可·阿瓦罗（Marco de Avalo）一书的证明：

---

① ［葡］罗理路著，陈用仪译：《澳门寻根》，附录文献之 12《格雷戈里奥·龚萨雷斯神父给胡安·德·波尔哈的信》（约 1571 年），澳门：澳门海事博物馆，1997 年，第 140 页。

② *The Catholic Encyclopedia*, Vol. 11, New York: The Encyclopedia Press, INC. , 1913, p. 499.

③ Carta do P. Cristóvão da Costa de 18 de Novembro de 1576, in Maria Regina Valente, *Igrejas de Macau*, Macau: Instituto Cultural de Macau, 1993, p. 32.

澳门还有3个教会堂区，第一个是大堂或主教堂区，第二个是风顺堂区，而第三个是花王堂区，另一个叫望德圣母堂的教堂在城外，1633年决定将它改为区教堂，因为其他教区因其在城内关照的生灵数字太大而超负荷。[①]

这里必须指出，最初设在圣母玛利亚教堂的主教座堂因为1622年主教座堂的正式建立而移出。据葡文资料，设在大庙顶的主教座堂即大堂或圣伯多禄教堂的始建年代为1622年或1623年。[②] 郭永亮甚至明确地称："大堂乃建于1622年。"[③] 所以，上引资料的主教堂区或大堂区指的就不是圣母玛利亚教堂，而是设在大庙顶的主教座堂。这就告诉我们，在1633年前，澳门城内教会的管区已经明确划分为3个堂区，即大堂区、风顺堂区和花王堂区，但到1633年时，由于城内3个堂区管理的基督教教友太多而超负荷，所以又将当时位于澳门城外的望德堂升格为第四个堂区。博克塞记录1642年庆祝若奥四世登基大典上所引资料亦称：

在教堂和修道院轮流举行了特殊的感恩服务活动，与此同时，每个"堂区"在主要街道上轮流进行化装舞会游行。[④]

其在另处又记录这一次庆典称：

1642年7月10日，圣老楞佐堂区的奴隶们率先向主人要求举办自己的化装舞会得到允许，他们使用主人提供的面具和各种道具表演了非洲舞；8月10日，澳门的大部分奴隶和圣安多尼堂区的奴隶举行了自己的游行演出，其规模完全可以和上一次奴隶化装舞会相媲美。[⑤]

很可能是随着入清以后澳门城内的基督徒人数减少，到17世纪后期，望德堂区很可能又被裁撤。据1670年来澳门的西班牙多明我会会士闵明我称他所见到的澳门城：

城里有5座修道院、3个堂区教堂、1座主教堂，还有仁慈堂、拉匝禄麻风院和耶稣会会院。[⑥]

故到18世纪后，在澳门见到的就只有3个堂区的记录。文德泉《18世纪的澳门》称：

1713年3月6日，澳门议事会认同澳督晏多尼的建议，并于当天会上委任3人为巡逻队队长：老俾利喇为风顺堂区队长，若奥·洛贝斯（João Lopes）为大堂

---

① Marco de Avalo, Descrição de Macau, em 1638, in C. R. Boxer ed., *Macau na Época da Restauração*, Macau: Impresensa Nacional, 1942, p. 83.

② Manuel Teixeira, *Macau e a Sua Diocese, Vol. XII, Bipos, Missionários, Igrejas e Escolas*, Macau: Tipografia da Missão, 1976, p. 173.

③ 郭永亮：《澳门香港之早期关系》，台北：台湾"中央研究院"近代史研究所，1990年，第44页。

④ C. R. Boxer, *Fidalgos in the Far East (1550–1770), Fact and Fancy in the History of Macau*, The Hague: Martinus Nijhoff, 1948, pp. 147–148.

⑤ C. R. Boxer ed. and trans., *Seventeenth Century Macau in Contemporary Documents and Illustrations*, Hong Kong: Heinemann (Aisa), 1984, p. 170.

⑥ ［西］闵明我著，杨平译：《中国王朝历史、政治、伦理和宗教论》，载澳门《文化杂志》编：《16和17世纪伊比利亚文学视野里的中国景观》，郑州：大象出版社，2003年，第259页。

区队长，若瑟·罗德里格斯（José Rodrigues）为花王堂区队长。[①]

潘日明引据葡文资料称：

> 1718 年 12 月 28 日，澳门议事会在圣老楞佐堂、圣安多尼堂及主教座堂三个堂区分别建立竖屋（巡捕房）。[②]

据龙思泰 1832 年的《早期澳门史》介绍称：

> 澳门各区均以其界域内的区域性教堂而得名。纪念圣伯多禄的主教大堂，使这个主要区域得名为大堂区。这个教堂何时建成则不得而知。第二个也是最为广大的区域称为风顺堂区，因其区内教堂的守护神圣老楞佐而得名。根据一段铭文，该教堂可能重建于 1618 年。第三个也是最小的区域称为花王堂区，以花王堂而得名，该教堂于 1809 年焚毁，因罗马天主教徒和非天主教的基督徒共同慷慨解囊，而得以重建。[③]

这就告诉我们 17 世纪中期以后一直到 19 世纪初，澳门城区一直是大堂、圣老楞佐堂和花王堂 3 个堂区的划分。

澳门的“堂区”不能简单地与天主教教会的“堂区”（Ecclesiastical Parish）画等号。因为澳门的堂区是教会圣统制下的堂区，亦是“行政堂区”（Civil Parish），行政划分和教会堂区一致。而这种关联则体现了葡萄牙国家行政划分的特色。现今葡萄牙的行政划分，确立于康乃馨革命后制定的 1976 年《葡萄牙宪法》，共分为区（Distrito）、郡（Concelho）、堂区（Freguesia）三个等级，葡萄牙现共有 4 260 个堂区。所以行政意义上的“堂区”对应的词汇应是“Freguesia”。而从教会的角度称谓时，葡语中“堂区”应是“Paróquia”，对应的英文单词正好是“Parish”。在一般意义上，Paróquia 也会用来指行政堂区。根据现有的资料判断，澳门 3 个堂区作为澳门城市的 3 个行政区域，这种情况应该是从 17 世纪中叶以后开始的，一直到 19 世纪末，这一划分并未发生改变。其中虽然在鸦片战争后葡萄牙将澳门城北部扩展到关闸一线，澳葡政府将新扩展地全部划归花王堂区管辖，其他两区仍旧不变，这从 1893 年和 1894 年的两份《澳门宪报》刊载的澳门政府札谕即可看出。大西洋钦命澳门辅政使司护理澳门地扪总督罗（Alfredo Lello）为札谕事：

> 照得所有澳门公钞事宜，应即行将本澳地方分列坊数，以便条晰办理，俾免窒碍。并查据督理国课官所呈之条例，合行将澳地定分三坊，列左：一为圣老楞佐坊，即华俗名风顺堂坊约；二为大堂坊约；三为圣安多尼坊约，即华俗名花王

---

① Manuel Teixeira, *Macau no Séc. XVIII*, Macau: Imprensa Nacional, 1984, p. 129.

② ［葡］潘日明著，苏勤译：《殊途同归：澳门的文化交融》，澳门：澳门文化司署，1992 年，第 108 页；Eduardo A. Veloso e Matos, *Forças de Segurança de Macau*, Macau: Museum de Macau, 1999, p. 57.

③ ［瑞典］龙思泰著，吴义雄等译：《早期澳门史》，北京：东方出版社，1997 年，第 22 ~ 23 页。

堂坊。各坊路径：所有由南湾海边石磡扯直线入巴掌围左便，上至岗顶前地，又下至夜姆斜巷，落夜姆街等处之左便，直出至河边为界，均系归圣老楞佐约所有。已上各街之右便，并由白头坟墓之北，顺至新火药局马路，直经搭石西洋坟墓，过细井巷尾，转过大炮台北面，顺经穷里北边，落至大三巴街，南面又顺落至高尾街，出大街右转，进草堆街，出至康公庙，直径前行至美基街，出至河边为界，均系归大堂坊约。除已上各街之外，其余各街巷均系归圣安多尼坊约。为此合札各官员军民人等一体知悉。须至札者。癸巳年六月廿二日。第一百廿八号札谕。[①]

这份札谕未涵括新桥、沙岗和望厦等处，遂有1894年新颁发的札谕，大西洋澳门地扪总督布为札谕事：

照得据督理国课官详称，应将圣安多尼坊约之界，按照华本年正月廿一日上谕所准之业钞章程内第一款第七号附款所免之钞划分明白。查本澳新桥、沙岗、望厦等处，尤须划定坊约，俾国课业主，两有裨益。并据该督理国课官所呈出之条例，自宜按照该章之第十一、第四十四等款办理。合行将澳地定分三坊列左：一为圣老楞佐坊，即俗名风顺堂坊约。二为大堂坊。三为圣安多尼坊，即俗名花王堂坊约。各坊路径列：第一坊：所有内河一带所围澳地之南，由海面北旁起线，直至南湾石基，入巴掌围，上至岗顶前地，又下至夜姆斜巷落夜姆街等处，直出至河边为界，均系归圣老楞佐坊。第二坊：所有已上老楞佐坊各该街之北旁线起，由海面上经白头坟墓之北，经新火药局马路、西洋坟墓，直过细井巷尾，转过大炮台北面，顺经穷里多偏南，落至大三巴街，又顺落至高尾街，出大街、草堆街、康公庙前地，至美基街，直至河边为界，均系归大堂坊。第三坊：所有已上大堂坊，各该街之北旁线起至关闸为界，均系归安多尼坊。兹按照现准之业钞章程第一款第七号附款，其该坊约由关闸北起直线，又由海向南，经火药局、白头坟墓、连胜街、青草街、桥巷、新桥涌，直至内河为界之地，均作为免钞。今将本札作为补其本年六月廿二日所颁行之第一百廿八号划界之札谕。为此合札各官员军民人等一体知悉。须至札者。癸巳年十二月初三日。第四号札谕。[②]

两份札谕中的所谓“坊约”，葡文作“Freguesia”，其义即是堂区，只不过是当时的中文翻译按照清代中国城市的建置将其译为“坊约”。所谓圣老楞佐坊、大堂坊、圣安多尼坊，即圣老楞佐堂区、大堂区、圣安多尼堂区。可见直到19世纪末，澳门3个堂区的划分一直没有改变。

---

① *Boletim Official do Governo da Provincia de Macau e Timor*, Vol. XXXIX, 5 de Agosto de 1893, No. 31, p. 364.

② *Boletim Official do Governo da Provincia de Macau e Timor*, Vol. XL, 13 de Janeiro de 1894, No. 2, pp. 11 – 12.

二、澳门的天主教堂

历史上的澳门在很大程度上就是一座“基督城”，所以，澳门的早期建筑史几乎就是教堂建造的历史。

（一）澳门最古老的三座教堂

1. 圣拉匝禄堂（望德堂）

圣拉匝禄堂（Igreja de Santo Lazaro）又称望德堂、发疯寺。该堂位于澳门旧城的东部。有人称望德堂是一座隐修院，这里是澳门最早居民中的基督徒举行祈祷的地方。[①] 文德泉神父认为建于1569年[②]，郭永亮据1784年10月12日澳门葡人致北京主教书称：

> 于1557年，我们来到这里定居，以后将居住范围陆续扩展到关闸，而中国人士亦未加反对。先是我们在望厦一带，那里荒芜异常，在它附近有一堂区教堂，名叫“圣母望德堂”，今称“拉匝禄堂”，事实上，该堂是麻风病院的附设所。[③]

这条材料并不能证明望德堂建于1557年，他这里所述之1557年只是说明葡萄牙人来澳门定居的时间，而并非指望德堂建立的时间。但据葡萄牙史学家若瑟·热苏斯·玛利亚1744—1745年在澳门完成的《中国与日本的亚洲》记载：

> 根据一些记录，1558至1560年间一些耶稣会神父已经到了这里，在他们的帮助和建议下，建造了两三间小教堂，圣拉匝禄教堂、圣老楞佐教堂和圣安多尼教堂，他们还修建了舒适的住所，神父们可以在这里居住，聊作贫穷的神父们精神上的慰藉。[④]

这应该是关于圣拉匝禄、圣老楞佐、圣安多尼三座教堂最原始的记录。以往，关于这三座教堂的记录多采用后人的诸种说法，不可取。故笔者以为1558—1560年说应该是最为原始的记录。潘日明神父认为，望德堂很可能是澳门的第一座教堂。[⑤] 该教堂初建时，其旁并无麻风病院。麻风病院建于1568年，最开始设在仁慈堂内，稍后才迁到望德堂旁。

---

① ［瑞典］龙思泰著，吴义雄等译：《早期澳门史》，北京：东方出版社，1997年，第28页。

② ［葡］文德泉著，徐牧民译：《耶稣会士于澳门开教四百周年》，澳门：大东书局，1964年，第11页。

③ 该信载于1938年8月的《澳门教区公报》，转引自郭永亮：《澳门香港之早期关系》，台北：台湾“中央研究院”近代史研究所，1990年，第46页。

④ José de Jesus Maria, *Ásia Sínica e Japónica*, Vol. Ⅰ, Macau: Instituto Cultural de Macau, 1988, p. 126.

⑤ ［葡］潘日明：《耶稣会传教士在澳门400周年》，转引自 Maria Regina Valente, *Igrejas de Macau*, Macau: Instituto Cultural de Macau, 1993, p. 84. 但施白蒂《澳门编年史：16—18世纪》（澳门：澳门基金会，1995年）第16页认为：“1562年，圣安东尼奥小教堂为澳门的第一座教堂。”郭永亮《澳门香港之早期关系》（台北：台湾“中央研究院”近代史研究所，1990年）第46页亦称：“望德堂是澳门第一座天主教堂。”

所以，望德堂并不是一开始就有“发疯寺”之称，而是因为麻风病院搬到望德堂附近，人们才将望德堂又称为“发疯寺”。上引1784年10月12日澳门葡人致北京主教书称望德堂“是麻风病院的附设所”，是一错误的说法。这一点在很多著作中也是交代不清楚的。

初盖的望德堂应该是木板加茅草屋顶之建筑，到16世纪末已改成为砖石结构的“人”字形屋顶的两层楼建筑。[①] 1623年起，该教堂成为澳门华人社会中的天主教宣道中心。1633年时，有规定称：“该教堂只为麻风病人举行宗教仪式，但也会向其他的信徒开放。”到1637年时，进行再次重建。至今教堂前地一侧还有一座刻有铭文的十字架，其底座标有“希望十字架，1637年”。[②] 教堂重建后，该堂获得了教会的某些特权，因为原有的3个堂区已经容纳不下数量相当庞大的信徒，所以在1633年时曾经将该堂改为堂区教堂。[③] 之后，又经过多次拆建。今天所见的望德堂乃1885年拆除、1896年重建而奠定的规模。[④] 下面我们比较不同时期的图画来看望德堂建筑之变迁及其建筑风格：

图3-58 1590年代亚马港全图中的望德堂

图3-59 1632年澳门要塞图中的望德堂

图3-60 康熙初年西洋澳门图中的望德堂

图3-61 《澳门记略》中的望德堂（1751年）

① 参见Theodor de Bry, Israel de Bry (eds.), *Petites Voyages*, Vol. 8, Frankurt-am-Main, 1606之插图《亚马港全图》。

② Maria Regina Valente, *Igrejas de Macau*, Macau: Instituto Cultural de Macau, 1993, p. 84.

③ Marco de Avalo, Descrição de Macau, em 1638, in C. R. Boxer ed., *Macau na Época da Restauração*, Macau: Impresensa Nacional, 1942, p. 83.

④ Maria Regina Valente, *Igrejas de Macau*, Macau: Instituto Cultural de Macau, 1993, p. 87.

图3-62　1814年荷兰画家克拉克·万彤在澳门完成的《望德堂》水彩画

1590年代《亚马港全图》之望德堂与1632年《澳门要塞图》之望德堂比对近似，与康熙初年的也近似，均为“人”字形硬山顶建筑，有着和谐典雅的立面风格，为文艺复兴风格（Renaisance）。在欧洲，16世纪末的建筑风格为文艺复兴风格，其特征为“古典古代的复兴、人性的回归，兴起于1400年代之意大利”“文艺复兴建筑风格特征为，结构原理层面脱离哥特风格（Gothic），着眼于古罗马遗构完整造型和协调比例构成空间以取得发展”[①]。其后“自17至18世纪出现了巴洛克（Baroque）建筑风格，此词汇原本是否定性评价的词语，其词源来自葡萄牙语barroco（畸形的珍珠）。自此语可以当然认为非畸形的珍珠是文艺复兴风格。巴洛克风格可以认为是文艺复兴风格的扩大变质过程，其建筑特征为在平面和立面使用椭圆弧和复杂的反转曲线，附加过剩的装饰”[②]。《澳门记略》中的正面澳门图之望德堂也可见“人”字形硬山顶仓房式建筑楼阁。1814年荷兰人所绘望德堂图和钱纳利1832年所绘望德堂图基本一致，亦是“人”字形硬山顶仓房式建筑楼阁。现今教堂形状为1896年重建而来，为葡式巴洛克风格，虽不是19世纪末的新古典主义风格，但许多细部却是和谐典雅的几何学之纯粹形态。

2. **圣老楞佐堂（风顺堂、风信堂）**

圣老楞佐堂（Igreja de Santo Lourenço）又称风顺堂、风信堂。该堂位于澳门旧城东南方向的风信堂街，为澳门早期城内三大堂区教堂之一。[③] 林家骏神父认为始建于

① 铃木博之:「図説年表/西洋建築の様式」，東京：日本彰国社，1986年，第35頁。
② 铃木博之:「図説年表/西洋建築の様式」，東京：日本彰国社，1986年，第39~40頁。
③［瑞典］龙思泰著，吴义雄等译：《早期澳门史》，北京：东方出版社，1997年，第22页。

1558 年，1618 年重修，[1] 据若瑟·热苏斯·玛利亚《中国和日本的亚洲》一书记载，圣老楞佐堂建于1558—1560 年间。[2] 据1576 年8 月18 日克里斯托旺·达·科斯塔神父的信称："这一年圣老楞佐堂、圣安多尼教堂和马特里茨教堂升格为主教座堂。"[3] 该教堂最初是一座木制的小教堂，1618 年改建成为一座花岗石教堂。1768 年重建，1844 年4 月再次改建，由澳门土生建筑师托马斯·达·阿基诺（José Tomas da Aquino）主持[4]，形成今日的规模，于1846 年1 月25 日启用，主立面山花高约18 米，两侧钟楼高约21 米。[5]

图 3－63　1590 年代亚马港全图中的风信堂

图 3－64　1632 年澳门要塞图中的风信堂

图 3－65　1665 年澳门城市平面图中的圣老楞佐堂

图 3－66　钱纳利绘于1830 年代的风信堂[6]

① 林家骏：《澳门教区历史掌故文摘》，《澳门圣堂史略》，澳门：澳门主教公署，1982 年，第18 页。

② José de Jesus Maria, *Ásia Sínica e Japónica*, Vol. Ⅰ, Macau: Instituto Cultural de Macau, 1988, p. 126.

③ Carta do P. Cristóvão da Costa de 18 de Novembro de 1576, in Maria Regina Valente, *Igrejas de Macau*, Macau: Instituto Cultural de Macau, 1993, p. 32.

④ Maria Regina Valente, *Igrejas de Macau*, Macau: Instituto Cultural de Macau, 1993, p. 78.

⑤ Manuel Teixeira, *Toponímia de Macau*, Vol. Ⅰ, Macau: Instituto Cultural de Macau, 1997, p. 90.

⑥ Patrick Conner, *George Chinnery: 1774 – 1852, Artist of India and the China Coast*, Woodbridge, Suffolk: Antique Collectors' Club, 1993, p. 208.

图 3－67　钱纳利所绘风信堂

图 3－68　钱纳利绘于 1830 年代的风信堂的立面

1590 年代《亚马港全图》之风信堂与 1632 年《澳门要塞图》之风信堂均为“人”字形硬山顶建筑，有着和谐典雅的立面风格，为文艺复兴建筑风格。1665 年所绘的圣老楞佐堂则明显与前两图不同，前为尖顶塔楼，后为“人”字形硬山顶建筑。《（雍正）广东通志》中的澳门图之风信堂可见“人”字形硬山顶建筑楼阁。1836 年前后，钱纳利有风信堂的绘画，这幅画作中，教堂立面及两旁的塔楼均有爱奥尼亚式立柱支撑，屋檐及三角屋顶、窗楣均有复杂的装饰，当为巴洛克风格建筑。今状为 1844 年改建，仍采用葡式的巴洛克风格，未采用 19 世纪的新古典主义风格。

3. 圣安多尼堂（花王堂）

圣安多尼堂（Igreja de Santo António）又称花王堂。该教堂位于澳门旧城西北的花王堂前地。花王堂供奉的安东尼是天主教圣人，被尊为“婚姻主保”，是故华人称该教堂为“花王堂”。为澳门最古老的三大教堂之一。据若瑟·热苏斯·玛利亚《中国和日本的亚洲》一书记载，圣安多尼堂建于 1558 年至 1560 年之间。[①] 据《耶稣会士在亚洲》称：“他们（耶稣会士）栖身的第一个地方在原来圣安东尼隐修院所在的十字架的下方。”[②] 耶稣会住院建于 1565 年，这就可以说明圣安多尼堂明确建于 1565 年之前。但潘日明神父认为，在花王堂建成之前，在该堂的西北 100 余码处曾建过一个小礼拜堂，而且这座小礼拜堂与花王堂在 1595 年之前同时存在。[③] 花王堂初建时仅为茅草覆盖的简陋建筑，到 16 世纪末已变成有塔楼的多栋“人”字形屋顶的砖石建筑。[④] 到

---

① José de Jesus Maria, *Ásia Sínica e Japónica*, Vol. Ⅰ, Macau: Instituto Cultural de Macau, 1988, p. 126.

② BAJA, Cód. 49-V-3, fl. 20，转引自金国平编译：《西方澳门史料选萃（15—16 世纪）》，广州：广东人民出版社，2005 年，第 245 页。

③ ［葡］潘日明：《耶稣会传教士在澳门 400 周年》，转引自 Maria Regina Valente, *Igrejas de Macau*, Macau: Instituto Cultural de Macau, 1993, p. 88.

④ 参见 Theodor de Bry, Israel de Bry (eds.), *Petites Voyages*, Vol. 8, Frankurt-am-Main，p. 1606 之插图《亚马港全图》。

1638 年时，该教堂重建，教堂前地保留了一个十字架，上面镌刻的日期为 1638 年。[①] 1638 年应为花王堂大规模重建之年，从这时开始，花王堂已改建成为全部花岗石建筑。之后，教堂多次毁坏并予以重建，毁于 1809 年，重建于 1810 年。[②] 1874 年 9 月 22 日台风引起的大火烧毁了教堂，仅留下直立的石墙。1875 年重建为今状。

图 3-69　1590 年代亚马港全图中的花王堂

图 3-70　1632 年澳门要塞图中的花王堂

图 3-71　《（雍正）广东通志》澳门图中的花王堂

图 3-72　18 世纪箱盖澳门图中的花王堂

图 3-73　1874 年 9 月 22、23 日被台风和大火摧毁后的花王堂

① Maria Regina Valente, *Igrejas de Macau*, Macau: Instituto Cultural de Macau, 1993, p. 89.

② 郭永亮：《澳门香港之早期关系》，台北：台湾“中央研究院”近代史研究所，1990 年，第 63 页。

1590 年代《亚马港全图》之花王堂与 1632 年《澳门要塞图》之花王堂比对吻合。均为 L 型布置，转角处为最高的坡屋顶三层钟塔，1590 年代《亚马港全图》钟塔一翼为多栋，一翼为单栋二层（1632 年《澳门要塞图》中一栋三层，三栋二层）“人”字形硬山坡屋顶建筑，有着和谐典雅的立面风格。此两幅图记录的当是 1638 年前建立的花王堂。其西洋建筑（教堂）风格均为文艺复兴式而非巴洛克式，也与当时欧洲处于文艺复兴风格晚期吻合。其建筑形式为三角形屋架硬山坡屋顶，有着和谐典雅的立面风格。塔楼未采用文艺复兴风格之前的哥特样式。18 世纪箱盖澳门图之花王堂与 1590 年代《亚马港全图》之花王堂以及 1632 年《澳门要塞图》之花王堂比对，布局类似但钟塔两翼建筑物不同。18 世纪后半期至 19 世纪初西洋建筑思潮主要为新古典主义风格，“新古典主义内藏两个倾向。一是在当时，意识到古希腊为中心的古典样式的考古学性质的正确度而在细部使用的倾向，另一倾向是着眼于理论的整合性考虑建筑构成，以称得上革命期建筑家的作品创造为目标。至新古典主义，建筑完全进入历史主义时代。巴洛克为止的建筑认为古代建筑是超越时间的真理。与此相对的是新古典主义以后的建筑将古代建筑作为考古学或是思辨的对象”①。毁于 1874 年 9 月 22 日台风和大火的教堂立面基本为新古典主义风格，只有正立面山花上的椭圆窗具巴洛克风格痕迹。1875 年重建、1930 年钟楼和主立面改建的花王堂，延续了毁于 1874 年台风和大火的教堂风格，基本为新古典主义风格，只是正立面山花上的椭圆窗具巴洛克风格痕迹。

（二）16 世纪其他三座澳门教堂

1. 嘉思栏堂

嘉思栏堂（Igreja de Santo Francisco）亦称噶斯兰庙，即方济各会教堂。该教堂与修道院相连，位于澳门旧城南湾街最东部的一座丘陵上。《澳门记略》称：“东隅噶斯兰庙。”② 嘉思栏堂建于 1579 年，为方济各会会士建。其实 1579 年只是嘉思栏堂的始建时间，其落成时间是 1580 年 2 月 2 日。据黛乌斯《植物与鲜花的乐园》载，该教堂在澳门南湾附近的小山上建立，位于城东一片美丽沙滩起始处的小山上，海浪拍打着修道院的围墙，修道院东面和北面朝向大海。③ 1590 年代《亚马港全图》（图 3－74）绘嘉思栏堂为一尖顶的六角形、两层高的教堂，靠海部分还有围墙将该堂围住。嘉思栏修道院的地理位置非常显著，1814 年绘制的嘉思栏修道院，可以看到教堂的华丽主立面，有大台阶连接到南湾海岸，右侧是嘉思栏炮台，左下方的三层高建筑是圣家辣

---

① 铃木博之：「図説年表/西洋建築の様式」，東京：日本彰国社，1986 年，第 42 頁。

② （清）印光任、张汝霖原著，赵春晨校注：《澳门记略校注》，《澳蕃篇》，澳门：澳门文化司署，1992 年，第 150 页。

③ Manuel Teixeira, *Macau e a Sua Diocese, Vol. Ⅲ, As Ordens e Congregações Religiosas em Macau*, Macau: Tipografia Soi Sang, 1956－1961, pp. 406, 451.

堂，其前方的南湾堤岸已有铺砌，海面上可见小舢板。1818 年若奥六世登基的澳门庆祝活动中记录了当时方济各会教堂及修道院的详细情况：

这样一座灯火通明的教堂，正位于圣弗朗西斯科的广场之上，名为恩宠圣母教堂。这座宏大的教堂建筑是按照罗马风格建造的，呈现出的是一座矗立在底座之上的宏伟建筑，底座直径100 英尺，环绕着8 级台阶，以便所有的人能够从四面无阻碍进入；在地基上，矗立24 根石柱，用来支撑一座巨大飞檐的教堂，四周还有一四面八角的露台。整个建筑是由栅栏固定，而在中间的则是巨大的30 英尺高的圆形穹顶。除去从顶上超出的瞭望台，都是被石柱及金字塔形包围的。整体建筑从中心算高达80 英尺，宽35 英尺；所有的石柱飞檐及其他部分都是由油气点燃中间的灯火，营造出迷人的华丽的景色，也引得所有人包括国际友人的称赞；其照明由8 000 盏灯火延续，不包括装饰在天花板顶的60 盏吊灯。在瞭望台中心的一个优雅的石柱之上，有一个神话寓言中的塑像，该塑像的双手后都有翅膀支撑，并持有桂冠。①

可以看出，直到19 世纪初，方济各会教堂和修道院还是一座澳门最为宏伟壮观的宗教建筑。1834 年，嘉思栏修道院被关闭。1861 年 3 月 30 日，葡萄牙海洋海外省下训令，批准拆除修道院，次年，在原址上兴建嘉思栏兵营。② 这座“其壮丽辉煌程度”可以与圣保禄教堂媲美的古老教堂，从此在澳门消失。1866 年 12 月 30 日兵营正式启用。③

图 3－74　1590 年代亚马港全图中的嘉思栏堂

图 3－75　1632 年澳门要塞图中的嘉思栏堂

① *Arquivos de Macau*, 1ª Série, Vol. Ⅰ, No. 1, Macau, 1929, p. 53. 这一份资料为我们了解现已不存的方济各会教堂提供了其19 世纪初的极为详细的情况，极为宝贵。

② Manuel Teixeira, *Macau e a Sua Diocese, Vol. Ⅲ, As Ordens e Congregações Religiosas em Macau*, Macau: Tipografia Soi Sang, 1956－1961, p. 465; Eduardo A. Veloso e Matos, *Forças de Segurança de Macau*, Macau: Museum de Macau, 1999, p. 13.

③ ［葡］施白蒂著，姚京明译：《澳门编年史：19 世纪》，澳门：澳门基金会，1998 年，第166 页；Eduardo A. Veloso e Matos, *Forças de Segurança de Macau*, Macau: Museum de Macau, 1999, p. 13.

图 3－76　康熙初年西洋澳门图中的嘉思栏堂

图 3－77　《（雍正）广东通志》澳门图中的嘉思栏堂

图 3－78　1665 年荷兰人所绘嘉思栏堂及修道院

图 3－79　嘉思栏修道院关闭前的景象①

1590 年代《亚马港全图》记录的嘉思栏堂为圆形尖顶，其西洋建筑（教堂）风格为文艺复兴式而非巴洛克式，也与欧洲处于文艺复兴晚期吻合。17 世纪以后改建，改建后的教堂主体建筑形式为三角形屋架硬山顶，有着和谐典雅的立面风格。钟楼未采用文艺复兴风格之前的哥特样式。17 世纪以后的教堂较 16 世纪时增加了通向教堂高处的长长的石阶，而且教堂占地面积相当广阔。1814 年绘制的嘉思栏堂，可看到天神母后教堂的华丽主立面，有大台阶连接到南湾海岸，右侧是嘉思栏炮台，左下方的三层高建筑是圣家辣堂。其建筑样式既有纯粹的几何形体，又混合有哥特式的细节，特别是手法主义的塔楼顶加尖券装饰，为 19 世纪折衷主义风格。

2. **龙嵩庙**

龙嵩庙又称圣奥斯定堂（Igreja de Santo Agostinho），修道院与教堂相连，该堂处于澳门旧城内风顺堂区岗顶前地。《澳门记略》称："龙鬆（嵩）庙在澳之西北。"② 龙嵩庙始建时间应是 1587 年 12 月，由孟利格（Frei Fancisco Manrique）神父建，他们当时

① 佚名，1814 年，Garrett, Richard J., *The Defences of Macau: Forts, Ships and Weapons over 450 Years*, Hong Kong: Hong Kong University Press, in Conjunction with Insituto Cultural do Governo da R. A. E. de Macau, 2010, p. 32.

② （清）印光任、张汝霖原著，赵春晨校注：《澳门记略校注》，《澳蕃篇》，澳门：澳门文化司署，1992 年，第 150 页。

买了一间由瓦片和麦秸搭成的小屋，长 33 英尺，宽 13 英尺。他们将这间木屋改建为圣堂和修道院，名为恩宠圣母修道院。但至 1591 年时，又将圣堂搬至磨盘山上（即今之岗顶）重建。龙嵩庙最初供奉慈惠圣母，内设有 4 个祭台：第 1 个祭台供奉慈惠圣母，第 2 个祭台供奉好运圣母，第 3 个祭台供奉托伦蒂诺（Tolentino）的圣尼古老，第 4 个祭台供奉基督下临。①

教堂最初的建筑非常简陋，教士们只能用木板及蒲葵叶覆盖屋顶来遮挡风雨。1814 年重新修建，1834 年教堂被关闭，一部分的修道院建筑于 1857 年 6 月 6 日改造成为军医院。② 1872 年 3 月 27 日，教堂与军医院之间的墙体倒塌，引起澳葡社会的震惊。③ 同年 9 月 7 日左右，岗顶教堂在风雨中坍塌。④ 1874 年开始重建，1875 年完成，形成今日的面貌，立面总高约 17 米。⑤ 1893 年 10 月 18 日，澳门政府发布 166 号政令，将军营改建为利宵中学（Liceu de Macau），并加以修缮，1894 年 4 月完工。阿尔图尔·巴斯托（Artur Basto）曾将这里改成幽雅的寓所，取名为“花卉别墅”（Vila Flor）。⑥

图 3-80 1590 年代亚马港全图中的龙嵩庙

图 3-81 1632 年澳门要塞图中的龙嵩庙

图 3-82 《澳门记略》中的龙嵩庙

① Biblioteca da Universidade de Coimbra, Ms1650, pág. 164: 1572 - 1835 Relação dos priores de várias igrejas e conventos da Ordem de Santo Agostinho, incluindo os de Macau. pp. 91 - 92; Manuel Teixeira, *Macau e a Sua Diocese, Vol. Ⅲ, As Ordens e Congregações Religiosas em Macau*, Macau: Tipografia Soi Sang, 1956 - 1961, p. 538；据郭永亮《澳门香港之早期关系》第 66 页称，教堂内正祭坛右有一块墓碑，碑上刻有年代为“1584”。不知此 1584 为该教堂的哪一部分的建筑时间。同书还称，此为 1594 年 12 月 1 日逝世的葡萄牙人的墓碑。

② Manuel Teixeira, *Macau e a Sua Diocese, Vol. Ⅲ, As Ordens e Congregações Religiosas em Macau*, Macau: Tipografia Soi Sang, 1956 - 1961, p. 587；［葡］阿马罗著：《澳门医学：名医、药房、流行病及医务治疗》，载吴志良、金国平、汤开建主编：《澳门史新编》第 3 册，澳门：澳门基金会，2008 年，第 1000 ~ 1001 页。

③ Manuel Teixeira, *Macau e a Sua Diocese, Vol. Ⅲ, As Ordens e Congregações Religiosas em Macau*, Macau: Tipografia Soi Sang, 1956 - 1961, p. 589.

④ ［葡］施白蒂著，姚京明译：《澳门编年史：19 世纪》，澳门：澳门基金会，1998 年，第 190 页。

⑤ Maria Regina Valente, *Igrejas de Macau*, Macau: Instituto Cultural de Macau, 1993, p. 74.

⑥ Manuel Teixeira, *Macau e a Sua Diocese, Vol. Ⅲ, As Ordens e Congregações Religiosas em Macau*, Macau: Tipografia Soi Sang, 1956 - 1961, p. 591.

图 3 - 83　1783 年法国人绘南湾图中的小三巴（左）和龙嵩庙（右）

图 3 - 84　拾级而上的龙嵩庙旧貌（钱纳利，1829 年）

1590 年代《亚马港全图》记录的龙嵩庙，其西洋建筑（教堂）风格为文艺复兴式而非巴洛克式，也与欧洲处于文艺复兴晚期吻合。主体建筑形式为三角形屋架硬山顶，有着和谐典雅的立面风格。钟楼未采用文艺复兴风格之前的哥特样式。1632 年《澳门要塞图》之龙嵩庙为文艺复兴风格。1783 年南湾图清楚地绘出了龙嵩庙的背后部分亦为三角形屋架硬山顶，楼高三层，其立面部分亦为巴洛克风格。1829 年，钱纳利描绘的龙嵩庙，正面入口有着巴洛克山花，有着坡屋顶。教堂前地有数十级石阶直接通往教堂大门，这是澳门主要教堂常见的建筑形态。1874 年重建的龙嵩庙即为教堂的今况。其建筑风格既有古典几何学的纯粹形态，同时又采用了巴洛克风格断片式装饰。比对建于 1764—1768 年的罗马 Santa Maria del Priorato 教堂，该教堂采用“几何学的纯粹形态与古代断片式装饰要素组合的手法”①，为新古典主义风格。

3. **板樟庙**

板樟庙又称圣多明我堂（Igreja de Santo Domingos）、圣母玫瑰堂，修道院与教堂相连。该教堂位于澳门旧城中部板樟堂前地两条街巷交界处。该堂于 1587 年 10 月 23 日建成，由西班牙多明我会修士兴建。② 板樟庙亦成为澳门现存唯一能证明多明我会修士曾于澳门活动的建筑遗迹。板樟庙最初是以木板相隔的简陋建筑，《澳门记略》称“有板樟庙，相传庙故庳隘，贫蕃析樟板为之”③。1644 年因反西班牙事件发生，教堂遭捣毁，不久重建，改为目前的砖木结构。④ 1829 年再度修缮，由一位擅长建筑的西班牙神父参与工程建设，奠定了今日的规模。由于受葡萄牙和西班牙的双重影响，所以重建后的教堂特点在于耶稣风格的平面表现手法。据日本近藤守重《亚妈港纪略稿》记

① 铃木博之：「図説年表/西洋建築の様式」，東京：日本彰国社，1986 年，第 128 頁。

② Biblioteca Nacional de Lisboa, Cód. 177, fls. 352 - 352v; Manuel Teixera, *Macau no Séc. XVI*, Macau: Serviços de Educação e Cultura, 1981, p. 67.

③（清）印光任、张汝霖原著，赵春晨校注：《澳门记略校注》，《澳蕃篇》，澳门：澳门文化司署，1992 年，第 150 页。

④ 郭永亮：《澳门香港之早期关系》，台北：台湾“中央研究院”近代史研究所，1990 年，第 64 页。

载："此地有很多漂亮教堂。其中尤其圣多明我教堂极为壮观，特别突出于所有教堂之上。"[①] 1874 年 5 月 9 日，板樟庙遭闪电击中，烧毁了教堂的主祭坛。该堂再次重建，据当时的文献称，重建后的板樟庙具有巴洛克/菲律宾艺术风格，是城市中最有艺术价值的教堂之一。[②] 1884 年 2 月 29 日，葡萄牙王室命令批准重开板樟庙给公众使用。[③]

图 3 - 85　1590 年代亚马港全图中的板樟庙

图 3 - 86　1632 年澳门要塞图中的板樟庙

图 3 - 87　《(雍正) 广东通志》澳门图中的板樟庙

图3 - 88　《澳门记略》正面澳门图中的板樟庙（1751 年）

图 3 - 89　1830 年代的板樟庙[④]

图 3 - 90　1830 年代钱纳利所绘板樟庙立面

1590 年代《亚马港全图》之板樟庙、1632 年《澳门要塞图》之板樟庙均为"人"字形硬山顶建筑，有着和谐典雅的立面风格，为文艺复兴建筑风格。《（雍正）广东通志》澳门图之板樟庙为"人"字形硬山顶仓房式建筑，可见楼阁和六角附楼，《澳门记略》正面澳门图之板樟庙为"人"字形硬山顶仓房式建筑，可见楼阁和塔楼，与 1721 年以砖木重建板樟庙同期。1828 年再度修缮，1830 年代钱纳利所绘板樟庙与今状基本相同，从造型到细部为巴洛克/菲利宾风格，未采用 19 世纪末的新古典主义风格。

---

① 近藤守重：「亚妈港纪略藁」卷之上，地名及往來之事，東京：國書刊行會，明治三十八年発行，第 9 頁。

② Maria Regina Valente, *Igrejas de Macau*, Macau: Instituto Cultural de Macau, 1993, p. 68.

③ ［葡］施白蒂著，姚京明译：《澳门编年史：19 世纪》，澳门：澳门基金会，1998 年，第 233 页。

④ 钱纳利绘，年代不详，Patrick Conner, *George Chinnery: 1774 - 1852, Artist of India and the China Coast*, Woodbridge, Suffolk: Antique Collectors' Club, 1993, p. 185.

（三）17 世纪的澳门教堂

1. 圣保禄教堂（三巴堂、大三巴教堂）

圣保禄教堂（Igreja de Santo Paulo）前身被称为“圣母玛利亚教堂”，又称三巴堂、大三巴教堂。这是耶稣会日本教省在澳门建立的第一间住院与圣堂。该堂始建于嘉靖四十四年（1565）初，并于1565 年 12 月 21 日正式建成启用，地点位于花王堂附近。初建之堂由稻草及木架构成，后由葡商维略纳（António de Vilhena）捐资重建，于1573 年建起了一座用黏土筑成的圣堂。到 1575 年时又进行扩建，住院已拥有 10 间宽敞的房间，还有客厅，被范礼安称为远东耶稣会最好的住院。到 1580 年时，该堂屋顶换成了瓦片，地面镶上了木板。① 该教堂 1581 年被烧毁，1582 年由戈麦斯神父（Pedro Gomes）下令在原址上重建，1595 年被焚毁，后修复，1601 年教堂再次被焚毁，1602年耶稣会第三次筹资重建圣保禄教堂。② 1603 年 1 月 19 日《澳门圣保禄学院年报》记录了澳门圣保禄学院整个建筑的规模：

> 在入冬之前，学院的教堂就完成了封顶工程。这次重建的教堂总共有 3 间大殿堂、3 间礼拜室，另外在交叉甬道处还有 2 个祭坛，就像果阿的圣保禄教堂里的那样。主礼拜室及其两侧的小礼拜室的拱顶都是用方石搭砌而成，由于方石非常坚硬，因此上面的雕花费了不少时间和精力。另外，学院大门的门廊也是用同样材质的方石搭砌而成的。如今学院的布局大致如下：这间重建起来的带有主礼拜室的教堂坐落于学院的北部；学院的正门位于学院的南面，这样学院在夏天的时候就可以感受到凉爽的海风吹拂，而到冬天的时候则可以避开寒风的袭击。这间教堂的主体长 160 拃，宽 84 拃。主礼拜室的长度则为 62 拃，宽 45 拃。两侧的小礼拜室长为 27 拃，宽 17 拃。③

新教堂于 1603 年 12 月正式落成，1604 年 1 月 27 日的《澳门圣保禄学院年报》报道了新建教堂的详细情况：

> 圣诞日的夜晚，很多人家的灯火彻夜不熄，大家还会来到新建成的教堂里诵晨经、唱弥撒。新建成的这间教堂非常宽敞、雅致、庄重，教堂的整体设计也非常别致用心。由于朝南开了 3 扇大门，到了炎热时节，会有凉风从南方吹来，因此到夏天的时候整间教堂都会变得非常凉爽。教堂总共有 3 间殿堂和 3 间礼拜室，在中间的交叉甬道处，还有 2 个祭坛：主礼拜室和 2 间侧礼拜室的拱门全都是用

---

① BAJA, Cód. 49-IV-59, fl. 84; Domingos Mauricio Gomes dos Santos, *Primeira Universidade Ocidental do Extremo-Oriente*, Macau: Fundação Macau, 1994, pp. 7 – 8.

② ［葡］巴拉舒著，范维信、喻慧娟译：《澳门中世纪风格的形成过程》，载《文化杂志》（中文版）第 35 期，1998 年，第 67 ~ 69 页。

③ João Paulo Oliveira e Costa, *Cartas Ânuas do Colégio de Macau (1594 – 1627)*, Macau: Fundação Macau, 1999, p. 98.

> 精心雕琢过的白色石头搭砌而成；教堂的正面很大一部分以及这3间礼拜室全都是用澳门本地的石头修建起来的。跟这间教堂一起修建起来的还有一座钟楼以及一个平台，从这里往山下看去，整座澳门城以及港口船只进出口处的风景和情况全部都尽收眼底。所有这些工程总共花费了7 000两左右的白银，所有这些银两都是澳门市民为我们教堂募捐出来的救助金。
>
> 教堂主体的宽度为84拃，长度为160多拃，建在8根非常粗的木头柱子之上，侧边的木头柱子则有4根。由于这里经常遭遇大型的台风和暴风雨的袭击，如果建筑物的高度过高，地基承受不了，因此修建教堂所用的石头只有将近50拃高；另外，教堂的主礼拜室则有44拃宽，62拃长，高度约为60拃；主礼拜室两边的那两间小礼拜室外围都是用名叫佛尼奇（Foniqui）的日本细木搭砌而成，这些日本细木上都雕刻着漂亮的花边，最上面的中间位置还画有一个金色的耶稣像，耶稣像背后立着一个金色的十字架，耶稣像和十字架周围则环绕着锁链、连环绘饰以及金色和蓝色的玫瑰花。
>
> 另外，在我们学院里面，北侧部分地势非常开阔，常有北风吹拂，因此我们还沿着学院北侧修建了一条走廊。沿着这条走廊，在主礼拜室的旁边，还有一个占地较大而且非常漂亮的演讲台。在这条走廊下面有几间房，其中有一间专门用来存放圣器，另外几间则用来存放我们学院以及教堂里的一些废旧物品。走廊的上面，则是几间供神父和修士使用的卧房。3年前，这几间房是我们学院最早修建起来的卧房，基本设施不齐全，住宿条件较差，在先前的火灾中被烧毁了一部分；后来又遭受台风的袭击，于是在火灾中幸存下来的那一部分房间又被台风吹倒了。
>
> 在教堂的旁边，我们也开设了一处大门。对于我们学院来说，增设此处大门也是非常必要的事情：由于修建走廊工程量巨大，增设此处大门方便了工程期间那些学院以外的宗教人士与我们学院的神父修士之间的来往和相互交流。此外，此处大门也准许车辆通行，方便车辆驶入我们学院。①

这是我们目前见到的记录圣保禄教堂落成后最为重要的文献，这两份年报为我们了解1603年落成的圣保禄教堂外部和内部情况提供了极为宝贵的原始资料。因为澳门圣保禄教堂被1835年的大火烧毁以后，人们对于这座教堂内部的构造和形态都无法准确获得。这两份材料的保存，可以使我们了解到17世纪初建成的圣保禄教堂真正的内部结构和规模。

圣保禄教堂为耶稣会在澳门所建的最大教堂，是在天主圣母修道院和圣母玛利亚教堂的基础上兴建的。据《花奴利剌年报》载，当时捐款达3 130巴度金元。1602年正式动工，1603年先在后面建成一教堂，而后来加建的保存至今的大三巴牌坊则完成

---

① João Paulo Oliveira e Costa, *Cartas Ânuas do Colégio de Macau (1594 - 1627)*, Macau: Fundação Macau, 1999, pp. 121 - 122.

图 3-91 约绘于1830年代初期的从内港眺望圣保禄教堂图

于1637年。这次工程前后历时30余年，仅牌坊一项耗资就达银3万两。[①] 教堂的重建工作由瓦林丁·德·卡瓦略（Valentim de Carvalho）神父监督主持，相传教堂的设计者是卡洛斯·皮诺拉（Carlos Spinola）神父，由于日本幕府禁教，1614年大批的日本天主教徒到澳门避难，他们参与了教堂的建造与装饰，完成的圣保禄教堂立面，高24米，宽23米。到1637年时，又完成立面前的石阶，这是一个意大利风格的石砌台阶，宽8.1米，共68级，以精心雕琢的石条整齐有序地铺设于教堂前地。[②] 而根据土生葡人画家毕士达（Marciano António Baptista）约绘于1830年代初期的《从内港眺望圣保禄教堂图》（图3-91），这也是圣保禄教堂被毁之前唯一一次描绘了教堂整个面貌的图画，图中可以看出大三巴牌坊背后的教堂，其顶为一大圆拱形的屋顶，这又给我们提供了关于这座教堂建筑的罕见的信息。[③] 这些早期的文献和绘画资料都可以反映，澳门圣保禄教堂其建筑之宏伟，装饰之华丽，设备之完善，皆堪称远东教堂之冠。它不仅是一座教堂，而且是一规模宏大的公共建筑群。《澳门记略》亦称"僧寮百十区"，[④] 可证圣保禄教堂的规模。其建成后，立即成为当时澳门城市的一大象征。

1759年葡萄牙政府命令解散耶稣会，1762年澳门耶稣会会士被遣返葡萄牙，教堂及修道院关闭。1798年，教堂和修院成为葡国王子骑兵团的驻扎营地，1835年1月26日，由于军队在厨房内存入大量柴薪，导致教堂和修院大火，仅存教堂前壁。1835年4月8日，议事局委派主教代理人贡萨尔维斯·弗郎库（Pedro Cândido Gonçalves Franco）神父将教堂和修院开辟成坟场。随着西望洋坟场的建立和启用，教堂内的坟墓遂迁至

---

① ［葡］费尔南·格雷罗神父著，范维信译：《耶稣会神父事务年度报告》，载澳门《文化杂志》（中文版）第31期，1997年，第125～129页；此外参见王文达：《澳门掌故》，澳门：澳门教育出版社，1999年，第59页；Domingos Mauricio Gomes dos Santos, *Macau, Primeira Universidade Ocidental do Extremo-Oriente*, Macau: Fundação Macau, 1994, pp. 14-15.

② Maria Regina Valente, *Igrejas de Macau*, Macau: Instituto Cultural de Macau, 1993, pp. 64-66.

③ 香港艺术馆编：《香港及澳门风貌》，香港：香港艺术馆，1983年，第52页。

④（清）印光任、张汝霖原著，赵春晨校注：《澳门记略校注》，《澳蕃篇》，澳门：澳门文化司署，1992年，第149页。

西望洋坟场。①

图 3－92　1632 年澳门要塞图中的三巴堂

图 3－93　康熙初年西洋澳门图中的三巴堂

图 3－94　1740 年代澳门屏风图中的三巴堂②

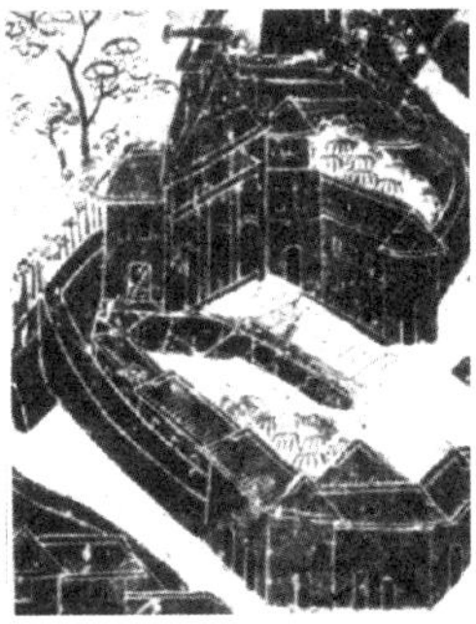

图 3－95　18 世纪箱盖澳门图中的圣保禄教堂

图 3－96　大火灾前的圣保禄教堂③

图 3－97　19 世纪后期的圣保禄教堂前壁④

---

① ［葡］施白蒂著，姚京明译：《澳门编年史：19 世纪》，澳门：澳门基金会，1998 年，第 61～62、120 页。

② 原图为葡萄牙东方艺术博物馆藏《澳门屏风图》，林广志先生拍摄提供。

③ 纪念葡萄牙发现事业澳门地区委员会编：《乔治·钱纳利：19 世纪的澳门》，澳门：澳门文化司署，1997 年，第 64 页。

④ The Macau Museum (comp.), *A Journey Through Light and Shadow: The Invention of Photography and the Earliest Photographs of Macau, China*, Macau: The Cultural Affairs Bureau of the Macau S. A. R., 2009, p. 121.

1632 年《澳门要塞图》之圣保禄教堂、康熙初年西洋澳门图之圣保禄教堂、1740 年代澳门屏风图之圣保禄教堂布局基本一致。大火灾前的圣保禄教堂、19 世纪后期的圣保禄教堂与圣保禄教堂如今的立面吻合。这座教堂的正面全部由花岗岩砌成，美轮美奂，由天才的艺术家们设计用一些纪念性的事物来使这座希腊式的建筑产生活力。在 10 根爱奥尼亚风格的柱子中间，是通向礼拜堂的 3 扇门。然后排列 10 根科林斯风格的柱子，组成 5 个壁龛。在主门的上方，我们看到的是一个女性塑像，她将地球踩在脚下，作为人类爱国主义的象征，下面我们还看到“圣母”（Mater Dei）字样。在这“天国圣母”（Queen of Heaven）两边显眼的位置，是耶稣会 4 位圣者的塑像。在上方的位置，则是圣保禄的塑像，以及一个象征圣灵的雕像。① 教堂立面的后面为教堂主体，长有 160 英尺，宽 84 英尺。正面三座大门清新典雅，朝南洞开。考虑到台风的影响，石砌墙壁并不高大，约有 50 英尺。堂身依三路构成 3 个祭堂，即一个主堂及两个侧堂。其中有一幅瓦林丁·德·卡瓦略修士画的《圣母升天图》。数个祭坛沿教堂两侧排列。后部左右两翼上各有一祭坛——圣灵坛和圣米格尔坛。这些祭坛和供奉的圣像构成了教堂内部的整体。教堂屋顶为漂亮的拱形建筑，巧夺天工，中国工艺的木质雕刻以及新奇古怪的红、蓝色彩将其勾画得美轮美奂，整个穹窿为若干四面体，而每个四方形之间以巨大的玫瑰花或绿叶重叠相连。主堂长 62 英尺，宽 44 英尺，高 64 英尺。主堂和侧堂墙壁都镶优质日本木板。在唱诗坛可以看到三扇宽大的窗户，那里摆放着一大一小两台风琴。8 根木柱以每排 4 个分列两旁支撑着整个教堂的建筑结构。教堂正门向南开放，有 3 个门洞。北侧被一通向主堂一侧的讲坛所封闭。讲坛下方是圣器室及其他为教堂和书院服务的设施。教堂门外是一意大利石砌台阶，宽 8.1 米，共 68 级，以精心雕琢的石条整齐有致地铺设于教堂前地。这所教堂酷似该教会在其他地区的同类建筑物。如帝乌（印度）的圣保禄教堂和罗安达（安哥拉）的耶稣堂。这个全部以花岗岩建造的教堂正面石壁以耶稣式的画面展现出时代的风格，同时又以其相当古朴的装饰手法展示出一种协调有序的想象力和象征力。这种装饰包含西方巴洛克风格与东方色彩的形象技巧相结合的种种成分，从而在外来与原有的结合之中使葡萄牙、中国及日本的各种风格以具有国际性质的各种主题进行交融。② 其建筑风格为典型的巴洛克式，其精致华美的雕刻装饰亦糅合了东方题材。

2. 进教寺（唐人庙）

进教寺又称唐人庙，初称荫庇之母小堂，又称圣阿白露圣母教堂（Igreja de Santo Amparo）。据林家骏神父提供的资料，1602 年耶稣会会士在大三巴山脚初建荫庇之母

① ［葡］龙思泰著，吴义雄等译：《早期澳门史》，北京：东方出版社，1997 年，第 24 页。

② Maria Regina Valente, *Igrejas de Macau*, Macau: Instituto Cultural de Macau, 1993, pp. 16 - 19.

小堂，该堂专为华人讲授福音，后招致仇教者之忌，乘夜放火烧毁。[1] 荫庇之母小堂被毁后，1634 年，即崇祯七年，又有耶稣会会士班安德（André Palmeiro）神父“为中国进教之人”在澳门关前后街葡文名为“Rua da Nossa Senhora do Amparo”的地方修建了一座“我等之望堂”。[2]《澳门记略》称：“澳门三巴寺下建有天主堂，名为进教寺，专为唐人进教之所，建于康熙十八年，五十八年重修阔大，系蕃僧倡首，而唐人醵金以建者。”[3] 其实，康熙十八年（1679）应该是重建时间。1740 年代澳门屏风图之唐人庙为“人”字形硬山坡屋顶仓房式建筑，可见楼阁，《澳门记略》正面澳门图之唐人庙亦为“人”字形硬山坡屋顶仓房式建筑。

图 3－98　1740 年代澳门屏风图中的唐人庙

图 3－99　《澳门记略》中的唐人庙

3．主教座堂（大庙）

主教座堂（Igreja da Sé）又称大庙，或大堂，为澳门城内早期三大堂区教堂之一。主教座堂位于澳门城内最高处的大堂前地几条狭窄街巷之交汇处。1576 年 1 月 23 日，根据教宗格里高利十三世的敕谕，设立了主教座堂：

> 澳门在很久已经就修建了一座供奉圣母的教堂，我们将上述幸运的圣母玛利亚教堂升格为主教座堂，供奉幸运的圣母玛利亚，只设一位主教，应称澳门主教。[4]

这就告诉我们，1576 年设立的主教座堂是圣母玛利亚教堂，这个教堂就是圣保禄教堂的前身。施白蒂亦称：

---

① 林家骏：《澳门教区历史掌故文摘》，《澳门教区大事编年纪录》，澳门：澳门主教公署，1982 年，第 51 页。

② ［葡］文德泉著，徐牧民译：《耶稣会士于澳门开教四百周年》，澳门：大东书局，1964 年，第 10 页；［葡］潘日明著，苏勤译：《殊途同归：澳门的文化交融》，澳门：澳门文化司署，1992 年，第 38 页称：1634 年，班安德神父为使居住在营地大街和沙栏区地区的中国人改变信仰而建造了圣母救济堂。这所教堂的神父通常由圣保禄学校校长担任，他在印度被誉为“基督教之父”，并享有“澳门之子”的名誉。此材料见 BAJA，Cód. 49-V-3，fl. 160.

③ （清）印光任、张汝霖原著，赵春晨校注：《澳门记略校注》，《官守篇》，澳门：澳门文化司署，1992 年，第 82 页。

④ Manuel Teixeira，*Macau e a Sua Diocese*，*Vol. Ⅸ*，*Culto de Maria em Macau*，Macau：Tipografia da Missão do Padroado，1969. p. 7.

根据1576年1月23日的教宗敕令，原来就有的圣玛利亚教堂升格为主教座堂，但这里所说的主教座堂并非现在的主教座堂。①

圣母玛利亚教堂是最早设立主教座堂的地方。但也有不同的说法，郭永亮称：

1571年，贾尼劳主教在此搭木作宇，以作为他的办公署，直到1623年，新主教座堂未落成之前，未尝搬迁，或改变形状。1623年，大庙粗成，主教公署也就迁出了望德堂。②

而他在另一处又称：

1571年，耶稣会罗马总部亦委任范礼安神父为远东教务巡视员，巡视教务。从这时开始，澳门另建一座新屋，作为主教公署，这也是澳门正式有“主教座堂”之始。③

林家骏神父也认为：

教宗格里高利十三世于1576年1月23日下谕成立澳门教区，立望德堂为第一座主教座堂，并擢升远居葡京的费基拉神父为第一任主教。在新选任主教未莅新前，由领衔安提约俾阿署理主教的贾尼劳署理教务。④

比较这两种说法，笔者提出这样的看法，就是按照当时教宗的敕谕应该是立圣母玛利亚教堂为主教座堂，但署理主教贾尼劳当时选择望德堂作为临时办公的公署，很可能是为了方便处理当时的麻风病院的事务，并没有说改变主教座堂的性质。所以，林家骏和郭永亮都有可能将贾尼劳临时用望德堂作为其办公公署之事而误为改作主教座堂。这就是说，当时的主教座堂应该是圣母玛利亚教堂。

正式的主教座堂始建于1622年或1623年，根据澳门历史档案馆提供的一份1857年的资料：

最初建筑是一个很小的木制礼拜堂……一所另外的教堂取代了它，建筑改为石砌（地面采用夯实的三合土）。但是堂门朝东，使得主教府处于一个几乎全部被大堂遮住的角落里，这似乎应是17世纪（1622或1623年）发生的事。⑤

根据这份档案，可以知道大概在1622年或1623年时澳门主教区将一座原有的木制小教堂改建成为主教座堂，而且教堂全部用花岗石砌成，在教堂旁边还建有主教府。郭永亮亦称：“今天的主教座堂，或称大堂，乃建于1622年。”⑥ 林家骏则称：“大约在1581年前后，当时因为葡国商人来澳者日多，主教座堂不宜设于远离商业中心区而接

① ［葡］施白蒂著，小雨译：《澳门编年史：16—18世纪》，澳门：澳门基金会，1995年，第18页。

② 郭永亮：《澳门香港之早期关系》，台北：台湾“中央研究院”近代史研究所，1990年，第46页。

③ 郭永亮：《澳门香港之早期关系》，台北：台湾“中央研究院”近代史研究所，1990年，第44页。

④ 林家骏：《澳门教区历史掌故文摘》，《澳门圣堂史略》，澳门：澳门主教公署，1982年，第17页。

⑤ Maria Regina Valente, *Igrejas de Macau*, Macau: Instituto Cultural de Macau, 1993, p. 72.

⑥ 郭永亮：《澳门香港之早期关系》，台北：台湾“中央研究院”近代史研究所，1990年，第44页。

近麻风病院的望德堂，便另建立主教座堂于大庙顶。”① 林说不可取，没有任何原始证据可以证明 1581 年前后在大庙顶建主教座堂。

乾隆时《澳门记略》称：

大庙者，夷人始至所建也，在澳之东南。②

祝淮《（道光）新修香山县志》亦载：

大庙在澳之东南，即望人寺，夷人始在澳所建也。③

《澳门记略》及《（道光）新修香山县志》均言大庙在“澳之东南”，而且还说葡萄牙人刚来就建主教座堂于澳门城的东南。据《澳门记略》之正面澳门图④，大庙位于南环税口附近，嘉庆十三年两广总督吴熊光奏折所附澳门图⑤，大庙亦在南湾，故知《澳门记略》及《（道光）新修香山县志》中的“大庙”实指今澳门大庙顶上的“大堂”，亦即今日之主教堂。而望德堂则在澳门城之东北，很明显，中文资料所言之大庙（主教座堂）不是指望德堂，也就是说，当地的中国人都很清楚，葡萄牙人一到澳门就将主教座堂建立在澳门城的东南部，就是现在的主教座堂，但当时中国人指的是这座主教座堂的前身——那个木制的小礼拜堂。

1780 年 10 月 11 日，由于建筑已经破败，位于澳门大庙顶的主教座堂开始重修，至翌年 5 月 20 日完工，耗时半年余。这一期间主教座堂的宗教活动均在仁慈堂进行。⑥ 1835 年左右，主教座堂再次重修，宗教活动一度被迫转移到板樟堂中，由于该堂靠近闹市，不适合作为主教座堂。1844 年 12 月开始计划重建主教座堂，由托马斯·达基诺设计，将教堂的正立面改为朝西北，与主教府围合形成前地⑦，工程于 1849 年 12 月竣工，1850 年 2 月 14 日，由澳门主教热罗尼莫·马塔主持启用仪式。1862 年，大堂开始出现破损，1873 年 2 月 22 日，澳门总督欧美德子爵拨款进行部分修缮，1874 年 1 月 1 日修缮完成，⑧ 然而同年的台风再度摧毁了大堂。经过多次修缮后，于 1937 年再度重

---

① 林家骏：《澳门教区历史掌故文摘》，《澳门圣堂史略》，澳门：澳门主教公署，1982 年，第 17 页。

② （清）印光任、张汝霖原著，赵春晨校注：《澳门记略校注》，《澳蕃篇》，澳门：澳门文化司署，1992 年，第 150 页。

③ （清）祝淮：《（道光）新修香山县志》卷 4，《海防·附澳门》，中山文献丛刊第 3 册影印清道光七年刊本，第 708 页。

④ 《澳门记略》（澳门文化司署校注本，1992 年）书后附正面澳门图将大庙标在澳之东南，而另一幅侧面澳门图则在三巴堂紧连处标“大庙”，侧面图明显有误。

⑤ 着色彩图《澳门形势图》参见中国第一历史档案馆选编：《澳门历史地图精选》，北京：华文出版社，2000 年，第 76 ~ 77 页。原图参见北平故宫博物院编：《清代外交史料（嘉庆朝）》第 3 册，《两广总督吴熊光等奏澳门船尚未退去遵旨用兵驱逐未即攻剿情形并将澳门绘图贴说呈览奏》，北平故宫博物院，1933 年。

⑥ ［葡］施白蒂著，小雨译：《澳门编年史：16—18 世纪》，澳门：澳门基金会，1995 年，第 178 页。

⑦ Maria Regina Valente, *Igrejas de Macau*, Macau: Instituto Cultural de Macau, 1993, pp. 72 – 73.

⑧ ［葡］施白蒂著，姚京明译：《澳门编年史：19 世纪》，澳门：澳门基金会，1998 年，第 103 ~ 104、191 ~ 193 页。

建，采用钢筋混凝土结构，主体高约 12 米，钟楼高约 13 米。[①]

图 3-100　1632 年澳门要塞图中的大庙

图 3-101　康熙初年西洋澳门图中的大庙

图 3-102　1740 年代澳门屏风图中的大庙

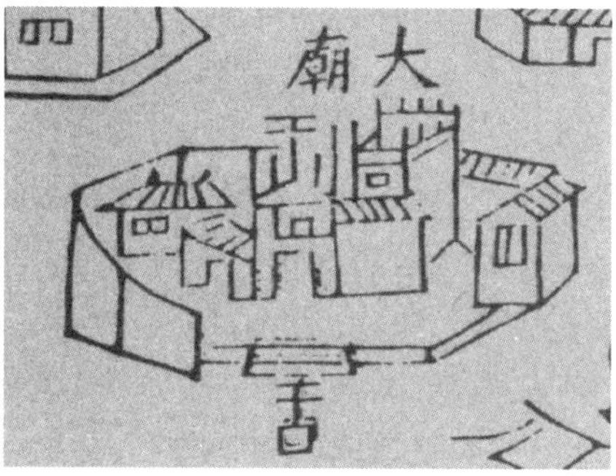

图 3-103　《澳门记略》中的大庙

图 3-104　19 世纪末拍摄的大庙[②]

1632 年《澳门要塞图》之大庙为“人”字形硬山顶建筑，是非常均衡与经典的几何形体立面，为文艺复兴建筑风格。康熙初年西洋澳门图之大庙，为“人”字形硬山顶建筑，配置塔楼，有着和谐典雅的立面，为文艺复兴建筑风格。1740 年代澳门屏风图之大庙为“人”字形硬山顶仓房式建筑，可见楼阁和附楼。《澳门记略》正面澳门图之大庙为“人”字形硬山顶仓房式建筑，可见楼阁。1849 年重建、1937 年再度重建前的大庙其建筑风格既有古典几何学的纯粹形态，同时又采用了巴洛克风格断片式装饰。比对建于 1764—1768 年的罗马 Santa Maria del Priorato 教堂，该教堂采用“几何学的纯粹形态与古代断片式装饰要素组合的手法”[③]，可知 1849 年重建的大庙为新古典主义风格。

---

① 刘先觉、陈泽成：《澳门建筑文化遗产》，南京：东南大学出版社，2005 年，第 51～52 页。

② The Macau Museum (comp.), *A Journey Through Light and Shadow: The Invention of Photography and the Earliest Photographs of Macau, China*, Macau: The Cultural Affairs Bureau of the Macau S. A. R., 2009, p. 106.

③ 铃木博之：「図説年表/西洋建築の様式」，東京：日本彰国社，1986 年，第 128 頁。

4. **西望洋教堂**

西望洋教堂（Igreja de Nossa Senhora da Penha），又称主教山教堂、法国之岩圣母教堂，为奥斯定会的隐修院。[①] 该教堂位于澳门市最高地点之一的泥流山（又称主教山）上。1620年7月28日，澳门船“圣巴托罗梅乌号”前往日本途中遭到荷兰大船的追击，在危难时刻，船上船员请求“法国之岩童贞圣母”救助，并许愿如获救，将捐出贸易货物的百分之一为圣母修建隐修院，并立塑像。后来果然获得救助，摆脱了敌人的追击。1621年，这批脱难的商人将捐赠交给了澳门奥斯定会，并获主教批准建造隐修院，但由于捐赠数目不够，奥斯定会又捐资300多澳门币，该堂于1622年4月29日正式在西望洋山上建成启用。[②] 但不知何故，到1624年时信徒们又对该教堂进行扩建，龙思泰还称：“葡萄牙船只在进港时，习惯上都向该隐修院鸣礼炮数响。它的收入依靠信徒的慷慨布施，和那些以航海为生的人，为了求得圣母玛利亚对他们生命财产的庇佑，在危难时刻所作的布施。”[③] 该堂位于西望洋山山顶，初名为“卑拿教堂”，1624年修葺扩建时，在大堂屋顶处竖有大理石雕刻的圣母像，故又被称为“法国之岩圣母教堂”。[④] 直至1834年修会修士被驱逐出境，西望洋教堂交由澳门教区管理。3年后西望洋教堂被重建，依然保留简约的设计风格。到了1892年，附近的炮台被拆除后，西望洋教堂便逐步扩大。基于这里宗教意味浓厚，甚至整座西望洋山亦被称为主教山，该堂便被俗称为主教山小堂。[⑤]

图3－105　1632年澳门要塞图中的西望洋教堂

图3－106　《（雍正）广东通志》澳门图中的西望洋教堂

① ［瑞典］龙思泰著，吴义雄等译：《早期澳门史》，北京：东方出版社，1997年，第28页。

② 金国平、吴志良：《西望洋外文名称的由来》，载金国平、吴志良：《东西望洋》，澳门：澳门成人教育学会，2002年，第287～288页。

③ ［瑞典］龙思泰著，吴义雄等译：《早期澳门史》，北京：东方出版社，1997年，第28页。

④ Manuel Teixeira, *Macau e a Sua Diocese, Vol. Ⅲ, As Ordens e Congregações Religiosas em Macau*, Macau: Tipografia Soi Sang, 1956－1961, p. 271.

⑤ Maria Regina Valente, *Igrejas de Macau*, Macau: Instituto Cultural de Macau, 1993, p. 90.

图 3－107 19 世纪中叶所绘的西望洋教堂

1632 年《澳门要塞图》之西望洋教堂为“人”字形硬山顶建筑，配置高直塔楼，为哥特式建筑风格。《（雍正）广东通志》澳门图之西望洋教堂为“人”字形硬山顶仓房式建筑，可见楼阁。1837 年重建以后的西望洋教堂规模扩大了很多，但和 1635 年《澳门要塞图》中的教堂基本形状差不多，其正面仍保持哥特式风格。现存的西望洋教堂为哥特复兴或近代哥特式风格建筑。

5. 东望洋教堂

东望洋教堂（Igreja de Nossa Senhora da Guia），又称松山教堂、基亚教堂、圣母雪地殿教堂。该教堂位于澳门半岛最高点之一东望洋山的东望洋炮台内。东望洋教堂兴建的时间据《大西洋国》中保存的葡文史料称，1622 年荷兰人进攻澳门时就提到了东望洋山隐修院。[1] 龙思泰亦称：“在荷兰人进犯澳门的时候，东望洋山上有一座奉献给圣玛利亚的小教堂，可能就是现在圣母雪地殿堂的前身。[2] 可证，东望洋教堂应建于 1622 年之前。该堂建成后之名为“白雪圣母隐修院”，又称“导航圣母教堂”，但民间讹为“圣母雪地殿教堂”。[3]

该教堂未见重修和改建的记录，所以，该教堂至今还保持着纯正的葡萄牙设计风格。小教堂的整体由距离大门 10 米的一个半圆拱分成两部分，拥有唯一的一个祭坛，祭坛是用抹了泥灰的石头砌成的，有柱子，顶部收成贝壳状。在门上的上部有一小型唱诗台，通过一石阶与外面相通。用泥灰与石灰浆做的石墙很厚，还有厚而粗糙的护

---

① J. F. Marques Pereira, *Ta-Ssi-Yang-Kuo*, *Arquivos e Anals Do Extremo-Oriente Português*, Série 1, Vol. 1, Fundação Macau, 1995, p. 162. 东望洋山炮台与教堂同时兴建。据文德泉书引首任澳督马士加路也信函称，1623 年到澳门时，东西望洋山炮台都已具备雏形。转引自郭永亮：《澳门香港之早期关系》，台北：台湾“中央研究院”近代史研究所，1990 年，第 69 页。

② ［瑞典］龙思泰著，吴义雄等译：《早期澳门史》，北京：东方出版社，1997 年，第 28 页。

③ 金国平、吴志良：《东望洋古迹渊源考》，载金国平、吴志良：《东西望洋》，澳门：澳门成人教育学会，2002 年，第 281～283 页。民间的讹误来源于王文达：《澳门掌故》，澳门：澳门教育出版社，1999 年，第 115 页。“圣母雪地殿”，原葡文为 Cidade do Santo Nome de Deus，即以圣名为城之圣母也。“雪地殿”似为葡语“Cidade”的译音，“圣母雪地殿”的对应葡语名称是“Ermida de Nossa Senhora das Neves”，而其正确译法是“白雪圣母隐修院”。

墙加固。教堂正面很简单，具有相应三角门楣的两根类似古希腊式的柱子嵌配了门廊，与嵌配大门的那些元素一样。一个为唱诗台采光的枫叶形开口，完成了整个正面的装饰。① 教堂内还保存了一部分17世纪时期的壁画。教堂面积很小，长仅10米，入口处有一块1720年的墓碑平铺在地上，碑文是："管堂者（Sacristão）的遗体，于1687年荣葬于此，这不是因为他有功，而是有运气。"②

图3-108　1632年澳门要塞图中的东望洋教堂

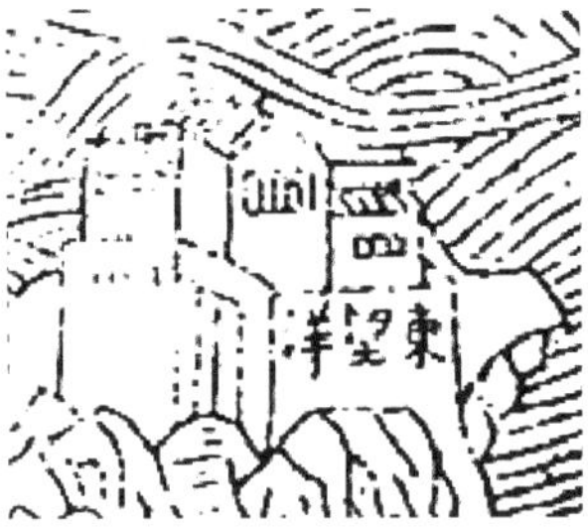

图3-109　《（雍正）广东通志》澳门图中的东望洋教堂

图3-110　1814年荷兰人克拉克·万彤所绘望德堂图中的东望洋教堂

1632年《澳门要塞图》之东望洋教堂及《（雍正）广东通志》澳门图之东望洋教堂均为"人"字形硬山屋顶仓房式建筑，可见楼阁。在1814年的图中则表现得更清楚，这是一个纯正的葡萄牙设计风格的教堂，明显带有17世纪葡萄牙教堂的特征。教堂主体为"人"字形硬山屋顶仓房式建筑，可分为3个部分，中间具有三角形门楣的立面，两侧还有等高的仓房式建筑，与现存的教堂比较，多出了两侧的仓房，而中间三角形门楣的立面与今天形状大致相同。

6．圣家辣堂

圣家辣堂（Mosteiro de Santo Clara）又称圣克拉拉教堂或尼姑庙，亦称圣克拉拉修道院，为方济各会第二会之修道院。1633年11月5日，澳门船队总指挥方济各会会士菲亚略·费雷拉（Fialho Ferreira）从马尼拉护送6名圣家辣（又译圣克拉拉）修女抵达澳门，受到澳门人的热烈欢迎。第二年4月30日，澳门议事会在东望洋山麓，今南湾街与水坑尾交会处建起一座圣堂，奉献给"无原罪圣母"。该堂称为圣家辣堂，华人俗称"尼寺"。圣家辣堂建成时，堂内有12名修女居住。③ 该堂于1825年毁于一场大火，于1834年重建。④ 后该教堂及修道院改建为圣罗萨·利马学校。

① Maria Regina Valente, *Igrejas de Macau*, Macau: Instituto Cultural de Macau, 1993, p. 92.

② 郭永亮：《澳门香港之早期关系》，台北：台湾"中央研究院"近代史研究所，1990年，第33页。

③ Manuel Teixeira, *Macau e a Sua Diocese*, Vol. Ⅲ, *As Ordens e Congregações Religiosas em Macau*, Macau: Tipografia Soi Sang, 1956-1961, pp. 483-484；［瑞典］龙思泰著，吴义雄等译：《早期澳门史》，北京：东方出版社，1997年，第27页。

④ ［瑞典］龙思泰著，吴义雄等译：《早期澳门史》，北京：东方出版社，1997年，第26~27页。

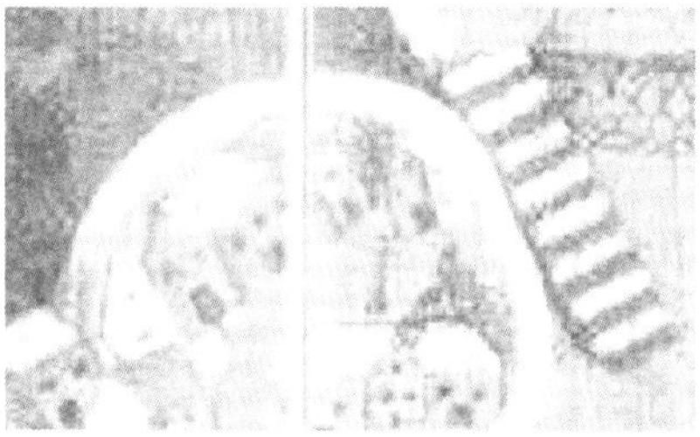

图 3－111　康熙初年西洋澳门图中的圣家辣堂

图 3－112　《（雍正）广东通志》澳门图中的圣家辣堂

图 3－113　1740 年代澳门屏风图中的方济各会教堂（右）及圣家辣堂（左）

图 3－114　钱纳利所绘圣家辣堂（1835—1838 年）①

康熙初年之圣家辣堂为“人”字形硬山顶建筑，可见方济各会教堂的台阶，有着和谐典雅的立面，为文艺复兴建筑风格。《（雍正）广东通志》澳门图之圣家辣堂为“人”字形硬山顶建筑楼阁，多边形塔楼。1740 年代澳门屏风图中的圣家辣堂已与前面所绘教堂不同，是明显带有巴洛克风格的建筑。钱纳利于 1835—1838 年所绘当为 1834 年重建之圣家辣堂，为典型的巴洛克风格，可见方济各会教堂的台阶。

（四）18—19 世纪的澳门教堂

1. 圣若瑟教堂

圣若瑟教堂（Igreja do Seminário de Santo José）又称小三巴堂、三巴仔教堂，亦称圣若瑟修道院。该教堂位于澳门城西南从前叫做莫菲诺（Mofino）丛林的小山上，为耶稣会中国副省在澳门兴建的修道院及教堂。首先在 1728 年时在莫菲诺丛林街（即三巴仔横街）建起了圣若瑟修道院②，1751 年时开始兴建教堂，至 1758 年 9 月建成，负

① 纪念葡萄牙发现事业澳门地区委员会编：《乔治・钱纳利：19 世纪的澳门》，澳门：澳门文化司署，1997 年，第 81 页。

② Maria Regina Valente, *Igrejas de Macau*, Macau: Instituto Cultural de Macau, 1993, p. 92.

责该工程建筑设计者为罗沙主教，负责教堂工程者为沈若望（João Simões）神父。[①] 该教堂建成后，成为了当时澳门仅次于圣保禄教堂的第二大教堂。《澳门记略》称："澳西有小三巴寺，规制差约，而轩豁过之，三巴之外库也。"[②] 这就是说，圣若瑟教堂与圣保禄教堂相比，其规模制度有一些差距，但是其占地面积则比圣保禄教堂要宽阔。圣若瑟教堂的立面门前共有53级石阶，层层而上，跟圣保禄教堂的石阶极为相似，很是壮观[③]，但与圣保禄教堂的8.1米宽的68级石阶相比，明显相差一筹。故圣保禄教堂被民间俗称为"大三巴"，而圣若瑟教堂则被俗称为"小三巴"，确实有其道理。该教堂从兴建起至今虽然经过多次修缮，但整体格局和形式基本上没有改变，可以说是一座基本上保持了18世纪原貌的澳门教堂。

图3-115 18世纪箱盖澳门图中的圣若瑟教堂

图3-116 1787年贝内伊所绘《澳门南湾景色图》中的圣若瑟教堂[④]

图3-117 1819年张宝《澳门远岛图》中的圣若瑟教堂

图3-118 1825年钱纳利所绘圣若瑟教堂

图3-119 1890年澳门圣若瑟教堂

① Manuel Teixeira, *Macau e a Sua Diocese, Vol. Ⅷ, Padres da Diocese de Macau*, Macau: Tipografia da Missão do Padroado, 1972, pp. 244-251. 据郭永亮《澳门香港之早期关系》第59页称："（从）圣若瑟教堂门面所存墙基碑文来看，其始建年代为1746年，完成年代为1758年。"

② （清）印光任、张汝霖原著，赵春晨校注：《澳门记略校注》，《澳蕃篇》，澳门：澳门文化司署，1992年，第150页。

③ 郭永亮：《澳门香港之早期关系》，台北：台湾"中央研究院"近代史研究所，1990年，第59页。

④ 参见 La Pérouse, Jean-François de Galaup, *Voyage de La Pérouse autour du monde, publié conformément au décret du 22 avril 1791*, rédigé par M. L. A. Milet-Mureau, Tome premier, Paris: De l'Imprimerie de la République, 1797一书之插图。

这座18世纪中叶建成的澳门宏伟教堂受教堂设计者罗沙主教的影响，罗沙主教因担任过葡萄牙里班达（Ribandar）圣若瑟教堂的住堂神父，故这座教堂的设计风格亦是仿照里班达教堂建成的。[①] 教堂规模宏大，比例匀称，前面装有横高栅的窗户，两侧建有两个塔楼，一个里面装有一座大钟，另一个则装有一座时钟。[②] 其立面为巴洛克风格的装饰。主体教堂内长22米，宽13米，包括十字架臂，最高点约19米的罗马天主教十字形底座式空中造型是建在十字架上部的巨大穹窿屋顶。1865年增加了4根用以支撑唱诗台的巴洛克式柱子，据说这柱子是从方济各会教堂中拆了搬运过来的。其教堂外部建有52级[③]宽阔的花岗岩石阶直通顶部。这座18世纪的建筑物集中了巴洛克式的美学格调，面向西的主正面简单又高雅。由于是由起伏的两座塔式结构建筑和同样以高低起伏的三角形收顶的，因此具有一种巨大的横置状态和某种体积上的重力感。[④]

2．圣味基教堂

圣味基教堂（Igreja de Santo Miguel），又称圣弥额尔小堂，民间称为西洋坟场教堂，位于澳门旧城外荷兰园一带。1852年10月10日，澳督吉马良士下令通过募捐集资修建圣味基坟场，因为原圣保禄坟场已无力再容纳死者。1854年11月2日，热罗尼莫·马塔主教主持圣味基坟场赐福启用仪式。两天后，第一位死者在此安葬。此即后来的天主教西洋坟场。1875年6月5日，圣味基坟场小教堂建成，由主教区教长刘易斯·卡瓦略主持揭幕，该建筑物的平面图由塞卡尔男爵小梅洛设计。[⑤] 该教堂为哥特式建筑。这是在澳门半岛建造的最后一座西洋教堂。

图3－120　圣味基坟场内的圣味基教堂

① Manuel Teixeira, *Macau e a Sua Diocese*, *Vol. Ⅷ*, *Padres da Diocese de Macau*, Macau: Tipografia da Missão do Padroado, 1972, pp. 244－251；［葡］文德泉著，徐牧民译：《耶稣会士于澳门开教四百周年》，澳门：大东书局，1964年，第28页。

② ［葡］龙思泰著，吴义雄等译：《早期澳门史》，北京：东方出版社，1997年，第24页。

③ 郭永亮：《澳门香港之早期关系》，台北：台湾"中央研究院"近代史研究所，1990年，第59页。该处称其台阶为53级。

④ Maria Regina Valente, *Igrejas de Macau*, Macau: Instituto Cultural de Macau, 1993, p. 83.

⑤ ［葡］施白蒂著，姚京明译：《澳门编年史：19世纪》，澳门：澳门基金会，1998年，第114、120、201页。

3. 凼仔嘉谟教堂

葡萄牙人拓占凼仔后，凼仔逐步获得开发，天主教亦逐渐在岛内的华人居住区获得发展。1883 年，苏主教（D. Manuel Bernardo de Souza Enes）的请求“出于对岛内 35 名天主教徒牧养的需要，应该在离岛建起一座教堂”获得政府批准。[①] 1883 年 1 月 21 日，该教堂由政府出面招人承建，估定价银为 10 800 元。1885 年，凼仔嘉谟圣母教堂竣工。该教堂建在凼仔与嘉谟巷相通的小山上。教堂正式命名“嘉谟圣母教堂（Igreja da Nossa Senhora do Carmo）”。教堂长 29 米，宽 9 米。主祭台供奉“嘉谟圣母”，两个侧祭台，一个供奉“圣若瑟”，另一个供奉“圣心”。教堂正面上部为一挂铃塔，具有一种古典风貌。首任教堂主持为维森特·科斯塔（José Vicente da Costa）神父，在教堂附近还建有一所学校。科斯塔神父亦在该校教授葡文课程。[②]

图 3－121　1885 年建成的凼仔嘉谟圣母教堂

第四节　澳门的西方公共建筑

早期在澳门城中完成的西方公共建筑除教堂之外，还有议事亭、监狱、慈善机构、医院、剧院、兵营、花园及酒店等。

---

① Maria Regina Valente, *Igrejas de Macau*, Macau: Instituto Cultural de Macau, 1993, p. 58.

② ［葡］施白蒂著，姚京明译：《澳门编年史：19 世纪》，澳门：澳门基金会，1998 年，第 237、243 页；*Boletim da Provincia de Macau e Timor*, Vol. XXIX, 17 de Fevereiro de 1883, No. 7, p. 49; Maria Regina Valente, *Igrejas de Macau*, Macau: Instituto Cultural de Macau, 1993, pp. 58－59.

一、议事亭

议事亭（Leal Senado，Câmara）又称议事会，即市政厅，是古代澳门城市的核心。该机构于1583年4月成立，后在离南湾不远的地方修建了一座议事会公署，人称“议事亭”。议事亭不仅是葡人管理澳门海上事务、对澳门城市行使管理权的重要政府机构，还是负责与中国政府联系、沟通的澳门葡人的官方机构。议事会修成时是什么形状？据特奥多雷·布里1590年代的《亚马港全图》（图3－122）所绘，离南湾不远处有一连六幢“人”字形屋顶的两层楼楼房，这应该就是当时的议事会及监狱的所在地。在房子的前面有一座三角形亭子似的建筑，但有墙，并非中国式的凉亭，这应是议事亭。整个议事会建筑四周无围墙。[①] 但《澳门记略》中保存了一幅《议事亭图》，该建筑为一两扇门的院落，四周有围墙，中间为一根梁柱支撑四面无墙的亭子式结构建筑，亭后有一排房屋。议事亭始建于何时？郭永亮言，建于万历十三年至十五年（1585—1587）间。《（乾隆）香山县志》卷六称：“（王）绰卒，设位议事亭，番人春秋供祀事。”[②] 王绰出镇澳门在万历五年（1577）后，卒亦当在万历年间，可见，议事亭之建成亦当在万历中，与郭说相合。

议事亭旁设有澳门监狱，监狱也是澳门议事会的属下机构。《澳门记略》载：“狱设龙鬏庙右，为楼三重，夷人罪薄者置之上层，稍重者系于中，重则桎梏于下。”[③] 文德泉称：“澳门议事会大楼最初的建筑物要追溯到1584年，那时该建筑已附设监狱或牢房。从那时起，旧监狱巷和牢房街的命名，与公共街道连在一起。”[④] 从现存《议事

图3－122　1590年代亚马港全图中的议事亭

图3－123　1632年澳门要塞图中的议事亭

---

① ［荷］特奥多雷·布里：1590年代《亚马港全图》，Amacao，1607，参见中国第一历史档案馆、澳门一国两制研究中心编：《澳门历史地图精选》，北京：华文出版社，2000年，第16～17页。

② （清）暴煜：《（乾隆）香山县志》卷6，《宦绩·王绰传》，中山文献丛刊第2册影印清乾隆十五年刊本，第786页。

③ （清）印光任、张汝霖原著，赵春晨校注：《澳门记略校注》，《澳蕃篇》，澳门：澳门文化司署，1992年，第153页。

④ 文德泉文，转引自金丰居士：《议事会大楼，大将登台气象万千》，载《新报》，2009年7月9日。

图 3－124 康熙初年西洋澳门图中的议事亭

图 3－125 《（雍正）广东通志》澳门图中的议事亭

图 3－126 1740 年代澳门屏风图中的议事亭

图 3－127 《澳门记略》中的议事亭

图 3－128 《澳门记略》中的南湾税馆图

亭图》看，澳门监狱在议事亭左侧，有另外的门出进，共有三幢楼房，均为两层建筑。特奥多雷·布里《亚马港全图》在议事亭旁亦为三幢两层的楼房，完全相合。

1590 年代《亚马港全图》之议事亭与 1632 年《澳门要塞图》之议事亭及康熙初年之议事亭，其西洋建筑（教堂）风格均为文艺复兴式而非巴洛克式，也与欧洲处于文艺复兴晚期吻合。主体建筑形式为三角形屋架硬山顶，有着和谐典雅的立面风格。从《（雍正）广东通志》澳门图之议事亭和 1740 年代澳门屏风图之议事亭也能看出议事亭是一座西洋风格的建筑。唯独《澳门记略》之议事亭图中的建筑似乎像一个“人”字形硬山顶中式建筑楼阁和园林，因此很多学者都认定早期的议事会是一座中国式的园林建筑，而且是明朝官方为澳门所建，此为大误。虽然《澳门记略》图中的议事亭确实有点像圆柱飞檐的中国庭园建筑，但其两扇正门及围墙的装饰不似中国之装饰，特别是上列《澳门记略》之《南湾税馆图》（图 3－128）就十分清楚，因为南湾税馆（图中标有箭头处）后面的建筑物就是议事亭的背面，据图非常清楚，就是一座完全西洋风格的建筑物。再看上列《亚马港全图》《澳门要塞图》《西洋澳门图》《（雍正）广东通志》澳门图及澳门屏风图，就可以清楚地看出，早期澳门议事亭的建筑并非中国式的庭园建筑，而是一座完全西洋风格的西洋建筑。

旧的澳门议事亭建筑一直维持到 18 世纪 80 年代。1783 年，澳门议事会以 2 000 澳门币购买原议事亭地段的土地，重建大楼及监狱。建筑方案设计者为帕德里希奥（Patrício de S. José）神父。到1784年，新议事会大楼竣工，总共耗资8万两白银。新议事会大楼高两层，基础部分是花岗岩，其余部分，包括壁柱在内，用灰浆和砖头砌成。屋顶由柱子支撑，檐口饰有绿色彩釉花瓶。大门山墙、门牌坊及窗户均为古希腊式。建筑物十分宽敞，里面有一座无原罪圣母小教堂，议事会成员在开始处理公务之前，来这里听弥撒。大门的上方镌刻有葡萄牙纹章，其下刻有“无与伦比忠贞的天主圣名之城”的铭文。[①] 1818年若奥六世登基的澳门庆祝活动中记录了当时议事会大楼的壮丽景观：

> 除去刚刚提到的市政厅里灯光装饰之外，在这些房间前面的大块空地，也就是小广场上，坐落着一座很大的塔楼，大约70英尺高，下有1个底座，底座有6级可以同向塔楼的楼梯，按照中国的建筑习惯，四面都有这样的阶梯，拱顶周围还有很多装饰品用来美化这一座建筑，共装饰有超过6 000盏玻璃灯盏，除此之外再没有其他的标志，前面放置有国王的肖像画。[②]

重建之议事会大楼实为西洋风格建筑，后虽经过多次重修，但其状况无多大改变。重修后的议事会大楼，为新古典主义风格。

图3-129　钱纳利1830年所绘议事亭前地（中为议事会大楼，左为仁慈堂）

图3-130　19世纪末20世纪初澳门议事会大楼[③]

图3-131　英国画家拉特雷（Alexandre Rattray）1857年所绘澳门议事会大楼[④]

---

① Rogério Beltrão Coelho, *Leal Senado de Macau*, Macau, 1998, pp. 17, 27.

② *Arquivos de Macau*, 1ª Série, Vol. I, No. 1, Macau, 1929, p. 49.

③ 何永康：《昔日澳门明信片集》，澳门：澳门基金会，1994年，第115页。

④ Fernando António Baptista Pereira, *Os Fundamentos da Amizade Cinco Séculos de Relações Culturais e Artísticas Luso-Chineseas*, Lisboa: Centro Científico e Cultural de Macau, 1999, p. 95.

二、澳门监狱

图 3-132 1787 年贝内伊所绘《澳门南湾景色图》中的澳门监狱①

澳门监狱设置起于何时，文献无明确记载，但《澳门记略》称：“小红棍，兼守狱。狱设龙鬆庙右，为楼三重，夷人罪薄者置之上层，稍重者系于中，重则桎梏于下。有土窟，委乾牛马矢，炷火其中，名曰矢牢。”②龙嵩庙在议事会大楼后面，实际上监狱即在议事会大楼与龙嵩庙之间，其旁有一条街道称为“监牢斜巷”。1787 年法国人贝内伊绘南湾图中，非常清楚地描绘了澳门监狱的真实状态。监牢为一砖石砌成的四方碉堡形状，碉堡共为三层，每层每面有两个窗户。该碉楼与龙嵩庙的后背紧相连。

三、仁慈堂

仁慈堂，《澳门记略》又称支粮庙③，位于澳门旧城中心的议事亭前地侧，是早期澳门最为重要的慈善机构，创办人是贾尼劳主教。仁慈堂建成于 1569 年。④ 仁慈堂内还设有一育婴堂：“如内地育婴堂制，门侧穴转斗悬铎，有弃其子者，掣绳响铎，置转斗中，僧闻铎声至，收而育之。”⑤ 关于仁慈堂早期的建筑形态并无文献档案记录，《亚马港全图》（图 3-133）记录了 16 世纪时仁慈堂的建筑形状：仁慈堂位于议事亭稍近东北，有一幢“人”字形屋顶的两层楼房，亦即葡人习惯盖的样式，以木板和砖盖成的仓房形式。但明显比议事亭的两层楼要高，其与议事会前的空地正好形成一个广场，后来称之为议事亭前地。1632 年《澳门要塞图》（图 3-134）之仁慈堂的形状与《亚马港全图》所绘大体相近，正面是一座“人”字形硬坡屋顶且具有三角门楣的立面的

---

① 参见 La Pérouse, Jean-François de Galaup, *Voyage de La Pérouse autour du monde, publié conformément au décret du 22 avril 1791*, rédigé par M. L. A. Milet-Mureau, Tome premier, Paris: De l'Imprimerie de la République, 1797一书之插图。

② （清）印光任、张汝霖原著，赵春晨校注：《澳门记略校注》，《澳蕃篇》，澳门：澳门文化司署，1992 年，第 153 页。

③ （清）印光任、张汝霖原著，赵春晨校注：《澳门记略校注》，《澳蕃篇》，澳门：澳门文化司署，1992 年，第 150 页。

④ ［瑞典］龙思泰著，吴义雄等译：《早期澳门史》，北京：东方出版社，1997 年，第 52 页。

⑤ （清）印光任、张汝霖原著，赵春晨校注：《澳门记略校注》，《澳蕃篇》，澳门：澳门文化司署，1992 年，第 150 页。

建筑物，屋顶上竖有十字架，其旁有一座塔楼。其建筑风格为文艺复兴式而非巴洛克式，也与欧洲处于文艺复兴风格晚期吻合，但塔楼未采用文艺复兴风格之前的哥特样式。到18世纪30年代的《（雍正）广东通志》澳门图（图3-135）的仁慈堂就和前面的建筑变化较大，为一两层楼的进深较长的西洋建筑物，而且左旁还开有侧门，其建筑形态仍为“人”字形硬山坡屋顶建筑楼阁。据郭永亮提供的资料，仁慈堂的初始只是一间小堂，到18世纪时，仁慈堂进行了改建。[①] 1740年代澳门屏风图和18世纪箱盖澳门图反映的正好是改建后的仁慈堂状况。现存钱纳利19世纪初期所绘四幅仁慈堂图，基本格局没有多大变化，为一两层高的欧陆式的传统建筑物，其立面均为三角形屋架硬山坡屋顶，地面层建有拱廊，上层走廊外建拱窗，有窗台状的镂石栏杆。但1839年仁慈堂的细部明显多了几根爱奥尼亚式的立柱。1905年仁慈堂重建时，部分旧仁慈堂建筑保存在议事会大楼，其中有一幅葡萄牙国王曼努埃尔的皇后莱昂诺尔雕像，两旁刻有带翅膀的天使，下面是一群仁慈堂的会员，石刻极为生动细腻。据此可知，旧仁慈堂建筑明显带有巴洛克风格的特征。1905年改建后的仁慈堂为新古典主义风格。

图3-133　1590年代亚马港全图中的仁慈堂

图3-134　1632年澳门要塞图中的仁慈堂

图3-135　《（雍正）广东通志》澳门图中支粮庙作安娘庙

图3-136　1740年代澳门屏风图中的仁慈堂

图3-137　18世纪箱盖澳门图中的仁慈堂

图3-138　1833—1838年的仁慈堂[②]

---

① 郭永亮：《澳门香港之早期关系》，台北：台湾“中央研究院”近代史研究所，1990年，第72页。

② 纪念葡萄牙发现事业澳门地区委员会编：《乔治·钱纳利：19世纪的澳门》，澳门：澳门文化司署，1997年，第73页。

图 3－139　钱纳利所绘 1833 年[1]、1836 年[2]的仁慈堂图

图 3－140　1839 年仁慈堂大门细部[3]

四、仁慈堂辖下医院

仁慈堂辖下还建有两座医院，一座为收留麻风病人的麻风病院，最开始，麻风病院是设在仁慈堂里面的贫民医院内，不久后将麻风病人迁至澳城水坑尾门外望德堂后，建麻风病院，而且麻风病人在望德堂内进行宗教活动。所以，人们往往将麻风病院与望德堂统一并称为“发疯寺”或“疯堂”。《澳门记略》称：“东南城外有发疯寺，内居疯蕃，外卫以兵，月有廪。”[4]《亚马港全图》（图 3－141）在图的左上部分绘有望德堂，旁边绘有 4 间“人”字形屋顶的平房，其正面为教堂，麻风病院当在其后。1632 年《澳门要塞图》（图 3－142）在城墙外的几栋房子前面当是望德堂，后面则是麻风病院。

另一座医院为贫民医院，又称为圣拉匝禄医院，与仁慈堂同时建立，亦由贾尼劳神父于 1569 年创办。[5] 这间医院被华人称为“医人庙”。[6] 明代贫民医院即建在水坑尾处，规模有多大，尚无资料记录，在早期的地志图中也没有明确的贫民医院的资料。《（雍正）广东通志》澳门图和《澳门记略》正面澳门图均有贫民医院的图像资料，据图可以看出，贫民医院的主楼应为一两层楼的建筑，周旁还有几幢一层楼的平房与主楼相连，这应该是贫民医院的早期情况。到 1747 年贫民医院扩建时，医院分了男、女两

---

① 纪念葡萄牙发现事业澳门地区委员会编：《乔治・钱纳利：19 世纪的澳门》，澳门：澳门文化司署，1997 年，第 103 页。

② 赵阳、吕莉莉、简燕儿编：《速写澳门：钱纳利速描集》，澳门：澳门艺术博物馆，2012 年，第 57 页。

③ 纪念葡萄牙发现事业澳门地区委员会编：《乔治・钱纳利：19 世纪的澳门》，澳门：澳门文化司署，1997 年，第 74 页。

④ （清）印光任、张汝霖原著，赵春晨校注：《澳门记略校注》，《澳蕃篇》，澳门：澳门文化司署，1992 年，第 150～151 页。

⑤ 郭永亮：《澳门香港之早期关系》，台北：台湾“中央研究院”近代史研究所，1990 年，第 72 页。

⑥ （清）印光任、张汝霖原著，赵春晨校注：《澳门记略校注》，《澳蕃篇》，澳门：澳门文化司署，1992 年，第 150 页。

个住院部，各有 30 张床位。[1] 可以反映，贫民医院的规模到 18 世纪时有较大的扩展。1840 年仁慈堂对其所属贫民医院进行大规模扩建，1842 年扩建完成后，在医院正门之上辟一神龛，内中置圣徒传记中病人保护神圣拉法尔（S. Rafael）像，故葡人称这所医院为圣拉法尔医院（Hospital de S. Rafael）。[2] 扩建完成后的医院开始略具现代医院的格局。

图 3－141　1590 年代亚马港全图中的麻风医院

图 3－142　1632 年澳门要塞图中的麻风医院

图 3－143　《（雍正）广东通志》澳门图中的医人庙

图 3－144　《澳门记略》正面澳门图中的医人庙

图 3－145　1814 年望德堂图（右边为麻风病院）

图 3－146　1841 年改建后的贫民医院[3]

---

① AHM/SCM，3.277，Microfilm A0367，转引自董少新：《形神之间：早期西洋医学入华史稿》，上海：上海古籍出版社，2008 年，第 77 页。

② José Caetano Soares, *Macau e a Assistência, Panorama Médico-Social*, Lisboa: Agência Geral das Colonias, 1950, p. 160.

③ 图片来自于林发钦主编：《澳门历史建筑的故事》，澳门：澳门培道中学历史学会，2005 年，第 101 页。

1590 年代《亚马港全图》之麻风病院与 1632 年《澳门要塞图》之麻风病院，其西洋建筑（教堂）风格为文艺复兴式而非巴洛克式。也与欧洲处于文艺复兴晚期吻合。主体建筑形式为三角形屋架硬山顶，呈现出和谐均衡的几何形体立面风格。《（雍正）广东通志》澳门图之医人庙与《澳门记略》正面澳门图之医人庙可见“人”字形硬山顶建筑，为新古典主义风格。1814 年望德堂图中的麻风病院依然是三角形屋架硬山顶。1847 年改建后的贫民医院则规模更大，为两层的“人”字形屋顶，带有百叶窗楼房三座，其主楼为一“L”形的建筑，极为简约，逐渐走向现代风格。

五、兵头衙门（总督府）

兵头衙门又称总督府。很长时间以来澳门总督在澳门都没有自己的官邸，他们长期居住在大炮台内，直至 1710 年贾士度出任澳督时，议事会开始在南湾租了一个房子给他住。直到 1753 年，总督仍然居住民房。① 1767 年沙丹耶（Diogo Fernandes Salema e Saldanha）出任总督时，下令议事会建造总督府官邸，由建筑商刘易斯·科埃略（Luís Coelho）负责，1769 年完工。由于建造工程质量有问题，议事会遂决定出售这一官邸。1771 年，议事会又收购了高士德的一处产业，准备重建总督府，这就是南湾小炮台后的总督府。② 据 1791 年 5 月 4 日果阿总督致澳门议事会的信称：

> 城市总督官邸正在重新修建，修建耗资巨大，金额高达 4 490 两，550 箱（caixa，重量单位）。根据议事会去年 12 月 27 日信函所述，没有多余资金可用于购置连接官邸的木屋。③

据此可知，直到 1791 年，新的总督府还在建设中，已经耗费的资金高达 4 490 两，估计也就是这个时期新的总督府建成。新建的总督府极为华丽、壮观，1818 年若奥六世登基的澳门庆祝活动中记录了当时的总督府：

> 在尊敬的澳门总督居住的宫殿里，装饰的窗户都有同一种类的看台，是由飞檐以及雕刻组成的，并且在中间装饰有十分精致的灯光和玻璃，同样的，在大门的入口处也有这样的装饰，即正门处有皇家纹章的图样。在宫殿的前方是一条有 8 个拱顶的长廊，在中间有一座看台，它从走廊延伸到了外面，其中能看到一幅国王陛下的肖像画，王袍加身，手持权杖及王冠。④

故 1827 年《（道光）新修香山县志》中的《东环图》，在南湾正面的一排房子中，右

---

① *Arquivos de Macau*, 3ª Série, Vol. Ⅶ, No. 2, Macau, 1967, p. 82.

② ［葡］施白蒂著，小雨译：《澳门编年史：16—18 世纪》，澳门：澳门基金会，1995 年，第 162 ~ 166 页。

③ *Arquivos de Macau*, 3ª Série, Vol. Ⅺ, No. 2, Macau, 1969, p. 80.

④ *Arquivos de Macau*, 1ª Série, Vol. Ⅰ, No. 1, Macau, 1929, p. 49.

起分别为“番差衙”“兵头衙”“红毛公司馆”，这里的兵头衙就是总督府，即可明证澳门总督府至少在1827年之前即已建成。从图3－147中可清楚看出，兵头衙门（总督府）在小炮台的后面。龙思泰《早期澳门史》亦提到，总督府对面附近有1座炮台。[①]

图3－147　1827年《（道光）新修香山县志》中的东环图

图3－148　1840年澳门全景图的部分截面图

图3－148为1840年罗伯特·伯福德绘制的《澳门全景图》的部分截面图，依照伯福德的序号，16为新公司商馆（New Company's Factory）、17为旧公司商馆（Old Ditto）、18为政府房屋（Government House，即总督府）、19为南湾小炮台。

对照1840年代钱纳利绘的南湾图（图3－149），就可以看出1为英国人的新公司、2为旧红毛公司馆（十六柱）、3为政府大楼（总督府）、4为圣伯多禄小炮台、5为法院大楼。从1844年拍摄的南湾照片中小炮台后面的房子能较清楚地看出旧总督府的原貌，该房为两层的楼房，巨大的硬坡屋顶，正面两层均排有7扇窗户，建筑外观极为简朴，没有什么装饰，为葡萄牙常见的较为宽敞的两层民居。特别是与左边东印度公司十六柱豪华商馆相比，总督府就显得较为矮小简陋。

① ［瑞典］龙思泰著，吴义雄等译：《早期澳门史》，北京：东方出版社，1997年，第79页。

图 3－149　1840 年代钱纳利所绘南湾图

图 3－150　1830 年代的南湾圣伯多禄小炮台及后面的总督府

图 3－151　1844 年的南湾圣伯多禄小炮台及后面的总督府

图 3－152　1881 年政府收购后改为总督府的南湾别墅

1859 年由于总督府过于破旧，议事会遂下令拆除并重建一座两层高的古典式建筑作为新总督府（后改为澳门法院大楼）。1873 年 6 月 8 日，澳门议事会决定租下塞卡尔男爵于 1849 年由阿基诺（José Tomás de Aquino）设计的南湾别墅作为新总督府。[①] 1881 年，澳门政府正式收购南湾别墅[②]，从此澳门总督府遂固定

① ［葡］施白蒂著，姚京明译：《澳门编年史：19 世纪》，澳门：澳门基金会，1998 年，第 102 页；［葡］文德泉著，军波译：《阿尔诺索伯爵笔下的澳门》，载《文化杂志》（中文版）第 7—8 期，1989 年，第 56 页。

② Manuel Teixeira, *Toponímia de Macau*, Vol. Ⅰ, Macau: Instituto Cultural de Macau, 1997, p. 72.

下来。南湾别墅由一幢两层高的葡萄牙风格的建筑物和一个很大的花园组成。整座建筑在风格上属于典型的19世纪中叶的欧式建筑，用传统的蓬巴尔式的粉红墙砌成，而窗框、柱子、屋檐及栏杆俱以白色衬托。别墅坐落在海边斜坡的花木之中，其造型颇具特色。建筑物以花岗石为墙基，结构牢固。全楼以红墙为主，以白色边为界，上面有宽深的阳台、突出的山形窗棂及法式百叶窗和平台式屋顶。花园分布在建筑物的后面和右侧，极富欧陆情调。

六、番差衙门（澳门法院大楼）

番差衙门（Judge's House）又称为澳门法院大楼。澳门法院大楼始建于何时，尚未找到明确证据。据《中国之蜂》报道："1822年9月23日，澳门恢复君主制政权，立宪派的象征、8月28日出版的这一期《中国之蜂》在澳门法院门前被当众焚烧。"[①] 这里面提到的"澳门法院门前"似乎可以说明在1822年时澳门的法官已经在法院大楼办公。又据上引1827年《（道光）新修香山县志》中的《东环图》，在南湾正面有一排房子，右起分别为"番差衙""兵头衙""红毛公司馆"，"番差"即王室大法官，此即可证明澳门法院大楼至少在1827年之前便已建成。前图的地标为小炮台，小炮台后面的房子为旧总督府，右边为法院大楼（番差衙门），左边为旧红毛公馆（十六柱），有这个定位后，我们可以确定1827年时澳门法院大楼位于旧总督府的右侧。1834年英国人布拉姆斯顿绘《澳门市区及港口图》（图3－153），也将南湾正对的一排建筑物的最右边一处建筑标为番差衙门，而总督府则在另一排建筑物的最右端。[②] 1835年罗伯特·义律船长绘制的南湾图东部一排房子中，第3座建筑物即是澳门法院大楼。据图3－154可以看出，当时的澳门法院大楼为硬坡斜屋顶的两层大楼，屋顶为红色，墙面为白色，两层均有5扇窗户，外墙无装饰，属于普通的葡式民居。

1876年总督府移往塞卡尔男爵的南湾别墅，议事会遂将旧总督府修缮后改作政府办公楼，法院亦在该楼办公。重新修建后的大楼为三层高，正门增建了柱廊，底层柱廊为拱券式，可以通过两侧台阶进入大楼，台阶扶手的端头各设有一灯柱，二层则是圆柱围合而成的外廊。图3－155即为1890年代的政府合署大楼。

---

① *A Abelha da China*, No. LIV, 27/09/1823, Macau: University of Macau, 1994, p. 229.

② 见［瑞典］龙思泰著，吴义雄等译：《早期澳门史》，附录10《澳门市区及港口图》，北京：东方出版社，1997年，第248页。

图 3-153　1834 年英国人布拉姆斯顿所绘《澳门市区及港口图》

（右边代码 43 为番差衙门，左边代码 4 后面为总督府）

图 3-154　1835 年义律船长所绘南湾图东部①

图 3-155　1890 年代的政府合署大楼

① Tipografia Mandarin, *19th Century Macau Prints*，转引自刘先觉、陈泽成主编：《澳门建筑文化遗产》，南京：东南大学出版社，2005 年，第 16 页。

七、伯多禄五世剧院

伯多禄五世剧院（Teatro Dom Pedro V）又称岗顶剧院。1858 年 3 月，伯多禄五世剧院在岗顶建成。澳门的名医佩雷拉·克雷斯伯（António Luís Pereira Crespo）、格尔马诺·马葵士（Pedro Germano Marques）和索萨·阿尔文（Francisco Justiniano de Sousa Alvim）在剧院建设中做出了突出贡献。剧院的设计、施工等均由澳门土生葡人格尔马诺·马葵士主持。剧院建筑物长 41.5 米，宽 22 米，中式坡状屋顶的屋脊高 12 米，屋檐高 7.5 米。该建筑物体现了新古典主义风格。在内部设计上，大厅平面作纵向布局，圆形的观众席前后布置了前厅和舞台，两侧是可供休息的长廊，楼上观众席呈月牙形，依靠楼下 10 根排列对称的弧形柱子支撑。剧院正面有一个宽 15.7 米的罗马圆拱形门廊，门廊顶端是等腰三角形山花，线条简明俊俏。其下则是由 4 组爱奥尼式依柱组成的 3 个拱门，门洞宽约 3 米，而 8 条立柱高约 6 米，山花及立柱装饰简约古朴，凸显建筑的雄伟、挺拔。剧院面向岗顶前地的侧立面则表现出不同的风格，其墙面一字排开 9 个宽 2.45 米的罗马圆拱落地大窗，气度浑厚非凡。剧院建成后，即成为澳门上演话剧、音乐会、歌剧的首选场地。①

图 3－156 1858 年建成的伯多禄五世剧院

八、军人俱乐部

1871 年 1 月 24 日，军人俱乐部经澳门政府批准正式成立。阿泽维多·高帝纽（Manuel Azevedo Coutinho）上尉担任第一任俱乐部主席。1870 年 4 月，拉法尔·多雷斯（Rafael das Dores）少尉、阿泽维多·高帝纽上尉和贾华玉（Henrique Augusto Dias de Carvalho）中尉倡议和发起成立一军人社团。② 1870 年 7 月 11 日，澳门议事公局主席下令砍伐嘉思栏兵营附近的树木，以修建军人俱乐部。该建筑于 1871 年正式动工，图纸由塞卡尔男爵小梅洛设计，由贾华玉中尉主持修建。1872 年年底之前在南湾湖嘉

① ［葡］施白蒂著，姚京明译：《澳门编年史：19 世纪》，澳门：澳门基金会，1998 年，第 130 页；Manuel Teixeira, *Toponímia de Macau*, Vol.Ⅰ, Macau: Instituto Cultural de Macau, 1997, pp. 321－322.

② Manuel Teixeira, *Os Militares em Macau*, Macau: Imprensa Nacional, 1984, p. 461；［葡］阿利马著，良友译：《澳门：它的图书馆和藏书》，载《文化杂志》（中文版）第 4 期，1988 年，第 22 页。

图 3 - 157 1872 年建立的澳门军人俱乐部

思栏花园旁边正式落成。该建筑为葡式城市楼房式建筑，占地面积为 2 011 平方科瓦多①，其正面有骑楼及具古典主义风格的托斯卡纳、哥特式廊柱，侧面有穹庐式窗户，为典型的南欧建筑。②

九、仁伯爵医院

仁伯爵医院，始建时称军人医院。1872 年 8 月 10 日，该医院第一期平整土地工程开工。贾华玉中尉主持这一工程。11 月 11 日，在东望洋山已平整的土地上修建一所新军人医院的方案和预算均获批准通过。12 月 1 日，欧美德总督主持举行盛大的奠基典礼。议事公局将该医院命名为“圣雅努阿里奥（São Januário）军人医院”，即今澳门山顶的仁伯爵医院。③ 1873 年 12 月，圣雅努阿里奥军人医院竣工。该建筑采用英国的新哥特主义风格，由著名建筑设计师塞卡尔男爵小梅洛设计。医院坐落在东望洋山山顶，面向外港，呈矩形，长 75 米，宽 34 米，高 92 米（加地基则有 150 米）。除主体建筑外，周围还有一些附属建筑。外形典雅，气势宏伟。整个医院建筑费用为38 500澳门元。医院落成后，成为澳门 19 世纪后期最有名的景观。④

---

① 科瓦多，葡文 Côvado，葡萄牙古代长度单位，1 科瓦多合 0.66 米。

② ［葡］施白蒂著，姚京明译：《澳门编年史：19 世纪》，澳门：澳门基金会，1998 年，第 188 页；Manuel Teixeira, *Toponímia de Macau*, Vol. Ⅱ, Macau: Instituto Cultural de Macau, 1997, p. 84；［葡］塔维拉著，杨平译：《澳门从开埠至 20 世纪 70 年代社会经济和城建方面的发展》，载《文化杂志》（中文版）第 36—37 期，1998 年，第 52 页；Manuel Teixeira, *Os Militares em Macau*, Macau: Imprensa Nacional, 1984, pp. 35 - 36.

③ ［葡］施白蒂著，姚京明译：《澳门编年史：19 世纪》，澳门：澳门基金会，1998 年，第 188 ~ 189 页。

④ Manuel Teixeira, *Toponímia de Macau*, Vol. Ⅱ, Macau: Instituto Cultural de Macau, 1997, p. 85；［葡］塔维拉著，杨平译：《澳门从开埠至 20 世纪 70 年代社会经济和城建方面的发展》，载《文化杂志》（中文版）第 36—37 期，1998 年，第 52 页。

图 3－158　1873 年落成的圣雅努阿里奥军人医院（仁伯爵医院）

十、澳门的公共花园

19 世纪中叶之前，在澳门城内的公共建筑中未出现公共花园的记录，仅有的几座都是私家花园。19 世纪中叶以后，随着城市建设的发展，公共花园逐渐出现。截至 19 世纪末，见于记载的公共花园共有嘉思栏花园、烧灰炉公园、保安部队花园、螺丝山公园、得胜花园、华士古达嘉马花园、市政厅前地花园、民政总署大楼花园、马蛟炮台公园 9 座，其中嘉思栏花园、得胜花园和华士古达嘉马花园出现时间较早，都在 19 世纪 60—70 年代，而且其西洋建筑的风格和元素较为突出，其他均出现在 19 世纪末期，故下面仅对嘉思栏花园、得胜花园和华士古达嘉马花园进行介绍。

（一）嘉思栏花园

嘉思栏花园（Jardim de S. Francisco），又名南湾花园，位于家辣堂街与兵营斜巷、嘉思栏新马路及东望洋新街之间，占地 6 100 平方米，昔日呈长方形，是澳门首座对公众开放的花园。1834 年 10 月，嘉思栏修道院被封闭，1861 年 3 月 30 日获准被拆除，在原址上兴建了嘉思栏兵营，其中一部分用地于 1865 年被开辟成为嘉思栏花园[①]。花园设计呈欧陆风格，从前这里可眺望南湾景色，故被称为南湾花园，又因邻近嘉思栏兵营而被称为嘉思栏花园。园内树种丰富，杨桃、芒果、人面子、樟树、无患子、罗汉松和大叶合欢等都在其内，是澳门古树最集中的公园之一。嘉思栏花园原来的设计者是苏雅士，他将花园分为高低两部分：低部位于南湾街与家辣堂街之间；高部再分

① 吕志鹏、欧阳伟然：《澳门公园与花园》，香港：香港三联书店，2009 年，第 21 页；［葡］阿泽维多著，喻慧娟译：《19—20 世纪之交澳门和果阿的浪漫主义与体育运动》，载《文化杂志》（中文版）第 53 期，2004 年，第 78～79 页。

两级，有石阶相连。昔日花园内绿荫处处，不少情侣都会来这里谈情，《澳门杂诗》中有云："南湾园里路逶迤，杨柳梢头月影移，几许喁喁儿女语，绿荫深处坐多时。"① 花园的最高处建有一座颇为别致的淡桃红色圆柱形建筑物，楼高两层，四周有圆拱形的门窗，墙壁刻有图案，顶端筑有皇冠形状的装饰，从前为欧战纪念馆，用以纪念第一次世界大战阵亡的葡军（特别是来自澳门的）。花园设计为欧式风格，小八角亭、园内小亭为中式风格，欧战纪念馆为新古典主义风格。

图 3-159 1870 年代的嘉思栏花园（黎华芳）② 图 3-160 嘉思栏花园的拱廊（约 1890 年）③

图 3-161 嘉思栏花园（约 1900 年代）④

① （清）汪兆镛：《澳门杂诗》，《竹枝词四十首》第 7 首，民国七年铅印本，第 10～11 页。

② The Macau Museum (comp.), *A Journey Through Light and Shadow: The Invention of Photography and the Earliest Photographs of Macau, China*, Macau: The Cultural Affairs Bureau of the Macau S. A. R., 2009, p. 100.

③ 利冠棉、林发钦：《19—20 世纪明信片中的澳门》，澳门：澳门历史教育学会，2008 年，第 155 页。

④ The Macau Museum (comp.), *A Journey Through Light and Shadow: The Invention of Photography and the Earliest Photographs of Macau, China*, Macau: The Cultural Affairs Bureau of the Macau S. A. R., 2009, p. 50.

（二）得胜花园

得胜花园（Jardim da Vitória）始建于1871年。当年3月26日，苏沙总督主持了纪念1622年反荷兰入侵胜利纪念碑的落成仪式。该纪念碑由贾华玉中尉主持修建。该纪念碑位于得胜花园内，花园位于士多纽拜斯大马路（Avenida de Sidónio Pais）和得胜马路（Estrada da Victória）交界处。[①]花园面积不大，约为1 950平方米。纪念碑为八角柱状的大理石碑。花园亦因此命名为得胜花园，其设计为欧式风格。

图3－162　19世纪拍摄的得胜花园得胜纪念碑

（三）华士古达嘉马花园

华士古达嘉马花园（Jardim de Vasco da Gama），位于得胜马路、东望洋街及东望洋斜巷之间，整个公园面积为5 100平方米。花园于1898年建成启用，昔日为华士古达嘉马新路的地段，由葡国工程师鸦寮努尼士设计。他是澳葡时代澳门出现过的唯一一个城市规划师。他的杰作有西环海边风景区、主教山别墅风景区和马蛟石风景区等。[②] 该花园则是为纪念第一个来到亚洲的葡萄牙航海家华士古达嘉马而兴建的。花园中央是一尊华士古达嘉马半身铜像，由著名雕刻家高士达（Tomás da Costa）创作，铜像下方则是方尖形石碑和浮雕，碑的内容是按葡国史诗《葡国魂》中的神话记述而作成的，以颂扬华士古达嘉马在开拓新航路中的冒险精神。花园初建时，有两道分别名为“大龙泉”和“二龙泉”的山泉流经这里，鸦寮努尼士巧妙地将其引入公园的喷泉水池中，可惜现今已不复存在。昔日汪兆镛所述“新辟荷兰园，范铜像嶙峋。其下沙草平，众绿生远春”，说的就是这个地方。此外，花园占地甚广，单是林荫大道长度就达到500米，宽亦有65米之多，占用了3公顷左右的土地面积。花园设计为欧式风格。

图3－163　华士古达嘉马花园[③]

---

① ［葡］施白蒂著，姚京明译：《澳门编年史：19世纪》，澳门：澳门基金会，1998年，第182页。
② 吕志鹏、欧阳伟然：《澳门公园与花园》，香港：香港三联书店，2009年，第30页。
③ 吕志鹏、欧阳伟然：《澳门公园与花园》，香港：香港三联书店，2009年，第30页。

十一、澳门的西式酒店

澳门的酒店出现于何时，未有文献的准确记录。据资料，澳门最早的旅馆记载见于1665年荷兰人绘制的《澳门城市鸟瞰图》（详见第五章第748页），1769年澳门当地已有一所“英国酒店”。[①] 1807年马礼逊初抵澳门时，也曾住在一个英国人开的酒店中。[②] 据1840年伯福德《澳门全景图》介绍，当时已经出现了两家酒店，其中编号20和26的为爱德华酒店（Edward's Tavern），编号25的为斯坦福和马克酒店（Stanford and Mark's Tavern）。图3-164中，两个深色箭头所指的建筑物为爱德华酒店，而浅色箭头所指的建筑物为斯坦福和马克酒店，两家酒店均位于南湾的东端。爱德华酒店的西边部分与旧总督府比邻，斯坦福和马克酒店则与澳门法院大楼比邻。爱德华酒店的经营者应该是英国人罗伯特·爱德华（Robert Edward），爱德华1826年创办了广州和澳门之间的航运服务，1836年开始经营酒店业。斯坦福和马克酒店是由英国人斯坦福（F. Stanford）和马克（J. R. Mark）合伙经营的，在1836年的《广州纪录报》上已经刊登过广告。图3-165中编号1和编号5的即为爱德华酒店，编号2的为颠地先生住宅，编号3的为番差衙门，编号4的为斯坦福和马克酒店。图中显示，编号1、编号4和编号5建筑均为硬坡三角斜屋顶的两层楼建筑，屋顶为红色，墙面为白色，外表无装饰，为普通的葡人民居形式。

图3-164 1840年伯福德澳门全景图之部分截面图

图3-165 1835年义律所绘南湾图东部（南湾望向东望洋山）

19世纪中叶，英国人在澳门开设的酒店何时终结亦无资料说明，但到19世纪后期澳门才出现具有一定规模的酒店。1880年位于亚美打利卑卢大马路（Avenida de Almeida Ribeiro）与南湾街交叉的路口上，一座由葡萄

① 郭卫东：《论18世纪中叶澳门城市功能的转型》，载《中国史研究》2001年第2期，第149~160页。

② 苏精：《中国，开门！——马礼逊及相关人物研究》，香港：基督教中国宗教文化研究社，2005年，第28页。

牙住宅改装的兴记酒店已经开始营业。兴记酒店的东主是一位华人，名为佩德罗·兴记（Pedro Hing Kee），故称“兴记酒店”，这是一间西式酒店。该酒店建筑新颖，有 30 间房，为舒适型家庭酒店。当时的联合俱乐部（又称军人俱乐部）将此酒店作为平常聚会闲聊的中心。[①] 1903 年 5 月，兴记酒店以 2 万澳门元的价格出让给法莫尔（W. Farmer）先生。[②] 兴记酒店建筑楼高 3 层，立面有一个三角形门楣屋顶，每层都有圆形廊柱，应为新古典主义建筑风格的欧式酒店。

图 3－166　1890 年代拍摄的南湾街景（左侧建筑物为兴记酒店）

19 世纪后期，在澳门的英国人还建了一座十分著名的葡式风格酒店，名“好景酒店（Hotel Bela Vista）”。1890 年 7 月 1 日，好景酒店正式开业。该酒店位于主教山前的海湾，面临大海，是一座拥有 20 间客房的古朴典雅的漂亮建筑。好景酒店原为李美雕家族的宅邸，约于 1870 年建成，后被居住在澳门的英国船长威廉·克拉克（William Edward Clarke）上尉收购，并将其改造为酒店。克拉克船长又任命贝尔南迪诺·李美雕（Maria Bernardino dos Remédios）为酒店经理。据克拉克船长的账本，酒店月盈利为 2 300 港元，但一般为 1 500 港元、1 700 港元及 1 260 港元，每月支出为 1 316 港元。酒店开业伊始，《伦敦画报》著名记者萨瓦杰·兰德（Henry Savage Landor）即下榻该店。当年香港的报纸亦刊登广告称“好景酒店在远东是无与伦比的”。[③] 好景酒店又名峰景酒店、海镜酒店，还被称为竹仔室酒店，因其在竹仔室炮台（西望洋

图 3－167　1890 年建成的好景酒店

---

① Manuel Teixeira, *Toponímia de Macau*, Vol. Ⅰ, Macau: Instituto Cultural de Macau, 1997, p. 74.

② ［葡］施白蒂著，金国平译：《澳门编年史：20 世纪（1900—1949）》，澳门：澳门基金会，1999 年，第 14 页；*O Patriota*, 13 de Maio de 1903, 20 de Maio de 1903。

③ Jorge Forgaz, *Famílias Macaenses*, Vol. Ⅲ, Macau: Fundação Oriente, Instituto Cultural de Macau, Instituto Português do Oriente, 1996, p. 44；［葡］施白蒂著，姚京明译：《澳门编年史：19 世纪》，澳门：澳门基金会，1998 年，第 262 页；Manuel Teixeira, *Toponímia de Macau*, Vol. Ⅰ, Macau: Instituto Cultural de Macau, 1997, p. 310; Luís Andrade de Sá, *Hotel Bela Vista*, Macau: Sociedade Bela Vistalda, 1994, pp. 20－24.

炮台）遗址上建成而得名。这是一座硬坡大斜屋顶的欧式建筑，楼高3层，2至3层均有宽大的圆拱门门廊柱装饰，第1层的窗户较小，类似于炮台的瞭望窗口，底部为花岗岩砌成的基座，四周有高大的围墙，中间有一条路通往山顶酒店。整个酒店色调浅黄，为新古典主义风格。

第五节 澳门的西洋式私家住宅花园

16世纪中叶葡萄牙人入住澳门，先是用茅草、木板建屋，“篷累数十间”，后则“渐运砖瓦木石为屋，若聚落”。[①] 不到10年，葡萄牙人在澳门半岛上建起了各种房屋上千间。关于葡萄牙早期在澳门建筑的房屋形态，透过16世纪末、17世纪初的一些绘图，我们更可以看出当时葡萄牙人所修建的房屋住宅之真实状态。

图3-168 1590年代亚马港全图中的葡人民居

图3-169 1632年澳门要塞图中的沙栏仔葡人民居

图3-170 1632年澳门要塞图中的下环一带葡人民居

图3-171 1500年果阿要塞图中的葡人民居

① （明）郭棐：《（万历）广东通志》卷69，《外志》3，《番夷》，万历三十年刻本，第72页。

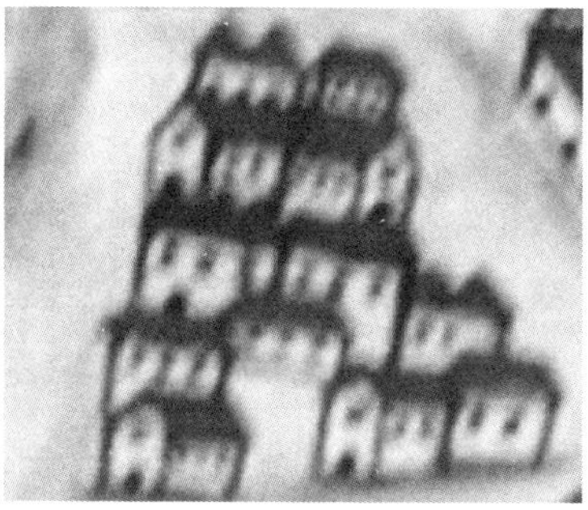

图 3-172　1610 年科钦要塞图中的葡人民居

图 3-173　1598 年科英布拉城市图中的葡人民居

图 3-174　1635 年马六甲要塞图中的葡人民居

从以上 7 处截图中的葡人民居可以比较清楚地看出，图 3-168、3-169、3-170 为 16 到 17 世纪时期澳门城内葡人民居的绘画形态，而图 3-171、3-172、3-173、3-174 则分别为 16 到 17 世纪果阿、科钦、科英布拉及马六甲城内的葡人民居绘画形态。虽然绘画时间相差有 100 多年，绘画也出自不同人之手，但可以看出 16 到 17 世纪葡萄牙科英布拉与葡萄牙海外殖民地果阿、科钦、马六甲及澳门的葡人民居建筑模式基本一致。当时葡萄牙人的住宅多为“人”字形硬山顶仓屋室建筑，一般高为两层，少数为一层，房屋建筑结构较为简单，但显得稳重。值得注意的是，在葡萄牙，白色的石灰是葡萄牙房舍特有的基调，石灰所呈现的白色纯净、欢快，像反光镜一样能映出地中海明媚的阳光，它无处不在，在葡萄牙民间建筑中占有重要的地位。[①] 故葡人民居多为白色，而屋顶则多为红色，所有葡萄牙城市及其海外殖民地城市的建筑大体一致。

一、中西文献中对澳门葡人民居的一般记述

16 到 17 世纪很少见到记载澳门葡萄牙人民居的资料，到 18 世纪以后关于澳门葡人民居的记录多了起来，如 1751 年完成的《澳门记略》称葡萄牙建筑：

> 屋多楼居。楼三层[②]，依山高下，方者、圆者、三角者、六角、八角者，肖诸花果状者，其覆俱为螺旋形，以巧丽相尚。垣以砖，或筑土为之，其厚四五尺，

① Luís Sá Cunha, *Portugalbum: 55 Quadros Para Conhecer Portugal e o Seu Povo*, Macau: Instituto Cultural de Macau, 1990, p. 38.

② 此处称葡人住宅为三层楼，疑有误，在澳门三层楼的建筑极为少见，除了议事亭后面的监狱为三层楼的碉堡外［（清）印光任、张汝霖原著，赵春晨校注：《澳门记略校注》，《澳蕃篇》，澳门：澳门文化司署，1992 年，第 153 页称“狱设龙髼庙右，为楼三重”］，还有就是圣保禄学院的楼房有三层［（清）吴历撰，章文钦笺注：《吴渔山集笺注》卷 2，《三巴集》之《嶴中杂咏》第 17 首，北京：中华书局，2007 年，第 173 页称：“楼房盖有三层，予眠食第二层上。”］其余葡人民居均为两层楼建筑，这在各种澳门绘画中均可清楚地看出。

多凿牖于周，垣饰以垩。牖大如户，内阖双扉，外结项窗，障以云母。楼门皆旁启，历阶数十级而后入，穷窿诘屈，己居其上，而居黑奴其下。①

稍后的姚元之《竹叶亭杂记》称澳门葡人：

其人皆楼居，高楼峻宇，窗扇悉以玻璃，轩敞宏深，令人意爽。楼下多如城之甕洞，贱者处之。其屋用白石攒灰垩之，宛如白粉，洁净可玩。②

1779 年到达澳门的法国商务代表啧士嶝称：

欧洲人被迫每年到澳门定居半年。他们在澳门租用和修缮非常豪华的住宅，这些住宅带有很大的美丽花园。③

1794 年马戛尔尼使团回国时在澳门停留，副使斯当东称：

葡萄牙人在贸易中获得了巨大财富，从澳门风顺堂对面很多高大华丽的公司建筑可以体现出来，有些建筑现在已经处于荒废状态。④

1807 年俄国航海家伊·费·克鲁森什恩特（И. Ф. Крузенштерн）对澳门葡人民居有如下描写：

那些占地很大、带着大院落和花园的高大建筑大部分都是空置的，住在这里的葡萄牙人大为减少。最好的私人府邸都属于荷兰和英国洋行的大班们。⑤

1825 年 10 月，伦敦会的泰尔曼（Daniel Tyerman）牧师抵达澳门时看到：

当接近海岸时，可以看到前面粉刷成白色的房子，从海滩边缘缓缓升起，呈现出美好的外观。在这之上可以看到一座炮台以及由此等房屋所围绕的许多教堂，构成一种欧洲的感觉。⑥

1830 年雅裨理（David Abeel）抵达澳门时从外海看到南湾景象，称：

一长排白色的欧式建筑，排列在海湾半月形的岸边。⑦

1833 年时，英国皇家海军罗伯特·义律船长描绘了澳门的住宅：

澳门是个令人愉快的居住地，炎热季节里，海风吹进所有的英国商人家的房里，这些房屋要么建在海湾的沙滩之上，要么建在面向大海的山头上。⑧

---

① （清）印光任、张汝霖原著，赵春晨校注：《澳门记略校注》，《澳蕃篇》，澳门：澳门文化司署，1992 年，第 145 页。

② （清）姚元之：《竹叶亭杂记》卷 3，北京：中华书局，1982 年，第 90 页。

③ Louís Dermigny, *Les Mémoires de Charles de Constant sur le Commerce à la Chine*, Paris: S. E. V. P. E. N, 1964, pp. 148 – 149.

④ ［英］斯当东著，叶笃义译：《英使谒见乾隆纪实》，上海：上海书店出版社，1997 年，第 522 页。

⑤ 伍宇星编译：《19 世纪俄国人笔下的广州》，郑州：大象出版社，2011 年，第 6 页。

⑥ Tyerman, Daniel Rev., George Bennet, *Journal of Voyages and Travels by the Rev. Daniel Tyerman and George Bennet*, Vol. Ⅲ, Boston: Croker and Brewster, New York: Jonathan Leavitt, 1832, p. 51.

⑦ David Abeel, *Journal of Residence in China and the Neighbouring Countries from 1830 to 1833*, London: James Nisbet and Co., 1835, p. 34.

⑧ Robert Elliot, *Views in the East: Comprising India, Canton, and the Shores of the Red Sea*, Vol. Ⅰ, London: H. Fisher, Son & Co., 1833, p. 3.

英国画家罗伯特·伯福德描述1840年代的澳门称：

房子是石头和砖头建的，没有特别优雅的外表，但是内部都很宽敞和便利，特别是那些在南湾的房子，为英国和其他国家商人所使用。[①]

他还说：

南湾的房屋都面向大海，占据了半月形的海滩，大部分建筑规模都很大，是非常气派的欧式建筑。有些建筑相当简单，有着很大的山墙，却很少装饰；有些被粉刷成各种颜色，有着各式各样的、令人愉悦的样貌。[②]

还有人对澳门葡萄牙人住宅进行了这样的描述：

大部分房舍都只有两层，立面和内部的墙都是用砖砌的，楼梯和屋顶则是用木材制作。房间都有大窗户，便于通风，还有长百叶窗遮挡太阳。这与西班牙、葡萄牙的房屋非常相似。[③]

美国人亨特称澳门：

东望澳门湾，看起来酷似那不勒斯，一幢幢美丽的房屋，边沿有宽阔的海滨草地保护着，草地又由一道筑有矮墙的防波堤环绕着，风景非常美丽……[④]

1858年来澳门考察的奥地利科学家冯·舍尔策（Karl Ritter Von Scherzer）更将澳门与香港进行比较：

澳门的景观，其美丽比起维多利亚港毫不逊色。鳞次栉比的高楼大厦在地峡的那些顶端有炮台的小山周围聚集成群，井然有序。风景如画的南湾，一座挨着一座的宫殿和富丽堂皇的住宅排成整齐的一长列，密密麻麻地高耸着。这一切使来访的外国人赞叹不已。竖得高高的双尖顶教堂和圣若瑟教堂的半圆顶，使这座城市带上了天主教城市的特色。[⑤]

法国旅行家德·波瓦（Ludovic de Beauvoir）公爵1867年2月抵达澳门，他这样记载澳门的建筑：

带有南方特有平台的房屋鳞次栉比，有的刷成蓝色，有的刷成绿色，有的刷成红色。有十来个教堂钟楼。每幢房屋窗户都装着铁条。城内各个街区呈圆锥状，仅有两米宽的小巷都铺着方砖。……“南湾”即滨海空地，是条繁华干道。装有铁门的宅第、总督官邸、警察局、政府机关和商店都集中在这里。五颜六色的拱

---

① Robert Burford, *Description of a View of Macao in China, Now Exhibiting at the Panorama, Leicester Square*, Printed by Geo. Nichols, Earl's Court, Cranbourn Street, Leichester Square, 1840, p. 5.

② Robert Burford, *Description of a View of Macao in China, Now Exhibiting at the Panorama, Leicester Square*, Printed by Geo. Nichols, Earl's Court, Cranbourn Street, Leichester Square, 1840, p. 2.

③ Melchior Yuan, *Six Months among the Malays, and A Year in China*, London: James Blackwood, Paternoster Row, 1855, pp. 280 – 281.

④ ［美］亨特著，冯树铁、沈正邦译：《广州番鬼录·旧中国杂记》，广州：广东人民出版社，2009年，第83页。

⑤ ［葡］若热·迪亚士著，军波译：《19世纪中叶的澳门：奥地利考察家卡尔·李特·冯·舍尔策的报告》，载《文化杂志》（中文版）第7—8期，1989年，第24页。

形建筑和一座座修道院呈现出浓厚的葡萄牙风格。①

综上所述，可以看出，18 到 19 世纪来澳门的外国人对澳门葡萄牙人住宅的描述都一致地显示，澳门葡萄牙人所建屋舍均保持了原来的欧洲风格，或者更准确地说是保持了南欧地中海地区的民居风格。葡萄牙人的民居一般为两层，房屋都比较宽敞，外部多用花岗岩且粉刷成白色，内部则多用砖铺就，楼梯和屋顶多用木材制作，房间多有大窗户，还有百叶窗遮挡太阳，内部很少装饰。这应该反映了早期澳门城内葡人民居的大致建筑形式及风格。下面是几幅 18 世纪末到 19 世纪初澳门葡人民居的基本状况图。

图 3－175　1787 年贝内伊绘澳门南湾景色图截面②

图 3－176　19 世纪后期澳门半岛鸟瞰图截面③

图 3－177　钱纳利绘《澳门：眺望东北方图》④

① ［葡］德立·龙巴著，李长森译：《德·波瓦公爵在澳门》，载《文化杂志》（中文版）第 23 期，1995 年，第 13、15 页。

② 转引自 La Pérouse, Jean-François de Galaup, *Voyage de La Pérouse autour du monde, publié conformément au décret du 22 avril 1791*, rédigé par M. L. A. Milet-Mureau, Tome premier, Paris: De l'Imprimerie de la République, 1797 一书之插图。

③ Urban Council, *Historical Pictures: Collection of the Hong Kong Museum of Art*, Hong Kong: Hong Kong Museum of Art, Urban Council, 1999, p. 70.

④ 香港历史博物馆编：《东方印象：钱纳利绘画展》，香港：香港历史博物馆，2005 年，第 122 页。

二、19 世纪绘画中的西洋豪宅及花园

除了上述对澳门葡人民居一般性的描述以外，令人惊喜的是在澳门 19 世纪的绘画作品中还保留了大量极具个性的澳门葡人民居的个案作品。英国画家罗伯特·伯福德在 1840 年为澳门创作了一幅全景式的绘画，且以南湾为主要对象。在这幅图上标注了澳门南湾一线最主要的建筑，特别是列出了南湾地区外国人租住葡人民居所建的 17 处住宅花园（包括 4 处葡萄牙人自己的住宅）。

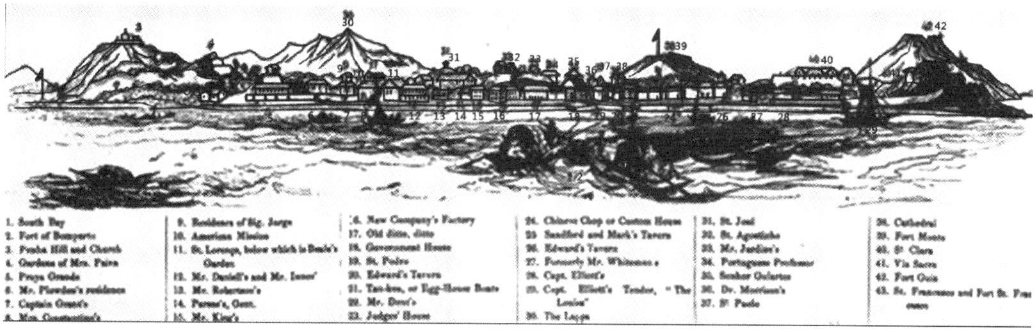

图 3－178　澳门全景图（罗伯特·伯福德绘制，1840 年）

兹将上图各英文标号之建筑物按顺序翻译如下：

1. 南部海湾；2. 蓬巴尔炮台，即烧灰炉炮台；3. 西望洋山与教堂；4. 摆华夫人花园；5. 南湾；6. 部楼顿先生住宅；7. 格兰特船长住宅；8. 康斯坦丁夫人住宅；9. 乔治先生住宅；10. 美国教会；11. 圣老楞佐堂，下面是托马斯·比尔住宅花园；12. 丹尼尔先生和因义士先生住宅；13. 罗伯森先生住宅；14. 巴斯人住宅；15. 金仕曼住宅；16. 新公司商馆；17. 旧公司商馆；18. 政府大楼；19. 圣伯多禄（小炮台）；20. 爱德华酒店；21. 疍家或疍家的船；22. 颠地先生住宅；23. 法院大楼；24. 中国户部或海关房屋（即南湾税馆）；25. 斯坦福和马克酒店；26. 爱德华酒店；27. 原怀特曼先生住宅；28. 查尔斯·义律船长住宅；29. 查尔斯·义律船长的联络船“路易莎号”；30. 对面山；31. 圣若瑟（修道院）；32. 圣奥斯定（教堂）；33. 渣甸先生（住宅）；34. 葡萄牙教授（住宅）；35. 古拉特先生（住宅）；36. 马礼逊博士（住宅）；37. 圣保禄（教堂）；38. 主教堂；39. 蒙迪炮台（大炮台）；40. 圣克拉拉（即圣家辣堂）；41. 圣径；42. 基亚炮台（即东望洋炮台）；43. 嘉思栏修道院与嘉思栏炮台。

现摘录上述 43 处建筑物中的私人花园住宅部分列表如下：

表3-3　南湾地区外国人租住的私人花园住宅概况

住宅序号	原图序号	住宅名称（中文）	住宅名称（英文）	原图建筑形状
1	4	摆华夫人花园	Gardens of Mrs. Paiva	
2	6	部楼顿先生住宅	Mr. Plowden's Residence	
3	7	格兰特船长住宅	Captain Grant's Residence①	
4	8	康斯坦丁夫人住宅	Mrs. Constantino's Residence②	
5	9	乔治先生住宅	Residence of Sig. Jorge③	
6	11	托马斯·比尔住宅花园	Beale's Garden	
7	12	丹尼尔先生和因义士先生住宅	Mr. Daniell's and Mr. Innes' Residence④	
8	13	罗伯森先生住宅	Mr. Robertson's Residence⑤	
9	14	巴斯人住宅	Parsee's Gent⑥	
10	15	金仕曼住宅	Mr. King's Residence	

① 此格兰特（Grant）当即英国散商——“大力神号”船长亚历山大·格兰特（Alexander Grant），1826年来澳，后一直担任渣甸公司船队总指挥，1828—1833年偕夫人在澳门居住，生有4个女儿，1832年在澳门住冬时，英国商人在其澳门住宅举行大型聚会。

② 此康斯坦丁夫人疑为葡萄牙商人康斯坦丁·若瑟·洛佩斯（Constantino José Lopes）的夫人，康斯坦丁·若瑟·洛佩斯在1810年打击海盗张保仔时为葡萄牙船“圣米格尔号”船长，他也是虔诚的天主教徒，还创建过沙勿略虔诚兄弟会。参见 Manuel Teixeira, *Macau e a sua Diocese*, *Vol. XI*, *as confrarias em Macau*, Macau: Tipografia da Missão do Padroado, 1975, p. 399.

③ 此乔治先生（Sig. Jorge）疑为乔治·罗宾逊（George Best Robinson），1827年前来华，偕夫人在澳门居住，在澳门生有5个孩子，1829年任东印度公司书记，1830年升大班，1835年出任驻华商务监督。

④ 此丹尼尔（Daniell）和因义士（Innes）分别指安东尼·丹尼尔（Anthony Strwart Daniel）和詹姆斯·因义士（James Innes）。安东尼·丹尼尔，1830年代在广州和澳门生活，并创建了丹尼尔洋行，1836年5月15日其刚出世8个月的儿子去世，1839年还在澳门；詹姆斯·因义士，代理商，经营鸦片贸易，1827年来澳从事贸易，1834年律劳卑生病时曾将他接到自己宅邸居住，1839年遭林则徐驱逐回国，但实际并未离开，1841年在澳门去世。

⑤ 此罗伯森（Robertson）先生疑为弗朗西斯·罗伯森（Patrick Francis Robertson）。弗朗西斯·罗伯森，英国商人，特纳公司（Turner & Co.）合伙人，1830年代与其子罗德里克·罗伯森（Rocderick Fraze Robertson）居住在澳门，其子于1839年在澳门去世。

⑥ 这位巴斯人应该就是希尔治皮·鲁斯托姆治（Heerjeebhoy Rustomjee），他是19世纪中期活跃在广州、澳门的重要的巴斯商人，1835年首次出现在中国档案中，曾于1838、1839和1840年间往返广州与印度之间。据《广州纪录报》1840年5月26日记录，1840年他从印度返回后，在他的澳门居所举行过一次盛大的游戏舞会，这场舞会的举办地应该就是这座南湾寓所。参见［英］施其乐著，郭颐顿译：《珠江三角洲的巴斯客商》，载《文化杂志》（中文版）第59期，2006年，第168页。

（续上表）

住宅序号	原图序号	住宅名称（中文）	住宅名称（英文）	原图建筑形状
11	22	颠地先生住宅	Mr. Dent's Residence	
12	27	原怀特曼先生住宅	Formerly Mr. Whiteman's Residence	
13	28	义律船长住宅	Capt. Elliott's Residence	
14	33	渣甸先生住宅	Mr. Jardine's Residence①	
15	34	葡萄牙教授住宅	Portuguese Professor's Residence②	
16	35	古拉特先生住宅	Senhor Gularte's Residence③	
17	36	马礼逊博士住宅	Dr. Morrison's Residence	

上述17座住宅、花园均是位于南湾地区的比较豪华的葡萄牙人住宅。下面，我们再对澳门最重要的能在图片中找到资料的几座著名住宅分别予以介绍，有的见于伯福德图，有的不见于伯福德图：

（一）十六柱住宅

十六柱住宅原为澳门葡商高士德在南湾所建之私人宅邸，1772年7月，英国东印度公司与高士德达成协议，租用他在南湾的住宅，租期3年，年租金450西班牙元，后来又延长两年。由于该住宅正面有十六根柱子，故称“十六柱”④，又因为居此宅者为英国东印度公司大班，故又称为英国东印度公司商馆，俗称为“红毛公司馆”。伯福德1840年《澳门全景图》称其为“旧公司商馆”，图序编号为17。十六柱的主人高士德

---

① 此渣甸（Jardine）先生应为著名鸦片商、怡和洋行创始人威廉·渣甸（William Jardine）。威廉·渣甸，原为东印度公司“布伦兹维克号”船医，1802年来澳，1817年离开公司转为散商，1825年为丹麦领事，同年加入马格尼亚克洋行，1832年与马地臣合组渣甸—马地臣公司（即怡和洋行），并合并了马格尼亚克洋行，1839年返回英国，后又返回澳门。

② 此处的葡萄牙教授（Portuguese Professor）疑为圣若瑟学院葡萄牙遣使会士江沙维（Joaquim Afonso Gonçalves）。江沙维，1813年来澳门，一直在圣若瑟学院任教，又是著名的汉学家，1841年在澳门去世。能称得上教授，又是葡萄牙人者，这个时期只有江沙维一人。

③ 此古拉特（Gularte）先生疑为葡萄牙人若瑟·贝尔南多·古拉特（José Bernardo Gularte）。若瑟·贝尔南多·古拉特，澳门葡萄牙商人，1840年代澳门议事会的重要成员，1849年时出任澳门议事会主席。参见 Manuel Teixeira, *Toponímia de Macau*, Vol. Ⅰ, Macau: Instituto Cultural de Macau, 1997, p. 423.

④ ［美］马士著，区宗华等译：《东印度公司对华贸易编年史：1635—1834年》第4、5卷，广州：中山大学出版社，1991年，第600页；［葡］施白蒂著，小雨译：《澳门编年史：16—18世纪》，澳门：澳门基金会，1995年，第167页。

于1780年担任澳门总督，不幸于1781年去世，他的三个儿子都献身教会，其产业由子若瑟·达·哥斯达神父管理，1818年若瑟神父去世，1823年高士德地产以12 500元卖掉。① 第一次鸦片战争后，十六柱住宅为澳门教会所收购，作为教会的慈善和教育机构使用。1848年12月21日，十六柱住宅修缮后作为圣罗萨孤女院居所，直到1849年圣罗萨孤女院迁入奥古斯定修道院。② 1903年11月22日，在十六柱住宅创办恒毅书院，后于1910年关闭。③ 1910年，十六柱住宅的两层木楼及屋后小山坡，被拨给圣母无原罪孤儿院（又称慈幼学校）作为新校舍。④

旧传钱纳利绘于1829年的一幅素描，描绘了十六柱住宅，画面右侧的大台阶是风顺堂前台阶，画面左侧浓荫遮蔽下的一处住宅，入口正立面具八组双柱，计十六根西洋柱，这就是十六柱住宅（见图3－179）。

图3－179　传为东印度公司澳门商馆的十六柱住宅（钱纳利绘）⑤

图3－180　南湾东印度公司商馆住宅的正面（钱纳利绘）

对图3－179的最早介绍应该是奥朗奇的《中国通商图》，他将这幅图定为："《部楼顿先生家前的街道》，澳门，1829年。东印度公司房屋前的街景，及圣老楞佐教堂的

① 《澳门宪报》，1824年2月20日，转引自郭永亮：《澳门香港之早期关系》，台北：台湾"中央研究院"近代史研究所，1990年，第78～79页。按：1824年《澳门宪报》尚未创办，笔者认为郭永亮先生看到的是《澳门周报》（*Gazeta de Macau*），该报为1824年1月30日创刊，到1826年12月结束。参见李长森：《近代澳门外报史稿》，广州：广东人民出版社，2010年，第79～80页。

② Manuel Teixeira, *Macau e a Sua Diocese*, Vol.Ⅲ, *As Ordens e Congregações Religiosas em Macau*, Macau: Tipografia Soi Sang, 1956－1961, p. 519; Manuel Teixeira, *Toponímia de Macau*, Vol.Ⅱ, Macau: Instituto Cultural de Macau, 1997, p. 215.

③ Manuel Teixeira, *A Educação em Macau*, Macau: Direcção dos Serviços de Educação e Cultura, 1982, p. 334; Aureliano Baratra, *O Ensino em Macau, 1572－1979*, Macau, 1999, p. 196.

④ Manuel Teixeira, *Macau e a Sua Diocese*, Vol.Ⅲ, *As Ordens e Congregações Religiosas em Macau*, Macau: Tipografia Soi Sang, 1956－1961, p. 789.

⑤ Catchrick Paul Chater, *The Chater Collection: Pictures Relating to China, Hong Kong, Macao, 1655－1860, with Historical and Descriptive Letterpress by James Orange*, London: T. Butterworth, 1924, p. 308.

台阶。”① 后来人都依据这一说法，将图中的左边建筑定为东印度公司的商馆所在地，即十六柱，笔者对此表示怀疑。如果图中对面的台阶是圣老楞佐教堂的话，那对面的这栋房屋就应该位于今天岗顶附近的龙嵩正街上，而龙嵩正街处于当时叫作“莫菲诺树林的小山”上。而所有的资料都表明，东印度公司澳门商馆就在南湾的大海滩旁，一座位于山上的建筑和一座位于南湾海滩边的建筑肯定不是同一座建筑。因此，笔者认为奥朗奇所说的钱纳利绘《部楼顿先生家前的街道》这幅图中的建筑并非位于南湾海滩旁的东印度公司商馆，而上引图 3 – 180 则是当时位于南湾海滩旁的东印度公司商馆。从图中上下两层的廊柱来看，也正好是十六根廊柱。澳门人所说的十六柱指的就是图 3 – 180 的建筑，而传统将图 3 – 179 视为十六柱建筑当是误传。

（二）摆华夫人花园

据伯福德的描述，摆华夫人花园（Gardens of Mrs. Paiva）非常特别，这座花园位于西望洋山麓，有很多巨大的岩石，花园被修整成层层的梯台，并按照中国花园的风格进行布置。《澳门全景图》② 中显示该花园在烧灰炉一带的高坡之上，规模相当大，层叠的平台有着圆柱状特征。比对 1860 年的历史地图与画作，花园应在山水园围（Beco do Bom desus）一带，位于西望洋变电站、磨盘山变电站所在山头，至今这里的道路保持着弧形，包括山水园巷（Travessa do Bom desus）与学校巷（Travessa do Colegio），摆华夫人花园应该就是所谓的“山水园”。在一幅大约于 1870 年创作的水粉画中描绘了其景观。此幅画中有一座山包，周边有石头砌成的圆形围墙，围墙内树木葱茏，在树木掩映中还有房屋和亭楼，构成一座巨大的花园。在 19 世纪中期，摆华夫人的豪宅经常成为居住澳门的欧美社群聚会的地方。

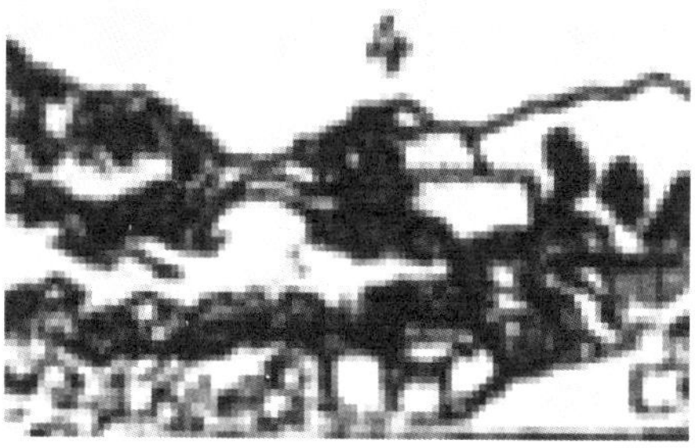

图 3 – 181　1840 年罗伯特 · 伯福德绘制的澳门全景图局部

图 3 – 182　1858 年绘制的澳门图，左边小门连围墙以内都应该是摆华夫人花园

① ［英］詹姆士 · 奥朗奇编著，何高济译：《中国通商图：17—19 世纪西方人眼中的中国》，北京：北京理工大学出版社，2008 年，第 216 页。

② 《澳门全景图》中摆华夫人花园编号为 4。

图 3-183 19 世纪后期澳门半岛鸟瞰图中的摆华夫人花园（佚名画家，约 1870 年）①

（三）贾梅士花园住宅

贾梅士花园又称白鸽巢公园（Jardim de Luís de Camões），华人称之为“八角巢”②，位于澳门圣安多尼堂区白鸽巢前地，公园占地 19 800 平方米。白鸽巢公园原址为葡籍富商俾利喇的花园别墅，1779 年，俾利喇在白鸽巢花园旁建成一座澳门最宏伟的巨宅，时人称“俾利喇行宫”。俾利喇最初在果阿从事海上贸易，在果阿即已成为当地富豪，其间来过澳门几次。1770 年，他来到澳门，并在白鸽巢花园东北端买下一块地，开始营建巨宅，同时开始经营澳门的鸦片贸易。至 1779 年，巨宅落成。该宅为一幢三层高的宫殿式南欧风格建筑物，金字形红瓦顶，希腊式前出檐，上有细致精美的石雕檐饰，檐饰中间有俾利喇的爵士纹章图案，正门前有大理石石阶，门廊是古罗马样式，厅堂装饰富丽堂皇。宅前即是一片广袤花园。俾利喇行宫虽是俾利喇本人亲自规划营建而成，但实际上他本人一天也未住过。豪宅落成之后，由于他与英国东印度公司关系密切，这座豪宅遂租予东印度公司，作为公司的公署及高级官员的官邸，直至东印度公司撤离澳门，一共租了 55 年。俾利喇本人也因此被英女皇册封为爵士，这也是澳门历史上唯一拥有英国贵族荣衔的葡萄牙商人。③ 1802 至 1807 年间，俾利喇花园别墅由东印度公司特选委员会主席詹姆斯·多林文（James Drummond）居住。1805 年来澳门的俄国人鲁臣顿（И. Ф. Крузеищтерн）被多林文接待居住此宅，鲁臣顿称此宅“比其他所有人尤其是葡萄牙人的房子都还漂亮，内部陈设也更豪华”④。1818 年若奥六世登基的澳门庆祝活动中记录了当时俾利喇花园别墅的盛况：

> 比如外国居民在澳门的住处，其中最与众不同的就是市政议员俾利喇，不仅

---

① Urban Council, *Historical Pictures: Collection of the Hong Kong Museum of Art*, Hong Kong: Hong Kong Museum of Art, Urban Council, 1999, p. 70.

② （清）姚元之：《竹叶亭杂记》卷 3，北京：中华书局，1982 年，第 91 页。该页中称：“又有曰‘八角巢’者，别一家之园也。巢乃一六方亭子耳，园中曲道逶迤，竹树葱蒨，与唐人园亭无异，惟屋宇不同。”

③ 李鹏翥：《澳门古今》，香港：香港三联书店，2001 年，第 37 页；金丰居士：《白蚁蛀蚀，拆去最高一层，东方基金大楼自矮》，载《新报》，2006 年 3 月 30 日。

④ 伍宇星编译：《19 世纪俄国人笔下的广州》，郑州：大象出版社，2011 年，第 5 页。

仅是因为他富有的财产以及缤纷多彩的灯饰，还因为他所放置东西的地方；他将他的航海器材装饰起来，作为第一道大门，有 24 英尺高，16 英尺宽，周围装饰有花卉，以及 70 盏点亮的灯火，在此上方，放置的是皇家纹章；接下来还有 7 个这样大小尺寸的同种物件。在花园的大门入口处，有另外一扇与第一道相似的大门，装饰有五颜六色的灯盏，以及一块写有如下诗句的画板："国王陛下主权的忠实侍从，向您献上我最诚挚的爱戴之心，那些古老的誓言永不磨灭，世代相传，长久不衰。"除此之外，还有 48 个拱顶，它们很大程度上延伸空间到 3 英寻了，而这些拱形建筑，从花王堂前地进入花园，视线一直延伸直到出现一座典雅的宫殿，在宫殿的前方是一条有 8 个拱顶的长廊，在中间有一座看台，它从走廊延伸到了外面，其中能看到一幅国王陛下的肖像画，王袍加身，手里持权杖及王冠。在画板之上，还有一幅图，上面有金色的字样，写着："国王从天堂而来，降临人间。(拉丁文)"在露台的每一个拱形底部都放置了多尊塑像，它们代表着最主要的几种美德，每一尊都有它们自己的徽章和双行诗。宫殿非常精美，除去在最中心的地方装饰的 17 顶大吊灯，还有 4 000 盏有玻璃外罩的灯盏照亮整个宫殿。那些形成了从花园的主要通道开始的道路的拱形用上了纸张切割浮雕的工艺，涂以多种色彩，除去其中心悬挂的 3 盏吊灯之外，其他都从内部照明。那些拱形与拱形之间的空隙都用盆栽的树木、花朵以及水果装饰，所有的都从它们的中心开始人工照明，如同纸做的鸟笼一样，从内部照明，能让人领略到一种从未见过的风格，提供了一个更加高雅的视角，似乎是邀请所有人抱着很大的期望值来参观这个如此华丽壮观的地方，以及如此场面的灯光装饰：在 3 个夜晚里使用了 3 000 余盏点亮的灯光照明；给予那些想要进来一睹市政议员和其夫人风采的人们免费入场的机会；款待所有的客人以茶水及饮品，而这一切都是精心准备的，且规模很大。①

这是对俾利喇行宫和花园最为详细和原始的记录，十分珍贵。1834 年东印度公司撤离，俾利喇其后将花园别墅传给在澳的唯一女儿玛利亚，玛利亚业权后转给其表兄及丈夫葡籍商人马葵士（Lourenço Caetano Cortela Marques）。马葵士在这里修葺新建别墅后，在园内开辟石洞及在洞顶设六角亭一座（此亭现今已不存在）。1885 年花园别墅成为澳葡政府的财产。葡国政府为纪念在公园山洞中隐居并写下《葡国魂》部分篇章的贾梅士，将园内石洞改名为贾梅士洞。公园于 1885 年改名为贾梅士公园。② 贾梅士花园住宅采用纯粹的几何形体，为新古典主义风格。

---

① *Arquivos de Macau*, 1ª Série, Vol. I, No. 1, Macau, 1929, pp. 49 - 50.

② ［葡］施白蒂著，姚京明译：《澳门编年史：19 世纪》，澳门：澳门基金会，1998 年，第 243 页；［葡］阿丰索著，范维信译：《澳门的绿色革命：19 世纪 80 年代》，载《文化杂志》（中文版）第 36—37 期，1998 年，第 133 ~ 134 页。

图 3－184 贾梅士花园住宅（1890 年）

图 3－185 改建后的东方基金会会址

（四）部楼顿先生住宅

部楼顿为英国东印度公司大班，1827 年 12 月成为东印度公司特选委员会主席，1834 年返回英国。他的私人住宅也是租用葡萄牙人住宅而来。在钱纳利绘制的作品中，有 2 幅图是描绘律劳卑勋爵的住宅，由于律劳卑勋爵是在 1833 年英国东印度公司结束后出任的首位贸易监督，因此 1834 年部楼顿回国后，律劳卑则很有可能继续租用部楼顿先生住宅（Mr. Plowden's Residence）。该住宅为硬坡屋顶，有突出的半圆形外栏，建筑的另一侧则是平直的，也有一个较大的外栏。住宅为两层，楼上的窗户为大落地百叶窗，楼下窗户较小，院子里有草坪、树木、盆栽等。

图 3－186 澳门全景图中的部楼顿先生住宅

图 3－187 钱纳利所绘部楼顿先生住宅

（五）金仕曼住宅

美国商人金仕曼（Nathaniel Kinsman，1798—1847）为美国滑摩公司（Wetmore & Co.）的合伙人，他与家人于 1843 年 10 月 13 日抵达澳门，住在南湾豪宅，金仕曼在对华贸易中积累了大量财富，正当他决定回国之际，却于 1847 年 4 月 30 日病逝于澳门，葬于澳门基督教坟场，三周后其夫人带领家人返回美国。[①] 金仕曼的妻子瑞贝卡

① Lindsay and May Ride, *An East India Company Cemetery: Protestant Burials in Macao*, Hong Kong: Hong Kong University Press, 1998, pp. 194－195.

（Rebecca Kinsman）是这样描写她的房子的：

房子坐落在南湾，前面有非常漂亮的花园，房子两边和后面是一块平地，生长着漂亮的树木，房子和花园都用墙围起来。围墙上很多地方蔓延着茂盛的藤。告诉你房子的大小，前墙宽 120 英尺，外加一个由巨大的圆柱支撑的 18 英尺宽的走廊，圆柱一直穿过走廊。除了走廊的宽度还向后伸展 70 英尺。起居室宽和高都有 36 英尺。[①]

著名外销画家林呱（Lam Qua）约 1834 年创作的两幅画描绘了金仕曼住宅的内外景（图 3－188），画的题注称此住宅位于“律劳卑曾居住过的屋子”旁边。[②] 左图描绘了金仕曼住宅外景，住宅设有两个入口，左侧为西洋式巴洛克风格细部装饰的圆拱，右侧为带有中式风格的细部装饰。大门前面装有小木栅栏。住宅前部是庭院，树木茂密，后部是有着宽大柱廊的住宅，粉刷成明亮的黄色，坡屋顶上有 3 个烟囱。右图描绘的是金仕曼住宅外廊，二层走廊上的华丽圆柱间有着精美的铁花栏杆，由 12 根以上的大圆形栏柱支撑，圆柱间可以欣赏到南湾美景。金仕曼住宅是混合采用巴洛克风格和中式风格细部装饰的新古典主义风格。

图 3－188　1834 年林呱绘南湾金仕曼住宅

（六）托马斯·比尔住宅与花园

托马斯·比尔住宅与花园（Thomas Beale's Garden），又称咇哋花园，还称“百鸟巢”。[③] 伯福德在《澳门全景图》中明确指出“风顺堂下面是托马斯·比尔住宅与花园”[④]。这就是说，该花园即在风顺堂街上。托马斯·比尔先生是著名的苏格兰商人，1796 年来华，与他人合伙成立了公司，从事鸦片、棉花和茶叶贸易。[⑤] 他是在澳门居

① ［美］雅克·当斯著，周湘、江滢河译：《黄金圈住地：广州的美国商人群体与美国对华政策的形成，1784—1844》，广州：广东人民出版社，2015 年，第 48 页。

② 香港历史博物馆编：《东方印象：钱纳利绘画展》，香港：香港历史博物馆，2005 年，第 20 页。

③ （清）姚元之：《竹叶亭杂记》卷 3，北京：中华书局，1982 年，第 90 页。

④ Robert Burford, *Description of a View of Macao in China*, London: George Nichol, 1840. 其中的《澳门全景图》中托马斯·比尔住宅与花园编号为 11。

⑤ Lindsay and May Ride, *An East India Company Cemetery: Protestant Burials in Macao*, Hong Kong: Hong Kong University Press, 1998, pp. 253－254.

住超过40年的老居民，也是位自然学家，热衷于收集、养育珍稀动植物。1811年，比尔在其澳门宅院的花园内创建了一个规模很大的植物园，内有花卉2 500盆，所植花卉以中国品种居多。园内还养了许多鸟，鸟笼高达50英尺，里面有各种各样来自各地的鸟类，包括鹦鹉、八哥、印度孔雀、鹊、金丝雀、天堂鸟、热带雉、石鸡、金野雉、银野雉、大奖章野雉、红尾野雉及各种各样的鸽子。[①]《旧中国杂记》的作者亨特对托马斯·比尔住宅与花园有一段专门描写：

> 他在一条名叫比尔巷（Beale's Lane）的狭窄街道上拥有一座极好的葡式房子，周围有高高的围墙。这条街得名是由于他的兄弟在他之前曾在那里居住。房子连接着一个宽大的花园，花园里种满了最珍贵的奇花异草。一株孟买芒果树结着累累果实，还有荔枝、柑橘和番荔枝等果树。园里还有一个鸟舍，里面除了有美丽的孔雀和鸳鸯以及许多珍稀鸟类之外，还有一只活的极乐鸟，在当时，这是所有鸟类中最稀有的。花园的布局是按照中国式样，花卉植物种在花盆里。这个花园成为澳门的一景。[②]

一份1841年的财产列表详细记录了比尔住宅的状况，包括房间特征、装饰与家具等，该表显示，比尔住宅有两层，上层设有门厅连接各个房间，一侧有图书馆，紧挨着画室，还有大概是餐室的大房子，另外有一个卧室，底层设有一个门厅，靠近入口是买办的房间，此外还有很多间仓库。[③] 1841年1月13日，托马斯·比尔由于晚年投资失败而负债累累，在剷狗环海滩自杀，后葬于澳门基督教坟场。

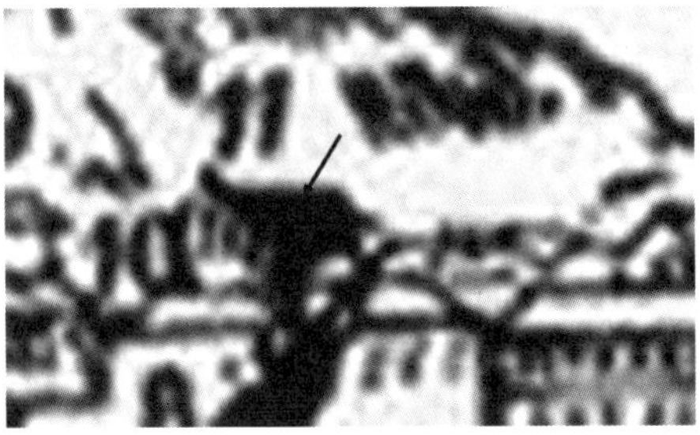

图3－189　澳门全景图中的托马斯·比尔住宅

图3－190　托马斯·比尔住宅与花园（钱纳利，年代不详）

（七）颠地先生住宅

颠地先生住宅（Mr. Dent's Residence）位于南湾的东端，据伯福德《澳门全景图》，

---

① Jack M. Braga, A seller of "sing-song", in *Journal of Oriential Studies*, Vol. 6, 1961 – 1964, Hong Kong: Hong Kong University Press, 1967; *Chinese Respository*, Vol. 11, No. 1, 1842/01, pp. 59 – 60. 郭永亮：《澳门与香港早期关系》，台北：台湾"中央研究院"近代史研究所，1988年，第92页。

② ［美］亨特著，冯树铁、沈正邦译：《广州番鬼录·旧中国杂记》，广州：广东人民出版社，2009年，第277页。

③ AHM/UGS microfilm of Juiz de direitor de Macau, reel 1128003, 14 Dec. 1841.

颠地先生住宅编号为22，其具体位置上方是编号为38的澳门大堂，左边是编号为20的爱德华酒店，右边是编号为23的澳门法院大楼（番差衙门）。颠地先生住宅实际上是指兰斯洛特·颠地（Lancelot Dent）先生的住宅，与托马斯·颠地（Thomas Dent）无关。托马斯1823年来华，1830年已返回英国，兰斯洛特1826年来华，直到1842年，此期间他在澳门的住宅应该就是颠地先生住宅。又据1835年义律船长绘的南湾图，其东部有一排建筑，左起第2间即为颠地先生住宅，该宅为硬坡斜屋顶的两层楼建筑，两层均有5扇窗户，屋顶为红色，墙面为白色，外表无装饰，与右边的番差衙门和左边的爱德华酒店均属于葡萄牙普通民居建筑。

19世纪的画作中还保留了描绘颠地先生住宅走廊的一幅画，从画中可以看出住宅的走廊十分宽阔，有巨大的圆形廊柱，中间还有雕花栏杆。①

图3-191　澳门全景图中的颠地先生住宅

图3-192　1835年罗伯特·义律绘南湾图东部的第二幢房即颠地先生住宅

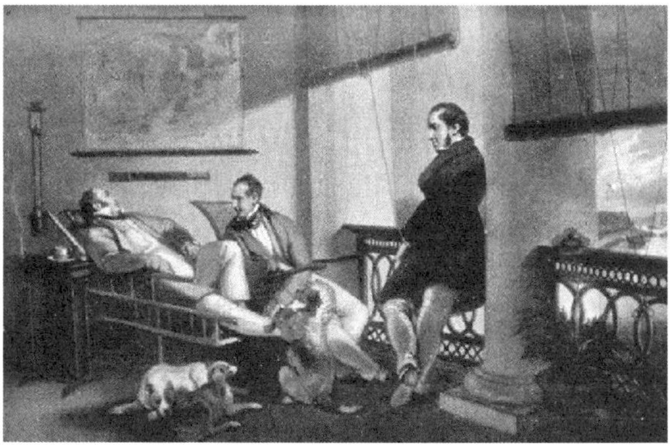

图3-193　颠地先生住宅的走廊

① Alexander Michie, *The Englishment in China during the Victoria Era*, *as Illustrated in the Career of Sir Rutherford Alock*, *K. C. B.*, *D. C. L.*, *Many Years Consul and Minister in China and Japan*, Vol. Ⅰ, Edinburgh and London: William Blackwood and Sons, 1900, pp. 294-295.

（八）马礼逊博士住宅

马礼逊，基督新教第一位来华的传教士，1807 年抵达澳门，即开始在澳门租居。由于每次来澳门的时间并不固定，所以他在澳门应该多次租用葡萄牙住宅。据 1812 年 12 月 22 日马礼逊的信称，这一年他被迫搬出了他在澳门居住已久的房子，两名葡萄牙先生替他在澳门总督面前美言，他因此获准在澳门另找一个住处。“找到了一处更凉爽、更漂亮的住处，但是房租也更高。这套房子紧连着一个小套连同我的套房的另一个房间，可以留着接待米怜先生。”① 这应该是他在回英国之前所租居的房子。从英国返回澳门后，他又在澳门租了一套房子，但不知是不是原来的房子。其妻玛丽去世以后，1821 年 6 月 12 日他在从澳门寄回国的信中说：“我们在澳门海边的房子前面有一块空地，每天晚上我们全家一起在海滩散步。”② 但没有交代这所海边的房子具体在什么地方。据伯福德《澳门全景图》，其中编号为 36 的房屋是马礼逊博士住宅（Dr. Morrison's Residence），编号 37 为圣保禄教堂，而编号 36 房屋位于编号 37 房屋的后面，根据此方位，马礼逊博士的住宅应在沙梨头与白鸽巢之间。下面为伯福德《澳门全景图》的部分截面图，图中编号为 36 的建筑即为马礼逊博士住宅。

图 3－194　澳门全景图中的马礼逊博士住宅（编号 36）

（九）原怀特曼先生住宅

约翰·怀特曼（John C. Whiteman），英国商人。1830 年 12 月来广州开设洋行，因在澳门没有房子，他带着妻子住进广州的商馆。广东政府立即提出抗议，要求怀特曼将其夫人送往澳门。1831 年 2 月 11 日，怀特曼夫妇被迫迁往澳门，并在澳门总督依德

① ［英］艾莉莎·马礼逊编，杨慧玲等译：《马礼逊回忆录》第 1 卷，郑州：大象出版社，2008 年，第 189 页。

② ［英］艾莉莎·马礼逊编，杨慧玲等译：《马礼逊回忆录》第 2 卷，郑州：大象出版社，2008 年，第 51 页。

费基的允许下，在圣若瑟修道院租了一所房子居住。第二天，澳门总督处又传来命令要他离开澳门。总督解释说，里斯本下达了极明确的训令，禁止英国散商侨居澳门。[①] 由于东印度公司主席马治平的交涉，澳门正式批准怀特曼全家在澳门居住。[②] 然而，据伯福德1840年《澳门全景图》，怀特曼在南湾东部又租居了一套房子，但不知租于何时。图中编号27为怀特曼先生住宅（Mr. Whiteman's Residence）。又据1830年代佚名画家所绘《南湾图》，在南湾东端与水坑尾交汇处有一幢楼，当即怀特曼先生住宅。该建筑为一硬坡斜屋顶的两层楼建筑，东北两面均有圆柱门廊，可以直接眺望南湾，底层则为较小的窗户，四周还围有不大高的木栅栏。钱纳利有一幅《澳门马地臣府邸阳台》的绘画，房屋所处的方位和建筑造型与怀特曼先生住宅十分相近，笔者怀疑怀特曼很可能后来返回英国，此楼又由英商马地臣租居，所以伯福德称此楼为“原怀特曼先生住宅”。

图3-195　澳门全景图中的怀特曼先生住宅

图3-196　1830年代南湾图（佚名）[③]

图3-197　钱纳利所绘澳门马地臣府邸的阳台[④]

① ［美］马士著，区宗华等译：《东印度公司对华贸易编年史：1635—1834年》第4、5卷，广州：中山大学出版社，1991年，第278页。

② *The Canton Register*, Vol. 4, No. 20, 1831/10/15.

③ 禤广瑜、简燕儿编：《历史绘画》，澳门：澳门艺术博物馆，2009年，第60~61页。

④ 香港历史博物馆编：《东方印象：钱纳利绘画展》，香港：香港历史博物馆，2005年，第154页。

（十）义律船长住宅

义律船长，此义律当为查尔斯·义律（Charles Elliott），英国商人，1834 年来华，1836 年出任英国对华贸易监督。伯福德《澳门全景图》中，编号 28 为义律船长住宅（Capt. Elliott's Residence），编号 29 为义律船长的联络船"路易莎号"，编号 40 为圣家辣堂，编号 43 为嘉思栏教堂与嘉思栏炮台。据此图可以清楚地看出，义律船长在澳门的住宅位于南湾的最东端，圣家辣堂与嘉思栏炮台的西南之地。据现存 1840 年"南湾图"可以比较清楚地看出，位于圣家辣堂旁边的一幢两层楼的白色建筑即应是义律船长住宅。

图 3－198 澳门全景图中的义律船长住宅

图 3－199 1840 年南湾图[①]

（十一）郭雷枢医生住宅

图 3－200 钱纳利绘的郭雷枢医生住宅图

郭雷枢，英国人，东印度公司随船医生，1826 年来华，1833 年与美国少女西拉贝尔·卡露莲（Caroline Shillaber）在澳门英国小教堂举行婚礼。[②] 1827 年在澳门开设眼科诊所，并在澳门租下了两间小屋，能够收治大约 40 名外地病人。[③] 据钱纳利所绘郭雷枢医生住宅图可知，该住宅位于西望洋山山麓，为一间"人"字形硬坡斜屋顶，楼高 2 层，二楼正面有一大两小的 3 扇

---

① 祤广瑜、简燕儿编：《历史绘画》，澳门：澳门艺术博物馆，2009 年，第 64～65 页。

② Nan P. Hodges and Arthur W. Hummel ed., *Lights and Shadows of a Macao Life: The Journal of Harriett Low, Travelling Spinster*, Woodinville, WA: History Bank, 2002, p. 522.

③ *Chinese Repository*, Vol. 2, No. 6, 1833/10, p. 271.

窗户，房前有一砌有砖饰栏杆的围墙，应为一院落，这是一普通的葡人民居。

图 3－201　郭雷枢医生的眼科诊所

（十二）官也夫人别墅

1855 年官也夫人（D. Carotina Antónia da Cunha）别墅建成。澳督官也于 1850 年去世后，官也夫人表示不愿意返回果阿，澳门议事会遂将磨盘山（岗顶）上最好的一块土地给其兴建住宅，又从澳门葡商募集到一笔钱，遂建成一幢南欧式花园宅邸。官也夫人在此宅邸中生活了 26 年，直到逝世。后该宅由买办周东生（Chau Tung Shang）出面买下，清末时又被澳门葡商米格尔·马加度（Miguel Rodrigues Machado）买下，最后被香港富商何东购买，命名为“何东楼”。[①]

图 3－202　原来的官也夫人别墅，今为何东图书馆

（十三）圣珊泽别墅

圣珊泽别墅（Palacete de Santa Sancha），又称圣珊泽宫，位于西望洋山山腰的圣珊泽马路。1845 年由澳门救助圣母兄弟会主席杜阿尔特·贝尔南迪诺（Manuel Duarte Bernardino）先生修建，由澳门土生葡人、著名建筑师托马斯·阿基诺（José Agostinho Tomás de Aquino）主持修建。别墅建成后，成为当时澳门最为豪华的花园住宅。住宅在风格上属于典型的 19 世纪中叶的欧式建筑，用传统的蓬巴尔式粉红砖砌成，而窗框、柱子、屋檐及栏杆俱以白色衬托。花园面积约为 1 200 平方米，四周建有围墙。整个楼房是一两层之建筑，初建时为硬坡斜屋顶，每层都有宽大的门廊。正门的设计讲究对称，顶端为拱形，饰以葡国盾徽。门廊很有气派，上面是栏杆以及通向主人房间露台的护墙，两侧突出的造型令人联想起哨塔的形象，这是整个建筑物最显赫的部分。1855 年澳门富商塞卡尔男爵小梅洛以 800 澳门元购下了圣珊泽别墅，从此，小梅洛拥有了两幢澳门最豪华的别墅：南湾别墅和圣珊泽别墅。[②] 1868 年 12 月 12 日，小梅洛在圣珊泽别墅设贾梅士博物馆，并对公众开放。[③] 圣珊泽别墅设计为西洋风格，为典型的葡式巴洛克风格。

---

① 金丰居士：《花园前高楼大厦遮挡，何东图书馆犯煞》，载《新报》，2006 年 2 月 9 日。

② Isabel Nunes e Luís António Durão, *Santa Sancha*, Macau: Instituto Cultural de Macau, 1993, p. 12.

③ ［葡］施白蒂著，姚京明译：《澳门编年史：19 世纪》，澳门：澳门基金会，1998 年，第 173 页。

图 3－203 1845 年所绘的圣珊泽别墅原貌

图 3－204 19 世纪后期拍摄的圣珊泽别墅[①]

（十四）二龙喉宫殿

二龙喉宫殿是由索萨·阿尔梅达（Vitorino José de Sousa e Almeida）神父在东望洋山山麓的二龙喉修建的一座豪华别墅，此处还有一座小花园，人称“二龙喉宫殿”。该宫殿亦是由澳门土生葡人、著名建筑师托马斯·阿基诺设计。[②] 1872—1873 年苏沙担任总督期间，这座小宫殿被卖给政府，作为总督的避暑行宫。该别墅位于士多鸟拜斯大马路、松山西麓，占地总面积约 16 100 平方米，以欧洲风格为主，是一座兼具中西合璧风格和新古典风格的建筑。

图 3－205 1848 年建成的二龙喉宫殿

图 3－206 19—20 世纪明信片中的二龙喉公园内景

除了能找到图像资料的上述 14 处私人花园住宅以外，见于文献记录的私人花园豪宅还有以下几处：

（一）新花园

新花园位于内港司打口处下环街 2 号，为澳门土生葡人富商雅努阿里奥·阿尔梅达（Januário Agostinho de Almeida）的物业。他于 18 世纪末购入，并将其改建成一幢宫殿式的大宅，被人称为“新花园”，因其被封为若泽·波尔图男爵，故又被称为“男

---

① Isabel Nunes e Luís António Durão, *Santa Sancha*, Macau: Instituto Cultural de Macau, 1993, p. 11.

② ［葡］文德泉著，军波译：《阿尔诺索伯爵笔下的澳门》，载《文化杂志》第 7—8 期，1989 年，第 55～78 页。

爵宫”。1818 年若奥六世登基的澳门庆祝活动中记录了当时男爵宫的盛况：

> （男爵宫）室内有一个很大的门廊，呈半圆形，而在此前的所有空间是由石柱和壁龛组成的，其中放置有着讽喻意义的塑像，在正门入口处有这位男爵的纹章；继续通过大门向里走去，能看到同样的航海器材，形成了一种露台，在两边由石柱和拱顶组成，而其天花板上悬挂了许许多多的吊灯，延伸开来直到祭坛为止，其中放置有葡萄牙、巴西及阿尔加维联合王国的皇家徽章，而所有的这些照明都是通过点燃一种涂油的白纱释放的气体照耀整个空间，闪耀如同玻璃一般，风格并不复杂，却展现了高雅庄严的气质。①

到 19 世纪 20 年代，该家族已经衰落，1825 年其主要物业“男爵宫（新花园）”被卖给卡内罗家族，② 后又被富商李加禄（Juan Lecaroz）继承。1919 年其家产为政府收购。由于管理不善，新花园逐渐荒芜，以致成为“烂花园”。③ 后因面临倒塌的危险，遂被下令拆除。

（二）皮奥·马葵士豪宅

这是 18 世纪末 19 世纪初居住在澳门风顺堂区的大富商、理事官皮奥·马葵士（Domingos Pio Marques）的私人豪宅，1818 年若奥六世登基的澳门庆祝活动中记录了当时这一豪宅：

> 市政议员、指挥官皮奥·马葵士豪宅的后面是由 16 扇装饰着图画的窗户组成的 3 面，而图画形成了一种有 3 面石柱的面板，其每一面都装饰着两个飞檐，上下相同，并且都有超过 50 盏灯光照明，每一扇窗户都在石柱顶部悬挂着用鲜花制作的花环，其中间闪耀着几个首字母，是国王若奥六世全称的缩写；在每一扇窗户的矮墙上都贴有葡萄牙、巴西及阿尔加维联合王国的纹章，在一幅外壳刻有浮雕的图画里，中间悬挂了呈半圆形的花朵，覆盖在那些纹章之上。在房间正前方的 10 扇窗户中间有一个优雅的看台，它有着一排台阶、向外伸展的露台以及 4 根支撑顶峰的石柱，在飞檐中能看到皇家纹章，在中心能看到一幅图画，代表着国王陛下仰视的、在欢呼中庄严的动作。在画板的下方有如下的句子：“本人以澳门城市之名，这座城市里的人民都非常恭敬，我在这里宣誓我的忠心，在我在位的时间里，我们的人民必将幸福。”在画板的旁边，放置有 4 个玻璃材质的罩子，每一个都有很多的灯光装饰着看台，豪宅的里里外外都是这样，而且玻璃罩的数量

---

① *Arquivos de Macau*, 1ª Série, Vol.Ⅰ, No. 1, Macau, 1929, p. 51.

② Jorge Forjaz, *Famílias Macaenses*, Vol.Ⅰ, Macau: Fundação Oriente, Instituto Cultural de Macau, Instituto Português do Oriente, 1996, pp. 89 – 90; Manuel Teixeira, *Toponímia de Macau*, Vol. Ⅱ, Macau: Instituto Cultural de Macau, 1997, pp. 334 – 335.

③ 金国平、吴志良：《新花园业主系何人?》，载金国平、吴志良：《过十字门》，澳门：澳门成人教育学会，2004 年，第 241 ~243 页。

> 超过了100个；在看台的下方，能够看到一扇大门，给室内提供了入口，装潢的风格和窗户一样，并且给所有的照明提供了一个单独的视角，其中在这3个欢庆的夜晚一共点燃了上千盏灯火。一旦照明结束，象征着向国王陛下致敬的21响礼炮即刻鸣响。①

皮奥·马葵士的豪宅在风顺堂区的哪一个地方，文献无考。

（三）沃伦·德拉诺夫人花园

1840年担任旗昌洋行主任的美国商人沃伦·德拉诺（Warren Delano）偕夫人在澳门居住，据爱德华·德拉诺（Edward Delano）的日记称，沃伦·德拉诺夫人的住宅很大：

> 在空地上散步，空地非常大，可以看到鹅、火鸡、雉、小牛和一头非常美丽的梅花鹿，还有几匹马和一尊非常精美的神像，完全是他们国内的陈设。我还差点忘了伊卡（Ecca）非常喜欢的一只猴子。②

在自己的私人花园中饲养有这么多动物，还按照美国国内的陈设布置花园，可以反映这一花园的奢华。

（四）美国商人斯特吉斯花园

在澳门居住了25年之久的詹姆斯·斯特吉斯（James Perkins Sturgis）在西望洋山上有一座带走廊的平房，是一座非常大而舒适的住所。③ 威廉·亨特称詹姆斯·斯特吉斯：

> 除了城里的房子之外，他在西望洋山上的明纳托水池（Tanque de Minato）有一座游廊的平房，位置非常美好。在那房子的平顶上，他几乎每天都和二三友好一起度过傍晚的时光。④

可知，斯特吉斯不仅在澳门城内拥有一座住宅，而且在西望洋山上还有一套别墅。

（五）美国商人威廉·亨利·洛的南湾住宅

1829年到澳门的哈丽特·洛及其旗昌洋行的叔父威廉·亨利·洛（William Henry Low）一家最初住在靠近南湾的一栋住宅中，据她9月29日的日记描述，他们的第一

---

① *Arquivos de Macau*, 1ª Série, Vol. I, No. 1, Macau, 1929, pp. 51 – 52.

② ［美］雅克·当斯著，周湘、江滢河译：《黄金圈住地：广州的美国商人群体与美国对华政策的形成，1784—1844》，广州：广东人民出版社，2015年，第39页。

③ ［美］雅克·当斯著，周湘、江滢河译：《黄金圈住地：广州的美国商人群体与美国对华政策的形成，1784—1844》，广州：广东人民出版社，2015年，第39页。

④ ［美］亨特著，冯树铁、沈正邦译：《广州番鬼录·旧中国杂记》，广州：广东人民出版社，2009年，第369页。

所房子是一座两层的花园别墅，带有大平台，周围有很多树木，从住宅中可以看到南湾的美景，她还说这里事实上是两个花园，一个在上一个在下。小道都铺有平坦的石头，跟地板一样光滑。还可以登上5级台阶到一个平台，不仅可以看到海湾和港口，还能俯瞰整个城市。[①] 但哈丽特·洛一家在这里居住到1830年，后就搬到了澳门大堂附近的罗伯森先生的宅邸，并一直居住到离开澳门。2002年版《澳门生活的光与影：旅行的老姑娘哈丽特·洛的日记》一书中插有一幅地图标识为“MACAO 1831”，图中绘有哈丽特·洛住宅所在地“3”，就在大堂“2”之下。[②] 从上述记录可以看出，这些在澳门、广州贸易中发了财的欧美商人在澳门享受着极其舒适和奢华的生活。

图3－207　哈丽特·洛在澳门大堂附近的居所（1980年被拆除）

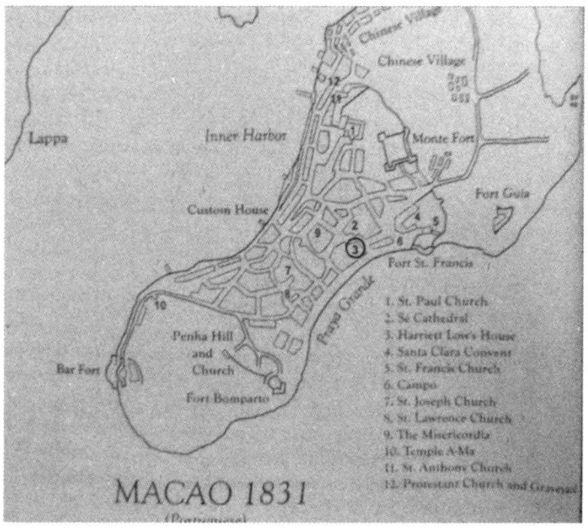

图3－208　2002年版《澳门生活的光与影》一书中插入的1831年澳门图

综上所述，我们从大量的原始文献及图像资料论证中，可从以下几个方面看出澳门16—19世纪城市建设中的西洋元素的形成与发展：

1562年始，葡萄牙人开始在自己的居住区内建造一些教堂。以教堂作为每个小区中心的葡萄牙人住宅群慢慢在教堂周围建立并辐射出去形成了澳门城市的雏形。葡萄牙人早期的建筑相当简陋，大多是一两层的木制的临时建筑，只有少量教堂具有规模。在葡萄牙的影响下，澳门改变了其延续很久的建筑传统，成为西方古城在东方的代表。[③] 随着葡萄牙人把西洋建筑风格带到澳门，澳门建造的新建筑无不显现出与西洋建筑风格传统的渊源关系，依次为：哥特式（Gothic）、文艺复兴（Renaisance）、巴洛克（Baroque）、新古典主义（Neo-classiism）、哥特复兴（Gothic Ⅱ）、art-deco风格（art-

① Katharine Hillard ed., *My Mother's Journal: A Young Lady's Diary of Five Years Spent in Manila, Macao, and the Cope of Good Hope from 1829－1834*, Boston, 1900, p. 28.

② Nan P. Hodges and Arthur W. Hummel ed., *Lights and Shadows of a Macao Life: The Journal of Harriett Low, Travelling Spinster*, Woodinville, WA: History Bank, 2002, p. 89.

③ 吴尧：《澳门近代晚期建筑转型研究》，东南大学博士学位论文，2004年，第67页。

deco）、现代主义（Modernism）等；同时这些建筑风格融合亚洲不同建筑元素在澳门产生了新的变体，形成了澳门独特的建筑风格。[①]

16世纪中叶澳门开埠后，来自世界各地的不同文化在此登陆，逐步互相侵蚀与融合，西方的建筑文化到达澳门并经过适应和调整，逐步形成了澳门独有的建筑文化现象，这一点也是澳门建筑遗产最为主要的特征之一。基于以上分析整理澳门建筑17世纪以来西洋风格类型、发展顺序、起始时期，并与葡国比较，发现澳门和葡国建筑17世纪以来西洋风格类型、发展顺序一致。澳葡政府一直与葡萄牙保持着密切联系，相应葡国本土建筑文化变迁也经由葡萄牙移民带到澳门。历史上葡国建筑风格多变，自11世纪末至19世纪末，葡国本土先后流行罗曼风格、哥特风格、文艺复兴、巴洛克、新古典主义、哥特复兴等建筑风格，并且在这些风格基础上还发展了属于自己的“曼努埃尔风格”、“素淡风格”等。[②] 葡萄牙人在澳门定居后，修建了一系列教堂。教堂的风格与葡萄牙本土16世纪上半叶的文艺复兴风格一致。从17世纪80年代开始，巴洛克风开始风靡葡萄牙，直到18世纪末。与此同时，澳门出现了两种不同的巴洛克风格。先是由从菲律宾来到澳门的西班牙多明我会传教士带来的菲律宾巴洛克风格；后来澳门出现的葡式巴洛克风格是巴洛克风格在葡萄牙的一种变形。19世纪新古典主义开始在葡萄牙流行，它一直延续到20世纪初，与葡国本土相类似，新古典主义当时在澳门也非常盛行，许多住宅、剧院都深受这种风格的影响。[③] 以葡萄牙巴洛克风格时期为界，澳门在受西班牙影响时期还出现了深受天主教会及西班牙影响的殖民风格——菲律宾巴洛克风格；随着香港的崛起，受到近邻英国殖民地香港的兴起、英国东印度公司的影响及以英伦为主的其他欧洲国家的影响，澳门还出现了哥特复兴以及殖民地风格的新印度风格。

① 吴尧：《澳门近代晚期建筑转型研究》，东南大学博士学位论文，2004年，第36~37页。

② 吴尧：《建筑遗产之移植特征》，载《合肥工业大学学报》2009年第6期，第911~916页。

③ ［葡］若泽·曼努埃尔·费尔南德斯著，陈用仪译：《葡萄牙建筑》，北京：中国文联出版公司，1998年，第61页。

第四章

澳门的西方宗教

明清两朝，以葡萄牙人为肇始，欧洲人从西方东来寻找“胡椒与基督”，由此中西间的接触与交流进入了另一个新的阶段。纵使在这次交往中，东方显得被动、消极，却仍造就了交往的“中间站”——澳门。16 世纪中叶，葡人首次获得在澳门的居留权利，80 年代葡印副王的法令正式授权澳门居留地成为一个城市，与宗主国的埃武拉拥有同样的“特权、自由、荣誉和显著”，于法律基础上，澳门城市由此始建。澳门城市作为葡人社群在华商贸与传教的主要活动空间，自其始建就烙下了西方宗教的痕迹，这种烙印随着明清两朝中西关系历史的变迁，其深浅几经变化。必须说明的是，在澳门的历史上虽然出现过多种西方宗教，如天主教、基督新教、犹太教、琐罗亚斯德教、伊斯兰教，但天主教在 16—19 世纪的 400 年间始终是澳门唯一至尊的西方宗教，而其他西方宗教不过是澳门历史上的匆匆过客，在天主教掌控的空间中被排斥地生存，而难以发展。

第一节　基督教第三次入华与澳门主教区的建立

基督教在华传播史研究者一致认为，基督教入华，大致可分为以下几个阶段：第一次入华在唐，即 1625 年西安景教碑所揭示的；第二次入华在蒙元时期，则以“也里可温教”著称；第三次入华起于明中后期，首次在耶稣会通信中提到中国的是弗兰西斯科·沙勿略，时值 1546 年 5 月 10 日，沙勿略在安汶岛。[1] 1552 年，沙勿略逝于上川岛，他入华之艰辛与其后继者范礼安“盘石”之说相互呼应。相同的是，两人为进入中国传播天主教而奋斗，但皆无缘深入中国内地；不同的是，沙勿略去世后不久葡人

① Instituto Cultural de Macau ed. ,*As Ruinas de S.Paulo*:*Um Monumento para o Futuro*,Macau:Instituto Cultural de Macau, Missão de Macau em Lisboa,1994,p. 21.

得到了澳门居留权，为中国天主教进一步发展奠定了坚实基础，为凿开岩石开辟了狭小的缝隙。

一、澳门天主教的起源

基督教第三次入华之标志，按照教会人士及一般教会史的研究，均认定为1552年沙勿略在上川岛的活动。西班牙人沙勿略是耶稣会会士，作为教廷去印度的远东使节，他于1541年从里斯本出发，到达果阿。1549年他到日本传教，发现日本文化深受中国影响，他认为不如先到中国传教，以促进天主教在日本的传播。于是，他于1551年12月乘船抵达广东的上川岛。沙勿略由此前往马六甲，筹划由印度总督遣使入朝中国皇帝，以取得在内地传教许可的计划，但此计划因受阻而无法实现。于是，1552年8月他再次抵达上川岛，并在岛上传播福音，成为第一位进入广东传教的西方传教士。此时，中国沿海不仅有日益严重的倭患问题，而且还有新来的葡萄牙侵略势力的威胁，中国明朝廷加强了“海禁”政策的执行。由于没有中国皇帝的勘合①，沙勿略无法名正言顺地进入内地，他只有想方设法冒险潜入。据沙勿略1552年10月22日写于上川岛的一封信称：

> 多亏我主的慈悲、怜悯，迪奥戈·佩雷拉的大船及所有乘客安全无恙地来到了上川港。在此我们遇到了许多其他商人的船只。上川港距广州30里格。许多商人从广州城赶来此地与葡萄牙人交易。葡萄牙人不断与他们打交道，看看是否有人愿意带我去广州城。众人一致拒绝，他们说若广东督臣得知带我入城，他们的性命及货物将遭受极大危险。因此不管我开多大的价，他们也不敢让我随他们的船去广州城。②

虽然最后有一个广州商人答应沙勿略以200克鲁扎多的代价用小船将他搭载至广州，但约定的广州商人未来践约。沙勿略一行只得留在上川岛，在此设立教堂，进行宗教活动：

> 初抵上川我们便建立了一所教堂，直到我染上热病病倒为止，每天做弥撒。我病了15天。现在托上帝保佑，已痊愈。我的圣功不知耽误了多少，如做忏悔、探望病人、谈心交友。我实在不知写什么好，但我们入华的决心坚如磐石。所有见到我们的华人，都是诚实的商人，对我们的举动感到高兴并希望我们前往中国。他们以为我们写在书上的圣法比他们信奉的道法为佳，也许他们是出于好奇。众

---

① 勘合，为明朝政府颁发给外国进贡船只的一种符契印信。

② ［意］格奥尔格·舒马赫梅尔：《方济各·沙勿略通讯簿》，转引自金国平编译：《西方澳门史料选萃（15—16世纪）》，广州：广东人民出版社，2005年，第62页。

人兴致颇高，但无人愿意冒风险引导我们前往。[①]

与他一起待在上川岛的中国修士安东尼奥·曼努埃尔·特谢拉（Manuel Teixeira）的信中对此也有记载：

弗朗西斯科神甫（沙勿略）一抵达此地，便请求葡萄牙人看在上帝的份上让人给他建立一座草棚小教堂，以便可以在里面做弥撒和教那些被捕的儿童、少年学习教义。尽管人数不多，但他非常有爱心地把教他们。他为许多人做忏悔。此项工作占据了他全部时间。他为穷人化缘，与来那里贸易的华人异教徒交往。不是传播教义，而是拉家常。谈论的题目通常是哲学，例如世界的构成及诸如此类的问题。他的回答令华人信服。他们逢人便说，弗朗西斯科神甫看上去似乎是智者、来历不凡。[②]

上川岛的传教事业虽然很小，但沙勿略在这里建起了教堂，并在当地吸引来了随他学习并听从他传教的“儿童、少年”。沙勿略在一边等待广州商人践约的同时，还曾设想先去暹罗，以便在那个商人不能带他进入内地的情况下，他可以随暹罗国王派遣出使中国国王的使团入华，在他1552年10月22日写给满剌加迪奥戈·佩雷拉的信中说道：

万一今年无法入华，我不知是否同迪奥戈·瓦斯·德·阿拉贡（DiogoVaz de Aragão）一道乘坐他今年在此购买的一条中国式帆船前往暹罗，然后从暹罗随暹罗国王遣华使团入华。若我前往暹罗，我会通过曼努埃尔·查维斯给您写信。若您可通过甚么途经往暹罗发信，一定给我写信，告诉我您明年的打算，是否与使团入华，以便我们在广海或广东其他甚么港口会合。[③]

这在他写的几封信中多次提到。然而不幸的是沙勿略身患重病，于12月3日黎明前去世。[④]

与其同来的耶稣会传教人员，还有以下几位：葡萄牙人阿尔瓦罗·费雷拉（Alvaro Ferreira）修士，[⑤] 据沙勿略1552年10月22日的信称：

阿尔瓦罗·费雷拉和华人安东尼奥（António）一路上身体不适，现在多亏上帝保佑，情况好多了。

另一个传教人员是中国青年安敦，即引文中的修士安东尼奥，“沙勿略大师准备入华，携带一个华人青年作为翻译，他在果阿学院中长大，名叫圣教安东尼奥，后在澳门我

---

① ［意］格奥尔格·舒马赫梅尔：《方济各·沙勿略通讯簿》，转引自金国平编译：《西方澳门史料选萃（15—16世纪）》，广州：广东人民出版社，2005年，第63~64页。

② ［意］格奥尔格·舒马赫梅尔：《方济各·沙勿略通讯簿》，转引自金国平编译：《西方澳门史料选萃（15—16世纪）》，广州：广东人民出版社，2005年，第69页。

③ ［意］格奥尔格·舒马赫梅尔：《方济各·沙勿略通讯簿》，转引自金国平编译：《西方澳门史料选萃（15—16世纪）》，广州：广东人民出版社，2005年，第65页。

④ ［法］费赖之著，冯承钧译：《在华耶稣会士列传及书目》，北京：中华书局，1995年，第5页。

⑤ ［法］荣振华著，耿昇译：《在华耶稣会士列传及书目补编》，北京：中华书局，1995年，第218页。

会（多明我会）住院呆了许多时间”①。直到1578年范礼安还在澳门见到了他。② 还有一个是葡萄牙人上川（Pedro de Alcoceva）修士，据荣振华的资料，他是在沙勿略死后的1553年才到达上川岛的，并且以该岛岛名为自己的中文名。③

沙勿略终其一生也未能进入中国内地，但他不畏艰险，决意要进入中国内地开教的精神极大地鼓舞了他的后继者。沙勿略根据自己在东方传教的经验所提出的“适应”策略被后人奉为典范，并为范礼安、利玛窦等西方传教士所遵循和发展。此后，便不断有传教士尝试着前往广州，进入中国内地，拉开了基督教第三次在华传教的序幕。

沙勿略逝世后还不到两年，葡萄牙索萨船长于1554年与广东海道签订和约，广东政府批准葡商到广州及其附近地方经商。④ 当马六甲教会得知这一消息后，迅即派葡萄牙人龚萨雷斯神父到广东：

> 直到1553年，此时，有消息传到印度说，中国人想同葡萄牙人息兵议和。事实上也确是这样做了。接到这个消息后，我就被派到那边去了。在第一年（1555），我同7名基督徒一道留在该地，我和其他人都被人囚禁了，直到次年船只来时为止。次年（1556），我主又给了我启示，因此，我使若干中国人皈依了耶稣基督的圣教，我留在这个岛上，在岛上已经建起了一座茅草的教堂。那些要开往印度和其他国家的船只来过之后，我还是留在该地，同75名基督徒在一起，我们全体又一次被囚，分别关押在不同地点，互不通消息，中国人向我叱喝，因我留在陆地上，这可能是图谋不轨。他们囚禁我直到次年（1557）船只开来之时，我们全体一起获释，我又把教堂修了起来，葡萄牙人把房屋修建起来，这样，他们（中国人）从此认识了我，相安无事了。
>
> 我就开始了解当地的情况并宣扬基督教，一直不懈地努力使该地的人受益，善于宽宥他们的过失，同他们交往，并让他们接触到许多真理。经过一段时间，即12年的期间，我终于在这个名叫澳门的陆地地岬搞起了一个十分大的居民点，有三座教堂、一所贫民医院和一所慈善堂，这个居民点现已有基督徒5 000以上。⑤

龚萨雷斯神父的信函中，清楚地记录了耶稣会在澳门建立根据地的过程，而龚萨雷斯神父则是创建澳门天主教传教基地的第一位神父。值得注意的是，龚萨雷斯神父进入

---

① Alessandro Valignano, *Historia del principio y progresso de la Compania de Jesús en las Indias Orientales: 1542 – 1564*, Rome, 1944, p. 261.

② Luis Fróis, *Hístoria de Japam*, Vol. Ⅰ, Lisboa: Biblioteca Nacional de Lisboa, 1970, p. 48.

③ ［法］费赖之著，冯承钧译：《在华耶稣会士列传及书目》，北京：中华书局，1995年，第7页；［法］荣振华著，耿昇译：《在华耶稣会士列传及书目补编》，北京：中华书局，1995年，第10页。

④ 汤开建：《澳门开埠初期史研究》，《澳门开埠时间考》，北京：中华书局，1999年，第93~94页。

⑤ ［葡］罗理路著，陈用仪译：《澳门寻根》，附录文献12《格雷戈里奥·龚萨雷斯神父给胡安·德·波尔哈的信》（约1571年），澳门：澳门海事博物馆，1997年，第140页。

澳门传教建教堂并授洗75名中国教友时，葡萄牙人尚未正式进入澳门定居，他们尚以浪白滘为临时贸易据点。直到嘉靖三十六年（1557），葡萄牙人帮助广东政府平定澳门“阿妈贼”后，广东政府才允许葡人侨寓濠镜。① 1554—1557年间的濠镜澳还只是允许葡人进入的临时贸易点之一，而贸易结束后就要撤离。而龚萨雷斯神父在贸易结束后还留在濠镜澳，故他们被中国政府派驻在岛上的官兵两次囚禁，直到1557年广东政府批准葡人正式寓居澳门，龚萨雷斯及经他授洗的中国教友才获释放。龚萨雷斯首次进入澳门及在澳门建立茅草教堂，并授洗75名华人基督徒，此可视为澳门天主教的起源。

二、澳门天主教的初步发展与澳门主教区的建立

继龚萨雷斯之后来广东海岸者则为耶稣会会士巴莱多和多明我会会士克鲁士。巴莱多神父是沙勿略的同事，他于1555年7月中旬来到上川岛。他于1555年11月在浪白滘发出的信称：“沙勿略去世后不久，中国人就对基督徒放松了，也可以到中国其他地方去。”大概在7月底，他随葡萄牙贸易团一起北上广州，他先后两次去广州，每次都在那里停留一个月，主要想营救被关押在广州的葡萄牙人和其他基督徒。他在广州并未传教，亦未能使一华人受洗。其间没有来澳门的记录。② 多明我会会士克鲁士神父于1556年冬天从马六甲来到广州，欧洲人写的克鲁士传记中称，克鲁士是中国宣讲福音的先驱传教士，并在那里度过许多年。这是一种很荒谬的说法。据克鲁士自己说，他在广州仅仅待过几个礼拜，且并没有进行任何传教活动。③

1560年，第一批耶稣会会士到达澳门；1562年耶稣会会士意大利人吉尔万尼·巴蒂斯达·德·蒙特（Giovanni Battista de Monte）和葡萄牙人路易斯·弗罗依斯（Luís Fróis）到达澳门；1563年，耶稣会会士弗朗西斯科·佩雷斯（Francisco Peres）、特谢拉（Manuel Teixeira）神父及安德烈·平托修士到达澳门。④ 1563年时，澳门天主教徒已发展了到相当的规模：

> 我们和准备去日本的神父们要料理在（澳门）这个港口的八九百名葡萄牙人，而且从别的一些港口还有人前来。……我们给他们发表了一份赎罪书，是从麻剌加主教大人那里带来的。……在我们这个会所，将有300名葡萄牙人领圣体，另

---

① 汤开建：《委黎多〈报效始末疏〉笺正》，广州：广东人民出版社，2004年，第49~53页。

② ［葡］罗理路著，陈用仪译：《澳门寻根》，附录文献2《梅尔希里尔·努内斯·巴列托神父给果阿耶稣会士们的信》（1555年11月23日），澳门：澳门海事博物馆，1997年，第62~63页；［法］费赖之著，冯承钧译：《在华耶稣会士列传及书目》，北京：中华书局，1995年，第11页。

③ ［英］博克塞著，何高济译：《16世纪中国南行记》，北京：中华书局，1990年，第4页。

④ ［葡］施白蒂著，小雨译：《澳门编年史：16—18世纪》，澳门：澳门基金会，1995年，第15~16页。

外还有一些在此地另一所教堂领圣体。①

据裴化行《天主教16世纪在华传教志》载：

1563年，澳门至少有8位耶稣会士，人民增至5 000上下，内中有900葡国人及许多本地教民。有历史家记载当时耶稣会士的日常职务说得很清楚，每8天或每15天，轮流施行各样圣事一次，向1 000名上下的奴隶讲解教理，为孤女或本地教民处理婚姻。②

前引龚萨雷斯的信中提到，在他离开澳门之前，已建起了“三座教堂、一所贫民医院和一所慈善堂”。一般学者均将龚萨雷斯离澳门的时间定在1568年贾尼劳主教来澳门之后。③ 若瑟·热苏斯·玛利亚1744到1745年在澳门完成的《中国与日本的亚洲》更称：

根据一些记录，1558至1560年间一些耶稣会神父已经到了这里，在他们的帮助和建议下，建造了两三间小教堂，圣拉匝禄教堂、圣老楞佐教堂和圣安多尼教堂，他们还修建了舒适的住所，神父们可以在这里居住，聊作贫穷的神父们精神上的慰藉。④

这就是说，在1569年以前，澳门已建起3座教堂，当即花王堂（圣安多尼堂）、风信堂（圣老楞佐堂）和望德堂（圣拉匝禄堂）。裴化行称：

在1565年时，澳门已经有信友5 000名以上，……教友们都是住在圣拉匝勒（禄）主教大堂的周围。耶稣会士柏来斯（Peres）及代匝拉（Teixeira）在1565年得到中国官厅的允许，能在圣安多尼修院左近建造简陋的会所一处及圣母小堂一座。⑤

据葡文资料称：

尽管我们现在不知道澳门原来的主教座堂建造的确切时间，但是在1564年已经提到了澳门的这个主要教堂，主祭坛上供奉的是圣母像。⑥

这座供奉着圣母像的主要教堂应该就是裴化行提到的圣母小堂，施白蒂亦称：

1565年由弗朗西斯科·佩雷斯神父负责建造的耶稣会士住宅在圣安东尼奥教

---

① ［葡］罗理路著，陈用仪译：《澳门寻根》，附录文献5《曼努埃尔·特谢拉神父给果阿耶稣会士们的信》（1563年12月1日），澳门：澳门海事博物馆，1997年，第84页。

② ［法］裴化行著，萧濬华译：《天主教16世纪在华传教志》，上海：商务印书馆，1936年，第109～110页。

③ ［葡］罗理路著，陈用仪译：《澳门寻根》，澳门：澳门海事博物馆，1997年，第139页即称：“到1568年，格雷戈里奥·冈（龚）萨雷斯神父被若热·德·圣塔卢吉亚修士召回麻剌加。”但金国平、吴志良提出新的看法，认为龚萨雷斯离澳在1564年，参见金国平、吴志良：《东西望洋》，澳门：澳门成人教育学会，2002年，第81～82页。

④ José de Jesus Maria, *Ásia Sínica e Japónica*, Vol. Ⅰ, Macau: Instituto Cultural de Macau, 1988, p. 126.

⑤ ［法］裴化行著，萧濬华译：《天主教16世纪在华传教志》，上海：商务印书馆，1936年，第126页。

⑥ Maria Regina Valente, *Igrejas de Macau*, Macau: Instituto Cultural de Macau, 1993, p. 24.

堂和当时耶稣会的会址，后来的圣保禄学院附近落成。①

这个耶稣会士住宅也即是裴化行提到的“会所一处及圣母小堂一座”，也就是建造的耶稣会住院，包括圣母小堂。而这座住院应该是始建于1564年，完成于1565年。这就告诉我们，当时除了这三座最古老的教堂，在花王堂的左近尚有一“圣母小堂”及“会所一处”。1564年入澳的叶权记录澳门葡人时称：

事佛尤谨，番书旁行，卷舌鸟语，三五日一至礼拜寺，番僧为说因果。②

对天主教毫无了解的叶权无法讲清葡萄牙人的宗教信仰，遂以“佛”“僧”“寺”等名词对进入中国的天主教作他自己的阐释。以后的中国文献大体上也都沿袭叶权这种对西方天主教教士、教堂的表述方法。1565年吴桂芳的《议阻澳夷进贡疏》亦称：

各国夷人据霸香山濠镜澳恭常都地方，私创茅屋营房，擅立礼拜番寺。③

“擅立礼拜番寺”，可以表明，澳门当时建起的教堂已经不是一座两座了，也可以说明，澳门开埠10年左右，天主教在澳门的初期发展已经达到了一定的规模。

澳门开埠在1557年，也正是在这一年的2月4日，教宗颁布敕令，澳门传教区被划归马六甲教区，属马六甲主教管辖，并隶属果阿总主教，受葡萄牙教区保护。④ 此教宗敕令第一次直接确立了澳门传教区从属于果阿教区的地位，澳门天主教教会在之后很长一段时间内一直从属于果阿，而且这种宗教势力的划分甚至早于澳门之形成。值得注意的是，此次规定并非罗马教会与中国传教区产生了从属关系的第一次。根据罗光的观点，中国天主教圣统制的第一次建立在元代，即1307年教宗授命孟高维诺为总主教，领东方宗主教衔（Patiarcha totius Orientis）总理远东教务。方济各会总会长选了7名修士在罗马由3位枢机祝圣为主教，然其中3位不幸病逝，剩余的人在1309年到1340年间安全抵达上都，随即祝圣孟高维诺为主教，“这是有史以来，中国第一次成立了主教圣统制”⑤。基督教的第三次入华则属于罗光划定的第二个时代，即“葡萄牙保教权时代”。“景教”本属“聂斯托利派”，被认定为异端，其对中国的传教及其在华的传播与罗马教会都没有直接关联，谈不上“圣统”，也正因此明清耶稣会会士对景教入华传播的历史，多少怀有微妙的态度。

天主教圣统制在华的第二次建立始于澳门教区的成立。1576年1月23日，教宗格里高利十三世颁布通谕“*Super Specula Militantics Eclesiae*”，正式升澳门为主教区，脱离马六甲主教管辖区，领辖包括日本、中国、朝鲜、安南及这些国家的毗邻岛屿等处教

① ［葡］施白蒂著，小雨译：《澳门编年史：16—18世纪》，澳门：澳门基金会，1995年，第16页。

② （明）叶权：《贤博编》，《游岭南记》，北京：中华书局，1987年，第45页。

③ （明）陈子龙辑：《明经世文编》卷342，《议阻澳夷进贡疏》，北京：中华书局影印平露堂刊本，1962年，第3669页。

④ ［葡］施白蒂著，小雨译：《澳门编年史：16—18世纪》，澳门：澳门基金会，1995年，第15页。

⑤ 罗光主编：《天主教在华传教史集》，《中国天主教历代分区沿革史》，台北：光启出版社，1967年，第297～298页。

务。在通谕中称澳门为“中国澳门天主圣名之城”，任命费基拉（D. Diogo Nunes de Figueira）神父为澳门主教区首任主教，但是费神父坚持不肯接任，于是便于1578年改任萨主教统理澳门教务，萨主教于1581年才到澳门履任就职，所以从1557到1581年间，澳门主教一职就由贾尼劳神父署理。贾尼劳神父处理了澳门教区成立最初6年的实际教务，所以人们都习惯称贾主教为澳门的第一任主教。早期澳门城市和天主教事务的发展在很大程度上得益于澳门教区署理主教耶稣会会士贾尼劳。[①] 1571年，贾尼劳在望德堂搭木盖屋，作为办公之地，这就成为了澳门的第一座主教座堂。[②] 1576年澳门主教区建立后，又扩建原有的圣玛利亚堂（Santa Maria），并升格为主教堂，[③] 是为澳门第二座主教堂。直到1622年，澳门才正式于澳门大庙顶建成主教座堂圣伯多禄堂，俗称“大堂”。[④]

澳门教区主教在澳门拥有极高的地位，《澳门记略》称：

> 司教者曰法王，由大西洋来，澳酋无与敌体者。有大事、疑狱，兵头、蕃目不能决，则命，命出奉之惟谨。其出入张盖树幡幢，僧雏拥卫之，男女见者辄前跪捧足，俟过然后起，法王或摩其顶，以为大幸，妇女尤信向之。……西洋诸蕃风尚，大率相类如此。[⑤]

钱以垲的《岭海见闻》称澳门：

> 僧号法王，司天主之教。番人有罪，法王不许忏悔则立殛之；若许则自以铁钩钩四体，血流乃已。男女日夕赴寺礼拜，敬奉法王如神。女惟法王所欲，与法王生子谓之“天主子”，则绝贵重矣。[⑥]

清人释迹删有诗亦称：

> 到处不妨吾道在，岛夷今识法王尊。[⑦]

这里的“法王”指的就是澳门教区主教。上述资料可以反映澳门教区主教在澳门的崇高地位。澳门教区主教亦是澳门收入最高的高官之一，据《澳门记略》称：

> 凡法王、兵头（总督）、判事官（王室大法官），岁给俸一、二千金有差。理

---

① 戚印平：《远东耶稣会史研究》，北京：中华书局，2007年，第479~489页。

② 郭永亮：《澳门香港之早期关系》，台北：台湾“中央研究院”近代史研究所，1990年，第44页。

③ ［葡］施白蒂著，小雨译：《澳门编年史：16—18世纪》，澳门：澳门基金会，1995年，第18页。

④ Manuel Teixeira, *Macau e a Sua Diocese, Vol. XII, Bipos, Missionários, Igrejas e Escolas*, Macau: Tipografia da Missão, 1976, p. 173；郭永亮：《澳门香港之早期关系》，台北：台湾“中央研究院”近代史研究所，1990年，第44页。

⑤ （清）印光任、张汝霖原著，赵春晨校注：《澳门记略校注》，《澳蕃篇》，澳门：澳门文化司署，1992年，第151页。

⑥ （清）钱以铠：《岭海见闻》，《澳门》，四库全书存目丛书史部第250册影印上海图书馆藏清乾隆刻本，济南：齐鲁书社，1996年，第238~239页。

⑦ （清）释迹删：《咸陟堂诗集》卷13，《游嶴门宿普济禅院赠云胜师》，广州：广东旅游出版社，2008年，第221页。

事官食其赢，不给俸。[1]

1635 年的《要塞图册》则称：

主教的收入是 2 000 舍拉芬[2]，由马六甲海关支付。[3]

可知，最开始澳门教区主教的薪俸是由马六甲海关支付的，1642 年荷兰人攻占马六甲后，葡萄牙海关断绝了对澳门官员薪俸的供给，自然这一项开支就转到了由澳门议事会给澳门主教支付薪俸，据施白蒂称：“1715 年 9 月 8 日，因为贫困，澳门议事会拒绝支付主教的薪俸。”[4] 据《澳门档案》称：“1719 年，议事会请求取消澳门市主教的薪俸，并将就此事可能致函印度总督。”[5] 所以，到 1733 年时，因为澳门议事会无钱支付，澳门主教贾修利已经 13 年没有收到薪俸。[6] 到 1847 年时，主教的薪俸仍然为2 000 两（约合 2 660 色勒芬)[7]，薪酬标准相差不大。可以反映，虽然澳门教区主教在澳门拥有崇高的地位，但对澳门进行实际统治的议事会对澳门主教却有着明显大不恭的态度。

图 4－1 澳门主教公署藏格里高利十三世（左）、
关于成立澳门教区通谕的手抄本（1803 年抄）首页（右）

① （清）印光任、张汝霖原著，赵春晨校注：《澳门记略校注》，《澳蕃篇》，澳门：澳门文化司署，1992 年，第 153 页。

② 即色勒芬，是古葡萄牙的金币或银币，1 色勒芬相当于 1 帕塔卡，相当于 300 雷亚尔。中国银 1 两约合 1.33 色勒芬。

③ ［葡］安东尼奥·博卡罗著，范维信译：《要塞图册》，载澳门《文化杂志》编：《16 和 17 世纪伊比利亚文学视野里的中国景观》，郑州：大象出版社，2003 年，第 220 页。

④ ［葡］施白蒂著，小雨译：《澳门编年史：16—18 世纪》，澳门：澳门基金会，1995 年，第 89 页。

⑤ *Arquivos de Macau*, 3ª Série, Vol. Ⅸ, No. 1, Macau, 1968, pp. 10－11.

⑥ ［葡］施白蒂著，小雨译：《澳门编年史：16—18 世纪》，澳门：澳门基金会，1995 年，第 122 页；Manuel Teixeira, *Macau no Séc. XVIII*, Macau: Imprensa Nacional, 1984, p. 350.

⑦ *Boletim do Governo da Provincia de Macao, Timor e Solor*, Vol. Ⅱ, 17 de Abril de 1847, No. 15, pp. 58－60.

三、澳门教区建立后天主教的蓬勃发展

1576年澳门主教区建立后，由于天主教各修会纷纷驻足澳门，并将澳门定位为各修会对中国及远东地区传教的基地。因此，在澳门开埠后的百余年间，澳门天主教获得了空前的发展。据1578年一位神父的记录称，澳门已有10 000居民，还有5座每天做弥撒的教堂，它们是圣安东（多）尼堂、主教座堂、圣母堂和（圣）老楞佐堂，以及在城墙外面的望德堂。这些教堂前面都开辟了很大的广场，当地澳门人称为“前地”，从而在各教堂四周形成居住中心，即与教区教堂相适应的教区。[①] 据1623年雷戈的报告称：

> 本市有奥古斯丁教派、多明我会和圣方济各会，有很好的教堂和修会，一般居住着七八个教士。有时多一些，有时少一些。有1座主教堂和2个教区，每个教堂和修道院都有很多教友会；还有2座圣母小堂。所有这些教堂都有所需的传教士，布置得富丽堂皇，有很多用于进行圣事活动的银质圣器，在里边进行宗教仪式规模宏大。[②]

从1623年的报告看出，天主教在澳门发展迅速，到17世纪初，整个教会系统的各种机构已臻完善，他们使澳门“既不缺乏布道、听忏悔和举行圣事活动及一切有益于他们灵魂活动的传教士，也不缺乏教育其子女的人”。[③] 教堂富丽堂皇，宗教仪式规模宏大，耶稣会有足够的钱发展本地区的圣教事业，还不断支持中国、日本及安南等邻近地区的传教事业。就是到康熙九年（1670）澳门面临全面海禁的困境，经济上出现“城无百堵，众无一旅，家无积粟，凄凉满襟”[④] 的局面时，澳门的天主教依然表现得很繁荣：

> 天主圣堂之不一，曰圣伯多禄堂、圣保禄堂、圣多明我堂、圣方济各堂、圣奥思定堂、圣安多尼堂、圣老楞佐堂、圣辣匝罗堂。同一圣教会，而昭事钦崇，但作圣之功不同，故建堂而各自焚修焉。若圣多明我、圣方济各，则苦修克己者；圣奥思定，则礼貌相似，则规诫少宽；圣安多尼、圣老楞佐，皆统于圣伯多禄；虽洁身修行，而稍存世俗，专于统理教众之婚娶丧葬之典焉。有粤之麻风为甚，

---

① ［葡］巴拉舒著，范维信、喻慧娟译：《澳门中世纪风格的形成过程》，载《文化杂志》（中文版）第35期，1998年，第63页。

② ［葡］雷戈著，范维信译：《澳门的建立与强大记事》，载澳门《文化杂志》编：《16和17世纪伊比利亚文学视野里的中国景观》，郑州：大象出版社，2003年，第196～197页。

③ ［葡］雷戈著，范维信译：《澳门的建立与强大记事》，载澳门《文化杂志》编：《16和17世纪伊比利亚文学视野里的中国景观》，郑州：大象出版社，2003年，第196页。

④ ［比］钟鸣旦等编：《法国国家图书馆明清天主教文献汇编》第11册，陆希言：《墺门记》，台北：台北利氏学社，2009年，第427页。

圣辣匝罗专愿济人而救疗之。又有圣母堂（支粮庙）者，以慈悲为名，专于收育遗婴，并怜惜而无告者。又有别一堂（医人庙），以病院为名，凡有病之男女老幼无扶持者，远来孤旅无医者，皆归于是而愿护之。其药饵之费，服役之人，皆各堂共襄资斧，不使一人独为君子也。①

以上是陆希言在康熙九年时到澳门所见到的澳门天主教情况。陆希言在此处介绍了17世纪时澳门的10座教堂。《（康熙）香山县志》介绍澳门教堂又较《墺门记》多：

彝俗：奉天主教尤谨、乐施。予以故建寺独多。有三巴寺、卖家私寺、大寺、飞来寺、发疯寺、风汛寺、板樟寺、龙鬆寺、医人寺、尼姑寺、望人寺、唐人寺、花王庙，而崇宏瑰丽，以三巴寺为最。②

文中所载教堂达13所。而据《（乾隆）香山县志》则为15座教堂，较康熙志多“东、西望洋寺”③。东望洋寺又名圣母雪地殿教堂，是1622年前建的一座属于教区的小堂；西望洋寺又名卑拿教堂，是奥斯定会会士1622年建的一座圣堂。上言“卖家私寺”，《（乾隆）香山县志》作“家私栏庙（嘉思栏庙）”，应即方济各会修道院。上言“飞来寺”即龙鬆庙，实一庙而二名，就是奥斯定教堂。④ 据此可知，在17—18世纪澳门天主教的黄金阶段，澳门教堂总数已发展到15座，还不包括各城堡及议事亭内修筑的小堂。⑤

澳门天主教教会除了在澳门城内的发展外，其实力更扩展到澳门城外的邻近地区。最开始是对青洲的扩占，从1603年开始，耶稣会会士即来到青洲荒岛，筑起一些草屋，并在草屋内设有圣米格尔小堂，后被华人官员焚毁。之后，通过同广州官员的交涉，又同意耶稣会在青洲建房。耶稣会又在青洲“设立了两座小教堂，一座供奉圣母，另一座敬拜圣地亚哥”⑥。青洲遂成为耶稣会的休养之地。马若瑟（Marie de Premare）神父称“青洲”是葡萄牙耶稣会会士的乡间住宅。小教堂干干净净，正屋也盖得不错。⑦ 同

---

① ［比］钟鸣旦等编：《法国国家图书馆明清天主教文献汇编》第11册，陆希言：《墺门记》，台北：台北利氏学社，2009年，第428页。

② （清）申良翰：《（康熙）香山县志》卷10，《外志·澳彝》，广东省立中山图书馆藏康熙十一年抄本，第3页。

③ （清）暴煜：《（乾隆）香山县志》卷8，《濠镜嶴》，中山文献丛刊第2册影印清乾隆十五年刊本，第950页。

④ （清）王廷钤等撰：《（道光七年）香山县下恭常都十三乡采访册》卷上，《澳门纂略》清抄本（影印本），北京：国家图书馆出版社，2010年，第40页。申良翰及暴煜《香山县志》均误为两座教堂。

⑤ ［葡］文德泉著，徐牧民译：《耶稣会士于澳门开教四百周年》，澳门：大东书局，1964年，第8页称：“17世纪盖了很多堡垒，每一座都附有小教堂。”

⑥ BAJA, Cód. 49-V-5, fls. 344-346，［意］王丰肃：《论耶稣会对青洲所拥有的权利》，转引自金国平、吴志良：《东西望洋》，澳门：澳门成人教育学会，2002年，第311页。

⑦ ［法］杜赫德著，郑德弟等译：《耶稣会士中国书简集：中国回忆录》第1卷，《马若瑟神父拉雷兹神父的信》，郑州：大象出版社，2001年，第138页。

时，该岛也为圣保禄学院的教师和学生“提供了进行体面娱乐活动的场所”[①]。1785年，耶稣会被解散后，该岛被抵债转让给澳门葡人，到1828年，圣若瑟修院又将青洲购回，并在岛上重新建了一座教堂和一幢房舍，供教员们度假用。[②]

除青洲外，澳门天主教教会还在对面山地区（今珠海北山岛）拓展势力。葡萄牙耶稣会神父陆若汉为明王朝购炮募兵之事立有大功，他去世后，毕方济神父在崇祯十七年十二月上疏：

> 察得澳中三巴寺旁海隅僻地，恳祈恩一区，掩其枯骨。

此奏获得崇祯帝的批准，“陆若汉准给地安葬”[③]。这块地叫蚝埕，面积约为青洲的四倍。后来，耶稣会也在这建起了一座教堂和一些房舍。毕方济去世后，南明王朝又在银坑赐墓地安葬他。[④] 据称，多明我会会士与奥斯定会会士亦曾进入银坑，并在这里置有产业。[⑤]

再来看教友人数的发展与变化。目前我们能见到的关于澳门基督徒的第一个具体数字是来自1570年龚萨雷斯的信，信内称，到1565年时，澳门已有5 000左右的基督徒。[⑥] 而据葡文档案公布的另一个数字，1565年时，在澳门的葡萄牙人为900人。[⑦] 按16世纪葡人海外殖民地人口统计均以“已婚者”为单位，[⑧] 1565年澳门的900名葡人均为“已婚者”，故计算这一时期澳门的总人口时，则要加上900名已婚者的妻儿及奴仆，按当时葡人家庭蓄奴情况，大致每家6～10名。[⑨] 故可知，龚萨雷斯所报的澳门1565年有5 000名基督徒完全是葡人或葡人之奴仆，并无华人基督徒。17世纪以前澳门华人加入天主教者不多，龚萨雷斯称，他初入澳门传教时有75名中国人受洗，后都是零星华人入教的记载，大多是为葡人服务的华人通事或家庭仆役。1582年的《市堡

① ［瑞典］龙思泰著，吴义雄等译：《早期澳门史》，北京：东方出版社，1997年，第163页。

② ［瑞典］龙思泰著，吴义雄等译：《早期澳门史》，北京：东方出版社，1997年，第165～166页。

③ ［比］钟鸣旦等编：《徐家汇藏书楼明清天主教文献》第2册，《毕方济奏折》，台北：辅仁大学神学院，1996年，第911～918页。

④ ［法］费赖之著，冯承钧译：《在华耶稣会士列传及书目》，北京：中华书局，1995年，第146～147页。

⑤ ［葡］徐萨斯著，黄鸿钊等译：《历史上的澳门》，澳门：澳门基金会，2000年，第132页。

⑥ ［葡］罗理路著，陈用仪译：《澳门寻根》，附录文献12《格雷戈里奥·龚萨雷斯神父给胡安·德·波尔哈的信》（约1571年），澳门：澳门海事博物馆，1997年，第140页。

⑦ 苏沙：《果阿省耶稣会神父为耶稣基督而征服的东方》，转引自金国平编译：《西方澳门史料选萃（15—16世纪）》，广州：广东人民出版社，2005年，第240页。

⑧ 参见本书第一章第一节关于已婚者说明。

⑨ ［印度］桑贾伊·苏布拉马尼亚姆著，何吉贤译：《葡萄牙帝国在亚洲（1500—1700）：政治和经济史》，澳门：纪念葡萄牙发现事业澳门地区委员会，1997年，第237页：“据17世纪初的估算数字，每一个居民家庭教师拥有大约10名奴隶。”而据1635年博卡罗《要塞图册》称“本市的葡萄牙已婚者……都有6个武装奴隶”，载澳门《文化杂志》编：《16和17世纪伊比利亚文学视野里的中国景观》，郑州：大象出版社，2003年，第219页。

书（手稿）》记录了澳门外来人口的发展：

> 该聚居点在很短的时间就扩大起来，现在超过两千户人家。……居民几乎全是葡萄牙人，另有混血的基督教徒和当地人。①

“当地人”应该指澳门华人。可见，1582 年时澳门的华人人口还不多。如果按《澳门记略》中葡人家庭“丁口十倍之”计算的话，这两千户葡人的人口数应为 2 万，再加上混血基督徒，则当时澳门的外国人口应该是在 2.2 万 ~2.5 万之间，也就是说，这一时期澳门的基督徒应该有 2.2 万 ~2.5 万。因为葡人及其奴隶都是基督徒。这里面有华人基督徒，但为数不多。但到 1635 年博卡罗公布的数字就不一样了：

> 本市的葡萄牙已婚者连同他们的子女有 850 人，他们都有 6 个武装奴隶；……除了葡萄牙已婚者外，本市还有数目大致相同的当地中国基督教徒和其他民族的已婚者。……另一些是单身汉，……这些人有 150 人以上。②

按上述方法统计葡人基督徒应有 8 500 人，奴隶则有 5 100 人，中国基督徒（含其他民族）也应有 8 500 人，还有 150 名单身基督徒，则基督徒的总人数在 22 250 人以上，与 1582 年基督徒总数差不多。但葡人和外来基督徒人口在减少，增加的是华人基督徒人口。可以反映，17 世纪后，有大批华人加入天主教。到崇祯十七年（1644）时，澳门基督教徒迅速发展为 4 万人，印度学者苏布拉马尼亚姆解释称：

> 1640 年代初，澳门总人口估计为 4 万人，其中约有 2 万人是葡萄牙人或具有葡萄牙人血统。③

而林家骏与文德泉均称据教会档案，这 4 万人均为基督徒。④ 这就是说，到明朝末年时，澳门的葡人或具有葡人血统的基督徒也增加到 2 万人，而华人加入基督教者也增加到 2 万人。1635 年华人基督徒最多不超 8 500 人，而到 1644 年则净增 1.5 倍，可见，天主教在澳门华人的传教中已产生了很大的影响，且收到了实效。然而，这一现象的出现尚有特殊原因。1644 年，随明王朝的灭亡，满洲人进入北京成为汉人的新统治者，原聚居澳门的华人在情感上有亡国丧家之痛，在政治上不愿意成为异族统治者的“顺民”。因此，在这一特殊情境下，又有很大一批华人在澳门加入天主教，这就是 1640 年代澳门华人基督教徒从 1635 年的 8 000 余人增加到 2 万人的重要原因。

---

① ［葡］佚名著，陈用仪译：《市堡书（手稿）》，载澳门《文化杂志》编：《16 和 17 世纪伊比利亚文学视野里的中国景观》，郑州：大象出版社，2003 年，第 116 ~117 页。

② ［葡］安东尼奥·博卡罗著，范维信译：《要塞图册》，载澳门《文化杂志》编：《16 和 17 世纪伊比利亚文学视野里的中国景观》，郑州：大象出版社，2003 年，第 219 页。

③ ［印度］桑贾伊·苏布拉马尼亚姆著，何吉贤译：《葡萄牙帝国在亚洲（1500—1700）：政治和经济史》，澳门：纪念葡萄牙发现事业澳门地区委员会，1997 年，第 216 页。

④ 林家骏：《澳门教区历史掌故文摘》，《从澳门教区历任主教说起》，澳门：澳门主教公署，1982 年，第 5 页；［葡］文德泉著，徐牧民译：《耶稣会士于澳门开教四百周年》，澳门：大东书局，1964 年，第 8 页。

入清以后，外来人口中基督徒明显减少，据索萨公布的资料，到1669年，澳门已婚人口下降到不足1635年的一半。1635年已婚者为850人，而到1669年时，澳门已婚者大约为300~320人。[①] 再以10相乘，加上每户6人的仆役，则这时澳门外来人口的基督徒应为3 200 + 1 920 = 5 120人。外来人口的减少，部分原因是1648年的大饥荒，导致该地区人口大量死亡；[②] 还有就是清王朝的迁海、禁海政策，导致澳门经济走向绝境，不少葡萄牙人离开澳门。但是，这一时期天主教在澳门的发展主要表现在华人进教上。故入清以后，大批华人人口离开澳门转赴内地或南洋，但澳门华人天主教仍呈发展之势。澳门唐人寺"于康熙十八年、五十八年重修阔大"。[③] 唐人寺的两寺重修扩大，反映了澳门华人加入天主教者十分踊跃。故到17世纪末叶，苏沙神父称：

> 澳门人口为20 500人，其中19 500人为天主教教友，中国人占18 500名。[④]

葡人基督徒减至2 000人，而澳门的中国基督徒则保持在18 500人的规模。可以想见，经过1648年数千人死亡的大饥荒，再经过1660—1683年长达20余年清王朝的禁海与迁海运动，澳门华人基督徒还保持在18 500人的规模。一座仅有两万人的城市，天主教徒所占比例达95%以上，这足以说明当时天主教在澳门发展的全盛之状。

四、澳门教区的变迁与衰落

澳门教区成立后，在其初期管理着整个远东地区的天主教教务。1588年，日本创建府内主教管辖区，正式脱离澳门教区，这是澳门教区对所辖领地管理教务权力的第一次散失。[⑤] 1622年，教廷重组传信部，决心从葡萄牙和耶稣会会士手中夺取中国传教区及东南亚地区的控制权。1652年，罗历山神父建议应该在中国、交趾支那和东京建立当地人的神职班，虽然澳门主教对上述所有地区都有管辖权，但是有人争辩说，澳门主教辖区太大，难以有效开展传教工作。当时，在任澳门主教去世后，很长一段时间内，教区事务都无人过问，这种情况时常发生。因此，传信部转而从法国为传教

---

① George Bryan Souza, *The Survival of the Empire, Portuguese Trade and Society in China and the South China Sea, 1630 - 1754*, Cambridge: Cambridge University Press, 1986, p. 32.

② Manuel Teixeira, *Macau no Séc. XVII*, Macau: Direcção dos Serviços de Educação e Cultura, 1982, pp. 85 - 90.

③ （清）暴煜：《（乾隆）香山县志》卷8，《濠镜澳》，中山文献丛刊第2册影印清乾隆十五年刊本，第956页。

④ ［葡］施白蒂著，小雨译：《澳门编年史：16—18世纪》，澳门：澳门基金会，1995年，第110页；［葡］文德泉著，徐牧民译：《耶稣会士于澳门开教四百周年》，澳门：大东书局，1964年，第8页。

⑤ ［法］荣振华著，耿昇译：《在华耶稣会士列传及书目补编》，北京：中华书局，1995年，第797页。

区物色一批新主教。[①] 第一任澳门教区主教萨主教1581年抵澳履任，1593年往果阿参加主教会议，1596年返回澳门，1597年去世。中间长达12年没有主教任职澳门教区，直到1608年才有皮主教（D. João Pinto da Piedade）莅澳视事。皮主教上任后，正值日本仇教，并疯狂镇压天主教徒，加上葡萄牙被西班牙吞并，驻澳各修会会士与教区神职水火不相容，相互攻击诋毁，内忧外患重重。皮主教心灰意冷，便于1613年回国，留葡不返，中间主教一职又空悬12年，直到1625年，教宗才正式批准皮主教辞职。从1625到1690年间，葡西两国因合并及分离事而交恶，战争连年，澳门主教无法就任。澳门主教区所管辖的教务基本上停顿下来。在这一期间，教廷传信部先后在中南半岛成立东京、交趾支那及泰国代牧区，整个中南半岛的教务正式脱离澳门教区的管辖。[②]

1659年，教廷又任命了陆方济为东京宗座代牧，其代牧区覆盖云南、贵州、湖广、广西和四川等毗邻省份；任命郎（Lambert de la Motte）主教为交趾支那宗座代牧，管辖浙江、福建、广东、广西和海南岛各地；任命高（Ignatius Cotolendi）主教为南京宗座代牧，对北京、山西、陕西和鞑靼诸省教务享有管辖权。[③] 教廷不仅解除了葡萄牙人对东南亚传教事务的管辖权力，还将中国传教区的绝大部分地区都从澳门教区中剥离。在1659年之前，传信部曾于1634年委任一位方济各会神父安东尼（Antonius de Sancta Maria）和一位多明我会神父莫拉雷斯（J. B. Morales）为中国宗座监牧。又在1637年委任一位方济各会会士墨尔衔（Franciscus Antonius Frascella）总主教监管中国教务，但这两次都没有划分区域，仅是一种临时代管的性质。1680年，传信部再下命令，将中国教务与东京、交趾支那分离，原来的东京宗座代牧陆方济改为福建宗座代牧，管理浙、赣、粤、桂、湖、川、滇、黔8省。陆方济去世后，1687年，传信部又任命巴黎外方传教会神父颜珰（Charles Maigrot）为福建代牧，管理福建。以巴黎外方传教会神父平若望（Jean Pin）为江西代牧，管理浙、赣两省教务。以多明我会传教士华洛（Franciscus Varo）为广东代牧，管理粤、桂、滇3省教务，然而华洛没有受祝圣即去世。[④]

传信部在中国传教区大肆委派宗座代牧，分治中国教会的行为，引起了葡萄牙国

① ［美］魏若望著，吴莉苇译：《耶稣会士傅圣泽神父传：索隐派思想在中国及欧洲》，郑州：大象出版社，2006年，第14页。

② 林家骏：《澳门教区历史掌故文摘》，《从澳门教区历任主教说起》，澳门：澳门主教公署，1982年，第5页。

③ ［法］德拉克鲁瓦（S. Delacroix）编：《天主教传教区通史》第2卷，［法］佩巴尔（A. Perbal）、德沃（Bernard de Vaulx）：《宗座代牧的开端与由来（1626—1689）》，巴黎，1957年，第146～150页。转引自［美］魏若望著，吴莉苇译：《耶稣会士傅圣泽神父传：索隐派思想在中国及欧洲》，郑州：大象出版社，2006年，第15页。

④ 罗光主编：《天主教在华传教史集》，《中国天主教历代分区沿革史》，台北：光启出版社，1967年，第302页。

王的不满，葡王认为，此举有损葡萄牙国王的保教权，中国教会本来就属于澳门和果阿两主教管辖，中国如果分区设立主教，仍然应该奉果阿主教为宗主教。1689 年 11 月 26 日，葡萄牙国王佩德罗二世（Pedro Ⅱ）修书遣使往谒教宗亚历山大八世，请求在中国设立北京、南京两教区。传信部力争不可，然而教宗为顾全欧洲安全，姑允葡王所请，于 1690 年 4 月 10 日下令设立南京、北京两正式主教，又以两广和附近岛屿划归澳门教区，并要求南京、北京、澳门三教区都尊果阿主教为宗主教。同时，任命葡萄牙人贾修利神父为澳门主教，华人罗文藻神父为南京主教，意大利人伊大任（Bernardinus della Chiesa）神父为北京主教。从此，澳门主教的实际辖区就只限于澳门本土及两广地区和沿海的岛屿。[①] 17 世纪末，澳门教区虽然名义上还领导两广的教务，但是实际上由于澳门主教的缺失，澳门教区的教务尚无人打理，所以对两广地区的教务更无人过问。[②] 到 19 世纪初，龙思泰公布的澳门主教辖区的材料，1830 年，服从澳门主教或其代表署理主教管辖的还有 6 个传教区，包括顺德、海南、韶州、肇庆、南海、南雄，这 6 个传教区中国基督徒人数共计 6 090 人。1833 年，根据教会机构的资料，澳门、沙梨头、望厦、拱北合计中国基督徒 7 000 人。两处相加为 13 090 人。[③] 鸦片战争后，由于香港割让给英国，1857 年 2 月 21 日，教廷和葡国缔结政教公约，公约第 4 条规定广西不再属澳门教区，第 5 条规定香港也不再属澳门教区，第 6 条更规定澳门主教的治教权和葡国在中国的保教权，从今以后只包括下项数区：澳门、广东和附近岛屿，广西和香港除外。对公约的第 6 条还有一个附加声明称："澳门主教对于广东和海南岛等待一年后实行统治，而且实行统治时，葡国要加派相当数目的传教士。"[④] 由于澳门教区并不能向广东和海南岛派出传教士，所以广东和海南实际上并没有归属澳门教区，而仍旧属以前的两广监牧区负责。

随着澳门教区的辖地和治权不断缩小，澳门本土的教务也一直处于群龙无首的混乱之中，直到 1690 年贾修利神父当选为澳门主教后，这一局面方获得改变。1692 年，贾主教率领 8 位司铎抵达澳门就职，虽然在他任职不久就出现了由于中西礼仪之争康熙帝驱逐传教士到澳门的事件，澳门教务再次受阻，澳门教区内的神职人员朋党结派，互相攻讦，贾主教以极其强硬的手段予以治理，整顿了神职人员的风律，并创立了教

---

① 罗光主编：《天主教在华传教史集》，《中国天主教历代分区沿革史》，台北：光启出版社，1967 年，第 302 ~ 303 页。

② 林家骏：《澳门教区历史掌故文摘》，《从澳门教区历任主教说起》，澳门：澳门主教公署，1982 年，第 5 页。

③ ［瑞典］龙思泰著，吴义雄等译：《早期澳门史》，北京：东方出版社，1997 年，第 188 ~ 189 页。

④ Raphaelis De Martinis, *Iuris Pontificii de Propaganda Fide*, Vol. Ⅶ, Romae: Typographia polyglotta SC de propaganda Fide, 1897, pp. 316 – 322.

图 4-2 贾修利主教像

区参议会，[①] 任命菲亚略·坎波斯（João Fialho de Campos）为会长。该会又称红衣司铎团，由5名高级神职人员组成，即1名主席（会长），地位最高，掌管该机构；1名唱诗班领唱神父；1名首席司库；1名执事长及1名教育主管神父。这些高级神职人员必须在主教死后8天内，选好署理主教，由署理主教掌管教会事务，直到继任主教就职为止。红衣司铎团主席年薪280两，另外4名高级神职人员年薪240两。红衣司铎团的创设，即是为了整顿教区神职人员的风律，以达到稳定澳门教区的目的。[②] 贾主教在澳门教区任内任职43年，并于94岁高龄时担任过澳门临时总督，他长期以铁腕手段治理澳门教区，使混乱的澳门教务获得了一段时期的平稳发展，为澳门教区做出了重大贡献，于1735年9月20日在澳门去世。[③]

贾主教去世后，继任的德主教（D. Frey Eugenio Trigueiros）、罗主教（Hilário de Santa Rosa）及孟主教（D. Bartoloméu Manuel Mendes dos Reis）先后治理澳门教务。德主教在澳门视事只一年，当然谈不上什么建树。罗主教虽然力图推展牧灵工作，革除陋习，但国际政治和本地权贵的阻挠，使他无法一展抱负，因此不得不愤然离澳辞职。孟主教在位时，适逢仇教的葡国首相庞巴尔执政，强制驱逐耶稣会会士，没收教产，以耶稣会会士为骨干的远东传教会几乎瓦解，孟主教因此心灰意冷，也辞职离澳。继任的祁主教（D. Alexandre da Silva Pedrosa Guimarães）一生敌视耶稣会会士，在澳门任职期间，破坏多于建设，澳门教区的教务再一次在内忧外患中低沉下来。[④]

① 林家骏：《澳门教区历史掌故文摘》，《从澳门教区历任主教说起》，澳门：澳门主教公署，1982年，第5~6页。

② Manuel Teixeira, *Macau no Séc. XVII*, Macau: Direcção dos Serviços de Educação e Cultura, 1982, p. 152；［瑞典］龙思泰著，吴义雄等译：《早期澳门史》，北京：东方出版社，1997年，第177页称贾修利主教在澳居住9年后创立红衣司铎团，与文德泉书异。

③ ［葡］施白蒂著，小雨译：《澳门编年史：16—18世纪》，澳门：澳门基金会，1995年，第123~124页；Manuel Teixeira, *Macau no Séc. XVIII*, Macau: Imprensa Nacional, 1984, pp. 356, 359.

④ 林家骏：《澳门教区历史掌故文摘》，《从澳门教区历任主教说起》，澳门：澳门主教公署，1982年，第6页。

图 4－3　孟主教像

图 4－4　罗主教像

图 4－5　明德禄主教像

表 4－1　16—19 世纪澳门主教及署理主教的任职情况①

序号	姓名	国籍	任期	备注
1	贾尼劳 D. Belchior Carneiro	葡	1576—1581	耶稣会会士，署理主教
2	费基拉 D. Diogo Nunes de Figueira	葡	拒绝上任	教廷任命的第一任主教，但辞职拒任
3	萨主教 D. Leonardo da Sá	葡	1581—1597	史斯笃会会士和基督战士团，正式到任的第一任澳门教区主教
4	佩德罗・马丁斯 D. Pedro Martins	葡	1594—1596	耶稣会会士，1585 年来到澳门，为日本主教，在萨主教囚禁亚齐时署理主教②
5	曼努埃尔・阿吉亚尔 Manuel de Aguiar	葡	1597—1599	圣彼得教徒，教区主教空缺时署理主教
6	米格尔・多斯・桑托斯 Miguel dos Santos	葡	1599—1608	奥斯定会会士，教区主教空缺时署理主教
7	皮主教 D. João Pinto da Piedade	西	1608—1626	多明我会会士，第二任澳门教区主教

① 本表资料来自［葡］施白蒂著，小雨译：《澳门编年史：16—18 世纪》，澳门：澳门基金会，1995 年，第 203～208 页；［葡］施白蒂著，姚京明译：《澳门编年史：19 世纪》，澳门：澳门基金会，1998 年，第 307～312 页。还有个别地方进行了修改和补充。

② João Paulo Oliveira e Costa, *Cartas Ânuas do Colégio de Macau* (*1594－1627*), Macau: Fundação Macau, 1999, p. 78.

（续上表）

序号	姓名	国籍	任期	备注
8	安东尼奥·杜·罗萨里奥 António do Rosário	葡	1615—1623 1624—1626	多明我会会士，皮主教离澳时署理主教，1624年又被果阿任命为教区署理主教
9	阿德里亚诺·达·库尼亚 Adriano da Cunha	葡	1623	皮主教离澳时署理主教，不久辞职
10	华主教（科雷亚·瓦伦特） D. Diogo Correia Valente	葡	1623—1624 1626—1633	耶稣会会士，日本府内主教，1623年因未去日本被选为澳门署理主教，1626年再次被任命为教区署理主教
11	博热斯·德·索萨 D. Francisco Borges de Sousa	葡	1628	果阿宗教裁判所法官，1628年被任命为教区主教，但未获认可
12	弗朗西斯科·赛纳 Francisco de Sena	葡	1633或1634	多明我会会士，主教空缺时署理澳门主教
13	奥利瓦·索萨 Feliciano de Oliverira e Sousa	葡	1635	多明我会会士，1635年被任命为澳门主教，但拒绝赴任
14	圣若奥·巴蒂斯达 Pedro de S. João Baptista	葡	1638—1639	多明我会会士，主教空缺时署理澳门主教
15	若奥·佩雷拉·莫拉多 João Pereira Morat ou Mourato	葡	1639—1640	主教空缺时署理澳门主教
16	本多·德·克里斯托 Bento de Cristo	葡	1640？—1642	方济各会会士，果阿红衣主教任命的澳门教区署理主教
17	若尔热·马塞多 Jorge Seco de Macedo	葡	1640—1643	果阿红衣主教任命的澳门教区署理主教
18	科内戈·费尔南德斯 Cónego Manuel Fernandes	葡	1643—1646	果阿大主教任命的澳门教区署理主教
19	曼努埃尔·多斯·安若斯 Manuel dos Anjos	葡	1650	奥斯定会会士，主教空缺时署理澳门主教，在任该职期间逝世
20	安东尼奥·德·克里斯托 António de Cristo	葡	1651	奥斯定会会士，1651年被选为中国主教，但没有管理过澳门宗教事务
21	科内戈·德乌斯 Cónego Francisco da Madre de Deus	葡	1657？	被选为澳门主教，但没有接受该职
22	保禄·阿科斯达 Paulo da Acosta	葡	1667	主教空缺时署理澳门主教

（续上表）

序号	姓名	国籍	任期	备注
23	弗朗西斯科·德·圣托马斯 Francisco de S. Tomás	葡	1669	多明我会会士，彼得罗二世任命的澳门主教，未获教宗认可，拒绝出任
24	若奥·菲利普·德·马利尼斯 João Filipe de Marinis	葡	1677—1681?	耶稣会会士，葡萄牙国王任命的澳门主教，但未获得教宗的认可；作为日本教区巡视神父，管理澳门教区，1681 年逝世
25	米格尔·多斯·安若斯 Miguel dos Anjos	葡	1680?	奥斯定会会士，主教空缺时署理澳门主教
26	曼努埃尔·德·坎赛依森 Manuel de Conceição	葡	1681?	唐·彼得罗二世聘他为澳门主教，但他未接受
27	安东尼奥·萨门托 António de Morais Sarmento	葡	1684—1687	主教空缺时署理澳门主教
28	科内戈·席尔瓦 Cónego José da Silva	葡	1687—1691	主教空缺时署理澳门主教
29	弗朗西斯科·德·圣玛利亚 Francisco de Santa Maria	葡	1692?	被唐·彼得罗二世选为主教，但他本人拒绝
30	贾主教（贾修利） D. João de Casal	葡	1692—1735	圣彼得教派，1690 年由唐·彼得罗二世任命，由亚历山大八世认可，1735 年以 94 岁高龄担任澳门临时总督
31	曼努埃尔·杜·卡萨尔 Manuel Freire do Casal	葡	1735—1738	主教座堂教区长，德主教返回葡萄牙时署理主教
32	德主教 D. Frey Eugenio Trigueiros	葡	1738—1742	奥斯定会会士，1727—1734 年任贾主教的辅理主教，1734—1738 年返回葡萄牙，1738 年正式出任澳门主教
33	罗主教 Hilário de Santa Rosa	葡	1742—1752	方济各会会士，唐·若奥五世于 1739 年任命他为澳门主教，教宗本多十四世于 1740 年确认，1741 年在里斯本教堂被册封，1742 年到任，他是最后一任兼任仁慈堂供应总管的主教，1750 年以澳门主教的身份去里斯本，1752 年辞职

（续上表）

序号	姓名	国籍	任期	备注
34	孟主教 D. Bartoloméu Manuel Mendes dos Reis	葡	1754—1772	1752 年被任命为澳门主教，1753 年在里斯本得到确认并册封，1754 年进入澳门主教堂，1765 年作为澳门主教离开澳门，1772 年被调往巴西
35	弗朗西斯科·瓦斯 Francisco Vaz	葡	1765—1774	罗主教不在澳门时署理澳门主教
36	祁主教 D. Alexandre da Silva Pedrosa Guimarães	葡	1774—1779	1772 年被任命为澳门主教，1773 年被确认册封，1774 年到任。1777—1778 年就任澳门总督，1780 年离开澳门，1782 年提出辞去澳门主教之职，至 1789 年才被批准
37	安东尼奥·诺格依拉 António Jorge Nogueira	葡	1779—1792	主教空缺时署理澳门主教
38	施主教 D. Marcelino José da Silva	葡	1791—1802	本笃会会士，1789 年被选为主教，由皮奥六世确认，并在里斯本册封，1791 年到任；于 1802 年离开，不久辞职
39	弗朗西斯科·米兰达·依·索萨 António Francisco de Miranda e Sousa	葡	1802—1803	主教堂辅理主教，主教管区教长，1800 年由席尔瓦主教任命，但到他离开澳门后才任职
40	贾主教（贾廷诺） D. Manuel de S. Galdino	葡	1803—1805	方济各会会士，1802 年被确认为澳门主教，1803 年到任，1804 年为果阿大主教的辅理主教和继任者，1806 年离澳
41	查主教（沙辛） Francisco de Nossa Senhora da Luz Chacim	葡	1804—1828	方济各会会士，1804 年被选为澳门待任主教，同年被确认，1805 年到任，在任期间，曾两度领导澳门政务委员会
42	伊纳爵·施利华 Inácio da Silva	葡	1828—1834	沙辛主教逝世后继任澳门主教管区教长，1828—1829 年加入澳门政府，曾以教区教长神父主持米格尔（Miguel）登上葡萄牙王位的祈祷典礼

（续上表）

序号	姓名	国籍	任期	备注
43	佩雷拉·米兰达 D. João Joaquim Pereira e Miranda	葡	1833	遣使会会士，圣若瑟学院院长，1833年被任命为澳门待任主教，但未得到教宗确认，在此期间协助管理教区事务
44	贡萨尔维斯·弗郎库 Pedro Cândido Gonçalves Franco	葡	1834—1837	代理教长及主教堂副主教，曾任政务委员会成员，1836年主张仁慈堂管理圣保禄教堂的圣场，以便重新用来作为墓地，但遭到教士会司铎反对，1843年离澳
45	安东尼奥·科尔特拉 António Vicente Cortelha	葡	1837—1842	教区署理主教①
46	包主教（又称栢主教，博尔雅） Nicolau Rodrigues Pereira da Borja	葡	1842—1845	遣使会会士，1842年澳门待任主教，同年由教宗确认，1844年到任，因祝典主教去世未能接受圣职任礼，1845年去世
47	马主教（马塔） D. Jerónimo da Mata	葡	1845—1857	遣使会会士，1843年任辅理主教，1845年博尔雅主教去世后出任澳门主教，在亚马留遇刺后主持政务委员会工作，1857年去欧洲，1862年辞职
48	戈维亚 Manuel Lourenço de Gouveia	葡	1857—1863 1875—1877 1883	1857—1863年为管理澳门教区的临时负责人之一，1875年因苏主教未到任，被教宗选为澳门主教管区教长，1881年因健康原因离澳，1883年再次被选为教长，但因病不能到任，1885年回澳后被任命为教区总法官和代理主教以及主教堂仲裁厅厅长，于当年8月去世
49	多斯·莱梅久斯 António Miguel Ângelo dos Remédios	葡	1857—1863 1870	1857—1863年管理澳门教区的临时负责人之一，1870年被教士阶层的教区神父代表推选为教区管理人，但由于80岁的高龄，遂请求果阿大主教另选一位
50	圣安娜 S. Ana	葡	1857—1863	管理澳门教区的临时负责人之一

① *Arquivos de Macau*, 3ª Série, Vol. Ⅴ, No. 1, Macau, 1966, p. 63.

（续上表）

序号	姓名	国籍	任期	备注
51	阿尔维斯·费若 D. José Luís Alves Feijó	葡	1863	澳门待任主教，但由于未获得教廷认可而未上任
52	菲利佩·贡塞桑 Filipe Caetano da Piedade Conceição	葡	1863—1866	1863 年被任命为澳门主教区教长，同年抵达履任，1866 年辞职离澳去果阿
53	阿马拉尔·依·皮门塔尔 D. João Maria Pereira do Amaral e Pimental	葡	1865	澳门待任主教，1866 年被教宗确认，但未受任职圣礼，故未担任此职
54	若尔热·施利华 Jorge António Lopes da Silva	澳	1866—1870	1866 年被果阿大主教任命为澳门主教区教长，同年到任，曾参加政务委员会
55	安东尼奥·德·卡瓦略 António Luiz de Carvalho	葡	1870—1875	1870 年任澳门主教管理区教长，1871 年到任，并担任神学院院长
56	苏主教（曼努埃尔·埃内斯） D. Manuel Bernardo de Souza Enes	葡	1873—1883	方济各会会士，科英布拉大学教授及该市神学院教授，1873 年被任命为澳门主教，1874 年被教廷确认并受圣礼，1877 年到任，1883 年离任
57	弗朗西斯科·莫尔加多 Francisco Alves Morgado Júnior	葡	1883	苏主教离任后被任命为主教管区教长，曾任主教堂司库，同年被迫将教长让位于古维亚
58	克鲁兹·西蒙 José Maria da Cruz Simeão	葡	1885	在明德禄主教未到任前，担任澳门主教管区教长
59	明德禄 D. António Joaquim de Medeiros	葡	1885—1897	1884 年被推选为澳门和帝汶主教并于同年受圣礼，1885 年 3 月 24 日到澳履任，1897 年时在帝汶去世
60	塞巴斯蒂安·施利华 Sebastião Maria Aparício da Silva	葡	1897—1899	1897 年任澳门主教管区教长，1899 年起担任南方传教会会长和总辅理主教
61	曼努埃尔·博杰斯 Manuel José da Conceição Borges	葡	1891—1898	1890 年被任命为澳门主教堂神父，1891 年任教区总代理主教，1896 年被任命为主教堂教长，在明德禄主教离任期间，曾于 6 个不同时期任主教管区教长，1900 年回国

（续上表）

序号	姓名	国籍	任期	备注
62	弗朗西斯科·贡萨维斯 Francisco Pedro Gonçalves	葡	1897—1898	1876 年抵澳，1877 年起为帝汶传教士，1882 年再次来澳并任教区神学院副院长至 1883 年，1897 年明德禄主教去世后，由澳门主教堂教士会任命为教士会神父，不久被若瑟·德·卡瓦略主教任命为澳门主教管区教长，1898 年离任
63	嘉惠劳 D. José Manuel de Carvalho	葡	1897—1920	1897 年被任命为澳门待任主教，同年被教廷确认和接受圣礼，1898 年抵澳履任

从上表可以看出，16—19 世纪期间，澳门教区共有 63 位主教和署理主教出现，其中主要为奥斯定会会士、多明我会会士、方济各会会士和遣使会会士，而耶稣会会士只有 3 人担任过署理主教。其实在 1762 年耶稣会解散之前，澳门天主教势力耶稣会远远高于其他修会，但由于《耶稣会会宪》（*Constitution of Society of Jesus*）禁止会士出任显赫职务或高级神职，故澳门主教之位上鲜有耶稣会会士的身影。①

第二节　澳门天主教修会和教会机构

在 1576 年澳门教区建立之前，耶稣会就已经进入澳门并获得了一定程度的发展，其他修会尚未进入该地区传教，此时的澳门是葡萄牙人的，亦是葡萄牙耶稣会的。1576 年澳门教区建立以后，天主教的古老的三大托钵修会——方济各会、多明我会、奥斯定会先后进入澳门，在很短的时间内在澳门建立教堂和修道院，并以此作为该修会对中国、日本及东南亚地区传教的据点。随着对中国传教福音运动的发展，先后又有教廷传信部、巴黎外方传教会及遣使会进入澳门，它们虽然没有在澳门建立教堂、修院，但在澳门设立了司库，亦将澳门作为其对华传教的根据地。因此，在整个 16 至 19 世纪，实际进入澳门的天主教修会为 6 大修会和教廷传信部司库、果阿宗教裁判所两大机构。当然，虽然还有其他的天主教修会成员也在这一时期进入澳门，如圣衣会

① 戚印平：《远东耶稣会史研究》，北京：中华书局，2007 年，第 476 页。

(O. C. D.)、十字会(D. O. M.)、虔劳会(S. F. G. C.)、基督教骑士团(O. M. C.)等，但它们都是以个人的身份而非以修会的身份进入澳门，所以本节仅对进入澳门的6大天主教修会和教廷传信部司库及果阿宗教裁判所两大机构进行介绍。

一、耶稣会

耶稣会乃罗马天主教下的修会，成员多称为耶稣会会士(Jesuits)。该修会多以字母组合"IHS"为人提到，且有训言"AMDG"以名其志。所谓IHS，即为表示对耶稣之名的崇敬之意，他们认为耶稣乃救世主(Iesus Hominum Salvator)；而后者AMDG是拉丁短语"Ad maiorem Dei gloriam"的缩写，即"愈荣吾主"。[①] 耶稣会的起源可追溯到16世纪初到40年代，其创始人为西班牙人罗耀拉，他是一位巴斯克低层贵族，在阿拉卡拉(Alcalá)和巴黎受教育，由于他早年当过兵，故他创立的耶稣会组织有些半军事化倾向，罗耀拉本人则是全会的总司令。耶稣会的宗旨有三：第一，与欧洲的新教徒改革派斗争；第二，促进学院中贵族的天主教神学教育；第三，进军亚洲、巴西和非洲，以弥补天主教在欧洲的损失。耶稣会及其军事基督教方式不久就在葡萄牙及其海外帝国中产生了重大影响。[②] 1540年，耶稣会获得教宗保禄三世(Paulo Ⅲ)批准正式成立。

图4-6 澳门圣保禄教堂前壁上的耶稣会会徽石刻

① Thomas Worcester ed., *The Cambridge Companion to the Jesuits*, Cambridge: Cambridge University Press, 2008, p. 1.

② [印度] 桑贾伊·苏布拉马尼亚姆著，何吉贤译：《葡萄牙帝国在亚洲(1500—1700)：政治和经济史》，澳门：纪念葡萄牙发现事业澳门地区委员会，1997年，第92页。

耶稣会成立不久，作为7位主创人之一的沙勿略便前往东方传教，先后到达印度、日本和中国上川岛。虽耶稣会并非第一个前往中国的天主教修会，然论进入澳门，其为第一修会，前面提及的龚萨雷斯即为第一人。约与龚萨雷斯同时，耶稣会会士巴莱多（Melchior Nunes Barreto）神父亦来到澳门，并从澳门前往广州营救其被关押的同胞。1555年，在日本的阿尔梅达神父有一封致在中国港口“Macoa”的巴莱多的信。① 到1560年时，第一批正式由耶稣会派出的耶稣会会士才到达澳门。② 在罗明坚与利玛窦之前奔赴内地传教，并在澳门留下足迹的耶稣会会士还有加戈（Baltasar Gago）、蒙特（Giovanni Battista de Monte）、佛罗伊斯（Luis Frois）、培莱思、泰玛诺、安德烈·平托、黎伯腊（Juan Batista de Ribera）、黎耶腊（Pierre Bonaventure Riera）等。③ 裴化行称，1563年时，澳门约有8位耶稣会会士，宗教节庆在此地已经形成一定规模，在同年圣主日游行大会上灯笼、火把共计600余只，仪式异常庄严。④ 1565年，培莱思神父在澳门建立第一所耶稣会住院和圣母堂（又称天主之母修道院和圣玛利亚教堂），该住院就在花王堂附近。⑤ 这一住院平常住有2位司铎和1位助理修士，去日本传教的神父们将这里作为中途的旅居之地，大概在这里要居停10个月左右的工夫。⑥ 不久耶稣会住院和圣母堂又进行了扩建，1578年中日教区巡视员范礼安来澳门时，他见扩建后的耶稣会住院及圣母堂颇具规模，称赞澳门天主圣母堂是远东地区最好的住院之一。⑦ 1572年，耶稣会在其住院内创办了一所学校，专门教授阅读和书写拉丁文，一创办就有学生60人，到1592年学生已有200人左右，1594年，学校升格，创建神学院，即圣保禄学院，成为远东地区天主教的传播培训人才基地。⑧

---

① Rebecca Catz, Francis M. Rogers, *Cartas de Fernão Mendes Pinto e outros documentos*, Lisboa: Biblitioteca Nacional, 1983, pp. 67 - 70；BAJA，《在日本王国丰后城的阿尔梅达致在前往日本途中的中国港口Macoa的贝尔乔尔神父函1555年9月16日》，转引自金国平、吴志良：《过十字门》，澳门：澳门成人教育学会，2004年，第101页。

② ［葡］施白蒂著，小雨译：《澳门编年史：16—18世纪》，澳门：澳门基金会，1995年，第15页。

③ ［意］西比斯著，曾泽瑶译：《利玛窦的前辈》，载《文化杂志》（中文版）第21期，1994年，第57～58页。

④ ［法］裴化行著，萧浚华译：《天主教16世纪在华传教志》，上海：商务印书馆，1936年，第109～110页。

⑤ BAJA, Cód. 49 - IV - 59, fl. 84；［法］费赖之著，冯承钧译：《在华耶稣会士列传及书目》，北京：中华书局，1995年，第16页。

⑥ Sebastião Gonçalves, *Primerira Parte da História dos Religiosos da Companhia de Jesus: E do que fizeram com a divina graça na conversão dos infieis á nossa sancta fee catholica nos reyhos e províncias da Índia Oriental*, Vol. 3, Coimbra, 1962, p. 142.

⑦ Domingos Maurício Gomes dos Santos, *Macau, Primeira Universidade Ocidental do Extremo-Oriente*, Macau: Fundação Macau, 1994, p. 8.

⑧ ［法］费赖之著，冯承钧译：《在华耶稣会士列传及书目》，北京：中华书局，1995年，第16页；Manuel Teixeira, *A Educação em Macau*, Macau: Direcção dos Serviços de Educação e Cultura, 1982, p. 183.

1578 年，耶稣会住院和圣母堂被一场大火吞噬，但不久后澳门的耶稣会会士又在教士团的菜地里重建。而到 1601 年时，住院和教堂再一次重蹈覆辙，一场大火又焚毁了教堂和刚刚被一场台风破坏的住院。① 1602 年，在澳门圣保禄学院院长瓦伦廷·德·卡瓦略主持下，澳门葡人捐赠了当年对日贸易收入的50%，相当于6 260 法兰西图尔磅，并委托耶稣会会士卡洛斯·斯皮诺拉进行教堂设计。在重建中突出了来自布施的价值 32 000 澳门元的雄伟牌坊，教堂内部工程于 1603 年竣工，与教堂毗邻的圣保禄学院大门完工于1604 年，而教堂的前壁直到1637 年才完工。圣保禄教堂和学院建成以后，当时雷戈评价它“是 17 世纪上半叶东方人数多，素质高的修道院和最雄伟的宗教建筑物之一”②。故《澳门记略》亦称：

> 寺首三巴，在澳东北，依山为之，高数寻。屋侧启门，制狭长。石作雕镂，金碧照耀，上如覆幔，旁绮疏瑰丽。③

圣保禄学院建筑是一组庞大的建筑群，它包括圣保禄教堂、圣保禄学院及耶稣会住院，还包括一些附属机构。圣保禄学院建成后，原来是学校和住院混在一起的格局得到改变，学院和住院两个耶稣会机构正式分开，学院负责培养前往东方传教的天主教修士和修生，而住院则负责接待前往东方传教的神职人员，圣保禄学院成为了耶稣会东方传教的大本营。据 1605 年格雷罗（Fernão Guerreiro）神父的报告：

> 耶稣会在澳门有座学院，里面一般住着 30 位教士，但今年（1601）则有近 70 位，因为其中有些在 1600 年和 1602 年前往日本的教士在这里过冬。这所学院是两大传教事业（日本传教团和中国传教团）的神学院，研究人文科学、艺术和神学。④

驻留圣保禄学院人数最多的年份是 1615 年的 118 人和 1621 年的 100 人。⑤ 据 1622 年到过澳门的荷兰瑞士雇佣兵埃利·里彭（Élie Ripon）称：“澳门有一耶稣会教堂，里面人手不少，连主带仆共计 200 余口。”⑥ 在一年的时间里，多至百余人的耶稣会会士驻

---

① Domingos Mauricio Gomes dos Santos, *Macau, Primeira Universidade Ocidental do Extremo-Oriente*, Macau: Fundação Macau, 1994, p. 14; Manuel Teixeira, *Macau e a Sua Diocese*, Vol. Ⅲ, *As Ordens e Congregações Religiosas em Macau*, Macau: Tipografia Soi Sang, 1956 – 1961, p. 172.

② ［葡］雷戈著，范维信译：《澳门的建立与强大记事》，载澳门《文化杂志》编：《16 和 17 世纪伊比利亚文学视野里的中国景观》，郑州：大象出版社，2003 年，第 196 页。

③ （清）印光任、张汝霖原著，赵春晨校注：《澳门记略校注》，《澳蕃篇》，澳门：澳门文化司署，1992 年，第 149 页。

④ ［葡］费尔南·格雷罗神父著，范维信译：《耶稣会神父事务年度报告》，载澳门《文化杂志》编：《16 和 17 世纪伊比利亚文学视野里的中国景观》，郑州：大象出版社，2003 年，第 166 ~ 167 页。

⑤ 高瀬弘一郎：「キリシタン時代の文化と諸相」，東京：八木書店，2002 年，第 356 ~ 358 頁。

⑥ ［瑞士］埃利·里彭著，郭颐顿译：《1622 年在中国南海航行》，载《文化杂志》（中文版）第 75 期，2010 年，第 72 页。

留澳门，等待着前往日本或者中国传教，可以反映，澳门耶稣会发展对于中国和日本天主教的传教事业具有何等重要的作用和意义。

由于澳门对于日本传教的重要地位和作用，所以耶稣会对日本传教的司库一职一直设在澳门，早在耶稣会日本教省成立之前，对日传教司库就在澳门设立。1588 年日本教省成立，虽然日本教省从澳门教区独立出来，但教省司库仍设在澳门。据日本学者高濑弘一郎的研究成果，从 1578 年设立教区司库驻澳门一职以来，先后担任此职者如表 4 - 2 所述：

表 4 - 2　日本教省驻澳门司库任职时间表①

姓名	任职时间
安德烈·平托 André Pinto	1578—1588 年 1 月 15 日
米盖尔·苏亚雷斯 Miguel Soares	？—1600 年 9 月
卡洛斯·皮诺拉 Carlos Spinola	1601 年 3 月—1602 年 6 月
曼奴埃尔·卡斯珀尔 Manuel Gaspar	1603 年 2 月—？
塞巴斯蒂安·维埃拉 Sebastião Vieira	1606—1608 年初
若昂·科埃里 João Coelho	1609—1611 年 1 月
曼努埃尔·帕莱特 Manuel Barreto	1613—1616 年 7 月
曼努埃尔·博吉斯 Manuel Borges	1616 年 8 月—1619 年
塞巴斯蒂安·维埃拉 Sebastião Vieira	1619—1622 年 11 月
陆若汉 João Rodrigues Tcuzu	1622 年 11 月—？
乔万尼·博莱利 Giovanni Battsta Bonelli	不详
巴尔德洛曼·德·西格拉 Bartoloneu de Siqueira	不详

教省司库是耶稣会日本教省中一项极为重要的职务，其有三项主要职责：

一、为日本教省与住院补给公共必需品和（个别住院必要的）特别的必需品。

二、每年投资应送往日本的全部资金。这些资金包括来自于印度和马六甲的钱，日本送来的钱以及从属于日本（耶稣会）的房屋和店铺征收的钱。

三、运送由印度送往日本，或由日本送往其他地区书信等其他所有物品。同时，使中国前往日本的神父与修士在航船中得到优待，不要欠缺必要的食粮。②

① 高瀬弘一郎：「キリシタン時代對外關係研究」，東京：吉川弘文館，1994 年，第 379 ~ 392 頁。

② 戚印平：《远东耶稣会史研究》，北京：中华书局，2007 年，第 391 ~ 392 页。

1615 年，耶稣会总会长阿桂委瓦使中国传教区从日本教省独立出来成立中国副省。[①] 1619 年金尼阁带来了耶稣会罗马总部的命令，对东亚教团分开管理，中国教团更加独立于处境尴尬的日本教团，并被重新命名为中国副省。[②] 柏里安教授指出：

> 由于在华神父人员稀少，缺乏以耶稣会神学院模式为基础的中心区，依赖外部筹资等原因，中国教区没有被指定成一个成熟的教省。更确切点说，这种改变并没有完全分离中日传教团，却赋予中国教团一种新圣统。最重要的是，中国和日本传教事业的资金来源仍然纠葛不清。1600 年前葡萄牙国王和欧洲商人在亚洲海域捐赠的财产或海关税收被笼统地指定用于“亚洲传教”，这样一来，情况变得更加复杂。这种分离使中国教团的组织结构更为协调，并一直持续到 18 世纪。由熟悉中国的经验丰富的传教士直接管理教团，这为传教团的发展铺好了道路。新的教阶体制中有一位会长——副省会长，他利用一些顾问（通常是四个或五个高级耶稣会会士）来处理教团事务、分发供给品和工资以及巡察住院，以确保传教士遵循耶稣会会宪，并且制作包括对传教士评估在内的人员一览表以备晋铎时参考。第一位被任命为副省会长的是伏若望，但是他不幸于 1623 年离世。当时正值教团重建时期，该职位又由阳玛诺接任。这些人员都是视察员的下属，是范礼安所在职位的继承人，他们寓居澳门，主要从东亚地区的高级传教士中挑选。[③]

中国副省的成立，对于日本教省的耶稣会会士是一个沉重打击，由于当时的对日传教已经陷入绝境，而中国传教团又从日本教省剥离，这只会加速日本传教事业的解体。澳门圣保禄学院挤满了来自日本的耶稣会会士，而当时中国副省的负责人和准备入华的耶稣会会士都住在澳门学院和住院内。最开始，中国副省的司库应该也设在澳门圣保禄学院内，与日本耶稣会会士混杂在一起。这样，中国副省的耶稣会会士和日本教省耶稣会会士的矛盾就开始凸显，长期与日本耶稣会会士混居在一起，这对于中国副省的传教事业来说显然是不利的。于是，中国副省于 1728 年在澳门岗顶创立一个专门的学院培养中国修士，并以此作为中国副省的据点。这就是著名的澳门圣若瑟神学院，当地人俗称“小三巴”。《澳门记略》称：“澳西有小三巴寺，规制差约而轩豁过之，三巴之外库也。”[④]圣若瑟神学院成立后，“中国副省的耶稣会会士于是便离开圣保禄学

---

① ［法］荣振华著，耿昇译：《在华耶稣会士列传及书目补编》，北京：中华书局，1995 年，第 801 页。

② 阿桂委瓦（Claudio Aquaviva）1615 年创建的中国副省，半独立于日本教省，拥有自己的会长和参议员。但是，当阿桂委瓦去世，金尼阁不得不重新向穆齐奥・维特尔斯奇请愿。因此，中国副省于 1619 年独立。参见 Liam Matthew Brockey, *Journey to the East: The Jesuit Mission to China, 1579 – 1724*, Cambridge & London: The Belknap Press of Harvard University Press, 2007, p. 73.

③ Liam Matthew Brockey. *Journey to the East: The Jesuit Mission to China, 1579 – 1724*, Cambridge & London: The Belknap Press of Harvard University Press, 2007, p. 74.

④ （清）印光任、张汝霖原著，赵春晨校注：《澳门记略校注》，《澳蕃篇》，澳门：澳门文化司署，1992 年，第 150 页。

院，前往该副省的这一住院"[①]。中国副省的司库应该转到圣若瑟神学院。关于中国副省司库之前在澳门的记录都不太清晰，但在圣若瑟神学院建立以后，中国副省的几个司库就明确其驻留在该神学院，如1751年时的法方济各（François Folleri）、1754年时的沈若望（João Simões）。[②] 圣若瑟神学院和住院正式成为中国副省对华传教的根据地，这里不仅培养了一批对中国传教的传教士，而且为中国副省的传教提供一切资源和保障。

值得注意的是，一直设在广州的法国耶稣会传教区司库于1750到1754年也搬到了澳门。[③] 这些耶稣会司库设在澳门，主要是为了保障耶稣会财产的安全。

澳门耶稣会的发展还有一个重要表现就是在澳门设立对华人传教的专门教堂。17世纪后，随着进入澳门的华人人口日渐增多，澳门耶稣会开始关注对入澳华人的传教活动。林家骏主教称：

> 1602年，耶稣会士在大三巴脚下初建荫庇之母小堂。该堂专为华人讲授福音，招致仇教者之忌，乘夜放火烧毁。现在澳门关前后街，葡名Rua Da Nossa Senhora Do Amparo，即荫庇之母街，就是因为该堂所在而命名的。[④]

荫庇之母小堂被毁后，1634年（崇祯七年），又有耶稣会会士班安德神父"为中国进教之人"修建了一座"我等之望堂"[⑤]。又据乾隆十一年（1746）张汝霖的奏折：

> 缘澳门三巴寺下建有天主堂，名为进教寺，专为唐人进教所建。于康熙十八年（1679）、五十八年（1719）重修阔大，系番僧倡首而唐人醵金以建者。[⑥]

这"进教寺"就是前面提到的"唐人寺"。可见，在1602—1634年，澳门耶稣会就先后两次建教堂专门向华人讲道传播福音。这种专门针对华人传教的策略取得了很大的成功，故到1635年时，澳门华人基督徒增加到8 000人左右。而到1644年，随明王朝的灭亡，满洲人进入北京成为汉人的新统治者。原聚居澳门的华人在情感上有亡国丧家之痛，在政治上不愿意成为异族统治者的"顺民"。因此，在这一特殊情境下，又有很大一批华人在澳门加入天主教，这就是17世纪40年代澳门华人基督教徒从1635年的8 000余人增加到2万人的重要原因。

由于澳门耶稣会的发展，不论是在传教士人数，还是在对澳门的影响力上，耶稣

---

① ［法］荣振华著，耿昇译：《在华耶稣会士列传及书目补编》，北京：中华书局，1995年，第510页。

② ［法］荣振华著，耿昇译：《在华耶稣会士列传及书目补编》，北京：中华书局，1995年，第775～776页。

③ ［法］荣振华著，耿昇译：《在华耶稣会士列传及书目补编》，北京：中华书局，1995年，第78页。

④ 林家骏：《澳门教区历史掌故文摘》，《澳门教区大事编年纪录》，澳门：澳门主教公署，1982年，第51页。

⑤ ［葡］文德泉著，徐牧民译：《耶稣会士于澳门开教四百周年》，澳门：大东书局，1964年，第10页。

⑥ （清）暴煜：《（乾隆）香山县志》卷8，《濠镜嶴》，中山文献丛刊第2册影印清乾隆十五年刊本，第956页。

会一直处于澳门各天主教修会势力之上，特别是在16世纪末到17世纪中，耶稣会更发展为澳门的主导力量，在一定程度上可以说，在澳门教区的管辖范围内，耶稣会成为了澳门社会的最高主宰。然而，18世纪50年代，在欧洲掀起的驱逐耶稣会会士运动，给澳门的天主教带来灭顶之灾。施白蒂的《澳门编年史：16—18世纪》据葡文档案：

> 1759年9月3日，庞巴尔（葡萄牙首相）消灭了耶稣会及其传教士。在谋杀若泽一世国王事件一周年之际，一项法律宣布他们是反叛者、叛徒、国王及国家的敌人和侵略者。于是耶稣会会员们被剥夺公民权，放逐、消灭，被驱逐出葡萄牙本土和领地。①

1762年澳门开始执行庞巴尔的命令，下令逮捕澳门的耶稣会会士，7月5日凌晨3点，在圣若瑟神学院逮捕13名耶稣会会士，在圣保禄学院逮捕12名，共25名不同国籍的耶稣会会士。据费赖之公布的当时逮捕公文抄本②，25人如表4-3所示：

表4-3 1762年7月5日被逮捕的耶稣会会士名录

圣保禄学院被捕者		
国籍	姓名	备注
葡	郭方济 Francisco da Costa	日本耶稣会教省会长
葡	贡西夫 Silvestre Gonçalves	神父、司库
葡	西多默 Thomas da Silva	神父、教师
德	雅克·格拉夫 Jacque Tiago Graff	神父
德	柯约翰 Johann Koffler	神父
葡	罗历山 Alex. Rodrigues	修士、副教师
葡	贡玛诺 Manuel Gonzalves	修士
葡	若奥·阿尔瓦雷斯 João Álvares	修士
法	嘉类思 Louis-Mariae du Gad	神父、法国耶稣会会长
法	赵加彼 Gabriel Boussel	神父、司库
法	张若翰 Jean Sylvain de Neuvialle	神父
中	杜某	修士

① ［葡］施白蒂著，小雨译：《澳门编年史：16—18世纪》，澳门：澳门基金会，1995年，第156页。
② ［法］费赖之著，冯承钧译：《在华耶稣会士列传及书目》，北京：中华书局，1995年，第725～727页。

（续上表）

圣若瑟神学院被捕者		
国籍	姓名	备注
葡	纪类思 Luís de Sequeira	耶稣会中国副省省会长
葡	费德尼 Denys Ferreira	神父，修院教师，司库
葡	归玛诺 Manuel de Aguiar	神父
葡	西方济 Francisco da Silva	神父
葡	西若瑟 José da Sylva	神父
葡	法安东 António Falcão	神父
葡	司安东 António Simão	神父
葡	甘玛诺 Manuel de Carvalho	神父
意	林安多 Antoine Xavier Morabito	神父
意	法方济各 François Folleri	神父、司库
葡	麦西蒙 Simão da Almeida	修士
中	许方济 Francisco da Cunha	修士
中	杜兴福 Symphorien Duarte	修士

此事在中文档案中亦有记录：

> 正堂张（香山知县张德洄）谕夷目委黎多等知悉：案且乾隆二十七年（1762），尔等奉国王令捉拿大小三巴寺僧，经解回国一案，昨本县临澳，谕令尔等查开，所捉系何国人氏，共有几人？姓名年岁，逐一具报，去后未具复，合再谕催。①

25名耶稣会会士先在圣保禄堂关押，后于11月5日被押解至果阿，最后被解赴里斯本。澳门耶稣会的财产，包括圣保禄学院和圣若瑟神学院全部被没收，划归澳门教区保管。1773年7月21日，教宗格莱门十四世发布敕书，宣布正式取消耶稣会。耶稣会的取消对于澳门天主教来说，无疑是一致命的打击。对此德礼贤神父称：

> 中国也和其他各国一样，因着耶稣会的解散而感到深刻的痛苦，或者比别国还要深刻。他们（耶稣会士）为了传布天主教的神国，在中国努力工作了190年（1583—1773），这回受了这样重大的打击，自利玛窦以下多至472个耶稣会士的

① 刘芳辑：《葡萄牙东波塔档案馆藏清代澳门中文档案汇编》下册，《香山知县张德洄为催令查报乾隆二十七年捉拿大小三巴寺僧事下理事官谕》，澳门：澳门基金会，1999年，第514页。

工作，差不多完全毁灭。[1]

德礼贤的这句话虽然是对中国天主教而言，同样亦适合澳门。当时澳门教区主教为孟主教，由于澳门耶稣会被解散，教产被没收，圣保禄学院及圣若瑟神学院均被关闭，教区一片混乱，教务无法开展，孟主教亦于1765年辞职，离澳回葡。[2]

二、方济各会

第二个进入澳门的天主教修会即方济各会。若论首次在华广泛传教的修会理推方济各会，因其于元代在华传播福音之时，耶稣会尚未建立。方济各会创始人乃意大利人方济各（Francesco de Assisi），自1205年起，方济各与3名志同道合的朋友以组织一新修会为号召，手托乞食钵，赤足行走各地，到1209年，传教组织达12人。方济各从圣经摘录劝谕和箴言起草了会规，在阿西西主教和罗马圣保禄大教堂主教引见下，携带会规晋见教宗英诺森三世（Innocent Ⅲ），获得口头批准成立了方济各会。[3]

方济各会第二次入华落在了耶稣会之后，其主因乃葡西保教权势力划分。西班牙人在1569年和1571年占领宿务和马尼拉之时，耶稣会在澳门已经取得了不小成绩，待到1578年，方济各会才在马尼拉建立了第一所会院。紧随其后，第二年西班牙方济各神父阿尔法罗（Pedro de Alfaro）率领3位会士特尔德西拉斯（Agustin de Tordesillas）、巴埃萨（Sebastian de Baeza）和卢卡雷利（Juan Lucarelli da Pesaro）抵达广州，并于当年11月15日被驱逐至澳门。[4] 同行的还有3名第三会会士，即两名西班牙士兵杜恩拉斯（Francisco de Duenas）和帕尔多（Juan Diaz Pardo），以及一名墨西哥人维拉罗埃尔（Pedro de Villaroel）。在广东官员的理解中，西葡几无分别，更无耶稣会、方济各会之差，传教内地的失败让方济各会留在了澳门。1580年2月2日，方济各会在澳门靠近南湾的一座小山上建起了供奉“天使圣母”[5] 的圣方济各修道院，时中文称之为“噶斯兰庙”[6]，还称“噶斯兰僧服粗布衣，带索草屦，不冠不袜，出入持盖”[7]。方济各会

① ［德］德礼贤：《中国天主教传教史》，上海：商务印书馆，1934年，第81~82页。

② 林家骏：《澳门教区历史掌故文摘》，《从澳门教区历任主教说起》，澳门：澳门主教公署，1982年，第6页。

③ 崔维孝：《明清之际西班牙方济会在华传教研究（1579—1732）》，北京：中华书局，2006年，第32~33页。

④ Manuel Teixeira, *Macau e a Sua Diocese*, *Vol. Ⅲ*, *As Ordens e Congregações Religiosas em Macau*, Macau: Tipografia Soi Sang, 1956 - 1961, p. 414.

⑤ ［葡］施白蒂著，小雨译：《澳门编年史：16—18世纪》，澳门：澳门基金会，1995年，第19页。

⑥ （清）印光任、张汝霖原著，赵春晨校注：《澳门记略校注》，《澳蕃篇》，澳门：澳门文化司署，1992年，第150页。

⑦ （清）印光任、张汝霖原著，赵春晨校注：《澳门记略校注》，《澳蕃篇》，澳门：澳门文化司署，1992年，第152页。

图 4－7　16 世纪前往日本传教的方济各会会士

修道院建成后，当时就吸引了 20 多名中国、日本、暹罗及交趾支那的青年入院，成为修道院的学生。[①] 1582 年 6 月 21 日，方济各会又派遣以布尔戈（Jerónimo de Burgos）为首的 7 名西班牙传教士前往中国，当他们 6 月 28 日抵达福建海岸时，遭遇了更悲惨的境地，后经由澳门葡人出面得以营救，之后又于 8 月被广东当局驱逐至澳门。[②] 布尔戈抵达澳门后，正式设立圣格里高利中国教区，马丁·罗耀拉（Martin Ignacio de Loyola）修士被选为第一任教区长，形成了独立于菲律宾教区的澳门教区。[③] 布尔戈修士于 1583 年 2 月离开澳门返回马尼拉，菲律宾方济各会玫瑰省对澳门的独立非常不满，眼见历尽艰辛打开的进入中国的唯一港口被关闭，于是决定要重新打通它，并派遣布尔戈修士立即返回澳门。布尔戈回澳门后，努力履行其使命，废除了澳门教区的选举。[④]

不断涌入澳门的西班牙人引起了澳门葡人的不满，虽然此后不久西葡合并的消息传入澳门，且澳门当局于 1583 年宣誓效忠菲利普二世，西班牙在欧洲的世俗胜利并未给同胞在澳门带来宗教事务的优势，相反，葡人对西班牙人的反对情绪在 1585 年爆发了。至 1584 年马六甲修院的葡籍方济各会会士将西班牙方济各会会士驱逐，后者逃至澳门，1585 年又将这些西班牙方济各会会士全部逮捕并押解回马尼拉，且将方济各修

---

① Môt Giáo sú Sú họe, *ở Việt Nam*, *Giáo Hōi Cōng Giáo*, Quyển I, In lần Hai, 1997, p. 64.

② Antolío Abad Pérez, Caytano Sánchez Fuertes, O. F. M., *La Descalcez Franciscana en España, Hispanoaméricay Extremo Oriente*, en Archivo Ibero-America, No. 234, Septiembre-Diciembre 1999, p. 642.

③ Manuel Teixeira, *Macau e a Sua Diocese*, *Vol. Ⅲ*, *As Ordens e Congregações Religiosas em Macau*, Macau: Tipografia Soi Sang, 1956－1961, p. 426.

④ Manuel Teixeira, *Macau e a Sua Diocese*, *Vol. Ⅲ*, *As Ordens e Congregações Religiosas em Macau*, Macau: Tipografia Soi Sang, 1956－1961, p. 426.

道院充公。[①] 1585 年 8 月 11 日，澳门方济各会修道院遭到土生葡人的攻击，他们大喊："西班牙人在这里，他们是来扰乱的。"一批葡萄牙军人涌入，将在澳的 9 名西班牙方济各会会士赶出修道院，这些会士只好住在一位正直而又虔诚的葡萄牙人家中，等候季风和船只，在 3 个月后离澳返回马尼拉。修道院被葡籍方济各会会士接管。[②]

1587 年，曾经参加过 12 次前往中国传教之旅的马丁·罗耀拉修士经菲利普二世和教宗许可后，再次率领方济各会入华。随同的还有弗兰西斯科·诺盖拉（Francisco Noguera）、卢菲纳·德·拉·雷苏莱桑（Rufino de la Resurreccion）、布埃纳文都拉·德·罗斯·雷易斯（Buenaventura de los Reyes）、弗兰西斯科·拉莫斯（Francisco Ramos）、安德雷斯·德·圣玛利亚（Andres de Santa Maria）、安东尼奥·卡亚多（Antonio Cayado）和安东尼奥·德·罗斯·马迪雷斯（Antonio de los Martires）等。方济各会会士一行顺利地抵达了澳门。[③]《西班牙传教团丛书（第 5 卷）》（*Bibliotheca Hispana Missionum V*）中如此记录道：

> 马丁·罗耀拉又获得马德里王室的批准，同意他率领一个由 20 位方济各会神父组成的传教团再度前往中国。马丁·罗耀拉带领传教团于 1587 年抵达澳门，他和两位同伴后来进入广州，但是中国人把他们当成间谍而关进了牢房。后来在葡萄牙人的斡旋下，他们被释放了，但条件是他们必须即刻离开中国，不得再返回来。[④]

马丁·罗耀拉来到澳门后，一度再次掌控澳门修道院，并重新将其划属菲律宾教区，但最终葡萄牙势力又通过方济各会内部的葡籍会士采取措施而取代了西班牙势力。1588 年 7 月 12 日，在澳门待了不到两年的代理教区长马丁·罗耀拉不得不再次离开澳门。在澳门，葡萄牙人与西班牙人的严重对立，其根本原因即是："澳门的葡萄牙人惶恐不安，担心西班牙人参与中国市场，害怕澳门修道院是西班牙人涉足中国、争夺澳门贸易的第一步。"[⑤] 到 1589 年 8 月 9 日，澳门的葡萄牙势力彻底战胜了西班牙势力。

---

① ［法］裴化行著，萧浚华译：《天主教 16 世纪在华传教志》，上海：商务印书馆，1936 年，第 231 页。当时澳门葡人反对西班牙人情绪甚高，1587 年西籍方济各会会士马丁和西籍奥斯定会会士孟利格联名写信给国王说："我们有比权力更大的教宗手谕，但葡萄牙人不要看，也不听我们解释，因为我们是西班牙人。"见［法］裴化行著，沈毓元译：《明代的闭关政策与西班牙天主教传教士》，载《中外关系译丛》第 4 辑，上海：上海译文出版社，1988 年，第 267 页。

② Manuel Teixeira, *Macau e a Sua Diocese, Vol. Ⅲ, As Ordens e Congregações Religiosas em Macau*, Macau: Tipografia Soi Sang, 1956 – 1961, pp. 428 – 430.

③ Antolío Abad Pérez, Caytano Sánchez Fuertes, O. F. M., *La Descalcez Franciscana en España, Hispanoaméricay Extremo Oriente*, en Archivo Ibero-America, No. 234, Septiembre-Diciembre1999, p. 643.

④ Anastasius van Den Wyngaert O. F. M., *Sinica Franciscana, Vol. Ⅱ*, Apud Collegium S. Bonaventurae, 1933, pp. 249 – 250.

⑤ Manuel Teixeira, *Macau e a Sua Diocese, Vol. Ⅲ, As Ordens e Congregações Religiosas em Macau*, Macau: Tipografia Soi Sang, 1956 – 1961, pp. 168 – 170.

西葡联合王国国王菲利普二世下令禁止菲律宾修道士进入中国。[①]

葡萄牙方济各会接管澳门修道院后，1623 年 2 月 7 日举行罗马教廷全体教士会议，正式选举各修道院院长，第一任当选的澳门修道院院长是来自果阿的葡萄牙方济各会会士萨尔瓦多（Francisco do Salvador）。之后，每 3 年一届的院长基本上都是由葡萄牙方济各会会士出任。[②] 直到 1632 年后，西班牙方济各会利安当神父从马尼拉进入福建，创立中国教区。之后，几乎所有的马尼拉的西班牙方济各会会士都要经由澳门进入中国，这使澳门成为西方教会进入中国的必进之门。[③] 当时的澳门方济各修道院虽然在葡籍会士的领导下，但允许菲律宾中国传教团在澳门建立代理机构，以便对其中国传教区提供物质供应和传教士。[④] 1672 年 5 月，西班牙方济各会中国传教团会长文度辣带领同会传教士林养默、卞芳世、丁若望和世俗修士艾脑爵医生从马尼拉来到澳门，准备进入中国。[⑤] 之后，建于澳门的方济各会修道院就成为西班牙方济各会会士进入中国内地传教的根据地和大本营。

17 世纪澳门方济各会还有一件大事，即 1633 年方济各会第二会圣家辣女修会的修女们来到澳门。其中来自西班牙托莱多（Toledo）的阿森桑（Jerónima de Ascensão）修女住在托莱多的某修道院里，她渴望拯救异教徒，尤其是中国人。受天主的启发，她与她的同伴一起前往马尼拉，希望从这里去澳门，但是直到她 1630 年去世后，天主才满足她的愿望。1633 年，澳门贸易舰队队长方济各会会士安东尼奥·菲亚略·费雷拉（António Fialho Ferreira）抵达马尼拉，马尼拉女修道院院长安娜·德·克里斯托（Ana de Cristo）为了满足阿森桑修女的遗愿，请求派女修士去澳门传教，经葡印总督米格尔·德·罗郎也（D. Miguel de Noronha）批准，命令费雷拉船长将 6 名西班牙圣家辣修女带到澳门，建立澳门女修道院。[⑥] 11 月 4 日，修女们抵达澳门时：

> 这些姑娘受到了热烈的欢迎，澳门人洒上香水，举着鲜花，列队欢迎她们。她们走过的每条街道、每座房屋都修饰一新，炮台和军舰都鸣枪向着这些基督的

---

① Manuel Teixeira, *Macau e a Sua Diocese*, *Vol. III*, *As Ordens e Congregações Religiosas em Macau*, Macau: Tipografia Soi Sang, 1956 - 1961, p. 431.

② Manuel Teixeira, *Macau e a Sua Diocese*, *Vol. III*, *As Ordens e Congregações Religiosas em Macau*, Macau: Tipografia Soi Sang, 1956 - 1961, pp. 475 - 476.

③ Manuel Teixeira, *Macau e a Sua Diocese*, *Vol. III*, *As Ordens e Congregações Religiosas em Macau*, Macau: Tipografia Soi Sang, 1956 - 1961, p. 432.

④ Manuel Teixeira, *Macau e a Sua Diocese*, *Vol. III*, *As Ordens e Congregações Religiosas em Macau*, Macau: Tipografia Soi Sang, 1956 - 1961, p. 432.

⑤ 崔维孝：《明清之际西班牙方济会在华传教研究（1579—1732）》，北京：中华书局，2006 年，第 178 ~ 180 页。

⑥ Manuel Teixeira, *Macau e a Sua Diocese*, *Vol. III*, *As Ordens e Congregações Religiosas em Macau*, Macau: Tipografia Soi Sang, 1956 - 1961, p. 483.

配偶表示敬意。①

1634 年 4 月 30 日，在修女们来到澳门不到半年的时间，在方济各会修道院旁边就已建起了一座新的修道院，新修道院由莱苏雷考（Antonio da Ressurreicao）修士利用几何学原理设计，他经验丰富，是建筑学方面的专家。② 修道院建成后，被命名为“圣克拉拉女修道院”，当地华人称为“圣家辣堂”。当时女修道院的院长为莱昂诺尔·圣弗兰西斯科（Leonor de S. Francisco）。修道院建成后，当年即有 12 名来自澳门贵族家庭的年轻女子成为修女。澳门市政府每年拨 100 元葡币作为女修道院的津贴。在 17 世纪，修道院的修女人数最高达 33 人。③ 1642 年，葡萄牙独立和若奥四世被拥立为葡萄牙国王的消息传到澳门，全城人都起来反对西班牙人，可怜的西班牙修女也未能幸免于难，被全部驱离澳门赶回马尼拉，其中有 3 位西班牙修女在途中去世了。从此，澳门圣家辣堂就只留下了葡萄牙修女。④ 到 18 世纪中期，方济各会女修道院又获得发展，据《澳门记略》称：“寺中尼凡四十有奇。”⑤ 这就是说澳门的修女已经发展到了 40 余人，而且她们在澳门一直保持良好的声誉。

1820 年，葡萄牙国内的政治斗争风波再次影响澳门天主教的发展：1823 年，正统派和自由派的斗争波及澳门。到 1833 年，葡国宪制派在政治斗争中获胜，在新派自由主义思潮的主导下，葡萄牙下令同教廷断绝外交关系，同时又发起新的仇教运动。1833 年 10 月 12 日，澳门总督晏德那签署命令，将所有教会的传教士全部驱逐出澳门，并没收教会财产。⑥ 到 1835 年，议事会通知主教接管方济各修道院的财产，并商定每月给离开修道院的修士们 15 两的生活补贴，直到他们全部离开澳门。⑦

从 1579 年澳门方济各修道院建立起，直到 1834 年葡萄牙政府下令关闭该修道院，期间历时 255 年。从第一任院长卢卡雷利到最后一任院长弗朗西斯科·达·孔塞桑（Francisco da Conceição）共经历了 44 届院长，期间 2 届缺任。该院院长由果阿圣方济

---

① ［葡］徐萨斯著，黄鸿钊等译：《历史上的澳门》，澳门：澳门基金会，2000 年，第 82 页。

② Manuel Teixeira, *Macau e a Sua Diocese*, *Vol. Ⅲ*, *As Ordens e Congregações Religiosas em Macau*, Macau: Tipografia Soi Sang, 1956 - 1961, pp. 488 - 489.

③ Manuel Teixeira, *Macau e a Sua Diocese*, *Vol. Ⅲ*, *As Ordens e Congregações Religiosas em Macau*, Macau: Tipografia Soi Sang, 1956 - 1961, p. 501.

④ Manuel Teixeira, *Macau e a Sua Diocese*, *Vol. Ⅲ*, *As Ordens e Congregações Religiosas em Macau*, Macau: Tipografia Soi Sang, 1956 - 1961, pp. 493 - 495.

⑤ （清）印光任、张汝霖原著，赵春晨校注：《澳门记略校注》，《澳蕃篇》，澳门：澳门文化司署，1992 年，第 152 页。

⑥ Manuel Teixeira, *Macau e a Sua Diocese*, *Vol. Ⅲ*, *As Ordens e Congregações Religiosas em Macau*, Macau: Tipografia Soi Sang, 1956 - 1961, p. 640；林家骏：《澳门教区历史掌故文摘》，《从澳门教区历任主教说起》，澳门：澳门主教公署，1982 年，第 6 页；［葡］施白蒂著，姚京明译：《澳门编年史：19 世纪》，澳门：澳门基金会，1998 年，第 54 页。

⑦ Manuel Teixeira, *Macau e a Sua Diocese*, *Vol. Ⅲ*, *As Ordens e Congregações Religiosas em Macau*, Macau: Tipografia Soi Sang, 1956 - 1961, pp. 467 - 468.

各会会省选派。[1] 虽然这座修道院是由西班牙人创建的，但是真正由西班牙人担任院长仅1646至1649年的圣莱奥瓜尔达（Filipe de Santa Leoguarda）一人。然而，虽然是葡萄牙人担任澳门方济各修道院院长，但是西班牙方济各会自从1632年中国教区创办后，仍能从葡萄牙人主管的方济各修道院获得一切后勤的供给，葡萄牙方济各修道院一直承担着西班牙方济各会会士对华传教的大后方和根据地的作用。从这一点而言，两国方济各会会士表现出的合作精神令人称许。

表4-4 16—19世纪澳门方济各修道院院长任职情况表[2]

序号	姓名	任期	备注
1	若昂·卢卡雷利·巴沙路 Juan Lucarelli de Pesaro	1579—1580	意大利人
2	萨尔瓦多 Francisco do Salvador	1623—1631	葡萄牙人
3	若奥·阿松桑 João de Assunção	1631—1634	葡萄牙人
4	弗朗西斯科·达·孔塞桑 Francisco da Conceição	1634—1636	葡萄牙人
5	本托·德·克里斯托 Bento de Cristo	1636—1640	葡萄牙人
6	圣博阿文图拉 António da S. Boaventura	1640—1643	葡萄牙人
7	米格尔·圣若泽 Miguel de S. José	1643—1646	葡萄牙人
8	圣莱奥瓜尔达 Filipe de Santa Leoguarda	1646—1649	西班牙人
9	贡萨洛·德·德乌斯 Gonçalo da Madre de Deus	1649—1652	葡萄牙人
10	达斯·沙加斯 António das Chagas	1652—1655	葡萄牙人
11	马达莱纳 Cristóvão da Madalena	1655—1658	葡萄牙人
12	贝纳迪诺·德·圣若泽 Bernardino de S. José	1658—1661	葡萄牙人
13	若泽·达·贡塞桑 José da Conceição	1661—1664	葡萄牙人
14	迪奥尼西奥·纳蒂维达德 Dionísio da Natividade	1664—1667	葡萄牙人
15	没有选出修道院院长	1667—1670	
16	曼努埃尔·马达莱纳 Manuel da Madalena	1670—1673	澳门人
17	普里菲卡桑 João da Purificação	1673—1676	葡萄牙人
18	没有选出修道院院长	1676—1679	
19	马达莱娜·兰普雷亚 Manuel da Madalena Lampreia	1679—1685	葡萄牙人

① ［瑞典］龙思泰著，吴义雄等译：《早期澳门史》，北京：东方出版社，1997年，第178页。

② Manuel Teixeira, *Macau e a Sua Diocese*, Vol. Ⅲ, *As Ordens e Congregações Religiosas em Macau*, Macau: Tipografia Soi Sang, 1956－1961, pp. 457－479.

（续上表）

序号	姓名	任期	备注
20	博阿文图拉·纳蒂维达德 Boaventura da Natividade	1685—1688	葡萄牙人
21	曼努埃尔·德·德乌斯 Manuel da Madre de Deus	1688—1691	葡萄牙人
22	若泽·德·圣玛利亚 José de S. Maria	1691—1697	葡萄牙人
23	曼努埃尔·德·德乌斯 Manuel da Madre de Deus	1697	葡萄牙人
24	圣蒂亚戈 António de S. Tiago	1697—1702	葡萄牙人
25	托马斯·德·圣若泽 Tomás de S. José	1702—1714	葡萄牙人
26	若奥·达斯·内维斯 João das Neves	1714—1715	葡萄牙人
27	圣米格尔 Manuel de S. Miguel	1715—1725	葡萄牙人
28	库斯托迪奥·德·德乌斯 Custódio da Madre de Deus	1725—1739	葡萄牙人
29	圣多明戈斯 Manuel de S. Domingos	1739—1749	葡萄牙人
30	恩卡纳桑 Jerónimo da Encarnação	1749—1752	葡萄牙人
31	埃斯特旺·德·圣若泽 Estêvão de S. José	1752—1758	葡萄牙人
32	若阿金·达·孔塞桑 Joaquim da Conceição	1758—1760	葡萄牙人
33	若阿金·德·圣罗萨 Joaquim de S. Rosa	1760—1775	葡萄牙人
34	若泽·德·圣安娜 José de S. Ana	1775—1781	葡萄牙人
35	雅辛托·达·孔塞桑 Jacinto da Conceição	1781—1784	葡萄牙人
36	格雷戈里奥·德·圣若泽 Gregório de S. José	1784—1786	葡萄牙人
37	普利菲卡桑 António da Purificação	1786—1791	葡萄牙人
38	路易斯·德·圣里塔 Luís de S. Rita	1791—1793	葡萄牙人
39	埃斯皮里托·桑托 José do Espírito Santo	1793—1802	葡萄牙人
40	热苏斯·玛利亚·若泽 Tomás de Jesus Maria José	1802—1805	葡萄牙人
41	安东尼奥·达·格拉萨 António da N. S. ªda Graça	1805—1809	葡萄牙人
42	热苏斯·玛利亚·若泽 Tomás de Jesus Maria José	1809—1823	葡萄牙人
43	埃斯皮里托·桑托 José do Espírito Santo	1823—1834	葡萄牙人
44	弗朗西斯科·达·孔塞桑 Francisco da Conceição	1834	葡萄牙人

三、奥斯定会

奥斯定会，也译作“奥古斯丁会”，与方济各会同属托钵修会之一。原为所有根据奥斯定所倡导的隐修会会规而成立的各隐修会的总称。后于1256年由教宗亚历山大四世（Alexander IV）联合组成统一的奥斯定会。不久又放弃隐修制度而成为当时的四大托钵修会之一。13世纪中叶，奥斯定会得到迅速发展，会员达3万余人，修道院20余所，散布于欧洲很多地方。16世纪天主教改组修会运动时，多马·维兰诺凡（Tomas de Villanueva）于葡萄牙组成“奥斯定重整会”，又在西班牙改名为“奥斯定住院会”。该会为女修道者设有第二会，并为在俗教徒设有第三会。①

第一个进入中国的奥斯定会会士是西班牙人马力陈（Martin de Rada），1575年他以菲律宾总督大使身份来华，一同来华的还有罗里暮（Jerónimo Martin）。在写于1576年6月7日的报告中，菲督弗兰西斯科·德·桑德（Francisco de Sande）对此有记述：

> 西班牙马力陈神父和墨西哥籍的罗里暮神父随同王望高返回中国。同行的还有军人米格尔·德·罗阿尔萨（Miguel de Loarca）、佩德罗·萨洛美都（Pedro Sarometo）。当他们到达庞加辛南（Pangasinan）时，又带上了另两名军人尼古拉斯·德·古恩卡（Nicolas de Cuenca）、胡安·德·特瑞安纳（Juan de Triana）和一名叫Hernando的中国通事，他懂得西班牙语。②

据亚拿以斯（Eusebio Arnaiz）《澳门》一书记载，马力陈和罗里暮于1575—1578年之间曾到过澳门，并选择了澳门西北高处名岗顶的地方，试图建筑教堂。③ 亚拿以斯此说不知依据何种材料而言。据文德泉的《澳门及其教区》记载，马力陈使华失败后，于1575年10月28日回到了马尼拉。在马尼拉待了6个月以后，1576年5月7日，再次登上中国人的船，船上带了2名奥斯定会会士马力陈和阿尔布格尔格（Agustin de Albuquerque）。由于林凤的逃脱，中国人不再履行诺言带他们去中国，而将两位奥斯定会会士抛弃在吕宋岛西北佬沃（Ilocos）的海滩上。1578年，菲督桑德又派遣马力陈前往浡泥（Brunei），当时浡泥国王请求菲督帮助他夺取王位。马力陈随西班牙战船驶向浡泥，但由于疾病的困扰，桑德将马力陈召回。④ 并无文字提到马力陈抵达澳门，因此，亚拿以斯称奥斯定会会士于1575至1578年之间曾到过澳门之事很可能是误录。

---

① 任继愈主编：《宗教词典》，上海：上海辞书出版社，1981年，第1036页。

② Emma Helen-Robertson Blair and James Alexander eds., *The Philippine Islands: 1493 - 1898*, Vol. Ⅳ, Cleveland, Ohio, 1903 - 1905, p. 46.

③ Eusébio Arnáiz Alvarez, *Macau, Mãe das Missões no Extremo Oriente*, Macau: Tip. Salesiana, 1957；转引自郭永亮：《澳门香港之早期关系》，台北：台湾“中央研究院”近代史研究所，1990年，第66页。

④ Manuel Teixeira, *Macau e a Sua Diocese*, *Vol. Ⅲ*, *As Ordens e Congregações Religiosas em Macau*, Macau: Tipografia Soi Sang, 1956 - 1961, pp. 529 - 530.

奥斯定会真正进入澳门的时间在1586年。先是1584年3月，驻菲律宾奥斯定会省会长指定孟利格（Francisco Manrique）神父为院长，并令他担负在澳门筹建传教会所的责任。孟利格先派胡安·孟多雅（Juan de Montoya）试办，未能成功，随船返回马尼拉。① 但据1584年12月5日卡布拉尔（João Francisco Cabral）在澳门的信称："今年奥斯定会士也自吕宋来到了这里，他们也在设法于此地兴建会院。"② 9月，孟利格与另一位方济各会会士贫者若奥·帕尔多（João Dias Pardo）一同去澳门，而风暴将船吹到了日本海岸，在那里耽搁了两个月工夫才返回马尼拉，再次无功而返。③ 1586年11月1日，孟利格神父和其他两位奥斯定会会士迪奥戈·德斯皮纳尔（Diego Despinal）、尼科拉乌·托隆提诺（Nicolau de Tolentino）正式抵达澳门，受到了很不好的接待。当时孟利格买了一间小屋，作为他们进行圣事的地方。1587年7月，由于葡萄牙人的反对，孟利格与他的同伴离开澳门去马六甲，在马六甲写信给印度副王，诉说他在澳门的不幸。副王给予的回复称："不要建造房屋，以平和的心态等待国王菲利普二世解决。"他们在马六甲待了6个月之久，期望返回澳门。12月，孟利格重返澳门，他们在澳门买了一间由瓦片和麦秸搭成的小屋，长33英尺，宽13英尺，开始当作忏悔室，讲道并举行圣礼、圣事，名为恩宠圣母修道院，④ 教堂供奉慈惠圣母。⑤

1588年，澳门奥斯定修道院的创建者孟利格被召回马尼拉。1589年8月22日，葡印总督曼努埃尔·科蒂纽（Manuel de Sousa Coutinho）执行菲利普二世的敕令，印度省会长刘易斯·帕拉依佐（Luís do Paraiso）责令省特派员和修道院院长佩德罗·圣马利亚（Pedro de S. Maria）率领马特乌斯·圣若泽（Mateus de S. José）和米格尔·桑托斯（Miguel dos Santos）神父接管澳门的奥斯定会恩宠圣母修道院。⑥ 庇礼喇（Marques Pereira）编写的日志亦载：1589年8月22日，葡萄牙奥斯定会会士在澳门接管了圣宠

---

① ［法］裴化行著，萧浚华译：《天主教16世纪在华传教志》，上海：商务印书馆，1936年，第314～315页。

② ［意］利玛窦著，罗渔译：《利玛窦书信集》下册，《卡布拉尔神父致范礼安神父书》，台北：光启出版社、辅仁大学出版社，1986年，第471页。

③ ［法］裴化行著，萧浚华译：《天主教16世纪在华传教志》，上海：商务印书馆，1936年，第314～315页。

④ Manuel Teixeira, *Macau e a Sua Diocese*, *Vol. Ⅲ*, *As Ordens e Congregações Religiosas em Macau*, Macau: Tipografia Soi Sang, 1956－1961, p. 538.

⑤ Biblioteca da Universidade de Coimbra, Ms1650, pág. 164: 1572－1835 Relação dos priores de várias igrejas e conventos da Ordem de Santo Agostinho, incluindo os de Macau. pp. 91－92；郭永亮：《澳门香港之早期关系》，台北：台湾"中央研究院"近代史研究所，1990年，第66页称教堂正祭坛右面有一块碑，碑上所刻年代为"1584"，故他认为澳门奥斯定会教堂是1584年由一西班牙籍会士始建的。

⑥ Biblioteca da Universidade de Coimbra, Ms1650, pág. 164: 1572－1835 Relação dos priores de várias igrejas e conventos da Ordem de Santo Agostinho, incluindo os de Macau. pp. 91－92；Manuel Teixeira, *Macau e a Sua Diocese*, *Vol. Ⅲ*, *As Ordens e Congregações Religiosas em Macau*, Macau: Tipografia Soi Sang, 1956－1961, p. 540.

圣母修道院，之前是西班牙神父建立的。菲利普二世国王决意将其转让给葡萄牙人，于是下令葡印总督曼努埃尔·科蒂纽执行。① 西班牙奥斯定会会士全部撤出澳门，返回马尼拉。

1591 年，葡萄牙奥斯定会神父将恩宠圣母修道院搬至澳门的一个山丘上（岗顶，当时称磨盘山），那是全城最好的地方。当时磨盘山上，乌桕成林，山麓有一大片桔子园。清人有诗称："谷谷蕃鸡叫矮扉，轩窗云影弄晴晖；几行绿树龙鬆庙，一角青山桔仔围。"② 葡萄牙人对这座教堂进行了改善和修整，使之成为当时澳门城内最好的教堂。恩宠圣母修道院又被称为奥斯定堂，华人称之为"龙鬆（嵩）庙"。《澳门记略》称："龙鬆庙者，在澳西北，初庙就圮，或覆之以蓑，蓬松如髯龙，后庙钟不击自鸣，众神之，恢崇其制，仍呼为龙鬆庙。"③葡萄牙奥斯定会会士接管恩宠圣母修道院后，由果阿奥斯定会省任命院长，管理该修道院。④

表 4－5　1589—1819 年澳门奥斯定修道院历任院长名录⑤

序号	姓名	任期	备注
1	佩德罗·圣马利亚 Pedro de S. Maria	1589	第 1 任教区神父
2	马特乌斯·圣若泽 Matheos de S. Jozé	1589	
3	米格尔·桑托斯 Miguel dos Santos	1589—1599	1599 年为主教辖区会督
4	马修斯 Jerónimo de Mathos	1603—1610	第 1 次任命
5	马修斯 Jerónimo de Mathos	1610—1616	第 2 次任命，1612 年返回葡萄牙
6	辛普利西亚诺·杰苏斯 Simpliciano de Jesus	1616—1621	
7	西蒙·德·圣安东尼奥 Simão de S. Antonio	1621—1623	
8	维拉·克鲁兹 Estevão da Vera Cruz	1623—1628	1646 年在澳门去世
9	弗朗西斯科·罗萨里奥 Francisco do Rosario	1628—1632	
10	梅斯基塔 João de Mesquita	1632—1636	
11	门多萨 José de Mendonca	1636—1639	
12	莱苏雷考 Manuel da Ressurreicao	1639—1643	

① Manuel Teixeira, *Macau e a Sua Diocese*, Vol. Ⅲ, *As Ordens e Congregações Religiosas em Macau*, Macau: Tipografia Soi Sang, 1956－1961, pp. 540－541.

② 金丰居士：《教堂得名龙鬆庙，一幕澳葡历史闹剧》，《新报》，2007 年 9 月 27 日。

③ （清）印光任、张汝霖原著，赵春晨校注：《澳门记略校注》，《澳蕃篇》，澳门：澳门文化司署，1992 年，第 150 页。

④ ［瑞典］龙思泰著，吴义雄等译：《早期澳门史》，北京：东方出版社，1997 年，第 25 页。

⑤ Manuel Teixeira, *Macau e a Sua Diocese*, Vol. Ⅲ, *As Ordens e Congregações Religiosas em Macau*, Macau: Tipografia Soi Sang, 1956－1961, pp. 603－606.

（续上表）

序号	姓名	任期	备注
13	曼努埃尔·罗萨里奥 Manuel do Rosario	1643—1645	1645 年 4 月被撤销院长职务，驱逐出澳
14	曼努埃尔·多斯·安爵斯 Manuel dos Anjos	1645—1648	后出任奥斯定会果阿教区会长
15	若奥·巴普蒂斯塔 João Bautista	1648	
16	刘易斯·达·克拉卡 Luís da Craca	1648—1652	第 1 次任命
17	刘易斯·达·克拉卡 Luís da Craca	1652—1654	第 2 次任命
18	刘易斯·达·克拉卡 Luís da Craca	1654—1658	第 3 次任命
19	米格尔·多斯·安爵斯 Miguel dos Anjos	1658—1666	
20	曼努埃尔·圣安东尼奥 Manuel de S. Antonio	1666—1669	
21	因卡尔拉考 Theotonio da Incarnacao	1669—1672	
22	弗朗西斯科·圣安东尼奥 Francisco de S. Antonio	1672—1675	第 1 次任命
23	本·苏塞索 Simão do Bom Sucesso	1675—1677	
24	若瑟·克拉卡 José da Craca	1677—1678	第 1 次任命
25	若瑟·克拉卡 José da Craca	1678—1681	第 2 次任命
26	若奥·沙加斯 João das Chagas	1681—1684	第 1 次任命
27	若奥·沙加斯 João das Chagas	1684—1687	第 2 次任命
28	若瑟·孔塞桑 José da Conceição	1687—1690	第 1 次任命
29	若奥·巴普蒂斯塔 João Bauptista	1690—1693	
30	若瑟·孔塞桑 José da Conceição	1693—1696	第 2 次任命
31	若瑟·恩卡尔拉考 José da Encarnacao	1696—1699	
32	若瑟·孔塞桑 José da Conceição	1699—1702	第 3 次任命
33	马德雷·德·德奥斯 João da Madre de Deos	1702—1705	
34	埃斯皮尔托·桑托 Constantino de Espirto Santo	1705	
35	弗朗西斯科·圣安东尼奥 Francisco de S. Antonio	1705—1708	第 2 次任命
36	若奥·圣罗萨 João do S. Rosa	1708—1711	
37	若瑟·罗萨里奥 José do Rosário	1711—1717	1712 年因支持铎罗被澳门政府押送至果阿
38	克里斯托旺·德·亚松桑 Christovão de Assumpção	1717—1720	

（续上表）

序号	姓名	任期	备注
39	热罗尼莫·圣阿古斯丁略 Jerónimo de S. Agostinho	1720—1723	第 1 次任命
40	杰苏斯·玛利亚 António de Jesus Maria	1723—1726	第 1 次任命
41	米格尔·圣玛利亚 Miguel de S. Maria	1726—1729	
42	热罗尼莫·圣阿古斯丁略 Jerónimo de S. Agostinho	1729—1732	第 2 次任命
43	杰苏斯·玛利亚 António de Jesus Maria	1732—1735	第 2 次任命
44	曼努埃尔·多斯·李美雕 Manuel dos Remedios	1735—1738	第 1 次任命
45	杰苏斯·玛利亚 António de Jesus Maria	1738—1741	第 3 次任命
46	曼努埃尔·多斯·李美雕 Manuel dos Remedios	1741—1744	第 2 次任命
47	热罗尼莫·圣阿古斯丁略 Jerónimo de S. Agostinho	1744—1747	第 3 次任命
48	弗朗西斯科·保拉 Francisco de Paula	1747—1751	
49	若奥·圣尼阁老 João de S. Nicolao	1751—1753	第 1 次任命
50	刘易斯·圣安娜 Luís de S. Anna	1753—1756	第 1 次任命
51	若奥·圣尼阁老 João de S. Nicolao	1756—1759	第 2 次任命
52	圣里塔·卡西亚 João de S. Ritta de Cassia	1759—1762	
53	库斯托迪奥·孔塞桑 Custodio da Conceição	1762	
54	刘易斯·圣安娜 Luís de S. Anna	1762—1764	第 2 次任命
55	若奥·圣尼阁老 João de S. Nicolao	1764—1765	第 3 次任命
56	罗萨·塞尼奥拉 Manuel de Nossa Senhora	1765—1768	第 1 次任命
57	菲利克斯·孔塞桑 Félix da Conceição	1768—1771	
58	罗萨·塞尼奥拉 Manuel de Nossa Senhora	1771—1774	第 2 次任命
59	热罗尼莫·圣里塔 Jerónimo de S. Ritta	1774—1777	
60	曼努埃尔·圣安东尼奥 Manuel de S. Antonio	1777—1780	第 1 次任命
61	曼努埃尔·圣安东尼奥 Manuel de S. Antonio	1780—1783	第 2 次任命
62	格拉尔多·埃斯皮里托 Gerardo do Espirito Santo	1783—1786	第 1 次任命
63	格拉尔多·埃斯皮里托 Gerardo do Espirito Santo	1786—1789	第 2 次任命
64	曼努埃尔·圣安东尼奥 Manuel de S. Antonio	1789—1793	第 3 次任命
65	曼努埃尔·圣安东尼奥 Manuel de S. Antonio	1793—1794	第 4 次任命
66	格拉尔多·埃斯皮里托 Gerardo do Espirito Santo	1794—1798	第 3 次任命

（续上表）

序号	姓名	任期	备注
67	格拉尔多·埃斯皮里托 Gerardo do Espirito Santo	1798—1802	第4次任命
68	格拉尔多·埃斯皮里托 Gerardo do Espirito Santo	1802—1804	第5次任命
69	刘易斯·圣里塔 Luís de S. Ritta	1804—1807	第1次任命
70	刘易斯·圣里塔 Luís de S. Ritta	1807—1810	第2次任命
71	弗朗西斯科·鲁兹 Francisco de Luz	1810—1814	
72	恩里格·圣奥古斯丁略 Henrique de S. Agostinho	1814—1816	第1次任命
73	恩里格·圣奥古斯丁略 Henrique de S. Agostinho	1816—1819	第2次任命
74	若瑟·孔塞桑 José da Conceição	1819—1834	

1620年7月28日，一艘由若尔热·达·席尔瓦（Jorge da Silva）船长指挥的名为“圣巴尔托罗梅乌号”的两桅轻型帆船载运货物驶往日本，途中被荷兰船袭击，又遭遇风难，船上的葡萄牙人向“法国之岩圣母（Nossa Senhora de Penha da França）号”求助，并承诺如果脱险后，将以“法国之岩圣母”的名义将该船财产的1%分给一位隐居修士，后来果然脱险。1621年5月13日，脱难的“圣巴尔托罗梅乌号”帆船的船员们履行诺言，向澳门奥斯定会的龙嵩庙捐赠了一些钱，由他们代建和管理隐修院。当时约定，若不建造，捐赠取消。捐赠者终生为隐修院的管理人。14日，澳门皮主教批准起造隐修院。由于捐赠钱数不够，奥斯定修道院院长维拉·克鲁兹（Estêvão da Vera Cruz）又斥资300帕塔卡用于建设。1622年4月29日正式建成启用，由院长维拉·克鲁兹揭幕，正式定名为“法国之岩圣母教堂”。[①] 法国之岩圣母信仰在1587年葡萄牙国王塞巴斯蒂昂征北时传入葡萄牙，16世纪末，里斯本市内东部即出现了“法国之岩圣母堂”。至此，法国之岩圣母信仰亦传入澳门，由于奥斯定会从教宗处获得“法国之岩圣母”信仰的垄断权，故所建堂交由澳门奥斯定会管理。该堂建于西望洋山山顶，初冠名为“卑拿教堂（Penha Church）”。“卑拿”葡文意为“山岩高岗”。卑拿教堂后经修葺，并在大堂屋顶处竖有大理石雕刻的圣母像，故澳人又称其为“西望洋圣母堂”[②]。故澳门的奥斯定会实际上掌管两座教堂，一座是位于岗顶的奥斯定堂，即龙嵩庙，一座是位于西望洋山山顶的“法国之岩圣母教堂”，又称“西望洋教堂”。

---

① Manuel Teixeira, *Macau e a Sua Diocese*, *Vol. Ⅲ*, *As Ordens e Congregações Religiosas em Macau*, Macau: Tipografia Soi Sang, 1956 - 1961, pp. 543 - 544.

② Manuel Teixeira, *Macau e a Sua Diocese*, *Vol. Ⅸ*, *O Culto de Maria em Macau*, Macau: Tipografia da Missão do Padroado, 1969, p. 271; Manuel Teixeira, *Toponímia de Macau*, Vol. Ⅰ, Macau: Instituto Cultural de Macau, 1997, p. 89; 金国平、吴志良：《西望洋外文名称的由来》，载金国平、吴志良：《东西望洋》，澳门：澳门成人教育学会，2002年，第287～288页。

1705—1708年，由铎罗主教引发的中西礼仪之争事件，对澳门奥斯定修道院影响甚大。在中西礼仪之争事件中，澳门奥斯定会会士除江西代牧主教白万乐（Alváro de Benarente）外，所有的奥斯定会会士都倒向铎罗一边，并支持铎罗的反对中国礼仪的主张。当时，奥斯定修道院院长若奥·圣罗萨神父接纳了许多被清政府驱逐的在中国内地传教的传教士，澳门政府限期要他们离澳，并安排他们回马尼拉，但他们拒绝上船，所有的教士都穿上白袍戴上圣带并隐居在教堂中。里斯本亦下命令，要求被驱逐的多明我会及奥斯定会神职人员前往果阿，亦被若奥·圣罗萨拒绝。① 不仅如此，圣罗萨还拒绝反对铎罗的白万乐住进奥斯定修道院，而白万乐被迫住进耶稣会住院。② 1711年12月30日，根据葡印总督的命令，将铎罗的拥护者奥斯定会会士澳门修道院院长若瑟·罗萨里奥（José do Rosário）神父及若瑟·圣安东尼奥（José de S. António）神父和马丁略·克鲁兹（Martinho da Cruz）修士逮捕。③ 1712年1月15日，葡印总督下令把追随宗主教的奥斯定修道院的神父们押送到果阿。修道院没有了神父，葡印总督又下令把修道院及其教堂交由主教贾修利管理。④ 奥斯定会由于缺乏主管的负责人，教堂一直荒废，无人管理，到1720年，又将他们原来在湾仔开发的别墅、小教堂和菜园放弃。⑤ 直到1721年，热罗尼莫·圣阿古斯丁略（Jerónimo de S. Agostinho）被任命为院长后，国王若奥五世才命令将修道院归还给奥斯定会。⑥ 当时，嘉乐宗主教送给他们两匹在广州订制的丝绸，让他们以此为教宗克勒芒十一世（Clement XI）的徽号布置教堂，教宗徽号是克勒芒十一世为表彰他们对铎罗使节的善待而赠送给他们的，让他们永远悬挂，永远铭记他的这一赠予。⑦

在澳门的各大天主教修会中，奥斯定修会应为一较小的修会，自葡萄牙人取代西班牙人管理教会以后，澳门奥斯定修道院长期驻院的神职人员基本就是院长一人，在很多时候，虽然名义上任命了院长，但实际上并无神父和修士来到澳门进行管理。特别是1710年，奥斯定会决定撤出中国，结束在华的传教活动以后，⑧ 澳门的奥斯定修道院更少人居留。到19世纪初，奥斯定修道院实际上已无神职人员居住，当时的澳门主教贾廷诺（D. Manuel de S. Galdino）称："奥斯定修会的房子因为没有人住，而变得

---

① Manuel Teixeira, *Macau no Séc. XVIII*, Macau: Imprensa Nacional, 1984, p. 59.

② 罗光：《教廷与中国使节史》，台北：传记文学出版社，1983年，第126页。

③ Manuel Teixeira, *Macau no Séc. XVIII*, Macau: Imprensa Nacional, 1984, p. 120.

④ ［葡］施白蒂著，小雨译：《澳门编年史：16—18世纪》，澳门：澳门基金会，1995年，第84页。

⑤ *Arquivos de Macau*, 3ª Série, Vol. VII, No. 2, Macau, 1967, pp. 99－100；［葡］施白蒂著，小雨译：《澳门编年史：16—18世纪》，澳门：澳门基金会，1995年，第103页。

⑥ Manuel Teixeira, *Macau e a Sua Diocese, Vol. III, As Ordens e Congregações Religiosas em Macau*, Macau: Tipografia Soi Sang, 1956－1961, p. 574.

⑦ ［葡］施白蒂著，小雨译：《澳门编年史：16—18世纪》，澳门：澳门基金会，1995年，第103页。

⑧ 崔维孝：《明清之际西班牙方济会在华传教研究（1579—1732）》，北京：中华书局，2006年，第46页。

毫无价值，提议将这栋楼卖掉，并在此为孤儿和寡妇建立收容所。”① 这反映了澳门奥斯定会的衰落。修道院由于缺少神父，而苟延残喘了许多年，直到1833年10月12日，澳门总督晏德那签署命令，将所有教会的传教士全部驱逐出澳门，并没收教会财产。② 到1835年，议事会通知主教接管奥斯定修道院的财产，并商定每月给离开修道院的修士们15两的生活补贴，直到他们全部离开澳门。③ 奥斯定会在澳门的活动至此结束。

四、多明我会

多明我会，又译作道明会、多米尼克派，1215年由西班牙人多明我创立于法国图卢兹。1217年获教宗批准。注重布道活动，故又名“布道兄弟会”。标榜提倡学术，传播经院哲学，欧洲许多大学里，都有该会会士任教。该会为女修道者设有第二会，为在俗教徒设有第三会。④ 西班牙多明我会第一次试图进入中国晚于前面几个修会，1587年3名会士安东尼奥·阿尔迪亚诺（Antonio Arcediano）、阿丰索·德尔加多（Alonso Delgado）和巴托洛梅乌·洛佩斯（Bartoloméu Lopes）三人搭乘“圣·马丁号”，于9月1日到达澳门。⑤ 他们抵达澳门时，先得到奥斯定会神父的帮助，并在港口获得一处居所，是由主教区高级神职人员捐给他们的，因此他们得以很快在澳门建立一所住院、一座教堂及一间简单的语言学校，并准备留居此地传教。⑥ 同年10月23日，获果阿葡印总督曼努埃尔·科蒂纽批准，他们正式创建了以“玫瑰圣母”为名的圣多明我会修道院，又称为玫瑰堂。⑦ 因为初期是“贫蕃析樟板为之”，故当地人又称

---

① Manuel Teixeira, *Macau e a Sua Diocese*, *Vol. Ⅲ*, *As Ordens e Congregações Religiosas em Macau*, Macau: Tipografia Soi Sang, 1956 - 1961, p. 582.

② Manuel Teixeira, *Macau e a Sua Diocese*, *Vol. Ⅲ*, *As Ordens e Congregações Religiosas em Macau*, Macau: Tipografia Soi Sang, 1956 - 1961, P. 640；林家骏：《澳门教区历史掌故文摘》，《从澳门教区历任主教说起》，澳门：澳门主教公署，1982年，第6页；［葡］施白蒂著，姚京明译：《澳门编年史：19世纪》，澳门：澳门基金会，1998年，第54页。

③ Manuel Teixeira, *Macau e a Sua Diocese*, *Vol. Ⅲ*, *As Ordens e Congregações Religiosas em Macau*, Macau: Tipografia Soi Sang, 1956 - 1961, pp. 467 - 468.

④ 任继愈主编：《宗教词典》，上海：上海辞书出版社，1981年，第420页。

⑤ Manuel Teixeira, *Macau e a Sua Diocese*, *Vol. Ⅲ*, *As Ordens e Congregações Religiosas em Macau*, Macau: Tipografia Soi Sang, 1956 - 1961, pp. 611 - 612.

⑥ José Maria Gonzalez, *Historia de Las Misiones Dominicanas de China* (*1632 - 1700*), Vol. Ⅰ, Madrid: Imprenta, Juan Bravo, 3, 1962, p. 34.

⑦ 里斯本国立图书馆，大文件档，第177号，第352页正面及反面；Manuel Teixeira, *Macau no Séc. XVI*, Macau: Serviços de Educação e Cultura, 1981, p. 67.

之为“板樟庙”[①]。西班牙神父们刚到时，葡萄牙人开始惧怕他们，多数葡萄牙狂热者提出，应在新来者到达这座城市之前即将他们扔出去。因为他们认为，教士们来后，西班牙商人也会来到这个港口贸易，其后果不堪设想。[②] 因此，澳门的葡萄牙人纷纷起来反对西班牙人留居澳门。1588 年 3 月，根据葡印总督曼努埃尔·科蒂纽的命令，澳门玫瑰圣母堂由葡籍多明我会会士接管，西班牙多明我会会士离开澳门。据洛佩斯神父于 1596 年写给克勒芒八世（Clement Ⅷ）的报告称：“西班牙多明我会会士在澳门待了 3 年，使我主耶稣感到欣慰的是建立了教会，并教育和洗礼了许多基督教徒。”[③]

1604 年 8 月 30 日，果阿大主教任命西班牙多明我会会士平托·比埃达德（D. João Pinto da Piedade）为澳门主教区主教，俗称皮主教。皮主教于 1608 年履澳。这位主教曾力图将澳门多明我会修道院的葡萄牙势力清除，将修道院归还给玫瑰圣母教区的西班牙多明我会会士。1610 年 6 月 25 日，皮主教在马尼拉逗留期间，写信给多明我会总会长，请求允准他从马尼拉带回澳门几位熟悉汉语的西班牙籍多明我会会士协助传教。而马尼拉多明我会会士也想借机恢复在澳门的修道院，并以此为据点，进入中国内地传教。因此，1612 年，两位知晓闽南语和汉语的西班牙多明我会会士托马斯·马约（Tomás Mayor）和马尔蒂尼斯（Bartoloméu Martínez）来到澳门。但是，皮主教和马尼拉多明我会企图在澳门重建教会的行动遭到了耶稣会和澳门葡萄牙人的抗衡和阻扰。耶稣会会士不仅阻止西班牙多明我会会士居住澳门，更反对他们获得修道院的所有权。因此，皮主教的计划未能成功，而且遭到耶稣会排挤后，被迫于 1613 年离开澳门。[④] 尽管多明我会总会在 1612 年、1615 年和 1644 年举行的会议上，一再强调澳门的会院是属于多明我会玫瑰省会的，但是葡萄牙多明我会在澳葡政府的怂恿和支持下，拒绝接受总会所做出的决定。[⑤]

葡籍多明我会会士接管澳门多明我会修道院后，开始任命葡萄牙多明我会会士担任修道院代理神父，主管修道院事务。1613 年任命的代理神父是罗萨里奥（Frei António do Rosário）。由葡萄牙多明我会会士出任修道院代理神父，到 1722 年奥斯科特（Eusebio Oscot）为止，之后有很长一段时间，没有任命葡萄牙多明我会会士继承这一

---

① （清）印光任、张汝霖原著，赵春晨校注：《澳门记略校注》，《澳蕃篇》，澳门：澳门文化司署，1992 年，第 150 页。

② Manuel Teixeira, *Macau e a Sua Diocese*, Vol. Ⅲ, *As Ordens e Congregações Religiosas em Macau*, Macau: Tipografia Soi Sang, 1956 – 1961, p. 611.

③ Manuel Teixeira, *Macau e a Sua Diocese*, Vol. Ⅲ, *As Ordens e Congregações Religiosas em Macau*, Macau: Tipografia Soi Sang, 1956 – 1961, p. 612.

④ Manuel Teixeira, *Macau e a Sua Diocese*, Vol. Ⅲ, *As Ordens e Congregações Religiosas em Macau*, Macau: Tipografia Soi Sang, 1956 – 1961, pp. 613 – 617.

⑤ 崔维孝：《明清之际西班牙方济会在华传教研究（1579—1732）》，北京：中华书局，2006 年，第 42 页。

职位。[1] 直到1758年，才恢复任命。[2] 澳门多明我会修道院代理神父圣职由果阿多明我会会省选派。[3]

表4-6 17—19世纪澳门多明我会修道院历任代理神父名录[4]

序号	姓名	任期	备注
1	弗雷·罗萨里奥 Frei António do Rosário	1613—1622	1624年出任澳门教区署理主教
2	亚德里安诺·库尼亚 Adriano da Cunha	1623	
3	米格尔·郎格尔 Miguel Rangel	1631	
4	弗朗西斯科·塞纳 Francisco de Sena	1634	
5	圣若奥·巴普蒂斯塔 Frei Pedro de S. João Baptista	1638	
6	若奥·佩雷拉·莫拉托 João Pereia Mourato	1639	
7	曼努埃尔·莱苏雷考 Manuel da Ressurreicao	1640	
8	若奥·法尔考 João Falcao	1641	
9	科尼阁·费尔南德斯 Conego Manuel Fernandes	1645	
10	莫拉伊斯·萨尔门托 António de Morais Sarmento	1685	
11	多明戈斯·圣安纳 Domingos de S. Ana	1689	
12	马德雷斯·达·圣克拉拉 Madres de S. Clara	1692	
13	贝尔纳多·杰苏斯 Bernado de Jesus	1697	
14	马蒂亚斯·圣罗萨 Matias de S. Rosa	1697	
15	若瑟·德·阿桑松 José de Assencao	1698	
16	曼努埃尔·德·卡瓦略 Manuel de Carvalho	1699	
17	佩德罗·埃斯佩兰卡 Pedro da Esperanca	1700	
18	曼努埃尔·菲利茨 Manuel Feliz	1702	
19	佩德罗·阿马拉尔 Pedro do Amaral	1707—1709	

① Manuel Teixeira, *Macau e a Sua Diocese*, Vol. Ⅲ, *As Ordens e Congregações Religiosas em Macau*, Macau: Tipografia Soi Sang, 1956 - 1961, p. 638.

② Manuel Teixeira, *Macau e a Sua Diocese*, Vol. Ⅲ, *As Ordens e Congregações Religiosas em Macau*, Macau: Tipografia Soi Sang, 1956 - 1961, p. 663.

③ [瑞典] 龙思泰著，吴义雄等译：《早期澳门史》，北京：东方出版社，1997年，第178页。

④ Manuel Teixeira, *Macau e a Sua Diocese*, Vol. Ⅲ, *As Ordens e Congregações Religiosas em Macau*, Macau: Tipografia Soi Sang, 1956 - 1961, pp. 654 - 667.

（续上表）

序号	姓名	任期	备注
20	劳伦佐·戈麦斯 Lourenço Gomes	1713	
21	曼努埃尔·费雷拉 Manuel Freire	1714	
22	奥斯科特 Eusebio Oscot	1722	奥斯科特以后，很长时间没有任命代理神父
23	伊拉修·罗萨里奥 Inacio do Rosário	1758	
24	尼阁老·德·索萨 Nicolau de Sousa	1764	
25	埃克佩塔考 Francisco da Expectacao	1775	
26	曼努埃尔·圣若瑟 Manuel de S. José	1779	第 1 次出任
27	亚努西亚考 Gabriel da Anunciacao	1783	第 1 次出任
28	曼努埃尔·圣若瑟 Manuel de S. José	1787	第 2 次出任
29	亚努西亚考 Gabriel da Anunciacao	1790	第 2 次出任
30	雷曾德 Dionisio de Resende	1802	
31	圣特雷萨 Daniel da S. Teresa	1805	
32	圣罗萨·佩雷拉 Luís de S. Rosa Pereira	1822	
33	特林达德·索萨 João Xavier da Trindade e Sousa	1829 - 1838	

澳门多明我会修道院主要接纳从印度经澳门前往帝汶和马尼拉传教的神职人员，成为一家招待住所。同时在修道院中还开办一家简单的语言学校，曾开设过艺术科目，先后由加斯巴尔·马塞多和托马斯·普里菲卡绍修士担任教师。[①] 澳门多明我会修道院不排斥西班牙多明我会会士掌管澳门教会的权力，在修会之间，多明我会与耶稣会的矛盾也十分突出。1623 年 7 月 10 日，澳门署理主教多明我会会士弗雷·罗萨里奥回欧洲后，继任此位者为另一位多明我会会士亚德里安诺·库尼亚（Adriano da Cunha）神父。一直对多明我会会士出任澳门主教一职抱有意见的耶稣会会士们终于按捺不住，纷纷站出来指责多明我会神父的代理资格，公开以暴力手段威胁多明我会修道院，还擅自推选滞留澳门的华主教科雷亚·瓦伦特兼任澳门署理主教。致使澳门两大天主教修会大动干戈，发生流血冲突。以议事会为后盾的耶稣会会士还开炮轰击多明我会修道院。当时刚抵达澳门的新总督弗兰西斯科·马士加路也站在多明我会会士这边，率领士兵镇压了这一场暴乱，24 名为首的耶稣会暴乱分子被押送到果阿，并被葡印总督

① Maria Regina Valente, *Igrejas de Macau*, Macau: Instituto Cultural de Macau, 1993, p. 20; José Maria Gonzalez, *Historia de Las Misiones Dominicanas de China* (*1632 - 1700*), Vol. Ⅰ, Madrid: Imprenta, Juan Bravo, 3, 1962, pp. 33 - 36.

判处死刑，但两年后又被国王下令释放。① 1638 年 12 月，两名被福建驱逐出境的多明我会会士黎玉范和苏芳积在教友郭邦雍的陪同下抵达澳门。由于一直没有合适的船只载运他们前往马尼拉，他们被迫在澳门停留了一年多时间。在此期间黎玉范主动调停多明我会与耶稣会之间的矛盾与分歧。②

1707 年，在华的西班牙多明我会会士因为拒绝签署有关中国礼仪方面的“票”而被流放到澳门。6 月 18 日，这一批多明我会会士抵达广州，7 月 24 日夜有 7 名多明我会会士抵达澳门。到澳门后，这批支持铎罗主教立场的多明我会会士立刻感受到了澳门政府的敌意，澳督戴冰玉及一些澳门的高级神职人员处处为难他们。25 日下午 3 时，这批多明我会会士才住进板樟堂内。③ 同年 7 月 12 日，贾修利主教下令没收并关闭多明我会和奥斯定会修道院与教堂，不准向公众开放，因为这两个修会的教徒属于铎罗一派。多明我会会士由于抵制主教的命令，被关押进大炮台。④ 因支持铎罗主教，澳门多明我会遭到了澳门政府和澳门教会的镇压，在澳门的多明我会会士后来都被迫离澳返回马尼拉。

1753 年，多明我会马尼拉会省决定在中国重新建立教会，一致要求在澳门设立司库这一职位，但是没有奏效。1757 年 12 月 13 日，多明我会马尼拉会省正式下令澳门圣罗萨里奥教区设立司库职位。1759 年，会议上任命维森特·圣罗萨（Vicente Ausina de S. Rosa de Loyen）神父为圣罗萨里奥教区中国和东京的司库，其驻点就在澳门的圣多明我修道院。⑤ 从此，西班牙多明我会会士又重新回到澳门，直到 1861 年将多明我会司库一职迁至香港。⑥

---

① H. チースリク神父:「キリシタン時代における司教問題」,「キリシタンの研究」第 9 輯，東京：吉川弘文館，1964 年，第 433 ~435 頁；［葡］徐萨斯著，黄鸿钊等译：《历史上的澳门》，澳门：澳门基金会，2000 年，第 58 页。

② 张先清：《官府、宗族与天主教：17—19 世纪福安乡村教会的历史叙事》，北京：中华书局，第 2009 年，第 79 ~80 页。

③ 罗光：《教廷与中国使节史》，台北：传记文学出版社，1983 年，第 122 页；中国第一历史档案馆等编：《明清时期澳门问题档案文献汇编》第 1 册，《总管内务府为知照颁给印票与否西洋人等名单事致礼部咨文》，北京：人民出版社，1999 年，第 82 页；José Maria Gonzalez, *Historia de Las Misiones Dominicanas de China(1700 - 1800)*, Vol. Ⅱ, Madrid: Imprenta, Juan Bravo, 3, 1964, pp. 63 - 64.

④ ［葡］施白蒂著，小雨译：《澳门编年史：16—18 世纪》，澳门：澳门基金会，1995 年，第 75 页。

⑤ Manuel Teixeira, *Macau e a Sua Diocese, Vol. Ⅲ, As Ordens e Congregações Religiosas em Macau*, Macau: Tipografia Soi Sang, 1956 - 1961, pp. 638 - 639.

⑥ Manuel Teixeira, *Macau e a Sua Diocese, Vol. Ⅲ, As Ordens e Congregações Religiosas em Macau*, Macau: Tipografia Soi Sang, 1956 - 1961, p. 641.

表 4-7　18—19 世纪西班牙多明我会中国和东京教区驻澳门司库名录①

序号	姓名	任期	备注
1	维森特·圣罗萨 Vicente Ausina de S. Rosa de Loyen	1759—1762	
2	费利西亚诺·阿龙索 Feliciano Alonso	1762—1765	
3	罗斯·里奥斯 João Bautista de Los Rios	1765—1769	
4	安东尼奥·罗贝斯 António Robies	1769—1778	1778 年被驱逐出澳门
5	潘若色 José Lavilla	1780—1784	由于在葡萄牙人中名声不好，1784 年返回马尼拉
6	曼努埃尔·科里皮奥 Manuel Corripio	1785—1806	中间连任 1 次
7	胡安·莫拉罗 Juan Molano	1806—1819	
8	贝尼托·安格拉多 Benito Anglado	1819—1834	
9	费尔南多·拉瓦雷 Fernando Naverire	1834—1835	
10	阿尔瓦雷斯·马扎罗 João Alvarez del Manzano	1835—1838	
11	托马斯·费尔南德斯 Tomás Fernandes	1838—1839	1839 年被马尼拉召回
12	多明戈斯·塞纳多尔 Domingos Serrdor	1839—1844	
13	莱蒙多·巴尔谢罗 Raimundo Barcelo	1844—1845	
14	拉蒙·罗德里格斯 Ramon Rodriguez	1845—1849	第 1 次出任
15	胡安·费南多 Juan Ferrando	1849—1854	1854 年在澳门去世
16	拉蒙·罗德里格斯 Ramon Rodriguez	1855—1858	第 2 次出任
17	玛丽亚罗·马尔丁 Mariano Martin	1858—1859	
18	弗朗西斯科·里瓦斯 Francisco Rivas	1859—1861	正式将代理人一职转至香港

澳门多明我会修道院常驻神职人员并不多，一般时候仅有院长（又称代理神父）一人，西班牙多明我会会士入华传教时虽然也在澳门停留，但一般都是到澳门后就很快进入内地。在教难期间，这里成了来自福建及东京的西班牙多明我会会士的隐藏之处，如闵明我 1669 至 1670 年间在此隐居，弗朗西斯科·瓦罗（Frei Francisco Varo）1649 年之前也在这里隐居，1747 年被清政府处以极刑的白多禄（Pedro Sánz）主教于 1732 至 1738 年间亦在此隐居。虽然在澳门的多明我会会士人数不多，但对社会活动的参与却十分积极。1820 年代澳门的民主运动中，澳门多明我会会士就积极地支持以巴

① Manuel Teixeira, *Macau e a Sua Diocese, Vol. Ⅲ, As Ordens e Congregações Religiosas em Macau*, Macau: Tipografia Soi Sang, 1956 - 1961, pp. 639 - 640.

波沙（Paulino da Silva Barbosa）为首的民主自由派，并由多明我会创立了澳门的第一份报纸《中国之蜂》，这份报纸的负责人就是多明我会神父贡萨洛·阿马兰特（António de S. Gonçalo de Amarante）。[①] 到1835年，葡国取缔宗教社团的法令颁布后，澳门多明我会修道院也被关闭，修道院的财产被变卖，剩下的多明我会会士依靠国库提供的养老金生活，直到1868年最后一位多明我会会士圣特莱萨（João de S. Teresa）去世。[②]

五、巴黎外方传教会和遣使会

继上述天主教四大修会之后，前后进入澳门的天主教传教团体还有巴黎外方传教会和遣使会。

（一）巴黎外方传教会

巴黎外方传教会是明末清初传入中国的天主教传教会之一。巴黎外方传教会诞生于17世纪，主要是由法国那些不肯加入修会，但同样也具有奔赴遥远国家积极参加布道事业的愿望的神职人员组成。17世纪50年代，传信部为加强对华以及亚洲整体传教事务的管理，大范围采取了名义主教（Titular Bishops）的方式，这种方式在亚洲则称为宗座代牧（Vicar Apostolic），它同是传信部对外管理三制度之一。传信部对其所辖管区有三种划分，即主教辖区（Diocese）、宗座代牧区（Vicariate）和宗座监牧区（Prefecture），其管理者则称为主教（Bishop）、宗座代牧（Vicar Apostolic）和宗座监牧（Prefect Apostolic）。[③] 宗座代牧区一般是在因特殊因素未能建立主教区的地区设立的。这时传信部派遣宗座代牧的主要因素是保教权势力过于强大。首先提倡在亚洲实行宗座代牧制的不是托钵修士而是一名法国耶稣会会士罗历山。1623—1624年间，罗历山居澳门待机入大陆，后赴安南传教，[④] 1649年6月27日到达罗马请求传信部派遣主教前往印度支那。当时罗马教廷意欲打破葡属保教权，所能依赖者非法国莫属，加之国籍因素，罗历山在传信部授意下选择了去法国寻求机会。他在巴黎接触到1630年由旺塔图（Ventadour）公爵亨利·德·列维（Henri de Lévis）组织的圣事会（la Compagnie

---

① Manuel Teixeira, *Macau e a Sua Diocese*, Vol. Ⅲ, *As Ordens e Congregações Religiosas em Macau*, Macau: Tipografia Soi Sang, 1956 – 1961, p. 634.

② Manuel Teixeira, *Macau e a Sua Diocese*, Vol. Ⅲ, *As Ordens e Congregações Religiosas em Macau*, Macau: Tipografia Soi Sang, 1956 – 1961, p. 637.

③ Berard L. Marthaler, *New Catholic Encyclopedia*, Vol. Ⅹ, The Catholic University of America, 2001, p. 752. 这时期第一位宗座监牧可能就是黎玉范和利安当，这一圣职的获得（1643年）应该是黎玉范在罗马时期传信部对他和利安当的嘉赏，甚至传信部有过任命黎玉范为中国主教的打算，被黎玉范拒绝了。

④ ［法］费赖之著，冯承钧译：《在华耶稣会士列传及书目》，北京：中华书局，1995年，第189页。

du Saint Sacrement)，并与当时身为图尔圣—萨底兰教区圣马丁堂议事司铎的陆方济相识。[①] 陆方济正是巴黎外方传教会创立者之一。罗历山对陆方济欣赏有加，将其推荐给教廷驻法大使巴尼（Bagni）主教，言明派传教士东去之事。他得到了巴尼首肯，然因诸多缘由，教廷只是将罗历山的提议转交传信部，提议并未得以立即施行。陆方济在领传信部命令前往远东之前，为传教长远计，从传信部获得在巴黎成立神学院的权力。1663 年，在路易十四许可下，该会于巴黎巴克街成立神学院，[②] 它就是巴黎外方传教会的雏形。次年获得教宗批准，巴黎外方传教会正式成立。该会为后来在华传教培养了大批传教士，在 1660—1700 年间就有 100 名传教士（包括平信徒）从欧洲奔赴亚洲传教。[③]

巴黎外方传教会在华传教活动区域，除了早期的个别人曾在福建、浙江外，其余绝大部分都在中国西南地区传教布道，正如其他传教团体一样，澳门于其而言，主要扮演着中转站和避难所的角色。如 1707 年，有 6 名巴黎外方传教会传教士被驱逐到澳门，他们是雅克·李霍特（Jacques Lirot）、亚历山大·丹里（Alexandre Danry）、让·贝纳尔（Jean Bénard）、董默觉（François Le Breton）、安东·吉奈（Antoine Guignes）和弗朗索瓦·孟尼（François de Montigny）。[④] 1708 年 3 月 5 日，巴黎外方传教会神父白日升（Jean Basset）、梁弘仁（Franois Martin de La Baluère）及华人信徒李安德与党怀仁从四川被驱逐并押送至澳门。当时澳门有 5 位巴黎外方传教会传教士：赫宣（Petrus Hervé）、雅克·李霍特、亚历山大·丹里、白日升和梁弘仁。[⑤]

巴黎外方传教会在中国设有教区代管处，又称为“司库部（La Procure）”。该会首先于 1685 年在广州设立司库部，首任司库为路易斯·凯梅内（Louis Quémener），该司库部设立在广州杨仁里南约油纸巷巴黎外方传教会天主教内。[⑥] 1732 年由于雍正皇帝的禁教令将住在广州的所有天主教传教士全部驱逐到澳门，巴黎外方传教会广州司库部也随之转移到澳门，当时的司库汉文名戈宁[⑦]，即安东·郭奈（Antoine Connain）。

---

① 郭丽娜、陈静：《论巴黎外方传教会对天主教中国本土化的影响》，载《宗教学研究》2006 年第 4 期，第 129 页。

② Berard L. Marthaler, *New Catholic Encyclopedia*, Vol. XI, The Catholic University of America, 2001, p. 890.

③ Berard L. Marthaler, *New Catholic Encyclopedia*, Vol. XI, The Catholic University of America, 2001, p. 890.

④ [法] 热拉尔·穆赛、布里吉特·阿帕乌著，耿昇译：《1659—2004 年入华巴黎外方传教会会士列传》，桂林：广西师范大学出版社，2010 年，第 808、852、897、918、928、947 页。

⑤ Adrien Launay, *Histoire des Missions de Chine: Mission du Se-Tchoan*, Vol. I, Paris, 1907, p. 81; Armand Olichon, *Aux Origines du Clergé Chinois: Le Prêtre André Ly, Missionnaire au Se-Tchoan (1692 - 1775)*, Paris: Bloud & Gay, 1933, p. 119.

⑥ 吴旻、韩琦编校：《欧洲所藏雍正乾隆朝天主教文献汇编》第 21 号，《巴黎外方传教会在中国各地买地建堂单（雍正十一年）》，上海：上海人民出版社，2008 年，第 46 页。

⑦ 中国第一历史档案馆等编：《明清时期澳门问题档案文献汇编》第 1 册，《广东巡抚鄂弥达奏闻驱逐广州各堂堂主至澳门将教堂改作公所折》，北京：人民出版社，1999 年，第 170 页。

之后，巴黎外方传教会司库部一直设在澳门，直到1847年搬迁去香港。巴黎外方传教会澳门司库部设立后，在澳门运行长达115年，成为巴黎外方传教会对华传教的最重要的根据地之一，同时还作为中转站为巴黎外方传教会传教士进入东南亚传教提供方便。1827年巴黎外方传教会准备在朝鲜开教，于1831年任命了第一任宗座代牧主教，澳门司库部为朝鲜传教提供了必要的经费和人才。①

表4-8　1732—1847年巴黎外方传教会驻澳门司库名录②

序号	姓名	任期	备注
1	戈宁（António Connain）	1732—1740	
2	让白蒂斯特·麦格霍特 Jean-Baptiste Maigrot	1740—1752	1752年在澳门逝世
3	刺伯禄 Pierre-Antoine Laccére	1752—1754	
4	奥利维耶·勒本 Olivier Le Bon	1754—1764	
5	罗满 Pierre Romain	1765—1771	
6	查伯当 Charles Bertin	1771—1772	
7	施若望 Jean Steine	1772—1780	
8	德若望 Jean Descourvières	1780—1788	
9	克洛德·勒顿达尔 Claude-Francois Letondal	1788—1813	
10	马尔基尼（又译马记诺）Jean Baptiste Marchini	1813—1816	此时由教廷传信部澳门司库代管，1823年在澳门去世
11	巴若望 Jean Baroudel	1816—1830	
12	李伯禄 Pierre Legrégeois	1830—1841	
13	李播 Napoléon Libois	1841—1847	

巴黎外方传教会澳门司库部与澳葡政府的关系十分微妙，当时在法国外交部部长的支持下，巴黎外方传教会致函法国驻葡国大使，请求澳门当局为巴黎外方传教会澳门司库部和传教士提供庇护，双方进行了一段时间的交涉。1779年1月达成协议，在法国外交部部长的请求下，葡国女王玛丽亚一世颁布敕谕，将居于澳门的巴黎外方传教会传教士置于澳门总督的保护之下。但澳门总督李露（Francisco Xavier de Mandonça

① Manuel Teixeira, *Macau e a Sua Diocese*, *Vol. Ⅲ*, *As Ordens e Congregações Religiosas em Macau*, Macau: Tipografia Soi Sang, 1956-1961, pp. 762-763.

② Gérard Moussay et Brigitte Appavou, *Repertore des members de la Société des Missions-Étragères (1659-2004)*, Paris: Archives des Missions Étragères, Paris, 2004, pp. 72-74, 80-81, 84, 86, 93, 100, 108. 转引自韦羽：《18世纪天主教在四川的传播》，广州：广东人民出版社，2014年，第193~195页。

Corte-Real）异常仇视法国人，将女王敕令秘密扣留，依然对两位巴黎外方传教会驻澳门账房施若望及其副手德若望持敌视态度。[①] 澳门总督李露对法国人的仇视主要是巴黎外方传教会不断派遣传教士潜入中国内地传教，违背了清朝政府禁止西洋传教士进入内地传教的条例，因此给澳门带来了风险，损及澳门的利益。也导致了澳葡政府与驻澳巴黎外方传教会传教士的紧张关系。

（二）遣使会

遣使会是鸦片战争前进入澳门的最后一支天主教修会，该会于 1625 年在巴黎成立，其宗旨是向贫苦民众派遣布道使者，在贫穷和偏僻地区创建修道院以在原住民中培养青年神职人员，积极从事慈善事业，故而称为“遣使会”；由于该修会的第一座会所创建于巴黎的圣剌匝禄，所以也被称为剌匝禄会，会士称为剌匝禄会会士（Lazariste），又因修会创始人是法国人味增爵（Saint Vicent de Paul），故而也被称为味增爵会。

最早来华的遣使会会士亦由教廷传信部派遣而来，即于康熙三十八年（1699）来华的毕天祥（Louis-Antoine Appiani）和穆天尺（Jean Müllener）。穆天尺来华时还是传信公学的学生，毕天祥乃其神师，至澳门时，穆天尺升为神父。[②] 由于两人传教的目的地为中国内地，在澳门也未久留，然他们应是首次到达澳门的遣使会会士。值得注意的是，毕天祥虽然是由教廷传信部派遣，但他入华以后曾企图在澳门、广州和北京建立遣使会的修道院和慈善机构，还曾希望赴四川实现这一愿望，但均未获成功。[③] 早期由教廷传信部派遣的遣使会会士经过澳门者还有意大利人德理格（Teodorico Pedrini），他于 1710 年 1 月 3 日抵达澳门，第二年 2 月 5 日抵达北京。[④] 此 3 人被称为早期入华遣使会会士中的“三大台柱”，在中国传教史上发挥了重要作用，也产生了重大的影响。早期入华的遣使会会士们，依惯例主要是经过澳门入华，或者是从内地派遣修士到澳门修院学习和晋铎。在 1851 年之前，在华的 152 名遣使会会士、司铎中，便有 83 人是经澳门进入中国内地的，或者是由中国内地遣使会派遣到澳门的。[⑤]

正式由遣使会派遣传教士入华是在 18 世纪 80 年代以后。1783 年耶稣会解散后，

---

① Manuel Teixeira, *Macau e a Sua Diocese*, *Vol. Ⅲ*, *As Ordens e Congregações Religiosas em Macau*, Macau: Tipografia Soi Sang, 1956 - 1961, p. 758.

② 吴宗文：《遣使会在华传教史》，载罗光主编：《天主教在华传教史集》，台北：光启出版社，1967 年，第139 ~ 140 页。

③ 耿昇：《遣使会传教士在华活动考述》，载澳门理工学院中西文化研究所主编：《中西文化研究》2008 年第 1 期，第 3 页。

④ ［法］方立中著，耿昇译：《1697—1935 年在华遣使会士列传》，桂林：广西师范大学出版社，2010 年，第 550 页。

⑤ 耿昇：《遣使会传教士在华活动考述》，载澳门理工学院中西文化研究所主编：《中西文化研究》2008 年第 1 期，第 5 页。

该会在华传教事务十余年一直无人接替。法国国王路易十六（Louis XVI）向教宗庇护六世（Pio VI）推荐遣使会代替北京的耶稣会会士。教宗接受了法王的请求，下令传信部发文颁令，规定由遣使会会士接受在华耶稣会的一切事业，享有此前耶稣会同样的权力及特恩。财产方面，则由法国国王处理。1784 年 1 月 25 日，路易十六颁布诏令，将中国耶稣会会士的财产全部拨给遣使会会士。[①] 与此同时，葡萄牙遣使会也有所行动，1783 年葡萄牙国王玛丽亚一世任命葡萄牙方济各会会士汤士选（Alexandre de Gouvéa）为北京主教，同时率领几名遣使会会士入华：他们是意大利人魏腊儿（João Agostinho Vila）和葡萄牙人曼努埃尔·瓦伦特（Manuel Correia Valente）、刘思永（Rodrigo da Madre de Deus）。[②] 1784 年 7 月 28 日，汤士选一行抵达澳门，并在澳门恢复和重建了澳门圣若瑟神学院，瓦伦特和魏腊儿留在该院任教，[③] 汤士选和刘思永则于当年进京。[④] 为了和葡萄牙遣使会争夺耶稣会留下来的北京遗产，法国遣使会会士罗广祥（Nicolas Joseph Raux）、吉德明（Jean Joseph Ghislain）神父及巴茂正（Carles Paris）修士于 1784 年 8 月 23 日抵达澳门海面，但为了避免澳门葡萄牙人的干扰，他们不敢下船，遂前往广州，9 月 1 日抵达。[⑤] 1785 年 4 月 29 日，第一批法国遣使会会士进京，接替耶稣会会士，5 月 8 日，北京主教汤士选颁布法令，宣布遣使会取代耶稣会。遣使会会士罗广祥等人与在京的耶稣会会士举行交接仪式，出席签字仪式的有北京教区主教汤士选。[⑥] 从此，入华遣使会会士分为两派，一派是以北京为据点的法国遣使会，一派是以澳门圣若瑟神学院为据点的葡萄牙遣使会，他们各自在其宗主国的支持下展开了对华传教活动。由于法国遣使会进入中国获得了教廷传信部谕旨的批准，所以法国中国遣使会传教区具有某种“官方代表”的身份，而葡萄牙则有任命主教的权力，故

---

① ［法］樊国阴著，吴宗文译：《遣使会在华传教史》，台北：华明书局，1977 年，第 117 页。

② Manuel Teixeira, *Macau no Séc. XVIII*, Macau: Imprensa Nacional, 1984, pp. 637 - 638; Manuel Teixeira, *Macau e a Sua Diocese, Vol. VIII, Padres da Diocese de Macau*, Macau: Tipografia da Missão do Padroado, 1972, p. 310.

③ Manuel Teixeira, *Macau e a Sua Diocese, Vol. III, As Ordens e Congregações Religiosas em Macau*, Macau: Tipografia Soi Sang, 1956 - 1961, pp. 668 - 669; ［法］樊国阴著，吴宗文译：《遣使会在华传教史》，台北：华明书局，1977 年，第 128 ~ 129、160 页。

④ 中国第一历史档案馆等编：《明清时期澳门问题档案文献汇编》第 1 册，《广东巡抚孙士毅奏报西洋人汤士选等情愿进京效力情形折》，北京：人民出版社，1999 年，第 431 ~ 432 页；［葡］施白蒂著，小雨译：《澳门编年史：16—18 世纪》，澳门：澳门基金会，1995 年，第 180 页。

⑤ ［法］樊国阴著，吴宗文译：《遣使会在华传教史》，台北：华明书局，1977 年，第 119 页；中国第一历史档案馆编：《清中前期西洋天主教在华活动档案史料》第 1 册，《两广总督舒常奏请护送西洋人罗广祥入京效力折》，北京：中华书局，2003 年，第 334 页；［法］方立中著，耿昇译：《1697—1935 年在华遣使会士列传》，桂林：广西师范大学出版社，2010 年，第 552 ~ 553 页。

⑥ Manuel Teixeira, *Macau no Séc. XVIII*, Macau: Imprensa Nacional, 1984, p. 654; ［法］托马著：《北京传教史》第 2 卷，第 17 页，转引自［法］卫青心著，黄庆华译：《法国对华传教政策：清末五口通商和传教自由（1842—1856）》上卷，北京：中国社会科学出版社，1991 年，第 14 页。

有不少葡萄牙遣使会会士被任命为南京、北京和澳门主教，如1789年被任命为南京主教的席尔瓦（Eusebio Luciano Carvalho Gomes da Silva）、1804年被任命为南京主教的毕学源（Caetano Pires Pereira）；1841年被任命为澳门主教的包主教（Nicolau Rodrigues Pereira da Borja）；1818年以宗座代牧身份主持北京教务的李拱辰（José Nunes Robeiro）、1804年后被任命为北京主教的高守谦（Verissimo Monteiro de Serra）、1841年被任命为北京主教的赵若望（João da França Castro e Moura）。[①] 双方就对华传教问题展开了激烈的竞争。

从1784至1839年间，葡萄牙遣使会会士进入澳门者共有27人，除其中部分人先后进入北京、南京等地外，这些遣使会会士大多都留在了澳门圣若瑟神学院工作。

表4-9 1784—1839年来澳门的葡萄牙遣使会会士名录[②]

序号	姓名	在澳时间	备注
1	曼努埃尔·瓦伦特 Manuel Correia Valente	1784—1804	1804年死于返回澳门的途中
2	魏腊儿 João Agostinho Vila	1784—?	1803年死于北京
3	福文高 Domingos Joaquim Ferreira	1791—1800	1824年在北京去世
4	李拱辰 José Nunes Ribeiro	1791—1800	1826年在北京去世
5	毕学源 Caetano Pires Pereira	1800—1804	1804年被任命为南京主教
6	金安多呢（莱特）Joaquim José Leite	1800—1853	1853年在澳门去世
7	包主教 Nicolau Rodrigues Pereira da Borja	1802—1845	1845年在澳门去世
8	费尔南多·马托斯 Fernando Manuel de Matos	1802—1803	1803年在澳门去世
9	马蒂亚斯·奥利维拉 Matias de Oliveira	1802	到澳门后数月去世
10	高守谦 Verissimo Monteiro de Serra	1803—1804	1827年又返回澳门
11	佩雷拉·米兰达 José Joaquim Pereira de Miranda	1803—1856	1856年在澳门去世
12	萨赖瓦 Joaquim de Sousa Sarava	1804—1818	1818年在澳门去世
13	公撒噶 Luís Álvares Gonçalves	1804—1829	1829年在澳门去世
14	若瑟·安图内斯 Policarpo José Antunes	1804—1812	1812年在澳门去世

① 耿昇：《遣使会传教士在华活动考述》，载澳门理工学院中西文化研究所主编：《中西文化研究》2008年第1期，第6页。

② Manuel Teixeira, *Macau e a Sua Diocese*, Vol. Ⅲ, *As Ordens e Congregações Religiosas em Macau*, Macau: Tipografia Soi Sang, 1956－1961, pp. 725－727.

（续上表）

序号	姓名	在澳时间	备注
15	丹塔 Miguel Gomes Dantas	1804－？	来澳门后因身体不适，不久便返回葡萄牙
16	江沙维 Joaquim Afonso Gonçalves	1813—1841	1841 年在澳门去世
17	平托·玛雅 Francisco da Silva Pinto e Maia	1813—1825	1850 年在新加坡去世
18	刘易斯·巴洛斯 Luís Manuel de Barros	1813—1845	1845 年在澳门去世
19	若阿金·奥利维拉 Joaqim Miranda e Oliveira	1825—1827	1828 年在南京去世
20	马塔 Jerónimo José da Mata	1825—1857	1862 年在葡萄牙去世
21	赵若望 João da França Castro e Moura	1825—1829	1829 年去菲律宾，1841 年担任北京主教
22	埃斯特旺·恩理格 Domingos José de Santo Estevão Henrique	1832—1841	1901 年在葡萄牙去世
23	索萨·阿尔梅达 Vitorino José de Sousa Almeida	1832—1880	期间还在马六甲传教，1880 年在澳门去世
24	索萨·伊·席尔瓦 André Lino de Sousa e Silva	1832—1841	1841 年返回葡萄牙
25	阿莫里姆 António Leite de Amorim	1832—1833	1833 年在澳门去世
26	若瑟·本多 José Rebelo de Sousa Pinto	1832—1847	1847 年返回欧洲
27	若瑟·罗蒙 José Maria Romão	1839—1840	1840 年进入内地

澳门葡萄牙遣使会会士虽然和法国遣使会会士有着激烈的竞争，但是双方也有密切合作的时候，在法国遣使会澳门修道院未建立之前，进入中国的法国遣使会会士大多在澳门圣若瑟神学院居停，他们有的在这里学汉语，有的甚至在圣若瑟神学院里担任教师。这一时期进入澳门圣若瑟神学院居停的法国遣使会会士有陈神父（Raymond Aubin）、刘方济（Jean-Françios-Régis Clet）、南弥德（Louis Francois Marie Lamiot）、李潘奈（Louis Pesné）、韩纳庆（Robert Hanna）、明诺（Pedro Vicente Marie Minguet）、苏振生（Jean François Richenet）①，这些法国遣使会会士在澳门居停数年，并在葡萄牙遣使会开办的圣若瑟神学院里面担任教师，与葡萄牙遣使会会士在同一所学校里面共同培养中国神职人员，这可以反映双方关系的密切。

① ［法］方立中著，耿昇译：《1697—1935 年在华遣使会士列传》，桂林：广西师范大学出版社，2010 年，第 553～559 页。

六、教廷传信部司库和果阿宗教裁判所

（一）教廷传信部司库

严格意义上讲，传信部不同于巴黎外方传教会、遣使会等，它自身并非传教团，更非修会，其派往中国内地和澳门的传教士皆出自各天主教修会和教团。传信部成立于1622年1月6日主显节（Epiphany）[①] 这一天，同年6月22日教宗格里高利十五世以教宗诏书 *Inscrutabili Divinae* 确认传信部的成立[②]。传信部作为罗马教廷最后建立的一个圣部，经历了漫长的创建过程。传信部由13名枢机主教、2名高级教士、1名终身任职的秘书长组成。传信部得到加尔默罗（Carmelo）等修会的资助，企图由教廷直接管理海外传教事业，摆脱殖民国家的影响，[③] 因而澳门成为传信部目标之一。与此同时，由于传信部本身的特殊性，其入澳以及在澳门势力之体现，更多是以其他修会会士和代理处的形式。早在1623年，葡萄牙耶稣会会士塞巴斯蒂昂·维埃拉（Sebastião Vieira）就在澳门担任了日本教省的传信部秘书，同年12月成为教省司库。[④]

传信部所辖传教士在澳门的影响可从教宗特使铎罗来华中得到揭示，铎罗来华之行就有巩固传信部在华势力的任务。1705年8月16日，教宗特使铎罗在广州小南门区购买了一幢房子，作为教廷传信部账房，由意大利神父伊纳西奥·贡佩（Incio Giampé）负责。[⑤] 而后，罗马教会册封铎罗为枢机主教，1710年1月6日派6名传教士向铎罗送枢机小红帽，这6名传教士直接向传信部负责，分别为德理格（Teodorico Pedrini）、马国贤（Matteo Rippa）、山遥瞻（Guillaumus Fabre Bonjour）、庞克修（Jean Testard）、任掌晨（Gennaro Amodei）及潘如（Dominicus Perroni）。[⑥] 1720年，嘉乐特使来华中，特使又携带传信部教士贾蒙铎（Sigismundus Calchi）、夏历三（Alexander

---

① 主显节（Epiphany），在《神学辞典》中表述为：基督教节日，又称为耶稣向异教徒显灵日，该节日于一月六日奉行以纪念三博士携礼来朝，救世主向其显现，参见 Charles Buck, *A Theological Dictionary, Containing Definitions of All Religious Terms*, E. T. Scott, 1823, p. 459。从传信部（形式上）成立的时间即可看出该圣部成立的任务就是对外传播基督福音，这一点 Pastor 亦在其书中有所提及，参见 Dr. Ludwig Pastor, *The History of Popes from the Close of the Middle Ages*, London-St. Louis, 1938, Vol. 27, p. 132.

② ［法］荣振华著，耿昇译：《在华耶稣会士列传及书目补编》，北京：中华书局，1995年，第802页。

③ Berard L. Marthaler, *New Catholic Encyclopedia*, Vol. Ⅺ, The Catholic University of America, 2001, p. 750.

④ António Franco, *Imagem da Virtude em o Noviciado Companhia de Jesus: No Real Colégio de Coimbra*, Tomo I, Evora, na Oficina da Universidade, 1719, pp. 156 – 157.

⑤ ［葡］施白蒂著，小雨译：《澳门编年史：16—18世纪》，澳门：澳门基金会，1995年，第186页。

⑥ 罗光：《教廷与中国使节史》，台北：传记文学出版社，1983年，第126～127页。

Alexandri）及席若汉（Joseph M. Vittomus）3 人抵达澳门。[①] 1738 年 6 月 3 日，在山东传教的教廷传信部意大利方济各会会士贝尔南迪奥·贝维拉瓜（Bernardino Maria Bevil-acqua）因患疯病（mattia）及勾引妇女之丑闻而被教会送回澳门。传信部驻澳门账房闵明我（Father Miralta）将他安置于方济各会修道院休养，并安排方济各会的著名医生安哆呢照料他。[②]

罗马教廷传信部在澳门设立司库部，专门管理传教经费。龙思泰称："传信部的传教士靠罗马汇款过生活，并在其驻澳门的账房神甫（铎罗来华时设立）节俭而公正的管理下进行活动。"[③] 铎罗使华前，教士的经费由传信部发给，那时从罗马寄钱来中国所费时间很长，而且很不稳妥，加之传信部直接寄钱给每个传教士，或是分配不均，或是没人收领，以致有时两三年领不到钱。铎罗到了广州后决定在广州设立一个传信部办事处分发津贴。[④] 为了同葡萄牙人争夺教会领导权，1776 年教廷委任晁俊秀（François Bourgeóis）为北京传教会道长，并补助法国传教会 12 000 法郎。[⑤] 1781 年 9—10 月，教廷传信部教士哆啰（Franciscus Detur）、马记诺（Jean Baptiste Marchini）二人，附搭澳门船来广州，居住省城。因负责办理西洋人一切事务的席道明去世，清政府遂批准哆啰、马记诺二人居住省城，接替西洋人席道明办理西洋人事务。[⑥] 此处的哆啰就是传信部再次进入广州的司库，清政府称其为"罗马当家"。1783 年教廷传信部向湖广教区派遣的 11 名意大利传教士抵达澳门，其中 6 人为方济各会会士：吧哋哩哂（Jean de Sassari）、做嗻·宾提纳（José Mattei de Bintina）、路易斯·兰迪（Louis Antonie Landi）、吴若翰（Jean de Mandello）、白亚多（阿里多阿，Atto Biagini）、伊高善（格雷西洋诺，Creceniziano Caralli）；3 人为圣约翰布道会会士：高临渊（Manuel Conforti）、王雅各伯（Ferrareiti）、马记诺[⑦]；2 人为奥斯定会会士：德天赐（Adéodat de St. Augustin）、颜诗莫（Anselmo da Santa Margherita）。澳门总督花利亚（Bernardo

① 中国第一历史档案馆等编：《明清时期澳门问题档案文献汇编》第 1 册，《两广总督杨琳等奏报到有西洋人三名及年内澳门港进出西洋船只数目折》，北京：人民出版社，1999 年，第 128 页；罗光：《教廷与中国使节史》，台北：传记文学出版社，1983 年，第 145 页。

② ［美］孟德卫著，潘琳译：《灵与肉：山东的天主教（1650—1785）》，郑州：大象出版社，2009 年，第 156 ~ 158 页。

③ ［瑞典］龙思泰著，吴义雄等译：《早期澳门史》，北京：东方出版社，1997 年，第 216 页。

④ 方豪：《中国天主教史人物传》中册，北京：中华书局，1988 年，第 319 页。

⑤ ［法］费赖之著，冯承钧译：《在华耶稣会士列传及书目》，北京：中华书局，1995 年，第 992 ~ 993 页。

⑥ 中国第一历史档案馆编：《清中前期西洋天主教在华活动档案史料》第 1 册，《两广总督巴延三为西洋人哆啰、马记诺二人在省居住并料理该国事务事致军机处咨》，北京：中华书局，2003 年，第 338 ~ 341 页。

⑦ 中国第一历史档案馆等编：《明清时期澳门问题档案文献汇编》第 1 册，《直隶总督刘峨奏复遵旨檄饬地方官严拿传习天主教各犯折》，北京：人民出版社，1999 年，第 455 ~ 456 页。此三人当即"老刘必约、杨义格拉、乌黑必约"。

Aleixo de Lemos e Faria）发现这批传教士未经里斯本朝廷许可，准备将他们拘捕，遣送回欧洲。后来，这批传教士摆脱了葡萄牙人的控制，取道进入广州，寓居在广州第五铺传信部司库哆啰处。① 由于清政府认为“罗马当家哆啰”是1784—1785年全国性教案的罪魁，于是将传信部司库哆啰逮捕。1786年，教廷传教部司库马记诺神父从广州来到澳门，传信部广州司库遂迁至澳门。② 1833年，葡国政府下令驱逐所有在澳门的外国传教士，教廷传信部澳门司库翁璧玉（Raphael Umpierres）亦遭到驱逐，由于传信部枢机主教的干涉，司库得以在澳门保留，③ 直到1842年香港脱离澳门教区后，传信部司库才由澳门迁至香港。④

（二）果阿宗教裁判所

宗教裁判所，在拉丁文中为Inquirere，有审查、审视之意，中文有“宗教法庭”“异端裁判所”等译名。据《天主教百科全书》，它被定义为“通常指称打击并镇压异端的特殊教会组织”⑤。14世纪末至15世纪，伊比利亚半岛上大量犹太人改宗天主教，即所谓的“新天主教徒”（Nuevos Cristianos）。在西班牙，新天主教徒在各领域崭露头角，同时旧贵族反犹情绪高涨，因而伊萨贝拉和费尔南多将宗教裁判所引入本国。自1478至1530年，以及1650到1720年，宗教裁判所的重心主要在处理犹太问题上；自1530到1650年，其重心主要在处理伊拉斯谟人文主义问题上。1534到1540年左右，葡萄牙在本国建立了类似西班牙的裁判所制度，其主要关注犹太问题。1536年5月23日，根据教宗保禄三世的敕令，葡萄牙正式设立宗教裁判所。最初设在王室所在地埃武拉，并逐渐成为替王室服务的法院。⑥ 果阿宗教裁判所于1560年建立，后来它的司法权力延伸到整个东方由葡萄牙人统治和影响的地方，它的宗旨是保持信仰的纯洁性，防范那些新天主教徒中仍然秘密坚持犹太教信仰的人，改进信徒的道德生活，惩罚异端行为。宗教裁判所审理的最主要的罪行有异端邪说，变节背叛，分裂教会，同情异

---

① ［法］卫青心著，黄庆华译：《法国对华传教政策：清末五口通商和传教自由（1842—1856）》上卷，北京：中国社会科学出版社，1991年，第28页；中国第一历史档案馆等编：《明清时期澳门问题档案文献汇编》第1册，《两广总督舒常等奏报将西洋人哆啰解往京城以备质审折》，北京：人民出版社，1999年，第465~468页。

② ［葡］施白蒂著，小雨译：《澳门编年史：16—18世纪》，澳门：澳门基金会，1995年，第186页；Manuel Teixeira, *Macau no Séc. XVIII*, Macau: Imprensa Nacional, 1984, p. 657.

③ Manuel Teixeira, *Macau e a Sua Diocese, Vol. III, As Ordens e Congregações Religiosas em Macau*, Macau: Tipografia Soi Sang, 1956 - 1961, p. 640；［法］卫青心著，黄庆华译：《法国对华传教政策：清末五口通商和传教自由（1842—1856）》上卷，北京：中国社会科学出版社，1991年，第68~69页。

④ Gérard Moussay et Brigitte Appavou, *Répertoire des Membres de la Société des Missions Trangères (1659 - 2004)*, p. 108.

⑤ *The Catholic Encyclopedia*, Vol. 8, New York: The Encyclopedia Press, INC., 1910, p. 26.

⑥ 李长森：《近代澳门外报史稿》，广州：广东人民出版社，2010年，第34页。

教徒，阅读非正统的书籍，亵渎上帝，散布异端、大胆和诽谤性的观点，对圣事和圣像不敬，迷信行为，重婚，通奸或兽奸，作假见证。每一个天主教教徒一旦被告犯有上述案件，就面临被重罚的可能性。一旦有 2 名宣誓作证的人证实，被告发的人就要被捕。如果在被捕以后他承认罪行，其命可保，但其财产要被充公。如不认罪，即要处以火刑。[①] 果阿宗教裁判所成立后，由果阿第一任总主教佩雷拉（Pereira）担任裁判所的大法官，另外任命 2 名从里斯本来的司铎法尔康（Alexis Dias Falcão）和博特略（Francis Marques Botelho）为宗教法庭的审判员。[②] 果阿宗教裁判所的权力覆盖着整个葡属东方，宗教裁判所的所有审判官都由国王任命，并由教宗确认。宗教裁判所的大法官有时比总主教和总督还要受人尊敬，因为所有的基督徒除了总主教、总督和教区以外都要受到他的管辖，他甚至可以下令逮捕某些高级官员。[③] 在很多人看来，果阿宗教裁判所远比葡萄牙宗教裁判所更为严厉，有人统计，从 1600 到 1730 年，果阿宗教裁判所一共举行了 71 次公开的火刑。[④]

有学者称："耶稣会在澳门设立宗教裁判所，王室大法官之职便形同虚设。" 又称："耶稣会在澳门教区设有宗教裁判所，其成员是当然的教区法官；该职务通常是在耶稣会传教士当中选任。由于教会对议事会及市民大会有着深刻的影响，教区法官便得以透过议员选举公职的任命或推选等途径，从事行政、民事或刑事等方面的司法。宗教裁判所的存在实际上亦削弱了王室大法官的职能。"[⑤] 以上这段"宏论"，作者未征引一条材料，就随意乱下结论，实在是误之甚远。首先是，耶稣会怎么有权组织"宗教裁判所"，且在"澳门教区"组织？宗教裁判所又称异端裁判所，是 1231 年在罗马教宗格里高利九世（Gregory IX）授意下，由多明我会设立的宗教法庭。该法庭负责侦查、审判和裁决天主教会认为是异端分子的人，有权对异端分子判处监禁或者死刑。多明我会在欧洲是神学权威，长期以来，由他们主持教廷的宗教裁判所，对裁判异端特别有发言权。[⑥] 其次是，"教区法官"怎么可以透过议员来选举？最后是，澳门从来

---

① Joseph Thekkedat, *History of Christianity in India (1542 - 1700)*, Vol. 2, pp. 406 - 407, 转引自顾卫民：《"以天主和利益的名义"：早期葡萄牙海洋扩张的历史（1415—1700）》，北京：社会科学文献出版社，2013 年，第 286 页。

② Anthony D'Costa, *The Christianization of Goa Island*, Bombay, 1965, pp. 199 - 200.

③ Donald. F. Lach, *Asia in the Making of Europe, the Century of Discovery*, Vol. 3, Chicago: The University of Chicago Press, 1965, p. 852.

④ José Nicolau da Fonseca, An Historical and Archaeological Sketch of the City of Goa，转引自顾卫民：《"以天主和利益的名义"：早期葡萄牙海洋扩张的历史（1415—1700）》，北京：社会科学文献出版社，2013 年，第 299 ~ 300 页。

⑤ 罗晓京：《试析 1846 年以前葡萄牙管理澳门的历史特点》，载《广东社会科学》1998 年第 2 期，第 93、95 页。

⑥ 参见杨慧玲等主编：《基督教文化百科全书》，济南：济南出版社，1991 年，第 88 页；李天纲：《中国礼仪之争：历史、文献和意义》，上海：上海古籍出版社，1998 年，第 37 页。

没有建立过宗教裁判所。从澳门城初建到葡国于1821年废除宗教裁判所制度，宗教裁判所都未在澳门土地上建立法庭。但是由于果阿宗教裁判所的权力覆盖了整个葡萄牙东方殖民地，所以果阿宗教裁判所会对澳门所有的异端行为进行调查和处罚，果阿宗教裁判所仍然与澳门有着密切的关系，仍然会对澳门的人与事产生一定影响。

1622年澳门与荷兰人的战事中，中日贸易巡航首领贾罗布表现卓越，在1629年3月，菲利普二世授予贾罗布基督骑士团爵士爵位，以奖励他7年前担任中日贸易巡航首领时成功地击退了荷兰军的进攻。当其在葡萄牙独立那年回到里斯本时，维瓦斯在里斯本宗教裁判所作证，提出了反对贾罗布家族的激烈言辞。贾罗布在澳门娶有一妻，他说其妻子的母亲，澳门市公众无论贫穷或富裕皆知道，她是一个摩尔人，黑色摩尔人和一个秘密犹太人的女儿，她就是这样的一个人，一个公众皆轻蔑的人。[①] 这是一个曾在澳门担任官职的葡人回到宗主国后，仍面临宗教裁判所制裁的案例。

为了保持葡属殖民地教会的纯洁，惩处殖民地异端行为，果阿宗教裁判所也经常派遣人员前往澳门办事，甚至驻扎于澳门。所以博克塞称：

> 澳门市有五座教堂，……另外他们还有一座宗教裁判所的圣所，将每个天主徒都震慑住，让信徒接受教会所言的真理，其真假无论。[②]

这里所讲的“圣所”应该是指果阿宗教裁判所派遣到澳门工作的官员的住所，由于这处住所是果阿宗教裁判所官员的工作机构，所以博克塞称能将“每个天主徒都震慑住，让信徒接受教会所言的真理”。宗教裁判所的官员到澳门来并非只管教徒的道德生活，实际上他们的管辖面很宽，如1700年5月29日，澳门议事会开会表决如何分配“圣安东尼奥号”船征收的税款，结果，意见相反的两方表决人数相同，于是，便邀请教会的长老们出面解决。6月1日，耶稣会省会会长曼努埃尔·卡瓦略（Manuel Carvalho）称：税款由仁慈堂、圣家辣修女及理事官菲利佩·古德罗斯（Filipe Fróis de Quadros）分配，本年议事会所有盈利都用于议事会的花费。条件是如果本年商船没有再次付款，议事会必须支付以后几年的税款。奥斯定修道院院长若瑟·孔捷绍（José da Conceição）意见与曼努埃尔·卡瓦略相同，宗教裁判所委员若瑟·席尔瓦（José da Silva）及多明我会代理主教佩德罗·埃斯佩仑莎（Pedro da Esperana）神父表示反对。最后议事会请主教贾修利做出裁决，7月9日，议事会将税款先付给理事官菲利佩·古德罗斯，剩下的给圣家辣修女和仁慈堂。以后则以此为例，使之成为澳门议事会处事的重要规则。[③] 1642年，署理主教本托·德·克里斯托（Frei Bento de Christo），他下令抓捕并囚禁了

---

① C. R. Boxer, *Fidalgos in the Far East(1550 - 1770)*, *Fact and Fancy in the History of Macau*, The Hague: Martinus Nijhoff, 1948, p. 89.

② C. R. Boxer, *Fidalgos in the Far East(1550 - 1770)*, *Fact and Fancy in the History of Macau*, The Hague: Martinus Nijhoff, 1948, p. 202.

③ ［葡］施白蒂著，小雨译：《澳门编年史：16—18世纪》，澳门：澳门基金会，1995年，第69页；Manuel Teixeira, *Macau no Séc. XVIII*, Macau: Imprensa Nacional, 1984, p. 8.

一名叫保罗·特谢拉（Paulo Teixeira）的不守规矩的教士。在朋友眼中，克里斯托是一个"虔诚的高级教士"，在敌人看来则是一个"疯狂的方济各会会士"。特谢拉逃脱追捕，躲在了耶稣会神学院。耶稣会神学院院长不顾责难、威胁和谴责之声，以宗教裁判所代表（Commissary of the Inquistion）的名义拒绝交出特谢拉。于是，见解出现分歧的双方都拿起了武器，澳门爆发了一场激烈的巷战。[1] 1818 年，奥索里奥（Feliciano Narciso Osório）被选为方济各会第三会司库，他将第三忏悔团的资金用于投资，结果亏损。于是该团将他送进了宗教裁判所，亏损余下的资金被该团接收。[2] 由此可以反映宗教裁判所的官员对澳门政府及澳门社会有一定的影响力。

但并非所有的宗教裁判所官员到澳门来都享有很高的权威，如 1710 年上任的王室大法官科托（Tomaz Garcez do Couto），在他执行公务时，就下令逮捕了果阿宗教裁判所的一个 Farricôco[3]。可以反映，王室大法官对于宗教裁判所的官员并非奉若神明。但是，王室大法官的鲁莽之举仍然招来了祸端，后据教宗特使之命令，1711 年科托被革除教籍，于同年 2 月 18 日从澳门出发押往果阿。[4] 1725 年，主教区教堂总司库曼努埃尔·凯罗斯·佩雷拉（Manuel Queiroz Pereira）神父，被任命为宗教裁判所受托人，其任命书在教堂的讲道台上被朗诵，并被众人所尊敬。后由于前王室大法官沙维尔·多特尔（Francisco Xavier Doutel）与受托人凯罗斯·佩雷拉之间有遗产纠纷，多特尔向代理主教弗朗西斯科·达·罗萨（Francisco da Rosa）神父提出了上诉，罗萨神父将果阿宗教裁判所的受托人凯罗斯·佩雷拉革除了教籍。[5] 由此观之，宗教裁判所官员在澳门不仅人微言轻，一有不慎甚至可招致牢狱之灾。

澳门一地中西文化混杂，葡人虽寄居并主管澳门，然华人及华人风俗仍在城内不绝，宗教裁判所作为天主教纯粹教义的捍卫者理当率先摒弃华人的"异端"行径。1757 年 3 月 18 日，果阿宗教裁判所下令，不得容忍澳门华人的任何表演与游行，然而澳门议事会并没有执行宗教裁判所的命令，十分谨慎地默许了澳门华人短暂的娱乐活动。[6] 次年 7 月 13 日，果阿宗教裁判所代表贡萨维斯·佩雷拉（José Gonçalves Pereira）见宗教裁判所指令未能尽数执行，进而做出让步，又告知议事会："不允许华人在本市举行神像出游。但是，鉴于我们无权强制他们，可以因此而给他们指定一个与葡人隔

---

① C. R. Boxer, *Fidalgos in the Far East (1550 - 1770), Fact and Fancy in the History of Macau*, The Hague: Martinus Nijhoff, 1948, p. 145.

② Manuel Teixeira, *Macau e a Sua Diocese, Vol. XI, As Confrarias em Macau*, Macau: Tipografia da Missão do Padroado, 1975, p. 235.

③ Farricôco，宗教用语，指在忏悔游行仪式中穿悔罪服游行的人。

④ Manuel Teixeira, *Os Ouvidores em Macau*, Macau: Imprensa Nacional, 1976, p. 56.

⑤ Manuel Teixeira, *Os Ouvidores em Macau*, Macau: Imprensa Nacional, 1976, p. 68.

⑥ ［瑞典］龙思泰著，吴义雄等译：《早期澳门史》，北京：东方出版社，1997 年，第 184 页。

离的地点举行。"[①] 数年后，即1780年4月21日，另一位宗教裁判所委员、澳门土生葡人科雷亚·拉谢达（José Correia de Lacerda）神父再次试图摒弃华人在城内的异端行为，他向议事会申请拆毁所有华人演戏的大棚。然议事会理事官贡萨尔维斯·格拉（Gonçalves Guerra）认识到，如果现在毁掉华人演戏的场所，势必引起华人的愤慨，而且华人亦警告理事官，不要以无节制的偏激行为激起公愤。此事遂未执行。[②] 可以看出，以宗教裁判所为代表的罗马教会或宗主国教会势力对澳门的影响力及牵制力极为有限。

葡萄牙及其属地的宗教裁判所在庞巴尔侯爵执政时期被废除，1773年4月6日，葡萄牙宗教裁判所总裁判官库尼亚（Cardinal da Cunha）主教在庞巴尔首相的授意下提议撤销果阿宗教裁判所，到1774年正式执行。而到玛丽亚一世女王执政时，庞巴尔在朝廷中逐渐失去影响，果阿又重建了宗教裁判所，但最终还是于1812年被再度废除。[③]

果阿宗教裁判所自1560年创立到1812年关闭，前后经历了250余年，但一直未能在澳门建立宗教裁判所，甚至连来自果阿宗教裁判所的命令亦通常被澳门当局慢待。究其根源，一则澳门远离果阿，航程数月，果阿宗教裁判所的管制能力触及如此遥远的澳门之时，已大打折扣[④]；二则天主教宗教裁判所为多明我会创建，主要代表多明我会利益，来自果阿的命令，澳门葡籍耶稣会会士多抵触之；三则澳门当局还面临来自明清广东政府巨大的政治、经济和军事压力，或顺水推舟地借之为由拒绝果阿宗教裁判所官员的命令，抵触托钵修士对澳门事务的介入，或无奈不堪华人重压消极执行宗教裁判所指令，对华人异端礼仪和行为屡屡退让。宗教裁判所在澳门之尴尬境遇，从某个侧面揭示了澳门所处的独特地理、宗教空间，将来自北面的华人势力和来自西面的宗教裁判所所代表的多明我会势力在澳门的博弈体现得淋漓尽致，反映出明清澳门生存空间之复杂多变。

第三节　澳门天主教社团及其宗教活动

由于葡萄牙是一个以天主教为国教的国家，所以，澳门从开埠起，葡萄牙人即将天主教带入，并且很快就将澳门建成了一个具有十分浓厚的天主教色彩的欧洲中世纪

---

① ［葡］施白蒂著，小雨译：《澳门编年史：16—18世纪》，澳门：澳门基金会，1995年，第155页。

② ［瑞典］龙思泰著，吴义雄等译：《早期澳门史》，北京：东方出版社，1997年，第184页。

③ 顾卫民：《"以天主和利益的名义"：早期葡萄牙海洋扩张的历史（1415—1700）》，北京：社会科学文献出版社，2013年，第301～303页。

④ C. R. Boxer, *Fidalgos in the Far East (1550-1770), Fact and Fancy in the History of Macau*, The Hague: Martinus Nijhoff, 1948, p. 144.

城市。康熙九年（1670），陆希言来到澳门，他所看到的澳门就完全是一个天主教的城市，其所著《墺门记》云：

大西洋人皆奉事天主，习知吾国有礼义之风，而不识天地之主，背本忘原，谈玄说佛，归愬教宗悯恤，爰令修士东来。……入其境，见城无百堵，众无一旅，家无积粟，凄凉满襟。然所赖以安全者，有文士焉，衣服翩翩，吟哦不辍，从天主堂而出入，读书谈道，习格物穷理而学超性者；有武士焉，擐衣露肘，带刀佩剑，从炮台而上下，较勇力，比超距，思擒游龙而搏猛虎者。是诸文武之士，恪守上帝之明命，而不敢违，其静动行为，无不托庇于天主。故天主圣堂之不一，曰圣伯多禄堂、圣保禄堂、圣多明我堂、圣方济各堂、圣奥吾思定堂、圣安多尼堂、圣老楞佐堂、圣辣匝罗堂。同一圣教会，而昭事钦崇，但作圣之功不同，故建堂而各自梵修焉。若圣多明我、圣方济各，则苦修克己者；圣奥吾思定，则礼貌相似，而规诫少宽；圣安多尼、圣老楞佐，皆统于圣伯多禄，虽洁身修行，然稍存世俗，专于统理教众之婚娶丧葬之典焉。百粤之痲疯为甚，圣辣匝罗专愿济人而救疗之。又有圣母堂者，以慈悲为名，专于收育遗婴，并怜惜贫而无告者。又有别一堂，以病院为名，凡有病之男女老幼无扶持者，远来孤旅无依者皆归于是而愿护之。其药饵之费，服役之人，皆各堂共襄资斧，不使一人独为君子也。圣保禄堂，俗讹为三巴，是耶稣会士所居，修虽苦而行不外露，礼从俗而规矩愈严，不特绝色绝财，并绝意而惟顺长之命，且绝位而无居上之心。……至于济众博施，不特愿病者幼者，而贫者苦者，七日之内，两给其衣食用。而又设立义塾，不特教其英才，即牧竖厮养，咸得就小学而学焉。小学有成，升入大学，更资其衣食，而望其成材。学既通明，或愿修道，或欲经营，仍任其自主焉。故三巴堂独高昂而宏丽，百凡功业，均与他堂不同，惟守诫持斋，七时祈祷，听钟声而作息，则彼此无异焉。①

满城都是教堂，虽然各堂事工不同，但“守诫持斋，七时祈祷，听钟声而作息，则彼此无异”；满城都是文武之士，但“恪守上帝之明命，而不敢违，其静动行为，无不托庇于天主”。陆希言给我们描绘出了一座完全天主教化的澳门古城，难怪澳门被赐名为“天主圣名之城”，而葡人则称自己所居的澳门城为“基督城”。在这座基督城内，不仅有天主教的澳门主教区，驻扎于澳门的各天主教修会，罗马、果阿派驻澳门的天主教机构，还有17个存在于历史各个时期的澳门本土天主教教友社团。正是由于这些天主教教友社团的出现与存在，在澳门的历史上留下了极为丰富的天主教宗教活动的内容。

① ［比］钟鸣旦等编：《法国国家图书馆藏明清天主教文献》第11册，陆希言：《墺门记》，台北：台北利氏学社，2009年，第425～429页。

一、澳门天主教教友社团

澳门自开埠始进入的最早居民就是天主教徒，据文献记载，开埠不到十年，“夷众殆万人矣”[①]。这个“夷众”指的就是信仰天主教的葡萄牙人和他们的家眷、仆役。对这些成千上万的信仰天主教的教友们怎么进行管理，这对于教会来说，是一个十分重要的问题。所以，最早进入澳门教区的各个天主教修会的神父们都在进行这样的组织工作，即将分散的教友组织起来，“受到一些固定规条的约束，要求其成员互助、行善、布施，组成一个兄弟会”[②]。早期进入中国内地的耶稣会会士也是如此：

> 在传教事业全面发展时，耶稣会会士尝试多种方法管理皈依者的社团。第一批实质性的新的教友团体出现在江西南昌的传教点。到1605年时，苏如望和李玛诺宣布已有200名皈依者，小圣堂一次已经无法容纳全部教友。因此，传教士把教友分成3个小组。每组教友在不同日期到圣所祷告、听神父布道或上教义课。耶稣会会士鼓励教友在礼拜六和庆日里望弥撒。[③]

这种由在俗的天主教教友组成的教友社团，实际上构成了天主教教会最基础的组织。每一个社团都有一个本地化的信仰主体，他们聚集到一个特定的圣所，领受圣事，进行灵修。各个社团都有自己的社团领袖，这些社团领袖就是各个社团所选出来的会长或者主席。每个社团还有自己的管理机构，除了社团领袖主席以外，还包括秘书、司库等。自澳门开埠以后不久，澳门天主教教友社团应该就已经出现。龙思泰称：

> 在澳门，最早的这种团体是仁慈圣母会。类似的若干团体组织起来，经主教同意，并由教皇批准。的确，澳门可以因拥有11个兄弟会而自豪。另外，还有几个正在酝酿中，需要教皇的鼓励。仁慈堂的规范还不算在内。据说其中8个多少有足够的经济来源（来自各自基金的利息），以及支持每年庆祝特有的圣者节日的费用。[④]

据龙思泰提供的资料可以知道，到1832年龙思泰书成时，澳门已经拥有了11个天主教社团，还有几个在酝酿和创建中，而据文德泉公布的澳门天主教社团的名单，16到19世纪期间，共有16个天主教社团创建，与龙思泰的资料大体相合。

（一）仁慈圣母兄弟会

仁慈圣母兄弟会（Confraria de N. S. da Misericórdia）应是澳门最早由天主教世俗教

---

① （明）庞尚鹏：《百可亭摘稿》卷1，《陈末议以保海隅万世治安疏》，四库全书存目丛书集部第129册影印明万历二十七年庞英山刻本，济南：齐鲁书社，1997年，第131页。

② ［瑞典］龙思泰著，吴义雄等译：《早期澳门史》，北京：东方出版社，1997年，第180页。

③ Liam Matthew Brockey, *Journey to the East: The Jesuit Mission to China, 1579 – 1724*, Cambridge & London: The Belknap Press of Harvard University Press, 2007, p. 331.

④ ［瑞典］龙思泰著，吴义雄等译：《早期澳门史》，北京：东方出版社，1997年，第180页。

友成立的社团，1418 年 8 月 15 日，若奥二世国王的遗孀唐娜·莱昂诺尔王后的听忏悔神父在里斯本设立仁慈圣母兄弟会。1569 年贾尼劳神父在澳门成立仁慈圣母兄弟会。[①]这位创办者一直管理该会，直至他的继任萨主教到来。1590 年，雷贝罗·布拉沃（António Rebelo Bravo）被选为该会会长。1626 年对里斯本和果阿慈善章程进行调查，认为澳门仁慈圣母兄弟会的章程"简单而混乱"；1627 年 1 月增选 12 人，他们及其他会员决定采用果阿的章程，"为适用于本土"进行某些修改，1643 年 11 月 23 日若奥四世国王的命令予以批准，澳门兄弟会与其他兄弟会一样，受到王室庇护。根据 1627 年章程，仁慈圣母兄弟会的目的是开展肉体和精神上的慈善工作。该会的兄弟，除了"道德高尚、有名望、畏惧天主、谦逊、慈善、卑谦"外，还应当有 7 项品德：

> 1. 没有摩尔或犹太血统；2. 没有任何恶名；3. 单身，不小于 30 岁；4. 不是依靠薪水生活的家仆；5. 能读会写；6. 生活富裕；7. 不能扶送慈善会外的其他灵柩。[②]

必须出席慈善会的 5 个节日：

> 1. 圣母访问节（7 月 2 日），参与选举；2. 圣老楞佐节（8 月 10 日），确定人选；3. 万圣节（11 月 1 日），游行；4. 圣马丁节（11 月 11 日），送葬曼努埃尔国王、唐娜·莱昂诺尔王后和所有已故的兄弟；5. 濯足节（复活节前一周的星期四），参加忏悔者游行，瞻仰教堂的耶稣圣体。[③]

该兄弟会是一个专门信奉仁慈圣母的慈善会，其宗旨即是为有需要者提供援助。该慈善会有成员 300 人，一半为贵族，一半为平民。慈善会设有执理、司库、秘书及其他行政人员。[④] 在澳门，仁慈圣母兄弟会又被称为仁慈堂，其设在仁慈堂的教堂内，该教堂于 1886 年被拆毁，再未修复，但还拥有白马行医院和麻风病院的两座小教堂。[⑤] 仁慈堂由于获得了葡萄牙国王和澳门政府的支持，发展极为迅速，到 16 世纪后期，仁慈堂实际上已经成为维持澳门社会稳定的一个特殊的民间机构。因前章有详细介绍，此处不赘。

---

① Manuel Teixeira, *Macau e a Sua Diocese*, *Vol. XI*, *As Confrarias em Macau*, Macau: Tipografia da Missão do Padroado, 1975, p. 269.

② Manuel Teixeira, *Macau e a Sua Diocese*, *Vol. XI*, *As Confrarias em Macau*, Macau: Tipografia da Missão do Padroado, 1975, p. 270.

③ Manuel Teixeira, *Macau e a Sua Diocese*, *Vol. XI*, *As Confrarias em Macau*, Macau: Tipografia da Missão do Padroado, 1975, pp. 270 – 271.

④ Manuel Teixeira, *Macau e a Sua Diocese*, *Vol. XI*, *As Confrarias em Macau*, Macau: Tipografia da Missão do Padroado, 1975, p. 268.

⑤ Manuel Teixeira, *Macau e a Sua Diocese*, *Vol. XI*, *As Confrarias em Macau*, Macau: Tipografia da Missão do Padroado, 1975, p. 281.

（二）罗萨里奥圣母教友会

罗萨里奥圣母教友会（Confraria de N. S. do Rosário），又称为玫瑰圣母兄弟会，是由多明我会会士安东尼奥·阿尔迪亚诺（António de Arcediano）、阿丰索·德尔加多（Alonso Delgado）和巴尔托罗梅乌·洛佩斯（Bartoloméu Lopez）于1585年9月1日抵达澳门后创建的，他们到达澳门时受到了奥斯定会会士的接待，之后在主教区司库家中的一个房间里成立了“罗萨里奥圣母之家”。1588年被马尼拉圣多明我会教区正式接受，并任命安东尼奥·阿尔迪亚诺为该会的第一任会长。罗萨里奥圣母教友会为澳门最古老的天主教教友会之一。多明我会会士无论走到哪里，都习惯组织罗萨里奥圣母教友会。[①] 澳门罗萨里奥圣母教友会成立以后，获得较快的发展，1640年8月3日，有4位特使和57位成员在日本长崎殉难，他们都属于罗萨里奥圣母教友会[②]，反映了罗萨里奥圣母教友会在澳门早期发展的规模。罗萨里奥圣母教友会在会员中选举其组织机构，该会设有主席1人，秘书1人，司库1人，均为选举产生，选举日是在每年10月7日罗萨里奥圣母纪念日进行，选中的人员任职直至第二年10月。[③] 1835年，多明我会修道院被澳门政府关闭后，主教座堂神父维托尔·迪亚斯（António José Vitor Dias de Lima）主持该会工作，并于1838年进行了对该会组织机构的重新选举，一直到19世纪末。[④] 19世纪之前，该组织机构的管理人员的资讯未获保存，但从1809年后，该组织机构的管理人员名单基本完备。下面仅将1809—1843年罗萨里奥圣母教友会历任主席予以简介：

表4－10 1809—1843年罗萨里奥圣母教友会历任主席名单[⑤]

序号	姓名	任期	备注
1	米兰达·利玛 José Baptista de Miranda e Lima	1809—1810	圣若瑟神学院教师
2	弗洛瑞安诺·兰热尔 Floriano António Rangel	1829—1830	1831年任理事官

---

① Manuel Teixeira, *Macau e a Sua Diocese, Vol. XI, As Confrarias em Macau*, Macau: Tipografia da Missão do Padroado, 1975, p. 5.

② Manuel Teixeira, *Macau e a Sua Diocese, Vol. XI, As Confrarias em Macau*, Macau: Tipografia da Missão do Padroado, 1975, p. 6. 此说不确，有材料证明其中有两人来自于澳门的第三忏悔团。参见 Manuel Teixeira, *Macau e a Sua Diocese, Vol. XI, As Confrarias em Macau*, Macau: Tipografia da Missão do Padroado, 1975, p. 231.

③ Manuel Teixeira, *Macau e a Sua Diocese, Vol. XI, As Confrarias em Macau*, Macau: Tipografia da Missão do Padroado, 1975, p. 52.

④ Manuel Teixeira, *Macau e a Sua Diocese, Vol. XI, As Confrarias em Macau*, Macau: Tipografia da Missão do Padroado, 1975, p. 63.

⑤ Manuel Teixeira, *Macau e a Sua Diocese, Vol. XI, As Confrarias em Macau*, Macau: Tipografia da Missão do Padroado, 1975, pp. 52－67.

（续上表）

序号	姓名	任期	备注
3	维森特·科英布拉 Félix Vicente Coimbra	1830—1831	1822 和 1825 年任理事官
4	菲利克斯·佩雷拉 Manuel Félix Pereira	1831—1833	连任 1 次
5	阿拉乌茹·罗咱 Bernardo Manuel de Araújo Rosa	1833—1835	连任 1 次
6	安吉洛·席尔瓦 Ângelo António da Silva	1835—1836	
7	冯塞卡 ·库尼亚 João Joaquim da Fonseca e Cunha	1836—1837	
8	法利亚·尼维斯 Ludgero de Faria e Neves	1837—1838	
9	若阿金·诺罗尼亚 Favorino Joaquim de Noronha	1838	
10	科埃略·桑托斯 João Damasceno Coelho dos Santos	1838—1840	连任 1 次
11	马尔丁斯·蓝戈 Manuel Martins do Rego	1840—1841	
12	安东尼奥·米兰达 António José de Miranda	1842—1843	

（三）耶稣受难兄弟会

耶稣受难兄弟会（Confraria de N. S. Bom Jesus dos Passos）创办的时间已不可考，据 1851 年 6 月 22 日耶稣受难兄弟会委员的记载：“不知道耶稣受难兄弟会创立的时间，可能跟奥斯定修士在澳门设立的时间是一样的。”奥斯定修道院的创办者是孟利格神父，他于 1586 年 11 月 1 日到达澳门，并建立了奥斯定教堂。以此推之，则耶稣受难兄弟会创办的时间当在 1586 年左右，也是澳门最古老的天主教教友会之一，但关于该会活动的详细资料文献档案并无过多的记录。[①] 该会保存的最早的记载及第一次会议记录是 1846 年 2 月 22 日。当年 2 月对耶稣受难兄弟会的管理机构进行了选举，选出了澳门富商摆华为耶稣受难兄弟会管理委员会主席，若奥·维埃拉（João José Vieira）为秘书，席尔瓦·特雷斯（José Severo da Silva Teles）为司库，任期是 1846 年 2 月至 1847 年 2 月，每年选举一次。[②] 19 世纪最后 1 次选举是马沙度·德·门东萨（Firmino Machado de Mendonça）为主席，马尔科斯·多斯·帕索斯（Luís Marcos dos Passos）为秘书，马尔蒂略·马葵士（Lauriano Martinho Marques）为司库。[③] 1857 年 2 月 9 日，耶

① Manuel Teixeira, *Macau e a Sua Diocese*, Vol. Ⅺ, *As Confrarias em Macau*, Macau: Tipografia da Missão do Padroado, 1975, p. 147.

② Manuel Teixeira, *Macau e a Sua Diocese*, Vol. Ⅺ, *As Confrarias em Macau*, Macau: Tipografia da Missão do Padroado, 1975, p. 179.

③ Manuel Teixeira, *Macau e a Sua Diocese*, Vol. Ⅺ, *As Confrarias em Macau*, Macau: Tipografia da Missão do Padroado, 1975, p. 201.

稣受难兄弟会管理委员会主席若瑟·古拉尔特（José Barnardo Goularte）说：“总督阁下建议将圣奥斯定教堂移交耶稣受难兄弟会，保持教堂庄重整洁的开放。”① 1884 年 4 月 17 日，澳门政府颁布法令，将圣奥斯定教堂批给耶稣受难兄弟会，由该兄弟会负责对该物业进行重建与维修，并资助礼拜活动。② 1886 年，奥斯定会修士巴莱达（Juan Pascual Barreda）受菲律宾奥斯定会教省会长塔莱贡（Meliton Talegon）的委托，将埋葬在圣保禄教堂的白万乐主教及埋葬在圣奥斯定教堂的西班牙教士的遗骸迁至马尼拉，获得了耶稣受难兄弟会的同意，但是该教堂里的 3 块墓碑仍保留在原地。③

（四）第三忏悔团

第三忏悔团（Ordem Terceira da Penitência），又称方济各会第三会，为方济各会创始人圣方济各创建。1221 年，在圣方济各去世之前，为在俗男女教友设立在俗修会，俗称第三会。根据会规，加入此会者，不必出家，只需在修会神父的指导下安贫乐道或解囊布施过清贫生活，并以基督之精神来引导和规划他们的灵魂。澳门的第三忏悔团，是由 1579 年最早到达澳门的方济各会会士创立的，设立在方济各会天使圣母教堂内。④ 据现存资料，我们知道的第三忏悔团最早的成员是 1633 年的伊萨贝尔·罗萨（Isabel da Rocha）。1640 年 8 月 3 日在长崎被屠杀的葡萄牙使团中有两人就出自第三忏悔团，一人为多明戈斯·弗兰科（Domingos Franco），来自里斯本，在澳门结婚，30 岁；另一人为迪奥戈·费尔南德斯（Diogo Fernandes），来自科英布拉教区的 Bemposta，在澳门结婚，28 岁。⑤ 该团设有自己的组织机构，机构设有团长、副团长、秘书和司库。该团还拥有自己独立的资金来源，由司库负责管理。⑥ 1818 年，奥索里奥被选为圣方济各第三会司库，他将第三忏悔团的资金用于投资，结果亏损。于是该团将他送进了宗教裁判所，亏损余下的资金被该团接收。⑦

---

① Manuel Teixeira, *Macau e a Sua Diocese, Vol. XI, As Confrarias em Macau*, Macau: Tipografia da Missão do Padroado, 1975, p. 147.

② ［葡］施白蒂著，姚京明译：《澳门编年史：19 世纪》，澳门：澳门基金会，1998 年，第 234 页。

③ Manuel Teixeira, *Macau e a Sua Diocese, Vol. XI, As Confrarias em Macau*, Macau: Tipografia da Missão do Padroado, 1975, pp. 169 - 170.

④ Manuel Teixeira, *Macau e a Sua Diocese, Vol. XI, As Confrarias em Macau*, Macau: Tipografia da Missão do Padroado, 1975, p. 230.

⑤ Manuel Teixeira, *Macau e a Sua Diocese, Vol. XI, As Confrarias em Macau*, Macau: Tipografia da Missão do Padroado, 1975, p. 231.

⑥ Manuel Teixeira, *Macau e a Sua Diocese, Vol. XI, As Confrarias em Macau*, Macau: Tipografia da Missão do Padroado, 1975, p. 241.

⑦ Manuel Teixeira, *Macau e a Sua Diocese, Vol. XI, As Confrarias em Macau*, Macau: Tipografia da Missão do Padroado, 1975, p. 235.

（五）救助圣母兄弟会

救助圣母兄弟会，又称为圣母救济会。1626 年 10 月 2 日教宗乌尔班八世颁布敕谕，在圣老楞佐教区教堂救助圣母礼拜堂成立救助圣母兄弟会（Confraria de Nossa Senhora dos Remédios），并定有救助圣母兄弟会章程。1777 年，经澳门教区祁主教同意，对该会章程进行修订，其中提到：

> 救助圣母兄弟会的章程让读到它的人感到欣喜而安慰，唤起他们崇高的情感和精神的信仰。我们只举例其中一条，章程 2："主席必须出席每周六的弥撒，陪伴所有已故的教友；必须看望生病的教友，给他们有益的虔诚的安慰；当教友之间产生分歧时，必须尽力保持他们之间和平相处；在领导委员会上不可以用侮辱性的字眼辱骂任何人，但可以用所有好的、谨慎的词汇。"足见这种宗教社团的信仰精神和仁慈。[①]

救助圣母兄弟会设有自己的管理机构，每年选举管理委员会主席、秘书和司库。[②] 每年救助圣母的纪念日都举行圣像巡游活动。[③] 1703 年 5 月 3 日晚上，救助圣母兄弟会抬着救助圣母圣像，从圣老楞佐教堂到主教座堂进行忏悔游行祈求天主保佑下雨救灾。[④] 1833 年，澳门的救助圣母兄弟会也举行了一次圣像巡游，这次巡游场面特别壮观。[⑤] 现在知道的最早担任救助圣母兄弟会主席的是杜阿尔特·贝尔南迪诺，此人为澳门富商，曾于 1843 至 1845 年间出任议事会议员。[⑥] 1841 年他被选为救助圣母兄弟会管理委员会主席，1846 年他在西望洋山修建圣珊泽别墅，是当时澳门最为豪华的私人花园别墅。[⑦] 现在仍保存有该会 1769 至 1830 年的教友名录，据名录统计，这一期间共有教友 309 人。[⑧] 1907 年 7 月 5 日，皮奥十世向救助圣母兄弟会颁布谕令：

> 永远记住：力图扩大教徒人数，拯救人民的灵魂，为炼狱的灵魂祈祷，宽恕

---

① Manuel Teixeira, *Macau e a Sua Diocese, Vol. XI, As Confrarias em Macau*, Macau: Tipografia da Missão do Padroado, 1975, p. 212.

② Manuel Teixeira, *Macau e a Sua Diocese, Vol. XI, As Confrarias em Macau*, Macau: Tipografia da Missão do Padroado, 1975, pp. 218 – 224.

③ Manuel Teixeira, *Macau e a Sua Diocese, Vol. XI, As Confrarias em Macau*, Macau: Tipografia da Missão do Padroado, 1975, p. 213.

④ Jack M. Braga, *A Voz do Passado: Redescoberta de a Colecção de Varios Factos Acontecidos Nesta mui Nobre Cidade de Macao*, Macau: Instituto Cultural de Macau, 1987, p. 22.

⑤ ［瑞典］龙思泰著，吴义雄等译：《早期澳门史》，北京：东方出版社，1997 年，第 180 页。

⑥ *Chinese Repository*, Vol. 12, No. 1, 1843/01, p. 18; Vol. 14, No. 1, 1845/01, pp. 18 – 19.

⑦ Isabel Nunes e Luís António Durão, *Santa Sancha*, Macau: Instituto Cultural de Macau, 1993, p. 27; ［葡］塔维拉著，杨平译：《澳门从开埠至 20 世纪 70 年代社会经济和城建方面的发展》，载《文化杂志》（中文版）第 36—37 期，1998 年，第 36 页。

⑧ Manuel Teixeira, *Macau e a Sua Diocese, Vol. XI, As Confrarias em Macau*, Macau: Tipografia da Missão do Padroado, 1975, pp. 224 – 228.

所有的罪恶，告解并坦诚地忏悔的教徒，无论同性还是异性，每年5月最后10天中的任何一天来圣老楞佐教堂看望执事和殉教者，教堂里的救助圣母礼拜堂，向天主祈祷天主教徒与异教徒和谐共处，使有罪的人皈依天主，并颂扬圣母玛利亚教堂。[1]

300年来，先后两任教宗对该会颁布敕谕，可以反映澳门这一兄弟会在梵蒂冈的地位。

（六）圣保禄教堂内的兄弟会

1565年底，耶稣会会士培莱思和泰玛诺及安德烈·平托修士在圣安东尼奥教堂旁边用稻草搭建了一个住所和一个附属礼拜堂。1573年，葡商维略纳（António de Vilhena）搭建土墙或泥墙，1574年完工，建成的是天主圣母庇佑教堂。1582年教堂迁至山顶，这里的圣保禄教堂的遗址，是葡萄牙人下令建造的。署理主教贾尼劳辞去主教之职后，一直住在这里。1601年的大火将教堂烧毁，1602—1603年间葡萄牙人将其重建，在1603年的圣诞节落成。潘日明神父在其文章中提到："1603年圣诞落成的新教堂的形象是圣母升天图。至今圣保禄的正面仍保留着这个铜像。"但笔者认为，圣保禄教堂供奉的是天主之母，正如正门的题词。但铜像不是圣母升天，而是纯洁受孕圣母。[2] 在这个教堂里有多个圣母玛利亚兄弟会，如预知圣母会（Congregação de N. Sra. da Anunciada）、升天圣母兄弟会（Confraria da Sra. da Assunção）和天主之母兄弟会（Confraria de N. Sra. Madre de Deus）等。1620年的耶稣会年信最早提到：在一次环绕教堂游行时，巡视员骆入禄（Jerónimo Rodrigues）也参与了游行，他带着圣母的头发，放在圣体匣里。那天早上，日本主教华主教（D. Diogo Valente）在圣保禄学院的一个私人礼拜堂为预知圣母会的兄弟们发放圣餐。所有人都非常高兴。亚马德乌·达·库尼亚（Amadeu da Cunha）在其遗嘱中宣布："我决定将我的财产中的800克鲁扎多捐给升天圣母兄弟会。"贝尔西奥尔·卡尔多索（Belchior Cardoso）说："我将我工厂的50克鲁扎多交给天主之母兄弟会的执事。"[3] 根据1608年《澳门圣保禄学院年报》，在1607年之前圣保禄教堂内就出现了4个教友兄弟会，分别是圣灵兄弟会、耶稣兄弟会、圣母兄弟会以及圣母无原罪兄弟会，他们共同出资更新了学院教堂的主祭坛。[4] 根据这条材料，我们可以知道圣保禄教堂内的圣母兄弟会和圣母无原罪兄弟会应

---

① Manuel Teixeira, *Macau e a Sua Diocese*, *Vol. XI*, *As Confrarias em Macau*, Macau: Tipografia da Missão do Padroado, 1975, p. 213.

② Manuel Teixeira, *Macau e a Sua Diocese*, *Vol. XI*, *As Confrarias em Macau*, Macau: Tipografia da Missão do Padroado, 1975, pp. 282 - 283.

③ Manuel Teixeira, *Macau e a Sua Diocese*, *Vol. XI*, *As Confrarias em Macau*, Macau: Tipografia da Missão do Padroado, 1975, p. 284.

④ João Paulo Oliveira e Costa, *Cartas Ânuas do Colégio de Macau (1594 - 1627)*, Macau: Fundação Macau, 1999, p. 126.

该成立在 1607 年之前。

除上述圣母会以外，还有耶稣兄弟会（Confraria de Jesus）、圣灵兄弟会（Confraria do Espírito Santo）和圣沙勿略兄弟会（Congregação de S. Francisco Xavier）。耶稣兄弟会由澳门署理主教贾尼劳所领导的耶稣会门徒创立。该会所在地也在澳门圣保禄学院，有一座礼拜堂和礼拜堂内的耶稣圣坛。根据前引 1608 年《澳门圣保禄学院年报》，可以知道，圣保禄教堂内的耶稣兄弟会应该成立于 1607 年之前。有文献对圣保禄教堂描述称：“有 3 座殿，3 个礼拜堂，2 个十字圣坛：主礼拜堂，耶稣礼拜堂和贞洁圣女礼拜堂；耶稣礼拜堂的拱门和主礼拜堂拱门的中间是圣灵坛及其圣物存放处，另一边是圣米格尔圣坛与之相对应。”在新年前夕，耶稣兄弟会首次庆祝耶稣的节日，并在这天布道。该会成立后，获得了很多本地富人的捐赠，如玛利亚·努内斯（Maria Nunes）曾捐给耶稣礼拜堂 400 两白银，亚马德乌·达·库尼亚则捐给该会 100 克鲁扎多。1620 年，该会的一位执事还捐出了 30 克鲁扎多。圣保禄教堂内的耶稣兄弟会由选出来的执事负责，这些执事都是当地人。①

圣灵兄弟会，会址设在圣保禄教堂。根据前引 1608 年《澳门圣保禄学院年报》，可以知道，圣保禄教堂内的圣灵兄弟会应该成立于 1607 年之前。1620 年耶稣会年信说：“圣灵兄弟会的执事送给该会圣坛 4 个银质烛台，价值 200 多克鲁扎多及一个绒布帷幔，带绒布花边，抽掉银丝，绒布是胭脂红色，价值 150 克鲁扎多。”圣灵礼拜堂拥有一些物品：10 个包银的圣物箱，2 支银花束，一个（圣人头上的）银质光轮，上面放着一个铜质灯具。早期圣灵兄弟会有两个著名人物，一个叫华猫殊，他曾经担任圣灵兄弟会的执事，1714 年的澳门议事会议员。他是当时澳门最有钱的富商之一，拥有 2 艘贸易额船，一艘是“岩石圣母和圣若瑟号”，另一艘是“岩石圣母和圣尼阁老号”。1718 年，华猫殊逝世后，捐 400 帕尔达乌（Pardau）作为天主圣母教堂举行九日斋和圣灵节的费用；另一个人叫维森特·罗德里格斯（Vicente Rodrigues），他是著名的葡萄牙商人，能讲流利的日语，对日本民族习俗非常了解。其妻玛利亚·加依雅（Maria Gaia）是 1611 年出任中日巡航首领、澳门地方兵头的佩德罗·加依奥（Pedro Martins Gaio）的女儿。他们两夫妇都是圣灵兄弟会财产的捐赠人，他们为该教堂制作了 3 个银质灯具，一个献给圣灵，一个献给圣米格尔，还有一个放在主礼拜堂。又送给圣灵兄弟会 4 个银质烛台，还捐出 50 两银子给 3 个灯具添灯油，又捐 50 两给圣灵兄弟会做弥撒的歌手。维森特·罗德里格斯 1638 年 8 月 12 日去世，葬在圣灵圣坛附近。他的妻子 1644 年 2 月 1 日去世，与其葬在一起。②

---

① Manuel Teixeira, *Macau e a Sua Diocese*, *Vol. XI*, *As Confrarias em Macau*, Macau: Tipografia da Missão do Padroado, 1975, pp. 284 – 285.

② Manuel Teixeira, *Macau e a Sua Diocese*, *Vol. XI*, *As Confrarias em Macau*, Macau: Tipografia da Missão do Padroado, 1975, pp. 285 – 286.

圣沙勿略兄弟会，会址也在圣保禄教堂。圣沙勿略兄弟会是葡萄牙人及葡萄牙人后裔创立的。蒙坦也（José Montanha）神父1742年称，圣沙勿略兄弟会由圣保禄耶稣会会士创立，创建的具体时间不可考。1746年若奥·阿尔瓦雷斯（João Álvares）神父称，1692年圣沙勿略兄弟会在圣保禄教堂内放福音书的地方建立了一个圣沙勿略礼拜堂 。该礼拜堂拥有一个银质灯具和一个铜质灯具；一个抬架或舁床，银质，抬圣沙勿略的骨骸；以及一个银质权杖。蒙坦也神父称圣保禄教堂："有圣沙勿略的手臂和手臂残骸证书。"后来补充说，保留在圣保禄学院的日本Funai学院殉难者遗骸，圣沙勿略的手臂及其证书也在其中。每年的12月10日该兄弟会举行纪念圣沙勿略的圣像出游。1724年，曾经担任过澳门议事会理事官、仁慈堂主席的澳门富商弗朗西斯科·郎热尔去世，给该兄弟会捐了300两白银。[①] 据称，到这时圣沙勿略兄弟会还没有主席。[②]

圣保禄教堂除了上述兄弟会以外，在圣保禄学院的学生中还成立有学生教友会，如圣母领报学生会，据1616年1月27日《澳门圣保禄学院年报》记载：

> 今天，学院重新组织成立了圣母领报学生会，澳门当地的一些重要人士的子弟都加入到了这个学生会里。2月2日，也就是圣烛日（dia de Nossa Senhora das Candeas）这天，澳门议事会主席和其他的一些官员都来到了我们学院，在仪式上，省教区长神父率先给他们示范了应该如何在仪式上行使他们的职责。同时在主祭坛旁边，还有6名教友会会员端着蜡烛听神父诵经讲道，向上帝祷告，然后再在管风琴的伴奏之下一起做应答祈祷，这也是我们学院在澳门这里第一次一起以唱歌的方式进行祷告。在天使报喜日那天，我们学院的教堂内外全都用华丽的丝带装饰了起来，省教区长神父主持了弥撒，而弗朗西斯科·博迪利诺（Francisco Boldirino）神父则主持了布道会，在布道会上，神父赞颂了众位教徒的虔诚。与此同时，虽然我们非常清楚家长们都希望自己的孩子能够加入类似这样的学生会，而且我们还听说有人因为自己的儿子加入了这个学生会，而特意为他重新裁制了一件新衣服，但是我们还是向大家表明了我们对于组织成立类似这样的学生会的期望，以及我们从成立该学生会中所获得的成果。有很多人都递交了加入这个学生会的申请，而且其中很多人非常想要加入这个学生会，尽管整个程序进展得比较缓慢，而且需要进行筛选，但依然有些人则如其所愿加入了学生会。学院的学生继续通过实际行动，进行着谦卑的练习，他们一起互帮互助，取长补短，也会

---

① Jorge Forjaz, *Famílias Macaenses*, Vol. Ⅲ, Macau: Fundação Oriente, Instituto Cultural de Macau, Instituto Português do Oriente, 1996, p. 9；仁慈堂手稿抄件第15号遗嘱，1592—1849，第75页；Manuel Teixeira, *Macau no Séc. XⅧ*, Macau: Imprensa Nacional, 1984, p. 267.

② Manuel Teixeira, *Macau e a Sua Diocese, Vol. XI, As Confrarias em Macau*, Macau: Tipografia da Missão do Padroado, 1975, pp. 287－288.

做其他一些施恩行善和谦卑之事。①

据上述记载可知，这一圣母领报学生会是于1616年重新组织成立的，也就是说，在1616年之前圣母领报学生会曾经建立过，可能是由于这一学生会的组织松散，故到1616年重新组织。

（七）圣若奥·巴布蒂斯塔兄弟会

圣若奥·巴布蒂斯塔是澳门四大保护神之一。1622年，葡萄牙人在圣若奥日（6月24日）神奇地击败了荷兰人对澳门的大举进攻，战争胜利后，澳门议事会遂定圣若奥·巴布蒂斯塔为澳门的城市主保神。圣若奥·巴布蒂斯塔兄弟会（Confraria de S. João Baptista）应该也是在这一时间成立的。该兄弟会最初应该是设在议事会内，后来会址迁到大堂。圣若奥·巴布蒂斯塔兄弟会每年6月24日都要组织对澳门城市保护神圣若奥的纪念活动。每逢圣若奥节，议事会通常命人在忏悔者之园（Campo dos Arrependidos，今得胜花园）的十字架旁边举行感恩弥撒，之后转到东望洋教堂举行，最后游行至大堂。在圣若奥节这天，包括法官、议员、理事官、议事厅书记官等官员们都要到教堂忏悔、领圣餐。现存该会最早的记录是1641年7月，当时议事会司库兼理事官克里斯托旺·科埃略（Cristóvão Soares Coelho）给兄弟会的圣若奥游行的一项拨款：

> 芦笛和鼓8个月共支出0.850两，圣若奥·巴布蒂斯塔兄弟会的活动花费14帕尔达乌，合计银子11.900两，华人信徒17个月花费1.700两，合计14.450两。

1644年6月议事厅理事官兼司库多明戈斯·达·阿尔梅达（Domingos de Almeida）也记录了圣若奥·巴布蒂斯塔兄弟会游行的花费："游行用旗帜，花费4.250两；蜡烛，花费4.732两。"1787年8月8日，在清点议事厅的资产中，其中有圣若奥和圣沙勿略的5面旗子。根据澳门档案的记录，每年议事会都会拨出20两银子支持圣若奥·巴布蒂斯塔兄弟会在每年6月24日的节日游行。② 龙思泰也称，议事会从国王金库中拨款给澳门保护神施洗若奥的节日及其出游的费用。③

（八）圣体兄弟会

圣体兄弟会（Irmandade do Santísimo Sacramento），何时成立，由何人创建，均无材料可考，但据文德泉公布的资料，该兄弟会设在主教座堂内。④ 最早提到兄弟会的是

---

① João Paulo Oliveira e Costa, *Cartas Ânuas do Colégio de Macau (1594 - 1627)*, Macau: Fundação Macau, 1999, p. 148.

② Manuel Teixeira, *Macau e a Sua Diocese*, *Vol. XI*, *As Confrarias em Macau*, Macau: Tipografia da Missão do Padroado, 1975, pp. 292 - 293.

③ ［瑞典］龙思泰著，吴义雄等译：《早期澳门史》，北京：东方出版社，1997年，第180页。

④ Manuel Teixeira, *Macau e a Sua Diocese*, *Vol. XI*, *As Confrarias em Macau*, Macau: Tipografia da Missão do Padroado, 1975, p. 300.

龙思泰《早期澳门史》，他说："议事会每年从国王金库中拨款支付圣体节节日及其出游的费用。"① 龙思泰书成于1832年，可知圣体兄弟会创建的时间应该在1832年之前。在1846年7月17日第22号政府法令中，提到圣体兄弟会的财产和圣克拉拉修道院的房屋免交什一税。② 1875年7月10日的政府法令中宣布免除什一税的单位也包括了"圣体兄弟会"。从1931年的资料看，该兄弟会的组织机构为管理委员会，设有主席1人、秘书1人、司库1人、理事1人。③ 该兄弟会应该负责每年的圣体节的纪念活动和圣像出游。

（九）愉快旅途圣母兄弟会

愉快旅途圣母兄弟会（Confraria de N. Senhora da Boa Viagem），设立在方济各会天使圣母教堂。1693年3月2日制定章程，同年9月3日澳门主教贾修利予以批准。1835年各个修道院解散，该会的会址迁往圣克拉拉修道院，如今会址在大堂。愉快旅途圣母纪念日是9月15日，澳门有很多人参加，尤其是航海家，他们大部分是该会和该节的捐赠人。早期该会的组织结构及领导人都不清楚，现在还保存有1872—1895年该会管理委员会成员的名单。该组织设有主席1名，1872年时的主席为安东尼奥·若瑟·华瓦肖（António José Favacho）；秘书1名，1872年的秘书是维森特·安德烈·华瓦肖（Vicente André Favacho）；司库1名，1872年的司库为弗朗西斯科·鲁兹（Demétrio Francisco da Luz）；神父1名，1872年神父为维森特·维特尔·罗德里格斯（Vicente Vítor Rodrigues）。④

（十）圣佩德罗契约

圣佩德罗契约（Contrato de S. Pedro），又称佩德罗兄弟会，亦称佩德罗教友会，一般都简称为"契约"，澳门教区最古老的天主教社团之一。契约组织设立在主教座堂内，并定有圣佩德罗契约章程。圣佩德罗契约是一个自愿自发的协约组织，其目的是为属于该社团的世俗神父和世俗人的灵魂祈祷。神父自愿做3次弥撒，为死去的签署该协约的灵魂祈祷，该协约由当时在澳门居住和驻留的所有教士共同签署。该社团1689年2月2日成立，同月12日被批准。在贾修利主教管理澳门教区时，该社团获得极大的发展。1693年，贾修利主教时期，契约成员一致决定，除了3次弥撒外，每年

---

① ［瑞典］龙思泰著，吴义雄等译：《早期澳门史》，北京：东方出版社，1997年，第180页。

② *Boletim do Governo da Provincia de Macao, Timor e Solor*, Vol.Ⅰ, 16 de Julho de 1846, No. 28. 本年宪报无页码。

③ Manuel Teixeira, *Macau e a Sua Diocese, Vol. XI, As Confrarias em Macau*, Macau: Tipografia da Missão do Padroado, 1975, p. 299.

④ Manuel Teixeira, *Macau e a Sua Diocese, Vol. XI, As Confrarias em Macau*, Macau: Tipografia da Missão do Padroado, 1975, p. 301.

11月为去世的兄弟灵魂举行周年祭礼，燃烧蜡烛，这是他们唯一的花费。11月3日这一天，他们进行这项义务，并将其呈给宗教裁判所，获得贾修利主教的同意。1712年11月2日，圣佩德罗契约修订了他们的组织章程，增补了一些内容，还决定他们给所有去世的教士在其去世当日举行祭礼，每月的3日或7日举行葬礼，直至葬入坟墓。无故缺席随行送葬或祭礼3次者，不能参加为已故兄弟进行的祈祷，并被该组织除名。①

圣佩德罗契约是一个绝对自由的天主教社团组织，参与该组织的人可以退出，没有人能够强迫他留下。该组织成立多年，老的教士都已经过世了，后来的教士又不愿意加入，故到18世纪时，该组织成员已剩不多，面临解散。为此，1739年11月1日，澳门教区德主教召开教士会议，为亡灵祈祷，通过圣佩德罗契约组织的弥撒和祭礼，鼓励教士们加入该组织。因此而开始重建圣佩德罗契约，但没有另行制定章程或条例。1777年，澳门教区祁主教时期，圣佩德罗契约成员向祁主教提出请求，要求改革组织章程，即刻获得批准，主教允许12位在俗人士加入该组织，作为条件，他们每人交25两银子作为组织的基金，必须亲自出席所有兄弟的祭礼和葬礼，且规定倘无正当理由缺席3次将被除名。因为圣佩德罗契约的宗教活动除了祭礼燃烛，没有其他开销，1788年决定将基金的收益用于已故兄弟们的弥撒。其他时候，这些弥撒分散在各教堂举行。鉴于新的条例，不仅教士要送行葬礼和参加弥撒，在俗人士也要为所有已故的兄弟唱诵周年祭礼，对于契约里的临终成员，他们要每隔两个小时亲自看望一次，为其施涂油礼，直至咽气。这些义务对于契约内的神父们来说多少还是很容易实现的，但当他们人员减少时，就变得困难。1799年圣佩德罗契约仍有40多位成员，之后逐渐减少到20人，其中还包括3个教区神父，及三四个因年龄太大、身有痼疾而不能工作的人。1874年，该组织的档案，特别是该条例的原件，仍保存在圣安东尼奥教堂。当年9月22日晚一场大火吞噬了这个教堂，这些资料也随之消失了。② 圣佩德罗契约从成立到现在，一直没有中断。

（十一）耶稣圣心兄弟会

耶稣圣心兄弟会（Confraria do S. Coração de Jesus），澳门是东方第一个开始信仰耶稣圣心的地方，而且，这个信仰从澳门传播到了葡萄牙。这个新信仰的开创者是两个耶稣会传教士：法国人德玛诺（Romano Hinderer）和葡萄牙人安塞尔莫（José Anselmo）。弗朗西斯科·罗德里格斯（Francisco Rodrigues）神父在其《耶稣圣心的信使》写道：

---

① Manuel Teixeira, *Macau e a Sua Diocese*, *Vol. XI*, *As Confrarias em Macau*, Macau: Tipografia da Missão do Padroado, 1975, p. 305.

② Manuel Teixeira, *Macau e a Sua Diocese*, *Vol. XI*, *As Confrarias em Macau*, Macau: Tipografia da Missão do Padroado, 1975, pp. 306 – 309.

图4-8 澳门圣若瑟修道院藏的两幅《耶稣圣心》油画

“在耶稣圣心的信仰上，中国优先于许多西方民族。是耶稣会传教士德玛诺神父1707年到达这个帝国，开始在澳门热忱地传播圣心信仰。为了巩固努力的成果，他打算成立圣心修会或兄弟会。”① 德玛诺的热情很容易感染忠贞的基督徒，很快，在澳门圣安东尼奥教堂布道的安塞尔莫神父，发现“天启宗教”对听众没有产生精神上的震撼，于是他建议创立一个这样的修会，当时就有许多人报名加入。1709年11月19日，教宗克勒芒十一世批准该会符合教规，名为耶稣圣心兄弟会，建在耶稣会学院天主圣母教堂。为了更大的荣耀，在该教堂建造了一个特殊的圣坛，名为耶稣圣心。但是，随着安塞尔莫神父前往暹罗、德玛诺神父前往中国内地，尤其是教宗特使、红衣大主教铎罗在澳门引起混乱状况，该会停止活动，阻碍了该信仰的兴旺发展。然而，1723年该会重新繁荣，在安塞尔莫神父和德玛诺神父的热忱努力下，该会再次成立。同年12月3日，该会的主席、助理和秘书致信耶稣会总神父，首先要求罗马的特权。但是，安塞尔莫神父的意见是，根据克莱芒十一世的敕谕条款，该会不需要获得特权，也不应该去请求获得特权。在安塞尔莫神父的领导下，该会会员人数增加，热情高涨。该会每月的第一个星期五集会，进行耶稣圣心的信仰。通过进行忏悔、接受圣餐净化心灵，并听神父布道。澳门教区主教贾修利给予听他布道的人40天的时间，让他们在从教堂带回的耶稣圣心的圣像面前跪地祈祷。每年的耶稣圣心节在圣体节八日庆期最后一天之后的星期五隆重举行。然而圣心信仰，这个很容易俘获天主教徒的心灵的信仰，在中国大门前停滞不前。为了将这个火热的信仰渗入这个帝国，1709年11月19日，

① Francisco Rodrigues, *Mensageiro do Coração de Jesue*, 1920, pp. 279 - 280，转引自 Manuel Teixeira, *Macau e a Sua Diocese*, *Vol. XI*, *As Confrarias em Macau*, Macau: Tipografia da Missão do Padroado, 1975, p. 317.

澳门的耶稣圣心会获得批准，同时根据克莱芒十一世敕谕，耶稣圣心会在北京建立耶稣会学院的教堂。当它在耶稣会会士工作的北京宫廷兴旺发展的时候，1771 年 11 月 2 日天文学家刘松龄（Augustin de Hallerstein）带来一个消息，同年 6 月 7 日在这个教堂庆祝耶稣圣心节。魏继晋（Florian Bahr）神父进行布道，当天早晨，为其取名天赐圣心（Divino Coração），给予其独一无二的赞扬。北京宫廷的葡萄牙耶稣会会士在圣若瑟教堂有一个耶稣圣心圣坛，其圣像由辅理修士郎世宁（Giuseppe Castiglione）绘制，该教堂发生火灾，该圣像奇迹般地免于烧毁。在浙江杭州，圣心信仰在基督教的嫩苗中取得的进步令人钦佩。德玛诺在这里建造了一个崇信耶稣圣心的教堂，这是中国第一个以耶稣圣心命名的教堂。①

（十二）沙勿略虔诚会

沙勿略虔诚会（Associação Piedosa de S. Francisco Xavier），成立于 1712 年，但该会章程 1810 年才获批准通过。同年该会的创会成员向王室大法官眉额带历提出书面申请，请求批准该章程，后获得国王陛下批准。圣保禄遗址博物馆保留了一块石碑，上面刻着："虔诚会，1835 年。"这个年份是纪念国王的批准该会章程的公布及新的领导委员会的选举。沙勿略虔诚会的章程共 21 条。若瑟·洛佩斯（Constantino José Lopes）是该会的创建人之一，是呈请王室大法官眉额带历批准的申请书上第一个签字的人，亦是抗击海盗张保仔并取得胜利的"圣米格尔（S. Miguel）号"船船长。其他的创始人还有：维塔尔（Cândido dos Santos Vital）、博特略（Braz Joaquim Botelho）、科斯塔·佩雷拉（Apolinário da Costa Pereira）、里塔·马塞多（Ana Rita de Macedo）、赫雷拉·马塞多（Helena de Macedo）、议事司铎安东尼奥·马塞多（Antonio de Macedo）、若瑟·佩雷拉（Vicente José Pereira）、佩德罗·席尔瓦（Joaquim Pedro da Silva）、卡埃塔罗·罗萨（Vicente Caetano da Rocha）、维埃拉·里贝罗（Joaquim Vieira Ribeiro）、安东尼奥·佩雷斯（Boaventura António Peres）、高美士·布朗当（José Gomes Brandão）、多斯·李美雕（José Félix dos Remédios）、克莱门特·罗郎也（Major Clemente de Noronha）、玛利亚·马林

图 4－9　圣沙勿略像

① Manuel Teixeira, *Macau e a Sua Diocese*, Vol. XI, *As Confrarias em Macau*, Macau: Tipografia da Missão do Padroado, 1975, pp. 317－319.

(José Maria Marim)、恩卡尔拉绍(Ludivino da Encarnação)。[1]

(十三)无原罪天主圣母会

无原罪天主圣母的信仰,在澳门很早就流传,而且在1647年之前,无原罪天主圣母就被澳门议事会定为澳门城市的四大保护神之首,但是当时没有成立兄弟会,直到1724年5月13日,由当时澳门主教堂的唱诗班领唱弗莱雷·卡萨尔(Manuel Freire de Casal)发起,决定在澳门主教座堂成立无原罪天主圣母兄弟会(Confraria da Conceição Imaculada da Mãe de Deus)。主要原因是,从1724年开始,清朝雍正皇帝颁布诏令,禁止传教士在中国传播天主教,而且对国内的传教士进行迫害打击,为了稳定、保护和扩大中国教会,遂发起成立该圣母会。圣母会每周六在主教堂举行弥撒活动,活动经费先是由教会和在俗神父支付。议事会7位官员捐出7澳门元,可举行7场弥撒。[2] 澳门圣若瑟修道院还收藏有一幅19世纪在澳门绘制的《无玷始胎圣母会图表》,图表上记录了该圣母会的职位排列,有会长、会长助理、秘书、司库、参议员及已故会员的名单。[3]

图4-10 澳门圣若瑟修道院藏《无玷始胎圣母会图表》

(十四)仁爱姐妹会

1833年,奥扎郎(Ozanan)在巴黎成立仁爱姐妹会(Confraria da Caridade),1843年11月19日,遣使会神父、圣若瑟修道院院长金安多呢(Joaquim José Leite)受该会的启发和影响,在澳门圣若瑟修道院内也创建了仁爱姐妹会。该会目的是杜绝乞丐阶层,其创建得到了约瑟芬·布朗斯顿(Mariana Josefa Bramston)的协助。该会章程由创建者金安多呢神父制定,共24款,1845年他将其修订扩展和公布。在这本小册子中,金安多呢神父给家庭中的母亲一些指导:关于教育孩子,关于亲自看望穷人施以救济。根据这些章程,只有妇女才可以成为该会的成员。仁爱姐妹会初始基金有3 000

---

① Manuel Teixeira, *Macau e a Sua Diocese, Vol. XI, As Confrarias em Macau*, Macau: Tipografia da Missão do Padroado, 1975, p. 399.

② Manuel Teixeira, *Macau no Séc. XVIII*, Macau: Imprensa Nacional, 1984, p. 266.

③ 缪予契油画修复小组:《澳门圣若瑟修道院宗教艺术藏品修复鉴赏》,载《文化杂志》(中文版)第47期,2003年,第22页。

澳门元，由金安多呢神父募捐而来，存放在圣若瑟神学院，用于慈善工作。为了经营这些资金，金安多呢神父成立一个慈善基金会（Associação Pia），由富人组成。基金利息的8%分配给他们，1850年后变成5%。利息的一部分拨给仁爱会，1850年达289.44澳门元。1850年11月15日初始基金从3 000澳门元上升到5 190澳门元。该会的姐妹们在每年底举行的全体大会上进行选举，根据记录，1849年12月31日，在会员亚拉森（Antonia Esperança Barreto e Allanson）家中召开仁爱姐妹会全体大会，并选举亚拉森为当年的主席。仁爱姐妹会领导机构设立主席1人、助理1人、保管员1人、监察员3人、理事1人。①

（十五）玛利亚纯洁心灵大兄弟会

玛利亚纯洁心灵大兄弟会（Arquiconfraria do SS. e Immacculado Coração de Maria），1847年7月18日由澳门教区主教马塔创建，会址设在圣安东尼奥教堂，同时制定玛利亚纯洁心灵大兄弟会章程，共9条，该会附属于巴黎的玛利亚纯洁心灵兄弟会。② 据施白蒂称："1947年4月15日，当时的教区神父若泽·安东尼奥·阿古斯托·蒙太罗（José António Augusto Monteiro）主持了信徒会100周年纪念活动。在100年中，根据资料簿记载，有1 691人加入了该会。"③ 这反映该会在澳门具有一定的规模。

（十六）里斯本圣安东尼奥兄弟会

里斯本圣安东尼奥兄弟会（Irmandade de Sto. António de Lisboa），于1892年3月29日成立。据1893年2月11日《信徒之声》报道："去年3月29日，在澳门圣安东尼奥教区之家召开会议，讨论制定章程，约束该会。该会以圣安东尼奥命名，受其保护。"会议后的第二年，1893年5月18日，澳门政府第91号省训令正式批准里斯本圣安东尼奥兄弟会章程，该章程共53款。④

综上所述，我们可以了解到，澳门开埠以后，由于天主教在澳门的发展，由天主教教友组织的各种兄弟会和教友会非常之多，但是绝大部分澳门教友会和兄弟会组织成立后，都在历史发展的风浪中逐渐消亡而没有留下踪迹，上述所介绍的仅为其中一小部分。这些保存下来的教友会和兄弟会对澳门天主教传教事业发展起了很重要的作

---

① Manuel Teixeira, *Macau e a Sua Diocese, Vol. XI, As Confrarias em Macau*, Macau: Tipografia da Missão do Padroado, 1975, pp. 362 - 363.

② Manuel Teixeira, *Macau e a Sua Diocese, Vol. XI, As Confrarias em Macau*, Macau: Tipografia da Missão do Padroado, 1975, p. 389；[葡] 施白蒂著，姚京明译：《澳门编年史：19世纪》，澳门：澳门基金会，1998年，第95页。

③ [葡] 施白蒂著，姚京明译：《澳门编年史：19世纪》，澳门：澳门基金会，1998年，第95页。

④ Manuel Teixeira, *Macau e a Sua Diocese, Vol. XI, As Confrarias em Macau*, Macau: Tipografia da Missão do Padroado, 1975, pp. 393 - 394.

用，正如1616年1月27日《澳门圣保禄学院年报》所言：

在耶稣之名保佑下的澳门教友会，由于其中一些教友的老去，教友会的人数日渐减少，因此教友会的规模也逐渐减小。但是在今年，又有一些新的教友弟兄加入了教友会，新成员的加入对于促进教友会的发展起到了极其重要的作用；与此同时，新成员的加入也保证和带动了教友会以及传教事业继续向前发展。①

二、澳门天主教宗教活动

（一）澳门天主教徒的礼拜与弥撒

礼拜（Week）是澳门天主教徒一种最常见的天主教宗教活动。《天主教百科全书》对“礼拜”的定义为：

很明显地，礼拜是作为划分月历的一种方式，关于这个七日制度是否起源于巴比伦，人们展开了广泛的讨论，不过这并非如此重要。总之，由于礼拜与安息日的规定，以及出现在了《创世纪》篇章中，在犹太人中间，它被视为神圣的制度。毫无疑问，早期的天主教改宗者从犹太人那里借鉴过来，继续使用（如今这种使用已经和福音书中的规定协调了）这个制度。②

可知，礼拜是基督徒在安息日（又称主日）进行的一项对天主的崇拜活动。在澳门生活的葡萄牙人几乎都是天主教信徒，自然受到了七日一礼拜礼仪的影响，做礼拜成为他们生活中极为重要的一部分。英国人斯当东称，“大多数（葡萄牙）人把礼拜、祈祷等宗教仪式作为唯一的重大事情”③。由于这一项活动经常举行，所以在中国人的文献中对澳门天主教徒的礼拜给予了较多的记录。明代蔡汝贤称葡萄牙人：

每六日一礼拜佛。先三日食鱼为斋，至礼拜日则鸡、猪、牛、羊不忌。④

这里的“佛”指的就是天主或上帝，“每六日一礼拜”指的就是星期六进行礼拜活动，尤侗《西堂诗集》亦称：“每六日礼拜。”⑤ 在礼拜之前的3天是持斋，而到进行礼拜的那天“则鸡、猪、牛、羊不忌”。这里记录的是明中叶时初来澳门的葡萄牙人的礼拜活动。清初屈大均的诗亦称：

---

① João Paulo Oliveira e Costa, *Cartas Ânuas do Colégio de Macau (1594 - 1627)*, Macau: Fundação Macau, 1999, p. 148.

② *The Catholic Encyclopedia*, Vol. 15, New York: The Encyclopedia Press, INC., 1913, p. 575.

③ ［英］斯当东著，叶笃义译：《英使谒见乾隆纪实》，上海：上海书店出版社，1997年，第522页。

④ （明）蔡汝贤：《东夷图说》，《佛郎机》，四库全书存目丛书史部第255册影印明万历刊本，济南：齐鲁书社，1997年，第428页。

⑤ （清）尤侗：《西堂诗集》，《外国竹枝词·佛郎机》，续修四库全书集部第1407册，上海：上海古籍出版社，2002年，第108页。

礼拜三巴寺，蕃官是法王。①

清初的王士祯则称：

寺僧曰法王，以时集男女礼拜。②

这两处的“法王”都是指主教，“三巴寺”指的就是圣保禄教堂，这就是说，澳门圣保禄教堂的礼拜是由主教召集男女教友进行的宗教活动。乾隆时，《澳门记略》的记录有所不同：

凡庙所奉天主，有诞生图、被难图、飞升图。其说以耶稣行教至一国，国人裸而缚之十字木架，钉其首及四肢，三日苏，飞还本国，更越四十日而上升，年三十有三。故奉教者必奉十字架，每七日一礼拜。至期，男女分投诸寺，长跪听僧演说。③

这里记载是每七日一礼拜，那就是说，到星期天才进行礼拜活动，和前言之“每六日一礼拜”不同。这里的“僧”指的是神父，这里介绍了在进行礼拜时，男女信徒分别到各个教堂，跪在教堂里听神父的演说。之后的汪后来、金采香、黄德峻、钟启韶亦同此说：

七日一回看礼拜，番姬盈路锦斓斑。④

其俗礼拜曰好日，每七日一礼拜。是日老少毕集，奴婢成群，相率跪佛前听讲。香烟人气，满室氤氲，竟日不倦。⑤

有三巴寺，每七日为期，侵晨撞巨钟，声闻十数里。夷人男妇咸集，听僧演说，名曰礼拜。⑥

每七日则男女诣庙持咒，曰礼拜。三巴寺奉耶苏天主，夷人礼拜最盛。⑦

这里记录的礼拜活动包括“持咒”，指的就是男女信徒进教堂后的诵经。“跪佛前听讲”“听僧演说”指的就是男女信徒跪在教堂神父前听其演讲。“番姬盈路”“老少毕集，奴婢成群”则反映参加礼拜活动的人数众多，而且以葡人妇女居多。“香烟人气，满室氤氲，竟日不倦”则反映澳门礼拜活动的时间很长，可以长达“竟日”。以上4人都是乾隆、嘉庆时期广东的著名人物，他们均描述了澳门天主教礼拜活动的繁盛。

---

① 欧初、王贵忱主编，（清）屈大均撰：《屈大均全集》，《翁山诗外》卷9，《澳门》，北京：人民文学出版社，1996，第737页。

② （清）王士祯：《池北偶谈》卷21，《谈异》2，《香山嶴》，北京：中华书局，1982年，第517页。

③ （清）印光任、张汝霖原著，赵春晨校注：《澳门记略校注》，《澳蕃篇》，澳门：澳门文化司署，1992年，第151页。

④ （清）汪后来：《鹿冈诗集》卷4，《澳门即事同蔡景后六首》，清刻本，第34页。

⑤ （清）方恒泰：《橡坪诗话》卷9，金采香：《澳门夷妇拜庙诗》，道光十三年刊本，第25页。

⑥ （清）伍崇曜：《楚庭耆旧遗诗》续集16，黄德峻：《澳门》，道光三十年刻本，第9页。

⑦ （清）钟启韶：《听钟楼诗钞》卷3，《澳门杂事诗》，道光十年刊本，第19页。

图4-11　冯·赖歇脑（Von Reichenau）男爵绘制圣保禄教堂前壁前举行的哀思仪式（约1637年）

由于澳门天主教的发展，到清中叶时，澳门已然成为了“东方的梵蒂冈”，从中国内地前来进行礼拜活动的人络绎不绝。张汝霖在其乾隆十一年（1746）的奏折中就提到了华人到澳门的礼拜活动：

> 其各县每年一次赴澳进教者，缘澳门三巴寺下建有天主堂，名为进教寺，专为唐人进教之所，建于康熙十八年，五十八年重修阔大，系蕃僧倡首，而唐人醵金以建者。向系林先生住居其中，以行医为名，实为传教。每年清明前十日，各持斋四十九日，名曰封斋。至冬至日为礼拜之期，附近南、番、东、顺、新、香各县赴拜者接踵而至，间有外省之人，惟顺德县紫泥人为最多。礼拜之后，有即行返棹之人，有留连二三日者。既经进教，其平时因事至澳，亦必入寺礼拜。①

这里应该讲的是圣诞节时，澳门附近的华人到澳门进行礼拜活动，也有的华人通过礼拜活动加入了天主教。

弥撒（Mass），天主教对圣体圣事礼仪的称谓，源于拉丁文Missa。原为该仪式的主体部分开始前遣散尚未领受洗礼者，以及结束时遣散全体与礼者的用语，后沿用作为仪式的名称。天主教认为举行此仪式，是以不流血的方式，重复进行耶稣在十字架上对上帝的祭献；并认为经过祝圣的饼和酒，实质上已变成了耶稣基督的真正身体和血。主礼人先领“圣体”和“圣血”，然后让信徒轮流领“圣体”。② 弥撒一般在星期天举行，但逢天主教的重大节日或重大庆典，包括婚丧礼时，均会举行弥撒。弥撒的宗教仪式包括5个部分：1）进堂式；2）圣道礼仪，主要是诵读《圣经》和由神父讲

---

① （清）暴煜：《（乾隆）香山县志》卷8，《濠镜嶴》，中山文献丛刊第2册影印清乾隆十五年刊本，第956~957页。

② 任继愈主编：《宗教词典》，上海：上海辞书出版社，1981年，第742页。

道；3）圣祭礼仪，为祝圣面包、葡萄酒和领“圣体”“圣血”，以一小块饼和一小口红葡萄酒作为耶稣基督的身体和血，吃了以后就和耶稣同在，获得救赎；4）领圣体礼；5）礼成式。

澳门开埠不久，就建立了小教堂，葡萄牙人加入了教会，从此他们养成了良好的习惯，许多人经常每8天或15天接受忏悔和圣事。① 这里面的圣事就应该包括弥撒。清人金孝隽的《欧罗巴画障歌》称：

> 仿佛身被锁哈刺，瞻礼弥撒于于来。②

这是指的葡萄牙人在瞻礼活动中的弥撒。1584年的耶稣会信件中就已经提到，有人到耶稣会教堂内来做弥撒。③ 1594年澳门圣保禄学院建成后，在学院内建了一个礼拜堂，这个礼拜堂的大厅就是给耶稣会的修士们做弥撒之用的场所。④ 1597年，萨主教逝世后，被葬于圣保禄教堂，其葬礼弥撒由当时正在澳门的两位日本主教佩德罗·马丁斯和刘易斯·塞尔凯拉主持。⑤ 在一些重要的年度节庆日里，这两位主教神父也还会在这间教堂里主持规模相对宏大的弥撒仪式；在圣母无原罪日里，有人还为主教大人量身订做了一套三件套的主教服，做工精细，非常奢华，令所有人都惊叹不已。⑥ 主教大人刘易斯神父为此主持了一场弥撒，而每日来听弥撒、学习教义要理、进行忏悔告解、参加节日典礼以及其他宗教活动的人也越来越多，也显得更加虔诚。⑦ 1613年澳门圣保禄学院院长劳伦索·卡瓦略（Lourenço Carvalho）在回复广东海道副使俞安性的信中称：

> 至于三巴寺一事，此乃本地所有基督徒居民前往祈祷之处，侍奉上帝。每逢礼拜天，信男信女前去做弥撒，聆听神父布道教诲。⑧

---

① Sebastião Gonçalves, *Primeira Parte da História dos Religiosos da Companhia de Jesus: E do que fizeram com a divina graça na conversão dos infieis à nossa sancta fee catholica nos reyhos e províncias da Índia Oriental*, Coimbra, 1962, p. 144.

② （清）金孝隽：《寿宁堂遗稿》卷1，《欧罗巴画障歌》，清嘉庆刻本，转引自袁行云：《清人诗集叙录》第2册，北京：文化艺术出版社，1994年，第1 834页。

③ 高瀬弘一郎：「イエズス会と日本」卷1，第17～22頁，转引自戚印平：《早期澳日贸易》，载吴志良、金国平、汤开建主编：《澳门史新编》第2册，澳门：澳门基金会，2008年，第414页。

④ 1594年11月9日范礼安在澳门写给耶稣会总会长的信，转引自高瀬弘一郎：「キリシタン時代の文化と諸相」，東京：八木書店，2002年，第348～353頁。

⑤ ジョアン・ロドリーゲス：「日本教会史」下，「司教伝」，「大航海时代叢書」Ⅸ、Ⅹ，第1期，東京：岩波書店，1979年第3発行，第612頁。

⑥ João Paulo Oliveira e Costa, *Cartas Ânuas do Colégio de Macau (1594－1627)*, Macau: Fundação Macau, 1999, p. 78.

⑦ João Paulo Oliveira e Costa, *Cartas Ânuas do Colégio de Macau (1594－1627)*, Macau: Fundação Macau, 1999, p. 83.

⑧ António Bocarro, *Década 13 da Historia da Índia*, Vol. 2, pp. 724－737；转引自金国平：《中葡关系史地考证》，澳门：澳门基金会，2000年，第71～77页。

1613年的档案记录的是，早期的澳门葡人居民每逢星期天都要到圣保禄教堂进行祈祷，做弥撒，聆听神父布道。但到1724年的葡文档案记录，则是称每个星期六的早上所有居民都要去教堂做弥撒：

> 现在在每个礼拜六的早上在主教区教堂都会有唱经弥撒，在经过无比纯洁圣母受孕的教义洗礼以及祷告后，会给半个旧印度葡币的弥撒献仪，无须强迫，年复一年都是如此，一些教士们最开始都是自发这么做的。久而久之，这种虔诚的习惯一直传承到了几个世纪后的今天，于是在礼拜六的时候大家都自发地前往教堂做弥撒，向天主和圣洁的生母虔诚地祷告，祈求他们可以保护、帮助、壮大耶稣会。而市议会作为人民的领导，更不应该缺席这么慈悲、虔诚、神圣的活动。市议会在听闻这件事，并确认属实后，便征求大家的意见，记录了本次工作条目。市议会表示教友会的行为是不可侵犯的，而且会派官员和工作人员们也紧随他们的脚步，加入此次活动，虔诚地向天主祈祷，祈求上帝保护澳门这座中国天主圣名之城，并且累计以前的弥撒献礼，本市议会的7位官员和工作人员将会给7枚旧印度葡币作为7次弥撒的献仪，到了周六或者每逢周六的时候，他们便代表本市议会将10枚旧印度葡币交给教会。大家决定后，于是便让我记录了本次工作，在座的官员、工作人员签名予以确认。①

这种变化出于何种缘故，我们不得而知。澳门葡萄牙人除了每星期六或星期天例行举办弥撒活动外，当澳门有重大事情出现的时候，也会举行弥撒活动。

1648年10月，南明永历王朝遣派太监庞天寿率领一个全部由信天主教的官员组成的庞大使团访问澳门。② 他们请求耶稣会会士在圣保禄教堂为南明王朝举行弥撒，一为谢恩，二为求天主保佑明室。17日，使团的船舶驶抵澳门。船上装饰各色丝绸旌旗，还有两面大旗，一面黄绸大旗上有一漂亮的红十字图案，另外一面红绸大旗上有一白十字图案。21日，在圣保禄教堂举行弥撒，由巡视员曼努埃尔·阿泽维多（Manuel de Azevedo）神父主持。③

1706年9月18日，在这座城市的主教座堂里，为逝去的国王唐·佩德罗二世（D. Pedro Ⅱ）举行了一场葬礼，9月19日，在佩德罗二世的葬礼上举行一场伴随着吟唱的弥撒。④

1708年9月6日，澳门举行拥戴若奥五世即位的庆祝仪式。议事会举着标语、旗

---

① *Arquivos de Macau*, 3ª Série, Vol. Ⅲ, No. 1, Macau, 1965, p. 15.

② ［波］爱德华·卡伊丹斯基著，张振辉译：《中国的使臣：卜弥格》，郑州：大象出版社，2001年，第93页。

③ Albert Chan, A European Document on the Fall of the Ming Dynasty: 1644－1649, in *Monumenta Serica*, No. 35 (1981－1983), pp. 75－109.

④ Jack M. Braga, *A Voz do Passado: Redescoberta de a Colecção de Varios Factos Acontecidos Nesta mui Nobre Cidade de Macao*, Macau: Instituto Cultural de Macau, 1987, p. 25.

帜参加在主教堂举行的弥撒，然后前往大三巴炮台，戴冰玉总督在那里等候。其后，在该炮台和其他炮台一齐响起的炮声中升起了王家旗帜。①

1724 年 1 月，雍正皇帝颁布诏令，禁止传教士在中国传播天主教。无原罪天主圣母会每周六在主教堂举行弥撒活动，活动经费先是由教会和在俗神父提供。议事会 7 位官员捐出 7 澳门元，可举行 7 场弥撒。②

1725 年 9 月 29 日，帝汶总督古尔露在他完成 3 年任期后抵达澳门。他同老朋友以及方济各会会士住在南湾尽头的圣方济各会修道院中，11 月 23 日，在这里为他去世的妻子举行了安魂弥撒。在弥撒结束时，大炮台致哀鸣炮，所有教堂的钟声响起，这说明了他在澳门人心目中的位置。③

1818 年 12 月 18 日，澳门议事会决定 26 日下午 3 时在议事会前地广场举行庆祝若奥六世即位活动。26 日，澳门举行隆重臣服若奥六世的活动。该处爆发出热烈的欢呼声。议事会做了主教弥撒，国王肖像在议事会典礼厅揭幕。④

1851 年 1 月 24 日，新任总督、海军上校贾多素到达澳门，新总督经香港来澳。在港期间下榻在爱德华多·佩雷拉（Eduardo Pereira）家。后乘“若奥一世号”护卫舰，于 26 日中午在总督码头上岸。参加完在政府大厦举行的欢迎仪式后，新总督出席总督府小教堂的弥撒。⑤

1872 年 4 月 7 日，澳门葡萄牙人为欢迎新任命的澳门主教管区教长明德禄神父，在圣若瑟神学院和主教座堂举行了盛大的弥撒活动。⑥

澳门仁慈堂档案中还保存了很多葡萄牙人去世时将遗产的一部分捐出用作弥撒活动的经费的记录，可以反映澳门葡萄牙人对弥撒这一宗教仪式的重视。⑦

（二）澳门天主教的节日及节庆活动

与中国传统节日不同，葡萄牙作为典型的天主教国家，众多节日都与天主教直接

---

① ［葡］施白蒂著，小雨译：《澳门编年史：16—18 世纪》，澳门：澳门基金会，1995 年，第 76 页；Manuel Teixeira, *Macau no Séc. XVIII*, Macau: Imprensa Nacional, 1984, p. 56.

② Manuel Teixeira, *Macau no Séc. XVIII*, Macau: Imprensa Nacional, 1984, p. 266.

③ C. R. Boxer, *Fidalgos in the Far East (1550 - 1770), Fact and Fancy in the History of Macau*, The Hague: Martinus Nijhoff, 1948, p. 217.

④ *Arquivos de Macau*, 1ª Série, Vol. 1, No. 6, Macau, 1929, p. 46；［葡］施白蒂著，姚京明译：《澳门编年史：19 世纪》，澳门：澳门基金会，1998 年，第 23 页。

⑤ *Chinese Repository*, Vol. 20, No. 1, 1851/01, p. 49；［葡］施白蒂著，姚京明译：《澳门编年史：19 世纪》，澳门：澳门基金会，1998 年，第 107 页。

⑥ Manuel Teixeira, *Macau e a Sua Diocese, Vol. III, As Ordens e Congregações Religiosas em Macau*, Macau: Tipografia Soi Sang, 1956 - 1961, p. 391.

⑦ Manuel Teixeira, *Macau no Séc. XVII*, Macau: Direcção dos Serviços de Educação e Cultura, 1982, p. 96；［葡］施白蒂著，小雨译：《澳门编年史：16—18 世纪》，澳门：澳门基金会，1995 年，第 85 ~ 86 页。

图 4-12　澳门圣若瑟教堂主祭台

或间接相关，因此，澳门作为葡萄牙在东方的重要城市，这个半岛上的人民的生活中就有大量宗教节日，甚至澳门居民中本就有大量西方传教士和天主教信徒。有这样一个重要群体存在，澳门社会中的宗教游行和活动自然就在历史上留下了有声有色的一笔，浓重地彰显着澳门城市的宗教色彩。天主教节庆中最重要的是八大瞻礼，即耶稣复活瞻礼、神圣降临瞻礼、圣母升天瞻礼、耶稣圣诞瞻礼、诸圣瞻礼、圣母无染原罪瞻礼、大圣若瑟瞻礼和耶稣升天瞻礼。根据推算瞻礼的方法，传教士还编写了中文瞻礼单，以帮助信徒准确地庆贺天主教节庆。虽然此处引用的瞻礼单是内地传教士所作，却仍能体现澳门天主教信徒庆贺瞻礼状况，因为两者在瞻礼时间上理应是相同的。

1. **以耶稣为中心的各种瞻礼活动**

在八大瞻礼中以耶稣为中心的各种瞻礼是天主教信徒最为重要的庆祝活动。传教士编写的《天主圣教永瞻礼单》中对以耶稣为中心的各种瞻礼活动有着详细的说明：

> 耶稣复活，复活前二日是耶稣受难（此二日大斋）；受难前一日是建立圣体大礼，前主日是圣枝礼仪，前四十日是圣灰礼仪（即四十日大斋首日至复活节瞻礼开斋），复活后第四十日是耶稣升天，升天后十日是圣神降临（复活后一二日及降临后一二日俱副瞻礼），降临后主日是天主圣三，圣三后四日是耶稣圣体，若四季大斋，春季在圣灰后七日（即瞻礼四六七日是也），夏季在圣神降临后（瞻礼四六七日是也）。[1]

检视瞻礼、年节日期，我们发现其散落于一年之内，主导了信徒的生活。若以 2014 年为例，瞻礼日期则分布如下：3 月 5 日，圣灰礼日；4 月 6 日，苦难主日；4 月 13 日，

① 《天主圣教永瞻礼单》，CHINOIS7429，BNF。

圣枝主日；4 月 18 日，耶稣受难瞻礼；4 月 20 日，耶稣复活瞻礼；5 月 29 日，耶稣升天；6 月 8 日，圣神降临；6 月 22 日，圣体主日；12 月 25 日，耶稣圣诞等。《澳门记略》中记录了澳门各个教堂纪念耶稣活动的时间和圣像巡游的情况：

> 岁中天主出游，三巴则以十月，板樟以三月、九月，支粮三月，大庙则二月、五月、六月凡三。出游率先夕诣龙鬆庙，迎像至本寺，燃灯达旦，澳众毕集，黑奴舁被难像前行，蕃童诵咒随之。又以蕃童象天神，披发而翼，来往腾跃，诸僧手香烛步其后。又用老僧抱一耶稣像，上张锦棚，随众如前仪。①

《（道光七年）采访册》记录有所不同：

> 岁中天主出游，风顺庙则以四月，花王庙则以五月，大庙、龙嵩庙、咖斯兰庙或正月、二月、十二月不等。②

以上所言天主出游时间，其实都是作者所见到的当年的天主出游时间，且以农历记录，所以，两种书记录的时间出现了很大的不同。其实天主出游的时间每年都不在同一时间，所以早期中文材料记录的这些宗教活动的时间需要按年代逐一考订，但反映了澳门各个教堂都有天主圣像出游的活动。下面我们将澳门以耶稣为中心的宗教活动逐一介绍：

（1）耶稣圣诞瞻礼。最早见到澳门葡人庆祝圣诞节的资料是 1598 年《澳门圣保禄学院年报》的记录：

> 这一年的耶稣纪念日举行了隆重的庆典。刘易斯主教主持了弥撒，佩德罗主教进行了成功的宣教，因为天主授予了他最高等的才智，这是他宗教生涯中的最后一次宣教。这一天领圣餐的人数从 700 增加到 1 000 人，礼拜四的濯足节超过 1 000 人参加，稍稍少于 3 个重要纪念节日，即耶稣节、圣母升天节及一万一千贞女纪念日在我们的教堂领圣餐的人数。③

1604 年《澳门圣保禄学院年报》则记录了前一年的圣诞节：

> 圣诞前夕，巡视员神父（范礼安）在旧教堂做了最后的弥撒，在新教堂首次手捧圣体进行盛大的游行，我们所有的神父和修士穿着白色法衣，神父们还佩戴圣带：队伍中有 5 个抬着圣物和圣像的抬架，伴随着火把、音乐、舞蹈，一路穿过通往学院的几条主要道路，停在港口的 5 艘船只在游行队伍经过时发射了许多大炮，全城的人都蜂拥而至来观看这一盛况，所有街道都挤满了人，所有人看到

---

① （清）印光任、张汝霖原著，赵春晨校注：《澳门记略校注》，《澳蕃篇》，澳门：澳门文化司署，1992 年，第 151 页。

② （清）王廷钤等撰：《（道光七年）香山县下恭常都十三乡采访册》卷上，《澳门纂略》清抄本（影印本），北京：国家图书馆出版社，2010 年，第 41 页。

③ João Paulo Oliveira e Costa, *Cartas Ânuas do Colégio de Macau (1594 – 1627)*, Macau: Fundação Macau, 1999, p. 82.

教堂的竣工都很高兴，这是大家盼望已久的事情。①

吴渔山的《三巴集》则记录了清初澳门葡人圣诞节的盛况：

百千灯耀小林崖，锦作云峦蜡作花。妆点冬山齐庆赏，黑人舞足应琵琶。

其自注云：

冬山以木为石骨，以锦为山峦，染蜡红蓝为花树，状似鼇山。黑人歌唱，舞足与琵琶声相应，在耶稣圣诞节前后。②

吴渔山诗记录了澳门圣诞节葡人狂欢庆祝的场面。1893 年的《镜海丛报》载：

十八日（农历）为西人大庆之期，是日为耶稣降世，华人谓为西邦冬至节，非也。从教之国皆欢欣庆贺，各衙门商店一例放假。先一夜十二钟时，各教堂诵经祝福者，不绝于途。③

1894 年《镜海丛报》还载：

二十九日（农历）为西人庆节之辰，奉教之国皆给假期，或歌或舞。按查，是日为耶稣降生之期，西人谓之救世主。④

《镜海丛报》报道了 19 世纪后期澳门葡人过圣诞节的情况。

（2）四旬期的宗教活动。四旬期指复活节前的 40 天准备期，在这段时间内基督徒要进行特别的祈祷和守斋，所以这一时期又被称为封斋期，包括 40 天的封斋节、圣灰礼日、圣枝主日与圣周。澳门开埠不久，即有了基督徒过四旬斋节的记录。1564 年 11 月 30 日，耶稣会会士安德烈·平托在澳门写给印度耶稣会会士的信称：

此时，四旬斋正开始。神父们也开始继续做告解，他们并分工讲道，每周讲道 3 次：培莱思神父每礼拜三讲道；泰玛诺每礼拜五讲道；贝尔希奥尔·德·菲格雷多（Belchior de Figueiredo）每礼拜日讲道；巴尔塔萨尔·科斯达（Baltasar da Costa）神父则在节日时讲道。还有一门良心问题课，每天由各神父轮流讲。这次四旬斋期间，有许多人做了告解，许多告解是一般性的，其中有一些在第一个礼拜有灵修。对忏悔者也进行了排列，圣周的礼拜四由他们作了迎神游行，我相信这是在中国土地上的第一次。参加的忏悔者十分多，人多但又整齐有序，全体居民看了都产生了虔诚敬主和欢欣快慰的心情，对中国异教徒也有很大的启发作用。因为葡萄牙人和基督徒经过了忏悔而受到感化之后，他们后来看到出现某些乱子

---

① João Paulo Oliveira e Costa, *Cartas Ânuas do Colégio de Macau (1594 – 1627)*, Macau: Fundação Macau, 1999, p. 121.

② （清）吴历撰，章文钦笺注：《吴渔山集笺注》卷 2，《三巴集》，北京：中华书局，2007 年，第 180 页。

③ 《镜海丛报》，光绪十九年十一月二十日（1893 年 12 月 27 日），《西邦庆节》，澳门基金会、上海社会科学院出版社联合出版，2000 年，第 22 页。

④ 《镜海丛报》，光绪二十年十一月三十日（1894 年 12 月 19 日），《庆节改期》，澳门基金会、上海社会科学院出版社联合出版，2000 年，第 106 页。

时，就会回想起自己作过的忏悔和日后要向神父们作的告解。在游行结束时，泰玛诺神父向他们讲了基督的受难，使许多人听了流泪并产生虔诚奉主的心情。[①]

清初吴历《三巴集》也记录了澳门四旬斋期间的活动，其有诗云：

黄沙白屋黑人居，门柳如葵秋不疏。夜半疍船来泊此，斋厨午饭有鲜鱼。

其自注云：

黑人俗尚，深黑为美，淡者为丑。鱼有鲥鲻两种，用大西阿里袜油炙之，供四旬斋素。[②]

这里记录了澳门在四旬斋期澳门基督徒的封斋情况。四旬斋期第1日称为大斋首日，在复活节前40天星期三举行，称为"圣灰礼仪星期三"。我们在1895年《镜海丛报》中找到了一次圣灰礼仪星期三的宗教出游活动，《镜海丛报》称：

（三）月之初六日为西洋庆喜之辰。是晚，天主教奉其教中所供之耶稣像，巡行各道，以便教人瞻仰。初六晚七点钟，由龙嵩庙请出神像，送至大庙；次日四打钟，再具仪仗迎神出巡，中西奉教之众，皆持白烛，跪伏于路，若甚诚敬者。其神闻亦极有灵应，华人多信之。往年因短出巡之费，拟暂停止，华商亟倾囊出资，筹备经费，以助神庆。是日，河南轮船由港到澳，载有西人五六百名，亦是来瞻彼相。[③]

当年三月初六为星期三。非常明显，这就是一次澳门葡人在圣灰礼日举行的圣像巡游活动。1830年2月28日，美国的哈丽特·洛记录了澳门一次四旬斋期的耶稣十字圣会出游：

星期天前夕7点钟，我看完天主教徒的出游回来。先来了六七个人，拿着鼓，用黑色丝绸蒙着面孔。他们都穿着黑长袍，我不懂他们代表什么。然后是其他一些人，他们打着有十字及有拉丁字的其他横幅。后面跟着大约穿着天使服装的小女孩，她们有飞翼、圆形的裙子和各式各样的华丽服饰。跟随的男人在歌颂，没有戴帽子。4个男人抬着彩车，上面有我们救世主的画像，他担负着十字架。而后跟着更多的神父，他们在歌颂。再后是军人的乐队，最后是身着普通服装的公民。钟声大作，无次序，百姓也不遵守次序。看上去他们好像有点激动，他们手持长明的蜡烛，但也把它作为防御武器使用。他们通过时，将蜡烛伸向孩子们的脸庞。

---

① ［葡］罗理路著，陈用仪译：《澳门寻根》，附录文献6《安德烈·平托修士给印度耶稣会士们的信》（1564年11月30日），澳门：澳门海事博物馆，1997年，第91~92页。

② （清）吴历撰，章文钦笺注：《吴渔山集笺注》卷2，《三巴集》，北京：中华书局，2007年，第161页。

③ 《镜海丛报》，光绪二十一年二月初十日（1895年3月6日），《奉神出巡》，澳门基金会、上海社会科学院出版社联合出版，2000年，第160页。

现在是四旬斋，还有许多这样的出游。①

从时间看，这应该是四旬斋期的第一个主日。这条资料可以说明，澳门葡人在四旬斋期的第一个主日也进行宗教巡游活动。圣保禄法国修女阿丽娜·安尼亚得（Alina Agniard）也从天主教的角度描写了1860年四旬斋期的第一个主日举行的耶稣十字圣会出游：

这些学生们穿着宽大的紫色和红色丝绸大袍，孩子们扮作天使，拿着耶稣受难的器具，在出游过程中人民7次乞求施恩。②

1895年《镜海丛报》还记录了四旬斋期前两周的一次圣像巡游：

下礼拜六（3月9日）又循西俗，奉教中所供之神巡行街道，俗人谓“出祖公”，实乃耶稣之像。③

广东人将耶稣像称为“祖公”，而将圣像巡游称为“出祖公”，可以证明，澳门四旬斋期的第一个主日宗教出游的主要内容是抬着耶稣受难圣像出游。圣枝主日为复活节的前一周，亦是四旬斋期最为重要的纪念活动。澳门开埠不久，葡萄牙人就在澳门举行了一次盛大的圣枝主日游行。裴化行称：

1563年圣主日内，复活前之一星期，举行庆祝圣妇味落尼加（S. Véronique）游行大会，引来无数的中国人民。街上装饰得非常美丽，圣堂宛似天堂，恭捧圣体在市内游行，以音乐及舞蹈相伴，灯笼火把共计600余支，仪式异常庄严，有一原籍泉州少年，自称一连三夜梦见一位司铎手持水壶；随请求领洗，洗名狄野高。④

味落尼加是耶路撒冷城中一个虔诚的女基督徒。当她看到耶稣背着十字架艰难地走向他的殉难地时，递给耶稣一块薄布让他擦去额头上的汗，耶稣擦完汗又还给了她，脸部的影像就神奇地留在了薄布上。这块布后来成为天主教圣物，称为“味落尼加面纱”（Veil of Veronica）。在圣枝主日内举行对圣妇味落尼加的庆祝，这应是早期耶稣会的一种习俗。文德泉所引资料对这次宗教活动有更为细致的描述，但没有记录对圣妇味落尼加的庆典：

街道被装饰得非常华美，主教堂就像天堂一样。应神父的请求，路易斯·弗罗依斯（Luís Fróis）带来了圣体，许多风笛、长笛、六弦琴、横笛与鼓一起吹奏

① Katharine Hillard ed., *My Mother's Journal: A Young Lady's Diary of Five Years Spent in Manila, Macao, and the Cope of Good Hope from 1829－1834*, Boston, 1900, pp. 55－56.

② ［葡］阿马罗：《澳门的耶稣十字圣会出游》，第7页。转引自［葡］普加：《从哈丽特·洛（希拉里）的日记看19世纪澳门性别的社会生活》，载澳门《行政》杂志第15卷，第2期（总56期），2002年，第453页注41。

③ 《镜海丛报》，光绪二十一年二月初三日（1895年2月27日），《是古傩礼》，澳门基金会、上海社会科学院出版社联合出版，2000年，第154页。

④ ［法］裴化行著，萧濬华译：《天主教16世纪在华传教志》，上海：商务印书馆，1936年，第110页。

起来，手持古剑的侠士剑客与其他各种舞蹈及嬉乐伴着乐曲声欢快、优美地舞动着。除伴随圣体的无数烛光外，600 支火炬在圣体游行中井然有序地行走着。头戴花冠、手持盛满玫瑰花的银托盘和装有玫瑰色水的玻璃瓶的少女们从窗口将花儿与水撒向圣体帐和过往的路人。像出生在广州坚实的土地一样出生在岛上的中国人尾随壮观的游行队伍直到教堂门口，十分惊异地看到那么多人极其肃穆地倾听宣道者的讲话，看到他们进入教堂观看合唱与圣像时，双膝下跪，亲吻土地并把双手举向天空。①

可以看得出这两次宗教活动记录的是同一件事情，但文德泉将这次主日出游记录在 1564 年，与裴化行所引差一年。文德泉的资料据称来源于弗朗西斯科·德·索萨（Francisco de Sousa）神父的信，其中提到路易斯·弗罗依斯参加了这次活动，据此我们可以发现，文德泉记录的 1564 年是错误的，因为，路易斯·弗罗依斯是 1562 年 8 月 24 日抵达澳门的②，1563 年 5 月乘船前往日本，路易斯·弗罗依斯参加的这次活动就发生在 1563 年 3、4 月间。

（3）耶稣受难瞻礼。《澳门记略》记录了天主受难日的宗教活动：

岁三月十五日为天主难日，寺钟胥瘖，越十七日复鸣，诸蕃撤酒肉三日，虽果饵啖不至饱。③

1598 年 12 月《澳门圣保禄学院年报》记录：

今年的耶稣受难日庆典（Festa de Jesus）举办得非常隆重。弥撒由刘易斯主教大人主持，佩德罗主教大人则进行布道宣讲，跟往常一样，大家对佩德罗主教大人所宣讲的教义道理都听得非常认真，也非常满足和开心，因为通过这位主教大人，大家能够与我主上帝进行对话，这不仅是这位主教大人的才能，也是他的使命所在。在这一天，领圣餐的人有七百到一千人，在复活节那周的周三领圣餐的人数甚至超过了一千人，可是之前在三次节日庆典上，在这间教堂里也举办过领圣餐的仪式，这三次节日庆典分别是：耶稣受难日、圣母升天节以及圣母无原罪日，在这几日来教堂领取圣餐的人数都大约相当。④

1830 年，哈丽特·洛还记录了澳门耶稣受难日的一次巡游：

1830 年 4 月 9 日（周五），耶稣受难日，棺材盖着黑布，十字架上有一个代表我们的救世主的图像。在那以后，是圣母及其他两名妇女，还有优秀的乐队，我

---

① Manuel Teixeira, Os Macaenses, in *Revista de Cultura*, Instituto Cultural de Macau, No. 20, 1994, p. 62.

② Domingos Maurício Gomes dos Santos, *Macau, Primeira Universidade Ocidental do Extremo Oriente*, Macau: Fundação Macau, 1994, pp. 2 – 3.

③ （清）印光任、张汝霖原著，赵春晨校注：《澳门记略校注》，《澳蕃篇》，澳门：澳门文化司署，1992 年，第 151 页。

④ João Paulo Oliveira e Costa, *Cartas Ânuas do Colégio de Macau (1594 – 1627)*, Macau: Fundação Macau, 1999, p. 82.

从未见过如此肃穆的场面。他们缓慢而行，街道上人山人海，所有人摘下了帽子。①

1895 年《镜海丛报》也记录了一次澳门葡萄牙人的耶稣受难瞻礼举行的宗教活动：

华历十八日，为西邦耶稣受死之辰，越三日复生，是为升天令节。十八日，各兵所奏乐，皆作悲音。此礼拜内，各衙皆停办公事，教堂所撞之钟，亦停而不击，别用木铎。礼拜五日，各处所悬旗皆满扯，至受死之期，乃下半截以志哀。向例各旗，入夜便收。此次则通夜悬挂，云盖欧洲奉教之国，视此等日为最重之节期也。②

此处的“华历十八日”即农历三月十八日，即 1895 年 4 月 12 日星期五，为当年的耶稣受难日。这里面提到在耶稣受难日的这一个礼拜中，所有的政府部门都放假，而到受难日这一天，所有的政府部门还下半旗致哀。

（4）复活节瞻礼。《澳门圣保禄学院年报》记录了 1603 年复活节的纪念：

这年的复活节游行非常盛大：巡视员神父在 8 位穿着披风的神父陪同下手捧圣体光，其他人仅身穿白色法衣，如在日本一样；意思是，按理应该身穿白色法衣，佩带圣带，但修士们只是身穿白色法衣，如在日本的仪式一样；这是第一次，我们的神父以这种方式在这个城市游行，对于无论是屋内的人还是屋外的人而言，这场游行都非常美观。③

东波塔档案则记录了 1816 年澳门葡萄牙人复活节的宗教巡游：

三月二十五日未牌时候，有澳门新桥外鸿记棚厂铺李敬五工伴杨亚五，在风顺庙门首看夷人出祖公争闹。④

查 1816 年农历三月二十五日为西历 1816 年 4 月 22 日星期一，很明显，这个“出祖公”就是指在复活节那天葡萄牙人奉耶稣圣像巡游。

（5）圣神降临瞻礼。又译为圣灵降临节，是指复活节瞻礼的第 50 天，也是 50 天庆期结束的庆典，是天主教重大的节日之一。庆祝这一天耶稣差遣圣灵降临，门徒领受神灵后开始传教。1598 年 12 月《澳门圣保禄学院年报》记录：

今年，视察员神父又新增加了一个庆典节日，即圣灵日，这个节日先是由教宗格里高利十三世授意，由总会长下令让印度的基督教堂在四天的时间里举办的

① Katharine Hillard ed. , *My Mother's Journal*: *A Young Lady's Diary of Five Years Spent in Manila*, *Macao*, *and the Cope of Good Hope from 1829 – 1834*, Boston, 1900, p. 63.

② 《镜海丛报》，光绪二十一年三月十六日（1895 年 4 月 10 日），《礼节放假》，澳门基金会、上海社会科学院出版社联合出版，2000 年，第 190 页。

③ João Paulo Oliveira e Costa, *Cartas Ânuas do Colégio de Macau* (*1594 – 1627*), Macau: Fundação Macau, 1999, p. 119.

④ 刘芳辑：《葡萄牙东波塔档案馆藏清代澳门中文档案汇编》上册，《香山知县马德滋为饬蕃人不许与民人争闹打架事下理事官谕》，澳门：澳门基金会，1999 年，第 435 页。

图4-13 19世纪中期的一次圣像巡游，游行队伍走向大三巴教堂的前壁遗址，旁边有中外民众围观

节日庆典；而跟其他的节庆日一样，这一天来我们教堂领圣餐的人也有很多。另外，大约有六、七个人在我们教堂受洗。几位辅理神父也都在教堂进行了宣誓，负责在弥撒时诵读圣课的是三位日本修士。①

文德泉神父保存了一条关于1743年澳门葡人圣神降临瞻礼的宗教出游活动：

(1743年) 6月13日，澳门举行耶稣圣像出游，方济各会会士澳门教区主教伊拉利奥·罗沙规定，方济各会教徒要走在奥斯定会会士的前面，也就是在出游队伍的最前面。在巡游的前一日，伊拉利奥·罗沙神父接到奥斯定会安东尼奥·马利亚（António de Jesus Maria）神父的抗议，要求改变这种不合理的队伍秩序。②

若奥·马贵斯·莫雷拉（João Marques Moreira）也记录了葡萄牙人利用1642年圣灵降临节到圣三一节这段时间举行若奥四世的新国王庆典：

他们决定，整个城市应该燃起大量篝火，让城市灯火通明，时间就定为从圣灵降临节开始，一直到圣三一节星期日，因为这个星期日被选为向国王宣誓的日子。之后，他们又安排了一场庄严的、献给吾等天主的感恩游行，在游行中教士、修士和平信徒都将参加，于此同时在游行中"圣体"也将向大家展示，为了此番游行，大教堂将会被装饰得庄严肃穆而壮丽非凡。6月21日星期六，天主圣体在这天早上于主教堂接受众人瞻仰，主教和司铎们唱着弥撒，方济各会修士前任主教进行布道。在游行队伍中，主教手持至圣圣餐容器，在豪华的遮蓬中走来，总船长和市议员按照其级别紧随其后，然后是教士、神父及戴着披风和白麻布圣职衣的修士；游行队伍离开主教堂，在主干道上行进，四周则是教会人士载歌载舞，

---

① João Paulo Oliveira e Costa, *Cartas Ânuas do Colégio de Macau (1594 – 1627)*, Macau: Fundação Macau, 1999, p. 82.

② Manuel Teixeira, *Macau e a Sua Diocese*, Vol. Ⅲ, *As Ordens e Congregações Religiosas em Macau*, Macau: Tipografia Soi Sang, 1956 – 1961, p. 575.

各种乐器声交织其中，另外还有一辆凯旋车装饰着各样丝绸，在车上屹立着一尊人像，展现的是我们的国王，他手持令牌、头戴王冠，四周有四个人像相伴，四个人像代表四种美德，即正义、仁慈、虔诚和敬神。[①]

1718 年，澳门富商华猫殊去世后，将 400 澳门元遗产留作于天主圣母教堂举行九日斋和圣灵节之用。[②] 这也可以反映葡萄牙人对圣灵降临节的重视。

（6）圣体节（Corpus Christi），又称基督圣体节，定为圣三一主日后的星期四这一天。龙思泰书中提到澳门议事会从国王经费中拨款支付圣体节庆祝及其出游的费用。[③] 1714 年 5 月 23 日，议事会向主教控诉大堂区佩德罗·塔沃拉（Pedro Teixeira de Távora）神父没有亲自邀请议事会参加基督圣体节。[④] 1849 年 6 月 7 日星期四，下午 6 时，在澳门议事亭前地举行天主教圣体巡游，因为澳门议事亭前地有好几所天主教堂，包括主教座堂、玫瑰堂及仁慈堂等，大批天主教徒、军人、学生等集结在主教堂前，一齐沿路出发，一边诵经，一边唱圣诗，以及赞颂上帝的美德。来澳门度假的香港中学教师、新教徒岑马士（James Summers）在人群中观看，由于他没有遵循罗马天主教会的礼仪，在圣体经过时未脱帽致敬，而且当时有一位神职人员向他示意脱帽，他不加理会，所以被当时的澳督亚马留逮捕关进监狱。[⑤] 这个记录反映澳门葡萄牙人对圣体节游行的重视。

（7）圣十字主日。龙思泰书中还介绍了澳门奥斯定堂每年举行的圣十字主日宗教巡游：

圣十字主日，从出游中所展示的标志可以判断，它体现了从邪教向基督教的转变。救世主耶稣与人身一般大小的塑像，身穿着紫色的长袍，头戴着荆棘做成的顶冠，肩负着沉重的十字架，单膝跪在尸体架的底部，由 8 名最有身份的市民抬着。主教带领着寺院外传教士和担任圣职的神父、总督、高级官员、贵族、军人和整个罗马天主教会的会众。这一预示着耶稣基督的神圣献身，以换取人类由于上帝而恢复纯洁的场面，可以说，令人深受感动。孩子们穿着深浅两种颜色的特别装饰的天使服饰，肩上插着用薄纱织物制成的漂亮的翅膀，手持耶稣在十字架上钉死的小型图像，排列在队伍当中。这次出游几乎游遍全城，出游结束后，基督的塑像被存放在圣奥斯定会修道院的神龛中。[⑥]

龙思泰虽然没有注明这次圣十字主日宗教巡游的具体日期，但可以推断此事当发生在

---

① C. R. Boxer, *Macau na época da Restauração*, Macau: Fundação Oriente, 1993, pp. 165 – 169.

② Manuel Teixeira, *Macau no Séc. XVIII*, Macau: Imprensa Nacional, 1984, p. 183.

③ ［瑞典］龙思泰著，吴义雄等译：《早期澳门史》，北京：东方出版社，1997 年，第 180 页。

④ Manuel Teixeira, *Macau no Séc. XVIII*, Macau: Imprensa Nacional, 1984, p. 141.

⑤ 马锦强：《1849 年詹姆士·岑马士事件研究：英国与澳门早期关系个案》，载《文化杂志》（中文版）第 56 期，2005 年，第 21 ~ 22 页。

⑥ ［瑞典］龙思泰著，吴义雄等译：《早期澳门史》，北京：东方出版社，1997 年，第 181 页。

龙思泰1832年书成前不久，故对此事记忆犹新。在这次游行中，参加的成员几乎囊括了所有澳门人士，包括主教、一般神父、总督、高级官员、贵族、军人和会众，澳门市民几乎都加入了游行的队伍，甚至小孩也化装为小天使，从中担任了重要的角色。

2. 以圣母为中心的各种宗教庆典活动

对圣母玛利亚的崇拜是澳门葡萄牙人最为重要的精神信仰，也是进入澳门的各天主教修会的最为重要的信仰。龙思泰称：

> 在天国等级中居于首位的，是圣母玛利亚，即天国女王，在澳门受到28个不同宗派的尊奉，在罗马教廷规定的30个圣日中，其中有18个节日是献给圣母玛利亚的。[①]

《澳门记略》则称："尼曰圣母，其敬奉尤甚于法王。"[②] 可以反映，澳门葡萄牙人对圣母崇拜之甚。耶稣会进入澳门后，修建的第一座教堂就是一座供奉圣母的教堂；方济各会最初进入澳门，建的就是圣方济各天使圣母修道院；奥斯定会最初进入澳门，所建的修道院即为恩宠圣母修道院；多明我会最初进入澳门，所建的修道院即为玫瑰圣母堂。由于澳门对圣母玛利亚的崇拜，所以在历史上以各种名义纪念圣母玛利亚的宗教活动经常出现。1596年1月16日的《澳门圣保禄学院年报》记录，1595年2月2日圣母献瞻节那一天，圣保禄学院师生公演了一场喜剧。[③] 圣母献瞻节（Purificação de Nossa Senhora），又称为圣母行洁净礼日，是纪念圣母玛利亚在生育耶稣满了洁净期后带着耶稣进圣殿为自己行洁，将婴儿献给上帝的节日。澳门圣保禄学院的师生们是以演戏的形式来庆祝圣母的纪念日。文德泉提供的葡文材料还记载了1671年的圣母诞生瞻礼的纪念活动：

> 9月8日，即圣母诞生之日，澳门教士们为了庆祝康熙帝对天主教的恩宥，他们兴高采烈地走上街头，沿着内港进行隆重宗教出游。[④]

白乐嘉《往昔的声音》中公布了一条1703年救助圣母圣像巡游的档案：

> 1703年4月28日夜晚，澳门葡萄牙人举行了一次游行，进行忏悔，其原因是当年发生了一场大旱灾，导致澳门粮食价格高涨。当夜的游行经过是，人们抬着圣方济各教堂里的圣像从主教座堂出发，到圣保禄大教堂，再到圣多明我堂和圣奥斯定堂，游行途中，人们反复不断地吟唱着《求主垂怜（Miserere）》。4月30日又举行了第二次游行，同一圣像从圣安东尼奥大教堂一直游行到了主教座堂，

---

① ［瑞典］龙思泰著，吴义雄等译：《早期澳门史》，北京：东方出版社，1997年，第179页。

② （清）印光任、张汝霖原著，赵春晨校注：《澳门记略校注》，《澳蕃篇》，澳门：澳门文化司署，1992年，第152页。

③ João Paulo Oliveira e Costa, *Cartas Ânuas do Colégio de Macau (1594 - 1627)*, Macau: Fundação Macau, 1999, p. 71.

④ ［葡］文德泉著，王复山译：《第一个中国耶稣会神父》，载《文化杂志》（中文版）第10期，1992年，第9页。

然后被留在了主教座堂内直到上天下雨。5月3日周四的晚上，举行了第三次游行，这次游行抬的是救助圣母圣像，从圣老楞佐教堂到主教座堂，她的圣像被修士们手里无数的烛光照亮，甚至连大主教也陪伴在侧，她的圣像最后留在了主教座堂。第二天周五，天开始由晴转阴并下了一些雨，而到了周六终于下起了滂沱大雨，这场大雨一连下了好几天，久旱逢甘霖，总算如了市民们的心愿。[①]

1831年10月11日星期天，这一天是圣母为天主之母纪念日，哈丽特·洛记录了星期六的一场天主教圣母出游：

除了那些穿着宽松白色缎长裤的男人外，他们举着点燃的蜡烛，有几个小女孩装扮得如同有飞翼的天使，一个很好的乐队，周围城堡的大炮燃放，钟声长鸣。与其说是星期六，还不如说是节日。[②]

1833年，澳门的玫瑰圣母兄弟会和救助圣母兄弟会举行了圣像巡游的宗教活动：

他们所抬的圣母圣像雍容、华贵、堂皇，显得特别突出。这种宗教外表的壮观场面，因许多神父的参加而令人愉悦。他们把圣者的塑像放上抬架，抬在肩上，一边走一边唱着赞美圣者的颂歌。一支军乐队加入巡游的行列，大炮台鸣炮21响向他们致敬。这一次巡游，因为有穿着代表各自军衔的全套服装的葡萄牙军界的职业骑士的参与而增色。[③]

这两个兄弟会所抬的圣母圣像一个应该是玫瑰圣母，另一个则是救助圣母。澳门对圣母玛利亚的崇拜至诚至虔，除了上述圣母纪念活动以外，还有如白雪圣母纪念、仁慈圣母纪念、顺产圣母纪念等。

3. 澳门主保圣人的庆祝活动及圣像巡游

主保（Patron Saints），即主保圣人。罗马教会根据古老传统指定，或依据选举产生的主保圣人，在天主与信徒中间扮演着仲裁者、调解者的角色，而根据现行教会法，主保圣人得由圣徒者担任。[④] 主保圣人一般与其生前活跃地区或活动有关，正如沙勿略为传教士的主保圣人。主保圣人大致可分为三类：第一类为与疾病、危险有关的主保圣人，如圣福里安（Saint Florian）是消防队员、扫烟囱人的主保圣人；第二类与地方有关，如东印度的主保圣人就有圣沙勿略、圣母玛利亚和圣若瑟；第三类跟职业或某些活动有关。主保这种命名方式不仅在领洗人身上采用，其文化影响甚至渗透到了城市和社会。

（1）澳门城市四大保护神。

---

① Jack M. Braga, *A Voz do Passado: Redescoberta de a Colecção de Varios Factos Acontecidos Nesta mui Nobre Cidade de Macao*, Macau: Instituto Cultural de Macau, 1987, p. 22.

② Katharine Hillard ed., *My Mother's Journal: A Young Lady's Diary of Five Years Spent in Manila, Macao, and the Cope of Good Hope from 1829 - 1834*, Boston, 1900, pp. 30 - 31.

③ ［瑞典］龙思泰著，吴义雄等译：《早期澳门史》，北京：东方出版社，1997年，第180页。

④ *The Catholic Encyclopedia*, Vol. 15, New York: The Encyclopedia Press, INC., 1913, p. 562.

据澳门档案记录，在1646至1647年间，澳门葡萄牙人先后将无染原罪圣母、圣沙勿略、圣若奥和圣卡特琳娜定为四大城市保护神。① 这四大保护神各有他们的兄弟会发起纪念他们的节日及对他们的信仰。②

a. 无染原罪圣母（Our Lady of Conception），又称圣母无原罪始胎，又称纯洁受孕圣母。无染原罪圣母既是葡萄牙王国的女保护神，又是澳门城市的女保护神，每年的12月8日为圣母无原罪瞻礼，纪念圣母玛利亚的节日，由方济各会会士倡导，在方济各会天使圣母教堂举行最隆重的庆典。方济各修道院和天使圣母教堂被拆毁后，议事会慷慨地补助20两银子支持无染原罪圣母兄弟会在每年12月8日的节日游行。③ 龙思泰书亦载：

> 支付王国的女保护神无（染）原罪圣母，议事会从国王金库中拨款，支付王国的女保护神无染原罪圣母节日及出游的费用。④

1895年《镜海丛报》还记录了一次圣母纪念日的游行：

> 天主教中所奉女神之像，本土曰观音，乃系耶苏之母马利亚，天主教多虔奉之。耶苏教则异焉，但尊耶苏为圣子。所谓圣母，仅有其名，别无塑像贺诞之举。本月十九号为天主教中圣母诞辰，西望洋向有供奉圣母之庙，内设神父主持庙事，是日该神父自出资财，盛饰仪物，藉邀神贶，教人亦多科助钱文，以襄厥事。花王庙之教堂，近因修理，堂中物具移往板樟庙暂放，约在西六月可以完工，仍行迁返。⑤

图4-14　澳门圣若瑟修道院藏的两幅“圣母无玷始胎”油画

b. 圣沙勿略，既是东印度主保圣人，亦是澳门城市的四大保护神之一。根据耶稣会神父巴特洛梅乌·埃斯皮洛沙（Bartolomeu de Espinosa）1670年12月9日从澳门

---

① *Arquivos de Macau*, 1ª Série, Vol. Ⅲ, No. 3, Macau, 1931, p. 171.

② Manuel Teixeira, *Macau e a Sua Diocese*, Vol. Ⅺ, *As Confrarias em Macau*, Macau: Tipografia da Missão do Padroado, 1975, p. 293.

③ Manuel Teixeira, *Macau e a Sua Diocese*, Vol. Ⅺ, *As Confrarias em Macau*, Macau: Tipografia da Missão do Padroado, 1975, p. 293.

④ ［瑞典］龙思泰著，吴义雄等译：《早期澳门史》，北京：东方出版社，1997年，第180页。

⑤ 《镜海丛报》，光绪二十一年四月十四日（1895年5月8日），《西教骈述》，澳门基金会、上海社会科学院出版社联合出版，2000年，第214页。

寄往罗马的信件称："（澳门）获得的商业利润，首先奉献于这个城市的庇护圣人圣沙勿略。"圣沙勿略节，每年 12 月 3 日在耶稣会天主圣母教堂（即圣保禄教堂）举行。耶稣会巡视员路易斯·达·伽玛（Luís da Gama）神父谈到 1666 年在天使圣母教堂举行的圣沙勿略节时，说："这里要提到澳门城举行的盛大的九日祭，即在节日前 9 天进行特殊的祝愿，其目的：激励因船只着火而消沉的澳门城，希望得到圣人的庇护等。"[①]清初的吴历《三巴集》即记录了澳门一次纪念圣人沙勿略的宗教游行：

捧蜡高烧迎圣来，旗幢风满砲成雷。四街铺草青如锦，未许游人踏作埃。

自注云：

沙勿略圣人出会，满街铺花与草为敬，街名畏威怀德。[②]

捧着蜡烛，扛着旗帜，基督徒们抬着沙勿略的圣像出游，花草铺满澳门的直街——"畏、威、怀、德"四街街道，反映了游行活动的盛大。文德泉的《澳门及其教区》一书中记录了圣沙勿略兄弟会每年 12 月 10 日的沙勿略圣像游行：

游行的秩序是：华盖的后面是手握烛台的总督；该会主席走在圣沙勿略骨骸舁床的后面。游行队伍的前面，是该会的一个兄弟扛着大十字架。随后是圣沙勿略的旗幡和圣弗朗西斯科·雷吉斯（S. Francisco de Regis）的舁床；圣刘易斯·公扎噶（S. Luís Gonzaga）的旗幡和舁床；圣埃斯塔尼斯劳·科斯特卡（S. Estanislau Kostka）的旗幡和舁床；日本殉难者的旗幡和舁床；圣弗朗西斯科·博尔雅（S. Francisco de Borja）的旗幡和舁床；圣依纳爵的旗幡和舁床；11 000 贞女的旗幡和舁床；圣米格尔的旗幡和舁床；耶稣的旗幡和舁床；耶稣兄弟会的主席和兄弟们，他们身披白色披风，手握火炬；戴十字架的升天圣母的旗幡和舁床及耶稣会学生；圣沙勿略的旗幡和手臂遗骸舁床，由 4 个非神父级的耶稣会会士抬着；最后是带着十字架的全体耶稣会会士和华盖。后面是一队士兵和军官。这是澳门最高规格的游行，鉴于沙勿略是澳门城的庇护人，议事会倡导的九日祭和庆典。议事会出席九日祭的有 3 个议员、2 个法官、1 个理事官和 1 个书记官，整个议事会都参与了游行。一幅银质圣沙勿略像，在节日及前夜亲吻着澳门城的所有市民。[③]

施白蒂的《澳门编年史：19 世纪》还记录了一次 19 世纪澳门圣保禄教堂纪念沙勿略的活动：

1834 年 12 月 3 日，圣保禄教堂举行纪念圣弗兰西斯科·沙勿略的宗教活动。

---

① Manuel Teixeira, *Macau e a Sua Diocese, Vol. XI, As Confrarias em Macau*, Macau: Tipografia da Missão do Padroado, 1975, p. 292.

② （清）吴历撰，章文钦笺注：《吴渔山集笺注》卷 2，《三巴集》，北京：中华书局，2007 年，第 163 页。

③ Manuel Teixeira, *Macau e a Sua Diocese, Vol. XI, As Confrarias em Macau*, Macau: Tipografia da Missão do Padroado, 1975, pp. 287 – 288.

总督晏德那出席，活动后举行宗教游行并放焰火。①

澳门葡萄牙人对沙勿略的崇拜应该来自于果阿，果阿人特别崇拜沙勿略。沙勿略于1552年在上川岛去世后，葡萄牙人将他的遗体放置在一个木制的棺材里，并撒上石灰，这样可以使肉体和骨骸加速分离，便于将骨骸带回果阿。1553年2月17日，沙勿略的遗体经停马六甲，人们打开棺木发现遗体不仅没有腐烂，而且散发出一种令人愉悦的香气，以至当时马六甲流行的霍乱立即停止，于是当地的居民举行盛大的游行来迎接他的遗体。② 1554年3月15日，沙勿略的遗体运到果阿，受到了果阿人前所未有的欢迎。在《果阿东方的罗马》一书中记录了这一欢迎盛况：

有8条装饰华丽的专用艇组成卫队，护送着装运沙勿略棺木的大船，抵达果阿的码头。葡印总督站在码头上迎接，在其旁还有所有的陆军和海军官员。从码头通向圣保禄大教堂的道路两边站满了人群。运送棺木的行列的最前面是90名来自神学院的男修生，他们一律穿着白色的祭衣，手中握着蜡烛，口唱颂歌，抬着沙勿略遗体缓缓前行。总督走在最前面，他人紧随其后。人们从窗户中掷出鲜花，棺木上盖满了鲜花。沙勿略的遗体在圣保禄教堂显供3天，人群拥向教堂向沙勿略表示最后的敬意。由于来瞻礼的人数众多，以至总主教和省会长不得不将教堂昼夜开放。尽管这是圣周，但所有的祭坛都装饰华丽，教堂的钟声响彻云霄，不绝于耳。所有的人都希望吻沙勿略的脚和手，或者用念珠和圣骨触碰他。异教徒或穆斯林们也混在人群中来到教堂，表达他们对沙勿略的敬爱。像基督徒一样，他们也称沙勿略为“父亲”或“圣人”。耶稣会省会长梅希（Melchior）写道：“我亲眼见到，亲手摸到圣人那沾满石灰但又散发着令人愉悦的香气的遗体；我察看到到处是鲜血，如果我不是亲眼见到我是绝对不会相信的。”③

沙勿略的遗体最初放在圣保禄教堂，后来运往果阿耶稣会的好耶稣教堂（Bom Jesus）。1641年意大利耶稣会会士艺术家玛斯蒂里（Maecello Mastrilli）为他设计并建成了一个外表由植物细花边装饰，并刻有繁复错综的纹饰的墓室，四周镶嵌大量的宝石，中间装有玻璃，透过玻璃可以看到沙勿略的肉身遗体。果阿人对沙勿略的崇拜自然会影响到澳门。

c. 圣若奥·巴布蒂斯塔（S. João Baptista）。澳门对城市保护神的最早设定是在1622年荷兰人侵袭澳门以后。1622年6月24日，圣若奥日这天，荷兰军队大举从东望洋山山麓的劏狗环海湾登陆袭澳。这是荷兰人对澳门的一次最为激烈的军事进攻。由于耶稣会神父使用火炮准确地击中了荷兰军队的火药库，致使荷兰军队大败，澳门人

---

① ［葡］施白蒂著，姚京明译：《澳门编年史：19世纪》，澳门：澳门基金会，1998年，第59页。

② José Pereira, *Baroque Goa, The Architecture of Portuguese India*, New Delhi: Books & Books, 1995, pp. 27 - 28.

③ Remy, *Goa, Rome of the Orient*, London, 1957, pp. 122 - 123.

取得了最终的胜利。[1] 当时人都认为澳门葡萄牙人在这次战事中以少胜多，以弱胜强，取得了几乎是不可能的战争胜利，又因为战争的当日是圣若奥日，所以他们认为这番胜利是受到了这位圣人的庇护，从而施洗者圣若奥被视为澳门城市的主保人，6 月 24 日这天则被议事会定为“澳门市日”。据雷戈 1623 年的记录：

> 这次神奇的杰出胜利中只有 5 个葡萄牙人和几个奴隶阵亡，还有很少的人受伤，所以我们把它作为伟大的若奥·巴（布）蒂斯塔圣徒在他的日子取得的胜利来纪念。本市纪念这个日子特别虔诚，为了永远怀念，我们把他奉为本市保护神，保护本市成功，他的神奇之手在打击异教徒和共同敌人中一直保佑着本市。[2]

之后，每年的 6 月 24 日，澳门葡萄牙人都会对这位澳门城市保护神举行天主教庆祝活动。1685 年 6 月 24 日，澳门议事会的全体官员庄严议决，为了他们以及继承人，以后每年都像 1685 年一样，由议事会出资，对澳门保护神圣若奥·巴布蒂斯塔举行同样隆重的九日敬礼[3]，以便圣徒继续给予该城特殊保护，保佑他们的事业，保佑他们的“圣保禄号”战舰重新打开澳门与日本通商的大门。[4] 1714 年 5 月 23 日，议事会还向主教控诉大堂区佩德罗·塔沃拉（Pedro Teixeira de Távora）神父没有亲自邀请议事会参加圣若奥·巴布蒂斯塔节。[5] 1895 年《镜海丛报》也记载了一条澳门圣若奥日游行活动的资料：

> 西教有所谓圣庄巴的士打者，耶苏之首徒也，通澳西洋人奉之为通神。初一为其诞日，澳之议事公局例奉神像巡游，先期发帖，遍请中西商庶是日五点半钟齐到大庙颂祝后，奉神巡街，俗则谓之西夏至神诞。[6]

d. 圣母卡塔琳娜·德·仙娜（Catarina de Sena）。1646 年 5 月 2 日时曾将圣母卡塔琳娜·德·仙娜定为澳门城市的守护神：

> 圣多明戈斯修道院的访问者，请求圣母卡塔琳娜·德·仙娜的管理者和这座城市的公民，以及这座城市的政府官员，综合多方面原因并提出，想要将圣母卡塔琳娜·德·仙娜视为这座城市的守护神；因此得到了上述各位的一致同意，由

---

① C. R. Boxer, *Fidalgos in the Far East(1550 – 1770)*, *Fact and Fancy in the History of Macau*, The Hague: Martinus Nijhoff, 1948, pp. 76 – 80.

② ［葡］雷戈著，范维信译：《澳门的建立与强大记事》，载澳门《文化杂志》编：《16 和 17 世纪伊比利亚文学视野里的中国景观》，郑州：大象出版社，2003 年，第 200 页。

③ 九日敬礼是为得到特别恩宠的祈祷。当一个人在失望中，希望能借着这种祈祷扭转而得到恩宠。九日敬礼可分为四个种类：首先是对天主圣三的敬礼，其次是对圣母玛利亚的敬礼，然后是对圣人圣女方面的敬礼，最后是对天使方面的敬礼。对圣若奥·巴布蒂斯塔的九日敬礼应该属于第三类。

④ ［葡］施白蒂著，小雨译：《澳门编年史：16—18 世纪》，澳门：澳门基金会，1995 年，第 62 页。

⑤ Manuel Teixeira, *Macau no Séc. XVIII*, Macau: Imprensa Nacional, 1984, p. 141.

⑥《镜海丛报》，光绪二十一年五月初四日（1895 年 6 月 26 日），《庆贺西神》，澳门基金会、上海社会科学院出版社联合出版，2000 年，第 256 页。

此可见，在这片土地上民不聊生的情况下，这项请求就显得再合适不过了，将圣母卡塔琳娜·德·仙娜视为这座城市的保护神是为了得到上帝的庇佑，上帝庇佑这座城市，为之带来无尽的和平与便利，维护这座城市的和谐发展。

如今，人民无比尊敬这个至高无上的圣母，能够在宗教法庭上提出请求并得到圣母赐予的恩惠，是所有天主教徒的夙愿，虔诚地向圣母表示敬意，希望得到上帝的庇佑，越是贫穷就越需要上帝的庇佑，人类若是想在极端灾害和苦难中生存下来，则需要上帝的庇佑和恩赐，通过向圣母祈祷的方式，来实现全人类的和平，因为比如当城市因地震而引起大火的时候，圣母能够维护天主教堂和平安宁。教皇正任职于佛罗伦萨，正与教宗格里高利二世有分歧，他最终调解了持有矛盾意见的双方，最后，在此请求至高无上的主，愿上帝保佑，将圣母作为保护神，让众生得到圣母的庇佑和灵魂的慰藉。①

每年的5月2日遂成为圣母卡塔琳娜的纪念日。每年的圣卡塔琳娜节，由多明我会会士倡导发起，在圣多明我教堂举行。在节日的当天，官员们，法官、议员、理事官、议事厅书记官等在教堂忏悔、领圣餐。② 定圣卡塔琳娜为澳门城市的主保神也应该是受果阿的影响。果阿亦将圣母卡塔琳娜定为该城的主保圣人，在果阿的大城门上面就有一尊圣母卡塔琳娜的雕像。

（2）澳门的其他主保圣人。

除了上述澳门城市四大保护神以外，澳门的主保圣人还有婚姻主保圣安多尼、国王守护天使、主保圣人圣若瑟。

a. 婚姻主保圣安多尼。圣安多尼（St. Anthony of Pauda），方济各会会士，意大利帕瓦多（Pauda）虽是其逝世地，然他出身并成长于里斯本，所以又以“里斯本的安东尼”为人所知。1232年5月30日，安多尼被教宗格里高利九世封为圣徒，成为帕瓦多和葡萄牙诸多城市的主保圣人。在欧洲，特别是葡萄牙和西班牙，圣安多尼被称为婚姻主保，其原因有诸多传说，说他调和了众多夫妻关系。安多尼去世于6月13日，而该日就成为里斯本的城市节日。《澳门记略》称：

北隅一庙，凡蕃人男女相悦，诣神盟誓毕，僧为卜吉完聚，名曰花王庙。③

此处的“花王庙”即圣安多尼堂，所谓“花王”，就是爱情婚姻的主管。可见，早期葡萄牙人奉圣安多尼为婚姻主保的习俗已经传入澳门，澳门葡人亦以圣安多尼为婚姻主保。龙思泰书中记录了1833年圣安多尼圣像出游的盛况，并称庆祝圣安多尼圣像出

---

① *Arquivos de Macau*, 1ª Série, Vol. Ⅲ, No. 3, Macau, 1931, pp. 165 – 167.

② Manuel Teixeira, *Macau e a Sua Diocese*, *Vol. XI*, *As Confrarias em Macau*, Macau: Tipografia da Missão do Padroado, 1975, pp. 287 – 288.

③ （清）印光任、张汝霖原著，赵春晨校注：《澳门记略校注》，《澳蕃篇》，澳门：澳门文化司署，1992年，第150页。

游的节日持续13天时间：

图4－15　澳门主保圣安多尼像

> 1833年，圣安多尼圣像的出游充满着军人的气息。他的塑像在神父、总督、贵族、军人和平民的伴随下，由市民军官抬着，在13天内的每天早上，一群士兵在他的教堂等候，鸣放礼炮。在出游前夕，议事会发给240两（相当于一个上尉的年薪），这点钱可使副职神父在为圣者服务中，维持整洁、端庄、优雅。圣安多尼是一位很受欢迎的圣者，特别是在航海人中间。不时有虔信者双膝跪地膜拜着，祈求圣者灵验的代祷。但一旦这些乞求者觉得他们的要求受到忽视，或应受的恩惠受到使人恼火的拖延，他们就会把塑像从架上取下来，加以责骂、敲打、虐待。同样，一旦这些祈求者觉得圣者已经同意给予保护，就会从心中激起爱抚和崇拜，在塑像面前点燃小蜡烛，焚香示敬。[①]

圣安多尼圣像的出游时间持续13天，而且议事会要花费240两白银来举行这次游行，可以反映，圣安多尼圣像出游是澳门葡萄牙人十分重视的一桩重大的宗教活动。1895年的《镜海丛报》亦报道了圣安多尼圣像出游纪念活动：

> 花王庙内供有西洋神，名宴端尼神，系保护西洋全国者，自有神以来，于今七百余年，本月廿六七八等日，澳中西洋人议在庙内庆祝神贶。是日，凡属西洋辖地皆须致虔行礼，澳中西众由廿六早九打钟起，群赴庙内行弥撒礼，至五打钟而止，廿七照前无异，晚至五打钟，恭备仪仗送神至大庙。廿八日主教暨西洋多官皆赴堂颂祝大庆大乐四点半钟，仍备仪仗送回本庙之内，外燃点明灯，焚放烟火，四隅奏乐，万众喧呼，至十一打钟，始行竣事。[②]

在这份报道中，圣安多尼被称作“宴端尼神”，时间和地点更为详细，几乎勾勒出了整个庆贺的大致过程。庆贺一共举行三日，前两日皆“朝九晚五”，廿七日将神像送至主教堂，次日再送回花王庙。

b. 国王守护天使。国王守护天使应该属于第四类主保圣人，他既是葡萄牙王国的保护神，又是澳门的保护神，澳门亦流行对国王守护天使的纪念活动。1714年5月23日，议事会向主教控诉大堂区佩德罗·塔沃拉（Pedro Teixeira de Távora）神父没有亲

---

① ［瑞典］龙思泰著，吴义雄等译：《早期澳门史》，北京：东方出版社，1997年，第181页。

② 《镜海丛报》，光绪二十一年六月二十四日（1895年8月14日），《庆神大乐》，澳门基金会、上海社会科学院出版社联合出版，2000年，第298页。

自邀请议事会参加国王守护天使节。① 龙思泰的《早期澳门史》也记载了议事会从国王金库中拨款，支付国王守护天使（The Guardian Angel）的费用。②

c. 主保圣人圣若瑟。据 1622 年一份葡文文献记录：

图 4 - 16 圣若瑟修道院藏《向导圣母澳门主保像》

> 他们（指参加选举的议事会成员）承诺在每年的圣若瑟日的前夕，所有的议事会成员都要去大教堂做礼拜，以感谢他们所信奉的上帝在这一天为其赐予的胜利，对此，议事会主席也不例外，他每年都没有缺席这一活动。③

“圣若瑟日”是指每年的 3 月 19 日，这一天是对圣若瑟的瞻礼日，即对圣若瑟进行礼拜。根据这条材料，澳门在 1622 年之前就流行对主保圣人圣若瑟进行崇拜活动。1667 年耶稣会的广州会议确定了圣若瑟为中国教区主保圣人，④ 澳门亦因此而修建了圣若瑟修道院和圣若瑟教堂，所以，耶稣会中国副省的神职人员及圣若瑟修道院亦应该举行对主保圣人圣若瑟的纪念活动，但目前尚未找到相关的确切材料为证明。除此以外，在澳门圣若瑟修道院保存的艺术品中还有一幅 19 世纪绘制的《向导圣母澳门主保像》（Nossa Semhora da Guia，Protectora de Macau）⑤。这就是说，向导圣母也是澳门人的主保神，东望洋教堂葡文名为“Nossa Senhora da Guia”，其意就是向导圣母之意，所以东望洋教堂实际上也可称为“向导圣母教堂”，崇奉的亦为向导圣母，或称导航圣母。⑥

在澳门的宗教游行中除了各大瞻礼的宗教游行以及各个主保神的宗教游行以外，适逢重要的事情和庆祝纪念活动时也举行宗教游行。据 1604 年《澳门圣保禄学院年报》记载：

> 为了庆祝我们学院新教堂的落成，我们按照基督教的习惯进行了宗教大游行，

---

① Manuel Teixeira, *Macau no Séc. XVIII*, Macau: Imprensa Nacional, 1984, p. 141.

② ［瑞典］龙思泰著，吴义雄等译：《早期澳门史》，北京：东方出版社，1997 年，第 180 页。

③ Jack M. Braga, *A Voz do Passado: Redescoberta de a Colecção de Varios Factos Acontecidos Nesta mui Nobre Cidade de Macao*, Macau: Instituto Cultural de Macau, 1987, p. 17.

④ Pacheco, Feliciano, Praxes quadam discussae in pleno eotus 25 patrum statutae et decreta ad servandum inter nos in Sinica Missione uniformitatem, Canton [January 1668?], in *Archivum Romanum Societatis Iesu*, Jap-Sin 162: 253r - 255v.

⑤ 缪予契油画修复小组：《澳门圣若瑟修道院宗教艺术藏品修复鉴赏》，载《文化杂志》（中文版）第 47 期，2003 年，第 37 页。

⑥ 金国平、吴志良：《东望洋古迹渊源考》，载金国平、吴志良：《东西望洋》，澳门：澳门成人教育学会，2002 年，第 277 ~ 278 页。

学院的所有神父和修士全都参加了此次游行，抬着圣体，而且身着白色法衣，神父们全都佩戴着圣带；除了圣体以外，游行队伍带着游行的还有五台圣物和圣像，这些圣物和圣像全都归我们学院所有；游行队伍中不少人都打着火把，伴着音乐，载歌载舞；游行的范围离我们学院不远，队伍主要沿着学院附近的几条主道行进；游行沿路都有军队保护，还在港口安排了五艘带着大炮的商船，来保护此次游行的顺利进行。由此可见，整个澳门市从各个方面都给予了此次游行高度的重视，城里几乎万人空巷。①

1703 年澳门遭受大旱灾，为了求得天主的保佑，全城举行了大规模的宗教游行：

1703 年，这一年发生了一场大旱灾，因此，这座城市里粮食的价格高涨。4 月 28 日夜晚发生了第一次游行进行忏悔，圣方济各教堂里的圣像被人抬着从主教座堂出发到圣保禄大教堂、再到圣多明我堂和圣奥斯定堂，游行途中，人们反复不断地吟唱着《求主垂怜》（*Miserere*）。当月 30 日又举行了第二次游行，同一圣像从圣安东尼奥大教堂一直游行到了主教座堂，他被留在了主教座堂内直到上天落泪，并下了一点雨。5 月 3 日周四的晚上，第三次游行是从圣老楞佐教堂到主教座堂，这一次游行的是圣母雷梅迪乌斯：她的圣像被修士们手里无数的烛光照亮，甚至连大主教也陪伴在侧，她的圣像最后留在了主教座堂，第二天周五，天开始由晴转阴并下了一些雨，而到了周六终于下起了滂沱大雨，这场大雨一连下了好几天，久旱逢甘霖，总算如了市民们的心愿。②

综上所述，可以看出，澳门各种类型的宗教圣像游行是澳门社会中普遍常见的一种宗教活动，可以说这种宗教活动成了澳门社会最为常见的普遍现象。

第四节　天主教掌控下的澳门其他西方宗教

澳门自开埠以后，天主教就一直是主导澳门社会的唯一西方宗教，虽然在各个不同的历史时期，仍然有一些被天主教视之为“异教徒”的人进入澳门，但这些异教徒大多是并无教会组织系统的零散人员，这期间包括有琐罗亚斯德教（Zoroastrianism）、伊斯兰教、东正教和残存于葡萄牙人中的犹太教，唯一例外者即为基督新教。基督新

① João Paulo Oliveira e Costa, *Cartas Ânuas do Colégio de Macau (1594 - 1627)*, Macau: Fundação Macau, 1999, p. 121.

② Jack M. Braga, *A Voz do Passado: Redescoberta de a Colecção de Varios Factos Acontecidos Nesta mui Nobre Cidade de Macao*, Macau: Instituto Cultural de Macau, 1987, p. 22.

教自1807年马礼逊——第一位新教传教士进入澳门后，基督新教的教会组织在澳门获得了系统的发展，但它们在澳门存在的时间并不太长，到鸦片战争结束后，基督新教的所有教会组织都逐渐离开澳门，转移到香港和中国内地。所以说，这些非天主教的西方宗教虽然在澳门有所存在，基督新教在澳门甚至产生了较大的影响，但相对于天主教而言，它们都只不过是在天主教势力夹缝中获得生存的西方宗教。

一、在澳门的基督新教教会及社团

当大批天主教传教士向东方传教之际，欧洲正在进行意义深远的宗教改革运动，基督新教由此产生。新教传教士开始出现在世界传教舞台上的时间是19世纪。英国的殖民扩张、美国革命的成功及资本主义在欧洲各国的确立，是燃起新教海外布道热情的主要外因，而新教的大觉醒运动成为了点燃传教激情的内因。17—18世纪欧美地区掀起"福音奋兴运动"（Evangelical Revival）的宗教热潮，包括欧洲大陆的"虔敬派运动"、英国的"福音奋兴运动"和美国的"大觉醒运动"。"福音奋兴运动"对基督新教的传教运动影响甚大，基督教史学家威利斯顿·沃尔克（Williston Walker）称："福音奋兴运动的最重要成果之一是近代新教传教事业的兴起。"[①] 从17世纪后期起，欧洲就陆续形成了一些以向海外非基督教民族传教为目的的新教传教团体，而进入澳门的基督新教主要有伦敦传道会、美部会、美国浸礼会、美国长老会等。

图4-17 澳门建立的第一座基督新教礼拜堂——马礼逊教堂的内外景

（一）伦敦传道会

1795年9月21日，英国国教会、公理会和长老会的领导人在伦敦集会，决定成立伦敦传道会（London Missionary Society）。该会的基本原则为开展超宗派的海外传教活

① ［美］威利斯顿·沃尔克著，孙善玲等译：《基督教会史》，北京：中国社会科学出版社，1991年，第595页。

动，旨在异教徒和其他蒙昧民族中传播基督知识。伦敦传道会由一个理事会来管理，该管理会的成员分别从国教会、长老会、路德会和一些不从国教团体的传教士中选拔。1796 年 8 月该会派出第一批传教士前往南太平洋的塔希提岛，之后不久，东亚、南洋和非洲等地就成为它的传教领域。[①]

第一位进入澳门及中国内地的基督新教传教士为英国人马礼逊，而第一个进入澳门及中国内地的基督新教教会机构则是英国的伦敦传道会。马礼逊，1782 年 1 月 5 日出生于英格兰最北的诺桑伯兰郡（Northumberland）的小镇摩比斯（Morpeth）乡下文盖兹（Wingates）的农家。1802 年 9 月，他向霍士顿神学院申请获准后，于 1803 年 1 月入学。1807 年 1 月 31 日，马礼逊结束来华准备工作，乘船离开英国。[②] 1807 年 9 月 4 日，马礼逊牧师乘“三叉戟号”抵达澳门外海，不久即在澳门港上岸。马礼逊牧师住进了一家由英国人在澳门开办的旅馆，并记下了其来华的第一天：

> 澳门岛，1807 年 9 月 4 日（星期五）晚上 10 时，写于一家英国旅店。[③]

对于这位新教传教士而言，澳门扮演着某种两百年前于天主教传教士的同样作用，从这里，他们进入内地传教。之后，虽然马礼逊的活动地点主要是在广州，然而他在澳门活动的时间亦有 10 年左右，马礼逊人生中的许多重大事件也发生在澳门，如 1808 年，他在澳门结识了玛丽·莫顿（Mary Morton），次年与其结婚；1809 年 2 月接到东印度公司聘书，成为广州商馆中文译员，从此开始了与东印度公司长达 20 年的关系。其汉译《圣经》《华英词典》也跟澳门有紧密联系。[④] 可能是考虑到当时的中西关系状况，伦敦传道会的上司们起初并没有要求马礼逊招纳信徒，建立传教组织，但马礼逊仍然在澳门进行了大量的传教布道工作，并将这些传教布道工作在自己的私人住宅中进行。《马礼逊日记》保留了很多这一方面的资料：

> 1808 年 11 月 6 日，澳门，礼拜日。蔡轩留下来和我做祷告，他用中文。我感到中文手抄本《新约圣经》不在的遗憾；11 月 21 日，晚上我和蔡轩讨论祷告，当他辩论失利时，他问我是否所有的中国人进了地狱。我回答说纯洁无辜的人不会进地狱。[⑤]
>
> 1809 年 3 月 19 日，主日。今天都在读《圣经》和其他宗教书籍。中午的时

---

① 吴义雄：《在宗教与世俗之间：基督教新教传教士在华南沿海的早期活动研究》，广州：广东教育出版社，2000 年，第 29 ~ 30 页。

② 苏精：《中国，开门！——马礼逊及相关人物研究》，香港：基督教中国宗教文化研究社，2005 年，第 15 ~ 23 页。

③ LMS/CH/SC/JO, Robert Morrison's Journal, 4 September 1807，转引自苏精：《中国，开门！——马礼逊及相关人物研究》，香港：基督教中国宗教文化研究社，2005 年，第 28 ~ 29 页。

④ 吴义雄：《基督教传教士在澳门的早期文化活动略论》，载《学术研究》2002 年第 6 期，第 43 页。

⑤ ［英］艾莉莎·马礼逊编，杨慧玲等译：《马礼逊回忆录》第 1 卷，郑州：大象出版社，2008 年，第 125 页。

候，我们举行了一个圣餐礼。[①]

1812 年 7 月 21 日，今天给他们介绍了《信徒使条》和圣经中的段落。10 月 11 日，主日，宣讲浪子回头的寓言。（蔡轲）提出，参加今后的主日崇拜和平时崇拜。10 月 18 日，主日，今天只有 4 个人参加礼拜，亚三读了《圣路加氏传福音书》的二十二章，我对此作了简单的解释，最后以祷告结束。[②]

1813 年 3 月 15 日，主日。参加礼拜的只有蔡轲、蔡轩、亚盼和蔡运。礼拜刚开始时，他们不专心，并且嬉笑。我表达了对他们的言行可能造成的不良影响表示遗憾。给他们读《圣路加氏传福音书》二十章，还讲解葡萄园的譬喻，强调上帝派来了先知和圣贤，甚至送来我们的主耶稣的大德。[③]

1814 年 7 月 16 日，在澳门海边的一座山脚下的泉水旁，我以圣父、圣子、圣灵的名义为蔡轲施洗。[④]

被马礼逊施洗的中国人蔡轲，就成为中国大陆第一个基督新教皈依者。在此期间，马礼逊还做了很多刻印、散发宗教宣传品的工作。从 1810 年起，陆续刻印他翻译的《新约》各个部分，还翻译、编写、刻印一些传教小册子，如《神道论赎救世总说真本》（1811）、《问答浅注耶稣教法》（1812）、《古时如氏亚国历代略传》（1815）、《养心神诗》（1818）、《古圣奉神天启示道家训》（1832）等，分别在广州、澳门、马六甲等地出版。[⑤]

第二位英国伦敦传道会传教士米怜（William Milne），于 1813 年 7 月 4 日抵达澳门，本来米怜是来澳门帮助孤身一人传教的马礼逊，但是米怜到澳门后，未准获得澳门的居留权。马礼逊谒见总督，请求其准许米怜夫妇居留澳门，然而遭到拒绝，总督勒令米怜 18 日内离开澳门。7 月 20 日，米怜不得不离开澳门，乘船去广州，其夫人则获准留在澳门马礼逊家等待生产。[⑥] 之后伦敦传道会来华的几位传教士虽然都能在澳门立脚，如 1839 年来华的雒魏林（William Lochhart）、合信（Benjamin Hobson）和美魏茶（William Charles Milne），但他们在澳门的时间都不长。而伦敦传道会还有不少传教

---

① ［英］艾莉莎·马礼逊编，杨慧玲等译：《马礼逊回忆录》第 1 卷，郑州：大象出版社，2008 年，第 149 页。

② ［英］艾莉莎·马礼逊编，杨慧玲等译：《马礼逊回忆录》第 1 卷，郑州：大象出版社，2008 年，第 181 ~ 182 页。

③ ［英］艾莉莎·马礼逊编，杨慧玲等译：《马礼逊回忆录》第 1 卷，郑州：大象出版社，2008 年，第 191 页。

④ ［英］艾莉莎·马礼逊编，杨慧玲等译：《马礼逊回忆录》第 1 卷，郑州：大象出版社，2008 年，第 217 页。

⑤ *Memorials of Protestant Missionaries to the Chinese, Giving a List of Their Publications and Obituary Notice of the Deceased with Copious Indexes*, Shanghai, 1867, pp. 4 – 7.

⑥ ［英］艾莉莎·马礼逊编，杨慧玲等译：《马礼逊回忆录》第 1 卷，郑州：大象出版社，2008 年，第 193 ~ 197 页。

士来到澳门后在澳居停时间更短，大多是经澳门去别地，如泰尔曼（Daniel Tyerman）、乔治·班纳特（George Bennet）、麦都思（Walter Henry Medhurst，1835—1836）、瓦尔特·亨利（Walter Henry，1841）、撒母耳·戴尔（Samuel Dyer，1843）、理雅各（James Legge，1843）等。

虽然伦敦传道会从1807到1843年间，有11位传教士在澳门居停，但真正在澳门传教布道者仅有马礼逊一人。作为教会的伦敦传道会并没有在澳门设立住所和圣堂，以致他们在澳门的传教都是在自己的私人住宅中进行。当然这里最重要的原因，主要是受澳门天主教势力压制的影响。所以，伦敦传道会的传教士们不得不将其传教基地设在马六甲，建立恒河外方传教团。

（二）美部会

美国在大觉醒运动之后，其宗教界对传教的热情空前高涨，18世纪末，在纽约、马萨诸塞、康涅狄格等地出现了许多地方性的传教团体。1810年6月29日，马萨诸塞州的公理会决定成立海外传教机构美部会（American Board of Commissioners for Foreign Mission）。同年9月5日，美部会在康涅狄格州的法明顿（Farmington）举行第一次会议。美部会同样是一个跨教派的传教机构，其权力机构为设在波士顿的“咨询委员会”（Prudential Committee），该委员会由公理会、长老会和归正会的著名人士以及热心于传教事务者组成，一般为12人左右，每周举行一次会议。除了这个委员会外，美部会还设有一名秘书负责日常事务，虽然这个秘书在委员会会议中没有表决权，但实际上掌管该会的所有活动，是实际领导人。1812年2月，美部会首批4名传教士从美国前往印度传教。①

美部会（Congregational Church）是继伦敦传道会后第二个向中国派遣传教士的新教教会。它在19世纪30年代陆续派出裨治文（Elijia Coleman Bridgman）、雅裨理（David Abeel）、司梯文司（Edwin Stevens）、伯驾（Peter Parker）、特雷西（Ira Tracy）、卫三畏（Samuel Wells Williams）、波罗满（W. J. Pohlman）、罗宾斯·布朗（Samuel Robbins Brown）、威廉·戴弗尔（William Beck Diver）等人来华传教，这些人奔波于广州、澳门两地。40年代以后，美部会进入澳门者还有波乃耶（Dyer Ball）、詹姆斯·裨治文（James Granger Bridgman）、打马字（John van Nest Talmage）等人。美部会总共派入中国而又在澳门居停者共有12人，每个夏季或住冬时期，所有的美部会传教士都居

---

① 以上参见吴义雄：《在宗教与世俗之间：基督教新教传教士在华南沿海的早期活动研究》，广州：广东教育出版社，2000年，第30～31页。

住澳门，聚集在一起共同筹划推进在华教务。[①] 1836 年美部会的几名传教士组成了中国传道团，裨治文担任主席，司梯文司担任秘书。[②] 1837 年 9 月 28 日，美部会中国传道团召开的会议做出决议："卫三畏先生继续留住澳门。我们认为他的住所从 1835 年他开始住在那里时起，就成为传道团的一个传教站。"[③] 1845 年，原美部会中国传道团分成厦门传道团（Amoy Mission）和华南传道团（South China Mission）。[④] 根据当时的情况，1836 年成立的美部会中国传道团，其住所就应该设在澳门。美部会在华传教士在广州和澳门还创建了印刷所、医院，创办了报刊，甚至和其他会的传教士一起创办了在华基督徒协会、马礼逊教育会和中华医疗传道会等机构。这里面最重要的三个人物，一是裨治文，一是伯驾，一是卫三畏。关于他们的内容在其他章节另有介绍，此处不赘。

（三）美国浸礼会

浸礼会（Baptist Churches），又称浸信会，是 17 世纪上半叶产生于英国以及在荷兰的英国流亡者中代表了宗教改革中较为激进的一个派别。1609 年，由英国人约翰·史密斯（John Smith）在阿姆斯特丹正式创建世界上第一个浸礼宗教会。后来又分离出加尔文派浸礼会，该派浸礼会坚持严格的加尔文主义，积极开展活动，从 18 世纪开始，掀起了海外传教热潮。美国浸礼会成立于 1636 年，到 19 世纪时，浸礼会发展成为美国南部最大的新教集团。1814 年，在美国费城成立了一个全国性的浸礼会"联会"组织——全美浸礼会国外传教大会，并成立一个由 21 名委员会组成的"浸礼会联会海外传道部"（The Baptist Board of Foreign Mission），承担海外差传事业的推广。[⑤]

继伦敦传道会和美部会之后第三个进入澳门的基督新教差会即为美国浸礼会，如果说伦敦传道会和美部会的活动地点更多是在广州，那么浸礼会传教士在鸦片战争前，其主要传教点则在澳门。1835 年，浸礼会海外传道部相继按立叔未士夫妇为牧师，并派他们往暹罗传教。由于叔未士到达新加坡时，已经有华人阿卢教授他们学习中文，

---

① ［英］伟烈亚力著，倪文君译：《1867 年以前来华基督教传教士列传及著作目录》，桂林：广西师范大学出版社，2011 年，第 74 ~ 171 页；吴义雄：《基督教传教士在澳门的早期文化活动略论》，载《学术研究》2002 年第 6 期，第 44 页。

② 吴义雄：《在宗教与世俗之间：基督教新教传教士在华南沿海的早期活动研究》，广州：广东教育出版社，2000 年，第 79、82 页。

③ Brief History of the American Board of Commissioners for Foreign Missions in China, ABCFM Papers, 16. 3. 11, p. 17，转引自吴义雄：《基督教传教士在澳门的早期文化活动略论》，载《中外文化交流与澳门语言文化国际研讨会论文集》，澳门：澳门理工学院，2004 年，第 21 页。

④ 吴义雄：《在宗教与世俗之间：基督教新教传教士在华南沿海的早期活动研究》，广州：广东教育出版社，2000 年，第 189 页。

⑤ 吴宁：《没有终点的到达：美南浸信会在华南地区的传教活动》，北京：宗教文化出版社，2013 年，第 24 ~ 31 页。

而且还得知澳门已经有新教传教士在传教，于是，意欲直接去澳门传教，并向传道部陈述他的理由，申请直接去澳门。1836 年 8 月 29 日，叔未士夫妇在没有等到传道部指示的情况下，就起程前往澳门。叔未士擅自来澳门的行为不但没有得到传道部的理解，反而引起他们强烈的不满。传道部当时并不赞同他们的做法，并认为没有在澳门建立一个新传教站的需要。有 1 年半的时间传道部完全不与他联系。尽管没有得到差会的认可，叔未士在澳门仍然履行自己作为浸礼会传教士的职责。叔未士到澳门后，受到郭实猎牧师的欢迎，住在郭的家中，并在郭的指导下继续学习中文。而且夫妇俩很快投入到传教事业中来，他们采取直接布道的方法，在助手的陪同下，分发传单，进行探访，招聚信徒，主理聚会。1837 年 1 月 31 日，叔未士为阿卢施洗，这是美国浸礼会入华后，第一位受洗的中国基督徒。1837 年 2 月，叔未士第一次完全用汉语布道。[①] 1839 年 2 月，叔未士夫人何显理在其寓所开办一所学塾，这是美国浸礼会在华开办的第一所学校。[②] 除此以外，叔未士还到广州给欧美人布道，还乘船去海南岛，察看在海南如何开创传教事业。从 1836 年 8 月进入澳门，到 1842 年 3 月迁往香港，叔未士夫妇在澳门共生活了 5 年半时间，为浸礼会在澳门的福音传播事业做了大量工作。[③] 但由于浸礼会海外传道部对他的工作并不支持，所以浸礼会在澳门并没有获得很大的发展，甚至连一个浸礼会的组织机构都没有建立起来。

1837 年 5 月，美国浸礼会第二位牧师罗孝全（Issachar Jacox Roberts）来到澳门，受到叔未士夫妇的热烈欢迎。开始他们居住在一起，后来产生矛盾，而且终生没有和解。[④] 在叔未士夫妇迁居香港之前，共有 5 位浸礼会传教士来到澳门，他们是叔未士（1835）、何显理（1836）[⑤]、罗孝全（1837）、粦为仁（William Dean，1838）、玛利亚·奥尔同（Maria J. Orton，1839）。1842 年叔未士夫妇迁往香港后，还有 6 位浸礼会传教士先后来到澳门，他们是啤士（George Pearcy，1846）、咖笠顿（Samuel Cornelius Clopton，1846）、詹克斯（E. N. Jencks，1846）、赞臣（Francis C. Johnson，1847）、胡

---

① 吴宁：《没有终点的到达：美南浸信会在华南地区的传教活动》，北京：宗教文化出版社，2013 年，第 50 ~ 51 页。

② J. B. Jetter, *A Memoir of Mrs. Henrietta Shuck, the First American Female Missionary to China*, Gould, Kendall & Lincoln, 1846, pp. 95 – 96.

③ 吴宁：《没有终点的到达：美南浸信会在华南地区的传教活动》，北京：宗教文化出版社，2013 年，第 53 页。

④ J. B. Jetter, *A Memoir of Mrs. Henrietta Shuck, the First American Female Missionary to China*, Gould, Kendall & Lincoln, 1846, p. 106.

⑤ 叔未士夫人何显理是第一位美国来华女传教士。她是阿狄森·霍尔（Addison Hall）牧师的女儿，1817 年 10 月 28 日出生于美国弗吉尼亚州的科尔马洛克。在其虔诚父母及广泛的基督精神影响下，13 岁由杰特（J. B. Jeter）牧师主持受洗入教。1835 年 9 月 8 日，她与叔未士牧师结婚。同月 22 日，他们乘船东来。参见 *Chinese Repository*, Vol. 14, No. 1, 1845/01, pp. 20 – 21.

德迈（Thomas Hall Hudson，1847）、查尔斯·基立（Charles Washington Gaillard，1854）。① 后面6位浸礼会传教士到澳门都是短暂经停，并未在澳门进行传教活动。到19世纪80年代，美国浸礼会传教士希克臣（Hixcon）夫妇数次探访澳门，最后决定在澳门建立传教站。希克臣先生认为，美国浸礼会在澳门始终没有一个固定的传教站，华南地区的传教士始终是将澳门当作战争时的避难所和休养之地。因此，他们在这里的传教不是长期的。1885年5月1日，希克臣夫妇正式将家搬到澳门，不久又在那里建起了一间礼拜堂，由一位本地长岛（Long Island）牧师负责。但希克臣由于健康缘故，不得不返回美国。美国浸礼会在澳门设传教站一事又被迫停止。②

（四）美国长老会

基督新教长老会产生于16世纪的苏格兰，17世纪初，长老会传入美国。1788年，美国长老会各地方教会决定成立一全国性组织——美国长老会（Presbyterian Church in the United States）。从1831年起，美国长老会开始设立西方海外传道会，派遣传教士前往印第安人居住区、非洲的利比里亚和亚洲的印度等地传教。1836年，该会改名为长老会海外传道会，并着手以更大的规模开始向外传教活动。到美国长老会第二次召开执行委员会会议时，正式提出了往中国派遣传教士这一议题。但长老会最先向远东地区派传教士的地方不是中国，而是新加坡，在1837年时，就有2位长老会的牧师抵达新加坡，揭开了长老会对海外华人传教的序幕。③ 第一位进入中国澳门的美国长老会传教士是托马斯·麦克布莱德（Thomas L. Macbryde），他出于健康原因，于1841年12月携夫人来澳门居住养病。1842年1月，时任美国长老会海外传道会秘书娄瑞（Walter Lowrie）的儿子娄礼华（Walter Macon Lowrie）被派往中国传教，当时海外传道会给他的指令是先往澳门观察形势，然后再到新加坡与其他传教士会合，共商传教计划。娄礼华于1842年5月在澳门登陆，期间经历香港和马尼拉的旅行，于1842年10月中旬以后返回澳门。此时托马斯·麦克布莱德已经离开澳门，前往中国内地。美国长老会仅留下娄礼华一人在澳门展开传教工作。④ 以澳门为据点展开对华的传教，人手不足是当时长老会面临的最大问题。娄礼华向海外传道会写信呼吁，要求增派人手来中国。⑤

---

① ［英］伟烈亚力著，倪文君译：《1867年以前来华基督教传教士列传及著作目录》，桂林：广西师范大学出版社，2011年，第90~100、160~161、170、239页；周东华：《玛丽·郭士立和澳门女塾的盲女教育》，载《澳门历史研究》第13期，2014年，第235~248页。

② *The Foreign Mission Journal*, Vol. 210, May 1st, 1885, p. 4; Vol. 211, Dec 17th, 1885, p. 3.

③ 颜小华：《相遇、对话与调适：美国长老会在华南的活动研究（1837—1899）》，兰州：兰州大学出版社，2009年，第42~47页。

④ ［英］伟烈亚力著，倪文君译：《1867年以前来华基督教传教士列传及著作目录》，桂林：广西师范大学出版社，2011年，第133~135页。

⑤ MCR, W. M., Lowrie's Letter, July 18th, 1843. 转引自颜小华：《相遇、对话与调适：美国长老会在华南的活动研究（1837—1899）》，兰州：兰州大学出版社，2009年，第53页。

从1843年底到1844年共派有7位长老会传教士来到澳门，他们是理查德·柯理（Richard Cole）、大卫·麦嘉缔（Davie B. McCartee）、祎理哲（Robert Quarterman Way）、约翰·卢壹（John Lloyd）、哈巴安德（Andrew Patton Happer）、克陛存（Micheal Simpson Culbertson）、露密士（Augustus Ward Loomis）。[①] 在他们之前还有詹姆斯·合文（James C. Hephurn）牧师来过澳门，但由于身体健康问题，他们很快就离开了澳门。[②] 到1846年12月，又有几位长老会传教士从美国来到澳门，他们是威廉·施惠廉（William Speer）夫妇、斯蒂芬·马顿（Stephen Mattoon）夫妇、花琏治（John B. French）夫妇、卦德明（John Winn Quarterman）、沙木埃尔·豪斯（Samuel R. House）等。[③] 至此，美国长老会在进入中国内地开展活动前，一共有十多位传教士进入了澳门，他们为随后的在华传教事业奠定了基础。1843年12月24日，美国长老会传教士在澳门召开了一次会议，并达成共识，同意往中国内地建立三个传教站，即宁波、厦门和广州。会议的第二天，除留一人在澳门驻守外，其他传教士全部派往厦门、宁波和上海等地。[④] 美国长老会在澳门虽然留下的人手不多，但仍然开展了一系列的活动：在民众中演说，开展福音布道；开办学校教育，传播福音；展开印刷出版，传播福音。一方面澳门成为美国长老会传教士进入中国内地的据点，另一方面美国长老会传教士皆在澳门演说布道，开办学校，印刷宣传品，与当地人士交往，了解中国内地的语言、习俗、宗教状况、社会政治等信息，为美国长老会向中国内地传教打下了良好基础。澳门在其传教历程中有着不可替代的作用。[⑤]

（五）其他基督新教差会进入澳门的传教士

基督新教差会以传教团的形式进入澳门者仅上述4个差会，但以个人名义进入澳门的其他基督新教差会传教士还有不少，如郭实猎最初是以荷兰新教传教会牧师的身份进入澳门，后来放弃了这一身份，而以独立传教士的身份在粤港澳地区传教。此人在澳门也居住了相当长的时间，不仅开展了一些传教工作，还开办了一所独特的书塾对盲人进行教育。还有美国圣公会至少有3人先后进入澳门，他们是亨利·洛克伍德

---

① ［英］伟烈亚力著，倪文君译：《1867年以前来华基督教传教士列传及著作目录》，桂林：广西师范大学出版社，2011年，第139～153页。

② ［英］伟烈亚力著，倪文君译：《1867年以前来华基督教传教士列传及著作目录》，桂林：广西师范大学出版社，2011年，第133页。

③ ［英］伟烈亚力著，倪文君译：《1867年以前来华基督教传教士列传及著作目录》，桂林：广西师范大学出版社，2011年，第161～163页；颜小华：《相遇、对话与调适：美国长老会在华南的活动研究（1837—1899）》，兰州：兰州大学出版社，2009年，第55页。

④ 颜小华：《相遇、对话与调适：美国长老会在华南的活动研究（1837—1899）》，兰州：兰州大学出版社，2009年，第63页。

⑤ 颜小华：《相遇、对话与调适：美国长老会在华南的活动研究（1837—1899）》，兰州：兰州大学出版社，2009年，第55、64～68页。

（Henry Lockwood）、弗兰西斯·汉森（Francis R. Hanson）、文惠廉（William Jones Boone）。其中文惠廉是一名医生，在澳门的美国医院工作了3年。英国圣公会来澳门者为3人，他们是爱德华·斯夸尔（Edward B. Squire）、施美夫（George Smith）、查尔斯·巴屯（Charles Barton），其中来澳门传道者仅爱德华·斯夸尔一人。美以美会还有2位传教士在1847年8月间偕夫人来到澳门，但不久就离澳北上，他们是怀德（Moses Clark White）和柯林（Judson Dwight Collins）。① 英国循道会在19世纪50年代还有4位传教士来过澳门，他们是俾士（George Piercy）、吉顿（Samuel Hutton）、约翰·毕顿（John Preston）、司摸本（Samuel Joseph Smith）。前者是1854年来澳门养病，后三者则是1858年同时在澳门结婚。②

（六）在澳门的基督新教相关社团

新教传教士最早在广州成立的文化团体是在华实用知识传播会（Society for the Diffusion of Useful Knowledge in China），1834年11月29日成立。然而这个文化团体的活动主要在广州进行，与澳门关系甚少。与其不同，马礼逊教育会（Morrison Education Society）是为纪念马礼逊而创设的教育机构，1836年9月28日成立于广州，以英商兰斯洛特·颠地（Lancelot Dent）为主席，托马斯·福克斯（Thomas Fox）为副主席，威廉·渣甸为司库，裨治文为通信秘书，马儒翰为会议秘书，并以该五人组成马礼逊教育会理事会。③ 后因鸦片战争迁往澳门。教育会成立的目的是在中国建立并资助一些学校，以教育本地的青年，使他们在掌握本国语言的同时，能够阅读和书写英文；并能借助这一工具，掌握西方各种门类的知识。其对教育的资助：自1836年起资助郭实猎夫人在澳门开办的学校。1839年11月4日，在澳门创办马礼逊教育会学校。在澳门期间，马礼逊教育会曾召开了3次正式的年会，如1841年9月29日，马礼逊教育会第三次年会在澳门罗宾斯·布朗牧师住宅举行。出席会议的有：兰斯洛特·颠地、马地臣、威廉·贝尔、莫勒（E. Moller）、卫三畏、劳伦斯（W. A. Lawrence）、合信、裨治文、文惠廉、美魏茶、波乃耶、叔未士和布朗先生。④ 1842年9月28日，马礼逊教育会第四次年会在罗宾斯·布朗牧师的澳门住宅中举行。因主席和副主席缺席，会议由裨治文牧师主持，并宣讲了上一年度的报告。报告展示了学生在其学习中获得的最令人满意的进步，学生们亦由衷地满意其进步。它还显示了一直以来获得其创办者及支持者

---

① ［英］伟烈亚力著，倪文君译：《1867年以前来华基督教传教士列传及著作目录》，桂林：广西师范大学出版社，2011年，第172页。

② 香港中文大学崇基神学院藏：《中华循道会档案胶片第一盒：1851—1872》，俾士1854年6月16日在澳门的信；［英］伟烈亚力著，倪文君译：《1867年以前来华基督教传教士列传及著作目录》，桂林：广西师范大学出版社，2011年，第244～245页。

③ *Chinese Repository*, Vol. 5, No. 8, 1836/12, pp. 373－375.

④ *Chinese Repository*, Vol. 10, No. 10, 1841/10, p. 564.

所支持的这所学校完全实现了他们的目标。马礼逊教育会在香港的会舍已经开始兴建，不久即可接收学生入学。[①] 1842 年 11 月 1 日，马礼逊教育会学校从澳门搬迁到香港。[②]

另外一个值得一提的团体，是中华医疗传道会（The Medical Missionary Society）。相较于前两者，中华医疗传道会与澳门之间的联系更为久远。1832 年 2 月 21 日，中华医疗传道会在广州的外国总商会成立，选举郭雷枢为会长，伯驾、查顿（William Jardine）、李太郭、裨治文为副会长，还选举了秘书、司库、审计等职员。[③] 中华医疗传道会在鸦片战争期间也迁到了澳门，并在此举办过两次年度大会，如 1841 年 7 月 1 日，中华医疗传道会在澳门举行第二届年会。会议地点在澳门的亚历山大·安德逊先生的住宅。传道会副主席裨治文担任会议主席。出席年会的还有文惠廉、波乃耶、罗孝全、安德逊、威廉·贝尔（William Bell）、兰斯洛特·颠地、布伦金（W. Blenkin）、杨（P. Young）、霍利德（J. Holliday）、合信、雒魏林、卫三畏、约翰·司莱德（John Slade）、马儒翰等人。会议最后进行投票，选举了各部门的负责人。投票结果是，主席：郭雷枢；副主席：伯驾、裨治文、威廉·渣甸、兰斯洛特·颠地、罗伯特·英格利斯、威廉·贝尔、安德逊、马地臣、李太郭、布伦金；记录秘书：马儒翰；通信秘书：罗宾斯·布朗；司库：德拉诺（W. Delano）；审账员：勒斯利（W. Leslie）。[④] 1842 年 9 月 28 日的第三次年会上宣讲了从上年 7 月至本年 9 月 15 个月内澳门医院的报告并处理了其他的一些事务。根据这份报告，当时有 5 265 名新病人进入了医院的病人名册，其中有 433 名是住院病人。支付给当地助手、维修、家具和贫穷病人的食物等费用总支出超过 700 元。药物由一名英国朋友捐赠。[⑤]

二、琐罗亚斯德教在澳门

琐罗亚斯德教，俗称“白头教”，曾于公元 4 世纪传入中国，时称祆神，后又称祆教或火祆教。而后，该教在华几乎绝迹。Parsees，我国现代学者一般将其译为巴斯、帕西、帕尔西，或者译为印度祆教徒、火祆教徒、拜火教徒等，是指 17 世纪在印度孟买的琐罗亚斯德教教徒，清人称之为“白头人”“白头夷”“白头鬼”。[⑥] 在 18 世纪 70 年代，他们随着葡萄牙人从印度西部海岸地区和孟买来到澳门和中国南方沿海地区进行贸易活动，同时也再次把这个宗教传入中国。在澳门，这个宗教被称为“白头教”，

---

① *Chinese Repository*, Vol. 11, No. 9, 1842/09, p. 520.

② *Chinese Repository*, Vol. 12, No. 12, 1842/12, pp. 620 – 621.

③ 吴义雄：《基督教传教士在澳门的早期文化活动略论》，载《学术研究》2002 年第 6 期，第 46 页。

④ *Chinese Repository*, Vol. 10, No. 8, 1841/08, p. 448.

⑤ *Chinese Repository*, Vol. 11, No. 9, 1842/09, p. 520.

⑥ 郭德焱：《粤港澳三地文献与巴斯在华史研究》，载《文化杂志》（中文版）第 47 期，2003 年，第 126 ~ 127 页。

大概是因为该教的祭司以白布裹头之故，因而他们的墓园也就被称为白头坟场。

1756 年，第一位来华的巴斯商人为希尔治·治瓦治·瑞迪满力（Heerjee Jeevanjee Readymoney）[1]。另外一份记载来自《澳门档案》，1825 年 8 月 20 日的一封致澳门总督的信，提到有个叫李培拉（J. V. Ribeira）的人，他未经总督许可就把房子租给了巴斯人。[2] 而后巴斯人因来华贸易，多在澳门留下足迹。如 1832 年 1 月底，去中国北方的鸦片飞剪船“阿勒斯（Agnes）号”从伶仃岛启锚，该船船主为巴斯人罗心治（Kustomjee）。该船北上一月余仍未卖出鸦片，遂于 3 月驶回澳门。[3] 上述材料可以反映，18 世纪末开始，即有巴斯人在澳门居住，由于广州贸易的缘故，进入广州的巴斯商人数量很大，根据清政府的政策，这些巴斯商人在贸易季节结束后，一定要在澳门居住，所以巴斯人在澳门定居者应该不少。甚至有学者认为，19 世纪初为澳门传入牛痘疫苗的葡萄牙商人啤道路·滑（Pedro Huet）也是一位巴斯人。[4] 在澳门、广州居住的巴斯商人最重要的应该是加尔各答巨商鲁斯托姆治·科瓦斯治（Rustomjee Cowasjee）之子达达波伊·鲁斯托姆治（Dadabhoy Rustomjee）。达达波伊于1830 年来广州、澳门贸易，当时年仅 19 岁，即已授权处理鸦片和棉花的大宗买卖。1831 年他年仅 16 岁的弟弟马诺克治·鲁斯托姆治（Manockjee Rustomjee）也来到广州、澳门，1834 年就在广州成立著名的达达波伊—马诺克治·鲁斯托姆治洋行（Dadabhoy，Manockjee Rustomjee & Co.）。[5] 美国人奥斯蒙德·悌凡尼（Osmond Tiffany）在他 1849 年的著作中称广州和澳门的巴斯人：

> 他们的服装非常特别，夏天穿着白色长袍，背部和手臂上都紧紧系住，穿着颜色相同的裤子，有时也穿红或蓝色的裤子。天冷的时候他们穿深颜色衣服，样式相同，镶着红边。他们的头发部分地修剪过，鬓角自由生长，所有人都留着浓密的胡子，有时从背后都可以看到他们前面的胡子。[6]

1829 年，东印度公司统计居住在澳门的非葡籍外国人时就称：“还有相当数量的巴斯人未统计其中。”[7] 1831 年，东印度公司统计巴斯人人数为：“商人 21 人，文书 5 人，仆

---

① W. H. 寇慈：《东印度群岛的本土贸易》，第 8 章《巴斯船主》，伦敦，1911 年，转引自［英］施其乐著，郭颐顿译：《珠江三角洲的巴斯客商》，载《文化杂志》（中文版）第 59 期，2006 年，第 159 页。

② *Arquivos de Macau*, 3ª Série, Vol. XIX, No. 3, Macau, 1973, p. 170.

③ 郭德焱：《清代广州的巴斯商人》，北京：中华书局，2005 年，第 96 ~ 97 页。

④ José Caetano Soares, *Macau e a Aissistênicia*, *Panorama Médico-Social*, Lisboa: Agência Geral das Colonias, 1950, p. 99.

⑤ Basil Lubbock, *The Opium Clippers*, Glasgow: Brown, Son & Ferguson, 1946, p. 92.

⑥ Osmond Tiffany, *The Canton Chinese*, Boston, 1849, p. 246.

⑦ ［美］马士著，区宗华等译：《东印度公司对华贸易编年史：1635—1834 年》第 4、5 卷，广州：中山大学出版社，1991 年，第 201 ~ 202 页。

役15人，共41人。”[①]1832年共有31人，1836年为62人，1838年为58人，1841年为42人，1842年为35人，1843年为50人，1844年为63人。[②] 又据1839年7月8日查尔斯·义律的报告，1839年4至5月在广州的巴斯商人共31人。[③] 虽然这些都是巴斯人在广州的记录，但因为他们在非贸易季节都要居住到澳门，所以这些巴斯人也应该每年有半年时间停留澳门。

图4-18　巴斯人贾姆谢德治·治治皮爵士像

1840年12月8日《广州纪录报》发表了一封“几位现居澳门的英国臣民的来信”，签名者包括10个巴斯商人和公司：

> 鲁斯托姆治兄弟公司、沙福克思萧·鲁斯托姆治（Shavuxshaw Rustomjee）、霍马斯治·拜拉姆治（Hormasjee Byramjee）、科·萨泼治·龙拉（C. Saporjee Lungra）、佩斯通治·科瓦斯治（Pestonjee Cowasjee，1842年在澳门去世）、霍穆斯治·伏拉姆治（Hormusjee Franmjee）、拜拉姆治·鲁斯托姆治（Byramjee Rustomjee）、帕朗治·纳瑟万治（Pallanjee Nasserwanjee）、伏拉姆治·贾姆谢德治（Framjee Jamsetjee）及博饶尔治·曼奈克治（Burjorjee Maneckjee）。[④]

鸦片战争期间，当时活跃在广州和澳门的被称为港脚商人的巴斯鸦片商有：“哪吵批呵呵罗也治、罢伦治、可罗乜化林治、花林治打打跛、吗文治沙呙沙、架华治、吗文治吗信治、任些治罢伦治、多喇治、架些治、那素云治、化林治、逨治、叭佑治。”[⑤] 1843年12月30日，居住在澳门美丽街的巴斯商人伏拉姆治·贾姆谢德治在《澳门晨报》上刊登广告，出租其在水坑尾右侧一带的住所及“巴斯花园（Horta de Parces）”。[⑥] 鸦

① ［美］马士著，区宗华等译：《东印度公司对华贸易编年史：1635—1834年》第4、5卷，广州：中山大学出版社，1991年，第269页。

② ［英］施其乐著，郭颐顿译：《珠江三角洲的巴斯客商》，载《文化杂志》（中文版）第59期，2006年，第160页。

③ Charles Elliot to Viscount Palmerston, July 8th, 1839, inclusure No. 4, F. O. 17/32, pp. 125-126，转引自吴义雄：《条约口岸体制的酝酿：19世纪30年代中英关系研究》，北京：中华书局，2009年，第382～383页。

④ *The Canton Register*, Vol. 10, No. 49, 1838/12/08.

⑤ 林则徐全集编辑委员会编：《林则徐全集》第5册，《文录》之《批各国商人遵谕以后不敢夹带鸦片禀》，福州：海峡文艺出版社，2002年，第2416页。上述名单，凡是名字后面有“治”者均为jee的译音，而巴斯人的名后多带有jee。其中可罗乜化林治当即上文的霍穆斯治·伏拉姆治（Hormusjee Franmjee），架华治当即科瓦斯治（Cowasjee）。

⑥ ［英］施其乐著，郭颐顿译：《珠江三角洲的巴斯客商》，载《文化杂志》（中文版）第59期，2006年，第166页。

片战争后，寓居澳门的巴斯商人还有科瓦斯治·郝莫斯治（Cowasjee Hormosjee）、帕楞治·朵拉布治（Palenjee Dorabjee）、希尔治皮·鲁斯托姆治（Heerjeebhoy Rustomjee）、科瓦斯治·萨浦齐·塔拜克（Cowasjee Sapoorchee Taback）、伏拉姆治·希拉治（Framjee Herajee）、霍穆斯治·卡瓦斯治（Hormusjee Cawasjee）、霍穆斯治·鲁斯托姆治（Hormusjee Rustomjee）、佩斯通治·莫万治（Pestonjee Merwanjee），而且他们大部分都居住在澳门最中心的区域南湾大马路。① 到1848年时，澳门南湾街9号、26号和60号还分别住着3位巴斯商人——希尔治·鲁斯托姆治、帕楞治·朵拉布治和科瓦斯治·郝莫斯治。② 巴斯商人不仅在澳门租有住宅，而且租居在澳门的最中心区域南湾大马路，个别人还建有自己的私家花园，这都可以反映巴斯商人在澳门的富裕程度。

巴斯人进入澳门，其所信仰的琐罗亚斯德教也自然进入澳门，潘日明神父称：

> 19世纪初，摩尔人和巴斯人也移居澳门，他们拥有各自的寺庙和坟场，分别在里贝罗家族购置的剅狗环菜园（摩尔人）和圣热罗尼莫山（Colina de S. Jerónimo）的东边山坡（巴斯人）。③

这里称巴斯人在澳门建立了教堂，教堂应该在里贝罗家族剅狗环附近的庄园，而巴斯人的坟场就建在东望洋山坡上。关于巴斯人的教堂和宗教活动，我们找不到任何材料见证，而他们的宗教信仰主要表现在死后埋在澳门的坟场内。第一个葬于澳门的琐罗亚斯德教徒，即巴斯商人架赊治·化林治（Cursetjee Framjee）。1829年3月17日，架赊治·化林治在澳门逝世，享年56岁，葬于东望洋山（又称松山）南面山坡。墓顶为花岗石块，上面用英文刻有一首诗：

> 光明诚甜，睹日生欢。人若畅享天年，请记住黑暗的每一天，黑暗常有，来世虚幻。④

这是澳门第一座埋葬巴斯人的墓。此后，这里就成为澳门巴斯人的公共墓地，人称“白头坟场”。1900年以前坟场内有14具石棺式墓冢，墓主均为印度裔的琐罗亚斯德教徒。1842年著名巴斯商人佩斯通治·科瓦斯治（Pestonjee Cowasjee）在澳门逝世，被葬于澳门巴斯墓园。这是巴斯墓园的第五座墓穴。科瓦斯治是科瓦斯治·帕朗治公司（Cowasjee Bomanjee & Co.）的创始人，1832年来广州经商，后来发展成为对华贸易的主要巴斯公司。1839年迁至澳门，1841年迁香港。其墓志铭为：“为缅怀科瓦斯治·帕朗治公司创始人，佩斯通治·科瓦斯治·达拉布什·塞斯纳先生，1842年8月18日

① ［英］施其乐著，郭颐顿译：《珠江三角洲的巴斯客商》，载《文化杂志》（中文版）第59期，2006年，第168～170页。

② *Boletim do Governo da Provincia Macao, Timor e Solor*, Vol. Ⅲ, 25 de Dezembro de 1848, No. 24, p. 99.

③ ［葡］潘日明著，苏勤译：《殊途同归：澳门的文化交融》，澳门：澳门文化司署，1992年，第139页。此处原译文有很大的问题，如将摩尔人（Muçulmanos）译成莫桑比克，又将圣热罗尼莫山（Colina de S. Jerónimo）译成白马头。此处根据葡文版进行重新翻译。

④ *Chinese Repository*, Vol. 11, No. 1, 1842/01, p. 51.

辞世，后人1919年7月31日敬立。”[1] 根据国际研究琐罗亚斯德教学者的一致认识，实行天葬是该教徒的一大特征，但是澳门的琐罗亚斯德教教徒实行的是土葬。可以反映，这些迁居异地的琐罗亚斯德教教徒们尽管在丧葬方式上采用灵活的方式进行处理，但其丧葬形式仍然体现该教经典的规定，如墓向东方，在墓地里筑围墙及墓无贫富等级差别等。[2]

图4－19　澳门白头坟场墓园

图4－20　澳门白头坟场的墓碑

图4－21　澳门白头坟场的棺椁

三、伊斯兰教在澳门

7世纪在阿拉伯半岛兴起的伊斯兰教在唐朝时期已经传入中国，在当时与澳门相隔不远的广州就已经建起了世界上最古老的清真寺，所以我们相信，澳门开埠以后，就有信仰伊斯兰教的穆斯林进入澳门，这应该是不值得怀疑的。因为，当时被称为“附舶香山濠镜澳贸易”的国家中就有“回回国”[3]。尤侗《外国竹枝词・默德那》亦载：

> 香山濠镜辨光芒，妙女儿干进秘方。最是同侪多意气，郑庄千里不赍粮。回回识宝，附舶香山濠镜澳贸易。正德中，进女你儿干，于永献房中秘方。[4]

这些回回国的商人随着与中国的贸易进入澳门，信仰伊斯兰教的穆斯林自然也进入了澳门。西方人将穆斯林称为“摩尔人”，这些人指的就是伊斯兰教徒。1622年，击退荷兰人进攻的葡萄牙船长热罗尼莫・卡瓦略的妻子就是澳门的一名摩尔人。[5] 这就是说，在1622年之前，就已经有伊斯兰教徒在澳门定居。据荷兰文档案，1642年6月20日，一艘从果阿驶往澳门的葡萄牙船在马六甲以北的卡波拉卡多（Cabo Rachado）被荷

---

① ［英］施其乐著，郭颐顿译：《珠江三角洲的巴斯客商》，载《文化杂志》（中文版）第59期，2006年，第166页。

② 郭德焱：《粤港澳三地文献与巴斯在华史研究》，载《文化杂志》（中文版）第47期，2003年，第135～136页。

③ （明）蔡汝贤：《东夷图说》，《回回》，四库全书存目丛书史部第255册影印明万历刊本，济南：齐鲁书社，1997年，第424页。

④ （清）尤侗：《西堂诗集》，《外国竹枝词・默德那》，续修四库全书集部第1407册，上海：上海古籍出版社，2002年，第113页。

⑤ C. R. Boxer, *Fidalgos in the Far East (1550－1770)*, *Fact and Fancy in the History of Macau*, The Hague: Martinus Nijhoff, 1948, p. 90.

兰人截获，船上就有 9 名摩尔人。[①] 可以反映，当时有不少的伊斯兰教徒前往澳门。到 18 世纪，出现在广州和澳门的摩尔人越来越多。1750 年 3 月 7 日，前山寨的中国官员派人到澳门打听有无暹罗语翻译，澳门议事会回答说有一位摩尔人（Mouro）谙熟此道。[②] 1764 年 12 月，据一份档案记载，有 76 名摩尔人在澳门乘葡萄牙船返回印度。[③] 据东波塔档案记录，1794 年 1 月 13 日，在英国船上当水手头目的嚤哱夷人吵笠（Sauri，又名唓仁）被牵涉到澳门的一件银钱抢劫案中。[④] 嚤哱，当即么罗，又作摩罗、摩卢，又译作摩尔，为葡文 Mouro、英文 Moor 之译音，为欧洲人对非洲西北部地中海沿岸及印度等地伊斯兰教徒的泛称。1797 年 6 月，有两艘船抵达澳门，船上有几名摩尔商人。[⑤] 在 19 世纪 30 年代到 40 年代，澳门的葡萄牙案件中出现了有关穆斯林酗酒、斗殴、欠债不还及穆斯林控告华人偷东西的案件，涉及的伊斯兰教徒有阿吉（Agi）、萨马达雷（Samadalay）、马莫斯（Mamoth）和米阿坚（Miajan）等。[⑥] 在 19 世纪，还有中国官员抱怨称："甚至连澳门的摩尔人也买起妇女来了，他们买的妇女包括处女和已生过孩子的女人，并且让他们生养子女。"[⑦] 美国人悌尔顿 1833 年的信件记录了广州、澳门伊斯兰教徒新奇的服装：

> 穿着红、白和蓝等颜色和丝制和棉制衣服，头戴着很大的白色穆斯林头巾，上面结着红色的花彩和金银色的绳带。他们都精心修建过胡子，但须发茂密，蓄着略呈灰白和黑色的络腮胡，穿着宽松的裤子，膝盖下捆着绑腿，用绳子和腰部以防衣服松落。膝盖以下小腿裸露着，他们通常都穿着用金丝装饰的摩洛哥拖鞋。[⑧]

可以反映，信仰伊斯兰教的穆斯林在澳门拥有一定的规模，当时人潘有度还有一首专门的诗咏澳门的摩卢（摩尔）人：

---

① ［荷］维因克著，叶蕾声译：《荷属东印度公司和葡萄牙关于葡船通过马六甲海峡的协定》，载《文化杂志》（中文版）第 13—14 期，1993 年，第 17 页。

② *Arquivos de Macau*, 3ª Série, Vol. XXII, No. 6, Macau, 1974, pp. 310 – 311. 原文意为一位摩尔人和一位亚美尼亚人谙熟此道。

③ NA, Canton, 10, 73，转引自［英］施其乐、［美］范岱克著，尚春雁译：《1700—1930 年珠江三角洲的穆斯林》，载《文化杂志》（中文版）第 58 期，2006 年，第 161 页。

④ 刘芳辑：《葡萄牙东波塔档案馆藏清代澳门中文档案汇编》下册，《香山县丞朱鸣和为传集眼见蕃人质讯么罗人吵笠控蔡亚大抢银案下理事官谕》，澳门：澳门基金会，1999 年，第 714 ~ 715 页。章文钦先生在此将吵笠称为巴斯人，但没有提证据。

⑤ NA, OIC, 197，转引自［英］施其乐、［美］范岱克著，尚春雁译：《1700—1930 年珠江三角洲的穆斯林》，载《文化杂志》（中文版）第 58 期，2006 年，第 162 页。

⑥ ［英］施其乐、［美］范岱克著，尚春雁译：《1700—1930 年珠江三角洲的穆斯林》，载《文化杂志》（中文版）第 58 期，2006 年，第 163 ~ 165 页。

⑦ ［葡］莱萨著，范维信译：《澳门人口：一个混合社会的起源和发展》，载《文化杂志》（中文版）第 20 期，1994 年，第 132 页。

⑧ ［美］雅克·当斯著，周湘、江滢河译：《黄金圈住地：广州的美国商人群体与美国对华政策的形成，1784—1844》，广州：广东人民出版社，2015 年，第 37 页。

头缠白布是摩卢 摩卢，国名，人皆用白布缠头，黑肉文身唤鬼奴。供役驶船无别事，倾囊都为买三苏 夷呼中国之酒为三苏。鬼奴岁中所获，倾囊买酒。①

这首诗反映了澳门的穆斯林大多是身份低微的人物，或给人当仆役，或在船上当水手，而且酗酒是他们最大的嗜好。但也有在澳门经商的穆斯林，潘日明神父称："印度和巴基斯坦的穆斯林就曾在龙嵩正街经营丝绸和黄金买卖。"②现今居于龙嵩正街45、47号的穆萨家族就是1880年前来自于印度的穆斯林家族，曾在澳门创立架深洋行（Cassam Moosa & Co.），是19世纪澳门十分重要的商行，经营进出口贸易。③

图4－22　19世纪后期澳门建起的伊斯兰教坟场前门、园内的棺椁和墓碑

虽然进入澳门的伊斯兰教徒人数并不少，但是直到19世纪以前，并未见澳门的伊斯兰教徒建清真寺的记载。据前文潘日明神父称，到19世纪初澳门的穆斯林已经在东望洋山脚下的劏狗环附近购置了土地，建立了清真寺。又有人称："澳门穆斯林于1851年建起了一座清真寺和一座公共墓地。"④ 这里说是1851年修建的清真寺和墓地。而据施其乐和范岱克两位先生公布的材料则为：

直到1854年，在华克亚克穆斯林公司（Cojak Muslims & Co.）经理杰拉兹·曼克（Jeraz Manjee）从澳门葡人菲利普·奥佐里奥（Felipe António Ozório）手中购买了一座乡村花园作为穆斯林公共墓地和一座小清真寺的用地。这块地在玛利亚二世堡垒（即马蛟炮台）的下方，离华人村庄望厦不远。1859年，澳门穆斯林

① （清）潘义增、潘飞声：《番禺潘氏诗略》第2册，《义松堂遗稿》之潘有度《西洋杂咏》，光绪二十年刊本，第2~3页。

② ［葡］潘日明著，苏勤译：《殊途同归：澳门的文化交融》，澳门：澳门文化司署，1992年，第139页。

③ 本资料来自澳门特别行政区政府文化遗产委员会2015年第5次咨询会议议程三《咨询"对龙嵩正街45及47号房屋提供支援报告》。

④ ［葡］路易斯·库尼亚：《澳门的穆斯林》，载《南湾杂志》（*Nam Van*）第21期，1986年，第23－25页。

社团向仁慈堂捐款200澳门元，条件是仁慈堂每年向澳门司库缴纳“摩啰园”和清真寺财产的地租。①

施其乐和范岱克则称澳门清真寺和墓园是建于1854年以后。以上3家称澳门清真寺的建设时间分别为19世纪初、1851年和1854年，不知何说为准？上述3家均未提供所论之证据，因此无法判断其是非，但可以相信大概在19世纪以后澳门的穆斯林就已建起了清真寺和墓园，地点就在马蛟石到劏狗环一线。澳门的第二座清真寺则建于1888年，施白蒂引民政署案卷T组第390号档案称：

1888年10月2日，以卡萨姆·穆萨（Cassam Moosa）为首的一批居住澳门的穆斯林向澳门政府申请，要求免费批给他们一幅土地建清真寺，后来穆斯林社团利用港务局附近的一幅土地建起了一间临时性的清真寺，政府还给予了400澳门元的补助。②

上文所称的港务局即1874年建成的摩啰兵营，很可能是因为当时有一批信仰伊斯兰教的摩啰兵到澳门驻防，因此，澳门穆斯林又申请在摩啰兵营附近修建了第二座清真寺。

四、澳门亚美尼亚人的东正教

亚美尼亚人，原指居住在南高加索地区的一个民族，信奉东正教。由于历史的原因，亚美尼亚人流散到世界各地。16世纪中期，在1504年以来就由葡萄牙人控制的马德拉斯境内，逐步形成了Chinipatane亚美尼亚人的聚居区。在这一时期，葡萄牙人又重新把被蒙古人禁止的基督教在亚美尼亚人中传播，有1547年建成的用亚美尼亚文写就的铭文“Sourb Tovma”教堂为证。据此，有学者认为，当16世纪50年代，葡萄牙人进入澳门后，紧跟着葡萄牙人而来的就是亚美尼亚人。③ 如此说不误，则亚美尼亚人在开埠之初，就已经来到了澳门。1688年英国东印度公司向加尔各答的亚美尼亚商人颁发特许状，允许他们享有“欧洲商人享有的一切特权”。这一特权使亚美尼亚商人在中国站稳脚跟。法国人弗郎索瓦·弗罗盖（François Froger）于1698年乘坐“安菲特利特（L’Amphitrite）号”抵澳之后，他曾报告说：亚美尼亚人已经开始在粤澳经商了。自广州贸易开放后，亚美尼亚商人就一直活跃在澳门—马尼拉—印度航线。④ 很可能是

---

① ［英］施其乐、［美］范岱克著，尚春雁译：《1700—1930年珠江三角洲的穆斯林》，载《文化杂志》（中文版）第58期，2006年，第167页。

② 民政署案卷T组第390号，转引自［葡］施白蒂著，姚京明译：《澳门编年史：19世纪》，澳门：澳门基金会，1998年，第254~255页。

③ ［法］让·皮埃尔·马艾：《亚美尼亚人和中国》，载《复旦学报》（社会科学版）2014年第3期，第42~43页。

④ ［英］施其乐、［美］范岱克著，郭颐顿译：《追寻澳门亚美尼亚商人的足迹》，载《文化杂志》（中文版）第55期，2005年，第87页。

源于早期葡萄牙人与亚美尼亚人的关系，再加上他们是没有国家的亚洲人，而且他们的基督教信仰也较易为罗马天主教传统所接纳，[①] 所以尽管在 18 世纪，澳门也禁止任何非葡籍西洋人进入澳门。然而，澳门对亚美尼亚人却给予例外的恩惠。由于亚美尼亚人因其国土被土耳其、俄国和波斯分割而颠沛流离，澳门葡人在 17 世纪接受了这批失去祖国、被迫流亡的基督徒群体。[②] 最早的关于居住澳门的亚美尼亚人的确切材料是，1747 年在澳门的亚美尼亚商人马罗·若瑟（Marot José）押运一批白糖到马尼拉。[③] 1748 年亚美尼亚人格里高里欧（Gregorio）在澳门租居葡萄牙人的房屋。[④] 1750 年 3 月 7 日，前山寨的中国官员派人到澳门打听有无暹罗语翻译，澳门议事会回答说有一位亚美尼亚人（Armenio）谙熟此道。[⑤] 懂得暹罗语的亚美尼亚人在澳门定居，此事发生在 18 世纪 50 年代。1760 年澳门住冬政策颁布以后，澳门议事会对亚美尼亚人的态度也比较友好，亚美尼亚人在澳门定居者越来越多（参见表 4 - 11）。1760 年，澳门议事会收到两位亚美尼亚商人在澳门租房的申请书。[⑥] 根据 1763 年 3 月 26 日的印度总督 Ega 伯爵的公函抄本，允许亚美尼亚人留在这里。[⑦] 仅 1785—1800 年 15 年间就有 53 个亚美尼亚人（包括随从）来到澳门。[⑧] 潘日明神父甚至称，亚美尼亚人在澳门盛极一时，他们贩运货物只交百分之一的税金，其中一半归圣克拉拉修道院，另一半归仁慈堂。一位亚美尼亚富商竟有能力向议事会提供贷款。[⑨] 根据档案记录的众多资料，可以表明，亚美尼亚人在澳门的永久聚落至少在 18 世纪中叶就开始出现，到 19 世纪之前，这些亚美尼亚人在澳门的聚落已经牢牢地扎根。

值得注意的是，有人考证，进入澳门的苏喇国商人吗哆士（Mathas）就是一位亚美尼亚人，因为记载苏喇国商人吗哆士的东波塔档案的原文有一行葡文题记，在吗哆士名字之前有 Armenio 的文字，可以证明这位苏喇国商人就是亚美尼亚人。[⑩] 而且可以

---

① *Arquivos de Macau*, 3ª Serie, Vol. XVI, No. 4, Macau, 1971, pp. 214 - 215.

② ［葡］潘日明著，苏勤译：《殊途同归：澳门的文化交融》，澳门：澳门文化司署，1992 年，第 137 页。

③ *Arquivos de Macau*, 3ª Série, Vol. XXII, No. 4, Macau, 1974, p. 206.

④ *Arquivos de Macau*, 3ª Série, Vol. XXII, No. 5, Macau, 1974, p. 250.

⑤ *Arquivos de Macau*, 3ª Série, Vol. XXII, No. 6, Macau, 1974, pp. 310 - 311. 原文意为一位摩尔人和一位亚美尼亚人谙熟此道。

⑥ *Arquivos de Macau*, 3ª Serie, Vol. XVI, No. 4, Macau, 1971, p. 215.

⑦ Almerindo Lessa, *A História e os Homens da Primeira República Democratica do Oriente*, Macau: Imprensa Nacional, 1974, p. 128.

⑧ ［英］施其乐、［美］范岱克著，郭颐顿译：《追寻澳门亚美尼亚商人的足迹》，载《文化杂志》（中文版）第 55 期，2005 年，第 98 ~ 99 页。

⑨ ［葡］潘日明著，苏勤译：《殊途同归：澳门的文化交融》，澳门：澳门文化司署，1992 年，第 137 ~ 138 页。

⑩ 刘迎胜：《乾隆年间澳门的亚美尼亚商人》，载《文化杂志》（中文版）第 45 期，2002 年，第 41 页。

图4－23　路易·杜普雷绘于1825年的亚美尼亚人图[①]

图4－24　现藏于马德里美洲博物馆的马尼拉的亚美尼亚商人图[②]

认定，这位吗哆士就是18世纪中后期定居澳门的著名的亚美尼亚巨商马休斯·乔安尼（Matheus Johannes）。从16世纪开始，印度的著名港口苏拉特就有亚美尼亚人居住，在那里发现了从1579年开始的大量的亚美尼亚人墓志铭，各阶层人物都有。[③] 1751年，瑞典牧师佩尔·奥斯贝克（Pehr Osbeck）也记录了苏拉特的亚美尼亚人称："亚美尼亚人不仅穿着穆斯林服装，头上还缠着头巾，如果在华的亚美尼亚人也是这般装饰，那么他们很可能会被误认为穆斯林。"[④] 中文文献中的苏喇国，又作苏辣，印度古代苏剌侘国（Suratra）别称。其地在今印度西海岸塔普提（Tapti）河口的苏拉特（Surat）。以此推知，当时进入澳门贸易的苏喇国商人应该都是亚美尼亚人。以下是18—19世纪明确居住在澳门的亚美尼亚人名录：

---

① 此图转引自［英］施其乐、［美］范岱克著，郭颐顿译：《追寻澳门亚美尼亚商人的足迹》，载《文化杂志》（中文版）第55期，2005年，第90页。

② 此图转引自方真真：《华人与吕宋贸易（1657—1687）：史料分析与译注》第1册，新竹："清华大学"出版社，2012年，第452页。

③ ［法］让·皮埃尔·马艾：《亚美尼亚人和中国》，载《复旦学报》（社会科学版）2014年第3期，第43页。

④ ［英］施其乐、［美］范岱克著，郭颐顿译：《追寻澳门亚美尼亚商人的足迹》，载《文化杂志》（中文版）第55期，2005年，第92页。

表 4－11　18—19 世纪明确居住在澳门的亚美尼亚人名录①

姓名	说明
萨拉特·达·克鲁兹 Sarat da Cruz	商人，1737 年 4 月驾船抵达澳门，不久去了马尼拉
唐·弗朗西斯科 Dom Francisco	商人，1739 年到澳门、广州经商
苏莱特 Surrat	船长、商人，1740 年来广州和澳门贸易，1741 年 5 月离开澳门，前往马尼拉
马罗·若瑟 Marot José	商人，1747 年在澳门押运一批白糖去马尼拉
格里高里欧 Gregorio	商人，1748 年在澳门租居葡人米格尔·佩德罗·黑托（Miguel Pedro Heytor）的房子
伊那休·萨奎斯 Inacio Sarquis	商人，1752 年 1 月被中国政府下令驱逐出澳门
安东尼奥·巴普蒂斯塔 António Baptista	商人，1757 年向葡萄牙人阿泼林纳里欧·达·科斯塔（Apolinario da Costa）租房
马休斯·乔安尼（吗哆士）Matheus Johannes	商人，1761 年 4 月来澳，申请租房，1770 由粤抵澳，住在葡萄牙人洛佩斯·达·席尔瓦家，1792 年在澳门申请去广州贸易，1798 年还在澳门居住
苏里·埃瓦伊 Sueri de Ayvai	商人，1761 年 4 月来澳，申请租房
阿拉图·雅各布 Aratu Jacob	商人，1761 年 4 月来澳，申请租房，1764 年在澳门居住，申请将其货物在澳门卖掉
祖尔·乔安尼 Zoure Joannes	商人，1761 年 4 月来澳，申请租房
阿罗托姆·乔安尼 Arotum Joannes	商人，1763 年 4 月澳门议事会调查居住在澳门的亚美尼亚人，其中提到此人
祖利·雅各布 Zuri Jacob	商人，1763 年 4 月澳门议事会调查居住在澳门的亚美尼亚人，其中提到此人
苏克里·阿玉瓦 Sucry de Ayvar	商人，1765 年 3 月申请暂居澳门
马纳卡塞 Ignacio Manacacen	商人，1765 年 3 月申请暂居澳门
拉扎禄·若亚内斯 Lázaro Joannes	商人，1769 年在巴掌围斜巷租房，1781 年偕妻子来澳定居，1784 年之前在澳门去世

① 本表材料主要来自于以下各书及资料：*Arquivos de Macau*, 3ª Série, Vol. XXII, No. 4, No. 5, No. 6; Vol. XVI, No. 4, No. 5；［美］马士著，区宗华等译：《东印度公司对华贸易编年史：1635—1834 年》第 1—5 卷，广州：中山大学出版社，1991 年；［英］施其乐、［美］范岱克著，郭颐顿译：《追寻澳门亚美尼亚商人的足迹》，载《文化杂志》（中文版）第 55 期，2005 年，第 92～99 页；［葡］潘日明著，苏勤译：《殊途同归：澳门的文化交融》，澳门：澳门文化司署，1992 年，第 110、138 页；Lindsay and May Ride, *An East India Company Cemetery: Protestant Burials in Macao*, Hong Kong: Hong Kong University Press, 1998, p. 86.

（续上表）

姓名	说明
埃杜瓦·拉斐尔 Eduard Raphael	商人，1769 年由粤抵澳，不久去印度，1772 年再次由粤抵澳，不久去印度，1777 年第 3 次来澳
伊格纳休·纳西素斯 Ignacio Narcisus	商人，1770 年由粤抵澳，住在葡萄牙人洛佩斯·达·席尔瓦家
莫拉·约翰松 Morad Johanjchon	商人，1774 年 8 月搭乘丹麦船抵达澳门
卡里斯坦·塞特 Calistan Satur	私商大亨马修斯·乔安尼属下的商人，1780 年 4 月同马修斯一块到澳门
米其尔·格里高利耶 Michiel Gregorie	1780 年 4 月 23 日自广州抵达澳门，1787 年 8 月从巴达维亚再次抵达澳门
马卡特斯·巴西利欧 Macartes Basilio	商人，1798 年在澳门
德林克沃特 J. Drikwater	商人，1801 年来澳
迪斯科妮·塞斯 Dishkoone Seth	加入英国籍，丈夫是 Mr. Aviet Seth，1857 年在澳去世，享年 43 岁

定居澳门的亚美尼亚人多融入了葡萄牙人的社群当中，因而在澳门获得更高的地位和贸易权力。1784 年 4 月 9 日，西望洋山教堂主持批准了一位亚美尼亚人在山上的土葬，连这次在内，亚美尼亚人共有 5 座坟墓在西望洋山。但是，自此以后，澳门议事会不再允许亚美尼亚人在西望洋山增开新的坟墓。① 上述 5 座坟墓至今还有 2 块墓碑保存在大三巴炮台，其中一块是 1781 年同妻子一块来澳定居的鸦片商人拉扎禄·若亚内斯（Lázaro Joannes）。② 有一问题必须提出，亚美尼亚社群在澳门生活，他们的宗教活动怎么进行，在现存的中葡文献中，并没有见到亚美尼亚人在澳门建立教堂的记录。他们虽然是基督徒，但他们信仰的是东正教，他们不可能与其他葡萄牙人一样在天主教堂内进行宗教活动。法国学者让·皮埃尔·马艾（Jean-Pierre Mahé）提供了一条信息："1765 年由教宗西蒙完成的《在华亚美尼亚聚居区礼拜寺一览》中，广州、澳门的教堂就名列其中。"③ 如果这条材料没有错误的话，那就是说，亚美尼亚人在 1765 年之前已经在澳门建有他们自己的东正教教堂，但不知这一教堂建于何处，存在多长时间。

---

① *Arquivos de Macau*, 3ª Série, Vol. XVI, No. 5, Macau, 1971, pp. 291 - 292.

② ［葡］潘日明著，苏勤译：《殊途同归：澳门的文化交融》，澳门：澳门文化司署，1992 年，第 138 页。

③ ［法］让·皮埃尔·马艾：《亚美尼亚人和中国》，载《复旦学报》（社会科学版）2014 年第 3 期，第 44 ~ 45 页。

关于东正教，潘日明神父在他的著作里面提到新教徒和俄罗斯东正教徒的坟场建在望厦和螺丝山之间，还称这些新教徒和东正教的遗骨在13年前都移入了东印度公司的沙梨头坟场（即基督教坟场）。[①] 这里提到有一批俄罗斯的东正教徒死在澳门，并且建立了东正教的坟场。潘日明此说为误，此误源于外国人对螺丝山读音理解的错误。这一问题，王文达先生早在《澳门掌故》中就已经指出：

> 查马交石螺丝花园，澳葡前榜其名为罗斯山花园，想为当年缮衔名者，竟将螺丝写为罗斯耳。岂知一误竟然再误，译葡名者，又以为罗斯乃俄罗斯之意，故直译为 Jardim Da Montanha Russa。真是离奇曲折，错误百出，良可哂也。[②]

将螺丝写成罗斯，再将其译为俄罗斯（Russa），再附会出东正教，实在去历史真实太远。

五、残存于葡人社区中的犹太教

在15至16世纪欧洲宗教改革时期，罗马教会以强化宗教裁判所的办法来抵御基督新教的扩张，而位于伊比利亚半岛的西班牙和葡萄牙两国在加强自己统一进程和海外扩张事业中，强调以天主教来统一国家精神生活，并下令取消天主教以外的一切宗教，驱逐境内的犹太人，或实行留下的犹太人必须强迫他们改宗的计划，为犹太人的子女举行基督教的洗礼，犹太居住区被取消，犹太会堂被改为天主堂。到葡王若奥三世1521年继位时，决定将宗教裁判所引入葡国，主要是为了对付新基督徒犹太人。1560年果阿宗教裁判所的成立，也是因为这里生活的人群大多都是犹太教堂穆斯林和印度教徒。[③] 澳门是否存在犹太人和犹太教，这在文献档案中表现得模糊不清。1640年，葡萄牙船长热罗尼莫·卡瓦略在葡萄牙的宗教法庭遭到控诉，因为他的妻子是“黑色摩尔人和一个秘密犹太人的女儿”[④]，所谓“秘密犹太人”，即“新基督徒（Chtistão-novo）”，用以指拥有犹太血统，基督教信仰虽然不变，却是假装信仰的人。虽然这种把葡萄牙人分为新旧基督徒的划分方式不是官方的，却自曼努埃尔一世到1773年为庞巴尔首相废除期间一直存在。[⑤] 卡瓦略的妻子是澳门人，则知卡瓦略妻子的父母中有一

---

① ［葡］潘日明著，苏勤译：《殊途同归：澳门的文化交融》，澳门：澳门文化司署，1992年，第138页。

② 王文达：《澳门掌故》，澳门：澳门教育出版社，1999年，第269页。

③ 参见顾卫民：《“以天主和利益的名义”：早期葡萄牙海洋扩张的历史（1415—1700）》，北京：社会科学文献出版社，2013年，第183~189页。

④ C. R. Boxer, *Fidalgos in the Far East (1550 - 1770), Fact and Fancy in the History of Macau*, The Hague: Martinus Nijhoff, 1948, p. 90.

⑤ 参见 C. R. Boxer, *Fidalgos in the Far East (1550 - 1770), Fact and Fancy in the History of Macau*, The Hague: Martinus Nijhoff, 1948，附录之《术语表》。

人就是原来的犹太人。博克塞还称：

我们知晓卡瓦略来自于高地省（Tras-os-montes）的布拉干萨，在这个时期此地的“新基督徒”（Christao-novos）数量众多；而且澳门议事会不止一次地影射卡瓦略受到了犹太血统的玷污。①

所以，在信仰天主教的葡萄牙社群中，还是存在着一定的有犹太血统的犹太教徒，故澳门仁慈堂属下的慈善圣母兄弟会在选拔其成员时，有一条明确规定为：“血统纯正，未受任何摩尔或犹太血统玷污。”② 这一规定也能反映澳门确实有犹太血统的犹太教徒的残存。根据耶稣会会士约瑟夫·威基（Joseph Wicki）统计，1565 年，在印度的 197 名耶稣会会士中，10% 甚至 20% 的人都有犹太血统。③ 所以，按这个比例推估，在澳门的葡萄牙人中具有犹太血统者并不少。据文德泉《拜纽夫斯基伯爵在澳门》一书记载：

1771 年时澳门有一个犹太人只花了 1 500 皮阿斯特，就把他（拜纽夫斯基）带来的标本全部买去。忠于伯爵的人甚至还组织了一次伏击英国公司的成员，结果抓到为英国人做事的犹太奸细，这个犹太人身上藏有向背叛者提出建议的文件。④

这是一条明确生活在澳门的犹太人的资料，但这个犹太人的身份并不为人所知。1579 年费尔南多·德·梅内塞斯（Fernando de Meneses）在信中提到：

在中国（澳门）我们拥有 600 名市民，令人惊奇的是这座城镇的葡萄牙人秘密地请求中国官员准许他们建造房子和一处隐秘的处所，以供他们祈祷之用，因为在这个城市，若没有海道或总督之授权，无人敢在城内建房。海道已经询问要求建房的人是何许人。但是，我并不因此感到惊奇，因为城内有超过 300 名新基督徒，他们并非真诚的天主教徒，在葡萄牙和印度，每天都要烧死这样的人。⑤

所谓的“新基督徒”指的就是犹太教徒，所以在当时葡萄牙和印度的宗教法庭上都要将这些人判处被烧死的刑罚。这条材料告诉我们的是，1579 年之前，澳门城内居然还有超过 300 名犹太教徒，占了整个澳门葡萄牙人总数的一半，这是一个十分惊人的数字，而且这些犹太教徒还秘密地向中国官员请求建造住所和礼拜堂，这就非常清楚地反映了这批人在澳门城的势力和影响。这就是当时果阿宗教裁判所不断派官员到澳门

---

① C. R. Boxer, *Fidalgos in the Far East (1550 - 1770), Fact and Fancy in the History of Macau*, The Hague: Martinus Nijhoff, 1948, p. 112.

② C. R. Boxer, *Fidalgos in the Far East (1550 - 1770), Fact and Fancy in the History of Macau*, The Hague: Martinus Nijhoff, 1948, p. 220.

③ Joseph Wicki S. J., Die “Cristãos-Novos” in *der Indischen Provinz der Gesellschaft Jesu von Ignatiusbis Acquaviva*, Roma, Archivum Historicum Societatis Jesu, 1977.

④ ［葡］冼丽莎著，李丽青译：《18 世纪末匈牙利冒险家在澳门》，载《文化杂志》（中文版）第 34 期，1998 年，第 127 页。

⑤ Joseph Wicki S. J., *Documenta Indica* (Apud Monumenta historica Soc. Iesu, 1966), XI, pp. 730 - 731.

调查所谓异端的重要原因。博卡罗1635年的《要塞图册》中也有记录：

> 另一些是单身汉，在日本、马尼拉、索洛、马卡萨（Macassar）和交趾支那航线上航行。这些人有150（名）以上，其中一些拥有大量货物，价值在5万多色勒芬，他们绝不肯搬到果阿去，其原因要么是犯了什么罪不想受国王司法制裁，要么是不想让总督利用他们为陛下效劳。[①]

这里提到的“犯了什么罪不想受国王司法制裁”，有一部分指的就是要被葡萄牙宗教法庭追杀的“新基督徒”——犹太教徒。阿马罗谈到1842年澳门议事会的选举时称：

> 鉴于越来越多来自果阿的逃亡充军者和探险者麇集澳门以寻求轻易获取的财富，便要求选举人和被选举人必须年满25岁并且不得是罪犯，必须是合法婚生子，而非私生子，不得受异端影响，即不能是新基督徒。[②]

这里的“新基督徒”，指的也是犹太教徒。可以反映，直到19世纪中期，澳门犹太教的问题并没有彻底解决。虽然在澳门的葡萄牙社群中一直存在着“新基督徒”的犹太教问题，在某些时期甚至表现得十分严重，但这些犹太教在葡萄牙和澳门政府及天主教的联合镇压下，并没有获得公开的发展，只能是以秘密的非法的形式残存于澳门的葡人社群中。

---

① ［葡］安东尼奥·博卡罗著，范维信译：《要塞图册》，载澳门《文化杂志》编：《16和17世纪伊比利亚文学视野里的中国景观》，郑州：大象出版社，2003年，第219页。

② ［葡］阿马罗著，李长森译：《1842年的澳门市政厅选举和当地“长老”》，载《文化杂志》（中文版）第19期，1994年，第102页。

本书出版获“澳门大学研究委员会多年度研究资助项目
[编号MYRG193(Y1-L4)-FSH11-TKJ]”的资助

国家出版基金项目
NATIONAL PUBLICATION FOUNDATION

澳門大學
UNIVERSIDADE DE MACAU
UNIVERSITY OF MACAU
澳门大学出版资助项目

天朝异化之角

16—19世纪西洋文明在澳门

A Touch of Alienation in the Celestial Empire
Western Civilization in Macau, 16-19 Centuries

下卷

汤开建◎著

暨南大學出版社
JINAN UNIVERSITY PRESS

中国·广州

目　录

下　卷

Contents

VOLUME 2

第五章

澳门的西方科学技术

在明代中叶，新航路的发现开辟了世界市场，正式确立了新的资本主义生产方式，世界历史从此步入近代化的进程，科学技术和思想文化呈现出突飞猛进的发展。这些新的西方科学技术亦随着葡萄牙航海东来及天主教传教士的福音传播而带入东方，其中最始到达之地，即是明嘉靖三十六年（1557）开辟为国际贸易商埠的澳门。澳门是16到19世纪西学东渐的桥梁和孔道，这是人所共知的事实，但是，澳门又是16至19世纪西学东渐的桥头堡，这一点人们似乎不太关注；16到19世纪欧洲传教士将西方科学技术经澳门传入中国内地，这也是人所共知的事实，但在这一传播过程中，有多少西方科学技术在澳门进行传播并获得发展，这就鲜为人知了。本章仅就16到19世纪时期，西方科学技术包括西方天文学、地理学、动物学、植物学以及西方筑城术、铸炮术、造船术、钟表技术、望远镜、印刷术和西方科技书籍在澳门的传播与发展予以介绍。

第一节　澳门的西方天文学和地理学

在16至19世纪传入澳门的西方科学技术中，最早传入及影响最大的当属欧洲的天文学和地理学。

一、传入澳门的西方天文学、数学及历法

天文学理论和实践在古代早已有之，并非近代的发明。欧洲早期的天文学主要以古希腊天文学为主。由于受哲学影响，柏拉图时代的天文学不涉及可见天体的可感知运动，而只与想象中的天空中数学点的完美运动有关，这源于柏拉图对“理念”的推崇，在他看来，可见之物不过是模仿不可见之物，实体远没有理念完满。当时天文学

家的工作就是用各种匀速圆周运动的组合来解释天体运动的不规则性。在柏拉图主义影响下，欧多克斯（Eudoxus，约公元前408—355年）提出了天体同心球理论。

而后，亚历山大大帝东征后，希腊传统的天文学融合了两河流域的天文学。两河流域的天文学注重从数值上探索行星运动的规律来预报行星的位置。因此，尽管欧多克斯的体系淋漓尽致地体现了几何上的完美，希腊化时代的天文学家也再难容忍它与实测之间的偏差。① 后来托勒密（Ptolemy）承继喜帕恰斯（Hipparchus）的理论，大约在公元145年推出大作《至大论》（*Almagest*），其核心观点是地心说，提供了宇宙的几何模型，并能对日、月和五大行星这七个天体的运动给出相当紧缺的预报，直到16世纪，天文学家的思想实际上还一直受其影响。

《至大论》第1卷的最后几章论述了希腊测量学和三角学原理。在准备了必要的数学工具后，托勒密在第1卷和第2卷的其余部分论述了球面天文学的所有内容。第3卷论述太阳的运动，利用偏心圆运动的概念来解释四季长短不一的现象。第4卷和第5卷讨论月球运动。第6卷描述日食、月食。第7卷和第8卷给出了包括1 022颗恒星的星表，给出了每颗星的黄经、黄纬及亮度。第9到第13卷讨论了5颗行星的运动。②

继托勒密之后，波兰天文学家尼古拉·哥白尼（Nicolas Copernicus）在1530年左右将其学说写成概论，以手稿形式在欧洲学者间广泛流传，并在1543年以“托伦的尼古拉·哥白尼论天球的运行”为书名出版，即后来的《天体运行论》。他在其中描述了这样的宇宙图景：太阳位于宇宙的中心，水星、金星、地球带着月亮、火星、木星和土星依次绕着太阳运行，最外围是静止的恒星天层。1609年伽利略听到荷兰人发明的一种玩具——望远镜，它用两块透镜的组合可以把很远处的物体“拉近”从而看得更清楚，随即想到用望远镜做天文观测，并立刻亲自动手制作望远镜。在1610年出版的《恒星的使者》一书中，他介绍了制作第一架用于天文观测的望远镜的经过。此举冲破了肉眼天文观测的局限。哥白尼的日心说对中世纪思想的冲击是巨大的，但是在实际运用方面，迫切需要精确的星表，这就需要精确和系统的观测数据，而第谷（Tycho Brahe）在这方面迎合了这种形势。第谷的天文学工作主要在实测方面，他研究了精密天文学的大多数问题，包括研制高精度的天文仪器，获得了精确而系统的观测数据，以较高的精度测定了许多重要的天文常数。同样，开普勒对西洋天文学的贡献颇大，完善了哥白尼学说。

天文学理论以及天文学精密仪器是科学层面的，而历法则更多是为方便民众生活，指导日复一日的活动以及安排宗教节日和仪式的方法。此种把一天天组合成周期，比如星期、月和年的方法正是天文学在日常生活中的实践。日常生活中最重要的3个天文周期是：1）地球绕地轴自转的周期，即“天”，以太阳的升起和落下为白昼和夜晚

① 江晓原编：《科学史十五讲》，北京：北京大学出版社，2006年，第103～104页。
② 江晓原编：《科学史十五讲》，北京：北京大学出版社，2006年，第104～105页。

的交替标志；2）月球绕地球公转的周期，该周期具有月相序列，其周期即“月”；3）地球环绕太阳公转的周期，该周期具有季节序列，其周期即“年”。恒星月是月球从一个指定恒星出发又回到该恒星所经历的时间，平均为27.321 661日。会合周期，一般称作朔望月或太阴月，是从新月到新月，或从满月到满月的周期，平均长度为29.530 598日。真实的长度并非永恒不变，一方面因为月球环绕地球的轨道和地球环绕太阳的轨道稍呈椭圆形，另一方面因为这些轨道的摄动。太阴月的真实长度最大变动范围就约为13个小时。[①] 恒星年是地球以恒星为参照物围绕太阳旋转的周期，它通过观测恒星的“偕日升”来确定，即观测那些黎明时分首次出现在东方地平线的显著的明亮恒星（如天狼星）来确定，其周期是365.256 360天。设计一种合适历法的主要困难在于3种时间的自然周期（日、月、年）之间不可通约。自古以来，各种文明和地区都以自己的方式来处理、创造自己的历法，如埃及历、巴比伦历、希腊历、犹太历、伊斯兰历、儒略历和格里历等。由于数学与天文、历法之间关系最为密切，所以本章所言的天文学家亦包括数学家。在西方数学概念传入中国之初，数学包括算术、几何、律吕、天文历法等，甚至钟表也被包含在数学的范围之内。[②]

（一）欧洲历法东传与澳门

葡萄牙人未到香山澳前，毋庸置疑华人所用计时方式为典型的中国古代历法“大统历”。随着澳门开埠和西方人不断前来，葡人将宗主国所用儒略历（Julian Calendar）带到了东方。所谓儒略历，乃由罗马共和国独裁官儒略·恺撒采纳希腊数学家兼天文学家索西琴尼（Sosigenes）计算的历法，在公元前45年1月1日起执行，是取代旧罗马历法的一种历法。15、16世纪，此种历法在欧洲使用最广，西班牙、葡萄牙两国在殖民统治地区所使用的计时方式也正是沿用此法。儒略历规定，一年设12个月，大小月交替，四年一闰，平年365日，闰年于二月底增加一闰日，年平均长度为365.25日。公元325年，尼西亚会议（Councils of Nicaea）最终确定了复活节推算的原则，结束了长达3个世纪的复活节日期的争论与混乱。会议规定：

1. 普世庆祝复活节皆应在同一个星期日；
2. 即“春分月圆日”（Paschal Moon）后的第一个星期日；
3. 春分月圆日则规定为该复活月的第十四日（在春分之后）。[③]

---

① ［英］查尔斯·辛格等主编，高亮华、戴吾三主译：《技术史》第3卷，《文艺复兴至工业革命》，上海：上海科技教育出版社，2004年，第383页。

② 宋黎明：《神父的新装：利玛窦在中国（1582—1610）》，南京：南京大学出版社，2011年，第44~46页。

③ *The Catholic Encyclopedia*, Vol. 5, New York: The Encyclopedia Press, INC. ,1909, p. 229. 需要注意的是，这里的“春分月圆日”也多称为“满月日”，但是这并非天文学意义上的满月，即这一天并不一定会出现“满月”，通常会有两三天的差异。

因儒略历与回归年间的差异，待到1582年之时，离尼西亚会议已相隔1 257年，该年的春分正好落在了3月11日，相对3月21日提前了10日。若说16世纪早中期通行于欧洲的儒略历在根源上跟天主教无多大关联，如果说它后来与天主教关联甚密，把它与宗教直接挂钩多少显得牵强的话，那么罗马教宗格里高利十三世于1582年颁行并为后世一直沿用的格里历就自始与教会牵扯在一起，并且它随后由菲利普二世国王认可，通过前往远东的商人和传教士在果阿、马尼拉和澳门得到了推行。

1582年2月24日，格里高利十三世签署了关于新历法的法令 *Inter Gravissimas*，该法令于3月3日印刷，5月底向各罗马教廷大使和各国政府寄发。该法令主要着意于变革10天的计时，从而意图将复活节永久地安排在光明战胜黑暗的那一天，让春分的日期回到3月21日。此处简要引用法令内容如下，以说明格里历在儒略历计时上的变动：

> 吾规定，在1582年10月份中移除10日，即从5日到14日（两日包括在内），从此尼西亚会议所规定的春分日期，又重回到3月21日……然后，为了让春分的日期在以后不偏离3月21日，每四年设置一个闰年（正如儒略历一样），其中不包括每个世纪的最后一年，这之前它们都是闰年；吾决议1600年仍为闰年，而之后的世纪年却不完全是闰年；每400年中，前面的3个世纪年不是闰年，第四个世纪年则是闰年，如1700年、1800年和1900年就不是闰年。2000年就确定是闰年，该年2月份就有29日，这种间歇性地每400年插入一个闰年的形式就将永世沿用。[①]

根据相关证据，出于远洋交通和政治方面的因素，教宗此次改革法令以及菲利普二世国王的确认要到1584年才能传达到澳门，从而澳门执行新法令、推行新历法的时间极有可能是在1584年10月。由此可说，澳门历史中就没有了1584年10月5日到10月14日，足足少了10日。根据现存档案资料表现，这次从儒略历到格里历的变革未能在澳门史料中留下多少踪迹，然而计时上的变动必然会影响后世，尤其是会影响到当今学者对这段历史的记述，众所周知，历史更多意义上就是“当代史”，后来学者对澳门的记述所用的是其身处的计时体制，这就造成历史记述中使用的“时间”掩盖了原有事件发生的“时间”。

儒略历1582年12月18日，罗明坚与巴范济在范礼安的指示下，从澳门出发前往肇庆，同在这一天，澳门发生了另一件意义重大的事件。据施白蒂称：“1582年12月18日澳门当局正式承认西班牙菲利普二世为君主，条件是在菲律宾与中国的关系中，必须由澳门充当中间人，以及统治权的变更绝对不让中国人知道。”[②] 于是，在名义上，澳门葡人自这一天起接受了西班牙国王的统治，澳门城市的政治身份完成了从“葡属”向“西属”的转化。关于此，博克塞有更多的论述：

> 1582年12月14日，桑切斯和同伴从台湾回到澳门时，米兰达继阿尔梅达成

---

① Christophoro Clavio, *Romani Calendarii a Gregorio XIII*, Romae: Apud Aloysium Zannettum, 1603, pp. 13－14.

② ［葡］施白蒂著，小雨译：《澳门编年史：16—18世纪》，澳门：澳门基金会，1995年，第21页。

> 为了澳门和中日航线大船长。四日后，米兰达经由中国主教，宣誓效忠菲利普二世，自称“中国和日本的大船长”（Capitão-Moor da China e Japão），唐·李奥纳多·德·萨主教则称其为“澳门和日本港口大船长”（Capitão-Mordesteporto de macao e de Japão）。耐人寻味的是，1582 年 5 月底桑切斯就已将菲利普即位的消息从马尼拉带到了澳门。直到 12 月 18 日，澳门官方才宣誓效忠，即使如此，他们也以“畏惧中国官员和其他中国权贵”为由，摒弃了规定的公共仪式。①

然据已表明的历法变动，此处记述澳门当局宣誓效忠菲利普二世的时间就不应简单地写作 1582 年 12 月 18 日了，应写作儒略历 1582 年 12 月 18 日。在这个时段（1582 年 10 月至 1584 年 10 月）澳门发生的大事件可谓不少，摘录示下：

> 1582 年 12 月 18 日，罗明坚、巴范济，协同翻译员斗代修士巴荣达撒及印度人公匝洛由澳门起身去往内地。② 1583 年 2 月 13 日，受菲律宾总督唐·贡萨罗·隆吉略委派同胞葡萄牙和西班牙两王室合并的消息，并商谈承认菲利普二世一事的阿隆索·桑切斯神父返回马尼拉，因圆满完成使命而受到凯旋式的迎接。1583 年，由于唐·贝尔希奥·加尔内罗的良好工作，澳门议事会成立。1583 年 8 月 19 日，耶稣会会士、尼塞亚主教及埃塞俄比亚宗主教唐·贝尔希奥·加尔内罗去世。1583 年 10 月 5 日，耶稣会会士刘易斯·德·阿尔梅达神父在本市去世。他曾代表中国参加同日本之谈判，在 1555 年被授予神父职位，为国家做出了卓越贡献。③

罗马教会领导的历法改革对澳门计时的影响，更多的是体现在后世对澳门史的研究与记述上，对澳门社会的影响并不重大。不过澳门作为“天主圣名之城”，天主教的影响还体现在了其他的方方面面。这种影响自葡人来到之后，就深深地埋藏在了澳门社会中，即使到清末也给当时的中国士大夫留下了深刻印象。

（二）经停澳门的传教士天文学家及其在澳门的天文实践

众所周知，澳门不仅是远东天主圣名之城，还是 16—19 世纪西方传教士入华传教的中转站。所谓中转站，不单指传教士作为传教士由澳门进入内地，传教士作为西洋人，自身即西洋文明所塑造的结果，特别是耶稣会一向重视教育，加之为迎合明清宫廷，尤其是清宫廷对“技艺之人”的需求，经澳门进入内地的传教士大多身怀绝技，他们懂得一门或多门西洋技术，或是钟表，或是音乐，或是医学等，其中也包括天文历法。因此，16—19 世纪经澳门进入中国内地的各类技艺人才中，天文历法的专门人

---

① C. R. Boxer, *Fidalgos in the Far East (1550 - 1770), Fact and Fancy in the History of Macau*, The Hague: Martinus Nijhoff, 1948, p. 41.

② ［法］裴化行著，萧浚华译：《天主教 16 世纪在华传教志》，上海：商务印书馆，1936 年，第 207 ~ 210 页。

③ ［葡］施白蒂著，小雨译：《澳门编年史：16—18 世纪》，澳门：澳门基金会，1995 年，第 21 ~ 22 页。

才最多。故《澳门记略》称："三巴寺僧世习其业（指天文历法），待其学成，部牒行取，香山县护之如省，督抚资遣入（钦天）监。"①

帕多瓦大学学者巴尔蒂尼（Ugo Baldini）曾撰《澳门的科学与耶稣会士，1644—1762》一文，文中附有两份表格"澳门的耶稣会科学家"和"耶稣会科学家在澳门的测量和观测"②，历数曾在澳门停留或有过科学活动的耶稣会会士。此表格给我们留下了很多在澳门居停的耶稣会天文学家及其在澳门天文实践活动的记录，十分重要，但该表存在的问题较多：第一，大量的非天文学家进入该表；第二，部分未在澳门居停的天文学家亦收留其中；第三，天文学家居停澳门的时间存在不少错误；第四，遗漏了很多在澳门居停的天文学家。因此，我们在巴尔蒂尼的基础上重新做了一个表，修订了上述问题，并借此呈现16—19世纪时期曾在澳门停留及在澳门有过天文学实践的耶稣会科学家之情况。

表5-1 16—19世纪居停澳门的耶稣会天文学家③

时间	国籍	姓名	备注
1581—1585	西	佩德罗·戈麦斯 Pedro Gomez	著有《地球仪》一书，1593年为日本府内神学院学生编写教材《天主教要纲》，其中第一部分为《天球论》，是主要参照英国著名数学家、天文学家萨克罗博斯（Joanner de Sacrobosco）的同名著作《天球论》而完成的④

① （清）印光任、张汝霖原著，赵春晨校注：《澳门记略校注》，《澳蕃篇》，澳门：澳门文化司署，1992年，第181页。

② Ugo Baldini, Science and the Jesuits in Macao, 1644 - 1762, in Luís Filipe Barreto ed., *Macau during the Ming Dynasty*, Lisbon, 2009, pp. 248 - 271.

③ 此表资料除注明出处外，其他主要依据以下书籍：［法］荣振华著，耿昇译：《在华耶稣会士列传及书目补编》，北京：中华书局，1995年；［法］费赖之著，冯承钧译：《在华耶稣会士列传及书目》，北京：中华书局，1995年；［法］费赖之著，梅乘骏、梅乘骐译：《明清间在华耶稣会士列传（1552—1773）》，上海：天主教上海教区光启社，1997年；中国第一历史档案馆等编：《明清时期澳门问题档案文献汇编》第1册，北京：人民出版社，1999年；中国第一历史档案馆编：《清中前期西洋天主教在华活动档案史料》第4册，北京：中华书局，2003年；韩琦、吴旻校注：《熙朝定案》，北京：中华书局，2006年；Ugo Baldini, Science and the Jesuits in Macao, 1644 - 1762, in Luís Filipe Barreto ed., *Macau during the Ming Dynasty*, Lisbon, 2009, pp. 248 - 271；［葡］弗朗西斯·罗德里杰斯著，黎明、恩平译：《葡萄牙耶稣会天文学家在中国（1583—1805）》，澳门：澳门文化司署，1990年；［捷］严嘉乐著，丛林等译：《中国来信（1716—1736）》，郑州：大象出版社，2002年；［葡］施白蒂著，小雨译：《澳门编年史：16—18世纪》，澳门：澳门基金会，1995年；［法］杜赫德著，郑德弟等译：《耶稣会士中国书简集：中国回忆录》第1、4、5卷，郑州：大象出版社，2001年。

④ 戚印平：《澳门圣保禄学院研究：兼谈耶稣会在东方的教育机构》，北京：社会科学文献出版社，2013年，第221~295页。

（续上表）

时间	国籍	姓名	备注
1582—1583	意	利玛窦 Matteo Ricci	天文学家和数学家，著有《几何原本》《同文算指》《测量法义》《勾股义》《圜容教义》《浑盖通宪图说》《万国舆图》;① 1583 年 2 月，利玛窦曾在澳门测量所处的经纬度，为北纬 22.5 度，东经 125 度；1584 年两次观察月食，第一次在澳门，第二次在肇庆，并称肇庆与澳门大致处于同一子午线上②
1582—1583 1614—1626	意	尼阁老 Cola Nicola Giovenni	天文学家、数学家③
1597—1598	意	龙华民 Nicola Longobardi	天文学家和数学家，著有《地震解》《新法算书》，与阳玛诺合作绘制《达维德地图集》
1597—1600 1617—1618	西	庞迪我 Diego de Pantoja	天文学家和数学家，修订历法，测量纬度，著有《海外舆图全说》2 卷、《日晷图法》1 册④；还造有象限悬仪、平面悬仪、象限悬运仪、象限座正仪、象限大仪、三直游仪六式，复有弧矢仪、纪限仪、测日月食永仪、窥天远镜⑤
1602—1605	意	穆其奥·罗基 Muzio Rocchi	为中国传教区索取数学书籍
1603—1606 1617—1620	意	熊三拔 Sabatino de Ursis	天文学家，发明水利机械，把欧洲医学和蒸馏法带到了中国，著有《泰西水法》《简平仪说》《表度说》⑥，1618 年可能在澳门参与观察彗星

① 朱维铮编：《利玛窦中文著译集》，上海：复旦大学出版社，2001 年，第 293 ~ 308、311 ~ 426、555 ~ 558、587 ~ 639、639 ~ 651 页。

② ［意］利玛窦著，文铮译，梅欧金校：《利玛窦书信集》，北京：商务印书馆，待刊，第 24、29 页。对澳门港的经纬度测量并非始于利玛窦，据 1564 年龚萨雷斯的信称："Amacau 这个港口位于北纬 22 度半有余，这是领航员们说的。" 参见［葡］罗理路著，陈用仪译：《澳门寻根》，附录文献 8《弗朗西斯科·佩雷斯神父给路易斯·龚萨尔维斯神父的信》，澳门：澳门海事博物馆，1997 年，第 100 页。

③ Manuel Teixeira, *Macau e a Sua Diocese*, *Vol. Ⅲ*, *As Ordens e Congregações Religiosas em Macau*, Macau: Tipografia Soi Sang, 1956 – 1961, p. 70. 1626 年 11 月 17 日，班安德神父说，尼阁老神父"凭着他在数学、绘画、制作钟表等方面的成就"，已经成了日本和中国的传教士们的榜样。

④ 许洁、石云里：《庞迪我、孙元化〈日晷图法〉初探：兼论牛津本〈天问略〉中的三种晷仪》，载《自然科学史研究》2006 年第 2 期，第 150 页。

⑤ （明）揭暄：《璇玑遗述》卷 5，《节度定纪》，续修四库全书子部第 1033 册影印乾隆三十年刻本，上海：上海古籍出版社，2002 年，第 583 页。

⑥ 方豪：《中国天主教史人物传》上册，北京：中华书局，1988 年，第 169 ~ 172 页。

（续上表）

时间	国籍	姓名	备注
1601—1607 1616—1620	葡	阳玛诺 Manuel Dias Jr.	天文学家，著有《天问略》，与龙华民合作绘制《达维德地图集》，1618 年可能在澳门参与观察彗星
1610—1613	意	艾儒略 Giulio Aleni	天文学家和地理学家，在澳门圣保禄学院教数学两年，著有《几何要法》《职方外纪》《万国全图》；1610 和 1612 年曾先后两次在澳门观察日食，1610 年还曾在澳门测量极点的高度
1610—1613 1644—1646	意	毕方济 Francesco Sambiasi	天文学家和数学家，在澳门圣保禄学院教授数学一年，参加修历，善制器造炮，1644 年在澳门绘有《坤舆全图》①
1616—1620	克罗地亚	邬若望 Jan Wremann	天文学家、数学家，在澳门圣保禄学院教科学，曾在罗马观察日食和月食；② 1616 年测量澳门、北京、南京和果阿的经度，同年还在澳门测量极地。1618 年可能在澳门参与观察彗星
1616—1619	意	克里斯多佛罗·波利 Cristoforo Borri	数学家和天文学家③
1618—1620	德	邓玉函 Johann Terrenz Schreck	天文学家、数学家、物理学家，参加修订《崇祯历书》，著有《奇器图说》《大测》《测天约说》《正球升度表》《黄赤距度表》《浑盖通宪图说》等；1619 年将欧洲第一架望远镜带入澳门
1618	葡	威莱·马诺 Wille Manuel	曾在圣保禄学院教授数学④
1619—1622	德	汤若望 Johann Adam Schall von Bell	天文学家、数学家，参与修订《西洋新法历书》，著有《浑天仪说》《古今交食考》《远镜说》《恒星历指》等天文学著作 22 种

① 参见汤开建：《明代入华传教士“第一奇人”：毕方济行实》，载汤开建：《明清天主教史论稿二编：圣教在中土》上册，澳门：澳门大学出版社，2014 年，第 156 ~ 221 页。

② ［意］梅迪纳著，陈用仪译：《邬若望：中国与日本耶稣会传教士里的一个克罗地亚人》，载《文化杂志》（中文版）第 32 期，1997 年，第 48 页。

③ 著有 *Relatione della nouva missione delli PP. Della Compagnia di Giesu al Regno della Cocincina*, *Rome*, 1631；关于其人的研究可参见 Baldini, The Portuguese Assistancy of the Society of Jesus and Scientific Activities in its Asian Missions until 1640, in *Historia das ciencias matematicas: Portugual e o Oriente*, Lisbon, 2000, pp. 49 – 104；转引自 Ugo Baldini, Science and the Jesuits in Macao, 1644 – 1762, in Luís Filipe Barreto ed., *Macau during the Ming Dynasty*, Lisbon, 2009, pp. 248 – 271.

④ 戚印平：《澳门圣保禄学院研究：兼谈耶稣会在东方的教育机构》，北京：社会科学文献出版社，2013 年，第 144 页。

（续上表）

时间	国籍	姓名	备注
1619—1626	波西米亚	祁维材 Wenceslas Pantaléon Kirwitzer	数学家，在澳门教授数学多年，著有《1618东印度航海彗星观察》
1619—1620 1650—1653	葡	傅汎济 Francisco Furtado	著有《寰有诠》
1622—1626	意	罗雅谷 Giacomo Rho	天文学家、数学家，在京制作仪器，参加修历，著有《测量全义》《五纬表》《五纬历指》等11种天文学著作。1623年在澳门测量极地
1626—?	葡	巴尔迪诺蒂 Aguiulino Baldinodi	数学家、天文学家①
1630—1639	葡	梅高 José Estêvão de Almeida	在澳门圣保禄学院教授数学两年
1630—1632	法	方德望 Etienne Faber	著有《环球志大观》
1635—1640	葡	安文思 Gabriel de Magalhães	天文学家，机械师，制作天球仪、地球仪、自鸣钟，给康熙皇帝制作《音乐与战争》的钟表，还制过一块夜光表，参与编制《天文试验表》②
1636—1639	意	利类思 Ludovico Buglio	天文学家、数学家，制作天体仪、地球仪及其他天文仪器，著有《西历年月》
1636—?	意	潘国光 Francois Brancati	天文学家，顺治时曾在上海建造观象台，受命测量东南躔度，常在海上观步测量；③ 在传教士的中国制图项目中担任了重要角色
1637—1638	意	贾谊睦 Girolamo Gravina	参加过潘国光的制图测绘活动

① ［意］梅迪纳著，黄徽现译：《耶稣会士亚历山大·德·罗德斯在科钦支那和东京：1591—1660》，载《文化杂志》（中文版）第45期，2002年，第23页。

② 参见汤开建：《陪臣与工匠：服务于清宫的西洋艺术家》，载汤开建：《明清天主教史论稿二编：圣教在中土》，澳门：澳门大学出版社，2014年，第267～270页。

③ ［比］钟鸣旦等编：《徐家汇藏书楼明清天主教文献续编》第13册，台北：台北利氏学社，2013年；（清）佚名：《敬一堂》卷3，第563页；（清）李林松：《（嘉庆）上海县志》卷8，《疆域·古迹》，清嘉庆十九年刻本，第38页；方豪藏《辩学》抄本，转引自方豪：《中西交通史》下册，长沙：岳麓书社，1987年，第717页。

（续上表）

时间	国籍	姓名	备注
1642—1643 1658—1659	意	卫匡国 Martino Martini	师从基歇尔（Kircher）神父学习数学，曾带望远镜进入中国，著有《中国新地图集》；1642年或1658年在澳门测量极地
1644—1645 1649—1650 1650—1651	波兰	卜弥格 Michal Boym	地理学家，绘制了《大契丹就是丝国和中华帝国，15个王国，18张地图》，共有18幅地图①
1645—1646	波兰	穆尼阁 Johannes Nikolaus Smogulecki	天文学家，著有《天步真原》《人命部》《世界椭圆图》
1656—1659 1680—1683 1689—1692	意	毕嘉 Giandomenico Gabiani	通天文，康熙二十八年曾在南京观看天象，验老人星出入地平度数，记录在册，还送了两架验气管给康熙
1658—1659	比	南怀仁 Ferdinand Verbiest	天文学家、数学家、机械师，著有《仪象志》《康熙永年历法》等20余种天文学著作，还著有《坤舆全图》《坤舆图说》《坤舆外纪》《赤道南北星图》等地理学著作
1658—1659	奥	白乃心 Jean Grueber	协助汤若望的工作，并受命勘测回欧洲的道路
1659—1660	奥	恩理格 Wolfgang Herdtrich	天文学家，通晓历法，1671年进京，曾带望远镜进入中国
1668—1669	意	闵明我 Philippe-Maria Grimaldi	天文学家，著有《方星图解》，校订《康熙永年历法》
1669—1673	葡	徐日昇 Tomas Pereira	天文学家，出任钦天监副，擅制时钟、风琴②
1679—1680	意	潘玛诺（潘国良） Emmanuel Laurifice	天文学家，1689年给康熙皇帝献小千里镜，1699年给康熙皇帝进呈浑天仪
1680—1684	葡	苏霖 José Soares	天文学家、望远镜专家

① ［波兰］爱德华·卡伊丹斯基著，张振辉译：《中国的使臣：卜弥格》，郑州：大象出版社，2001年，第183～184页。

② ［葡］若埃尔·加良著，斐斯译：《徐日昇神父：17世纪在中国皇宫的葡萄牙乐师》，载《文化杂志》（中文版）第4期，1988年，第35～36、43页。

（续上表）

时间	国籍	姓名	备注
1682—1685 1692—?	比	安多 Antoine Thomas	天文学家，曾任钦天监副，测量地球的经纬度，著有《数学概要》《1678 年 10 月 29 日月蚀观测》《居印度与中国时之观测》《1686 年 10 月 7 日自南京送之观测》，测绘了两河之间的精确地图；1683 年 7 月 4 日和 1685 年 6 月 16 日两次在澳门观察日食；他在澳门还修复了澳门东望洋的圣母小堂
1685—1687 1695—? 1707—1708	比	卫方济 Francois Noel	天文学家，1684—1708 年在印度和中国著《天文观察》；1685 年在澳门观测数颗星体的赤经，以及极点高度；同年 11 月在澳门观察日食，测量数个星体高度；1695 年 11 月在澳门观测彗星
1685—1690		佚名耶稣会会士	在澳门测量磁偏角
1687—? 1693—? 1712—?	西	庞若翰 Juan António Arnedo	天文学家，在安南充当国王历算师
1692—?	意	斯科蒂 Carlo Emmanuel Scotti	精通数学
1692—1694 1699—?	法	白晋 Joachim Bouvet	法国国王数学家，著有《几何原理》满文本
1694—1695	德	纪理安 Kilian Stumpf	天文学家，曾在德国教授数学，入华担任北京钦天监正
1696—?	葡	高尚德（高嘉乐） Charles de Rezende	数学家，在京治理历算
1697—1698 1707—?	德	庞嘉宾 Kaspar Castner	天文学家，精于天文，任北京钦天监正，著有拉丁文《天文观察》。还是个地图绘制家
1698—?	法	雷孝思 Jean Baptista Régis	天文学家、数学家，著有《中华帝国年鉴和西方年历对照》，还对山西、北京、山东的日食进行过多次观测，和费隐两人合作测绘了陕西到里海的地图；参与全国地图测绘，著有《皇朝舆地总图》《根据西藏历史所作的地理历史考察》

（续上表）

时间	国籍	姓名	备注
1698	法	巴多明 Dominique Parrenin	康熙时主持绘制中华全图的测绘，还亲自到辽东和山东进行地图测绘
1699—1701	法	杜德美 Pierre Jartoux	天文学家、数学家，著有《周经密率》《求正弦正矢捷法》，还在陕西、北京等地进行天文测验，测绘辽东和鞑靼地区地图
1700—1712 1721—1722	葡	穆敬远 João Mourão	数学家①
1703	法	冯秉正 Joseph Marie Anne de Moyriac de Mailla	地理学家，参与康熙时全国地图绘制，还绘制了《黑龙江北海东海间舆地全图》
1705	奥	费隐 Ehrenbert Xaver Fridelli	精通数学，康熙时测绘中国地图，雍正时又测绘陕西到里海间地图，著有《中国地图》《陕西到里海地图》
1706—1708 1723	法	德玛诺 Romain Hinderer	数学家，精于天文，康熙时测绘中国地图
1707—1708 1717—1718	意	孔禄食 Luigi Gonzaga	数学家，精于天文
1710—1711	葡	麦大成 João Francisco Cardoso	数学家，通晓天文历法，曾在葡萄牙教授数学，成绩斐然，参加测绘中国各省地图
1710—1711	波西米亚	阳秉义（杨广成） Frantisek Thilisch	数学家，通晓天文历法，著有《球面三角学的精辟分析首先灵活运用于直线三角形》
1715—1716	意	喜大教（倪天爵） Nicola Gianpriamo	数学家，通晓天文，1716—1720 年在北京治理历算，1748 年任那不勒斯天文教授
1716—1717 1725—1727 1730—1735	葡	李国成 Caetano Lopes	数学家
1716—1717	德	戴进贤 Ignaz Kogler	天文学家、数学家，在德国大学教授数学 3 年。1717 年进京后担任钦天监正，著有《测算》《黄道总星图》《历象考成后编》《仪象考成》等天文学著作

① João de Deus Ramos, *História das Relações Diplomáticas entre Portugal e a China*, Macau: Instituto Cultural de Macau, 1991, p. 133；［葡］文德泉著，徐牧民译：《耶稣会士于澳门开教四百周年》，澳门：大东书局，1964 年，第 51 页。

（续上表）

时间	国籍	姓名	备注
1716—1717	葡	徐懋德 Andre Pereira	天文学家，通晓历算，任钦天监副，有《历象考成后编》《天文测验》《1724—1737 年在北京对于木星诸卫星》等天文学著作；1736 年成为圣彼得堡科学院院士，1741 年与朝鲜天文学家安国宾合作
1716—?	波西米亚	严嘉乐 Karel Slavicek	天文学家、数学家、机械师，著有《天文测验》《月蚀测验》《推算表》《测北极出地简法》《北京内外城图说》《月动测验》等
1719—1720 1732—1751 1753—1754	意	徐大盛（徐茂盛） Giacomo Filippo Simonelli	天文学家，精通算法，著有《中国交蚀图录》《1725 年 10 月 22 日广东月蚀测验》，可能 1753 年 6 月 5 日在澳门观察到流星
1725—1726	葡	陈善策 Domingos Pinheiro	数学家，通晓天文，在葡萄牙埃武拉大学当过数学教授，曾经给俄罗斯科学院图书馆寄送过 64 册科学书籍
1725—1726	葡	麦有年 Paulo de Mesquita	数学家，通晓天文
1728—1729	法	孙璋 Alexandre de La Charme	天文学家、历算家，在北京为木星及诸卫星测验，对磁针偏差有测验
1737—1738	葡	傅作霖 Félix da Rocha	天文学家，在鞑靼地区测绘天文，著有《仪象考成》，两次赴西藏绘制地图，著有《厄鲁特和土尔扈特两部地图》《小金川地图》
1738—1739	德	鲍友管 Anton Gogeisl	数学家，担任钦天监副，发明一种地平纬仪，参与《仪象考成》著述
1738—1739 1752—1753	奥	刘松龄 Augustin von Hallerstein	伦敦皇家学会客座会员，精通历算，担任钦天监正，著有《仪象考成》，还进行了大量的日食、月食、彗星、子午线差别等天文和水量测算，著有《鞑靼区域中部地图》，1739 年绘制澳门市郊地图
1738—?	不详	郎觊	刘松龄任钦天监正时，其任钦天监右监副，西洋人①
1738—1742	葡	卢若望 João de Loureiro	天文学家，在交趾支那担任国王数学家

① （清）印光任、张汝霖原著，赵春晨校注：《澳门记略校注》，《澳蕃篇》，澳门：澳门文化司署，1992 年，第 181 页。

（续上表）

时间	国籍	姓名	备注
1739—1743 1750—？	奥	约瑟夫·诺伊格鲍尔 Josef Neügebauer	天文学家、数学家，在交趾支那担任天文学家
1740—1750	德	约翰·霍佩 Johann Hoppe	数学家，在安南
1740—1750	德	西蒙·霍佩 Simão Hoppe	数学家，在安南
1741—1742 1751—1752	葡	林德瑶 João de Seixas	知天文算法
1742—1750	德	约瑟夫·凯泽尔 Josef Kayser	数学家，在日本和安南；可能 1742 年 6 月 3 日在澳门观察日全食
1744—？	法	蒋友仁 Michel Benoist	数学家、天文学家，带进望远镜和抽气筒，绘有《坤舆全图》和《一统舆图》
1744—？	葡	吴直方 Barthelemy de Azevedo	通晓天文
1746—1750	葡	本托·费雷拉 Bento Ferreira	数学家，在安南
1750—1751	法	钱德明 Jean-Joseph-Marie Amoit	天文学家，科学方面的成就甚高，在北京观察气象，有 1757—1762 年的完整记录，著有《在北京的磁针偏移记录》和《气压表内水银柱升降研究》
1751—？	葡	高慎思 Jose da Espinha	天文学家，先任钦天监副，后出任钦天监正，在北京进行过多次天文测验，测量土尔扈特地区地图
1752—？	葡	卫玛诺（汤德徽） Viegas Manuel	知天文算法
1759—？	法	韩国英 Pierre-Martial Cibot	天文学家，素习天文、水法，在北京制作大水力时钟
1759—1760	法	方守义 J. F. Marie-Dieudonné d'Olliéres	素习天文、水法
1759—？	葡	安国宁 Andre Rodrigues	天文学家，在数学方面学识卓捷超群，先任钦天监副，后升为钦天监正
1759—？	葡	索德超 José Bernardo de Almeida	天文学家，在数学方面学识卓捷超群，任钦天监正

(续上表)

时间	国籍	姓名	备注
1767—?	法	金济时 Jean Paul Louis Collas	天文学家，素习天文、水法，曾在法国蓬塔木松大学教授数学，进北京治理历算，在钦天监工作，著作有《日蚀测验》《北京测验》及江宁府《气象汇录》
1767—?	法	晁俊秀（赵进修） François Bourgeois	素习天文
1768—1769	法	严守志 Pierre de la Baume	天文学家，素习天文、水法
1768—1769	法	梁栋材 Jean-Baptiste-Joseph Grammont	素习天文、水法
1773—?	奥	穆类思（杨进德） Aloys Moritz	通晓历算、天文
1773—?	奥	常秉纲 Michael Baldermann	通晓天文
1865—1871	意	维吉利 José Virgili	在圣若瑟学院教授数学①

据上表可知，从1581到1773年190余年间，共有91位耶稣会天文学家居停澳门（最后一位耶稣会会士维吉利是19世纪后期才进入澳门，故不列入统计数）。除了耶稣会天文学家以外，还有教廷传信部及其他天主教修会的传教士天文学家在澳门居停，以下为1710—1825年非耶稣会居停澳门的天文学家的统计。

表5-2 1710—1825年居停澳门的非耶稣会天文学家②

时间	国籍	会籍	姓名	备注
1710	意	教廷 传信部	蒂里希 Tilisch	数学家

---

① Manuel Teixeira, *Macau e a Sua Diocese*, *Vol. Ⅷ*, *Padres da Diocese de Macau*, Macau: Tipografia da Missão do Padroado, 1972, p. 271.

② 本表资料除已注明出处外，其他主要依据以下书籍：中国第一历史档案馆等编：《明清时期澳门问题档案文献汇编》第1册，北京：人民出版社，1999年；中国第一历史档案馆编：《清中前期西洋天主教在华活动档案史料》第4册，北京：中华书局，2003年；刘芳辑：《葡萄牙东波塔档案馆藏清代澳门中文档案汇编》下册，澳门：澳门基金会，1999年；［意］马国贤著，李天纲译：《清廷十三年：马国贤在华回忆录》，上海：上海古籍出版社，2004年；［法］方立中著，耿昇译：《1697—1935年在华遣使会士列传》，桂林：广西师范大学出版社，2010年。

（续上表）

时间	国籍	会籍	姓名	备注
1710	意	教廷传信部	考德罗 Cordero	数学家
1710	意	奥斯定会	潘如 Dominicus Perroni	对长城以西，直至喀尔喀的哈密一带地图的绘制①
1720	意	教廷传信部	陆嘉爵 Cassius a S. Aloisio	天文学家
1781—1782	意	教廷传信部	罗机洲 Romuald Koscieski	熟知天文
1784—1785	葡	方济各会	汤士选 Alexandre de Gouveia	天文学家，科英布拉大学数学教授，谙晓天文，钦天监正②
1784—1785	葡	遣使会	刘思永 Rodrigo da Madre de Deus	谙晓天文
1784	法	遣使会	罗广祥 Nicolas Joseph Raux	数学家、天文学家，在钦天监工作③
1788—1794	爱	遣使会	韩纳庆（安纳） Robert Hanna	天文学家，在北京钦天监工作
1791—1800	葡	遣使会	福文高 Domingos Joaquim Ferreira	天文学家，精通天文，钦天监正
1791	葡	遣使会	李拱辰 José Nunes Ribeiro	天文学家，钦天监正④
1792	葡	遣使会	窦云山	谙晓推算天文
1792	葡	遣使会	慕王化	谙晓推算天文
1800—1804	葡	遣使会	毕学源 Caetano Pires Pereira	精通天文，钦天监正

① ［法］费赖之著，梅乘骏、梅乘骐译：《明清间在华耶稣会士列传（1552—1773）》，上海：天主教上海教区光启社，1997 年，第 630 页。

② ［葡］施白蒂著，姚京明译：《澳门编年史：19 世纪》，澳门：澳门基金会，1998 年，第 9 页。

③ ［法］佩雷菲特著，王国卿等译：《停滞的帝国：两个世界的撞击》，北京：生活·读书·新知三联书店，1993 年，第 183 页。

④ ［葡］施白蒂著，小雨译：《澳门编年史：16—18 世纪》，澳门：澳门基金会，1995 年，第 208 页。

（续上表）

时间	国籍	会籍	姓名	备注
1804—1818	葡	遣使会	萨赖瓦 Joaquim de Sousa Saraiva	在圣若瑟学院教授数学①
1803—1804 1827—1832	葡	遣使会	高守谦 Verissimo Monteiro de Serra	自幼学习天文，精于推算，钦天监副，1827 年返回澳门后担任圣若瑟学院院长，并教授数学
1804—1812	葡	遣使会	若瑟·安图内斯 Policarpo José Antune	在澳门教授数学一直到去世②
1825—1865	葡	遣使会	热罗尼莫·马塔 Jerónimo José da Mata	在圣若瑟学院长期教授数学③

据上表，在 1710—1825 年共有 18 位非耶稣会的天文学家和数学家在澳门居停，合两表则在鸦片战争之前，进入澳门居停或者居住的传教士天文学家共有 109 位，这是一支极具规模的天文学家队伍。虽然有的停留时间较短，当年入澳，当年出澳，但有的则停留时间较长，2～3 年，3～5 年，甚至有人多次在澳门经停，乃至长期居住澳门且死于澳门。这些天文学家在澳门居停的时候，有的在澳门从事科学研究，有的在澳门从事科学教学，无疑这些天文学家对澳门天文学的传入与发展产生着极大的影响。如利玛窦，1582 年进入澳门不久即对澳门进行了经纬度的测试，还在澳门观察月食并留下了记录，这是澳门第一次西方天文学实践，对于澳门西方天文学的发展具有十分重要的意义。当时在澳门的耶稣会住院院长佩德罗·戈麦斯（Pedro Gomez）也是一位天文学家，所以洛佩斯（António Lopes）称："到了 1584 年，随着教学的发展，尤其是更多的传教士从欧洲来到澳门，其中不乏数学家和音乐专才。"④ 1616 年 1 月 27 日《澳门圣保禄学院年报》还记载："这位广东总兵还问道，是否圣保禄学院所有神父、利玛窦神父的所有朋友都精通数学和天文学，那人回答说是。"⑤ 可以反映，当时澳门数学家和天文家

① ［葡］施白蒂著，姚京明译：《澳门编年史：19 世纪》，澳门：澳门基金会，1998 年，第 7 页；［葡］亚卡西奥·费尔南多·德·索萨著，范维信译：《18—19 世纪葡萄牙传教士在中国》，载《文化杂志》（中文版）第 18 期，1994 年，第 41 页。

② Manuel Teixeira, *Macau e a Sua Diocese*, *Vol. Ⅷ*, *Padres da Diocese de Macau*, Macau: Tipografia da Missão do Padroado, 1972, p. 316.

③ ［葡］白尼奥著，黄徽现译：《在远东的塞尔纳谢·多·邦雅尔丁学院的神父》，载《文化杂志》（中文版）第 57 期，2005 年，第 126 页。

④ António Lopes, Serviços Prestados Aos Moradores de Macau Pelo Colégio de Macau, *Missão de Macau*, 21 de Abril de 1999.

⑤ João Paulo Oliveira e Costa, *Cartas Ânuas do Colégio de Macau (1594 – 1627)*, Macau: Fundação Macau, 1999, p. 152. 在这一年的年报中，还多次提到，广东总兵要圣保禄学院的神父为皇帝制造天球仪和地球仪。

之多。之后，艾儒略于1610年12月15日和1612年11月8日在澳门两次观察日食，1610到1613年间还在澳门测量极点的高度；1616年，邬若望在澳门测量澳门、北京、南京和果阿的经度以及测量极地；1618年11月，阳玛诺、邬若望和熊三拔可能在澳门参与观察彗星；1623年4月，罗雅谷在澳门测量极点的高度；1642年3月或1658年9月，卫匡国亦在澳门测量极地；1683年7月4日和1685年6月16日，安多两次在澳门观察日食；1685至1690年间，一位不知名的耶稣会会士在澳门测量磁偏角；卫方济多次在澳门进行天文实践，1685年11月29至30日观察日食以及测量数个星体的高度，1695年11月2日至5日观察彗星，此外在1685至1687年间他还曾观测数颗星体的赤经，以及测量极点高度；1742年6月3日，又一位耶稣会会士约瑟夫·凯泽尔在澳门观察日全食；1753年6月5日，徐大盛可能在澳门观察到流星。① 正因为这些曾经在澳门居停的传教士天文学家在澳门进行了大量的天文实践活动，所以在澳门白鸽巢花园出现了一座“观星石屋”，并称：“登白鸽巢园石顶亭，以大千里镜瞩之，当面了了，不知其远涉日余也。”②

随着欧洲天文学家大规模地进入澳门，这必然会对澳门产生重大影响，首先在澳门的学校教学中就加入了天文学或数学的课程，如艾儒略、毕方济、邬若望、祁维材、威莱·马诺这五位天文学家和数学家就在圣保禄学院教授过天文学和数学的课程（参见上表）。葡萄牙学者苏雷亚斯也称，神父在圣保禄学院进修的主要课程包括数学、天文、地理等。③ 但数学在圣保禄学院并非常设课程，只是个别时候加入的课程。而1728年为中国教区开办的圣若瑟学院则将数学课程列为常设课程。④ 同时有一批葡萄牙遣使会的数学家们在学院内开设数学课程，如萨赖瓦、若瑟·安图内斯、热罗尼莫·马塔、高守谦。为了配合数学和天文学的教学，圣若瑟学院还在他们的青洲属地创办过一个气象台。⑤ 1850年代后，又有耶稣会的数学家维吉利在圣若瑟学院教授数学。这些数学课程的开设，无疑对欧洲天文学和数学在澳门的发展有相当的推动作用。

图5-1　南怀仁《欧洲天文学》一书的插图“耶稣会士在钦天监”

① Ugo Baldini, Science and the Jesuits in Macao, 1644 - 1762, in Luís Filipe Barreto ed., *Macau during the Ming Dynasty*, Lisbon, 2009, pp. 248 - 271.

② （清）钟启韶：《听钟楼诗钞》卷3，《澳门杂诗》，道光十年刊本，第19页。

③ José Caetano Soares, *O Hospital da Santa Casa de Misericordia em Macau*, Macau: Mercantil de N. T. Fernandes e Filho, 1927, p. 252.

④ ［法］樊国阴著，吴宗文译：《遣使会在华传教史》，台北：华明书局，1977年，第128~129、160页。

⑤ ［英］斯当东著，叶笃义译：《英使谒见乾隆纪实》，上海：上海书店出版社，1997年，第525页。

(三) 18—19 世纪非传教士天文学和数学的传播与实践

除了传教士天文学家在澳门推动欧洲的天文学和数学的实践活动外，到 18 世纪后，欧洲的天文学和数学在澳门的世俗社会中亦得到传播。1786 年，葡萄牙人迪亚斯·德·利马（Feliciano José Dias de Lima）从里斯本来到澳门，担任当时外国船只从澳门进入广州的引水员。迪亚斯学识丰富，熟练掌握天文学、几何学、测量术及航程推算等知识。澳门的许多引水员都缺乏这些方面的知识，没有人教他们真正的航海规则，迪亚斯遂成为这些引水员的免费教师，并每天在家中给他们上课，传授天文学、几何学、测量术及航程推算等知识。当时葡印总督认为航海科学呈衰微之势，遂命令澳门议事会对澳门领航员进行知识和能力测试。于是，引水员纷纷聚集在迪亚斯家中，请他指导。但由于人数太多，迪亚斯的家根本无法容纳，只得找一个更大的地方，一天集中两次，由迪亚斯进行授课。后来，迪亚斯被任命为主考官，主持对澳门领航员的考试，故葡印总督梅内塞斯于 1798 年 5 月 4 日正式任命迪亚斯担任澳门航海教师，开授航海课程，所需费用由王室财政支出。[①] 这应该是我们见到的非传教士在澳门传播西方天文学、数学知识的最早记录。

1787 年 1 月 3 日，拉贝罗塞伯爵拉佩鲁斯率领的法国探险队抵达澳门。他们主要进行天文及一些其他的观察，并负责探索到达远东与加拿大北部的西北通道。[②] 他们首先对澳门港口进行了经纬度的观测，观测到澳门港地处北纬 22^{d}12′40″，东经 111^{d}19′30″，他们还在澳门设立一处观测所，测量月亮到地球的距离，还称：

> 在那里推测这个城市位于东经 111^{d}19′30″。我们的钟表也经过校准，发现 19 号的每日延迟是 12′36″，比我们在这段时间观测的数字还要大。然而，必须要留心到在 24 小时间，人们可能忘了调准这个钟表，当表停时，它要是再继续走的话就会导致时间混乱。但是假设直到我们到达澳门，以及我们承认疏忽错误之间，19 号的延迟就如同在“圣母无原罪瞻礼节”（每年 12 月 8 日）所决定的那样，这块表显示的澳门经度是 113^{d}33′33″，也就是说，比我们观测到的距离要多 2^{d}14′3″，因此，这块高精度的标准钟，在 10 个月的航行后，也只会出现 45 浬的误差。[③]

而进行这些天文测量的科学家就是随船而来的皇家科学院天文学家达若莱（Lepaute Dagelet）。19 世纪初期在澳门居住了很长时间的美国人亨特称白鸽巢花园内：

---

① Manuel Teixeira, *A Educação em Macau*, Macau: Direcção dos Serviços de Educação e Cultura, 1982, pp. 17－18.

② Milet Mureau, *Voyage de la Pérouse autour du monde, conformément au décret du 22 avril 1791*, Paris: De l'Imprimerie de la République, 1797, pp. 4－12；［瑞典］龙思泰著，吴义雄等译：《早期澳门史》，北京：东方出版社，1997 年，第 25 页。

③ Milet Mureau, *Voyage de la Pérouse autour du monde, conformément au décret du 22 avril 1791*, Paris: De l'Imprimerie de la République, 1797, pp. 4－12.

图 5-2　1787 年访问澳门的法国人拉佩鲁斯

还保留着为拉佩鲁斯建造的观象台。当年他的分遣舰队“星盘”号和“罗盘”号上的科学家官员，在 1787 年碇泊凼仔期间，曾在这里进行天文学的观测。[①]1874 年建成的仁伯爵医院，在医院的东北部塔楼是一座小祈祷堂，而上面则设立了一间天文观察室。[②]仁伯爵医院设立天文观测室是因为澳门卫生局会每个月将地区疾病分类表格和气象观测图寄给葡萄牙卫生部及海军海外委员会。[③] 因此，必须设立天文观测室对气象进行观测。

19 世纪生活在澳门的欧美商人，科学观察是他们的业余爱好，因此，他们对澳门的气候、台风、地震以及星月等天文学方面的内容极感兴趣，并做了相当多的天文气象观测，为 19 世纪澳门的天文学发明提供了宝贵的资料。1820 年 5 月 5 日，东印度公司验茶师老里夫斯就在澳门注意到划过人马座的彗星。[④] 他还在马礼逊的《五车韵府》里讨论中国星星和星宿的名称，并和西方天文学相互对照。[⑤] 荷兰人比利文（John Henri Bletterman）长期居住在澳门，对广州和澳门的气候十分关注，在他的私人日记里保存了 19 世纪前期澳门每年每月的气温和气压记录。1831 年《广州纪录报》刊登了由他提供的当年的澳门气压、气温记录。英国商人托马斯·比尔曾花长达 16 年时间，按月统计广东、澳门一带平均温度和雨量、季风风向与变化等气候资料。[⑥] 在《中国丛报》第 1 卷第 12 期及第 10 卷第 7 期，都刊登了托马斯·比尔编制的降雨量、气压和风向表。[⑦] 当时的《广州纪录报》和《中国丛报》还不定期地刊登历年的各类气象资料，如 1830 年 4 月 15 日《广州纪录报》专门汇集了同年 3 月每一天天气的详细资料。[⑧] 又如 1848 年 10 月《中国丛报》第 17 卷第 10 期，刊载了 9 月 1 日台风过程中澳门和香港两地气压、风向

① ［美］亨特著，冯树铁、沈正邦译：《广州番鬼录·旧中国杂记》，广州：广东人民出版社，2009 年，第 363 页。

② Manuel Teixeira, *A Medicina em Macau*, Vol. Ⅰ, Macau: Imprensa Nacional, 1975-1976, p. 57.

③ Manuel Teixeira, *A Medicina em Macau*, Vol. Ⅲ, Macau: Imprensa Nacional, 1975-1976, p. 192.

④ John Francis Davis, *The Chinese: A General Description of the Empire of China and its Inhabitants*, Vol. 2, New York: Harper & Brothers, Cliff-Street, 1836, p. 279.

⑤ Robert Morrison, *A Dictionary of the Chinese Language*, Part 2, Vol. 1, Macao, China, 1819, pp. 1053-1081.

⑥ *Chinese Repository*, Vol. 1, No. 12, 1833/04, pp. 489-491；游博清：《1840 年之前英国人在澳门的博物搜集与科学调查活动》，载《澳门历史研究》第 13 期，2014 年，第 219 页。

⑦ *Chinese Repository*, Vol. 1, No. 12, 1833/04, pp. 489-491; *Chinese Repository*, Vol. 10, No. 7, 1841/07, p. 421.

⑧ *The Canton Register*, Vol. 9, No. 8, 1836/02/23; Vol. 9, No. 18, 1836/05/03.

的详细记录。[①] 除此以外，在澳门的英美人也对台风进行观察，在《广州纪录报》和《中国丛报》中有很多关于台风的记录，均来自这些业余的天文爱好者，他们还不断搜集每年侵袭中国东南沿海台风的相关资料，包括气压前后变化、好发季节、行走路径等，例如，他们多次趁台风侵袭澳门时，实地用气压器进行推测。[②]

1817 年澳门正式成立皇家航海学校，该校的章程规定的第一条就是，第一年学校开设算术、代数、方程式、几何及平面三角。第二年学习球面三角、天文学、地形测绘学、领航术、船只的操纵、仪器的使用及实习。[③] 这反映天文学、数学是该校学生最为重要的学习课程。名誉海军上尉若瑟·马贵斯（Francisco José Marques）曾担任航海与数学课程教师。[④] 1835 年在澳门开设炮兵学校，为澳门军人开设数学教育课程，实际上也是对炮兵军官和士兵的一种军事专业化训练。[⑤] 1839 年在澳门开办的马礼逊学校，对学生开设的课程有天文、算术、代数、几何、力学、生物学等。[⑥] 马礼逊学校应该是一座中小学混合的学校，所以有天文、代数和几何等课程开设。《中国丛报》记录了学校学生在代数、几何学习方面的具体内容：

> 在此，他们进行了下面的测试。一人做几何作图题，一人证明定理："等边三角行两边的角相等"。他们完成了，明显正在学习普雷法尔的《欧几里德》第一本书，通过几何、代数学方法解答了这个问题。[⑦]

1894 年澳门官立利宵中学也设立了数学课程，并任命索萨·莫拉斯（José de Sousa Morais）为数学教师。[⑧]

由于澳门数学和天文学的长期发展，致使澳门葡萄牙人对数学和天文学的学习比较重视，到 19 世纪后，甚至在澳门土生葡人中出现了一些著名的数学家和天文学家。如澳门议事会成员吉廖梅·彼加多（Guilherme José António Dias Pegado），他是澳门土生佩加杜家族的第五代，是在科英布拉大学取得数学博士学位的澳门土生葡人。由于他在数学方面的优异成绩，被科英布拉大学聘为数学讲师，1852 年加入里斯本科学院，1853 年创办里斯本气象台，其在数学、物理和气象学领域成果卓著，1860 年退休。[⑨]

---

① *Chinese Repository*, Vol. 17, No. 10, 1848/10, pp. 541 – 542.

② *The Canton Register*, Vol. 8, No. 34, 1835/08/25, p. 134; *Chinese Repository*, Vol. 1, No. 12, 1833/04, pp. 489 – 491; *Chinese Repository*, Vol. 9, No. 3, 1840/07, p. 167; *Chinese Repository*, Vol. 10, No. 7, 1841/07, pp. 421 – 424.

③ Manuel Teixeira, *A Educação em Macau*, Macau: Direcção dos Serviços de Educação e Cultura, 1982, pp. 20 – 25.

④ Manuel Teixeira, *A Educação em Macau*, Macau: Direcção dos Serviços de Educação e Cultura, 1982, p. 18.

⑤ Manuel Teixeira, *A Educação em Macau*, Macau: Direcção dos Serviços de Educação e Cultura, 1982, p. 36.

⑥ *Chinese Repository*, Vol. 15, No. 9, 1846/09, pp. 611 – 616.

⑦ *Chinese Repository*, Vol. 11, No. 6, 1841/06, p. 339.

⑧ [葡] 施白蒂著，姚京明译：《澳门编年史：19 世纪》，澳门：澳门基金会，1998 年，第 277 ~ 278 页。

⑨ Manuel Teixeira, *A Imprensa Periódica Portuguesa no Extremo Oriente*, Macau: Instituto Cultural de Macau, 1999, p. 32; Jorge Forjaz, *Famílias Macaenses*, Vol. Ⅱ, Macau: Fundação Oriente, Instituto Cultural de Macau, Instituto Português do Oriente, 1996, p. 977.

图 5 - 3　澳门圣若瑟学院自然科学实验室，摄于 19 世纪

二、传入澳门的西方地理学

16 世纪中叶地理的新发现，逐渐使托勒密传统的地理学遭到冷落，现代的地理学得到了越来越多的重视，而第一部现代地图集应该是 1570 年在安特卫普由奥特利乌斯编纂出版的《世界概观》（*Thearrum Orbis Terrarum*）。这部现代地图集最重要的表现就是较以往所有的地图更为准确地介绍了亚洲，所以关于亚洲和中国的介绍成了当时西方地理学家极为热衷的一项事业。《世界概观》有很多版本，有 27 种是奥特利乌斯在世时就发行了。在 1584 年的版本里就增加了葡萄牙绘图学家刘易斯·若尔热·德·巴尔布达（Luiz Jorge de Barbuda）专门介绍中国的地图，这种地图多年来被视为介绍这个伟大亚洲国家的基础。之后，在 16—17 世纪西方人绘制的世界地图集中，对亚洲和中国则给予了更多的关注。[①] 澳门开埠以后，随着越来越多的耶稣会天文学家和地理学家汇聚，向中国介绍世界地理与向欧洲介绍中国地理这一双向地理传播工作几乎同时在澳门展开。

（一）传教士在澳门早期传播的西方地理学

最早在澳门传播西方地理学知识的人是谁，我们尚无十分确切的资料予以证明。值得注意的是，在 1584 年，欧洲就出版了刘易斯·若尔热·德·巴尔布达的《中国新

---

① ［意］本卡尔迪诺著，北丁译：《15—17 世纪欧洲地图学对中国的介绍》，载《文化杂志》（中文版）第 34 期，1998 年，第 15 ~ 17 页。

图》（*Chinae olim Sinarum regionis nova descriptio*），虽然该图对中国的地理资讯掌握得并不多，绘图也非常幼稚，但《中国新图》在随后的半个世纪中一直是流行欧洲的标准中国地图。[①] 巴尔布达从未到过中国，他对中国的了解多来自其他航海家的描述。这里要提出的问题是，在刘易斯·若尔热·德·巴尔布达的《中国新图》出版之前，在中国的澳门就有西方传教士完成了一部《中国地图集》手稿。这个人就是罗明坚。罗明坚于1579年抵达澳门后，就十分关注搜集中国地理方面的资料，特别是他进入肇庆以后，先后到广西、湖北、浙江等地游历，更进一步获得了中国地理方面的知识和资料。据研究，在罗马档案馆发现了1588年11月21日澳门范礼安神父寄给总会长阿桂维瓦神父的地图，而地图的手稿上明确写明："1583年中国地图集（1583 Descriptio Impery Sinarum）。"宋黎明先生根据手稿的笔记及纸张，判断此图为罗明坚所作。[②] 1583年，罗明坚即在澳门绘制了中国地图，并由范礼安于1588年寄回欧洲，这应该是西方地理学家在中国绘制的第一幅中国地图，将比较准确的中国地理资讯介绍到了欧洲。1588年罗明坚回欧洲后，他带回欧洲的中国地图与中国地理书籍极为丰富，据罗明坚自己说：

> 1588年从中国返回罗马途中，他于1589年9月13日抵达葡萄牙首都里斯本，献给德奥地利大主教（Cardinale D'Austria）一册漂亮的中国地图集（*una bella descritione di quel regno*）；随后前往西班牙觐见国王菲利普二世时，他随身携带了一册中国地图集（*alcuna descritione di quel Regno della Cina*）；返回罗马后，罗明坚给Don Virgilio Orsino和Cardinal Montalto展示了中国物品以及多种中国地图集（*descritioni di quella*）。1590年12月罗明坚觐见教皇格里戈里奥十四世（Gregorio XIV）时，在拉丁文译本《天主实录》外，献上一册中国地图集（*undescrittione della Cina*）；六年之后罗明坚重返罗马，给罗马学院制作了一册精美的中国地图集（*unabella descritione del Regno della Cina*）。[③]

法国汉学家巴笃里（Daniello Bartoli）称，他亲眼看到罗明坚于1589年携带到意大利的有关中国地理（la Geografia della Cina）的著作，其中有中文印刷品以及西文手稿。[④] 可以反映，罗明坚向欧洲介绍中国地理可谓不遗余力，直到他去世之前，编纂完成《大明国图志：罗明坚中国地图集》。有学者评论，罗明坚的《中国地图集》是16世纪

① 宋黎明：《中国地图：罗明坚和利玛窦》，载《北京行政学院学报》2013年第3期，第116页。

② 宋黎明：《中国地图：罗明坚和利玛窦》，载《北京行政学院学报》2013年第3期，第117页。

③ Relatione del successo della missione della Cina del mese di Novembre 1577 sino all'anno 1591 del padre Ruggiero al nostro reverendo padre generale Claudio Acquaviva generale della Compagnia di Gesù. ARSI, Iap. Sin. ,101 I, pp. 63 -63v；转引自宋黎明：《中国地图：罗明坚和利玛窦》，载《北京行政学院学报》2013年第3期，第114页。

④ Daniello Bartoli, Dell'istoria della Compagnia di Gesu. La Cina. Torino 1825:148 -149；转引自宋黎明：《中国地图：罗明坚和利玛窦》，载《北京行政学院学报》2013年第3期，第115页。

图5-4　1589—1606年完成的罗明坚《中国地图集》的广东省图（手稿）[①]

末17世纪初欧洲对中国进行完整描述的首部作品。[②] 罗明坚的《中国地图集》虽然未采用近代欧洲制图学流行的投影法，但它是从西方人的视角、西方人对中国地理的认识出发的。他没有从北京和南京这两个明王朝的首都开始，而是从南方沿海省份逐步展开，因为对当时的欧洲人而言，他们更关心与国际海上贸易的密切关系。[③] 这种看待中国的方式与那个时代葡萄牙人的方式完全相同，那些以贸易为主要目标的人们关心的"那个中国"则是南部和东南部沿海的边界地区。[④] 但需要特别指出的是，罗明坚这部《中国地图集》的完成，主要是来源于他在中国澳门及中国内地搜集到的中国资料，澳门对于罗明坚的中国地理研究提供了重要的场地和资讯，而他的第一幅中国地图也应该是在澳门完成的。

如果说罗明坚是西方地理学家向欧洲介绍中国地理知识的第一人，那利玛窦则是西方地理学家中向中国介绍世界地理的第一人。利玛窦在进入澳门的半年后，首先做的是向欧洲介绍了中国地图，并将欧洲地图与中国地图进行了比较。利玛窦1583年2月13日在澳门写给耶稣会总会长的信中提到：

> 中国对于他们自己的事情都很用心，他们把国土地图制成印版，就像我们西方的"托勒密"地图印版一样。中国人还颇具匠心地把他们各地的特产编录在一部书中，我就此已向视察员神父做了一个简要的概述。[⑤]

在这封信中利玛窦还提到：

---

① 澳门文化局编：《大明国图志：罗明坚中国地图集》，澳门：澳门文化局，2013年，附地图第2张。在这张广东省地图里标出了澳门城市的位置，还在澳门的位置上画了两幢建筑物。

② ［葡］洛佩斯著，南丁译：《罗明坚的〈中国地图集〉》，载《文化杂志》（中文版）第34期，1998年，第3页。

③ 金国平：《〈大明国图志〉中的澳门学信息：以"浪白滘"为例》，载姚京明、郝雨凡主编：《罗明坚〈中国地图集〉学术讨论会论文集》，澳门：澳门文化局，2014年，第32页。

④ ［葡］洛佩斯著，南丁译：《罗明坚的〈中国地图集〉》，载《文化杂志》（中文版）第34期，1998年，第5页。

⑤ ［意］利玛窦著，文铮译，梅欧金校：《利玛窦书信集》，北京：商务印书馆，待刊，第23页。

> 从新大陆到这里只需要两个月的时间，而从欧洲则要一年，请你不要相信那些（世界地图），因为要么是处于无知，要么是出于葡西两国国王在疆域问题上的分歧，地图上出现了极为严重的错误。①

利玛窦当时在澳门已经用西方的眼光关注了中国绘制的地图，并向他的上司做了汇报。1583 年利玛窦抵达肇庆后，即在他们居住的仙花寺内：

> 寓所的大厅挂了一张世界地图，上面注有我们西方的文字，中国人都不知道这是什么东西，因为这是他们没有见过，也是他们想象不到的。②

这一张世界地图非常清楚是从澳门带进肇庆的，也是利玛窦从欧洲带进澳门的第一张世界地图。所以，我们可以说，在 1582 年时第一张欧洲绘制的世界地图已经传入澳门，并由澳门带入肇庆。据黄时鉴、龚缨晏先生推测，这幅第一次被带进澳门的大型世界地图挂图很可能是奥特里乌斯于 1564 年绘制的《心形世界地图》，或墨卡托于 1569 年用圆柱投影绘制的《世界地图》。③ 1584 年利玛窦在肇庆绘制了第一幅中文版的《世界地图》，而且将这幅《世界地图》寄回了欧洲。这幅《世界地图》的绘制，据利玛窦自己说主要是以"所携图册与其积岁札记"为依据而绘制成的。④ 这里面所携的图册，就是指他从欧洲带入澳门又带入肇庆的那些西方书籍，因为这些西方书籍中有很多世界地图的插图。这又可以说明，利玛窦在肇庆绘制的第一幅中文版《世界地图》，其蓝本是来自传入澳门的西方书籍。1595 年利玛窦到南昌后，他与建安王成为朋友，他给建安王赠送了"按西方版式装订的两部书"，其中一部为《世界概述》（*Descrittione di tutto il mondo universal*），书后附有欧、亚、非、美洲和南半球的地图，以及九重天、四大元素和其他天文学的示意图。⑤ 这部书很可能是利玛窦写信回欧洲，要求欧洲方面寄给他的一部书，所以这部书应该先到澳门，然后才转交到利玛窦手中。利玛窦绘制的地图在澳门也有刊印，据 1616 年 1 月 27 日的《澳门圣保禄学院年报》记录："广东总兵官跟我（陆若汉）说，想要看一看利玛窦神父编写刊印的地图，于是，我把随身携带的一幅利玛窦神父编制的小地图拿给他看。"⑥ 这种小地图当为澳门刊印。

据葡萄牙学者罗·萨多教授的介绍，在罗马耶稣会档案馆还收藏有两幅地图，一幅是大型的中国全图，是 1593 年从澳门寄往罗马的，另一幅则是西江图，大概也是从

---

① ［意］利玛窦著，文铮译，梅欧金校：《利玛窦书信集》，北京：商务印书馆，待刊，第 24 页。

② ［意］利玛窦著，文铮译，梅欧金校：《耶稣会与天主教进入中国史》，北京：商务印书馆，2014 年，第 108 页。

③ 黄时鉴、龚缨晏著：《利玛窦世界地图研究》，上海：上海古籍出版社，2004 年，第 5 页。

④ ［意］利玛窦：《坤舆万国全图》自序，1602 年北京李之藻刻板；转引自黄时鉴、龚缨晏著：《利玛窦世界地图研究》，上海：上海古籍出版社，2004 年，第 167 页。

⑤ ［意］利玛窦著，文铮译，梅欧金校：《耶稣会与天主教进入中国史》，北京：商务印书馆，2014 年，第 205 页。

⑥ João Paulo Oliveira e Costa, *Cartas Ânuas do Colégio de Macau (1594 – 1627)*, Macau: Fundação Macau, 1999, p. 154.

澳门寄往罗马。这两幅图的作者是谁，罗·萨多并没有结论。这两幅图到底是西方人绘制的地图，还是中国人绘制的地图，罗·萨多也没有交代，但可以说明的是，这两幅地图都是由澳门寄往欧洲的，保存在耶稣会档案馆。①

1645年澳门耶稣会派遣毕方济向刚刚继位的弘光帝进贡，其中的贡品有“敬制星屏一架、舆屏一架”。② 所谓“星屏”，就是绘有天文图的屏风。所谓“舆屏”，就是绘有地理图的屏风。毕方济是一位地理学家，这个进贡的“舆屏”应该是以他亲自绘制的地理图为蓝本而制成的屏风。他从1644年的年末到1645年的年末，在澳门居停过将近一年时间，因此在耶稣会为弘光帝准备贡品时，他在澳门有时间亲自制作这幅“舆屏”。所以，1645年澳门向弘光帝进贡的“舆屏”，也应是毕方济在澳门绘制的地理图。在梵蒂冈教廷、维也纳奥地利国家图书馆及比利时根特大学、瑞典斯德哥尔摩大学图书馆有一幅毕方济1648年绘的《坤舆全图》。③ 笔者不知道将《坤舆全图》定为1648年所作是否有确切的证据，但必须指出的是，1648年毕方济在广州新建的教堂中，而1647年清兵进入广州，对广州进行了毁灭性的屠杀，毕方济的广州教堂亦遭侵扰。我怀疑处在兵荒马乱之中的毕方济是否有时间和精力去绘制这幅《坤舆全图》。因此，我认为毕方济的《坤舆全图》就是1644年他到达澳门后绘制的，然后以《坤舆全图》为蓝本而制作成“舆屏”。④ 如所证不诬，则可知在1644到1645年之间，毕方济在澳门完成了《坤舆全图》，这也是第一位在澳门完成世界地图的西方人。

波兰耶稣会会士卜弥格于1651年以后带回欧洲的《大契丹就是丝国和中华帝国，15个王国，18张地图》手稿，应是自罗明坚《中国地图集》之后由西方人绘制的第二部中国地图集。当然与他同时带回欧洲的还有一部卫匡国的《中国新地图集》，但卫匡国的《中国新地图集》绘制的地点应该是在杭州，与澳门无关，而卜弥格在1651年之前完成的地图集则应该与澳门有着密切的关系。考察卜弥格1644至1651年在中国的全

---

① Eugenio Lo Sardo, *Atlante della Cina di MicheleRuggieri*, pp. 14–15，注28；转引自宋黎明：《中国地图：罗明坚和利玛窦》，载《北京行政学院学报》2013年第3期，第118页注释1。

② ［比］钟鸣旦等编：《徐家汇藏书楼明清天主教文献》第2册，《毕方济奏折》，台北：辅仁大学神学院，1996年，第913页。

③ 李孝聪：《欧洲收藏部分中文古地图叙录》，北京：国际文化出版公司，1996年，第8~10页。我国现仅知国家图书馆善本部藏有民国年间据梵蒂冈图书馆藏《坤舆全图》木刻本的摄复印件。据Bernard-Maitre, op. cit., p. 347，该图为毕方济1633年于南京绘制，转引自林东阳：《南怀仁对中国地理学和制图学的贡献》，载魏若望：《传教士·科学家·工程师·外交家南怀仁（1623—1688）：鲁汶国际学术研讨会论文集》，北京：社会科学文献出版社，2001年，第140、163页。Ann Heirman, Pado De Troia et Jan Parmentier, “Francesco Sambias, a Missing link in European Map Making in China?” *Imago Mundi*, 61:1, 2009, p. 36称：《坤舆全图》为毕方济1639年绘。按：此说亦受《毕方济奏折》原定错误时间崇祯十二年（1639）说影响，但他推定此图是为进贡“舆屏”而绘制的《坤舆全图》，却是正确的。因此，《坤舆全图》绘制的时间应该是1644到1645年间。

④ 参见汤开建：《明代入华传教士“第一奇人”：毕方济行实》，载汤开建：《明清天主教史论稿二编：圣教在中土》上册，澳门：澳门大学出版社，2014年，第188~189页。

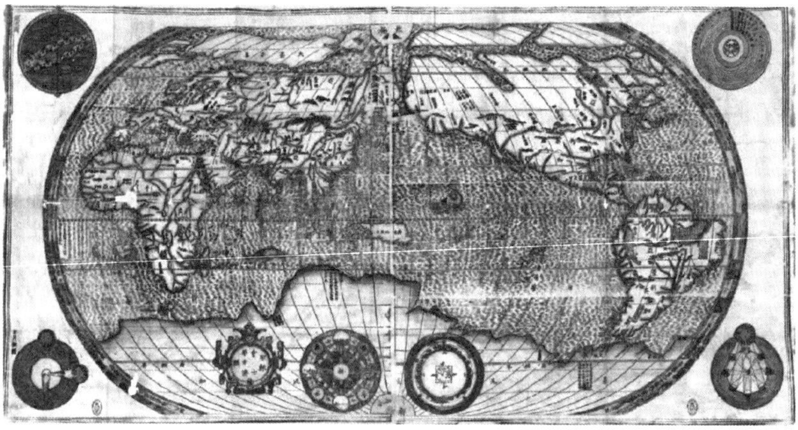

图 5-5 藏于都灵的 1644—1645 年毕方济在澳门绘制的《坤舆全图》①

部活动，其在澳门居停的时间最长，先后三次在澳门居停，第一次是 1644 年从欧洲抵达澳门，然后在澳门学习了几个月的汉语，还在圣保禄学院教过书，于 1647 年 1 月离开澳门去海南，同年 11 月又去安南。② 1648 年从安南回到澳门，又从澳门进入中国内地，前往陕西省首府西安，在那里拓下了“大秦景教流行中国碑”，然后于 1649 年从陕西又返回澳门，同年 8 月 15 日，卜弥格在澳门发愿。大约是 1650 年的秋天，南明永历政权被清军打败，将朝廷迁至广州，这时卜弥格来到广州，③ 并受永历王朝的派遣出使欧洲，于同年 11 月 25 日抵达澳门，并于 1651 年 1 月 1 日离开澳门前往欧洲。④ 关于卜弥格在华活动的时间、行程，各种著作错误很多，以上都是爱德华·卡伊丹斯基根据各种档案信件考证出来的具体时间，十分可信。他除了在海南岛待了 11 个月，在安南待了不到 1 年，在陕西只是一趟旅行考察，时间很短，去广州的时间也不长，前后不到 1 个月，其余的时间全部都在澳门。所以，我们可以判定，卜弥格的地图集及 18 张地图都应该是在澳门依据中国资料而绘制的。据爱德华·卡伊丹斯基介绍，卜弥格除了这部地图集以外，“他至少还绘制了 3 幅中国全图”⑤，而这 3 幅图也应该是在澳门

① Arm Heirman ,Pado De Troia and Jan Parmentier, Francesco Sambiasi, a Missing Link in European Map Making in China? *Imago Mundi*, 16:1, 2009, p. 34. 按：我在《明清天主教史论稿二编：圣教在中土》，澳门：澳门大学出版社，2014 年，第 188 页曾将毕方济《坤舆全图》的图片误排为另一幅《天下全舆总图》，当时没有校出，特在此一并更正。

② ［波］爱德华·卡伊丹斯基著，张振辉译：《中国的使臣：卜弥格》，郑州：大象出版社，2001 年，第 75～76 页。

③ 所有学者都认为卜弥格抵达的是广西桂林南明朝廷，而据爱德华·卡伊丹斯基的考证是在广州。

④ ［波］爱德华·卡伊丹斯基著，张振辉译：《中国的使臣：卜弥格》，郑州：大象出版社，2001 年，第 102～105 页；［法］荣振华著，耿昇译：《在华耶稣会士列传及书目补编》，北京：中华书局，1995 年，第 80～81 页。

⑤ ［波］爱德华·卡伊丹斯基著，张振辉译：《中国的使臣：卜弥格》，郑州：大象出版社，2001 年，第 52～53 页。

期间完成的地理学著作。

西方人绘制的近代世界地图到19世纪中叶在澳门获得广泛的传播，甚至可以在澳门的街道和商店中买到当时绘制的各种西方人地图，据林则徐《洋事杂录》称：

地图招牌

订正地图，吩哩在者斯那东北角第四条街发卖新出地理志。

一、精致总图有六十二张，界画色别，价值十棒（磅）。每棒五圆。

一、经典地理志，价值四棒。

一、花旗地图六大张，价值八棒。

一、全图六张，价值七棒。

一、欧罗巴地图四大张，价值六棒。

一、亚西亚地图四大张，价值六棒。

一、亚佛利加地图四大张，价值六棒。

一、南米利坚地图，价值四棒。

一、花旗各方手卷地图。[①]

另处又载：

红毛番书 澳门有卖

地理图 外夷各国地图俱全，无唐字，有大小板。默

地理志 外夷各国风俗俱全，无唐字。志恶架喇啡[②]

各种西方地理志书和地图在澳门当作商品出售，且不害怕中国人买到。这可以反映，19世纪时，西方地理学知识在澳门的传播与普及已经是司空见惯的。

（二）西方地理学家与古代澳门地图的绘制

最初，地图的绘制取决于探索和发现的需要，早在1502年9月，绘制成《康蒂诺（Cantino）半球图》，其来源即葡萄牙地图。这是一幅旷世杰作。它第一次用非常真实的图像画出许多亚洲地区，并涉及神秘的“秦土”。地图中的文字称这个国家位于马六甲以东，“许多珍珠、麝香、细瓷和其他多种货物”从那里运到葡萄牙销售。[③] 1511年当年，阿丰索·阿尔布克尔克总督派安东尼奥·阿布雷乌（António de Abréu）率3艘船去马鲁古和班达岛（Banda Island）时，途经索洛群岛（Solor Islands）和帝汶岛（Timor Island），随行的地图绘制员弗朗西斯科·罗德里格斯神父于1512年绘制了一张地

① 林则徐全集编辑委员会编：《林则徐全集》第10册，《译编卷》，《洋事杂录》13，《地图招牌》，福州：海峡文艺出版社，2002年，第5161页。

② 林则徐全集编辑委员会编：《林则徐全集》第10册，《译编卷》，《洋事杂录》13，《红毛番书》，福州：海峡文艺出版社，2002年，第5162页。

③ ［葡］洛瑞罗：《葡萄牙人寻找中国：从马六甲到澳门》，载吴志良、金国平、汤开建主编：《澳门史新编》第1册，澳门：澳门基金会，2008年，第18页。

图，其中绘制了中国大部分海岸的图形，途中标出了帝汶岛的位置，并在注释中注明为“巽他群岛（Sunda Islands）中有一个生长檀香木的岛屿”。[①] 然而如我们所知，此时澳门尚未开埠，欧洲人对这个半岛全然不知。

直到1560年佚名葡萄牙人于当年所绘《从暹罗湾到日本的远东海图》在珠江口东岸标有“Maco”字样。[②] 此处Maco当为Macau之异写，也就是说，这是中外地图中第一次记录澳门，比原来公认的最早记录澳门的1570年葡萄牙人费尔南·多杜拉（Fernao Vaz Dourado）所绘的《从锡兰到日本的亚洲地图》提早了10年，比成图于1576年的《广东沿海图》记录“亚妈港”的时间要早16年。[③] 这幅地图应是首次提及澳门的地图，然而却仅限于其名字和模糊地标明澳门位于亚洲的位置，若要说其中有何西方技术，恐怕也就不过是基于澳门葡人信件的描述，基于模棱两可的经纬度，在亚洲地图中勉强地给澳门安了个位置，至于澳门城的具体情况就更不清楚了。

现所知第一次清晰呈现澳门景象的地图是葡萄牙学者雷萨（Almerindo Lessa）在《澳门》一书首次使用的一幅地图，据他的介绍，这幅地图名为《16世纪末的澳门》，大约绘制于1582年（参见图5-6），并称这幅图是用糯米纸绘制的地图，藏于葡萄牙里斯本国家图书馆中。[④] 这幅地图很少被人使用，只有薛凤旋先生编著的《澳门五百年：一个特殊中国城市的兴起与发展》一书收录了这幅图，但未注明出处。[⑤] 如果说这幅图恰如前所言是绘制于1582年的话，那么这幅图在澳门地图史上就具有特殊的意义，也就是说，这应该是西方人绘制的第一幅比较精确的澳门地图。虽然在图上没有标出任何一个地名，但是图中南湾、莲花茎及澳门半岛南北部绘制的比例都相当精准，不比18世纪以后绘制的澳门图差。如果拿它与绘于1615到1622年间的澳门图（参见图5-7）比较，虽然没有1615年图上所标的地名和记载的内容，但明显比1615年图精确。1615年图是收录在1615—1622年出版的《地图·杂记》第105页，该图由伊勒迪亚（António Manuel Godinho de Eredia）绘制，由里斯本的收藏家费格埃拉（C. M. Machado Figueira）收藏。该图画有8~9座建筑并标出名称，即圣老楞佐堂、圣安东尼堂、圣拉匝禄堂、圣保禄堂、圣方济各修院、圣奥斯汀修院、圣多明各修院和

① Hélder Lains e Silva, *Timor e a Cultura de Café*, Porto: Imprensa Portuguesa, 1956, p. 10；［葡］洛瑞罗：《葡萄牙人寻找中国：从马六甲到澳门》，载吴志良、金国平、汤开建主编：《澳门史新编》第1册，澳门：澳门基金会，2008年，第20页。

② 1560年《从暹罗湾到日本的远东海图》原图藏里斯本东波塔国立档案馆，本图录自纪念葡萄牙发现事业澳门地区委员会主编：《澳门：从地图绘制看东西方交汇》，澳门，1994年，第90页。

③ 郭声波、鲁延召：《1560：让世界知道澳门：澳门始见于西方地图年代考》，载《文化杂志》（中文版）第68期，2008年，第183页。

④ Almerindo Lessa, *Macau: Ensaios de Antropologia Portuguesa dos Trópicos*, Lisboa: Editora Internacional, 1996, p. 288.

⑤ 薛凤旋编著：《澳门五百年：一个特殊中国城市的兴起与发展》，香港：香港三联书店，2012年，第28页。

妈阁庙，而且用文字标出南湾、内港、东望洋山等地名，还在圣保禄教堂的北面标出了中国官员的房屋，在澳门半岛北端还标出了中国人的房屋，并且绘有几幢华人民居和耕种的农田。① 1582 年的澳门地图与 1615 年的澳门地图比较，两者图形绘制大体相似，前者比后者的地形绘制得要精确一些，但后者展示的地理内容远远多于前者。这两幅图应该都是早期绘制的澳门地图中最为重要的作品，表现了西方人对澳门地理的基本认识。

图 5－6　1582 年的澳门地图

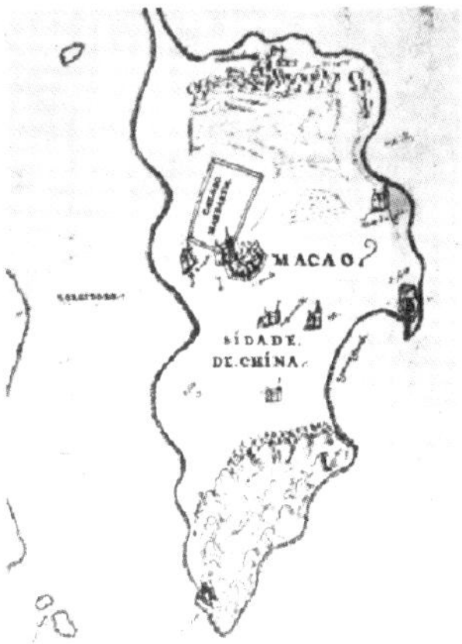

图 5－7　约 1615 年的澳门地图

在 1582 年澳门地图之后，还有一幅由荷兰著名地图学家和出版家特奥多雷·布里绘制的《亚马港全图》（参见图 5－8）。《亚马港全图》于 1606 年先用德文在法兰克福出版，收在《短暂的航海》第 8 卷中。第二年，在德国同一城市用拉丁语出版的《短暂的航海》亦公布了这幅图片。两幅图片都带有这样一个说明：

> 这是中国城市澳门。荷兰人曾试图以和平的方式访问她。他们向那里派出了使节，但是，此后这些使节却杳无音讯。于是，他们派出一位船长率船前往，然而，20 几名船员中没有一个回来向他们通报那里的情况。最终，他们打消了访问她的念头。②

很明显，这是指 1601 年荷兰人到澳门的事情，但这些文字应该是这幅图绘成以后由特奥多雷·布里的儿子出版《短暂的航海》时加进的文字。因为特奥多雷·布里生于 1528 年，卒于 1598 年，可知这幅图实际完成时间应在 1598 年之前。

特奥多雷·布里应该没来过澳门，所以对他这幅图的真实性很早就有人怀疑。1867 年，莱顿大学的蒂勒（Pierre Antonie Tiele）就提出，这幅澳门图是作者想象出来

① Almerindo Lessa, *Macau: Ensaios de Antropologia Portuguesa dos Trópicos*, Lisboa: Editora Internacional, 1996, p. 292.

② ［葡］奥利维拉著，蔚玲译：《历史片段和系统地理学：16—17 世纪过渡时期欧洲关于中国南海的报告》，载《文化杂志》（中文版）第 75 期，2010 年，第 19 页。

图 5-8 特奥多雷·布里绘制的 1590 年代《亚马港全图》

的图画,[1] 但根据图画所表现的当时澳门的城市形象，无论是地理形势，还是城市建筑、人物穿着，都比较符合历史的真实，当然也有很多失真的地方，我们认为这幅图仍然是一幅比较真实的澳门早期城市图。该图是一幅鸟瞰图，画面偏西 90 度，展现了内港的景象，左下角是水道。图片中的内容出现在半岛东南端的延伸部分，岛上绘出近百所形色各异的房屋，一般楼高两层，少数高者为三层。与清初屈大均所见极为相似，“关外有番百余家，其居率为三层楼，依山高下，楼有方者、圆者、三角者、六角者、八角者，肖诸花果形，一一不同”[2]。从房屋结构上看，已不是茅草搭盖的棚寮板屋，应为砖瓦屋或三合土筑成的房屋。设有钟楼处当为教堂，一教堂顶上有一面“风汛旗”，此当为“风信堂”。靠北的一座教堂当为“天主之母堂”和耶稣会住院。稍北有一片城墙，城墙外即中国农民的农耕地，耕地之旁有一片村落，当为望厦村。在半岛的中部，绘有一十字架，这就是耻辱柱，所在地应为议事会前地，其右侧当即议事会。议事会后有一条街，其中绘有一卖肉的摊铺，表明这里为集市，当即营地大街（Rua dos Mercadores）一线。南湾、北湾、内港及沙梨头口都标绘清楚，有葡船在港湾停泊。图中还绘有在岛上出行的葡人贵族或富商，有骑马者，有步行者，亦有坐轿者，均有仆役随行。唯图中所绘房屋建筑一是比实际建筑要少，二是所绘建筑过于庞大，带有典型的北欧城市风格，这应该是失实的地方。根据现存的资料，特奥多雷·布里虽然常年外出旅行，但他并没有来过中国，更没有到过澳门，他对澳门的描述应该来源于当时在中国航行的荷兰、葡萄牙、西班牙航海家的资料。虽然是道听途说，但他的《亚马港全图》对澳门基本方位、地形和主要建筑的描述都是比较准确的，这可以说明布里所依据的资料来源于当时关于澳门的比较详细的真实报道，如没有非常翔实

① ［葡］奥利维拉著，蔚玲译：《历史片段和系统地理学：16—17 世纪过渡时期欧洲关于中国南海的报告》，载《文化杂志》（中文版）第 75 期，2010 年，第 23 页。

② （清）屈大均：《广东新语》卷 2，《地语·澳门》，北京：中华书局，1985 年，第 36 页。

的关于澳门城市的真实记录，特奥多雷·布里不可能绘出如此接近当时真实情况的澳门城市图。

图5－9　席瓦尔约绘于1607年的《澳门港图》

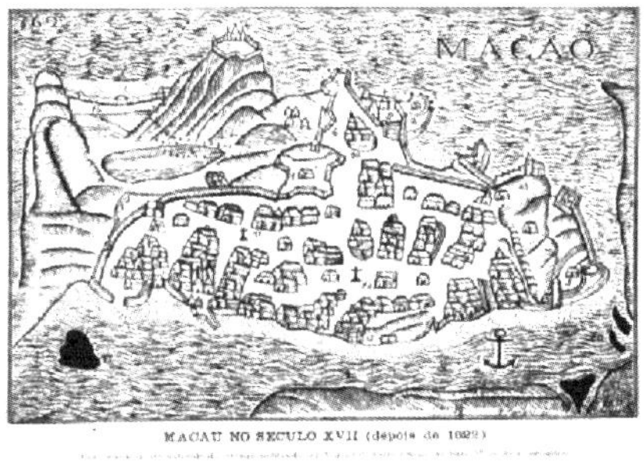

图5－10　17世纪澳门图（1622年后）

17世纪以后，澳门出现了一系列描绘澳门军事要塞的澳门图，如施白蒂《澳门编年史：16—18世纪》附图中公布的路易斯·达·席尔瓦绘制的《澳门港图》（参见图5－9）。据施白蒂介绍，这幅图收藏于约1607年出版的《卡里勃莱地图集》。[①] 而据洛瑞罗（Rui Manuel Loureiro）《伊比利亚文献资料中关于MACAU的由来》一文也刊布了这幅地图，但他称为“《澳门平面图》。载于《东方印度国的城市平面图、城堡和村镇图集》，佚名。葡人于1640年前后所画，原图为葡萄牙维索萨镇公爵图书馆所藏。”[②] 同为一图，两处标明的时间差距达30余年。我认为，至少1607年的这一时间标法是有问题的，其中最明显的标志是在这幅地图中东望洋教堂已经建成，根据金国平和吴志良先生考证的资料，东望洋教堂的建成应该在1622年之前，但不可能在1607年之前，所以这幅图的绘制时间应该是在1622年之后。我们从另一幅澳门要塞图来看，即法利亚·伊·索萨在《葡萄牙的亚洲》第3卷公布了一幅1622年以后绘制的《17世纪澳门图》（参见图5－10）。[③] 这也是一幅澳门要塞图，这幅图的作者是谁，法利亚·伊·索萨没有公布。1622年的澳门图与1607年的澳门图比较，两图基本一致。不论是城市中的建筑规模，还是已经建成的澳门城墙与炮台，基本上是相同的，特别是在东望洋山北麓劏狗环一线也建起了城墙，而且绘制得一模一样。劏狗环在1622年时荷兰人登陆上岸的地方，当时是没有任何围墙的，而这两幅图都绘制了围墙，这表明：第一，这两幅图都绘制于1622年以后；第二，这两幅图具有相互承袭性。至于谁承袭谁，谁先谁后，我们不得而知。值得表述的是，这两幅图都是着眼于军事防卫而绘制的军事地

---

① ［葡］施白蒂著，小雨译：《澳门编年史：16—18世纪》，澳门：澳门基金会，1995年，第26页附图。

② ［葡］洛瑞罗著，黄徽现译：《伊比利亚文献资料中关于MACAU的由来》，载《文化杂志》（中文版）第45期，2002年，第1页。

③ 原图藏于葡萄牙埃武拉档案馆。

图，所以对炮台、城墙等防卫设施描绘得十分清楚，而两幅图中炮台上均没有装置火炮，可以表明这都是城墙和炮台刚刚完成不久而绘制的。还有，图中没有绘出当时澳门城市的地标圣保禄教堂，也可以说明这两幅图都是着眼于军事防卫，而没有关注城中的一般性的民居和建筑，这可能是军事防卫图的一般特点。

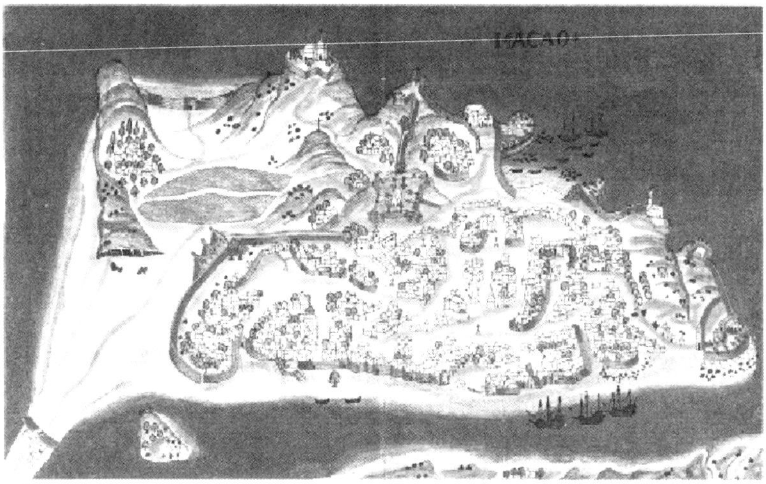

图 5－11　1632 年绘，1634 年着色《澳门要塞图》

1634 年，葡萄牙人巴雷多·雷曾德神父绘制《澳门要塞图》（参见图 5－11）时，其蓝本应该就是采用了上述两幅绘制于 1622 年以后的澳门图。该图收录于博卡罗在 1634 年出版的《东印度国家的所有要塞、城市和村镇平面图册》之中。[①] 这幅图的原图藏于埃武拉档案馆，为黑白地图。白乐嘉曾在他的《香港与澳门》一书中公布了这幅黑白图，这幅黑白图与博卡罗书中所载图一模一样，但白乐嘉公布的图，在图的下方标注为“Macao in 1632—probably the earliest picture of the place（After a picture in António Bocarro's Livro do Estado de India Oriental）”[②]，表明雷曾德最早绘图的时间应为 1632 年，原为黑白图，但到 1634 年博卡罗出版《东印度国家的所有要塞、城市和村镇平面图册》时，对所有的要塞图都进行了着色，并涂去了“1632”的字样，这应该就是目前所见该图的黑白图与彩图的缘由。该图的最大特点就是在上述两幅图的基础上更加详细清楚地描述了澳门城市的规模、南北二湾港口的方位、各个炮台火炮的设置和空间前地的增加等，特别清楚的是上述两幅图中均无澳门地标圣保禄教堂，而这幅地图不仅清楚地绘出了圣保禄教堂，而且圣保禄教堂前的台阶亦清楚地绘出。但圣保

① ［葡］伊莎贝·希德著，王复山译：《葡萄牙埃武拉市档案馆保存有关澳门和中国的文件》，载《文化杂志》（中文版）第 10 期，1992 年，第 18～19 页。

② Jack M. Braga, *Hong Kong and Macao: A Record of Good Fellowship*, Hong Kong: Graphic Press Limited, 1960, p. 28.

禄教堂前面的牌坊尚没有绘出，因为牌坊建成的时间是在1637年。博卡罗绘制的《澳门要塞图》同他绘制的东印度其他地方的要塞图的基本绘法一致，都是要表现当时的各地军事防卫情况和要塞的建设。值得注意的是，这幅图清楚地绘出了明朝建成的关闸。关闸虽然建成于1574年，但是，在此之前所有的西方地图及中国地图都未提到关闸，雷曾德1632年清楚地在莲花茎中段绘制了关闸，这应该是澳门地图中对明朝在澳门建立关闸的第一次描述。

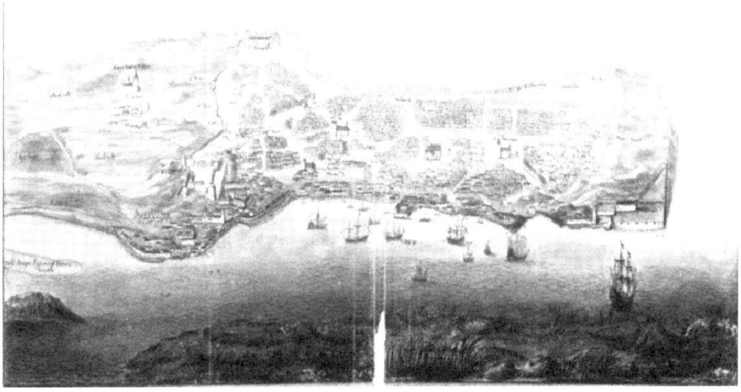

图5－12　芬彭士1665年《澳门城市鸟瞰图》

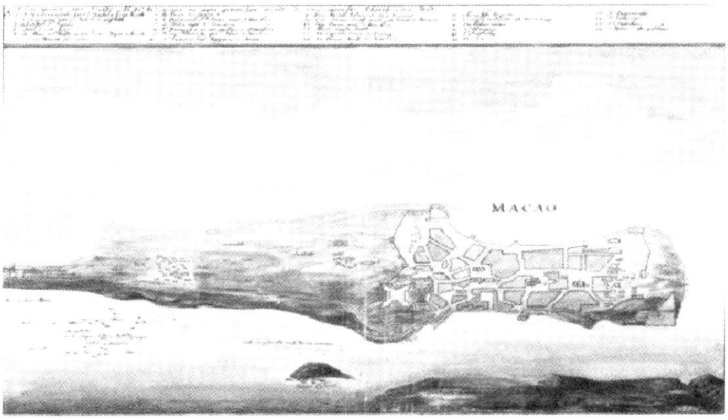

图5－13　芬彭士1665年绘的《澳门城市平面图》

1665年由荷兰地图学家芬彭士绘制的《澳门城市平面图》，应该是17世纪出现的最具史料价值的历史地图。芬彭士出生于一个绘图世家，大约从1640年直到去世，芬彭士都是绘图师，并为前面提到的地图出版商布劳家族从事水彩画服务。他根据给他下订单的荷兰东印度公司（VOC）、荷兰西印度公司（WIC）船长和商家们的旅行报告和草图，绘制城市立体图（Elevations）、平面图（Plans）、沿海轮廓图（Coastal Profiles）和海图（Sea Charts），他创作的系列图画，给予当时世界上被称为荷兰贸易圈的广大地区以精美的形象。在其中的许多地区，他绘制的图像是最早的。[①] 在荷兰海牙国家档案馆（National Archief）有两幅澳门城市图，一幅是立体鸟瞰地图，一幅是平面地图。荷兰国家档案馆网站（https：//www. gahetna. nl）也展示了芬彭士所绘地图的扫描件，其中的澳门城市立体鸟瞰图著录为："收集/存档：国外地图收藏部。报告/系列：不详。描述：Plattegrond/gezicht in vogelvlucht op Macao，China（地图/中国澳门鸟瞰图）。日期：1665。制图师：Johannes，Vingboons（约翰内斯・芬彭士）。"原图为彩色绘本，大字书写荷兰文标题：DE STAD MACAO（澳门城），这应是它的正式图名，以前有人把它著录为《澳门平面图》，这是不准确的，容易使人误以为与立体图相对。天空下面有一明显的海平面。再往下即绘出澳门半岛的斜角度立体鸟瞰景观，左北右南。整幅图天空所占比例较大，风景画味道较浓，体现了水彩画制图师的风格。图中半岛大部分地区呈现为城市规模，画有大量建筑物。圣保禄炮台画在城区北部位置，迤东至海边的圣方济各炮台（St. Francisca）有城墙相连，但圣保禄炮台迤西未画出城墙，而有一较大坊区（90 多所房屋）与沙梨头海滨相接，坊区中心标注为圣安多尼堂。在城墙与圣安多尼堂一线以南，房屋十分密集，大致可分为 30 个左右大小不等的坊区，各式房屋有 800 多所，比稍早的雷曾德《澳门要塞图》鸟瞰图多出很多，绝大多数为"人"字形红色屋顶平房，其中 200 多所房上有烟囱，当为葡式居民住屋。教堂建筑有六七处。半岛南部靠近西望洋炮台一带，有十来所住屋带有围栏空地，可能是一些官贵人家的别墅。值得注意的是，芬彭士的《澳门城市鸟瞰图》中标有 30 余处地名、建筑物名及说明文字，这些文字除了常见的澳门教堂和炮台以外，还一些说明文字不为其他图谱所载，如：内港标有几处水深数字，Rys Landt（田地）、Vlack velt（荒草地）、Sandt Strandt（浅沙）、Deese Droogte Leyt meest Boouen waater（极旱时露出水面的沙洲）、Poort（口岸，按：即水坑尾门）、Trap vant fort（炮台口梯道）、Gast huÿs（旅馆）、De Seo（官署）、Miseri Coordia（仁慈堂）、Stadt Huys（红屋，按：即议事亭）、Steene muer（石墙）、Chineesehe Pagoode（中国宝塔，按：即妈阁庙）、Steene muer oste borstwering（小石墙）、Cruÿt huÿs（酒馆）、Dit Landt is omtrent een Gooteling Schoot wyt vande Stadt（天然水道旁边是这个国家的杂草丛生的城市）。其中很多资料是该图第一次提到，如旅馆（Gast huÿs），这是澳门历史上第一次提到的澳门城有旅馆的记载；又如葡萄牙人一般将前山寨称为白屋（Caza Branca），而此处将议事亭称为红屋（Stadt Huys），前山寨的白屋是因为房屋涂涮白石灰，那将议事亭称为"红屋"，是否可以说明议事亭本身可能就是一红色建筑；又如仁慈堂（Miseri Coordia），虽然仁慈堂始建于 1569 年，在此图之前的很多地图中都可能有仁慈堂的出现，但将仁慈堂的名字标在地

---

① François Valentijn Ed. , Sinnappah Arasaratnam, *François Valentijn's Description of Ceylon*, *Vol. 3*, *Oud en Nieuw Oost-Indien*, *1726*, Nabu Press, 2010. "Platte Grond vande"（《澳门城市平面图》）为该书之插图，无页码。

图上这是第一次。正因为清楚地标出了仁慈堂的所在位置，所以该图也给后人留下了仁慈堂 17 世纪时的建筑形态；在图中还提到了石墙和小石墙，根据几幅图的图例，可以知道石墙是指连接西望洋炮台和烧灰炉炮台的一段城墙，而这段城墙很可能是用石头建成的。小石墙则是指嘉思栏炮台与烧灰炉炮台连接起来的一段城墙，值得注意的是，在 1634 年雷曾德的图中，嘉思栏炮台的围墙延伸到南湾的很短一段，并没有将南湾全部围起来，而到芬彭士图中则将南湾全部用围墙封闭。这在所有文献中未见记录，如果所见图如实，则澳门城的城墙在 17 世纪中叶时应该和现在通常表述的情况有很大的差别。芬彭士的《澳门城市鸟瞰图》一问世便大受欢迎，被欧洲地图师们转相摹绘。如荷兰人弗兰西斯科·华伦廷（François Valentyn）编纂的《新旧东印度志》（*Oud en Nieuw Oost-Indien*），1724—1726 年在荷兰多德雷赫特和阿姆斯特丹陆续出版，其中就收入此图的摹绘本（参见图 5－14）。芬彭士的《澳门城市鸟瞰图》具有十分重要的历史地理学价值：第一，该图内容细致真实，可以大致反映澳门城市的真实面貌；第二，该图是早期澳门图中注记最多的地图，具有重要的史料价值；第三，该图第一次以平面图的形式出现，改变了以往澳门立体鸟瞰图的绘法，在澳门地图史上具有极为重要的意义；第四，该图具有军事地图指示功能，军事地理意义十分明显。[①]

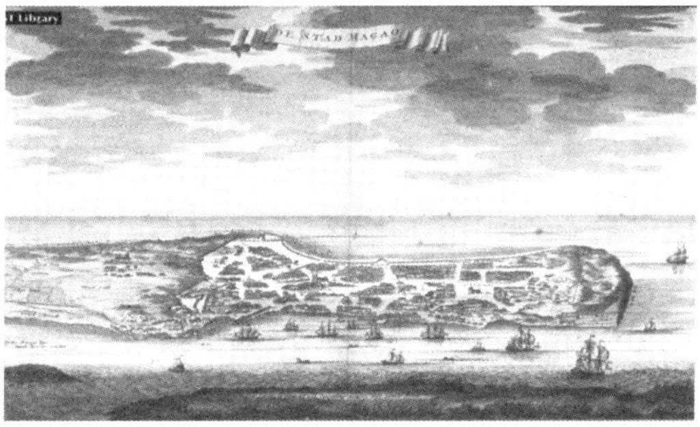

图 5－14　1726 年华伦廷《新旧东印度志》图集收入的芬彭士《澳门城市鸟瞰图》摹绘本

在以下的图例中，有一幅标有葡文“Plano da cidade de santo nome de Deus de Macau como era no de 1622”，应译为“1622 年天主圣名之城澳门平面图”（参见图 5－15），薛凤旋将其译为“澳门市平面图（1622）”。这幅图的原始出处不知在何处，薛凤旋将此图公布于其书中，但并未做出注释，交代出处。[②] 由于此图是首次公布，且标明是

① 郭声波、郭永钦：《芬彭士〈澳门城〉鸟瞰图的历史地理学价值》，提交“第四届澳门学国际学术讨论会”论文，澳门，2015 年。其中有一部分分析是笔者进行补充和修订。

② 薛凤旋编著：《澳门五百年：一个特殊中国城市的兴起与发展》，香港：香港三联书店，2012 年，第 29 页。薛凤旋先生这部著作严格来讲，还不能算是一部严肃的学术著作，因为在该著述中我们看不到任何一处规范的学术注释，而且该书所引用的地图也并未注明出处，很容易让人误以为都是他的发现，更有甚者，将很多有明显错误的地图也收录其中。该书第 29 页收录的“1622 年澳门市平面图”就是一个典型的例子，图中任意解释，并且无证据话语随处可见。

1622年绘制的地图，图中出现了十分重要的澳门历史的记录，如称沙梨头为中国村，又如将澳门城北部分为华人居住区，南部分为澳门天主圣名之城等。但是，这幅地图从很多内容来看，都可以说明不是1622年绘制的地图：第一，该图左下角有明显的比例尺示例，在地图中出现比例尺应该是19世纪以后的事情；第二，地图的多处在表示高地、山岗时采用了早期的等高线示例，这也是19世纪以后的地图才出现的标法；第三，该图的右下角出现了中、英、葡三种语言的图例，这种用三种语言文字标识的图例不可能出现在1622年；第四，在澳门城通往关闸的路上清晰地出现了两条规范的道路，而且从望厦村到莲峰庙之间也用同样的道路与之相连，这是1846年亚马留拓展澳门半岛时才完成的公路建设。所以，根据上述证据，我们完全可以判断此图并非1622年时绘制的地图，判断其绘制的时间应该在19世纪中叶以后，很可能是19世纪亚马留政府拓展澳门半岛以后，由当时的葡萄牙人绘制的1622年时的澳门城市图，绘的是1622年澳门当时的地形、地貌、军事布防、城市面积、华人和葡人的居住区及荷兰人1622年的入侵路线，但绘制的时间则是19世纪中叶以后。

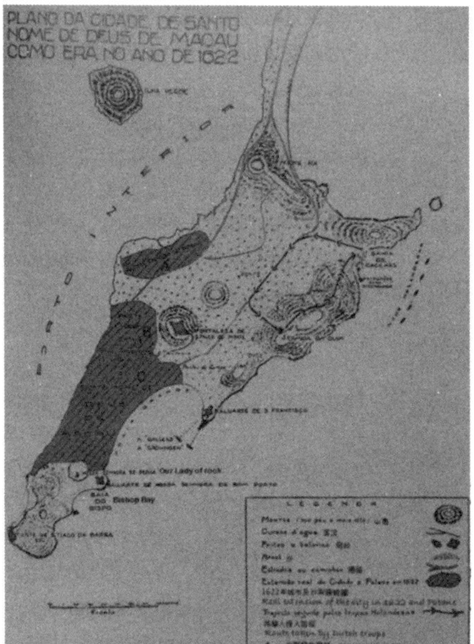

图5－15　1622年澳门市平面图

在以下图例中，还有一幅注明为“1626年的澳门，约翰·斯皮德绘”的澳门城市图（参见图5－16）①，图幅两头为半圆形，图中绘有20多处房屋建筑，妈阁庙、十字门和马交石旁泊有船只，但无城墙和炮台。图旁有说明文字，“这里空间狭小，周长不

① ［葡］施白蒂著，小雨译：《澳门编年史：16—18世纪》，澳门：澳门基金会，1995年，第19页附图。

超过5公里。在这块狭小的空间里有山川，有河流及港口，不过港口只有岩石和泥沙”。科埃略（Beltrao Coelho）于1990年出版《澳门、碎片、现在和未来》一书时，将此图载入，并有如下评价：

向后看，我们在这里建造了壕沟、城墙和炮台。我们划定了一块神圣区域，这里有一些限制，如人的肤色，确定个性，以示差异。五个世纪以来，建筑师们是否还有一些我们所不知道的建造计划？初期，当唯一的目的是占有和建造防御工事时，毫无疑问是没有的。之后经常受到限制，无法建造，直至不再超出或者不再激起中国官员的直接反对。因此，任何一张澳门城市总平面图都给我们一种印象，所有的建造工程都很小，没有整体的眼光，利用小巷将它们连接起来，就像中国旧城市里的走廊一样。[①]

图5-16　1626年约翰·斯皮德绘的澳门鸟瞰装饰图

约翰·斯皮德（John Speed，1542—1629）是英国历史学家、地图师，他的地图作品往往摹自他人，甚至使用前代数据，他的这幅澳门图似乎就是摹自前面提到的特奥多雷·布里《亚马港全图》的改绘本，只不过在船只数量上略有变动，而且房屋更小，因此它未能反映1622年已经建成的城墙和炮台。此图还见于荷兰地图出版商兼制图师威廉·J. 布劳（Willem Janszoon Blaeu，1571—1638）所绘“Nova et acvrata totivs Asiae tabvla”（《新版亚洲全图》）的右下角装饰图[②]，图幅左右两头也是半圆形，但较斯皮德图略短，故没有画出马交石旁和十字门的船只。由此可见，斯皮德图之所以独特，是因为它也是作为装饰图设计的。[③]

① Almerindo Lessa, *Macau: Ensaios de Antropologia Portuguesa dos Trópicos*, Lisboa, 1996, p. 299.

② 余东：《梵蒂冈图书馆明末清初传教士地图及欧洲近代早期地图简介》，“全球地图中的澳门”历史地图国际会议论文，2014年。该文提供的是1644年威尼斯人斯特凡诺·斯科拉里（Stefano Scolari）的仿刻图。此图中建筑物颇似特奥多雷·布里图与斯皮德图，而大小介于两者之间，原图应绘制于1607—1626年。

③ 郭声波、郭永钦：《芬彭士〈澳门城〉鸟瞰图的历史地理学价值》，提交“第四届澳门学国际学术讨论会”论文，澳门，2015年。

值得我们注意的是，从16世纪末到17世纪中西方人绘制的一系列澳门图出现后，对当时中国的绘图学家产生了很大的影响。入清以来，出现的一系列澳门地图大多是根据西方人绘制的澳门图仿制而成，以下列举的四幅图大体上都是根据上述时期出现的西方人绘制的澳门图模仿而成。

图5－17 康熙初年佚名摹绘的《西洋画澳门图》

图5－18 1679—1682年两广总督金光祖奏折的附图

图5－19 18世纪绘制的澳门图

图5－20 1808年两广总督吴熊光奏折附图

（三）欧洲人绘制的近代澳门地图

然而进入清代，伴随葡人在远东地位的衰落，由英法等国人绘制的澳门地图出现了。1738年9月4日，奥地利籍耶稣会会士著名的天文学家和地理学家刘松龄抵达澳门。不久后，澳门议事会邀请他测绘澳门城郊，并绘制地图。1739年刘松龄绘制一幅拉丁文的《澳门市郊地图》。① 这应该是澳门第一次通过实地测量而绘制的一幅澳门地图，开启了近代澳门地图绘制的先河。但该图不知是否存世，尚未见任何机构和个人对这幅图的公布。

为了航行的便利，来华英人总是随船测量所过之处，这在早期是一种习惯做法。1637年抵达澳门和广州的英国约翰·威德尔（John Weddell）船队，就曾于该年的8月

① ［法］费赖之著，冯承钧译：《在华耶稣会士列传及书目》，北京：中华书局，1995年，第780、785页。

12 日派出“龙号”驳艇测量澳门附近的水道。[①] 18 世纪以来，由于欧洲商人与广州的贸易十分频繁，往来于澳门十字门外洋至广州黄埔港的水道是当时最为主要的贸易通道，而这一带的水文环境相对复杂，因此，一批欧洲的科学家开始了对澳门及其附近海域、进入珠江的各条水道进行科学的探索和测量，同时亦开展了对澳门半岛及其邻近地区的实地勘测。1787 年 1 月 2 日，由两艘法国国王船“布佐勒（La Boussole）号”和“星盘（L’Astrolabe）号”军舰组成的法国探险队由拉贝罗塞伯爵拉佩鲁斯率领抵达澳门。他们在澳门停留了好几个星期，并对澳门港口进行测量。[②] 4 年后，1791 年 11 月，法国探险家玛尔尚（Etienne Marchand）依据拉佩鲁斯等探险家留下的地图来到澳门。他们也记录下在澳门的一些见闻。[③]

19 世纪初，由船长彼得·海伍德（Peter Heywood）指挥的皇家海军“爹达纽斯（The La Dédaigneuse）号”，因从中国返英时遭遇台风，只好在澳门内港大修，修理期间，他抽空测绘了凼仔和澳门海域，被认为是相当精确的。[④] 1804 年，詹姆斯·霍士保船长被东印度公司聘请对中国海进行测量，针对当时中国海附近的海盗出没，提出为测量船只配备火炮并使用链条锚以利于测量的进行。[⑤] 同年，英国皇家船长佩奇（B. W. Page）在狮子洋碇泊期间，测量狮子洋附近的河面。[⑥] 1806 年是东印度公司组织测量中国海域的开始，此后每年派出两艘船执行任务，花费 13 000 英镑，一直持续到 1819 年。[⑦]

其实，英国东印度公司自 1779 年起就设立水文调查员（Hydrographer）一职，负责搜集、汇整各式船只回传的探勘资料，以绘制最新的海图，或是出版专书，公司拥有使用权外，也供往来亚洲贸易的英籍船只参考，包括“港脚船”在内。18 世纪末至 19 世纪初，英国著名的水文专家达林波（Alexander Dalrymple）、霍士保两人都曾长期担任

---

① ［美］马士著，区宗华等译：《东印度公司对华贸易编年史：1635—1834 年》第 1、2 卷，广州：中山大学出版社，1991 年，第 20 页。

② Milet Mureau, *Voyage de la Pérouse autour du monde, conformément au décret du 22 avril 1791*, Paris: De l’Imprimerie de la République, 1797, pp. 4 - 12；［美］马士著，区宗华等译：《东印度公司对华贸易编年史：1635—1834 年》第 1、2 卷，广州：中山大学出版社，1991 年，第 454 页称法国船抵达澳门的时间是 1 月 5 日。

③ Etienne Marchand, *Voyage autour du monde, pendant les années 1790, 1791 et 1792*, Paris: De l’Imprimerie de la République, Tome I, An VI, 1797, pp. 468 - 476.

④ Edward Tagart, *A Memoir of the Late Captain Peter Heywood*, London: Effingham Wilson, 1832, pp. 173 - 174.

⑤ ［美］马士著，区宗华等译：《东印度公司对华贸易编年史：1635—1834 年》第 1、2 卷，广州：中山大学出版社，1991 年，第 727 页。

⑥ ［美］马士著，区宗华等译：《东印度公司对华贸易编年史：1635—1834 年》第 1、2 卷，广州：中山大学出版社，1991 年，第 732 页。

⑦ John F. Davis, *The Chinese: A General Description of the Empire of China and its Inhabitants*, Vol. 2, New York: Harper, 1836, p. 426.

过公司的水文调查员，在他们的著作中都提到英国人勘查澳门附近水域的成果：

在澳门外海，……吃水深的大船通常泊定在澳门城北方偏西到西北西方向的岛屿之间，距离6至7浬间，但这使得在大风天船只和岸上的连系变得困难和危险。如果附近有海盗时，引水人也不愿意到这么远的地方。但如果在九澳（Ko－ho）点，……离岸4至5浬，一艘大船在低潮位时泊定在4.5哼（fathoms），而且此处较方便雇到引水人。……凼仔入口：位于北纬22.8度，在两座高耸的岛屿之间，……在凼仔的中间和东部海域，到泊定区之间的航道不这么深，低潮位时通常只有14至15呎，但船只不必担心触礁，因为水中泥土相当松软。……澳门港：由半岛和西边“加林山（Twee-lien Shan）”构成，入口处狭窄，但在靠近半岛东端的妈阁炮台附近，低潮位有20至21呎，从此处沿着东岸到澳门城几乎都是相同的深度。……前去澳门港的船只一定要经过凼仔，……从凼仔泊地到澳门港的航道呈一直线，要避开Pedro-meo（一处暗礁……），……从此处起可直接航向澳门港，中途除蟠龙石（Pan-lung-See）外，不必担心其他方面，这是一处在东侧的岩石。①

我们现在所见到的，对澳门附近水域进行科学探测并保留下澳门详细水文资料的最全面记录是英国人金约翰（John. W. King）1861年在伦敦出版的《海道图说》一书。在该书的第二章中主要介绍了澳门岛和凼仔，以及附近的横琴及其他岛屿的基本地理信息（气温，潮汐），澳门周边港口形势（如多少吨排水量的船应该可以停泊在什么位置），还有从凼仔驶往澳门岛的指南（水深多少，如何避开附近的礁石）等：

十字门为最便泊船处，以东面有二高岛：南曰九澳，北曰大拔。九澳与大横琴东北角之间有甚窄水道，仅深二十四尺，至近大拔处，仅深九尺至十尺。又大拔以西与马格里勒以东，其间深三拓半至四拓之处，亦便泊船。十字门泊船处暨澳门港内，朔望日潮涨于十一小时，大潮高七尺。十字门内，潮性当无风时，一小时流行一里半至二里。潮自十字门内直退，及出十字门外，则成横流。凡船出入十字门，皆应俟潮半涨时开行。如入十字门时，可直向九澳北角而行，不必离角过远，因此处颇深也。及行至见小碌高顶，与九澳北角成直线，依此前行，必常见小碌北角为东又南三分之向，即得深处。又见大拔中峰东面在大拔西南角之时，即可转向北行。及行至大拔西角见小碌南角与九澳北角成直线，即可停泊。此泊船处值潮退尽时，深三拓至四拓，四周有高岸可避风。近大拔西角为最深处，马格里勒东角小澳对面颇浅，澳首可得淡水。小澳北角有隐石一行，直向东列入水道约四分里之一，故不可于此间转向北行。又十字门水道中二段，潮退尽时仅深十四五尺，惟底为软泥，即船偶遇浅阻滞，亦不至损坏船体。

珠江口西南面为澳门，澳门东南面有陆地如舌，长二里，最宽处半里，可通香山东南角，陆地低而多沙。澳门与对面山间为澳门内港甚窄处，东面有八勒炮

① James Hoursburgh, *The India Directory*, Vol. 2, London: Parbury Allen & Co., 1843, pp. 396－397.

台，附近处潮退尽时仅深为十二尺。再前行而至澳门西面，则深十八尺至二十二尺。澳门可泊船处曰沙沥，西面潮退尽时仅深三拓，近东界与三角岛间深四拓半至五拓，泥土甚松，抛锚恒易埋没。若船体入水过深者，可距澳门三里半至五里，向西偏北与西西北之间停泊。若视九澳角为南偏西又西二分之向，又视澳门为西西北之向，相距四里至五里，潮退尽时深四拓半之处，较便停泊。若船体入水不及十八尺者，视澳门为西西北之向，距十字门一里半，即可停泊。值西南恒风时，船体小者，可近十字门口南角潮退尽深约三拓之处停泊，即于九澳北面稍向内停泊亦可。若值东北恒风时，于北岸近九澳与澳门间，探得水深三拓至三拓又四分拓之一，对沙岸间停泊亦可澳门泊船处。

己过十字门，可直行以至澳门港。潮退尽时，大拔与澳门港间深十三尺，惟大拔与澳门最宽处仅深十一尺至十二尺。自大拔至澳门水道甚直，亦无隐险，惟距马格里勒东北角东面四分里之一有一隐石，曰白特勒每亚西女名。凡行船者应视大横琴东北角与马格里勒东面相离，即可避之。当行过隐石时，应多向大拔窄水道中界而行。[1]

这是根据傅兰雅（John Fryer）翻译的金约翰书中关于澳门水道的记录。该书有三个版本，第一版出版于1855年，题目也叫做“中国航海志：第一部分，从香港到上海的航海志，主要来自科林松（Collinson）船长的考察”，此一版作者没有金约翰。第二版出版于1858年，题名为“中国航海志：中国和鞑靼的沿海，从广州沿海到鄂霍茨克海以及附近的岛屿”，作者除了金约翰之外，还有威廉·巴特（William Thornton Bate）、爱德华·贝尔策（Edward Belcher）二人，由金约翰修订。第三版出版于1861年，书名为“中国航海志：中国、朝鲜以及鞑靼地方海岸，日本海、鞑靼、黑龙江处港湾，以及鄂霍次克海；还有巴布延岛（菲律宾附近）、巴士（海峡）、福尔摩萨、宫古列岛、琉球群岛、小笠原群岛、日本、库页岛以及千岛群岛”，是一本专业的航海学著作，从中国南部沿海到俄罗斯、日本各港口，自南向北介绍每个主要港口的水文信息以及航道情况。每列举一处地点，就会分别介绍气温、潮汐、航线等信息。但他应该并非亲自测量者，书中扉页就写着“由皇家海军约翰金船长汇集众多资料编纂而成”。[2] 该书开头的简介也主要介绍了每一章的数据源，关于澳门部分的内容大多在书中的第二章“广州地区的航海”，简介中称“珠江口附近的岛屿数据源于以下几人的考察：1810年孟

① （清）田明曜：《（光绪）重修香山县志》卷8，《海防》，中山文献丛刊第5册影印清光绪五年刻本，第566~567页。而第609页原文有一段说明：“按：《海道图说》乃英国金约翰所辑，傅兰雅口译，怀远王德均笔述。其于海道深浅及行船趋避言之详且确，兹于图说所载本邑之地，及有涉于本邑者，俱行采入，或亦防海者之一助也。”

② John W. King ed., *The China Pilot: The Coasts of China, Korea, and Tartary; The Sea of Japan, Gulfs of Tartary and Amúr, and Sea of Okhotsk; and the Babuyan, Bashí, Formosa, Meiaco-sima, Lu-chu, Ladrones, Bonin, Japan, Saghalin, and Kuril Islands*, London: Hydrographic Office, Admiralty, 1861, Title page.

买海军上尉丹尼尔·罗斯（Daniel Ross），1840 年皇家海军上校 E. Belcher，1857—1859 皇家海军 W. T. Bate 上校；西江数据源于 C. J. Bullock 的考察。”①可以看出，金约翰这本书搜集的都是 19 世纪前期在澳门及其附近水域的水道进行过非常详细的调查和科学探测而留下来的极为重要的澳门水文资料。也可以反映，19 世纪前期欧洲的地理学家、水文学家对澳门水域科学考察十分频繁，完成了大量的基础研究工作。因此，在欧洲各国科学家对澳门水域及其附近地区探索和勘测的基础上，一批澳门及其邻近地区和海域的地图被绘制出来。

现在明确保存在世的，采用近代测绘手段对澳门及其周围水域进行实地测量后绘制的澳门地图是一副荷兰画家描绘澳门概貌的城市图，出版于 1749 年，这位荷兰画家重新创作出这幅临摹版并附有法文版和丹麦文版（参见图 5－21）。在当时来讲，这幅彩色画作是一幅非常优异的作品，作者是一位无法考证的名叫 N. B. 的造船工程师。这幅澳门图应该是现存经过实地测量后绘制的第一幅近代澳门地图，也是第一幅在地图上有明确比例尺标志的近代澳门地图，之后所见澳门地图都有比例尺的标志，故此图在澳门地图史上具有非常重要的意义。在这幅图中清晰地画出了内港和外港的分界及出入口，并且用锚来指示碇泊处。还标出了主要的炮台堡垒：东望洋炮台，烧灰炉炮台，妈阁炮台，圣保禄炮台。从嘉思栏炮台，城北的旧城墙，烧灰炉炮台到主教山山顶，以及妈阁庙，望厦村，连接澳门和香山的关闸门（但被划分到澳门半岛管辖），青洲在图中都一一标注清楚。画家只是大概画出了城市的轮廓，用少数的几条线条勾勒了主要的街道。但是湾仔岛有一些奇特的点。这里曾经是葡萄牙人的炮台，但是现在已经变成了湾仔的居民区。图中还标出了修理船只的地方，事实上，17 世纪后半期和 19 世纪前半期是贸易最活跃的时期，湾仔有葡萄牙人修理船坞、建造船只的地方。这幅画的重要特点之一就是画出了船只的停泊处。这幅画的作者从未将这幅版画公开出版在任何书籍上，但是该图的荷兰版和其他版本的临

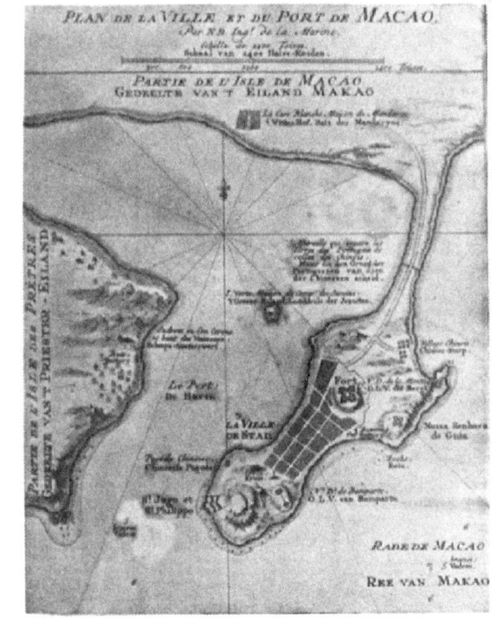

Edição francesa e dinamarquesa duma planta holandesa de Macau, datada de 1749.
(Da colecção do autor)

图 5－21　1749 年法国和丹麦版的荷兰人绘制的澳门平面图

① John W. King ed. , *The China Pilot*, London: Hydrographic Office, Admiralty, 1861, Advertisement, I.

摹版并不罕见。[1]

还有一幅是1764年法国人制作的一幅澳门规划地图（参见图5－22），该图除了绘制澳门半岛的地形及澳门城区外，在莲花茎北左侧还绘制了前山寨，并标有“白屋，中国官员官邸”的文字。图中还标示出澳门附近的一“中国村落”、外港和内港的停泊地及以英寻为单位的水深数字。[2] 该图收录在《海事小图册，或世界四大区地图集》（*Petit Atlas Maritime, ou Recueil de Cartes et de Plans des Quatre Parties du Monde*，1764）中，该书共有五卷，第一卷是北美，包括墨西哥、向风群岛，共有105幅图；第二卷是南美洲，包括巴西、麦哲伦海峡等，共100幅；第三卷是亚洲和非洲，共128幅；第三卷编号57就是这幅《澳门城市与港口规划图》；第四卷是除法国外的欧洲各国图，有128幅；第五卷是法国图，有132幅。这幅图册由法国水文地理地图测绘师白兰（Jacques-Nicolas Bellin）编辑。1721年在海军部水文地理部和地图所成立后，担任测绘师，后成为海军学院院士和伦敦皇家学院院士。在其50年的职业生涯中，出版了大量的地图测绘册，如今都保留在法国国家档案馆中。《百科全书》编辑狄德罗（Diderot）和达朗博（Alembert）与他交往甚密。但这些地图册中，有人发现一些图是复制一些传教士的作品。[3] 在《澳门档案》中，我们发现一幅由白乐嘉（Jack M. Braga）收藏的《1749年法国和丹麦版的荷兰人绘制的澳门平面图》，这幅图和1764年法国人绘制的《澳门规划图》几乎是一模一样，除了字体有些不同以外，还有些地方删除了说明文字，其他所绘制内容、形状全都一样，基本可以判断1764年这幅《澳门规划图》实际上是摹抄于《1749年法国和丹麦版的荷兰人绘制的澳门平面图》。[4]

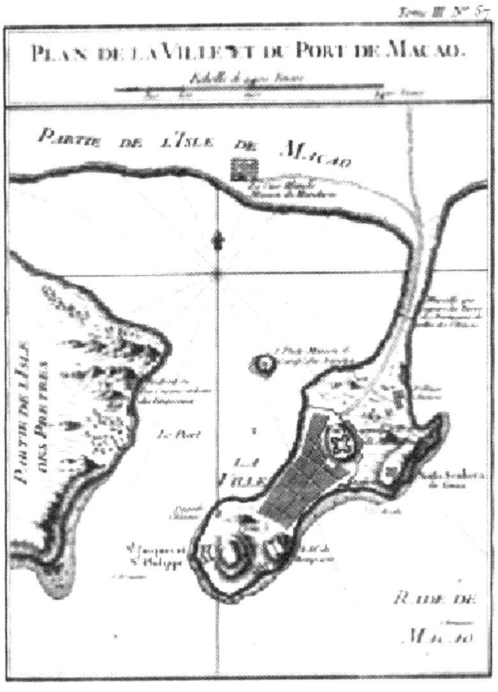

图5－22　1764年法国人绘制的《澳门规划图》

---

① *Arquivos de Macau*, 3ª Série, Vol. Ⅲ, No. 1, Macau, 1965, p. 189.

② 澳门海事署编：《历代澳门航海图》，澳门：澳门海事署，1986年，第21～22页（原书无页码）。

③ Jacques Nicolas Bellin, *Le Petit Atlas Maritime, Recueil de Cartes et de Plans des Quatres Parties du Monde*, Volume Ⅰ, 1764.

④ *Arquivos de Macau*, 3ª Série, Vol. Ⅲ, No. 1, Macau, 1965, p. 189.

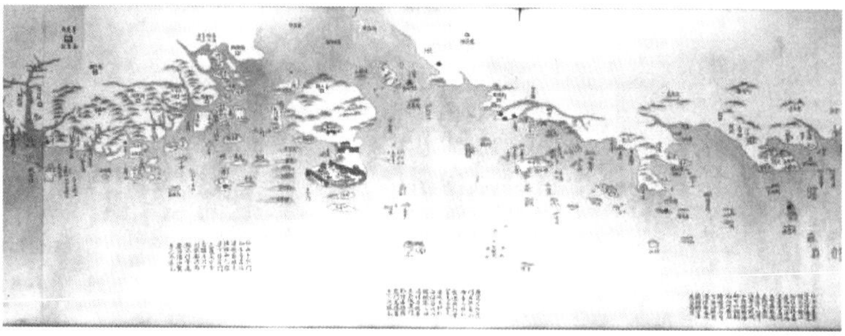

图 5－23　18 世纪晚期《中国海岸卷轴图》

将此图与同时期的中国人所绘制地图做一番对比，可以很明显地看出此图的欧洲绘图技术。绘制于 18 世纪晚期的《中国海岸卷轴图》（参见图 5－23）[①]，即使西方绘图技术自利玛窦早已传入中国，然而官方或民间的绘图仍采取较为传统的方式，较少接纳欧洲测绘技术。这副图中突显了澳门的重要性，并注曰："广东省，左扞虎门，右扼香山，而香山虽外护顺德、新会，实为省会之要地，不但外海捕盗，内河缉贼，港汊四通，奸匪殊甚且共域。澳门外防番舶，与虎门为犄角，不可泛视也。"与法国所绘地图相比，显然中国海岸图无比例尺、经纬度的考虑。

约 1781 年刊行于巴黎的布拉歇尔（Lafite Brassier）的《澳门城市平面图及其邻近地区》（参见图 5－24）（浮雕画），这是我们所知的唯一的一幅浮雕画地图，图中除了内港的工程外，该城市还扩展到圣保禄城堡和学院的周围，华人的农村被一群小山护卫。[②]

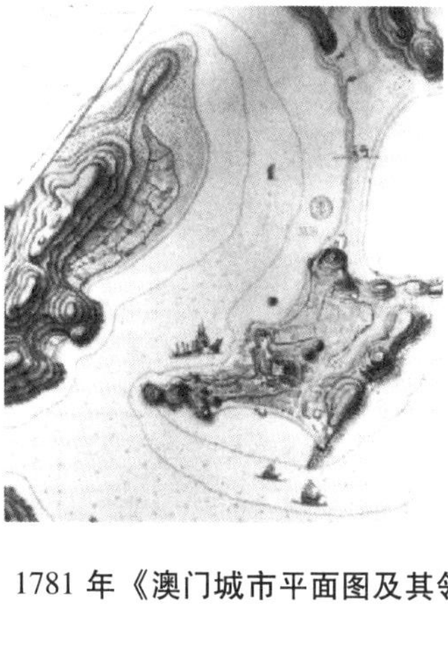

图 5－24　1781 年《澳门城市平面图及其邻近地区》

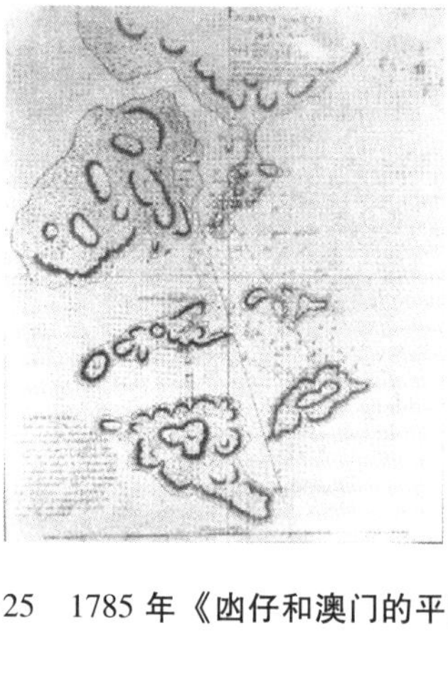

图 5－25　1785 年《凼仔和澳门的平面图》

1785 年的《凼仔和澳门的平面图》（参见图 5－25），附有退潮时水深度的说明，这幅图的最大特点就是对凼仔和路环两岛及周边的大小横琴岛有较为准确的测量绘制。该图载于《库克的第三次航行或英国国王授命的太平洋航行，探索北半球，确定北美

① 手稿卷轴地图，1787—1820。G7822. C6A1 1820. Q5 Vault Shelf, Hummel Purchase, 1934, No. 1.

② Almerindo Lessa, *Macau: Ensaios de Antropologia Portuguesa dos Trópicos*, Lisboa, 1996, p. 306.

洲东海岸的长度、与亚洲的距离，及解决向北航行的问题》一书中，该书于1785年在巴黎出版。[1] 库克（James Cook）是英国船“决心号”船长，曾经三度出海前往太平洋地区，在数千公里的航程途中深入不少地球上未为西方所知的地带。通过运用测经仪，他为新西兰与夏威夷之间的太平洋岛屿绘制大量地图，地图的精确度和规模皆为前人所不能及的。在探索旅途中，库克也为不少新发现的岛屿和事物命名，大部分经他绘制的岛屿和海岸线地图，都是首次出现于西方的地图集和航海图集内。在历次的航海旅程中，他展现出集合航海技术、测量和绘图技术、逆境自强能力和危机领导能力等各方面的才华。库克1779年2月14日即在返航途中去世，“决心号”是1779年12月抵达澳门的。所以，这幅澳门囱仔地图具体绘制的时间应在1779年之前。

1789年《澳门平面图》（参见图5－26）由法国人吉尼斯（M. de Guignes）绘制，载于1808年在巴黎出版的《1784至1801年期间吉尼斯航行北京、马尼拉和法国岛屿》书中。[2]

1793年，英国马戛尔尼（George Macartney）使团赴华，使团中就有西洋绘图师，他们对澳门进行了实地勘测，并于1796年出版一幅《澳门海港航图》（参见图5－27），图中详细地勾勒了澳门城市与海港。地势高低用图画艺术手法表现，并标出附近海域的水深。重要建筑（城堡、教区、学院、修道院以及教堂）用数字标示。[3]

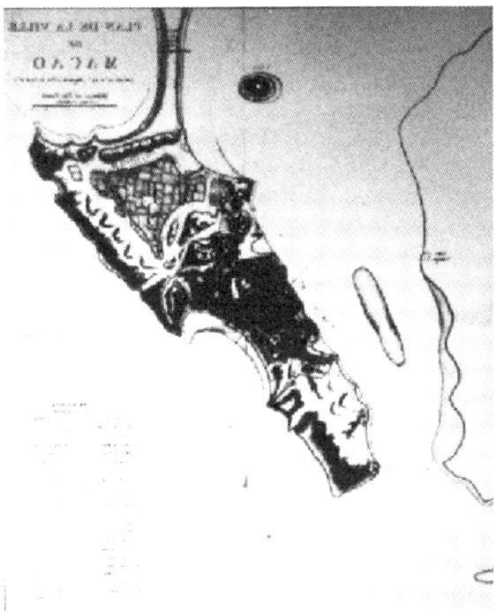

图5－26　1789年《澳门平面图》

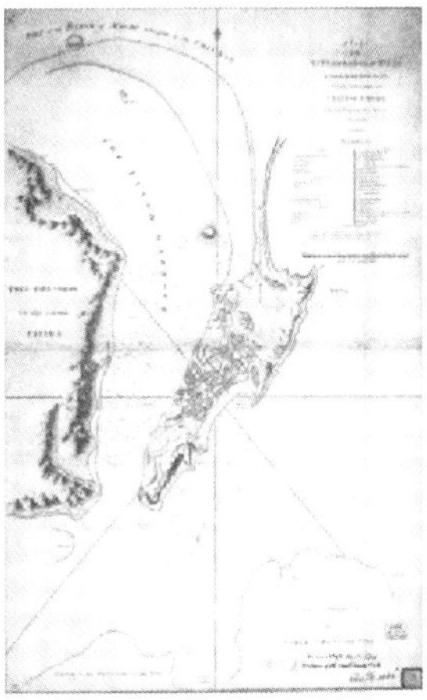

图5－27　1796年英国人绘制《澳门海港航图》

1804年，英国皇家海军“爹达纽斯号”船长彼得·海伍德根据1801年调查的澳门

① Almerindo Lessa, *Macau: Ensaios de Antropologia Portuguesa dos Trópicos*, Lisboa, 1996, p. 311.

② Almerindo Lessa, *Macau: Ensaios de Antropologia Portuguesa dos Trópicos*, Lisboa, 1996, p. 311.

③ *A Plan of the City and Harbour of Macao, A Colony of the Portugueze Situated on the Southern Extremity of the Chinese Empire, Atlas of Maps, Charts, Sections, Picturesque Views, etc. to Illustrate the “Voyage of Lord Macartney”, on His Embassy to China*, London: George Nicol, 1796.

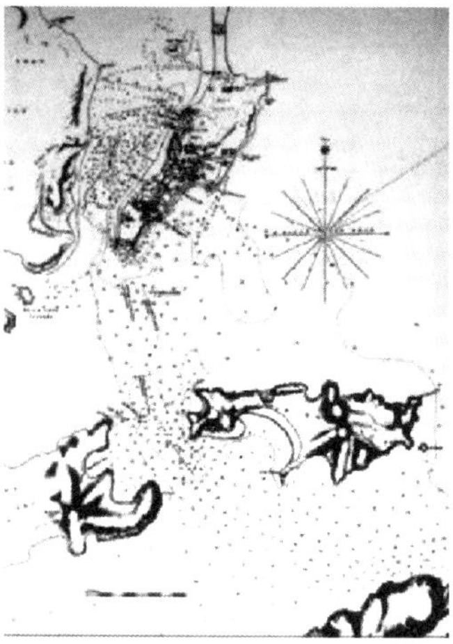

图 5－28　1804 年《澳门中国航道图》

及凼仔地区的水文资料，绘制了《澳门中国航道图》（参见图5－28），原文保存在里斯本水文协会。这是一幅极为精细的、具有很多水文资料信息的澳门和凼仔地图。其中有几处修订，如对海湾做了一个有趣的注释："现在水的深度已经远远低于测量时"，可见河道长久以来的淤堵。文字说明中还有一些有趣的记录，如"1562 年贾梅士在白鸽巢写作《葡国魂》地"，及提到 1838 年人口约 13 000 人。①

1808 年，葡萄牙人冯塞卡（Joaquim Bento da Fonseca）绘的《澳门水文和地形图》（参见图 5－29），从图中可以看到城市由城墙围起，因此只能看到一些村子和菜园，以及 55 个注解和炮台的外部图。②

1829 年，由澳门港务局长安东尼奥·德·索萨（Miguel António de Sousa）送给澳门代理总督史迪菲格（João Cabral Estefique）一幅关于修改澳门河道的地图（参见图5－30），原图存于里斯本地理学会。该图将凼仔（Taipa）写成 Kaikião，而路环 Coloane 写成 Aponui。图中用英尺标出了水的深度，还标出了海底的土质：泥沙（A），石块（P），淤泥（L），泥沙和石块（AP），这些符号在现在的水文图中还在使用，只是稍有改变。③

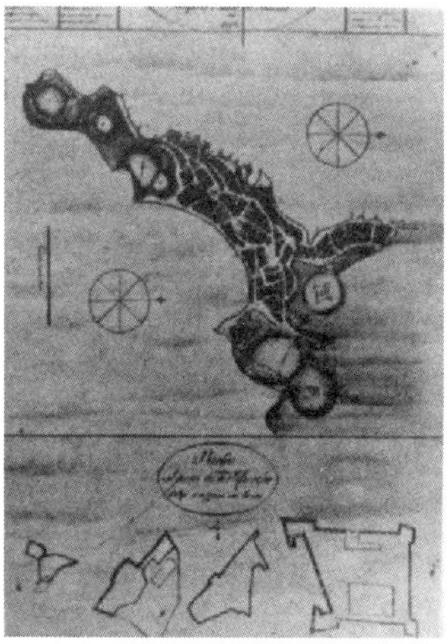

图 5－29　1808 年《澳门水文和地形图》

图 5－30　1829 年《澳门河域修改图》

① 澳门海事署编：《历代澳门航海图》，澳门：澳门海事署，1986 年，第 23～24 页。

② Almerindo Lessa, *Macau: Ensaios de Antropologia Portuguesa dos Trópicos*, Lisboa, 1996, p. 312.

③ Almerindo Lessa, *Macau: Ensaios de Antropologia Portuguesa dos Trópicos*, Lisboa, 1996, p. 312；澳门海事署编：《历代澳门航海图》，澳门：澳门海事署，1986 年，第 25～26 页。

1834，由英国海军部绘制、威廉·布拉姆斯顿（William Bramston）增改的《澳门市区及港口图》在澳门绘制完成（参见图5-31）。该图是一幅经过实地勘查测量，按照现代制图法完成的比较精确的澳门地图。图中还保留了极为详细的澳门城市及澳门军事资料，所载资料在澳门城市图中最为详细。图中标出的地名及建筑物达57处，其中有许多处不见于以往的地图中。如渡船街（Rua da Barca）、卢兜村（Chinese Village of Monchion）等。在东望洋山麓标有“渔人棚屋”。在水坑尾门右侧标有“炮兵营”，在水坑尾门稍南标有“主教花园”当即二龙喉花园。在嘉思栏花园下标有“嘉思栏庙广场（Campo of S. Francis）”。在关闸稍南标有“跑马场（Racing Ground）”，证明澳门赛马活动早已开展。又在炮兵营之东标有“板球场”，表明板球运动在此时已传入澳门。还在澳门半岛中部标有“东北面围墙”，从围墙线看，围墙东起东望洋山脉的尾端，西至圣保禄教堂的三巴门；半岛南部标有“西南面围墙”，这一段围墙很短，东起南湾炮台（即烧灰炉炮台），西至西望洋山麓。值得注意的是，这一时期澳门的“街市（Bazar）”则标在大码头与澳夷抽分馆（司打口）之间。[①] 该图提供了19世纪前期澳门城市发展的许多新资料。在阿尔默林多·雷萨（Almerindo Lessa）的《澳门》一书还公布了同一作者的绘于1840年的《澳门城市和港口图》（参见图5-32），包括36个注解和炮台图（东望洋炮台、妈阁炮台，大炮台，烧灰炉炮台和嘉思栏炮台）。但奇怪的是，雷萨称这幅图为收入1824年在伦敦出版的《Charter图集》中的第34幅。[②] 不明白为什么1840年绘制的地图会收入到1824年的地图集中？疑1824年有误。

图5-31 1834年《澳门市区及港口图》

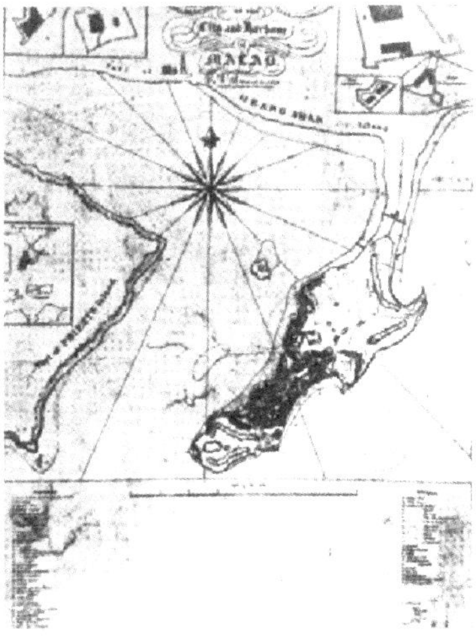

图5-32 1840年《澳门城市和港口图》

① ［瑞典］龙思泰著，吴义雄等译：《早期澳门史》，北京：东方出版社，1997年，第248页后附录10《澳门市区及港口图》。

② Almerindo Lessa, *Macau: Ensaios de Antropologia Portuguesa dos Trópicos*, Lisboa, 1996, p. 312.

1834年，德文海岸航图的澳门图（参见图5－33），是由著名的德国地理学家Heinrich Berghaus制作的，并收集在其亚洲地图集中。该图包括了南中国海岸的一部分，主要描绘广东至澳门与香港地区。小地图是一幅详细的澳门地图，配有五处重要景观的说明。[①]

1848年《澳门图》（参见图5－34）是一幅英文地图，图中的澳门城区、澳门城墙、教堂及政府公共设施都标示得十分清楚，北部莲峰庙、望厦村及众多的农田也有清楚的标示。该图转录自薛凤旋一书，但薛氏并未注明该图的原始出处，而且将该图进行修订和装饰，特别出现了标明各种颜色的图例，致使该图失去原貌。[②]

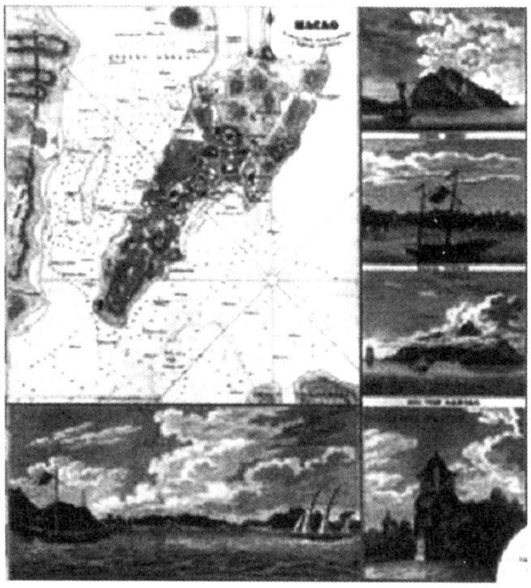

图5－33 1834年德文海岸航图的澳门图

图5－34 1848年《澳门图》

1865至1866年，雷德（W. A. Read）绘《澳门半岛及凼仔图》（参见图5－35）。1845年葡萄牙人正式侵占凼仔岛，并宣布凼仔港为自由港。1864年，在凼仔岛海岸填海，并批准开设字花厂。这是第一张将澳门半岛和凼仔岛放在一起的土地利用规划图，该图为原图的复制品，由戴维斯（Frederick C. Danvers）于1866年发表在《印度的葡萄牙人》一书的第2部中。[③]

1870年，科丁略（M. Azevedo Coutinho）绘制《1870年中国政府在澳门附近设立关卡形势图》（参见图5－36），图中标出了内港、外港和中国人的海关稽查点。由费尔南德斯（J. Gabriel B. Fernandes）于1883年在里斯本发表于《澳门史注解》一书中。[④]

---

① Die Chinesische Küste, *der Provinz Kuang-tung*, *zu beiden Seiten des Meridians von Macao*, *Heinrich Berghaus*, *Atlas von Asia*, Gotha: Justus Perthes, 1832－1843.

② 薛凤旋编著：《澳门五百年：一个特殊中国城市的兴起与发展》，香港：香港三联书店，2012年，第92页。

③ Almerindo Lessa, *Macau*: *Ensaios de Antropologia Portuguesa dos Trópicos*, Lisboa, 1996, p. 313；薛凤旋编著：《澳门五百年：一个特殊中国城市的兴起与发展》，香港：香港三联书店，2012年，第95页。

④ Almerindo Lessa, *Macau*: *Ensaios de Antropologia Portuguesa dos Trópicos*, Lisboa, 1996, p. 313.

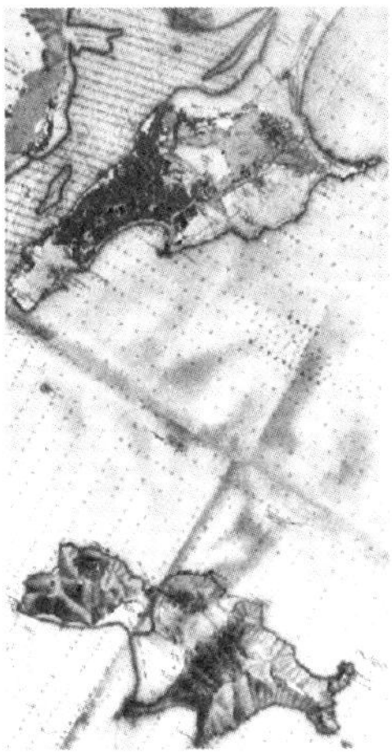

图5－35　1866年《澳门半岛及凼仔图》

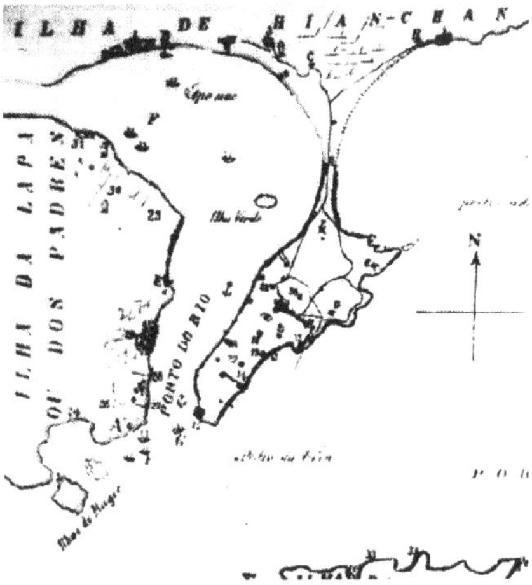

图5－36　《1870年中国政府在澳门附近设立关卡形势图》

1873年，《澳门半岛图》（参见图5－37）。这是一幅用葡文绘制的非常精细的《澳门半岛图》，但并没有公布绘制者，亦无介绍图中所标各外文字母的图示。[①]

1881年，爹美刁·施拿地绘《澳门半岛图》（参见图5－38），无说明文字。[②]

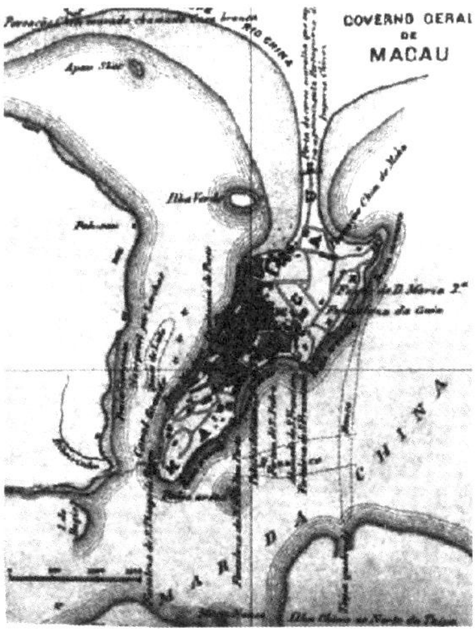

图5－37　1873年《澳门半岛图》

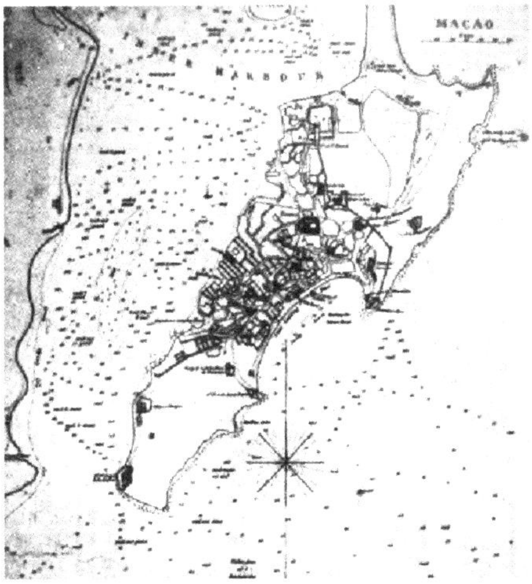

图5－38　1881年《澳门半岛图》

1884年，由里斯本国家印刷厂印刷的一幅葡文地图《澳门半岛及港口图》（参见图5－39），该图原件存于海军军务处。该图已经具有现代的因素，是所知最早的完美

① 薛凤旋编著：《澳门五百年：一个特殊中国城市的兴起与发展》，香港：香港三联书店，2012年，第98页。

② Almerindo Lessa, *Macau: Ensaios de Antropologia Portuguesa dos Trópicos*, Lisboa, 1996, p. 313；薛凤旋编著：《澳门五百年：一个特殊中国城市的兴起与发展》，香港：香港三联书店，2012年，第98页。

提到零水文深度的地图。图中标出了1884年的探测结果，并包括许多当时准备进行的海上和港口工程。图中还有些值得一提的细节：1）内港三角洲（一些人错误地叫西江）的人工测量，包括Pac Siac的一个堤坝；2）对于沙梨头内湾，只有一个内湾的空间，没有两个（沙梨头北湾和沙梨头南湾）；3）内港的停泊点已经编号，其中一个用于香港和广东的轮船停泊；4）关闸被命名为“攻占北山岭胜利纪念拱门”；5）在摩尔人兵营目前由治安警察第二分局驻扎；6）东望洋灯塔从1865年开始照明；7）计划修建三个防波堤，到南湾的、凼仔坡地到槟郎石及两个凼仔之间的防波堤，最后一个将要实现。①

1889年，海托尔（António Heitor）绘制的《澳门半岛图》（参见图5-40），由葡萄牙里斯本国家出版局1889年出版，为第F-11图。于中国签约承认葡萄牙对澳门的占有权之后两年，里斯本地理协会在葡萄牙出版这幅地图。该图色彩美丽，描绘了街道布局、重要建筑、墓地，并用阴影与等高线表示地势高低，用各种绿色表示田野。②

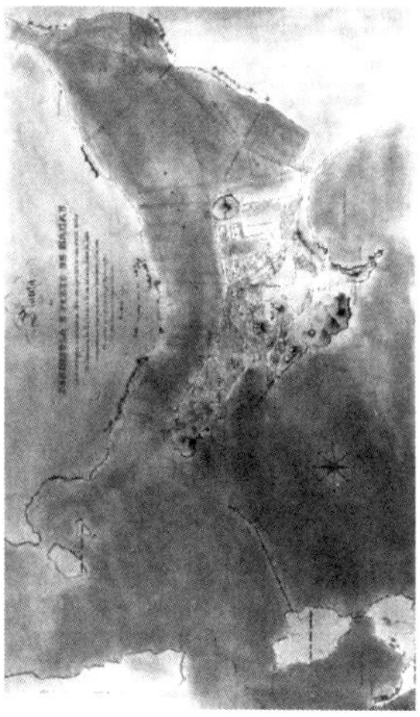

图5-39 1884年《澳门半岛及港口图》

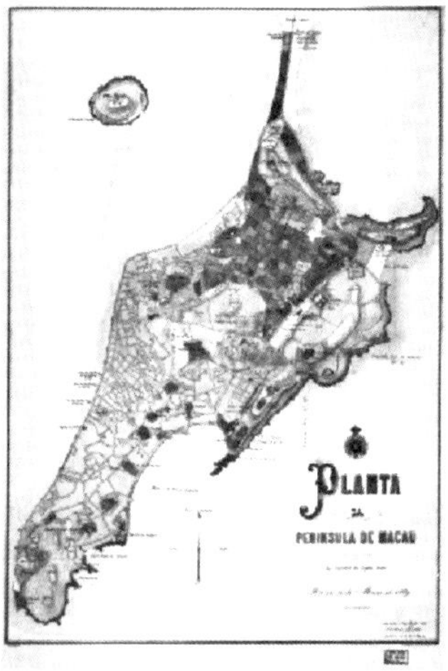

图5-40 1889年《澳门半岛图》

以上诸图的绘制基本都建立在英、法、德、葡等国人在澳门期间的海洋测绘基础上，若无探测、测量，就无法绘制上面这些精确度较高的澳门地图。由于测绘的技术与手段，以及拥有的设备与条件的进步，可以看出，这些地图对澳门地理内容的表现是越来越多，对澳门地图的表现是越来越精确。

最后，还有一位澳门的葡萄牙地理学家玛吉士（José Martinho Marques）及他的著

① 澳门海事署编：《历代澳门航海图》，澳门：澳门海事署，1986年，第29~30页。

② Almerindo Lessa, *Macau: Ensaios de Antropologia Portuguesa dos Trópicos*, Lisboa, 1996, p. 313; *Planta da Peninsula de Macau*, Lisboa: Sociedade de Geographia de Lisboa, 1889.

名地理学作品《新释地理备考》（又作《外国地理备考》），应引起我们注意。这部书是鸦片战争后第一部由外国人撰写的西方地理学著述，全书约20万字，分为10卷。书成后，备受中国学者的关注和重视，魏源就曾到澳门专访此书，并拜会作者，后将该书的主要内容收入到他的《海国图志》中。《海国图志》共引用了《新释地理备考》92处，近12万字的内容，可见《新释地理备考》对《海国图志》影响之深。《新释地理备考》分为10卷，卷1主要论述地理学、天文学和气象学知识；卷2主要论述包括火山、地震等各种自然现象；卷3为邦国法度原由，政治贸易根本，并介绍各个国家的起源和历史状况；卷4到卷10为地球总论及欧罗巴全志、亚细亚洲全志、亚非里加洲全志、阿塞亚尼洲全志，分别介绍了各大洲的政治、地理、经济现状。在撰写该书过程中，玛吉士参考了不少当时的西方地理学著作，如兰罗依斯（Hyacinte Langlois）的《地理学大词典》、巴尔比（Adr. Balbi）的《地理学》等。魏源曾对《新释地理备考》中的《欧罗巴全志》有极高的评价："《地理备考》之《欧罗巴洲总记》上、下两篇尤为雄伟，直可扩万古之心胸。"[①] 清末著名学者沈家本亦称："《地理备考》，大西洋玛吉士辑译。西人以地体为圆，故首述地球之说，以天下为五州，而述欧罗巴州为最详。其所说诸国先代事，荒渺难稽，至所记山川风俗物产之类，亦足备志乘也。书刊于道光二十五年。沿海各口通商处有之，内地未行也。"[②] 根据该书介绍的世界地理的内容，可以知道，该书介绍的地理和科技知识，都是当时最新最完备的知识，没有掺杂18世纪之前传教士地理学的神学观点。该书特别注重对欧洲部分的介绍，这符合当时的中国知识分子渴望了解世界先进科学文化技术的愿望，成为帮助他们了解世界的一个重要途径。[③]

第二节　传入澳门的西方技术及西洋奇器

16到19世纪传入澳门的欧洲科学技术以及科技产品甚多，本节仅以欧洲筑城、铸炮、造船、制钟表等技术及望远镜等进行介绍。

---

① （清）魏源：《海国图志》，《海国图志后序》，长沙：岳麓书社，1998年，第7页，书中把《新释地理备考》称为《地理备考》，把《欧罗巴全志》称为《欧罗巴洲总记》。

② （清）沈家本：《沈家本未刻书集纂》，北京：中国社会科学出版社，1996年，第1838页。

③ 参见吴震：《澳门土生葡人汉学家玛吉士与〈新释地理备考〉》，暨南大学硕士学位论文，2006年，第37～40页。

一、澳门的西方筑城技术

葡人1557年获允在澳门居留，欧洲早已度过中世纪，迈入早期近代，筑城术在欧洲已历经数百年演变。罗马时期因为攻城方式相较以往变化不太大，守城原则也趋于不变：

> 伯里克利（Pericles）时代以后，所谓的“多边形”建筑风格——建筑中保持石块不规则的形状——被放弃，而代以巨大的方形石块；早期的门是在墙上凿出的不规则的长方形门洞，后来，希腊人及随后的罗马人，建造了形状各异的巧妙门式迷宫，从而最大限度地暴露、拖延强行攻入的敌人；修建垛口以提高城墙的防御能力，并把城墙筑成台阶式，以便向进攻方未保护的右侧投掷石块、火器等；墙体的建筑结构更为复杂，常有一条、两条，或者更多条多层走廊，包括精巧的楼梯和塔楼间通道等；随着攻城机械的发展，防御设施也不断加强，包括至少三条深沟，同样多的同心城墙，并修建塔楼予以支持。其主要目的是从城内控制每座城墙，使进攻者攻城时不得不逐个应对。①

图5-41 尼西亚的防御性建筑剖面

而到14世纪和15世纪，封建时代后期，堡垒本身已经失去战术意义，静态防御方式不再是单个城堡的形式，而采用要塞型城市的形式。正如查尔斯·辛格等人所言，当火药和火器被引入战争后，一个不可避免的结果就是静态防御的技术发生了深刻的变化，直立的墙和塔楼尽管厚实，但经不住炮弹和地雷，而发达的中世纪晚期类型的

① ［英］查尔斯·辛格等主编，潜伟主译：《技术史》第2卷，《地中海文明与中世纪》，上海：上海科技教育出版社，2004年，第511页。

防御工事越是巨大和复杂，它们就越限制被围困者的主动攻击，甚至可以掩护攻击者免受投射物及被困者的突袭。① 一个有效的防御工事必须能够容纳几千人的队伍和大量的火炮，以及储备物质和装备，它需要道路和河流用于补给，出于这些原因，同时还考虑到为市民提供保护，设防城镇替代城堡成为新防御系统的中枢。众所周知，澳门城自其始建就试图建立成设防城镇的形式，或者说要塞型城市。

早在澳门未开埠前，葡人就曾试图在中国建立类似于印度的某种要塞，以图长期居住，便于贸易。1519 年 4 月，费尔南·安德拉德（Fernão Peres de Andrade）的弟弟西蒙·安德拉德（Simão de Andrade）获得国王唐·曼努埃尔的批准，开始中国之行。同年 8 月，西蒙·安德拉德船队抵达中国，在东涌停泊，就地贸易。于是他未经允许擅自修筑工事，建起炮台、堡垒，并将大炮置于要害处，以防海盗。② 这次事件可视为葡人最早在中国沿海建筑防御工事的行径。葡人索萨（Leonel de Sousa）与汪柏达成协议后 3 年，葡人开启澳门城市的始建。然而不同于其在印度和马六甲，葡萄牙并无征服明中国的能力，即使后来者西班牙有征服中国的打算，也仅是存留在个别狂热分子的大脑中。故而，1557 年葡萄牙人虽然从地方官员手中获得在此香山县半岛居留的权利，却未获得“筑城置炮”的许可。《1644 年前日本纪事》中即称，“1557 年时，有若干中国叛人凭据澳门，抄掠广州全境。省中官吏不能剿灭盗贼，求助于上川的葡萄牙人。葡萄牙人为数仅 400，赖天主及圣方济各之助，击散群盗。中国奖其功，许葡萄牙人在澳门停留居住，惟不许筑城置炮”。③

1568 年，澳门葡萄牙人协助明朝政府击败海盗曾一本。战后，葡人助战似乎为澳门人获得政治资本，海盗盛行也为修筑城墙提供适当借口，因此澳门居民都认为应当在澳门修建工事以自卫。在贾尼劳主教及耶稣会神父们的支持下，瓦斯·达·维依加（Tristão Vaz da Veiga）船长下令开始在澳门修建一道土坯围墙。④诚然，游荡于中国沿海的海盗尚不足以对澳门城构成真正威胁，简单的土坯城墙即可给予警示，然而 1601 年、1603 年荷兰人曾两次攻袭澳门，对此 1607 年 1 月 18 日，葡西联合国王颁布敕令，因荷兰人多次袭澳事件，下令澳门加强防御工事，决定在澳门建筑城台。⑤ 到 1622 年，方建成一座很小的炮台。马士加路也抵澳后，加快了妈阁炮台的扩建，在西班牙炮台

---

① ［英］查尔斯·辛格等主编，高亮华、戴吾三主译：《技术史》第 3 卷，《文艺复兴至工业革命》，上海：上海科技教育出版社，2004 年，第 255 页。

② 《若昂·德·巴洛斯亚洲史：旬年史之三》第 6 篇，第 2 章，转引自金国平编译：《西方澳门史料选萃（15—16 世纪）》，广州：广东人民出版社，2005 年，第 149 ~ 150 页。

③ António Francisco Cardim, *Relatione della Provincia del Giappone*, Rome: Nella Stamperia de Andrea Fei, 1645, p. 6.

④ ［葡］福鲁图奥佐著，范维信译：《怀念故土（第二篇手稿）》，载澳门《文化杂志》编：《16 和 17 世纪伊比利亚文学视野里的中国景观》，郑州：大象出版社，2003 年，第 161 ~ 162 页。

⑤ 西班牙西芒卡总档案馆，各省秘书处档，第 1551 号抄件，第 491、494 页。

专家费尔南多·莫拉莱斯（Fernando de Moranes）指导下建成。妈阁炮台位于澳门半岛西海岸南端西望洋山麓近妈阁庙的山崖上，用来保卫和控制内港的进出，与从南湾炮台到内港的城墙相连。城墙里也有指挥官的住宅和兵营、仓库和一些民宅。炮台有150步长，55步宽，形成一个非常漂亮的火炮发射台，高出海面5英寻。在炮台内部中央，有一水塘可储水3 000桶。炮台筑以围墙，墙上架有4门炮。①

凭借着自1568年以来断断续续的筑城，1622年时，澳门拥有简略的、不完整的土城墙，妈阁炮台、嘉思栏炮台、烧灰炉炮台和半个圣保禄炮台，最终以少胜多，结束了1622年荷兰人的军事进攻。随后澳门第一任总督马士加路也抵达澳门，他以更快的速度完成澳门军事防御体系：一是将没有合拢的城墙合拢，并修建城墙东北和东南角的碉堡，一共建有4个碉堡②；二是加紧建设各制高点的炮台，其中最重要的就是大三巴炮台。大三巴炮台规模巨大，四周是高墙，墙上环架数十门大炮，中间是空地，还附有一条与大炮台相通的夹墙。③ 到1629年时，一个较为完整的欧洲式的要塞城市已基本成形。

为了应对“北虏”的防御，明朝同一时期在军事防御的筑城方面也发生了很大的变化，嘉靖二十七年（1548）建立蓟镇后，北部12 700多里的长城沿线及其附近地区，便形成了以九个重镇为指挥中心的防守区域，史称“九镇”或“九边”。后来在改建蓟镇段长城中，戚继光采取了修建烽堠台，建空心敌台和改筑城墙相结合的方针。④ 例如，戚继光所创设的“空心敌台”，因地制宜，对于“山平、墙低、坡小、势冲之处，则密之；高坡、陵墙纸处则疏之”⑤，缓冲之处100到300步建筑一台，冲要之地30到50步建筑一台。台须骑长城城墙而建，务处台于墙之突，收台于墙之曲。突者受敌而战，曲者退步而守。⑥

---

① ［葡］科斯塔著，范维信译：《澳门建筑史》，载《文化杂志》（中文版）第35期，1998年，第23页；［葡］安东尼奥·博卡罗著，范维信译：《要塞图册》，载澳门《文化杂志》编：《16和17世纪伊比利亚文学视野里的中国景观》，郑州：大象出版社，2003年，第220页。

② 澳门博物馆编，曾永秀译：《与历史同步的博物馆：大炮台》，澳门：澳门博物馆，1998年，第50～52页。

③ 中央研究院历史语言研究所编：《明清史料》乙编第7本《澳夷筑城残稿》，上海：商务印书馆，1936年，第614页。

④ 王兆春：《中国科学技术史（军事技术卷）》，北京：科学出版社，1998年，第237页。

⑤ （明）陈子龙：《明经世文编》卷349，戚继光：《戚少保文集》卷4，《筑台规则》，北京：中华书局影印平露堂刊本，1962年，第3758页。

⑥ （明）陈子龙：《明经世文编》卷349，戚继光：《戚少保文集》卷4，《筑台规则》，北京：中华书局影印平露堂刊本，1962年，第3749页。

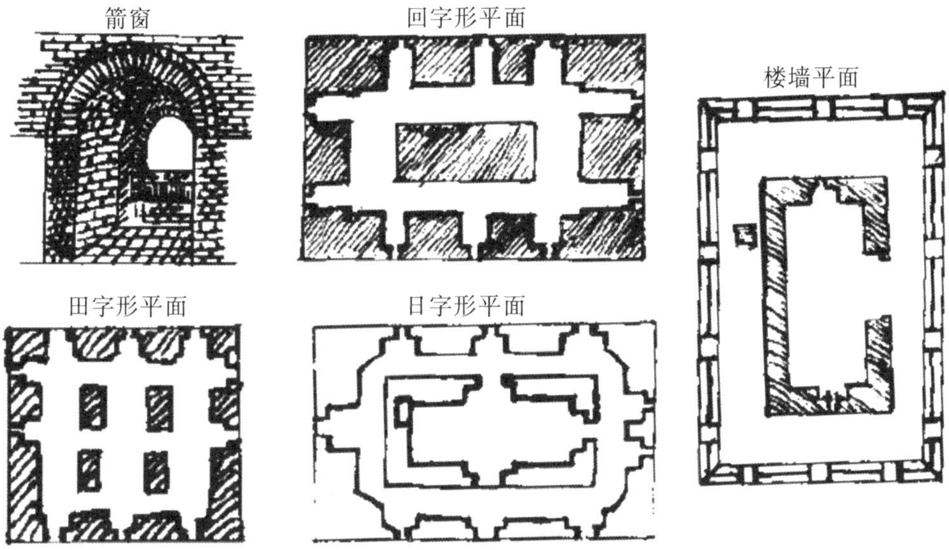

图 5－42　空心敌台的箭窗及台内平面布局①

与此同时，西方早期近代的要塞城市的建设，不同于以往城堡之防御体系。为了保卫城镇的四周，构筑那些比中世纪城堡耗费较少的工事也是需要的，但其功能已经改变，建造起来的城堡的围墙和堡垒是用来抵御炮兵攻击或登城的，这时的防御不像城堡那样，它主要依靠的不是阻止进攻的物质性障碍，而在于人力和火力。这就是要塞城市在城墙上构筑炮台的缘由。根据查尔斯·辛格等人的研究，要塞城市防御体系大部分源于意大利，这个问题引起了那个时代一些杰出头脑的兴趣，其中包括马基雅维利（Machiavelli）和达芬奇（Lonard da Vinci）。德国艺术家丢勒（Durer）也写过一篇关于防御工事的论著。② 西方也发展出了圆形塔楼和三角形乃至多角形凸面或凹面棱堡的建筑。自 1527 年意大利军事工程师桑米凯利（Sanimicheli Mechele，1484—1559）在意大利北部维罗那城创建两座棱堡后，棱堡建筑理论便纷纷问世。之后，桑米凯利的同行和后继者，马吉（Maggi Girolamo，1523—1572）和卡斯特里奥托（Castriotto Giacomo，？—1562）于 1564 年出版了《论城市设防》，阿尔吉西（Alghisi da Capi Galasso，1523—1573）于 1570 年出版了《论筑城》，③ 这些筑城理论直接影响到了整个欧洲大陆乃至英国的筑城实践。

---

① 王兆春：《中国科学技术史（军事技术卷）》，北京：科学出版社，1998 年，第 238 页。

② ［英］查尔斯·辛格等主编，高亮华、戴吾三主译：《技术史》第 3 卷，《文艺复兴至工业革命》，上海：上海科技教育出版社，2004 年，第 255 页。

③ 王兆春：《中国科学技术史（军事技术卷）》，北京：科学出版社，1998 年，第 242 页。

图5-43 1564年出版的《论城市设防》中的要塞城市图①

耶稣会会士进入澳门后，欧洲16世纪的筑城技术亦随之传入澳门。利玛窦在北京时，曾向徐光启传授欧洲筑城之法，据兵部尚书崔景荣言：“少詹事徐光启疏请速立敌台，其法亦自西洋传来。一台之设，可挡数万之兵。”② 而徐光启自己则称：“臣昔闻之陪臣利玛窦，后来诸陪臣皆能造作，闽广商民亦能言之。”③ 这就可以反映，到万历末天启初，欧洲的造城之法不仅传到了澳门，而且传入中国内地，而经由徐光启得以实践，依照西洋法铸造铳台。高一志到山西后，将意大利人马吉和卡斯特里奥托的《论城市设防》带进了山西，并和基督徒韩云合作将其译出，称为《西洋城堡志》，他们还在山西蒲城依照西洋法建起一座欧洲式的城堡。④ 高一志原名王丰肃，为意大利耶稣会会士，他对意大利的军事筑城技术十分熟悉，可以说是这方面的专家，他1604年第一次抵达澳门，1605年去南京，1618年被驱逐到澳门，1624年前往山西。他在澳门居停的时间正是澳门筑城的高潮时期，既然他可以指导山西的西洋筑城，笔者推测他在1618—1624年居澳期间一定对当时澳门葡萄牙人的筑城进行过技术性的指导。我们从下面三处城台的形制图就可以获得证明。

---

① Girolamo Maggi, Iacomo Castriotto, *Della Fortificatione delle Citta*, Venetia: Appresso Rutilio Borgominiero, 1564, p. 73.

② （明）徐光启著，王重民辑：《徐光启集》卷4，《练兵疏稿》2，附录2：《崔景荣等题为制胜务须西铳敬述购募始末疏》，上海：上海古籍出版社，1984年，第182页。

③ （明）徐光启著，王重民辑：《徐光启集》卷4，《练兵疏稿》2，上海：上海古籍出版社，1984年，第176页。

④ 汤开建：《〈守圉全书〉：明季晋绛天主教徒韩霖之西学传播》，载汤开建：《明清天主教史论稿二编：圣教在中土》上册，澳门：澳门大学出版社，2014年，第99～100页。

图 5-44　《论城市设防》中的城堡样式[1]

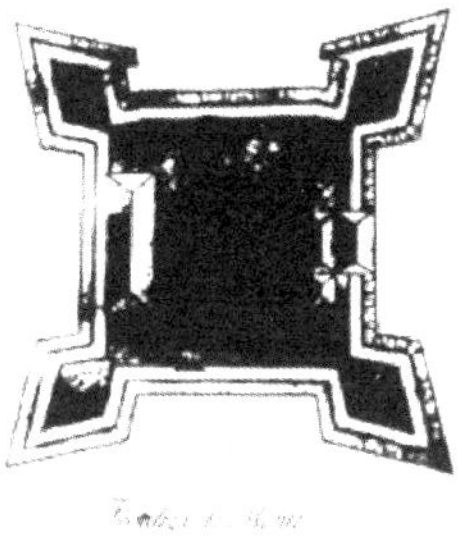

图 5-45　大三巴炮台城堡样式[2]

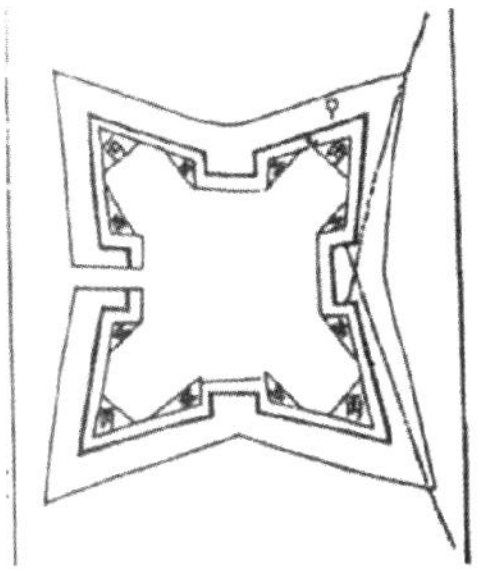

图 5-46　蒲城城台城堡样式[3]

对比以上三图，它们的共同特点就是，三者都是遵循了凸出棱堡的设计，都向四个方向延展出四处棱堡。这就可以清楚地看出，澳门的炮台与蒲城的炮台均是学习了欧洲棱堡建筑技术而完成的炮台样式。棱堡设计的意义在于，从棱堡可以沿着平行于主墙的方向射击，而棱堡的墙壁本身容易受到来自壁垒的纵向射击，为了保护很长的壁垒，就需要许多棱堡，棱堡内的地域必须足够大，能隐藏一定数量的军队和武器，所以就要依次从墙壁突出一些尖角来提供足够的侧面开火位置，从而防御点由规则和不规则的多角形防御工事的组合体系包围起来，由边界线构成的角度是经过计算设计的，可以提供高度集中的交叉火力。而这一欧洲筑城技术首先在澳门得以传播，且澳门的西洋筑城技术远近闻名，故陈仁锡言："见濠镜澳夷，所筑铳台，制度极精。"[4] 然后，通过传教士传入中国内地，而直接影响到中国北部防御和东南沿海防御的城堡及炮台的建设。在此值得一提的是，曾在澳门学习了西洋筑城技术的华人军事家何良焘。据沈弘之言：

> 铳台也，继彩[5]亲见于吕宋，而未究其说，徐公（徐光启）得于西洋人，明其说而未见其制。唯何良焘居乡（香）山嶴，为其人代笔，习见其铳与台，而悉其事理。至若孙初阳之造铳台也，则亦得于西洋人。[6]

何良焘，崇祯八年（1635）已任军前赞画，在浙江沿海参与清剿海盗；崇祯十一年

---

① Girolamo Maggi, Iacomo Castriotto, *Della Fortificatione delle Citta*, In Venetia: Appresso Rutilio Borgominiero, 1564, p. 78.

② 澳门博物馆编，曾永秀译：《与历史同步的博物馆：大炮台》，澳门：澳门博物馆，1998 年，第 73 页。

③ （明）韩霖：《守圉全书》卷 2 之 2，《设险篇》，上海图书馆藏明崇祯刻本，第 66 页。

④ （明）韩霖：《守圉全书》卷 2 之 1，陈仁锡：《纪京边造铳台》，上海图书馆藏明崇祯刻本，第 31 页。

⑤ 继彩，全名为伍继彩，是原居住于吕宋马尼拉的华人。伍继彩在马尼拉向西班牙人学习了西洋筑城和铸铳之法，特别是马尼拉的"极大铳"。后伍继彩至北京上书兵部，"自负有绝艺异铳，可以破虏，复河套、大宁、旧辽阳不难也"。被视为狂生，不用。后又投徐光启、孙元化。参见（明）范景文：《战守全书》卷 10，《守部》，北京图书馆藏明崇祯刻本，第 46～49 页。

⑥ （明）范景文：《战守全书》卷 10，《守部》，北京图书馆藏明崇祯刻本，第 49 页。

（1638）在宣大总督卢象升帐下任职，驻防北边。[1] 这位何良焘应该是当时全面掌握了欧洲人筑城和铸炮技术的华人军事家，比来自于吕宋的伍继彩，甚至比当时已掌握了西洋筑城技术的徐光启、孙元化等更胜一筹。

从上引马吉和卡斯特里奥托的《论城市设防》中的要塞城市图，我们可以看到，整个城镇由围墙围起来，在其上有三处凸出的棱堡，下部亦有几处，城市中有三座教堂分别管辖南部、西北和东北三个堂区，这便是16世纪乃至17世纪典型的信仰天主教的欧洲城镇图。安东尼奥·博卡罗的《要塞图册》中为我们提供了一幅澳门要塞图，将澳门要塞图与《论城市设防》中的要塞城市图进行比较，可以看出，虽然两者所绘城市的规模不同，但都是用棱堡式的建筑和围墙将整个城市包围起来，显然，澳门筑城的理念和设计均来自于意大利。

同时，我们还可将之与同时期葡属殖民地要塞城市进行对比，这就更可以看出澳门的筑城与下图的Bacaim要塞图、马六甲要塞图如出一辙。

图5－47 《要塞图册》中的《澳门要塞图》

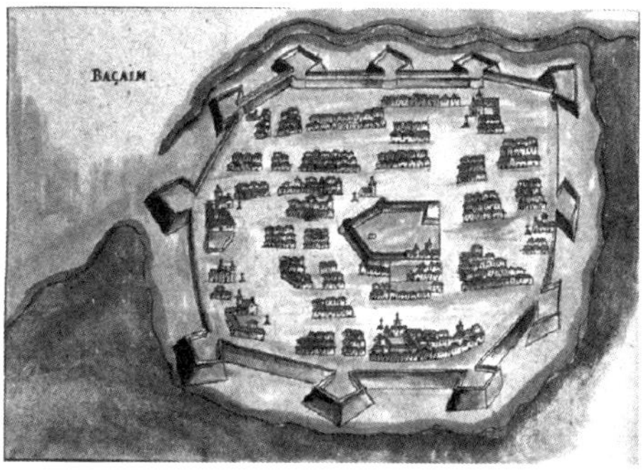

图5－48 《要塞图册》中的Bacaim要塞图

图5－49 《要塞图册》中的马六甲要塞图

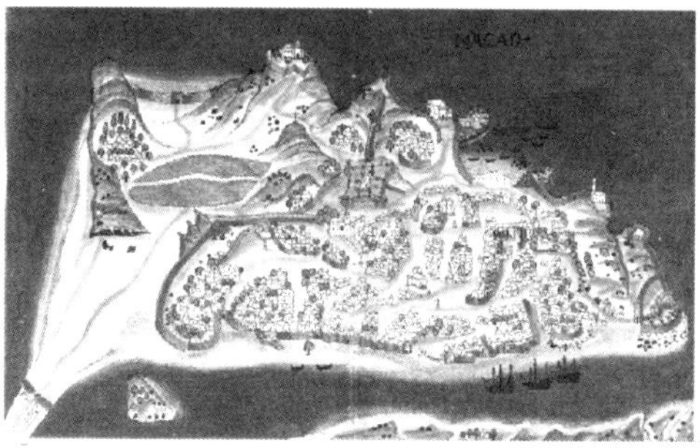

图5－50 1632年绘，1634年着色《澳门要塞图》

在安东尼奥·博卡罗的《要塞图册》中，还有一幅1634年由雷曾德神父完成的《澳门要塞图》，图5－50之《澳门要塞图》和图5－47之《澳门要塞图》虽然地理形

① 郑诚：《〈祝融佐理〉考：明末西法砲学著作之源流》，载《自然科学史研究》2012年第4期，第458～459页。

势、城市建设、防御设施都大同小异，但明显前者较后者城墙和堡垒及城内的建筑绘制得更为完备，从图5－50和图5－47我们都可以看出澳门城墙的建设已经基本完成，由凸出于城墙的棱堡所构造的圣地亚哥炮台、嘉思栏炮台、烧灰炉炮台和东望洋炮台已架设火炮，位于核心地带的大三巴炮台城围已基本完成，并架起了大炮（图5－47有城台无大炮），此时的澳门城堪似从欧洲整个迁移到中国国土的欧洲城市，从筑城和棱堡的建设皆体现了意大利筑城术从南欧到西欧再到澳门的影响。

二、澳门的西洋铸炮技术

过去有人说，16—17世纪是“枪炮帝国”在亚洲兴起的世纪，而葡萄牙人就是这一“枪炮帝国”的先驱。早在16世纪初，葡萄牙人就以精良的佛郎机铳的铸造技术闻名于亚洲。1505年10月，弗兰西斯科·阿尔梅达（Dom Francisco de Almeida）抵达印度并进驻科钦时，阿尔梅达的武器单上就记载，舰队配有3个铳的佛郎机炮468门，其中铜质316门，铁质152门。① 明末郑文郁亦对佛郎机炮有详细介绍，称“佛郎机大者二三百斤，小者数十斤，铜铁皆可为，铁者易锈，铜者为佳，铸造失法”。② 甚至在葡萄牙人未到中国之前，葡萄牙人的佛郎机铳就已经传入中国，并投入战争中使用。1510年9月到10月间，杨昆仑进犯仙游，“知县范珪檄义民魏升等御之。贼初至，营垒未定，伐木为栅，魏升同典史黄管纵火焚其栅，并以佛郎机炮百余攻之，杨昆仑败走”。③ 可见，佛郎机炮或其制造之法在葡萄牙人未入中国前，就早已流入中国内地。

澳门开埠以后，葡萄牙人很快就将他们优良的铸炮技术带入澳门。据安东尼奥·博卡罗《要塞图册》称：“澳门具有世界一流的铜、铁炮厂，铜炮厂开始很早，而铁炮厂则是在果阿总督利尼亚雷斯伯爵的命令下开办的。”④ 1557年葡萄牙人入驻澳门当年，就在半岛东部建起了一座造炮厂。《澳门界务说帖》称“1557年，中国政府方准葡人建设工厂于该岛之东。此为葡人在澳实行建筑之始”⑤，另郑舜功称葡人“市铜铸造大铳”⑥，霍与瑕亦称葡人“买马造铳”⑦，可见澳门开埠之初，葡人就已经在该地建

① Centro de Estudos Históricos Ultramarinos ed., *Documentos sobre os portugueses em Moçambique e na Africa central, 1497－1840*, Vol. 1, Lisboa: National Archives of Rhodesia and Nyasaland & Centro de Estudos Históricos Ultramarinos, 1962, p. 136.

② （明）郑文郁：《经国雄略·武备考》卷6，《火器·佛郎机铳》，哈佛燕京图书馆藏中文善本汇刊第20册影印明隆武潭阳王介爵观社刻本，桂林：广西师范大学出版社，2005年，第393页。

③ （清）陈寿祺：《道光重纂福建通志》卷267，《明外纪》，清同治十年刻本，第10页。

④ António Bocarro, Descrição de Macau, em 1635, in C. R. Boxer ed., *Macau na Época da Restauração*, Macau: Impresensa Nacional, 1942, p. 34.

⑤ 黄福庆主编：《澳门专档》第4册，《澳门界务说帖》，台北：台湾“中央研究院”近代史研究所，1996年，第81～82页。

⑥ （明）郑舜功：《日本一鉴穷河话海》下册，卷6《海市》，民国二十八年据旧钞本影印本，第6页。

⑦ （明）霍与瑕：《勉斋集》卷19，《处濠镜澳议》，华南师范大学图书馆藏清光绪丙戌重刊本，第83页。

立了某种小型铸炮厂。据1779年在澳门的商务代表喷士嶝称，澳门铸炮厂“于1561年由博卡罗创建”。[①] 1561年由博卡罗创建，肯定是错误的，因为当时博卡罗还没有来到澳门，但这里的1561年很可能指的是澳门在早期创建铸炮厂的时间，可能喷士嶝将创建者的名字搞混了。但可以证明澳门铸炮厂兴建于澳门开埠之初。

澳门早期虽然有小型铸炮厂，但当时澳门葡萄牙人的炮源主要还是来自于果阿。1607年1月18日，葡西联合国王颁布敕令，因荷兰人多次袭澳事件，下令澳门加强防御工事，决定在澳门建筑城台并“在果阿继续铸炮，为此下令从中国运来铜料”。[②] 葡萄牙人果阿的铸炮业非常发达，从果阿成为葡属亚洲贸易中心起，即已建起了生产大量枪炮的兵工厂。到16世纪末，果阿兵工厂进入了全盛时代。[③] 在果阿发达的铸炮业的影响下，随着澳门城墙及各炮台的修建，再加上明朝政府需要大量的西洋大炮抵御满洲，故派人来澳门购炮。以上诸因刺激了澳门铸炮业的发展，而当时的澳门铸炮厂就建于西望洋山半山间的竹仔室。泰昌元年（1620）张焘、孙学诗入澳购买的4门西洋大炮应即是这家铸炮厂生产。这些大炮必须由几名耶稣会会士押送至北京，因为只有他们才能用华语教中国人如何使用。[④] 龙思泰称，1621年就有澳门铸炮厂生产的大炮。[⑤] 当时的铸炮工人多为广东工匠，天启元年（1621）兵部尚书崔景荣称：“广中有工匠曾在嶴中打造者，亦调二十余人，星夜赴京。”[⑥] 天启四年（1624）吏部给事中陈熙昌上奏章称：“（澳门）打造铜铳、铜弹、刀钰，千船万艘，皆径河塘、马滘、坑尾等村之民。”[⑦] 澳门铸炮厂不仅制造火炮，还生产炮弹、火药。龙思泰称“他们自己制造火药，铸造枪炮，在南湾炮台附近西南部围墙里面，他们制造火药，并从1639年开始，将其存放在大炮台”。[⑧]

中世纪最为巨大的军事技术发展非火药和火炮莫属。火器作为战争中起决定性作用的武器，首先在欧洲得到迅速发展。到1325年，火炮可能已运用于战场。早期的火炮很小，大多重量不超过20～40磅，即使在14世纪晚期，150磅重的火炮就可称为大

---

① Louis Dermigny, *Les Mémoires de Charles de Constant sur le Commerce à la Chine*, S. E. V. P. E. N, Paris: 1964, p. 152.

② 西班牙西芒卡总档案馆，各省秘书处档，第1551号抄件，第491、494页。

③ Teotonio R. De Souza, *Medieval Goa: A Socio-Economic History*, New Delhi: Concept, 1979, p. 110; François Pyrard de Laval, *The Voyage of François Pyrard of Laval: to the East Indies, the Maldives, the Moluccas and Brazil*, Vol. 4, Cambridge: Cambrigde University Press, p. 34.

④ C. R. Boxer, *Portuguese* Military Expeditions in Aid of the Mings against the Manchus, 1621 - 1647, in *Estudos para a História de Macau, Séculos XVI a XVIII*, Lisboa: Fundação Oriente, 1991, p. 111.

⑤ ［瑞典］龙思泰著，吴义雄等译：《早期澳门史》，北京：东方出版社，1997年，第37页。

⑥ （明）徐光启著，王重民辑：《徐光启集》卷4，《练兵疏稿》2，附录2《崔景荣等题为制胜务须西铳敬述购募始末疏》，上海：上海古籍出版社，1984年，第182页。

⑦ （明）高汝栻：《皇明续纪三朝法传全录》卷13，《天启四年吏科给事陈熙昌奏》，四库禁毁书丛刊补编第11册影印明崇祯九年刻本，北京：北京出版社，2005年，第139页。

⑧ ［瑞典］龙思泰著，吴义雄等译：《早期澳门史》，北京：东方出版社，1997年，第37页。

型火炮了。在查理二世（1367—1400）时期，为伦敦塔购买的火炮，每门重达 300 ~ 400 磅，甚至达 600 磅，其中一些火炮采取了新的铸造方法。① 16 世纪后期，英国已经采用铸造整体炮身的技术。17 世纪初，瑞典国王古斯塔夫二世（Gustavus Ⅱ）时期，曾大量发展快速机动和集中使用的 90 磅轻型火炮，使用能简化发射手续和提高射速的纸筒炮弹。同时，英国也已开始将火炮区分为攻城炮、岸防炮和野战炮。其中野战炮又有重型、中型、轻型之分。它们的口径为 2.54 ~ 21.6 厘米，炮重为 300 ~ 8 000 磅，弹重为 0.5 ~ 66 磅，装药量为 0.75 ~ 30 磅，射程为 300 ~ 2 600 米。该阶段，西班牙和葡萄牙为了保住海上强国桂冠，建立了全国性的兵工厂。② 值得一提的是，海军用的火炮和陆地上所用的非常相似，尽管炮管一般要短些，但安装在军舰的低甲板上威力很大。16 世纪地中海各势力所用火炮可简要分为四类：1）大型锻铁火炮；2）小型旋转火炮；3）炮口填充铜铸火炮；4）铸铁火炮。③ 当时澳门闻名远东的博卡罗铸造厂所造火炮主要是第三类，即铜铸火炮，一般由炮口填充。

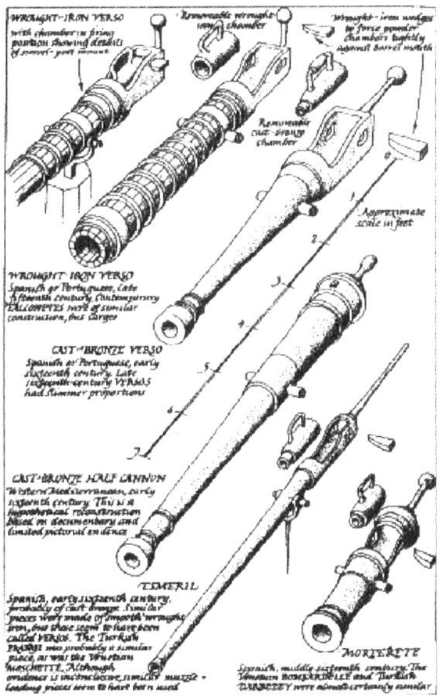

图 5 – 51　地中海国家海军所用火炮种类④

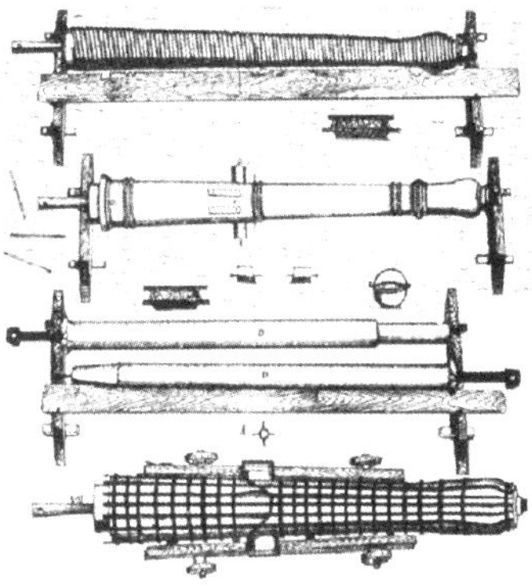

图 5 – 52　火炮模具制造准备的两个阶段：模具的型芯；绑着铁条即将填充的完整模具

① ［英］查尔斯·辛格等主编，潜伟主译：《技术史》第 2 卷，《地中海文明与中世纪》，上海：上海科技教育出版社，2004 年，第 517 页。

② 王兆春：《中国科学技术史（军事技术卷）》，北京：科学出版社，1998 年，第 212 页。

③ John Francis Guilmartin, *Gunpowder and Galleys*, *Changing Technology and Mediterranea Warfare at the Sea in the 16th Century*, London: Conway Maritime Press, 2003, p. 168.

④ John Francis Guilmartin, *Gunpowder and Galleys*, *Changing Technology and Mediterranea Warfare at the Sea in the 16th Century*, London: Conway Maritime Press, 2003, p. 170.

14 世纪中期不久，欧洲就已经能制造铜制大型火炮，处理大量熔化金属的工艺在 15 和 16 世纪得到了巨大发展。现存证据说明，同样的铸造方法一直使用到 1750 年。[①] 现留存一份 1453 年用于围攻君士坦丁堡的大型火炮的铸造记录称：

取一定量厚实的黏土，要尽可能的纯净和松软，通过几天的揉捏让它变得容易塑造。通过加入亚麻、大麻和其他纤维使得大量的黏土团块紧固在一起，让其不容易碎裂。把它加工成坚硬、致密的一大块。然后制成一个圆柱作为模子的型芯。另造一个（中空的圆柱体）用以容纳型芯，不过更大一些，以便于在两者之间留下一个空间：这个空间是用来注入熔炉中熔化的青铜，使之形成火炮的形状。外面那一层（模子）用同种黏土制成，但是用铁皮、木材、泥土和石头整个包滚起来，起到加固的作用，以免很重的青铜压迫模子损坏炮身。然后他们建起两个熔炉，在模子的每边各一个，并且紧挨着模子。这些熔炉建造得非常坚固，内部用砖和非常厚实的、性能很好的黏土加固，外部用大琢石和水泥建造。他们把大量的铜和锡投入熔炉，约有 1 500 泰伦特（37 吨）重。再投入木炭和木材，使得在金属的上面、下面等所有部位都覆盖木炭和木材。最后是风箱，不间断地工作三天三夜，直到整个青铜熔化，成为像水一样的液体。然后打开出口，青铜通过泥土管道流入模子中，直到注满，内部的圆柱体上就会覆盖 30 英寸厚的金属层。[②]

最早系统论及铸炮的可能仍然是意大利人。比林古乔（Vannoccio Biringuccio，1480—1539）于 1540 年出版了《火术》（*De la Pirotechnia*）一书，该书被学界认为是史上第一本阐释冶金术的著作。比林古乔在该书第 6 篇中描述了浇铸青铜的方法。[③]

关于澳门博卡罗铸炮厂最早的记录应可追溯到第一任总督马士加路也，不过铸炮人员却是中国人，而非澳门葡人，所铸火炮也非铜炮而是铁炮：

1623 年 10 月 13 日，总督与留发汉人、铸铁匠人有苍、德泉签订合同，为总督铸造所有他下令铸造的火炮。条件如下：提供铁、炭、鼓风人员及铸造场所。每百斤铸造费用为 3 帕尔达乌（pardaus）。若实验时有炮炸毁，铸造者必须将其熔为铁丸，不再付费。每铸百斤支付二经纪人（不含翻译费用）1 番银（pataquinha）。不铸造 30 至 40 担以上的火炮。经纪人为平鸿、任泉。众人画押。[④]

当时葡人在亚洲所用大炮几乎都是铜炮，欧洲国家在整个 15 世纪都在尝试发展铸造铁炮，然而成果却不大，到 16 世纪仍然在锻造铁炮，据阿·卡尔多索（A. Cardoço）上

---

① ［英］查尔斯·辛格等主编，高亮华、戴吾三主译：《技术史》第 3 卷，《文艺复兴至工业革命》，上海：上海科技教育出版社，2004 年，第 250 页。

② ［英］查尔斯·辛格等主编，高亮华、戴吾三主译：《技术史》第 3 卷，《文艺复兴至工业革命》，上海：上海科技教育出版社，2004 年，第 250～251 页。

③ Vannoccio Biringuccio, *The Pirotechnia of Vannoccio Biringuccio: The Classis Sixteenth-Century Treatise on Metals and Metallurgy*, Translated and Edited by Cyril Stanley Simth and Martha Teach Gnudi, Courier Dover Publications, 1959, pp. 212－275.

④ BPADE/cód. CXVI 2－5, fls. 272－273.

尉说，在葡国符合规格的铁炮只是在1547年才开始铸造。这是因为欧洲仍未掌握把生铁锻造成熟铁的技术，直到17世纪，能产生更高温度的煤才开始代替炭作为提炼铁的燃料。① 因此葡人广泛使用铜炮乃不得已的选择，马士加路也铸造火炮时就借用中国匠人对熟铁锻造的掌握，试图铸造铁炮。1625年前澳门铸炮厂为西班牙人经营，当时由马尼拉派来的铸炮师费尔南德斯（Pellajo Fernandes）主持该厂工作。据西班牙文档案，当时马尼拉总督法哈多（Alonso Fajardo）给澳门送去了6门大炮，“还送去一位杰出的铸炮师，因为他们刚建成一个铸炮厂”。② 可以看出，1625年澳门境内流通的西洋炮和欧洲技术多是从马尼拉西班牙而来。

1625年曼努埃尔·博卡罗（Manuel Tavares Bocarro）抵达澳门时，此时澳门已经有一间铸炮厂，他称这个西班牙的铸炮师和厂长是“外行”，因不善于利用铸炮厂，亏损巨大。所以，葡印总督派遣曼努埃尔·博卡罗来澳门取代此人，博卡罗的任务是铸造一切澳门建筑城台及其他工务所需要的大炮。博卡罗家族是果阿的铸炮世家，到塔瓦雷斯已为第三代。其祖父弗朗西斯科·迪亚斯（Francisco Dias）于16世纪中叶作为木匠来到果阿，后进果阿铸炮厂，至1560年时升为铸造师。1588年，其子佩德罗·迪亚斯（Pedro Dias Bocarro）接任父职成为葡印火炮铸造师。佩德罗有二子，次子曼努埃尔·塔瓦雷斯（Manuel Tavares）后也成为著名的大炮铸造师。他初至澳门时，仅为铸炮厂普通员工。1626年由他掌管铸炮厂。后来多称为博卡罗铸炮厂的澳门铸炮厂不是私人企业，而是属于王室的机构，其经费来自日航贸易利润，业主也是澳门议事会。铸炮厂的葡语正式名称为“澳门王家铸造厂”（Fundição Real de Macau），其负责人的正式称呼为王室铸造师（Mestre da Fundição Real）。铸造厂所需的原材料由王家财政局（Fazenda Real）提供，产品亦由它经销，1630年前主要生产铜炮。③ 澳门当地人称该铸炮厂为“博卡罗铸炮厂”。精通铜炮技术的博卡罗向广东工匠学习铸铁炮技术，他很快就掌握了这一门技术，并同葡印总督签订了一份铸造100门铁炮的合同。1634年时博卡罗铸炮厂铸造铁炮一举成名，并完成订单。④ 17世纪30年代中到40年代中，是澳门博卡罗铸炮厂铸炮业发展最为鼎盛时期。安东尼奥·博卡罗《要塞图册》对当时澳门装置的西洋大炮有着极为详细的描写：

> 圣地亚哥炮台，那里也有火炮，两个地方都有很粗的火炮；烧灰炉炮台，有6门火炮，1门发射20英磅炮弹的铜制科鲁布里纳炮（Colubrina），1门发射30英磅炮弹的铜制火炮，1门发射10英磅炮弹的中型科鲁布里纳炮，2门发射18英磅炮

---

① 黄洁娴：《明末葡国铸炮业在澳门与中西关系》，澳门大学硕士学位论文，1998年，第12页。

② Emma Helen-Robertson Blair and James Alexander eds., *The Philippine Islands 1493 – 1898*, Vol. 22. Cleverland, Ohio: The Arthur H. Clark Company, 1905, p. 137.

③ 里斯本海外历史档案馆，海外委员会抄件，第79簿；ANTT/Livros das Monções, liv. 41, fl. 163.

④ ANTT/Livros das Monções, liv. 43, fl. 43.

弹的小型炮，均是铜制，发射铁弹，还有1门发射8英磅炮弹的铁炮，发射铁弹；西望洋炮台，有2门铜制萨格雷斯（Sagres），每门发射7英磅铁弹；嘉思栏炮台，有6门铜制火炮。2门发射20英磅炮弹的科鲁布里纳炮，1门发射30英磅炮弹的火炮，2门发射20英磅炮弹的中型火炮，1门发射18英磅炮弹的小型火炮，所有这些炮均用铜制造，发射铁弹。嘉思栏炮台下面还有1个火炮发射台，那里有1门发射35英磅铁弹的科鲁布里纳炮，这是本市最大的火炮；南湾炮台，置1门发射18英磅铁弹的小型铜炮；东望洋炮台，置火炮5门。1门发射8英磅炮弹的旧式科鲁布里纳炮，1门发射6英磅炮弹的旋转火炮（Pedreiro），3门各发射9英磅铁弹的萨格雷斯炮，所有炮均铜制；大三巴炮台，火炮共有18门，都是铜制。发射35英磅炮弹的王家科鲁布里纳炮1门，发射20英磅炮弹的科鲁布里纳炮1门，发射12英磅炮弹的中型科鲁布里纳炮2门，发射18英磅炮弹的中型科鲁布里纳炮1门，发射30英磅炮弹的科鲁布里纳炮2门，发射20英磅炮弹的中型火炮7门，发射25英磅炮弹的中型火炮1门，发射18英磅炮弹的小型火炮3门，以上各炮都安放在铁制炮座上，非常牢固；圣彼得罗堡垒，有发射7英磅炮弹的萨格雷斯炮2门；圣若奥堡垒，有发射18英磅炮弹的小型火炮1门和发射8英磅炮弹的旧式中型科鲁布里纳炮1门，它们都是用铁弹；炮兵中还有发射25英磅的铜制特拉布科炮（Trabucos）4门，发射7英磅炮弹的铁炮3门，铜制法尔孔炮（Falcoes）5门，铜制贝尔索炮（Bercos）3门，铁制法尔孔炮2门，铁制科拉布科炮1门，这些都随时准备调往需要的地方。本澳门市有73门炮，还有许多门已经造好，是属于私人或陛下的。①

在博卡罗描述中，他提到了8种火炮，依次是：1）铜制科鲁布里纳炮（Colubrina）；2）铜制萨格雷斯炮（Sagres）；3）旋转火炮（Pedreiro）；4）铜制特拉布科炮（Trabucos）；5）铜制法尔孔炮（Falcoes）；6）铜制贝尔索炮（Bercos）；7）铁制法尔孔炮；8）铁制科拉布科炮。

科鲁布里纳炮，英语中一般称为Culverin，中世纪已有，炮身较长，故多称为“蛇炮”。葡语中Colubrina一般又分为两类，即王家科鲁布里纳炮（Colubrina Real）和普通科鲁布里纳炮（Colubrina Ordinaria），王家科鲁布里纳炮是此类炮中最为巨大的，通常发射20磅炮弹，普通科鲁布里纳炮则一般发射15磅炮弹。② 显然澳门火炮一般较普通规格更大，大三巴的王家科鲁布里纳炮甚至发射35磅炮弹。

萨格雷斯炮，英语为Saker，猎隼炮，为中型火炮，较蛇炮小，于16世纪初期出

---

① ［葡］安东尼奥·博卡罗著，范维信译：《要塞图册》，载澳门《文化杂志》编：《16和17世纪伊比利亚文学视野里的中国景观》，郑州：大象出版社，2003年，第220~223页。

② António Vieyra, *A Dictionary of the Portuguese and English Languages*, J. Nourse, 1773. “Colubrina real” and “Colubrina ordinária”.

现，多为英格兰使用，该时期多装配于探险用船只。

旋转火炮，英语中称 Swivel Gun，为小型火炮，比萨格雷斯炮更小，安置在一固定平台上，可旋转一定的空间。在上文所罗列的地中海海军使用火炮中即有此类。

特拉布科炮，博克塞也译作 Swivel-Gun，似乎与旋转火炮类似。特拉布科炮分为铜制和铁制两种。

法尔孔炮，被译为 Falcon，是某种隼炮，轻型炮。法尔孔炮也分为铜制和铁制两种。

贝尔索炮，被译为 Falconet，也是某种隼炮，轻型炮。

博卡罗还称，澳门火炮有 73 门，并在不断增加。上述的所有炮都应该是当时博卡罗铸炮厂生产出来的西洋大炮。龙思泰称："在这座要塞的大炮中，还可以看到博卡罗于 1621 年铸造的大炮。"① 澳门通过博卡罗铸炮厂将西方的铸炮技术与中国的冶铁技术结合起来，铸造了一大批质优性良的西洋大炮，将西方铸炮技术在澳门发挥到极致。

至 1638 年底，博卡罗铸炮厂又生产了约 200 门铁炮。② 1640 年，在澳门议事会给菲利普国王的信中，议员们以适中的骄傲语气称，这座城市在 4 座王室炮台和 5 个堡垒处武装着 70 门大炮，炮弹有 12 到 40 磅；另有 20 门野战炮，防御工事、防御性障碍物和堑壕都配备良好；有能加工所有金属的精良铸造厂和大规模的火药工厂。③ 至明末时，博卡罗铸炮厂已发展到相当规模。1642 年时，澳门为表示对葡国新国王的效忠，一次性运去澳门所造铜炮达 200 尊，足见当时澳门铸炮厂的规模。④

澳门博卡罗铸炮厂，实际上同果阿一样，是一家兵工厂。铸炮厂不仅可以铸造铜、铁炮，还可以铸造火枪，1648 年，澳门议事会曾用船运 100 支火枪送给庞天寿支援南明王朝，这 100 支火枪亦是当时澳门铸炮厂所造。⑤ 1685 年 8 月，暹罗国王派船來澳门请求用货物物交换滑膛枪，"澳门接受请求，利用华人工匠为暹罗制造了滑膛枪"。⑥ 还有一种大概是手枪的"机铳"，也是澳门制造的。屈大均《广东新语》卷 16 载：

> 机铳，名觌面笑，镘藏于衣被之中，而突发于咫尺之际，杀机不测，良可寒心。其制也，小石如豆，啮度函外，铁牙摩戛，火透函中。盖皆精铁分合而成，分之二十余事，邈不相属；合之各以牝牡橐龠相茹，纳纽篆而入蜗户。栝转相制，外以五六铁匝匝之，大四寸，围长六七寸，以带系置腰间，带有铜圈，可插机铳二十枚，铅弹亦怀于身，用时乃入，弹重八九分，用止二枚不可多，多则坏铳。

---

① ［瑞典］龙思泰著，吴义雄等译：《早期澳门史》，北京：东方出版社，1997 年，第 37 页。

② ANTT/Livros das Monções, liv. 43, fl. 163.

③ José de Jesus Maria, *Ásia Sínica e Japónica*, Vol. I, Macau: Instituto Cultural de Macau, 1988, p. 224.

④ ［葡］施白蒂著，小雨译：《澳门编年史：16—18 世纪》，澳门：澳门基金会，1995 年，第 50 页。

⑤ Albert Chan, A European Document on the Fall of the Ming Dynasty: 1644 - 1649, in *Monumenta Serica*, No. 35 (1981 - 1983), pp. 75 - 109, Manuel Teixeira, *Macau no Sec. XVII*, Macau, 1982, p. 88.

⑥ *Arquivos de Macau*, 2ª Série, Vol. I, No. 2, Macau, 1941, pp. 73 - 74.

危急时，一人常有而是铳之用，百不失一，此亦防身之奇技也。①

这种机铳亦应是澳门博卡罗铸炮厂生产。该铸炮厂还生产铜钟，澳门有多家教堂的铜钟由该厂出品，1909 年，澳门圣老楞佐教堂还保存有一个博卡罗铸炮厂铸的钟，铭文如下：ave virgo gratiosa，stirpe nata generosa，castitatis lilium，sancta maria piarium piissima，intercede pro nobis sanctarum sanctissima bocarro，1633。② 故喷士噔 1629 年时称该厂为“铸炮和钟的工厂”。③ 博卡罗铸炮厂还有一个生产火药的作坊，里贝罗·罗德里格斯根据葡文档案介绍了这个火药作坊内部的情况：

在澳门，博卡罗在一个叫烧灰炉的地方建立过一个火药工厂。它的作坊有下列设备：1 张研磨火药用的工作台，2 个研磨火药用的磨杵，1 个带托盘的天平，4 个分别重 3 磅、2 磅、1 磅和半磅的铅砣，2 个小称盘，3 个大萝，2 个蜡烛用的铜模子，1 个筛子，2 个引信装填台，18 个装引信的通条，1 个筛硝石的细筛子，3 个笊篱，1 个提炼硝石的大锅，7 个提炼硝石用的口袋，2 个铁三脚架，1 个钢锅，3 个木铲，10 个用于做火炮弹夹的木模具，22 个做迫击炮和火枪弹夹的模具，装填爆竹用的通条，1 个导火线线轴，24 个木喷头，6 把剪刀，12 个漏斗，10 个组装用的托盘，4 个组装用的大箱子，1 个日晷，1 个三角板，1 个水平仪，1 个计算器，1 个直脚圆规和 1 个弯角圆规。工厂的生产用料有：火药、硝石、硫黄、纸、烧酒、酒精、沥青、焦油、松节油、树脂、细布、做引信用的马口铁和灯。④

很明显，这就是一座为博卡罗铸炮厂生产炮弹与枪弹的工厂作坊。

据安东尼奥·博卡罗《要塞图册》称，博卡罗铸造的炮为澳门及王室金库提供了巨大的收益，因为每年葡印总督都命令澳门向印度运去大量的铁制和铜制火炮。1656 年，博卡罗全家返回果阿，博卡罗铸炮厂遂告终结。而随着博卡罗铸炮厂的关闭，澳门之铸炮业也随之衰微。⑤ 龙思泰称：“直到 18 世纪初，澳门仍有很好的铸炮技术。”⑥ 1727 年，英国商人亚历山大·汉密尔顿（Alexander Hamilton）在《东印度新记》中记载了澳门火炮：

我见过最大的铜炮，就装在城市的一些炮台上。出于好奇，我测量了其中 1 门炮（众多炮中的 1 门），发现从后膛到炮口有 23 呎，其炮孔直径有 9.25 吋，其

---

① （清）屈大均：《广东新语》卷 16，《器语》，北京：中华书局，1985 年，第 444 页。

② Manuel Teixeira，Os *Militares de Macau*，Macau：Imprensa Nacional，1976，p. 131.

③ Louis Dermigny，*Les Mémoires de Charles de Constant sur le Commerce à la Chine*，S. E. V. P. E. N，Paris：1964，p. 152.

④ Manuel A. Ribeiro Rodrigues，*400 Anos de Organização e Uniformes Militares em Macau*，Macau，Insitituto Cultural de Macau，1999，pp. 188 - 189.

⑤ ［葡］瓦尔德斯·托斯·桑托斯（Valdez dos Santos）：《铸造专家博卡罗》，第 60 页，转引自金国平、吴志良：《镜海飘渺》，澳门：澳门成人教育学会，2001 年，第 283 页。

⑥ ［瑞典］龙思泰著，吴义雄等译：《早期澳门史》，北京：东方出版社，1997 年，第 37 页。

固体金属的重量有12 250英磅。①

直到1779年，在澳门的法官商务代表喷士噔还称："澳门过去曾有一家设备精良的铸炮和钟的工厂，由自日本进口的铜供应原料。"② 可以反映，设备精良的博卡罗铸炮厂到1779年时已经消失。

在17—18世纪中，澳门博卡罗铸炮厂生产的优质火炮在海内外产生了重大影响，获得了很高声誉。③ 西洋火炮作为铸炮术付之于运用的产品，其在澳门的存在不仅体现在驻澳门城，更体现在澳门西洋火炮对中国内地，甚至对东南亚、印度及欧洲的影响。

万历四十七年（1619）徐光启主持通州练兵后，开始注重西洋火器之使用，④ "乃贻书于广东香山嶴西洋人，乞其大铳，送以四位"。⑤ 不仅在澳门购西洋炮，而且调澳门葡萄牙的铸炮师和炮手进京：

> 先是，太仆少卿李之藻以西洋炮可用，请调澳夷教习。上从之，以数万金调澳夷。⑥

这四门西洋炮运进中国，对中国火器革命产生很大影响。明人陈震生《火器》称："今有西洋炮，又一大变也。此炮从广东香山澳募到极大者四门。"⑦ 1626年4月14日，天启帝敕封"宁远之捷"击毙虏酋的西洋炮为"安国全军平辽靖虏大将军"。这门西洋炮就是泰昌元年（1620）澳门葡人捐赠的四门大炮中的"第二位"。⑧ 明廷对葡人进献的西洋大炮加封，表明明廷希望笼络澳门葡人而获得更多的军事援助。1627年11月10日，一支由葡萄牙军官公沙·的西劳和掌教陆若汉率领的32人的西洋铳师队伍携带大铜铳3门、大铁铳7门、并鹰嘴护铳30门从澳门出发前往北京。铳师与大炮到达广州

---

① C. R. Boxer, *Fidalgos in the Far East (1550 - 1770), Fact and Fancy in the History of Macau*, The Hague: Martinus Nijhoff, 1948, p. 202.

② Louis Dermigny, *Les Mémoires de Charles de Constant sur le Commerce à la Chine*, S. E. V. P. E. N, Paris: 1964, p. 152.

③ Manuel A. Ribeiro Rodrigues, *400 Anos de Organização e Uniformes Militares em Macau*, Macau: Insitituto Cultural de Macau, 1999, p. 184.

④ （明）徐光启著，王重民辑：《徐光启集》卷3，《练兵疏稿》1，上海：上海古籍出版社，1984年，第125页。

⑤ （明）范景文：《战守全书》卷12，《守部》，北京图书馆藏明崇祯刻本，第28页。

⑥ （明）茅元仪：《督师纪略》卷12，四库禁毁书丛刊史部第36册影印明末刻本，北京：北京出版社，2002年，第409页。

⑦ （明）余应虹：《镌古今兵家筹略》卷2，《火器》，哈佛燕京图书馆藏中文善本汇刊第18册影印明末刻巾箱本，桂林：广西师范大学出版社，2005年，第510页。

⑧ 《明熹宗实录》卷69，天启六年三月辛酉；（明）瞿式耜：《瞿式耜集》卷1，《奏疏》，《讲求火器疏》，上海：上海古籍出版社，1981年，第33页。

后，两广总督王尊德派参将高应登解铳，守备张鹏翼率兵丁沿途护送进京。[①] 由于当时有部分明朝士大夫对于外国人和外国炮的认识有限，分不清葡萄牙人与荷兰人，也分不清红夷（荷兰）炮与西洋（葡萄牙）炮。故葡人军官公沙·的西劳进入内地后，专门写了一篇文章《西洋大铳来略说》来解释此事：

今兹贡献大铳，皇上赐名“神威”。奈何间有不究来历原由，指大铳曰“红夷铳”，指吾辈曰“红夷人”，是不免认子为贼。况红夷为群害，存心叵测，昭昭然不待言说。本群统管委黎多等，每每尽力驱逐，求永杜中国隐忧。今乃以“红夷铳”“红夷人”称我辈，岂不大伤我皇上“神威”之敕赐，“忠顺”之褒词乎？[②]

公沙撰写此文，可以反映，当时确实有很多明朝官员将葡萄牙与荷兰混淆，将西洋大炮与红夷大炮相混，这是葡萄牙人最不能忍受的。1631 年 4 月 6 日，调京葡兵在南昌停止前进后，陆若汉带领少数几名葡人继续北上，此时登莱巡抚孙元化在登州练兵，徐光启遂派陆若汉与公沙·的西劳带领来京的葡萄牙铳师赴登州帮助孙元化造炮练兵。[③] 陆若汉、公沙等在登州造炮，成效卓著，不到两年：

孙初阳为登莱抚，有西洋大炮十余位，西洋鸟铳并制造大炮数十，又用取西洋人合药装放，种种尽法尽善矣。[④]

由澳门铸炮厂生产的西洋大炮一批接一批进入中国，他们不仅带来了先进的西洋技术，还将先进的技术直接带入中国内地仿制生产。这种西洋铸炮技术对中国内地的传入无疑促使中国的铸炮业飞速发展。

澳门铸炮厂生产的西洋大炮除运入中国内地外，还先后运往菲律宾、越南、泰国、帝汶、印度及欧洲。据博卡罗称，博卡罗铸炮厂“一直为整个印度州铸造火炮”，这个印度州应包括葡印总督辖下的各个国家，有印度、越南、暹罗、帝汶等国家。[⑤] 据龙思泰亦称：“这些大炮用日本和中国出产的铜铸造，准备向印度全境出售。”[⑥] 1642 年时，澳门议事会为了表示对葡国新国王若奥四世的效忠，一次给里斯本运去澳门博卡罗铸炮厂所造铜炮 200 尊。[⑦] 里斯本军事博物馆至今还保存有一门大炮，炮上的铭文记有：

---

① Manuel Teixeira, *Macau no Séc. XVII*, Macau: Direcção dos Serviços de Educação e Cultura, 1982, pp. 47 – 48；（明）韩霖：《守圉全书》卷 3 之 1，《呸嚟哆〈报效始末疏〉》，台湾“中央研究院”傅斯年图书馆藏明崇祯刻本（残本），第 87 页。

② （明）韩霖：《守圉全书》卷 3 之 1，《西洋大铳来历略说》，台湾“中央研究院”傅斯年图书馆藏明崇祯刻本（残本），第 91 页。

③ （清）汪楫辑：《崇祯长编》卷 44，崇祯四年三月己卯；（明）徐光启著，王重民辑：《徐光启集》卷 6，《钦奉明旨敷陈愚见疏》，上海：上海古籍出版社，1984 年，第 313 页。

④ （明）范景文：《战守全书》卷 10，《守部》，北京图书馆藏明崇祯刻本，第 50 页。

⑤ ［葡］安东尼奥·博卡罗著，范维信译：《要塞图册》，载澳门《文化杂志》编：《16 和 17 世纪伊比利亚文学视野里的中国景观》，郑州：大象出版社，2003 年，第 223 页。

⑥ ［瑞典］龙思泰著，吴义雄等译：《早期澳门史》，北京：东方出版社，1997 年，第 37 页。

⑦ ［葡］施白蒂著，小雨译：《澳门编年史：16—18 世纪》，澳门：澳门基金会，1995 年，第 50 页。

"印度总督梅内塞斯，1640年下令由博卡罗铸造。"① 1642年，有一艘葡萄牙船将澳门铁炮载往马尼拉，这些铁炮应当为博卡罗铸炮厂生产。② 1651年3月26日，交趾支那国王阮福溱（Nguyễn-Phúc-tẫn）致函澳门总督，请求澳门博卡罗铸炮厂为其铸造大炮称："现在我派人运来5 000斤（Cate）的铜。我深信阁下的友谊，所以想请阁下替我铸成大炮。" 1652年澳门议事会派遣使者若奥·维埃拉（João Vieira）在耶稣会会士小佩德罗·马克斯（Metello Sacanno）及梅特罗·萨卡诺（Pedro Marques Júnior）的陪同下，运送火炮赴交趾支那。③ 1685年8月，暹罗国王派船来澳门请求用货物交换滑膛枪，"澳门接受请求，利用华人工匠为暹罗制造了滑膛枪"。④ 在英国伦敦塔保存有圣劳伦佐（S. Lourenço）大炮一门，炮上有铭文："中国澳门圣名之城，博卡罗1627年铸，圣劳伦佐。" 苏格兰的伍尔维奇皇家兵工厂保存有两门大炮，圣安东尼奥（Sto. António）和圣米格尔（S. Miguel），都是博卡罗铸炮厂所铸。⑤ 到1645年时，因荷兰人和葡萄牙人的10年停战，澳门博卡罗铸炮厂生产的大炮积压数百门。澳门人陆续将这些大炮运往印度与欧洲。⑥ 据1864年5月21日的一份资料，在澳门的大炮台上还有博卡罗铸炮厂于1626、1627、1631年生产的7门大炮，其口径均为36英寸，是澳门最大的炮。而妈阁炮台、东望洋炮台、嘉思栏炮台、南湾炮台上所装置的炮都是博卡罗铸炮厂1628和1631年制造的大炮。⑦ 1977年3月，英国潜水员阿伦（David Allen）在海底发现"圣体号"沉船，船上有博卡罗铸炮厂产的40门铜炮。"圣体号"是在南非伊丽莎白港萨尔迪尼亚（Sardínia）海湾遭遇海难的，可以推估，这40门铜炮很可能就是当时由澳门运往欧洲的货物。⑧ 有些运抵葡萄牙的大炮在150年后的半岛战争中仍在使用。从上述博卡罗铸炮厂运往欧亚地区枪炮的数量及利用情况，可以反映澳门博卡罗铸炮厂铸造的枪炮对当时的欧亚两洲影响甚深。⑨

---

① Manuel Teixeira, Os *Militares de Macau*, Macau: Imprensa Nacional, 1976, p. 131.

② *Arquivos de Macau*, 1ª Série, Vol. Ⅰ, No. 4, Macau, 1929, p. 224; Pierre Chaunu, *Les Philippines et le Pacifique des Iberiques*(*XⅥ e, XⅦ e, XⅢ e siecles*), pp. 157, 160.

③ ［葡］潘日明著，叶志良译：《唐·若奥五世在远东的外交政策》，载《文化杂志》（中文版）第11—12期，1993年；Manuel Teixeira, *Macau no Séc. XⅦ*, Macau: Direcção dos Serviços de Educação e Cultura, 1982, pp. 92 – 93.

④ *Arquivos de Macau*, 2ª Série, Vol.Ⅰ, No. 2, Macau, 1941, pp. 73 – 74.

⑤ Manuel Teixeira, Os *Militares de Macau*, Macau: Imprensa Nacional, 1976, p. 131.

⑥ ［英］博克塞著，穆仪摘译：《1621—1647年葡萄牙援明抗清的军事远征》，载《中国史研究动态》1984年第9期，第29页。

⑦ Manuel A. Ribeiro Rodrigues, *400 Anos de Organização e Uniformes Militares em Macau*, Macau: Insitituto Cultural de Macau, 1999, pp. 184 – 185.

⑧ Manuel Teixeira, *Macau no Séc. XⅦ*, Macau: Direcção dos Serviços de Educação e Cultura, 1982, p. 85.

⑨ ［英］博克塞著，穆仪摘译：《1621—1647年葡萄牙援明抗清的军事远征》，载《中国史研究动态》1984年第9期。

图 5-53 1640 年澳门博卡罗铸炮厂生产的大炮

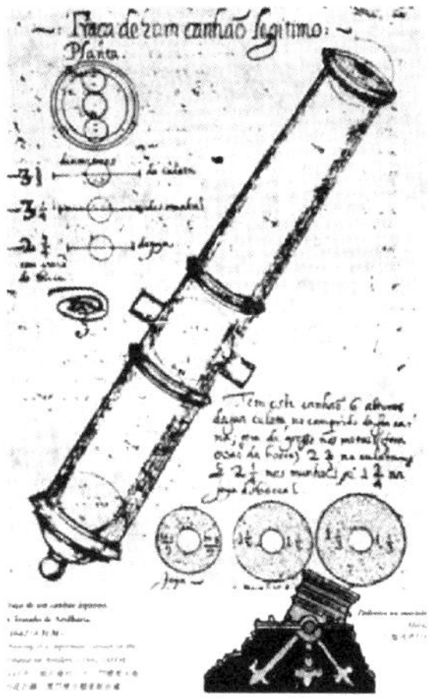

图 5-54 澳门铸炮厂西洋大炮设计图现存于里斯本军事博物馆

三、澳门的西方造船技术

著名澳门史家博克塞称，果阿是葡属印度最大的造船业中心，在果阿有皇家船坞和兵工厂，这也许是莫卧儿帝国黄金时代印度最好的高度组织化了的工业企业，它所雇用的造船工人人数与著名的里斯本皇家船坞一样多。[①]

澳门同果阿一样，造船是最古老的工业之一，近藤守重《亚妈港纪略稿》称："莫卧儿国人（指果阿葡人），乘船而来，其船的造法与亚妈港船无异。"[②] 从明中叶开始，葡萄牙人以澳门为基地从事海上贸易，获得了丰厚的利润。海上贸易自然离不开航海的船舶，从这一意义而言，从葡人定居澳门的第一天起，造船及修船工业即已在澳门诞生。但值得注意的是，澳门海上贸易以万历四十六年（1618）为界分为两个时期：万历四十六年之前，航行于中日贸易航线上的大帆船全部是葡萄牙王室特许权恩准的"大黑船"，这些船舶均是在印度果阿建造，由王室批准而航行于澳门。但至万历四十六年，由于日本方面的限制，再加上为了减少被荷兰人及英国人海上劫掠的风险，决定停止派遣"大黑船"赴日贸易，而是由澳门自行组织一些带帆配有两排桨的小型货船赴日贸易。[③] 这种船很可能就是葡语中经常提到的 Lorcha 或 Lantea。这种船应该即在澳门或广东沿海制造。

明人郑若曾《筹海图编》称：

---

① C. R. Boxer, *From Lisbon to Goa, 1500 - 1750*, London, 1984, pp. 37 - 38.

② 近藤守重：「亚妈港纪略藁」卷之下，生產之事，東京：國書刊行會，明治三十八年発行，第 35 頁。

③ G. B. Souza, *The Survival of Empire: Portuguese Trade and Society in China and the Soth China Sea, 1630 - 1754*, Cambridge: Cambridge University Press, 2004, p. 58.

惟佛郎机蜈蚣船，底尖面阔，两傍列楫数十，其行如飞，而无倾覆之患，故仿其制造之。[1]

明人严从简《殊域周咨录》亦称：

初佛郎机番船用夹板，长十丈，阔三丈，两旁架橹四十余枝，周围置铳三十四管。船底尖，两面平，不畏风浪，人立之处用板捍蔽，不畏矢石，每船二百人撑架，橹多人众。虽无风可以疾走。各铳举发，弹落如雨，所向无敌，号蜈蚣船。[2]

这种蜈蚣船很可能就是澳门自己制造的“带帆配有两排桨的小型货船”。

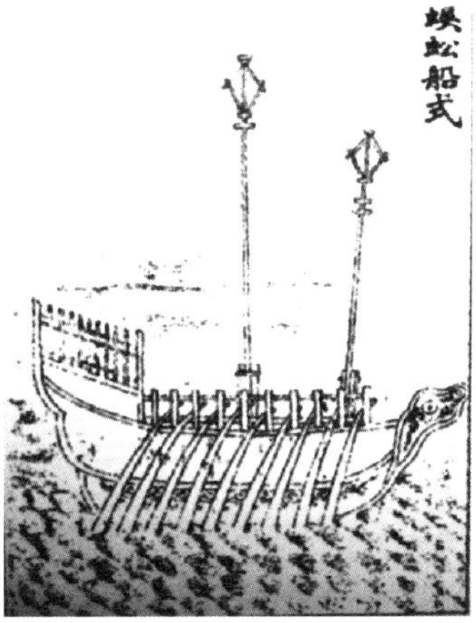

图5－55　明代葡人蜈蚣船样式

澳门的造船技术主要来自广东的新会、中山、东莞及番禺等地，葡人亦接受了广东传统的造船技术，并结合自身的造船技术，形成了当时澳门独一无二的船种Lorcha船。近年来学者对Lorcha多有关注，然而有关该船的认识仍然不足。Lorcha常被译为绿壳船、夹板船、鸭尾船、快船、三桅船等。据外文记载，这种海船由中式船体和西式帆篷组合而成，因为它的帆篷是绿色的，沿海人民称它为“绿壳船”。[3] 近藤守重《亚妈港纪略稿》对当时的澳门船有一个真实的描绘，并配有图画：“天川（澳门）船，舟长二十间许宽八间许，舟内涂以各色颜料，外部以沥青涂抹之，舟内外均有玻璃窗，船锚三个，帆旗均为棉制，钢绳涂以沥青，帆数九张，旗有三面。”[4]

---

① （明）郑若曾：《筹海图编》卷13上，《蜈蚣船图说》，北京：中华书局，2007年，第876页。

② （明）严从简：《殊域周咨录》卷9，《佛郎机》，北京：中华书局，1993年，第321页。

③ 朱汝略、奚永宽编著：《浙东军事芜史》（上卷），长春：吉林文史出版社，2005年，第41～42页。

④ 近藤守重：「亚妈港纪略藳」卷之下，生產之事，東京：國書刊行會，明治三十八年発行，第35頁。“间”是日本尺贯法中的长度单位，1891年（明治24年）度量衡法定义1间等于6尺。

图5-56 《亚妈港纪略稿》绘制的澳门葡萄牙船

葡萄牙人费尔南·门德斯·平托（Fernão Mendes Pinto）在很早之前就对Lorcha有所关注了，在他的《远游记》中常常提到Lorcha或Lantea。此外，1564年的一份葡文书信中也提到海盗用的小船，中国人称为Lanteás，葡萄牙人称为Lorcha。这样的船指的就是一种装有炮具的船：

> 刘易斯·德·梅洛·达·西尔瓦（Luís de Melo da Silva）正从巽他前来，来到这个Amacau港，但离此尚有10至12里瓜时，（中国叛兵）就出来（拦路），他们有18艘大船和许多小船——他们称为Lanteás，别人称为Lorchas。[①]

Lanteás是葡萄牙人根据中国人的发音而拼写出来的葡语发音，在粤语中可译为“舲艇”。这些结合中葡造船技术产生的三桅桨帆船应就是澳门生产的船舶。这种船舶的生产与澳门海上贸易的兴衰有着十分密切的关系。故明朝时，澳门造船业已经出现。如明人罗大纮《紫原文集》称澳门：“广袤二舍，聚居近万人，佣贩贾客倍之。造海舶，藏兵器，略买去刃杀，大为奸盗。”[②]罗大纮是16世纪中后期人，他称澳门“造海舶”，可以证明在澳门开埠不久，澳门的海船制造业已经兴起。但明代中国政府对澳门制定了一系列管治条例，如万历四十二年（1614）海道副使俞安性的《海道禁约》中明确规定“禁擅自兴作”[③]，这就是说，澳门葡人的造船也会遭到明朝政府的干涉，芒迪

① ［葡］罗理路著，陈用仪译：《澳门寻根》，附录文献8《弗朗西斯科·佩雷斯神父给刘易斯·龚萨尔维斯神父的信》，澳门：澳门海事博物馆，1997年，第101页。

② （明）罗大纮：《紫原文集》卷10，《南太常卿徐贞学先生学行述》，四库禁毁书丛刊集部第140册影印明末刻本，第82页。

③ （清）印光任、张汝霖原著，赵春晨校注：《澳门记略校注》，《官守篇》，澳门：澳门文化司署校注本，1992年，第70页。

1637 年的记录称："据说从广州回来的葡萄牙船队被禁运和扣押，是因为葡人未经中方许可，擅自建造超大船只，因此必须重罚。"[①] 到 17 世纪时，葡萄牙人的造船同当时的欧洲造船业的发展大约同步，所造的海船明显比 16 世纪时的船要大，而且更加坚固，正如郑大郁《经国雄略》对"佛郎机氏甲板大船式"的记录：

> 红夷所造巨舰，大如山而固如铁桶，坚不可破。上可容千人。用板木合造，可数十万重。中复以竹板、铅板，重重铺塞，用大铁钉，长可七八尺，穿钉如走袜线然，其厚可六七尺许，复以脂油，沸涂于外，滋所不能入。复用牛皮、木板铺钉于内，净光如磨。以白布结帆，上树帆竿数十，连接而上。中间帆索勾引，绊杂颇繁，宛若虫丝蛛网。夷人多瞭望牵风其上。中置巨铳两层，层各置二十四口，虽有飞越之巨筏，终莫能当之者。纵横海外，不患破损，只怕淹没。后舵去船头可二十丈许，话语莫能闻达，凡举事以鸣钟为度。安坐如履平地，风浪不惊。此西夷伎俩，置设战舰之大概也《异域志》。[②]

这里所说的"红夷"当然是指荷兰人或者英国人，但郑大郁又称这种船为"佛郎机氏甲板大船式"，可见，佛郎机甲板船与当时的红夷船是属于同一种类型。从上述对"佛郎机氏甲板大船式"的描述，可以反映，在明代葡萄牙人在澳门就已经开始建造大型船只，因此，这种造船活动一定会被明朝政府干涉而受到限制。

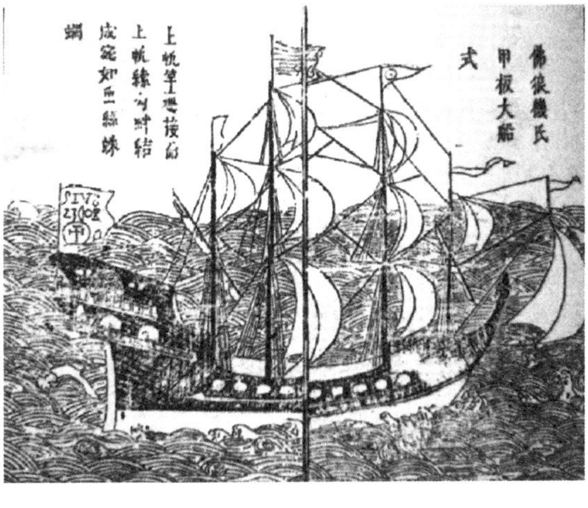

图 5－57 明代葡人佛郎机氏甲板大船式

入清以后，澳门的造船业亦受到了清政府的严格管制，龙思泰称：

> 早期一份古老的手稿使我们相信，在澳门，造船是绝对禁止的。此项禁令无

---

① Peter Mundy, *The Travels of Peter Mundy in Europe and Asia: 1608－1667*, Vol. 3, Cambridge: Printed for the Hakluyt Society, 1919, p. 236.

② （明）郑大郁：《经国雄略》之《武备考》卷 8，《夷舟》，美国哈佛大学哈佛燕京图书馆藏中文善本汇刊第 20 册，商务印书馆、广西师范大学出版社联合出版，2003 年，第 418～419 页。

疑对最早的居留者即已实行，因为如果它开始于满清皇室夺取中国江山的上升时期，或是在澳门居民承认新皇朝的至尊地位之后方始实行。我们肯定可以在有关事件的记载中找到对这种禁令的严重指责。在他们留下的文字中，看到无知鲁莽的鞑靼人侵犯了明政府允准的古老权益的指责。有关传说，据一位天真的文献研究者毫不犹豫地坚持，在蚝田（Oiten）有一处专门划作修建船舶之所。

不过，澳门有一份计划，在180年前曾描述，在澳门北山岛（Priests Island）上，有一个叫做拱北的地方，修有一座船坞，并在另一个地方建有一座炮台。前山寨的中国地方官员在听到一名叫做安东尼奥·努内斯·德·萨（António Nunes de Sá）的神父说要造一艘船后，派三名同僚去证实此事，议事会于1668年1月20日决定，接待这些代表和前山寨的几位地方官员，同他谈判，也就是说，贿赂他，使他相信除拥有一艘小平头船外，居民们正在造一艘驳船，以运输原料到澳门。1713年，议事会请求允许建造一艘双桅船。中国人声称要阻止一切葡萄牙人已经开始进行的修理自己船只的工作。耶稣会士李若瑟（José Pereira）在广州向两广总督递交了一份请愿书。总督发出一道命令给香山县的两名地方官员，要他们给澳门发布一份官方文书，禁止任何人阻止葡萄牙人修理自己的船只，任何人胆敢不遵此令，将被逮捕惩办。1722年，康熙帝关于允许葡人购买油料、钉子等物以供修理旧船之用的命令再次颁布，但同时也重申了建造任何新船的禁令。现在，当船主表示他的船需要维修后，从一位驻在澳门的文职官员左堂那里取得许可，受雇的中国修船工，也要向他交纳一定的费用，以获准从事这项工作。①

龙思泰的这一段史料清楚地告诉我们，入清以后，清政府对澳门的造船业进行了严格的限制，即禁止建造新船，但允许对旧船进行维修。同时还告诉我们，澳门葡人在拉巴（又叫对面山）或蚝田地方建有一座船坞，专门用作修建船舶之所。据17世纪的荷兰地图，澳门葡人曾在湾仔建有一间造船厂。②

清政府对澳门造船工业的限制法令首见于雍正三年（1725）两广总督孔毓珣的《酌陈澳门等事疏略》。清政府为了规范澳门葡人的海上贸易，建立澳门额船制度：即规定澳门葡人出海贸易船共25艘，并将各船编列字号，刊刻印烙，每船给印票一张，将船主、船户、船工、水手及该管头目姓名全部登记列明，以便出入查验。③ 对于这25艘额船还给予严格规定：

此夷船二十五只题定之后，如有实在朽坏、不堪修补者，报明该地方官查验

---

① ［瑞典］龙思泰著，吴义雄等译：《早期澳门史》，北京：东方出版社，1997年，第109～110页。

② ［葡］潘日明著，苏勤译：《殊途同归：澳门的文化交融》，澳门：澳门文化司署，1992年，第103页注释47。

③ （清）印光任、张汝霖原著，赵春晨校注：《澳门记略校注》，《官守篇》，澳门：澳门文化司署，1992年，第73页。

明白，出具印甘各结，申报督抚，准其补造，仍用原编字号。倘有敢偷造船只者，将头目、工匠亦俱照同贼例治罪。地方官失于觉察者，亦俱照讳盗例革职。[①]

到乾隆九年（1744）时，澳门同知印光任又对上述条款进行了更详细的规定。乾隆九年《管理澳门港口条例》第5款称：

夷人采买铁钉、木石各料，在澳修船，令该夷目将船身丈尺数目、船匠姓名开列，呈报海防衙门，即传唤该匠，估计实需铁斤数目，取具甘结，然后给与印照，并报关部衙门，给发照票，在省买运回澳，经由沿途地方汛弁，验照放行。仍知照在澳县丞，查明如有余剩，缴官存贮。倘该船所用无几，故多报买运，希图夹带等弊，即严提夷目、船匠人等讯究。

夷人寄寓澳门，凡成造船只房屋，必资内地匠作，恐有不肖奸匠，贪利教诱为非，请令在澳各色匠作，交县丞亲查造册，编甲约束，取具连环保结备案。如有违犯，甲邻连坐。递年岁底，列册通缴查核，如有事故新添，即于册内声明。[②]

从上述条款中可以清楚看出，清政府对澳门造船工业的限制是十分严苛的。

尽管清政府对澳门葡人的造船管制非常严格，但以海上贸易为生计的澳门葡人仍然会在清政府管辖的空隙中偷偷修造船舶，或者非法改造旧船。乾隆时广东按察使潘思榘称澳门葡人："又制造洋船，往来贸易，沿以为常。"[③] 嘉庆十六年（1811）署香山知县郑永雯谕澳门喽黎哆称："华人蔡亚仓与夷人哋哒私造之船，先经禀蒙饬令变价，业将该船卖与陈仁义，得银禀缴充公。"[④] 嘉庆十八年（1813）香山知县彭昭麟谕澳门喽黎哆称："本月初三日，有夷人新设三板船一只，载运货物，由港外驶至澳夷呵达馆湾泊。"[⑤] 道光六年（1826）澳门同知冯晋恩谕喽黎哆称："夷雇佣船匠何教辉，租在永隆杉铺栏尾修造尖尾三板驳艇一只。"[⑥]

这是在清朝严格管制下澳门私造船只的部分记录，还有大量非法改造船舶之事发

---

① （清）印光任、张汝霖原著，赵春晨校注：《澳门记略校注》，《官守篇》，澳门：澳门文化司署，1992年，第73页。

② （清）印光任、张汝霖原著，赵春晨校注：《澳门记略校注》，《官守篇》，澳门：澳门文化司署，1992年，第79页。

③ （清）印光任、张汝霖原著，赵春晨校注：《澳门记略校注》，《官守篇》，澳门：澳门文化司署，1992年，第75页。

④ 刘芳辑：《葡萄牙东波塔档案馆藏清代澳门中文档案汇编》上册，《署香山知县郑承雯为饬拘与蕃人哋哒私造船只之蔡亚仓事下理事官谕》，澳门：澳门基金会，1999年，第244页。

⑤ 刘芳辑：《葡萄牙东波塔档案馆藏清代澳门中文档案汇编》上册，《香山知县彭昭麟为澳蕃私设三板不遵查验事行理事官札》，澳门：澳门基金会，1999年，第235页。

⑥ 刘芳辑：《葡萄牙东波塔档案馆藏清代澳门中文档案汇编》上册，《澳门同知冯晋恩为饬拆毁蕃人嚒嚹雇匠私造三板事行理事官札》，澳门：澳门基金会，1999年，第236页。

生，即“旧船添加桅木”，或者改造扩大旧船之尺寸等。[①] 亦即在清政府严格管制下的澳门造船业虽然得以保存，但不可能得到正常的发展。故澳门这一时期新船的添置主要依靠印度购买。

但在道光时期，澳门造船工厂开始承接广东政府的造船业务，在东波塔档案中保存了六份道光十六年（1836）至道光十七年（1837）接办广州府军工厂造船之事，道光十六年的造船银为“番面银肆千大圆，实兑重两千八百两正。”[②] 这批档案反映的问题即道光时期一批澳门华人造船厂商承接广州的业务，建立军工厂，承办木料，制造船只。广州方面要将建造军用船只的工厂由澳门厂商承办，一是可以说明澳门造船方面的技术可能较内地高；二亦可说明，在道光时期澳门的造船工业已达到一定的规模。

值得注意的是，当欧美商人在澳门住冬期间，他们也在澳门设立过造船厂，刘易斯·汉密尔顿（Lewis Hamilton）1830年代在澳门居住时，在澳门开办了一家造船厂，为怡和洋行建造“哈里特”号鸦片船。[③] 又据悌尔顿（Bryant P. Tilden）记载，“一位扬基造船木匠”已经在澳门建立一间铺子，制造非常漂亮的“巴尔的摩装备”的船只在珠江上使用。[④] 当时在广州和澳门的划艇比赛的游艇都是被称为“巴尔的摩”的纵帆船，而这些纵帆船大都由澳门制造。[⑤]“巴尔的摩”是美国著名的建造飞剪船的基地，据这些材料可以看出，当时欧美的一些先进造船技术也已传入澳门。

澳门政府造船工业兴起于鸦片战争之后，1842年，中英《南京条约》签订，中国政府允准五口通商，清朝前期对澳门实行的额船制度被取消，澳门的海上运输走向繁荣。再加上19世纪中期中国东南沿海的海盗十分猖獗，给当时的海上贸易带来了很大的威胁，由此而兴起澳门航运护卫行业。由于海上贸易的繁荣，当时需要大量的护卫船艇，这一形势给澳门的造船业带来了新的发展机遇。徐萨斯的《历史上的澳门》称：

> 自1843年起，葡萄牙的三桅帆船被雇为中国商船和帝国船只的护卫舰。此举对澳门甚为有利，对澳门船运的古老的限制措施取消了，澳门的海运前所未有地

① 刘芳辑：《葡萄牙东波塔档案馆藏清代澳门中文档案汇编》上册，《澳关委员罗锦为遵宪批十三号船照三桅旧船丈输事下理事官谕》，澳门：澳门基金会，1999年，第212页；《粤海关监督佶山为七号船加修阔大应照新船例输钞事下理事官谕》，第213页；《澳关委员曾成龙为奉宪谕十二号船按三桅完钞事下理事官谕》，第214页等。

② 刘芳辑：《葡萄牙东波塔档案馆藏清代澳门中文档案汇编》上册，《升汉立承办广州府军工厂领罗武本银按库凭单》，澳门：澳门基金会，1999年，第62~63页。

③ *Chinese Repository*, Vol. 5, No. 9, 1837/01, p. 430.

④ Tilden, Father's Journals, Vol. Ⅱ, pp. 128-129，转引自［美］雅克·当斯著，周湘、江滢河译：《黄金圈住地：广州的美国商人群体与美国对华政策的形成，1784—1844》，广州：广东人民出版社，2015年，第114页。

⑤ ［美］雅克·当斯著，周湘、江滢河译：《黄金圈住地：广州的美国商人群体与美国对华政策的形成，1784—1844》，广州：广东人民出版社，2015年，第43页。

繁荣起来。1847 年，12 艘三桅帆船在台风中遇难。第二年春 20 艘新船取代了它们；1851 年，澳门的海船减至 7 艘（1835 年是 18 艘），但三桅帆船的数量却增至 60 艘，到 1855 年，海盗日益猖獗，再加上太平天国的恐怖统治，对护卫舰的要求不断增加，三桅帆船的数量又增至 180 艘。

这些三桅帆船均造于澳门的内港。通常采用柚木和樟木，平底，吃水很浅，中式的船尾和舵，适于快速转向。这些船通常都是双桅，上挂三角帆和圆帆，有的舱里还铺有草席。船上能提供乘客极佳的膳宿条件。最大的三桅帆船大约 150 吨重，最小的 40 吨，大部分都是 50 至 100 吨。较小的配备 4 门或 6 门炮，较大的有 20 门炮；这些炮能发射 1 到 24 磅重的炮弹，大型的炮通常都是回旋炮。船上的水手一半是葡萄牙人，一半是中国人，通常以火枪、剑、斧头和长矛为武器。这些船色彩艳丽、美轮美奂，给如画的澳门又添了一景。它们是澳门的希望所在，能保障澳门经济上和政治上的利益。[①]

从徐萨斯公布的资料可以看出，1855 年，澳门政府已有 180 艘三桅帆船。这些三桅帆船最大者有 150 吨，都是在澳门内港制造，可以想见当时澳门政府的造船业规模之大，完全已经进入近代工业的行列。故徐萨斯称“当时的澳门造船业是澳门的希望所在，能保障澳门经济上和政治上的利益”。

徐萨斯书中提到的三桅帆船即前文所言之 Lorcha，这些三桅帆船都是在澳门制造的。然而，三桅帆船的活动范围并不止于澳门附近，也经常去通商口岸，或者去沿途的任何河流和港口。作为护卫舰，三桅帆船有时甚至驶到高丽、日本和中国台湾，三桅帆船甚至还越过了太平洋，到达了加利福尼亚。此外，三桅帆船由商人和经纪人雇用以护卫商船。[②] 这种船行驶到中国沿海口岸，有些学者将之视为“半中半洋式的木船”：

19 世纪早期来华的西方木船，尖头尖尾，速度较快，所用纵帆、三角帆也较中国传统的方帆灵活，易于稳定。他们为适应鸦片走私和茶叶贸易的需要，在 1843—1869 年的所谓飞剪船时代，创制了更为灵活的快速木船，多是二桅纵帆，载重一二百吨，从伦敦到上海只需百日左右。于是，在中国也出现了一种半中半洋式的木船，称夹板船、鸭尾船或快船（Lorcha），它用西式船体和西式帆，中国式的索具，并应用齿轮，载重常达 500 吨；即使是中国人所造和所有者，亦挂外国旗。[③]

总结不同时期、不同地方的有关 Lorcha 的资料，我们可以看到 Lorcha 是一种配备武器的船只。在 18—19 世纪，Lorcha 指的是一种由葡萄牙人订购的、在澳门建造的船只，

---

① ［葡］徐萨斯著，黄鸿钊等译：《历史上的澳门》，澳门：澳门基金会，2000 年，第 242 页。

② ［葡］徐萨斯著，黄鸿钊等译：《历史上的澳门》，澳门：澳门基金会，2000 年，第 243 页。

③ 许涤新等主编：《中国资本主义发展史》第 2 卷，北京：人民出版社，2003 年，第 498 页。

船体为西式设计，而篷帆则是中式的。除澳门地区外，中国的其他港口，如宁波、上海等地也有 Lorcha，但由于各地的船匠有不同的建造方式，因此其外观上有所不同，对船的称呼也不同。澳门所造的 Lorcha 一般长 136 尺，宽 24 尺，深 7 尺，载重 300 吨，九个水密舱。1861 年长江开放之后，Lorcha 逐渐被蒸汽船所取代。[①] 澳门政府的造船业亦随之衰落，以至于默默无闻。

直至 19 世纪 80 年代，为了满足澳门政府本身对各种船艇的需要，特别是为加强澳门海上防卫及海上治安的船艇需要，澳门政府再次关注到如何发展政府自身的造船业，即建造澳门政府船坞。有关澳门政府船坞的最早记录是在 1884 年 5 月 8 日。时任港务局局长的德梅特里奥·希纳迪（Demetrio Cinatti）中尉的报告中提及当时有一个逐步建立的负责港务局所有船只即 4 艘快艇、1 艘机动挖泥船、10 艘小船和 6 艘大驳船所需维修的属于港务局管辖的小型船厂。在这份报告中，港务局局长指出了所有的工作都由汽艇上的人员即两名优秀工人完成，强调了因这个小船坞的存在而产生的经济利益及其给港务局带来的好处。公布于 1887 年 4 月 28 日的港务局和水警稽查队规章也提到过这个船坞，并规定其负责人是机械师们的领导，其责任是监督有关机器及其工具的修理，完成建造和修改的各项工作。[②] 1890 年，澳门著名华商曹善业将其位于妈阁的地段献给了澳门政府，从而为澳门政府建造一个可以用于保护政府的汽艇和小船的码头提供了可能。为此，澳门政府对曹善业进行了大力表彰。11 月 27 日，总督布渣（Custódio Miguel de Borja）决定批准码头及其附属设施的建造计划，并立即开工，工期为 2 年，预算为 24 560 元澳币。1891 年初，工程正式开始，进展颇快。1892 年 9 月 29 日，葡萄牙国王批准新建的妈阁码头命名为唐·卡洛斯一世（D. Carlos I）国王码头。新码头的建成标志着小工厂的一个新的发展时期。[③]

四、澳门的西洋钟表技术

机械钟，发明于 13 世纪，当时是通过控制落锤的重力来设计的，到 15 世纪就设计成控制弹簧的复位，由此，它们可借助一个合适的指示器缓慢而有规律地运动。一种早期的机械钟，也许是从更古老的装置复制而来，出现在《天文学知识丛书》（*Libros del Saber de Astronomia*）一书中。该书是由一群学者在 1276 到 1279 年间编纂。一个重

---

① G. R. G. Worcester, *Sail and Sweep in China: The History and Development of the Chinese Junk as Illustrated by the Collection of Junk Models in the Science Museum*, London: Her Majesty's Stationery Office, 1966, p. 49.

② ［葡］施华著，蔚玲译：《澳门政府船坞造船和修船一百年》，澳门：澳门海事博物馆，1996 年，第 15 页。

③ ［葡］施华著，蔚玲译：《澳门政府船坞造船和修船一百年》，澳门：澳门海事博物馆，1996 年，第 19 页。

锤系在环绕滚筒的绳子上，当重锤下落时，滚筒的转速可由装在滚筒内环状容器中的水银来控制。转动的滚筒提升水银，直到它与驱动重锤达到平衡，当水银从阻止它自由流回容器的隔板的孔中逐滴泻出时，这时的重锤只能缓慢下降。因而滚筒转动的速率取决于水银的黏性以及孔的大小，并且几乎是不变的。这种控制的换班运动会持续下去，直到绳子完全展开。人们发现，后来的所有时钟均采用了有规律地、周期地中断驱动力作用来设计，这样指针可以一步一步地移动，而不是连续地移动。这就是周期性地制动和释放驱动齿轮系的擒纵机构的功能。时钟的精确性因而取决于擒纵机构作用的规律性。①

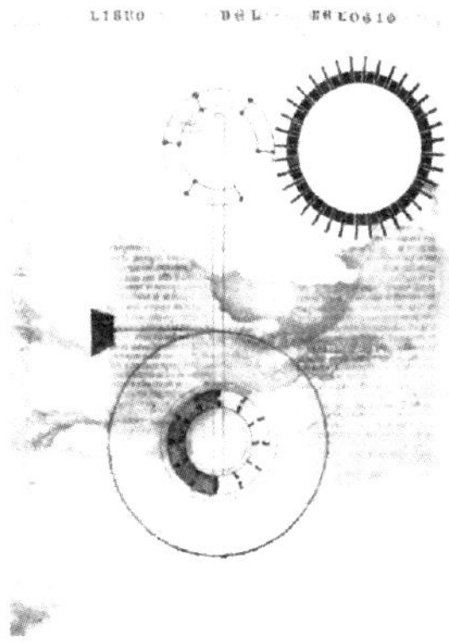

图 5－58　《天文学知识丛书》中水银钟图式

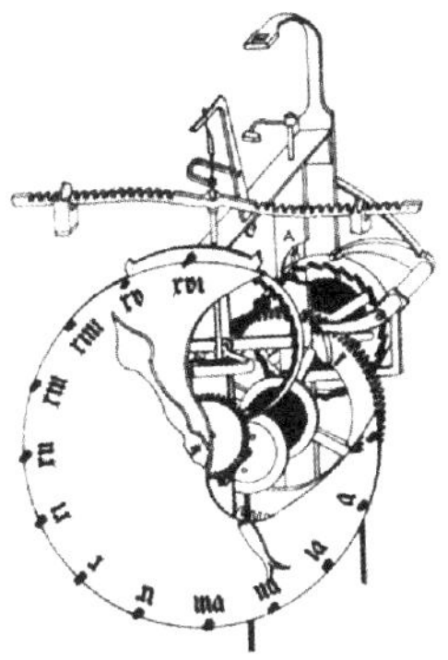

图 5－59　早期修道院闹钟结构图

最初的擒纵机构皆由重锤下落来达成。控制重锤下落的最早的擒纵机构被称为轮心轴。在其最简单的形式中，重锤下降引起的齿轮转动被有规律地中断。如果还要让时钟敲击报时，就必须为其设计一套“报时齿轮系”，通常由一独立的重锤或者法条驱动，它们在走针转动轮系的运动间隙释放能量。时钟报时齿轮系的发明时间尚不能确定。现存最古老的能够依次报时的时钟安放在索尔兹伯里教堂，是 1368 年制造的。在纽伦堡有一个 1380 到 1400 年间的闹钟（见图 5－58），它有 16 个小节头。它还有一个三叶小齿轮驱动一个由 48 齿的齿轮在 16 小时转完一圈，因此，可以肯定这种钟是专门为夜晚使用设计的。教堂司事每晚会在夜幕降临的第一个小时调整时钟。一个提升装置将会每小时松开第二齿轮，也就是闹轮，通过它自身的驱动重锤进入运动状态，从而摆动自身的心轴轴杆棘爪，心轴轴杆的末端装有一个敲击钟铃的小锤。在闹钟上有一个销子，在闹钟转完一圈后挡住它并重新调整闹铃。

然而重锤驱动的时钟需固定在某一处，并不便于携带。为解决这个问题，有一个方案是以“卷簧”代替重锤。弹簧驱动时钟最早出现在 15 世纪中叶的一幅肖像画中。

① ［英］查尔斯·辛格等主编，高亮华、戴吾三主译：《技术史》第 3 卷，《文艺复兴至工业革命》，上海：上海科技教育出版社，2004 年，第 439～440 页。

其形状与当时一般的重锤驱动型时钟相同；然而在报时齿轮系的右边，它有一个可能包含弹簧锁定装置的厚底座，弹簧锁定装置通过肠线与大轮轴上的滚筒相连。连到每个滚筒轴上的是带有 4 个用来卷绕的拇指状小片的盘。[①] 大约在 1550 年，人们为“秒”的指示做了尝试，但直到 1670 年之后秒针才被正式使用，那时克莱门特（William Clement）发明了锚形擒纵机构，使得以秒为周期的钟摆在家用钟中的使用完全成为可能。在布吉所设计的交叉节拍式擒纵机构之后，最值得一提的是“钟摆”设计。钟摆和计时的关系最初与伽利略（Galileio，1564—1642）和惠更斯（Huygens，1629—1695）密切关联。1659 年，惠更斯发现“摆线”对于钟表制造术的重要性，他在第二部著作《摆式时钟》中发表了研究成果。继克莱门特锚形擒纵机构之后，格雷厄姆于 1715 年对其进行了改进，研发出“格雷厄姆无摆擒纵机构”。直到 1893 年之后“里夫勒擒纵机构”出现前，一直受人们欢迎。[②]

耶稣会会士入澳，不仅带来了西方的宗教思想，西洋钟表亦随之东来，而且在耶稣会传教中担任了“外交工具”的重要角色。西洋机械钟表，通常称大者为钟，小者为表，因多能按时自动打点报时，不似中国传统的报时方式，故传入中国后被泛称为“自鸣钟”。自鸣钟在天主教传华的历史进程中扮演了至关重要的角色，成为东西方相互了解的媒介。尽管多数西来的机械技术未被中国人普遍接受，但钟表及其技术在中国的影响几乎接近西方历法。[③] 1579 年耶稣会派范礼安来到东方，制定了“中国化”的传教策略，而“钟表外交”[④] 的最早实践者就是罗明坚。1579 年罗明坚应范礼安之邀到澳门，开始学习汉语，准备进入内地。翌年 12 月，罗明坚随葡萄牙商船首次进入广州。1581 年春，罗明坚再次进入广州，海道副使安排他暂时住在暹罗使团朝贡时所用的住所。罗明坚送给总兵黄应甲一件机械表，这是一种用许多小金属齿轮安装成套的计时工具。总兵表示愿意将他带进内地。[⑤] 罗明坚这件钟表来自何处？据汾屠立《利玛窦神父历史著作集》第 2 卷记载，1577 年 11 月底，罗明坚离开罗马时，耶稣会总会

---

① ［英］查尔斯·辛格等主编，高亮华、戴吾三主译：《技术史》第 3 卷，《文艺复兴至工业革命》，上海：上海科技教育出版社，2004 年，第 445 页。

② ［英］查尔斯·辛格等主编，高亮华、戴吾三主译：《技术史》第 3 卷，《文艺复兴至工业革命》，上海：上海科技教育出版社，2004 年，第 446、448、455 页。

③ 汤开建：《明清之际耶稣会的钟表外交与西洋钟表的传播》，载汤开建：《明清天主教史论稿初编：从澳门出发》，澳门：澳门大学出版社，2012 年，第 288 页。

④ 此一观点是金国平、吴志良先生在《从自鸣钟探讨利玛窦留居北京的内幕》一文中最先提出，载《澳门 2004》，澳门：澳门基金会，2004 年，后收入金国平、吴志良：《早期澳门史论》，广州：广东人民出版社，2007 年，第 426 ~ 449 页。

⑤ ［意］利玛窦、［比］金尼阁著，何高济等译：《利玛窦中国札记》第 2 卷，北京：中华书局，1983 年，第 145 ~ 146 页；［法］裴化行著，萧浚华译：《天主教 16 世纪在华传教志》，上海：商务印书馆，1936 年，第 189 ~ 191 页。

长曾将 Orsini 大主教相赠的一件小小的自鸣钟送给他。[①] 罗明坚送给黄应甲的那件钟表应该就是耶稣会总会长转赠罗明坚的那块表。为了叩开中国的传教大门，罗明坚开始筹划耶稣会的“钟表外交”。1581 年 11 月 12 日，罗明坚在澳门建议：

> 广州一些官吏告诉我，如以伟大公父——教宗的使节名义去北京，很容易成功。他们还说，最好的礼物应算一架装潢豪华且体积大的钟表，每小时皆报时，将置放在皇宫中，可以听很远；再送一只小型的，就如多年前奥尔西尼枢机赠送给教宗的那种类型，上有把手，每点钟报时，或类似的皆可。[②]

1582 年 8 月 7 日，利玛窦来到澳门，并从印度带来一架漂亮的欧洲制造的带有齿轮的大机械钟。他来华之前曾在罗马学院学习过钟表的制造。在印度，他常常在一天最繁忙的时候到辅理修士的工厂学习钟表、机械或印刷手艺[③]。1582 年，两广总督陈瑞正式通知澳门的主教和市长马上去见他。于是，罗明坚、本涅拉（Matias Panela）作为使节，携重礼去肇庆见陈瑞，为了保证已经开始的广州贸易顺利进行及获得澳门永久居留地的合法认同，他们准备将利玛窦从印度带来的一块很精致的表送给陈瑞，但由于罗明坚生病未能成行，直到 1582 年 12 月，罗明坚、巴范济才携三棱镜及机械钟等礼物赶送到肇庆府。陈瑞非常喜欢，于是殷勤地接待来宾，把他们安排在关东天宁寺。1583 年 1 月 4 日，罗明坚调准那架铜制机械钟，装好了专门配置的钟罩和各种花饰，把欧洲的 24 小时制改为 12 时辰制，将阿拉伯字换成中国字，每天分成 100 段，每段分成 100 分，以符合中国人的习惯[④]。这是迄今为止最早对计时制做修改的例子。改成中国计时制后，“大钟鸣时，正午一击，初未二击，以至初子十二击；正子一击，初丑二击，以至初午十二击，小钟鸣刻，一刻一击，以至四刻四击”。[⑤] 与此同时，西班牙耶稣会会士桑切斯来广州时也带了“一只精美的钟，是靠齿轮运动而不靠重力来计时的”。[⑥] 原希望将此钟献给中国皇帝，但未成功。

当时的肇庆知府王泮，也对自鸣钟感兴趣，澳门耶稣会为了满足王泮的愿望，特地从澳门派一名会造钟的印度黑人到肇庆。利玛窦说，这个印度人会造钟表，皮肤很黑；罗明坚亦称，这个印度人是很好的铁匠，在钟表制造上颇有天分。1584 年 10 月，

---

① ［意］汾屠立：《利玛窦神父历史著作集》第 2 卷，第 404 页，转引自宋黎明：《神父的新装：利玛窦在中国（1582—1610）》，南京：南京大学出版社，2011 年，第 210 页注释 1。

② ［意］利玛窦著，罗渔译：《利玛窦书信集》下册，《罗明坚神父致麦尔古里亚诺神父书》，台北：光启出版社、辅仁大学出版社，1986 年，第 434 页。

③ ［法］裴化行著，管震湖译：《利玛窦神父传》上册，北京：商务印书馆，1998 年，第 50 页。

④ ［法］裴化行著，萧浚华译：《天主教 16 世纪在华传教志》，上海：商务印书馆，1936 年，第 208 页。

⑤ （清）嵇璜：《（钦定）续文献通考》卷 109，《乐考》1，浙江古籍出版社影印十通本，2000 年，第 3767 页。

⑥ ［意］利玛窦、［比］金尼阁著，何高济等译：《利玛窦中国札记》第 2 卷，北京：中华书局，1983 年，第 184 页。据台湾学者李毓中博士见到的西班牙文档案可知，桑切斯还有一封给西班牙国王的信，要求国王准备钟表进献给中国皇帝。

这个来自澳门的印度钟表匠在肇庆铁匠的合作下造出了第一架自鸣钟，这是在中国境内制造的第一架自鸣钟，耶稣会将这架钟送给了王泮。这架肇庆生产的自鸣钟在王泮府上仅仅逗留数月，因为不会使用，又退还给了肇庆的传教士，并放在肇庆天主堂仙花寺的客厅。据当时的资料，肇庆仙花寺内有一座大钟和一些小钟。①

1584 年 1 月 25 日，罗明坚为准备进贡礼品，再次请求耶稣会总长：

> 在前信中曾希望神父寄来一座钟表，一手掌高，内有摆，外面镀金，将作为进贡之物，呈献给中国皇帝，以便求得准许，在中国传播福音。②

耶稣会会长阿桂委瓦致函中国传教团，答应提供机械表和座钟各一架。所送座钟结构复杂，能报时报刻。③ 1586 年，耶稣会总会长寄给澳门耶稣会四架自鸣钟，其中一架是大座钟，另外三架是小挂钟。④

1589 年，利玛窦等人被驱逐出肇庆而安置于韶州后，居于韶州城西河外芙蓉山，并于 9 月 9 日建成一座拥有“八方高阁木楼”的住院和教堂；“凡三层，上祀天主母，中祀天主，他无祀焉。又有精舍数间”。在韶州教堂中，亦有自鸣钟两座：

> 所携有铜人刻漏二，别为密室藏之。其机发一，悬之梁上。日有十二时，每时至，则铜人之司时者发起而一击于某时上，其声巨。时有八刻，每刻至，则铜人之司刻者起而一击于某刻上，其声细。中间消息流动，非他人所能识。⑤

此为利玛窦的老朋友韶州同知刘承范所见。这架钟应该不是肇庆仙花寺的钟，那架钟是“分四刻”，而这架钟是“时有八刻”。笔者怀疑这架“别为密室藏之”的自鸣钟有可能是总会长 1584 年罗明坚去信后送来澳门准备进贡中国皇帝之钟。1589 年利玛窦在韶州给范礼安写信时还说：“我在自鸣钟上拥有巨大名声，但无法清除之。”⑥ 可见这架藏于密室的自鸣钟还是声名在外。

范礼安并不满足于在肇庆、韶州取得的成果。他任命利玛窦为中国传教团的监督，主张去北京争取中国皇帝对传教的认可。为了组织访华使团的需要，澳门又将总会长

---

① 《利玛窦资料》第 1 卷，第 295 页，转引自宋黎明：《神父的新装：利玛窦在中国（1582—1610）》，南京：南京大学出版社，2011 年，第 211 页。

② ［意］利玛窦著，罗渔译：《利玛窦书信集》下册，《罗明坚致总会长阿桂委瓦神父书》，台北：光启出版社、辅仁大学出版社，1986 年，第 457 页。

③ ［意］利玛窦、［比］金尼阁著，何高济等译：《利玛窦中国札记》第 2 卷，北京：中华书局，1983 年，第 194 页。

④ 《利玛窦资料》第 1 卷，第 231 页，转引自宋黎明：《神父的新装：利玛窦在中国（1582—1610）》，南京：南京大学出版社，2011 年，第 212 页。

⑤ 湖北监利存泽堂修：《刘氏族谱》序之卷 2，《艺文》，（明）刘承范：《利玛传》，民国甲寅年（1914）刻本，第 16 页。

⑥ 《利玛窦信函》，第 145 页，转引自宋黎明：《神父的新装：利玛窦在中国（1582—1610）》，南京：南京大学出版社，2011 年，第 212 页。

送来的钟表带到南昌。[①] 利玛窦北上之行不断以钟表、三棱镜等奇巧之物赠送地方官吏、朝廷使臣，以换取居留当地或进京的许可。1595 年，利玛窦到南昌，送给建安王一座卧钟，是按中国的计时法制作的，在黑色中国大理石上刻出黄道带，还指示日出和日没的时刻，每月昼夜的长短，时辰还刻在每个月的开始和中间。[②] 在南昌时，澳门神学院院长李玛诺（Manuel Diaz）送给利玛窦一架机械钟，这样又多了一件送给皇帝的礼物。[③] 1598 年初，利玛窦在南京展览了所带机械钟等物品，参观者十分踊跃。据当时在南京任职的官员徐时进亲眼所见利玛窦带来的自鸣钟：

> 所携有自鸣钟，大小各一。余所睹其小者，钟悬以亭，亭制稍匾，高八寸，广六寸。钟有鸣刻者，有鸣时者，制似镰，并悬于亭之脊，下施关机如车轮，凡三五填亭中。而以二晷托于亭门之外，一银色，按刻；一金色，按时。门列十二时，时间列刻，如《周易》圆图。两晷密移其上，骤谛之，不可见，如日之靡旃，亭中有声，的珰无已时，静则可闻二步外，然非钟声也。钟之鸣刻者，度一刻一击。余所听在酉戌之间，其度而交戌八击，有顷，又鸣一声，则戌一刻。戌之中九击，度亥十击，亥之中十一击，度子十二击。其击数多者，皆鸣时钟自击之。然子之中止一击，渐而益，以十二击为止，自相回旋也。声甚清越，可人耳，静则闻于二十尺外。阳至之半律灰飞管，岁序之可验良不诬。而准刻准时，简于吾所谓壶漏，亦巧矣。[④]

这是中文文献中记录自鸣钟最为详细者，而这两架大小各一的自鸣钟也当是澳门带入。1600 年 5 月，利玛窦等人再次从南京启程赴北京。当他们被太监马堂扣在天津卫时，万历帝想起了关于外国人给他送钟表的报告，遂下旨令送礼者来北京。“1601 年 1 月 24 日利玛窦到京献上了礼物，皇帝很欣赏那两架一大一小的机械钟”[⑤]，“他把小的留在身边，第二年令工部为有摆锤的大钟修建了木阁楼”[⑥]。皇帝因这些讨人欢心的礼物而对传教士们有了好感，也对欧洲文明产生了兴趣。为了正常维护、使用机械钟，他

---

① 《利玛窦信函》，第 231 页，转引自宋黎明：《神父的新装：利玛窦在中国（1582—1610）》，南京：南京大学出版社，2011 年，第 212 页。

② ［意］利玛窦、［比］金尼阁著，何高济等译：《利玛窦中国札记》第 3 卷，北京：中华书局，1983 年，第 301 页。

③ ［意］利玛窦、［比］金尼阁著，何高济等译：《利玛窦中国札记》第 4 卷，北京：中华书局，1983 年，第 314 页。

④ （明）徐时进：《鸠兹集》卷 1，《欧罗巴国记》，台北“国家图书馆”藏万历间刻本，第 11 页。

⑤ ［法］高龙鞶著，周士良译：《江南传教史》上编第 1 册，上海：天主教上海教区光启社，2008 年，第 70 ~ 71 页称：“利玛窦的贡品：1）铁质大时钟一座，利玛窦在南京特制雕花镀金木箱，这时钟一定相当高大，因为宫中屋宇尚嫌太低，无法装置摆锤，使钟走动，故在花园中特筑一亭，以置此钟。2）另一时钟，高约一尺半，铜制镀金，定是挂钟，钟面罗马数字改为中国数字，也装置在雕花镀金木匣内。”

⑥ ［意］利玛窦、［比］金尼阁著，何高济等译：《利玛窦中国札记》第 4 卷，北京：中华书局，1983 年，第 400 ~ 405 页。

指定四名太监向利玛窦讨教。利玛窦再三向皇帝请求在北京居住，利用当时中国人还不了解发条的作用略施一计，使钟“既不守时，也不报点”，从而使“他（万历皇帝）迷上了摆轮钟表，因为它被存心松了发条，于是命令神父们进来修理”①。最终利玛窦成功定居北京而被尊为中国传教事业奠基人。

继利玛窦之后，金尼阁继续奉行“钟表外交”政策。1613 年，金尼阁奉命返欧洲募集资金、书籍及礼物。1618 年 4 月 16 日，金尼阁从里斯本出发准备返回中国，1620 年抵达澳门，所携礼物中有大量精致的钟表。其中一件是巴伐里亚大主教费尔迪南德（Ferdinand）于 1618 年赠送给金尼阁的，金尼阁在信中详细描述了此钟：

> 我们从未看见过这类钟，除去大多制作优良的钟所拥有的特质外，它更显精巧、杰出及价值，十二个小时中每逢正点钟的上部都会报时。除此之外，耶稣诞生的历史也能在下面被看到，由镀金的铜人巧妙地扮演……这只钟由铜镀金制成，所以外表上光彩夺目。它被制成六角塔的形状，放置在那儿很优雅。②

在同一信中，金尼阁还提到了另一只大钟，是佛罗伦萨和托斯卡纳区（Tuscany）的公爵麦迪西（Cosimo de Medici）赠送的，用作献给中国皇帝的礼物：

> 镀金的钟铸成龙的形状，龙是中国统治者的象征。当钟鸣时，那动物张开它的嘴，扇动翅膀，转动眼睛以及其他一些精彩的动作。它大约两英尺高，在欧洲价值五百金币。③

此后，还有其他传教士进献自鸣钟。据载：

> 崇祯四年，陈奏使郑斗源回自帝京，献千里镜、自鸣钟、焰硝花、紫木花等物。西洋人陆若汉者来华赠斗源者也。自鸣钟每十二时其钟自鸣④。

这是葡萄牙传教士陆若汉从澳门带进的自鸣钟，他希望通过赠送其给朝鲜使臣从而叩开天主教进入朝鲜之门。南明弘光元年（1645），毕方济从澳门以“星屏”和“舆屏”各一进呈弘光，同时尚有其他礼物，包括自鸣钟、望远镜等。⑤ 对于行将灭亡的南明政权，耶稣会仍不忘“钟表外交”。

不光是传教士利用西洋钟表与中国政府打交道，澳门葡萄牙人亦将西洋钟表作为与中国官员交往的最佳礼品。康熙二十一年（1682），杜臻巡视澳门，澳门政府送“方

---

① António de Gouvea, *Asia Extrema*, *Primeira Parte*, Vol. Ⅱ, Lisboa: Fundação Oriente, 2001, p. 157.

② Catherine Pagani, *Eastern Magnificence & European Ingenuity-Clocks of Late Imperial China*, Michigan: The Uinversity of Michigan Press, 2001, p. 32.

③ Catherine Pagani, *Eastern Magnificence & European Ingenuity-Clocks of Late Imperial China*, Michigan: The Uinversity of Michigan Press, 2001, p. 33.

④ 吴晗：《朝鲜李朝实录中的中国史料》卷 55，《仁祖大王实录》4，北京：中华书局，1980 年，第 3478 页。

⑤ ［比］钟鸣旦等编：《徐家汇藏书楼明清天主教文献》第 2 册，《毕方济奏折》，台北：辅仁大学神学院，1996 年，第 912 ~ 913 页。

物”给杜臻，其中有“自鸣钟二，大者高六七寸，小者半之”。[①] 1714 年 9 月 14 日，耶稣会神父、澳门圣保禄学院院长金国辉（Miguel do Amaral）在信中提到，他到达北京，并向康熙帝进献了两架钟表。[②] 1811 年，两广总督松筠巡视澳门：

> 是日，该夷等禀递钟表等项，奴才（松筠）仅收洋烟、洋酒、花露、洋布，当复倍加赏赉。该夷等俱各心感悦服。[③]

上引杜臻书，将钟表等项称为“方物”应是澳门本地的产品。这就是说，澳门不仅将西洋钟表引入，而且亦能生产钟表。据利玛窦称，为了给肇庆知府王泮送一架钟表，他特地从澳门请来了一名印度果阿加那利的钟表匠，帮王泮造钟。[④] 可以反映，澳门开埠不久就已经有了制造西洋钟表的人才。1625 年，澳门博卡罗铸炮厂成立以后，该厂也铸造铜钟，本地很多教堂的钟就是由该厂生产。[⑤] 正因为澳门具有制造西洋钟表的技术和人才，所以在当时澳门储存的西洋钟表应当不少。故《澳门记略》称：

> 自鸣钟有数种：曰桌钟，曰挂钟，小者圆如银铤，皆按时发响。起子末一声，至午除十二声，复起午末一声，至子初十二声。鸣时八音并奏者谓之乐钟；欲知其辰而非应鸣之时，则掣绳转机而报响，谓之问钟。[⑥]

教堂安装的西洋钟是澳门一大景观，凡是来澳门的人都会提到澳门教堂的钟。嘉靖四十四年（1565），叶权游澳门教堂时，尚未见教堂有西洋钟[⑦]。可见，当时的澳门教堂尚未装置西洋钟。然而，到万历十九年（1591）王临亨游澳门时，澳门教堂已经装上了西洋钟：

> 澳中夷人，饮食器用无不精，有自然乐、自然漏。……自然漏，以铜为之，于正午时下一筹，后每更一时，筹从中已响，十二时乃已。[⑧]

这座铜钟明显是由传教士带入并装置在教堂中，但这一铜钟传入澳门的时间应早于 1591 年。这里所指的不知是哪座教堂的铜钟。澳门玫瑰圣母堂保存的铜钟，是现存的澳门最古老铜钟之一。铜钟响彻之时，一般用以表示具体时间，抑或向澳门信徒示明

---

① （清）杜臻：《粤闽巡视纪略》卷 2，康熙二十三年二月乙末条，近代中国史料丛刊本，台北：文海出版社，1983 年，第 23 页。

② Manuel Teixeira, *Macau e a Sua Diocese*, *Vol. XIII*, *A Missão da China*, Macau, 1977, p. 65.

③ 刘芳辑：《葡萄牙东波塔档案馆藏清代澳门中文档案汇编》上册，《两广总督松筠奏报澳门夷情折抄件》，澳门：澳门基金会，1999 年，第 370 页。

④ ［意］利玛窦著，文铮译，梅欧金校：《耶稣会与天主教进入中国史》，北京：商务印书馆，2014 年，第 105 页。

⑤ Manuel Teixeira, Os *Militares de Macau*, Macau: Imprensa Nacional, 1976, p. 131; Louis Dermigny, *Les Mémoires de Charles de Constant sur le Commerce à la Chine*, S. E. V. P. E. N, Paris: 1964, p. 152.

⑥ （清）印光任、张汝霖原著，赵春晨校注：《澳门记略校注》，《澳蕃篇》，澳门：澳门文化司署，1992 年，第 171 页。

⑦ （明）叶权：《贤博编》，《游岭南记》，北京：中华书局，1987 年，第 45 页。

⑧ （明）王临亨：《粤剑编》卷 3，《志外夷》，北京：中华书局，1987 年，第 92 页。

应前往教堂做礼拜祷告或参加婚礼和葬礼。而且天主教教堂一般有每日三次敲响钟楼铜钟的习惯，一般在上午 6 点、中午 12 点和下午 6 点，以此召来信徒祷告。王文达《澳门掌故》中称：

> 花王庙（花王堂）溯自创立以来，其钟楼厥声洪亮，素为澳中表率，钟声一鸣，前后各教堂之大钟，随即而应，报时祝礼，醒梦警昏，最为动人者。①

就此而论，花王堂之钟声似有首先报时之功能，随之澳门其他教堂遥相呼应，遂钟声可遍布澳门城，为澳门市民提供报时。圣保禄教堂的钟则是文献记载最为详瞻者，据葡文文献报道，圣保禄教堂建筑完工后，法王路易十四（Louis XIV）给澳门耶稣会会士送来了一架大钟，安装在教堂的钟楼，并以其巨大的机械装置为全城指示时间。②第一位记载圣保禄教堂时钟的是康熙二十三年（1684）巡视澳门的钦差大臣杜臻：

> 左为定时台，巨钟复其上，飞仙立台隅，操椎拟钟，亦机转之，按时扣击，子一丑二，以至亥刻，十二击，无少爽，前揭圆盘，书十二辰日加某时，则蟾蜍衔筹指其位。③

与杜臻大约同时的王士祯也有记录：

> 有定时台，巨钟覆其下，立飞仙台隅，为击撞形，亦以机转之，按时发响，起子末一声，至午初十二声，复起午末一声，至子初十二声，昼夜循环，无少爽；前揭圆盘，书十二辰，俟某时钟动，则蟾蜍移筹指某位。④

很可能是圣保禄教堂钟楼的钟已经坏了，故 1734 年，法国国王路易十五（Louis XV）又赠给圣保禄学院的一座德国制造的时钟从法国运抵澳门。该钟正点和每刻钟报时。⑤这座德国造的大时钟被安装在圣保禄学院的钟楼上，1734 年以后所记录的圣保禄教堂的钟就应该是这座德国造的大时钟。《澳门记略》称：

> 三巴寺有十二辰盘，揭之定时台前，俟某时钟动，则蟾蜍移指某位。⑥

《（道光七年）采访册》亦称：

> 寺首三巴，侧有楼，钟悬其上，按时发响，曰自鸣钟。⑦

1832 年出版的《早期澳门史》还记载圣保禄学院称：

---

① 王文达：《澳门掌故》，澳门：澳门教育出版社，1999 年，第 106 页。

② Manuel Teixeira, *Macau e a Sua Diocese*, *Vol. Ⅲ*, *As Ordens e Congregações Religiosas em Macau*, Macau: Tipografia Soi Sang, 1956 - 1961, p. 181.

③（清）杜臻：《粤闽巡视纪略》卷 2，康熙二十三年二月乙未条，近代中国史料丛刊本，台北：文海出版社，1983 年，第 20 页。

④（清）王士祯：《池北偶谈》卷 21，《谈异》2，《香山嶴》，北京：中华书局，1982 年，第 517 页。

⑤［葡］施白蒂著，小雨译：《澳门编年史：16—18 世纪》，澳门：澳门基金会，1995 年，第 123 页。

⑥（清）印光任、张汝霖原著，赵春晨校注：《澳门记略校注》，《澳蕃篇》，澳门：澳门文化司署，1992 年，第 171 页。

⑦（清）王廷钤等撰：《（道光七年）香山县下恭常都十三乡采访册》卷上，《澳门纂略》清抄本（影印本），北京：国家图书馆出版社，2010 年，第 39 页。

这座建筑还有一座大时钟，按时和刻发响，从其主齿轮所刻的文字来看，是路易十四（当为十五之误）送给这所耶稣会神学院的。[①]

这座德国造的时钟，在1835年圣保禄学院大火中消逝。施白蒂称：

该钟在1835年那场烧毁这座庞大建筑物的大火中，时钟在敲响晚上八时一刻以后掉了下来。[②]

圣若瑟教堂也有两座装有时钟的钟楼，龙思泰称：

在其外部两侧，有两个塔，一个里面有一座大钟，另一个在较低的位置，有一座时钟。[③]

位于岗顶的奥斯定教堂最开始是没有装机械钟的，到1877年时，澳门政府决定给教堂的塔楼装上一架机械钟，1878年3月23日，圣奥斯定会的钟已经安装完毕，并开始运作，安装者为机械学方面的专家卡罗斯·罗萨（Carlos Vicente da Rocha）。[④]

澳门教堂的钟声大量地保存在明清文人的记录中，有的用诗词，有的用文章，将澳门的钟声记录下来，而这些钟声都表示了不同时间进行的不同内容的活动：

1. 吴历：灯前此地非书馆，但听钟声不听鸡 昏晓惟准自鸣钟声。[⑤]
2. 吴历：前山后岭一声钟，醒却道人闲梦断 前山圣母堂小钟打起，各堂大钟即应。[⑥]
3. 吴兴祚：隐隐闻钟鼓，蛮归议事亭。[⑦]
4. 吴兴祚：落日千家打暮钟，令人不觉发深省 亦言教堂或圣堂日暮之时，皆打钟报时。[⑧]
5. 刘世重：斜日听钟才早供，妙檀罗拜又黄昏。[⑨]
6. 释迹删：两岸山光涵海镜，六时钟韵杂风琴。[⑩]
7. 张汝霖：金布三千界，钟鸣十二时。[⑪]

---

① ［瑞典］龙思泰著，吴义雄等译：《早期澳门史》，北京：东方出版社，1997年，第24页。

② ［葡］施白蒂著，小雨译：《澳门编年史：16—18世纪》，澳门：澳门基金会，1995年，第123页。

③ ［瑞典］龙思泰著，吴义雄等译：《早期澳门史》，北京：东方出版社，1997年，第24页。

④ Manuel Teixeira, *Macau e a Sua Diocese*, *Vol. Ⅲ*, *As Ordens e Congregações Religiosas em Macau*, Macau: Tipografia Soi Sang, 1956－1961, p. 588.

⑤ （清）吴历撰，章文钦笺注：《吴渔山集笺注》卷2，《三巴集》，北京：中华书局，2007年，第174～175页。

⑥ （清）吴历撰，章文钦笺注：《吴渔山集笺注》卷2，《三巴集》，北京：中华书局，2007年，第175页。

⑦ （清）吴兴祚：《留村诗钞》，《自香山县渡海赴濠镜澳》，清康熙间刊本，第36页。

⑧ （清）吴兴祚：《留村诗钞》，《抵香山捨舟从陆经翠微邨前山寨官闸口至濠镜嶴遍观砲台及诸形胜薄暮留宿》，清康熙间刊本，第42页。

⑨ （清）刘世重：《东溪诗选》卷2，《藕泉集》，《澳门》，清初刻本，第5页。

⑩ （清）释迹删：《咸陟堂诗集》卷14，《寓普济禅院寄东林诸子》，广州：广东旅游出版社，2008年，第251～252页。

⑪ （清）印光任、张汝霖原著，赵春晨校注：《澳门记略校注》，《澳蕃篇》，澳门：澳门文化司署，1992年，第146页。

8. 李遐龄：钟鸣夜上三巴寺，风起潮生十字门。①

9. 黄德峻：潮落海门分十字，钟鸣山寺礼三巴 山有三巴寺。每七日为期，侵晨撞巨钟，声闻十数里。②

10. 张琳：泰西制作多精巧，楼上钟鸣十二时。③

11. 钟启韶：楼台千迭粉，潮汐四山钟。日夜礼神暨守望俱以钟为号。夷人行路，闻钟则免冠。每七日则男女诣庙持咒，曰礼拜。④

12. 汤贻汾：四邻钟子午，百肆海西东。⑤

13. 汤贻汾：鸣钟腹即果，举步物知数。楼居白夷，黑夷居楼下。别有楼设自鸣钟，诸夷咸应时而饭。⑥

14. 潘有度：祈风日日钟声急，千里梯航瞬息回。⑦

15. 释纯谦：远钟声彻三巴寺，番舶帆收十字门。⑧

16. 陆希言：惟守诫持斋，七时祈祷，听钟声而作息，彼此无异焉。⑨

吴历所言“前山圣母堂”（2），据王文达言，应为花王堂，汪宗衍亦持此说，然章文钦引澳门林家骏主教所撰《澳门教区历史掌故文摘》中《澳门圣堂史略》译文载大炮台山小堂，又名圣保禄圣母静院或圣母小堂之说，言此前山小堂当指圣母静院。⑩ 确定此堂究竟为何圣堂，其意义在于确定早期澳门时间的“发布者”。既然吴历称“小钟”响起，随之“大钟”相应，想必此圣堂应非花王堂，因花王堂恐非能称为“小”，然称花王堂首先响起亦不能言错，可能后来正是由花王堂首先敲响。

上面所记时分为中国士人所言，但葡人计时是按西方时辰，故上所言的时辰均为西方之计时，而非中国之时辰。在早期澳门，传教士或仆人根据自鸣钟判断是否已经到凌晨时分，首先敲响某教堂钟声 1 次，意为黑暗退去，光明来临，其他教堂随之相应，钟声响彻全澳门（1）。而后 2 点则 2 击，以至于正午 12 点，而后再以下午 1 点一击开始，乃至夜晚 12 点（6、7、10）。当教堂钟声第一次撞响 5 次或 6 次之时（9），

① （清）李遐龄：《勺园诗钞》卷 1，《澳门杂咏》，清嘉庆十九年刻本，第 8 页。

② （清）伍崇曜：《楚庭耆旧遗诗》续集 16，黄德峻：《澳门诗》，清道光三十年刊本，第 9 页。

③ （清）张琳：《玉峰诗钞》卷 15，《澳门竹枝词》，清刻本，第 6 页。

④ （清）钟启韶：《听钟楼诗钞》卷 3，《澳门杂事诗》，道光十年刊本，第 19 页。

⑤ （清）汤贻汾：《琴隐园诗集》卷 9，《澳门之役未暇为诗归为短句补之》，清光绪元年刻本，第 14 页。

⑥ （清）汤贻汾：《琴隐园诗集》卷 32，《七十感旧》，清光绪元年刻本，第 22 页。

⑦ （清）潘义增、潘飞声：《番禺潘氏诗略》第 2 册，《义松堂遗稿》之潘有度《西洋杂咏》，光绪二十年刊本，第 4 页。

⑧ （清）释纯谦：《片云行草》，《重游普济禅院与秉上人》，清道光二十七年刻本，第 10～11 页。

⑨ ［比］钟鸣旦等编：《法国国家图书馆明清天主教文献》第 11 册，陆希言：《墺门记》，台北：台北利氏学社，2009 年，第 429 页。

⑩ 章文钦：《澳门诗词笺注·明清卷》，珠海：珠海出版社，2002 年，第 30 页。

即黄德峻所说的“侵晨”时分，澳门的信徒们或独自，或三五成群来到各堂区听传教士讲习经文。若恰逢“礼拜”之期，则“男女诣庙”（11）。平信徒做完祈祷后，若是水手或商人，又恰是航海之良机则起帆远航（14）；若为传教士则走访四处，劝人改宗；若为耶稣会读书修士则可能学于书馆（1、5）。时至中午，澳门教堂钟声响起，或为11声或为12声，乃午饭之时（12、13）。下午时段内钟声断续响起（7），澳门城市的生活应与上午无太大差异，然而若广东政府差人前来责难，则教堂的钟声不再代表时间，而是为召集澳门权贵之人和议事会成员前来议事亭接见中国官员（3）。当夜幕将至，教堂钟声再次响起（8），近海打鱼帆船收帆归港（14）。7点之时，伴随教堂钟声7次敲响之后，澳门人逐次步入教堂为新的一天祈祷（15）。若在当天或之前犯下罪恶之事，信徒走入堂区教堂的告解室坦白罪行，并获得神父以天主名义的赦免（4）。

上所引述中，由中国士人以中国时辰计时方式来看待澳门的计时，两种文明相接触时，此种现象属于常事。中西方计时的仪器虽各有特色、不完全相同，然而双方对“钟”的使用却多少体现了文明间的共性。耶稣会会士在华正是凭借中西计时的共性，展开了最初的适应性策略。如前所言，1583年罗明坚为适应中国本土的需求，把欧洲的24小时制改为12时辰制，将阿拉伯字换成中国字，每天分成100段，每段分成100分，以符合中国人的习惯。改成中国计时时制后，“大钟鸣时，正午一击，初末二击，以至初子十二击；正子一击，初丑二击，以至初午十二击，小钟鸣刻，一刻一击，以至四刻四击”。① 由于士人不通“时、分”计时，诗中未有提起“分钟”这个概念，然想必当时澳门社会是有“分钟”的计时，只是并未成为一种类似现代生活中的守时准则罢了。

五、望远镜在澳门的传播

目前学术界提到最早的望远镜发明者为英国人利那得·迪格斯（Leonard Diggses），他的儿子托马斯·迪格斯（Thomas Diggses）留下了一份详细的望远镜使用说明，并在为其父1571年出版的著作《经纬万能测角仪》所作的序言称：“望远镜发明者的荣誉是属于我父利那得·迪格斯的。”② 意大利人德拉·玻尔塔（G. B. Della Porta）在1589年出版的《自然的魔术》书中称：

> 用一块凸透镜，近旁的东西显得特别大，却更模糊。如果你知道如何将它们配置在一起，你既可以看到近旁的东西，又可以看到远处的东西，并且在两种情

---

① （清）嵇璜：《（钦定）续文献通考》卷109，《乐考》1，浙江古籍出版社影印十通本，2000年，第3767页。

② H. C. King, *The History of the Telescope*, Mineola, New York: Dover Publications, Inc., 1955, pp. 29 – 30; 王锦光：《中国光学史》，长沙：湖南教育出版社，1986年，第189页。

况下，看到的东西都是大而清楚的。我说的就是托勒密透镜，或就叫眼镜，利用这种透镜，托勒密看到了600英里外进犯的敌船。[①]

李约瑟称：

可以肯定的是，在1550至1610年至少有6个人摆弄过双透镜的组合，使用了双凸透镜和双凹透镜，并获得了令人惊讶的远处物体放大的效果。某一种设想一传播开来，就有许多人们几乎同时付诸实践，这种现象，如望远镜的发明，在现代以前几乎是不可能的。[②]

可以说明，在16世纪的最后30年中，已有人发明了用双透镜组合的望远工具，并运用到实践中来。但一般学者都认为，望远镜的产生是1608年由荷兰蜜德堡的眼镜商汉斯·立帕席（Hans Lippershey）与沙加里亚斯·约翰逊（Zacharias Jansen）发明的，后由当时的著名学者开普勒（Johann Kepler）加以改进，并设计了几种新的望远镜，特别是用两块凸镜片的天文望远镜。[③] 1609年，伽利略制造了一架能放大9倍的望远镜，开始了对天空的观察，创造了真正意义上的天文望远镜。[④] 1619年11月，当时任荷兰东印度公司驻巴达维亚舰队的司令官弗雷德里克·豪特曼（Frederick Houtman）就备有一架望远镜，因为他是天文学家。当时望远镜还是一种十分罕见的工具。[⑤] 豪特曼虽然带着望远镜走遍了亚洲海域，但并未到过澳门。明人郑仲夔于1634年出版的《玉麈新谭·耳新》保存了一条望远镜的重要资料称：

番僧利玛窦有千里镜，能烛见千里之外，如在目前。以视天上星体，皆极大；以视月，其大不可纪；以视天河，则众星簇聚，不复如常时所见。又能照数百步蝇头字，朗朗可诵。[⑥]

既称利玛窦为“番僧”，则郑氏所见利玛窦应在1595年出韶州之前，也就是说，利玛窦在韶州时身边即有一架望远镜，当然这还不是伽利略发明的那种天文望远镜，应该是早期的望远镜。利玛窦携带望远镜进入中国内地并非郑氏孤证，明陆应扬《广舆记》称：

西洋利玛窦航海九万里入中国，神宗命给廪赐第，堂建第左。所制有简平仪，

---

① ［英］李约瑟、鲁桂珍：《江苏两位光学艺师》，载王锦光：《中国光学史》，长沙：湖南教育出版社，1986年，第190页。

② ［英］李约瑟、鲁桂珍：《江苏两位光学艺师》，载王锦光：《中国光学史》，长沙：湖南教育出版社，1986年，第192页。

③ ［英］斯蒂芬·F. 梅森著，周煦良等译：《自然科学史》，上海：上海译文出版社，1980年，第191～192页。

④ ［英］米歇尔·霍金斯著，江晓原等译：《剑桥插图天文学史》，济南：山东画报出版社，2003年，第114页。

⑤ ［荷］邦特库著，姚楠译：《东印度航海记》，北京：中华书局，1982年，第60页及注3。

⑥ （明）郑仲夔：《玉麈新谭·耳新》卷8，《宝遗》，续修四库全书子部第1268册影印明刻本，上海：上海古籍出版社，2002年，第510页。

本名范天图，为测验根本。沙漏用以候时候钟，应时自击。龙尾车，下水可用以上。千里镜，可视小为大，视远若近，皆极工巧。①

陆应扬也认为利玛窦携带有望远镜。清初人毛奇龄称：

利玛窦于明万历间由广东入中国，渐入留都，高论惊人，且出其制自鸣钟、千里镜诸品示人，则大惊，号为西儒，留都礼部遂咨送北京。②

毛奇龄则认为利玛窦在南京时也携带有自制的望远镜。清初王夫之《思问录·外编》亦称：

玛窦身处大地之中，目力亦与人同，乃倚一远镜之技，死算大地为九万里。③

王夫之则认为利玛窦利用望远镜观察天文大地。清人袁栋亦称：

万历中，有利玛窦者，生自西洋欧巴罗国，越八万里浮海而至，天家宾礼之，著作甚多，如天学数种，测量深微，议论高阔，钦天监中差里差之法，纤悉不爽，并造千里镜、自鸣钟等。④

根据现存的中文文献，大多都认为利玛窦确实带了一架望远镜进中国。天文学史家江晓原也力主利玛窦将望远镜带进中国说。⑤ 但是，目前学术界很多学者都对这条史料予以否认，最先否认者为方豪，其称：

玛窦卒于万历三十八年（1610），一年前，伽利略始在物尼斯制成第一架望远镜，玛窦决不能及身而见也。盖尔时国人极崇拜利玛窦，故凡闻一异说，见一奇器，必以为玛窦所创。《耳新》仅一例也。⑥

宋黎明先生在其《神父的新装》一书中亦辟专章否认利玛窦将望远镜带入中国之说，并认为是以讹传讹。⑦ 我认为，如果欧洲在17世纪中后期已经发明有望远镜，而且并付诸实践，这就很难保证葡萄牙人在航海中没有使用过望远镜，也很难保证望远镜在17世纪后期没有传入澳门，虽然关于利玛窦记录的最原始的西文资料，即他的日记和书信，都没有提到他带望远镜进中国，但不能因为利玛窦本人的资料没有记载，就可

---

① （明）陆应扬撰，蔡方炳增补：《广舆记》卷1，四库全书存目丛书史部173册影印清康熙刻本，济南：齐鲁书社，1996年，第26页。

② （清）毛奇龄：《西河集》卷118，《西教入中国录》，文津阁四库全书集部第441册，北京：商务印书馆，2005年，第177页。

③ （清）王夫之：《思问录·外篇》，北京：中华书局，2009年，第66页。

④ （清）袁栋：《书隐丛说》卷10，《坤舆图说》，四库全书存目丛书子部第116册影印清乾隆刻本，济南：齐鲁书社，1996年，第535页。

⑤ 江晓原：《关于望远镜的一条史料》，载江晓原、钮卫星著：《欧洲天文学东渐发微》，上海：上海书店出版社，2009年，第380～382页。

⑥ 方豪：《伽利略与科学传入我国之关系》，载《方豪六十自定稿》上册，台北：台湾学生书局，1969年，第68页。

⑦ 宋黎明：《神父的新装：利玛窦在中国（1582—1610）》，南京：南京大学出版社，2011年，第231～236页。

以绝对的否认利玛窦曾带望远镜进中国，而且，还有稍后的传教士将望远镜带进北京交给利玛窦的可能，如熊三拔，中文文献的多种记录也不应该是完全的“野狐禅”。因此，对于这一问题还应该继续挖掘材料，进一步获得确证。

由伽利略的好朋友德国耶稣会会士邓玉函带进的望远镜，则是第一架伽利略创制的天文望远镜。当邓玉函和金尼阁在欧洲搜集各种科学器械、钟表、书籍、圣物等准备来华时，1616 年米兰的红衣主教波罗米奥（Federico Borromeo）赠送给邓玉函一架昂贵的伽利略望远镜。[①] 1619 年 7 月 22 日，邓玉函携带着这架望远镜抵达澳门，并在澳门居停有两年多时间，期间一定会在澳门产生重大的影响，或仿制，或生产。1621 年 6 月 26 日，他与傅汎济一起到了杭州[②]，随身亦携带这架望远镜。郑仲夔《玉麈新谭·耳新》称：

> 玛窦死，其徒某道人挟以游南州，好事者皆得见之。[③]

“其徒”即指利玛窦的学生，大凡利玛窦以后的耶稣会会士，中国人都称其为利玛窦的徒弟；“某道人”当指邓玉函，“游南州”当为游杭州。[④] 邓玉函到杭州时，时值利玛窦去世 11 年，与上文相合，所以这一段文字正是指邓玉函由澳门携带望远镜到杭州后，为当地人所见而传之。1629 年，因修历而被召至北京，这架望远镜应当亦随之进入北京。

还有一架从澳门带入中国内地的望远镜值得一提，这条宝贵的资料保存在何乔远的《镜山全集》中：

> 《真奇图序》：今岁有西人龙华民者，来游京师，予往扣之，见其所藏先世至人之书，皆旁行手书，亡虑数百卷，岂不劳而费劲哉。入其卧榻之旁，有二球焉，以测天地之圜方；有竹筒乘镜一寸许，以观天之象度地之里，无不了然，不似中国懵懵尔也。[⑤]

上言之“乘镜”即四镜，可知此望远镜为双筒望远镜，何乔远在耶稣会住院中看见镜面宽“一寸许”能“观天之象度地之里”的“竹筒乘镜”，应该就是一架双筒望远镜。龙华民在北京的时间有两次，一次是 1611 至 1619 年，一次是 1623 至 1640 年，这应该是 1623 年那次，当时龙华民担任耶稣会北京住院院长，据何大化（António de Gouvea）

---

① Giuseppe Gabrieli, *Luca Valerio Linceo*, Atti dell'Accademia nazionale dei Lincei, Rendiconti, 1933, p. 251, 转引自［德］埃利希·蔡特尔著，孙静远译：《邓玉函，一位德国科学家、传教士》，载《国际汉学》第 22 辑，郑州：大象出版社，2012 年，第 53 页。

② ［法］荣振华著，耿昇译：《在华耶稣会士列传及书目补编》，北京：中华书局，1995 年，第 603 页。

③ （明）郑仲夔：《玉麈新谭·耳新》卷 8，《宝遗》，续修四库全书子部第 1268 册影印明刻本，上海：上海古籍出版社，2002 年，第 510 页。

④ 宋黎明：《神父的新装：利玛窦在中国（1582—1610）》，南京：南京大学出版社，2011 年，第 231 ~ 236 页。

⑤ （明）何乔远：《镜山全集》卷 37，《真奇图序》，日本内阁文库本，第 35 页。

的《远方亚洲》记载："1623 年 1 月，离中国春节只有 9 天时，阳玛诺和龙华民穿着儒生的服装来到了兵部。"① 而何乔远 1623 年时在京任通政使："言者谓因病得升，即日出都，抗疏力辞。加户部右侍郎以归，橐中不满一金。"② 因此，可以判定何乔远在北京去耶稣会住院拜访龙华民的时间应该是 1623 年春节以后，亦即他离京之前。这架望远镜也应该是从欧洲运到澳门，然后进入中国内地而交由龙华民带进北京。可以推估，这架望远镜进入澳门的时间不会晚于 1622 年。如果说邓玉函是第一个将单筒望远镜从澳门带进中国的人，那么龙华民则是第一个将双筒望远镜从澳门带进中国的人。

1636 年耶稣会中国年报中还保存了一条十分重要的望远镜资料称：

> 皇上非常喜欢去年神父们进贡的一架单筒望远镜，还命令随从制造相类似的东西；宦官们一听到皇上的旨意就马上动手干了起来，动用的全部都是一流的工匠，手艺亦是天下无双，但事与愿违，没能造出一个合皇上意的。因此，皇上只能让神父们再去订做一些。神父们向皇上展示了两架，还展示了两座有星星和太阳图案的钟，一个天体仪，制作工艺巧夺天工，极合皇上心意，龙颜大悦。③

这里提到的"去年神父们进贡的一架单筒望远镜"，应该就是魏特《汤若望传》中所称："1634 年 2 月 2 日，汤若望和罗雅谷向中国朝廷进呈由欧洲所带来之望远镜一架，以黄绸封裹，连带镀金镜架与铜制之附件。"④ 据此可知，当时在北京的耶稣会会士于 1634 年给崇祯皇帝进贡了一架单筒望远镜。而据上引年报，到 1636 年时，龙华民等耶稣会会士又给崇祯帝送出了两架新的望远镜。这就可以反映，龙华民他们当时从澳门带进北京的望远镜至少有四架以上，也可以反映当时澳门望远镜储存量之多。这从韩霖的记录也可以获证，韩霖称望远镜，"近日西洋陪臣贡献御前，间有鬻者，直四五十金。"⑤ 当时国内市场已经有望远镜成为商品，这些作为商品的望远镜也应该是从澳门引进的。

与此同时，1631 年由陆若汉送给朝鲜使臣郑斗源的千里镜⑥，1631 年由卢安德带入福建三山的望远镜⑦，1645 年由毕方济进贡南明弘光帝的千里镜⑧，1659 年由卫匡国

---

① António de Gouvea, *Ásia Extrema*, *Segunda Parte*, Lisboa: Fundação Oriente, 2001, pp. 168 – 169.

② （清）怀荫布：《（乾隆）泉州府志》卷 44，《明列传》，清光绪八年补刻本，第 22 页。

③ António de Gouvea, *Cartas Ânuas da China* (*1636*, *1643 a 1649*), Macau: Instituto Português do Oriente, 1998, p. 60.

④ ［德］魏特著，杨丙辰译：《汤若望传》第 1 册，上海：商务印书馆，1949 年，第 154 页。

⑤ （明）韩霖：《守圉全书》卷 3 之 1，《制器篇·望远镜》，台湾"中央研究院"傅斯年图书馆藏明崇祯刻本（残本），第 14 ~ 15 页。

⑥ 《朝鲜王朝实录》第 34 册，《仁祖实录》卷 25，九年七月十二日甲申，韩国国史编纂委员会影印本，1986 年，第 437 页。

⑦ 方豪：《伽利略生前望远镜传入中国朝鲜日本史略》，载《方豪六十自定稿》上册，台北：台湾学生书局，1969 年，第 69 页。

⑧ ［比］钟鸣旦等编：《徐家汇藏书楼明清天主教文献》第 2 册，《毕方济奏折》，台北：辅仁大学神学院，1996 年，第 913 页。

带进浙江杭州天主堂的望远镜[①]，1668 年由葡萄牙使臣撒尔达聂进贡北京的千里镜[②]。这些望远镜都是从澳门带进中国内地，并传播到四面八方。

望远镜在中国内地传播的同时，其在澳门本土也获得了一定的传播。明遗民屈大均称：

大铳，红毛夷擅此大器，载以巨舶，尝欲窥香山澳门，胁夺市利。澳夷乃仿为之，其制比红毛益精，安置南北两台，以守要害，发时以铳尺量之，测远镜度之，无不奇中。红夷乃不敢犯，用于中土，则诚攻守重器也。[③]

屈大均对澳门的事情记忆犹新，这里记录的是 1622 年荷兰人进攻澳门，当时澳门葡人就用了“测远镜度之”，可以反映 1622 年时澳门不仅有望远镜，而且还将望远镜使用到战争之中。屈大均还称澳门：

有千里镜，见三十里外塔尖铃索宛然，字画横斜，一一不爽。[④]

古有鱼肠剑，屈曲如环，此亦其类，刀头凡作二层，一置金罗经，一置千里镜，澳夷往往佩之。[⑤]

澳门葡萄牙人在刀头上都装置有望远镜，反映澳门望远镜之多，余怀疑澳门已有专门生产望远镜的工厂或作坊。清初人王士祯称：

澳门，有千里镜，番人持之，登高以望舶，械仗帆樯，可瞩三十里外。[⑥]

这里的“番人”指的就是澳门葡萄牙人。王士祯《居易录》亦称：

西洋意大利亚国，遣其臣世袭公斯毕呶纳及玛诺萨进贡，将至香山嶴门，……若彼国善天文者云，中国有圣人在位，故贡方物，以输悃诚，其国距中国十万里，凡经七国，行三年，始至粤。其贡物有自鸣琴、千里镜等凡二十二种，九十八件，右见广东巡抚题疏。[⑦]

杜臻《粤闽巡视纪略》称澳门：

西曰汪（望）洋炮台，列炮十有一，大者六，各重五千斤；次者二，各重四千五百斤；小者三，各重三千八百斤。贼在数十里外，用远镜登台瞩之，帆樯兵械，甲装服色，毫发毕照，举炮一击，皆糜碎矣，以此无敢近者。[⑧]

可见，至清初，澳门葡萄牙人已在炮台上使用望远镜，其军事用途更重于科学用途。澳门葡萄牙人不仅将望远镜用于军事上，而且还成为他们对外交往的礼品，康熙二十

---

① ［法］费赖之著，梅乘骏、梅乘骐译：《明清间在华耶稣会士列传（1552—1773）》，上海：天主教上海教区光启社，1997 年；第 293 页。

② （清）王士祯：《居易录》卷 26，《西洋意大利亚国》，文渊阁四库全书本，第 10 页。

③ （清）屈大均：《广东新语》卷 16，《器语》，北京：中华书局，1985 年，第 442 页。

④ （清）屈大均：《广东新语》卷 2，《地语》，北京：中华书局，1985 年，第 37 页。

⑤ （清）屈大均：《广东新语》卷 16，《器语》，北京：中华书局，1985 年，第 440 页。

⑥ （清）王士祯：《池北偶谈》卷 21，《谈异》2，《香山嶴》，北京：中华书局，1982 年，第 517 页。

⑦ （清）王士祯：《居易录》卷 26，《西洋意大利亚国》，文渊阁四库全书本，第 10 页。

⑧ （清）杜臻：《粤闽巡视纪略》卷 2，康熙二十三年二月乙未条，近代中国史料丛刊本，台北：文海出版社，1983 年，第 23 页。

三年（1684），葡萄牙人赠送钦差大臣杜臻望远镜：

> 嶴人出方物数种为献，有玻瓈屏一，镂金错钿，备极瑰异。千里镜一，连筩四五注，所窥之物而徐展之，数十里外可瞩毫末。[①]

张甄陶《澳门图说》称澳门：

> 其货则明珠、珊瑚、玻璃、洋布、鼻烟及诸珍诡之物，其人积思于伎巧，若自鸣钟、千里镜、风琴、响乐及泰西水车水器，皆诡异不可意测，而无济于实用。……惟精于火器，又善以千里镜测量，发无不中，以故能雄长诸番。[②]

魏源《海国图志》亦称：

> 澳旁高山，西夷建一望海楼，面零丁洋，用大千里镜远观，可见数日后所到船，并能认知何国旗。[③]

关于澳门望远镜的资料文献保存甚多，可以反映，自望远镜传入澳门后，澳门葡萄牙人不仅将这一新的科学技术向中国内地及周边地区传播，而且在澳门本土也对望远镜的传播和使用做出了积极的贡献。

第三节　传入澳门的西方科技书籍及西方印刷术

16—19世纪传入澳门的西方科学技术虽然很多，但我们尤不可忽视当时传入澳门的西方科技类书籍及西方的印刷术，因为人类社会所有科学技术的传播的首要因素就是科技书籍和印刷术的传播。

一、传入澳门的西方科技书籍

西洋传教士携带西洋书籍进入传教所在地，这应该是他们的传统。1541年，沙勿略离开葡萄牙时，教宗送给他100克鲁扎多的书籍，除了主要圣经类的天主教书籍外，还有一本关于医学的书籍。最早去日本的耶稣会传教士巴莱多除携带大量的天主教书

---

① （清）杜臻：《粤闽巡视纪略》卷2，康熙二十三年二月乙未条，近代中国史料丛刊本，台北：文海出版社，1983年，第25页。

② （清）王锡祺：《小方壶斋舆地丛钞》第11册，第9帙，张甄陶：《澳门图说》，杭州：杭州古籍书店，1985年，第315页。

③ （清）魏源：《海国图志》卷52，《大西洋·英吉利国广述》，长沙：岳麓书社，1998年，第1439页。

籍以外，还有许多伦理学、哲学、历史方面的书籍，其中还有一本托勒密的地理书。① 西洋传教士入华也带进了大量的欧洲书籍，但最初入华的传教士带来的书籍主要也是有关福音传播的宗教书籍，罗明坚带进的书籍有几箱子，其中就包括厚厚的《教典法》，还有一些印有很多画像的新旧约。② 而欧洲科技图书最先带进的则应始于利玛窦。关于利玛窦从欧洲带进澳门后又带进中国内地的欧洲书籍究竟有多少，目前尚无准确的数字和研究，我们只能从一些侧面的记录中获取有关信息。利玛窦晚年谈到肇庆期间的情形说，他们有“很多关于科学、律法方面的书籍；有些书很大，比如《圣经》以及其他封面烫金而且装订很好的书籍”③。利玛窦在 1585 年 11 月 24 日致总会长的函中写到，他正在做一个天球仪，“我不知道会做得怎样，因为我手头的书只有丁先生（Christophoro Clavius）和皮科洛米尼（Alessandro Piccolomini）的《球体》”④。丁先生和皮科洛米尼的《球体》这两本书肯定是利玛窦从澳门带进内地的欧洲科技书籍。在韶州期间，利玛窦给瞿太素教授丁先生的《球体》（即《浑盖通宪图说》）和欧几里得的《几何原本》，后一书也当为利玛窦带到澳门再带进韶州的欧洲科技书籍。⑤ 前面提到利玛窦在肇庆仙花寺内展示的一幅《世界地图》，很可能就是奥特里乌斯于 1564 年绘制的《心形世界地图》，或墨卡托于 1569 年用圆柱投影绘制的《世界地图》。⑥ 1584 年，利玛窦在肇庆绘制出了第一幅中文版的《世界地图》，据他自己说主要是以“所携

---

① ［法］裴化行著，管震湖译：《利玛窦神父传》上册，北京：商务印书馆，1998 年，第 99 页。

② ［法］裴化行著，管震湖译：《利玛窦神父传》上册，北京：商务印书馆，1998 年，第 101 页。

③ Pasquale M. D'Elia, *Fonti Ricciane: documenti originali concernenti Matteo Ricci e la storia delle prime relazioni tra l'Europa e la Cina, 1579 - 1615*, Vol. I, Roma 1942 - 1949, p. 196，转引自宋黎明：《神父的新装：利玛窦在中国（1582 - 1610）》，南京：南京大学出版社，2011 年，第 227 页。

④ ［意］利玛窦：《利玛窦信函》，第 116 页。丁先生的《球体》全名为《萨克洛波斯科球体评注》（*Commentarius in Sphaeram Joannis de Sacro Bosco*），1570 年出版，计有 800 多页，对皮科洛米尼的名著详加注释。皮科洛米尼的《球体》全名为《球形世界》（*Della sfera del mondo*），基本上沿袭了亚里士多德—托勒密的宇宙观，即宇宙包括十四个同心水晶球，地球静止不动，是宇宙的中心。此外，该书还论述了日食、月食、经度、纬度和地球五个气候带等问题。萨克洛波斯科（Johannes de Sacrobosco John of Holywood，1195—1256）是英国人，据说曾在牛津大学学习，后在法国巴黎大学任教，1230 年前后发表其最重要的天文学著作《论球体》（*Tractatus de Sphaera*），研究地球与宇宙的关系，一反中世纪的大地为方形之说，坚持地球为球形，与皮科洛米尼的《球体》大同小异。它是欧洲大学必读书，长期以手稿方式流传，直到 1472 年首次印刷，其后两个世纪内重版 200 多次。1540 年，皮科洛米尼（1508—1579）的《球体》在威尼斯出第 1 版，到 1597 年出第 11 版。参见宋黎明：《神父的新装：利玛窦在中国（1582—1610）》，南京：南京大学出版社，2011 年，第 248 ~ 249 页。

⑤ ［意］利玛窦著，文铮译，梅欧金校：《耶稣会与天主教进入中国史》，北京：商务印书馆，2014 年，第 161 页。

⑥ 黄时鉴、龚缨晏著：《利玛窦世界地图研究》，上海：上海古籍出版社，2004 年，第 5 页。

图册与其积岁札记”为依据而绘制成的。[①] 这里所携的图册，就是指他从欧洲带进澳门又带进肇庆的那些西方书籍，因为这些西方书籍中有很多世界地图的插图。这又可以说明，利玛窦在肇庆绘制的第一幅中文版《世界地图》，其蓝本是来自传入澳门的西方书籍。1595 年，利玛窦到南昌后，他给建安王赠送了两部书，其中一部为附有世界地图的《世界概述》[②] 这部书很可能是利玛窦写信回欧洲，要求欧洲方面寄给他的一部书，所以这部书应该先到澳门，然后才转交到利玛窦手中。除了带进欧洲书籍以外，利氏也积极地搜集中国图书，据刘承范《利玛传》称其在肇庆：“仅图书数匣，出之几上，方移入舟中。军门令人觇之，始知其所携者，皆《六经》《语》《孟》及《性鉴》《史记》诸书，而他不与也。”而在韶州“又精舍数间，所藏皆六经正学、子史诸书，求其手自翻译者，独《大瀛全图》耳”[③]。这反映了利玛窦来华时间不久就搜集了大量的中国图书。利玛窦进京后，不断写信向欧洲索取欧洲科技图书，因此也有很多书籍通过欧洲寄到澳门，再送到北京，王英明《历体略》称：

> 自利玛窦于神庙初，挟其彼国图书器物，由海道自西南诸国以入中华，尚食京师，发明九重天奥义，自后同学相继而来，所译教义诸书不下充栋，而历法一部，如《几何原本》《同文算指》《表度等说》《测量全义》《日月星缠表》《天问略》《测天约说》及《浑天仪测蚀》等书，确当详明，远过先代。[④]

王英明所言利玛窦“挟其彼国图书”入中华，这些图书就包涵有很多西方科技图书，而这些图书都应是先进入澳门，而后带入中国内地。

（一）澳门圣保禄学院的藏书

到 16 世纪末，欧洲书籍传入澳门的数量已经不少，故 1594 年圣保禄学院建立后，就建起了一间有上下两层大房子的图书馆。[⑤] 传教士为建设这座图书馆做出了很多努力，1598 年 10 月 9 日，范礼安神父的信称：“最初的书籍是根据总会议中各个会长的命令而制作完成的命令、指令和礼法文书。”1616 年 3 月 1 日，骆入禄神父的信又称：“我请求总会长能够为了我们的需求，命令驻扎在里斯本各区的会长送给我们这些书籍。”1610 年 3 月 14 日，帕西欧（Francisco Pasio）神父的信称：“耶稣会一名教区神父将他拥有的书库赠予了圣保禄学院。”关于这一时期澳门圣保禄学院藏书的情况，主

---

① ［意］利玛窦：《坤舆万国全图》自序，1602 年北京李之藻刻板，转引自黄时鉴、龚缨晏著：《利玛窦世界地图研究》，上海：上海古籍出版社，2004 年，第 167 页。

② ［意］利玛窦著，文铮译，梅欧金校：《耶稣会与天主教进入中国史》，北京：商务印书馆，2014 年，第 205 页。

③ 湖北监利存泽堂修：《刘氏族谱》序之卷 2，《艺文》，（明）刘承范：《利玛传》，民国甲寅年（1914）刻本，第 13、15 页。

④ （明）王英明：《历体略》卷下，文渊阁四库全书本，第 789 册，第 981 页。

⑤ 高瀬泓一郎：「キリシタン時代の文化と諸相」，東京：八木書店，2002 年，第 348 ~ 353 頁。

要收藏在“司库书库”“书记处”“档案馆”“耶稣会住院药房”和“私人藏书室”。[①] 其中，1616 年的目录是属于日本教省司库的藏书，高华士称之为“司库书库”，共有 43 种，几乎都是宗教内容的书籍，也有几本语言和人物传记方面的书籍，但并没有发现任何关于西方科技的书籍。除此以外，当时的耶稣会中国副省的“书记处”（Secretaria）也保存了一个书目，里面除了各种信件外，还有各种“特许状”（Alvará）、“教宗简函”（Brevia）、“诏书”（Bullae）、“目录”（Cathalogi）、“法令”（Decreta）、“训令”（Instrucçãos）和“抄本”（Tresladas），涵盖 1609—1668 年。[②] 从这些内容可以看出，中国副省的这一批藏书亦无西方科技书籍。药房藏书所藏主要为圣保禄学院翻译的一些中国药书及该院研制的一些药方，体现西方医疗技术在澳门的情况。私人藏书室主要收藏特定目的的书籍，当1633 年10 月主教瓦伦特去世时，根据当时的规则，他的书籍被收入学院图书馆，交由其他耶稣会会士使用，此时科技藏书也未进入收集的行列，对主教藏书书目进行一番分析后显示，除医学方面的中世纪铁力木（Medieval Mesua）和必须收藏的克拉乌（Clavius）数学书籍外，这部分藏书几乎无关乎科技。[③] 17 世纪初，曾在圣保禄学院停留过的耶稣会会士邓玉函使用过该图书馆，但他认为该图书馆的藏书是贫乏的，他想找到比较先进的科学书籍，如数学、医学和植物学方面的，但是他没有找到这样的书。[④] 值得注意的是，到 17 世纪后期，1680—1683 年，澳门的日本省会会长方济各（Francesco Xaverio Filippucci），在澳门完成的一份手稿中引用了大量的西方书籍，准确地提到了很多篇章，而这些引用的书很可能就是圣保禄学院所藏的图书。

就是上述这些图书共同构建了圣保禄学院图书馆的馆藏。据高华士的统计，图书馆的藏书共计约 4 200 册。由于馆藏书籍的长期使用，特别是圣保禄学院教授讲课的使用，对书籍的损害相当严重。1753 年，法国传教士宋君荣（Antoine Gaubil）曾经提到，圣保禄学院的图书馆藏书遭到了严重的虫害，并称：“藏书几乎毁掉了一半。”[⑤] 为了防备欧洲对耶稣会的镇压，为了安全地保存圣保禄学院的图书，1761 年，圣保禄学院将

---

① ［比］高华士著，李庆译：《17—18 世纪澳门耶稣会在中欧书籍流通中的角色：以西式藏书为中心》，载《澳门研究》第 67 期，2012 年，第 127 ~ 129 页。

② ［比］高华士著，李庆译：《17—18 世纪澳门耶稣会在中欧书籍流通中的角色：以西式藏书为中心》，载《澳门研究》第 67 期，2012 年，第 127 页。

③ ［比］高华士著，李庆译：《17—18 世纪澳门耶稣会在中欧书籍流通中的角色：以西式藏书为中心》，载《澳门研究》第 67 期，2012 年，第 130 页。

④ ［比］高华士著，李庆译：《17—18 世纪澳门耶稣会在中欧书籍流通中的角色：以西式藏书为中心》，载《澳门研究》第 67 期，2012 年，第 130 页。

⑤ Antoine Gaubil, in R. Simon, *Correspondance de Pékin*, Genève: Droz, 1970, p. 763；转引自［比］高华士著，李庆译：《17—18 世纪澳门耶稣会在中欧书籍流通中的角色：以西式藏书为中心》，载《澳门研究》第 67 期，2012 年，第 131 页。

馆藏的最为珍贵的档案、文献和手抄本装为四箱，运往马尼拉，后转运到马德里。[①] 现今这批图书馆的手抄本藏于里斯本的阿儒达图书馆。1762 年，解散耶稣会的命令传到澳门后，学院图书馆及建筑被公开出售，剩下的图书大部分都散失，有一部分被澳门葡萄牙官员和富裕的市民买下，还有一部分可能流进了后来复办的圣若瑟修道院，还有一部分可能保存在澳门市政议会。据高华士考证，北堂的藏书中有 12 本来自澳门，其中只有 1 本与澳门图书馆有关，其他则关涉圣保禄学院、新学院或圣若瑟修道院。在这 12 本书中，有一部分是“室内藏书”（院长或副省会长的藏书），其中 5 本是 1656 年一位葡萄牙耶稣会会士拉塞尔达（Francisco Pereira de la Cerda）的遗赠品，而这 5 本书中有 4 本是数学书籍，其作者分别是克拉乌（Christophorus Clavius）、伽贝（Nicola Cabei）、梅提斯（Adrianus Metius）和奥特雷德（William Oughtred），而这些书成了澳门圣保禄学院图书馆拥有数学藏书的见证，同样也体现了当地存在着某种“数学藏书文化”。[②]

（二）金尼阁运抵澳门的 7 000 部书

澳门历史上最为重大的文化盛事是，17 世纪 20 年代曾有数千册欧洲书籍进入澳门，并在澳门停留了相当长的时间，其中欧洲科学技术书籍占了相当大的分量。1613 年，金尼阁返回罗马，此次返回欧洲的主要任务之一就是为中国教区采购图书。金尼阁自述称：

> 余迄今所获者，无论就数量言（重复者不计），就学术门类之繁多言，就装潢之富丽言，在耶稣会中尚无足以与此颉颃者。余曾在义国、法国、日耳曼国、比国，征募书籍，并有精于书籍之友人为伴，其人即余去年函中所述及之医师而兼数学家者，所搜医学、法学、音乐类书，亦复甚多，而近日所已发明之数学书，则可谓应有尽有。余从各王公大臣所征集及在各地所收购之各项测算仪器与制造仪器之机械，种类之多，质量之精，可谓已一无所缺。[③]

由此可见，所谓金尼阁入华“7 000 部”西书中，有大量欧洲科技类书籍。杨廷筠《代疑篇》称：

> 自西泰利先生用宾上国，蒙朝廷生养死葬，其国住感恩图报，特遣陪臣金尼阁远来修贡，除方物外，有装演图书七千余部，重复者不入纤细者不入。书笈见顿香山澳，俾一朝得献朝廷，当宁必发仪部及词林，与西来诸翻译雠订，书义昭

---

① 段世磊：《欧洲东传早期概况：澳门圣保禄学院 1616 年藏书目录》，载《文化杂志》（中文版）第 93 期，2014 年，第 64～65 页。

② ［比］高华士著，李庆译：《17—18 世纪澳门耶稣会在中欧书籍流通中的角色：以西式藏书为中心》，载《澳门研究》第 67 期，2012 年，第 132 页。

③ 方豪：《明季西书七千部流入中国考》，载《方豪六十自定稿》上册，台北：台湾学生书局，1969 年，第 44 页。

然，兹编亦属剩语矣。①

李之藻《译寰有诠序》称：

时则有利公马窦，浮槎开九万之程；既有金公尼阁，载书逾万部之富。乾坤殚其灵秘，光岳焕彼精英。将进阙廷，鼓吹圣教；文明之盛，盖千古所未有者。②

方豪私藏《辩学》抄本亦称：

傅汎济字体斋，与金尼阁四表，俱罗马大臣。先是，利玛窦至中华，晋见朝廷，宾延殊礼，其国君感甚，特命傅、金二位，远来继好，除带进上方物外，携有装演图书七千余部，皆天人之学及历法度数之书。道途阻塞，书存香山澳，带进者尚未有什之一二。③

1619 年，金尼阁携带这批书籍抵达澳门，然而正值中国禁教，天主教在华受到排斥，这批书就滞留在了澳门。④ 即杨廷筠所言“书笈见顿香山澳”，虽然 1623 年北京教堂重开后，有一批书被传教士陆续带进北京，但据方豪私藏《辩学》所言“道途阻塞，书存香山澳，带进者尚未有什之一二”。就是说，7 000 册书最多只有千余册被带进中国内地，其他绝大部分还保存在澳门。金尼阁带进的这一批书是什么样的书呢？据《辩学》，“皆天人之学及历法度数之书”，即哲学和科学方面的书籍。进入中国内地的书，后来又陆陆续续被收藏在了北堂图书馆中，方豪对这批书籍进行了统计。⑤ 此处根据其统计，再从中择取科技类书籍加以整理。编号两千以内的书籍中，科技类至少有以下 13 种（此处不计算医学类的书籍，医学类书籍在第七章专门讨论）：

1. Jacques Besson，Le Cosmolabe. *Qv. Instrvment vniversel*，*concernant Toutes Obseruations qui se peuuent faire Par les Sciences Mathematiques*，*Tant au Ciel*，*en la Terre*，*comme en la Mer. De l'inuention de M. Iaques Besson*... A Paris，Par Ph. G. Roville，1567. 雅克·贝松：《宇宙仪——可以运用数学对天、陆、海进行观测的万能仪器，由雅克·贝松发明》，1567 年于巴黎，由罗威尔出版。

2. Pierre Le Conte，*La fabriqve et l'vsage dv radiometre*，*instrvment geometriqve*，*et astronomiqve*，*vtile tant en la mer qv'en la terre. Inventé par Pierre le Conte*⋯A Paris，Chez Tovssaincts Dv Bray，1605. 皮埃尔伯爵：《用于海、陆测量、天文观测的仪器

---

① 周駬方：《明末清初天主教史文献丛编》上册，杨廷筠：《代疑编》卷上，北京：北京图书馆出版社，2001 年，第 47 页。

② （清）刘凝：《天学集解》卷 3，李之藻：《〈寰有诠〉序》，俄罗斯彼得堡公共图书馆藏清稿本，第 10 页。

③ 《辩学》清抄本，不分卷，无页码，转引自方豪：《明季西书七千部流入中国考》，载《方豪六十自定稿》上册，台北：台湾学生书局，1969 年，第 40 页。

④ ［比］高华士著，李庆译：《17—18 世纪澳门耶稣会在中欧书籍流通中的角色：以西式藏书为中心》，载《澳门研究》第 67 期，2012 年，第 130 页。

⑤ 方豪：《明季西书七千部流入中国考》，载《方豪六十自定稿》上册，台北：台湾学生书局，1969 年，第 48 ~ 50 页。

Radiometre，其构造及使用》；皮埃尔·乐孔特：《辐射仪的制造及用法——对海、陆进行地理、天文测量的仪器》，1605 年于巴黎，杜伯雷出版社。

3. Guillaume de Nautonier，*Mecometrie de leymant cest a dire La maniere de mesvrer les longitudes par le moyen de l'eymant. Par laquelle est enseigné，un tres certain moven，au paravant inconnu，de trouuer les longitudes Geographiques de tous lieux，—aussi facilement comme la latitude. Dauantage，y est monstree la declinaison de la guideymant，pour tous lieux... De linvention de Gvillavme de Nautonier Sieur de Castelfranc en Languedoc...* Imprime a Venes ches L'autheur MDCIII. Par Raimond Colomies，Imprimeur en l'Vniversié de Tolose，& Par Antoine de Courteneufue，aux frais de l'autheur，1602. 纪尧姆·德·纳道尼尔：《经度测量法—运用磁针进行经度测量的方法》。运用此法，可以以以往所未知的方法测出所有地方之地理经度，甚至纬度及磁偏角，纪尧姆·德·纳道尼尔发明，1602 年由作者出资，于菲驰印刷，MDCIII 作家出版社，图卢兹大学印刷的蓝蒙·告劳弥，以及昂杜·古特呐夫出版发行。

4. Johann Heinrich Alsted，*Elementale mathematicum，in qvo mathesis methodice traditur per praecepta brevia，Theoremata perspicua，Commentaria succineta... Edente Johanne-Henrico Alstedio...* Francofvrti，Typis Johannis Bringeri，Sumptibus vero Antonij Hummij，1611. Johann Heinrich Alsted，《初等数学》，在书中，数学方法通过格言、显著之原理、言简意赅之评论而被教授，作者为 Johanne-Henrico Alstedi，法兰克福，Johannis Bringeri 插图，但由 Antonij Hummij 出版，1611。

5. Petrus Apianus，*Cosmographia Petri Apiani，per Gemmam Frisivm apvd Lovanienses Medicvm et Mathematicvm insignem，iam demvm ab omnibvs vindicata mendis，ac nonullis quoque locis aucta，& annotationibus marginalibus illustrata.* Additis eiusdem argumenti libellis ipsius Gemmae Frisij. Coloniae Agrippinae，Apud Haeredes Arnoldi Birckmanni，1574. Petrus Apianus，《宇宙志》，通由鲁汶的著名医生和数学家 Gemmae Frisij，已彻底更正所有错误，并增补某些部分，最后用旁注进行说明。附录中增加了这位 Gemmae Frisij 的观点，科隆的 Agrippina，Haeredes Arnoldi Birckmanni 出版社，1574。

6. Aristarchus，*De magnitvdinibvs et distantiis solis，et lvnae，liber；cvm Pappi Alexandrini explicationibus quibusdam. A Federico Commandino Vrbinate in latinum conuersus，ac commentariis illustratus...* Pisavri，Apud Camillum Francischinum，1572. Aristarchus，《论太阳、月球的大小和距离》，有 Pappi Alexandrini 的某些说明。由 Urbino 的 Federico Commandino 译成拉丁文，以及评论，佩萨罗，Camillum Francischinum 出版社，1572。

7. Roger Bacon，*Specvla mathematica：in Qua，de speciervm mvltiplicatione，earundemque in inferioribus virtute agitur. Liber...* Editus opera & studio Joannis

Combachii... Francofvrti, Typis Wolffgangi Richteri, sunptibus Antonij Hummij, 1614. Roger Bacon,《数学家之守望者》，在书中讨论种类的增加，以及在低级等级中它们的德行；由 Joannis Combachii 编辑……法兰克福，Wolffgangi Richteri 插图，Antonij Hummij 出版，1614。

8. Francesco Barozzi, *Admirandvm illvd geometricvm problema tredecim modis demonstratvm; quod docet duas lineas in eodem plano designare, quae nunquam inuicem coincidant*···Francisco Barocio Iacobi filio Patritio Veneto avtore. Accessit etiam Instrumentum Quoddam Olim ab Eodem Autore Inuentum, quo Cuiuslibet Coni ortus, ac trium Conicarum Sectionum in Plano Descriptio fit. Cum Indice locupletissimo, eorum quae toto Opere Continentur. Venetiis, Apud Gratiosum Perchacinum, Sumptibus Io. Baptistae Fantini Patauini, 1586. Francesco Barozzi,《那个令人惊讶的几何问题》，通过十三种方法证明；它指导在同一个面上画两条直线，但这两条线相互闲决不一致，……作者 Francisco Barocio Iacobi 为威尼托 Patritio 的儿子。此外，这本书采用了当时由这同一作者发明的某些工具，利用这些工具，在平面上的任意锥形的起点以及三面锥形都能描绘。这本书附有极为详细的包含在给书中的所有作品的索引，威尼斯，Gratiosum Perchacinum 出版社，Io. Baptistae Fantini Patauini 出版，1586。

9. Pierre Beausar, *Annvli Astronomici Instrumenti Cvm Certissimi Tum Commodissimi Vsus, Petro Beausardo Matheseos Studioso Auctore.* Antverpiae, Ex officina Ioannis Steelsij, 1553. Pierre Beausar,《天文工具之环，以及确切和方便之法》，作者为好学的数学家 Petro Beausardo，安特卫普，来自 Joannis Steelsij 作坊，1553。

10. Basilius Besler, *Hortus Eystettensis, sive diligens & accurata omnium plantarum, Florum, Stirpium, ex Variis Orbis Terrae Partibus Singulari Studio Collectarum, Quae in Celeberrimis Viridariis, Arcem Episcopalem Ibidem Cingentibus, Hoc Tempore Conspicientur* [*sic*], *Delineatio, & ad Vivum Repraesentatio, Opera Basilii Besleri, Norinbergae*, 1613... 贝斯勒：《艾希施达特花园》，或者是对来自世界各地的植物、花和灌木等收集进行细致的研究，而作的勤勉和细致的生动描绘和表述；这座花园就在主教辖区高山的著名植物园里，此时可被观察，Basilii Besleri 之作品，纽伦堡，1613。

11. Giuseppe Biancani, *Aristotelis loca Mathematica Ex Vniuersis Ipsius Operibus Collecta, & Explicata*... 1615. Giuseppe Biancani,《亚里士多德的数学之位》，从其所有作品中结集而成，并附说明，1615。

12. Anselme de Boodt, *Gemmarvm et Lapidvm Historia, Qua non Solum Ortus, Natura, vis & Precium, Sed Etiam Modus Quo ex iis, Olea, Salia, Tincturae, Essentiae, Arcana & Magisteria arte Chymica Confici Possint, Ostenditur*... Hanoviae, Typis Wechelianis apud Claudium Marnium & heredes Ioannis Aubrii, 1609. 鲍迪：《宝石和矿物

的历史》，介绍石头和宝石的历史，不仅包括其属性、力量和价格，而且包括其所含化学成分，油、盐、酊剂等. 汉诺威，Wechelianis 插图，Claudium Marnium & heredes Ioannis Aubrii 出版社，1609。

13. Joannes Buteo，*Logistica Quae & Arithmetica Vulgo Dicitur in Libros Quinque Digesta*... Lvgdvni，Apvd Gvlielmvm Rovillivm，1559. Joannes Buteo，《逻辑学以及算学摘要》，在五卷书中对公众进行宣讲，里昂，Gulielmum Rovillium 出版社，1559。①

另3 000余册中还有大量科技类书籍，此处不一一罗列。② 以上13种书中，涵盖天文地理，如1、3、6、9；算术几何，如2、4、7、8、11、13等。金尼阁所带进的贝松《宇宙仪》（*Le Cosmolabe*），贝松称这种仪器具有万能功效，是可用于航海、测量、制图和天文观测的精密仪器。近代矿物学鼻祖鲍迪（Anselme de Boodt）在《宝石和矿物的历史》（*Gemmarvm et Lapidvm Historia*）中解释了切割钻石、石头的技术。图5－61所附即该书第56页，描述了切割石头的技术。又如植物学家贝斯勒（Basilius Besler，1561—1629）所著《艾希施达特花园》（*Hortus Eystetensis*），对众多植物进行了极为细致的勾勒。

除了上述科技书是明确属于金尼阁带进澳门的7 000部书中的一部分外，还有《奇器图说》，王徵《奇器图说录最》称：

奇器图说乃远西诸儒携来彼中图书，此其七千余部之一支，就一支中，此特其千百之十一耳。③

汉学家耶格尔（Fritz Jäger）很早就注意到邓玉函《奇器图说》的版本问题，他断定此书前2卷主要出自斯蒂文（Simon Stevin）和圭多巴尔多（Guidobaldo del Monte）等人的著作，第3卷出自贝松（Besson）、拉梅利（Ramelli）、宗卡（Zonca）、蔡辛（Zeising）和微冉提乌斯（Veranzio）的机械著作。北堂图书馆馆长惠泽霖（H. Verhaeren）查阅了北堂图书馆收藏的耶稣会会士带到中国的西文书籍，再次确认斯蒂文的书是《奇器图说》前2卷的一种底本，并辨识出卷3部分图书出自拉梅利的著作。④ 又据学者对《崇祯历书》的研究，并认定：

金尼阁从欧洲带来的7 000部图书中就包括多部开普勒的著作，如有反映物理天文学思想的著作《宇宙的神秘》（北堂藏书1899号）和《哥白尼天文学概要》（北堂藏书1897号），有反映开普勒光学成就的著作《天文光学》（北堂藏书1893

---

① 北京遣使会编：《北堂图书馆藏西文善本目录》，北京：北京图书馆出版社，2009年，第26～27、112、138、218、230、246～247、259、264～265、274、287、288、312～313、333～334页。

② 如编号1203、1228、1229、1230涉及医学，编号1249涉及植物学等。

③ 宋伯胤编著：《明泾阳王徵先生年谱》，王徵：《远西奇器图说录最序》，西安：陕西师范大学出版社，1990年，第218页。

④ 张柏春、田淼、马深孟、雷恩、戴培德等著：《传播与会通：〈奇器图说〉研究与校注》上篇，南京：江苏科技出版社，2008年，第6～7页。

号)、《折光学》(北堂藏书 1895 号)以及另一版本的《折光学》,附有伽利略的《比例规》(北堂藏书 1896 号),此外还有《世界的和谐》(北堂藏书 1898 号)。①还有,由德国汉学家傅汉斯(Hans Ulrich Vogel)发现和研究的由德国人汤若望和华人杨之华及黄宏宪共同翻译完成的《坤舆格致》,其原本即为德国科学家阿格里科拉(Georgius Agricola)于1556 年的拉丁文本《矿冶全书》(*De re metallica*)。据研究,该书原本属于曾任慕尼黑城市副法官的门德尔([Christoph] Michael Mändl from Eissendorff),后辗转送给邓玉函,邓玉函于1619 年将此书与金尼阁的7 000 部书一起带进澳门,此书在澳门停留两年后,邓玉函又带进中国内地,后存放于北京北堂,现存于中国国家图书馆。② 由此,我们可以大致了解到滞留在澳门的科技书涵盖了不同领域、不同时段欧洲的新旧研究成果和技术。令人遗憾的是,这些技术不仅未能在澳门留下我们可以追寻的踪迹,也未能对明末中国的科技发展产生重大影响。

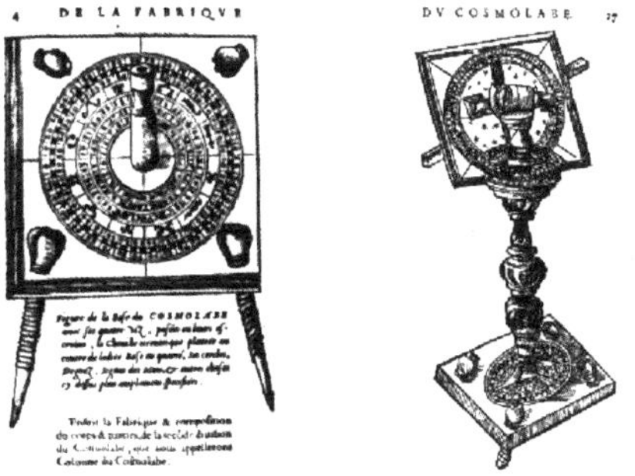

图 5-60 贝松书中的宇宙仪

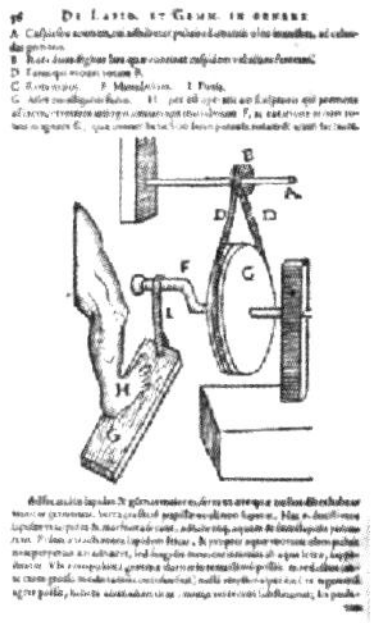

图 5-61 鲍迪书中切割石头的设备

图 5-62 贝斯勒书中的向日葵

(三)东印度公司建立的澳门英国图书馆

19 世纪后,来华的英国商人和传教士中大多教育程度很高,而且他们有志于在中国进行图书、报刊出版或者翻译工作。为了工作的需要,必须在澳门营造一个比较良好的阅读环境,并创造这种读书的氛围,因此,建立图书馆成了推动上述工作的一个

---

① 王国强、孙小淳:《〈崇祯历书〉中的开普勒物理天文学》,载《中国科技史杂志》2008 年第29 卷第1 期,第47 页。

② 潘吉星、傅汉斯、伊丽莎白·泰森—伏格尔(1989):"Übersetzung und Verbreitung von Georg Agricolas 'De re metallica' im China der späten Ming-Zeit (1368-1644)"(阿格里科拉《矿冶全书》在晚明中国的翻译和流传),*Journal of the Economic and Social History of the Orient*(《东方经济史与社会史杂志》,第32 期,第161~162 页)。Noel Golvers, *Libraries of Western Learning for China: Circulation of Western Books between Europe and China in the Jesuit Mission (ca. 1650 – ca. 1750); I. Logistics of Book Acquisition and Circulation*, Leuven: Ferdinand Verbiest Institute KUL (Leuven Chinese Studies), 2012, pp. 35-36.

重要方法。1806 年 12 月，东印度公司在澳门的图书馆正式建立。该图书馆应该是设立在当时位于南湾的英国东印度公司商馆内。在行政上，图书馆设有馆长、司库各一人。图书馆采取会员制，每位会员每年要缴纳 20 元的会费，每次最多不得借出超过 20 本书籍。① 据目前资料，出任过该馆负责人仅知为皮尔逊医生一人。② 该图书馆是由在华英商以捐赠和集资的形式建立起来的，至 1819 年时，图书馆藏书可分为 6 大类：

一、神学、法律、哲学（Divinity，Law，Philosophy）

二、传记、历史、游历与航海（Biography，History，Travels and Voyages）

三、技术与科学、商业与政治（Arts and Sciences，Commerce and Politics）

四、古典学、古物、翻译、语言学（Classics，Antiquities，Translations，Philology）

五、诗歌、戏剧与小说（Poetry，Drama and Novels）

六、杂类（Miscellanies）

在 1819 年的目录中，6 类书合计约 1 150 种书、4 000 册。③ 到 1832 年时，据当时在广州主编《中国丛报》的美国传教士裨治文估计，包含的图书种类数约 1 600 种，但他估计的册数仍然只是 4 000 册而已。④ 所藏图书包括各种语言，但以英文为主。据以上目录，可知东印度公司澳门图书馆收藏的航海、技术与科学方面的书的数量还是不少，至少有 200 种。然而，关于这个图书馆收藏的科技方面的书籍并无人介绍，但根据《广州纪录报》《中国丛报》这些报纸中经常刊登的西方科学技术和知识介绍的文章就可以知道，当时东印度公司澳门英国图书馆应当收藏有相当的科技书籍，供他们借阅参考。1834 年底，在华英美人士成立“在华实用知识传播协会”，准备发行中文刊物，介绍传播西方文化和器物。在该会第二次年会的中文书籍撰写计划中，其中特别提到机械学和机械技术，包括力学原理简述、实用工艺论述，如纺棉、毛织品、玻璃吹制方法等。这些新的科学技术的介绍，应当与东印度公司澳门图书馆的科技藏书有着密切的关系。⑤ 随着英国东印度公司垄断结束，1835 年图书馆亦随之关闭。该馆从建馆到关闭，共历 30 年，自其关闭时藏书有 4 300 余册。⑥ 东印度公司澳门图书馆解散后，大部分书籍散佚，其中一小部分则进入了 1835 年成立的马礼逊教育会。后来，马礼逊

---

① P. P. Thomas, *A Catalogue of the Library Belonging to the English Factory at Canton*, Macao: East India Company's Press, 1819, pp. 1 - 11；苏精：《铜臭不掩书香：英国东印度公司广州商馆的图书馆》，载《王振鹄教授九秩荣庆论文集》，台北：师大书苑，2014 年，第 101 ~ 102 页。

② 苏精：《铜臭不掩书香：英国东印度公司广州商馆的图书馆》，载《王振鹄教授九秩荣庆论文集》，台北：师大书苑，2014 年，第 101 ~ 102 页。

③ 苏精：《铜臭不掩书香：英国东印度公司广州商馆的图书馆》，载《王振鹄教授九秩荣庆论文集》，台北：师大书苑，2014 年，第 102 ~ 103 页。

④ *Chinese Repository*, Vol. 4, No. 2, 1835/06, pp. 96 - 97.

⑤ *Chinese Repository*, Vol. 5, No. 11, 1837/03, pp. 510 - 512.

⑥ *The Canton Register*, Vol. 8, No. 21, 1835/05/26.

学校正式成立后，这批图书又转到了马礼逊学校。由于英人马儒翰捐709册，郭雷枢、小里夫斯亦分别捐赠近700册书，马礼逊学校图书馆藏书共有2 300余册。[①]

二、西方印刷术在澳门

印刷术的起源本就模糊不清，而发明印刷机的时间同样是存在诸多争论。在1450年前后，印刷机已经在欧洲出现，部分替代了手工的涂抹和擦刷。书籍出版业在欧洲作为有组织产业的发端可以相当确定。1447年，美因茨出现了一间印刷作坊，它在10年内扩大到需要充足的资本和相当数量劳动力的规模。从所用的多种印刷字体来看，其生产的印刷品超过50种。在发展过程中，这间印刷作坊出现了3位重要人物：早期的古登堡（Johann Gutenberg）和富斯特（Johann Fust），以及后来的富斯特的女婿舍弗尔（Peter Schoeffer）。[②] 其中古登堡对活字印刷的发明做出了重要贡献。1436年的一份文件提到他与特斯拉斯堡的德里岑（Andreas Dritzehn）的伙伴关系，以及铅和印刷机的使用，一份文件记录了1455年的一宗法律诉讼，提到富斯特曾借钱给古登堡，以使其投入他们的工厂。1458年法国皇家铸币厂的一份文件讲到，查理七世（Charles Ⅶ）听说美因茨的古登堡擅长刻凸字模和活字，于是决定派约翰逊（Nicolas Jenson）去学习技艺。[③]

（一）天主教传教士与澳门西式印刷

耶稣会在远东的传教，尤其是在中日两国，很大程度上得力于宗教印刷品的传播。以印刷品作为传播福音的方式在欧洲本不少见，然而当耶稣会会士看到中国人和日本人对书籍所载知识的重视远胜于口授知识时，特别是其发现中日两国仍以雕版印刷为主要方式时，将活字印刷引入的念头便很自然地浮现。范礼安作为中国传教之父自然不会忽视此种活动可能带来的便利，更何况由此可提升耶稣会会士在中日地方官员心目中的形象。

1586年4月12日，耶稣会组织的第40批远征队从里斯本出发驶往东方。船队由28艘大黑船组成，分别载有21名耶稣会会士。从欧洲回国的日本"天正少年使节团"亦搭乘其船，正是这批船队携带了一部在欧洲订购的西式活字印刷机。[④] 不仅如此，使

---

① *First Annual Report the Morrison Education Society*, Canton: The Office of the Chinese Repository, 1837, p. 19; *Fourth Annual Report of the Morrison Education Society*, Macao: S. Wells Williams, 1842, pp. 3 - 5.

② ［英］查尔斯·辛格等主编，高亮华、戴吾三主译：《技术史》第3卷，《文艺复兴至工业革命》，上海：上海科技教育出版社，2004年，第261页。

③ ［英］查尔斯·辛格等主编，高亮华、戴吾三主译：《技术史》第3卷，《文艺复兴至工业革命》，上海：上海科技教育出版社，2004年，第265页。

④ ［葡］施白蒂著，小雨译：《澳门编年史：16—18世纪》，澳门：澳门基金会，1995年，第23～24页；戚印平：《澳门圣保禄学院研究：兼谈耶稣会在东方的教育机构》，北京：社会科学文献出版社，2013年，第88页。

团中还有两位日本人已经在葡萄牙学会了印刷技术。1588 年 8 月 11 日，使团抵达澳门，在等待季风时他们了解到丰臣秀吉 1587 年 7 月已颁发禁教文书，因而本欲携带印刷机和印刷技术到日本的使团被迫停留在了澳门。1578 年 12 月 1 日，范礼安在果阿写信给埃武拉大主教特托尼奥·布拉干萨（D. Tetónio de Bragana）称："我已命令运来印刷机，我自己会带去日本，以便在那里印刷适宜日本使用的书籍。"①

图 5－63　16 世纪的印刷作坊②

1588 年 10 月，范礼安将印刷机安置于圣保禄神学院，成立了澳门第一个西式印刷所，并且利用这部机器在澳门印书。此时印刷所尚无中文铅字，只有西文铅字及日本字字母，印刷工作交由两位日本人及一位尼泊尔人负责，即：

1. 若尔热·德·罗耀拉（Irmão Jorge de Loyola），日本人，是旅欧传教团中出类拔萃的成员，在科英布拉著名的桑塔·克鲁斯修道院权威人士面前，用拉丁文布道，充分表现了他的知识渊博、才智超人。此外，在澳门时，他那印刷方面的才能大大地帮助了范礼安神父。1589 年他死于澳门，是唯一没有回到故土的人。

2. 康斯坦迪诺·多拉多（Constiantino Dourado），日本人，旅欧传教团成员，是讲授理课教师的助手，他只是后来才参加了耶稣会（1617 年左右在澳门接受圣职）。他在葡萄牙学会了印刷技术，并带回了印刷模子。他去过圣名之城，在那里用活字印刷术印刷的书籍和葡萄牙印刷的质量一样好。

3. 巴蒂斯塔·佩斯切（Irmão Giovanni Bathista Pesce），在果阿时是著名的弗朗西斯科·罗德里格斯神父的弟子，他是尼泊尔印刷机之王，参加了澳门活字印刷的头两次工作。1627 年死于澳门。③

虽然范礼安和印刷机滞留在澳门，但印刷机却很快投入了使用。第一部印刷的作品即 1588 年重印了尤阿拉·博尼法西奥（Ioanne Bonifácio）神父于 1575 年出版的《天主教孤儿院》（*Christiani Pveri Institvtio*，*Adolescentiae qve Perfvgium*），该书现存一孤本，藏于

① Manuel Teixeira, *Macau e a Sua Diocese*, Vol. Ⅲ, *As Ordens e Congregações Religiosas em Macau*, Macau: Tipografia Soi Sang, 1956－1961, p. 310.

② ［英］查尔斯·辛格等主编，高亮华、戴吾三主译：《技术史》第 3 卷，《文艺复兴至工业革命》，上海：上海科技教育出版社，2004 年，第 271 页。

③ ［葡］施白蒂著，王复山译：《巡视神父范礼安》，载《文化杂志》（中文版）第 6 期，1988 年，第 13 页。

里斯本阿儒达宫图书馆。[①] 甚至在运往日本之前，范礼安神父就曾命令孟三德神父将他在航途中用西班牙文编纂的《天正遣欧使节记》（*De Missione Legatorum Iaponensium ad Romanam Curiam*）一书书稿译为教会内部通用的标准拉丁文，并在澳门印刷出版，然而该书的付印则要在《天主教孤儿院》之后。

图 5－64 1588 年第一台运到澳门的欧洲印刷机

CHRISTIA-
NI PVERI INSTITVTIO,
gium: Authore Ioanne Bo-
nifacio Societatis Iesu
Sacerdote.
SALMANTICAE
Excudebat Mathias Gastius.
M. D. LXXV.

DE MISSIONE
LEGATORVM IAPON
DIALOGVS.
In Macaensi portu Sinici regni in domo
Societatis I E S V cum facultate
Ordinarij, & Superiorum.
Anno 1590.

图 5－65 《天主教孤儿院》和《天正遣欧使节记》书影

1590 年，这台印刷机被运到日本，先是安装在日本的天草，1592 年又迁到上总，1598 年后则送到了长崎，1616 年随着日本对耶稣会会士的迫害，这台印刷机再次被运回澳门。先是存放在老曼努埃尔（Manuel O Velho）和安德烈·包托（André Boto）的家中，后又重新安装在圣保禄学院印刷所（Tipografia Colégio de S. Paulo）内，1620 年卖给了马尼拉的奥斯定会。[②] 1620 年，中日教区巡视员老骆入禄神父下令在澳门圣保禄学院开设日语班。当年即有很多神父学习日语，以便赴日时更具能力应付新的情况，更好地开展天主教传播。[③] 为了适用于日本教学，陆若汉神父的《日本小文典》在圣保禄学院印刷出版。《日本小文典》是陆若汉先前在日本出版的《日本大文典》的简写本，为当时引导日语入门者学习的实用型文典。这台西式印刷机往返于澳门日本两地，一共印刷书籍之数量现已难确定。耶稣会神父罗雷思（Joannes Laures）认为，现存书籍达 30 本，另外仅知书名但已佚失的有 25 本，凡 55 本。其中 30 本于澳门印刷，其余皆在日本。[④]

---

① 李向玉：《汉学家的摇篮：澳门圣保禄学院研究》，北京：中华书局，2006 年，第 135 页。但李书将作者写作 João Bonifáci，将书名译为“公教儿童教育”，本处根据原文重新修订。

② Manuel Teixeira, *Macau e a Sua Diocese*, *Vol. Ⅲ*, *As Ordens e Congregações Religiosas em Macau*, Macau: Tipografia Soi Sang, 1956－1961, pp. 309－312；［葡］阿利马著，良友译：《澳门：它的图书馆和藏书》，载《文化杂志》（中文版）第 4 期，1988 年，第 21 页。

③ João Paulo Oliveira e Costa, *Cartas Ânuas do Colégio de Macau* (*1594－1627*), Macau: Fundação Macau, 1999, p. 218.

④ Manuel Teixeira, *Macau e a Sua Diocese*, *Vol. Ⅲ*, *As Ordens e Congregações Religiosas em Macau*, Macau: Tipografia Soi Sang, 1956－1961, p. 311.

第二台西式印刷机进入澳门，应该是由华籍耶稣会神父杨执德（Étienne Laforest）和高仁（Aloys Kao）于1765年7月2日从法国的洛里昂（Lorient）乘船带进澳门的。这两位华籍神父由耶稣会送往法国路易大王学校学习神学，1764年，他们又在法国科学院普礼逊（Brisson）和卡德特（Cadet）两位院士指导下，从事物理、自然史及化学多项研究，他们学会了硝酸制版印刷法，并参观了里昂的丝绸纺织厂、金银器皿制造厂和火器制造厂，最后他们带着法国王室赠送的礼品（其中有一台轻便的印刷机）前往中国。两人抵达澳门后，在澳门居停27天，于7月29日到广州，翌年2月2日到达北京。[①] 没有任何材料交代，这台法国国王赠送的轻便印刷机在澳门停留了27天以后是否进入中国内地。以理揆之，当时耶稣会已经被解散，法国耶稣会在北京只留下了几个人在处理教堂的善后事务，他们没有理由再将这台印刷机带进北京，所以余怀疑这台由耶稣会会士杨执德和高仁带进的印刷机就留在了澳门，如此推论无误，则这也是留澳门工作的第二台西式印刷机。

澳门圣若瑟修道院成立后，曾从欧洲购回一台印刷机及一套木活字，并在院内设立一间印刷所。据1834年的《中国丛报》称："在澳门，有一家与圣若瑟学院相联系的葡萄牙文印刷厂，它装备了一套汉字活字。"[②] 因为耶稣会成立的圣若瑟修道院于1762年已经解散，所有的财产都已经变卖充公，所以《中国丛报》所说的圣若瑟学院购买的印刷机应指1783年以后由遣使会复办的圣若瑟学院。又据1819年10月1日，葡萄牙国务秘书席尔瓦·弗雷塔斯（José Joaquim da Silva Freitas）复函澳门王室大法官眉额带历：国王允准圣若瑟修道院神父提出的出版申请，允许他们印刷用以宣教的书籍和报章。为了切实执行这一特许，国王下令，圣若瑟修道院的出版工作需要由修道院的神父指挥和管理，并受澳门地区主教监督。[③] 这就告诉我们，圣若瑟学院的印刷所应该是1819年创办的，而这台西式活字印刷机应该在1819年之前就已经购买回澳门。1822年，澳门民主运动时，澳门议事会利用该印刷厂创办了中国境内第一份报纸——《中国之蜂》。[④] 1823年，《中国之蜂》停办后，该印刷机又被移到了奥斯定修道院，澳

---

① ［法］荣振华著，耿昇译：《在华耶稣会士列传及书目补编》，北京：中华书局，1995年，第749～750页；［法］费赖之著，梅乘骐、梅乘骏译：《明清间在华耶稣会士列传（1552—1773）》，上海：天主教上海教区光启社，1997年，第1141～1142页。

② *Chinese Repository*, Vol. 3, No. 1, 1834/05, pp. 43－44.

③ Jack M. Braga, *The Beginnings of Printing at Macao*, Lisboa: Centro de Estudos Históricos Ultramarinos, 1963, p. 137.

④ Manuel Teixeira, *A Imprensa Periódica Portuguesa no Extremo Oriente*, Macau: Instituto Cultural de Macau, 1999, p. 13. 据苏精先生考证，1822年澳门议事会出版的《中国之蜂》是请东印度公司澳门印刷所代为印刷的，并有当时的档案文件为据。参见苏精：《铸以代刻：传教士与中文印刷变局》，台北：台湾大学出版中心，2014年，第60～62页。

门议事会并在此创办了《澳门钞报》。① 1826年12月《澳门钞报》停刊后，这台印刷机又转到圣若瑟修道院。② 之后，该印刷厂又出版了《恒定报》《澳门纪事报》及江沙维的《汉字文法》《葡汉字典（洋汉合字汇）》《拉丁语法》及《中国艺术》等。

（二）基督新教传教士与澳门西式印刷

基督新教自马礼逊入华以后，特别注重文字布道，他们翻译圣经，并以中文撰写传教书籍，还创办刊物介绍西方近代科学知识。为了更好地完成上述工作，他们建立了印刷所，利用从欧洲带进澳门的西式印刷机来印刷书籍及刊物。随着基督新教传教士对澳门印刷所的创办，他们亦将西方新近出现的新印刷技术带进澳门。据目前资料所见，19世纪基督新教传教士在澳门建立的西式印刷所至少有以下四间：

1. 英国东印度公司印刷所

1814年9月，英国东印度公司雇用的印工彼特·汤姆斯（Peter Perring Thomas）抵达澳门，带进了一台西式印刷机，并建立了英国东印度公司澳门印刷所。苏精先生称之为“中国境内第一家西方印刷术的机构”③，此语不准确，因为早在16世纪末西方的印刷术就已经传入澳门，并在澳门印刷出版了葡文和拉丁文书籍，所以西方印刷术最早传入中国不在19世纪，而在16世纪末。由英国东印度公司建立的印刷所比天主教传教士在澳门建立的印刷所应该晚很多。据白乐嘉研究，英国东印度公司印刷所在澳门龙嵩街附近的一间大屋，该屋屋主为澳门土生葡人江沙路（Gonçalo Pereira da Silveira）。江沙路于1818年1月12日去世，至今在该处仍有以其姓名命名的街道“江沙路里”（Beco de Gonçalo）。④

马礼逊来华后，于1812年致信英国东印度公司大班益花臣（John F. Elphinstone），建议自英国派遣两名印工携带一台印刷机及纸张、活字来华印制《华英字典》（*A Dictionary of the Chinese Language*）。1814年4月，印工汤姆斯来华，公司董事会通知广州办事处，印刷工作只能在澳门进行，主要印刷出版马礼逊的《华英字典》，不准印刷任何传教书刊。⑤ 由于英国东印度公司印刷所为印刷他的字典而制造的中文活字效果很好，马礼逊便向印工汤姆斯定制了4万~5万个这种活字，准备送到马六甲使用，1817

---

① José Augusto dos Santos Álves, *A opinião Pública em Macau: a Imprensa Macaense na terceira e quarta décadas do século XIX*, Lisboa: Fundação Oriente, pp. 87–162.

② ［葡］施白蒂著，姚京明译：《澳门编年史：19世纪》，澳门：澳门基金会，1998年，第32页，而A. H. de Oliveira Marques, *História dos Portugueses no Extremo Oriente*, Vol. 3, Lisboa, Fundaço Oriente, 1998, p. 544认为停刊在1828年12月30日第62期。

③ 苏精：《马礼逊与中文印刷出版》，台北：台湾学生书局，2000年，第80页。

④ Jorge Forjaz, *Famílias Macaenses*, Vol. Ⅲ, Macau: Fundação Oriente, Instituto Cultural de Macau, Instituto Português do Oriente, 1996, p. 801; Jack M. Braga, *The Beginnings of Printing at Macao*, Lisboa: Centro de Estudos Históricos Ultramarinos, 1963, p. 57, Note 54.

⑤ 苏精：《马礼逊与中文印刷出版》，台北：台湾学生书局，2000年，第88~90页。

年初制成了约9 000个后，官方干涉导致华人工匠四散而停顿。[①] 据阿美士德使团的医官克拉克·阿禅尔（Clarke Abel）记录："使用金属活字印刷也许过了不久就会在帝国普及开，因为在澳门已经建立了一所制造锡块的工厂，专供英国商馆使用。浇铸工和刻字工都是华人，他们干起工作来都非常精确和迅速。"[②] 这可以反映，当时澳门已经有专门制造金属活字的铸造工厂。

澳门印刷所的定位是面向以英文为主的西方读者，虽然当时印刷的《华英字典》和其他图书多是中文，但使用的技术是15世纪古登堡发明的西方活字印刷术，要解决的主要是如何让中文能和英文一起协调印刷的问题。经汤姆斯和马礼逊合作研究实验，由汤姆斯制造铸模，用以浇铸形体一致并和英文活字尺寸搭配的金属小柱体，再以人工在每一柱顶平面上逐字雕刻中文，如此字面虽然仍是手刻，但活字的质地和英文一样，尺寸也协调搭配，虽然英文部分为迁就字体较大的中文字而疏行排版，浪费了不少空间，但至少中文金属活字夹杂排印是没有问题了。直到1823年10月才完成最后一批需要的活字，总数达到20万活字之多。[③]

1815年2月5日，英国东印度公司澳门印刷所出版了两本小书，即马礼逊翻译嘉庆皇帝上谕的"中文原本翻译"和德庇时（John Francis Davis）翻译李渔的小说《三与楼》，这是英国东印度公司澳门印刷所的第一批印刷品。[④] 1823年4月9日，马礼逊编纂了15年、彼特·汤姆斯前后印刷了8年多的《华英字典》在澳门全部完成出版。[⑤] 1831年英国东印度公司在澳门创办的英文刊物《广州杂志》亦由该印刷所印刷。[⑥] 这家印刷所总共出版和代印了20种图书、杂志和报纸，并且随时印刷英国东印度公司需要的文件。可以分为两个阶段，即从1815—1825年，这十年间都是由汤姆斯主持印刷，共完成包括马礼逊《华英字典》和汤姆斯《花笺》在内的12种书；从1825—1834年，汤姆斯离开印刷所后，该印刷所还印刷了包括马礼逊的《广东省土语字汇》

① LMS/CH/SC, 1. 4. C., Morrison to Unidentified person, Canton, 1816/06/10; 1. 4. D., Morrison to Burder, Macao, 1817/01/21；转引自苏精：《马礼逊与中文印刷出版》，台北：台湾学生书局，2000年，第172页。

② ［英］克拉克·阿禅尔著，刘海岩译：《中国旅行记（1816—1817）：阿美士德使团医官笔下的清代中国》，上海：上海古籍出版社，2012年，第216页。

③ 苏精：《铸以代刻：传教士与中文印刷变局》，台北：台湾大学出版中心，2014年，第46页。

④ EIC, G/12/191, Canton Consultations, 1815/01/05，转引自苏精：《马礼逊与中文印刷出版》，台北：台湾学生书局，2000年，第91页。

⑤ EIC, R/10/30, Court's Secret Letter to China, 1823/04/08，转引自苏精：《马礼逊与中文印刷出版》，台北：台湾学生书局，2000年，第93页。

⑥ Jack M. Braga, *The Beginnings of Printing at Macao*, Lisboa: Centro de Estudos Históricos Ultramarinos, 1963, p. 95.

和龙思泰的《葡萄牙在华居留地史纲》在内的8种书。[①]

1833年，英国东印度公司澳门印刷所的命运发生了转折。澳门总督依德费基（João Cabral de Estefique）致函英国东印度公司委员会称：

> 我接获本教区代理主教的通知，马礼逊在澳门他的住宅，以印刷机刊印某种与罗马天主教教会相反的教义（指《传教者与中国杂报》）。但由于葡萄牙的领土是禁止使用印刷机的，凡未得陛下亲自核准并在事前严密检查者，一概不准使用。因此，我要求上述马礼逊所属驻中国的不列颠商馆的主管，命令他不得再在澳门使用上述印刷机。[②]

鉴于此，1833年6月20日，英国东印度公司的印刷所被澳门政府关闭，但是该印刷所实际运作到1834年，因为该年印刷所还印刷了德庇时的《汉文诗解》，大约在1834年11月间，印刷所搬迁到广州，并决定将印刷所变卖。[③]

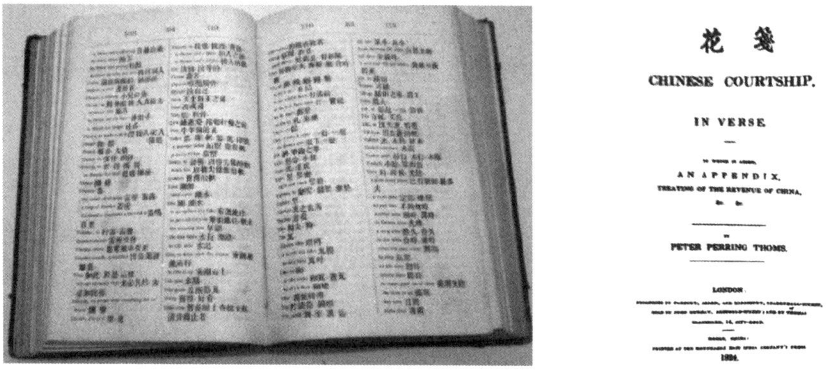

图5-66　澳门印刷所印刷的马礼逊《华英字典》内页和汤姆斯译《花笺》封面

除了英国东印度公司印刷所拥有印刷机外，当时在澳门的马格尼亚克洋行内也有一台小型手摇印刷机，1827年马地臣创办《广州纪录报》时，曾由央马地臣向马格尼亚克洋行借这台印刷机印刷《广州纪录报》。[④] 据《中国丛报》第2卷第1期的卷首语称："现在在中国有5家英文报社，2家在澳门，3家在广州，其中3家来自英国，2家

---

① 苏精：《铸以代刻：传教士与中文印刷变局》，台北：台湾大学出版中心，2014年，第37页，第53~54页；苏精：《马礼逊与中文印刷出版》，台北：台湾学生书局，2000年，第80页为19种，其中因为麦都思的《福建方言字典》是"澳门印刷所20种产品中，仅有的东印度公司为德不卒却享受其名的一种"（参见苏精：《铸以代刻：传教士与中文印刷变局》，台北：台湾大学出版中心，2014年，第59页）。

② ［美］马士著，区宗华等译：《东印度公司对华贸易编年史：1635—1834年》第4、5卷，广州：中山大学出版社，1991年，第361页。

③ 苏精：《铸以代刻：传教士与中文印刷变局》，台北：台湾大学出版中心，2014年，第40、45、54页。

④ ［美］亨特著，冯树铁、沈正邦译：《广州番鬼录·旧中国杂记》，广州：广东人民出版社，2009年，第109页。

来自美国。"[①] 这3家英国报社分别应该为《广州纪录报》、《传教者与中国杂报》(The Evangelist and Miscellanea Sinica) 和《杂文编》, 而2家美国报社则应是《中国丛报》和《中国信使报》。《杂文编》和《传教者与中国杂报》都是马礼逊创办的报纸, 出自于同一部印刷机, 这就可以说明1833年5月时至少有4套可以出版英文的西式印刷设备(包括印刷机) 在澳门和广州。

2. 马礼逊的"马家英式印刷所"

石板印刷术的发明者是阿洛伊斯·森纳菲尔德 (Alois Senefelder), 由于阿洛伊斯·森纳菲尔德石印著作的英译本于1819年在英国出版, 于是带动了英国一股石印热潮。石印的基本原理在于油和水互斥。石印是自15世纪凸版印刷后的新印刷工艺, 1796年塞纳—马恩省菲尔德发明的在石版印刷术, 是在具有多孔性、善吸水、质地细密, 且能较长时间保留水分的石版石上, 用脂肪性物质直接描绘、书写图画和文字, 再经化学腐蚀而制成的石版 (印版) 上进行印刷的绘石石印术。

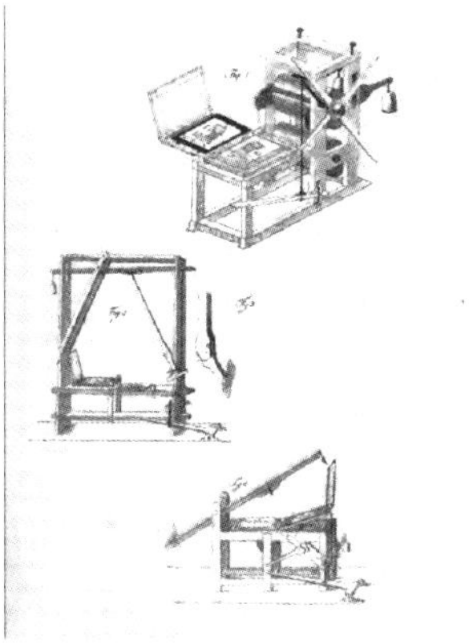

图5-67 《石印的发明》一书英译本封面及书末所附石印印刷机图[②]

1823年底, 马礼逊暂离中国回英休假。在此期间, 马礼逊认识了大力提倡英国石印已十余年的古物专家费雪 (Thomas Fisher), 并接触到了英国的石印技术。马礼逊对这项技术深感兴趣, 并决定将这项新颖的技术引用到中文印刷上。1826年9月, 马礼逊回到中国, 同时携来一部自费购买的石印机, 同年11月14日, 中国第一次石印在澳门进行。由马礼逊的华人助手阿才 (Atsow) 执笔, 他的儿子马儒翰印刷, 印制一幅山水画, 年底马礼逊就已将印成的基督教宣传单张寄给他人了。但后来因马儒翰离开澳门, 马礼逊印书的事业发生危机, 与英国东印度公司及伦敦传教会的关系陷入低谷, 中国最早的石印为时不过数月就告停顿。1830年6月, 马儒翰从马六甲返回中国担任译员, 继而又在家中石印, 并聘请了梁发和屈昂为印刷工匠。1831年2月开始, 马氏

---

① *Chinese Repository*, Vol. 2, No. 1, 1833/05, p. 6.

② Alois Senefelder, *The Invention of Lithography*, New York: Fuchs & Lang Manufacturing Co., 1911.

父子又开始石印，所印大都是单张的传教文字或杂件。1832 年 10 月，马礼逊给他人寄了一本传教小册子，这是他们印成的唯一成册的中国石印本。已知马礼逊父子最后一次石印是 1834 年 5 月中马儒翰所作，一位美国商人托印，可能是船货单之类的商业档。①

1832 年 11 月，马礼逊向伦敦订购的价值 150 英镑的英式（Albion）印刷机与活字运抵澳门，连同他原有的石印机，马礼逊立即成立“马家英式印刷所”（Morrison's Albion Press），其儿子马儒翰为主持人。11 月 19 日，该印刷所出版了第一份印刷品，一份叙述 25 年来基督教在华发展经过的英文传单。1833 年，马礼逊又创刊结合传教和新闻的不定期英文报纸《传教者与中国杂报》。每期 4 页，内容有中国伦理观念、宗教家传记以及以广州时事为主的中国新闻等。每份售价 1 角。后因其中有关天主教的言论，该报纸引起澳门当地神父不满。② 1833 年，印刷所出版的产品主要如下：

> 《传教者与中国杂报》：由马儒翰主编，是结合传教和新闻的不定期英文报纸。
>
> 《杂闻篇》：由马礼逊主编的中文刊物，用雕刻铅活字排印，1833 年共出版 3 期，每期印量 20 000 份，全部免费分发。
>
> 《马礼逊号证道词》（*A Sermon Preached on Board the American Ship Morrison*），英文证道词，全部免费分发。③

马礼逊在马儒翰协助下，还使用石印机印制了《劝世文》等。马家英式印刷所虽然公开营业，但一年当中印刷了大量的非营利性传教作品，马礼逊自称用铅印机印刷了 60 000 份主要从《圣经》摘抄的传教单张。④《中国丛报》第 2 卷第 1 期称，1833 年时在中国有五家英文报社，其中两家在澳门。⑤ 1834 年 1 月，因为澳门天主教对马礼逊父子在澳印刷新教传教单张、书籍尤为不满，加之马儒翰在广州担任翻译，来往广州、澳门多有不便，马礼逊将石印印刷机从澳门运至广州，2 月又将活字印刷机也搬去。由此，石印印刷在澳门又告一段落。

将欧洲的石印技术传入澳门并非马礼逊一人，1829 年 12 月，英国东印度公司印刷所也购入了一部比马礼逊那部印刷机更为精良的石印机运进澳门，第二年开印，由一名年轻的茶叶检验员负责此项工作。⑥ 除此以外，还有英商马地臣也于 1833 年 10 月在英国购买一部石印机运进中国，并雇用一名孟加拉的印工操作。在马儒翰和屈昂的帮

---

① 苏精：《马礼逊与中文印刷出版》，台北：台湾学生书局，2000 年，第 174 ~ 179 页。

② 苏精：《马礼逊与中文印刷出版》，台北：台湾学生书局，2000 年，第 104 ~ 105 页。

③ 潘剑芬：《明清西方传教士在穗澳地区的图书出版活动（1581—1840）》，暨南大学硕士学位论文，2008 年，第 36 页。

④ 潘剑芬：《明清西方传教士在穗澳地区的图书出版活动（1581—1840）》，暨南大学硕士学位论文，2008 年，第 36 页。

⑤ *Chinese Repository*, Vol. 2, No. 1, 1833/05, p. 6.

⑥ 苏精：《马礼逊与中文印刷出版》，台北：台湾学生书局，2000 年，第 179 页。

助下，这位印工的技术不错。但这部石印机既没有放在广州，也没有放在澳门，马地臣将它放置于一艘走私鸦片的船上。[①]

3. **美部会澳门印刷所**

美部会的印刷所是由裨治文一手创立的，裨治文一到中国就表达过在澳门和广州设立印刷所的愿望。印刷所的用途之一是创办一份搜集有关中国各种情报的刊物，在西方传教事业的支持者中发行。马礼逊当时也急切地想在中国建立一家教会印刷所，他自己也一度在澳门设立过印刷所，但由于葡萄牙当局的干涉和东印度公司的担心，他一直未能按照自己的意愿充分利用这家印刷所，因此，他希望美部会能在中国建立一家独立的教会印刷所，得以让传教士们充分利用。裨治文还相信西方印刷技术的应用，包括中文活字印刷系统的发展，将对大量印刷中文材料起到极大的促进作用。裨治文和马礼逊的请求，获得了美国商人奥立芬的支持和响应，他安排他属的纽约长老会教堂捐赠了一台印刷机给在华的传教士。该印刷机于1831年12月运抵广州，而铅字模板则于第二年的4月才运到。铅字一到，裨治文就聘请了一位印刷工，设立了美部会印刷所，当时称为布鲁恩印刷厂（the Bruen Press），每月花费为50美元。美部会印刷所的第一号任务就是由裨治文编辑出版印刷《中国丛报》。[②] 当马礼逊父子在澳门于1831年恢复印刷所的石印工作时，裨治文牧师注意到了这件事，并在日记中肯定欧洲的石印技术对传教的益处。1832年10月，美部会即购进一部石印机运到广州，并开始他们的印刷工作。美部会当时的印刷所拥有石印和活字印刷两种设备，1833年该会又派遣印工卫三畏（Samuel Wells Williams）来华接替裨治文专门负责此项工作。[③] 1835年12月，“律劳卑事件”后，美部会传教士感到在广州印刷中文传教材料不安全，遂于本月将卫三畏的印刷所迁到澳门，在澳门租了一间3层楼的房子，共有14间房。[④]于是，随后他们将印刷机及其他的印刷设备也运到了澳门，他们还可以借用英国东印度公司澳门印刷所留下来的中文字模，该印刷所也就成了广州贸易节结束后美部会传教士在澳门的活动据点。[⑤]《中国丛报》的出版印刷工作也被转移到澳门来。在澳门，卫三畏还利用英国东印度公司的中文铅字重新印刷麦都思（Walter Henry Medhurst）的《福建土话词典》，到1837年6月正式完成。接着，又开始印刷裨治文的《广州方言中

---

① LMS/CH/PE,1,John R. Morrison to Fisher,no place,1833/10/21；转引自苏精：《马礼逊与中文印刷出版》，台北：台湾学生书局，2000年，第180页。

② ［美］雷孜智著，尹文涓译：《千禧年的感召：美国第一位来华新教传教士裨治文传》，桂林：广西师范大学出版社，2008年，第72～75页。

③ 苏精：《马礼逊与中文印刷出版》，台北：台湾学生书局，2000年，第180页。

④ Frederick Wells Williams, *The Life and Letters of Samuel Wells Williams* ,New York:G. P. Putnam's sons, 1889,pp. 80－83.

⑤ ［美］卫斐列著，顾钧、江莉译：《卫三畏生平及书信》，桂林：广西师范大学出版社，2004年，第34页。

文文选》，直到1841年完成。1841年开始印刷8开本300页的《拾级大成》，随后又出版了《英华韵府历阶》和《中国商业指南》。卫三畏主持印刷所工作期间，一直想将新加坡的英国传教士戴尔（Samuel Dyer）多年一直致力于为整套中文活字制造的钢铁冲压装置用到澳门的中文活字上，以提高中文印刷的质量，其中大部分工作已经完成，但由于戴尔的病逝，这一工作最后未获实现。① 1844年10月，随着《中国丛报》迁移香港，该印刷所也随之搬迁，结束了其在澳门的工作。②

4. 美国长老会澳门印刷所

1844年2月23日，美国长老会戴维·麦嘉缔（Davie B. McCartee）牧师和专业印刷工柯理（Richard Cole）来到澳门，并带来了印刷机器和中英字模，其中几千个汉字字模是由娄礼华的父亲阿梅利亚·娄瑞（Amelia Lowrie）主持在巴黎制成的。③ 他们很快建立了一间印刷所，定名为“华英校书房”④。印刷所由柯理负责，先是依照带来的字模铸造活字，花了整整一个月时间完成了活字的铸造。6月17日，正式开始排印工作，英文印件由柯理自己动手检字排版，中文则由中国工匠谢玉（Chea Geck）、阿辉（A Hue）、阿素（Asut）、阿阔（Akow）等人承担，到1844年11月底又增加两名中国印刷工，自此，该印刷所共有六名中国工匠。这些中国工匠并无西方金属活字印刷的经验，均由柯理给予指导和教会。华英校书房印刷的第一批产品就是《新约》中的《以弗所书》和《新铸华英铅印》，特别是后者，是一部西式活字印刷术（尤其是拼合活字）在中国发展初期的重要文献，该书共有44页，印刷了500部。紧接着，又印刷了只有4页篇幅的《十诫注解》，印刷了5 000部。《拼合活字可排字表》111页，印刷400部。由于这本书的出版，整幅巴黎活字的成品展现在世人面前，引起了关心中文印刷的传教界相当的注意，对西式金属活字中文排版印刷术的传播起到了十分重要的作用。该印刷所在澳门完成的最后一种产品是《路加福音》，该书68页，印刷14 500部。华英校书房在澳门存在不到一年半时间，于1845年7月转至宁波。⑤

---

① ［美］卫斐列著，顾钧、江莉译：《卫三畏生平及书信》，桂林：广西师范大学出版社，2004年，第50～68页。

② *Chinese Repository*, Vol. 13, No. 10, 1844/10, p. 559.

③ 这套中文活字实际上是由法官铸字匠李格昂打造的，但娄瑞进行了改进，到1841年时，这套中文字母已经超过了3 000个字。关于此事的经过参见苏精：《铸以代刻：传教士与中文印刷变局》，台北：台湾大学出版中心，2014年，第313～316页；D. MacGillvray, *A Century of Protestant Missions in China, 1807－1907: Being the Centenary Conference Historical Volume*, p. 379.

④ 苏精：《马礼逊与中文印刷出版》，台北：台湾学生书局，2000年，第301页。

⑤ 苏精：《铸以代刻：传教士与中文印刷变局》，台北：台湾大学出版中心，2014年，第321～348页；Missions Correspondence and Reports: Richard Cole to Board, 1844/09/17，香港浸会大学特藏组保存：*Presbyterian Church in the U. S. A. Board of Foreign Missions, 1833－1911, China.*

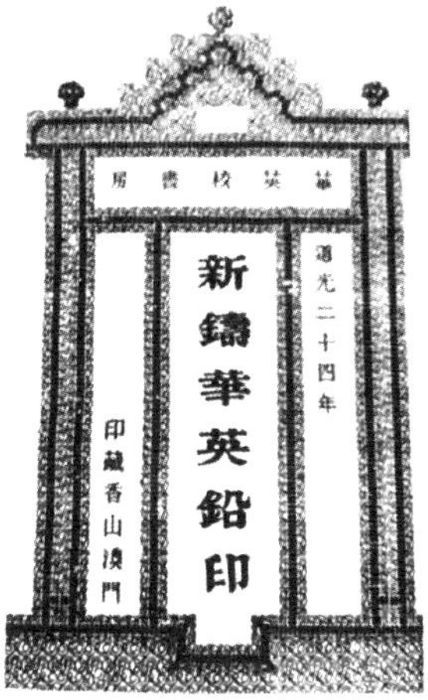

图 5－68　华英校书房活字样本中文封面

（三）土生葡人与澳门西方印刷

19 世纪上半叶是澳门印刷业最为发达的时期，不仅澳门政府拥有一家葡萄牙文的活字议事公局印刷所（并配有一套汉文活字），而且英国人在澳门先后建立了三家印刷所，[①] 美国人也先后建有两家印刷所，[②] 另外还有一家亚美尼亚人建立的印刷所。[③] 这些印刷所在这一时期的主要业务是印刷报刊及书籍，据统计，这一时期在澳门出版的葡文报刊达 7 种，英文报刊有 6～7 种，据 1849 年的《中国丛报》报道，当时在澳门印刷出版的各种著作达 26 种，[④] 很多都是数千页的学术巨著。除此之外，印刷所还为教会印刷宣教传单，为公司印刷文件、告示、传单之类。总之，19 世纪上半叶澳门的西式印刷已经发展成为澳门最为发达的亦表现最具特色的行业。

19 世纪后半期，澳门出版印刷业蓬勃发展，出现了几个重要的出版印刷商。费力西安诺·克鲁斯（Félix Feliciano da Cruz）为澳门土生克鲁斯（Cruz）家族的第三代，1810 年生于澳门大堂区。费力西安诺不仅于 1836 年创办了著名的《澳门土生公正报》（*O Macaísta Imparcial*），还在澳门创建了“费力西安诺印刷公司”（Tipografia Feliciano），后改名为“亚美尼亚（Arménia）印字馆”，后于 1879 年 3 月逝世于香港。[⑤] 另一位著名的印刷商为尼阁老·飞南第（Nicolau Tolentino Fernandes）。飞南第于 1823

① 英国人在澳门建立的三家印刷所分别为英国东印度公司印刷所、马家（马礼逊）英式印刷所及英资怡和洋行印刷所。英资怡和洋行印刷所见李长森：《从罗郎也是何许人谈起：兼谈澳门土生葡人与 19 世纪的印刷业》，载《澳门历史研究》第 9 期，2010 年，第 115 页。

② 美国人在澳门建立的两家印刷所即为上文所述美部会澳门印刷所及美国长老会澳门印刷所。

③ Jorge Forjaz, *Famílias Macaenses*, Vol. Ⅰ, Macau: Fundação Oriente, Instituto Cultural de Macau, Instituto Português do Oriente, 1996, p. 965.

④ *Chinese Repository*, Vol. 18, No. 8, 1849/08, pp. 402－435.

⑤ Jorge Forjaz, *Famílias Macaenses*, Vol. Ⅰ, Macau: Fundação Oriente, Instituto Cultural de Macau, Instituto Português do Oriente, 1996, p. 965.

年9月10日在花王堂区出生，他是澳门土生先拿·飞南第家族的第二代，先拿·飞南第伯爵的弟弟。他创办了商务印字馆（Tipografia Mercantil）——澳门开办的唯一一家采用国际先进艺术印刷技术的葡人公司，承担《澳门宪报》的印刷工作。最后于1898年1月17日在圣老楞佐堂区逝世。① 尼阁老·飞南第的儿子弗朗西斯科·飞南第继承了其父的事业，后来也成为澳门著名报人。飞南第又名飞若瑟，俗称飞二②，1863年2月13日生于澳门土生葡人家庭，比孙中山年长三岁。飞南第自澳门利宵中学毕业后，前往香港定居，一方面和当地葡人开办的出版机构保持联系，以累积办报经验；另一方面利用掌握英、葡、汉三种语言的优势，进入香港最高法院秘书部门担任翻译员。1893年，飞南第回到澳门，接手商务印字馆，并创办中文报纸《镜海丛报》和葡文报纸《澳门土生回声报》（*Echo Macaense*），在澳门当地具有很高的社会地位。这两份报纸对孙中山早期的职业及政治活动均有很大的帮助。1923年3月5日，飞南第在澳门老楞佐堂区逝世。③

李长森教授根据葡文资料研究了澳门的报业和印刷业，得出了这样的认识：从1836年“费力西安诺印刷公司”（Tipografia Feliciano）创办以后，到1900年为止，澳门土生葡人开办的印刷馆多达14家④：

1. 澳门土生印刷馆（Tipografia Macaense），创建于1838年，后承印《澳门宪报》和《澳门周报》。

2. 苏沙印印刷馆（Tipografia da Silva e Sousa），创建时间不详，承印《澳门宪报》。

3. 约翰·史密斯印刷馆（Tipografia de John Smith），创建时间不详，承印《澳门宪报》。

4. 曼努埃尔·科尔多瓦印书馆（Tipografia de Manuel），创建时间不详，承印《澳门宪报》。

5. 若瑟·施利华印刷馆（Tipografia de José da Silva），约在1860年代，承印《澳门宪报》《东方报》《葡萄牙东方报》。

6. 镜海印务总局（Tipografia Mercantil de Fernandes），位于澳门龙嵩街16～28

---

① Jorge Forjaz, *Famílias Macaenses*, Vol. Ⅲ, Macau: Fundação Oriente, Instituto Cultural de Macau, Instituto Português do Oriente, 1996, p. 542.

② 杨振雄、赵汉一、曾霖山等口述，任志林撰：《革命史系·卢公怡若传》，1959年，不著页码，未刊稿。按：1959年，“革命老人”卢怡若年届77岁，早年的革命追随者以口述作传方式为之贺寿。此稿为亲历者口述之作。

③ Jorge Forjaz, *Famílias Macaenses*, Vol. Ⅲ, Macau: Fundação Oriente, Instituto Cultural de Macau, Instituto Português do Oriente, 1996, p. 542；［葡］卡洛斯·高美士·贝萨著，崔维孝等译：《澳门与共和体制在中国的建立》，澳门：澳门基金会，1999年，第17～22页。

④ 李长森：《从罗郎也是何许人谈起：兼谈澳门土生葡人与19世纪的印刷业》，载《澳门历史研究》第9期，2010年，第115～116页；李长森：《近代澳门外报史稿》，广州：广东人民出版社，2010年，第93～103页。

号，1868 年创建。

7. 亚美尼亚印刷馆（Tipografia Armenia），1836 年创办，先称“费力西安诺印刷公司”（Tipografia Feliciano），后改今名，先后承印《澳门土生公正报》《澳门土生曙光报》和《澳门土生灯塔报》。

8. 西西里亚印刷馆（Tipografia Cicilia），1844 年创办，承印《中国孤独者》。

9. 佩加社印刷馆（Tipografia de M. M. Dias Pegado），1844 年创办，承印《澳门土生代言者报》。

10. 《独立报》印刷馆（Tipografia Independente），1868 年 8 月至 1898 年 7 月。

11. 大众印刷馆（Tipografia Popular），创建时间不详，1882 年印刷《澳门土生报》。

12. 澳门邮报印刷馆（Tipografia do Corrreio de Macau），1882 年 10 月至 1883 年 8 月。

13. 澳门土生邮报印刷馆（Tipografia de Correio Macaense），1883 年至 1889 年。

14. 《葡侨报》印书馆（Tipografia Lusitano），1898 年 8 月至 1899 年 12 月，设在岗顶夜姆斜巷。

除了上述 14 家外，这一时期澳门圣若瑟修道院印刷所不仅一直存在，还出版了许多报刊和书籍，如《使徒之声报》和《澳门教区通讯》等。[①] 这一时期澳门的印刷业主要是由葡萄牙人掌控，华商亦有开办印刷业者，如何连旺就曾出版《知新报》和《濠镜报》，还曾开办过一家华文书局[②]，但华人印刷业之影响较葡人小。据统计，到 1896 年时，澳门采用西式印刷技术的印刷厂数量达到了 17 家，雇用工人数为 109 人，[③] 可以反映这一时期澳门西式印刷业的发展。

第四节　澳门外来动植物的引入及动植物学研究

从 16 世纪中叶澳门开埠，欧洲各国的贸易船只先后驶入澳门，这些来自欧洲各国的贸易团队不仅带来了大量来自世界各地的商贸产品，同时也将世界各国的动植物引

① 李长森：《近代澳门外报史稿》，广州：广东人民出版社，2010 年，第 101 ~ 104 页。

② 汤开建：《晚清澳门华人巨商何连旺家族事迹考述》，载《近代史研究》2013 年第 1 期，第 71 ~ 93 页。

③ ［葡］古万年、戴敏丽著，佚名译：《澳门及其人口演变 500 年：1500—2000》，澳门：澳门统计普查司，1998 年，第 395 ~ 396 页。

入澳门。而世界各国的动植物引入澳门，首先是澳门葡萄牙人在澳门不断地开荒拓地、种植树木、饲养禽兽、辟建花园和动物园，让来自世界各地的动植物能够在澳门生根安家。澳门最早移植外来植物的地方就是青洲，青洲原为一无人居住的荒岛，葡萄牙人最早开发青洲是1603年，由耶稣会圣保禄学院开荒拓殖。不久，青洲就成了澳门的一座最大的植物园，里面生长着各种各样的树木和水果，还种植了很多从外国引进的树木、蔬菜和水果。[①] 18世纪后期，斯当东则称青洲“一部分用来作植物园，一部分作菜园，并借从岩石里流出的泉水浇园”[②]。除了青洲以外，在澳门还先后开辟了湾仔的农庄、白鸽巢动植物园、托马斯·比尔动植物园及大量的私家花园，19世纪后澳门政府还开辟了公共的动物园和植物园。这些动植物园的开辟为外来动植物的引入提供了十分便利的条件，所以澳门成了16—19世纪外来动植物引入及中国动植物外传的重要集散地。

一、外来动物与植物引入澳门

葡萄牙史学家潘日明神父在他的《殊途同归：澳门的文化交融》一书中称：

> 葡萄牙人向中国引进了新的食品品种，其中有玉米、花生、白薯、芋、西红柿、生菜、卷心菜、水田芥（西洋菜，又称葡国菜）、木薯、木瓜、荔枝、石榴、菠萝等。在上述物品中还应加上苹果、桂花、腰果、香蕉、辣椒、无花果、葡萄、薄荷、洋葱、南瓜、郁金草、烟草、西瓜等，有些物品是我们从美洲和非洲带来的。在我们的传教士给世上天国带来众多品种的同时，在澳门和湾仔的花园和菜园里种植了各种观赏树木和家用草药。由于澳门需要临近的中山县供应大量的农产品，广东农民便种植葡萄牙人所喜欢的农产品。这种做法逐步扩展到中国的其他地区。[③]

潘日明所言葡萄牙人给中国引入的上述物品中，不一定十分准确，但可以反映，从16

---

① ［瑞典］龙思泰著，吴义雄等译：《早期澳门史》，北京：东方出版社，1997年，第163、166页。龙思泰引1617年中日教区巡视员弗朗西斯·维埃拉（Francis Vieira）的文件称青洲已开垦出来的土地生产出了菠萝、无花果、桃子等，而且那些种下的和打算引进的果树肯定会增长起来。到19世纪初时，青洲则种植了许多松树、榕树，更为惹人注目的地方生长果树，较为肥沃的地带则被开垦，用来种植蔬菜。岛上的房屋则成了四足动物、家禽、鸽子等的栖息之所。（清）吴历撰，章文钦笺注：《吴渔山集笺注》卷2，《三巴集》，北京：中华书局，2007年，第169页亦称：“青洲多翠木，为纳凉休沐之所。”（清）屈大均：《广东新语》卷2，《地语·澳门》，北京：中华书局，1985年，第36页称：“初至一所曰青洲，林木芊郁，桄榔、槟榔之中为楼榭，差有异致。”这些资料均可确证青洲是澳门最早开发的一座植物园。

② ［英］斯当东著，叶笃义译：《英使谒见乾隆纪实》，上海：上海书店出版社，1997年，第525页。

③ ［葡］潘日明著，苏勤译：《殊途同归：澳门的文化交融》，澳门：澳门文化司署，1992年，第81页。

世纪中叶后葡萄牙人确实将大量的世界各国的动植物引入了中国，其中有很大一部分就是先传入澳门，再向中国内地推广。

（一）传入澳门的外来动物

葡萄牙人将外来动物传入澳门的资料主要保存在乾隆时期成书的《澳门记略》中，该书中记录了很多澳门的禽类和兽类动物，但也有个别外来动物并不见于该书，因此，我们依据其他的文献佐证《澳门记略》中关于动物的记录，明确为外来引入而且确已传入澳门者收录如下：

（1）狮子。康熙继位不久，想得到一头狮子，在京耶稣会会士将此讯息传到了澳门，原葡萄牙使团秘书白垒拉（Bento Pereira da Faria）迅即赶至果阿，向葡印总督禀报称，如果以葡王的名义向康熙帝献上一头狮子，一定能改变澳门目前的处境。葡印总督立即命令莫桑比克海军上校捕捉一头狮子送至果阿。① 1674 年 3 月 17 日，摄政王唐·佩德罗以阿丰索六世的名义命令使臣白垒拉向康熙皇帝进献狮子。② 1675 年 4 月间，莫桑比克狮子从果阿运抵澳门。随狮子来澳门的还有 1 位神父、1 名医生和 1 位“Papango”训狮员和 4 个奴隶。③ 平南王尚之信得知非洲狮子运抵澳门，要求前往观看，但被澳门议事会借口拒绝。④ 非洲狮子在澳门居停将近 3 年，于 1678 年 4 月运送至北京，京城一度出现了狮子热，各文人名士纷纷赋诗，借赞扬狮子来歌颂康熙帝。⑤这应是最早有明确记录传入澳门的西洋动物。

（2）番狗，又称洋狗，这是明清时期传入澳门的最常见的一种动物。《广东新语》载：

> 濠镜澳多产番狗，矮而小，毛若狮子。可值十余金。然无他技能。番人顾贵之，其视诸奴囝也，万不如狗。寝室与俱，甘脆必先饲之。坐与立，番狗惟其所命。⑥

---

① John E. Wills, *Embassies and Illusions: Dutch and Portuguese Envoys to K'ang-his, 1666 - 1687*, Cambridge, MA: Harvard University Press, 1984, p. 130. 据 *Sinica Franciscana* (Quaracchi-Firenze and Rome, 1929 - 1965), Vol. Ⅲ, pp. 170 - 185, 文度辣(Buenaventura Ibafiez, O. F. M.)神父1678年1月在澳门致大主教信, p. 182称,当时送了一头雄狮和一头母狮,但是母狮死于海上;南怀仁,在使团抵达北京之前也写道认为出发时有两头狮子,但最终到达北京时只有一头;南怀仁致葡萄牙国王,1678年9月7日, *Correspondance*, pp. 256 - 266、262. 但是果阿的资料说得很清楚,只有一头狮子从那出发。

② ［葡］施白蒂著，小雨译：《澳门编年史：16—18 世纪》，澳门：澳门基金会，1995 年，第 59 ~ 60 页；《清圣祖康熙实录》卷 76，康熙十七年八月庚午。

③ John E. Wills, *Embassies and Illusions: Dutch and Portuguese Envoys to K'ang-his, 1666 - 1687*, Cambridge, MA: Harvard University Press, 1984, p. 130.

④ John E. Wills, *Embassies and Illusions: Dutch and Portuguese Envoys to K'ang-his, 1666 - 1687*, Cambridge, MA: Harvard University Press, 1984, pp. 130 - 138.

⑤《清圣祖康熙实录》卷 76，康熙十七年八月庚午；张必忠：《康熙朝西洋国贡狮子》，载《紫禁城》1992 年第 21 期，第 38 页。

⑥（清）屈大均：《广东新语》卷 21，《兽语·番狗》，北京：中华书局，1985 年，第 540 页。

吴震方《岭南杂记》载：

西洋狗，小者最贵。有黑者，有黄色者，鬼子与之同饮食寝处。又有一种稍大，而毛长尺许，深目短喙，状如狮子，尤狞丑。①

《重修香山县志》载：

蕃狗小者呼蚁狗，澳夷人与同寝食。大者长毛褵褷，深目短喙，邑人多畜以守户。②

《粤东皇华录》称：

濠镜澳多产番物，矮小毛如狮，番人甚贵之，饮食先与狗，然后及己奴团。其奴，又名鬼子。生自蚝镜澳，携来羊城隅。团毛若山狮，饲食皆海鱼。尖帽小番团，难与大番俱。宁作鬼家狗，不作鬼家奴。③

《广州番鬼录》亦载：

赏格，由于丢失一条好的猎狗罗弗，一个英国朋友也丢失了一只小巴儿狗博普，我写了一张“赏格”，贴在章官行的墙上：“本年正月初十日，瑞行与荷兰馆走失洋狗一只，迄今未回。其一长耳长尾，胸前配有褐色星号，身呈‘香墨’色。另一为小狗，耳尖剪短，其尾不长，全身呈杂棕白色。大狗名‘罗弗’，小狗名‘博普’。”④

这些“番狗”“洋狗”“西洋狗”，民间俗称“狮毛狗”，又被称为“哈巴狗”，是当时葡萄牙人从外洋带进澳门饲养，成为澳门葡人所喜爱的宠物。葡萄牙人除了引进这种宠物小狗外，还引进了大洋狗，被人称为“獒”。《（道光七年）采访册》称澳门的番狗“又有大者，其威如虎之可畏”⑤。陈徽言《南越游记》称：

西洋狗大小不一。毛皆披茸长数寸，碧眼狮形，状丑怪，宛然肖其国人，与予向在都下所见诸太监戏弄哈叭狗小者相类。大者狰狞，迥不侔。广州城内，一日有人牵一大洋狗入市，市中群狗见之，以为非其族类，皆狺狺欲噬。洋狗亦时张牙作威，然终帖然不敢妄肆者，其势孤也。使洋狗成群，彼胆壮则毒焰且张。吾恐狺狺者为之靡矣。⑥

---

① （清）吴震方：《岭南杂记》下卷，《西洋狗》，清乾隆龙威秘书本，第77页。

② （清）田明曜：《（光绪）重修香山县志》卷5，《舆地》下，中山文献丛刊第5册影印清光绪五年刊本，第255页。

③ （清）李调元：《粤东皇华录》卷3，《番狗怨》，丛书集成初编影印函海本，北京：中华书局，1991年，第97页。

④ ［美］亨特著，冯树铁、沈正邦译：《广州番鬼录·旧中国杂记》，广州：广东人民出版社，2009年，第122页。

⑤ （清）王廷钤等撰：《（道光七年）香山县下恭常都十三乡采访册》卷上，《澳门纂略》清抄本（影印本），北京：国家图书馆出版社，2010年，第48页。

⑥ （清）陈徽言：《南越游记》，《洋狗》，广州：广东高等教育出版社，1990年，第183页。

钟启韶则称澳门白鸽巢花园“有獒如豹，客至则以铁槛禁之”①。可见，这些狗是为私人宅院充当守卫者。

（3）獴猜，是一种捕鼠的动物，产于东南亚，其中泰国獴猜最好，葡萄牙人将其引进澳门。钱以铠《岭海见闻》称獴猜“澳中番物也”②。屈大均《广东新语》载：

獴猜，似狸，高足而结尾，有黄白黑三种，其产于暹罗者尤善捕鼠。澳门番人能辨之，常以易广中货物。番人贵畜而贱人，视獴猜不啻子女，卧起必抱持不置。吾唐人因其所贵而贵之，亦何心哉。③

王士祯《池北偶谈》亦称澳门有獴猜。④《澳门记略》称：“獴猜似猫而大，高足而结尾，有黄、白、黑三种，善捕鼠，海鼠大至百斤者，啮其目而毙之，蕃人子女卧起抱持。”⑤

（4）小白牛，为欧洲的珍稀动物，多用于观赏。康熙五年（1666）荷兰使团进贡的物品中就有西洋四小白牛，王士祯有诗称：

岂是流沙种，还疑果下驹。寄言能虎质，不敢恃牙须。其注云：西洋四小白牛，白质斑纹，长二尺，高一尺七寸，项有肉峰。⑥

澳门亦引进此牛，《澳门记略》称：“有小白牛，大如犬，斑衣，有肉峰如橐驼。”⑦ 在澳门居住的美国人爱德华·德拉诺（Edward Delano）的住宅花园内也养了一头西洋小牛。⑧

（5）西洋小鹿，乾隆五十九年（1794）荷兰进贡，其中有荷兰鹿两只。据朴趾源《热河日记》载：

鹿亦有至小，自视其差曰，不过如许。曾见荷兰贡鹿一双，苍质雪斑。⑨

澳门亦引入这种西洋小鹿，《澳门记略》称：“有小鹿，长仅二寸许，双角崭然。”⑩ 在

---

① （清）钟启韶：《听钟楼诗钞》卷3，《澳门杂事诗》，道光十年刊本，第20页。

② （清）钱以铠：《岭海见闻》，《澳门》，四库全书存目丛书史部第250册影印上海图书馆藏清乾隆刻本，济南：齐鲁书社，1996年，第239页。

③ （清）屈大均：《广东新语》卷21，《兽语》，北京：中华书局，1985年，第540页。

④ （清）王士祯：《池北偶谈》卷21，《谈异》2，《香山嶴》，北京：中华书局，1982年，第517页。

⑤ （清）印光任、张汝霖原著，赵春晨校注：《澳门记略校注》，《澳蕃篇》，澳门：澳门文化司署，1992年，第163页。

⑥ （清）王士祯：《渔洋山人精华录》卷6，《西洋四小白牛》，四部丛刊上海涵芬楼影印本，上海：商务印书馆，1937年，第135页。

⑦ （清）印光任、张汝霖原著，赵春晨校注：《澳门记略校注》，《澳蕃篇》，澳门：澳门文化司署，1992年，第162～163页。

⑧ ［美］雅克·当斯著，周湘、江滢河译：《黄金圈住地：广州的美国商人群体与美国对华政策的形成，1784—1844》，广州：广东人民出版社，2015年，第49页。

⑨ ［朝鲜］朴趾源著，朱瑞平校点：《热河日记》卷4，上海：上海书店出版社，1997年，第288页。

⑩ （清）印光任、张汝霖原著，赵春晨校注：《澳门记略校注》，《澳蕃篇》，澳门：澳门文化司署，1992年，第163页。

澳门居住的美国人爱德华·德拉诺的住宅花园内也养了一头非常美丽的梅花鹿。[①]

（6）西洋鸡，又称火鸡，《岭南杂记》称："西洋鸡头高尾翘，与常鸡甚异，亦有黑白杂色诸种。火鸡毛黑，毵毵下垂，高二三尺，能食火炭。相传火鸡火鼠毛为火布，此鸡毛焚之，亦成灰烬，恐非此鸡，亦自海外来。"[②]《澳门记略》对这种火鸡的记载更为详细：

又有火鸡，毛纯黑，毵毵下垂，高二三尺，能食火，吐气成烟，又鸡大如鹅，羽毛华彩，吻上有鼻如象，上属于冠，可伸可缩，缩止寸余，伸可五寸许，嗉间无毛，有物如瘿，平时嗉与冠色微蓝，怒则瘿起而冠赤，血聚于鼻，垂垂自下，尾张如孔雀屏，雌者如常鸡差大，谓之异鸡，非绶鸡也。[③]

姚元之的《竹叶亭杂记》则记载了澳门私家饲养的火鸡：

又有曰八角巢者，别一家之园也。园蓄鸡一，大若小驴，额上有肉角，食火，即火鸡也。[④]

王钺《星余笔记》称：

火鸡亦来自商舶，据《西使记》海西富浪国有大鸟驼，蹄苍色，鼓翅而行，高丈余，食火，其卵升许。今洋船所带有之，称火鸡，其卵坚致，可镶作壶。[⑤]

钟启韶《听钟楼诗钞》称："白鸽巢园有大鸡，昂首则高与人等，足如铁。"[⑥] 这个大鸡就是火鸡。《（道光七年）采访册》亦称澳门有火鸡。[⑦] 火鸡原产于美洲，葡萄牙人将火鸡引入澳门作为观赏动物。亨特在《广州番鬼录》中也记录到："我们曾从马尼拉运来一只好看的火鸡，它运到之后，放在河南饲养，并责成饲养的人一定要好好喂养。火鸡在广州是很少见的，一向是由马尼拉供应。"[⑧] 在澳门旗昌洋行沃伦·德拉诺（Warren Delano）的豪华别墅里也养有火鸡。[⑨]

《澳门记略》中还记录了另一种外来鸡，"绶鸡曰旨蔼，其绶藏于咽下小囊，每吐

---

① ［美］雅克·当斯著，周湘、江滢河译：《黄金圈住地：广州的美国商人群体与美国对华政策的形成，1784—1844》，广州：广东人民出版社，2015年，第49页。

② （清）吴震方：《岭南杂记》下卷，清乾隆龙威秘书本，第74页。

③ （清）印光任、张汝霖原著，赵春晨校注：《澳门记略校注》，《澳蕃篇》，澳门：澳门文化司署，1992年，第161～162页。

④ （清）姚元之：《竹叶亭杂记》卷3，北京：中华书局，1982年，第91页。

⑤ （清）王钺：《星馀笔记》，四库全书存目丛书史部第249册影印清康熙五十三年刻世德堂遗书本，济南：齐鲁书社，1996年，第239页。

⑥ （清）钟启韶：《听钟楼诗钞》卷3，《澳门杂事诗》，道光十年刊本，第20页。

⑦ （清）王廷钤等撰：《（道光七年）香山县下恭常都十三乡采访册》卷上，《澳门纂略》清抄本（影印本），北京：国家图书馆出版社，2010年，第48页。

⑧ ［美］亨特著，冯树铁、沈正邦译：《广州番鬼录·旧中国杂记》，广州：广东人民出版社，2009年，第124页。

⑨ ［美］雅克·当斯著，周湘、江滢河译：《黄金圈住地：广州的美国商人群体与美国对华政策的形成，1784—1844》，广州：广东人民出版社，2015年，第49页。

之烂然文锦，谓之锦功曹，西洋亦时有之”[1]。绶鸡，又称吐绶鸡，又称异鸡，原产于北美洲。《（道光）广东通志》还称：“洋鸡有小如鸽者，与头高尾翅之大者。今内地亦有种矢，其余则自海舶携来。”[2]

（7）西洋鹦鹉，指的是从外国引进澳门的鹦鹉，而非中国内地所产。《广东新语》载：

> 澳门有西洋鹦鹉，大红者内绒毛黄，大绿者内绒毛赤，每抖擞其羽，则赤者为黄，绿者为赤，表里俱变。有纯白者、五色者、翅尾作翠缥青，黄里白腹者，皆来自海舶。[3]

《澳门记略》亦记载了澳门有鹦鹉，称：

> 鹦鹉有大红者，毛内黄，大绿者，毛内赤，每抖擞其羽，则陆离炫目。有纯白者，五色者，翅作翠缥、青黄里、白腹者。其五色鹦鹉常栖丁香树上，以丁香未熟者为饵，子既收，则啄其皮。能兼蕃汉语，性畏寒，然抚摩其背则瘖。[4]

《（道光七年）采访册》亦称澳门有鹦鹉，“有红者、黄者、绿者、白者、备五色者”[5]。1645 年，耶稣会会士毕方济代表澳门向南明弘光帝进贡白鹦鹉一只。[6] 鹦鹉原产于南洋一带，葡萄牙人将其作为观赏鸟类而带入澳门。

（8）倒挂鸟，为洋雀名[7]，产于东南亚地区。费信《星槎胜览》爪哇国条称：

> 其倒挂鸟身如雀大，被五色羽，日间焚香于其旁，夜则张羽翼而倒挂，张尾翅而放香。[8]

此鸟亦被引入澳门，《澳门记略》称：

> 倒挂鸟，身嫩绿色，额青，胸前一朱砂点，顶有黄茸，舞则茸开，每收香翅中，时一放之，氤氲满室。又辄自旋转首足如环，以自娱。[9]

---

① （清）印光任、张汝霖原著，赵春晨校注：《澳门记略校注》，《澳蕃篇》，澳门：澳门文化司署，1992 年，第 162 页。

② （清）阮元：《（道光）广东通志》卷 99，《舆地略》17，清道光二年刻本，第 25 页。

③ （清）屈大均：《广东新语》卷 20，《禽语》，北京：中华书局，1985 年，第 514 页。

④ （清）印光任、张汝霖原著，赵春晨校注：《澳门记略校注》，《澳蕃篇》，澳门：澳门文化司署，1992 年，第 161 页。

⑤ （清）王廷钤等撰：《（道光七年）香山县下恭常都十三乡采访册》卷上，《澳门纂略》清抄本（影印本），北京：国家图书馆出版社，2010 年，第 48 页。

⑥ ［比］钟鸣旦等编：《徐家汇藏书楼明清天主教文献》第 2 册，《毕方济奏折》，台北：辅仁大学神学院，1996 年，第 913 页。

⑦ （清）张问安：《亥白诗草》卷 3，《洋舶杂诗六首》，清代诗文集汇编第 448 册影印嘉庆丙子刻本，上海：上海古籍出版社，2010 年，第 69 页称：“澳门东去渺风烟，黄埔秋深又隔年。倒挂梅花 俱洋雀名 齐上市，羊城八月到洋船 洋船每岁七八月到广，泊黄浦，至时归德门外竞卖洋雀，五色毕简。”

⑧ （明）费信：《星槎胜览》，《爪哇国》，北京：中华书局，1954 年，第 14 页。

⑨ （清）印光任、张汝霖原著，赵春晨校注：《澳门记略校注》，《澳蕃篇》，澳门：澳门文化司署，1992 年，第 161 页。

倒挂鸟又被称为么凤，《广东新语》称：

有曰么凤，似鹦鹉而小，绿衣黄里，色甚姣丽。常倒悬架上。屈体如环，东西相穿，转旋不已。一名倒挂子。[①] 倒挂鸟喜香烟，食之复吐，或收香翅内，时一放之，氤氲满室。……其出西洋国至澳门者，以银十字钱四五枚，可易其一。[②]

《（道光七年）采访册》之《澳门纂略》亦称澳门有倒挂鸟。[③] 《（道光）广东通志》称：

西洋倒挂鸟，番人携至广州，畏寒，辄死，不能常畜，与内地之倒挂么凤不同，西洋倒挂收香，内地所产形虽相似，然不能收香也。[④]

内地亦产倒挂鸟，但澳门倒挂鸟是从东南亚输入的，与内地所产者不同。

（9）洋鸭，又被称为番鸭。《（道光）新修香山县志》称："番鸭又名洋鸭，种出西洋，邑人多畜之，小榄乡尤多。"[⑤]《（道光）广东通志》则称："内地有洋鸭大如鹅，顶有肉冠，红色，短足。云其种来自外洋。"[⑥]《（光绪）重修香山县志》亦称："番鸭又名洋鸭，种出西洋，邑人多畜之，小榄乡尤伙。"[⑦] 《澳门记略》也称这种鸭"如小鹅，有冠绥，毛羽斑然"[⑧]。这种洋鸭先由葡萄牙人引入澳门，然后传入香山，当时香山小榄乡普遍饲养。

（10）鸵鸟，时人称为鸵鸡，原产于中亚、非洲。黄省曾《西洋朝贡典录》称祖法尔国：

有禽焉，长身而鹤颈，足四尺而二爪，其状如骆驼，其名曰鸵鸡，是食五谷。[⑨]

澳门也引进鸵鸟，《澳门记略》称："驼鸡，高三尺许，花冠翠羽，背有双峰似驼，肉鞍可乘，能食铁石。"[⑩]《（道光七年）采访册》之《澳门纂略》亦称澳门有鸵鸡。[⑪]

---

① （清）屈大均：《广东新语》卷20，《禽语·么凤》，北京：中华书局，1985年，第510页。

② （清）屈大均：《广东新语》卷20，《禽语·么凤》，北京：中华书局，1985年，第515页。

③ （清）王廷钤等撰：《（道光七年）香山县下恭常都十三乡采访册》卷上，《澳门纂略》清抄本（影印本），北京：国家图书馆出版社，2010年，第48页。

④ （清）阮元：《（道光）广东通志》卷99，《舆地略》17，清道光二年刻本，第24页。

⑤ （清）祝淮：《（道光）新修香山县志》卷2，《舆地》下，《物产》，中山文献丛刊第3册影印清道光七年刊本，第235页。

⑥ （清）阮元：《（道光）广东通志》卷99，《舆地略》17，清道光二年刻本，第25页。

⑦ （清）田明曜：《（光绪）重修香山县志》卷5，《舆地》下，《物产》，中山文献丛刊第5册影印清光绪五年刊本，第254页。

⑧ （清）印光任、张汝霖原著，赵春晨校注：《澳门记略校注》，《澳蕃篇》，澳门：澳门文化司署，1992年，第162页。

⑨ （明）黄省曾：《西洋朝贡典录》，北京：中华书局，1982年，第104页。

⑩ （清）印光任、张汝霖原著，赵春晨校注：《澳门记略校注》，《澳蕃篇》，澳门：澳门文化司署，1992年，第161页。

⑪ （清）王廷钤等撰：《（道光七年）香山县下恭常都十三乡采访册》卷上，《澳门纂略》清抄本（影印本），北京：国家图书馆出版社，2010年，第48页。

（11）奶牛。至少在康熙之时，我们已经发现葡萄牙人有喝牛奶的习惯，据康熙三十一年（1692）到康熙三十八年（1699）天主教堂买办食品收支簿册中，就有“牛乳一斤，四分”“牛乳，一钱二分”“牛乳十斤，四钱”等多次记录。[①] 这可以反映，澳门葡人在康熙年间已有喝牛奶的习俗。既然已有喝牛奶之习，则奶牛的引入亦在必然。澳门住冬政策颁布以后，即18世纪中后期，因为大批的英美商人定居澳门，喝牛奶的习俗更在澳门普遍化。18世纪末19世纪初英美商人为了喝牛奶，从美洲运来奶牛在澳门饲养。1831年，英国东印度公司大班马治平随船队来到广州，当时船上就满载着“苦力、乳牛和供应品”，还称公司买办“分送新鲜牛奶”。[②] 据英国东印度公司大班德庇时的记录：“广州和澳门有一些为外商提供牛奶的奶牛。”[③] 据哈丽特·洛的日记，1832年桑希尔家里养着奶牛和马。[④] 赖廉士教授提供的资料：

> 美国商人金仕曼（Nathaniel Kinsman）一家养了三头奶牛，为全家提供牛奶，直到1845年家中最后一位成员去世为止。Ritchie太太（John Ritchie的母亲）是澳门女性中的元老级人物，曾经每天两次为金仕曼太太送羊奶，直到后者另作安排。第二年，金仕曼家买了两头奶牛，生活开始变得好了起来，他们有了足够的牛奶每天为全家制作冰激凌。金仕曼太太（Rebecca Kinsman）说当地的冰室所售冰为每磅6分，比香港的要便宜1分，因为香港运来的冰抵达时已经融化了一半。[⑤]

可以证明，到18世纪末19世纪初，澳门奶牛的引进已经相当普遍，而且数量不少。但作为奶牛的养殖业在澳门还不能称为发达。但据近藤守重《亚妈港纪略稿》的记载，澳门“曾从马尼拉引进牝牛，逐渐繁衍，至今有数万头。”[⑥]澳门饲养母牛达到数万头，这恐怕为不实之词。但或许可以反映，当时澳门的乳牛养殖业确实已经繁荣起来。直到19世纪后期，澳门才有自己的奶牛养殖场，据一份制定于1896年的《牛马畜牧房章程》，其中第六款是针对奶牛饲养的规定，可以反映到19世纪后期奶牛养殖业已经

---

① 刘芳辑：《葡萄牙东波塔档案馆藏清代澳门中文档案汇编》下册，《天主教堂买办食品物料修补衣服经架泥水修葺银钱收支簿册》，澳门：澳门基金会，1999年，第815～817页。

② ［美］亨特著，冯树铁、沈正邦译：《广州番鬼录·旧中国杂记》，广州：广东人民出版社，2009年，第85页。

③ John Francis Davis, *The Chinese: A General Description of the Empire of China and its Inhabitants*, Vol. 2, New York: Harper, 1836, p. 316.

④ Nan P. Hodges and Arthur W. Hummel ed., *Lights and Shadows of a Macao Life: The Journal of Harriett Low, Travelling Spinster*, Woodinville, WA: History Bank, 2002, pp. 314, 416.

⑤ Lindsay and May Ride, *An East India Company Cemetery: Protestant Burials in Macao*, Hong Kong: Hong Kong University Press, 1998, p. 48.

⑥ 近藤守重：「亚妈港纪略藁」卷之上，地名及往來之事，東京：國書刊行會，明治三十八年発行，第9頁。

形成了一定的规模。①

上述11种动物为有详细资料明确证明为外来动物传入澳门者。

（二）传入澳门的外来植物

葡萄牙人将外来植物传入澳门的资料主要保存在乾隆时期成书的《澳门记略》中，该书中记录了很多澳门的植物，但仍有一些外来植物并不见于该书，因此，我们依据其他的文献佐证《澳门记略》中关于植物的记录，明确为外来引进而且确已传入澳门者收录如下：

（1）番薯，一名红薯，又有人称为甘薯，大约在明万历年间传入中国。关于番薯传华之问题学界争论很大，有持安南传入广东说，有持菲律宾传入福建说。② 番薯亦传入香山与澳门。清初学者吴震方《岭南杂记》称：

> 番薯有数种，江浙近亦甚多而贱，皆从海舶来者。形如山药而短，皮有红白二种，香甘可代饭。十月间徧畦开花，如小锦葵。粤中处处种之。康熙三十八年，粤中米价踊贵，赖此以活。有切碎晒干为粮者，有制为粉如蕨粉、藕粉者，又有甜薯圆如鹅鸭卵，有猪肝薯形如猪肝，重十余斤，皮紫，皆出粤地，唯番薯种自洋中来也。③

《澳门记略》则记载了澳门的番薯：

> 薯，蔓生如瓜蒌，根如山药，其皮薄而朱，去皮可生食，熟食色如蜜，亦可酿酒。闽人截其蔓以来，今遍于八闽五岭间，曰番薯，从其本也。④

《（光绪）重修香山县志》称：

> 甘薯，俗名蕃薯，其种来自诸蕃，有红白二种，白者尤清甘，磨粉清；又一种，名番鬼薯，色黄白，质松，味劣。⑤

晚清汪兆镛《澳门杂诗》称："土产芥菜、白菜、芥蓝、荷兰豆、红薯，均极美。"⑥ 波乃耶1903年出版的《中国风土人民事物记》亦称：

> 在土豆种植前，澳门人的主食一半是米饭一半是番薯（Pai Shu）。番薯，正如它的中文名字所示，它也是从外国引进中国的。番薯和我们的土豆不同。番薯更长、更甜，味道也更好。据说它刚长出来时是粉状的。种植番薯不需要种子，而

---

① *Boletim Official do Governo da Provincia de Macau*, Vol. XL, 3 de Junho de 1911, No. 20, pp. 253 – 255.

② 黄福铭：《明清时间番薯引进中国研究》，山东师范大学硕士学位论文，2011年，第20~26页。

③ （清）吴震方：《岭南杂记》下卷，清乾隆龙威秘书本，第66页。

④ （清）印光任、张汝霖原著，赵春晨校注：《澳门记略校注》，《澳蕃篇》，澳门：澳门文化司署，1992年，第157~158页。

⑤ （清）田明曜：《（光绪）重修香山县志》卷5，《舆地》下，《物产》，中山文献丛刊第5册影印清光绪五年刻本，第236页。

⑥ （清）汪兆镛：《澳门杂诗》，《竹枝词四十首》第10首，民国七年铅印本，第11页。

是将剪好的番薯茎插到土里，约两三英寸深，然后用土将它埋起来，土覆盖到茎的一英尺处即可，这样留出的茎可以沿着田垄生长，很快就会发芽长叶。当番薯成熟时，先挖出一两个，其余的块茎再盖上土直到成熟，迟些再挖出。沙质土壤似乎更有利于番薯生长。①

这可以反映，番薯传入澳门应比土豆（荷兰薯）更早。

（2）荷兰薯，即马铃薯，俗称土豆。《（民国）开平县志》称："荷兰薯，形如小芋，与西洋薯同为洋种。"②《（光绪）重修香山县志》称："和兰薯，外国种也。"③ 据康熙《松溪县志》称："马铃薯，菜依树生，掘取之，形有小大，略如铃子，色黑而圆，味苦甘。"④ 据《松溪县志》可以知道，马铃薯在康熙时已经传入中国内地 。据东印度公司"温德姆"号船1733年在广州采购伙食菜单中，有"马铃薯每斤1分"的记载。⑤ 这可以反映，马铃薯在18世纪前期已经成为广州市场上的常见商品，可以推估，马铃薯引进澳门、广州应该在康熙或雍正时期。但乾隆时《澳门记略》并无荷兰薯或马铃薯的记录，直到道光时的文献澳门才出现马铃薯的记载，《（道光七年）采访册》称："嗬囒薯，有红白二种，出自嗬囒国，实结于根，累累如贯珠，性热而质松，宜熟食。"⑥ 可以反映，葡萄牙人将荷兰薯（马铃薯）引入澳门的时间较晚。据龙思泰称，土豆是荷兰东印度公司几位先生于60～70年前传到中国（指广州）的。⑦ 因为龙思泰书成于1832年，则推估荷兰薯应该在1760—1770年（即乾隆中期）传入广州，相信同时也传入澳门。荷兰薯在澳门的传播速度很快，据范岱克先生提供的资料，18世纪末19世纪初，在澳门的外国人经常聚餐，他们在餐后还提到了澳门马铃薯的价格问题。⑧ 到19世纪，马铃薯已经成为澳门常见之物，亦是欧美社群家庭餐桌中的主要食物，德庇时甚至称：

着实令人惊奇的是，土豆被引进到广州至今，作为一种培植作物和食物却得到极少演变。实际上，像其他欧洲蔬菜，如包心菜、豌豆等，用土豆来说明中国

---

① J. Dyer Ball, *Things Chinese, Being Notes on Various Subjects Connected with China*, Kelly & Walsh, Limited, 1903, p. 585.

② （民国）余棨谋：《（民国）开平县志》卷6，《舆地》下，民国二十二年铅印本，第3页。

③ （清）田明曜：《（光绪）重修香山县志》卷5，《舆地》下，《物产》，中山文献丛刊第5册影印清光绪五年刻本，第236页。

④ （清）潘拱辰：《（康熙）松溪县志》卷6，《食货志》，民国重印本，第2页。

⑤ ［美］马士著，区宗华等译：《东印度公司对华贸易编年史：1635—1834年》第1、2卷，广州：中山大学出版社，1991年，第219页。

⑥ （清）王廷钤等撰：《（道光七年）香山县下恭常都十三乡采访册》卷上，《澳门纂略》清抄本（影印本），北京：国家图书馆出版社，2010年，第47页。

⑦ ［瑞典］龙思泰著，吴义雄等译：《早期澳门史》，北京：东方出版社，1997年，第163页。

⑧ Paul A. van Dyke, Pigs, Chickens, and Lemonade: The Provisions Trade in Canton, 1700－1840, in *International Journal of Maritime History*, Vol. 7, No. 1, 2000, p. 140.

人在此上所展现的偏见而非冷漠是再合适不过了，这些蔬菜在澳门的种植已经有半个世纪。①

据《（民国）香山县志续编》，香山地区的荷兰薯已经成为出口商品，转输到香港及其外洋，每年出口值为3万余两（包括椰菜）。② 波乃耶（J. Dyer Ball）1903年出版的《中国风土人民事物记》亦称：

> 我们通常所说的爱尔兰土豆（Irish potato）是由荷兰人引进中国的，因此在中文里，它被称作“荷兰薯（Ho-lan shu）”，也被叫做“山芋头儿（shan-yuo tou'rh）”。主要在澳门地区种植，以供外国人食用。土豆在那里种植的结果是澳门当地人也开始食用土豆。③

（3）西红柿，又称洋柿子，今称西红柿，原产于南美洲，16世纪中叶传入欧洲。明万历时传入中国，最早记载西红柿的应该是明代赵崡的《植品》，其中提到万历年间，西方传教士传入了向日菊、西番柿。④ 秦元方《熹庙拾遗杂咏》称：

> 时都下多异种草花，相传从两广药材中来，内臣遍栽于圣驾常临幸处，有蛱蝶、菊红、水红、番兰、番柿。⑤

朱国祯《涌幢小品》称黔中：

> 又有六月柿，茎高四五尺。一枝结五实，或三四实，一树不下二三十实，火伞、火球、未足为喻。条似蒿，叶似艾，花似榴。种来自西番，故又名番柿。⑥

西红柿是葡萄牙人引进澳门的最为重要的外来植物，潘日明介绍的葡萄牙人向中国人引进的新的食品品种中，就有“西红柿”一项。⑦ 据1980年台湾出版的《台湾农家要览》记载：“约在1621年葡萄牙人将西红柿传到中国。”⑧ 虽然没有提供直接证据，却大体可信。但在早期的葡萄牙人的生活记录中尚未发现食用西红柿的记录，《澳门记略》及《香山县志》介绍澳门的植物中亦未涉及“西红柿”。在葡萄牙东波塔档案馆

---

① John Francis Davis, *The Chinese: A General Description of the Empire of China and its Inhabitants*, Vol. 2, New York: Harper, 1836, p. 355.

② （民国）厉式金：《（民国）香山县志续编》卷2，《舆地》，中山文献丛刊第7册影印癸亥刊本，第2031页。

③ J. Dyer Ball, *Things Chinese, Being Notes on Various Subjects Connected with China*, Kelly & Walsh, Limited, 1903, p. 585.

④ （明）赵崡：《植品》，明万历四十五年（1617）刻本，现存于北京图书馆，转引自中国植物学会编：《中国植物学史》，北京：科学出版社，1994年，第114页。

⑤ （明）秦元方：《熹庙拾遗杂咏》，四库禁毁书丛刊集部第55册影印北京大学图书馆藏旧钞本，北京：北京出版社，2000年，第673页。

⑥ （明）朱国祯：《涌幢小品》卷27，北京：中华书局，1959年，第635页。

⑦ ［葡］潘日明著，苏勤译：《殊途同归：澳门的文化交融》，澳门：澳门文化司署，1992年，第81页。

⑧ 台湾农家要览策划委员会编辑委员会编：《台湾农家要览》上册，转引自杨宝霖：《自立斋文史农史论文选集》，广州：广东教育出版社，1993年，第333页。

保存的1692年到1699年《天主教堂买办食品物料修补衣服经架泥水修葺银钱收支簿册》中，教堂买菜的菜单中“柿子”一词出现44次[①]，既然是做菜的柿子，肯定不是现在可以当水果吃的柿子，而这个柿子指的就是西红柿。根据这条材料，我们可以判断，大概在康熙时期，西红柿早已传入澳门并被广泛食用。《（民国）恩平县志》称：“西红柿，种来自外洋，为制番菜必要品。”[②]

（4）洋葱，俗称洋葱头，又称圆葱，起源于中亚地区。潘日明介绍的葡萄牙人向中国人引进的新的食品品种中，就有“洋葱”一项。[③] 据平托《远游记》记载，他在缅甸和南京都吃到了洋葱。[④] 杨炳南《海录》称盎叽哩国：“疆域风俗与小西洋略同，土产洋葱，其头寸余，熟食味极清酣。”[⑤] 洋葱什么时候传入澳门并无确切材料予以考据，据清初学者吴震方在康熙三十四年（1695）完成的《岭南杂记》称：

> 洋葱，形似独颗蒜而无肉，剥之如葱。澳门白鬼饷客，缕切为丝，珑玲满盘，味极甘辛。余携归二颗，种之，发生如常，葱至冬而萎。[⑥]

这里告诉我们，至少在康熙三十四年之前，洋葱已经成了澳门葡萄牙人接待客人的食品。《澳门记略》亦沿袭了这一说法：

> （洋）葱，如独蒜而无肉，缕切为丝，玲珑满盘，以之饷客，味极甘辛。[⑦]

《（道光七年）采访册》亦载：

> 洋葱，如独蒜而无肉，头极甘美。[⑧]

可以知道，到清中期时洋葱已经成为澳门葡萄牙人的重要食品。

（5）荷兰豆，又称青豆，传入中国应是乾隆年间的事情，《（嘉庆）云霄县志》称：

> 和兰豆，出吧国，祖家和兰，遂因以名之。乾隆初，有自吧携来者种之，遂遍四方。其性喜阴而忌阳，霜降后种，冬至生，北风盛霜雪多则畅茂，立春后薰

---

① 刘芳辑：《葡萄牙东波塔档案馆藏清代澳门中文档案汇编》下册，《天主教堂买办食品物料修补衣服经架泥水修葺银钱收支簿册》，澳门：澳门基金会，1999年，第780～841页。

② （民国）余丕承：《（民国）恩平县志》卷5，《物产》，民国二十三年铅印本，第4页。

③ ［葡］潘日明著，苏勤译：《殊途同归：澳门的文化交融》，澳门：澳门文化司署，1992年，第81页。

④ ［葡］费尔南·门德斯·平托著，金国平译：《远游记》，澳门：澳门基金会，1999年，第214、232、531页。

⑤ （清）谢清高口述，杨柄南笔录，安京校释：《海录校释》，北京：商务印书馆，2002年，第92页。

⑥ （清）吴震方：《岭南杂记》下卷，清乾隆龙威秘书本，第82页。

⑦ （清）印光任、张汝霖原著，赵春晨校注：《澳门记略校注》，《澳蕃篇》，澳门：澳门文化司署，1992年，第157页。

⑧ （清）王廷钤等撰：《（道光七年）香山县下恭常都十三乡采访册》卷上，《澳门纂略》清抄本（影印本），北京：国家图书馆出版社，2010年，第47页。

风来则藤枯。味甘入脾，然性寒。①

荷兰豆大概在乾隆初年就已经传入福建地区，但到乾隆中后期已传入广东，当时广东阳春人刘世馨在其所著的《粤屑》一书中记录：

河嚩豆，本外洋种，粤中向无有也。乾隆五十年（1785）间，番船携其豆仁至十三行，分与土人种之，九月重阳前后播种，苗高二三尺许，叶翠，花白，正月时结豆，甘脆异常。初惟西关一老圃能得莳植之法，每年八月杪，以小提篮携豆种上街，人争买之。初出甚贵，今则遍岭海皆有之。余前乞养居家，辟园种半亩以资供养。作诗云："新种河嚩豆，传自外洋来。莳当重九节，买自十三行。采杂中原菽，燃添异国香。晨葩鲜莫匹，馨膳此初尝。"豆种自河嚩国来，故因以为名云。②

当时荷兰人在广州设有商馆，在澳门亦有他们的商馆和住宅，可以推断荷兰商人将荷兰豆带进广州的同时，亦将荷兰豆带入了澳门。《（道光）新修香山县志》称：

和兰豆，近数十年得种于澳夷，今处处种之。蔓生花白，荚比藊豆小而狭，长子如珠，青脆软薄，味甘。③

据龙思泰称，在60～70年前，荷兰东印度公司几位先生将青豆和其他的一些蔬菜传到了中国④，这个"青豆"当即荷兰豆。晚清汪兆镛的《澳门杂诗》也提到了荷兰豆，称澳门"土产芥菜、白菜、芥蓝、荷兰豆、红薯，均极美"⑤。这可以反映荷兰豆传入澳门后，已经成为澳门的土特产。

（6）椰菜，又称卷心菜，也称包心菜，原为欧洲地中海地区民族最为重要的蔬菜之一。《（宣统）南海县志》："椰菜，来自外洋，叶如黄芽白，而色略青，层层包裹，团结如椰，故名。"⑥《（民国）赤溪县志》亦称："椰菜，一名包菜，叶蓝色，团结如椰子，内珠味甘脆，种来自番舶，邑人多植之。"⑦ 椰菜何时传入澳门，据龙思泰称，60～70年前荷兰东印度公司几位先生将椰菜和其他一些蔬菜传到中国（指广州）⑧，相信同时也传到澳门。《（道光七年）采访册》谈到澳门的物产时称：

椰菜，种出自西洋，百叶合成，与椰相似，惟澳内地生，别处不结，叶老时，每于叶罅发芽，插芽于地种之，每芽出菜一株，外老叶，其色绿，内嫩叶，白色，

---

① （清）薛凝度：《（嘉庆）云霄县志》卷6，《物产》，民国铅字重印本，第6页。
② （清）刘世馨：《粤屑》卷1，《河嚩豆》，载《岭南随笔》（外五种），广州：广东人民出版社，2015年，第202～203页。
③ （清）祝淮：《（道光）新修香山县志》卷2，《舆地》下，《物产》，中山文献丛刊第3册影印清道光七年刊本，第205页。
④ ［瑞典］龙思泰著，吴义雄等译：《早期澳门史》，北京：东方出版社，1997年，第163页。
⑤ （清）汪兆镛：《澳门杂诗》，《竹枝词四十首》第10首，民国七年铅印本，第11页。
⑥ （清）郑荄：《（宣统）南海县志》卷4，《舆地略》3，清宣统二年刊本，第26页。
⑦ （民国）王大鲁：《（民国）赤溪县志》卷2，《物产》，民国九年刊本，第19页。
⑧ ［瑞典］龙思泰著，吴义雄等译：《早期澳门史》，北京：东方出版社，1997年，第163页。

春种至冬乃结，春初尤盛，宜熟食，味清甜，其性微寒，亦可腌以为葅，极爽脆。[①]

李暇龄《香山物产略》将椰菜记录为“椰珠菜”：

椰珠菜，一名番芥兰，叶蓝色，类芥兰而大一科，重至数斤。茎端嫩叶，团结似椰子，内珠味甘脆，种来自番舶，邑人多植之。[②]

据此可知，椰菜又称“椰珠菜”，也叫“番芥兰”。这两份资料极为重要，应该是欧洲椰菜传入澳门的最早记录。葡萄牙人将椰菜引入澳门，并在澳门栽种，成为当时中国境内独有的椰菜之地，而且在葡萄牙的传统菜肴中也将椰菜纳入其中。潘日明介绍的葡萄牙人向中国人引进的新食品品种中，就有“卷心菜”一项。[③] 故澳门人亦将此菜称为“葡国菜”。清初，吴历有《西菜》诗称：“西菜，传自大西种”，并称：“满畦西菜叶翻翻，薹嫩枝多花白繁。”[④] 这里指的就是椰菜。清中期钟启韶澳门诗称：“椰菜经霜甲，桃枝破腊花。”[⑤] 这些反映了澳门椰菜的种植。在德庇时的著作中也提到澳门种满了大量的包心菜，还称包心菜已在澳门种植超过半个世纪。[⑥] 据《（民国）香山县志续编》，香山地区的椰菜已经成为出口商品，被转输到香港及其外洋，每年出口值为 3 万余两（包括荷兰薯）。[⑦]

（7）菠萝，俗称凤梨，又称黄梨、露兜子等，原产于南美洲。据王思明的研究，从 16 世纪开始，葡萄牙人已经从巴西将凤梨引入非洲和亚洲，在 17 世纪初又将凤梨苗带入澳门，后经广东带入福建和台湾。[⑧] 此语不确，我们在明嘉靖时期刊刻的《（嘉靖）真阳县志》中发现，当时即有菠萝的记载，其文称：“蔬有二十三种，葱、蒜、韭、芥、菠萝……”[⑨] 据此可知，在 16 世纪中期，菠萝已经传入了中国的中原地区，其进入中国的时间较王先生的研究要提早半个世纪。由于王先生没有提供菠萝传入澳

---

① （清）王廷钤等撰：《（道光七年）香山县下恭常都十三乡采访册》卷上，《澳门纂略》清抄本（影印本），北京：国家图书馆出版社，2010 年，第 47～48 页。

② （清）祝淮：《（道光）新修香山县志》卷 2，《舆地》下，《物产》，中山文献丛刊第 3 册影印清道光七年刊本，第 207 页。

③ ［葡］潘日明著，苏勤译：《殊途同归：澳门的文化交融》，澳门：澳门文化司署，1992 年，第 81 页。

④ （清）吴历撰，章文钦笺注：《吴渔山集笺注》卷 3，《三余集》，北京：中华书局，2007 年，第 324 页。

⑤ （清）钟启韶：《听钟楼诗钞》卷 3，《澳门杂事诗》，道光十年刊本，第 21 页。

⑥ John Francis Davis, *The Chinese: A General Description of the Empire of China and its Inhabitants*, Vol. 2, New York: Harper, 1836, p. 355.

⑦ （民国）厉式金：《（民国）香山县志续编》卷 2，《舆地》，中山文献丛刊第 7 册影印癸亥刊本，第 2031 页。

⑧ 王思明：《美洲原产作物的引种栽培及其对中国农业生产结构的影响》，载《中国农史》2004 年第 2 期，第 18 页。

⑨ （明）何麟：《（嘉靖）真阳县志》卷 1，《地理志》，明嘉靖刻本，第 8 页。

门，进入广东、福建和台湾的证据，所以我们也无法认为在17世纪初菠萝传进了澳门。17世纪中叶，波兰传教士卜弥格在中国的南方就看到了凤梨（Nanas），并称："十二年后，他才了解到这种水果（指凤梨）也生长在东印度和中国的南方。"① 据1617年的一份文件称，澳门青洲"开垦的土地已经生产出了菠萝、无花果和桃子等"②。

但我们相信菠萝确实是由葡萄牙人引入了澳门，潘日明在葡萄牙人向中国引进的新食品中就提到"菠萝"一项。奇怪的是，在《澳门记略》和《香山县志》诸书中均无菠萝或凤梨的记载。但李调元《南越笔记》则称：

> 粤中凡村居，路旁多植山菠萝，横梗如拳，叶多刺足，卫衡宇。③

既然是广东村居路旁都种有山菠萝，那澳门已传入山菠萝应属无疑。山菠萝即菠萝，亦即凤梨。

（8）洋桃，亦作羊桃，又作杨桃。东南亚及中国南部地区均有产，但东南亚所产洋桃甜而无渣，《澳门记略》称：

> 羊桃如田家碡碌状，又曰五棱子，粤产味酸，澳门数株高六七丈，种自西洋来，花红，一蒂数子，大而甘。④

《（道光七年）采访册》亦称：

> 洋桃，一名五棱子，澳门有数株，高六七丈，种自大西洋来，花红，一蒂数子，大而甘，无渣滓。⑤

《（道光）新修香山县志》亦称：

> 杨桃，五敛子，上有五棱角，南人呼棱为敛，故以为名。⑥

李调元《南越笔记》：

> 洋桃，其种自大洋来，一曰洋桃。树高五六丈，大者数围，花红色，一蒂数子，七八月间熟，色如蜡。一名三敛子，亦曰山敛。敛，棱也，有五棱者，名五敛。⑦

---

① ［波兰］爱德华·卡伊丹斯基著，张振辉译：《中国的使臣：卜弥格》，郑州：大象出版社，2001年，第67页。

② ［瑞典］龙思泰著，吴义雄等译：《早期澳门史》，北京：东方出版社，1997年，第163页。

③ （清）李调元：《南越笔记》卷14，《山波罗》，载《清代广东笔记五种》，广州：广东人民出版社，2006年，第366页。

④ （清）印光任、张汝霖原著，赵春晨校注：《澳门记略校注》，《澳蕃篇》，澳门：澳门文化司署，1992年，第159页。

⑤ （清）王廷钤等撰：《（道光七年）香山县下恭常都十三乡采访册》卷上，《澳门纂略》清抄本（影印本），北京：国家图书馆出版社，2010年，第48页。

⑥ （清）祝淮：《（道光）新修香山县志》卷2，《舆地》下，《物产》，中山文献丛刊第3册影印清道光七年刊本，第218页。

⑦ （清）李调元：《南越笔记》卷14，《山波罗》，载《清代广东笔记五种》，广州：广东人民出版社，2006年，第339页。

葡萄牙人从东南亚地区将洋桃引进澳门，后又传入内地。

(9) 番荔枝，又称佛头果，原产于美洲，与中国南方所产荔枝为不同品种，葡萄牙人将其引进澳门。潘日明神父提到的葡萄牙向中国引进的新食品中有“荔枝”一项，即指番荔枝。[①] 乾隆时《澳门记略》称：

> 又有蕃荔枝，大如桃，色青，似彀非壳，擘之中有小白瓤，黑子，味如波罗密。[②]

《（道光七年）采访册》亦载澳门有番荔枝：

> 蕃荔枝，小如桃，大如碗，似谷非谷，擘之，中有小白瓤黑子，味如波罗蜜，六七月成熟。[③]

《（光绪）重修香山县志》亦称：

> 蕃荔枝种自西洋，邑处处植之，皮内有细沙如梨，中数十苞，每苞一核，味甘芳，虽名荔枝，实非其族也。[④]

旗昌洋行的威廉·亨特称，托马斯·比尔的花园种有番荔枝。[⑤] 上述资料都明确证明，至少在乾隆以前葡萄牙人就将番荔枝引入澳门，而且传入香山，到光绪时香山处处都种植此水果。

(10) 西洋莲，又称西番莲，又称西洋菊，一种蔓生植物，原产于美洲，葡萄牙人首先将其引进广东、澳门。屈大均《广东新语》称：

> 西洋莲，蔓细如丝，朱色，缭绕篱间，花初开，始黄白莲十余出，久之，十余出者皆落，其蕊复变而为菊，瓣为莲而蕊为菊，以莲始而以菊终，故又名西洋菊。有时更从残萼吐花，累三四重，经月不谢。其花始则一大者变为一小者，继则一旧者变为一新者。一而二，二而三，三而四五，花花不穷，盖花之善变而不失其本者也。其种来自西洋，广人多杂以玉绣球、蔷薇、凌霄等花，环植庭除，开时诸色相间，谓之天然锦屏。[⑥]

乾隆时《澳门记略》称澳门有西洋莲：

> (西洋)莲，蔓生篱落间，花初开如黄白莲十余出，久之，十余出者皆落，其

---

① ［葡］潘日明著，苏勤译：《殊途同归：澳门的文化交融》，澳门：澳门文化司署，1992 年，第 81 页。

② （清）印光任、张汝霖原著，赵春晨校注：《澳门记略校注》，《澳蕃篇》，澳门：澳门文化司署，1992 年，第 159 页。

③ （清）王廷钤等撰：《（道光七年）香山县下恭常都十三乡采访册》卷上，《澳门纂略》清抄本（影印本），北京：国家图书馆出版社，2010 年，第 48 页。

④ （清）田明曜：《（光绪）重修香山县志》卷 5，《舆地》下，《物产》，中山文献丛刊第 3 册影印清道光七年刻本，第 242 页。

⑤ ［美］亨特著，冯树铁、沈正邦译：《广州番鬼录·旧中国杂记》，广州：广东人民出版社，2009 年，第 277 页。

⑥ （清）屈大均：《广东新语》卷 27，《草语》，北京：中华书局，1985 年，第 698 页。

蕊复变而为菊，故又名西洋菊。[①]

李调元《南越笔记》亦载：

西洋莲，其种来自西洋，蔓细如丝，朱色，缭绕篱间。花初开，如黄白莲十余出，久之十余出者皆落，其蕊复变为菊，瓣为莲而蕊为菊，以莲始而以菊终，故又名西洋菊。[②]

这种来自西洋的花卉在澳门和广东广泛传播，留下了很多文人吟咏的诗篇。清初岭南著名诗人陈恭尹有《西蕃莲花歌》：

西方佛有青莲眼，西蕃花有青莲产。朱丝作蔓碧玉英，缭绕疏篱意何限。世间只尚紫与黄，此花无色能久长。百花香者争高价，此花不售自开谢。唯有幽人最惬怀，竟日盘桓倚僧舍。[③]

屈大均亦有《西洋菊》诗：

枝枝花上花，莲菊互相变。惟有西洋人，朝朝海头见。[④]

这可以反映，西洋莲传入澳门、广东后，在这些上层文人中已经产生了很重要的影响。

（11）西洋牡丹，又称花毛莨，原产于欧洲，葡萄牙人将其引入澳门。乾隆时《澳门记略》称："牡丹，以叶为花。"此处的牡丹指的就是西洋牡丹，因为印光任、张汝霖专门引一首当时广东著名诗人罗天尺的《西洋牡丹》诗来证明此语：

岭南十月梅如雪，梅开万木俱少茁。我来赤花洲上游，醉花醒见下弦月。主人有歌花下老，因花作歌写怀抱。自言岭外南枝花，何似牡丹西洋草。西洋牡丹叶作花，赠自使君情尤好。金带芍药不足言，玉堂莲花谁更道。有叶苦心堪笑荷，无叶生棘却怜枣。[⑤]

《（道光七年）采访册》也记载澳门有"西洋牡丹"。[⑥]

（12）咖啡树，原产于南美洲和非洲，也是澳门葡萄牙人引进的植物之一。潘日明介绍的葡萄牙人向中国人引进的新的食品品种中，就有"咖啡"一项。[⑦] 据目前所见到

① （清）印光任、张汝霖原著，赵春晨校注：《澳门记略校注》，《澳蕃篇》，澳门：澳门文化司署，1992 年，第 157 页。

② （清）李调元：《南越笔记》卷 15，《西洋莲》，载《清代广东笔记五种》，广州：广东人民出版社，2006 年，第 369 页。

③ （清）陈恭尹：《独漉堂集》，《江村集》，广州：中山大学出版社，1988 年，第 167 ~ 170 页。

④ 欧初、王贵忱主编，（清）屈大均撰：《屈大均全集》，《翁山诗外》卷 14，《西洋菊》，北京：人民文学出版社，1996，第 1129 页。

⑤ （清）印光任、张汝霖原著，赵春晨校注：《澳门记略校注》，《澳蕃篇》，澳门：澳门文化司署，1992 年，第 157 页。

⑥ （清）王廷钤等撰：《（道光七年）香山县下恭常都十三乡采访册》卷上，《澳门纂略》清抄本（影印本），北京：国家图书馆出版社，2010 年，第 47 页。

⑦ ［葡］潘日明著，苏勤译：《殊途同归：澳门的文化交融》，澳门：澳门文化司署，1992 年，第 81 页。

的资料，澳门应是咖啡传入中国的最早地区，1815 年澳门王室大法官眉额带历决定利用澳门资本在帝汶发展咖啡的种植，他采取的是荷兰人将咖啡引入爪哇的模式。[①] 1828 年，弗雷塔斯（José de Aquino Guimarães e Freitas）出版的《澳门回忆录》称："澳门这个地区所生产的咖啡很少，而且将咖啡称为'没卡'也不恰当。这里生产椰子、火药、一些绳索及优质油等。"[②] 当时虽然咖啡生产很少，但在 19 世纪初咖啡传入澳门已经成为事实。到晚清以后，咖啡已经成为葡萄牙人的主要饮品。1882 年在嘉思栏兵房公所招人出投承办粮食，为兵人所用，其中食物就有"架非"，1900 年承办嘉思栏兵营粮食的通告中也有"架非"和"地扪架非"，其中"地扪架非"一月估用 800 斤，1906 年承办兵营和武医院粮食通告中亦有"地扪架非"。[③] 1893 年巴西公司来澳招工，其中提到的待遇就有"咖啡、茶叶、糖"三项。[④] 值得注意的是，1886 年澳门工务司继续从事大范围的城市绿化工作，共栽种树苗 6 813 株，其中栽种咖啡树达 426 株，反映了咖啡到 19 世纪后期已成为澳门葡人生活之必需品。[⑤]

（13）烟草，为一种草本植物，原产于南美洲的巴西。在 16 世纪下半叶和 17 世纪早期，烟草的两个主要品种"黄花烟草"和"红花烟草"，在葡萄牙人和西班牙人与亚洲人交换和接触的过程中传播开来。葡萄牙人将巴西的烟草带到印度和亚洲其他地方，而西班牙人则从墨西哥横跨太平洋把烟草带到菲律宾和中国。[⑥] 潘日明介绍的葡萄牙人向中国人引进的新的食品品种中，就有"烟草"一项。[⑦] 据学者的考证，在明万历年间烟草已在中国广泛传播，张介宾的《景岳全书》称：

> 烟草自古未闻，近我明万历时，出于闽广之间，自后吴楚地土皆种植之，今则西南一方，无分老幼，朝夕不能间也。[⑧]

烟草传入澳门的最早记录见于 1637 年芒迪游记，芒迪来澳门时遇到一艘从马尼拉来的

---

① José de Aquino Guimarães e Freitas, *Memoria Sobre Macáo*, Coimbra: Real Imprensa da Universidade, 1828, pp. 58 - 59.

② José de Aquino Guimarães e Freitas, *Memoria Sobre Macáo*, Coimbra: Real Imprensa da Universidade, 1828. p. 58.

③ *Boletim da Provincia de Macau e Timor*, Vol. XXVIII, 3 de Junho de 1882, No. 22, p. 180; *Boletim Official do Governo da Provincia de Macau*, Vol. XLVI, 10 de Novembro de 1900, No. 45, pp. 725 - 726; *Boletim Official do Governo da Provincia de Macau*, Vol. VI, 3 de Novembro de 1906, No. 44, p. 459.

④ 光绪十九年《照録前山同知前山营都司会禀》，载陈翰笙：《华工出国史料汇编》第 1 辑，第 3 册，北京：中华书局，1985 年，第 1226 页。

⑤ 澳门工务司司长索札：《1887 年关于澳门公务事务之报告》，转引自［葡］阿丰索著，范维信译：《澳门的绿色革命：19 世纪 80 年代》，载《文化杂志》（中文版）第 36—37 期，1998 年，第 131 页。

⑥ ［葡］苏萨（George Bryan Souza）：《澳门与葡属印度：殖民地治理、行政官及商业——以烟草为例》，载吴志良、金国平、汤开建主编：《澳门史新编》第 2 册，澳门：澳门基金会，2008 年，第 516 页。

⑦ ［葡］潘日明著，苏勤译：《殊途同归：澳门的文化交融》，澳门：澳门文化司署，1992 年，第 81 页。

⑧ （明）赵学敏：《本草纲目拾遗》卷 2，《火部》，《烟草火》，北京：商务印书馆，1955 年，第 28 页。

西班牙船，他称：

> 他打听到，这艘大帆船带来了 9 ~ 10 吨丁香、一些苏木和马尼拉烟草，另外就是大批的比索了。[①]

在康熙初年，1667 年从柬埔寨来澳船只中有“烟叶 6 担”的记载。[②] 1709 年，两广总督赵弘灿传旨澳门，当即有西洋人穆德我呈送“洋烟一箱”进贡皇帝。[③] 1714 年 11 月 18 日，澳门圣保禄学院给康熙皇帝 60 大寿的礼品中有“烟草 2 盒”。[④] 据 1716 年澳门总督马玉的报告称：

> 澳门市场每年仅消化 200 阿罗巴（1 阿罗巴约合 15 公斤）的巴西烟草，需求量如此之低的原因是，中国南方和马尼拉出产的烟草已经在市场上出现，并且在与葡萄牙产品竞争。[⑤]

在 1717 年的澳门葡文档案中还有澳门“烟草铺”的记录，[⑥] 1733 年，由“圣・安娜号”和“圣・玛利亚号”船从果阿运来 7 桶烟草到澳门。[⑦] 据同年的另一份档案称，还有 35 桶烟草由“解放号”船装载，48 桶烟草由“拿撒勒号”船装载运来澳门。[⑧] 1734 年，甚至有从澳门发往印度 44 桶烟叶的记录。[⑨] 这可以反映，烟草自明末传入澳门后，到清中期时已经成为澳门市场上的重要商品。

二、澳门动植物的采集、调查及研究

15 世纪末的地理大发现开启了欧洲国家与世界通商贸易的航道，同时也打开了收集、探索和研究世界各地动植物的大门，最早投入这一工作的应属耶稣会的科学家们。

---

① Peter Mundy, *The Travels of Peter Mundy in Europe and Asia: 1608 - 1667*, Vol. 3, Cambridge: Printed for the Hakluyt Society, 1919, pp. 251 - 252.

② 中国第一历史档案馆等编：《明清时期澳门问题档案文献汇编》第 1 册，《两广总督赵弘灿奏报西洋人穆德我交来烟酒等物差人恭进等情折》，北京：人民出版社，1999 年，第 86 页。

③ 中国第一历史档案馆等编：《明清时期澳门问题档案文献汇编》第 1 册，《两广总督赵弘灿奏报西洋人穆德我交来烟酒等物差人恭进等情折》，北京：人民出版社，1999 年，第 86 页。

④ 中国第一历史档案馆编：《康熙满文朱批奏折全译》，北京：中国社会科学出版社，1996 年，第 1670 页；［比］钟鸣旦等编：《耶稣会罗马档案馆明清天主教文献》第 12 册，石振铎：《本草补》，台北：台北利氏学社，2002 年，第 125 ~ 126 页。

⑤ ［葡］苏萨：《澳门与葡属印度：殖民地治理、行政官及商业——以烟草为例》，载吴志良、金国平、汤开建主编：《澳门史新编》第 2 册，澳门：澳门基金会，2008 年，第 525 页。

⑥ *Arquivos de Macau*, 1ª Série, Vol. Ⅱ, No. 5, Macau, 1930, pp. 257 - 259.

⑦ *Arquivos de Macau*, 3ª Série, Vol. Ⅶ, No. 1, Macau, 1967, p. 14.

⑧ *Arquivos de Macau*, 3ª Série, Vol. Ⅶ, No. 1, Macau, 1967, p. 16.

⑨ *Arquivos de Macau*, 3ª Série, Vol. Ⅶ, No. 1, Macau, 1967, p. 16.

（一）早期耶稣会的动植物学研究

16 世纪中期以后，随着耶稣会会士的科学家们不断进入澳门，西方动植物学的研究亦传入澳门。17 世纪初，德国耶稣会会士邓玉函在印度果阿等待船只来澳门时，考察了当地的动植物，并且用笔一一真实地画下来。来到中国，他同样没有放弃对动植物的研究，按照他的计划，他希望寻遍印度、中国的植物，完成一本撼世巨作《印度的普林尼》（*Plinius Indicus*）[①] 的编写。[②] 邓玉函花费了很大的心血，完成了两大卷手稿，但未及全部完成就匆匆离世。德国学者基歇尔（Athanasius Kircher）说：

> 邓玉函在中国时周游过那里的很多地方。他把他的图文资料总结成两大卷，取名为“印度的普林尼”，这是一个实至名归的标题。[③]

令人遗憾的是，这部放在罗马的耶稣会图书馆内的手稿（包括图稿）已经遗失。[④]《印度的普林尼》的遗失不仅是邓玉函个人成就的不幸，而且是世界植物学研究乃至汉学研究的巨大损失。

波兰耶稣会会士卜弥格从 1644—1651 年曾三次在澳门居停。作为一个动植物学家，之前他考察了东非地区的动植物。来澳门以后，他又对越南、海南、广东等地的动植物进行了考察。在 1653—1655 年完成了《中国植物志》一书，据卡伊丹斯基研究，卜弥格在澳门和海南居住和学习汉语时就开始了这部书的写作。[⑤] 他在这本书中记录了许多中国南方的动植物，如椰子、槟榔、芭蕉、槚如、荔枝、龙眼、葡萄、菠萝蜜、杧果、枇杷、臭果（Ciev-ko）、柿饼等 23 种植物，以及凤凰、野鸡、麝、松鼠、玄豹、绿毛龟等 8 种动物，每一种动物都有详细的说明，还配有彩色的绘图。他还将很多中国的动植物与其他国家见到的动植物进行比较研究。[⑥] 这部书被称为西方研究中

---

① 董少新：《形神之间：早期西洋医学入华史稿》，上海：上海古籍出版社，2008 年，第 300 页将其翻译成《印度博物志》。［德］埃利希·蔡特尔著，孙静远译：《邓玉函，一位德国科学家、传教士》，载《国际汉学》第 22 辑，郑州：大象出版社，2012 年，第 55 页将其翻译为《印度的普林尼》。Plinius，系拉丁文，是 pliny 的变格，意思为人民，这里应该指自然界的植物。

② ［德］埃利希·蔡特尔著，孙静远译：《邓玉函，一位德国科学家、传教士》，载《国际汉学》第 22 辑，郑州：大象出版社，2012 年，第 54 页。

③ Athanasius Kircher e Soc, *Jesu Monumenis Qua Sacris Qua Porfanis... Illustrata*, Amsterdam, 1667；转引自［德］埃利希·蔡特尔著，孙静远译：《邓玉函，一位德国科学家、传教士》，载《国际汉学》第 22 辑，郑州：大象出版社，2012 年，第 55 页。

④ ［德］埃利希·蔡特尔著，孙静远译：《邓玉函，一位德国科学家、传教士》，载《国际汉学》第 22 辑，郑州：大象出版社，2012 年，第 55 页。

⑤ ［波］爱德华·卡伊丹斯基著，张振辉译：《中国的使臣：卜弥格》，郑州：大象出版社，2001 年，第 88 ~ 89 页。

⑥ ［波］卜弥格著，张振辉、张西平译：《卜弥格文集：中西文化交流与中医西传》，上海：华东师范大学出版社，2013 年，第 299 ~ 357 页。

国动植物的第一部科学著作。[1]

对动物学有研究的还有意大利耶稣会会士利类思，他曾在澳门居住三年并学习汉语，后来进京，当1678年葡萄牙人进贡狮子给康熙皇帝时，他完成了《狮子说》一书，该书用中文出版。《狮子说》一书通过“狮子形体”“狮子性情”“狮不忘恩”“狮体治病”和“借狮箴儆”五个部分对狮子进行了详细的介绍，其中谈到了狮子的自然属性、狮子的动物伦理、狮子的药用以及西方文化中有关狮子的谚语。[2] 1679年，因为康熙皇帝向利类思询问西方驯养鹰鹞的方法，利类思又完成《鹰说》一书进呈康熙帝。该书分为上下两卷，主要介绍鹰的自然属性和驯养方法等。[3] 据方豪称，这两本书均译自意大利博物学家亚特洛望地（Aldrovandi，1522—1607）的《生物学百科全书》，也是最早传入中国的介绍西方动物学的科学著作。[4]

在澳门居停的耶稣会会士又在动植物学方面有过贡献的人还有：

（1）葡萄牙耶稣会会士卢若望（João de Loureiro），他于1738—1742年在澳门停留，前后有5年时间，此人是数学家、医生兼植物学家，1781年返回里斯本被选为科学院院士。回国后，著有《南圻特产植物》一书，所述植物达1 257种，内有96种属印度、苏门答腊、莫桑比克三地的特产。采集植物1 221种，内采自南圻者976种，余245种采自中国。其为中国与南圻共有者凡294种，还有植物学记录数种。[5]

（2）法国耶稣会会士汤执中（Pierre d' Incarville），1740年10月10日抵达澳门，在澳门居停不到一年时间，遂进广州。[6] 他是著名的法国植物学家和园艺学家。进京后主要负责清宫的园林建设，他曾将北京及其附近的树木花草都引进法国，他还绘制了4 010种中国的动植物画，寄回了法国。[7]

（3）法国耶稣会会士蒋友仁（Michel Benoist），1744年7月12日抵达澳门，不久

---

① ［波］卜弥格著，张振辉、张西平译：《卜弥格文集：中西文化交流与中医西传》，上海：华东师范大学出版社，2013年，第299页。

② ［比］钟鸣旦等编：《法国国家图书馆明清天主教文献》第4册，利类思：《狮子说》，台北：台北利氏学社，2009年，第463～486页。

③ ［法］费赖之著，冯承钧译：《在华耶稣会士列传及书目》，北京：中华书局，1995年，第246页。

④ 方豪：《中西交通史》下册，长沙：岳麓书社，1992年，第795页。

⑤ ［法］荣振华著，耿昇译：《在华耶稣会士列传及书目补编》，北京：中华书局，1995年，第388～389页；［法］费赖之著，冯承钧译：《在华耶稣会士列传及书目》，北京：中华书局，1995年，第1047页。

⑥ 中国第一历史档案馆编：《清中前期西洋天主教在华活动档案史料》第4册，《传旨新来西洋人纪文党智忠孙璋三人著在六所行走》，北京：中华书局，2003年，第100页。

⑦ ［法］杜赫德著，郑德弟等译：《耶稣会士中国书简集：中国回忆录》第5卷，《耶稣会传教士嘉类思传教士至布拉索神父的信件摘要》，郑州：大象出版社，2001年，第66页；［法］费赖之著，冯承钧译：《在华耶稣会士列传及书目》，北京：中华书局，1995年，第831～833页。

进京。[①] 他虽然是天文学家，但也有动物学方面的著作，在北京曾完成《异鸟说》一书。[②]

（4）法国耶稣会会士韩国英（Pierre-Martial Cibot），于1759年7月20日抵达澳门，1760年进京，他是法国著名的植物学家，他曾将很多中国植物分别著述，绘制图谱，列举汉名，寄回巴黎。经他介绍的中国植物有香椿、睡莲、玉兰、秋海棠、茉莉、菱角、牡丹、楮等数十种，他还写过《说马》《说燕》《说鹿》《说蝉》等介绍中国动物的著作。[③]

（5）法国耶稣会会士金济时（Jean-Paul Louis Collas），于1767年8月5日抵达澳门，不久去广州。他是法国著名的植物学家，著有《中国植物花木之观测》，列举了可能移植法国的若干重要植物，如产蜡树、产脂树、产漆树、桐树、椒树、樟脑、竹和柏香树。[④]

（二）18—19世纪欧洲人对澳门动植物的收集、调查及研究

18世纪前期，瑞典皇家科学院也派研究人员随船远航来到中国，在广州和澳门逗留，并在植物学、医学和药学方面积累了大量的翔实资料，其中，对澳门动植物学的研究亦有所推动。如瑞典皇家科学院研究员约翰·道尔曼就曾于1748—1749年在澳门停留，并对澳门城市进行了认真的考察，他记录了很多澳门的动植物学方面的内容，并称：

> 澳门大部分土地条件良好，适宜农作物生长，所以蔬果和草药的种植十分普遍。城市中三分之二的面积都是被石墙环绕的花园，种植最多的水果是香蕉和西瓜，很多人将种植的水果运送到广州贩卖。[⑤]

1750年，瑞典东印度公司牧师彼得·奥斯贝克随船来到广州，在广州郊区和黄埔收集与描述了大量的植物，其作品在欧洲发表后，其被英国人认为是最早来华的西方

---

① ［法］荣振华著，耿昇译：《在华耶稣会士列传及书目补编》，北京：中华书局，1995年，第70页。

② ［法］费赖之著，冯承钧译：《在华耶稣会士列传及书目》，北京：中华书局，1995年，第857页。

③ ［法］费赖之著，冯承钧译：《在华耶稣会士列传及书目》，北京：中华书局，1995年，第942～947页；［法］荣振华著，耿昇译：《在华耶稣会士列传及书目补编》，北京：中华书局，1995年，第133页。

④ ［法］费赖之著，冯承钧译：《在华耶稣会士列传及书目》，北京：中华书局，1995年，第1016页；［法］荣振华著，耿昇译：《在华耶稣会士列传及书目补编》，北京：中华书局，1995年，第143页。

⑤ 王梦达：《澳门在瑞典东印度公司运作时期的文化形态》，载珠海市委宣传部、澳门基金会、中山大学近代中国研究中心主编：《珠海、澳门与近代中西文化交流：首届“珠澳文化论坛”论文集》，北京：社会科学文献出版社，2010年，第115～117页。

博物学家。①

18 世纪，随着英国海外殖民地的扩张，其科学探索活动也愈加频繁，许多海外英国人对各地动植物的收集、调查与发现表现了极大的热情。这一种风气也被带入来华的英国人当中，甚至东印度公司也会指示广东商馆职员代为收集动植物，1813 年广州商馆的报告称，东印度公司给英国皇家园林园长班克斯（Joseph Banks）爵士寄去了相当数量的中国植物。广州商馆的医生亚历山大·邓肯（Alexander Duncan）和约翰·邓肯（John Duncan）与班克斯关系非常密切，并向班克斯承诺为他提供中国植物和中国植物的信息。② 最值得一提的是英国国王园艺家威廉·克尔（William Kerr）。克尔是 1803 年到澳门的，留下来收集植物标本。但由于澳门四周的海盗活动十分猖獗，他无法出外收集花木，故于 1804 年 12 月被转送到菲律宾从事收集工作。1805 年 9 月，威廉·克尔从菲律宾返回澳门，带回生标本 700 件以上，其中 100 多件在科学上是新的发现，以前从未有过记载。但返航时在凼仔外海遭遇强台风，致使大部分标本丧失。③ 他采集不少中国植物返回英国。英国植物园有中国植物，自此始。克尔在澳门实地考察时，曾提到一种奇特的植物 Lou-chu-lae，生长在澳门周边小岛的海岸沙地：“它的中文名说明是用于灭鼠的，它坚硬如鬃毛的根可以用来堵老鼠洞。”④ 克尔在澳门收集和运送植物回英国时，得到了英国散商托马斯·比尔和东印度公司大班喇佛的帮助。⑤

到 19 世纪之后，广州东印度公司商馆内在中国从事动植物调查研究工作的还有：

（1）东印度公司广州商馆助理医生李文斯敦并非专业的植物学家，他经常向来澳门的著名植物学家克尔请教植物学知识，所以他也成为澳门植物研究的专业人才。他曾经精心呵护一批植物运回英国，他还在澳门发现了几种当地特有的植物，如木防己（Cocculus diantherus）、广州山柑（Capparis pumila）、长果海桐（Pittosporum pauciflorum）等⑥。他还在英国发表了关于中国园艺的重要报告。甚至倡仪将澳门作为各种植物的“集中地”，让从菲律宾、越南、马来半岛搜集的植物，先存放澳门，然后转运英国。⑦

---

① 张坤：《在华英商群体与鸦片战争前的中英关系》，广州：暨南大学出版社，2014 年，第 133 页。

② ［美］范发迪著，袁剑译：《清代在华的英国博物学家：科学、帝国与文化遭遇》，北京：中国人民大学出版社，2011 年，第 11 ~ 13 页。

③ ［美］马士著，区宗华等译：《东印度公司对华贸易编年史：1635—1834 年》第 3 卷，广州：中山大学出版社，1991 年，第 15 页。

④ Hugh Murray, John Crawfurd etc. , *An Historical and Descriptive Account of China*, Vol. 3, Edinburgh: Oliver & Boyd, 1836, p. 338.

⑤ 郭永亮：《澳门与香港早期关系》，台北：台湾“中央研究院”近代史研究所，1988 年，第 92 页；*Chinese Repository*, Vol. 2, No. 6, 1833/10, p. 226.

⑥ Emil Bretschneider, *History of European Botanical Discoveries in China*, London: Sampson Low, 1898, Vol. 1, pp. 264, 295 – 298.

⑦ ［美］范发迪著，袁剑译：《清代在华的英国博物学家：科学、帝国与文化遭遇》，北京：中国人民大学出版社，2011 年，第 15 页；游博清：《1840 年之前英国人在澳门的博物搜集与科学调查活动》，载《澳门历史研究》第 13 期，2014 年，第 216 页。

（2）东印度公司广州商馆验茶师老里夫斯在澳门动植物学收集和研究方面颇有建树，不仅是伦敦植物学会会员，还兼伦敦动物学会、皇家学会会员。他于 1812 年来华，担任广州商馆的验茶师，1816—1817 年曾短暂回国，他以会员的身份与伦敦植物学会协议，将中国植物绘成图册，费用由学会支付。他在澳门期间雇用中国画匠，绘制了大量的中国植物，时间长达十多年。除了植物以外，老里夫斯还雇人绘制了多达 340 种的鱼类图像。老里夫斯绘制的图册后来成为 19 世纪英国博物学家获取中国动植物知识的主要来源。[①] 老里夫斯还收集了中医学著作《本草索引》送回英国，这本书被西方人认为是中国最好的植物学著作。[②] 1820 年代，皇家园艺学会派约翰·帕茨（John Potts）和约翰·帕克斯（John D. Parkers）来到澳门，他们两人与老里夫斯密切合作收集中国植物。1824 年，帕克斯报告他在澳门附近采集到了中国的绵枣儿（Chinese barnardia），后来运回英国并存活下来。[③] 其子小里夫斯，也经常支持父亲的工作，绘制了许多澳门的鱼类，对老里夫斯的动植物图册有一定的补充。他还曾在澳门购买许多鱼类送回英国。[④] 英国学者格雷《动物学杂集》一书对老里夫斯带回英国的 12 种鸟作了比较详细的描述和介绍。[⑤]

（3）东印度公司广州商馆牧师乔治·维切尔的研究兴趣主要在鱼类，他收集了澳门地区的 80 种鱼类标本，其中不少是过去英国人未曾发现的品种。有人称："维切尔在澳门附近发现的新物种，估计至少有 37 种。"1827 年 4 月，皇家海军军舰停留澳门，采集到 93 种中国植物，大多数都是在澳门收集的，其中主要是由乔治·维切尔和查尔斯·米利特帮助收集的。[⑥] 维切尔在澳门采集的植物送回英国后，不少植物都以他的名字命名。

（4）东印度公司大班德庇时在中国动物的收集、调查及研究上有他的贡献。他平时十分注意收集各种动物的信息和资料，据他记载，在广州附近常见的有野鸭、鹈鹕、鹤、食米鸟等。关于兽类，据德庇时记录，在华英商已注意到云南有孟加拉国虎，长城一带有熊、鹿，狮子很少见，但西南地区有亚洲狮，南部丛林中有野猫，山西的熊

---

① ［美］范发迪著，袁剑译：《清代在华的英国博物学家：科学、帝国与文化遭遇》，北京：中国人民大学出版社，2011 年，第 68～71 页。

② *Chinese Repository*, Vol. 2, No. 3, 1833/07, pp. 83 – 89.

③ 游博清：《1840 年之前英国人在澳门的博物搜集与科学调查活动》，载《澳门历史研究》第 13 期，2014 年，第 216 页。

④ ［美］范发迪著，袁剑译：《清代在华的英国博物学家：科学、帝国与文化遭遇》，北京：中国人民大学出版社，2011 年，第 56 页；游博清：《1840 年之前英国人在澳门的博物搜集与科学调查活动》，载《澳门历史研究》第 13 期，2014 年，第 216～217 页。

⑤ John Francis Davis, *The Chinese: A General Description of the Empire of China and its Inhabitants*, Vol. 2, New York: Harper, 1836, pp. 318 – 320.

⑥ William J. Hooker and G. A. WalkerArnott, *The Botany of Captain Beechy's Voyage*, London: Henry G. Bohn, 1841, pp. 166 – 258.

常被装到笼子里运到广州，单峰骆驼在北京与广州很少见，中国的马少鬃毛，骡子很常见，野外的黄羊很多。广州和澳门有一些为外商提供牛奶的奶牛，水牛常见于稻田。他还关注了家养猪、野猪、独角犀的情况，还提到了西伯利亚的象。德庇时也对中国的爬行动物进行了观察，当时在华南地区未发现大型蜥蜴类动物如鳄鱼和短吻鳄，小型蜥蜴类动物在热季大量存在。有几种淡水龟被送回英国。广州尽管地处亚热带，却很少毒蛇。最可怕的蛇是一种 2～3 英尺长的细长蛇，被称为"黑白蛇"。他还介绍了昆虫和鱼类，如蝗虫、蝎子、蜈蚣、蝴蝶、金鱼、石斑鱼、仓鱼、鲟鱼等，还称澳门所产鱼类品种繁多。①

1836 年，由英国圣经公会（British and Foreign Bible Society）派遣赴华传教的传教士李太郭（George Tradescant Lay，1800—1845）曾在澳门进行过考察。李太郭是英国自然学家、传教士和外交官，曾随船考察太平洋沿岸地区，如加利福尼亚、阿拉斯加、中国、墨西哥、南美等地，并采集标本。10 月 15 日，他记录下了自己在澳门的采集活动："1836 年10 月15 日，星期六，Rev. Mr Vachall 和我一同去了距离澳门不远的岛屿，对面山（Lapa）……我并未忘记来此的主要目的，于是带上了用于置放标本的书籍。"② 李太郭在此行中捉了两三条蛇、采集了 24 种植物，抓获了一只尾巴长、脖子上有纹路的蜥蜴。③ 李太郭这次对对面山的考察，维切尔牧师就是他的同伴和协助者。

对澳门动植物的收集与研究贡献更为重要的人是一位澳门的英国散商托马斯·比尔。他在其澳门宅院的花园内创建了一个规模很大的植物园，内有盆花 2 500 个，所植花卉以中国品种居多。他收集的花卉，可能是外国人收集的最丰富的中国花卉。④ 据威廉·亨特称："花园里种满了最珍贵的奇花异草。一株孟买杧果树结着累累果实，还有荔枝、柑桔和番荔枝等果树。"⑤ 他还在园内养了许多鸟，鸟笼高达 50 英尺，里面有各种各样来自各地的鸟类，被称为"大鸟笼"，其中饲养的鸟类包括：懒猴（Loris）、鹦鹉、白莺哥（Crockstoas）、八哥、印度孔雀、鹊、金丝雀、天堂鸟、热带雉、石鸡、金野雉、银野雉、大奖章野雉、红尾野雉及各种各样的鸽子，数量有 500～600 只。这些禽鸟来自世界各地，天堂鸟来自摩鹿加群岛，鹦鹉则来自越南、澳大利亚以及太平洋东部群岛。⑥ 美国旗昌洋行的雇员威廉·亨特刚到澳门时，送给了托马斯·比尔一对

---

① John Francis Davis, *The Chinese: A General Description of the Empire of China and its Inhabitants*, Vol. 2, New York: Harper, 1836, pp. 313－318.

② *The Visitor or Monthly Instructor－1837*, The Religious Tract Society, 1837, p. 260.

③ *The Visitor or Monthly Instructor－1837*, The Religious Tract Society, 1837, pp. 260－261.

④ *Chinese Repository*, Vol. 11, No. 1, 1842/01, p. 60.

⑤ ［美］亨特著，冯树铁、沈正邦译：《广州番鬼录·旧中国杂记》，广州：广东人民出版社，2009 年，第 277 页。

⑥ *Chinese Repository*, Vol. 11, No. 1, 1842/01, pp. 59－60.

从纽约带来的鹌鹑，这两只鸟在花鸟园中繁衍了许多后代。[①] 大鸟笼约有 102 厘米长、51 厘米宽、76 厘米深，被分割成两部分，相互之间有通道。鸟笼四周和上面用铁丝围起来，并加盖一个圆屋顶，里面种有大树和各种灌木以符合鸟类习性。鸟笼内还建有水池和假山，为水禽提供栖息之地，还有单独的笼子专门放置某些好斗的雄鸟。[②] 这一植物园甚至引起了中外士人的兴趣，姚元之的《竹叶亭杂记》称：

> 有哋哋花园者，园中以铜丝结网蒙之。内有大树一株，小树数株，有假山，有水池。壁上多插以树枝，蓄各种鸟，红黄白绿，五色灿然。鸟之上下飞鸣，宛如园林中也。或巢于树，或巢于山间水旁，或巢于檐壁及所插枝上，名曰百鸟巢。[③]

图 5－69　钱纳利绘托马斯·比尔像

这个“百鸟巢”，就是“哋哋花园”，也就是托马斯·比尔花园。1833 年来华的英国博物学家乔治·班奈特居住澳门时，对比尔的花鸟园印象深刻，用了 45 页的旅行记录来描绘其中的物种。[④] 托马斯·比尔还曾将大鸟笼内的锦鸡和鸳鸯带回英国，因为锦鸡最早的发现者是老里夫斯，所以英国人将锦鸡命名为里夫斯鸡。鸳鸯被英国人称为“奇特漂亮的鸟儿”，亦经由比尔将鸳鸯带回英国动物园。[⑤]

1829 年在澳门建起了“英国博物馆”，由维切尔牧师任馆长，小里夫斯任秘书，馆内有“来自世界各地关于鸟类、兽类、武器、化石等广泛和具特色的收藏”，而馆内的大部分动物和植物标本都是由托马斯·比尔、老里夫斯和李文斯敦提供的。[⑥]

此外，由于茶贸易的兴盛，英国人也对澳门的茶进行过研究，当时英国东印度公司在广州商馆的验茶师傅塞缪尔·鲍尔就记录下了他在澳门的一次实验：

> 现在我将讲述我的观察所得：有人从武夷山（Bohea Country）带来一种奇特、

---

① ［美］亨特著，冯树铁、沈正邦译：《广州番鬼录·旧中国杂记》，广州：广东人民出版社，2009 年，第 277 页。

② John Francis Davis, *The Chinese: A General Description of the Empire of China and its Inhabitants*, Vol. 2, New York: Harper, 1836, pp. 305 – 306.

③ （清）姚元之：《竹叶亭杂记》卷 3，北京：中华书局，1982 年，第 90 ~ 91 页。

④ ［美］范发迪著，袁剑译：《清代在华的英国博物学家：科学、帝国与文化遭遇》，北京：中国人民大学出版社，2011 年，第 58 页。

⑤ 张坤：《在华英商群体与鸦片战争前的中英关系》，广州：暨南大学出版社，2014 年，第 137 页。

⑥ Gerge Bennett, Wanderings in New South Wales, Batavia, Pedir Coast, Singapore, and China, Vol. 2, pp. 35 – 36；游博清：《1840 年之前英国人在澳门的博物搜集与科学调查活动》，载《澳门历史研究》第 13 期，2014 年，第 217 页。

漂亮的茶树给我。其叶宽大、繁盛，呈深绿色。令我意外的是，它的叶子有隆起、并不平整；在那时，我和其他人一致认为这是绿茶才有的特征，到现在我已经有理由认为这并非此物种才有的了。我们用花园的土壤培植，将其种在澳门的一处高地，以便得到北方的光照。数月后，茶树叶颜色改变了，变为明亮的绿色，类似于在澳门花园所见的品种，即我们认为的绿茶树。之后我们又将这株茶树移植到对面山的一个小农场，该岛在澳门一侧，与之形成了澳门港。我们将其种在了另外一株优良的绿茶树旁，这株茶树是一个叫作 Tien Hing 的绿茶商人带给我的，完全可以信赖此人。专业的植物学家、科学家阿禅尔博士来看过这些植物，他曾随威廉·阿美士德爵士的使团去过北京。阿禅尔博士为两株茶树吸引了，我们毫无隐藏地告诉了他两株茶树的来历，但是他并不能从茶树的总体外观和茶叶分别出两株茶树有什么区别。①

引文中的阿禅尔博士，即克拉克·阿禅尔，是英国外科医生、博物学家，他曾在1816—1817 年作为博物学家随同威廉·阿美士德访华，使团因在礼节上出现分歧，未能谒见嘉庆帝。在中国期间，克拉克·阿禅尔收集了以他名字命名的植物糯米条（Abelia Chinensis）的样品和种子，回国后出版了《1816—1817 年在中国内地旅行与往返航行记事》一书，他在书中写道：

可以说，从红茶和绿茶产区带回的植物，它们在形式、颜色、叶子的纹理上都不一样；即便生长在同样的土壤中，相较于红茶树，绿茶树的叶子较长、薄，颜色较浅，我在澳门附近的一处大农场就观察到了这些差异。②

可知，阿禅尔亦曾对澳门地区的茶叶进行过研究。克拉克·阿禅尔也在书中还提到与塞缪尔·鲍尔相遇，他写道：“广州重要的验茶师塞缪尔·鲍尔先生在紧邻澳门的一个岛上的种植园中，收集了大量繁盛的植物，鲍尔将它们种在疏松、多碎石的土壤中。”③由此可见，英国植物学家对中国茶树进行过大量的实验和考察，而澳门及周边地区正是他们进行实验的地区之一。

除了上述在澳门确有动植物学采集、调查和研究的科学家外，还有几位动植物学家曾在澳门居停。1794 年随马戛尔尼使团一起来到澳门的英国植物学家戴维德·斯特

---

① Samuel Ball, *An Account of the Cultivation and Manufacture of Tea in China: Derived from Personal Observation During an Official Residence in that Country from 1804 - 1826*, London: Printed for Longman, Brown, Green, and Longmans, 1848, pp. 326 - 327.

② Clarke Abel, *Narrative of a Journey in the Interior of China: And of a Voyage to and from that Country, in the Years 1816 and 1817*, London: Printed for Longman, Hurst, Rees, Orme, and Brown, 1818, p. 222.

③ Clarke Abel, *Narrative of a Journey in the Interior of China: And of a Voyage to and from that Country, in the Years 1816 and 1817*, London: Printed for Longman, Hurst, Rees, Orme, and Brown, 1818, p. 224.

鲁纳什居住在澳门白鸽巢，并对当地的植物进行了研究。[1] 1846年还有一名佚名的丹麦动物学家在澳门居停，此人在东望洋山脚下遭到四个华人的袭击。[2] 1858年奥地利自然学家冯·舍尔策抵达澳门，对澳门生物、地貌和经济工作进行了考察，他不仅记录了澳门城市的美丽景观和绿树成荫的道路，还特别记录了白鸽巢的百年巨榕。[3]

（三）19世纪中后期葡萄牙人对澳门植物学的研究及传播

19世纪后，澳门的葡萄牙人为东西方植物的传播与交流做出了重要贡献，也推动了澳门植物学的发展。1809年有两艘澳门船航行至巴西，一艘停靠巴依亚，另一艘停靠南布哥。[4] 通过澳门议事会市政议员拉法尔·阿尔梅达的帮助，从印度洋法属岛屿上取得的第一批外国物种被运至巴西里约热内卢的瓜拉巴拉（Guanabara）港，所运种子以豆蔻树、樟树、梨、荔枝、杧果树、印度石竹和柚子树为其佼佼者。根据摄政王唐·若奥的命令，这些种子立即被种进了皇家庄园和费雷塔斯湖花园，后来即在此建立了里约热内卢植物园。[5] 同年，拉法尔·阿尔梅达又将第一批茶种和种茶的中国移民从澳门一起送到巴西里约热内卢的王家花园。1810年，葡萄牙人又从澳门运载几百名种茶华工到巴西。[6] 1812年8月7日，华工石保致函澳门铺户南兄等，叙述在巴西种茶的生活情形。华工亚腾等亦曾致信澳门铺户南兄，叙述在巴西王家花园种茶的情形并托带茶种及制茶工具。[7] 同年，拉法尔·阿尔梅达又从澳门寄出了茶种，也被送到了里约热内卢的植物园。1817年，德国人斯皮克斯（Spix）和马修斯（Maturius）到达里约热内卢，参观了植物园。后来他在其《巴西游记》中称："园中主要种植中国茶树。目前有6 000株茶树，这里种植、采摘和烘焙茶叶的方法与中国的完全一样。葡萄牙政府特别重视种茶。"里约热内卢另一处有中国人种茶的地方是圣克鲁斯皇家农场，为葡国

---

① ［英］斯当东著，叶笃义译：《英使谒见乾隆纪实》，上海：上海书店出版社，1997年，第524～525页。

② ［葡］施白蒂著，姚京明译：《澳门编年史：19世纪》，澳门：澳门基金会，1998年，第92页。

③ ［葡］若热·迪亚士著，军波译：《19世纪中叶的澳门：奥地利考察家卡尔·李特·冯·舍尔策的报告》，载《文化杂志》（中文版）第7—8期，1989年，第24～25页。

④ N. A. G（果阿国家档案馆），Monções do Reino, Vol. 190A（1810－1811），fl. 6；转引自［葡］罗利路（Rui Lourido）：《澳门与巴西的早期关系》，载吴志良、金国平、汤开建主编：《澳门史新编》第2册，澳门：澳门基金会，2008年，第622页。

⑤ ［巴西］莫拉著，吴新娟译：《19世纪上半叶澳门与巴西的关系》，载《文化杂志》（中文版）第22期，1995年，第31页。

⑥ J. C. Fletcher and D. P. Kidder, *Brazil and the Brazilians*, Philadelphia: Childs & Peterson; Boston: Phillips, Sampson & Co. 1857, pp. 418－419.

⑦ 刘芳辑：《葡萄牙东波塔档案馆藏清代澳门中文档案汇编》上册，《华工亚腾等致澳门铺户南兄叙述在巴西王家花园种茶情形并托带茶种及制茶工具书信》，澳门：澳门基金会，1999年，第123页。

宫廷的夏宫。许多华工被送到这里。① 澳门葡萄牙人阿尔梅达在东西方植物传播与交流方面做出的贡献受到了媒体的赞扬，1813 年 3 月 4 日刊于《爱国者》报上的一篇文章称，阿尔梅达议员的“勤恳、审慎和财富使我们能够成功为本国取得种子”，并称“他的名字值得流芳百世”。②

1815 年，澳门王室大法官眉额带历决定利用澳门资本在帝汶发展咖啡的种植，计划由巴西农业学家安东尼奥·特谢拉（António Teixeira）进行，资金由眉额带历提供。该计划被纳入帝汶总督阿泽维多·苏沙的经济计划。当时还计划，从澳门组织中国农民和手工业工匠大量移民至帝汶各地，以发展殖民地种植业生产。这一计划虽然未获成功，但建立了澳门与巴达维亚的荷兰精英知识交流关系，并一直影响着澳门及帝汶的政治与经济。③

1838 年 7 月 16 日，葡萄牙女王再次颁布敕令，澳门除要求建立一座博物馆外，还要求建立一个植物园，主要栽种中国人使用的中草药。④

19 世纪在澳门出现的最后一位植物学家是曾担任澳门卫生局局长的高斯华（José Gomes da Silva）博士。高斯华，葡萄牙波尔图人，毕业于波尔图外科医生学校，1811 年来到澳门担任二级医生。高斯华在行医的同时，也十分热爱植物的收集、调查和研究。1882 年 6 月 17 日，第 48 号省训令委派高斯华博士收集植物标本和尽可能完整的鲜活植物，以便将其从澳门送往（葡国）阿儒达宫花园。⑤ 1885 年，出任卫生局局长的高斯华完成了《澳门卫生报告》，该报告非常详细地报道了当时澳门的卫生情况，特别是对沙岗和新桥区的卫生情况进行了深入的报道。该报告首次附录了澳门植物的目录，并收集了 337 种植物标本。高斯华局长曾经在某中学担任教师，在其供职的学校内成立了一座小型自然历史博物馆，展出矿石和动物标本，并收集当地植物制作标本。⑥ 他还整理了澳门及帝汶省的植物目录，并将植物的种子送到葡萄牙，“这些植物是我在该省采集到的，除了几个物种，其他都是本地自有的物种”。这份植物目录被登在葡萄牙《科英布拉萌芽协会公报》第 2、3 期上。高斯华所采集的 337 种植物样本被收藏在科英布拉大学植物学院。⑦ 在高斯华的卫生报告影响下，澳门的绿化运动大力展

---

① ［巴西］莫拉著，吴新娟译：《19 世纪上半叶澳门与巴西的关系》，载《文化杂志》（中文版）第 22 期，1995 年，第 34～36 页。

② ［巴西］莫拉著，吴新娟译：《19 世纪上半叶澳门与巴西的关系》，载《文化杂志》（中文版）第 22 期，1995 年，第 31 页。

③ José de Aquino Guimarães e Freitas, *Memoria Sobre Macáo*, Coimbra: Real Imprensa da Universidade, 1828. pp. 58 - 59.

④ ［葡］施白蒂著，姚京明译：《澳门编年史：19 世纪》，澳门：澳门基金会，1998 年，第 68 页。

⑤ ［葡］施白蒂著，姚京明译：《澳门编年史：19 世纪》，澳门：澳门基金会，1998 年，第 225 页。

⑥ ［葡］阿马罗：《澳门医学：名医、药房、流行病及医务治疗》，载吴志良、金国平、汤开建主编：《澳门史新编》第 3 册，澳门：澳门基金会，2008 年，第 996 页。

⑦ Manuel Teixeira, *A Medicina em Macau*, Vol. Ⅲ, Macau: Imprensa Nacional, 1975 - 1976, p. 231.

开。同年澳门工务司为了美化澳门及为居民提供舒适的生活，大规模扩大绿化面积，共栽种树苗5 344株。另在二龙喉植物园内各苗圃经插枝和播种供将来移种的各种树为：东属科56床5 550株，榕树（L）12床2 588株，榕树（R）2床90株，榕树1床50株，榕树（W）6床1 296株，臭椿属（B）3床1 800株，枳属科10床476株，蜡树2床104株，刺桐（L）1床105株，油桐1床37株，月桂1床30株，蒲桃（DC）1床80株。第二年，澳门政府收购属于私人的白鸽巢花园，又在花园中建成一个小池塘，从高处的水池向下洒出一幕幕水帘，还准备腾出空地饲养一些珍贵动物，建一座人们喜爱的动物园。①

综上所述，西洋技术作为西洋文明中的一因素，在葡人东来之初就已经广泛流播于远东，因而中国沿海在16世纪初便已模仿铸造佛郎机炮，对葡人船只之不同于中国也甚为惊叹，也有模仿铸造蜈蚣船。然而在澳门开埠之前，这种西洋文明仅是流动地广布远东，若隐若现。1557年澳门开埠以后则不同，葡人所代表的西洋文明在中国偏远半岛找到了筑巢之地，同时也就将西洋技术稳定地注入了这座圣名之城。自此之后，伴随澳门城所面临的不同局势，西式城墙、要塞和大炮得到不断修筑和完善，澳门城被彻底修筑成了欧洲式的要塞城市。西洋技术之体现却远不止于此，它还在天文历法、医学、印刷、钟表器物及动植物引进与研究中展现出不同于中国技术的方方面面。值得指出的是，西洋技术在澳门的存续和体现，并不局限于城墙之内，正如澳门城所彰显的，它自身即中西文明汇聚、碰触和交织之地，西洋技术翻过了城墙，对中国内地也产生了不可忽视的影响。例如，西洋火炮在明政府与建州夷的战事中所展示的威力，而后清宫廷传教士以西洋历法修中国历之举措等，诸多历史事实都说明了西洋技术以澳门城为基地，辗转内地甚至远至朝鲜和日本等地。这也是澳门作为已然异化的中国土地，在当时所扮演的重要中转站角色，同时也是如今中西关系史中澳门史能占重要地位的原因之一。

---

① ［葡］索札（José Maria de Sousa）：《1885年澳门公务司报告》，转引自［葡］阿丰索著，范维信译：《澳门的绿色革命：19世纪80年代》，载《文化杂志》（中文版）第36—37期，1998年，第131页；［葡］施白蒂著，姚京明译：《澳门编年史：19世纪》，澳门：澳门基金会，1998年，第243页。

第六章

澳门的西方教育

澳门的西方教育可以分为三大类：第一类为天主教教育，16—19 世纪中天主教教育是澳门教育的主体。在某些时间段中，天主教教育几乎是澳门教育的全部。第二类为基督新教教育，澳门的基督新教教育主要集中表现在 19 世纪中叶的一段时间。基督新教教育在澳门的时间不长，规模也不大，但仍然在澳门教育史上产生了重大的影响。第三类为公共教育，澳门真正意义的公共教育起步很晚，它是在 18 世纪 70 年代随着耶稣会在澳门所创办的两所西式高等教育机构——圣保禄学院和圣若瑟神学院关闭以后才出现的。澳门公共教育虽然出现较晚，但它以多种办学的形式逐渐替代澳门的教会教育，最终促进和推动了澳门近代教育制度和体系的形成。

第一节　澳门天主教教育

意大利耶稣会会士艾儒略于 1623 年完成的《职方外纪》，对古代欧洲的教育情况有过简单的介绍：

> 欧逻巴诸国皆尚文学。国王广设学校，一国一郡有大学、中学，一邑一乡有小学。小学选学行之士为师，中学、大学又选学行最优之士为师，生徒多者至数万人。其小学曰文科，有四种：一古贤名训、一各国史书、一各种诗文、一文章议论。学者自七八岁学，至十七八学成，而本学之师儒试之。优者进于中学，曰理科，有三家：初年学落日加①，译言辩是非之法，二年学费西加②，译言察性理

① 落日加，拉丁文作 lagica，意为逻辑学。

② 费西加，拉丁文作 physica，意为自然科学。

> 之道，三年学默达费西加[①]，译言察性理。以上之学总名斐录所费亚[②]，学成，而本学师儒又试之，优者进于大学。乃分为四科，而听人自择。一曰医科，主疗病疾；一曰治科，主习政事；一曰教科，主守教法；一曰道科，主兴教化。皆学数年而后成。[③]

非常明显，艾儒略这里仅介绍了当时欧洲世俗教育的一般情况。值得注意的是，虽然当时欧洲社会已经进入了文艺复兴后的启蒙时代，但其近代教育体制尚未成形，面向平民的世俗学校极少，更谈不上现代教育体系中的中学和小学教育。至中世纪后，欧洲教育史很大程度上是一部教会教育史，教会主导并参与了教育的全过程。在长达近千年的历史中，教会以其独特的教育方式造就了基督教世界文明。而在当时的教会教育中，耶稣会所起到的作用尤为重要。耶稣会创办伊始，就非常注重教育。随其组织日益成长壮大，会士不断增加，并首先在欧洲各国开办学校，如法国、德国、英国、意大利等；同时，还派会士到欧洲各国大学任教，借以扩大影响，甚至力图控制这些大学。1540 年，第一批耶稣会会士来到葡萄牙，受到了葡王若奥三世（João Ⅲ）的欢迎。耶稣会到葡萄牙以后，于 1552 年在首都里斯本设立圣安唐学院（Colégio de Santo Antão），成为从事教育耶稣会会士以及从别的地方来的走读生的学校。[④] 1547 年，若奥三世于 1290 年在葡萄牙建立的第一所国立大学——科英布拉大学中，开设了人文学院；到 1555 年，若奥三世将该学院的管理权交给了耶稣会会士。当时就有人指责耶稣会会士是使用阴谋的手段，取得了这所学院的领导权。[⑤] 1551 年，在若奥三世的弟弟、埃武拉总主教亨利（D. Henrique）的邀请下，耶稣会会士在他的教区开办了一所大学。到 1554 年，这所被称为"圣灵学院"（Colégio do Espírito Santo）的埃武拉大学已经有了三百名学生。而埃武拉大学圣灵学院的第一任院长，就是后来成为澳门第一任署理主教的贾尼劳。[⑥] 可见，耶稣会在科英布拉大学和埃武拉大学这葡语世界仅有的两所大学中，具有特殊的地位。

除此以外，耶稣会会士通过在葡萄牙海外殖民地创办各种学院和学校，来垄断海外殖民地教育。1542 年 9 月，沙勿略在印度果阿已经创办了耶稣会的圣保禄学院，并

---

① 默达费西加，拉丁文作 metaphysica，意为形而上学。

② 斐录所费亚，拉丁文作 philosophia，意为哲学。

③ ［意］艾儒略著，谢方校释：《〈职方外纪〉校释》，北京：中华书局，1996 年，第 69 页。

④ Dauril Alden, *The Making of an Enterprise: The Role of Jesuits in Portugal, Its Empire, and Beyond (1540 – 1750)*, Stanford, CA: Stanford University Press, p. 29.

⑤ Dauril Alden, *The Making of an Enterprise: The Role of Jesuits in Portugal, Its Empire, and Beyond (1540 – 1750)*, Stanford, CA: Stanford University Press, pp. 104 – 105.

⑥ Dauril Alden, *The Making of an Enterprise: The Role of Jesuits in Portugal, Its Empire, and Beyond (1540 – 1750)*, Stanford, CA: Stanford University Press, pp. 32 – 33. 以上参考顾卫民：《"以天主和利益的名义"：早期葡萄牙海洋扩张的历史（1415—1700）》，北京：社会科学文献出版社，2013 年，第 166 ~ 179 页。

称“会有超过三百名不同语言、不同国家和民族的人进入这所学院”①。可见，果阿的圣保禄学院的建立，比耶稣会会士在葡萄牙本土获得科英布拉大学人文学院和埃武拉圣灵学院的控制权还早。1553 年，耶稣会会士在巴西的巴伊亚建立了巴伊亚耶稣会学院（Colégio dos Jesuítas da Bahia）。到 1580 年，耶稣会日本教区不仅在九州岛有马和京都安土建立起两所招收日本学生的神学院，还在丰后创立了府内学院（府内のコレジヨ）。十余年后，又在澳门创建圣保禄学院（Colégio de São Paulo），耶稣会会士成功地取得了葡属海外殖民地的教育垄断权，从而对葡萄牙的海外殖民地的教育事业产生了长远而直接的影响。

毋庸讳言，耶稣会对于教育的重视程度远甚于其他的天主教修会。该修会的最高纲领《耶稣会会宪》（以下简称《会宪》）的第四部分，就是论述修会属下各种教育机构的不同属性以及教学内容和学习步骤的专门章节，这些内容后经再三修订补充，最终发展成 1599 年公布的著名《学事章程》（*Ratio Studiorum*）。罗耀拉在《会宪》的第四部分（第 307 条）中，就开门见山地写道：

> 作为本会目标，首先要面对的，是帮助会员自身以及周围人的灵魂所能达到的终结目的，为此，在显示生活模范的同时，还必须拥有学识，并了解提示它们的方法。因此，如果要建立起与克己精神和必要的善德进步相适应的基础，更好地了解造物主并为之服务，就必须有意识地丰富知识和运用它们的素养。出于这一目的，本会经营学院和若干所大学，那些生活在会员之家，被确认资质不凡，但尚未完成必要学业的入会者，应设法掌握知识以及其他帮助灵魂的手段。②

在随后对该条文进行解释的《会宪》第 308 条中，罗耀拉又进一步论述道：

> 本会的首要目的，是奉基督最高代理者的教宗和会长命令，在世界不同场所宣传神的福音，并听取告解，凭圣恩帮助灵魂，并使用其他手段达成目的。为此，我认为新入本会者坚持善良生活，并为了上述劳作而拥有充分知识是有必要的，至少是极为有益的。……正因为如此，为了我主的更大荣光，为了服务于我主的本会的存续与发展，一切希望都将取决于坚守善行、才能出众、具备将来在我主葡萄园中劳作之必要善德与学识的青年。……我确信，此举将有助于增加献身侍神者的数量，获得深化知识与善德的帮助，从而更好地服务于至高无上的神。③

罗耀拉在此已经坦白地说出了耶稣会建立神学院的基本目的：首先，神学院的建立事关“我主的更大荣光”和“本会的存续与发展”，因为“一切希望都将取决于坚守善

---

① ［西］ザビエル（沙勿略）著，河野纯徳訳：「ザビエル全書簡」，東京：平凡社，1985 年，第 91 ~ 92，93 頁。

② ［西］聖イグナチウス・ロヨラ著（依纳爵・罗耀拉），中井允訳：「イエズス会会憲」，東京：イエズス会日本副省，1993 年，第 105 頁。

③ ［西］聖イグナチウス・ロヨラ著（依纳爵・罗耀拉），中井允訳：「イエズス会会憲」，東京：イエズス会日本副省，1993 年，第 105 ~ 106 頁。

行、才能出众、具备将来在我主葡萄园中劳作之必要善德与学识的青年”。其次，罗耀拉亲自撰写的上述条款实际上还提出了能够进入“本会经营学院和若干所大学”的学员的基本要求，即所谓“生活在会员之家，被确认资质不凡，但尚未完成必要学业的入会者”。换言之，进入耶稣会神学院学习的青年，实际上都是耶稣会员。

从教育史的角度看，罗耀拉此言还有一点值得特别关注，即他在反复强调知识的重要性，并且将它与虔诚的信仰生活（即所谓的“善德”）相提并论。他不仅认为“丰富知识和运用它们的素养”，是“与克己精神和必要的善德进步相适应的基础”，而且它还可以“更好地了解造物主并为之服务”。

基于这一考虑，在《会宪》第四部分第5章“学生学习的科目”中，罗耀拉对此有极详细的规定与论述。很显然，依据《会宪》的论述，适合神学院学生学习的科目门类颇多，从广义的范畴上说，这些科目包括各种语言、文法和修辞学在内的古典文学，论理学（辩论术），自然哲学，伦理学，形而上学，经院神学、实证神学和《圣经》等。但考虑到不同教育机构所面临的实际情况和不同的教育对象，罗耀拉同时又为学科设置及其调整留下了足够的余地，他在不同的条目中反复申明，学院的主要责任者可在充分考虑时间、场所以及学生的年龄、能力、倾向、基础知识等具体情况后，确定其不同的学习科目和研习时间，以便取得最好的学习成效。①

事实上，也正是因为耶稣会神学院所提倡的这一教育理念和教育特征，以至于出自这些学院的许多耶稣会会士拥有较为丰富的学识。他们或者表现为较为完备的人文素养，例如语言学、修辞学和辩论术；或者表现为较为系统的自然科学知识和实际技能。也正因为如此，这些前往世界各地、包括来到中国的耶稣会会士在宣扬宗教教义的同时，还带来较为系统的自然科学知识，从而在客观上担负起福音传播者及文化交流使者的双重角色。澳门的耶稣会会士也是依照《会宪》所提出的这一教育理念和教育特征而兴办学校的。

耶稣会的标准化教育基本上分为三个阶段：第一阶段，即读写教育，多数人是从6~7岁开始，也就是在耶稣会内提供拉丁语和希腊语（较小程度上）的教育，在14~15岁完成。然后开始第二阶段的学习，即初修阶段，这一阶段包含两年的人文课程和三年的哲学课程，在20岁左右完成。完成这一阶段学习的学生可以称为修士。第三阶段，称为神学院阶段，神学学习一共为四年，这四年的最初两年学习道德神学和决疑论，之后两年学习思辨神学。② 完成这一阶段学习的修士即可晋铎，成为神父。

---

① ［西］聖イグナチウス・ロヨラ著（依纳爵・罗耀拉），中井允訳：「イエズス会会憲」，東京：イエズス会日本副省，1993年，第117~119頁。

② Liam Matthew Brockey, *Journey to the East: The Jesuit Mission to China, 1579 - 1724*, Cambridge & London: The Belknap Press of Harvard University Press, 2007, pp. 211 - 213.

一、澳门的读写学校

澳门的读写学校（Escola de Ler e Escrever）是耶稣会在澳门创办的最早一家教育机构。虽然它在后期也附属于澳门圣保禄学院，但它创建的时间很早，在圣保禄学院未创办之前就已经有了。所以，本节将其列为澳门的第一家教育机构而独立成章。

据目前所见到的资料，澳门的西方教育最先起始于耶稣会的儿童教育。出于宗教传统以及传教的客观需要，耶稣会会士历来注重对孩子们的相关教育，而拉丁语法又是耶稣会教育的基石，故对孩子们进行长时间的拉丁语法的教育，是一个必需的过程。

早在1539年，第一位耶稣会会士沙勿略神父前往印度传教前，即为传教地儿童们专门撰写了一本教理小册子。我们还注意到耶稣会会士们在日本教区亦对儿童教育极为重视，尤其当他们在日本站稳脚跟之后，便开始利用各地的教堂，有计划地开展对少年儿童的拉丁语教育。1561年10月8日，修士费尔南德斯在丰后发出的信称：

> 修士吉列尔梅（Guilherme Pereira）除了不停地学习日本语外，还向儿童讲授教义书。他们非常聪明，就连那些语言表达还不充分的孩子，都在八个月内用日语和拉丁语记住教义书的主要内容，并且学会了吟唱一些赞美诗（Misereremei Deus）。①

费尔南德斯还颇为兴奋地告诉他的同行说：

> 出席者常常有四五十人。夜里颂吟天使祝词时也有三十四五人参加集会。他们跪在十字架前歌唱全部教义书，费时一小时。②

特别值得注意的是，这些在日本接受传教士训练的儿童中，还包括一些来自中国的少年。桑切斯（Ayres Sanchez）修士在1562年10月11日于丰后寄出的信称：

> 我现在从事的工作是治疗病人，教授15个日本和中国的少年读书、写字、唱歌以及维哦拉（viola d'arco，一种意大利的中提琴），期待着他们能从事庄严的各种仪式，并有助于日本的教化。③

出于传教和培养传教士的需要，澳门当地的耶稣会会士也极为自然地开展了面向儿童们的拉丁语教育。根据荣振华神父的资料，这所教育机构的创始人是教区巡视员贡萨洛·阿尔瓦雷斯（Gonçalo Álvares）神父：

---

① Luís Fróis 著，柳谷武夫訳：「日本史」第1卷，東京：平凡社，1987年，第299頁。

② Engelbert Jorissen 著，松田毅一訳：「1561年10月8日、フェルナンデス修道士 Joao Fernandesが豊後からイエズス会修道士らに宛てた書簡」，「十六・十七世紀イエズス会日本報告集」第1卷，第3期，東京：同朋社，1977年，第350頁。

③ 柳谷武夫編集，村上直次郎訳：「イエズス会士日本通信（上）」，東京：雄松堂書店，1968年，第257～258頁；参见 Luís Fróis 著，柳谷武夫訳：「日本史」第1卷，東京：平凡社，1987年，第82頁。

贡萨洛·阿尔瓦雷斯神父，葡萄牙人。……1572年到达澳门，在那里主持了一所初级学校的开学典礼。①

据罗德里格斯称：

澳门，可能在最早进行的扩建之后，他们于1572年首先从一所读写学校开始。②

施白蒂的《澳门编年史：16—18世纪》称：

1571年，耶稣会会员在其住宅旁创办了澳门第一所学校。③

据葡文原始文献记录，该校建于1571年，而正式开学典礼则在1572年，这应是澳门第一所学校的创办时间。

澳门读写学校创办后，首任校长为魏安东，另有8名耶稣会神父辅佐，④ 并以学校作为培养远东天主教传教士的基地。该校创办后，很快得到葡国国王的大力支持，1574年，国王从马六甲海关税款中每年拨1 000元作为该校的经费，到1579年红衣主教殷基利（Cardial D. Henrique）承袭王位后，增其经费为每年2 000元。⑤ 据第二任校长科斯塔1577年的报告称：当时有“150名孩童来上学”⑥。据梅西亚（Lourenço Mexia）神父1584年的报告称：“学校里有200多名学生，设置了读、写、算术和音乐课程，还向年龄大的学生讲解文法。”⑦ 据文德泉公布的资料，“1592年，学校已有200人左右，入学除有澳门居民外，还有葡萄牙人带来服侍他们的童仆”⑧。孟三德神父在1593年3月至1594年3月的日本年报中称：“时至今日，这里有四个班级，即（教授）读写的班级。在那里就读的孩子超过250人。”⑨ 可知澳门读写学校创办后发展很快，十几年后即达学生250余人的规模。

1594年，圣保禄学院创办后，这所儿童读写学校仍然保留，李向玉教授称之为圣保禄学院的“小学部”。据1616年的年报：“在小学部，有一位神父教授读写和算术，

---

① ［法］荣振华著，耿昇译：《在华耶稣会士列传及书目补编》，北京：中华书局，1995年，第22页。

② Domingos Mauricio Gomes dos Santos, *Macau, Primeira Universidade Ocidental do Extremo-Oriente*, Macau: Fundação Macau, 1994, p. 8.

③ ［葡］施白蒂著，小雨译：《澳门编年史：16—18世纪》，澳门：澳门基金会，1995年，第17页。

④ Manuel Teixeira, *Macau e a Sua Diocese*, *Vol. Ⅲ*, *As Ordens e Congregações Religiosas em Macau*, Macau: Tipografia Soi Sang, 1956 - 1961, p. 152.

⑤ 王文达：《澳门掌故》，澳门：澳门教育出版社，1999年，第93页。

⑥ 刘羡冰：《双语精英与文化交流》，澳门：澳门基金会，1994年，第14~15页。

⑦ 转引自李向玉：《汉学家的摇篮：澳门圣保禄学院研究》，北京：中华书局，2006年，第32页。

⑧ Manuel Teixeira, *A Educação em Macau*, Macau: Direcção dos Serviços de Educação e Cultura, 1982, p. 183.

⑨ 高瀬弘一郎：「キリシタン時代の文化と諸相」，東京：八木書店，2002年，第87~88頁。

还有一位神父教唱歌。"① 同年，《神父迪亚斯关于圣保禄学院的上长与慈悲家》一文称："从一开始到 1594 年的 11 月末，它还是修院，但那里面始终都有读写学校。"② 1692 年年报则称该年小学部有 140 名学生。③ 1632 年，曾德昭的《大中国志》亦称圣保禄学院有"一所为孩子而设的学校，其人数甚多，它的初级班有 90 名葡萄牙孩子，还有当地的中国人"④。

中文资料也记录了圣保禄学院的小学部。康熙九年（1670）进入澳门的陆希言称："（澳门）又设立义塾，不特教其英才，即牧竖厮养，咸得就小学而学焉。小学有成，升入大学，更资其衣食，而望其成材。"⑤ 当时在澳门圣保禄学院学习神学的清朝画家吴历称："书馆有大学、小学，课读只卯酉二时，摇铜铃上学。"⑥

关于这所读写学校的教学情况资料甚少，但有学者研究称：

> 学校的教学内容，1571 年刚开办时仅教孩子们阅读和写字。到了 1584 年，随着教学的发展，尤其是更多的传教士从欧洲来澳门，其中不乏数学家与音乐专才，因而学校授课内容也发生了变化，首先增加算术，接着又增加了教唱歌的音乐课和文法课。⑦

关于读写学校的管理者和教师，李向玉辑出了该校从 1571—1594 年二十余年间的校长名单：⑧

表 6-1 澳门耶稣会读写学校校长名录

序号	姓名	职务	任期
1	魏安东 Pedro António Vaz	校长	1571—1574
2	克里斯托旺·达·科斯塔 Cristóvão da Costa	校长	1574—1577

① João Paulo Oliveira e Costa, *Cartas Ânuas do Colégio de Macau（1594 - 1627）*, Macau: Fundação Macau, 1999, p. 144.

② 高瀬弘一郎:「キリシタン時代の文化と諸相」，東京：八木書店，2002 年，第 86～87 頁。

③ BA, *Cartas Ânuas do Colégio de Macau*, 8 - 1692，转引自李向玉：《汉学家的摇篮：澳门圣保禄学院研究》，北京：中华书局，2006 年，第 30 页。

④ ［葡］曾德昭著，何高济译：《大中国志》，上海：上海古籍出版社，1998 年，第 210 页。

⑤ ［比］钟鸣旦等编：《法国国家图书馆明清天主教文献》第 11 册，陆希言：《墺门记》，台北：台北利氏学社，2009 年，第 429 页。

⑥ （清）吴历撰，章文钦笺注：《吴渔山集笺注》卷 2，《三巴集》，北京：中华书局，2007 年，第 179 页。

⑦ António Lopes, Serviços Prestados aos Moradores de Macau pelo Colégio de Macau, *Missão de Macau*, 21 de Abril de, 1999. 转引自李向玉：《汉学家的摇篮：澳门圣保禄学院研究》，北京：中华书局，2006 年，第 32 页。

⑧ 李向玉根据《澳门圣保禄学院年报》辑出了读写学校的八任校长名单，其将 Pedro Vaz 和 António Vaz 分为两人，笔者认为这两个人就是一人，其名为"Predro António Vaz"，其中文名为魏安东，故实为 7 任校长。参见李向玉：《汉学家的摇篮：澳门圣保禄学院研究》，北京：中华书局，2006 年，第 95 页。

（续上表）

序号	姓名	职务	任期
3	多明各斯·阿尔瓦雷斯 Domingos Álvares	校长	1577—1582
4	佩德罗·戈麦斯 Pedro Gomes	校长	1582—1583
5	弗朗西斯科·卡布拉尔 Francisco Cabral	校长	1583—1587
6	洛伦索·梅西亚 Lourenço Mexia	校长	1587—1588
7	孟三德 Duarte de Sande	校长	1588—1594

澳门读写学校对当地少年儿童进行了最重要的拉丁语培养，为中国传教团提供了众多的传教人才。美国学者柏里安（Liam Matthew Brockey）称：16 世纪 90 年代，澳门确实为中国传教团提供了无价的资源：澳门子嗣——在葡语居民区长大的拥有亚洲血统或基督教孩童，他们来自澳门本土，获得一定语言训练后即成为早期入华传教士的得力助手，[①] 如钟鸣仁、钟鸣礼、黄明沙、徐必登、丘良禀等。

这一由耶稣会在澳门创办的面向儿童的学校，到底是一所什么性质的学校？有人称之为“初级学校”，有人称之为“读写学校”，甚至有人称之为“小学”。这是一个很难准确定义的问题。虽然陆希言、吴历均将澳门早期的读写学校称为“小学”，但实际上，无论是从教学科目的角度还是从学生经常从事的各种活动看，这种面向孩子们、由传教士负责的儿童教育还远非具有现代教育色彩的、世俗性的“小学”教育。从严格意义上说，我们认为还是称之为一所“读写学校”更为恰当而稳妥。

有证据表明，上述读写学校持续的时间几乎与圣保禄学院一样长久，在 1654 年《澳门圣保禄学院年报》中，我们依然可以找到相关的记录。其曰：“在这所学校，除了教授良好的生活习惯外，还教孩子们读书、写字，协助做弥撒、唱歌、算数以及进行有关教义的问答。孩子们对有关教理的提问，答案大都熟记，因此能对答如流。为了练习所学内容，常常带小学生去教堂听弥撒，老师陪伴左右。”[②] 直到 1740 年的年报仍记录，在圣保禄学院的小学部还有 170 名学生。[③]

---

① Liam Matthew Brockey, *Journey to the East: The Jesuit Mission to China, 1579 – 1724*, Cambridge & London: The Belknap Press of Harvard University Press, 2007, p. 143.

② BA, *Cartas Ânuas do Colégio de Macau*, 1654, 转引自李向玉：《汉学家的摇篮：澳门圣保禄学院研究》，北京：中华书局，2006 年，第 16 页。

③ BA, *Cartas Ânuas do Colégio de Macau*, 1740，转引自李向玉：《汉学家的摇篮：澳门圣保禄学院研究》，北京：中华书局，2006 年，第 30 ~ 31 页。

二、澳门圣保禄学院

凡研究天主教东传史或中外文化交流史，绝不可忽视澳门历史；凡研究澳门历史，又无法回避圣保禄学院。若是从教育史的角度看，澳门圣保禄学院的意义就更是举足轻重，并具有其他教育机构无可替代的重要性。无论是教学体制、人员构成，还是教学内容、基本框架与机制，圣保禄学院都对澳门教育史上的其他教育机构产生了重要而深刻的历史影响，其在中国教育史上亦具有特殊的地位。

（一）圣保禄学院的创建

第一个明确提出要在澳门建立神学院者，即当时的远东巡视员范礼安。在1580—1581年范礼安抵达日本后举行的首次协议会上，范氏提出了这一建议。[①] 事实上，这件事似乎遭遇到某种困难，被搁置起来。直到十余年后的1593年1月1日，范礼安才在写给总会长的信件中旧事重提：

> 今年日本副省会议讨论了种种问题，但其中一项认为在澳门港（作为前往中国入口的由葡萄牙人建立起来的城市）有必要建造一所神学院。在那里可以居住我们的40名同伴，并模仿同样的神学院之例。他们不仅要遵守正规的纪律，而且应当是可以进行有秩序的学习。该副省会议要求我向阁下报告必须建立这所神学院的理由。这是为了向国王陛下提出这些理由，因为建造这所神学院，肯定需要若干固定资产和某些支持。为此，本信将不再谈论与此无关的其他事项。[②]

耶稣会著名史学家魏若望（John W. Witek）教授也提到范礼安于1593年就创建圣保禄学院一事致函耶稣会总会长称，在澳门建校乃是促进耶稣会及其基督教在日本发展的唯一办法。对范礼安而言，创建澳门圣保禄学院的目的主要有四点：第一，与日俱增的日本修生（irmãos）需要一所学院；第二，日本教区需要一所为自己培养人才的神学院，学员一经毕业，即受副省会长分配；第三，在异教徒众多的日本，君王缺乏实权，迫害时有发生，耶稣会会士在这方面已深有体会教训。在这种环境下，一旦迫害爆发，要想在日本维持学院和神学院实属不可能。然而，对于传教区来说，继续进行教育培养是至关重要的（如在澳门办学）；第四，尽管耶稣会目睹了基督教在日本的发展，但在可以预见的未来，教会人员必将会由欧洲人和日本人组成。为了避免发生丑闻以及

---

① 井手勝美:「キリシタン思想史研究序説：日本人のキリスト教受容」，東京：ぺりかん社，1995年，第439～440頁。

② 高瀬弘一郎:「キリシタン時代の文化と諸相」，東京：八木書店，2002年，第206頁。

帮助建设在日本的修会，在澳门设立神学院是促进教会在日本有利发展的唯一良药。[①]范礼安似乎并未被动地等待耶稣会总会长的允诺，且不顾各方面众多的反对意见[②]，很快便开始了神学院的建造工程。范礼安在创建圣保禄学院的坚强决心，得到了澳门议事会及该市精英的坚定支持。因此，对于建校筹款的问题就变得相对容易起来。[③] 圣保禄学院的建设于1593年年初动工，因为据范礼安称，它耗时一年半才竣工。新学院于1594年落成。他还报告说，有150～200名华工参加了建设，包括来自福建的泥瓦匠。[④]

1594年11月9日，范礼安写给总会长的信件中宣告澳门圣保禄学院的正式成立，他还对这所新创建的神学院作了如下描述：

> 神学院毗邻修院，因此，打开门就可以从一方进入另一方，但它们又是完全分离的。双方既见不到，也无法联络，连窗户都没有。两者一墙相隔，所以墙既是修院的终点，同时又是神学院的起点。
>
> 不仅如此，我们还在与神学院相连的整座山的周围建造了一道非常坚固的土墙，围墙包围着（神学院）。……除了已经到手的大块土地，神学院还拥有视野开阔的别墅，它可以使修道士得到很好的休养。如果眺望大海和整座城市，神学院

---

① ［美］魏若望著，郭颐顿译：《放眼日本：范礼安与澳门办学》，载《范礼安：一位耶稣会士肖像》，澳门：澳门利氏学社，2014年，第74～75页。

② 魏若望总结了当时的反对意见称："第一是澳门的拟建学院违背了耶稣会会规；第二是建校不仅有害于日本的传教活动，而且也遏制了范礼安追求的皈依人数的增长；第三是印度的神父们认为教日本人学习研究，等于拒不承认日本国民性的复杂性，这种情况既无法为一个人也无法为所有人解决；第四是住在澳门的日本人不仅会强化他们对葡萄牙人的鄙视，还会对葡萄牙人的生活方式感到震惊，这一观点充满了臆想成分；第五是由于中日两个民族世代为敌，让他们在同一神学院共处实为失策；第六是由于学院不能自给，需要透过菲律宾仰仗西班牙，因而有损印度利益；第七是由于耶稣会接手了好几所经费不足的学院，总会长也为这些机构制定了规则，那么这样的学院就应该建在日本；第八是由于澳门的学校将完全与印度会省脱离，因此它将受到维持该学院所必需的教师及其人员的拖累；第九是印度的神父们还说，与其尝试其他办法，不如让准备前往日本工作的耶稣会会士在果阿学习更好；第十是印度耶稣会会士指责范礼安的办学不仅违反了总会长的指示，还有私拉山头之嫌；第十一是澳门建校未取得印度会省会长同意，印度会省未参与审议；最后一条反对理由是，在某种程度上是前面几条意见的重复，投诉范礼安不等罗马回复就在澳门建校。范礼安给予了一一回复和批驳。参见［美］魏若望著，郭颐顿译：《放眼日本：范礼安与澳门办学》，载《范礼安：一位耶稣会士肖像》，澳门：澳门利氏学社，2014年，第75～78页。关于这些又可参见罗马耶稣会档案馆 Jap. Sim. 23, ff. 285－291，转引自高瀬弘一郎：「キリシタン時代の文化と諸相」，東京：八木書店，2002年，第174～175頁。

③ ［葡］若奥·奥利维拉·科斯塔著，郭颐顿译：《澳门学院的日本人（1595—1614）》，载《范礼安：一位耶稣会士肖像》，澳门：澳门利氏学社，2014年，第89页。据科斯塔征引的ARSI, Jap. Sin., 14 ii 称："范礼安将格莱布拉·罗德里格斯（Genebra Rodrigues）为'学院的永恒之母'。在相关的文件记载中，她或许是唯一被提到名字的学院赞助人。"

④ Doc. Ind. Vol. XVII, p. 318; CACM, p. 58，转引自［葡］若奥·奥利维拉·科斯塔著，郭颐顿译：《澳门学院的日本人（1595—1614）》，载《范礼安：一位耶稣会士肖像》，澳门：澳门利氏学社，2014年，第89页。

仿佛位于山体中央。山麓处有门，通往另带庭院的修院与学校，它们（修院与学校）可以通过修建得极好的二三段阶梯，通往（山的）上方。

此前完成的建筑工程是拥有三个教室的学校中庭，如有必要，还可以再建造第四、第五个（教室）。这些教室侧旁是神学院的大门，还有礼拜堂和小型厢房。此外还有神父会见来访者、让学生进行告解的其他接待室以及面向大门通道的其他修院。它们被作为存放神学院物资和即将送往日本的物资的仓库。

再由此向上，山腰处是神学院崭新建筑的全部。就像是城墙一般，建筑的边角处还有两个突出的棱堡。一个非常宽阔的中庭占据了从一个棱堡到另一个棱堡的所有空间。被我们称为棱堡的这两个修院，一个是平房，还有一个是二层楼。城壁部分全部由小房间组成，它们都是平房，因为在山上，没有更多空间，但它们全都与棱堡的一楼一样高。

其中一个（棱堡）之内，有用作休息和图书室的巨大而凉爽的房间。在另一个（棱堡）的二楼，有非常宽敞的医务室。那里还有礼拜堂和三个小房间。在这个棱堡图书室的下方，还有另外一个附带礼拜堂的大厅，那是给修道士们做弥撒用的。在医务室的旁边，是非常舒适而洁净的厕所。

除了上述教室、大门及其上方小房间，神学院的新建筑中有两个礼拜堂，大门处还有第三个（礼拜堂）。此外还有上下两层的大房间用作休息室与图书室，还有19 间小屋和医务室的大房间，因此，上下两层可供40 名耶稣会神父与修道士们舒适地起居。再往上还有大厅和医务室的空间，还有9 至10 间单人房间。①

图6－1 1665 年芬彭士绘的澳门城市鸟瞰图中的圣保禄学院截图

① 高瀬弘一郎：「キリシタン時代の文化と諸相」，東京：八木書店，2002 年，第350～353 頁。

按照他的描述，在1594年底已基本建成的圣保禄学院至少拥有新旧两个建筑群落，其中山麓处的部分应当属于“此前完成的建筑工程”。它包括大门，附带庭院的修院与学校，学校中庭的三个教室，紧挨在一起的礼拜堂，以及小型厢房、接待室和仓库。此外，仓库的上方还有一条小道，道旁有供修院执事与副院长居住的5间小屋。而在它们的下方，则是供仆人居住的院落和巨大的菜园。另一组建筑是位于半山腰的群落，其可能是从佩罗·金苔罗捐赠的遗产发展而来的，这些属于“神学院崭新建筑”，面向大海，视野开阔，且通风良好。这组建筑中包括一组平房，它们紧密相连，犹如一道城墙。在宽敞中庭两端的尽头，各有一个稍稍突出的建筑，即范礼安所说的属于修院的棱堡，其中一个棱堡是平房，里面有用作休息室和图书室的凉爽房间。另一个两层楼的棱堡房间较多，面积也较大，其中包括三个小房间、礼拜堂、医疗室、厕所和另外一个“附带礼拜堂的大厅”。

图6－2　约1845年威廉·海茵绘的澳门耶稣会修道院图

（图中就是圣保禄学院。1835年圣保禄教堂已遭大火焚毁，但学院建筑还基本保持完好，学院的楼上还有人居住）

（二）学院院长及其规则

大约在1606年1月之前，范礼安为澳门圣保禄学院院长制定了行为规则，即《学院院长规则》（以下简称《规则》）。根据日本学者的整理，《规则》首先明确了该神学院的基本属性，同时提纲挈领地规定了学院院长的三项基本职责。其曰：

> 第一，让为在日本生活而从印度送往日本的修士和其他人获得良好教育，尽力在德行与学问上让他们上进。神学院原来属于日本副省会长指挥，所以一切应按其指示管理神学院。第二，尽力推进中国国内的神父们的传教。为在那里宣布圣福音，慎重努力，更大地打开门户。第三，尽可能援助负责日本物质补给的副省司库。它（物资补给）全部是由这个港口（澳门）送往那里的。不仅维持所有日本的修院，全部基督教会的灵性建筑也都依赖于它（来自澳门的补给），因此，由于该神学院和院长原来就是属于日本（教会）的一员，所以当副省司库妥善地运送日本的资产，并使之增值时，必须全面地支持他。[①]

关于范礼安的上述《规则》，我们还不清楚它制定的具体时间，由于这份文件附在范礼

---

① 高瀬弘一郎：「キリシタン時代の文化と諸相」，東京：八木書店，2002年，第264頁。

安1606年1月17日遗书之后，所以学者们推测它的实际制作日期也可能与此相近。然而，如果学者们的推断尚属合理，那么它的前引内容（即学院院长的三项基本职责）至少维持到范礼安去世之时。换言之，直到范礼安去世为止，澳门圣保禄学院的基本属性仍然未变，也就是说，“该神学院是日本（教会）的一个机构，创设它的主要目的，是以此帮助日本的耶稣会和基督教界，同时支持中国的传教”。

值得注意的是新建成的圣保禄学院和原有的耶稣会会院这两者的关系。从建筑上看，学院和会院是连在一起的两区房屋，虽然可以看作两个机构的建筑，但实际上又浑然一体。所以，在文献记录中很难将会院和学院十分清楚准确地区分。魏若望教授称：

> 鉴于澳门新学院是日本传教团的延伸，其目的有别于耶稣会早年于澳门建成使用的会院，范礼安明睿地制定了一套确定两个耶稣会机构关系的应予遵循的指导方针。方针的要点包括，会院与学院之间必须维持良好秩序，日本副省会长将它们制定成细则，两个机构不具从属关系。实际上，会院负责的是教会教务，而学院的主要任务是培养教育耶稣会修生（irmãos）。其中一条规定甚至要求，学院与会院之间的门必须时常锁闭。①

魏若望后面还称圣保禄学院：

> 尽管行政机构有所变化，如学院和会院最终合二为一，但是学院的教学任务依然一如既往。②

这就是说，当圣保禄学院刚创办时，学院和会院还是平行互不从属的两个机构，但发展到后来，行政机构发生了变化，学院和会院合二为一，学院院长兼任会院院长，会院的神父和学院的学生都在一个行政机构的领导之下。所以，历年的圣保禄学院年报也报导耶稣会会院中的神父与修士的情况，这是我们在研究圣保禄学院时应该注意的问题。

范礼安任命的首任澳门圣保禄学院院长是孟三德神父。虽然三年前孟三德曾以不够成熟为理由反对建立圣保禄学院，但是他的反对并没妨碍他被任命为学院的首任院长。③ 在澳门圣保禄学院及中国天主教史最初时期，孟三德神父是不可忽视的人物。这位曾任科英布拉大学教授、并在1585年被范礼安任命为中国教区和耶稣会澳门修院上长的葡萄牙籍神父算是与范礼安合作得较为成功的极少数非意大利籍上长之一，范礼安给予了孟三德充分的信任，并称他为“老成持重并具有其他可贵质量的人”④，直到

---

① ［美］魏若望著，郭颐顿译：《放眼日本：范礼安与澳门办学》，载《范礼安：一位耶稣会士肖像》，澳门：澳门利氏学社，2014年，第78～79页。

② ［美］魏若望著，郭颐顿译：《放眼日本：范礼安与澳门办学》，载《范礼安：一位耶稣会士肖像》，澳门：澳门利氏学社，2014年，第80页。

③ ARSI, Jap. Sin., 12, Ⅱ, fol. 124，转引自［美］魏若望著，郭颐顿译：《放眼日本：范礼安与澳门办学》，载《范礼安：一位耶稣会士肖像》，澳门：澳门利氏学社，2014年，第79页。

④ ［意］利玛窦、［比］金尼阁著，何高济等译：《利玛窦中国札记》，北京：中华书局，1983年，第189页。

他在1599年7月因病逝世为止。

澳门圣保禄学院内最关键的人物，当然是作为学院最高上长的圣保禄学院院长。李向玉在《汉学家的摇篮：澳门圣保禄学院研究》一书中，根据文德泉神父提供的资料对学院历任院长进行整理，从1594年创建圣保禄学院开始，直到1762年该学院关闭，前后共168年，出现了79任院长和代理院长，其中有两次出任院长者，亦有三次出任院长者，甚至还有四次出任院长者。在这些院长中，在澳门及中国内地教区产生较大影响者有：孟三德（首任院长）、李玛诺（两次出任院长）、骆入禄（三次出任院长）、马托斯（两次出任院长）、洛佩斯（两次出任院长）、谭玛尔、卡布拉尔（三次出任院长）、利玛弟（三次出任院长）、托梅·瓦斯（三次出任院长）、范方济、金国辉（三次出任院长）、李国正、何大经（两次出任院长）、穆若瑟（两次出任院长）、毕登庸（四次出任院长）、聂若望、马德昭、沈若望、纪类思（两次出任院长）、郭方济（最后一任院长）。[①]

表6－2　1594—1762年圣保禄学院院长名录[②]

序号	姓名	任期（文德泉）	任期（高濑弘一郎）	备注
1	孟三德 Duarte de Sande	1594—1596	1594/12/1—1597/9	葡萄牙人
2	李玛诺 Manuel Dias	1596—1601	1597/9—1601/3	葡萄牙人
3	瓦伦廷·卡瓦略 Valentino de Carvalho	1601—1604	1601/3—1608/11?	葡萄牙人
4	弗朗西斯科·帕切科 Francisco Pacheco	1604—1609	1608/11/30—1611/12/1	葡萄牙人
5	李玛诺 Manuel Dias	1609—1615	1611/12/1—1615/4	葡萄牙人
6	骆入禄 Jerónimo Rodrigues	1615—1618	1615/5—1618/5	葡萄牙人
7	塞尔索·孔法诺内利奥 Celso Confalonerio	1618—1620	1618/5—1620/8/15	意大利人

① 参见 Manuel Teixeira, *Macau e a Sua Diocese*, *Vol.Ⅲ*, *As Ordens e Congregações Religiosas em Macau*, Macau: Tipografia Soi Sang, 1956－1961, pp. 377－379.

② Manuel Teixeira, *Macau e a Sua Diocese*, *Vol.Ⅲ*, *As Ordens e Congregações Religiosas em Macau*, Macau: Tipografia Soi Sang, 1956－1961, pp. 377－379；李向玉：《汉学家的摇篮：澳门圣保禄学院研究》，北京：中华书局，2006年，第95～100页；高瀬弘一郎：「キリシタン時代の文化と諸相」，東京：八木書店，2002年，第328頁。

（续上表）

序号	姓名	任期（文德泉）	任期（高濑弘一郎）	备注
8	加布里埃尔·马托斯 Gabriel de Matos	1620—1621	1620/8/15—1621/10/14	葡萄牙人
9	阿丰索·卢森纳 Afonso de Lucena	1621—1622	1621/10/14—1622/11/20	葡萄牙人
10	曼努埃尔·洛佩斯 Manuel Lopes	1622—1624	1622/11/20—暂时前往印度	葡萄牙人
11	骆入禄 Jerónimo Rodrigues	1624—1626	1624/12—1626/7/18	葡萄牙人
12	曼努埃尔·洛佩斯 Manuel Lopes	1626—1627	1626/718—1627/10/16（去世）	葡萄牙人
13	莫雷洪 Pedro Morejon	1627—1630	1627/10/21—1631/8/10（1630/4/27—1630/11 不在）	西班牙人
14	加布里埃尔·马托斯 Gabriel de Matos	1630—1631	1630—1631	临时校长，葡萄牙人
15	骆入禄 Jerónimo Rodrigues	1631	？—1631/9/13（死亡）	葡萄牙人
16	莫雷洪 Pedro Morejon	1631—1632	1631/11/21—1632/8/31	西班牙人
17	安东尼奥·科尔代罗 António Cordeiro	1632—1636	1632/8—1636/4	葡萄牙人
18	巴普蒂斯塔·薄莱利 João Giovanni Baptista Bonelly	1636—？	1636—？	意大利人
19	伽斯帕尔·路易斯 Gaspar Luís	？—1640	1638/1—？，1641 年前往东京	葡萄牙人
20	谭玛尔 Gaspar de Amaral	1640—1645	1640/1/17—1645	葡萄牙人
21	若奥·卡布拉尔 João Cabral	1645—1646		葡萄牙人
22	塞巴斯蒂安·玛雅 Sebastião Maia	1646—1649		葡萄牙人

（续上表）

序号	姓名	任期（文德泉）	任期（高濑弘一郎）	备注
23	若奥·卡布拉尔 João Cabral	1649—1650		临时校长，葡萄牙人
24	巴尔达萨雷·奇塔德拉 Baltasar Citadeli	1650		意大利人
25	若奥·卡布拉尔 João Cabral	1651		临时校长，葡萄牙人
26	曼努埃尔·卡多索 Manuel Cardoso	1651		葡萄牙人，因公务停留在越南东京而未能到任
27	利玛弟 Matias da Maia	1651—1653		葡萄牙人
28	若尔热·努内斯 Jorge Nunes	1653—1654		葡萄牙人
29	马蒂斯·科埃略 Martins Coelho	1654—1657		葡萄牙人
30	安怀信 António Ferreira	1656—1658		葡萄牙人
31	菲利普·马里尼奥 Filipe Marino	1658—1659		葡萄牙人
32	曼努埃尔·苏亚雷斯 Manuel Soares	1659—1660		葡萄牙人
33	利玛弟 Matias da Maia	1660		临时校长，葡萄牙人
34	梅特罗·萨卡诺 Metello Saccano	1660—1662		葡萄牙人
35	冯公撒 Gonçalo Fonseca	1662		葡萄牙人，1662 年 10 月 7 日殁于澳门
36	若尔热·努内斯 Jorge Nunes	1662—1663		葡萄牙人
37	马玛诺 Manuel Rodrigues	1663—1664		临时校长，葡萄牙人

(续上表)

序号	姓名	任期（文德泉）	任期（高濑弘一郎）	备注
38	佩罗·儒萨尔特 Pero Juzarte	1664—1666		葡萄牙人
39	利玛弟 Matias da Maia	1666—1668		葡萄牙人
40	若奥·布兰多 João Baptista Brando	1668—1671		葡萄牙人
41	陆安德 André - Jean Lubelli	1671—1673		临时校长，意大利人
42	安东尼奥·弗朗西斯科 António Francisco	1673—1674		葡萄牙人
43	弗朗西斯科·利瓦斯 Francisco Rivas	1674		葡萄牙人，1674 年 10 月 21 日殁于澳门
44	若奥·布兰多 João Baptista Brando	1674—1677		葡萄牙人
45	托斯·瓦斯 Tomé Vaz	1677—1679		葡萄牙人
46	菲利普·费士葵 Filipe Fiesqui	1679—1682		葡萄牙人
47	托梅·瓦斯 Tomé Vaz	1682—1684		葡萄牙人
48	安东尼奥·诺古埃拉 António Francisco Nogueira	1684—1685		葡萄牙人
49	托梅·瓦斯 Tomé Vaz	1685—1696		葡萄牙人
50	范方济 Francisco da Veiga	1696—1699		葡萄牙人
51	曼努埃尔·卡瓦略 Manuel Carvalho	1699—1702		葡萄牙人
52	金国辉 Miguel do Amaral	1702—1704		葡萄牙人
53	李国正 Manuel Osório	1704—1705		葡萄牙人
54	何大经 Francisco Pinto	1705—1710		葡萄牙人
55	金国辉 Miguel do Amaral	1710—1716		葡萄牙人

（续上表）

序号	姓名	任期（文德泉）	任期（高濑弘一郎）	备注
56	穆德我 José Monteiro	1716—1718		葡萄牙人
57	金国辉 Miguel do Amaral	1718—1720		葡萄牙人
58	弗朗西斯科·罗德里格斯 Francisco Rodrigues	1720		葡萄牙人
59	穆德我 José Monteiro	1720		葡萄牙人，1720 年 12 月 30 日殁于澳门
60	何大经 Francisco Pinto	1721—1722		葡萄牙人
61	若瑟·皮雷斯 José Pires	1722—1724		葡萄牙人
62	穆若瑟 José Simões	1724—1725		临时校长，葡萄牙人
63	毕登庸 Domingos Brito	1725—1728		葡萄牙人
64	李国成 Caetano Lopes	1725—?		代校长，葡萄牙人
65	穆若瑟 José Simões	1725—1726		代校长，葡萄牙人
66	若瑟·安塞尔莫 José Anselmo	1726—1728		临时校长，葡萄牙人
67	弗朗西斯科·罗德里格斯 Francisco Rodrigues	1728—1731		葡萄牙人
68	毕登庸 Domingos Brito	1728—1730		临时校长，葡萄牙人
69	毕登庸 Domingos Brito	1730—1731		葡萄牙人
70	若瑟·安塞尔莫 José Anselmo	1731—1734		葡萄牙人
71	习展 Marcos Silveira	1734		葡萄牙人
72	毕登庸 Domingos Brito	1734—1741		葡萄牙人
73	聂若望 João Duarte	1741—1744		葡萄牙人
74	若瑟·安塞尔莫 José Anselmo	1744—1748		葡萄牙人

（续上表）

序号	姓名	任期（文德泉）	任期（高瀬弘一郎）	备注
75	马德昭 António Gomes	1748—1751		葡萄牙人
76	纪类思 Luís de Sequeira	1751—1754		葡萄牙人
77	沈若望 João Simões	1754—1757		葡萄牙人
78	纪类思 Luís de Sequeira	1757—1760		葡萄牙人，1762 年被押回葡萄牙
79	郭方济 Francisco da Costa	1760—1762		葡萄牙人，1762 年被押回葡萄牙

根据上述 79 任院长的资料提供的信息，可知：

其一，在所有已知国籍的院长中，葡萄牙籍所占的比例最高，共 48 人，其余意大利籍 4 人，西班牙籍 1 人。作为葡萄牙海外东印度省属下的澳门，本地学院的院长由葡萄牙人出任也是合乎情理的。但从另一方面来说，这种人事安排也是葡萄牙王室海外保教权的曲折反映，或者说，它未必不是一种刻意安排的结果。①

其二，不知何故，学院院长中常有再三担任此职者，如李玛诺神父、马托斯神父、洛佩斯神父等都曾两次出任学院院长；骆入禄、利玛弟神父、托梅·瓦斯神父、金国辉神父都曾三次出任院长；而毕登庸神父则四次担任该学院的院长。由于缺少资料，我们还不清楚这种安排是出于何种原因，但可以想象的是，这一不同寻常的现象至少会使得学院的运作与教学保持某种连续性和稳定性。

其三，从这些院长的资料，我们可以获知其中有很多院长与中国教区的关系较为密切，但早期只有孟三德、李玛诺、骆入禄三人到过中国内地，其他人多是从日本回来的传教士。而后期则进入中国内地传教者更多，如利玛弟、范方济、李国正、何大经、穆若瑟、毕登庸、聂若望、马德昭、沈若望、纪类思等都曾进入过中国内地，或是在内地传教多年。这种现象可能与整个东亚传教区政治形势的变化有关，但或许也从某一侧面揭示了澳门圣保禄学院职能的变化。

（三）课程设置、教师队伍及学生

1597 年 10 月，范礼安神父为澳门圣保禄学院的教学体制与教学方式下达特别指令，即《视察员神父范礼安为该澳门神学院授业给予的命令》（以下简称《授业命

① 高瀬弘一郎訳著:「イエズス会と日本」，東京：岩波書店，1981 年，第 273 ~ 275 頁。

令》)，其内容极为丰富。它使我们从中可以窥见澳门圣保禄学院的教学科目及其教学方式：

第三章，关于拉丁语课程：

上午上课2个半小时（即7点到9点半），下午上课2小时（即3点到5点）。但礼拜六下午上课1个半小时。因昼短夜长，从11月8日至（圣）灰礼拜三，下午2点半开始上课。

在修辞学的讨论中，如果答辩者是修士或世俗人士，应坐教师椅子就旁，脱帽，作同样的公开考试祈祷。但在讨论之外的场所作公开祈祷时，应身着长斗篷，戴帽，坐在椅子上诵读它们（祈祷词）。

第四章，关于教养科目的课程：

本课程教师在开始上课时，应与其他教师一样作上述祈祷，然后讲授“关于伦理学的必要性与实用性”的课程。如第一章第二节所言，在祈祷时，院长、教务长及其他人应全体起立。如果不是抄写（《圣经》）解释，应在上午8点开始上课，讲课1个半小时，在9点半结束。下午与其他班级一起祈祷，3点半上课，5点结束。但抄写（《圣经》），上午的课是2个半小时，下午的课是2小时。每个礼拜四下午，班级讨论。讨论中，由两个学生为前一日校外学生在反驳后得出的、放在椅子上的三个结论作辩护。

持续三学年的（教养科目）课程结束时，应接受三名考官主持的公开的石上考试。① 他们中的尊者在考试时担任主持，并在最初的石头（即考试）上作公开考试的祈祷。最初的三块石头（考试）与最后的石头通常举行于上课时间，各持续一天。考试提问涉及伦理学所有部分，即普遍概念、范畴论、命题论第一卷，（分析论）前书第一卷及后书第一卷，命题、诡辩论的反驳。通过向考试者提问“有怎样的可能性”，呈现错误推论。其他（三位）考官按照先自然学、后形而上学的顺序，对他们（考试者）的各种问题加以反驳，然后他们再对自然学和形而上学的问题进行辩护。同样，（考官）分别提问论理学的部题，最后，他们还要对各个问题加以反驳。考试时应在三个台阶安放高背长椅，供院长、教务长、考试主持人以及两位考官就座，其后由神学（教理神学的老师）、伦理神学等教师依次就座。教养科目的教师除外，他们不得进入考场。此外在长椅上就座的还有仍为学

---

① 石上考试：据说是起源于科英布拉大学的古老学规。在科英布拉大学，学生被允许接受考试时，为表示谦虚，应脱帽，就座于在被指定的石头上。第一位考官对接受考试者提出例行质问，如姓名、主教区、出生地，然后提出关于自然学的问题。另外两名考官随后对学生的回答进行反驳。第一位考试者结束考试后，第二位考试者在石上就座，依此类推。最初的石头（即第一次考试）是在2月4日下午，有校长出席，考官的位置在他旁边。参见 D. Raphael Bluteau, *Vocabulario Portuguez*, Ⅵ, Lisboa, 1720, p. 361. Domingos Mauricio Gomes dos Santos, *Macau, Primeira Universidade Ocidental do Extremo-Oriente*, Macau: Fundação Macau, 1994, pp. 22－23.

生的全体神学课程在学者、校外修道士和其他世俗学者。

第五章，关于伦理神学：

如下章所述，伦理神学教师和（教理）神学教师可交替坐于椅上，主持1小时，其中听写45分钟，说明15分钟。每月一次，于礼拜六下午在班中讨论伦理神学1个半小时。在下午有课但无告解和修炼的所有日子中，伦理神学课程的在读者在祈祷结束后，应按下列顺序，即刻复诵45分钟。在每周第一天上课时，应作完整的演讲。根据我们的学事规则、院长规则、有关伦理神学的章节，修院中除学生之外的全体成员，都应出席（旁听）。在第二天，主持人之外的教师应对学生演讲的问题（加以点评），学生再重复练习。（每周）第三天上课时，应与第一天（上课时）相同，作完整的演讲。如果第四天没有修炼，应与第二天一样，反复练习。

第六章，关于（教理）神学：

给出（《圣经》）注解，并让学生听写的神学教师上课1小时，其中听写45分钟，说明15分钟。此外，这些课程在其他所有班级完成课程，或将要完成时开始。如果不给出注解，则上课30分钟。上课日每天下午1点鸣钟，由（教理）神学课程的在读者于修院中讨论45分钟。教师们交替上课，就各自讲解的问题主持讨论。在班级中，每人每月就3~9个结论作若干讨论。在圣女厄休拉（Ursula）的节日（10月21日），在教堂中就9~15个结论，或20个结论举行（教理）神学大讨论。①

首先，必须澄清《授业命令》中提到的“教养科目的课程”及其学科属性。这里所说的“教养科目的课程”，其属性大致相当于前面一再提到的“哲学课程”（Artes，Philosophia），或者是内涵更为丰富的“人文课程”（Humnanioa）。其次，正如我们不能将所谓Humnanioa生硬地译为“艺术课程”，我们也不能将上述“人文课程”和“哲学课程”理解为现代教育体系中的同名学科分类。事实上，如果非要套用现代教育学的概念，那么上述文献中一再提到的所谓“人文课程”，至少包括语言学、语用学、修辞学、翻译学甚至政治学的诸多成分；而所谓的“哲学课程”，则主要是指现代学科分类中属于自然科学的部分。

根据范礼安下达的《授业命令》可以获知圣保禄学院最重要的教学课程为：1）拉丁语课程，这应该是读写学校孩子们必修的课程；2）教养科目，即人文课程或哲学课程，这应该是神学院或者是初修生必修的课程；3）伦理神学课程，即道德神学；4）教理神学课程，即思辨神学。后两项应该是进入神学院以后必修的课程。我们从已经公布的史料来看，澳门圣保禄学院开设的课程先后有：

1594年10月28日《澳门圣保禄学院年报》称：

---

① 高瀬弘一郎：「キリシタン時代の文化と諸相」，東京：八木書店，2002年，第250~263頁。

至今，我们有四个学部。第一是教授阅读写字的儿童学部；第二是文法学部；第三是人文学部，这是今年才增设的；第四是伦理神学部。而明年会开办艺术课程……由于范礼安神父的到来，认为有必要再增添其他课程和其他科学专业。……除供儿童学习的阅读课、书写课、文法课、人文课和道德课外，仅有两名由中国教区负责的神父在私下学习神学专业，而人们期待有更多人来此攻读这一专业。①

第一和第二都是读写学校学生必须完成的课程。人文学指的就是人文课程，应是为少年初修生准备的课程。伦理神学则是为初入神学院的学生准备的课程，这里的艺术课程实际上也应是人文学或哲学课程，而当时学习神学的仅有2人。可以反映出，虽然刚创建的澳门圣保禄学院已按照范礼安的规定开设了最主体的课程，但刚创办的神学院进入神学学习者甚少，仅为2人。对此，范礼安神父在1594年11月9日写给耶稣会总会长的信中亦有记述：

我已任命修院神父孟三德为该神学院的院长。除此之外，学生和作为教师的神父与修士，加起来共有18人。现在那里（神学院）有为孩子们建立的学校，文法与古典学的两个班和教授伦理神学一个班。除此之外，这里还为尚未完成课程的三个神父开设个别的神学课程。如果副省会长神父送来我所要求的学生，本地听取神学课程的就会有六七人。

他在信中还说：

我现在已写信给日本，要求在定期商船返航时给我送来10名学生修士，在神的帮助下，今年我或许还会从印度再派些其他人来。一年之后，我想在当地开设哲学课程。我期待目前正在学习古典学的6位修士能和来自印度及日本的其他人一起进入这一哲学课程。②

随着时间的推移，澳门圣保禄学院逐步走上正轨。根据目前所掌握的史料，上述基本教学模式逐渐趋于完善和规范，并在此后很长时间内得到严格遵守。在1597年日本年报的附件中，我们看到其中出自李玛诺神父之手的一份文献称：

现在，这里（澳门圣保禄学院）有耶稣会会士55人。其中有神父22人，其余的人是修士。中国内地还有韶州和南昌的两座修院。加上那里的5位神父和2位修士，共有耶稣会会士62人。其中神父27人，修士35人。神父中有6人是教师，其中神学（课程）1人，伦理神学（课程）2人，哲学（课程）1人，拉丁语（课程）2人。还有1人正在听讲神学（课程），6人正在修炼期的第三年，其他人从事告解、说教以及耶稣会固有的圣务。修士中有9人正在听讲伦理神学，其中3

---

① João Paulo Oliveira e Costa, *Cartas Ânuas do Colégio de Macau(1594 – 1627)*, Macau: Fundação Macau, 1999, p.62.

② 高瀬弘一郎：「キリシタン時代の文化と諸相」，東京：八木書店，2002年，第353頁。

人是日本人。有7人在听讲哲学，8人在学习拉丁语，其中6人是日本人。还有9人是助理修士。①

1598年底《澳门圣保禄学院年报》记载：

在该年年底，学院有62人，其中27人是神父，35人为修士。27名神父中有6名是教师，其中1名教神学，2名教伦理神学，1名教哲学，还有2名教拉丁文。②

1603年1月29日《澳门圣保禄学院年报》记载：

1602年许愿有54位耶稣会会士，其中22位神父，32位修士。神父中2人教授神学，2人教授伦理学，1人教授哲学，1人教授人文科学，4人学习神学。修士中6人学习神学，7人学习伦理学，5人学习哲学，10人学习人文，及7位助理修士。本年7月11位神父和6位修士前往日本，他们中5人完成伦理学的学习，经历了3年的考验；4人来自印度，2位神父、2位修士。③

在1620年《澳门圣保禄学院年报》中，作者又告诉我们说：

本年1620年，住在该神学院的会员们有80人，即神父45人，修士35人。（他们）由日本人和葡萄牙人构成，其中既有学生，也有助理修士。神父中1人讲授思辨神学，还有1人讲授伦理神学，有2人是文法与古典学的教师，其他2人中的1人在学校中教授读写，另1人是歌咏队的教师。④

此后，各年报提供的圣保禄学院教学课程资料主要就是神学课程、伦理神学课程、哲学课程、拉丁文课程和人文课程（古典学和文法）。另外还有读写学校教授读写和音乐的课程。⑤ 综合上述文献，我们可以看出从1594年澳门圣保禄学院开办，直到1620年其课程设置大体不变，但学生和教师人数每年都不同，而且变化差距很大。下面，我们根据葡文文献档案和日译葡文文献档案所见到的将1594—1639年间澳门圣保禄学院会院总人数和学院教师、学生人数统计如下：

---

① 高瀬弘一郎：「キリシタン時代の文化と諸相」，東京：八木書店，2002年，第88~89頁。

② João Paulo Oliveira e Costa, *Cartas Ânuas do Colégio de Macau(1594 – 1627)*, Macau: Fundação Macau, 1999, p. 81.

③ João Paulo Oliveira e Costa, *Cartas Ânuas do Colégio de Macau(1594 – 1627)*, Macau: Fundação Macau, 1999, p. 95. 原文作55位耶稣会士，但据下面的数据，实际应为54人，故断原文有误。

④ João Paulo Oliveira e Costa, *Cartas Ânuas do Colégio de Macau(1594 – 1627)*, Macau: Fundação Macau, 1999, p. 216.

⑤ João Paulo Oliveira e Costa, *Cartas Ânuas do Colégio de Macau(1594 – 1627)*, Macau: Fundação Macau, 1999, pp. 114 – 115, 127, 145, 158, 198.

表6-3　1594—1639年间澳门圣保禄学院会院总人数和学院教师、学生人数统计表①

年报和信函的时间	学院及会院总人数	教师人数	学生人数	备　注
1594年10月		2	2	
1594年11月	18	2	9	
1596年1月16日		2	5	
1597年	55	6	25	其中神父22人，修士33人，9人为日本学生
1598年年底	62	6	25	其中神父27人，修士35人，9人为日本学生
1600年1月17日	52	7	23	其中日本学生有3人
1603年1月29日	54	6	32	其中神父22人，修士32人
1603年10月		8	29	其中学生有日本8人、葡萄牙13人、意大利7人、西班牙1人
1604年1月27日	62	8	28	其中读写学校教师1人
1606年11月15日	60	6	9	
1608年		5	12	
1608年11月11日	41	3		其中神父19人，其他为修士
1609年11月12日	50	5	9	
1611年11月1日	45	4	22	其中神父25人，其他为修士
1612年2月26日	35~40			
1615年1月2日	42②	2	11	其中神职人员16人
1616年1月27日	96	7	59	其中神父44人，修士52人，24人为日本人，其中有教读写和音乐各1人
1617年1月8日	92	5	10	其中神父51人，日本学生10人，其他为辅理修士

① 此数据主要根据上述年份的《澳门圣保禄学院年报》及《耶稣会日本教区年报》，而这些年报资料又分别参见 João Paulo Oliveira e Costa, *Cartas Ânuas do Colégio de Macau(1594 - 1627)*, Macau: Fundação Macau, 1999;高瀬弘一郎:「キリシタン時代の文化と諸相」,東京:八木書店,2002年,第87~91,356~358頁。如果高瀬弘一郎的数据与《澳门圣保禄学院年报》的数据有冲突，本表采用的是《澳门圣保禄学院年报》。

② João Paulo Oliveira e Costa, *Cartas Ânuas do Colégio de Macau (1594 - 1627)*, Macau: Fundação Macau, 1999, p. 114中又称1614年被驱逐到澳门的日本神父和修士，据1615年的记录达到了110人。

（续上表）

年报和信函的时间	学院及会院总人数	教师人数	学生人数	备　注
1617 年 10 月	42		19	
1618 年 1 月 8 日	92		11	其中日本学生 10 人，欧洲学生 1 人
1618 年 6 月		5		其中有数学教师 1 人
1619 年 1 月 21 日	78	5	5	其中神父和修士各 39 人，其中 1 人教读写
1619 年 12 月 28 日	86	5		其中神父 47 人，修士 39 人，其中 1 人教读写
1620 年 9 月		5		其中有中文教师和日文教师各 1 人
1620 年年底	80	6	1	其中神父 45 人，修士 35 人，修士是日本人和葡萄牙人
1621 年	60			
1621 年 12 月 31 日	77			有若干人在学院学习，日本修士和欧洲修士共 34 人
1622 年 11 月 4 日	67		18	还有若干人学语言
1624 年 1 月		5		其中有中文教师和日文教师各 1 人
1627 年 11 月 14 日	68			其中神父 38 人，修士 27 人，初修士 3 人
1630 年	38			
1635 年 9 月		6	18	其中日本学生有 2 人、葡萄牙学生 14 人、澳门学生 2 人
1639 年	67			

综合《澳门圣保禄学院年报》《耶稣会日本教区年报》及上表所提供的信息，可归纳出以下两点：

其一，自 1594 年圣保禄学院开设到 1639 年为止的 45 年间，澳门圣保禄学院开设的课程至少包括拉丁语、文法、古典学、伦理神学、哲学和神学。在个别时候，还增加了数学、音乐、中文和日文的教学。虽然这些课程的种类与《会宪》中对于神学院学习科目的要求大体相符，但就整体而言，它显然与同教区神学院（即日本府内神学院）的既定教学模式更为接近。必须指出的是，澳门圣保禄学院虽然也曾开设中文课程，但并非如国内学者所言中文为圣保禄学院学生的必修课。我们见到澳门圣保禄学院最早开设中文课程的时间为 1620 年 9 月，直到 1635 年，十余年间共开设过两次。我们实际见到的最早在澳门圣保禄学院学习中文者，当为1610年后来到澳门的艾儒略、史惟贞、毕方济3位神父。[①] 1622年，祁维材神父来到澳门，亦在圣保禄学院学习中文两三年。[②] 1644年，卜弥格神父来到澳门，在圣保禄学院学过几个月的汉语。[③] 可见圣保禄学院中文课程的开设均应是实际工作的需要而并非常设课程，更非该学院学生的必修课。

其二，虽然学生数量不算太多，最多时为59人，最少时为1人，有数据的平均年份为17人左右。教师队伍最少时为2人，最多时为8人，平均每年约5人。但在如此漫长的时间内，能保持一定数量的教师队伍和学生，而且上述课程的教学几乎没有中断，也实属不易。由此可见，作为一所神学院，尽管澳门圣保禄学院的规模和实际参与人数与许多人的想象尚有一段距离，其教学体制也未必像欧洲同类神学院那样正规、严谨，但它的教学科目还是基本稳定的，其教学内容和教学进度也应当是有秩序和计划性的。因此，该学院也基本实现了创建学院的目的，为远东各国的传教地培养了一批传教人才。

或许由于这一点，维埃拉神父在1618年9月19日于日本写给耶稣会总会长的信中，由衷地赞叹道：

> 这个善良的神父（范礼安）看到日本基督教会获得巨大进展，需要大批人手，而中国王国也对圣福音徐徐打开大门，必须培养人手，出于这一神圣的激情，他扩大了澳门修院，称它为神学院，在那里设置了学习神学、哲学以及伦理神学的课程，还增加了已在进行中的拉丁语课程，由教师和学生构成的机构几乎可以称为大学了。[④]

从某种意义上说，维埃拉信中的这段话对于我们理解澳门圣保禄学院的属性很有帮助。首先，在我们关注的那个历史时期，位于澳门的这所耶稣会学院还不是一所大学，虽然这所由修院发展而来的学院拥有“神学、哲学以及伦理神学的课程”，而且“还增加了已在进行中的拉丁语课程”，但它还不是一所大学；由于它的目的是为“徐徐打开大门”而“培养人手”，因此它的基本功能还是一所神学院，而不是世俗性的所谓大学。但换一个角度说，作为在远东葡萄牙人租住的弹丸之地，这所耶稣会学院已经足够成

---

① ［比］钟鸣旦等编：《耶稣会罗马档案馆明清天主教文献》第12册，《西海艾先生行略》，台北：台北利氏学社，2002年，第247～248页。文中称：“（先生）因与偕来史、毕二公，修学澳中，先习中华语言文字，仅二三年，而中华典籍如经史子集、三教九流诸书，靡不洞悉。”可见在1610—1613年，澳门圣保禄学院曾开设过中文课程。

② ［法］高龙鞶著，周士良译：《江南传教史》上编第1册，上海：天主教上海教区光启社，2008年，第120页。

③ ［波］爱德华·卡伊丹斯基著，张振辉译：《中国的使臣：卜弥格》，郑州：大象出版社，2001年，第75页。

④ 高瀬弘一郎：「キリシタン時代の文化と諸相」，東京：八木書店，2002年，第357～358頁。

熟，其课程设置与师生的人员构成也相当完备，实际上的教学要求与师资水平，也可能已与某些世俗性的高等教育相去不远了。正因为如此，时任视察员的维埃拉神父才会对这所“由教师和学生构成的机构”倍加肯定，赞扬它“几乎可以称为大学了”。

（四）澳门圣保禄学院内的神学校

澳门圣保禄学院除了作为主体机构的神学院（Collegio）外，还有附属于该学院的读写学校（即前所言的小学部）及神学校（Seminário），对于传教区而言，神学院是为了培养神父的地方，而神学校则相当于初修院，是专门培养修士的机构。

1. 神学校及其属性

在前面的论述中，我们曾提到读写学校，是附属于圣保禄学院的一间儿童教学机构。还有大量证据表明，在文献中被写作 Seminário 的教育机构不仅在耶稣会的整个教育体系中占有极重要的地位，而且在其传教活动中发挥着不可替代的特殊作用。虽然在其中学习的学生亦多为未成年人，但它的教学内容与教育模式不仅远较读写学校完整而系统，而且自成体系，并具有极强的实用性。

关于这里所说的神学校，《会宪》中涉及得不多，但第四部分第 7 章“在本会学院内设立的学校”一节仍有若干规定：1）这些学校的学生并非“本会学生”的“外部学生”；2）他们学习的科目有“古典文学与语言”，“基于对神的更好奉献”，还会为他们“开设（某些）更深的科目”。①

范礼安在 1582 年 2 月专门制定了《神学校内规》（以下简称《内规》），对学校教学内容和人事安排以及学生们的生活，都作了详细的规定。其主要内容为：

神学校地位最高者称校长。他手下有一名修士直接管理学生，并对他们负全责，修士的职权虽在校长之下，但有关学生的福利问题，校长必须与之协商。此外，学校还设有专职神父一人，负责听取学生的忏悔。作为他们的助手，学校还配备有另一名修士，以及部分值得信赖的同宿及众多仆人。学生入学、退学的全权在于日本布教长。他不在时，由该教区的教区长负责。《内规》还对学校的生源作出了规定。为了在学校开办之初就赢得日本人的信任，故只准身份高贵的年轻人入学。所有的入校学生都必须出于自愿，并要得到双亲的许可。《内规》还规定，在校学生应按照日本风俗剃发。指导神学生必须极为仔细，要表现出爱心而不能训斥他们。但同时指出，在教育他们时不能忘记他们还年幼，是日本孩子，应该以爱情和温情对待孩子们。

关于学习内容，《内规》要求学生们首先学习罗马字、日本假名的读写，然后教授拉丁语的文章写作。当然，《内规》亦要求对学生们施以所谓的道德教育，但同时指

---

① ［西］聖イグナチウス・ロヨラ著（依纳爵・罗耀拉），中井允訳：「イエズス会会憲」，東京：イエズス会日本副省，1993 年，第126～127頁；Geroge E. Ganss, *The Constitutions of the Society of Jesus*, Boston: Institute of Jesuit Sources, 1970, pp. 198－199.

出，由于学生们的信仰刚刚建立，所知有限，在教授基督教义时，应避免言及与异教徒的论争，以免使他们的思想产生混乱。为此，《内规》特地指出，不要让他们阅读亚里士多德和其他非基督教徒的著作。作为整个文化教育的一部分，《内规》认为对学生的教育应包括音乐。有才能的少年可以让他们学习演奏提琴、吉他或其他乐器，用以壮大教堂中祭典的声势。并特别指出，学生们应坐在小椅子上学习，而不是像传统的日本方式那样，盘腿坐在垫子上读书写字。

由于神学校中的学生多为少年，《内规》对于学生的生活安排尤为详尽而具体。认为神学校的学生数量应以四五十人为宜；教学环境应保持美观整洁；教堂中的祭坛应装饰美丽；床垫应每年更换；饮食应充足、干净，花式丰富；各种食物应尽早购入。《内规》还要求学生们应穿着漂亮干净的衣服，在室内穿着青色的单衣或日式服装，在户外再在外面套上青色的衣服和黑色的披风（斗篷）。但武士和贵族的子弟，尤其是其中的年少者在外出或有亲属来修道院访问他们时，可穿青色的和服或其他颜色的丝绸衣服。①

为了达到预想的教学目标，范礼安还为神学校的全日制学生制定了一份极为细密的作息时间表，对他们每天的学习、生活以及自由活动时间的文化娱乐，都做出了严格规定，范礼安这份精确到小时的作息表是令人吃惊的。② 尽管其制定《内规》和作息时间表的终极目的，是确保少年学生们汲取教会为之提供的从“乳房中吞下道德”营养，从而成为信仰坚定的基督教斗士。但从教育本身的角度来看或与日本当时的教育现状相比较，如此系统的安排和周密的计划，的确称得上是“对孩子们的完美教育”。

2. **日本流亡者的神学校**

由于澳门圣保禄学院从一建立开始就是隶属于日本副省的机构，所以为日本副省培养传教士和神父即是该学院的主要任务。据相关学者的研究，从1594年澳门圣保禄学院创办起，到1614年之前，进入该学院学习的日本学生共有14人：

---

① Josef Franz Schutte S. J. , Valignanos Missions Grundsatze Fur Japan, 1 - 11573 - 1580, pp. 433 - 437，转引自［意］アレシャンドゥロ・ヴァリニャーノ（范礼安）著，松田毅一訳：「日本巡察記」，東京：平凡社，1973年，第327～329頁。

② Josef Franz Schutte S. J. , Valignanos Missions Grundsatze Fur Japan, 1 - 11573 - 1580, pp. 438 - 440，转引自［意］アレシャンドゥロ・ヴァリニャーノ（范礼安）著，松田毅一訳：「日本巡察記」，東京：平凡社，1973年，第329～333頁；另松田毅一的「キリシタンの學校」一文亦有相关论述可资参考，参见「南蠻人的日本發現」，第220～222頁。

表 6-4　1595—1614 年进入澳门圣保禄学院学习的日本学生名录①

姓名	在学院学习时间	备注
木村·蜜雪儿 Miguel Kimura	1595—1600	又称 1596 年回国
饰屋·朱利安 Júlio Kazariya	1595—1600	又称 1601 年 12 月死亡
新原·路易斯 Luís Niabara	1595—1600	1601 年任司铎，1618 年去世
木村·塞巴斯蒂安 Sebastião Kimura	1595—1600	又称 1596 年去澳门，1622 年在日本殉教
德丸·玛窦 Mateus Tokumaru	1596—?	又称 1603 年 10 月前死于澳门
平林·曼西欧 Mâncio Hirabayashi	1598—1606	又称学习 3 年哲学，1613 年为司铎，1615 年在日本去世
式见·马丁诺 Martinho Shikimi	1598—1606	又称学习 3 年哲学，1615 年为司铎，1638 年去世
町田·安德烈 André Machida	1598—1600	又称学少许伦理神学，因病退学
田川·若奥 João Tagawa	1598—1602	1602 年因病死于澳门
中浦·朱利安 Júlio Nakaura	1601—1604	又称在这里学习 3 年伦理神学，1608 年为司铎，1633 年在日本殉教
伊东·曼西欧 Mâncio Itõ	1601—1604	又称在这里学习 3 年伦理神学，1608 年为司铎，1612 年因病死亡
结城·迪奥戈 Diogo Yūki	1601—1604	又称在这里学习 3 年伦理神学，1615 年为司铎，1636 年在日本去世
石田·安东尼奥 António Ishida	1601—1604/1605	又称在这里学习 3 年伦理神学，1610 年为司铎，1632 年在日本殉教
草野·安德烈 André Kusa	1601—1609/1611	又称学过两三年伦理神学，1614 年被驱逐，再次来到澳门，进日本神学校学习

20 年时间培养的日本学生仅为 14 人，大约平均每年为 0.7 人，可以反映，当时进入澳门的日本学生并不多。但 1614 年以后由于日本的教难，大规模的日本基督徒来澳

① ［葡］若奥·奥利维拉·科斯塔著，郭颐顿译：《澳门学院的日本人（1595—1614）》，载《范礼安：一位耶稣会士肖像》，澳门：澳门利氏学社，2014 年，第 102 ~ 103 页；段世磊：《明末澳门圣保禄学院的日本学生》，载《文化杂志》（中文版）第 96 期，2015 年，第 33 ~ 34 页。科斯塔的文章来自于葡文档案，段世磊的文章来自于日文文献，两者的记录有不小的差异，我们主要采自科斯塔的文章，以段世磊文章作补充。

门避难，为此，在澳门圣保禄学院内专门设立了日本流亡者的神学校。据瓦伦廷·卡瓦略神父在1614年12月30日写给总会长的信中说：

有下列人从日本被流放到澳门学院。（耶稣会）神父33人，修士29人，他们中大多是日本人，而且还有53名作为基督教界教化工作的辅助者的同宿分乘这三艘船来到澳门，其中又有28名神学校的学生在澳门继续学业。①

根据有关学者的研究，在澳门继续学习的神学校学生为28人：

表6－5　1614年澳门神学校日本学生名录②

序号	姓名	在澳学习期限	备注
1	西·罗曼 Nixi Romanus	1614—1618	1625年前往暹罗传教，1630—1631年在澳门晋铎，后又返暹罗传教，死于暹罗
2	大多·尾马修 Votauó Mansius	1614—?	
3	进士·阿莱克西斯 Xinji Alexius	1614—1618	后返回日本
4	草野·安德烈 Cusa André	1614—?	1601—1609年曾在澳门圣保禄学院学习
5	山田·尤斯特 Yamada Justus	1614—1618	后叙职为神父，1624年去越南、柬埔寨传教，1629年死于柬埔寨
6	卢希坦纳斯·奥古斯丁 Lusitanus Augustinus	1614—?	此人为澳门出生的葡萄牙人，在日本有马神学校读书，1609年时即已为神父
7	辻·托马斯 Çuji Thomas	1614—1618	1611年晋铎，1618年后返回日本，1627年在长崎殉教，后被封圣
8	守山·米盖尔 Moriyama Michael	1614—1623	1623年在澳门去世
9	町田·安德烈 Machida André	1614—1615	学习哲学，此人1598—1600年曾来澳学习
10	盐塚·路德皮克 Xiuonzuque Luduvicus	1614—1615	1615年返回日本

① 高瀬弘一郎：「キリシタン時代の文化と諸相」，東京：八木書店，2002年，第57～58頁。

② 段世磊：《明末澳门圣保禄学院的日本学生》，载《文化杂志》（中文版）第96期，2015年，第35～36页。

（续上表）

序号	姓名	在澳学习期限	备注
11	西斯多 Xisto	1614—1615	1615 年去马尼拉，1616 年在马尼拉晋铎
12	康斯坦丁诺 Constantino	1614—1615	1615 年去马尼拉，1616 年在马尼拉晋铎
13	船本·多玛 Funamoto Thomas	1614—?	
14	野间·安德烈 Noma André	1614—?	
15	凡康·莱昂 Fancan Leão	1614—?	
16	山·若奥 Yama João	1614—?	
17	尼古拉 Nicolao	1614—?	
18	森山·米盖尔 Xucan Miguel	1614—?	
19	朱利安 Júlio	1614—?	
20	柴田·蒂亚戈 Xibata Diago	1614—?	
21	町田·马提亚斯 Machida Mathias	1614—?	1624 年在澳门晋铎
22	马尔库·刘易斯 Malcuuo Luís	1614—?	
23	朝子·路易士 Naito Luís	1614—?	
24	斋藤·保罗 Paulo Saito	1614—?	1623—1625 年在澳门晋铎
25	若瑟 José	1614—?	
26	克里斯托旺 Christovão	1614—?	
27	曼西欧·若奥 Mancio João	1614—?	
28	法伊亚西达·曼西欧 Fayashida Mancio	1614—?	

1614 年 11 月日本人被流放到澳门之后在澳门圣保禄学院专门设立日本人神学校，当年接纳的学生有 28 人。据弗朗西斯科·皮雷斯（Francisco Pires）1616 年年初写给总会长助理的信中提到澳门神学校学生人数为 26 名，因为西斯多和康斯坦丁诺已于 1615 年离开澳门去马尼拉。① 据前引 1616 年 1 月 27 日《澳门圣保禄学院年报》公布 1615 年该院内日本学生的人数为 24 人，因为卢希坦纳斯·奥古斯丁和辻·托马斯两人早已是神父，② 应该不算在学生之列，所以圣保禄学院统计日本学生人数为 24 人。据前引 1617 年 1 月 8 日《澳门圣保禄学院年报》公布 1616 年该院内日本学生的人数为 10 人，

① 五野井隆史：「德川初期キリシタン研究」，東京：吉川弘文館，1983 年，第 308 頁，转引自段世磊：《明末澳门圣保禄学院的日本学生》，载《文化杂志》（中文版）第 96 期，2015 年，第 37 页。

② 段世磊：《明末澳门圣保禄学院的日本学生》，载《文化杂志》（中文版）第 96 期，2015 年，第 36 页。

这就是说，神学校创办的第3年就已经减到了10人。其中的主要原因就是教会内部的矛盾，日本副省会长瓦伦廷・卡瓦略与在澳日本人之间的矛盾。据意大利波洛（João Baptista Porro）神父1619年2月13日的信称，在澳门的日本耶稣会会士几乎全部退出了耶稣会。[①] 所以，出现了日本人神学校学生骤减的现象。弗朗西斯科・皮雷斯神父就在1617年10月12日于澳门写给总会长助理的信中无奈地承认道：

> 日本依然被封闭，神学校在不断缩小，现在只有7名学生。[②]

鉴于1614年所建的澳门神学院的衰败，似乎耶稣会总会有意将该学校重建。托雷斯（Baltasar de Torres）神父于1620年10月21日在日本写给总会长的信中却对此作了说明：

> 我们知道阁下希望在澳门为中国人和日本人建立两所神学校，这是为了支持这两地的传教。为了切实达成这一目的，它们的建立是有必要的。但阁下应当知道，这些神学校最好分开，分别拥有不同的上长、不同的经费和不同的居所。这么说是因为这两国的国民在习惯、教养、语言、学习和其他方面都有很大的差异，如果两所神学校紧挨着澳门的神学院，一方（国民）肯定不会与其他（国民）达成一致。不仅如此，还会在我们欧洲人中间造成不和。他们中有为了进入中国而学习（中国）语言的人，也有为前往日本而学习（日本）语言的人。（他们之间的不和）正如经验显示的那样。上长和副省司库之间也必然为经费一再卷入憎恨的漩涡。[③]

托雷斯此信有如下几点值得注意：其一，为支持两地的传教工作，总会长希望在澳门为中国人和日本人分别建立神学校；其二，或许可作为对总会长初衷的解释，托雷斯声称由于“在习惯、教养、语言、学习和其他方面都有很大的差异”，所以最好的处理方式是分而治之，即“分别拥有不同的上长、不同的经费和不同的居所”，以免在中日两国国民，甚至在欧洲人中间造成不和。托雷斯神父于1622年3月3日在长崎写给总会长的另一封信中再次提到持续面临的困难：

> 由于若干原因，阁下命令在澳门为日本少年建造的神学校尚未着手。第一个原因是视察员骆入禄神父没有钱，澳门方面对此也不热衷，所以期待着印度给予的支持。第二，这一（日本到中国）航海和从该（长崎）港口的船只出航实际被严禁，这些年轻人从当地前往中国，非常困难。他们搜索所有的船，逮捕渡航者和携带他们的人。第三，现在只有很少的人能够克服巨大的困难，并希望进入神学校了。第四，这些日本人在澳门滞留一二年，就会为此而精疲力竭。流入当年

---

① 五野井隆史：「徳川初期キリシタン研究」，東京：吉川弘文館，1983年，第309頁，转引自段世磊：《明末澳门圣保禄学院的日本学生》，载《文化杂志》（中文版）第96期，2015年，第37页。

② 高瀬弘一郎：「キリシタン時代の文化と諸相」，東京：八木書店，2002年，第61頁。

③ 高瀬弘一郎：「キリシタン時代の文化と諸相」，東京：八木書店，2002年，第111頁。

> 前往澳门和马尼拉的人，几乎全部都已经回来了，返回了自己的家。第五，我们期待着暴君死后日本教会可以享受到和平，期待着在当地建立神学校，这样会很容易，成果更大，而且经费的开销也更少。阁下，关于此事只能听我主告诉我们什么是最善的。①

1623 年 9 月 24 日，托雷斯又在日本给总会长写的信中抱怨道：

> 我们在日本大多数的神父认为，阁下一令在澳门为日本年轻人建立的神学校，除了消费耶稣会的资产之外，不会产生任何成果。这些年轻人无法忍受一个人在澳门的生活，到第二年就会心灰意懒地从那里回到日本，而且在本国也不能忍受在耶稣会中的生活，在当地大说澳门的坏话。为进入这所新神学校而希望去那里的年轻人，我们现在一个也没有发现。在迫害期间，我想还是让这些年轻人每 5 人或 6 人一组，分别在几个不同的地方学习为好。虽然这个方案也有许多麻烦，但耶稣会的支出费用很少，而且他们也能适应这个方式。迫害的风暴激烈时，这些年轻人很容易分散，直到风平浪静为止。②

尽管如此，澳门的日本人神学校仍然再次建立。弗朗西斯科·罗德里格斯在一份日期不详的文件中写道：

> 日本副省会长帕切科（Francisco Pacheco）于 1623 年在澳门创立了日本的神学校，一位日本教区神父为此捐赠了 12 000 两白银。这是为了让 12 名日本少年在那里接受教育，就任神父，然后作为传教士在日本进行活动。③

另一份作者不详、可能作于 1663 年 1 月至 10 月间的文件称：

> 我们在这里说的神父桑托斯出生在日本，又在澳门这里居住了多年。由于日本的事情，他被流放到当地，后来去了科钦支那，结果死在那里。过了好多年，他的遗骨才被带回澳门，埋葬在我们教会的 11 000 人的圣女礼拜堂（圣女维斯拉的礼拜堂）中。根据该教区神父最终濒死时的遗言，从大量遗产中捐赠了 12 000 两银子。当时从土地上得到 10% 的获利，用这些收益在澳门当地哺养 12 名日本少年。在遗书记下了这些条件，也就是说，每一个少年的经费从上述本金中各获得 100 两银子。但是，这一遗言后来并未实行，前述少年们没有住所。但当我们创建现在的神学校，并打算让葡萄牙人的子弟入学时，遗言者的意思立即被实行了，即接受了几位日本少年，除了日本语之外，还修得了在我们学习中教授的学问和其他所有的技能。这些少年中有人以后会加入耶稣会，也有人会成为教区神父。④

文德泉神父称这个神学校为“圣伊纳爵神学校”，并称该校：

---

① 高濑弘一郎：「キリシタン時代の文化と諸相」，東京：八木書店，2002 年，第 112 ~ 113 頁。
② 高濑弘一郎：「キリシタン時代の文化と諸相」，東京：八木書店，2002 年，第 119 ~ 120 頁。
③ 高濑弘一郎：「キリシタン時代の文化と諸相」，東京：八木書店，2002 年，第 121 頁。
④ 高濑弘一郎：「キリシタン時代の文化と諸相」，東京：八木書店，2002 年，第 127 ~ 128 頁。

是一位日本神父和一位耶稣会殉道者所建。日本神父保禄·多斯·桑托斯出资约3000两，耶稣会殉道者弗朗西斯科·帕切科用这一笔款项于1623年建立这所神学校。[①]

根据这些资料，我们可以看出，澳门日本人神学校1614年建立，但由于教会内部矛盾，该学校的学生很快就流失，不到3年时间，学生人数由最高峰的28人减少至7人，到1620年时很可能剩下的7人都已经回国。所以，耶稣会总会决定重建这一学校。重建过程虽然很艰难，但到1623年时在日本神父桑托斯的支持下，这所神学校的重建还是完成了，并接收了12名日本少年为该校的学生。但到后来，又将这12名少年中的6名少年送到了葡萄牙创办的神学校之中，直到1661年又有3名日本人从神学校中分离出来归属到日本教省司库管理之下，神学校仅剩下3名日本人。1663年，葡萄牙神学校的创建者也将神学校赠予给圣保禄学院。[②] 这可能标志着澳门日本人神学校的结束。

3. **神学校的教学体系**

我们可以通过若干文献，了解到当时澳门神学校中颇为正规的教育体系以及这些学生生活的其他内容。根据学者的考证，《日本与中国两管区视察员年长神父曼努埃尔·迪亚斯在1638年5月视察神学校时给予的该神学校应遵守的规则》共包括五份，分别是《神学校校长规则》《神学校教务长规则》《学生规则》《神学校会计规则》和《神学校学生作息时间规则》。虽然这些文献在当时的针对目标或许不限于为日本学生开办的神学校，但考虑到制定这些规则的作者的特殊身份以及上述日本神学校的开办时间，它们无疑会为我们的考察提供可靠的帮助。其中，最重要的有两份：

第一份为《神学校校长规则》，共16条，主要内容如下：

神学校从属于神学院；如无神学院院长的许可，不允许有人不参加允许学生参与的娱乐活动；不得要求向神学校捐赠，如有某些必要，须与神学院院长商量；成年学生、壮年学生和少年学生，应分别拥有不同的大厅，不得让他们相互交流；应尽力对学生的德操和学问两方面予以关怀；学生可偶尔在神学校外留宿和吃饭，但不允许超出此限；每8天应向学生们进行符合其各自能力的灵的说教；不允许学生们观礼节日，即使是观看行列也不允许；按照耶稣会的方式，每年在神学校中庆祝两个宗教节日，一个是（神学校的）创建，另一个是圣马特乌斯的节日。[③]

第二份为《学生规则》，共13条，主要内容如下：

---

① ［葡］文德泉著，小雨译：《澳门的日本人》，载《文化杂志》（中文版）第17期，1993年，第82页。

② 段世磊：《明末澳门圣保禄学院的日本学生》，载《文化杂志》（中文版）第96期，2015年，第38页。

③ 高瀬泓一郎：「キリシタン時代の文化と諸相」，東京：八木書店，2002年，第144～146頁。

> 进入神学校的学生应修得学问和良好习惯；夏日5时、冬日5时半起床，然后在礼拜堂虔心祈祷15分钟，然后听取弥撒；每15天进行一次告解，至少每月拜领圣体；不能互入他人的房间，在自己的房中也不应坐躺在别人的床上；无袖长袍用红色哔叽，夏天亦可以使用轻薄丝绸，斗篷材质应采用绯色毛料或红色绸缎，教养课程修学者和神学课程修学者应在其右侧饰有相同布料或丝质的玫瑰；如无院长许可，不可以在他（院长）交付予他的同伴的陪同下外出神学校；如无相同（院长）的许可，也不得在修院中与外人交谈；在回到自己父母、兄弟以及晚辈身边时，如无院长许可，不得致信校外之人，也不得接受他们（校外之人）寄来的书信及其送来的物品；如校外给他们送来大量捐赠物时，应作为公共物品进行分配；勤奋学习，尊敬师长，与其他学生交往时礼仪周正；为在神学校中保持俭朴，通常应穿着修道服，其他衣服和鞋袜也应当不违背素朴之风的要求。①

综上所述，16世纪末，由范礼安创建的澳门圣保禄学院当时一个最重要的目的就是要协助潜在的西方传教士为进入日本尽可能做好充分准备，与此同时也为日本耶稣会会士提供必需的教育。在范礼安的领导下开办的澳门圣保禄学院，确实是成为推动日本传教事业发展的有机部分。在范礼安逝世30年后，除了荷兰人外，日本禁止所有西方传教士和贸易商进入。尽管这些事件影响到创建圣保禄学院的原定目标，但该学院所凸显的教育职能仍然与中国乃至东南亚的传教活动息息相关，因而对“葡萄牙突飞猛进的传教事业”做出了贡献。② 据前面表格统计的准确数据，澳门圣保禄学院和日本神学校共培养的日本修士为54人。据统计，日本耶稣会至1594年以后有24位日本神父诞生，其中18位神父都是就读澳门圣保禄学院以后叙阶为神父的。这些修士成为神父后，绝大部分都回到了日本传教，可以反映，澳门圣保禄学院在为日本神父的培养方面贡献良多。③ 据1604年1月27日的《澳门圣保禄学院年报》记录，当时派了12名圣保禄学院的神父和修士前往日本。④ 1611年11月1日的《澳门圣保禄学院年报》记录，“学院派去日本帮助他们传播福音的有6名宗教人士，他们分别是4名神父和2名修士”⑤。这些返回日本的神父和修士有多位在后来的日本教难中殉教。圣保禄学院的日本学生不仅回日本传教，甚至还被派往东南亚传教，如1618年年报记录派了1名

---

① 高瀬弘一郎：「キリシタン時代の文化と諸相」，東京：八木書店，2002年，第146~148頁。

② ［美］魏若望著，郭颐顿译：《放眼日本：范礼安与澳门办学》，载《范礼安：一位耶稣会士肖像》，澳门：澳门利氏学社，2014年，第80页。

③ 高瀬弘一郎：「キリシタン時代の文化と諸相」，東京：八木書店，2002年，第442、492頁。

④ João Paulo Oliveira e Costa, *Cartas Ânuas do Colégio de Macau (1594 - 1627)*, Macau: Fundação Macau, 1999, pp. 116 - 117.

⑤ João Paulo Oliveira e Costa, *Cartas Ânuas do Colégio de Macau (1594 - 1627)*, Macau: Fundação Macau, 1999, p. 135.

神父和1名日本修士前往柬埔寨传教。[1] 在前引的表格中，共有多名日本神父前往马尼拉、暹罗、柬埔寨、越南传教。去东南亚的澳门圣保禄学院还派有许多欧洲籍的神父前往，如1615年年报记录有3名神父被派去越南传教。[2] 虽然圣保禄学院创办的初衷并不是为中国传教区输送传教士，但由于日本禁教的严重形势，在圣保禄学院学习的传教士进入日本非常困难，所以这些传教士大多都改派到中国内地，如1604年1月27日的《澳门圣保禄学院年报》记录，当时就派了7名在圣保禄学院的神父和修士前往中国。[3] 实际上，越往后期，由圣保禄学院培养的神父与修士进入中国内地传教的越多，如来自中国和中国澳门的神父或修士有巴若翰、迦尔范、郭巴相、郭玛诺、郑玛诺、陆希言、吴历、刘蕴德、万其渊、蔡安多、范有行、费藏裕、费藏玉、黄安多、邱良厚、郭天庞、李若望、马玛诺、何天章、魏玛宝、龚尚实等；培养欧洲籍神父进入中国内地的，有庞迪我（Diego de Pantoja）、苏如望（João Soerio）、罗如望（João de Rocha）、黎宁石（Pedro Ribeiro）、范巴相（Sebastião Fernandes）、费奇规（Gaspard Ferreira）、杜禄茂（Barthélemy Tedeschi）、齐又思（Ludovico Azzi）、王若翰（Gianbattista Brandi）、闵玛弟（Mathias Correa）、安道义（António Ferreira）、李国正（Manuel Osório）、李若望（João Pereira）、谢务禄（Álvaro de Semedo）、索玛诺（Manuel de Sousa）、瞿良道（Leonardo Teixeira）、罗玛弟（Mathias Rodrigues）、梅高（José Esevão de Almeida）、陆玛诺（Manuel Ribeiro）、马安能（Dominique de Magalhães）、裴方济（Francisco Alberto）、张安多（António de Magalhães）、恩安当（António Dantes）、闵明我（Philippe-Marie Grimaldi）、徐日昇（Tomás Pereira）、穆敬远（João Mourão）、罗安当（Antonie Anot）、李良（Léon Gonzague）、唐玛诺（Manuel Marques）等。[4] 这些数据均是不完全的统计数，但可以反映一个问题，澳门圣保禄学院在当时确实充当了作为远东各国培养传教士的基地这一重要角色。

三、澳门圣若瑟神学院

与声名显赫的圣保禄学院相比，耶稣会在澳门创办的圣若瑟神学院（Seminário de São José），在一般社会公众和学者的心目中，其知名度是远远不及前者的；这一点从两所学院的俗称即可看出它们之间的差距，当时人们将圣保禄学院称为“大三巴”，而

---

① João Paulo Oliveira e Costa, *Cartas Ânuas do Colégio de Macau*(*1594－1627*), Macau: Fundação Macau, 1999, p. 173.

② João Paulo Oliveira e Costa, *Cartas Ânuas do Colégio de Macau*(*1594－1627*), Macau: Fundação Macau, 1999, p. 143.

③ João Paulo Oliveira e Costa, *Cartas Ânuas do Colégio de Macau*(*1594－1627*), Macau: Fundação Macau, 1999, pp. 116－117.

④ 汤开建：《明清之际澳门与中国内地天主教传播之关系》，载汤开建：《明清天主教史论稿初编：从澳门出发》，澳门：澳门大学出版社，2012年，第43～44页。

将圣若瑟神学院称为“小三巴”或“三巴仔”，甚至称圣若瑟神学院为圣保禄学院的“外库”。这可以反映出圣若瑟神学院无论从规模到影响均无法与圣保禄学院相比。有关这所神学院的研究文章屈指可数，其相关史料的发掘也极为有限，除了文德泉神父在《澳门教育》(*A Educação em Macau*，1982)、《澳门及其教区》(*Macau e a Sua Diocese*，1956－1961)等少数著述中提供的少量文献之外，我们对这所学院知之甚少。

（一）耶稣会创建圣若瑟神学院（1728—1762年）

美国学者柏里安称：

> 如果说有一位耶稣会会士确保了中国传教事业得以续存的话，那么此人就是范礼安。1604年，就在范礼安过世前两年，他做了一系列决定以延续中国传教事业。最重要的一项决定或许是使中国教团脱离澳门神学院院长的监管。这项决定意味着教团团长（也就是利玛窦）直接受命于耶稣会印度总教区的最高会长。这一举措的目的在于使中国教团摆脱日本教团的笼罩，并赋予中国教团更大的自主权。①

当范礼安想让中国教区脱离日本教区的管辖时，他就做出了一项决定，要在澳门建立一所新的神学院。1604年，日本传教副省司库弗朗西斯科·罗德里格斯奉命前往罗马时，范礼安在交给他的备忘录中特别注明：

> 向国王出示了有必要在澳门建造神学院的理由，并尽力要求国王给该神学院3 000克鲁扎多的固定资产作为基金。与其由印度与马六甲国王海关给予3 000克鲁扎多作为永久性的固定资产，还不如在20年间作为其基金，每年给予3 000克鲁扎多的年金，更容易为国王及其枢机会议的人们接受。如果这样，也有可能在接受这笔钱后，再去购买固定资产。②

范礼安在这份备忘录中明确地提出要为中国人再建一所小神学院。由于备忘录文字论述过于粗疏，我们尚不能从中了解它的级别及其与圣保禄学院的相互关系。由于缺乏相应的记录，我们也不清楚罗德里格斯此行是否完成使命（为筹建中的新神学院争取到足够的资金），但从事态发展的实际情况看，范礼安的计划并未付诸实施。事实上，当他于1606年1月20日因病去世后，为中国教区建立新神学院的计划似乎被无限期搁

---

① Liam Matthew Brockey, *Journey to the East: The Jesuit Mission to China, 1579－1724*, Cambridge & London: The Belknap Press of Harvard University Press, 2007, p. 55. 1611年7月31日，日本教省成立的消息传到澳门。日本教省与印度总教省于1608年12月9日正式分离。

② 高瀬弘一郎訳著:「イエズス会と日本」，東京：岩波書店，1981年，第258～259頁。

置了。[①]

到 1672 年时，意大利籍耶稣会会士殷铎泽（Prospero Intorcetta）神父再一次提出为中国教区创建神学院。1672 年，殷铎泽作为中国传教区司库带着广州会议决议前往罗马。在罗马时，他主动请求总会长乔瓦尼·保罗·欧里瓦（Giovanni Paolo Oliva）在澳门建立神学院以培训中国副省的中国籍神父，并从葡王佩德罗二世处获得一笔筹建新学院的捐款。1674 年 8 月，殷铎泽神父返回澳门后，就极力劝说日本教省的会长们成立新学院。[②] 1684 年，葡籍费雷拉（Manuel Ferreira）神父也曾写信给葡萄牙国王，要求在澳门创建圣若瑟神学院。[③] 但均未见真正地付诸实行。

关于创建圣若瑟神学院的确切时间，相关研究的结论颇为混乱，众说不一，至少有六种之多，但根据葡文文献记录，应以 1728 年创建说较为合理。[④] 葡籍学者施白蒂则在《澳门编年史：16—18 世纪》称：

> 1728 年 2 月 23 日，据耶稣会士纪类思神父记载，圣若瑟堂建立。今天，1728 年 2 月 23 日，根据省区副主教若奥·德·萨神父——省区总务长纪类思的命令，（中国）副教区各神父从圣保禄教堂迁往圣若瑟新堂。[⑤]

荣振华神父的《在华耶稣会士列传及书目补编》之《胥孟德传》记录：

---

① 导致这一局面的原因之一，应当是中日两国教区之间的矛盾。1623 年，阳玛诺神父出任首任中国传教区副省会长，中国教区最终脱离日本教区的管辖，成为独立的传教区，但这一行政隶属关系的变化不仅未能使两国教会的经济关系变得清晰，相反，还引发了更多的争吵。1625 年 11 月 16 日，帕切科（Francisco Pacheco）等 8 位神父在联名写给耶稣会总会长的信中愤愤不平地申诉说："中国的神父们认为，日本当然有维持我们的义务。理由之一，教会设立者们的赠予是为了维持现在以及将来日本所有的各种传教团，中国也是这些传教团之一，所以，日本有义务将这些赠予给中国。考虑到日本接受的赠予和基金，这些论据显然是靠不住的。……中国的神父们认为，日本给我们一些维持费是当然的义务。他们的第二个理由是，就像独立的女儿一样，她应该拥有某些嫁妆钱。对此，我们这样回答，在没有获得母亲即日本副省的许可而独立结婚，没有获得副省会长的同意就派遣金尼阁神父以副省司库（的身份）去罗马要求独立，而且他提交的文献中还有大量诽谤本副省的内容，所以不配获得一些嫁妆钱。因为已经给了充分的嫁妆钱，所以这要求太过分了。"高瀬弘一郎訳著：「イエズス会と日本」，東京：岩波書店，1981 年，第 568、570 ~ 571 頁。

② Liam Matthew Brockey, *Journey to the East: The Jesuit Mission to China, 1579 – 1724*, Cambridge & London: The Belknap Press of Harvard University Press, 2007, p. 149.

③ *Boletim da Diocese de Macau*, Março de 1956, p. 208, Nota 10, in Manuel Teixeira, *Macau e a Sua Diocese*, *Vol. Ⅲ*, *As Ordens e Congregações Religiosas em Macau*, Macau: Tipografia Soi Sang, 1956 – 1961, p. 380.

④ 圣若瑟神学院的创办时间众说纷纭，主要有 1657 年说、1672 年说、1728 年说、1732 年说、1749 年说、1762 年说。参见叶农：《澳门教育发展史新辉煌：澳门圣若瑟修院始末初探》，载《文化杂志》（中文版）第 71 期，2009 年，第 53 页。

⑤ ［葡］施白蒂著，小雨译：《澳门编年史：16—18 世纪》，澳门：澳门基金会，1995 年，第 114 页。

> 他（胥孟德）于1728—1731年在澳门为中国副省专设的圣若瑟神学院的创始人。①

又同书之《秉多传》记录：

> 秉多，字玛诺；……1728年2月23日成为澳门圣若瑟传教区的第一任会长，中国副省的耶稣会士们于是便离开了澳门圣保禄学院（当时该学院属于日本副省），前往该副省的这一住院……②

另同书之《杨若翰传》记录：

> ……（杨若翰）1725—1728年间任中国副省会长。他在澳门为中国副省的神父和修士们创建了圣若瑟住院。③

最后荣振华在该书的《有关资料的综合统计表》中称：

> （1728年）2月13日，在澳门为副省的耶稣会士们修建了圣若瑟住院。④

可见，荣振华所获得的资料以及他研究的结果，也认定1728年为耶稣会创建圣若瑟神学院之年。还有葡籍潘日明神父根据大量葡文第一手资料，得出的结论也是圣若瑟神学院于1728年2月23日成立。⑤

需要指出的是，在16—18世纪的澳门以及更为广阔的葡属东印度地区，耶稣会（也包括其他修会）的此类机构有着不同的差异，其译名亦有所不同。日本学者在翻译范礼安的《东印度巡察记》一文时特别指出：所谓"修院（casa）"，是指发过誓愿，完成既定学习课程，从事宣教活动，并仅靠捐赠生活的耶稣会员们的住所。一般译为修院，但亦无定译，是指附属于教堂的教馆、修道士们居住的修院，有时还包括租住场所，甚至广义上的房屋建筑。在范礼安的报告中，修院常常作为住院及神学院的同义语而使用。但根据修院的规模和目的，又可分为"casa profesa""residencia""station、coetu、smissio""casa de ejericicios"和"casa de escritores"几种主要类型。⑥

又所谓"住院（residencia）"，是指修院的附属设施，即耶稣会会士的驻所，无定译。1555年，耶稣会总会长秘书波朗科神父（Juan Alfonso de Polanco）首次在这一意义上使用此语。此后词义发生变化，1567年1月10日，第三任总会长弗朗西斯科·博尔哈（Francisco Borja）在写给视察员的指令中，将"residencia"一词用作相当于"ca-

---

① ［法］荣振华著，耿昇译：《在华耶稣会士列传及书目补编》，北京：中华书局，1995年，第340～341页。

② ［法］荣振华著，耿昇译：《在华耶稣会士列传及书目补编》，北京：中华书局，1995年，第509～510页。

③ ［法］荣振华著，耿昇译：《在华耶稣会士列传及书目补编》，北京：中华书局，1995年，第587～588页。

④ ［法］荣振华著，耿昇译：《在华耶稣会士列传及书目补编》，北京：中华书局，1995年，第826页。

⑤ ［葡］潘日明著，苏勤译：《殊途同归：澳门的文化交融》，澳门：澳门文化司署，1992年，第122页。

⑥ ［意］アレシャンドゥロ・ヴァリニャーノ（范礼安）著，高橋裕史訳：「東インド巡察記」，東京：平凡社，2005年，第24頁。

sa profesa”的设施。而到了1590年，第五任总会长克劳迪奥·阿夸维瓦（Claudio Aquaviva）用该词指称传教地的宣教团据点，它不仅附属于修院，也附属于神学院。①

关于神学院，是指为完成神学院学习，立志加入耶稣会，并在修院完成修行，随即将进一步学习更高程度的哲学和神学课程者所设立的耶稣会的高级教育机构。在罗耀拉去世的1556年，耶稣会管理下的神学院包括各种类型，如为修学修士而建的神学院；修学修士中混杂有非耶稣会会士的普通青年，但接受拥有正规教授资格的耶稣会会士授课和指导的神学院；以及以普通青年为教育对象的神学院。在当时耶稣会的各种正式文件中，为将来就职神父的耶稣会会士开设的神学院和为一般世俗青年开设的神学院有着明确的区别，并根据神学院的规模、目的和职能，分别称为“casa de formacion”“colégio de professores”“colégio de externos”“convictorio”“colégio maximo”以及“universidades”等不同类别。②

因此，在我们考察圣若瑟神学院时，称之为“修院”或者“住院”都不能算错。一方面，在当时的语境中，“神学院”“修院”或者“住院”，常常是作为同义词来使用的；但另一方面，我们也应当清楚这些词语的本来含义和它指称的不同机构，并由此窥察它实际上的主要功用。

需要特别留意的是，前引荣振华神父的著述还有一个非常重要的细节，即他再三提到圣若瑟神学院的行政归属，即它是“为中国副省专设的”；与当时属于日本教省的圣保禄学院不同，是“在澳门为中国副省的神父和修士们创建了圣若瑟住院”。

图6-3　1833年钱纳利绘的圣若瑟神学院小门

图6-4　圣若瑟神学院的内部走廊

① ［意］アレシャンドゥロ·ヴァリニャーノ（范礼安）著，高橋裕史訳：「東インド巡察記」，東京：平凡社，2005年，第24頁。

② ［意］アレシャンドゥロ·ヴァリニャーノ（范礼安）著，高橋裕史訳：「東インド巡察記」，東京：平凡社，2005年，第31頁。

在前述圣保禄学院的章节中，我们曾一再提到中国传教区在很长的时间内属于日本传教副省以及具体由圣保禄学院领导的事实，但随着日本传教形势的变化，尤其是中国教区在1604年脱离日本教区管辖，并在1618年升格为副省之后，情况便发生了很大变化。可以想象，作为与日本传教区平起平坐的新的传教副省，中国的耶稣会会士们要建立并拥有属于自己的神学院是极为自然而合理的。

圣若瑟神学院的创建与一位澳门的商人有关，文德泉神父称：

> 商人米格尔·科尔代罗（Miguel Cordeiro）将他位于小树林（Mato Mofino）地方的三间小屋转让给中国副省会长，耶稣会士在此建立圣若瑟神学院。[①]

根据同一份档案，圣若瑟之家的捐赠者是若瑟·米格尔（Jorge Miguel），其他文件中称其为米格尔·科尔代罗：

> 根据若瑟·米格尔的遗嘱，1622年他花费400澳门元在圣奥斯定会附近为他自己和他兄弟建造了一处住所，当时耶稣会管账的是玛提乌斯·加戈（Matheus Gago）神父。现在它为我们所有，今日即1733年2月25日，我在此将其记录下来。[②]

这个若瑟·米格尔，当即米格尔·科尔代罗，其全名为若瑟·米格尔·科尔代罗。据此可知，大约在1728年，捐赠者将米格尔·科尔代罗位于岗顶的房屋送给耶稣会，耶稣会遂在此基础上正式创办圣若瑟神学院。从此耶稣会会士在澳门定居下来，招收当地学生进入神学院学习，发展澳门教育事业。[③]

1730年5月27日，时任澳门圣若瑟神学院首任院长的秉多神父向澳门议事会请求，将小树林山头并入神学院，并获得了议事会的批准。但这引起了旁边奥斯定修道院内奥斯定会会士的不满，他指责神学院侵占小树林山头，并筑墙将小树林山头围起。议事会出具将小树林山头赠送给神学院的证明，最后以法律的形式订立契约，正式将小树林山头赠给了神学院。[④]

初建的学院内教堂过小，不敷使用。圣若瑟神学院遂于1746年开始兴建新的教堂。先是推平了一座岩石山为圣若瑟教堂奠基；1747年至1748年12月，圣若瑟建筑工程继续进行，建设圣若瑟教堂的正面和塔楼。1751年8月1日，开始建筑教堂墙体，直至1752年9月。1757年1月建筑教堂的大门及楼梯，全部工程完成于1758年9月。在此期间，为了扩大学院的占地，教区收购了莱安德罗·佩雷拉（Leandro Thomé Pereira）

---

① ［葡］文德泉著，徐牧民译：《耶稣会士于澳门开教四百周年》，澳门：大东书局，1964年，第27~28页。

② Benjamim Videira Pires, Documentação Sobre os Inícios do Seminário de S. José, in *Religião e Pátria*, Ano 46, No. 42, de 23-10-1960, p. 663.

③ Manuel Teixeira, *Macau e a Sua Diocese*, *Vol. VIII*, *Padres da Diocese de Macau*, Macau: Tipografia da Missão do Padroado, 1972, p. 245.

④ Manuel Teixeira, *Macau e a Sua Diocese*, *Vol. VIII*, *Padres da Diocese de Macau*, Macau: Tipografia da Missão do Padroado, 1972, p. 246.

及科雷亚·拉塞尔达（Manuel Correia de Lacerda）在山上的房子，并将其拆除。1751年，为了取得东面走廊和静修房尽头的一段地面［因该地属于奥斯定修道院院长弗朗西斯科·保拉（Francisco de Paula），价值11 690元］，还为奥斯定修道院建了一道墙，花费37 500元。负责工程建筑图纸设计的为1750年离澳的伊拉利奥·罗沙主教，因为他当过葡国里班达（Ribandar）圣若瑟会院护守人，很可能即依据里班达之会院仿照设计。主持教堂工程的负责人为沈若望神父。1758年9月，圣若瑟教堂正式落成，该教堂不大，但比例匀称。圆穹形的屋顶和前面装有高栅的窗户，使教堂光线充足。在其外部两侧有两个塔，一个里面有一座大钟，另一个在较低的位置，有一座时钟。[①]《澳门记略》称："澳西有小三巴寺，规制差约，而轩豁过之，三巴之外库也。"[②] 小三巴即圣若瑟神学院。

耶稣会于1728年在澳门岗顶创建圣若瑟神学院，但关于这所学院的运作情况几乎没有文献记录。这所学院在其"出生"后即命运多舛，1732年由于清朝雍正皇帝的禁教，形势十分紧张，当时在圣若瑟神学院学习的学生们由于害怕清朝官员的迫害，曾暂停课。[③] 1758年，学院的圣堂完成不久，到1762年时，又因为把耶稣会会士赶出澳门的驱逐令而被关闭。施白蒂称："1762年7月5日凌晨3时，澳门政府执行由印度总督转达的葡相庞巴尔的命令，将澳门耶稣会会士全部逮捕，驱逐出境。当时在修院的不同国籍传教士十三人被捕。"[④]

图6－5 1568年意大利威尼斯出版的葡萄牙耶稣会会士新通讯录

从1728年澳门圣若瑟神学院创建到1762年关闭，前后共34年。这一时期，作为耶稣会中国传教区的神学院一直由耶稣会会士管理。由于文献记录的缺略，我们很难全面地了解这一时期澳门圣若瑟神学院教学和学生学习的情况。我们除了清楚这一时期神学院院长的名录外，对于该校的师生情况基本没有了解，只能根据各种零星资料辑录出曾在澳门圣若瑟神学院工作和学习过的人员名单。

---

① Manuel Teixeira, *Macau e a Sua Diocese*, *Vol. Ⅷ*, *Padres da Diocese de Macau*, Macau: Tipografia da Missão do Padroado, 1972, pp. 244, 251；［瑞典］龙思泰著，吴义雄等译：《早期澳门史》，北京：东方出版社，1997年，第21页；［葡］文德泉著，徐牧民译：《耶稣会士于澳门开教四百周年》，澳门：大东书局，1964年，第28页。

② （清）印光任、张汝霖原著，赵春晨校注：《澳门记略校注》，《澳蕃篇》，澳门：澳门文化司署，1992年，第150页。

③ Francisco Rodrigues, *A Companhia de Jesus em Portugal e nas Missões*, Nota 2, Porto, 1935, p. 63.

④ ［葡］施白蒂著，小雨译：《澳门编年史：16—18世纪》，澳门：澳门基金会，1995年，第158页。

表 6-6 1728—1762 年耶稣会管理时期在圣若瑟神学院工作和学习过的人员名单①

序号	姓名	国籍	在院时间	身份
1	杨若翰 João de Saá	葡	1728—1731	创建者
2	秉多 Manuel Pinto	葡	1728—1737	创建者，第一任院长
3	纪类思 Luís de Sequeira	葡	1752—1762	第二任院长及最后一任院长
4	费德尼 Devis Ferreira	葡	1756—1762	1756 年被流放到澳门，一直在学院
5	孙玛诺 Manuel de Aguiar	葡	17？—1762	1762 年时住在学院
6	杜阿尔特 Luís Duarte	葡	1746—1761	学生，1746—1749 年为第三任院长
7	安玛尔 Martinho Correa	葡	1748—1756	1756 年时任代理院长
8	沈若望 João Simões	葡	1752—1758	中国副省司库，1755—1758 年为第四任院长
9	陈方济 Francisco da Silva	葡	1755—1762	住学院
10	李若瑟 José da Silva	葡	1754—1762	住学院，1761 年在学院发愿
11	习安东 António Simões	葡	1754—1762	1754 年在学院二年级学习
12	法尔康 António Falcao	葡	1761—1762	住学院
13	德卡瓦略 Manuel de Carvalho	葡	1750—1762	住学院
14	麦西蒙 Simon da Almeida	葡	1751—1762	1751 年为学院副司铎
15	林安多 Antonie-Xavrer Morabito	意	1748—1762	1762 年在学院居住
16	法方济各 Françios Folleri	意	1729—1762	1751 年中国副省司库
17	杜兴福 Symphorien Durate	中	1754—1762	1754 年任学院副司铎

① Manuel Teixeira, *Macau e a Sua Diocese*, *Vol. VIII*, *Padres da Diocese de Macau*, Macau: Tipografia da Missão do Padroado, 1972, pp. 245-251.

表 6－7 1728—1762 年耶稣会管理时期圣若瑟神学院的学生名录①

序号	姓名	籍里	在院时间	学制
1	马保禄	中国或交州	1728—1739	初修
2	孔裴理	交州	1730—1758	初修
3	毛类斯	澳门	1731—1734	初修
4	陈圣修	广东顺德	1732—1738	初修，神学
5	李玛窦	澳门	1733 —1737	初修，神学
6	鲍济各	澳门	? —1734	初修
7	陈多禄	江苏苏州	1734—1740	初修，神学
8	杨方济	江苏南京	1737—1750	初修，神学
9	龙安国	澳门	1737—1753	初修，神学
10	蒙斯唐	山西太原	1738—1741	初修，神学
11	彭若翰	北京	1738—1751	初修，神学
12	尚西满	山西	1740—1750	初修
13	许方济	江苏丹阳	1740—1762	初修，神学
14	艾若望（球三）	江西	1743—1748	初修，神学
15	苏若翰	澳门	1749—1753	初修
16	崔保禄	山西或陕西	1749—1754	初修，神学
17	费若瑟	澳门	1749—1756	初修，神学
18	邹若瑟	澳门	1749—1754	初修，神学

1762 年圣若瑟神学院被关闭后，学院教产被拍卖。据施白蒂《澳门编年史：16—18 世纪》记载：

> 1762 年 4 月 2 日，根据印度总督埃加伯爵向澳门传达的国王命令，澳门耶稣会士的全部财产划归教区，包括圣保禄学院、圣若瑟神学院和圣母教堂及其墓地。
>
> 1765 年 8 月 14 日，这一年季风季节传来印度总督的命令，要求把青洲交给西蒙·维森特·罗萨（Simão Vicente Rosa），以偿还圣保禄学院和圣若瑟神学院欠他的 6 147 两白银和 346 箱货物的债务。该命令还说，如果议事会有意要青洲，可以进行拍卖并且在拍卖中买下。②

① 本表资料主要依据［法］荣振华著，耿昇译：《在华耶稣会士列传及书目补编》，北京：中华书局，1995 年；［法］费赖之著，冯承钧译：《在华耶稣会士列传及书目》，北京：中华书局，1995 年两书而成。

② ［葡］施白蒂著，小雨译：《澳门编年史：16—18 世纪》，澳门：澳门基金会，1995 年，第 158 ~ 159 页。

（二）遣使会管理时期的圣若瑟神学院（1784—1856 年）

在耶稣会的神学院被关闭之后，澳门当地的教育出现了一个不算太长的空白期。对此，一位欧洲学者如此描述道：

> 1762 年耶稣会士被逐出澳门，他们在圣保禄学院和圣若瑟神学院的教育事业也被迫中断。一位王室教师无法弥补澳门教育的空白，王室大法官费利喇 1784 年 12 月致信葡印总督："耶稣会士被驱逐之后，澳门的学校也随之关闭，也不再开设拉丁文、伦理学或神学课程。想学习的人只好去马尼拉、果阿，没钱的人只好留在这里，听老教士讲课。王室教师年薪 500 两，却连一个学生也没有培养出来。修女们不授课，而且这些修道院里也没有教师。"又曰："无论圣克拉拉修道院还是圣方济各修道院都没有学校。"1775 年 4 月 23 日，指挥"法国岩石圣母号"快速战舰的少校尼科劳·费尔南德斯·德·丰塞卡（N. a Sr. ª da Penha de França）在其航行记录中写道："神父们遍布各处，让欧洲人倍感自豪，然而教育非常糟糕……修女很多，她们无可挑剔……至于本城妇女，她们高傲而懒散，因为除了照顾孩子，她们无事可做。"①

从 1762 年到 1783 年，澳门的教育经历了二十余年的空白期后，圣若瑟神学院重新开办，这一次开办主要有以下几个方面的原因：

第一，从教会方面来看，1783 年 12 月 7 日，法国国王路易十六看到耶稣会解散后，该会在华传教事务十余年一直无人接替，遂向教宗庇护六世推荐遣使会代替北京的耶稣会。教宗接受了路易十六的请求，下令传信部发文颁令：规定由遣使会接受在华耶稣会的一切事业，享有此前耶稣会同样的权力及特恩。财产方面，则由法国国王处理。② 获令后，大批该会会士前来接管耶稣会以前的教区及传教机构，并复办了一些学院。1785 年 4 月 29 日，第一批来华接替耶稣会的遣使会会士到达北京；5 月 8 日，北京主教汤士选颁布法令，宣布遣使会取代耶稣会，并由他主持了遣使会会士罗广祥等人与在京的耶稣会会士之间的交接仪式。③

第二，从澳门方面看，由于澳门教育的衰败，澳门政府向葡国国王及葡印总督申请开办新的学校。如澳门议事会于 1778 年 12 月 23 日，曾向果阿总督请求建立一所学校，教授读写、拉丁语语法、哲学、道德和神学等知识。④ 1779 年 4 月 21 日，果阿总督将此请求汇报给葡萄牙里斯本方面。1782 年，葡萄牙里斯本政府下令将被关闭的圣

---

① José Caetano Soares, *Macau e a Assistência, Panorama Médico-Social*, Lisboa: Agência Geral das Colonias, 1950, pp. 231 - 232, 294.

② [法] 樊国阴著，吴宗文译：《遣使会士在华传教史》，台北：华明书局，1977 年，第 117 页。

③ Manuel Teixeira, *Macau no Séc. XVIII*, Macau: Imprensa Nacional, 1984, p. 654.

④ [葡] 施白蒂著，小雨译：《澳门编年史：16—18 世纪》，澳门：澳门基金会，1995 年，第 175 页。

若瑟神学院更名为“遣使会修院”。[1] 1783 年 4 月 4 日，葡萄牙海事及海外部部长马尔丁略·卡斯特罗（Martinho de Melo e Castro）决心在澳门推行政府改革计划，遂以女王玛丽亚一世的名义，向印度总督吉廖梅·索萨发布指示，授予澳门总督必要的权力，以便主导澳门政治生活。此即澳门史上著名的《王室制诰》。它对重建圣若瑟神学院颁布了如下的圣谕：

> 第五条圣谕是，陛下希望在中国稳固建立传教团，以便为其传教士提供援助，传播基督教义，使重要的澳门受益。陛下认为，达到这两个目的的最有效方法是为那个基督属地的教会任命葡萄牙主教，正如陛下所任命的北京主教一样。同时还应委派敏锐之士协助主教，在那里的圣若瑟修院中设立一个教会学校。如同《给北京主教的指示》中的旨意一样；或在更适宜的圣保禄教堂建立教会学校。……第六条圣谕，……最后，关于第二十二点所提的设立教会学校一事，亦应谨慎为之，尤其是在前述两块石碑所刻的法律仍然有效的情况下。北京主教滞留澳门期间，将入住圣若瑟修院。如果有些学生希望入读该教会学校，主教可将其作为随身仆人收留，以便在前往中国后将其交予该教区枢理，后者在主教离开后，亦可入住圣若瑟神学院。[2]

第三，圣若瑟修院的复办与北京主教汤士选有很大的关系。汤士选于 1751 年 8 月 2 日出生于葡萄牙埃武拉，是圣方济各会第三教团在寺教士。1782 年 7 月 22 日被选为北京主教，精通数学。先是葡萄牙女王玛丽亚一世得知乾隆宫廷急需西洋科技人才时，派他赴华，出任清宫的历算家。他既可以担任北京主教，又可以担负起葡萄牙王室赋予他的政治与宗教的双重使命，并保护葡萄牙在澳门的政治利益和经济利益。1784 年，汤士选主教抵达澳门，决定在澳门设立一所修院。因为他看见在印度果阿——葡萄牙人居留地，葡国遣使会管理的修院颇上轨道，于是决定在澳门亦成立一座修院。他遂将圣若瑟修院重新修缮，提供必需品，并制定规则，修院教授拉丁文和中文语法、数学、修辞学、哲学、伦理神学等课程。[3]

开办修院与创办学校一样，需要有教师与学生。教师的招聘工作，在《王室制诰》颁布一年之后开始进行。最早到达的教师，是 1784 年随北京主教汤士选来到澳门的两位葡萄牙遣使会会士：曼努埃尔·科雷亚·瓦伦特神父与魏腊儿神父，并于同年 7 月

---

① ［瑞典］龙思泰著，吴义雄等译：《早期澳门史》，北京：东方出版社，1997 年，第 50 ~ 51 页。

② 吴志良：《生存之道：论澳门政治制度与政治发展》，澳门：澳门成人教育学会，1998 年，第 391、397 页。

③ ［法］樊国阴著，吴宗文译：《遣使会士在华传教史》，台北：华明书局，1977 年，第 128 ~ 129、160 页。

28 日抵达澳门、果阿的硕朗（Chorão）修院的两名学生共同任教。[①] 1784 年 10 月1 日，复办的圣若瑟神学院正式开学，但仅有学生 8 名。复办的圣若瑟神学院又被称为皇家圣若瑟神学院，因为是葡萄牙国王亲自批准支持而成立的。该院院长由里斯本选派，第一任院长即曼努埃尔·科雷亚·瓦伦特神父。[②]

在遣使会会士管理下的圣若瑟神学院办学经费，用于人员开支和设施维修的费用为每年 2 500 两。[③] 这些经费主要由澳门议事会提供，1784 年 9 月 3 日，议事会决定拿出 2 000 两白银资助圣若瑟神学院。[④] 另外，还在圣保禄学院和圣若瑟神学院余下的资金及利息和风险金中拨 500 两给圣若瑟神学院办学。[⑤] 等首批教师和学生到齐后，又增加 500 两作为办学经费，则圣若瑟神学院开办之时总经费应为 3 000 两。[⑥] 这刚好与 1604 年范礼安请求建神学院时提出的拨款数一致。

值得注意的是，1784 年开办的澳门圣若瑟神学院是一所由葡萄牙国王和澳门议事会支持由葡萄牙遣使会会士占领的神学院。它是当时的北京主教汤士选根据果阿学院的模式，在澳门所建的一所专门培养中国司铎候选人的神学院。同时，法国国王路易十六也紧急派出了法国遣使会会士入华，以填补由于耶稣会会士被迫撤离而留下的空缺，但在 18 世纪的澳门，葡萄牙保教权的势力尚很强大，以致法国遣使会会士们大多希望避开澳门，从广州直接进入中国。[⑦] 但由于嘉庆时期中国传教形势的变化，法国遣使会会士南弥德（Louis Francis Marie Lamiot）于 1794 年进入北京，1812 年被任命为法国传教会会长，并在北京创办一所神学院。1819 年，他被卷入发生在湖北和河南的刘方济（Jean-Françios-Régis Clet）教案中，同年被驱逐至澳门，遂开始了法国遣使会会士在澳门的定居时期。[⑧] 1820 年，南弥德以他从北京神学院带回的几位中国内地青年为基础，在澳门正式创办了法国遣使会神学院，南弥德担任首任院长。这样，澳门的遣使会神学院就有了两家，一家为葡萄牙的圣若瑟神学院，另一家为法国遣使会神学院。法国遣使会神学院建于澳门城的西北大堂街 3 号。[⑨] 《传教会史杂志》（*Revue d'Histoire des Missions*）保留了澳门法国神学院的一段记录：

---

① Manuel Teixeira, *Macau e a Sua Diocese*, *Vol. Ⅲ*, *As Ordens e Congregações Religiosas em Macau*, Macau: Tipografia Soi Sang, 1956 - 1961, p. 668.

② ［葡］施白蒂著，小雨译：《澳门编年史：16—18 世纪》，澳门：澳门基金会，1995 年，第 183 页；［瑞典］龙思泰著，吴义雄等译：《早期澳门史》，北京：东方出版社，1997 年，第 178 页。

③ ［葡］施白蒂著，小雨译：《澳门编年史：16—18 世纪》，澳门：澳门基金会，1995 年，第183 页。

④ Manuel Teixeira, *Macau no Séc. XⅧ*, Macau: Imprensa Nacional, 1984, p. 637.

⑤ ［葡］施白蒂著，小雨译：《澳门编年史：16—18 世纪》，澳门：澳门基金会，1995 年，第183 页。

⑥ ［葡］施白蒂著，小雨译：《澳门编年史：16—18 世纪》，澳门：澳门基金会，1995 年，第183 页。

⑦ ［法］古伯察著，耿昇译：《鞑靼西藏旅行记》，北京：中国藏学出版社，2006 年，第 3 页。

⑧ ［葡］施白蒂著，姚京明译：《澳门编年史：19 世纪》，澳门：澳门基金会，1998 年，第 23 页。

⑨ ［法］古伯察著，耿昇译：《鞑靼西藏旅行记》，北京：中国藏学出版社，2006 年，第 4 页。

根据耶稣会会士的传统规则，从此时直至1845年，到那里的青年人被派去简单学习拉丁文一段时间后，被允许加入传教修会，这种方式的好处是避免神父们的分裂，将他们团结起来。然而并不是强制入会，因为许多澳门学生仍然是在俗神父。①

该法国遣使会神学院存在时间不长，仅有25年，但为中国教区培养了不少传教人才。

表6-8 1784—1856年澳门圣若瑟神学院教师名录②

序号	姓名	国籍	说明
1	曼努埃尔·科雷亚·瓦伦特 Manuel Correia Valente	葡	1784年随北京主教汤士选来到澳门；1784—1804年任首任院长
2	魏腊儿 João Agostinho Vila	葡	1784年来该院担任教师，不久进京
3	巴普蒂斯塔·利马 José dos Santos Baptista e Lima	葡	1786年被任命为该院的法语教师
4	陈神父 Raymond Aubin	法	1788—1791年在该院教授哲学
5	韩纳庆 Robert Hanna	爱尔兰	1788—1794年担任圣若瑟神学院教师和法国传教团总务长
6	李拱辰 José Nunes Robeiro	葡	1791—1800年在该院任教
7	福文高 Domingos Joaquim Ferreira	葡	1791—1800年任该院教师
8	明诺 Pedro Vicente Marie Minguet	法	1793—1801年在该院任教
9	亚历山德勒·佩雷拉 Alexandre António Pereira	葡	1799—1832年在该院任教
10	苏振生 Jean François Richenet	法	1801年抵达澳门，在圣若瑟神学院任教5年
11	柏尔雅 Nicolau Rodrigues Pereira de Borja	葡	1802年在该院任教；1827—1829年任第五任院长
12	费尔南多·马托斯 Fernando Manuel de Matos	葡	1802年抵澳，担任圣若瑟神学院教师；1803年去世
13	马蒂亚斯·奥利维拉 Matias de Oliveira	葡	1802年抵澳任教，数月后即去世

① Revue d'Histoire des Missions, 1938/03, p. 21. in Manuel Teixeira, *Macau e a Sua Diocese*, *Vol. Ⅲ*, *As Ordens e Congregações Religiosas em Macau*, Macau: Tipografia Soi Sang, 1956-1961, p. 727.

② Manuel Teixeira, *Macau e a Sua Diocese*, *Vol. Ⅷ*, *Padres da Diocese de Macau*, Macau: Tipografia da Missão do Padroado, 1972, pp. 306-320; Manuel Teixeira, *Macau e a Sua Diocese*, *Vol. Ⅲ*, *As Ordens e Congregações Religiosas em Macau*, Macau: Tipografia Soi Sang, 1956-1961, pp. 668-690.

（续上表）

序号	姓名	国籍	说明
14	佩雷拉·米兰达 José Joaquim Pereira de Miranda	葡	1803—1856 年在该院任教；1811—1812 年任第三任院长
15	金安多尼（莱特）Joaquim José Leite	葡	1804—1810 年（第二任），1813—1826 年（第四任），1830—1853 年（第六任）先后多次担任学院院长
16	萨赖瓦 Joaquim de Sousa Saraiva	葡	1804 年抵澳任北京主教未果，担任该院哲学与数学教师
17	若瑟·安图内斯 Policarpo José Antunes	葡	1804 年抵澳后，先在该院学习，后出任该院哲学教师；1812 年去世
18	公撒噶 Luís Álvares Gonçalves	葡	1804 年抵澳后，先在该院学习，后担任教师至 1829 年
19	平托·玛雅 Francisco da Silva Pinto e Maia	葡	1813—1825 年在该院担任教师
20	江沙维 Joaquim Afonso Gonçalves	葡	1813—1841 年在该院担任英语、汉语及音乐教师
21	刘易斯·巴洛斯 Luís Manuel de Barros	葡	1813—1845 年在该院担任教师
22	沈韫辉	中	1814 年在该院担任汉语教师
23	维森特·贝路 Paulo Vicente Bello	葡	1822 年时任该院教师，被选为澳门议事会普通法官
24	米兰达·巴普蒂斯塔·利马 José Baptista de Miranda e Lima	葡	1822—1837 年担任该院教师，被选为澳门议事会普通法官
25	马塔 Jerónimo José da Mata	葡	1825 年抵澳，先在该院学习，完成学业后在该院任教
26	高守谦 Verissimo Monteiro de Serra	葡	1827 年从北京返回澳门后担任圣若瑟神学院院长，并教授数学
27	保拉·科蒂纽 Francisco de Paula Coutinho	葡	1833 年担任澳门圣若瑟神学院的风琴师
28	若瑟·本多 José Rebelo de Sousa Pinto	葡	1832—1847 年在该院任教
29	戈维亚 Manuel Lourenço de Gouveia	葡	1849—1855 年在该院任教
30	安东尼奥·巴洛斯 António Barros	葡	1849—1855 年在该院任教

表 6－9　澳门法国遣使会神学院的教师名录①

序号	姓名	说明
1	南弥德 Louis Francis Marie Lamiot	1791 年抵澳；1819 年被逐到澳，创办该院并首任院长
2	陶若翰 Jean-Baptiste Torrete	1829—1840 年在该院担任教师，并继南弥德后担任第二任院长
3	穆导沅 François-Alexis Rameaux	1832 年抵澳，担任该院教师，不久被任命为院长
4	顾铎德 François Xavier Timothée Danicourt	1834—1842 年在学院任教
5	孔达京 Florent Daguin	1839—1843 年在该院法国会院任教师

表 6－10　澳门圣若瑟神学院遣使会管理时期的学生名录②

序号	姓名	籍贯	在院时间	学制
1	程欧蒂斯尼 Etienne Tch'eng	北京	1789—1791	初修，神学
2	若瑟·本多 José Rebelo de Sousa Pinto	葡萄牙	1791	神学
3	若瑟·佩雷拉 José Rebelo de Sousa Pereira	葡萄牙	1791	神学
4	公撒噶 Luís Álvares Gonçalves	葡萄牙	1804—?	神学
5	若瑟·安图内斯 Policarpo José Antunes	葡萄牙	1804—?	神学
6	丹塔 Michael Gomes Dantas	葡萄牙	1804—?	初修
7	张托马斯 Thomas Tchang Pignero	北京	1812—1817	神学
8	张绍台 Simon Tchang Pirès	北京	1812—1817	神学
9	金逸云 Paul Kin a Costa	广平威县	1812—1817	神学
10	沈经纶 Matthieu Chen de Sequeira	江苏崇明	1813—1818	神学
11	谢玉	广东肇庆	1812—?	神学
12	维迪加尔 António Severino de Vidigal	葡萄牙	? —1814	初修

---

① 本表资料依据［法］方立中著，耿昇译：《1697—1935 年在华遣使会士列传》，桂林：广西师范大学出版社，2010 年；［法］樊国阴著，吴宗文译：《遣使会士在华传教史》，台北：华明书局，1977 年两书而成。

② 本表资料依据［法］方立中著，耿昇译：《1697—1935 年在华遣使会士列传》，桂林：广西师范大学出版社，2010 年；［法］樊国阴著，吴宗文译：《遣使会士在华传教史》，台北：华明书局，1977 年；刘芳辑：《葡萄牙东波塔档案馆藏清代澳门中文档案汇编》，澳门：澳门基金会，1999 年；Jorge Forjaz，*Famílias Macaenses*，Macau：Fundação Oriente，Instituto Cultural de Macau，Instituto Português do Oriente，1996 等书而成。

（续上表）

序号	姓名	籍贯	在院时间	学制
13	彼加多·戈维亚 Pegado Gouveia	葡萄牙	1814—1820	初修
14	公陆霜 João Rodrigues Gonçalves	葡萄牙	1830 年前	世俗
15	玛吉士 José Martinho Marques	葡萄牙	1820—1833 年前	世俗
16	孟巴尔托罗 Baetolo Meu	中国内地	1820—?	神学
17	李马克 Marcos Li	中国内地	1820—?	神学
18	陈玛窦 Mateus Chen de Sequeira	中国内地	1820—?	神学
19	张西满 Simão Tchang Pires	中国内地	1820—?	神学
20	陈保禄 Pual Tch'en	河南唐县	1825—1827	初修
21	罗清汉 Florian Lo	江西吉安	1825—1827	初修
22	靳天西 João – Baptista Kin	河南南阳	1825—1827	初修
23	白若奥 João Pé	河南确山	1825—1827	初修
24	艾皮埃尔 Pierre Ngai	湖北郧阳	1825—1827	初修
25	艾马蒂亚斯 Mathias Ngai	湖北郧阳	1825—1831	初修，神学
26	马塔 Jerónimo José da Mata	葡萄牙	1825—?	神学
27	赵若望 João de França Castro Moura	葡萄牙	1825—1829	神学
28	李若瑟 José Li	湖北沔阳	1827—1828	初修
29	赵马蒂厄 Matthieu Tchao	湖北枣阳	1827—1830	初修
30	吕马蒂厄 Matthieu Lu	江西临江	1828—1830	初修
31	邱方济各 François K'ieou	广州大荔	1828—1830	初修
32	谭安多尼 António Than	广东	1828—1830	初修
33	阿莫里姆 António Leite de Amorim	葡萄牙	1832—1833	神学
34	柯望儒 João Christovão Kho	河北滦州	1833—1836	初修
35	郑保禄 Paulo Tcheng	内蒙古西湾子	1834—1836	初修
36	游道宣 José Yeou	江西建昌	1835—1841	初修，神学
37	杨安德 André Yang	河间府	1835—1837	初修
38	张保禄 Paulo Tchang	直隶宣化	1835—1838；1844—1846	初修，神学
39	金大建 André Kim	朝鲜	1836—1842	神学
40	崔良业	朝鲜	1836—1842	神学
41	崔方济 Francisco Xavier Tsheng	朝鲜	1836—1839	神学
42	王儒翰 João Baptista Wang	江西建昌	1837—1839	初修，神学

（续上表）

序号	姓名	籍贯	在院时间	学制
43	邱安遇 José K'ieou	广州大荔	1837—1839	初修
44	金马蒂厄 Matthieu Kin	河南南阳	1838—1841	初修
45	郑自贵 João Tcheng	山西榆次	1838—1841	初修
46	法利亚 Paulo Hornay da Cruz Faria	帝汶	1838—?	初修
47	周雅南 Jacque Tcheou	江西临川	1841—1846	初修，神学
48	凤伯多禄 Pedro Fong	蒙古喇嘛	1840—1842	神学
49	齐彼得	蒙古喇嘛	1840—1842	神学
50	马利亚・达・席尔瓦 Maria da Silva	葡萄牙	1840	初修
51	吴维森特 Vincent Ou	广东南海	1841—1845	初修
52	李安德 André Li	江苏常州	1843—1850	初修，神学
53	傅道安 Vincent Fou	浙江衢州	1843—1849	初修，神学
54	吕景堂 Maurus Lu	直隶宣化	1844—1846	初修
55	袁伯多禄 Pedro Yuen	江苏无锡	1846—1850	初修，神学

表 6－11　1791—1848 年在澳门圣若瑟神学院学习中文的学生名录①

序号	姓名	国籍	在院时间
1	刘方济 Jean-Françios-Régis Clet	法国	1791—1792
2	加略利 Joseph Marie Callery	法国	1834—1840
3	董文学 Jean-Gabriel Perboyre	法国	1835—1836
4	秦噶哔 Joseph Gabet	法国	1835—1836
5	苏神父 Joseph Perry	法国	1835—1836
6	古伯察 Evariste-Régis Huc	法国	1839—1841
7	吴神父 André-Vincent Privas	法国	1839—1841
8	翁羊铎 Joseph-Laurent Carayon	法国	1841—1843
9	龚伯察 Jean-Antoine Combelles	法国	1841—1848

① 本表资料依据［法］方立中著，耿昇译：《1697—1935 年在华遣使会士列传》，桂林：广西师范大学出版社，2010 年；［法］樊国阴著，吴宗文译：《遣使会士在华传教史》，台北：华明书局，1977 年两书而成。

在遣使会接手圣若瑟神学院后，这里成为耶稣会一个重要的培训传教人员的基地，从表6－10的名录中，我们收集到的这一时期澳门圣若瑟神学院的学生共有55人。① 值得注意的是，还有一部分欧洲遣使会会士（包括葡萄牙和法国）来到澳门后，在入华之前也在圣若瑟神学院学习中文，为他们的入华做好语言准备。他们的中文教师就是为学中文者编撰7本语法书和词典的著名的汉学家江沙维神父。② 表6－11收集到在该校学习中文的学生共有9人（这是有明确记录的）。可知，澳门圣若瑟神学院为中国教区输送了众多重要的各方面的人才，从而成为澳门以及整个远东地区最为重要的教育机构。其中特别值得指出的是，在1837—1842年，有三位朝鲜天主教徒金大建、崔良济、崔方济来澳门圣若瑟神学院学习，学成后回国传教。金大建便成为朝鲜的第一位神父。1846年殉教，后被封为圣人。金大建在朝鲜还绘制了一幅《世界地图》和一幅《朝鲜地图》，③ 而他的这些西方地理学知识应该来自澳门。对此，龙思泰还有这样记录：

> 那些跻身社会上层者的子女，在其中一如既往的良师的引导下处身智力发展的源泉之地，我们指的是王家圣若瑟修院。……修院所属的教士全是生于欧洲的葡萄牙人，一般有6个，其负责人由欧洲派遣。这一学术机构的首要目的是向中国提供热心传道的教师。年轻的中国人数量不超过12名，被接纳进入修院，获取必需的知识。……教师讲解葡文和拉丁文语法、算术、修辞学、哲学、神学等。很多居民的孩子进入该校，尽管其中很少有人会成为神父。这里有时还教中文、英文和法文。每月能为其子女支付一小笔膳宿费用的父母，将自己的孩子送进修院，学习真正的葡萄牙语，有时还能体验到心灵的升华。有的学生在修院就餐，晚上回家与家人团聚。有时在特定的时间前来听讲，由教师"免费授课"。1815年，有8名年轻的中国人，2名马来人，16名在澳门出生的男童，住在该修院。1831年，修院中有7名年轻的中国人，2名来自马尼拉的男童，其父母为葡萄牙人，以及13名在澳门出生的学生。④

澳门圣若瑟神学院重建后的半个世纪，在遣使会会士的管理下获得了成功，时人称誉："圣·维森特·德·保禄（S. Vicente de Paulo）神父们的教学使那所机构的声望达到了空前的高度，以至1800年被授予'皇家神学院'的荣誉称号。"⑤

---

① ［葡］潘日明著，苏勤译：《殊途同归：澳门的文化交融》，澳门：澳门文化司署，1992年，第154页称："葡萄牙遣使会学校在这段时期共培养了30名传教士。" Manuel Teixeira, *A Educação em Macau*, Macau: Direcção dos Serviços de Educação e Cultura, 1982, p. 15称："（1822年）圣若瑟神学院仍有50多名学生。"文德泉的数据和笔者收集的数据大体相近。潘日明所言30名传教士当为葡萄牙学校培养，其他的20余名应该由法国学校培养。由于资料的收集不全，上述名单肯定有所遗漏。

② ［葡］潘日明著，苏勤译：《殊途同归：澳门的文化交融》，澳门：澳门文化司署，1992年，第154页。

③ 杨雨磊：《金大建的地图绘制》，载《澳门历史研究》第13期，2014年，第206～212页。

④ ［瑞典］龙思泰著，吴义雄等译：《早期澳门史》，北京：东方出版社，1997年，第50～51页。

⑤ Maria Regina Valente, *Igrejas de Macau*, Macau: Instituto Cultural de Macau, 1993, p. 38.

19世纪30年代，澳门政局的变化对圣若瑟神学院产生了极大的冲击。1834年10月，葡萄牙司法大臣若阿金·阿吉亚尔（Joaquim António de Aguiar）制定的取缔各种宗教修院的法令在澳门开始实施。澳门总督晏德那签署法令，所有非葡籍传教士必须离开澳门。[①] 澳门多明我会由于不承认葡萄牙在远东的保教权，被晏德那驱逐。法国遣使会和巴黎外方传教会、罗马传信部虽然都请求留在澳门，但由于它们不承认葡萄牙的保教权，所以它们的请求也都遭到晏德那的拒绝。在这种保教权的影响下，法国遣使会会士被迫离开了澳门。1845年，遣使会的总会长下令解散了澳门圣若瑟神学院。据孟振生的记载，"我们的总会长考虑，如果每一位代牧在其教区内均有修生，会有很大的益处。因此，他解散了澳门圣若瑟神学院"。澳门圣若瑟神学院的学生被分送到法国遣使会辖下的中国不同教区，如北京、蒙古或新疆、广西、浙江等地。[②] 虽然澳门圣若瑟神学院这一机构仍然存在，但学生全部被解散，教师大部分被驱逐。由于办学环境日益恶化，到19世纪40年代末，神学院的教授逐渐星散殆尽，仅剩下两位八十多岁的老神父，即金安多尼和米兰达。圣若瑟神学院落到名存实亡的地步。[③]

（三）澳门教区管理时期的圣若瑟神学院（1856—1910年）

1834年法国遣使会会士离开了澳门圣若瑟神学院，1845年遣使会总会又下令解散澳门圣若瑟神学院，学院的学生都分别被遣散到中国内地各教区。1856年11月4日，前南京主教赵方济神父在澳门圣若瑟修院内去世。赵方济神父于1848年6月23日出任南京主教，至1855年离任，一直居住在圣若瑟修院。随着赵方济神父的去世，遣使会对圣若瑟神学院的管理也随之结束，并交由天主教澳门教区管理。圣若瑟神学院停办后，澳门教育出现了一个空白时期，全澳没有一个正规的教育机构对澳门的孩子们进行教育，澳门市民不得不将他们的孩子送往英属殖民地新加坡、孟买、加尔各答接受教育，澳门的教育水平大大下降。[④] 当时里斯本的一家报纸预言，澳门将退化成为一块未开发的野蛮地。[⑤]

鉴于此种情况，1856年8月12日，葡萄牙国王颁布法令，要求重建海外神学院，并任命戈维亚神父为澳门圣若瑟神学院院长。[⑥] 戈维亚担任院长后，曾多次请求里斯本

---

① ［葡］施白蒂著，姚京明译：《澳门编年史：19世纪》，澳门：澳门基金会，1998年，第56页。

② Manuel Teixeira, *Macau e a Sua Diocese*, Vol. Ⅲ, *As Ordens e Congregações Religiosas em Macau*, Macau: Tipografia Soi Sang, 1956 – 1961, p. 740.

③ Manuel Teixeira, *Macau e a Sua Diocese*, Vol. Ⅲ, *As Ordens e Congregações Religiosas em Macau*, Macau: Tipografia Soi Sang, 1956 – 1961, p. 389.

④ Manuel Teixeira, *Macau e a Sua Diocese*, Vol. Ⅲ, *As Ordens e Congregações Religiosas em Macau*, Macau: Tipografia Soi Sang, 1956 – 1961, p. 389.

⑤ Manuel Teixeira, *Macau e a Sua Diocese*, Vol. Ⅷ, *Padres da Diocese de Macau*, Macau: Tipografia da Missão do Padroado, 1972, p. 252.

⑥ ［葡］施白蒂著，姚京明译：《澳门编年史：19世纪》，澳门：澳门基金会，1998年，第129页。

政府拯救澳门圣若瑟神学院和澳门的教育，但里斯本政府没有反应。葡萄牙海外海事部于1860年颁发训令决定重新开办圣若瑟神学院并将以前存在的公共学校并入该院。这样，圣若瑟神学院就有一位教读写的老师齐尔（Gil），一位教英文的老师佩雷拉（J. V. Pereira），一位教葡文的老师马克西姆（Máximo）及一位教拉丁文的老师戈维亚神父。① 1861年12月3日，里斯本政府决定派遣耶稣会神父、意大利人罗迪纳与葡萄牙人马托斯担任澳门圣若瑟神学院的教师。两位神父于1862年3月抵达澳门，1862年6月8日正式开始招收学生。耶稣会神父来澳任教的消息传出，许多澳门市民劝服其在香港学校读书的孩子退学，而回到澳门圣若瑟神学院。② 耶稣会神父来之前，该校"只有八九名学拉丁文的走读生和几名识字班的儿童"③。耶稣会神父来以后，住院学生发展到41人，全领奖学金，院外学生则超过150人，总共超过200人，1864年为264人，1870年为377人。设置的课程有基础语文、葡文、拉丁文、法文、英文、基础数学、历史、地理、伦理哲学、物理学，还包括一些音乐等辅助课程。④ 罗迪纳神父是圣若瑟神学院中的灵魂人物，他既是亲切迷人的诗人，又是深沉的哲学家、完美的神学家、博学的作家、优秀的艺术家。他还是一位杰出的演讲家，谙熟拉丁文、希腊文、葡萄牙文，演讲、布道和讲课具有生动鲜活的形象、敏锐的洞察力、深远的强制性和高超的智慧，深深地影响着澳门学院的学生们。他在澳门出版了《上帝的神性》（1864年）和《哲学概要》两本书。⑤ 他还痴迷于音乐，曾邀请著名的意大利作曲家安提诺利和他的外甥萨尔维尼——圣塞西拉艺术学校的双雄，来到圣若瑟神学院表演和讲学。他在学院中还组织了一支由30个男孩组成的乐队，并订购了乐器和服装。为了加强学院的物理、化学学科的教育，他在学院中增设了物理、化学实验室。他在澳门工作整整10年，为澳门的教育事业做出了极大的贡献。1871年8月4日，在罗迪纳的学生的请求下，议事会将他的肖像挂进议事会的大厅。圣若瑟神学院在罗迪纳等耶稣会神父的领导下，重振昔日辉煌，神学院呈现出一派欣欣向荣的景象。⑥ 这一时期，澳门圣若瑟神学院也为澳门培养了一批十分重要的人才，如著名政治人物巴士度、坎西奥·若热（Câncio Jorge）及总督高士德元帅，著名商人佩德罗·诺拉斯科（Pedro Nolasco）、小洛伦索·马克斯（Lourenço Marques Júnior），著名作家莱昂西奥·

---

① ［葡］潘日明著，苏勤译：《殊途同归：澳门的文化交融》，澳门：澳门文化司署，1992年，第155页。

② Manuel Teixeira, *Macau e a Sua Diocese*, *Vol. VIII*, *Padres da Diocese de Macau*, Macau: Tipografia da Missão do Padroado, 1972, p. 253.

③ ［葡］潘日明著，苏勤译：《殊途同归：澳门的文化交融》，澳门：澳门文化司署，1992年，第155页。

④ Manuel Teixeira, *Macau e a Sua Diocese*, *Vol. VIII*, *Padres da Diocese de Macau*, Macau: Tipografia da Missão do Padroado, 1972, pp. 252 – 253.

⑤ ［葡］潘日明著，苏勤译：《殊途同归：澳门的文化交融》，澳门：澳门文化司署，1992年，第156页。

⑥ Manuel Teixeira, *Macau e a Sua Diocese*, *Vol. VIII*, *Padres da Diocese de Macau*, Macau: Tipografia da Missão do Padroado, 1972, pp. 262 – 268.

费雷拉（Leôncio Ferreira）等。①

表 6-12　1856—1871 年圣若瑟神学院的教师队伍②

序号	姓名	身份	国籍	教授课程/担任职务	入院时间
1	戈维亚 Manuel Lourenço de Gouveia	在俗神父	葡	院长，教师	1856—1871
2	嘉华路 António Luís de Carvalho	在俗神父	葡	院长，教师	1867—1871
3	罗迪纳 Francesco Xavier Rôndina	耶稣会神父	意	修辞学、伦理哲学、教理哲学	1862—1871
4	马托斯 José Joaqium da Afonseca Matos	耶稣会神父	葡	法文、葡文、文学	1862—1871
5	法里亚 Faria	在俗神父	葡	葡文、拉丁文文法	1862—1870
6	玛吉士 José Martinho Marques	在俗教师	澳门	中文	1862
7	安东尼奥·洛佩斯 António Lopes	在俗神父	葡	学监，教授拉丁文和葡文基础知识	1862
8	玛葵士 Francisco Joaquim Marques	在俗教师	澳门	海员课程	1862
9	阿尔布柯尔克 Domingos Pereira de Albuquerque	耶稣会神父	葡	教授葡语，担任学生心理指导	1865—1871
10	若瑟·维吉利 José Virgili	耶稣会神父	意	伦理神学、修辞学、数学、拉丁文	1865—1871
11	托马斯·卡伊尔 Tomás Cahill	耶稣会神父	爱	英文、全球通史	1865—1871
12	若瑟·阿拉纳 José Araná	耶稣会神父	西	西班牙文及语法	1864—1866
13	弗朗西斯科·吉拉蒂尼 Francisco Ghiradini	耶稣会修士	意	担任华人学生及孤儿的学监	1862—1871
14	莫莱斯 Francisco Morais	耶稣会修士	葡	学院后勤主管	1867—1871

① Manuel Teixeira, *Macau e a Sua Diocese*, *Vol. VIII*, *Padres da Diocese de Macau*, Macau: Tipografia da Missão do Padroado, 1972, p. 390；［葡］潘日明著，苏勤译：《殊途同归：澳门的文化交融》，澳门：澳门文化司署，1992 年，第 154～156 页。

② Manuel Teixeira, *Macau e a Sua Diocese*, *Vol. VIII*, *Padres da Diocese de Macau*, Macau: Tipografia da Missão do Padroado, 1972, pp. 251－255.

澳门圣若瑟神学院的发展并非一帆风顺。1870 年 9 月 20 日，葡萄牙政府又颁布了一道命令，驱逐澳门非葡籍教师，圣若瑟神学院的非葡萄牙籍耶稣会神父于 1871 年被驱逐出澳门。[①] 虽然澳门议事会和澳门市民 300 余人致函里斯本政府，请求将这些外国教师留下，但未起任何作用。[②] 由于外国教师的离开，学院的课程无法开设，学生被迫中断学业。到 1871 年时，学生由过去的 377 人减少到 270 人。[③]

继戈维亚神父之后担任澳门圣若瑟神学院院长的为葡萄牙人嘉华路神父。嘉华路神父任院长时，力图将澳门圣若瑟神学院办成一所完全世俗化的学校，学校的教师除一位神父外，全部聘用在俗教师。这个新的教学班子包括教授一年级拉丁文和葡萄牙文的青年教师卡布拉尔（A. Cabral），教授物理和化学的马吉良斯（Magalhães）博士，教授英文和哲学的迪多齐奥·罗德里格斯（Theodósio Rodrigues）和马瑞安诺·阿尔维斯（Mariano Álves），教授中文的彼得洛·诺拉斯·达·席尔瓦（Pedro Nolasco da Silva），负责小学高年级的曼努埃尔·达·席尔瓦（Manuel da Silva）和负责低年级的卡尔迪拉（C. J. Caldeira），任航海课教师的马贵斯（Francisco José Marques）及教授二年级葡萄牙文的瓦斯贡塞洛斯（António Maria Augusto de Vasconcelos）神父。[④] 嘉华路想把神学院改造成一所微型的科英布拉大学，1871 年 10 月 5 日，又举行了新的开学典礼，共招收了 362 名学生。这座世俗学校的建立，因为教师的激进和耶稣会会士的极端敌视，且得不到澳门居民的认同，无法取得良好的效果。虽然嘉华路也曾为学校的发展做了很多工作，如改造学生宿舍、为图书馆添置新书和书柜，但也无济于事。学校教学质量下降，语言和数学学习成绩欠佳，教学失败，并砍掉了地理、历史和商业簿记课程。学生们拿到的文凭对求业和升学毫无意义，只是一张分文不值的废纸。学生人数开始减少，到 1881 年时锐减到 68 人。[⑤]

1875 年，明德禄神父被任命为澳门圣若瑟神学院代理院长。此时葡萄牙里斯本塞尔纳谢神学院先后有多批毕业生到澳门圣若瑟神学院任教，但他们在澳门待的时间一

---

① Manuel Teixeira, *Macau e a Sua Diocese*, *Vol. III*, *As Ordens e Congregações Religiosas em Macau*, Macau: Tipografia Soi Sang, 1956 - 1961, p. 522.

② ［葡］弗雷拉·莱昂西奥（Ferreira Leôncio）:《真情的呐喊：澳门耶稣会教士问题与澳门人的教育》，转引自［葡］施白蒂著，姚京明译：《澳门编年史：19 世纪》，澳门：澳门基金会，1998 年，第 181 ~ 182 页。

③ Manuel Teixeira, *Macau e a Sua Diocese*, *Vol. III*, *As Ordens e Congregações Religiosas em Macau*, Macau: Tipografia Soi Sang, 1956 - 1961, p. 522.

④ ［葡］潘日明著，苏勤译:《殊途同归：澳门的文化交融》，澳门：澳门文化司署，1992 年，第 156 页。

⑤ Manuel Teixeira, *Macau e a Sua Diocese*, *Vol. III*, *As Ordens e Congregações Religiosas em Macau*, Macau: Tipografia Soi Sang, 1956 - 1961, pp. 391 - 393；［葡］潘日明著，苏勤译：《殊途同归：澳门的文化交融》，澳门：澳门文化司署，1992 年，第 156 页。

般不长，很快就到帝汶传教。[①] 明德禄院长无力挽救学院的衰败及教育水平的下降。到1881年时，澳门圣若瑟神学院只有40名住院生和28名院外生。但这一时期，澳门圣若瑟神学院对帝汶的传教及培养修生起到了十分重要的作用。[②] 直到1890年时，明德禄院长请求葡萄牙国王再次派耶稣会会士来学院作报告并获得同意，从1890年起，又有一批耶稣会会士来到澳门圣若瑟神学院担任教师。至1909年，共有35名耶稣会会士到达澳门圣若瑟神学院任教，这也是耶稣会会士第三次返回"上帝圣名之城"。耶稣会会士的再次到来，给澳门圣若瑟神学院增添了活力，使该院的教育水平再一次走向辉煌。[③]

表6-13　1890—1910年圣若瑟神学院的耶稣会教师[④]

序号	姓名	身份	国籍	教授课程/担任职务	入院时间
1	弗朗西索·格拉尼亚 Francisco Borges Graínha	神父	葡	教师	1890
2	若瑟·热苏斯 José Maria Nunes da Silva	神父	葡	心理指导教师	1890—1894
3	安东尼奥·迪亚斯 António Dias	神父	葡	教师，学监	1890—1901
4	若奥·公萨维斯 João Gonçalves	神父	葡	教师，院长（1893—1902）	1892—1908年后
5	曼努埃尔·格拉沙 Manuel Graça	神父	西	经院哲学	1891—1895
6	弗朗西斯科·库尼亚 Francisco Xavier da Cunha	神父	葡	教师	1891—1895
7	安东尼奥·米兰达 António Miranda	修士	葡	教师、学监	1891—1908
8	威廉·郝思比 William Hornsby	神父	美	英文、经院哲学	1892—1901
9	安东尼奥·阿尔维斯 António Maria Alves	神父	葡	教师，院长（1902—1907）	1893—1907

① 参见［葡］白尼奥著，黄徽现译：《在远东的塞尔纳谢·多·邦雅尔丁学院的神父》，载《文化杂志》（中文版）第57期，2005年，第114页。

② Manuel Teixeira, *Macau e a Sua Diocese*, *Vol. III*, *As Ordens e Congregações Religiosas em Macau*, Macau: Tipografia Soi Sang, 1956 – 1961, pp. 394 – 395.

③ ［葡］潘日明著，苏勤译：《殊途同归：澳门的文化交融》，澳门：澳门文化司署，1992年，第181页；Manuel Teixeira, *Macau e a Sua Diocese*, *Vol. VIII*, *Padres da Diocese de Macau*, Macau: Tipografia da Missão do Padroado, 1972, p. 273.

④ Manuel Teixeira, *Macau e a Sua Diocese*, *Vol. VIII*, *Padres da Diocese de Macau*, Macau: Tipografia da Missão do Padroado, 1972, pp. 272 – 305.

（续上表）

序号	姓名	身份	国籍	教授课程/担任职务	入院时间
10	若奥·达·科斯塔 João da Costa	神父	葡	经院哲学	1893—1898
11	塞巴斯帝安·阿帕里希奥 Sebastião Maria Aparício	神父	葡	伦理神学、天主教法律、天主教史	1894—1899
12	埃杜阿尔多·特谢拉 Eduardo de Abreu Teixeira	神父	葡	学监、教师	1893—1905
13	威廉·阿克怀特 William Arkwright	神父	英	商业	1894—1910
14	刘易斯·圣地亚哥 Luís Santiago	修士	葡	教师	1894—1905
15	阿德里亚诺·戈麦斯 Adraiano de Sousa Gomes	神父	葡	基督哲学、心灵指导	1895—1896
16	刘易斯·萨尔加多 Luís António Ferreira Mendes Salgado	神父	葡	修辞学、文学、世界通史	1895—1910
17	若奥·费若 João Lucas Feijó	神父	葡	教师，代理院长（1907）	1895—1910
18	曼努埃尔·费雷拉 Manuel Fernandes Ferreira	神父	葡	教师	1897—1899
19	曼西欧·莫莱斯 Mâncio António dos Santos Morais	神父	葡	教师	1897—1908
20	安乐尼奥·法尔多 António Dinis Henriques Farto	神父	葡	教师，院长（1907—1910）	1898—1910
21	若奥·莫拉 João José de Moura	神父	葡	教师	1898—1908
22	刘易斯·斯卡瓦尔兹 Luís Schuartz	神父	奥	教师	1900—1904
23	安东尼奥·贡萨尔维斯 António Joaquim Gonçalves Roliz	神父	葡	教师	1900—1904
24	弗朗西索·雷伊斯 Francisco Lucas Coelho dos Reis	神父	葡	教师	1904—1908
25	多明戈斯·戈麦斯 Domingos José Gomes	神父	葡	学监，教授哲学	1904—1908
26	奥克塔维奥·贡萨尔维斯 Octávio Augusto Gonçalves	神父	葡	经院哲学	1906—1910

（续上表）

序号	姓名	身份	国籍	教授课程/担任职务	入院时间
27	色拉芬·拉杂雷 Serafim de Almeida Nazaré	神父	葡	教师	1905—1910
28	塞巴斯蒂安·亚丰肃 Sebastião Afonso	修士	葡	护士、药房管理人	1910
29	若瑟·阿塔拉伊亚 José Marques Atalaia	神父	葡	教师	1908
30	佩德罗·罗萨里奥 Pedro Damião do Rosário	神父	葡	学监，教授数学、英文	1908—1910
31	弗朗西斯科·凯阿丁 Francisco Vicente Keating	神父	英	英文、礼仪讲师	1908—1910
32	若奥·佩雷拉 João Pereira	神父	葡	主管、教师、走读生俱乐部主任	1908—1910
33	安东尼奥·内托 António Ferreira Neto	神父	葡	数学、科学、哲学	1908—1910
34	维森特·阿戈斯蒂纽 Vicente Agostinho	修士	葡	药房管理人、职工	1909—1910
35	安东尼奥·卡斯特罗 António José de Almeida e Castro	修士	葡	小学课程教师	1908—1910

1910 年葡萄牙民主革命成功，葡萄牙共和国建立，再一次颁布命令驱逐耶稣会会士，禁止宗教结社，封闭修道院。这个命令在澳门也获得了执行。圣若瑟神学院的耶稣会教师全部被迫离开了澳门，圣若瑟神学院暂时再次关闭。①

四、澳门修道院教育

澳门天主教教育，除了上述神学院及学院教育之外，各天主教修会都有自己的修道院教育。修道院教育是基督徒教育的重要组成部分，随着修道生活的兴起、发展而产生。它一方面具有教会教育的共性，即为教会培养虔诚的基督徒，使之成为基督教

① ［葡］施白蒂著，金国平译：《澳门编年史：20 世纪（1900—1949）》，澳门：澳门基金会，1999 年，第 44～46 页，见《申报》1910 年 12 月 10 日的《澳门兵变详记》。

的传播者和捍卫者；另一方面，这种教育由于附属于修道院，又有自身的特点，即要求修士禁欲克己，遵守“服从”（Obedience）、“贞洁”（Chastity）、“贫穷”（Poverty）的誓约。关于澳门的修道院教育，由于资料的缺乏，很难找到它们完整系统的教育形式与内容，只能根据零星的记录作如下表述：

（一）澳门方济各会修道院教育

1579 年，第一批西班牙方济各会会士佩德罗·阿尔法罗等人抵达澳门，受到主教和兵头等人热情而友好的接待。1580 年 2 月 2 日，佩德罗·阿尔法罗在澳门南湾附近的小山上创建了圣方济各天使圣母修道院及圣堂。① 中国人后称其为“噶斯兰（嘉思栏）庙”②。据黛乌斯《植物与鲜花的乐园》记载：修道院位于城东一片美丽沙滩起始处的小山上，海浪拍打着修道院的围墙，修道院东面和北面朝向大海。修士们在院内开办了一所学院（Colégio），有 20 个青少年在里面接受教育，他们有的是正在改变信仰的信徒子女，有的是基督徒子女，在天主教义的良好熏陶下，他们将成为当地的传道员。他们还用大量的时间学习中文，希望他们之中有些人将来可以重返广州城。③ 1581 年 12 月 25 日圣诞节，有 5 名在方济各会修道院见习修士离开了修道院，理由是在圣诞这一天只给他们草吃。后来他们后悔，又回来了。当时在院的意大利方济各会神父卢卡雷利又收留了他们，作为悔过，他安排他们一起为澳门麻风病院的患者服务六个月。他们拒绝这样的安排，又重新返回世俗世界。一年之后，他们都死了。④ 1582 年 7 月，澳门兵头艾雷斯·米兰达又邀方济各会卢卡雷利神父重返澳门，并赔偿他在澳门的损失，卢卡雷利神父回到方济各会修道院，很快又召集 20 多名中国、日本、暹罗及交趾支那的青年，接受方济各会训练。⑤ 1582 年 12 月，两名在澳门方济各会修道院学习的交趾支那人奉卢卡雷利之命回国传教。其中一位已经晋升司铎，一位为修士，名叫安东。⑥ 1585 年，当时在澳门休养的西班牙方济各会会士巴特洛梅·鲁意兹已经 61 岁，他于本年（1585 年）从澳门奔赴安南，这次他带了一名在澳门方济各会修道院学习的越南妇女当翻译，来到升龙（今河内），莫朝国王对他的到来十分欢迎，并允许

---

① Manuel Teixeira, *Macau e a Sua Diocese*, *Vol. Ⅲ*, *As Ordens e Congregações Religiosas em Macau*, Macau: Tipografia Soi Sang, 1956 – 1961, pp. 414 – 416.

② （清）印光任、张汝霖原著，赵春晨校注：《澳门记略校注》，《澳蕃篇》，澳门：澳门文化司署，1992 年，第 150 页。

③ Manuel Teixeira, *Macau e a Sua Diocese*, *Vol. Ⅲ*, *As Ordens e Congregações Religiosas em Macau*, Macau: Tipografia Soi Sang, 1956 – 1961, p. 418.

④ Manuel Teixeira, *Melchior Carneiro*, *Fundador da Sta. Casa da Misericórdia de Macau*, Macau: Tipografia da Missão do Padroado, 1968, p. 108.

⑤ Môt Giáo sú Sú học, *ở Việt Nam*, *Giáo Hôi Cōng Giáo*, Quyển I, In lần Hai, 1997, p. 64.

⑥ Môt Giáo sú Sú học, *ở Việt Nam*, *Giáo Hôi Cōng Giáo*, Quyển I, In lần Hai, 1997, p. 64.

他自由传教。[①] 澳门方济各会修道院的学校教育虽然开设时间很早，但到 17 世纪以后该修道院的学校教育在历史记录中已完全消失。

（二）澳门多明我会修道院教育

澳门多明我会修道院是由安东尼奥·阿尔迪亚诺神父创办的。1587 年 9 月 1 日，首批西班牙多明我会会士抵达澳门后不久，就获葡印总督曼努埃尔·科蒂纽的批准，建起了一座修道院和一座教堂，华人称之为“板樟庙”[②]。1588 年 3 月，根据曼努埃尔·科蒂纽的命令，澳门多明我会修道院由葡籍多明我会会士接管，西班牙多明我会会士离开澳门。葡籍多明我会会士接管修道院后，主要接纳从印度经澳门前往帝汶和马尼拉传教的神职人员，成为一家招待住所。但同时在修道院中开办了一家简单的语言学校，还曾开设过艺术科目，先后由加斯巴尔·马塞多和托马斯·普里菲卡绍修士担任教师。[③] 据文德泉的记录，1642 年时多明我会修道院学校的学生与奥斯定修道院的学生聚集起来，一起“庆祝葡萄牙独立”这个节日。[④] 1814 年 6 月 16 日，葡萄牙国王敕令在澳门多明我会修道院开办一所讲授宗教课程的学堂，招收 5 名学生，以满足帝汶传教的需要。他们学习合格后，将被派往帝汶传教。在同座楼里，还开办一所公众学堂，由一位神父教授拉丁文阅读与写作，兼设“艺术班”[⑤]。1820 年的《人民回声报》（*O Echo do Povo*）还称，多明我会修士在澳门支持了一所秩序良好的学校。[⑥] 莱昂西奥·费雷拉的《为真理呐喊》一书亦称，在当时的学校教育中，“多明我会修道院开设的学校，教学质量良好”[⑦]。1834 年，由于葡萄牙取缔宗教社团，澳门多明我会修道院随之关闭。关于这座修道院的学校教育，我们还没有找到材料进行更详细的介绍。

---

① Môt Giáo sú Sú họe, *ở Việt Nam*, *Giáo Hōi Cōng Giáo*, Quyển I, In lấn Hai, 1997, p. 57.

② （清）印光任、张汝霖原著，赵春晨校注：《澳门记略校注》，《澳蕃篇》，澳门：澳门文化司署，1992 年，第150 页。

③ ［法］裴化行著，萧浚华译：《天主教 16 世纪在华传教志》，上海：商务印书馆，1936 年，第 317 页；Maria Regina Valente, *Igrejas de Macau*, Macau: Instituto Cultural de Macau, 1993, p. 20; José Maria Gonzalez, *Historia de Las Misiones Dominicanas de China* (*1632 – 1700*), Vol. Ⅰ, Madrid: Imprenta, Juan Brovo, 3, 1962, pp. 33 – 36.

④ Manuel Teixeira, *Macau e a Sua Diocese*, *Vol. Ⅲ*, *As Ordens e Congregações Religiosas em Macau*, Macau: Tipografia Soi Sang, 1956 – 1961, p. 625.

⑤ ［葡］潘日明著，苏勤译：《殊途同归：澳门的文化交融》，澳门：澳门文化司署，1992 年，第 154 页。

⑥ Manuel Teixeira, *Macau e a Sua Diocese*, *Vol. Ⅲ*, *As Ordens e Congregações Religiosas em Macau*, Macau: Tipografia Soi Sang, 1956 – 1961, p. 634.

⑦ ［葡］潘日明著，苏勤译：《殊途同归：澳门的文化交融》，澳门：澳门文化司署，1992 年，第 154 页。

（三）澳门奥斯定修道院教育

澳门奥斯定修道院的建立者为西班牙奥斯定会会士弗兰西斯科·孟利格。1587 年 12 月，弗兰西斯科·孟利格经过多次失败后重返澳门。这一次，他在澳门买下了一间由瓦片和麦秸搭成的小屋，长 33 英尺，宽 13 英尺，开始当作忏悔室，用于讲道并举行圣礼、圣事，后正式建成了一座修道院，其中还有一座圣堂，名为恩宠圣母修道院。[①]不久，该修道院交给了葡萄牙籍奥斯定会管理。1591 年，葡萄牙奥斯定会神父将恩宠圣母修道院搬至澳门的一个山丘上（岗顶，当时称磨盘山），那是全城最好的地方。[②]华人称这座修道院为“龙鬆庙”[③]。关于这所修道院的教育情况我们基本上找不到相关资料，但是在文德泉《澳门及其教区》介绍多明我会修道院时曾两次提到奥斯定修道院学校的记录，一是 1642 年：

> 7 月 20 日，多明我会及奥斯定会修士出发，同行的有 50 名学生，每天的课程对于基督徒来说，数量是不足够的，有必要登记这些修道院的两所学校，这些学生穿着士兵的服装出发，踏着连续和谐的步子，从圣奥斯定广场的道路和空地一直走到圣保禄教堂的高地。[④]

二是 1642 年，这所多明我会学校的学生与奥斯定修道院的学生聚集起来庆祝节日。[⑤]根据这两条记录，可以判断澳门奥斯定修道院也开办过同多明我会修道院一样的学校，而且招收了一批修士学生。又据潘日明的材料，1820 年时澳门各教区传教士和修道院成员都举办了免费课程。[⑥] 可见，到 19 世纪时澳门奥斯定会还有修道院教育的存在。当然，限于资料，我们对澳门奥斯定会的修道院教育的详细情况无从考知。

（四）澳门圣家辣女修道院的修女教育

1633 年，费雷拉总督从菲律宾圣·额我略省教区长处获得许可，派雷诺尔·圣弗兰西斯科（Leonor de S. Francisco）等六名西班牙圣家辣（又称圣克拉拉）女修会修女前往澳门，建造一座修道院。这是第一批踏上中国领土的修女。1634 年 4 月 30 日，在

---

① Manuel Teixeira, *Macau e a Sua Diocese, Vol. Ⅲ*, *As Ordens e Congregações Religiosas em Macau*, Macau: Tipografia Soi Sang, 1956 – 1961, p. 538.

② Biblioteca da Universidade de Coimbra, Ms1650, pág. 164: 1572 – 1835: Relação dos priores de Várias Igrejas e Conventos da Ordem de Santo Agostinho, incluindo os de Macau, pp. 91 – 92.

③ （清）印光任、张汝霖原著，赵春晨校注：《澳门记略校注》，《澳蕃篇》，澳门：澳门文化司署，1992 年，第150 页。

④ Manuel Teixeira, *Macau e a Sua Diocese, Vol. Ⅲ*, *As Ordens e Congregações Religiosas em Macau*, Macau: Tipografia Soi Sang, 1956 – 1961, p. 625.

⑤ Manuel Teixeira, *Macau e a Sua Diocese, Vol. Ⅲ*, *As Ordens e Congregações Religiosas em Macau*, Macau: Tipografia Soi Sang, 1956 – 1961, p. 625.

⑥ ［葡］潘日明著，苏勤译：《殊途同归：澳门的文化交融》，澳门：澳门文化司署，1992 年，第 154 页。

信徒的捐助布施资助下，由精通建筑学的安东尼奥·雷苏雷桑（António da Ressurreição）主持，圣家辣女修道院正式建成。该修道院位于东望洋山麓，在今南湾街与水坑尾街交会处。当时华人称该修道院为“尼寺”，《澳门记略》称：“尼寺在澳门之东北，扃钥严毖，女十岁以下许入寺，即入，终其身不复出，虽至亲不能入视。”①1634 年修道院开办时，即招收了 12 名女孩在修道院学习。② 1644 年 10 月，葡萄牙独立后，澳门当局宣布将所有的西班牙人驱逐出澳门，包括 3 名圣家辣女修道院的西班牙女修士（先来者 6 人，已死去 3 人）及在澳门避难的方济各会利安当和他的同伴。③

关于圣家辣女修道院的修女教育，据曼努埃尔·达·席尔瓦·门德斯（Manuel da Silva Mendes）提供的历史资料称：

> 圣家辣修女，无声的布道者，为女孩子提供教育；澳门所有富裕人家的女孩都来到圣家辣女修道院学习高等课程——拉丁文、修辞学，甚至非常困难的“三学”④，由方济各会会士教授。⑤

可知，在该修道院学习的学生要学习拉丁文、修辞学及“三学”。圣家辣女修道院的修女在澳门具有很高的地位，《澳门记略》称：“一女为尼，一家为佛眷，家人罹重辟，得女尼片纸，立宥之。然必捐千金致诸公，故入寺者鲜。”⑥ 李遐龄有诗称：“一女为尼九族崇，杀人如蚁不能讧。旋盆半片纸条入，绝胜秋官肺石通。”⑦ 叶廷勋亦称：“夷人女尼最重。”⑧ 故葡萄牙人对于圣家辣女修道院十分看重，严格限制入院的人数。

1678 年，葡印总督罗德里格·科斯达命令澳门议事会禁止任何姑娘加入圣家辣女修道院，违者罚款 500 葡印金币。⑨ 1686 年，葡印总督罗德里格·科斯达重申禁令，命令澳门议事会颁布法令，任何人不得将其女儿、亲属或被监护人送入圣家辣女修道院，违者罚款 500 澳门元，其意图很明显，就是要取消该修道院。但澳门议事会对这一命

---

① （清）印光任、张汝霖原著，赵春晨校注：《澳门记略校注》，《澳蕃篇》，澳门：澳门文化司署，1992 年，第150 页。

② ［瑞典］龙思泰著，吴义雄等译：《早期澳门史》，北京：东方出版社，1997 年，第 27 页。

③ Manuel Teixeira, *Macau e a Sua Diocese*, *Vol. Ⅲ*, *As Ordens e Congregações Religiosas em Macau*, Macau: Tipografia Soi Sang, 1956 - 1961, pp. 493 - 494；韩承良：《中国天主教传教历史：根据方济会传教历史文件》，台北：台北思高圣经学会，1994 年，第 33 页。

④ 三学或三艺（拉丁文：trivium，意为“三条道路”）是欧洲中世纪大学首先要教授的三门学科：语法、逻辑和修辞，它是构成中世纪博雅教育的基础。

⑤ Manuel Teixeira, *A Educação em Macau*, Macau: Direcção dos Serviços de Educação e Cultura, 1982, p. 1.

⑥ （清）印光任、张汝霖原著，赵春晨校注：《澳门记略校注》，《澳蕃篇》，澳门：澳门文化司署，1992 年，第152 页。

⑦ （清）李遐龄：《勺园诗钞》卷 1，《澳门杂咏》，清嘉庆十九年刻本，第 9 页。

⑧ （清）叶廷勋：《梅花书屋诗钞》卷 4，《于役澳门纪事十五首》，清道光年间刻本，第 4 页。

⑨ ［葡］施白蒂著，小雨译：《澳门编年史：16—18 世纪》，澳门：澳门基金会，1995 年，第 97 页。

令完全置之不理。①

1693 年 10 月 26 日，澳门议事会与圣家辣女修道院签订一份协议，决定将每年议事会收益的 1% 拨给修道院，条件是修道院必须每五年接收一位对澳门有贡献的市民的女儿入院接受教育。② 1731 年 1 月 19 日，贾修利主教重组圣家辣女修道院，把议事会为其提供嫁资修女人数增至 40 名。③《澳门记略》亦称："寺中尼凡四十有奇。"④ 直到 1779 年 1 月 20 日，英国马戛尔尼使团副使斯当东的记录还称澳门：

> 有 3 个男修道院和 1 个女修道院。女修道院里住着 40 名修女，另有 40 名行为不检的妇女也被关在女修道院里，只有男人肯娶她们为妻子的时候，她们才能出院。⑤

可见，该修道院的修女一直保持在 40 人左右。

1755 年，圣家辣女修道院院长圣热罗尼莫（Ùrsula de S. Jerónimo）请求议事会按规定的百分比支付 1753—1755 年两年的经费，以满足其生活所需。当时澳门经济正处于衰落与崩溃之中，女修道院的修女们已有一年没有得到正常的拨款。⑥ 1804 年 11 月 17 日，果阿贾廷诺大主教下令圣家辣修女完善修道院设施，并要求禁止所有男女儿童进入修道院。⑦ 1824 年 12 月 31 日晚，圣家辣女修道院失火。90 岁高龄的弗洛蒂娜伦（Florentina）修女被烧死，31 位修女逃生。大火是由装饰耶稣诞生的马槽的纸花引燃的。⑧

1834 年 9 月 12 日，根据葡萄牙取缔宗教社团的命令，刚刚完成建院 200 周年纪念活动的圣家辣女修道院被取消。但修女们被允许继续留在院内居住。⑨ 1853 年 4 月 6 日，澳门教区主教热罗尼莫·马塔在果阿写信给海事及海外部大臣时称：

> 全亚洲独有的两座女修道院——果阿圣莫妮卡（S. Mónicas）修道院和澳门圣家辣女修道院的关闭，对澳门葡萄牙人来说是不利的。这两座修道院的废除不仅没有给国家带来重大利益，而且失去了收留和教育年幼女子的独特地位。在此，

---

① Manuel Teixeira, *Macau e a Sua Diocese, Vol. III*, As Ordens e Congregações Religiosas em Macau, Macau: Tipografia Soi Sang, 1956 - 1961, p. 500.

② Manuel Teixeira, *Macau no Séc. XVIII*, Macau: Imprensa Nacional, 1984, p. 8.

③ Manuel Teixeira, *Macau e a Sua Diocese, Vol. III*, *As Ordens e Congregações Religiosas em Macau*, Macau: Tipografia Soi Sang, 1956 - 1961, p. 501.

④（清）印光任、张汝霖原著，赵春晨校注：《澳门记略校注》，《澳蕃篇》，澳门：澳门文化司署，1992 年，第152 页。

⑤［英］斯当东著，叶笃义译：《英使谒见乾隆纪实》，上海：上海书店出版社，1997 年，第 523 页。

⑥［葡］施白蒂著，小雨译：《澳门编年史：16—18 世纪》，澳门：澳门基金会，1995 年，第152 页。

⑦［葡］施白蒂著，姚京明译：《澳门编年史：19 世纪》，澳门：澳门基金会，1998 年，第 6 页。

⑧［葡］施白蒂著，姚京明译：《澳门编年史：19 世纪》，澳门：澳门基金会，1998 年，第 33 页；Manuel Teixeira, *Macau e a Sua Diocese, Vol. III*, *As Ordens e Congregações Religiosas em Macau*, Macau: Tipografia Soi Sang, 1956 - 1961, p. 509.

⑨ Manuel Teixeira, *Macau e a Sua Diocese, Vol. III*, *As Ordens e Congregações Religiosas em Macau*, Macau: Tipografia Soi Sang, 1956 - 1961, p. 510.

> 我不得不恳请阁下作出决定，准许一些优秀的女学生进入澳门圣家辣女修道院，以便她们将来从事教育行业，教授年幼女孩。自从圣家辣女修道院的修女们离开澳门后，澳门年幼的女孩得不到良好的教育。[1]

但这项建议遭到海外委员会的否决。

第二节　澳门基督新教教育

基督新教，从1807年英国伦敦会的马礼逊进入澳门始传入中国。自马礼逊后，美南浸信会、美部会、美国长老会亦先后进入澳门，展开了它们的传教活动。在鸦片战争前后，这一批新教传教士将西方教育制度和方法引入澳门，先后在澳门开办了一系列学校。虽然这些学校在澳门开办的时间不长，后来均转入香港或内地，但是这一批新教传教士在澳门展开的教育活动，在澳门教育史和中国教育史上产生了深远的影响。

一、马礼逊教育会学校

1834年8月马礼逊去世后不久，他在广州和澳门的朋友即提出要成立马礼逊教育会。1835年1月26日，该教育会发布了有22人签名的通告，并募集到4 860元捐款。为了进一步推动计划的实施，由英国商务监督乔治·罗宾逊、英商威廉·渣甸、美商奥立芬、英商兰斯洛特·颠地、传教士马儒翰和裨治文6人组成了一个临时委员会。2月25日，该委员会在广州发布一份通告，叙述了创办马礼逊教育会的缘起和宗旨：

> 正如中国语言文字的知识给外国人带来了巨大的利益，对英语的掌握也将为这个帝国的人民带来同样的或更大的好处。为了将这一利益带给中国人，并帮助马礼逊所开创的伟大事业之目的，现准备建立一座以他奉献了一生的目标为思想特征的、比大理石和黄铜更为持久的纪念碑，它叫作“马礼逊教育会”。这个机构的目的，是在中国建立并资助一些学校，以教育本地的青年，使他们在掌握本国语言的同时，能够阅读和书写英文；并能借助这一工具，掌握西方各种门类的知识。在这些学校，将要求阅读《圣经》和基督教书籍。[2]

---

① Manuel Teixeira, *Macau e a Sua Diocese*, *Vol. III*, *As Ordens e Congregações Religiosas em Macau*, Macau: Tipografia Soi Sang, 1956 – 1961, p. 520.

② Circular of the Provisional Committee, in *ABCFM Papers*, 16. 3. 11. 转引自吴义雄：《在宗教与世俗之间：基督教新教传教士在华南沿海的早期活动研究》，广州：广东教育出版社，2000年，第336页。

1836 年 9 月 28 日，该委员会在广州美国行 2 号召开会议，讨论了由裨治文起草的马礼逊教育会章程和条例，11 月 9 日再次举行会议，宣布马礼逊教育会正式成立。会议选出英商颠地为主席，托马斯·福克斯（Thomas Fox）为副主席，渣甸为司库，裨治文为通信秘书，马儒翰为会议秘书，并以该五人组成马礼逊教育会理事会。① 这次会议通过的章程规定，“本会之目的，是通过学校教育和其他手段，来改善并提高中国的教育”，条例中规定，学校从英美和本地聘请教师，选用最好的中英文教科书，向每个学生发放《圣经》并进行讲解。②

该会成立之初，本身并无学校，据 1837 年该会的年度报告称，该会已收留了 5 名儿童，并使他们受到教育，其中 2 名在新加坡，3 名在广州。③ 1837 年 1 月，该会分别致信美国耶鲁大学和“英国与海外学校协会”，请它们代为物色教师，以开办教育会自己的学校。④

由耶鲁大学教授推荐，1839 年 2 月 18 日，耶鲁大学毕业的学生罗宾斯·布朗夫妇抵达澳门，同年 11 月 4 日，正式在澳门开办马礼逊教育会学校，校址即在郭实猎夫妇的原来住所。第一批学生共有 6 名，“这些男孩们从农村来，其中年龄最大者为 15 岁，通过前几个月的学习，他学到了大量的英语，并比其他的学生进步快。他在学校里充当了监督人”⑤。学校每天分半天学习汉语，半天学习英语，学习时间从早晨 6 时至晚上 9 时。如此，有 8 个小时用于读书，3 ~ 4 个小时用于室外锻炼或娱乐。布朗的书房也在学校内，因此，学生们处在他的监视之下。在教室之外，他们不允许离开已有足够房间供他们运动的校舍。他们住在布朗牧师家里，布朗夫妇待他们如同儿子，布朗牧师给予他们一个基督教家庭的教育。⑥ 布朗还注重美育，他是位优秀的音乐教育家，不但懂声乐和器乐，还会作曲。在其熏陶下，华人学童都热爱西洋音乐，特别喜欢跟

① *Chinese Repository*, Vol. 5, No. 8, 1836/12, pp. 373 – 375.

② *Chinese Repository*, Vol. 5, No. 8, 1836/12, pp. 375 – 378.

③ *Chinese Repository*, Vol. 6, No. 8, 1836/12, pp. 230 – 232.

④ *Chinese Repository*, Vol. 6, No. 8, 1837/11, pp. 229 – 231.

⑤ 此人很可能就是来自香山南溪盛氏家族的盛世丰。盛世丰生于道光四年（1824），13 岁时（1837）来到澳门，即在澳门“学书算、习英语，未数月，即通晓。善解人意，皆喜与交。嗣至十三行充通译”。赵利峰先生推测盛世丰即是在马礼逊教育会学校创办之初进入的。马礼逊教育会学校创办于 1839 年，此处提到的“年龄最大者为 15 岁”，正好与盛世丰年龄相合；《中国丛报》记录此人“通过前几个月的学习，他学到了大量的英语，并比其他的学生进步快”，亦与盛氏家谱中记录的“习英语，未数月，即通晓”相合，故赵氏推断可信。以上参见（民国）盛鸿焘纂修：《南溪盛氏家谱》，《先三伯恒山观察公家传》，北京图书馆藏家谱丛刊（闽粤侨乡卷）影印民国十九年刊本，北京：北京图书馆出版社，2002 年，第 22 ~ 23 页。唯赵氏言与容闳等人为同学关系，则不确定，因为容闳入马礼逊教育会学校是在 1841 年，而盛世丰在该校读书仅有几个月，到 1840 年时盛氏已经离校，故两者不可能是同学。参见赵利峰：《鲜为人知，媲美郑氏：晚清澳门盛氏家族考述》，载《澳门研究》第 75 期，2014 年，第 138 ~ 146 页。

⑥ *Chinese Repository*, Vol. 10, No. 10, 1842/10, pp. 564 – 587.

他学唱圣歌。[①] 1840 年 3 月，学校录取了第二批学生，在校学生增加到 9 人。其中 4 人的学费和食宿费用由马礼逊教育会提供，其余 5 人为私人资助。第二批由布朗夫人和英国传教士美魏茶教授。[②]

1840 年 6 月 19 日，曾在美国马萨诸塞州威廉斯学院深造的华人亚昆（Y. M. C. Akum）由美返华抵达澳门。当时美部会托他带信给住在澳门的裨治文。亚昆回家乡住了一个多月后又返回澳门，并与马礼逊教育会学校的布朗夫妇同住，一起研读中英文，并协助布朗的教学工作。以后此人行踪不明。[③] 1841 年 10 月 29 日，马礼逊教育会学校自上次年会后又招收了 12 名学生，学校总人数达到 18 人。香山人容闳（Awing）、黄胜（Ashing）及黄宽均应是这个时期入学的。[④]

1842 年 6 月 22 日，马礼逊教育会学校在该校教师布朗牧师家举行公开考试。这是首次提供机会给传教会的朋友们观察在其管理下学校的进展。考试科目包括英语、地理、算术、几何及代数。考试于 12 时半开始。“当 16 名学生进入教室时，穿着整洁，带着高兴的面容，意味着他们满意预期中的对他们在英语学习中所取得的成绩而进行的测试。”7 名男孩将其写给马礼逊教育会执行主席裨治文的信件交了出来供仔细阅读，信写得相当好。他们应裨治文的要求，写于考试前的星期一，题目亦由他拟定：英国与中国教育之间的差异。孩子们在没有帮助的情况下写好了信，并修改好。它们的好坏当然不同，但都值得表扬。这些表达了他们当中一些人的想法，显示出他们进行了严密的观察、成熟的思考及人人都能注意到并且赞赏的纯洁动机。[⑤] 9 月 28 日，马礼逊教育会第四次年会在布朗先生的澳门住宅中举行。因主席和副主席缺席，会议由裨治文牧师主持，并宣讲了上一年度的报告。报告展示了学生在其学习中获得的最令人满意的进步，学生们亦表现了由衷的满意。它还显示了一直以来获得其创办者及支持者支持的这所学校完全实现了他们的目标。报告还称，马礼逊教育会在香港的会舍已经开始兴建，不久即可接收学生入学。[⑥]

1842 年 11 月 1 日，马礼逊教育会学校从澳门搬迁到香港，但家长不愿意让孩子离

---

① William Elliot Griffis, *A Maker of the New Orient: Samuel Robbins Brown, Pioneer Educator in China, America, and Japan*, New York: Fleming H. Revell, 1902, pp. 76 – 77.

② *Chinese Repository*, Vol. 11, No. 10, 1842/10, pp. 549 – 550.

③ 苏精：《早于容闳在美读书的华人》，载苏精：《上帝的人马：19 世纪在华传教士的作为》，香港：基督教中国宗教文化研究社，2006 年，第 87 ~ 89 页。

④ *Chinese Repository*, Vol. 10, No. 10, 1842/10, pp. 586 – 587. 据 *Chinese Repository*, Vol. 12, No. 12, p. 620 中称，家住澳门的黄胜是 1841 年 1 月 1 日入校的。来自香山南屏的容闳是在 1840 年 11 月 1 日入学的。（清）容闳：《西学东渐记》，长沙：湖南人民出版社，1981 年，第 6 页中说他 1841 年入学。

⑤ *Chinese Repository*, Vol. 11, No. 6, 1842/06, pp. 337 – 339.

⑥ *Chinese Repository*, Vol. 11, No. 9, 1842/09, p. 520.

家太远，17 名在校学生中，有 6 人被父母带走，只有 11 名学生来到香港。① 该校迁到香港后持续了八年的办学时间，到 1850 年，由于经费问题，马礼逊教育会学校被迫关闭。

马礼逊教育会学校实行的是中英文双语教育，除了中英文语言教育之外，该校用英语教学的还有地理、历史、天文、算术、代数、几何、力学、生物学、音乐、伦理学、《圣经》讲解等课程。学校规定，学生入学以后必须保证在校学习 8 年，学完之后达到相当于中学的水平。下面将马礼逊教育会学校 1839—1843 年在澳门期间的课程情况列表如下：②

表 6－14　1839—1843 年马礼逊教育会学校的课程情况

年度	所学课程与教科书			
1839—1840	英语、阅读和口语 布朗编写的教材	地理 Parley 编写的教材	算术 Gordon 编写的教材	
1841—1842	英语、阅读 Gallaudet's *Child's Book on the Soul*	地理 Guy's *Geography*	算术	历史 Peter Parley's *Method of Telling Stories about the World*
1842—1843	英语、阅读、写作	地理	算术、代数 Colburn's *Intellectual Arithmetic*；*Sequel*	历史 Keightly's *History of England*

马礼逊教育会学校虽然在澳门只有不到三年的时间，但它却是近代中国本土第一个以新教传教团体为背景、以公共教育为内容的西式学校，有别于天主教。它将近代西方的教育制度和教育方法引进中国，同时又在学校中保留中国传统的教学法，这对后来的中国教会教育产生了极为重要的影响。在中英文语言的教学之外，该校还开设了其他西方知识教育的课程，不仅为澳门以后的近代教育提供了有益的范式，而且在西学东渐的历史上也具有颇为重要的意义。③

---

① *Chinese Repository*, Vol. 12, No. 12, 1843/12, pp. 620－621.

② 本表主要资料依据马礼逊教育会 1839—1846 年各年度报告，参见 *Chinese Repository*, Vol. 6－Vol. 15，转引自吴义雄：《在宗教与世俗之间：基督教新教传教士在华南沿海的早期活动研究》，广州：广东教育出版社，2000 年，第 351～352 页。

③ 吴义雄：《在宗教与世俗之间：基督教新教传教士在华南沿海的早期活动研究》，广州：广东教育出版社，2000 年，第 352～353 页。

二、郭实猎夫人创办的澳门书塾

1834 年，普鲁士人荷兰传教会教士郭实猎偕第二任夫人玛丽（Mary Wanstall）从马六甲抵达澳门。郭实猎夫人和她的表妹当时住在澳门一座葡萄牙人的房子中，针对中国儿童展开慈善工作。1835 年 9 月 30 日，郭师母在英国妇女组织“印度与东方女性教育促进会”的资助下在澳门开办了一间学校，开学时有 12 名女生和 2 名男生，实行寄宿式的管理。[①] 这间学校的校址就是贾梅士洞附近的一座长 110 英尺、宽 60 英尺的葡式房子。[②] 学生以学习英文为主，也聘请中文塾师教中文。在澳门居住期间，郭师母全面负责学校事务。据 1838 年《马礼逊教育会年报》称：

学校创建于三年前，现有 16 位男生和 5 位女生，所有学生都住在郭实猎的住宅里，接受郭实猎夫妇提供的食物和衣服。郭实猎说，保留女学生非常困难，她们经常在学校待了短短数月就被带走，即使到最近，也没有一位女生在校时间超过一年。类似的状况也发生在男生那里。当男孩子学到一些儒家经典或英语时，他们便离开了学校，成为能为其父母赚钱的船员。学生们按照年龄被分为三个班，他们都学英语，当第一个班学习地理、历史和写作时，第二个班开始学习阅读和书写，第三个班则在学习阅读。教材是《新约》。中文方面，在一位中国老师的教导下，他们进步神速。郭实猎说，学校所有事物均归郭师母管理。郭师母兼任英语老师，在一位传达员的协助下教授阅读和写作。郭实猎一周用中文考查学生 4 次，用英语授课。[③]

学校创建后，师资除了郭实猎夫妇以外，还有一位葡萄牙年轻教师教书法，一位中国人教中文。1836 年时，还有一位由“印度与东方女性教育促进会”派来的巴克小姐来到澳门协助郭师母教育中国女童。[④] 除了师资以外，学校的运营经费也是很大的问题，学校一个月花费大约在 70 美元，郭师母通过自己的努力从澳门的外国团体、广东

---

① Mary Raleigh Anderson, *A Cycle in the Celestial Kingdom of Protestant Mission Schools for Girls in South China*, The Press of Heiter-Starke Printing Co., 1943, p. 61.

② Frederick Wells Williams, *The Life and Letters of Samuel Wells Williams*, New York: G. P. Putnam's Sons, 1889, pp. 111 – 112. 转引自何思兵：《早期美国教育传教士叔未士夫人与勃朗先生港澳活动述略》，载《澳门历史研究》第 14 期，2015 年，第 248 页。

③ *Chinese Repository*, Vol. 2, No. 6, 1838/10, p. 307.

④ 苏精：《上帝的人马：19 世纪在华传教士的作为》，香港：基督教中国宗教文化研究社，2006 年，第 42 页；周东华：《玛丽·郭士立和澳门女塾的盲女教育》，载《澳门历史研究》第 13 期，2014 年，第 238 页。

的地方官员那里募集了550美元。① 从1836年起，该校接受马礼逊教育会的资助，每年为312元。② 虽然学校的创办及运营十分艰难，但是澳门书塾在郭师母的努力下仍然获得了很大的发展。到1836年时，该校"招收有30~50名来自不同国家的学生，其中一些是中国人"③。又据步特乐（Caroline H. Bulter）夫人的《中国回忆录》称："郭师母在澳门有一所颇具规模的学校，学校有30~40位学生。"④ 特别值得一提的是，郭师母创建的这个澳门书塾，开展了近代中国最早的盲女学生教育。前引步特乐夫人的《中国回忆录》称："该校有2位女生是盲人。"而据曾经在该校读书四年的容闳回忆：

> 其后此塾因故停办，予等遂亦星散。古（郭）夫人携盲女三人赴美。此三女乃经予教以凸字读书之法，及予辍教时，彼等已自能诵习《圣经》及《天路历程》二书矣。⑤

澳门书塾虽然招收了盲女学生，但并无具备教育盲女学生的师资和基础设施。为此，郭师母多次写信给美国和英国相应的盲人教育机构，请求支援。1836年6月15日，郭师母在致费城某女士的信中称：

> 现在学校有17名学生，其中7名小女生，其余均为男生，年龄从6~16岁不等。他们进步很快，超出了我的想象。除了学习英文课，每天还由中国教师教授4~5小时的中文。我们有一位可爱的小盲女，现在正在学习凸点字母，如果我能从你那里得到一本盲文《圣经》，这将对我们助益巨大。我认为学校将招收很多盲生。马礼逊先生已经写信给英国咨询是否在伦敦开办一所瞽目学校，当然也培养盲人教师。规划和资金都是必需的，亲爱的夫人，您是否会资助我们呢？我确信英国朋友与美国朋友将携手共襄此事。⑥

1839年郭师母致《母亲》杂志编辑的信亦称：

> 您会乐意花几分钟随我进入我那遥远的教室，假如29名学生一起朗读的声音没有惊扰到您的话。进入教室后，你们立刻能见到我那4位可怜的盲女，如果您愿意，您可以让她们朗读英语，让男生书写汉字。玛丽（Mary），是我领养的年龄最大的女儿，您可以第一个接近她，如果您愿意翻到《路加福音》第二章，您将

---

① Mary Gutzlaff to Mrs. Whittelsey, Macao, 1836/07/01, in *The Mother's Magazine*, Vol. Ⅴ, No. Ⅶ, 1837, pp. 159 - 162.

② 吴义雄：《在宗教与世俗之间：基督教新教传教士在华南沿海的早期活动研究》，广州：广东教育出版社，2000年，第355页。

③ China, in *The Missionary Register*, Vol. ⅩⅩⅩⅥ, April, 1836, p. 206.

④ Mrs. Caroline H. Bulter, Recollections of China—No. Ⅲ, in *The Columbian Lady's and Gentleman's Magazine*, Vol. Ⅰ, April, 1844, p. 152；周东华：《玛丽·郭士立和澳门女塾的盲女教育》，载《澳门历史研究》第13期，2014年，第238页。

⑤ （清）容闳：《西学东渐记》，长沙：湖南人民出版社，1981年，第4页。

⑥ Mary Gutzlaff to a Lady in Philadelphia, June 15th, 1836, Macao, in *The Foreign Missionary Chronicle*, Vol. Ⅴ, No. 2, 1837, p. 29.

发现她能细读，但不能拼写，这三页盲文课本是我们非常要好的美国朋友赠送的。您将发现罗拉和露西（Laura and Lucy）已经开始阅读一些简单单词（也不能拼写）。我第四个小女儿，伊丽札（Eliza）是唯一一个正在学习字母的人。玛丽能够说和理解英语，其他三位盲女进步很快，能够说一些简单的单词。她们的装束完全是英国式的。她们是被“买”来而获救的，我祈求美国的母亲们能够帮助我“买”更多的孩子，教育她们。通过这种恐怖的方式这个国家的盲人数量在减少。①

从上述记载可以看出，郭师母创建的澳门书塾招收了至少4位盲女，其名字分别为玛丽（Mary）、罗拉（Laura）、露西（Lucy）和伊丽札（Eliza），郭师母对她们进行了最基础的盲文教育。1839年，中英矛盾激化，两广总督林则徐下令将英国人全部驱逐出澳门，当时担任英国商务监督秘书的郭实猎及其夫人自然也在被逐之列。因此，这所在澳门仅存在4年余的书塾也就此关闭，郭师母带着3位盲女去了美国。②

三、叔未士夫人创办的澳门学塾

叔未士，美国浸信会牧师，他于1836年9月偕夫人何显理来到澳门。初到澳门，夫妇二人受到郭实猎的款待，暂时借居郭实猎家。叔未士夫人来到澳门后，开始学习中文，同时教授两个小男孩学英语，他们还收养了一位6岁的中国女孩，取名珍·玛丽（Jane Mary）。1839年2月，叔未士夫人何显理致力于女童教育。她向美国浸信会海外宣教部提出办学申请，在其住所开设学校，教育她收养的贫民子女。学校刚开办时，有8名学童，从上午10时到12时学习英文、地理、算术和教义；下午送到私塾学习中文两小时。到1839年2月，叔未士夫人已经接收15名学生，但是其中只有5名女童。尽管如此，她仍然在给亲友的信中把她的小学塾称为女子学校。③ 为了吸引当地儿童到校接受教育，她的学校不仅学费全免，还提供食宿。在校的学生，除一人以外，都是贫民子弟。申请入学的男童有100多人。学校要为每位学生支付每月1元的伙食费，另外还有每年约2元的服装费。由于经费不足，学校只能接受十多名学童。她呼吁其美国朋友慷慨解囊来资助她的学校。她希望家乡兰开斯特的教友能够资助至少10名学

---

① Letter of Mrs. Gutzlaff to the Mother's Magazine, in *The Mother's Magazine*, Vol. Ⅶ, No. Ⅰ, January, 1839, pp. 13 – 14.

② Yung Wing, *My Life in China and America*, Henry Holt and Company, 1909, p. 8. 以上主要参考周东华：《玛丽·郭士立和澳门女塾的盲女教育》，载《澳门历史研究》第13期，2014年，第235~248页。

③ Thelma Wolfe Hall, *I Give Myself: The Story of J. Lewis Shuck and His Mission to the Chinese*, Richmond, VA: Foreign Mission Board, Southern Baptist Convention, 1893, pp. 13 – 30；吴宁：《没有终点的到达：美南浸信会在华南地区的传教活动》，北京：宗教文化出版社，2013年，第49~53页。

童。她在信中特别提到，一位在广州贸易的美国富商向她的学校捐了 50 元。[①] 这可能是较大的一笔捐款。

叔未士夫人在 1839 年 3 月给父亲的信中，表达了她献身于传教事业的热忱。除了照料她自己的子女和众多的学生外，她还与一位美国商人的太太，每周到附近的一个村子探访贫民两到三次，与当地的妇女拉家常，劝说她们把女儿送到学校接受教育。她呼吁家乡的教会派遣女传教士到澳门，与她一起救赎当地苦难深重的妇女。[②] 1841 年 1 月，叔未士夫人在给友人的信中报告了她的学校欣欣向荣的境况，在校的女童无论在心智上和道德上都有了显著进步。她在信中还表示，在这里办学大有可为。尽管她当时已患肝病，健康状况堪忧，但她仍然渴望将余生奉献给儿童教育和妇女启蒙事业。为此，她决定学校不再接收男童。她的丈夫愿意承担指导 4 名在校男生的责任，以便让他的太太有更多时间教育女童。[③] 1842 年 3 月，叔未士夫妇将美国浸信会的传教基地从澳门搬到香港，又在浸信会传道团住地开办香港第一所女校——宏艺书塾。[④]

四、美国长老会创办的澳门男子寄宿学校

美国长老会最先进入澳门者为麦克布莱德牧师，他是因为健康问题而到澳门居住，但不久就离开澳门前往厦门传教。之后，又有该会的娄礼华、合文、柯理、麦嘉缔、袆理哲、哈巴安德等牧师相继来到澳门。[⑤]

哈巴安德于 1844 年 10 月 22 日抵达澳门后，即受聘于马礼逊教育会，前往香港马礼逊教育会学校从事教学工作。但不到一年，1845 年 4 月又返回澳门。返回澳门的哈巴安德主要负责美国长老会在澳门开展的教育工作。1845 年 5 月，哈巴安德牧师在澳门开办了一所男子寄宿学校，预计招生 30 人以内，结果有 50 人报名，最后录取 27 人。学校的主要任务是开展宗教教育，为将来培养教牧人员，并教授西方科学，用英语作为教学语言。他大约花费了 1 000 美元兴建了一所约 70 平方米的房子作为校舍。[⑥]

---

① Jeremiah Bell Jeter, *A Memoir of Mrs. Henrietta Shuck, The First American Female Missionary to China*, Boston: Gould, Kendall & Lincoln, 1846, p. 139.

② Jeremiah Bell Jeter, *A Memoir of Mrs. Henrietta Shuck, The First American Female Missionary to China*, Boston: Gould, Kendall & Lincoln, 1846, pp. 140 - 143.

③ Jeremiah Bell Jeter, *A Memoir of Mrs. Henrietta Shuck, The First American Female Missionary to China*, Boston: Gould, Kendall & Lincoln, 1846, pp. 167 - 168.

④ 以上参考何思兵：《早期美国教育传教士叔未士夫人与勃朗先生港澳活动述略》，载《澳门历史研究》第 14 期，2015 年，第 244 页。

⑤ 参见颜小华：《相遇、对话与调适：美国长老会在华南的活动研究（1837—1899）》，兰州：兰州大学出版社，2009 年，第 53 ~ 54 页。

⑥ Missions Correspondence and Reports: Richard Cole to Board, April 2th, 1845, 香港浸会大学特藏组保存; *Presbyterian Church in the U. S. A. Board of Foreign Missions, 1833 - 1911*, China; *Chinese Repository*, Vol. 14, No. 4, 1845/04, p. 200.

当时的《中国丛报》对此事进行了报道，称大约在月中，哈巴安德在澳门开办了一所有30多名小学生的教会学校。[①] 实际上，当时来学校提出申请的学生有50人之多，包括从农村来的18个男童。据哈巴安德的家书反映，他从申请者中挑选出27位认为有培养前途的男童作为首期学生。之所以接收这些学生，主要是基于以下几方面的考虑：一是接纳的学生数量房子刚好能够容纳下；二是27人的花费虽然略多于20人，但在费用上还是能够承担得起；三是正好满足教学工作和其他负担；四是认为经过两年教学后，这些学生将面临各种筛选，一些人可能会中途退学，以致两年后不会超过15人。[②]

学校开学后，在教学上采取哈巴安德的提议，使用英语作为教学语言。期间在所有教会学校，宗教课程都是必须上的。为了保证生源，哈巴安德在学生入学的要求上有一项特别规定："凡学生父母，必须在一份中文协议上签字，即同意让其孩子在校学习八年。在此期间，所有衣物和课本都由学校提供。如果孩子中途退学，家长需按相关的协议赔偿每月2.5元的经济损失；而学校对于表现不合格的学生可以予以开除。"[③] 经过第一个假期后，已有部分学生退学，学校仅保留了19名学生。

关于该校的教学情况，哈巴安德做了详细介绍：

> 我用英语教他们课程，首先是罗马字母和简单的单词，同时纠正他们因中文习惯而出现的发音错误。教单词时，我给他们相应的中文词汇，以便于理解。很快他们就记住了其中的内容。选定的初级教材主要由布朗博士翻译，另外还有理雅各（James Legge）编写的40页短语书。看到孩子们取得进步我也由衷地高兴。在我的指导下，我开始慢慢用中文向他们解释句子的意思，一些学生表现出良好的语言天赋。此外，学生也学习一般的文学常识，这主要由学校聘请的华人吴苏初负责教学，包括中文版的《新约全书》。每天早晚学生都须集中在一起做家庭礼拜，由老师主持。合文医生也向学生解释相关章节知识，下午他们则读米怜（William Milne）编写的《张远两友相论》，并要求作解释。此外，根据中文《三字经》，我们还编写有基督教教义的《三字经》和《四字经》，分别供不同年龄段的学生阅读和学习。他们在中英文方面都有良好的表现，且注重道德行为方面的修养。[④]

从哈巴安德的介绍可以看出，学校也是实行中英文双语教学。除了中英文双语教学外，还要进行《圣经》及基督教常识的教育。参与这所学校教学的教师，除了哈巴安德以

---

① *Chinese Repository*, Vol. 14, No. 10, 1845/10, p. 200.

② 广东省档案馆藏：《岭南大学》卷1，缩微胶片，转引自颜小华：《相遇、对话与调适：美国长老会在华南的活动研究（1837—1899）》，兰州：兰州大学出版社，2009年，第65页。

③ MCR, A. P. Happer's Letter, October 1st, 1845.

④ 广东省档案馆藏：《岭南大学》卷1，缩微胶片，转引自颜小华：《相遇、对话与调适：美国长老会在华南的活动研究（1837—1899）》，兰州：兰州大学出版社，2009年，第66页。

外，应该还有合文、花琏治、施惠廉及其太太。1847 年 3 月，美国长老会在澳门办的男子寄宿学校迁往广州，有 20 名学生。①

美国长老会澳门男子寄宿学校，是 19 世纪中基督新教在澳门创办的最后一所学校。基督新教的教会教育从1847 年离开澳门以后，再也没有返回，直到20 世纪初，浸信会再次进入澳门，才开展它新一轮的教育活动。

第三节 澳门的公共教育

直到 18 世纪中叶之前，澳门的公共教育一直由天主教会来承担，前面所介绍的创始于 1571 年，而后又附属于澳门圣保禄学院的读写学校，就承担着澳门早期公共教育之责。1762 年，由于耶稣会的解散，澳门圣保禄学院和圣若瑟神学院均被关闭，澳门的教育出现了一片空白。从这时开始，澳门公共教育开始出现。澳门的公共教育可以分为两类：一类为普通教育，另一类为专门教育。

一、澳门的普通教育

澳门的普通教育，在这里指的是澳门的初等教育，它在英文中对应的词为“elementary education”或“primary education”，相应的学校机构称为“primary school”或“elementary school”。欧洲自中世纪以来，就形成了基督教文化下的初等教育，教堂成为实施初等教育的重要场所。在中世纪的欧洲，教育由教会掌管，在教会开办的学校中主要分为三类学校：一是修道院学校，二是座堂学校，三是堂区学校。其中堂区学校一般设在神父所在地，学校规模较小，设施也很简陋，但它是当时面向普通民众具有初等教育意义的学校，其学习内容主要是读、写、算和初步的基督教教义。到公元 8 世纪末，几乎所有的大教堂都开办歌咏学校和文法学校，其中歌咏学校也逐渐转变为实施初等教育的学校。随着 16 世纪宗教改革运动的发展，近代欧洲民族意识和国家意识的崛起，以及欧洲市民阶层中本族语文化的逐渐形成，欧洲由国家掌握教育权及推行普及义务教育的近代初等教育开始出现。② 澳门这一教育形式的出现相对要比欧洲晚很多。

① *Chinese Repository*, Vol. 16, No. 3, 1847/03, p. 147.

② 参见钟文芳：《西方近代初等教育史》，上海：上海科技教育出版社，2006 年，第 29 ~ 79 页。

（一）澳门的王室教师

1784年12月，王室大法官费利喇致信葡印总督称：

耶稣会士被驱逐之后，澳门的学校也随之关闭，也不再开设拉丁文、伦理学或神学课程。想学习的人只好去马尼拉、果阿，没钱的人只好留在这里，听老教士讲课。王室教师年薪500两，却连一个学生也没有培养出来。修女们不授课，而且这些修道院里也没有教师。①

由于澳门的公共教育缺乏教师，1775年，葡萄牙人巴普蒂斯塔·利马（José dos Santos Baptista e Lima）向葡萄牙女王建议，自愿来澳门任教，他说：

澳门的居民完全不懂葡萄牙文，他们说的语言是一种葡萄牙语和有错误的华语的混合语言，教师通常要借助翻译才能明白学生说的是什么。②

所以他认为澳门的学生首先应该接受葡文教育。巴普蒂斯塔·利马的申请获得了批准，成为澳门议事会聘请的第一位王室教师，专门负责澳门社会的公共教育，当时的年薪为400两。巴普蒂斯塔·利马对400两年薪表示不满，要求增加。三年后他再次提出增加年薪。审查署一致建议增加100两。1779年1月17日，葡萄牙女王下令每年给为澳门文化事业服务、致力于学生教育的巴普蒂斯塔·利马老师增加津贴100两。③

关于王室教师设置的情况，在葡文档案中只有零零星星的记录，很难反映他的工作全貌，只提到他教授葡萄牙文和拉丁文。1786年时，还提到他开始教授法语课程。这所王室教师学校似乎没有专门的校址，其教学应在圣若瑟神学院内。又据记载，这个王室教师学校还有一位撒勒爵（Sales）教士安东尼奥·若瑟担任教师，他负责教授读写和算术。④ 澳门王室教师的设置，由于经费问题经常与议事会发生矛盾，议事会常常拒付教师的薪金，而且称巴普蒂斯塔·利马是一位商人，还是“罗萨里奥圣母号”船的船主，甚至攻击他“忙于生意，疏于教学”。⑤ 当然巴普蒂斯塔·利马也给予了回复和自我辩护，巴普蒂斯塔·利马于1786年9月2日称：

目前我的课程很少，学生也少。如同我刚来澳门工作时，有三个月只有两个学生，但有时候学生则挤满我的课室。我进行双语教学，从修士到教士，从忏悔

---

① José Caetano Soares, *Macau e a Assistência, Panorama Médico-Social*, Lisboa: Agência Geral das Colonias, 1950, p. 294.

② Manuel Teixeira, *A Educação em Macau*, Macau: Direcção dos Serviços de Educação e Cultura, 1982, p. 2.

③ Manuel Teixeira, *A Educação em Macau*, Macau: Direcção dos Serviços de Educação e Cultura, 1982, p. 2.

④ Manuel Teixeira, *A Educação em Macau*, Macau: Direcção dos Serviços de Educação e Cultura, 1982, pp. 2–3.

⑤ Manuel Teixeira, *A Educação em Macau*, Macau: Direcção dos Serviços de Educação e Cultura, 1982, p. 3.

师到布道者，很少不是我的学生。[①]

巴普蒂斯塔·利马于1816年1月16日去世，在澳门居留30多年，[②] 但他放弃王室教师职位的时间不知是何时。据议事会1797年12月18日的信称："因若阿金·洛佩斯放弃教师之职，而导致这一职位的空缺。"[③] 可知，在1797年前巴普蒂斯塔·利马就离开了王室教师的岗位，接任者为若阿金·洛佩斯，而洛佩斯也于1797年放弃了王室教师之职。当时，还是担任下级神品修士的亚历山德勒·安东尼奥·佩雷拉（Alexandre António Pereira）也提交申请要求担任王室教师，但最终没有成功。[④] 根据葡文文献提供的信息，王室教师由巴普蒂斯塔·利马的儿子米兰达·利马（José Baptista de Miranda e Lima）于1804年1月7日接任。因为米兰达·利马失宠于葡萄牙国王玛丽亚二世，1837年4月17日被免除王室教师之职。1843年，通过澳门商人和法官的斡旋，米兰达·利马又恢复王室教师之职，直至他1848年去世。[⑤] 1822年该校的另外一位教师安东尼奥·若瑟去世，由莱利斯·德·索萨（Camilo de Lélis de Sousa）接任。[⑥]

由于1834年葡萄牙颁布取缔宗教社团法令，澳门神学院的关闭也直接导致王室教师学校关闭。[⑦] 这个设在圣若瑟神学院内的王室教师学校，其内部情况十分不清晰，但透过上述的零星记录，可以看出：澳门王室教师学校是一所由政府出资兴办的公立学校，为澳门的学童免费提供教育。这所学校开启了澳门公共教育的先河，在澳门世俗教育中为澳门青少年提供了求学的门径，但这一教育既不系统，也不恒常，存在着相当大的缺陷。

（二）澳门议事会小学

由王室教师开设的公共教育在19世纪30年代由于葡萄牙政府颁布的取缔宗教社团法令被迫停止，为了填补澳门教育的空白，议事会决定开设小学。1836年5月11日，果阿总督知会澳门总督，有两位前往帝汶的奥斯定会隐修士——若瑟·玛利亚·布兰当（José Maria Brandão）和安东尼奥·博特里奥（António Botelho）途经澳门，并称他们两人可以成为"两所公共小学的教师，设立葡萄牙语语法课程"[⑧]。议事会遂抓住机会建立公共学校，聘请他们担任教师。据1838年1月5日议事会会议记录副本载：

议员佩德罗·若瑟·达·席尔瓦·洛雷索（Pedro Jozé da Silva Loureiro）说，

---

① Manuel Teixeira, *A Educação em Macau*, Macau: Direcção dos Serviços de Educação e Cultura, 1982, pp. 3 – 5.

② Manuel Teixeira, *A Educação em Macau*, Macau: Direcção dos Serviços de Educação e Cultura, 1982, p. 2.

③ Manuel Teixeira, *A Educação em Macau*, Macau: Direcção dos Serviços de Educação e Cultura, 1982, p. 5.

④ Manuel Teixeira, *A Educação em Macau*, Macau: Direcção dos Serviços de Educação e Cultura, 1982, p. 5.

⑤ Manuel Teixeira, *A Educação em Macau*, Macau: Direcção dos Serviços de Educação e Cultura, 1982, pp. 6 – 7.

⑥ Manuel Teixeira, *A Educação em Macau*, Macau: Direcção dos Serviços de Educação e Cultura, 1982, p. 9.

⑦ Manuel Teixeira, *A Educação em Macau*, Macau: Direcção dos Serviços de Educação e Cultura, 1982, p. 10.

⑧ *Arquivos de Macau*, 3ª Série, Vol. XXI, No. 3, Macau, 1974, p. 131.

> 宗教法典第223条记载："议事会职权其中之一就是促进公共教育，关注小学的发展。"但不幸的是，在这一重要方面至今没有规定条文：我说重要，是因为没有公共教育就无法提高公民品德，没有公共教育就无法加强自由教育。因此我向议事会提议，首先建立公共小学，这是教育的根本，众所周知，也是现在本城所缺的。我见到，现在本城就有两位教士——若瑟·玛利亚·布兰当神父和安东尼奥·博特里奥神父，他们自认为有能力管理这些学校，这有足够的证据，他们现在就在本城，两人都致力于青少年教育，我相信这两位客人不会拒绝这样的职责，因为我知道他们都愿意为自己的同胞服务。因此，让我们建立两所小学，聘请这两位教士担任教师。与会者表示一致赞同；议事会书记官致函两位教士，并告知印度政府。塞尔帕（Serpa），罗朗·托雷桑（Rolão Torrezão），洛雷索（Loureiro），库尼亚（Cunha），巴普蒂斯塔（Baptista），科尔特拉（Cortella），博塔多（Bottado）。议事会秘书若瑟·若阿金·巴罗斯（Jozé Joaquim Barros）。①

此事遭到议事会议员佩德罗·博塔多·达·阿尔梅达（Pedro Bottado da Almeida）的反对，理由如下：第一，葡印政府派遣两位教士去帝汶是为了发展帝汶的落后教育和宗教；第二，圣若瑟神学院仍有一些神父，他们应该能够承担澳门青年的教育，特别是小学教育；第三，建议议事会禀报葡萄牙国王，请求派遣两位有威望的教师前来，支持澳门公共教育。② 但最后议事会多数人投票通过，决定将两位神父留下创办两所小学，并任命一个五人委员会制订学校建设计划。③

虽然两位神父接受了澳门议事会的要求留在了澳门创建两所小学，但是由于他们的使命是去发展帝汶落后的教育和宗教，故不得不于当年年底离开澳门前往帝汶。④ 这是澳门议事会正式创建公共小学的一次尝试，由于该学校的教师后继无人，故仍旧流于失败。

1847年1月27日，议事会致函维森特·若尔热、佩雷拉·达·西尔维拉、若奥·马葵士和安东尼奥·若泽·维克多神父，任命他们组建一个委员会，为澳门青少年制订教育计划。2月17日，议事会致函澳门总督亚马留，"与各教区负责人商讨决定，向富裕市民募捐，捐得款项加上已有的捐款5 000西班牙银圆⑤作为可以创造利润的基金，用于创

---

① Documentos para a História da Educação em Macau, Vol. 2, Macau: Direcção dos Serviços de Educação e Juventude, 1997, p. 45.

② Manuel Teixeira, *A Educação em Macau*, Macau: Direcção dos Serviços de Educação e Cultura, 1982, p. 13.

③ Manuel Teixeira, *A Educação em Macau*, Macau: Direcção dos Serviços de Educação e Cultura, 1982, p. 14.

④ Manuel Teixeira, *A Educação em Macau*, Macau: Direcção dos Serviços de Educação e Cultura, 1982, p. 14.

⑤ *Chinese Repository*, Vol. 11, No. 3, 1842/03, pp. 181－182称："这5 000西班牙银圆基金是英国人马地臣赠给总督边度（1837—1843）的慈善捐款，感谢澳门政府对他及其他商人的关照。"募捐所得加上一份彩票收益，委员会共筹得4 000西班牙银圆，再加上马地臣捐赠的5000西班牙银圆，全部寄存在香港怡和洋行。

办官立小学，教授英文和法文，这两种语言是目前国际通用的外语”[①]。

1847 年 6 月 16 日，议事会男子官立小学正式开学，由洛佩斯・达・席尔瓦神父[②]担任官立小学校长和语文教师，并聘任圣若瑟神学院院长金安多尼（莱特）神父担任校监。[③] 学校就设在圣罗萨利玛孤女院，由澳门议事会向收容院租借，每年年租为 75 澳门元，小学占用了收容院一半以上的房间。学校共开设 3 门课程；基础教育由若阿金・吉尔・佩雷拉（Joaquim Gil Pereira）教授，葡萄牙语由洛佩斯・达・席尔瓦神父教授，而英文和法文则由若瑟・文森特・佩雷拉（José Vicente Pereira）教授。[④]

学校开办以后，维持学校的经费一直是一个问题，因此，在 1852 年 9 月 18 日议事会上学校向澳门总督吉马良士请求，准许发行一次彩票，筹集维持所办公学的经费。同年 12 月 31 日，议事会又向总督建议设立“珍奇货物拍卖会”，获利 1 073.83 西班牙银圆。总之，维持这一学校的正常运营主要靠一位外国人的遗产、“珍奇货物拍卖会”及彩票的盈利，还有一些则来自戏剧表演的收入。[⑤]

洛佩斯・达・席尔瓦神父于 1853 年年底请求辞去校长和教师之职。1854 年 6 月，由索萨・阿尔梅达神父继任。[⑥] 学校开办 11 年后，1858 年 11 月 3 日，葡萄牙海外暨海事部接受澳督吉马良士的建议，下令将官立小学并入圣若瑟神学院。[⑦] 政府为了缩减开支，将一所为澳门教育做出了重要贡献的公共学校并入神学院中。对于这一意外的决定，澳门公众一致表示不满。《人民回声报》1860 年 7 月 15 日第 68 期对这个学校给予了高度评价：

> 这所小学尽管师资有限、机构不健全，但是对澳门贫困青年的教育作出巨大贡献，学生一度多达 300 人。但是，这个愚昧无知、自私自利占主导地位的悲惨小城却无法容忍这个小学校的兴旺发展，千方百计将其结束。[⑧]

---

① Manuel Teixeira, *A Educação em Macau*, Macau: Direcção dos Serviços de Educação e Cultura, 1982, p. 38.

② 洛佩斯・达・席尔瓦神父 1817 年 5 月 8 日生于澳门，24 岁时在马尼拉被祝圣为神父。1847—1854 年，他任澳门官立小学校长，并被任命为风顺堂教区神父。1866 年 2 月 5 日，被任命为澳门教区长。1870 年 7 月 14 日突然晕倒去世，享年 53 岁。《澳门宪报》就洛佩斯・达・席尔瓦神父的去世报道：“这位可敬的先生满怀热情地为人们服务，尤其是穷人，他在自己家里教授学生，而神父们和许多会计员相继离开。他是良师，是益友，是上帝的使者。” *Boletim da Provincia de Macau e Timor*, Vol. XVI, 25 de Julho de 1870, No. 30, p. 128.

③ Manuel Teixeira, *A Educação em Macau*, Macau: Direcção dos Serviços de Educação e Cultura, 1982, pp. 39 – 40.

④ Manuel Teixeira, *A Educação em Macau*, Macau: Direcção dos Serviços de Educação e Cultura, 1982, p. 40.

⑤ Manuel Teixeira, *A Educação em Macau*, Macau: Direcção dos Serviços de Educação e Cultura, 1982, pp. 41 – 42.

⑥ Manuel Teixeira, *A Educação em Macau*, Macau: Direcção dos Serviços de Educação e Cultura, 1982, p. 42.

⑦ Manuel Teixeira, *A Educação em Macau*, Macau: Direcção dos Serviços de Educação e Cultura, 1982, p. 43.

⑧ Manuel Teixeira, *A Educação em Macau*, Macau: Direcção dos Serviços de Educação e Cultura, 1982, p. 42.

(三) 新澳门人学校

据1861年的《人民回声报》称："澳门公共教育状况极不理想，没有一所令人满意的学校。"他们对前任政府进行了严厉的批评：

> 我们必须指出总督吉马良士先生及他的两位前任——边度和彼亚度对教育的冷漠和忽视，他们应该对今日澳门青年的愚昧负责。我们看到上层社会人士的子女或游手好闲、无所事事，或从事瓷器匠、警察、养猪等低等职业，他们因为缺少教育，无法从事体面的职业。①

1861年2月5日，澳门富商塞卡尔男爵梅洛建议：鉴于澳门教育设施匮乏，应创办一所男校，主要教授葡萄牙语和英语，校名可定为"新澳门人学校"②。此建议获得澳门政府的批准。1862年1月5日，新澳门人学校落成开学，分设小学部和中学部，贫困学生免交学费，并为女生进行单独教育，这是澳门第一所既非官办又非教会办的民办学校。2月27日，塞卡尔男爵梅洛获准每年发行一次彩票，集资数目定在1 200澳门元。几个月后，共筹得资金2万余澳门元，同时穷困孩子可在此间得到免费教育。后来，当澳门公校成立时，此发行彩票的特权即告结束。该校章程于同年4月6日发布的省政府训令获得通过。③ 1862年，有两位来自葡萄牙的教师教授葡萄牙文、法文和拉丁文，其中包括红衣主教吉列梅（Guilherme F. da Silva），还有一位来自英国的英文教师。④ 特别是这位优秀的英文教师来到澳门，在当时的澳门产生了很大的影响，有人评价他：

> 他是位天主教徒，来自伦敦，拥有教师资格证书，是真正的英语发音。造成巨大影响的情况是，新澳门人学校的男教师教授女学生英文、葡萄牙文和法文。因为缺乏女教师，只好由男教师教授女学生。此外，教育条件越好，对国家的作用越大。⑤

1867年10月21日，塞卡尔男爵梅洛创立的新澳门人学校由于缺乏办学经费而不得不关闭。男爵将此校送给澳门政府改建为一所官校。⑥ 新澳门人学校虽然前后办学只有6年时间，但由于该校是第一所由民间筹资创办的学校，而且是第一所男女生学校，该

---

① Manuel Teixeira, *A Educação em Macau*, Macau: Direcção dos Serviços de Educação e Cultura, 1982, p. 68.

② ［葡］施白蒂著，姚京明译：《澳门编年史：19世纪》，澳门：澳门基金会，1998年，第144页。

③ ［葡］施白蒂著，姚京明译：《澳门编年史：19世纪》，澳门：澳门基金会，1998年，第146～147页；A. H. de Oliveira Marques, *História dos Portugueses no Extremo Oriente*, Vol. Ⅲ, Lisboa: Fundação Oriente, 1998－2003, p. 501.

④ ［葡］施白蒂著，姚京明译：《澳门编年史：19世纪》，澳门：澳门基金会，1998年，第150页；Manuel Teixeira, *A Educação em Macau*, Macau: Direcção dos Serviços de Educação e Cultura, 1982, p. 69.

⑤ Manuel Teixeira, *A Educação em Macau*, Macau: Direcção dos Serviços de Educação e Cultura, 1982, pp. 70－71.

⑥ ［葡］施白蒂著，姚京明译：《澳门编年史：19世纪》，澳门：澳门基金会，1998年，第169页。

校不仅有小学部，还设立了中学部，并且贫困学生免交学费，所以该校的创办与短暂的存在在澳门教育史上仍具有十分重要的意义。

（四）澳门议事公局中心学校

从1834年开始，议事会就在大堂区和花王堂区招聘堂区小学的女教师。1852年，除了神学院的初级教育外，有一间小学，由洛佩斯·达·席尔瓦神父管理，1858年并入神学院。1872年3月政府又在风顺堂区龙嵩正街48号开设一间女子小学，任命贡萨加（Adelaide Clotilde Rangel Gonzaga）为临时女教师，在原来的警卫队营房开设一间男子小学，少尉艾斯托瓦（José Joaquim Esteves）为教师，他们又是各自学校的校长。据文德泉称，当时澳门一共有6间学校。① 1875年12月18日，总督亚威拉在谈到部长里贝罗·达·席尔瓦（Ribeiro da Silva）1869年11月30日的法令后称：

> 澳门利用慈善的影响力，对此我提到，如今我们有两间公立学校，一间是男子学校，附属于圣若瑟神学院，本城人口最稠密的两个区拥有两间女子学校。除了这些教育机构外，还有圣罗萨利玛学校，它是在恰当合理的改革之后不久设立的，未来更好地符合其开设目的，它被认为能够为希望得到完美教育的女孩们提供最适宜的教育，也为那些进行手工劳动和担负家庭责任的女孩们提供最适宜的教育。②

到1876年时，澳督亚威拉颁布第26号训令取消大堂区女子学校，学生被转往圣罗萨学校，而教师科埃略·桑托斯（Astéria Francisca Coelho dos Santos）则被转往风顺堂区小学，风顺堂区原临时女教师贡萨加则被解聘。③ 以上即是澳门议事公局中心学校出现之前，澳门各堂区兴办的小学。

1. 男子中心学校

1883年9月3日，澳门议事公局正式创办男子中心学校。政府支持议事公局的办学计划，批准了该校的章程和教学计划，决定由政府支付该校任课教师的薪水。澳门教区主教弗朗西斯科·莫尔加多也对该计划表现出浓厚的兴趣，命令在圣若瑟神学院内腾出一处房屋给男子中心学校使用，条件非常合理，并允许该校的住宿生在中心学校和神学院之间自由活动。因为该校学生人数超出了预计人数，资金严重不足，故应议事公局主席的请求，贷款给中心学校。刚刚成立不久的澳门人教育促进会出资捐助议事公局支付学校的开销，捐赠各种学校用品，最后从欧洲运来语法书籍和阅读书籍

---

① Manuel Teixeira, *A Educação em Macau*, Macau: Direcção dos Serviços de Educação e Cultura, 1982, pp. 48 – 49.

② *Boletim da Provincia de Macau e Timor*, Vol. XXI, 18 de Dezembro de 1875, No. 51, p. 214.

③ Manuel Teixeira, *A Educação em Macau*, Macau: Direcção dos Serviços de Educação e Cultura, 1982, p. 50.

发到各年级。[①]

中心学校由4个学校合并而成：商业学校和市政学校的小学部，几个月后，政府小学及圣若瑟神学院的小学部也并入，定名为男子中心学校。该校由2名女教师和3名男教师管理，男学生有175名。1884年时，学生分为3个班级，提高慢班36人，基础快班50人，基础慢班89人；1885年时，学生共有222人，分为3个提高班，共118人，由3位男教师负责；2个基础班，共104人，由2个女教师负责。[②] 面对着如此多的学生，圣若瑟神学院内的学校建筑明显不能满足需要，学生既无课间玩耍的地方，又没有操场进行体育锻炼。于是在1886年，中心学校的课程分开在两处上课，3个提高班在原来的神学院上课，另外2个基础班则到原来的商业学校上课。[③] 到1890年9月7日，中心学校有了新的校址，设在夜姆斜巷6号。1893年7月27日，澳门政府颁布法令，该校被承认并合法化，并且规定重组的中心学校由议事会管理和扶持。[④]

2. 女子中心学校

1884年12月19日，澳督罗沙发布第104号训令称："必须在风顺堂区设立一所女子小学，因房屋已被出售，决定建造一所校舍，预算4 500元。"29日，临时任命玛利亚·达斯·多雷斯·达·科斯塔为中心学校小学教师。[⑤] 1893年7月17日法令第17条，经政府批准，议事公局监管女子教育。根据法令，总督高士德同意议事公局将大堂区和风顺堂区两间女子学校合并成女子中心学校的建议。葡萄牙人艾特尔维拉·德·阿松桑·奥索里奥（Etelvira de Assunção Osório）担任校长，卡塞米拉·达·席尔瓦·马克斯和马尔维娜·兰热尔·德·阿泽维多（Malvina Rangel de Azevedo）两位教师分别教授英文、法文，提高班教师有杰西·洛雷罗（Jessie Loureiro）、马托斯·安东尼奥·利马（Mateus António Lima）和弗朗西斯科·达·卢兹（Francisco da Luz）。[⑥] 女子中心学校暂设在医院路7号，后搬到龙嵩正街罗沙总督所建的一栋房屋。[⑦] 1897年，该校教学章程获得通过，所设课程十分齐全。[⑧]

---

① Manuel Teixeira, *A Educação em Macau*, Macau: Direcção dos Serviços de Educação e Cultura, 1982, pp. 51 – 52.

② Manuel Teixeira, *A Educação em Macau*, Macau: Direcção dos Serviços de Educação e Cultura, 1982, pp. 52 – 53.

③ Manuel Teixeira, *A Educação em Macau*, Macau: Direcção dos Serviços de Educação e Cultura, 1982, pp. 52 – 53.

④ Manuel Teixeira, *A Educação em Macau*, Macau: Direcção dos Serviços de Educação e Cultura, 1982, p. 54.

⑤ Manuel Teixeira, *A Educação em Macau*, Macau: Direcção dos Serviços de Educação e Cultura, 1982, p. 58.

⑥ Manuel Teixeira, *A Educação em Macau*, Macau: Direcção dos Serviços de Educação e Cultura, 1982, p. 58.

⑦ Manuel Teixeira, *A Educação em Macau*, Macau: Direcção dos Serviços de Educação e Cultura, 1982, p. 59.

⑧ A. H. de Oliveira Marques, *História dos Portugueses no Extremo Oriente*, Vol. Ⅲ, Lisboa: Fundação Oriente, 1998 – 2003, pp. 532 – 533.

（五）澳门官立利宵中学

1902年5月23日，澳门利宵中学全体教师呈给国王陛下一封陈情书，其中写道：

直至1893年，澳门公共教育处于混沌状态。小学校有两所市政小学，分别是男校和女校；3所政府小学，其中一所是男校，没有什么学生，由一位欧洲教师负责，另两所是女校，尽管女教师是澳门人，入学率很低。此外，还有由传教团管理的圣若瑟神学院的小学和圣罗萨利玛学校。全城有4 000居民，7所小学。①

可知，直到1893年之前，澳门公共教育仍处于一片混乱及低质量的状态。鉴于此，澳门政府决定创建一所政府中学，开展更高层次的公共教育。

1893年7月27日，葡萄牙国王、海事及海务部发布命令，通过关于澳门政府建立官立利宵中学的计划。为了实现这一计划，澳门许多知名人士都一直在努力，澳门主教明德禄对建校给予极大的支持，议事公局主席巴士度为了这一计划每年付出4 000澳门元。1894年4月14日，澳督高士德正式发布164号训令，开办利宵中学，校舍设在圣若瑟神学院内。8月14日，颁布澳门利宵中学章程②。9月10日及11日进行入学考试。当时委任的学校教师有欧拉修·波亚雷斯（Horácio Afonsa da Silva Poiares），土木工程师马图斯·利马（Matus António de Lima）、庇山耶（Camilo de Almeida Pessanha），教士巴尔塔扎·法莱罗（Baltaza Estrocio Faleiro），总司库里贝罗·卡布拉尔（João Albino Ribeiro Cabral），澳门港务局局长莫赖（Wenceslau José de Sousa Morais），卫生局局长施利华（José Gomes da Silva），工务局局长、工兵少校赛沙尔（Augusto César de Abreu Nunes）等，并委任高斯华先生为临时校长。学校委员会第一次会议于1894年4月16日在澳督府举行，由高斯华先生主持。9月28日，澳门利宵中学（Liceu de Macau）举行盛大的开幕仪式③。

1903年，圣若瑟神学院内的中学大楼倒塌，利宵中学迁往峰景酒店继续办学。④同年10月7日，根据澳门省政府第92号训令的规定，所有原商业学校的课程并入国家中学（Liceu Nacional，即今利宵中学）。⑤ 从1894年创校至1906年期间，该校每年平均只有20～25名学生就读，且没有高中班。但这仍不影响其是澳门的众多学校中最负

---

① Manuel Teixeira, *A Educação em Macau*, Macau: Direcção dos Serviços de Educação e Cultura, 1982, p. 54.

② *Boletim Official do Governo da Provincia de Maocu e Timor*, 16 de Agosto de 1894, Supplemento ao No. 32, p. 371.

③ António Aresta, Aureliano Barata, and Albina Santos Silva, *Lyceu Nacional de Macau: Genealogia de Uma Escola*, Macau, 1996, p. 11.

④ ［葡］潘日明著，苏勤译：《殊途同归：澳门的文化交融》，澳门：澳门文化司署，1992年，第182页。

⑤ ［葡］施白蒂著，金国平译：《澳门编年史：20世纪（1900—1949）》，澳门：澳门基金会，1999年，第17页。

盛名的一所学府,① 被当时人誉为“澳门大学堂”“皇家大书馆”,甚至被称为“澳门高等大学堂”。② 利宵中学作为官办学校,一开始便独立于教会教育之外,打破了教会对澳门中等教育的垄断。③

(六) 离岛学校

澳门离岛的普通教育起步较晚,1882 年在澳督高士德的帮助下,离岛议事公局主席林慕士(José Correia de Lemos)中尉分别于 8 月 12 日和 8 月 16 日在路环和凼仔创办了两所学校,路环学校招收学生 28 名,凼仔学校招收学生 25 名。④ 1884 年 2 月 12 日,又在小横琴岛设立一所公共学校,招收学生 18 名。⑤ 这三所学校均由当地居民集资建校舍,由政府给予补贴,当地贫困的华籍儿童可以免费入学。1891 年 2 月 20 日,居住在凼仔的神父埃斯特旺・西图(Estevão Eusébio Situ)又在自己的住址内开办了一所葡文学校,招收贫困家庭的儿童入学。⑥ 凼仔行政长官为该校向澳门政府申请 40 元的补贴。3 月 12 日,凼仔镇的神父学校得到省财政署 22 元 9 角 5 分的资助。同时,由于政府政务署档案提供了书籍及中心学校借给了黑板,该学校才得以开课。⑦

二、澳门的专门教育

澳门的专门教育出现很早,大约在 18 世纪 70 年代就已经创办了专门培养引水员的航海学校,之后又出现了商业学校、炮兵学校等专门学校。

(一) 澳门航海学校

澳门从 16 世纪中叶就已经成为一个繁盛的国际贸易港口。明代时,外国商船来澳门贸易主要停泊内港,清康熙中期,于澳门建粤海分关,外国商船往广州贸易者,必先停泊凼仔港,经批准后,才能入广州黄埔贸易。不管是进入内港贸易,还是先泊凼

---

① António Aresta, Aureliano Barata, and Albina Santos Silva, *Lyceu Nacional de Macau: Genealogia de Uma Escola*, Macau, 1996, pp. 11 – 12.

② *Boletim Official do Governo da Provincia de Macau*, Vol. X, 5 de Fevereiro de 1910, No. 6, p. 42; Vol. X, 1 de Outubro de 1910, No. 40, pp. 334 – 335; Vol. XL, 10 de Junho de 1911, No. 23, pp. 259 – 260.

③ 刘羡冰:《澳门教育史》,澳门:澳门出版协会,2007 年,第 10 页。

④ [葡] 潘日明著,苏勤译:《殊途同归:澳门的文化交融》,澳门:澳门文化司署,1992 年,第 182 页。

⑤ Manuel Teixeira, *Taipa e Coloane*, Macau: Direcção dos Serviços de Educação e Cultural, 1981, pp. 98 – 105.

⑥ Manuel Teixeira, *Taipa e Coloane*, Macau: Direcção dos Serviços de Educação e Cultural, 1981, pp. 98 – 105.

⑦ [葡] 施白蒂著,姚京明译:《澳门编年史:19 世纪》,澳门:澳门基金会,1998 年,第 264 页。

仔后入黄埔者，均需领航员（当时称之为“引水”）引领水道。《澳门记略》称：“洋船到日，海防衙门拨给引水之人，引入虎门，湾泊黄埔。”“洋船进口，必得内地民人带来水道，最为紧要。”① 当时每年来澳门或往黄埔的外国船只，少则几十艘，多则上百艘。故此，在澳门需要大量的领航员来从事这一工作，培养合格的领航员即是“便于航海贸易及推动澳门城的商业利益”的一件大事。

1. **航海学校**

澳门航海学校的创办始于1786年，当时已婚葡萄牙人迪亚斯·德·利马从里斯本来到澳门担任领航员。他学识丰富，熟练掌握天体运行、几何学、测量术及航程推算等知识。澳门的绝大多数领航员均未经过专业的培训，也缺乏真正的航海知识及对航海规则的了解。于是，他们请求迪亚斯教授他们专门的航海知识。迪亚斯表示愿意无偿教授，并在家里热情地接待他们，每天给他们上课。1790年，前任葡印总督梅内塞斯认为当时航海科学呈衰微之势，命令澳门议事会对本城领航员进行知识和能力测试。于是领航员们纷纷聚集在迪亚斯家中，请他指导。但他们人数太多，迪亚斯家根本容纳不下，只得另找一个更大的地方，他们一日集中两次，迪亚斯全心帮助和指导他们。② 由于迪亚斯才能出众，他被任命为主考官，对澳门城的领航员进行测试。鉴于此，1798年5月4日，梅内塞斯上书时任葡印总督卡布拉尔（Francisco António da Veiga Cabral），请求任命迪亚斯担任澳门航海教师之职，为澳门青年开设专门的航海课程，并付给迪亚斯薪水，使其足以维持体面的生活，所需费用由王室财政部支出。③ 葡印总督批准了这一请求，澳门航海学校也由此设立。但并没有拨给这所学校专门的校址，教师的薪酬亦有停发的现象。从现存的资料看，刚开始创办的航海学校还是在迪亚斯的家中授课，这一学校并不具备稳定性。

2. **皇家航海学校**

1814年8月3日，葡萄牙摄政大臣阿泽维多（António de Araújo Azevedo）在里约热内卢宫签署了创建皇家航海学校的许可证，下令创建澳门皇家航海学校：

> 澳门圣名之城的法官、议事会议员及理事官，我，摄政王问候各位。考虑到便于航海贸易及推动澳门城的商业利益，有必要通过适当的学习，使一些人具有航海资格，能够驾驭船只航行于各港口。出于商业利润的考虑，促进葡国及澳门自由贸易的发展，我下令创建澳门航海学校，并将该校章程寄给澳门议事会。要求立即组织建立航海学校：运用你们的聪明才智，排除一切苦难立即执行。里约

---

① （清）印光任、张汝霖原著，赵春晨校注：《澳门记略校注》，《官守篇》，澳门：澳门文化司署，1992年，第78～79页。

② Manuel Teixeira, *A Educação em Macau*, Macau: Direcção dos Serviços de Educação e Cultura, 1982, p. 17.

③ Manuel Teixeira, *A Educação em Macau*, Macau: Direcção dos Serviços de Educação e Cultura, 1982, p. 18.

热内卢宫，1814 年 8 月 3 日。①

这标志着澳门皇家航海学校的正式创办。1816 年 2 月 27 日，摄政大臣任命澳门摄政王兵营第一任指挥官欧布基为该校校监，又任命政府秘书兼监察员塞凯拉（José Maria de Sequeira）为该校秘书，每人年薪 150 两。② 据 1816 年 6 月 18 日王室信函，摄政王兵营军士长若瑟·德·索萨·科雷亚（José de Sousa Correa）被任命为二年级教师，年薪 480 两。从到达之日算起，同时还领高级军官的军饷。③ 稍后，两位教师——海军军官巴波沙少校和阿尔布克尔克（António Francisco de Paula e Holanda Cavalcante de Albuquerque）少校到皇室航海学校任教，分别任一、二年级的教师。该校课程分两年完成，由上述两位教师负责。④ 1817 年正式公布《澳门皇家航海学校章程》：

澳门皇家航海学校章程

第一条 澳门皇家航海学校课程分两年完成。第一年学习算术、代数、方程式、几何及平面三角。第二年学习球面三角、天文学、地形测绘学、领航术、船只的操纵、仪器的使用及实习。

第二条 总督有时担任澳门皇家航海学校校监。

第三条 两年的课程由两位教师轮流教授。澳门皇家航海学校的教师享有与波尔图学院的教师同样的特权。倘若其中一位教师无法授课，则由另一位教师兼授，两门课程轮流上，即一日一门。为了不拖欠课程，授课时间为每天两小时，如果这位教师也不能上课，则由二年级学生教授一年级课程。通常上课时间为每天上午一个半小时。上课一个小时又一刻钟仍未进教室的学生，以旷课计。每礼拜四休息。通常假期为圣诞节 15 天，复活节 15 天，以及七、八两月。

第四条 经测试，算术运算四则不及格者，不可注册入学。参加测试者，须向几何老师提交申请书（注明姓名、家庭、籍贯、学习状况）和年满十四岁的年龄证明书。每礼拜六进行知识训练，支持方 3 人，反驳方 6 人，抽签决定。连续两次未被抽中进行训练的同学，以旷课计。无能、成绩差或人品不佳、不尊敬老师的学生，如被老师私下责备三次以上，将被开除学籍。

第五条 每学年最后一个月考试，即 9 月开学，7 月学年结束。每年 5 月底，教师进行学生资质评定。学生因故缺课 30 次，或无故缺课 10 次，整学年的课程全部作废，并且无故缺课一次罚款 1 000 雷亚尔。在无人反对的情况下，考试由两位教师主持，因为通常这种考试应由 3 名任课老师主持。关于整学年的考试结果，先是各科教师开会表达自己的观点，之后投票表决。如果投票结果成平局，则由

① Manuel Teixeira, *A Educação em Macau*, Macau: Direcção dos Serviços de Educação e Cultura, 1982, p. 25.

② *Arquivos de Macau*, 3ª Série, Vol. XI, No. 1, Macau, 1969, p. 345.

③ *Arquivos de Macau*, 3ª Série, Vol. XI, No. 1, Macau, 1969, p. 349.

④ Manuel Teixeira, *A Educação em Macau*, Macau: Direcção dos Serviços de Educação e Cultura, 1982, p. 19.

任课老师决定同意或反对，毕竟任课教师是最了解学生真正能力的人。同波尔图学院一样，学校秘书将学生考试成绩登记在案，并公布及格或不及格。秘书缺席时由新教师代替。

第六条 渴望获得领航员资格的学生，可向老师申请参加毕业考试。是否准予参加，由教师根据学生的品行才智，开会讨论决定。毕业考试的范围涵盖两年所学航海课程的所有知识，参加者需先进行算术、平面三角、球面三角、二十四小时测定航位等初试。考试形式是就所学知识选定一个题目，写一篇论文，且进行答辩。通过者可获得毕业证书或资格证书。

第七条 课室两间。航海课室旁边设置一个房间，存放仪器，并安排看守人一名。

第八条 秘书一名，记录有关该校的决定、建议和要求。学生名册、文件、考试成绩、领航员资格证书等需署有教师的签名。证书每本收费 320 雷亚尔。名册及档案每本收费 140 雷亚尔，学校共进账 2 000 多雷亚尔。领航员资格证书每本收费 1 000 雷亚尔，学校共进账 4 000 雷亚尔。仪器看守人负责清扫和搬运仪器，听从教师的安排及照看课室。

第九条 自该校毕业的领航员返航澳门时，必须向教师呈交航海指南，用于编辑和修订刊物，否则无法获得许可证。呈交在海上及陆上进行的所有天文观测的目录。观察记录山川、岛屿、港口的地形，将记录副本呈交，研究大海、气流、罗盘运转等，以便修订航海日志。

第十条 澳门皇家航海学校成立后，没有该校秘书通过、教师签字的许可证，或该校校监和教师签字、秘书以校监名义盖章的领航员资格证书，任何一位东方人不能成为领航员或副领航员。如非本校学生，没有通过两次考试的任何一个东方人不能获得许可证或领航员资格证书。初试是几何、平面三角、球面三角、二十四小时测定航位等。初试通过后，即可向教师申请进行航海考试。

第十一条 校监严格督促该章程付诸实施，每年定期向海事暨海外部汇报学校和学生的进展。里约热内卢宫，1814 年 8 月 3 日，阿劳若·德·阿泽维多。贯彻执行，递交副本，并下达命令。澳门，1817 年 7 月 8 日，若瑟·奥索里奥·德·卡斯特罗·卡巴拉尔·阿尔布克尔克。①

皇家航海学校创办以后，该校的教学情况并不理想。1820 年 10 月 21 日，该校教师阿尔布克尔克致函议事会：

我非常荣幸能够参与澳门皇家航海学校的工作，该航海学校将使贵议事会在外国人面前倍感荣耀。作为二年级的老师，我感到非常痛心，尽管贵议事会作出

① Manuel Teixeira, *A Educação em Macau*, Macau: Direcção dos Serviços de Educação e Cultura, 1982, pp. 20 – 25.

了巨大努力，但澳门（皇家）航海学校获得的成绩非常之少，我的课程无法开课，因为没有一个学生能够达到二年级的标准，因此请求总督先生允许，所有学生都从一年级开始学习，直至具备进入二年级的资格。①

不久，由于生源的问题，学校还曾一度关闭。1820 年 12 月 30 日，议事会致信葡印总督：

澳门皇家航海学校因为生源不足，已经关闭了几个月；目前有 14 名学生想要上课，希望能够获得陛下的准许，该航海学校重新开课。②

故潘日明称："1820 年澳门开设的学堂有航海学校，三位教师执教。"③ 1821 年 11 月 28 日，议事会致信葡印总督：

议事会财政方面发生重大改变，因为其职员薪金一直没有增加，澳门皇家航海学校的老师和秘书同其一样，时至今日，其开销达 11.188 两，不包括看守人的工资，此项花费显得毫无必要，如果将此项经费用于沿岸航行贸易，则是付诸实践而非空言理论；孩子们参与海上贸易活动，从他们的父辈那里学习航海知识，同样是接受领航员教育。拥有多年航海经历的领航员，显然没有必要再接受学校教育。④

这可以反映澳门议事会对这一所皇家航海学校抱着明显不支持的态度。从其他的资料也可看出，该校创办后并不成功。1822 年 10 月 2 日，多明我会代理主教圣罗萨·佩雷拉（Luís de S. Rosa Pereira）对航海学校评价称：

该航海学校成立至今，没有学生能够从注册入学一直坚持到毕业，有多种原因，一些因出海需要，一些因懒惰或能力有限，一些因父母要求而退学，而非教师的无能导致这种状况。唯一一个坚持下来的学生，成为一名优秀的领航员，去了欧洲，从欧洲又去了里约热内卢，任大副，获得同行的一致称赞。这证明他在航海学校接受的教育很有意义，他现在的工作恰恰是从前实践课程的继续。⑤

并提出建议：

自学校建成到现在，必须由有管理经验的人作为学校的管理者，对这一管理者的选拔则需要经过严格的考察。其中的一些候选人称其能够做到严格按照规定，合理且有效地对学校进行管理；而另一些候选人，经过严格的考察后，发现他们不是怠工就是没有能力，所以最终选择了最有经验和能力的人作为了学校的管理

---

① *Arquivos de Macau*, 3ª Série, Vol. XVIII, No. 5, Macau, 1972, pp. 191 - 193.

② *Arquivos de Macau*, 3ª Série, Vol. XVIII, No. 6, Macau, 1972, p. 374.

③ ［葡］潘日明著，苏勤译：《殊途同归：澳门的文化交融》，澳门：澳门文化司署，1992 年，第 154 页。

④ *Arquivos de Macau*, 3ª Série, Vol. XIX, No. 1, Macau, 1973, pp. 4 - 5.

⑤ *Arquivos de Macau*, 3ª Série, Vol. XXVII, No. 1, Macau, 1977, p. 28.

者。为了建立培养领航员（船员）的学校，特别邀请来自欧洲的优秀领航员（船员）来对学员做实践性的指导，这名领航员（船员）有着丰富的经验，也曾多次完成里约热内卢的航行。①

1822 年澳门民主革命爆发，旧政府被推翻，由巴波沙少校主持的新政府成立，但不到一年，属于保守派的旧政府人员又发动政变，将巴波沙政府推翻。澳门皇家航海学校的教师全部被卷进这一革命运动中，先是航海学校校监、澳门总督欧布基及教师阿尔布克尔克因为参加叛乱被免职，并被押送至果阿，后则是巴波沙立宪运动失败，被政变者抓捕，并被押送至果阿。航海学校的主要教师均因为这场革命而被驱离澳门，所以 1822 年至 1823 年间该校应该无教师上课，但 1823 年 4 月 16 日澳门皇家航海学校仍然在《中国之蜂》上刊出了新的招生广告，并称："新学年课程将于 5 月 1 日开始。"②由于该校并无教师上课，所以招生广告应是一纸空文。航海学校至此实际上已经关闭，在该校接受教育的领航员，一些离开，一些留下。③

1824 年 9 月 22 日，议事会告知葡印总督，兰萨（Francisco Xavier Lança）和克鲁兹（Inácio Loiola da Cruz）分别被任命为航海实习教师。④ 虽然 1823 年后议事会还几次任命过航海教师，但该校的教学一直没有恢复正常。⑤

3. **圣若瑟神学院的航海课程**

1823 年后，实际上处于关闭状态的航海学校日渐衰微。1862 年 7 月 5 日，根据葡萄牙王室法令，为取代皇家航海学校，澳门圣若瑟神学院设立"航海学"课程，并开设商业课程，学制两年，聘请海军军官和商船驾驶员负责管理。该校附属于圣若瑟神学院。聘请名誉海军上尉马贵斯担任航海与数学课程教师，⑥ 此举系临时性措施。1862 年 11 月 18 日，颁布《航海课程条例》。1863 年 11 月 20 日，正式开课。⑦ 1881 年 12 月 22 日，根据 8 月 11 日法令，以"澳门圣若瑟神学院"学校名称重组澳门圣若瑟神学院：

第一条　教学条件不变，其规章同葡属印度其他神学院一样。

第二条　保留该城的航海课程，隶属圣若瑟神学院。

第三条　商业课程同样保留，同属圣若瑟神学院。

---

① *Arquivos de Macau*, 3ª Série, Vol. V, No. 1, Macau, 1966, p. 28.

② *A Abella da China*, No. 32, 24/04/1823, Macau: University of Macau, 1994, p. 134.

③ Manuel Teixeira, *A Educação em Macau*, Macau: Direcção dos Serviços de Educação e Cultura, 1982, p. 31.

④ *Arquivos de Macau*, 3ª Série, Vol. XIX, No. 2, Macau, 1973, p. 82.

⑤ Manuel Teixeira, *A Educação em Macau*, Macau: Direcção dos Serviços de Educação e Cultura, 1982, p. 31.

⑥ Manuel Teixeira, *A Educação em Macau*, Macau: Direcção dos Serviços de Educação e Cultura, 1982, p. 18.

⑦ A. H. de Oliveira Marques, *História dos Portugueses no Extremo Oriente*, Vol. Ⅲ, Lisboa: Fundação Oriente, 1998 - 2003, p. 504.

第四条　无论是航海课程，还是商业课程，都属选修课程，只收走读生。①

关于圣若瑟神学院的航海课程情况没有更多的文献资料进行说明，我们只知道到1883年3月30日教师马贵斯去世时，该课程只剩下一名学生。② 之后，1889年8月《信徒之声》公布一则消息："1889年9月9日航海学校开课。"1893年4月，葡萄牙海军上尉莫赖斯开始在隶属圣若瑟神学院的航海学校任教。③

4. **新航海学校**

新航海学校于1906年由澳门总督、海军少校蒙丁尼路创建。④ 1906年6月20日，澳门政府法令称：

鉴于澳门人口失业严重，许多人迁居临近城市，澳门总督考虑在港务局辖下创建航海学校，按照1905年1月23日法令各条款的规定，使献身航海事业的人获得领航员资格证。

第一条　在澳门省创建一所航海学校，隶属港务局，使愿意献身航海事业的人获得航海资格证书，能够进行近海和远洋航行。

第二条　航海学校由港务局管理，每月获得20 000雷亚尔赏金。⑤

此规定呈交葡萄牙政府，1906年11月16日，葡萄牙政府颁布法令对此表示同意。以下是学校规定的主要条款：

第十条　澳门航海学校教授学生航海基础课程。

第十一条　航海基础课程分两年完成，毕业后获得航海资格证书，能够进行远洋航行。

第十二条　该资格证书由政府办公室颁发，澳门总督签字。

第十四条　领航员完成学校的基础课程，即可在远洋航行船只上进行航海实习。

第十五条　完成120天航海实习的领航员获得航海资格证书。

第四十条　拥有原澳门航海学校证书的领航员，可以直接进行考试，通过者即可获得葡萄牙政府办公室颁发的航海证书。

第四十一条　原澳门航海学校的领航员进入该校就读，不受年龄限制，无须进行基础教育考试，但必须参加入学考试。⑥

---

① Manuel Teixeira, *A Educação em Macau*, Macau: Direcção dos Serviços de Educação e Cultura, 1982, p. 32.

② Manuel Teixeira, *A Educação em Macau*, Macau: Direcção dos Serviços de Educação e Cultura, 1982, pp. 31 – 32.

③ Manuel Teixeira, *A Educação em Macau*, Macau: Direcção dos Serviços de Educação e Cultura, 1982, p. 32.

④ Manuel Teixeira, *A Educação em Macau*, Macau: Direcção dos Serviços de Educação e Cultura, 1982, p. 32.

⑤ Manuel Teixeira, *A Educação em Macau*, Macau: Direcção dos Serviços de Educação e Cultura, 1982, p. 34.

⑥ Manuel Teixeira, *A Educação em Macau*, Macau: Direcção dos Serviços de Educação e Cultura, 1982, pp. 34 – 35.

新航海学校创办后，一直正常运行，直到第二次世界大战爆发。[1]

（二）澳门炮兵学校

19 世纪以前，澳门人想学习军事必须前往果阿，在那里的军事院校就读，澳门并无专门的军事学校培养专业的军事人才。为了弥补这一缺陷，加强对澳门炮兵的训练，在 1810 年建起的摄政王炮兵营中，设立了一所由部队指挥官任领导的实习学校，对所有的列兵进行训练和实践，以便他们能够学习包括“保卫战和进攻战”在内的与炮兵相关的全部培训课程。[2] 1820 年 3 月 30 日，葡印总督致函澳门总督，委托炮兵上尉卡斯特罗给炮兵营实习学校的学生和下级军官教授炮兵理论和实践课程，其月薪不超过 1 万雷亚尔。不久澳门总督又通知议事会，国家财政部命令取消炮兵上尉卡斯特罗每月 1 万雷亚尔的薪水。[3] 1826 年 6 月 29 日，炮兵上尉卡斯特罗开始给摄政王炮兵营实习学校的学生授课，他对待工作热情勤奋，教学极为认真，学生们亦取得优良成绩。[4]

1835 年 5 月 13 日，葡印总督梅洛以女王的名义致函葡印政府，必须采取措施在澳门城开设数学教育课程，为年轻军人提供教育。为澳门军人开设数学教育课程，实际上也是对炮兵军官和士兵的一种军事专业训练。鉴于这种措施的便捷有效，梅洛的建议获得批准，议事会预付葡印政府任命的 4 位教师的薪水。1835 年 5 月 12 日，葡印总督告知澳门议事会，送来数学课程的教材，每本 195 色勒芬。[5]

1845 年，澳门军队进行重组，摄政王炮兵营改名为“澳门炮兵营”，共分为四个中队，有 317 名军人。在炮兵营中还开办了一所初级学校，这所初级学校实际上仍是前设炮兵营实习学校的改组。该校由随军教士负责管理，并由他挑选一名下级军官担任助手，一名营的下级军官负责针对下级军官和其他列兵的初等数学课程，并不再负责其他任何工作。所有这类学校都属于公共教育，并对那些想进入学校的“土生孩子的年轻人”免费开放。[6]

然而关于这所专门为澳门培养炮兵人才的军事学校，我们在档案中尚未找到更多的材料，但无论如何，我们可以了解到澳门在 19 世纪初就已经设立了专门的军事学校来培养相关的军事人才，这一点在澳门教育史上亦具有十分重要的意义。

---

① Manuel Teixeira, *A Educação em Macau*, Macau: Direcção dos Serviços de Educação e Cultura, 1982, p. 35.

② Manuel A. Ribeiro Rodrigues, *400 Anos de Organização e Uniformes Militares em Macau*, Macau: Instituto Cultural de Macau, 1999, p. 236.

③ Manuel Teixeira, *A Educação em Macau*, Macau: Direcção dos Serviços de Educação e Cultura, 1982, p. 36.

④ Manuel Teixeira, *A Educação em Macau*, Macau: Direcção dos Serviços de Educação e Cultura, 1982, pp. 36 – 37.

⑤ Manuel Teixeira, *A Educação em Macau*, Macau: Direcção dos Serviços de Educação e Cultura, 1982, p. 36.

⑥ Manuel A. Ribeiro Rodrigues, *400 Anos de Organização e Uniformes Militares em Macau*, Macau: Instituto Cultural de Macau, 1999, pp. 235 – 236.

（三）澳门商业学校

1871年9月17日，在先拿·飞南第伯爵及阿尔比诺·安东尼奥（Albino António da Silva）等杰出土生葡人代表的努力下，澳门土生人教育促进会（APIM）正式成立，并于29日公布该会章程。该会成立的宗旨是推动澳门土生族群教育及文化事业的普及与发展。该会注册资金为1.1万澳门元，共有31名股东，马西米雅努·李美雕（Maximiano António dos Remédios）任理事长，罗沙·布拉加（João Joaquim Rosa Braga）任司库，若奥·施利华（João Maria da Silva）任秘书。① 1876年11月13日，澳门教育促进会行政委员会召开了会员大会，一致通过劳伦佐·马葵士（Lourenço Marques）先生的提案："提议投票表决信任澳门教育促进会行政委员会，该促进会有义务采取一切可能措施促进澳门教育的发展，并将促进会基金的收益用于此目的。"1877年8月26日，又通过米格尔·达·席尔瓦（Miguel Ayres da Silva）先生的提案："提议该委员会能够在合适的时机建立一所商业学校。"② 1878年1月8日，该会正式创办澳门商业学校（Instituto Comercial de Macau），校舍设在圣若瑟神学院中，③ 并聘任澳门著名汉学家、翻译家伯多禄·施利华（Pedro Nolasco da Silva）担任首任校长。④ 该校设立的课程和担任该课程的教师是：

> 文森特·德·热苏斯（José Vicente de Jesus），葡文初级课程教师，教授地理、历史、算术和天主教义。
>
> 特奥多西奥·罗德里格斯（Theodosio Rodrigues），葡文高级课程教师，教授历史和地理。
>
> 文森特·德·热苏斯（José Vicente de Jesus），教授算术、代数和商业会计。
>
> 特奥多西奥·罗德里格斯（Theodosio Rodrigues），教授英文（初级和高级）。
>
> 法利亚·马萨尔（João de Lycopolis de Faria Marçal）和李兰山（Ly-lang-shan），教授中文的书写。
>
> 康西奥·若尔热（Câncio Jorge），教授书法。
>
> 阿拉乌茹·罗萨（Dr. Bernando Maria das Neves de Araujo Roza），教授自然科

---

① Jorge Forjaz, *Famílias Macaenses*, Vol. Ⅱ, Macau: Fundação Oriente, Instituto Cultural de Macau, Instituto Português do Oriente, 1996, p. 618. ［葡］潘日明著，苏勤译：《殊途同归：澳门的文化交融》，澳门：澳门文化司署，1992年，第181页。

② Manuel Teixeira, *A Educação em Macau*, Macau: Direcção dos Serviços de Educação e Cultura, 1982, p. 84.

③ ［葡］潘日明著，苏勤译：《殊途同归：澳门的文化交融》，澳门：澳门文化司署，1992年，第181页；Manuel Teixeira, *A Educação em Macau*, Macau: Direcção dos Serviços de Educação e Cultura, 1982, pp. 86－87.

④ 李长森：《明清时期澳门土生族群的形成发展及变迁》，北京：中华书局，2007年，第362～363页。澳门民间多称这间商业学校为"伯多禄商业学校"。

学基础课程（每周两次）。[①]

根据1881年的葡萄牙国王训令，圣若瑟神学院进行改组，附设商科。商业学校同圣若瑟神学院合并。1890年3月17日，耶稣会会士第三次返回"天主圣名之城"，耶稣会会士公萨维斯（João Gonçalves）神父于1893年4月13日担任该校校长，并由美国神父郝思比（William Hornsby）讲授英文，英国神父阿克怀特（William Arkwright）讲授商业课程。[②] 对于这两门课程的开设，后人给予了很高的评价：

> 他们的授课成效显著，青年涌入圣若瑟神学院的课室，其中成百青年人学习这两门课程，至今他们的家族仍在中国和日本的港口城市从事商业活动，他们仍为圣若瑟的神父们祈福，是神父们给予他们如此美好的未来。更显著的是，更多的澳门人踊跃学习英语和商业课程，他们不满足于现状，渴望学习本城的状况；他们希望将不亚于欧洲的商业课程推广，使澳门同胞成为远东各大商业公司的管理人才。[③]

还有材料评价阿克怀特神父的商业课程，称他"善于执教"，还说他有很多学生在澳门和远东的商业部门担任十分重要的职务。[④] 据文德泉公布的材料，商业学校开办的第一年有学生21人，第二年18人，第三年13人，[⑤] 到1910年关闭时，在该校就读商科的学生有19名。[⑥]

由于商业学校的成功创办和顺利发展，这一公共教育成果获得了澳门政府的认可。1901年8月10日，澳门总督高士德发布政府训令，批准正式成立市政教育机构——澳门商业学校，其教师薪俸由议事公局颁发。[⑦] 该校最初附属于利宵中学，采用葡国商业中学制。[⑧] 到1919年10月30日，澳门政府下令将附属于利宵中学的商业学校独立，

---

① Manuel Teixeira, *A Educação em Macau*, Macau: Direcção dos Serviços de Educação e Cultura, 1982, p. 85.

② ［葡］潘日明著，苏勤译：《殊途同归：澳门的文化交融》，澳门：澳门文化司署，1992年，第181页。

③ Manuel Teixeira, *Macau e a Sua Diocese*, *Vol. Ⅷ*, *Padres da Diocese de Macau*, Macau: Tipografia da Missão do Padroado, 1972, pp. 277 – 278.

④ Manuel Teixeira, *Macau e a Sua Diocese*, *Vol. Ⅷ*, *Padres da Diocese de Macau*, Macau: Tipografia da Missão do Padroado, 1972, p. 278.

⑤ Manuel Teixeira, *Macau e a Sua Diocese*, *Vol. Ⅲ*, *As Ordens e Congregações Religiosas em Macau*, Macau: Tipografia Soi Sang, 1956 – 1961, p. 396.

⑥ ［葡］潘日明著，苏勤译：《殊途同归：澳门的文化交融》，澳门：澳门文化司署，1992年，第182页。

⑦ Manuel Teixeira, *Macau e a Sua Diocese*, *Vol. Ⅷ*, *Padres da Diocese de Macau*, Macau: Tipografia da Missão do Padroado, 1972, p. 278.

⑧ Manuel Teixeira, *A Educação em Macau*, Macau: Direcção dos Serviços e Educação e Cultura, 1982, p. 91; 刘羡冰：《世纪留痕：20世纪澳门教育大事志》，澳门：澳门鸿兴柯式印刷有限公司，2002年，第62页。

又以“澳门商业学校”命名。翌年建成新校舍，脱离圣若瑟神学院。[①]这是澳门的第一家商业专科学校，先是由民间创办，后转为政府学校。在晚清澳门经济转型的潮流中，澳门市民适应经济形势的变化创建专业的商科学校，这在当时的中国仍算是领风气之先的创举，在澳门教育史乃至中国教育史上均具有十分重要的意义。

（四）圣罗萨利玛学校

圣罗萨利玛学校前身是仁慈堂孤儿院，仁慈堂孤儿院始建于何时，我们找不到确切的资料，据雷戈1621年的记录称：澳门“有一座很好的仁慈堂，它每年都花费大量金钱供养孤儿、穷人和寡妇”[②]。由于资金短缺，仁慈堂曾于1737年将孤儿院关闭。[③]

1782年12月16日，澳门议事会召开会议，由理事官米兰达·索萨主持，讨论由主教佩德罗萨·吉马良斯提出的恢复孤女院的建议，主教拨出745两白银给仁慈堂，以便修建已经开始建造但尚未完工的孤女院。议事会成员一致同意了这一建议。然而，努力并没有成功，仁慈堂始终没有建成一所孤女收容院。[④] 1819年11月3日，圣若瑟修道院院长将圣罗萨孤女收容院的资金转交给沙辛（D. Francisco de Nossa Senhora da Luz Chacim）主教提名的副主教和另一位神父，并且声明遣使会已将孤女院的4 000两资金增加到了3万两。这里首次出现“圣罗萨（Sta Rosa）”的名字。[⑤] 1828年9月23日，新近出任教区教长的伊纳爵·施利华（Inácio da Silva）向议事会申请基金1 600澳门元，修缮圣罗萨孤女院的房舍。27日，议事会批准了该项申请。马尔塔·施利华（Marta da Silva Merop）捐赠议事会1万澳门元作为慈善基金。[⑥]

1844年2月27日，葡萄牙国王颁布敕令，授权澳门总督购买奥斯定修道院的建筑物用于建立一所女子教育学校，而署理主教热罗尼莫·马塔（Jerónimo José da Mata）则希望在这里建立圣罗萨利玛孤女院女子学校。马塔主教为孤女院女子学校制定教学

---

① Manuel Teixeira, *A Educação em Macau*, Macau: Direcção dos Serviços e Educação e Cultura, 1982, pp. 94 - 95；［葡］施白蒂著，金国平译：《澳门编年史：20世纪（1900—1949）》，澳门：澳门基金会，1999年，第134页。

② ［葡］雷戈著，范维信译：《澳门的建立与强大记事》，载澳门《文化杂志》编：《16和17世纪伊比利亚文学视野里的中国景观》，郑州：大象出版社，2003年，第197页。

③ Manuel Teixeira, *A Educação em Macau*, Macau: Direcção dos Serviços de Educação e Cultura, 1982, p. 280.

④ Manuel Teixeira, *Macau e a Sua Diocese, Vol. Ⅲ, As Ordens e Congregações Religiosas em Macau*, Macau: Tipografia Soi Sang, 1956 - 1961, pp. 514 - 515.

⑤ Manuel Teixeira, *Macau e a Sua Diocese, Vol. Ⅲ, As Ordens e Congregações Religiosas em Macau*, Macau: Tipografia Soi Sang, 1956 - 1961, p. 518.

⑥ Manuel Teixeira, *Macau e a Sua Diocese, Vol. Ⅲ, As Ordens e Congregações Religiosas em Macau*, Macau: Tipografia Soi Sang, 1956 - 1961, pp. 518 - 519.

大纲，于1846年10月11日颁行。[①] 11月8日，为加强女子教育，澳门将施利华主教创建的孤女收容院改名为“圣罗萨利玛（Santa Rosa de Lima）孤女院”，并将被教区收购的“十六柱”大屋修缮后作为孤女们的居所。[②] 1848年12月21日，澳门主教热罗尼莫·马塔聘请11位法国圣云仙保禄仁爱女修会修女来澳，负责管理圣罗萨孤女院。[③] 但据玛利亚·达·拉蒂维达德（Maria da Natividdade）修女信，当时来澳门的修女为5人，其中法国修女3人，即本杰明（Benjamin）、阿丽娜·安尼亚得（Alina Agniard）、特里莎·漂瑟（Marie-Thérèse Burgé）和2名华人女青年。[④] 1849年，又将孤女院迁入奥斯定修道院。在修女们的指导下，澳门许多女孩子除了学习音乐和绘画外，还学习法语。[⑤] 1857年1月22日，热罗尼莫·马塔主教谕令，将由法国圣云仙保禄仁爱女修会管理的圣罗萨孤女院划归圣家辣女修道院管理。2月19日，将在岗顶奥斯定修道院内办学的圣罗萨孤女院迁入圣家辣堂继续开办。[⑥] 这批法国修女于1865年回国。

1873年1月25日，葡王颁布第4号敕令，鉴于圣家辣女修道院已关闭，圣罗萨利玛孤女院情况特殊，应当结束圣罗萨利玛孤女院而建立一间女子教育学校，即圣罗萨利玛学校。同时颁布《圣罗萨利玛学校章程》。[⑦] 1875年2月18日，圣家辣女修道院和圣罗萨利玛孤女院合并成为一间女子学校，由管理委员会制定临时章程并生效。至此，孤女院正式改名为“圣罗萨利玛女子学校”，继续在圣家辣女修道院内从事女子教育。[⑧] 学校由一个委员会负责管理，由教区主教、法官、总督任命的两位市民（其中一人任司库）及学校神父五人组成。管理委员会负责制定年度报告，向政府提出改革建议。委员会每月举行两次会议。学校有一名校长、一些女教师、一位神父和一名医生。

---

① Manuel Teixeira, *Macau e a Sua Diocese, Vol. Ⅲ, As Ordens e Congregações Religiosas em Macau*, Macau: Tipografia Soi Sang, 1956 – 1961, p. 519.

② ［葡］施白蒂著，姚京明译：《澳门编年史：19世纪》，澳门：澳门基金会，1998年，第93页；Manuel Teixeira, *A Educação em Macau*, Macau: Direcção dos Serviços de Educação e Cultura, 1982, p. 280.

③ Manuel Teixeira, *Macau e a Sua Diocese, Vol. Ⅲ, As Ordens e Congregações Religiosas em Macau*, Macau: Tipogafia Soi Sang, 1956 – 1961, p. 519; Manuel Teixeira, *Toponímia de Macau*, Vol. Ⅱ, Macau: Instituto Cultural de Macau, 1997, p. 215.

④ Manuel Teixeira, *A Educação em Macau*, Macau: Direcção dos Serviços de Educação e Cultura, 1982, p. 306.

⑤ Manuel Teixeira, *Macau e a Sua Diocese, Vol. Ⅲ, As Ordens e Congregações Religiosas em Macau*, Macau: Tipografia Soi Sang, 1956 – 1961, p. 519; Manuel Teixeira, *Toponímia de Macau*, Vol. Ⅱ, Macau: Instituto Cultural de Macau, 1997, p. 215.

⑥ ［葡］施白蒂著，姚京明译：《澳门编年史：19世纪》，澳门：澳门基金会，1998年，第129页；Manuel Teixeira, *Macau e a Sua Diocese, Vol. Ⅲ, As Ordens e Congregações Religiosas em Macau*, Macau: Tipografia Soi Sang, 1956 – 1961, p. 521.

⑦ Manuel Teixeira, *A Educação em Macau*, Macau: Direcção dos Serviços de Educação e Cultura, 1982, p. 281.

⑧ Manuel Teixeira, *Macau e a Sua Diocese, Vol. Ⅲ, As Ordens e Congregações Religiosas em Macau*, Macau: Tipografia Soi Sang, 1956 – 1961, p. 521.

校长和女教师一般为葡萄牙人。学校除孤女外，还接受交纳膳宿金的女学生，年龄在8~14岁。学校教育分初等和中等。初等教育又分两级，第一级为读、写、算术四则运算、教理解说和天主教教义；第二级为葡萄牙语法基础和分析定律基础、葡萄牙简史、葡萄牙及其海外殖民地基础地理知识、社交礼仪、初等数学等。中等教育课程有葡语语言及语法、法语、英语、新旧约、宗教史、声乐及钢琴、体育、卫生学等，此外还有女红课。5月8日开始招聘教师，要招三名教师教授初等和中等课程。8月21日，澳门政府批准了圣罗萨利玛女子学校章程。12月11日，圣罗萨利玛女子学校正式开学。同时明德禄主教还邀请嘉诺撒修女管理该校，直至1903年。①

1903年11月17日，应鲍理诺（João Paulino de Azevedo e Castro）主教的邀请，玛利亚方济各传教修女会初抵澳门，并住进圣家辣女修道院，从嘉诺撒修女手中接管圣罗萨利玛女子学校。该校免费为抚养金领取者及孤儿提供教育，为远东各地包括泰国的女子提供寄宿制教育。至27日，抵达澳门的玛利亚方济各传教会修女有院长圣若阿金（Benedicta de S. Joaquim）、萨克鲁·科埃乌尔（Leona du Sacré Coeur）、安东尼娅·布里维（Antóine de Brive）、埃德特鲁德（Edeltrud）、阿姆布罗西纳（Ambrosina）和译利亚（Zélia）6人。② 1910年11月30日，澳门政府决定让圣罗萨利玛女子学校中的玛利亚方济各会修女离澳，但允许嘉诺撒修女留澳。此时该校共有不同国籍的女学生130人，她们分别来自葡萄牙、法国、德国、菲律宾、越南、泰国、帝汶、新加坡、中国香港、中国澳门及中国内地。至1911年1月7日，圣罗萨利玛女子学校由在俗人士管理，学生减少至40人。③

（五）嘉诺撒女修会学校

1873年12月，玛大肋纳嘉诺撒慈善会（Santa Madalena de Canossa）修女抵达澳门，并在炮台山附近的一间房子居住下来，为澳门贫穷人家的女孩子提供教育服务。嘉诺撒慈善会为意大利天主教女修会，1860年4月12日，第一批嘉诺撒慈善会修女到达香港，并建立一座修道院。1872年香港嘉诺撒修道院院长派雷吉娜·费拉里（Regina Ferrari）、托马西·利西（Tommassi Ricci）两名修女到澳门查明情况，适逢当时澳门政府反对外国宗教团体来澳，修女来澳之事未能成行。但澳门市民态度明确，对嘉诺撒

---

① Auleliano Barata, *O Ensino em Macau, 1572 – 1979*, Macau: Direcção dos Serviços de Educação e Juventude, 1999, pp. 181–188; Manuel Teixeira, *A Educação em Macau*, Macau: Direcção dos Serviços de Educação e Cultura, 1982, p. 281.

② ［葡］施白蒂著，金国平译：《澳门编年史：20世纪（1900—1949）》，澳门：澳门基金会，1999年，第17页；Manuel Teixeira, *A Educação em Macau*, Macau: Direcção dos Serviços de Educação e Cultura, 1982, p. 281.

③ ［葡］施白蒂著，金国平译：《澳门编年史：20世纪（1900—1949）》，澳门：澳门基金会，1999年，第47页；Manuel Teixeira, *A Educação em Macau*, Macau: Direcção dos Serviços de Educação e Cultura, 1982, p. 282.

修女非常欢迎。因此，香港修道院院长任命雷吉娜修女为澳门嘉诺撒修道院院长，并为她配备了一位初修女来澳。两名修女来澳后，1874 年的台风将其住房吹塌。后在罗沙里奥·阿尔梅达（Francisco Rosário de Almeida）神父的帮助下，又在花王堂街找到了一处新的住所，每月仅收 10 澳门元。修女们走遍城市的每一个角落，帮助因风灾受损的贫困家庭，在澳门城内赢得了普遍的好评。① 1886 年，这所学校的学生全都是华人女子，同年，许多葡萄牙家庭表示希望能将他们的女儿送来读书；另一些家庭也要求他们的女儿能在那里作为走读生的身份学习。主教明德禄下令扩大教学楼，在香港创立的玛利亚慈善女修会（Congregação da Pia União das filhas de Maria）的修女来到澳门，作为小学教育的教师，教授女学生们英文、法文、音乐、钢琴等，中学教育由西蒙·达·克鲁兹（Simão da Cruz）神父负责。② 这就是嘉诺撒女修会葡萄牙女子学校的缘起。

该学校一直设在仁慈堂学校分校里面。仁慈堂学校分校是 1857 年后由明德禄主教创办。1876 年 12 月 11 日，嘉诺撒慈善会修女将仁慈堂托付给她们的、原收养在大三巴街和高园街两幢小屋中的 23 名孤女搬至教区在贾梅士广场附近购置的慈善院居住。③ 1878 年正式建校，该校教授葡人和华人住宿及走读的女学生总数约 22 人，校址是由苏主教（D. Manuel Bernardo de Sousa Enes）购买和转让。女学生几乎全都来自穷人家庭，甚至其中很多是孤女，教育、食物和衣服及其他几乎全部免费提供给住宿生。这些女学生中很多和来自中国内地的她们本族的男子结婚，可以在中国建立天主教家庭，以此在这个国家造成影响。教区和政府提供的公共慈善和津贴，没有准确标价。澳门一个天主教徒为慈善分院提供 10 000 澳门元，用这些钱生成利息。该校开设的课程有阅读、语法、书写、算术、历史、地理、葡萄牙地理、葡萄牙领地知识、基础几何、道德、绘画、自然科学、英文、钢琴、唱歌、速记、缝纫和手工等。到 20 世纪初，该校发展到近百人。④

---

① Manuel Teixeira, *Macau e a Sua Diocese*, *Vol. Ⅲ*, *As Ordens e Congregações Religiosas em Macau*, Macau: Tipografia Soi Sang, 1956 - 1961, pp. 782 - 783.

② Manuel Teixeira, *A Educação em Macau*, Macau: Direcção dos Serviços de Educação e Cultura, 1982, p. 330.

③ ［葡］潘日明著，苏勤译：《殊途同归：澳门的文化交融》，澳门：澳门文化司署，1992 年，第 181 页；Manuel Teixeira, *Macau e a Sua Diocese*, *Vol. Ⅲ*, *As Ordens e Congregações Religiosas em Macau*, Macau: Tipografia Soi Sang, 1956 - 1961, p. 783.

④ Manuel Teixeira, *A Educação em Macau*, Macau: Direcção dos Serviços de Educação e Cultura, 1982, pp. 330 - 331.

第七章

澳门的西式医疗与西方医学

公元前400年左右，古希腊希波克拉底（Hippocrates）学派集各医学文化，著述60余篇医学论文，在欧洲医坛崛起，被视为西医之起源。当时，医疗是一门开放的技艺，内科医生、接生员、外科手术者、采药之人均可被认为是医疗从业者。在这样的医疗市场上，良好的医学规范为市场所需，且符合宗教中医疗伦理学发展的需求，“希波克拉底学说”因此被推上神坛。欧洲从公元前就一直被宗教价值体系包围，医学也是在其基础上发展起来的。从语源学的角度看，神圣（Holiness）和治疗（Healing）就是从同一词根Wholeness演化而来，这也揭示出医疗与宗教之间的密切关系。无论是天主教，还是犹太教，都宣传“灵魂重于身体”之说，认为肉体是软弱不堪的，而精神是不灭的。疾病甚至成为上帝带给世俗的惩罚，因为人本身就是有原罪的。129年出生的盖伦（Galen of Pergamum）继承了希波克拉底的医学思想，创立了与哲学结合的医学体系，彻底主宰了此后1 700年的医学史。希波克拉底被后人尊为“医学之父”（the Father of Medicine），盖伦则被封为“医王”（the Prince of Physicians）。[①] 从19世纪开始，人类一扫过去对于身体、疾病、药物等问题模糊、错误的认识，医学开始发展为真正的科学，也一统疾病治疗的认识体系。值得注意的是，这种新医疗思想的传播并非一蹴而就，而是循序渐进的，其对澳门医疗思想的发展也产生了深远影响。

第一节　澳门天主教背景下的西方慈善医疗

医院的创建归功于天主教。天主教信仰中创造了信仰上帝可以治愈疾病的奇迹，因此在爱、服务和拯救的名义下，慈善成为天主教徒必备之德行，照顾弱者成为灵魂获得救赎的途径。现在，我们已经无从得知第一所“医院”何时创立，但是欧洲从中

① David Cantor, *Reinventing Hippocrates*, Aldershot: Ashgate Publishing Limited Carella, 2002, p. 22.

世纪开始已经出现了多个照顾病人的场所——医院。值得注意的是，这里的“医院”并不一定具备治疗的功能，而更加注重护理。由于麻风病的盛行，12—13 世纪，欧洲建立了数万个麻风病人收容所，因为天主教教义中就要求将麻风病人与世俗隔离。上述医院之内涵也成为澳门 16 世纪时首批医院建立的基本特点，即灵魂救赎大于医疗。

葡萄牙人在海外殖民时期素有建立仁慈堂的传统，自从 1498 年葡萄牙国王若奥二世的遗孀唐娜·莱昂诺拉建立第一所仁慈堂开始，葡萄牙海航者的脚步到哪里，仁慈堂就建立在哪里。仁慈堂希望服务社会各个阶层，兴建医院、孤儿院、老人院，关怀贫困人士，为病弱者提供住宿。16 世纪初，第一份《澳门仁慈堂章程》正式在里斯本诞生，其中规定了仁慈堂的十四项基本事务。[①] 1564 年，葡萄牙里斯本的仁慈堂接管葡萄牙最先进的医院——圣众医院。1541 年 4 月 24 日果阿仁慈堂宣告成立，1591 年果阿仁慈堂接管由葡印总督阿尔伯奎克创建的一家皇家医院。1568 年，葡萄牙耶稣会会士贾尼劳抵达澳门。1575 年 11 月 20 日，贾尼劳神父写信至耶稣会总会长：

> 当我到达澳门时，这个有上帝之名的城市，只有少数的葡萄牙居民及几个当地基督徒家庭。……我们的第一个成就便是没有给这里的异教徒轻视我们基督教的机会，这里有钱有势的商人并没有做任何引起公愤的事情，这是首先获得的成果。我一到达就命令开设了两所医院，接收基督徒和非基督徒的病者。我同时建立了一家慈善机构，类似罗马的援助协会。此慈善机构为所有穷人及需要帮助的人解决所需。这可以对中国人产生正面影响。据我观察，他们中没有人对病人抱有同情心。即使是亲朋好友也不例外。比如，婴儿生病，被父母弃之如粪土；那里的人只注重自我保护，那些一无所有的人会伺机抢劫。[②]

不难看出，这封信是贾尼劳神父的述职报告。这份报告非常清楚地点明了，他一抵达澳门就下命令在澳门开设了两家医院和一家慈善机构。这家慈善机构指的就是仁慈堂，而两家医院指的就是澳门贫民医院和澳门麻风病院。

一、澳门的西方慈善医院：贫民医院

根据上引贾尼劳神父 1575 年的信中所说，他来澳门后不久即 1569 年，就建立了一

---

① Isabel dos Guimarães Sá, *Quando o Rico se faz Pobro*: *Misericórdias*, *Caridade e Poder no Império Português*, *1500 – 1800*, Lisboa: Comissão Nacional para as Comemorações dos Descobrimento Poruguêse, 1997, p. 105.

② Manuel Teixeira, *D. Belchior Carneiro*, *Fundador da Sta. Casa da Misericórdia de Macau*, Macau: Tipografia da Missão do Padroado, 1968, p. 108; Manuel Teixeira, *A Medicina em Macau*, Vol. Ⅰ, Macau: Imprensa Nacional, 1975 – 1976, p. 240.

所仁慈堂及两所医院。[①] 但当时另外的资料显示，贾尼劳主教只创建了一间医院。葡萄牙世俗修士格雷戈里奥·龚萨雷斯在1569年离开澳门前往马六甲写给胡安·德·波尔哈的信中说，澳门“有三间教堂、一间贫民医院（Hospital de Pobres）和一间仁慈堂”[②]。龚萨雷斯没有提麻风病院，其可能的原因应是，1569年龚萨雷斯离开澳门时，麻风病院当时还只是贫民医院内的一个隔间，[③] 所以龚萨雷斯只提贫民医院，而不提麻风病院。

（一）贫民医院的创建、改建及其扩建

为什么要修建贫民医院？第一，根据目前所看到的资料，从1557年葡萄牙人正式定居开始，到1568年贾尼劳神父的到来，澳门尚未见有医院的设立，可以推估，当时解决澳门医疗问题的人应该主要是葡萄牙前往日本贸易船只中的随船医生，但随船医生离开澳门后，澳门医疗人才则处于一片空白。因此，在一个已经拥有万余人的城市中不可能不设立一家固定的医院，以解决万人人口医疗资源稀缺的问题。这应是贾尼劳创建贫民医院的主要原因。第二，在葡萄牙海外扩张史上，传教士在海外殖民地创建医院早有先例。1546年，耶稣会在果阿建立了贫民医院，致力于帮助当地天主教徒和非天主教徒。印度史学家法蒂玛·格拉西亚斯（Fatima da Silva Gracias）认为建立贫民医院是耶稣会的规定（Provision）。[④] 刘易斯·阿尔梅达到日本后，1555年在府内按照仁慈堂的规章建起了一所小医院，不久仁慈堂又在界市（Sakai）建起了另一所小医院。[⑤] 这些都成为澳门贫民医院学习的模板。第三，天主教中有这样的说法：“当某个人想与当地人交流的时候，首先应该让他听从建议，让当地人在医院得到救助，因为这是最寻常也确实最有效的使人们听从主召唤的地方。”[⑥] 故在天主教中，建设医院是便利传教之有效途径。第四，贾尼劳是未被教宗任命的署理主教，只是保有一切主教权力及义务，建设医院有助于其在当地树立声望，向罗马教宗要求确立主教身份之筹码。在这四大条件的促动下和贾尼劳署理主教的积极推动下，澳门贫民医院得以成

---

① ［葡］阿马罗：《澳门医学：名医、药房、流行病及医务治疗》，载吴志良、金国平、汤开建主编：《澳门史新编》第3册，澳门：澳门基金会，2008年，第999页称：根据当时捐助者名单，贫民医院开办的具体日期在1591年。

② ［葡］罗理路著，陈用仪译：《澳门寻根》，附录文献12《格雷戈里奥·龚萨雷斯神父给胡安·德·波尔哈的信》（约1571年），澳门：澳门海事博物馆，1997年，第140页。

③ Manuel Teixeira, *D. Belchior Carneiro, Fundador da Sta. Casa da Misericórdia de Macau*, Macau: Tipografia da Missão do Padroado, 1968, p. 108.

④ Fatima da Silva Gracias, *Health and Hygiene in Colonial Goa (1510 – 1961)*, New Delhi: Concept Publishing Company, 1994, p. 132.

⑤ ［西］迭戈·结成著，杨平译：《澳门圣保禄学院与日本教会》，载《文化杂志》（中文版）第30期，1997年，第78页。

⑥ José Caetano Soares, *Macau e a Assistência, Panorama Médico-Social*, Lisboa: Agência Geral das Colonias, 1950, p. 14.

立。为了建设贫民医院，贾尼劳神父曾经挨家挨户筹款，他对澳门市民说：“留下一个纪念碑，好过一堆骨头，让雕刻留下你永垂不朽的慈悲。”① 因此，贾尼劳神父是贫民医院的倡建者和执行者，澳门市民也为建设医院贡献了资金。

贫民医院由贾尼劳神父创建，这一点，文献记载是清楚的，然而，最初的贫民医院建在什么地方，却没有清楚记录。但是，我们有理由推断，早期的贫民医院就设在仁慈堂内，据康熙十一年（1672）《（康熙）香山县志》记载，澳门：

> 予以故建寺独多，有三巴寺、卖家私寺、大寺、飞来寺、发疯寺、风汛寺、板樟寺、龙鬆寺、医人寺、尼姑寺、望人寺、唐人寺、花王庙，而崇闳瑰丽，以三巴寺为最。②

这里的“医人寺”即贫民医院，此处只记有医人寺，而仁慈堂当时称为支粮庙，在《（康熙）香山县志》中却没有记录。何也？因为当时支粮庙与医人寺是在同一座建筑物中，所以在提到澳门的宗教建筑时就只提了一座。1731 年完成的《（雍正）广东通志》，该书卷 3 收有一幅澳门图，在图中即标有“支粮庙”，又标有“医人庙”，明显将两处建筑分别标示，而且医人庙的位置非常清楚，就在圣保禄教堂的东面、水坑尾城门的南面，医院已经具有一定的规模，且至少拥有 5 间房屋的建筑。③ 这就可以说明在雍正九年（1731）之前，贫民医院已经从仁慈堂中分离，并将医院建在了水坑尾城门之南。

图 7－1　《（雍正）广东通志》澳门图之支粮庙和医人庙

---

① José Caetano Soares, *Macau e a Assistência*, *Panorama Médico-Social*, Lisboa: Agência Geral das Colonias, 1950, p. 14.

② （清）申良翰：《（康熙）香山县志》卷 10，《外志·澳彝》，广东省立中山图书馆藏康熙十一年钞本，第 3 页。

③ （清）郝玉麟：《（雍正）广东通志》卷 3，《舆图·澳门图》，广东省立中山图书馆藏雍正九年刊本，第 43 ~ 44 页。

乾隆十五年（1750）完成的《（乾隆）香山县志》则称澳门：

> 故有东、西望洋寺，又有三巴寺、板樟庙、支粮庙、风信庙、龙崧庙、花王庙、嘉思栏庙、飞来寺、医人寺、尼姑寺、望人寺、唐人寺、发疯寺，以上六寺，雍正八年理事官册内，未问存废，俟查。若崇闳瑰丽，惟三巴寺为最。①

这里也非常清楚，既有支粮庙，又有医人寺。这就说明支粮庙（仁慈堂）和医人寺（贫民医院）已经分离开了。完成于乾隆十六年（1751）的《澳门记略》亦称“南隅有庙曰支粮”，“别为医人庙，于澳之东”。仁慈堂在澳门城的南角，而贫民医院则在澳门城的东边。

图7－2　《澳门记略》澳门侧面图之安娘庙（支粮庙）和医人庙

贫民医院从仁慈堂搬出，另择地改建，这在葡文档案中并无明确的文献记录。苏亚雷斯（José Caetano Soares）医生说：“关于这些改建的请求，哪怕是请求的日期，除了1640年的那一次，其余所有关于医院房屋的修建、对于遗产的管理、关于聘请用人的费用等数据，在接下来的两个世纪内几乎是空白。”② 这就是说贫民医院创建以后，只知道1640年曾经改建过一次，但以后都没有这方面的资料记录。1640年虽然对贫民医院有所改建，但该院院址应该尚未离开仁慈堂，真正的从仁慈堂剥离出来择地另建应该是1731年前的事情。

大约在1731年前，贫民医院从仁慈堂分离出来以后，应该在澳门水坑尾城门处建有新的医院。根据葡文档案记录，到1747年时，水坑尾城门边的贫民医院已经十分破败，诊室脏乱不堪，医院的小礼拜堂也成为废墟。当时的仁慈堂主席刘易斯·科埃略

---

① （清）暴煜：《（乾隆）香山县志》卷8，《濠镜喦》，中山文献丛刊第2册影印清乾隆十五年刊本，第950～951页。

② José Caetano Soares, *Macau e a Assistência, Panorama Médico-Social*, Lisboa: Agência Geral das Colonias, 1950, p. 150.

(Luís Coelho)[1] 评估了医院建筑状况，决定进行改建。1747 年 4 月 10 日，仍于三巴炮台南麓、水坑尾附近的仁慈堂所属的贫民医院旧址进行改建。工程至 7 月 2 日完工，前后共花费 80 余天时间，使用了 750 两白银，建设一段东西走向的围墙，共 38 丈。小礼拜堂居中，正对大门，新建部分一侧为男部，另一侧为女部。新工程最大的特点，便是分男、女两个住院部，中间是礼拜堂。这是澳门医疗机构的一大进步，男女病房分开，既便于医院管理，又便于治疗。这一工程的奠基石至今仍在，上面刻有："此仁慈堂医院由刘易斯·科埃略主席于 1747 年下令修建。"[2] 龙思泰的《早期澳门史》对这家 1747 年改建的医院有一个新的称呼——"市民医院"（The Civil Hospital），并对它有较详细的描述：

> 一道高墙将医院的男女病区隔离开来。入院的申请递交给主管，如果主管对他的申请报告予以认可，则会给他一个位置。不仅对遗弃的染病的基督教徒是这样的，对异教徒也是如此。他们被接收进院，得到照料，如果可能的话，还有医院的医生进行医治。基督教徒还可以在小教堂中倾听祈祷而得到安慰。这间医院男女病人都收，拥有 40 个床位。[3]

正因为 1747 年贫民医院的重建，所以在 1750 年完成的《（乾隆）香山县志》和 1751 年完成的《澳门记略》中就将支粮庙（仁慈堂）和医人庙（贫民医院）分开记录，中西文献记录基本吻合。

虽然 1747 年澳门政府已经出资将贫民医院重建，而且 1766 年贫民医院还再次翻新，[4] 但是改建和翻新的贫民医院并没有获得更大的发展。根据仁慈堂档案中的 1756—1768 年的收支账单，期间每月的住院人数都不超过 30 人。[5] 其住院人数仅为医院床位数的四分之三，这一点可以反映，扩建后的贫民医院对病人的收治并未达到该医院的最大功能。从 18 世纪 50 年代以后，我们就可以看到澳门贫民医院出现衰落景象。1753 年，澳门仁慈堂主席里贝罗·吉马良士（João Ribeiro Guimarães）称：

> 因为缺少药品和医生，医院中病人长期遭受痛苦而病情无法好转，有些因此

---

① 刘易斯·科埃略是澳门大船主之一，拥有"圣路易斯""圣米格尔""圣安东尼奥""圣保禄"四条贸易额船。他曾经担任过仁慈堂司库和仁慈堂主席，是忠诚的天主教徒。1751 年，他曾经向议事会提出乘坐自己的"圣安东尼奥"船只前往安南，向安南国王解释消除对传教士的误解。1763 年，澳门耶稣会解散时就乘搭他的"圣路易斯"前往果阿的。［葡］潘日明著，叶志良译：《唐·若奥五世在远东的外交政策》，载《文化杂志》（中文版）第 11—12 期，1993 年，第 14 页；Manuel Teixeira, *A Medicina em Macau*, Vol. Ⅰ, Macau: Imprensa Nacional, 1975 – 1976, p. 25.

② José Caetano Soares, *Macau e a Assistência*, *Panorama Médico-Social*, Lisboa: Agência Geral das Colonias, 1950, p. 151; Manuel Teixeira, *A Medicina em Macau*, Vol. Ⅰ, Macau: Imprensa Nacional, 1975 – 1976, p. 25.

③ ［瑞典］龙思泰著，吴义雄等译：《早期澳门史》，北京：东方出版社，1997 年，第 56 页。

④ Manuel Teixeira, *A Medicina em Macau*, Vol. Ⅰ, Macau: Imprensa Nacional, 1975 – 1976, p. 246.

⑤ AHM/SCM, N. 277, microfilmA0367. 转引自董少新：《形神之间：早期西洋医学入华史稿》，上海：上海古籍出版社，2008 年，第 77 页。

而死去。所以我建议运用本市方济各修道院安伯老修士所拥有的药房来战胜这些困难，利用那里的药品来为医院患者治疗。这位仁慈的修士，他从不计报酬，我已多次请他来医院给患者治病。①

澳门祁主教曾于1777—1778年担任临时代理总督期间，就受伤士兵的问题写信给仁慈堂：

在仁慈堂，没有药物是很难用仁爱和虔诚来拯救贫穷和死亡的，作为总督不能强制要求治愈受伤士兵，但是希望能够接纳这些受伤士兵，给他们提供应有的服务。②

成书于1832年的龙思泰的《早期澳门史》称：

为了设立这所医院，仁慈堂委员会毫不犹豫，采取了一个定期汇报机制，租金、救济金、遗产馈赠以及海上风险收益的分配都需要定期汇报。1787年，主管一道命令的细则规定，要将医院经营状况呈报给王室大法官。尽管采取了有益的措施，但还是难以保证基金能始终不被偷窃。③

1791年2月16日，王室大法官费利喇向国务秘书提交了一份关于仁慈堂的不规范行为的公函，称：

我已经向葡印总督举报了仁慈堂的基金的不善管理，不良的规章制度，仁慈堂管理者们有损慈善资金与遗产的做法。然而他没有作出任何解决措施。穷人们的抱怨，病人的医治，弃婴的抚养，麻风病医院的救护，以及施舍的义务都没有了解决办法，混乱成为普遍现象。④

根据上述资料，可以看出，这时的贫民医院已经极为衰落，不仅治疗疾病功能缺失，没有足够的药物提供给病患者，甚至不得不拒绝受伤病人，而且在管理上一片混乱，根本不能发挥医疗救治之基本职能。

（二）早期贫民医院的性质和职能

早期贫民医院的管理主要由天主教修士担任。1627年澳门议事会修订的《澳门仁慈堂章程》第19章、第21章、第22章，就贫民医院的管理提出了详细的规定。根据规定，医院每个月由一位修士担任总管，管理医院，他必须负责协助内科医生和外科医生出诊及治疗，为病人提供生活必需品，包括鱼、米等，但是准备食物必须在医院内进行。医院须雇用男护工及男侍从。其中，男护工主要负责医院的保卫工作，不允

① José Caetano Soares, *Macau e a Assistência, Panorama Médico-Social*, Lisboa: Agência Geral das Colonias, 1950, p. 169.

② José Caetano Soares, *O Hospital da Santa Casa de Misericórdia em Macau*, Macau: Mercantil de N. T. Fernandes e Filho, 1927, p. 227.

③ ［瑞典］龙思泰著，吴义雄等译：《早期澳门史》，北京：东方出版社，1997年，第56页。

④ Manuel Teixeira, *Os Ouvidores em Macau*, Macau: Imprensa Nacional, 1976, p. 137.

许任何携带武器的人员入内，同时管理病人，禁止男女病人往来，当然病人亲属除外；男侍从主要负责日夜照看病重的病人；如果病人即将去世，侍从必须为其找到财产见证人，由病人向其证明仁慈堂的开销。[①] 由修士管理整个医院说明了医院的天主教性质。

值得注意的是，虽然章程中两次提及了“内科医生”和“外科医生”，在数千字的章程中却没有关于这两种医生的哪怕是只言片语的介绍；反而，在该章程中对于护工和侍从等职员有十分详细的规定。我们是否可以这样推测，早期澳门贫民医院中并没有设立专门的外科医生和内科医生，所以在医院章程中也就没有对医生的详细规定。章程中提到内科医生和外科医生应该被视为章程的理想设定。陆希言的《墺门记》对贫民医院的性质有较详细的记载：

> 又有别一堂，以病院为名，凡有病之男女老幼无扶持者，远来孤旅无家者皆归于是而顾护之。[②]

这里讲得十分清楚，贫民医院除了接收有病的男女老幼之外，还接收“远来孤旅无家者”，而且要“顾护之”。这就是说，这家医院除了接收病患者外，还要收容那些无家可归之人。故知贫民医院并非一真正意义上的用医疗技术诊治病人的专门医院，其性质更接近于收容院。《澳门记略》亦称：

> 凡夷人鳏寡茕独，有疾不能自疗者，许就庙医。[③]

这里也告诉我们，贫民医院不仅医治有疾者，而且收容“夷人鳏寡茕独”。很明显，这家贫民医院对患者的医治只是其职能之一，还有一个更重要的职能就是收容葡人中“鳏寡茕独”者和“远来孤旅无家者”。所以，我们认为澳门早期建成的贫民医院，与其说它是一家医院，还不如称为收容院更为贴切。

我们注意到施莉萝教授在使用1575年贾尼劳主教致耶稣会总会长的信时则将医院翻译成“济贫院”：

> 当时贾尼劳主教在一封致耶稣会总（会）长的信函中指出，医院当时的名字叫济贫院。[④]

她在谈及1627年《澳门仁慈堂章程》时也将贫民医院译为“济贫院”：

> 在1627年的堂规中，涉及这方面的文字很多，尤其是在关于济贫院大管家的

---

① Leonor Diaz de Seabra, *O Compromisso da Misericórdia de Macau de 1627*, Macau: Universidade de Macau, 2003, pp. 76 – 79.

② ［比］钟鸣旦等编：《法国国家图书馆藏明清天主教文献》第11册，陆希言：《墺门记》，台北：台北利氏学社，2009年，第428页。

③ （清）印光任、张汝霖原著，赵春晨校注：《澳门记略校注》，《澳蕃篇》，澳门：澳门文化司署，1992年，第150页。

④ ［葡］施莉萝著，译者佚名：《社会救济活动及权力机制：仁慈堂之起源》，载澳门《行政》杂志第21卷，第2期，2008年，第365页。

> 义务一项中，可以看到许多这方面的规定。①

如果施莉萝的翻译没有问题的话，则可说明贾尼劳1569年在澳门建立的贫民医院实际上并非医院，而是“济贫院”。

前已言之，贫民医院还有一部分是医治患者的职能，那这一医治患者的职能由谁来完成？据1627年《澳门仁慈堂章程》，其中对担任医院总管的修士有规定，他“有义务协助医生（médico）和外科医生（cirurgião）的每一次出诊及对病人的每一次治疗”②。那这里的医生和外科医生是指谁呢？应该是当时已经成立的圣保禄学院诊所和药房的医生和药剂师。据1596年1月16日《澳门圣保禄学院年报》记载，圣保禄学院成立第二年，该院的传教士就已经开始去贫民医院为病人服务。③ 1611年11月1日《澳门圣保禄学院年报》亦称：“今年我们硕果累累，援救了很多医院病人，用慈善之心治疗了疑难杂症。”④ 1615年1月2日《澳门圣保禄学院年报》称圣保禄学院的教士们“到治疗普通疾病的医院中治救病人”⑤。1625年，一位圣保禄学院药房的佚名药剂师致信骆入禄神父（Jerónimo Rodrigues），控诉自己并非专业医生却被安排出诊，为群众治病。在信件中，他还提到了另外两位为平民看病的圣保禄医师的名字——埃斯特旺·若而热（Estêvão Jorge）和迪奥戈·马林（Diogo Marim）。⑥ 这些资料可以清楚证明，澳门贫民医院对患者的医治工作应主要由圣保禄学院的传教士来承担，而这些传教士很可能就是有着专业医疗技术的医生和药剂师。前引《澳门仁慈堂章程》内提到的医生或内外科医生应该就是指这些到贫民医院服务的传教士医生。

早期贫民医院的职能，灵魂救赎多于身体救赎。这种灵魂的救赎从医院内建有的天主教礼拜堂即可窥见一斑：

> 仁慈堂共拥有三个小礼拜堂，一个在仁慈堂内部，一个在麻风病院附近，另一个便在贫民医院中。医院总管要立刻使那些由主席和巡查员选送来的人们进行忏悔。……在医院举行弥撒的那些日子里，总管要使医院所有侍从和病人在弥撒中各就各位；另外，每天晚上要向他们讲解基督教义。⑦

---

① ［葡］施莉萝著，译者佚名：《社会救济活动及权力机制：仁慈堂之起源》，载澳门《行政》杂志第21卷，第2期，2008年，第366页。

② Leonor Diaz de Seabra, *O Compromisso da Misericórdia de Macau de 1627*, Macau: Universidade de Macau, 2003, pp. 57 – 58.

③ João Paulo Oliveira e Costa, *Cartas Ânuas do Colégio de Macau* (*1594 – 1627*), Macau: Fundação Macau, 1999, p. 72.

④ João Paulo Oliveira e Costa, *Cartas Ânuas do Colégio de Macau* (*1594 – 1627*), Macau: Fundação Macau, 1999, p. 135.

⑤ João Paulo Oliveira e Costa, *Cartas Ânuas do Colégio de Macau* (*1594 – 1627*), Macau: Fundação Macau, 1999, p. 140.

⑥ BAJA, Cód. 49 – V – 6, fl. 346; José Caetano Soares, *Macau e a Assistência*, *Panorama Médico-Social*, Lisboa: Agência Geral das Colonias, 1950, pp. 28 – 32.

⑦ Leonor Diaz de Seabra, *O Compromisso da Misericórdia de Macau de 1627*, Macau: Universidade de Macau, 2003, p. 58.

可见，在贫民医院治病，天主教的弥撒就是一种最重要的治疗方法。华人将贫民医院称为“医人庙”，“庙”即当时华人对教堂的俗称，这就非常明确地说明了这所医院的宗教性。1617 年 1 月 8 日《澳门圣保禄学院年报》记载：

我们也有意去医院和监狱讲解教义，以免他们缺少精神上的帮助。①

给病患者讲解基督教教义，帮助他们解决精神上的缺失，亦可说明传教士到贫民医院治病更大的目的是拯救灵魂。事实上，15—16 世纪，欧洲的一些医院仍然与教堂或者修道院相连，生死多需要遵循宗教仪式安排。一些乡村的医院多为收留贫困、年老、体弱多病的人及流浪者而准备。② 因此，早期贫民医院没有专门医生的安排也就不足为奇了。在早期贫民医院的运作中，传教士常常不得不充当医生的角色，调制药品、包扎等工作。在医院的“治病”过程中，病人必须每周末及节日参加弥撒活动，获得灵魂的救赎。1583 年 8 月 19 日，贾尼劳神父在澳门因哮喘病而去世。当时他在澳门已经拥有极高的声望，澳门市民轮流去圣安东尼奥堂探望他，最后，他因为过于消瘦没有力量呼吸，痰堵在嗓子口而死。③ 贾尼劳神父患病后，却未在澳门贫民医院治疗，这也可以从另一方面说明，早期的贫民医院没有太多的医疗功能。虽然早期贫民医院没有专门医生，但由于不少传教士受过良好的教育，精通医术，常在医院充当“医生”一职，作为上帝的使者拯救生命，也达到了拯救灵魂的目的。1608 年 11 月，很多生病的葡萄牙士兵住进贫民医院，导致贫民医院人满为患，圣保禄学院诊所的医生参加了这一次对病人的救护。④ 这就是传教士在贫民医院充当医生之职能的最好例证。

再从贫民医院收治病人的情况，亦可看出贫民医院的性质和职能。贾尼劳神父创建贫民医院的初衷是“接收基督徒和非基督徒的病者”⑤，这与果阿贫民医院的目标相一致。但是，据我们所见到的文献记录，贫民医院被认为只收治夷人。《澳门记略》中称：“医人庙，在澳城之东，医者数人。凡夷人鳏寡茕独，有疾不能自疗者，许就庙医，其费给自支粮庙。”⑥ 祝淮《（道光）新修香山县志》则称：“医人庙，在澳东，夷

---

① João Paulo Oliveira e Costa, *Cartas Ânuas do Colégio de Macau(1594 - 1627)*, Macau: Fundação Macau, 1999, p. 161.

② Roy Porter, *The Cambridge Illustrated History of Medicine*, Cambridge: Cambridge University Press, 2001, pp. 211 - 212.

③ José Caetano Soares, *Macau e a Assistência*, *Panorama Médico-Social*, Lisboa: Agência Geral das Colonias, 1950, p. 14.

④ João Paulo Oliveira e Costa, *Cartas Ânuas do Colégio de Macau(1594 - 1627)*, Macau: Fundação Macau, 1999, p. 125.

⑤ Manuel Teixeira, *D. Belchior Carneiro*, *Fundador da Sta. Casa da Misericórdia de Macau*, Macau: Tipografia da Missão do Padroado, 1968, p. 108; Manuel Teixeira, *A Medicina em Macau*, Vol. Ⅰ, Macau: Imprensa Nacional, 1975 - 1976, p. 240.

⑥ （清）印光任、张汝霖原著，赵春晨校注：《澳门记略校注》，《澳蕃篇》，澳门：澳门文化司署，1992 年，第150 页。

病不能自疗者就医。"[1] 这是两则关于澳门贫民医院最重要和最权威的地方调查材料，明确指出贫民医院收治的就是"夷人"或"患病的夷人"。这个夷人即葡萄牙人，亦即天主教徒，并没有说可以收治非基督徒。故博克塞也认为澳门贫民医院是"一所专门收容葡萄牙人的医院"[2]，这很明显与贾尼劳神父提出的创建初衷有很大的距离。以下这个事例也可以证明澳门贫民医院不收治非基督徒的华人：

> 1710年，澳门总督贾士度下令逮捕仁慈堂主席弗朗西斯科·郎热尔，因为其接收了一个被澳门市民打伤的华人入住贫民医院养伤。贾士度认为："按照惯例不应该接收这些病人，因为他们如果在病院死亡，会给城市带来很大的麻烦。而且，当时根据医生所言，这个华人快不行了。"[3]

从这条档案可以看出，澳门贫民医院的惯例是不接收"这些病人"，即指非基督徒的华人。为什么不能接收，因为担心如果有华人在贫民医院死亡就会给澳门葡萄牙人带来很大的麻烦。这样贫民医院接受华人治疗就不是一个医疗问题，而是牵扯到政治因素的敏感问题。葡萄牙人寄居的澳门城，只是在澳门半岛的东南部分，半岛上还居住着很多华人，隶属香山县政府管辖，双方司法独立。由于清政府掌控居澳葡人的生活资源，因此实际上葡萄牙在牵涉华人的司法问题上完全处于劣势，经常被迫听从香山县安排。这就导致了如果华人在贫民医院去世，有可能是一个涉外司法问题，这也就是澳门总督在贫民医院收治华人时如此谨慎的原因，也就是《澳门记略》和《（道光）新修香山县志》称贫民医院只收葡萄牙人的原因。

但是，贫民医院接收非基督徒的华人入院治疗还是有案可寻的，如1792年华人汤亚珍因被葡人殴伤，随即被"抬进医人庙调治"，但医治无效身死；[4] 1805年华人陈亚连被葡人戮伤，"即用船装载回澳，在医人庙医治不效，到十九日身死"[5]。这些案例都是由于葡人肇事而被迫将华人送入贫民医院治疗，属于特殊事件的特殊处理，并不能说明贫民医院在正常的情况下可以收治非基督徒的华人。

1623年澳门议事会的书记官雷戈对贫民医院收治病人的情况记载有所不同：

> 仁慈堂还出资建立了两所医院，一直接纳许多病人，其中既有葡萄牙人，也

---

① （清）祝淮：《（道光）新修香山县志》卷4，《海防·附澳门》，中山文献丛刊第3册影印清道光七年刊本，第708页。

② Isabel dos Guimaraes Sá. Charity, Ritual, and Business at the Edge of Empire: The Misericordia of Macau, in Liam Matthew Brockey, *Portuguese Colonial Cities in the Early Modern World*, 2008, pp. 168 – 169.

③ Manuel Teixeira, *A Medicina em Macau*, Vol. I, Macau: Imprensa Nacional, 1975 – 1976, p. 246.

④ 刘芳辑：《葡萄牙东波塔档案馆藏清代澳门中文档案汇编》上册，《署香山县丞朱鸣和为铺民汤亚珍被蕃人戳伤身死案下理事官谕》，澳门：澳门基金会，1999年，第332页。

⑤ 刘芳辑：《葡萄牙东波塔档案馆藏清代澳门中文档案汇编》上册，《香山知县彭昭麟为提讯戳伤民人陈亚连致死凶蕃晏哆礼时事行理事官札》，澳门：澳门基金会，1999年，第337页。

有当地人和其他地方的人，所有的病人都得到很好的治疗和关怀。[①]

从这份资料看，好像贫民医院除了收治葡萄牙人以外，还可以收留华人，但是必须说明的是，这些所谓的“当地人和其他地方的人”必须有一个条件：他们是居住在澳门城内且加入了天主教的基督徒，只有这样才有可能得到贫民医院的“很好的治疗和关怀”。

贫民医院除了不收治非基督教徒的华人外，对于异教徒的外国人和犯了罪的下等人也不予收治。1627 年《澳门仁慈堂章程》规定：“对来自任何船上的印度水手（Lascar），均不予以接收和治疗；没有主席的特殊命令，也不接收被监禁的仆人；所有病人都需主席批准才能够被接受。”[②] 所谓印度水手就是指信仰印度教、伊斯兰教和祆教的印度人，因为是异教徒，所以也被列入贫民医院不能收治者名单之中。

贾尼劳创建的贫民医院实际上就是为“鳏寡茕独，有疾不能自疗”的贫穷的葡萄牙人服务的。该医院从一创建起就是一间完全的慈善医院，对于入院治疗的贫穷葡萄牙人给予免费。《澳门记略》称葡人：“许就庙医，其费给自支粮庙。”[③]《（道光七年）采访册》所载与《澳门记略》同，亦称葡人：“许就庙医，其费给自支粮庙。”[④] 这就告诉我们，凡葡萄牙人来贫民医院治病，其费用是由仁慈堂供给的。再举一个例子，1749 年有一批葡萄牙军官和士兵们因水土不服而患病时，他们当即被带到了一家用作医院的住宅区，还下令让他们接受治疗，费用全部由国库承担。[⑤]

综上所述，我们可以判断澳门贫民医院是一所具有十分浓厚的天主教宗教色彩的慈善医院。虽然贾尼劳神父创建医院的初衷是医院可以收留基督徒和非基督徒，但在实际的运行中，澳门贫民医院主要职能就是为澳门的葡萄牙人服务，所有的非天主教徒的外国人或犯了罪的天主教徒都不在收治之列。另外，澳门贫民医院在开创初期，由于澳门的医疗资源缺乏，医院并没有专门的医疗人才，除了具有医治患者的职能外，其更大的功能为收容鳏寡孤独的贫穷者，所以早期的贫民医院实际上是一座具有一定医疗功能的收容院。尽管如此，我们仍不可否认，这座具有天主教背景的仁慈堂贫民医院是 16 世纪在澳门出现的第一座西式医院，是中国境内出现的第一座西式医院，因此，其在中国医学史上所具有的开创意义当为不言而喻。

---

① ［葡］雷戈著，范维信译：《澳门的建立与强大记事》，载澳门《文化杂志》编：《16 和 17 世纪伊比利亚文学视野里的中国景观》，郑州：大象出版社，2003 年，第 197 页。

② Isabel Leonor da Silva Diaz de Seabra, *A Misericordia de Macau（Séculos XVI a XIX）Irmandade, Poder e Caridade na Idade do Comércio*, Porto: Faculdade de Letras da Universidade do Porto, 2006, p. 452.

③ （清）印光任、张汝霖原著，赵春晨校注：《澳门记略校注》，《澳蕃篇》，澳门：澳门文化司署，1992 年，第150 页。

④ （清）王廷钤等撰：《（道光七年）香山县下恭常都十三乡采访册》卷上，《澳门纂略》清抄本（影印本），北京：国家图书馆出版社，2010 年，第 40 页。

⑤ Jack M. Braga, *A Voz do Passado: Redescoberta de a Colecção de Varios Factos Acontecidos Nesta mui Nobre Cidade de Macao*, Macau: Instituto Cultural de Macau, 1987, p. 60.

二、澳门麻风病院

贾尼劳神父初到澳门建立了两所医院：贫民医院和麻风病院。如果说建立贫民医院是因为当地缺乏医疗资源，那么，为什么会在澳门专门设立一座麻风病院？

（一）麻风病院的建立背景及原因

中世纪时期麻风病肆虐欧洲。《圣经·旧约·利未记》第13章将拉丁文所指的麻风病（Lepra）定义为不洁，麻风病人必须与人群隔离独处。1179年，第三届罗马天主教拉特兰公会下令麻风病人必须与社会隔离，并为他们建立单独的教堂和墓地。到13世纪，欧洲已有数万个麻风病收容所。虽然很多麻风病人还活着，但是当地社会已经为其举办宗教仪式，宣布他们已去世，仍然活在基督里。[①] 在天主教中，麻风病人被认为是被上帝遗弃之人，不洁净（Unclean）之人。虽然到中世纪晚期，麻风病人逐渐减少，但是麻风病仍然被视为社会的毒瘤。除了西方对于麻风病人充满“嫌弃”，华人社会中也将麻风病人认为是凶横、放荡、暴躁、狡诈，甚至不道德的人。[②] 在这样的中西方社会语境中，麻风病人的出现不仅是一项单纯的疾病治疗，而且是一个危险的社会问题。1569年12月2日，多明我会会士、医药学家克里斯托旺·达·科斯塔的信中提到：

> 贾尼劳主教与非教徒同样相处融洽，并用善良的话和仁慈的典范来劝诫他们，从不接他们到家中，而是将他们送到一个医院去。该医院是他命令为麻风病人建的，那个国家有很多麻风病人，通过这种途径，麻风病患者的灵魂得到了拯救。[③]

科斯塔所言中国“有很多麻风病人”，此言确实。屈大均《广东新语》称：

> 粤中多疯人，仙城之市，多有生疯男女，行乞道旁，秽气所触，或小遗于道路间，最能染人成疯。高、雷间，盛夏风涛蒸毒，岚瘴所乘，其人民生疯尤多。[④]

陆希言《壉门记》亦称：

> 百粤之痳疯为甚，圣辣匝罗专愿济人而救疗之。[⑤]

---

① Roy Porter, *The Cambridge Illustrated History of Medicine*, Cambridge: Cambridge University Press, 2001, p. 210.

② 梁其姿先生在其著作《麻风：一种疾病的医疗社会史》（北京：商务印书馆，2013年，第102～148页）中对明清时期华人社会对待麻风病人的方法有详细论述。

③ Del Padre Christoforo da Acosta, di Malaca al Padre Generale. 2-XII-1569, in *Letter Dell' India*, p. 71, 转引自 Manuel Teixeira, *A Medicina em Macau*, Vol. Ⅰ, Macau: Imprensa Nacional, 1975－1976, p. 241.

④ （清）屈大均：《广东新语》卷7，《疯人》，北京：中华书局，1985年，第244页。

⑤ ［比］钟鸣旦等编：《法国国家图书馆藏明清天主教文献》第11册，陆希言：《壉门记》，台北：台北利氏学社，2009年，第428页。

徐珂《清稗类钞》亦载：

> 粤中气候炎热，多麻疯，患之者有微生物，传染至易。广州城外有院，为疯人聚居之所，曰麻疯院。而疯人犹时出乞食，常游行市中。其人面目多壅肿，眉脱，手足每拳曲，见者大怖，辄争与之，其乞钱恒较常丐為易，亦欲其得钱即行耳。[①]

中西文献都有记录广东是中国麻风病人的多产区，特别是粤西地区，更是麻风病的高发区。作为传教士的贾尼劳神父到澳门后，见到众多的华人麻风病患者，虽然也出于天主教拯救灵魂与身体之道义，但恐怕是将麻风病人收容并隔离起来，防止其传染给进入澳门地区的葡萄牙人，这应是贾尼劳创建澳门麻风病院的首要原因。

其次，澳门与印度果阿关系密切，在社会建设方面，果阿一直是澳门模仿的对象。除了贫民医院，果阿也早已建设麻风病院。1530 年，果阿在城东建成麻风病隔离病院。医院地皮由安东尼奥·卡马舒（António Camacho）捐赠，建设和运营资金由果阿议事会和仁慈堂共同负责。这所医院此后又作为患天花病人的隔离病院。[②] 1555 年，阿尔梅达（Luís da Almeida）借用葡日贸易航行获得了利润，在丰后建立了两所慈善医院，其中一所是孤儿院，另外一所用于梅毒和麻风病的治疗。[③] 所以，贾尼劳将果阿和日本创建麻风病院的经验带入澳门的实践中来。

最后，由于贾尼劳神父主教一职悬而未决，急于建立权威，在多重原因的促动下，澳门麻风病院与贫民医院于 1569 年同时成立。

（二）麻风病院的原址及迁出

麻风病院建设之初被设在贫民医院的专门隔间内，[④] 早期的贫民医院就设在仁慈堂内，而仁慈堂则在澳门葡人住所的中心之地——议事亭前地一带。麻风病人因其病症的特性，被收留在各类麻风院中，通常它们都设立在人口中心的周边地区，与当地小区隔离以避免传染。[⑤] 因此，为了防止麻风病的传染，我们估计设在贫民医院内的麻风病院很快就搬离出来，搬到了当时还在澳门城外的望德堂附近。据 1817 年澳门王室大法官眉额带历称：

---

① （清）徐珂：《清稗类钞》第 11 册，《乞丐类·粤多麻疯丐》，北京：中华书局，1986 年，第 5476 页。

② Fatima da Silva Gracias, *Health and Hygiene in Colonial Goa (1510 – 1961)*, New Delhi: Concept Publishing Company, 1994, p. 132.

③ C. R. Boxer, *Fidalgos in the Far East (1550 – 1770), Fact and Fancy in the History of Macau*, The Hague: Martinus Nijhoff, 1948, p. 30.

④ Manuel Teixeira, *D. Belchior Carneiro, Fundador da Sta. Casa da Misericórdia de Macau*, Macau: Tipografia da Missão do Padroado, 1968, p. 108.

⑤ ［葡］施莉萝著，译者佚名：《社会救济活动及权力机制：仁慈堂之起源》，载澳门《行政》杂志第 21 卷，第 2 期，2008 年，第 354 页。

> 至麻疯庙犯之情设，情因西洋性义，救济为心，不论华夷，如系麻疯废疾孤贫无靠者来投入苑，给与资生。奈因苑小人多，或系麻疯亲属，或无靠贫民来投，不能入苑，是以在于苑侧山坡搭盖寮房居住。苑中又见火患堪虞，故复捐资改造瓦面坭墙，以安栖止。如有营谋生意，递年计息收租，以俾疯疾贫民，相为资藉。①

这是一份十分重要的中文资料。关于麻风病院的创建，中文材料基本上没有提及，葡文材料也只有十分简略的涉及，而到19世纪初，澳门王室大法官眉额带历却告诉了我们关于澳门麻风病院创建的过程和性质。这里清楚地讲到麻风病院的创设是因为“情因西洋性义，救济为心”，就是说麻风病院完全是一个慈善性的机构。“不论华夷，如系麻疯废疾孤贫无靠者来投入苑，给与资生”。这进一步揭示了麻风院的性质，贫民医院收治的只有葡人而无华人，而麻风病院则是“不论华夷”，只要是麻风病患者一律“给与资生”。这就告诉我们麻风病院创办的宗旨是不分国籍、不分民族、不分宗教背景的，只要是麻风病人就可以收治入院。可以想象，创办麻风病院之初的16世纪，收入院中的麻风病人中葡萄牙人应该是不多的，而按当时麻风病患者的来源，则应是澳门附近的珠江三角洲地区，所以从这一角度而言，澳门葡萄牙人创建的麻风病院确实带有一些天主教普世救赎的精神。

关于麻风病院从城内仁慈堂迁至城外水坑尾的史实，东波塔中文档案亦有记录，据澳门同知福阴长禀：

> （麻风病院的）夷人向住围墙以内，因疯疾有传染之患，是以发疯寺建于荒山，山下浮沙围筑成田，种植瓜菜稻谷，籍资麻风口食。②

这里的“向住围墙以内”指的就是居住在城里的仁慈堂内；“以发疯寺建于荒山”，这个荒山就是指东望洋山山脚。这一则材料可以确切证明麻风病院创办最初是设在仁慈堂内，即前面所言在贫民医院有一个隔间，但因为麻风病传染极为迅捷，所以不久就将病院改建于东望洋山麓。麻风病院初建时，规模并不大，但当时可能收容的麻风病人较多，所以葡萄牙人在望德堂旁边的山坡上搭盖了很多草屋供病人及其亲属居住。“奈因苑小人多，或系麻疯亲属，或无靠贫民来投，不能入苑，是以在于苑侧山坡搭盖寮房居住。”故可知，澳门麻风病院不仅仅住有麻风病人，麻风病人的亲属也可以在院内居住，甚至一些无依无靠的贫苦人也来投靠麻风院。后来为了防止火患，葡萄牙人才捐资将那些草屋改造成瓦面泥墙。为了解决麻风病院的粮食和蔬菜供应，葡萄牙人又将东望洋山脚下水坑尾一带的“浮沙围筑成田”。此事曾遭到澳门同知的强力干涉，

---

① 刘芳辑：《葡萄牙东波塔档案馆藏清代澳门中文档案汇编》上册，《澳门同知钟英为批覆原禀前山营游击拆毁发疯寺山坡房屋事下判事官眉额带历谕》，澳门：澳门基金会，1999年，第9页。

② 刘芳辑：《葡萄牙东波塔档案馆藏清代澳门中文档案汇编》上册，《署澳门同知辛为奉宪札饬查发疯寺山脚水坑尾沙田及山坡房屋民人事下理事官谕》，澳门：澳门基金会，1999年，第6页。

一度要求澳门葡萄牙人将麻风病院外的田土没收，房屋拆除，最后经过一番交涉，“直到他说服中国官员相信，他种出的稻谷是为了救济麻风病院的病人的”①。这样澳门同知经过勘查后，令澳门理事官将此项沙田作为疯疾口粮，归入发疯寺管理，不准夷人私相授受。② 这样澳门麻风病院的发展渐具规模。

望德堂，即圣拉匝堂，建成于1558—1560年，供奉“圣母希望之神”，华人则称之为“望人寺”。后因为教堂近处后增设麻风院，故又称为“发疯寺”。根据历史学家法利亚·索萨（Faria de Sousa）记录，1640年，澳门仁慈堂共花费8 000～9 000色勒芬，主要用来维系两所医院、三个教区、五座教堂以及一些传教费用。③ 这里提及两座医院即指贫民医院和麻风病院。曾在澳门生活的葡萄牙商人法雷·马蒂（Frei João Martí）于1679年称：“澳门有三个教区，大堂区、安东尼奥区以及圣老楞佐堂，另外还有两所医院以及他们的小教堂，一所是拉匝禄医院（麻风院），在城外，另一所在城内（贫民医院）；另外还有一所仁慈堂和五所修道院。”④ 文德泉神父研究认为，可以确定1679年之前，贫民医院和麻风病院是两个独立的医疗机构。⑤ 康熙十一年（1672）的《（康熙）香山县志》既记录了“望人寺”，又记录了“发疯寺”，还记录了“医人寺”，可以说明麻风病院与贫民医院在1672年之前就已独立分开，而实际上我们认为麻风院从贫民医院分出的时间应该更早，1627年塞阿布拉（Leonor Diaz de Seabra）的著作称：

> 仁慈堂共拥有三个小礼拜堂，一个在仁慈堂内部，一个在麻风病院附近，另一个便在贫民医院中。⑥

这则材料就可以完全证明在17世纪初，麻风病院已经从贫民医院中剥离开来，成为一个独立的慈善医疗机构，而非文神父所认定的1679年之前。

（三）麻风病院的日常管理

欧洲人认为麻风病人具有传染性，必须将其隔离。《澳门仁慈堂章程》中对其传染性并不讳言。该章程规定，不允许病人碰圣器房的圣物，不允许访客碰病房物品；不

---

① ［瑞典］龙思泰著，吴义雄等译：《早期澳门史》，北京：东方出版社，1997年，第42～43页。

② 刘芳辑：《葡萄牙东波塔档案馆藏清代澳门中文档案汇编》上册，《署澳门同知辛为奉宪札饬查发疯寺山脚水坑尾沙田及山坡房屋民人事下理事官谕》，澳门：澳门基金会，1999年，第6页

③ Manuel Teixeira, *A Medicina em Macau*, Vol. Ⅰ, Macau: Imprensa Nacional, 1975 - 1976, p. 258.

④ Georgius Mensaert O. F. M., *Sinica Franciscana*, Vol. Ⅶ, Rome: Fondation Universitaire de Belgique, 1965, p. 891.

⑤ Manuel Teixeira, *A Medicina de Macau*, Vol. Ⅰ, Macau: Imprensa Nacional, 1975 - 1976, p. 258.

⑥ Leonor Diaz de Seabra, *O Compromisso da Misericórdia de Macau de 1627*, Macau: Universidade de Macau, 2003, p. 58.

允许病人在外过夜，也不允许病人入院过夜。① 对麻风病院之病人治疗手段极为有限，隔离和灵魂救赎是最主要的治疗手段。在《澳门仁慈堂章程》的规定中，仁慈堂会安排一位司库每周末及重大节日到麻风病院举行弥撒，进行布施。② 弥撒对于麻风病人来说是非常重要的日子，不仅可以得到神父的点化、灵魂的救赎，更可以获得生活资料。《澳门记略》载："东南城外有发疯寺，内居疯蕃，外卫以兵，月有禀。"③ 陆希言《墺门记》称："百粤之麻风为甚，圣拉匝专顾济人而救疗之。"④ 与西文文献相印证，麻风病院专门收治麻风病人，且在门口有卫兵把守，每个月粮食由仁慈堂负责供应。

关于澳门麻风病院早期收留病人的情况文献记载缺略，但有一份 18 世纪的葡文档案告诉我们：

> 1726 年，澳门麻风病院内有麻风病患者 115 人，是所知病人人数最多的年份。一般情况下，院内有 60 ~ 70 名患者，每年开销 1 000 两白银。这一年，麻风病院对所属小教堂进行装修，由于资金不足，不得不典当小教堂内一部分银质器皿。⑤

这就是说在麻风病院创建之初，有 60 ~ 70 名患者被收进了麻风病院，而到 1726 年时麻风病院的病人发展到了 115 人，每年需要 1 000 两白银供麻风病院的开销。长时期供养 60 ~ 100 名麻风病患者，对于澳门这座小城来说应该是不轻的负担，特别是 17 世纪下半叶以后澳门经济衰落时期，供养这些麻风病人更是澳门政府的沉重负担。

1579 年 11 月 15 日，两位方济各会会士阿尔法罗和卢卡雷利及他的墨西哥助手佩德罗·维拉罗在广州传教被赶到澳门，贾尼劳神父收留了他们，并且安排他们为麻风病院病人服务，"以谦卑的态度为麻风病人打扫屋子和床铺，没有任何厌恶的态度为麻风病人提供他们所需要的服务"⑥。1581 年 12 月 25 日，有 5 名方济各会修道院见习修士离开了修道院，理由是生活资料极端缺乏，不过后来他们后悔，又回来了。被当时在院的意大利方济各会神父卢卡雷利收留后，神父安排他们一起为澳门麻风病院的患

---

① Leonor Diaz de Seabra, *O Compromisso da Misericórdia de Macau de 1627*, Macau: Universidade de Macau, 2003, p. 128.

② Leonor Diaz de Seabra, *O Compromisso da Misericórdia de Macau de 1627*, Macau: Universidade de Macau, 2003, p. 128.

③ （清）印光任、张汝霖原著，赵春晨校注：《澳门记略校注》，《澳蕃篇》，澳门：澳门文化司署，1992 年，第150 ~ 151 页。

④ ［比］钟鸣旦等编：《法国国家图书馆藏明清天主教文献》第 11 册，陆希言：《墺门记》，台北：台北利氏学社，2009 年，第 428 页。

⑤ José Caetano Soares, *Macau e a Assistência*, *Panorama Médico-Social*, Lisboa: Agência Geral das Colonias, 1950, p. 143.

⑥ Fr. Jacinto de Deus, *Descripção do Imperio da China*, *Precedida de Algumas Noticias Sobre os Conventos de S. Francisco e de Sta. Clara em Macau*, *Excerto do Vergel de Plantas e Flores da Provincias da Madre de Deus Capuchos Reformados*, Hong Kong, 1878, p. 12.

者服务六个月来洗清罪孽，但是他们拒绝了。① 这可以说明当时在澳门的方济各会会士始终参加对麻风病院患者的服务与护理。据1608年11月11日的《澳门圣保禄学院年报》记载："今年与往常一样，我们继续向学院的学生们传授讲解我教的圣经教义，除此以外，我们还为一些患上了麻风病的可怜人、贫穷人家以及遭遇其他苦难的可怜人们讲授圣经教义。只要他们虔诚地信仰我教的教义，就可以从中获得生活的力量。"② 另据1611年11月1日的《澳门圣保禄学院年报》记载，该学院的神父、修士及学生常常为麻风病人服务。③ 1627年11月14日的《澳门圣保禄学院年报》称："学院习惯在斋期安排一位神父送一天的食物给麻风病人，并给他们做弥撒和宣讲教义。"④《耶稣会士在亚洲》还报道了澳门麻风病院对于病人饮食、丧葬等生活细节的管理：

> 如果麻风病人需要吃鸡蛋或肉，男护工要通报巡查员，并按照巡查员的指示，由医院提供。如果有病人去世，同样要通报，以便向死者提供一块裹尸布，并在入葬前，通知小礼拜堂为死者颂一段祈祷文。如果死者留有银子上交巡查员，便要为他的灵魂做弥撒。⑤

麻风病人虽然受到照顾，但是生活颇为简陋，死后只有一块裹尸布，就连做弥撒也要留有银子才行，这无疑体现了教会的功利性和世俗性。

所有的资料都反映，澳门麻风病院是一间完全的慈善救助院，院内没有专门的医生，只有护工和打杂的仆役，在医院为麻风病人服务的全是护工，而且都是男性。还有一则有趣的材料也可以说明这个问题，1791年1月30日，仁慈堂主席团决定，如果借贷仁慈堂2 500两的葡萄牙人若阿金·马沙多（Joaquim Carneiro Machado）还不归还借款和利息的话，他们将辞退医院的护工，关闭医院，向麻风病人打开大门，并让他们进入城市里乞讨。⑥ 这当然是威胁的话，但可以说明医院只有护工，没有医生。麻风病院的资金完全来自仁慈堂。

在麻风病院的病人，医院一般还会安排他们从事一些生产劳动，以便他们生活上的自理，如让他们自行种植水果、蔬菜，养殖家禽来生活。《澳门仁慈堂章程》规定："麻风病人饲养的猪、鸡和他们所种植的水果、蔬菜，均不准带到外面来，以免引起同样的疾病。"前引东波塔中文档案称："山下浮沙围筑成田，种植瓜菜稻谷，籍资麻风

---

① Anastasius van Den Wyngaert O. F. M, *Sinica Franciscana*, Vol. Ⅱ, Apud Collegium S. Bonaventurae, 1933, p. 64; Manuel Teixeira, *A Medicina em Macau*, Vol. Ⅰ, Macau: Imprensa Nacional, 1975－1976, p. 257.

② João Paulo Oliveira e Costa, *Cartas Ânuas do Colégio de Macau (1594－1627)*, Macau: Fundação Macau, 1999, p. 125.

③ João Paulo Oliveira e Costa, *Cartas Ânuas do Colégio de Macau (1594－1627)*, Macau: Fundação Macau, 1999, p. 135.

④ João Paulo Oliveira e Costa, *Cartas Ânuas do Colégio de Macau (1594－1627)*, Macau: Fundação Macau, 1999, p. 266.

⑤ BAJA, Cód. 49－V－6, fl. 405.

⑥ Manuel Teixeira, *Os Ouvidores em Macau*, Macau: Imprensa Nacional, 1976, p. 137.

口食。"[①] 这就是麻风病院给麻风病人安排的一些生产劳动：围沙筑田，种植瓜菜稻谷。由于麻风病人被关闭在一个很小的范围内禁止外出，自给自足的种植既可以解决饮食问题，又能够丰富病人的生活，不失为一个非常好的管理方法。[②]

澳门麻风病院建成于明隆庆之时，直到晚清光绪时才在澳门半岛结束，在澳门前后延续有300余年的历史。虽然这座麻风病院规模并不大，亦未拥有良好的设备和条件，但是这应是明清时期广东境内出现的第一座按照西方天主教模式进行管理的麻风病院。广东在明末清初虽然也出现了一些疯人院，如广州、韶州、肇庆、佛山、东莞、潮州等，但出现的时间均应晚于澳门麻风病院，因此我们有理由推断广东地区出现的麻风病院很有可能是在澳门麻风病院的影响下而建置的，所以从这一点而言，澳门麻风病院在中国医疗史和慈善史上均应具有特殊的地位。

三、澳门圣保禄学院诊所和药房

天主教拉特兰第四次公会（1215）禁止神父、执事和副辅祭给人做外科手术。尽管如此，很多传教士都发现如果以神灵的名义给人看病，可以通过简单的语言让更多的人皈依。同时，一些神职人员都受过高等教育，有的甚至受过医疗教育。所以，神职人员虽然不进行外科手术，却依然成为社会中有效的医疗力量。澳门圣保禄学院诊所和药房就是这样的医疗机构。

（一）澳门圣保禄学院诊所和药房的创建

澳门圣保禄学院建成于1594年，学院建成时就设有一座诊所和药房。关于圣保禄学院诊所和药房最权威的记录莫过于据1594年10月28日《澳门圣保禄学院年报》的记载：

> 新学院竣工时，整个庭院可容纳40名教士，而且居住条件十分舒适，因为除了4个教学区外，上面还有19个房间、2个大厅、2间教室和1间极大的药房。[③]

日本学者高濑弘一郎提供的资料亦称：

> 在另一个棱堡的2楼有非常宽敞的医务室。……在医务室的旁边，是非常舒适清洁的厕所。……此外，还有上下2层的大房间，用作休息室和图书室，还有

① 刘芳辑：《葡萄牙东波塔档案馆藏清代澳门中文档案汇编》上册，《署澳门同知辛为奉宪札饬查发疯寺山脚水坑尾沙田及山坡房屋民人事下理事官谕》，澳门：澳门基金会，1999年，第6页。

② Leonor Diaz de Seabra, *O Compromisso da Misericórdia de Macau de 1627*, Macau: Universidade de Macau, 2003, p. 128.

③ João Paulo Oliveira e Costa, *Cartas Ânuas do Colégio de Macau (1594 – 1627)*, Macau: Fundação Macau, 1999, p. 59.

19间小屋和医务室的大房间。[①]

上述资料都告诉我们这样一个信息：澳门圣保禄学院建成后，在该学院内就设有医务室（或称诊所）和药房，而且药房的规模很大。根据1740年蒙坦也（José Montanha）神父《澳门主教区历史资料》一书的描述，澳门圣保禄学院已有一个设备良好的医务所和药房。这位神父说：

医务所不算小，主要为60名修士和学生服务，有时也给学院外的人治病。药房有一个大厅和一间配剂室。大厅用来当药店，向公众出售药品。厅内供奉健康圣母像。配剂室里总少不了火炉、消毒柜、铜蒸馏器、带铁柄的研钵和各种大小不一的石臼，以及调药刀、瓷杯、玻璃杯、上釉的陶杯和中式大罐子。此外还有大大小小的锅（一般是黄铜的）和一个专业图书馆。[②]

阿马罗教授还称：这所药房由一位专业配药的耶稣会会士领导，需要的时候，他也被叫到诊所和学院外，为人治病。[③]

圣保禄学院建设初期的资金来源是商人捐助，以及一些商业性收入，耶稣会还通过参与葡萄牙海上贸易获得资金。[④] 有资料显示，建设圣保禄学院的资金就来自当年运往日本的丝绸收益。[⑤] 1595年圣诞节时，澳门一基督徒富商病故，其人五十多岁，从未结过婚，极为富有。临死前，他无法与其在葡萄牙的亲人取得联系，由于平日他与圣保禄学院的关系十分密切，遂将全部财产捐献给圣保禄学院，作为慈善用途。[⑥] 总之，这些资金不仅维系了圣保禄学院的日常开支，也确保了圣保禄学院诊所及药房的正常运转。

（二）澳门圣保禄学院诊所和药房的影响

据葡萄牙学者阿马罗提供的资料介绍：

耶稣会在澳门建立住所和著名的圣保禄学院时，学院拥有医疗所和设备良好的药房，不少药剂师会友为本城人治病，成为著名和博学的医生。……1625年时，澳门除了耶稣会的药房外，没有其他药房，也没有葡式简易药品。学院的医务所

---

① 高濑弘一郎：「キリシタン時代の文化と諸相」，東京：八木書店，2002年，第350~353頁。

② Serefim Leite, *Os Medical Serviços do Jesuitas no Brasil*, *Brotéria*, Lisboa: Broteria-Associacao Cultural e Cientifica, 1942, pp. 387－403.

③ ［葡］阿马罗著，杨平译：《中医对圣保禄学院药房的影响》，载《文化杂志》（中文版）第30期，1997年，第82页。

④ 戚印平：《澳门圣保禄学院研究：兼谈耶稣会在东方的教育机构》，北京：社会科学文献出版社，2013年，第169~186页。

⑤ ［葡］多明戈斯·马乌里西奥·戈麦斯·多斯·桑托斯著，孙成敖译：《澳门远东第一所西方大学》，澳门：澳门基金会，1994年，第42~43页。

⑥ João Paulo Oliveira e Costa, *Cartas Ânuas do Colégio de Macau (1594－1627)*, Macau: Fundação Macau, 1999, p. 78.

和药房很快赢得了澳门居民的尊重。①

这里就清楚地告诉我们圣保禄学院医务室及药房不仅拥有良好的设备，还有专门的医疗人才，即药剂师，而且后来都成为著名的博学的医生。这也就是说，圣保禄学院不仅有药房，还拥有专业的医生给病人治病。1608 年 11 月 11 日的《澳门圣保禄学院年报》称：

今年（1608）有 6 艘船只从印度到了澳门这里，随之而来的还有很多带有伤病的士兵，澳门这里的医院里都住满了士兵，所以我们不仅为他们提供精神支持，聆听他们的忏悔和告解、抚慰他们受伤的灵魂、帮助他们平静地面对死神的到来，而且还为他们提供切身的帮助和服务，想方设法帮他们治愈伤病、为他们筹募和提供救济物资等。②

据《耶稣会士在亚洲》记录：

1622 年，葡萄牙人与荷兰人一场大战，根据记录，20 多位伤员被送到圣保禄学院，最令我们感激的是这些教士们于此紧急关头在学院里收治伤员，无论白人还是黑人，所有伤员都被他们治愈了。③

从这些记录可以看出，圣保禄学院内已具有良好的医疗设备和技术高超的医生，医务室具有相当的医疗能力。1627 年《澳门圣保禄学院年报》还有这样的记载：

这一年是澳门发病率最高的年份之一，小城瘟疫流行病人络绎不绝地涌向澳门仅有的几家医院，一时间药品变得异常紧缺。由于圣保禄学院药房是澳门唯一的药房，因而担负起供应药品的重任。虽如此，亦渐渐难以支撑，直到无法满足社会需要。④

上述罗列的圣保禄学院内医务所及药房的治病能力、制药设备及提供药品的情况可以说明，圣保禄学院药房不同于之前设立的贫民医院和麻风病院，它不仅拥有不少的医疗器械和制药设备，而且是一个具有相当完备的医疗功能的医疗机构。正因为如此，澳门圣保禄学院医务所和药房成为当时中国内地天主教传教士治病疗养的胜地。仅据有关资料，早期耶稣会会士因病从内地返澳门治疗休养者即有 20 余人，如葡籍教士麦安东（António de Almeida）、苏如望、林斐理（Félicien da Silva）、骆入禄、曾德昭、马多禄（Pierre Marquez）、毕登庸、穆敬远，意大利教士郭居静、罗斐理、法安多、鲁类思、法方济各，法国传教士卜文气、胥孟德（Joseph Labbe）、纽若翰、傅安德、黄明

---

① ［葡］阿马罗著，杨平译：《中医对圣保禄学院药房的影响》，载《文化杂志》（中文版）第 30 期，1997 年，第 81 ~ 82 页。

② João Paulo Oliveira e Costa ,*Cartas Ânuas do Colégio de Macau(1594 – 1627)* ,Macau: Fundação Macau, 1999,p. 125.

③ BAJA,Cód. 49 – V – 3, fl. 71；［葡］阿马罗著，杨平译：《中医对圣保禄学院药房的影响》，载《文化杂志》（中文版）第 30 期，1997 年，第 82 页。

④ João Paulo Oliveira e Costa,*Cartas Ânuas do Colégio de Macau(1594 – 1627)* ,Macau: Fundação Macau, 1999,p. 271.

凤，立陶宛教士卢安德及中国内地修士黄明沙、钟鸣礼等。① 上述20余人仅是文献已记录之一部分，未载文献者更不知凡几，这些耶稣会会士返回澳门治病，其治病的医院必是圣保禄学院医务所和药房，此亦足以反映澳门圣保禄学院医务所和药房在当时天主教传教史上的地位和作用。

尽管欧洲的大学从中世纪开始已经设有医学教育，但圣保禄学院作为神职人员的教育机构，在课程设置方面包括拉丁语、文法、伦理神学、哲学、古典学等科目，并未将医学教育囊括在内。② 这种课程设置也是完全按照《耶稣会会宪》的要求。然而，苏雷亚斯称："神父在圣保禄学院进修的主要课程包括数学、天文、地理、初级的医药、一些非世俗性的自然科学以及基本的拉丁文文法。"③《1659—1660年耶稣会日本教省年度报告》中讲到一位中国青年在圣保禄学院学习外科和放血疗法。④ 可以推测，在具备老师的条件下，圣保禄学院偶尔也有开设初级医疗课程，但是这或许并不是为了治疗病人，而是在神的指导下探究生命的意义。

圣保禄学院医务所和药房，是真正具有医疗性质的机构，其不仅拥有先进的制药设备，还拥有专门的医疗人才，向公众开放，是早期澳门社会支柱性的重要医疗机构，并受到了澳门社会的广泛欢迎，被称为"一所较好的诊所"⑤。但是由于耶稣会传教一直惯行"上层路线"，传教事业往往与国家的政治斗争掺杂在一起。如在葡萄牙国内，就被卷入刺杀葡萄牙国王若瑟一世（José Ⅰ）的事件中，在1759年被葡萄牙庞巴尔首相颁布法令，宣布耶稣会及其传教士为非法，是国家的敌人和侵略者。耶稣会在全国各地的财产全部被没收，包括教堂、学校和其他场所。1762年4月2日，葡印总督传达了这一命令后，圣保禄学院即被查封，所有的耶稣会会士也随后被遣送回里斯本，圣保禄学院的药房也因此关闭。

---

① 以上人物参见［意］利玛窦、［比］金尼阁著，何高济等译：《利玛窦中国札记》，北京：中华书局，1983年，第310页；［意］利玛窦著，罗渔译：《利玛窦书信集》上册，台北：光启出版社、辅仁大学出版社，1986年，第134页；［法］高龙鞶著，周士良译：《江南传教史》上编第1册，上海：天主教上海教区光启社，2008年，第91页；吴旻、韩琦编校：《欧洲所藏雍正乾隆朝天主教文献汇编》，上海：上海人民出版社，2008年，第172页；中国第一历史档案馆等编：《明清时期澳门问题档案文献汇编》第1册，北京：人民出版社，1999年，第181页；［法］费赖之著，冯承钧译：《在华耶稣会士列传及书目》，北京：中华书局，1995年；［法］荣振华著，耿昇译：《在华耶稣会士列传及书目补编》，北京：中华书局，1995年中上述各人物传。

② 戚印平：《澳门圣保禄学院研究：兼谈耶稣会在东方的教育机构》，北京：社会科学文献出版社，2013年，第128～145页。

③ José Caetano Soares, *O Hospital da Santa Casa de Misericórdia em Macau*, Macau: Mercantil de N. T. Fernandes e Filho, 1927, p. 252.

④ BAJA, Cód. 49 – V – 14. fl. 723.

⑤ ［葡］施白蒂著，小雨译：《澳门编年史：16—18世纪》，澳门：澳门基金会，1995年，第180页。

四、澳门圣方济各会诊所与药房

澳门早期天主教史事业一直由耶稣会主导，但是著名的托钵修会方济各会也经过千辛万苦最终在澳门立足下来。1580 年，圣方济各天使圣母修道院（Convento da Nossa Senhora dos Anjos）及圣堂在澳门南湾附近的小山上建立，成为澳门的第五座教堂。[①]后来中国称其为“噶斯兰（嘉思栏）庙”[②]。

（一）西班牙方济各会会士在澳门建立的诊所与药房

澳门从开埠以来就一直是天主教入华传教的跳板。因此，作为天主教最古老的修会之一，方济各会也希望拓展东方传教领地。与耶稣会相同，方济各会也非常重视医疗传教。方济各会主要依靠西班牙王室及其“西方保教权”的支持。西班牙立足马尼拉之后，方济各会在那里建立皇家医院（Hospital Real）。但是，方济各会更多地面向社会最低阶层的民众。

1672 年 5 月，西班牙方济各会中国传教团会长文度辣（Buenaventura Ibáñez）神父带领同会的传教士林养默（Jaime Tartí）、卞芳世（Francisco Peris a Comcepción）、丁若望（Juan Martí）和世俗修士艾脑爵（Bras García）医生从马尼拉到达澳门，由于受到耶稣会和澳葡当局的阻拦，文度辣神父决定将丁若望和艾脑爵暂时留在澳门，他自己则带领另外二人从澳门乘船潜入广州。[③] 艾脑爵医生就在方济各修道院安顿下来，由于他在离开马尼拉之前向方济各马尼拉医院要了一批药品，于是在澳门开办了一间诊所（Botica）。他还在方济各会修道院诊所内设立一个药房，价值几百比索。其制药所需的各种药材和原料，大部分来源于各港口的葡萄牙人。[④] 文度辣神父似乎也懂得医术，1674 年 3 月 27 日他在从澳门写给马尼拉的信中称：

> 尽管非常贫穷，艾脑爵与方济各会的修士们和圣克拉拉修道院的修女们仍从事医疗工作，从未放弃，我如果不是体弱多病，也会承担更多的工作，救助病人，因为这里的医生的医疗方法很不科学，我们一起来澳门的时候，我尽可能地多带

---

① Manuel Teixeira, *Macau e a Sua Diocese*, *Vol. Ⅲ*, *As Ordens e Congregações Religiosas em Macau*, Macau: Tipografia Soi Sang, 1956 - 1961, pp. 414 - 416.

② （清）印光任、张汝霖原著，赵春晨校注：《澳门记略校注》，《澳蕃篇》，澳门：澳门文化司署，1992 年，第150 页。

③ 崔维孝：《明清之际西班牙方济会在华传教研究（1579—1732）》，北京：中华书局，2006 年，第 208 页。

④ Georgius Mensaert O. F. M., *Sinica Franciscana*, Vol. Ⅶ, Rome: Fondation Universitaire de Belgique, 1965, pp. 974 - 1041；崔维孝：《明清之际西班牙方济会在华传教研究（1579—1732）》，北京：中华书局，2006 年，第 207 ~ 209 页。

药品。[1]

艾脑爵医生在澳门居停四年，救治了不少澳门贫民，但最终因为得到了入华传教的机会而离开澳门，并将澳门药房中的药物及设备也一同搬迁到了广州。[2] 自此，在澳门开办不久的方济各药房陷入停顿。

（二）西班牙方济各会诊所与药房在澳门的影响

澳门圣方济各会诊所和药房在澳门真正产生影响是1732年雍正禁教以后的事情。1697年，另一位西班牙方济各会修士安哆呢由马尼拉经福建来到广州，安哆呢修士继承了艾脑爵在广州的医疗传教事业，在广州服务了30余年。1732年，雍正帝开始了严厉的禁教，大部分聚集于广州的传教士被驱赶到澳门。安哆呢修士也不得已将其药房搬到澳门。[3] 方济各会诊所与药房停顿了近60年后再次服务澳门社会。

安哆呢修士的药房在澳门影响巨大。药房开始只是被安置在一个小房间内，后因为社会需求大，"又建成了两个厅堂，一个用作药房；另一个被隔成两间，一间作为药物储藏室，另一间是饭厅"[4]。安哆呢修士负责制药和诊治病人。由于当时安哆呢修士年岁已高，菲律宾省会长派遣了修士艾色作为他的助手，一同在澳门服务。

安哆呢晚年曾经多次向上级请求派一名传教士医生前来接替自己的行医事业。1748年4月，马尼拉方面遂派遣若泽·吉勒芒（José Guillemón）来澳门帮忙。但据其他传教士反映，吉勒芒修士为人粗暴，对于传教工作不热心，而且不愿意为中国人治病，导致方济各会药房处于半荒废状态。

1753年初，方济各会传教士医生安伯老（Martín Palau）到达澳门，接替不称职的吉勒芒修士的工作。安伯老一到澳门，便重整方济各会药房，添置和配置了许多药物。值得注意的是，此时，安伯老药房的花费并不来自方济各会，而是来自澳门居民的大量布施。据1753年澳门仁慈堂主席里贝罗·吉马良士的建议，利用方济各会修士安伯老及其药房来战胜困难，利用药房的药物来为病人治疗。[5]

澳门方济各会药房还为内地地下传教提供药物，1766年，江西庐陵行医者蒋日逵到

---

① Manuel Teixeira, *Macau e a Sua Diocese*, *Vol. Ⅲ*, *As Ordens e Congregações Religiosas em Macau*, Macau: Tipografia Soi Sang, 1956 - 1961, p. 495.

② 崔维孝：《明清之际西班牙方济会在华传教研究（1579—1732）》，北京：中华书局，2006年，第225页。

③ 崔维孝：《明清之际西班牙方济会在华传教研究（1579—1732）》，北京：中华书局，2006年，第230页。

④ Severiano Alcobendas, Religiosos Médicos de la Provincia da San Gregorio Magno de Filipinas, in *AIA*, Tomo 36, 1933, p. 163.

⑤ José Caetano Soares, *Macau e a Assistência*, *Panorama Médico-Social*, Lisboa: Agência Geral das Colonias, 1950, p. 169.

澳门方济各会药房买药。[1] 澳门仁慈堂也会给药房每年100两白银，在修道院附近有一块田，用来种植药材，这也节省了许多购买药材的钱。[2] 由此可见，方济各会药房在澳门所发挥作用之大，澳门社会的医疗事业对其依赖程度之深。

但是随着安伯老的年龄逐渐增大，加之无人协助，方济各会药房逐渐失去了医疗作用。1783 年，澳门仁慈堂主席沙维尔·卡斯特罗（Francisco Xavier de Castro）致函议事会，指出必须建立一间新的药房，现在方济各修道院内教士安伯老负责的药房“徒具其名，不能完全代替原来的诊所”[3]。方济各会药房在 1788 年 10 月 28 日因为安伯老传教士的去世而关闭。而方济各马尼拉方面也没有再派遣传教士过来，澳门圣方济各会药房也因此中断。

从 1672 年，方济各会修士艾脑爵在澳门建立药房，到 1788 年，安伯老传教士去世，方济各会药房中断，前后一共 116 年时间，除掉中间中断的 60 年，方济各会药房在澳门实际运作为 56 年。在这 56 年间，方济各会药房的几位传教士自己制作药品，尽心为澳门市民诊治。在早期澳门医疗事业中，方济各会诊所与药房是除圣保禄学院诊所与药房之外的真正具备医疗功能的医疗机构。

西班牙方济各会诊所与药房的几起几落与天主教入华传播的命运及澳门的政治背景不无关系。西班牙方济各会传教的重心一直落在中国内地，清朝对天主教的政策时有变动，这导致了方济各会修士在澳门停居时间不定；另外，葡萄牙人将澳门视为自己的势力范围，担心西班牙人蚕食葡萄牙人在东方的贸易市场和传教领地，故给西班牙方济各会在澳发展设置障碍。在双重原因的作用下，西班牙方济各会诊所与药房虽然曾经在澳门社会发挥了重大的作用，但最终还是未能延续下来。

五、早期为澳门慈善医疗服务的传教士医生

明清之际，是中西文化交流的黄金时期，传教士通过医学入华传教，间接促进了西医入华的发展，而澳门在其中充当了桥梁的作用。澳门虽然不是西医传教士进入中国的唯一途径，却是最重要的途径。西医传教士进入内地，一般有两种目的：一是进京城为宫廷服务，利用医术走上层路线，希望能够开拓天主教在华传播的特权；二是为平民百姓服务，希望通过医疗感化百姓信仰天主。因此，这其中既有完成医疗专业

---

① 中国第一历史档案馆等编：《明清时期澳门问题档案文献汇编》第 1 册，《两广总督李侍尧奏报江西庐陵县民吴均尚等违例入教分别定拟折》，北京：人民出版社，1999 年，第 388 ~ 389 页。

② Raphael Sanz O. F. M. , *Sinica Franciscana*, *Vol. XI*, *Misioneros Franciscanos Españoles en China*, *Siglos XVIII – XIX (1722 – 1813)*, Grottaferrata (Roma): Editiones Colegii S. Bonaventurae, 2006, pp. 1333 – 1334.

③ ［葡］施白蒂著，小雨译：《澳门编年史：16—18 世纪》，澳门：澳门基金会，1995 年，第 180 页；Manuel Teixeira, *Macau no Séc. XVIII*, Macau: Imprensa Nacional, 1984, p. 623.

学业的专业医生，更有对医疗并不精通、以灵魂上感化为主要目的的传教士。早期澳门虽然已经建有相应的慈善医疗机构，但并无专业的医疗人才，所以，进入内地的西医传教士一般在澳门会有一定的停留时间，或者是等待明清朝廷的征召，或者是在澳门学习神学和语言，准备进京。因此，在他们停留澳门的时间中，这些西医传教士一般会投入澳门的慈善医疗中来，为澳门的医疗事业做出贡献。

葡萄牙学者阿马罗称："毫无疑问，葡萄牙医生在整个东方都十分缺少，遥远的城市经济不佳时，医生更稀少。"① 澳门是葡萄牙海外帝国最边远的城市之一，故来澳门的葡萄牙医生是极为稀少的，澳门开埠之初几乎未见过一位真正的葡萄牙医生来澳门行医。澳门从开埠以后，起码有 10 000 名的葡裔人口（包括奴隶）在这里生活，而澳门的华人人数比葡裔还要多。在这样一个人口基数的澳门社会中，专业的医疗人才极为缺乏。最初，我们推断，解决这些人口的医疗问题，主要是由葡萄牙对日贸易船队中的船医来承担，而华人则主要是依靠中医或者是土法解决病患问题。即使是贾尼劳 1569 年创建贫民医院和麻风病院后，仍然看不到这两家医院中有真正的专业医生存在。如何解决这一时期澳门社会病患者的医疗需求呢？葡萄牙船队的船医每次在澳门停留的时间是有限的，而且有很多时间是没有船医来停靠的，所以，我们认为早期的澳门社会病患者的医疗问题，主要是由居留在澳门或者是准备前往日本和中国内地的医生传教士来承担。他们利用自己在澳门居停的时间，除了传播福音拯救人们的灵魂以外，亦承担了拯救身体的重任。阿马罗称：

> 因为耶稣会中有很多是欧洲著名大学毕业的名医，自从该会到达澳门后，他们开始为葡萄牙人及其家人，包括庸人、混血子女、阿妹、阿仔治病。耶稣会很快就在圣保禄学院办起如同在果阿圣保禄学院那样的著名药房。实际是耶稣会传教士提供医疗服务。②

耶稣会是来澳门最早的天主教修会，所以早期来澳门的凡是懂医的耶稣会会士，很可能都会投入澳门社会的医疗救助之中。如邓玉函 1619 年抵达澳门后，在澳门停留的两年时间里，不仅投入澳门的社会医疗救助中，而且成立了人体解剖工作室，展开对医学的研究工作，后人评价他："由于他是个杰出的医学行家，各种情况的人们都急切地邀约他去看望自家的病人，所有人都获得他同等热情慷慨的帮助。"③ 又如 1579 年方济各会阿尔法罗、卢卡雷利及维拉罗来到澳门，贾尼劳神父就安排他们为麻风病院病人服务，他们"以谦卑的态度为麻风病人打扫屋子和床铺，没有任何厌恶的态度为麻风

---

① ［葡］阿马罗：《澳门医学：名医、药房、流行病及医务治疗》，载吴志良、金国平、汤开建主编：《澳门史新编》第 3 册，澳门：澳门基金会，2008 年，第 992 页。

② ［葡］阿马罗：《澳门医学：名医、药房、流行病及医务治疗》，载吴志良、金国平、汤开建主编：《澳门史新编》第 3 册，澳门：澳门基金会，2008 年，第 987 页。

③ ［德］埃利希·蔡特尔著，孙静远译：《邓玉函，一位德国科学家、传教士》，载《国际汉学》第 22 辑，郑州：大象出版社，2012 年，第 65 ~ 67、84 页。

病人提供他们所需要的服务"[1]。1611年11月1日的《澳门圣保禄学院年报》也记载，该学院的神父、修士及学生常常为麻风病人服务。[2] 1659—1660年的《耶稣会日本教省年报》还记载了有位中国男孩正在学院学习外科和放血术，他经常和他的老师一起拜访病人。[3] 这位老师肯定是一位在圣保禄学院任教的西医传教士。由此可以看出，当时确实有由于居停澳门而投入澳门医疗服务中的西医传教士。

除了上述在澳门短期停留而在澳门社会服务的西医传教士外，还有几位长期驻留澳门，甚至为澳门医疗事业服务终身的西医传教士，更值得我们介绍。

（一）西班牙方济各会医生——艾脑爵

方济各会传教士对于医疗传教有一种这样的看法："在上帝的圣堂里，行医治病是最温柔、最有效的吸引众生灵改变宗教信仰的方法，有时它所带来的益处远远胜过神学的说教。"[4] 故方济各会的医疗传教的目标更多面向广大民众。1672年5月，世俗修士艾脑爵随西班牙方济各会中国传教团文度辣神父从马尼拉乘坐葡国商船来到澳门，他是西班牙方济各会中国传教团会长文度辣神父招募的一位世俗医生，准备入华传教。但是澳门耶稣会为了保住自己在内地传教的优势地位，写信给广州的平南王尚可喜之子尚之信。结果，文度辣与林养默、卞芳世潜往佛山时被捕，而艾脑爵则留在了澳门。

艾脑爵修士居住在澳门方济各会修道院中，他在修道院设立诊所为澳门的患者看病。不仅如此，他还到澳门其他修道院为病人出诊：

> 我们一到达澳门，他（艾脑爵）便在（方济各会）修道院为各种人看病；不但在我们的修道院，也在该城中的圣克拉拉修道院、圣多明我修道院和圣奥斯定修道院救助病人。除此之外，他治好了很多人的疾病，为许多处于各种状态及条件下的病人看病，他最倾心于为那些最贫穷的人服务。如果去一些富裕人家治病，则收取一定的费用，并用所得作为为穷人治病的开销。他在澳门行医四年多，成为表率。市民们为表示对他的医疗服务的感谢，也给予他很多帮助，这对传教事业不无裨益。[5]

---

① Fr. Jacinto de Deus, *Descripção do Imperio da China, Precedida de Algumas Noticias Sobre os Conventos de S. Francisco e de Sta. Clara em Macau, Excerto do Vergel de Plantas e Flores da Provincias da Madre de Deus Capuchos Reformados*, Hong Kong, 1878, p. 12.

② João Paulo Oliveira e Costa, *Cartas Ânuas do Colégio de Macau (1594 – 1627)*, Macau: Fundação Macau, 1999, p. 135.

③ ［美］柏理安著，陈玉芳译：《隐匿的澳门史料：耶稣会年报》，载《澳门研究》第67期，2012年，第139页。

④ Anastasius van Den Wyngaert O. F. M, *Sinica Franciscana*, Vol. Ⅱ, Apud Collegium S. Bonaventurae, 1933, p. 288.

⑤ Georgius Mensaert O. F. M., *Sinica Franciscana*, Vol. Ⅶ, Rome: Fondation Universitaire de Belgique, 1965, p. 974.

艾脑爵修士不仅热情对待每一位前来求医的病人，认真为他们诊断、开药和进行护理，而且他的医术也得到病人的赞扬。一位葡萄牙方济各会传教士因为长时间的海上航行得了肠溃疡，疼痛难忍。“艾脑爵修士为治好他的病废寝忘食，先细心喂食维持其生命，然后借助冷冻的牛奶盒食品的帮助，这样医好了他的肠溃疡。”① 艾脑爵修士最为成功的医疗案例是治愈了因摔伤而导致下肢疼痛卧床达一年之久的文度辣神父。在开始的六个月，文度辣神父躺在床上不能翻身，为了照顾他，艾脑爵与他同睡，一刻不离地护理，一年之后，艾脑爵修士以他惊人的耐心、持之以恒的救死扶伤精神和高超的医术使文度辣神父恢复了健康。

除了诊所，他还在方济各修道院诊所建设了一座药房，里面有所需要的设备、药材及原料，大部分是城里的葡萄牙人送给药房的。艾脑爵修士还遇到了一位法国医生，他是一位杰出的药剂师和草药专家。他不仅教艾脑爵修士制作一些药品和配方，还将其拥有的一些珍贵的药品留给了艾脑爵修士，这都成为方济各药房的宝贵财富。② 但是这位法国医生的姓名未见著录。

1676 年，艾脑爵修士随另外两名方济各会会士离澳前往广州，并将澳门方济各会修道院的诊所和药房连同其中的药物、设备一同搬迁至广州。艾脑爵修士在广州的扬仁里教堂中建起了一座拥有药房、诊所和义务医务所的医疗机构，在当地颇有影响。艾脑爵修士在澳门居停时间虽然只有四年时间，但他亲手创建了著名的方济各诊所和药房，并真诚地为澳门市民服务，在澳门医疗发展史上具有十分重要的意义。

（二）西班牙方济各会医生——安哆呢

《澳门记略》载：“在澳蕃医有安哆呢，以外科擅名久。”③ 这位安哆呢为西班牙方济各会修士，1695 年抵达马尼拉传教，1697 年到广州。在马尼拉时，他即已开始学医，抵达广州后，又在艾脑爵修士的指导下行医。1699 年，艾脑爵修士返回马尼拉，广州扬仁里的方济各会只剩下安哆呢一人主持医务工作，他治愈了很多官员和穷人，很多人因为安哆呢的感化而入教。④ 艾脑爵修士过世后，安哆呢便承担了艾脑爵修士留下的在广州医院的一切工作，包括医生、手术师、药剂师和制药师的工作。他在广州行医的过程中结识了很多地方官员，甚至为当时的广东巡抚年希尧治病。⑤ 1724 年，

---

① Georgius Mensaert O. F. M. , *Sinica Franciscana*, Vol. Ⅶ, Rome: Fondation Universitaire de Belgique, 1965, p. 840.

② Georgius Mensaert O. F. M. , *Sinica Franciscana*, Vol. Ⅶ, Rome: Fondation Universitaire de Belgique, 1965, pp. 975 – 976.

③ （清）印光任、张汝霖原著，赵春晨校注：《澳门记略校注》，《澳蕃篇》，澳门：澳门文化司署，1992 年，第182 页。

④ Fortunatus Margiotti, *Sinica Franciscana*, Vol. Ⅸ, Matriti, 1995, p. 618.

⑤ Fortunatus Margiotti, *Sinica Franciscana*, Vol. Ⅸ, Matriti, 1995, pp. 622 – 624.

雍正帝厉行禁止天主教传教，安哆呢在年希尧保护下非但没有被驱逐，还带领了其他传教士入粤。但是，1732 年，安哆呢还是被驱逐到澳门。

1732 年，安哆呢医生将广州城外的扬仁里修道院的医疗设备和药房迁到澳门。由于方济各会修道院房间有限，安哆呢修士仅能把药房设在一间很小的单房中。后来，又增建了两个厅堂：一个作为药房；另一个被隔成两间，一间作为药物储藏室，另一间作为饭厅。安哆呢修士在澳门期间，各种身份的人都找他看病。据当时的资料，曾在山东传教的意大利方济各会会士贝维拉瓜（Bernardino Maria Bevilacqua）因患疯病（Mattia，即精神病），被送到澳门方济各会诊所治疗，当时为他治疗的医生就是安哆呢。[①] 这可以反映当时的传教士医生基本上是全科医生。作为外科医生的安哆呢，他不仅要诊治外科，还要医治精神病。他在 1733 年 5 月 16 日写于澳门的一封信中说：

> 尽管这个城市中有医生和外科医生，贫民和市民及神父们也不断地找我（看病），或许是他们出于对我的友情，或许是方济各会修士愿为天主奉献一切的善良品行，我请求天主给我以赏赐，也愿您充满无上的荣光。[②]

长期无私的医疗服务，为他赢得了粤澳人民的爱戴。在他晚年多病期间，大多数澳门居民为他祈祷。

1749 年 9 月 9 日，安哆呢修士在澳门居住了 17 年后去世，整个澳门都陷入悲痛之中。教会举行了隆重的追悼仪式和丧礼来怀念和追思这位把毕生精力献给教会、献给医疗慈善事业的方济各会传教士。[③]

（三）西班牙方济各会医生——安伯老

澳门方济各会请求马尼拉再派一名外科医生来，方济各会会士安伯老修士遂于 1753 年 1 月 28 日抵澳。安伯老，西班牙人，17 岁加入方济各会。1747 年 8 月到马尼拉，在此期间，他在马尼拉皇家医院和方济各会修道院诊所接受了药理学和外科医生的培训和学习，还曾被派到其他的医疗站工作和实习。安伯老在菲律宾表现出的优秀品德和优良医术很快为方济各会中国传教会的传教士们所知，大家都很钦佩这位外科医生。安伯老修士一到澳门，当时的会长申希奥（José Sensio）就将方济各会的诊所和药房交给他打理。由于当时安哆呢进入垂暮之年，无法正常工作，新来的吉勒芒修士又不喜欢中国，很想返回马尼拉，所以对打理、维持诊所和药房不甚经心，导致出现缺医少药、病人无人医治及护理的现象，诊所和药房濒临倒闭。安伯老接手后很快就

---

① ［美］孟德卫著，潘琳译：《灵与肉：山东的天主教（1650—1785）》，郑州：大象出版社，2009 年，第 156 ~ 158 页。

② Fortunatus Margiotti, *Sinica Franciscana*, Vol. Ⅸ, Matriti, 1995, p. 629.

③ 韩承良译：《安多尼神父传记》（未刊稿），摘自 Fortunatus Margiotti, *Sinica Franciscana*, Vol. Ⅸ, Matriti, 1995, p. 629, 转引自崔维孝：《明清之际西班牙方济会在华传教研究（1579—1732）》，北京：中华书局，2006 年，第 230 页。

扭转了这个局面。安伯老医生还利用申希奥会长特别拨给他的100比索和一部分私人赠予他的钱财，不仅恢复了药房和诊所的运作，而且极大丰富了药房的药物种类。

这时方济各会修道院药房已经颇具规模，在澳门非常受欢迎。每年都会收到澳门居民的大量布施，澳门仁慈堂每年也给该药房100两白银。另外，在修道院附近有一块田，用来种植药材，这也节省了许多购买药材的钱。有了这样的经济来源，安伯老既可以为澳门市民提供医疗服务，又可以给在中国内地地下传教的各修会传教士寄去药品。[①] 不仅他主持的药房有内地华人基督徒来澳门购药，他还收留华人为徒，传授医疗技术，有中文档案为证：

> （乾隆三十二年）十一月内，蒋日逵复至澳门，向安玛尔定买药，在庙游玩，见安当等在庙诵经，向安玛尔定学医徒弟黄若望询知系新来西洋行教夷僧。[②]

此处的"安玛尔定"即安伯老，"黄若望"即安伯老的徒弟。还有中文档案介绍安伯老的行医：

> 据该堂夷僧玛丁供称，系吕宋国人，年六十七岁，在咖嘶囒庙内方济各堂行医，有三十余年了，乾隆三十一二年间，有西洋人伯尔那多来到该堂。三十六年，又有衣斯罢呢亚国人法名李玛诺到来，与伯尔那多同住，过了两月，伯尔那多料理李玛诺出门去了，我是往澳门各家行医的人，实不曾留心李玛诺往何处去。[③]

此处"夷僧玛丁"即安伯老，"吕宋"即西班牙，"咖嘶囒庙"即圣方济各教堂，行医"有三十余年"即指安伯老1753年到澳门，到1785年时已行医30余年。"我是往澳门各家行医的人"，说明安伯老行医的方法是上门为病患者服务，而且"从不计报酬"。[④] 安伯老还担负起仁慈堂贫民医院的医务，经常去那里出诊。

当时的澳门居民也非常爱戴安伯老修士，认为其为人恬淡、仁慈而善良。各种患者，从贫穷的人到富有的人，只要有求于他，他都认真为其治病。因此他甚至被认为是安哆呢第二。

安伯老修士晚年，在医疗能力方面受到仁慈堂的质疑。1783年3月19日，仁慈堂主席沙维尔·卡斯特罗致函议事会：

> 必须建立一间诊所或药店。耶稣会士们原来在圣保禄内有一个较好的诊所，

---

① Raphael Sanz O. F. M., *Sinica Franciscana, Vol. XI*, *Misioneros Franciscanos Españoles en China, Siglos XVIII - XIX (1722 - 1813)*, Grottaferrata (Roma): Editiones Colegii S. Bonaventurae, 2006, pp. 1333 - 1334.

② 中国第一历史档案馆等编：《明清时期澳门问题档案文献汇编》第1册，《两广总督李侍尧奏报江西庐陵县民吴均尚等违例入教分别定拟折》，北京：人民出版社，1999年，第388页。

③ 中国第一历史档案馆等编：《明清时期澳门问题档案文献汇编》第1册，《两广总督舒常等奏报在澳门查访姜保禄案内若亚敬等人未获情形片》，北京：人民出版社，1999年，第487~488页。

④ José Caetano Soares, *Macau e a Assistência, Panorama Médico-Social*, Lisboa: Agência Geral das Colonias, 1950, p. 169.

> 但是，现在圣方济各修道院内由教士马蒂尼奥负责的诊所徒具其名，不能完全代替原来的诊所。[①]

此时的安伯老修士已经年迈，无法胜任澳门社会繁重的医疗工作。1788 年 10 月 28 日，安伯老修士因病在澳门去世，方济各会在华传教事业也因此几乎中断。安伯老修士在澳门停留了 35 年，把毕生心血都献给了澳门。

（四）圣保禄药房的药剂师

前面介绍的三位在澳门行医的西医传教士都是西班牙方济各会会士，耶稣会在澳门行医的西医传教士亦有人在，这就是建成于 1594 年的圣保禄学院药房的药剂师们。罗马教廷天特会议（1545—1583）之后，禁止天主教传教士行医，不可以充当内科医生及外科医生，但可以充当护士和药剂师。所以，圣保禄学院诊所和药房在澳门行医者均称药剂师，而不称内外科医生。据《澳门圣保禄学院年报》，一位名为弗朗西斯科·拜罗斯（Francisco de Bairros）的主教助理，从 1603 年开始，在澳门居住了 16 年。在此期间，他一直担任护士和药剂师，竭力照顾病人。[②] 1625 年 12 月 21 日，一位葡萄牙籍修士（佚名）写信给中日教区巡视员骆入禄神父称：

> 他在圣保禄学院服务了 6 年，他一直担任药剂师，但不是医生。由于澳门当时没有一名正式的医生，所以他经常奉命出诊，为此他感到非常不满。到 1625 年 12 月，他在澳门一共治疗了 92 名男性患者和 39 名女性患者。[③]

据称，在葡萄牙，优秀的医生通常只接受 8～10 名病人，而这位药剂师 6 年时间诊治的病人就有百余名，一可以反映圣保禄学院药房工作极为繁忙，二是由于这一药房是慈善性的，故对患者不能拒绝，所以要为大量的病患者服务。

佚名葡籍药剂师在信中还提到了三位圣保禄药房的药剂师：埃斯特旺·若而热、迪奥戈·马林以及刘易斯·阿泽维多（Luiz de Azevedo）。前两位在澳门行医长达 40 年，而最后一位则医术精湛，精通拉丁文，并有一些医学藏书。[④] 以上几位都是能找到的在 16 世纪为澳门市民服务过的药剂师“医生”，尽管他们没有正式医生执照，但确实是为澳门社会做出贡献的、真正治病救人的医生。

在澳门早期医疗事业中，无论是在澳门短暂居停，还是在澳门长期驻足的传教士

---

① ［葡］施白蒂著，小雨译：《澳门编年史：16—18 世纪》，澳门：澳门基金会，1995 年，第 180 页。

② João Paulo Oliveira e Costa, *Cartas Ânuas do Colégio de Macau (1594 - 1627)*, Macau: Fundação Macau, 1999, p. 26.

③ BAJA, Cód. 49 - V - 6, fls. 346 - 399v.

④ Manuel Teixeira, *A Medicina em Macau*, Vol. Ⅰ, Macau: Imprensa Nacional, 1975 - 1976, p. 5; José Caetano Soares, *Macau e a Assistência, Panorama Médico-Social*, Lisboa: Agência Geral das Colonias, 1950, pp. 28 - 32.

或是药剂师，均是天主教人士，这也充分说明了澳门早期医疗事业与天主教的密切关系。这种情况并非个案，在欧洲医疗市场同样存在，只是澳门表现尤盛。因为此时欧洲文艺复兴已经兴起，欧洲很多城市已经开始从神学笼罩的环境中觉醒，医疗已经出现了从神学独立出来的迹象。但是澳门作为葡萄牙的东方殖民地，西医资源匮乏，故由天主教教会承担澳门社会的全部医疗责任也是不得已之选择。这可以反映出当时的澳门社会医疗主要由传教士承担。而那些准备进入中国和日本的医生传教士在他们居停澳门的时间内，也应该投入澳门医疗服务中来。根据资料统计，我们录得16—18世纪从澳门进入中国和日本的西医传教士有35名，以下为这些西医传教士的情况表：

表7-1 16—18世纪从澳门进入中国和日本的西医传教士情况一览表①

序号	姓名	国籍	修会	在澳时间	备注
1	罗尔多夫·昂戈 Rodolphe Angot	法	耶稣会	1565—1676	助理修士，曾在澳门学习医药学，1665—1675年在圣保禄学院诊所担任护士
2	路易斯·德·阿尔梅达 Luís de Almeida	葡	耶稣会	1580—1583	精于外科医术，并持有葡萄牙政府颁发的医师证书，1580年从日本到澳门，在澳门领受神父神品，1583年在澳门花王堂去世
3	金尼阁 Nicolas Trigault	比	耶稣会	1610—1611 1612—1613 1620—1621	来华前曾学习医学，在东渡印度的船上还作为船医给船上的病人治病
4	邓玉函 Johann Terrenz Schreck	德	耶稣会	1619—1621	曾在弗莱堡大学学医，成为医生，在澳门期间分派管理贫民医院、圣保禄学院诊所、药房及麻风病院，还在澳创设人体解剖工作室②
5	郭巴托 Bartoloumeu da Costa	日	耶稣会	1629—1695	此人为澳门土生人，父母亲为日本人，在澳门学院学习医学，后在交趾支那作为医生传教23年

① 本表资料主要来源于：［法］荣振华著，耿昇译：《在华耶稣会士列传及书目补编》，北京：中华书局，1995年；［法］费赖之著，冯承钧译：《在华耶稣会士列传及书目》，北京：中华书局，1995年；中国第一历史档案馆等编：《明清时期澳门问题档案文献汇编》第1册，北京：人民出版社，1999年；崔维孝：《明清之际西班牙方济会在华传教研究（1579—1732）》，北京：中华书局，2006年；罗光：《教廷与中国使节史》，台北：传记文学出版社，1983年。

② ［德］埃利希·蔡特尔著，孙静远译：《邓玉函，一位德国科学家、传教士》，载《国际汉学》第22辑，郑州：大象出版社，2012年，第65～67页。

（续上表）

序号	姓名	国籍	修会	在澳时间	备注
6	艾脑爵 Blas García	西	方济各会	1672—1676	1676 年到广州，1699 年在马尼拉去世
7	罗历山 Alexandre Ciceri	意	耶稣会	1691 1696	1691 年抵澳，同年进京从事医生活动，1696 年再次来澳
8	卢依道 Isidoro Lucci	意	耶稣会	1690—1692 1693	18 岁开始学医，曾获医学博士学位，后又在果阿皇家医院进行医学实习，1690 年抵达澳门，1692 年进京，1693 年返回澳门，不久即往科钦
9	鲍仲义 Gluseppe Baudino	意	耶稣会	1694	同年应召进京，为药剂师和医师
10	安哆呢 António de la Concepción	西	方济各会	1697 1732—1749	外科医生，1732 年再次抵澳，1749 年在澳门去世
11	何多敏 Giandomenico Paramino	意	耶稣会	1697—1704 1709	外科医生，1704 年抵达北京，成为康熙皇帝的御医，1709 年因病又派往澳门，1713 年逝世于果阿
12	芦西满 Barnabé Loupias	法	耶稣会	1702—1736	药剂师，期间去了很多地方，1736 年在澳门逝世
13	高廷玉（又译布尔盖泽）Borghese	意	教廷传信部	1705	铎罗使团的随团医生，同年进广州，后进京成为康熙皇帝的御医，后未随铎罗返回①
14	斯戈提 Piero Sigotti	意	教廷传信部	1705	铎罗使团的外科医生，同年进广州，12 月在北京去世②
15	魏哥儿（又译魏弥喜）Michel Viera	意	耶稣会	1707	同年进京，在宫中任药剂师达 6 年，1713 年返回澳门去果阿
16	罗怀忠 Jean Joseph da Costa	意	耶稣会	1715	同年应召进北京，担任外科医生和药剂师

① ［法］杜赫德编，郑德弟等译：《耶稣会士中国书简集：中国回忆录》第 2 卷，郑州：大象出版社，2001 年，第 312 页；罗光：《教廷与中国使节史》，台北：传记文学出版社，1983 年，第 107 页。

② 罗光：《教廷与中国使节史》，台北：传记文学出版社，1983 年，第 107 页。

（续上表）

序号	姓名	国籍	修会	在澳时间	备注
17	艾国祥（又译加里亚迪）Dionisio Gagliardi	意	教廷传信部	1719	罗马圣灵医院外科医生，教友，1719年随嘉乐使团抵澳，为使团中“内科、外科、制药科”三人之一，疑为药剂师，不久进京，还往北京带去医治热病之药①
18	佛奥塔（又译乌尔达）Volta	意	教廷传信部	1719	1719年随嘉乐使团抵澳，为使团中“内科、外科、制药科”三人之一，即其中的内科医生②
19	桑纳 Giambattista Sanna	意	耶稣会	1722—1724	1724年后为交趾支那国王宫廷医生
20	艾色 Tomás de Santa Maria	西	方济各会	1724 1732	1732年第二次到澳门，是安哆呢的助手
21	卢若望 João de Loureiro	葡	耶稣会	1738—1742	医生，1742年后去越南
22	约翰·科夫勒 Johann Koffler	波西米亚	耶稣会	1740—1742 1755—1762	医生，1740年抵澳，1742年去越南，1755年再次来澳，1762年返回欧洲
23	马德昭 António Gomes	葡	耶稣会	1743—1744	1744年进京，为外科医生和药剂师，在北京工作7年
24	罗启明 Manuel de Mattos	葡	耶稣会	1750—1751	外科医生，药剂师，1751年进京
25	张玛诺 Manuel da Silva	葡	耶稣会	1752—1768	药剂师，此人应该是1752年抵达澳门，1768年前进入中国内地，在中国内地传教区当医生
26	张舒（又译张继贤）Inácio Francisco	葡	耶稣会	1752	外科医生，同年进北京，1792年在北京去世

① 中国第一历史档案馆等编：《明清时期澳门问题档案文献汇编》第1册，《慕敬远奏报艾国祥自澳门返回遣往京城进献西洋米等物折》，北京：人民出版社，1999年，第180～181页。按：原编者将此折系于雍正朝最后一篇，不妥，因慕敬远死于雍正元年，其在澳门的时间应为1720年，主要是去参加艾若瑟的葬礼。

② ［意］马国贤著，李天纲译：《清廷十三年：马国贤在华回忆录》，上海：上海古籍出版社，2004年，第100页。

（续上表）

序号	姓名	国籍	修会	在澳时间	备注
27	安伯老 Martín Palau	西	方济各会	1753—1788	外科医生，在澳门工作生活35年
28	索德超 José Bernardo de Almeida	葡	耶稣会	1759	同年进北京，担任医师和药剂师
29	李衡良 Arcangelo-Maria di Sant' Anna	意	加尔默罗会	1761—1764	内科医生，兼钟表匠，1764年进京
30	叶尊孝 P. Fr. Eusebius	意	方济各会	1763	内科医生，同年进京
31	岳文辉（葡文名不详）	葡	不明	1774	外科医生，同年到广州，又被驱逐回澳门，命令其搭船回国
32	齐类思 Luigi Cipolla	意	耶稣会	1770—1771	曾在欧洲学习医学，1771年进京
33	麦宁德（又译乌里必耶）	意	教廷传信部	1781—1782	外科医生，1782年进京
34	颜诗莫 Anselmo da Santa Margheerita	意	奥斯定会	1781—1784	1784年进京
35	吉德明 Jean Joseph Chislain	法	遣使会	1784	同年进京，通医学，此人似乎未进澳门

第二节 服务于世俗社会的澳门公共医疗

医疗不仅涉及医学知识，更与社会实践相关。早期的医疗涉及教会或者慈善组织，到后期医疗就开始与政府密切相关。西方医疗市场在社会中的运转，以及与政府的关系发展是没有固定模式的，也非不可逆的。各个国家的医疗状况因不同的政治状况而有所不同。可以料想，有两种极端的情况，一种是医疗事业完全处于自由的市场中，医疗事业完全依照市场竞争机制去调控，医生无须得到专有机构的许可，而病人完全按照服务付费。19 世纪 40 年代的美国就曾经受过这样的医疗体制影响。这种竞争机制容易产生更多的医疗纠纷，特别是在面对重大流行病时，政府的掌控力度远远不够。另一种则是所有的医疗资源都由政府负责，医生的培训、管理和聘用都由政府全权负责，医疗机构也由政府掌管。这种医疗资源完全由政府掌控的情况，类似于先进的公共医疗机制，但在 20 世纪之前的欧洲国家均未曾出现过。但是，19 世纪殖民扩张时期西方国家的军队医疗多以这种政府完全掌控的模式存在。17—18 世纪多数的医疗行为由各种学会或者社团掌握。[①] 从 17 世纪下半叶开始，随着澳门的对外贸易日渐式微，再加上清雍正年间开始厉行的禁教政策，入华传教士日益减少，这使得澳门以天主教为背景的医疗事业也逐渐走下坡路，在这种情况下，服务于世俗社会的西方公共医疗在澳门议事会的主导下开始出现并逐渐发展。

一、澳门公共医疗的产生："政府医生"的出现

在世俗化的澳门公共医疗尚未正式产生之前，澳门社会应该存在一定的民间医疗力量，以应对澳门社会的需求。据档案记录，1640 年 6 月 22 日澳门向日本派出了一艘商船要求进入日本通商，船上载有葡萄牙人 61 名、黑人 13 名。但是日本政府非但不接受请求，还将 4 名澳门使者和 57 名随行人员处以死刑，仅让 13 名医师、水手返回澳门。[②] 这其中的一位医生，即是澳门土生葡人多明戈斯·夸德罗斯（Domingos de Quadros），他 1618 年生于澳门，在澳门担任外科医生。他从日本回到澳门后，写下了在日本经历的证词。这位本土外科医生的出现让人相信，在公共医疗出现之前，澳门社会确实存在一定的民间医疗力量，以弥补澳门社会应付疾病、解除病患的需求。

澳门世俗化的公共医疗正式出现在于何时？据澳门议事会档案记录，1676 年澳门议事会聘请了一位名为卢卡斯·贡萨尔维斯（Lucas Gonçalves）的外科医生为澳门市民进行医疗服务，年薪 120 帕尔达乌（Pardau）[③]，每月支付其 10 帕尔达乌。[④] 这是议事会首次聘请世俗医生为市民服务的记录。虽然没有这位"政府医生"的详细记录，但可以确证澳门政府已经开始对澳门的医疗事业予以关注和干预，并开始聘请"政府医生"为市民服务。1680 年后，议事会档案里再无这项支出，可知这位医生在澳门服务

---

① ［美］罗伊·波特著，张大庆译：《剑桥插图医学史》，济南：山东画报出版社，2007 年，第 199～200 页。

② C. R. Boxer, *Embaixada de Macau ao Japão em 1640*, Lisboa: Imprensa da Armada, 1933, pp. 19－20.

③ Pardau，是果阿制造的一种银币，价值与当时的西班牙银币相当。

④ José Caetano Soares, *Macau e a Assistência*, *Panorama Médico-Social*, Lisboa: Agência Geral das Colonias, 1950, p. 33.

了四五年。值得注意的是，1667 年葡印总督努内斯·库尼亚（João Nunes da Cunha）曾经以葡萄牙国王阿丰索六世（Alfonso Ⅵ）的名义派遣62 人使团前往北京。使团大使为玛纳·撒尔达聂（Manuel de Saldanha），使团里有一位外科医生，但是没有记录名字。文德泉神父怀疑这位外科医生就是卢卡斯·贡萨尔维斯。① 1676 年澳门议事会聘请贡萨尔维斯医生担任“政府医生”，他可被视为澳门出现的第一位“政府医生”。在档案中，“政府医生”并没有被赋予固定称呼或头衔，常出现的名称有“合约医生”（Médico Contratado）、“集团医生”（Médico do Partido）、“公共医生”（Médico do Partido Publico）、“主治外科医生”（Cirurgião-Môr）。因为这些医生均与澳门议事会签约，为公务员及其家属服务，故称他们为“政府医生”。聘用“政府医生”制度的出现亦标志着澳门社会的公共医疗的开始。

从第一位“政府医生”的产生到“政府医生”制度的正式确立还有一个过程，这期间经历了非制度化时期。1689—1691 年间，澳门议事会聘请了一位华人医生利玛（João Baptista Lima）。② 当时，清朝康熙皇帝对放血疗法较有兴趣，澳门耶稣会决定派出华人医生利玛伴随精通医术的耶稣会会士卢依道（Isidoro Lucci）一同进京，为康熙帝服务。③ 在北京，卢依道与利玛由于医术不精，且遭到方济各会神父的排挤，1693 年9 月13 日，利玛医生和卢依道会士被遣返澳门。这位利玛实际上就是陈垣先生笔下的新会乡贤高竹。高竹，字嘉淇，新会沙堆那伏乡南霞里人，7 岁那年被土匪洗劫卖给西洋人，此后流落澳门街头，10 岁时被葡萄牙人收留，随其在暹罗居住16 年，学习了西洋医术，成为一位医生和天主教徒。根据一封耶稣会会士的信件称：“尽管利玛是中国人，但是他在欧洲人中长大，在果阿、巴达维亚、暹罗及其他地方生活过。”④ 1683 年，他随方济各会会士伊大任等回国在江南、浙江、湖广等地传教。⑤ 回到澳门后，卢依道传教士随即前往科钦，但是关于利玛则没有更多消息。

卢依道和利玛医生从北京返回后，耶稣会为了避免其在清宫的优势被其他教会取代，又紧急派遣一位医生前往北京代替卢依道和利玛，这位医生就是安东尼奥·席尔瓦（António da Silva）。记录显示，议事会为了补偿这位去北京服务的席尔瓦医生，在其在北京服务的时间里，每个月给他的妻子3 帕尔达乌的补偿。⑥ 席尔瓦医生至少在1709 年之前就回到了澳门，因为他参与了1709 年古尔露（António de Albuquerque Coelho）上尉的

---

① Manuel Teixeira, *A Medicina em Macau*, Vol. Ⅲ, Macau: Imprensa Nacional, 1975 – 1976, p. 49.

② José Caetano Soares, *Macau e a Assistência*, *Panorama Médico-Social*, Lisboa: Agência Geral das Colonias, 1950, p. 46.

③ 董少新：《形神之间：早期西洋医学入华史稿》，上海：上海古籍出版社，2008 年，第111 页。

④ José Caetano Soares, *Macau e a Assistência*, *Panorama Médico-Social*, Lisboa: Agência Geral das Colonias, 1950, p. 46.

⑤ 陈垣：《高嘉淇传》，载陈智超、曾庆瑛编：《陈垣学术文化随笔》，北京：中国青年出版社，2000 年，第76 ~77 页。

⑥ *Arquivos de Macau*, 1ª Série, Vol. Ⅰ, No. 1, Macau, 1929, p. 35; Manuel Teixeira, *A Medicina em Macau*, Vol. Ⅲ, Macau: Imprensa Nacional, 1975 – 1976, p. 51.

断臂诊治工作。因此，笔者推断其从北京回来后继续担任议事会医生的工作。

1719 年 12 月 31 日，澳门总督古尔露的好朋友卡尔塞雷斯（Luís Sanches de Cárceres）向议事会建议：

> 由于本市一直缺少一名掌握内、外科医学的人，导致了患者们的疾病长期无法治愈，甚至一些患者由于得不到良好的治疗而死去。现在有一个通晓医术的外国人来此行医，他希望议事会能够让他留在本市，并根据需要按年向他提供补贴……经所有议事会成员讨论决定，为了使他能够留在本市提供服务，同意向他提供 400 两（Tael）的年薪。年薪保持不变的，只要他认真履行自己的职责，且这笔费用并不包括药品部分。①

从建议中我们可以发现：第一，澳门社会出现了医疗困境；第二，1719 年提出的“政府医生”的薪水标准已从 1676 年的 120 帕尔达乌提高到 400 两。但档案中并没有提及这位外国医生的姓名，文德泉神父推测他最终没有接受这一岗位。②

以上 17 世纪中后期及 18 世纪初期的“政府医生”的出现说明，在教会以外，澳门社会已经出现了本土的世俗医疗人员，他们活跃在澳门的医疗市场上，而且澳门政府已经开始关注和插手澳门本土的医疗事业，并设置了“政府医生”这一职位，但是尚未形成固定的政策和制度。值得注意的是，当时澳门耶稣会还是医疗资源的主要调控者，耶稣会不仅可以调控教会内部的医疗资源，甚至可以控制澳门社会上的医疗力量，比如上面提及的安东尼奥·席尔瓦医生，他并非一位传教士，却可以到宫廷服务。其原因有二，一方面耶稣会在澳门的政治影响力很大，另一方面澳门社会也希望通过耶稣会在宫廷打通上层关系，因为这关系到澳门的生存。这些政治原因可以说明，澳门医疗事业在 17 世纪末虽然已经出现了新兴力量，但仍然还不能脱离天主教的影响。

二、“政府医生”政策的制度化

澳门政府“政府医生”政策的制度化应始于 1723 年澳门总督文弥壬时期。

1723 年 3 月 22 日，澳门议事会通过决议，每年 500 帕塔卡聘请法国医生范德尔蒙特（Jacob van Der Mond）为澳门居民服务。③ 这是首位与议事会签订工作协议和合同的“政府医生”，也就是说他是在澳门议事会对“政府医生”一职制定了明确制度以后聘请的第一位医生。而这位医生的聘请和与其签订的协议、合同及他本人的宣誓就构成了“政府医生”一职的制度产生的条件。换言之，即“政府医生”一职开始制度化。

范德尔蒙特医生为佛莱芒人，1720 年 8 月从法国雷穆学院获得医学学位，到中国

---

① *Arquivos de Macau*, 3ª Série, Vol. Ⅱ, No. 5, Macau, 1964, p. 306.

② Manuel Teixeira, *A Medicina em Macau*, Vol. Ⅲ, Macau: Imprensa Nacional, 1975 – 1976, p. 56.

③ Manuel Teixeira, *A Medicina em Macau*, Vol. Ⅲ, Macau: Imprensa Nacional, 1975 – 1976, p. 56.

后，曾在广东行医。1723 年 5 月 19 日，他与澳门议事会签订协议和合同，内容如下：

首先，关于他的薪资问题，其中包括：政府一年分三次付给他一共 500 帕塔卡作为工资，同时还要承担他行医的部分费用。所以他必须在本城工作满一年，期间他可以就医疗方面的事务，去一次广州，这次出行是自由的。除此之外，一整年都必须为议事会工作，不能以天气原因导致的身体不适而告病请假，然而，在葡萄牙人允许的情况下，可以享受相关特权，也可以不必上缴本市关于医药方面的赋税。关于行医，如果是在医院探访穷苦病人，则不必收取医药费；如果是医院外的病人，必须每一个人每天都要去检查一次。除此之外，该医生还必须为本城所有的达官贵人们及其夫人、子女检查身体，为他们检查无须收取任何费用。然而除了圣奥斯定会和圣方济各会的贫困宗教人员以外，对于其他的普通居民、神职人员、宗教人员，以及他们的仆人，每次为他们诊病时，他们都需支付 0.5 帕塔卡的医药费，如果无法支付医生提出的合理的医药费，任何人都不能强迫医生帮他诊病，如果有疑问可以请圣保禄学院的药剂师帮忙估价。幸运的是医生将为本城的达官贵人们、主教、政府高官和总督先生定期检查身体。他在本市工作满一年后，尊重他个人的想法，来去自由，不会强迫他继续留在这里。关于探访病人还有一点要说的是，上面提到的 0.5 帕塔卡是纯粹作为医疗费。作为本城即将任职的医生，他的职责是神圣的，在正式工作前，他需要庄严宣誓，承诺自己将会认真履行自己的职责。①

文德泉神父在研究了这份档案以后，对这份档案的内容进行了如下的总结：

1. 议事会每年分三次向他支付 500 帕塔卡，作为其个人生活及一些药品开销。

2. 上述医生有义务在澳门服务一年，在此期间，医生可以自由安排时间去广州采购药品；一年以后如果未对澳门气候感到不适，可以继续服务，议事会不能违约。

3. 其履行职责期间，享有与葡萄牙人一样的特权和福利待遇，治病所需药物不必缴纳关税。

4. 每日免费探望贫穷的病人，包括住在医院和外面的。

5. 医生还必须给公务员及其妻子和儿女看病，且分文不收；除了对贫困的圣方济各及圣奥斯定修院的修士不收取费用以外，其他市民、僧侣、传教士及奴仆看病均收取 0.5 帕塔卡的费用。

6. 任何人看病，药物的价格必须合理；如有疑问，可由圣保禄学院的药剂师评估。

7. 主教和兵头看病可以享有和长老同样的待遇。②

---

① *Arquivos de Macau*, 3ª Série, Vol. Ⅲ, No. 1, Macau, 1965, pp. 1 - 2.

② Manuel Teixeira, *A Medicina em Macau*, Vol. Ⅲ, Macau: Imprensa Nacional, 1975 - 1976, p. 56.

同时，档案中还保存了首任政府医生范德尔蒙特入职宣誓的资料：

1723 年 5 月 22 日，在澳门这个中国天主圣名之城议事会内的会议桌上，当时在场的有本城当时在任各级官员。大家被召集到这里，是因为外科医生范德尔蒙特要进行郑重的入职宣誓，以保证他在接下来的工作中认真履行他的职责，由法官托马斯·马尔格斯为他主持宣誓仪式，他承诺：一定会努力工作，尽忠职守。然后法官和医生签字确认。本人马诺埃尔·毕雷斯·德·莫拉，本市议事会书记员，在所有人予以确认后，记录了本次工作。与会人签名：马尔格斯、范德尔蒙特。①

档案中保留的第三份重要资料则是 1724 年范德尔蒙特工作了一年以后澳门政府对他的评价和奖励：

本城的外科医生范德尔蒙特提出他关于工作出勤的问题。他表示，按照工作条目第一页（1）所记载的，他的工作量和报酬不成正比，这样对他是不公平的，因此市议会议员经过一番商议后，提出了建议：作为本市的外科医生，按照他当下的工作量和出勤要求，在保证第一页（2）工作条目中所提到的工作量的情况下，他可以得到 250 两白银作为奖金。并且所有与会人员就这个提议投票表决。……大家都认为相对于范德尔蒙特医生的贡献而言，这份奖金他受之无愧。于是便让我记录了本次工作，在座的官员、工作人员签名予以确认。本人马诺埃尔·毕雷斯·德·莫拉，本市议事会书记员记录。②

这一组关于“政府医生”范德尔蒙特的聘任档案展示了澳门政府关于“政府医生”一职制度化的开始。归纳档案内容，其要点有三：

第一，合约明确规定了“政府医生”的职责、服务时间、收费标准、薪酬及支付时间，是一份现今所说的“劳动合同”。从其中也可以看到几个问题：首先，此时的药品原料可以在广州采购。这并不奇怪，17 世纪的广州十三行是外来商品的最大集散地，澳门只是一个中转站，很多货物并不经过澳门港口。其次，圣保禄学院仍然有药剂师，甚至可以评估政府医生的药物定价，这也说明了天主教医生的权威地位。

第二，所聘的“政府医生”在正式入职前必须宣誓，以保证他在接下来的工作中认真履行他的职责，并由法官为他主持宣誓仪式。

第三，澳门议事会对于工作和出勤都很出色的“政府医生”还需颁发奖金。

这份“劳动合同”的出现意义非凡，是澳门议事会第一份“政府医生”的“劳动合同”，它将政府意图管理医疗的意向“实体化”，也指导了未来百余年的医疗劳务合同。范德尔蒙特是澳门第一位制度化以后产生的“政府医生”，他的出现标志着澳门政府插手管理社会医疗政策的确定，也标志着“政府医生”制度的确立。

---

① *Arquivos de Macau*, 3ª Série, Vol. Ⅲ, No. 1, Macau, 1965, p. 3.

② *Arquivos de Macau*, 3ª Série, Vol. Ⅲ, No. 1, Macau, 1965, pp. 16 – 17.

三、“政府医生”制度的执行（1723—1900）

从1723年起，澳门聘用“政府医生”的制度正式确立，直至19世纪末，据有关档案材料的明确记录，议事会先后聘用了58名“政府医生”，这些医生就成为这一时期澳门医疗的主力军。下面拟将这一时期政府聘用医生情况列表：

表7－2 1723—1900年政府聘请医生一览表①

序号	医生姓名	国籍	服务时间	备注
1	卢卡斯·贡萨尔维斯 Lucas Gonçalves	葡	1676—1680	1676澳门议事会聘请首位世俗医生，年薪120帕尔达乌
2	若奥·利玛 João Baptista Lima	华	1689—1691	出生于广东新会，后被带往暹罗、印度等地，由葡萄牙人收养长大，1691年随卢依道进京，充当御医，1693年被驱逐回澳门
3	安东尼奥·席尔瓦 António da Silva	葡	1709—?	1693年曾被作为御医派往北京，1709年前回到澳门，可能担任政府医生，曾为澳督古尔露治疗手臂
4	佚名	葡	1719—?	自己提出申请，要求出任政府医生，年薪400两，但无资料记录该人是否上岗

① 本表资料除已注明出处外，其他资料主要依据以下诸书：*Arquivos de Macau*, Maio de 1965, Janeiro de 1966, Dezembro de 1966, Novembro de 1967, Novembro de 1968, Dezembro de 1968, Julho de 1969, Março de 1970, Janeiro de 1971, Março de 1972, Dezembro de 1972, Maio de 1973, Dezembro de 1974, Junho de 1975, Maio de 1975, Março de 1975; Manuel Teixeira, *A Medicina em Macau*, Vol. Ⅲ, Macau: Imprensa Nacional, 1975－1976; José Caetano Soares, *Macau e a Assistência*, *Panorama Médico-Social*, Lisboa: Agência Geral das Colonias, 1950; Peregrino da Costa, *Medicina Portuguesa no Extremo-Oriente Sião*, *Molucas*, *Japão*, *Cochinchina*, *Pequim*, *Macau*, *Séculos XVI a XX*, Bastorá: Tipografia Rangel, 1948; ［葡］施白蒂著，小雨译：《澳门编年史：16—18世纪》，澳门：澳门基金会，1995年；［葡］施白蒂著，姚京明译：《澳门编年史：19世纪》，澳门：澳门基金会，1998年。

（续上表）

序号	医生姓名	国籍	服务时间	备注
5	范德尔蒙特 Jacob van Der Mond	法	1723—1729	佛莱芒人，是一位专业的外科医生，年被澳门议事会聘任为政府医生，在澳医疗服务 6 年，成为制度化后的第一“政府医生”；1726 年在澳门用吐根为葡牙耶稣会会士索智能（Policarpo de Sou 神父治疗疾病，年薪 500 帕塔卡①
6	曼努埃尔·科埃略 Manuel Machado Coelho	葡	1731—1734	1731 年 12 月被任命为政府医生，1734 年月被解雇，曾在帝汶担任主治医生，年 150 两
7	佩德罗·阿尔坎塔拉 Pedro de Alcântara	葡	1733—?	曾为海军医生，担任过科埃略的助手，年薪 120 帕尔达乌
8	若奥·马尔廷斯 João Francisco Martins	葡	1746—1748	是一位受过训练的专业医生，年薪 300 两②
9	若尔热·穆林 Jorge Moulin	法	1748—1749	这次聘用在澳门社会引起争议，因为该医生没有葡王签署的行医证书，葡萄牙居民以国王的命令“任何外国人未经许可都不允许居住在这个城市”来阻止这场聘用，故穆林的工作未能持续一年就被解聘了③

① *A Sino-French Medical Manuscript of 1730*, The Indian University Bookman, 1973, No. 11, pp. 5 - 11.

② José Caetano Soares, *Macau e a Assistência, Panorama Médico-Social*, Lisboa: Agência Geral das Colonias, 1950, pp. 80 - 81.

③ Manuel Teixeira, *A Medicina em Macau*, Vol. Ⅲ, Macau: Imprensa Nacional, 1975 - 1976, pp. 66 - 67; José Caetano Soares, *Macau e a Assistência, Panorama Médico-Social*, Lisboa: Agência Geral das Colonias, 1950, p. 81.

（续上表）

序号	医生姓名	国籍	服务时间	备注
10	安东尼奥·里贝罗 António Bernardes Ribeiro	葡	1749—1753	曾是果阿皇家医院的海军医生，1749年10月11日被聘用为政府医生①，1753年被解聘后，直到1755年还居住在澳门，年薪300两
11	弗朗西斯科·洛佩斯 Francisco Lopes	葡	1764—1766	他是澳门议事会医生被暂停十年后首个聘请的政府医生，入职后成功地治愈了很多病人，特别是针对那些穷人，年薪150两
12	若泽·阿泽维多 José Pereira Soares de Azevedo	葡	1768—1770	年薪300两，有三年中外科学、解剖学和血液学的考核证书，这一薪俸标准是葡印总督要求议事会一定得确保的
13	若奥·孔塞桑 João Baptista da Conceição	葡	1770—1774	外科医生兼放血师，1771年曾参加过妈阁炮台指挥官米盖尔（Francisco António Miguéis）的尸检②
14	佩德罗·莱内（又译吕呀、罢哩时） Pedro Layné	法	1774—1779	公共外科医生，曾经免费治好了澳门总督沙丹耶的性病，但是这位法国医生并非专业医生，没有行医执照，于是遭到了澳门社会的诸多投诉。1777年前往葡国，并在那里获得了主治外科医生的头衔，回澳门后，被聘为澳门首席外科医生直到1779年，年薪400两
15	佩德罗·佩雷拉 Pedro António Ferreira	葡	1779—1781	公共外科医生，治疗了很多病人，深得澳门居民拥戴
[illegible]	亚历山德勒·格内罗 Alexandre José Guerreiro	葡	1781—1783	公共外科医生，通过了解剖、放血和外科手术的考试，曾为澳门总督李露验尸，格内罗医生对法官进行宣誓后对实体进行检查。检查证明，总督死于慢性疾病和老年衰竭，而非任何其他疾病，也不是中毒身亡③

① ［葡］[illegible]著，小雨译：《澳门编年史：16—18世纪》，澳门：澳门基金会，1995年，第150页

② Manuel Teix[illegible] *no Séc. XVIII*, Macau: Imprensa Nacional, 1984, p. 552.

③ *Arquivos de Mac*[illegible] Vol. XXV, No. 1, Macau, 1971, p. 34.

（续上表）

序号	医生姓名	国籍	服务时间	备注
17	曼努埃尔·戈维亚 Manuel Francisco Gouveia	葡	1784—1786	外科医生，医术精良，年薪400两
18	曼努埃尔·贡萨尔维斯 Manuel António Gonçalves	葡	1788—1801	外科医生，医术精良，精通解剖学，外科和静脉切开放血术，不仅在1788年瘟疫流行时拯救澳门居民，而且在接下来十余年的医疗救治服务中都表现良好，在澳工作期间深得居民的拥戴；1798年，成为军人诊所的第一位医生；年薪400两；出任政府医生长达11年
19	曼努埃尔·雷戈 Manuel Martins do Rego	葡	1796—1807	1791年已经在澳门服务，1796年担任助理外科医生，1801年成为议事会医生兼军人医院医生，由于没有葡萄牙正式的外科医生执照，他的地位未获承认，但由于他为澳门市民医疗服务12年，得到了市民的认可，成为澳门居民，甚至被选中成为议事会议员①，年薪400两
20	多明戈斯·戈麦斯 Domingos José Gomes	葡	1808—1816	1803年到澳门，1808年被授予上校军衔，同时担任政府医生，1812年又担任摄政王炮兵营首席外科医生，其任内最大的成就就是1806年在澳门推广天花疫苗牛痘的种植，这是中国第一次预防天花的种痘计划，几乎与欧洲推广种痘预防天花的医疗计划的时间同步②

① *Arquivos de Macau*, 3ª Série, Vol. XII, No. 1, Macau, 1969, p. 26. 雷戈医生成为市政议员后曾经处理过仁慈堂的债务问题，具体可见 Manuel Teixeira, *Os Ouvidores em Macau*, Macau: Imprensa Nacional, 1976, p. 130.

② José Caetano Soares, *Macau e a Assistência*, *Panorama Médico-Social*, Lisboa: Agência Geral das Colonias, 1950, pp. 93 - 94.

（续上表）

序号	医生姓名	国籍	服务时间	备注
21	阿尔梅达·席尔瓦 Almeida Carvalhoe Silva	葡	1810—?	澳门政府医生，在澳门结婚，在新加坡居住了25年
22	多明戈斯·巴拉利尼 Domingos Balharini	法	1816—1817	毕业于意大利都灵大学，曾经在巴西伯南布哥州工作，在任职期间主要负责军人医院的工作，年薪250两
23	若泽·特雷斯 José Severo da Silva Teles	葡	1817—1846	1796年出生于里斯本，1816年来澳门，1817年与雷戈医生的女儿安娜（Ana Joaquina do Rego）结婚，并担任政府医生，年薪400两，同时兼任摄政王炮兵营医生和圣拉法尔医院的医生，1846年任军人医院院长，同年被解聘，1849年接替努内斯担任卫生局局长，① 1851年担任澳门政府卫生委员会委员，为澳门医疗服务长达28年
24	安东尼奥·赛阿布拉 António de Seabra	葡	1819—1848	1819年来澳门，曾任官印局局长，② 圣拉法尔医院医生，1840年曾经担任仁慈堂主席，曾经为修建圣拉法尔医院在澳门社会征集存款超过3 000帕塔卡，为澳门医疗服务长达29年
25	安东尼奥·阿尔梅达 António Severino Vidigal de Almeida	葡	1825—1835	澳门送到果阿培养的本地医生，1824年毕业于科英布拉大学，回来澳门后就任医生，口碑很好，1830年被聘为政府医生，年薪500两，在澳门医疗服务11年
26	恩里克·菲盖雷德 Henrique Caetano Vítor de Figueiredo	葡	1831—1850	曾经担任过放血师和医生助手，在果阿皇家医院学习医学，然后获得医疗执照的，曾为包也总督开出一份医疗证明，证明其患有风湿性关节炎和偏瘫而不能继续工作

① *Arquivos de Macau*, 3ª Série, Vol. Ⅷ, No. 5, Macau, 1967, pp. 288－289.

② ［葡］文德泉著，田晓燕译：《澳门报刊业的起源》，载《文化杂志》（中文版）第11—12期，1993年，第22页。

（续上表）

序号	医生姓名	国籍	服务时间	备注
27	若泽・马亚 José António Maia	葡	1837—1842	毕业于海军外科学校，1837 年来澳门，与议事会签订了 9 年的政府医生的合约，但到 1842 年时他去果阿任职而中断了合约，年薪 1 000 两
28	弗朗西斯科・达・克鲁兹 Francisco Ignácio da Cruz	葡	1837	政府医生，1837 年澳门政府成立卫生委员会，担任卫生委员会副主席，提出控制性病泛滥的措施①
29	费利佩・弗雷塔斯 Filipe José de Freitas	葡	1839—1847	政府医生，1821 年来到澳门，1829 年成为药剂师，并在澳门开设药房，1835 年成为政府医生的助手，1839 年担任政府医生，并签了 9 年的合约，但他在 1847 年去世，年薪 500 两
30	雷奥卡迪奥・科斯塔 Leocádio Justino da Costa	葡	1840—1850	政府医生，卫生委员会委员。1819 年出生在澳门，1841 年从果阿医学院毕业，回到澳门开始行医；1851 年成为澳门卫生委员会委员；② 1870 年 7 月 29 日，科斯塔在澳门过世，为澳门医疗服务长达 11 年
31	阿德里诺・梅洛 Adelino António das Neves e Melo	葡	1842—1844	1842 年被聘为政府医生，1844 年被解聘，原因不明，年薪 400 两
32	爱德阿尔多・雷诺 Eduardo Regnoul	葡	1845	曾经担任摄政王炮兵营医生，1845 年担任澳门政府主治外科医生，不到一年即离开澳门，前往欧洲

① ［葡］伊莎贝尔・努内斯著，晓湖译：《舞女和歌女：澳门妓业面面观》，载《文化杂志》（中文版）第 15—16 期，1993 年，第 51 页。

② Manuel Teixeira, *A Medicina em Macau*, Vol. Ⅲ, Macau: Imprensa Nacional, 1975 – 1976, p. 176.

(续上表)

序号	医生姓名	国籍	服务时间	备注
33	努内斯 Marciano António Pereira Nunes	葡	1845—1849	印度果阿领主西普里亚诺·努内斯（Cipriano Silverio Rodrigues Nunes）的儿子，拥有本科学历，1844 年时担任首任澳门卫生局局长，次年出任政府医生，1849 年在去印度途中去世①
34	若阿金·特雷斯 Joaquim Cândido da Silva Teles	葡	1846—1850	若泽·特雷斯的儿子，在果阿获得了行医证书，1842 年担任炮兵营助理医生，1846—1850 年担任政府医生，1857 年担任炮兵营高级医生助理
35	维森特·皮特 Vicente Salatwichy Piter	葡	1849—1850	出生于印度果阿，曾经在果阿皇家医院学习医学，1839 年获得行医证书；1849 年回到澳门，被任命为政府医生，1851 年担任澳门政府卫生委员会委员，1865 年又被任命为炮兵营外科医生助手；② 为澳门医疗服务 12 年
36	安东尼奥·克雷斯波 António Luís Pereira Crespo	葡	1852—1860	澳门政府主治医生，1860 年返回葡萄牙
37	贝尔纳多·罗萨 Bernardo Maria das Neves Araújo Rosa	葡	1858—1892	1827 年出生于澳门，1857 年毕业于果阿医科学校，后担任医疗助理，1871 年担任炮兵营外科医生
38	卢西奥·席尔瓦 Lúcio Augusto da Silva	葡	1860—1884	出生于果阿，1841—1851 年在里斯本学习医学，后又在布鲁塞尔大学攻读博士学位，1860 年返回澳门后被任命为政府主治医生，担任澳门卫生局局长
39	特奥多罗·阿布雷乌 Teodoro da Abreu	葡	1862—1870	1862 年后担任澳门政府医生

① José Caetano Soares, *Macau e a Assistência, Panorama Médico-Social*, Lisboa: Agência Geral das Colonias, 1950, p. 158.

② Manuel Teixeira, *A Medicina em Macau*, Vol. Ⅲ, Macau: Imprensa Nacional, 1975 - 1976, pp. 174 - 175.

（续上表）

序号	医生姓名	国籍	服务时间	备注
40	雅克·阿尔瓦雷斯 João Jacques Floriano Álvares	葡	1865—1885	毕业于果阿医科学校，1865 年被任命为炮兵营外科医生助手，1872 年升任为主治外科医生，并进入澳门卫生局工作，1885 年在澳门去世
41	努内斯·德·欧利维拉 Guilherme Nunes de Oliveira	葡	1870—1871	出生于果阿帕纳吉，1868 年毕业于果阿医科学校，1870 年被任命为澳门卫生局二级医生，1871 年返回果阿
42	弗朗西斯科·马加良斯 Francisco da Silva Magalhães	葡	1870—1884	毕业于科英布拉大学，澳门卫生局二级医生，第一位在澳门手术中使用氯仿麻醉病人
43	弗朗西斯科·卡瓦略 Francisco Bernardino Carvalho	葡	1873—1881	1873 年被任命为澳门卫生局二级医生，1881 年升任为澳门卫生局一级医生，还曾在圣若瑟神学院担任教师，教授生理科
44	若泽·玛利亚·卡莱雅 José Maria Calleia	葡	1874—1877	1874 年被任命为澳门卫生局二级医生，还曾在圣若瑟学院担任教师，教授物理、中文
45	佩达德·伊·科斯塔 Santana da Piedade e Costa	葡	1877—1879	出生于果阿，毕业于果阿医科学校，1877 年被任命为澳门卫生局二级医生，1879 年免除二级医生职位
46	路易斯·弗朗哥 Luís Lourenço Franco	葡	1878—1895	1849 年生于澳门，1878 年毕业于果阿医科学校，并进入澳门卫生局担任助理医生，后到帝汶服务，1888 年升任炮兵营医生
47	贝拉米诺·洛博 Belarmino Lobo	葡	1879—1914	出生于果阿，毕业于印度孟买大学，1879 年 8 月 21 日被任命为澳门帝汶二级医生，长期在帝汶工作，1914 年在帝汶去世

（续上表）

序号	医生姓名	国籍	服务时间	备注
48	高斯华 José Gomes da Silva	葡	1881—1904	1853 年出生于波尔图，1875 年毕业于波尔图外科医生学校，1881 年担任澳门卫生局二级医生，1885 年担任一级医生，并任卫生局局长
49	安东尼奥·罗萨 António Augusto da Rocha	葡	1884—1890	1884 年被任命为澳门卫生局二级医生，1886 年升任为一级医生，前往帝汶服务，1890 年调往葡印果阿卫生局
50	奥古斯托·莱蒙斯 Augusto Pereira Tovar de Lemos	葡	1885—1888	原为莫桑比克卫生局局长，1885 年接替卢西奥·席尔瓦担任临时澳门卫生局局长，并担任卫生局一级医生和炮兵营医生，1888 年返回葡萄牙
51	欧热尼奥·阿尔瓦雷斯 Eugénio Marciano Álvares	葡	1885—1893	毕业于印度孟买，曾在英国留学。1885 年被任命为澳门警察局医疗助手，后升任主治医生，并担任澳门卫生委员会成员，1893 年进入军人医院服务
52	科斯塔·卡瓦略 António da Costa Carvalho	葡	1888—1911	1888 年担任澳门卫生局二级医生和海军医生，1889 年升任为一级医生，主要在澳门工作，部分时间在帝汶
53	皮涅伊罗·阿尔梅达 Pinheiro de Almeida	葡	1890—1905	1890 年出任澳门卫生局二级医生，1898 年担任一级海军医生，1904 年接任澳门卫生局局长
54	贡萨尔维斯·佩雷拉 António José Gonçalves	葡	1890—?	毕业于波尔图医科学校，1890 年担任二级海军医生，1900 年升任一级海军医生
55	奥古斯托·卡瓦略 Henrique Augusto Homen de Carvalho	葡	1895—?	澳门土生葡人，1895 年为澳门卫生局一级医生，是科斯塔·卡瓦略之孙

（续上表）

序号	医生姓名	国籍	服务时间	备注
56	巴尔博扎·凯洛斯 Alerto Barbosa de Queiroz	葡	1895	1895 年担任澳门卫生局二级医生，不久调往安哥拉卫生局工作
57	拉米罗·格拉 Ramiro Máximo Guerra	葡	1897—1898	1897 年担任澳门卫生局一级医生，1898 年前往葡萄牙工作
58	弗朗西斯科·帕拉 Francisco Inácio Parra	葡	1897—?	毕业于波尔图医科学校，1897 年担任澳门卫生局二级医生，1900 年担任一级医生

综合上表提供的资料，可以看出，从 1723 年起，澳门政府聘任医生的制度正式执行，到 1900 年止，先后有 58 位医生在澳门政府任职，这些医生是由澳门政府出资聘请的为澳门社会服务的专业人员。按照规定，这些“政府医生”需要为澳门的公务员及其家人、天主教人员、贫民医院病人服务，有的还身兼制药师、放血师之职，并到广州等地采购药物原料。

据上表的统计，我们还可以看出，从 1723—1746 年，23 年间政府共聘用医生 3 人，期间有多年空窗期，无“政府医生”；从 1746 年开始，澳门“政府医生”的聘用除了个别年份出现空白以外，基本上保持了聘任时间的连续性，还出现同一时间同时聘用两个以上的医生。其中医生的职位也开始多样化，出现了政府医生助理、主治医师、炮兵营医生等职位。据上表统计数据，还可以看出“政府医生”的聘用时间并无一定的规限，有的任期最长达 30 余年，而有的聘期则在 1 ~ 2 年，但是大部分人的聘任期多在 3 ~ 5 年。

除了“政府医生”，澳门政府还曾经聘请过专门的放血师，但是，相较于合同医生，放血师的酬劳就少得可怜了。1795 年 5 月 30 日，葡萄牙人若泽·弗朗西斯科（José Francisco）与议事会签订合约，为公务员及其家人、士兵放血，每个月只有 3 两的补贴，合约签到第二年的 6 月。第二年的 6 月，这位放血师就放弃续约，离开了澳门。[①] 第二年，议事会为冈萨维斯医生助手雷戈医生向葡印总督申请“政府医生”一职的时候，葡印总督认为，澳门没有外科医生助手的岗位，但是可以给予他放血师的岗

---

① Peregrino da Costa, *Medicina Portuguesa no Extremo-Oriente Sião, Molucas, Japão, Cochinchina, Pequim, Macau, Séculos XVI a XX*, Bastorá: Tipografia Rangel, 1948, p. 150.

位，薪酬为每年37两。但是，雷戈医生拒绝了这一岗位。从薪酬上，就可以看到放血师在18世纪的地位已经衰落，但是放血疗法依然被人相信，还是会被使用的。1797年5月12日，葡印总督推荐了费力西亚诺·罗德里哥（Feliciano José Rodrigues）来担任澳门公立放血师。议事会同意以每年150两聘用他，他必须治疗公务员及其家属、方济各会的神职人员、军人医院的病人以及这个城市有需要的穷人，这些人是不需要支付任何费用的；对于城市市民可以在允许范围内收取一点费用。① 关于聘请放血师的资料并不多，可以推测，议事会并没有专门设定放血师的岗位，只是在经济允许的情况下，将其作为主治医师的助理，但有些时候聘任政府医生时就规定他兼任放血师。可见，虽然放血疗法在当时还是通行的，但是从薪酬仍能看到对这种疗法的认可程度并不高。

总而言之，“政府医生”是澳门政府介入公共医疗事业政策的体现，可将其作为一种执行政府医疗事业政策的制度。这种制度受到澳门经济、世界科学发展及果阿行政管理等多方面因素的影响，呈现出医生数量逐步增加、服务时间逐步延长的特点，从数量和质量上都反映出了澳门医疗事业的发展。因此，“政府医生”制度的产生是澳门医疗近代化起步的标志，它推动了澳门医疗脱离对天主教的依靠，并走向社会公共事业的步伐。值得注意的是，“政府医生”制度在葡萄牙其他殖民地并没有类似的举措，也可视为澳门政府根据实际情况，为改变澳门的医疗状况而制定的特殊制度。

澳门军队的驻军医生何时设立，没有文献的明确记录，我们找到的第一份记录澳门有驻军医生的文献在1845年11月13日澳门炮兵营的建立，其中提到该营设有1名外科医生。② 但是根据1871年4月3日的《澳门政府宪报》公布的1707—1835年历次国王敕令中有关军人的薪俸，其中军医的薪俸为：

表7-3 1707—1835年历次国王敕令中的澳门军医的薪俸（单位：厘士）③

职位	1707/11/15 敕令	1790/12/16 敕令	1804/9/13 敕令	1835/4/27 敕令
外科医生	72 000	240 000	288 000	
外科医生助理		180 000		264 000

这一份薪俸表是若奥五世登基后为了改善军队状况，于1707年11月15日颁布的新的军规。按照当时新的军规，在葡萄牙军队的团一级建制中必须设立外科医生1名，④ 到1790年的法令团一级建制中又增加了外科医生助理。根据上述资料可以告诉

① Manuel Teixeira, *A Medicina em Macau*, Vol. Ⅲ, Macau: Imprensa Nacional, 1975 - 1976, p. 95.

② Manuel A. Ribeiro Rodrigues, *400 Anos de Organização e Uniformes Militares em Macau*, Macau: Insitituto Cultural de Macau, 1999, p. 236.

③ *Boletim da Provincia de Macau e Timor*, Vol. XⅦ, 3 de Abril de 1871, No. 14, p. 57.

④ Manuel A. Ribeiro Rodrigues, *400 Anos de Organização e Uniformes Militares em Macau*, Macau: Insitituto Cultural de Macau, 1999, pp. 189 - 191.

我们几点：第一，在澳门军队中正式设立外科医生制度应该始于1707年或者更前，它设立的时间比政府医生还早。第二，最开始设立军队外科医生时薪俸并不高，仅为72 000厘士，合180帕塔卡。但到1790年后，将军队外科医生薪俸大幅提高了3倍多，为240 000厘士，合600帕塔卡，比聘请的第一位政府医生范德尔蒙特的500帕塔卡还要高。到1840年时，甚至升到288 000厘士，合700多帕塔卡。可以说明，随着澳门军人医院的建立，军队中的医疗问题成为澳门政府面临的重要问题，所以，不得不大幅提高军队医生的薪俸。第三，1707年时，澳门军队只设立外科医生一职，而到1790年时则加设了外科医生助理一职，而且薪俸不低，1790年为180 000厘士，合450帕塔卡，1835年为264 000厘士，合660帕塔卡。这更说明澳门军队医疗问题严重，需要增加技术力量，故此得到特别的重视。但由于资料的缺略，关于澳门军队医生的记录并不全备，下面是我们找到的有关澳门军队外科医生的相关资料：

（1）多明戈斯 ·戈麦斯，1808年被授予上校军衔，1812年担任摄政王炮兵营首席外科医生。①

（2）若泽·特雷斯，1817年任摄政王炮兵营医生和圣拉法尔医院的医生，1846年任军人医院院长。②

（3）若阿金·特雷斯，1842年担任炮兵营助理医生，1857年任炮兵营高级医生助理。③

（4）爱德阿尔多·雷诺，1845年前任摄政王炮兵营医生。④

（5）贝尔纳多·罗萨，1871年担任炮兵营外科医生。⑤

（6）维森特·皮特 ，1865年被任命为炮兵营外科医生助手。⑥

（7）雅克·阿尔瓦雷斯，1865年被任命为炮兵营外科医生助手。⑦

（8）奥古斯托·莱蒙斯，1885年担任炮兵营医生。⑧

（9）欧热尼奥·阿尔瓦雷斯，1885年被任命为澳门警察局医疗助手。⑨

（10）路易斯·弗朗哥，1888年担任炮兵营医生。⑩

---

① Manuel Teixeira, *A Medicina em Macau*, Vol. Ⅲ, Macau: Imprensa Nacional, 1975 – 1976, p. 114.

② *Arquivos de Macau*, 3ª Série, Vol. Ⅷ, No. 6, Macau, 1967, p. 291; Manuel Teixeira, *A Medicina em Macau*, Vol. Ⅲ, Macau: Imprensa Nacional, 1975 – 1976, p. 124.

③ Manuel Teixeira, *A Medicina em Macau*, Vol. Ⅲ, Macau: Imprensa Nacional, 1975 – 1976, p. 128.

④ Manuel Teixeira, *A Medicina em Macau*, Vol. Ⅲ, Macau: Imprensa Nacional, 1975 – 1976, p. 169.

⑤ Manuel Teixeira, *A Medicina em Macau*, Vol. Ⅲ, Macau: Imprensa Nacional, 1975 – 1976, p. 181.

⑥ *O Boletim do Governo de Macao*, Vol. Ⅺ, 3 de Julho de 1865, No. 27, p. 108.

⑦ Manuel Teixeira, *A Medicina em Macau*, Vol. Ⅲ, Macau: Imprensa Nacional, 1975 – 1976, p. 199.

⑧ Manuel Teixeira, *A Medicina em Macau*, Vol. Ⅲ, Macau: Imprensa Nacional, 1975 – 1976, p. 214.

⑨ Manuel Teixeira, *A Medicina em Macau*, Vol. Ⅲ, Macau: Imprensa Nacional, 1975 – 1976, p. 200.

⑩ Manuel Teixeira, *A Medicina em Macau*, Vol. Ⅲ, Macau: Imprensa Nacional, 1975 – 1976, p. 210.

（11）科斯塔·卡瓦略，1888 年担任澳门海军医生。①

（12）皮涅伊罗·阿尔梅达，1898 年担任一级海军医生。②

（13）贡萨尔维斯·佩雷拉，1890 年担任二级海军医生，1900 年升任一级海军医生。③

据此，我们可以得知，到 18 世纪以后，澳门社会的公共医疗系统出现了两套班子，一套为政府系统班子，一套为军队系统班子，但在某些特殊的时候，很可能两套班子合二为一，共同为澳门社会的医疗服务。

四、公共医疗时期出现的澳门药房

澳门公共药房出现的时间很早，在 1644 年的澳门档案中已经出现了公共药房的记录：“奉议事会之命，支付给若昂·罗伊斯（Joaõ Roiz）的药房 5 个月的租金 5 比索。”④ 关于这个若昂·罗伊斯药房，我们在文献中看不到它为澳门社会服务的任何记录，估计这个药房出现以后在澳门亦未产生多大的影响。1762 年，由于耶稣会的解散，澳门圣保禄学院被关闭，属于学院的药房同时被关闭。方济各会诊所及药房虽然有著名的安伯老医生主持，并一直在澳门社会发挥重要作用，但是由于方济各会在乾隆禁教以后已经开始准备放弃其在中国的传教，安伯老本身就是最后一位入华的方济各会会士。所以在这种政策的指导下，方济各会菲律宾总部对澳门方济各会诊所和药房不再予以关注和支持，再加上安伯老医生长年积劳成疾、体弱多病，所以到了 17 世纪 70 年代后，方济各会诊所和药房发挥的作用也日渐式微。施白蒂称：“耶稣会会士原来在圣保禄学院内有一个较好的药房，但是现在圣方济各修道院内由安伯老修士负责的药房则‘徒具其名’。”⑤ 澳门的药房也亟待新兴力量的加入。在此过程中，澳门居民看病买药并不容易。“但是大部分的澳门居民都在中草药店购买药品。当时从果阿购买药品困难重重。这 20 年期间，人们只能偶尔从葡萄牙或其他外国国际的私人医生处获得在欧洲订购的西药，此外只能利用中草药。”⑥ 随着澳门社会公共医疗的出现与发展，一种不同于慈善医疗的新型的、与公共医疗同步发展的药房开始出现。

---

① Manuel Teixeira, *A Medicina em Macau*, Vol. Ⅲ, Macau: Imprensa Nacional, 1975 - 1976, p. 257.

② Manuel Teixeira, *A Medicina em Macau*, Vol. Ⅲ, Macau: Imprensa Nacional, 1975 - 1976, p. 264.

③ Manuel Teixeira, *A Medicina em Macau*, Vol. Ⅲ, Macau: Imprensa Nacional, 1975 - 1976, p. 308.

④ *Arquivos de Macau*, 3ª Série, Vol. Ⅱ, No. 6, Macau, 1930, p. 309.

⑤ ［葡］施白蒂著，小雨译：《澳门编年史：16—18 世纪》，澳门：澳门基金会，1995 年，第 180 页。

⑥ ［葡］阿马罗：《澳门医学：名医、药房、流行病及医务治疗》，载吴志良、金国平、汤开建主编：《澳门史新编》第 3 册，澳门：澳门基金会，2008 年，第 1003 页。

（一）桑托斯药房

1773 年，澳门仁慈堂希望议事会向葡印总督申请资助建设一个公立药房，最终澳门总督沙丹耶向仁慈堂转达葡印总督卡马拉的命令，“关于建立药房的事情，要求澳门议事会自行解决”①。第一次求助就彻底失败了。1783 年，澳门总督、仁慈堂主席贾士度致函议事会，要求通过他们在里斯本代理人的影响下为澳门建立一个药房。澳门议事会第一时间向葡印总督梅内塞斯提出帮助建立一个药房的要求：

> 澳门现在亟需一个药房，用于病人的治疗。圣方济各会药房因为缺乏圣方济各会安伯老修士和他提供的药物就形同虚设了。②

他还要求派遣一位具备技术能力的药剂师过来管理，以便有需要的居民可以购买药品，仁慈堂甚至可以出资承担穷困病人的药房。果阿总督最终拒绝了议事会关于建设药房的第二次请求，他还建议由仁慈堂先负担药房费用，这样就可以从中获利。1789 年“来自果阿政府的关于最好在澳门有一个药房的信函”称：

> 根据去年 12 月 29 日收到的信函，议事会告知已派代表去里斯本，希望能为澳门配置一个完备的药房。该方的外科医生及其他有识人士都认为药房和药品对于本国的普通病症是非常有必要的。请求我派一名药剂师，以及配备一个完整的药房，以备部队人员及其他有需要的人们生病时所需。由王室财政出资在该市设一个药房对于王室财政是不方便的，而且让个人去承担和管理是非常困难的。因此该议事会应在总督及王室大法官的协助下，做出一切可能的努力，以期能够找到一个希望借此盈利的特别的人或者公司，让他们去提供一个配有最有必要的药品的药房。天佑吾王。1789 年 4 月 8 日，果阿。弗朗西斯科·达·库尼亚·梅内塞斯致澳门市议事会。③

综上可知，1788 年，澳门议事会除了请求果阿的帮助，还派遣代表前往里斯本，希望里斯本可以帮助澳门配备一个完备的药房。经过多次协商，最终在澳门建设了两个药房，一个属于议事会，一个属于仁慈堂。但是此后不久，议事会将其药房卖给仁慈堂，两个药房遂合并成一个。在建设药房的同时，里斯本还派来了一位药剂师桑托斯（Joaquim José dos Santos），自此澳门结束了没有西式药房和药剂师的日子。桑托斯药剂师担任仁慈堂药房的技术主管，他于 1790 年 12 月到达澳门，一来就担负起了澳门西式药房的工作。此后不久，他花费了 4 000 帕塔卡将这所药房收购，使它成为市场经济下的澳门第一个私人药房。桑托斯药剂师亦成为垄断澳门医药行业的唯一医师。他在澳门与一位本地姑娘玛利亚·佩雷拉（Maria do Rosário Pereira）结婚，生了八个子女。桑

---

① Manuel Teixeira, *A Medicina em Macau*, Vol. Ⅰ, Macau: Imprensa Nacional, 1975 – 1976, p. 11.

② Manuel Teixeira, *A Medicina em Macau*, Vol. Ⅲ, Macau: Imprensa Nacional, 1975 – 1976, pp. 91 – 92.

③ *Arquivos de Macau*, 3ª Série, Vol. Ⅱ, No. 3, Macau, 1969, p. 37.

托斯医生希望利用自己的专业能够在澳门扎根，在开始的十多年内，由于澳葡政府的支持，他的药房生意很好。

尽管澳门拥有了药房和药剂师，但是澳门的经济困境一直制约着澳门医药业的发展。1792 年 4 月，葡印总督致信澳门，对仁慈堂把治疗军人的药房中三分之一的药品售卖用来捐税表示反感。1811 年 3 月 21 日，王室大法官眉额带历向果阿的主治医生发函，要求加派医疗技术人员过来提高澳门的医疗水平，他认为现有的药剂师桑托斯为人聪明，但是在使用药物方面不够专业，显得犹豫不决。另外，他要求果阿主治医生授予桑托斯药剂师制作火药特许证，允许他协助制作火药，此火药是用来对付华人海盗。[①] 可知，当时的药房还有制作火药的功能。到 1823 年年底，由于新的竞争者出现，桑托斯药房结业。

（二）弗雷塔斯药房

1823 年，药剂师弗雷塔斯（Filipe José de Freitas）来到澳门，以他的名字命名的药房正式开业，从此结束了桑托斯药房的垄断地位。弗雷塔斯药房为仁慈堂提供药物，并且提供 30% 的折扣。不仅如此，他还建议向军人医院（军库房）提供药物，比同时的桑托斯药房价格便宜 40% 。桑托斯药房顶不住这样的竞争，被迫结业。桑托斯于 1824 年 12 月 6 日在《中国之蜂》刊登售屋广告："市民桑托斯对外出售其房屋'绿窗'（Janelas Verdes）的所有权，这也是他的实验室。"桑托斯写信给仁慈堂：

> 我决定带着我的家人去马尼拉，一方面休养身体，另一方面可以做一些自己感兴趣的事情，我已经在《中国之蜂》登广告售卖我的药房，到目前为止还没有人有意向购买。[②]

桑托斯在这封信中还指责对手弗雷塔斯并没有正规的从医学历。桑托斯的房子一直无人购买，到了 1827 年 1 月，澳门议事会希望将这所房子给无合适住所的新来的法官居住，就向桑托斯致函，准备征用他的房子，但是遭到他的拒绝。这件事也让桑托斯与澳门政府之间的矛盾加深。桑托斯最终离开了澳门。[③]

但是桑托斯并不甘心，他提出，弗雷塔斯并没有葡萄牙国王授予的正式药剂师证书。弗雷塔斯药剂师不得不前往果阿参加药剂师资格考试。1829 年 7 月 9 日，根据葡萄牙皇家主治医生的档案记载，弗雷塔斯通过了药剂师的资格考试，正式成为药剂师。弗雷塔斯得到证书后不久，就向葡萄牙皇家医生申请确认议事会药剂师的官方认可地位，获得批准。1833 年，弗雷塔斯前往里斯本进修深造，他将药房给其子托马斯・若泽・弗雷塔斯（Tomás José de Freitas）继承。1835 年 9 月 30 日，议事会聘请弗雷塔斯为"政府

① Manuel Teixeira, *A Medicina em Macau*, Vol. Ⅰ, Macau: Imprensa Nacional, 1975 - 1976, pp. 15 - 16.
② *A Abelha da China*, No. XIX, 06/12/1823, Macau: University of Macau, 1994, p. 282.
③ Manuel Teixeira, *A Medicina em Macau*, Vol. Ⅰ, Macau: Imprensa Nacional, 1975 - 1976, p. 12.

医生”特雷斯医生的助手。会上还同意，将给予弗雷塔斯医生200两奖金，作为他辛勤加班的费用。可见弗雷塔斯医生为澳门的医疗事业付出很多。[①] 1839年，弗雷塔斯被聘为“政府医生”。这一方面可以反映弗雷塔斯在医学技术上的进步，另一方面也可以反映澳门的药房不仅具有提供药品的功能，而且要承担为澳门社会的病患者治病救人的责任。

根据记载，直到1849年，弗雷塔斯药房还一直在营业，仁慈堂和军人医院还享受着这样的用药折扣。1847年6月12日，《澳门宪报》登载了一条关于弗雷塔斯药房的训令：

> 澳门大药房安娜（Ana Faustina dos Santos Freitas）太太请求贷款以保持药房的继续营业，这是她已故的先生弗雷塔斯留下的，并且在外科医生若瑟·施利华（José da Silva）的指导下已经为澳门服务了11年。鉴于澳门的公共资源一直缺乏，这个药房作为现存的公共服务必须予以保护。特别是这样优秀的服务，与澳门的主治外科医生在澳门社会所起到的作用是一样的。现政府决定可以为你提供贷款，希望你能更好地担负起药剂师的职责，尽管你没有执医证书，但是你具备丰富的行医经验，因此，批准你贷款，请你保持药房的开放，为公众提供药物，直到这一年结束。外科医生的指导也是不可缺少的。这一年结束以后如果不能找到合适的管理者，药房就可能要被关闭。[②]

根据记录，这个药房最终被他的儿子托马斯·若泽·弗雷塔斯继承下来。小弗雷塔斯从里斯本医学外科学校毕业，获得文凭，子承父业，继续在澳门经营药房。1879年，弗雷塔斯药房在澳门仍然存在，名为“澳门大药房”（Pharmacia Macaense）[③]，位于南湾大街77号，房屋业主是巴洛佐（António Bernardino Barroso）[④] 神父；药房内除了小弗雷塔斯药师，还有一位助手特菲罗·蒙泰罗（Theophilo Monteiro），为澳门提供医疗服务，成为澳门不可或缺的公共药物部门。

桑托斯药房和弗雷塔斯药房是完全没有天主教背景而在市场条件下运营的医疗机构。这两个药房从广东和果阿进口药物原料，通过药剂师在药房进行制作再向居民售卖，也向官方机构，包括贫民医院、军人医院提供药物。最有意思的是，原来澳门只有唯一一个药房——桑托斯药房，它在澳门经营了超过20年，却最后在与弗雷塔斯药房的对政府供应药物的“价格竞争”中败下阵来，举家迁离澳门，这也说明了政府用药在药品市场所占比例之重。弗雷塔斯药房由老弗雷塔斯创建，但是作为澳门第二代土生葡人，小弗雷塔斯将其继承下来继续经营，在澳门一直运营。这也说明了在19世纪澳门已经拥有了澳门本土的医疗势力。当然，医药市场并没有完全为小弗雷塔斯垄

---

① Manuel Teixeira, *A Medicina em Macau*, Vol. Ⅲ, Macau: Imprensa Nacional, 1975 – 1976, p. 137.

② *Boletim do Governo da Província de Macau, Timor e Solor*, Vol. Ⅱ, 12 de Junho de 1847, No. 22, p. 85.

③ *Directorio de Macau Para o Anno de 1879*, Macau: Typographia Mercantil, 1879, p. 29.

④ 这位巴洛佐神父是圣若瑟神学院的老师，负责教授神学和理性哲学。Manuel Teixeira, *Macau e a Sua Diocese, Vol. Ⅷ, Padres da Diocese de Macau*, Macau: Tipografia da Missão do Padroado, 1972, p. 73.

断。1868 年的资料显示，澳门还有一个你为士药房（Pharmacia Lisbonense），店铺设在南湾大街55 号，房屋业主是内维斯·苏萨（Joaquim das Neves e Sousa），药剂师是若泽·塞维里·特雷斯（José Severo da Silva Telles）。[①] 从向葡印果阿多次申请协助被拒绝，直至18 世纪末期才在多方斡旋下摆脱困境，澳门的药物供应市场完全开放，也在市场经济的作用下有了一定的发展，成为澳门医疗近代化的重要步骤。

第三节 基督新教医学传教及澳门医疗近代化

基督新教传入澳门的时间是在 19 世纪初，而进入澳门的第一位传教士则是英格兰人马礼逊。马礼逊不是一位医学传教士，他想成为医学传教士的请求曾遭到教会的明确拒绝。[②] 但是，马礼逊无疑是第一位利用医学接近中国人的新教传教士。从 1807 年马礼逊到澳门开始，直至 1843 年伯驾（Peter Parker）等人创办的澳门医院关闭，在此 30 余年间，新教传教士先后在澳门设立了 4 家西式医疗机构，带来了当时世界上最为先进的英美医疗技术和医学思想。这些都在澳门医疗史上产生了重大的作用与影响，而且推动了 19 世纪中后期澳门医疗的近代化。

一、航行于澳门、广州的西洋船医和商馆医生

17 世纪初，英国与荷兰东印度公司相继成立，成为代表国家在全球进行贸易的官方代表。它们两者与葡萄牙之间为夺取东方的贸易权而产生激烈斗争。直至 1635 年，英国东印度公司与葡印总督利尼亚雷斯（Conde de Linhares）伯爵达成了休战协议，英国东印度公司因而获得了出入澳门的权利。[③] 自此，英国东印度公司每年都有一艘或多艘商船来华贸易，成为中国最大的欧洲贸易伙伴，也成为入居澳门的主力军。在英葡达成协议的第一年（1635），就有一艘英国商船“伦敦（Londres）号”来到澳门港口，我们有理由相信这艘船上配有随船医生，可视为英国随船医生入澳伊始。根据苏精教授研究，一开始英国东印度公司的随船医生入职并没有什么门槛，“很多不同国籍的船

① *Directorio de Macau Para o Anno de 1879*, Macau: Typographia Mercantil, 1879, p. 29.
② 谭树林：《马礼逊和中西文化交流》，杭州：中国美术学院出版社，2004 年，第 154 页。
③ 刘鉴唐、张力编：《中英关系系年要录：13 世纪—1760》第 1 卷，成都：四川社会科学院出版社，1989 年，第 110 ~ 111 页。

医经由各种奇怪的途径进入公司服务”[1]。因为随船医生可以参与贸易，并且有分红，因此从 18 世纪后期开始，公司要求拥有“皇家医生协会（Royal College of Surgeons）”的医生应持职业证书，并通过东印度公司的考试，以医生助手身份在商船上进行一次航行实习后才能正式担任随船医生，[2] 以此避免一些人以“医疗”为名义滥竽充数。早期来华的船医通常只能在贸易期间逗留在广州或者澳门。每年都会调整随船航线，这导致医生的流动性很大，不利于工作。直至 1770 年年初，东印度公司提出改革方案，即来华人员从每年更迭轮调改为常驻，这样的调整也包括随船医生。于是，随船医生成为商馆医生，长期的逗留加深了随船医生与澳门社会的联系。

法国东印度公司随船医生进入广州、澳门的最早记录是在 1715 年，当时已经来到广州的伯勒格尔（Beauregard）与方济各会安哆呢医生合作治病，成功地为王雄善神父解除了病痛。[3] 他于 1719 年正式成为广州商馆医生，同时当亦进入澳门。从 1725 年开始，法国广州商馆医生即常驻澳门，比英国人要早很多年。荷兰东印度公司的随船医生来澳门的时间也比较早，大概在 18 世纪中后期就在澳门设立商馆医生，第一位医生为海格・穆尔（Hugh Moor）。英国东印度公司医生常驻澳门应该是在 1760 年住冬政策颁布之后，第一位进驻澳门的商馆医生应为威廉・戈登（William Gordon）。据乾隆五十九年（1794）中文档案记载：

> 现据澳夷故遮喷嗦投称：夷家妇婢共七口，于前月内逃出无踪。有黑奴王京投称：在英咭唎国住冬夷商唫烟行内藏匿，恐被捉拿，复走该国医生行内躲匿。[4]

这里明确记录英国在澳门设有“医生行”，笔者认为这个医生行就是东印度公司广州商馆医生在澳门的常驻地，故称为医生行。这些跟随贸易船只来广州、澳门的随船医生分成两种类型：一种是随船而来亦随船而去，只在广州、澳门短暂停留；另一种则是长年驻留在广州或澳门，几乎是广州住半年，澳门住半年。但不管是哪一类，他们都是作为西方医疗力量而进入澳门的，因此，必然会对澳门的医疗事业产生影响，特别

---

① Malcolm C. C. Seton, *The India Office*, London: G. P. Putnam's Sons, 1926, p. 213. 转引自苏精：《英国东印度公司与西医来华》，载珠海市委宣传部、澳门基金会、中山大学近代中国研究中心主编：《珠海、澳门与近代中西文化交流：首届“珠澳文化论坛”论文集》，北京：社会科学文献出版社，2010 年，第 46 页。

② 苏精：《英国东印度公司与西医来华》，载珠海市委宣传部、澳门基金会、中山大学近代中国研究中心主编：《珠海、澳门与近代中西文化交流：首届“珠澳文化论坛”论文集》，北京：社会科学文献出版社，2010 年，第 45～48 页。

③ 崔维孝：《明清之际西班牙方济会在华传教研究（1579—1732）》，北京：中华书局，2006 年，第 219 页。

④ 刘芳辑：《葡萄牙东波塔档案馆藏清代澳门中文档案汇编》下册，《香山知县董凤鸣为筋自行查办原禀蕃人妇婢逃入英公司行案毋得挟嫌诬指事下理事官谕》，澳门：澳门基金会，1999 年，第 715 页。

是后者。下面拟将 18 世纪初到 19 世纪中叶进入澳门的西洋随船医生和商馆医生统计如下：①

（一）法国东印度公司随船医生

表 7-4 法国东印度公司随船医生

姓名	备注
伯勒格尔 Beauregard	外科军医，1715 年在广州，1719 年担任法国东印度公司广州管理委员会医生，1772 年被撤职②
范德尔蒙特 Jacob van Der Mond	法国东印度公司随船医生，1723 年前来澳，后担任澳门政府医生
德斯图莱尔 Destoureles	外科军医，1772 年接任法国广州商馆医生
于连·巴里（罢哩时）Julien Paris	1773—1782 年任法国驻广州领事馆医生
西蒙·刺罗 Simon Lavaux	外科医生，1787 年随拉佩鲁斯船抵澳
让·顾耶 Jean Guillou	外科医生，1787 年随拉佩鲁斯船抵澳
米切尔·伊万 Melchior Yvan	法国使团外科医生，1844 年抵澳

（二）荷兰东印度公司随船医生

表 7-5 荷兰东印度公司随船医生

姓名	备注
海格·穆尔 Hugh Moor	18 世纪后期荷兰东印度公司设于澳门商站的医生，在澳门去世
坦恩伯格 Henrique Caetano Danenberg	先居爪哇，19 世纪初移居澳门
皮埃洛特 Jacques Pierot	先在莱顿的园艺学院药学专业毕业，加入荷兰东印度公司医疗服务团，后从事医疗和稀有植物研究，在澳门生病治疗，1841 年在澳门去世

① 以下各表资料分别参见法国人总表、荷兰人总表、英国人总表、西班牙人及美国人总表，不另出注。

② Ming Wang P. Huard, Pierre-Louis-Anchille de Robien, Chevalier de Robien, *Dit le Chinios (1736-1792)*, *Annales de Bretagne*, Tome 70, Numéro 3, 1963, pp. 274-275.

（三）英国东印度公司随船医生

表 7-6 英国东印度公司随船医生

姓名	备注
托马斯·阿诺特 Thomas Arrnot	1761 年为东印度公司广州商馆常驻医生，到此已经 3 年
威廉·戈登 William Gordon	1770 年为东印度公司广州商馆常驻医生，1772 年去世
托马斯·哈同 Thomas Hutton	1773 年为东印度公司广州商馆常驻医生
约翰·莱尔德 John Laird	1773 年为东印度公司随船医生，同年回国
查尔斯·布伦斐 Charles Bromfield	1776 年为东印度公司商馆医生
阿布拉罕·雷斯利 Abraham Leslie	1777 年为东印度公司商馆助理医生，1779 年升为商馆医生
詹姆斯·狄沃 James Dewar	1779 年为东印度公司商馆医生
约翰·摩根 John Morgan	1782 年为东印度公司商馆医生
埃文斯 Evans	1782 年担任“庞斯博恩号”助理医生
约翰·邓肯 John Duncan	1783—1788 年担任东印度公司商馆医生
亚历山大·邓肯 Alexander Duncan	1788—1796 年担任东印度公司商馆医生，经常运植物回英国
詹姆斯·柯理契顿 James Crichton	1793—1796 年为东印度公司商馆助理医生，1796—1806 年为商馆医生
吧郎 Hugh Gillan	马戛尔尼随团医生，1793 年抵达澳门，1794 年亦在澳门停留
查尔斯·麦金农 Charles Mackinnon	1799—1805 年为商馆助理医生，1803—1804 年代理印度货物
威廉·渣甸 William Jardine	1802 年为东印度公司“布伦兹维克号”船医
托马斯·威丁 Thomas Weeding	资深医生，1802 年担任东印度公司船医，同时经营商业；1805 年退出医界，定居伦敦
詹姆斯·约翰逊 James Johnson	皇家海军“卡罗琳号”的船上医生，1804 年访问澳门①
皮尔逊 Alexander Pearson	1805—1806 年为商馆助理医生，1806—1832 年为商馆医生从马尼拉开往澳门的船上得到牛痘，1833 年回国

① James Johnson, *The Oriental Voyage*, London: Joyce Gold, 1807, p. 216.

（续上表）

姓名	备注
李文斯敦 John Livingston	1808—1826 年为商馆助理医生，1815 年为公司外科医生，1821 年被授予癫痫性失神专业医学博士学位
克拉克·阿禆尔 Clarke Abel	博物学家，1816 年为阿美士德使团的随团医生，在澳门考察过茶树
莫尔德克·麦肯齐 William Murdock Mckenzie	1817 年担任东印度商船“约克号”上的医生，1831 年逝世
江斯同 Andrew Johnston	1818 年担任东印度公司专属船“鲍克拉斯伯爵号”外科医生，1835 年参加海员医院的医疗工作，不久去世
郭雷枢 Thomas R. Colledge	1826—1832 年为商馆助理医生，1832—1834 年为商馆医生，在澳门开办眼科诊所，1834 年为驻华商馆监督医生
大卫·斯格特 David Scott	1826 年担任“查尔斯·福布斯爵士号”随船医生
弗雷德里希·阿莱因 Frederick P. Alleyn	“吉德将军号”外科医生，1829 年在广州开办临时诊所，1837 年在澳门去世
米德尔·马斯 Middle Mass	外科医生，1830 年在海上遇难，同时遇难的有 9 人，同葬于澳门
亨利·克罗凯特 Henry Crockett	加尔各答牙科医生，1831 年 4 月死于伶仃船上，后葬于澳门
理查德·考克斯 Richard H. Cox	1832—1834 年为东印度公司商馆医生助理
安德逊 Alexander Anderson	1834 年担任广州商馆助理医生，海员医院医生，1844 年与夫人在澳门居住
豪吉特 H. Holgate	“安娜·罗伯森号”船的医生，1835 年参加海员医院的医疗服务，1849 年在澳门居住
艾姆斯利 Edward E. Elmslie	1835 年为英国商馆助理医生
弗雷德里克·阿莱恩 Frederick Allewn	1815—1830 年任随船医生，1829 年后在广州行医，1837 年在澳门逝世
狄克逊 Dixon	广州商馆医生，1839 年从广州撤退到澳门
伍兹南 Woosnam	英国对华贸易全权代表特别代表团医生，1841 年随砵甸乍来澳门
托玛斯·屈臣 Thomas Boswall Watson	医生、业余画家，1845—1851 年在澳门，1846 年设有商行

（四）其他国家随船医生

表 7－7　其他国家随船医生

姓名	国籍	备注
眉额 Miguel	西	吕宋医生，1801 年在澳居住①
巴尔密斯 Francisico Xavier Blamis	西	国王御医，② 1805 年来澳
约翰・布雷福德 John H. Bradford	美	1826—1831 年任美国驻广州领事馆医生，一直在澳门居住
詹姆斯・布拉德福 James H. Bradford	美	1835 年任美国驻广州领事馆医生
凯恩 Elisha Kent Kane	美	使团内科医生，1844 年来澳，曾在澳门短暂行医
麦利奥里班克斯 Samuel Marjoribanks	美	1844 年在澳门行医
约翰・布鲁克 John F. Brooke	美	美国海军东印度中队医生，1849 年在澳去世

我们从各种资料中竭力搜寻，在 1715 年到 1849 年的百余年间，明确为随船医生和商馆医生且进入广州、澳门的共为 52 名，其中法国有 7 名，荷兰有 3 名，英国有 35 名，其他国家有 7 名，他们在广州和澳门生活与行医。从中可以看出，英国东印度公司因为占有市场份额最高，故来华医生人数最多。这仍然是一个并不完全的统计数，很多未记录名字的医生必然遗漏，且是一个不小的数目。在澳门这个不足 2 平方公里的小城内，百余年间聚集了 50 余位来自英美各国的西洋医生，形成了一个庞大的西方医疗群体。这些医生的主要职责是为本国船上、商馆的商人及其家属、水手医病，但因为长期居住在澳门，也不可避免地要与澳门社会发生关系。

1709 年，澳门城发生了一件震惊全城的枪击案，葡萄牙古尔露（António de Albuquerque Coelho）上尉在追击黑奴的过程中，被自己的情敌——葡萄牙军官恩里克・罗郎也（D. Henrique de Noronha）用手枪击中右臂。③ 古尔露上尉被打伤后一度昏迷，伤势非常严重。当时，澳门外科医生安东尼奥・席尔瓦（António da Silva）和来自果阿船上的外科医生先后为古尔露诊断，均断定无药可救。但是 16 天后，一位英国商船上的外科医生在澳门停留时，查看了古尔露上尉右臂的伤势，认为他的手臂已经开始腐烂，

① 刘芳辑：《葡萄牙东波塔档案馆藏清代澳门中文档案汇编》上册，《署香山县丞王为梁亚富等行窃伙抢蕃人财物事下理事官谕》，澳门：澳门基金会，1999 年，第 313 页。

② José Caetano Soares, *Macau e a Assistência*, *Panorama Médico-Social*, Lisboa: Agência Geral das Colonias, 1950, pp. 96－98.

③ José Caetano Soares, *O Hospital da Santa Casa de Misericordia em Macau*, Macau: Mercantil de N. T. Fernandes e Filho, 1927, pp. 253－257.

需要切掉右臂才可以保住性命。古尔露上尉接受了截肢手术（那时候没有麻醉剂），不久后便康复了。从这里的“一位英国商船上的外科医生”（即英国东印度公司随船医生），不难看出当时的英国医生较葡萄牙医生的外科技术更高。1777 年，当时法国广州商馆医生罢哩时，即于连·巴里，在澳门居住，而一位法国船主喏呢“又因患病，带有小厮赴澳就医”，就住在罢哩时家中治疗。[①] 1819 年 7 月 31 日，居住在澳门英国商馆的商人前往青洲散步，见自己公司的水手和华人在岸上斗殴，一位船主带着水手上岸制止斗殴，其中一位水手击中了华人的肩膀。商人立即将伤者交由皮尔逊医生检查，验出伤势不重。为了避免出现不必要的麻烦，英商给了伤者家人一笔补偿私了，要求其不向清廷申诉。[②]

从以上案例也可以看出，东印度公司商馆医生也经常因为一些突发状况在澳门为人治病。虽然他们其中的每一位不一定都会参加澳门的医疗治病活动，但这种雁过留声的文化影响将直接对澳门医疗事业的发展产生冲击。其中西班牙国王御医巴尔米斯（Francisco Xavier Balms），英国东印度公司广州商馆助理医生皮尔逊（Alexander Pearson）、李文斯敦（John Livingston）、郭雷枢等人的医疗活动更是直接推动了基督新教在广州和澳门的医学传教。

二、基督新教的澳门医学传教

医学传教是早期来华基督新教传教士在实际活动中总结出来的一种传教方法，即运用医学技术为传教对象服务而展开的传教活动，这一活动是从马礼逊开始，到伯驾的医疗实践而逐渐形成。由于这种医务传教活动在中国人中产生了巨大影响，所以英、美两国的传教差会和宗教团体都积极地致力于医务传教活动。新教传教士医生是 19 世纪随各国东印度公司来澳的另一支重要的医疗力量，与 16 世纪经过澳门入华的天主教传教士类似，都是希望进入内地传教。但是为了达到了解且融入当地社会的目的，其中一部分通晓医术的传教士通过治病救人的手段，在当地社会展开医疗服务。以下为 19 世纪前期在澳门从事医学传教的新教医生表：

---

① 刘芳辑：《葡萄牙东波塔档案馆藏清代澳门中文档案汇编》下册，《香山知县杨椿为饬将法国船主喏呢等搭船回国日期具报事行理事官牌》，澳门：澳门基金会，1999 年，第 671 页。

② ［美］马士著，区宗华等译：《东印度公司对华贸易编年史：1635—1834 年》第 3 卷，广州：中山大学出版社，1991 年，第 360 页。

表 7－8 19 世纪前期在澳门从事医学传教的新教医生

姓名	国籍	会籍	在澳时间	备注
马礼逊 Robert Morrison	英	伦敦会	1807—1834	创建马礼逊医馆
郭实猎 Charles Gutzlaff	德	荷兰新教传教会	1831—1842	在澳门行医
雒魏林 William Lockhart	英	伦敦会	1839—1840	澳门美国医院院长
合信 Benjamin Hobson	英	伦敦会	1839—1843	主持美国医院工作
伯驾 Peter Parker	美	美部会	1834—1840	在澳门创建美国医院
威廉·戴弗尔 William Beck Diver	美	美部会	1839—1841	在澳门美国医院工作
威廉·琼斯·布恩 William J. Boone	美	圣公会海外传道会	1840—?	医学士，从爪哇来澳门
文惠廉 William Jones Boone	美	圣公会海外传道会	1840—1842	在澳门美国医院工作
波乃耶 Dyer Ball	美	美部会	1841—1843	在澳门美国医院工作
施惠廉 William Speer	美	长老会	1846—1850	在澳门行医

上表一共统计了 10 人，除郭实猎外，几乎为清一色的英美医生，在 19 世纪前期，为了推行基督新教的医务传教策略，他们进行了一次又一次的医疗实践，并获得巨大的成功。但值得注意的是，基督新教医学传教的起始和发展都与东印度公司的随船医生和广州商馆医生的支持和推动有关。

（一）马礼逊医馆

1807 年马礼逊初到澳门，为了更好地让华人接受基督教，融入当地社会，达到传播福音的目的，采取了“治疗病人”的传教方式，因为新教传教士治愈病人的身体，是说服病人通过信教来拯救灵魂的最好途径。这也很好地体现了基督新教“仁慈”之精神。1820 年广州贸易季节结束后，马礼逊随商馆人员回到澳门，即与东印度公司助理医生李文斯敦一起在澳门开设一家小型医馆，免费为贫困华人治病，并聘用了当地的一位中医。这家诊所立即收到了效果。1820 年 9 月李文斯敦在寄给米怜的信中称：

马礼逊博士几个月前还开设了一家医馆，为中国穷人治疗疾病并发放药品。每天早上他都亲自到医馆照料一两个小时，我也经常去医馆，有机会仔细观察中国医生治病的细节，通常每天都能看到 10～15 个病例。……我很高兴告诉大家，马礼逊博士为医馆做了很多善事，解除了很多病人的痛苦。300 余名恢复健康的患者都表达了他们的感激之情。有一些就诊过的病人只是略有好转，还有一些没有任何起色，这些病人中有一部分被西方医药治愈了。至今没有发生过一例死亡。……因此，我敢肯定只要医馆存在，它将很快证明，我们能够并且愿意帮助中国人，为他们做好事，我们可以彼此传递有益的信息。①

信中还提到这家医馆为花柳病人和麻风病人诊治的记录。与马礼逊合作的李文斯敦是一个很重要的人物，于1808年至1826年担任东印度公司广州商馆助理医生，他是植物学家，又精通医学。1821年，李文斯敦在未出席的情况下，被阿伯丁（Anerdeen）的马歇尔医学院（Marischal College）授予医学博士学位。② 马礼逊在广州与澳门期间多得此人之助。另外，这个医馆聘请的这位中医也非常厉害，据上引李文斯敦的信称：

我很高兴地为这位中医证明他的中医药疗法颇有成效，马礼逊博士能请到他主持医馆真是幸运极了。这位中医非常聪明，而且待人和蔼可亲。他对待花柳病人很严厉，通常拒绝为他们治疗。……这位中医对麻风病有一种极其幼稚的憎恶。他谈到麻风病时很不以为然。我有几次看到他对待可怜的麻风病人的言行。当马礼逊博士提出抗议时，他就找借口说如果让他对麻风病人把脉，其他人就会对他唯恐避之不及，而且没有人敢再到医馆来看病。我很清楚要纠正中国人对麻风病的错误观念绝非易事。③

据李文斯敦的信可知，马礼逊坚持每天早晨到医馆一两个小时以监督业务，每天有10～15个病人来就诊。医馆开办几个月就医治患者达300人，他们聘请了一位当地著名的中医在医馆行医，并希望透过对中医治病的考察，可以学习中医的治疗方法。不仅如此，他们还在诊所建起了一个小型的中文医学书籍图书馆，里面的图书多达800册。关于这个医馆开办的时间，吴义雄教授和谭树林教授均认为开办到1825年结束，④而苏精教授根据英国伦敦会档案馆所藏的档案提出，由于马礼逊的时间与经费都不充裕，因此这家医馆在当年夏季办了几个月就结束了。⑤ 不管是开办5年，还是几个月，

---

① ［英］艾莉莎·马礼逊编，杨慧玲等译：《马礼逊回忆录》第2卷，郑州：大象出版社，2008年，第12～13页。

② Lindsay and May Ride, *An East India Company Cemetery: Protestant Burials in Macao*, Hong Kong: Hong Kong University Press, 1998, p. 123.

③ ［英］艾莉莎·马礼逊编，杨慧玲等译：《马礼逊回忆录》第2卷，郑州：大象出版社，2008年，第12页。

④ 吴义雄：《在宗教与世俗之间：基督教新教传教士在华南沿海的早期活动研究》，广州：广东教育出版社，2000年，第292页；谭树林：《英国东印度公司与澳门》，广州：广东人民出版社，2010年，第228页。

⑤ LMS/CH/SC, 2. 1. D., R. Morrison to G. Burder, Canton, 14 November 1820. 转引自苏精：《英国东印度公司与西医来华》，载珠海市委宣传部、澳门基金会、中山大学近代中国研究中心主编：《珠海、澳门与近代中西文化交流：首届“珠澳文化论坛”论文集》，北京：社会科学文献出版社，2010年，第69页；［葡］阿马罗：《澳门医学：名医、药房、流行病及医务治疗》，载吴志良、金国平、汤开建主编：《澳门史新编》第3册，澳门：澳门基金会，2008年，第995页，将这一间医馆开设时间置于1812年，实误。

总之马礼逊医馆确实为基督新教用医学方法传教中国之嚆矢。[1]

（二）郭雷枢眼科医院

1796年，郭雷枢生于英国北桑普敦郡（Northampton）的其乐斯比（Kilsby），1809年就读于拉格比文法学校（Rugby School），1812年进入列斯特医院（Leicester Infirmary）成为学徒。5年后郭雷枢再前往伦敦拜著名的医生库柏（Sir Astley Cooper）为师，取得医生资格后，于1819年进入东印度公司担任随船医生，先后在“哈瑞斯将军（General Harris）号”与“罗宾逊（Abercrombie Robinson）号”服务共7年。1826年，郭雷枢随“罗宾逊号”来华期间，正逢李文斯敦返英。广州商馆缺常驻医生，因为郭雷枢精于医药专业，又与商馆人员熟识，于是商馆主动邀请他从当年11月1日起代理商馆助理医生。[2]

郭雷枢来到澳门后，异于其他外国人的是，他没有在意澳门的异域风情，而是发现了随处可见的人们的病痛，这些都给了他极大的震动。[3] 郭雷枢遂决定：

> 把我的大部分时间和所接受的医疗技术的教育，用于治疗澳门及其郊区众多的中国贫穷病人。我打算为患有各类疾病的体力劳动者治病，但主要是患眼疾的人。这类疾病对体力劳动阶层来说是最痛苦的，这类疾病在他们中流行极广，而本地的从业者却完全无能力使他们康复。[4]

从1827年起，郭雷枢就开始用自己的钱在澳门开设诊所，免费为澳门及其周边的华人医治眼疾。这个诊所起初的规模较小，但深受其益的华人很快以口碑传播他的善举，求诊的病人快速增加。到1827年年底时，被他医治过的华人已接近1 000人，他也因此获得华人的欢迎和信赖。[5] 从1828年开始，就有在华的外国人捐款协助郭雷枢，他得以在西望洋山麓租下了两间小屋作为眼科医院。这所医院较前规模有所扩大，除

---

① K. Chimin Wong, Wu Lien-Teh, *History of Chinese Medicine*, Shanghai: National Quarantine Service, 1936, pp. 169 - 170；马伯英等著：《中外医学文化交流史：中外医学跨文化传统》，上海：文汇出版社，1993年，第326页。参见谭树林：《英国东印度公司与澳门》，广州：广东人民出版社，2010年，第228页。

② 苏精：《英国东印度公司与西医来华》，载珠海市委宣传部、澳门基金会、中山大学近代中国研究中心主编：《珠海、澳门与近代中西文化交流：首届“珠澳文化论坛”论文集》，北京：社会科学文献出版社，2010年，第69页。

③ Harold Balme, *China and Modern Medicine: A Study in Medical Missionary Development*, London: United Council for Missionary Education, 1921, p. 37.

④ William Warder Cadbury and Mary Hoxie Jones, *At the Point of A Lancet: 100 Years of the Canton Hospital, 1835 - 1935*, Shanghai: Kelly and Walsh, 1935, p. 15.

⑤ EIC/G/12/238, pp. 409 - 412, 14 January 1828. 转引自苏精：《英国东印度公司与西医来华》，载珠海市委宣传部、澳门基金会、中山大学近代中国研究中心主编：《珠海、澳门与近代中西文化交流：首届“珠澳文化论坛”论文集》，北京：社会科学文献出版社，2010年，第70页。

了门诊以外，还可以接纳大约40名外地病人住院。[①] 在医院开设之初，医院目标顾客是所有病人，但后来由于就诊病人实在太多，郭雷枢医生决定将自己的医院定位为只看眼病的医院。

当然，眼科医院作为华人社会中不存在异度的空间并非一出现就能够被接受的。医院开始的第一天没有一个病人光临；第二天，只有1个患有青光眼的老妪前来看病；第三天，有6个病人前来就诊。为了摆脱无人信任的困境，东印度公司大班威廉·渣甸（William Jardine）决定给第一名就诊的中国人发奖金，果然这样吸引了一些病人前来看病，且前期看病的人反馈效果理想，郭雷枢眼科医院在澳门名声大噪。从医院门口一直到街道上都排满了看病的人，甚至有的病人为了看病通宵排队。郭雷枢医生提出了为非紧急病人挂号排队、紧急病人优先处理的原则，让医院秩序井然。[②] 此后，医院渐获澳门华人社会的认可，甚至吸引了中国富人的捐赠得以维持下去。根据档案资料，郭雷枢在澳门的眼科医院历年共获捐款6 890.5元。其中包括1830年捐款的5名行商：东兴行谢有仁（Gowqua）、怡和行伍绍荣（Howqua）、天宝行梁纶枢（Kinqua）、广利行卢继光（Mowqua）及同孚行潘绍光（Punkequa），合计1 400银圆，其中以伍绍荣（浩官）捐500银圆为最多。[③] 1832年1月13日，英国东印度公司亦捐赠该医院500银圆。除了资金上的支持，东印度公司还对诊所给予药物支持，与其签订了书面协议，同意接受申请，不限量供应药物。不仅如此，东印度公司更对郭雷枢在华开办医院大为赞赏，将其优秀表现几次写信报告董事会。[④]

眼科医院开办的6年（1827—1832）里，共接收大约4 000名以眼疾为主的患者就诊，也包括其他病症。郭雷枢不仅免费治疗，还供应眼镜给病人，深受病人的欢迎和感谢，在当时造成了很大的影响，甚至北京、南京和东南亚的病人都被吸引到这个医院。[⑤] 澳门眼科医院的巨大成功激励了郭雷枢医生，1828年，他和美国医生布拉德福（James H. Bradford）[⑥] 共同在广州建立了一所医院，以治疗眼病、脚病及其他各种症状疾病，还为贫苦华人提供药品。到1832年时，由于广州商馆医生皮尔逊离华返英，郭

---

① *The Canton Register*, Vol. 8, No. 6, 1835/02/10; *Chinese Repository*, Vol. 2, No. 6, 1833/10, p. 271.

② Peter Parker, *First Report of the Hospital in Macao, Under the Auspice of the Medical Missionary Society in China*, Macao: Press of S. Wells Williams, 1838, p. 4.

③ 苏精：《英国东印度公司与西医来华》，载珠海市委宣传部、澳门基金会、中山大学近代中国研究中心主编：《珠海、澳门与近代中西文化交流：首届“珠澳文化论坛”论文集》，北京：社会科学文献出版社，2010年，第70～71页。

④ *Chinese Repository*, Vol. 2, No. 6, 1833/10, pp. 271 - 273.

⑤ William Warder Cadbury and Mary Hoxie Jones, *At the Point of A Lancet: 100 Years of the Canton Hospital, 1835 - 1935*, Shanghai: Kelly and Walsh, 1935, p. 16; J. A. Kollard, *Early Medical Practice in Macao*, 1935, p. 19.

⑥ 布拉德福医生于1823年从宾夕法尼亚大学获得医学博士学位，1824年来到中国，成为广州的美籍医生，后在这所广州医院担任院长，1835年回国。

雷枢则接任皮尔逊医生的职务。广州商馆医生被要求每年必须在广州停留半年，因此郭雷枢无法兼顾广州和澳门的医疗事务。同年 10 月，郭雷枢只好将澳门眼科医院关闭。① 然而根据赖廉士教授提供的资料称："6 年之后（1833），郭雷枢把眼科医院搬进了一所专门为医院而建的大房子。" 并且在同书第 39 页中还提供了英国画家钱纳利绘制的一幅《郭雷枢医生的眼科医院》的图画，② 这幅图画与同是钱纳利绘制的《郭雷枢医生在西望洋山麓的住所和诊所》完全不同，应该是一所新建的眼科医院。这幅图画中的眼科医院规模不小，有 3 栋连在一起的 2 层楼房，四周还有较高的围墙，围墙内还有一些 1 层的平房。医院外设有码头，有水路与内港相通。如果赖廉士提供的资料及照片准确无误的话，则澳门眼科医院的历史仍需重写，那就是说澳门眼科医院到 1832 年不仅没有关闭，而且进一步扩大，当然，以后的医院主持者可能不是郭雷枢。

图 7-3 钱纳利绘的《郭雷枢医生的眼科医院》

1833 年，钱纳利在澳门为郭雷枢医生绘制了一幅《郭雷枢医生与病人》的油画肖像图，这幅肖像图重现了郭雷枢医治病人之情形。画中郭医生正在为一个华人老妪作最后的检查，因为她已经动过手术并且康复，旁边一位年长华人是翻译，正在交代老妪如何注意康复后的保养，而老妪的儿子则单膝跪在一边递上感谢信，旁边还有一位双眼蒙着绷带的病人正在等待检查。这幅油画呈现了郭雷枢忙碌的工作状态和已经深受华人病人拥戴的情况。1837 年 5 月，美部会裨治文牧师买下了郭雷枢在澳门的诊所，同年 8 月，他亲自到澳门接管了那些房产。据 1837 年 9 月 12 日广州传教站的传教士写给美部会的信称："准备成立的医务传道会，已经在澳门购买了一所可容纳 150 多名病人的房子。"③ 这里指的就是郭雷枢的诊所。这就可以告诉我们，郭雷枢诊所结束的正式时间是在 1837 年。

---

① 苏精：《英国东印度公司与西医来华》，载珠海市委宣传部、澳门基金会、中山大学近代中国研究中心主编：《珠海、澳门与近代中西文化交流：首届"珠澳文化论坛"论文集》，北京：社会科学文献出版社，2010 年，第 73 页。

② Lindsay and May Ride, *An East India Company Cemetery: Protestant Burials in Macao*, Hong Kong: Hong Kong University Press, 1998, p. 175.

③ ［美］雷孜智著，尹文涓译：《千禧年的感召：美国第一位来华新教传教士裨治文传》，桂林：广西师范大学出版社，2008 年，第 96 页。

郭雷枢在担任广州商馆医生2年后，于1834年改任驻华商务监督医生。由于他和美国小姐卡露莲·西拉贝尔（Caroline Shillaber）结婚生子后，家计负担日重，公司给他的薪水不敷日用，遂决定另谋出路，于1838年5月辞职离华。①

从基督新教医学传教的视角来看，郭雷枢澳门眼科医院的开设具有开创性的意义，自郭雷枢医生开始，一种对华传教策略——“医学传教”开始形成。郭雷枢医生并非传教士，但其成功的尝试促使初到中华的美部会传教士伯驾也在澳门以及广州开设了医院，并且逐步形成了“医学传教”的策略。郭雷枢医生改变了过去天主教以上门治病或者在教堂治病的习惯，重新在社会中开辟一个新的医疗空间，即“医院”，并通过西式医院在华人社群的大受欢迎，得出了华人社会对于医疗的迫切性。1838年2月21日，在郭雷枢、伯驾和裨治文的召集下，中华医疗传道会筹建，该组织的目的就是促进在华人中的行医活动，“将科学、医学和永恒之光带给我们的好处传播给中国人”。这一组织积极推进新教传教士在华的医学传教，将医学成为传教的合理途径，并以此在欧洲和美国筹集大量的捐款。郭雷枢医生并非传教士，甚至在首次中华医疗传道会成立之前就离开了澳门，但是正是他的设想，使得“医学传教”政策正式被确立下来，所以他一直是该会的会长，任期长达41年。②

（三）澳门海员医院

澳门海员医院，又可称船员医院。由于大量英国商船来广州贸易，船上水手患病问题成为当时外国医生最为关注的问题，于是他们在澳门、广州积极筹备海员医院。最早提出设立流动医院的人是马礼逊，他在1822年合计每年英国东印度公司有15～20艘大型船只来华，此外还有20～40艘较小的美国船只，英美两国水手合计也有两三千人，他们都需要医药与宗教两方面的协助，因此马礼逊主张设立一所流动医院，同时设立一间流动教堂，以治疗船员的身体和抚慰船员的心灵。③ 1825年东印度公司广州商馆组织了一个8人委员会对来广州的英国船员健康问题进行了调查，最后调查委员会提出了几项建议认为改善船员健康状况最有效的办法就是设立医院船，希望能购买一艘旧船改造成为医院，停在黄埔旁边的长洲岛，由公司船队的船医们轮流值班。但

① 苏精：《英国东印度公司与西医来华》，载珠海市委宣传部、澳门基金会、中山大学近代中国研究中心主编：《珠海、澳门与近代中西文化交流：首届“珠澳文化论坛”论文集》，北京：社会科学文献出版社，2010年，第73页。

② ［美］爱德华·V.吉利克著，董少新译：《伯驾与中国的开放》，桂林：广西师范大学出版社，2008年，第67～68页。

③ Robert Morrison, *A Parting Memorial*, London: Printed for W. Simpkin and R. Marshall, 1826, pp. 367－371, Proposal for Bettering the Morals and Condition of Sailors in China，转引自苏精：《英国东印度公司与西医来华》，载珠海市委宣传部、澳门基金会、中山大学近代中国研究中心主编：《珠海、澳门与近代中西文化交流：首届“珠澳文化论坛”论文集》，北京：社会科学文献出版社，2010年，第62页。

此事遭到中国政府的反对，未能实施。[①] 1834 年英国驻华商务监督律劳卑来华时，英国医生郭雷枢就写信给他，提出在黄埔、伶仃洋、澳门建立海员医院的建议。经过一番讨论，他们决定在澳门建立一家海员医院。[②] 英国对华第一任商务监督律劳卑接受郭雷枢的建议后，决定以 800 银圆和华人造船商订约打造一艘小型的医院船，同时委派助理医生安德逊（Alexander Anderson）也准备前往黄埔常驻。不料当年返回澳门的律劳卑病逝。打造医院船的计划暂时搁浅。[③] 1835 年第二任商务监督罗宾逊（George Best Robinson）在广州开会，推荐 5 人组成医院委员会，由威廉・渣甸（William Jardine）担任主席，并筹款购买医院船。尽管医院船当时还没有实现，但是对于英国船员的医疗服务却已经展开。安德逊医生常驻伶仃与金星门两地，在一个时间内照护的病人多达 72 人。郭雷枢医生也于 1835 年的 5—7 月在澳门医治了 120 位病人。医院委员会还聘请了 1 名船医庄士顿（Johnstone），访问了所有当地的英国船只，为需要的船员进行诊治。[④] 1837 年由医院委员会购买了一艘丹麦船“贝克士（Baker's）号”装修成为医院船，改名为“希望（Hope）号”，可以容纳至少 100 名病患者，停泊在黄埔为英国船员服务。此时庄士顿医生不幸病死，委员会又从船医中雇佣一名叫侯格特（Henry Holagte）的医生常驻“希望号”看诊。这所筹议多年的英国船员医院好不容易得以实现，却只经营了很短一段时间。由于中国政府的干涉与反对，英国人被迫放弃，1838 年 6 月将该船以 8 000 银圆代价售予行商，医院船随即面临被拆解的下场。[⑤]

（四）澳门美国医院

1834 年 10 月 23 日，新教美部会教士伯驾乘坐“莫里森（Morrison）号”抵达澳门，他的到来为澳门医疗开辟了一片新天地。受郭雷枢医生澳门眼科医院成功开设的影响，伯驾在广州开设了一间眼科医院，开始医疗传教。这次会议也决定对伯驾 1835 年在广州创建的眼科医院进行装修和扩建，决定由伯驾在澳门开办并主管一间医院。1838 年，在第一届中华医疗传道会的推动下，伯驾决定在广州眼科医院装修和扩建期

---

① 苏精：《英国东印度公司与西医来华》，载珠海市委宣传部、澳门基金会、中山大学近代中国研究中心主编：《珠海、澳门与近代中西文化交流：首届“珠澳文化论坛”论文集》，北京：社会科学文献出版社，2010 年，第 63 ~ 65 页。

② *Chinese Repository*, Vol. 3, No. 10, 1835/02, pp. 373 – 378.

③ 苏精：《英国东印度公司与西医来华》，载珠海市委宣传部、澳门基金会、中山大学近代中国研究中心主编：《珠海、澳门与近代中西文化交流：首届“珠澳文化论坛”论文集》，北京：社会科学文献出版社，2010 年，第 65 ~ 66 页。

④ 张坤：《在华英商群体与鸦片战争前的中英关系》，广州：暨南大学出版社，2014 年，第 191 ~ 192 页。

⑤ 苏精：《英国东印度公司与西医来华》，载珠海市委宣传部、澳门基金会、中山大学近代中国研究中心主编：《珠海、澳门与近代中西文化交流：首届“珠澳文化论坛”论文集》，北京：社会科学文献出版社，2010 年，第 67 ~ 68 页。

间在澳门开办一间医院。①

1838年7月5日，由中华医疗传道会组织的美国医院在澳门花王堂大三巴街一座两层楼的洋房内（即旧郭雷枢诊所）成立，由美国医生伯驾主持工作。伯驾医生花费5 000美金购置这座用砖修建的漂亮建筑，它非常宽敞，占地约0.35英亩，大约可以容纳200个病人。在二楼有19个通风良好的大房间；一楼有一些相对应的房间，可以用作多种用途。最难得的是，在房子的后面，有一座相当漂亮的花园，其内有三口水井。前面还有一个小院子。建筑由砖头修砌而成，坚固牢靠。医院卫生条件良好，且位于可以俯瞰内港的地方。不仅如此，交通非常方便，水路和陆路都能够到达。② 伯驾担任医院的主治医生，他还将他自己在广州眼科医院收的学生、杂役、门卫、买办，甚至几位正在治疗中的病人一起带到澳门美国医院。④ 但是，令他们没有想到的是，澳门的医疗服务缺口如此之大。10月1日，广州眼科医院修整工程完成，伯驾须回广州，澳门美国医院不得不临时关闭，很多病人也被迫送走。伯驾认为，如果治疗时间不充足，就不能收治他们，因为如果稍有不慎，之前“赢得的群众的信任就不能不从头开始”⑤。从1838年7月5日美国医院开业直至10月1日医院暂时关闭，这三个月的时间，伯驾共治疗了700位病人，主要是眼科疾病患者。⑥

图7-4　美国国家肖像馆藏约1839年兰官绘油画《伯驾与他的助手关亚杜在做一个眼科手术》③

1839年，伦敦会传教士雒魏林来到澳门，即刻被任命为澳门美国医院院长。雒魏林医生是从伦敦传教会选拔出来的伦敦传教会中华代理人，他本人也是一位富有经验的外科医生。中华医疗传道会提出：

为了能为医院服务，他被任命为中华医疗传道会在澳门医院的主管。该医院

① ［美］爱德华·V.吉利克著，董少新译：《伯驾与中国的开放》，桂林：广西师范大学出版社，2008年，第67~68页。

② *Chinese Repository*, Vol. 7, No. 8, 1838/12, pp. 411 – 412；［美］爱德华·V.吉利克著，董少新译：《伯驾与中国的开放》，桂林：广西师范大学出版社，2008年，第68~69页。

③ ［美］多米尼克·士风·李著，李士风译：《晚清华洋录：美国传教士、满大人和李家的故事》，上海：上海人民出版社，2004年，第36~37页中第7幅插图。

④ ［美］爱德华·V.吉利克著，董少新译：《伯驾与中国的开放》，桂林：广西师范大学出版社，2008年，第68~69页。

⑤ Peter Parker, *First Report of the Hospital in Macao, Under the Auspice of the Medical Missionary Society in China*, Macao: Press of S. Wells Williams, 1838, pp. 3 – 4.

⑥ ［美］爱德华·V.吉利克著，董少新译：《伯驾与中国的开放》，桂林：广西师范大学出版社，2008年，第69页。

在上个夏季由伯驾（Peter Parker）医生首次开放过3个月，一旦雒魏林先生通过对汉语的掌握及对当地民情的了解，当他认为自己已具备上述资格时，医院将由雒魏林先生重新开放，并在中国人中开始他的工作。①

同年7月1日，澳门医院重新开始工作。后因为中英鸦片危机进一步恶化，雒魏林医生接到命令要求关闭医院，并随大批英国人撤离澳门。雒魏林医生对于动乱的局势感到很无奈，认为很难继续他的医疗事业，所以9月前往巴达维亚。随着中华医疗传道会在欧洲和美国的大力宣传，到中国从事医疗传教工作的医生前赴后继。9月，美部会传教士医生威廉·戴弗尔（William Beck Diver）来到澳门。12月18日，伦敦会传教士合信（Benjamin Hobson）也来到澳门。1840年5月，雒魏林医生从巴达维亚回到澳门。8月1日，美国医院重新开放。此时，美国医院已经先后有三位医生常驻，分别是雒魏林医生、戴弗尔医生以及合信医生。除此以外，伯驾医生也在澳门美国医院担任医疗顾问。

从1840年8月1日开业到1842年10月美国医院关闭，该医院至少接待了5 625位病人，其中433名病人是住院病人。但是医院病床只有55张。“最近的三个月中，病床常常被占满，导致不得不拒绝一部分的入院申请。”② 在医院的支出费用中，支付给当地助手、维修、家具和贫穷病人的食物等费用超过700元，其中，药物由一名英国朋友捐赠。③ 美国医院面向整个珠江三角洲开放，到医院治病的人不仅有澳门人，还有香山县邻近地区，甚至全国慕名而来的病人：

男人女人、澳门以及周边城市、村庄的人都来看病；他们有的来自广东，有的来自其他周边省份；不仅有中下层群众，还有上层官员长途跋涉前来看病。④

1838年7月13日，伯驾医生接待了一位双目失明名叫丁黄通（Ting Hwangtsung）的官员病人。经过诊断，伯驾医生认为这位官员双眼得了白内障。病人在医院住了三个星期，病情逐渐好转，但是他坚持留院到9月初。离开前，为表示谢意，他邀请伯驾医生共进西餐。⑤ 8月8日，伯驾接收了一位澳门病人黄禄（Hwang Lun），这位病人因为鼻内长有息肉而呼吸困难。伯驾用硫酸锌敷在息肉上，尽管病人非常疼痛，但是不到十天，息肉消失了，病人痊愈了。病人此后复诊，也没有任何后遗症。伯驾称，“这是

---

① *Report of the Medical Missionary Society and the Report of the Hospital at Macao for 1841 – 1842*, Macao: Press of S. Wells Williams, 1843, pp. 11 – 12.

② *Report of the Medical Missionary Society and the Report of the Hospital at Macao for 1841 – 1842*, Macao: Press of S. Wells Williams, 1843, p. 11.

③ *Chinese Repository*, Vol. 11, No. 9 1842/09, p. 520.

④ *Report of the Medical Missionary Society and the Report of the Hospital at Macao for 1841 – 1842*, Macao: Press of S. Wells Williams, 1843, p. 21.

⑤ Peter Parker, *First Report of the Hospital in Macao, Under the Auspice of the Medical Missionary Society in China*, Macao: Press of S. Wells Williams, 1838, pp. 6 – 7.

他亲眼见过的矿物质用在息肉上疗效最显著的案例，但不是唯一的"[①]。当然，并不是每一个病例都能这样成功。一个来自望厦村的17岁男孩，叫黄粤明（Hwang Yueme），他骨瘦如柴，大腿却肿胀无比，还流脓，散发着臭味。由于他是腿部受伤，伯驾将他安排在医院的一个柴草堆上，尽量保证其舒适。这个男孩和他的父亲都非常感激。伯驾每天用奎宁水为他治疗，花费巨大，但最后还是没能挽救这个男孩的生命。[②]

图7－5 兰官约1837—1838年绘油画《华人包阿兴截肢手术》（左）和《华妇杨施肿瘤切除前》（右）[③]

伯驾医生在美国医院接待病人超过700个。其中治疗的疾病超过70种，就医最多的是慢性眼炎，有超过106个病人，也可见眼科疾病是南方最常见的疾病。美国医院在澳门取得很大的成功，赢得当地人的信任，很好地融入当地社会。"在广州，对西医的怀疑和保留比以前任何时候都要严重。但是那次从广州来的绅士，以前从这里痊愈出去的病人，他们的言论以及偶尔的到访，都能改变周围人的情感。"[④] 澳门美国医院取得巨大成功，当地群众对于西医的恐惧程度也减轻。"那些贫民表现出不仅是意愿而且是担心不能入院治疗，且做好准备遵从医院的规定，包括禁止吸食鸦片、赌博和偶像崇拜。两个病人在医院过世，他们的亲戚埋葬了他们，没有任何的司法纠纷。"[⑤]

1842年10月，鸦片战争结束后，香港开埠，澳门美国医院就停办了。伯驾医生因为参与到政治事务中无暇分身，而其他英美的传教士医生也先后进入中国内地传播福音事业，澳门美国医院只能被永远地载入史册。

（五）新教医院的经营理念及特点

作为新教在澳门开设的医院，美国医院的目的不仅是治疗身体，还肩负着传播福音的责任。但是美国医院并没有设立教堂，甚至在医院的年度工作报告中看不到太多

① Peter Parker, *First Report of the Hospital in Macao, Under the Auspice of the Medical Missionary Society in China*, Macao: Press of S. Wells Williams, 1838, pp. 7－8.

② Peter Parker, *First Report of the Hospital in Macao, Under the Auspice of the Medical Missionary Society in China*, Macao: Press of S. Wells Williams, 1838, p. 10.

③ ［美］多米尼克·士风·李著，李士风译：《晚清华洋录：美国传教士、满大人和李家的故事》，上海：上海人民出版社，2004年，第36～37页中第5和第6幅插图。

④ Peter Parker, *First Report of the Hospital in Macao, Under the Auspice of the Medical Missionary Society in China*, Macao: Press of S. Wells Williams, 1838, p. 12.

⑤ *Report of the Medical Missionary Society and the Report of the Hospital at Macao for 1841－1842*, Macao: Press of S. Wells Williams, 1843, p. 21.

关于传播福音的行为，这与新教传教士传播福音的手段有关。有一种说法，认为19世纪的西方传教士可以划分为“机要派”与“社会福音派”两种类型，前者主张医疗卫生等公益事业为传播福音的手段，在传教方法上严禁本末倒置，防止歪曲福音纯正的本意；而另一种是著名的传教士李提摩太所坚持的神国不仅建于人的心中，也建立在世上的一切机构里，力求通过社会服务的手段传达福音。[①] 在澳门的新教医院显然属于后者，认为社会服务即是传达福音。

事实上，中华医疗传道会在西方宣传医疗传教行为时，大力宣扬《圣经》经文中耶稣治病这一段。耶稣在山上布道之前，前往加利利（Galilee）教导大批犹太人，并治疗各种疾病。他又使很多着魔的人得救，并用他的话将魔鬼驱赶出体外。后来，他将他的使徒遣往各地，不仅为了传教，而且“治疗病人、洁净麻风病人，并且将死人复活”[②]。将圣经中耶稣的行为作为理论基础，新教传教士诠释了福音传播的全新含义。传播主的仁慈，不一定需要共读教义，医院中的“治病救人”行为即是“福音传播”。它不仅可以达到“社会服务”的目的，还可以最快地赢得当地人的信心。这成为促动新教医院成立的主要原因。伯驾曾经在报告中说：

> 令人鼓舞和欢呼的是，机构（医疗机构）可以利用理性的药物和手术去指引中国年轻人。这可能是机构（医疗机构）蓬勃发展的途径，学会（中华医疗传道会）并不缺乏手段来支持和提高它的实用性；可以利用这些医疗机构指导华人学习西方的知识和技能，也能吸收福音的仁慈和纯洁，这样医疗机构就可以在这些华人的管理下更加硕果累累。[③]

不难看出，伯驾希望可以培养本地的医疗人才，也是福音传播的一部分，并可以更好地促动“治病救人”的福音传播模式延续下去。美国医院曾经有过多名华人做过医疗助手，但大部分没有留下姓名。“除了外科医生定期回访病人，还有本地医疗助手持续照顾他们。其中一位名为阿桑（Atsung），尽管是一个年轻人，却曾经吸食鸦片超过七年，他的财产和健康都大大受损，我答应帮助他戒掉吸食鸦片的习惯，并给他工作。当他远离了那些危险，我发现他是一个充满活力且聪明的人，且熟悉多种方言，他一直负责医务室的医疗服务工作。1840年7月，他陪同伯驾博士前往美国，1842年回到澳门，这对于他内心的提升非常有利。他的弟弟阿浦（Apún），19岁，跟随我一年半时间，有良好的母语教育，且现在有不错的英语水平。这两个都是聪明的年轻男子，现在拥有良好的机会去学习现在的医疗及外科手术，现在每天都受医学、自然神学和

---

① ［美］保罗·A.柯文，苏文峰译：《戴德生与李提摩太宣教方式的比较》，载林治平：《基督教入华七十年纪念集》，台北：宇宙光出版社，1977年，第81~107页。

② ［美］爱德华·V.吉利克著，董少新译：《伯驾与中国的开放》，桂林：广西师范大学出版社，2008年，第73页。

③ Peter Parker, *First Report of the Hospital in Macao, Under the Auspice of the Medical Missionary Society in China*, Macao: Press of S. Wells Williams, 1838, p. 12.

宗教等多种元素的指引，在神的祝福下不久后就可以回馈自己的国家。”[①] 华人医疗助手是新教医院有效运转的重要因素。他们不仅在医院中扮演着西医与华人病人沟通中的翻译，而且是西医思想的传递者，他们的存在也可以更好地获得华人的信任。伯驾对华人医疗助手的培养政策可谓意义深远。

美国福音运动鼓励传教士走向世界，随着福音带来的还有西方文化，澳门也因为这场运动成为受惠者。西方医疗为澳门华人带来了福音，但是随着鸦片战争的爆发和香港开埠，澳门这个外国人唯一居留地的地位不复存在，医疗福音也随之前往香港和内地。澳门美国医院在澳门先后存在了 4 年，接待了澳门、广东地区乃至全国各地超过 6 000 名病人，属于澳门医疗事业发展中的一部分，与澳门历史上的天主教医院相比，呈现出以下的特点：

第一，开放性。新教医院面向整个澳门社会和中国内地开放，接收所有病人，无论是华人还是西洋人，无论男女，无论是否教徒。这是贫民医院所无法企及的。尽管贾尼劳神父创立贫民医院之初，希望接收的病人包括基督徒和非基督徒，但是在运营过程中，资源限制以及时代背景下对于治病的特殊定义（即治疗身体首先需要拯救灵魂）导致医院接收病人仍然为基督徒。因此，新教医院对华人的开放性是西式医疗机构中史无前例的。

第二，先进性。从治疗疾病的成果来看，新教医院是澳门其他西式医院所无法相比的。澳门美国医院开办共计 30 个月左右，共接待 5 625 名病人，则平均每年治疗病人为 2 250 人，大部分病人都在医生的调理下病愈。而稍后时间的贫民医院在 1847 年 1～6 月内只能接受 185 名病人，[②] 则一年接受病人的量为 380 余人。可以反映，当时澳门美国医院治疗病人的效果远远好于澳门当时最大的医院——贫民医院。也可以反映，并非澳门没有病人，而是澳门医院的医疗能力太弱。

第三，弱宗教性。虽然新教传教士成立医院的目的还是传播福音，但是无论是医院的陈设，还是医院的报告，都没有过多地强调宗教性质，这与澳门早期天主教背景下成立的医疗机构有本质的区别，这亦归因于基督新教与天主教本质的区别。从 19 世纪开始，医疗技术出现巨大革新，宗教神学已经不能影响身体治疗，身体治疗反而成为宗教的慈善手段之一。基督新教与天主教的圣礼观不同，新教只承认洗礼和主餐两个定例，这意味着新教不需要恢宏的殿堂去进行过多的宗教仪式，也使得医院的性质更加纯粹；同时，伯驾等医疗传教政策的倡导者认为开设医院救人本就是传播福音的

---

① *Report of the Medical Missionary Society and the Report of the Hospital at Macao for 1841 - 1842*, Macao: Press of S. Wells Williams, 1843, p. 21.

② *Boletim do Governo da Província de Macau, Timor e Solor*, Vol. Ⅱ, 18 de Fevereiro de 1847, No. 7, p. 27; 20 de Março de 1847, No. 11, p. 42; 1 de Maio de 1847, p. 66; 22 de Maio de 1847, No. 19 e 20, p. 74; 15 de Julho de 1847, No. 25, p. 96; 12 de Agosto de 1847, No. 27 e 28, p. 104.

方式，并不能单以入教人数来评定福音传播的成效，这样的观念也导致了澳门美国医院弱宗教性的特点。

第四，与政治的紧密联系。在世界殖民史上，宗教从来都是与扩张脱不开关系。伯驾作为医院的创始人积极参与政治，他本人曾经作为顾盛使团的代表参加中美《望厦条约》的签订，这些背景也决定了美国医院的政治性。美国医院开办期间多次中断，除了开始因为缺乏医生以外，其余均是因为鸦片战争，最终也因为鸦片战争结束，香港割让而彻底迁离澳门。当然，不可否认的是，新教医院的离开与澳门社会的封闭打压也有关系。澳门在 1840 年以前是外国人在华唯一合法的居留地，葡萄牙人一直非常担心这块土地被其他人侵占。[①] 澳葡政府曾经就澳门美国医院进行调查，1841 年 9 月，澳门法官对澳门的外国人医院，也就是美国医院建设在澳门的合理性提出投诉。“政府医生”特雷斯医生经过调查，出示一份证明说：“外国人医院建设于 1835 年，并没有为澳门造成什么不便。”[②] 虽然，澳葡政府没有对美国医院采取什么措施，但是在澳门这个天主教社会，新教医院还是备受压力，这也成为新教医院最终迁离澳门的原因之一。

美国医院在澳门运营时间不过 4 年，但成果显著，给澳门社会所带来的冲击也是巨大的。一方面，美国医院为澳门华人提供了接触西医的机会。一直以来，葡萄牙人都将医院作为居澳葡人、土生葡人及信教华人的医院，美国医院的出现则打破了这一常规，这对于澳门西医文化的传播是极为有益的。另一方面，美国医院先进的临床医学实践也向澳门本土医疗提出了挑战，如何提高自身的医疗水平也成为澳葡政府需要考虑的问题。

三、澳门近代西方医疗体系的形成

19 世纪东印度公司商馆医生和基督新教医生在澳门大规模集聚，他们合作办医院，并对澳门及其周边地区的广大病患者展开了积极的治疗，仅郭雷枢医生一人在 6 年时间内诊治的华人眼病患者就大约 4 000 人，而伯驾创建的澳门美国医院在 4 年多时间内接受诊治的华人病患者则多达 5 625 人，仅以这两个数据就足以反映 19 世纪澳门的医疗事业在东印度公司商馆医生和基督新教医生“医学传教”的推动下，发展到了一个前所未有的巅峰状况。在 19 世纪之前的澳门 250 年的历史中，虽然天主教的慈善医疗与澳门政府的公共医疗均已产生并获得一定的发展，但其在对病人进行救治的表现上总是力有不逮。1625 年，一位圣保禄学院药房的药剂师声称自己 6 年内诊治了百余名病人是很骄人的成绩，可证 17 世纪时澳门医生诊断病人的能力是非常有限的，特别是

---

① *Arquivos de Macau*, 3ª Série, Vol. XIX, No. 3, Macau, p. 170.

② Manuel Teixeira, *A Medicina em Macau*, Vol. Ⅲ, Macau: Imprensa Nacional, 1975 – 1976, p. 127.

与19世纪基督新教医生诊治澳门病患者的能力相较，可谓差之天壤。新教传教士在澳门极为优秀和杰出的医疗表现，一方面反映了英美商馆医生和基督新教医生对医疗传教的道德责任，另一方面也可以反映出这一时期英美医生所拥有的医疗技术应远远地超出了早期的葡萄牙或天主教的医生。在澳门，虽然以天主教为国教的葡萄牙人极力地排斥基督新教在澳门的存在与发展，但是在夹缝中生存的澳门基督新教医学传教则获得了前所未有的发展，亦在澳门地区产生了重大的影响。正是在这一影响下，澳门的西方医疗体系开始形成，并走向近代化。

（一）1840年贫民医院的扩建

1840年，受这一时期英美医生在澳门建立的医院所取得成就的影响，澳门贫民医院开始扩建，扩建工程由仁慈堂主席、主治外科医生弗雷塔斯（Filipe José de Freitas）主持。贫民医院进行翻修扩建，主要是解决医院的破旧与空间狭小问题，工程主要是加盖一层病房及返修顶棚。为此，澳葡政府在澳门的葡萄牙人和外国人之间进行了募捐，共捐得3 303澳门元。工程到1842年完成，费用共计3 194澳门元，后又花了884澳门元对大楼进行了其他修缮。[①] 当时澳门的赛阿布拉医生（Francisco António de Seabra）和弗雷塔斯医生为医院筹建募捐工作做出了很大贡献，在澳门社会征集存款超过3 000帕塔卡，其中在葡萄牙人中征集843帕塔卡，在澳门社会外国人中征集了2 455帕塔卡。[②] 扩建完成的医院焕然一新，正门上辟一个神龛，内置圣徒传记中病人保护神圣拉法尔（S. Rafael）像，故该所医院改名为圣拉法尔医院（Hospital de S. Rafael），澳门华人称其为“白马行医院”，因为医院前面的街道名为“白马行街”。[③] 全新的贫民医院大楼位于松山山脚下，地势低洼、潮湿，且四周都是私人住宅。因此，医院的采光条件并不良好，两侧还有一些附属房屋。医院大楼中央有一个小祈祷室，两侧对称，通过咏唱台相连。小祈祷堂两侧各有一个与病房相通的更衣室。两个部分均分上、下两层。西北部分供男病人使用。其下层仅有一个有8层相对窗户的病房。窗户是落地窗，主要就是为了给比较潮湿的病房通风和提供阳光。有4间收治私人患者的病房。该楼的底层有3间病房，里面主要收住传染病人。药品及外科手术用品室也在这一层。大楼西南侧供妇女使用。其底层和楼上的病房都与男病房相对称。其顶端有两个小房间，供护士和书记员居住。医院有一个庭院，也一分为二，一部分供男人使用，另一部分给女人使用。庭院中有两个没有铺设地板的禁闭室，一个厨房和停尸房。医院还有一些收留贫穷孤寡老人的房间。在属于女病人使用的院子那一侧，有

---

① José da Conceição Afonso, *Contributos Para a História da Saúde em Macau*, (*dos finais do séc. XIX as duas primeiras décadas do séc. XX*), Adminstração n.ª70, Vol. XVIII, 2005, 4ª, p. 1448.

② Manuel Teixeira, *A Medicina em Macau*, Vol. III, Macau: Imprensa Nacional, 1975-1976, p. 142.

③ Manuel Teixeira, *Toponímia de Macau*, Vol. II, Macau: Instituto Cultural de Macau, 1997, pp. 395-397.

一口优质水井，但是水量仍旧不够整个医院使用。旱季的时候，就必须从外面运水进来。[①] 与1747年的改建相比，男女部病房分开的设置是一样的，但是医院大楼加多一层，病房的空间增加，也改善了楼房的通风采光设置，这也符合19世纪澳门的医疗观，阳光和通风是确保疾病不能蔓延的两个重要条件。改建后的医院获得了很大的成功，内部空间双倍增加，医院硬件设施齐备。据统计，1847年1—6月圣拉法尔医院就有超过130人到医院看病。[②]

（二）从军人医院到仁伯爵医院

1768年，时任澳门总督、仁慈堂值理会主席沙丹耶决定，驻扎于澳门的军队士兵可以在仁慈堂属下的贫民医院治疗疾病。同时，他命令在贫民医院中设立一专门治疗士兵的诊所，但由于缺乏资金，军人医院最终未能形成。[③] 直到1784年才在贫民医院内开辟出军人医院。[④] 1798年7月9日，在议事会议员曼努埃尔·佩雷斯、贫民医院外科医生贡萨维斯·佩雷拉（Manuel António José Gonçalves Pereira）的主持下，在贫民医院附近药房旁边的一块地建立了一所小型军人医院，专门为驻扎在澳门的葡萄牙士兵和军官服务。

1836年，"政府医生"弗雷塔斯制定了澳门第一份《军人医院章程》，章程共分两部分，从病人收治、病人饮食要求、员工工资、员工职责等方面对医院的管理进行了规范。章程分三期公布于1847年《澳门宪报》。[⑤] 从这一则《军人医院章程》中不难发现医院已经彻底摆脱了宗教影响，在医院内没有宗教设施，也无宗教仪式的管理规定；规定医院必须有包括助手在内的五名医疗人员，单独设立药剂师岗位，充分体现出与以往不同的科学性的一面。军人医院可被视为现代医疗设施之开端。

1846年，在主治医生努内斯（Marciano António Pereira Nunes）的努力下，澳门医疗资源进行整合，军人医院同贫民医院一样被并入仁慈堂管理，财政局每个月发给每个士兵12帕塔卡作为医疗补助。[⑥] 1855年，军人医院由于破旧不堪被政府关闭，所有的病人临时搬迁至古老的奥斯定修道院。同年11月21日，澳葡政府决定筹建新的军人医院。在外科医生佩雷拉·克雷斯波（António Luís Pereira Crespo）的建议下，政府决定对奥斯定

---

① José da Conceição Afonso, *Contributos Para a História da Saúde em Macau*, (*dos finais do séc. XIX as duas primeiras décadas do séc. XX*), Adminstração n.ª70, Vol. XVIII, 2005, 4ª, pp. 1448 - 1449.

② Manuel Teixeira, *A Medicina em Macau*, Vol. I, Macau: Imprensa Nacional, 1975 - 1976, p. 251.

③ Manuel Teixeira, *A Medicina em Macau*, Vol. I, Macau: Imprensa Nacional, 1975 - 1976, p. 25.

④ Manuel Teixeira, *Macau no Séc. XVIII*, Macau: Imprensa Nacional, 1984, p. 637.

⑤ *Boletim do Governo da Província de Macau, Timor e Solor*, 10 de Janeiro de 1847, pp. 22 - 23; 24 de Janeiro de 1847, pp. 30 - 31; 31 de Janeiro de 1847, pp. 34 - 35; Peregrino da Costa, *Medicina Portuguesa no Extremo-Oriente Sião, Molucas, Japão, Cochinchina, Pequim, Macau, Séculos XVI a XX*, Bastorá: Tipografia Rangel, 1948, p. 28.

⑥ Manuel Teixeira, *A Medicina em Macau*, Vol. I, Macau: Imprensa Nacional, 1975 - 1976, p. 41.

修道院的原址进行修缮。[1] 一年后，原奥斯定修道院经修缮改造成为新陆军医院大楼。

新军人医院由4部分组成，整个形状为正方形，中间是一个庭院。大楼南部是正门，楼层较高，医院楼上设有档案行政室、病人接待室、护士长室、病房、外科手术用具储藏室，还有2间给高级军官的房屋。[2] 医院内设68张床位。从医院大楼的环境上看，医院各项配置齐全，环境优美，地处岗顶高地，拥有花园、康复绿道等绿化设施，还有菜园、厨房等服务配套设施。不难发现这是一个较为高端的医疗机构。不仅如此，卫生局为进一步改善医院医疗水平，在向总督申请获得批准后购买了大量的物资，包括衣物、外科手术箱、电磁仪等。[3] 这些都是比较高端的医疗设备，完全可以满足澳门的医疗需要。

军人医院翻新运营十多年后，古旧的修道院还是顶不住岁月的侵袭，显出破旧之势。1872年10月27日夜里，奥斯定修道院旁边的教堂，与修道院相邻的一堵墙壁毫无征兆轰然倒塌，巨大震动导致残旧的奥斯定修道院梁柱也出现了裂缝，医院显得更加破败不堪。[4] 澳门政府详细调查了军人医院各方面的卫生条件，最后认定现在的建筑已经不能满足科学技术更新的需要，决定规划一座新的医院。规划中的新医院必须可以容纳100个病人，包括普通病房和高级军官病房，要比现在的医院大三倍，并且设有两个出口。[5]

对于葡萄牙的殖民地来说，医院不仅是社会公共设施，还是具有"先进"民族性指向的设施。因此，时任卫生局局长卢西奥·席尔瓦一直希望可以建设一座先进的军人医院：

> 现在的军人医院与澳门作为葡萄牙殖民地的地位非常不般配。将上帝之博爱传达给病人，是医院的首要目的，但是科学技术也是不可以忽视的，这代表着葡萄牙这个民族和荣誉，因为这座城市经常有外国人过来参观。因此，强烈呼吁重建澳门军人医院。[6]

经过多次考察，新医院选址在松山（东望洋山）山顶。1872年11月11日，建设新医

---

① Manuel Teixeira, *A Medicina em Macau*, Vol. Ⅲ, Macau: Imprensa Nacional, 1975 - 1976, p. 178.

② Manuel Teixeira, *A Medicina em Macau*, Vol. Ⅰ, Macau: Imprensa Nacional, 1975 - 1976, p. 46; José da Conceição Afonso, *Contributos Para a História da Saúde em Macau*, (*dos finais do séc. XIX as duas primeiras décadas do séc. XX*), Adminstração n.ª70, Vol. XVIII, 2005, 4ª, pp. 1269 - 1302.

③ José da Conceição Afonso, *Contributos Para a História da Saúde em Macau*, (*dos finais do séc. XIX as duas primeiras décadas do séc. XX*), Adminstração n.ª70, Vol. XVIII, 2005, 4ª, p. 1289.

④ Manuel Teixeira, *A Medicina em Macau*, Vol. Ⅰ, Macau: Imprensa Nacional, 1975 - 1976, p. 47.

⑤ Manuel Teixeira, *A Medicina em Macau*, Vol. Ⅰ, Macau: Imprensa Nacional, 1975 - 1976, p. 50.

⑥ *Boletim da Província de Macau e Timor*, Vol. XVI, 14 de Novembro de 1870, No. 16, p. 193.

院的计划及预算获得通过。[1]

据设计师卡瓦略（Henrique Dias de Carvalho）称，新医院是从比利
的设计中汲取了灵感，特别是建筑物的格局，主体建筑贯穿建筑全部
建筑与主体成直角相连，每个病房最多可以容纳 20 张床。[2] 比利时圣
时世界上最著名的医院之一。由此可见，澳门的这座医院不仅是澳门
高水平，也进入了世界顶尖医院的行列。值得注意的是，设计师卡瓦
在完成里斯本的科技课程之前，他是澳门的一位少尉。[3] 也正是这样
门设计出了澳门历史上最先进的医院。通风设计的修改也是基于当
“瘴气论”还作为医学的主流思想，当细菌还没有完全被认识，医院作为疾
头时，通风已经成为医院预防疾病的必需条件。

新医院是澳门当时最大的工程，在 8 月 10 日的奠基典礼上，澳门总督欧美德宣布该医院命名为“圣雅努阿里奥军人医院”，一般习惯称为仁伯爵医院。[4] 经过一年多的建设，仁伯爵医院顺利竣工。1874 年 1 月 5 日，在新落成的医院大楼门口举行了盛大的启用仪式。[5] 欧美德总督对于在自己任期内完成如此规模的工程感到非常满意，他在开幕式上讲话称：

> 我要向葡萄牙殖民地澳门居民祝贺，向主张进步和人道的朋友们祝贺，祝贺他们在我任期内在一个荒芜的山上迅速建起了一个旨在达到如此有益和人道主义目的的巨大建筑……人民在卫生意识上的进步是非常重要的，可以用来抵抗殖民地恶劣的气候环境，要利用世界先进科学的方法来治疗疾病。[6]

仁伯爵医院的东北部塔楼是小祈祷堂，上面为天文观察室；西南部塔楼的下层用作值班军医官的宿舍，上面安置原来在圣奥斯定教堂塔楼上的钟。医院设有警卫室、护士室、5 人军官病房、6 人军官病房、3 人病房、浴室和厕所；还有门房、护士长房、药房、储藏室和停尸房。医院有三个中央大病房，最大和中等的可以供 20 个病人使用，其他小病房有 12 个病人，或者 8 个病人。[7]

仁伯爵医院的建成无疑是 19 世纪澳门医疗事业的巨大进步。大楼的外观不仅使全

---

① Manuel Teixeira, *A Medicina em Macau*, Vol. Ⅰ, Macau: Imprensa Nacional, 1975 – 1976, pp. 57 – 59. José da Conceição Afonso, *Contributos Para a História da Saúde em Macau*, (*dos Finais do Séc. XIX as Duas Primeiras Décadas do Séc. XX*), Adminstração n.ª70, Vol. XVIII, 2005, 4ª, pp. 1293 – 1294.

② Manuel Teixeira, *A Medicina em Macau*, Vol. Ⅰ, Macau: Imprensa Nacional, 1975 – 1976, p. 59; Centro Hospitalar Conde de S. Januário, *Um Hospital Novocom 120 Anos de História*, Macau: Livros Oriente, p. 15.

③ Manuel Teixeira, *A Medicina em Macau*, Vol. Ⅰ, Macau: Imprensa Nacional, 1975 – 1976, p. 59.

④ ［葡］施白蒂著，姚京明译：《澳门编年史：19 世纪》，澳门：澳门基金会，1998 年，第 188 ~ 189 页。

⑤ Manuel Teixeira, *Toponímia de Macau*, Vol. Ⅰ, Macau: Instituto Cultural de Macau, 1997, pp. 82 – 86.

⑥ Manuel Teixeira, *A Medicina em Macau*, Vol. Ⅰ, Macau: Imprensa Nacional, 1975 – 1976, p. 65.

⑦ Manuel Teixeira, *A Medicina em Macau*, Vol. Ⅰ, Macau: Imprensa Nacional, 1975 – 1976, p. 57.

到葡萄牙里斯本建筑学会的赞赏；医院内部陈设也体现了医疗的最高水良好的通风、采光及卫生环境条件，设有手术室、解剖房、天文观察室，配有欧洲最先进的外科手术箱、电磁仪等医疗设备，这也是将澳门的医疗推到了新的高度。正如卫生局局长卢西奥·席尔瓦在典礼上所说的：“将上帝之博爱传达给病人，是医院的首要目的，但是科学技术也是不可以忽视的，这代表着葡萄牙这个民族和荣誉。”① 当重视科学技术成为医院管理者的管理理念时，澳门医疗事业近代化也进入成熟期。

（三）澳门卫生局的成立

1569 年澳门第一所医院的成立是澳门医疗事业的起点。此后，澳门医疗经历了天主教修会药房与诊所的出现、聘用“政府医生”制度的建立、贫民医院扩建等医疗事业的重大事件，但整体说来，此前的澳门医疗事业仍然呈现出松散的无秩序状态。直至 1844 年，澳门卫生局的成立，才标志着澳门医疗系统的正式确立。澳门卫生局，葡文为 O Serviço de Saúde，直译为卫生服务，又称为卫生事务司，该机构名称一直沿用。但是，在 1879 年《澳门指南》中，卫生局又被称为 Quadro de Saúde，译为卫生人员编制。②

1844 年，澳门医疗服务被要求按照葡萄牙海外殖民地医疗系统进行重组，医疗服务必须纳入市政服务之内；并且强制要求政府承担市民的医疗工作，要求医院必须有 3 名专科医生服务，澳门市民医疗主要由圣拉法尔医院负责；当年 12 月又进一步完善规定，要求主治内科医生和主治外科医生来担任卫生局局长，并且受海外殖民地管辖条例的约束；其中安哥拉、莫桑比克和印度果阿主治医生必须是中校军衔，而澳门及佛得角的外科治医生必须是少校军衔，另外主治外科医生分为一级和二级。除此以外，还必须有另一个主治外科医生及其助手驻地。③

1848 年，亚马留总督发布政令，宣布成立卫生委员会（A Junta de Saúde）④，专职负责殖民地军队的医疗卫生。第 17 号公告：澳门帝汶梭罗省总督决定如下：

> 为了加强公共事业，成立一个常设性的卫生委员会，满足公共卫生的一切需要；我宣布任命主治外科医生若泽·特雷斯（José Severo da Silva Teles），市民外科医生维森特·皮特（Vicente Salatwichy Piter）和托马斯·若译·弗雷塔斯（Thomaz José de Freitas）组成一个卫生委员会。目前该卫生委员会受委托担负澳门

---

① *Boletim da Província de Macau e Timor*, 17 de Setembro de 1870, p. 193.

② *Directorio de Macau para o anno de 1879*, Macau: Typographia Mercantil, 1879, p. 9.

③ Manuel Teixeira, *A Medicina em Macau*, Vol. Ⅰ, Macau: Imprensa Nacional, 1975 – 1976, p. 172.

④ 按：1851 年成立的澳门政府卫生委员会并非第一个卫生委员会，在 1837 年时澳门政府为了控制性病泛滥也成立了一个卫生委员会来应对这一社会问题，但很可能 1837 年成立的卫生委员会是一个临时性的机构，后可能被裁撤，故到 1851 年时重新建立。参见［葡］伊莎贝尔·努内斯著，晓湖译：《舞女和歌女：澳门妓业面面观》，载《文化杂志》（中文版）第 15—16 期，1993 年，第 51 页。

军队卫生委员会的职责，根据其法令和章程检查炮兵营和临时兵营病人的状况。

我去年5月26日公布的关于任命一个特殊委员会的第15号法令失效。各相关部门通晓并执行。1848年9月30日于澳门。亚马留。①

这说明殖民地政府可以根据社会的实际情况调控医疗资源。1848年正是葡萄牙强行推行殖民统治时期，因为军队作为殖民机器、角色关键，因此澳葡政府决定成立卫生委员会负责军队医疗问题，但是未提及平民的医疗工作。

1866年澳门卫生报告提到，当时有8位医生，卫生局1位，第一炮兵营2位，警察局1位，市民4位。卫生检查委员会由省主治外科医生、炮兵营主治医生和主治医生助理组成，医院的门诊服务则由其中两位医生担任。但是，平时卫生局很难聘用这么多符合资格的医生。1869年12月2日，葡萄牙政府再次颁布政令规定澳门及帝汶省医疗人员架构：卫生局主席（少校或者中校）1名，一级医生（上尉）1名，二级医生（中尉）3名，药剂师（上尉或者中尉）1名，共6人。② 从1875年至1883年间，只有在1882年1—2月达到了葡萄牙卫生局的人事要求，其余时间澳门医疗系统总存在职位空缺。

1875年，卢西奥·席尔瓦医生公布《卫生服务章程》，③ 这是自卫生局成立以来澳门第一份卫生服务章程。章程共分为两部分，第一部分为一般卫生服务章程，第二部分则为军人医院章程。章程指出，澳门及帝汶省卫生服务由卫生局的医生、药剂师以及相关卫生服务机构的人员来负责。澳门城市根据行政堂区分为三个卫生区域，每一个区域也包括临近的华人村庄。澳门和帝汶为一独立的医疗人员框架，一般由三位医生组成，即由卫生局主席、两位医生或药剂师组成。值得注意的是，章程指出，所有澳门卫生局医生都必须轮流到帝汶工作，这也是医疗人员晋升的必要条件。章程还明确了卫生委员会（又称医局公会）之职责，由政府授权组成，负责军队和平民的医疗服务，与卫生局是两个完全独立的机构；卫生局主要负责医疗人员的调配及其他行政事务的处理，但卫生局主席必须是卫生委员会的成员，且卫生局主席拥有提出委员会成员建议的权力。此时，卫生委员会的职责与1848年亚马留政府的政令内容有了差异，它将平民的医疗服务纳入服务范围之内。这与殖民政府的工作重心发生变化有关，19世纪70年代以后，殖民扩张已经不是澳葡政府的主要职责，城市建设取而代之，因此调整了卫生委员会的工作职责。这一份《卫生服务章程》是澳门医疗服务工作的指导文件，其中不仅明确权责，还细化了工作程序。这一份医疗章程在澳门使用超过了

---

① *Boletim do Governo da Província de Macao, Timor e Solor*, Vol. Ⅲ, 21 de Outubro de 1848, p. 81.

② Manuel Teixeira, *A Medicina em Macau*, Vol. Ⅰ, Macau: Imprensa Nacional, 1975 – 1976, p. 172.

③ *Boletim da Província de Macau e Timor*, Vol. XXI, 13 de Novembro de 1875, No. 46, pp. 192 – 193; 20 de Novembro de 1875, No. 47, pp. 196 – 197; 27 de Novembro de 1875, No. 48, pp. 201 – 202; 4 de Dezembro de 1875, No. 49, pp. 205 – 206; 11 de Dezembro de 1875, No. 50, pp. 208 – 209; 18 de Dezembro de 1875, No. 51, pp. 212 – 214; 25 de Dezembro de 1875, No. 52, p. 218; Vol. XXII, 1 de Janeiro de 1876, No. 1, p. 4; 8 de Janeiro de 1876, No. 2, pp. 6 – 7; 22 de Janeiro de 1876, No. 4, pp. 10 – 11; 29 de Janeiro de 1876, No. 5, pp. 14 – 15; 5 de Fevereiro de 1876, No. 6, pp. 19 – 23.

20 年。

经过数十年的发展，澳门的医疗体系初具规模。1879 年，澳门共有三所与医疗相关的行政管理单位，分别是卫生局、医局公会和洁净街道馆。卫生局主要负责公立医生和药师的聘请和任职调配，共聘用医生 4 名，2 名在帝汶服务，1 名缺席，只有 1 名有执照的医生及 1 位二级药师在澳门服务。医局公会主要负责医院的医疗工作，除了任卫生局局长的卢西奥·席尔瓦医生，还有 1 位阿尔瓦雷特医生；而洁净街道馆是负责社会公共卫生，主要是动物粪料处理等。另外，澳门还有 3 所西式医院、2 所公立医院及 2 间药房。①

19 世纪中叶，澳门医疗事业摆脱了完全依靠仁慈堂管理的局面，政府也不再满足于仅仅聘用医生，而且开始了对医疗事业更强有力的管制。加之世界医学认识的进步，政府意识到公共卫生是一个关乎地区安全的问题，医疗行政管制开始逐步完善。但是随着医学的发展，医院逐渐向医疗培训开放，临床医学逐步被建立；且伴随医疗手段的增多，家庭医生逐步被医院门诊医疗制度取代。到 20 世纪中期，英国国家卫生局调查发现，马车时代的医生一去不复返了。“两个变化的发生使得老式的家庭医生越来越少——医疗实践的核心从全科医师转换到专家医师，初级保健的治疗场所有病人家庭转到医生的诊所和门诊部。”② 这种医疗体系的建立是澳门医疗事业发展的巨大进步，是澳门医疗近代化发展重要的一部分。

第四节 澳门的西方医学、药物及流行病

西方医学在中国本土化完成之前，其学术思想及医疗技术向中国输入的媒介一直是由基督教的传教士来充当的。最早向中国介绍西方医学的是艾儒略的《西学凡》，其中提到西方医学时称：

> 操外生死之权，盖人世所重莫甚乎怯其所忌，所忌莫甚乎害命之疾病。病之名无算也，而疗病之神药正方又无几，故有垂死而得一神药以复苏，有轻疾而投一妄剂以致殒。古谚云：“贼心莫甚乎邪俗，贼心莫甚乎邪药。”又云：“病之属者，什死一二，医之愚者，什死七八。”西国不敢轻易此举，必立国中讲医之庠，延博学高明之医已曾留心斐录者，始令习医之徒，相从肆学，诠释古医之遗经，

① 澳门中央图书馆藏，*Directorio de Macau para o anno de 1879*, Macau: Typographia Mercantil, 1879.

② ［美］罗伊·波特著，张大庆译：《剑桥插图医学史》，济南：山东画报出版社，2007 年，第 91 页。

发明人性之本原，辨外体百肢之殊，内脏诸情之验，及百病之所以然，而因设其所用疗治之药，大约六年之内，博习医经，然后随师日观所诊之脉，所定之方，所试之效，而始令其得考选也。考非精熟领主司之命者，不得擅医人。[①]

从现代医学的角度来看，明清之际传入中国的西学纯粹属于医学的内容很少，西洋医学往往是以性学的面貌传入中国的，所以出现了大量传教士介绍人体解剖及生理知识的专门著作。[②] 其中特别是解剖学更被视为西方医学传入中国的第一学术。

一、澳门的西方医学介绍与研究

（一）医学书籍的传入及医学知识的介绍

最早传入澳门的西方医学书籍应为利玛窦和罗明坚在1584—1586年编纂的《葡华辞典》，在这部收录有约3 000个词条的字典中，著录了113个与医学相关的词条，包括药名、人体部位名、人体生理名词、医院医生名词、治疗法名词（如放血、腹泻药是欧洲传统医学中两种最为基本的疗法），而最多的是病名。这些词汇的收入，表明它们是当时传教士日常传教工作和生活以及与中国人打交道过程中常用的词汇，因此可以证明，尽管罗明坚、利玛窦等传教士不是医生，更不是医学家，但他们曾在中国进行简单的行医活动。这些疾病名称以外科疾病为主，也从一个侧面反映出当时传教士行医过程中所治疗的种类范围。[③]

比利时耶稣会会士金尼阁（Nicolas Trigault）在1594年之前就学习过医学。1607年前往印度果阿，在船上出任医生，照料病人。1610年，金尼阁神父抵达澳门，未停留多久就前往南京，1612年从南京回到澳门，在澳门停留数月后，作为传教会司库于1613年离开澳门前往罗马。[④] 1619年，金尼阁带着召集的22位教士，以及7 000余部欧洲书籍抵达澳门。[⑤] 金尼阁在澳门未停留很久即启程入华。1623年，金尼阁在河南开封，曾经“以其余资施济贫民，并为穷不能致医者治病”[⑥]。1628年殁于杭州。虽然没有明确材料显示金尼阁在澳门行医，但可确定其在华行医，且基于其医学背景，他带回的7 000余部欧洲书籍中有大量关于西方医疗的书籍。据狄仁吉（Thirerry）神父的目录，金尼阁带回的有

---

① ［意］艾儒略著，叶农整理：《艾儒略汉文著述全集》上册，桂林：广西师范大学出版社，2011年，第94页。

② 董少新：《形神之间：早期西洋医学入华史稿》，上海：上海古籍出版社，2008年，第276页。

③ 董少新：《形神之间：早期西洋医学入华史稿》，上海：上海古籍出版社，2008年，第411~417页。

④ ［法］费赖之著，冯承钧译：《在华耶稣会士列传及书目》，北京：中华书局，1995年，第115~117页。

⑤ ［比］高华士著，李庆译：《17—18世纪澳门耶稣会在中欧书籍流通中的角色：以西式藏书为中心》，载《澳门研究》第67期，2012年，第130页。

⑥ ［法］费赖之著，冯承钧译：《在华耶稣会士列传及书目》，北京：中华书局，1995年，第120页。

关欧洲医药学的书籍达308种,[①] 下面选择其中具有代表性的3种译出:

1. Angiolo Sala, *Emetologia ou Triomphe des Médicamens Vomitifs*, Delphis, Andreas, 1613. 昂日奥劳·萨拉,《催吐药物学或催吐药物之成就》, 1613年。

2. Prospero Alpini, *De Medicina Aegyptiorvm*, *Libri Qvatvor*, *In Qvibvs Mvlta Cum de Variomittendi Sanguinis vsu Per Venas*, *Arterias*, *Cucurbitulas*, *Ac Scarificationes Nostris Inusitatas*, *Dequeinustionibus*, *& Alijs Chyrurgicis Operationibus*, *Tum de Quamplurimis Medicamentis Apud Aegyptiosfrequentioribus*, *Elucescunt* … Venetiis, Apud Franciscum de Franciscis Senensem, 1591. Prospero Alpini. 论埃及医学四书:在其中,多处论及经由血管、动脉和对我们而言非寻常之破皮的不同放血用法,以及火疗,一些外科手术,当时埃及人最经常使用的治疗方法,威尼斯,Franciscum de Franciscis Senensem出版社,1591年。

3. Timothy Bright, *Therapeutica*; *Hoc est de Sanitate Restituenda*, *Medicinae Pars Altera*: *Autore Timotheo Brighto Cantabrigiensi*, *Medicinae Doctore* … Francofurdi, Apud Joannem Wechelum, 1589. Timothy Bright. 论治疗;这部分乃医学至第二部分,论恢复健康,作者为来自剑桥的Timothy Bright,医学博士,法兰克福,Joannem Wechelum出版社,1589年。[②]

这一批书籍在澳门圣保禄学院停留过相当长的时间,据高华士(Noël Golvers)的研究:

> 金尼阁收集的图书主要是向在华诸住院提供的,而非澳门学院,然而因为当时中国的政治和军事状况,金尼阁图书在达到澳门后,此后数年就留在耶稣会的院墙之内,被存放在司库那里。[③]

这应该是西方医学书籍第一次大规模地进入澳门,虽然后来陆陆续续有一批书籍进入内地,但多数仍然留在澳门,而且时间相当长。所以,从这一角度而言,金尼阁对西方医学进入澳门,甚至进入中国做出了极大的贡献,可以视之为从澳门入华的西医传教士第一人。

西方医学书籍传入澳门除了金尼阁以外,还有迪奥戈·瓦伦特(Diogo Valente)主教,他于1619年来到澳门时带了一批图书,有280个条目,组建了一个小的图书馆。据高华士介绍,在主教藏书书目中有医学方面的书籍。除此以外,澳门圣保禄学院药房也有一批藏书,其中有一批从欧洲带进的西方医学书籍,如1658年,鲁日满(François de Rougemont)在这里看到了1578年在布尔戈斯(Burgos)出版的Cristóvão

---

① 段世磊:《欧书东传早期概况:澳门圣保禄学院1616年藏书目录》,载《文化杂志》(中文版)第93期,2014年,第71页。

② 北京遣使会编:《北堂图书馆藏西文善本目录》,北京:北京图书馆出版社,2008年,第171、217、319~320页。

③ [比]高华士著,李庆译:《17—18世纪澳门耶稣会在中欧书籍流通中的角色:以西式藏书为中心》,载《澳门研究》第67期,2012年,第130页。

da Costa，*Tratado de Las Drogas y Medicina de Ias Indias Orientales* 这部书，他还曾引用过该书中针对肾结石的疗法和药物。1636 年，潘国光（Francisco Brancati）在澳门的药房还看过塞凯拉（Gaspar Cardoso de Sequeira）*Tesouro de Prudentes* 的抄本，此书为一药房百科全书，主要是介绍葡萄牙本土流行的药物，潘国光还说："我知道，这本书在澳门神父那里也藏有，曾得到广泛的使用。"① 这些资料可以反映，16—17 世纪时传教士从欧洲带了相当数量的西方医学书籍进入澳门，而且这些书籍已经被人广泛地阅读和利用，这对西方医学知识在澳门的传播起着十分重要的作用。

（二）人体解剖学的传入、研究与介绍

在早期传播的西方医学中，解剖学是最被传教士关注的内容。人体系统的解剖研究对于医学发展起到了举足轻重的作用。古代欧洲一直认为人体是神圣不可侵犯的，因为天主教认为身体属于上帝而非自己。医生为避免亵渎上帝，从不解剖人的尸体，这一点阻碍了医学发展。直至 14 世纪中叶，欧洲黑死病流行，教宗批准验尸以寻找瘟疫的根源，解剖的禁锢逐渐松弛。1537 年，教宗克莱门特七世（Clement Ⅶ）才最终允许将尸体解剖用于教学。1543 年，维萨里（Andreas Vesalius）出版了《人体的构造》（*De Humani Corporis Fabrica*），该书的出版更新了欧洲人对于人体的认识，奠定了医学解剖学的发展。②

邓玉函神父在年轻时已经是一位著名的医生，他在弗莱堡大学学习的就是医学。1619 年，他抵达澳门，在澳门居停 2 年后潜入内地。根据澳门掌故，他在澳门时被分派管理仁慈堂辖下的贫民医院，圣保禄学院诊所、药房及麻风病院，还兼任圣保禄学院教师，教授医学、哲学和数学。他除了治病救人和教学外，还带领亚裔修士进行学术研究，在澳门茨林围（Pátio do Espinho）创设人体解剖工作室（当地称为劏尸房）。③在这间史无前例的澳门人体解剖工作室内，邓玉函神父解剖了因病过世的熊三拔神父。他在医学记录中写道：

> 死者是意大利莱切人熊三拔神父。十几年来，他一直深受一种黑色液体的折磨，每个月都要呕吐出一种黑色胆汁。他死后我安排做尸体解剖，观察病况，发现在他的胃部下方长了一个手掌长、四指宽、充满了此种黄黑色液体的囊状水泡。④

根据症状描述，这种疾病极有可能是胃癌。由于当时医学对于治疗疾病还不充分，如

---

① ［比］高华士著，李庆译：《17—18 世纪澳门耶稣会在中欧书籍流通中的角色：以西式藏书为中心》，载《澳门研究》第 67 期，2012 年，第 128 ~ 129 页。

② 苏上豪：《开膛史》，北京：中信出版社，2014 年，第 30 页。

③ 金丰居士：《仁慈堂老人院，尸房改建百事吉昌》，载《新报》，2008 年 10 月 9 日。

④ ［德］埃利希·蔡特尔著，孙静远译：《邓玉函，一位德国科学家、传教士》，载《国际汉学》第 22 辑，郑州：大象出版社，2012 年，第 66 ~ 67 页。

果能够很好地利用这样的解剖发现是有益于医学进步的。邓玉函还是最早发现烟草对人类肺部有害的人。他在澳门人体解剖工作室里解剖了一个吸烟上瘾的日本神父。他向欧洲汇报时称：

> 死者是一位日本神父，由于大量吸烟上瘾，其呼出来的气息发出臭味。打开他的胸腔时，我看到的是海绵状的干瘪的肺脏，充满了许多淡蓝色的斑点。①

这是历史上最早的发现烟草对肺部有巨大伤害的医学报告。虽然不清楚报告寄到欧洲后产生怎样的反响，但是邓玉函神父在澳门所进行的人体解剖实践和研究在世界医学发展史上应具有十分重要的意义。

1621 年，邓玉函进入内地，随同葡萄牙人傅汎济到浙江嘉定学习中文，后又到杭州避难，居住在李之藻家中。在此期间，由邓玉函口述，李之藻派一中国文人笔录，约在 1623 年完成了《泰西人身说概》二卷。书成之时，恰逢再次爆发"南京教案"，致使书未能刊行，一直存放在汤若望处。1634 年，华人天主教徒毕拱辰发现了此书稿，遂于 1643 年将其刊行出版。②

《泰西人身说概》第 1 卷讲了骨骼、神经、体内脂肪、静脉、皮肤、躯体和血液；第 2 卷写了感官、视觉、听觉、嗅觉、舌头、触觉、发音的原理及其形成，但是对人体的内脏没有涉及。③ 另一解剖学著作《人身图说》，由罗雅谷、龙华民、邓玉函合作完成，分上、下两卷，上卷讲解了胸腔和腹腔的解剖原理，下卷则是 21 幅配有文字说明的人体解剖图。这两本书籍内容互为补充，开创了西方解剖学入华的最早记录。④

虽然人体解剖在中国发源很早，但是中国的解剖多受阴阳和宇宙本体论限制，并没有形成独立的体系。邓玉函在澳门开设的人体解剖工作室，不仅在中国是首创的西医解剖室，在欧洲的医疗研究中也是极为进步的做法。邓玉函神父关于烟草对肺部有巨大伤害的观点，通过他与友人的信件传到了欧洲，也是最早且重大的医疗发现。邓玉函神父作为医疗研究的前沿人才，在澳门逗留两年也没有停止医疗研究的脚步，为世界医疗发展做出极大的贡献。不仅如此，其入华后在自己解剖学知识的基础上完成《泰西人身说概》，又与他人合作完成了《人身图说》，这两本中国最早的西医解剖学著作，虽然未能广泛流传，但大大丰富了国人对于人体及医学的认识，仍是中西文化

---

① Gabrieli Giuseppe, *Giovanni Schreck, Linceo, Gestuita e Missionario in Cina e le sue Lettere dall' Asia*, *Rendiconti della Classe di Scienze Morali, Storiche e Filologiche*, Roma: Accademia dei Lincei, Ser. 6, Vol. 12, 1936, p. 495；转引自［德］埃利希·蔡特尔著，孙静远译：《邓玉函，一位德国科学家、传教士》，载《国际汉学》第 22 辑，郑州：大象出版社，2012 年，第 67 页。

② （清）刘凝：《天学集解》卷 4，毕拱辰：《泰西人身说概序》，俄罗斯彼得堡公共图书馆藏清稿本，第 31 页。

③ ［比］钟鸣旦等编：《法国国家图书馆藏明清天主教文献》第 4 册，邓玉函：《泰西人身说概》，台北：台北利氏学社，2009 年，第 345 ~ 461 页。

④ ［比］钟鸣旦等编：《徐家汇藏书楼明清天主教文献续编》第 5 册，罗雅谷、龙华民、邓玉函：《人身图说》，台北：台北利氏学社，2013 年，第 1 ~ 126 页。

交流的重要标志。

邓玉函在澳门开创中国西医研究之先河，在人体解剖方面做出了诸多努力及贡献。在其介绍西洋医学的思路下，后来西洋传教士翻译出版了一系列西洋医学的著作，包括法国传教士白晋（Joach Bouvet）和巴多明（ Dominicus Pareniu）编译的《人体解剖学》，石振铎（Petrus Pinuela）撰写的《本草补》等一系列西医知识的重要著作。范行淮先生认为："自邓玉函、罗雅谷诸人所译《说概》《图说》为西洋初次传入之两部解剖、生理学书，而《本草补》则为西洋传入药物学之嚆矢，与邓、罗之书可称鼎足而三。"[①] 可见邓玉函在"西医入华"中的重要影响力。澳门的医学研究自邓玉函神父开始，并没有因此结束，此后经过澳门的传教士，或将澳门作为研究、写作的基地，或为保存书稿之地，一度被视为西方医学知识入华的储备库。

（三）对中医的研究与介绍

16 世纪中叶以后，来华的欧洲人大多对中国的中医比较感兴趣，而作为医生的传教士，他们对中医则表现出更加不同寻常的热情与关注，并且展开了他们对中医的研究，其中最具代表性的应为德国传教士邓玉函。

邓玉函除了在澳门进行解剖尸体的科学研究，同样对中医感兴趣。在从欧洲果阿到澳门的旅途中，邓玉函生病了，便将自己作为研究对象，非常客观地描写自己的病情和治疗方法。他写道：

> 我在澳门整整待了两年。第一年期间，我在研究工作方面什么也没有搞成……部分原因也是又一次我在三个月内持续不断地每三天重复发烧一次，让我感到惊奇的是黏液很多。尿液虽然和正常人一样，但每天都突然地打寒战，同时一股压力压向胃部。泻药对这种发烧也不起作用。我用了双倍剂量的泻药也无济于事。最终，我在病情开始发作时服用了由两种中国植物的根熬出来的汤药，随后将痰液全部呕吐出来了。我感觉好一些了，但八天之后又开始发烧。[②]

根据症状判断，邓玉函教士所得的应该是疟疾。信中提到的"中国植物的根"其中之一可能是指"柴胡"。根据《本草纲目》记载，"柴胡，亦名地熏、芸蒿、山菜、茹草，味苦、平、无毒，主治伤寒余热、小儿骨热、虚劳发热、湿热黄疸、眼睛昏暗及积热下痢等"[③]。柴胡很早就被华人用来治疗疟疾，因此极有可能治愈邓玉函的就是柴

---

① 范行淮：《明季西洋传入之医学》，上海：上海人民出版社，2012 年，第 122 页。

② Gabrieli Giuseppe, *Giovanni Schreck, Linceo, Gestuita e Missionario in Cina e le sue Lettere dall' Asia, Rendiconti della Classe di Scienze Morali, Storiche e Filologiche*, Roma: Accademia dei Lincei, Ser. 6, Vol. 12, 1936, p. 509. 转引自［德］埃利希·蔡特尔著，孙静远译：《邓玉函，一位德国科学家、传教士》，载《国际汉学》第 22 辑，郑州：大象出版社，2012 年，第 65 页。

③ （明）李时珍：《本草纲目》卷 13，《草部》2，《茈胡》，沈阳：辽宁民族出版社，1998 年，第 158 页。

胡。“以身试药”就是邓玉函神父研究药物的方法之一。明人刘侗记载：

其（指利玛窦）友邓玉函。函善其国医，言其国剂草木，不以质咀，而蒸取其露，所论治及人精微。每尝中国草根，测知叶形花色，茎实香味，将遍尝而露取之，以验成书，未成也。①

邓玉函曾向欧洲报道中医治疗方法：

他们把手上一根很长的针捻入皮肤，而且是完全插进去，此间还配以不同的手法动作。据说这种手法可以治疗瘤子，但是这一切只是道听途说，未曾亲眼见到。

当欧洲的医生还在使用红烙铁进行治疗，使自己的病人感到十分疼痛的时候，中国人却已经拥有了更加温和和有效的热疗方法，即所谓炙法。他写道：中国人不用红烙铁而是使用一点干燥后的苦艾并使之在皮肤之上熏烤、燃烧，结果成效多半明显。②

1621 年，邓玉函再次向他的欧洲友人介绍：

关于中药和中医，我大概可以这么说，几乎所有的中药都要煎熬，它们是晒干的草药或剁碎的根；矿物质人们很少使用。（医生）自己是经验主义者，实际对病因毫无所知，但在切脉上他们非常擅长，他们在把脉时，什么也不问病人，而是讲述另外毫不相干的事情，似乎在读一本书，像吉普赛人看手相一样。③

邓玉函神父对于中医治病观察入微，且基本来讲都是客观的。在邓玉函之前，利玛窦也曾经向欧洲介绍过中医：

他们按脉的方法和我们的一样，治病也相当成功。一般说来，他们用的药物非常简单，例如草药或根茎等诸如此类的东西。事实上，中国的全部医术都包含在我们自己使用草药的规则里面。④

相较而言，邓玉函神父的介绍更为仔细客观，没有掺杂个人想法和民族感情；甚至认为中医“艾灸”的治疗方法较为先进。这充分体现出科学研究的态度：严谨、客观及探索。

在澳门研究中医者除了邓玉函外，还有波兰耶稣会会士卜弥格神父。卜弥格是波兰国王御医的儿子，自己也精通医学，1649—1651 年曾寄居澳门。他曾将中国传统医

① （明）刘侗：《帝京景物略》卷 5，《西城外·利玛窦坟》，北京：北京古籍出版社，1980 年，第 207 页。

② ［德］埃利希·蔡特尔著，孙静远译：《邓玉函，一位德国科学家、传教士》，载《国际汉学》第 22 辑，郑州：大象出版社，2012 年，第 66 页。

③ ［德］埃利希·蔡特尔著，孙静远译：《邓玉函，一位德国科学家、传教士》，载《国际汉学》第 22 辑，郑州：大象出版社，2012 年，第 76 页。

④ ［意］利玛窦、［比］金尼阁著，何高济等译：《利玛窦中国札记》，北京：中华书局，1983 年，第 34 页。

学经典——王叔和的《脉经》译成拉丁文，该文手稿共49页，藏在里斯本科学院图书馆。①

在澳门研究中医的还有两个人物值得一提，一个是1723年出任澳门政府医生的佛兰芒人范德尔蒙特，他对中医也非常感兴趣。博克塞教授曾经在美国印第安大学Lily图书馆发现1730年的中法医学手稿，作者就是范德尔蒙特医生。手稿共11页，是将李时珍的《本草纲目》翻译成法语。“这份极富价值的有趣的手稿，毫不夸张，是中西方医学交流的里程碑式的作品。”② 可见，范德尔蒙特医生曾经将中医介绍到西方，在中西文化交流史上占有一席之地。另一位则是1717年生于澳门的土生葡人、耶稣会会士龙安国（António de Barros），他于1756年将《医方考》一书译为葡萄牙文，《医方考》是明代中国中医最流行的典籍，由徽州歙县人吴昆著，大约刊行在明万历年间，这份译稿共102页，介绍了652种中草药及其功用，另外还附有9页，其中3页写有化学符号和不能服用的药物说明。据手稿提示，龙安国神父可能是为了供澳门圣保禄学院使用而把这部中医名著译成葡文的。③ 这位18世纪的澳门人将一部中国著名医典翻译成葡萄牙文，不仅在澳门的葡萄牙人中流传，更重要的是当时圣保禄学院的传教士利用这部中医名著介绍的中医药，结合他们的西方医药知识研制出了许多新的药方，称之为圣保禄学院药房秘方。那些药方新奇有效，是耶稣会会士利用自己所到之处学到的医学知识研究的结果。④

19世纪时，英国东印度公司医生李文斯敦亦是对中医研究有贡献者。李文斯敦于1808年首次来华，1812年任东印度公司助理医生，1815年升任东印度公司外科医生，1821年被阿伯丁马歇尔医学院授予医学博士学位。他在广州、澳门行医的过程中，对当地社会进行了调查研究，通过调查也引发了其对探究中医的兴趣。1820年，他与马礼逊合作在澳门开办了一家医馆，并附有药房，药房中备有中药，还购置了800多册中医药书籍，建立了一个专门的中医药书籍的图书馆，几乎包括了中医药学的各个分类，还聘请了一位著名老中医和一位药剂师相助应诊，并为他们讲解中医中药知识，而且便于亲自观察中医中药治疗疾病的效果。李文斯敦坦言，创办这家诊所的目的是了解中国的药物和疗法，是否“可以对现今西方所掌握的，能够减轻人类痛苦的手段再做点补充”。通过一段时间的观察和学习，李文斯敦对中医药的认识显然有所加深，他说：

---

① ［葡］阿马罗著，杨平译：《中医对圣保禄学院药房的影响》，载《文化杂志》（中文版）第30期，1997年，第83页。

② *A Sino-French Medical Manuscript of 1730*, The Indian University Bookman, 1973, pp. 5 - 11.

③ ［葡］阿马罗著，杨平译：《中医对圣保禄学院药房的影响》，载《文化杂志》（中文版）第30期，1997年，第83页。

④ ［葡］阿马罗著，杨平译：《中医对圣保禄学院药房的影响》，载《文化杂志》（中文版）第30期，1997年，第81页。

> 我一直认同这种观点，即在2000千多年前，中国比任何西方国家都更精于医术，可是他们后来却鲜有改进，而且很多类似欧洲占星家一样的歪门邪道越来越多，出现了很多荒谬的做法，极大地败坏了中国的医术。这种情况至今未有改观；但我要补充一句，对谨慎能干的人而言，这些错误不会影响到中国医术的治疗效果。①

李文斯敦开办的医馆在运用中医药方面所做的这个尝试意义巨大："它不仅是中国南部同类中的第一家，而且更因为与他们前辈的惯例相反，他们设法与旧式的从业者联合工作。"因此，李文斯敦被誉为"第一个谋求中医合作的西方医生"。②

（四）19世纪后期澳门土生葡人的医学研究

19世纪下半叶，澳门医疗史上出现了两位著名人物，他们一方面推进医疗体制的改革，另一方面因地制宜进行医学研究，为澳门医学的发展做出贡献。

1. 卢西奥·席尔瓦的医学研究

卢西奥·席尔瓦，为出生于果阿的葡萄牙人后裔，1841年在农业商会和葡萄牙财政部的资助下前往里斯本学习医学。1842年9月，他在科英布拉学习，但是没有持续多久就转到里斯本医学外科学院学习，1851年完成学业，此后他还到布鲁塞尔大学完成博士学位的学习。毕业后，他被任命为安哥拉卫生部外科医生，1854年被任命为安哥拉政府主治医生。后因为葡萄牙另一非洲殖民地圣多美和普林西比（Província de S. Tomé）缺乏外科医生，1857年他被派往该地服务，直至1859年。③ 1860年6月4日，澳葡政府任命卢西奥·席尔瓦为主治医生、澳门卫生局局长。④

卢西奥·席尔瓦医生在任澳门卫生局局长期间，撰写了超过15份关于澳门医疗卫生的工作报告。他在报告中提出了疾病与环境、气候相关的医疗主张，并将瘟疫流行期间各区域的染病人数、不同国籍的染病人数、社会各阶层的染病人数等情况分类列表，将每日气温和染病人数结合分析，这种分析方法不仅得到了葡萄牙的嘉奖，甚至受到医学家吉列尔梅·佩加多（Guilherme Pegado）的关注，他观察了英国人在上海和宁波的管理后，非常推崇这种方法。他曾经在自己的文章中说：

---

① ［英］艾莉莎·马礼逊编，杨慧玲等译：《马礼逊回忆录》第2卷，郑州：大象出版社，2008年，第13页。

② K. Chimin Wong, Wu Lieh-Teh, *History of Chinese Medicine*, Shanghai: National Quarantine Service, 1936, pp. 169–170；马伯英等著：《中外医学文化交流史：中外医学跨文化传统》，上海：文汇出版社，1993年，第326页。参见谭树林：《英国东印度公司与澳门》，广州：广东人民出版社，2010年，第228页。

③ Peregrino da Costa, *Medicina Portuguesa no Extremo-Oriente Sião, Molucas, Japão, Cochinchina, Pequim, Macau, Séculos XVI a XX*, Bastorá: Tipografia Rangel, 1948, p. 180.

④ Manuel Teixeira, *A Medicina em Macau*, Vol. Ⅲ, Macau: Imprensa Nacional, 1975–1976, p. 190.

澳门卫生局会每个月将地区疾病分类表格、在军人医院的气象观测图寄给葡萄牙卫生及海军海外委员会。1864年1月27日，委员会主席说，委员会对于此类报告非常赞赏，特别是能够体现疫情的图表清晰地反映了这个城市的霍乱情况，因此决定在里斯本医疗公报上予以公布。①

卢西奥·席尔瓦在自己长期的医疗实践中，总结完成了多份药方，包括治疗跌打损伤的膏药（Bolo）、治疗子宫出血的膏药、调理内脏的颗粒、阿胶（驴皮提取物）和针对霍乱的药方，其中关于霍乱的治疗方法在1873年的里斯本科学杂志上被提及。② 由于席尔瓦医生的勤奋与高产，他的一些著作被作为葡萄牙的医学著作参加了1884年在荷兰阿姆斯特丹举行的殖民地成果国际展览会。

表7-9　卢西奥·席尔瓦著述目录③

序号	名称
1	登革热的两个关键词——1874年澳门卫生报告 Duas Palavras Sobre a Dengue（Relatório Acerca do Serviço de Saúde de Macau, Respectivo ao Ano de 1874）
2	1879—1880年仁伯爵医院医疗数据统计 Estatisticas Medicas do Hospital Militar de Sam Januario, Referidas aos Anos de 1879 e 1880
3	1879—1880年仁慈堂属下的圣拉法尔医院医疗数据统计 Estatisticas Medicas do Hospital de Sam Rafael, Pertencente ú Santa Casa da Misericordia, Referidas aos Anos de 1879 e 1880
4	1879—1880年澳门死亡人数统计 Estatisticas Necrologicas da Cidade de Macau, Referidas aos Anos de 1879 e 1880
5	澳门及东帝汶卫生管理规定 Regulamento Geral do Serviço de Saúde da Província de Macau e Timor
6	1862年关于流行性疾病霍乱的报告 Relatório sobre a epidemia de choleramorbus em Macau ao Ano de 1862
7	1862年、1863年及1864年关于澳门卫生服务的报告 Relatório Acerca do Serviço de Saúde de Macau, Respectivo aos Anos de 1862, 1863 e 1864
8	1865年、1866年及1867年关于澳门卫生服务的报告 Relatório Acerca do Serviço de Saúde de Macau, Respectivo aos Anos de 1865, 1866 e 1867

① Manuel Teixeira, *A Medicina em Macau*, Vol. Ⅲ, Macau: Imprensa Nacional, 1975 – 1976, p. 192.

② Manuel Teixeira, *A Medicina em Macau*, Vol. Ⅰ, Macau: Imprensa Nacional, 1975 – 1976, p. 197.

③ Manuel Teixeira, *A Medicina em Macau*, Vol. Ⅲ, Macau: Imprensa Nacional, 1975 – 1976, pp. 196 – 197.

（续上表）

序号	名称
9	1868 年关于澳门卫生服务的报告 Relatório Acerca do Serviço de Saúde de Macau, Respectivo ao Ano de 1868
10	1869 年关于澳门卫生服务的报告 Relatório Acerca do Serviço de Saúde de Macau, Respectivo ao Ano de 1869
11	1870 年关于澳门卫生服务的报告 Relatório Acerca do Serviço de Saúde de Macau, Respectivo ao Ano de 1870
12	澳门仁慈堂及其医院的报告 Relatório Acerca de Santa Casa da Misericordia de Macau e do Seu Hospital
13	光绪七年镜湖医院的报告及相关管理规定 Relatório do Hospital Chinez de Macau, do Ano 7ª, de Kuang-su (1881) Precedido do Regulamento-do Mesmo Hospital

2. 高斯华的医学研究

高斯华（José Gomes da Silva），1853 年出生于葡萄牙波尔图，1875 年毕业于波尔图外科医生学校，1877 年加入海军部队成为一名军医，1881 年被任命为澳门卫生局二级医生，卫生局办事专员。高斯华医生在澳门度过了 22 年时光，不仅在医疗方面贡献显著，还在科研、文学、教育领域都有卓著成就。1885 年，高斯华升为一级医生，并兼任澳门卫生局局长。在澳门期间，他发表了很多医学著作。

表 7－10 高斯华医学著述目录①

序号	名称
1	澳门及东帝汶植物目录 Catalogo das Plantas da Silva de Macau e Timor
2	1886 年至 1888 年澳门医疗卫生报告 Relatórios Sobre os Serviços de Saúde de Macau e Timor, 1886－1888
3	1888 年印度船只上的霍乱及其在澳门麻风病院隔离情况报告 Relatório da Epidemia da Cholera-morbus A Bordo do Transporte Índia e Nos Lazatetos de Macau em 1888
4	关于东帝汶医疗服务需求的报告 Relatórios Sobre as Necessidades do Serviço de Saúde em Timor

① Manuel Teixeira, *A Medicina em Macau*, Vol. Ⅲ, Macau: Imprensa Nacional, 1975－1976, pp. 255－256.

(续上表)

序号	名称
5	关于血清测试的鼠疫治疗报告(法语) Rapport sur les Essais du Sérum Versim Dans le Traitement de la Peste Bubonique (1897)
6	关于鼠疫在澳门的报告 Rapport sur la Peste Bubonique a Macao et Lapa (1897)
7	澳门及东帝汶卫生服务章程 Regulamento do Serviço de Saúde de Macau e Timor, Macau, Typographia Mercantil, 1898
8	来自澳门一位教师的关于供澳门神学院学生卫生与医疗实践观念研究 Noções de Higiene e Medicina Pratica Para Uso dos Alunos do Seminário Dioceseno de Macau, Por-um Professor do Mesmo Seminário (Macau, Typografia do Seminário, 1899)

19世纪,随着生物学的迅速发展,药物学发展也进入新时期。早期的药物学研究是建立在药用植物的基础上的,因此对于世界各地植物的研究是医学研究的重要领域。18—19世纪,英国东印度公司对华贸易期间,随船而来的商馆医生都会为英国皇家学会在中国采集植物种苗。[①] 为解决澳门药物供应不足的问题,高斯华局长认为本地的一些植物可入药使用:

> 因为潮湿,很多植物在这里难以生长,只能从欧洲进购药品。从另一方面来讲,为了填补用药不足,引进了几种在澳门常使用的欧洲药物。

这些植物包括黑板树,可用来治疗发烧、抵抗瘴气,多用来治疗发烧;另一种曼陀罗花种植物,在澳门及其附近大量存在,是桉树叶的替代品,可以消炎,预防感冒。其他还有软枝黄蝉、甘遂团花等植物:

> 经过多次尝试,茶是一种在澳门民间以及中国南方被广泛使用的药,甚至在葡萄牙也被广泛使用,它祛风排气的益处是不可否认的。[②]

作为医生,他从澳门自然环境中研究采集植物作为药物供应;他还积极推动公共卫生建设,为澳门现代医疗的发展打下基础。

---

① 苏精:《英国东印度公司与西医来华》,载珠海市委宣传部、澳门基金会、中山大学近代中国研究中心主编:《珠海、澳门与近代中西文化交流:首届“珠澳文化论坛”论文集》,北京:社会科学文献出版社,2010年,第52页。

② Manuel Teixeira, *A Medicina em Macau*, Vol. Ⅲ, Macau: Imprensa Nacional, 1975 - 1976, pp. 244 - 245.

二、欧洲人带进澳门的西洋药物

药物是治疗疾病的必需品。人类对于药物的认识起源非常早，中医学中最早的作品即《神农本草经》，传说起源于公元前两千多年前。在欧洲中世纪曾经有一种奇怪的认识，即人类的疾病都有一种药物来治疗，而且它必定有所标记以便被认出。在19世纪现代化学学科建立起来之前，药物主要取材于自然界的动植物，通过蒸、煎、萃取、研磨等多种手段制成药物。这些由欧洲人制成的药物亦通过各种方法与途径传入澳门。

(一)《澳门记略》记载澳门的西洋药物

澳门作为明清之际西医入华的基地，葡萄牙人及天主教传教士通过各种方法和途径将大量的西洋药物带进澳门。据成书于1751年的《澳门记略》记载，澳门的药露有：

> 药露，有苏合油、丁香油、檀香油、桂花油，皆以瓶计，冰片油以瓢计。[①]

这里记录了五种药水。所谓“露”，《本草纲目拾遗》称：

> 露乃物质之精华，其法始于大西洋，传入中国。大则用甑，小则用壶，皆可蒸取。[②]

苏合油，是从产于非洲、印度的苏合香树的树皮中榨取的树脂。宋人沈括称：“每一斗酒，以苏合香丸一两同煮。极能调五脏，却腹中诸疾。”[③] 利玛窦在南京时，曾使用苏合油治病，《万历野获编》称：“渠病时搽擦苏合油等物遍体，云其国疗病之法如是。”[④] 卫三畏的《广州的主要进出口商品》一文称，“苏合油（Rose Maloes）是一种浓稠如焦油的物质，从波斯和印度输入中国。好的表面呈珍珠色，价格每担约30元”。[⑤]

丁香油是从印度尼西亚的一种香料丁香花蕾萃取而得。清人赵学敏的《本草纲目拾遗》称：“丁香油出自南番，乃用母丁香榨取其油，色紫，芳香辛烈。番人贮以琉璃器，盏偶不密，即香达于外，粤澳门多有之。性大热，透关窍，驱寒，治胃寒痛。”[⑥]

---

① （清）印光任、张汝霖原著，赵春晨校注：《澳门记略校注》，《澳蕃篇》，澳门：澳门文化司署，1992年，第165页。

② （清）赵学敏：《本草纲目拾遗》卷1，《水部》，北京：商务印书馆，1955年，第29页。

③ （宋）沈括：《元刊梦溪笔谈》卷9，《人事》1，北京：文物出版社，1975年影印本，第19页。

④ （明）沈德符：《万历野获编》卷30，《利西泰》，北京：中华书局，1980年，第785页。

⑤ ［瑞典］龙思泰著，吴义雄等译：《早期澳门史》附录，卫三畏：《广州的主要进出口商品》，北京：东方出版社，1997年，第357～358页。

⑥ （清）赵学敏：《本草纲目拾遗》卷6，《木部》，北京：商务印书馆，1955年，第205页。

康熙六年（1667）和康熙二十五年（1686），荷兰给康熙的贡品中即有丁香油一项。[①] 卫三畏的《广州的主要进出口商品》一文称，“丁香油（Oil of Cloves）是用蒸馏法制取，出口作医术上的各种用途。如果怀疑丁香油中掺杂了别的油，可以在油中滴进一些烧酒，如果酒与油分离，则证明有掺杂。亦可试用火点燃丁香油，如有任何杂油，其气味立即可以闻出。纯正的丁香油呈红褐色；放置日久，颜色渐渐变深”[②]。

檀香木是产自印度、印度尼西亚的一种植物，一般是树干的干燥心材。檀香油当从檀香木中提取出油脂。《本草纲目拾遗》称檀香油：“出粤中舶上带来。味苦，除恶、开胃、止吐逆。”[③]《舟车闻见录》称：“番人药物，多蒸为露，或榨为油，如蔷薇露，桂花露，荷花露，丁香油，肉桂油，薄荷油，檀香油，今广人皆能为之。”[④] 康熙六年荷兰的进贡品中有“檀香油”一项。[⑤] 据卫三畏称，“最好的檀香来自马拉巴尔海岸，售价每担 10 ~ 12 元；来自帝汶的每担 8 ~ 9 元；而桑威奇群岛所产既小又多节，每担 1 ~ 6 元。檀香可以提炼出油，由于质地芬芳，很受人们珍视。其稠度如篦麻油，黄色，气味极芬芳，在水中会下沉”[⑥]。

桂花油，又称桂花露，是桂花经蒸馏而得。《本草纲目拾遗》称桂花露：“气香，味微苦，明目疏肝，治口臭。”赵学敏言，桂花露“其法始于大西洋，传入中国”。[⑦] 康熙六年，荷兰的进贡品中有桂花油一项。[⑧]

冰片油，又名龙脑香，是由龙脑香树木的树脂挥发获得结晶，清汪昂称冰片油：“出南番，云是老杉树，通诸窍，散郁火。”[⑨] 雍正时期，暹罗国的进贡物品中即有冰片油一项。[⑩] 康熙年间澳门天主堂食品购买册即有“冰片，二分”的记录；[⑪] 又据巴黎外方传教会档案馆所藏天主教中文档案称，福建人倪维智乾隆二年（1737）到澳门采购

---

① （清）刘献廷：《广阳杂记》卷 1，北京：中华书局，1985 年，第 19 页；（清）余金：《熙朝新语》卷 4，《荷兰国》，清嘉庆二十三年刻本，第 17 页。

② ［瑞典］龙思泰著，吴义雄等译：《早期澳门史》附录，卫三畏：《广州的主要进出口商品》，北京：东方出版社，1997 年，第 342 页。

③ （清）赵学敏：《本草纲目拾遗》卷 6，《木部》，北京：商务印书馆，1955 年，第 10 ~ 11 页。

④ （清）阮元：《（道光）广东通志》卷 95，《舆地略》13，《物产》2，清道光二年刻本，第 3 页。

⑤ （清）王士祯：《池北偶谈》卷 4，《荷兰贡物》，北京：中华书局，1982 年，第 80 页。

⑥ ［瑞典］龙思泰著，吴义雄等译：《早期澳门史》附录，卫三畏：《广州的主要进出口商品》，北京：东方出版社，1997 年，第 358 页。

⑦ （清）赵学敏：《本草纲目拾遗》卷 1，《水部》，北京：商务印书馆，1955 年，第 29 页。

⑧ （清）王士祯：《池北偶谈》卷 4，《荷兰贡物》，北京：中华书局，1982 年，第 80 页。

⑨ （清）汪昂：《本草备要》卷 2，《木部》，合肥：安徽科学技术出版社，1990 年，第 95 页。

⑩ 清乾隆官修：《清朝通典》卷 60，《礼宾 · 外国朝贡》，杭州：浙江古籍出版社，2000 年影印十通本，第 2451 页。

⑪ 刘芳辑：《葡萄牙东波塔档案馆藏清代澳门中文档案汇编》下册，《天主教堂买办食品物料修补衣服经架泥水修葺银钱收支簿册》，澳门：澳门基金会，1999 年，第 817 页。

外国药材，其中就购买了冰片和鼻烟两种。①

上述五种药露均是澳门当时拥有的药物，这些药材多数来自东南亚地区，但经澳门葡萄牙人或传教士制作成为澳门特有的药物。至于药露的制法是否"始于大西洋"，应该是有问题的，因为早在唐宋时期，这些药露的名字已见于中国典籍。唐宋时期传入中国的这些药露应该是由阿拉伯人生产和制造的，欧洲人很可能是从阿拉伯人那里学会了各种制药露的方法，再将它们向东方各国传播，所以赵学敏称"其法始于大西洋，传入中国"。

在清代，葡萄酒进入澳门也是被作为药酒而引入的，《澳门记略》载：

> 酒以白葡萄为上，红葡萄次之，所谓色如琥珀，气类貂鼠者。又有葡萄红露酒、葡萄黄露酒，皆以瓶计，外贮以箱。②

葡萄酒在清代宫廷中被充作药用，耶稣会罗德先神父曾经用葡萄酒治好了康熙皇帝的心悸：

> 这位教友果然身手不凡，且颇有经验。他配置了胭脂红酒让皇帝服用，首先止住了最令他心神不安的严重的心悸病；随后又建议他服用产自加那利（Cararie）群岛的葡萄酒。为供弥撒之需，每年都有人从马尼拉给传教士寄这种酒，后者便留心提供给皇帝。不多久，皇帝恢复了体力，如今十分健康。③

现在医学界公认红葡萄酒具有抗氧化、预防心血管疾病的功效。葡萄酒被证明对身体有效之后，清宫档案中就频繁出现西洋人向皇帝进献葡萄酒的记录。④ 葡萄酒被列入澳门地方货品，也说明澳门在西药入华的中转地位。

在澳门的西洋药物中还有吸毒石一项，《澳门记略》称：

> 吸毒石，出西洋岛中，毒蛇脑中石也，大如扁豆，能治毒。⑤

吴震方的《岭南杂记》则有较详细的记录：

> 吸毒石乃西洋岛中毒蛇脑中石也，大如扁豆，能吸一切肿毒，即发背可治。今货者，乃土人捕此蛇以土和肉舂成，大如围棋子，可吸平常肿毒及蜈蚣、蛇蝎

---

① 吴旻、韩琦编校：《欧洲所藏雍正乾隆朝天主教文献汇编》，上海：上海人民出版社，2008年，第242页。

② （清）印光任、张汝霖原著，赵春晨校注：《澳门记略校注》，《澳蕃篇》，澳门：澳门文化司署，1992年，第165页。

③ ［法］杜赫德编，郑德弟等译：《耶稣会士中国书简集：中国回忆录》第2卷，郑州：大象出版社，2001年，第37页。

④ 中国第一历史档案馆编：《康熙朝汉文朱批奏折汇编》第2册，北京：中国档案出版社，1984年，第365、381、386、410页均有提到向康熙皇帝敬献洋酒。中国第一历史档案馆等编：《明清时期澳门问题档案文献汇编》第1册，北京：人民出版社，1999年，第90、96～97、99～100、113～114页都提到澳门或西洋人向康熙皇帝进献葡萄酒的记录。

⑤ （清）印光任、张汝霖原著，赵春晨校注：《澳门记略校注》，《澳蕃篇》，澳门：澳门文化司署，1992年，第166页。

等伤，置患处粘吸不动，毒尽自落。其石即以人乳浸之，乳变绿色，亟远弃之，着人畜亦毒也。不用乳浸石，即裂矣。一石可用数次。真脑石置蛇头，不动为验。①

关于吸毒石，又叫蛇石，明清传教士留下吸毒石的著作两种：南怀仁神父的《吸毒石原由用法》② 及石振铎的《本草补》③（内有关于“吸毒石”的一栏介绍），认为吸毒石是一种可拔除人体毒气的石头状药物，因为是源自毒蛇之身体，故有吸毒之性。用法只需要将吸毒石置于伤处，石头就能吸取毒性，而且不会脱落，吸尽后才会自动脱落，可以重复使用。有学者对吸毒石这一药物的真实性进行考证，发现很多传教士所拥有的小石头正是来自南怀仁的出生地——法国西部的小村庄（Pittern），且不是毒蛇脑中石，而是动物之焦骨，因为有毛细管养的吸附作用，因而能吸附伤口的血液。④

澳门还有一种称为“把杂尔”的药物，《澳门记略》称：

有兽似羊，腹内生一石，可疗百病，名曰“把杂尔”。⑤

这实际上是动物胃中的结石，“似羊”即波斯公山羊，在波斯、印度被广泛作为药用。此物在元代已有记载，《本草纲目》引《辍耕录》云：“石子名鲊答，大者如鸡卵，小者不等，乃走兽腹中所产，独牛马者最妙，盖牛黄狗宝之类也。”⑥ “鲊答”是古葡语Bezar，⑦ 与上述“把杂尔”的读音相一致，可见所记的物体为同一物，现在译为“毛粪石”（一种解毒剂）或者“牛黄”。石振铎的《本草补》将它称为“保心石”，并称：“勃泥岛有兽，名把杂尔，其腹中生一石能疗百病，故泰西呼石为把杂尔，因以名兽，亦此石也。”又称保心石有两种，“一是鹿兽生成，一是泰西名医至小西洋采珍药制成，服之令毒气不攻于心，故曰：保心石”⑧。小西洋，一般指印度果阿。所谓“保心石”，有两种所指：动物之结石或者西医用珍贵药材制成的保健药品。卫三畏称，“胃石（Bezoar）这个名称最初用来指从波斯的一头山羊胃里发现的一种凝固物，后来就被用

① （清）吴震方：《岭南杂记》下卷，清乾隆龙威秘书本，第72页。

② 南怀仁的《吸毒石原由用法》有满、汉两个版本，均藏于法国国家图书馆东方手稿部，转引自甄雪燕、郑金生：《吸毒石及其传入考》，载《中国药学杂志》第38卷，第7期，2003年，第552页。

③ ［比］钟鸣旦等编：《耶稣会罗马档案馆明清天主教文献》第12册，石振铎：《本草补》，台北：台北利氏学社，2002年，第105～144页。

④ Libbrecht U. ,Introduction of the Lapis Serpentines into China,A Study of the Hsi-Tu-Shih of F. Verbiest, S. J. ,in *Orientalia Lovaniensia Periodica*,10/1982,pp. 209－232；转引自甄雪燕、郑金生：《吸毒石及其传入考》，载《中国药学杂志》第38卷，第7期，2003年，第553页。

⑤ （清）印光任、张汝霖原著，赵春晨校注：《澳门记略校注》，《澳蕃篇》，澳门：澳门文化司署，1992年，第163页。

⑥ （明）李时珍：《本草纲目》卷50，《兽部》1，《鲊答》，沈阳：辽宁民族出版社，1998年，第1749页。

⑦ 董少新：《形神之间：早期西洋医学入华史稿》，上海：上海古籍出版社，2008年，第239页。

⑧ ［比］钟鸣旦等编：《耶稣会罗马档案馆明清天主教文献》第12册，石振铎：《本草补》，台北：台北利氏学社，2002年，第125～126页。

来表示从各种其他动物，如马、猪、骆驼等胃内发现的类似物质。产于山羊体内的胃石以前被认为药用价值很高，有时售价10倍于黄金。牛的胃石在此间市场上的价格为每斤20~25元。中国人只用牛的胃石入药。所有的胃石都是由产生它的动物的疾病造成的；是由一个中心的小结，不断添加附着物而形成的。"①

金鸡纳（Cinchona Officinalis）也是葡萄牙人传入澳门的一种重要药物。金鸡纳，别名奎宁树、鸡纳树。为茜草科，金鸡纳属，原产秘鲁。据伊达·科尔塞斯特的《印度庭院花树》记载："1676年时，金鸡纳已经传入印度，并被当地的医生使用。"②不久亦被传至澳门，在17世纪圣保禄学院的药方中出现了大量使用"金鸡纳"的记载，如37种的第6种秘方"粗牛黄"中的配药即有金鸡纳，第14种秘方"退烧药浆"中的配药即有金鸡纳粉。③ 在澳门民间的药方中还有一种退烧酒，叫金鸡纳酒。④ 可以反映，葡萄牙人已经将原产于秘鲁的金鸡纳大量地引入到澳门的药物中使用。葡萄牙人不仅将金鸡纳引入澳门，而且将金鸡纳呈献清廷。金鸡纳最早是由法国传教士洪若翰（Jean de Fontane）、刘应（Claude de Visdelou）带入清廷，据《燕京开教略》载："次年（1693）皇上偶染疟疾。洪若（翰）刘应进金鸡纳（治疟疾西药名）。"⑤金鸡纳治好了康熙的疟疾，康熙对此药认识甚深，颇有称道。查慎行《人海记》称康熙论医时说："西洋有一种树皮，名金鸡勒，以治疟疾，一服即愈。"⑥ 澳门知康熙看重金鸡纳，1714年，澳门圣保禄学院进献康熙皇帝六十大寿的礼品中就有"金鸡纳2阿拉忒尔（Arrástel）半"⑦。1719年澳门王室大法官富商万威·味先地·罗咱代表澳门商人向康熙皇帝进献礼品，其中有秘鲁金鸡纳皮1箱。⑧ 据18世纪瑞典东印度公司的资料，当

---

① ［瑞典］龙思泰著，吴义雄等译：《早期澳门史》附录，卫三畏：《广州的主要进出口商品》，北京：东方出版社，1997年，第334页。中药通常称这种药为牛黄，英文作Cow Bezoar。

② ［葡］伊达·科尔塞斯特：《印度庭院花树》，科尔康塔，1937年，第83页，转引自［葡］塞尔马·德·维埃拉·维约著，崔维孝译：《葡萄牙航海家在东方沿海诸社会可能存在的影响》，载《文化杂志》（中文版）第3期，1987年，第22页。

③ Ana Maria Amaro, *Introdução da Medicina Ocidental em Macau e as Receitas de Segredo da Botica do Colégio de São Paulo*, Macau: Instituto Cultural de Macau, 1992, pp. 19 - 91.

④ ［葡］阿马罗著，杨平译：《中医对圣保禄学院药房的影响》，载《文化杂志》（中文版）第30期，1997年，第87页。

⑤ ［法］樊国樑：《燕京开教略》中篇，中国天主教史籍汇编本，台北：辅仁大学出版社，2003年，第372页。

⑥ ［清］查慎行：《人海记》卷下，《圣祖论医》，北京：北京古籍出版社，1989年，第123页。

⑦ BAJA, Cód. 49 - V - 5, fl. 456, in José Caetano Soares, *Macau e a Assistência, Panorama Médico-Social*, Lisboa: Agência Geral das Colonias, 1950, pp. 173 - 174.

⑧ ［瑞典］龙思泰著，吴义雄等译：《早期澳门史》，北京：东方出版社，1997年，第93~94页。

时瑞典东印度公司来广州购货物中就有“专供瑞典药房的金鸡纳霜”。[①] 赵学敏《本草纲目拾遗》“金鸡勒”条记载：

嘉庆五年（1800），予宗人晋斋自粤东归，带到此物，出以相示，细枝中空，俨如去骨运志，味微辛。治疟：澳番相传，不论何疟，用金鸡勒一钱，肉桂五分，同煎服，壮实人金鸡勒可用二钱，一服即愈；解酒：煎汤下咽即醒，亦澳番传。[②]

可以反映，金鸡纳传入澳门后，不仅在澳门社会起了十分重要的作用，而且对内地的医学发展也影响很大。

（二）圣保禄药房之西药

圣保禄药房是16—18世纪澳门最为重要的医疗机构之一。药房早在1603年就拥有西方最新药典中的草药和化学药品。澳门用的草药是先向果阿订购，每年再从那里运来。[③] 在《耶稣会士在亚洲》档案中保存了一份“每年从印度果阿向圣保禄学院药房发货的清单”，这份清单包括：

1. 玫瑰甜酒一坛；2. 半把杏仁；3. 一把葡萄干；4. 两桶（Candadas）[④] 玫瑰水；5. 一些果阿圣保禄药房有的东西；6. 两桶防风水（防风，是欧洲一种生长在水里的白色花朵，外观美丽，可以用于治疗天花）；7. 一桶茴香水，用蒸馏法制成，用于治疗腹痛，肠道寄生虫疾病；8. 琉璃苣水一桶，用于舒缓胸部疼痛的药品，也可用作发汗剂；9. 玫瑰干药糖剂，用在让伤口结痂；10. 与玫瑰干药糖剂类似；11. 玫瑰糖浆半桶，可以有效地治疗腹泻、疟疾；12. 半夸（Quartilho）[⑤] 紫罗兰花糖浆，润肺，调和体液且减缓霍乱；13. 米仔兰糖浆，这是源于澳门的一种草药，气味芳香；14. 烟草糖浆，用于治疗疥疮，或者表皮擦伤；15. 新煎玫瑰糖浆；16. 两盎司金色鹿蹄草，缓解腹痛；17. 两盎司鹿蹄草；18. 烟熏鹿蹄草，用于治疗疥疮、疱疹等；19. 两盎司鹿蹄草胶，用于缓解胃痛，关节痛；20. 鹿蹄草；21. 拉匝禄·里贝罗秘密药方；22. 半桶玫瑰油；23. 一夸土茴香油；24. 一夸神木浆果油，用于缓解心脏不舒服、呕吐等症状；25. 巴西乳香油，主要用于灌肠；26. 3盎司玫瑰软膏；27. 檀香软膏，用于治疗头痛、失眠；28. 用果汁、烧酒和铸而成的混合饮料；29. 半磅松脂油；30. 半磅干燥油脂；

---

① Tore Frängsmyr, *Ostindiska Kompaniet*, Häganös: Bra böcker, 1976, pp. 52 - 54，转引自王梦达：《澳门在瑞典东印度公司运作时期的文化形态》，载珠海市委宣传部、澳门基金会、中山大学近代中国研究中心主编：《珠海、澳门与近代中西文化交流：首届“珠澳文化论坛”论文集》，北京：社会科学文献出版社，2010年，第114页。

② （清）赵学敏：《本草纲目拾遗》卷6，《木部》，北京：商务印书馆，1955年，第237页。

③ ［葡］阿马罗著，杨平译：《中医对圣保禄学院药房的影响》，载《文化杂志》（中文版）第30期，1997年，第82页。

④ 桶（Candadas），葡萄牙古代的计量单位，相当于4夸尔蒂略，合约2升。

⑤ 夸尔蒂略（Quartilho），葡萄牙古代容量单位，合今的0.5升。

31. 半磅油酸铅；32. 一点乳架；33. 一点没药（末药），止痛化瘀；34. 一点紫菀。[1]

这份药方清单的药物分为两类：第一类为已经制成的药露及药膏，玫瑰甜酒、防风水、茴香水、琉璃苣水、玫瑰糖浆、紫罗兰花糖浆、米仔兰糖浆、烟草糖浆、金色鹿蹄草、玫瑰油、土茴香油、神木浆果油、巴西乳香油、玫瑰软膏、檀香软膏、混合饮料；第二类为未曾加工的草药，如鹿蹄草等。阿马罗教授还称，以上药品“都出自当时最著名的药典”[2]。此药方清单还介绍了几种药物的治疗方法和疗效，如防风水，可以治疗天花；茴香水，用于治疗腹痛、肠道寄生虫疾病；琉璃苣水，用于舒缓胸部疼痛，也可以用作发汗剂；玫瑰干药糖剂，用于让伤口结痂；玫瑰糖浆，治疗腹泻和疟疾；紫罗兰花糖浆，润肺，调和体液且减缓霍乱；烟草糖浆，用于治疗疥疮或表皮擦伤；金色鹿蹄草，缓解腹痛；烟熏鹿蹄草，用于治疗疥疮、疱疹等；鹿蹄草胶，用于缓解胃痛、关节痛；神木浆果油，用于缓解心脏不舒服、呕吐等症状；巴西乳香油，主要用于灌肠；檀香软膏，用于治疗头痛、失眠；没药，止痛化瘀。其中特别提到了一种产于澳门的草药米仔兰，用它制成的糖浆特别芳香；还提到了拉匝禄·里贝罗秘密药方，这应该是果阿葡萄牙人研制的秘方药物，但未公布秘方的内容。

除了上述药方，阿马罗教授还在罗马耶稣会档案馆发现了一部重要手稿，即《耶稣会在葡萄牙、印度、澳门和巴西主要药房独特秘方集》。此秘方集是由上述地区最好的医生和药剂师经试验后合成的。这部著作完成于1766年。根据研究，当时各地耶稣会会士曾将其所发明的药方秘密地寄往罗马，保存在罗马档案馆中，阿马罗教授对这批药方进行了深入的研究，这批药方共有37种：

1. 解丹毒药水；2. 退烧药水；3. 眼药水；4. 眼药水（又一种）；5. 神奇药水；6. 治中风香膏；7. 健胃香膏；8. 粗牛黄；9. 日本儿茶；10. 精良植物药；11. 治哮喘药膏；12. 黑色复方药膏；13. 精致疗伤药膏；14. 疱疹及疥疮药膏；15. 铅脂膏；16. 退烧药浆；17. 金创油；18. 人造保心石；19. 豪猪石；20. 退烧药丸；21. 金色药丸；22. 治痛风药丸；23. 助产药丸；24. 助产药丸（又一种）；25. 调经药丸；26. 去积水药丸；27. 止痛经软膏；28. 去蛔虫粉；29. 收敛药酒；30. 健胃药酒；31. 痔疮膏；32. 金创软膏；33. 治便秘软膏；34. 治创伤软膏；35. 治疝软膏；36. 烧伤膏；37. 白罂粟糖浆。[3]

---

① Ana Maria Amaro, *Introdução da Medicina Ocidental em Macau e as Receitas de Segredo da Botica do Colégio de São Paulo*, Macau: Instituto Cultural de Macau, 1992, pp. 10 – 11.

② ［葡］阿马罗著，杨平译：《中医对圣保禄学院药房的影响》，载《文化杂志》（中文版）第30期，1997年，第82页。

③ Ana Maria Amaro, *Introdução da Medicina Ocidental em Macau e as Receitas de Segredo da Botica do Colégio de São Paulo*, Macau: Instituto Cultural de Macau, 1992, pp. 15 – 16.

除了这份神秘药方目录，阿马罗教授还在手稿中发现了一些药方及其成分，① 根据资料整理如下：

表 7－11 30 种配方概况

序号	名称	成分	备注
1	退烧药水 Agua Febrefuga	菊苣，解毒剂，胭脂红酒糖浆	这是澳门极为流行的药方，药方被记录在一张旧纸上，当地人经常自己制作这种药水自救
2	眼药水 Agua Otalmica	硫酸盐，皓矾，硫酸锌，童子尿，白屈菜汁	这种药物被认为疗效不明显，是一种迷信多于实际的药水；值得注意的是，土生葡人经常利用童子尿入药
3	神奇药水 Agua Prodigiosa	硫酸锌，醋酸铜，山泉水	这种药水被用来治疗眼疾；山泉水是指澳门城的山泉水
4	治中风香膏 Balsamo Apopletico	麝香，桂皮油，琥珀，芸香油，薰衣草油，牛至油，枸橼油，肉豆蔻浓缩油	该药膏男女适用，也可以用来治疗头痛
5	健胃香膏 Balsamo Estomacal	印度白葡萄，香，巴西香膏，甘蔗根，蟾蜍石，葡萄酒精华	蟾蜍石被认为产生于年龄较大的蟾蜍，传说可以检测毒药
6	粗牛黄 Bezuartico de Curvo	华人解毒草药（Contraerva da China），优良的金鸡纳，雅葱类植物根	阿马罗认为，耶稣会利用中药替换南美草药，说明当时耶稣会会士为确保治疗会使用当地的一些药物来替代
7	日本儿茶 Cachundê do Japão	一种日本植物的粉末，麝香，樟脑制剂，甘草汁	这个偏方可以治疗肠胃疾病，消除口臭
8	精良植物药 Cachundê Optimo	一种印度植物提取物，肉桂粉，麝香，樟脑	作用与上一种药物类似
9	精致疗伤药膏 “Comumm” Emplastro Vulnerario Magistral Chamado “comum”	芸香，苦艾，墨兰角，丹参，车前草，松香，铅粉，醋，白蜡，油等药物	这种药物可以治疗任何伤病

① Ana Maria Amaro, *Introdução da Medicina Ocidental em Macau e as Receitas de Segredo da Botica do Colégio de São Paulo*, Macau: Instituto Cultural de Macau, 1992, pp. 19－91.

（续上表）

序号	名称	成分	备注
10	治痛风膏 Esplastro Para Gota	鸦片，母乳，芸香叶，果仁	一些土生葡人妇女认为母乳有助于减轻关节疼痛、治疗眼疾以及所有儿童疾病
11	黑色复方药膏 Emplastro Negro Composto	粉状铅白，橡胶沉淀物，粉状香，松节油，海军松脂，希腊松脂，黄蜡，葡萄酒，油	据称这种药膏可以治疗所有的伤口，使其愈合
12	疥疮药膏 Linim Para Empigens e Sarna	丹铅，硫黄，油	这种药膏可以用来擦洗弯腿，有疥疮的腋窝和手腕，即便现在澳门仍将它用于治疗皮肤病
13	铅脂膏 Manteiga de Chumbo	铅盐，结石（人造，由铝、钾、硫酸盐制成），玫瑰油，醋酸铅	
14	退烧药浆 Massa Para Sezoens	苦艾钠，铵盐，解毒剂，胭脂红酒甜点，草药粉尘，金鸡纳粉	这份草药类似于退烧药，主要治疗发烧、发寒等
15	金创油 Oleo de Apparicio	没药胶，榄香胶，香，松节油，约翰草油	适用于所有的伤口、烧伤、关节疼痛
16	人造保心石 Pedra Bezar Artificial	琥珀，麝香，樟脑，锆石，犀牛角，红宝石，绿宝石，石榴石，鹿茸，象牙，蟹眼，红珊瑚，白珊瑚，珍珠，东方保心石	用上述所有的成分制成该保心石，可以在发烧时使用，减轻心脏的不适感；阿马罗教授认为澳门药房加入了华人习惯使用的药物，如犀牛角、象牙，省却了常用的坎纳诺尔石（Pedra de Kannur）
17	豪猪石 Pedras de Porco Espinho	豪猪的胃，蟾蜍的一部分，甘蔗根，鸡胗的表皮，熊胆，灰色琥珀	所有的物质由胶水连接，被认为与保心石作用相同，但更加强大；熊胆是最昂贵的，也是强大的，更是最有疗效的成分，在华人药店有售
18	金色药丸 Pillulas Douradas	犀牛血，安哥拉沉香，白琥珀，圣保罗泥土，保心石，红珊瑚，闭鞘姜香料，本地朱砂，毒蛇肉，没药，琥珀，麝香，鸦片提取物，母乳，牛黄	来自科钦的著名药物，用于痔疮、消化不良及其引发的疾病；据称这个药物可以和车前草水一起使用，可以止血

（续上表）

序号	名称	成分	备注
19	治痛风药丸 Pillulas Para a Gotta	艾伦戴尔药片（Trocisco Alendal），可溶性酒石盐酸，球根牵牛根，决明子糖浆	阿马罗认为，其中中药球根牵牛根和决明子糖浆是比较有效的成分
20	助产药丸 Pillulas Para Facilitar o Parto	没药，姜黄提取物，艾蒿糖浆	
21	调经药丸 Pillulas Para a Retenção dos Meses	没药药剂，藏红花提取物，马铃薯香脂，葡萄，盐蒿，铁末，艾蒿糖浆	这些药剂必须保存在一个鱼泡内，早晚服用超过 15 天，经血就会恢复原有颜色
22	去积水药丸 Pillulas Silviano	药喇叭根粉，黑牵牛子胶，没药粉，印度某种草药粉末	这种药物对于任何积水都有效，对抗痛风、脾脏、肠胃积水
23	止痛经软膏 Pomada Contra as Dores de Madre	鲸脑油，百合花精油，猪油花，陈皮	猪油花是由新鲜橙花和猪油混合制成的
24	去蛔虫粉 Pôz Contra Lambrigas	一种抗蛔虫植物，珊瑚藻，药喇叭粉	空腹和水一起喝下，可以驱蛔虫
25	收敛药酒 Tintura Adstringente	柠檬粉，石粉，铅盐，车前草水	内用和外用都可以，须小心使用
26	健胃药酒 Tintura Estomacal	甘蔗根，蟾蜍身上的一种物质，香粉，巴西的香脂木豆，酒精	这些成分混合后放在阳光下 20～40 天，用茶、鸡汤、酒或者温水送服，可以治疗反胃
27	痔疮膏 Unguento Para Almorroidas	亚美尼亚软膏，天然锑，被烧过的铅，玫瑰香膏	该药膏必须放在太阳下烘烤，加入果汁后再烘烤，直至水分消失
28	治创伤及疝软膏 Unguento Para Feridas Chagas, Queimaduras	麝香石竹粉末，桂皮粉末，水银，松油，黄蜡	这种软膏必须用瓷碗装，不可以用金属碗；阿马罗认为，现在一些土生葡人仍然使用这个药方
29	治便秘软膏 Unguento Desobstruente	水田芥，薄荷，洋葱，公猪油脂	这是治疗便秘的软膏，如果没有效果，可以加入药喇叭粉末

（续上表）

序号	名称	成分	备注
30	白罂粟糖浆 Xarope de Dormideiras	鸦片，清糖，雨水	清糖是由鸡蛋、白酒和糖混合而成的，可以推测这是用于止痛、提神的药物

这些药方所涉及的疾病包括眼病、头痛、伤口、中风、痛风、妇科疾病、消化道疾病，甚至便秘，涵盖了日常常见的疾病。从秘方成分来说，秘方采用了中国当地的中药材：没药、车前草、苦艾草、藏红花，还有无名的中草药，甚至包括了名贵的中药材，如鹿茸、象牙、牛黄等；药单中也有蟾蜍石、童子尿、母乳等这些中药常用的、带有传奇色彩的、心理作用大于实用的成分，恰恰是这些成分说明了圣保禄学院耶稣会会士的秘方与澳门当地社会、与中医的密切联系，从侧面反映了17—18 世纪在澳门西医受到中医影响之巨大。从药剂形式来说，这些药物均以药浆、糖浆、软膏的形式存在，这与中药的成药形式完全不同，保留了西药的化学制作特点。这批药方采东西方医学之精华，成为 18 世纪世界医学的最先进成果。

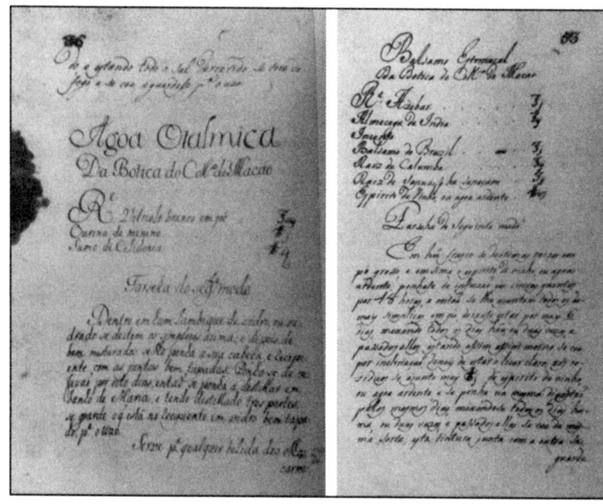

图 7-6 澳门圣保禄学院院藏眼药水秘方（左）和治胃痛药秘方（右）

由于圣保禄学院药房的药物在当时属于世界先进水平，所以它配置出的药品常为澳门进献宫廷的贡品。1708 年，澳门西洋人接到广东巡抚范时崇要求寻找格尔墨斯药的信后，即送来：

> 格而墨斯子一包，锡盒第一盒，格而墨斯药一件，瓷碗贮第二盒，锡小花盒两盒样，一件小磁杯。格而墨斯制成的药。①

格尔墨斯，葡文为 quermes，意为胭脂虫，是一种生活在栎树上色如红胭脂的小虫；阿尔格尔墨斯，葡文为 alquermes，意为胭脂红酒，即用胭脂虫炮制的一种药剂。在澳门圣保禄药房秘方中，这是一种退烧药水，主要由四种，即药物苦苣水、野菊苣水、底

① 中国第一历史档案馆等编：《明清时期澳门问题档案文献汇编》第 1 册，《广东巡抚范时崇等奏报差人前往澳门寻药西洋送到格尔墨斯药折》，北京：人民出版社，1999 年，第 85 页。

也迦（Teriaga）及胭脂酒配制而成。[①]

1714年，澳门圣保禄学院准备了进献给康熙皇帝六十大寿的礼品：

在这些礼品中，各种西洋药物占了很大部分，包括治疗烧伤药片1盒，烟草2盒共12瓶，上乘欧洲酒6箱，每箱12瓶，保心石两份共12盎司，上乘弥撒用酒6箱，每箱12瓶，金鸡纳2阿拉忒尔（Arrástel）半，底野（也）迦解毒剂（Teriaga Magna Otmana），还有各种吐根、阿魏、树脂等制剂及各种药膏、糖浆等。[②]

苏亚雷斯称这些礼品"简直可以配备一个小型药房"[③]。

1719年，澳门王室大法官富商万威·味先地·罗咱代表澳门商人向康熙皇帝进献礼品，其中有：

欧洲最好的酒4箱，每箱12玻璃方瓶；正品的鼻烟（Amostrinha）4小箱，秘鲁金鸡纳皮1箱，上等膏药、止痛药1箱；吐根制剂1锡箱。[④]

1725年7月24日，教宗本笃十三世（Bento XIII）派遣两名圣衣会士——葛达都（Gottard Plaskowitz）、易德丰（Ildefonso de Nativitate）为使臣，向新即位的雍正帝祝贺，进献的西洋药材有厚福水、巴尔撒吗油、阿噶达片、鼻烟等。[⑤] 这些西洋药材也应是澳门圣保禄学院为他们准备的，因为其中阿噶达片即是圣保禄学院秘方中的Pirolas Contra a Gotta，即治疗痛风的药片。

由于澳门圣保禄学院药房的秘方长时间在澳门流传，所以很多秘方都流传到了民间，成为澳门民间治疗疾病的主要方法。20世纪六七十年代，阿马罗教授在澳门民间收集了一些记录在古老本子上的秘密药方，其中有很多药方与圣保禄学院的秘方非常相似，如瓜仁糖浆或杏仁糖浆。阿马罗教授即认为，这种糖浆是从澳门圣保禄学院药房秘方中的清凉瓜仁膏而来；又如金鸡纳酒，即退烧酒，阿马罗认为耶稣会神父在澳门使用的药方和土生葡人的秘方相差不大；再如三木酒，一种治疗霍乱的药，由木香、沉香和锡生藤三种植物制成，阿马罗认为圣保禄药房秘方中有一种"金色药丸"的配方与三木酒相同；强心石粉取自果阿强心石，果阿强心石是最古老的耶稣会秘方之一，是由果阿圣保禄学院耶稣会会士加斯帕尔·安东尼奥（Gaspar António）于17世纪发明的，这种粉剂至今仍是澳门的民间秘方。[⑥] 这些都可以表明圣保禄学院药房的药学研究成果影响深远。

---

① 董少新：《形神之间：早期西洋医学入华史稿》，上海：上海古籍出版社，2008年，第113页。

② BAJA, Cód. 49 – V – 5, fl. 456.

③ José Caetano Soares, *Macau e a Assistência, Panorama Médio-Social*, Lisboa: Agência Geral das Colonias, 1950, p. 175.

④ ［瑞典］龙思泰著，吴义雄等译：《早期澳门史》，北京：东方出版社，1997年，第93~94页。

⑤ （清）梁廷枏：《海国四说》，《粤道贡国说》卷4，《意大里亚国》，北京：中华书局，1993年，225页；（清）和珅：《大清一统志》卷423，《西洋》，四库提要著录丛书史部第106册影印清乾隆武英殿刻本，北京：北京出版社，2011年，第609页。

⑥ ［葡］阿马罗著，杨平译：《中医对圣保禄学院药房的影响》，载《文化杂志》（中文版）第30期，1997年，第85~89页。

除上述西洋药物以外，“吐根”“没药”和“儿茶”（关于儿茶请参见第十章第四节的有关论述）亦是传入澳门的西洋药物。吐根是原产于巴西和秘鲁等地的一种药材，其汁液和浆果有毒，可以制成糖浆催吐剂。葡萄牙人发现此药后，即将它引入澳门。1726 年，葡萄牙耶稣会会士索智能（Policarpo de Sousa）神父经过澳门时，身负重病，幸得范德尔蒙特医生用吐根将其治愈。索智能在一封信中说：“我在法国医生范德尔蒙特先生那里得到了很好的治疗，吐根这种药物非常有效，除上帝之外，是药材吐根救了我的命。”[①] 在澳门进献给康熙皇帝的礼品中也有吐根一项。[②]

没药原产于埃塞尔比亚及阿拉伯半岛，是主要治疗风湿痹痛、跌打损伤、痈肿疮疡等病症的一种药物。据卫三畏称：

> 没药这种著名的树脂来自阿拉伯和阿比西尼亚，中国人用来做燃香和香水。它是一种阿拉伯胶树的树脂，能自燃流出，或从切口获得。偶有大小异常的颗粒大至如蚕豆者。颗粒有胶性，腻滑，易碎，呈红褐色；味辛温带苦。成片状者应是明净、轻而油润；但常有别种树脂混含其中。广州市场上价格每担 4 ~ 18 元不等。[③]

此药先传入澳门，后进入广州。澳门圣保禄学院收藏的药方中即有没药一项，并称该药可止痛化瘀。[④] 在阿马罗提供的圣保禄学院的药方中有多种药，如金创油、金色药丸、调经药丸、助产药丸、去积水药丸等，其配方都有没药一项。[⑤] 在康熙年间的澳门天主堂食品购买册中也有“末药，五分”和“又送医生末药，二钱”的记载。[⑥] 末药，当即没药，当为同一种外来药品的不同译法。这可以反映，至少在清朝前期没药即已经传入澳门。1735 年时，英国东印度公司“里奇蒙号”的船货在广州出售的时候，其中就有“没药 112 担，每担 24 两”的记载。[⑦] 1793 年 7 月 18 日，载有棉花、檀香木、没药及鸦片的英国散商船“国王乔治号”从孟买驶往广州，中途停泊澳门，后驶入黄埔途中被雷电击中起火，全船烧毁，但所运鸦片已在停靠澳门时卸下。[⑧] 可知，没药也随着鸦片一块

---

① José Caetano Soares, *Macau e a Assistência, Panorama Médico-Social*, Lisboa: Agência Geral das Colonias, 1950, pp. 78 – 79.

② ［瑞典］龙思泰著，吴义雄等译：《早期澳门史》，北京：东方出版社，1997 年，第 93 ~ 94 页。

③ ［瑞典］龙思泰著，吴义雄等译：《早期澳门史》附录，卫三畏：《广州的主要进出口商品》，北京：东方出版社，1997 年，第 352 页。

④ Ana Maria Amaro, *Introdução da Medicina Ocidental em Macau e as Receitas de Segredo da Botica do Colégio de São Paulo*, Macau: Instituto Cultural de Macau, 1992, pp. 10 – 11.

⑤ Ana Maria Amaro, *Introdução da Medicina Ocidental em Macau e as Receitas de Segredo da Botica do Colégio de São Paulo*, Macau: Instituto Cultural de Macau, 1992, pp. 19 – 91.

⑥ 刘芳辑：《葡萄牙东波塔档案馆藏清代澳门中文档案汇编》下册，《天主教堂买办食品物料修补衣服经架泥水修葺银钱收支簿册》，澳门：澳门基金会，1999 年，第 817 页。

⑦ ［美］马士著，区宗华等译：《东印度公司对华贸易编年史：1635—1834 年》第 1、2 卷，广州：中山大学出版社，1991 年，第 237 页。

⑧ ［美］马士著，区宗华等译：《东印度公司对华贸易编年史：1635—1834 年》第 1、2 卷，广州：中山大学出版社，1991 年，第 531 页。

进入了澳门。

圣保禄学院的药房代表了当时世界先进医疗水平，这与传教士在欧洲受过良好的教育有关系。耶稣会利用在世界各地传教的优势到处搜集且研制药方，这不仅为澳门的西医发展做出贡献，甚至为世界医药发展、文化交流画上了浓墨重彩的一笔。从圣保禄学院的药物清单来看，澳门的西药来源有两种：第一种是从果阿进口，由阿马罗找到的，即是当时进口药物的清单；第二种是就地取材，或者从广东进口一些中药，然后通过自行制药，形成西药常见形态——药露。由于圣保禄学院药房拥有充足的从外国带进或在澳门研制的西洋药材，所以内地有很多商人来澳门圣保禄药房购买药材。巴黎外方传教会档案馆收藏的18世纪的中文档案就有佛山的天主教徒商人倪维智来澳门圣保禄药房购买冰片、鼻烟、豆蔻、苏合油、洋青等西洋药材的记录。[1]

（三）19世纪后进入澳门的先进医疗药物

从18世纪开始，了解所有生命物质的基础化学科学开始形成，也直接导致了医药学的发展。一些新兴的药物被发现，且很快传入澳门。这一时期，土生葡人维森特·皮特（Vicente de Paulo Salawitchy Pitter）发现了一种草药，对胃病、感冒、伤风等有疗效，在澳门是常用药，对澳门的医药发展有很大的贡献。[2] 17世纪，欧洲医生西德纳姆（Thomas Sydenham）将鸦片溶解在酒精中。这种被称为“鸦片酊”（Laudano de Sydenham）的疗法，是减轻疼痛、失眠和腹泻的重要疗法。在澳门出现的西医药方中，这种药物被大量使用，被称为西德纳姆的鸦片酊。19世纪初，法国科学家马根迪（Francois Magendie）提取出鸦片中的生物碱，制成著名的镇静剂——吗啡。与这两种鸦片相关的药物多次出现在澳门西医的治疗清单中。1862年，西医治疗霍乱的药单中就有西德纳姆鸦片酊口服液：

> 这种药水中罕有鸦片酊、吗啡醋酸浆液、树胶浆液以及罕有鸦片酊的淀粉灌肠剂浆液等。……对付恶心和呕吐的情况，我们使用了上述指出的治疗腹泻的药剂，里维挨的止吐剂、麻醉热敷，进行拔火罐，还有发泡剂，偶尔使用水合氯醛、吗啡等苛性药，这也是治疗肠胃病时用的方法。[3]

1885年，澳葡政府办颁发的《澳门卫生防疫条例》中，治疗药物的第一种就是这种西德纳姆鸦片酊口服液。[4] 这些从鸦片中提取出来的药物是19世纪欧洲医生常开的药物。事实上，吸食鸦片本身让人有非常舒适的感觉，也无意间让很多人上了瘾。上文的药

---

① 吴旻、韩琦编校：《欧洲所藏雍正乾隆朝天主教文献汇编》，《广州府详报会审江南案涉案倪维智等人》，上海：上海人民出版社，2008年，第242~243页。

② ［葡］施白蒂著，姚京明译：《澳门编年史：19世纪》，澳门：澳门基金会，1998年，第15~16页。

③ Lucio Augusto da Silva, *Relatório Sobre a Epidemia de Cholera-Morbus em Macau no Anno de 1862*, Macau: Typographia Mercantil, 1883, p. 44.

④ *Boletim da Província de Macau e Timor*, Vol. XXXI, 20 de Agosto de 1885, No. 33, pp. 359 - 361.

单中还提到了水合氯醛，这是一种带有恶臭味道的催眠镇静药物。在乙醚作为麻醉剂发明以前，外科手术让病人承受着极大的痛苦。从水合氯醛中可以提取出氯仿，作为吸入性麻醉剂使用。19 世纪中期，医学界对于使用麻醉剂尚有争论。1857 年，维多利亚女王就曾在分娩时使用氯仿减轻痛苦。这种药物也出现在澳门的药单上，可以说明，澳门的西药使用相较于欧洲来讲没有“延时性”。

尽管 19 世纪欧洲医学快步发展，但利用水蛭放血仍然是治疗手段之一。1810 年，澳门军人医院消费了 395 份水蛭。① 尽管现在看来利用水蛭治疗疾病毫无科学根据，但在 18 世纪上半叶的欧洲，医用水蛭是有钱人才能使用的治疗方法。1838 年，一位美国医生阿诺德（Richard Arnold）曾经在给费城朋友的信中写道：

> 此地医用蛭可以用 50 分一只的高价出售，而且没有人定期供应。……如果医用蛭不是那么昂贵，更多的人就可能使用。目前，只有富人才能使用。②

即使到 19 世纪中叶伯驾到澳门治病的时代，采用水蛭放血法仍然是他主要使用的方法，一般用 5～50 条水蛭为病人放血。③ 虽然澳门远离欧洲，但也经常使用水蛭治疗，这也说明澳门军人医院在药物使用上并不落后于欧洲医院。

澳门的药房还从欧洲引进一些新的药物，并在报纸上刊登药单，通过广告宣传介绍医药知识。从 1865 年 1 月开始，《澳门宪报》陆续刊登了数则新药物，并指出这些药物来自澳门的 Leopoldino de Figueredo 药房以及香港的法国人药房。具体的药物以及治疗方法如下：

表 7－12　新药物情况及治疗方法

序号	药方名	功效	备注
1	天胡荽草带颗粒的药水 Granulos e Xarope de Hydro-Cotyle Asiatica	可彻底治疗皮肤类疾病，如梅毒、麻风等，还可以治疗肺结核	由巴黎皇家医学院研制，已经在印度取得良好的疗效
2	含乳酸的铁质补充品 Graceas de Gelis e Conté-Lactate de Ferro Inalteratel	治疗贫血、女性闭经和小便失禁的问题	由巴黎皇家医学院研制
3	荜澄茄提取的香脂 Grageas de Cubebina Com Copahiba de La-belonye	可以治疗恶心和肠胃炎，坚持 10～12 日可以痊愈	来自巴黎药房的药物

① Manuel Teixeira, *A Medicina em Macau*, Vol. Ⅰ, Macau: Imprensa Nacional, 1975－1976, p. 36.

② Arthur E. Hertzler, *The Horse and Buggy Doctor*, New York: Bison Books, 1938, p. 117.

③ ［美］爱德华·V. 吉利克著，董少新译：《伯驾与中国的开放》，桂林：广西师范大学出版社，2008 年，第 131 页。

（续上表）

序号	药方名	功效	备注
4	碘化萝卜糖浆 Xarope de Rabano Lodado	可以代替鱼肝油，净化血液	/
5	磷酸钙糖浆 Xarope de Hypophosphito de Cal	治疗肺病，且可以用于治疗咳嗽等感冒疾病	/
6	胃蛋白酶助消化药酒 Elixir Digestino de Pepsina	治疗胃痛、胃炎及消化不良，助恢复食欲，控制孕妇呕吐	被称为“最强大的营养素”
7	可溶性铁质亚硝酸盐（?） Hypo – Phosphato de Ferro Soluvel de Leras	主要治疗补血、白带异常、胃疼等	/
8	胡椒胶囊 Infecção e Capsulas de Matico	治疗淋病	可以取代目前市场上所有的药物
9	糖浆 Labelonye	可以治疗心肺疾病、胸闷、气喘、失声等问题	经过超 20 年的临床试验

这些新药物的引进，反映了澳葡政府对于澳门医药事业发展的重视。而将这些药物的介绍多次呈现在 1865 年的报纸上，则可以反映澳门社会对当时世界先进的医药与医疗知识的认可和接受。

三、澳门疾病的流行及其治疗和应对

近代城市公共卫生（Public Health）的发展，与传染病流行密切相关。19 世纪中叶，英国首创城市公共卫生运动，其主要原因就是伦敦霍乱之流行。澳门也不例外，澳门城市的公共卫生建设始于 1850 年左右，主要原因也是霍乱之流行。在 16—19 世纪的澳门社会中，其主要流行的疾病有麻风（关于麻风病已在前文麻风病院中详细介绍，此处省略）、天花、瘟疫、霍乱、性病、热病及眼病等。

（一）天花的流行与牛痘种植技术的传入

天花对人类社会发展曾经有过非常重要的影响。西班牙进入新大陆时就曾经将天花带进美洲，为美洲带来了灭顶之灾。15 世纪西班牙征服墨西哥的战役中，墨西哥阿兹科特人明明已经击退西班牙人，却因为感染天花在城中相继死去，而西班牙人因为儿时遭遇过天花获得了终身免疫力而幸免于难。在当时，这种命运的天壤之别只能被西班牙人和印第安人理解为天意，是神灵的惩罚。可见天花瘟疫曾经在人类文明史进程上画过浓墨重彩的一笔，人类也曾经在天花疾病面前束手无策。在英国人琴纳（Edward Jenner）发现推广牛痘接种术之前，中国就曾经有过种植人痘，这一技术也曾经传播到欧洲，但终究因为存在高风险未得到认可。因此，牛痘种植为人类预防天花病毒打开了新篇章。澳门是中国最早推广牛痘种植的地区，也是牛痘入华最关键的一站，在预防天花方面走在世界前列。在学界关于天花在华推广的研究中，澳门虽然多次被提及，却只是轻描淡写地带过。

1803 年，西班牙国王卡洛斯四世向御医巴尔米斯颁布一道谕令，命其率领一支医疗队向美洲和亚洲殖民地传播天花的预防方法——牛痘种植，这是全球第一支天花防疫医疗队。巴尔米斯从福利院招募了 22 名未患过天花的孤儿，通过轮流为儿童接种牛痘的方法保存疫苗，并且将疫苗传播到了美洲。1805 年，医疗队在马尼拉期间，听说牛痘种植尚未进入澳门，决定前往。9 月 10 日，巴尔米斯带着 3 个菲律宾小童作为痘苗携带者抵达澳门。① 医疗队在澳门获得了王室大法官眉额带历的欢迎。眉额带历在写给葡萄牙首相的公函中写道："我特别荣幸地欢迎巴尔米斯从马尼拉来到澳门。巴尔米斯是皇室御用医生，他被菲律宾总督拉斐尔（D. Rafael Marin de Aguiar）派遣而来，还带来了疫苗。"②

当然，这种预防方法进入社会并不是一开始就被民众接受的。"议事会让医院做好接待更多病人的准备，每天上午都要给人接种，并且要向外面自愿过来的人推广普及，和市委事先预定好要接种的病人。那些病人都已事先和他们讲清楚了，而且他们也都做好准备了。做之前要把种痘益处告诉他们，当然他们最感兴趣的是不好的方面和可能导致的后果，这些都必须让他们知道。"③ 9 月 16 日，为了消除民众的疑虑，眉额带历和主教贾廷诺在家中公开接种牛痘，并邀请众多市民前来观看。"政府医生"多明戈斯·戈麦斯（Domingos José Gomes）负责在贫民医院的一个小隔间内为市民接种，到 1806 年 1 月 12 日，澳门共有 377 人接种，其中大部分为儿童，包括 31 名华人基督徒的孩子。戈麦斯医生还对接种天花疫苗的市民进行了跟踪调查：

> 我作为市政医生，负责推广天花疫苗在澳门的使用，注射人群主要是新生婴儿和本澳居民，这种疫苗对人类来说非常实用且效果明显。1806 年，这些人中没有一个人因为天花死亡，在后来接种的 83 人当中也没有一个人死亡。除此之外，这种非常恐怖的疾病，甚至是灾难，在澳门有所减弱，在一些监测站都没有发现。

---

① Tom Colvin, The Balmis Expedition: In Quest of the Antidote to Smallpox, Paper delivered at the Fil-Hispano National Day Conference, in *Malolos*, *Bulacan*, 2003/06/30；［葡］伊莎贝尔·莫赖斯：《种牛痘与澳门葡人》，载《广东社会科学》2007 年第 1 期，第 129 ~ 130 页。

② Manuel Teixeira, *Miguel de Arriaga*, Macau: Imprensa Nacional, 1956, pp. 33 – 34.

③ Manuel Teixeira, *Miguel de Arriaga*, Macau: Imprensa Nacional, 1956, pp. 33 – 34.

一段时间以后，这种疾病可能被彻底消除。[①]

1803年，印度孟买就应英国东印度公司要求向广州寄来牛痘疫苗样本，疫苗到了黄埔以后却因为路上时间过长失去了功效。但是东印度公司医生皮尔逊并没有放弃，澳门有了疫苗以后，皮尔逊就从澳门将牛痘引入广州。眉额带历在呈交葡萄牙的公函中说："我希望能让中国人也知道这件这么好的事。广州的市民们其实已经在期盼能试试这种疫苗。那位负责人已经把疫苗材料从澳门带到广州了。"[②] 这就是广州引入牛痘之源头。陈邦贤的《中国医学史》中征引美国医生柯为良（Osgood）的《医馆略述》："嘉庆九年，英国公司沈医官始来中国，往广州经理医事，寓澳门传播痘。"[③] 真正让牛痘种植得以流传下去的是皮尔逊委托东印度公司书记斯当东将牛痘种植的技巧翻译成书，即《英吉利国新出种痘奇书》。为能够出版，洋行商人郑崇谦挂名共同出版这本书，该书详细介绍了种痘技巧和方法，大受欢迎，最初发行200册，旋即告罄，随后又发行两次。后人多直接写成郑崇谦译《种痘奇书》。[④]

伴随1805年的迅速发展，澳门的牛痘种植事业初具规模，经过一段时间的临床实践已成为具有效果的抵御天花瘟疫的医疗手段。在最初的种痘高潮过后，痘种能否贮存也成为澳葡政府的种痘事业能否延续的关键。根据研究，从发明牛痘种植到19世纪末期，欧洲仍然采取被接种的人传至另一个新病人的手臂的方法。当初巴尔米斯从欧洲出发，为了保证痘种的延续，也是选择轮流为儿童种痘，待10天后痘浆成熟后再用为新的儿童接种的方法保存新的痘苗。1808年，牛痘痘苗却在澳门中断了，幸好不久就有6名儿童从马尼拉传来痘苗，使种痘事业得以继续。不仅如此，澳门也成为东南亚痘种之源。1820年，一位曾经在澳门生活过的法国医生率领一支医疗队从越南来到澳门，他们来此的目的就是希望获得疫苗以便为越南的孩子接种，牛痘又一次经过澳门传入越南。"当时接种是从一个人身上接到另一个人身上，这种做法持续了许多年，后来澳门简直成了人痘的仓库。"[⑤]

种植牛痘预防天花于1796年被接纳发展且推广，很快得到欧洲皇室的支持并被广泛种植。1805年，牛痘就传入澳门，澳门成为世界上较早引进牛痘种植的地区，不仅如此，牛痘还从澳门传入广州和越南等地区，成为先进医疗方式的推广源头，这也推动澳门医疗技术走到世界前列。虽然牛痘种植技术已经传入了广州、澳门，但天花这

---

① Manuel Teixeira, *Miguel de Arriaga*, Macau: Imprensa Nacional, 1956, pp. 37 – 38.

② Manuel Teixeira, *Miguel de Arriaga*, Macau: Imprensa Nacional, 1956, pp. 33 – 34.

③ 陈邦贤：《中国医学史》，台北：台湾商务印书馆，1981年，第372页。

④ ［美］马士著，区宗华等译：《东印度公司对华贸易编年史：1635—1834年》第3卷，广州：中山大学出版社，1991年，第15页；（清）郑梦玉等修：《（道光）南海县志》卷44，《杂录》，广东省立中山图书馆藏同治八年重刻本，第30页。

⑤ José da Conceição Afonso, *Contributos Para a História da Saúde em Macau*, (*dos Finais do Séc. XIX as duas Primeiras Décadas do Séc. XX*), Adminstração n. ª70, Vol. XVIII, 2005, 4ª, pp. 1435 – 1436.

种呼吸道急性传染病仍然在粤澳两地流行。1849 年 3 月，有 2 名美国船的水手来华，因患有天花准备去澳门治疗；1854 年 12 月，在广州和澳门就出现了天花传染病的流行。①

（二）澳门瘟疫的流行及其应对

瘟疫，据现代医学的定义，是由于一些强烈致病性微生物，如细菌、病毒引起的传染病。一般是自然灾害后环境卫生不好引起的。为了便于分类，此处的瘟疫也包括鼠疫，但与霍乱、天花分开。澳门也是历史上瘟疫的多发地，中文文献中记录较少，在葡文文献中却屡有记录。据葡萄牙科学院图书馆收藏的葡文档案《日本来信》记载：

> 1557 年葡萄牙人参加了平定澳门海盗的战斗，嘉靖皇帝并向击败海盗的葡国船队司令颁赐了金札。500 名葡萄牙人参加了这次战斗，仅 3 人阵亡。但在 15 天以后，有 460 人因传染病而死亡。②

1557 年澳门爆发的传染病当即瘟疫。又据 1627 年 11 月 14 日《澳门圣保禄学院年报》记载：

> 本年是澳门发病率最高的年份之一，小城瘟疫流行，病人络绎不绝地涌向澳门仅有的几家医院，一时间药品变得异常紧缺。由于圣保禄学院药房是澳门唯一的药房，因而担负起供应药品的重任。虽如此，亦渐渐难以支撑，直至无法满足社会需要。这样，由于诊治不及时等多种原因，很多人死去，其中尤以华人为多。③

1627 年的澳门大瘟疫赖以圣保禄学院的药房承担起救疫之责，但仍由于能力所限，死于瘟疫人员众多。

澳门历史上最为严重的一次瘟疫爆发在 1652 年，而这一场瘟疫确是因为 1650—1651 年清军对广州的大屠杀而引发的，据 1652 年耶稣会年报记录：

> 由于广州大屠杀的影响，广东地区多处发生瘟疫，澳门城亦瘟疫流行，据称，当年澳门地区约有两万人死亡。④

据记载，到 1644 年时，由于大量的华人难民进入，澳门的总人口达到了 40 000 余人的基数，而到 1652 年这一场瘟疫爆发后，人口丧失了一半。所以，到 17 世纪末 18 世纪

---

① *Chinese Repository*, Vol. 18, No. 12, 1849/12, p. 620; *The Friend of China*, December 27th, 1854, Vol. 13, No. 103, p. 413.

② 葡萄牙科学院图书馆藏：《日本来信》第 3 卷，第 287 ~ 288 页。转引自［葡］潘日明著，苏勤译：《殊途同归：澳门的文化交融》，澳门：澳门文化司署，1992 年，第 93、101 页。

③ João Paulo Oliveira e Costa, *Cartas Ânuas do Colégio de Macau*(*1594 – 1627*), Macau: Fundação Macau, 1999, p. 271.

④ ［葡］阿马罗：《澳门医学：名医、药房、流行病及医务治疗》，载吴志良、金国平、汤开建主编：《澳门史新编》第 3 册，澳门：澳门基金会，2008 年，第 1004 页。

初澳门的人口一直停留在20 000人左右。1710年7月澳门还爆发了一场瘟疫，当时许多市民因为担心瘟疫来临，而主动离开澳门。[①] 18世纪发生最严重的瘟疫是在1788年，据澳门档案载：

1788年，澳门城发生一场严重的瘟疫，外科医生曼努埃尔·贡萨尔维斯（Manuel António Gonçalves）乘“南特王后号”来到澳门，由于情况紧急，当时澳门议事会医生已经离职，他被迫接受议事会医生的职务，但他必须为议事会成员及其家人、方济各会修道院的宗教人士、医院病人及穷人家属治病。[②]

看来这一场瘟疫是由“政府医生”领导而进行的抗疫，但具体如何对抗瘟疫无文献记录。

1843年7—8月，香港瘟疫流行，因水土不服，1 526名驻港英军有24%的人染疫死亡，在港欧人约有400人死亡，华人死者无法统计。港督砵甸乍及港府要员于8月初避居澳门，港府辅政司、总测量官均在澳门治病。翌年，香港英军司令德忌笠（D. Aguilar）少将夫妇也来到澳门治病。[③]

鼠疫，是由鼠疫杆菌所致的烈性传染病，也就是中世纪所称的黑死病，华人称之为“恶核”“大头瘟”“人瘟”“瘟疫”等。鼠疫是一种传染性极高的疾病，曾经在14世纪的欧洲造成了近2500万人死亡。澳门历史上记载的最早的鼠疫发生在1650年，当年中国内地的鼠疫蔓延至澳门，致无数人死亡。[④] 又据冼维逊《鼠疫流行史》记录，1895、1898、1901、1903、1907、1908—1909、1911等年份澳门均有鼠疫流行，[⑤] 其中最大的一次为1895年。1894年的农历二月底，广州、香港出现了从未有过的鼠疫流行，[⑥] 澳门作为与广州、香港毗邻的港口，受到波及的时间较晚。1895年3月24日，澳门出现第一个鼠疫患者。澳门海军医生冈萨维斯·佩雷拉（Gonçalves Pereira）诊断了一华人病患者，他几天前从香港抵达澳门，高烧40℃，腹部鼓起，舌头发黑，皮肤干燥，脉搏微弱到几乎难以察觉，数小时过后歿。[⑦] 很快澳门又出现了第二例、第三例鼠疫死亡病例，症状与第一位死者一样。到4月28日的时候，死亡人数从原来的每天24人上升到38人。从4月到7月共死亡超过1 200个华人。

因有香港疫病先例在前，加之此前对抗霍乱流行病的经验，澳门社会从发现第一

---

① Luís Gonzaga Gomes, *Efemérides da História de Macau*, Macau: Colecção Notícias de Macau, 1954, p. 56.

② ［葡］阿马罗：《澳门医学：名医、药房、流行病及医务治疗》，载吴志良、金国平、汤开建主编：《澳门史新编》第3册，澳门：澳门基金会，2008年，第994页。

③ *The Friend of China*, August 24th, 1843, Vol. 2, No. 75, p. 101; Vol. 3, No. 143, June 22th, 1844, p. 408.

④ Manuel Teixeira, *Macau no Séc. XVII*, Macau: Direcção dos Serviços de Educação e Cultura, 1982, p. 90.

⑤ 冼维逊：《鼠疫流行史》，广州：广东省卫生防疫站，1989年，第242～243页。

⑥ 冼维逊：《鼠疫流行史》，广州：广东省卫生防疫站，1989年，第203页；《申报》，1894年5月15日，《香港多疫》。

⑦ J. Gomes da Silva, *A Epidemia de Peste Bubonica em Macau*, Macau: Typographia Mercantil, 1895, pp. 22 – 23.

例鼠疫病例开始就自觉推行公共疫情报告制度，且为了避免疫病传播，形成了一套病人送院机制。当家人发现有人染病，只需要报告议事公局，议事公局“自会料理一切”。[①] 为了应对鼠疫流行，澳门建设了隔离篷寮。其中一座隔离篷寮建在马交石炮台脚下，[②] 是1881年为了抵抗霍乱而建设的，主要接收天主教徒、华人和非华人。这座篷寮共接收了21个鼠疫患者，其中16名死亡。澳门共有4个大篷寮，有一位医生阿尔梅达和一位药剂师佩德罗。消毒也是澳门防疫的重要环节之一。此时消毒，主要是指焚药薰蒸民居、医院，用海水洗涤街道以及病人用过的物品。在澳门发现第一例病例后，澳门就加强了对街道和医院的消毒工作，且是全民共同“熏蒸”。这种做法得到了华人的积极支持。房屋、下水道、病人的衣物都是“熏涤”的对象。[③] 此次鼠疫共有超过1 200名华人死亡，葡人却无一人亡。这让澳葡政府更加关注华人的居住环境，并且认为是华人不卫生的居住环境和生活习惯导致了鼠疫的流行。在此次鼠疫流行的推动下，澳葡政府开始了第二轮公共卫生运动。

（三）霍乱的流行及其治疗

霍乱，在中国传统医学书籍中就有记载，但主要是指类似现在的急性肠胃炎的疾病，“呕吐而利，是名霍乱”[④]，并非19世纪在全球流行的流行性霍乱。此后出现的流行性霍乱是从孟加拉国地区传出，并且在全球传播。这种霍乱非常烈性，由一种可在水中生存数周的病原体——霍乱弧菌所致。人一旦感染，在几个小时内会产生剧烈的反应：腹泻、呕吐、发烧，最后死亡。澳门自清代以来，是霍乱爆发的重灾区，所以在圣保禄学院及澳门民间的研制药方中有多种治疗霍乱的药方和秘方，如紫罗兰花糖浆、三木酒、金色药丸等。[⑤] 据以往的医学史著作研究，澳门从19世纪开始先后在1820、1821、1843、1856、1857、1858、1882、1898、1903等年份爆发过霍乱。[⑥] 澳门

---

① 《镜海丛报》，光绪二十一年四月二十八日（1895年5月20日），《又弱一个》，澳门基金会、上海社会科学院出版社联合出版，2000年，第225页。

② José da Conceição Afonso, *Contributos Para a História da Saúde em Macau*, (*dos Finais do Séc. XIX as duas Primeiras Décadas do Séc. XX*), Adminstração n.ª70, Vol. XVIII, 2005, 4ª, p. 1439.

③ 《镜海丛报》，光绪二十一年四月初七日（1895年5月1日），《译文附言》，澳门基金会、上海社会科学院出版社联合出版，2000年，第204页；《官事汇登》，澳门基金会、上海社会科学院出版社联合出版，2000年，第208页。

④ （东汉）张机著，刘渡舟校注：《伤寒论》，北京：人民卫生出版社，1991年，第210页。

⑤ Ana Maria Amaro, *Introdução da Medicina Ocidental em Macau e as Receitas de Segredo da Botica do Colégio de São Paulo*, Macau: Instituto Cultural de Macau, 1992, pp. 10 - 11；［葡］阿马罗著，杨平译：《中医对圣保禄学院药房的影响》，载《文化杂志》（中文版）第30期，1997年，第85～89页。

⑥ 耿贯一：《流行病学》第2卷，北京：人民卫生出版社，1996年，第98页；彭继甫、邓一韪：《霍乱在国内流行的概况及其流行病学的检讨》，载《中南医学杂志》1951年第1卷第5期，第435～436页。

有记载的第一位死于霍乱的人就是基督新教传教士马礼逊的第一任夫人：

> 我所找到的澳门的最早关于这一疾病的记载是在1821年，英国东印度公司外科医生莫顿的女儿，即马礼逊夫人死于霍乱，被葬在贾梅士公园的基督新教墓地里。[1]

根据马礼逊的回忆录，马礼逊夫人虽然是死于难产，但她表现的症状是“剧烈的呕吐与腹泻”[2]，再加上澳门在1820年、1821年都出现过霍乱，因此推测，马礼逊夫人是在1821年感染霍乱加之难产，最终导致母亲和小孩都因此过世。

1850年5月2日，官也乘坐葡萄牙战船抵达澳门，就任澳门总督。7月5日当天，即上任仅两个月，被发现感染霍乱，8小时后即离开了人世。当时澳门的医生诊断为肠胃炎，他记录下了官也总督的详细症状：

> 官也先生的疾病是从严重的腹泻、呕吐、口渴、焦虑和一般性虚弱开始的。距离医生第一出诊作出了以下观察：极度虚弱，声音沙哑，呕吐，粪便为深色且发臭的液体，脉搏细微，大量冷汗，四肢发凉，还有肌肉痛。之后症状有所改变，粪便为浑浊浅黄色且无味，明显发冷且基本为普遍出现的症状：嘴唇发紫，极度干渴，舌头苍白且缺少湿度和凉度，还有严重的上腹痛。在停止排泄后，除了排尿、脉搏微弱、声音沙哑、说话困难外，智力和思维没有受到丝毫影响，眼窝深陷，眼睛半睁半闭，面部紧张；最后，还有汗液发黏，呼吸短促，身体不同部位发紫，且手脚情况更为严重，瘦削，皮肤褶皱不平，这些就是最后的主要症状。[3]

主治医生在最后说，这些症状让人相信，1850年澳门真实存在过流行性霍乱。根据上述记载所言，官也总督的症状正符合霍乱的严重脱水症状，因此官也总督患上霍乱确切无疑。

官也总督在澳门染上霍乱时，正是霍乱在世界范围内的第三次大流行。这一次大流行开始于1839年，当时霍乱伴随英国军队进入阿富汗，1840年进入中国，此后又进入阿拉伯、欧洲，越过大西洋流行于南北美洲。与此同时，中国上海也出现了霍乱感染，这是上海第一次出现霍乱。这次霍乱还出现在北京、天津还有香港等大型港口城市。根据香港政府宪报上说，公共监狱有25人患病，导致13人死亡，海军医院也有12或13人感染，其中有2例死亡。在澳门，除了官也总督，也有一些士兵感染霍乱，导致少数人死亡。但是当时没有形成疫病统计机制，未能留下相关数据。可以相信，官也总督的去世引起了澳门社会的震惊，这对于开展公共卫生建设有一定的推动作用。

1858年6月19日，霍乱等肠道急性传染病在澳门流传，导致了澳门大量人口的死

---

① José Maria Braga, *Tombstones in the English Cemeteries at Macao*, Macau: Macao Economic Services Department, 1940, p. 32.

② ［英］艾莉莎·马礼逊编，杨慧玲等译：《马礼逊回忆录》第2卷，郑州：大象出版社，2008年，第52页。

③ Lucio Augusto da Silva, *Relatório Sobre a Epidemia de Cholera-Morbus em Macau no Anno de 1862*, Macau: Typographia Mercantil, 1883, p. 23.

亡，当时的报纸称，这些死亡主要由一种叫“假霍乱（又称欧洲霍乱，Cholera Morbus）”的霍乱导致。①

1860 年，卢西奥·席尔瓦赴任澳门卫生局局长，② 他上任后，规范了澳门流行病防疫机制，并且积极推进澳门公共卫生改革。他先后向葡萄牙卫生总局上报了多份关于澳门卫生的报告，汇报澳门的公共卫生状况。1861 年澳门再次发生霍乱，这是他上任后面对的第一个大挑战。

1862 年 8 月 22 日，一位黑人妇女到白马行医院求医，到医院不久后就因不断呕吐和腹泻而死亡。这位妇女生活贫困，生活在大堂区的一处茅草屋内，其死后尸体被解剖：

> 从肠道不同位置观察得来的结果是，颜色非常深。手脚和脚趾、上端和下端肌肉的收缩，以及肠内壁表面的痉挛使人怀疑她死于霍乱。③

发现这一例病例后，澳门的医生还不能确定就是霍乱流行，且封锁了消息。直到三天后，即 8 月 26 日，有一位黑人妇女被送到医院，这位妇女是第一位已经死亡的妇女的邻居：

> 这位妇女同样只在医院坚持了几个小时就死亡了，表现出了与之前一样的症状，不同的是肠道内发现的液态物质已经有了霍乱的症状。④

此后，澳门陆军医院又有因腹泻入院的士兵死亡。这一例病例是澳门此次霍乱流行中最早出现霍乱症状的病例。几例死亡病例使卢西奥·席尔瓦医生以及其他西医意识到澳门已经出现霍乱流行。为了避免疾病进一步蔓延，卢西奥·席尔瓦局长当机立断，采取多项措施，展开了澳门第一场由政府介入主导的公共防疫工作。

疫情被发现后，卫生局立即通知了各相关部门，要求白马行医院、陆军医院每日登记因为腹泻入院的病人人数、病情、基本状况等。并且在警察的协助下，通知中医每日进行疫病情况登记且递交制度。因为这种登记通报机制的建立，这场流行病的情况被全面客观地记录下来。⑤

---

① *The Friend of China*, June 19th, 1858, Vol. 17, No. 49, p. 194.

② Manuel Teixeira, *A Medicina em Macau*, Vol. Ⅲ, Macau: Imprensa Nacional, 1975 – 1976, p. 190.

③ Lucio Augusto da Silva, *Relatório Sobre a Epidemia de Cholera-Morbus em Macau no Anno de 1862*, Macau: Typographia Mercantil, 1883, p. 27.

④ Lucio Augusto da Silva, *Relatório Sobre a Epidemia de Cholera-Morbus em Macau no Anno de 1862*, Macau: Typographia Mercantil, 1883, p. 27.

⑤ Lucio Augusto da Silva, *Relatório Sobre a Epidemia de Cholera-Morbus em Macau no Anno de 1862*, Macau: Typographia Mercantil, 1883, pp. 49 – 50.

表 7-13 1862 年感染霍乱病人统计情况

	源地/社会属性	患者	死者	治疗地
葡萄牙人	第一营士兵	18	3	陆军医院
	警队士兵	9	2	
	“亚马逊号”船士兵	9	1	
	弃女	5	3	市民医院
	穷人	7	6	
	普通人	17	6	家中
计	/	65	21	/
华人	圣拉匝收容所	11	1	中医治疗
	雀仔园坊	11	2	
	望厦村	17	4	
	筷子基	43	7	
	海上船只（疍民）	37	8	
	新市巷及其他	209	51	
计	/	328	73	/
外国人		28	12	/
共计	/	421	106	/

葡萄牙人患流行性霍乱是从 8 月 22 日开始的，于 10 月 10 日结束。中医报告说，华人得霍乱是从 8 月 26 日开始的，9 月 30 日结束，其中 9 月 21 日是病发高峰期，共有 29 人染病。这次霍乱，澳门共有 421 人患病，包括葡萄牙人、华人和外国人，其中 106 人死亡。

1888 年 8 月 16 日，霍乱在澳门再一次爆发。一艘运载葡国军队的“印度号”运输舰队经香港抵达澳门劏狗环海面，船长报告说“船上有人在香港染上霍乱”。澳门卫生局立刻在码头进行了海港防疫。但是由于香港霍乱流行，澳门未能阻止这场霍乱的波及。尽管澳门在青洲、氹仔、劏狗环一带都设了隔离区，但就连澳门的行动负责人消防局局长瓦吉尼亚斯（José dos Santos Vaquinhas）少校也染上了霍乱，最后死亡。在这次霍乱中，氹仔的菜园和清真寺都变成了墓地，这次霍乱共造成了上百人死亡。① 1888 年，澳门成立了马交隔离医院，专门接纳传染病病人。1902 年 3 月 15 日，《澳门宪报》

① José da Conceição Afonso, *Contributos Para a História da Saúde em Macau*, (*dos Finais do Séc. XIX as duas Primeiras Décadas do Séc. XX*), Adminstração n.ª70, Vol. XVIII, 2005. 4ª, p. 1434; Manuel Teixeira, *A Medicina em Macau*, Vol. II, Macau: Imprensa Nacional, 1975 - 1976, pp. 126 - 127.

登载消息，要求市民对于广东省传来的霍乱采取预防措施，彻底地清洁家庭和周围环境。① 该年澳门遭到霍乱严重侵袭，246 人丧生，包括华人和欧洲人。②

霍乱对于澳门的公共卫生的发展起着至关重要的作用。霍乱流行之初，澳门没有任何流行病应对机制，但是在应对澳门霍乱流行的过程中，澳葡政府逐步建立起社会的公共防疫机制。在这过程中，新到任的卫生局局长卢西奥·席尔瓦发挥了重要作用，他将自己处理 1862 年霍乱的经验完整记录下来，受到葡萄牙政府嘉奖，并且成为葡萄牙其他海外殖民地的榜样。可以说 19 世纪下半叶，澳门对于流行病的应对与治疗在一定程度上走到了世界前列，亦为当时的中国提供了有价值的参照。

（四）性病（淋病、梅毒等）

性病是最为古老及普遍的疾病之一，其中淋病的拉丁文为 Gonorrhea，从词源来讲意思就是“精液的流动”，无疑是一种性传染疾病。

性病一直是澳门发病率较高的疾病，澳门历史上对性病的最早记录为 1637 年完成的《芒迪游记》，书中称：

> 他在澳门遇见唐·迪奥戈，显然这位有着军人血统、患有梅毒的后代给他留下十分不好的印象，他描述到，“相对于战争，情欲给他的伤害更大”。③

1793 年议事会的报告称：“从果阿派来的士兵酗酒，逛妓院，很多人染上了肝炎和花柳病。”④ 1822 年，政府医生戈麦斯出具的军队的健康状况证明中提及，梅毒是澳门驻军的常见疾病，“对部队非常致命的疾病，纵欲过度导致梅毒，因为这样的性质，即便是最深入的治疗也致使大量患者死亡”⑤。1827 年，仁慈堂要求圣拉法尔医院不应该接收那些因为放纵欲望而患病的人，而应该治疗更有价值的病人。⑥ 1837 年 8 月 4 日，澳门市政议员西帕里亚诺·叭之咕（Cipriano António Pacheco）就三层楼地区船上的娼妓问题致函澳门佐堂（即香山县丞）称，妓女们挑逗士兵和青年，引起很多混乱，其中最重要的就是梅毒。⑦ 在 1847 年上半年的病人患病名录中，淋病与梅毒共有 29 人患病。这与澳门一直以来的娼妓泛滥有关。“1882 年澳门医院收治的性病病人是最多的。”⑧

---

① *Boletim Official do Governo da Provincia de Macau*, Vol. Ⅱ, 15 de Março de 1902, No. 11, p. 101.

② Manuel Teixeira, *A Medicina em Macau*, Vol. Ⅱ, Macau: Imprensa Nacional, 1975 – 1976, p. 132.

③ C. R. Boxer, *Fidalgos in the Far East(1550 – 1770)*, *Fact and Fancy in the History of Macau*, The Hague: Martinus Nijhoff, 1948, p. 153.

④ ［葡］阿马罗著，杨平译：《中医对圣保禄学院药房的影响》，载《文化杂志》（中文版）第 30 期，1997 年，第 89 页。

⑤ Manuel Teixeira, *A Medicina em Macau*, Vol. Ⅱ, Macau: Imprensa Nacional, 1975 – 1976, p. 225.

⑥ Manuel Teixeira, *A Medicina em Macau*, Vol. Ⅱ, Macau: Imprensa Nacional, 1975 – 1976, p. 225.

⑦ ［葡］伊莎贝尔·努内斯著，晓湖译：《舞女和歌女：澳门妓业面面观》，载《文化杂志》（中文版）第 15—16 期，1993 年，第 42 页。

⑧ *Boletim da Provincia de Macau e Timor*, Vol. XXIX, 2 de Junho de 1883, No. 22, p. 203.

可见，即便在19世纪，梅毒仍然被认为是具有道德审判意义的疾病，被社会排斥且没有有效的治疗手段。

19世纪中期，澳葡政府开始着手处理梅毒泛滥的根源——娼妓问题。1837年，澳门政府成立卫生委员会关注性病的问题，并委派医生、卫生委员副主席弗朗西斯科·达·克鲁兹（Francisco Ignácio da Cruz）制订一项计划，提出控制性病泛滥的措施，不久制定出了一个关于妓业管理的规章。[①] 不过，直到1851年，澳葡当局才正式颁布第一份娼寮管理章程，要求所有娼寮必须登记妓女的信息，包括姓名、原籍、年龄和住址。[②] 但是，这项法令的执行效果并不理想。1865年的卫生报告中指出：

> 在军人医院存在大量的梅毒患者，他们多数都是在华人妓院内染病的，因为缺乏预防措施，既然已被传染疾病。[③]

1873年，澳葡当局修改娼寮章程，提出所有妓女必须登记从事卖淫行业的时间和是否感染过梅毒等，并要求供客人查看。1889年，卫生局局长高斯华抱怨：

> 制定了一个娼寮章程，并公布在报纸上，但是不知道为什么，到现在除了一家日本妓院，其他妓院均未执行。总督阁下一再要求我编写这一章程……警察已经逮捕一些华人妓女，但这一规定仍然是一纸空文。[④]

可见，性病流行在澳门已成为一个社会问题，引起了澳葡政府的关注。但是华人对于澳葡政府的政策采取消极抵抗的态度，导致娼寮章程的执行情况并不理想。

（五）热病（疟疾、伤寒、间歇热等）

澳门位于中国的南方，大部分天气潮湿闷热，所以很容易产生“热病”之症。热病（Fever）常常包括许多名字，它们的命名可能带有一定的随意性，诸如伤寒（Nervous Fever）、弛张热（Remittent Fever）、间歇热（Intermittent Fever）以及暴躁的发热（Choleric Fever），还有由严重的伤口感染引起的发热，是一种感染性疾病。1564年12月3日，耶稣会培莱思神父在澳门的一封信称：

> 澳门是一个有益于健康的地方，但气候并不宜人，因为有时天气闷热得令人窒息，随后四五天就会降瓢泼大雨。有时狂风大作，从北、东和南方吹来，席卷此地的每个角落。12月至第二年2月，这里十分寒冷，尤其是1563—1564年之间的这个冬天。据当地人说，很久没有这么冷过了，在1—3月的三个多月中几乎见

---

① ［葡］伊莎贝尔·努内斯著，晓湖译：《舞女和歌女：澳门妓业面面观》，载《文化杂志》（中文版），第15—16期，1993年，第51页。

② *Boletim do Governo da Provincia de Macau, Timor e Solor*, Vol. Ⅵ, 13 de Setembro de 1851, No. 43, pp. 145 – 146.

③ Lucio Augusto da Silva, *Relatório Ácerca do Serviço de Saúde de Macau*, Macau: Typographia de J. da Silva, 1866, p. 69.

④ *Boletim da Provincia de Macau e Timor*, 20 de Março de 1889, supplemento ao No. 11, p. 99.

> 不到太阳、月亮和星星，只有个别几天例外。接下来的几个月，从 4 月至 6 月，则降雨量很大，这导致很多人患热病。好在上帝保佑，仅有少量人去世。[1]

可见，在澳门开埠之初，就有很多葡萄牙人死于澳门的热病。据资料，1721 年穆敬远（João Mourão）神父患热病两次，在澳门被医治好。当时还托意大利外科医生艾国祥（Dionisio Gagliardi）神父将这种治热病的药带给康熙皇帝。[2] 澳门圣保禄学院药房自己研制的秘方中有多种治疗热病的药方，如玫瑰糖浆、治间日热药浆、退烧药水、金鸡纳酒等。[3] 1771 年 9 月，匈牙利贵族拜纽夫斯基伯爵驾船来澳门时，染上了严重的热病，当地人给他推荐了一种良药，将一个橘子放在橘子水里烘烤，加糖和大量的浆，服用之后全身发汗，驱走了他的病魔。[4] 19 世纪中期是澳门热病的高峰期，在 1841 年 6 月，香港有记载称：

> 许多的疾病，诸如弛张热、间歇热以及腹泻非常盛行。每艘战列舰中平均有 100 人患病。前面的疾病导致西点军校军营的第 55 军团每天有三人因病死亡。

美国人艾萨克·安格雷（Issac E. Engle），1844 年作为“瓦尔帕莱索号”船长来澳，在澳门就是因为伤寒而死。

疟疾是澳门常见的疾病，患者主要症状就是间歇性发热及出汗，严重者甚至丧命。19 世纪末期，医学界发现了疟原虫寄生虫，确定了是因为蚊子叮咬而感染。疟疾对世界的公共卫生运动有推进作用。疟疾一直是人类社会较为流行的一种疾病，疟疾的英文是 Malaria，源于意大利语的 Mala 和 Aria（瘴气），所以可以理解为当时观念认为，造成疟疾的重要原因就是瘴气。卫生局局长高斯华认为澳门的 5 月至 9 月气候炎热，是疟疾的多发季节。但是其在 1885 年的报告中指出，“澳门出现的一般是普通发热，很少发热和出汗同时出现的，所以疟疾是较为少见的疾病”。但是这一说法也被人否定，“1876 年至 1885 年，疟疾患者占整体住院人数的 20%”[5]。从另一角度来讲，澳门社会对疟疾的认识和界定已经非常清晰，疟疾是一种较为常见的疾病。

---

① Benjamim Videira Pires, Nasce o dia em Amacao, in *Brotéria*, Vol. XXIX, No. 6, 1964, p. 560.

② 中国第一历史档案馆等编：《明清时期澳门问题档案文献汇编》第 1 册，《穆敬远奏报艾国祥自澳门返回遣往京城进献西洋米等物折》，北京：人民出版社，1999 年，第 180 ~ 181 页。

③ Ana Maria Amaro, *Introdução da Medicina Ocidental em Macau e as Receitas de Segredo da Botica do Colégio de São Paulo*, Macau: Instituto Cultural de Macau, 1992, pp. 10 – 11；［葡］阿马罗著，杨平译：《中医对圣保禄学院药房的影响》，载《文化杂志》（中文版）第 30 期，1997 年，第 85 ~ 89 页。

④ ［葡］冼丽莎著，李丽青译：《18 世纪末匈牙利冒险家在澳门》，载《文化杂志》（中文版）第 34 期，1998 年，第 123 页。

⑤ Paiva Martins, O que era o Paludismo em Macau, *O Medico*, No. 536, 1961, 转引自 Manuel Teixeira, *A Medicina em Macau*, Vol. Ⅱ, Macau: Imprensa Nacional, 1975 – 1976, p. 190.

（六）眼病（白内障、沙眼）

19 世纪的澳门华人社会最常见的疾病即为眼科疾病。① 19 世纪初即来澳门的东印度公司商馆医生李文斯敦对他所看到的粤澳华人社会的疾病有这样的记载：

> 其余的穷人都是病患者，他们可以分为两大类：洁净的和不洁净的。洁净的病患者包括盲人、瘸子和聋哑人；不洁净的指麻风病人。中国的盲人数量惊人，我无法得到与总人口的比例数字。有些信息通达的人好像也不知道，或许是他们不愿意说，他们一般都声称自己从其他地方来等。有一些盲人学习表演乐器或者说书，以此挣取酬劳，因此他们属于自力更生的一群。可是绝大多数盲人像乞丐一样四处乞讨，有时由 10 到 12 个人组成一队，有人带领他们；更常见的是两三个人，以长棍探路，走在一起。盲人和瘸子坐在马路和街道上，乞求心地善良的人们施舍。②

1819 年首次来华的有眼科专长的郭雷枢医生也有这样的记录：

> 我打算为患有各种疾病的体力劳动者治病，但主要是患眼疾的人。这类疾病对体力劳动阶层来说是最痛苦的，这类疾病在他们中流行极广，而本地的从业者却完全无能力使他们康复。③

而据美国学者爱德华·V. 吉利克称：

> 那个时代主要眼科外科手术是治疗白内障。这种疾病使视力逐渐减弱，若不进行治疗，最终可能导致失明。至今我们仍只能依靠外科手术将白内障摘除，而没有别的治疗办法。首例白内障摘除出现在 18 世纪中叶，但直到 19 世纪末之前，白内障摘除曾一度是被废除不用的。这种手术需要较大的切口，所以伯驾不愿意采用。伯驾信任一种欧洲更早的、标准的针拨方法，这种方法于 1708 年被首次成功使用。④

当时的眼科疾病除了白内障以外，还有一种常见病称为“沙眼”：

> 有些眼科疾病流行非常广泛，构成了公众健康的一个大问题。沙眼就是主要的一种，此病的致病病毒直到 1958 年才被确定。这种高传染性的眼科疾病可以通过苍蝇、水或者直接接触传播，在多风的沙漠地区和温暖的沿海地带都很常见。低下的生活水平、不卫生的生活条件、宗教洗礼仪式，以及营养不良，导致沙眼

---

① A Philanthropist, *A Brief Account of an Ophthalmic Institution*, Canton, 1834, p. 12.

② ［英］艾莉莎·马礼逊编，杨慧玲等译：《马礼逊回忆录》第 2 卷，郑州：大象出版社，2008 年，第 9 页。

③ William Warder Cadbury and Mary Hoxie Jones, *At the Point of A Lancet: 100 Years of the Canton Hospital, 1835 – 1935*, Shanghai: Kelly and Walsh, 1935, p. 15.

④ ［美］爱德华·V. 吉利克著，董少新译：《伯驾与中国的开放》，桂林：广西师范大学出版社，2008 年，第 132 页。

在世界的很多地方盛行。沙眼的症状表现为结膜（眼睑内层）炎和角膜翳，并在角膜处形成一个不透明的覆盖物，导致失明。①

鉴于粤澳地区眼病普遍流行，1827 年郭雷枢医生在澳门设立专门的眼科医院。据统计，在 1827—1832 年的 6 年中，大约有 4 000 名以眼疾为主的患者在他的医院就诊，"许多人重新获得光明，更多的人被治好了眼病，开始他们通常的职业"②。他还于 1828 年在广州参与成立一家广州诊所，这家诊所后来也模仿澳门眼科医院，以华人眼疾为主要对象免费义诊。③ 美国美部会的伯驾医生于 1835 年抵达广州后，也在广州开设了一家眼科医局，仅第一季就治愈 1 132 人，主要是眼疾患者，④ 其中为 30 例白内障病人实行了剥离手术。伯驾治疗的眼病还有角膜炎、倒睫、穿孔性或带有葡萄肿的角膜溃疡，以及翼状胬肉，还包括了 10～20 例的青光眼。⑤ 1838 年，伯驾在澳门开办第二家医院——美国医院。在澳门的 3 个月中，伯驾医生共治疗了 700 个病人，主要是眼科疾病患者。⑥ 伯驾在来华的前几年中，主要是治疗眼科疾病，通过大量的眼科疾病治疗，他成为一位成功的眼科专业医生。

（七）澳门的其他疾病

18 世纪，解剖学和生理学已经取得突飞猛进的发展，但是科学对于生命规律的探索仍然处于初期，特别是对于疾病的认识没有重大突破。从《1882 年政府卫生报告》中关于疾病的说法，"有两组类型的疾病最为常见，一组是气管炎、腹泻、肠炎、间歇性发热；另一组是风湿病、肿胀、小脂肪瘤、内生软骨瘤、由火器造成的内伤和挫伤及结膜炎等，还发生过 2 起潜伏高热、1 起昏迷性高热、3 起急性肝炎、1 起肝硬化、4 起普通黄疸和 6 起肺结核"⑦，不难发现，当时医学对于疾病发生的根源并未有突破性

---

① ［美］爱德华·V. 吉利克著，董少新译：《伯驾与中国的开放》，桂林：广西师范大学出版社，2008 年，第 132～133 页。

② William Warder Cadbury and Mary Hoxie Jones, *At the Point of A Lancet: 100 Years of the Canton Hospital, 1835－1935*, Shanghai: Kelly and Walsh, 1935, p. 16.

③ 苏精：《英国东印度公司与西医来华》，载珠海市委宣传部、澳门基金会、中山大学近代中国研究中心主编：《珠海、澳门与近代中西文化交流：首届"珠澳文化论坛"论文集》，北京：社会科学文献出版社，2010 年，第 73～74 页。

④ 黄雯：《孙逸仙博士医学院成立史略》，载《孙逸仙博士医学院月刊》创刊号，1938 年 7 月，第 38 页；Edward V. Gulick, *Peter Parker and the Opening of China*, Cambridge, MA: Harvard University Press, 1973, pp. 37－40.

⑤ ［美］爱德华·V. 吉利克著，董少新译：《伯驾与中国的开放》，桂林：广西师范大学出版社，2008 年，第 32～33 页。

⑥ ［美］爱德华·V. 吉利克著，董少新译：《伯驾与中国的开放》，桂林：广西师范大学出版社，2008 年，第 69 页。

⑦ *Boletim da Provincia de Macau e Timor*, Vol. XXIV, 19 de Maio de 1883, No. 20, p. 188.

认识，导致疾病的分类也不清晰。以下为1847年病人入院疾病的数据统计表。①

表7-14　1847年1—6月圣拉法尔医院病人所患疾病及人数统计表

1月	人数	2月	人数	3月	人数	4月	人数	5月	人数	6月	人数
间歇热	2	间歇热	1	痔疮	1	轻微水痘	1	支气管炎	5	偶发性痔疮	1
神经紧张	1	痔疮	1	轻微水痘	2	天花	3	天花	4	天花	2
支气管炎	11	支气管炎	1	支气管炎	4	支气管炎	4	轻感冒	3	支气管炎	2
轻度天花	1	轻度水痘	1	轻度伤风	3	重感冒	1	重感冒	2	轻感冒	2
黏膜肺炎	1	腹股沟腺炎	1	跌打损伤	1	轻感冒	3	腹泻	2	腹部伤风	1
轻微感冒	3	持续伤风	1	脊椎伤	1	跌打损伤	2	间歇性发烧	3	轻伤	2
跌打损伤	2	轻微感冒	3	简单伤口	1	轻伤	1	淋病	3	跌打损伤	1
持续疟疾	1	轻微神经衰弱	1	淋病	1	痢疾	1	眼炎	2	腹绞痛	4
淋病	3	淋病	2	心脏肥大	1	神经衰弱	1	风湿病	1	腹泻	4
梅毒	2	疝气	1	急性炎症	1	出疹	1	梅毒	4	间歇性发烧	3
伤口处理	1	急性炎症	1	颌骨发炎	1	间歇性发烧	3	肺结核	1	淋病	1
痔疮	1	风湿病	1	梅毒	4	简单伤口	2	伤口化脓	1	腹泻	1
支气管炎	1	梅毒	3	轻微黏膜炎	1	淋病	5	咯血	1	疝气	1
溃疡梅毒	1	痔疮	1	肺炎	1	阴囊炎	1	梅毒	1	梅毒	1
持续伤风	1	重感冒	1	严重伤口	1	眼炎	1			跌打损伤	1
淋巴结梅毒	1	持续伤风	1	重感冒	2	梅毒	3			胃炎	1

① *Boletim do Governo da Província de Macau, Timor e Solor*, Vol. Ⅱ, 18 de Fevereiro de 1847, p. 27; Vol. Ⅱ, 20 de Março de 1847, p. 42; Vol. Ⅱ, 1 de Maio de 1847, p. 66; Vol. Ⅱ, 22 de Maio de 1847, p. 743; Vol. Ⅱ, 15 de Julho de 1847, p. 96; Vol. Ⅱ, 12 de Agosto de 1847, p. 104.

（续上表）

1月	人数	2月	人数	3月	人数	4月	人数	5月	人数	6月	人数
肺结核	1	重伤处理	1	轻感冒	1	胃炎	1			伤口化脓	1
		轻微神经衰弱	2	疟疾	1	胸部癌症	1			麻风病	1
				全身浮肿	1	肺部伤风	1			梅毒	1
				梅毒	1	疥疮	1			腹泻性感冒	1
				阴囊溃烂	1	神经衰弱	1			神经衰弱	1
										肝炎	1

从上述疾病统计可以看出，除了一部分属于前面流行的疾病以外，还有一部分至今仍属于常见疾病，如伤风、感冒、胃炎、肝炎、肺炎、支气管炎、疝气、神经衰弱、痔疮、肺结核等；但也有一些疾病并没有专业疾病名称，更是一种疾病描述，如阴囊溃烂、心脏肥大等。其中结核病是容易被人忽略的一种城市流行病，主要由结核杆菌引起，在中文中被称为“肺痨”。随着18—20世纪都市的兴起和工业的发展，肺结核在欧洲、南北美洲、非洲和亚洲的许多地方成为一种流行性疾病。“如果要排位的话，它和其他全球性的流行病，诸如腺鼠疫、霍乱、麻疹、天花、伤寒、斑疹伤寒等，有着同样的历史地位。”① “肺结核”这一概念是在19世纪末期，医学家罗伯特·科赫（Robert Koch）在1882年分离出结核杆菌后，人类才对肺病有了更为明确的认识。② 18世纪末，澳门名医冈萨维斯（Manuel António Gonçalves）根据自己多年的行医经验，得出肺结核病人很难治愈的结论，而且对于药物产生抗药性。③ 而他本人，最终也因为身患肺结核，向议事会申请回欧洲治病：“自己一直忍受着肺病的折磨，多种治疗方法都没有好转，只有去欧洲治疗，我需要休息；因此我申请辞职回去欧洲休养。”④ 1857年，在澳门的基督教旧坟场中，至少有一位因肺结核去世。他就是在澳门的一位德国商人的兄弟瓦尔瑟·谢夫（Walther Schaeffer）。⑤ 1869年，卫生局卢西奥·席尔瓦局长

① ［美］基普尔主编，张大庆译：《剑桥世界人类疾病史》，上海：上海科技教育出版社，2007年，第949页。

② Linda Bryder, *Below the Magic Mountain: A Social History of Tuberculosis in Twentieth - Century Britain*, Oxford: Clarendon Press, 1988, p. 41.

③ *Arquivos de Macau*, 3ª Série, Vol. XVII, No. 3, Macau, 1972, p. 143.

④ Manuel Teixeira, *A Medicina em Macau*, Vol. III, Macau: Imprensa Nacional, 1975 - 1976, p. 102.

⑤ Lindsay and May Ride, *An East India Company Cemetery: Protestant Burials in Macao*, Hong Kong: Hong Kong University Press, 1998, p. 102.

承认，肺结核是时常笼罩这个社会，并且扩散速度极快，且死亡率极高的一种疾病。[①] 由此可见，肺结核在很长时间内都是一种难以治愈且非常常见的疾病。结核病在澳门曾经多次流行，澳门华人的居住环境及工业生产都是极容易感染结核病的。一般来说，居住的环境过于拥挤，或者在纺织厂这种有粉尘的地方工作都容易导致结核病的感染。1909 年卫生局的工作报告中指出，“在澳门疾病分类史上，最常见的传染病就是肺结核。肺结核一般在细菌滋生的环境中爆发，并且迅速蔓延，经常不被人察觉，且感染率极高。感染这种疾病会极大消耗人的体力。目前没有任何药物可以治疗，只能治理其根源，也就是不卫生的环境”[②]。

① *Boletim da Provincia de Macau e Timor*, Vol. XVI, 2 de Janeiro de 1871, No. 1, p. 3.

② José da Conceição Afonso, *Contributos Para a História da Saúde em Macau*, (*dos Finais do Séc. XIX as Duas Primeiras Décadas do Séc. XX*), Adminstração n.ª70, Vol. XVIII, 2005. 4ª, pp. 1423 - 1462.

第八章

西方语言、文学在澳门

澳门是中国南海之滨的一颗璀璨明珠，既有“楼阁归金界，烟林入锦丛”① 之中华胜景，又有“蛮烟顿清廓，万象尽昭苏”② 之异国风情。中西文化碰撞融合长达四百多年不间断，在那一时代的中国再也找不到任何一块土地能与之媲美。当我们追溯中国近代东西方文化艺术之交流与关系时，就会发现欧洲传教士始终借助于艺术形式向东方诸国传播基督教教义，就在澳门这块方寸之地，他们不仅在这里拉开了绚丽多姿、绵延流长、磅礴郁积的中西文化艺术交流史的帷幕，而且他们带来的西方语言、文学与艺术也在这里慢慢浸润、积淀。

第一节　西方语言在澳门

澳门在历史上出现了无与伦比的世界各种语言的融合与碰撞的现象，正如 1843 年 11 月 4 日，美国商人金仕曼先生的太太瑞贝凯（Rebecca Chase Kinsman）写往美国的家书称：“在澳门居住着十分多样化的族群，而出现近似巴比伦塔的语言世界。在我们的漫步中遇到各式各样的人，差不多相等于地球上所有的人种：犹太人、琐罗亚斯德人、马来亚人、孟加拉人、东印度水手、卡菲尔人，更不要说欧洲了：英国人、苏格兰人、法国人、德国人和瑞典人等，他们都只能从外表和语言的微小差别分辨出来。”③ 这句话十分感性地道出了世界语言混杂于澳门的概况，当然最先进入澳门的是葡萄牙

① （清）印光任、张汝霖原著，赵春晨校注：《澳门记略校注》，《形势篇》，澳门：澳门文化司署，1992 年，第 23 页。

② （清）印光任、张汝霖原著，赵春晨校注：《澳门记略校注》，《形势篇》，澳门：澳门文化司署，1992 年，第 24 页。

③ 参见瑞贝凯在澳门寄给她在美国 Salem 的家书，载《美国艾赛克斯学院，历史文集》，第 LXXVI，1950，Salem，Mass，转引自［葡］文德泉：《美国青年人眼中的 19 世纪澳门》，澳门：澳门教育暨文化司，1981 年，第 56 页。

人，故首先在澳门传播的西方语言当即葡萄牙语。随后，由于耶稣会会士的抵达，很快就在澳门建立了培养儿童的读写学校，并教授拉丁语，所以，拉丁语就成为在澳门主要传播的第二种西方语言。由于汇聚澳门的外国人来自于欧洲的各个国家，包括西班牙、意大利、荷兰、法国、德国、奥地利、英国等，因此，从16世纪起，各种欧洲的西方语言都会在澳门有所传播，正如利玛窦所言："我们这里是多种语言并用，所以我不知道在写意大利语时会不会出现德语或者其他语言。"① 而到后来，在澳门传播最广、时间最长、对澳门影响最大的西方语言当是英语，所以，我们将英语视为在澳门传播的第三种重要的西方语言。正因为多种西方语言在澳门的出现与传播，所以才出现了澳门语言"㩟成杂烩"的现象，正如清初住在澳门的释迹删诗所言："番童久住谙华语，婴母初来学鸩音。"② 此处"婴母"当为鹦鹉，就是说当时澳门的鹦鹉都已经学着讲西洋话。吴渔山的诗亦言："燈前乡语各西东，未解还教笔可通。我写蝇头君鸟爪，横看直视更难穷。"其注云："西字如蝇爪，横行读之，尖疾者上。"③ 这惟妙惟肖地解释了西方语言文字在澳门传播时中国人的困惑。吴渔山谈到西方语言文字时更称："若夫书与画亦然，我之字，以点划㩟集而成，然后有音。彼先有音，而后有字，以勾画排散，横视而成行。"④ 这些都反映了西方语言文字传入澳门后澳门华人的一些感知和认识。

一、葡萄牙语及土生葡语在澳门的传播

（一）葡萄牙语在澳门的早期传播

葡萄牙语在中国的流播应始于澳门开埠之前。16世纪欧洲新航线开通后，葡萄牙人是第一批来华的西方人，因而葡萄牙语是最早与东方语言接触的西洋语。那些与葡人周旋，负责传译语言、媒介交易的中国通事和包揽对葡贸易的经纪人是第一批掌握葡萄牙语的人。18世纪中叶以前，葡萄牙语已成为中国南部口岸商业通用语，是中国人充当通事、买办的重要条件。来华贸易的英国和荷兰商船，也必须依靠懂得葡萄牙语的中国通事，始能进行贸易。马士称：

> 对中国贸易的英国船上大班，首先需要具备葡萄牙文的知识。从1517年以后

---

① ［意］利玛窦著，文铮译，梅欧金校：《利玛窦书信集》，北京：商务印书馆，待刊，第54页。

② （清）释迹删：《咸陟堂诗集》卷14，《寓普济禅院寄东林诸子》，广州：广东旅游出版社，2008年，第251页。

③ （清）吴历撰，章文钦笺注：《吴渔山集笺注》卷2，《三巴集》，北京：中华书局，2007年，第179页。

④ （清）吴历撰，章文钦笺注：《吴渔山集笺注》卷5，《墨井画跋》，北京：中华书局，2007年，第443页。

> 的一个世纪以上，到中国去的欧洲商船都是葡萄牙人。而他们的语言文字，在某种程度上是沿海的通用语。……1637 年，第一次来的英国人，除了通过一位只懂中葡语言的通事，就无法与中国人打交道。[①]

正德十二年（1517）出使中国的葡萄牙使团中有“通事 5 人，大通事 1 人，小通事 4 人”[②]，其中一小通事为江西浮梁人火者亚三，[③] 华名傅永纪。[④] 这位火者亚三是一位回族人，精通包括阿拉伯语、马来语及葡萄牙语在内的多种语言，[⑤] 在葡萄牙使团中充当一名翻译。这是我们见到的最早懂葡萄牙语的中国人的记录。澳门开埠以后，葡萄牙语在澳门得以广泛传播，所有与葡萄牙人打交道的中国人，包括官员和商人，都要依靠这些懂得葡萄牙语的通事来充当交流的媒介。所以，当时澳门汇聚了一大批懂得葡萄牙语的通事和翻译，故在“澳门形成了一个以翻译为职业的通事团体，由名叫托梅·佩雷拉（Tomé Pereira）的人领导”[⑥]。广东按察御史庞尚鹏称澳门：

> 其通事多漳、泉、宁、绍及东莞、新会人为之。椎髻环耳，效番衣服声音。[⑦]

很明显，这些澳门的通事们效仿的“声音”就是葡萄牙语，而不是有些人所说的广东葡语。[⑧] 又是漳州人，又是泉州人，又是宁波人，又是绍兴人，怎么可能使用的是广东葡语呢？所谓广东葡语在澳门的出现，应该是以后的事情。这些澳门的通事们就是最早学习葡萄牙语的中国人，也是葡萄牙语在澳门传播直接影响的第一批人。这些掌握了葡萄牙语的通事们，不论是在澳门还是中国其他地区，都起着十分重要的作用。《（康熙）香山县志》载：

> 凡文武官下澳，率坐议事亭上，彝目列坐进茶毕，有欲言则通事番译传语。通事率闽粤人，或偶不在侧，则上德无由宣，下情无由达。彝人违禁约，多由通

---

① ［美］马士著，区宗华等译：《东印度公司对华贸易编年史：1635—1834 年》第 1、2 卷，广州：中山大学出版社，1991 年，第 65 ~ 66 页。

② Rui Manuel Loureiro, *Cartas das cativos de Cantão: Gristóvão Vieira e Vasco Calvo (1524)*, Macau, 1992, 载金国平编译：《西方澳门史料选萃（15—16 世纪）》，广州：广东人民出版社，2005 年，第90 ~ 91 页。

③ （明）顾应祥：《静虚斋惜阴录》卷 12，《杂论》3，续修四库全书子部第 1122 册影印明刻本，上海：上海古籍出版社，2002 年，第 511 页。

④ （明）王维德：《林屋民风》卷 12，《杂记》引张本《五湖漫闻》，四库全书存目丛书史部第 239 册影印清康熙五十二年王氏风梧楼刻本，济南：齐鲁书社，1996 年，第 536 页。

⑤ （明）张廷玉：《明史》卷 325，《佛郎机传》，北京：中华书局，1974 年，第 8430 页。

⑥ ［葡］阿尔维斯著，夏莹译：《澳门开埠后葡中外交关系的最初十年》，载《文化杂志》（中文版）第 19 期，1994 年，第 72 页。

⑦ （明）庞尚鹏：《百可亭摘稿》卷 1，《陈末议以保海隅万世治安疏》，四库全书存目丛书集部第 129 册影印明万历二十七年庞英山刻本，济南：齐鲁书社，1997 年，第 130 页。

⑧ ［美］亨特著，冯树铁、沈正邦译：《广州番鬼录·旧中国杂记》，广州：广东人民出版社，2009 年，第 66 页中章文钦注称：“在 16 世纪末至 18 世纪中叶，广州口岸的中国人与西方人商业交往的语言是广东葡语（Pigdin Portuguese）。”

事导之。[1]

张甄陶的《制驭澳夷论》亦称：

澳夷言语不通，必须通事传译。历来俱以在澳行商传宣言语，该商人之鼻息，两相浃洽，言语易从。[2]

不仅仅通事学习葡萄牙语，当时的澳门亦有中国的读书人学习葡萄牙语，罗明坚在1583年致总会长的信中这样写道：

我利用明确的自然推论，并配以中国人的比喻给他们讲道，尤其利用我编写的中文小册子。同时天主也助佑感化一些中国读书人进教，他们会讲葡萄牙文，因此要他们用中文把要理写出来。[3]

这就是说，早期澳门的一些读书人为了跟葡萄牙人打交道，也学习了葡萄牙文。还有那些来澳门做生意的华商为了他们的商业利益也不得不学习葡萄牙语，天启四年（1624），吏科给事陈熙昌的奏折称：

垄断之徒，肩摩毂击，杂沓澳中。谓无可结夷心，得夷利，则夷言、夷服、习夷教，几于夷夏一家。[4]

要得夷利，必须要学会夷言，这就是葡萄牙语在中国商人中间的扩张。而对于信仰基督教的中国人来说，葡萄牙语更是必须要掌握的：

其在澳进教者，久居澳地，渐染已深，语言习尚渐化为夷。[5]

每年来澳门进教的人数不少，他们由于久居澳地，因此对葡萄牙人的语言非常熟悉，且能运用自如。为了推广葡萄牙语，澳门圣保禄学院也经常举行一些用葡萄牙语来进行的表演及游戏活动，据1611年11月1日《澳门圣保禄学院年报》记载：

复活节那天，我们同往年一样，举办了非常隆重的庆祝活动。在节日大游行的最后，是一场用葡萄牙语演出的表演，演出内容主要说的是圣彼得因为不认耶稣而流下的眼泪，以及我主上帝是如何出现在他面前的。这场演出在观众中引起了热烈的反响。[6]

---

① （清）申良翰：《（康熙）香山县志》卷10，《外志·澳彝》，广东省立中山图书馆藏康熙十一年钞本，第3页。

② （清）王锡祺：《小方壶斋舆地丛钞》第11册，第9帙，张甄陶：《制驭澳夷论》，杭州：杭州古籍书店，1985年，第330页。

③ ［意］利玛窦著，罗渔译：《利玛窦书信集》下册，《罗明坚神父致总会长阿桂委瓦神父书》，台北：光启出版社、辅仁大学出版社，1986年，第447页。

④ （明）高汝栻：《皇明续纪三朝法传全录》卷13，《天启四年吏科给事陈熙昌奏》，四库禁毁书丛刊补编第11册影印明崇祯九年刻本，北京：北京出版社，2005年，第139页。

⑤ （清）暴煜：《（乾隆）香山县志》卷8，《濠镜嶴》，中山文献丛刊第2册影印清乾隆十五年刊本，第955页。

⑥ João Paulo Oliveira e Costa, *Cartas Ânuas do Colégio de Macau (1594—1627)*, Macau: Fundação Macau, 1999, pp. 137 – 138.

在澳门居于统治地位的葡萄牙人也意识到传播葡萄牙语的重要性，特别是对小孩进行的葡语教育。1822年，在一次议事会召开的会议上，有人提出建议：

创建两所初级女子学校，教师们不仅要教授孩子们读、写、算数规则，还应该教授他们葡萄牙语语法。学校相互之间要有竞争，教师们还要熟练掌握拉丁文。孩子们既可以当面学，还可以去欧洲进行实践，因为这对于孩子们学习葡文和提高葡文水平来说是最佳的方式。但是，如果国库不拨出大笔款项，创办教授葡文学校的建议则是不可能实现的。①

这种从小孩开始就抓紧葡文教育的做法必然导致澳门葡萄牙文的迅速传播，不仅葡裔子弟可以迅速准确地传承葡萄牙语，也一定会有大量的华人子弟接受葡萄牙语。故《盾墨》称：

西蕃既与粤人错居数百年，多能作华语，不止曾游京师之蕃僧也。粤人亦多能解蕃语，有不待于通译者。②

葡萄牙语在澳门经过数百年的传播与发展，到清中期时，已经在中国的东南沿海地区产生了很大的影响。到19世纪后，《中国之蜂》（*A Abelha da China*）、《澳门周报》（*Gazeta de Macau*）、《澳门杂论》（*Chronica de Macau*）、《恒定报》（*O Invariavel*）、《澳门土生公正报》（*O Macaista Imparcial*）、《澳门政府公报》（*Boletim official do Governo de Macau*）等葡文报纸相继出版。据李长森的统计，从1822年到1885年在澳门（包括香港、上海、帝汶）出版的葡文报纸达24种之多，在当时的葡属领地中仅次于果阿而位居第二。③ 这些或7天，或半个月，或一个月出版一次的葡文报纸，加大了葡萄牙文在澳门传播的力度，为葡萄牙文在19世纪的澳门的传播更是助阵添威。1823年的《中国之蜂》有一篇文章称：

葡萄牙语是拉丁语最纯正的后裔，曾经有过辉煌的历史，应当让大家认识到，每个葡萄牙人都有义务有责任推广葡语。④

葡萄牙文通过报纸的广泛发行而得以扩大影响，甚至影响到当时中国政府的官员。姚莹《康辅纪行》称：

道光己亥、庚子之间，尚书侯官林公，以英吉利事至两广，求粤人通晓西洋事者，得欧罗巴人所撰《四洲志》及《澳门月报》，凡以海洋事进者，无不纳之，所得夷书就地翻译，于是海外图说毕集。⑤

---

① *Arquivos de Macau*, 3ª Série, Vol. Ⅴ, No. 1, Macau, 1966, p. 21.

② （清）汤彝：《盾墨》卷4，《澳门西番》，续修四库全书史部第445册影印道光刻本，上海：上海古籍出版社，2002年，第105页。

③ 李长森：《近代澳门外报史稿》，广州：广东人民出版社，2010年，第60、79~87页。

④ *A Abelha da China*, No. XXII, 13/02/1823, Macau: University of Macau, 1994, pp. 83–86.

⑤ （清）姚莹：《康辅纪行》卷16，《附〈中外四海地图〉说》，合肥：黄山书社，1990年，第499页。

这里的《澳门月报》指的是1839年之前澳门出版的葡文报纸，但不知具体是哪一种。从此说可以反映，当时这些葡文报纸的出版，对中国内地的官员已经产生了很大的影响。

（二）葡汉辞典的编纂

葡萄牙语在澳门的传播受众既有华人，也有非葡籍国家的外国人。为了使这些人能学好葡萄牙语，而更重要的是使外国人迅速地掌握汉语，于是，在澳门开埠不久，就有西方传教士着手编纂葡汉辞典。

1. 罗明坚、利玛窦的《葡汉辞典》

1934年，耶稣会历史学家德礼贤神父在罗马耶稣会的档案馆发现了一组未署名的手稿，编号“Jap-sin. ,I,198.”。他根据各种线索考订出这就是罗明坚和利玛窦编写于1583—1588年的《欧汉辞典》，后来他在编纂《利玛窦史料》时，正式将其定名为《葡汉辞典》。[①] 该手稿共198页，第32～156页是主体部分。除32a～33b页和34a页中的前三词条有第四栏的意大利语译文以外，另外的页面全部由三栏文字构成：第一栏是葡萄牙文条目，第二栏为罗马字注音，第三栏为汉字。葡萄牙文条目全部用中国的墨汁写成，出自两个完全不同的手笔，前一部分从字母A到C（32页正面到62页反面）的字迹与后一部分从字母D到Z（72页正面到156页正面）完全不同。前者出自谁的手笔无人可知，但后者（也就是更长的那部分）为罗明坚的手笔。[②] 魏若望认为，在《葡汉辞典》手稿中，从A到Z用字母排列的众多条目也表明至少葡萄牙文的条目是基于一人或多人所写的本子而成。实际上，近来的研究成果表明，“该辞典中的一些条目源于人文主义者卡尔多索（Jerónimo Cardoso）所著、于1569年出版的《葡拉辞典》第三版”[③]。利玛窦在里斯本和果阿待的时间很长，学习了很长时间的葡萄牙文。罗明坚在里斯本和印度也住过相当长的时间，他的葡萄牙语十分娴熟。[④] 据罗明坚自己称：“我的意大利文写得不佳，因为自离开罗马几乎不曾讲过意大利话。”[⑤] 他在另处还称：“用意大利文书写我已感困难，很久不用意大利文，故很多文规已记不清了。”[⑥] 利

---

① 杨福绵：《罗明坚和利玛窦的〈葡汉辞典〉》，［意］罗明坚、利玛窦著，［美］魏若望编：《葡汉辞典》，旧金山大学利玛窦中西文化研究所、葡萄牙国家图书馆、东方葡萄牙学会，2001年，第106页。

② ［美］魏若望：《序言》，［意］罗明坚、利玛窦著，［美］魏若望编：《葡汉辞典》，旧金山大学利玛窦中西文化研究所、葡萄牙国家图书馆、东方葡萄牙学会，2001年，第87页。

③ ［美］魏若望：《序言》，［意］罗明坚、利玛窦著，［美］魏若望编：《葡汉辞典》，旧金山大学利玛窦中西文化研究所、葡萄牙国家图书馆、东方葡萄牙学会，2001年，第89页。

④ ［美］魏若望：《序言》，［意］罗明坚、利玛窦著，［美］魏若望编：《葡汉辞典》，旧金山大学利玛窦中西文化研究所、葡萄牙国家图书馆、东方葡萄牙学会，2001年，第89页。

⑤ ［意］利玛窦著，罗渔译：《利玛窦书信集》下册，《罗明坚神父致总会长阿桂委瓦神父书》，台北：光启出版社、辅仁大学出版社，1986年，第435页。

⑥ ［意］利玛窦著，罗渔译：《利玛窦书信集》下册，《罗明坚神父致总会长阿桂委瓦神父书》，台北：光启出版社、辅仁大学出版社，1986年，第491页。

玛窦也有这样的说法："我很少用意大利文写信，因为这对于我来说已经是很吃力了。"① 可以表明，当时由于澳门地区通行的是葡萄牙语，所以这些来到澳门的意大利人也不经常使用意大利文，而是使用葡萄牙文，因为葡萄牙文是当时澳门的主要流通语言，以至于这两位意大利人都对母语感觉到生疏。正因为罗明坚已经是精通葡萄牙语的专家，所以编纂这些葡萄牙文词条，或者是借用其他葡萄牙人的研究成果，都是极为便利的事情。

杨福绵认为该辞典中的汉字拉丁字母注音多为罗明坚所书写，故把这个拼音系统称为"罗明坚系统"："第二栏是罗马字注音，是罗明坚的笔迹。这是罗氏在肇庆学习汉语时所创制的最早的罗马字注音，不过系统尚不完备。例如无送气音和声调符号；声母和韵母的拼法尚未完全一致，不免有模糊含混的地方。我们可以称它为罗氏方案。"② 并评价称："《辞典》中的罗马字注汉字音，是汉语最早的拉丁字母拼音方案。是利氏及《西儒耳目资》拼音系统的前身，也是后世一切汉语拼音方案的鼻祖。编写这部辞典时，罗明坚因为到中国时间不久，初学汉语，记音时，有些汉字拼写法尚不一致，甚至有模糊含混的地方。不过从拼音资料整体来说，已可使我们归纳出一个大致的官话音韵系统。"③

《葡汉辞典》有逾 6 000 个词条，包括单词、短语和一些短句。其中有 5 461 个词条有汉语的对译词，是用拉丁字母给汉字注音的最早尝试。此《葡汉辞典》手稿的结构是比较简单的，它只有葡汉词汇对照，而没有具体的解释说明和具体用例，颇似现今我们使用的外语教材中每课课文的词汇表或书末的总词汇表。罗明坚和利玛窦这部《葡汉辞典》编于 1583 年至 1588 年之间，10 年后，也就是 1593 年到 1598 年间，利玛窦住在临清，并得到其耶稣会同事郭居静和钟鸣仁的帮助。在那里，天才的音乐家郭居静教会利玛窦如何将音标加入新的辞典中。这部辞典具有较新的对北京方言注音的罗马注音系统，这就是利玛窦的第二部辞典《汉葡辞典》。但这部辞典主体语言是汉语，而不是葡萄牙语。④

2. **17 世纪的葡汉辞典手稿**

继罗明坚、利玛窦之后，编纂葡汉辞典的耶稣会会士为费奇规（Gaspar Ferreira）。

---

① ［意］利玛窦著，文铮译，梅欧金校：《利玛窦书信集》，北京：商务印书馆，待刊，第 105 页。

② 杨福绵：《罗明坚、利玛窦〈葡汉辞典〉所记录的明代官话》，载《中国语言学报》1995 年第 5 期，第 38 页。

③ 杨福绵：《罗明坚、利玛窦〈葡汉辞典〉所记录的明代官话》，载《中国语言学报》1995 年第 5 期，第 71 页。

④ Frederic Weingartner, El Perimero diccionario EuroperChino, in *Boletim de la Associación Española de Orientalistas 11*, 1975, pp. 223－227；杨福绵：《罗明坚和利玛窦的〈葡汉辞典〉》，［意］罗明坚、利玛窦著，［美］魏若望编：《葡汉辞典》，旧金山大学利玛窦中西文化研究所、葡萄牙国家图书馆、东方葡萄牙学会，2001 年，第 110～111 页。

据费赖之的《在华耶稣会士列传及书目》所言，费奇规曾编纂一部《汉葡辞典》。[①] 巴尔博扎·马查多（Barbosa Machado）提到另一本《中葡字典》手稿，由耶稣会神父费奇规编写。[②] 斯特赖特（Robert Streit）给这部辞典确定的葡萄牙语标题是 *Dicionario da lingua Chinesa e Portuguesa*，并指出这部辞典是手写本。[③] 费奇规编撰《汉葡辞典》的时间不明，当在1635年前居住在江西南昌时编撰。

到1640年，又出现了一部新的葡汉辞典，是由一名葡萄牙的耶稣会会士编写的，他叫曾德昭，以《大中国志》一书而闻名。他编写了葡汉和汉葡两部辞书的手稿。斯特赖特也提到了这部辞典称："曾德昭神父曾经编撰《字考》一书和两部辞典，一部是汉葡辞典，另一部是葡汉辞典。但不知道这两部辞典是否已经刻印。"[④] 文德泉神父亦载："在澳门圣若瑟神学院图书馆里，曾经保存有一本由在中国的最早的耶稣会传教士之一（可能是曾德昭）编写的古老的字典，其编号为15－11 1870，原属于1601年创建的北京神学院。它被一名叫江沙维的遣使会会士派人从北京取走，于1870年寄送给刚任命为澳门教区教长的里斯本皇室图书馆卡瓦略博士。"[⑤]

裴化行神父于1933年见到过一本没有日期、编者姓名和序言的汉葡字典手稿，这部手稿现存于国家图书馆善本部，编号为V/PL1459 P6C5。这部手稿现存8页汉字部首表、624页词典正文、24页附录，与费赖之1934年记载的34页附录相比，少了10页。据杨慧玲的推断，这本词典由非耶稣会会士编写，在1660至1661年间完成。[⑥]

澳门史学家高美士的《澳门书目》第504条记载："汉葡（和拉丁语）字典手稿，880页，7 000个词条。现保存在斯德哥尔摩皇家图书馆。此字典亦应成书于17世纪下半叶。"[⑦]

以上这一系列汉葡辞典的编纂与完成，可以说明一个问题，17世纪时葡萄牙语在中国，特别在澳门已经获得了广泛的传播。

---

① ［法］费赖之著，冯承钧译：《在华耶稣会士列传及书目》，北京：中华书局，1995年，第84页称："安文思神父书《中国新志》第101页谓其撰有汉葡字书一部。"查［葡］安文思著，何高济等译：《中国新史》，郑州：大象出版社，2004年，第51页原文为："金尼阁、郭居静、费奇规和曾德昭等本会的神父们，编撰了大型和实用的字典。"原文并无费奇规编《葡汉辞典》的说法。

② ［葡］林若翰著，叶志良译：《葡中字典的历史和书目一瞥》，载《文化杂志》（中文版）第6期，1988年，第36页。

③ Robert Streit, *Bibliotheca Missionum*, Rome, Freiberg, Vienna: Herder, 1964, p. 296.

④ Robert Streit, *Bibliotheca Missionum*, Rome, Freiberg, Vienna: Herder, 1934, p. 146.

⑤ Manuel Teixeira, *Macau e a Sua Diocese, Vol.VIII, Padres da Diocese de Macau*, Macau: Tipografia da missão do padroado, 1972, p. 159.

⑥ 杨慧玲：《中国国家图书馆藏汉葡词典抄本及其史料价值》，载《史学史研究》2012年第4期，第123页。

⑦ ［葡］林若翰著，叶志良译：《葡中字典的历史和书目一瞥》，载《文化杂志》（中文版）第6期，1988年，第36页。

3. **江沙维的葡汉—汉葡辞典**

19 世纪在澳门居住近 30 年的葡萄牙遣使会会士江沙维对葡萄牙语在澳门的传播和发展做出了极大的贡献。江沙维，1780 年 3 月 23 日出生于葡萄牙特拉兹·多兹·蒙德斯省多若镇。因音乐及数学造诣颇深，奉命赴北京，于 1813 年 6 月 28 日抵达澳门，因内地禁教，未能成行，遂在澳门圣若瑟神学院执教，担任英语、汉语及音乐教师。“他是当时葡萄牙传教士中最出类拔萃的人物，汉学造诣最深。”① 他对汉语学习具有天然的热情，他的学生加略利《江沙维神父传记：包括一份有其各类汉学著作介绍的生平简介》一文称：

图 8-1　葡萄牙著名汉学家江沙维神父像

> 第一年，学习通常被称为官话的北方方言。他讲的官话很流利，语调亦准确。

后来由于不能赴京，为了适应当地华人的方言，开始学习粤语。此后：

> 汉语成为他特有的研究领域。我能说是他的私人领域，以其 60 岁的年龄，他向我提到了一个著名的事实，即他自己莫名其妙地有 48 小时的时间没有花在汉语上。②

江沙维的语言天赋极高，在圣若瑟神学院的教学工作主要是语言方面。为了使在圣若瑟神学院求学的欧洲及中国学生更好地学习语言，他专门编撰了 10 余本关于语法、词汇的字典。其中关于葡汉词典、语法类的著作有 3 部：1）《汉字文法》（*Arte China Constant de Alphabeto Grammatical*）（1829），此书共 550 页，分为 9 个部分：前言、汉字笔画和偏旁部首、口语和文言文的短语和句子、语法、句法、问答、俗语、历史与传说、汉语作文。《汉字文法》有很多独创之处，如将汉字的 214 个偏旁部首精简为 124 个，编成汉字笔画表，又把汉语语音分为 1 300 个不同的音节，归类成语音组；将汉字归纳为 1 411 个形符，作为辨认汉字的结构单位。③ 据加略利称，这是一本葡萄牙语与汉语语法书。④ 2）《葡汉字典》（又称《洋汉合字汇》，*Diccionario Portugues-China*）（1831），共 872 页。加略利称赞曰：“《葡汉字典》是我们这个时代能使用

---

① ［葡］施白蒂著，姚京明译：《澳门编年史：19 世纪》，澳门：澳门基金会，1998 年，第 16 页。

② *Chinese Repository*, Vol. 15, No. 2, 1846/02, p. 70.

③ *Boletim Eclesiástico da Diocese de Macau*, No. 445, 1941/04, pp. 896 - 897. 转引自［葡］阿雷斯塔：《葡萄牙教育历史中汉学研究之总览》，载澳门《行政》杂志第 10 卷，第 4 期（总 38 期），1997 年，第 1177 ~ 1192 页。

④ *Chinese Repository*, Vol. 15, No. 2, 1846/02, p. 70.

的非常好的著作，甚至是到今天为止最好的著作。其作者自己亦觉得很满意。”[①] 3）《汉葡字典》（又称《汉洋合字汇》，*Diccionario China-Portugues*）（1833），共 1 154 页。当时出版的英文报纸《中国信使报》称：“我们希望很快能对这本有用的书的内容做些分析，该书是这位博学作者辛勤努力的成果。”[②] 加略利称赞曰：“在 1833 年出版的《汉葡字典》是一部同样的著作，没有其他书可以与它媲美。”[③] 在《汉洋合字汇》的附录中，还列出了当时澳门外国人订购江沙维相关著作的名录，共 84 人。购买人名单除了葡萄牙人以外，还有不少英国人和美国人，其中英国人有 10 人以上，马礼逊、德庇时等人都购买了江沙维整套的著作，英国东印度公司则订购了 4 套江沙维的著作。[④] 法国汉学家之父雷慕沙（Abel Rémusat）对江沙维神父这三部用葡萄牙文写成的汉语语法和汉葡及葡汉字典推崇备至，1831 年 9 月在《学者报》（*Savants*）上发表评论：

图 8-2　江沙维编撰的《汉洋合字汇》封面

> 澳门修会成员江沙维神父撰写了供研究中文者使用的《汉字文法》，为了提供各种必需的方法以指导学生学习口语及书写中文，出版了 3 册书：《汉字文法》《汉葡字典》《葡汉字典》。作者在书中向广大读者阐述了关于文字的理解及分类的 4 个基本概念。然而《汉字文法》并非可以浓缩为一部简单的词源手册，尚有例如文学风格及一般风格、语法、虚词表、44 种对话、故事及神话节录、官方文件、书信形式、行书的摹本以及官话、广东话的特殊句型。精通艺术的文学家的作品未能得到赏识是不公平的，单从第 1 册作品中，就能看出江沙维神父在瓦罗（Varo）、普雷马斯（Prémare）、马歇曼（Marhsman）博士及莫里尼索（Morrinson）博士中的卓越地位。[⑤]

江沙维神父之后，编纂葡汉字典的还有一位葡萄牙汉学家玛吉士。据称，《汉葡词典》是玛吉士依据《康熙字典》编撰而成的一部词典，可惜没有正式出版发行。1867 年 7 月 8 日的《澳门及帝汶省政府公报》指出：“（玛吉士）孜孜不倦研究深奥而特异

---

① *Chinese Repository*, Vol. 15, No. 2, 1846/02, p. 71.

② *The Chinese Courier*, 1833/07/20.

③ *Chinese Repository*, Vol. 15, No. 2, 1846/02, p. 72.

④ Joaquim Affonso Gonçalves, *Diccionario China-Portuguez*, Macao: College of St. José, 1833, appendix.

⑤ *Boletim Eclesiástico da Diocese de Macau*, No. 445, 1941/04. pp. 896 - 897. 转引自［葡］阿雷斯塔：《葡萄牙教育历史中汉学研究之总览》，载澳门《行政》杂志第 10 卷，第 4 期（总 38 期），1997 年，第 1177 ~ 1192 页。

的汉语，不少作品的葡文和中文版都全赖他的研究。”①

（三）澳门土生葡语

澳门土生葡语，又称澳门语（Macaísta）及帕萄亚语（Patoá），是历史上澳门土生葡人日常所说的一种混合语（Crioulo，又称克里奥尔语）。此语于16世纪葡人进入澳门以后逐渐形成，还有12种以上的名称：patois（帕萄亚语）、patuá（帕萄亚语）、patoá（帕萄亚语）、papêa（话语）、papiá（话语）、nhom、língu cristám（基督徒的语言）、lingual de Macau（澳门语）、dialecto macaease（澳门的方言）、macaísta（澳门土生葡语）、crioulo de Macau（澳门的克里奥尔语）以及língu maquista（澳门土生葡语）。② 澳门土生葡语是由葡萄牙语、印度语、马来语、非洲语和中国粤语混合而成的一种交际用语，其中影响最大的当属粤语。这种以葡语为基础的混合语是16—19世纪澳门土生葡人的母语，这种语言的产生主要来源于澳门土生葡人的多元混血。正如葡萄牙学者科雷雅（Ana Cristina Rouillé Correia）所言：

> 来自不同地方的人，为了达到一个非语言学的目的，使用一种简单的语言作为共同沟通工具，明显会影响原语言的纯正程度。在葡萄牙人东征期间，为了与东方各地土著人沟通，便依循着上面的永恒规律，葡萄牙语的纯正程度受到各种外界因素的影响，发展出各种以葡萄牙语为基础的混合语，其中一种就是俗称为帕萄亚语的澳门古土生葡语。③

1557年澳门开埠后，来到澳门的第一批葡萄牙人并非全部是纯种的葡萄牙人。据葡萄牙历史人类学家莱萨称：

> 葡萄牙人在澳门的女人大部分都是他们本人从马来亚、印度沿海诸岛甚至锡兰带来的。这些女人随着我国第一次远航中的浪漫故事而闻名遐迩，那次远航多亏她们当中的一个人告了密，我们才免遭被屠杀的下场，另外还有不知道多少这样的女人“负责向战士和当地人打探消息告诉我们的人，完成交付给她们的一切工作，因为这些马六甲女人非常倾心于爱情，一旦喜欢上一个男人，就不惜为他去拼命”。④

历史学家博克塞亦称：

> 建于1555—1557年的澳门城，在最初期的殖民者当中是没有白种妇女的。他

① *Boletim da Província de Macau e Timor*, Vol. XII, 8 de Julho de 1867, No. 27, p. 156.

② 胡慧明：《〈澳门记略〉反映的澳门土生葡语面貌》，载《文化杂志》（中文版）第52期，2004年，第51～54页。

③ Ana Cristina Rouillé Correia, *A língua portuguesa em Macau: do passado para o presente: que futuro?* Macau: Instituto de Estudos Portugueses-Universidade de Macau, 1998, p. 68.

④ ［葡］莱萨著，范维信译：《澳门人口：一个混合社会的起源和发展》，载《文化杂志》（中文版）第20期，1994年，第120页。

们也没有与邻近的香山县的华人融合在一起，与他们一同居住的妇女一般是日本、马来西亚、印度尼西亚及印度来的，而这些妇女身份多数是奴仆。[①]

历史学家徐萨斯亦有相同的看法：

早期澳门的葡萄牙殖民者与日本和马六甲的女人结婚，尤以后者为多。此由阿尔布克尔克倡导并由一批有影响的神父促进的。这样，合法、信仰基督教的混血人种就产生了。尽管澳门与马六甲的往来几个世纪前就已停止，但是马六甲女祖先的痕迹在澳门的人种特征中依然可寻，虽然这些痕迹随着时间的推移在逐渐淡化。澳式的院庭也是马六甲风格为主，而日式的特征除了能在澳门人的身材和相貌中找到蛛丝马迹外，几乎未留任何痕迹。[②]

据此，可以看出，进入澳门的第一代葡萄牙人并非纯种的葡萄牙人，而主要是混杂了印度、马来亚、日本，甚至非洲血统的土生葡人。因此，这样的一代混血的土生葡人进入澳门，他们所操的语言就已经不是纯粹的葡萄牙语了。正如胡慧明所言："这种从他们口中讲出来的葡萄牙语，不是葡萄牙本土说的葡萄牙语，而是在葡萄牙本土的语言上发展出来的一种特殊的混杂了马来、印度和非洲词语的葡萄牙语，这就是澳门开埠初期的土生葡语。"[③] 完绍元教授曾称这种澳门的古土生葡语为"澳门洋泾浜"[④]。

随着进入澳门的土生葡人婚姻对象的改变，过去的婚姻对象主要是马来人、日本人和印度人，但进入澳门以后，他们所接触的主体人口为华人，特别是大量地收买华人"妹仔"为仆妾，所以这些葡萄牙人的结婚对象多改为华人。这就是博克塞所言的：

可是过了一阵子，一群为数不少的华人开始定居于逐渐发展的港口，由于在明朝时期，中国禁止与日本贸易往来，所以澳门很快形成了中日贸易中心。因此，葡萄牙的男人开始与中国女人通婚；不过中国女人的角色仍以妾或契约女佣（妹仔）居多。[⑤]

澳门开埠不到30年，当时来澳门的西班牙耶稣会会士桑切斯（Alonso Sánches）就记载了澳门土生葡人婚姻的变化：

葡国男子喜欢同中国妇女结婚胜于其他种族的女性，因为她们具有非常多的美德。……（她们）异常纯洁、认真、朴实，特别忠诚、谦卑且对丈夫百依百顺。

---

① C. R. Boxer, *Women in Iberian Expansion Overseas (1415 – 1815): Some Facts, Fancies and Personalities*, New York: Oxford University Press, 1975, p. 84.

② ［葡］徐萨斯著，黄鸿钊等译：《历史上的澳门》，澳门：澳门基金会，2000年，第32页。

③ 胡慧明：《〈澳门记略〉反映的澳门土生葡语面貌》，载《文化杂志》（中文版）第52期，2004年，第55页。

④ 完绍元：《安边纬略为国用：〈澳门记略〉述评》，载《书林》1987年第10期，第30~31页。

⑤ C. R. Boxer, *Women in Iberian Expansion Overseas (1415 – 1815): Some Facts, Fancies and Personalities*, New York: Oxford University Press, 1975, p. 84.

她们具有如此之多的恩惠、美丽和恭谦，胜过西班牙那些富有的、出身高贵的妇人。[①]

可以看出，在16世纪80年代，澳门土生葡人与华人妇女结婚的现象已经出现，而且应不在少数。又据1637年来澳门的英国旅行家芒迪的记录称澳门：

这里的每个家庭都拥有许多计入他家用具或产业的中国少女，而且他们对我说："全城仅有一名妇女是出生在葡萄牙的，妻子们都是中国人或以前与葡萄牙人通婚的同种族混血人。"[②]

到17世纪中叶，澳门城内的葡人通婚对象则是以华人为主了。这种婚姻对象的普遍变化随着时间的推移，对澳门土生葡语一定会产生重大影响，再加上当时澳门土生葡人长期与中国人（主要是福建、广东及东南沿海的中国人）打交道，所以澳门土生葡语的发音方式也一定会受到汉语发音系统的影响，汉语词汇也会被借鉴到土生葡语的语词之中。这就是澳门土生葡语从开埠初期的古土生葡语到开埠若干年以后的变化，变化的主要内容就是汉语对古土生葡语的影响。这就是说，澳门土生葡语的形成和稳定应该至少经历过两个重要阶段：第一个阶段为澳门开埠之前在印度和马六甲形成的古土生葡语和澳门开埠初期，这一时间段的古土生葡语主要由印度、马六甲与葡萄牙语的混杂而成，甚至还包括非洲语及日本语的混杂；第二个阶段应该始于开埠后的20～30年后，汉语的词汇及发音系统逐渐影响到古土生葡语，经过一两百年的发展，到清中期时，澳门土生葡语在汉语的融入和影响下，构成了新的澳门土生葡语。最重要的史实证据就是保存至今的两部关于澳门土生葡语与汉语对应的辞典。

1. 第一部土生葡语—汉语字典——《澳译》

葡语和汉语较早的正式"对话"出现在1517年，第一名葡萄牙使者托梅·皮雷斯出使北京。除了复杂的政治原因外，语言不通带来的麻烦也不可小觑，这次出使最后以皮雷斯悲惨地死于广州监狱而告终。除了官方正式对话外，民间的葡汉对话早已源远流长，跟随皮雷斯的"通事"多是在马六甲葡华贸易中活跃的华人，"这些人没有受过正规的语言翻译训练，语言习得在很大程度上依赖于同葡人的日常交流"。[③] 至清朝时，无论是民间还是官方，澳门中葡语言的"对话"都已相对成熟。在这种情况下出现了第一部用汉语注音的葡语词汇书，如《澳门记略》中所附《澳译》。《澳译》共有395个词语，其序曰：

西洋语虽侏离，然居中国久，华人与之习，多有能言其言者，故可以华语释

---

① Manuel Teixeira, Origem dos Macaenses, in *Revista de Cultura*, Instituto Cultural de Macau, No. 20, 1994, p. 152.

② Peter Mundy, *The Travels of Peter Mundy in Europe and Asia: 1608 – 1667*, Vol. 3, Cambridge: Printed for the Hakluyt Society, 1919, pp. 262 – 263.

③ 李长森：《对话十字门：澳门语言碰撞与融汇及其影响》，载李向玉主编：《澳门语言文化研究（2009）》，澳门：澳门理工学院出版社，2011年，第162页。

之，不必怀铅握椠，如杨子远访计吏之勤也。定州薛俊著《日本寄语》，谓西北曰译，东南曰寄，然《传》云重九译，统九为言，虽东南亦称译，从古邦畿在西北，不言寄，尊王畿也。名曰澳译，殿于篇。①

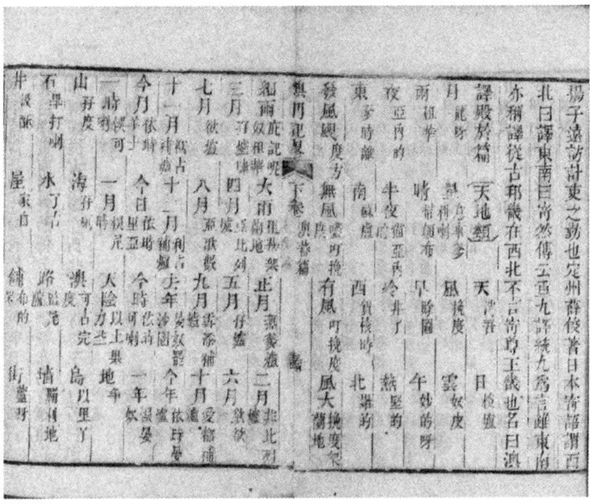

图 8－3　乾隆版《澳门记略》卷下《澳蕃篇》附《澳译》内页

这段话的意思是：华人跟西洋人交往多了，很多人能够说他们的话，能够用华语来解释说明西洋话。这就是说，“澳译”的着眼点是一个“译”字，即列举的 395 个词语全部具有“汉葡互译”的性质，这 395 个词语构成一部《汉葡双语词典》。关于这部辞典，语言学界已有多位学者进行了系统的研究，挖掘甚深，虽然结论并不完全相同，但大体可以说明如下几点：

第一，《澳门记略》之《澳译》所反映的澳门土生葡语的词汇仍然保留有古葡语单词，但借用词所占比例很高，其中以马来语和汉语最多，甚至还有日本语和阿拉伯语、非洲语的借词。

第二，《澳门记略》之《澳译》中还保留了很多属于广东方言的词汇，而且这些词汇在《澳译》中所占的比例很高，甚至有人认为似乎大部分是广东话，胡慧明在 395 个条目中找出了属于典型的广东方言用语达 33 条。

第三，《澳门记略》之《澳译》在语音方面很多词语仍保留古葡语的发音特色，但另一方面某些土生葡语的发音方式明显受汉语发音系统的影响。

第四，《澳门记略》之《澳译》在注音方面虽然是以广东话注音占多数，但除了广东话以外，应该还有其他的方言，如闽南语及明代的官话。②

有人称：“《澳译》大多来自清代澳门和广州中西贸易场合及某些官方场合的中国通事，其所操为同音异字而无文法的‘广东葡语’，受广州方言的影响。”③ 甚至将“洋泾浜葡语”（Pidgin Portuguese）一词直接转译成“广东葡语”。④ “洋泾浜葡语”是一种以葡萄牙语为基础的混杂了多种语言的混合语，而且只用于与外国人交往的特殊

① （清）印光任、张汝霖原著，赵春晨校注：《澳门记略校注》，《澳蕃篇》，澳门：澳门文化司署，1992 年，第 185 页。

② 以上结论主要参考胡慧明：《〈澳门记略〉反映的澳门土生葡语面貌》，载《文化杂志》（中文版）第 52 期，2004 年，第 74 ~ 76 页。

③ 章文钦：《清代澳门与日本》，载章文钦：《澳门历史文化》，北京：中华书局，1999 年，第 134 页。

④ ［美］亨特著，冯树铁、沈正邦译：《广州番鬼录·旧中国杂记》，广州：广东人民出版社，2009 年，第 66 页。

场合下的一种口语。它绝不是广东葡语，因为在这种洋泾浜葡语中混杂的语言虽然有广东话或广东词汇，但所混杂的语言远远超过了广东话和广东词汇。所以，将这种所谓洋泾浜式的澳门土生葡语称为广东葡语是一种错误的提法。

2. 比《澳译》规模更大的澳门土生葡语和汉语词典——《澳门番语杂字全本》

《澳门番语杂字全本》现藏于德国普鲁士州立图书馆[1]，此书封面右下角刻有“省城第七甫五桂堂藏板”，根据其版本信息推测，应出版于咸丰年间。通过《澳门番语杂字全本》残本和《澳译》不同版本的对比研究，可以看出《澳门番语杂字全本》是在《澳译》基础上发展而来的。《澳门番语杂字全本》共分16门：天地类、人物类、身体门、言语通用、买卖问答、穿着门、食用门、对象门、绸缎门、颜色门、洋货门、铜钱门、数目门、丈尺门、斤数门、担斗升门。但此残卷仅存十页，凡词531例，仅前五门保留完整，第六门穿着门只保留部分词例，其中天地门有词95例、人物类73例、身体门55例、言语通用137例、买卖问答66例、穿着门34例、食用门71例。虽然不能将此词汇书中的所有词汇、短语和句子全部还原，但从已还原的词条中可以发现，虽然很多与规范葡语相同，但亦能找到很多土生葡语词汇及其语法特征。因此，可以判断这也是一部与《澳译》性质相同的澳门土生葡语与汉语对应的辞典。

（1）词汇。

澳门土生葡语在词汇方面的最主要特征是存在不少古葡语，其他语言的借用词，词语意义增大、减少或发生改变。

图8－4 《澳门番语杂字全本》封面

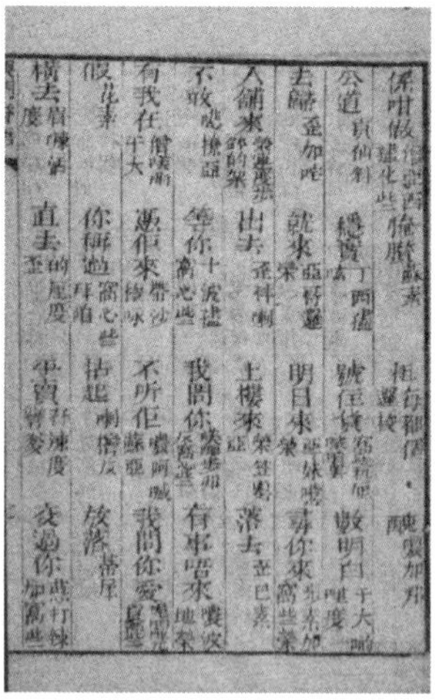

图8－5 《澳门番语杂字全本》内页

① 此书（*Gaoumun fan yu tsa tsze tseuen taou, or A complete collection of the miscellaneous words used in the foreign language of Macao*）现藏于德国普鲁士州立图书馆。据美部会传教士卫三畏在1837年10月的《中国丛报》发表的文章可看出，当时还流行着另一本类似的辞书，书名应为“澳门番语杂字全套”，该书是否存世，目前尚未找到确切的证据。

A. 古葡语。

表 8－1　古葡语例举

序号	词条	汉字注音	备注	
59	铺	布的架	bodega	古葡语，现代葡语为 loja
387	买唔错	工不薀唻丁西（辣）度丁邦噂啦工巴苏	compeai não?	compeai 为古葡语
476	鸦片	亚荣	afião	现代葡语为 ópio
480	菜	比列度	bredo	现代葡语为 legume/legume

B. 借用词。由于澳门是一个华洋杂处的交汇处，来自不同种族、不同地区的人们长期生活在一起，形成了澳门土生葡语丰富的其他语言借用词现象，其中以汉语和马来语的借用词最多。

a. 汉语借用词。澳门土生葡语中出现了大量的汉语借用词（主要是粤语），按借用的方法（即具体类型），可以分为三种形式：音译词、义译词及音义兼译词。[①] 在此书中的汉语借用词主要是前两种形式。

※音译词。汉语音译词即直接按照汉语（主要是粤语）的发音翻译过来，在澳门土生葡语中的汉语借用词中这种方式最为普遍，陈力志根据四本专门搜集土生葡语的词典统计出 145 个粤语音译词。[②] 这一现象在《澳门番语杂字全本》中也有所反映：

表 8－2　音译词例举

序号	词条	汉字注音	土生葡语	汉语借用词
67	税馆	芋浦	huppo	户部
136	挑夫	姑利	cúli	苦力
525	荔枝	赖治	laizi	荔枝
526	圆眼	龙雁	long ngan	龙眼
529	李	每	mui	梅

※义译词是指用本民族的构词词素和结构规则，把外语里的某个词的意义移植过来，构成一个表示外来概念的新词。[③] 澳门土生葡语的汉语义译词是指根据汉语词语的意义，再用葡语词语表达的新词。

① 陈力志：《澳门土生葡语粤语借用词初探》，暨南大学硕士学位论文，2002 年，第 4 页。
② 陈力志：《澳门土生葡语粤语借用词初探》，暨南大学硕士学位论文，2002 年，第 4 页。
③ 彭泽润、李葆嘉主编：《语言文字原理》，长沙：岳麓书社，1995 年，第 282 页。

表 8-3 义译词例举

序号	词条	汉字注音	土生葡语	规范葡语
24	细雨	庇记呢奴租华	pequenino chuva	chuvisco
110	兄	意利猛架兰的	irmão grande	irmão mais velho
111	弟	意利猛庇记呢奴	irmão pequenino	irmão
161	老人	因的威卢	gente velho	velho
243	有力	丁火沙	tem forçã	dinâmico
338	大胆	哥逻僧架欗地	coração grande	afoiteza
481	燕窝	连奴巴素芦	ninho pássaro	ninho de andorinha
482	海参	未胙孖立	bicho mar	holotúria
483	鱼翅	鹅渣地庇时	asa de peixe	barbatana de tubarão

b. 马来语借用词。

表 8-4 马来语借用词例举

序号	词条	汉字注音	土生葡语	马来语借用词
104	亚婆	目茶	chichai	应为“自茶”,《澳译》中为自茶,来自马来语,chicha 指老妇或(外祖母)
133	通事	做路巴沙	jurubassa	来自于马来爪哇语 jurubahasa(语言学家)
432	屐	知猎步	chiripo	来自于马来语 cherippu

c. 日语借用词。

表 8-5 日语借用语例举

序号	词条	汉字注音	土生葡语	日语借用词
437	帐	架了	caia	kaia
470	酱	未疏	miço	miso/mixo

C. 词义变化。

有些词语虽然存在于规范葡语之中,但它们的意义在土生葡语中发生了变化:或义项增加,或义域扩大、缩小,或意义改变。

表 8-6 词义变化例举

序号	词条	汉字注音	土生葡语	备注
61	楼	所巳拉度	sobrado	sobrado 在规范葡语中意为“(房舍内)的地板”

（续上表）

序号	词条	汉字注音	土生葡语	备注
85	大西洋	嗹奴	reino	reino 意为“王国”，海外的葡萄牙人习惯称葡萄牙本土为“reino”
140	番人	记利生	cristço	为“基督徒”之意，因为当时澳门的外国人多是基督徒
237	贸易	干打剌度	contrato	contrato 在规范葡语中为“合约”
436	被	哥而揸	colcha	colcha 在规范葡语中意为“床单”，被子应为“acolchoa-do”
440	枕	和马沙	chumaça	“和”应为“租”；chumaça 在规范葡语中为“小枕头”，枕头应为“almofada”
442	绸	西也	saia	saia 在规范葡语中为“裙子”，绸应为“seda”
503	龙	写利边地	serprnte	serprnte 为“蛇”之意，而龙是“drgão”，但在中国文化中，蛇亦可以化为龙
513	狗	革佐路	cachoro	规范葡语为 cão，cachoro 意为“小狗”
518	白鸽	付罢	pomba	pomba 为“雌鸽”之意

（2）语法特征。

与《澳译》主要记单词不同的是，《澳门番语杂字全本》的短语数量庞大，而且出现了很多简短的句子，所以表现出的土生葡语语法特征非常明显。土生葡语同规范葡语语法大相径庭的主要原因有三点：第一点就是所有克里奥语（Creole）的共同趋势：简化趋势，正如巴塔亚所说："这些现象产生于在所有民族身上都存在相同的哲学法则，即寻求简化的趋势……澳门葡语中动词变位减少到使用一种方式来表达所有的人称（像 eu sabe，nos sabe，eles sabe 这一类），或用短语形式替换简单的动词时态（像以 tá vai 代替现在时，logo vai 或 lô vai 代替将来时，以 já vai 或 já vai já 来说明过去的动作）。"① 简化的趋势还表现在冠词、介词的省略等。第二点是受到汉语语法的影响，如汉语语法中名词和形容词不存在阴阳的问题和单复数的问题，土生葡语中的名词和形容词、数词的词性混乱；汉语不存在动词变位，只是用现在、已经、刚刚等副词来表示时态，土生葡语亦是如此；最为明显的是采用汉语的语序来组织葡语表达。第三点是保留古葡语的语法，如 ser 的变位是采用古葡语第一人称单数的变位形式 sam。具体来说，《澳门番语杂字全本》所表现的土生葡语语法特征主要在以下一个方面。

A. 省略定冠词及介词。

土生葡语中定冠词（o、a）常常被省略，这一现象在此词汇书中尤为显著。如：

---

① Graciete Nogueira Batalha, Língua de Macau, o que foi e o que é, in *Revista de Cultura*, Edição do Instituto Cultural de Macau, No. 20, 1994, p. 135.

表 8－7 省略定冠词例举

序号	词条	汉字注音	土生葡语	规范葡语
63	开门	亚悲哩波打	abrí porta	abrir a porta
64	闩门	非渣波打	ficha porta	fichar a porta
76	上山	数毕孖度	subí mato	subir o mato
214	洗面	剌哇逻土	lava rosto	lavar o rosto
215	洗身	剌歪割步	lavar corpo	lavar o corpo
216	剃头	廉巴夹悲撒	limpar cabe	limpar o cabe
333	饮酒	啤啤威呥	bebe vinho	beber o vinho
377	买绸呀	贡布蕴喱呀	compra seda	comprar a seda
388	乜价钱	机咩啦梭	que preço	qual é o preço
402	爱美人	迦哩非古啦	querê figura	querer a figura
403	爱写花	迦哩变打甫啦	querê pinta flor	querer pintar o flor
406	我知价	拘撒备咩哩梭	eu sebe preço	eu sei o preço
463	食饭	故未亚罗时	comé arroz	comer o arroz

介词（亦称前置词，如 de、para、a 等）亦常被省略，如：

表 8－8 省略介词例举

序号	词条	汉字注音	土生葡语	规范葡语
481	燕窝	连奴巴素芦	ninho pássaro	ninho de pássaro
233	回家	歪加乍	vai casa	vai para casa
253	教	燕线那因地	ensiná genti	ensiná a genti
327	交过你	燕打辣加窝些	entrega você	entrega para você
501	猪肉	奸腻波逻故	carne porco	carne de porco

由于介词及定冠词常被省略，二者所组成的缩略词亦常被省略，如：

表 8－9 省略定冠词和介词例举

序号	词条	汉字注音	土生葡语	规范葡语
65	城门	波打氏打的	porta cidade	porta da cidade
66	关闸	波大些芦古	porta cerco	porta do cerco

（续上表）

序号	词条	汉字注音	土生葡语	规范葡语
134	保长	架比沙奴呀	cabeça rua	cabeça da rua
359	落船	歪孖路孤	vai barco	vai ao barco
482	海参	未胙孖立	bicho mar	bicho do mar（规范葡语为 holotúria）

少数句子和短语的介词没有省略，但其用法混乱，如“404 话过我，话喇播遝咩哪，fala por meu，应为 falar sobre mim”。

B. 形容词、数词词性的混乱。

此词汇书的形容词和数词的词性不分，不分所修饰名词之阴阳性，一般都直接采用形容词和数词的阳性形式，因此出现了不少阳性形容词及数词修饰阴性名词的词例，如：

表 8－10　形容词、数词词性混乱例举

序号	词条	汉字注音	备注
24	细雨	庇记呢奴租华	pequenino chuva（阳性形容词＋阴性名词）
43	一年	悞晏奴	um ano（阳性数词＋阴性名词）
44	一时	悞可喇	um hora（阳性数词＋阴性名词）
68	前山寨	家白罢今古	casa branco（阴性名词＋阳性形容词）
161	老人	因的威卢	gente velho（阴性名词＋阳性形容词）
168	好人	棒因	bom gente（阳性形容词＋阴性名词）
256	恭喜	没度扫帐打地	muito saudade（阳性形容词＋阴性名词）

C. 动词变位及时态。

规范葡语动词的复杂变位到了土生葡语里就省略为一种形式，一般是用陈述时的单三式；有时也用第一人称单数，如“Ser 的变位形式 Sam 在古葡语中用来表示单数的第一人称，而在澳门却很自然地被用来表示所有的语法人称，正像那些老妇人经常讲的：nunca sam（não é，不是）”[①]；有些不规则变位动词则直接脱落词尾“r”，如 querer 陈述时单三式应为“quer”，而在土生葡语中一般是“querê”。正如巴塔亚所言：“澳门葡语中动词变位减少到使用一种方式来表达所有的人称（像 eu sabe，nos sabe，eles sabe 这一类）。”[②] 这一现象在此书中亦比比皆是，如：

---

① Graciete Nogueira Batalha, Língua de Macau, o que foi e o que é, in *Revista de Cultura*, Edição do Instituto Cultural de Macau, No. 20, 1994, p. 136.

② Graciete Nogueira Batalha, Língua de Macau, o que foi e o que é, in *Revista de Cultura*, Edição do Instituto Cultural de Macau, No. 20, 1994, p. 135.

表 8-11 动词变位例举

序号	词条	汉字注音	土生葡语	规范葡语
285	唔怕	哝预度	não medo	não tenha medo
286	叫人来	喂那湛苏亚荣	vai chama sua vem	vai chamá-lo para vir
287	系我屋	僧美耶家宅	sam meu casa	é minha casa
288	系我铺	僧美耶呸的架	sam meu bodega	é minha bodega
306	明日来	亚妹噶荣	amanhã vem	amanhã virá
307	寻你来	步素加窝些荣	busca você vem	encontrá-lo para vir
309	出去	歪科喇	vai fora	sai
311	落去	歪巴素	vai baixo	cai
313	等你	十波蘿窝心些	espera você	espero por você
315	有事唔来	哝波地荣	não pode vem	não poda vir
318	不听佢	哝呵嘁苏亚	não ouve sua	não ouvi-lo
321	你称过	窝心些拜咱	você pesa	você pesou
327	交过你	燕打辣加窝些	entrega você	entregei você
339	得罪我	化之孖辣呿度播逻觎	faz mal por me	não me offender
343	莫打坏	哝喂西嫁波尽	não mexê quebrá	não mexa quebrá
364	我都有	咲唧丁	meu tem	eu tenho tudo.
394	看货买	呵蘿法度工不蘿	olhá fardo compra	vê fardo antes de comprar
397	我晓得	咲唧撒咩	meu sebe	eu sei.
399	你晓得	窝些撒咩	você sabe	você sabe
406	我知价	拘撒备咩哩梭	eu sebe preço	eu sei o preço.

由于极其简化的动词变位方式并不能表达复杂的时态，土生葡语一般用短语形式来表示时态。此书中这一现象如下：

表 8-12 动词时态例举

序号	词条	汉字注音	土生葡语	备注
231	看（见）	也可剌	já olha	用“já”代替完成时
259	就到	亚哥立这加	agora chegá	用“agora”代替将来时
342	偷我乜惹	苏亚唧阔	sua já foi	用“já”代替过去时

（续上表）

序号	词条	汉字注音	土生葡语	规范葡语
344	你回来	窝心些逻故荣	você logo vem	用“logo”代替命令式
352	去则剧	歪货逻加	vai fora ja	用“já”代替完成时
353	就回来	亚哥逻荣	agora vem	用“agora”代替将来时
367	看过	夜呵喇	já olhá	用“já”代替过去时
381	拈来看	哟哩嗟呵（口棘）	tirá já olhá	用“já”代替命令式

D. 人称代词应用混乱。

规范葡语中人称代词有主格人称代词、直接宾格人称代词、间接宾格人称代词、反身代词、物主代词等不同形式，其中间接宾格人称代词还有重读和非重读两种形式。各种形式的用法都很严谨，但是在土生葡语中往往简化，据巴塔亚研究：“最明显的特点是在人称代词或名词之后使用 sa 这一重读后缀的虚词表示其特属有性质，而物主代词几乎已经完全被弃而不用。”① 但是《澳门番语杂字全本》中却常常出现物主代词 Meu、Sua 代替主格人称代词及直接宾格人称代词的情况。

表 8－13　物主代词应用混乱例举

序号	词条	汉字注音	土生葡语	规范葡语	备注
149	我	咲唧	meu	eu	meu 代替主格人称代词
287	系我屋	僧美耶家宅	sam meu casa	é minha casa	meu 为阳性，应用阴性 minha
288	系我铺	僧美耶呸的架	sam meu bodega	é minha bodega	同上
364	我都有	咲唧丁	meu tem	eu tenho tudo.	meu 代替主格人称代词
397	我晓得	咲唧撒咩	meu sebe	eu sei.	meu 代替主格人称代词
398	我爱定画	咲唧迦哩西脚变都竝	meu querê ê pintura	eu quero esta pintura	meu 代替主格人称代词
404	话过我	话喇播逻咲唧	fala por meu	falar（用其过去时态）sobre mim.	meu 代替重读宾格人称代词
318	不听佢	哝呵嘁苏亚	não ouve sua	não lo ouvas	meu 代替直接宾格人称代词

此外，还有主格人称代词代替直接宾格人称代词及直接宾格人称代词代替重读宾格代词的情况，如：

① ［葡］巴塔亚著，胡慧明译：《20 世纪 50 年代澳门土生葡人口语遗存研究》，载《文化杂志》（中文版）第 52 期，2004 年，第 48 页。

表 8－14 人称代词应用混乱例举

序号	词条	汉字注音	土生葡语	规范葡语	备注
284	莫悮我	哝法反播逻觎	não fada por me	não fada por mim	直接宾格人称代词代替重读宾格代词
314	我问你	噗唧步卯反窝心些	meu ? Você	eu-o	主格人称代词代替直接宾格人称代词
307	寻你来	步素加窝些荣	busca você vem	buacar-o vir	主格人称代词代替直接宾格人称代词
313	等你	十波蕴窝心些	espera você	esperar-o	主格人称代词代替直接宾格人称代词
327	交过你	燕打辣加窝些	entrega você	entregar-o	主格人称代词代替直接宾格人称代词
339	得罪我	化之孖辣呿度播逻觎	faz mal por me	faz mal por mim	直接宾格人称代词代替重读宾格代词
368	共你买	公波蕴贡我些	compra com você	comprar consigo	主格人称代词代替直接宾格人称代词

E. 常以 nunca 代替否定词 não。

否定词 não 在土生葡语中常用 nunca 代替，这种现象在此书中比比皆是：

表 8－15 以 nunca 代替否定词 não 例举

序号	词条	汉字注音	土生葡语
289	唔爱	哝迦哩都孖	nunca gostar
291	唔系	哝迦僧	nunca sam
379	唔好	哝加邦	nunca bom
384	唔轻	哝加哩话	nunca leve
424	爱唔爱	加哩哝加哩	querê nunca querê
500	唔好食	哝加邦孤孭	nunca bom comé

F. 以 que cuza 代替 que 来提问。

古葡语中的 que coisa 到土生葡语中变为 que cuza，其用法同现代葡语的 que 相同。在本书中 que 同 que cuza 混杂使用，其中 que cuza 出现了三次，如：

表 8－16　que cuza 代替 que 来提问例举

序号	词条	汉字注音	土生葡语
363	买乜货	机孤子迦哩	que cuza querê
365	有乜惹	机孤子丁	que cuza tem
420	要乜惹	机孤子迦哩	que cuza querê

G. ter 和 haver 不分。

ter 和 haver 的汉语意思都是“有”，在规范葡语中 ter 是有主动词，而 haver 是无主动词，二者用法有别。受汉语影响，土生葡语中 ter 和 haver 不分。在本书中，这一现象主要是无论是需要无主动词还是有主动词，只要涉及“有”之意，就皆用 ter。

表 8－17　ter、haver 不分例举

序号	词条	汉字注音	土生葡语	规范葡语
21	无风	哝叮挽度	não ter vento	não há vento
22	有风	叮挽度	ter vento	há vento
332	有人客	帝研地利喇	ter gente	há convidado

H. 汉语语序。

受汉语语法影响，土生葡语的句子出现了按汉语语序排列的情况，正如巴塔亚所言：

> 在一定程度上听得懂汉语口语，又明白土生葡语句法的人，便会强烈感到两种趋势的存在：第一种情况是，他们都倾向于用汉语的方式来组织句子，尤其是通常说中文较葡语多的小孩和成人，虽然他们把葡语视为自己的国语，但像是说外语那样，他们并没有“想过”，却自然而然地用上“母语”的句式说话；另一种更加普遍的情况是，趋向于用字数最少和形式最简单的句子来表达他们的思想。①

此词汇书中的简短句子亦有不少是按汉语语序排列的，如：

表 8－18　按汉语语序排列例举

序号	词条	汉字注音	土生葡语	规范葡语
394	看货买	呵薀法度工不薀	olhá fardo compra	ve fardo antes de comprar

① ［葡］巴塔亚著，胡慧明译：《20 世纪 50 年代澳门土生葡人口语遗存研究》，载《文化杂志》（中文版）第 52 期，2004 年，第 49 页。

（续上表）

序号	词条	汉字注音	土生葡语	规范葡语
405	写样来看	变打亚么撒思挠阿蘯	pinta amostra olhá	pinta uma amostra para me olhar
425	体过好	阿蘯邦邦	olhá bom bom	depois de olhar acho bom
424	爱唔爱	加哩哝加哩	querê não querê	querer ou não querer

二、拉丁语在澳门的传播

拉丁语属于印欧语系意大利语族拉丁—法利希语支，原本是意大利中部拉提姆地区的方言，后来因为发源于此地的罗马帝国势力扩张而将拉丁语广泛流传于帝国境内，并将拉丁语定为官方语言。而基督教普遍流传于欧洲后，拉丁语更加深受其影响，从欧洲中世纪至20世纪初的罗马天主教以拉丁语为公用语，学术论文也大多由拉丁语写成。拉丁语与希腊语同为影响欧美学术与宗教最深的语言。在中世纪，拉丁语是当时欧洲不同国家交流的媒介语，也是研究科学、哲学和神学所必需的语言。拉丁语的中文名称在明、清文献中曾有多种异译，如喇提诺、腊底诺、辣第诺、拉替努、讷体纳、拉体纳、赖丁、罗典等。

（一）拉丁语的教育与使用

在澳门传播和流行的西方语言，除葡萄牙语以外，拉丁语应居第二，其中最重要的原因就是澳门是远东天主教传播最早和最重要的基地。在1555年澳门尚未开埠前，就有葡萄牙传教士进入澳门进行传教，授洗基督徒。在传教的过程中，他们必须使用拉丁文，因为拉丁文是传教士传教的第一语言。澳门开埠以后，随着耶稣会、方济各会、多明我会、奥斯定会等一批批葡萄牙、西班牙、意大利及德国传教士进入澳门，随着花王堂、风信堂、望德堂、圣保禄堂、方济各堂、奥斯定堂、多明我堂等教堂的建立，使用拉丁文进行天主教传播，使得拉丁文被广泛地利用。神父们做弥撒需要用拉丁文，信徒们唱圣歌、念《圣经》也需要用拉丁文。正如柏里安所言：“他们掌握了对教会仪式来说至关重要的技能，尤其是对拉丁语的掌握、对教会礼仪和‘良心问题’的熟悉和对听完他人忏悔之后安排适当苦修来说十分必要。”[①] 拉丁文成为在澳门的西方传教士生活中最重要的第二语言，如罗明坚于1581年在澳门写往欧洲的信称：

中国人没有哲学，但有生活与行动的格言去遵守奉行，我的拉丁文不精，但

---

① Liam Matthew Brockey, *Journey to the East: The Jesuit Mission to China, 1579 - 1724*, Cambridge & London: The Belknap Press of Havard University Press, 2007, p. 144.

相信能清楚地表达意思，可以去劝导他们。[①]

又如罗明坚1584年在澳门写往欧洲的信称：

如托天主之福，（新编《天主实录》）今年能出版的话，将把它迻译为拉丁文，明年再给神父寄去。[②]

利玛窦1593年写往欧洲的信称：

我总为我的同伴石方西神父讲解一些中国儒家的道德文章，即《四书》，视察员神父还让我把这些文章译成拉丁文。[③]

利玛窦1594年写往欧洲的信称：

前几年，我把中国最重要的道德书籍译成拉丁文，这是一本值得一读的书。[④]

从这些记录可以看出，拉丁文是传教士经常使用的语言。

特别是澳门的天主教教育，更是将拉丁文教育视为最为重要的教学。澳门的第一所学校，是1571年耶稣会在天主之母小教堂附近开设的“儿童学校”，最初这所学校仅教授儿童读书写字，数年后又增设了拉丁文课程。[⑤] 1594年，澳门圣保禄学院正式成立，拉丁语是圣保禄学院的重点教学课程。1596年1月2日，澳门圣保禄学院院长致耶稣会总会长信称：

圣保禄学院负责各项课程的讲授。除了两门拉丁语课程之外，还有神学学士的学位课程及专门讲授日本人仪表与风俗习惯的课程。[⑥]

翌年10月，范礼安神父为澳门神学院教学体制与教学方式下达的特别指令，名为“视察员神父范礼安为该澳门神学院授业给予的命令”，从中我们可以看到圣保禄学院的拉丁语授课情况：

拉丁文课上午为两个半小时（7时至9时半），下午为两个小时（15时至17时）。星期六下午为例外，只有1个半小时。11月8日至圣周星期三，因为书短的缘故，下午课14时半开始。每天都有拉丁课的修士，在念完诸圣连祷之后，须温习45分钟，但告解日或小讲道日除外。有世俗学生的拉丁文课教师，每星期六行

---

① ［意］利玛窦著，罗渔译：《利玛窦书信集》下册，《罗明坚神父致总会长阿桂委瓦神父书》，台北：光启出版社、辅仁大学出版社，1986年，第431页。

② ［意］利玛窦著，罗渔译：《利玛窦书信集》下册，《罗明坚神父致总会长阿桂委瓦神父书》，台北：光启出版社、辅仁大学出版社，1986年，第457页。

③ ［意］利玛窦著，文铮译，梅欧金校：《利玛窦书信集》，北京：商务印书馆，待刊，第101页。

④ ［意］利玛窦著，文铮译，梅欧金校：《利玛窦书信集》，北京：商务印书馆，待刊，第108页。

⑤ 范礼安1579年巡视圣保禄学校致罗马总会长的报告，转引自李向玉：《汉学家的摇篮：澳门圣保禄学院研究》，北京：中华书局，2006年，第13～14页。

⑥ ［美］魏若望著，陈用仪译：《着眼于日本：范礼安及澳门学院的开设》，载《文化杂志》（中文版）第30期，1997年，第50页。

将离开教室之前，要在课堂上在圣像前诵念圣母连祷，学生则随着诵念。[①]
1596 年《澳门圣保禄学院年报》称：

> 在学校方面，设有以下四个班级：两个教授拉丁文的班级，一个教授小朋友们读书写字的大班，以及一个教授道德案例（Cazos de Consiençia）的班级。[②]

1598 年《澳门圣保禄学院年报》也提到有 2 位教授拉丁文的教师。[③] 基本上，澳门圣保禄学院每年都有 2 位教授拉丁文的教师，而每年教师的总量为 5 ~ 6 人，[④] 负责拉丁文教学的老师则达到三分之一以上，这可以反映拉丁文教育在圣保禄学院教育中所占的重要地位。特别值得一提的是，圣保禄学院的考试制度，据《澳门圣保禄学院年报》记录，艺术专业（有人译为教养科目）的首次口试称为“石头试”（Prova oral ou pedra），所有考试程序都采用拉丁文，首先是典试主席用拉丁文说，然后考生用拉丁文回答，所有的提问都是采用拉丁文，所有的回答也是采用拉丁文。攻读神学课程的考试亦与此相同，考场上一律采取拉丁文进行。[⑤]

圣保禄学院的拉丁文教育还采取多种形式，如利用演出来提高学生的拉丁文水平。1596 年 1 月 16 日，圣保禄学院师生公演了一场喜剧，演员以拉丁文进行表演，为了使不懂拉丁文的观众能欣赏，还特意制作了中文对白。[⑥] 1604 年 1 月，圣保禄学院学生演出了一场五幕对话喜剧，一部分用拉丁语，一部分用本地语。[⑦] 总之，在圣保禄学院内学习，接受拉丁文教育，是一个最为重要的环节。柏里安教授在谈到耶稣会教育计划时称：

> 第一个学术周期由两年的人文学课程构成，确定的说，这并不是多数学生一开始就参加的课程。相反，修辞和演说课是八九年的拉丁学习中的最后课程。这些将来会成为耶稣会会士的年轻人从六七岁就开始读写教育，在耶稣会提供的拉丁语和希腊语法（较小程度上）课程中逐步得到提高。他们十四或十五岁时完成语法学习，准备开始人文学科的阅读学习，即罗马和希腊诗歌散文。因此，拉丁

---

① 李向玉：《汉学家的摇篮：澳门圣保禄学院研究》，北京：中华书局，2006 年，第 77 页；高瀬弘一郎：「キリシタン時代の文化と諸相」，東京：八木書店，2002 年，第 250 頁。

② João Paulo Oliveira e Costa, *Cartas Ânuas do Colégio de Macau (1594 – 1627)*, Macau: Fundação Macau, 1999, p. 70.

③ João Paulo Oliveira e Costa, *Cartas Ânuas do Colégio de Macau (1594 – 1627)*, Macau: Fundação Macau, 1999, p. 81.

④ 高瀬弘一郎：「キリシタン時代の文化と諸相」，東京：八木書店，2002 年，第 88 ~ 90 頁；李向玉：《汉学家的摇篮：澳门圣保禄学院研究》，北京：中华书局，2006 年，第 109 ~ 110 页。

⑤ 李向玉：《汉学家的摇篮：澳门圣保禄学院研究》，北京：中华书局，2006 年，第 66 ~ 70 页。

⑥ João Paulo Oliveira e Costa, *Cartas Ânuas do Colégio de Macau (1594 – 1627)*, Macau: Fundaçã Macau, 1999, p. 71.

⑦ João Paulo Oliveira e Costa, *Cartas Ânuas do Colégio de Macau (1594 – 1627)*, Macau: Fundação Macau, 1999, p. 120.

> 学习周期的最后阶段和学生完成人文学课程作为初修生开始接受灵性培养的最初几年是重合的。[①]

他还称：

> 拉丁语法是耶稣会教育事业的基石，耶稣会会士通过分解字词结构来教导语法。在多年的训练中分析散文诗歌是常事，而在学校必须讲拉丁语以及频繁的作文比赛又进一步磨炼了他们的语言技能。[②]

这个耶稣会教育计划自然也在澳门圣保禄学院施行。这可以反映，在澳门圣保禄学院内拉丁文获得比较普遍的传播。

天主教传入澳门后，不少中国人加入了天主教，但华人基督徒在成为神职人员之前必须学习拉丁语，而利类思神父认为，中国成年男子不可能掌握拉丁语。[③] 所以，耶稣会十分注重对澳门儿童和青少年拉丁语的培养。在澳门有一批像黄明沙、钟鸣仁这样的被称为“澳门子嗣”的在葡语居民区长大的亚洲血统和混血基督孩童，他们不仅学习汉语，还懂得葡萄牙语。然后耶稣会对他们进行拉丁语教育，使他们成为合格的、优秀的传教人才。这一批人对早期的天主教传播起了十分重要的作用。[④] 这些人的拉丁文学习并不在圣保禄学院，他们的拉丁文是由传教士进行教授，如当时在韶州传教的华人基督徒钟鸣仁和黄明沙就向利玛窦学习拉丁文。利玛窦 1592 年写给欧洲的信称：

> 我们还接纳了 2 名中国基督青年进入耶稣会，这两年他们几乎都在学习拉丁文和中文，以便早日成为能在这片土地上劳作的工具。[⑤]

1592 年的另一封信还称：

> 那两名中国修士已完成了两年的见习期，在所学的拉丁文方面有很大的进步。[⑥]

17 世纪中后期，担任巡视员的方济各神父派三名华人基督徒到澳门接受神职训练，此三人为：吴历（洗名西满·沙勿略，Simão Xavier）、刘蕴德（洗名布拉斯·维尔比斯特，Bras Verbiest）和万其渊（洗名保禄·巴尼斯，Paulo Banhes）。他们在澳门完成一年见习之后，于 1688 年初返回南京。他们在接受训练时学会了如何做弥撒，如何在

---

① Liam Matthew Brockey, *Journey to the East: The Jesuit Mission to China, 1579 – 1724*, Cambridge & London: The Belknap Press of Havard University Press, 2007, p. 212.

② Liam Matthew Brockey, *Journey to the East: The Jesuit Mission to China, 1579 – 1724*, Cambridge & London: The Belknap Press of Havard University Press, 2007, p. 214.

③ BAJA 49 – V – 17, fl. 315v – 316, Carta do P. Ludouico Buglio para o Padre Filipe Marino.

④ Liam Matthew Brockey, *Journey to the East: The Jesuit Mission to China, 1579 – 1724*, Cambridge & London: The Belknap Press of Havard University Press, 2007, pp. 251 – 252.

⑤ ［意］利玛窦著，文铮译，梅欧金校：《利玛窦书信集》，北京：商务印书馆，待刊，第 81 页。

⑥ ［意］利玛窦著，文铮译，梅欧金校：《利玛窦书信集》，北京：商务印书馆，待刊，第 89 页。

主持圣礼时吟咏必要的拉丁经文。1688 年 8 月 1 日这三人被授以神职。①他们三人在澳门的学习除了加强神学的学习以外，最重要的任务恐怕就是学习拉丁语。吴历还留下了一首学习拉丁文有感的诗歌：

灯前乡语各西东，未解还教笔可通。我写蝇头君鸟爪，横看直视更难穷。西字如蝇爪，横行读之，尖疾者上。②

这恐怕是一个中国人学习拉丁语倍感困难时的感叹。

不仅圣保禄学院设有拉丁文教学，1728 年后创办的圣若瑟学院也设有拉丁文教学。虽然耶稣会管理时期的圣若瑟学院资料不多，但是作为神学院，拉丁语一定是必修科目。据文德泉称：

耶稣会会士被驱逐之后，澳门的学校也随之关闭，也不再开设拉丁文、伦理学或神学课程。③

这就可以证明，耶稣会管理时期的圣若瑟学院是开设拉丁文课程的。1784 年 10 月 1 日，遣使会管理下的圣若瑟学院复学，有学生 8 名，学院教授拉丁文和中文语法、数学、修辞学、哲学、伦理神学等。④ 遣使会教士离开澳门后，1857 年 1 月 6 日，圣若瑟神学院在此复学，劳伦索·古维亚神父教授伦理神学，巴洛佐神父教授教理神学和理性哲学。除这两位神父外，还有中国神父教授拉丁文和中文，但葡萄牙文及拉丁文均没有合格的师资。⑤ 1861 年 12 月，耶稣会神父来之前，该校“只有八九名学拉丁文的走读生和几名识字班的儿童”⑥。耶稣会神父来之后，学生总共超过 200 人，设置的课程有拉丁文。⑦

除了圣保禄和圣若瑟这两所著名的天主教学校外，还有其他修会及教区主教开设的学校亦教授拉丁文。如于 1634 年开办的圣家辣女修道院，对澳门的女性教育起到一定的作用，开办之时即招收了 12 名女孩在修院学习。⑧ 曼努埃尔·达·席尔瓦·门德斯称：“圣家辣修女为女孩子提供教育，澳门所有富裕人家的女孩都来到圣家辣修道院

---

① Liam Matthew Brockey, *Journey to the East: The Jesuit Mission to China, 1579 – 1724*, Cambridge & London: The Belknap Press of Havard University Press, 2007, pp. 150 – 151.

② （清）吴历撰，章文钦笺注：《吴渔山集笺注》卷 2，《三巴集》，北京：中华书局，2007 年，第 179 页。

③ Manuel Teixeira, *A Educação em Macau*, Macau: Direcção dos Serviços de Educação e Cultura, 1982, p. 1.

④ Manuel Teixeira, *Macau e a Sua Diocese*, *Vol. III*, *As Ordens e Congregações Religiosas em Macau*, Macau: Tipografia Soi Sang, 1956 – 1961, pp. 668 – 669; Manuel Teixeira, *Macau no Séc. XVIII*, Macau: Imprensa Nacional de Macau, 1984, p. 637.

⑤ Manuel Teixeira, *Macau e a Sua Diocese*, *Vol. VIII*, *Padres da Diocese de Macau*, Macau: Tipografia da Missão do Padroado, 1972, p. 73.

⑥ ［葡］潘日明著，苏勤译：《殊途同归：澳门的文化交融》，澳门：澳门文化司署，1992 年，第 155 页。

⑦ Manuel Teixeira, *Macau e a Sua Diocese*, *Vol. VIII*, *Padres da Diocese de Macau*, Macau: Tipografia da Missão do Padroado, 1972, p. 259.

⑧ ［瑞典］龙思泰著，吴义雄等译：《早期澳门史》，北京：东方出版社，1997 年，第 27 页。

学习拉丁文、修辞学，由方济各会会士教授。"[①] 1814 年，在圣多明我修道院内也开办了一所学校，由一位神父教授拉丁文阅读与写作。[②] 1820 年，澳门开设的学校有一所由教区主教领导的小学；有一位教师主持的葡萄牙文和拉丁文语法班，兼教修辞学和哲学。[③]

除了教会学校注重拉丁文的教育外，在澳门的公共教育中，政府也很关注拉丁文教育。1775 年 4 月 23 日，第一位王室教师巴普蒂斯塔·利马乘坐"西望洋圣母号"到达澳门。巴普蒂斯塔·利马主要教授拉丁文法及葡萄牙语，[④] 每年薪金 400 两。开始时仅有两名学生，3 个月后，学生大增。这应是澳门第一所非教会性质的公共学校。[⑤] 但不久，该课程似乎中断，1778 年 4 月 28 日，果阿总督下令，"为澳门青年着想，继续拉丁文语法课程"。[⑥] 为了提高澳门青年的拉丁语水平，葡印总督于 1778 年下令继续由王室教师来教授拉丁语课程。1779 年 1 月 19 日，女王命令"每年给本城拉丁文语法教师巴普蒂斯塔·利马增加津贴 100 两，巴普蒂斯塔·利马老师为本城文化事业服务，致力于学生的教育"[⑦]。继利马之后，还有熟练掌握各种教学技能、也能承担拉丁文课程的教学的亚历山德勒·佩雷拉神父申请王室教师职位，但未获批准。[⑧] 而此职由巴普蒂斯塔·利马的儿子米兰达·利马于 1804 年 1 月 7 日接任，成为圣若瑟学院的葡语语法及拉丁语教师。[⑨] 1860 年，兴办了一所议事公局小学。学校有一名校长，同时教授葡萄牙语和拉丁语。[⑩] 1862 年 1 月 5 日创办的"新澳门人学校"也有一位教拉丁文的教师。[⑪]

根据上述资料，可以看出，拉丁语教学在澳门教育中是被摆在十分重要的位置上的。正因为澳门政府与教会都重视拉丁语教育，所以拉丁语在澳门的传播和影响可以说仅次于葡萄牙语。

---

① Manuel Teixeira, *A Educação em Macau*, Macau: Direcção dos Serviços de Educação e Cultura, 1982, p. 1.

② ［葡］潘日明著，苏勤译：《殊途同归：澳门的文化交融》，澳门：澳门文化司署，1992 年，第 154 页。

③ ［葡］潘日明著，苏勤译：《殊途同归：澳门的文化交融》，澳门：澳门文化司署，1992 年，第 153 页。

④ Jorge Forjaz, *Famílias Macaenses*, Vol. Ⅱ, Macau: Fundação Oriente, Instituto Cultural de Macau, Instituto Portugues do Oriente, 1996, p. 337.

⑤ Manuel Teixeiva, *A Educação em Macau*, Macau: Direcção dos Serviços de Educação Cultura, 1982, pp. 1 – 2.

⑥ Manuel Teixeira, *A Educação em Macau*, Macau: Direcção dos Serviços de Educação Cultura, 1982, p. 2.

⑦ Manuel Teixeira, *A Educação em Macau*, Macau: Direcção dos Serviços de Educação Cultura, 1982, p. 3.

⑧ Manuel Teixeira, *A Educação em Macau*, Macau: Direcção dos Serviços de Educação Cultura, 1982, p. 8.

⑨ Jorge Forjaz, *Famílias Macaenses*, Vol. Ⅱ, Macau: Fundação Oriente, Instituto Cultural de Macau, Instituto Português do Oriente, 1996, p. 337.

⑩ Manuel Teixeira, *A Educação em Macau*, Macau: Direcção dos Serviços de Educação Cultura, 1982, pp. 42 – 43, 69.

⑪ Manuel Teixeira, *A Educação em Macau*, Macau: Macau Direcção dos Serviços de Educação Cultura, 1982, p. 69; A. H. de Oliveira Marques, *História dos Portugueses no Extremo Oriente*, Vol. Ⅲ, Lisboa: Fundação Oriente, 1998 – 2003, p. 501.

（二）带进澳门的拉丁语图书和在澳门编纂的拉丁语教材与字典

进入澳门的传教士为了传教的需要，一般都会带一些欧洲的宗教书籍进入澳门，而这些宗教书籍绝大多数都是用拉丁文写成，如1555年到澳门和广州的巴莱托神父带来的书籍有大《圣经》1部、小《圣经》数部，还有柏拉图、亚里士多德、圣托马斯、圣奥古斯丁、托勒密等人的著作，全是用拉丁文写作而成。[①] 罗明坚来澳门后，也是不断地要求欧洲方面给他寄来书籍，寄来的书籍都是附有图片的关于基督事迹的书籍、旧约故事的书籍和圣经。[②] 他还曾收到一大厚本的教典法，后带到了肇庆。[③] 这些书籍都是拉丁文著作。南京教案后，明朝官方对南京教堂"事天堂"进行了搜查，查出了"番字书大小本共二百余本"，相信这些番字书绝大部分也应该是拉丁文著作。[④] 到1619年时，金尼阁从欧洲将7 000部书籍带进澳门，这是澳门文化科技史上一件最为轰动的大事。杨廷筠《代疑篇》称：

> 自西泰利先生用宾上国，蒙朝廷生养死葬，其国住感恩图报，特遣陪臣金尼阁远来修贡，除方物外，有装演图书七千余部，重复者不入，纤细者不入。书笈见顿香山澳，俾一朝得献朝廷，当宁必发仪部及词林，与西来诸翻译雠订，书义昭然，兹编亦属剩语矣。[⑤]

在这7 000部欧洲书籍中有多少是拉丁文著作，目前并不可确知，据北堂图书馆的目录称，拉丁文部的书编目为710号至3 135号，则共有2 425种书，当然这里并不全都是金尼阁带进的书。而据方豪考证，确为金尼阁带进的书有384种，疑为金尼阁带进的书有135种，两者共有519种。[⑥] 虽然这并不是金尼阁带进澳门的拉丁文书籍的全部，但可以说明金尼阁将大量的拉丁文书籍带进了澳门，书籍包含的门类应该涉及各个领域。在圣若瑟修道院至今还保存着几种18世纪出版的拉丁文书籍，如1578年出版的拉丁文古文献《马库斯·图留斯·西塞罗演说，评论手册》和1742年在巴黎出版的法国学者傅尔蒙（Etiénne Fourmont）的拉丁文著作《中国官话》，这些书籍都应该是当时

---

① ［法］裴化行著，管震湖译：《利玛窦神父传》上册，北京：商务印书馆，1998年，第99页。

② ［意］利玛窦著，罗渔译：《利玛窦书信集》下册，《罗明坚神父致总会长阿桂委瓦神父书》，台北：光启出版社、辅仁大学出版社，1986年，第427页。

③ ［法］裴化行著，管震湖译：《利玛窦神父传》上册，北京：商务印书馆，1998年，第101页。

④ （明）沈潅：《南宫署牍》卷3，《清查夷物一案》，日本内阁文库本藏万历庚申（1620）文翔凤续刊本，第44页。

⑤ 周弭方：《明末清初天主教史文献丛编》第1册，杨廷筠：《代疑编》卷上，北京：北京图书馆出版社，2001年，第47页。

⑥ 方豪：《明季西书七千部流入中国考》，载方豪：《方豪六十自定稿》上册，台北：台湾学生书局，1969年，第48～50页。

传教士带进澳门的。[①] 这种大规模的带拉丁文书籍进入澳门，无疑对澳门拉丁语的传播产生了重大影响。

图 8－6　1578 年出版的拉丁文古文献《马库斯·图留斯·西塞罗演说，评论手册》书脊、内页及里封

图 8－7　传入澳门由法国学者傅尔蒙 1742 年在巴黎出版的拉丁文著作《中国官话》

除了传教士从欧洲将大量的拉丁文书籍带进澳门外，澳门本身也出版拉丁文的书籍。1588 年，当范礼安将第一台欧洲金属活字印刷机带进澳门时，当年就印刷了尤阿拉·博尼法西奥的拉丁文著作《天主教孤儿院》一书；[②] 1590 年，范礼安神父命令孟三德神父将他在航途中用西班牙文编纂的《天正遣欧使节记》一书译为教会内部通用的标准拉丁文，并在澳门印刷出版。[③] 这台印刷机虽然被运往日本，但于 1616 年又运回澳门，1620 年时这台印刷机还印刷了由陆若汉神父撰写的拉丁文著作《日本语言艺术》一书。[④]

最早用拉丁文编纂的辞书为郭居静帮助利玛窦编纂的《葡汉辞典》：“玛窦赴北京，

---

① 杨开荆：《探讨澳门天主教文化及其文献宝库》，载《文化杂志》（中文版）第 47 期，2003 年，第 6、16 页。

② 李向玉：《汉学家的摇篮：澳门圣保禄学院研究》，北京：中华书局，2006 年，第 135 页。

③ 泉井久之助：「デ・サンデ天正遣欧使節記：解説」，東京：雄松堂，1969 年，第 713 ~715 頁。

④ 李向玉：《汉学家的摇篮：澳门圣保禄学院研究》，北京：中华书局，2006 年，第 136 页。

召居静偕行，居静在途中助玛窦编纂音韵字典。”柏应理神父又谓：“居静撰有标有重音按照西欧字母顺序编写的词典，是即居静与利玛窦合撰之《音韵字典》。”① 这里的西欧字母指的就是拉丁文字母。柏应理神父在1682年时还称：“恩理格所撰汉文拉丁文大字书，题曰《文字考》，行将复印。”② 但至今未见该书。方豪称，1733年，澳门格雷墨拉（Bazilius a Glemona）神父著《中拉字典》，名《汉字西译》，传抄颇多。③ 此处《汉字西译》当即叶崇贤（Basilio Brollo Glemona）神父编纂的《汉拉词典》，该词典1692年开始在南京编纂，1699年完成，现存有16部传抄的手稿。④ 1742年，在巴黎还出版了《拉丁语授官话》（*Linguae Sinarum Mandarinicae*），作者是福尔蒙特（Stephanus Fourmout）。该书是一部以拉丁文为主要语言、教授如何阅读和书写中国官话的文献，书中内容为中文字、拉丁文释义以及拉丁文注音的官话读音。该书很早就传入澳门，并保存至今。⑤ 澳门圣若瑟学院创办以后，长期以来，其拉丁语教育用的都是欧洲教材。随着中国学生的增多，为了方便拉丁语的教学和使用，拉汉词典和拉丁文教材的编撰工作便迫在眉睫。据马士的《东印度公司对华贸易编年史：1635—1834年》称，在19世纪初，圣若瑟学院编撰并出售了《汉文拉丁文字汇》：

> 1814年9月4日，教士马志尼（Marchini）根据圣若瑟学院长上的要求，申请准一个中国基督徒杨亚柏（Abel Yen）乘坐皇家战船“多丽丝号”。他唯一的罪名，除他是基督徒外，就是他编著并出售《汉文拉丁文字汇》，由于有了这种帮助，外国人就会获得一些汉文知识。⑥

此处的马志尼就是当时教廷传信部在澳门的司库马记诺。这是一条很重要的材料，如果马士的记录没有错误的话，那就是说在1814年之前，澳门圣若瑟学院有一个名叫杨亚柏的中国基督徒编纂过一本《汉文拉丁文字汇》的书，并且出版，还在外面出售。这位杨亚柏为何许人，之前未见任何报道。如果他能够编纂一本《汉文拉丁文字汇》，那就说明他不仅精通汉文，而且也精通拉丁文。还有一种可能，那就是他与圣若瑟修院的某一位神父合作编纂完成了这部字典。这部字典不仅正式出版，并且还能作为商品在外面出售，由此可以反映拉丁语在澳门产生的重要影响。

在拉丁语教材和字典的编撰上集大成者当属著名汉学家江沙维神父，他一共编了4

---

① ［法］费赖之著，冯承钧译：《在华耶稣会士列传及书目》，北京：中华书局，1995年，第57、61页。

② ［法］费赖之著，冯承钧译：《在华耶稣会士列传及书目》，北京：中华书局，1995年，第363页。

③ 方豪：《拉丁文传入中国考》，载方豪：《方豪六十自定稿》上册，台北：台湾学生书局，1969年，第30页。方豪此说未注明出处，不知道原始依据为何。

④ 杨慧玲：《叶尊孝的〈汉字西译〉与马礼逊〈汉英词典〉》，载《辞书研究》2007年第1期，第135～136页。杨慧玲将Basilio Brollo Glemona译为叶尊孝，不妥，当为叶崇贤。

⑤ 杨开荆：《探讨澳门天主教文化及其文献宝库》，载《文化杂志》（中文版）第47期，2003年，第7页。

⑥ ［美］马士著，区宗华等译：《东印度公司对华贸易编年史：1635—1834年》第3卷，广州：中山大学出版社，1991年，第216页。

本拉丁文的著作，即1本语法书和3本字典。1828年，他在澳门出版的第一部著作是一本16开的小型著作，即《拉丁语法》（*Grammatical Latina*）。该书的编辑出版是为了帮助圣若瑟修院的中国学生学习拉丁文。他同时还出版了三部拉丁文字典。第一部是1836年出版的《拉丁文—汉语袖珍字典》（*Vocabularium Latino-Sinicum*），它主要收集会话中的最重要的词汇。第二部为《拉汉小词典》（*Lexicon manual Latino-Sinicum*），它只是将以前的著作重印，但增加了大量的冷僻与不常用的词汇，为8开本，1839年在澳门印刷。第三部为《拉汉大辞典》（*Lexicon magnum Latino-Sinicum*），弥补了《拉汉小词典》中的不足；里面还包含了许多词组和句子，为中国学生学习拉丁文提供简易的练习。[①] 作者在第三本著作完成后便去世，留下了《汉拉字典》的手稿。据加略利介绍：

> 江沙维神父《汉拉字典》是在其去世前几天完成的，手稿留在他澳门的同事手中。该书在词表方面与作者那些已经出版的著作完全不同。他收录的1万例词的编排法已有改进。采用二划、六划、十二划等方法来代替按植物、树木、石头、马匹等分类；并这个体系之下，编排部首与音节。[②]

江沙维不仅本人对拉丁文和汉文字典的编纂贡献甚大，而且还培养了推动这一领域研究的人才，如他的学生法国人加略利，在他的指导下，用拉丁语和法语注释编撰了《汉语发音书写系统》（*Scriptura Phoneticum Scripturæ Siniæ*），共2卷，1841年在澳门出版。《中国丛报》介绍曰：“这本字典与迄今为止出版的任何字典不同，汉字按其语音或基本成分编排；因此，它用近1 500个小组代替了《康熙字典》的214个部首。其释义用拉丁文和法文，并且进行了大的合并。”[③] 方豪介绍这本书时这样称：

> 道光二十一年（1841），澳门出版范尚人（Joseph Marie Callery）著 *Systema phoneticum Scripturae Sinicae*，汉文名《字声纲目》，凡上下二集，上集为序、引、导言，并序汉字之发音及书法，下集为正文。其编列不按部首而循音声，如刀忉枊鱽舠叨初，皆归一类。余所见凡二版，一署中国传教士，一署都灵科学院会员，皆澳门梓行者。此书为西人讲求中国形声系统之祖，高本汉（B. Karlgren）《分析字典》绪论第4页称为 an excellent work in its day。[④]

加略利之后，1851年葡萄牙汉学家公陆霜（João Rodrigues Gonçalves）在澳门出版了《辣丁中华合字典》（*Lexicon Mangieri A. S. Arsenio*），1881年上海点石斋重印，共

---

① Manuel Teixeira, *Macau e a Sua Diocese*, *Vol. Ⅲ*, *As Ordens e Congregações Religiosas em Macau*, Macau: Tipogafia Soi Sang, 1956 – 1961, p. 721; *Chinese Repository*, Vol. 15, No. 2, 1846/02, pp. 69 – 80.

② *Chinese Repository*, Vol. 15, No. 2, 1846/02, p. 78.

③ *Chinese Repository*, Vol. 18, No. 8, 1849/08, p. 405.

④ 方豪：《拉丁文传入中国考》，载方豪：《方豪六十自定稿》上册，台北：台湾学生书局，1969年，第30页。

图 8-8 葡萄牙汉学家公陆霜像

779 页，1882 年北京亦再版，收录字数 15 000 有余。[①] 这应是 19 世纪在澳门出版的最后一部有关拉丁文的字典。

澳门地区对拉丁文的广泛使用和传播，亦对中国内地的华人学者产生影响，以至于清中期华人学者汤彝在《盾墨》一书中对澳门的拉丁文做出这样的认识：

西蕃各国通行之字，相传为马逻可国所遗，用三十六字母谐声比附以成字，各国大略相同，谓之拉丁字，亦谓拉体纳字。呼官曰满的历，人曰阿坐，先生曰美拥，坐曰三答，走曰阿皆，不走曰侬皆，饮酒曰白白迷浓，茶曰白白茶，饭曰谷米那苏，银曰白得架，铜钱曰萨别架，相打曰苏的历，相詈曰坚都鲁哈非什生哀乃。[②]

稍后萧令裕的《粤东市舶论》亦称：

今西洋诸国书旁行斜上，皆拉体纳字。今钦天监有书拉体纳字文，鸟迹蛛丝，由左以达右，斯其俗相近二矣。[③]

三、英语及洋泾浜英语在澳门的传播

英语当然是随着英国人进入澳门而传入，然而 18 世纪中叶以前，虽然有不少英国人到过澳门，但并没有留下英语在澳门传播的痕迹，更谈不上什么影响。1637 年英国贸易团进入中国海时，竟然找不到一个通英语的翻译来协助他们与中国人沟通，还不得不依靠葡萄牙船上的黑奴和葡萄牙人来协助沟通。其中提到的一个翻译就是埃塞俄比亚的黑奴布莱克·安东尼奥（Black António）。[④] 即马士所言：“1637 年，第一次来的

---

① 方豪：《拉丁文传入中国考》，载方豪：《方豪六十自定稿》上册，台北：台湾学生书局，1969 年，第 30 页。

② （清）汤彝：《盾墨》卷 4，《澳门西番》，续修四库全书史部第 445 册影印道光刻本，上海：上海古籍出版社，2002 年，第 105 页。

③ （清）王锡祺：《小方壶斋舆地丛钞》第 18 册，第 9 帙，萧令裕：《粤东市舶论》，杭州：杭州古籍书店，1985 年，第 1 页。

④ Peter Mundy, *The Travels of Peter Mundy in Europe and Asia: 1608 - 1667*, Vol. 3, Cambridge: Printed for the Hakluyt Society, 1919, p. 241.

英国人，除了通过一位只懂中葡语言的通事，就无法与中国人打交道。”[①] 我们现在见到在中英贸易中最早的中英文翻译为洪任辉（James Flint）。洪任辉，英国人，1736 年随“诺曼顿（Nor manton）号”船长里格比（Rigby）一起来华，当时他还是孩童，被留在宁波学习中国语文，三年后回到孟买。1739 年又乘“奥古斯塔（Augusta）号”来到广州，继续学习中国语文。到 1753 年时，洪任辉已成为英国驻广州商馆通事，成为英国历史上对华贸易中第一位通晓中国语文的英国通事。英国东印度公司董事部为了加强学习中国语文知识，于 1753 年又增派两名青年贝文（Thomas Bevan）和巴顿（Barton）前往广州学习，费用由公司负担。[②] 于是，英国对华贸易中，在 18 世纪中期已经出现了专门的英国人通事，这些英国通事们也一直活跃在广州与澳门之间。

随着英国对华贸易的繁荣，特别是 18 世纪中叶开启的澳门住冬政策，英国人来华贸易及来澳门居住者越来越多，不仅每年有数十条船经过澳门进入黄埔，还有很多英国的商馆人员在澳门租房居住。英国人成为澳门半岛上仅次于葡萄牙人的欧洲民族。在这种情况下，英语的影响也随之扩大。由于英国在对华贸易中所占有的特殊地位，因此，澳门葡萄牙人也开始注重对英语的学习和教育。龙思泰称：

> 1782 年，葡萄牙里斯本宫廷将被关闭的圣若瑟修院改变为“布道团修院（Congregation of Missions）”，其所属教士全是生于欧洲的葡萄牙人，一般有 6 个，其负责人由欧洲派遣。其首要目的是向中国提供热心传道的传教士。中国学生不超过 12 名。教师讲授葡萄牙文、拉丁文语法、算术、修辞学、哲学、神学、中文、英文和法文。很多居民的孩子都来学习，尽管其中很少有人会成为神父。[③]

但实际上，圣若瑟学院的英语教学是始于 1813 年葡萄牙遣使会江沙维神父来澳门时，也就是说，江沙维神父是第一位在澳门教授英文的教师。关于江沙维的英文水平，他的学生加略利有所评价：

> 在他生命的最后时期，他在学院里开始了一个英语免费课程，他的英语讲得很好，写作亦相当的正确。[④]

江沙维原计划到北京传教，因内地禁教，未能成行，遂在澳门圣若瑟修院执教，担任英语、汉语及音乐教师。[⑤] 1822 年议事会会议也有人提出，在圣若瑟皇家学院（小学），教师们教授学生拉丁文、英文、法文、中文和葡文。[⑥] 虽然，圣若瑟学院开办过

---

① ［美］马士著，区宗华等译：《东印度公司对华贸易编年史：1635—1834 年》第 1、2 卷，广州：中山大学出版社，1991 年，第 65 ~ 66 页。

② ［美］马士著，区宗华等译：《东印度公司对华贸易编年史：1635—1834 年》第 1、2 卷，广州：中山大学出版社，1991 年，第 278、299 页；第 4、5 卷，第 443 页。

③ ［瑞典］龙思泰著，吴义雄等译：《早期澳门史》，北京：东方出版社，1997 年，第 50 ~ 51 页。

④ *Chinese Repository*, Vol. 15, No. 2, 1846/02, p. 77.

⑤ ［葡］施白蒂著，姚京明译：《澳门编年史：19 世纪》，澳门：澳门基金会，1998 年，第 16 页。

⑥ *Arquivos de Macau*, 3ª Série, Vol. Ⅴ, No. 1, Macau, 1966, p. 21.

英文教育课程，但好像这一课程持续时间并不长，或者说并不持续，所以 1822 年的议事会会议中也有人提出来：

> 认为应该建立一所学校，能够让社会各个阶层的子女接受到教育，在这所学校里，应该有两个或者两个以上的教师来教授学生葡文语法、英文、法文、算术和修辞学，这些学生的学费将由国库承担，或者是由有钱人慷慨捐助。①

将英文、法文教育和葡文教育摆在同一个位置上来认识，可以表明，澳门政府的领导者们已经意识到英文学习对于澳门葡萄牙人来说是十分重要的事情。②

1847 年 1 月 27 日，议事会任命维森特·若尔热等 5 位神父组建一个委员会，为澳门青年制订教育计划。2 月 17 日，议事会致函澳门总督亚马留，“与各教区负责人商讨决定，向富裕市民募捐，捐得款项加上已有的捐款5 000西班牙银圆作为可以创造利润的基金，用于创办官立小学，教授英文和法文这两种目前国际通用的外语”。6 月 14 日，两位自荐者致信议事会：若瑟·文森特·佩雷拉主动要求担任学校英文和法文教师。11 月 22 日，学校共开设 3 门课程；基础教育由若阿金·吉尔·佩雷拉教授，葡萄牙语由若尔热神父教授，而英文和法文则由若瑟·文森特·佩雷拉教授。正式创立官立小学，并开设英文和法文课程，正是因为意识到这两种语言是目前国际通用的外语，故加强对澳门青少年的教育。③ 直到 1860 年，该校仍保留一名教授英语和法语的教师。尽管该校师资很少，但学生一度达到 300 人。④ 所以该校的英语教学的长期设置和坚持，对于英语在澳门的提高与发展具有十分重要意义。

在此之后，澳门新开办的学校大多都设有英语教学，如 1856 年合并的圣罗萨利玛学校就开设有英语和法语课程。⑤ 1856 年由澳门教区复办的圣若瑟学院亦聘请英文教师开设英语课程。⑥ 1862 年开办的“新澳门人学校”就聘请了一位优秀的英文教师，他是一位天主教徒，来自伦敦，拥有教师资格证书，有真正的英语发音。⑦ 1874 年成立的嘉诺撒女修会学校开设英文课程。⑧ 1878 年成立的商业学校即开设英文课程，由

---

① *Arquivos de Macau*, 3ª Série, Vol. Ⅴ, No. 1, Macau, 1966, p. 35.

② 据 1864 年 2 月 28 日议事会致澳门主教的信函称：“记录员的工作无须长时间的攻读，多懂一些英文，被视为足以胜任。”参见 *Boletim Eclesiástico da Diocese de Macau*, No. 786, Fevereiro de 1970, p. 116. 从这条资料可以看出，担任澳门议事会的记录员都需要懂得英文。

③ Manuel Teixeira, *A Educação em Macau*, Macau: Direcção dos Serviços de Educação Cultura, 1982, p. 40.

④ *O Echo do Povo*, 15 de Julho de 1860, No. 68, in Manuel Teixeira, *A Educaçãom Macau*, Macau: Direcção dos Serviços de Educação Cultura, 1982, p. 42.

⑤ Manuel Teixeira, *A Educação em Macau*, Macau: Direcção dos Serviços de Educação Cultura, 1982, p. 281.

⑥ Manuel Teixeira, *Macau e a Sua Diocese*, *Vol. Ⅷ*, *Padres da Diocese de Macau*, Macau: Tipografia da Missão do Padroado, 1972, p. 255.

⑦ Manuel Teixeira, *A Educação em Macau*, Macau: Direcção dos Serviços de Educação Cultura, 1982, p. 70.

⑧ Manuel Teixeira, *A Educação em Macau*, Macau: Direcção dos Serviços de Educação Cultura, 1982, p. 330.

特奥多西奥·罗德里格斯教授。[①] 到1893年时，澳门商业学校则聘请耶稣会会士、美国神父郝思比讲授英文，[②] 使更多的澳门人踊跃学习英语。[③]

值得指出的是，在澳门未推行英语教育之前，葡萄牙人熟知和掌握英语的人才还是有的，如遣使会会士刘思永就精通英语。1808年，英军第二次入侵澳门时，他就充当英军翻译，“其中无人会讲汉话，故请永同去，代为写字传言”。[④] 他能够将英国人的语言和文字传译给中国官员，这表明他的英语水平很高。正因为刘思永的英语很好，所以他一直跟英国人保持密切的关系，甚至他离澳回国时，东印度公司委员会还给他赠送了4 500元的路费。[⑤] 再如，澳门的著名商人塞卡尔男爵梅洛，精通英语；长期担任西班牙驻北京使团中文翻译的澳门土生葡人若昂·伐利亚·马尔萨（João de Licopolis de Faria Margal，1849—1898），能够准确流利地书写及操讲英语。[⑥] 一般来说，在澳门的葡萄牙人和英国人之间是很少往来的，这不仅是因为他们的风俗习惯不同，更主要的很可能是语言的阻隔。但我们发现从19世纪前期开始，已经有一些葡萄牙富商不借助翻译经常与澳门的英国社群打交道，而且关系十分密切，如摆华和俾利喇。摆华本人游遍欧洲，具有很高的文化素养，而且经常出入于英人的社群之中，甚至同英美人士共同演出戏剧。[⑦] 俾利喇则跟英国人关系十分密切，不仅将自己新建的别墅长期租赁给英国东印度公司，而且与英国人合作经营海上贸易。俾利喇本人也因此被英国女皇册封为爵士，这也是澳门历史上唯一拥有英国贵族荣衔的葡萄牙商人。[⑧] 这些可以说明他们已经具有较好的英语沟通能力。葡萄牙人对英语的掌握大概到19世纪中期就已经比较普遍了，当时生活在澳门的美国人亨特说：“澳门葡萄牙人通常会讲英语，是很友善好客的人民。”[⑨] 这就可以说明，葡萄牙人经过一段时期的正规英语教育，有相当多的葡萄牙人都已掌握了英语。

---

① Manuel Teixeira, *A Educação em Macau*, Macau: Direcção dos Serviços de Educação Cultura, 1982. p. 85.

② ［葡］潘日明著，苏勤译：《殊途同归：澳门的文化交融》，澳门：澳门文化司署，1992年，第181页。

③ Manuel Teixeira, *Macau e a Sua Diocese, Vol. Ⅷ, Padres da Diocese de Macau*, Macau: Tipografia da Missão do Padroado, 1972, p. 272.

④ 刘芳辑：《葡萄牙东波塔档案馆藏清代澳门中文档案汇编》下册，《刘思永为申明受辱避羞自行离澳事称蕃官禀》，澳门：澳门基金会，1999年，第517页。

⑤ ［美］马士著，区宗华等译：《东印度公司对华贸易编年史：1635—1834年》第1、2卷，广州：中山大学出版社，1991年，715页。

⑥ Jorge Forjaz, *Famílias Macaenses*, Vol. Ⅱ, Macau: Fundação Oriente, Instituto Cultural de Macau, Instituto Português do Oriente, 1996, pp. 646－647, 546.

⑦ Katharine Hillard ed., *My Mother's Journal: A Young Lady's Diary of Five Years Spent in Manila, Macao, and the Cope of Good Hope from* 1829－1834, Boston, 1900, p. 146.

⑧ 金丰居士：《白蚁蛀蚀，拆去最高一层，东方基金大楼自矮》，载《新报》，2006年3月30日。

⑨ ［美］亨特著，冯树铁、沈正邦译：《广州番鬼录·旧中国杂记》，广州：广东人民出版社，2009年，第366页。

第一部英文字典是谁于何时带入中国的，现并无文献记录。林则徐《洋事杂录》却提到一部英文字典："番字典无唐字，德臣哪哩。"① 这可能是一部英文字典，肯定来自于澳门，当时已为林则徐所得，或是当时华人为学习英文所购之英文字典。

英语在澳门的广泛传播和推广还应该是基督新教第一位传教士马礼逊到澳门以后的事。为了传教的需要，他努力地学习汉语，在很短的时间内就开始翻译和刻印基督教的宣传品。而他对英语在澳门的传播的贡献应该首推《华英字典》的编纂。《华英字典》的编纂始于1808年，1815年出版了该书的第一卷，书名为"字典"。该卷是马礼逊按照嘉庆十二年（1807）刊刻的《艺文备览》英译的，汉英对照，按汉字笔画分成214个字根排列，书后还附有字母索引。第二卷的第一部分在1819年出版，书名为"五车韵府"，根据音标按英文字母编排。1820年续出第二卷的第二部分。第三卷于1822年出版，书名为"英汉字典"，内容包括单字、词汇、成语和句型的英汉对照，解释颇为详尽，例句都有汉译。整部字典在1823年出齐，共有6大本，合计4 595页，历时15年。马礼逊自述编撰词典的过程及方法曰：

> 我不知道还有比我所使用更好的编纂汉语词典的方法，具体地说，就是充分利用我所能收集到的所有汉语本族人的字典，同时核证所引例证的出处；雇用中国文人协助我查阅中文词典，核实字、词、句子的确切意思。克拉普罗斯说"中国文人每天都能得到一些钱"，的确如此，我认为这样很公平。但他声称我用广东方言或"澳门的葡萄牙人的通用语"与中国文人交谈，这完全是一派胡言。我总是用官话和我的中国助手交谈，我用这种语言和中国各个地方的不同阶层的人谈话。协助我的中国助手（三个已经过世了），他们没有一个懂英语或葡萄牙语，甚至连一个词都不懂。因此除了上述方式，我还借鉴了天主教传教士的几本抄本词典，有英文和法文的，还有最近巴黎出版的叶崇贤（Basilio Brollo Glemona）神父的词典。以外，中国文人负责收集汉语口语的词、句子及其表达，我自己也坚持从每天读到的中文书中挑选汉字和词语。词典的第三部分英汉词典全部是由我们收集的材料汇集而成的。这就是被克拉普罗斯称为"英国式的词典炮制法"。一个德国怀疑者能有什么更好的办法来炮制一本词典呢？这个问题恐怕只能由克拉普罗斯指出了。在词典的编纂过程中，从来都不是简单地从一本书抄到另一本书上，也不仅仅是把一种语言译为另一种语言，而是从头至尾都需要我做出判断和选择。所以，如果有人能被称为是词典的作者，我马礼逊理当是这部词典的作者。②

---

① 林则徐全集编辑委员会编：《林则徐全集》第10册，《译编》，《洋事杂录》，福州：海峡文艺出版社，2002年，第5162页。

② ［英］艾莉莎·马礼逊编，杨慧玲等译：《马礼逊回忆录》第2卷，郑州：大象出版社，2008年，第228～229页。此处译者将Basilio Brollo Glemona译为叶尊孝，不妥，叶尊孝为另一意大利方济各会会士之名。

马礼逊的《华英字典》虽然是为外国人学习汉语而用的工具书，但同时因为这是在中国境内出现的第一部英文字典，所以又为英语在中国及澳门的传播起了十分重要的推动作用。在林则徐的《洋事杂录》中也多次提到这部《华英字典》，“番鬼字典，名曰力神拉哩，系已故之吗礼逊所著”[①]，“唐番字典半唐半番字，德臣哪哩孖厘臣撰”。[②]马礼逊除了编纂《华英字典》以外，在1815年还用英文出版过《通用汉言之法》（*A Grammar of the Chinese Language*）[③]，1816年用英文出版的《中文对话与例句》（*Dialogue and Detached Sentences in the Chinese Language; with a Free and Verbal Translation in English*）[④]及1828年用英文出版的《广东省土话字汇》（*Vocabulary of the Canton Dialect*）[⑤]。这些书籍的出版虽然都是为外国人学习汉语而作，但所有的汉语词汇和例句都采用了中英文对照的方式，所以这些书籍的出版在向外国人传播汉语的同时，也起到了促使英语在澳门和中国内地传播的作用。据苏精统计，从1812年到1832年，马礼逊所撰写的英文书籍多达17种，当然其中有一部分是在马六甲完成的。在这17种书籍中还有一本《英国文语凡例传》（*A Grammar of the English Language*），此书1823年由东印度公司在澳门出版。这是第一本为中国人撰写的英文文法书，内容分“字头论”（Orthpgraphy）、“字从来论”（Etymology）、“字成句论”（Syntax）与“字音韻论”（Prosody）四部分，书中例句与说明都是中英文对照。[⑥]虽然该书是马礼逊为马六甲英华书院编写的教材，但由于该书在澳门出版，因此这部书在澳门的流播对于英语语法的学习和推广具有十分重要的意义。

在澳门对英语的推广影响最大的莫过于英文期刊的创办和发行。本来，葡萄牙政府1737年颁布的禁止葡萄牙海外属地出版法令和1768年开始实施的新闻检查制度，均规定只有葡萄牙本土才可以进行合法的出版活动，其他地方不允许任何出版行为的存在。1820年，在葡萄牙波尔图发生的革命对葡萄牙历史产生深远的影响，并由此导致了巴西的独立，东方的果阿和澳门亦出现了立宪派和保守派的斗争。在这一场革命风潮的影响下，作为葡萄牙海外属地的果阿和澳门都先后冲破了葡萄牙多年以来实施的

---

① 林则徐全集编辑委员会编：《林则徐全集》第10册，《译编》，《洋事杂录》，福州：海峡文艺出版社，2002年，第5159页。

② 林则徐全集编辑委员会编：《林则徐全集》第10册，《译编》，《洋事杂录》，福州：海峡文艺出版社，2002年，第5162页。

③ 苏精：《中国，开门！——马礼逊及相关人物研究》，香港：基督教中国宗教文化研究社，2005年，第284页。

④ 苏精：《中国，开门！——马礼逊及相关人物研究》，香港：基督教中国宗教文化研究社，2005年，第286页。

⑤ 苏精：《中国，开门！——马礼逊及相关人物研究》，香港：基督教中国宗教文化研究社，2005年，第290页。

⑥ 苏精：《中国，开门！——马礼逊及相关人物研究》，香港：基督教中国宗教文化研究社，2005年，第287页。

新闻检查制度，开始创办各种政治、社会及文学报刊，如1821年果阿创办的《果阿周报》（*Gazeta de Goa*）、1822年澳门创办的《中国之蜂》（*A Abelha da China*）、1824年创办的《澳门周报》（*Gazeta de Macau*）等。由于葡萄牙人在澳门率先冲破了葡萄牙在海外设立的新闻检查制度，从而影响到当时在广州和澳门的英美商人和传教士。1827年11月，英国散商詹姆斯·马地臣在广州创办《广州纪录报》（*The Canton Register*），这是在中国创办的第一份英文报纸。虽然该报创办于广州，但由于当时清政府规定的住冬政策，所有在广州的外国人在非贸易季节一定要移居澳门，所以，《广州纪录报》从创办开始每年就有一半以上的时间是在澳门出版发行的。报纸报道外商活动和当地新闻，鼓吹自由贸易，是在华英国散商的喉舌。其第一任主编是才华横溢的美国费城人威廉·伍德，后因伍德与马地臣意见发生分歧，由英国人约翰·司莱德接任主编，马礼逊、马儒翰、德庇时以及郭实猎等人是该报的重要撰稿人。报纸初为半月刊，内容包括纪录报和行情表两部分；1834年1月7日开始改为周报，行情表退居较次要的地位，不再每期刊登。由于澳门为在华英商的居留地，每年3—8月在澳门出版，9月至翌年2月在广州出版，其在澳门的社址是澳门白马行街1号的麦格尼克洋行（Magniac & Co.）。1839年报社迁到澳门，1843年报社迁往香港，改称《香港纪录报》。[①] 该报不仅在广州、澳门拥有大量的读者，而且还有很多海外订户。据1836年统计，每期有280份报纸运往南洋、印度和英美的一些主要城市。[②]

虽然到1862年时，葡萄牙政府再次设立宣传品及文字期刊审查委员会，《果阿周报》和《澳门周报》也相继停刊，但是在华英美商人和传教士并没有受到这一波葡萄牙新闻检查制度的冲击。他们利用在广州和澳门的特殊身份，于1828年由英国人在澳门创办了刊物《依泾杂说》。这是我国第一份中英文合刊的报刊，后因讥讽官府被封。[③] 此说法有误，后人订正为：《依湿杂说》于1837—1838年在澳门发行，用中英两种文字出版，是一份中英文合璧的刊物。[④] 虽然解决了时间和书名的讹误，但是对《依湿杂说》的性质仍然是一种误解，即《依湿杂说》并非当时创办的刊物，而是由英国人罗伯聃（Robert Thom）翻译的《伊索寓言》。《澳门新闻纸》（1840）澳门六月二十日即中国五月二十一日新闻纸称：

> 《依湿杂记》原系士罗所译转之英咭唎字，今在本礼拜内印出为中国字，可为

---

① Manuel Teixeira, *A Imprensa Periódica Portuguesa no Extremo Oriente*, Macau: Instituto Cultural de Macau, 1999, pp. 14 – 15; *The Canton Register*, Vol. 8, No. 9, 1835/03/03; 苏精：《马礼逊与中文印刷出版》，台北：台湾学生书局，2000年，第104页；［葡］施白蒂著，姚京明译：《澳门编年史：19世纪》，澳门：澳门基金会，1998年，第38页；J. M. Braga, *The Beginnings of Printing at Macao*, Lisboa: Centro de Estudos Históricos Ultramarinos, 1963, p. 89.

② 方汉奇主编：《中国新闻事业通史》第1卷，北京：中国人民大学出版社，1992年，第274页。

③ 方汉奇主编：《中国新闻事业通史》第1卷，北京：中国人民大学出版社，1992年，第284页。

④ 刘家林：《中国新闻史》第2编，武汉：武汉大学出版社，2012年，第54页。

学中国字英咭唎人所用。所差者乃因为此次系初试，以中国人之木板，会合英吉利活字板，而同印在一篇纸上，所以不见得甚好，然在后来再陆续细心印之。此书之序云：数百年前，在我等国中初用英吉利言语之时，有一和尚将英吉利同讷体那言语同印在一篇纸上，而我等现作出之杂说，亦仿其法。此书中之言语，皆系中国人之言语文字，少用虚字浮文。于一千八百三十七、三十八两年当此书初出之时，中国人甚赞美之，后又入之官府手内，官府因见其中所说之事，多有刺他们之恶规矩，遂出令禁止之。[①]

道光二十七年（1847）时，姚莹《康辅纪行》中将这段《澳门新闻纸》的记录改写为：

道光十七八年，澳门有《依湿杂说》，乃西洋人士罗所印，由英吉利字译出中国字，以中国木板会合英吉利活字板，同印在一篇。序云：数百年前，英吉利有一掌教僧，将本国言语同讷体那言语同印，今仿其法，所言皆用中国之文字。此书初出时，中国人争购之。因其中多有讥刺官府之陋规，遂为官府禁止。[②]

咸丰二年（1852）成书的《海国图志》又将姚莹的这段话全文抄录在书中。[③] 这里所提到的《依湿杂记》或《依湿杂说》在今天所有的新闻史著作中都被误以为是外国人在中国境内创办的刊物，这是一个必须纠正的严重错误。所谓《依湿杂说》就是西方名著《伊索寓言》的中译署名。该书先于1837—1838年在广州出版，即《意拾秘传》。《东西洋考每月统计传》道光戊戌年（1838）九月《新闻》报道：

省城某人氏文风甚盛，为翰墨诗书之名儒，将希腊国古贤之比喻，翻语译华言，已撰二卷，正撰者称为“意拾秘”。[④]

“意拾秘”即“Esop”一词的中译，此处又明言是将希腊古贤的比喻翻译成中文。罗伯聃著的《意拾喻言》（即《伊索寓言》）于1840年在澳门出版时，其在序言中就交代了该书曾在1837年到1838年间在广州出版过1次。日本学者内田庆市称：“这一版本的中文名并没有被译为《意拾喻言》，而是名为《意拾秘传》，该书现藏大英博物馆，该馆据此编写的书目音译为E-shih-pe chuen。”[⑤] 据此，可以明确说明，《澳门新闻纸》所载《依湿杂记》就是将“希腊国古贤之比喻”译为华言的《伊索寓言》。而我们的新闻史工作者长期以来不做原文考究，而将此书列为外国人在澳门创办的中英文报刊，实为大误。但从英文在华传播史的角度，“由英吉利字译出中国字”即用中英文同时出版。

---

① 林则徐全集编辑委员会编：《林则徐全集》第10册，《译编》，《澳门新闻纸》，福州：海峡文艺出版社，2002年，第5062～5063页。

② （清）姚莹：《康辅纪行》卷12，《外夷留心中国文字》，合肥：黄山书社，1990年，第357页。

③ （清）魏源：《海国图志》卷81，《夷情备采》1，长沙：岳麓书社，1998年，第1959～1960页。

④ 爱汉者等编，黄时鉴整理：《东西洋考每月统计传》，北京：中华书局，1997年，第422页。

⑤ ［日］内田庆市：《谈〈遐迩贯珍〉中的伊索寓言》，载［日］松浦章、内田庆市、沈国威编：《遐迩贯珍：附解题·索引》，上海：上海辞书出版社，2005年，第74页。

"此书初出时，中国人争购之"，反映了这部中英文对照的著作特别受中国人的欢迎。

此后，1831年又创办了英文的《广州杂文报》（*The Canton Miscellany*）和《中国差报与广州钞报》（*Chinese Courier and Canton Cazette*），前者由德庇时主编，后者由前《广州纪录报》的主编威廉·伍德主编。1832年，一份更大型的文学及历史月刊《中国丛报》（*Chinese Repository*）在广州创办，前任主编为裨治文，后来则是卫三畏。该报从1842年起至1844年11月在澳门印刷。1833年，马礼逊在澳门自己的住宅中编印出版了《澳门杂文编》（*The Evangelist and Miscellanea Sinica*），这是一份兼具传教与中国杂记的不定期英文报纸，一共只出了3期，在澳门天主教教会和澳门政府的干预下被迫停刊。[①] 1835年，由英商颠地洋行于广州创办的英文报纸《广州新闻报》（*The Canton Press*），第一任主编为威廉·福兰克林（William H. Franklin），继任者为德国人艾德蒙德·穆勒（Edmund Moller），该报纸于1839年迁至澳门，到1844年3月30日停刊。[②] 综上所述，从1827年第一份英文报纸《广州纪录报》在广州问世后，到1835年英文报纸《广州新闻报》的创刊，前后共有7种英文报纸在广州和澳门创办发行，根据当时英美商人在华居住的规定，他们大部分都是一半时间在广州，一半时间在澳门，所以这些报刊都是会对澳门产生直接影响的英文报纸。8年时间有7份英文报纸在澳门传播，可以想象，这些以英语为传播媒介的报刊对于英语在澳门的传播具有何等重大的影响。这一时期的澳门英语的传播应该是最为鼎盛的时期，也是影响最大的时期。

19世纪澳门的英语传播还有一条十分重要的渠道，就是传教士对华人开办的教育活动。早期来华的英美新教传教士虽然努力学习中文，希望通过提高自己的中文水平以达到向广大华人传教的目的，但是这需要一个很长的过程，所以在他们向华人学习中文的同时，实际上也将自己谙熟的英语传播给了那些加入或者准备加入基督教的华人信徒。如在马礼逊身边工作的华人，如蔡氏三兄弟蔡轩、蔡轲和蔡运，马礼逊的中文教师葛先生和容三德，他们除了帮马礼逊工作和教授中文以外，还长期与马礼逊相处。马礼逊是否给他们教授过英文目前尚未见到记载，但美国传教士裨治文身边收养的一些中国小孩，他就曾给他们教授英文，如梁发的儿子梁进德，中国少年亚产（Achan）、亚昌（Achang）等人，就曾跟随裨治文学习英文。在裨治文的日志中记录：

> 1831年3月底，孩子们已经记得约300个单词、一些简单句子，并开始阅读英文"新约"。[③]

---

① 李长森：《近代澳门外报史稿》，广州：广东人民出版社，2010年，第82～85页。

② 方汉奇主编：《中国新闻事业通史》第1卷，北京：中国人民大学出版社，1992年，第274～275页。

③ ABCFM/Unit 3/ABC 16. 3. 8/Vol. 1, E. C. Bridgman to ?(supposedly R. Anderson), Canton, 14 July 1834. 转引自苏精：《中国，开门！——马礼逊及相关人物研究》，香港：基督教中国宗教文化研究社，2005年，第223页。

不到半年，孩子们又各自抄完一部马礼逊编著的中英对照《广东省土话字汇》，含2 200个字。① 当时，跟裨治文学习的中国孩子一共有7人，但真正学有所成的仅见梁进德一人。1836年，麦都思见梁进德时称："他的英文还可以。"② 1838年，卫三畏报道称："梁进德正在研读英文文法。"③ 在1841年11月梁进德在澳门写给马礼逊夫人的信称："他在过去两年中为林则徐翻译了《广州新闻周报》《番鬼在中国》以及一部《百科全书》的部分（即《四洲志》）。"④ 梁进德的这些翻译无疑对林则徐的思想及其对世界的认识都会产生极大的影响。裨治文也对梁进德的翻译给予了很高的评价，他知道梁进德翻译《四洲志》后也不得不承认这是个好预兆，中国当局将会见识到让年轻人学习英文的好处。⑤

当然，最为正规的也是最为有力的英语传播还是英美传教士在澳门创办的基督新教的学校。1835年9月30日，教士郭实猎的第二任夫人玛丽在英国妇女组织"印度与东方女性教育促进会"的资助下在澳门开办一间学校，开学时有12名女生和2名男生⑥，学生以学习英文为主。⑦ 1836年9月，浸信会传教士叔未士偕夫人何显理来到澳门，叔师母来到澳门后，开始学习中文，同时教授两个小男孩学英语。1839年2月，在其住所开设学校，有8名学童，从上午10时到12时学习英文、地理、算术和教义，后增加到15人。⑧ 1839年11月4日，马礼逊教育会学校正式开办，学校每天分半天学习汉语，半天学习英语，学习时间从早晨6时至晚上9时，到1841年时学校学生总人数为18人。⑨ 1845年5月，哈巴安德牧师在澳门开办一所男子寄宿学校，招录了27

---

① ABCFM/Unit 3/ABC 16. 3. 8/Vol. 1, E. C. Bridgman, journal, 13 August 1831. 转引自苏精：《中国，开门！——马礼逊及相关人物研究》，香港：基督教中国宗教文化研究社，2005年，第223页。

② Walter H. Medhurst, *China: Its State and Prospects*, Boston: Crocker & Brewster, 1838, p. 298.

③ ABCFM/Unit 3/ABC 16. 3. 8/Vol. 1, A, E. C. Bridgman to ?(supposedly R. Anderson), Canton, 24 July 1838. 转引自苏精：《中国，开门！——马礼逊及相关人物研究》，香港：基督教中国宗教文化研究社，2005年，第225页。

④ Letter from the son of Leang Afa, the Chinese Evangelist, to Mrs. Morrison, Macao, 4 November 1841, *Evanglical Magazine*, June 1842, pp. 295 - 296. 转引自苏精：《中国，开门！——马礼逊及相关人物研究》，香港：基督教中国宗教文化研究社，2005年，第228页。

⑤ ABCFM/Unit 3/ABC 16. 3. 8/Vol. 1, A, a printed circular, dated Macao, 1 January 1840. 转引自苏精：《中国，开门！——马礼逊及相关人物研究》，香港：基督教中国宗教文化研究社，2005年，第231页。

⑥ Mary Raleigh Anderson, *A Cycle in the Celestial Kingdom of Protestant Mission Schools for Girls in South China*, The Press of Heiter-Starke Printing Co., 1943, p. 61.

⑦ The Second Annual Report of the Morrison Education Society, Canton, 1838, p. 14. in Thomas R. Colledge, *The Medical Missionary Society in China*, Canton, 1838, also in *Chinese Repository*, Vol. 7, No. 6, 1838/10, p. 307.

⑧ Henrietta Shuck to Mrs. Keeling, Macao, Nov. 29, 1836, quoted in Jeter, pp. 95 - 96; Henrietta Shuck to Her Father, Macao, Jan. 17, 1837, quoted in Jeter, pp. 97 - 98; Henrietta Shuck to Mrs. Keeling, Macao, May 17, 1837, quoted Jeter, pp. 105 - 106.

⑨ *Chinese Repository*, Vol. 10, No. 10, 1841/10, pp. 569 - 573.

人，该校用英语作为教学语言。① 从1835年到1845年十年间，基督新教一共在澳门设立过4所教授英文的学校，接受过英语教育的学生有70余人。70余名澳门的中国青少年接受正规的英语教育，对当时的澳门来说应该是一个相当的规模，而这一批接受英语教育的孩童有一部分一定会回到澳门社会，而这一部分回到澳门社会的孩童也一定会对澳门的英语传播产生重大影响。如前言之梁进德在裨治文处学成英文后，随林则徐充当翻译，所译之书对中国社会产生重大影响。再如曾在马礼逊学校学习的盛世丰，由于在马礼逊学校学会了英语，后至十三行担任翻译，逐渐发家致富，遂在澳门开设“太和当”，成为澳门当时最为有名的当押商人。② 再如1841年进入马礼逊学校学习的唐廷枢，③ 经过该校的正规英语培养后，不仅英文写得非常漂亮，也讲得十分流利，外国人称赞他“说起英文来就像一个英国人”。④ 1862年唐廷枢在其弟弟唐廷植、唐廷庚的帮助下，编写了一本《英语集全》，用广州方言与英语单词进行对译和注音，其中第6卷是专门为广东籍商人、买办使用的《买办问答》，颇受商界欢迎。⑤

在澳门传播的英语，除了前面所言之正规英语的传播外，还有一种被称为“洋泾浜”的英语。据马士言：“1715年以后中国的商人学会了一种叫作‘洋泾浜英语’（Pigeon English）的奇异的混合语。”⑥ 这里的中国商人指的就是在广州和澳门经商的行商。美国人亨特对洋泾浜英语是这样解释的：

> 洋泾浜英语，这个名词是专指在广州的中国人与西洋人之间用作进行商业交易和往来媒介的独特语言。洋泾浜英语是广州口岸在早期对外交往中产生的，这种奇特语言的产生是很自然的。……伶俐的中国人巧妙地运用听惯的外国音调，成功地弥补自己语言的不足，并依照自己单音节表达方式，同时使用最简单的中国话来表达他们的意思。他们就这样创造出一种语言，可以说是没有句法也没有逻辑联系的语言，只将其化为最简单的成分，但它却很牢固地扎下了根，成了许多数额巨大的生意或极为重要的事情的便利的交际媒介，以其活力和奇特性一直流行到今天。这无疑是中国人的一种发明，在英国人出现在广州很久之前已有它的根源。这可以在其中找到一些葡萄牙语和印度语混合来证明，后者的来源可能

① Missions Correspondence and Reports: Richard Cole to Board, April 2th, 1845, 香港浸会大学特藏组保存; Presbyterian Church in the U. S. A. Board of Foreign Missions, 1833 – 1911, China; *Chinese Repository*, Vol. 14, No. 4, p. 200.

② （民国）盛鸿焘：《南溪盛氏家谱》，《先三伯恒山观察公家传》，第22～23页；《先二伯兰轩公家传》，第21页。转引自赵利峰：《鲜为人知，媲美郑氏：晚清澳门盛氏家族考述》，载《澳门研究》第75期，2014年，第140页。

③ （清）容闳：《西学东渐记》，郑州：中州古籍出版社，1998年，第73页。

④ 刘广京：《唐廷枢之买办时代》，载《清华学报》1961年6月号，第145页。

⑤ 刘广京：《唐廷枢之买办时代》，载《清华学报》1961年6月号，第172页。

⑥ ［美］马士著，区宗华等译：《东印度公司对华贸易编年史：1635—1834年》第1、2卷，广州：中山大学出版社，1991年，第66页。

是由那些最初经过印度的西方来客传来的。英国人在一百多年以后才到来，他们语言中的一些词汇逐渐被吸收进去，增加到使葡萄牙语消失，葡语便只限于在他们的殖民地澳门使用。后来英国最终成了最主要的贸易者，这种语言便成了著名的“洋泾浜英语”。Pigeon English 的 Pigeon 一词完全是 Business（生意）一词的讹传，它们合起来的意思是商业英语。①

亨特在另一本书中也对洋泾浜英语有这样的记录：

当一个中国人用自认为很好的英语对他说话时，他可能一个字也听不懂，同时他自己讲话时也没有一个人听得懂，他以前可能也听说过有洋泾浜英语这种东西，但是他的奇怪的单词和与众不同的语法结构，对于他来说可能就跟菲尼基语（Phoenician）或伊特剌斯坎语（Etruscan）同样陌生。一个中国人会对他说“My-Chin Chinyou”（向您告辞了），而他绝想象不到这会是一句友善的礼貌用语。②

这里应该是两种来自于当时人对洋泾浜英语的解释。马士依据材料称洋泾浜英语产生在清朝的康熙时期，而亨特则认为这种语言应该产生于17世纪之前，并从洋泾浜英语中找出了很多来自于葡萄牙语和印度语的词汇。亨特长期生活在广州和澳门，而且对广州、澳门的社会十分熟悉，特别是他在《广州番鬼录》一书中专门列出了洋泾浜英语一节，对洋泾浜英语进行了细致的研究和分析。这位精通中英文的外国人，经过自己长期的调查研究而得出的结论应该是可以相信的。总而言之，洋泾浜英语是一种混合了多种语言而在18、19世纪流行于广州、澳门且主要用于商业交往的独特语言。我们在这里之所以将“Pigeon”译成“洋泾浜”，只是指一种混合语言的代称，并不包括后来流行于上海以及江南等地的洋泾浜英语。这种洋泾浜英语在当时的广州、澳门已经留下了很多记录。19世纪二三十年代之际来华的美国传教士雅裨理在其日记中写到当时的语言情况：

我们到达广州几天后，许多商人和工人来访问我们，当然他们的主要对象是我们中的商人乘客。他们通常能懂一些英语，但其词汇是如此的贫乏并错漏百出，以至于刚开始完全不可能听懂他们的意思。除了几个在英国或美国待过的人外，其他的能够把简单的概念表达准确就算是非常聪明了。这种语言一定有一个协调的体系，或者什么都不遵循。这种奇怪混合体并不是准确的汉语、英语和葡萄牙

---

① ［美］亨特著，冯树铁、沈正邦译：《广州番鬼录·旧中国杂记》，广州：广东人民出版社，2009年，第66～67页。托普森先生有这样一种观点：“18世纪时在广州出现的洋泾浜英语由澳门的葡萄牙克里奥语转化而成，而澳门的葡萄牙克里奥语由西非辗转传来，西非的克里奥语则是林呱佛的后代。”此观点很难令人接受，由澳门的葡萄牙克里奥语转化成洋泾浜英语，这在语言的传播方式上是很难令人理解的，在洋泾浜英语中如亨特所言混入了葡萄牙语和印度语是有可能的，但绝不是从这种语言转化而来的，这是一个主干与枝节的分歧。

② ［美］亨特著，冯树铁、沈正邦译：《广州番鬼录·旧中国杂记》，广州：广东人民出版社，2009年，第331页。

语，而是这三种语言的错讹形式。据语言学家讲，这种语言中还掺杂了一些可以追溯到已经死亡语言的词汇。①

雅裨理更进一步地论证了这种由汉语、英语和葡萄牙语三种语言的错讹形式而形成的洋泾浜英语。1834 年 2 月 23 日，卫三畏在寄给其父亲的一封信中也提到这种洋泾浜英语：

我的印刷所有 2 个葡萄牙人和 3 个中国人，但 5 人当中只有 2 个说英语。我刚来时只能主要用手势跟他们交流，但很快这两种语言我都学会了一点，于是我开始使用夹杂着葡语、中文和广东英语的句子，而所谓广东英语就是葡语、中文和英语的混合。这种混杂难懂的语言说多了，却时常让人发笑。②

洋泾浜英语的主要使用人群应是那些当时为外国商人服务的中国仆役、苦力、商人及买办等群体，如原在宝顺洋行充任买办并为林则徐缉拿的逃犯鲍鹏，“自幼学习夷语”③。这个夷语指的就是洋泾浜英语，所以，他讲这种英语的时候，很多英国人是听不懂的：

惟鲍鹏向义律说夷话，我们当面听见，亦不懂，不知道他有无作弊。④

1840 年 9 月 17 日，英船路过山东登州之时：

（小）马礼逊先生以送文书者的身份登陆，请求供给粮食。他正在商洽时，大划船载着鲍鹏来了，他就是我们正在寻找的买办。……谈起目前的争端和琦善的南下时，他用他的广东英文（按，即洋泾浜英语）说道：“可以去谈一谈，我想没有人能解决这事，一定叫那个皇帝哭。”⑤

美国姑娘哈丽特·洛日记中记载了一位讲洋泾浜英语的中国买办：

我们的买办是非常敏锐的人，讲一口流利的英语。……“好”，他说，“我懂，我知道（Savy）”⑥。

这里“流利的英语”指的就是洋泾浜英语。在美国人亨特的书中，还保存了大量的关于洋泾浜英语的记录：

---

① David Abeel, *Journal of a Residence in China: and the Neighboring Countries from 1829 - 1834*, New York: Leavitt, Lord & Co., 1834, p. 91.

② ［美］卫斐列著，顾钧、江莉译：《卫三畏生平及书信》，桂林：广西师范大学出版社，2004 年，第 26 页。

③ 中国史学会主编：《鸦片战争》第 3 册，佚名：《犀烛留观纪事》，上海：上海书店出版社，2000 年，第 255 页。

④ 中国史学会主编：《鸦片战争》第 3 册，佚名：《犀烛留观纪事》，上海：上海书店出版社，2000 年，第 255 页。

⑤ 中国史学会主编：《鸦片战争》第 5 册，［英］宾汉著，寿纪瑜、齐思和合译：《英军在华作战记》，上海：上海书店出版社，2000 年，第 94 ~ 95 页。小马礼逊即马儒翰，1814 年生于中国澳门，幼习中文。1834 年继父任英驻华商务监督处中文秘书兼翻译官。其时，担任英军情报和翻译工作。

⑥ Katharine Hillard ed., *My Mother's Journal: A Young Lady's Diary of Five Years Spent in Manila, Macao, and the Cope of Good Hope from 1829 - 1834*, Boston, 1900, p. 33.

美国史密斯洋行的代理人奥立芬（David W. C. Olphant）先生是一个基督徒，他经常用洋泾浜英语讲解基督教的“面包和鱼的故事”，经官的天宝行有一个商人叫关胜，当他听完奥立芬先生的故事后，也用洋泾浜英语与他进行对谈。①

首席通事老汤姆用洋泾浜英语问了（港脚商人）拉姆·汗（Lam Khan）几句，他当然一点都听不懂。②

他（向导兼通译）的本领是懂得“夷语”里的4个单词，说是“Look see, Joss pigeon”！（译为“看，菩萨”，为洋泾浜英语）③

宝顺洋行的罗伯特·英格利斯（Bobert Inglis）去拜访浩官，谈话中讲到英国人的远征，这个英国人说：“这回他们不但要去北京，还一定坚持要见到天子。”这位老先生一听到这话，马上回答道：“如果英国人去北京，皇帝就去山西。”（所有这些话当然是用洋泾浜英语说的）④

可以反映，洋泾浜英语比较普遍地流行于英美商人与中国商人、买办及翻译之间。为了使这种洋泾浜英语能够较为规范地在中西商人之间通行，当时还有人编纂了一些《红毛买卖通用鬼话》之类的专门书籍供为外国商人服务的中国仆役、苦力、商人及买办学习。亨特的《广州番鬼录》称：

在广州商馆附近的书店出售一本名叫《鬼话》的小册子，封面上画着一个身穿上个世纪中叶服装的外国人——戴着三角帽，外配以有扣形装饰的大衣，手上拿着一根手杖。我现在面前还有一本这样的小册子。它首先提到的是“夷”（Yun），下面是“夷人”（barbarian）的释义，用另一个中文字“曼”表示“man”的发音。在许多单音字之后，是用双音节的词。如“今日”（to-day）在解释外文意义之后，用两个其他的中文字“土地”来拼to-day的音。直到整句话也还是这样，由此语言的结构便被奇怪地改写。这本小册子每本才卖一两个便士，但它常见于仆役、苦力和店铺主的手上。该书的著者是一个中国人，他独具匠心，应名垂千古。⑤

---

① ［美］亨特著，冯树铁、沈正邦译：《广州番鬼录·旧中国杂记》，广州：广东人民出版社，2009年，第375～378页。

② ［美］亨特著，冯树铁、沈正邦译：《广州番鬼录·旧中国杂记》，广州：广东人民出版社，2009年，第218页。

③ ［美］亨特著，冯树铁、沈正邦译：《广州番鬼录·旧中国杂记》，广州：广东人民出版社，2009年，第268页。

④ ［美］亨特著，冯树铁、沈正邦译：《广州番鬼录·旧中国杂记》，广州：广东人民出版社，2009年，第239页。

⑤ ［美］亨特著，冯树铁、沈正邦译：《广州番鬼录·旧中国杂记》，广州：广东人民出版社，2009年，第69页。

图 8－9 《红毛买卖通用鬼话》封面

图 8－10 《红毛番话贸易须知》封面

《中国丛报》1837 年 10 月刊登了卫三畏写的一篇文章时提到两本书，其中一本是 *Gaoumun fan yu tsa tsze tesuen taou*，*or A complete collection of the miscellaneous words used in the foreign language of Macao*，此书即是前面提到的洋泾浜葡语的字典《澳门番语杂字全本》；另一本则是 *Hungmaou mae mae tung yung kwei hwa*，*or those words of the devilish language of the red-bris-tled people commonly used in buying and selling*，这就是亨特所讲的"《鬼话》的小册子"，可译为《红毛买卖通用鬼话》，据卫三畏介绍，该书为 16 页，不到 400 个词语，是一本 19 世纪前期出版的洋泾浜英语的专书。[①] 周振鹤先生多年来注重搜集洋泾浜英语的各种版本，据他所见，目前存世的一共有 4 种《红毛番话》的刻本和抄本，即璧经堂、成德堂、以文堂刻本及内田庆市先生在大英图书馆发现的一本无封面又缺第 1 页的抄本，而以后者为规模最大、词汇最多，周振鹤先生又对大英图书馆所藏之《红毛番话》抄本进行了译解。下面将此《红毛番话》抄本第 2 页的译解转录如下，[②] 以助人们对当时这种洋泾浜英语的了解：

表 8－19 《红毛番话》抄本部分译解转录

词条	洋泾浜英语读音	英语译解
买	些林/梳炉	sell/sold
行	咓吔	walk
晒	申	sun

① *Chinese Repository*, Vol. 6, No. 6, 1837/06. pp. 276－279.

② 周振鹤：《大英图书馆所藏〈红毛番话〉抄本译解》，载纪宗安、汤开建主编：《暨南史学》第 4 辑，广州：暨南大学出版社，2005 年，第 333～353 页。

（续上表）

词条	洋泾浜英语读音	英语译解
洗	哗時	wash
走	论	run
坐	薛当	sit down
立	士（企得）	stand
睡	士囇	sleep
醒	啜	wake
摊	咧当	lay down
跳	针吥	jump
香	士咩厘	smell
臭	士丁吧/叭士咩兀	stink/bad smell
闻	士咩兀	smell
试	弟咧	try
食	咽	eat
饮	定吟吧	drink
吞	士哗剌	swallow
吐	士标	spit
生	咧	life
死	低/跌	die/dead
生	啰/嫩囇	raw/no cooked
熟	囇 /敦粒/谷粒（鱼生熟）	cooked/? Ripe/cook ripe
清	囇嗲/记喱	clear/ ~
浊	忒/喎	dirt/ ~
净	记嗹	clean
污	笪士	dust（?）
好	咭	good
丑	叭	bad
厚	忒	thick
茫（薄）	天	thin

四、其他西方语言在澳门的传播

在澳门流传的西方语言最为主要的为葡萄牙语、拉丁语和英语三种，但由于居住在澳门这块土地上的人群来自世界各地，因此，其他的西方语言亦在澳门有所传播。前引金仕曼夫人 1834 年 11 月 4 日写于澳门的信称：

在我们的漫步中遇到各式各样的人，差不多相等于地球上的所有人种：犹太人、琐罗亚斯德人、马来亚人、孟加拉国人、东印度水手……英国人、苏格兰人、法国人、德国人和瑞典人等，他们都只能从外表和言行的微小差别分辨出来。①

根据各种不同的语言就能够分辨出居住在澳门的各个不同国家的人来，以反映出多种语言在澳门的传播。从这段话至少还可以知道，在神学院学习的澳门学生都需要学习希腊语和希伯来语。澳门在 19 世纪时除了主要流行的三种语言以外，其他西方语言还有苏格兰语、法语、德语和瑞典语。1823 年《中国之蜂》刊登过一篇这样的文章称：

在今天的澳门，人人以会讲多门外语为荣，并且来到东方的各国商人，会说的语言越多，致富的机会也就越多。②

在天主教会中，其他西方语言的传播在澳门则更为普遍，澳门主教鲍理诺称：

上帝的说话可按照德者的要求，由澳门的传教士以不同的语言（如葡语、于澳门的葡萄牙方言、中文、英文、意大利文、法文、德文以及两种帝汶方言）好好地加以宣扬和解释。③

也就是说，传教士由于传教的需要，他们必须懂得多种西方语言，方可以顺利地传播福音。柏里安《东游记》亦称澳门圣保禄学院学生学习外语的情况：

耶稣会会士对外语的掌握并不仅限于西赛罗和弗吉尔的语言，他们在人文学科课堂上也学习希腊语和希伯来语。耶稣会会士的大部分学术训练是分解语法和句法结构，记忆变格、词形变化和术语。④

在神学院学习的澳门学生都需要学习希腊语和希伯来语。

除此以外，从 18 世纪后期开始，法语在澳门的传播也十分盛行。据巴西学者嘉尔

---

① 参见瑞贝凯在澳门寄给她美国 Salem 的家书，载《美国艾赛克斯学院，历史文集》，第 LXXVI，1950，Salem，Mass，转引自［葡］文德泉：《美国青年人眼中的 19 世纪澳门》，澳门：澳门教育暨文化司，1981 年，第 56 页。

② *A Abelha da China*, No. XXII, 13/02/1823, Macau: University of Macau, 1994, pp. 83 – 86.

③ 《葡萄牙人在中国传教的善行》，澳门：澳门基金会，1917 年，第 102 页，转引自［葡］安东尼奥·阿雷斯塔：《葡萄牙教育中的新儒家思想：澳门教育历史中的伯多禄》，载澳门《行政》杂志第 9 卷，第 4 期（总 34 期），1996 年，第 1064 页。

④ Liam Matthew Brockey, *Journey to the East: The Jesuit Mission to China, 1579 – 1724*, Cambridge & London: The Belknap Press of Havard University Press, 2007, pp. 214 – 215.

定·莱托（Oswaldo da Veiga Jardim Neto）称，在19世纪的下半叶，澳门出现了一股“法国语风”（Francesismo），[①] 但实际上，法语在18世纪末至19世纪初就已经对澳门产生了影响。18世纪后期，根据葡印总督的命令，澳门世俗学校的学生都要学习法语。1786年，葡印总督下令，“圣若瑟学院开设法语课程，由若瑟·杜斯·桑托斯·巴普蒂斯塔·利马教授”。[②] 1823年，有两名到澳门不久的法国人希望招收学生学习法文，他们居住在下环街。[③] 据称，在澳门居住的美国姑娘哈丽特·洛除了大量地阅读书籍外，还上西班牙语和法语课。[④] 1847年创办官立小学，教授英文和法文这两种目前国际通用的外语。1849年圣罗萨利玛学校创办后，该校也实行法语教育。1861年新澳门人新学校成立，有一位男教师教授女学生们英文、葡萄牙文和法文。1874年成立的嘉诺撒女修会学校开设英文课程。1895年女子中心学校成立，有两位教师分别教授英文、法文。[⑤] 甚至，澳门葡人施利华还于1900年在澳门编纂出版过《高卢文法概念》和1905年在澳门编写出版《葡高卢词典》。[⑥] 从上述资料可以看出，18世纪末到19世纪后期，澳门不仅有很多学校都开设了法语教育课程，而且还出现了编纂法语文法及葡法词典的法文专家。可以反映，在澳门众多西方语言中，法语传播也具有相当重要的地位。正是由于多种西方语言在澳门的传播和影响，才造就了一批掌握众多西方语言的通译人才，如塞卡尔男爵梅洛，就精通法语、意大利语、英语和西班牙语，同时熟练掌握汉语；又如翻译若昂·伐利亚·马尔萨能够准确流利地书写及操讲英语、法语、德语、西班牙语、蒙语、日语、拉丁语、希腊语，以及中国的官话（国语）、粤语、客家话、潮州话、宁波话等方言。[⑦] 其他的如江沙维、加略利、玛吉士、公陆霜及伯多禄等，都是精通多种西方语言的著名翻译人才。

---

① Oswaldo da Veiga Jardim Neto, The Tradition of “Bandas de Musica” in Macao, in *Revista de Cultura*, International Edition 16, 2005, pp. 8 – 9.

② Manuel Teixeira, *A Educação Macau*, Macau: Direcção dos Serviços de Educação Cultura, 1982, p. 3.

③ *A Abelha da China*, No. LII, 11/09/1823, Macau: University of Macau, 1994, p. 224.

④ Katharine Hillard ed., *My Mother's Journal: A Young Lady's Diary of Five Years Spent in Manila, Macao, and the Cope of Good Hope from 1829 – 1834*, Boston, 1900, p. 88.

⑤ Manuel Teixeira, *A Educação Macau*, Macau: Direcção dos Serviços de Educação Cultura, 1982, pp. 38, 58, 71, 281, 330.

⑥ ［葡］安东尼奥·亚雷塔斯：《葡萄牙教育中的新儒家思想：澳门教育历史中的伯多禄》，载澳门《行政》杂志第9卷，第4期（总34期），1996年，第1064页。

⑦ Jorge Forjaz, *Famílias Macaenses*, Vol. II, Macau: Fundação Oriente, Instituto Cultural de Macau, Instituto Português do Oriente, 1996, pp. 546, 646 – 647.

第二节 西方文学在澳门

“澳门文学不是那种封闭性的单一的形态，更少见那种‘小家子气’的文学气息，而是一种与世界密切沟通，见有大文化特点的一种文学。”① 这是笔者一位很要好的著名文学批评家殷国明先生一段评语，其实殷先生并不熟悉澳门历史，但他对澳门文学的这种评判却很靠谱。“大文化特点的文学”表明的是澳门文学内在的、大的历史内涵，澳门文学的发展就是在这种极大场景的、长时间段的中西文化交流、融汇的背景下产生和形成的。这就是我们所言的“大气”，而无“小家子气”。西方文学是澳门文学最重要的组成部分，这里面包括西方文学在澳门的传播及寓居和定居在澳门的西方人或土生葡人创作的文学作品。

一、澳门早期西方文学的双璧：《远游记》与《葡国魂》

在葡萄牙人还未定居澳门之前，在澳门这块小小的土地上就已经产生了两部影响着当时世界的西方文学的名著，一部是费尔南·门德斯·平托的《远游记》，一部是贾梅士的《葡国魂》，我们将它们称为澳门早期西方文学的双璧。

（一）费尔南·门德斯·平托的《远游记》

16 世纪到 17 世纪时，有关澳门的文学作品，主要是西方旅行家、传教士所作，多半是以游记、书信、记事为主，这些作品中有关澳门的部分往往夹杂在对中国的整体认识中。这些作品对于当时伊比利亚半岛乃至欧洲对澳门及中国的认识产生了很大的影响，正如《16 和 17 世纪伊比利亚文学视野里的中国景观》的编者罗理路教授所言：

> 伊比利亚的中世纪文化对亚洲几乎一无所知。那是个过于遥远的世界，人们对其一星半点的了解主要来自旅行者和冒险家的描述，其中掺杂了一批编撰者的想象。《马可·波罗行纪》使有关中国的含糊资料广为传播，那些资料说辽阔强大的帝国被蒙古可汗所统治，位于远东的某个地方。由此，伊比利亚对那些异域的看法模糊莫辨，缺乏明确的轮廓，缺乏直接接触促成了虚构性地理知识的流传。印度航线的发现（1498）彻底改变了这种局面。由于葡萄牙人的远航开拓，转瞬

① 殷国明：《小地方大文学：澳门文学创作一瞥》，载《广州文艺》1992 年第 6 期，第 35 页。

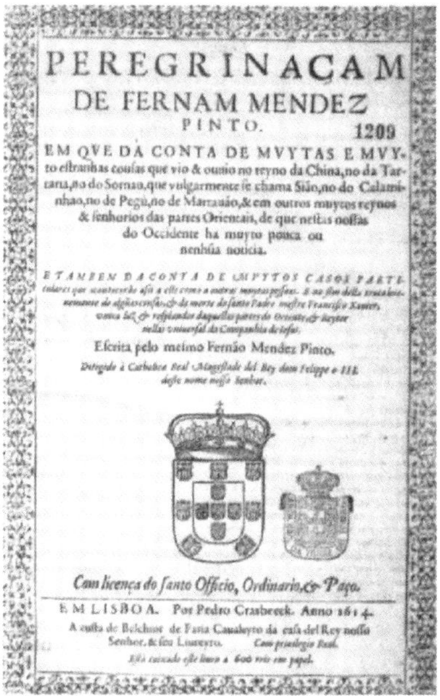

PEREGRINAÇAM
DE FERNAM MENDEZ
PINTO.
1209
EM QVE DA CONTA DE MVYTAS E MVYto estranhas cousas que vio & ouuio no reyno da China, no da Tartaria, no do Sornau, que vulgarmente se chama Sião, no do Calaminhao, no de Pegù, no de Martauão, & em outros muytos reynos & senhorios das partes Orientais, de que nestas nossas do Occidente ha muyto pouca ou nenhũa noticia.
E TAMBEM DA CONTA DE MVYTOS CASOS PARTIculares ...
Escrita pelo mesmo Fernão Mendez Pinto.
Com licença do santo Officio, Ordinario, & Paço.
EM LISBOA. Por Pedro Crasbeeck. Anno 1614.
A custa de Belchior de Faria Caualeyro da casa del Rey nosso Senhor, & seu Liureyro. Com priuilegio Real.

图 8-11 1614 年《远游记》原版本卷首插图

之间东方世界便展现给欧洲以崭新的规模，成为具有强大吸引力的一极。这不仅有物质原因，而且也有精神因素。与海洋、陆地和亚洲人的接触共存扩展了葡萄牙人的地理视野，极大地改变了他们的生活方式和世界观。我们那些旅行家搜集的第一手数据更新了传统的知识，对亚洲的看法发生了革命性的变化。[①]

费尔南·门德斯·平托的《远游记》是这个时期游记文学中最负盛名的作品。平托于 1514 年前后出生于葡萄牙，1537 年前往东方，至 1558 年共在东方游历了 21 年，曾和方济各·沙勿略神父一起航行，1555 年曾来到过澳门。平托回葡国后开始撰写此书，于 1576 年基本完稿，经宗教裁判所审查获得出版是在平托去世 31 年后的 1614 年。平托 21 年异国冒险的传奇经历加之妙趣横生的文学天赋，使《远游记》出版后引起了很大反响，先后被译成西班牙文（1620）、英文（1625）、法文（1628）、荷兰文（1671）、德文（1671）、意大利文（18 世纪）等；至今约有摘译本或全译本 170 种之多。[②] 该书是一本自传体的游记。作者既是叙述者，又是书中的主人公，记录了他本人在东方 21 年的坎坷经历，全书有 226 章之巨，但出于匪夷所思的异国风俗、复杂怪诞的遭遇、平托夸张的笔法以及行文中年代矛盾、地名不清、距离错误等原因，使得有些人将它看作一部融真实与想象于一体的长篇小说。该书出版后不久，即被素有翻译大师之称的葡萄牙耶稣会会士陆若汉斥为“虚伪之作”。[③] 法国汉学家高迪爱（H. Cordier）直斥平托之书为“妄言”，裴化行则称之为“小说式的记录”，德国人舒拉曼（Georg Schurhammer）则称其书为“谎造而不足置信”，英国人康格里夫（W. Congreve）则称平托为“天大的骗子”。[④] 甚至从 17 世纪至今，在欧洲还流传着一句戏谑语：“费尔南，你在说谎

① ［葡］罗理路著，杨平译：《序言》，载澳门《文化杂志》编：《16 和 17 世纪伊比利亚文学视野里的中国景观》，郑州：大象出版社，2003 年，第 1 页。
② ［葡］费尔南·门德斯·平托著，金国平译：《远游记》上册，《中译者序言》，澳门：澳门基金会，1999 年，第Ⅰ～Ⅱ页。
③ ［葡］费尔南·门德斯·平托著，金国平译：《远游记》上册，《中译者序言》，澳门：澳门基金会，1999 年，第Ⅸ页。
④ 以上转引自张天泽著，姚楠、钱江译：《中葡早期通商史》，香港：中华书局，1988 年，第 95 页。

(Fernão Mendes)？我是在说谎（Pinto）。”① 但经过近些年来中国历史学家对中文史料的挖掘以及考古发现，印证了平托所记的有关中国的经历并非如欧洲学者所言：虚构和谎言。正如金国平先生所言，平托所涉及的中葡关系史中的某些重大事件，如填塞双屿港、葡人在厦门湾一带的贸易暂居地的消失及澳门开埠等问题，是具有相当的历史真实性的，与明代中文文献记录的史实基本吻合。《远游记》虽不是一部史书，但它从文学作品的角度为历史研究提供了不见于当时著名海外发现编年史作者笔下的许多宝贵史料。② 林宝娜（Ana Paula Laborinho）女士对平托的这本书进行了公允的评价：

> 费尔南·门德斯·平托将自己视为主人公，于是把历史范畴上的主人公与通过回忆再现的想象漫游中的人物同亲身经历了许多旅行冒险的他完全等同起来。尽管实际上讲述了作者认为“所经历的种种艰难困苦”，但他以叙述者的口吻讲述了他的眼见、耳闻、体验。这一真实性是以感觉这一惟一形式加以阐述的。这便是其作品的真伪界线，即对真实的虚构。因此，他的自传由真实的叙述构成。它是作者—叙述者同读者建立的默契之一。我们不可苛责叙述部分所含有的“虚构”和费尔南·门德斯·平托刻意的创造，但考虑到文艺评论的主线，我们认为有必要指出的是，所谓“谎言”从某种意义上来讲更是对一个时代的看法的体现。文学评论亦不无受制于时代，常常将后来历史证明属实的东西定为虚撰。近期的研究证明，费尔南·门德斯·平托的穿插不仅仅是作者—叙述者刻意“创作”的结果，而且如我们所言，是那个时代所存在的虚构与现实之间微妙界线的体现。③

在平托的书中，关于中国的描述笔墨最多，共有89章，约占三分之一的篇幅。虽然平托处于天主教的理念，将中国人视为异教徒，对于中国信仰、庙宇、僧侣皆有贬损，但同时他也怀着一种人文学家的开放精神，对于中国的物产和国家秩序赞赏不已：

> 大自然赋予中华帝国一切，气候宜人，风调雨顺。中华帝国的社会秩序，物产之丰，国家管理，一切东西的宏伟壮观，都是举世无双的。更为其增添光彩的是，人人遵纪守法，政府平等廉洁，实为其他国家所羡慕。④

当然这些描述往往夸大其词，主要是由于西方人初次接触中国，对中国的情况和文化并不真正了解，而是出自西方人自己的理念和幻想。最为重要的是：

> 《远游记》向读者展现了所发现的新世界，为当时脍炙人口的佳作。它对各

---

① ［葡］费尔南·门德斯·平托著，金国平译：《远游记》上册，《中译者序言》，澳门：澳门基金会，1999年，第Ⅺ页。

② ［葡］费尔南·门德斯·平托著，金国平译：《远游记》上册，《中译者序言》，澳门：澳门基金会，1999年，第Ⅲ页。

③ ［葡］费尔南·门德斯·平托著，金国平译：《远游记》上册，《中译者序言》，澳门：澳门基金会，1999年，第Ⅺ页。

④ ［葡］费尔南·门德斯·平托著，金国平译：《远游记》上册，《中译者序言》，澳门：澳门基金会，1999年，第291页。

地、不同人种的大段描写满足了读者巨大的好奇心，使他们可以畅游他们无法涉足的地方。与其同时代作者一样，中国最令费尔南·门德斯·平托惊叹不已。而且，值得指出的是，海外发现文学的特点便是运用前人的著书立说来丰富新的叙述。同样，《远游记》运用了前人的叙述，如加斯帕尔·达·克鲁斯（Gaspar da Cruz）的《中国概说》。他赞扬了中国官僚制度及法律。尽管二者的宗教信仰不同，而且葡萄牙早期出游者的条件有异，他们的作品均刻画了一个作为人类创造楷模的中国。从此意义而言，中国体现了莫尔（Thomas Moore）笔下乌托邦中想象的理想国，体现了文艺复兴家为人创造、为人服务的理想。①

金国平先生更称：

通过占本书三分之一篇幅的中国章节，平托向我们展示的明代中国为一“乌托邦”式的理想国。通过对华夏文明的赞扬，抨击了中世纪欧洲文化，与塞万提斯（Miguel Cervantes）的不朽名著《堂吉诃德》及德·贾梅士的史诗《葡国魂》相映生辉。或许，此为《远游记》关于中国描写最重要之意义所在。②

平托不仅在澳门正式开埠之前的两年就来过澳门，而且在他的书中还对葡萄牙人东来及澳门起源的一系列事件进行过详细的描述，因此，我们有理由将《远游记》列为澳门产生的第一部西洋文学作品，它与贾梅士的《葡国魂》共同构成了澳门早期西洋文学史上的双璧。

（二）贾梅士的《葡国魂》

澳门早期西方文学的另一块璧玉就是由葡萄牙伟大诗人刘易斯·德·贾梅士（Luís de Camões）在澳门创作完成的《葡国魂》，又名《卢济塔尼亚人之歌》。《葡国魂》是一首有关葡萄牙民族的伟大史诗，是葡萄牙民族的精神象征。贾梅士约1524年出生于葡萄牙北部的查韦斯地区，1580年6月10日逝世，这一天也是整个葡萄牙民族的节日——“葡侨日”“贾梅士日”。他于1553年至1570年间在亚洲活动，贾梅士在印度服兵役时撰写了《竞斗笑谈》和《印度懵话》二书。书中对葡印总督有所讥讽，故被放逐，1556年乘佛兰西斯科·马尔廷斯船队的船来到澳门，任无名产业管理人。他在澳门居停两年。贾梅士还参加了1557年镇压澳门海盗的光荣行动。③ 传说，贾梅士居澳期间，经常去澳门西北角的一个石洞休憩与吟哦，并在石头上进行创作，著名叙事

① ［葡］费尔南·门德斯·平托著，金国平译：《远游记》上册，《中译者序言》，澳门：澳门基金会，1999年，第Ⅻ页。

② ［葡］费尔南·门德斯·平托著，金国平译：《远游记》上册，《中译者序言》，澳门：澳门基金会，1999年，第Ⅵ页。

③ ［葡］徐萨斯著，黄鸿钊等译：《历史上的澳门》，澳门：澳门基金会，2000年，第20页。

长诗《葡国魂》即在这一时期完成。因债务官司，于1558年被押解回印度。[①] 19世纪前期在澳门生活了几十年的美国人亨特称：

澳门城墙之内的名胜首推贾梅士的石洞。他在那里写出了《葡国魂》的大部分。这个洞穴现在围在马葵士住宅的大花园别墅之内。贾梅士生活在澳门时是在16世纪中叶，他担任了亡故的同胞的产业管理人的职务。当他乘船去果阿，快要到达目的地时，他所乘的船失事沉没。据传说讲，他仅仅救出了他的《葡国魂》的手稿。他靠用一只手把诗稿高举过头，用另一只手游上岸来。众所周知，他随后就回到葡萄牙，于1579年在极其贫困的境况下去世。[②]

潘日明神父根据自己的调查研究，得出结论称：

贾梅士喜欢沙梨头及其岩石，那时的岩石要比现在的大得多和多得多，他的灵魂是诗人和人道主义者的灵魂，他在寻找僻静的地方，山洞成了他的住处。无可置疑，贾梅士曾经来过澳门，这是葡萄牙人驻足于澳门的开始，我们有足够的文献资料来证明这一点。[③]

贾梅士的《葡国魂》第10章也写道：

还有那世人不忘的南海湾/就在这里屹立着中华帝国/她有难以想象的土地财富/从北回归线到寒冷的北极/全部归属那辽阔的幅员。[④]

贾梅士在《葡国魂》中多次提到中国，这里却明确地提到了澳门的所处地“南海湾”。在他写的十四行诗中，还有两首诗专门悼念一位名叫迪娜蒙特（Dinamente）的中国姑娘的诗。她是同贾梅士一起在履行其职务过程中访问中国沿海的一些口岸，在回程中于暹罗湾海岸遭遇海难去世。贾梅士的诗称：

我的心灵呀，你怏怏不乐地/这么早就离开人世/永远地在天堂安息/却留下我在世间孤雁哀鸣……

另外一首这样写道：

沿着巴比伦流淌的江河阿/我坐在你的身旁哭泣/不禁想起了那暹罗湾/想起了在那里遭遇的一切！[⑤]

很明显，这位与贾梅士同行的中国姑娘迪娜蒙特来自于澳门。这一切均可以证明，贾

---

① ［葡］若尔道·弗雷塔斯：《贾梅士在澳门》，里斯本，1911年，第6～10页；［葡］文德泉著，归祖勤译：《贾梅士来过澳门》，载《文化杂志》（中文版）第54期，2005年，第8～10页。

② ［美］亨特著，冯树铁、沈正邦译：《广州番鬼录·旧中国杂记》，广州：广东人民出版社，2009年，第362～363页。

③ ［葡］潘日明著，苏勤译：《殊途同归：澳门的文化交融》，澳门：澳门文化司署，1992年，第75页。

④ ［葡］贾梅士：《葡国魂》第10章第129节，转引自［葡］洛瑞罗著，黄徽现译：《史学家之谜：贾梅士在澳门》，载《文化杂志》（中文版）第52期，2004年，第121页。

⑤ ［葡］玛利亚·奥古斯塔·利马·克鲁兹：《迪奥戈·多·科托与亚洲80年代》第1卷，转引自［葡］洛瑞罗著，黄徽现译：《史学家之谜：贾梅士在澳门》，载《文化杂志》（中文版）第52期，2004年，第129页。

梅士确实来过澳门。

《葡国魂》采用类似于希腊古典史诗的结构讲述了葡萄牙人海洋扩张的业绩以及葡萄牙民族排除万难、奋斗不息的精神。此史诗达 9 000 多行，分 10 章，以达·伽马（Vasco da Gama）航行印度为主线，同时十分巧妙和艺术化地插入西方神话情节和葡萄牙历史中的重大事件。史诗文字优美壮丽、语言丰富典雅；从格式韵律上来讲，全诗韵律摇曳多姿，但保持统一和平衡，浑然一体。“语言学家称颂《葡国魂》是运用葡萄牙语言的经典，文学家赞扬该诗是具有感人魅力的惊世之作，而历史学家则认定这是一部以民族主义和人文主义双重思想为其鲜明特色的巨著。”①

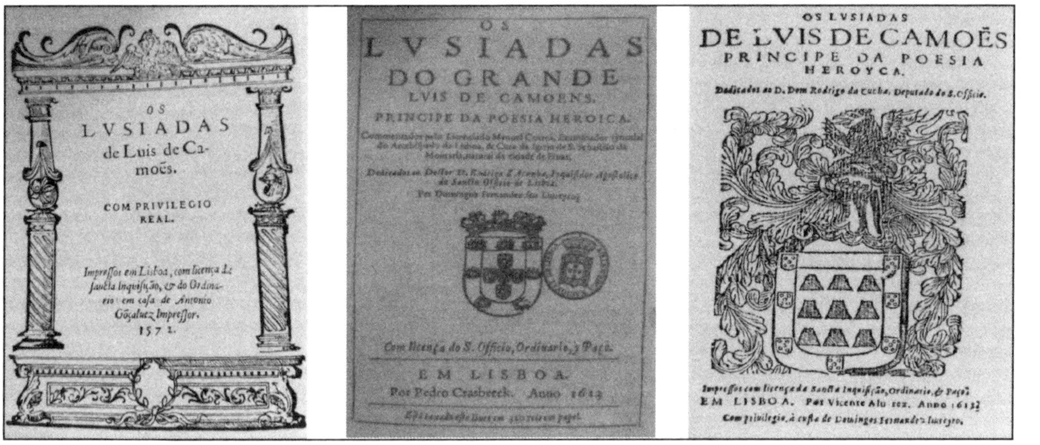

图 8-12　1572 年（左）、1613 年（中）、1622 年（右）里斯本出版的《葡国魂》封面

除了《葡国魂》之外，贾梅士还留下了众多的诗篇，他的十四行诗亦是葡语诗歌中的经典。有人认为他的第 181 首十四行诗描写的就是他在澳门的栖身之所，那个颇具浪漫色彩的山洞：

> 何处再寻更孤独的地方/欢乐的景象了无踪迹/毋须说无人甚至野兽也不会涉足此处/就这样静静的，无人问津，无人追寻。
>
> 黑漆漆的森林皱着眉头/沮丧的空气中尽是青青的孤独/没有欢快的小溪/没有亮丽的草地/就像我那不幸的命运。
>
> 在石堆中，在生活的坟墓中/我哀悼死一般的生活/没有欢乐，也没有明天/只有无边无际的痛苦和眼泪。②

也有人认为，他的十四行诗中的第 2 首意境与澳门“沙梨头岩石”非常吻合：

> 网纵横交织/生活与悲哀相伴相依/希望支撑起生命/感慨自内心迸发/伴随着碎石的击撞/为悲伤而伤感。

在其《沉寂之地》一诗中亦写道：

---

① 陈家瑛、张维群著：《葡萄牙》，重庆：重庆出版社，2007 年，第 94～95 页。

② ［葡］徐萨斯著，黄鸿钊等译：《历史上的澳门》，澳门：澳门基金会，2000 年，第 20 页。

这，岩石深处/死寂般的生活/无限感慨与恒久的哀叹。①

图8-13　1866年D.F. 洛佩斯画的《澳门白鸽巢岩洞中的贾梅士》

图8-14　19世纪的绘画作品：澳门的贾梅士石洞

这些都应该是有关贾梅士的澳门经历的感慨，当时澳门禁止建造房屋，在岩洞中生活亦是无可奈何之事。关于贾梅士与澳门的关系以及他的诗作和澳门之间的联系，19世纪另一位澳门葡国诗人庇山耶的评价非常精彩：

在澳门，被称作贾梅士石洞的朴素花园无疑是当地最受尊敬的地方之一。所有的葡萄牙人或中等文化程度以上的外国人，只要来澳门，哪怕是经过，第一件要做的事便是到此朝拜。因为传说在这块土地上曾留下葡萄牙最杰出的诗人的足迹，他也是自古至今全世界最优秀的诗人之一。在此，诗人用他的天才创造出《卢济塔尼亚人之歌》的部分章节。……多年来，围绕贾梅士是否在澳门居住过，是否在这里任过官职，是否当过或可能当过死亡检验官争论不休。……需要我们考虑的是位于中国海与中国香山县相连的一个葡萄牙小半岛——澳门是否与杰出的诗人的生平有内在的必然联系。

上述条件是澳门独有。它是那辉煌时期葡萄牙在远东惊人壮举的最后纪念碑。……也许是历史的安排，葡萄牙的殖民地几乎都在热带。除澳门外，均在南半球。于是，澳门便成了葡属海外领地中唯一与首都季节相同的地方。……在澳门还容易产生由思乡引起的幻觉……澳门这块寸土之地是进行这种回忆的最佳选择。由于澳门的气候条件，由于它是葡萄牙在亚洲的纪念碑，因此诗人的葡萄牙国立圣殿设在澳门是非常自然的。就像最负盛名的异教神庙总是位于与神的一段生活经历有关的地方一样。②

---

① José Hermano Saraiva, Camões in Macao, in *Revista de Cultura*, No. 22, 1995, pp. 160 - 168.

② António Aresta, Celina Veiga de Oliveira, *Camões e a Memória do Oriente*，译文转引自安文哲、何思灵选编，姚京明、宋彦斌译：《贾梅士与东方的回忆》，澳门：纪念葡萄牙发现事业澳门地区委员会，1995年，第46~47页。

作为西方诗人的杰出代表，贾梅士及他的诗作是澳门文学史上最辉煌的一道光彩，也是澳门西方文学最厚重的奠基石，对澳门文化及文学的发展产生了深远的影响。

二、传教士带进澳门的西方文学

在五彩缤纷的基督教文学长廊中，传教士与作家、艺术家们所涉及的诗歌、小说、散文、戏剧等各种文体类型主要有赞美诗、灵修文学（其中包括默想诗文、祈祷诗文、忏悔诗文、读经日课等）、布道文、书信文学、圣经故事、殉道文学、护教文学、圣徒传、喻道故事等。[①] 而传教士带进澳门的西方文学大体可以分为三类：第一类即是传教士在澳门进行的西方文学教育，第二类则为传教士在澳门进行的西方文学介绍，第三类则为传教士带进澳门的西方文学图书。

（一）传教士进行的西方文学教育

16 世纪中，耶稣会会士进入澳门，即已经开始了他们的耶稣会教育，而耶稣会学校教育中的西方文学教育是传教士在澳门传播西方文学的主要渠道。1594 年，澳门圣保禄学院的成立，可以视为耶稣会教育计划的确立。按照耶稣会的教育计划，在圣保禄学院学习的学生的第一个学术周期是由两年的人文学课程构成，这并不是多数学生一开始就参加的课程。相反，修辞和演说课是八九年的拉丁学习中的最后课程。多数成为耶稣会会士的年轻人从六七岁就开始读写教育，在耶稣会提供的拉丁语和希腊语法（较小程度上）课程中逐步得到提高。他们 14 或 15 岁时完成语法学习，准备开始人文学科的阅读学习，即学习罗马和希腊诗歌散文。这几年的课程包括学习古典名著，即西塞罗（Cicero）、维吉尔（Virgil）、荷马（Homer）、奥维德（Ovid）和贺拉斯（Horace）的作品。这时，决定加入耶稣会的学生通常会步入初学期。[②] 这就是说，每一个在澳门圣保禄学院学习的学生在其学习的第一个周期都要学习西方文学，要学习罗马和希腊的诗歌、散文，包括西塞罗和荷马等人的文学名著。罗耀拉亲自编写的《耶稣会会宪》关于大学教授的科目中也规定：

> 为了神学的学习与运用，古典文学、拉丁语、希腊语和希伯来语的知识是必需的，因此，必须有精通这些语言的教授以及足够的人数。在古典文学的科目中，还应在文法以外，包括修辞学、诗歌和历史。[③]

---

① 李强：《葡国与澳门宗教艺术及西方传教士对中西美术与乐舞戏剧交流之贡献》，载《文化杂志》（中文版）第 56 期，2005 年，第 90 页。

② Liam Matthew Brockey, *Journey to the East: The Jesuit Mission to China, 1579 – 1724*, Cambridge & London: The Belknap Press of Havard University Press, 2007, p. 212.

③ 戚印平：《澳门圣保禄学院研究：兼谈耶稣会在东方的教育机构》，北京：社会科学文献出版社，2013 年，第 25 页。

就学于古典文学者，应在规定时间中集合，在指导者帮助下，讨论该科目的相关内容。在周日或其他规定日期，在饭后进行命题论证，在其他日子里，或作文，或写诗，在某些时候，或解释能否成篇，或携已完成之作，诵读于大庭广众面前。所有学生尤其是学习古典文学的学生，通常应使用拉丁语，并背诵教授指定的段落。此外，还应鼓励斟酌文体的练习，并有人订正作文。①

据此可知，当时澳门圣保禄学院对于西方古典文学的学习有着十分严格的规定，不仅要接受教师教授的西方文学内容，要在规定的时间内对西方古典文学的相关内容进行命题论证，还要经常进行各种文体的练习，背诵西方文学名著的段落，甚至还要写诗、作文。据1600年《澳门圣保禄学院年报》称该院的学生：

通过努力学习，他们不仅在德行以及精神修炼方面收获颇丰，而且也通过每天反复阅读学习经典、短诗以及祷文积累了不少学识。②

据1608年《澳门圣保禄学院年报》称：

我们还同往年一样举行了隆重的复活节游行活动。在游行活动结束之后，学院的教堂里就开始吟唱葡萄牙文的诗歌，来歌颂天主的复活。③

通过这种教学方式，西方文学在16世纪到17世纪的澳门社会获得了一定的传播。正因为圣保禄学院开设有西方古典文学教学的课程，所以在他的教师队伍中也有一批教授西方文学的教师，如安文思④、何大化、利玛弟、张玛诺、李若望、穆玛诺等。⑤ 据日本学者公布的圣保禄学院课程开设的记录，从1603年到1609年还有一位名叫费尔南德斯的修士教授古典文学。⑥ 圣保禄学院还利用戏剧演出的方式来对学生进行西方文学的教育。1596年1月16日《澳门圣保禄学院年报》记录：

圣母献瞻节那一天，公演了一场喜剧。主角由一年级的教师担任，其余的角色由学生扮演。剧情叙述信仰如何战胜了日本的迫害。⑦

这场喜剧的演出首先需要剧本的创作，学生演员还要熟悉剧本，剧本的演出亦使澳门

---

① 戚印平：《澳门圣保禄学院研究：兼谈耶稣会在东方的教育机构》，北京：社会科学文献出版社，2013年，第134页。

② João Paulo Oliveira e Costa, *Cartas Ânuas do Colégio de Macau(1594 - 1627)*, Macau: Fundaçã Macau, 1999, p. 89.

③ João Paulo Oliveira e Costa, *Cartas Ânuas do Colégio de Macau(1594 - 1627)*, Macau: Fundação Macau, 1999, p. 125.

④ Liam Matthew Brockey, *Journey to the East: The Jesuit Mission to China, 1579 - 1724*, Canbridge & London: The Belknap Press of Havard University Press, 2007, p. 221.

⑤ ［法］费赖之著，冯承钧译：《在华耶稣会士列传及书目》，北京：中华书局，1995年，第227、289、281、490、871页。

⑥ 戚印平：《澳门圣保禄学院研究：兼谈耶稣会在东方的教育机构》，北京：社会科学文献出版社，2013年，第142~143页。

⑦ João Paulo Oliveira e Costa, *Cartas Ânuas do Colégio de Macau (1594 - 1627)*, Macau: Fundação Macau, 1999, p. 71.

城的市民得以观看，这既是对圣保禄学院学生进行西方文学的教育，又是对澳门市民进行西方文学的传播。1604 年 1 月 27 日《澳门圣保禄学院年报》亦载：

> 1604 年初，演出了一场对话喜剧，一部分用拉丁文，一部分用当地语言，内容为圣保禄学院的生活。①

这是一场反映圣保禄学院学生生活的对话喜剧，剧本应该是由圣保禄学院的教师和学生共同创作，这种喜剧创作也是一种西方文学教育的实践。

1728 年成立的澳门圣若瑟学院也是一所由耶稣会创办的神学院，按《耶稣会会宪》，这所学校也应该开设有古典文学的课程，但由于资料的缺略，早期圣若瑟学院内部的课程设置未见到古典文学的课程，而到 19 世纪中期以后，见到有开设文学课程的教师，如 1862 年到 1871 年在该院任教的葡萄牙耶稣会会士马托斯就开设了文学课程，② 还有 1895 年到 1910 年在该院任教的葡萄牙耶稣会会士萨尔加多也开设过文学课程。③

（二）传教士对西洋文学的早期介绍

早期传教士传播西方文学的第二条渠道，即是通过介绍西方古典的寓言、神话、故事等方式来诠释天主教教义，即李奭学所称“挪用西洋古典型证道故事的方法”④。西方传教士介绍西方文学最早、最多的当为《伊索寓言》。《伊索寓言》在古希腊文学作品中最为经典。今天所知最早的伊索故事集乃公元前 4 世纪德墨催（Demetrius of Phalerum）的散文本《伊索寓言》，这本寓言集乃当时雄辩家的参考手册，专供举证与取材之用。公元 4 世纪后，经罗穆斯（Romulus）重编的《伊索寓言》风行一时。⑤ 第一个将《伊索寓言》介绍给中国者为耶稣会会士利玛窦，其 1608 年完成的《畸人十篇》中就介绍了《伊索寓言》的故事，其译 Esop（伊索）为厄琐伯氏：

> 厄琐伯氏，上古明士。不幸本国被伐，身为俘虏，鬻于藏德氏，时之文人先达也，其门下弟子以千计。⑥

据内田庆市的研究，在《畸人十篇》中，利玛窦介绍了 7 则《伊索寓言》：

---

① João Paulo Oliveira e Costa, *Cartas Ânuas do Colégio de Macau (1594 – 1627)*, Macau: Fundação Macau, 1999, p. 120.

② Manuel Teixeira, *Macau e a Sua Diocese*, *Vol. Ⅷ*, *Padres da Diocese de Macau*, Macau: Tipografia da Missão do Padroado, 1972, p. 268.

③ Manuel Teixeira, *Macau e a Sua Diocese*, *Vol. Ⅷ*, *Padres da Diocese de Macau*, Macau: Tipografia da Missão do Padroado, 1972, p. 287.

④ 李奭学：《中国晚明与欧洲文学：明末耶稣会古典型证道故事考诠》，北京：生活·读书·新知三联书店，2010 年，第 364 页。

⑤ 李奭学：《中国晚明与欧洲文学：明末耶稣会古典型证道故事考诠》，北京：生活·读书·新知三联书店，2010 年，第 50 ~ 53 页。

⑥ 朱维铮主编：《利玛窦中文著译集》，《畸人十编》，上海：复旦大学出版社，2007 年，第 466 页。

> 第一篇是“伊索传”中的藏德氏和舌头的故事（即“三寸之舌”）。然后，在“常念死后备死后审”（第四）中，刊载了“大肚子狐狸”和“孔雀的脚”（与“孔雀和鹤”的故事相类似）；在“斋素正旨非戒杀”（第六）中，收入了“两只狗”；在“善恶之报在身之后”（第八）中，刊登了“（年老的）狮子和狐狸”和“两棵树”（类似于“芦苇和橄榄”的内容）；而在“富而贪吝苦于贫窭”（第十）中，刊载了“马和鹿”（“猪、马和猎人的故事”）。①

虽然利玛窦介绍的《伊索寓言》并不多，且带有浓厚的天主教宣教色彩，但这些寓言故事的译介，是标志着西方民间文学正式传入中国的开端，其意义是十分重大的。② 稍晚于利玛窦介绍《伊索寓言》者为西班牙耶稣会会士庞迪我，其1614年完成的《七克》一书也介绍了《鸟与狐狸》《孔雀的脚》《爱吵闹的老百姓的孩子们》（即《三支箭》）、《胃与脚》《狮子、狼和狐狸》《兔子和青蛙》等9则。③ 1625年由金尼阁和张赓合作著述的《况义》则是最为全面介绍《伊索寓言》的第一部书，其中介绍了22则《伊索寓言》的故事，即为：《人体各部之争》（即《胃与脚》）、《南风与北风相争论》《谈与三友之交》《嫠妇与母鸡》《种圃者言》《贪犬失肉》《骏马与驴》《病狮与狼和狐狸》（即《狮子狼和狐》）、《狐夺乌肉》（即《乌鸦与狐狸》）、《主人与猉（犬）及驴》《老翁与虎》《屋鼠与野鼠》《行人向丈人（老人）问路》《驴驮盐和木棉》《途人为疲弱之患者驱蝇》《驴驮佛像》《烹人与尝羹者》《卖履（鞋）者议论写真（画像）》《父子骑驴同行》《冒充飞行最高之鸠》《听取意见的雕刻家》《胆小之兔与青蛙》（即《兔子和青蛙》）。④ 虽然利玛窦、庞迪我与金尼阁介绍《伊索寓言》的目的均出于证道传教，但也在客观上为西方古典文学名著《伊索寓言》在中国的传播起了十分重要的推动作用，使相当一部分中国人从他们的著作中知道了这部西方名著的部分内容。李奭学先生称：“有明之世，耶稣会会士在华或译或讲，总共留下了近50则的伊索寓言。较上引20余则故事，其他多出者则散见于高一志、卫匡国和艾儒略的著作中。”⑤ 虽然上述作者完成的作品并非在澳门，但他们都有相当一段时间在澳门居停，特别是庞迪我，他本人就死于澳门。因此，他们的作品也一定会在澳门传播而影响到澳门。

---

① ［日］内田庆市：《谈〈遐迩贯珍〉中的伊索寓言》，载［日］松浦章、内田庆市、沈国威编：《遐迩贯珍：附解题·索引》，上海：上海辞书出版社，2005年，第67页。

② 赵利民：《对话与交流：中国传统文学与外国文学关系研究》，北京：中国社会科学出版社，2013年，第24页。

③ ［日］内田庆市：《谈〈遐迩贯珍〉中的伊索寓言》，载［日］松浦章、内田庆市、沈国威编：《遐迩贯珍：附解题·索引》，上海：上海辞书出版社，2005年，第68页。

④ ［比］金尼阁、张赓合著：《况义》，巴黎国家图书馆藏手抄本，转引自戈宝权：《谈金尼阁口授、张赓笔传的伊索寓言〈况义〉：明代中译〈伊索寓言〉史话之三》，载《中国比较文学》1986年第1期，第281～290页。

⑤ 李奭学：《中国晚明与欧洲文学：明末耶稣会古典型证道故事考诠》，北京：生活·读书·新知三联书店，2010年，第48页。

《伊索寓言》最重要的澳门传播者当属英国人罗伯聃。罗伯聃，1834 年来华，加入怡和洋行工作，曾在澳门居停过很长一段时间，此人极具语言天赋，懂得西班牙语、法语、拉丁语和希腊语，而且在广州与澳门期间又学会了中文。1840 年，他与他的中文教师蒙昧先生由广州周报出版社在澳门出版了《意拾喻言》（即《伊索寓言》）一书，他当时采用的笔名为“懒惰生”。该书为一本采用中英双语对译的专门介绍《伊索寓言》的著作，全书共介绍《伊索寓言》中的故事 81 则。罗伯聃的《意拾喻言》依据的原本是罗杰爵士（Sir Roger L'Estrange）的《伊索寓言》英文译本：*Fables of Aesop and Other Eminent Mythologists; with Morals and Reflections*, London, 1692。[①]《伊索寓言》在澳门出版后获得了很大的成功，得到了中国读者、来华传教士及西方汉学家的一致认同。翟理思（Herbert Allen Giles）指出，它是晚清来华西人尝试向中国人提供的欧洲名著翻译中，唯一成功的例子。[②] 前引《澳门新闻纸》亦称，《伊索寓言》（《依湿杂说》）出版后，“中国人甚赞美之”[③]；而时人姚莹则称，《伊索寓言》（《依湿杂说》）出版后，“此书初出时，中国人争购之”[④]；甚至有人评价称，罗伯聃的《意拾喻言》出版后，“风行一时，大家都津津乐道”[⑤]。可以反映，罗伯聃给中国人翻译和介绍的西方文学名著《伊索寓言》在澳门出版后，已在当时的华人社会产生了极大的影响。

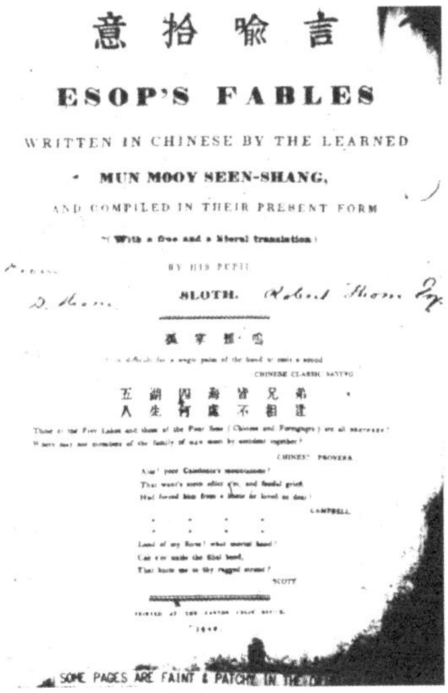

图 8－15　罗伯聃译《意拾喻言》封面

图 8－16　14 世纪希腊文版的《伊索寓言》书影

---

① 吴平：《鸦片战争前在华西人的汉语学习研究：以〈意拾喻言〉著者罗伯聃为中心》，暨南大学硕士学位论文，2010 年，第 32～50 页。

② Herbert Allen Giles, *A History of Chinese Literature*, New York: D. Appleton and Company, 1927, p. 429.

③ 林则徐全集编辑委员会编：《林则徐全集》第 10 册，《译编》，《澳门新闻纸》，福州：海峡文艺出版社，2002 年，第 5062～5063 页。

④ （清）姚莹：《康輶纪行》卷 12，《外夷留心中国文字》，合肥：黄山书社，1990 年，第 357 页。

⑤ 周作人：《知堂书话》上册，《再关于伊索》，北京：中国人民大学出版社，2004 年，第 382 页。

在早期传教士的西方文学的介绍中，除了《伊索寓言》以外，还有很多轶事和人物故事。早期的耶稣会会士们经常用这些故事来证道讲义，李奭学教授将这一类的古典证道故事均列入西方文学的范畴。他说："此一文类经耶稣会会士重述或中译者，为数在750条以上，远非寓言能及，这些轶事分别见于利玛窦、庞迪我、高一志及卫匡国等人的著作中。"① 如利玛窦《天主实义》称：

斯于人身，犹太阳于世间，普遍光明。舍灵才所是之理，而殉他人之所传，无异乎寻觅物，方遮日光而持灯烛也。②

此处利玛窦所引就取典于希腊哲学家戴奥吉尼士（Diogenes of Sinope）白天打着灯笼寻找诚实人的故事。③ 又如高一志的《励学古言》：

弟阿日搦（指戴奥吉尼士）初始游学，谒拜名师。师却不容，幼再三哀乞。师厌，即以所携带杖将击逐之。幼者挺身迎杖，因告曰："夫子惟有设教，弟子没齿不敢失也。"师奇而受之，卒成大器。④

高一志所讲的"弟阿日搦"的故事就是古希腊哲学家戴奥吉尼士为求学而挨杖受责的故事。⑤ 又如庞迪我《七克》称：

昔有国王，统百万众征行。布阵原野，登高望之，辄生雄心。私念："百万之众，谁能御之？我为其主，尊矣，大矣。"忽觉为傲，反念曰："不然，不然。不及百年，被（彼）百万皆死，我亦死，以一死为众死主，何足矜矣？"⑥

庞迪我在这里讲述的就是有关波斯古王薛西斯（Xerxes）生死的自问自答的轶事。⑦ 这种属于"世说"的轶事极得欧洲修辞学家所钟爱，古来即被视为希腊或拉丁文《修辞初阶》重要的教学利器，和"寓言"及"神话"鼎足而三。不仅影响广泛，而且文学性强。⑧ 晚明耶稣会会士通过这种文类的轶事讲述，不仅述证了天主教之教义，实际上

---

① 李奭学：《中国晚明与欧洲文学：明末耶稣会古典型证道故事考诠》，北京：生活·读书·新知三联书店，2010年，第131～132页。

② 朱维铮主编：《利玛窦中文著译集》，《天主实义》，上海：复旦大学出版社，2007年，第9页。

③ 李奭学：《中国晚明与欧洲文学：明末耶稣会古典型证道故事考诠》，北京：生活·读书·新知三联书店，2010年，第132页。

④ ［比］钟鸣旦等编：《法国国家图书馆明清天主教文献》第4册，高一志：《励学古言》，台北：台北利氏学社，2009年，第35～36页。

⑤ 李奭学：《中国晚明与欧洲文学：明末耶稣会古典型证道故事考诠》，北京：生活·读书·新知三联书店，2010年，第140页。

⑥（明）李之藻编：《天学初函》第2册，［西］庞迪我：《七克》卷1，《伏傲第一》，台北：台湾学生书局，1978年影印崇祯元年刻本，第758页。

⑦ 李奭学：《中国晚明与欧洲文学：明末耶稣会古典型证道故事考诠》，北京：生活·读书·新知三联书店，2010年，第145页。

⑧ 李奭学：《中国晚明与欧洲文学：明末耶稣会古典型证道故事考诠》，北京：生活·读书·新知三联书店，2010年，第135～136页。

也是一种西洋文学的传播。

在传教士的证道文学中，还介绍了希腊罗马时代的古典神话。利玛窦《畸人十篇》给曹于汴所讲弥大变耳的证道故事，就是中国人首见的西洋古典神话：

> 志载昔非里雅国王弥大氏，生而广长，其耳翌然如驴，恒以耳珰蔽之，人莫知焉。顾其方俗，男子不蓄发，月剃之，恐其剃工露人，则使剃之后一一杀之矣。杀已众，心不忍，则择一谨厚者，令剃发毕，语以前诸工之被杀状，“若尔能抱含所见绝不言，则宥尔”。工大誓愿曰：“宁死不言！”遂生出之，数年抱蓄，不胜其劳，如腹肿而欲裂焉。乃之野外屏处，四顾无人，独自穴地作一坎，向坎俯首，小声言曰：“弥大王，有驴耳。”如是者三，即复填土而去，乃安矣。①

利玛窦在此所传系希腊上古广为人知的一则神话。② 在阳玛诺的《圣经直解》中也征引了不少的古希腊神话，如：

> 古贤欲警啬人，设寓言曰：“有吝人心肠不怜，既亡，下地狱。罚应其吝，鹰立胸上，剖裂心肠，抓啄无已。异矣，鹰仅叫尽，心肠又萌，鹰始再吃，如是于无穷也。”③

这里讲的是薛西弗斯（Sisyphus）受罚的故事，不过在阳玛诺的笔下薛西弗斯受罚的方式并非神话学家记载的推石上山，而是普罗米修斯（Prometheus）结怨宙斯因而惨遭惩罚的神话。④

在耶稣会会士的证道文学中，还介绍了《荷马史诗》。荷马之名首见于1636年刊刻的高一志《达道纪言》中，该书将荷马译为“阿哩汝”⑤，可能从希腊文“阿梅鲁（Homerus）”省音、转音而得。⑥ 李奭学教授还认为，利玛窦早在《二十五言》中就提到了“荷马”，只不过利氏将其隐喻，将荷马改为“优伶”，将史诗改为“乐府”。⑦ 高一志的《达道纪言》有一段文字，“历山得最宝匮，即用以藏名士之诗”⑧。此处“历山”即亚历山大大帝，而这里的名士在希腊史上应该也是指荷马，此处的诗当即《埃

---

① 朱维铮主编：《利玛窦中文著译集》，《畸人十编》，上海：复旦大学出版社，2007年，第465页。

② 李奭学：《中国晚明与欧洲文学：明末耶稣会古典型证道故事考诠》，北京：生活·读书·新知三联书店，2010年，第201页。

③ 吴相湘编：《天主教东传文献三编》第6册，台北：台湾学生书局，1984年，第2947页。

④ 李奭学：《中国晚明与欧洲文学：明末耶稣会古典型证道故事考诠》，北京：生活·读书·新知三联书店，2010年，第206页。

⑤ 吴相湘编：《天主教东传文献三编》第2册，台北：台湾学生书局，1984年，第752~753页。

⑥ 李奭学：《中国晚明与欧洲文学：明末耶稣会古典型证道故事考诠》，北京：生活·读书·新知三联书店，2010年，第242页。

⑦ 李奭学：《中国晚明与欧洲文学：明末耶稣会古典型证道故事考诠》，北京：生活·读书·新知三联书店，2010年，第365页。

⑧ 吴相湘编：《天主教东传文献三编》第2册，台北：台湾学生书局，1984年，第668页。

利奥特》也。[①] 但高一志不言荷马之名。传教士较多地介绍《荷兰史诗》者为康熙年间的法国耶稣会会士马若瑟，马若瑟来华之前曾在澳门停留，1732 年又被驱赶到澳门，1736 年在澳门去世。马若瑟跟澳门的关系非常密切，其著《天学总论》称：

昔有一贤名曰何默乐，作深奥之诗五十余卷，词富意秘，寓言甚多。终不得其解，反大不幸。后世之愚民，将何默乐所讴之诸象，欣欣然雕铸其形，不日攻成大庙以供之，邪神从而栖之，而左道始入西土矣。君子儒者如毕达我、索嘉德、白腊多等，艴然怒而嫉其蔽，非徒不为之屈，又欲驱而灭之。[②]

此处"何默乐"即荷马，"深奥之诗五十余卷"即《荷马史诗》，"毕达我"即毕达哥拉斯，"索嘉德"即苏格拉底，"白腊多"即柏拉图。这里虽然是持对《荷马史诗》的负面看法，但仍然从另一个角度给当时的中国人介绍了西方万世文学的开创者——荷马。

（三）传教士带进澳门的西洋文学图书

将西方文学图书带进澳门则是传教士在澳门传播西方文学的第三条渠道。最早将西方基督教文学、圣经故事的书籍带进澳门者为意大利耶稣会会士罗明坚，1580 年罗明坚写往欧洲的信称：

我希望神父能给我寄来我主基督奥迹之书（内附有图片）、旧约故事与基督徒故事等书籍，为使中国人知道，我们并非只是由马六甲去的 4 位商人，看见这些书便知分晓，尤其是一部装订精美的《圣经》。[③]

以上所言《旧约故事书》包括了《旧约》叙事文学中的《路得记》《以斯帖记》和《以斯帖补编》。据学者研究，《路得记》已初具小说的规模，后世小说所具备的人物、情节、环境三要素，《路得记》已样样具备。[④] 1581 年罗明坚写往欧洲的信又称：

希望您寄来一些有关吾主奥迹的书籍，以便呈送给两广总督。[⑤]

1583 年罗明坚的信再一次提到：

另外，寄几册有关《旧约》《新约》附绘图的书籍，印刷精美，长宽和这张信纸差不多就行了。[⑥]

---

① 李奭学：《中国晚明与欧洲文学：明末耶稣会古典型证道故事考诠》，北京：生活·读书·新知三联书店，2010 年，第 367 页。

② ［比］钟鸣旦等编：《法国国家图书馆明清天主教文献》第 26 册，马若瑟：《天学总论》，台北：台北利氏学社，2009 年，第 491 页。

③ ［意］利玛窦著，罗渔译：《利玛窦书信集》下册，《罗明坚神父致总会长阿桂委瓦神父书》，台北：光启出版社、辅仁大学出版社，1986 年，第 427 页。

④ 梁工等著：《律法书：叙事著作解读》，北京：宗教文化出版社，2003 年，第 256 ~ 279 页。

⑤ ［意］利玛窦著，罗渔译：《利玛窦书信集》下册，《罗明坚神父致总会长阿桂委瓦神父书》，台北：光启出版社、辅仁大学出版社，1986 年，第 436 页。

⑥ ［意］利玛窦著，罗渔译：《利玛窦书信集》下册，《罗明坚神父致总会长阿桂委瓦神父书》，台北：光启出版社、辅仁大学出版社，1986 年，第 454 页。

在罗明坚的急切盼望中，几部具有代表性的插图宗教书以及描述西方圣经故事的各类图书先后被送到了澳门，并带入中国内地。利玛窦神父身边就有一部这样的书，据1605年5月12日利玛窦的信称：

纳塔莱（Jerónimo Nadal）神父的圣像画册被南方三寓所负责人李玛诺神父留在了那边，我写信给路多维科·马塞里神父，请他为我们北京寓所再寄来一本，因为目前阶段，这本书比那部《圣经》更加有用，我们可以用它来说明很多东西，甚至可以把它直接展示在人们眼前，这上面传达出的东西有时是我们无法用语言表述的。①

这部被利玛窦带进中国，后又转给了李玛诺的纳塔莱圣像画册，即《福音书画传》。这部书是将《圣经》的故事用绘画的形式表现出来。全书以天使伽布利尔（Gabriel）向圣母玛利亚传达天主降孕为开始，以基督受磔刑升天、玛利亚之死、玛利亚在天上戴冠为结束，全书将这些故事都用图画配以文字进行表现。这应该是西方基督教圣经文学的绘图本在澳门的首次传播。之后，罗儒望依据纳塔莱的《福音书画传》于1619年到1624年间刊刻了《诵念珠规程》，此书实际是《福音书画传》的选刊本，只选了耶稣生平的15个故事，并配以绘画进行介绍。到明末时，艾儒略于1635年到1637年间又在福州刊刻了《天主教出像经解》，该书仍然以纳塔莱的《福音书画传》为蓝本，只是所选的内容较《诵念珠规程》多了3倍。② 据耶稣会会士方殿华称：

崇祯八年，艾司铎儒略传教中邦，撰《主教经解》，仿拿君原本，画五十六像，为时人所推许，无何不胫而走，架上已空。阅如千岁，艾君撰《天主教降生言行纪略》，付梓福州，流传甚广，无如时代迁移，枣梨散毁，自今求之，旧籍寥寥矣。③

这反映了基督教圣经文学经澳门传入中国后所产生的重大影响。

除罗明坚、利玛窦将基督教圣经文学的绘图本书籍带进澳门外，龙华民神父也写信给欧洲要求他们寄来《圣经》《教会法典》及"教父们的传记，尤其教会十大博士的传记。因为中国人得知欧洲的博士这么多，这么伟大，而他们自己只有一人，就是孔夫子，是会大吃一惊的"④。这些教父传记和教会博士的传记都应该属于传记文学之类，也是西方文学图书传进澳门的记录。传教士传教随身携带的图书一般除了《圣经》外，必带的就是《伊索寓言》，利玛窦在南昌时：

有位官员见了有这种画的一本关于救世主的小册子，爱之若狂，利玛窦表示

---

① ［意］利玛窦著，文铮译，梅欧金校：《利玛窦书信集》，北京：商务印书馆，待刊，第232页。

② 莫小也：《从〈诵念珠规程〉到〈出像经解〉：明末天主教版画述评》，载《文化杂志》（中文版）第38期，1999年，第109～114页。

③ （清）倪怀纶：《道原精萃》之方殿华：《像记》，光绪十三年上海慈母堂聚珍版，第2页。

④ ［法］裴化行著，管震湖译：《利玛窦神父传》上册，北京：商务印书馆，1998年，第214页。

歉意称，这是我传教的书，不能送给他，但送给了他一本《伊索寓言》，他也就接受了，还把它当作佛兰芒的印刷精品。①

继利玛窦后，来南京的葡萄牙耶稣会会士曾德昭在南京看到了拉丁文版的《伊索寓言》时称：

这很像我在南京省看见的那本拉丁文《伊索寓言》，装订是我们的样式。②

这部带到南京的拉丁文版的《伊索寓言》应该是从澳门带进南京的，是谁带来的，尚不可考，但可以反映出，为了传教的需要，传教士往往随身携带《伊索寓言》，利用其中的寓言故事方便讲道传教。1593 年 10 月，意大利耶稣会会士石方西神父在韶州去世，石方西神父去世时，床头始终放着一本为赞颂圣母抄录的虔诚赞美诗。③ 这种赞颂耶稣、圣母的虔诚赞美诗，也是传教士们随身携带的方便自己做圣事所用的基督教书籍，而这种赞美诗也应是属于基督教文学的一种。1618 年，金尼阁带入澳门 7 000 部西方书籍是西方文化传进中国的一大盛事，虽然所带书籍主要是宗教书和科技书，但也有一部分属于西方文学类的书籍，据金尼阁 1617 年的信称："除吾人图书馆所习有之人文类、哲学类、神学类、教育类及其他名著外，余所搜医学、法学、音乐类书，亦复甚多，而今日所已发明之数学书，则可谓应有尽有。"④ 杨廷筠记录 7 000 部书来华亦称："西教不然，其学有次第，其入有深浅，最初有文学，次有穷理之学，名曰费禄所斐亚，其书不知几千百种也。学之数年，成矣，又进而为达天之学，名曰陡禄日亚，其书又不知几千百种也。……上言二大种之书，虽不能全携在身，缃帙已七千余部。"⑤ 可知，金尼阁带进澳门的 7 000 部书中确实有人文学和文学方面的书籍，但根据现存金尼阁带进的残存书籍目录，我们发现真正属于西方文学和历史方面的图书只有以下几种：

1. *Christian Adrichomius*，*1533—1585*。神圣之地和圣经故事戏曲，附有流传的地图，作者为来自 Delph 的 Christian Adrichem（科隆，Birckmannica 出版社，由 Arnoldi Mylii 负责，1593 年）。

2. *Albertus Stadiensis*，*OSB*，*13th cent*。修道院院长 Albertus of Stade 的历史撰述，从建成到作者生活的年代。1256 年，这本书完成和第一次出版。通过这部书

---

① ［法］裴化行著，管震湖译：《利玛窦神父传》上册，北京：商务印书馆，1998 年，第 214 页。

② ［葡］曾德昭著，何高济译：《大中国志》，上海：上海古籍出版社，1998 年，第 189 页。据裴化行称："耶稣会会士于 1592 年已经在日本刊印了《伊索寓言》的改写本。"参见［法］裴化行著，管震湖译：《利玛窦神父传》上册，北京：商务印书馆，1998 年，第 214 页。

③ ［法］裴化行著，管震湖译：《利玛窦神父传》上册，北京：商务印书馆，1998 年，第 159 页。

④ 方豪：《明季西书七千部流入中国考》，载方豪：《方豪六十自定稿》上册，台北：台湾学生书局，1969 年，第 44 页。

⑤ ［比］钟鸣旦等编：《法国国家图书馆明清天主教文献》第 6 册，杨廷筠：《代疑续篇》卷上，《引驳》，台北：台北利氏学社，2009 年，第 419 ~ 420 页。

在其他地方出版的古老历史，日耳曼、萨克森和大城市的历史被如实地说明。历史叙述的开端，来自著名人物 Henrici Ranzovii，Vvitteberga 的 Holsati 骑士，以及 Bergerus 的 Clemens 等人的文集。Johan 编辑。Schmidt 1608。

3. *Flavius Arrianus*, *ca. 96 – 180*。Arrian of Nicomedia，历史学家和哲学家 Arrian 的黑海和厄立特里亚海航海记，一直到 Adrian Caesar。如今，第一版是从希腊文翻译成拉丁文，并订正很多错误。增加了注释，包括有名的地区、民族、岛屿、城市、河流、商业和其他诸如令人印象深刻的事物，两次航海的记载，它们来自过去的和最近的作者的详细的收集。这些地方之外，还增加：葡萄牙人在所有城市的娴熟航行（扩散到希腊人中间）：对于大河（它们湍流而下）的小心谨慎和令人轻松的观察，更有所绘制的大海地图，作者为 Io. Guilielmo Stuckio Tigurino，附有两份名物索引，它们在每种航海记中都得到说明（日内瓦，Eustathium Vignon 出版社，1577）。

4. *Flavio Biondo*, *1388—1463*。古代作者为读者（所作的）论占领罗马十书，它们极为有用，也对认识所有罗马古代遗迹是必要的；罗马重建三书；论威尼斯之起源和管理；意大利图说，或者划分为十八个地区或省的意大利说明（因为两个题目都为学者所接受）；自罗马帝国变迁以来的历史三卷；处于论证的原因，附三卷新的索引。巴塞尔 1559。

5. *David Gregor Corner*, *OSB*, *1585—1648*。天主教虔诚的贮存室。来自圣人书信、神父和那些过去和最近的作者的最好著作，出于令人希望的用途，虔诚地向圣母玛利亚的同伴们特别地请求。Hirschberg 的神学学士 David Gregor Corner 的著作。Ingolstadt，来自 Ederiano 的排版，Elisabetham Angermariam 出版社，1614。

6. *Celio Agostino Curioni*, *1538—1567*。Sarracenicae 历史三书，被来自不同地方的作者修改和润色。书中涵盖了 Sarracenus，土耳其和其他民族的起源，以及七百年的历史。在这些书中，增加了 Wolfgang Drechsler 的编年史［（拥有）相同内容］，或罗马日课经。同样，在 Mauritania 的著名摩洛哥王国（由 Sarracenus 人所建），Celio Agostino Curioni 的论述，在此之前从未被编辑过。Celio Curioni Secundo 的新历史，乃关于土耳其所发动的马耳他战争。附有一份丰富的索引，主要包含了值得纪念的言行。法兰克福，Andrea Wechelus 的继承者 Claudium Marnium & Ioan，Aubrium 出版社，1596。①

欧洲早期的西方历史与文学是很难严格区分的，所以上述图书我们都可以称为早期传入澳门的西方文学图书。

① 北京遣使会编：《北堂图书馆藏西文善本目录》，北京：北京图书馆出版社，2008 年，第 201 ~ 202、206、249、298、402、408 页。

三、澳门欧美社群对西方文学的传播与介绍

(一) 欧美文学与澳门

葡萄牙学者普加在研究英国文学中的澳门形象时称:

> 英国作家拉斯泰尔、莫尔(Thomas More)、培根(Francis Bacon)、莎士比亚及笛福(Daniel Defoe)等都提到葡国航海家是“经验和知识的宝库”及葡国航海家在东方游览的事情。其中一些作家在描述中国沿岸的旅程中,谈及与澳门有联系的葡萄牙。许多作家都因葡萄牙人发现新大陆而被作为评论贾梅士民族的功绩所吸引。①

其中特别是笛福的《杰克上校》(*The History and Remarkable life of Col. Jacque*)和《辛格尔顿船长》(*Captain Singleton*)的主角人物都曾游览过澳门。所以,在这些作品中都留下了主人公对在澳门所认识的中国的描写;而笛福的《鲁滨孙漂流记》(*The Farther Adventures of Robison Crusoe*)则描述了澳门这个属于葡国人的乡村。②

1637 年 6 月 28 日,英国旅行家彼特·芒迪抵达澳门,他在澳门居留了 6 个月时间。③ 在此期间,芒迪把他在澳门的旅游见闻写入日记,即今天我们所见的《芒迪游记》第 3 部分(*The Travels of Peter Mundy in Europe and Asia:1608 - 1667*,Vol. 3)。芒迪抵达澳门后这样描述:

> 澳门位于一个巨大的大陆的其中一端的岛屿,虽然面积不大,但与印度西南地区果阿邦一样,不但充斥高低不一的山峦,而且有着悠长的海岸线,田园和树木亦随处可见,并围绕着居民的住处,构成一幅极美丽的构图。他们居住的房子表面长而平滑,明显地用于防止年度的飓风季节(中国人称为“中国神风”),由于避风关系,所以岛上不会见到高塔或者尖顶在教堂之上。④

这是最早以文学的笔法描述澳门的英国文学作品。有人称,旅行文字是一个模糊的文学领域,《芒迪游记》中保留了不少与澳门有关的人种、宗教、建筑、艺术、体育、饮食和社会风俗等多方面的记录。它既给人一种虚幻的异国情调的感觉,又留下了许多

---

① [葡] 普加:《18 世纪英国文学中之澳门形象:在笛福作品中之“东方之珠”》,载澳门《行政》杂志第 13 卷,第 1 期,2000 年,第 112 页。

② [葡] 普加:《18 世纪英国文学中之澳门形象:在笛福作品中之“东方之珠”》,载澳门《行政》杂志第 13 卷,第 1 期,2000 年,第 114 页。

③ Peter Mundy, *The Travels of Peter Mundy in Europe and Asia:1608 - 1667*, Vol. 3, Cambridge: Printed for the Hakluyt Society, 1919, pp. 159, 300.

④ Peter Mundy, *The Travels of Peter Mundy in Europe and Asia:1608 - 1667*, Vol. 3, Cambridge: Printed for the Hakluyt Society, 1919, pp. 159, 164.

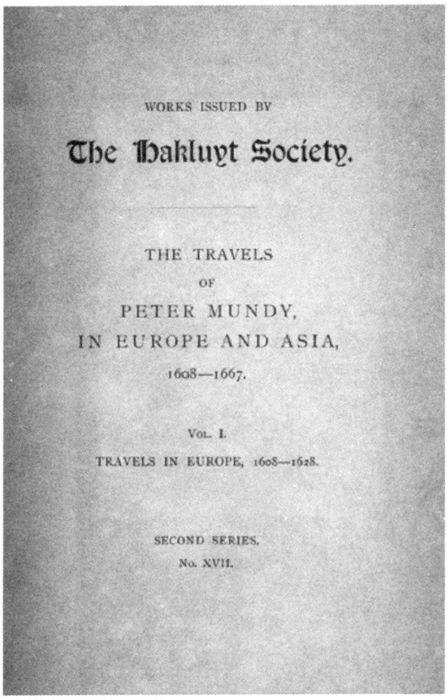

图 8－17 《芒迪游记》1907 年刊本封面书影

当时社会的十分真实的历史记录。它以人类在地理和想象的旅行中的积累为基础，并反映每一种文明与众不同的形象。因此，从外交、经济、文化和宗教等方面来说，芒迪的记录对于研究澳门历史和英国—葡萄牙在远东的关系都是基本的和唯一的来源。日记通过叙述者的眼睛揭示微观世界，常常以其真实可靠性而成为极好的历史资料来源，因而具有了特殊的价值和地位，尽管是从来自欧洲的局外人的观点看，它不过是 17 世纪澳门日常生活的真实写照。① 在芒迪之后，众多的英国旅行家和商人都到达澳门，这些人都会注意这座城市迷人的地中海式建筑物、中葡社会及民族的风俗习惯以及其地理外貌。最初只是较概括地一看，继而顺着时间及空间集中在某些资料及细节上，因而我们可以称这期间为“（宏观）高峰期的异国情调”。②

19 世纪前期出现的美国姑娘哈丽特·洛的日记，也是这种“为传播澳门最典型的特征——异国情调做出贡献”的游记文学作品。美国女青年哈丽特·洛是一名狂热的文学爱好者，也是一位对欧洲文学极其崇拜且阅读量极大的读者。据粗略统计，她在澳门 4 年生活中经她阅读过的欧美文学书籍近 150 种。③ 正因为她对文学的爱好和追求，方养成了她极好的文学素养。在澳门四年生活中，她用自己简洁优美的文学笔触描绘了澳门的多元文化生活，刻画了澳门城不同社团绚丽多姿的方方面面，为传播澳门最典型的特征——异国情调做出贡献。此种异国情调在弯曲狭窄的街道中，与欧洲的乡风交融。在这位西方旅行者的字里行间，一片由声、色、形、味及意构成的感官欢乐气氛跃然纸上。④ 年轻的哈丽特·洛喜欢拜伦的诗，在她阅读的文学作品中就有拜伦的代表作——具有“抒情史诗”之称的《恰尔德·哈洛尔德游记》。她不仅喜欢拜伦的诗，在她阅读的书籍中还包括罗伯特·蒙特戈美

① ［葡］普加著，蔚玲译：《〈彼得·芒迪游记〉（1637）中的变化性意义：对远东英葡关系研究的贡献》，载《文化杂志》（中文版）第 47 期，2003 年，第 64 页。

② ［葡］普加：《英国文学中的澳门（异国情调高峰期）》，载澳门《行政》杂志第 16 卷，第 1 期（总 59 期），2003 年，第 125 页。

③ Nan P. Hodges and Arthur W. Hummel ed. , *Lights and Shadows of a Macao Life*: *The Journal of Harriett Low*, *Travelling Spinster*, Woodinville, WA: History Bank, 2002.

④ ［葡］普加：《从哈丽特·洛（希拉里）的日记看 19 世纪澳门性别的社会生活》，载澳门《行政》杂志第 15 卷，第 2 期（总 56 期），2002 年，第 443～444 页。

利的诗集《无所不在的神》、亨利·米尔曼的诗歌集《耶路撒冷的衰落》、乔治·契弗的诗集《美利坚之歌》、托马斯·莫尔（Thomas Moore）的诗集《斐然国风》和威廉·古柏（William Cowper）的诗集《退休》。[①] 正因为对诗歌的爱好，她还创作过一些诗，正如她的婶婶艾比盖尔（Abigail）所言："她想把她变成女拜伦。"[②]正因为洛具有极高的文学素养，故她日记中的大部分描述都具备极富想象和象征意义的美学特征，能使读者进入一个与其不同的语义世界，此处有了高尚、五彩缤纷的建筑，宗教节日，民间传统，文体活动，服饰及发型，还有其他成分。[③] 这种优美的描写在她的日记中比比皆是：

> 澳门从海上看起来很美，有些浪漫的情调。我们到达了……坐上轿子去了我们的住所……澳门的街道狭窄、曲折，但我们有花园，这增加了乐趣。实际上有两个花园，一上一下。所有小路是用石板铺的……登高可以将海湾的美景及全城的景色一览无遗……太阳台和那里的许多美丽植物。这些美丽的装饰及几只鸟使我感到非常舒适。我真没有想到这里是那么美，但我要好好享受它。[④]

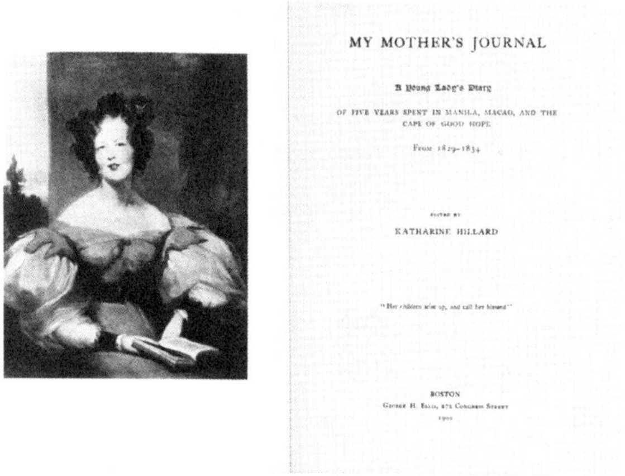

图 8－18 哈丽特·洛的女儿凯瑟琳 1900 年出版的《我母亲的日记》书影

再如哈丽特·洛对青洲泼水节景象的描写：

> 附近的风景令人愉快，太阳已西斜，澳城沉浸在柔和的夕颜中，变得更加美丽。我们一靠近，前面这个繁忙的场面变得更加新奇与悦人，那些可怜的水上居民看上去十分愉快。[⑤]

还有她对托马斯·比尔的动植物园的描写：

> 我去托马斯·比尔先生那里，受到了这位老绅士的热情接待，

---

① Nan P. Hodges and Arthur W. Hummel ed., *Lights and Shadows of a Macao Life: The Journal of Harriett Low, Travelling Spinster*, Woodinville, WA: History Bank, 2002, pp. 103, 363, 446, 482, 583.

② Katharine Hillard ed., *My Mother's Journal: A Young Lady's Diary of Five Years Spent in Manila, Macao, and the Cope of Good Hope from 1829－1834*, Boston, 1900, p. 93.

③ ［葡］普加：《从哈丽特·洛（希拉里）的日记看 19 世纪澳门性别的社会生活》，载澳门《行政》杂志第 15 卷，第 2 期（总 56 期），2002 年，第 449 页。

④ Katharine Hillard ed., *My Mother's Journal: A Young Lady's Diary of Five Years Spent in Manila, Macao, and the Cope of Good Hope from 1829－1834*, Boston, 1900, p. 28.

⑤ Katharine Hillard ed., *My Mother's Journal: A Young Lady's Diary of Five Years Spent in Manila, Macao, and the Cope of Good Hope from 1829－1834*, Boston, 1900, p. 42.

玩得很开心。他有一座小鸟花园，里面全是精品，天堂鸟最美丽，你想象不出它的羽毛是多么完美，你几乎无法用文字描述出这些鸟的美丽，数量太多了。我们漫步在庭院里，那里装点着奇木异草，池塘内有各种金鱼遨游。我们随同几位朋友一起去享受中国式的饮茶，每人的茶盅中放入茶叶，盖好浸泡，不加牛奶和糖饮用。①

澳门极其浪漫的特性使这一亲身的见证及自传式的作品成为19世纪澳门文化和历史的重要文献的同时，又使这一作品成为19世纪英美文学中带有性别特征的女性文学的典范。

在澳门流播的欧美文学，法国著名艺术家奥古斯特·博尔热的《广州、澳门游记》是必须要提及的。从1836年起，博尔热开始了他的环球旅行，1838年8月抵达香港，不久前往广州，在广州停留了将近3个月，由于1839年1月抵达澳门，其在澳门生活了约半年时间，然而当这位敏感的艺术家涉足这陌生的中国疆土时，迎面而来的陌生人群和事物，便不由得使他深深地震动：

这儿的很多人都美妙得不可思议，以至于人们都以为他们是一个消亡了的种族和幸存者。我的艺术想象可以随性地给他们穿上丝质的衣服，在他们肩上画上绚丽的开司米，或是让头巾飘扬在他们头顶，然后把他们放置在一座宫殿里……这位理想主义、浪漫主义的艺术家把笔墨和才情献给那些“剃着光头、衣衫褴褛”的异国百姓，创造另一种风情，另一种和谐。他喜爱中国，喜爱他所接触到的这些普通的中国人，他以平等、亲近的态度和他们交流，以温情和善意来描写他们，展示他们的面貌和日常生活风情。②

在这部游记中，着墨最多的是对澳门的描述，而这些对澳门的描述又极其精彩和真实，如描写19世纪中期澳门的街道：

无论这个葡萄牙殖民城市里的街道是多么曲折，它们也不可能让人觉得这是个错综复杂的迷宫，像中国人居住的地方的街道一样，尤其是在靠近内港的地方；那儿有那么多的角落和隐蔽处，尽管我已经多次参观过这个街区，我在那儿还是找不到路，但我在一个星期之后就可以毫不犹豫地走在威尼斯的街道上。而这儿的住宅就和人一样是会改变位置的；头一天我在那儿发现了一个死胡同，入口在某条街上，而我所经过的那条街被堵死了，也是一条死胡同。所以我失去了多少幅画啊，我总是想着第二天再来完成的。当人们深入中国的城市时，会发现那些雅致的大商店都慢慢消失了，然后那些很干净的、货物摆放整齐的商店也消失了；

---

① Katharine Hillard ed., *My Mother's Journal: A Young Lady's Diary of Five Years Spent in Manila, Macao, and the Cope of Good Hope from 1829 – 1834*, Boston, 1900, pp. 36 – 37.

② ［法］奥古斯特·博尔热著，钱林森等译：《奥古斯特·博尔热的广州散记》，《中译本序》，上海：上海书店出版社，2010年，第5页。

路面上的石板越来越窄，而且还少了很多块，少掉的石块被拿去围垃圾堆了，猪在这里打滚，把垃圾弄得越来越大，上帝知道那是什么样的猪啊！它们长得就像一个球，壮得让人难以置信；这儿的人们喜欢吃猪肉胜过其他肉类，这就解释了为什么这儿有这么多的猪；富人们更喜欢养猫、狗，有时候也养老鼠；个人喜好不同而已。无论这个街区有多么不幸，都无法与水边的街道和吊脚楼住宅区遭遇的不幸相比。在一个欧洲人看来，这么多的人能一起生活在一个如此狭小的空间里，简直无法想象，即使在他看见了这个事实时，他也无法相信。①

博尔热这里描述的是澳门城靠近内港的华人贫民区和水上疍民区，这里与南湾街和西望洋山麓一线的葡萄牙高级住宅区相比完全是两个世界，而这一个世界很少为外人所知。通过博尔热的笔触及绘画极为细腻地揭示出来，将澳门城的另一面告诉了世界。博尔热对澳门寺庙广场前看戏的人群作了更细致的描写：

图 8－19 法国艺术家博尔热像

我倚在栏杆上，观察着在我面前云集的人群。所有各阶层的人在那里混在一起：乞丐、盲人、船工、朝圣者、爱时髦的人，因为在这里如同在伦敦和巴黎一样，有些花花公子；只不过，没有时髦女人。在这个勉强能容纳他们的狭小空地上，所有人乱哄哄地活动。有钱人穿着紧紧的长衫，用一根腰带束起，腰带上吊着随时要用的烟袋和烟斗，神情高傲，踱着方步，他们躲藏在布幕下面，布幕可以用来扇风，也可以擦干额头上流下来的汗。这里不可能产生争吵和打骂，我感到非常吃惊。②

这些准确而生动的文字为人们提供了当时澳门华人社会生活的真实信息，巴尔扎克也称赞它是一部纪实性的书，并且预言“如果这本书不是在巴黎出版，如果作者用英文写就并在伦敦出版，那它在一个上午之内就将被出售商店销售一空”。③ 可以说明，博尔热这部极具写实性又不乏浪漫美学的文学作品已经在19世纪中期的西方产生了重大影响。

① ［法］奥古斯特·博尔热著，钱林森等译：《奥古斯特·博尔热的广州散记》，《中译本序》，上海：上海书店出版社，2010年，第56页。

② ［法］奥古斯特·博尔热著，钱林森等译：《奥古斯特·博尔热的广州散记》，《中译本序》，上海：上海书店出版社，2010年，第79页。

③ ［法］奥古斯特·博尔热著，钱林森等译：《奥古斯特·博尔热的广州散记》，《中译本序》，上海：上海书店出版社，2010年，第7页。

（二）澳门欧美社群与西洋文学的传播

18 世纪中叶以后，随着清政府澳门住冬政策的颁行，在澳门的居住人口中，逐渐形成了一个非葡籍的欧美社群；而这一欧美社群由于教育程度和文化程度都比较高，他们在澳门居住的时间大多都是非贸易季节的休闲期，因此，在他们的休闲活动中很重要的一部分就是对西洋文学的介绍与传播，比如说，他们通过各种方式营造良好的阅读环境和阅读氛围。东印度公司建立的图书馆就拥有数千册藏书，其中收藏的文学书不少，据该图书馆 1819 年的目录，其中第五类为诗歌、戏剧与小说，第二类的传记也应该属于文学，如哈丽特·洛看了意大利戏剧家罗西尼的戏剧以后，特地从东印度公司图书馆借阅了罗西尼的传记阅读。[①] 下面将苏精先生提供给笔者的部分目录摘译如下：

1. 英国女诗人安娜·巴鲍德（Anna Lætitia Aikin Barbauld，1743—1825）诗集 1 卷；

2. 英国作家约翰·霍雷（John Hoole）译意大利诗人阿里奥斯托（Ludovico Ariosto）诗集 8 卷；

3. 英国作家乔叟（Geoffrey Chaucer）《坎特伯雷故事集》2 卷；

4. 英国作家弥尔顿（John Milton）《失乐园》1 卷；

5. 英国诗人亚历山大·蒲柏（Alexander Pope）诗集 9 卷；

6. 英国作家笛福（Daniel Defoe）《鲁滨孙漂流记》2 卷；

7. 《莎士比亚戏剧集》8 卷。[②]

以上目录提到只是该图书馆收藏西洋文学图书的一部分，这些书主要是为居住于澳门的东印度公司的职员服务的，他们可以在图书馆内借阅到上述西洋文学图书，这种阅读活动应该是澳门西洋文学传播的一条重要途径。哈丽特·洛喜欢读英国诗人拜伦的诗，而这里没有提到拜伦的书，以此类推，在这些欧美社群的家庭中还会有一些西洋文学方面的书籍收藏，作为他们阅读活动的主要内容。亨特的《广州番鬼录》一书还描写了费城青年作家威廉·伍德模仿拜伦的诗的记录。[③]

从 16 世纪中叶开始，欧洲形成了一种早期小说形式“流浪汉小说”。17 世纪初，西班牙塞万提斯的小说《堂吉诃德》出现以后，标志欧洲小说的成熟。18 世纪末 19 世

---

① Katharine Hillard ed. ,*My Mother's Journal:A Young Lady's Diary of Five Years Spent in Manila,Macao,and the Cope of Good Hope from 1829 - 1834*,Boston,1900,p. 223.

② P. P. Thoms,*A Catalogue of the Library Belonging to the English Factory at Canton,in China*. Printed at the Hon. East India Company's Press,Macao,1819. p. 13 - A Catalogue:［In total: ca 4 500 volumes］. 此目录是苏精先生在伦敦大英图书馆抄回，但并没有全抄，以上只是其中的一部分。在此向提供此目录的苏精先生表示衷心感谢。

③ ［美］亨特著，冯树铁、沈正邦译：《广州番鬼录·旧中国杂记》，广州：广东人民出版社，2009 年，第 239 页。

纪初，欧洲小说进一步发展，且出现了一批享誉世界的小说大师，如歌德、沃尔特·司各特、简·奥斯汀、司汤达等。当欧洲文学在欧美大陆广泛传播时，僻处于东方的葡萄牙属地澳门直到19世纪20年代前还见不到任何形式的欧洲小说传播，前引东印度公司澳门图书馆所藏文学类书中开始有乔叟的短篇小说集《坎特伯雷故事集》和笛福的《鲁滨孙漂流记》。从中可以反映出，这些小说至少已经在当时的英国东印度公司的职员中开始传播，而对欧洲小说在澳门传播贡献最大者当属19世纪30年代来澳门的美国姑娘哈丽特·洛。她或从美国带书，或以向私人和图书馆借书来澳门的方式将欧美小说带进澳门。她不仅仅将阅读小说作为她每一天生活的排遣，而且还经常聚集澳门欧美社群中的文学爱好者一起来阅读西方小说，甚至展开激烈的文学批评和讨论，"许多英国人对托洛勒普太太、维涅先生以及斯图尔特先生的作品展开评论，他们批评中又带有戏谑的言语充斥于耳"。①

图8-20 斯塔尔夫人像

图8-21 司汤达像

图8-22 华盛顿·欧文像

下面我们根据《澳门生活的光与影：旅行的老姑娘哈丽特·洛的日记》一书中记录的哈丽特·洛1829年来澳到1834年离澳期间所阅读的全部小说列表如下：

表8-20 1829—1834年哈丽特·洛在澳门阅读的明确为小说的资讯表

序号	作者	书名	出版信息	原书页码
1	［英］苏珊娜·冈宁女士 Susannah Gunning	福瑞斯特一家 *The Foresters*	London 1796	20
2	［美］亨利·希格斯 Henry Higgs	上流生活 *High Life*	New York 1827	21

① Nan P. Hodges and Arthur W. Hummel ed., *Lights and Shadows of a Macao Life: The Journal of Harriett Low, Travelling Spinster*, Woodinville, WA: History Bank, 2002, p. 632.

（续上表）

序号	作者	书名	出版信息	原书页码
3	［英］萨拉·伯尼女士 Sarah Harriet Burney	科莱伦丁 *Clarentine*	London 1796	23
4	［英］沃尔特·司各特 Walter Scott	法国皇帝拿破仑·波拿巴的一生 *The Life of Napoleon Bounaparte, Emperor of the French*	London 1827	32
5	［英］C. D. 博得特女士 C. D. Burdett	全世界都在讲英国话 *English Fashionables Abroad*	London 1827	40
6	［法］弗朗西斯·费纳龙 François Fénelon	忒勒马科斯历险记 *Lesaventures de Télémaque*	Paris 1796	49
7	［英］詹姆斯·贝利·弗雷泽 James Baillie Fraser	库兹巴什：一个呼罗珊的故事 *The Kuzzilbash: A tale of Khorasan*	London 1828	90
8	［英］布尔沃·李顿 Edward George Bulwer Lytton	德佛罗的故事 *Devereux, A tale*	London 1829	118
9	［英］布尔沃·李顿 Edward George Bulwer Lytton	被剥夺的 *The Disowned*	London 1829	121
10	［法］勒萨日 Alain-René Lesage	吉尔·布拉斯 *The Adventures of Gil Blas of Santillane*	Thomas Smollet 翻译	156
11	［英］詹姆斯·库珀 James Fenimore Cooper	夜莺之泣 *The Wept of Wish-Ton Wish*	1829	174
12	［英］乔治 P. R. 詹姆斯 George Payne Rainsford James	达恩利，又名金缕之域 *Darnley*; or, *The Field of the Cloth of Gold*	London: H. Colburn and R. Bentley, 1830	177
13	［西］塞万提斯 Cervantes	堂吉诃德 *Don Quixote*		206
14	［法］杜拉斯 Claire de Duras	埃杜阿尔 *Edouard, par l'auteur d' Ourika*	Paris 1825	210
15	［法］路易斯·本笃·皮卡 Louis-Benoît Picard	体面人与小人物 *Les gens comme il faut et les petites gens*; ou, *Aventures d' Auguste Minard*	Paris 1826	217

（续上表）

序号	作者	书名	出版信息	原书页码
16	［英］乔治 P. R. 詹姆斯 George P. R. James	蒂罗奥玛 *De L'orme*	London 1830	229
17	［法］斯塔尔夫人 Germaine de Staël	黛尔菲娜 *Delphine*	Paris 1802	237
18	［法］苏菲·戈丹女士 Sophie Cottin	马蒂尔德 *Mathilde Ou Memoires Tires de L' Histoire Des Croisades*	Paris 1805	242
19	［法］斯塔尔夫人 Germaine de Staël	柯丽娜 *Corinne*; ou, *L'ltalie*	Paris 1809	244
20	［英］詹姆斯·库柏 James Fenimore Cooper	海洋女巫 *The Water Witch*; or, *the Skimmer of the seas*	London 1830	252
21	［英］苏姗·费丽尔女士 Susan Edmonstone Ferrier	命运，又名局长的女儿 *Destiny*; or, *The Chief's Daughter*	London 1831	254
22	［英］苏姗·费丽尔女士 Susan Edmonstone Ferrier	遗产 *The Inheritance*	Edinburgh 1824	254
23	［英］沃尔特·司各特 Walter Scott	拉美摩尔的新娘 *The Bride of Lammermoor*	Edinburgh 1819	259
24	［英］本杰明·迪斯雷利 Benjamin Disraeli	小公爵 *The Young Duke*	London 1830	270
25	［法］贝纳丹·德·圣—毕哀尔 Jacques HenriBernardin de Saint-pierre	离恨天 *Paul et Virginie*	Paris 1789	271
26	［法］查尔斯·维克托·皮沃 Vicomte d' Arlincourt (Charles-VictorPrévot)	隐士 *Le Solitaire*	Paris 1829	279
27	［法］弗洛利昂 Jean-Pierre Claris de Florian	弗洛利昂著作集 *Oeuvres de M. de Florian*	Paris 1805	302
28	［英］乔治 P. R. 詹姆斯 George Payne Rainsford James	菲利普·奥古斯都，又名手足情深 *Philip Augustus*; or, *The Brothers in Arms*	London 1831	351

（续上表）

序号	作者	书名	出版信息	原书页码
29	［英］沃尔特·司各特 Walter Scott	艾凡赫 *Ivanhoe*		352
30	［英］布尔沃·李顿 Edward George Bulwer-Lytton	尤金·阿拉姆 *Eugene Aram*	London 1832	353
31	［英］托马斯·亨利·利斯特 Thomas Henry Lister	格兰比 *Granby*	London 1826	424
32	［英］詹姆斯·库珀 James Fenimore Cooper	亡命徒 *The Bravo*	1831	426
33	［英］沃尔特·司各特 Walter Scott	巴黎的罗伯特伯爵 *Count Robert of Paris*	Boston 1831	429
34	［英］詹姆斯·科克·保尔丁 James Kirke Paulding	荷兰家庭 *The Dutchman's Fireside*	London 1831	438
35	［美］凯瑟琳·塞奇威克女士 Catharine Maria Sedgwick	克拉伦斯，又名我们生活的年代 *Clarence*; or, *A Tale of Our Own Times*	Philadelphia 1830	441
36	［美］华盛顿·欧文 Washington Irving	阿尔罕布拉尔宫：关于摩尔人和西班牙人的故事系列，又译大食故宫余载 *The Alhambra*: *A series of Tales and Sketches of the Moors and Spaniards*	Philadelphia 1832	443
37	［英］沃尔特·司各特 Walter Scott	珀斯的美丽女佣 *Fair Maid of Perth*	1828	450
38	［英］弗雷德里克·马里亚特 Frederick Marryat	牛顿·福斯特，又译商家服务 *NewtonFoster*; or, *The Merchant Service*	London 1832	456
39	［英］伊丽莎白·兰登女士 Letitia Elizabeth Landon	浪漫与现实 *Romance and Reality*	London 1831	457
40	［英］沃尔特·司各特 Walter Scott	威弗利 *Waverley*	1814	480
41	［英］沃尔特·司各特 Walter Scott	盖伊·曼纳林 *Guy Mannering*		482

（续上表）

序号	作者	书名	出版信息	原书页码
42	［英］沃尔特·司各特 Walter Scott	古董商人 *Antiquary*	1816	483
43	［英］沃尔特·司各特 Walter Scott	罗伯·罗伊 *Rob Roy*	1817	484
44	［英］沃尔特·司各特 Walter Scott	修墓老人 *Old Mortality*	1816	490
45	［英］玛利亚·埃奇沃思女士 Maria Edgeworth	当代淑女 *The Modern Griselda*	george town 1810	491
46	［英］玛利亚·埃奇沃思女士 Maria Edgeworth	恩惠 *Patronage*	London 1814	495
47	［英］托马斯·亨利·利斯特 Thomas Henry Lister	阿林顿 *Arlinton*	London 1832	495
48	［英］沃尔特·司各特 Walter Scott	密得洛西恩监狱 *Heart of Midlothian*	1818	497
49	［英］威廉·戈德温 William Godwin	圣里昂：一则十六世纪的故事 *St. Leon*：*A Tale of the Sixteenth Century*	London 1799	502
50	［英］艾米莉亚·奥佩女士 Amelia Opie	真实故事 *Tales of Real Life*	London 1813	539
51	［法］让利 Stéphanie Félicité de Genlis	瓦里埃尔女公爵：曼特农夫人传 *La Duchess de la Vallière*：*Madame de Maintenon*，*Pour Server de Suite à L'Histoire de la Duchesse de la Vallière*	Paris 1804 1806	541
52	［英］沃尔特·司各特 Walter Scott	伍德斯托克，又名骑士 *Woodstock*；or，*The Cavalier*	Edinburgh 1826	555
53	［英］何瑞修·史密斯 Horatio Smith	布拉姆布雷泰大屋，又名骑士与圆颅党 *Brambletye House*；or，*Cavaliers and Roundheads*	London 1826	557
54	［法］司汤达（笔名） Marie-Henri Beyle	罗西尼传 *Vie de Rossini par M. de Stendhal*	Paris 1824	564

（续上表）

序号	作者	书名	出版信息	原书页码
55	[英] 弗朗西丝·特罗洛普女士 Frances Trollope	美国难民 *The Refugee in America*	London 1832	572
56	[法] 茹奕 Etienne de Jouy	外省隐士：19 世纪初法国生活习俗观察录 *L'Hermite en province*: *ou*, *observations sur les moeurs et les usages français au commencement du XIX e siècle*	Paris 1818 – 1827	575
57	[法] 让利 Stéphanie Félicité de Genlis	被抓现行的哲学家，或堕落的丈夫 *Le philosophe pris au mot*, ou, *Le Mari corrupteur*	Paris 1819	595
58	[法] 让利 Stéphanie Félicité de Genlis	新道德故事 *Nouveaux contes moraux*		604
59	[英] 弗朗西丝·特罗洛普女士 Frances Trollope	美国人的家庭礼节 *Domestic Manners of the Americans*	London 1832	632
60	[英] 戈弗雷·T·维涅 Godfrey T. Vigne	在美国的六个月 *Six Months in America*	Philadelphia 1832	632
61	[英] 詹姆斯·斯图尔德 James Stuart	在北美的三年 *Three Years in North America*	Edinburgh 1833	632
62	[英] 约翰·斯特林 John Sterling	斐茨乔治 *Fitzgeorge*	London 1832	637
63	[英] 乔治 P. R. 詹姆斯 George Payne Rainsford James	亨利·马斯特顿，又名年轻骑士历险记 *Henry Masterton*; or, *The Adventures of the Young Cavalier*	London 1832	660
64	[美] 詹姆斯·科克·保尔丁 James Kirke Paulding	向西去啊！ *Westward Ho*!	New York 1832	661
65	[美] 詹姆斯·科克·保尔丁 James Kirke Paulding	约翰·布尔在美国，又译妄想症 *John Bull in America*; or, *The New Munchausen*	London 1825	661

根据上表，哈丽特·洛在澳门的4年多时间阅读了明确为欧美小说的共65种，这里还不包括她阅读过的回忆录12种、[①] 历史类书籍15种、[②] 游记9种、[③] 传记5种、[④] 日记1种。[⑤] 其中就有西班牙文艺复兴时期的人文主义巨匠塞万提斯的《堂吉诃德》，该书被誉为“西方文学史上第一部现代小说”，于1605年首次出版，但该书传入澳门的时间则在19世纪30年代。在哈丽特·洛阅读的小说的作者中量最大者为当时被称为“历史小说鼻祖”最著名小说巨匠沃尔特·司各特，共有12种小说，即《法国皇帝拿破仑·波拿巴的一生》《拉美摩尔的新娘》《撒克逊劫后英雄传》《巴黎的罗伯特伯爵》《威弗利》《古董商人》《罗伯·罗伊》《伍德斯托克》《密得洛西思监狱》《修墓老人》《盖伊·曼纳林》《珀斯的美丽女拥》。4年内哈丽特·洛就阅读了司各特的12种小说，一方面反映了司各特在当时欧美世界的影响力之大，另一方面也说明了哈丽特·洛对司各特小说的殊爱。1833年3月5日，当沃尔特·司各特爵士的死讯传到澳门时，哈丽特·洛作了这样的评价：

图8-23 沃尔特·司各特像

> 司各特爵士不仅为世界带来许多欢乐，还提升了这个时代的品位。从司各特开始，这个时代小说的风格与以往是多么的不同！诚然，当今仍有无以计数的质量低劣的小说出版，然而那些好的作品却着实格调境界俱佳。另外，他的小说还加深了我们对濒临遗忘的历史事件以及历史人物的印象。他引导我们去读历史。阅读他的小说不但可以给人带来以上所提到的好处，还可以提防不好的事情发生。可能有一小部分人会拿阅读小说的时间来做其他有意义的事情，但大部分人则很难找到比阅读小说更有意义的之事。除了能够预防仇恨与丑闻等事情的发生，小说还能无时无刻增长人们的谈资。我觉着，沃尔特·司各特的生活肯定不是索然无味的。据悉，他私下是一个模范父亲，

① Nan P. Hodges and Arthur W. Hummel ed., *Lights and Shadows of a Macao Life: The Journal of Harriett Low, Travelling Spinster*, Woodinville WA: History Bank, 2002, pp. 24. 28, 29, 122, 213, 230, 232, 233, 256, 331, 340, 442.

② Nan P. Hodges and Arthur W. Hummel ed., *Lights and Shadows of a Macao Life: The Journal of Harriett Low, Travelling Spinster*, Woodinville WA: History Bank, 2002, pp. 52, 96, 220, 244, 284, 302, 303, 310, 332, 466, 473, 520, 529, 533.

③ Nan P. Hodges and Arthur W. Hummel ed., *Lights and Shadows of a Macao Life: The Journal of Harriett Low, Travelling Spinster*, Woodinville WA: History Bank, 2002, pp. 109, 146, 260, 263, 288, 430, 498.

④ Nan P. Hodges and Arthur W. Hummel ed., *Lights and Shadows of a Macao Life: The Journal of Harriett Low, Travelling Spinster*, Woodinville WA: History Bank, 2002, pp. 257, 264, 307, 527.

⑤ Nan P. Hodges and Arthur W. Hummel ed., *Lights and Shadows of a Macao Life: The Journal of Harriett Low, Travelling Spinster*, Woodinville WA: History Bank, 2002, pp. 43, 269.

同时还是模范丈夫和模范朋友。无疑，我多么希望他能够健康地活在世上，因为我相信，他会因此而获得更多的快乐。①

在哈丽特·洛阅读的小说中还有女性作家、法国浪漫主义先驱斯塔尔夫人的两部小说《黛尔菲娜》和《柯丽娜》、被誉为“法国古典主义最后一个代表”弗朗西斯·费纳龙的《忒勒马科斯历险记》、被誉为“法国杰出的批评现实主义的伟大作家”司汤达的《罗西尼传》和被誉为“美国文学之父”的华盛顿·欧文的《大食故宫余载》。

还有一点值得注意的是，哈丽特·洛所阅读的这些小说极大多数都出版于19世纪初，其中1820年至1832年出版的共39种，甚至很多是当年在英国出版的小说就在同年传到了澳门。哈丽特·洛在澳门广泛阅读欧美小说的时代也是小说这一文学体裁在欧美风靡一时的时代，凡属于受过一定教育的上流社会和中产阶级人士大都会对小说有追捧之习，而当时来华且能在澳门留居的欧美社群都是上流社会或中产阶级人士，因此，能在澳门形成一个以哈丽特·洛为中心的欧美小说阅读群以推动西方文学在澳门的传播。而从19世纪30年代在欧美出版的小说就能在当年澳门读到这一点而言，也反映了西方文学资讯在澳门传播的迅速与及时，也可从此角度证明在16世纪肇始的全球化运动中澳门已经走到了前沿。虽然哈丽特·洛在澳门阅读文学书籍显然属于一个个案，但通过这一特别典型的个案也可以折射出在当时接受教育程度较高而又处于闲暇修养期间的澳门欧美社群阅读文学作品应是他们的一种普遍性的习惯，而哈丽特·洛只是他们中最为典型的一人。

戏剧演出是澳门的欧美社群传播西方文学的另一条渠道。哈丽特·洛在澳门大量阅读的文学书籍中还包括有戏剧文学，她先后阅读过费尔南德斯·德·莫拉丁（Leandro Fernández de Moratín）的喜剧《丈夫学校》、弗朗西斯·安妮·坎贝尔（Frances Anne Kamble）的历史剧《弗朗西斯一世》、詹姆斯·诺尔斯（James Sheridan Knowles）的喜剧《驼背怪人》和亨利·米尔曼的悲剧《法齐奥》,② 她还读过英国著名文学批评家（Samuel Johnson）主编的1792年在伦敦出版的《莎士比亚戏剧集》,③ 可以反映其对戏剧文学的兴趣。1829年10月，哈丽特·洛刚到澳门不久，就接受东印度公司主任大班部楼顿先生的邀请看戏剧表演，其中有一个剧目就是莎士比亚的讽刺戏剧《威尼斯商人》。据她自己的记录，1833年还观看了一部莎士比亚的著名悲剧《奥赛罗》。

前面提到东印度公司图书馆藏有《莎士比亚戏剧集》的图书，这里又提到哈丽特·洛在澳门阅读《莎士比亚戏剧集》和澳门的欧美社群表演莎士比亚的《威尼斯商

① Nan P. Hodges and Arthur W. Hummel ed. , *Lights and shadows of a Macao Life*: *The Journal of Harriett Low*, *Travelling Spinster*, Woodinville, WA: History Bank, 2002, pp. 43, 518 – 519.

② Nan P. Hodges and Arthur W. Hummel ed. , *Lights and Shadows of a Macao Life*: *The Journal of Harriett Low*, *Travelling spinster*, Woodinville, WA: History Bank, 2002, pp. 534, 540, 553.

③ Nan P. Hodges and Arthur W. Hummel ed. , *Lights and Shadows of a Macao Life*: *The Journal of Harriett Low*, *Travelling Spinster*, Woodinville, WA: History Bank, 2002, p. 666.

人》及《奥赛罗》剧目。莎士比亚是欧洲文艺复兴时期最伟大的戏剧家，而《威尼斯商人》和《奥赛罗》又是他的戏剧代表作。[①] 有学者认为，“莎士比亚的名字最初是随着《四洲志》的问世被偶然引入中国的”。[②] 此说值得商榷，《四洲志》是林则徐的翻译官梁进德在1839年时根据英国人慕瑞所著的《世界地理大全》编译而成，[③] 而在澳门东印度公司图书馆1819年的书目中就已经传进了《莎士比亚戏剧集》这部书，1829年澳门的欧美社群还进行了莎士比亚戏剧《威尼斯商人》的演出。因此，我们完全可以否定“莎士比亚的名字最初是随着《四洲志》的问世被偶然引入中国的”这一误说。《四洲志》介绍英国文学时称，“有沙士比阿、弥尔顿、士达萨、特弥顿四人工诗文，富著述”[④]。在梁进德1839年写到“沙士比阿”这位英国文学家时，其实澳门早已经在传播莎士比亚了，梁进德在澳门居住的时间不短，很有可能他在编译《四洲志》之前就在澳门听说过莎士比亚。19世纪初，在澳门这一块中国的土地上已经开始了莎士比亚戏剧文学的传播，这在西方文学传播史上应该具有十分重要的意义。

图8－24 塞万提斯像

图8－25 莎士比亚像

除了莎士比亚以外，《四洲志》里面提到的“弥尔顿”就是《失乐园》的作者约翰·弥尔顿。1819年东印度公司图书馆的书目就提到该馆藏有弥尔顿的《失乐园》一书。《失乐园》是17世纪英国伟大的诗人弥尔顿创作的一部神话史诗，是世界文学史、

① Katharine Hillard ed. , *My Mother's Journal: A Young Lady's Diary of Five Years Spent in Manila, Macao, and the Cope of Good Hope from 1829 - 1834*, Boston, 1900, p. 35; Lindsay and May Ride, *An East India Company Cemetery: Protestant Burials in Macao*, Hong Kong: Hong Kong University Press, 1998, p. 53.

② 李伟昉：《接受与流变：莎士比亚在近现代中国》，载《中国社会科学》2011年第5期，第151页。

③ Letter from the Son of Leang Afa, the Chinese Evangelist, to Mrs. Morrison, Macao, 4 November 1841, *The Evanglical Magazine and Missionary Chronicle*, Vol. 20, June 1842, pp. 295 - 296.

④ 林则徐全集编辑委员会编：《林则徐全集》第10册，《译编》，《四洲志》，福州：海峡文艺出版社，2002年，第4880~4881页。

图 8－26　约翰·弥尔顿像

思想史上的一部重要的作品。这部作品的英文本在 19 世纪初就已经传进澳门，不久弥尔顿“工诗文，富著述”的介绍也以中文的形式从澳门传入中国内地。还有，英国剧作家小柯尔曼（George Colman the younger）创作的《潦倒绅士》也在澳门演出。小柯尔曼是 18 世纪到 19 世纪初英国著名的戏剧家，还是利特尔剧院的业主，以喜剧创作著称，其代表作有《潦倒绅士》《法律上的继承人》和《约翰牛》。据载，19 世纪时，澳门先后有两次来自意大利的歌剧团演出，一次在 1833 年，一次在 1867 年，先后演出了世界著名戏剧家罗西尼创作的戏剧《爱德达和克莉丝汀》《塞维亚的理发师》《意大利人在阿尔及尔》《灰姑娘》《父与女》《贼鹊》《唐克莱迪》《埃多阿尔多与克里斯婷娜》及《吉列姆·特尔》等。[①] 罗西尼是 19 世纪上半叶意大利著名的戏剧大师，《塞维亚的理发师》和《灰姑娘》更是他著名的喜剧代表作，而这些作品产生不久就在澳门得以传播，可以反映出，澳门的西洋文学传播资讯之迅速。从澳门欧美社群的戏剧演出中，我们还可以看到英国戏剧家谢里丹（Sheridan）的著名喜剧《情敌》。19 世纪上半叶，这些英国和意大利著名的文学作品通过戏剧演出的形式在澳门社会传播。这不仅会对澳门的欧美社群西洋文学的发展产生作用，而且也一定会影响到澳门的葡萄牙人及一部分进入西洋社群生活的华人。

图 8－27　小柯尔曼像

图 8－28　罗西尼像

① Katharine Hillard ed. ,*My Mother's Journal:A Young Lady's Diary of Five Years Spent in Manila,Macao, and the Cope of Good Hope from 1829－1834*,Boston,1900,pp. 197－219;Lindsay and May Ride,*An East India Company Cemetery*,Hong Kong:Hong Kong University Press,1998,p. 53；［葡］施白蒂著，姚京明译：《澳门编年史：19 世纪》，澳门：澳门基金会，1998 年，第 167 页。

在北京图书馆的西文藏书中，有一本《诗与诗评》（*Poetry and Criticism*），作者为奥蒂斯（Outis），于1850年出版。据王丽娜教授称，此奥蒂斯即为德庇时的笔名，《诗与诗评》的作者就是德庇时，但王教授并未见到原文。[①] 我们从网络上找到《诗与诗评》一书的PDF版，根据原书内容，其中有汉诗英译的一首诗《诗经·召南·鹊巢》，同德庇时《汉文诗解》中采纳的译文完全一致，或许有理由相信Outis就是德庇时的笔名。如此说不误，则可知《诗与诗评》一书应是一部翻译和介绍东西方文学的文学批评著作。

图8-29　《诗与诗评》原书中的埃斯库罗斯像（左）、索福克勒斯像（中）、欧里庇得斯像（右）

该书分两个部分，第一部分罗列了10余首诗歌，部分翻译自希腊语、拉丁语（如《贺拉斯》第1部第38首）、汉语等，其中尤其不乏希腊题材的诗歌；也有部分诗歌创作时间较晚，但即使创作于18、19世纪的诗歌，许多也和希腊有关，甚至其中有一首诗歌就叫作《1827年的希腊》（*Greece in 1827*），注释指出这首诗受到了埃斯库罗斯《阿伽门农》的影响。再如第六首《一位少女的守护》（*To a lady with a watch*），取材于索福克勒斯的悲剧《安提戈涅》，安提戈涅的眼睛为刺瞎后的俄狄浦斯王看路。作者还特别用心地在英诗之后，附上了这出悲剧的相关片段，采用希腊语与英语对照的方式。还值得一提的是，“奥蒂斯”（Outis）这个笔名的词根就是来源于古希腊语Οὖτις，和荷马史诗《奥德赛》有关。奥德修斯在西西里岛遭遇独眼巨人时，假称自己的名字叫Outis，即“没有人”（Nobody）之意。德庇时取笔名为“奥蒂斯”亦可见他对希腊文学的青睐和推崇。

第二部分作者简要地介绍了希腊三大悲剧作家33部著作的内容，因为这些题材一直广泛被用于诗歌、绘画、雕塑等创作中：

> 古希腊悲剧诗人埃斯库罗斯（Aeschylus）的《被缚的普罗米修斯》《七将攻

---

① 王丽娜：《英国汉学家德庇时之中国古典文学译著与北图藏本》，载《文献》1989年第1期，第274页。

忒拜》《阿伽门农》《奠酒人》《复仇女神》《乞援人》。

古希腊悲剧作家索福克勒斯（Sophocles）的《俄狄浦斯王》《俄狄浦斯在克罗诺斯》《安提戈涅》《特拉基斯妇女》《埃阿斯》《菲洛克忒忒斯》《厄勒克拉特》。

古希腊悲剧作家欧里庇得斯（Euripides）的《美狄亚》《赫卡柏》《俄瑞斯忒斯》《腓尼基的妇女》《希波吕托斯》《阿尔刻提斯》《安德洛玛刻》《哀求者》《伊菲格纳亚在奥里斯》《在陶洛人里的伊菲格纳亚》《瑞索斯》《特洛伊妇女》《酒神的伴侣》《独目巨人》《赫拉克勒斯的后代》《海伦》《伊翁》《大力士的女儿》《厄勒克特拉》。①

德庇时是长期生活在澳门的英国商人和文学家，他在19世纪中期除了翻译介绍古希腊的诗歌外，还介绍了古希腊三大悲剧作家33部著名的悲剧作品，虽然介绍的只是戏剧的简要梗概，但对19世纪时期推动古希腊文学在澳门的传播则起了十分重要的作用。

19世纪下半叶，还有多个欧洲剧团在澳门演出，演出的剧目十分丰富，主要有：②

表8－21 欧洲剧团在澳门演出剧目表

时间	剧名	作曲	剧种	说明
1853	守财奴		喜剧	巴尔扎克小说《欧也尼·葛朗台》
1853	窘迫的人		喜剧	巴尔扎克小说《高老头》
1865	军中女郎	葛塔洛·多尼泽蒂	歌剧	巴雅与乔治编剧
1865	拉美摩尔的露契亚	葛塔洛·多尼泽蒂	歌剧	萨尔瓦多·卡玛拉诺根据沃尔特·司各特爵士的小说《拉美摩尔的新娘》的意大利译本改编
1865	行吟诗人	朱塞佩·威尔第	歌剧	意大利国家大剧院原创制作的第28部歌剧作品
1865	茶花女	朱塞佩·威尔第	歌剧	小仲马小说《茶花女》
1866	诺尔玛	文森佐·贝里尼	歌剧	罗西尼编剧
1867	宠姬	葛塔洛·多尼泽蒂	歌剧	
1867	哦，上帝！	葛塔洛·多尼泽蒂	歌剧	
1867	西西尼晚祷	朱塞佩·威尔第	歌剧	根据法国作家尤金·斯克里伯（Eugène Scribe）和夏尔·杜韦里埃（Charles Duveyrier）的《阿尔巴公爵》改编

① Outis, *Poetry and Criticism*, Privately Printed for the Author, by Bradbury and Evans, 1850, pp. 5－125.

② 本表资料主要来自：［葡］施白蒂著，姚京明译：《澳门编年史：19世纪》，澳门：澳门基金会，1998年，第118、159、162、167页；［葡］施利华著，良友译：《澳门军人及文化》，载《文化杂志》（中文版）第35期，1998年，第69页；［葡］潘日明著，苏勤译：《殊途同归：澳门的文化交融》，澳门：澳门文化司署，1992年，第165页。

（续上表）

时间	剧名	作曲	剧种	说明
1867	睡美人	文森佐·贝里尼	歌剧	法国作家夏尔·佩罗《林中睡美人》
1871	吉列姆·特尔		歌剧	罗西尼编剧
1871	梅斯纳第艾利	朱塞佩·威尔第	歌剧	
1871	埃尔纳尼	朱塞佩·威尔第	歌剧	

19 世纪上半叶，在澳门社会传播的西洋文学主要是来自于英国和意大利的文学作品。但到 19 世纪下半叶，据巴西学者嘉尔定·莱托（Oswaldo da Veiga Jardim Neto）称：

> 在 19 世纪的下半叶，法国的文化透过巴尔扎克（Honoré de Balzac）、雨果（Victor Hugo）、普鲁东（Pierre Joseph Proudhon）、缪塞（Alfred de Musset）、福楼拜（Gustave Flaubert）、波特莱尔（Charles Pierre Baudelaire）以及左拉（Émile Zola）的文学作品帮助下，被打造成法国模式而被各国顶礼膜拜：这一股法国潮流由一个在当时非常熟悉葡萄牙社会的葡萄牙知识分子克罗兹（Eça de Queirós）推动而成，他将之戏称为"法国语风"（Francesismo）。免除关税、像里斯本的公园等公众地方民主化、接受共和政体的思潮，以及政府行政组织规范都因受到这种"法国语风"的影响而日益加强。①

这股法国风自然也会吹到澳门。上述巴尔扎克的著名小说《欧也尼·葛朗台》和《高老头》，小仲马的小说《茶花女》，尤金·斯克里伯和夏尔· 杜韦里埃的《阿尔巴公爵》及夏尔·佩罗《林中睡美人》也应该是这一股法国风在澳门的反映。特别是巴尔扎克和小仲马的作品，都产生于 19 世纪 30—40 年代，而到 19 世纪 50—60 年代就已经在澳门传播，反映了这一时期西洋文学在澳门传播之盛。

19 世纪后期，在澳门对西洋文学传播有贡献的欧洲人还有一位是圣若瑟学院的意大利籍教师、耶稣会会士罗迪纳。罗迪纳谙熟拉丁文、希腊文和葡萄牙文，他崇拜维艾拉和其他文艺复兴作家，以及现代经典作家，如门德斯·莱亚尔（Mendes Leal）、埃尔库拉诺（Herculano）、卡斯蒂洛（Castilho）和拉蒂诺·科埃略（Latino Coelho）等。他是一位极具高超智慧的哲学家，在澳门发表过《上帝的神性》和《哲学概要》等神学与哲学著作。他又被人称为"迷人的诗人"。他能用拉丁文和葡文快速创作诗词，从颂诗到情诗，从十四行诗到讽刺诗再到英雄题诗，无一不精。他离开澳门后，澳门人

---

① Oswaldo da Veiga Jardim Neto, The tradition of "Bandas de Musica" in Macao, in *Revista de Cultura*, International Edition 16, 2005, pp. 8 – 9.

为了纪念他对澳门的贡献，建议议事会在议事亭大楼的会议厅中悬挂他的肖像。[①] 据文德泉的《19 世纪澳门土生葡人精英》所述，于 1901 年去世的阿内罗子爵费雷拉・维加（José Augusto Ferreira da Veiga）曾是法国戏剧作家学会成员。[②] 在澳门土生葡人中居然出现法国戏剧作家协会的成员，可以反映出，19 世纪下半叶澳门葡人受法国文学影响之深。由于受到法国大革命的"自由、平等、博爱"等革命思潮所影响，葡萄牙及澳门本土自由主义思潮获得了极大的发展。1834 年葡萄牙内战结束以后，自由主义者在战场上的祝捷亦同时代表着自由思想的胜利，以及这种思想文化能在葡萄牙更具体地被实践。再通过葡萄牙知识分子对法国文学作品的介绍，葡萄牙本土及海外殖民地崇拜法国文化风行一时。澳门虽然较葡萄牙本土接受法国文化的影响要晚一些，但这股风依然在 19 世纪 50 年代以后吹进了澳门。

当然，19 世纪下半叶除了法国文学对澳门的影响外，意大利文学也是对澳门社会产生重要影响的西洋文学。上述意大利著名戏剧家演出的意大利歌剧《军中女郎》《拉美摩尔的露契亚》《游吟诗人》《诺尔玛》等剧目，就西方戏剧文学的剧本而言，无疑也是一次十分重要的西洋文学传播。

图 8 - 30　巴尔扎克像

图 8 - 31　小仲马像

（三）澳门欧美社群中的文学创作

在澳门的欧美社群中还出现了许多文学素养极高，而且酷爱文学创作的诗人，如哈丽特・洛就学习拜伦的诗而写过一些新诗，以至于被人称为女拜伦。[③] 而在澳门欧美社群的文学创作中，贾梅士、贾梅士洞及贾梅士的《葡国魂》则成为诗人创作的一个

---

① Manuel Teixeira, *Macau e a Sua Diocese*, *Vol. VIII*, *Padres da Diocese de* Macau, Macau: Tipografia da Missão do Padroado, 1972, pp. 263 - 264；［葡］潘日明著，苏勤译：《殊途同归：澳门的文化交融》，澳门：澳门文化司署，1992 年，第 156 页。

② Manuel Teixeira, *Galeria de Macaenses Ilustres do Séc. XIX*, Macau: Imprensa Nacional, 1942, pp. 367 - 377.

③ Katharine Hillard ed., *My Mother's Journal: A Young Lady's Diary of Five Years Spent in Manila, Macao, and the Cope of Good Hope from 1829 - 1834*, Boston, 1900, p. 94.

最重要的主题。澳门贾梅士洞的盛名远播引得不少欧洲诗人来此赋诗吊唁。有记录最早的诗作是一个罗马护民官的后裔法国诗人路易·里安济（Grégoire Louis Domeny de Rienzi）所作：

啊，贾梅士，这涛涛声浪中/你诗兴勃发，不绝吟唱/阿波罗火炬耀你天赋/讴歌卢济塔尼亚英雄/从特茹河到金色的骨灰盒，远离故土/从贝娄娜处他膺获不朽荣誉/不幸流亡者，荷马的同路人/贫困换来了天才/他已入魔，苦痛诗句令人陶醉/爱情烈焰，文艺九女神吟唱/葡中共怀念/光阴催朽，英名万古。①

1824年2月4日的《澳门报》上刊登有英国东印度公司大班德庇时赞美贾梅士洞的诗篇，其诗脍炙人口：

这一片小丛林清幽寂静，令人陶醉/直射的阳光照射着，透过树叶的浓荫/曾有一位葡萄牙诗人迸发灵感/天赋才华写就了优美的古典诗篇。

昔日的半身大理石像点缀着岩缝石隙/命运多舛的诗人，如此备受热爱和磨难/据说贾梅士从这个石洞的柔和光线中/寻得安宁写下他不朽史诗。

然而，邪恶的手啊，亵渎了这块圣地/把石像弄得残旧破碎，摔在地上/深沉无言的哀伤啊，无法从心中排遣/森林之神的哀伤笼罩着那几块巨石。

诗人的英名却依然存留，闪耀着光芒/那广泛流传的诗篇，有着永恒的价值/无需靠竖立这容易破损的纪念碑/来记下诗人命运的辉煌与坎坷。

在天才的魅力逐渐消失之前/时光的扼死之手将无从举措/虽然纪念像能被粉碎，化为尘埃/天才的灵火一旦点燃，便会永放光芒。②

图8-32　德庇时像

德庇时不仅是个诗人，而且是个汉学家，他的《汉文诗解》是一部著名的汉学著作。在书中，德庇时站在欧洲文学立场上对中国诗歌进行审视分析，敏锐深刻地洞察到中西诗的不同，并试图运用欧洲诗歌文学的术语规范和分类标准对中国诗歌进行划分。③ 德庇时注意到中国诗歌中很难找到西方田园诗的模式，即“是一种精美的传统诗歌，它表达都市诗人对在理想化的自然环境里的

① ［葡］徐萨斯著，黄鸿钊等译：《历史上的澳门》，澳门：澳门基金会，2000年，第183页。中译本只有罗马护民官后裔的记录，而没有这位法国诗人的人名，这里是根据1984年英文版译出，参见Montalto de Jesus, *Historic Macao*, Hong Kong: Oxford New York Melbourne, 1984, p. 283.

② ［葡］徐萨斯著，黄鸿钊等译：《历史上的澳门》，澳门：澳门基金会，2000年，第183～184页。

③ 许双双：《从〈汉文诗解〉看英国早期对汉诗的接受》，载阎纯德主编：《汉学研究》第18集，北京：学苑出版社，2015年，第595页。

牧羊人和其他农人生活中的纯朴恬静充满怀旧气息的描绘”。[①] 德庇时在介绍中国诗歌的题材风格时，鉴于中西诗歌审美意趣大相径庭，若想要欧洲人对汉诗发生兴味，行之有效的办法即用西方诗学概念来阐释汉诗。[②]

1849 年至 1851 年随丈夫在澳门居住的英国人玛丽·米德尔敦夫人亦留下了咏叹贾梅士的诗：

> 啊，卡蒙斯！多少回/我在白鸽巢公园忧郁的树荫中流连忘返/忆你，仰天的长叹！/受人爱戴，爱戴众人，崇高的人啊！/你奋斗终生，顽强不息/大地的桎梏粉碎/无拘无束，精神升华！/你的才华为逢场作戏掩盖？/你可享受/凡夫俗子的朝拜？/同你一样流离的人/静坐你那粗糙的石碑旁/浓荫中，无人问津，默默无闻/你的奇诗喷涌？万国来拜/众人的脚步找寻你的浪迹/来到这忧郁的棚寮/酷爱诗歌艺术的人/不会舍弃这孤独/但内心一个声音回荡/啊！愿诗人永远是我们的诗人！/我携来礼物/斗胆讴歌卡蒙斯/学会珍惜他的价值/但我现在漫游的脚步/再也不愿践踏这小径/将此回忆/带往一遥远的海滩！/永远安息吧！/从你无与伦比的不幸中/你获得了多少真知灼见的智慧教益。/啊！我们深知每次不幸/将你一步步带近海滩/不幸的土地永远不会/打扰你的天伦之乐/再见，士兵诗人的身影/再会，与我忧忧浪迹天涯的朋友/漫游寂静的树林/我更加郁郁寡欢，见多识广/温馨的孤独中/波澜壮阔的人生令人沉思万千。[③]

19 世纪中期，驻华的外国使节大都受过良好的教育，拥有较高的文化水平，而且很多人还是汉学家或作家、诗人，如法国人加略利（Joseph Marie Callery）、西班牙人玛斯（Sinibaldo de Masy Sans）等。法国驻澳领事朱尔·札诺雷（Jules Zanolle）也是一位诗人，他对澳门的鹰派人物亚马留十分钦佩，1849 年 1 月他写了一首《致亚马留》的诗：

> 感谢您的积极努力与高度不懈，古老的澳城重新获得了希望。对您的权威的敬畏，带来了安宁与平静。您的智慧理想、坚强努力，使它永护庇护。您的德行，使您的英名永垂不朽。[④]

1869 年 2 月 22 日，同为诗人的西班牙驻华公使加尔西亚·格维多访问澳门，也在贾梅士洞前留下了一首吊念贾梅士的诗：

---

① ［美］艾布拉姆斯著，吴松江主译：《文学术语词典》第 7 版，北京：北京大学出版社，2009 年，第 405 页。

② 许双双：《从〈汉文诗解〉看英国早期对汉诗的接受》，载阎纯德主编：《汉学研究》第 18 集，北京：学苑出版社，2015 年，第 599 页。

③ ［葡］徐萨斯著，黄鸿钊等译：《历史上的澳门》，澳门：澳门基金会，2000 年，第 187 ~ 189 页。此诗收在马葵士（Lourenço Marques）绅士 1851 年出版的纪念贾梅士洞的文选中。

④ ［葡］萨安东著，金国平译：《葡萄牙在华外交政策：1841—1854》，澳门：葡中关系研究中心、澳门基金会，1997 年，第 124 页。

你是诗人，但更是为名誉、为尊严而勇往直前的战士；你的神圣灵感，谱写了伟大的诗篇，谨献上我的爱，来回忆你的光荣昨天。①

继1822年境内第一份葡文报刊《中国之蜂》在澳门创办后，1827年中国境内的第一份英文报刊《广州纪录报》也随之在广州创办，而报纸是在澳门发行，该报是由美国青年文学家威廉·伍德主编。到1831年时又创办了一份《广州杂文报》的英文文学月刊，1832年又创办《中国丛报》这样一份文学及历史月刊，先后在广州和澳门印刷。这些英文报刊的创办，无疑推动了澳门欧美社群西洋文学的发展。仅以《中国丛报》为例，在该报刊中就先后刊登了大量的人物传记、各地游记、诗歌、杂文，甚至出现了小说。从《中国丛报》创刊的第1期就刊登了郭实猎的游记，而且连载数期；在第1卷第2期的“文艺杂谈”栏目内刊登了《以怨报德的多事之秋》的文学作品；第1卷第8期“文艺杂谈”栏目内刊登了罗伯特·米格兰船长撰写的《迦勒底游记》和女文学硕士查理士·韦伯著的《韦克里夫传》；第2卷第4期“文艺杂谈”栏目内则刊登了史密斯与德怀特的《亚美尼亚考察记》和《印度支那杂记》，主要是介绍当地的文学、历史和神话；第2卷第9期“文艺杂谈”栏目内刊登了《路易十八回忆录》；第2卷第12期刊登了胡夏米著的《阿美士德号货船来华经过》；第3卷第11期刊登了暹罗传奇小说；第4卷第7期刊登了人类五节诗的《让你安息的天国》，这是一首描写人生图景的诗；第5卷第1期刊登了《送别斯科特先生》的诗；第5卷第12期“文艺杂谈”栏目内刊登了孟加拉和马六甲海峡文学与科学机构介绍；第8卷第11期介绍了葡萄牙诗人贾梅士在澳门的著作；第9卷第4期介绍了翻译成中文的《伊索寓言》；第12卷第4期刊登了《迪安夫人传略》；第14卷第10期发表了叔末士牧师一首基督赞美诗中文及其英文译文；第19卷第5期发表了一首译自俄文的《赞美上帝》的诗。② 其中还有相当数量的关于中国古典文学的介绍。这些英文报纸、杂志为澳门欧美社群的文学爱好者提供了创作的园地，培养了一批创作西方文学的业余作家，同时也促进了西方文学在澳门的发展。

当时每年有半年时间居住在澳门的《广州纪录报》编辑威廉·伍德就是这一时期涌现出来的一位最有才华的美国作家，他是美国著名悲剧作家的儿子，自己也极富文学天赋，擅长于写小品文，而且也是一位诗人，他曾经模仿拜伦的诗《你熟悉这片土地吗?》而创作了吟唱广州的一首诗，这首诗在美国社群中评价很高：

你熟悉这片土地吗，满地是南京布和茶箱/又充斥着肉桂、大黄和樟脑？/苦力散发着臭气的脚常在行里践踏/他们包装武夷茶的方法会使人大为吃惊?

你熟悉这片土地吗，你只是做徒劳的努力/出售你美丽的长袍或交换你的棉纱？/当你心烦意乱，到你如此清醒/发觉你的利润全都变成了“沙”?

---

① ［葡］施白蒂著，姚京明译：《澳门编年史：19世纪》，澳门：澳门基金会，1998年，第174页。

② 以上参见 *Chinese Repository* 各卷各期，不作详注。

你熟悉这片土地吗，麻醉品交易畅旺/棉花和槟榔流行无比？/巴特那和马尔瓦是每一个故事的主题/生活中的每件轶事，是庄严或是放荡？

你熟悉这片土地吗，美女得不到/命运之神的保护，只有凋残？/妇女是奴隶，受到暴君的抛弃/她们悲叹唯一的光洁宝物，并非己有？

在这里，本来用于表达夫妇间的温情/或对爱人的挑逗的嘴唇/是否不用于倾诉他们的柔情爱意/而全用于发泄吸烟的刺激？

这是我们居住的土地——它勇敢、创造和宝贵/将使普天之下感到羞耻/她的历史由于她的圣人和名将的名字/而辉煌，傲视大地。

这里的茶叶是一服饮啜的良剂/连帝王也屈尊降贵；（他们如此，谁不效尤？）/他们亲视炉火煎煮/写下了“瓦壶之傲”的散文颂歌。

最美的花地到处是花圃/万花芬芬，随风摇曳/清香与彩色，荫满楼台/或缠绕着老树的藤蔓；

那些充满鲜花和芬芳的土地/虽已全都离开我们/是否需要这种韵律，使我们回忆/对那里所产生的深情厚意？

再见了，茶箱；迎风扬帆/并责备我们的耽延/现在到了离别时，低声说“请，请”/可怜的“番鬼”，全都舍不得离开！①

在居澳欧美社群中，这种诗歌创作比较普遍，他们在很多聚会中有时会朗诵诗歌，有时也会创作一些诗歌，作为他们生活中的乐趣。如一位名叫 T. M. 的欧洲人在 1760 年就创作过一首这样的诗歌：

我年轻时从那美丽的土地远航/去到东印度那遥远的岸旁/在荣誉与财富的殿堂前/献上幸福和安康/请永远不要遗弃我年轻的心/任何凶兆都不能使我沮丧/尽管我成为一个陌生人，被抛掷到/这无亲无故的、不认识的地方。②

他们创作的诗歌题材多种多样，在广州还流传着一首美国人创作的《乌龙茶》的诗，下面仅录该诗的第一节：

喝一口神仙的茶、帝王的茶！/不是浓烈的绿茶，也不是武夷红茶/而是纯正的乌龙茶。噢，明星之魂！/“扇旺炉火，让水壶鸣唱。”③

其中还有一首对东印度公司管事吉姆斯·坎宁（Jeems Canning）及中国仆役阿鹏（Apong）的讽刺诗：

---

① ［美］亨特著，冯树铁、沈正邦译：《广州番鬼录·旧中国杂记》，广州：广东人民出版社，2009 年，第 110 ~ 112 页。

② ［美］亨特著，冯树铁、沈正邦译：《广州番鬼录·旧中国杂记》，广州：广东人民出版社，2009 年，第 265 页。

③ ［美］亨特著，冯树铁、沈正邦译：《广州番鬼录·旧中国杂记》，广州：广东人民出版社，2009 年，第 261 页。

坎宁

这不是伟大的乔治，那统治国家的乔治/这是吉姆斯，他的职务是服侍/他从大班的椅子后面/挥着餐巾作权杖，颐指气使/一副魔鬼风度，指挥着天朝的仆役！

阿鹏

开瓶塞的巴科斯，汉人的子孙/像菩萨一样不声不响，绕着桌子转/也不问每个客人“能不能喝?”/只是一瓶在手，像老鹰那样盘旋/到处看，到处把酒杯斟满。①

他们甚至为行商潘瑞兰的儿子铭官写了一首模仿古罗马的英雄史诗，标题为“伙计史诗”（*Fokeiade*）。这首诗很长，每一回前面还有情节介绍，而且诗非常有趣，下面录该诗的第二回其中的一段：

奥罗拉，曙光的女神啊/东方的天空缺少装饰/可怜的众生不得不早早醒来/诅咒那扰人清梦的晨光/于是叶（名琛）从躺椅上起身/啜一杯茶，吃着香肠/匆匆吃完简便的早餐/他读着捕获叛乱者的报告/命令把他们统统杀掉/从来不知什么叫慈悲/然后对他的传令官咆哮/赶快！去替我/把所有船长都叫来！/船长们平常胆小如鼠/这一次可得充作英豪/战战兢兢的船长们听到呼叫/个个小心翼翼地免招惹烦恼/如果老叶为他们的到来手舞足蹈/他们的麻烦就将来到！②

这些保存在《广州番鬼录》和《旧中国杂记》中的诗歌都产生在有半年时间在澳门闲居的欧美社群之中，也许是因为生活的无聊，也许是这些人都拥有高涨的文学创作激情，于是产生了这些诗。我们不敢评价这些诗歌的优劣，但可以道出一个事实，这些诗歌的传诵，反映了澳门的欧美社群对西洋文学介绍与传播的贡献。

图8－33　创作完成《广州番鬼录》和《旧中国杂记》的美国人威廉·亨特像

19世纪后期，还有一位著名的英国人，他在澳门西洋文学中的地位也值得一提，这就是担任过香港总督的包令。他是一位语言学家和诗人，他最著名的诗作是当时传教用的赞美诗：《守夜人，向我们讲述那茫茫黑夜》和《我为基督的十字架感到自豪》。③ 1849年，他在澳门完成了一首十分重要的吟咏澳门的十四行诗：

① ［美］亨特著，冯树铁、沈正邦译：《广州番鬼录·旧中国杂记》，广州：广东人民出版社，2009年，第441～442页。

② ［美］亨特著，冯树铁、沈正邦译：《广州番鬼录·旧中国杂记》，广州：广东人民出版社，2009年，第244～245页。

③ ［美］丁韪良著，沈弘等译：《花甲忆记：一位美国传教士眼中的晚清帝国》，桂林：广西师范大学出版社，2004年，第9页。

啊！澳门/东方大地，辽阔海疆的明珠/你的胸怀中蕴藏多少令人起敬的美妙/伟伟阳光中，熠熠生辉/山顶停驻的浮云/似乎悠扬飘逸/震旦翠木多么媚美/在微风中摇弋——海岸上/微浪不断冲刷沙粒/打断了萌发的怒意/这便是那位诗人见到的场景/他的里拉琴尽管著名，不也历尽千辛？/它们有其光辉，大地的花环/无法与诗坛的金色桂冠相比。①

徐萨斯评价这首诗称："诗中的浮云代表暴风雨前的宁静，诗中的树木表示新生的澳门要被压弯，贾梅士的里拉琴则象征着亚马留的不幸命运，他的胜利的桂冠不久将变成了烈士的花圈了。"② 包令这首诗写作在亚马留被刺之前，徐萨斯认为这首诗具有一定的预言性。

四、18 世纪至 19 世纪澳门葡萄牙人的文学创作

18 世纪的欧洲因启蒙主义的影响在文学上兴起了新古典主义，反对浮华的文风和迷信，中世纪的神话迷雾逐渐散去，人们更加相信人类自己的力量，追求理性、自由、平等。神话逐渐淡出诗歌，浮夸的巴洛克风格亦遭到摒弃，真实自然成为诗歌的基本条件。葡萄牙新古典主义的代表是 1713 年出生的刘易斯·安东尼奥·威尔内（Luís António Verney），他认为诗的最基本的条件是真实。③ 在 1757 年成立的阿尔卡迪亚·卢济塔尼亚诗人学会（Arcádia Lusitana），革除一切文艺上"无用的东西"，推崇"亚里士多德"的"自然的模仿"式艺术，提出废除韵律，支持白话诗。现实主义文风的兴起造成讽刺诗的流行。这一文学变革也影响到了澳门的葡语文学。

葡萄牙是一个诗人的国度，抒情诗是葡萄牙人独具特色的表达形式，隔行对仗押韵的四言诗更是澳门民间普遍流行的一种形式，许多葡萄牙的伟大诗人，如安东尼奥·诺布雷、若奥·德乌斯、科雷亚·德·奥利维拉、费尔南多·佩索阿、奥古斯托·吉尔等都曾用"民间风格的四言诗"创作过诗歌。④ 这种诗歌在澳门也十分流行。西望洋山麓的"亚婆井"，葡萄牙人称为"泥流泉前地"。泥流意为山泉，在 18 世纪之前这是澳门葡萄牙人的主要水源。澳门葡萄牙人很早就传唱着歌咏泥流泉的四言诗：

喝了泥流水/忘不了澳门/要么在澳门成家/要么重返澳门。⑤

在澳门还流行着很多古老的四言诗民谣，如：

---

① ［葡］徐萨斯著，黄鸿钊等译：《历史上的澳门》，澳门：澳门基金会，2000 年，第 212 ~ 213 页。

② ［葡］徐萨斯著，黄鸿钊等译：《历史上的澳门》，澳门：澳门基金会，2000 年，第 213 页。

③ ［葡］安东尼奥·若瑟·萨拉依瓦著，张维民译：《葡萄牙文学史》，澳门：澳门文化学会，1982 年，第 117 页。

④ Luís Sá Cunha, *Portugalbum 55 Quadros Para Conhecer Portugal E O Seu Povo*, Macau: Instituto Cultural de Macau, 1990, p. 49.

⑤ ［葡］潘日明著，苏勤译：《殊途同归：澳门的文化交融》，澳门：澳门文化司署，1992 年，第 73 页。

Dom dom dom dom 咚咚咚咚/Sium capitam 长官先生/Co espada nacinta 腰上佩着剑/Co rota na mam 手里拿着象征着权力的藤条。

这是一首嘲弄葡萄牙议事会官员的讽刺诗，四言诗里充满幽默滑稽的意味。歌谣讽刺的是澳门议事会的官员骄傲地在城中走来走去，腰上佩着剑，手里拿着象征着权力的藤条。还有一首四言诗称：

Quim quere casa，Catrina，谁要结婚，卡特琳娜/Primeiro deve sabe 首先要懂得/Lava ropa，cozinha，Catrina 洗衣，做饭，卡特琳娜/Puca agu，compra som，bare. 提水，买菜。①

这是一首对婚后土生葡人妇女真实生活的写照。对 18 世纪初 9 岁孤女玛利亚·德·莫拉（Maria de Moura）婚事的传唱则更具讽刺性：

Não he tão fermosa 伊虽非落雁/ Nem tão bem parecida 亦非羞花/ Que，por seu dinheiro 仅赖其姿/ Maria arma tanta briga 玛利亚仍能引发此番轰动。②

由于澳门孤女继承了大量遗产，因此她成了众多上层人物追求的对象。

长期以来在澳门一直还流传着许多 18—19 世纪流行的四言古民谣诗，如《12 月 2 日之讽刺诗》：

迪昂·米兰达的墓中/长叹声声/他的外甥/将同他阿仔的孙女成婚。

新娘双唇紧闭/为这英国税吏/为他的大鹰钩鼻/骄傲无比。

盛大的婚宴/鹌鹑不见/塌鼻的华人新娘/已被人受用。③

又如气球四言诗：

一个气球飘过来/坠落在菜园/到森林中去/采摘刺黄果。

一个气球飘过来/坠落在菜园/刺黄果熟了/好做酸菜。④

又如与黑人婚配四言诗：

结婚，结婚/戴上头巾/和黑人婚配/缺肺少心。⑤

除了这些四言诗以外，澳门还有一些古老的歌谣亦堪称文学佳作，如保留在马葵士·佩雷拉遗稿中的《澳门之恋》：

恋情啊，恋情/我的灵魂，我的生命，我的心/如果早知如今，我不会情窦初

---

① 汪春：《论澳门土生文学的文化身份》，苏州大学博士学位论文，2004 年，第 17 ~ 24 页。

② C. R. Boxer, *Fidalgos in the Far East（1550 – 1770）: Fact and Fancy in the History of Macao*, The Hague: Martinus Nijhoff, 1948, pp. 203 – 204.

③ ［葡］阿马罗著，金国平译：《大地之子：澳门土生葡人研究》，澳门：澳门文化司署，1993 年，第 31 ~ 33 页。

④ ［葡］阿马罗著，金国平译：《大地之子：澳门土生葡人研究》，澳门：澳门文化司署，1993 年，第 90 页。

⑤ J. F. Marques Pereira, *Ta-Ssi-Yang-Kuo*, *Arquivos e Anais Do Extremo-Oriente Português*, Série 1, Vol. 2, Fundaçã Macau, 1995.

开/今痛苦难忍/你这暴君，你这个忘恩负义的人/永世难以忘怀/恋情啊……。

从天飘落的白玫瑰/干枯，撒下花籽/宁愿死于枪下/绝不做有情人/恋情啊……。[1]

在澳门，这种流行于民间的四言诗和古民谣保存的数量不少，这类诗优美动听，充满奇特的感情，以至于有不少外国文学评论家在评论葡萄牙这些诗歌时，说它们完全可以构成一种完美的文学。[2]

18世纪后期，葡萄牙“新阿尔卡迪亚诗人协会”成立，该协会的成员大部分受过高等教育，接触英、法、德文学作品较多，开始对启蒙主义的过分理性产生怀疑，逐渐迈向“前浪漫主义”。而这一时期反映在澳门文学中最具代表性的人物即为葡萄牙诗人博卡热。

图8-34　博卡热像

1786年4月14日，21岁的博卡热以海军少尉的身份前往印度，10月29日在果阿登陆。1787年在果阿学习皇家海军课程，但因为生病没有参加考试。1787年2月21日，在参加一次军事行动时，晋升为步兵中尉；3月14日到达达曼，就职于第三步兵团。8日，与少尉迪奥尼西奥（Manuel José Dionísio）私自逃往苏拉特。[3] 博卡热开始生活在Praçã dos vícios，生活堕落放荡，致使健康受损。[4] 根据讽刺诗*A Manteigui*，在苏拉特时，他欺骗了一个美丽能干的达曼法国混血女孩安娜·蒙多塔古（Ana Jacques Mondotagui），之后遭受鞭刑。后登船前往澳门，但台风将船只卷到中国南部海岸，据他的诗称：

从人烟稀少的未开化之地/到遥远的中国海岸/我被猛烈的台风席卷。

我孤身凄惨地待在遥远的广州/比在其他异国他乡都要凄惨。

辽阔富饶的中国/除了虚幻的古老之外/用你肥沃的胸怀/看着我拖着疲惫的双脚四处乞讨。

1789年他到达澳门，受到商人若阿金·阿尔梅达（Joaquim Pereira de Almeida）的接待。为了表达他的感谢，他决定为若阿金·阿尔梅达的父亲写一首挽歌，挽歌的最后几句是献给若阿金·阿尔梅达的：

---

① ［葡］阿马罗著，金国平译：《大地之子：澳门土生葡人研究》，澳门：澳门文化司署，1993年，第91页。

② Luís Sá Cunha, *Portugalbum 55 Quadros Para Conhecer Portugal E O Seu Povo*, Macau: Instituto Cultural de Macau, 1990, p. 49.

③ Manuel Teixeira, *Toponímia de Macau*, Vol. Ⅱ, Macau: Instituto Cultural de Macau, 1997, p. 272.

④ Manuel Teixeira, *Toponímia de Macau*, Vol. Ⅱ, Macau: Instituto Cultural de Macau, 1997, p. 270.

是你，我的恩人/我亲爱的朋友/你善良的心中没有厌恶/你高尚的情操将我庇护/使我伤痕累累的心充满感激/在这个哀伤的葬礼上/献上我的关切和敬意/我的灵感、荣耀和娱乐。①

博卡热在澳门还创作了很多首诗，其中最著名的当属那首批评澳门葡人的《澳门》十四行诗：

一个无权的政府/一位某某主教先生/一批幽居贞洁的修女/三座修道院/五千个/不够虔诚的土生男女和中国天主教徒。

一座十年如一日的教堂/十四名身无分文的神甫/到处都是贫困，到处都是卑贱的女人/仅有百多个葡萄牙人住在一个不清洁的城墙里。

六座炮台，一百个士兵，一面鼓/三座用来装饰的教堂/一个无人起诉的宗教裁判庭。

两所修院，其一破坏不堪/一所享有无上权力的议事庭/葡萄牙在澳门就剩这么多啦!②

诗中所写的是当时作者心中的澳门形象。作为一个流放在外的欧洲人，博卡热对澳门这个流放地充满着疏离感，表现出一种不得不与异地、异族发生某种关系或不能不与异地的“混血”文化相对时的心理失落。而潜意识中是以本民族所居之地为核心，用本民族的文化眼光来考察、评论异地的事物，所以尽管他描写的澳门基本属实，他所见到的澳门的破落和衰败也确实存在，但他在面对澳门时，只关心这些，并且以这些来表现澳门，这就可以反映出作者存在文化的偏见、误解和歧视，这种心理显然与作者依恋和偏爱本宗主国的文化及本民族的习俗、规范、传统有关。透过这首诗，不但可以了解葡人在澳门的情况，还可以知道作者与澳门格格不入的生活态度，因此诗人对葡国政府在澳门所扮演的角色提出质疑。③

葡国伟大诗人贾梅士是博卡热崇拜的偶像，他沿着贾梅士的道路前往印度、澳门、巴西等地，虽然时代不同，所见与所经历皆不同，但诗人心中的感慨却穿越时空古今合一：

贾梅士呀、伟大的贾梅士/你的命运和我如此相似！/你的经历和我如此相同！/你失去了特茹河/我们共同亵渎了神圣/正始你叹息的恒河/我看到的只是恐怖和贫穷。④

博卡热在澳门还有一首献给玛利亚·梅内塞斯（D. Maria Saldanha Noronha e Meneses）的诗。玛利亚是一位生活在18世纪末的澳门的杰出女性，已婚，与她的孩子们一起生

---

① Manuel Teixeira, *Toponímia de Macau*, Vol. Ⅱ, Macau: Instituto Cultural de Macau, 1997, pp. 272 - 273.

② 李淑仪：《16至20世纪澳门葡语文学的探索和研究》，暨南大学博士学位论文，2000年，第47~48页。

③ 李淑仪：《16至20世纪澳门葡语文学的探索和研究》，暨南大学博士学位论文，2000年，第49页。

④ ［葡］若瑟·奥古斯多·萨埃布拉著，李长森译：《澳门和葡萄牙诗人》，载《文化杂志》（中文版）第17期，1993年，第128页。

活。她不仅容貌美丽，而且心灵美丽，是道德楷模，是她的子女们的宗教和道德榜样。博卡热 1789 年到达澳门，被引荐给她，并被她的魅力深深倾倒，献给她一首优美的诗，叫《希望》，并请她帮助他返回葡萄牙。其诗如下：

希望

您，尊贵的您/美丽的女英雄/无数恩泽，无数善举/您，为富饶的中国带来荣耀/您如此地令人钦佩/不幸的祖国为失去您而哭泣。

女神们创造了您/耗尽了她们全部的财富/金色的纽带将您的一切魅力合而为一/这是最幸福的劫数/您的美德闪闪发光/在您娇嫩的女儿们身上延续。

在您的宝贵的心灵中/这些年轻的、美丽的生命/在您的臂弯里/甜蜜地享受母亲的爱抚/您的幸福时光/您的完美竞相效仿。

温柔的声音，有效的榜样/有益健康的思想/造就您的品德，永久的庙堂/引导您走向满布繁星的道路/对于我，无知的凡人/道路如此险峻，而于您却如此平坦。

哎，我哀伤地乞求，乞求/仁慈的马莉娅/正值您对不幸的人们的错误/感到难过，感到惋惜/我为了反抗不幸的命运/请求仁慈的您为我庇护/最后，我恳求，恳求您/让我消除忧虑和恐惧/回到祖国的怀抱/噢！您说好的，别再大声乞求/缪斯！缪斯！我心情愉悦/高唱胜利和希望！①

他还给曾经帮助过他的澳门王室大法官费利喇写过一首颂诗，下面是该诗的最后一部分：

您是我的恩人，伟人/您坠地的长袍让人尊敬/您优秀的才华更令人尊敬。

感谢您/感谢您慷慨的相助/您同样判决沉默就是犯罪/高尚的仲裁者。

在满天繁星下，在淡蓝的星空下/在我的赞歌中经常提到您的名字。

上天！命运！造就保佑费雷拉/是世界上对英雄的需要/您给作乱的怪物套上枷锁/亲爱的朋友。②

1790 年 8 月，博卡热返回祖国，抵达里斯本。③ 澳门政府为了纪念他，以他的名字命名了一条街，中文名为蓬莱新街，葡文名为 Rua do Bocage。从 16 号和 18 号建筑之间的司打口开始，到 14 号和 16 号建筑之间的道德巷结束。道德巷是博卡热请求天主宽恕的地方。④ 最后，他患上了动脉瘤，这使他瘦弱的身体更加衰弱，直至 1805 年 12 月 21 日去世。⑤

澳门葡萄牙人为了纪念这位葡萄牙的杰出诗人，在 1818 年若奥六世登基的澳门庆祝

---

① Manuel Teixeira, *Toponímia de Macau*, Vol. Ⅱ, Macau: Instituto Cultural de Macau, 1997, pp. 279 – 280.

② Manuel Teixeira, *Toponímia de Macau*, Vol. Ⅱ, Macau: Instituto Cultural de Macau, 1997, p. 282.

③ Manuel Teixeira, *Toponímia de Macau*, Vol. Ⅱ, Macau: Instituto Cultural de Macau, 1997, p. 280.

④ Manuel Teixeira, *Toponímia de Macau*, Vol. Ⅱ, Macau: Instituto Cultural de Macau, 1997, p. 270.

⑤ Manuel Teixeira, *Toponímia de Macau*, Vol. Ⅱ, Macau: Instituto Cultural de Macau, 1997, p. 278.

活动中，在方济各会修道院的石柱上刻下了博卡热的遗作——对葡萄牙王室的《赞美诗》：

如今，如果美化天空与大地/以荣耀，以喜悦，以财物/伟大的若奥国王给予了王国以何物/ 王国装点着一切。

祖祖辈辈，世代相传/忠诚之心熊熊燃烧，所向披靡/若奥眼中闪烁着荣耀的光芒/决不后退，英雄就是一切。

尊敬的王子，敬爱的王子/心中缠绕着正义之花/爱子的柔情告诉我们，统治/不能被恐惧征服，也不能使用铁律。

最高级国家的君王值得整个世界/若奥就是天，若奥就是胜利/他的王位一直存在心中/是心中永恒的基石。

他的珍宝，就是他的王座/命途多舛时有父亲的庇护/被压迫的美德，灵魂的避难/来自正义，以及那样的纯真。

若奥的宝座，……荣耀/正义……钦佩这一切/在他们心中，对王座的衡量/只剩对天神朱庇特的嫉妒。[①]

可以反映，澳门葡萄牙人对这位诗人的热爱。亦可反映，博卡热的诗对澳门社会产生的影响。

继博卡热以后，擅长于文学的澳门王室教师米兰达·利马既是一位“诙谐诗人”[②]，又是一位浪漫诗人。[③] 米兰达·利马的父亲巴普蒂斯塔·利马也是一位诗人，并兼任王室教师，[④] 只不过我们找不到巴普蒂斯塔·利马的传世诗作。米兰达·利马是18世纪末19世纪初澳门土生葡人诗人的代表人物，他的作品在当时澳门广为流传，他担任过澳门王室教师、议事会物价官、法官等职，[⑤] 他发表的诗作主要有《醒悟》《公鸡》《不灭的群体》（*Philomena Invicta*）、*Eustaquio Magnanimo*[⑥]、《看破红尘》（*Desengano*）、田园诗《阿莱克托里亚》（*Alectorea*）[⑦] 等。[⑧] 1810年6月，王室大法官眉额带历劝降海盗张保仔后，回到了澳门，澳门人民为他的凯旋举行了盛大的欢庆会。会上米兰达·利马朗诵了一首诗歌：

---

① *Arquivos de Macau*, 1ª Série, Vol. I, No. 1, Macau, 1929, pp. 55 – 56.

② Manuel Teixeira, *A Educação em Macau*, Macau: Direcção dos Serviços de Educação e Cultura, 1982, p. 8.

③ ［葡］施白蒂著，姚京明译：《澳门编年史：19世纪》，澳门：澳门基金会，1998年，第96页。

④ ［葡］施白蒂著，小雨译：《澳门编年史：16—18世纪》，澳门：澳门基金会，1995年，第171页。

⑤ Jorge Forjaz, *Famílias Macaenses*, Vol. Ⅱ, Macau: Fundação Oriente, Instituto Cultural de Macau, Instituto Português do Oriente, 1996, p. 337.

⑥ ［葡］施白蒂著，姚京明译：《澳门编年史：19世纪》，澳门：澳门基金会，1998年，第96页。*Eustaquio Magnanimo*，1844年在澳门出版，共26页。

⑦ 田园诗《阿莱克托里亚》（*Alectorea*）1838年在澳门出版，共52页；1866年又和其他几首诗一起在香港重印。

⑧ Manuel Teixeira, *Galeria de Macaenses Ilustres do Séc.* XIX, Macau: Imprensa Nacional, 1942, pp. 19 – 97.

在你盼望已久/成荫的橄榄树下/多亏万能的造物主/我看到了你，倾倒的祖国。

环绕你的茫茫大海中/已不见敌人的凶恶旗帜/再也听不到地平线上/传来的隆隆炮声。

往昔发送/致命弹丸的火药/如果今天你仍然填满铁枪管/那是为了鸣枪庆贺。

路上凶虎出没/在你的脚下张牙舞爪/脆弱的少男少女/将你奉为父母，依顺上帝。

啊！阿里亚加，你这样慈善的父亲/降服了这些猛虎/披荆斩棘/栽下了你面前的这棵繁茂的橄榄树。

人们再也不会/用这位葡萄牙人英雄的英名冒险/今天庆祝你的凯旋/以碧绿的棕榈遮盖你的额头。

你获得了胜利的徽章/为你献上美丽的鲜花/这位利西亚门徒身上的美德/光彩夺目。

桂叶、葵花永远围绕/那照亮其他行星的太阳/我们的英雄/永远忠于布拉甘萨王朝。[①]

虽然米兰达·利马是土生葡人诗人的杰出代表，但他的诗歌主要还是葡萄牙诗歌风格，受土生葡语及亚非因素影响较小。因为米兰达·利马的父亲是王室教师，葡语及拉丁语功力深厚，文学素养较高，家学渊源使得他继承了当时的葡萄牙文风。18 世纪，欧洲诗歌浪漫主义兴起，重视对具体环境、动植物及风景的描写，感情自发而浓烈，这一点在这首诗中淋漓尽致地体现出来：用橄榄、桂叶、向日葵、太阳象征和平、美好、忠诚和正能量；用荆棘、猛虎象征困难、敌人。浪漫主义还有一大特点，在于它的历史精神，“有意识地改造着世界前途的乐观的资产阶级将人类与自然是可以永远进步的思想、相对论思想引入文学领域”[②]。葡萄牙的浪漫主义思潮也同葡萄牙当时的政治革命一样，标志着与旧时代的决裂。[③] 当时葡国浪漫主义代表诗人阿尔梅达·加列特（Almeida Garrett）在自己作品的序言和注释中就主张葡萄牙文学应该恢复其民族和大众的文化传统。[④] 米兰达·利马本人就很有历史使命感与民族意识，他的诗歌充满了对葡萄牙民族的热爱，对葡王的忠诚，对葡国未来的憧憬。米兰达·利马的诗作感情浓

---

① 原文载［葡］安德拉德：《澳门史实备忘录》，苏亚雷斯：《海事纪》第 2 卷，第 33 章，转引自［葡］徐萨斯著，黄鸿钊等译：《历史上的澳门》，澳门：澳门基金会，2000 年，第 161 ~ 162 页。

② ［葡］安东尼奥·若瑟·萨拉依瓦著，张维民译：《葡萄牙文学史》，澳门：澳门文化学会，1982 年，第 134 页。

③ ［葡］安东尼奥·若瑟·萨拉依瓦著，张维民译：《葡萄牙文学史》，澳门：澳门文化学会，1982 年，第 136 页。

④ ［葡］安东尼奥·若瑟·萨拉依瓦著，张维民译：《葡萄牙文学史》，澳门：澳门文化学会，1982 年，第 148 页。

烈真挚，通俗直接又形象鲜明丰富，民族意识和历史意识强烈，可谓葡萄牙浪漫主义诗风在澳门的延续，受到澳门葡人的追捧，创作的诗作广为流传，并因此得到葡王的嘉奖，是澳门文坛上一颗闪耀的明珠。《人民回声报》（*O Echo do Povo*）1860 年第 68 期写道："葡萄牙文和拉丁文语法老师米兰达·利马先生，曾因被怀疑是专制主义者而停职，几年后得以恢复，但他终年郁郁寡欢，严重损害了这位澳门诗人的健康，不久去世。他的地位是无可替代的。"①

在 19 世纪中期澳门的葡萄牙作家中，若泽·德·安德拉德（José Ignácio de Andrade）是一位不应该被人忘记的杰出的文学家。安德拉德，亚速尔人，1779 年生于圣玛利亚岛，是贸易船队的船长和商人，一生从事航海贸易，游遍了印度和中国的广袤海域，1863 年去世，期间在澳门生活了很长一段时间。他留下的文学作品虽然很多，但 1843 年由里斯本国家出版社首次出版的《1815—1835 年间自印度及中国给夫人唐·玛利亚·热特鲁德斯·安德拉德的书信集》（以下简称《书信集》）影响最大，该书分为 2 卷，共收录有 100 多封安德拉德写给他夫人的信件。在安德拉德的人生旅程中，他特别选择了撰写书信的方式，给后人留下了一笔极为宝贵的文学财富。由于这种方式可以更加直接地反映一个旅行者的思想感情和见闻心得，所以安德拉德在其创作过程中始终赋予它们一种存在于 17、18 世纪葡萄牙优良传统中的教育和道德，甚至哲学和政治的功能。② 正如他在书中所言：

> 我只有一颗政治的心和坚毅的灵魂。……我总是遵循自己的写作风格，我总是写我心中所想的，和使我感到快乐的！③

《书信集》是一部游记文学作品，有人更称之为"是一部包罗万象的亚洲文明的教科书和游记文学作品"。安德拉德写出这样的作品，是因为他受到中国的实实在在的奇遇感染的滋养，所以他将自己作品的大量篇幅都献给了中国。他一方面赞颂中国人的美德、仁慈、正义感、行政管理、城市管理和其他方面的文明与文化，以及中国人的日常生活，还扼要地介绍了中国历史，描绘中国人的心理特点，以及令自己深深感到无比神往的中国人民的勤劳、智慧和哲学与道德观，另一方面也没有忘记指出中国某些负面因素。尽管从字里行间看得出他是在努力解释这方面的东西，并竭力证明自己的看法是对的，但同样确切无疑的是，他没有忘记评论被认为是那个时代广为传播的已理想化的中国顶尖文学经典。④

---

① Manuel Teixeira, *A Educação em Macau*, Macau: Direcção dos Serviços de Educação Cultura, 1982, p. 7.

② ［葡］冼丽莎：《关于若泽·伊纳西奥·德·安德拉德〈书信集〉的再版》，载《文化杂志》（中文版）第 45 期，2002 年，第 77～78 页。

③ ［葡］冼丽莎：《关于若泽·伊纳西奥·德·安德拉德〈书信集〉的再版》，载《文化杂志》（中文版）第 45 期，2002 年，第 77 页。

④ ［葡］冼丽莎：《关于若泽·伊纳西奥·德·安德拉德〈书信集〉的再版》，载《文化杂志》（中文版）第 45 期，2002 年，第 80 页。

安德拉德同样也体现自己是一个19世纪的葡萄牙人，一个具有开拓精神的对弥漫在自己周围的机会主义持批评态度的资产阶级分子，他反对耶稣会的教育，赞美和钦佩庞巴尔首相，反对专制政体，反对卡布拉尔主义，极端仇视英国人，尤其值得指出的是，他还是葡萄牙民族资产阶级知识分子中少数献身于中国的文人之一。总之，安德拉德的许多作品批判性地反映了传播于西方的关于中国的种种哲学思想。然而，安德拉德的上述立场并不妨碍他所处的社会和时代。[①] 在他的《书信集》中，有几封书信则以文献的方式向人们勾画了澳门历史的轮廓，特别提到了他在澳门期间的一些活动，同中国人一道抗击海盗和抵御英国人入侵的历史性事件。在一些信件中明显流露出他对澳门和祖国的深情，甚至揭露了有关图谋澳门自治的主张，谴责某些澳门总督和兵头的行为。[②]

《书信集》第1版出版后赢得了许多葡萄牙文学家的赞赏，莱亚尔·德·古斯芒（Leal de Gusmão）为安德拉德的书写了一首《即兴颂歌》，若泽·达·科斯塔·依·席尔瓦（José Maria da Costa e Silva）则写一首长编《诗歌体书信》，圣母孔塞桑学院的教授弗朗西斯科·马丁斯·巴斯托（Francisco António Martins Bastos）也写了一首致安德拉德的《诗歌体书信》。1847年前已故的里斯本总主教弗朗西斯科·德·圣路易斯（Francisco de S. Luís）是这样评价这部作品的：

> 您的作品为自己的荣光，为葡萄牙文学竖起了一座永恒的丰碑，使我们了解到中华大帝国的风土人情、法律制度、勤劳智慧的人民及其独特的个性，为我们古代葡萄牙人的精神和价值伸张了正义，及时抨击了一些外国人貌似愚昧无知而真正贪婪与嫉妒，并在字里行间宣扬了襟怀坦白和豁达大度的哲学思想以及人与人之间的友谊和社会道德。[③]

1822年澳门创办了中国境内第一份现代新闻报刊《中国之蜂》，在此之后的20年间，又连续创办了《澳门周报》《澳门钞报》《恒定报》《澳门土生公众报》《澳门政府宪报》《澳门土生邮报》《真正爱国者》《商报》《澳门周刊》《葡萄牙人在中国》《澳门土生灯塔报》《澳门土生曙光报》《中国孤独者》《澳门土生代言者报》等10余份葡文报刊。这些葡文报刊的出现，无疑为澳门葡萄牙人文学爱好者提供了创作的园地。虽然上述报刊大多都是政治性的新闻报刊或者商业报刊，但在这些报刊上也偶尔会刊登文学作品。[④] 如在澳门的立宪运动期间，1823年的《中国之蜂》上刊登了一首无名

---

① ［葡］冼丽莎：《关于若泽·伊纳西奥·德·安德拉德〈书信集〉的再版》，载《文化杂志》（中文版）第45期，2002年，第82页。

② ［葡］冼丽莎：《关于若泽·伊纳西奥·德·安德拉德〈书信集〉的再版》，载《文化杂志》（中文版）第45期，2002年，第84页。

③ ［葡］冼丽莎：《关于若泽·伊纳西奥·德·安德拉德〈书信集〉的再版》，载《文化杂志》（中文版）第45期，2002年，第86页。

④ 李长森：《近代澳门外报史稿》，广州：广东人民出版社，2010年，第79~94页。

氏的十四行诗：

驼背是个凶残的动物/本性邪恶，有时匍匐在地/更多时候翱翔天空/这取决于他的意愿。

他对大人物俯首帖耳，对平头百姓却粗暴无礼/他对在位者阿谀奉承，对不在位者则置之不理/从未对别人的痛苦感到哀伤/忘恩负义，是非不分，贪婪无比/荣誉、道德、信仰等一切/都只是他达到目的的手段/而从不相信它们。

长期以来他一直侵蚀着卢济塔尼亚民族/现在终于倒下，全身抽搐，直至无声无息/哦！宪法，神圣的力量！①

不久，该报又发表了一首十四行诗：

驼背是个驼背者/他残暴疯狂/驼背想要/激烈地反对其他人。

驼背，他策划阴谋/他给予关注/否则，更大的驼背/给这样的驼背一个更好的床铺。

驼背也是一个诽谤者/秩序的敌人/蛮横地践踏宪法。

驼背没有羞耻之心/盗窃了许多人的信任/只想制造混乱。②

这是在澳门民主立宪运动中对保守派领袖王室大法官眉额带历倒台时进行攻击的两首政治讽刺诗，这样的政治讽刺诗同样又见于1825年出任王室大法官的佩德罗·菲格雷多的身上，由于他是反自由主义派，他的仇敌赠给了他一首讽刺诗：

我的佩德罗·费力西亚诺·德·奥利维拉/你那无耻的阴谋与无赖的言行/应该受到很好的奖赏/或者中个枪子，或者被刺/你是主教的私人顾问/有着能人之躯，精神上是他的同伴/理所应得地全世界都需要你/因为知道你是一切无赖言行的核心。③

这首诗也是从当时的葡文报刊摘录的。诗歌成为民主立宪派人士的锐利武器，像投枪，像匕首一样刺进了反对派的心脏。最重要的是，1838年10月份创刊了《澳门土生邮报》，这是一份葡文政治文学月刊，虽然只出了6期，但作为一个专门的文学月刊的出现，亦可反映澳门葡萄牙人文学创作的普遍性。④ 1844年3月份创刊的《澳门土生代言者报》，也是一份文学政治周刊，发行时间长达一年半。在这长达一年半的时间内，有多少文学作品在该报刊上发表，我们尚未做过有效的统计，但也可以见证这一时期澳门葡萄牙文学创作的发展。⑤ 1863年创办的《大西洋国》，直到1866年4月才停刊，这是一份新闻、历史、文学周刊，里面刊登了许多历史及文学方面的系列文章，其中

① *A Abelha de China*, No. XXXV, 15/05/1823, Macau: University of Macau, 1994, p. 146.

② *A Abelha de China*, No. XXXV, 15/05/1823, Macau: University of Macau, 1994, pp. 146 - 147.

③ Manuel Teixeira, *Os Ouvidores em Macau*, Macau: Imprensa Nacional, 1976, p. 169.

④ 李长森：《近代澳门外报史稿》，广州：广东人民出版社，2010年，第92页。

⑤ 李长森：《近代澳门外报史稿》，广州：广东人民出版社，2010年，第94页。

特别是对澳门葡萄牙人古代民谣的介绍与研究，在该刊物中出现了多篇文章。[①] 还有，1882 年创刊的《澳门土生报》也是一份政治新闻文学周刊，其中刊有当时葡萄牙人的文学作品，如卢贝克（L. A. Lubeck）的诗歌《信仰者和非信仰者》：

一生都在激烈的战斗/展开更激烈的战斗/更加刺激、更加痛苦/呻吟，伤害，诅咒/无数亵渎神明的言词、仇视憎恨的喧嚣/无数怀有深仇大恨的心灵离开了/两个大人物之间展开激烈的角逐/直至平息的一刻/暂时缓解战斗的疲惫。

两位举止雍容的长者/饱经风霜的脸上虽然布满皱纹/却宁静威严/再坚硬的岩石也无法移动巨浪/再高大的栎树也无法摧毁狂风/他们中的一人眼神暗淡无光/像快要燃尽的烛光/也曾经有鲜活的火苗跳动/直至光亮慢慢变弱/灿烂的光芒，神奇的光芒/另一个眼神沉静/像清晨的曙光，纯净、愉悦/是天空中早早出现的启明星。

天堂里的安琪儿/真诚地祷告/在这个悲伤的时刻/非信仰者的声音/像一根坚硬的刺/扎入秘密的天国/感谢天主/这些灵魂已经改邪归正。[②]

又如《玛利亚之月》（*O Mez de Maria*）

百花盛开的五月来了/风中摇曳的花儿/散发出醉人的芬芳/大自然在微笑/甜蜜幸福地微笑着/如此绚丽夺目。

春天为绿油油的大地/带来了美丽的花朵/清新的百合花、优雅的紫罗兰/围绕着娇嫩的玫瑰花。

悦耳的歌声/优美的思乡曲/在山谷回荡/久久不散的/感谢这至高无上的颂歌/欢快愉悦的赞歌。

草原、高山、山谷、山脉/苍穹、大海和陆地/都在唱着爱的赞歌/因为百花绽放的五月来了/ 枝繁叶茂，鲜花遍野。

钟楼上的大钟/发出悦耳的声音/在晨光中向人们致敬/圣女玛利亚之月/从今天开始。

贫穷的诗人/也弹着七弦琴向玛利亚致意/他展开羞涩的歌喉/谦卑、高雅而神圣/为玛利亚唱着颂歌。

向您致敬，高贵的圣女/美丽的花朵/亮起甜美的歌声/紫红的玫瑰/在绿色的草地上婉转地歌唱。

哦，玛利亚/我们请求您/无论富裕还是贫穷/无论老迈还是年轻/我们都向您祈求/祈求得到您的垂怜。[③]

---

① 李长森：《近代澳门外报史稿》，广州：广东人民出版社，2010 年，第 95 ~ 96 页。

② *O Macaense*, 15 de Março de 1883, No. 48, p. 12.

③ *O Macaense*, 31 de Maio de 1883, No. 59, p. 60.

18 世纪 80 年代发明的蒸汽机从根本上改变了旧有生产方式，“火轮船”的出现大大缩短了欧洲到远东的航行时间，并增加了航海的安全性。这一重大的历史性进步，使得大批葡萄牙的军人、行政人员、教职人员以及各种专业技术人员可以更加方便、快捷、安全地来到澳门，甚至普通人都可以实现航海旅行的梦想。到 19 世纪后期，在澳门“欧洲出生的纯种葡萄牙人为数很多，这种人差不多全是各种军政官员”①。19 世纪到澳门来的葡国人普遍受教育程度高，其中包括不少文学素养很高的文人墨客，这一时期在澳门的葡国文学家包括卡洛斯·卡尔德拉（Carlos José Caldeira，1811—1822）、弗朗西斯科·巴尔达罗（Francisco Maria Bordalo，1821—1929）、阿道尔弗·劳伦佐（Adolfo Loureiro，1836—1911）、文塞斯劳·德·莫拉伊斯（Wenceslau de Moraes，1854—1929）、阿尔诺索伯爵（Conde Arnoso，1855—1911）、文第士（Manuel da Silva Mendes，1867—1931）、庇山耶（ Camilo Pessanha，1867—1926）。②其中最有代表性的是阿尔诺索伯爵和庇山耶。

阿尔诺索伯爵是王室贵族、工程建筑师，他是葡萄牙大文豪埃萨·德·盖伊罗斯（Eça de Queiros）的朋友。同时，他自己也是颇有名气的作家，其著作有《五色磁砖》《手拉手》《第一片云》和《温柔的奇迹》等。③ 1887 年6 月23 日，阿尔诺索伯爵随同澳督罗沙前往北京，签署《中葡友好通商条约》，并完成了《世界周游记》（*Jornadas pelo Mundo*）一书。这是一部典型的游记文学，其中保存了大量的对澳门当时社会的真实描写，但也掺杂了作者的虚构，如作者称：

> 6 月 23 日上午 8 点钟，登上“里约·利马号”战舰后，我们便起锚离开了香港，朝着澳门方向驶去。战船乘风破浪前进，大约用了 5 个小时，航行了 50 海里，我们终于到达了澳门。下午 1 点钟，我们的战舰驶入了南湾前面的锚泊地。大家都怀着崇敬而自豪的心情，望着眼前这片海域，我们的一位前辈若热·皮涅罗·德·拉塞达（Jorge Pinheiro de Lacerda）就战死在这一海域里。那时正值布拉甘萨王室光复时期，他曾在这一海域同荷兰人进行了英勇的战斗，一直坚持到生命的最后一刻。当他看到胜利已无望时，便毅然点燃了战船的火药库，与其同归于尽。两个多世纪过去了，我们幸运地乘坐葡国的战舰又来到了这里，我们的血管里流淌着前辈的血，我们同属一个民族。如果历史会重现的话，我们战舰上的军官们会毫不犹豫地在生与死之间做出选择。

这段对澳门景色的描述虚构了一个历史人物若热·皮涅罗·德·拉塞达，因为在布拉

① ［葡］若热·迪亚士著，军波译：《19 世纪末叶之澳门有关乔治·布斯凯〈当今日本〉某些札记》，载《文化杂志》（中文版）第 7—8 期，1989 年，第 74 页。

② 李淑仪：《16 至 20 世纪澳门葡语文学的探索与研究》，暨南大学博士学位论文，2000 年，第 51 ~ 52 页。

③ 李淑仪：《16 至 20 世纪澳门葡语文学的探索与研究》，暨南大学博士学位论文，2000 年，第 52 页。

甘萨王室光复时期，澳门葡萄牙人与荷兰人从无发生过战争。在光复时期，为葡萄牙光复做过贡献的英雄人物中从来就没有出现过若热·皮涅罗·德·拉塞达这一人名。很显然，伯爵在这里进行了他的文学创作。[1] 但该书中对澳门进行了全景式的文学描写，而这些描写又反映了当时的历史真实，包括澳督府、嘉思栏兵营、邮政局、望德圣母堂、圣保禄教堂遗址、二龙喉公园、松山、白鸽巢、普济禅院、莲峰庙及澳门的三座坟场。其中还介绍了澳门的警察、军队及中国人的房屋和店铺，特别是对被中国人暗杀的前总督亚马留给予了美好文字的赞扬，还对对当时澳门社会有着很大贡献的明德禄主教进行了热情洋溢的介绍。[2] 这些细致的记述，为我们留下了一幅幅 19 世纪澳门文学的近影。

图 8-35　阿尔诺索伯爵像

庇山耶，1867 年 9 月 7 日生于葡萄牙科英布拉。17 岁时进入科英布拉大学，在大学期间，写下了生平的第一首诗《林中的女郎》，诗中洋溢出热烈的生命力，预示出他将要进行东方的远行。这段时间是葡萄牙历史上最黑暗的时期，人们对国王和君主专制的进攻引发了多次血腥事件。1890 年，诗人庇山耶的《以葡萄牙人的敏感》给他痛苦的祖国留下了悲叹：

图 8-36　庇山耶像

在一个失落的国度，我看到过光明/我的心是一片厌倦和灰冷/噢！有谁能无声无息地滑行/像蚯蚓一样在地上失踪……

当时有人评价他的诗来源于一种杂乱无章的不惬意和动荡不宁的情绪，可以说是一种“世纪末”的恶病：颓废主义。[3] 1893 年 12 月 18 日通过考试成为澳门利宵中学教师，于翌年 4 月 10 日抵达澳门。抵达澳门后，庇山耶开始学习中国语言和文化。受葡国诗歌和

---

① ［葡］文德泉著，军波译：《阿尔诺索伯爵笔下的澳门》，载《文化杂志》（中文版）第 7—8 期，1989 年，第 55 页。

② ［葡］文德泉著，军波译：《阿尔诺索伯爵笔下的澳门》，载《文化杂志》（中文版）第 7—8 期，1989 年，第 55~71 页。

③ ［葡］维伊加·德·奥里维拉：《卡米洛·庇山耶·诗人·法官·人》，载《文化杂志》（中文版）第 9 期，1992 年，第 75 页。

中国诗歌的双重影响，庇山耶形成自己独特的象征主义手法，他的代表作为诗歌集《滴漏》，其中最具代表性的诗就是《路》，这首诗是“他于1894年24岁出发去澳门之前，以及在科英布拉稍稍经历了抛出我们象征主义的插曲之后”① 而发出的声音：

(一)

我做着恶梦；病恹恹的心灵/感到一阵说不出的余悸/我提心吊胆走在未来的浪尖上/满怀着对于现在的追忆。

边追忆这个伤痛，又想使劲地把它/逐出自己的胸怀，但是办不到/只好在日薄西山的迷矇中/拿一块暗纱把我的这颗心笼罩。

要是没有伤痛，心就一无所有/就像那刚刚升起就熄灭的太阳/因此太阳只是在清晨时才哭泣。

(二)

有一天你在路上遇见了我/我在寻找什么，我自己也不知道/“老兄，你好呀！”我向你打招呼/孤寂一人走路越走会越漫长。

路漫漫，路漫漫，到处是荆棘！/你停下来歇歇，我也喘口气……/你在一爿小店驻脚，我也停了下来/我们二人共饮一瓶葡萄酒。

到了那孤零零的崎岖小山岗/它那受难圣地般的岩石扎人双脚/又像沙漠一样热浪逼人……但就在那里。

我们各自为自己的伤痛而哭泣……/你的泪滴在咱们共饮的葡萄酒里/我们只好喝下共同流出的泪水。②

努诺·儒迪赛评价庇山耶的诗作赞曰：“在庇山耶的《滴漏》中葡萄牙的象征主义得到最纯真的表达。”③ 若瑟·萨埃布拉（José Augusto Saebra）称庇山耶的《滴漏》：“他标志着‘失去祖国’的漂泊不仅是肉体上的放逐，同时也是诗歌本身的体验。他以鲍德拉（Baudelaire）的模式去审视充满奇幻色彩的东方，从而感觉到了‘西方的东方’的特点。”④ 还有葡萄牙作家评价《滴漏》称这本书：

简洁而极其优美的文笔如此令人惊叹，简直是货真价实的象征手法，意蕴深远，如疾风之掠水，音乐之萦绕，深沉邃远，实在是葡萄牙象征王国炉火纯青的

---

① ［葡］若瑟·奥古斯多·萨埃布拉著，李长森译：《澳门和葡萄牙诗人》，载《文化杂志》（中文版）第17期，1993年，第130页。

② 李淑仪：《16至20世纪澳门葡语文学的探索与研究》，暨南大学博士学位论文，2000年，第62~63页。

③ 努诺·儒迪赛：《象征主义从稳定到衰落》，载《人马座》1982年；转引自李淑仪：《16至20世纪澳门葡语文学的探索与研究》，暨南大学博士学位论文，2000年，第66页。

④ ［葡］若瑟·奥古斯多·萨埃布拉著，李长森译：《澳门和葡萄牙诗人》，载《文化杂志》（中文版）第17期，1993年，第130页。

代表作，可以与欧洲的象征派诗人并驾齐驱。[①]

庇山耶从1894年来澳，到1926年去世，期间在澳门生活长达32年，诗人在澳门渡过他“生命的艰苦旅程”。可以说，庇山耶是19世纪澳门葡萄牙文学的最后殿军者，也是20世纪澳门葡萄牙文学的领军人。狭小的澳门半岛，到处留下了庇山耶的声影，庇山耶属于澳门。

---

① ［葡］维伊加·德·奥里维拉：《卡米洛·庇山耶·诗人·法官·人》，载《文化杂志》（中文版）第9期，1992年，第80页。

第九章

澳门的西洋美术、音乐、戏剧及体育

在16—18世纪西学东渐的潮流中，西方艺术与体育向东方的传播亦引起了人们的关注，它们对东方所产生的影响更是研究者热衷追寻的问题，但是人们很少注意到，这些传入中国内地的西方文化绝大部分都是首先进入澳门，稍后才向中国内地传播的。因此，研究西方文化与中国的关系时，首先应该将视角落到澳门。本章所涉及的西方美术、音乐、戏剧及体育都应如是。

第一节　澳门的西洋美术

西方美术最初至中国南海区域，实导源于东征的葡萄牙船队。这些葡萄牙船队不仅带来了欧洲的商品，也带来了大量的西洋艺术品。由日本东京所保存的早期葡萄牙人远征日本的版画，既真实地反映了当年葡萄牙海船张帆勇进的历史情景，也记录了最早流入东方国度的一幅圣母像输入过程。[①] 西洋美术传入澳门也是伴随着葡萄牙船队和天主教而来，天主教的传播，接着是教堂的建设，伴随而来的就是天主教的艺术，这是天主教宗教与艺术之统一性所带来的必然结果。

一、澳门是天主教美术传入中国的第一站

过去，有艺术史家下过这样的结论："西洋美术传入中土，盖亦自利玛窦始。"[②] 以今天已发掘的史料而言，此言实误。利玛窦到澳门，在万历十年（1582），进北京城在万历二十八年（1600）底，而在利玛窦到澳门之前的三四十年间，我们即已见到了西

① ［日］关卫著，熊得山译：《西方美术东渐史》，上海：上海书店出版社，2002年，第227页。
② 向达：《明清之际中国美术所受西洋之影响》，载《东方杂志》第27卷，第1期，1930年，第20页。

洋美术在中国传播的事实。

首先，我们见到的是1542—1548年葡萄牙人在浙江宁波地区的双屿港建立的一个贸易基地里传播西洋美术。葡萄牙旅行家平托在《远游记》记载双屿港：

> 在同一塔楼上有一窗户，两个孩子和一个上了年纪的妇女在哭泣，在她的脚下有一男人被大卸四块，其形象很逼真，十几个全副武装的西班牙人还举着带血的矛戟在杀戮。整幅艺术品豪华壮观，令人百看不厌。①

很明显，这是一幅绘制在窗户上的西洋画，是一幅“豪华壮观”的艺术品。双屿港的教堂里还有西洋雕塑：

> 代理主教跪在无染受孕圣母之前，眼望图像，双手高举……对圣像说道……”②

可知，双屿港的教堂里有“无染受孕圣母”像。可以说，这是我们目前所能见到的关于欧洲西洋美术传入中国最早的文字记载，比利玛窦到澳门要早30余年。

图9-1　利玛窦进贡万历皇帝的圣母油画像即为此画的摹本

其次是耶稣会修士安德烈·平托于1564年11月30日在广州给印度耶稣会会士们的信中的记载：

> 我们从Amacau（阿妈港）这个港口出发，两天后到达这个Pinhal岛（大屿山）与港口。……于是，他们当中有些人就登了岸，就在半夜三更在海滩上搭起一座教堂，……摆上了圣米迦勒的一幅画像，……曼努埃尔·特谢拉神父马上就给他们做弥撒。③

1564年，“圣米迦勒”画像已由传教士带进了离澳门不远的大屿山岛上的临时教堂内，比利玛窦到澳门要早18年。

再次是嘉靖四十四年（1565）安徽人叶权游澳门时，看到了澳门教堂的西洋画，“其画似隔玻璃，高下凸凹，面目眉宇如生人”。还看到了木雕耶稣像及圣母玛利亚像，“其所事神像，中悬一檀香雕赤身男子，长六七寸，撑挂四肢，钉着手足”。“上三格有如老子像者，中三格是其先祖初生，其母抚育之状，下三格及其夫妇室家之态，一美

① ［葡］费尔南·门德斯·平托著，金国平译：《远游记》上册，澳门：澳门基金会，1999年，第198页。

② ［葡］费尔南·门德斯·平托著，金国平译：《远游记》上册，澳门：澳门基金会，1999年，第201页。

③ ［葡］罗理路著，陈用仪译：《澳门寻根》，附录文献6《安德烈·平托修士给印度耶稣会士们的信》（1564年11月30日），澳门：澳门海事博物馆，1997年，第88～89页。

妇人俯抱裸男子。”[①] 1565 年的澳门教堂虽还是木质棚架草顶的简陋建筑，但教堂里的西洋圣像画和木雕圣像均已出现，较利玛窦到澳门早 17 年。

从上述三种文献记录的西洋宗教画和雕塑，我们完全可以推翻旧说。天主教艺术传入中国并非始于利玛窦，而早在利玛窦到中国之前的 30 余年间即已传入，并且传入了三个地方：宁波地区的双屿港、香港地区的大屿山及澳门。但必须说明的是，虽然宁波地区的双屿港与香港地区的大屿山均是天主教艺术传入中国最早的地方，但这两地出于各种原因，均未成为西方天主教进入中国的根据地。因此，随后天主教东传的天主教艺术也就没有可能再进入其地，更不可能由此而传入中国内地其他地区。只有澳门不仅在 1565 年之前即有天主教艺术的传入，而且在此之后，天主教艺术亦在澳门获得较快的发展，并以澳门为基地向中国内地迅速传播。因此，只有澳门一地可称为天主教艺术传入中国的第一站。

1555 年，第一位进入澳门的天主教神父名龚萨雷斯。第二年，龚萨雷斯神父即在澳门“建起了一座茅草的教堂”[②]，到 1565 年时，培莱思神父又建成一座圣母小堂，[③]这一时期澳门葡人“擅立礼拜番寺”[④] 已引起两广总督吴桂芳的注意。天主教在澳门不断发展，一座座教堂随之建立，教堂内必需的宗教艺术品亦成为澳门的急需。但是，我们目前尚未见到有这一时期从欧洲输入西洋宗教艺术品的记录，故罗明坚于 1581 年 11 月 12 日撰于澳门的致麦尔古里亚诺神父的信中说：

> 外再寄一部四文绘图圣经，装订必须精美；几张挂毡，上绘旧新约故事，以及为建立一座小圣堂所必需的东西。[⑤]

这应是最早请求欧洲将天主教艺术品输入澳门的记录。罗明坚在 1584 年 1 月 25 日撰于澳门的致耶稣会总会长阿桂委瓦神父的信中再一次提出：

> 谨盼神父速觅一架钟表，一些铜版印的精美圣母与救主的圣像，这是中国官吏们所希望的，再寄来一些有关信仰奥迹的绘画，这样很容易解释介绍给他们，中国人是喜爱看图画的。神父，请您原谅我要了这么些东西，因为这里不能找到。[⑥]

由此可见，从 1555 年天主教传入澳门起，到 1581 年前，虽然澳门已建起了多座教堂，

---

① （明）叶权：《贤博编》，《游岭南记》，北京：中华书局，1987 年，第 45 页。

② ［葡］罗理路著，陈用仪译：《澳门寻根》，附录文献 12《格雷戈里奥·龚萨雷斯神父给胡安·德·波尔哈的信》（约 1571 年），澳门：澳门海事博物馆，1997 年，第 140 页。

③ ［法］费赖之著，冯承钧译：《在华耶稣会士列传及书目》，北京：中华书局，1995 年，第 16 页。

④ （明）陈子龙：《明经世文编》卷 342，吴桂芳：《议阻澳夷进贡疏》，中华书局影印平露堂刊本，1962 年，第 3669 页。

⑤ ［意］利玛窦著，罗渔译：《利玛窦书信集》下册，《罗明坚致麦尔古里亚诺神父书》，台北：光启出版社、辅仁大学出版社，1986 年，第 434 页。

⑥ ［意］利玛窦著，罗渔译：《利玛窦书信集》下册，《罗明坚致总会长阿桂委瓦神父书》，台北：光启出版社、辅仁大学出版社，1986 年，第 457 页。

但圣像及宗教画传入澳门者甚少，以至于成为传教士们的稀罕物品。直到1582年利玛窦及1583年桑切斯到澳，他们带来的西洋宗教艺术品，才暂时解决了澳门的需要。①

二、16—17世纪澳门的天主教画家及作品

随着天主教会在澳门的发展，宗教画的需求量增大，光靠从欧洲输入天主教艺术品已是不可能。因此，培养本地的绘画人才也就成了当务之急。

1582年8月7日，意大利西洋画家尼阁老与利玛窦同船来到澳门。尼阁老，意大利人，曾在那不勒斯学习绘画。来华之前即是一位专业画家。尼阁老来澳是澳门天主教艺术进入发展阶段的一个重要标志，一是开始出现在澳门绘制的西洋美术作品，尼阁老到澳门后即绘制了一张油画——《救世者》。② 据载，当时孟三德神父携带这幅画像去了肇庆，留给了耶稣会肇庆会院。③ 根据现存资料来看，这是西方传教士在澳门绘制的第一张油画，亦是在中国境内绘制的第一张油画。二是尼阁老到澳门后即"创办了一所画校"④，开启了天主教艺术教育乃至中国美术教育之先河，为澳门培养本土绘画人才。但是尼阁老到澳门后第二年（1583）即离澳去了日本，故知这所谓的"画校"应该因此停办了。尼阁老到日本后，又在长崎开设圣路加学校，指导日本的年轻教徒制作油画、壁画和版画。1587年，他在长崎制作了一幅名为"救世主基督"的绘画作品，后来赠送给中国的教会。1596年，尼阁老又在有马开设另一所美术学校，当时有学生14人。⑤

澳门的铜版画也出现得很早，1588年在澳门重印出版的耶稣会会士尤阿拉·博尼法西奥的《天主教孤儿院》一书中出现了颇为精致的铜版画印刷品。⑥ 这就是说，尼阁

---

① ［日］泽村专太郎著：《在日本的初期洋画》，称利玛窦1582年到澳门时"随身带有铜版画，大都是意大利著名的油画彩色刻印图片"。转引自李超：《上海油画史》，上海：上海人民美术出版社，1995年，第1页；［法］裴化行著，萧浚华译：《天主教16世纪在华传教志》，上海：商务印书馆，1936年，第227～228页。

② ［英］苏立文著，陈瑞林译：《东西方美术的交流》，南京：江苏美术出版社，1998年，第7页。

③ Manuel Teixeira, *Macau e a Sua Diocese*, *Vol. Ⅷ*, *Padres da Diocese de Macau*, Macau: Tipografia da Missão do Padroado, 1972, p. 30.

④ ［法］荣振华著，耿昇译：《在华耶稣会士列传及书目补编》，北京：中华书局，1995年，第143页。关于尼阁老在澳门开办美术学校之事，荣振华、苏立文、文德泉及陈继春诸人均言之凿凿，但此说颇令人质疑。耶稣会在澳门当时尚属草创阶段，怎么可能会创建一所正规的美术学校专门教授美术呢？这应该是不可能的事情。根据现有的资料，尼阁老在澳门开设的应该不是一座画校，而是画坊，并有从其学习绘画者。

⑤ ［英］苏立文著，陈瑞林译：《东西方美术的交流》，南京：江苏美术出版社，1998年，第7～8页。

⑥ 原图参见［葡］施白蒂著，小雨译：《澳门编年史：16—18世纪》，澳门：澳门基金会，1995年，第20页附图。但此处将书名译为《天主教青牧学院孤儿院》，不妥。

老离开澳门后，又有谙熟西洋版画的艺术家来到了澳门，该书的版画是否即为著作者博尼法西奥的作品呢？我们尚无法判断。博克塞称：

最近发现与此有关的1597年2月在长崎殉教的墨西哥奎尔纳瓦卡壁画和一些绢丝织品以及同一时代的绘画，其中绝大多数是在长崎、澳门制作的。[①]

据这些在澳门制作的绘画可知，尼阁老去日本后，在澳门仍有天主教艺术家居停。从1603年竣工的圣保禄教堂也可看出当时澳门一定拥有相当数量的艺术人才。1604年1月27日的《澳门圣保禄学院年报》记录，两间小礼拜堂外围都是由日本细木建成，在细木上雕刻有漂亮的花边，中间还画有一幅耶稣像，四周绘饰有金色和蓝色的玫瑰花。[②] 1637年到达澳门的彼得·芒迪这样描述圣保禄教堂的穹顶：

教堂之穹顶是我所记得、所见过的最优美的建筑，制作精巧。木雕出自中国工匠之手，描金、彩漆，彩漆有朱红、天蓝等，斑斓绝伦。屋顶为方格组成，方格结合处则为硕大的玫瑰，瓣叶重叠，进而缩小为一小圆球。玫瑰大可一码，重悬于屋顶之下。[③]

这座教堂的设计者与建筑师为出生于马德里的热那亚人卡洛斯·斯皮诺拉，他1600年8月下旬到达澳门，等候季风准备去日本。在此期间，他“绘制圣母升天新教堂的图纸”，并担任这座教堂的建筑师。[④] 由于有中国工匠的加入，教堂内的装饰图案除了有斯皮诺拉设计的西洋建筑艺术风格外，还有中国的雕梁画栋式的艺术风格，共同糅进了教堂内的装饰图案中。故屈大均见到该堂时称其“雕镂奢丽”[⑤]。

教堂内有圣母玛利亚画像，杜臻称“其像为女子抱一小儿，被服珍怪，障以琉璃，望之如生女子，曰天母，名玛利亚”[⑥]。龚翔麟则称圣母玛利亚画像“望之毛发生动”[⑦]。可知这是一幅十分生动逼真的天主教圣像画。1642年澳门庆祝葡萄牙独立时，有资料记载圣保禄教堂：“所有墙上都有如浮雕般的油画，画中适当而奢侈地用上深

---

① ［英］博克塞著，黄鸿钊等译：《16—17世纪澳门的宗教和贸易中转港之作用》，载《中外关系史译丛》第5辑，上海：上海译文出版社，1991年，第82页。

② João Paulo Oliveira e Costa, *Cartas Ânuas do Colégio de Macau (1594 – 1627)*, Macau: Fundação Macau, 1999, p. 122.

③ Peter Mundy, *The Travels of Peter Mundy in Europe and Asia: 1608 – 1667*, Vol. 3, Cambridge: Printed for the Haklugt Society, 1919, pp. 162 – 163.

④ ［葡］梅迪拉著，曾永秀译：《澳门大三巴教堂建筑师：一位马德里的耶稣会士》，载《文化杂志》（中文版）第21期，1994年，第32页。

⑤ （清）屈大均：《广东新语》卷2，《地语·澳门》，北京：中华书局，1985年，第36页。

⑥ （清）杜臻：《粤闽巡视纪略》卷2，康熙二十三年二月乙未条，近代中国史料丛刊本，台北：文海出版社，1983年，第19页。

⑦ （清）王士祯：《池北偶谈》卷21，《谈异》2，《香山嶴》，北京：中华书局，1982年，第516页。

红、蓝色。在内部装饰上，金色更让其显得比欧洲最好的教堂还漂亮。”[①] 除此之外，教堂内还有“一些十分珍贵的引人注目的画使教堂的奇异景象更加锦上添花”[②]，这其中包括尼阁老的日本学生倪雅谷于1606年作为传教区的画师来澳门圣保禄教堂绘制的《一万一千修女殉教图》和《圣母玛利亚升天图》。[③] 据有关资料，当时圣保禄教堂内还收藏有倪雅谷的《送子圣母像》《圣乌稣拉（S. Ursula）头像》等西洋宗教画。[④] 1606年，耶稣会在青洲建一小堂，其祭台上有一幅“足践地狱毒龙的弥额尔天使像”。[⑤] 还有人称青洲小堂里面的装饰画也是由倪雅谷所绘。[⑥] 故葡萄牙宗教艺术史专家科塞依罗（Conalo Couceiro）称当时的“圣母修道院（即圣保禄学院）成为一个艺术中心”[⑦]。

由于日本当局对天主教的迫害，1614年尼阁老带领一批他的日本弟子到澳门避难，亦居住在圣保禄学院。[⑧] 尼阁老是澳门美术史及日本美术史上的一位重要人物，虽然有些耶稣会教士称他是“一个平庸的缺乏才干的人”[⑨]，但利玛窦对他的评价却不低：“日本区主教柯罗（Caspare Coehlo）特送给教堂一幅非常有益的大幅基督画像，这是真正的艺术品，由尼阁老绘制，他是第一位教导日本人和中国人学会欧洲画法的大师。”[⑩] 1614年，尼阁老第二次来澳门后继续组织学生加入澳门的天主教绘画工作，直到1626年逝世。在此期间，他和他的学生们共同努力，进一步推动了澳门天主教艺术

---

① C. R. Boxer, *Fidalgos in the Far East (1550 - 1770), Fact and Fancy in the History of Macau*, The Hague: Martinus Nijhoff, 1948, p. 148.

② ［葡］科塞依罗著，晓湖译：《澳门与耶稣会艺术在中国的发展》，载《文化杂志》（中文版）第21期，1994年，第25页。

③ ［日］宫永孝撰，沈艺译：《日本人与澳门圣保禄教堂：〈圣米凯尔大天使〉的神秘画师》，载《澳门研究》第70期，2013年，第146～154页。倪雅谷1579年诞生于日本，其父亲为中国人，母亲为日本人。关于倪雅谷在中国教区绘画的活动：他是1601年作为传教区的画师从日本到达澳门，1602年7月去了北京，在北京工作了5年，于1606年回到澳门，参加了圣保禄教堂的装饰工作，1608年去了南昌进了初修院，1611年和1613年在北京，1618年、1623年和1635年在澳门，一直担任中国传教区的画师，最后于1638年10月26日在澳门去世。以上参见［法］荣振华著，耿昇译：《在华耶稣会士列传及书目补编》，北京：中华书局，1995年，第459页。

④ ［意］德礼贤：《在华天主教传教团之起源》，转引自陈继春：《澳门与西画东渐的起源》，载陈继春：《濠江画人掇录》，澳门：澳门基金会，1998年，第7～8页。此书我们未见原书，也未做核对。

⑤ ［法］高龙鞶著，周士良译：《江南传教史》上编第1册，上海：天主教上海教区光启社，2008年，第81页。

⑥ ［日］宫永孝撰，沈艺译：《日本人与澳门圣保禄教堂：〈圣米凯尔大天使〉的神秘画师》，载《澳门研究》第70期，2013年，第146～154页。

⑦ ［葡］科塞依罗著，晓湖译：《澳门与耶稣会艺术在中国的发展》，载《文化杂志》（中文版）第21期，1994年，第25页。

⑧ ［葡］文德泉著，小雨译：《澳门的日本人》，载《文化杂志》（中文版）第17期，1993年，第79页。

⑨ ［英］苏立文著，陈瑞林译：《东西方美术的交流》，南京：江苏美术出版社，1998年，第8页。

⑩ ［意］利玛窦、［比］金尼阁著，何高济等译：《利玛窦中国札记》第2卷，北京：中华书局，1983年，第194页。

图9-2　17世纪尼阁老的日本徒弟绘的《圣弥额尔天使图》

的发展。随尼阁老一起来澳门的日本学生，如大竹·曼西奥（Mancio Taichiku）、奇川·佩得罗（Pedro Chicuan）、田手乌（Tadeu）均跟随其在澳门从事绘画工作。1616年从北京回到澳门的倪雅谷也参加了这一时期的澳门绘画工作。澳门保存至今的17世纪最著名的《圣弥额尔天使图》即为四人中的一人所画。[①] 1626年11月17日，班安德神父谈到，尼阁老神父“凭着他在数学、绘画、制作钟表等方面的成就”，已经成为日本和中国的传教士们的榜样，“他还教神学院的学生作画，为各大教堂提供画像”。[②] 还有生于交趾支那的马刁士云（Mateus Van），他曾在圣保禄学院学习，亦当为尼阁老培养的学生之一，于1640年绘制《越南殉道者安德烈》。[③] 以上提及的尼阁老师生们的绘画，使这一时期澳门美术界表现得异常活跃。

这一时期由澳门培养的本土知名画家有3人：

游文辉，字含朴，华人，1575年生于澳门，后赴日本天草随尼阁老学习绘画。1598年前回到中国，到南昌、南京等地协助利玛窦传教，并担任教区画师。[④] 利玛窦日记中提到送给河督妻子的圣母像复制画“是南京教堂的一个年轻人制作的”[⑤]。这个“年轻人”就是游文辉。他后来又到北京工作，于1610年为生命垂危的利玛窦画了一幅肖像画。[⑥] 该画现存罗马耶稣会档案馆，成为中国人最早的一幅存世油画。1613年在韶州担任传道员和画师，同时向当地人传授西洋画技法。1633年病逝于杭州。[⑦]

石宏基，字厚齐，华人，1585年生于澳门，据龙华民1598年的信，石宏基当时在

---

① ［葡］文德泉著，小雨译：《澳门的日本人》，载《文化杂志》（中文版）第17期，1993年，第79页。

② Manuel Teixeira, *Macau e a Sua Diocese*, *Vol. Ⅲ*, *As Ordens e Congregações Religiosas em Macau*, Macau: Tipografia Soi Sang, 1956-1961, p. 70.

③ 陈继春：《澳门与西画东渐的起源》，载陈继春：《濠江画人掇录》，澳门：澳门基金会，1998年，第10页。

④ ［法］费赖之著，冯承钧译：《在华耶稣会士列传及书目》，北京：中华书局，1995年，第106页。关于游文辉赴日本学习之事，尚未见原始资料记录。［英］苏立文著，陈瑞林译：《东西方美术的交流》，《日本与西方的初次接触》，南京：江苏美术出版社，1998年，第8页称：“后来有他（尼阁老）的学生努埃尔·佩雷拉神父和雅可布·尼瓦神父被派往中国。”前者即游文辉，后者即倪雅谷。据费赖之书，游文辉1598年就与利玛窦在南京，故推其从日本回国当在1598年之前。

⑤ ［意］利玛窦、［比］金尼阁著，何高济等译：《利玛窦中国札记》第4卷，北京：中华书局，1983年，第387页。

⑥ ［意］利玛窦、［比］金尼阁著，何高济等译：《利玛窦中国札记》第5卷，北京：中华书局，1983年，第614页。

⑦ ［法］荣振华著，耿昇译：《在华耶稣会士列传及书目补编》，北京：中华书局，1995年，第495页。

韶州，[①] 据费赖之书，他当时担任教区“画师及讲授教义人”[②]。据此推断，石宏基大概是澳门耶稣会学校的学生，学过西洋美术，毕业后即赴内地教区担任画师，当时仅13岁。1605年又到北京会院协助利玛窦工作，[③] 1610年后在中国各地传教。1631年后随毕方济在南京传教。[④] 毕方济在南京兴建天使堂，堂内的两幅善恶《天使图》即为石宏基所绘。[⑤] 1645年毕方济在广州修建教堂，绘教堂祭坛上的圣像者亦为石宏基。[⑥] 石宏基卒于1645年后。

魏玛窦（Vaz Mateus），1608年生于澳门，1632年入澳门初修院。据荣振华书称，他是一名“画家”。据此我们亦可推论，魏氏应是这一时期澳门培养的本土画家。他于1655—1659年担任澳门神学院学监，同时参加中国内地的传教工作，被称为“卓越的画家”[⑦]，卒于1681年后。可惜未见其美术作品之记录。

另外，还有4位外籍画家在17世纪寓居澳门：一是荷兰人阿尔贝特·布拉克；二是弗拉芒人依纳爵·拉戈特；三是比利时人亨利·沙勿略；四是17世纪末在圣保禄学院任美术教师兼学监的意大利画家费约理（Cristoforo Fiori）。[⑧] 四人中，前三人均同在1648年作为“画家”或“著名画家”在圣保禄学院工作过，很可能是在圣保禄学院的小学部教授美术课程，可惜皆无绘画作品记录。

不管尼阁老在澳门创办的是一所美术学校，还是一座画坊，在他的培养之下，澳门确实曾一度出现不少天主教艺术家，再加上一批来自日本、欧洲及东南亚的艺术家们到澳门圣保禄学院工作、学习或避难，出现了澳门天主教艺术史上人才济济的盛况，在艺术创作上亦出现了颇为繁荣的局面。据《澳门记略》记载，当时澳门各教堂都有一些的圣经故事画，如“（耶稣）诞生图、被难图、飞升图”等，[⑨] 其中对圣保禄教堂

---

① ［意］利玛窦著，罗渔译：《利玛窦书信集》下册，《龙华民神父致澳门产提玛诺神父书》，台北：光启出版社、辅仁大学出版社，1986年，第513页。

② ［法］费赖之著，冯承钧译：《在华耶稣会士列传及书目》上册，北京：中华书局，1995年，第128页。

③ ［意］利玛窦著，罗渔译：《利玛窦书信集》下册，《利氏致罗马马塞利神父书》，台北：光启出版社、辅仁大学出版社，1986年，第265页。

④ António de Gouvea, *Cartas Ânuas da China (1636, 1643 a 1649)*, Macau: Instituto Português do Oriente, 1998, p. 125.

⑤ ［法］费赖之著，冯承钧译：《在华耶稣会士列传及书目》，北京：中华书局，1995年，第145页。

⑥ ［法］裴化行考释，袁承斌译：《明末耶稣会一封信》，载《国立北平图书馆馆刊》第6卷第5号，1932年，第4856页。

⑦ ［法］荣振华著，耿昇译：《在华耶稣会士列传及书目补编》，北京：中华书局，1995年，第708页。

⑧ ［法］荣振华著，耿昇译：《在华耶稣会士列传及书目补编》，北京：中华书局，1995年，第82、231、348、745页。

⑨ （清）印光任、张汝霖原著，赵春晨校注：《澳门记略校注》，《澳蕃篇》，澳门：澳门文化司署，1992年，第151页。

内的耶稣和圣母玛利亚画像有详细的描写：

所奉曰天母，名玛利亚，貌如少女。抱一婴儿，曰天主耶稣。衣非缝制，自顶被体皆采饰平画，障以琉璃，望之如塑。旁貌三十许人，左手执浑天仪，右手指若方论说状，须眉竖者如怒，扬者如喜，耳重轮，鼻隆准，目若瞩，口若声。[①]

1834 年葡国颁布取缔宗教社团法令，圣方济各会修道院关闭并被没收财产，在清理财产的过程中，登记了圣方济各修道院内收藏的各种西洋宗教画像：

表 9-1 圣方济各教堂及修道院藏画②

主祭坛	天使之母画一幅
	圣方济各像及圣多明我像各一幅
	钉在十字架上的耶稣木雕像一座，圣体龛像一座
旁祭坛	圣迪奥戈像一座，圣博阿文图拉像一座
	钉在十字架上的耶稣木雕像三座，一大两小
	天主全家福像五幅
	圣安东尼奥像及圣刘易斯像各一幅
	嘉谟圣母像一幅
嘉谟教堂	圣克利斯邦像及圣埃菲热尼奥像各一幅
	钉在十字架上的小耶稣像一座
圣曼努埃尔小教堂	圣曼努埃尔及其天使像一幅
	钉在十字架上的耶稣木雕像一幅
门廊小教堂	门廊圣母像一幅
	钉在十字架上的耶稣木雕像一座
修道院祭坛	圣米格尔画一幅，钉在十字架上的耶稣木雕像一座
	教堂内的圣弗朗西斯科画四幅
	耶稣受难像及带底座的圣母像各一幅
礼物五崇拜	门廊圣母像一幅
	旧圣体龛像两幅

① （清）印光任、张汝霖原著，赵春晨校注：《澳门记略校注》，《澳蕃篇》，澳门：澳门文化司署，1992 年，第149 页。

② Manuel Teixeira, *Macau e a Sua Diocese*, *Vol. Ⅲ*, *As Ordens e Congregações Religiosas em Macau*, Macau: Tipografia Soi Sang, 1956 – 1961, p. 470.

又据文德泉神父介绍，始建于1728年的澳门圣若瑟修道院收藏了一批16—19世纪的天主教艺术作品，下面将其所述各画列表如下：[①]

表9－2 圣若瑟修道院藏16—19世纪天主教艺术品

序号	第一厅藏画	序号	第二厅藏画
1	圣母玛利亚和耶稣，四周围着天使（穆律罗的复制品）	1	三王来朝图（Reis Magos）
2	印有耶稣之脸像的圣布（两张小画）	2	圣类斯贡扎加（S. Luís Gonzaga）
3	圣母玛利亚和圣弗朗西斯科·德·阿西斯（S. Francisco de Assis）	3	圣弗朗西斯科·德·阿西斯的洗礼
4	痛苦之母（圣母）怀抱耶稣（小画）	4	决断时刻，方济各离开其父
5	慈善像徽	5	无法认识之画
6	耶稣从十字架上放下：玛大肋纳（Madalena）俯伏着，泪水洒满耶稣的双脚，旁侧可见一器皿；耶稣两侧是圣若望和一位小天使（小画）	6	圣卡泰尼娜埃娜（Santa Catarina de Siena）
7	圣母用左手怀抱着耶稣，右手握一权杖。她的上方是天使，下方则是一艘三桅船；她的对面是一座顶端高耸十字架的教堂	7	圣方济各与鸟
8	圣母玛利亚在月亮上，天使在她的下方（穆律罗的复制品）	8	圣方济各接受五伤印（与耶稣受难之钉痕相似的记号——译者注）
9	日本殉教者图	9	圣·丽泰卡西奥（Santa Rita de Cássia）
10	圣塞巴斯蒂昂（S. Sebastião）	10	耶稣圣心
11	圣母像（1828年作于菲律宾）：圣母从斗篷上端褪下布带至腰初围住身躯，布带上写着大写字母J. H. S和A. M（耶稣、人类救世主及安娜玛利亚）	11	圣母玛利亚将耶稣献给圣若瑟
12	最后的晚餐		

① ［葡］文德泉著，周汉军译：《圣若瑟修道院之藏画》，载《文化杂志》（中文版）第3期，1987年，第51～55页。文神父称："这些画几乎全部绘于16世纪。"此语不确，其本人称第一厅的第11幅画为1828年时所作；对于《日本殉教者图》，文神父亦称："该画是1640年作于澳门。"《圣弥额尔》亦应创作于1614年以后。笔者认为，上述绘画应多是17世纪以后的作品，这一时期亦是澳门绘画人才最盛、创作作品最多的时候。

（续上表）

序号	第一厅藏画	序号	第二厅藏画
13	耶稣受洗礼		
14	耶稣在两棵带刺的树木之间用手抓住一小羊羔		
15	澳门主教安东尼奥·若奥金·梅得伊洛斯（D. Antónnio Joaqium de Medeiros）		
16	圣弥额尔（S. Miguel）		
17	被天使围住的圣母玛利亚（穆律罗的复制品）		

从以上资料可以看出，虽然澳门教堂屡遭劫难，但还能保存如此丰富的16—19世纪时期的油画原作，亦可反映当时澳门油画制作数量之多，且其中不乏精品，如《圣母玛利亚和圣弗朗西斯科·德·阿西斯》《日本殉教者图》《圣弥额尔》《圣塞巴斯蒂昂》《三王来朝图》等。对于澳门这批油画，陈继春先生有这样的评价：

> 虽然这些画在造型能力、色彩渲染和表现技巧上还是幼稚的，与当时欧洲大师们的作品无法相比。但从构图、布局不局限于焦点透视，明暗不甚立体，色彩多用固有色，线描具有东方韵味等方面来看，倒是融化中西绘画而有新的风格。[①]

但无论如何，《圣弥额尔》和《圣塞巴斯蒂昂》两幅油画在上述17世纪油画收藏品中应该是最为出色的绘画作品。

图9-3　1640年绘于澳门的《日本殉教者图》

① 陈继春：《澳门与西画东渐的起源》，载陈继春：《濠江画人掇录》，澳门：澳门基金会，1998年，第10~11页。

图 9－4 17 世纪绘的《三王来朝图》

图 9－5 17 世纪绘的《圣塞巴斯蒂昂》

图 9－6 17 世纪绘的《决断时刻》

图 9－7 17 世纪绘的《耶稣从十字架上放下》

图 9－8 17 世纪绘的《圣弗朗西斯科·德·阿西斯的洗礼》

同一时期的古典主义建筑杰作还有圣多明我堂，俗称玫瑰堂、板樟堂，为西班牙多明我会会士所建。初建为木质结构，到17世纪初改建为砖石结构。该堂受西班牙与葡萄牙的双重影响，故其风格乃巴洛克与菲律宾风格的混合体，是澳门最具艺术价值的古典建筑。该堂还保存了一批17世纪完成的雕塑圣像，如精致的圣卡埃他诺圣像、圣方济各圣像和圣多明我圣像。① 圣奥斯定教堂内则有17—18世纪完成的圣莫尼卡、圣加西亚及圣维拉瓦3幅圣像画；圣老楞佐堂则保存有圣母再生像和耶稣被钉十字架再生画像等一批文物油画。② 据白乐嘉公布的1721年的葡文档案称："许多祭坛背景画屏以及圣奥斯定堂的祭坛画像，因为时间和白蚁蛀蚀等原因而破损严重，以至于碎成了几片掉落在地，然而当教士们走进该教堂准备将其接管的时候，方济各会的修士们注意到了这一行为之外的更多情况，并发现圣奥斯定堂的一幅祭坛画像不仅安然无恙，画面上的所有神的化身（Encarnação）还如此栩栩如生，还有人提议让那些即将接管此教堂的教士们将这幅画送到果阿去，但他们却没有同意。"③

另外，1632年建成的东望洋山教堂主殿大拱门上还保存有当时的壁画"吹号天使"，十分生动精美。④

在澳门圣若瑟修道院内还保存有19世纪一批欧洲画家绘制的由传教士带进澳门的油画，其中有两幅油画水准很高，一幅为《圣尼各老像》，一幅为《圣女莫妮卡像》。⑤

图9-9 东望洋山圣母雪地殿主殿大拱门上的"吹号天使"壁画

① Maria Regina Valente, *Igrejas de Macau*, Macau: Instituto Cultural de Macau, 1993, pp. 20-23.

② Maria Regina Valente, *Igrejas de Macau*, Macau: Instituto Cultural de Macau, 1993, pp. 20-23.

③ Jack M. Braga, *A Voz do Passado: Redescoberta de a Colecção de Varios Factos Acontecidos Nesta mui Nobre Cidade de Macao*, Macau: Instituto Cultural de Macau, 1987, pp. 45-46.

④ 戴璐：《澳门东望洋山圣母雪地殿壁画书考察报告》，载《文化杂志》（中文版）第70期，2009年，第5页。

⑤ 缪予挈油画修复小组：《澳门圣若瑟修道院宗教艺术藏品修复鉴赏》，载《文化杂志》（中文版）第47期，2003年，第23页。

图 9－10　19 世纪由传教士带进澳门的欧洲画家绘制的《圣尼各老像》

图 9－11　19 世纪由传教士带进澳门的欧洲画家绘制的《圣女莫妮卡像》

三、17—18 世纪经澳门进入中国内地的西洋画家

除了上述澳门本土的西洋画家及较长时期定居在澳门的西洋画家以外，还有一批从澳门进入中国内地的西洋画家也应被提及。他们或应明清宫廷的征召，或随外国使团入华，也将自己所掌握的西洋美术传进中国，在中西美术交流史上起到了十分重要的作用。另外，早期还有一批传教士，如罗明坚、利玛窦、龙华民、艾儒略及汤若望等从欧洲收集了大量的天主教艺术品，由澳门带进中国内地，这些艺术品对于西洋美术在中国的早期传播也起了十分重要的作用。下面将明确是西洋画家，又确实是从澳门进入中国者钩稽如下，共 20 人：

(1) 据目前所见资料，卜弥格恐怕是明代来华传教士中唯一的一位画家。他于 1645 年来华，先到海南岛，1649 年抵达澳门，1651 年离开澳门前往果阿，其在澳门居停一段时间。[①] 爱德华・卡伊丹斯基称：“卜弥格是一位卓越的素描画家，这在他于 1656 年发表《中国植物志》后，已是众所周知的了。可是他在《中国地图册》中所绘制的几十张中国的动植

图 9－12　耶稣会会士卜弥格像

① ［法］荣振华著，耿昇译：《在华耶稣会士列传及书目补编》，北京：中华书局，1995 年，第 80 页。

物、考古文物和宫廷生活场景的彩色图像，又比他在《中国植物志》用水墨画印制的那些图像更加充分地显示了他的绘画才能。”①

图 9－13 耶稣会会士白乃心绘的鞑靼人物图

（2）白乃心，奥地利耶稣会会士。他应该是清代第一个进入宫廷的西洋画家。他于1658年7月到澳门，1659年8月到北京。据魏特的《汤若望传》记载：“皇帝自许久以来，就愿意获得一位欧洲的画师，白乃心便是应这个名义奉召入宫的。”白乃心在北京居停两年，在此期间，以彩色绘制了汤若望的肖像，后来这张肖像画被巡视员带到了澳门。② 据高华士公布的资料：白乃心在北京东堂修建时，绘制了三幅大油画，并利用这三幅油画解释和证明了透视法技术。这些画反映的是非宗教题材，画的是中国和欧洲的房子以及一座欧洲花园。③ 1661年4月，白乃心与吴尔铎离京探询赴欧洲陆路期间绘制了大量的美术作品，主要是素描和速写，其作品保留在《中国至莫卧儿之行》一书中，共27幅图画，“皆记所历诸国宗教、风俗”④。

（3）利类思，意大利耶稣会会士、画家，1636年抵澳门，1639年离澳赴江南。后在四川传教，顺治后期，在清宫担任画师。顺治十二年（1655）进献“天主圣像西书一本、西洋画谱一套”⑤，康熙时又以“画三帧”进呈，“其画全守透视之法”，又“以西方绘画之法教授华人，宫内颇赏其法”。在北京时，他又将进呈给康熙帝的三幅画的副本“陈列于其居宅园中。各处官吏来京者见此画皆惊赏。彼等皆不能明缘何能在一平布上将一切室廊门户及道路皆能一一绘出”⑥，但利类思在清宫的画作能保存下来的极少。

（4）费约理，意大利耶稣会修士、画家，1694年7月到澳门，同年12月到达北

① ［波］爱德华·卡伊丹斯基著，张振辉译：《中国的使臣：卜弥格》，郑州：大象出版社，2001年，第184页。

② ［德］魏特著，杨丙辰译：《汤若望传》第2册，上海：商务印书馆，1949年，第370页。

③ ［比］高华士著，赵殿红译：《清初耶稣会士鲁日满常熟账本及灵修笔记研究》，郑州：大象出版社，2007年，第386页。

④ ［法］费赖之著，冯承钧译：《在华耶稣会士列传及书目》，北京：中华书局，1995年，第326页。

⑤ 中国第一历史档案馆等编：《明清时期澳门问题档案文献汇编》第1册，《大西洋耶稣会士利类思等奏报敬进西洋方物以表臣忱本》，北京：人民出版社，1999年，第43页。

⑥ ［法］费赖之著，冯承钧译：《在华耶稣会士列传及书目》，北京：中华书局，1995年，第242～243页。

京，在北京居住三年，1697 年在澳门圣保禄学院任学监和画家（当为该院之美术教师）[①]。1705 年 10 月退出修会，无美术作品传世。

（5）聂云龙，即费赖之书中的年修士（Gherardini 华姓 Nien），意大利人，其西文全名为 Giovanni Gherardini。1698 年 10 月 26 日到澳门，11 月 22 日进广州。1699 年 4 月应召至常州陪伴康熙帝，并与卫嘉禄神父联手画康熙像，康熙对他们精湛的画艺表示赞叹。同年 6 月 13 日到北京。年修士在宫中绘画，并担任宫中的绘画教师。[②] 据赫德逊（C. F. Hudson）称，清宫著名画家焦秉贞是他的学生，还有“画家沈南苹（Chen Nan-Ping）”也跟他学习过，“1731 年移居长崎，推动日本自然主义画派的发展”[③]。马国贤回忆录记 1711 年 2 月 17 日事称：“我奉皇帝陛下的命令进宫，被带到了油画画家们的画室，这些人都是那位年修士的弟子，他是第一位将油画传入中国的人”[④]。英人赫德逊（C. F. Hudson）称其为耶稣会“最好的艺术家”[⑤]。

（6）卫嘉禄，法国耶稣会会士、画家。1698 年与聂云龙（年修士）同船抵达澳门，并同时应召到常州见康熙皇帝，联手绘康熙帝像。[⑥] 卫氏进京后为清宫廷画师。他不仅能绘画，还善“雕刻建筑”，且“技艺工巧”，广州、北京两地的法国教堂的设计与建筑均出自于卫氏之手[⑦]。1704 年，他还在广州教堂“绘制了漂亮的壁画”[⑧]。故时人赞诩“卫嘉禄为绘画、雕刻及建筑能手”，设计和绘制了许多漂亮的图画，为天主教在中国留下的许多宏伟教堂倾注了不少精力。[⑨] 英人赫德逊称其为耶稣会“最好的艺术家”[⑩]。1707 年返回欧洲，1720 年 9 月 29 日逝世于巴西巴伊亚。[⑪]

（7）马国贤，意大利虔劳会会士（S. F. G. C），为罗马教廷传信部直辖的教士，伯

---

① ［法］费赖之著，冯承钧译：《在华耶稣会士列传及书目》，北京：中华书局，1995 年，第 481 页；［法］荣振华著，耿昇译：《在华耶稣会士列传及书目补编》，北京：中华书局，1995 年，第 231 页。

② 耿昇：《意大利入华画家年修士事迹钩沉》，载《汉学研究》第 4 集，北京：中华书局，2000 年，第233 ~ 234 页。

③ ［英］赫德逊著，王遵仲等译：《欧洲与中国》，北京：中华书局，1995 年，第 248 页。

④ Matteo Ripa, *Memoirs of Father Ripa, During Thirteen Years' Residence at the Court of Peking in the Service of the Emperor of China*, London: John Murray, Albemarie, Street, 1855, p. 54.

⑤ ［英］赫德逊著，王遵仲等译：《欧洲与中国》，北京：中华书局，1995 年，第 248 页。

⑥ 耿昇：《意大利入华画家年修士事迹钩沉》，载《汉学研究》第 4 集，北京：中华书局，2000 年，第233 ~ 234 页。

⑦ ［法］费赖之著，冯承钧译：《在华耶稣会士列传及书目》，北京：中华书局，1995 年，第 545 页。

⑧ ［法］荣振华著，耿昇译：《在华耶稣会士列传及书目补编》，北京：中华书局，1995 年，第 69 页。

⑨ E. A. Voretzsch, François Froger relation du premier voyage des François àla Chine: fait en 1698, 1699 et 1700 sur le vaisseau L'Amphitrite, in *Asia Major*, 1926, p. 100. 转引自方豪：《中西交通史》下册，长沙：岳麓书社，1987 年，第 897 页；陈继春：《经濠江到紫禁城的洋画师》，载陈继春：《濠江画人掇录》，澳门：澳门基金会，1998 年，第 17 页。

⑩ ［英］赫德逊著，王遵仲等译：《欧洲与中国》，北京：中华书局，1995 年，第 248 页。

⑪ 陈继春：《经濠江到紫禁城的洋画师》，载《濠江画人掇录》，澳门：澳门基金会，1998 年，第 17 页。

图 9－14 马国贤像

德莱称他为“画家，但也是版画家和地图绘制专家”[1]。康熙四十八年十二月初日（1709 年 1 月 2 日）抵达澳门。后经过严格考试，方被准入京。马国贤在广州共画了 10 幅画，其中一幅是临摹陈白沙遗像，据陈垣先生称，此像不知到了何处?[2] 直至 1711 年 2 月才到北京，“以画家身份入宫贡奉，雕琢绘画，皆国贤所长”。[3] 马国贤“最喜欢画人物画，认为人物比风景更传神、高雅”。[4] 马国贤前后服务清宫 13 年，1723 年经澳门回欧洲，将中国艺术品及园林风景介绍给英国贵族，曾引起不小的轰动。

（8）郎世宁，意大利耶稣会会士，著名画家。来华前，在葡萄牙居留 4 年。曾绘制圣徒罗耀拉一生事迹的壁画，用来装饰里斯本有名的耶稣会修道院小教堂。[5] 1715 年 8 月 17 日到达澳门，在澳门居停半月余即到广州。康熙五十四年（1715）广东巡抚杨琳奏折保存了郎世宁入华的资料。[6] 据清如意馆档案，郎世宁在清宫画了大量人物肖像油画，如《果亲王允礼骑马肖像图》《乾隆及后妃肖像图》《乾隆朝服像图》《厄鲁特十首领脸像图》《阿王锡特矛荡寇图》《达瓦奇脸像图》《玛瑺斫阵图》及《香妃戎装图》等。[7]

图 9－15 郎世宁绘乾隆戎装像

图 9－16 耶稣会会士郎世宁绘雍正帝戴假发御容

① ［法］伯德莱著，耿昇译：《清宫洋画家》，济南：山东画报出版社，2002 年，第 7 页。
② 陈垣：《陈垣学术论文集》第 1 集，《陈白沙画像与天主教士》，北京：中华书局，1982 年，第 189 页。
③ 方豪：《中国天主教史人物传》中册，北京：中华书局，1988 年，第 344 页。
④ ［意］柯孟德：《比郎世宁更早来到中国的清廷艺术家：马国贤》，载台北《故宫文物月刊》第 15 卷第 5 期，1989 年。
⑤ ［英］苏立文著，陈瑞林译：《东西方美术的交流》，南京：江苏美术出版社，1998 年，第 66 页。
⑥ 中国第一历史档案馆等编：《明清时期澳门问题档案文献汇编》第 1 册，《广东巡抚杨琳奏报西洋人郎宁石等搭船至澳门及所到西洋贸易船只情形折》，北京：人民出版社，1999 年，第 105 页。
⑦ 以上郎世宁绘画作品均参见鞠德源：《清宫廷画家郎世宁年谱：兼在华耶稣会士史事稽年》，载《故宫博物院院刊》1988 年第 2 期，第 29 ~71 页。

郎世宁在清宫画院如意馆主持了半个世纪（1715—1766）的西洋风绘画，[①] 不论是在传授西洋画技巧，还是在创造中西融合的新体绘画方面，均为当时最杰出代表。其绘画作品据石田干之助的考证，共 70 余幅，[②] 其中尤以《百骏图》与《得胜图》为其代表作。据清档材料，自雍正年间起便有郎世宁向宫内中国学生传授画技的记载。据统计，经郎世宁培养出来的中国学生计有班达里沙、八十、孙威凤、王玠、葛曙、永泰、汤振基、戴恒、戴正、张为邦、丁观鹏、王幼学、王儒学、戴越、沈源、林朝楷等十余人。[③]

（9）托马策利，意大利圣衣会会士、画家，康熙五十九年（1720）嘉乐使团随员之一。嘉乐使团成员均在澳门居停。据清档称："西洋教化王差来使臣一人，名嘉乐，……其随从西洋人二十四名内，会画者二名。"[④] 托马策利即是其一。据严嘉乐 1725 年 11 月 20 日写于北京的信称："教廷传信部也召回了在这传教的画家托马策利神父。他本来能在去年创作出几十幅艺术作品传诸后世的。"[⑤] 笔者以为，这位 1725 年还在北京的属于教廷传信部的传教士画家托马策利即是随嘉乐使团入京的两位画家之一，即嘉乐使团成员名单中的 Nicolaus Tomacelli。[⑥]

（10）席若汉，意大利圣衣会会士，属教廷传信部。据康熙五十九年（1720）八月十四日杨琳奏折："本年八月初四日，有续到西洋人三名，一名贾蒙铎，一名夏历三，一名席若汉。询称，康熙五十八年九月内，教化王差同大臣来中国复命，令其分路先来。贾蒙铎、夏历三二名，系传教修道之士。席若汉会雕刻木石、人物、花卉，兼会做玉器。奴才等试其技艺，精巧手快，侯员外李秉忠起身，即将席若汉一名带同来京。"[⑦] 这份清档显示，席若汉是 1720 年嘉乐使团进贡清宫所需的"技艺之人"，"会雕刻木石、人物、花卉，兼会做玉器"，且技艺"精巧手快"，应是一位西洋雕刻家。上称"教化王差同大臣来中国复命，令其分路先来"，可知是 1720 年教廷使节嘉乐

---

① 鞠德源：《清宫廷画家郎世宁年谱：兼在华耶稣会士史事稽年》，载《故宫博物院院刊》1988 年第 2 期，第 57 页；载乾隆十三年十月初八日奉旨，郎世宁领奉宸苑卿职衔，著赏给俸禄。

② ［日］石田干之助著，贺昌群译：《郎世宁传略》，载国立北平图书馆馆刊第 7 卷第 3、4 号，1933 年，第 5390～5396 页；王镛主编：《中外美术交流史》，长沙：湖南教育出版社，1998 年，第 180 页称"郎世宁的作品留存至今的有 80 余件。"

③ 鞠德源：《清宫廷画家郎世宁年谱：兼在华耶稣会士史事稽年》，载《故宫博物院院刊》1988 年第 2 期，第 29～71 页。

④ 中国第一历史档案馆等编：《明清时期澳门问题档案文献汇编》第 1 册，《两广总督等杨琳等奏报西洋教化王使臣嘉乐及随行人员到澳门情形折》，北京：人民出版社，1999 年，第 129 页。

⑤ ［捷］严嘉乐著，丛林等译：《中国来信（1716—1735）》，郑州：大象出版社，2002 年，第 45 页。

⑥ 罗光：《教廷与中国使节史》下册，台北：传记文学出版社，1983 年，第 145 页。

⑦ 中国第一历史档案馆等编：《明清时期澳门问题档案文献汇编》第 1 册，《两广总督等奏报到有西洋人三名及年内澳门港进出西洋船只数目折》，北京：人民出版社，1999 年，第 128 页。

(Carlo Mezzabarba) 使团中的成员。嘉乐使团 27 人名单中，席若汉当是使团成员教友 Joseph Vicedomini,[①] 取 Ce 为席姓，Joseph 为“若汉”。席若汉到澳门时间为 1720 年 9 月 5 日，到北京时间为 1720 年 12 月 4 日。席若汉进京以后，应留在清宫服务，但清档中并无其工作的详细资料。

（11）希佩尔，巴伐利亚人，画家，为康熙五十九年（1720）随嘉乐使团进京的“会画者二名”之一。嘉乐使团成员均在澳门居停。希佩尔进京后，并未随嘉乐回国，而是留在清宫服务。据马国贤回忆录，其中提到：“康熙帝对希佩尔的雕塑很满意，唯恐这位艺术家偷偷地为别人干活，因此，陛下认为最好还是把他关在内宫里。于是就任命我担任翻译，两人都被关了起来。因为皇帝的母亲在几年前死了，于是就让希佩尔和我占用了她的空屋子。”[②] 严嘉乐 1725 年 11 月 20 日的信亦称：“我们的人中留在北京的有：传信部的乐师德理格，圣衣会的神父格利马尔蒂和乐师讷昧达，巴伐利亚的雕塑家希佩尔。”[③] 可知，在雍正三年，希佩尔还居停在北京，以后的情况则无从详考。

（12）法良（又译为法方济各），意大利耶稣会会士。费赖之称，“法方济各是一位能工巧匠的工程师”。1721 年他被派往北京工作，1725 年开始从事工程方面的专业工业。[④] 清档称，康熙六十年（1721）七月，西洋人法良能刻铜版，利白明能造炮位，俱愿进京效力。当月二十一日，随员外郎李秉忠起身来京。雍正三年（1725），他开始从事工程方面的专业工作，雍正五年（1727）正月初五，雍正帝对法良等 20 名西洋人每人赏大荷包 1 对、貂皮 2 张。[⑤] 之后，法良之名再不见于清档。据西文数据，他 1728 年因病返回澳门，后因耶稣会被解散，于 1764 年 10 月 14 日被捕，被押送回欧洲。其在澳门居停的时间长达 36 年。[⑥]

（13）张纯一，意大利奥斯定会会士、画家。据《清宫画家郎世宁年谱》称，西洋人张纯一于乾隆二年十二月九日（1738 年 1 月 28 日）从广州启程进京，同行者有西洋

---

① 罗光：《教廷与中国使节史》下册，台北：传记文学出版社，1983 年，第 145 ~ 146 页。

② Matteo Ripa, *Memoirs of Father Ripa, During Thirteen Years' Residence at the Court of Peking in the Service of the Emperor of China*, London: John Murray, Albemarie, Street, 1855, p. 114.

③ ［捷］严嘉乐著，丛林等译：《中国来信（1716—1735）》，郑州：大象出版社，2002 年，第 45 页。

④ ［法］费赖之著，梅乘骐、梅乘骏译：《明清间在华耶稣会士列传（1562—1773）》，上海：天主教上海教区光启社，2003 年，第 804 页。

⑤ 鞠德源：《清宫廷画家郎世宁年谱：兼在华耶稣会士史事稽年》，载《故宫博物院院刊》1988 年第 2 期，第 43 页。

⑥ ［法］费赖之著，梅乘骐、梅乘骏译：《明清间在华耶稣会士列传（1562—1773）》，上海：天主教上海教区光启社，2003 年，第 804 ~ 805 页；［法］荣振华著，耿昇译：《在华耶稣会士列传及书目补编》，北京：中华书局，1995 年，第 232 页。

人席澄源、任重道、傅作霖。[①] 据费、荣二书之任重道、傅作霖传，亦可知张纯一是1737年到达澳门的，但他俩到北京的时间不一，任说是4月8日到北京，傅说则是5月1日到北京。[②] 然据清档，乾隆三年二月二十九日（1738年4月17日）即有记录："新来西洋人张纯一照焦秉贞画御制清赏小册页，画得人物画片二片，走兽象牙折一册计四十片。"[③] 可证任重道的到京时间较准。关于西洋画家张纯一的艺术活动，清宫档案中多有记录。乾隆六年及九年还有张纯一进西洋风琴一架和进象牙《西洋异兽图》一册的记载。[④] 后渐消失。

（14）约瑟夫·诺伊格鲍尔，奥地利耶稣会会士，1738年8月5日抵达澳门。他是一位擅长风景画的职业画家。到澳门后，他在澳门绘制了一幅风景画，呈献给澳门圣保禄教堂。为了应付中国方面的考察，他给北京寄了一幅风景画，但这时候北京方面只对肖像画和油画感兴趣，故未被选中。随后诺伊格鲍尔就离开澳门，去了安南东京。[⑤]

（15）王致诚，法国耶稣会修士，著名画家。他擅长于历史画与肖像画，其父也是画家。1738年8月7日到达北京，其到澳门的时间应在四五月间，据荣振华书，乾隆四年（1739）"成为北京宫廷的画家"。清宫档案中保存了大量的王致诚宫中绘画的材料，现存明确为王致诚作品的有《石渠宝笈》著录《十骏图》及乾隆战功图之《平定回部献俘图》《阿尔楚尔之战图》《和落霍斯之战图》[⑥]。据杨伯达先生考证，清宫院画《万树园赐宴图》御容大画及《乾隆射箭油画挂屏》作者即王致诚。[⑦] 他乾隆三十三年（1768）病逝于北京。

---

① 鞠德源：《清宫廷画家郎世宁年谱：兼在华耶稣会士史事稽年》，载《故宫博物院院刊》1988年第2期，第48页。

② ［法］费赖之著，冯承钧译：《在华耶稣会士列传及书目》，北京：中华书局，1995年，第774、805页；［法］荣振华著，耿昇译：《在华耶稣会士列传及书目补编》，北京：中华书局，1995年，第31～32、553页。

③ 鞠德源：《清宫廷画家郎世宁年谱：兼在华耶稣会士史事稽年》，载《故宫博物院院刊》1988年第2期，第48页。

④ 《清档》乾隆六年七月《灯作》编号3392及《清档》乾隆九年八月《匣作》编号3405，转引自杨伯达：《清代院画》，北京：紫禁城出版社，1993年，第232页。

⑤ Henri Bernard S. J., Le Frère Attiret au Service de K'ien-long (1739 – 1768), Sa Première Biographie Écrtie par le P. Amiot, Rééditée avec Notes Explicatives et Commentaires Novembre 1739, publiée l' Université l'Aurore, 4 (1943), p. 42. 此处引文为 lettre du 21 novembre 1739, publiée dans le Welt-Bott, T. 5, No. 703, pp. 28 – 30；［法］费赖之著，梅乘骐、梅乘骏译：《明清间在华耶稣会士列传（1562—1773）》，上海：天主教上海教区光启社，2003年，第933页。

⑥ ［法］伯希和：《乾隆西域武功图考证》，载冯承钧：《西域南海史地考证译丛》第2卷，北京：中华书局，1995年。

⑦ 杨伯达：《万树赐宴图考析》，《〈乾隆射箭油画挂屏〉述考》，载杨伯达：《清代院画》，北京：紫禁城出版社，1993年，第178～210、226～248页。

（16）汤执中，法兰西耶稣会会士、植物学家。1740 年 10 月 10 日抵达澳门，1741 年 1 月 15 日到广州后进北京。荣振华称：“他的两册素描图图集收藏在里昂市立图书馆。”① 费赖之书《汤执中传》称执中遗作：“《中国漆记》附有着色图 16 叶，每叶附有法文说明；《中国烟火制法》附有制作各法之图画；附达纳（Danae）号军舰赴华行记，稿本凡四十页，附钢笔绘画二；执中以在中国所绘动、植物图七十二叶寄赠法国安托尼（Antoine）及其兄贝尔纳·朱西厄（Bernad de Jussieu），图画颜色鲜明，据科奇《树木学》卷二第 307 页云，朱西厄似曾藏有执中之《中国行记》与动植物图画 4 010 种。此种图画旧藏巴黎博物馆；执中并撰有《养蚕法》，绘有代表野蚕变化各期着色图 23 页。”② 其绘画作品之多，当为入华西洋艺术家之最。这完全可以反映，汤执中谙熟绘画。虽然其绘画作品不是为艺术欣赏而创作，但仍然属于将西洋绘画带进中国的欧洲艺术家。他 1757 年 5 月 12 日于北京逝世。

（17）艾启蒙，波希米亚耶稣会会士、画家。据《清内务府奏案》，乾隆九年九月二十七日（1744 年 11 月 1 日）西洋人戴进贤奏：“本年六月内西洋船上来有修士，特来效力。蒋友仁、吴直方通晓天文，艾启蒙能画，那永福知律吕。以上四人现在澳门。”③ 可知艾启蒙当于 1744 年七八月间与蒋友仁、吴直方同时抵达澳门。查荣振华书，蒋友仁抵达澳门时间为 1744 年 7 月 12 日。据上引档：“于乾隆九月二十七日具奏，奉旨，准其来京。”则知允准艾启蒙离澳进京的时间是 1744 年 11 月 1 日。又据葡萄牙东波塔案馆藏澳门中文档案 1054 号，艾启蒙实际离澳时间是乾隆十年五月十六日（1745 年 6 月 15 日）。④ 《正教奉褒》称艾启蒙：“以精于绘事，奉旨进京，特派在如意馆效力，甚合上意；特授奉宸苑卿，三品职衔。”⑤ 故知，艾启蒙担任的职务与郎世宁同，即主管如意馆的工作。关于艾启蒙的绘

图 9－17　艾启蒙绘白犬图

① ［法］荣振华著，耿昇译：《在华耶稣会士列传及书目补编》，北京：中华书局，1995 年，第 316 页。

② ［法］费赖之著，冯承钧译：《在华耶稣会士列传及书目》，北京：中华书局，1995 年，第 831～833 页。

③ 中国第一历史档案馆等编：《明清时期澳门问题档案文献汇编》第 1 册，《西洋人戴进贤等奏请西洋人蒋友仁等来京效力折》，北京：人民出版社，1999 年，第 203 页。

④ 刘芳辑：《葡萄牙东波塔档案馆藏清代澳门中文档案汇编》下册，《署香山县丞顾嵩为教士蒋友仁等进京事行理事官牌》，澳门：澳门基金会，1999 年，第 532 页。

⑤ （清）黄伯禄：《正教奉褒》，中国天主教史籍汇编本，台北：辅仁大学出版社，2003 年，第 140～141 页。

画技艺，刘松龄在《轶事信札》中称："从郎世宁修士习绘画，1766年世宁卒后，启蒙绘画虽不及世宁之精，然足以代之而无愧色。"① 可以说，艾启蒙是乾隆朝继郎世宁、王致诚之后第三位重要的宫廷西洋画家。入宫初期，其与郎世宁同在如意馆供职，其画多受教于郎世宁，后期功力不逊于其师，故亦长于画马。② 乾隆四十五年（1780），艾启蒙逝世，前后任清宫画师达35年之久。

（18）安德义，意大利奥斯定会会士、画家。乾隆二十六年七月二十六日（1761年8月25日），广东巡抚托恩多奏折载其入华事："据澳门夷目委黎多等禀称，有大西意大理亚国修士安德义、李衡良二人搭本港二十三号船，于本年五月内到澳。安德义年三十四岁，素习绘画兼律吕；李衡良年二十三岁，习修理自鸣钟，兼医治内科，愿进京效力。"③ 据此可知，安德义为意大利国之修士，生于1727年，是一位西洋画家兼音乐家，但其在音乐方面的活动史文无载，于1761年6月间抵达澳门。又据上档，其获批进京的时间为1761年8月25日，但据乾隆二十七年正月17日（1762年2月10日）两广总督苏昌奏折："西洋人安德义、李衡良上年到广。……安德义等现从澳门来省，择于乾隆二十七年正月初二日由广启程进京。"④ 实际上他是1762年1月25日才离广进京，在四五月间到北京。安德义、郎世宁、王致诚与艾启蒙四人合作乾隆武功图时，安氏所绘作品最多，16幅图中明确为安德义绘制的有6幅，即《库陇癸之战》《乌什酋长献城降》《呼尔满大捷》《伊西洱库尔淖尔之战》《拔达山汗纳款》及《效劳回部成功诸将士》。⑤

图9－18　贺清泰之贲鹿图和贡象图

（19）贺清泰（又作赫清泰），法国耶稣会会士、画家。1770年10月20日抵达澳门，1771年9月29日作为画家从广州

① ［法］费赖之著，冯承钧译：《在华耶稣会士列传及书目》，北京：中华书局，1995年，第864页。

② 高智瑜、马爱德主编：《北京最古老的天主教墓地：栅栏》，澳门：澳门文化局，2001年，第231页。

③ 中国第一历史档案馆等编：《明清时期澳门问题档案文献汇编》第1册，《广东巡抚托恩多奏报意大利人安德义等搭船到澳门情愿进京效力折》，北京：人民出版社，1999年，第358页。

④ 中国第一历史档案馆等编：《明清时期澳门问题档案文献汇编》第1册，《两广总督苏昌等奏报意大利人安德义等由广启程进京日期折》，北京：人民出版社，1999年，第364页。

⑤ ［法］伯希和：《乾隆西域武功图考证》，载冯承钧：《西域南海史地考证译丛》卷2，北京：中华书局，1995年，第176～179页。

进京。[①] 据《传教信札》记载："（贺）清泰从未学习绘画，然在内廷为画师，尚能满足华人好尚。"[②] 当是一自学成才的业余画家。现存清档中，亦保存了一部分贺清泰清宫绘画资料。[③]

（20）戴国恩（Joaquim Leonardo da Rocha），葡萄牙画师。乾隆四十九年九月十六日（1784年10月29日）广东巡抚孙士毅奏折："有西洋人汤士选，年三十二岁，谙晓天文，随带门徒刘思永，二十三岁，亦谙晓天文，一名戴国恩，年（中残）晓绘画。该国令伊等赴京效力，遣送来广。……今汤士选谙晓天文，随带门徒刘思永、戴国恩，晓天文、绘画，情愿进京效力。……臣随令……委员伴送进京。"[④] 戴国恩，据上档仅知其为汤士选的"门徒"，并且是一位画家，1784年7月29日批准进京。据施白蒂的《澳门编年史：16—18世纪》称："1783年3月7日，玛丽亚致函议事会：我已派遣画师若阿金·莱昂内尔多·达·罗沙与主教一起赴北京，并自其从本王国启程之日起，每年给予40万雷伊斯薪俸，以便其在那里定居。"[⑤] 主教即汤士选，而若阿金·莱昂内尔多·达·罗沙，其葡文为Joaquim Leonardo da Rocha，即随汤士选一同来华的画师，也即戴国恩。据汤士选1784年11月5日在广东发给澳门议事会的信称："这位画家画过自然历史的作品，以装饰在皇室办公室里。然而该画家自己决定不去北京了，找了借口把自己替换掉了。"[⑥] 据1784年12月26日澳门议事会上女王书称："画家（指戴国恩）不愿进入中国内地，虽然他曾在广州逗留，与北京主教汤士选在一起。为此，本城市支付了他至今年9月底的薪俸，他现在被软禁在本城，总督通知我们说，要把他押送到里斯本，请陛下做出决定。"[⑦] 据美国"中国皇后号"船长山茂召的日记记载：

> 戴国恩到了广州以后，他又强烈地感到不想离开自己的祖国和亲人朋友，于是拒绝再继续航行。画家表示，他离开欧洲之后，他的父亲就去世了，他的母亲给他写信，让他回家照顾母亲和他的孩子。[⑧]

这就是他被软禁并押送到里斯本的原因。

---

① ［法］荣振华著，耿昇译：《在华耶稣会士列传及书目补编》，北京：中华书局，1995年，第513页。

② ［法］费赖之著，冯承钧译：《在华耶稣会士列传及书目》，北京：中华书局，1995年，第1031页。

③ 参见《清中前期西洋天主教在华活动档案史料》第4册，第380、389、396、398、416、418、430、437、438、439、440、441、443、446、458、460、462、463、466、467、469、475、476页。

④ 中国第一历史档案馆等编：《明清时期澳门问题档案文献汇编》第1册，《广东巡抚孙士毅奏报西洋人汤士选等情愿进京效力情形折》，北京：人民出版社，1999年，第431~442页。

⑤ ［葡］施白蒂著，小雨译：《澳门编年史：16—18世纪》，澳门：澳门基金会，1995年，第180页。

⑥ *Arquivos de Macau*, 1ª Série, Vol. Ⅱ, No. 4, Macau, 1930, p. 221.

⑦ ［葡］施白蒂著，小雨译：《澳门编年史：16—18世纪》，澳门：澳门基金会，1995年，第184页。

⑧ ［美］菲利普·查德威克·福斯特·史密斯著，《广州日报》国际新闻部、法律室译：《中国皇后号》，广州：广州出版社，2007年，第214页。

四、17世纪中叶到19世纪西方世俗美术在澳门的发展

历史上的澳门基本上是一座“基督城”，故17世纪中叶以前的澳门所传播的西洋美术基本上全是天主教艺术，至今尚未发现世俗美术作品的出现。但至17世纪中叶以后，由于不断有旅行画家、使团画家及业余爱好者在澳门旅居作画，故世俗的西方美术作品开始在澳门出现。

我们见到的关于澳门世俗绘画的最早资料应该是1637年英国人芒迪来澳门后所绘制的作品，其中保留了关于滞留在澳门的日本人的绘画。其画绘制了一个日本妇女和一个日本武士的形象，① 这恐怕是对最早的澳门世俗绘画的保存。又据1645年澳门议事会的记录“7月份城市理事官和司库罗伊斯（Domingos Roiz）的开支支付来作画的画家三个比索”。② 其中谈到9月份的开支有“支付为国王画肖像画的画家005~100”。③ 这应该是议事会早期进行世俗绘画支付画家的费用，第一条资料并不知道这个画家画了幅怎样的画，但第二条资料明确指出是画国王肖像。

1655年，荷兰使团访华，荷兰人约翰·纽荷芙（John Nieuhoff）作为荷兰使团的书记员出使中国。关于这一次出使，纽荷芙留下了一份手稿和一批关于中国境内的质朴素描画。包乐史（Leonard Blussé）认为“尼霍夫的素描技术相当一般，但仍算是纯朴的速写”④。这一批在中国境内的素描画现存共80幅（其中一幅是画巴达维亚城的），其包括雕门、澳门、广州、佛山、清远、英德、韶州、南雄、赣州、安庆、南京、济宁、北京等城市的速写，还有耿继茂、尚可喜及广州宴请荷使，荷使进北京等人物与事件之速写，是一批具有相当高史料价值的原始资料。⑤ 但现今流传署名为纽荷芙的《远眺澳门及海港上的荷兰商船图》之铜版画当为后人的“画蛇添足”⑥。据包乐史教授的介绍，在纽荷芙的原稿图画中并无此图。笔者以为上图是后人根据纽荷芙的速写《澳门群岛在望》一图加工创作而成的铜版画。据《荷使初访中国记》记载，当时荷船只经过澳门之外海——十字门外洋，即书中所言“我们停泊在澳门最东面丘陵地带

---

① Peter Mundy, *The Travels of Peter Mundy in Europe and Asia: 1608 - 1667*, Vol. 3, Cambridge: Printed for the Hakluyt Society, 1919, p. 951, and plate xiv.

② *Arquivos de Macau*, 1ª Série, Vol. Ⅱ, No. 3, Macau, 1930, pp. 141 - 146.

③ *Arquivos de Macau*, 1ª Série, Vol. Ⅲ, No. 1, Macau, 1930, p. 48.

④ ［荷］包乐史、庄国土合著：《〈荷使初访中国记〉研究》，厦门：厦门大学出版社，1989年，第18页。

⑤ ［荷］包乐史、庄国土合著：《〈荷使初访中国记〉研究》，厦门：厦门大学出版社，1989年，前面之图录。

⑥ ［荷］包乐史、庄国土合著：《〈荷使初访中国记〉研究》，厦门：厦门大学出版社，1989年，第20页。

附近洋面上”①，并没有进澳门，因此也不可能看到南湾之澳门城市景象。今存纽荷芙速写《澳门群岛在望》就十分真实，画中描绘的就是十字门外洋的情况，而铜版画《远眺澳门及海港上的荷兰商船图》描绘的澳门南湾城市景象与17世纪中叶澳门城市实况完全不同，明显是后人凭空想象的创作。

图9-19 纽荷芙速写的《澳门群岛在望》

1665年荷兰人芬彭士绘了一幅澳门图。芬彭士（1616或1617—1670），出生于荷兰绘画世家，本人为著名的制图学家和水彩画家。他并未来过澳门，该图应是根据荷兰东印度公司提供的资料绘成。图中所绘的澳门城市、炮台、教堂、修道院及街区分布极为细致，也较为真实。该图见于瓦伦丁（François Valentyn）的荷文著作《新旧东印度志》（*Oud en Nieuw Ost-Indien*）1726年版第4卷的插图。

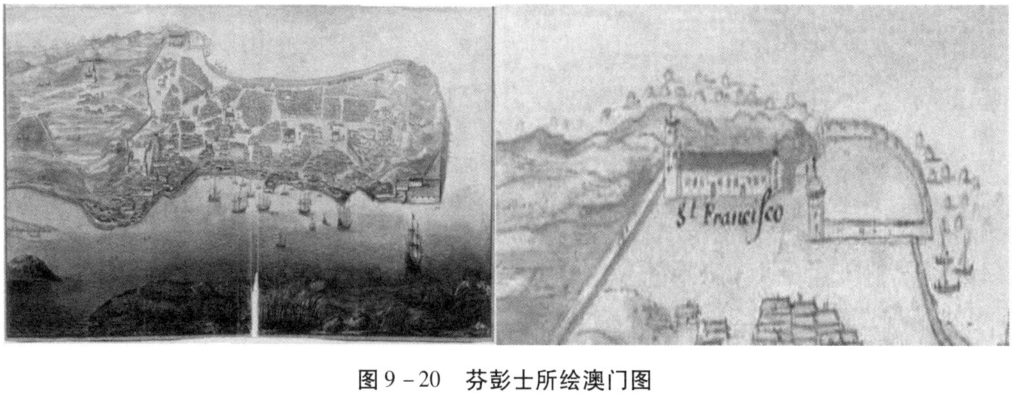

图9-20 芬彭士所绘澳门图

① ［荷］包乐史、庄国土合著：《〈荷使初访中国记〉研究》，厦门：厦门大学出版社，1989年，第49页。

现存于里斯本东方艺术博物馆的大约绘制于乾隆初期的彩色屏风澳门图中十几座教堂全是古典主义的西洋建筑，其建筑风格大多既采用欧洲17世纪时的巴洛克风格，同时亦融入了不少中国清代传统建筑之风格。①

1787年1月3日，由两艘法国国王船“布佐勒（La Boussole）号”和“星盘（L'Astrolabe）号”组成的法国探险队由拉贝罗塞伯爵拉佩鲁斯率领抵达澳门。他们主要进行天文及其他一些观察，并负责探索到达远东与加拿大北部的西北通道。他们在澳门停留了好几个星期，至2月5日，在奥斯定修道院附近建立观察台，进行了观察工作。在嘉思栏堂的一条走廊，随团法国画家贝内伊在白色的墙上绘制了圣方济各像和该会的会徽。该画被视为杰作。② 他还绘制了一幅澳门南湾景色图（17.1 cm×22.5 cm），作者站在方济各会修道院门前，远眺南湾。该画描绘了嘉思栏炮台附近的南湾风景，画中有男女修士和信众、华人、外国人，画中所绘西望洋山脚下青烟缕缕，正是澳门烧灰炉处炼石灰之工作情景，内容表现十分真实，反映了17世纪末澳门的情况。该画于1797年拉佩鲁斯环球游记出版时由法国版画家Masquelier刻成版画在《拉佩鲁斯游记图册集》（*Atlas du Voage de la Pérouse*）中出版，所以画的标示日期是1797年。后由英国著名版画师劳里（Wilson Lowry）刻板，于1800年印行。现存香港艺术博物馆。③

图9－21　里斯本东方艺术博物馆的彩色屏风澳门图

图9－22　贝内伊所绘的澳门南湾景色图

① The Orient Museum, *Six-panel Screen with Views of Macao and Canton*, Lisbon, pp. 66, 85－86.

② La Pérouse, Jean-François de Galaup, *Voyage de La Pérouse autour du monde, publié conformément au décret du 22 avril 1791*, rédigé par M. L. A. Milet-Mureau, Tome premier, Paris: De l'Imprimerie de la République, 1797, pp. 4－12；［瑞典］龙思泰著，吴义雄等译：《早期澳门史》，北京：东方出版社，1997年，第25页。

③ 陈继春：《16—18世纪西方画家笔下的澳门》，载陈继春：《濠江画人掇录》，澳门：澳门基金会，1998年，第216页。

1779 年，英国画家约翰·韦伯到达澳门，在澳门创作了大量画作，次年返回英国。韦伯是瑞士籍画家，1750 年生，其父为雕刻家，1775 年入英国皇家美术学院习画。1776 年韦伯作为绘图员随库克船长作最后一次环球旅行。从澳大利亚返航英国途中，于 1779 年 12 月 1 日抵达澳门，于 1780 年 1 月 12 日离澳。韦伯擅长画风景画，他在澳门期间绘制了一批澳门风景画。[①] 奥兰治（James Orange）在《遮打精品录》（*The Chartar Collection*）中介绍，“他至少有两幅画是关于澳门的。一幅大概是炮台山西北，上面有内港和远方的中国山峦以及圣保禄教堂和佩雷拉家族的一个宅院；另一幅上有妈阁庙的塔，内港沿岸景物、舢板和下船踏板，背景是山峦”。[②]（香港艺术博物馆藏有韦伯第二幅画的铅笔素描，即《妈阁庙》）上述两幅韦伯画已制成铜版画，收入其所著的《南海风貌》一书中。另外，在澳大利亚国立图书馆白乐嘉的藏品中，还有一幅韦伯的澳门图。

图 9－23 约翰·韦伯 1780 年绘的澳门图中的大炮台下的护墙

图 9－24 约翰·韦伯 1780 年绘的澳门图中未重修之前的妈阁庙

1784 年，耗资 8 万余两白银兴建的新议事会大楼竣工，该大楼内绘制了多幅人物肖像画作为室内装饰。据 1818 年 12 月 26 日葡萄牙国王若奥六世登基后在澳门大教堂举行庄严庆典的详细回忆记录称：

> 议事会大楼前面有一个优雅的观礼台，有 40 呎高，30 呎宽，外形是装饰十分精致的仿露台设计，其中放置着四个金色的塑像，代表着四美德——坚强、科学、正义以及谨慎。在它们的中间，有一块巨大的画板，上面绘有国王站立的皇室肖像，王袍加身，手里持权杖及王冠。这幅肖像画上覆盖了猩红色的锦缎帘布，它是由一个底坛和许许多多点燃的灯火组成的，灯盏都有序地对称摆放的。[③]

---

① 陈继春：《16—18 世纪西方画家笔下的澳门》，载陈继春：《濠江画人掇录》，澳门：澳门基金会，1998 年，第 217 页。

② ［葡］施白蒂著，姚京明译：《澳门编年史：19 世纪》，澳门：澳门基金会，1998 年，第 176 页。

③ *Arquivos de Macau*, 1ª Série, Vol. Ⅰ, No. 1, Macau, 1929, p. 48.

除此之外，还有一幅若奥六世登基图：

在中心能看到一幅图画，绘出了被仰视的国王陛下在欢呼中庄严的动作。在他的画像里，有一个巨大的缎帐，他坐在国王的宝座上，王袍加身，头戴王冠，右手挥舞着权杖，在右侧能看到一幅安静的王子米盖尔站立姿态的画像，手持出鞘的利剑，感觉是在这个庄严的行动中，使得自己成为一名王国的军队统帅。不久，尊贵的皇室王子殿下身穿长袍制服，出现在这个重大的日子里，在国王的左边能看到图上画的是使臣跪姿亲吻国王的手的画面。这幅华丽的图画，让所有的澳门人民都表现出喜悦之情，人们意犹未尽地观赏这幅画面。在画板的下方有如下的句子：本人以澳门城市之名，这座城市里的人民都非常恭敬，我在这里宣誓我的忠心，在我在位的时间里，我们的人民必将幸福。①

还有一些在议事会内的装饰绘画：

在瞭望台中心的一个优雅的石柱之上，有一个神话寓言中的塑像，该塑像的双手后都有翅膀支撑，并持有桂冠；在顶峰的四个主要面上，放置了四幅大画板，代表着澳门商业的徽章；在第一幅图里，描绘的是城市海港景色的一部分：在港口停泊待航的船舶，以及升起的旗帜。第二幅图中，描绘的是一部分沙滩的景色，海面上有一些扬帆的船舶正要到达靠岸。第三幅图中，是六艘在大海海面上航行的船只。第四幅图中，有三艘船和一艘双桅船由澳门妈阁入港。在这些画板的上方，放置有一个天鹅绒垫子，上面摆放着王冠和权杖，象征着国王的徽记和权力，以及对这座城市商业的支持与保护。②

我们不知道上述绘画作品的作者为何人，但可以反映这一时期澳门世俗的西洋画家大有人在。另据 1787 年议事会的上交和货物盘点的登记案也记录了“12 幅总督的画像”③，这大概也是为装饰议事会大楼室内大厅的美术作品。可知，这一时期澳门还创作了为数不少的西洋世俗画。

1785 年和 1793 年英国风景画画家托马斯·丹尼尔与威廉·丹尼尔叔侄两次到达澳门，并留下了几幅关于澳门的美术作品。威廉为托马斯之侄，叔侄俩均为英国版画家。1784 年东印度公司派丹尼尔叔侄到孟加拉国工作，以满足当地行政及商业事务对美术人才的需求。据苏立文教授记载，1784 年至 1794 年间他们主要居住在印度，在此期间于 1785 年和 1793 年两次到中国南部访问，停留了一段不长的时间。④ 1785 年秋到达澳门，他们在澳门画了一批速写，其中在澳门完成的素描《贾梅士洞》被刻制成版画

---

① *Arquivos de Macau*, 1ª Série, Vol. Ⅰ, No. 1, Macau, 1929, pp. 51 – 52.

② *Arquivos de Macau*, 1ª Série, Vol. Ⅰ, No. 1, Macau, 1929, p. 53.

③ *Arquivos de Macau*, 1ª Série, Vol. Ⅱ, No. 4, Macau, 1930, pp. 205 – 209.

④ ［英］苏立文著，陈瑞林译：《东西方美术的交流》，南京：江苏美术出版社，1998 年，第 83 页。

(12.3 cm×19.7 cm)，还留下一幅珍贵的水彩画《澳门海港的商船》。① 现存水彩画《莲花山及莲花塔》为托马斯·丹尼尔作。②

图9－25 丹尼尔叔侄绘澳门《贾梅士洞》藏于日本“东洋文库”

18世纪80年代作为皇家海军军官来澳的苏格兰画家威廉·安德森的油画《澳门半岛之景象》最早以俯瞰的方式记录了澳门城市全景。③ 曾在英国画家艺术家协会学习绘画的英国画家威廉·亚历山大，1792年和希金一起，作为画师被选为出使中国的马戛尔尼使团中的成员。1793年6月20日，亚历山大随使团到澳门，居停4天后离澳北上，1793年8月21日抵达北京，英使去热河谒见中国皇帝时，他被留在北京城，1794年1月15日再次返澳门，在澳居停两个月。④ 亚历山大擅长速写和水彩画，他在中国期间创作了大量有关中国风俗的水彩画和速写，后英国伦敦印度部图书馆将这一部分画作编为三大册，1850年以《中国风俗》集结出版，其中有名的有《英使抵天津》《1793年天津戏院》《通州府》等，⑤ 最著名的《乾隆赴热河的幄御营》却是亚历山大

① 陈继春：《16—18世纪西方画家笔下的澳门》，载陈继春：《濠江画人掇录》，澳门：澳门基金会，1998年，第216页。

② 香港艺术馆编：《历史绘画：香港艺术馆藏品选粹》，香港：香港艺术馆，1991年，第75页。

③ 莫小也：《地志画：记忆中的澳门风景》，载《文化杂志》（中文版）第53期，2004年，第44～45页。

④ ［法］佩雷菲特著，王国卿等译：《停滞的帝国：两个世界的撞击》，北京：生活·读书·新知三联书店，1993年，第86页。

⑤ 陈继春：《威廉·亚历山大的中国之旅》，载陈继春：《濠江画人掇录》，澳门：澳门基金会，1998年，第45～46页。

凭所获信息而想象创作的一幅水彩画。① 其在澳门停留期间，绘有《英船在外海远眺澳门图》②《庙内的牺牲》《停泊于澳门的狮子号》《白鸽巢》《丧礼》等反映澳门民情风俗及自然风光的艺术作品。③

图 9－26　威廉·安德森绘的《澳门半岛图》（截部）

图 9－27　威廉·亚历山大所绘《白鸽巢》

1811 年，英国画家詹姆斯·瓦臣乘英国船“希望号”抵达澳门，他给澳门留下了一幅景色优美的作品——《澳门：从白鸽巢花园看青洲和对面山》。该图描绘的是澳门内港的景色，作者站在白鸽巢花园靠海处，眺望近处的望德堂和远处的青洲及对面山。有人对该图的评价是——画得并不很精确，但很宜人，色彩精美。④ 值得注意的是，该图的青洲岛山顶上还有一座西式教堂，这应该是圣若瑟神学院收购青洲以后在岛上所建的教堂，这座教堂不见于当时的文献记载，该画具有很高的史料价值。

1814 年，荷兰画家克拉克·万彤在澳门完成了《望德堂》水彩画。整幅画呈现出一派宁静，望德堂坐落于东望洋山脚下，白墙红瓦与丛林交相辉映，显得十分肃穆。

---

① ［法］佩雷菲特著，王国卿等译：《停滞的帝国：两个世界的撞击》，北京：生活·读书·新知三联书店，1993 年，书前附图录。

② ［英］斯当东著，叶笃义译：《英使谒见乾隆纪实》，上海：上海书店出版社，1997 年，第 200 页；［法］佩雷菲特著，王国卿等译：《停滞的帝国：两个世界的撞击》，北京：生活·读书·新知三联书店，1993 年，第51～57 页；中国第一历史档案馆等编：《明清时期澳门问题档案文献汇编》第 1 册，《浙江巡抚长麟奏报查明英国使臣船只人数及改期开行日期折》，北京：人民出版社，1999 年，第 530 页。

③ 陈继春：《威廉·亚历山大的中国之旅》，载陈继春：《濠江画人掇录》，澳门：澳门基金会，1998 年，第 54 页。

④ ［英］詹姆斯·华森：《1811 年和 1812 年赴马德拉斯和中国旅行日记》，转引自［英］詹姆士·奥朗奇编著，何高济译：《中国通商图：17—19 世纪西方人眼中的中国》，北京：北京理工大学出版社，2008 年，第 212 页。

而在画面上已没有华人贫民随意搭建的篷寮。① 1815 年到 1837 年间居住在澳门的美国人悌尔顿描述澳门的荷兰商馆时称，“他看到商馆内有荷兰和弗兰德斯伟大画家的绘画作品”。②

图 9-28 詹姆斯·瓦臣绘《澳门：从白鸽巢花园看青洲和对面山》

图 9-29 1814 年克拉克·万彤绘《望德堂》水彩画

对澳门西方世俗美术影响最大的还是英国画家钱纳利。钱纳利（George Chinnery）1774 年 1 月 5 日生于英国伦敦歌赋坊 4 号，祖父和父亲均是职业的书画家。1792 年入读皇家美术学院，1794 年即开办个人画展。1802 年前往印度，在印度生活 23 年。1825 年 9 月 29 日，钱纳利携带一名印度仆人乘搭“海滴（Hythe）号”商船抵达澳门，从此开始了这位英国艺术家在澳门长达 27 年的艺术生涯。1852 年 5 月 30 日在其澳门寓所鹅眉街（Rua de Inácio Baptista）8 号逝世，享年 78 岁，后葬于澳门基督教坟场。③在此期间，他是澳门上层社会极为活跃的人物，与同时代的许多著名人物均有密切交往。在他的人物肖像画中有行商领袖，有英国大班，有传教士，有贵夫人，也有澳门下层人的肖像，如《伍浩官画像》《卢茂官画像》《亨利·怀特像》《马儒翰与卡斯特罗像》《马治兵画像》《威尔科克士肖像》《郭雷枢医生治病图》《美国姑娘哈丽特洛尔像》《史度基像》《杜朗先生肖像》及《马礼逊及其助手像》等，而《看门人像》《濠江渔娘》《澳门铁匠像》则是对下层人物的描绘。④

钱纳利的绘画最典型的就是 19 世纪英国风靡一时的“如画风格”。他追寻“如诗

① 莫小也：《地志画：记忆中的澳门风景》，载《文化杂志》（中文版）第 53 期，2004 年，第 39 页。

② ［美］雅克·当斯著，周湘、江滢河译：《黄金圈住地：广州的美国商人群体与美国对华政策的形成，1784—1844》，广州：广东人民出版社，2015 年，第 25 页。

③ 香港历史博物馆编：《东方印象：钱纳利绘画展》，《钱纳利生平简述》，香港：香港历史博物馆，2005 年，第 36 ~ 37 页。

④ 香港历史博物馆编：《东方印象：钱纳利绘画展》，《珠江岁月》，香港：香港历史博物馆，2005 年，第 100、101、102、103、104、105、106、108、128、142、152、159、162 页。

如画”的风景、废墟及奇形怪状的岩石等“与众不同”的景致。他的中国风景画以“如画风格”的美学观点为原则，但十分注重市场口味。人始终是欧洲美术的主题，人在钱纳利的风景画中从来就是中心角色。[①] 人造的建筑也是钱纳利澳门风景画的一大主题。城市风光的题材因受意大利画家安东尼奥·卡拉尔·卡纳莱多（Antonio Canal，ou Canaletto）的影响，当时在英国异军突起。受这些画家的影响，在18世纪下半叶的英国，有关自然景物和城市风光的创作很快进入了繁荣期，但创造英国式浪漫主义风景画仍是钱纳利他们那一代画家所推崇的。风景如画的澳门风光大多符合当时的审美与创作。圣老楞佐教堂、仁慈堂以及玫瑰圣母教堂和该教堂前的小广场等地方均包括在这种题材的选材范围之内。令人心醉的妈阁庙景色和广州的炮台要塞也常常成为这类题材和作品的表现内容。[②] 在这一类画中，尤以水彩画《南湾》《妈阁庙》《玫瑰堂》等作品为上乘。

钱纳利在澳门期间创作了近万幅作品，其中包括大量的素描画。钱纳利一生创作了大量的素描画，许多素描作品都成为世界各地博物馆和图书馆的珍藏品。胡纪伦称：“钱纳利的手和眼都是经过严格训练的，在进行速写创作时真可谓又准又快，即使在立体派和现代派画家的眼中也是无懈可击的。这些第一手的感性材料向来为钱纳利和他的欧洲同行们所重视，因为这些材料一般较原想象或构思的要丰富。它们随后会被修改和加工，然后再并入某些正式创作的作品中。”[③] 在钱纳利的速写中，有很多是人物肖像的素描，如《丹尼尔太太肖像素描》《格兰先生及其家人群像素描》《奥古斯特·波塞尔在读书的素描》及《水上女疍民阿苏素描》都是这一类作品中的佳作。[④]

最值得一提的是，钱纳利在澳门生活期间，一边绘画，一边培养学生。他培养的学生很多，有英国人、美国人（如哈丽特·洛）、葡萄牙人（如毕士达）及印度人（如玛利亚·布朗夫人），更多的是中国学生，如林呱（关作霖）。[⑤] 经过钱纳利师生们几十年的努力，澳门、香港和珠江三角洲地区形成了一个“钱纳利画派”和商品画基地。不仅如此，钱纳利在澳门的肖像画作品中，创造了一种当地特色，即在人物背景中加入风景，而人物的用光依然是室内的，光线集中，富有戏剧性，这种处理方式极

---

① 香港历史博物馆编：《东方印象：钱纳利绘画展》，孔佩特：《序言》，香港：香港历史博物馆，2005年，第18页。

② 纪念葡萄牙发现事业澳门地区委员会编：《乔治·钱纳利：19世纪的澳门》，胡纪伦：《导言》，澳门：澳门文化司署，1997年，第32页。

③ 纪念葡萄牙发现事业澳门地区委员会编：《乔治·钱纳利：19世纪的澳门》，胡纪伦：《导言》，澳门：澳门文化司署，1997年，第33页。

④ 香港历史博物馆编：《东方印象：钱纳利绘画展》，彭杰福：《从平凡事物中挖掘诗意：阅读钱纳利的速记》，香港：香港历史博物馆，2005年，第28~30页。

⑤ 香港历史博物馆编：《东方印象：钱纳利绘画展》，彭杰福：《从平凡事物中挖掘诗意：阅读钱纳利的速记》，香港：香港历史博物馆，2005年，第28~30页；陈继春：《钱纳利与澳门》，澳门：澳门基金会，1995年，第155页。

大地影响了澳门、香港及广州的一批职业画家，特别是广州的外销画家。[①]

图 9－30 钱纳利的创作

1835 年 12 月 8 日《广州纪录报》刊登了一篇题为“中国画家”的文章，介绍了钱纳利的中国学生林呱：

> 我们的注意力被林呱的作品吸引了，他的画作远在其他画家之上。林呱最初跟随钱纳利学绘画。这位先生现在定居澳门。……最近林呱绘制的肖像画令人赞叹地表现出捕捉肖像特征和表情的天才。中国人并不愿意给自己画肖像，而林呱的绘画已在事实上使很多广州人改变了这种想法，请林呱绘制自己的肖像。……最主要归功于他自己，也要归功于那位启发他、培养他和指导他的老师。”[②]

钱纳利培养的中国学生中最有名者即为林呱。1825 年钱纳利到达澳门，其友英商费伦也居澳门。当时林呱在费伦家做佣人，所以从那时开始，林呱便跟随钱纳利学艺，并成为钱氏的助手，为钱纳利洗画笔并开始学习西洋画的技法。[③] 他从钱纳利处获得充分的指导，所以也能够按照欧洲风格创作西洋画。林呱后来成为 19 世纪上半期广州、澳门、香港三地最重要的外销画家，他的作品也成为外销画的典范。

---

① 郑工：《边缘上的行走：澳门美术》，北京：文化艺术出版社，2005 年，第 43 页。

② *The Canton Register*, Vol. 8, No. 49, 1835/11/08.

③ C. H. Corssman, *The Decorative Arts of the China Trade*, Suffolk, the Antique Collector's Club Ltd., 1991, p. 72.

图 9－31　1834 年林呱绘南湾金仕曼宅邸

1839 年 1 月 3 日，法国青年画家奥古斯特・博尔热抵达澳门，于同年 6 月 20 日之后离开澳门赴马尼拉，在澳门居停近半年的时间里，留下了一批有关澳门题材的美术作品。[①] 博尔热 1808 年生于法国贝利（Berry）地区伊苏登小城（Issoudun）的商人家庭，从小就跟家乡知名画家老布瓦夏尔（Boichard le vieux）学习绘画，后又在巴黎与著名画家居丹（Jean-Antóine Théodore Gudin）和欧仁・苏（Eugène Sue）交往，其画艺获得很大提高，遂开始四处游历绘画。1836 年，他 28 岁时，即有作品参加了巴黎绘画沙龙，开始小有名气。[②] 1838 年，博尔热来澳，与钱纳利结识，亦曾向钱纳利学习绘画，两人经常在一起讨论艺术，互换画作，友谊颇深。[③] 博尔热在澳门停留的时间虽然不长，但留下了一批极为重要的美术作品，如《澳门鸟瞰》《妈阁庙内的小祠》《澳门妈阁庙牌坊》《澳门港湾》《澳门内港——贫民住宅区》《澳门街道》《澳门的船》《澳门城附近的中国营地》等。[④] 博尔热的美术作品都是他游历澳门亲眼所见的真实记录，写实程度极高，因此他给我们留下的澳门美术作品不仅在艺术上具有很高的价值，而且也是极为珍贵的历史资料。

---

① 陈继春：《博尔热的澳门之旅》，载陈继春：《濠江画人掇录》，澳门：澳门基金会，1998 年，第 56～62 页；[法] 夏德新著，益友译：《1839 年的澳门：博尔热的记叙和绘画》，载《文化杂志》（中文版）第 10 期，1992 年，第 82～91 页。

② [法] 奥古斯特・博尔热著，钱林森等译：《奥古斯特・博尔热的广州散记》，《中译本序》，上海：上海书店出版社，2010 年，第 1～2 页。

③ 香港历史博物馆编：《东方印象：钱纳利绘画展》，彭杰福：《从平凡事物中挖掘诗意：阅读钱纳利的速记》，香港：香港历史博物馆，2005 年，第 30 页。

④ 陈继春：《博尔热的澳门之旅》，载陈继春：《濠江画人掇录》，澳门：澳门基金会，1998 年，第 56～62 页；[法] 夏德新著，益友译：《1839 年的澳门：博尔热的记叙和绘画》，载《文化杂志》（中文版）第 10 期，1992 年，第 82～91 页。

图 9－32 博尔热作品

英国皇家海军准将考德维尔·詹姆斯 1842 年随英军到远东，同时抵达澳门。他是一位业余画家，在澳门留下了《澳门方济各会修道院及松山炮台》的绘画，1849 年在军中去世。[①] 美国画家乔治·韦斯特 1844 年随美国顾盛使团来澳门，签订中美《望厦条约》。在华期间，韦斯特还曾到过广州，他在这一带创作了百余幅美术作品，其中绘制的中美《望厦条约》签订处——普济禅院的水彩画最为有名。

图 9－33 考德维尔绘《澳门方济各会修道院及松山炮台》

图 9－34 乔治·韦斯特 1844 年来澳门绘中美《望厦条约》签订处普济禅院

① 香港艺术馆编：《香港及澳门风貌》，香港：香港艺术馆，1983 年，第 66 页。

1845 年，德裔美国艺术家、世界著名旅行家威廉·海茵随美国海军准将佩里环球旅行来华并经过澳门，在澳门居停期间绘下了当时十分生动的圣保禄教堂遗址前的真实场景。图中宏伟的建筑，就是圣保禄教堂的前壁，俗称大三巴牌坊。这幅石版画的英文原标题为“耶稣会修道院”，画内的游行队伍正在进行天主教的仪式，街上中外人士聚集，一同观看这特别的场面。[1] 同时，他还绘制了一幅《从西望洋山眺望南湾》的彩色版画。

图 9－35　威廉·海茵绘《耶稣会修道院》

图 9－36　威廉·海茵绘《从西望洋山眺望南湾》

1845 年，英国业余画家托玛斯·屈臣只身移居澳门，先在亚历山大·安德逊医生的医务所工作，直至 1849 年才离开澳门。他与钱纳利有着密切的接触，钱纳利是他的病人，他经常为钱纳利提供医疗服务，而钱纳利则以他的画作或教授其绘画技艺来代替医疗费用。1847 年之后，屈臣与钱纳利的友谊加深，因为屈臣与其妻酷爱收藏旧报纸，钱纳利则经常去他的家中欣赏藏品。在亦师亦友的交往中，屈臣在钱纳利的指导下，临摹了不少钱氏的作品，亦越来越接近钱氏的画风。其作品真实可信，对于考证历史、研究澳门城市发展历程有极大的参考价值。其代表作有《从大炮台远眺贾梅士花园》《澳门南湾圣彼德小炮台》《澳门嘉思栏炮台》《圣方济各修道院海景》及《西望洋山风景》等。钱

图 9－37　《西望洋山风景》中的西望洋教堂

① 此画现藏于香港艺术博物馆，关于海茵其人亦可参见香港艺术博物馆对此画的介绍。

纳利逝世时，屈臣随侍在侧，为其料理后事，之后移居香港。[①]

英国人威廉·普林塞普家族世代居住于印度。普林塞普本人为一商人，从19世纪30年代起来广州、澳门贸易，曾跟随钱纳利学绘画，成为一名著名的业余画家，绘制了不少出色的水彩画，如1838年绘制的《妈阁庙》图和1848年绘制的《澳门南湾》图。[②]

图9-38　威廉·普林塞普绘《澳门南湾》

图9-39　威廉·普林塞普绘《妈阁庙》

英国画家钱纳利来到澳门亦使澳门诞生了一名土生画家，他在澳门艺术界的名气并不亚于他的老师钱纳利。这位画家的名字叫马西安诺·安东尼奥·毕士达，是土生葡人毕士达家族的第二代。毕士达1826年6月5日生于澳门一个贫困的土生葡人家庭，且为私生子。他于1838年6月30日（12岁时）就读圣若瑟学校，在此期间成了英国画家钱纳利的忘年之友。据学者胡纪伦介绍，毕士达"总是跟着钱纳利，帮他做任何事情，甚至按照钱纳利的吩咐帮他调制颜料"[③]。毕士达很小就表现出艺术天分，再加上钱纳利长期的熏陶，最终成为颇具名气的艺术家。他之后虽然在绘画上有自己独创的风格，但作品中仍可看出钱纳利对他的影响。他现在被誉为澳门土生葡人中最为重要的画家之一。他的一些作品至今仍收藏在澳门的贾梅士博物院。[④] 1857年，毕士达全家移居香港，住在奥斯瓦尔朵平台路2号，此后他本人一直居住在香港。为了谋生，他身兼数职，如画家、美术教师、绘图员、图书插页设计师、舞台美工等，后来还当

① Patrick Conner, *George Chinnery: 1774 - 1852, Artist of India and the China Coast*, Woodbridge, Suffolk: Antique Collectors' Club, 1993, pp. 290 - 295；陈继春：《濠江画人掇录》，澳门：澳门基金会，1998年，第63~69页。

② 香港艺术馆编：《香港及澳门风貌》，香港：香港艺术馆，1983年，第57、67页。

③ César Guillén Huñez, Marciano Baptista-Sua Vida e Arte, in *Revista Cultura*, No. 11 - 12, Macau: Insituto Cultural de Macau, 1990, pp. 172 - 177.

④ Manuel Teixeira, *Toponímia de Macau*, Vol. Ⅱ, Macau: Instituto Cultural de Macau, 1997, pp. 380 - 381.

过摄影师，而且在这些领域造诣都很精深。[1] 毕士达留下了很多美术作品，其中很重要的一个贡献，即为我们展示一个正在消失的澳门。从他的画中，我们不仅能看到古塔、城堡和19世纪中国和欧洲的楼宇，而且可以看到澳门、香港、广州各式各样、色彩斑斓的帆船。1875年他应该回过澳门一次，并留下了当时在东望洋山的写生素描。1914年席尔瓦·门德斯（Silva Mendes）称他为“杰出的水彩画家”，更多人评价他为“19世纪以来澳门最杰出的画家”。席尔瓦·门德斯在评论钱纳利的一篇文章中说道：“毕士达是另一位出色的艺术家，特别擅长水彩画，功底颇为深厚，师从于钱纳利大师。他对景色的描绘准确深刻，尤其是他的大量作品反映了上个世纪中期香港殖民地迅速蓬勃发展的情况。”[2]

图9－40　毕士达画像

图9－41　毕士达绘《澳门南湾》

图9－42　毕士达绘《澳门南湾》

英国画家德克尔1860年抵达澳门，留下了一幅《澳门妈阁庙全景》设色石版画图。该画清楚地展示了澳门最脍炙人口的古建筑妈阁庙的正面景貌。此版画设色雅丽，清新可喜。[3] 英国画家查尔斯·威格曼——《伦敦新闻画报》派到中国的记者，于1861年后来到中国，并经过澳门。威格曼长于水彩画，注意描绘普通中国人和中国的社会生活，绘制了很多关于中国社会生活场景的图画。1866年3月17日，他在《伦敦新闻画报》发表了在澳门绘制的《妈阁庙戏棚内的场景》[4]，给我们留下了19世纪澳门华人演戏的真实场景。

① Jorge Forjaz, *Famílias Macaenses*, Vol. Ⅰ, Macau: Fundação oriente, Instituto Cultural de Macau, Instituto Português do Oriente, 1996, p. 358.

② Manuel Teixeira, *Toponímia de Macau*, Vol. Ⅱ, Macau: Instituto Cutural de Macau, 1997, pp. 380 – 381.

③ 香港艺术馆编：《香港及澳门风貌》，香港：香港艺术馆，1983年，第74页。

④ *The Illustrated London News*, March 17th, 1866, p. 626.

图 9－43 德克尔绘《澳门妈阁庙全景》

图 9－44 查尔斯・威格曼绘《妈阁庙戏棚内的场景》

爱德华・希尔德布兰德也是 19 世纪英国画家，1862 年抵达澳门，绘有《妈阁庙外戏棚》《南湾夕照》的水彩画，并附有画家题识。画中左前方是圣伯德禄小炮台，稍后为新建的总督府，再后的教堂是 1844 年至 1850 年间重建的大堂，最右边还可以看到被拆毁之前的圣方济各会修院。[①]

图 9－45 爱德华・希尔德布兰德绘《妈阁庙外戏棚》（左）和《南湾夕照》（右）

虽然西方美术教育在 16 世纪后期即已在澳门耶稣会中出现，但世俗的西方美术教育却出现得很晚。据目前所见材料，最早开始进行美术教育的是圣罗萨孤女院，该院由法国圣云仙保禄仁爱会修女负责管理。1849 年，孤女院迁入奥斯定修道院。在法国修女们的指导下，澳门许多女孩子除了学习音乐和绘画外，还学习法语。[②] 1857 年 1 月 22 日，据热罗尼莫・马塔主教谕令，将由法国圣云仙保禄仁爱会修女管理的圣罗萨孤

① 香港艺术馆编：《香港及澳门风貌》，香港：香港艺术馆，1983 年，第 67 页。

② Manuel Teixeira, *Macau e a Sua Diocese*, *Vol. Ⅲ*, *As Ordens e Congregações Religiosas em Macau*, Macau: Tipografia Soi Sang, 1956 – 1961, p. 519; Manuel Teixeira, *Toponímia de Macau*, Vol. Ⅱ, Macau: Instituto Cutural de Macau, 1997, p. 215.

女院划归圣家辣修道院管理。[①] 该校的教育应属于一种特殊的基础教育，该校开设的课程主要有葡萄牙语、法语和英语、天主教史、绘画、声乐和钢琴、体育、卫生学和家政。[②] 由此可知，从1849年开始，圣罗萨学校就已经开设了专门的西方美术课程，由法国修女任教。1857年该校合并以后，西方美术课程仍然保留，对孤女们进行专门的美术教育，应该是让她们掌握一种谋生的技能。澳门第二个开设西方美术课程的学校为圣若瑟神学院，据载，1875年7月3日，从里斯本塞尔纳谢神学院毕业的戈麦斯·费雷拉（João Gomes Ferreira）神父抵达澳门，先在圣若瑟神学院教授神学与绘画，11月22日任该院副院长。1878年赴帝汶传教；1887年8月在澳门举行他的科钦主教的授职仪式，1897年逝世。[③] 由此可知，圣若瑟神学院在1875—1878年曾开设过西洋美术课程，但之后是否继续，无资料证明。总之，到19世纪中期以后，澳门已经开始了世俗的西洋美术教育，这在澳门教育史上亦具有特殊的意义。

第二节 澳门的西洋音乐

无论是西方音乐、舞蹈，还是戏剧艺术，自古以来始终与宗教文化相伴而行。基督教精神重内心生活，所以对音乐的发展很有利。基督教徒们歌唱的诗歌是从犹太人那里借来的，在基督教初期，由司祭的人掌管，可见其重要。[④] 西洋音乐最初传入中国的形式主要指的是天主教音乐，明中叶以后，随着葡萄牙人寓居澳门及欧洲传教士的东来，天主教音乐首先在澳门传播，然后传入中国内地。

一、天主教音乐在澳门的早期传播

明中叶以后，随着欧洲商人与传教士的东来，天主教音乐再次传入中国，据目前所见资料，天主教音乐在明中叶后的最早传入地为浙江宁波地区的双屿港。葡萄牙旅

---

① ［葡］施白蒂著，姚京明译：《澳门编年史：19世纪》，澳门：澳门基金会，1998年，第129页；Manuel Teixeira, *Macau e a Sua Diocese*, *Vol. Ⅲ*, *As Ordens e Congregações Religiosas em Macau*, Macau: Tipografia Soi Sang, 1956－1961, p. 521.

② Manuel Teixeira, *A Educação em Macau*, Macau: Direcção dos Serviços de Educação e Cultura, 1982, p. 281.

③ ［葡］白尼奥著，黄徽现译：《在远东的塞尔纳谢·多·邦雅尔丁学院的神父》，载《文化杂志》（中文版）第57期，2005年，第126页。

④ 李强：《葡国与澳门宗教艺术及西方传教士对中西美术与乐舞戏剧交流之贡献》，载《文化杂志》（中文版）第56期，2005年，第100页。

行家平托《远游记》之 Liampo（宁波）记事载双屿港：

安东尼奥·德·法里亚上了这条兰特伊亚船，在小号、笛号、定音鼓、高音笛、大鼓和在该港口的中国、马来亚、吕巴、暹罗、婆罗洲、琉球等国人其他乐器演奏的震耳欲聋的音乐声中到达码头。①

抵达教堂门口时……还有许多人在风琴的伴奏下为之伴唱。……六个身着天使服的助祭儿童。他们手持各种镀金乐器……孩子们一边吟唱，一边弹拨乐器，听得所有在场的人都如痴如迷……代理主教按照古老的方式，奏起一把巨大的吉他，……应景地在吉他上演奏了几支曲子。……众人入座后，开始由服饰华丽、容貌美丽的姑娘斟酒上菜。每上一道菜，都在乐器的伴奏下，吟唱伴客。②

很明显，由葡萄牙人、日本人、东南亚商人及华商共同开发的双屿港已组成了一支国际型的乐队，不仅有小号、笛号、定音鼓、高音笛、大鼓，还有风琴、吉他，这些乐器应是葡萄牙人带入的欧洲乐器。这一条关于天主教音乐的记录，在天主教音乐传入中国的历史上不容忽略。然而，宁波双屿港并没有成为西方人进入中国的根据地，大约在嘉靖二十七年（1548），双屿港被明军彻底摧毁，这一次虽然由欧洲人将天主教音乐带入了中国的沿海岛屿，但并没有使其成功传播。

葡萄牙人正式定居澳门是1557 年以后之事。在 1558 年到 1560 年间，澳门盖起的教堂至少有三座。③ 西洋宗教音乐是随着天主教的传入而传入的，澳门正式教堂的建成，亦可标志西洋教堂音乐的传入。早期教堂音乐在澳门的表现形式主要为两种：一是西洋乐器，一是西洋咏唱。

最早记录澳门西洋乐器的中文资料是万历十九年（1591）去澳门的王临亨的《粤剑编》卷 3：“澳中夷人，……有自然乐，……制一木柜，中置笙簧数百管，或琴纺数百条，设一机运之，一人扇其窍，则数百簧皆鸣；一人拨其机，则数百弦皆鼓，且疾徐中律，铿然可听。”④ 王临亨如此详细记录的西洋乐器应为风琴，即为一种键管琴，又称管风琴，是欧洲最古老的乐器之一。其音质圆润，音量可大可小，又具备多种音色，演奏起来庄严而有气派。据称，一架管风琴可以起到一个交响乐队的作用，极适合于教堂使用。屈大均的《广东新语》卷 2 亦载：“男女日夕赴寺礼拜，听僧演说。寺有风乐，藏革柜中不可见，内排牙管百余，外按以囊，嘘吸微风入之，有声呜呜自柜出，音繁节促，若八音并宣。”⑤ 杜臻的《粤闽巡视纪略》卷 2 载其于康熙二十三年

---

① ［葡］费尔南·门德斯·平托著，范维信译：《游记》，载澳门《文化杂志》编：《16 和 17 世纪伊比利亚文学视野里的中国景观》，郑州：大象出版社，2003 年，第 186 页。

② ［葡］费尔南·门德斯·平托著，金国平译：《远游记》上册，澳门：澳门基金会，1999 年，第 200～202 页。

③ José de Jesus Maria, *Ásia Sínica e Japónica*, Vol. I, Macau: Instituto Cultural de Macau, 1988, p. 126.

④ （明）王临亨：《粤剑编》卷 3，《志外夷》，北京：中华书局，1987 年，第 92 页。

⑤ （清）屈大均：《广东新语》卷 2，《地语·澳门》，北京：中华书局，1985 年，第 37 页。

（1684）所见之澳门：“其室之右有风琴台，悬铜弦琴，时时自鸣。又有钲鼓管箫诸器，藏机木柜，联以丝绳，轮牙纷错，互相撞击，旋转既穷，则诸音自作，如出乎口。”[①]西洋风琴在澳门传播甚广，其中尤以圣保禄大教堂（大三巴）之风琴最为知名，据蒙坦也神父记载：“（教堂）旁有一条走廊，联结北面的学院。……唱诗班席位十分宽敞，那里有两座风琴，大小各一。”[②]

图9－46　欧洲带有鼓轮并由水力驱动的管风琴[④]

大三巴寺的风琴十分出名，康熙二十三年（1684）龚翔麟的《珠江奉使记》称：“（三巴）寺有风琴，其琴铜弦，弹之以和经呗，并管箫诸乐器，藏机木柜，联以丝绳，轮牙相错，一人转机，则诸音并奏。”[③]雍正时焦祈年的《巡视澳门记》称：“三巴寺……楼可走马，洋琴铮铮，然有太古音。”[⑤]乾隆时《澳门记略》亦有大致相同的记载：“三巴寺楼有风琴，藏革椟中……八音并宣，以和经呗。”[⑥]梁迪的《西洋风琴》亦言及大三巴寺中的风琴音乐：“西洋风琴似凤笙，两翼参差作凤形。……奏之三巴层楼上，十里内外咸闻声。……传闻岛夷多工巧，风琴之作亦其征。”[⑦]

澳门的西洋风琴最初当是自欧洲运来，但稍后澳门即能仿制生产西洋乐器，据《利玛窦全集》称，利玛窦曾嘱澳门“备管琴一架”作为进呈明朝皇帝的贡品。后来

---

① （清）杜臻：《粤闽巡视纪略》卷2，康熙二十三年二月乙未条，近代中国史料丛刊本，台北：文海出版社，1983年，第19页。

② 李玉田：《大三巴牌坊》，澳门：澳门政府印刷署，1990年，第18页。

③ （清）王士祯：《池北偶谈》卷21，《谈异》2，《香山嶴》，北京：中华书局，1982年，第517页。

④ 王冰：《徐日昇和西方音乐知识在中国的传播》，载《文化杂志》（中文版）第47期，2003年，第74页。

⑤ （清）郝玉麟：《（雍正）广东通志》卷62，《艺文志》4，广东省立中山图书馆藏雍正九年刊本，第53～54页。

⑥ （清）印光任、张汝霖原著，赵春晨校注：《澳门记略校注》，《澳蕃篇》，澳门：澳门文化司署，1992年，第172～173页。

⑦ （清）陈兰芝辑：《岭海名胜记》，《澳门记》卷7，《西洋风琴》，广东省立中山图书馆藏清乾隆五十五年羊城六书斋刻本，第97页。

澳门仿制了几架风琴，但太晚，未能运到北京。[①] 西洋风琴传入澳门后，在澳门获得了广泛的传播，不仅教堂内有风琴音乐，非宗教性质的西洋民居亦有西洋风琴，这可从一部分清人的澳门诗中获得证实：梁佩兰的《观海篇赠龚蘅圃榷使》反映葡人官方之风琴音乐：“驾部柔远人，榷外并宽宥。岛夷听之喜，风琴一为奏。”[②] 杜臻的《香山澳》反映澳门城内的风琴音乐：“风琴自鸣天籁发，歌声呜呜弹朱丝。”[③] 释迹删的《寓普济禅院寄东林诸子》反映澳门城内的风琴音乐：“两岸山光涵海镜，六时钟韵杂风琴。”[④] 钟启韶的《澳门杂事诗》反映澳门民居之风琴音乐：“要眇花蔓舞，风琴手自撞。”[⑤] 叶廷枢的《澳门杂咏》反映葡人酒宴上的风琴音乐：“解酲共劝芦卑酒，百迭风琴奏梵音。”[⑥]

澳门除西洋风琴外，还有一种西琴——欧洲“古翼琴”，即利玛窦献给万历皇帝的“西琴”。据裴化行神父介绍，那架琴为一盒状钢琴，可以放在桌上弹。[⑦] 下面诗中所言之“洋琴”大约为此种“古翼琴”。黄培芳的《夷楼听番女弹洋琴》：“洋琴一曲鸣蕃女，记起高楼兵总家。”[⑧] 李遐龄的《澳门杂咏》：“海上飞楼蜃结成，妹徒娇唱啭刍莺。月琴银甲挑铜线，别是人间幼妇声。”[⑨] 魏源的《澳门花园听夷女洋琴歌》：“登其楼，有洋琴为半几，架以铜丝。……按谱鼓之，手足应节，音调妍妙，与禽声、海涛声隐隐应和。”[⑩] 蔡显原的《听西洋夷女操洋琴》：“琴形方长如书案，平面嵌盖，四足，有腹，乍见不知为乐具也。今琴高二尺六寸，长三尺，广尺二寸。揭其盖，铜丝为弦，缕结千百；铉端下贯。纽击腹中；腹有潜机，上与铉应，循节按铉，觸指成韻，人工之巧，于斯极矣。”[⑪] 上述来自澳门的文人诗中言及的西洋风琴和“洋琴”，既见

---

① ［意］汾屠立编：《利玛窦全集》，转引自方豪：《嘉庆前西洋音乐流传中国史略》，载《大陆杂志》第4卷第10期，1952年，第4~10页；［法］裴化行著，管震湖译：《利玛窦神父传》上册，北京：商务印书馆，1998年，第307页。

② （清）梁佩兰：《六莹堂集》集2卷2，《观海篇赠龚蘅圃榷使》，广州：中山大学出版社，1992年，第134页。

③ （清）杜臻：《经纬堂诗集》卷4，《香山澳》，清代诗文集汇编第133册影印清康熙刻本，上海：上海古籍出版社，2010年，第590页。

④ （清）释迹删：《咸陟堂诗集》卷14，《寓普济禅院寄东林诸子》，广州：广东旅游出版社，2008年，第251~252页。

⑤ （清）钟启韶：《听钟楼诗钞》卷3，《澳门杂事诗》，道光十年刊本，第21页。

⑥ （清）叶廷枢：《芙蓉书屋诗钞》卷4，《澳门杂咏》，道光十一年刻本，第11页。

⑦ ［法］裴化行著，管震湖译：《利玛窦神父传》下册，北京：商务印书馆，1998年，第340页。

⑧ （清）黄培芳：《岭海楼诗钞》卷9，《夷楼听番女弹洋琴》，广东省立中山图书馆藏道光二十一年羊城富立斋刻本，第8页。

⑨ （清）李遐龄：《勺园诗钞》卷1，《澳门杂咏》，清嘉庆十九年刻本，第8页。按此处之“月琴”非指中国之“月琴”，而喻西乐之孟独铃及吉他之类弹拨乐器。

⑩ （清）魏源：《魏源集》下册，《澳门花园听夷女洋琴歌》，北京：中华书局，1976年，第739页。

⑪ （清）蔡显原：《铭心书屋诗钞》卷2，《听西洋夷女操洋琴》，同治二年刻本，第15页。

于教堂，又见于官宦，更见于坊间，足以反映西洋风琴及“洋琴”在澳门传播之盛。

教堂乐器在澳门的早期传播并非只有西洋风琴一项，杜臻的《粤闽巡视纪略》还记录了澳门的“番乐”：“予至畧，彼国使臣率其部人奏番乐以迎入，其乐器有筚篥，琵琶，歌声咿嘔不可辨。”① 这里提及的番乐有“筚篥，琵琶”。筚篥是中国古乐器，从西域传入，唐时即有，杜氏所谓“筚篥”非此，而应是一种类似唢呐的葡萄牙乐器。日本学者林谦三称：“江户初期儒者林罗山的《长崎逸事》有万历三十八年（1610）阿妈港（澳门）船上吹唢呐的纪事，这唢呐并不是中国人吹的唢呐，而说的是葡萄牙语系的同类乐器 Charmello，日语称茶留米罗，是一种和唢呐相似而有不同的葡萄牙有簧气乐器。”② 1645 年 7 月，澳门议事会理事官和司库罗伊斯的开支单上有“支付给演奏了五次的喇叭手和吹风笛者”。③ 这里的“喇叭”也应是一种“和唢呐相似而有不同的葡萄牙有簧气乐器”。杜臻所言“琵琶”即是“番乐”，亦不可能指中国乐器琵琶，当是指葡萄牙人所喜爱的一种弹拨乐器，与琵琶相似。故此处之“琵琶”应指西洋乐器，笔者疑指清译之孟独铃（今译曼佗林）。雍正七年（1729）焦祈年巡视澳门时称葡人“献技以鼓节之”④。李遐龄的《澳门杂咏》：“街前坎坎捶铜鼓，庙里呜呜擪铁箫。”⑤ 这里的“铜鼓”“铁箫”均应是西洋乐器。《澳门记略》称三巴寺：“上有楼，藏诸乐器。”⑥ 这些乐器当不仅指西洋风琴，澳门圣保禄学院人文专业授予学位时，候选者还必须“携带风笛”⑦。《（道光）新修香山县志》载澳门：“乐器则有风琴、铜弦琴、铜鼓、番笛。”⑧ 叶廷勋的《于役澳门纪事十五首》称：“洋蜡高烧鼓吹奇，管弦声彻夜阑时。”⑨ 从中可以看出澳门的西洋管弦乐很发达。这里的胡琴当指提琴，羯鼓当指西洋鼓。在圣保禄学院的规章制度中也提到对学生的教育应包括音乐和歌唱，有才能的少年可以让他们学习演奏提琴、吉他或其他乐器，用以壮大教堂中祭典的声势。⑩ 还

---

① （清）杜臻：《粤闽巡视纪略》卷 2，康熙二十三年二月乙未条，近代中国史料丛刊本，台北：文海出版社，1983 年，第 20 页。

② ［日］林谦三著，钱稻孙译：《东亚乐器考》，北京：音乐出版社，1962 年，第 412 页。

③ *Arquivos de Macau*, 1ª Série, Vol. Ⅱ, No. 3, Macau, 1930, p. 53.

④ （清）郝玉麟：《（雍正）广东通志》卷 62，《艺文志》4，广东省立中山图书馆藏雍正九年刊本，第 53 页。

⑤ （清）李遐龄：《勺园诗钞》卷 1，《澳门杂咏》，清嘉庆十九年刻本，第 8 页。

⑥ （清）印光任、张汝霖原著，赵春晨校注：《澳门记略校注》，《澳蕃篇》，澳门：澳门文化司署，1992 年，第149 页。

⑦ ［葡］嘉尔定：《耶稣会之奋斗》，转引自李向玉：《汉学家的摇篮：澳门圣保禄学院研究》，北京：中华书局，2006 年，第 97 页。

⑧ （清）祝淮：《（道光）新修香山县志》卷 4，《海防・附澳门》，中山文献丛刊第 3 册影印清道光七年刊本，第 715 页。

⑨ （清）叶廷勋：《梅花书屋诗钞》卷 4，《于役澳门纪事十五首》，清道光年间刻本，第 21 页。

⑩ Josef Franz Schutte S. J., *Valignanos Missions Grundsatze fur Japan*, 1－11573－1580, pp. 433－437；转引自［意］アレシャンドゥロ・ヴァリニャーノ（范礼安）著，松田毅一訳：「日本巡察記」，東京：平凡社，1973 年，第 327～329 頁。

称学生们必须练习圣歌的合唱、维哦拉、吉他和其他乐器。[①] 维哦拉（viola d'arco），意大利的一种中提琴。这里提到圣保禄学院学生学习提琴、吉他或其他乐器。1642 年为庆祝葡国新皇帝登基，澳门日本街区的葡人们举行火把游行，“弹起弓弦和其他乐器，踏着优美的舞步”[②]。这都说明了在西洋乐器伴奏下的西洋歌舞，从 16 世纪起到 18 世纪中，均在澳门得以流行。

图 9－47 17 世纪传入日本的西洋画《妇女弹琴》[③]

图 9－48 17 世纪传入日本的泰西风俗画屏风[④]

咏唱是天主教教堂音乐中的重要组成部分，它是以歌唱为主要形式来吟唱圣歌的，包括赞美诗、使徒信经、主的祈祷、赞美玛利亚、神的十诫、慈悲之业、忏悔祈祷词和其他许多祷词。无论是新入教的信徒，还是尚未改宗的人们，所有人都理解圣歌的意义。[⑤] 在教堂内的咏唱活动亦是澳门天主教教堂音乐的重要表现形式。澳门教堂的建立，使天主教作祈祷时的“咏唱”活动必然开展。据《利玛窦中国札记》：1582 年时，葡人在澳门建起了一座圣马丁圣乐堂（Oratorio of St. Martin）[⑥]。圣乐，即一种合唱形式的宗教音乐，如唱诗班之类。1603 年记载澳门圣保禄教堂主堂长 62 掌，宽 44 掌，唱

---

① Josef Franz Schutte S. J., *Valignanos Missions Grundsatze fur Japan*, 1－11573－1580, pp. 438－440；转译自［意］アレシャンドゥロ・ヴァリニャーノ（范礼安）著，松田毅一訳：「日本巡察記」，東京：平凡社，1973 年，第 329～331 頁。

② ［英］博克塞著，黄鸿钊等译：《16—17 世纪澳门的宗教和贸易中转港之作用》，载《中外关系史译丛》第 5 辑，上海：上海译文出版社，1991 年，第 86 页。

③ 此图收藏于日本奈良大和文华馆像，in Instituto Português do Oriente, *Namban Memórias de Portugal no Japão*, Instituto Português do Oriente, 2005, p. 117.

④ 此图由日本福冈市美术馆藏，in Instituto Português do Oriente, *Namban Memórias de Portugal no Japão*, Instituto Português do Oriente, 2005, pp. 124－125.

⑤ ［西］沙勿略著，［日］何野纯德译：《沙勿略全书简》，东京：平凡社，1985 年，第 265 页。

⑥ ［意］利玛窦、［比］金尼阁著，何高济等译：《利玛窦中国札记》第 2 卷，北京：中华书局，1983 年，第 146 页。

诗坛旁摆放两台风琴。[①] 据蒙坦也神父记载圣保禄教堂："唱诗班席位十分宽敞，那里有两座风琴，大小各一。"[②] 可见圣保禄教堂有唱诗班。屈大均的《广东新语》亦称澳门三巴寺"男女夕赴寺礼拜，……寺有风乐……宣以合经呗，甚可听"[③]，即指大三巴内的"咏唱"活动。蔡显原有诗云："西僧领之作梵唱，咿嘤可厌如秋虫。"[④] 其意亦指此。据澳门圣保禄学院之葡文资料，该校人文专业考试时，先由考试委员会主席讲话，然后"乐师开始唱歌"[⑤]。

除圣保禄教堂有唱诗班以外，其他教堂或修道院也有唱诗班。1772 年 1 月 18 日，果阿大主教写信给里斯本政府，信中说弗朗西斯科·瓦斯神父在巴尔托罗梅乌·雷依斯主教不在澳门时担任代理主教并对澳门教区进行管理，弗朗西斯科·瓦斯神父一直是主教堂唱诗班的领班。[⑥] 可知，澳门主教座堂（即大堂）也有唱诗班。1757 年 12 月 30 日，澳门议事会命令理事官曼努埃尔·冯塞卡从其税收收入中拨出 50 元给方济各会会长罗德里格·贝尔纳多（Ridrigo de S. Bernardo）神父，以帮助修道院的唱诗班。[⑦] 可知，方济各会修道院亦有唱诗班。1835 年 8 月 5 日，台风将澳门主教座堂全部摧毁，澳门教区主教座堂副主教兼署理主教卡迪多·弗郎库（Cândido Gonçalves Franco）神父通知议事会，将多明我会教堂暂作主教座堂之用，并于两天内将唱经处移至多明我堂。[⑧] 可知，多明我教堂（板樟堂）亦有唱诗班。皇家议会的神父安东尼奥·若泽·维克多（António José Victor），伴随着教堂唱诗班的歌声，也签了字。[⑨]

唱诗班是一个教区或一个教堂极为重要的组成部分，负责领唱的唱诗神父具有较高的地位。1696 年，澳门主教贾修利设立澳门教区参议会（Chapter，又称红衣司铎团）时，该会由五名高级神职人员组成，除会长以外，地位最高者即为唱诗班领唱神父，并规定他的年薪 240 两。[⑩]

除了教堂唱诗班的咏唱活动外，信徒在教堂进行祈祷时也有咏唱。1707 年，铎罗主教在圣方济各会教堂听到要拘捕他的消息，遂集合全体成员，同入圣堂，堂中显供

---

① Maria Regina Valente, *Igrejas de Macau*, Macau: Instituto Cultural de Macau, 1993, pp. 15 – 17.

② 李玉田：《大三巴牌坊》，澳门：澳门政府印刷署，1990 年，第 18 页。

③ （清）屈大均：《广东新语》卷 2，《地语·澳门》，北京：中华书局，1985 年，第 37 页。

④ （清）蔡显原：《铭心书屋诗钞》卷 2，《听西洋夷女操洋琴》，同治二年刻本，第 15 页。

⑤ Domingos Mauricio Gomes dos Santos, *Macau, Primeira Universidade Ocidental do Extremo-Oriente*, Macau: Fundação Macau, 1994, p. 21.

⑥ Manuel Teixeira, *Macau no Séc. XVIII*, Macau: Imprensa Nacional, 1984, p. 559.

⑦ ［葡］施白蒂著，小雨译：《澳门编年史：16—18 世纪》，澳门：澳门基金会，1995 年，第 154 页；Manuel Teixeira, *Macau no Séc. XVIII*, Macau: Imprensa Nacional, 1984, p. 487.

⑧ Manuel Teixeira, *Macau e a Sua Diocese*, *Vol. III*, *As Ordens e Congregações Religiosas em Macau*, Macau: Tipografia Soi Sang, 1956 – 1961, p. 651.

⑨ Manuel Teixeira, *Miguel de Arriag*, Macau: Imprensa Nacional, 1966, p. 100.

⑩ ［瑞典］龙思泰著，吴义雄等译：《早期澳门史》，北京：东方出版社，1997 年，第 177 页。

圣体，铎罗主教穿主教大礼服，跪唱圣人祷文。① 1803年6月28日，澳门在俗神父安东尼奥·柯士达（António José da Costa）在圣若瑟修院教堂为其在马六甲去世的兄弟举行追思祭礼，上年抵澳的费尔南多·马托斯（Femando Matos）神父正在前台帮忙准备吟唱第九篇祈祷文，突然一道闪电，将其击中电死。② 在各种庆祝活动中，咏唱活动更是经常举行。

按照耶稣会的惯例，1594年创建的澳门圣保禄神学院有两个宗教节日，一个是圣马特乌斯的节日，一个是圣罗耀拉的节日。这两个节日应歌唱庄严的弥撒，由神学院院长亲自主持。③ 除此以外，每周六圣保禄学院学生会的学生们都要聚集在一起唱歌向上帝致敬：

> 每周六，所有人也会非常庄重地一起向上帝唱歌致敬，同时在主祭坛旁边，还有六名教友会会员端着蜡烛听神父诵经讲道，向上帝祷告，然后再在管风琴的伴奏之下一起做应答祈祷，这也是我们学院在澳门这里第一次一起以唱歌的方式进行祷告。④

1671年3月，康熙帝允许在广州的神父进行他们的传教活动，消息传到澳门，人们高唱《谢主颂》。⑤ 1810年张保仔投降后，市民若泽·巴普蒂斯特（José Baptista）在为庆贺眉额带历大法官驱逐海贼取得胜利的欢庆会上演唱了颂歌。⑥ 1810年在葡国王给澳门赐予“无限忠诚城市”称号时，人们互相庆贺，并且在主教座堂唱起了“感恩赞歌”。⑦ 1818年葡王若奥六世的登基庆典上有这样的记录：“弥撒是伴着新的音乐唱诵的，能够体现出华丽盛大的场面。……尊敬的主教区的大主教吟诵了感恩赞，是随着一首新的感恩的乐曲吟唱的。”⑧ 1820年4月4日，澳门举行祝福玛丽亚·格罗利亚（Maria da Glória）公主诞生的活动。红衣司铎迪亚斯·利马（António José Victor Dias de Lima）领唱赞美诗，还组织了三天的灯饰展会。⑨ 1822年8月24日，主教沙辛在会上咏唱了庄严的赞美颂（Te Deum），使新的民主制度更加神圣化。⑩ 另外，天主教巡

---

① 罗光：《教廷与中国使节》，台北：传记文学出版社，1983年，第124～125页。

② Manuel Teixeira, *Macau e a Sua Diocese*, *Vol. Ⅷ*, *Padres da Diocese de Macau*, Macau: Tipografia da Missão do Padroado, 1972, p. 315.

③ 高瀬弘一郎：「キリシタン時代の文化と諸相」，東京：八木書店，2002年，第143～152頁。

④ João Paulo Oliveira e Costa, *Cartas Ânuas do Colégio de Macau (1594 – 1627)*, Macau: Fundação Macau, 1999, p. 148.

⑤ ［葡］文德泉著，王复山译：《第一个中国耶稣会神父》，载《文化杂志》（中文版）第10期，1992年，第9页。

⑥ Manuel Teixeira, *Miguel de Arriag*, Macau: Imprensa Nacional, 1966, p. 75.

⑦ *Arquivos de Macau*, 1ª Série, Vol. Ⅰ, No. 2, Macau, 1929, p. 71.

⑧ *Arquivos de Macau*, 1ª Série, Vol. Ⅰ, No. 1, Macau, 1929, pp. 45 – 48.

⑨ ［葡］施白蒂著，姚京明译：《澳门编年史：19世纪》，澳门：澳门基金会，1998年，第24页。

⑩ Manuel Teixeira, *Miguel de Arriag*, Macau: Imprensa Nacional, 1966, p. 88.

游时也有咏唱活动。1703 年 4 月 28 日，由于旱灾，澳门城粮食价格高涨，人们抬着圣像在城内巡游，游行途中，人们反复不断地吟唱着《求主垂怜》（*Miserere* 又译《垂怜曲》）。[①] 在澳门的葬礼上也有咏唱活动。在 1708 年 9 月 19 日澳门的一场葬礼上，弥撒伴随着吟唱，修士和教士们在主圣坛吟唱歌曲，仪式的每个环节和步骤都伴随着音乐。[②] 1747 年王安多尼与谈方济神父同时在苏州殉难。死讯传至澳门，全市鸣钟，唱谢恩歌。[③] 甚至，在澳门的教堂内还经常举办音乐会，如 1787 年在圣保禄教堂内举行教堂音乐会，[④] 又如 1792 年议事会决定将音乐会安排在主教座堂进行。[⑤]

从上述征引的资料可以清楚地看出，明清时期，在澳门这座“天主圣名之城”内，教堂西洋风琴及各种西洋乐器的奏鸣，教堂祈祷及各种庆典、纪念活动的咏唱随处可见、随时可听。由此可见，澳门当时的天主教音乐十分发达与繁荣。

二、澳门的西洋音乐教学

澳门天主教音乐的发达繁荣，应与澳门早期天主教音乐教育分不开。澳门天主教音乐教育起源于耶稣会在澳门开办的读写学校。1571 年，耶稣会为了对葡萄牙人子弟及澳门基督徒子女进行启蒙教育，在天主之母的小教堂附近开设了一所读写学校。约 10 年后，该校就开设了音乐课程。1584 年 12 月 8 日，洛伦索 · 梅西亚神父在给罗马总会长的信中称：圣保禄初级学校有 200 多名学生，设置了读、写、算术和音乐课程，还向年龄大的学生讲解文法。[⑥] 洛佩斯亦称：“到了 1584 年，随着教学的发展，尤其是更多的传教士从欧洲来到澳门，其中不乏数学家和音乐专才，因而学校授课内容也发生了变化，首先增加了算术，接着又增加了教唱歌的音乐课和文法课。”[⑦] “所有学生一

---

① Jack M. Braga, *A Voz do Passado: Redescoberta de a Colecção de Varios Factos Acontecidos Nesta mui Nobre Cidade de Macao*, Macau: Instituto Cultural de Macau, 1987, p. 22.

② Jack M. Braga, *A Voz do Passado: Redescoberta de a Colecção de Varios Factos Acontecidos Nesta mui Nobre Cidade de Macao*, Macau: Instituto Cultural de Macau, 1987, pp. 25 – 26.

③ ［法］费赖之著，冯承钧译：《在华耶稣会士列传及书目》，北京：中华书局，1995 年，第 731 ~ 740 页；［葡］文德泉著，徐牧民译：《耶稣会士于澳门开教四百周年》，澳门：大东书局，1964 年，第 59 页。

④ *Arquivos de Macau*, 3ª Série, Vol. XI, No. 1, Macau, 1969, p. 37.

⑤ *Arquivos de Macau*, 3ª Série, Vol. XI, No. 2, Macau, 1969, p. 109.

⑥ 1584 年 12 月 8 日洛伦索 · 梅西亚致耶稣会总会长信，转引自李向玉：《汉学家的摇篮：澳门圣保禄学院研究》，北京：中华书局，2006 年，第 31 ~ 32 页。

⑦ António Lopes, Serviços Prestados Aos Moradores de Macau Pelo Colégio de Macau, *Missão de Macau*, 21 de Abril de, 1999.

齐学阅读、语文和算术，而学习能力强的先进学生可以加修音乐课。”① 可知，读写学校确实开设有音乐课程。1654 年《澳门圣保禄学院年报》亦称：“在这所学校（读写学校），除了教授良好的生活习惯外，还教孩子们读书、写字，协助做弥撒、唱歌、算数以及进行有关教义的问答。”② 在这所学校接受教育的儿童都要吟诵祷词、咏唱圣歌，并帮助传教士从事弥撒等宗教事务，音乐课程的开设将有助于孩子们在这一方面的学习。

在澳门圣保禄学院的神学院中，也明确规定：“对学生的教育应包括音乐和歌唱。有才能的少年可以让他们学习演奏提琴、吉他或其他乐器，用以壮大教堂中祭典的声势。”③ 并且还有非常严格的规定：

> 每天二时至三时，练习唱歌和乐器的演奏，剩下时间休息。应选择有音乐才能的人，教师可让几名优秀者做他的助手，以便有更多的时间单独教授。一周内无节日时，必须练习圣歌的合唱、维哦拉、吉他和其他乐器。礼拜日和节日中，学习音乐者应唱歌或演奏乐器，以消磨时光。④

艾保禄（Paulo Aido）言，1601 年，有 59 名耶稣会会士住在圣保禄学院，其中就有一间音乐学校“教作曲及古典乐器演奏”⑤；在 1615 年的《澳门圣保禄学院年报》中明确提到有一名教师教授音乐。⑥ 1616 年的《澳门圣保禄学院年报》则更提到，“另外，还有一门音乐课和一门艺术课”⑦。由此可知，在圣保禄学院开设的课程中，也有音乐课程，但不是常开课程。葡籍神父索萨在 1749 年 12 月 29 日的文件中称：“还有音乐课是必须为没有好奇心和目不识丁的俗人开设的唯一几门课的信息。”⑧

---

① 阿儒达王室图书馆藏圣保禄学院原文件《本院的学生及其培养方法》，转引自李向玉：《汉学家的摇篮：澳门圣保禄学院研究》，北京：中华书局，2006 年，第 90 页。

② 《1654 年澳门圣保禄学院年报》，转引自李向玉：《汉学家的摇篮：澳门圣保禄学院研究》，北京：中华书局，2006 年，第 16 页。

③ Josef Franz Schutte S. J. , *Valignanos Missions Grundsatze fur Japan*, 1 - 11573 - 1580, pp. 433 - 437，转引自［意］アレシャンドゥロ・ヴァリニャーノ（范礼安）著，松田毅一訳：「日本巡察記」，東京：平凡社，1973 年，第 327 ~ 329 頁。

④ Josef Franz Schutte S. J. , *Valignanos Missions grundsatze fur Japan*. 1 - 11573 - 1580, pp. 438 - 440，转引自［意］アレシャンドゥロ・ヴァリニャーノ（范礼安）著，松田毅一訳：「日本巡察記」，東京：平凡社，1973 年，第 329 ~ 331 頁。

⑤ 李玉田：《大三巴牌坊》，澳门：澳门政府印刷署，1990 年，第 17 页。疑艾保禄有误，当时圣保禄学院不应当有一间音乐学校，应当是开设有音乐课程。

⑥ João Paulo Oliveira e Costa, *Cartas Anuas do Colégio de Macau* (*1594 - 1627*), Macau: Fundação Macau, 1999, p. 144.

⑦ João Paulo Oliveira e Costa, *Cartas Anuas do Colégio de Macau* (*1594 - 1627*), Macau: Fundação Macau, 1999, p. 150.

⑧ Domingos Mauricio Gomes dos Santos, *Macau, Primeira Universidade Ocidental do Extremo-Oriente*, Macau: Fundação Macau, 1994, p. 33.

当时在圣保禄学院和附属于该院的读写学校担任音乐教师的传教士是谁，似无记载。1604—1606 年在澳门的传教士郭居静，是一位“很有修养的音乐家”。[①] 画家尼阁老，于 1614—1626 年在澳门活动，他亦是一位善于制造“乐器和竹管风琴”的音乐家。[②] 徐日昇是葡国著名音乐家，1672 年时他在圣保禄学院担任教师，应该讲授过音乐课。[③] 还有一位澳门本土音乐家马玛诺，1681 年就在圣保禄学院，[④] 他应就是该院的音乐教师。由于天主教学校音乐教学的发展，很多在神学院或神学校学习的学生都长于音乐，如 1614 年日本教难时，一批日本有马神学校的学生来澳门避难，其中“长于音乐者”就有大多・尾马修、进士・阿莱克西斯、辻・托马斯、山田・尤斯特、盐塚・路德皮克及澳门葡萄牙人卢希坦纳斯・奥古斯丁。[⑤] 这些在日本神学校学习音乐又长于音乐者进入澳门，对于推动澳门西洋音乐的发展定有裨益。

1728 年，圣若瑟学院成立后，亦开设了音乐课，1814—1841 年生活在澳门的葡籍优秀音乐家江沙维就曾在圣若瑟学院教授音乐课。他还创作了许多天主教音乐乐章及中国乐曲，“在重大节日里，圣若瑟教堂里奏响的是江沙维作曲的音乐，由他的学生演奏，由优秀的男高音演唱”[⑥]。1862 年澳门圣若瑟神学院聘任了一批耶稣会神父，耶稣会神父来了以后，学校发展很快，到 1870 年学生增为 377 人。设置的课程有基础语文、葡文、拉丁文、法文、英文、基础数学、历史、地理、伦理哲学、物理学，还包括音乐等辅助课程。其中音乐课程即由耶稣会会士罗迪纳神父担任。[⑦] 罗迪纳非常痴迷于音乐，曾邀请著名的意大利作曲家安提诺利和他的外甥萨尔维尼——圣塞西拉艺术学校的双雄，来到圣若瑟神学院表演和讲学。[⑧]

1839 年，基督新教的马礼逊教育会在澳门设立了马礼逊学校，除了中英文语言教

---

① ［意］利玛窦、［比］金尼阁著，何高济等译：《利玛窦中国札记》第 4 卷，北京：中华书局，1983 年，第 408 页。

② ［葡］文德泉著，小雨译：《澳门的日本人》，载《文化杂志》（中文版）第 17 期，1993 年，第 74 页。

③ 参见卡瓦洛（José Vaz de Carvalho）神父 1687 年 4 月 5 日的信，转引自［葡］若埃尔・加良著，斐斯译：《徐日昇：17 世纪在中国皇宫的葡萄牙乐师》，载《文化杂志》（中文版）第 4 期，1988 年，第 45 页注 5。

④ ［法］荣振华著，耿昇译：《在华耶稣会士列传及书目补编》，北京：中华书局，1995 年，第 56 页。

⑤ 段世磊：《明末澳门圣保禄学院的日本学生》，载《文化杂志》（中文版）第 96 期，2015 年，第 36 页。

⑥ *Chinese Repository*, Vol. 15, No. 2, 1846/02, p. 77.

⑦ Manuel Teixeira, *Macau e a Sua Diocese*, *Vol. Ⅷ*, *Padres da Diocese de Macau*, Macau: Tipografia da Missão do Padroado, 1972, p. 259.

⑧ Manuel Teixeira, *Macau e a Sua Diocese*, *Vol. Ⅷ*, *Padres da Diocese de Macau*, Macau: Tipografia da Missão do Padroado, 1972, p. 264.

育及其他课程外，该校还开设了音乐课程。[①] 但马礼逊学校在澳门兴办的时间不长，前后不足3年。1848年时澳门圣罗萨学校也开设有音乐课，由杰洛尼莫·达·马塔主教讲授。[②] 严格来说，近代以后澳门的音乐教育反而不如天主教主导时期，其中原因何在，尚需探研。

澳门天主教音乐教育有着悠久的历史和传统，不仅为澳门培养了大批音乐人才，而且还让不少外国人慕名来澳门学习天主教音乐。《澳门编年史：19世纪》称："1821年1月13日，交趾支那派人来澳门学习欧洲音乐技巧和演奏方法。"[③] 澳门的音乐教育培养出来的音乐杰出人才有：马玛诺（Manuel Rodrigues），澳门人，1659年生于澳门，1681年进澳门圣保禄学院，1685年出任该院学监。此人精通西乐，善奏琴。1688年他在北京教堂中专司音乐，为"管风琴吹奏家和音乐家"。后又返澳门，1697年在澳门发世俗助理愿，1703年病逝于澳门。[④] 他也应是圣保禄学院培养出来的音乐家。还有土生葡人玛吉士，毕业于圣若瑟神学院，是江沙维的学生。此人精通西洋音乐，于1852年在澳门出版《音乐基本原理普及》（*Princípios elementare da Musica ao alcance de todos*）一书，并由圣若瑟神学院出版，书中有作者于1846年9月8日所作的序。[⑤]

三、经澳门进入中国内地的西洋音乐家

除了长期居住在澳门的西方音乐家们对澳门西方音乐的繁荣做出重大贡献外，还有一些旅居过澳门的西洋音乐家过客，也是不容忽视的。据不完全统计，自明末至清中叶的近300年中，有20余位西方音乐家经澳门进入中国内地。但明确记录在澳门居停，而后进入中国内地的仅有16人，特介绍如下：

（1）利玛窦：意大利耶稣会会士。1582年8月7日抵达澳门，1583年9月1日离开澳门进入中国内地，期间还曾于1606年范礼安去世前返回过一次澳门。利玛窦不是职业的音乐家，但其"乐工音律"[⑥]，有人则亲见利玛窦抚"番琴"："又出番琴，其制

---

① 吴义雄：《在宗教与世俗之间：基督教新教传教士在华南沿海的早期活动研究》，广州：广东教育出版社，2000年，第345～351页。

② ［葡］潘日明著，苏勤译：《殊途同归：澳门文化交融》，澳门：澳门文化司署，1992年，第154～155页。

③ ［葡］施白蒂著，姚京明译：《澳门编年史：19世纪》，澳门：澳门基金会，1998年，第25页。

④ ［法］荣振华著，耿昇译：《在华耶稣会士列传及书目补编》，北京：中华书局，1995年，第569页。

⑤ Jorge Forjaz, *Famílias Macaenses*, Vol. Ⅱ, Macau: Fundação Oriente, Instituto Cultural de Macau, Instituto Português do Oriente, 1996, p. 577；赵利峰、吴震：《澳门土生葡人汉学家玛吉士与〈新释地理备考〉》，载《暨南学报》2006年第2期，第132页。

⑥ （清）黄伯禄：《正教奉褒》万历三十八年四月二十三日条，中国天主教史籍汇编本，台北：辅仁大学出版社，2003年，第468页。

异于中国，用同铁丝为弦，不用指弹，只以小板按。其声更清越。”① 万历二十八年（1600），他进京献西琴，并作《西琴曲意》八章。② 可见，利氏确实可以称为一位精通乐理的西洋音乐家。

（2）郭居静：意大利耶稣会会士。1593 年抵达澳门，1594 年去韶州，1599 年 8 月间回澳门，后又去南京，1601 年和 1602 年经过澳门，1604 年在澳门担任耶稣会司库。郭居静虽然在内地传教，但经常返回澳门，在澳门居停时间甚长。利玛窦称他是一位“很有修养的音乐家”。③ 另外，庞迪我的古钢琴弹奏师从郭居静。

（3）庞迪我：西班牙耶稣会会士。1599 年抵达澳门，1601 年离澳进京。1616 年南京教案后，又被驱逐回澳门，1618 年 1 月卒于澳门。庞氏在澳门居停时间较长，其人并非专业音乐家，但为了进京进献西琴，则拜郭居静为师，学习西琴，“不仅学会演奏，还会和弦”④。万历二十八年（1600）进京朝贡时，庞迪我“已经成为精通这种乐器的人”⑤。后又在万历宫中，教授侍卫太监学琴⑥。

（4）汤若望：德国耶稣会会士。1619 年 7 月到澳门，1624 年往西安传教，1630 年到北京。汤若望当然不是以专业音乐才能进入宫廷的，他的主要专业技术应是天文历法及火炮制造，但是他在音乐方面的天赋和才能确实为当时的传教事业做出了贡献。邓恩称：

> 1640 年，那一架利玛窦曾经在 40 年前进贡给万历皇帝并为他弹奏过的西洋铁琴，在宫廷的仓库中被找到了，皇帝想听听欧洲的音乐，于是，汤若望被召来修理这件乐器。这时，有个名叫徐复元的耶稣会辅理修士为此被召到了北京。在他的帮助下，汤若望将琴弦调整好，还写了一份操琴的要领，将一首颂歌翻译成中文，还给这首歌谱写了伴奏曲。⑦

汤若望的音乐才能来自于其少年时代的经历。魏特称其“幼年时代学习过钢琴的演

① （明）冯时可：《篷窗续录》，五朝小说大观·明人百家小说，第 42 帙，第 275 页。

② ［意］利玛窦、［比］金尼阁，何高济等译：《利玛窦中国札记》第 4 卷，北京：中华书局，1983 年，第 410 页；徐宗泽：《明清间耶稣会士译著提要》卷 3，《畸人十篇》，上海：上海书店出版社，2006 年，第 114 页。

③ ［意］利玛窦、［比］金尼阁，何高济等译：《利玛窦中国札记》第 4 卷，北京：中华书局，1983 年，第 408 页。

④ ［意］利玛窦、［比］金尼阁，何高济等译：《利玛窦中国札记》第 4 卷，北京：中华书局，1983 年，第 408 页。

⑤ ［意］利玛窦、［比］金尼阁，何高济等译：《利玛窦中国札记》第 4 卷，北京：中华书局，1983 年，第 408 页。

⑥ ［意］利玛窦、［比］金尼阁，何高济等译：《利玛窦中国札记》第 4 卷，北京：中华书局，1983 年，第 407 ~ 409 页。

⑦ ［美］邓恩著，余三乐等译：《从利玛窦到汤若望：晚明的耶稣会传教士》，上海：上海古籍出版社，2003 年，第 297 页。

奏”①，故而汤若望精通音乐，擅长古钢琴。

（5）马玛诺：澳门人，耶稣会会士。1659 年生于澳门，1681 年进入澳门圣保禄学院，1685 年出任该院学监。此人精通西乐，善奏琴。1688 年在北京教堂中专司音乐，为“管风琴吹奏家和音乐家”。后又返回澳门，1697 年在澳门发世俗助理愿，1703 年病逝于澳门。②

（6）徐日昇：葡萄牙著名音乐家。1672 年抵达澳门，在圣保禄学院完成人文学课程。有人考证，他还在该院教授过两年人文课程。③ 由于南怀仁向康熙皇帝推荐，称其“谙练音乐”，“帝命二使者召之至京师”④，故于 1673 年 1 月抵达京师。徐氏精通音乐，不仅会弹奏风琴、古钢琴，还会制作和修理风琴，经他亲手制作或修理的风琴有好几台。⑤ 1680 年，他为北京南堂建造了一架安置在塔楼的大管风琴，其大管长超过 2. 2 米。⑥ 1681 年，他又为北京教堂建造了一架更大的以欧洲风琴与中国编钟的结合为其特色的管风琴，该风琴高达 12 布拉沙（1 布拉沙 = 2. 2 米）。⑦ 此外，他还亲自教授过康熙皇帝音乐知识。1707 年完成了第一部音乐理论著作《律吕纂要》，系统论述西洋乐理。⑧《律吕纂要》最初是作为徐日昇给康熙帝讲授西洋乐理的教材，以汉文、满文著作成书，到康熙四十六年（1707），被胤祉等人纂辑，但最终没能付梓刊行。

（7）石可圣：波希米亚人，耶稣会会士。1707 年 9 月 8 日前抵达澳门，同年 11 月 22 日到达北京，充任宫廷音乐家。⑨ 清档称其“巧于丝律”⑩；费赖之称其“谙练音乐”“技艺精善”。当了四年清廷的宫廷乐师，受到康熙皇帝、朝中贵人及同行会士的敬重。1711 年病逝于北京。⑪

---

① ［德］魏特著，杨丙辰译：《汤若望传》第 1 册，上海：商务印书馆，1949 年，第 187 页。

② ［法］荣振华著，耿昇译：《在华耶稣会士列传及书目补编》，北京：中华书局，1995 年，第 569 页。

③ ［葡］若埃尔·加良著，斐斯译：《徐日昇：17 世纪在中国皇宫的葡萄牙乐师》，载《文化杂志》（中文版）第 4 期，1988 年，第 34 ~ 45 页。

④ ［法］费赖之著，冯承钧译：《在华耶稣会士列传及书目》，北京：中华书局，1995 年，第 381 ~ 383 页。

⑤ Noël Golvers, F. Verbiest, G. Magalhães, T. Pereyra and the others, The Jesuit Xitang College in Peking (1670 – 1688) as an extra-ordinary professional milieu. , in Luís Filipe Barreto ed. , *Tomás Pereira, S. J. (1646 – 1708): Life, Work and World*, Lisbon: Centro Científico e Cultural de Macau, I. P. , 2010, pp. 277 – 298.

⑥ Francisco Rodrigues, *A Formação Intelectual do Jesuíta*, Porto, 1917, p. 495.

⑦ Francisco Rodrigues, *A Formação Intelectual do Jesuíta*, Porto, 1917, p. 494.

⑧ 吴湘湘：《第一部中文西洋乐理书》，载《大陆杂志》第 7 卷，第 1 期，1954 年，第 7 页。

⑨ ［法］荣振华著，耿昇译：《在华耶稣会士列传及书目补编》，北京：中华书局，1995 年，第 371 页。

⑩ 中国第一历史档案馆等编：《明清时期澳门问题档案文献汇编》第 1 册，《两广总督赵弘灿等奏报粤东地方年成并查有新到西洋技艺人等情形折》，北京：人民出版社，1999 年，第 72 页。

⑪ ［法］费赖之著，冯承钧译：《在华耶稣会士列传及书目》，北京：中华书局，1995 年，第 626 页。

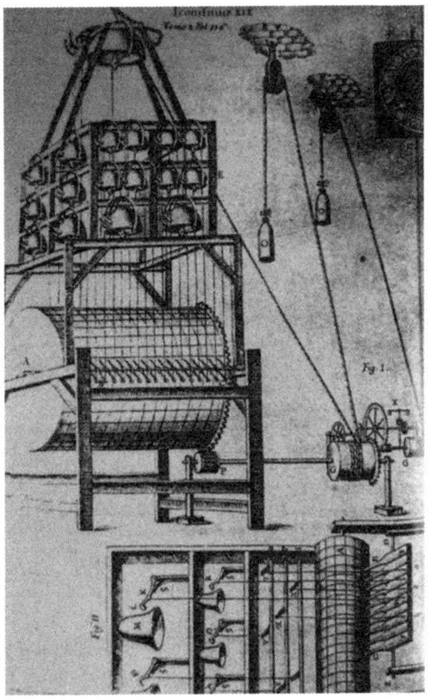
图 9－49　欧洲带有时钟的风琴[4]

（8）严嘉乐：波希米亚人，耶稣会会士，音乐家兼钟表匠。其人“深通算术，熟练音乐”[1]。1716年3月14日抵达澳门，1716年9月15日到广州。据清档称：“严嘉乐，年三十八岁，称会天文弹唱。”[2] 1717年1月2日到北京。严嘉乐尤善弹六弦琴，康熙皇帝与当时的侍卫大臣都喜欢听他演奏。他还擅长制造风琴。此外，他还留下《论中国音乐》一文。

（9）德理格：意大利人，属于罗马教廷传信部的遣使会会士。1710年1月抵达澳门，据伯德莱称：“德理格必须在澳门停留一段时间，对于一个实干家来说，能前去圣保禄大教堂演奏管风琴则是一种轻微的安慰。”[3] 可见他在澳门演奏过管风琴。他于1710年7月15日到广州，1711年2月5日进京，并担任皇室音乐教师。德理格以其出色的音乐才能获得康熙帝的恩宠。抵京后，连续三年出巡关外。另外，德氏还是一位作曲家，其音乐遗作有《小提琴奏鸣曲集》12首，该奏鸣曲谱目前保存在北平北堂图书馆，为钞本一册，凡78页，钞本题名为 *Sonate a Violino Solo col basso del Nepridi, Opera tera terza Parte Prima*。这应是目前见到的最早传入中国的欧洲音乐作品。[5] 但德氏在西洋音乐传播中最重要的贡献应是继徐日昇的《律吕纂要》后又主持编撰了《御制律吕正义续编》。[6] 该书是中国第一部正式刊行的汉文西洋乐理（记谱法部分）著作，在中西音乐交流史上具有非常重要的地位。[7] 他主持改进中国音乐，并曾多次向康熙帝进呈西洋乐器。

（10）陈善策：葡萄牙耶稣会会士。1725年6月12日，陪同葡萄牙使节麦德乐（Alexandre Metello de Sousa）抵达澳门，又于1726年8月26日到达北京。但事实上，

---

① ［法］费赖之著，冯承钧译：《在华耶稣会士列传及书目》，北京：中华书局，1995年，第669页。

② 中国第一历史档案馆等编：《明清时期澳门问题档案文献汇编》第1册，《广东巡抚杨琳奏报西洋人严嘉乐等随船至澳门并年内到澳门船只数目折》，北京：人民出版社，1999年，第108页。

③ ［法］伯德莱著，耿昇译：《清宫洋画家》，济南：山东画报出版社，2002年，第51～52页。

④ 王冰：《徐日昇和西方音乐知识在中国的传播》，载《文化杂志》（中文版）第47期，2003年，第76页。

⑤ 方豪：《中国天主教史人物传》中册，北京：中华书局，1988年，第902～903页；陶亚兵：《明清间的中西音乐交流》，北京：东方出版社，2001年，第40～44页。

⑥ 《御制律吕正义续编》卷1，《续编总说》，摛藻堂四库全书荟要本，第3～4页。

⑦ 方豪：《中国天主教史人物传》中册，北京：中华书局，1988年，第901～904页；陶亚兵：《明清间的中西音乐交流》，北京：东方出版社，2001年，第58页。

他本人为数学家。[①] 其后他一直留在北京传教，“终其余年”[②]。法人伯德莱称：“陈善策于1725年莅华，作为音乐家而陪同葡使麦德乐出使北京。”[③] 但没有任何已公布的关于陈善策音乐方面的资料。

（11）魏继晋：德国耶稣会会士。他于1738年8月5日抵达澳门，1739年3月1日以宫廷乐师的身份奉召抵达北京。[④] 魏氏精通音乐，尤善操提琴，还兼修理乐器。[⑤] 据清档称，“魏继晋素习律吕，住宣武门内天主堂”[⑥]。

（12）讷味达：意大利圣衣会会士，属教廷传信部。他于1720年9月23日随嘉乐使团抵达澳门，同年12月25日抵达北京。讷味达即嘉乐使团中“弹琴的二名”之一。[⑦] 1725年11月20日严嘉乐在信中称：“我们余下的人中，留在北京的有传信部的乐师德理格、圣衣会的神父格利马尔蒂和讷味达乐师。”[⑧] 到雍正九年（1731）九月，西洋人李若瑟、讷味达请求返回西洋，获得雍正帝的批准。[⑨]

（13）那永福：意大利圣衣会会士，属教廷传信部。据清档，乾隆九年（1744）六月前他已经抵达澳门。[⑩] 又据《东波塔档》1054号，直到乾隆十年五月十六日（1745年6月15日）那氏才动身离广进京。同行者有蒋友仁、吴直方、艾启蒙。[⑪] 又据清档，

---

① ［法］荣振华著，耿昇译：《在华耶稣会士列传及书目补编》，北京：中华书局，1995年，第505页。

② ［法］费赖之著，冯承钧译：《在华耶稣会士列传及书目》，北京：中华书局，1995年，第723页。

③ ［法］伯德莱著，耿昇译：《清宫洋画家》，济南：山东画报出版社，2002年，第223页。

④ ［法］荣振华著，耿昇译：《在华耶稣会士列传及书目补编》，北京：中华书局，1995年，第50页。

⑤ ［法］费赖之著，冯承钧译：《在华耶稣会士列传及书目》，北京：中华书局，1995年，第775~776页。

⑥ 中国第一历史档案馆编：《清中前期西洋天主教在华活动档案史料》第4册，《宣武门内天主堂西洋人名单》，北京：中华书局，2003年，第478页。

⑦ 罗光：《教廷与中国使节史》下册，台北：传记文学出版社，1983年，第145~146页；中国第一历史档案馆等编：《明清时期澳门问题档案文献汇编》第1册，《两广总督杨琳等奏报西洋教化王使臣嘉乐及随行人员到澳门情形折》，北京：人民出版社，1999年，第129页。

⑧ ［捷］严嘉乐著，丛林等译：《中国来信（1716—1735）》，郑州：大象出版社，2002年，第45页。此一“讷味达”，丛林、李梅在严嘉乐《中国来信（1716—1735）》一书中译为“那永福”，不知译者为何将Wolfgang de la Nativilile一人译为那永福。那永福为乾隆九年（1744）入华的教廷传信部圣衣会士，Wolfgang de la Nativilile为康熙五十九年（1720）随嘉乐使团入华的音乐家，译者仅根据译音将那永福与Wolfgang de la Nativilile混淆，给学界带来歧误。

⑨ 鞠德源：《清宫廷画家郎世宁年谱：兼在华耶稣会士史事稽年》，载《故宫博物院院刊》1988年第2期，第45页。

⑩ 中国第一历史档案馆等编：《明清时期澳门问题档案文献汇编》第1册，《西洋人戴进贤等奏请允许西洋人蒋友仁等来京效力折》，北京：人民出版社，1999年，第203页。

⑪ 刘芳辑：《葡萄牙东波塔档案馆藏清代澳门中文档案汇编》下册，《署香山县丞顾嵩为教士蒋友仁等进京事行理事官牌》，澳门：澳门基金会，1999年，第532页。

“海淀杨家井（西堂）西洋人有那永福素知律吕”[①]。乾隆十五年（1750）九月十二日，“西洋人魏继晋、鲁仲贤、那永福三人在瀛台教琴谱”[②]。可知，那氏进京后与魏继晋、鲁仲贤同为宫廷乐师。

（14）格利马尔蒂：意大利圣衣会会士。他于1720年9月23日随嘉乐使团抵达澳门，12月25日抵达北京，应是使团中“会技艺”的十人之一，[③] 使团名单中其西文名为 Rainaldus M. a S. Joseph。[④] 1725年11月20日严嘉乐在北京，其在信中称：“我们余下的人中，留在北京的有传信部的乐师德理格、圣衣会的神父格利马尔蒂和讷味达乐师。”[⑤] 马国贤回忆录中亦提到1722年12月康熙逝世时，他在宫内的停放灵柩处“看到格利马尔蒂神父他们正在向灵柩走去，这位神父是新来的传教士”。[⑥] 可以说明，格利马尔蒂到北京的时间应该是在1722年，到1725年时，此人尚在北京。

（15）常国泰：意大利人。费赖之、荣振华书均无传，可能非耶稣会会士。据清档称，乾隆二十四年十一月初六（1759年12月24日）两广总督李侍尧奏：“本年夏间，西洋船来……又有意大理国修士常国泰，素习律吕、外科。三人已到澳门，俱情愿来京效力。”又“意大利国常国泰一人，因历海潮湿染病，到澳更加染病伤寒沉重，医治不痊，于乾隆二十四年十月十一日在澳病故，葬埋伯多禄堂内，汉名大庙”[⑦]。可知，常国泰于1759年夏抵达澳门，后染病，于当年9月29日病逝于澳门。这位意大利音乐家本欲到北京为清朝效力，但不幸病故。

（16）梁栋材：法国耶稣会会士。据荣振华书，梁氏为数学家及音乐家，1768年9月26日到达北京。[⑧] 据清档称，乾隆三十四年（1769），西洋人蒋友仁具禀：“大人台下令，法郎济亚国修士年守志、梁栋材素习天文水法等艺，梁栋材又素习律吕，仰蒙皇上仁恩，令其来京效力。今于本年九月内，自广到京，所有二人进献之土物，伏乞

---

① 中国第一历史档案馆编：《清中前期西洋天主教在华活动档案史料》第4册，《海甸杨家井天主堂西洋人名单》，第481页。

② 中国第一历史档案馆编：《清中前期西洋天主教在华活动档案史料》第4册，《为西洋人魏继晋鲁仲贤那永福三人在瀛台教琴谱请给饭食事回明怡亲王等准行》，第182页。

③ 中国第一历史档案馆等编：《明清时期澳门问题档案文献汇编》第1册，《两广总督杨琳等奏报西洋教化王使臣嘉乐及随行人员到澳门情形折》，北京：人民出版社，1999年，第129页。

④ 罗光：《教廷与中国使节史》下册，台北：传记文学出版社，1983年，第145~146页。

⑤ ［捷］严嘉乐著，丛林等译：《中国来信（1716—1735）》，郑州：大象出版社，2002年，第45页。

⑥ Matteo Ripa, *Memoirs of Father Ripa, During Thirteen Years' Residence at the Court of Peking in the Service of the Emperor of China*, London: John Murray, Albemarle Street, 1855, pp. 119 - 120.

⑦ 中国第一历史档案馆等编：《明清时期澳门问题档案文献汇编》第1册，《两广总督李侍尧为法国人方守义等由澳门到省即将进京事致军机处咨文》，北京：人民出版社，1999年，第341页。

⑧ ［法］荣振华著，耿昇译：《在华耶稣会士列传及书目补编》，北京：中华书局，1995年，第287页。

大人择日恭进。"[①] 又称，梁栋材"素习天文水法，兼习律吕，祝西安门内蚕池口内天主堂（北堂）"[②]。费赖之书译作甘若翰，与严守志、嘉类思同至中国。其人"谙悉音乐，操提琴，颇有韵味，瞻礼日教堂唱圣歌时辄合丝助之"[③]。

四、澳门的世俗西洋音乐及西洋乐队

澳门葡萄牙人出于其民族天性及浪漫之性格，除热衷于天主教音乐外，对世俗音乐也极为喜爱。1637 年芒迪记录了一次葡萄牙人的宴会，宴会上还有竖琴（Harpe）和吉他（Guitterne）演奏的普通乐曲。[④]清朝乾隆时，外国人在澳门住冬以后，西方世俗音乐亦在澳门外国人社群中流行。18 世纪 80 年代，美国首任来华的领事山茂召描写了当时澳门外国人的娱乐生活，称"当各国人士聚集在这里时……每两周就有一场公开的音乐会"[⑤]。19 世纪中叶，非葡籍欧美社群在澳门对西洋音乐的传播也起了很重要的推动作用，有很多西洋音乐的爱好者，甚至是音乐家集聚澳门，如当时的澳门荷兰商馆内就有大量的乐器，还包括一架自用的钢琴。[⑥] 钱纳利为郭雷枢夫妇绘制的一幅油画《郭雷枢夫妇像》中，郭雷枢的太太美国姑娘卡洛琳（Caroline）就在弹拨竖琴；[⑦] 钱纳利在澳门绘制的另一幅油画《马治平和家人群像》，在图画的右角就有一把吉他；[⑧] 1845 年，钱纳利还绘制了一幅《坐在手摇风琴旁的男人像》，这种手摇风琴是在澳门的第一次出现。[⑨] 一封美国人的信还记载了 1843 年的圣诞节"有一个德国人吹的法国号非常好"。[⑩] 粦为仁（William Dean）则记载 1839 年来澳门的美国牧师罗宾斯·布朗是个音乐家，会弹钢琴、管风琴和拉小提琴，而且歌声优美，还谱写了不少曲子。[⑪] 这种家庭中的西洋音乐活动也是一种传播的形式。

---

① 中国第一历史档案馆编：《清中前期西洋天主教在华活动档案史料》第 4 册，《西洋人蒋友仁具禀为法郎济亚国修士年守志梁栋材情愿入京效力现已到京所带土物请择日恭进事》，第 347 页。

② 中国第一历史档案馆编：《清中前期西洋天主教在华活动档案史料》第 4 册，《西安门内天主堂西洋人名单》，第 479 页。

③ ［法］费赖之著，冯承钧译：《在华耶稣会士列传及书目》，北京：中华书局，1995 年，第 1020 页。

④ Peter Mundy, *The Travels of Peter Mundy in Europe and Asia: 1608 – 1667*, Vol. 3, Cambridge: Printed for the Hakluyt Society, 1919, pp. 255 – 256.

⑤ Josiah Quincy, *The Journals of Major Samuel Shaw*, Boston: Wm. Crosby and H. P. Nichols, 1847, p. 243.

⑥ ［美］雅克·当斯著，周湘、江滢河译：《黄金圈住地：广州的美国商人群体与美国对华政策的形成，1784—1844》，广州：广东人民出版社，2015 年，第 25 页。

⑦ 香港历史博物馆编：《东方印象：钱纳利绘画展》，香港：香港历史博物馆，2005 年，第 109 页。

⑧ 香港历史博物馆编：《东方印象：钱纳利绘画展》，香港：香港历史博物馆，2005 年，第 107 页。

⑨ 香港历史博物馆编：《东方印象：钱纳利绘画展》，香港：香港历史博物馆，2005 年，第 164 页。

⑩ ［美］雅克·当斯著，周湘、江滢河译：《黄金圈住地：广州的美国商人群体与美国对华政策的形成，1784—1844》，广州：广东人民出版社，2015 年，第 50 页。

⑪ William Dean, *The China Mission*, New York, 1859, p. 375.

图 9－50　钱纳利绘的《郭雷枢夫妇像》

图 9－51　钱纳利绘的《马治平和家人群像》

图 9－52　钱纳利 1845 年绘的《坐在手摇风琴旁的男人像》

1832 年 9 月 28 日，在英国大班德庇时（John Francis Davis）夫人家里举办音乐会，安德伍德（Underwood）夫人弹钢琴、唱歌，后由葡人摆华（Francisco José de Paiva）、俾利喇（Francisco Pereira）夫人及安德伍德夫妇表演四重唱，唱的是晚祷赞美诗，还有二重奏、三重奏乐曲及舞蹈。[①] 摆华是一位葡萄牙人、音乐家，他经常给这些剧团担任指挥，而且他还演奏钢琴。摆华最擅长的乐器是小提琴，他经常以一种近年来澳门音乐界已经少有人知道的风格演奏。[②] 9 月 29 日，英商船长格兰特（Grant）夫人再次举行聚会活动，哈德莱斯顿（Huddleston）的兄弟及其夫人从马德拉斯来。哈德莱斯顿的兄弟是了不起的管乐器手，他演奏了高音双簧管，一种我从未听说过的乐器，声音甜润悦耳。[③] 1830 年 3 月，哈丽特·洛记载了一场舞会，其中有 4 名葡萄牙音乐家，还提到他们

① Nan P. Hodges and Arthur W. Hummel ed. , *Lights and Shadows of a Macao Life*: *The Journal of Harriett Low*, *Travelling Spinster*, Woodinville, WA: History Bank, 2002, pp. 442 – 443.

② *The Canton Register*, Vol. 6, No. 15&16, 1833/10/24.

③ Nan P. Hodges and Arthur W. Hummel ed. , *Lights and Shadows of a Macao Life*: *The Journal of Harriett Low*, *Travelling Spinster*, Woodinville, WA: History Bank, 2002, p. 443.

的钢琴和吉他的演奏。[①] 部楼顿的第二任太太到澳门来时，部楼顿的居所变成了澳门音乐会的中心。散商费伦家房子很大，也是英美商人经常举办音乐会的场所。在英国散商中，怀特夫人的钢琴也弹得很好。[②] 1836 年，美国人罗森博格（William S. W. Ruschenberger）经过澳门时，描写了当地葡萄牙人对音乐的热爱："澳门葡人保留他们民族天性对音乐和社交的热爱，……晚上几乎每条街上都会听到来自屋里的钢琴声和吉他声"[③]。同年，《广州周报》报道了澳门葡人在庆祝葡王玛丽亚二世的生日时，演奏了四首乐曲。[④] 1873 年 10 月 27 日，澳门葡商的孩子们在富商佩雷拉私邸里举行了一场独奏音乐会。[⑤]

澳门西洋世俗音乐的传播与西洋乐队的出现关系重大。澳门的第一支西洋乐队，应产生于圣保禄学院中。据早期圣保禄学院的葡文档案记录，该院的人文课程考试程序如下：

> 考试开始时有音乐伴奏，气氛十分庄严。主席团主席做了简短发言，讲话结束后乐师开始奏乐。接着是应试者脱帽起立所做的一段关于考试的讲话。讲完话他回到自己座位上，这时音乐再次响起。此后，应考者走过来，评判委员会主席亲自开始所说的考试，并提出问题。……提问与辩论问题结束后，开始第二轮考试。……进入教室时，有音乐伴奏，音乐过后，考试官做简短讲话，讲完话再次奏乐，音乐一结束，就开始提问。……下午一点半到两点，大辩论这时就开始了。进入辩论场地时，有音乐伴奏。然后在另一段音乐伴奏下，是 1591 年 Ratio Studiorum 出版的新学年献词。……如同所见，在 16 世纪末的澳门，人文课程的学术活动与科英布拉一样隆重其事，也像在果阿和巴西的圣保禄学院一样。[⑥]

葡萄牙学者山度士评价圣保禄学院的人文考试明显"带有 1559 年和 1565 年科英布拉艺术修院团明显的暗示和与东方有关的成分相当复杂的道德氛围、气候、种族及文明状况强加给它的某种适应性"[⑦]。从上述文字的表述，可以清楚地看出在 16 世纪末，澳门圣保禄学院已经创建了一支自己的西洋乐队。巴西学者莫赖斯称：

---

① Nan P. Hodges and Arthur W. Hummel ed., *Lights and Shadows of a Macao Life: The Journal of Harriett Low, Travelling Spinster*, Woodinville, WA: History Bank, 2002, p. 120.

② 张坤：《在华英商群体与鸦片战争前的中英关系》，广州：暨南大学出版社，2014 年，第106 ~ 107 页。

③ William S. W. Ruschenberger, *A Voyage Round the World*, Philadelphia: Carey Lea & Blanchard, 1838, p. 382.

④ *The Canton Press*, 1836/03/19.

⑤ ［葡］潘日明著，苏勤译：《殊途同归：澳门的文化交融》，澳门：澳门文化司署，1992 年，第 165 页。

⑥ Domingos Mauricio Gomes dos Santos, *Macau, Primeira Universidade Ocidental do Extremo-Oriente*, Macau: Fundação Macau, 1994, pp. 21 – 25.

⑦ Domingos Mauricio Gomes dos Santos, *Macau, Primeira Universidade Ocidental do Extremo-Oriente*, Macau: Fundação Macau, 1994, p. 17.

有不少学校亦成立相类似的管乐团，这些乐团都维持了19世纪圣若瑟修院的传统。[①]

据施白蒂的《澳门编年史》记录，在1858年前，澳门已存在“修院学生铜管乐队”。[②]这个修院学生的铜管乐队，应该就是圣若瑟神学院的乐队。1866年1月28日，为隆重安放贾梅士半身铜像，在风景宜人的山洞处举行了有葡国人和外国人参加的仪式。澳门总督和其他显要以及修院的学生也出席了这一活动，由20名乐手组成的学生乐队演奏了许多曲子。[③] 1872年来澳门圣若瑟神学院的法国耶稣会会士罗迪纳对音乐十分痴迷，前面也提过，他曾邀请著名的意大利作曲家安提诺利和他的外甥萨尔维尼到圣若瑟神学院表演和讲学。他还在学院中组织了一支由30个男孩组成的乐队，并订购了乐器和服装。[④] 1905年，圣若瑟修院精通音乐的刘雅觉神父，获教区筹集的巨款，购置铜管乐器，并训练学员30余人，组成铜管乐队，自己担任乐队指挥。每逢堂区节日，或圣像出游等节庆，刘神父指挥的铜管乐队必吹奏助庆，先后共30年。澳门许多音乐界知名人士如关胜、李德等，皆出于刘神父门下。[⑤]

澳门不仅在两家耶稣会学院中拥有西洋乐队，大约与此同时，澳门军队亦组建了自己的军乐队。澳门军乐队成立时间大约在17世纪初。1622年年底，明政府向澳门购炮，葡人炮手押送西洋炮进京，其中还有一支有“许多羽饰”“一切鲜亮、耀人眼目”的“军乐队”。这支军乐队从广州经江西、湖广至北京，途中“围观者无数”[⑥]，这是最早进入中国内地的西洋军乐队，在中国内地居停一年多后，返回澳门。1645年7月份，城市理事官和司库罗伊斯的开支中，有“支付给由吹喇叭者，吹风笛者和击鼓者组成的乐队”[⑦] 一笔经费。笔者认为这笔经费亦应是澳门军乐队的开支。康熙二十三年(1684)二月，清朝钦差大臣杜臻在广东巡抚李士桢的陪同下巡视澳门，在宣谕开海贸易时，澳门方面也有乐队相迎：

> 予至磬，彼国使臣率其部人奏番乐以迎入，其乐器有筚篥、琵琶。筚篥为中国古乐器，从西域传入，唐时即有。歌声咿嗢不可辨。[⑧]

---

① Oswaldo da Veiga Jardim Neto, The Tradition of “Bandas de Musica” in Macao, in *Revista de Cultura*, International Edition 16, 2005, p. 7.

② ［葡］施利华著，良友译：《澳门军人及文化》，载《文化杂志》（中文版）第5期，1988年，第69页。

③ ［葡］施白蒂著，姚京明译：《澳门编年史：19世纪》，澳门：澳门基金会，1998年，第161～162页。

④ Manuel Teixeira, *Macau e a Sua Diocese, Vol. VIII, Padres da Diocese de Macau*, Macau: Tipografia da Missão do Padroado, 1972, p. 264.

⑤ 林家骏：《澳门教区历史掌故文摘》，《澳门第一座华人堂区》，澳门：澳门主教公署，1982年，第77页。

⑥ ［葡］何大化编，金国平译：《远方亚洲》第6编，载金国平、吴志良：《镜海飘渺》，澳门：澳门成人教育学会，2001年，第77页。

⑦ *Arquivos de Macau*, 1ª Série, Vol. II, No. 3, Macau, 1930, pp. 141－146.

⑧ （清）杜臻：《粤闽巡视纪略》卷2，康熙二十三年二月乙未条，近代中国史料丛刊本，台北：文海出版社，1983年，第20页。

这支番乐队当即军乐队。巴西学者莫赖斯称：

> 澳门军乐团发展的历史，事实上与葡萄牙的军事及政治接二连三改变有着莫大的关连。因此，由于国家政治上的不断重组，乐团的名称、总部，甚至在军事上单位都会经常改变。虽然表面上有着极大的改变，但所有事都有着高度的延续性，至少直到1912年军乐团被废除，第一市政乐团成立为止。①

从1810年的摄政王子营成立，在这支军队中就有一支乐队。这支乐队有8个乐手及1名指挥，名为“方阵乐队”（Músicos de Pracça），后增加到11人，到1818年时总数为17人，乐队的乐器包括：

> 一支高音单簧管（Eb调），两支单簧管（可能是Bb调），两支圆号（法国号），一支短号，一支巴松管，一支中音号（serpent），一个低音鼓及一个小鼓。征募的学员可以额外带一支短笛，两支单簧管，一支短号，一支巴松管及一支中音号。②

1818年的一份档案记录了在议事厅前地若奥六世（João Ⅵ）登基庆典上澳门军乐队的表演：

> 议事厅全体人员，包括它的成员在内……都头戴军帽，配上白色的肩带，盛装出席是次盛会，在议会的前面是法院的人员及其他议会议员。在他们之后是一支由上尉、中尉及新兵组成的连队；而在前面是并更名为摄政王子营的军乐团，在前往大教堂的路途上，总督阁下及他的官员，而在他们的前面就是一面议事厅的旗帜，紧接其后就一支营旅以及它的军官，营中心高举着同样的旗帜，被乐团所包围，乐团所演奏洪亮而悦耳的音乐响彻整个地方。③

1822年，在公共路段的墙壁上出现了一张煽动公众谋杀军队总督的纸条，称巴波沙“竟然在一片欢呼喝彩声中把他们（指军队）带到自己家中，还叫来了一支乐队”④。《中国丛报》1834年10月号中也有记载，在律劳卑的葬礼上出现“葡萄牙军人组成的仪仗队”⑤。1836年3月，《广州纪录报》报道了一场葡萄牙人的戏剧表演，其中提到

---

① Oswaldo da Veiga Jardim Neto, The Tradition of “Bandas de Musica” in Macao, in *Revista de Cultura*, International Edition 16, 2005, p. 9.

② Oswaldo da Veiga Jardim Neto, The Tradition of “Bandas de Musica” in Macao, in *Revista de Cultura*, International Edition 16, 2005, p. 11. 1872年时，这支27人的乐团的乐器又有所变化：1支高音单簧管（Requinta），1支短笛（Piccolo），6支单簧管（Clarinets），4支号角（Cornets），2支萨克号（Saxhorns）或法国号（French Horns），3支长号（Trombones），2支细管上低音号（Baritone）或者低音号（Bombardons或Tuba），1支巴松（Bass），2支低音提琴（Contrabasses），1个低音棍（Bass Drum），1个小鼓（Snare Drum），1个大鼓（Large Drum）及1对铜钹，具体参见上引书第13页。

③ Oswaldo da Veiga Jardim Neto, The Tradition of “Bandas de Musica” in Macao, in *Revista de Cultura*, International Edition 16, 2005, p. 9.

④ Manuel Teixeira, *Miguel de Arriag*, Macau: Imprensa Nacional, 1966, p. 89.

⑤ *Chinese Repository*, Vol. 3, No. 6, 1834/10, p. 282.

“摄政王的军乐队和其他一些绅士也参与其中”[①]。1839 年 9 月 3 日，钦差大臣林则徐巡视澳门，亦有澳门军乐队相迎：

当日，他们于早晨由前山整队出发，入关闸，巡视澳门查禁鸦片。澳葡理事官做遮·吗地沙（José Baptista de Miranda e Lima）率领4 名军官、100 名士兵，在关闸左恭迎。乐队奏乐，导引入澳。[②]

1840 年 3 月 1 日，香山县县丞彭邦晦离澳前往广州就任更高一级的职位时，正是在这支乐队的音乐中出城的：

他在葡萄牙乐队和仪仗队的护送下，在由大炮台发射的通常的礼节性鸣炮致敬声中，由一大群令人尊敬的当地绅士陪同出了城。[③]

1843 年 5 月 16 日《澳门曙光报》（*A Aurora Macaense*）报道，澳门军队乐团在演出时，乐团成员遭警队逮捕，该报报道称：

这支乐团在澳门是无人不识，每个晚上都经常在嘉思栏兵营前的公园演奏音乐，因此对于兵营军乐团被定罪而被捕感到百思不其解，因为这支乐团的出现，才能带给大众欢乐以及施惠于他们指挥官的家庭。[④]

摄政王子营裁撤后，澳门改设炮兵营，但这支乐团仍然存在。1845 年《澳门宪报》记载为卢伯德（Pedro José da Silva Loureiro）海军中尉举行葬礼游行时写到：

有一大群人伴着灵柩到达圣味基坟场，当中有省内最显赫的人物，有本地的和外国的。野战炮兵营（Batalhão de Artilharia）的一支护卫队和它的军队乐团，由一位与逝者军阶相同的军官带领，为逝去战友致崇高的葬礼。[⑤]

1857 年改为澳门步兵营时，这个乐团也随之改名为澳门步兵营军乐队，从 1863 年 8 月到 1866 年 10 月这段时期，这个军乐队都是每个星期定期进行公众表演。[⑥] 除常规的吹起床号、熄灯号和军队仪式需要外，在节日庆典、祝祷、宗教游行或其他公私庆典都被应邀演奏。在 1869 年 12 月 2 日所颁布的王室命令中，海外的军事单位一律被重组：

重组海外殖民地军队的计划得到准许。根据第 9 条，只有安哥拉、莫桑比克、北果阿的军营及在澳门的步兵营享有组建军乐团的权行，及每支乐团可有 12 名学

---

① *The Canton Register*, Vol. 9, No. 9, 1836/03/01.

② 林则徐全集编辑委员会编：《林则徐全集》第 3 册，《奏折》，《巡阅澳门抽检华夷户口等情形折》，福州：海峡文艺出版社，2002 年，第 1320 页。

③ *Chinese Repository*, Vol. 8, No. 11, 1840/03, p. 599.

④ Oswaldo da Veiga Jardim Neto, The Tradition of "Bandas de Musica" in Macao, in *Revista de Cultura*, International Edition 16, 2005, p. 10；［葡］施利华著，良友译：《澳门军人及文化》，载《文化杂志》（中文版）第 5 期，1988 年，第 67 ~ 73 页。

⑤ Oswaldo da Veiga Jardim Neto, The Tradition of "Bandas de Musica" in Macao, in *Revista de Cultura*, International Edition 16, 2005, p. 10.

⑥ Oswaldo da Veiga Jardim Neto, The Tradition of "Bandas de Musica" in Macao, in *Revista de Cultura*, International Edition 16, 2005, p. 10.

员。澳门步兵营可有1名指挥，8名乐手，1名首席吹号手，1名下士级的吹号手及8名吹号手。[①]

1872年7月6日步兵营军乐队第一次正式演出，共演出两场，每场五首乐曲。这支军人乐队成立后，成员不断增加，有澳门葡人、华人及印度人，不仅从本地招来，也从香港招来。乐队每周都演出，节目有华尔兹舞曲、果阿四人舞曲、非洲狂想曲等。该乐队最拿手的是改编歌剧，其中以改编的《拉美摩尔的露契亚》（*Lucia de Lammermor*）及《军中女郎》最为出名。1873年，俄国沙皇太子阿莱克西斯大公（Duque Alexis）访澳时，亦是由该乐队奏乐欢迎。[②] 至1875年，乐队又改名为第一海外联邦属地步兵营暨军队乐团。之后，又经过多次改名。[③] 澳门葡萄牙人乐队不仅在澳门本土进行演出，而且还经常前往香港进行访问演出，1851年11月28日的《华友西报》报道了澳门葡萄牙人乐队访问香港，并在维多利亚戏院演出的消息。12月3日，该报又报道了澳门葡萄牙人乐队再次在维多利亚戏院演出。[④]

巴西学者莫赖斯称，法国到了19世纪中叶，一支跳出军团模式并极度多样性的平民乐团被组织起来，不久，意大利、西班牙、葡萄牙以及澳门（市政乐队，Banda Municipal）都争相仿效。[⑤]

1895年8月16日，澳门城防部队根据新的改革政策，又重新启用为警察乐队留用九年的音乐力量，这就是当时澳门的市政乐队。市政乐队由1位指挥、1位副指挥、3名一级乐师、4名二级乐师、8名三级乐师、8名新手、3名号手、4名打击乐手和8名副号手组成，共计40名乐师。乐队得到各界的支持，每周均有演出，有时一周演出多达三场。1901年正式命名为“军人乐队”。在迎接20世纪到来的音乐会上，乐队演奏了一首独特的《市政厅和澳门人民之歌》，一位澳门人演奏了自己的作品《1900年远征澳门》。后来乐队更名为“警察厅交响乐队”[⑥]。

除了圣保禄学院和圣若瑟学院的学生乐队及军人、警察乐队以外，有些教堂应该

---

① Oswaldo da Veiga Jardim Neto, The Tradition of "Bandas de Musica" in Macao, in *Revista de Cultura*, International Edition 16, 2005, p. 11.

② Luís Gonzaga Gomes, *Efemérides da História de Macau*, Macau: Colecção Noticias de Macau, 1966, pp. 381–389；［葡］潘日明著，苏勤译：《殊途同归：澳门的文化交融》，澳门：澳门文化司署，1992年，第164页。

③ Oswaldo da Veiga Jardim Neto, The tradition of "Bandas de Musica" in Macao, in *Revista de Cultura*, International Edition 16, 2005, p. 11.

④ *The Friend of China*, November 28th, 1851, Vol. 10, No. 96, p. 390; December 3rd, 1851, Vol. 10, No. 97, p. 394.

⑤ Oswaldo da Veiga Jardim Neto, The Tradition of "Bandas de Musica" in Macao, in *Revista de Cultura*, International Edition 16, 2005, p. 7.

⑥ ［葡］施利华著，良友译：《澳门军人及文化》，载《文化杂志》（中文版）第5期，1988年，第67～73页。

也有自己的乐队。1708 年的澳门资料记录："修士和教士们在主圣坛吟唱歌曲，仪式的每个环节和步骤都伴随着音乐。"[①] 这就表明这个教堂有乐队的伴奏。1818 年在若奥六世的继位庆典上，澳门教堂中"弥撒是伴着新的音乐唱诵的，能够体现出华丽盛大的场面"[②]。这里的弥撒音乐也应是乐队伴奏的。1900 年，法国人维沃勒尔斯（G. Weulersse）获旅行奖学金来到澳门，并在他的著作《古老中国及其资料》第一部分第 3 章中记录了当时他所见到的澳门情况，其中提到了澳门主教堂中的一支乐队。[③] 除此以外，澳门还有私人乐队的存在，在 18 世纪初的澳门，耶稣会会士神父科尔代罗在他自己的书中写道："吉列尔梅（Guilherme Pereira）在亚洲的家产仅次于副王，他拥有共 300 人的家业，其中包括唱诗班指挥、乐队和鼓队。可见当时的一些澳门富商私人都拥有一支西洋乐队。"[④]

当然，为推动澳门西洋音乐发展做出了重要贡献的还有在澳门欧美社群出现的正式的西洋乐队，其中就包括东印度公司来华船只中的英国乐队，虽然它们不属于澳门的乐队，但这支英国乐队经常参加澳门的文艺演出。18 世纪末，到澳门的美国商人山茂召说到，从澳门这个天朝上国的角落有抽彩、宴会、乐队和室内演奏会，每星期天晚上英国商馆都有音乐会，由来自不同国家的人士演奏。到 1816 年，英国东印度公司的乐队每周四晚上在公司商馆的阳台上演出，会演奏单簧管的悌尔顿被邀请参加演出。[⑤] 1837 年 11 月 13 日至 14 日的澳门船赛上，每场船赛都有乐队为获胜者演奏乐曲。负责此项工作的是"凯德将军（General Kyd）号"（原东印度公司船）上的乐队，他们根据获胜者的名称和身份进行不同的乐曲演奏，如为罗伯森先生的"龙（Mr. Robertson's Dragon）号"演奏《看这些征服英雄来了》，为康普顿先生的"雏菊号"演奏《快乐的水上年轻人》，为亨利先生的"泼妇（Vixen）号"演奏《我妻子是个放荡女人》等。[⑥] 乐队的参与营造出一种浪漫而轻松的比赛气氛。在 1838 年散商费伦的家庭聚会上，东印度公司船"海尔夫德舍（Herefordshire）号"的船长侯普（Capt. Hope）让他的船上乐队演奏了几首动听的曲子。[⑦] 1837 年 8 月在澳门圣老楞佐教堂的舞台上举

① Jack M. Braga, *A Voz do Passado: Redescoberta de a Colecção de Varios Factos Acontecidos Nesta mui Nobre Cidade de Macao*, Macau: Instituto Cultural de Macau, 1987, p. 26.

② *Arquivos de Macau*, 1ª Série, Vol. Ⅰ, No. 1, Macau, 1929, p. 45.

③ ［葡］布朗科著，喻慧娟译：《19 世纪最后一年的澳门》，载《文化杂志》（中文版）第 32 期，1997 年，第 131～137 页。

④ António Cordeiro, *Historia insulana das ilhas a Portugal sugeytas no oceano occidental*, Lisboa, 1717, p. 466.

⑤ ［美］雅克·当斯著，周湘、江滢河译：《黄金圈住地：广州的美国商人群体与美国对华政策的形成，1784—1844》，广州：广东人民出版社，2015 年，第 41 页。

⑥ *The Canton Register*, Vol. 10, No. 47, 1837/11/21.

⑦ Nan P. Hodges and Arthur W. Hummel ed., *Lights and Shadows of a Macao Life: The Journal of Harriett Low, Travelling Spinster*, Woodinville, WA: History Bank, 2002, p. 92.

行了一场戏剧演出，参加演出的都是英国人，其中提到乐队人数不足，演员的表演仍值得称道。还有资料称，几次业余演出都存在乐队人员不足的问题，需要指出的是，此时担任英国业余戏剧表演的乐队主要是英公司船上乐队。[①]

由此可见，16—19 世纪时澳门应该有为数不少的西洋乐队，所以美国姑娘在自己的日记中写道："每周日傍晚都有专门的乐队在南湾海边演出，感觉相当惬意。"[②]

第三节 澳门的西洋歌舞戏剧

16 世纪下半叶起，是欧洲宫廷表演发展的黄金时代，大规模的宫廷盛典是在洛培·德·维迦和卡尔德隆的西班牙、蒙特维尔迪（意大利作曲家，1567—1643）的意大利、因尼戈·琼斯（英国建筑家与舞台设计家，1573—1651）和莎士比亚的英格兰举行的。而在葡萄牙，则由教会在戏剧实践的进展中担负起了双重的角色：一方面，通过学校戏剧，耶稣会会士们取消了宫廷表演的豪华排场；而另一方面，通过种种检查与禁令，他们对民间戏剧以及前来访问中国的西班牙与意大利喜剧工作者加以刁难。学者总结此时葡萄牙的舞台表演为"耶稣会戏剧的独霸天下"。[③] 耶稣会会士的宗教戏剧，本来是以学生为对象的演出，当其势力扩大之时，开始频繁地向公众开放。这一开放，使得视觉成分大为提高，因为剧本基本上是用拉丁文写成的，所以耶稣会戏剧中的舞蹈成分非常多。由于没有王室的舞台，耶稣会会士们就向一切最为隆重的世俗表演进军，这些表演就带上了适当的豪华色彩。[④] 而舞蹈则是葡人从卢济塔尼亚地区历代居住者那里接传过来的传统爱好，葡人对舞蹈的喜爱一直十分强烈，而葡人又十分浪漫，故他们对歌舞的喜好就表现在他们与生俱来的天性之中。[⑤] 这一切在葡萄牙的海外殖民地亦有体现。

---

① Austin Coates, *Macao and the British*, Hong Kong: Oxford University Press, 1988, p. 147.

② Katharine Hillard ed., *My Mother's Journal: A Young Lady's Diary of Five Years Spent in Manila, Macao, and the Cope of Good Hope from 1829 - 1834*, Boston: George H. Ellis, 1900, p. 36.

③ ［葡］若泽·萨斯波尔特斯等著，陈用仪译：《葡萄牙舞蹈史》，北京：中国文联出版公司，1998 年，第 18 页。

④ ［葡］若泽·萨斯波尔特斯等著，陈用仪译：《葡萄牙舞蹈史》，北京：中国文联出版公司，1998 年，第 18 ~ 19 页。

⑤ ［葡］若泽·萨斯波尔特斯等著，陈用仪译：《葡萄牙舞蹈史》，北京：中国文联出版公司，1998 年，第 3 页。

一、早期澳门葡萄牙人的歌舞戏剧

葡萄牙人最早把西方歌舞戏剧带到中国的地方是在浙江宁波的双屿港，据费尔南·门德斯·平托的《远游记》记载，当安东尼奥·德·法里亚进入双屿港以后：

> 夹道迎接他们的人群中有葡萄牙人，还有在那里经商的其他外国人。走在他前面的欢歌曼舞，沿途杂耍，伴随之的是一片五花八门的乐器声。在宴席上，安东尼奥·德·法里亚有八个肤色白皙、妩媚的姑娘陪伴，她们打扮成美人鱼的模样，在悦耳的音乐中婆娑起舞。……宴会足足持续了两个钟头。席间还有文艺演出，一出中国戏，一出葡萄牙戏。①

澳门开埠以后，葡萄牙人随之将西方歌舞戏剧带入澳门。据《天主教16世纪在华传教志》载，1563年澳门教会举行宗教仪式，游行者“以音乐舞蹈相伴”。② 1564年3月1日，澳门举行盛大的复活节游行。有无数华人上街，并捧圣体游行，以音乐、舞蹈相伴，灯笼、火把共计600余只。③

随着耶稣会会士的入驻澳门，耶稣会的西方歌舞戏剧也随之进入澳门。在1596年1月16日的《澳门圣保禄学院年报》中即有记录：

> （1595年）2月2日圣母献瞻节那一天，圣保禄学院师生公演了一场喜剧。主角由一年级的教师担任，其余的角色由学生扮演。剧情叙述信仰如何战胜了日本的迫害。演出在本学院门口的台阶上进行，结果吸引了全城百姓观看，将三巴寺前面街道挤得水泄不通，……演出如此精彩，毫不逊色于任何大学的水平。因为主要剧情用拉丁文演出，为了使不懂拉丁文的观众能够欣赏，还特意制作了中文对白……同时配音乐和伴唱，令所有的人均非常满意。④

1604年1月27日的《澳门圣保禄学院年报》还载：

> 1604年初，演出了一场对话喜剧，一部分用拉丁文，一部分用当地语言，内容为圣保禄学院的生活。参加演出的都是圣保禄学院的学生，获得大家一致好评。该戏一共演了三幕，第二个下午演出了最后两幕，每个下午演出5个小时。由于台词是那么虔诚，演员技巧精湛，预先准备充分，引起了很大的轰动。甚至吸引一些人加入了教会。本来这一喜剧如同往年那样，是为欢迎中国主教莅临而演的，

---

① ［葡］费尔南·门德斯·平托著，金国平译：《远游记》上册，澳门：澳门基金会，1999年，第200～203页。

② ［法］裴化行著，萧濬华译：《天主教16世纪在华传教志》上编，上海：商务印书馆，1936年，第110页。

③ Manuel Teixeira, *Primórdios de Macau*, Macau: Instituto Cultural de Macau, 1990, p. 36.

④ João Paulo Oliveira e Costa, *Cartas Ânuas do Colégio de Macau (1594－1627)*, Macau: Fundação Macau, 1999, p. 71.

> 但是今年似乎是为了娱乐本城居民，因为市民们为荷兰人给他们所造成的巨大损失而沮丧，荷兰人刚刚剽掠了澳门的三艘货船……①

1619年6月19日，新任命的日本府内主教华主教（科雷亚·瓦伦特）抵达澳门，澳门署理主教多明我会会士弗雷·罗萨里奥神父对华主教的到来表示了热烈的欢迎。在他主持的欢迎会上，圣保禄学院的学生们还表演了以日本宗教迫害为题材的戏剧。②

从上述三条十分珍贵的澳门天主教音乐戏剧演出的资料来看，在16世纪末17世纪初，西洋戏剧传入澳门后，不仅欧洲人，当地的中国人亦能参与演出。从剧种上看还有喜剧与悲剧之分，一场喜剧演出竟长达10小时，剧中“配音乐和伴唱”反映这一时期澳门西洋戏剧已发展得比较成熟，而且已经超出了学生的自娱自乐，具有公演的性质。

我们在1637年英国人芒迪的记录中也能找到西洋歌舞戏剧的演出：

> 1637年11月12日，在西班牙大帆船船长的寓所前，用脚手架搭了一戏台演戏，他们的表演很吸引人，唱腔如同印度人，和谐一致，台上鼓乐喧天……11月25日，我们船上的指挥官员被邀上岸，去圣保禄教堂看戏，……中国小孩按风俗表演了中国舞，舞蹈表现葡人与荷兰之间的战争。……另一种是蟹舞，小孩子扮成蟹，并伴随着音乐唱歌表演。……最后一个是滑稽表演，表演者非常灵巧。小孩很多，打扮很漂亮，他们的父母委托教士教育他们，这些家长很多是有身份的。戏院在教堂。③

这里所谓的“中国舞”应是中国儿童在西洋教士训练下的西洋歌舞。这里称“戏院在教堂”，应当是指圣保禄教堂前的露天空地。

1642年5月30日，葡萄牙新国王若奥四世派遣的使节菲亚略·费雷拉（António Fialho Ferreira）到达澳门，传达了葡萄牙恢复独立的消息。在6月20日澳门效忠于若奥四世的宣誓仪式后，儿童们向民众表演戏剧，荣誉团的士兵对天鸣枪，所有的炮台鸣放礼炮，使整个庆典进入最高潮。此后的10个星期，在澳葡萄牙人进行了在所有葡萄牙海外居留地中最为热烈的庆祝活动。7月7日，一场由年轻人组织的盛大的化装游行尤为引人注目，甚至连居住在澳门的非葡籍居民都加入了这场盛大的庆典：圣保禄学院的中国学生进行了中国式表演，多明我会修道院的学生和奥斯定会修道院的学生

---

① João Paulo Oliveira e Costa, *Cartas Ânuas do Colégio de Macau(1594 - 1627)*, Macau: Fundação Macau, 1999, p. 120.

② Hubert Cieslik（H. チースリク神父）：「キリシタン時代における司教問題」，「キリシタンの研究」第9輯，東京：吉川弘文館，1964年，第433~435頁。

③ Peter Mundy, *The Travels of Peter Mundy in Europe and Asia: 1608 - 1667*, Vol. 3, Cambridge: Printed for the Hakluyt Society, 1919, p. 987.

也聚集起来欢庆这一节日。[①] 7 月 20 日，多明我会修道院与奥斯定会修道院的学生们上街游行庆祝，他们从岗顶一直走到大三巴广场。这些年轻人穿着华丽的衣服，在忏悔神父的激励下，情绪激昂。8 月 7 日，耶稣会的学生又载歌载舞地表演了一场戴面具的独幕滑稽戏。[②] 可见，16—17 世纪，澳门的戏剧表演基本也是由耶稣会“独霸天下”。这也可说明，这一时期在澳门出现的大多是西方宗教戏剧，宗教戏剧几乎垄断了澳门所有的舞台。

这一时期除了耶稣会推出的戏剧表演外，澳门当地的葡萄牙人也有自己的戏剧表演。1637 年芒迪在现场看到澳门街道上的戏剧，他说：“虽然没有耶稣会会士的少年奇迹戏剧那么富有激情，但表演的外在形式对我而言也是十分精彩，演员极具天赋。”[③] 在 1714 年 7 月 20 日，古尔露的妻子玛丽亚·莫乌拉生了一个儿子（玛丽亚·莫乌拉于 1712 年曾生一女，但七日后去世）。为了庆祝儿子出生，三日后，他请剧团在他家门前演了一场喜剧。[④] 葡萄牙人也经常开办舞会，1642 年在澳门庆祝若奥四世继位的大典上，总督施罗保以他那庞大的身躯“穿着镶金天蓝色的摩尔服装，头戴红色帽子”演出了一场压轴戏。[⑤] 1645 年 7 月份城市理事官和司库罗伊斯（Roiz）的开支中就有关于宴会舞会的开支。[⑥] 清初，来澳门圣保禄学院学道的吴历，在其《三巴集》中描写了澳门圣诞节时“黑人歌唱舞足，与琵琶声相应”。[⑦] 又，番禺人吴锳在澳门旅游时，看到澳门葡人在街头表演土风舞，留下了描写葡人土风舞的诗歌：“奏胡琴，击羯鼓，葡萄酒泛忭且舞。菩萨鬘垂连臂歌，醉来击碎珊瑚树。”[⑧] 乾隆时姚元之的《竹叶亭杂记》亦有记录澳门番妇跳舞之事：“番妇见客，又有相抱之礼。……乃以两手搴其裙跳且舞，客亦跳舞，舞相近似接以吻，然后抱其腰。此为极亲近之礼也。”[⑨] 这都是关于澳门葡人舞蹈的珍贵记录。

---

① ［葡］龙思泰著，吴义雄等译：《早期澳门史》，北京：东方出版社，1997 年，第 85 页；C. R. Boxer, *Seventeenth Century Macao*, Hong Kong, 1984, pp. 163 - 166, 170.

② Manuel Teixeira, *Macau e a Sua Diocese*, *Vol. Ⅲ*, *As Ordens e Congregações Religiosas em Macau*, Macau: Tipografia Soi Sang, 1956 - 1961, p. 625.

③ Peter Mundy, *The Travels of Peter Mundy in Europe and Asia: 1608 - 1667*, Vol. 3, Cambridge: Printed for the Hakluyt Society, 1919, p. 273.

④ Manuel Teixeira, *Macau e a Sua Diocese*, *Vol. Ⅲ*, *As Ordens e Congregações Religiosas em Macau*, Macau: Tipografia Soi Sang, 1956 - 1961, p. 461.

⑤ C. R. Boxer, *Fidalgos in the Far East (1550 - 1770)*, *Fact and Fancy in the History of Macau*, The Hague: Martinus Nijhoff, 1948, p. 150.

⑥ *Arquivos de Macau*, 1ª Série, Vol. Ⅱ, No. 3, Macau, 1930, pp. 141 - 146.

⑦ （清）吴历撰，章文钦笺注：《吴渔山集笺注》卷 2，《三巴集》之《澳中杂咏》，北京：中华书局，2007 年，第 180 页。

⑧ （清）陈兰芝辑：《岭海名胜记》，《澳门记》卷 7，《游澳门同人询土风以长歌述之》，广东省立中山图书馆藏清乾隆五十五年羊城六书斋刻本，第 60 ~ 61 页。

⑨ （清）姚元之：《竹叶亭杂记》卷 3，北京：中华书局，1982 年，第 92 页。

二、澳门住冬时期英国人带入澳门的西方歌舞与戏剧

由于早期土生葡人都是天主教徒，平时言行较保守，因而只有在重大的节日庆典时才会尽情地欢歌狂舞庆祝一番。随着大量欧美基督新教徒的到来，欧洲盛行的歌舞、舞会娱乐才开始风靡澳门。乾隆二十五年（1760）清政府颁布的澳门住冬政策，使澳门成为欧洲各国来华外商的居留地。[①] 不久，英国、法国、荷兰、丹麦、瑞典、西班牙、奥地利及美国纷纷在澳门设立办事处，其中当属英国东印度公司在澳门的办事处规模最大、人数最多，并且还设置了大型仓库。由于澳门是这些欧洲国家在华贸易季节之后唯一合法的临时居留地，澳门便成了这些欧美商人及其家眷的生活休闲之地。1770 年，英国东印度公司商馆委员会在华居留制度形成以后，越来越多的英商、家眷及旅行者怀着各自的梦想来到澳门，共同营造了澳门多姿多彩的基督新教文化生活圈，对澳门传统的天主教文化产生了巨大冲击；同时，以英国人为首的大量欧洲人的到来，亦促进了西方歌舞戏剧在澳门的繁荣。

据学者研究，直到 17 世纪末伦敦市内只有一两家较具规模的剧院，但等到 1732 年伦敦著名的皇家剧院（Covent Garden）开幕时，伦敦已有六家较正式的剧院。此后，去剧院欣赏戏剧逐渐成为伦敦贵族和士绅阶级晚上常见的活动之一。[②] 来澳门的英国人多中产阶级出身，故也热衷于戏剧观赏，甚至自己组织人员进行业余演出。据 1827 年 12 月 4 日《广州纪录报》的记载，化装舞会、业余戏剧表演是英国人在澳门的主要娱乐方式之一：

> 越来越多的英国侨民从广州商馆一个“季度”的圈禁生活中逃出来，在这讲究仪表和礼节的沉闷的地方，沉迷于纯英国式的“欢欣鼓舞的娱乐”——音乐会、化装跳舞会、赛马、业余戏剧。[③]

美国姑娘哈丽特·洛的日记中记载了她 1829 年至 1834 年在澳门的生活，在这份社会实录中，经常可以看到澳门的西方戏剧表演：

> 1829 年 10 月 23 日，英国东印度公司邀请澳门欧洲居民参加戏剧晚会并共进

---

① ［美］马士著，区宗华等译：《东印度公司对华贸易编年史：1635—1834 年》第 4、5 卷，广州：中山大学出版社，1991 年，第 503 ~ 504 页；（清）李侍尧：《防夷五事规条》，载故宫博物院编：《史料旬刊》第 9 期，北京：京华印书局，1930 年，第 307 ~ 310 页。

② Peter Earle, *The Making of the English Middle Class: Business, Society and Family Life in London*, 1660 – 1730, California: University of Califorina Press, 1989, p. 59.

③ *The Canton Register*, Vol. Ⅰ, No. 4, 1827/12/04；［英］格林堡，康成译：《鸦片战争前中英通商史》，北京：商务印书馆，1961 年，第 119 ~ 123 页。

晚餐。演出的剧目是莎士比亚的《威尼斯商人》等。[①]

1829 年 11 月 23 日，哈丽特·洛又受英国商人颠地的邀请，看了另一出由小科尔曼（George Colman the young）创作的戏剧，其中的布景是由画家钱纳利绘制的，钱纳利甚至下场扮作剧中的女演员演出。[②]

1832 年 10 月 18 日晚及 12 月 10 日晚，葡萄牙剧团演出了西班牙戏剧《灰姑娘》。据当时观众的记载，"音乐和画面很好，女主角不算漂亮。摆华（Francisco José de Paiva）先生为指挥"[③]。

1833 年在澳门的文化艺术圈中，出现了一桩盛事。有一支从那不勒斯来的意大利歌剧团，在南美巡演结束后，经太平洋西海岸准备到加尔各答市演出，他们在澳门的时候深深迷上了中国的戏剧，并在澳门停留了 6 个月之久。[④] 哈丽特·洛从 1833 年 3 月至 8 月，短短半年时间即观赏了 12 部意大利歌剧团表演的戏剧和话剧，包括罗西尼（Gioachino Rossini）创作的《爱德达和克莉丝》（*Eduardo e Cristina*）、《塞维亚的理发师》（*Barbeiro de Sevilha*）、《阿尔及尔的意大利人》（*L'italiana in Algeri*）、《灰姑娘》（*La Cenerentola*）及《父与女》等剧，演出吸引了满场的观众。她相当喜欢罗西尼的作品，甚至特地从图书馆借阅其传记。[⑤]

在英文报纸《广州纪录报》中亦可循迹澳门的西方戏剧表演：

1833 年 4 月 26 日，意大利歌剧团在澳门演出。演出剧目是皮埃尔（Paer）的歌剧《费兹本瑞》（*L. Agnese di Fitzbenry*）。[⑥] 据玛依·赖德（May Ride）记述："该剧团从 1833 年 4 月至 10 月在澳门待了 6 个月，在一个高 10 英尺、宽 16 英尺、长 20 英尺的舞台上，演出的主要是喜剧。剧团共有 5 名歌手，3 男 2 女，其中一位女歌手总是唱男声，没有合唱。剧团在停留时间表演了 11 个剧目。"[⑦]

1836 年 4 月，英国业余演员在澳门举办了一场英国戏剧晚会，剧名为《逃亡

---

① Nan P. Hodges and Arthur W. Hummel ed. ,*Lights and Shadows of a Macao Life*:*The Journal of Harriett Low*,*Travelling Spinster*,Woodinville,WA:History Bank,2002,p. 72.

② Nan P. Hodges and Arthur W. Hummel ed. , *Lights and Shadows of a Macao Life*:*The Journal of Harriett Low*,*Travelling Spinster*,Woodinville,WA:History Bank,2002,p. 87.

③ Nan P. Hodges and Arthur W. Hummel ed. ,*Lights and Shadows of a Macao Life*:*The Journal of Harriett Low*,*Travelling Spinster*,Woodinville,WA:History Bank,2002,pp. 450,474.

④ John Francis Davis,*The Chinese*:*A General Description of the Empire of China and its Inhabitants*,Vol. 2, New York:Harper,1836,p. 175.

⑤ Katharine Hillard ed. ,*My Mother's Journal*:*A Young Lady's Diary of Five Years Spent in Manila*,*Macao*, *and the Cope of Good Hope from 1829 – 1834*,Boston,1900,pp. 146,197,200,203 – 204,206,208,210, 212,219,222 – 223.

⑥ *The Canton Register*,Vol. 6,No. 6,1833/03/03.

⑦ Lindsay and May Ride,*An East India Company Cemetery*:*Protestant Burials in Macao*,Hong Kong:Hong Kong University Press,1998,p. 53.

者》(*The Deserter*)，演出很出色。①

1837年8月10日晚7时，英国业余戏剧爱好者在澳门表演了谢里单（Sheridan）的著名喜剧《情敌》(*The Rivals*)，参加演出者有12人，其中有东印度公司广州代表哈维·阿斯特尔先生，韦尔斯（Wills）船长，著名画家钱纳利及英商名流朱门德（J. R. Drumond）也参加了演出。演出地点在圣老楞佐教堂附近的一个舞台，新任总督席尔维拉·边度也观看了演出。②

图9-53 约1840年广州十三行商馆内的一次欧美商人的舞会③

19世纪中叶澳门非葡籍的欧洲人及美国人主要居住在澳门南湾一带，④ 他们之间的来往比较频繁，几乎作为一个整体存在，日常交往及娱乐、舞会都一起进行。如荷兰东印度公司职员举办舞会时邀请了所有在澳门的欧洲女性，葡萄牙贵族佩雷拉（António Pereira）也被邀请。1830年2月20日艾尔伯特夫人家举办舞会，共有十几人参加，包括英国人、美国人、法国人、荷兰人、西班牙人、苏格兰人和葡萄牙人。⑤ 哈丽特·洛的日记中还记载了各种舞会，其中，1829年11月18日的一场舞会，男人的数量是女人的20倍，而她是其中唯一一个未婚的女子；⑥ 1832年11月11日，哈丽特·洛记载了另一场舞会："我们在他们的小提琴伴奏中跳舞，凌晨1点半宴会结束时，

---

① *The Canton Register*, Vol. 9, No. 16, 1836/04/19.

② *The Canton Register*, Vol. 10, No. 35, 1837/08/29.

③ ［美］多米尼克·士风·李著，李士风译：《晚清华洋录：美国传教士、满大人和李家的故事》，上海：上海人民出版社，2004年，第16~17页间第7幅插图。

④ Nan P. Hodges and Arthur W. Hummel ed., *Lights and Shadows of a Macao Life: The Journal of Harriett Low, Travelling Spinster*, Woodinville, WA: History Bank, 2002, p. 89.

⑤ Nan P. Hodges and Arthur W. Hummel ed., *Lights and Shadows of a Macao Life: The Journal of Harriett Low, Travelling Spinster*, Woodinville, WA: History Bank, 2002, p. 104.

⑥ Nan P. Hodges and Arthur W. Hummel ed., *Lights and Shadows of a Macao Life: The Journal of Harriett Low, Travelling Spinster*, Woodinville, WA: History Bank, 2002, p. 85.

已跳遍每首舞曲。本来还可以跳更多的舞，兴奋到忘了疲劳。”① 1836 年 10 月 31 日晚 9 时，英商罗伯特·英格利斯（Bobert Inglis）在澳门举办了一场盛大的舞会，这场舞会在广州和澳门的外商社团中造成了很大的影响，大多数澳门居民都参加了舞会，气氛热烈，一直持续到半夜，中间进行夜宵，桌上摆满了丰富的食物和美酒。餐后观看焰火，为了让女士们更好地欣赏，焰火在离房间不远的花园由中国人燃放。之后舞会继续进行，约凌晨 5 点才结束。这次舞会服饰争奇斗艳，房间装饰风格迥异，焰火绚丽灿烂，每一样都让人难忘。这不仅对于那些参与者，而且对于没参加舞会的人们，都是一次深刻的记忆。② 1837 年，据美国传教士伯驾的记载，他们的圣会有 80 名成员，逢星期五晚上举行宗教聚会，每月在澳门还有一次音乐会。③ 英国人在澳门最后的歌舞戏剧活动见于 1865 年。在澳门定居的英国人卡罗尔（R. Carroll）在当地居民中很有声望，该年 2 月 4 日，他在伯多禄五世剧院举办了一场规模空前的盛大舞会，并备有丰富精致的晚餐，大约 50 名淑女、200 名骑士到场献舞。④

三、19 世纪中后期澳门葡人及土生葡人的歌舞戏剧活动

鸦片战争后，英国人撤离澳门并没有降低澳门人对西方歌舞戏剧的热情。1851 年 4 月 29 日，澳门人以极大的热情庆祝由唐·佩得罗（D. Pedro）公爵签署的葡萄牙君主立宪法颁布一周年。除却总督府前举行的有号兵和军鼓手助阵的仪式外，还有大炮台鸣放礼炮，各炮台、军舰悬挂彩旗彩灯等。庆祝活动中，还有成群结队的艺人在城市的主要街道和一些大户宅院前的空地上表演舞蹈。⑤ 1866 年 10 月 15 日，澳门居民为阿穆恩总督在伯多禄五世剧院举行专场舞会。香港总督麦当奴（Richard Graves Macdonell）伉俪等来助兴，以感谢阿穆恩总督给予香港的支持。⑥

澳门最早的剧场都是临时找块地方搭个台子而成，但至少到 1851 年前澳门已有了正式的剧院。施白蒂的《澳门编年史：19 世纪》称，“1851 年 10 月 8 日，在原‘音乐剧院’上演抒情剧”⑦；“1853 年 10 月 8 日，喜剧《守财奴》和《窘迫的人》在澳门旧音乐堂上演。这是由炮兵营的下级军官们发起为圣拉匝禄医院募捐而搞的义演”⑧。除了施白

① Nan P. Hodges and Arthur W. Hummel ed., *Lights and Shadows of a Macao Life: The Journal of Harriett Low, Travelling Spinster*, Woodinville, WA: History Bank, 2002, p. 313.

② *The Canton Register*, Vol. 9, No. 46. 1836/11/15.

③ ［美］雅克·当斯著，周湘、江滢河译：《黄金圈住地：广州的美国商人群体与美国对华政策的形成，1784—1844》，广州：广东人民出版社，2015 年，第 59 页。

④ ［葡］施白蒂著，姚京明译：《澳门编年史：19 世纪》，澳门：澳门基金会，1998 年，第 158 页。

⑤ ［葡］施白蒂著，姚京明译：《澳门编年史：19 世纪》，澳门：澳门基金会，1998 年，第 108 页。

⑥ ［葡］施白蒂著，姚京明译：《澳门编年史：19 世纪》，澳门：澳门基金会，1998 年，第 163 ~ 164 页。

⑦ ［葡］施白蒂著，姚京明译：《澳门编年史：19 世纪》，澳门：澳门基金会，1998 年，第 110 页。

⑧ ［葡］施白蒂著，姚京明译：《澳门编年史：19 世纪》，澳门：澳门基金会，1998 年，第 118 页。

蒂记载的音乐剧院、旧音乐堂外，50 年代前的澳门剧院还应该有“葡英剧院”。[①]

虽然已经存在这些早期剧院，但是仍然不能满足澳门戏剧爱好者的要求，1857 年 3 月 7 日，澳门市民中一些戏剧爱好者召开了会议，推举费雷拉·门德斯（João Ferreira Mendes）上校、格尔马诺·马葵士（Pedro Germano Marques）、索萨·阿尔文（Francisco Justiniano de Sousa Alvim）、科埃略·山度士、贝尔南多·古拉尔特、若瑟·冯塞卡等人组成一个委员会，组织一次公众募捐，以集资兴建一所剧院。[②] 翌年 3 月，伯多禄五世剧院（Teatro Dom Pedro V）在岗顶建成。剧院建成后，即成为澳门上演话剧、音乐会、歌剧的首选场地。不久在那里举办了舞会、音乐会，并演奏了法国歌剧和意大利歌。[③]

1864 年 2 月 8 日，澳门葡萄牙人在伯多禄五世剧院大厅募捐，举行一次“面具舞会”，这是澳门举行面具舞会的第一次记录。[④]

19 世纪下半叶，越来越多的欧洲知名剧团抵澳演出。1863 年 12 月 14 日，意大利著名钢琴家罗德·西普（Rod Sipp）和男低音歌唱家格罗西（Grossi）在塞卡尔男爵府（圣珊泽宫）举行音乐会，据当时的记载报导，这次演出钢琴家的水平超过了李斯特。[⑤]

1865 年 5 月 21 日，法国歌剧院女高音、男高音、男中音和男低音在澳门举行首场演出。在澳门期间，艺术家们表演了葛塔洛·多尼泽蒂（Gaetano Donizetti）的《军中女郎》《拉美摩尔的露契亚》；朱塞佩·威尔第（Giuseppe Verdi）的《行吟诗人》《茶花女》。7 月 2 日又演出了罗西尼（Rossini）的作品《塞维亚的理发师》。[⑥]

1866 年 6 月 3 日，法国莫扎特（Maugard）歌剧团再次抵澳门演出，带来的节目有贝里尼（Bellini）的《诺尔玛》；罗西尼的《塞维亚的理发师》和威尔第的《行吟诗人》。[⑦]

1867 年 4 月 1 日，意大利歌剧团首次在澳门演出，一直到 7 月中旬，由彭佩（Pompei）先生率领的意大利歌剧团首次在澳门上演了罗西尼的《塞维亚的理发师》。此次来澳门的演员有头牌女角贝钦（Benchi）和马利埃塔·维拉利（Marietta Verali），男高音皮兹奥里（Pizzioli），男中音雷玛（Reima）和男低音歌伦布（Columbo）等。剧团在澳门一直逗留到 7 月中旬，此间上演了多尼泽蒂的《卢西亚·德·拉麦穆尔》《宠姬》《哦，上

---

① Jorge Forjaz, *Famílias Macaenses*, Vol. I, Macau: Fundação Oriente, Instituto Cultural de Macau, Instituto Português do Oriente, 1996, p. 247; Manuel Teixeira, *Galeria de Macaenses Ilustrês do Séc. XIX*, Macau: Imprensa Nacional, 1942, pp. 640 – 644.

② ［葡］施白蒂著，姚京明译：《澳门编年史：19 世纪》，澳门：澳门基金会，1998 年，第 130 页；Manuel Teixeira, *Toponímia de Macau*, Vol. I, Macau: Instituto Cultural de Malau, 1997, pp. 321 – 322；金丰居士：《72 岁土生葡裔一举成名，小人物与葡皇并列》，载《新报》，2006 年 1 月 5 日。

③ ［葡］施白蒂著，姚京明译：《澳门编年史：19 世纪》，澳门：澳门基金会，1998 年，第 130 页；Manuel Teixeira, *Toponímia de Macau*, Vol. I, Macau: Instituto Cultural de Malau, 1997, pp. 321 – 322.

④ ［葡］施白蒂著，姚京明译：《澳门编年史：19 世纪》，澳门：澳门基金会，1998 年，第 155 页。

⑤ ［葡］施白蒂著，姚京明译：《澳门编年史：19 世纪》，澳门：澳门基金会，1998 年，第 153 ~ 154 页。

⑥ ［葡］施白蒂著，姚京明译：《澳门编年史：19 世纪》，澳门：澳门基金会，1998 年，第 159 页。

⑦ ［葡］施白蒂著，姚京明译：《澳门编年史：19 世纪》，澳门：澳门基金会，1998 年，第 162 页。

帝!》，威尔第的《行吟诗人》《茶花女》《西西尼晚祷》和贝里尼的《睡美人》。[1]

葛塔洛·多尼泽蒂是意大利19世纪著名的作曲家、浪漫主义歌剧代表人物。上述在澳门演出的剧目，都是他的主要代表作。其中特别重要的是《拉美摩尔的露契亚》，是根据沃尔特·司各特爵士的小说《拉美摩尔的新娘》的意大利译本改编的，为三幕歌剧，是多尼泽蒂最有名的作品。1835年9月26日，在那不勒斯的圣·卡洛剧院举行首演，得到极好的评价。后来，译成法语于1839年8月6日在巴黎文艺复兴剧院举行了首演，被称为“最难的歌剧”。该剧以其《六重唱》和《疯狂场景》而著称，在舞台上演出的次数也最多。

朱塞佩·威尔第也是意大利19世纪著名的作曲家，拥有“意大利革命的音乐大师”的称号。在澳门演出他的剧目包括《行吟诗人》和《茶花女》两部名作。《行吟诗人》是他创作成熟时期的三大杰作之一，1853年1月首演于罗马阿波罗剧院。在曲折复杂的剧情中，人物情感和矛盾冲突，充满了戏剧性的音乐，使该剧成为全世界最受欢迎、上演率最高的歌剧之一。《茶花女》则是威尔第在观赏这部以法国文学家小仲马的著名小说为本的戏剧《茶花女》后备受感动，立即邀请剧作家修改剧本，以短短6周时间谱曲完成，改编为歌剧。1853年在意大利凤凰歌剧院首演时，因男女主角表现不佳，惨遭失败。2年后，歌剧《茶花女》换了主角再次上演，立即造成轰动，现在已经是全世界最常被演出的歌剧。

文森佐·贝里尼也是19世纪意大利著名的歌剧家，贝利尼的作品有两大特点：其一是美妙的旋律；其二是高难度的美声唱段。这两者的完美融合便是他歌剧的魅力所在。他歌剧中的许多咏叹调，至今仍被奉为“美声唱法”的经典教材。他的两部代表作《诺尔玛》和《睡美人》都在澳门进行演出。

图9-54 葛塔洛·多尼泽蒂像

图9-55 朱塞佩·威尔第像

图9-56 文森佐·贝里尼像

① ［葡］施白蒂著，姚京明译：《澳门编年史：19世纪》，澳门：澳门基金会，1998年，第167页。

这些意大利著名作曲家完成的著名歌剧作品在澳门的演出，引起了澳门社会的重大反响，在当时的报纸中都有关于这些音乐家和音乐作品的介绍。毫无疑问，这些欧洲一流的西洋歌剧作品在澳门的演出对澳门西洋歌剧的发展起着十分重要的推动作用。

澳门本土乐队也具有很高的歌剧改编和表演水平：1871 年成立的步兵营乐队最擅长的就是改编歌剧，其中最出名的是改编《拉美摩尔的露契亚》和《军中女郎》。[①] 潘日明称，19 世纪 70 年代末，澳门葡萄牙人主要欣赏的就是警察乐队在嘉思栏公园举办的音乐会，他还提到了当时定居澳门的音乐大师安迪诺利（Luigi Antinori），称安迪诺利经常担任指挥，在钢琴伴奏下引吭高歌。[②] 1872 年 10 月 31 日，澳门总督欧美德为庆祝刘易斯一世国王诞辰，举办盛大的全澳庆祝晚会。新近扩建的政府大厦灯火辉煌，70 对舞伴参加的四人舞由欧美德总督与港督坚尼地（Arthur Edward Kennedy）的夫人、港督坚尼地与卡洛斯·亚松桑（Carlos Correia Pais de Ascens）公爵的夫人配对开舞。参加派对的有身穿燕尾服或华美军服的 220 位男士及服装高雅、佩戴贵重珠宝饰品的 79 位贵夫人。这是 19 世纪澳门一场盛况空前的舞会。[③] 潘日明还详细地记录了 1873 年 10 月 17 日澳门富商卡瓦略家的一场舞会：

> 1873 年 10 月 17 日，澳门富商奥敏·卡瓦略（José Omin de Carvalho）为其夫人祝寿主办宴会。澳督欧美德及其副官、秘书长均出席。宴会结束后，举办歌舞晚会。首先是梅斯尼埃（Gasdon Mesnie）和指挥安迪诺利演奏罗西尼歌剧《吉列姆·特尔》序曲；接着西班牙驻香港副领事若瑟·纳法诺（José Nafauno）邀请东道主女儿贝拉米娜（Benamina de Carvalho）两人表演威尔第歌剧《梅斯纳第艾利》的一段二重唱。接着宾客跳起四段舞、华尔兹舞和兰赛罗舞。稍事休息后，贝拉米娜与其妹埃尔米尼亚·纳瓦罗（Elminia José Navano）、梅斯尼埃和指挥安迪诺利又演唱威尔第歌剧《埃尔纳尼》中的五重唱。埃尔米尼亚毕业于音乐学院。她们配合之默契及演唱技巧之高，令人赞叹。后又由埃尔米尼亚演唱短曲《塞维亚的理发师》，博得了全场喝彩。[④]

19 世纪中后期，澳门葡萄牙人中也产生了一批戏剧爱好者，如摆华（Francisco José de Paiva），就是一个拥有“超凡音乐才能”的富商，在他的组织下，还出现葡萄牙剧团。他经常指挥音乐并参加戏剧演出，还利用音乐戏剧演出与英国人打交道。[⑤] 据

---

① ［葡］施利华著，良友译：《澳门军人及文化》，载《文化杂志》（中文版）第 5 期，1988 年，第 69 页。

② ［葡］潘日明著，苏勤译：《殊途同归：澳门的文化交融》，澳门：澳门文化司署，1992 年，第 165 页。

③ ［葡］潘日明著，苏勤译：《殊途同归：澳门的文化交融》，澳门：澳门文化司署，1992 年，第 165～167 页。

④ ［葡］潘日明著，苏勤译：《殊途同归：澳门的文化交融》，澳门：澳门文化司署，1992 年，第 165 页。

⑤ Katharine Hillard ed., *My Mother's Journal: A Young Lady's Diary of Five Years Spent in Manila, Macao, and the Cope of Good Hope from 1829 – 1834*, Boston, 1900, p. 146.

文德泉神父《19世纪澳门土生葡人精英》一书记载，于1901年去世的阿内罗子爵费雷拉·维加（José Augusto Ferreira da Veiga）曾是法国戏剧作家学会成员："维加是澳门土生维加家族第二代，1838年11月22日生于澳门，曾获科英布拉大学学士学位，在文学、科学和艺术上造诣颇高，为澳门大产业主、圣地亚哥骑士团官员、使馆专员、法国戏剧作家学会成员等。"①

值得注意的是，澳门的土生葡人还有一种土生葡语戏剧，这一剧种演出与创作的历史源远流长，根据罗马天主教习俗，每年进入斋戒月前有几天时间让教徒"放假"，尽情玩乐，这演变成今天的狂欢节或嘉年华。用自己的语言——土生葡语上演戏剧是澳门土生葡人狂欢节庆祝的形式之一。前面提到的1637年11月12日在澳门的一场"唱腔如同印度人"② 的演戏就应该是土生葡语戏剧。土生葡语话剧通常都是喜剧，利用土语的诙谐、生动，讽刺时弊，在剧中竭尽插科打诨之能事。这种情况后来成为土生葡人的一种传统。如《台风之乡——澳门土生族群动态》一书在谈到土生族群的多语化现象时，引用了一位20世纪20年代出生的土生葡人的回忆：

> 一名在第二次世界大战前夕毕业于利宵中学的女线人的一段话，她带着怀念的口吻回忆以前怎样每逢嘉年华节，一群像她一样的青年人就会聚合用土话上演话剧，虽然事实上他们已不懂得说土话。③

可惜的是，17—19世纪的澳门土生葡语戏剧有记录者寥寥，只能根据现有的资料对20世纪初土生葡语戏剧的记载，窥探19世纪土生葡语戏剧之一角。根据葡文《复兴杂志》的记录，当时土生葡人戏剧已出版或上演的有《（18）74年台风之后》（*Gavatu-fang 74*），作者为安东尼奥·托尔贯托·德·森那（António Torguato de Senna E Outros）等，演出日期：1925年2月23日；《寡妇》（*Viuvos*），作者为安东尼奥·托尔贯托·德·森那等，演出日期：1928年2月14日；《婆婆与媳妇》（*Sograe Nora*），作者杰奴阿里奥·德·阿尔梅达（Januario de Almedia），演出日期：约20世纪30年代。④

土生葡人的土语戏剧通常是表演通俗的、讽刺的喜剧，除了因为其来自嘉年华的狂欢外，还和土语本身口语化的生动、喜剧化的语言特质有关："土生的幽默感是很丰富的，我们结合了葡国人和中国人的幽默感，擦出火花。但有时我们把人物的对话翻译成葡文，葡国人未必觉得好笑，因为我们掺入了中国人的幽默，一句很生活化的广东话都笑死你。"⑤

---

① Manuel Teixeira, *Galeria de Macaenses Ilustres do Séc. XIX*, Macau: Imprensa Naciona, pp. 367 – 377.

② Peter Mundy, *The Travels of Peter Mundy in Europe and Asia: 1608 – 1667*, Vol. 3, Cambridge: Printed for the Hakluyt Society, 1919, p. 987.

③ ［葡］贾渊·陆凌梭著，陈洁莹译：《台风之乡：澳门土生族群动态》，澳门：澳门文化司署，1995年，第135页。

④ 田本相、郑炜明：《澳门戏剧史稿》，南京：江苏教育出版社，1999年，第131页。

⑤ 郑淑贤：《土生土语话剧团以艺术延续土语生命》，载《澳门》第40期，2004年，第17页。

澳门土生葡语戏剧是开放在澳门土壤上带有异域风情的戏剧奇葩，也是土生葡人的一种文化认同。早在20世纪30年代，能懂土生葡语的人已经开始减少，到20世纪末能懂的就更少，但这并不能阻止澳门土生话剧创作与演出的继续。因为土生葡语戏剧通过土生葡语同传统葡语间的差异，凸显彼此间的文化差异，以及正是由于这种差异构成了身份认同。从消极层面看，差异往往建立在那些被界定为“他者”（the Other）或者外人（the Outsider）的排斥性和边缘性的意义上；但从积极层面看，亦是多元性的来源，在这种情况下，变化和差异便是一种富裕。①

第四节 澳门的西洋体育

西方人从古希腊时代起就十分崇尚体育，而西方体育经过古希腊、古罗马时代的发展后，更增加了西方人的尚武精神。进入中世纪，教会成为欧洲社会的精神领袖，虽然古希腊、罗马时期的体育文明被否定，但又萌发出一种新的体育形态，即偏向于骑士精神的“骑士体育”。文艺复兴后的近代社会大力提倡体育，以英国为代表的绅士体育获得长足发展，而19世纪以后近代体育在欧美各国普遍发展起来，德国、英国、美国都是实施近代体育较早的国家。16世纪中叶，葡萄牙人进入澳门，带来了中世纪后期“骑士体育”的余风；18世纪后期英国人定居澳门后，则又将绅士体育传入澳门，并对澳门的近代体育产生影响；而到19世纪后期，西方近代体育则得以在澳门学校教育中普遍传播。

一、葡萄牙人东来及骑士体育在澳门的传播

作为欧洲民族中较小的一支，葡萄牙是一个极富特色的民族。幽默、浪漫、灵活、冒险是葡萄牙人的民族性格。欧洲中世纪的骑士制度形成后，葡萄牙社会亦受骑士制度的影响，人数最多的下层贵族成为骑士，组成葡萄牙社会的军事团体。骑士有着一套严格的培养制度，从7岁开始就要学习“七艺”，即骑马、游泳、射箭、投掷、狩猎、下棋和吟诗；到15岁时，就要开始佩长剑，成为骑士随员，并进一步学骑马、击剑，练习武装和轻装跑步，跨越壕沟，翻越障碍及徒手攀登城墙等。此外，他们还经常参加游泳、武装泅渡和打猎活动。为了全面提高身体素质，还开展“热·德·波姆”

① Kathryn Woodward, *Differences and Identity*, London: Sage Publications, 1997, p. 35.

（欧洲古代网球）、“苏里”球戏（欧洲古代足球）。被授予骑士称号后的骑士则要经常参加各种游戏和竞技比赛活动。这些活动既可达到娱乐消遣的目的，也可起到军事训练的效果。如前述骑马、击剑、射箭、打猎、投掷、游泳以及各种球戏都是当时十分流行的项目，而最受重视的则是骑士比武。骑士比武有单人马上比武、攻垒战、隘口战及徒步决斗等多种形式。决斗比赛有时也被骑士用来解决个人争端。[1] 13 世纪时，骑士比武已风行全欧。到 14 世纪后，由于城市的发展，骑士制度开始衰落，但对于远征东方的葡萄牙下层贵族来说，这种“骑士精神”却一直在他们身上保存。[2] 随着葡萄牙人的入居澳门，这种具有“骑士精神”的体育运动也随之传入。

（一）击剑

澳门早期的体育活动，我们即能从这些远征东方定居澳门的葡萄牙贵族身上找到不少的痕迹。最值得注意的是当时文献中对葡萄牙人身上佩剑的描写。平托的《远游记》记录到日本丰后的葡萄牙人称：“他们身着丝绸，胸佩长箭，不像以前那些做生意的人，而像那些珍惜荣誉，时刻准备用宝剑来争光的人。”[3] “时刻准备用宝剑来争光的人”，正是东来葡萄牙贵族“骑士精神”的表现。澳门开埠不久，当时游澳门的叶权即有如下记载：“（佛郎机人）随四五黑奴，持大剑捧长剑。剑之铁软而可屈，纵则复伸。”屈大均记载的葡萄牙人则是：“人以黑毡为帽，……腰带长刀，刀尾拖地数寸，划石作声。”[4] 王士祯的记录稍有不同，称葡萄牙人：“腰佩长刀，刀着地尺许。”[5] 吴历所见葡人佩剑则是：“腰间横长短二剑。”[6] 印光任、张汝霖的《澳门记略》亦称葡萄牙人：“人咸佩刀，刀尾曳地”。[7] 清初张穆的《番刀》诗更用专门诗篇来吟咏在澳葡人之刀：

---

① 颜绍泸、周西宽：《体育运动史》，北京：人民体育出版社，1990 年，第 174 ~ 179 页。

② 1319 年葡萄牙成立“基督骑士会”，该会是葡萄牙势力最大且长期影响葡萄牙民族的基督教军事团体。即使在骑士制度衰落后，那些来东方（包括澳门）的葡萄牙贵族很多还保存“骑士”的身份，葡国王对建功立业的葡国人士或葡属殖民地人士常常授以“皇室贵族骑士”或“基督骑士”称号。“骑士”是古代葡萄牙民族引以为荣的称号。［印度］桑贾伊·苏布拉马尼亚姆著，何吉贤译：《葡萄牙帝国在亚洲（1500—1700）：政治和经济史》，澳门：纪念葡萄牙发现事业澳门地区委员会，1997 年，第 45 页。

③ ［葡］费尔南·门德斯·平托著，金国平译：《远游记》下册，澳门：澳门基金会，1999 年，第 399 页。

④ （清）屈大均：《广东新语》卷 2，《地语·澳门》，北京：中华书局，1985 年，第 37 页。

⑤ （清）王士祯：《池北偶谈》卷 21，《谈异》2，《香山嶴》，北京：中华书局，1982 年，第517 页。

⑥ （清）吴历：《墨井画跋》（不分卷），丛书集成续编子部第 85 册，上海：上海书店出版社，1994 年，第 711 页。

⑦ （清）印光任、张汝霖原著，赵春晨校注：《澳门记略校注》，《澳蕃篇》，澳门：澳门文化司署，1992 年，第145 页。

西洋多宝铁，玉室紫金镂。影动悬秋水，神寒哭髑髅。无情随马甲，高价重貂裘。可惜雄心日，相逢已白头。[1]

图 9－57 南蛮屏风图中的葡人佩剑图

《皇清职贡图》中保留的葡萄牙人画像，其腰间也是斜挂一长佩剑。[2] 中国文献中有如此之多的关于葡人佩剑和长刀的记录，可以反映当时的葡萄牙人已将他们的击剑术带进了澳门。庞尚鹏的记录称“剑芒耀日”，[3] 张穆的《番刀》诗则称：“影动悬秋水，神寒哭髑髅。”[4] 这些均应是对葡萄牙人击剑活动的生动描写。击剑是骑士们最基本的军事训练项目，因此，来澳门的葡萄牙人“人咸佩刀”。这可以反映击剑应是当时来澳门的葡萄牙人最常进行的军事体育活动。还有一些材料可以使我们更清楚地看到澳门葡人击剑活动的原貌。清初梁佩兰诗记录澳门葡人时称：“脱帽以为礼，带剑不相授。”[5] 道光时潘有度的《西洋杂咏》诗中有“一枪一剑渡重关，万里浮航久不还”之句，其自注称：“夷人出外，恒以一枪一剑自卫。”[6] 康熙十九年（1680）陆希言完成的《墺门记》有更细致的记录：“有武士焉，擐衣露肘，带刀佩剑，从炮台而上下，较

① （清）张穆：《铁桥集》（不分卷），复旦大学图书馆藏清康熙间刻本，第 9 页。

② （清）傅恒等编纂：《皇清职贡图》卷 1，《大西洋夷人》，沈阳：辽沈书社，1991 年，第 78 页。

③ （明）庞尚鹏：《百可亭摘稿》卷 1，《陈末议以保海隅万世治安疏》，四库全书存目丛书集部第 129 册影印明万历二十七年庞英山刻本，济南：齐鲁书社，1997 年，第 131 页。

④ （清）张穆：《铁桥集》（不分卷），复旦大学图书馆藏清康熙间刻本，第 9 页。

⑤ （清）梁佩兰：《六莹堂集》2 集卷 2，《观海篇赠龚蘅圃榷使》，广州：中山大学出版社，1992 年，第134 页。

⑥ （清）潘义增、潘飞声：《番禺潘氏诗略》第 2 册，《义松堂遗稿》之潘有度《西洋杂咏》，光绪二十年刊本，第 3 页。

勇力，比超距，思擒游龙而搏猛虎者。”[①] 这里记录的不仅是澳门击剑活动，“较勇力，比超距”还可以看出葡萄牙人已将欧洲骑士竞技比武运动带进了澳门。

（二）打猎与射击

打猎乃欧洲骑士体育的重要内容。打猎既能达成骑士们军事训练的效果，又可达到娱乐消遣的目的。极具“骑士精神”的葡萄牙贵族来到东方后，打猎就成了他们户外活动中最常见的一项运动内容。平托的《远游记》记录了葡萄牙人在缅甸安吉古马河一带打猎的情况：

> 我们9个葡萄牙人及其他随从无所事事，……一些人整日打猎。当地猎物丰富，主要是鹿和野猪。另外一些人在山上猎取虎、犀牛、豺、斑马、狮子、水牛、野牛及许多从未见过，在欧洲根本叫不上名来的野兽。另外一些人在田野中猎取野鸭，另外一些人用猎鹰捕飞禽。还有一些人在河中捕鳟鱼、棘耆鱼、博尔达洛鱼、鲻鱼、鲽鱼、鲻鱼及其他鱼。[②]

《远游记》中还记录了葡萄牙人在马来亚海岸的多美尔岛打猎的情况：

> 船长的一个儿子请一同去打鹿，我欣然接受，那岛上鹿儿成群结队。……在一空场上，我们发现一大群野猪正在小洼中乱拱。…… 我们一齐朝猪群射去三枪，顿时打倒两头。[③]

在日本种子岛的葡萄牙人则是：

> 我们三个葡萄牙人因无生意可做，每日只是以垂钓、打猎消磨时光。[④]

可以看出，打猎乃东来葡萄牙人户外活动最主要的方式。古代人的狩猎主要是刀矛弓箭，但火器发明后，火枪即成为最主要的打猎工具，因此，打猎又是当时火枪射击术最普遍的表现形式。最早将火枪传入东方的是葡萄牙人，他们不仅将欧洲火器传入东南亚、日本、中国，同时也将火枪射击术带到了这些地方。《远游记》中记录了葡萄牙人将火器及射击术传入日本的详细经过：

> 我们三人当中一个名叫迪奥哥·扎依莫托（Diogo Zaimot）的人随身有一支枪。在这无所事事中，有时他就放枪取乐。他是一名优秀的射手。一天，他到一个水禽繁多的水塘去打猎，用带去的弹药打到了二十六只野鸭。日本人见到这种

---

① ［比］钟鸣旦等编：《法国国家图书馆藏明清天主教文献》第11册；（清）陆希言：《墺门记》，台北：台北利氏学社，2009年，第428页。

② ［葡］费尔南·门德斯·平托著，金国平译：《远游记》下册，澳门：澳门基金会，1999年，第478页。

③ ［葡］费尔南·门德斯·平托著，金国平译：《远游记》下册，澳门：澳门基金会，1999年，第431页。

④ ［葡］费尔南·门德斯·平托著，金国平译：《远游记》下册，澳门：澳门基金会，1999年，第396页。

> 从未见过的火器，立即禀报了领主。……迪奥哥·扎依莫托见到众人如此大惊小怪，领主如此兴奋，于是在他们面前放了三枪，共打下一只鹰，两只斑鸠。……然后就把枪送给了他（领主）。领主如获至宝……，让人给了他一千两白银的赏钱，并请他教他如何制造火药。……从那以后，领主整天玩弄那枪，……于是，下令照样仿造，并马上就造了出来。于是，这股玩枪势愈来愈高。五个半月后，已有六百多支枪了。……1556 年，据说在日本王国的首都，府中城已有三千多支枪，整个日本岛有三十万支枪，……全日本岛到处皆是火器，无论是村庄还是再小的地方，都有百支以上。在有名的城镇中，成千上万支。①

《远游记》又载：

> 国王的二子名叫八里领主，年纪在十六七岁之间，最为国王宠爱，他数次要求我教他打枪。②

火枪及射击术传入日本后，即迅速在日本传播。现保存在大阪南蛮艺术博物馆中有 1595 年出版的 Inatomi 射击学校的射击训练教材《三十二种瞄准姿势》，教材中有大量的插图，均是对射击运动的详细说明。③

同样，葡萄牙人来华时，火枪及射击术亦当进入中国。葡萄牙人在浙江双屿港居住时，火枪及射击术随之传入。胡宗宪的《筹海图编》载：

> 鸟枪之制，自西番（葡萄牙人）流入中国，其来远矣，然造者多未尽其妙。嘉靖二十七年，都御史朱纨遣都指挥镗破双屿，获番酋善铳者，命义士马宪制器、李槐制药，因得其传，而造作比西番尤为精绝云。④

谢杰的《虔台倭纂》亦有类似记载：

> 鸟嘴铳亦传自西番。卢镗破双屿，获善镜者，授其旨，命马宪制器，李祝制药，始为精绝。⑤

可以看出，当时的火枪已经由浙江双屿港传入中国。《远游记》还记录了葡萄牙人在双屿的渔猎：

> 在那里（双屿）逗留的五个月期间，安东尼奥·德·法里亚住得很舒服。常

---

① ［葡］费尔南·门德斯·平托著，金国平译：《远游记》下册，澳门：澳门基金会，1999 年，第 396 ~ 397 页。

② ［葡］费尔南·门德斯·平托著，金国平译：《远游记》下册，澳门：澳门基金会，1999 年，第 403 页。

③ ［英］博克塞著，范维信译：《葡萄牙在日本的影响面面观：1542—1640》，载《文化杂志》（中文版）第 17 期，1993 年，第 62 页。

④ （明）胡宗宪：《筹海图编》卷 13，《兵器·佛郎机图说》，文津阁四库全书史部第 194 册，北京：商务印书馆，2005 年，第 297 页。

⑤ （明）谢杰：《虔台倭纂》下卷，《附图、鸟铳、鸟嘴铳》，北京图书馆古籍珍本丛刊第 10 册影印明万历二十三年刻本，北京：书目文献出版社，第 239 页。

常出去渔猎，以消磨时间，每次却是满载而归。该岛上各种动物遍地皆是。①

澳门开埠后，一批葡萄牙贵族定居澳门，欧洲火器亦大批进入澳门。火枪成为这些澳门居民最常用的自卫武器，博卡罗（António Bocarro）1635 年的《要塞图册》称：

葡人和这些人（指中国基督徒一通事）都有很精良的武器，如火枪、矛和其他类似武器，没有六或十二条火枪及同样数量的矛和标枪的葡人很少。②

可见，不仅居住在澳门的葡人拥有火枪，而且当时在澳门充当翻译的“华人通事群体”也熟练地掌握了火枪。道光十四年（1834）两广总督卢坤的奏折中也记录了澳门葡人使用火枪进行射击训练：

（澳门）番哨分守炮台，或鸣鼓换班，或开放鸟枪，并非终年训练。③

但是，由于当时葡萄牙人租居澳门半岛的区域极为狭小，如以 1632 年完成的澳门城来看，葡人仅占据澳门半岛南部不足两平方公里的土地。因此，在澳门城内，葡萄牙人没有多大的空间开展他们的射击运动（直到 1900 年，才在凼仔建有正式的射击场所）。④ 故打猎成为澳门葡人射击活动的重要部分。在澳门城内找不到更多关于打猎的资料，但光绪二十六年（1900）的《知新报》有一则报道：

目前禁止猎人到澳门游猎一节，此例业已捐除，惟须领有牌照，方得携枪出猎。计牌费 2 元，以六阅月为期。每次出猎，必须向衙署领取执照，猎后即行缴销。⑤

可见，早期澳门有不少人打猎，但为政府禁止。后政府则施行领牌缴费出猎的办法，可以反映澳门葡人对打猎活动的喜好。出城打雀，则是澳门葡人打猎的最主要方式。王文达的《澳门掌故》载：

雀仔园坊，原乃往昔澳城边地。水坑尾门之行旅经其前，城墙护其傍，琴山枕其后，树林茂密，雀鸟飞鸣，自成一园囿然。昔夷人爱好打雀，暇辄猎于斯或罗雀于斯。每有所获，便以为雀之巢穴，故称是处“雀仔园”。⑥

葡人除了在澳城近处雀仔园打雀外，还经常出海打雀消遣。乾隆五十二年（1787）澳门同知的一份文件记录：

---

① ［葡］费尔南·门德斯·平托著，金国平译：《远游记》上册，澳门：澳门基金会，1999 年，第 203 页。

② ［葡］安东尼奥·博卡罗著，范维信译：《要塞图册》，载澳门《文化杂志》编：《16 和 17 世纪伊比利亚文学视野里的中国景观》，郑州：大象出版社，2003 年，第 219 页。

③ （清）卢坤：《广东海防汇览》卷 32，《方略》21，《炮台》2，石家庄：河北人民出版社，2009 年，第 836 页。

④ ［葡］施白蒂著，金国平译：《澳门编年史：20 世纪（1900—1949）》，澳门：澳门基金会，1999 年，第 4 页。

⑤ 《知新报》，第 130 册，光绪二十六年十月十五日《濠镜例言》，澳门基金会，上海社会科学院出版社影印本，1996 年。

⑥ 王文达：《澳门掌故》10，《闾巷漫谈》86，《雀仔园坊》，澳门：澳门教育出版社，1999 年，第 181 页。

> 访有各国夷人，雇请蛋民充当水手，驾坐大三板船，私出海面游荡，并有用鸟枪弹雀等事，逗留在外，数日不回。[①]

这种海上打雀活动，不仅有澳门葡人参加，还有住澳门的其他外国人也参加。葡人出澳城打雀，在当时就为清王朝所禁止。乾隆十四年（1749）香山县令暴煜制定的《详筹善后事宜十四款》即对澳门葡人有严格规定：

> 禁夷人出澳。夷人向例不许出澳，奉行已久。今多有匪夷藉打雀为名，或惊扰乡民，或调戏妇女，每滋事端，殊属违例。该夷目严行禁止，如敢抗违，许该保甲拿送，将本犯照违制律治罪，夷目分别失察，故纵定议。[②]

但这种禁令只是在短时间内有效果，实际上澳门葡人出澳打猎的活动始终没有禁绝。甚至有居住澳门的欧美社群在澳门进行打猎活动。据1844年的美国档案称，澳门还提供各种广州所没有的充满男子气概的娱乐，比如打猎。[③] 到鸦片战争以后，澳门出关闸打雀的记录更是经常出现。1893年12月27日《镜海丛报》记录：

> 连日晴暖，又近西人元旦之期，澳中衙署多给假期以故闲旷思猎，藉舒气血。十九日一点钟，北山岭平田之内，丛山之下，聚有西人五六名，各持鸟枪，轰然齐震，盖打鸟也。前山所营卡，无过问者。[④]

图9－58　19世纪后期澳门的打猎者

---

① 刘芳辑：《葡萄牙东波塔档案馆藏清代澳门中文档案汇编》上册，《署澳门同知刘为严禁外国人私雇民人驾船出海事下理事官谕》，澳门：澳门基金会，1999年，第427页。

② （清）暴煜：《（乾隆）香山县志》卷8，《濠镜嶴》，中山文献丛刊第2册影印清乾隆十五年刊本，第991页。

③ ［美］雅克·当斯著，周湘、江滢河译：《黄金圈住地：广州的美国商人群体与美国对华政策的形成，1784—1844》，广州：广东人民出版社，2015年，第46页。

④ 《镜海丛报》，光绪十九年十一月十二日（1893年12月27日），《西人打鸟》，澳门基金会、上海社会科学院出版社联合出版，2000年，第22页。

1894年11月21日《镜海丛报》记录：

21日，宪报局主人飞佐治，约同各西人，乘坐小艇前往沙尾村口轰打水鸟。[①]

这种违禁打雀活动长期存在，一方面反映了葡人租居澳门时，常常有些不尊重中国政府对澳门主权的行为；另一方面也说明澳门葡萄牙人尽管居住在澳门这么一个小小的城市中，但始终保持着打猎这一练习射击的习惯。

（三）决斗

决斗是骑士用来解决个人争端的手段，中文文献中亦有来华夷人决斗的文字记录。澳门开埠不久，即出现了葡萄牙人之间的骑士决斗。1564年安德烈·平托的信称，一位大帆船的船长、葡萄牙贵族由于航行利益之争，就提出要与澳门本地并且是他亲戚的另一位船长决斗，但在弗朗西斯科·佩雷拉神父的劝和下，双方放弃了决斗。平托的信还称，他们1564年在澳门调解冤冤相报的事情，制止了的决斗有4~5起。[②] 早期的决斗都是用剑，而后期的决斗则用枪。潘有度的《西洋杂咏》载：

拌将性命赌输赢，两怒由来大祸成，对面一声枪并发，深仇消释大轻生。自注云：夷人仇深难解，约定日期，各邀亲故知见各持鸟枪对面立定，候知见人喝声，一齐放枪，死者不用抵偿，如不死，冤仇立解，永不再斗，以示勇而不怯之意。[③]

这种决斗亦是骑士利用枪击进行比武的一种形式。1709年，葡萄牙步兵上尉古尔露与另外一名军官唐·恩里克为争夺澳门孤女毛拉而进行决斗，古尔露因此而去了一根胳膊。[④] 19世纪澳门的美国社群中，来自费城的威廉·伍德也曾因双方的意见分歧，竟与脾气暴躁的爱尔兰人阿瑟·基廷发生争端，最后发展到双方都提出要决斗。[⑤]

澳门主教孟主教在1793年批评澳门社会的不良风气时说：

当某个外国人不愿接受一向以来向他提供服务的女人时，她的丈夫竟然欲拔剑与之决斗。[⑥]

---

① 《镜海丛报》，光绪二十年十月二十四日（1894年11月21日），《宜相礼待》，澳门基金会、上海社会科学院出版社联合出版，2000年，第76页。

② ［葡］罗理路著，陈用仪译：《澳门寻根》，附录文献6《安德烈·平托修士给印度耶稣会士们的信》（1564年11月30日），澳门：澳门海事博物馆，1997年，第91页。

③ （清）潘义增、潘飞声：《番禺潘氏诗略》第2册，《义松堂遗稿》之潘有度《西洋杂咏》，光绪二十年刊本，第3页。

④ C. R. Boxer, *Fidalgos in the Far East (1550 – 1770), Fact and Fancy in the History of Macau*, The Hague: Martinus Nijhoff, 1948, pp. 203 – 204.

⑤ ［美］雅克·当斯著，周湘、江滢河译：《黄金圈住地：广州的美国商人群体与美国对华政策的形成，1784—1844》，广州：广东人民出版社，2015年，第56页。

⑥ Manuel Teixeira, Os Macaenses, in *Revista de Cultura*, Edição do Instituto Cultural de Macau, No. 20, 1994, p. 81.

可以反映，这种决斗的风气在澳门社会乃是一种常见现象。

（四）斗牛

斗牛应是葡萄牙人最为喜爱的体育运动之一。葡萄牙人斗牛历史源远流长，唐·马努埃尔（D. Manuel）国王统治时期皇家斗牛场的斗牛表演曾是葡萄牙人最为轰动壮观的娱乐表演。虽然关于来华葡人早期的斗牛活动的文献记录甚少，不过平托的《远游记》中就记录了在双屿港葡萄牙人有斗牛的娱乐。① 1642 年的一份葡文文献记录澳门庆祝葡萄牙复国的盛况时称：

> 第二天是当月 25 日，礼拜三。本城政府的人从周围的一个村庄弄来了所能找得到的最好的牛。在议事亭附近的直街段落放牛奔跑，因为这是城内很宽、以用来举行庆祝活动的主要街道。行政官官署的人和总督出席观看。②

观看奔跑的牛，应该指的就是斗牛活动。博克塞对此事记录得更加详细：

> 斗牛是另一项具有吸引力的活动，虽然在第一场中由于公牛没有多大斗志而无甚乐趣，第二场却十分精彩，有一头牛对它的诱饵反应过于猛烈，以致不得不先将它弄残废。斗牛活动是以葡萄牙人的乡村风格展开，在引诱公牛时参与者是步行，而不像西班牙风格更为血腥地以骑马形式进行。③

在 1645 年 7 月澳门议事会理事官和司库罗伊斯的开支中有多项支出为购买公牛和水牛的记录，④ 这些公牛和水牛的购买很可能同葡萄牙人的斗牛活动有关。可见，在澳门早期历史上斗牛活动是举行过的，但随着澳门经济的衰落，这一活动后来很少举行。

（五）骑马

骑马亦是骑士体育的一项内容，葡萄牙人东来，虽然其主体活动是航海，但作为骑士精神的传承者，这些葡萄牙贵族绝不会放弃骑马这一运动。我们从日本人 16—17 世纪绘制的南蛮艺术屏风上可以看到，在日本的葡萄牙贵族身旁均有黑奴牵着一匹配有鞍辔的高头大马。⑤ 平托的《远游记》记载葡萄牙人在双屿港时，有一种娱乐是“围栅的广场”“场内有五匹野马”。⑥ 对野马的驯服，体现了骑士们的勇敢精神和精湛的骑术。

---

① ［葡］费尔南·门德斯·平托著，金国平译：《远游记》，澳门：澳门基金会，1999 年，第 203 页称：“有一种娱乐是围栅的广场，场内有十头牛。”

② 以上参阅［英］博克塞：《澳门议事局》，澳门：澳门市政厅，1997 年，第 171 页。

③ C. R. Boxer, *Fidalgos in the Far East (1550 – 1770), Fact and Fancy in the History of Macau*, The Hague: Martinus Nijhoff, 1948, p. 148.

④ *Arquivos de Macau*, 1ª Série, Vol. II, No. 3, Macau, 1930, p. 53.

⑤ ［英］博克塞著，范维信译：《葡萄牙在日本的影响面面观：1542—1640》，载《文化杂志》（中文版）第 17 期，1993 年，第 62 页。

⑥ ［葡］费尔南·门德斯·平托著，金国平译：《远游记》，澳门：澳门基金会，1999 年，第203 页。

图 9－59　南蛮艺术屏风上的骑马图

葡人定居澳门后，从欧洲运来马匹无疑是件困难的事。对于酷爱骑马的葡萄牙骑士而言，马匹的来源是个大问题。万历初年霍与暇的《处濠镜澳议》即提到葡萄牙人买马之事：

以尔（葡人）土著于此，召集无赖，买马造铳，恐我中国嗜利之徒，煽诱不轨，将为地方患。[①]

葡萄牙人购买马匹无疑是为了他们骑术训练的需要。在 16 世纪来往于果阿、澳门及长崎的贸易帆船上就有“纯种的阿拉伯马”。[②] 范礼安当时还从印度副王那里带了两匹阿拉伯马作为印度副王送给丰臣秀吉的礼物，仪仗队中大多也会描绘一匹白色和黑色的阿拉伯马。[③] 1637 年到澳门的英国旅行家彼得·芒迪记载：

在这个月的一个星期天，我们有些人登岸来到在板樟堂前地，在一片经人工开凿的平地前，有 15 至 16 名骑士正在马上进行刺枪比赛，他们先后进行 5 次比赛，这是我从来没见过。刺枪比赛后，就是赛马比赛，这在西班牙是常见的比赛。Alcanzias 在西班牙是指一个细小的半圆型空心用黏土烤制而成的圆球，好像仆人在圣诞等节庆用来筹募金钱所用的，可能是钱罂的一种。前者的名字是来自后者。每一个骑士都会挥舞着扣在他身上的带子或拿着手上的圆盾，以示自己勇敢及耀武扬威。场上的骑士分成两批，一半穿着成像北非摩尔人，另一半则打扮成基督十字军，但两边每一个骑士都有他们自己的黑奴或者奴仆，这些奴仆都是穿着大

① （明）霍与暇：《霍勉斋集》卷 19，《处濠镜澳议》，华南师范大学图书馆藏清光绪丙戌重刊本，第 83 页。

② C. R. Boxer, *Fidalgos in the Far East (1550－1770)*, *Fact and Fancy in the History of Macau*, The Hague: Martinus Nijhoff, 1948, p. 12.

③ C. R. Boxer, *Fidalgos in the Far East (1550－1770)*, *Fact and Fancy in the History of Macau*, The Hague: Martinus Nijhoff, 1948, p. 23.

马士革装束作为他们日常的服饰。他们协助他们的主人握着长矛，这些长矛上都带着吊饰，吊饰会刻着他们主人的战徽，但当骑士们进入半圆地准备参加比赛，他们的黑奴就会准备这些圆球。一场比赛过后，就会进行类似棒击比赛的活动，他们会用一些木棒代替圆球。这些棒击比赛类似英国的棒球战，首先是防守一方掷出球，然后对方需要尽快向前接球。然后第一名抛出球后，第二名则要追踪那球并抛回那球，另一个就要举起他的圆盾守护第二名球员的背部；第三名球员出来解救第一名球员，第二名球员就要抛回他的球；第四位球员则起来协助第二名球员，第五位球员就要攻击令他出局，他们总在战斗时互相抛掷圆球，所以他们不断依赖马匹互相追逐，直至他们筋疲力尽。他们所骑的马都是非常细小的品种，但跑动起来非常快捷及勇猛（有些类似我们英国的康沃尔郡出产的马，Cornwell），这种马是他们所有的品种。这些马匹品种有 2 至 3 匹体格会较同类为大，但多数都从马尼拉带过来。[①]

博克塞也提到，芒迪记述了一座盖有天棚的竞技场，用于马戏和其他骑马运动，如一种马球的运动。[②] 可以看出，这应是流行于当时葡、西民族中一种骑术表演和投球的游戏，葡人亦将其带到澳门。这种游戏亦可反映澳门葡萄牙人的骑马活动在澳门的展开。

图 9－60 南蛮屏风图中的葡萄牙人骑马游戏[③]

葡萄牙人的骑马活动，由于受到空间的限制，不可能获得很大的发展，但葡萄牙人喜爱骑马却在有限的资料里依然有所体现。1709 年，当步兵上尉古尔露在澳门骑马前往方济各女修道院时，在街上被诺罗尼亚的一名黑奴用铳射击。黑奴并未击中古尔

① Peter Mundy, *The Travels of Peter Mundy in Europe and Asia: 1608－1667*, Vol. 3, Cambridge: Printed for the Hakluyt Society, 1919, pp. 265－266.

② C. R. Boxer, *Fidalgos in the Far East (1550－1770), Fact and Fancy in the History of Macau*, The Hague: Martinus Nijhoff, 1948, pp. 128－129.

③ 日本神户市立博物馆藏，in Instituto Português do Oriente, *Namban Memórias de Portugal no Japão*, Instituto Português do Oriente, 2005, pp. 112－113.

露，而古尔露极其勇敢地试图策马将攻击者撞倒。① 1712 年古尔露的夫人生了一个男孩，为了庆祝，他自掏腰包组织了骑马运动和其他活动。② 道光中期，广州将军哈丰阿奏折载："该夷人遇天气晴明，三五人驰马海旁，谓之运气纳凉。"③ 在澳居住的外国人也喜欢以骑马作为娱乐活动，从广州来澳门的欧美侨民通常会骑马，有的人还被吸纳到大规模的葡萄牙人的赛马活动中去了。威廉·亨特希望拥有红色阿拉伯骏马的强烈愿望，也在其退了休的大班身上表现出来。约翰·拉蒂默（John Richardson Latimer）和约翰·福布斯（John Murray Forbes）亦以马术著称，爱德华·德拉诺（Edward Delano）和詹姆斯·恩迪科特（James Bridges Endicott）船长都非常热衷于骑马，都拥有两种马来拉他们的马车。④ 1831 年 11 月 1 日至 5 日，哈丽特·洛和几对英国夫妇在关闸附近的马场骑马，有时也在附近的街道上骑马。⑤ 美国商人奥古斯丁·赫德还在商馆里养了一匹小马，并且每天都在广场上骑马。⑥ 据 1843 年的档案称，"澳门有很多来自阿拉伯的好马，每天下午你会看到十几位英国人骑在他们这些受过良好训练的马上，每匹马耗资 500 ~ 1 000 美元"⑦。美国人威廉·亨特在 1843 年回国时，就专门从亚丁购回了几匹阿拉伯良种马到澳门，就是为了满足欧美社群骑马运动的需要。⑧ 鸦片战争后出任澳门总督的海军上校亚马留就是一位十分优秀的骑手，他十分喜爱骑马，每天下午必在澳城至关闸新开辟的道路上"骑马游玩"。⑨ 澳门龙田村农民沈志亮等发现亚马留这一习惯后，遂设伏于道旁将其刺杀。1849 年 11 月 10 日的《伦敦新闻画报》刊登了一幅当时沈志亮等人刺杀亚马留的铅笔画，画面上有四匹奔驰的马和三位骑马的外

---

① C. R. Boxer, *Fidalgos in the Far East (1550 – 1770), Fact and Fancy in the History of Macau*, The Hague: Martinus Nijhoff, 1948, p. 203.

② C. R. Boxer, *Fidalgos in the Far East (1550 – 1770), Fact and Fancy in the History of Macau*, The Hague: Martinus Nijhoff, 1948, p. 206.

③ 中国第一历史档案馆等编：《明清时期澳门问题档案文献汇编》第 2 册，《广州将军哈丰阿等奏报查明澳门炮台各情形》，北京：人民出版社，1999 年，第 267 页。

④ ［美］雅克·当斯著，周湘、江滢河译：《黄金圈住地：广州的美国商人群体与美国对华政策的形成，1784—1844》，广州：广东人民出版社，2015 年，第 372 页。

⑤ Nan P. Hodges and Arthur W. Hummel ed., *Lights and Shadows of a Macao Life: The Journal of Harriett Low, Travelling Spinster*, Woodinville, WA: History Bank, 2002, pp. 277 – 278.

⑥ Gideon Nye, *The Morning of my life in China*, Canton, 1873, p. 33.

⑦ ［美］雅克·当斯著，周湘、江滢河译：《黄金圈住地：广州的美国商人群体与美国对华政策的形成，1784—1844》，广州：广东人民出版社，2015 年，第 47 页。

⑧ ［美］雅克·当斯著，周湘、江滢河译：《黄金圈住地：广州的美国商人群体与美国对华政策的形成，1784—1844》，广州：广东人民出版社，2015 年，第 49 页。

⑨ 沈志亮供词：《大西洋国》第 2 卷，第 361 页，转引自［葡］萨安东著，金国平译：《葡萄牙在华外交政策：1841—1854》，澳门：葡中关系研究中心、澳门基金会，1997 年，第 158 页，注 689。

国人。[1] 刺杀亚马留事件发生后，“诸夷惴惴不敢出驰马”。[2] 这些都反映澳门葡萄牙人在空间有限、马匹缺乏的条件下，仍然坚持该民族十分喜爱的骑马活动。

图 9－61 《伦敦新闻画报》刊登的骑马的澳门总督亚马留被华人刺杀的场景

（六）游泳

游泳也是骑士制度对骑士们培训的重要项目。澳门三面环海，周围多岛屿海滩，故极适宜游泳活动的开展。澳门葡人的黑人奴仆极善于游泳。王临亨《粤剑编》称：“番人有一种，名曰黑鬼，……能经旬宿水中。”[3] 蔡汝贤《东夷图说》则称：“黑鬼……入水可经一二日。”[4] 这里的黑人都是指澳门葡人的仆役和卫士卡菲尔人。他们能在水中待一两天之久，可见其游泳技术很高。我们在澳门葡萄牙人的休闲生活中也能找到一些关于游泳的资料来。吴历的《澳中杂咏》第十二首称澳门青洲：“青洲多翠木，为纳凉休沐之所。”[5] 这里的“休沐”，即休憩沐浴之意。明清时期的青洲为一小岛，岛边有浅海滩，可供人们游泳。龙思泰则称青洲岛为澳门人“提供了进行体面娱

---

① Assassination of the Governor of Macao, *The Illustrated London News*, 1849/11/10, p. 308.

② （清）田明曜：《（光绪）重修香山县志》卷 15，《列传·沈志亮》，中山文献丛刊第 6 册影印清光绪五年刊本，第 1245 页。

③ （明）王临亨：《粤剑编》卷 3，《志外夷》，北京：中华书局，1987 年，第 92 页。

④ （明）蔡汝贤：《东夷图说》，《黑鬼》，四库全书存目丛书史部第 255 册影印明万历刊本，济南：齐鲁书社，1997 年，第430 页。

⑤ （清）吴历撰，章文钦笺注：《吴渔山集笺注》卷 2，《三巴集》之《澳中杂咏》，北京：中华书局，2007 年，第 180 页。

乐活动的场所”。[①] 很显然，到青洲海滩游泳是当时澳门人的一种时尚。据1844年的美国档案称，澳门还提供各种广州所没有的充满男子气概的娱乐，比如游泳。[②] 美国人亨特记录19世纪初期澳门时称：

> 他在西望洋山上的明纳托水池有一座有游廊的平房，……平房后边，山势急陡，向教湾下降，那是一个良好的浴场。[③]

亨特所言的“浴场”应在澳门西湾，今民国大马路过去是一片海滩。昔日缪君侣有《夏初早游西湾》诗：

> 流水随湾转，飞花着地残。服绵方觉热，衣葛又生寒，林鸟啼初日，潮儿戏浅滩。微风吹过处，犹足起波澜。[④]

“潮儿戏浅滩”，反映当时的西湾亦是澳门人游泳之处。

澳门葡人除了在澳门半岛有游泳活动外，现珠海市对面山的银坑也是当时葡人游泳之处。龙思泰称：

> 银坑仍然是一个最受喜爱的海滩，由于有从上面流过的清新溪流，有可供锻炼身体的山坡，……葡萄牙人经常来到这里。50年前，外国人就已到这里和拱北的其他地方进行娱乐活动，他们常常在这些地方度过一天，漫步、谈天、餐饮，并从事健康的娱乐。[⑤]

海滩上的“健康的娱乐”当是指游泳。据1845年《中国丛报》载：

> 麦拉主教（Bishop of Nyra）拉梅奥西（Alexis Sameaux）于7月14日，在靠近澳门的沙栏仔游泳时淹死。[⑥]

特别值得指出的是，当时在澳门的外国妇女也加入游泳活动。道光初方恒泰言澳门：

> 先一三日，夷妇相率浴于河，意在洁而事近亵，往来行路，俱以青帕一方覆身首。[⑦]

可以反映，在19世纪前，游泳在澳门葡萄牙人中是一项经常性的体育锻炼活动。

（七）散步与郊游

散步与郊游也是澳门葡人重要的户外活动与锻炼身体的方法。早在1637年，芒迪

---

① ［瑞典］龙思泰著，吴义雄等译：《早期澳门史》，北京：东方出版社，1997年，第163页。

② ［美］雅克·当斯著，周湘、江滢河译：《黄金圈住地：广州的美国商人群体与美国对华政策的形成，1784—1844》，广州：广东人民出版社，2015年，第46页。

③ ［美］亨特著，冯树铁、沈正邦译：《广州番鬼录·旧中国杂记》，广州：广东人民出版社，2009年，第369页。

④ （民国）缪君侣：《百尺楼诗稿》，《夏初早游西湾》，转引自王文达：《澳门掌故》13，《名胜古迹掇拾》46，《西湾》，澳门：澳门教育出版社，1999年，第304页。

⑤ ［瑞典］龙思泰著，吴义雄等译：《早期澳门史》，北京：东方出版社，1997年，第170页。

⑥ *Chinese Repository*, Vol. 14, No. 8, 1845/08, p. 400.

⑦ （清）方恒泰：《橡坪诗话》卷9，道光十三年刊本，第20页。

的著作就有记录他们的聚会、节日和婚礼娱乐、基督教节日和假日：

> 他们有时到附近岛屿的海湾或河湾去，全凭兴致，在一些河流旁美丽的小山谷里与家人共度八或十天，住在自己带的帐篷里，这里有很多这样的山谷。这就是住在这里葡萄牙人的娱乐。①

19 世纪前期英船“卡洛琳号”船上的医生约翰·约翰逊说：“从澳门半岛城墙的西面沿着东侧走回城内，有一条不错的道路，特别适合早晨和傍晚时的散步以打发时光。”② 亨特的《旧中国杂记》则称：“现在，澳门的葡萄牙人常常到三山去郊游。”③ 三山即上川岛。美国姑娘哈丽特·洛的日记多次提到他们到对面山和青洲去郊游：“今天早晨我们结伴去了对面山，我们在山上健行耗时很久，虽然路面崎岖不平，但是很愉快，……当爬到山顶时，所有人感到非常满意。”④ 1829 年 11 月 14 日她首次参加了在青洲举行的泼水节，她描写了 1831 年 12 月一群朋友组织的湾仔之游。⑤ 潘有度的《西洋杂咏》则更有意思，有诗云：

> 红灯白烛漫珠江，万颗摩尼护海幢。日暮层楼走千步，呢喃私语影双双。（其自注云）：夷人每日黄昏后，往来行动，以运血气，俗称行千步。⑥

可见，居澳葡人十分喜爱散步与远足这种锻炼身体的方式。据当时人称，“1830 年时，由于城内到关闸的道路拓宽，每年英人社群都在新的马路上举行跑步活动”。⑦ 到 19 世纪后期，从南湾街道到嘉思栏花园成了澳门人步行锻炼身体的好地方，据当时的报纸记载：“在南湾大道上他们有的骑着自己的枣红马，有的步行，一直来到嘉思栏花园。”报纸还对这些步行运动进行评论说：“健步行走，而且不要走得太累，是每个人都必须进行的锻炼方式。”⑧

---

① Peter Mundy, *The Travels of Peter Mundy in Europe and Asia: 1608 - 1667*, Vol. 3, Cambridge: Printed for the Hakluyt Society, 1919, p. 268.

② John Johnson, *The Oriental Voyage*, London: Joyce Cold, 1807, p. 216.

③ ［美］亨特著，冯树铁、沈正邦译：《广州番鬼录·旧中国杂记》，广州：广东人民出版社，2009 年，第 269 页。

④ Nan P. Hodges and Arthur W. Hummel ed., *Lights and Shadows of a Macao Life: The Journal of Harriett Low, Travelling Spinster*, Woodinville, WA: History Bank, 2002, pp. 125 - 128.

⑤ ［葡］普加著：《从哈丽特·洛（希拉里）的日记看 19 世纪澳门性别的社会生活》，载澳门《行政》杂志第 15 卷，第 2 期（总 56 期），2002 年，第 458 ~ 461 页。

⑥ （清）潘义增、潘飞声：《番禺潘氏诗略》第 2 册，《义松堂遗稿》之潘有度《西洋杂咏》，光绪二十年刊本，第 4 页。

⑦ James Holam, *Travels in China, New Zeland, New South Wales, Van Diemen's Land, Cape Horn, etc*, Vol. 4, London: George Routledge, 1840, pp. 56 - 62.

⑧ 《真实》杂志，1910 年 1 月 9 日，转引自［葡］阿泽维多著，喻慧娟译：《19—20 世纪之交澳门和果阿的浪漫主义与体育运动》，载《文化杂志》（中文版）第 53 期，2004 年，第 82 页。

二、欧洲东印度公司进入澳门及绅士体育的传播

英国绅士体育产生于17世纪的资产阶级革命，所谓“绅士”就是指这一批新兴的资产阶级分子和已经资产阶级化了的新贵族。而绅士体育就是新兴资产阶级所推行的绅士教育中的一部分。出于培养处群能力、竞争精神、实战本领的需要，强调在绅士教育中开展骑马、击剑、游泳、划船、舞蹈等活动项目，却又特别偏重于赌博性的竞技运动，如赛马、拳击、击剑、板球等项目。绅士体育多以俱乐部形式出现，不对下层群众开放。①

英国绅士体育随着英国商船上的大班们来到中国。他们在广州的商馆内纷纷建起了运动场：

> 各商馆占的空地都有限，连花园和运动场在内，长约1 100英尺，一般深度约700英尺。……可供数目比较多的人运动的唯一场所，就是6家商馆前面居中的一片广场，长宽约为500英尺乘300英尺。②

来自于当时被称为“运动王国”的英国人的确是酷爱体育运动，在广州极为有限的空间里，他们并没有放弃体育运动，而入冬返往澳门时，他们则更沉溺于嬉戏娱乐及体育运动之中。这些外国商人：

> 都很喜欢它（澳门）那宁静安谧的生活，它那华美的气氛，以及可爱的气候。即使他们不懂引用爱尔汗布拉宫的铭文说：“假如地上有一座乐园，它就在这里。”也该会说句大实话，这里真是舒服极了。③

生活在澳门的这一批欧洲人，他们十分满意在澳门的生活。英国史学家格林堡（M. Greenberg）称：

> 越来越多的英国侨民从广州商馆的一个季度的圈禁生活中逃出来，在这讲究仪表和礼节的沉闷地方，沉迷于纯英国式的欢欣鼓舞的娱乐——音乐会、化装跳舞会、赛马、业务戏剧。④

就在这“欢欣鼓舞的娱乐”中，产生于17世纪中叶的英国绅士体育悄悄在澳门传播。

（一）赛马

最受英国绅士们欢迎的运动项目就是赛马，从18—19世纪留下的资料看，当时英

---

① 颜绍泸、周西宽著：《体育运动史》，北京：人民体育出版社，1990年，第217～220页。

② ［美］马士著，张汇文等译：《中华帝国对外关系史》第1卷，上海：上海书店出版社，2000年，第81页。

③ ［美］亨特著，冯树铁、沈正邦译：《广州番鬼录·旧中国杂记》，广州：广东人民出版社，2009年，第357页。

④ ［英］格林堡著，康成译：《鸦片战争前中英通商史》，北京：商务印书馆，1961年，第119～120页。

国赛马场面之大，投下赌金数额之巨，均令人叹为观止。[①] 英国人入住澳门后，也开展了一系列的赛马活动。一般论著均认为澳门赛马活动始于1842年香港的英国人借澳门马场举行赛马。[②] 这一观点是错误的。从现存的原始文献中，我们可以找到十分确凿的证据证明澳门赛马早于1842年。

一是龙思泰的《早期澳门史》，该书于1836年出版，其附录10有一幅1834年由英国海军绘、布拉姆斯顿增改的《澳门市区及港口图》。图中在关闸稍南，靠近里沙湾之处标有“Racing Ground（跑马场）”字样。[③] 在另一幅1840年的“澳门地图”上，在同样位置亦有“跑马场”的标识。[④] 可证，1834年以前澳门即有专门的赛马场地，并有赛马活动开展。

二是施白蒂的《澳门编年史：19世纪》中有关于澳门赛马的重要记载：“1828年澳门最普及的一项娱乐运动是跑马，场内有为上流人物专设的特殊席位。哈丽特·洛在日记中对此项运动有详细描写。”[⑤] “（1829年4月28日）香山县令下书给澳门检查官，命他立即禁止住在澳门的外国人跑马取乐的行为，称跑马对步行者构成威胁，是对大清法律的严重不敬。”[⑥] 当时英国人为开展跑马活动，主动“修缮澳门外城到望厦村一带的道路”。[⑦] 可见，1828年前澳门的赛马活动已经比较普遍了。

三是美国人哈丽特·洛曾于19世纪上半叶在澳门居住，并留下了七本日记，其中记述了1829年时的赛马场：“1829年11月5日，……跑马场位于所谓关闸附近。它防止所有外国人通过这里。马道长约四分之三英里。这是一个令人愉快的地方，场面新奇令我高兴。这里有为妇女临时搭造的竹棚。……几匹马很好，下了一些大赌注。”[⑧]

四是1835年10月的《中国丛报》记8月15日星期六澳门的情况时称：“骑马去关闸，马尼拉和爪哇小马；阿拉伯马；华人的马术。”[⑨] 这也应是反映当时关闸附近赛马场的活动，并说明当时英国人传入的赛马活动不仅在欧洲人中普及，而且华人也开始参与。

五是乾隆时叶廷勋与叶廷枢两兄弟的诗集中均有关于澳门赛马的记载：“关闸平明

---

① 颜绍泸、周西宽著：《体育运动史》，北京：人民体育出版社，1990年，第219页。

② 邓开颂：《澳门历史：1840—1949》，澳门：澳门历史学会，1995年，第197页称：“在近代史上，澳门有过两段赛马历史的记录：第一次是1842—1846年，第二次是1924—1941年。”

③ ［瑞典］龙思泰著，吴义雄等译：《早期澳门史》，北京：东方出版社，1997年，附录10《澳门市区及港口图》，其中说明称：“布拉姆斯顿1834年于中国澳门。”

④ 鲁言：《香港掌故》第11集，香港：广角镜出版社，1987年，第130页。

⑤ ［葡］施白蒂著，姚京明译：《澳门编年史：19世纪》，澳门：澳门基金会，1998年，第44页。

⑥ ［葡］施白蒂著，姚京明译：《澳门编年史：19世纪》，澳门：澳门基金会，1998年，第45页。

⑦ ［葡］施白蒂著，姚京明译：《澳门编年史：19世纪》，澳门：澳门基金会，1998年，第41页。

⑧ ［葡］普加著：《从哈丽特·洛（希拉里）的日记看19世纪澳门性别的社会生活》，载澳门《行政》杂志第15卷，第2期（总56期），2002年，第460页。

⑨ *Chinese Repository*, Vol. 4, No. 6, 1835/10, p. 292.

骏骑夸，诸夷逐队走平沙。肩舆尽属红毛派，倭帽斜簪四季花。”① “关栅难关关路长，行人来往马蹄忙。回头左右天连水，孤鹜飞霞带夕阳。”② “红毛”即指英国人，这是中国诗人对澳门赛马运动最为珍贵的描写，亦是当时澳门赛马的真实写照。值得注意的是叶廷勋的诗集中还有诗《己酉初夏重游澳门二首》，③ 己酉为乾隆五十四年（1789），而此处所录叶廷勋诗为第一次游澳门时所作，故知此诗完成在1789年之前。也就是说，澳门关闸赛马活动早在1789年之前即已开展。这条材料可将中国赛马史前推半个多世纪。上述多种中西文献，均可证明澳门赛马并非始于1842年。

这些欧美社群十分热衷于赛马运动，在关闸附近澳门边界的地方有一块空地，被英国人建成了赛马场。从一些一本正经的美国妇女的传闻中得知，一些英国书记员，甚至一些英国东印度公司职员的妻子，居然去赛马场赌马。随着群体的发展，商人们开始进口纯种赛马，使赛马变得更加正规。④《广州纪录报》就有1829—1831年澳门赛马的详细记载：

> 1829年赛马。这次赛马举办了三天，4月2日、4月21日和5月14日。第一天的比赛进行了四个项目，参赛马匹主要是英国人的私人马匹，如非特别注明，骑马为参赛马的主人。项目赌金以100元为主。第二天，即4月21日，澳门左堂应邀前往观看了比赛，坐在女士看台，“他看起来饶有兴趣地入座了，来观看这场在他的国人看来如此新奇的娱乐活动。他还针对马的品种以及它们来自哪些国家等问了很多问题，由在场的欧洲绅士用汉语给予详细解释”。第三天，即5月14日，共有5个比赛项目，赌金有攀升的趋势，最高达150元。项目花样也有了翻新，如“阿尔伯尼（Albany）杯赛”“翻滚赌”在前两天的比赛里都没有出现过。
>
> 1830年的马会。该赛季的比赛举办了两天，5月6日和5月20日。第一天，即5月6日下午进行的项目有4项，赌金最高达200元，出现了个人捐助的奖杯赛，如“100元马尼拉母马赛”“斯迪沃奖杯赛”，也出现了按马的重量级别进行的比赛，“左堂虽然被邀请观看却没有到，尽管他派了训役以维持现场秩序”。第二天，5月20日的后两场比赛很精彩，《广州纪录报》以较大版面进行了详细报道。
>
> 1831年的马会。1831年3月7日，举行了该赛季的首场比赛。“十二点半，中国马被牵出来参加‘主席杯’比赛，比赛公平但是结果出人意料。”进行的项目有4项，英国东印度公司特选委员会主席如约赞助了“主席杯中国母马赛”和

---

① （清）叶廷勋：《梅花书屋诗钞》卷4，《于役澳门纪事十五首》，清道光年间刊本，第4页。
② （清）叶廷枢：《芙蓉书屋诗钞》卷4，《澳门杂咏》，道光十一年刊本，第11页。
③ （清）叶廷勋：《梅花书屋诗钞》卷4，《己酉初夏重游澳门二首》，清道光年间刊本，第21页。
④ ［美］雅克·当斯著，周湘、江滢河译：《黄金圈住地：广州的美国商人群体与美国对华政策的形成，1784—1844》，广州：广东人民出版社，2015年，第47页。

"主席银杯50元独赢赛"。[①]

据《广州纪录报》记载，1831年的赛马时，东印度公司广州商馆大班马治平有2匹马参赛，每匹都有专门的骑师负责比赛，有时甚至由马主亲自下场。有些名马还吸引赌客下注，如东印度公司职员弗雷德里克·杨（Charles Frederick Young）先生的马就被誉为澳门赛马中速度最快和最稳定者，从未输过。[②]

香港开埠后，英人一时尚未在香港建好跑马场。而英国人每年都要举行周年赛马大赛，所以香港早年的周年赛马大赛是借澳门黑沙湾赛马场举行。[③]《香港建筑百年史》载：

> 香港有赛马的玩意，在记录上，始自1845年（按：英人到香港后，便有赛马举行，1842至1843年那两届非正式的香港赛马，是借用澳门马场举行的）。最初周年大赛，要借用澳门黑沙湾马场举行，直到1848年，香港才自设马场。[④]

1844年1月2日的《华友西报》记录了1843年2月20—25日香港赛马会借澳门黑沙湾赛马场举行的香港第二周年春季赛马。20日第一天的赛马为预赛，22日、24日及25日3天为正式比赛，比赛分为自由游牧式、设置障碍式和加设赌注式三种形式，每天均有3名骑士获胜。[⑤]故知澳门黑沙湾马场的赛马活动在19世纪上半叶是十分频繁的。但等到香港的建设走上正轨，原住澳门的外国人离澳赴港后，澳门的赛马亦逐渐走向衰落，代之而起的就是香港与上海的赛马了。故雅克·当斯称："在与清朝签订条约之前，英美两国商人在中国的社交生活在澳门这个城市达到最完美的程度，两个国家的商人在澳门得到阶段性的休息，上流社会腐蚀了这个葡萄牙人的居留地，使它成

---

① *The Canton Register*, Vol. 2, No. 9, 1829/5/02; Vol. 3, No. 12, 1830/6/15; Vol. 4, No. 6, 1831/3/17.

② *The Canton Register*, Vol. 4, No. 8, 1831/4/02.

③ 很多澳门史著作均将1842年香港英人借澳门马场赛马之事误作"塔石球场"。首误者为王文达先生的《澳门掌故》（澳门：澳门教育出版社，1999年），该书称，香港赛马会举办1842年初次大赛马是借澳门利宵（即塔石）球场举行；而李鹏翥先生的《澳门掌故》（澳门：星光书店，1988年）第185页沿袭此误称："远在1842年，这个运动场（塔石球场）曾被香港赛马会借来举办周年大赛。"而王、李二先生之误又源出汪兆镛：《澳门杂诗》之《杂咏二十六首》第21首，《抛球场》，民国七年铅印本，第7页的注文："荷兰园下兵房有抛球场，亦时于此赛马。"汪氏误将黑沙湾之赛马事置于荷兰园之塔石球场，但未称香港英人1842年曾于抛球场赛马。王、李二先生衍生出1842年英人借塔石球场赛马，遂导致诸书皆误。黄启臣：《澳门通史》，广州：广东教育出版社，1999年，第374页称："1842年，香港赛马会在澳门塔石球场举行一周年大赛马，参加者多为外国人。"又误衍出："之后，连续5年每年举行一次，直到1846年停办"，香港赛马会总共在澳门仅开办1842—1843年两届周年赛马，到黄先生这里就变成了5届。其他著作之失误，此处暂略。

④ 香港工商业汇报编印：《香港建造业百年史》，香港工商业汇报，1941年，第84页。

⑤ *The Friend of China*, February 23rd, 1843, Vol. 1, No. 49, p. 194.

为了爱斯科（Ascot）赛马会。”[①]

（二）划船（赛船）

划船亦是英国绅士体育的重要内容。除了赛马，在华英商喜欢的另一种大型体育活动就是划船，或称为船赛。对于居住在澳门的英商而言，这项活动可使处于贸易淡季闲散的人们再次享受征服和挑战的快感。乾隆三十六年（1771），清政府规定，外商来华贸易，仅开放广州一口，禁止其他任何口岸的一切对外贸易。[②] 欧洲商人云集广州，商人们在广州除了从事商业活动外，其休闲生活是干什么呢？从当时资料显示，划船是一项重要内容。道光十五年（1835）两广总督卢坤奏折称：“夷人在内河驶用船只，应分别裁节，并禁止不时闲游也。”[③] 可见，当时在广州的外国人经常在珠江划船“闲游”，清政府在嘉庆二十一年（1816）时曾再次下令禁止，并规定：“嘉庆二十一年，前督臣蒋攸铦任内酌定，每月初八、十八、二十八三日准其在附近游散一次。近年该夷人往往不遵旧章，必须重申禁令。”[④] 由于划船活动在广州受到的限制较多，故这一项活动主要转移到澳门举行。到道光时，上述禁令的执行逐渐松懈，广州、澳门的欧美商人又开始有组织地进行划船运动，甚至达到乐此不疲的程度。从1828年到1833年，英国东印度公司连续举办了六届船赛，每届两三天不等，最多时每届有六天比赛。六年来比赛的总天数为17天，总场数为50多场，总比赛项目77项，赛事堪称盛大。1832年，美国商人约翰·顾盛的著名快艇—— 一艘60英尺长的纵帆船“气仙号”赢得了有记载以来的第一次快艇比赛的第一名。[⑤] 1834年，东印度公司垄断权终结后，船赛这一体育活动并没有结束，偶见英国散商组织的小范围船只性能测试赛，数量每次限于两三只。1834年，随着在华散商人数的增加和筹建社会组织参与社会活动的拓展，广州船赛俱乐部（又称为赛船协会 Canton Regatta Club）成立。并于该年7月和11月组织了两次赛会，共有4天11场11个项目，这充分显示了该俱乐部较强的组织活动能力。[⑥] 该协会有着完整的成员组成、规则、处罚条款，每周聚餐，规定了奖

---

① ［美］雅克·当斯著，周湘、江滢河译：《黄金圈住地：广州的美国商人群体与美国对华政策的形成，1784—1844》，广州：广东人民出版社，2015年，第45页。

② ［美］马士著，张汇文等译：《中华帝国对外关系史》第1卷，上海：上海书店出版社，2000年，第76页。

③ （清）梁廷枏：《粤海关志》卷29，《夷商》4，《两广总督卢坤监督中祥疏》，广州：广东人民出版社，2002年，第566页。

④ （清）梁廷枏：《粤海关志》卷29，《夷商》4，《两广总督卢坤监督中祥疏》，广州：广东人民出版社，2002年，第566页。

⑤ ［美］雅克·当斯著，周湘、江滢河译：《黄金圈住地：广州的美国商人群体与美国对华政策的形成，1784—1844》，广州：广东人民出版社，2015年，第372～373页。

⑥ 张坤：《在华英商群体与鸦片战争前的中英关系》，广州：暨南大学出版社，2014年，第123页。

品和统一了比赛队伍的着装。① 1839 年，鸦片战争爆发，该协会活动暂时中断，到 1844 年 12 月时再次成立，并规定加入的会员每年要交 5 美元会费，还选举了理事，制定了相关的制度。② 亨特的《旧中国杂记》中详细记录了广州划船俱乐部在澳门的赛事，兹录如下：

1837 年，十三行商馆里的一些年轻成员组织了一个广州划船俱乐部。我们有几十艘供比赛用的单人划艇和轻便小艇。供帆船赛的有三艘约 26 英尺长的双桅纵帆船——斯特吉斯的“小鼠（Mouse）号”；英国领事馆秘书埃尔姆斯利（Eduard Dlmslie）的“大鼠（Rat）号”和笔者的“百鼬（Ferret）号”。

所有这些船艇都是在河南澳门水道的尽头处，由一个完全秃头的老人建造的。……他的手艺一流，特别是为保罗·福布斯建造的快艇“亚特兰大号”，那是一艘 50 吨的双桅纵帆船，按照遐迩闻名的“美利坚号”游艇式样建造的。它在澳门海面的一项比赛中获得优胜，超过了其余的 6 艘好船，其中包括约翰·颠地的 34 吨单桅快艇“吉卜赛（Gipsy）号”，当时由我驾驶，获第二名。“亚特兰大号”的时速为九又四分之三海里；“吉卜赛号”为八又十分之一海里。比赛线路作三角形，有 35 海里，当时吹着强劲的北风。

我们在澳门海面举行第二次比赛时发生了一件不幸事故。报名参赛的有 10 只艇，但实际出航的只有 4 只（海面风浪很大，不远的地方刮着飓风）。它们是“吉卜赛号”、查顿 33 吨的“蓟（Tsistle）号”、坎贝尔（Campbell）31 吨的“梦（Dream）号”和利文斯通 30 吨的“龙（Dragon）号”。18 吨的独桅快艇“仙女（Fairy）号”曾出发，一起行驶了一会儿，便连整副帆一起沉没了。它的主人“金星门号”的船长罗珀（Roper）紧抱桅杆不放，才得获救，但他的伙伴“格伦莱昂（Glenlyon）号”的船长哈多克（Haddock）和两名印度水手则被溺毙。我再次驾驶“吉卜赛号”，以领先九分十秒赢得优胜。它载着我们在四小时中驶过二十五又二分之一海里的三角形航线。……我们的裁判是碇泊黄埔的孟买船查尔斯·福布斯“爵士（Sir Charles Forbes）号”的船长斯科特（Scott）。……其实，中国船只对这次运动也表露出浓厚的兴趣。

我们第一次帆船比赛于同一年在澳门航道举行，……大鼠号、小鼠号和白鼬号参赛，白鼬号获胜。另外两次比赛在 1837 年和 1838 年举行，没有发生事故。1838 年 11 月同样由前边提到的 3 艘双桅纵帆船进行比赛，天气寒冷阴沉，获胜者

① ［美］雅克·当斯著，周湘、江滢河译：《黄金圈住地：广州的美国商人群体与美国对华政策的形成，1784—1844》，广州：广东人民出版社，2015 年，第 42 ~ 43 页。

② ［美］雅克·当斯著，周湘、江滢河译：《黄金圈住地：广州的美国商人群体与美国对华政策的形成，1784—1844》，广州：广东人民出版社，2015 年，第 43 页。

是罗伯特·福布斯（Robert B. Forbes）。[①]

这是一份极为珍贵的关于澳门划船运动的史料，如此详细清晰地描述一项早期的体育运动，这在早期文献的记录中是十分罕见的。胡道静先生的《历史的上海运动》一文称，上海西侨出现于1863年的划船比赛，是最早传入中国的体育项目。[②] 而上述资料却清楚地告诉我们，在1816年时，广州外国人的划船活动已受到限制，在1837年时，在广州的外国人即成立了划船俱乐部，并多次在澳门举办十分精彩的帆船比赛。可以推知，划船运动在澳门的出现应远远早于1816年，而上海的划船比赛则应远远晚于广州与澳门。

1849年12月的《中国丛报》还记录了一份资料："总督（亚马留）在答复他并将科帕尔引见给法官卡尔尼伊罗后不久，就登上美国船'朴利茅斯号'担任划船比赛的裁判。"[③] 可见，香港开埠后，广州商馆由外国人组成的"划船俱乐部"虽然迁去了香港，但在澳门举行的划船比赛却没有终止，而且还获得澳葡政府的高度重视，并由澳门总督亚马留担任划船比赛的裁判。可见，这一时期澳门划船运动的发达。

（三）板球、网球、桌球及保龄球

板球、网球、桌球及保龄球运动也随着英国绅士们进入澳门。钟启韶嘉庆二十一年（1816）游澳门留下了《澳门杂事诗》十二首，其中一首诗云："筑球坡对座，走马路横窗。"[④] "走马"当指澳门夷人骑马驰过，"筑球"何指？笔者疑指当时英人正盛行的板球运动。前引1834年"澳门市区及港口图"在东望洋山之西，水坑尾之东面有一"板球场（Cricket Ground）"[⑤]，而这一地图上标示的就是今天的塔石球场的位置，在荷兰园处。1829年10月30日哈丽特·洛记录了英国人郭雷枢、颠地和马地臣打板球的事情。[⑥] 伍德克科《英国人在远东》一书也称澳门英国人"冬天在访问、打球、游览、赛马和同其他商人的板球比赛中渡过"。[⑦] 民国初年汪兆镛有《抛球场》诗一首，并称"荷兰园下兵房有抛球场"。中国人将早期传入中国的球类统称为"抛球"。

---

① ［美］亨特著，冯树铁、沈正邦译：《广州番鬼录·旧中国杂记》，广州：广东人民出版社，2009年，第484～487页；更详细的情况参见张坤：《在华英商群体与鸦片战争前的中英关系》，广州：暨南大学出版社，2014年，第123～131页。

② 刘善龄：《西洋风：西洋发明在中国》，上海：上海古籍出版社，1999年，第244页。

③ *Chinese Repository*, Vol. 18, No. 12, 1849/12, p. 669.

④ （清）钟启韶：《听钟楼诗钞》卷3，《澳门杂事诗》，道光十年刊本，第21页。

⑤ ［瑞典］龙思泰著，吴义雄等译：《早期澳门史》，北京：东方出版社，1997年，附录10，《澳门市区及港口图》。

⑥ Nan P. Hodges and Arthur W. Hummel ed., *Lights and Shadows of a Macao Life: The Journal of Harriett Low, Travelling Spinster*, Woodinville, WA: History Bank, 2002, p. 76.

⑦ ［葡］普加：《从哈丽特·洛（希拉里）的日记看19世纪澳门性别的社会生活》，载澳门《行政》杂志第15卷，第2期（总56期），2002年，第462页，注释74。

汪诗云："昔有戏马台，后世乃无闻。此地开广场，草色亦氤氲，蹴鞠亦古法，体育舒劳筋。"① 可见这一球场不仅用来打球，还可以"戏马"。与钟启韶所记"筑球""走马"相吻合。这一中国最早的"板球场"在澳门出现，亦可推证1816年钟启韶所见之"筑球"当指板球。可以反映至少在19世纪初，澳门就有了板球运动。据1836年美国人的信称，"有时英国人会邀请美国人一起打板球，不过这种机会不多，通常美国人更喜欢一些他们认为看起来是"球"的运动，与棒球非常相似"。②

网球运动传入澳门的资料则出现得相对晚一些，比利时卢尔德维奇·德·波瓦（Luodovic de Beauvoir）公爵1867年游澳门时曾提到澳门的"网球场"。③ 网球何时传入澳门，我们尚无资料证明，但1867年时澳门已有了网球场，这应是事实。《澳门编年史：19世纪》载："（1892年11月5日）……该飞艇从草地网球场升空。"④ 又可说明到1892年时，澳门已有了"草地网球场"。同上书又载："（1898年2月26日）该日宪报刊载1890年6月20日批准澳门外国人草地网球俱乐部章程。"⑤ 借此又可证明，1890年时在澳门已经成立了正式的网球俱乐部。"外国人"，是指非澳门葡萄牙及中国国籍之人士，这说明澳门最早的网球运动主要的活动者还是在澳门居住的欧美人士。据潘日明公布的资料，1867年澳门还有17户英国人、24户西班牙人、3户意大利人、4户秘鲁人、3户美国人、1户荷兰人、3户普鲁士人和1户智利人，总共300人。⑥ 成立这个外国人草地网球俱乐部的应主要是居住在澳门的欧美人。葡萄牙学者在引用1905年的资料时称："当岗顶伯多禄戏院不举办演唱会和音乐会的时候，葡萄牙人另觅乐趣。……澳门俱乐部暨军人娱乐宫（Gremio Militar）也竞相举办晚会。此外还有各种网球赛，海滩野游。"⑦

桌球传入澳门当在19世纪上半叶。最早的资料是1780年美国领事山茂召称："广州的每一间商馆都有一座桌球台。"⑧ 1825年时英国在澳门的南湾公司中亦有房间专门摆置了桌球台。⑨ 亨特的《广州番鬼录》记载19世纪30年代广州外商生活时称："商

---

① （清）汪兆镛：《澳门杂诗》，《杂咏二十六首》第21首，《抛球场》，民国七年铅印本，第7页。

② ［美］雅克·当斯著，周湘、江滢河译：《黄金圈住地：广州的美国商人群体与美国对华政策的形成，1784—1844》，广州：广东人民出版社，2015年，第42页。

③ ［葡］德立·龙巴著，李长森译：《德·波瓦公爵在澳门》，载《文化杂志》（中文版）第23期，1995年，第11页。

④ ［葡］施白蒂著，姚京明译：《澳门编年史：19世纪》，澳门：澳门基金会，1998年，第270页。

⑤ ［葡］施白蒂著，姚京明译：《澳门编年史：19世纪》，澳门：澳门基金会，1998年，第294页。

⑥ ［葡］潘日明著，苏勤译：《殊途同归：澳门的文化交融》，澳门：澳门文化司署，1992年，第138页。

⑦ ［葡］费尔南德斯著，常征译：《澳门电影视史："默片时代"》，载《文化杂志》（中文版）第17期，1993年，第135页。

⑧ Josiah Quincy, *The Journals of Majoy Samuel Shaw*, Boston: Wm. Crosby and H. P Nichols, 1847, p. 242.

⑨ *The Quarterly Oriental Magazine Review and Register*, Vol. 7, 1827, p. 242.

馆布置豪华，……左边为图书室，……右边是弹子房。”①弹子房即桌球室。这应该反映的是19世纪初期之事。据美国国会图书馆的档案，其中有一份写于1834年的“广州阅读和台球协会”的收据，旗昌洋行的商人约翰·福布斯（John Murray Forbes）就是其中的会员，他经常在这里玩台球。② 据1843年7月15日《澳门曙光报》的一则广告，英国人爱德华·彭丁（EdwardBontein）是一家桌球馆的老板。③ 1858年岗顶剧院建成后，澳门新俱乐部（即后来的澳门葡人俱乐部）亦随之建立。岗顶剧院不仅成为当时“上演话剧、音乐会、歌剧的首选场地”，④ 而且还是开办舞会、看书、打桌球的地方，院内设有桌球室。汪兆镛的《澳门杂诗》记载：“龙嵩庙侧，地名岗顶，有大厦一区，宏敞环伟，葡人谓之‘及笠’，即华人之公司，盖醵资建设办公共游息地。每会：士女昌丰，击球、跳舞、饮酒、唱歌，往往达旦。”⑤ 击球，就是打桌球。故岗顶戏院又有“岗顶波楼”⑥ 之称。20世纪初到澳门的英国人阿绮波德·立德曾去过华人领袖何穗田家，她看到何家“装饰豪华，陈列许多艺术品，还有一张台球桌，据说他们会打台球”⑦。可见，20世纪初的澳门华人上层社会已接受了台球这一时髦的西洋体育活动，在家中置台球桌。可见，台球在澳门上层社会的普及。

根据1836年的美国档案，在旗昌洋行的广州商馆里修建了一条保龄球道，甚至还在这里举行团队运动。⑧ 如果记载属实，则可证明保龄球运动也在19世纪上半叶传入了广州、澳门。

（四）自行车及滑旱冰运动

到20世纪初，自行车及滑旱冰运动均已传入澳门。据当时的报刊记录，骑自行车已经成了澳门世纪之交的新潮流，迅速地获得了许多体育爱好者的青睐，当时的新款舒适的自行车为“加里森”（Garrison）牌，虽然没有后来的几个牌子有名，但已经是

---

① ［美］亨特著，冯树铁、沈正邦译：《广州番鬼录·旧中国杂记》，广州：广东人民出版社，2009年，第123页。

② ［美］雅克·当斯著，周湘、江滢河译：《黄金圈住地：广州的美国商人群体与美国对华政策的形成，1784—1844》，广州：广东人民出版社，2015年，第42页。

③ Jokge Forjaz, *Famílias Macaenses*, Vol. Ⅰ, Macau: Fundação Oriente, Instituto Cultural de Macau, Instituto Português do Oriente, 1996, p. 529.

④ ［葡］施白蒂著，姚京明译：《澳门编年史：19世纪》，澳门：澳门基金会，1998年，第134页。

⑤ （清）汪兆镛：《澳门杂诗》，《竹枝词四十首》第4首，民国七年铅印本，第10页。

⑥ 梅士敏：《岗顶剧院120年》，载《文化杂志》（中文版）第4期，1998年，第95页。

⑦ ［英］阿绮波德·立德著，王成东、刘浩译：《穿蓝色长袍的国度》，北京：时事出版社，1998年，第324页。

⑧ ［美］雅克·当斯著，周湘、江滢河译：《黄金圈住地：广州的美国商人群体与美国对华政策的形成，1784—1844》，广州：广东人民出版社，2015年，第42页。

橡胶轮胎。[①] 当时的报纸还对南湾大道上的骑着自行车肆无忌惮穿梭的运动者提出了非议，因为骑自行车对心脏有害，对动脉血管不利，运动时身体暴露，容易得气管炎，而且这项运动比较危险，因为随时会有摔跤的可能，骑车人的样子和姿势很不好看。所以从公共卫生的角度看，自行车的发明不应该算是成功的。骑自行车会使腿部肌肉发达，却压迫胸部和腹部，所以对卫生和健康来说并不是理想的体育锻炼项目。[②] 完成于光绪三十二年（1906）梁乔汉的《港澳旅游草》有 10 首《夷俗杂咏》诗，其中一首写道："单车并不费人牵，独坐中衡自转旋。两脚踏将机起伏，轮行前后快如弦。"[③] 可见，这时的澳门已传入自行车运动。到清朝的最后一年，在澳门"域多利"影院后面开办了"室内滑冰场，起名'域多利沙龙'"[④]。而到这里滑旱冰者主要是商业学校的学生。

（五）打牌与下棋

在澳门欧美社群的绅士体育运动中，棋牌运动的引进也是十分重要的一项。澳门有打牌活动最早见于 1780 年法国商务代表喷士噔的记载。他称葡萄牙人"在夜间，开始打牌取乐，九点钟又开始进餐，常常要至清晨才回家"[⑤]。据美国国会图书馆的档案，其中有一份写于 1834 年的"广州阅读和台球协会"的收据，旗昌洋行的商人约翰·福布斯（John Murray Forbes）就是其中的会员，他经常在这里打牌。[⑥] 还有材料称，澳门欧美社群的社交活动经常没完没了地打扑克牌。[⑦] 还称，西洋双陆棋和西洋跳棋（国际跳棋）也是大家普遍玩的客厅游戏。在美国人威廉·麦吉（William Fairchild Megee）开办的酒店里，还盛行一种打惠斯特牌。[⑧]

据葡萄牙学者阿马罗教授介绍，在这一时期，葡萄牙人还将古老的伊比利亚半岛上三种纸牌游戏：马尼拉（Cartas Manila）、康京（Cartas Conquim）及梭罗（Solo）传

---

① 《宣战宫》杂志，1905 年 3 月 5 日，转引自［葡］阿泽维多著，喻慧娟译：《19—20 世纪之交澳门和果阿的浪漫主义与体育运动》，载《文化杂志》（中文版）第 53 期，2004 年，第 81 页。

② 《真实》杂志，1910 年 1 月 9 日，转引自［葡］阿泽维多著，喻慧娟译：《19—20 世纪之交澳门和果阿的浪漫主义与体育运动》，载《文化杂志》（中文版）第 53 期，2004 年，第 82 ~ 83 页。

③ （清）梁乔汉：《港澳旅游草》，《夷俗杂咏》，光绪二十六年刊本，第 11 页。

④ ［葡］费尔南德斯著，常征译：《澳门电影视史："默片时代"》，载《文化杂志》（中文版）第 17 期，1993 年，第 135 页。

⑤ Louis Dermigny, *Les Mémoires de Charles de Constant sur le Commerce à la Chine*, Paris: S. E. V. P. E. N., 1964, pp. 154 - 155.

⑥ ［美］雅克·当斯著，周湘、江滢河译：《黄金圈住地：广州的美国商人群体与美国对华政策的形成，1784—1844》，广州：广东人民出版社，2015 年，第 42 页。

⑦ ［美］雅克·当斯著，周湘、江滢河译：《黄金圈住地：广州的美国商人群体与美国对华政策的形成，1784—1844》，广州：广东人民出版社，2015 年，第 46 页。

⑧ ［美］雅克·当斯著，周湘、江滢河译：《黄金圈住地：广州的美国商人群体与美国对华政策的形成，1784—1844》，广州：广东人民出版社，2015 年，第 42 页。

进了澳门，且一直在澳门普遍流行，直到上一个世纪。[①]

三、西洋体育在澳门学校的早期传播

在欧洲人文主义运动、宗教改革运动后，一批教育改革者提出了学校体育的问题，并对学校设置体育进行了尝试。而在反宗教改革运动中，天主教会也开始把注意力转向教育领域。罗马教廷不再坚持过去对体育所持的否定态度，而是提倡在信徒中大力开展体育活动，在学校中提倡学生加强运动、锻炼身体。其中耶稣会表现得尤为突出。

16世纪中叶，随着澳门的开埠，一批耶稣会会士即在澳门开办学校，先是开办读写学校，后开办圣保禄学院，俗称“大三巴”。圣保禄学院不仅设立了高等教育的课程，而且也保留了教育儿童读写的初级教育，但不论是高等教育还是初级教育，耶稣会的教士们均给学生们安排了一定程度的体育锻炼和体育教育课程。据1604年《澳门圣保禄学院年报》称：

> 我们学院里的所有人都在努力锻炼身体，希望有一副强健的体魄，今年总体来说，大家的身体状况都还算不错。[②]

据彼得·芒迪1637年《澳门游记》记载，他看到圣保禄教学里的演出：

> 另一种是蟹舞，小孩子扮成蟹，并伴随着音乐唱歌表演。……最后一个是滑稽表演，表演者非常灵巧。小孩很多，打扮很漂亮，他们的父母委托教士教育他们，这些家长很多是有身份的。[③]

将游戏舞蹈引入教育，正是一种自然教育的过程。芒迪还称颂耶稣会的这种教育方式：

> 就像耶稣会修士教导他们的那样，耶稣会修士不但以这种方式，还以其他教育方式充当导师，有责任教养本城的年轻人与幼童，特别是有身份，有地位人家的孩子。[④]

由于资料的缺略，我们尚无法全面了解圣保禄学院体育教育的全部情况，但我们还是在圣保禄学院的年报中找到了一条十分宝贵的资料。据1620年耶稣会巡视员骆入禄的一份报告，学院当时有13条规定，其中第3条称：

> 由于学院没有专门地方供大家散步和锻炼身体，因此，学院规定，星期天及

---

① ［葡］阿马罗著，吴新娟译：《伊比利亚传统的澳门纸版游戏》，载《文化杂志》）（中文版）第23期，1995年，第39~48页。

② João Paulo Oliveira e Costa, *Cartas Ânuas do Colégio de Macau (1594 - 1627)*, Macau: Fundação Macau, 1999, p. 117.

③ Peter Mundy, *The Travels of Peter Mundy in Europe and Asia: 1608 - 1667*, Vol. 3, Cambridge: Printed for the Hakluyt Society, 1919, pp. 274 - 275.

④ Peter Mundy, *The Travels of Peter Mundy in Europe and Asia: 1608 - 1667*, Vol. 3, Cambridge: Printed for the Hakluyt Society, 1919, p. 271.

其他圣日为休整日，所有的人均应登山散心，呼吸新鲜空气。大家可携带水果和食物在外野餐。同时，神父每天清晨上山祈祷；教师们每天下午教完课后亦可登山活动。作出这样的具体规定是为了保证人人能够锻炼身体，有充沛精力进行学习和工作。①

由于圣保禄学院所占地域太狭窄，所以学院无法提供宽阔的运动场所供学生锻炼，故学校将登山作为圣保禄学院全体师生必须进行的体育锻炼。而当时澳门城内的东、西望洋山均是澳门人进行登山活动的极佳场地。

圣保禄学院为了解决学生的休息、娱乐及运动之场地，从17世纪初即开始了对青洲的开发，在岛上建起了教堂和一些房子“为学院中的人和学生提供了进行体面娱乐活动的场所”。② 所谓“体面娱乐活动”，不外是海滩上的游泳、划船、垂钓、散步等。1828年，圣若瑟修院接管青洲后，青洲又成了该院师生休闲娱乐的场所。16—17世纪澳门的学校体育就是通过舞蹈、戏剧、散步、游水、登山等活动方式来展开，这与当时欧洲刚刚兴起的学校体育教育大致同步。

新教传入澳门后，即展开了他们的办学活动。马礼逊1807年来华后，即进入澳门。他1812年赴马六甲，创办英华书院。英华书院虽然没有开设体育课，但据当时到该院学中文的美国人亨特记载：“学院规定我们要每天锻炼，我们很高兴地接受这一规定。”③ 可知，刚刚来华的新教传教士开办的学校即很重视体育锻炼。1836年9月，为了纪念马礼逊，一些欧美传教士在澳门成立马礼逊教育会，并开办马礼逊纪念学校，聘请美国耶鲁大学毕业生布朗担任校长，据1841年10月的《中国丛报》记载：

学习时间从早晨6时至晚上9时。如此，有8个小时用于读书，3至4个小时用于室外进行锻炼和娱乐。我自己的书房也在学校内，因此，学生处于不断监视之下。在教室之外，他们不允许离开已有足够房间供他们运动的校舍。④

这一条资料清楚地告诉我们，马礼逊纪念学校每天有3～4小时是用于运动与娱乐的，而且学校还安排了专门的校舍作为他们的运动场地。可以说，运动已经成为该校学生的一门常设课程。而布朗又是耶鲁大学毕业生，美式教育势必影响布朗的教育理念，在教育中注重运动和锻炼。在澳门早期创办的教会学校中，还有1845年美国长老会哈巴安德牧师开办的“一所有30多名小学生的传教会学校”。⑤ 新教反对苦修禁欲、违反人的天性，认为自然给人的行动应包括体育运动和娱乐活动，故在宗教改革运动中，

---

① Do Uitimo ministerio deste Colegio que e a escola dos meninos，转引自李向玉：《汉学家的摇篮：澳门圣保禄学院研究》，北京：中华书局，2006年，第80页。

② ［瑞典］龙思泰著，吴义雄等译：《早期澳门史》，北京：东方出版社，1997年，第163页。

③ ［美］亨特著，冯树铁、沈正邦译：《广州番鬼录·旧中国杂记》，广州：广东人民出版社，2009年，第450页。

④ *Chinese Repository*, Vol. 10, No. 10, 1841/10, p. 569.

⑤ *Chinese Repository*, Vol. 14, No. 4, 1845/04, p. 200.

同时也进行宗教教育改革，将部分体育的内容设置于教育之中。我们目前虽然尚未找到哈巴安德创办的学校进行体育运动的资料，但美国长老会特别重视体育运动，如1888年美国长老会在广州成立的格致书院就以体育闻名。故可推知，哈巴安德1845年在澳门创办的学校应有体育运动的安排。1900年，由于受义和团运动影响，格致书院迁到澳门，租赁张家花园为校址，更名为岭南学堂，以美国长老会尹士嘉（Oscar Francis Wiser）博士为监督。在澳门办学期间，岭南学堂的体育老师刘易斯创办了陆军团演习兵操，并和当时的中、葡人士举行足球联赛，其中哑铃体操的表演更获好评。[①]

不管是16—17世纪澳门的天主教教育还是19世纪中叶澳门的基督新教教育，虽然均无详细资料说明这些教会学校的体育教育，但这些学校已经将锻炼身体、展开运动和娱乐活动作为少年儿童教育的一项内容，这是不争的事实。也可以说，在中国体育教育史上，澳门教会学校开启了中国体育教育之先河。

澳门学校正式引进近代西方体育教育最早者应是19世纪创办的澳门官立学校。19世纪后期澳门的官立学校有1878年创办的澳门商业学校、[②] 1882年设立的路环小学和凼仔小学、[③] 1883年创建的中心小学、[④] 1893年创办的利宵中学，[⑤] 这些官立学校的创办，依照的是葡萄牙学制。19世纪后期欧美各国均已将体育引进了学校教育的正式课程，当时的葡国学校已经设有体操课，故可推断，上述澳门官办学校的体育至少设有体操课。据《澳门土生族群》一书资料，1873年出生于澳门的土生葡人巴士度于19世纪末20世纪初曾在澳门男子中心小学担任体育教师。[⑥] 据《澳门宪报》，利宵中学是当时体育运动开展得最好的学校，故澳门政府于1911年成立澳门运动委员会时，该委员会"成员包括利宵中学和其他主要学校的体育教师"。[⑦] 可以反映，在1911年以前，利宵中学及澳门其他官立学校都已有了专职的体育老师。

从近代体育发展史看，维新运动对促进西方体育的早期传播有着重要意义。维新派接受西方教育思想，提倡德、智、体三育同时发展，并主张"尚武强国"的思想。他们开办军事学校，编练军队，是直接从身体健康的角度来讨论、提倡和实施体育的。[⑧] 19世纪后期，澳门已成为维新派人士大量聚集的地方，"百日维新"失败后，澳门更成为维新保皇派人士在海外最重要的基地。故此，维新派提倡体育的思想，在澳

---

① 钟荣光：《岭南大学收回之经过》，转引自刘羡冰：《澳门教育史》，北京：人民教育出版社，1999年，第50页。

② ［葡］施白蒂著，姚京明译：《澳门编年史：19世纪》，澳门：澳门基金会，1998年，第213页。

③ ［葡］施白蒂著，姚京明译：《澳门编年史：19世纪》，澳门：澳门基金会，1998年，第226～227页。

④ ［葡］施白蒂著，姚京明译：《澳门编年史：19世纪》，澳门：澳门基金会，1998年，第228～229页。

⑤ ［葡］施白蒂著，姚京明译：《澳门编年史：19世纪》，澳门：澳门基金会，1998年，第273页。

⑥ Jorge Forjaz, *Famílias Macaenses*, Vol. Ⅰ, Macau: Fundação Oriente, Instituto Cultural de Macau, Instituto Português do Oriente, 1996, p. 476.

⑦ *Boletim Official do Governo da Província de Macau*, Vol. XI, 7 de Janeiro de 1911, No. 1, p. 6.

⑧ 何启君、胡晓风主编：《中国近代体育史》，北京：北京体育学院出版社，1989年，第56～62页。

门开办的华人学校得到完全的贯彻。

1898 年澳门维新派领袖、富商何廷光创办澳门大同女学堂，该学堂制定的《课学章程》第五条明确规定："学童有每日除各项功课外，兼习体操，以舒性灵而强筋骨。"① 1904 年由澳门创办的启明学校，当时已设有算术、地理、体操、音乐等课程。1905 年由镜湖医院值理张仲球创办镜湖义学："初择镜湖医院右侧之厅数座，合并之为课室，厅外空地辟作运动场。遂购置体育器械，并为学生购置操衣，德智体三育并重。"② 1906 年由卢雨川创办的澳门大庙脚蒙学书塾："延刘希明先生教授体操，吴节薇先生教授算学、英文。"③ 1910 年由澳门华商创办设立在澳门天神巷 37 号宋氏大屋原址的华商学堂：

> 屋傍辟一碧草广场，设置有秋千架、运动仪器等，以为学生体操运动及游戏之所。……各科如图画、唱歌、体操、游戏皆备，……况其尤注重体操。故各学生每日返学，必须穿着操衣，作为学堂之制服。所谓操衣者，即军服、草帽、皮带、脚绷等装束是也，每次吹喇叭，敲铜鼓，练习木枪，仿如军训。④

1905 年《广东日报》记澳门追悼会称："祭毕，各学堂学生会操，均甚整齐。"⑤ 可见，当时华人各学堂均有体操训练。1906 年的《有所谓报》登载一则"愤澳门学界忽起绝大之恶潮"的消息：

> （澳门）澳门明新学校汉文教习林伯和、体操教习日人梅田菊夫、英文教习英人麦，因该校学生韦某等出街被葡人某笑辱打击，学生不忿，乃由其教习梅田菊夫，控之于官并即拿获葡人某，交捕房，讵捕房释之。又获交总差馆，又释之。日人不忿，乃上堂声言必执某葡人治罪。葡官乃先将学生入狱一夜，明日判两造无事。即由葡官传各学堂总理，到华民政务署，并要存写各堂教习名字。谓自后各堂学生，无论堂之内外，不准教兵式体操及各学生出入不准联队云云。⑥

明新学校何时创办，由何人创办尚不清楚，但这一则消息至少可以告诉我们三点：

1. 明新学校 1906 年前即开设有体操课。
2. 明新学校由日本人担任体操教师。
3. 当时的澳门学堂普遍设有"兵式体操"。

从上述资料可以看出，在维新派教育改革思想的影响下，西方体育教育已经普遍进入了澳门华人所办的教育事业之中，并为澳门近代体育运动的形成做了数十年的人才准备。

---

① 《博闻报》，光绪二十四年正月《澳门大同女学堂章程》，香港大学孔安道图书馆缩微胶卷中心。

② 王文达：《澳门掌故》，澳门：澳门教育出版社，1999 年，第 321 页。

③ 《华字日报》，1906 年 2 月 8 日，《澳门蒙学书塾广告》，香港大学孔安道图书馆缩微胶卷中心藏原报缩微胶卷。

④ 王文达：《澳门掌故》，澳门：澳门教育出版社，1999 年，第 319 页。

⑤ 《广东日报》，乙巳年十月初五日，广东中山图书馆藏原报。

⑥ 《有所谓·庄部》，丙午年（1906）2 月 19 日第 1 页《访稿》，开智社印行。

第十章

澳门西洋社会生活及风俗

清初寓居澳门普济禅院的释迹删有澳门诗云：“暂到殊方物色新，短衣长帔称文身。相逢十字街头客，尽是三巴寺里人。箬叶编成夸皂盖，槛舆乘出比朱轮。年来吾道荒凉甚，翻羡侏离礼拜频。”① 一首七律，将澳门殊方外国的异国风情淋漓尽致地道出。正如葡国学者巴雷托所言：“澳门自16世纪成为葡中两国的国际贸易港口，逐渐形成了世界性的规模。她在连接中国、日本、菲律宾和马来群岛之间的丝绸、瓷器、金银和香料贸易中具有战略地位。澳门这块自治区域不仅是货物进出口的口岸，而且是西洋与东方技术交流，汉籍与欧洲书籍的传播与交流的中心，吸引不同语言、种族和文化背景的人们汇聚于此，因此，澳门也是风俗、思想和价值观相互影响的区域。”② 在长期的东西文化的交汇、冲突中，西洋社会生活及风俗在澳门也呈现出五彩缤纷的色彩来。

第一节　澳门西洋社会的婚姻和礼俗

葡萄牙是一个以天主教为国教的民族国家，在近代国家与法制兴起以前，葡萄牙人的婚姻礼俗是天主教礼仪的重要表现形式，而且严格受制于天主教有关礼仪的规定。澳门葡萄牙人天主教信仰如同中国儒家传统，将家庭视作社会的基本单元，继而把家庭婚姻关系的稳定视作世俗社会得以维系的前提。故而，教友的婚姻问题一直是天主教会的重要事工，天主教会婚姻制度对世俗婚姻影响巨大，是处理当时世俗婚姻的主要准则。

---

① （清）释迹删：《咸陟堂诗集》卷14，《三巴寺》，广州：广东旅游出版社，2008年，第252页。

② ［葡］安图内斯：《澳门是多元文化社会的典范》，载澳门《行政》杂志第22卷，第2期（总84期），2009年，第311页。

一、澳门葡萄牙人的婚姻制度

澳门葡萄牙人的普遍婚姻制度为天主教单偶婚制，而天主教单偶婚制除了一夫一妻的立场外，还包括婚姻的神圣不可解除，即婚姻一旦生效，对象就是单独固定的，不能轻易改变。在旧约中，夏娃是上帝取自亚当身体的一部分。她的创造，是为了给亚当提供一个伴侣，这个故事被看作人类一夫一妻制婚姻的神圣渊源。不过，在旧约时代，希伯来人并没有严格遵守单偶制。在新约中，一夫一妻和不可解除正式抬高到不可触犯的地位。到9世纪，兰斯大主教辛克马尔（Hincmar of Rheims）受教宗尼古拉一世（Nicholas Ⅰ）委托，把“婚姻神圣不可解除”的神学原则变成法律，该法律细则包括：通奸不能使婚姻解除，只能在某种特殊情况下被允许分居；性无能者的结合不构成有效婚姻；女儿未经父亲同意不得擅自订立婚约等。[①] 到12世纪，不可解除的范围更加扩大化，《格雷西安教令集》（*Gratian's Decretals*）甚至强调：婚约不能为通奸所解除；婚姻过程一旦被证明业已开始，它便不能够被以任何理由加以解除；体弱、受伤及无生育能力皆不能成为解除婚姻的理由。[②] 于是，天主教徒的离婚权基本上被废止了。

与中国旧时的多妾制迥异的是，一夫一妻是澳门葡裔族群婚姻的基本制度。一夫一妻制是天主教婚姻的首要原则，在神前起誓的婚姻是安定而纯洁的婚姻，是神圣的持续。这种更文明的婚俗随着葡人的到来而在澳门生根发芽，成为一种亮丽的异域风情，这种与中国多妾制截然不同的婚俗大大刺激了中国士大夫的眼球，在中文史料中可以见到大量相关记载。清初屈大均称：

> 男子不得有二色，犯者杀无赦。[③]

乾隆时担任澳门同知的印光任和张汝霖称：

> 男子则出嫁女家，不得有二色，犯者女诉之法王，立诛死。或许悔过，则以铁钩钩其手足，血流被体而后免。[④]

姚元之的《竹叶亭杂记》则载：

> 又其俗男子不得置妾，不得与外妇私，其妇约束极严。而妇人随所爱私之，其夫不敢过问。若其夫偶回本国，往来须时，必托一友主其家。其友三四日一过

---

① Angela M., *Women in the Middle Ages: Religion, Marriage and Letters*, Brighton, Sussex: The Harvester Press, 1983, p. 105.

② Gratian, Canon Law on Marriage, in Emilie Amt (ed.), *Women's Lives in Medieval Europe A Sourcebook*, New York: Routledge Chapman Hall, 1992, pp. 82 – 83.

③ （清）屈大均：《广东新语》卷2，《地语・澳门》，北京：中华书局，1985年，第38页。

④ （清）印光任、张汝霖原著，赵春晨校注：《澳门记略校注》，《澳蕃篇》，澳门：澳门文化司署，1992年，第154页。

宿，若逾多日不至，妇则寻至，责以疎阔。其夫归问友之往来疎密，密者即为好友，疎则不与之交矣。习俗所尚，全与礼教相反。①

潘有度的《西洋杂咏》：

缱绻闺闱衹一妻，夷人娶妻不纳妾，违者以犯法论。犹知举案与眉齐。夷人夫妇之情甚笃，老少皆然。②

值得注意的是，由于不同族群文化的差异性，中国士人在观察这一同中华迥异的族群时带有有色眼镜和猎奇心态。在这些中文史料的描述中，总是伴随葡裔族群重女轻男，男子不得有二色，而女子不禁的论调，这并不是对当时情况的实录，有违史实。

首先，葡裔族群并没有重女轻男，女子在家庭中的地位并未高过男子。伊比利亚半岛及拉美殖民地的妇女，享有与男性相同的继承权，并且能够让渡自己的财产，亦即她们对自己的嫁妆和遗产等财产有自主处理的权利。③ 葡萄牙亚洲殖民地的妇女的继承权亦基本如此，在葡萄牙的印度殖民地有一个著名的案例：

阿尔加韦人氏若昂·卡埃伊罗的故事最为知名。他去世时留下了 13 000 或 14 000帕尔达乌斯金币。此人与一女奴生有二子。他规定这二子，一男一女互为其继承人而且这二子互为继承人。男孩死后将财产全部过继给了女孩。据遗嘱执行人之一的西芒·博特略声称，有了这份嫁妆她甚至可以同一贵族结婚。但她却在遗嘱执行人不在场的情况下由另一葡萄牙人撮合同其一个大手大脚的花花公子外甥结婚。④

这个私生女的继承权与私生子平等，并没有高于私生子。由于天主教婚姻中夫妻财产的分产制及女儿有权继承父母、祖父母财产的规定使得澳门有嫁妆的葡亚混血的土生葡裔族群女子在经济上保持了相对的独立性。同当时受到族权、父权、夫权重重压迫的中国女子相较而言，葡裔族群女子的地位确实不可同日而语。由于土生葡裔族群女子地位相对独立，故而在当时男尊女卑思想根深蒂固的中国士大夫眼中，这一现象非比寻常，所以比较震惊，得出“重女轻男”“女子持家计，承父资业”的结论。这些记载可能是因为时俗不同而夸大其词，因为土生葡裔族群女子虽然比起华人女子而言在家庭地位中相对独立，但并未至重女轻男的地步。在子女继承权上，女子并没有高于男子，“按照葡萄牙的法律，长子是父母财产的唯一继承人”⑤。当然，父母一般也会

---

① （清）姚元之：《竹叶亭杂记》卷3，北京：中华书局，1982 年，第 92 页。

② （清）潘义增、潘飞声：《番禺潘氏诗略》第 2 册，《义松堂遗稿》之潘有度《西洋杂咏》，光绪二十年刊本，第 2 页。

③ Susan Migden Socolow, *The Women of Colonial Latin American*, Cambridge and New York: Cambridge University Press, 2000, p. 9.

④ Ana Maria Amaro, *Filhos da Terra*, Macau: Instituto Cultural de Macau, 1988, p. 17.

⑤ ［印度］桑贾伊·苏布拉马尼亚姆著，何吉贤译：《葡萄牙帝国在亚洲（1500—1700）：政治和经济史》，澳门：纪念葡萄牙发现事业澳门地区委员会，1997 年，第 255 页。

照顾到其他子女，若是在世时女儿出嫁，一般会准备丰厚的嫁妆；若是在女儿出嫁前去世，亦会立遗嘱给予遗产。无论从当时的法律，还是具体的遗产继承案例而言，葡裔族群在子女财产的分配上并不存在重女轻男的情况。

虽然葡裔女子有一定的继承权，但她们的社会地位还是处于依附状态。阿马罗在分析16—19世纪澳门妇女时指出：

> 如果这些妇女生活在上层社会，则悠闲舒适；但无论生活在什么阶层，都惟命是听。①

印度学者伊萨贝尔·杜斯·基马（Isabel dos Gulma）在研究旧体制下的葡国仁慈堂时亦认为：

> 在旧体制时代，处于经济和社会弱势群体的穷人中妇女占了大多数。尽管没有明确的规定，但是值得注意的是，无论是在任何一种婚姻状况下，均存在着妇女对男人的依附关系。而寡妇除外，因为在守寡的情况下，若她们略有财富的话，便可以享有某种经济自由。至于已婚妇女，她们不能享有与其丈夫相等的权利。②

由此可见，16—19世纪澳门葡裔族群及土生葡裔族群女子虽然具有一定的独立性，其社会地位亦是当时的中国妇女遥不可及的，但是并没有达到中国史料所记载的“重女轻男”之程度。

另外，关于“男子不得有二色，而女子不禁”的记载亦是一种错觉。虽然天主教的婚姻是禁止纳妾的，但葡裔族群男性同女仆通奸的现象比比皆是。虽然天主教主张一夫一妻制，严禁纳妾，但是为了实现“男性嫁接”政策，刘易斯·阿尔布克尔克（Luís de Albuquerque）从进入印度洋时起便为“已婚者”制定了政策，向纳印度妇女为妾的人授予特别权利，以便同她们组成合法家庭。同时，由于受到东方其他民族的影响，葡人纳妾或非法同居现象愈演愈烈。如仅在索科托拉，就有“与葡萄牙男子以女友身份相处的”两百多名妇女被送往果阿；而在加纳诺尔，人们会在教堂里见到肥胖的妻妾；在马六甲有许多有妻室的人。他们除了正室外都有三四个妾，多者可达六个妾。这种现象在澳门亦逐渐风行，博克塞称：

> 到1564年，随着澳门人口的增长，改宗基督教的中国妇女和少女的杂婚率明显提高，纳妾现象也越来越严重。③

16世纪荷兰航海家林旭登称：

---

① ［葡］阿马罗著，田光明译：《澳门妇女：据16—19世纪旅行家的记载》，载《文化杂志》（中文版）第17期，1993年，第94页。

② ［印度］伊萨贝尔·杜斯·基马：《社会地位及歧视：旧体制时代葡萄牙仁慈堂主席及受惠者的选择方式》，第314页，转引自［葡］施莉萝：《澳门仁慈堂历史上的妇女》，载澳门《行政》杂志第20卷，第2期（总76期），2007年，第416页。

③ C. R. Boxer, Macao as Religious and Commercial Entrepot in the 16th and 17th Centuries, in *Acta Asiatica*, 1974, p. 66.

同样女奴隶也是这样，因为她们从来不到海外，然就在她们主人去海外的这些时间，或者在节日跟随主人去教堂时，她们就告知情人，然后离开教堂里的女主人，或者偷跑到某个商店或角落，这是她们现成的不假思索的去处，她们的情人在那里等着，然后他们就匆匆地进行了一项运动，事完后就分开；如果她正巧拥有个葡萄牙人或白人作为情人，她就尤为自豪，认为没有任何女人比得上自己，还在奴隶中间吹嘘，她们还会从男主人和女主人那里偷取东西送给情人，许多士兵凭此和兵饷，过上了更好的生活；如果这些女奴怀上了孩子，孩子就是男主人的，男主人对此十分满意，因为这些孩子又是他的奴隶，但是如果孩子出生时，他的生父是一个葡人或某个自由人，这个父亲也可在八天之内为此询问，向男主人支付小额金钱领走，法律就是这样规定的，从而这个孩子自此就是自由人了。①

这说明随着葡人同华人的交往日深，他们的宗教和文化习俗影响了大批华人，同时也开始受华人文化的影响，连被传教士们批判得最严厉的纳妾制、包养情妇或与女仆通奸也在葡人之间流行起来。虽然得不到宗教的承认，但在事实上是存在的。中国的“妹仔”主要是充当葡人家庭的女奴角色，但是她们有时也过着安逸和儿女成群的生活，她们在洗礼时接受了其主人的姓名而实际上哺育了很多自己和别人的孩子，所有这些非婚生子女都被归入“受抚养人”。往往一个富裕的葡人家庭会拥有五个以上的女奴。耶稣会教士弗朗西斯科·德·索萨神父批评这种淫乱奢侈的社会风气时如是说：

葡萄牙借口使她们加入天主教，从东方各省买来这些“毒药”，然后把她们带回我们的港口，她们并没有什么经济作用，而且我也不知道对她们的心灵是否有较大危害。然而，如今她们有一个面包吃，便能以音乐演奏者和其他不需要的手艺的名义在他家里支撑一个女修道院……②

在葡国学者若尔热·福尔加斯的《澳门土生家族》一书中，就常见到非婚生子女的记载，现摘取部分列表如下③：

表 10-1 非婚生子女概况

姓名	出生死亡年份	婚姻状况	非婚生子女
曼努埃尔·科尔代罗 Manuel de Sousa Cordeiro	？—1710	？	非婚子 1 名

① Jan Huyghen van Linschoten, *The Voyage of John Huyghen Van Linschoten to the East Indies*, Vol. Ⅰ, Londres, 1885, pp. 215－216.

② Manuel Teixeira, Os Macaenses, in *Revista de Cultura*, Edição do Instituto Cultural de Macau, No. 20, 1994, p. 78.

③ Jorge Forjaz, *Famílias Macaenses*, Macau: Fundação Orierte, Instituto Cultural de Macau, Instituto Português do Oriente, 1996.

（续上表）

姓名	出生死亡年份	婚姻状况	非婚生子女
若瑟·巴雷托 José Barreto Senior	1750—1824	2	与姓席尔瓦（Silva）女子有非婚女1人
索萨·伊·阿尔布克尔克 Inácio Baptista Cortela de Sousa e Albuquerque	1750—1827	1	非婚子1名
若瑟·巴洛斯 José Joaquim de Barros	1753—1823	1	与安东尼娜·沙维尔（Antónia Maria Xavier）有非婚子3名
阿戈斯蒂尼亚·拉谢拉德 D. Agostinha Maria Correla de Lacerad	1759—?	1	非婚子1名
恩里克·达伦贝尔格 Henrique Caetano Danenberg	1770—?	1	非婚子女2名
眉额带历 Miguel José de Arriaga da Silveira	1776—1824	1	非婚子女2名
巴尔特洛梅乌·巴雷托 Bartolomeu Barreto	1784—1845	2	与安东尼娜·克鲁兹（Antónia Rita da Gruz）有非婚子女5名
若瑟·席尔瓦 José de Almeida Carvalho e Silva	1784—1850	1	与中国女佣有非婚子1名
安东尼奥·巴塔尼亚 António Ferreira Batalha	1785—1855	2	非婚子女2名
马尔科斯·贝罗 Marcos Aurélio Belo	1805—1839	1	与华人女子安娜·伊西伯娜（Ana Páscoa Isidora）有非婚女1人
拉莫多·弗兰科 Raimundo Franco	? —1839	2	非婚子1名
若瑟·阿尔梅达 José Manuel de Almeida	1812—1884	1	非婚子1名
皮奥·卡瓦略 Pio Maria Francisco de Carvalho	1820—1882	2	非婚子1名
安东尼奥·贝尔拉德亚 D. António de eça Vaz Bernardea	1826—1888	1	与贝尼菲迪亚·罗莎（Benefídia Silva Rosa）有非婚子1名

（续上表）

姓名	出生死亡年份	婚姻状况	非婚生子女
威廉·若瑟·德·阿尔梅达 William José de Almeida	1830—1917	0	与一异教徒女子有非婚子女4名
曼努埃尔·巴拉略 Manuel Maria Borralho	1853—?	1	与一名不知名者有非婚女1人
弗朗西斯科·库尼亚 Francisco Manuel de Cunha	1859—1910	1	非婚子女3名
弗雷德里科·卡瓦略 Frederico Eugénio de Carvalho	1860—1923	1	与马达雷娜·孔塞桑（Madalena Maria da Conceição）非婚子女3名
尤西比乌斯·阿吉洛 Eusébio Esquerião Honorato de Aquino	1864—1925	1	与安·史密斯（Ann Smith）之女有非婚子女2名
乔尔·阿洛克 Joel José Chol Anok	1867—1945	3	第三次婚姻是以中国风俗同玛利亚·科克（Maria Kok）结婚
刘易斯·阿尔瓦雷斯 Luís Maria Joaquim Álvares	1869—1911	1	与格拉谢·丁尼生（Grace Tennyson）有非婚女1人
伊西多罗·科拉索 Isidoro António Colaço	1871—?	2	非婚女1名
若奥·亚松桑 João Correa Paes da Assumpção	1889—1944	1	与玛利亚·余（Maria Carmo Yue）有非婚女3人
爱德华多·特里戈索 Eduardo Viana de Almeida Trigoso	?—1917	0	非婚子1名

澳门葡裔族群的婚俗主体上是遵循天主教一夫一妻制的基本原则，但中文文献“彼中最重女子”“男子不得有二色，而女子不禁”的记载则掺杂了中国士人对他者文化的想象和扭曲，并不是当时社会的真实写照。16—19世纪澳门葡裔女子虽然有一定的独立性，但她们还是处于依附状态，地位更不可能超过男子。男子通奸、嫖妓、非婚生子等“有二色”的现象比比皆是，更有效仿中国男子纳妾者；而“女子不禁”则只是在经济窘况下不得已的选择，是贫困的葡裔女子及亚非女奴所为，并不能代表所有的葡裔女子。

二、澳门葡萄牙人的婚姻观念

（一）婚姻自由

澳门葡萄牙人的婚姻观念最主要的就是婚姻自由。由于天主教婚姻的神圣性，教徒的结合不仅是维系人类繁衍、抵御撒旦诱惑的不二良方，更是同心同德、相扶相爱侍奉上帝的组合。婚姻的持久性完全依赖于夫妇间相互的感情；只有在夫妻关系被注入坚定的宗教信念和对上帝的强烈的爱时，婚姻才得以长期维持，故而天主教的婚姻尤其强调双方自愿的原则。12 世纪时，《格雷西安教令集》称“即使父亲的誓言也不能迫使一位女孩嫁给她所不同意的人”①，这一教令将“自愿同意”看作有效婚姻必不可少的、最为本质的东西。教宗尼古拉一世谴责父母私自为子女订婚为恶习：“如果双方不能同时同意，不可以缔结婚姻。那种为仍在摇篮中的孩子订婚的行为是一种恶习，这样的婚姻即使双方父母同意，也不能算有效，除非等孩子达到一定年龄并懂得是否该同意为止。”② 除颁布教令外，教会还建立了法庭和司法程序，以供被迫缔结婚姻提出申诉。如果申诉证据确凿，理论上讲她们的婚姻可以被取消。③

澳门葡人婚姻是自由的，子女具有否决权和选择权，婚前亦可有恋爱机会，也不需要媒妁之言。这些对于当时的中国人来说是不可思议的，故而留下大量记载。傅恒的《皇清职贡图》载：“俗重女轻男，相悦为婚。”④ 潘有度的《西洋杂咏》诗下自注曰：

> 婚姻自择无媒妁，男女自主择配，父母皆不与闻。同忏天堂佛国西。合卺之日，夫妇同輣手登天主堂立誓。⑤

祝淮的《（道光）新修香山县志》称：

> 贵女贱男，家政女操。婚姻不由媒妁，相悦则相耦。婚期诣庙跪，僧诵经毕，讯其两谐，即以两手携男女手，送之门外，谓之交印。男富归男家，女富归女家。⑥

---

① Frances and Joseph Gies, *Marriage and the Family in the Middle Ages*, New York: Harpercollins, 1987, pp. 137 – 138.

② Emilie Amt, *Women's Lives in Medieval Europe: A Source Book*, New York: Routledge, 1993, p. 80.

③ Georges Duby and Michelle Perrot, *A History of Women, II, Silence of the Middle Ages*, London: The Belknap Press of Harvard University, 1992, p. 219.

④ （清）傅恒等编纂：《皇清职贡图》卷 1，《大西洋国夷人》，沈阳：辽沈书社，1991 年，第 81 页。

⑤ （清）潘义增、潘飞声：《番禺潘氏诗略》第 2 册，《义松堂遗稿》之潘有度《西洋杂咏》，光绪二十年刊本，第 2 页。

⑥ （清）祝淮：《（道光）新修香山县志》卷 4，《海防·附澳门》，中山文献丛刊第 3 册影印清道光七年刊本，第 711 页。

《林则徐全集》道光十九年（1839）七月载："婚配皆由男女自择，不避同姓，真夷俗也。"① 晚清时，梁乔汉的诗则曰："婚娶何劳遗妁联，两人各自目成先。"②

（二）门当户对

上述澳门葡人自由的婚姻观应该说只是相对的，葡人的婚姻在很多方面被门第观所制约。虽然天主教的婚姻制度规定了男女双方自愿的原则，但贵族阶层严格遵守门当户对的门第观，贵族的婚姻一般都属于"包办婚姻"。汤普逊指出：

> 中世纪的婚姻关系，远不像小说中描写的那样，是感情的结合，而大多是一种利害关系上的婚姻，也是一种野蛮强制的婚姻。③

无论在葡萄牙本土还是葡萄牙的东方殖民地，门第观一直左右着葡裔贵族的婚姻选择。自澳门开埠以来，就有不少葡萄牙贵族冒险者前来澳门，或因战功或用金钱购买的新贵族也落户澳门。随着葡萄牙人在澳门的发展，到清中叶以后，在澳门土生葡人社会中已经形成一些名门望族，他们之中有从葡萄牙来的王室贵族后裔、从葡萄牙东方帝国来的新葡裔贵族，还有澳门葡裔富商或凭功勋或花重金而形成的新贵族阶层。因此，门第和血统就越来越为澳门葡裔人群所看重。同名门望族结婚意味着更高的社会地位和更好的仕途。如佩雷拉·达·西尔维拉，他是葡萄牙富商和船东贡萨罗·达·席尔维拉的长子。1819 年 8 月他与贝内迪塔·马葵士（Ana Benedita Marques）结婚，使得他同澳门最有名望、最富有的家庭建立了联系，因为他的妻子双亲中的一方是皇室显贵皮奥·马葵士（Domingos Pio Marques），而另一方则是富豪摆华家族。1818 年西尔维拉的父亲遇难去世，在没有父亲经济支持的情况下，他凭借着在圣若瑟学院受到的教育和很好的姻亲关系开始担任各种公职。在担任各种职务的时候，都显示出他"血统纯正""家庭富有"的特性，他担任的最后一个公职是法院书记官，直至退休，一直在澳门有着显赫的名声。④

恰好，还是这位 19 世纪中叶属于当地上流社会的法院书记官——西尔维拉，他的一个儿子同具有华人血统的古老家族——雷梅迪奥斯家族的一名女子结婚，就有亲戚写下讽刺诗来挖苦与华人通婚的葡萄牙家族，"迪昂·米兰达的墓中，长叹声声，他的

---

① 林则徐全集编辑委员会编：《林则徐全集》第 9 册，《日记卷》，福州：海峡文艺出版社，2002 年，第 4596 页。

② （清）梁乔汉：《港澳旅游草》，《夷俗杂咏》第 7 首，光绪二十六年刻本，第 10 页。

③ ［美］汤普逊著，耿淡如译：《中世纪社会经济史》下册，北京：商务印书馆，1963 年，第 339 页。

④ Jorge Forjaz, *Famílias Macaenses*, Vol. Ⅲ, Macau: Fundação Oriente, Instituto Cultural de Macau, Instituto Português do Oriente, 1996, pp. 801 – 802；［葡］阿马罗著，李长森译：《1842 年澳门市政厅选举和当地"长老"》，载《文化杂志》（中文版）第 19 期，1994 年，第 100 ~ 101 页。

外甥，将同他阿仔的孙女成婚”。[1] 很明显，当时的葡人社会对于与华人通婚的葡萄牙贵族是看不起的，认为他们的门第不同，并不般配，故写讽刺诗进行挖苦。

从1842年的《市民资料报告》中可以看出，当时葡裔人口通婚的门第现象非常明显，而且姻亲关系是衡量一个人的社会地位的重要标志之一。下面，根据1842年《市民资料报告》整理出当时参与议事会选举的选民之间的姻亲关系：

表10-2　1842年议事会选举选民姻亲表[2]

男方身份	女方身份	备注
罗伦索·马贵斯（Lourenço Marques），议事会议员	英国公司文书阿戈斯基纽·德·米兰达（Agostinho de Miranda）的表兄弟	2人都有投票权
曼努埃尔·佩雷拉（Manuel Pereira），议事会议员	总督边度（Adriao Acácio da Silveira Pinto）的女婿	有投票权
亚历山大·德·梅洛（Alexander de Melo），商人、议事会成员	与商人雅努阿柳·洛佩斯（Janufirio José Lopes）是表兄弟	2人都有投票权
马西米安诺·阿基诺（Maximiano Jozé d'Aquino），商人	与商人维森特·里贝罗（Vicente Vieira Ribeiro，卡洛斯·达·罗沙（Carlos Vicente da Rosa）和曼努埃尔·德·索查（Manuel António de Souza）家族联姻	4人都有投票权
曼努埃尔·巴波沙（Manuel Jorge Barbosa），商人，公钞局司库	女婿为律师弗朗西斯科·费尔南德	2人都有投票权
弗朗西斯科·费尔南德斯（Francisco de Assis Fernandes），律师	与一级文员主管若瑟·奥维斯是表亲	后者无投票权
安东尼奥·穆尔（António Frederico Moor），商人	与亚历山大·格兰特（Alexander Grant）的联姻，英国公司文书	后者无投票权
西普良诺·巴谢果（Cipriano António Pacheco），商人，大堂区治安判事	与罗伦索·多斯·桑托斯家族联姻，船主	有投票权
若瑟·多斯·雷梅久斯（José Simão dos Remédios），商人，风信堂区治安判事	是海关督察若瑟·戈麦斯（José Joaquim Gomes）的女婿	有投票权

---

① ［葡］阿马罗著，金国平译：《大地之子：澳门土生葡人研究》，澳门：澳门文化司署，1993年，第31～33页。

② ［葡］阿马罗著，李长森译：《1842年澳门市政厅选举和当地“长老”》，载《文化杂志》（中文版）第19期，1994年，第107～111页。

（续上表）

男方身份	女方身份	备注
菲利普·维埃拉（Phillip Vieira），商人	与海关督察若瑟·戈麦斯家族联姻	有投票权
若瑟·多斯·雷梅久斯，风信堂治安判事	与商人菲利普·维埃拉（Phillip Vieira）联姻	2人都有投票权
卡瓦略·依·索查（José Manuel de Cavalho e Sousa），军人，营长	与若瑟·德·莱莫斯（José de Lemos）家族联姻，外国公司发货员	2人都无投票权
菲利斯·德·阿泽维多（Félix Hiario de Azevedo），英国公司文员	为驾驶员佩德罗·达·席尔瓦（Pedro da Silva）的表兄，亦为市政厅记录员若昂·达席尔瓦的表兄	2人都无投票权
若昂·因特曼（João Hyndman），公司文员	是公司文书亚历山大·格兰特的姻亲	2人都无投票权
若瑟·奥维斯（José Miguel Owens），一级文员主管	他曾是公钞局司库曼努埃尔·奥维斯（Manuel Owens）的女婿	2人都无投票权
曼努埃尔·贝尔纳吉诺（Manuel Duarte Bemardino），商人	是无业者若阿金·布拉加（Joaquim Braga）的姻亲	2人都无投票权
路特也罗·内维斯（Ludgero J. F. Neves），大炮台驻军少校副营长	是军人若昂·马尔绍（João Marҫo）的姻亲	2人都无投票权
若瑟·德·马谢多（José Francisco de Macedo），公物保管员	是翻译员若昂·贡萨尔维斯（João Gonçalves）的表兄弟	2人都无投票权
若瑟·维埃拉（José Vicentes Vieira），船主	是花王堂弗郎西斯科·施利华（Francisco Xavier Silva）神父的外甥	2人都无投票权
里卡多·桑巴约（Ricardo de Mello Sampaio），初级中尉	是治安判事书记官曼努埃尔·多莱戈和海关记录托马斯·多莱戈兄弟的外甥	2人都无投票权
若阿金·巴拉达斯（Joaquim Vicente Barradas），陆军少尉	是民政官马西米阿诺·达·罗沙（Maximiano da Rosa）的姻亲	2人都无投票权
辛普里西·塔瓦列希（Simplício António Tavares），无业	是议事会文书若阿金·达·科斯达的姻亲	前者无投票权
若阿金·达·科斯达（Joaquim da Costa），议事会文书	是军人、二级中尉弗朗西斯科·浪萨（Francisco Xavier Lamza）的表亲	后者无投票权
包拉·施利华（Francisco de Paula Silva），仁慈堂公物保管	是治安判事文书米格尔·费雷拉（Miguel Alexander Fereira）的表亲	2人都无投票权

（续上表）

男方身份	女方身份	备注
曼努埃尔·贝加多（Manuel Maria Dias Pegado），《葡萄牙人在中国》出版人	与陆军上尉卡瓦略·依·索查（José Manuel de Carvalho e Souza）是表兄弟	2人都无投票权
马西米诺·维莱拉（Maximino dos Santos Vilela），船舶驾驶员	与文员若昂·佩雷拉（João Carlos Pereira）是表兄弟	2人都无投票权
安东尼奥·巴达利亚（António Ferreira Batalha），中国式帆船船东	是议事会书记官的儿子，议事会三级文员路德维诺·西马斯（Ludovino Pereira Simas）的表兄弟	2人都无投票权
若瑟·德·阿泽维多（José Joaquim de Azevedo），市政厅二级文员	是市政厅文员若昂·达·施利华（João da Silva）是表兄弟	2人都无投票权
若阿金·费雷拉（Joaquim Ferreira），海关高级警卫	议事会书记员的女婿	前者无投票权
罗伦索·多斯·桑托斯（Lourenço dos Santos），中国式三桅船船东	是大堂区治安判事西普良诺·巴谢果的姻亲	前者无投票权

从上表，我们可以看出那些无投票权者所担任的不同职务以及其中某些人和市民之间的亲属关系，亦可看出当时澳门社会婚姻关系的门第层次，澳门通婚基本恪守了门当户对的原则。可以明显看出有三个层次的通婚门第：第一，政府高级官员（包括总督）、治安判事与大富商互为姻亲；第二，政府中级官员、中级军官和与较为富裕的商人互为姻亲；第三，政府及公司文员（包括海关公务保管、仁慈堂公务保管、银库看守、译员、外国公司文员等）、低级军官、船舶驾驶员等互为姻亲。正如阿马罗所称："葡萄牙血统家族的女儿一般优先嫁给欧洲人，儿子则娶欧亚混血女子为妻，财富较少的人则娶中国姑娘为妻，而不要那些没有嫁妆的欧亚混血姑娘，因为中国姑娘的美德更为人称道。"①

这种婚姻的门第观到清末则愈演愈烈，目前所知中国最早的征婚广告出现在澳门，其中第一条要求便是"名门之女"：

> （1888年6月）有西人遮譬阿·粒幼（Sampaio Lívio）者登一告白于澳门报云："仆行年四十，丰于财，现仍干办公事，性情和蔼，容貌欢欣。今欲娶妻，必须名门之女，髫龄性敏，美姿容且能弹琴跳舞者。如愿许配，请由驿务局示订。"

---

① ［葡］阿马罗著，金国平译：《大地之子：澳门土生葡人研究》，澳门：澳门文化司署，1993年，第26页。

越日，即有西女遮爹斯者，出而自荐，持回信一函嘱报馆主笔代寄焉。①

此当是见于记录之中国最早的征婚广告。

（三）婚嫁论财

除了门第观外，娶嫁论财的金钱观也是葡人的主要婚姻观。万历十四年（1586）蔡汝贤完成的《东夷图说》称澳门葡人及土生葡人“婚娶论财”：

婚娶论财，无媒妁，家世相敌，即诣佛前相配，以一僧为证，谓之交印，遂携妇归。男聘以十四，责女之奁赀常数倍。奴囷有五六房者，故外家非千金不以嫁女。②

陈仁锡《皇明世法录》亦称：

佛郎机……婚娶论财，责女奁赀数倍。无媒妁，诣佛前相配，以僧为证，谓之交樱国有大故，亦多与僧谋。③

博克塞依据的葡文材料则更证明了这一观念，他称澳门：

每个人都极为富有，据知那里没有一个穷人。这众人皆知的富裕，导致许多人（不仅是冒险家和逃难者，还有高声望的人）离开印度甚至葡萄牙，跑到这片土地定居，因为巨额嫁妆在此地结婚。④

到18世纪以后，女性有无嫁妆更成了其婚姻是否被选择的唯一标准。据1718年5月7日葡印总督颁布的《关于修女及带有陪嫁的女性婚姻的法令》称：

现本人已知悉，由于澳门城市的衰落，居住澳门的葡萄牙人已经不多，为了填补这一空白，如果居住澳门本地的葡萄牙人与有陪嫁的女性结婚，澳门总督及议事会必须无条件执行这一法令。⑤

葡裔社会“嫁娶论财”的婚姻观到清代愈演愈烈。在葡人社会中，有钱的寡妇比无嫁妆的年轻姑娘更容易嫁出。⑥ 西蒙·罗萨妻子的姐姐安娜·阿劳若·巴罗斯（Ana da

---

① （清）尊闻阁编：《点石斋画报》2集，《择配奇闻》，广州：广东人民出版社，1983年，第22页。

② （明）蔡汝贤：《东夷图说》，《佛郎机》，四库全书存目丛书史部第255册影印明万历十四年刻本，济南：齐鲁书社，1997年，第428～429页。

③ （明）陈仁锡：《皇明世法录》卷82，《南蛮·佛郎机》，四库禁毁书丛刊史部第16册影印明崇祯刻本，北京：北京出版社，2000年，第401页。

④ C. R. Boxer, *Fidalgos in the Far East (1550 – 1770), Fact and Fancy in the History of Macau*, The Hague: Martinus Nijhoff, 1948, p. 143.

⑤ *Arquivos de Macau*, 1ª Série, Vol. Ⅰ, No. 1, Macau, 1929, p. 25.

⑥ Jack M. Braga, *A Voz do Passado: Redescoberta de a Colecção de Varios Factos Acontecidos Nesta mui Nobre Cidade de Macao*, Macau: Instituto Cultural de Macau, 1987, p. 53中称1737年啡呜味去世后，留下他20岁的妻子，并给她留下了一大笔财产。啡呜味的遗产遍布各地，因此无论是他家中的财产，还是他其他各地的财产，如果需要利用死者的名义进行财产处理，那么这位寡妇就十分有必要再找一个人结婚。

Araújo e Barros）与文森特·马塔（Vicente de Mata）结婚时，曼努埃尔·罗萨把那艘“圣安娜号”船作为彩礼的一部分赠给了她。1747 年马塔去世以后，安娜开始守寡，但她这么年轻，还拥有这艘船，于是后来又和文森特·费雷拉·卡尔瓦略（Vicente Ferreira de Carvalho）恋爱并结婚。[①]

富裕的土生葡人家庭一般会给女儿准备丰厚的嫁妆，他们的女儿往往是众多男子追求的对象。正如博克塞所言，澳门对于葡属亚洲帝国其他地区的贫穷求婚者来说，是一处胜地，因为当地女性的嫁妆颇为丰厚。在 18 世纪初，澳门最富有的猎物是一名女孤儿继承人，名叫玛丽亚·德·毛拉（Maria de Moura），她 9 岁的低龄也未打消两位热心的军官求婚者：果阿皇家海军步兵上尉古尔露（António de Albuquerque Coelho）和中尉唐·恩里克·德·罗郎也（Dom Henrique de Noronha），他们都是贵族。[②] 个中原因应该还是毛拉拥有一批丰厚的资财，即给她留下的嫁妆。

1731 年 9 月 30 日，70 岁的鳏夫富商尼古劳·啡呜咊（Nicolau Fiumes）迎娶年仅 15 岁的安东尼奥·科雷亚（Antónia Correia），这位新郎于当年 6 月刚刚丧妻成了鳏夫，而且瘫痪在床五个年头。这场婚礼是在新娘家中举办的，而这场婚姻是建立在一份质押合同上的。这是一场格外不合常理的婚礼，因为新郎已经年过七旬而且患有严重的疾病，而新娘却只有 15 岁，然而，丰厚的财产不仅能够弥补身体上的缺陷，还能掩盖种种伪装和年龄上的鸿沟，这纯粹是财产合约婚姻。[③]

这种富裕老翁娶到年轻少女为妻的现象在当时澳门社会并不罕见，而是一种正常的社会现象，时人潘有度的《西洋杂咏》自注曰：

> 夷人远出贸易，必俟富厚始归娶妇。年五十娶者甚多，新妇少艾，不以为嫌。[④]

16—19 世纪澳门葡人婚嫁论财的婚姻观除了受到葡萄牙东方帝国的一些地区婚俗的影响外，和中国的财婚、奢婚之风也是有关的。正如阿马罗所称：

> 葡萄牙血统家族的女儿一般优先嫁给欧洲人，儿子则娶欧亚混血女子为妻，财富较少的人则娶中国姑娘为妻，而不要那些没有嫁妆的欧亚混血姑娘，因为中国姑娘的美德更为人称道。[⑤]

---

① Jack M. Braga, *A Voz do Passado: Redescoberta de a Colecção de Varios Factos Acontecidos Nesta mui Nobre Cidade de Macao*, Macau: Instituto Cultural de Macau, 1987, p. 61.

② C. R. Boxer, *Fidalgos in the Far East (1550 - 1770), Fact and Fancy in the History of Macau*, The Hague: Martinus Nijhoff, 1948, p. 203.

③ Jack M. Braga, *A Voz do Passado: Redescoberta de a Colecção de Varios Factos Acontecidos Nesta mui Nobre Cidade de Macao*, Macau: Instituto Cultural de Macau, 1987, pp. 49 - 50；［葡］施白蒂著，小雨译：《澳门编年史：16—18 世纪》，澳门：澳门基金会，1995 年，第 117 ~ 118 页。

④ （清）潘义增、潘飞声：《番禺潘氏诗略》第 2 册，《义松堂遗稿》之潘有度《西洋杂咏》，光绪二十年刊本，第 2 页。

⑤ Ana Maria Amaro, *Filhos da Terra*, Macau: Instituto Cultural de Macau, 1988, p. 23.

16—19 世纪澳门葡人的婚姻相较中国的“父母之命、媒妁之言”是相对自由的，但是也不可忽略婚姻选择中的门第观和婚嫁论财观。

三、澳门葡萄牙人的婚礼形式

澳门葡萄牙人均为天主教徒，故而其婚姻都由教会管理，结婚一定要在教堂由神父主持。《17 世纪澳门历史资料集》公布的一份 1624 年的葡文档案有这样的记录：

> 这位主教总管既没有任何权威性，也没有任何司法权力，只不过进行了几场婚姻的圣礼仪式。根据教会的几位圣职人员说，这些仪式都是由那位位居教会总管的神父安东尼奥·罗萨里奥（Frei António do Rosário）主持并讲话。正因为大主教管理的这种模式，与真正的基督教婚礼仪式相去甚远。①

这里虽然没有介绍真正的基督教婚礼仪式是什么，但明确地告诉我们 17 世纪澳门葡萄牙人的婚礼是由主教主持。中文文献也有这样的记录，清王植的《崇雅堂稿》载：“凡男女婚姻事，僧主之。”② 此处“僧”指的就是神父。

葡萄牙人的西洋婚礼还有主婚和证婚的签名仪式，根据存盘于教会档案室的婚姻登记：

> 1790 年 6 月 16 日，在中国的圣名之城澳门，在主教府礼拜堂。我，安东尼奥·若热·诺盖拉（António Jorge Nogueira）在结婚预告中允许在神职人员面前收到结婚者西蒙·德·阿劳若·罗咱，玛丽安娜·洛佩斯·达·席尔瓦的鳏夫，与伊格纳西亚·达·科斯塔（Ignacia da Costa），弗里斯·德·门东萨（Fliz de Mendonça）的寡妇，皆为名人，证婚人为安东尼奥·维森特·罗咱及阿戈什蒂纽·安东尼奥·斯帕达（Agost. Ant. Spada）：在此结婚预告中与我，教堂司库及代理主教签署。（签名）安东尼奥·维森特·罗咱，阿戈什蒂纽·安东尼奥·斯帕达，安东尼奥·若热·诺盖拉。③

从这份 18 世纪的档案可以看出，当时的葡人结婚不仅需要神父作为主婚人，还需要两位证婚人，而且都必须在证词上签名。

澳门葡人婚礼过程在明清文献中多以“交印”二字概括。尤侗的《外国竹枝词·佛郎机》称：

> 蜈蚣船橹海中驰，入寺还将红杖持。何事佛前交印去，订婚来乞比丘尼。俗信

① Elsa Penvalva, Miguel Rodrigues Lourenço, *Fontes para a História de Macau no Século XVII*, Lisboa: Centro Científico e Cultural de Macau, 2009, p. 136.

② （明）王植：《崇雅堂稿》卷 2，《香山险要说》，四库全书存目丛书集部第 272 册影印清乾隆刻本，济南：齐鲁书社，1997 年，第 176 页。

③ Manuel Teixeira, *Os Ouvidores em Macau*, Macau: Imprensa Nacional, 1976, p. 165.

佛，每六日礼拜手持红杖而行。婚姻诣佛前相配，以僧为证，谓之交印。[①]

这里描写了从海外来到澳门的葡萄牙人天主教婚礼的情况，“寺”即教堂，“比丘尼”指僧侣传教士，手持红杖者则是主持教堂仪式的神父或主教。明人蔡汝贤曰：“即诣佛前相配，以一僧为证，谓之交印，遂携妇归。”[②] 陈仁锡：“诣佛前相配，以僧为证，谓之交印。”[③] 茅瑞征称：“诣佛前相配以僧为证，谓之交印。”[④] 屈大均曰：“彼中最重女子，女子持家计，承父资业，男子则出嫁女子，谓之交印。”[⑤] 印光任、张汝霖在《澳门记略》中对此事的记载和解释稍详：“婚期父母携之诣庙跪，僧诵经毕，讯其两谐，即以两手携带男女手，送之庙门外，谓之交印。”[⑥] 李遐龄的《澳门杂咏》亦云：“交印全凭妇坐衙，客来陪接婿擎茶。”[⑦] 如斯种种，不胜枚举。

目前多数学者认为“交印”是交换结婚信物之意，如民俗学家段宝林先生称：“所谓‘交印’即是在教堂结婚，新郎新娘交换信物，取得了正式的婚配权利之义。”[⑧] 章文钦教授也大致认为，“印”大概即指“戒指”而言。[⑨] 这种说法是不准确的，金国平先生通过严密的论证，指出：“可以完全确定‘交印’是个外来借词。来自马来语‘Kahwin’或‘Kawin’，意即‘结婚’。”[⑩] 周湘先生也认为“交印”泛指婚礼，具体是指女方将婚戒交给男方。[⑪] 这应该是对“交印”一词的正确解释。

当然，作为天主教结婚信物的戒指，也是16—19世纪澳门葡裔族群婚俗中不可缺少的信物。《（乾隆）香山县志》载：

贵女贱男，生女则喜，女年及笄，父母与择偶，通知子女，如允从，女则解戒指以定。男媒闻于僧，僧访无故旧之亲，方准其匹配。至婚期，媒引男女至庙，

① （清）尤侗：《西堂诗集》，《外国竹枝词·佛郎机》，续修四库全书集部第1407册，上海：上海古籍出版社，2002年，第108页。

② （明）蔡汝贤：《东夷图说》，《佛郎机》，四库全书存目丛书史部第255册影印明万历十四年刻本，济南：齐鲁书社，1997年，第428～429页。

③ （明）陈仁锡：《皇明世法录》卷82，《南蛮·佛郎机》，四库禁毁书丛刊史部第16册影印明崇祯刻本，北京：北京出版社，2000年，第401页。

④ （明）茅瑞征：《皇明象胥录》卷5，《佛郎机》，台北：华文书局，1968年，第271页。

⑤ （清）屈大均：《广东新语》卷2，《地语·澳门》，北京：中华书局，1985年，第38页。

⑥ （清）印光任、张汝霖原著，赵春晨校注：《澳门记略校注》，《澳蕃篇》，澳门：澳门文化司署，1992年，第155页。

⑦ （清）李遐龄：《勺园诗钞》卷1，《澳门杂咏》，清嘉庆十九年刻本，第9页。

⑧ 段宝林：《澳门婚俗中西文化交融的人类学思考》，载徐杰舜主编：《金羊毛的寻找者：世纪之交的中国民俗学家》，哈尔滨：黑龙江人民出版社，2005年，第477页。

⑨ 周湘、李爱丽等著：《蚝镜映西潮：屏蔽与缓冲中的清代澳门中西交流》，北京：社会科学文献出版社，2013年，第221页。

⑩ 金国平：《〈澳门记略〉所记“交印”考》，未刊稿。

⑪ 周湘、李爱丽等著：《蚝镜映西潮：屏蔽与缓冲中的清代澳门中西交流》，北京：社会科学文献出版社，2013年，第221页。

僧即面问：你夫妇日后有无怨悔呢？均曰无之。僧诵经文，令媒引其齐至女家，设席以待，父母姊妹将女送到男家，亦设席，名曰交印。①

这条乾隆前期采访到的有关澳门葡人结婚习俗的详细材料极为重要，它不仅报道了葡人男女双方结婚的全过程，而且很多记录都是独家所有，十分珍贵。文中透露的第一信息即是澳门葡人女儿的出嫁首先是由“父母择偶”，可以反映在澳门葡人的男女婚姻中并非所有婚姻都是自由婚姻，并非所有婚姻都是“父母皆不与闻”②。特别是在澳门土生葡人的大家族中，父母对子女婚姻的决定权所占位置仍十分重要。第二，戒指出现于订婚的场合，“父母与择偶，通知子女，如允从，女则解戒指以定”。这里是女子送戒指给男子。陈官的《澳门竹枝词》亦载：“戒指拈来杂异香，同心结就两鸳鸯。嫁郎未必他年悔，生子还当爱法王。西洋人婚礼，女以戒指授男，通于僧，僧诵经使日后夫妇无怨悔，乃成婚。”③ 此处的“戒指”出现于正式的婚礼中，亦是女子送给男子，应该同17—18世纪之间澳门出现大量“男嫁女家”的现象有关。同当时伊比利亚半岛的习俗一致，如12世纪末，西班牙托莱多（Toledo）的一个男子对未婚妻承诺将自己十分之一的财产作为彩礼，另加订婚戒指。同时他的未婚妻也给予他一枚戒指作为求婚被接受的信物。④ 在伊比利亚半岛，戒指是证明婚姻的重要信物。一位旅行西班牙的英国人记载：该国的婚姻法律对女性有利。一个年满12岁的女孩，只要一个声称年满14岁的男子已经与她有夫妻之实，并且男子也承认，男子就有义务要娶她。如果男子不承认，只要她能提供一封甚至都没有出现“婚姻”二字的情书、一个戒指或小饰品的信物就可以宣称他是她的丈夫。⑤ 澳门的婚俗亦同伊比利亚半岛这一婚俗相似，明朝的蔡汝贤亦有“男聘以十四”⑥ 的记载。第三，这里多次提到“媒”，这个“媒”是指男方派至女方的媒人。在这里媒人仍具有很重要的作用，首先媒人要先到教堂征求神父的意见，当神父了解到男女双方没有血亲关系，才同意双方婚配，然后媒人又将男女双方引至教堂，由神父主持男女双方的婚誓，结束后，再由媒人将新郎新娘引至女家，并设席招待。这些细节说明澳门葡人的婚姻并非完全不用媒妁，前面所引史料中多可见“无媒妁”之记载。对于澳门土生葡人那些豪门大族而言，可能媒妁仍然

---

① （清）暴煜：《（乾隆）香山县志》卷8，《濠镜嶴》，中山文献丛刊第2册影印清乾隆十五年刊本，第949～950页。

② （清）潘义增、潘飞声：《番禺潘氏诗略》第2册，《义松堂遗稿》之潘有度《西洋杂咏》，光绪二十年刊本，第2页。

③ （清）陈兰芝辑：《岭南风雅》卷1，《续选》，乾隆五十年刊本，第158页。

④ Heath Dillard, *Daughter of the Reconquest: Women in Castilian Town Society, 1100 - 1300*, Cambridge, New York, Port Chester, Melbourne, Sydney: Cambridge University Press, 1989, p. 59.

⑤ Lady Augusta Hamilton, *Marriage Rites, Customs and Ceremonies of the Nations of the Universe*, London: Robins, 1824, pp. 141 - 142.

⑥ （明）蔡汝贤：《东夷图说》，《佛郎机》，四库全书存目丛书史部第255册影印明万历十四年刻本，济南：齐鲁书社，1997年，第428～429页。

是很重要的一部分，那些不用媒妁者当为一般之人家。

澳门葡萄牙人的西洋婚礼，由于长期生活在澳门受中国传统文化的影响，所以颇具东方色彩，如结婚摆酒席。前引暴煜的《（乾隆）香山县志》就两次提到葡人结婚时要“设席”，即男女双方在教堂婚礼结束后由媒人先引到女家，并设酒席招待，然后再由女方的父母姊妹将新娘送到男家，男方再设席招待。[①] 根据彼得·芒迪的记录，也称“在澳门葡人的婚礼上办酒席和欢庆”[②]。婚礼上办酒席明显是受中国婚俗的影响。又如吴锳的《澳门竹枝词》称：“殷勤买笑掷千金，宛转花前学鸟音。分得柔丝成五色，赠郎还爱缚郎心（注：夷妇常用五色丝缠槟榔饷客）。”[③] 在葡人婚礼上，新娘“用五色丝缠槟榔饷客”，这是一种流行于印度、马来西亚地区的习俗，[④] 亦见于中国南方地区，而葡裔女子这一风俗当来自印度、马来西亚。再如台糕是澳门结婚旧时婚礼的必备品，在澳门风行已久。关于其来源，阿马罗认为“马来人的结婚蛋糕为澳门早期这类糕点的装饰提供了灵感，同时又加上了葡萄牙乡村中身份流行的大面包盘饰”[⑤]。在注解中，阿马罗进一步解释道：“马来人的结婚蛋糕（Bunga Telor Junjong），由三、五或七个木盘构成，每层蛋糕厚三至四厘米，呈星状，用巧妙剪裁的红纸加以装饰。在最下面的那个盘子至基座之间用一华丽的用绣珠制成的百褶圆花边加以装饰，直至顶端。三层‘台糕’多用于平民的婚礼，五层的供王子结婚典礼使用，七层的则专供国王的龙婚嘉礼使用。在马来人看来，三、五、七为吉祥数字。”[⑥]

旧时掌管澳门葡裔族群婚礼的教堂主要是花王堂、大堂和风信堂三所堂区教堂。《澳门记略》载：

> 婚期父母携之诣庙跪，僧诵经毕，讯其两谐，即以两手携男女手，送之庙门外，谓之交印。庙惟花王、大庙、风信三分蕃户而司其婚，余皆否。[⑦]

清陆希言的《墺门记》亦称：

> 圣安多尼、圣老楞佐，皆统于圣伯多禄，虽洁身修行，而稍存世俗，专于统

---

① （清）暴煜：《（乾隆）香山县志》卷8，《濠镜嶴》，中山文献丛刊第2册影印清乾隆十五年刊本，第949～950页。

② Peter Mundy, *The Travels of Peter Mundy in Europe and Asia: 1608 - 1667*, Vol. 3, Cambridge: Printed for the Hakluyt Society, 1919, p. 267.

③ （清）陈兰芝辑：《岭海名胜记》，《澳门记》卷7，《诗·澳门竹枝词和王骁骑遂行》，广东省立中山图书馆藏清乾隆五十五年羊城六书斋刻本，第61～62页。

④ 王元林、邓敏锐：《东南亚槟榔文化探析》，载《世界民族》2005年第3期，第63～69页。

⑤ ［葡］阿马罗著，金国平译：《大地之子：澳门土生葡人研究》，澳门：澳门文化司署，1993年，第92页。

⑥ ［葡］阿马罗著，金国平译：《大地之子：澳门土生葡人研究》，澳门：澳门文化司署，1993年，第125页。

⑦ （清）印光任、张汝霖原著，赵春晨校注：《澳门记略校注》，《澳蕃篇》，澳门：澳门文化司署，1992年，第155页。

理教众之婚娶、丧葬之典焉。①

其中，花王即为花王堂，亦称圣安多尼堂；大庙亦称大堂，就是指主教堂，亦称圣伯多禄堂；风信则指风信堂，又称圣老楞佐堂。这三座教堂为澳门教区所辖的区内教堂，在各区居住的葡人均在其所住之堂区教堂内举行婚礼。每一教堂管一个堂区，堂区内的居民不可以跨越所属教堂。除了这三座教堂外，其他的教堂也可以为葡人举行婚礼。据文德泉神父记载，1710 年 8 月 22 日，澳门步兵上尉古尔露与玛丽亚·毛拉结婚，举行婚礼的地点就在圣方济各教堂。② 1722 年 7 月 22 日孤女曼达雷拉·科蒂尼奥（Mandalena Coutiniho）结婚，婚礼则在仁慈堂小教堂举行。仁慈堂主席贾修利主教还给她 200 两白银作为嫁妆。③ 1838 年 8 月 7 日，已去世的澳门巨富俾利喇之幼女玛丽亚·俾利喇（D. Maria Ana Josefa Pereira）与澳门出生于世家的马葵士家族的罗伦索·马葵士在花王堂结婚。④ 花王堂所奉神为圣安东尼，是葡萄牙人的婚姻主保，故葡人婚礼都喜欢在花王堂举行，《澳门记略》称："凡蕃人男女相悦，诣神盟誓毕，僧为卜吉完聚，名曰花王庙。"⑤

四、澳门葡萄牙人的婚姻形态

（一）与外族通婚

随着葡萄牙的东进，在亚洲沿海大多数地区都可以找到葡萄牙人的踪迹。葡萄牙殖民者在亚洲绵长的海岸线上开辟了许多据点或商站，包括果阿、第乌、霍尔木兹、科钦、杜蒂戈林、圣多美、帝汶、雅加达、门格洛尔、克拉姆、马六甲、蒙巴萨、孟加拉国、马尼拉、长崎、澳门等。首先，对于当时仅有 400 年建国历史、人口不足 150 万的葡萄牙来说，要用武力完全征服这些地区简直是天方夜谭。由于据点过多，葡萄牙想要以本国的军事力量维持其在东方帝国的统治亦绝非易事。阿丰索·阿尔布克尔克曾说，为了实现这一目标，"需要建成四个坚强的要塞及一支装备精良的海军舰队，

---

① ［比］钟鸣旦等编：《法国国家图书馆藏明清天主教文献》第 11 册；（清）陆希言：《墺门记》，台北：台北利氏学社，2009 年，第 428 页。

② Manuel Teixeira, *Macau e a Sua Diocese*, *Vol. Ⅲ*, *As Ordens e Congregações Religiosas em Macau*, Macau: Tipografia Soi Sang, 1956 - 1961, pp. 460 - 461.

③ Manuel Teixeira, *Macau e a Sua Diocese*, *Vol. Ⅲ*, *As Ordens e Congregações Religiosas em Macau*, Macau: Tipografia Soi Sang, 1956 - 1961, p. 512.

④ Jorge Forjaz, *Famílias Macaenses*, Vol. Ⅱ, Macau: Fundação Oriente, Instituto Cultural de Macau, Instituto Português do Oriente, 1996, p. 988.

⑤ （清）印光任、张汝霖原著，赵春晨校注：《澳门记略校注》，《澳蕃篇》，澳门：澳门文化司署，1992 年，第150 页。

并拥有在3 000名欧洲出生的葡萄牙海军”。[①] 然而，随着在印度生活的阴暗面越来越为人所知，招募新兵前赴东方就比较困难了。[②] 为了解决这一问题并尽快建立庞大的殖民体系，除派遣新兵外，葡国政府还鼓励葡萄牙男性移民。“为了执行其迅速殖民和树立乡土观念的政策，阿丰索·阿尔布克尔克曾大力赞助葡萄牙人同土著妇女之间的通婚。于是许多出身名门的葡萄牙人同皮肤白皙、相貌美丽的摩尔妇女成了亲，也许是果阿的土耳其女人、婆罗门女人，但不会是印度低下的种姓。”[③] 阿丰索·阿尔布克尔克之所以推行这种乡土主义政策，是为了迅速获得大量在当地出生的葡萄牙士兵来保卫土地。[④] 阿丰索·阿尔布克尔克的这种“男性嫁接”政策自1511年8月占领亚洲最重要的贸易中心——马六甲后，亦在马来、印度尼西亚地区大力推行。

其次，通婚亦是增加盟友的良策，所以阿丰索·阿尔布克尔克只允许出类拔萃的葡国男子同当地贵族女子结婚。阿丰索·阿尔布克尔克的士兵同被俘获的摩尔女子结婚后，获得了他们新娘已亡或出逃的主人的田地和房屋。通过通婚，葡萄牙殖民者不仅得到了土地、财富，可以和当地人建立良好的关系，还能得到盟友的军事支持。[⑤] 据明人何乔远的《名山藏》载：

> 其属夷有大港、有南旺、有玳瑁港、有吕蓬、有磨荖央、有以宁、有屋当、有朔雾，而皆佛郎机主之。佛郎机破，朔雾有力焉，佛郎机德之。既奄有诸土，率虏使其民，独与朔雾为婚媾。[⑥]

故而克里斯托万·阿伊雷斯（Christovam Aires de Magalhães Sepúlveda）认为，阿丰索·阿尔布克尔克的想法是在印度大地上布下葡萄牙人的根基，栽下天主教的树墩，以通婚和殖民的方式建立殖民中心。[⑦]

此外，在亚洲推行通婚政策还有一个客观原因，就是从葡萄牙前往亚洲人员的性别比例严重失衡：

> 王国宫廷不允许妇女随战士登船，因为会增加闲散人员……还会分散男人的精力。由于查出几起妇女偷登船事件，颁布了惩治这种行为的严厉法令。1505年，当首任印度总督弗兰西斯科·阿尔梅达率1 500名士兵分别乘22条帆船前往印度时，有许多贵族与其同行。此后凡是贵族均可携带女性同行。然而实际上登船的

---

① C. R. Boxer, *The Portuguese seaborne Empire(1415 - 1825)*, Middlesex, Penguin, 1973, p. 52.

② 李长森：《明清时期澳门土生族群的形成发展与变迁》，北京：中华书局，2007年，第48页。

③ Ana Maria Amaro, *Filhos da Terra*, Macau: Instituto Cultural de Macau, 1988, pp. 13 - 14.

④ *Cartas de Afonso de Albuquerque*, publicadas pela Academia das Ciencias, Tomo Ⅳ, Lisboa, 1910, pp. 214 - 215.

⑤ Ana Maria Amaro, *Filhos da Terra*, Macau: Instituto Cultural de Macau, 1988, pp. 14 - 15.

⑥ （明）何乔远：《名山藏》第8册，《王享记·东南海夷》3，《吕宋》，北京大学图书馆藏善本丛书，北京：北京大学出版社，1993年，第6165~6166页。

⑦ Christovam Aires de Magalhães Sepúlveda, História Organcia e Política do Exército Portuges, Lisboa, 1896 - 1932, in *Revista de Cultura*, Edição do Instituto Cultural de Macau, No. 20, 1994, p. 17.

妇女极少，因为大多数人都不愿意让其妻女在这一漫长的海上旅行中冒险。[①]
16 至 18 世纪，葡萄牙妇女前往东方定居的人数屈指可数，即使在高峰时年平均人数也仅 10 人而已。所以，早在阿丰索·阿尔布克尔克采取鼓励政策之前，葡萄牙士兵在东方早已私底下同当地妇女结了婚。王室为了鼓励这种行为，1509 年下旨向结婚的葡—印夫妇赠送嫁妆。如果父亲死亡，这一婚姻生下的子女每月可得到抚恤金。同时，“为了鼓励自由通婚，向这些给葡萄牙人及其后裔的赠地，除向教会缴纳什一税外，免交其他任何税收”。“因此很自然同亚洲女子或欧亚混血女子的通婚风行一时，因为凡是在印度结婚的人都可以得到赠地。”[②] 这样一来，就产生了大量欧亚裔混血儿。

由于阿丰索·阿尔布克尔克的鼓励通婚政策，澳门开埠后“负老携幼，更相接踵”[③] 而至的葡国或葡裔男子大多已在印度果阿或者马六甲地区娶妻生子，或将家眷留在原地，或已带至中国沿海。至于他们的妻子，主要是马来、印度的当地女子或葡亚裔混血女子。阿马罗认为，由于葡亚裔混血女子大多在合法家庭中出生，且拥有丰厚的嫁妆，故“在澳门开埠时已为数众多的欧亚混血女子可能是早期澳门人的母亲”[④]。据博克塞记载：

在 16 至 17 世纪期间，葡萄牙妇女在赴印度国的大规模移民洪流中所占的比例微乎其微，平均每年只有 10 人……1636 年，在澳门仅有一名葡国妇女。[⑤]

同时不可忽略的是这些葡商家庭还拥有大量印度、马来、印度尼西亚、非洲、日本及中国的女奴。由于定居澳门的葡裔男子也有大量贫穷的水手和不富裕的商人，他们也可能娶这些女子为妻。文德泉神父也认为：

第一代土生葡人是由 500 名葡萄牙人和 500 名马来亚妇女通婚而来。[⑥]

博克塞亦称：

建于 1555—1557 年的澳门城，在最初期的居民中几乎没有白种妇女的。最开始，他们也没有与邻近的香山县的华人融合在一起，与他们一同居住的妇女一般是日本、马来西亚、印度尼西亚及印度来的，多数是奴仆。可是在很短的时间内，一群为数不少的华人开始移居于此，由于明朝中国禁止与日本贸易往来，所以澳门很快形成了中日贸易商栈。因此，葡萄牙的男人开始与中国女人通婚；不过中国女人的角色仍以妾或契约女佣（妹仔）为主。后者虽然和奴仆无差别，事实上，

---

① Ana Maria Amaro, *Filhos da Terra*, Macau: Instituto Cultural de Macau, 1988, p. 9.

② Ana Maria Amaro, *Filhos da Terra*, Macau: Instituto Cultural de Macau, 1988, p. 15.

③（明）庞尚鹏：《百可亭摘稿》卷 1，《陈末议以保海隅万世治安疏》，四库全书存目丛书集部第 129 册影印明万历二十七年庞英山刻本，济南：齐鲁书社，1997 年，第 130 页。

④ Ana Maria Amaro, *Filhos da Terra*, Macau: Instituto Cultural de Macau, 1988, p. 19.

⑤ C. R. Boxer, *A Mulher na Expansão Ultramarina Ibérica (1415 – 1815)*, Lisboa, 1997, p. 85.

⑥ Manuel Teixeira, Os Macaenses, in *Revista de Cultura*, Edição do Instituto Cultural de Macau, No. 20, 1994, p. 67.

也有一些是被无子女的夫妇、寡妇和鳏夫作为女儿收养，成为家庭的正式成员。[1]虽然在开埠前，葡华通婚很少，实际上葡商在中国沿海贸易、定居的过程中，大量中国女奴进入这些葡商家庭。葡萄牙进入中国之初就在沿海地区收买妇女儿童，曾造成沿海人民的恐慌，盛传葡人吃小孩。后来虽然有所收敛，但还是有不少人口贩子继续诱拐儿童卖于葡商。万历年间的郭尚宾言：

闽广亡命之徒……有拐掠城市之男妇人口，卖夷以取资，每岁不知其数。[2]

男性葡人与这些女奴同居或者纳其为小妾的甚多，这是这些葡国商人和士兵在印度果阿和马六甲等地形成的风气。于1565年抵澳的安徽作家叶权称当时澳门葡人家庭中：

妇人携来在岛，色如男子，额上施朱，更丑陋无耻，然颇能与中国交易。日余在番人家，见六七岁小儿啼哭，余问通事，番人所生耶？曰："非。是今年人从东莞拐来卖者，思父母哭耳。"番人多者养五六人，女子多者十余人，俱此类也。男子衣服如其状，女子总发垂后，裹以白布，上衣西洋布单衫，下以布横围，无内衣，赤脚，时十二月甚寒，亦止衣此。岛中男女为夷仆妾，何下千数，悉中国良家子，可恨可叹。[3]

这说明在澳门开埠初期就有大量华人女子充当葡人的仆或妾。此外，亦有学者认为葡华通婚始于澳门开埠之初，潘日明神父称：

葡国男子和本地（中国）女子通婚始于葡人抵澳之时。黄肤色的通事或译员，接受基督教洗礼之后，采用葡萄牙名字，并加入我们葡人社会。这完全出于自愿，绝无强迫之意。许多葡国家庭和商行所雇佣的中国人自我们定居浪白滘之后改变了信仰。[4]

由于明代来澳门的葡国女子寥寥几无，从葡国派来的王室孤女基本到达果阿后就停止向东前进，故而澳门葡人和土生葡人要解决婚姻问题只能把目标瞄向其他民族女子。莱萨教授说：

本市（指澳门）建立以后40年，混血儿的数目已很可观。这一点不难理解，若尔热·奥瓦雷斯（Jorge Álvares）来到之后100年，整个城市里还没有一位在宗主国出生的女人，直到蒸汽机轮船出现之后，才来了一些。[5]

彼得·芒迪1637年抵达澳门时亦称：

据称整个澳门城内仅有一名生于葡国的女性。当地葡萄牙人的妻子不是中国

---

① C. R. Boxer, *Mary and Misogyny: Women in Iberian Expansion Overseas (1415 – 1815): Some Fact, Fancies and Personalities*, New York: Oxford University Press, 1975, p. 84.

② （明）郭尚宾：《郭给谏疏稿》卷1，《防澳防黎疏》，丛书集成初编本，第1页。

③ （明）叶权：《贤博编》，《游岭南记》，北京：中华书局，1987年，第46页。

④ ［葡］潘日明著，苏勤译：《殊途同归：澳门的文化交融》，澳门：澳门文化司署，1992年，第32页。

⑤ ［葡］莱萨著，范维信译：《澳门人口：一个混合社会的起源和发展》，载《文化杂志》（中文版）第20期，1994年，第119页。

人就是中葡混血儿。①

如前所述，第一代葡人定居澳门时还曾携带大量来自马六甲和印度的女子，但不久他们便把目光转向人数越来越多的华人女子。博克塞亦称：

> 最初到澳门的移民主要是从马来亚、印度尼西亚、日本人中娶妻。到 1564 年，随着澳门中国人口的增长，改宗基督教的中国妇女和少女与葡萄牙人通婚率明显提高。②

桑切斯神父于1582—1585 年对澳门做了两次历时颇久的访问，他写道：

> 葡国男子喜欢同中国妇女结婚胜于其他种族的女性，因为她们具有非常多的美德。……（她们）异常纯洁、认真、朴实，特别忠诚、谦卑而对丈夫百依百顺。她们具有如此之多的贤惠、美丽和恭谦，胜过西班牙那些富有的、出身高贵的妇人。③

1625 年圣保禄学院的药剂师亦写道：

> 在葡萄牙的妻子中，许多是华人，或者说一部分是这样。④

1635 年，安东尼奥·博卡罗亦称：

> 除了葡萄牙已婚者外，本市还有数目大致相当的当地和中国基督徒（他们占大部分，被称为 Jurubaças⑤）和其他民族的已婚者。⑥

除了主要同混血儿及华人通婚外，明代澳门的葡人和土生葡人和其他地区及民族的女子通婚现象亦是土生族群形成的重要支脉，这些女子主要包括日本人、印度人、帝汶人、菲律宾人、马来西亚人及交趾支那人等，甚至还有英国女子。阿马罗称：

> 16 世纪末日本女人价钱最低。据说，16 世纪进口到果阿的奴隶大部分来自孟加拉国、中国和日本。⑦

葡人尚在印度及马六甲地区就大量拥有日本女奴，在澳门亦是如此。早在 1563 年，就有人记载了澳门葡人喜欢同日本女奴通婚的现象：

---

① Peter Mundy, *The Travels of Peter Mundy in Europe and Asia: 1608—1667*, Vol. 3, Cambridge: Printed for the Hakluyt Society, 1919, pp. 262 - 263.

② ［英］博克塞著，黄鸿钊等译：《16—17 世纪澳门的宗教和贸易中转港之作用》，载《中外关系史译丛》第 5 辑，上海：上海译文出版社，1991 年，第 83 页。

③ Manuel Teixeira, Origem dos Macaenses, in *Revista de Cultura*, Edição do Instituto Cultural de Macau, No. 20, 1994, p. 152.

④ José Caetano Soares, *Macau e a Assistência*, *Panorama Médico-Social*, Lisboa: Agência Geral das Colonias, 1950, p. 28.

⑤ 儒鲁巴萨（Jurubaças），狭义是口头翻译，源自马来文。

⑥ ［葡］安东尼奥·博卡罗著，范维信译：《要塞图册》，载澳门《文化杂志》编：《16 和 17 世纪伊比利亚文学视野里的中国景观》，郑州：大象出版社，2003 年，第 219 页。

⑦ ［印度］桑贾伊·苏布拉马尼亚姆著，何吉贤译：《葡萄牙帝国在亚洲（1500—1700）：政治和经济史》，澳门：纪念葡萄牙发现事业澳门地区委员会，1997 年，第 37 页。

> 由于缺少葡萄牙妇女，欧洲人很快放弃了他们在马六甲或印度的女伴而与日本，主要是与中国妇女结合在一起，他们非常欣赏她们庄重的品格。①

自17世纪始，日本开始仇视天主教，禁教运动愈演愈烈，从1614年到1640年，许多日本天主教徒和在日本定居的葡萄牙及葡日混血天主教徒为了躲避灾难而逃往澳门。万历四十二年（1614），塞隆·库尼亚（João Serrão da Cunha）这次在日本的生意仍然做得很好，当他离开日本时，随船还携带了大量的因禁教被驱逐者，这些被驱逐的日本基督徒分乘5艘大船，其中3艘来到澳门与暹罗。到澳门者有60人，其中有25名日本人。② 1636年又有278名妇女和欧洲混血儿童从长崎逃到澳门。由于有相当多的日本人，以至于需要委派一名耶稣会教士，马蒂斯亚·达·马伊亚（Matthias da Maia）神父做这些逃难者的代理人。③

这些从日本逃离出来的基督徒自然成为澳门葡人和土生葡人妻子的好人选。文德泉神父称：

> 由于日本对外国人封闭其港口，这些日本人和欧洲混血人就再也没有回到过他们的祖国。这样，他们在澳门组成了家庭。龙思泰（A. Ljungstedt）由此断言的实际情况就是葡萄牙人娶日本女子为妻。④

美国学者沃茨亦称：

> 于17世纪中叶，基督徒撤离日本，逃来澳门，若干葡人觅得日本新娘。⑤

此外还有一些中日混血儿基督徒被驱逐到澳门，如1636年，被日本驱逐回澳的基督徒中，有一名叫芜索拉·巴嘉斯（Ursola de Bargas）的女子，是著名海盗郑芝龙与日本妻子田川松（たがゎまつ）的女儿。芜索拉·巴嘉斯到澳门，得到了澳门耶稣会的收留，并与澳门城的葡萄牙居民曼努埃尔·贝洛（Manuel Bello）的儿子安东尼奥·罗德里古斯（António Rodrigues）结婚。⑥

第一代定居澳门的葡人的妻妾很多都来自印度和马来西亚，这一点在前面已论述。

---

① Manuel Teixeira, Os Macaenses, in *Revista de Cultura*, Edição do Instituto Cultural de Macau, No. 20, 1994, p. 68.

② C. R. Boxer, *Fidalgos in the Far East (1550 - 1770), Fact and Fancy in the History of Macau*, The Hague: Martinus Nijhoff, 1948, p. 65；［葡］文德泉著，小雨译：《澳门的日本人》，载《文化杂志》（中文版）第17期，1993年，第79~81页。

③ Manuel Teixeira, Os Macaenses, in *Revista de Cultura*, Edição do Instituto Cultural de Macau, No. 20, 1994, p. 68.

④ Manuel Teixeira, Os Macaenses, in *Revista de Cultura*, Edição do Instituto Cultural de Macau, No. 20, 1994, p. 68.

⑤ ［美］沃茨著，杨秀玲、李丽青译：《双文化的地位，两族裔的认同：澳门两位由嘉诺撒修女养育的中国孤女》，载《文化杂志》（中文版）第32期，1997年，第165页。

⑥ Juan de Palafox y Mendoza, *Historia de la conquista de la China por el Tartaro*, Paris: Acosta de Antonio Beritier, 1670, p. 69.

葡人在澳门定居后，同马六甲及果阿的贸易和接触仍很频繁。葡人及土生葡人家庭中依然拥有不少来自印度和马来西亚的女奴，以至于不得不将她们送出澳门。到了清代，葡人同印度与东南亚人通婚的习俗仍在继续。哈丽特·洛在 1831 年见到葡人门德斯的未婚妻就是来自加尔各答的混血女子：

马尔顿太太……及两位威廉斯家小姐从加尔各答来，她们具有一半种姓血统，肤色相当深。听着那年纪较轻、将与门德斯先生结婚的那位小姐说话，我们应该叫她们黑人；但他是纯血统的葡萄牙人。即使她们被视为黑皮肤，也在一半种姓血统之上。①

在 18 世纪的最后 25 年，由于安南国内的动乱和随之而来的对天主教的迫害，交趾支那的一些基督徒逃到了澳门。1790 年 4 月 14 日龙热尔神父写道：

在摧毁我们所有的礼拜教堂后，交趾支那的叛乱者爆发的全面战争几乎接连不断，是我们可怜的基督徒保守灾难，因而人数有所减少。一半以上的男人死亡，活着的则遭受了更可怕的迫害。②

在这场对基督徒的残暴迫害中，不少富裕的交趾支那人来澳门定居避难。“在 1758—1793 年的教区档案中有数例交趾支那姑娘与澳门葡萄牙人结婚的情况。”③

明代澳门城内还有一位与葡萄牙人结婚的英国妇女。彼得·芒迪说：

在马六甲有一位与葡萄牙人结婚的英国妇女……她叫朱迪斯，现在叫茱莉亚·德·加尔西亚。这位英国妇女是怎么会待在马六甲呢？1620 年，她乘坐 Union Corn. Do Cap. Carter 号船前往日本：朱迪斯是作为带着妻子同行的木弗罗比舍的佣人去的。船在交趾支那海岸遇难，而朱迪斯获救并被慈善堂收留直到一位马六甲葡萄牙人与她结婚并把她带到澳门。④

由此可见，澳门土生葡人族群的血缘种族问题是极为错综复杂的，由于缺少官方统计数据，故而只能根据一些零散的历史材料窥见一斑。莱萨认为“澳门的葡萄牙人是亚洲最持久的种族混合”。比起葡萄牙东方帝国的其他地区，“从生物学角度看，由于中国南部华人的巨大影响，澳门居民在主要种族分支中表现出更加强烈的种族混合复杂性，这种血统混合的复杂程度在世界各地都十分罕见”⑤。

---

① Nan P. Hodges and Arthur W. Hummel ed., *Light and Shadows of a Macao life*: *The Journal of Harriett low*, *Travelling Spinster*, Woodinville, WA: History Bank, 2002, pp. 229 – 230.

② Manuel Teixeira, Os Macaenses, in *Revista de Cultura*, Edição do Instituto Cultural de Macau, No. 20, 1994, p. 73.

③ Manuel Teixeira, Os Macaenses, in *Revista de Cultura*, Edição do Instituto Cultural de Macau, No. 20, 1994, p. 73.

④ Manuel Teixeira, Os Macaenses, in *Revista de Cultura*, Edição do Instituto Cultural de Macau, No. 20, 1994, p. 69.

⑤ Almerindo Lessa, *Antlrropobiologie et Anthropossoci olo Aie de Macau*, p. 251, in Gonçalo Mesquitela, *História de Macau*, Vol. Ⅰ, Tomo Ⅱ, Macau: Instituto Cultural de Macau, p. 30.

（二）男嫁女家

在中国婚俗中，以男方家庭为主，一般是女子嫁入男方家庭，入赘情况寥寥无几。而在澳门，随着明末以来澳门经济的衰落，不少葡人撤离的时候还留下了妻妾子女，加上一些葡人男子在海上贸易和帝汶战争中失去生命，澳门逐渐形成了“夷少男而多女”的性别失衡现象。弗朗西斯科·德·索萨神父在1700年记录的澳门人口统计数据时称：

> 现在有150个葡萄牙家庭，基督教徒的总人数为19 500人，其中16 000人为妇女。城内有1 000名异教徒、官员和商人。①

这个数据可能有些夸大，但如此大的男女性别数据差距亦可说明澳门葡裔女子多于葡裔男子的这一事实。1725年，雅各布·格里弗（Jacob Grifo）神父在给澳门议事会的信建议：

> 不要从帝汶或任何其他地方向该市（澳门）居民运送女奴，因为最好是减轻该市女人太多的负担。……该市妇女实在太多了。②

若瑟·热苏斯·玛利亚修士有这样的记录：

> 1745年，澳门居民中有5 212名基督教徒、5 000名中国异教徒，从王国来的葡人仅有90位；男人和儿童共1 910人；妇女有3 301人，澳门仿佛是座女人城。③

瓦伦（A. M. Martins do Vale）教授对1774年和1791年的澳门人口进行了分类统计，参见下表：

表10－3 1774年按堂区、人口阶层统计的澳门基督徒人口数④

人口构成	堂区				总数
	大堂	风顺堂	花王堂	修道院	
葡萄牙人	49	41	19		109
土生葡人	138	38	24		200
当地出生者	323	208	138		669
已婚女性	175	262	90		527

① Manuel Teixeira, Os Macaenses, in *Revista de Cultura*, Edição do Instituto Cultural de Macau, No. 20, 1994, p. 72.

② ［葡］莱萨著，范维信译：《澳门人口：一个混合社会的起源和发展》，载《文化杂志》（中文版），第20期，1994年，第132页。

③ ［葡］施白蒂著，小雨译：《澳门编年史：16—18世纪》，澳门：澳门基金会，1995年，第134～135页。

④ A. M. Martins do Vale, *Os portugueses em Macau (1750－1800)*, Macau: Instituto Português Oriente, 1997, p. 131.

（续上表）

人口构成	堂区				总数
	大堂	风顺堂	花王堂	修道院	
寡妇	112	140	69		321
未婚女性	437	728	189		1 354
12 岁以下儿童	338	122	167		627
归化入籍者			2		2
印度出生者			10		10
恢复自由者			9		9
华人基督徒		10	2		12
奴隶	523	238	299		1 060
神父	14	6	3		23
苦行僧	5				5
男性神职人员				20	20
女性神职人员				50	50
总数	2 114	1 793	1 021	70	4 998

表 10－4 1791 年按堂区、性别、婚姻状况及社会地位统计的澳门基督徒人口表①

人口构成	堂区				总数
	大堂	风顺堂	花王堂	修道院	
未婚（成年人及小童）	338	270	105		713
已婚	165	146	58		369
鳏夫	16	14	7		37
华人病人	42				42
华人基督徒	38				38
奴隶（成年人及小童）	271	232	90	24	617
神职人员	22	1	1	29	53
男性仆人	2	1		13	16
男性总计	894	664	261	66	1 885
未婚（成年人及小童）	566	646	180		1 210
已婚	197	172	62		431

① A. M. Martins do Vale, *Os Portugueses em Macau(1750－1800)*, Instituto Português do Oriente, 1997, p. 135.

（续上表）

人口构成	堂区				总数
	大堂	风顺堂	花王堂	修道院	
寡妇	157	112	48		317
华人病人	18				18
华人基督徒	20				20
奴隶（成年人及小童）	327	315	168	20	830
神职人员	5			59	64
女性仆人	61			15	76
女性总计	1 351	1 063	458	94	2 966
总数	2 245	1 727	719	160	4 851

由此可见，1774年适婚的葡裔女子的人口（神职人员和儿童除外）人数为2 193人，而男性只有978人，性别比仅为44.6%，未婚女子及寡妇人数竟然高达1 675人。到1791年，这种男女性别比例严重失衡的现象并没有好转，葡裔男子（神职人员除外）人数为1 119，女子（神职人员除外）人数高达1 958。注意的是此表中清楚地记载了葡裔已婚男子的人数为369人，而女子为431人，其人数差高达62。而且葡裔男子中还有一些娶华裔女子为妻，这就表明当年一定有不少葡裔女子和华人男子组成家庭。

澳门葡裔人口性别构成失衡的情况一直延续到19世纪上半叶，如1834年至1834年12月澳门人口统计为：

> 大堂区：白种男人660人，白种女人1 057人；奴隶：男147人，女383人；
> 风顺堂区：白种男人547人，白种女人834人；奴隶：男257人，女305人；
> 花王堂区：白种男人280人，白种女人1 415人；奴隶：男65人，女143人。
> 总计：5 093人。
>
> 备注：在以上人口中，75名男子出生于葡萄牙本土或其海外领地（亚洲的除外），他们包括：一名总督、一名法官、六名教士、几名军官和士兵，其他的为商人和海员。在这个数字之上，还要加上两名来自葡萄牙的妇女。①

性别的严重失衡，使得葡人女子不得不将目光转向华人男子。清初王士祯《皇华纪闻》称：

> 其俗：婿皆赘妻家，产业惟婿女受之，不以与子。子赘他家亦然。②

乾隆时期的张甄陶在《澳门图说》中也记载了此阶段澳门城内女多男少，土生葡人女子多遭华人诱拐的现象：

---

① ［瑞典］龙思泰著，吴义雄等译：《早期澳门史》，北京：东方出版社，1997年，第237～238页。

② （清）王士祯：《皇华纪闻》卷4，《香山嶴》，四库全书存目丛书子部第245册影印清康熙王氏家刻后印本，济南：齐鲁书社，1995年，第232页。

> 今澳中乃真夷绝少，有粤人与夷妻私产者，有华人贫乏无赖，衣其衣，操其音而为伪者，虽桀骜忿不顾身，实柔脆无能为役，是弱于昔。……夷少男而多女，又多挟资远出，累岁不归，则苦于汉奸之诱拐。[①]

而同葡人女子结婚的华人，多为贪利之华人，在葡人“男富归男家，女富归女家”[②] 的婚俗中，便有大量华人男子入赘葡人女子家中。清赵翼指出有些华人男子入赘是为了贪图私利，以便达到个人的某些目的：

> 诸番家于澳，而以船贩海为业。女工最精，然不肯出嫁人，惟许作赘婿。香山人类能番语，有贪其利者，往往入赘焉。[③]

乾隆十一年十二月二十一日两广总督策楞的奏章称：

> 内地民人因在澳门居住，遂致服习邪教，与之婚姻，自应逐一拘拏，置之于法，独是住澳佣趁者，计有八百五十余家，中间男妇多人，大概皆习其教，并有入赘番妇投身于其家者，积弊相沿已将二百余载，今若急为惩治，并勒令离异归农，无论二千五百余名口男妇失所流离，无以仰副我皇上覆帱万类之至意，并恐澳门番众不识汉字，不通华言，奸民从而煽惑其间，转为疑惧滋事。[④]

这一奏折表明华人男子入赘的习俗从两百年前的明代便已开始，至乾隆朝，华人男子入赘葡裔女子家庭的已成规模，以至于不能轻易让他们离异归农，否则会造成澳门社会的动荡。《澳门记略》称：

> 重女而轻男，家政皆女子操之，及死女承其业。男子则出嫁女家。[⑤]

张琳的《玉峰诗钞》有一首竹枝词称：

> 女婚男嫁事偏奇，巾帼持家受父赀。莫怪澳中人尽贺，良辰交印得唐儿。夷俗贵女贱男，以男嫁女谓之交印。得唐人为婿，举澳相贺。[⑥]

吴锳的《澳门竹枝词》：

> 迎户银盘争撒花，百年好合证三巴。娇羞不作寻常态，引得欢来喜嫁喳。注：夷俗，婚媾主于三巴寺，僧婿赘妇家，名曰嫁喳。[⑦]

---

① （清）王锡祺：《小方壶斋舆地丛钞》第11册，第9帙，张甄陶：《澳门图说》，杭州：杭州古籍书店，1985年，第315页。

② （清）祝淮：《（道光）新修香山县志》卷4，《海防·附澳门》，中山文献丛刊第3册影印清道光七年刊本，第711页。

③ （清）赵翼：《檐曝杂记》卷4，《诸番》，北京：中华书局，1982年，第66页。

④ 中国第一历史档案馆等编：《明清时期澳门问题档案文献汇编》第1册，《两广总督策楞等奏明查封澳门进教寺不许内地民人入教折洋传教士在境折》，北京：人民出版社，1999年，第226页。

⑤ （清）印光任、张汝霖原著，赵春晨校注：《澳门记略校注》，《澳蕃篇》，澳门：澳门文化司署，1992年，第154页。

⑥ （清）张琳：《玉峰诗钞》卷15，《澳门竹枝词》，广东省立中山图书馆藏清刻本，第7页。

⑦ （清）陈兰芝辑：《岭海名胜记》，《澳门记》卷7，《游澳门同人询土风以长歌述之》，广东省立中山图书馆藏清乾隆五十五年羊城六书斋刻本，第60～61页。

可见，这种男嫁女家的现象还有一个专门名字，名曰“嫁喳”，但是在葡文中，嫁娶并无分别，都为同一词：Casar，“嫁喳”应为 Casar 的粤语音译。当然，男嫁女家并不是当时葡人婚姻的主流，但因为其数量较多，已成为一种显著的社会现象，因为同华人风俗大不相同，故而成为中国文人笔下关注点。

（三）孤女婚姻

在葡萄牙的海外婚姻中，孤女婚姻亦是一种葡萄牙海外殖民地的特殊婚姻。由于阿丰索·阿尔布克尔克鼓励通婚政策下产生的后代并没有成为期待中的“优秀人物”，“男人们开始过亚洲式的生活，终日泡在土著女人和如云的奴婢之中”[①]。为了缓解这种形势，在东方建立更具葡萄牙根基的家庭，自 16 世纪下半叶始，葡萄牙国王开始制定新政策：派遣贵族孤女或在海外为国捐躯的平民女儿前往东方殖民据点，向她们提供北方省的一块“封地”作为嫁妆，将这些所谓的“王室孤女”分配给亚洲帝国统治中心果阿的经过挑选的王公贵族及军人首领。然而，由于葡萄牙国内妇女对于远东的恐惧，[②] 派往东方的本族女子为数不多。初期，每年大约 10 人，有些年份还会停止输送。例如，在 1553 年，由红衣主教亲王签署的致果阿城市市政议员和检查官的诏书中说，当年不派遣孤女去印度成婚。据统计，即使在派遣的高峰期 17 世纪，也只有不超过 3 000名“王室孤女”被送往果阿。这些“王室孤女”结婚后，组成了一些纯种的葡萄牙血统家庭。在大部分情况下，这些家庭的子女一般族内通婚，以保持血统纯正。“这些家庭大部分拥有起源于 17 世纪最后四分之一世纪的贵族称号。”[③]

葡萄牙派来的王室孤女一般送往果阿便不再向东进，在澳门的史料中并未见王室孤女的派遣，而澳门自身则留下了大量的孤女问题，这些孤女大多是在澳去世的富商和军人的后代，她们的父祖或在海上遇难，或在战争中牺牲，而留下的孤女则由议事会出资抚养。《澳门记略》称：

> 红棍官二等：曰大红棍，曰二红棍。……二红棍于夷人既殁，有子女俱幼不能成立者，即依大红棍所开应给之数，抚育其子女，而经理其余财，待其既长婚嫁，举以付之。[④]

这里的“大红棍”和“二红棍”就是澳门议事会内的两名普通法官，一称为死亡与遗产法

---

① ［葡］阿马罗著，金国平译：《大地之子：澳门土生葡人研究》，澳门：澳门文化司署，1993 年，第 20 页。

② 葡萄牙北部有民谣曰：姑娘啊，你真傻！你看你在做啥？要是嫁给一个丘八，还不如死了吧！转引自李长森：《明清时期澳门土生族群的形成发展与变迁》，北京：中华书局，2007 年，第52 页。

③ ［葡］阿马罗著，金国平译：《大地之子：澳门土生葡人研究》，澳门：澳门文化司署，1993 年，第 21 页。

④ （清）印光任、张汝霖原著，赵春晨校注：《澳门记略校注》，《澳蕃篇》，澳门：澳门文化司署，1992 年，第153 页。

官，一称为孤儿法官。这两名法官负责管理遗产和孤儿事务，其中孤女的婚嫁也是由议事会负责筹办。选定资助孤女以及孤女的结婚对象都是议事会必须仔细商讨斟酌的大事：

> 次年（1719），向宗教人士和“长老”开放的议事会会议上，3位孤女获得结婚嫁妆，一个是托马斯·加塞斯·杜·科托（Tomás Garcês do Couto）的女儿，1716年她坚决要求进入圣克拉拉修道院；一个是曼努埃尔·贡萨尔维斯·杜斯·桑托斯（Manuel Gonçalves dos Santos）的女儿，不知道她几岁结婚；还有一个是若瑟·卡尔代拉·雷戈（José Caldeira Rego）的女儿，已经许给了马提亚斯·达·席尔瓦（Matias da Silva）。捐赠嫁妆的第一步就出了问题，因为“接受嫁妆的本应是佩德罗·奥门·达·克鲁兹（Pedro Homem da Cruz）的女儿，她是本城的‘好人’，身份尊崇，给予本城恩惠多多，是更合适的人选，是否拆散已经商定的婚姻再重新许配”。最后决定“不拆散已经商定的婚姻”，许诺明年商船的税收作为佩德罗·达·克鲁兹女儿的嫁妆。因此只能将错就错，不可能找到合适人选与已故的克鲁兹的女儿结婚，她的嫁妆只能交给权贵商人弗朗西斯科·郎热尔用于“海上冒险”，增加“这位孤女的资本”。①

可以看出，议事会资助孤女的嫁妆有一个基本的条件，就是要“长老”的女儿。1718年12月26日，主教、各级宗教人士和47位“长老”为解决孤女问题共同召开市政会：

> 孤女和弃女过多，没有嫁妆结婚和组建葡萄牙天主教家庭，每年用税收的0.5%资助一位孤女结婚，这名孤女必须是“长老”的女儿或者至少是葡萄牙人的女儿。但是这对于当时众多的孤女来说不过是杯水车薪。因此议事会重新决定将进入该港口的粗重和精细货物税收的1%拿出来，在仁慈堂设立一间孤女收容所，由一位严厉的女教师和两个女仆监管。②

龙思泰则称：

> 从1726年开始，为30名寡妇和孤女设立了一个临时性的基金，她们得到衣食，孤女还学习家政。她们生活的主要来源之一，就是每年进口货值的0.5%，议事会从中拨留了其婚嫁所需费用。这0.5%在1726年为406两；1728年只有60两。③

文德泉则称：

> 给每人三块葡印金币作津贴，从上述百分数中支出，所余的钱存在仁慈堂的金库留给孤女们购买嫁妆。④

---

① Ivo Carneiro de Sousa, Orfandade Feminina, Mercado Matrimonial e Elites Sociais em Macau (Século XVIII), in *Revista de Cultura*, No. 22, 2007, p. 8.

② Ivo Carneiro de Sousa, Orfandade Feminina, Mercado Matrimonial e Elites Sociais em Macau (Século XVIII), in *Revista de Cultura*, No. 22, 2007, p. 7.

③ ［瑞典］龙思泰著，吴义雄等译：《早期澳门史》，北京：东方出版社，1997年，第54页。

④ Manuel Teixeira, *Macau e a Sua Diocese, Vol. III, As Ordens e Congregações Religiosas em Macau*, Macau: Tipografia Soi Sang, 1956 - 1961, pp. 513 - 514.

1720 年，仁慈堂还专门在孤女院设立了一个专门为她们结婚筹措嫁妆的部门。[①]

为了使澳门孤女能够顺利出嫁，增加澳门社会纯正的葡人血统，澳门议事会和葡裔富商为葡裔孤女置办嫁妆十分积极：

1713 年澳门富商华猫殊捐赠给仁慈堂 1 000 枚葡印银币，以每年为一个葡国人或仁慈堂某个修士的孤女提供嫁妆。[②]

1719 年 11 月 11 日，澳门议事会给孤女置办嫁妆以兑现上年 12 月 26 日的承诺。第一选择是托马斯·加赛斯（Tomas Garcês）的女儿，如果她选择进入圣家辣修道院，第二选择是卡尔代拉·雷戈（José Caldeira do Rego）的女儿，她是马蒂亚斯·施利华（Matias da Silva）的未婚妻；但还有一个人，即佩德罗·克鲁兹（Pedro Homem da Cruz）的女儿也获得优先考虑。议事会最终决定，如果托马斯·加赛斯的女儿不结婚的话，议事会将为后两人置办嫁妆。[③]

1722 年 7 月 22 日，孤女曼达雷拉·科蒂尼奥（Mandalena Coutiniho）结婚，婚礼在仁慈堂小教堂举行。仁慈堂主席贾修利主教给她 200 两白银作为嫁妆。[④]

1726 年 2 月 15 日，澳门议事会用恩里克·萨尔门托（Henrique de Figueiredo Sarmento）寄存的经费给孤女若安娜（Joana）置办嫁妆。[⑤]

1745 年，选择孤女和赠予嫁妆的程序正规化。仁慈堂领导委员会通过散发布告和在教堂张贴布告的形式公开选拔，期限是 10 天，14 岁到 30 岁之间的未婚及未“私订终身”（即天主教婚姻法规定的持久关系）的孤女皆可参加：

仁慈堂委员会敬告所有 14 岁至 30 岁之间的孤女：只要没有父亲、未婚的孤女，“私订终身者”除外，皆可向仁慈堂委员会申请赠予嫁妆，仁慈堂委员会根据每一个符合条件的孤女的父亲的品行和价值、公共舆论及是否无依无靠进行评定和选择。[⑥]

同年，澳门总督兼仁慈堂主席费礼喇召集仁慈堂领导委员会委员对参选人的材料进行认真分析，并经过多次商讨之后，选出 10 位候选人：

1. 克里斯汀娜·德·菲格雷多·萨尔门托（Cristina de Figueiredo Sarmento），已故恩里克·德·菲格雷多·萨尔门托（Henrique de Figueiredo Sarmento）与梅西亚·佩雷拉（Mécia Pereira）之女，年龄“约 15 岁”，生于澳门，家在南湾。参选

① ［葡］莱萨著，范维信译：《澳门人口：一个混合社会的起源和发展》，载《文化杂志》（中文版）第 20 期，1994 年，第 131 页。

② ［葡］施白蒂著，小雨译：《澳门编年史：16—18 世纪》，澳门：澳门基金会，1995 年，第 86 页。

③ Manuel Teixeira, *Macau no Séc. XVIII*, Macau: Imprensa Nacional, 1984, p. 211.

④ Manuel Teixeira, *Macau e a Sua Diocese, Vol. III, As Ordens e Congregações Religiosas em Macau*, Macau: Tipografia Soi Sang, 1956 – 1961, p. 512.

⑤ Manuel Teixeira, *Macau no Séc. XVIII*, Macau: Imprensa Nacional, 1984, p. 278.

⑥ AHM, Santa da Miscricórdia, Livro 306, fls. 64 – 47, in Ivo Carneiro de Sousa, Orfandade Feminina, Mercado Matrimonial e Elites Sociais em Macau (Século XVIII), in *Revista de Cultura*, No. 22, 2007, p. 9.

条件是“贫穷、无依无靠”，她的处境简直不可思议，因为她去世的父亲曾是基督骑士团的骑士，“曾任本地议事会议员”，而且还是澳门最富裕的商人之一。

2. 玛丽亚·达·罗沙·皮门特尔（Maria da Rocha Pimentel），塞巴斯迪昂·达·罗沙·皮门特尔（Sebastião da Rocha Pimentel）的孤女，19岁8个月，生于澳门，跟她的母亲安娜·达·罗沙·皮门特尔（Ana Maria da Rocha Pimentel）一起住在圣安东尼奥区，据证实非常贫困。

3. 卡塔里娜·德·托雷斯（Catarina de Torres），已故商人多明戈斯·德·托雷斯·德·卡瓦略（Domingos de Torres de Carvalho）与卡拉里塞·德·门德萨（Clarice de Mendonça）之女，25岁，生于澳门，家在圣老楞佐区。

4. 若安娜·科雷亚（Joana Correia）尽管继承了父亲的遗产58两银子，仍然参选，27岁，是加斯帕尔·巴拉达斯（Gaspar Barradas）医生和米卡埃拉·德·阿布雷乌（Micaela de Abreu）的女儿，生于澳门，住在大堂区，其申请书有新证据显示她父亲曾任本地孤儿法官。

5. 若安娜·法瓦书（Joana Favacho），若瑟·法瓦书（José Favacho）与埃斯佩兰萨·德·阿尔梅达（Esperança de Almeida）之女，没有任何遗产，一贫如洗，幼时跟她的母亲一起住在她的表兄弟、教区神父安东尼奥·洛佩斯（António Lopes）的家里。

6. 克拉拉·德·拉丰泰内（Clara de La Fontaine），弗朗西斯科·德·拉丰泰内（Francisco de la Fontaine）与玛丽亚·德·阿尔梅达（Maria de Almeira）之女，没有继承任何遗产，和她的寡母一起生活，25岁，生于澳门，住在大堂区。

7. 卡埃塔娜·德·索萨（Caetana de Sousa），约27岁，已故马尔丁斯·德·索萨（Martins de Sousa）与玛丽亚·维埃拉（Maria Vieira）之女，生于澳门，和母亲一起住在圣安东尼奥区。

8. 弗郎西斯卡·戈麦斯（Francisca Gomes），27岁7个月，弗朗西斯科·戈麦斯（Francisco Gomes）与格拉西亚·戈麦斯（Grácia Gomes）之女，目前住在圣老楞佐区，继承了父亲的27两银子，以及海上贸易的14两银子。

9. 若安娜·费雷拉（Joana Ferreira），自称一贫如洗，无依无靠，她是安东尼奥·若瑟·费雷拉（António José Ferreira）和克拉拉·马尔丁斯·阿尔维斯（Clara Martins Alves）的女儿，19岁，和母亲一起在圣老楞佐区居住。

10. 路易萨·达·罗萨（Luísa da Rosa），单身，约15岁，是曼努埃尔·达·罗萨·贝泽拉（Manuel da Rosa Bezerra）和若瑟芬·德·格利罗（Josefa de Grilo）的女儿。同其他所有候选人一样，生于澳门，住在圣老楞佐区，非常贫穷。

仁慈堂12位委员和1位主席投票表决将嫁妆赠予谁，表决结果如下：克里斯汀娜·德·菲格雷多13票全票通过；卡埃塔娜·德·索萨获得12票；若安娜·费雷拉和路易萨·达·罗萨各获得9票；卡塔里娜·德·托雷斯获得8票；玛丽亚·达·罗沙·皮门特尔和若安娜·法瓦书各得7票；若安娜·科雷亚和弗郎西斯卡·戈麦斯各得6票；克拉拉·德·拉丰泰内父亲是法国人，只得4票。结果有点草率，因为仅仅唱票之后就决定了3位获得嫁妆的孤女。[①]

因此，最终受益人除了克里斯汀娜·德·菲格雷多和卡埃塔娜·德·索萨之外，还有一位要在两个并列获得9票的孤女之间决出胜负。把两个女孩的名字分别写在两张纸上，让一个男孩抓阄，最终路易萨·达·罗萨得胜。3位获胜者每人获得100两银子的书面承诺，条件是她们必须在4年内完婚。鉴于适龄男子缺乏，结婚期限延迟2年。1747年再次公开选拔适龄孤女，给予嫁妆，结婚期限是6年。

之后一直到1771年，澳门仁慈堂一共组织了18次公开选拔。据葡国学者索萨统计，这18次公开选拔中共101位候选人，70人批准获得结婚嫁妆的许诺，比例是69%。从1772年开始，仁慈堂决定改变选拔孤女、赠予嫁妆的体制。实施过程不再对外公布，它成为孤女个人的事情，她们有权直接向仁慈堂主席和委员提出申请。申请到达仁慈堂后，即展开讨论，这些全都记录在仁慈堂会议的议事日程里。至1780年，仁慈堂共受理了18次单独申请，获得批准的孤女共88人。除掉其中9年没有进行选拔活动，我们可以确定每年平均2.25名孤女通过不断努力在澳门葡萄牙天主教徒婚姻市场取得有利地位。将88份嫁妆以图表的形式分析，可见1763年至1769年的选拔活动最为频繁，共选出34位孤女（39%），只刷掉了3位候选人。

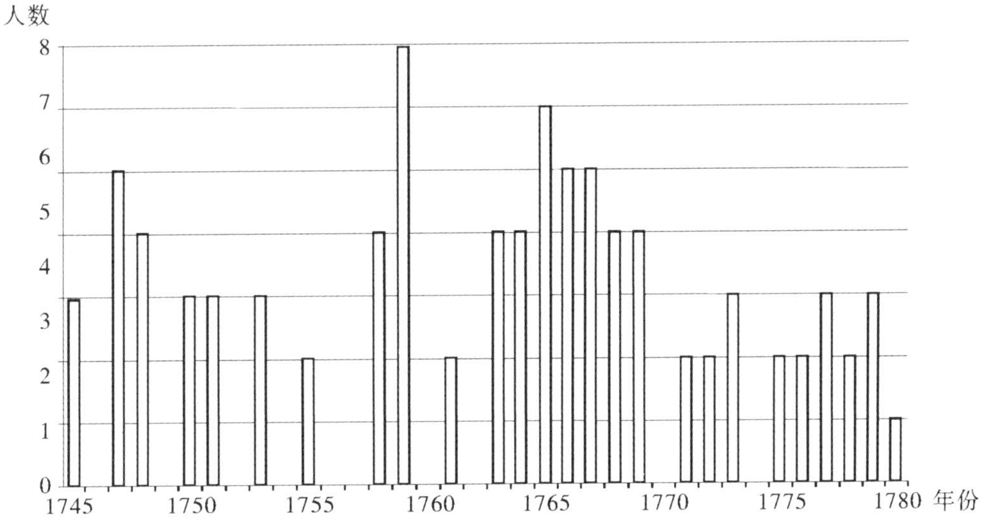

图10-1 1745—1780年仁慈堂嫁妆分配图[②]

---

① Ivo Carneiro de Sousa, Orfandade Feminina, Mercado Matrimonial e Elites Sociais em Macau (Século XVIII), in *Revista de Cultura*, No. 22, 2007, pp. 9-10.

② Ivo Carneiro de Sousa, Orfandade Feminina, Mercado Matrimonial e Elites Sociais em Macau (Século XVIII), in *Revista de Cultura*, No. 22, 2007, p. 21.

这88份嫁妆，仁慈堂共花费10 150两银子，其中3位孤女主动放弃了她们的嫁妆，但是无法确定其他所有孤女是否全都结婚并且领取了嫁妆。葡国学者索萨根据仁慈堂档案分析得出：

这笔用于结婚嫁妆的资金1759年支出最多，高达1 000两，1780年最少只有100两。而1763年至1769年7年间就支出3 500两，占总资金的35%，基本达到孤女人数与嫁妆数额比例的平均值，尽管期间给予仁慈堂主席的6个女儿和书记官的2个女儿的数额较高。其他数据大都残缺不全。因此，根据数据，只能显示仁慈堂13个会员的女儿，其中6个主席、2个司库和2个书记官，1个议事会议员、1个孤儿法官及1个商人。根据现有资料，我们知道绝大多数的孤女来自商人家庭，她们的父辈曾在仁慈堂或议事会任职。档案记录只有17位孤女的结婚年龄（20%），最小的只有12岁，最大的是27岁。这些孤女的平均结婚年龄是17.76岁，这种早婚模式与欧洲工业革命前的完婚现象截然不同。因此，早婚现象与澳门婚姻市场上年轻妇女饱和的现象相互交织，显示这些17岁的孤女在取得仁慈堂的嫁妆许诺和将自己嫁出去之间相隔时间平均为3.58年，最短的2个月，最长的10年。①

据此可知，在17—18世纪澳门社会经济逐渐衰落的时候，葡萄牙人在鼓励葡华通婚的同时开始注重葡人血统的维护，澳门政府积极地为“长老”和葡萄牙人的孤女们筹办婚姻，准备嫁妆，让她们顺利出嫁，以保持澳门社会始终拥有一定数量纯正血统的葡裔人口。

（四）扭曲的性关系

在清人诗文中还有一些反映葡人妇女与天主教主教、神父婚恋生子的记录，如王士祯的《皇华纪闻》亦载：

香山嶴，皆西洋人贸易者居之，闽广人亦有杂处者。其俗：婿皆赘妻家，产业惟婿女受之，不以与子。子赘他家亦然。又内嶴山顶有一寺，番僧居之，为嶴众所服，徒众最多。每人家婚娶，必令女子先入寺礼僧，留信宿，始归夫家，不以为怪。②

陈官的《澳门竹枝词》：

戒指拈来杂异香，同心结就两鸳鸯。嫁郎未必他年悔，生子还当爱法王。③

---

① Ivo Carneiro de Sousa, Orfandade Feminina, Mercado Matrimonial e Elites Sociais em Macau (Século XVIII), in *Revista de Cultura*, No. 22, 2007, p. 23.

② （清）王士祯：《皇华纪闻》卷4，《香山嶴》，四库全书存目丛书子部第245册影印清康熙王氏家刻后印本，济南：齐鲁书社，1995年，第232页。

③ （清）陈兰芝辑：《岭南风雅》卷1，《续选》，乾隆五十年刊本，第158页。

李遐龄的《澳门杂咏》：

交印全凭妇坐衙，客来陪接挈擎茶。偶然天主房中宿，便有亲知道上夸。[①]

张琳的《澳门竹枝词》：

少妇朝昏进愿香，宝鬘锦襦斗新妆。娉婷同到三巴寺，笑愿生儿仗法王。

注：寺奉耶苏天主，僧号法王者司其教。男女朝夕礼拜，女惟法王所欲，与法王生子则贵重。[②]

这些记录反映的是，在清代，葡人妇女同天主教主教、神父婚恋是一件光荣的事，结合所生之子更为贵重。

按天主教教会规定，天主教主教、神父禁止婚配，禁欲主义是中世纪教会的基本准则，但在教会成为统治阶级的一部分，拥有大量财产和特权之后，天主教的主教、神父们的生活便不可避免地日益腐化和世俗化。叶廷勋的《于役澳门纪事十五首》记载：

洋蜡高烧鼓吹奇，管弦声彻夜阑时。番僧不守如来戒，笑拥蛮姬酒一卮。[③]

这诗就描写了澳门天主教神父在教堂笙歌淫乱之态，清代澳门天主教神父的腐化堕落恐怕也是确有其事。如意大利神父贝维拉瓜（Bernardino Maria Bevilacqua）在山东传教时利用自己的教士职权引诱中国教徒中的熟人和忏悔者，其中有已婚妇女也有未婚的女孩。[④] 布彻（Giovanni António Buocher）神父谴责贝维拉瓜是一个“放荡的卡拉布里亚人，性行为爱好者，在中国基督徒当中组成了自己的后宫”[⑤]。后来贝维拉瓜神父被驱逐出山东教区，在澳门休养几年后返回意大利。

除了天主教本身的腐化外，这也与当时澳门女性堕落的社会风气有关。清朝前期澳门经济上的窘迫以及17世纪末期的帝汶战争使澳门的葡萄牙男子骤减，澳门几乎成了一座女人城。经济上失去依靠，加之道德的沦丧，澳门城中的女性开始沦落。阿马罗称：

17世纪中叶，这座城市因为与日本的贸易减少而穷困，许多男人离开了澳门，其中不少抛离了在那儿的家庭。贫穷使得很多妇女过上了沦落的生活。[⑥]

18世纪，澳门已经非常贫困，开始涌进流亡者和冒险家，他们都是从果阿逃来的肆无

---

① （清）李遐龄：《勺园诗钞》卷1，《澳门杂咏》，清嘉庆十九年刻本，第4页。

② （清）张琳：《玉峰诗钞》卷15，《澳门竹枝词》，广东省立中山图书馆藏清刻本，第7页。

③ （清）叶廷勋：《梅花书屋诗钞》卷4，《于役澳门纪事十五首》，清道光年间刊本，第4页。

④ De Vicentiis, *Documenti e titoli*, p. 439，转引自［美］孟德卫著，潘琳译：《灵与肉：山东的天主教（1650—1785）》，郑州：大象出版社，2009年，第151页。

⑤ ［美］孟德卫著，潘琳译：《灵与肉：山东的天主教（1650—1785）》，郑州：大象出版社，2009年，第151页。

⑥ ［葡］阿马罗著，田光明译：《澳门妇女：据16—19世纪旅行家的记载》，载《文化杂志》（中文版）第17期，1993年，第96页。

忌惮的人。随着经济的日蹙，道德也开始沦丧，例如，在18世纪前25年，亚历山大·汉米尔顿（Alexander Hamilton）有这样的记载：

整个澳门有200个男人……有1 500名妇女，她们当中许多人没有丈夫，却生下许多孩子。①

由于贫困及道德的沦丧，澳门妇女的风气已开始全面变坏，包括土生葡人女子在内的澳门妇女给当时的来澳门的欧洲人留下了轻浮放荡的印象。1776年1月舰队司令尼科劳·弗尔南德斯·达·丰塞加（Nicolaou Fernandez da Fonseca）从里斯本来到澳门，其报告中称：

那些最高阶层的妇女都非常庄重，她们出外时乘坐轿子。除少数穿着欧洲风格的裙子和斗篷外，她们的着装是传统的。她们傲慢且懒惰，除了会生孩子，她们几乎什么都做不了。……更多的普通妇女是中国女人或奴隶的女儿，她们也很懒惰，不自尊自爱，给她们金钱和衣服，其随时都准备好提供方便，尤其是给外国人。②

这种现象只能说是一种特殊现象，而不是一种常态。这是在经济极端困窘的情况下不得已而出现的一种变异行为，“淫荡”的女子主要是贫困的葡裔女子以及为数众多的女奴。澳门主教孟主教在1793年给印度总督递交的公文中猛烈抨击了澳门的不良社会风气：

我向阁下承认我一直对那些禽兽不如、有廉耻心、蔑视天主规定和法律的人充满恐惧。他们与自己的妻子接触，又将她们租给那些希望享用和蹂躏她们的外国人及其他人。许多做父母的用自己的女儿和收养的孩子（在饥荒与物价飞涨时出于怜悯收养的或从中国人那里买来的女孩）做这种事；叔、伯、兄弟与他们的姊妹、甥女之间乱伦。③

阿马罗在分析这种现象时说：

孔子的道德观就是这样来求一夫一妻制婚配，并且要求女人对丈夫的绝对忠诚。所以中国官员们为“未禁止葡萄牙女人有更多的男人而吃惊。”这是因为，那时候，这座城市道德败坏和经济上的衰落已达到了使一家之长为了几个钱而把女人和亲生女儿让给外国人的地步。④

---

① Fernão Mendes Pinto, *Peregrinação de Fernam Mendez Pinto em que da conta de muytas e muyto estranhas couzas*, Lisboa: Pedrp Crasbeeck, 1614. 转引自［葡］阿马罗：《不为人知的澳门土生妇女》，载《文化杂志》（中文版）第24期，1995年，第103页。

② Manuel Teixeira, Os Macaenses, in *Revista de Cultura*, Edição do Instituto Cultural de Macau, No. 20, 1994, p. 77.

③ Manuel Teixeira, Os Macaenses, in *Revista de Cultura*, Edição do Instituto Cultural de Macau, No. 20, 1994, p. 81.

④ ［葡］阿马罗著，田光明译：《澳门妇女：据16—19世纪旅行家的记载》，载《文化杂志》（中文版）第17期，1993年，第96页。

明清文献中所记载的这些土生葡人妇女同教会主教、神父淫乱是西欧教会内部腐化堕落及明末清初澳门妇女风气堕落结合在一起的特殊表现。虽然这并非常态，但这一现象被中国文人诗文渲染后，好像变成了澳门的一种社会风俗，这应是不准确的。当然，这其中还包含一些误解。当中国士人们看到夷妇们自由外出，还和神父有肢体上的接触就必然觉得是“淫乱”了，如陈衍虞将葡人妇女到教堂作告解误解为她们同神父密誓：“彝女日为群，密受番侩誓。”① 故而，这些关于葡人女子同神父性关系的中文记载虽然有其真实的成分，但掺杂了大量对天主教和西洋文化的误读，甚至是曲解与想象。

综上所述，16—19 世纪澳门葡人社会的婚俗主要是遵循天主教的婚姻原则，如由神父主持婚礼、一夫一妻制、婚恋自由、不避同姓、与外族通婚，这和旧时华人风俗大相径庭。在一夫一妻制的基本原则下，在葡人正式缔结婚姻的家庭中，还有大量实际上的妾、情人及与女仆通奸的情况，在经济衰落时期，甚至还会有为了金钱出卖自己的妻子和女儿的现象。在不需要受“父母之命、媒妁之言”限制的相对自由的婚姻中，葡人的婚嫁选择其实是被非常浓烈的门第观和财富观所笼罩。在特殊时期，如经济衰落、男女性别比例严重失衡的 17 世纪中期到 18 世纪末期，澳门婚俗还出现了一些特殊现象：男嫁女家、土生葡人妇女与神父发生性关系等。

五、澳门英美基督新教徒的婚姻与礼俗

乾隆二十五年（1760），澳门住冬政策颁布后，澳门成为欧美各国来华商人、传教士及随船而来的各类工作人员的居留地。不久，法国、西班牙、荷兰、丹麦、瑞典、英国纷纷在澳门设立商馆和办事处，到 18 世纪 80 年代后连远处北美的美国也开始在澳门设立商馆。其中当属英国东印度公司在澳门的商馆规模最大。由于澳门是这些欧美国家在华贸易季节之后唯一合法的临时居留地，澳门也就成了这些欧美商人及其家眷的生活休闲之地。上述欧美国家除了法国和西班牙为天主教国家外，英国、荷兰、丹麦、瑞典及美国都是基督新教国家。1770 年，英国东印度公司商馆委员会在华居留制度形成以后和 18 世纪 80 年代后，越来越多的英商、美商及传教士和他们的家眷们来到澳门，共同营造了澳门多姿多彩的基督新教文化生活圈，对澳门传统的天主教文化及华人文化产生了重大的冲击和影响。

这一批信仰基督新教的欧美人定居澳门者为数不少，其中很多人在澳门长期居住，所以在这些人中有不少人在澳门结婚。英国东印度公司禁止职员在印度、中国和其他任何地区与当地妇女通婚。② 信仰基督新教的英美商人主要是选择英美基督徒女子为妻，如表 10－5：

---

① （明）陈衍虞：《莲山诗集》卷 2，道光十九年补刊本，第 10 页。

② ［葡］潘日明著，苏勤译：《殊途同归：澳门的文化交融》，澳门：澳门文化司署，1992 年，第 147 页。

表 10－5 1809—1858 年在澳门举行婚礼的英美基督徒①

时间	新郎	新娘	地点	主婚人
1809 年 2 月 20 日	马礼逊 基督新教传教士	玛丽·莫顿 公司医生莫顿之女	澳门	不详
1812 年 5 月 9 日	波义德·劳森 商馆管事	费思曼 约瑟夫·科顿夫人仆人	澳门	益花臣
1817 年 12 月 15 日	菲利普·莫姆 公司巡船指挥	简·斯蒂尔 东印度公司船长帕特里克·斯特瓦特之女	澳门	梅特卡夫 爵士
1833 年 3 月 18 日	郭雷枢 商馆医生	卡露莲·西拉贝尔 美国姑娘	澳门东印度公司商馆教堂	温伯利 代理牧师
1835 年 12 月 1 日	亚历山大·波义德 东印度公司大班	夏洛蒂 英国散商巴寇小女	澳门圣奥拉夫哈特街	不详
1837 年 12 月 23 日	坦普尔·雷顿 公司商馆职员	萨兰 英国船长爱德华·瓦茨的二女儿	澳门的英国小礼拜堂	乔治·维切尔 牧师
1838	粦为仁 美国浸信会牧师	巴克 印度与东方女性教育促进会教师	澳门	不详
1841	雒魏林 伦敦传教会牧师、医生	凯瑟琳·巴夏礼 巴夏礼的姐姐 郭实猎夫人的表侄女	澳门	不详
1843	亨利·雷万 荷兰广州商馆主任	克拉泽娜 荷兰人	澳门	娄礼华 牧师
1843	小罗素·斯特吉斯 旗昌洋行的合伙人	第 3 次结婚，女方不详	澳门	不详
1854	麦都思 英国伦敦会牧师	安·伊萨贝尔 美国驻澳门领事塞缪尔·罗尔的孙女	澳门	奥德尔 牧师

① 本表资料来源于以下诸书：［美］马士著，区宗华等译：《东印度公司对华贸易编年史：1635—1834 年》第 1—5 卷，广州：中山大学出版社，1991 年；［英］艾莉莎·马礼逊编，杨慧玲等译：《马礼逊回忆录》第 1 卷，郑州：大象出版社，2008 年；［英］伟烈亚力著，倪文君译：《1867 年以前来华基督教传教士列传及著作目录》，桂林：广西师范大学出版社，2011 年；［英］斯坦利·莱恩—普尔、弗雷德里克·维克多·狄更斯著，金莹译：《巴夏礼在中国》，桂林：广西师范大学出版社，2008 年；*The Canton* Register；Lindsay and May Ride，*An East India Company Cemetery*：*Protestant Burials in Macao*，Hong Kong：Hong Kong University Press，1998.

（续上表）

时间	新郎	新娘	地点	主婚人
1858	塞缪尔·吉顿 英国循道会牧师	女方不详	澳门	不详
1858	约翰·毕顿 英国循道会牧师	女方不详	澳门	不详
1858	司摸本 英国循道会牧师	女方不详	澳门	不详

从这些在澳门结婚的案例可以看出，在华欧美人的结婚对象的选择还是比较保守的，择偶主要倾向英美人士。尽管澳门有很多年轻女子，但英美人的择偶目标主要局限于英美女子，所以很多在华英美人士都回国娶妻，再带往澳门，如马礼逊和部楼顿的第二个夫人便是在英国举行的婚礼。英美女子在澳门无论是未婚还是已婚都为数较少，所以英美女子在澳门备受追捧，哈丽特·洛在日记中写到，女性是稀缺资源，她们在澳门的生活格调很高。1829 年 11 月 18 日，洛参加一场晚会，男人数量是女人数量的 20 倍，而她是其中唯一一个未婚女子，所以被邀请讲话。为了取悦女子开心。[①]可见，在澳门英美女士备受尊重和关爱，当时中国的行商中就流传着这样一句话："若有来生，做男人要做中国男人，做女人则做英国女人。"[②]

图 10－2　1838 年钱纳利绘丹尼尔太太的素描

图 10－3　1840 年嫁给华人李致祥的美国姑娘苏珊·京[③]

① Nan P. Hodges and Arthur W. Hummel ed.，*Lights and Shadows of a Macao Life*：*The Journal of Harriett Low*，*Travelling Spinster*，Woodinville，WA：History Bank，2002，pp. 85，132.

② Nan P. Hodges and Arthur W. Hummel ed.，*Lights and Shadows of a Macao Life*：*The Journal of Harriett Low*，*Travelling Spinster*，Woodinville，WA：History Bank，2002，p. 599.

③ ［美］多米尼克·士风·李著，李士风译：《晚清华洋录：美国传教士、满大人和李家的故事》，上海：上海人民出版社，2004 年，第 76～77 页间第 3 幅插图。

在澳门的英美男士虽然大多都遵守该国的规定，但也并非没有例外，如英国劳伊兹船舶保险公司主席之子梅罗普是住在澳门的东印度公司大班。1784 年，他在澳门认识了曾经当过妓女的中国姑娘马莎，他们一见钟情，并开始了同居生活。梅罗普每年前往广州处理商务，马莎就在澳门帮他料理各种家务，照顾家庭。梅罗普先生多次向马莎提出要求结婚，但是马莎都拒绝了。他们同居久了，尽管没有结婚，大家都称马莎为梅罗普夫人。1793 年梅罗普病逝，立下遗嘱，将全部澳门的财产留给了马莎。到 1828 年时，梅罗普夫人去世，她将累积的高达 120 万元的遗产全部捐赠给了仁慈堂。①

英格兰人理查德·马克威克也是在广州和澳门经商的英国人，他在广州和澳门开设的马克威克酒店名气很大。他的妻子就是一位澳门土生葡人女子，名叫安捷拉（Ângela Vidal），后来在澳门形成了以马克威克姓氏的新的土生葡人家族。② 还有，英格兰人威廉·阿兰逊（William Henry Allanson），他也是在澳门经商的英国人。在 1854 年他曾开设一间轮船公司，总部设在澳门，在广州、上海等地都设有分公司。1843 年，他同土生葡人巴莱托家族的女儿埃斯贝朗萨（Esperança Barreto）结婚，并承诺放弃基督新教信仰，改宗天主教。其后，阿兰逊家族也成了澳门著名的土生家族。③

信仰基督新教的人举行婚礼也是在教堂中，但是，基督新教徒初到澳门时，澳门并没有基督新教的教堂，所以他们的婚礼往往是在基督徒的家中或者是东印度公司的商馆内举行。东印度公司设在南湾的商馆，据 1825 年来澳门旅游的英国人称："当时南湾公司内设有一座小礼拜堂。"④ 1830 年东印度公司又从阿尔梅达（Baron da Almeida）的侄子安东尼奥·佩雷拉（António Pereira）手中将基督教坟场内的一块庭院地购下，并改建成一个小教堂。⑤ 这样到 1830 年以后，澳门的基督新教徒至少有两座小教堂可供他们使用。基督新教的婚礼一般都需要由牧师来主持，但早期在澳门的基督新教徒要结婚时很可能身边并无牧师，所以由其他的基督徒来主持婚礼，也是可以的。基督新教徒的婚礼与天主教徒的婚礼并不完全相同。基督新教的婚礼程序主要包括：祷告、经文诵读、祝福、誓约、戒指交换等，每一个程序都有本身的意义。哈丽特·洛在日记中记载了 1833 年英国东印度公司医生郭雷枢的婚礼：

> 婚礼前两天，洛协助新郎新娘做一些准备工作，比如书写和发放请柬给所有

① Austin Coats, *City of Broken Promises*, Hong Kong: Hong Kong University Press, 1987, pp. 264－266, 294. 原文写的是总共 1 万镑，另外如果她放弃永久在澳门居住并返回欧洲，还会得到另外 3 千镑，这是遗嘱中的规定。在 1 万镑下面，有注释，编者写的约合当今（书的出版年代）120 万美元。根据书的内容，梅罗普夫人的遗产似乎并没有全部捐赠给仁慈堂。

② Jorge Forjaz, *Famílias Macaenses*, Vol. Ⅱ, Macau: Fundação Oriente, Instituto Cultural de Macau, Instituto Português do Oriente, 1996, pp. 555－556.

③ Jorge Forjaz, *Famílias Macaenses*, Vol. Ⅰ, Macau: Fundação Oriente, Instituto Cultural de Macau, Instituto Português do Oriente, 1996, pp. 75－76.

④ *The Quarterly Oriental Magazine Review and Register*, Vol. 7, 1827, p. 242.

⑤ Lindsay and May Ride, *An East India Company Cemetery: Protestant Burials in Macao*, Hong Kong: Hong Kong University Press, 1996, p. 63.

欧洲人邀请参加周日12点举行的婚礼宴会（共发出了65张请柬），帮助新娘准备服饰等。在此之前准新郎和准新娘已经接受了周围朋友们的美好祝福。1833年3月18日，打扮好新娘后，上午11点，洛和婶婶、商馆主席部楼顿先生及其他人一起来到小礼拜堂（位于基督教坟场内），婚礼由温伯利先生主持，全部遵照英国习俗。拉迪默先生负责组织人们进入教堂时的乐队表演。回到家（不明确是谁的家），参加婚礼宴席，大约70人到场。客人们被一一介绍给新娘，澳门总督迟到了一个小时，于是大约1点吃饭。意大利歌手主动献艺。大约4点钟活动结束，新郎新娘6点回去，婚礼的庆典非常成功。①

1905年寓居澳门的汪兆镛在《澳门竹枝词》中对基督教新婚礼作了更细致的描写：

女郎齐送七香车，新妇帬衫曳地斜，签约讽经舥挚甚，岂容浪说自由花。澳蕃结婚，郎君与亲族先候于礼拜堂。新妇乘藤轿，鲜花四垂，头罩与帬，皆用白纱，长曳地数尺。送嫁女郎数十人，乘人力车随之。新妇入堂，伏地持经默诵，新郎脱帽正立，牧师为之祈祷。新郎以指环授妇，妇脱手套受之，戴指上。入牧师室读证书，郎妇媒妁均亲笔签字乃出，诸客男女分别握手接吻为礼，送嫁诸女郎赠新妇以花球，各拍掌而散。②

这份中文史料为我们提供了了解当时基督新教婚礼的信息，文中对教堂中举行的婚礼过程也作了详细描述。

第二节　澳门西洋社会的丧葬风俗

在16世纪之前，欧洲的丧葬礼仪并不统一，各个地方都有不同的礼仪和风俗，但是天主教教会有着自己的一套严格的礼仪规定，特别是1545—1563年特立腾大公会议（the Council of Trent）有关整合结果礼仪的决定颁布以后。1588年教宗西克斯笃斯五世（Sixtus V）建立了礼部，以监督各拉丁教区严格按照规定的方式举行弥撒和其他礼仪。此后，这些决议在各地产生影响。特立腾大公会议确定了《罗马礼书》，这部书于1614年出版，适应所有的罗马天主教教区。这部礼书含有几种主要是由神父举行的非弥撒礼：圣礼庆典，如洗礼、婚礼、忏悔和终傅以及其他的一些仪式，包括临终探视、游行仪式和祝福。第四章包括对傅油圣礼、临终探视和为临终者准备后事的具体指导。第五章是有关殡葬或者说丧礼的程序，它描述了丧礼所要遵循的不同步骤和整个过程中要做的祈祷。总的来说，《罗马礼书》所规定的丧礼包括五个部分：将死者运往教

① Nan P. Hodges and Arthur W. Hummel ed., *Lights and Shadows of a Macao Life: The Journal of Harriett Low, Travelling Spinster*, Woodinville, WA: History Bank, 2002, pp. 522－523.

② （清）汪兆镛：《澳门杂诗》，《竹枝词四十首》第15首，民国七年铅印本，第12页。

堂、诵念亡者日课、丧礼弥撒、告别礼和葬礼。[①] 葡萄牙是属于罗马圣统制管制下的拉丁教区，故16—19世纪，澳门葡萄牙人的丧葬采用的是罗马天主教礼仪。

一、澳门葡萄牙人天主教丧葬习俗

在明清的中文史料中我们常常能见到澳门葡萄牙人天主教的丧葬风俗的相关记载。最早的记载是明人叶权的《游岭南记》“唯有丧者衣青长衫，戴青帽，不用他颜色”[②]，记录了葡人丧葬时的穿着。其他记载还有张燮的《东西洋考》：“人死贮以布囊，就寺以葬。”[③] 这份资料记载了葡人死后装入布袋，入葬教堂。关于澳门葡萄牙人的葬俗记载较为详细的是担任过香山知县的暴煜的《（乾隆）香山县志》，他称澳门葡人：

> 奉天主教。凡父母殁，报于僧，僧即鸣钟以示遐升之义。先于庙内开穴置棺，延僧至舍，同亲朋送尸至庙，入棺盖定，以土掩之，诵经文，亲朋各散，子女回家闭门不出八日，不举火，不炊爨，亲朋送饮食。越八日，方往谢。服制三载，以衣青为孝服。[④]

而担任过香山知县和澳门同知的印光任与张汝霖的《澳门记略》则记载得更为详细，他们称葡人：

> 尤薄于送死。家有丧，号哭不过七日，不炊，亲友馈之食。无棺椁，舁支粮庙公匣，至殓，以布帛覆以罩，僧鸣铎前导，赴素所礼拜之庙而葬之。既至，出诸匣，富者入赀多，许于天主前穴地槁葬，镌志姓名于石，贫者葬庙外。其富者又分赀献诸庙，葬之日争为鸣钟，其妻子迄无一送者，故僧以日饶。葬踰年，出骨瘗之他所。如尚肉，谓获罪不上升，僧鞭其尸而掩之，需其化而改葬。丧期或一年，或数月，有吉事即不至期亦释服。产子未弥月而夭，遍告戚友，聚而焚香，置诸盘，插花缠彩，送庙中葬之。僧劳其父母以镪，谓之仙童。[⑤]

由王廷钤等人倡修的《（道光七年）采访册》记录澳门葡人丧葬风俗稍有不同，他称澳门葡人：

> 家有丧，讣于庙，入钱，庙则鸣钟，延僧至舍诵经，舁支粮庙公匣。至殓毕，僧鸣铎前导入庙，出诸匣穴地藁葬，旧无棺，今闻有之，掩以土，盖以板，葬日，其家人闭户不出，数日不举火，亲友馈之食，妻子不临丧，不执绋，奴婢葬于庙

---

① ［比］钟鸣旦著，张佳译：《礼仪的交织：明末清初中欧文化交流中的丧葬礼》，上海：上海古籍出版社，2009年，第19～20页。

② （明）叶权：《贤博编》，《游岭南记》，北京：中华书局，1987年，第45页。

③ （明）张燮：《东西洋考》卷5，《吕宋》，北京：中华书局，2000年，第93页。

④ （清）暴煜：《（乾隆）香山县志》卷8，《濠镜嶴》，中山文献丛刊第2册影印清乾隆十五年刊本，第950页。

⑤ （清）印光任、张汝霖原著，赵春晨校注：《澳门记略校注》，《澳蕃篇》，澳门：澳门文化司署，1992年，第155页。

外，别国夷葬水坑尾门外，坟上盖以石块，勒字其上。夷人孝服衣皂，为其国王服重六月，禫服六月，父母有禫服无重服，余无服。[①]

道光七年（1827）祝淮的《（道光）新修香山县志》也记录了澳门葡人丧葬风俗：

尤薄于送死，无棺椁，藁葬于庙，妻子无一送者。禫服六月，哭不过七日。近间效华人用薄板棺。无族姓亲属，白多玛著《圣教切要》，窃中土五服图为同姓外亲之图，叩之澳夷，实瞢如。[②]

以上的几段中文史料都是当时人记当时事，应该说是记录了澳门葡萄牙人天主教丧葬婚俗最为完备、详细的第一手资料。其中记录的信息量极大，不仅报道了澳门葡萄牙人丧葬的全过程，还透露了许多为世人所不知的澳门葡萄牙人丧葬礼仪风俗的细节，为我们留下了极为珍贵的澳门葡萄牙人的民俗学资料。上面有几个词必须加以说明，所谓“僧”即是指神父；所谓“庙”即是指教堂；“支粮庙”即仁慈堂；“诵经”就是诵念亡者日课，包括晨经和赞美经；“服重”或“重服”即指过度服丧；“禫服”即解除丧服的祭祀。从上面中文文献透漏的信息我们可以从以下七个方面将澳门的天主教丧葬同欧洲的丧葬进行比较：

（1）报丧。中文文献记录“凡父母殁，报于僧，僧即鸣钟以示遐升之义”，“家有丧，讣于庙，入钱，庙则鸣钟”。方济各会利安当神父编纂的以欧洲天主教丧礼规则为主体，其中又融进部分中国传统丧礼的《临丧出殡仪式》，亦称：“教中人若弃世，其家人即宜先报神父，请神父做弥撒，为先亡之灵魂。不该迟报，免灵魂之害。”[③] 可知，澳门葡人之报丧，与欧洲天主教丧礼一致。

（2）丧礼。中文文献记录“延僧至舍诵经，舁支粮庙公匣。至殓毕，僧鸣铎前导入庙，出诸匣穴地藁葬”，“先于庙内开穴置棺，延僧至舍，同亲朋送尸至庙，入棺盖定，以土掩之，诵经文”。根据《罗马礼书》，家中有丧，请神父在侍从和圣职人员的陪同下进入死者家中时，丧礼就开始了。神父首先在棺柩上洒三次圣水，然后和参加者一起吟诵“我从深渊呼求你”。然后丧礼的程序启动，死者被抬往教堂，途中大家吟诵“求你怜悯我”，到达教堂后，开始诵念亡者日课，包括晨经和赞美经，然后由神父追思弥撒和告别礼。当棺柩被运到墓地时，仪式再被启动，圣职人员吟唱赞美诗，洒水焚香为墓穴和死者祈福。遗体放进墓穴，圣职人员在墓穴上竖立十字架标志，再次吟唱赞美诗和念祷词。[④] 这是16世纪末天主教丧礼的基本结构，其中最重要的两个仪式就是亡者日课和亡者弥撒。前面所记录的澳门葡萄牙人的丧礼过程虽然没有《罗马

① （清）王廷钤等撰：《（道光七年）香山县下恭常都十三乡采访册》卷上，《澳门纂略》清抄本（影印本），北京：国家图书馆出版社，2010年，第43页。

② （清）祝淮：《（道光）新修香山县志》卷4，《海防·附澳门》，中山文献丛刊第3册影印清道光七年刊本，第711页。

③ ［比］钟鸣旦等编：《耶稣会罗马档案馆明清天主教文献》第5册，《临丧出殡仪式》（晚期抄本），台北：台北利氏学社，2002年，第450页。

④ ［比］钟鸣旦著，张佳译：《礼仪的交织：明末清初中欧文化交流中的丧葬礼》，上海：上海古籍出版社，2009年，第20～21页。

礼书》那么详细，但大体过程基本一致。《圣事礼典・终后》一书中有“安葬礼节”，揭示当时司铎主持下的安葬细节，可以说明澳门基督徒逝世的葬礼：

铎德穿辅弥撒衣，挂黑大衣带，点烛，十字圣水皆备，往尸首旁，念：天主诸圣人济佑，天主诸天神迎接，收其灵魂，供献于天主台前，昔召尔基利斯督接尔，诸天神引尔于亚巴郎怀，接收其灵魂供献于天主台前。启望主赐伊永安，及永照之光。①

司铎念完之后，会有一段众人同祷的祷文，以“亚孟”结束。之后“起棺”念圣咏。值得注意的是，在上述文献中提到在送葬的时候，澳门葡萄牙人是“其富者又分赀献诸庙，葬之日争为鸣钟，其妻子讫无一送者，故僧以日饶”，“葬日，其家人闭户不出……，妻子不临丧，不执绋”。艾儒略的《西方答问》称欧洲：“凡值瞻礼与讲道及会葬之期，皆撞钟晓众。送葬自亲戚外，更有修道各会。随人所请，皆聚以送，且为已故祈求奉祭天主也。”② 只提亲戚和教会人士送葬，也未提到妻子。澳门的妻子不送葬的习俗很可能亦是早期天主教葬礼的习俗，为了不使逝者至亲之人过度悲伤，不让其妻子和儿女加入送葬队伍亦在情理之中。

（3）丧服。中文文献记录“丧者衣青长衫，戴青帽，不用他颜色”，“服制三载，以衣青为孝服”，“夷人孝服衣皂，为其国王服重六月，禫服六月，父母有禫服无重服，余无服”。中国之丧服为白色，荷兰人达伯尔（Olfert Dapper）称：“他们的丧服不是黑色，而是白色。父母死后，儿子们要穿一种一直垂到脚面的麻布长袍，有点像圣职人员的僧袍。他们的鞋帽看上去也很褴褛。他们像方济各会修士那样系一条绳子作腰带。”③ 而欧洲之丧服为黑色，艾儒略的《西方答问》称：“敝邦白色用为吉服，贵其清洁未染也。丧礼则忌白而用玄黑，玄黑者，取幽冥之意也。父母之丧，初年服粗毛羊绒；次年用玄色，亦略光洁；三年始除。若兄弟妻子各有其期。开吊送葬之日，不但人服玄色，且居室堂墙壁俱挂玄色布帛云。”④ 可知，澳门天主教徒的丧服一律使用黑色，与欧洲是一脉相承的。艾儒略所称的父母之丧，指服丧三年。17 世纪时，荷兰人达伯尔亦称：“（中国人）根据一项不可亵渎的法律，子女要严格地为父母守丧三年整，原因是他们要回报父母，感激父母的三年怀抱之恩和幼年时为抚育自己付出的辛劳。但他们为其他亲属服丧时间要短得多，有些一年即可脱下丧服，有些是三个月，

---

① 《圣事礼典・终后》，CHINOIS. 7390, BNF.

② ［意］艾儒略著，叶农整理：《艾儒略汉文著述全集》下册，《西方答问》卷上，桂林：广西师范大学出版社，2011 年，第 142 页。

③ Olfert Dapper, *Gedenkwaerdig bedryfder Nederlansche Oost-Indische Maetschappye op de Kuste en in het Keizerrijk van Tasing of Sina*, pp. 407 – 408. 转引自［比］钟鸣旦著，张佳译：《礼仪的交织：明末清初中欧文化交流中的丧葬礼》，上海：上海古籍出版社，2009 年，第 39 页。

④ ［意］艾儒略著，叶农整理：《艾儒略汉文著述全集》下册，《西方答问》卷上，桂林：广西师范大学出版社，2011 年，第 142 页。

这些都和欧洲一样。”[①] 与暴煜《（乾隆）香山县志》“服制三年”完全一致。《澳门记略》称：“丧期或一年，或数月，有吉事即不至期亦释服。”这应该是指达伯尔所言的其他亲属的服丧时间。

（4）棺柩。中文文献记录“先于庙内开穴置棺”，“无棺椁，舁支粮庙公匣”，“出诸匣穴地藁葬，旧无棺，今闻有之，掩以土，盖以板”，“无棺椁，藁葬于庙，近间效华人用薄板棺”。这种记录怎么解释？在欧洲使用棺柩是相当晚近的时期，特别是对于平民阶层而言，平民死后的遗体通常是被装在租赁来的棺柩里，从家里运到教堂再到墓地，一般情况下，遗体并不和棺柩一起埋葬。[②] 这种情况跟澳门天主教徒棺柩的使用完全相同。16—18 世纪平民很可能出葬是不置备棺柩的，而是由仁慈堂提供的“公匣”装载尸体，从家里运到教堂再到墓地。《（道光七年）采访册》和《（道光）新修香山县志》均是 19 世纪的文献，所以到这个时候澳门天主教徒的葬式开始使用棺椁，故称“旧无棺，今闻有之，掩以土，盖以板”，“无棺椁，藁葬于庙，近间效华人用薄板棺”。这与欧洲天主教平民葬式的发展基本一致。

（5）坟墓。中文文献记录“就寺以葬”，寺者，教堂也；“送尸至庙，入棺盖定，以土掩之”，“赴素所礼拜之庙而葬之”，“富者入赀多，许于天主前穴地槁葬，镌志姓名于石，贫者葬庙外”，庙者，教堂也。诸文献均告诉我们在澳门去世的天主教徒均葬于教堂，只不过富者葬于教堂内，贫者葬于教堂外。艾儒略的《西方答问》称：“吾西不停柩，次日即葬。有坟不在山野而在城中圣堂近地。盖每城圣堂数多，堂后各有空地以葬也。凡奉教者，生前死后俱望大主恩庇，故不愿远离耳。”[③] “不停柩”“不在山野”葬于教堂内外，是欧洲天主教之葬也，与中国之葬俗异。

（6）葬后。中文文献记录“亲朋各散，子女回家闭门不出八日，不举火，不炊爨，亲朋送饮食，越八日，方往谢”；“家有丧，号哭不过七日，不炊，亲友馈之食”；“葬日，其家人闭户不出，数日不举火，亲友馈之食”。这种家人闭门不出，数日不举火，亲友馈之食的丧葬风俗在《罗马礼书》及利安当为华人天主教徒编纂的丧礼指南《临丧出殡仪式》中都没有记录，应该是澳门葡萄牙人融入了当地华人丧葬风俗的一种表现。

（7）二次葬。《澳门记略》称：“葬踰年，出骨瘗之他所。如尚肉，谓获罪不上升，僧鞭其尸而掩之，需其化而改葬。”姚元之的《竹叶亭杂记》亦载：“其非贵人之没于澳门者，死即埋，久之，则去其骨骸，更以埋新死者。”[④] 这是两种不尽相同的二

---

① Olfert Dapper, *Gedenkwaerdig bedryfder Nederlansche Oost-Indische Maetschappye op de Kuste en in het Keizerrijk van Tasing of Sina*, pp. 407 – 408. 转引自［比］钟鸣旦著，张佳译：《礼仪的交织：明末清初中欧文化交流中的丧葬礼》，上海：上海古籍出版社，2009 年，第 39 页。

② ［比］钟鸣旦著，张佳译：《礼仪的交织：明末清初中欧文化交流中的丧葬礼》，上海：上海古籍出版社，2009 年，第 51 页。

③ ［意］艾儒略著，叶农整理：《艾儒略汉文著述全集》下册，《西方答问》卷上，桂林：广西师范大学出版社，2011 年，第 142 页。

④（清）姚元之：《竹叶亭杂记》卷 3，北京：中华书局，1982 年，第 92 页。

次葬的习俗，第一种是葬后第二年，要将骨骸挖出来改葬他地，如果还有肉身未腐化就代表尚有罪孽未能升天堂，需神父鞭尸后火化而改葬；第二种是将去世已久的死者的遗骸挖出来，而改埋新死者。过去，许多欧洲及南美洲国家因土地不多，亦在死者埋葬3～5年后将骨骸掘出，置于壁龛或骨坛里，或移至公有墓地集中安葬。明清两广地区亦有二次葬俗的流行，但不知澳门葡萄牙人这一习俗是来自欧洲天主教会的习俗，还是融入了明清广东华人的葬俗，尚待进一步研究。

张甄陶《澳门形势论》记载了乾隆时澳门入教华人的丧俗：

> 凡内地之人入教，彼国明立册籍，谬加秩号，借口中华信奉，即可震詟诸番。其所用十字水钱，不过铅汞煎炼，若得华人目睛点入，即可成银，都无消耗。凡奉教之人临死，则夷人以布幂其面，喃喃持咒忏悔，实乘间窃其睛以去。点铅之外，杂之药物，别有奇功，用之不穷，术由于此，事颇秘密，民为所愚。①

虽然以水银点华人之睛以成银的记载难免带有中国士人对天主教反感而产生的偏见，为虚妄之言；但也反映了澳门入教华人基本采取天主教的丧俗：1）去世前忏悔；2）以白布蒙面。哈丽特·洛于1833年记载了她所见到的天主教葬俗：

> 嘉思栏教堂是一个非常整洁美丽的地方，位置极佳，修道院与其浑然一体。他们常常将死者埋葬在教堂里，这是非常可怕的做法。遗体放在开盖的棺材中，在街上运过，然后置放在教堂内，又不加棺材而放入墓穴。先涂以生石灰，然后由黑奴埋入地下。当肉体腐朽后，有时会取出骸骨并火化，在男性朋友跟随下举行葬礼。神父在教堂中歌颂、宣读祷告。在这个人去世及下葬时，钟声一时大作。如同在所有天主教国家，神父们的祷告收入不菲。②

关于澳门天主教徒死后财产的去向，明人蔡汝贤的《东夷图说》称："人积家财，临死时遗嘱：若干与妻孥，若干舍入庙。悉如其言。若无嘱书，即一半付子，一半归王，无有竞者。"③《澳门记略》则有更详细的记录：

> 红棍官二等：曰大红棍，曰二红棍。大红棍于夷人就瞑目时，察其赀财而籍记之，询其人以若干送寺庙，若干遗子女，若干分给戚属，详书于册，俾无后争。④

上述"大红棍"即澳门议事会设立的孤儿法官，他们就是负责管理死亡者的遗产分配的问题。

---

① （清）王锡祺：《小方壶斋舆地丛钞》第11册，第9帙，张甄陶：《澳门形势论》，杭州：杭州古籍书店，1985年，第320页。

② Katharine Hillard ed. ,*My Mother's Journal:A Young Lady's Diary of Five Years Spent in Manila,Macao, and the Cape of Good Hope from 1829 – 1834* ,Boston,1900,p. 176.

③ （明）蔡汝贤：《东夷图说》，《佛郎机》，四库全书存目丛书史部第255册影印明万历十四年刻本，济南：齐鲁书社，1997年，第429页。

④ （清）印光任、张汝霖原著，赵春晨校注：《澳门记略校注》，《澳蕃篇》，澳门：澳门文化司署，1992年，第153页。

二、澳门葡萄牙人天主教的葬礼及墓园

在西文史料中也能找到一些记录16—19世纪澳门葡人天主教葬礼的资料。徐萨斯的《历史上的澳门》记载了澳门开埠不久大商人佩德罗·维约（Pedro Velho）之死：

> 他的死与众不同，引起了轰动。据说在一次宴会上，他与朋友们神秘地道别，并邀请他们参加他的葬礼。他处理完俗事后，就走向教堂去等死。他学着死人的模样，躺在四周点着蜡烛的棺材里，神父们唱起了安魂曲，举行唱经弥撒，仆人们掀开寿衣，发现他已真的去世了。①

从这记录可以看出，澳门开埠以后上层人士的去世多葬于教堂，而且他们的丧葬是有棺材的。举行的葬礼仪式包括神父唱安魂曲，举行唱经弥撒等。1583年8月19日，在澳门逝世的署理主教贾尼劳就被安葬在澳门的圣保禄教堂里。② 1597年9月15日，萨主教在澳门逝世，他被安葬于大三巴的圣沙克雷芒礼拜堂里的浅坟下。③ 1599年7月30日，孟三德神父在澳门逝世。孟神父十分受人爱戴，“他逝世时，澳门教区所有神职人员都出席了葬礼，还有许多世俗人士。他们怀着深厚的感情，流着眼泪为他送行”④。1614年2月16日，日本主教刘易斯·塞尔凯拉（Luís de Serqueira）因癌症在长崎逝世。1620年葡萄牙人将他的遗体带回澳门，按照惯例，葬在大三巴教堂的主祭坛之下。⑤

1706年9月18日，在澳门的主教座堂里，为逝去的国王佩德罗二世（Pedro Ⅱ）举行了一场葬礼，其程序如下：

> 议事会部长和官方人员举着司法权杖从市政厅里走出来，随行的还有这座城里的许多贵族和平民，所有人都穿着丧服，一行人走到了主教座堂参与出席正式葬礼前夕活动。在走出市政厅大门的时候，第一位加入市议员，即议员中最年长的那一位打碎了怀里的第一块盾牌，说道：“乡亲们啊，让我们为国王唐·佩德罗二世的逝世而哭泣和哀悼吧！”当他们走到圣多明我教堂前时，由第二位市议员按照同样的仪式打碎了第二块盾牌；最后，当他们走到主教座堂门前时，第三位市议员按照第一位议员的仪式又打碎了第三块盾牌。9月19日，伴随着吟唱的弥撒，

---

① ［葡］徐萨斯著，黄鸿钊等译：《历史上的澳门》，澳门：澳门基金会，2000年，第30页。

② Jack M. Braga, *A Voz do Passado: Redescoberta de a Colecção de Varios Factos Acontecidos Nesta mui Nobre Cidade de Macao*, Macau: Instituto Cultural de Macau, 1987, p. 12.

③ Jack M. Braga, *A Voz do Passado: Redescoberta de a Colecção de Varios Factos Acontecidos Nesta mui Nobre Cidade de Macao*, Macau: Instituto Cultural de Macau, 1987, p. 13.

④ João Paulo Oliveira e Costa, *Cartas Anuas do Colégio de Macau (1594 – 1627)*, Macau: Fundação Macau, 1999, pp. 89 – 90.

⑤ Hubert Cieslik（H. チースリク神父）:「セルケイラ司教の報告書」,「キリシタンの研究」第13輯，東京：吉川弘文館，1980年，第217頁。

正式的葬礼开始了，教堂内举行追悼仪式时停放灵柩的高坛以庄严而肃穆的黑色作漆。而每个角落却被烛火照得透亮：参与这一葬礼仪式的有总督戴冰玉，主教贾修利，所有人都站在了各自的代表位置上。修士和教士们在主圣坛吟唱歌曲，仪式的每个环节和步骤都伴随着音乐。耶稣会的若奥·莫朗（João Mourao）神父利用其雄辩出色的口才发表了一番精彩的葬礼演讲。①

1709 年 3 月 20 日，江西代牧主教白万乐在奥斯定修院去世，终年 63 岁。所有葡萄牙人、当地神职人员以及在澳门避难的外国传教士们全部参加了在圣奥斯定修院举行的隆重丧礼：

死者于 3 月 21 日下葬于该院中央圣堂，军队也参加了葬礼。在圣·奥古斯定圣堂他墓前，有一拉丁文铭文：这里长眠着卓越的白万乐修士。他出生于西班牙萨拉芒加贝拉文特名门家庭。他为传播信仰在家乡参加了“奥古斯定会”，后赴菲律宾教区，并被派往中华帝国。由于管理该教区的中国传教团功绩辉煌，晋升为阿斯卡罗讷主教和代牧；他于 1709 年 3 月 20 日在澳门去世，终年 63 岁，主教任期 9 年。安息吧，阿门！②

白乐嘉的《往昔的声音》记载：

1735 年 9 月 20 日，大主教贾修利于这一天下午 7 点钟逝世。在得知其逝世的消息之后，大炮台上响起了一声炮鸣，接着我市所有教堂和修道院内的钟声都齐齐响了两遍，随后鸣炮礼又持续了一整个晚上。第二天正是圣马修斯节，但没有按照教宗训谕进行巡游，因为教士们都忙于这位大主教葬礼的相关事宜：早上十点开始，仁慈堂公匣从他家中抬出，并在澳门许许多多的教士和宗教人士的陪伴下穿过了右侧的马路，最后回到了主教座堂，放置躯体的灵柩台被布置得格外精巧，甚至没有计较用于这场葬礼的花费。总督一直陪伴着大主教圣洁的躯体，直到他最终被放入墓中。同伴有各项哀悼和宏伟的展示，在葬礼的末尾还进行了一场来自大炮台的 21 发炮弹的鸣炮礼。这位主教在澳门当了 43 年的大主教，最终享年 84 岁。他享有盛誉，并在其一生当中。③

文德泉的《澳门及其教区》记载了 18 世纪一个海军军官的葬礼及墓碑：

1799 年 5 月 28 日，果阿皇家海军上校、波尔图人卡斯特罗·布朗科（Joaquim Carneiro Machado Castelo Branco）在澳门去世，葬于圣·奥古斯定教堂，其墓碑保存在圣奥斯定堂。墓碑上拉丁文的译文是：1805 年，D. R. 卡斯特罗·布朗科敬献此碑，以纪念果阿皇家海军军官、基督教徒若阿金·卡尔内罗·马沙多·卡

---

① Jack M. Braga, *A Voz do Passado*: *Redescoberta de a Colecção de Varios Factos Acontecidos Nesta mui Nobre Cidade de Macao*, Macau: Instituto Cultural de Macau, 1987, pp. 25 - 26.

② ［葡］施白蒂著，小雨译：《澳门编年史：16—18 世纪》，澳门：澳门基金会，1995 年，第 77 页。

③ Jack M. Braga, *A Voz do Passado*: *Redescoberta de a Colecção de Varios Factos Acontecidos Nesta mui Nobre Cidade de Macao*, Macau: Instituto Cultural de Macau, 1987, p. 52.

斯特罗·布朗科。他生于波尔图市，于公元1799年5月28日在澳门逝世。[①]

1845年3月29日，澳门教区第12任主教包主教在尚未举行加冕赐福仪式前病逝。4月11日，包主教的遗体被葬在圣保禄教堂坟场，总督、议事公局官员、教徒、贵族及数以万计的信徒参加了他的葬礼。后来，其遗骨于1859年移葬澳门主教堂圣祠堂。[②]

澳门总督的葬礼有一些不同的仪式，根据葡萄牙的法令，总督去世后：

> 如果总督因去世而职位空缺，遗体安放在主教座堂，市政官员必须由一位医生陪伴前去，当月的主席议员走近棺木，呼叫死者的名字三次。随后由医生宣布此人已经死亡，从议事会取来册封单，打开当年的那一份：里面载有继任者的名字。此事一旦决定，议员从死者手中拿起象征权力的手杖，交给继任者。从此刻起，他被认为已得到了去世者曾有的权力和职能。秘书立公文记载所发生的一切，并由秘书本人和新总督签名。[③]

这一仪式跟总督的权力交接密切相关。澳门总督亚马留在1849年8月22日遇刺身亡，由于要处理纠纷问题，翌年元旦才举行葬礼。当日，亚马留的遗体从澳督府移往方济各修道院的嘉谟小教堂（Igreja de Nossa Senhora do Carmo）安葬，并举行正式的安葬礼：

> 澳门议事公局在葬礼上致悼词，举澳伤悼已故王室大臣亚马留，并由澳门议事公局奉其骨殖移送于嘉思栏圣女嘉谟小教堂安置，执绋者法国公使、美国领事官、议事公局主席、海军与妈阁炮台司令等。其舁柩者兵梢6人，前导者兵丁1旗，兵梢1部。扈从者议事公局众议员并执卷旗以及各国公使领事之办公人等，且内外民人，又有副总兵官带领兵丁押后。至嘉思栏教堂门首，有主教暨众神父迎入圣女嘉谟小教堂，诵经一路，哀恸之情，令人见之悲楚。[④]

1850年7月6日，海军上校、澳门总督官也感染霍乱，8小时后不幸逝世，终年49岁。他被葬在圣保禄坟场的教堂后面。罗安达市（Luanda）特为他立了一座半身雕像，纪念他在安哥拉任总督期间所做的突出贡献。[⑤]

1895年的《镜海丛报》还保存了一则葡萄牙人出殡礼仪的简单报道：

---

① Manuel Teixeira, *Macau e a Sua Diocese*, *Vol. Ⅲ*, *As Ordens e Congregações Religiosas em Macau*, Macau: Tipografia Soi Sang, 1956 - 1961, p. 580; Manuel Teixeira, *Macau no Séc. XⅧ*, Macau: Imprensa Nacional, 1984, p. 722.

② ［葡］施白蒂著，姚京明译：《澳门编年史：19世纪》，澳门：澳门基金会，1998年，第89页；Manuel Teixeira, *Macau e a Sua Diocese*, *Vol. Ⅲ*, *As Ordens e Congregações Religiosas em Macau*, Macau: Tipografia Soi Sang, 1956 - 1961, p. 388.

③ ［葡］施白蒂著，小雨译：《澳门编年史：16—18世纪》，澳门：澳门基金会，1995年，第124页；［瑞典］龙思泰著，吴义雄等译：《早期澳门史》，北京：东方出版社，1997年，第69~70页。

④ 《澳门议事亭为被刺澳督亚马留举行葬礼时发表的悼词（1851年）》，原件藏海外历史档案馆，见［葡］罗德里希·普塔克编：《葡萄牙图书馆档案馆藏中文文献：1668—1871》第1册，澳门：东方基金会，无出版时间，第144页；*Boletim do Governo da Província de Macau*, Vol. VI, 11 de Janeiro de 1851, No. 8, p. 7.

⑤ *Chinese Repository*, Vol. 19, No. 7, 1850/07, p. 404；［葡］安东著，金国平译：《葡萄牙在华外交政策：1841—1854》，澳门：葡中关系研究中心、澳门基金会，1997年，第179页。

（2月20日）为飞裘爵之妻母出殡之期。5点钟时，中西人庶同到爵府者计有数百人。送至西洋坟堂，西教各神甫临穴诵经，始下棺而各散。①

澳门早期并无专门的天主教墓园，葡萄牙人去世以后，一般人大多在所在堂区的教堂内埋葬，富者葬于教堂之内，贫者葬于教堂之外的空地。各个天主教修道会的传教士和澳门的上层人士一般不葬于堂区教堂，而是葬于其所属的修会教堂，如耶稣会会士葬于圣保禄教堂，奥斯定会会士葬于龙嵩堂，方济各会会士葬于嘉思栏堂，多明我会会士葬于板樟堂，遣使会会士则多葬于圣若瑟堂。1835年圣保禄教堂遭大火烧毁，直到9月21日，颁布法令，禁止在教堂及庭院埋葬死者。各坟场须远离居民区，且要筑上围墙。1836年该法令生效，圣保禄教堂废墟被征用为坟场。② 1837年5月30日，新建的圣保禄坟场开始启用，坟场归仁慈堂负责管理。③ 由于圣保禄坟场场地有限，10余年后，圣保禄坟场已无力再容纳死者，那里埋葬的最后一位逝世者是德尔菲诺·巴蒂斯塔（Delfino Baptista），此人系卡塔琳娜·巴蒂斯塔（Ana Catarina Baptista）之孙。于是，1852年10月10日，澳督吉马良士下令通过募捐集资修建圣味基坟场。④ 1854年11月2日，热罗尼莫·马塔主教主持圣味基坟场赐福启用仪式。两天后，第一位死者在此安葬。此即后来的天主教西洋坟场，俗称塔石坟场。⑤

三、澳门英美基督新教徒的丧葬与墓园

澳门住冬政策的颁布，使得大批欧洲人在贸易结束后会在澳门居留，同时还有不少各国商人及其家属在澳门长期定居，基于海上贸易的风险、水土不服和流行病等原因，欧洲人在广州与澳门死亡者甚多。特别是在19世纪头几年，每一次对华贸易大概要花费3个月或更多的时间，此时大概有超过100艘外国船在黄埔港口湾停泊，每艘船的人数在50～150人。当时的死亡率是很高的，大量的船员每年都在附近岛屿的山坡中疗养休息，其中的很多人之后就无迹可寻。如果是在广州死亡者，他们大部分选择的埋葬地点是在黄埔港口附近的小山上，即使澳门新教坟场开辟之后亦是如此。因为在河道中运输棺木并不是一直以来都被允许的，同样也很难实施：如果运送的话，由于距离较远，故而价格不菲。与葬在澳门相比，葬在黄埔附近价格更低，其价格变动也不大：19世纪30年代，一处面积2米×1米的位于长洲岛上的墓地不超过12元。⑥

---

① 《镜海丛报》，光绪二十一年正月二十六日（1895年2月20日），《荣到天堂》，澳门基金会、上海社会科学院出版社联合出版，2000年，第147页。

② ［葡］施白蒂著，姚京明译：《澳门编年史：19世纪》，澳门：澳门基金会，1998年，第61～62页。

③ ［葡］施白蒂著，姚京明译：《澳门编年史：19世纪》，澳门：澳门基金会，1998年，第65页。

④ ［葡］施白蒂著，姚京明译：《澳门编年史：19世纪》，澳门：澳门基金会，1998年，第114页。

⑤ ［葡］施白蒂著，姚京明译：《澳门编年史：19世纪》，澳门：澳门基金会，1998年，第120页。

⑥ Lindsay and May Ride, *An East India Company Cemetery: Protestant Burials in Macao*, Hong Kong: Hong Kong University Press, 1998, pp. 59－60.

19 世纪初期一份黄埔地区的丧葬记录记载了灵柩经水路到埋葬地点的流程：遗体由四位船员从半山腰抬下来，坟墓是经过了些许寻找，当一位中国人恰巧经过时咨询后才发现。葬礼首先开始念经，很快坟冢的土便掩盖住尸体。之后同伴在附近的灌木中折了一段树枝种在坟边，然后离开这个脆弱又充满生机的墓地，任由它日后枯萎腐烂。[①]

在澳门埋葬者主要是逝世于澳门或来自诸如零丁、金星门等外港的新教人士，[②] 但如果是上层人物死于广州，其埋葬地点则也多选择在澳门。在澳门，基督新教徒早期死亡后葬地一直是一个问题，因为澳门政府并没有为基督新教徒设立专门的墓地。当时新教徒在澳门的葬地有两处，一处在白鸽巢花园，“在公司购买相应的地点作为墓地之前，白鸽巢花园也被用作为埋葬公司职员或其他人的墓地”[③]。1813 年去世的东印度公司大班喇佛就葬于白鸽巢花园。[④] 但如果在澳门城内埋葬，那么也要得到澳门总督的同意。白鸽巢花园就是在这个条约限制范围之内。另一处则在澳门城门外的小山上，在这里埋葬则无须获得澳门总督的审批。[⑤] 据《（道光七年）采访册》称：“别国夷葬水坑尾门外。”水坑尾门外就是澳门城外，在东望洋山麓；别国夷大体上就是指英美等国信仰基督新教的外国人。所以早期在澳门死亡的基督新教徒大多都埋葬在水坑尾门外的东望洋山麓，也就是马礼逊未满月的小儿子死亡后所埋葬的一个小山坡上。据《马礼逊回忆录》，当时英国人还没有自己的墓地，所以马礼逊先生只能自己找地方埋葬婴儿的尸骨。最终他在澳门最北面的一个山顶上埋葬了婴儿，起初中国人还反对他这么做，后来也就同意了。[⑥] 这里指的就是水坑尾门外的小山。

1782 年 9 月 23 日，法国东印度公司驻广州领事弗兰科衣斯·瓦克林（M. Francois Vauquelin）逝世，葬礼在澳门举行。当时英法虽已交战，但英船“嫩实兹号”和东印度公司的一名职员仍往澳门吊丧，该船还鸣放礼炮致哀。[⑦] 瓦克林虽然在澳门逝世，也没有资料证明他在澳门埋葬，但他的尸体不可能运回国安葬，故推估，亦当埋葬在水坑尾门外小山。

1814 年 9 月 25 日，半夜三更时，英国水手亟力在龙嵩庙前合盛番帽店门口与葡兵

---

① Lindsay and May Ride, *An East India Company Cemetery: Protestant Burials in Macao*, Hong Kong: Hong Kong University Press, 1998, pp. 59 – 60.

② Lindsay and May Ride, *An East India Company Cemetery: Protestant Burials in Macao*, Hong Kong: Hong Kong University Press, 1998, p. 60.

③ Lindsay and May Ride, *An East India Company Cemetery: Protestant Burials in Macao*, Hong Kong: Hong Kong University Press, 1998, p. 59.

④ 林则徐全集编辑委员会编：《林则徐全集》第 10 册，《译编》，《洋事杂录》，福州：海峡文艺出版社，2002 年，第 5147 页。

⑤ Lindsay and May Ride, *An East India Company Cemetery: Protestant Burials in Macao*, Hong Kong: Hong Kong University Press, 1998, p. 60.

⑥ ［英］艾莉莎·马礼逊编，杨慧玲等译：《马礼逊回忆录》第 1 卷，郑州：大象出版社，2008 年，第 157 页。

⑦ ［美］马士著，区宗华等译：《东印度公司对华贸易编年史：1635—1834 年》第 1、2 卷，广州：中山大学出版社，1991 年，第 397 页。

罢畏知、咖厘时斗殴，亟力被罢畏知、咖厘时同时用鸟枪戳伤致死。经澳门总督及理事官查验明白，已将亟力尸体葬于水坑尾门外，查获罢畏知、咖厘时二人系大炮台之驻兵，并将其收禁，照例办理。[①]

1816 年英国皇家海军“阿尔塞斯特（Alceste）号”上的随船医生曾经记载了一件感人的在岸上埋葬该船水手的故事：“死者是一位名叫哈勒斯（William Hares）的水手，他晚上在琉球的一个岛屿去世，我们的木匠为他做了一个棺材，同时当地人以英国的方式，在登陆点附近的树下挖了一个墓地。第二天，我们很吃惊地发现许多当地人竟然穿着丧服（白色袍子和蓝色或黑色腰带），在那边等着出席葬礼。船长与公司其他员工分头上岸，向遗体所埋葬的花园走去。当地居民聚精会神地注视着这一切安排，观察礼仪中的各种顺序。整个过程没有一点提示，仅凭借他们谦逊的性格和敏感的洞察，当棺木开始抬往墓地时，他们站在队伍的前方，缓慢地走向墓地。”[②]

1818 年 9 月，英国皇家海军的军官威特勒（Whitle）中尉，也是英国东印度公司“皇家乔治（Royal George）号”的五副。他的遗体从伶仃岛（Lintin）运来澳门，葬在一个专门葬新教徒的山坡上。这个葬礼还有个小插曲，虽然当时埋葬的地方得到葡国总督的批准，但是澳门海关拒绝该遗体进入。当时的情况非常紧张，一群中国人站在码头岸边，手持刀剑，不准英国人将尸体抬上岸。[③] 很可能是冲犯了华人讲究的风水，或者是“犯煞”。英国人本想以此为借口引发冲突，但在马礼逊的斡旋下顺利解决。专门埋葬新教徒的山坡就是水坑尾外的东望洋山麓。新教坟场开辟以后，温特雷中尉的坟墓被移至新的坟场。[④]

据 1818 年之前完成的《竹叶亭杂记》称：

> 其住澳门之大班，多其国之贵者。曾有一大班病死，剖其腹，细按其五脏，某脏受病，一一为图注明，归白其国主，尸则葬于澳门。其墓似浮图，与僧家葬礼无异。[⑤]

这位 1818 年之前葬于澳门的大班应是一位新教徒，所葬之处亦应在水坑尾门外。

基督教徒坟场的产生同马礼逊的第一任夫人的逝世有很大的关系。据赖廉士（Lindsay Tasman Ride）教授的研究：

> 1821 年，马礼逊的太太玛丽因痢疾去世，马礼逊遵照他太太的遗嘱，希望她的遗骸能够跟他十年前去世的儿子同葬。但在中国当局禁令下，他儿子的移坟工

---

① 刘芳辑：《葡萄牙东波塔档案馆藏清代澳门中文档案汇编》下册，《香山知县马德滋为饬据实禀报西洋兵戳死英国水手事行理事官札》，澳门：澳门基金会，1999 年，第 723 页。

② Lindsay and May Ride, *An East India Company Cemetery: Protestant Burials in Macao*, Hong Kong: Hong Kong University Press, 1998, p. 59.

③ ［美］马士著，区宗华等译：《东印度公司对华贸易编年史：1635—1834 年》第 3 卷，广州：中山大学出版社，1991 年，第 315 页；Lindsay and May Ride, *An East India Company Cemetery: Protestant Burials in Macao*, Hong Kong: Hong Kong University Press, 1998, p. 61称此事发生在 1817 年。

④ Lindsay and May Ride, *An East India Company Cemetery: Protestant Burials in Macao*, Hong Kong: Hong Kong University Press, 1998, p. 62.

⑤ （清）姚元之：《竹叶亭杂记》卷3，北京：中华书局，1982 年，第92 页。

作并不顺利，以致她太太的遗愿未能达成。另外，根据葡国的法律，无论是外国人还是外国团体都无法在它的殖民地购买土地——但此法令很容易便被打破。东印度公司希望澳门当局能够做出一个公开否定的声明——即澳门满足于它的殖民地地位，遵守中国政府的政策条令，但并非所有的情况下均如此，比如葡萄牙没有权力把土地出售给外国人。东印度公司此时在澳门的存在使得葡萄牙进入了尴尬的境地。东印度公司自 1814 年颁布新的专利特许权的时候便开始于澳门政府协商，希望获得一块合适的土地埋葬新教徒，但并未允许。1815—1816 年曾与阿尔梅达（Baron da Almeida）商议，希望能够购得贾梅士海滩的一处土地和房屋，此事又被他的女婿、首席法官（王室大法官）否决。

马礼逊在 1821 年的窘境使得东印度公司开始重新着手购买墓地之事，此次购地东印度公司开始把目标转向另一处属于阿尔梅达的土地。由于此时首席法官和阿尔梅达均深陷于鸦片投机获得继续资金，特别是首席法官更加希望以 3 000 ~ 4 000美元的价格促成此事——因为他之前已经否决过一次这样的提议。毫无疑问，此事一拍即合，新墓地在六月份便已经准备好下葬玛丽的遗骨。“为了使此事在出现纠纷之前便落实下来，应尽早授予其有效地位”，此份合同在 7 月 20 日在葡国皇家印章的证明下生效。①

据《马礼逊回忆录》，1821 年 6 月 12 日，马礼逊写信给其死去的前妻的父母称：

礼拜一，我想把玛丽葬在山上，与我们夭折的第一个孩子詹姆斯合葬在一起，可是中国人不允许我打开墓穴。我不愿将她葬在城墙下，可是天主教徒不许新教徒葬在他们自己的墓地内，不得已只好考虑是否将她葬在城墙下。很久以来，澳门缺少一块基督新教的墓地，眼前的事情让英国商馆更强烈地感到这一问题的迫切性，因此我们立即决定拿出三四千元购买一块土地作为墓地，并且通过个人关系疏通了购买土地时遇到的法律和政治障碍；他们终于成功了，就这样我把爱妻玛丽的遗骨葬在被天主教徒拒绝的基督新教徒墓地。②

1821 年马礼逊夫人玛丽去世后，其葬礼非常盛大：

李文斯敦先生、亚历山大·皮尔逊先生、英国商馆委员会主席、詹姆斯·乌姆斯敦（James Brabazon Urmston）先生、威廉·弗雷泽（William Fraser）爵士等抬着棺材。商馆所有的绅士，同样有佩雷拉（Pereira）领事、龙思泰爵士、俄国领事和其他在澳门的外国人参加了葬礼。商馆的牧师哈丁（Henry Harding）先生在坟边主持葬礼，整个葬礼的细节均由商馆的英籍仆人依据体面与尊敬而进行。丽碧·马礼逊、马儒翰和我参加了他们亲爱的妈妈下葬的过程。我们不愿放弃她

---

① Lindsay and May Ride, *An East India Company Cemetery: Protestant Burials in Macao*, Hong Kong: Hong Kong University Press, 1998, pp. 61 - 62.

② ［英］艾莉莎·马礼逊编，杨慧玲等译：《马礼逊回忆录》第 2 卷，郑州：大象出版社，2008 年，第53 页。

的遗体。我们的中国仆人和教师同样自愿参加葬礼。[1]

基督新教坟场开辟以后，这里成了在澳门居住的各国新教徒去世后埋葬的专门的墓园，从此许多在澳门生活和工作的基督新教徒的著名人物均安葬于此：

1827 年 12 月 22 日，英国东印度公司大班威廉·弗雷泽在澳门病逝，享年 40 岁。他拥有庞大的家产和财富，26 日，下葬于白鸽巢新教坟场，由马礼逊博士主持葬礼。送殡者有澳门的法官、欧洲外商及英国商馆当时在澳门的职员。[2]

1834 年 8 月 1 日，第一位基督新教来华传教士马礼逊牧师病逝于广州，遗体由其子马儒翰以及挚友乔治·罗宾逊（George Best Robinson）勋爵运回澳门，下葬于白鸽巢旁的新教坟场，墓旁即是其前妻及早夭幼子的墓。马礼逊遗体到达澳门后，许多在澳门的欧洲人怀着悲伤的心情参加送葬。葬礼由美国牧师司梯文斯（Edwin Stephens）主持，画家钱纳利为马礼逊设计墓碑，对马礼逊在中国逝世表示深切的悼念。与他直接有联系的宗教团体，特别是伦敦传道会，都举行了追思礼拜以纪念他的丰功伟绩。[3]

图 10-4 马礼逊一家人在澳门基督新教坟场的墓地

1834 年 10 月 11 日，第一任英国对华贸易商务监督律劳卑在澳门病逝，15 日，被葬在白鸽巢新教徒坟场。在澳门的外国人为其举行了隆重的葬礼。据《中国丛报》报道：

> 15 日星期三上午 10 时，葬礼在澳门举行，参加者有澳门当局、军方人士和一长队葡萄牙人及外国绅士。几名在广州的主要英国商人亦来出席，在今天与昨天，他们关闭了账房。当参加葬礼者走向墓地时，停泊在澳门街的皇家船只“安德鲁马克（Adromache）号”鸣礼炮致哀。在他的墓地之上，葡萄牙军队士兵鸣枪三响。葬礼由使团牧师瓦谢尔主持。

---

① *Chinese Repository*, Vol. 11, No. 1, 1842/01, pp. 48-51.

② ［英］艾莉莎·马礼逊编，杨慧玲等译：《马礼逊回忆录》第 2 卷，郑州：大象出版社，2008 年，第198 页。

③ ［英］艾莉莎·马礼逊编，杨慧玲等译：《马礼逊回忆录》第 2 卷，郑州：大象出版社，2008 年，第 266~272 页。

律劳卑死后，英国驻华商务监督之职位由德庇时和乔治·罗宾逊接任。[①] 据统计，从1821 年至 1839 共有 40 名英国人逝世于澳门，42 人葬于新教坟场。在 1821 年购得的墓地中，并不包括后来建于墓园中的小教堂。据赖廉士的研究：

> 这块地后来由东印度公司从阿尔梅达（da Almeida）手中租得。此地产包括一处建筑，后来东印度公司把印刷机搬到了里面。最后，阿尔梅达由于人们所说的“经营失败”而破产，并于 1829 年去世，他的货物和财产（包括公司所租的那块庭院）被扣押并拍卖以偿还贷款。公司无法参与竞标，此处地产只得由中葡当局用来公开展览，这将导致许多不可预计的后果。后来，通过正规的手段，此处房产由一位中间人购得，幸运的是，此人正是阿尔梅达的一位侄子安东尼奥·佩雷拉，“一位已婚的澳门商人”。他以 875 美元的价格购得此块地产。1830 年 7 月 5 日，安东尼奥·佩雷拉名义上将此处房产作为礼物送给公司，公司暗地支付给了他一笔恰当的现金，但未记账。“为了使此地成为在外国人的墓地，并与其他外国人的墓地相毗连”，当此处庭院成为公司资产后，公司把原建筑物中的印刷机搬走，将此处建筑改造成了一处墓地教堂。此时的宗教活动仍然在位于南湾的东印度公司的一处大房间内进行，此处地点被英文报纸称为“澳门英国东印度公司商馆教堂”。当 1843 年贸易总监转移到香港后，原墓地教堂便具备了双重功能，开始成为做礼拜的地点，供澳门的 40 多位新教徒做礼拜。直到 1858 年该墓园关闭，自此之后该教堂便又成了“新教教堂”。[②]

可知，白鸽巢基督新教坟场内改建的小教堂应该是在 1830 年以后，这样在澳门生活的基督新教徒就有了专门的主持丧葬礼仪的教堂，但是这个坟场的规模并不大，到 19 世纪 50 年代坟场再也无法增加新的容量。1857 年 10 月 16 日，议事公局通知在澳门的基督新教差会，自 12 月 10 日起，市区内不得再埋入任何死者，新教徒坟场亦需关闭。1858 年，新教徒会在望厦一带购置了新地块“卡内罗花园”，以安葬死者。自此，此地被称为新坟场，贾梅士广场附近的白鸽巢坟场则叫作旧坟场。[③] 新坟场的建立并不意味着旧坟场的彻底关闭，我们在赖廉士教授公布的白鸽巢新教坟场埋葬各国新教徒的统计数据中，还发现为数不少的 1858 年以后葬入白鸽巢坟场的亡者。下面是 1821—1870 年葬于白鸽巢基督新教墓园的各国新教徒数量表：[④]

---

① ［葡］施白蒂著，姚京明译：《澳门编年史：19 世纪》，澳门：澳门基金会，1998 年，第 56 ~ 58 页；*Chinese Repository*, Vol. 3, No. 6, 1834/10, pp. 280 – 284.

② Lindsay and May Ride, *An East India Company Cemetery: Protestant Burials in Macao*, Hong Kong: Hong Kong University Press, 1998, p. 63.

③ ［葡］施白蒂著，姚京明译：《澳门编年史：19 世纪》，澳门：澳门基金会，1998 年，第 131 页。

④ Lindsay and May Ride, *An East India Company Cemetery: Protestant Burials in Macao*, Hong Kong: Hong Kong University Press, 1998, pp. 283 – 285.

表 10－6 1821—1870 年葬于白鸽巢基督新教墓园的各国新教徒数量

英国	美国	荷兰	德国	丹麦	瑞典	瑞士	亚美尼亚	不详	总计
113	53	9	4	4	3	1	1	2	190

图 10－5 澳门基督新教坟场内景

但需要说明的是，新教坟场开辟以后，并不是所有的新教徒都可以入葬于此，如 1833 年 7 月 7 日，有一位“护卫（Guardian）号”的水手查尔斯·奥尔盖（Charles Orgai）在澳门附近海域遇难，他的遗体就被当时的东印度公司坟场拒绝，而被葬于城外的山坡上。①

第三节 澳门葡萄牙人的服饰穿戴习俗

中世纪时，同欧洲其他国家相比，葡萄牙并没有一个特定的服装、头饰与佩带风格。从阿拉贡（Aragão）到卡斯提尔（Castela），从意大利到法国、英国的城市，都共同影响着服装的演变。相对于这些欧洲国家和地区，葡萄牙服饰唯一的特色就是受到穆斯林服饰的影响，这一影响扩展到伊比利亚半岛其他的地区，一直到比利牛斯山脉（Pirinéus）。葡萄牙中世纪的服装主要由三部分组成：罗马长衫、起源于德国的裤子以及拜占庭披风。到了 7 世纪，葡萄牙服装时尚开始有缓慢的演变。到 8 世纪，服装及战袍都更加合体、变短，更加男性化。到 14 世纪，服装也是沿着这种趋势演变，但是大部分都保持原来的传统，尤其是女性服饰。另外，受到其他欧洲宫廷及贵族阶级服饰的影响，服装裁剪观念及服装鉴赏性亦逐渐发展。② 开始于 15 世纪的扩张活动给葡

① Lindsay and May Ride, *An East India Company Cemetery: Protestant Burials in Macao*, Hong Kong: Hong Kong University Press, 1998, p. 62.

② Fernado Oliveira, *O Vestuário Português ao Tempo da Expansão*, Lisboa: Grupo de Trabalho do Ministerio da Educação para as Comemorações dos Descobrimentos Portugueses, 1993, p. 7.

萄牙注入了新的事物和新的文化，里斯本成了一个世界性的城市，这也给葡国的服饰带来巨大的影响。正如当时批评这些外来时尚的诗歌所言："满眼都是法国风，然后是卡斯提尔范，是博伦亚式，明天是塞尔维亚风格，就是没有葡国的。"① 欧洲的服饰影响着葡萄牙，自然葡萄牙的服饰也就影响到澳门。据一位 19 世纪到澳门的巴西人记录："澳门是中国唯一保留着欧洲服饰的城市，这种服饰混杂于澳门这个推销过时商品的便利市场里千奇百怪的嗜好和商业上种种投机活动之中。"②

一、澳门葡萄牙男人的服饰

（一）男人的服装

15 世纪中叶，葡国男子流行 Saio 长袍。这种长袍裁剪简单，向下垂直至膝盖，如下图所示。同女式宽肩外套一样，男式 Pelote 宽肩外套也起源于披风，和外套相似，但是没有扣子，通常穿在长袍或紧身上衣外。还有 Gibão 紧身上衣在各个时期都是葡国男子服装中比较重要的组成部分，被各种社会阶层所喜爱。③ Opa 长外套流行于 14 世纪后半叶，15 世纪逐渐减少，16 世纪退出历史舞台。④ 还有 Calças 长裤和 Calções 短裤。

图 10－6　14—15 世纪的男式长袍

图 10－7　15—16 世纪的宽肩外套

图 10－8　16 世纪的宽肩外套

---

① Fernado Oliveira, *O Vestuário Português ao Tempo da Expansão*, Lisboa: Grupo de Trabalho do Ministerio da Educação para as Comemorações dos Descobrimentos Portugueses, 1993, p. 11.

② ［巴西］莫拉著，晓湖译：《1880 的"上帝圣名之城"：一个巴西人的见闻》，载《文化杂志》（中文版）第 22 期，1995 年，第 43 页。按：此处将澳门译成"上帝圣名之城"，误，应译为"天主圣名之城"。

③ Fernado Oliveira, *O Vestuário Português ao Tempo da Expansão*, Lisboa: Grupo de Trabalho do Ministerio da Educação para as Comemorações dos Descobrimentos Portugueses, 1993, p. 25.

④ Fernado Oliveira, *O Vestuário Português ao Tempo da Expansão*, Lisboa: Grupo de Trabalho do Ministerio da Educação para as Comemorações dos Descobrimentos Portugueses, 1993, p. 26.

图 10 - 9 14 世纪的紧身上衣

图 10 - 10 15 世纪的紧身上衣

图 10 - 11 16 世纪的紧身上衣

图 10 - 12 15 世纪葡萄牙服饰①

图 10 - 13 16 世纪葡国男子服饰②

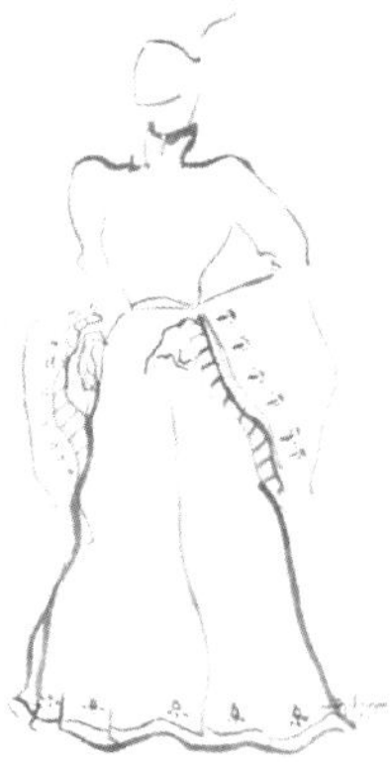

图 10 - 14 长外套正面

图 10 - 15 长外套背面

① Fernado Oliveira, *O Vestuário Português ao Tempo da Expansão*, Lisboa: Grupo de Trabalho do Ministerio da Educação para as Comemorações dos Descobrimentos Portugueses, 1993, p. 86.

② Fernado Oliveira, *O Vestuário Português ao Tempo da Expansão*, Lisboa: Grupo de Trabalho do Ministerio da Educação para as Comemorações dos Descobrimentos Portugueses, 1993, p. 87.

图 10－16　长裤

图 10－17　皇族长裤

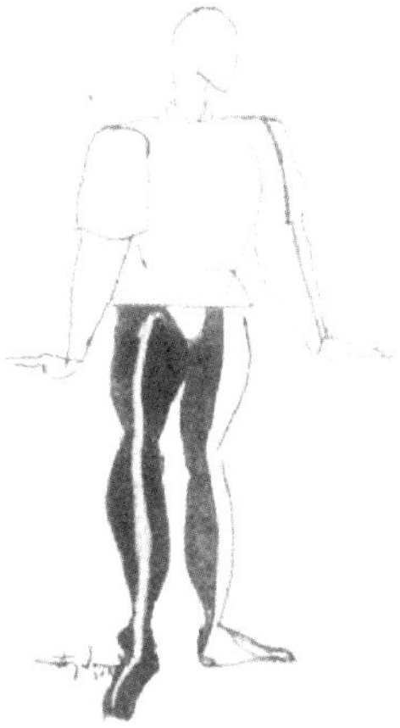

图 10－18　独体长裤

图 10－19　短裤

图 10－20　灯笼短裤

图 10－21　半长裤或短裤

葡人男子一般都戴帽子，叶权称：“顶红帽……天稍寒，则戴毡笠子。”[①] 而《澳门记略》曰：“服饰男以黑毡为帽，檐折为三角，饰以錾花金片，间用藤形，如笠而小，蒙以青绢。”屈大均亦称“人以黑毡为帽”[②]。近藤守重《亚妈港纪略稿》亦称澳门葡人：“头戴黑色毛毡样帽子。”[③] 林则徐对葡人帽子的描述较为详细：“其帽圆而长，颇似皂役，虽暑月亦多用毡绒之类为之，帽里每藏汗巾数条，见所尊则摘帽敛手为礼。”[④] 从这些中文记载来看，葡人男子的帽子种类，有三角帽和圆帽。颜色也有黑

① （明）叶权：《贤博编》，《游岭南记》，北京：中华书局，1987 年，第 45 页。

② （清）屈大均：《广东新语》卷 2，《地语・澳门》，北京：中华书局，1985 年，第 37 页。

③ 近藤守重：「亚妈港纪略藁」卷之下，人物之事，東京：國書刊行會，明治三十八年発行，第 34 頁。

④ 林则徐全集编辑委员会编：《林则徐全集》第 9 册，《日记卷》，道光十九年七月二十六日，福州：海峡文艺出版社，2002 年，第 4595 页。

色和红色两种。在历史图片中所绘的葡人男子帽子的种类和颜色就更加丰富了。如南蛮屏风中所绘的帽子还有绿色、蓝色、灰色、黄色，款式各异。澳门天主教士所戴的帽子有所不同，耶稣会会士“冠斗帽”，奥斯定会会士则是“蒙毡”，多明我会会士“不冠”，方济各会会士也“不冠”，本澳焚修的教士戴“圆帽”。①

图 10－22 南蛮屏风图中葡人款式、颜色各异的帽子

澳门葡人男子的装束和当时欧洲人的装束基本无异，《澳门记略》载：

① （清）印光任、张汝霖原著，赵春晨校注：《澳门记略校注》，《澳蕃篇》，澳门：澳门文化司署，1992 年，第151 ~ 152 页。

衣之制，上不过腹，下不过膝，多以羽毛、哆啰、辟支、金银丝缎及佛山所织洋缎为之，边缘以锦金银钮联缀，胸腋间衷以白氎衫。袖属于腕，折叠如朵莲。裤袜用织文束迫，如行縢。蹑黑革屐，约以金银屈戌。衣裤皆有表里，虽盛暑袭之数重。里有小囊，贮鼻烟壶、自鸣钟诸物。……色尚白，朱紫次之，青又次之，用诸凶服。人咸佩刀，刀尾曳地。贵者握藤，或以柔韦弢手。①

叶权的《游岭南记》载：

着裤袄，以撒哈喇为之，或用云彩绸缎凿梅花八宝之类于其上，皆鲜艳美好。足登革履，俱勾身为便利，以软皮为指套，套掌上。天稍寒，则戴毡笠子，披氅衣，如袈裟，富者用红撒哈喇，以紫剪绒缘领。虽贫贱与群奴服饰，亦不寂寞，唯有丧者衣青长衫，戴青帽，不用他颜色。②

撒哈喇，一种产于波斯的毛料，可作披肩。除了波斯毛料、丝绸、哆啰、辟支外。王临亨的《粤剑编》称葡萄牙人："身着花布衣，精工夺目。"③ 葡萄牙人还用一种西洋布："衫袴至垂胫，皮屦，服用琐袱西洋布。"④《东夷图说》中关于葡人衣服布料的记载较为详细：

着衫，腰穿长袴，下垂至胫，足有皮屦。衣服极洁，用琐袱、西洋布、琐哈喇或中国丝绵、细段为之，颜色憔意。⑤

前引《贤博编》记载的氅衣，即斗篷。据叶氏记载，当时的富者喜欢用红色毛料斗篷御寒；而杜臻记载葡人男子亦喜用浅绿色斗篷："男子……着浅碧绣帔，桃布行缠。"⑥ 从南蛮屏风图来看，葡人男子的斗篷颜色绚丽多彩，除了上述几种颜色外，还有蓝色、白色、灰色、橙色、栗色等。其款式亦多样，长短不一，有的装饰精美，有的简朴大方。吴历对葡人男子衣服的样式记载较为详细，其《墨井画跋》曰：

服短毳衣，两袖甚窄，衣之中间，四旁多钮扣。⑦

---

① （清）印光任、张汝霖原著，赵春晨校注：《澳门记略校注》，《澳蕃篇》，澳门：澳门文化司署，1992 年，第144 ~ 145 页。

② （明）叶权：《贤博编》，《游岭南记》，北京：中华书局，1987 年，第 45 页。

③ （明）王临亨：《粤剑编》卷 3，《志外夷》，北京：中华书局，1987 年，第 91 页。

④ （清）稽潢：《清朝文献通考》卷 298，《四裔考・佛郎机》，杭州：浙江古籍出版社，2000 年，第7473 页。据 18 世纪初期耶稣会内部印制的材料《拜客问答》记录，耶稣会传教士对一位中国人的问话回答称："敝国衣服与贵国做法不同，若做衣服，物料也同，亦有丝紬，有缎子，但多锁服，锁鞋襪，若布疋都是一般。" 参见李毓中等：《〈拜客训示〉点校并加注》，载"清华大学"人文社会科学研究中心编：《季风亚洲研究》第 1 卷，第 1 期，2015 年，第 155 页。

⑤ （明）蔡汝贤：《东夷图说》，《佛郎机》，四库全书存目丛书史部第 255 册影印明万历十四年刻本，济南：齐鲁书社，1997 年，第 428 页。

⑥ （清）杜臻：《粤闽巡视纪略》卷 2，康熙二十三年二月乙未条，近代中国史料丛刊本，近代史料丛刊本，台北：文海出版社，1983 年，第 20 页。

⑦ （清）吴历撰，章文钦笺注：《吴渔山集笺注》卷 5，《墨井画跋》，北京：中华书局，2007 年，第 445 页。

1642年夏天庆典活动中，总督施罗保那庞大的身躯“穿着镶金天蓝色的摩尔服装，头戴红色帽子”，显得高人一等。[①] 到18世纪澳门政府甚至通过法令来规定市政议员参加公共活动时，必须披斗篷、穿黑色衣服，不得穿礼服。[②] 可以反映，澳门葡萄牙男人把斗篷的服饰视为庄严隆重的象征。1565年，澳门开埠后的10年有一份档案详细地记录了当时澳门葡萄牙人的服饰，为我们留下了非常宝贵的资料：

> 居民点的人，大家穿着各种锦缎、红绸和天鹅绒，[③] 还有许多华丽的服饰和豪华的金器。若奥·佩雷拉（驻地首领）穿着一件狮子皮色缎子的法国衣服，镶以金银丝线，他的裤子和背心也是这种材料做的，还戴着一顶天鹅绒的帽子，上面有一个十分华丽的纹章，有一条两圈的链圈，挂着基督骑士团的标志，标志上有一层十分华丽的珐琅质。他的跟班们也衣着华丽，全都是红绸衣服。[④]

可以反映，葡萄牙男人对穿着是极为讲究的，即使是沦落成为乞丐，葡萄牙男子仍然衣着华贵体面。据19世纪英国人李文斯敦对澳门街上的葡萄牙人乞丐的记录，称他们“穿着丝绸蕾丝服装，戴着羽毛装饰的帽子，腰挂宝剑，与周围环境格格不入”。[⑤]

澳门天主教教士的服饰又分为不同的几种类型，据《澳门记略》记载，澳门耶稣会传教士是披青色的外衣，奥斯定会会士“内衣白而长，外覆以青”，多明我会会士则是“曳长衣，外玄内白，复以白布覆其两肩”，方济各会会士则“服粗布衣，带索草屦，不冠不袜，出入持盖”，澳门本地自行焚修的教士则“被长青衣”。[⑥]

对于葡人的穿鞋，吴历称“着革屐，屐祇一齿”。[⑦] 葡人受当地气候影响，还喜欢穿皮屐。据《（嘉靖）广东通志》载：“香山，土地卑湿，人多蹑屐。”[⑧] 杜臻记载葡

---

① C. R. Boxer, *Fidalgos in the Far East (1550－1770), Fact and Fancy in the History of Macau*, The Hague: Martinus Nijhoff, 1948, p. 151.

② ［葡］施白蒂著，小雨译：《澳门编年史：16—18世纪》，澳门：澳门基金会，1995年，第173页。

③ 据18世纪初期耶稣会内部印制的材料《拜客问答》记录，耶稣会传教士对一位中国人的问话回答称：“贵国的真天鹅绒都是敝国来的。”可以反映，当时欧洲的天鹅绒确实传入中国。参见李毓中等：《〈拜客训示〉点校并加注》，载“清华大学”人文社会科学研究中心编：《季风亚洲研究》第1卷，第1期，2015年，第155页。

④ ［葡］罗理路著，陈用仪译：《澳门寻根》，附录文献9《若昂·德·埃斯科巴尔〈评述〉》（1565年），澳门：澳门海事博物馆，1997年，第112页。

⑤ ［英］艾莉莎·马礼逊编，杨慧玲等译：《马礼逊回忆录》第2卷，郑州：大象出版社，2008年，第10页。

⑥ （清）印光任、张汝霖原著，赵春晨校注：《澳门记略校注》，《澳蕃篇》，澳门：澳门文化司署，1992年，第151～152页。

⑦ （清）吴历撰，章文钦笺注：《吴渔山集笺注》卷5，《墨井画跋》，北京：中华书局，2007年，第445页。

⑧ （明）黄佐：《（嘉靖）广东通志》卷20，《民物志》1，广东省立中山图书馆藏嘉靖间刻本，第20页。

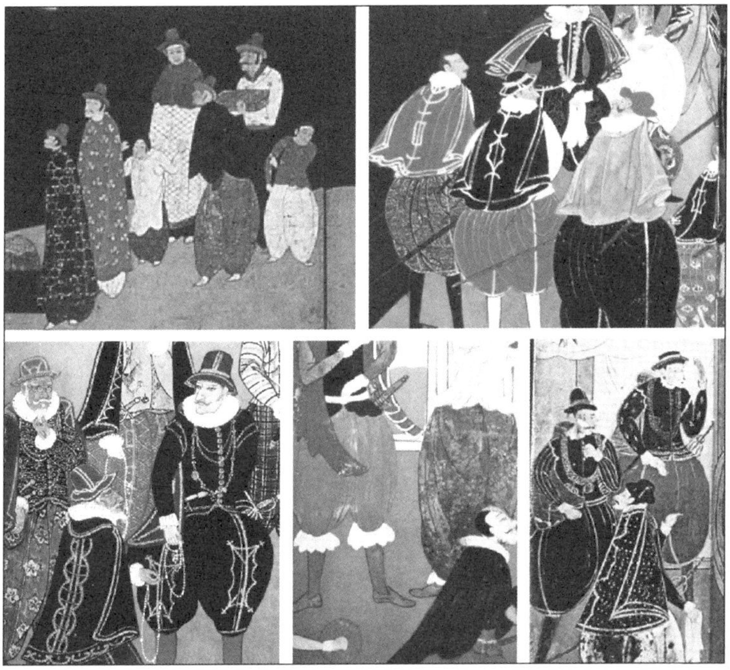

图 10－23　南蛮屏风图中葡人男子各式斗篷

人："曳高屐，着浅碧绣帔，桃布行缠。"[①] 其诗《香山澳》亦曰："扶杖穿屐迎道左，稽首厥角语嗢咿。"[②] 不过中国传统的屐为木屐，两齿，但葡人的"高屐"为皮革、单齿。妈阁庙石刻有诗称葡人："回磴人拖单齿屐，摩崖径勒有名山。"[③]《澳门记略》所附《澳译》词汇中和鞋有关的词有三个：靴（砵的）、鞋（八度）、屐（知猎步），说明葡人常穿鞋的类型还包括靴子。近藤守重《亚妈港纪略稿》称澳门葡人衙役："脚穿草布靴，靴上有时装有银饰。雨天时手持丝织伞或布伞，脚穿长达膝盖的靴子。"[④]

澳门葡萄牙军人的服装，也是很有特色的。严格而言，17 世纪时葡萄牙的军人还没有真正意义的军服，军人衣服的颜色多种多样，戴着帽子也分为几种颜色，但几乎所有的帽子上都配有香艳的羽饰；皮鞋一般是黑色或褐色，装饰物有饰带、花结、金

---

① （清）杜臻：《粤闽巡视纪略》卷 2，康熙二十三年二月乙未条，近代中国史料丛刊本，台北：文海出版社，1983 年，第 20 页。

② （清）杜臻：《经纬堂诗集》卷 4，《香山澳》，清代诗文集汇编第 133 册影印清康熙刻本，上海：上海古籍出版社，2010 年，第 590 页。

③ 中国第一历史档案馆等编：《明清时期澳门问题档案文献汇编》第 6 册，《散编澳门诗》之张道源《妈阁庙之石刻诗》，北京：人民出版社，1999 年，第 867 页。

④ 近藤守重：「亚妈港纪略藁」卷之下，人物之事，東京：國書刊行會，明治三十八年発行，第 34 頁。

银丝条带。和一般的平民差别不大。[①] 直到18世纪中叶，葡萄牙军人的服装才开始逐渐统一起来。1764年的军服条例规定，葡萄牙军人穿中长制服（深蓝色）、短上衣（白色，带一圈金黄色的条纹，金色纽扣）和短裤（深蓝色，金黄色纽扣）；帽子为黑色，鞋为黑色皮鞋；内衣穿麻布布料的衬衫，佩麻布布料的领带，颜色为黑色和红色；肩章带有少量短穗。军士、士兵的军服与军官相同。1764年至1810年，澳门步兵团的军服就是这种军服。[②] 1810年至1845年摄政王炮兵营的军服和1845年至1876年的澳门炮兵营稍有改变，戴黑色的皮军帽，军帽的正面有王国的国徽，军帽上有黑色的羽饰；中长制服为深蓝色布料，带红色的胸衬；穿白色的马裤，马裤两侧有5个小纽扣。[③]

图10-24　18—19世纪澳门葡萄牙军人的服饰

在澳门居住的英美人大多穿制服，尤其是夏天，多数人都是穿着白色的衣服，通常是很轻的亚麻衣料，有一些穿着讲究的公司职员会穿上丝织宽长裤，脚底是白色帆布鞋，头上戴着白色棉布软帽，非常轻巧，有时会非常正式地打着领带。在广州时，他们的衣着相对随便一些，在澳门则要讲究许多，因为那里有很多欧美来的女士。[④]

（二）男人的发式与装饰

16—19世纪澳门葡萄牙男人的发式多样，正如焦祈年的《巡视澳门记》所言：

> 前行至濠镜澳，彝长率兵来迎。彝有黑白鬼二种，白贵而黑贱，猬须魋结发各种种。[⑤]

---

① Manuel A. Ribeiro Rodrigues, *400 Anos de Organização e Uniformes Militares Em Macau*, Macau: Instituto Cultural de Macau, 1999, pp. 209－213.

② Manuel A. Ribeiro Rodrigues, *400 Anos de Organização e Uniformes Militares Em Macau*, Macau: Instituto Cultural de Macau, 1999, pp. 223－226.

③ Manuel A. Ribeiro Rodrigues, *400 Anos de Organização e Uniformes Militares Em Macau*, Macau: Instituto Cultural de Macau, 1999, pp. 227－237.

④ ［美］雅克·当斯著，周湘、江滢河译：《黄金圈住地：广州的美国商人群体与美国对华政策的形成，1784—1844》，广州：广东人民出版社，2015年，第38～39页。

⑤ （清）郝玉麟：《（雍正）广东通志》卷62，《艺文志》4，焦祈年：《巡视澳门记》，广东省立中山图书馆藏雍正九年刊本，第53页。

男子有披发者，“其发垂至肩，绀绿螺蜷，鬅如也”[①]，“男子披发，戴番叶笠”[②]，“发有金丝拳披者，矜重戴黑多绒帽，帽式如笠”[③]；有戴假发者，“五年，博尔都噶尔亚国来贡……不畜须发，别编义发蒙首”[④]，“别编黑白发蒙首及颈，蜷然蒙茸，赐自法王，得者以为荣”[⑤]，戴假发者应是葡国贵族或有功勋者。

有短发者：“其发多卷，又剪去长者，仅留数寸。须本多髯，乃或薙其半，而留一道鬈毛，骤见能令人骇，粤人呼为鬼子，良非丑诋。”[⑥]

甚至还有髡发者，“国人髡首，贵者戴冠，贱者顶笠”[⑦]，“髡发多髯”[⑧]，“须卷而发近赤，亦多髡首薙须”[⑨]。葡萄牙传统发饰中本无髡发，笔者认为，这一时期葡人主要赴日本贸易，为了更容易深入日本贸易，葡商则仿日本人之发式“髡发”，以便赴日本贸易。保存于日本大阪博物馆的南蛮屏风上有几幅葡人脱帽图则是光头，疑即“髡发”。《澳门记略》附“板樟庙僧图”及“噶斯兰庙僧图”中，其教士即为“髡发”，恐怕也是为了方便赴日本传教而变成这种发式。[⑩] 近藤守重《亚妈港纪略稿》则称澳门葡人“剃去从额头至头顶的头发，胡须卷曲向后垂下”[⑪]。

---

① （清）屈大均：《广东新语》卷2，《地语・澳门》，北京：中华书局，1985年，第37页。

② （清）杜臻：《粤闽巡视纪略》卷2，康熙二十三年二月乙未条，近代中国史料丛刊本，台北：文海出版社，1983年，第20页。

③ （清）吴历撰，章文钦笺注：《吴渔山集笺注》卷2，《三巴集》，北京：中华书局，2007年，第167页。

④ （清）傅恒等编纂：《皇清职贡图》卷1，《大西洋国夷妇》，沈阳：辽沈书社，1991年，第39页。

⑤ （清）印光任、张汝霖原著，赵春晨校注：《澳门记略校注》，《澳蕃篇》，澳门：澳门文化司署，1992年，第143页。

⑥ 林则徐全集编辑委员会编：《林则徐全集》第9册，《日记卷》，道光十九年七月二十六日，福州：海峡文艺出版社，2002年，第4595页。

⑦ （明）蔡汝贤：《东夷图说》，《佛郎机》，四库全书存目丛书史部第255册影印明万历十四刻本，济南：齐鲁书社，1997年，第429页。

⑧ （明）叶权：《贤博编》，《游岭南记》，北京：中华书局，1987年，第44页。

⑨ （明）陈仁锡：《皇明世法录》卷82，《南蛮・佛郎机》，四库禁毁书丛刊史部第16册影印中国史学丛书影印崇祯刻本，北京：北京出版社，2000年，第401页。

⑩ 汤开建：《明清士大夫与澳门》，澳门：澳门基金会，1998年，第32页。

⑪ 近藤守重：「亚妈港纪略藁」卷之下，人物之事，東京：國書刊行會，明治三十八年発行，第34頁。

图 10－25　葡人戴假发者

图 10－26　葡人短发者

图 10－27　葡人髡发者

天主教不同教派的传教士的发式亦不同，据《澳门记略》记载，耶稣会会士“削发”，奥斯定会会士亦“削发”，多明我会会士和方济各会会士“有尽削其发者，有但去其顶发者”，本澳焚修的教士则“秃顶”。[1] 各个教堂还住有一些进过内地从事学术传教的有学问的教士，他们懂华语，留髭须，着儒服，俨然一副学士文人的装扮。近藤守重《亚妈港纪略稿》则称澳门的传教士：“僧人将额头处剃圆，头发剃尽，身穿黑色棉筒袖服，腰下同女子一样穿包裹布似的喇叭状服装。”[2]

图 10－28　圣奥斯定会会士形象

图 10－29　多明我会会士形象

---

① （清）印光任、张汝霖原著，赵春晨校注：《澳门记略校注》，《澳蕃篇》，澳门：澳门文化司署，1992 年，第151～152 页。

② 近藤守重：「亚妈港纪略藁」卷之下，人物之事，東京：國書刊行會，明治三十八年発行，第 34 頁。

图 10－30　方济各会会士形象

图 10－31　耶稣会会士形象

关于佩饰，澳门葡人男子一般皆佩有刀和剑。屈大均《广东新语》称澳门葡人：

> 腰带长刀，刀尾拖地数寸，划石作声。①

叶权《游岭南记》则称：

> 腰悬八剌乌，长咫尺，以金银错之，其色稍黑，乃匕首有毒者。随四五黑奴，张朱盖，持大创棒长剑。剑之铁软而可屈，纵则复伸。②

八剌乌即短刀，亦即是匕首，以金银饰之，赵翼有诗云："腰带金错刀，手斟玉色酿。"③ 李调元的《南越笔记》云：

> 粤多番刀，……所谓绕指郁刀也。刀头凡作二层，一层金罗经，一置千里镜，澳夷往往佩之。④

上文"绕指郁刀"即为葡人常佩戴之软剑。《澳门记略》对葡人佩剑的种类有详细的描述：

> 又有绒银花火器。刀狭而长，制如鱼肠剑，有可盘曲如带者。《剑侠传》载种谔畜一剑，可屈置盒中，纵之复直。张景阳《七命》论剑曰："若其灵宝，则舒屈无方。"所谓绕指郁刀也。刀头二层，一置罗经，一置远视镜。有长剑、短剑，又有银柄武器。其割食小刀，轻薄如纸，以金珠、珊瑚、琥珀饰把。⑤

手杖，又称"藤杖"，是澳门葡人权力和地位的象征，在澳门只有几个人才有资格持藤杖。最早记录澳门持藤杖者是万历十四年（1586）蔡汝贤的《东夷图说》，其称葡

---

① （清）屈大均：《广东新语》卷 2，《地语·澳门》，北京：中华书局，1985 年，第 37 页。

② （明）叶权：《贤博编》，《游岭南记》，北京：中华书局，1987 年，第 45 页。

③ （清）赵翼：《赵翼诗编年全集》第 2 册，天津：天津古籍出版社，1996 年，第 447 页。

④ （清）李调元：《南越笔记》，载《清代广东笔记五种》，广州：广东人民出版社，2006 年，第 272～273页。

⑤ （清）印光任、张汝霖原著，赵春晨校注：《澳门记略校注》，《澳蕃篇》，澳门：澳门文化司署，1992 年，第 172 页。

人夷目："手持一红杖而行，其他则否。"① 最重要的是，他第一次画出了手持红杖的葡萄牙人的形象（参见图10－32）。清初尤侗有诗称："蜈蚣船橹海中驰，入寺还将红杖持。俗信佛，每六日礼拜，手持红杖而行。"② 杜臻则对澳门议事会官员手中的红杖有更为详细的解释：

手握赤藤杖，质如珊瑚，光润通明而柔韧可卷，不知何物，为彼国所甚重，非王赐不敢握，若符节，然㬋中握杖者四人而已。③

吴历的《墨井画跋》称澳门葡人：

两腰间横长短二剑。手执藤枝者，却是官也。④

《澳门记略》亦称："贵者握藤，或以柔韦韬手。"⑤ 该书附男蕃图中绘一男葡人手中握一长条者，当即赤藤杖（参见图10－33）。澳门真正掌握权力的人才可以持藤杖，而上引杜臻所言，能有资格持藤杖的四人应为议事会的3名市政议员和理事官。实际上澳门被称为四大头人的还有兵头（总督）及番差（王室大法官）。⑥

图10－32 《东夷图说》绘手持红杖的葡萄牙人

图10－33 《澳门记略》绘持藤仗和佩剑的葡萄牙人

① （明）蔡汝贤：《东夷图说》，《佛郎机》，四库全书存目丛书史部第255册影印明万历十四年刻本，济南：齐鲁书社，1997年，第428～429页。

② （清）尤侗：《西堂诗集》，《外国竹枝词·佛郎机》，续修四库全书集部第1407册，上海：上海古籍出版社，2002年，第108页。

③ （清）杜臻：《粤闽巡视纪略》卷2，康熙二十三年二月乙未条，近代中国史料丛刊本，台北：文海出版社，1983年，第20页。

④ （清）吴历撰，章文钦笺注：《吴渔山集笺注》卷5，《墨井画跋》，北京：中华书局，2007年，第445页。

⑤ （清）印光任、张汝霖原著，赵春晨校注：《澳门记略校注》，《澳蕃篇》，澳门：澳门文化司署，1992年，第145页。

⑥ （清）祝淮：《（道光）新修香山县志》卷4，《海防·附澳门》，中山文献丛刊第3册影印清道光七年刊本，第704页。

澳门葡人男子的服装及帽子上多有金纽扣、金片装饰，刀、剑亦多用金银错之，并用金珠、珊瑚、琥珀等装饰，胸前佩戴“金锁杂饰”“戒指镶以西洋宝石”①。

二、澳门葡萄牙女人的服饰

（一）女人的服装

葡萄牙妇女从14、15世纪开始流行Saio裙子和Pelote外套。裙子继承了中世纪的传统，只是随着时尚的变化而更加轻便。其依然是长裙摆、敞胸三角形或四边形衣领，袖子有一个非常重要的特点：灯笼袖，有切口，袖子的下摆垂坠而宽大，装饰繁复。不过平民的裙子就比较朴素、简单，袖子装饰很少。在裙子外一般穿有外套，Pelote是一种类似于紧身外套的服装，袖子肩胛处宽大，通常长过膝盖。② 这种外套一般是低胸，胸部以下非常紧，下摆或刚过膝盖，或非常长，有时候为半袖。贵妇的外套一般有很长的后摆，走路时需要提起来，以免因接触地面而磨损。③ 到15、16世纪时，Cota裙子和Opa外套开始取代之前的Saio裙子和Pelote外套等服装。

图10-34　14—15世纪的女性裙装

图10-35　15—16世纪的女性裙装

① （明）叶权：《贤博编》，《游岭南记》，北京：中华书局，1987年，第45页。

② Fernado Oliveira, *O Vestuário Português ao Tempo da Expansão*, Lisboa: Grupo de Trabalho do Ministerio da Educação para as Comemorações dos Descobrimentos Portugueses, 1993, p. 103.

③ Fernado Oliveira, *O Vestuário Português ao Tempo da Expansão*, Lisboa: Grupo de Trabalho do Ministerio da Educação para as Comemorações dos Descobrimentos Portugueses, 1993, p. 19.

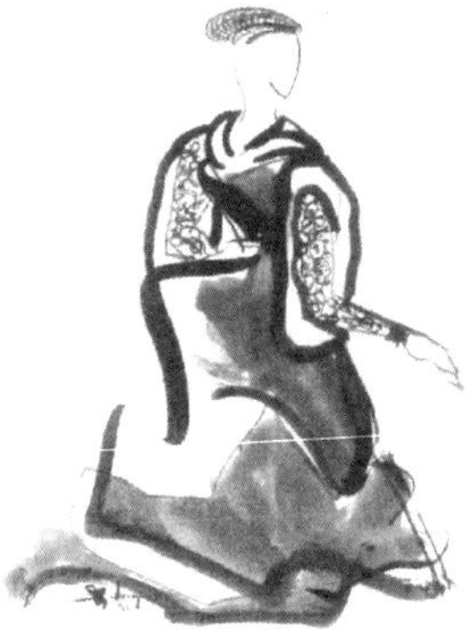

图 10 - 36 14 世纪的女性外套

图 10 - 37 15 世纪的女性外套

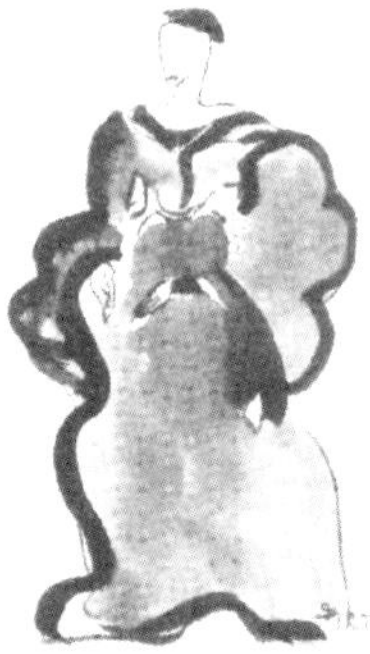

图 10 - 38 Opa 外套

图 10 - 39 Cota 裙子

图 10 - 40 Cota 和 Opa 的连体服

女性的披风和斗篷与男性的服装相似。女性的斗篷通常和头巾一起使用，或者和头巾连为一体，这样使得女性的头部和躯体都能很好地被遮盖。作为遮盖的物件，遮蔽了妇女的头部和身体，封闭了一个安静、神秘、充满疑惑的世界，也从另一个角度展示了妇女的敏感和玄奥。到 14—15 世纪，披风和斗篷更加风行，在 D. Beatriz 的嫁妆中，我们可以发现有胭脂红锦缎斗篷、黑绒布斗篷、意大利羽毛斗篷、里尔市（Lille）羽毛斗篷。作为完全显露在外的服装，同男性的服装一样，有足够的装饰和刺绣：镶边、装饰、有皱褶的布条、花边，有时还有纬纱、金线及银线，根据社会各阶层条件的不同而有所不同。[①] 吴历的《澳中杂咏》保留了葡萄牙妇女服装的珍贵记录："妇不知蚕事，全身红紫花锦，尖顶覆拖，微露眉目半面。"[②] 近藤守重《亚妈港纪略稿》则称葡萄牙女子："身穿白色筒袖服，腰下穿件岛上的包裹布一样的喇叭状服装。身穿岛

① Fernado Oliveira, *O Vestuário Português ao Tempo da Expansão*, Lisboa: Grupo de Trabalho do Ministerio da Educação para as Comemorações dos Descobrimentos Portugueses, 1993, p. 21.

② （清）吴历撰，章文钦笺注：《吴渔山集笺注》卷 2，《三巴集》，北京：中华书局，2007 年，第 165 页。

上的包裹布一样的服装，赤足行走。此等人在富裕之家者亦穿毛呢，在清贫人家者穿棉布。”①

（二）女人的发式与装饰

16世纪在葡国开始盛行一种称为“Mantel”的头巾，这种头巾起源于摩尔人居住的地区。这种头巾取代了之前流行的“Toucado”头巾。作为一种非常实用的物品，它受到下等社会妇女的广泛欢迎。②

图10－41　16世纪葡萄牙绘画中穿戴披风的女子

图10－42　Mantel头巾

葡人女子的发式亦多样，常见中文诗词赞叹葡人女子发髻美丽“绀绿华鬘逐伴回，巾缠白决绣襟开。拈花莫怪迎风笑，适听天主说法来”③，“蝉翼纤罗发鬌鬖，廿铉能作千声弹”④，“花襕红鬼子，宝鬘白蛮娘”⑤。但这些诗词的描述过于模糊，《澳门记略》的记载稍具体：“髻盘于额，希用簪。无珥，为华靥，贴穿孔前后。”⑥ 近藤守重《亚妈港纪略稿》则称“女子头插果树之花”。⑦《皇清职贡图》则载“妇螺发为髻”⑧。林则徐的描述较详：“妇女头发或分梳两道，或三道，皆无高髻。”⑨

在与华人的长期交往中，华人妇女的发式对澳门葡人女子的发式亦产生影响。

---

① 近藤守重:「亚妈港纪略藁」卷之下，人物之事，東京：國書刊行會，明治三十八年発行，第34頁。

② Fernado Oliveira, *O Vestuário Português ao Tempo da Expansão*, Lisboa: Grupo de Trabalho do Ministerio da Educação para as Comemorações dos Descobrimentos Portugueses, 1993, p. 21.

③ （清）廖赤麟:《湛华堂佚稿》卷1,《澳门竹枝词》，同治九年重刊本，第14页。

④ （清）魏源:《魏源集》下册，《澳门花园听夷女洋琴歌》，北京：中华书局，1976年，第739页。

⑤ 欧初、王贵忱主编，（清）屈大均撰:《屈大均全集》，《翁山诗外》卷8,《澳门》，北京：人民文学出版社，1996年，第737页。

⑥ （清）印光任、张汝霖原著，赵春晨校注:《澳门记略校注》，《澳蕃篇》，澳门：澳门文化司署，1992年，第145页。

⑦ 近藤守重:「亚妈港纪略藁」卷之下，人物之事，東京：國書刊行會，明治三十八年発行，第34頁。

⑧ （清）傅恒等编纂:《皇清职贡图》卷1,《大西洋国夷妇》，沈阳：辽沈书社，1991年，第81页。

⑨ 林则徐全集编辑委员会编:《林则徐全集》第9册，《日记卷》，道光十九年七月二十六日，福州：海峡文艺出版社，2002年，第4596页。

1819 年提督河南学政姚元之访澳时，发现澳门葡人女子的发式与内地区别不大：

> 妇人妆束悉与洋画同，其髻式与内地无异，但无尾耳。额前留垂发长二寸许，被于额上，如内地未嫁女子之看毛，发卷如画狮，即《诗》所谓“卷发如虿”也。生于其国者，发浅绛色而目光绿。生于澳门者与内地同，浅绛者天然卷毛，黑者则盘束而成矣。①

头部遮盖和装饰对葡国女人来说非常重要，头部没有任何装饰或遮盖就出门的女人几乎找不到。故而葡国女人的头饰和头巾多种多样，下图是当时比较流行的几种发式、帽子和头巾②：

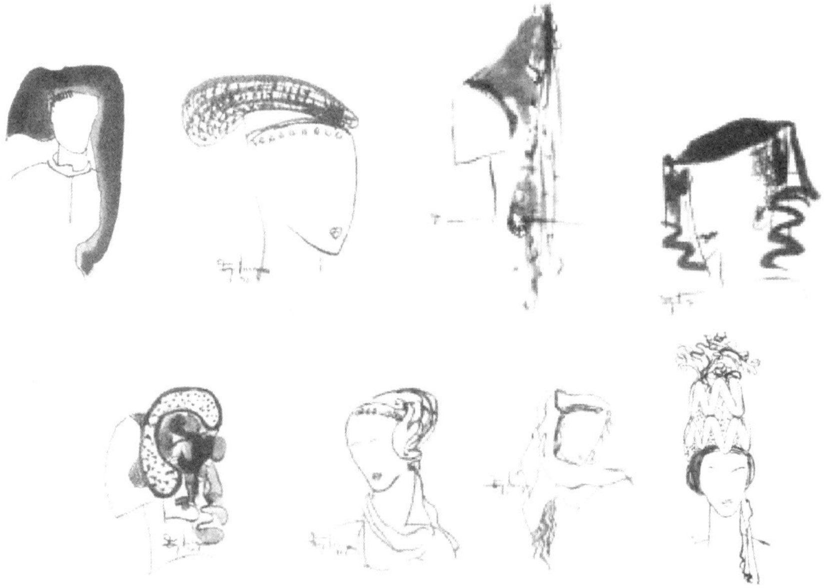

图 10－43　葡裔族群女子各种各样的发式

图 10－44　南蛮屏风图中葡裔族群女子颜色各异的头巾

---

① （清）姚元之：《竹叶亭杂记》卷 3，北京：中华书局，1982 年，第 90 页。

② Fernado Oliveira, *O Vestuário Português ao Tempo da Expansão*, Lisboa: Grupo de Trabalho do Ministerio da Educação para as Comemorações dos Descobrimentos Portugueses, 1993, p. 21.

葡人女子喜欢以花露洒衣，中文诗词中常能见到此类记载，明万历年间到过澳门的汤显祖称澳门葡人少女：

花面蛮姬十五强，蔷薇露水拂朝妆。尽头西海新生月，口出东林倒挂香。①

清初的屈大均则有《荼蘼花》诗注云：

澳门番女以荼蘼露沾洒唐人衣上以为敬。②

清中期张琳的《澳门竹枝词》则称：

洒衣花露气清芬，脱帽相逢礼数频。阛阓居奇皆异宝，日中交易女商人。③

稍后吴锳的《澳门竹枝词和王骁骑遂行》亦称：

遍将薇露洒香尘，一抹肌褪一抹春。自是寒闺无怨女，天魔争看散花人。译言：女衣曰肌褪。④

金采香的《澳门夷妇拜庙诗》：

璎珞垂胸半掩藏，冰肌耀雪暗飞香。爱他衫子袈裟薄，持较龙绡分外凉。夷妇不施脂粉，不饰珠翠，佳丽者肌肤多泽以花露水。⑤

陶携的《濠镜澳即事》：

兜罗衣尚锦，笃耨佩含香。茉莉蒸花露，槟榔当酒浆。⑥

从上引诗文中可以看出，澳门葡萄牙妇女偏爱荼蘼露及蔷薇露（玫瑰露）。明黄衷的《海语》载：

酴醿露，海国所产为盛。出大西洋国者，花如中州之牡丹，蛮中遇天气凄寒零露，凝结着他草木，乃永澌木稼，殊无香韵。惟酴醿花上琼瑶晶莹，芬芳袭人，若甘露焉。夷女以泽体发，腻香经月不灭。国人贮以铅瓶，行贩他国，暹罗尤特爱重，竞买略不论直。随船至广，价亦腾贵。大抵用资香奁之饰耳。⑦

可见明时花露的制造水平已经很高，“腻香经月不灭”，价格昂贵。屈大均的《广东新语》详细记载了荼蘼露及蔷薇水：

荼蘼露，……以大西洋所出者为美。大西洋天气寒时，荼蘼始花，露凝花上，晶莹芬郁若甘露，诸花木则否。……澳门番女得之，以注饮馔，或以露洒人衣。外有蔷薇水，暹罗、爪哇、满剌加三国，囊以进贡。其蔷薇乃三佛齐所种。与中

---

① （明）汤显祖著，徐朔方笺校：《汤显祖全集》，北京：北京古籍出版社，1999年，第455页。

② 欧初、王贵忱主编，（清）屈大均撰：《屈大均全集》，《翁山诗外》卷9，《澳门》，北京：人民文学出版社，1996，第718页。

③ （清）张琳：《玉峰诗钞》卷15，《澳门竹枝词》，广东省立中山图书馆藏清刻本，第6页。

④ （清）陈兰芝辑：《岭海名胜记》，《澳门记》卷7，《诗·澳门竹枝词和王骁骑遂行》，广东省立中山图书馆藏清乾隆五十五年羊城六书斋刻本，第61～62页。

⑤ （清）方恒泰：《橡坪诗话》卷9，《香山澳门》，道光十三年刊本，第21页。

⑥ （清）陶携：《濠镜澳即事》，载章文钦笺注：《澳门诗词笺注：明清卷》，珠海：珠海出版社，2002年，第62页。

⑦ （明）黄衷：《海语》，卷中，《物产·酴醿露》，北京：中华书局，1991年，第11页。

国蔷薇不同。广人多以土蔷薇浸水效之，试以玻璃瓶翻摇数四，泡周上下真也。[①]可见到了明末清初，广东人已经可以开始仿制花露。《澳门记略》详细记载了各种花露：

食货则有厚福水；药水；花露水，即蔷薇水，以琉璃瓶试之，翻摇数四，泡周上下者为真；荼蘼露，以注饮馔，蕃女或以沾洒人衣；药露。有苏合油、丁香油、檀香油、桂花油，皆以瓶计，冰片油以瓢计。[②]

除了喷洒花露外，澳门葡人妇女亦会佩戴鲜花为装饰，屈大均有诗云："蔷薇蛮妇手，茉莉汉人头。"1564年弗朗西斯科·德·索萨神父描述一次天主教圣像游行的盛况："头戴花冠，手持盛满玫瑰花的银托盘和装有玫瑰色水的玻璃瓶的少女们从窗口将花儿和水撒向圣体帐和过往的路人。"[③] 1633年西班牙圣家辣修道院修女们在省教区长热罗尼莫·圣埃斯皮里托的陪同下来到澳门时，受到了澳门人的热烈欢迎。人们洒上香水，举着鲜花，列队欢迎。[④]

富裕的家庭葡萄牙女子，都喜欢用金银珠宝装饰自己。女子"耳缀金环"[⑤]，"手金钏"，"握数珠"[⑥]，"领悬金珠宝石"[⑦]。李遐龄的《蕃雏》诗云："皓腕请看好，金钏褪窄袂。"[⑧] 金采香诗曰："璎珞垂胸半掩藏，冰肌耀雪暗飞香。"[⑨] 珠宝配饰亦是参加聚会贵妇的必要装备，如1872年澳督欧美德组织的一场舞会，其中有79位葡萄牙及欧洲其他国家贵妇人参加，她们都"服装优雅、佩戴贵重珠宝首饰"。[⑩]

（三）16—19世纪葡萄牙女子服饰发展的特点

16—19世纪，澳门葡人女子的服饰受到葡国、印度、马来西亚、日本、中国、法国、英国等的影响，呈现出多样性，常常是多种元素并存。我们虽然不能清晰细致地划分其

---

① （清）屈大均：《广东新语》卷14，《食语》，北京：中华书局，1985年，第390~391页。

② （清）印光任、张汝霖原著，赵春晨校注：《澳门记略校注》，《澳蕃篇》，澳门：澳门文化司署，1992年，第165页。

③ Monsenhor Manuel Terxeira, Os Macaenses, in *Revista de Cultura*, Edição do Instituto Cultural de Macau, No. 20, 1994.

④ Manuel Teixeira, *Macau e a Sua Diocese*, *Vol. Ⅲ*, *As Ordens e Congregações Religiosas em Macau*, Macau: Tipografia Soi Sang, 1956 - 1961, Macau: Tipografia Soi Sang, 1956 - 1961, pp. 483 - 484；[葡] 徐萨斯著，黄鸿钊等译：《历史上的澳门》，澳门：澳门基金会，2000年，第82页。

⑤ （明）叶权：《贤博编》，《游岭南记》，北京：中华书局，1987年，第45页。

⑥ （清）印光任、张汝霖原著，赵春晨校注：《澳门记略校注》，《澳蕃篇》，澳门：澳门文化司署，1992年，第145页。

⑦ （清）傅恒等编纂：《皇清职贡图》卷1，《大西洋国夷妇》，沈阳：辽沈书社，1991年，第81页。

⑧ （清）李遐龄：《勺园诗钞》卷1，《澳门杂咏》，清嘉庆十九年刻本，第7页。

⑨ （清）方恒泰：《橡坪诗话》卷9，《香山澳门》，道光十三年刊，第21页。

⑩ [葡] 潘日明著，苏勤译：《殊途同归：澳门的文化交融》，澳门：澳门文化司署，1992年，第167页。

风格演变的时间段，但可以从澳门葡萄牙女性服饰的发展和演变看出其特点：

1. 17—18 世纪澳门葡裔族群女子服装受欧亚双重影响，但受亚洲影响较大

马来、印度及混血女子是澳门开埠前活跃于中国沿海葡萄牙人妻子的主要构成者，因此她们的服饰主要受印度、马来的影响。费尔南·门德斯·平托的《远游记》中记载了在双屿岛（Liampó）一次葡人举行的宴会：

光是安东尼奥·德·法里亚（António de Faria de Sousa）一人就有八个肤色白皙、妩媚的姑娘陪伴。她们都是富商的千金小姐，看在马德乌斯·德·布利托和特里斯唐·德·加的面上，专程从城中来给贵宾陪酒。她们打扮成美人鱼的模样，在悦耳的音乐中婆娑起舞，给客人上菜敬酒。①

这种如美人鱼般的服饰，应该是指从印度经马六甲而传入的短衫长裙和印度莉萨综合体，据阿马罗研究：

长裙是用一块布裹住腰以下部位，上身是一件紧身的薄短衣。这类服饰早在 16 世纪末已由林斯霍登描写葡萄牙在果阿的妇女时提到过。据这位作者记载，葡萄牙女人、混血女人或欧洲女人不是永远看不到的，她们大部分时间在家里，除非去教堂或偶尔出门探访朋友，即使为此出门，也是乘坐在四面盖住的轿子里。她们在家里几乎都不戴头巾，上身穿着她们称为 Baiu 的颜色明快、质地稍薄的褂子，长不过屁股，脸上蒙着一块缝制考究带有图案迭成两层或三层的纱巾，脚着平底鞋。②

1557 年以后，数量庞大的葡人已婚者带着他们的葡亚混血及马来、印度妻子，来到澳门。于 1565 年抵澳的安徽作家叶权是中国士人中最早描述澳门葡人妇女服饰者：

妇人更洁白，华鬘被首，裹以幅布，或用锦缋，耳缀金环，拽皮履，以大幅布或锦缋从顶上披下拖地，止露其面，杂佩珊珊。③

稍后吴历的《墨井画跋》亦载：

濠田无阡陌，有石沙，其土甚瘠。居人不谙事春耕，为商贾者多。宅不树桑，妇亦不知蚕事。全身以红紫花锦覆披，微露眉目半面。④

图 10－45　女蕃图

① ［葡］费尔南·门德斯·平托著，金国平译：《远游记》上册，澳门：澳门基金会，1999 年，第 202 页。

② ［葡］阿马罗著，田光明译：《澳门妇女：据 16—19 世纪旅行家的记载》，载《文化杂志》（中文版）第 17 期，1993 年，第 94 页。

③ （明）叶权：《贤博编》，《游岭南记》，北京：中华书局，1987 年，第 45 页。

④ （清）吴历撰，章文钦笺注：《吴渔山集笺注》卷 5，《墨井画跋》，北京：中华书局，2007 年，第 444～445 页。

其《澳中杂咏》诗曰：

> 少妇凝妆锦覆披，那知虚髻画长眉。宅不树桑，妇不知蚕事，全身红紫花锦，尖顶覆拖，微露眉目半面。①

王士祯的《池北偶谈》称香山澳“女子则华裲宝靥，出以锦被蒙其首，而跣足不袜”②。而阿马罗认为：

> 这种服饰也许兴起于果阿，颇受印度—马来妇女服饰的影响。十分巧合的是，这种服饰就其整体而言十分相似于当时伊比利半岛妇女的服饰。这种服饰亦反映了伊斯兰文化的影响。这种服饰轻爽，适于在季风亚洲地区炎热的夏季中使用。这种服饰名叫“萨拉瑟巴襦”……“萨拉瑟巴襦”由三件组成：其一为一围腰布，作裙子用，形同马来人的纱笼；其二为一和服状，无领口，质地轻薄的短衫；其三为一块布，同第一件，妇女们外出时蒙在头上做面罩或披风使用。在澳门管这一披风叫“萨拉瑟”。此词源自马来话 Sarúsan（萨拉桑）。原为许多不同的民族的妇女们使用的围腰布的称谓。从马来西亚或马尼拉进口的印花棉布及在印度各港讲的印花绸布在澳门为最受青睐的纺织品。③

阿马罗把当时澳门葡裔族群女子的服饰的影响，主要归于印度—马来的影响，此说法不太准确。正如阿马罗自己所言，“十分巧合的是，这种服饰就其整体而言十分相似于当时伊比利半岛妇女的服饰。这种服饰亦反映了伊斯兰文化的影响”。其实这并不是巧合，也并不是受到在印度—马来地区穆斯林的影响，而是葡萄牙服饰本身就具有浓郁的伊斯兰特色。正如葡国学者欧丽维娜所言：“中世纪时，同欧洲其他国家相比，葡萄牙并没有一个特定的服装风格。从阿拉贡（Aragão）到卡斯提尔（Castela），从意大利到法国、英国的城市，都共同影响着服装的演变。相对于这些欧洲国家和地区，葡萄牙服饰唯一的特色就是受到穆斯林服饰的影响，这一影响扩展到伊比利亚半岛其他的地区，一直到比利牛斯山脉（Pirinéus）。”④

值得注意的是，16 世纪开始在葡国盛行的“Mantel”头巾和澳门葡裔族群妇女所用的“蒙首青帕”就很相似，《澳门记略》云：“出则以锦帕蒙诸首，谓之巾缦。”此“巾缦”之发音就有可能来自葡文“Mantel”之词。

当时葡萄牙平民妇女的装扮为：裙子、紧身上衣和外套、发网和鞋子。通常用兜

---

① （清）吴历撰，章文钦笺注：《吴渔山集笺注》卷 2，《三巴集》，北京：中华书局，2007 年，第 165 页。

② （清）王士祯：《池北偶谈》卷 21，《谈异》2，《香山嶴》，北京：中华书局，1982 年，第517 页。

③ Ana Maria Amaro, *Filhos da Terra*, Macau: Instituto Cultural de Macau, 1988, p. 76.

④ Fernando Oliveira, *O Vestuário Português ao Tempo da Expansão*, Lisboa: Grupo de Trabalho do Ministerio da Educação para as Comemorações dos Descobrimentos Portugueses, 1993, p. 7.

帽和斗篷遮住头部以不让面部被人看见。[①] 这同当时澳门葡裔族群妇女的服装有一定的相似度。

图 10－46　16 世纪葡国大众的服饰

《澳门记略》记载的葡萄牙妇女服装最为详细：

> 女则隆冬惟一衫，仅及腰。下裳三重：一至膝，一掩胫，一覆其足，以五色洋绢为之。髻盘于额，希用簪。无珥，为华靥，贴穿孔前后。手金钏。初皆跣足不袜，近有丹其革以为履者，然短不纳趾。出则以锦帕蒙诸首，谓之巾缦。……女握数珠，夏有挥扇者。[②]

西文文献的记载也与之相呼应，1637 年抵澳的英国人彼得・芒迪详细记录了当时葡裔女子的装束：

> 这里有许多富有的男人，他们的穿着和葡萄牙人一样。他们的妻子和果阿女人一样，穿莎丽（印度妇女的传统服装）、戴头巾，或者包头，前者裹在身上，走路时脚穿低跟的 Chopines（自注曰：一种过时的高底鞋，通过软木或其他鞋底提高鞋面，17 世纪盛行于西班牙和意大利）。这就是澳门女人一般的装束。……如果不乘轿出门，从外表来看很难分出谁是女主人谁是女佣或女奴，她们都用莎丽裹住，只是女主人的莎丽质地较好。这种服饰参见图 10－47（A）。她们在家中时外面套一件袖子非常宽的衣服，因为日本人日常都穿这种衣服而称为和服，有许多高雅的绸缎和服从日本运来；另一些也很昂贵，是中国人在这里制造的，有彩线

① Fernado Oliveira, *O Vestuário Português ao Tempo da Expansão*, Lisboa: Grupo de Trabalho do Ministerio da Educação para as Comemorações dos Descobrimentos Portugueses, 1993, p. 40.

② （清）印光任、张汝霖原著，赵春晨校注：《澳门记略校注》，《澳蕃篇》，澳门：澳门文化司署，1992 年，第145 页。

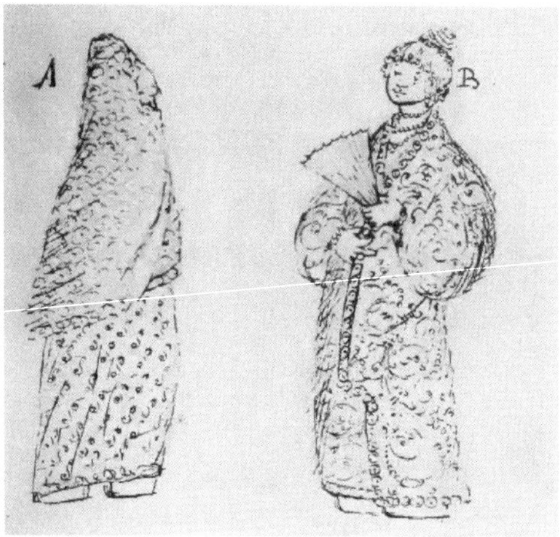

图 10 – 47 葡裔女子装扮

和金线刺绣。我说她们穿着和服的上装，头发都梳到头顶，用一个皇冠状的发夹固定，并根据她们的能力用珠宝加以装饰。这些装饰方式可以非常迅速地完成，在她们中间得到了广泛流行，因为其他的装饰方式需要花去她们半天的时间。这种装扮见图 10 – 47（B）。①

彼得·芒迪拜访当时澳门知名葡人富商安东尼奥先生家时曾见到安东尼奥家族的四个小女孩，他非常喜欢小女孩们的模样和装束：

> 当时，在那里有三四个小女孩，是安东尼奥先生和他亲戚的孩子，长得都很漂亮，我想除了英国，在世界上任何地方也找不到这么美丽的女孩子。她们的举止和衣着都很得体，戴着漂亮的珠宝和贵重饰物，穿的衣服主要是和服或者日本式外衣，这让她们显得非常优雅。②

芒迪的记载和图片（图 10 – 47）给我们最详细、最直观的当时妇女服饰的资料，她们的服饰不仅受到印度、马来、欧洲的影响，还受到日本和服和中国服装工艺的影响。这是因为在 17 世纪已经有越来越多的中国女子和日本女子进入澳门土生葡人的家庭，成为他们的妻子或为他们生儿育女。

2. 澳门经济困难时期的葡裔女子族群的特殊服装

清朝建立之初，由于同日本、菲律宾和马六甲贸易的结束，葡荷之间敌对的加剧，澳门陷入非常严重的经济窘境中。为了防范以郑成功为首的反清势力，清政府实行愈加严厉的海禁政策，进一步加剧了澳门的经济危机，亦造成了当时澳门葡人生活上的贫困不堪：“彼等不事耕作，除经商外，委实无力谋生，自从禁止海船以来，苦不聊生。”③ 18 世纪的前 50 年仍贫困不堪，怨声载道。土生人口增加，食品极为短缺，财政空虚。④ 贫困和失去依靠使得不少葡裔女子生活艰难，传统的“萨拉瑟巴襦”已经简化成直接用床单代替。1774 年 12 月 22 日，澳门主教佩德罗萨·吉马良斯“指责女性

① Peter Mundy, *The Travels of Peter Mundy in Europe and Asia: 1608 – 1667*, Vol. 3, Cambridge: Printed for the Hakluyt Society, 1919, pp. 269 – 270.

② Peter Mundy, *The Travels of Peter Mundy in Europe and Asia: 1608 – 1667*, Vol. 3, Cambridge: Printed for the Hakluyt Society, 1919, p. 263.

③ 中国第一历史档案馆等编：《明清时期澳门问题档案文献汇编卷》第 1 册，康熙四年二月二十四日《广东总督卢崇峻题议香山澳西洋人不宜准留本》，北京：人民出版社，1999 年，第 48 页。

④ ［葡］莱萨著，范维信译：《澳门人口：一个混合社会的起源和发展》，载《文化杂志》（中文版）第 20 期，1994 年，第 127 页。

的穿着，说几乎都是用条‘薄床单’把身子裹上，这就使她们更敢于出去，到单身汉家里干罪孽勾当”①。

图 10－48 钱纳利所绘的土生妇女及其女奴，其身上所裹就像一张薄床单

当然，在贫困时期，澳门还是有少数富裕的葡人家庭，这些家庭的女子穿着古老的斗篷：“还有一些人，就算比较少，却很重要，她们穿斗篷，但更多人不喜欢穿，因为总是需要很多女奴跟在左右。”②

无论是简陋肮脏的“床单”，还是古老的斗篷，都被从葡国来的佩德罗萨·吉马良斯主教批评为不合时宜，他给葡王写信道：“殿下已不再使用多于一匹马的豪华车辆，您可以预防这种情况发生，命令她们不得由两个以上女佣陪伴，穿裙子、斗篷和短披风，像波尔图人一样，当然她们可以挑选一种，以便消除这种过分的做法。”③ 他建议葡王命令澳门葡人妇女穿着当时葡国的裙子、外套和短外套。但是这些建议似乎在澳门没有得到支持：

> 1779 年 4 月 1 日，澳门祁主教出版《神父论》，攻击澳门从 1557 年以来的女子服装：无论何等地位的女人都一概如此，实属罕见；她们再不能穿“拱戴”进入任何教堂，肮脏丑陋，捆在头上。④

这一举措遭到全体澳门葡人的反抗，一周后，即 4 月 8 日：

> 澳门议事会抗议祁主教出版的《神父论》，并向总主教呈交一份 100 多页的长

---

① ［葡］施白蒂著，小雨译：《澳门编年史：16—18 世纪》，澳门：澳门基金会，1995 年，第 170 页。

② Manuel Teixeira, Os Macaenses, in *Revista de Cultura*, Edição do Instituto Cultural de Macau, No. 20, 1994, p. 78.

③ Manuel Terxeira, Os Macaenses, in *Revista de Cultura*, Edição do Instituto Cultural de Macau, No. 20, 1994, p. 78.

④ ［葡］施白蒂著，小雨译：《澳门编年史：16—18 世纪》，澳门：澳门基金会，1995 年，第 175～176 页。

文。其内容主要是：第一，在果阿，女人们穿萨里服，包住头，与葡萄牙服装不同。第二，在第乌和达曼也如此。第三，在孟买、锡兰、圣多美、科罗曼德尔海岸和孟加拉国，女人们也穿其传统服装。第四，在葡萄牙的美洲领地，女人们用床单裹身，以布缠头。第五，在欧洲，包括拉麦戈、科英布拉和波尔图，女人们穿短外套。

这种穿着是合法的：第一，所谓“拱戴”即用纸做的衬，在头上垫起三指高的尖状突出物，用布包裹，可以用绳把披巾固定住（披巾为细棉织物，套在短上衣外。脚上则穿凉鞋）。第二，这种装束已远不可考，达两三个世纪之久，从来没有人提出反对，更没有被视为丑陋或罪孽。第三，孟主教阁下任本市主教十年以上，因为慈善之举受到普遍赞誉，他本人就同意这种穿着，穿这种衣服的穷人女子们可以仅用一块布作披巾，捆在“拱戴”上到教堂参加圣事。第四，由于本市祈主教的禁令，人们一起的窃窃私语，多有不雅之词、不雅之举，在教堂前地裸露，许多妇女因无衣服不再去做圣事，并且提出抗议。尽管有了这一《神父论》，妇女们仍然穿传统服装，直至19世纪中叶。[①]

3. 澳门住冬政策后葡裔族群女子服装受英美影响较大

乾隆二十五年（1760）澳门的住冬政策使澳门成为欧洲各国来华外商的居留地。之后，法国、荷兰、丹麦、瑞典、英国、美国纷纷在澳门设立办事处。由于澳门是这些欧美国家在华贸易季节之后唯一合法的临时居留地，澳门便成了这些欧美商人及其家眷的生活休闲之地。在一段时期内，这里聚居了相当数量英国、美国和荷兰等国的妇女，[②] 这些女子带来了欧美最新的时尚。《皇清职贡图》称英吉利：

> 妇女未嫁时束腰，欲其纤细，批发垂肩，短衣重裙，出行则加大衣，以金缕盒储鼻烟自随。[③]

称荷兰则为：

> 夷妇青帕蒙头，领围珠石，肩披巾缦，敞衣露胸，系长裙，以朱革为履。[④]

当时来澳门的西洋妇女主要是英国人和美国人，其他国家除荷兰有少数几人来澳外，均无妇女来澳门。所以，影响澳门妇女服装变化的主要是英国、美国和荷兰。据哈丽特·洛日记，澳门的外商们经常举行派对，这些派对往往是各种时尚服装争奇斗艳之所，如1829年11月9日：

---

① ［葡］施白蒂著，小雨译：《澳门编年史：16—18世纪》，澳门：澳门基金会，1995年，第175页；Manuel Teixeira, *Macau no Séc. XVIII*, Macau: Imprensa Nacional, 1984, pp. 599 – 600.

② 参见本书第一章有关英国人、美国人及荷兰人的表格。

③ （清）傅恒等编纂：《皇清职贡图》卷1，《英吉利国·夷妇》，沈阳：辽沈书社，1991年，第103～104页。

④ （清）傅恒等编纂：《皇清职贡图》卷1，《荷兰国·夷妇》，沈阳：辽沈书社，1991年，第126～127页。

参加克拉里奇（Claridge）小姐举办的四对舞派对，穿上一件白缎裙，披上镶有黄缎的白纱。虽然这是整个屋子里最朴素的服装，但是正如我希望的一样非常酷。这里的女子十分讲究穿戴。我们不想与英国妇女竞争什么，只是比品行。①

亨特也盛赞了曾到广州的几个英国夫人美丽的伦敦时装：

早晨与几个美国人去公司的小礼拜堂听韦切尔牧师讲道，并看几个“番鬼婆”——中国人这样称呼她们，她们是商馆主任的妻子盼师夫人，还有罗宾逊夫人和费伦夫人。但盼师夫人是她们当中最美丽的一个！她穿戴的全是真正的伦敦时装，我们对此十分欣赏，而中国人则认为“可怕”。②

图 10－49　1787 年法国画家贝内伊绘的穿着葡国传统服装的澳门妇女

图 10－50　南蛮屏风图中穿欧洲服饰的葡人女子

图 10－51　钱纳利笔下的在澳门的欧洲妇女

这些服装除了从欧洲直接带来之外，澳门的英美姑娘们还自己制作，哈丽特·洛就经常自己缝制服装：

1829 年 12 月 25 日，今晚六点半，我们将与东印度公司的人共进晚餐。在那里我们如同桩子般挺直。我想在这样严肃的地方，根本不会开心。这些晚餐的规矩很严格，但我穿有精美细纹衬裙的白缎的连衣裙和粉红色的缎紧身上衣，这身装扮完美地勾勒出了我娇小玲珑的身体，也正是由我这双精巧的小手制作的。③

1830 年 3 月 1 日，我今天非常勤劳地做完了一件格子连衣裙。④

---

① Nan P. Hodges and Arthur W. Hummel ed., *Lights and Shadows of a Macao Life: The Journal of Harriett Low, Travelling Spinster*, Woodinville, WA: History Bank, 2002, p. 81.

② ［美］亨特著，冯树铁、沈正邦译：《广州番鬼录·旧中国杂记》，广州：广东人民出版社，2009 年，第 120 页。

③ Katharine Hillard ed., *My Mother's Journal: A Young Lady's Diary of Five Years Spent in Manila, Macao, and the Cape of Good Hope from 1829－1834*, Boston, 1900, p. 46.

④ Nan P. Hodges and Arthur W. Hummel ed., *Lights and Shadows of a Macao Life: The Journal of Harriett Low, Travelling Spinster*, Woodinville, WA: History Bank, 2002, p. 110.

> 1830 年 3 月 6 日，完成了一件粉红色的印花裙子，并穿着它出门。①

中国裁缝高超的模仿能力，使得澳门也成为欧洲时尚服装的生产地，1854 年美国海军准将马瑟斯·佩里（Matthew Calbraith Perry）抵达澳门，其《美国海军远征中国海及日本纪实》称：

> 裁缝店清一色是男性的地方，做女服的男裁缝备受外国妇女的青睐……他们一般要求提供样服和式样，运用中国人惯有的模仿能力，就能做出与伦敦、巴黎或纽约时装一模一样的服装。无论什么样式或尺寸。夜阑人静，路经澳门昏暗、脏乱的裁缝店，看到中国裁缝半裸着肉乎乎的身躯在一件某位美丽窈窕的夫人为舞会或晚宴而做的华丽服装上移动脏手指，绝不是一个赏心悦目的画面。在中国居住的人非常喜欢这些裁缝，以至于有些欧洲或美国妇女离开中国时，会带走一位中国裁缝。男裁缝工薪稍高，登门做工，每天 12 小时，工薪 25 美分，保证了自己有饭可吃，或用他们的话讲，保障了自己的饭碗。②

这些新式的服装冲击了澳门人的眼球，不仅常常成为谈论和观察中心，有时还会遭到小抗议：

> 1833 年 5 月 8 日，和卡若琳一起吃饭。一些绅士和我们一起，我们的帽子成为谈论中心。我发现他们大多数都认为我的帽子不好看。确实啊，他们请求我不要再戴了。事实上，房子不够明亮不足以展现它的美，而且这是属于老姑娘的装束。我还去看了歌剧，并对自己很满意，没有丝毫的怀疑。我应该被所有来看演出者观察，虽然不是被爱慕者爱慕。但是，我并不在意，我通常具有很好的穿着品位。美国的淑女通常被认为最会穿着，因为我们总是很优雅。而那些淑女们，绅士们说，感觉自己被扔进一堆干草叉中。③

虽然如此，但欧洲时尚服饰逐渐还是被澳门上层妇女所接受，在聚会或参观歌剧演出时成为首选。哈丽特·洛的日记载：

> 1833 年 5 月 30 日，我们八点去看歌剧，歌剧院座无虚席，所有澳门时髦的美女都聚集于此。但是，令我们非常震惊的是，一位不正经的女人也在场，她的脖子、耳朵和头上戴满了钻石，穿着无比放肆。没有一位体面的淑女和她有来往。④

《广州纪录报》也记载了一次大多数澳门居民参加的盛大聚会，聚会中的服饰亦是争奇斗艳：

---

① Nan P. Hodges and Arthur W. Hummel ed. ,*Lights and Shadows of a Macao Life*:*The Journal of Harriett Low*,*Travelling Spinster*,Woodinville,WA:History Bank,2002,p. 111.

② Matthew Calbraith Perry,*Narrative the Expedition of an American Squadron to China Seas and Japan*, Washington:Beverley Tucker,1856,p. 292.

③ Katharine Hillard ed. ,*My Mother's Journal*:*A Young Lady's Diary of Five Years Spent in Manila*,*Macao*, *and the Cape of Good Hope from 1829 – 1834*,Boston,1900,pp. 200 – 201.

④ Katharine Hillard ed. ,*My Mother's Journal*:*A Young Lady's Diary of Five Years Spent in Manila*,*Macao*, *and the Cape of Good Hope from 1829 – 1834*,Boston,1900,p. 204.

1836年，10月31日晚9时，英商罗伯特·英格利斯（Bobert Inglis）在澳门举办了一场盛大的舞会，这场舞会在广州和澳门的外商社团中造成了很大的影响，大多数澳门居民都参加了舞会，气氛热烈，一直持续到半夜，中间进行夜宵，桌上摆满了丰富的食物和美酒。餐后观看焰火。为了女士们更好地欣赏，焰火在离房间不远的花园由中国人燃放。之后舞会继续进行，约凌晨5点才结束。这次舞会服饰之争奇斗艳，房间装饰之风格迥异，焰火之绚丽灿烂，每一样都让人难忘。这不仅对于那些参与者，而且对于没参加舞会的人们，都是一项深刻的记忆。[①]

图10－52　钱纳利绘哈丽特·洛像

图10－53　庭呱1854年绘葡萄牙妇女像

1872年10月31日，在澳督圣·雅努阿里奥子爵为庆祝德·刘易斯国王诞辰举行的聚会上："220位身穿极其合身的礼服或华美的军服的骑士和79位服装优雅、佩戴贵重珠宝首饰的贵妇人为这场充满活力和雅趣的舞会增添了无与伦比的光彩。"[②]

从中文史料来看，从19世纪起，"青帕蒙首"的记载亦难觅踪迹，取而代之的是宝鬘、露胸、紧腰、裙重的欧式服装。如1815年，德庆知州张琳的《澳门竹枝词》曰："少妇朝昏进愿香，宝鬘锦襦斗新妆。"[③] 1817年抵澳的钟启韶有诗云"蛮姬群迭折，番衲发鬅鬙""蛮女裹数重，急约以取细腰"[④]；1819年，提督河南学政姚元之游历澳门曰："妇人装束悉与洋画相同……女之大者，两肩被以水红绌及乳，如云肩而无辫，闻富者仍加金绣，胸俱露而不蔽，裙亦束于衣外。女之幼者，垂以裤脚，布之细

① *The Canton Register*, Vol. 9, No. 46, 1836/11/15.

② ［葡］潘日明著，苏勤译：《殊途同归：澳门的文化交融》，澳门：澳门文化司署，1992年，第167页。

③ （清）张琳：《玉峰诗钞》卷15，《澳门竹枝词》，广东省立中山图书馆藏清刻本，第6页。

④ （清）钟启韶：《听钟楼诗钞》卷3，《澳门杂事诗》，道光十年刊本，第19页。

如蝉翼。"① 1827年曾到澳城的蔡显原的《听西洋夷女操洋琴》有序曰："最后命长女出为礼，且操洋琴。纤妍婉约，微步安闲，缟衣素裳，薄如蝉翼，……夷女如花肃见客，亭亭不解含羞頫。约胸结项束寒玉，裳衣薄蹙湘波纹。"② 林则徐曰："衣则上面露胸，下面重裙。"③ 魏源的《澳门花园听夷女洋琴歌》曰："蝉翼纤罗发鬌髿，廿铉能作千声弹。"④ 可以看出澳门社会女子服装从保守到开放的变化过程。

16—19世纪澳门葡裔族群女子的成分复杂，加之澳门处于中西文化交汇之中心，其服饰受到欧洲、亚洲多个国家和地区的影响，呈现出五彩缤纷的异域风情，发式多样、青帕蒙首、头缠花帕、露胸重裙、佩戴鲜花、喷洒花露等。纵向来看，早期女子服饰受欧亚双重影响，和葡国当时的服饰有一定的相似度：身穿斗篷、头戴头巾；但受亚洲国家影响更大，印度、马来的莉萨，日本的和服，都是她们日常的服装，中国的刺绣也是她们衣服上常见的装饰。在困难时期，葡裔女子的装扮更加简单，常以"薄床单"代替。到清代中后期，随着越来越多的西洋时尚涌入澳门，澳门葡人女子装束逐渐开始追求欧洲新潮。

第四节　澳门葡萄牙人的饮食习俗

不同民族和不同文化之间的相互影响最易在不可缺少的物质生活领域中进行，在澳门居住数百年的欧洲葡萄牙人经历了印度、马六甲等地文化的洗礼，他们带进澳门的葡萄牙饮食虽然主流上仍然是葡萄牙人的饮食习惯，但也必然会掺糅进较多东方的东西，致使澳门葡萄牙人的饮食发生变化。阿马罗称："烹调，无疑是澳门葡萄牙人变化最具特色的一个方面。"⑤ 这亦指出澳门葡萄牙人的饮食也是最能反映东西方文化相互交融的一个例证。

---

① （清）姚元之：《竹叶亭杂记》卷3，北京：中华书局，1982年，第90页。

② （清）黄绍昌，刘熽芬纂辑：《香山诗略》中册，（清）蔡显原：《听西洋夷女操洋琴》，广东中山诗社重刊，1986年，第208页。

③ 林则徐全集编辑委员会编：《林则徐全集》第9册，《日记卷》，道光十九年七月二十六日，福州：海峡文艺出版社，2002年，第4596页。

④ （清）魏源：《魏源集》下册，《澳门花园听夷女洋琴歌》，北京：中华书局，1976年，第739页。

⑤ ［葡］阿马罗著，金国平译：《大地之子：澳门土生葡人研究》，澳门：澳门文化司署，1993年，第73页。

一、澳门葡萄牙人的饮品

生活在澳门的葡萄牙人饮品种类很多，但其主要有六种，即酒、茶、荼蘼露、牛奶、咖啡及巧克力。

（一）饮酒

葡萄酒应该是澳门葡萄牙人最为喜爱的饮品之一，这在16—19世纪中西文献中保留了大量的记录。潘日明介绍的葡萄牙人向中国人引进的新的食品品种中，就有“葡萄酒”一项。① 开埠之初即到澳门的叶权称葡人：

饮西洋酒，味醇浓，注玻璃杯中，色若琥珀。②

18世纪中期成书的《澳门记略》对葡人饮酒有如下记录：

酒以葡萄，注以玻璃高碗。……酒以白葡萄为上，红葡萄次之，所谓色如琥珀、气类貂鼠者。又有葡萄红露酒、葡萄黄露酒，皆以瓶计，外贮以箱。③

《（道光七年）采访册》亦有大致相同的记载：

饮以葡萄酒，洋酒太多，此酒为最。注以玻璃高杯，……酒以白葡萄为上，红葡萄次之，皆以瓶计，外贮以箱。④

《（道光）广东通志》还提到黑奴饮的黑酒：

外洋有葡萄酒，味甘而淡。红毛酒色红，味辛烈。广人传其法，亦酿之，与洋酒无异。洋酒有数十种，惟此二种内地能造之，其余不能酿也。⑤

田明曜的《（光绪）重修香山县志》载：

澳门中洋酒来自西洋、红毛、佛郎西诸国者甚伙。哪沃酒，红白二色，品最贵。罢栏地酒，红及淡白二色，味最浓，须和水饮，能治跌打刀伤。火酒亦和水饮。白酒、红酒能壮血。唎酒色黄味苦，能消热。积利哥酒、巴悉酒、西打酒、亚姑嗹酒、三边酒、壳酒俱淡黄，勃酒深红，亚叻酒色白，甜酒色红，斤地唎酒、啤厘酒俱淡红，葡萄酿金星酒有金属如星，类多精美，皆《（外国）名酒记》所

---

① ［葡］潘日明著，苏勤译：《殊途同归：澳门的文化交融》，澳门：澳门文化司署，1992年，第81页。

② （明）叶权：《贤博编》，《游岭南记》，北京：中华书局，1987年，第45页。

③ （清）印光任、张汝霖原著，赵春晨校注：《澳门记略校注》，《澳蕃篇》，澳门：澳门文化司署，1992年，第144、165页。

④ （清）王廷钤等撰：《（道光七年）香山县下恭常都十三乡采访册》卷上，《澳门纂略》清抄本（影印本），北京：国家图书馆出版社，2010年，第45~46页。

⑤ （清）阮元：《（道光）广东通志》卷95，《舆地》13，清道光二年刻本，第3页。

未载。①

曾在澳门居住的吴历也记载了葡人喜饮葡萄牙酒的习惯：

居人喜作盘涡饭、骨董羹款客。饭后以玻璃杯饮葡萄酒，每客数升，不用酒政，且从无烂醉作生涯者。②

潘有度的《西洋杂咏》称澳门西洋酒都为葡萄酒，并谈到了葡人饮酒的习惯：

客到饮酒，不饮茶。酒皆葡萄酿成。响咏琉璃兴倍豪。每饮以摇杯为敬。寒夜偎炉倾冷酒，夷人饮冷酒，冬夏皆然。③

大量的中文资料都记录了葡萄牙人喜欢饮酒，而且最喜欢的就是葡萄酒。葡萄牙是世界上盛产葡萄酒的国家之一，其所生产的葡萄酒从品种、质量到特点都誉满全球，葡萄酒还是葡萄牙人每日餐桌上必备的饮料，甚至有人称“借助葡萄酒，葡萄牙人可以消除掉性格中特有的忧伤之情”④。葡人所饮的葡萄酒种类很多，主要有白葡萄酒、红葡萄酒、葡萄红露酒、葡萄黄露酒，其中白葡萄酒品质最好。稍后，还有更多的葡萄酒品种出现，如哪沃酒、罢栏地酒火酒、唎酒、积利哥酒、巴悉酒、西打酒、亚姑嗹酒、三边酒、壳酒、勃酒、亚叻酒、甜酒、斤地唎酒、啤厘酒、葡萄酿金星酒⑤、曼德拉酒、威士忌、麦芽酒、雪梨酒、香槟酒⑥、槟榔酒⑦、梨酒⑧、健胃药酒⑨等。葡萄牙人饮酒十分讲究，不仅喝酒时必须使用高脚玻璃杯，“杯亦玻璃，大小罗列，以酒之贵贱分杯之大小”⑩，上层人士喝酒时家里还要配备专门的调酒师。⑪

不仅居住在澳门的葡萄牙商人和居民要大量消费葡萄酒，澳门的传教士还要为内地的天主教堂进行圣事输送葡萄酒。如此数量的葡萄酒，澳门本地并不生产，故葡萄酒的供应地主要来源于欧洲。我们从来华贸易的葡萄牙、西班牙、荷兰、英国、法国

---

① （清）田明曜：《（光绪）重修香山县志》卷22，《附记》引《物产略》，中山文献丛刊第6册影印清光绪五年刊本，第1957页。

② （清）吴历撰，章文钦笺注：《吴渔山集笺注》卷5，《墨井画跋》，北京：中华书局，2007年，第449页。

③ （清）潘义增、潘飞声：《番禺潘氏诗略》第2册，《义松堂遗稿》之潘有度《西洋杂咏》，光绪二十年刊本，第2页。

④ Luís Sá Cuhna, *Portualbum –55 Quadros*, Macau: Instituto Cultural de Macau, p. 26.

⑤ （清）祝淮：《（道光）新修香山县志》卷2，《舆地》下，《物产》，中山文献丛刊第3册影印清道光七年刊本，第240页。

⑥ *The Chinese Courier*, 1832/05/12.

⑦ （清）阮元：《（道光）广东通志》卷95，《舆地》13，清道光二年刻本，第3页。

⑧ *Arquivos de Macau*, 1ª Série, Vol, Ⅲ, No. 3, Macau, 1931, p. 162.

⑨ Ana Maria Amaro, *Introdcção da Medicina Ocidentalem Macau e as Receitas de Segredo da Botica do Colégio de São Paulo*, Macau: Instituto Cultural de Macau, 1992, p. 16.

⑩ （清）姚元之：《竹叶亭杂记》卷3，北京：中华书局，1982年，第90页。

⑪ 《葡萄牙国王唐·若奥五世遣中华及鞑靼雍正皇帝特使出使简记》，载金国平：《中葡关系史地考证》，澳门：澳门基金会，1998年，第207~208页。

的船只上都能找到运载葡萄酒的记录，17 世纪葡萄牙对日贸易快速发展时，每年航行一次的卡拉克航线上的船只所运货物即有“葡萄牙产葡萄酒”[①]。1667 年撒尔达聂使团船只所载货物中即有“红酒”一项。[②] 1754 年法国商人吕呀到澳门的船只中即有“洋酒二箱计一百二十罐”[③]。1771 年澳门葡商通过澳门向中国输入的物品中即有“400～500 箱烧酒”[④]。

葡萄牙人不仅喜欢喝酒，而且好酗酒，特别是澳门葡萄牙人下层社会，如澳门葡人的仆役和黑奴更是嗜酒成性，经常酗酒闹事，甚至发生杀人凶案，这些在当时澳门的中西语言文献档案中均有大量的记录。如 1638 年，明政府禁止葡萄牙人参加广州交易会的贸易，原因就是几个黑奴喝醉酒杀害了 3 名中国人。[⑤] 但喝酒起到正面作用的也有记录，1622 年荷兰人入侵澳门，葡萄牙人仆役和黑奴喝了大量的酒以后表现得十分勇敢，他们无所畏惧地执枪狂射，将荷兰人击败。[⑥]

针对澳门葡人醉酒的情况，当地还生产了一种专门解酒的芦卑酒。钟启韶的《澳门杂事诗》称：“待醒芦卑酒，终宴彻席，特置芦卑酒，酒味颇濇，云以解醒。”[⑦] 叶廷枢的《澳门杂咏》亦提及此酒：“夜饮无妨玉漏沉，自鸣钟为报分阴。解醒共劝芦卑酒，百叠风琴奏梵音。”[⑧] 针对黑人喜饮酒的情况，澳门则有一种黑酒，据称：“又有黑酒，番鬼饭后饮之，云此酒可消食也。”[⑨]

葡萄牙人还将自己对葡萄酒的喜爱传递给中国人，他们将葡萄酒作为礼品赠送给中国官员，甚至作为贡品直接进贡给皇帝。1667 年澳门葡人通过香山知县姚启圣向两广总督卢兴祖送贿礼——西洋酒 10 桶。[⑩] 1683 年钦差大臣杜臻来澳巡视，葡萄牙人将自己喜欢的葡萄酒送给杜臻：“独取其洋酒一笥，其酒酿以葡萄，色如琥珀，亦贮玻硫罂，内外澄澈，十二罂共一笥也。”[⑪] 1717 年，广东巡抚法海巡视广州府，澳门葡人专

---

① C. R. Boxer, *Fidalgos in the Far East (1550－1770), Fact and Fancy in the History of Macau*, The Hague: Martinus Nijhoff, 1948, p. 15.

② John E. Wills, *Embassies and Illusions: Dutch and Portuguese Envoys to K'ang-hsi, 1666－1687*, Cambridge, MA: Harvard University Press, 1984, pp. 105, 1666－1687.

③ 刘芳辑：《葡萄牙东波塔档案馆藏清代澳门中文档案汇编》下册，《澳门同知魏绾为荷商芦哩哑下澳候船事行理事官牌》，澳门：澳门基金会，1999 年，第 703 页。

④ A. M. Martins do Vale, *Os Portugueses em Macau*, Instituto Português do Oriente, 1997, Anexo No. 20.

⑤ ［葡］施白蒂著，小雨译：《澳门编年史：16—18 世纪》，澳门：澳门基金会，1995 年，第 47 页。

⑥ 程绍刚译注：《荷兰人在福尔摩莎：1624—1662》，台北：联经出版社，2010 年，第 14 页。

⑦ （清）钟启韶：《听钟楼诗钞》卷 3，《澳门杂事诗》，道光十年刊本，第 19 页。

⑧ （清）叶廷枢：《芙蓉书屋诗钞》卷 4，《澳门杂咏》，道光十一年刊本，第 11 页。

⑨ （清）阮元：《（道光）广东通志》卷 95，《舆地》13，清道光二年刻本，第 3 页。

⑩ 中国第一历史档案馆和中山市档案局（馆）合编：《香山明清档案辑录》第 31 号，《卢兴祖所呈香山知县姚启圣货单贿单审答过情节册》，上海：上海古籍出版社，2006 年，第 165～166 页。

⑪ （清）杜臻：《粤闽巡视纪略》卷 2，康熙二十三年二月乙未条，近代中国史料丛刊本，台北：文海出版社，1983 年，第 22 页。

门上广州拜见法海，并带来了鼻烟、西洋酒等礼物。①

不仅如此，澳门葡人很早就注意到要将葡萄酒进贡给中国的皇帝，1641 年澳门议事会开会决定：近年来，葡萄酒是献给皇帝的贡品中必不可少的，但需要注意的是，进贡的物品也会受到严格的限制。② 到康熙时，因康熙皇帝对葡萄酒有好感，1709 年 3 月 6 日，康熙帝下旨，要求传教士采办葡萄酒：

> 西洋上品葡萄酒乃大补之物。高年饮此，如婴童服人乳之力。（西洋人）谆谆泣陈，求朕进此，必然有益。朕鉴其诚，即准所奏。每日进葡萄酒几次，甚觉有益，饮膳有加。今每日竞进数次，朕体已经大安。念伊等爱君之心，不可不晓谕朕意。今传众西洋人都在养心殿，叫他们知道。③

因此澳门葡人开始向康熙皇帝大量进贡葡萄酒。1709 年 3 月 17 日，两广总督赵弘灿、广东巡抚范时崇会奏澳门西洋人李国正进贡葡萄酒 15 瓶，并有书信一封。④ 9 月 7 日，两广总督赵弘灿，巡抚范时崇奏报说，接到澳门西洋人沙国安等信一封，言铎罗在世时听闻皇帝喜欢葡萄酒，特托人寻觅，现已寄来，请旨送呈与否。计开：加纳列国葡萄酒一箱（70 小瓶）、伯尔西亚国葡萄酒两箱（共 20 大圆瓶）、波尔图噶尔国葡萄酒两箱（共 24 方瓶）。康熙得报后立即批复："随便带来。"⑤ 1714 年 11 月 18 日，澳门圣保禄学院也备齐了进献给康熙皇帝六十大寿的礼品，在这些礼品中，各种西洋药物占了很大部分，包括治疗烧伤药片 1 盒，烟草 2 盒共 12 瓶，上乘欧洲酒 6 箱，每箱 12 瓶。⑥ 还有西洋人穆德我呈送洋酒一箱、洋烟一箱，毕登庸呈献洋酒一箱，景明亮献洋酒一箱、药一瓶并书信三封。赵弘灿差家人曾复元星夜送往京城。⑦ 1717 年 3 月 1 日，澳门议事会理事官万威・味先地・罗咱为了对清廷不禁止澳门往南洋进行贸易表示谢意，再次以国王的名义特遣使入贡，使臣裴拉理（何济格，Onorato Maria Ferraris）于

---

① 中国第一历史档案馆等编：《明清时期澳门问题档案文献汇编》第 1 册，《广东巡抚法海奏闻传召澳门西洋人理事官转宣谕旨谢恩情形折》，北京：人民出版社，1999 年，第 111 页。

② *Arquivos de Macau*, 1ª Série, Vol. Ⅲ, No. 4, Macau, 1931, pp. 155 – 156.

③ （清）黄伯禄：《正教奉褒》康熙四十八年正月二十五日，中国天主教史籍汇刊本，台北：辅仁大学出版社，2003 年，第 559 页。

④ 刘鉴唐、张力编：《中英关系系年要录：13 世纪—1760 年》第 1 卷，成都：四川社会科学院出版社，1989 年，第 296 页。

⑤ 中国第一历史档案馆等编：《明清时期澳门问题档案文献汇编》第 1 册，《两广总督赵弘灿等奏报多罗在世时托人采觅葡萄酒到省现候旨进贡折》，北京：人民出版社，1999 年，第 90 页。

⑥ BAJA, Cód. 49 – V – 5, fl. 456, in José Caetano Soares, *Macau e a Assistência*, *Panorama Médico-Social*, Lisboa: Agência Geral das Colonias, 1950, pp. 172 – 174.

⑦ 中国第一历史档案馆等编：《明清时期澳门问题档案文献汇编》第 1 册，《两广总督赵弘灿奏报西洋人穆德我交来烟酒等物差人恭进等情折》，北京：人民出版社，1999 年，第 86 页。

次年抵京，由两广总督代呈的贡品则有：欧洲最好的酒 4 箱，每箱 12 玻璃方瓶。[①] 一时出现了“贡献葡萄酒之热”。

澳门除了普遍饮用葡萄酒以外，啤酒也传入澳门。据 1771 年的资料，当时荷兰东印度公司在澳门的董事给来澳门的匈牙利贵族拜纽夫斯基伯爵赠送的礼品就有“啤酒”一项。[②] 可以说明，啤酒传入澳门的时间不会晚于 18 世纪中期。欧美社群在澳门住冬以后，饮啤酒的习惯更带进广州、澳门。法国记者佛尔克，笔名老尼克（Old Nick），在 1830 年代养病时住在广州双鹰行的朋友家中，生活很奢侈，每顿饭都要喝马德拉葡萄牙酒、雪梨酒和波尔多红葡萄酒，而吃鱼的时候通常都喝啤酒。[③] 亨特的《旧中国杂记》记录 1831 年过新年时“喝霍奇森（Hodgson）的淡色啤酒”。[④] 1844 年美国商人金仕曼在澳门给妻子写信时称：

> 你根本想象不到这商号内不同寻常的奢华程度，光是喝的啤酒就够撒冷的一家人舒舒服服过一年。我们这里的年轻人每顿晚餐都会喝光一瓶啤酒，平常每顿晚餐会喝掉 12 瓶而且常常会喝光一打半。滑摩每天白天和晚上都要叫上 5、6 次啤酒，每次都会打开新的一瓶酒，他倒掉或者让仆人喝掉！我只是拿啤酒举例说明。其他每样东西也是同样的比例在消耗。[⑤]

据 19 世纪 40 年代在澳门居住的美国商人吉迪恩·奈尔（Gideon Nye）记载他们在广州和澳门的生活称：

> 晚餐有很多道菜，还提供好几种葡萄牙酒、啤酒和印度酒，最后喝白兰地，抽马尼拉雪茄。[⑥]

在澳门有一位叫做布朗的英国商人，因为喜好喝啤酒，被人取绰号为“啤酒布朗”。[⑦] 可见，欧美商人晚上饮用啤酒的习惯已经带进了澳门西洋人社群生活中。

---

① ［瑞典］龙思泰著，吴义雄等译：《早期澳门史》，北京：东方出版社，1997 年，第 93 ~ 94 页；（清）梁廷枏：《海国四说》，《粤道贡国说》卷 4，《西洋诸国》，广州：广东人民出版社，2002 年。

② ［葡］冼丽莎著，李丽青译：《18 世纪末匈牙利冒险家在澳门》，载《文化杂志》（中文版）第 34 期，1998 年，第 127 页。

③ ［法］老尼克著，钱林森、蔡宏宁译：《开放的中华：一个番鬼在大清国》，济南：山东画报出版社，2004 年，第 20 页。

④ ［美］亨特著，冯树铁、沈正邦译：《广州番鬼录·旧中国杂记》，广州：广东人民出版社，2009 年，第 205 页。

⑤ 1844 年 12 月 15 日，KP，转引自［美］雅克·当斯著，周湘、江滢河译：《黄金圈住地：广州的美国商人群体与美国对华政策的形成，1784—1844》，广州：广东人民出版社，2015 年，第 317 页。

⑥ Gideon Nye, *The Morning of My Life in China*, Canton, 1873, p. 33.

⑦ ［美］亨特著，冯树铁、沈正邦译：《广州番鬼录·旧中国杂记》，广州：广东人民出版社，2009 年，第 477 页。

（二）饮茶

葡萄牙人的饮茶是仅次于饮酒的又一重要生活习俗，但葡萄牙人的饮茶习惯从什么时候开始，受谁的影响，似乎并无明确的交代。目前最早见到的葡人饮茶的记录是在成书于康熙十年（1671）的《（康熙）香山县志》中，该书称：

凡文武官下澳，率坐议事亭上，彝目列坐进茶毕，有欲言则通事番译传语。①

用茶来接待中国官员表明葡萄牙人的生活中已经开始饮茶，② 那就是说在17世纪中期葡萄牙人的生活习俗中就开始有了饮茶的习惯。康熙二十三年（1684），钦差大臣杜臻到澳门巡视时饮到了葡萄牙人的茶：

其贮茶用玻璃瓯，承以磁盘，进果饵数品，皆西产也，甘芬绝异。③

可知，葡人喝茶是用玻璃杯盛茶，而且配以水果点心。清人的诗中也记录了很多葡萄牙人饮茶的习俗，17世纪后期在澳门的吴历的《三巴集》称：

九月无霜黄橘柚，三冬有雨熟枇杷。未须寒鸟频来啄，留待清斋当午茶。④

《三巴集》是一部记录澳门葡人风俗的竹枝词。可见当时葡人已有喝午茶的习惯。清中期来澳门的诗人李遐龄有诗云：

交印全凭妇坐衙，客来陪接鬯擎茶。⑤

黄培芳亦有澳门诗云：

美酝馋供又献茶，天然眉黛洗铅华。⑥

嘉庆十六年（1811）两广总督松筠赴澳门视察，多次提到葡萄牙夷目和夷目的妻子“献茶”的记录。⑦《粤海关志》称澳门公司馆内向来雇用专门“烧茶”的人为葡萄牙人服务。⑧ 这些都可以反映葡人确有饮茶之俗。

---

① （清）申良翰：《（康熙）香山县志》卷10，《外志·澳彝》，广东省立中山图书馆藏康熙十一年钞本，第3页。

② 据（清）潘义增、潘飞声：《番禺潘氏诗略》第2册，《义松堂遗稿》之潘有度《西洋杂咏》，光绪二十年刊本，第2页称：“客到饮酒，不饮茶。”所有的资料都称西洋人饮茶，唯独潘有度称西洋人接待客人时只饮酒，不喝茶，这应是潘有度一种片面的记载，也许他见到的一次西洋人的接待场面正好是只喝酒，而没喝茶，所有留下了这样的记录。但他的记录明显是错误的，不准确的。

③ （清）杜臻：《粤闽巡视纪略》卷2，康熙二十三年二月乙未条，近代中国史料丛刊本，台北：文海出版社，1983年，第20～21页。

④ （清）吴历撰，章文钦笺注：《吴渔山集笺注》卷5，《墨井画跋》，北京：中华书局，2007年，第171页。

⑤ （清）李遐龄：《勺园诗钞》卷1，《澳门杂咏》，清嘉庆十九年刻本，第9页。

⑥ （清）黄培芳：《岭海楼诗钞》卷9，《夷楼听番女弹洋琴》，广东省立中山图书馆藏清道光二十一年羊城富文斋刻本，第8页。

⑦ 中国第一历史档案馆等编：《明清时期澳门问题档案文献汇编》第2册，《两广总督松筠奏报察看澳门海口宁静安贴等情折》，北京：人民出版社，1999年，第13页。

⑧ （清）梁廷枏：《粤海关志》卷29，《夷商》4，广州：广东人民出版社，2002年，第556页。

又据清中期姚元之到澳门考察后的报告称葡人接待客人的时候“列果品茶酒于其上”，接着又提到了葡萄牙人的饮茶方法：

饮以熬茶，和以白糖，一女斟茶，则一女调糖，令鬼奴按客座以进。①

可以看出，葡人虽然有饮茶之俗，但他们的饮茶方式与中国人的有着很多的不同。这里十分清楚记载葡萄牙人喝的茶是“熬茶”，而且还添加白糖。这种饮茶方法还可见于同时期的钟启韶的澳门诗：

幞被登山馆，煎茶得冽泉。②

煎茶即是熬茶。这里还告诉我们熬茶还需要有好的山泉水。熬茶加糖，笔者疑是“孩儿茶”的一种饮法。清前期杭世骏的《岭南集》有澳门诗称：

糖霜屑用金七挠，孩儿茶皮慢火熬。③

这里明确记载孩儿茶一是“慢火熬”，二是加“糖霜”，与姚元之所记相同。据此可知，葡萄牙人所饮的茶多为孩儿茶。孩儿茶又称儿茶、孩儿香，又称乌爹泥，既可作药用，也可以入茶。孩儿茶主要产于印度半岛东南海岸国家，11世纪后即已传入中国，在宋元文献中，孩儿茶的记录很多。④ 在澳门也出现了很多关于孩儿茶的记录，1652年葡萄牙人从科钦、果阿前往澳门的船上载有的货物即有儿茶。⑤ 1667年香山知县姚启圣带人下澳购货，即在澳门购买了儿茶，同时澳门向两广总督卢兴祖送贿的贿礼即有儿茶20担和儿茶19担的记录。⑥ 澳门圣保禄药房研制的秘方有一种称为“日本儿茶”。⑦ 卫三畏称：

儿茶，又名日本土（cutch, or terra Japonica）。在很长时间里，本品被看作是一种泥土，而且认为是来自日本。现在已经证实这是一种胶状的树脂，产自一种生长于波斯卡奇湾（Gulf of Cutch）附近的儿茶树。本品从孟买和孟加拉输入。从孟买运来的脆而易碎，呈红褐色，比孟加拉运来的硬实一些。膏块形状巧克力，但断开后表面有纹理。好的儿茶色泽鲜亮均匀，味道微甘而带收敛性，入口溶化，

---

① （清）姚元之：《竹叶亭杂记》卷3，北京：中华书局，1982年，第90页。

② （清）钟启韶：《听钟楼诗钞》卷3，《澳门杂事诗》，道光十年刊本，第20页。

③ （清）杭世骏：《岭南集》卷5，《黄孝廉嘱遣僮阿宝送鬼子糕》，广东省立中山图书馆藏清十七年学海堂刻本，第9页。

④ 李峻杰：《孩儿茶考辨》，载《海交史研究》2010年第1期，第75～77页。

⑤ ［荷］维因克著，叶蕾声译：《荷属东印度公司和葡萄牙关于葡船通过马六甲海峡的决定》，载《文化杂志》（中文版）第13—14期，1993年，第22页。

⑥ 中央研究院历史语言研究所编：《明清史料》乙编下册第6本，《刑部残题本》，中华书局影印本，1987年，第598页；中国第一历史档案馆和中山市档案局（馆）合编：《香山明清档案辑录》第3.1号，《卢兴祖所呈香山知县姚启圣货单贿单审答过情节册》，上海：上海古籍出版社，2006年，第165～166页。

⑦ Amaro, *Introdução da Medicina Ocidental em Macau e as Receitas de Segredo da Botica do Colégio de São Paulo*, Macau: Instituto Cultural de Macau, 1992, p. 15.

无渣滓。但即使好的货品，仍会有明显的差异。有些重而细密，有些轻而松脆；有些收敛性强些，有些弱些。这些差异看来是由采集的方法和季节的不同造成的。本品亦产于勃固（Pegu）、暹罗和新加坡，并从这些地方运到广州。价格每担4至5元。①

这些关于儿茶的记录可以反映澳门的孩儿茶既有作为饮料的，也有作为药用的。从澳门孩儿茶的出现，我们可以推断澳门葡萄牙人的饮茶之俗并非受中国饮茶习俗的影响，而是来自印度，由于早期葡萄牙人与印度人通婚，所以大量的澳门土生葡人家庭中仍然保留了一些印度人的习俗，这些熬茶加糖的孩儿茶饮品就来自印度，而在澳门葡人中间是一种常见的习俗。

在澳门的文献记录中还有几种饮茶的方式，《澳门记略》称葡人："有辣茶，茶以枚计。"② 中国人有喝辣茶的习惯，即将茶叶和辣椒一块熬制，以作驱寒解表之用。葡人饮辣茶恐怕是受华人的影响，这应是个别现象，唯见于《澳门记略》。

虽然澳门葡萄牙人喝的孩儿茶是从印度传过来的习俗，但煮孩儿茶必须要有茶叶熬制，所以澳门葡萄牙人喝孩儿茶的习惯也在一定程度上受了中国人的影响，这是一种接受了中印文化混合而成的澳门葡萄牙人的西洋风俗。这里还要提到的是，澳门葡萄牙人不仅接受了中国人的饮茶习惯，到19世纪初期，澳门葡萄牙人还将这一文化向巴西传播。据当时从澳门到巴西去种茶的华工来信称，葡萄牙人将中国的茶叶种子及华人种茶的技术工人输送到了巴西，在里约热内卢的王家花园内种植茶树达6 000株，并按中国的方法采摘和烘焙茶叶，将中国人的茶叶文化第一次传到了巴西。③

（三）女人饮料——"荼蘼露"

澳门葡萄牙人的饮品除了酒以外，还有一种女人饮料，称为"荼蘼露"。《广东新语》称荼蘼露：

以大西洋所出者为美。大西洋天气寒时，荼蘼始花，露凝花上，晶莹芬郁若甘露。澳门番女得之，以注饮馔，或以露洒人衣。④

荼蘼，又名酴醿、悬钩子蔷薇，是一种落叶或半常绿蔓生灌木。澳门葡萄牙人将其蒸馏为露。《舟车闻见录》称：

番人药物多蒸为露，或榨为油，如蔷薇露、桂花露、荷花露、丁香油、肉桂

---

① ［瑞典］龙思泰著，吴义雄等译：《早期澳门史》附录，卫三畏：《广州的主要进出口商品》，北京：东方出版社，1997年，第344～345页。

② （清）印光任、张汝霖原著，赵春晨校注：《澳门记略校注》，《澳蕃篇》，澳门：澳门文化司署，1992年，第165页。

③ ［巴西］莫拉著，吴新娟译：《19世纪上半叶澳门与巴西的关系》，载《文化杂志》（中文版）第22期，1995年，第34～35页。

④ （清）屈大均：《广东新语》卷14，《食语》，北京：中华书局，1985年，第390页。

> 油、薄荷油、檀香油，今广人皆能为之。①

将荼蘼蒸为露以后，可以起两种作用，一是注入水中作为饮料，二是作为香水洒到衣服和桌布上。梁佩兰有诗称："苏合香作油，荼蘼露成酎。"② 所谓"酎"即是经过两次或多次重复酿的重酿酒。可知，荼蘼露实际上也是一种酒，即是一种醇酒，适合女子饮用。屈大均亦有《荼蘼花》称：

> 南海荼蘼露，千瓶出此花。酡颜因白日，𩑶面即红霞。色着沾衣客，香归酿酒家。③

从这里更可以看出，荼蘼露就是一种度数较低的酒，女人喜欢将其当作饮料。"酡颜"和"𩑶面"即是喝了荼蘼露以后面部泛红。

（四）喝牛奶

澳门葡萄牙人喝牛奶的习俗不知起于何时。潘日明介绍的葡萄牙人向中国人引进的新的食品品种中，就有"牛奶"一项。④ 从目前所见的资料，最早记载澳门喝牛奶是在康熙年间，据康熙三十一年（1692）到康熙三十八年（1699）天主教教堂买办食品收支簿册中，就有"牛乳一斤，四分""牛乳，一钱二分""牛乳十斤，四钱"等多次记录。⑤ 可以反映，澳门葡人在康熙年间即已有喝牛奶的习俗。澳门住冬政策颁布以后，即18世纪中后期，因为大批的英美商人定居澳门，喝牛奶的习俗更在澳门普遍化。据东印度公司"温德姆号"船1733年在广州采购伙食的菜单中，就提到"牛奶每斤1分4厘"。可以反映，在18世纪前期，牛奶已经成为广州市面上的常见商品。⑥ 1824年德庇时编的一个日用小册子中就有"牛乳（Cow's Milk）"一词，主要是指英国人常用食物的中英对照和汉语发音。⑦ 18世纪末至19世纪初英美商人为了喝牛奶，从美洲运来奶牛在澳门饲养。1831年英国东印度公司大班马治平随船队来到广州，当时

---

① （清）阮元：《（道光）广东通志》卷95，《舆地》13，清道光二年刻本，第3页。

② （清）梁佩兰：《六莹堂集》2集卷2，《观海篇赠龚蘅圃榷使》，广州：中山大学出版社，1992年，第134页。

③ 欧初、王贵忱主编，（清）屈大均撰：《屈大均全集》，《翁山诗外》卷9，《澳门》，北京：人民文学出版社，1996年，第718页。

④ ［葡］潘日明著，苏勤译：《殊途同归：澳门的文化交融》，澳门：澳门文化司署，1992年，第81页。

⑤ 刘芳辑：《葡萄牙东波塔档案馆藏清代澳门中文档案汇编》下册，《天主教堂买办食品物料修补衣服经架泥水修葺银钱收支簿册》，澳门：澳门基金会，1999年，第815~817页。

⑥ ［美］马士著，区宗华等译：《东印度公司对华贸易编年史：1635—1834年》第1、2卷，广州：中山大学出版社，1991年，第218页。

⑦ John Francis Davis, *A Vocabulary Containing Chinese Words and Phrases Peculiar to Canton and Macao, and to the Trade of those Places*, Macao: East India Company's Press at Macao, 1824, p. 20.

船上就满载着“苦力、乳和供应品”，还称公司买办“分送新鲜牛奶”。[①] 在《中国信使报》的广告中称，马克威克和爱德华·莱恩洋行（Markwick & Lane Co.）可以买到法国运来的牛奶。[②] 据哈丽特·洛的日记，1832 年桑希尔家里养着奶牛和马。[③] 赖廉士教授提供的资料：

> 美国商人金仕曼一家养了三头奶牛，为全家提供牛奶，直到 1845 年家中最后一位成员去世为止。Ritchie 太太（John Ritchie 的母亲）是澳门女性中的元老级人物，曾经每天两次为金仕曼太太送羊奶，直到后者另作安排。第二年，金仕曼家买了两头奶牛，生活开始变得好了起来，他们有了足够的牛奶为每天全家制作冰激凌。金仕曼太太（Rebecca Kinsman）说当地的冰室所售冰为每磅 6 分，比香港的要便宜 1 分，因为香港运来的冰抵达时已经融化了一半。[④]

可以证明，大概在 18 世纪末，喝牛奶成为居住在澳门的外国人的一种较为普遍的生活习惯，但由于当时澳门奶牛的养殖业并不发达，所以说能喝上牛奶的人一定是上层社会人士，尚未普及社会下层。直到 19 世纪后期，澳门才有自己的奶牛养殖场，据一份制定于 1896 年的《牛马畜牧房章程》，其中第六款是针对奶牛饲养的规定，可以反映 19 世纪后期喝牛奶应已成为澳门葡萄牙人较为普遍的生活习俗。[⑤] 据 1900 年《澳门宪报》承办各兵营伙食通告，其中有奶牛一项，并称兵营一月估用八百罐牛奶。1906 年《澳门宪报》承办大堂与武医院伙食，其中则提到“牛奶、羊奶和罐牛奶”三项。[⑥] 可以反映，喝牛奶已经成为澳门普通葡人之生活习俗。

（五）喝咖啡

咖啡也是今天澳门葡萄牙人最喜欢的饮品之一。潘日明介绍的葡萄牙人向中国人引进的新的食品品种中，就有“咖啡”一项。[⑦] 据第五章介绍，澳门应是咖啡传入中国的最早地区，1815 年澳门王室大法官眉额带历决定澳门资本在帝汶发展咖啡的种植，他采取的是荷兰人将咖啡引入爪哇的模式。到 1828 年出版的弗雷塔斯的《澳门回忆

---

① ［美］亨特著，冯树铁、沈正邦译：《广州番鬼录·旧中国杂记》，广州：广东人民出版社，2009 年，第 85 页。

② *The Chinese Courier*, 1832/06/16.

③ Nan P. Hodges and Arthur W. Hummel ed., *Lights and Shadows of a Macao Life: The Journal of Harriett Low, Travelling Spinster*, Woodinville, WA: History Bank, 2002, pp. 314, 416.

④ Lindsay and May Ride, *An East India Company Cemetery: Protestant Burials in Macao*, Hong Kong: Hong Kong University Press, 1998, p. 48.

⑤ *Boletim Official do Governo da Província de Macau*, Vol. XL, 3 de Junho de 1911, No. 22, pp. 253 – 254.

⑥ *Boletim Official do Governo da Província de Macau*, Vol. XLVI, 10 de Novembro de 1900, No. 45, p. 726; *Boletim Official do Governo da Província de Macau*, Vol. Ⅵ, 3 de Novembro de 1906, No. 44, p. 459.

⑦ ［葡］潘日明著，苏勤译：《殊途同归：澳门的文化交融》，澳门：澳门文化司署，1992 年，第 81 页。

录》称："澳门这个地区所生产的咖啡很少。"[1] 当时虽然咖啡生产很少，但在19世纪初咖啡传入澳门已经成为事实。亨特的《旧中国杂记》还提到1831年过新年时，他们的宴会上有"芬芳的上等咖啡"。[2] 但是，咖啡作为一种饮料进入葡萄牙的习惯生活中则应是较晚的事情，目前见到最早的关于葡萄牙人喝咖啡的记录是1882年在嘉思栏兵房公所招人出投承办粮食，为兵人所用，其中食物就有"架非"，1900年承办嘉思栏兵营粮食的通告中也有"架非"和"地扪架非"，其中"地扪架非"一月估用800斤，1906年承办兵营和武医院粮食通告中亦有"地扪架非"。[3] 1893年巴西公司来澳招工，其中提到的待遇就有"咖啡、茶叶、糖"三项。[4] 值得注意的是，1886年澳门工务司继续从事大范围的城市绿化工作，共栽种树苗6 813株，其中栽种咖啡树达426株，反映了喝咖啡到19世纪后期已成为澳门葡人生活之必需。[5]

（六）巧克力

巧克力产自美洲，是用可可豆制成的食物，可用做糖果，也可以配制饮料。1519年西班牙征服者科尔特斯（Hernan Cortes）在墨西哥蒙提祖马二世（Monterzuma Ⅱ）的宫廷里首次喝到这种略带苦味的饮料（Xocoatl）以后，巧克力就传入了西班牙，又由于国际贸易的关系传到了东方。潘日明神父称，葡萄牙人引入中国的多种物品中，其中就有巧克力，[6] 此说可获文献证明。在17世纪初的澳门与马尼拉的贸易中，从马尼拉运回的货物和商品中就有美洲的"巧克力"。[7] 这就可以说明，巧克力在17世纪初就已经传入澳门。1637年访问澳门的彼得·芒迪在他的游记中就提到：

> 在澳门的船上我第一次吃到巧克力，以前我只有听说过这种东西。这是用一种生长在西印度的豆类做成的东西，在一些地区被当作货币使用（如同杏仁在酥拉特一般）。将它们晒干以后磨成粉，在水中煮沸，加上糖和香料，也可以加上香

---

① José de Aquino Guimarães e Freitas, *Memoria Sobre Macáo*, Coimbra: Real Imprensa da Universidade, 1828, p. 58.

② ［美］亨特著，冯树铁、沈正邦译：《广州番鬼录·旧中国杂记》，广州：广东人民出版社，2009年，第205页。

③ *Boletim da Província de Macau e Timor*, Vol. XXⅧ, 3 de Junho de 1882, No. 22, p. 180; *Boletim Official do Governo da Província de Macau*, Vol. XLVI, 10 de Novembro de 1900, No. 45, p. 726; *Boletim Official do Governo da Província de Macau*, Vol. Ⅵ, 3 de Novembro de 1906, No. 44, p. 459.

④ 光绪十九年《照录前山同知、前山营都司会禀》，载陈翰笙：《华工出国史料汇编》第1辑，第3册，北京：中华书局，1985年，第1226页。

⑤ 澳门工务司司长索札：《1887年关于澳门公务事务之报告》，转引自［葡］阿丰索著，范维信译：《澳门的绿色革命：19世纪80年代》，载《文化杂志》（中文版）第36—37期，1998年，第131页。

⑥ ［葡］潘日明著，苏勤译：《殊途同归：澳门的文化交融》，澳门：澳门文化司署，1992年，第81页。

⑦ Benjamin Videira Pires, *A Viagem de Comércio Macau-Manila nos Séculos XVI a XIX*, Macau: Museu Marítimo de Macau, 1994, p. 15.

料和其他混合物，每天早上喝一杯热巧克力真是奇妙无比。①

这一则材料十分重要，也是目前所见巧克力传入澳门的唯一记录，可以证明巧克力在明朝末年已经传入中国澳门，而且葡萄牙人已经掌握了巧克力的食用方法，并成为他们日常生活中的一种饮品。近日获安双成先生翻译的满文档案，其中又载有康熙四十五年（1706）五月巧克力传入清宫之事：

本月二十二日奉旨：着赫世亨至铎罗处，倘若铎罗多带有 deriyaga，可以索取。倘若所带无多，不必索取，俟抵广东觅得之后，寄来亦可。倘有巧克力（Cokola），亦可索取。钦此。钦遵。奴才与铎罗言称：尔若多带有 deriyaga，可否送与我？倘若无多，尔可留用，俟抵广东觅得之后，可以寄送与我。再，若带有巧克力，亦望送与我。等语。于是，铎罗送与我两只锡制小盒子 deriyaga，计有四两五钱。又送与巧克力仅有一百五十块，眼下无甚可用之处，且从吕宋地方不久又要送来巧克力，一俟送来，即可多寄送与尔。再，我抵达广东之后，一经觅得 deriyaga，即刻寄送与你。等语。

又向鲍仲义询问制作巧克力配方，据言性温而味甘苦，出产于美洲、吕宋等地。共用八种原料配制而成，其中肉桂、秦艽、沙糖三种原料，中国亦有，而可可（gagao）、waniliya、anis、ajuete、megajuoce 此五种原料，此地不产。我仅知道此八种原料，而不知八种原料之配量、调制配方。饮用巧克力，将巧克力放入铜制罐子或银制罐子煮开之糖水中，以黄杨木棯子搅匀之后，可以饮用。此种搅匀后饮用方法，徐日升等人亦知晓。等语。西洋人所有煮巧克力之罐子皆为红铜制，故特制银罐、黄杨木棯子后，装于木制匣子内，将五十块巧克力，放置于簸箩内（下略），一并呈送。其余巧克力一百块，以及 deriyaga，均送大内收存。至于是否陆续寄送巧克力一事，一俟奉旨，即刻遵行。为此谨奏。②

这里非常详细地记录了从意大利来的教宗使臣铎罗将巧克力这一饮品传入中国，并介绍了巧克力的原料配方和制作。这就是说，明末巧克力已经传进澳门，到清康熙时又传入中国内地，而传进澳门和传入中国的巧克力都来自吕宋（即菲律宾）。之后，关于巧克力的记录在文献中很难寻觅，而在 1906 年《澳门宪报》承办大堂与武医院伙食单中就提到有“芝古辣（Chocolate）”一项。③ 非常明显，“芝古辣”即巧克力。以理揆之，巧克力传入澳门以后，已经成为澳门葡人日常生活的一种饮品，然而关于饮用巧克力的记载直到晚清时才出现。

---

① Peter Mundy, *The Travels of Peter Mundy in Europe and Asia: 1608 – 1667*, Vol. 3, Cambridge: Printed for the Hakluyt Society, 1919, p. 252.

② 安双成编译：《清初西洋传教士满文档案译本》，郑州：大象出版社，2015 年，第 297 页。

③ *Boletim Official do Governo da Província de Macau*, Vol. Ⅵ, 3 de Novembro de 1906, No. 44, p. 459.

二、澳门葡萄牙人的食品

澳门葡萄牙人的饮食习惯既异于中国，又不同于其宗主国葡萄牙，可以说杂糅了葡萄牙、印度、中国及东南亚等地的饮食习俗，而形成了独特的澳门葡人食品。

（一）面食

葡人主食以面食为主，辅以米饭，《皇明世法录》记载葡人的饮食称：

富者食面，贫与奴仆食米。①

1839 年林则徐给澳门下达的谕令称澳门的西洋人“每日所需之米、面、菜蔬、鸡、鸭及其他物品与黑奴所需食物”②。米和面即为西洋人生活所需食物的首项。但在葡人的宴席上全部是奶酪品和面食，没有米饭。钟启韶的《澳门杂事诗》记载葡人宴席称：

刀叉芒不顿，面乳食差便。食以刀叉代箸，以酥酪和面煨啖之，不设谷食。③

潘日明神父称葡萄牙人不吃太多米饭，特别是中国人常吃的那种平淡无味的焖米饭。④但不排除在经济困难的时期，上流社会的葡萄牙人也吃米饭。博克塞称：

此时的澳门与 17 世纪处于黄金岁月的澳门有很大落差，即使是有钱的议员也用着质量差的桌子，最富裕的葡人，也经常满足于少量烟熏鱼和米饭。⑤

当然，一般来说，真正的葡萄牙人主要吃面食，而面食最多的形式就是制成面包作为每天生活的主食。这种以面包作为生活主食，应该是葡萄牙人从欧洲带来的习俗，这种情况也反映在马尼拉的社会生活中，在 1686 年的西班牙文献中就有这种记录：

许多华人面包商以中国运来的良质面粉及小麦制造面包，并贩于市场及街上。这对本市（马尼拉）受益良多，他们做的面包又好又便宜。虽然此处出产许多米，但许多人现已改吃面包。⑥

据一份 18 世纪的葡文档案记录，在一场大饥荒中，澳门葡萄牙人让当时的议事会理事

---

① （明）陈仁锡：《皇明世法录》卷 82，《南蛮·佛郎机》，四库禁毁书丛刊史部第 16 册影印明崇祯刻本，北京：北京出版社，2000 年，第 401 页。

② 林则徐全集编辑委员会编：《林则徐全集》第 5 册，《公牍》，《会札澳门同知等传谕澳门所以断绝英人食物供应缘由》，福州：海峡文艺出版社，2002 年，第 2520 页。

③ （清）钟启韶：《听钟楼诗钞》卷 3，《澳门杂事诗》，道光十年刊本，第 18 页。

④ ［葡］潘日明著，苏勤译：《殊途同归：澳门的文化交融》，澳门：澳门文化司署，1992 年，第 81 页。

⑤ C. R. Boxer, *Fidalgos in the Far East (1550 – 1770), Fact and Fancy in the History of Macau*, The Hague: Martinus Nijhoff, 1948, p. 265.

⑥ Emma Helen-Robertson Blair and James Alexander eds., *The Philippine Islands 1493 – 1898*, Vol. 7, Cleverland, Ohio: The Arthur H. Clark Company, 1905, p. 227.

官“背上扛着面包在大街小巷行走”，进行游行呼吁中国政府解除粮食的禁运。① 面包成为澳门葡萄牙人的生命的象征。在早期的澳门历史档案中，我们在议事会的支付账单中可以找到很多关于支付面包的费用之记录，仅举一例，1644 年 8 月份城市理事官和司库多明戈斯·达·阿尔梅达用于英国船的开支有“支付面包，花费四个半帕塔卡”，额外支出还有“支付 15 个面包，花费七个半 mazes”。② 1637 年英国旅行家芒迪游澳门时见到澳门葡人家庭：

这里所有像面包、肉、鱼和水果等物质都很便宜。③

这是我们见到的较早关于葡人吃面包的记载。一份 18 世纪的议事会档案记录：

1748 年 11 月 6 日，行政长官派人走进了法官的房间、关上门，并派人拿走他的长剑，为他指明路线，他马上遵从了，行政长官还交给了他一大袋面包，并命令他马上离开此地。④

要赶走一名法官，还要送他一大袋面包，这表明面包在葡人生活中的重要性。由于面包是葡人生活中的主要食物，所以在澳门大量的面包商、面包作坊和面包铺店开始出现。据一份 17 世纪早期的葡文档案载：

（1623 年）澳门议事会议员给那些面包商和其他类似的工作坊下达的命令，为了让这片土地上居民们能生活得更好，并且我们都知道这片土地上使用这些工作坊的人都是卖力的中国人，因此不能够用严苛的法律来限制他们，尤其是那些使用来自荔枝圈制成的伪造面粉的黑心商人，而还有一些黑心商人为了避免这种不良情况，就通过寻找我市的代理人，并要求他们从印度引进半打面包商。⑤

1771 年匈牙利人拜纽夫斯基伯爵带着一群难民进入澳门时：

头一天伙伴们住进一家酒店，一见面包和新鲜食物，就贪婪地狼吞虎咽，结果当场暴毙，丢了 13 条性命。⑥

在澳门，有许多华人开的面包商店，如何亚昌开的店铺即是“外面假卖面包什物为名，内实窝藏流匪，私卖黑奴酒食，聚赌滋端”；钟达常在澳门开沛源号果子、面包铺；郭宁远来澳三层楼开张丽盛店，卖果子、面包生意；黄亚意在三层楼开张玉兴店，

---

① Jack M. Braga, *A Voz do Passado: Redescoberta de a Colecção de Varios Factos Acontecidos Nesta mui Nobre Cidade de Macao*, Macau: Instituto Cultural de Macau, 1987, p. 45.

② *Arquivos de Macau*, 1ª Série, Vol. Ⅱ, No. 5, Macau, 1930, pp. 251 – 252.

③ Peter Mundy, *The Travels of Peter Mundy in Europe and Asia: 1608 – 1667*, Vol. 3, Cambridge: Printed for the Hakluyt Society, 1919, p. 306.

④ Jack M. Braga, *A Voz do Passado: Redescoberta de a Colecção de Varios Factos Acontecidos Nesta mui Nobre Cidade de Macao*, Macau: Instituto Cultural de Macau, 1987, p. 62.

⑤ Elsa Penvalva, Miguel Rodrigues Lourenço, *Fontes para a História de Macau no Século XVII*, Lisboa: Centro Científico e Cultural de Macau, 2009, p. 74.

⑥ ［葡］冼丽莎著，李丽青译：《18 世纪末匈牙利冒险家在澳门》，载《文化杂志》（中文版）第 34 期，1998 年，第 124 页。

卖果子、面包营生等。[①] 众多的华人在澳门开设面包店，可以反映生产面包在澳门占有相当的市场，也可以反映面包这一欧洲人的饮食习俗在18世纪时已经融入华人的生活之中。

澳门不仅有大量的华人面包商，还有葡萄牙人经营的面包商店，此人被称为“面包鬼”，名字叫映・吪嗱呶（João Ferreira），住在山水园。[②]“鬼”是华人对外国人的俗称，“面包鬼”当即经营面包生意的外国商人。可以说明，澳门除了华人经营面包生意以外，也有葡人在澳门生产制作面包。

澳门葡萄牙人用面粉生产的面食除面包外，还有各类饼饵。《澳门记略》称：

> 妇女绣巾带、炊饼饵、糖果粥之以糊口。[③]

由于葡萄牙人喜欢吃各种类型的饼饵，因此他们也将这些饼饵作为珍贵的礼物相互馈赠。王临亨的《粤剑编》记载了西洋人给广东税吏李凤献饼的记录：

> 其人闻税使宴客寺中，呼其酋十余人，盛两盘饼饵、一瓶酒以献。其饼饵以方尺帨覆之，以为敬。税使悉以馈余。饼饵有十余种，各一其味，而皆甘香芳洁，形亦精巧。[④]

一次献饼饵的数量有10余种，而且每种都是不同的味道，可以反映欧洲人的饼食制作技艺。在葡萄牙人进贡中国皇帝的贡品中每次都有“香饼”一项。[⑤] 乾隆时，彭翥出任香山知县，澳门葡人为了讨好他，“置金于饼以献”。[⑥] 近藤守重《亚妈港纪略稿》称“曾在（葡萄牙人）加保家吃过大蒜粥、小麦饼”[⑦]。可以反映葡萄牙人对面粉制作的饼饵之重视。光绪年间来澳的广东顺德举人杨增辉的《澳门吟》称：“酥酪有人夸饼饵，晶盘擎出渗糖霜。”[⑧] 可以反映澳门葡人的饼饵在晚清时期的中国人中已经获得了很好的声誉。

---

① 刘芳辑：《葡萄牙东波塔档案馆藏清代澳门中文档案汇编》上册，《理事官为何亚昌踞罢嚹些铺屋恳饬押迁事呈香山县丞禀稿》，澳门：澳门基金会，1999年，第284～285页；刘芳辑：《葡萄牙东波塔档案馆藏清代澳门中文档案汇编》上册，《署香山县丞朱鸣和为蕃人斐理想因黑奴行窃禀控铺户收买赃物事行理事官牌》，澳门：澳门基金会，1999年，第306～307页。

② 刘芳辑：《葡萄牙东波塔档案馆藏清代澳门中文档案汇编》下册，《署香山县丞郑为饬查嘛嚧蕃女来历事下理事官谕》，澳门：澳门基金会，1999年，第645～646页。

③（清）印光任、张汝霖原著，赵春晨校注：《澳门记略校注》，《澳蕃篇》，澳门：澳门文化司署，1992年，第154页。

④（明）王临亨：《粤剑编》卷3，《志外夷》，北京：中华书局，1987年，第91页。

⑤（清）和珅：《大清一统志》卷423，《西洋》，四库提要著录丛书史部第106册影印清乾隆武英殿刻本，北京：北京出版社，2011年，第610页；（清）魏源：《海国图志》卷38，《大西洋・葡萄牙国沿革》，长沙：岳麓书社，1998年，第1127页。

⑥（清）祝淮：《（道光）新修香山县志》卷4，《海防・附澳门》，中山文献丛刊第3册影印清道光七年刊本，第698页。

⑦ 近藤守重：「亚妈港纪略藁」卷之下，饮食之事，東京：國書刊行會，明治三十八年発行，第34頁。

⑧（清）杨增辉：《丛桂山房初集》，《澳门吟》，光绪末年刊本，第21页。

值得注意的是，意大利面已经出现在19世纪的广州、澳门，据《中国信使报》报道："广州、澳门的一些食材可以用来制作意大利面。"①而现代流行的意大利空心面粉在晚清时期已经在澳门葡人中通行。1882年6月《澳门宪报》刊载了承办澳门兵房粮食的通告，给我们透露了当时澳门的主要食物，其中有"来路通心面粉"。② 来路通心面粉是指欧洲通心面粉，"来路"是葡文 Europa 的音译。1900年《澳门宪报》承办澳门兵营的伙食单中提到有"通心粉"，还称"大通心粉"一月估用1 000斤，曲通心粉一月估用30斤。1906年《澳门宪报》承办兵营和武医院伙食单中则有"粗通心粉"和"幼通心粉"。③ 各种形式的通心粉在澳门的出现可以反映这一欧洲的面食品晚清时期已在澳门普遍流行。

在澳门葡萄牙人的面食中还有几种食品颇具特色，《澳门记略》称葡萄牙人有"饤饾、馎饦、粔籹"④。《(道光七年)采访册》记载较《澳门记略》稍详，称葡人"以杏酪、牛乳、榄仁、鸡蛋、糖霜为饤饾、馎饦、粔籹"。⑤"饤饾"即一种用面粉制成的环形油炸食品，大致相当于今天的甜圈；"馎饦"就是一种水煮的面食；"粔籹"也是一种用面粉和蜜糖制作的环形扭曲的油炸食品，大致相当于馓子。阿马罗还提到澳门土生葡人的饮食习俗中，还有牛油糕、薄饼和耶稣枕头三种。⑥ 这些食品虽然名称有所不同，但大体上都是以面粉、杏仁、牛奶、鸡蛋和糖霜为主要原材料制作的食品，这些都构成了澳门葡萄牙人的传统饮食习俗。

(二) 菜肴

澳门葡萄牙人的菜肴有很多，据近藤守重《亚妈港纪略稿》称：

> 鱼有鲤鱼；蔬菜有青菜、韭菜、大蒜、三叶菜、芹菜、萝卜、茄子、刀豆、芋头、瓜、南瓜等；肉有鸡、家猪、家鸭、野鸭等；饮料调料有酒、茶、醋、酱油、酱。茶是上等品，醋偏甜，酱油与此地之味无差异，酱如酱油之味，即称为酱。⑦

---

① *The Chinese Courier*, 1831/12/01.

② *Boletim da Provincia de Macau* e Timor, Vol. XXVIII, 3 de Junho de 1882, No. 22, p. 180.

③ *Boletim official do Governo da Provincia de Macau*, Vol. XLVI, 10 de Novembro de 1900, No. 45, p. 726; *Boletim official do Governo da Provincia de Macau*, Vol. VI, 3 de Novembro de 1906, No. 44, p. 459.

④ (清) 印光任、张汝霖原著，赵春晨校注:《澳门记略校注》,《澳蕃篇》，澳门：澳门文化司署，1992年，第144页。

⑤ (清) 王廷钤等撰:《(道光七年) 香山县下恭常都十三乡采访册》卷上，《澳门纂略》清抄本(影印本)，北京：国家图书馆出版社，2010年，第45页。

⑥ [葡] 阿马罗著，金国平译:《大地之子：澳门土生葡人研究》，澳门：澳门文化司署，1993年，第74页。

⑦ 近藤守重:「亚妈港纪略藁」卷之下，饮食之事，東京：國書刊行會，明治三十八年発行，第34頁。

葡人的菜肴应该分为两大类，一类是天主教会在教义规限下的饮食，另一类则是世俗葡人生活中的饮食，而前者在文献中有较多的记录，《澳门记略》称：

凡七日屠牛一次，五日荤食，二日素食，但不食牛豕肉，虾菜不之禁。①

《皇明世法录》关于其斋戒饮食的记载稍有不同：

信佛，喜诵经，每六日一礼佛。先三日食鱼为斋，至礼拜日，鸡豕牛羊不忌。②

吴历《三巴集》之《澳中杂咏》第三首记录了教会的斋食：

黄沙白屋黑人居，门柳如葵秋不疎。夜半蕃船来泊此，斋厨午饭有鲜鱼。黑人俗尚淡黑为美。鱼有鲥鰡两种，用大西阿里袜油炙之，供四旬斋素。③

这记载的是天主教复活节前后的四旬斋期，即从复活节前四十天开始，天主教徒须守小斋，不吃热血动物的肉，可以吃水产，故云“斋厨午饭有鲜鱼”。至于“大西阿里袜油”，其实是指橄榄油，“阿里袜油”是葡文 Oliveira 的音译。使用橄榄油烹饪食物是欧洲，尤其是南欧地中海一带的饮食习惯。④ 清中期吴锳的《澳门竹枝词》称：

圣水洒头终不悟，斋期犹学脍鲜鱼。唐人进教名曰迦哩，僧初以圣水洒之，心性顽冥不灵。斋期禁鸡豚，茹鱼虾。⑤

潘有度的《西洋杂咏》亦称：

斋戒有期名彼是，祇供鱼蟹厌羔羊。葡萄牙等国逢彼是日斋戒，祇食鱼缴海错，不食牛羊。斋戒期名里亚彼是，里亚，日期也，彼是，鱼也。⑥

上述记录反映的都是澳门天主教会斋戒期间的饮食规定。由于葡萄牙民族是一个信仰天主教的民族，所以这些教会的饮食习俗势必也会影响到澳门葡人的世俗社会。

关于澳门葡人世俗社会流行的菜肴，文献记载不多。潘日明介绍的葡萄牙人向中国人引进的新的食品品种中，就有“著名的葡国鸡”一项。⑦ 我们在杜臻的《粤闽巡视纪略》中找到了葡萄牙人制作鸡的记录：

有顷，设食馔，器止四，而异香酷烈，燔炰殊制，鸡凫之臛，皆全体无骨，

---

① （清）印光任、张汝霖原著，赵春晨校注：《澳门记略校注》，《澳蕃篇》，澳门：澳门文化司署，1992 年，第144 页。

② （明）陈仁锡：《皇明世法录》卷 82，《南蛮·佛郎机》，四库禁毁书丛刊史部第 16 册影印明崇祯刻本，北京：北京出版社，2000 年，第 401 页。

③ （清）吴历撰，章文钦笺注：《吴渔山集笺注》卷 2，《三巴集》，北京：中华书局，2007 年，第 161 页。

④ 彭海铃：《食相：澳门饮食文化漫谈》，澳门：澳门近代文学学会，2010 年，第 6 页。

⑤ （清）陈兰芝辑：《岭海名胜记》，《澳门记》卷 7，《诗·澳门竹枝词和王骁骑遂行》，广东省立中山图书馆藏清乾隆五十五年羊城六书斋刻本，第 61 ~62 页。

⑥ （清）潘义增、潘飞声：《番禺潘氏诗略》第 2 册，《义松堂遗稿》之潘有度《西洋杂咏》，光绪二十年刊本，第 2 页。

⑦ ［葡］潘日明著，苏勤译：《殊途同归：澳门的文化交融》，澳门：澳门文化司署，1992 年，第 81 页。

又不见解剖之迹，不知何以能然也。[①]

我们认为这很可能就是我们知道的著名的澳门土生菜“葡国鸡”制作的最早记录。田明曜的《（光绪）重修香山县志》还有这样的记载：

姜黄姜，澳夷喜以煮鸡，土人多植之。[②]

姜黄即制作咖喱的主要材料，这里提到的澳夷煮鸡就是咖喱鸡。咖喱鸡是当时澳门葡萄牙人接受了印度、东南亚的饮食习惯而形成的自己对鸡的烹饪方法。咖喱鸡在澳门的名声很大，晚清时甚至有诗称：“饮馔较多番菜品，唐人争说芥喱鸡。”[③]

澳门土生葡人的土生菜系除“葡国鸡”以外，最有名者即“马介休鱼”。“马介休鱼”是以葡萄牙人的家乡食材为本，添加香料及采用不同地域的烹煮方法，从而创出的独特菜式。“马介休鱼”主要有两种做法，一种是炸马介休球（Bolinhos de Bacalhau），即用马介休鱼及马铃薯蓉作主要材料，再加鸡蛋、中国芫茜拌和油炸而成；另一种则是椰汁炒马介休（Chanchini de Bacalhau），就是以马介休鱼为主要材料，配上椰汁，再以姜黄粉、辣椒、胡椒粉等香料调味煮成。[④] 我们找不到流行到今天“马介休鱼”的烹饪方法究竟形成于何时，但能从文献中找到一些早期葡萄牙人喜欢吃鱼的记录，在东波塔档案中有一份澳门天主教堂康熙三十一年（1692）至康熙三十八年（1699）购买食品的账单，无数次地提到了购买鱼的记录，其中提到鱼的种类有草鱼、桂鱼、鲫鱼、鲢鱼、鲤鱼、腌鱼等。[⑤] 可以反映出鱼是澳门葡人最喜爱的菜肴。前引吴历记录当时澳门葡人对鱼的烹饪有云：“鱼有鲥鳛两种，用大西阿里袜油炙之。”清人李遐龄记载葡萄牙人的洋楼内有：“花腔笤腊调新曲，金柄留犂戮炙鱼。”[⑥] 可以反映“炙鱼”是澳门土生葡人常见的菜肴之一，但是这里反映的“炙鱼”并非马介休鱼。马介休鱼即鳕鱼（Bacalhau），主要产于大西洋，是一种冷水鱼，人多称为大西洋鳕鱼。中国南海海域及澳门附近海域并不产鳕鱼。所以鳕鱼必须经过冷冻以后才从欧洲长途运到澳门。19世纪以前欧洲来中国的贸易船上不具有冷藏设备，故鳕鱼运到澳门一定是19世纪中期以后的事情。所以在19世纪中期以前有关澳门葡萄牙人吃鱼的记录应该是吃一般的鱼，而不是马介休鱼。关于澳门葡人开始流行马介休鱼的吃法，最早见到的中文文献是《澳门宪报》的记载，1882年6月3日刊登了承办澳门兵房粮食的通告，

---

① （清）杜臻：《粤闽巡视纪略》卷2，康熙二十三年二月乙未条，近代中国史料丛刊本，台北：文海出版社，1983年，第21页。

② （清）田明曜：《（光绪）重修香山县志》卷5，《舆地》下，《物产》，中山文献丛刊第5册影印清光绪五年刊本，第236页。

③ （清）梁乔汉：《港澳旅游草》之《风土杂咏二十五首》第11首，光绪二十六年刊本，第6页。

④ ［葡］左倩萍：《土生葡人的饮食文化》，澳门：澳门土生教育协进会，2004年，第27页。

⑤ 刘芳辑：《葡萄牙东波塔档案馆藏清代澳门中文档案汇编》下册，《天主教堂买办食品物料修补衣服经架泥水修葺银钱收支簿册》，澳门：澳门基金会，1999年，第780、788、801、807、808、827、838、840页。

⑥ （清）李遐龄：《勺园诗钞》卷1，《洋楼》，清嘉庆十九年刻本，第10页。

其中有“吗加有鱼（即马介休鱼）”。[1] 1900 年 11 月刊载的承办各兵营粮食的通告中也有“马介休鱼”，而且一个兵营一月消费的马介休鱼达 500 斤。[2] 1906 年承办兵营和武医院粮食的通告中亦有“马介休鱼”。[3] “吗加有鱼”即鳕鱼的音译，又译为“马介休鱼”。这就告诉我们，实际上澳门今天普遍流行的葡国菜马介休鱼并非葡萄牙人进入澳门之初就已经传入，可以推断澳门葡萄牙人将葡国餐桌上最重要的菜肴马介休鱼引入澳门应在 19 世纪中期以后。

据著名葡萄牙人类学学者阿马罗教授介绍，澳门土生葡人的传统菜肴品种很多，包括汤类、海鲜类、禽类、蔬菜类、鱼类、肉类、米饭类等。[4] 阿马罗教授是根据自己进行的田野调查而得出的数据，并未显现文献的支持。但我们可以从早期的中文文献中找到一些跟澳门土生葡人菜肴发展的历史根据，下面拟从澳门葡人菜肴中常用的几种原材料传入澳门的历史来实证土生葡人菜肴的发展。

1. **马铃薯**

马铃薯是土生葡人菜肴中普遍使用的一种原材料。关于马铃薯传入澳门的时间参见本书第五章第四节中的“传入澳门的外来植物”。马铃薯又被称为荷兰薯，据新发现的《（道光七年）采访册》称：“嗬囒薯，有红白二种，出自嗬囒国，实结于根，累累如贯珠，性热而质松，宜熟食。”[5] 这个“嗬囒薯”的说法在澳门一直沿袭下来，在 1882 年 6 月 3 日、1900 年 11 月 10 日、1906 年 11 月 3 日、1909 年 7 月 24 日的《澳门宪报》刊登的通告中都有“嗬囒薯”一词，其中还有一个兵营一个月消费“嗬囒薯”12 000 斤的记录。[6] 马铃薯成为欧洲人餐桌上的重要食品应该是 16 世纪以后的事情，而荷兰人又将这一品种传入澳门，使澳门葡萄牙人在自己的菜肴中加进了马铃薯这一原材料，这对澳门葡萄牙人的菜肴的发展和改进具有重要的意义。

---

① *Boletim da Provincia de Macau* e Timor, Vol. XXVIII, 3 de Junho de 1882, No. 22, p. 180.

② *Boletim official do Governo da Provincia de Macau*, Vol. XLVI, 10 de Novembro de 1900, No. 45, p. 726.

③ *Boletim official do Governo da Provincia de Macau*, Vol. VI, 3 de Novembro de 1906, No. 44, p. 459.

④ ［葡］阿马罗著，金国平译：《大地之子：澳门土生葡人研究》，澳门：澳门文化司署，1993 年，第 75 ~ 77 页。

⑤ （清）王廷钤等撰：《（道光七年）香山县下恭常都十三乡采访册》卷上，《澳门纂略》清抄本（影印本），北京：国家图书馆出版社，2010 年，第 47 页。

⑥ *Boletim da Provincia de Macau* e Timor, Vol. XXVIII, 3 de Junho de 1882, No. 22, p. 180; *Boletim official do Governo da Provincia de Macau*, Vol. XLVI, 10 de Novembro de 1900, No. 45, p. 726; *Boletim official do Governo da Provincia de Macau*, Vol. VI, 3 de Novembro de 1906, No. 44, p. 459; *Boletim official do Governo da Provincia de Macau*, Vol. IX, 24 de Julho de 1909, No. 34, p. 308.

2. **西红柿**

在澳门葡萄牙人的菜肴中，西红柿也是一种十分重要的从外国引进的原材料。潘日明介绍的葡萄牙人向中国人引进的新的食品品种中，就有“西红柿”一项。① 西红柿传入中国的时间，据《植品》介绍是在万历年间由西洋传教士传入（参见本书第五章第四节中的“传入澳门的外来植物”）。在葡萄牙东波塔档案馆保存的1692年到1699年《天主教堂买办食品物料修补衣服经架泥水修葺银钱收支簿册》中，教堂买菜的菜单中“柿子”一词出现44次。② 既然是做菜的柿子，肯定不是现在人可以当水果吃的柿子，而这个柿子指的就是西红柿。根据这条材料，我们可以判断，大概在康熙时期，西红柿早已传入澳门并广泛食用。民国时期的《恩平县志》称：“西红柿，种来自外洋，为制番菜必要品。”③ 晚清以后，西红柿则是澳门葡萄牙人的常见食品，据1882年的《澳门宪报》报道，在当时澳门葡萄牙人的食物中已经出现了“西红柿”的记录；1900年的《澳门宪报》还出现了“罐头西红柿”和“鲜西红柿”的记录，并且报道一个兵营一个月消费的鲜西红柿就达3 000斤。④ 可以反映澳门葡人菜肴中的西红柿食用量是很高的。

3. **洋葱**

在澳门葡萄牙人的菜肴中，洋葱也是一种十分重要的从外国引进的原材料。潘日明介绍的葡萄牙人向中国人引进的新的食品品种中，就有“洋葱”一项。⑤（洋葱传入澳门参见本书第五章第四节中的“传入澳门的外来植物”）。吴震方《岭南杂记》称：“洋葱，形似独颗蒜而无肉，剥之如葱。澳门白鬼饷客，缕切为丝，珑玲满盘，味极甘辛。”⑥ 这里清楚地记录了澳门葡萄牙人将洋葱切成丝，当作菜肴，摆满一盘来招待客人。1900年及1906年《澳门宪报》刊载的政府通告中都有“洋葱头”的记录，而且称一个兵营一个月食用的洋葱头达2 500斤。⑦ 可以反映澳门葡人食用洋葱量之大。

4. **荷兰豆**

荷兰豆传入中国应是乾隆年间的事情（参见本书第五章第四节中的“传入澳门的外来植物”），所以在澳门的葡萄牙的菜肴中也引进了荷兰豆。据1882年的《澳门宪

---

① ［葡］潘日明著，苏勤译：《殊途同归：澳门的文化交融》，澳门：澳门文化司署，1992年，第81页。

② 刘芳辑：《葡萄牙东波塔档案馆藏清代澳门中文档案汇编》下册，《天主教堂买办食品物料修补衣服经架泥水修葺银钱收支簿册》，澳门：澳门基金会，1999年，第780～841页。

③ （民国）余丕承：《（民国）恩平县志》卷5，《物产》，民国二十三铅印本，第4页。

④ *Boletim da Provincia de Macau* e Timor, Vol. XXVIII, 3 de Junho de 1882, No. 22, p. 180; *Boletim official do Governo da Provincia de Macau*, Vol. XLVI, 10 de Novembro de 1900, No. 45, p. 726.

⑤ ［葡］潘日明著，苏勤译：《殊途同归：澳门的文化交融》，澳门：澳门文化司署，1992年，第81页。

⑥ （清）吴震方：《岭南杂记》下卷，清乾隆龙威秘书本，第82页。

⑦ *Boletim official do Governo da Provincia de Macau*, Vol. XLVI, 10 de Novembro de 1900, No. 45, p. 726; *Boletim official do Governo da Provincia de Macau*, Vol. VI, 3 de Novembro de 1906, No. 44, p. 459.

报》嘉思栏兵房承办粮食通告，其中即有“干荷栏豆”的记载。① 1900年《澳门宪报》则称，一个兵营每月消费的荷兰豆达400斤，来路荷兰豆仁每月食用约30罐。② “来路”就是葡文Europa的音译，意为欧洲。晚清汪兆镛的《澳门杂诗》也提到了荷兰豆，称澳门“土产芥菜、白菜、芥蓝、荷兰豆、红薯，均极美”③。可以反映荷兰豆在葡人菜肴中间的引入到晚清之时已经较为普遍。

5. **椰菜**

椰菜又称卷心菜、包心菜，原为欧洲地中海地区的民族最为重要的蔬菜之一。清吴亮珽的《澳门》诗亦称：“椰菜絮羹名士味，巴菇香草美人魂。”④ 诗中反映的是椰菜被澳门葡人做成汤羹，其葡文名叫“士味”。1910年第45号宪报公布的澳门兵营的伙食单中即有“椰菜”一项。⑤ 从这些零星资料中我们可以看出，至少从19世纪开始，椰菜即已传入澳门，并已经发展成为澳门葡萄牙人的最为重要的菜肴之一。

6. **胡椒**

胡椒也应该是澳门葡萄牙人引入自己菜肴中的最重要的调味品。据18世纪初耶稣会内部印制的资料《拜客问答》记录称：“（小西洋）烹调饮食极美有味，只是那地的人，菜里边多用是胡椒。”⑥ 澳门葡萄牙人也将胡椒引入自己的食品中，康熙时杜臻称澳门“其物胡椒、苏木、哆啰呢、洋酒”⑦。同时期王士祯亦称澳门葡人：“以中国丝帛、白铅易胡椒、檀香、苏木以归。”⑧ 乾隆时，《澳门记略》称：“胡椒，产粤者为土椒，洋椒色深黑，多皱，味辣，中土贵之，故舶货惟椒多。”⑨ 故澳门葡萄牙人的主要菜肴中，如葡国鸡、马介休鱼等都要放入胡椒。

（三）其他食品

葡萄牙人入居澳门后，在他们的生活习俗中还出现了一些比较独特的饮食习俗，如吃槟榔。目前见到有关槟榔的最早记录是一份1649年的葡文档案，该档案为澳门农

---

① *Boletim da Provincia de Macau* e Timor, Vol. XXVIII, 3 de Junho de 1882, No. 22, p. 180.
② *Boletim official do Governo da Provincia de Macau*, Vol. XLVI, 10 de Novembro de 1900, No. 45, p. 726.
③ （清）汪兆镛：《澳门杂诗》，《竹枝词四十首》第9首，民国七年铅印本，第11页。
④ （清）黄绍昌：《香山诗略》下，卷12，吴亮珽《澳门》，中山：中山诗社，1986年，第268页。
⑤ *Boletim official do Governo da Provincia de Macau*, Vol. XLVI, 10 de Novembro de 1900, No. 45, p. 726.
⑥ 李毓中等：《〈拜客训示〉点校并加注》，载“清华大学”人文社会科学研究中心编：《季风亚洲研究》第1卷，第1期，2015年，第158页。
⑦ （清）杜臻：《粤闽巡视纪略》卷2，康熙二十三年二月乙未条，近代中国史料丛刊本，台北：文海出版社，1983年，第20页。
⑧ （清）王士祯《池北偶谈》卷21，《谈异》2，《香山嶴》，北京：中华书局，1982年，第518页。
⑨ （清）印光任、张汝霖原著，赵春晨校注：《澳门记略校注》，《澳蕃篇》，澳门：澳门文化司署，1992年，第159页。

产品税收的表格，其中有“槟榔”一项，并称“15%储藏，16%袋装”①。而中文文献的最早记录则是屈大均的《广东新语》：“青洲，林木芊郁，桄榔、槟榔之中为楼榭。”② 屈大均所见之澳门是在清初之时，可知在清朝初期澳门北部的青洲岛上即有槟榔树的种植，值得注意的是青洲岛的开发始于1603年，由澳门耶稣会的圣保禄学院进行开发，所以这些槟榔树很可能是当时的耶稣会会士们培植的。③ 而最早记录以槟榔为食者则是康熙时劳之辨留下的澳门诗称“玻瓈浮竹叶，钿盒贮槟榔”④。《澳门记略》亦载，“槟榔裹以扶留叶，缠以红绿绒”，还称“母丁香，蕃人常口含嚼以代槟榔”。⑤ 可以反映，当时澳门葡人吃槟榔的方法是用槟榔裹着扶留叶（即蒟酱，一种蒌叶的果实做的酱）放到口中咀嚼。乾隆时韩鹄有《澳门番女歌》称“时嚼槟榔还默默，玲珑玉质透鲛绡”⑥。可见澳门葡人不仅男人吃槟榔，而且女人也吃槟榔。乾隆时人陶元藻亦有《题十三国番夷图》诗云“南天炎瘴海气毒，淡巴菰嚼番槟榔”⑦，记录了澳门葡萄牙人一边吸烟一边嚼槟榔。可以反映，至少在清初时，澳门葡萄牙人已经形成了嚼槟榔的习俗。很明显，澳门葡萄牙人的这种习俗与他们婚配关系有关，由于早期入澳的葡萄牙人的妻子多是印度人或马六甲人，而印度、马六甲都是当时世界最爱吃槟榔的民族，所以他们自然而然地将印度、马六甲民族的吃槟榔习俗带进了澳门。值得注意的是，澳门葡萄牙人的槟榔来源不是就近的中国海南岛，而是安南。《澳门图说》：“其货如胡椒、锡、蜡、槟榔之类，皆从交趾、安南诸国转贩而来。”⑧ 在葡萄牙东波塔档案馆收藏的中文档案中，有大量关于澳门到安南采购槟榔的资料，如澳门“第七号船主戎务名喁，本年四月间在安南置买槟榔数千担，本船载满，所剩槟榔数百（担），就在该处另买小艚船一只，装泊回碧”⑨。去安南购置槟榔，应当同当时葡萄牙人开辟的海上贸易航线有关。一次购买槟榔的数量就达数千担，这可以反映槟榔在澳门的消费量之大，但还有一种可能，即葡萄牙人亦将槟榔转售给广东附近食槟榔的华人。

---

① *Arquivos de Macau*, 1ª Série, Vol. Ⅲ, No. 4, Macau, 1931, pp. 155 – 156.

② （清）屈大均：《广东新语》卷2，《地语·澳门》，北京：中华书局，1985年，第36页。

③ 金国平、吴志良：《东西望洋》，《青洲沧桑》，澳门：澳门成人教育协会，2002年，第305～323页。

④ （清）劳之辨：《静观堂集》卷4，《同满汉榷部巡历濠镜碧四首》，清康熙间刻本，第2页。

⑤ （清）印光任、张汝霖原著，赵春晨校注：《澳门记略校注》，《澳蕃篇》，澳门：澳门文化司署，1992年，第144、159页。

⑥ （清）韩鹄：《止亭诗钞》，《澳门番女歌》，广东省立中山图书馆藏清抄本，第2页。

⑦ （清）陶元藻：《泊鸥山房集》卷26，《诗》之《题十三国番夷图》，复旦大学图书馆藏清刻本，第16页。

⑧ （清）王锡祺：《小方壶斋舆地丛钞》第11册，第9帙，张甄陶：《澳门图说》，杭州：杭州古籍书店，1985年，第315页。

⑨ 刘芳辑：《葡萄牙东波塔档案馆藏清代澳门中文档案汇编》上册，《香山知县李德舆为饬查覆七号船带回艚船遇盗劫杀事下理事官谕》，澳门：澳门基金会，1999年，第247～248页。

图 10－54　现藏于马德里美洲博物馆中的《马尼拉的混血儿》[3]

与吃槟榔同时并行的葡人习俗就是抽烟。烟草起源于巴西，在16世纪下半叶和17世纪早期，烟草的两个主要品种“黄花烟草”和“红花烟草”，在葡萄牙人和西班牙人与亚洲交换和接触的过程中传播开来。葡萄牙人将巴西的烟草带到印度和亚洲其他地方，而西班牙人则从墨西哥横跨太平洋把烟草带到菲律宾和中国。[1] 据前面的考证，烟草传入澳门的时间大概在明末清初（参见本书第五章第四节中的“传入澳门的外来植物”）。而澳门葡萄牙人吸食烟草始于何时，最早的中文记录是《澳门记略》，称葡人“服鼻烟，亦食烟草，纸卷如笔管状，燃火吸而食之”[2]。近藤守重《亚妈港纪略稿》称澳门葡人：“抽烟将切细的烟叶用纸卷起点火，不用烟袋锅。”[4]《（道光七年）采访册》载葡人吸烟事较详细：

> 服鼻烟，亦食烟，以纸卷叶如笔管状，燃火吸而食之，名为吖孖姑。或食吕宋烟，此烟自吕宋来的，吖孖姑系唐人卷来发卖，其式样大概始自夷人带来，今唐蕃通行。上台夷人不食，夷妇亦不见食，惟住澳日久土生者食之。有鼻烟，上品曰飞烟，次则鸭头绿，色味微酸，谓之豆烟，红者为下。又有其色黑，名曰辣啤，其质甚粗，用花露水板匀，味甚香。夷人常服其上品飞烟，及鸭头绿者。惟唐人通用，夷人服之，百无一二。[5]

这里的“上台夷人”应该是指由葡萄牙派来管理澳门的上层人士。这就告诉我们，澳门葡萄牙人既食纸卷烟叶，又服鼻烟，但从葡萄牙来的官员们不抽烟，澳门葡人妇女亦不抽烟，主要是男性土生葡人抽烟。清中期马光启在广州见到葡萄牙传教士窦云山，称其“喫烟似用笔管，箭甚小”[6]。钟启韶有诗云：“待醒芦卑酒，巴菰卷叶烟。”自注

---

① ［葡］苏萨：《澳门与葡属印度：殖民地治理、行政官及商业——以烟草为例》，载吴志良、金国平、汤开建主编：《澳门史新编》第2册，澳门：澳门基金会，2008年，第516页。

② （清）印光任、张汝霖原著，赵春晨校注：《澳门记略校注》，《澳蕃篇》，澳门：澳门文化司署，1992年，第144页。

③ 此图转引自方真真：《华人与吕宋贸易（1657—1687）：史料分析与译注》第1册，新竹：“清华大学”出版社，2012年，第452页。按：图中左边的女性正在抽雪茄。

④ 近藤守重：「亚妈港纪略藁」卷之下，饮食之事，東京：國書刊行會，明治三十八年発行，第35頁。

⑤ （清）王廷钤等撰：《（道光七年）香山县下恭常都十三乡采访册》卷上，《澳门纂略》清抄本（影印本），北京：国家图书馆出版社，2010年，第46页。

⑥ （清）马光启：《岭南随笔》卷上，《广州四十则》，载《岭南随笔（外五种）》，广州：广东人民出版社，2015年，第129页。

云："终宴彻席，特置芦卑酒，酒味颇濇，云以解酲。卷烟叶，燃火吸之，曰巴菰。"①潘有度《西洋杂咏》的诗中有夷人抽烟的描写：

> 夷人吸水烟，用银壶注水，约高二尺，烟斗大如碗，金饰藤管长一丈余。烟斗内载糖和烟叶，用炭烧。炉热熏烟锦上铺。以锦铺地盛银壶。更有管城分黑白，口衔火烟如笔形。黑者烟叶卷成，白者纸裹碎烟叶。无人知是淡巴姑。烟叶产自吕宋国，夷名淡巴姑。②

从这首诗中，我们还可以看出当时澳门葡人除了吸食鼻烟和纸烟以外，还有一种抽水烟。除此以外，吸食雪茄也是澳门西洋人的一种生活习惯。1831 年和 1832 年的《中国信使报》的广告都刊载了卖雪茄的广告，雪茄还包括马尼拉和哈瓦那的雪茄。③ 据美国档案称，美国商人当时在商馆的晚餐最后就是喝白兰地，抽马尼拉雪茄。④

三、澳门葡萄牙人的西餐与宴会

澳门葡萄牙人的用餐方式应为葡式西餐，他们主要采用传统用餐方法，以刀叉为餐具，以面包为主食，以长形桌为餐台。明末清初人屈大均的《广东新语》记载了澳门葡人的西餐形式：

> 每晨食必击铜钟，以玻璃器盛物，荐以白布，人各数器，洒蔷薇露、梅花片脑其上。坐者悉置右手褥下不用，曰此为触手，惟以溷。食必以左手攫取，先击生鸡子数枚啜之，乃以金匕割炙，以白氎巾拭手，一拭辄弃置，更易新者。⑤

清中期的《澳门记略》基本上抄袭屈大均的记录，亦称：

> 每晨食必击钟，盛以玻璃，荐以白氎布，人各数器，洒蔷薇露、梅花片脑其上。无几案匕箸，男女杂坐，以黑奴行食品进，以银叉尝食炙。其上坐者悉置右手褥下不用，曰此为触手，惟以溷，食必以左手攫取。先击生鸡子数枚啜之，乃割炙。以白氎巾拭手，一拭辄弃，更易新者。⑥

---

① （清）钟启韶：《听钟楼诗钞》卷 3，《澳门杂事诗》，道光十年刊本，第 18 页。

② （清）潘义增、潘飞声：《番禺潘氏诗略》第 2 册，《义松堂遗稿》之潘有度《西洋杂咏》，光绪二十年刊本，第 2 页。

③ *The Chinese Courier*, 1832/05/12.

④ ［美］雅克·当斯著，周湘、江滢河译：《黄金圈住地：广州的美国商人群体与美国对华政策的形成，1784—1844》，广州：广东人民出版社，2015 年，第 29 页。

⑤ （清）屈大均：《广东新语》卷 2，《地语·澳门》，北京：中华书局，1985 年，第 37 页。

⑥ （清）印光任、张汝霖原著，赵春晨校注：《澳门记略校注》，《澳蕃篇》，澳门：澳门文化司署，第 143 ~ 144 页。

陈仁锡的《皇明世法录》则强调澳门葡人“饮食不用匙箸”①。葡人不用华人的汤匙和筷子，但对食用的刀叉十分讲究。屈大均称：

> 外有红毛西洋诸刀，镂凿亦异，其割食者，首以珊瑚琥珀嵌之，柄以金珠古窑器片镶之，率奇瑰夺目，轻薄如纸，可割裁，充文房佳器。②

《澳门记略》亦称：

> 其割食小刀，轻薄如纸，以金珠、珊瑚、琥珀饰把。③

近藤守重《亚妈港纪略稿》称澳门葡人：

> 食时盛于钵中置于台上，不用筷，用做成耙状的筷子小刀等。④

钟启韶有诗称葡人宴会：

> 食以刀叉代箸，以酥酪和面煨啖之，不设谷食。⑤

马光启的《岭南随笔》也记录了广州外国人的西餐形式：

> 番鬼大餐，棹长一丈有余，以白花布覆之。羊、豕等物全是烧燻，火腿前一日用水浸好，用火煎干，味颇鲜美。饭用鲜鸡杂熟米中，煮汁颇佳。点心凡四五种，皆极松脆。⑥

清人姚元之的《竹叶亭杂记》详细记载了葡人招待客人进餐的礼仪：

> 客至，款留酒果，设大横案，铺以白布，列果品茶酒于其上。近门处为尊客座，排列依次而北，其妇坐于案之横头。女子环案坐，客西向则坐于客右，东向则坐于客左。案前各置磁盘，盘内置刀一、叉一，叠白布于上，布即饭单也。食果，则女子切片置盘内，鬼奴递送客前，取客前之盘返于主人，别置他果，往复传送。⑦

姚元之记录的应该是属于家庭的私人宴会。澳门葡萄牙人逢喜庆节日、迎接嘉宾多喜欢摆设宴会，在文献中记录的政府官宴则更多。芒迪记录了1637年一位澳门官员接待英国人的一次官宴：

> 我们登上海滩，受到议事会和城市中德高望重之人接待，他们将我们安排在很好的住处，里面配置着碟子、屏风（Beumbos）、椅子、床架（Cottes）和挂件。我们在宴会中使用碟子，在我看来非常适应且令人愉快的，不过他们进食的方式与我们不同，他们喜欢将每种肉都放在两个银碟中，两个碟子经常替换，从而每

---

① （明）陈仁锡：《皇明世法录》卷82，《南蛮·佛郎机》，四库禁毁书丛刊史部第16册影印明崇祯刻本，北京：北京出版社，2000年，第401页。

② （清）屈大均：《广东新语》卷16，《器语》，北京：中华书局，1985年，第440页。

③ （清）印光任、张汝霖原著，赵春晨校注：《澳门记略校注》，《澳蕃篇》，澳门：澳门文化司署，第172页。

④ 近藤守重：「亚妈港纪略藳」卷之下，饮食之事，東京：國書刊行會，明治三十八年発行，第35頁。

⑤ （清）钟启韶：《听钟楼诗钞》卷3，《澳门杂事诗》，道光十年刊本，第18页。

⑥ （清）马光启：《岭南随笔》卷上，《广州四十则》，载《岭南随笔（外五种）》，广州：广东人民出版社，2015年，第133页。

⑦ （清）姚元之：《竹叶亭杂记》卷3，北京：中华书局，1982年，第90页。

个人在吃完一份之前，另外一份已经准备好了；在饮料方面也是这样，每个人在木盘旁都有银制酒杯，酒杯很快就见底了，然而就在见底前，旁边就会再有一只装着美味葡萄牙红酒的酒杯。宴会上还有竖琴（Harpe）和吉他（Guitterne）演奏的普通乐曲。①

法国驻华商务代表喷士噔则记录了1780年在澳门举行的一场盛大宴会：

彼时有种习俗，前行来澳的欧洲夷馆雇员们须为后来者举行晚宴。那些日子总是在举办宴会，1780年，出席的人都身着镶有饰带的华服，斜挎配剑，坐在葡萄牙黑奴抬着的轿子里，施施然前来。按规矩，一只烤全羊会摆放在桌上，这是最贵的一道菜，一只羊售价达到15个皮埃斯特。他们在两点钟就开始大吃大喝，喝得醉醺醺，然后早早就回去休息，但六点钟又返回来，在夜间，开始打牌取乐，九点钟又开始进餐，常常要至清晨才回家。而当新来者安顿下来后，又一轮的宴会就开始了，周而复始。②

1829年12月25日，英国东印度公司在其白鸽巢的住宅举行晚宴，参加晚宴的有60人，除在澳门的欧洲人外，赴宴者还有华人。据当时参加这次晚宴的哈丽特·洛记录：

今晚6时半我们去公司赴宴，我身穿白缎衬衫和纯美百褶裙，罩一件玫瑰色缎子外套。这身打扮同窈窕的身材十分相配。外衣是我用纤细的双手精心缝制而成。打扮完毕，我立即跳上豪华的轿椅。我们最先到达宴会厅后显得有点尴尬，我同客人进行寒暄，被领到一张布置高雅的餐桌旁，坐在优雅的丹尼尔（James Daniel）先生和商馆牧师维切尔（Geogre Harvey Vachell）中间。餐桌上摆设光彩夺目，美味佳肴应有尽有，晚餐极为丰富，上菜礼节十分讲究，有条不紊。每位嘉宾都带来自己的仆人，站在桌旁伺候主人。上完第一道菜后，他们就贴墙而立，另一批侍从则收拾盘子。大餐桌四边其貌不扬的华人个个正襟危坐，有些人则是为了狼吞虎咽，饱餐一顿，而另一些人则就是为了东张西望，窥视他人。美味佳肴实在难以用笔墨描写，总之应有尽有，精致美巧，鲜美可口。晚宴结束后，灯光顿时熄灭，餐桌上燃起蓝色火焰，宾客们用双手取出葡萄干，美其名曰“拿龙”。这是英国人过圣诞节必不可少的内容。③

澳门所举行的最盛大的宴会莫过于1872年10月31日为庆祝葡萄牙刘易斯一世国王诞

---

① Peter Mundy, *The Travels of Peter Mundy in Europe and Asia: 1608 - 1667*, Vol. 3, Cambridge: Printed for the Hakluyt Society, 1919, pp. 255 - 256.

② Louis Dermigny, *Les Mémoires de Charles de Constant sur le Commerce à la Chine*, Paris: S. E. V. P. E. N., 1964, pp. 154 - 155.

③ Katharine Hillard ed., *My Mother's Journal: A Young Lady's Diary of Five Years Spent in Manila, Macao, and the Cope of Good Hope From 1829 - 1834*, Boston, 1900, pp. 46 - 48. 这件事情发生在1829年12月25日，但是，［葡］潘日明著，苏勤译：《殊途同归：澳门的文化交融》，澳门：澳门文化司署，1992年，第140页将其误为1832年12月25日，葡文版亦同误。

辰举办的宴会：

（在澳督府的）花园里灯火通明，园内钟式楼阁摆满各种各样的精美点心和饮品。高雅的快餐台上源源不断地供应清纯可口的葡萄酒（捷列兹、波尔多、雷诺、卡尔卡维洛、马德拉、沙比利斯、博尔德奥斯、香槟）和各种风味独特的菜肴。约在清晨两点钟，客人们享受了丰盛的夜宵。他们还保留下来了当时的一份菜单：清炖鸡汤，虾仁香菇馅酥饼，野味肉冻，蛋黄龙虾酱，块菰小牛肉，蛋白杏仁烤甜饼，烤沙鸡肉串，冷冻牛舌，干酪火鸡、煨火腿，里昂灌肠和布隆涅香肠，果冻、奶酪和各式点心。[①]

这应该是一场盛大的自助式的酒会。19 世纪 70 年代是澳门经济的艰难年代，澳门葡萄牙的盛大宴会不仅表明澳门葡萄牙人对生活的热爱，也反映了他们对澳门前景的信心。

第五节　澳门葡萄牙人的行住及交际礼俗

16—19 世纪澳门葡萄牙人除了在婚嫁丧葬、服装饮食等方面表现了其独有的风俗以外，在出行、居住及人际交往等方面，其俗亦与他人异。

一、澳门葡萄牙人的出行习俗

澳门葡萄牙人的出行习俗大体可以分为三种：一为骑马出行，二为乘轿出行，三为徒步出行。

（一）骑马出行

早期身处海外殖民地的葡萄牙人大多为贵族，他们始终保持着自己的奢华生活，以及自己的贵族身份，男人多数骑马，如在果阿的葡萄牙人：

他们中绝大多数出行必骑马或乘轿，所骑的马必产自阿拉伯或者波斯，所用的挽具要么产自孟加拉，要么产自中国和波斯，上面绣着花纹，还装饰着黄金和珍珠。马辔头上镶嵌着珍珠和银铃，马镫上则有银线。这些绅士们在街上行走时，总是有大量的随从、卫兵和仆人，他们拿着武器，穿着特别的服装在后面步行。[②]

在澳门，葡萄牙人出行骑马者并不多见，这应该是因为澳门本地不产马，而进入澳门

---

① ［葡］潘日明著，苏勤译：《殊途同归：澳门的文化交融》，澳门：澳门文化司署，1992 年，第 166 页。

② Rémy, *Goa, Rome of the Orient*, London, 1957, pp. 132 – 133.

的外国马匹亦不多，再加上澳门地方小，道路窄，并不利于马匹驱驰，所以在档案文献中葡萄牙人骑马的资料并不多见，但又绝非无。澳门开埠之初，就有中文文献称葡萄牙人“买马造铳”①。在行驶日本的葡萄牙船中也可以看到黑奴牵引的马匹，甚至有17世纪早期的记录称十五六名葡萄牙人在澳门板樟堂广场骑马投掷瓦球的场景。② 最清楚莫过完成于16世纪90年代荷兰画家特奥多雷·布里的《亚马港全图》，图中在澳门城市的中心广场上绘了一位前面有士兵持枪开路，后面有随从撑伞遮阳，而自己骑在骏马上洋洋自得的葡萄牙贵族。这清楚地表述了澳门葡萄牙贵族出行的一种方式骑马。近藤守重《亚妈港纪略稿》称澳门葡人：“有时亦骑马而行，马具并无差异，雕木而成的马镫装有金属马刺。”③

图10－55 16世纪骑马出行的果阿葡萄牙贵族

图10－56 16世纪骑马出行的澳门葡萄牙贵族

图10－57 16世纪前往日本贸易的葡萄牙人的马匹

图10－58 18世纪在澳门风顺堂街骑马的葡萄牙女子

① （明）霍与暇：《霍勉斋集》卷19，《处濠镜澳议》，华南师范大学图书馆藏清光绪丙戌重刊本，第83页。

② Peter Mundy, *The Travels of Peter Mundy in Europe and Asia: 1608－1667*, Vol. 3, Cambridge: Printed for the Hakluyt Society, 1919, pp. 265－266.

③ 近藤守重：「亚妈港纪略藁」卷之下，人物之事，東京：國書刊行會，明治三十八年発行，第34頁。

到19世纪由于其他欧美国家民族的到来，进入澳门的马匹相应也增多，骑马出行者远较前期要多，据赖廉士教授的研究称："由于当地空间狭小，很难见到马车一类的交通工具，人们出门一般骑马。"① 像东印度公司的主要职员德庇时就是"骑马回家"。② 在澳门的英国人中，不仅男人出门骑马，而且女人出门也骑马。1831年11月中哈丽特·洛与英国人劳克（Robert Locke）船长、卡特莱特（Cartwright）夫妇、丹尼尔（James Daniel）夫妇、德庇时夫人在其住所附近的街道上骑马散步，女士们骑马的优雅姿态，引起了所有澳门人都出来观看。③

（二）乘轿出行

乘轿出行是葡萄牙贵族在海外殖民地保持奢华生活的方式之一。据果阿的材料记录，早期在果阿的葡萄牙贵族为了保持自己的贵族身份，他们中绝大多数出行必须骑马或者乘轿，而贵族的女眷们出行总是乘坐由四名奴隶抬着的轿子，轿子上覆盖着丝绸和布，轿子后面总是跟着无数的奴隶。④ 澳门的葡萄牙贵族亦保持着同样的生活方式。最早记录澳门葡萄牙人坐轿子的即是荷兰画家特奥多雷·布里的《亚马港全图》。该图绘制了两处由两人肩抬的轿舆在城市中心街道行走。可以反映，在16世纪晚期，澳门葡萄牙人出行即已采用了轿舆这一交通工具。清康熙时人吴震方的《岭南杂记》称：

图10－59　16世纪澳门葡萄牙贵族乘轿出行图

> 澳门彝官亦乘轿，其轿方长如柜，官从顶盖上出入，入则仍以顶板盖之。四人舁之。止则揭盖板以出。⑤

乾隆时《澳门记略》亦称：

> 夷目亦乘轿。其轿方长如柜，人从顶盖上出入，入则仍以顶板覆之，舁者四人，止则揭板以出。又有软轿，有硬轿。软轿结绳为之，形如大箕。硬者以木。皆无帷盖。仰卧而舁之，承肩之木曲如弓，以采以斫。女则用前所为如柜者，然

① Lindsay and May Ride, *An East India Company Cemetery: Protestant Burials in Macao*, Hong Kong: Hong Kong University Press, 1998, p. 43.

② ［美］马士著，区宗华等译：《东印度公司对华贸易编年史：1635—1834年》第3卷，广州：中山大学出版社，1991年，第375页。

③ Nan P. Hodges and Arthur W. Hummel ed., *Lights and Shadows of a Macao Life: The Journal of Harriett Low, Travelling Spinster*, Woodinville, WA: History Bank, 2002, p. 282.

④ Rémy, *Goa, Rome of the Orient*, London, 1957, pp. 132－133.

⑤ （清）吴震方：《岭南杂记》下卷，清乾隆龙威秘书本，第65页。

亦旁启门出入。法王轿制如内地，障以玻璃，饰以珍贝，华美无敢与俪者。[1]

《澳门记略》还附了三幅澳门轿子图，一为“硬轿图”，二为“软轿图”，三为“女轿图”。[2]《（道光七年）采访册》则称：

夷目皆乘轿，其轿方长如柜，从顶盖上出入，入则仍以顶板覆之，舁者四人。又有软轿、硬轿，今更有缝撒网轿，女则用前所为如柜者，然形差短，亦旁启门出入。[3]

图 10－60 《澳门记略》中的“硬轿图”（左）、“软轿图”（中）、“女轿图”（右）

18 世纪后期在澳门的法国人喷士噔记载澳门的轿子称：

澳门的西洋轿子有 5 名轿夫，4 人抬轿，1 人撑阳伞。[4]

道光十七年（1837），两广总督邓廷桢的奏折称：

西洋夷人向有自置眠轿、大轿两种。眠轿则方长如柜，从顶盖上出入，入则仍以顶板盖之，大轿则四围均用板帘，无绸纱玻璃等物，俱与华制不同。自雇夷奴二人扛抬，黑奴借此生资，不许华民搀越。[5]

这里的“眠轿”大体就是夷目所乘之轿，而“大轿”则应是指女轿。从上面的记述可以看出，澳门的轿舆是分等级的，总督、王室大法官及议事会官员都是乘坐四人肩抬的大轿；主教的轿子又与前者不同，其轿制与内地相同，轿子开有玻璃窗，装饰十分华丽；澳门上层社会妇女则乘坐四面封闭的轿子；一般人出行则乘坐两人或四人肩抬的硬轿和软轿。

---

① （清）印光任、张汝霖原著，赵春晨校注：《澳门记略校注》，《澳蕃篇》，澳门：澳门文化司署，1992 年，第 156 页。

② （清）印光任、张汝霖原著，赵春晨校注：《澳门记略校注》，《澳蕃篇》，澳门：澳门文化司署，1992 年，第230～232 页。

③ （清）王廷钤等撰：《（道光七年）香山县下恭常都十三乡采访册》卷上，《澳门纂略》清抄本（影印本），北京：国家图书馆出版社，2010 年，第 44 页。

④ Louis Dermigny, *Les Mémoires de Charles de Constant sur le Commerce à la Chine*, Paris: S. E. V. P. E. N, 1964, p. 149.

⑤ 中国第一历史档案馆等编：《明清时期澳门问题档案文献汇编》第 2 册，《两广总督邓廷桢等奏报遵旨查明住澳夷人并无毁坟抗殴等情片》，北京：人民出版社，1999 年，第 296 页。

澳门葡萄牙人的乘轿习俗并非来自中国，我们找到16—17世纪时期印度人乘轿的一些图画。

图 10－61 果阿葡萄牙女子乘用的轿子

10－62 果阿城里乘坐轿子的印度国王使节

图 10－63 果阿印度人抬的女娇

图 10－64 果阿印度人抬的软轿

从上图中轿舆的形式与《澳门记略》中的“硬轿图”“软轿图”及“女轿图”比较，就可以发现澳门葡人的轿舆应该来自印度的轿舆。葡萄牙人在印度即已养成了出行乘坐轿舆的习俗，这从南蛮屏风画中即可看出，他们又从将印度的这种轿舆习俗带到澳门。我们从17世纪的澳门档案中可以找到葡萄牙人大规模使用轿舆的记载，在1644年6月份拨给澳门理事官和司库多明戈斯·达·阿尔梅达的经费中有“支付给木匠制作的32顶轿子的开支”①。1637年到澳门的芒迪则记载了澳门上层妇女乘坐轿子：

> 只有上层妇女才乘坐轿子，这种轿子与伦敦的轿子类似，轿子全身都密实地遮掩住，还有一种从日本买来的昂贵的轿子。当上层妇女不乘坐轿子出行时，就很难从外在将这位夫人与侍女或奴隶区分开来，因为她们都密实地遮掩着。②

这里提到的与伦敦类似的轿子应就是《澳门记略》中记载的女轿，轿身四周封闭，轿门

① *Arquivos de Macau*, 1ª Série, Vol. Ⅱ, No. 1, Macau, 1930, p. 306.

② Peter Mundy, *The Travels of Peter Mundy in Europe and Asia: 1608－1667*, Vol. 3, Cambridge: Printed for the Hakluyt Society, 1919, p. 270.

开在旁边。在1712年的一份资料里，记载了澳门对来自交趾支那的使节的欢迎仪式：

> 使节坐着轿子来了。他后面是4名陪他一起来的身穿民族服装的交趾人，前面则是分坐三乘轿子的类斯·山治、库尼亚·埃萨（José da Cunha de Eça）和另一位交趾人。[①]

最初澳门的轿夫多由黑奴充任，自16世纪以来，葡萄牙便习惯于将莫桑比克的黑人运到澳门，为在澳门住冬的欧洲人充当仆人，特别是当轿夫。澳门的西洋人轿子有5名轿夫，4人抬轿，1人撑阳伞。[②] 19世纪时，德庇时的记录也称：

> 在澳门的欧洲人用威尼斯的窗帘来装饰自己的轿子，并且除了轿子以外他们不用其他交通工具。[③]

图10-65 南蛮屏风图中的葡人乘轿

图10-66 19世纪澳门理事官的坐轿

到19世纪以后随着澳门黑奴的减少，轿夫开始雇佣华人，这一点遭到了中国官员的极力反对。1823年10月在英国商馆离开澳门赴广州之前，东印度公司“法考尔森（Farquharson）号”船长克鲁克香斯（Cruckshanks）及其妻乘轿走过澳门的一条街准备去赴宴，克鲁克香斯夫人的轿子被一些中方下级驿卒和仆役拦住，他们将华人轿夫强行逮捕，轿子则被打翻。理由就是清政府命令禁止欧洲人雇用中国轿夫。[④] 1833年据《中国丛报》报道：“中国政府在澳门发布了一份公告，不允许当地的中国人为‘外国夷人’抬轿子。这种专横的行为不仅使外国人感到不便，而且使几十名贫穷的中国人

---

① ［葡］潘日明著，叶志良译：《唐·若奥五世在远东的外交政策》，载《文化杂志》（中文版）第11—12期，1993年，第11页。

② Louis Dermigny, *Les Mémoires de Charles de Constant sur le Commerce à la Chine*, Paris: S. E. V. P. E. N., 1964, p. 156.

③ John Francis Davis, *The Chinese: A General Description of the Empire of China and its Inhabitants*, Vol. 2, New York: Harper, 1836, p. 373.

④ ［美］马士著，区宗华等译：《东印度公司对华贸易编年史：1635—1834年》第4、5卷，广州：中山大学出版社，1991年，第84页。

失业。”① 香山知县祝淮也对外国人雇华人抬轿提出了批评：“今多乘内地官轿，雇华人舁之。其富者即然，不尽彝官，皆商人私赠以媚之者，此风殊不可长。”②

（三）徒步出行

完成于1590年代的特奥多雷·布里的《亚马港全图》介绍了澳门葡萄牙人三种出行的方式，步行即为其中一种，在图中至少绘制了八处澳门葡人徒步出行的形象。但值得注意的是，出行者均非一般人，或是贵族，或是官员，因为图中描述的出行者都有随从相伴，特别是他们都有专人为其撑伞遮阳。出行用伞遮阳恐怕是所有的热带地区之普遍现象，我们在早期的印度人的出行图中也能看到上流社会人物出行均有人撑伞遮阳。葡萄牙人到澳门以后，仍沿袭这一习俗。

图10－67　16世纪澳门葡萄牙贵族徒步出行

在澳门，伞是一种仪卫形式。伞既可以遮阳，又可以显示人的身份。葡萄牙人来澳不久即已有这种仪卫形式。1564年，澳门驻地首领若奥·佩雷拉与中国官员在妈阁庙相见时：

> 其中一人在他前面开路，手持一把镀金的手杖剑，佩雷拉坐在一张织锦的椅子上，椅子置于华贵的地毯上，除了盖伞之外，没有别的遮头的东西，这些盖伞，远处看来，像是一支浩荡大军的营帐。③

1564年到澳门的叶权也记录了澳门葡人的这种仪卫形式：

> 随四五黑奴，张朱盖，持大创棒长剑。④

① *Chinese Repository*, Vol. 2, No. 5, 1833/09, pp. 233－234.

② （清）祝淮：《（道光）新修香山县志》卷4，《海防·附澳门》，中山文献丛刊第3册影印清道光七年刊本，第710页。

③ ［葡］罗理路著，陈用仪译：《澳门寻根》，附录文献9《若昂·德·埃斯科巴尔〈评述〉》（1565年），澳门：澳门海事博物馆，1997年，第112页。

④ （明）叶权：《贤博编》，《游岭南记》，北京：中华书局，1987年，第45页。

“朱盖”即红颜色的伞。康熙时吴震方的《岭南杂记》对澳门人遮阳伞有专门的描述：

其伞用竹叶编成，白竹为柄，一人执伞前导，一人负一板箱，二人执长铊以从，其余仪卫简陋可笑。①

乾隆时的《澳门记略》则有相似的记录：

出必张盖乘舆。……编竹叶为伞，白竹为柄，一人执伞前导，一人负板箱，二人执长枪以从。近改用黄油大伞，其柄朱，其旒彩。②

这种仪卫形式虽然简单，但仍然是澳门葡人上层社会的身份象征。翻阅现存有关澳门葡人的16—19世纪历史图片，会发现一种现象：葡萄牙贵族男子出行皆有仆人为其撑伞，伞大而华丽；在图片中，虽也有女子撑伞者，但都是自己撑伞，而且伞很小，可知这种伞就是普通的遮阳、遮雨之伞，并无仪卫形式。但可以反映，澳门葡人徒步出行多有持伞之习俗。

图10－68 南蛮屏风图中葡人男子撑的华丽之伞

---

① （清）吴震方：《岭南杂记》下卷，清乾隆龙威秘书本，第65页。

② （清）印光任、张汝霖原著，赵春晨校注：《澳门记略校注》，《澳蕃篇》，澳门：澳门文化司署，1992年，第154、156页。

图 10－69　南蛮屏风图中无人撑伞的女子及女子小而朴素之伞

二、澳门葡萄牙人的居住习俗

葡萄牙人定居澳门以后，很快便建起了他们的居民住宅，最开始采用简陋的茅草和木板搭建。随着澳门经济的发展，葡萄牙人的住所开始采用石头构建的楼房。据近藤守重《亚妈港纪略稿》称澳门葡人："住房皆极尽奢华。商店均为十二阶瓦顶建筑，柱子用砖石叠砌而成，不见有木板茅草屋顶与木柱。无天花板，屋顶四周有板如架。墙壁用砖石建筑，内侧涂有石灰。屋内无榻榻米，而架有木板，或在地上放置座椅，或在地上铺上地毯。窗户上镶嵌有贝壳，门同此处一样有门梁与门槛。门扇涂成白色，向两边开启。据说夜间睡眠用两枕，一枕置于头部，一枕置于脚部。房内不用座灯，在玻璃挂灯上点蜡烛。"① 这是日本人对 18 到 19 世纪时期澳门住房的实地描绘。但我们通过对相关葡萄牙人居住习俗中葡文献分析，可以看出澳门葡萄牙人居住习俗主要可以分为以下几点：

（一）好楼居

澳门地处中国南海之滨，气候相对潮湿，葡萄牙人不适应潮湿的天气，故喜欢依山建楼而居。乾隆时张甄陶的《澳门图说》一针见血地指出了葡人楼居的原因："夷畏卑湿，故好楼居。"② 明末清初的屈大均见过澳门的楼房，其称：

其居率为三层楼，依山高下，楼有方者、圆者、三角者、六角者、八角者，

① 近藤守重：「亚妈港纪略藁」卷之下，宫室之事，東京：國書刊行會，明治三十八年発行，第 34 頁。

② （清）王锡祺：《小方壶斋舆地丛钞》第 11 册，第 9 帙，张甄陶：《澳门图说》，杭州：杭州古籍书店，1985 年，第 315 页。

肖诸花果形者，一一不同，争以巧丽相尚。[①]

他见到的澳门楼房都是依山而建，形制各不相同，建筑非常精巧漂亮。王士祯的《池北偶谈》称：

番人安其业者已数世，所居率依山为楼，三层，方者、圆者、三角者、六角、八角者，俱为螺旋形以入。[②]

《澳门记略》沿袭了这一说法：

屋多楼居。楼三层，依山高下，方者、圆者、三角者、六角、八角者，肖诸花果状者，其覆俱为螺旋形，以巧丽相尚。[③]

乾隆时的姚元之亦称：

其人皆楼居，高楼峻宇。[④]

中文记录夸大了澳门楼房的高度，其实澳门葡人楼宇多为两层，虽然有三层，但并不在多数。《（道光七年）采访册》称葡人：

屋多楼居，楼一二三层不等，方者、圆者、三角者、六角、八角者，肖诸花果状者，以巧丽相当。[⑤]

《（道光七年）采访册》的记录是经过实地调查而得来的，可知澳门的楼房有一层的，有两层的，也有三层的。但我们遍阅16—19世纪保持下来的澳门城市建设的图画发现，所有图画中所表现的澳门楼宇一般都是两层，一层者不多见，三层者则更不多见。[⑥] 19世纪前期法国人伊万（Melchior Yvan）对澳门的描述是："大部分房舍都只有两层。"[⑦] 美国人亨特也称："澳门葡人的宅邸大多为两层，很宽敞。"[⑧] 两层楼的楼宇为澳门葡人较为普遍的一种居住形式。

葡萄牙人自己住楼上，楼下则一般安排仆役和黑奴居住，还有一部分则租赁给华

---

① （清）屈大均：《广东新语》卷2，《地语·澳门》，北京：中华书局，1985年，第36页。

② （清）王士祯：《池北偶谈》卷21，《谈异》2，《香山嶴》，北京：中华书局，1982年，第517页。

③ （清）印光任、张汝霖原著，赵春晨校注：《澳门记略校注》，《澳蕃篇》，澳门：澳门文化司署，1992年，第145页。

④ （清）姚元之：《竹叶亭杂记》卷3，北京：中华书局，1982年，第90页。

⑤ （清）王廷钤等撰：《（道光七年）香山县下恭常都十三乡采访册》卷上，《澳门纂略》清抄本（影印本），北京：国家图书馆出版社，2010年，第41页。

⑥ 此处称葡人住宅为3层楼，疑有误，在澳门3层楼的建筑极为少见，除了议事亭后面的监狱为3层楼的碉堡外（《澳门记略校注》，《澳蕃篇》，澳门：澳门文化司署，1992年，第153页称："狱设龙鬆庙右，为楼三重。"），还有就是圣保禄学院的楼房有3层。（清）吴历撰，章文钦笺注：《吴渔山集笺注》卷2，《三巴集》，北京：中华书局，2007年，第173页称："楼房盖有三层，予眠食第二层上。"其余葡人民居均为两层楼建筑，这在各种澳门绘画中均可清楚地看出。

⑦ Melchior Yvan, *Six Months Among the Malays*, London: James Blackwood, Paternoster Row, 1855, p. 281.

⑧ ［美］亨特著，冯树铁、沈正邦译：《广州番鬼录·旧中国杂记》，广州：广东人民出版社，2009年，第357页。

人作为商铺。《澳门记略》称："已居其上，而居黑奴其下。又为土库，楼下以殖百货。"[①] 屈大均的《广东新语》称："已居楼上，而居唐人其下，不以为嫌。"[②] 张甄陶的《澳门图说》则称："其楼房多空旷无居人，赁华人居之，是少于昔。"[③] 姚元之亦称葡人楼宇："楼下多如城之瓮洞，贱者处之。"[④] 美国人亨特亦称澳门葡人的两层楼房："上面一层环以宽阔的阳台，以供家人居住之用。下层则适合做商务办事处，用来储存货物的货站，或做仆役和苦力的住处。"[⑤]

澳门葡人楼房的楼梯多设在楼宇之旁侧，《澳门记略》称："楼门皆旁启，历阶数十级而后入，窍窱诘屈。"[⑥] 钟启韶有诗云："万牖层楼辟，千门拾级登。"自注云："所居必楼，楼必辟户临街，入门辄登石级数十。"[⑦] 张汝霖有诗称："到门频拾级，窥牖曲通楼。"[⑧]

（二）房宽、窗大、墙厚

由于澳门天气炎热，所以来澳门的葡萄牙人所建住房都以解决炎热气候为前提，故所建之房都有三个特点，房间比较宽敞，窗户比较大，墙垣比较厚。《澳门记略》称澳门葡人的楼宇："垣以砖，或筑土为之，其厚四五尺，多凿牖于周。牖大如户，内阖双扉，外结琐窗，障以云母。"[⑨] 姚元之则称澳门葡人的住宅："高楼峻宇，窗扇悉以玻璃，轩敞宏深，令人意爽。"[⑩] 1840 年代英国画家罗伯特·伯福德称澳门：

> 房子是石头和砖头建，没有特别优雅的外表，但是内部都很宽敞和便利，特别是那些在南湾的房子，为英国和其他国家商人所使用。南湾的房屋都面向大海，占据了半月形的海滩，大部分建筑规模都很大，是非常气派的欧式建筑。有些建

---

① （清）印光任、张汝霖原著，赵春晨校注：《澳门记略校注》，《澳蕃篇》，澳门：澳门文化司署，1992 年，第 145 页。

② （清）屈大均：《广东新语》卷 2，《地语·澳门》，北京：中华书局，1985 年，第 36 页。

③ （清）王锡祺：《小方壶斋舆地丛钞》第 11 册，第 9 帙，张甄陶：《澳门图说》，杭州：杭州古籍书店，1985 年，第 315 页。

④ （清）姚元之：《竹叶亭杂记》卷 3，北京：中华书局，1982 年，第 90 页。

⑤ ［美］亨特著，冯树铁、沈正邦译：《广州番鬼录·旧中国杂记》，广州：广东人民出版社，2009 年，第 357 ~ 358 页。

⑥ （清）印光任、张汝霖原著，赵春晨校注：《澳门记略校注》，《澳蕃篇》，澳门：澳门文化司署，1992 年，第145 页。

⑦ （清）钟启韶：《听钟楼诗钞》卷 3，《澳门杂事诗》，道光十年刊本，第 20 页。

⑧ （清）印光任、张汝霖原著，赵春晨校注：《澳门记略校注》，《澳蕃篇》，澳门：澳门文化司署，1992 年，第145 页。

⑨ （清）印光任、张汝霖原著，赵春晨校注：《澳门记略校注》，《澳蕃篇》，澳门：澳门文化司署，1992 年，第145 页。

⑩ （清）姚元之：《竹叶亭杂记》卷 3，北京：中华书局，1982 年，第 90 页。

筑相当简单，有着很大的山墙，却很少装饰。①

19世纪中期法国人伊万则称澳门葡人的房子：

立面和内部的墙都是用砖砌的，楼梯和屋顶则用木材制作。房间都有大窗户，便于通风，还有长百叶窗遮挡太阳。这与西班牙、葡萄牙的房屋非常相似。②

（三）建筑物均呈白色

一般而言，靠近海边的建筑物多喜欢用白色来抵挡阳光的暴晒。来自大西洋边上的葡萄牙人尤喜白色建筑。康熙时刘世重的《东溪诗选》称“嶴中楼屋俱白色”③。《澳门记略》则称澳门葡人住宅“垣饰以垩”④。“垩”即白色石灰。姚元之亦称葡人：“其屋用白石攒灰垩之，宛如白粉，洁净可玩。”⑤ 张琳的《澳门竹枝词》更称：“试向青洲林外望，层层楼阁白如霜。”⑥ 可以反映澳门葡人的住宅一片白色。1811年英国画家詹姆斯·瓦臣曾游历澳门，他写道：“澳门城市是按欧洲式样来建造的，街道宽敞空旷，房子都很大，按照葡萄牙风格建造，或是粉饰灰泥，或是白粉涂刷。”⑦ 1825年10月，泰尔曼牧师抵达澳门，他看到：“当接近海岸时，可以看到前面粉刷成白色的房子。”⑧ 1830年雅裨理抵达澳门时从外海看到南湾景象，称：“一长排白色的欧式建筑，排列在海湾半月形的岸边。”⑨

（四）住宅带有花园

富裕的葡萄牙人建设自己的住宅时一般都带有花园，《澳门记略》称澳门葡人住宅：“门外为院，院尽为外垣，门正启。”⑩ 这里提到葡人住宅的外院，并未称建有花园。中文材料中称葡萄牙人的住宅建有花园的为姚元之的《竹叶亭杂记》：

---

① Robert Burford, *Description of a View of Macao in China, Now Exhibiting at the Panorama, Leicester Square*, London: Geo. Nichols, Earl's Court, Cranbourn Street, Leichester Square, 1840, p. 5.

② Melchior Yvan, *Six Months Among the Malay*, London: James Blackwood, Paternoster Row, 1855, p. 281.

③（清）刘世重：《东溪诗选》卷2，《藕泉集》之《澳门》，清初刻本，第5页。

④（清）印光任、张汝霖原著，赵春晨校注：《澳门记略校注》，《澳蕃篇》，澳门：澳门文化司署，1992年，第145页。

⑤（清）姚元之：《竹叶亭杂记》卷3，北京：中华书局，1982年，第90页。

⑥（清）张琳：《玉峰诗钞》卷15，《澳门竹枝词》，广东省立中山图书馆藏清刻本，第6页。

⑦ James Wathen, *Journal of a Voyage in 1811 and 1812, to Madras and China*, London: J. Nichols, Son, and Bentley, 1814, p. 170.

⑧ Tyerman, Daniel Rev., George Bennet, *Journal of Voyages and Travels by the Rev. Daniel Tyerman and George Bennet*, Vol. Ⅲ, Boston: Croker and Brewster, New York: Jonathan Leavitt, 1832, p. 51.

⑨ David Abeel, *Journal of Residence in China and the Neighbouring Countries from 1830 to 1833*, London: James Nisbet and Co., 1835, p. 34.

⑩（清）印光任、张汝霖原著，赵春晨校注：《澳门记略校注》，《澳蕃篇》，澳门：澳门文化司署，1992年，第147页。

有㗎哋花园者，园中以铜丝结网蒙之。内有大树一株，小树数株，有假山，禹鬶池。壁上多插以树枝，蓄各种鸟，红黄白绿，五色灿然。鸟之上下飞鸣，宛如在园林中也。或巢于树，或巢于山间水旁，或巢于檐壁及所插枝上，名曰百鸟巢。又有曰八角巢者，别一家之园也。巢乃一六方亭子耳。园中曲道逶迤，竹树葱蒨，与唐人园亭无异。①

这个"㗎哋花园"就是托马斯·比尔的花园，又称"百鸟巢"。伯福德在《澳门全景图》中明确指出"风顺堂下面是托马斯·比尔先生住宅及花园"②。上面提到的"八角巢"即俾利喇别墅花园，又称白鸽巢花园。俾利喇去世以后，这个花园归其女婿马葵士。魏源曾到澳门来，听夷女弹琴之花园就是属于马葵士的白鸽巢花园。③ 澳门富人居住的豪宅大多带有花园，如新花园、摆华夫人花园、二龙喉花园等。金武祥《粟香随笔》称澳门葡人："通商各国富民，多半来华贸易，蓄资财，拥妻子，盖洋楼，造花园，大有聚国族于斯之意。"④ 西文材料也有这种记录，1779 年到达澳门的法国商务代表喷士噔即称："欧洲人在澳门租用和修缮非常豪华的住宅，这些住宅带有很大的美丽花园。"⑤ 1807 年俄国航海家鲁臣顿对澳门葡人民居有如下描写："那些占地很大、带着大院落和花园的高大建筑大部分都是空置的。"⑥ 可以反映，澳门的葡人住宅大多都建有花园，这成为他们的居住习俗之一。

三、澳门葡萄牙人的交际礼仪

葡萄牙人的交际礼仪一般在初识的时候都表现得十分亲密，男子是热情拥抱并相互拍肩为礼，女子则以亲吻对方脸颊为礼。与外国人相见时，有时也行握手礼。葡萄牙人的交际礼仪可以分为私人交际礼仪和公家交际礼仪，宴会和舞会则是葡萄牙人表现其交际礼仪的最好场所，而这些交际礼仪在 16—19 世纪的澳门都有所表现。

（一）见面的礼节

根据现有材料描述的 16—19 世纪澳门葡萄牙人见面礼仪，大概可以分为五个步

① （清）姚元之：《竹叶亭杂记》卷 3，北京：中华书局，1982 年，第 90～91 页。

② 见 Robert Burford, *Description of a View of Macao in China, Now Exhibiting at the Panorama, Leicester Square*, London: Printed by Geo. Nichols, Earl's Court, Cranbourn Street, Leichester Square, 1840, plate and p. 7《澳门全景图》中，托马斯·比尔住宅花园编号为 11。

③ （清）魏源：《魏源集》下册，《澳门花园听夷女洋琴歌》，北京：中华书局，1976 年，第 739 页。

④ （民国）厉式金：《（民国）修香山县志续编》卷 6，《海防》，中山文献丛刊第 7 册影印癸亥刊本，第 2242 页。

⑤ Louis Dermigny, *Les Mémoires de Charles de Constant sur le Commerce à la Chine*, Paris: S. E. V. P. E. N, 1964, pp. 148 – 149.

⑥ 伍宇星编译：《19 世纪俄国人笔下的广州》，郑州：大象出版社，2011 年，第 6 页。

骤：一脱帽，二拉手（握手），三抵掌，四把臂，五拖脚。

1. **脱帽为礼**

最早记录葡萄牙人的脱帽礼为康熙时的广东诗人梁佩兰，其有诗称澳门葡人“脱帽以为礼，带剑不相授”①。描述了葡人相见之时双方的礼节。大约同时的清初画家吴历亦有澳门诗描写澳门葡人的礼节：

> 来人饮罢言乡事，礼数还同衹免冠。发有金丝拳被者，矜重戴黑多绒帽。帽式如笠，见人则免之为礼敬。②

他还称澳门葡人：

> 礼文俗尚与吾乡倒行相背，如吾乡见客必整衣冠，此地见人免冠而已。③

清初的王士祯亦称葡人：“戴黑毡笠，相见脱之以为礼。”④ 稍后钱以垲的《岭海见闻》亦称“男带黑倭帽，相见脱之以为礼”⑤。乾隆时的《澳门记略》也载澳门葡国男子“相见脱帽以为礼”⑥。嘉庆时诗人张琳亦称：“洒衣花露气清芬，脱帽相逢礼数频。”⑦ 道光二十一年（1841）义律在澳门见到白含章、张殿元一行时摘帽行礼。⑧ 可见，当时的澳门葡萄牙人脱帽为礼是他们与人相见时最基本的礼俗。

2. **拉手为礼**

葡人男人之间相见交往时，一般都以拉手表示亲近，如潘有度的《西洋杂咏》称西洋夷人交往礼节：“简略仪文无拜跪，逢人把手道相亲。”还有“弟恭兄友最深情，出入相偎握手行。夷人兄弟之情甚重，出入握手同行”⑨。《（道光七年）采访册》亦称

---

① （清）梁佩兰：《六莹堂集》2集卷2，《五言古·观海篇赠龚蘅圃榷使》，广州：中山大学出版社，1992年，第134页。

② （清）吴历撰，章文钦笺注：《吴渔山集笺注》卷2，《三巴集》，北京：中华书局，2007年，第167页。

③ （清）吴历撰，章文钦笺注：《吴渔山集笺注》卷5，《墨井画跋》，北京：中华书局，2007年，第443页。

④ （清）王士祯：《池北偶谈》卷21，《谈异》2，《香山嶴》，北京：中华书局，1982年，第517页。

⑤ （清）钱以垲：《岭海见闻》，四库全书存目丛书史部第250册影印上海图书馆藏清康熙刻本，济南：齐鲁书社，1996年，第239页。

⑥ （清）印光任、张汝霖原著，赵春晨校注：《澳门记略校注》，《澳蕃篇》，澳门：澳门文化司署，1992年，第154页。

⑦ （清）张琳：《玉峰诗钞》卷15，《澳门竹枝词》，广东省立中山图书馆藏清刻本，第6~7页；（清）佚名：《岭南丛谈》，载《岭南随笔（外五种）》，广州：广东人民出版社，2015年，第707页又抄录张琳《澳门竹枝词》，但未提张琳之名。

⑧ 佚名：《犀烛留观纪事》，中国史学会主编：《鸦片战争》第3册，上海：上海书店出版社，2000年，第255页。

⑨ （清）潘义增、潘飞声：《番禺潘氏诗略》第2册，《义松堂遗稿》之潘有度《西洋杂咏》，光绪二十年刊本，第2页。

"拉手"为葡人见面之礼节。把手、拉手、握手同为一也。[①]

3. **抵掌为礼**

男人与男人相见，双方对击手掌，表示双方关系更为亲密。清人吴镁诗称："天朝之客如天至，倾岛争迎狂至喜。中孚真信及豚鱼，倾盖抵掌输情挚。"[②] 这里的"抵掌"就是双方以手掌相碰。

4. **把臂为礼**

把臂，即把臂拥抱，这是葡萄牙人表示双方关系更为亲密的一种礼仪。两个男子相见时，双方互把手臂相拥表示亲热。吴镁亦有言称"番人脱帽把臂为礼"[③]。

5. **拖脚为礼**

男人与男人相见时最隆重的礼节则如《（道光七年）采访册》所言："夷人无揖让进退之礼，以脱帽、拉手、拖脚为行礼。"[④] 先脱帽，后拉手，再拖脚完成一整套相见的仪式，这是两人相见最为隆重的一种表现方式。

（二）私家迎客礼仪

澳门葡萄牙人家庭迎客也有一套规范的礼仪，乾隆时姚元之的《竹叶亭杂记》对这套礼仪有着较为详细的记载：

> 其俗，有尊客至，当家老翁出迎，礼以脱帽为恭，以妇女出见为敬，男子无少长则避之。客至，款留酒果，设大横案，铺以白布，列果品茶酒于其上。近门处为尊客座，排列依次而北，其妇坐于案之横头。女子环案坐，客西向则坐于客右，东向则坐于客左。案前各置磁盘，盘内置刀一、叉一，叠白布于上，布即饭单也。饮以熬茶，和以白糖，一女斟茶，则一女调糖，令鬼奴按客座以进。食果，则女子切片置盘内，鬼奴递送客前，取客前之盘返于主人，别置他果，往复传送。酒贮以玻璃罂，红黄白各色俱备。杯亦玻璃，大小罗列，以酒之贵贱分杯之大小。饮时则主翁自酌，鬼奴传送，客饮愈多、食愈多则主人愈乐。……番妇见客，又有相抱之礼。客至，妇先告其夫将欲行抱礼，夫可之，乃请于客，客亦允，妇出见。乃以两手搴其裙跳且舞，客亦跳舞，舞相近似接以吻，然后抱其腰。此为极

---

① （清）王廷钤等撰：《（道光七年）香山县下恭常都十三乡采访册》卷上，《澳门纂略》清抄本（影印本），北京：国家图书馆出版社，2010年，第41页。

② （清）陈兰芝辑：《岭海名胜记》，《澳门记》卷7，《游澳门同人询土风以长歌述之》，广东省立中山图书馆藏清乾隆五十五年羊城六书斋刻本，第60~61页。

③ （清）陈兰芝辑：《岭海名胜记》，《澳门记》卷7，《游澳门同人询土风以长歌述之》，广东省立中山图书馆藏清乾隆五十五年羊城六书斋刻本，第60~61页。

④ （清）王廷钤等撰：《（道光七年）香山县下恭常都十三乡采访册》卷上，《澳门纂略》清抄本（影印本），北京：国家图书馆出版社，2010年，第41页。

亲近之礼也。①

这是一段极为精彩详细的葡萄牙人在家内的迎客之礼，不仅记录了葡萄牙人对客人的迎进之礼，还记录了在家中招待客人的饮酒、吃果、喝茶的方式和礼仪，最重要的是还记录了家庭中的女主人与客人相见的礼节，包括拥抱之礼、搴裙请舞之礼及搂腰近似接吻之礼等，将葡萄牙人在家中待客之礼描写得淋漓尽致。

（三）公家迎客之礼

澳门葡萄牙人的公家迎客之礼与私家之礼有较大的不同，不仅场面比较宏大，而且更加讲究规制和排场。康熙二十三年（1684）钦差大臣杜臻访问澳门，受到了澳门葡萄牙人的热烈欢迎，其欢迎仪式甚为壮观：

予至澳，彼国使臣率其部人奏番乐以迎入，其乐器有觱篥、琵琶，歌声咿嗢不可辨。……已而，迎者益众，竞放鸟枪，其声拉杂。将至馆，两炮台声大作，山谷为动。②

迎接杜臻的仪式，第一是澳门所有重要的头面人物率其部众出迎，第二是备有乐队奏乐，第三是鸣礼炮、放火枪以示隆重。道光十九年（1839）钦差大臣林则徐巡视澳门时亦受到了澳门葡萄牙人的热烈欢迎，他在奏折中称：

七月二十五日自香山起程，二十六日清晨，统领将备管带弁兵整队出关。该夷目做遮吗地沙率领夷兵一百名，迎于关下，兵总四人，戎服佩刀，夷兵肩鸟抢，排列道左，队内蕃乐齐作。俟臣等舆卫行过，兵总导领夷兵蕃乐随行。至新庙，夷目做遮吗地沙具手版禀谒，命之进见。该夷免冠曲身，意甚恭谨。……随由南湾仍回前山，所有经过三巴、妈阁、南湾各炮台，俱发一十九炮。询之澳人，称系该国大礼，以示尊敬，不轻举行。兵总率领夷兵，送至关闸，始行撤退。臣等沿途察看，不但华民扶老携幼，夹道欢呼，即夷人亦皆迭背摩肩，奔趋恐后，恬熙景象，帱载同深，此臣等巡视澳门之实在情形也。③

1873 年俄国沙皇之子阿莱克西斯大公作环球旅行，途经香港访问澳门，据载：

“火花号”停泊南湾海面，俄国王储再改乘澳督专用的双桅船，嘉思栏炮台舞炮齐鸣表示欢迎。双桅船缓缓靠近澳督府对面的码头时，三巴炮台方向又传来了礼炮声。宾主互致问候后，在乐队伴奏下，澳督与王储并肩检阅由步兵营组成的仪仗队，两国国旗迎风飘扬。就在那个星期六晚上，澳督设丰盛晚宴为俄国客人洗

① （清）姚元之：《竹叶亭杂记》卷3，北京：中华书局，1982 年，第 90、92 页。

② （清）杜臻：《粤闽巡视纪略》卷2，康熙二十三年二月乙未条，近代中国史料丛刊本，台北：文海出版社，1983 年，第 20 页。

③ 林则徐全集编辑委员会编：《林则徐全集》第 3 册，《奏折卷》之《巡阅澳门抽查华夷户口等情形折》，福州：海峡文艺出版社，2002 年，第 1320 ~ 1321 页。

> 尘，星期日又设午宴招待，作陪的有政府官员、工兵营军官和营造司官员。之后，大公参观市政厅和市政厅主席的花园，拜会市政厅主席，外交使团也参加了晚宴。接着，贵宾们欣赏了中国戏剧。星期一上午10时同澳督共进早餐后，大公及其随行人员立即登上广东总督提供的炮艇。我们的“贾梅士号”尾随在后，两条船在停泊码头的16艘葡国和其他国家的军舰和商船之间穿行而过，驶离澳门。这时，圣保禄炮台和嘉思栏炮台齐鸣表示欢送。[①]

在中西文献中类似这种澳门葡萄牙人公家迎送礼仪记录甚多。故潘有度有诗云：

> 戎王匹马阅齐民，外洋国王出巡，祇单骑，不用兵侍从。摘帽同呼千载春。外洋以摘帽为敬。简略仪文无拜跪，夷俗无拜跪礼。逢人把手道相亲。[②]

在公家的迎送礼仪中，宴会是极为重要的环节。《澳门记略》称葡人宴会：

> 庆吊无牢醴币帛之仪，燕饮不修宾主揖让之节，饮酣则掷玻璃盏以为乐。[③]

《（道光七年）采访册》记载稍有不同，称葡人：

> 每有宴会，主人上坐，酒酣，则掷玻璃杯为乐。[④]

清人张问安记录广州十三行外国人的宴会时亦称：

> 饱啖大餐齐脱帽，烟波回首十三行。鬼子以脱帽为敬，晏客曰大餐。[⑤]

可以看出，16—19世纪澳门葡萄牙人交际礼仪中保留的仍然是其欧洲民族带来的风俗。19世纪中期，在澳门居住的以欧美社群为主体的西洋人也极为注重他们的社会交际，美国学者泰勒·丹涅特称：“当夏季时节来自广州的外国人在澳门度着以英国人为首的高度发达、彬彬有礼和丰富多彩的社交社会，同加尔各答和马德拉斯的情形相反。美国人在他们的资力和习俗所许可的情形下，酌量参加这种社交生活。”[⑥]

---

① ［葡］潘日明著，苏勤译：《殊途同归：澳门的文化交融》，澳门：澳门文化司署，1992年，第164页。

② （清）潘义增、潘飞声：《番禺潘氏诗略》第2册，《义松堂遗稿》之潘有度《西洋杂咏》，光绪二十年刊本，第2页。

③ （清）印光任、张汝霖原著，赵春晨校注：《澳门记略校注》，《澳蕃篇》，澳门：澳门文化司署，1992年，第154页。

④ （清）王廷钤等撰：《（道光七年）香山县下恭常都十三乡采访册》卷上，《澳门纂略》清抄本（影印本），北京：国家图书馆出版社，第41页。

⑤ （清）张问安：《亥白诗草》卷3，《岭南集》，清代诗文集汇编第448册影印清嘉庆二十一年刻本，上海：上海古籍出版社，2010年，第69页。

⑥ ［美］泰勒·丹涅特著，姚曾廙译：《美国人在东亚》，北京：商务印书馆，1962年，第43页。

后 记

本书是我2008年从暨南大学调到澳门大学后申请的第一个澳门大学研究委员会多年度研究资助项目［编号为MYRG193（Y1-L4）-FSH11-TKJ］的结题稿，当时申请的题目为“16—19世纪澳门西方文明研究”，结题时正式定名为“天朝异化之角：16—19世纪西洋文明在澳门”。关于澳门西洋文明的研究，在我20余年的澳门学研究生涯中是一个始终予以关注的课题，很多年前就零零星星发表了十几篇有关澳门西洋文明传播的学术论文，而这一次对澳门的西洋文明展开全面系统且具规模化的研究，不仅在我的澳门学研究中是第一次，在国际学术界也是一次首创。所以说，《天朝异化之角：16—19世纪西洋文明在澳门》一书的结题出版，真正地了结了我常年以来澳门学研究的一个最大心愿。

该课题申报的时间是2011年4月。在该课题的审议会上，我曾表示：“只要我们进行逐步深入的澳门历史文化的发掘与研究，就一定可以提高澳门城市的历史文化价值，可以为在世人心目中被视为一座‘赌城’的澳门打造文化金名片。”时间一晃就过去了5年，今天，我以这部近200万字，分上、下两卷，不论从内容还是形式上都可以称为“澳门学”巨著的《天朝异化之角：16—19世纪西洋文明在澳门》呈献给澳门大学、呈献给澳门社会，以践行我当初的诺言。

这部书向人们揭示的是，16—19世纪澳门城市文明的发展不仅是人们常说的“西洋文明进入中国内地的桥梁和孔道”，澳门还是西洋文明传入中国的策源地，而且澳门本身就是西洋文明传入中国最早的承载地和积淀地。西洋文明传入澳门后，就深深地扎根在澳门这一块小小的土地上。在澳门的政治、法律、宗教、教育、科技、语言、文学、艺术及社会生活上都呈现出西方文明留下的深深痕迹。故此，我认为：“澳门应更好地致力从历史文化角度出发，挖掘澳门城市特有的西方文明的内蕴，保护好澳门的世界文化遗产，将东西方文明的研究与经济建设联系起来，用澳门历史文化打造澳门小城的金名片。”

当然，这一张澳门历史文化金名片的打造，并非我这一部书就可以铸就，还需要澳门及海内外真正投入澳门学研究而并非打“擦边球”的学者花费更大的精力，全面系统地发掘、整理、翻译中西各语种档案文献，对澳门古代、近代及现代有价值的历史文化内涵展开深入的探索，完成各个领域的高水准学术研究，让400年的澳门历史文化绽放出绚烂的光彩，从而变成澳门这一历史名城真正的金字招牌。这是我常讲的一句老话，但我希望它不要只成为一句“话”，希望在不远的将来能成为现实。

在此，我应该向澳门大学所有支持和帮助我完成这部书的领导表示衷心的感谢，向赵伟校长、马许愿副校长及社会科学院郝雨凡院长表示诚挚的谢意，没有他们的支持、鼓励和帮助，没有澳门大学提供的宽松自由的学术环境、研究平台及各种研究资源，这部书的完成是绝不可能的。

同时，我要对为本书完成做出过贡献的诸君表示感谢：

第一，参加本书初稿撰写的同学与朋友：

• 澳门大学历史系博士吴玉娴参加本书第七章“澳门的西式医疗与西方医学”全部初稿的撰写；

• 澳门大学历史系博士候选人晏雪莲参加本书第八章“西方语言、文学在澳门”、第九章“澳门的西洋美术、音乐、戏剧及体育”和第十章“澳门西洋社会生活及风俗”的部分初稿，其中第八章第一节第三小节中的“澳门土生葡语”、第十章第一节“澳门西洋社会的婚姻和礼俗”、第十章第三节“澳门葡萄牙人的服饰穿戴习俗”主体部分的初稿均由其完成；

• 澳门大学历史系博士、浙江大学历史系博士后李庆参加本书第四章“澳门的西方宗教”和第五章“澳门的西方科学技术”的部分初稿，其中第五章第一节第一小节中的“欧洲历法东传与澳门”由其单独完成；

• 澳门大学历史系博士陈玉芳参加本书第一章“闯入澳门的西洋人”的部分初稿；

• 广东省民族宗教研究院副研究员赵殿红博士参加本书第二章“澳门的西方政治、法律与军事”的部分初稿；澳门大学历史系博士、广东工业大学讲师曾金莲参加本书第二章的部分初稿；

• 暨南大学力学与土木工程系副教授唐坚博士参加本书第三章“澳门城市建设中的西洋文明”的部分初稿；

• 浙江大学历史系教授戚印平博士参加本书第六章“澳门的西方教育”第一节“澳门天主教教育”的部分初稿。

第二，参加本书档案文献翻译工作的同学与朋友：

• 葡萄牙语：澳门理工学院教授李长森博士，广东工业大学讲师、澳门大学历史系博士后田渝，广东工业大学讲师、澳门大学历史系博士曾金莲，澳门大学历史系博士候选人晏雪莲，澳门大学历史系博士候选人赵新良，澳门大学葡语系博士候选人刘思佑，澳门大学葡语系硕士研究生谭媛、冯小泽、韩婷、宫一芳、闫妍、金晶、刘钰琳、李真、都彦彤、刘琮、李畔、李明烜、姜昀知；

• 英语：广东省民族宗教研究院副研究员赵殿红博士，澳门大学历史系博士、浙江大学历史系博士后李庆，澳门大学历史系博士生孙旭亮，澳门大学历史系博士生郭姝玲，澳门大学历史系博士生周孝雷，北京外国语大学海外汉学研究中心博士生黄畅，北京语言大学硕士研究生许双双，澳门大学政府与行政工作系硕士研究生黎逸铭；

• 西班牙语：澳门理工学院教授崔维孝博士，澳门大学历史系博士、浙江大学历史系博士后李庆；

• 法语：澳门大学历史系博士候选人、暨南大学外国语学院讲师解江红，广东省民族宗教研究院助理研究员韦羽博士；

• 日语：浙江大学历史系教授戚印平博士，广东外语外贸大学教授刘小珊博士，暨南大学力学与土木工程系副教授唐坚博士；

• 拉丁语：北京外国语大学海外汉学研究中心博士、博士后谢明光；

• 俄语：北京外国语大学海外汉学研究中心教授柳若梅。

第三，为本书完成提供宝贵资料和意见的海内外学者和朋友：

• 北京外国语大学客座教授金国平先生；
• 比利时鲁汶大学南怀仁文化研究中心高华士（Noël Golvers）研究员；
• 台湾云林科技大学汉学所退休教授苏精博士；
• 台湾新竹“清华大学”历史研究所助理教授李毓中博士；
• 台湾新竹“清华大学”历史研究所游博清博士；
• 北京外国语大学海外汉学研究中心柳若梅教授；
• 台湾万能科技大学通识中心萧弘德博士；
• 南京大学客座教授宋黎明先生；
• 暨南大学历史系郭声波教授；
• 暨南大学中国文化史籍研究所叶农教授；
• 肇庆市质监局副局长刘明强先生；
• 日本关西大学内田庆市教授；
• 广东省立中山图书馆副馆长倪明俊研究员；
• 澳门大学历史系萨安东（António Vasconcelos de Saldanha）教授；
• 澳门理工学院崔维孝教授；
• 中国科学院自然科学史研究所韩琦研究员；
• 德国图宾根大学傅汉斯（Hans Ulrich Vogel）教授；
• 宁波大学历史系龚缨晏教授；
• 南开大学历史系副教授庞乃明博士；
• 中国科学院自然科学史研究所副研究员孙承晟博士；
• 中国科学院自然科学史研究所助理研究员郑诚博士；
• 暨南大学中国文化史籍研究所副教授吴青博士；
• 暨南大学历史系副教授张坤博士；
• 澳门基金会研究员杨开荆博士；
• 广州大学历史系冷东教授；
• 澳门大学澳门研究中心学术总监林广志博士；
• 比利时根特大学历史系博士候选人马光；
• 广东工业大学讲师、澳门大学历史系博士后田渝，澳门大学历史系博士、浙江大学历史系博士后李庆和澳门大学历史系博士生周孝雷为本书葡、西、英等西文资料的征用提供了很多有价值的宝贵意见。

此外，还要对为本书的录校兢兢业业工作了一年多时间的暨南大学中国文化史籍研究所硕士研究生赖泽冰同学及暨南大学出版社黄文科、林冬丽、刘碧坚诸位编辑表示最诚挚的感谢。

汤开建
2016 年春于澳门大学

图书在版编目（CIP）数据

天朝异化之角：16—19世纪西洋文明在澳门/汤开建著. —广州：暨南大学出版社，2016. 3
ISBN 978－7－5668－1677－1

Ⅰ. ①天… Ⅱ. ①汤… Ⅲ. ①文化史—研究—澳门—16世纪—19世纪
Ⅳ. ①K296. 59

中国版本图书馆CIP数据核字（2015）第272704号

出版发行：暨南大学出版社

出 版 人：徐义雄
策划编辑：黄文科
责任编辑：黄文科　林冬丽　刘碧坚
责任校对：焦　婕　范小娜　高　婷　黄志波　周海燕

地　址：中国广州暨南大学
电　话：总编室（8620）85221601
营销部（8620）85225284　85228291　85228292（邮购）
传　真：（8620）85221583（办公室）　85223774（营销部）
邮　编：510630
网　址：http：//www. jnupress. com　http：//press. jnu. edu. cn

排　版：广州尚文数码科技有限公司
印　刷：深圳市新联美术印刷有限公司

开　本：787mm×1092mm　1/16
印　张：91. 75
字　数：1980千
版　次：2016年3月第1版
印　次：2016年3月第1次

定　价：358. 00元（上、下卷）
